The ICS Ancient Chinese Text Concordance Series

先秦兩漢古籍逐字索引叢刊

戰國策逐字索引

A CONCORDANCE TO THE ZHANGUOCE

香港中文大學中國文化研究所先秦兩漢古籍逐字索引叢刊

戰國策逐字索引

主　　編：劉殿爵　陳方正
顧　　問：張雙慶　黃坤堯　朱國藩
版本顧問：沈　津
計劃主任：何志華
校　　對：朱承朴　巢立仁　陳建樑
蘇凱詩　林美輝　羅福祥
吳茂源
程式統籌：何玉成
程式設計：何國杰
程式顧問：梁光漢
程式助理：吳作基

本《逐字索引》乃據「先秦兩漢一切傳世文獻電腦化資料庫」編纂而成，而資料庫之建立，有賴　香港大學及理工撥款委員會資助，謹此致謝。

CUH.K.ICS.
The Ancient Chinese Text Concordance Series

A Concordance to the Zhanguoce

EDITORS	D. C. Lau	Chen Fong Ching	
CONSULTANTS	Chang Song Hing	Wong Kuan Io	Chu Kwok Fan
TEXT CONSULTANT	Shum Chun		
PROJECT OFFICER	Ho Che Wah		
PROOF-READERS	Chu Shing Pok	Chao Lip Yan	Chan Kin Leung
	So Hoi Si	Lam Mei Fai	Lo Fuk Cheung
	Ng Mau Yuen		
COMPUTER PROJECT MANAGER	Ho Yuk Shing		
PROGRAMMER	Ho Kwok Kit		
PROGRAMMING CONSULTANT	Leung Kwong Han		
PROGRAMMING ASSISTANT	Ng Chok Ki		

THIS CONCORDANCE IS COMPILED FROM THE ANCIENT CHINESE TEXTS DATABASE, WHICH IS ESTABLISHED WITH A RESEARCH AWARD FROM THE UNIVERSITY AND POLYTECHNIC GRANTS COMMITTEE OF HONG KONG. FOR WHICH WE WISH TO ACKNOWLEDGE OUR GRATITUDE.

香港中文大學中國文化研究所
The Chinese University of Hong Kong
Institute of Chinese Studies

The ICS Ancient Chinese Text Concordance Series
先秦兩漢古籍逐字索引叢刊

戰國策逐字索引

A CONCORDANCE TO THE ZHANGUOCE

劉殿爵 陳方正 主編

臺灣商務印書館發行
The Commercial Press, Ltd.

戰國策逐字索引＝A concordance to the Zhanguoce／劉殿爵，陳方正主編. --初版. --臺北市：臺灣商務，民81
面； 公分. --(香港中文大學中國文化研究所先秦兩漢古籍逐字索引叢刊)
ISBN 957-05-0437-4(精裝)

1. 戰國策-索引

621.804021 82004893

香港中文大學中國文化研究所
先秦兩漢古籍逐字索引叢刊

戰國策逐字索引

A Concordance to the Zhanguoce

定價新臺幣 2,300 元

主　編　劉殿爵　陳方正

發行人　張　連　生

出版者
印刷所　臺灣商務印書館股份有限公司

臺北市重慶南路1段37號
電話：(02)3116118・3115538
傳眞：(02)3710274
郵政劃撥：0000165－1號
出版事業登記證：局版臺業字第0836號

• 1992年4月初版第1次印刷
• 1996年3月初版第3次印刷
本書經商務印書館(香港)有限公司授權出版.

ISBN 957－05－0437－4(精裝)　b 66833002

目　　次

出版說明
Preface
凡例
Guide to the use of the Concordance
漢語拼音檢字表 1
威妥碼——漢語拼音對照表 27
筆畫檢字表 29
通用字表 38
誤字改正說明表 47
譌體改正說明表 47
戰國策原文 1-227
（一） 東周
1　秦興師臨周而求九鼎 1
2　秦攻宜陽 1
3A　東周與西周戰 2
3B　東周與西周爭 2
4　東周欲為稻 2
5A　昭獻在陽翟 2
5B　秦假道於周以伐韓 3
6　楚攻雍氏 3
7　周最謂石禮 3
8A　周相呂倉見客於周君 3
8B　周文君免士工師藉 3
9　溫人之周 4
10A　或為周最謂金投 4
10B　周最謂金投 4
11A　石行秦謂大梁造 4
11B　謂薛公 5
11C　齊聽祝弗 5
12　蘇厲為周最謂蘇秦 5
13　謂周最曰仇赫之相宋 5
14A　為周最謂魏王 5
14B　謂周最曰魏王以國與先生 6

15 趙取周之祭地 6
16 杜赫欲重景翠於周 6
17 周共太子死 6
18 三國隘秦 7
19 昌他亡西周 7
20 昭翦與東周惡 7
21 嚴氏為賊 7
(二) 西周
22 薛公以齊為韓魏攻楚 8
23 秦攻魏將犀武軍於伊闕 8
24 秦令樗里疾以車百乘入周 8
25 雍氏之役 9
26 周君之秦 9
27 蘇厲謂周君 9
28 楚兵在山南 10
29 楚請道於二周之間 10
30 司寇布為周最謂周君 10
31 秦召周君 10
32 犀武敗於伊闕 10
33 韓魏易地 11
34 秦欲攻周 11
35 宮他謂周君 11
36 謂齊王 12
37 三國攻秦反 12
38 犀武敗 12
(三) 秦一
39 衛鞅亡魏入秦 12
40 蘇秦始將連橫 13
41A 秦惠王謂寒泉子 14
41B 泠向謂秦王 15
42 張儀說秦王 15
43 張儀欲假秦兵以救魏 17
44 司馬錯與張儀爭論於秦惠王前 17
45 張儀之殘樗里疾 18

46 張儀欲以漢中與楚 18
47 楚攻魏張儀謂秦王 18
48A 田莘之為陳軫說秦惠王 19
48B 張儀又惡陳軫於秦王 19
49 陳軫去楚之秦 19
(四) 秦二
50 齊助楚攻秦 20
51 楚絶齊齊舉兵伐楚 21
52 秦惠王死公孫衍欲窮張儀 22
53 義渠君之魏 22
54 醫扁鵲見秦武王 22
55 秦武王謂甘茂 23
56 宜陽之役馮章謂秦王 23
57 甘茂攻宜陽 24
58 宜陽未得 24
59 宜陽之役楚畔秦而合於韓 24
60 秦王謂甘茂 24
61A 甘茂亡秦且之齊 24
61B 甘茂相秦 25
62 甘茂約秦魏而攻楚 25
63 陘山之事 25
64 秦宣太后愛魏醜夫 26
(五) 秦三
65 薛公為魏謂魏冉 26
66 秦客卿造謂穰侯 27
67 魏謂魏冉 27
68 謂魏冉曰和不成 28
69 謂穰侯 28
70 謂魏冉曰楚破秦 28
71 五國罷成睪 28
72 范子因王稽入秦 28
73A 范睢至秦 29
73B 范睢曰臣居山東 31
74 應侯謂昭王 32

75 秦攻韓圍陘 33
76 應侯曰鄭人謂玉未理者璞 33
77 天下之士合從相聚於趙 33
78 謂應侯曰君禽馬服乎 34
79 應侯失韓之汝南 34
80 秦攻邯鄲 35
81 蔡澤見逐於趙 35

（六）秦四

82A 秦取楚漢中 37
82B 薛公入魏而出齊女 38
83A 三國攻秦入函谷 38
83B 秦昭王謂左右 38
84A 楚魏戰於陘山 39
84B 楚使者景鯉在秦 39
85 楚王使景鯉如秦 39
86 秦王欲見頓弱 40
87 頃襄王二十年 40
88 或為六國說秦王 42

（七）秦五

89 謂秦王 43
90 秦王與中期爭論 43
91 獻則謂公孫消 44
92 樓啎約秦魏 44
93 濮陽人呂不韋賈於邯鄲 44
94 文信侯欲攻趙以廣河間 45
95 文信侯出走 46
96 四國為一將以攻秦 47

（八）齊一

97 楚威王戰勝於徐州 48
98 齊將封田嬰於薛 48
99 靖郭君將城薛 49
100 靖郭君謂齊王 49
101 靖郭君善齊貌辨 49
102 邯鄲之難 50

103　南梁之難 50
104　成侯鄒忌為齊相 51
105　田忌為齊將 51
106　田忌亡齊而之楚 51
107　鄒忌事宣王 52
108　鄒忌脩八尺有餘 52
109　秦假道韓魏以攻齊 53
110　楚將伐齊 53
111　秦伐魏 54
112　蘇秦為趙合從說齊宣王 54
113　張儀為秦連横齊王 55
（九）齊二
114　韓齊為與國 56
115　張儀事秦惠王 56
116　犀首以梁為齊戰於承匡而不勝 57
117　昭陽為楚伐魏 57
118　秦攻趙 57
119　權之難齊燕戰 57
120　秦攻趙長平 58
121　或謂齊王 58
（十）齊三
122　楚王死 58
123　齊王夫人死 60
124　孟嘗君將入秦 60
125　孟嘗君在薛 61
126　孟嘗君奉夏侯章 61
127　孟嘗君讌坐 61
128　孟嘗君舍人有與君之夫人相愛者 62
129　孟嘗君有舍人而弗悅 62
130　孟嘗君出行國至楚 63
131　淳于髡一日而見七人於宣王 63
132A　齊欲伐魏 63
132B　國子曰秦破馬服君之師 64

（十一）齊四
133 齊人有馮諼者 64
134 孟嘗君為從 66
135 魯仲連謂孟嘗 66
136A 孟嘗君逐於齊而復反 67
136B 齊宣王見顏斶 67
137 先生王斗造門而欲見齊宣王 68
138 齊王使使者問趙威后 69
139 齊人見田駢 69
140 管燕得罪齊王 70
141A 蘇秦自燕之齊 70
141B 蘇秦謂齊王 70
（十二）齊五
142 蘇秦說齊閔王 71
（十三）齊六
143 齊負郭之民有孤狐咺者 74
144 王孫賈年十五事閔王 74
145 燕攻齊取七十餘城 75
146 燕攻齊齊破 76
147 貂勃常惡田單 77
148 田單將攻狄 78
149A 濮上之事 78
149B 齊閔王之遇殺 78
150 齊王建入朝於秦 79
151 齊以淖君之亂 80
（十四）楚一
152 齊楚構難 80
153 五國約以伐齊 80
154 荊宣王問群臣 81
155 昭奚恤與彭城君議於王前 81
156 邯鄲之難 81
157A 江尹欲惡昭奚恤於楚王 81
157B 魏氏惡昭奚恤於楚王 82
158 江乙惡昭奚恤 82

159 江乙欲惡昭奚恤於楚 …… 82
160 江乙說於安陵君 …… 82
161 江乙為魏使於楚 …… 83
162 郢人有獄三年不決 …… 83
163 城渾出周 …… 84
164 韓公叔有齊魏 …… 84
165 楚杜赫說楚王以取趙 …… 84
166 楚王問於范環 …… 85
167 蘇秦為趙合從說楚威王 …… 85
168 張儀為秦破從連橫 …… 86
169 張儀相秦 …… 88
170 威王問於莫敖子華 …… 88

(十五) 楚二

171 魏相翟強死 …… 90
172 齊秦約攻楚 …… 90
173A 術視伐楚 …… 90
173B 四國伐楚 …… 90
174 楚懷王拘張儀 …… 91
175 楚王將出張子 …… 91
176 秦敗楚漢中 …… 91
177 楚襄王為太子之時 …… 92
178 女阿謂蘇子 …… 93

(十六) 楚三

179 蘇子謂楚王 …… 93
180 蘇秦之楚 …… 93
181 楚王逐張儀於魏 …… 94
182 張儀之楚貧 …… 94
183 楚王令昭雎之秦重張儀 …… 94
184 張儀逐惠施於魏 …… 95
185 五國伐秦 …… 95
186 陳軫告楚之魏 …… 96
187 秦伐宜陽 …… 96
188 唐且見春申君 …… 96

（十七）楚四
189 或謂楚王 96
190 魏王遺楚王美人 97
191 楚王后死 97
192 莊辛謂楚襄王 97
193 齊明說卓滑以伐秦 98
194 或謂黃齊 99
195 長沙之難 99
196 有獻不死之藥於荊王者 99
197 客說春申君 99
198 天下合從 100
199 汗明見春申君 100
200 楚考烈王無子 101
201 虞卿謂春申君 102
（十八）趙一
202 知伯從韓魏兵以攻趙 103
203 知伯帥趙韓魏而伐范中行氏 103
204A 張孟談既固趙宗 105
204B 晉畢陽之孫豫讓 106
205 魏文侯借道於趙攻中山 107
206 秦韓圍梁燕趙救之 107
207 腹擊為室而鉅 107
208 蘇秦說李兌 107
209 趙收天下且以伐齊 108
210 齊攻宋奉陽君不欲 109
211 秦王謂公子他 109
212 蘇秦為趙王使於秦 110
213 甘茂為秦約魏以攻韓宜陽 110
214 謂皮相國 111
215 或謂皮相國 111
216 趙王封孟嘗君以武城 111
217 謂趙王曰三晉合而秦弱 111
（十九）趙二
218 蘇秦從燕之趙始合從 112

219 秦攻趙 114
220 張儀為秦連横說趙王 115
221 武靈王平晝間居 116
222 王立周紹為傅 119
223 趙燕後胡服 119
224 王破原陽 120
（二十）趙三
225 趙惠文王三十年 120
226 趙使机郝之秦 121
227 齊破燕趙欲存之 121
228 秦攻趙藺離石祁拔 121
229A 富丁欲以趙合齊魏 122
229B 魏因富丁且合於秦 122
230 魏使人因平原君請從於趙 122
231 平原君請馮忌 123
232 平原君謂平陽君 123
233 秦攻趙於長平 123
234 秦攻趙平原君使人請救於魏 125
235 秦趙戰於長平 125
236 秦圍趙之邯鄲 126
237 說張相國 128
238 鄭同北見趙王 128
239A 建信君貴於趙 129
239B 衛靈公近雍疸彌子瑕 129
240 或謂建信君之所以事王者 129
241 苦成常謂建信君 130
242 希寫見建信君 130
243 魏尬謂建信君 130
244 秦攻趙鼓鐸之音聞於北堂 130
245 齊人李伯見孝成王 130
（廿一）趙四
246 為齊獻書趙王 131
247 齊欲攻宋 131
248 齊將攻宋而秦楚禁之 132

249 五國伐秦無功 133

250 樓緩將使伏事辭行 134

251 虞卿請趙王 134

252 燕封宋人榮蚠為高陽君 135

253 三國攻秦趙攻中山 135

254 趙使趙莊合從 136

255 翟章從梁來 136

256 馮忌為廬陵君謂趙王 136

257 馮忌請見趙王 136

258A 客見趙王 137

258B 秦攻魏取寧邑 137

259 趙使姚賈約韓魏 138

260 魏敗楚於陘山 138

261 秦召春平侯 138

262 趙太后新用事 138

263 秦使王翦攻趙 139

（廿二）魏一

264A 知伯索地於魏桓子 140

264B 韓趙相難 140

265 樂羊為魏將而攻中山 140

266 西門豹為鄴令 140

267 文侯與虞人期獵 141

268 魏文侯與田子方飲酒而稱樂 141

269 魏武侯與諸大夫浮於西河 141

270 魏公叔痤為魏將 142

271 魏公叔痤病 142

272 蘇子為趙合從說魏王 142

273 張儀為秦連横說魏王 143

274 齊魏約而伐楚 144

275 蘇秦拘於魏 145

276 陳軫為秦使於齊 145

277 張儀惡陳軫於魏王 145

278 張儀欲窮陳軫 146

279 張儀走之魏 146

371 公叔使馮君於秦 182
372 謂公叔曰公欲得武遂於秦 182
373 謂公叔曰乘舟 182
374 齊令周最使鄭 182
375 韓公叔與幾瑟爭國鄭強為楚王使於韓 183
376 韓公叔與幾瑟爭國中庶子強謂太子 183
377 齊明謂公叔 183
378 公叔將殺幾瑟 183
379 公叔且殺幾瑟 183
380 謂新城君曰 184
381 胡衍之出幾瑟於楚 184
382 幾瑟亡之楚 184
383A 冷向謂韓咎 184
383B 楚令景鯉入韓 184
383C 韓咎立為君而未定 185
384 史疾為韓使楚 185
385 韓傀相韓 185

(廿八) 韓三

386 或謂韓公仲 187
387 或謂公仲 187
388 韓人攻宋 187
389 或謂韓王 188
390 謂鄭王 188
391 東孟之會 189
392 韓陽役於三川而欲歸 189
393 秦大國 190
394 張丑之合齊楚講於魏 190
395 或謂韓相國 190
396A 公仲使韓珉之秦求武隧 190
396B 韓相公仲珉使韓侈之秦 191
396C 客卿為韓謂秦王 191
397 韓珉相齊 191
398 或謂山陽君 192
399 趙魏攻華陽 192

400　秦招楚而伐齊 192
401　韓氏逐向晉於周 192
402　張登請費緤 193
403　安邑之御史死 193
404　魏王為九里之盟 193
405　建信君輕韓熙 193
406　段產謂新城君 193
407　段干越人謂新城君 194

（廿九）燕一

408　蘇秦將為從北說燕文侯 194
409　奉陽君李兌甚不取於蘇秦 194
410　權之難燕再戰不勝 195
411　燕文公時 195
412　人有惡蘇秦於燕王者 196
413　張儀為秦破從連橫謂燕王 197
414　宮他為燕使魏 197
415　蘇秦死其弟蘇代欲繼之 197
416A　燕王噲既立 199
416B　初蘇秦弟厲因燕質子而求見齊王 200
417　蘇代過魏 200
418　燕昭王收破燕後即位 200
419　齊伐宋宋急 201
420　蘇代謂燕昭王 202
421　燕王謂蘇代 203

（三十）燕二

422　秦召燕王 203
423　蘇代為奉陽君說燕於趙以伐齊 205
424　奉陽君告朱讙與趙足 205
425　蘇代為燕說齊 206
426　蘇代自齊使人謂燕昭王 206
427　蘇代自齊獻書於燕王 207
428　陳翠合齊燕 207
429　燕昭王且與天下伐齊 208
430　燕饑趙將伐之 208

431 昌國君樂毅為燕昭王合五國之兵而攻齊 209
432 或獻書燕王 210
433 客謂燕王 211
434 趙且伐燕 212
435 齊魏爭燕 212

(卅一) 燕三

436 齊韓魏共攻燕 212
437 張丑為質於燕 212
438 燕王喜使栗腹以百金為趙孝成王壽 213
439 秦并趙北向迎燕 214
440 燕太子丹質於秦亡歸 214

(卅二) 宋衛

441 齊攻宋宋使臧子索救於荊 218
442 公輸般為楚設機 218
443 犀首伐黃 218
444 梁王伐邯鄲 219
445 謂大尹曰 219
446A 宋與楚為兄弟 219
446B 魏太子自將過宋外黃 219
447 宋康王之時有雀生鸇 220
448A 智伯欲伐衛 220
448B 智伯欲襲衛 220
449 秦攻衛之蒲 220
450 衛使客事魏 221
451 衛嗣君病 221
452A 衛嗣君時胥靡逃之魏 221
452B 衛人迎新婦 222

(卅三) 中山

453 魏文侯欲殘中山 222
454 犀首立五王 222
455 中山與燕趙為王 223
456 司馬憙使趙 224
457 司馬憙三相中山 224
458 陰姬與江姬爭為后 224

459A 主父欲伐中山 225
459B 中山君饗都士 225
460 樂羊為魏將 225
461 昭王既息民繕兵 225
逐字索引 229-1202
附錄：
全書用字頻數表 1203
姚本、鮑本章目對照表 1211-1227

出版說明

一九八八年，香港中文大學中國文化研究所獲香港「大學及理工撥款委員會」撥款資助，並得香港中文大學電算機服務中心提供技術支援，建立「漢及以前全部傳世文獻電腦化資料庫」，決定以三年時間，將漢及以前全部傳世文獻共約八百萬字輸入電腦。資料庫建立後， 將陸續編印 《香港中文大學中國文化研究所先秦兩漢古籍逐字索引叢刊》，以便利語言學、文學，及古史學之研究。

《香港中文大學先秦兩漢古籍逐字索引叢刊》之編輯工作，將分兩階段進行，首階段先行處理未有「逐字索引」之古籍，至於已有「逐字索引」者，將於次一階段重新編輯出版，以求達致更高之準確度，與及提供更為詳審之異文校勘紀錄。

「逐字索引」作為學術研究工具書，對治學幫助極大。西方出版界、學術界均極重視索引之編輯工作，早於十三世紀，聖丘休（Hugh of St. Cher）已編成《拉丁文聖經通檢》。

我國蔡耀堂（ 廷幹 ）於民國十一年(1922)編刊《老解老》一書，以武英殿聚珍版《道德經》全文為底本，先正文，後逐字索引，以原書之每字為目，下列所有出現該字之句子，並標出句子所出現之章次，此種表示原句位置之方法，雖未詳細至表示原句之頁次 、行次，然已具備逐字索引之功能。《老解老》 一書為非賣品，今日坊間已不常見，然而蔡氏草創引得之編纂，其功實不可泯滅。 我國大規模編輯引得， 須至一九三零年，美國資助之哈佛燕京學社引得編纂處之成立然後開始。此引得編纂處，由洪業先生主持，費時多年，為中國六十多種傳統文獻，編輯引得，功績斐然。然而漢學資料卷帙浩繁，未編成引得之古籍仍遠較已編成者為多。本計劃希望能利用今日科技之先進產品 —— 電腦，重新整理古代傳世文獻；利用電腦程式，將先秦兩漢近八百萬字傳世文獻，悉數編為「逐字索引」。俾使學者能據以掌握文獻資料，進行更高層次及更具創意之研究工作。

一九三二年，洪業先生著《引得說》，以「引得」對譯 Index，音義兼顧，巧妙工整。Index 原意謂「指點」，引伸而為一種學術工具，日本人譯為「索引」。而洪先生又將西方另一種逐字索引之學術工具 Concordance 譯為「堪靠燈」。Index 與 Concordance 截然不同；前者所重視者乃原書之意義名物，只收重要之字、詞，不收虛

字及連繫詞等，故用處有限；後者則就文獻中所見之字，全部收納，大小不遺，故有助於文辭訓詁，語法句式之研究及字書之編纂。洪先生將選索性之 Index 譯作「引得」，將字字可索的 Concordance 譯作「堪靠燈」，足見卓識，然其後於一九三零年間，主持哈佛燕京學社編纂工作，所編成之大部分《引得》，反屬全索之「堪靠燈」，以致名實混淆，實為可惜。今為別於選索之引得(Index)，本計劃將全索之 Concordance 稱為「逐字索引」。

利用電腦編纂古籍逐字索引，本計劃經驗尚淺，是書倘有失誤之處，尚望學者方家不吝指正。

PREFACE

In 1988, the Institute of Chinese Studies of The Chinese University of Hong Kong put forward a proposal for the establishment of a computerized database of the entire body of extant Han and pre-Han traditional Chinese texts. This project received a grant from the UPGC and was given technical support by the Computer Services Centre of The Chinese University of Hong Kong. The project was to be completed in three years.

From such a database, a series of concordances to individual ancient Chinese texts will be compiled and published in printed form. Scholars whether they are interested in Chinese literature, history, philosophy, linguistics, or lexicography, will find in this series of concordances a valuable tool for their research.

The Ancient Chinese Texts Concordance Series is planned in two stages. In the first stage, texts without existing concordances will be dealt with. In the second stage, texts with existing concordances will be redone with a view to greater accuracy and more adequate textual notes.

In the Western tradition, the concordance was looked upon as one of the most useful tools for research. As early as c. 1230, appeared the concordance to the Vulgate, compiled by Hugh of St. Cher.

In China, the first concordance to appear was Laozi Laojielao in the early nineteen twenties. Cai Yaotang who produced it was in all probability unaware of the Western tradition of concordances.

As the Laojielao was not for sale, it had probably a very limited circulation. However, Cai Yaotang's contribution to the compilation of concordances to Chinese texts should not go unmentioned.

The Harvard-Yenching Sinological Concordance Series was begun in the 1930s under the direction of Dr. William Hung. Unfortunately, work on this series was cut short by the Second World War. Although some sixty

concordances were published, a far greater number of texts remains to be done. However, with the advent of the computer the establishment of a database of all extant ancient works become a distinct possibility. Once such a database is established, a series of concordances can be compiled to cover the entire field of ancient Chinese studies.

Back in 1932, William Hung in his "What is Index ?" used the term 引得 for "Index" in preference to the Japanese 索引, and the term 堪靠燈 for concordance. However, when he came to compile the Harvard Yenching Sinological Concordance Series, he abandoned the term 堪靠燈 and used the term 引得 for both index and concordance. This was unfortunate as this blurs the difference between a concordance and an index. The former, because of its exhaustive listing of the occurrence of every word, is a far more powerful tool for research than the latter. To underline this difference we decided to use 逐字索引 for concordance.

The Ancient Chinese Texts Concordance Series is compiled from the computerized database. As we intend to extend our work to cover subsequent ages, any ideas and suggestions which may be of help to us in our future work are welcome.

凡　　例

一．《戰國策》正文：

1．本《逐字索引》所附正文據清嘉慶八年（公元一八零三年）黃丕烈《士禮居叢書》重刻之宋姚宏本。

2．姚宏本與《四部叢刊》影印元至正年間所刻之鮑彪注吳師道校本分章不同，本《逐字索引》分章以姚本為據，遇有姚本一章而鮑本分數章者，加注A、B、C，書末另列〈姚本鮑本章目對照表〉。〔附錄二〕

3．（　）表示刪字；〔　〕表示增字。除增刪字外，凡誤字 a 改正為 b 字亦以（a）〔b〕方式表示。

例如：處梁之（官）〔宮〕　　236/127/28

姚本作「官」，乃誤字，今從鮑本改作「宮」。

凡誤字之改正，均列〈誤字改正說明表〉中，並申明改字依據。

4．本《逐字索引》所收之字一律劃一用正體，以昭和四十九年大修館書店發行之《大漢和辭典》，及一九八六至一九九零年湖北辭書出版社、四川辭書出版社出版之《漢語大字典》所收之正體為準，遇有異體或譌體，一律代以正體。

例如：（i）五國約以伐齊　　153/80/19

姚本原作「五國約㠯伐齊」，據《大漢和辭典》，「以」「㠯」乃異體字，音義無別，今一律作正體「以」字。俾便讀者了解底本原貌，凡異體之改正，均列〈通用字表〉中。

（ii）有狂兕（牂）〔䍧〕車依輪而至　　160/83/9

「牂」為譌體，今改作正體「牂」字。凡譌體之改正，均列〈譌體改正說明表〉中，並申明改字依據。

5．異文校勘以一九八五年上海古籍出版社排印本《戰國策》匯注為根據。

5.1.異文紀錄欄

a．凡正文文字右上方標有數碼，表示當頁下端有注文

例如：夫秦之為[1] 無道也　　1/1/4

當頁注 1 注出「為」字有異文「於」。

b．數碼前加 ‣ ◂，表示範圍。

例如：‣器械◂[13] 被具　　1/1/16

當頁注 13 注出「械器」為「器械」二字之異文。

「增衍」、「脫漏」紀錄方式同。

例如：‣周不納。客即對曰◂[3]　　9/4/7

當頁注 3 注出「周不內，問曰：『客耶？』對曰」為「周不納。客即對曰」七字之異文。

c．異文多於一種者：以a．b．c．區別。

例如：齊王 ‣大悅◂[4]　　1/1/6

當頁注 4 下注出異文

a．大，b．大說

表示兩種不同異文分見不同別本。

5.2.讀者欲知異文詳細情況，可參看上海古籍出版社一九八五年排印本《戰國策》匯注。

5.3.校勘只選錄不同版本所見之異文，至於其他文獻、類書等引錄所見異文，只在特殊情況下酌予採錄。

二. 逐字索引編排：

1. 以單字為綱，旁列該字在全文出現之頻數（書末另附〈全書用字頻數表〉〔附錄一〕，按頻數列出全書單字），下按原文先後列明該字出現之全部例句，句中遇該字則代以「○」號。

2. 全部〈逐字索引〉按漢語拼音排列；一字多音者，於最常用讀音下，（最常用讀音一般指《辭源》、《漢語大字典》所記首音。）列出全部例句。

3. 每一例句後加上編號 a/b/c 表明於原文中位置，例如 1/2/3，「1」表示原文的章次、「2」表示頁次、「3」表示行次。

三. 檢字表：

備有〈漢語拼音檢字表〉、〈筆畫檢字表〉兩種：

1. 漢語拼音據《辭源》修訂本（一九七九年至一九八三年北京商務印書館）及《漢語大字典》。一字多音者，按不同讀音在音序中分列；例如「說」字有 shuō, shuì, yuè, tuō 四讀，分列四處。聲母、韻母相同之字，按陰平、陽平、上、去四聲先後排列。讀音未詳者，一律置於表末。

2. 某字在〈逐字索引〉所出現之頁數在〈漢語拼音檢字表〉中，在該字任一讀音下皆可檢得。

3. 筆畫數目、部首歸類均據《大漢和辭典》、《康熙字典》。畫數相同之字，其先後次序依部首排列。

4. 另附〈威妥碼 － 漢語拼音對照表〉，以方便使用威妥碼拼音之讀者。

主編者簡介

劉殿爵教授（Prof. D. C. Lau）早歲肄業於香港大學中文系，嗣赴蘇格蘭格拉斯哥大學攻讀西洋哲學，畢業後執教於倫敦大學達二十八年之久，一九七八年應邀回港出任香港中文大學中文系講座教授。劉教授興趣在哲學及語言學，以準確嚴謹的態度翻譯古代典籍，其中《論語》、《孟子》、《老子》三書之英譯，已成海外研究中國哲學必讀之書。

陳方正博士（Dr. Chen Fong Ching），一九六二年哈佛（Harvard）大學物理學學士，一九六四年拔蘭（Brandeis）大學理學碩士，一九六六年獲理學博士，隨後執教於香港中文大學物理系，一九八六年任中國文化研究所所長至今。陳博士一九九零年創辦學術文化雙月刊《二十一世紀》，致力探討中國文化之建設。

Guide to the use of the Concordance

1. TEXT

1.1 The text printed with the concordance is based on the Shiliju congshu (SLJCS) edition (1803).

1.2 The division of chapters in the SLJCS edition is different from that in the edition annotated by Baobiao, with emendations by Wushidao, reprinted in the Sibu congkan (SBCK) collection. The numbering of the chapters follows the SLJCS edition. Whenever a chapter in the SLJCS edition is divided into more than one chapter in the SBCK edition, these are marked A, B, C, etc. A table setting out the correspondence between the two edition's is appended. (Appendix Two)

1.3 Round brackets signify deletion while square brackets signify addition. This device is also used for emendations. An emendation of character a to character b is indicated by (a)〔 b 〕. e.g.,

處梁之（官）〔宮〕　　236/127/28

The character 官 in the SLJCS edition has been emended to 宮 on the authority of the SBCK edition by replacing 官 with 宮. A list of all emendations is appended on p. 47, where the authority for them is given.

1.4 For all concordanced characters only the standard form is used. Variant or improper forms have been replaced by the standard forms as given in Morohashi Tetsuji's Dai Kan-Wa jiten, (Tokyo : Taishūkan shōten, 1974), and the Hanyu da zidian (Hubei cishu chubanshe and Sichuan cishu chubanshe 1986 - 1990) e.g.,

（ i ）五國約以伐齊　　153/80/19

The SLJCS edition has 㠯 which, being a variant form, has been replaced

by the standard form 以 as given in the Dai Kan-Wa jiten. A list of all variant forms that have been replaced is appended on p. 38.

(ii)有狂兕(牂)〔牂〕車依輪而至　　160/83/9

The SLJCS edition has 牂 which, being an improper form, has been replaced by the standard form 牂. A list of all emendations of improper forms is appended on p. 47.

1.5 The textual notes are based on the punctuated edition of the Zhanguoce (Shanghai guji chubanshe, 1985)

1.5.1.a A figure on the upper right hand corner of a character indicates that textual note is to be found at the bottom of the page, e.g., in

夫秦之為[1]無道也　　1/1/4

the superscript [1] refers to note 1 at the bottom of the page.

1.5.1.b A range marker ▸ ◂ is added to the figure superscribed to indicate the total number of characters affected, e.g.,

▸器械◂[13]被具　　1/1/16

This indicates that note 13 concerns the two characters 器械 taken together.

The range marker is also used for marking interpolation's and omission's, e.g.,

▸周不納，客即對曰◂[3]　　9/4/7

Note 3 gives 周不內，問曰：「客耶？」對曰 as a variant reading for 周不納，客即對曰.

Where there are more than one variant reading, these are indicated by a, b, c, e.g.,

齊王▸大悅◂4 1/1/6

Note 4 reads a. 大 b. 大說, showing that for 大悅 one version reads 大, while another version reads 大說.

1.5.2 For further information on variant readings given in the textual notes the reader is referred to the punctuated edition of the Zhanguoce (Shanghai guji chubanshe, 1985).

1.5.3 Variant readings listed are from other editions. Only in special cases are readings from quotations found in encyclopaedias and other works included.

2. CONCORDANCE

2.1 In the entries the concordanced character is replaced by the ○ sign. The entries are arranged according to the order of appearance in the text. The frequency of appearance of the character concerned in the whole text will be shown, and a list of all the concordanced characters in frequency order is appended. (Appendix One)

2.2 The entries are listed according to Hanyupinyin. All occurrences of a character with more than one pronunciation will be located under its most common pronunciation, that is, the first pronunciation given under the character in the Ciyuan and the Hanyu da zidian.

2.3 Figures in three columns show the location of a character in the text, e.g., 1/2/3,

1 denotes the chapter.
2 denotes the page.
3 denotes the line.

3. INDEX

A Stroke Index and an Index arranged according to Hanyupinyin are included.

3.1 The pronunciation given in the Ciyuan (The Commercial Press, Beijing, 1979 - 1983) and the Hanyu da zidian is used. Where a character has two or more pronunciations, it can be found under any of these in the index. For example : 說 which has four pronunciations : shuō, shuì, yuè, tuō is to be found under any one of these four entries. Characters with the same pronunciation but different tones are also to be found under the different tones. Characters of which the pronunciation is unknown are relegated to the end of the index.

3.2 In the body of the Concordance all occurrences of a character with more than one pronunciation will be located under its most common pronunciation. A reference to this will be found whichever pronunciation a reader may use to look up the character in the index.

3.3 In the Stroke Index, characters appear in the same order as in the Dai Kan-Wa jiten and the Kangxi zidian.

3.4 A correspondence table between the Hanyupinyin and the Wade-Giles systems is also provided.

漢 語 拼 音 檢 字 表

ā
阿(ē) 362

āi
哀 229
埃 229

ǎi
毐 229

ài
艾 229
阨(è) 362
愛 229
隘 230

ān
安 230
陰(yīn) 1020
闇(àn) 232

àn
岸 232
按 232
案 232
桉 232
闇 232

áng
卬 232

āo
呋 232

áo
敖 232

ǎo
夭(yāo) 953
媪 232

ào
呋(āo) 232
敖(áo) 232
傲 232

ba
罷(bà) 233

bā
八 232
巴 232

bá
拔 233
弊(bì) 251

bǎ
把 233

bà
伯(bó) 259
把(bǎ) 233
罷 233
霸 234

bái
白 234

bǎi
百 234
柏(bó) 261

bài
拜 236
敗 236
排(pái) 622

bān
朌(fén) 399
般 237

bǎn
反(fǎn) 393
阪 237
版 237
板 237

bàn
半 237
扮(fěn) 400
辨(biàn) 253

bāng
邦 238
彭(pēng) 623

bàng
並(bìng) 259
蚌 238
旁(páng) 622
棓 238
傍(páng) 622
謗 238

bāo
包 238
苞 238
胞 238
枹(fū) 408
葆(bǎo) 238

bǎo
保 238
葆 238
飽 238
寶 238

bào
抱 238
豹 239
報 239
暴 239
鮑 239

bēi
卑 239
波(bō) 259
陂 240
杯 240
盃 240
背(bèi) 241
悲 240

běi
北 240

bèi
北(běi) 240
佛(fú) 407
拔(bá) 233
背 241
勃(bó) 261
被 241
倍 241
悖 241
備 242
輩 242

bēn
奔 242
賁(bì) 250

běn
本 242

bèn
奔(bēn) 242

bēng
崩 242
絣 242
傍(páng) 622

bèng
蚌(bàng) 238

bī
偪 242
逼 242

bí
鼻 242
[illegible] 242

bǐ
匕 242
比 243
彼 243
卑(bēi) 239
筆 243
鄙 243
髀(bì) 252

bì
必 243
庇 250
陂(bēi) 240
拂(fú) 407
服(fú) 407
披(pī) 623
被(bèi) 241
陛 250
畢 250
婢 250
閉 250
敝 250
賁 250
費(fèi) 398
萆(pì) 623
辟(pì) 623
幣 250
弊 251
嬖 251
壁 251
蔽 251
臂 252
避 252
薜 252

髀 252
璧 252

biān
編 252
鞭 252
邊 252

biǎn
扁 252
辨(biàn) 253

biàn
卞 252
釆 252
便 252
扁(biǎn) 252
徧 253
遍 253
編(biān) 252
辨 253
辯 253
變 253

biǎo
表 254

biē
鱉 254

bié
別 254

bīn
賓 254
儐(bìn) 254
濱 254
檳 254

bìn
賓(bīn) 254
儐 254
擯 254
殯 254
臏 254

bīng
并(bìng) 259
兵 254
屏(píng) 625
絣(bēng) 242

bǐng
秉 258
柄 258
屏(píng) 625

bìng
并 259
並 259
柄(bǐng) 258
屏(píng) 625
病 259

bō
波 259
般(bān) 237
番(fān) 393
發(fā) 389
茇 259
撥 259
播 259
磻 259

bó
百(bǎi) 234
伯 259
帛 260
勃 261
柏 261
悖(bèi) 241
亳 261
博 261
渤 261
搏 261
膊 261
蒲(pú) 627
暴(bào) 239
薄 261

bǒ
播(bō) 259

bò
辟(pì) 623
薄(bó) 261

bū
餔 261

bǔ
卜 261
捕 261
補 261

bù
不 262
布 283
步 283
部 283
餔(bū) 261

cāi
猜 283

cái
才 283
在(zài) 1073
材 283
財 284
裁 284

cài
載(zài) 1074
蔡 284

cān
參(shēn) 730
餐 284
驂 284

cán
殘 284
慚 284
蠶 284

càn
參(shēn) 730
摻(shān) 720
操(cāo) 285

cāng
倉 284
蒼 285

cáng
臧(zāng) 1074
藏 285

cǎng
蒼(cāng) 285

cāo
操 285

cáo
曹 285
漕 285

cǎo
草 285

cè
側 285
廁(cì) 327
測 285
策 285
筴 285

cēn
參(shēn) 730

céng
曾(zēng) 1082
增(zēng) 1082

chā
差 285
插 285

chá
苴(jū) 537
鉏(chú) 311
察 285

chà
差(chā) 285

chāi
差(chā) 285

chái
柴 286
豺 286

chài
差(chā) 285

chān
沾(zhān) 1082
襜 286

chán
單(dān) 338
漸(jiàn) 508
毚 286
纏 286
讒 286

chǎn
剗 286
產 286
諂 286

chàn
剗(chǎn) 286

chāng
昌 286
倡 286

cháng
長 286
尚(shàng) 725
常 287
場 288
腸 288
裳 289
嘗 288
償 289

chàng
倡(chāng) 286

chāo
紹(shào) 726
超 289

cháo
巢 289
朝(zhāo) 1088
鼂 289

chē
車 289

chě
尺(chǐ) 307

chè
宅(zhái) 1082
坼 290
徹 290

chēn
瞋 290

chén
臣 290
辰 299
沈 299
沉 299
陳 299
晨 299
棧(zhàn) 1083
湛(zhàn) 1083
填(tián) 803
塵 300

chèn
稱(chēng) 300

chēng
稱 300

chéng
成 300
丞 300
承 302
城 302
乘 304
程 305
盛(shèng) 735
誠 305
搶(qiāng) 653
徵(zhēng) 1110

chěng
裎(chéng) 305
騁 306

chèng
稱(chēng) 300

chī
蚩 306
笞 306
鴟 306
離(lí) 567

chí
池 306
弛 306
治(zhì) 1162
持 306
馳 306
遲 306

chǐ
尺 307
斥(chì) 307
侈 307
恥 307
移(yí) 980
齒 307

chì
斥 307
叱 307
翅 307
飭 307
餝 307

chōng
充 307
衝 307
衝 307
憧 307
橦(tóng) 806

chóng
重(zhòng) 1170
崇 308
蟲 308

chǒng
龍(lóng) 585
寵 308

chōu
抽 308

chóu
稠 308
愁 308
盩(zhōu) 1175
盩(zhōu) 1175
疇 308
籌 308
讎 308

chǒu
丑 308
醜 309

chòu
臭(xiù) 935

chū
出 309
初 311
樗 311

chú
助(zhù) 1181
芻 311
除 311
涂(tú) 807
屠(tú) 807
鉏 311
著(zhù) 1181
廚 311
諸(zhū) 1176

chǔ
處 311
楚 312
儲 320

chù
怵 320
畜 320
處(chǔ) 311
詘(qū) 684
諔 320
儬 320
黜 320
觸 320

chuāi
揣(chuǎi) 320

chuǎi
揣 320

chuān
川 320
穿 321

chuán
船 321
傳 321
摶(tuán) 808

chuǎn
惴(zhuì) 1182

chuāng
創 321
瘡 321

chuáng
床 321
橦(tóng) 806

chuàng
刱 321
倉(cāng) 284
創(chuāng) 321
愴 321

chuī
吹 321
炊 321

chuí
垂 321
椎 321
甀 321
箠 321

chuì
吹(chuī) 321

chūn
春 321

chún
純 322
脣 322
淳 322

chǔn
春(chūn) 321
惷 322

chuò
啜 322
淖(nào) 613
綴(zhuì) 1182
輟 322
歠 322

cī
柴(chái) 286
疵 322
差(chā) 285
恣(zì) 1194
訾(zǐ) 1192

cí
子(zǐ) 1184
祠 322
茲(zī) 1183
慈 322
辭 322

cǐ
此 323

cì
次 326
伺(sì) 778
刺 327
恣(zì) 1194
廁 327
賜 327

cōng
從(cóng) 327
蔥 327
聰 327
總(zǒng) 1194

cóng
從 327
叢 329

còu
奏(zòu) 1195
族(zú) 1198
湊 329

cū
粗 329
麤 329

cù
取(qǔ) 685
卒(zú) 1197
戚(qì) 649
惄 329
數(shù) 770
趣(qū) 684
趨(qū) 684
縮(suō) 787
蹴 329

cuàn
篡 329
爨 329

cuī
衰(shuāi) 771
崔 329

cuì
卒(zú) 1197
脆 329
淬 329
瘁 330
翠 330
粹 330

cún
存 330

cǔn
忖 330

cùn
寸 330

cuō
差(chā) 285

cuó
痤 330

cuò
昔(xī) 903
挫 330
厝 330
錯 330

dá
答 331
達 331
憚(dàn) 339

dà
大 331

dài
大(dà) 331
代 336
毒(dú) 357
怠 337
待 337
殆 337
帶 337
紿 337
逮 337
貸 337
遞(dì) 353
戴 337

dān
丹 338
單 338
湛(zhàn) 1083
鄲 338
擔 339
殫 339

dán
但(dàn) 339

dǎn
疸 339
單(dān) 338

dàn
旦 339
但 339
訑(yí) 980
啗 339
憚 339
彈 339
擔(dān) 339
澹 339
壇(tán) 795
贍(shàn) 722

dāng
當 339

dǎng
黨 340

dàng
湯(tāng) 795
當(dāng) 339
碭 340
蕩 340

dāo
刀 340

dǎo
倒 340
道(dào) 341
蹈 340
禱 340

dào
到 340
倒(dǎo) 340
悼 340
陶(táo) 796
盜 340
敦(dūn) 360
道 341
稻 342

dé
得 342
德 346

dēng
登 347

děng
等 347

dèng
鄧 347

dī
堤 347
鞮 347

dí
狄 347
的(dì) 352
條(tiáo) 803
翟 347
敵 347
適(shì) 762

dǐ
底 348
抵 348
砥 348

dì
弔(diào) 353
地 348
弟 352
的 352
帝 352
第 353
遞 353
蹄(tí) 797
題(tí) 797

diān
瘨 353
顛 353

diǎn
典 353

diàn
田(tián) 801
殿 353
電 353
填(tián) 803

diāo
凋 353
敦(dūn) 360
貂 353
雕 353

diǎo
鳥(niǎo) 619

diào
弔 353
吊 353
釣 353
誂(tiǎo) 803
銚(yáo) 954
趙(zhào) 1090
調(tiáo) 803

dié
佚(yì) 1012
迭 353
昳 353
涉(shè) 728

堞 353
軼(yì) 1015
牒 353
慴(zhé) 1097

dīng
丁 353

dǐng
鼎 353

dìng
定 354

dōng
冬 354
東 354

dǒng
董 356

dòng
洞 356
恫(tōng) 805
凍 356
動 356

dōu
兜 356

dǒu
斗 356
豆(dòu) 356
兜(dōu) 356

dòu
豆 356
投(tóu) 806
脰 357
竇 357
讀(dú) 358
鬬 357

dū
都 357
督 357

dú
毒 357
頓(dùn) 360
獨 357
牘 358
讀 358

dǔ
睹 358
賭 358
覩 358
篤 358

dù
土(tǔ) 808
杜 358
妬 358
度 358
渡 359
塗(tú) 807
蠹 359

duān
耑 359
端 359

duǎn
短 359

duàn
段 359
斷 359

duī
追(zhuī) 1182
敦(dūn) 360

duì
兌 359
隊 359
敦(dūn) 360
對 359
銳(ruì) 710

dūn
純(chún) 322
敦 360

dùn
盾 360
鈍 360
敦(dūn) 360
遁 360
頓 360

duō
多 361
咄 361

duó
度(dù) 358
奪 361
鐸 362

duò
沱(tuó) 809
惰 362
隋(tuǒ) 809
墮 362

ē
阿 362

é
鵝 362

è
厄 362
阨 362
扼 362
曷(hé) 473
鬲(lì) 574
啞 362
惡 362
愕 363
鄂 363
隘(ài) 230
搤 363
頞 363
餓 363
閼 363

ēn
恩 363

ěn
眼(yǎn) 945

ér
而 363
兒 387
濡(rú) 708

ěr
耳 387
珥 388
爾 388
餌 388

èr
二 388
貳 389

fā
發 389

fá
乏 390
伐 390
罰 392
撥(bō) 259

fǎ
法 392

fà
髮 393

fān
反(fǎn) 393
番 393
蕃(fán) 393
藩 393
蹯 393

fán
凡 393
番(fān) 393
煩 393
樊 393
蕃 393
燔 393
繁 393

fǎn
反 393
返 394

fàn
反(fǎn) 393
犯 394
范 394
飯 395

fāng
方 395
坊 395
妨 395
放(fàng) 396
訪(fǎng) 396

fáng
方(fāng) 395
妨(fāng) 395
坊(fāng) 395
防 395
房 395

fǎng
彷 395
放(fàng) 396
舫 396
訪 396

fàng
放 396

fēi
妃 396
非 396
飛 398
蜚(fěi) 398

féi
肥 398
賁(bì) 250
腓 398

fěi

非(fēi) 396
蜚 398
誹 398

fèi

吠 398
怫(fú) 407
沸 398
費 398
廢 399

fēn

分 399
紛 399
棼(fén) 400

fén

汾 399
肦 399
蚠 399
焚 399
賁(bì) 250
棼 400
墳 400

fěn

扮 400
粉 400

fèn

分(fēn) 399
忿 400
賁(bì) 250
焚(fén) 399
墳(fén) 400
奮 400
糞 400

fēng

風 401
封 400
逢(féng) 401
豊(lǐ) 570
鳳(fèng) 402
鋒 401
豐 401

féng

逢 401
馮(píng) 625
縫 401

fèng

奉 401
風(fēng) 401
俸 402
鳳 402
縫(féng) 401

fōu

不(bù) 262

fǒu

不(bù) 262
否 402

fū

不(bù) 262
夫 402
拊(fǔ) 408
胕(fǔ) 408
傅(fù) 411
膚 406

fú

夫(fū) 402
弗 406
伏 406
扶 407
怫 407
拂 407
服 407
宓(mì) 597
胕(fǔ) 408
枹 408
浮 408
偪(bī) 242
符 408
滏 408
福 408
輻 408

fǔ

父(fù) 409
甫 408
附(fù) 410
斧 408
府 408
拊 408
胕 408
俛(miǎn) 597
俯 409
釜 409
脯 409
腐 409
輔 409
撫 409

fù

父 409
伏(fú) 406
服(fú) 407
附 410
負 410
赴 410
副 410
婦 410
傅 411
富 411
報(bào) 239
復 411
腹 412
賦 413
縛 413
鮒 413
覆 413

gà

尬 413

gǎi

改 413

gài

丐 413
溉 413
蓋 413

gān

干 413
甘 413
肝 414
乾(qián) 652

gǎn

扞(hàn) 465
捍(hàn) 465
敢 414
感 416

gàn

旰 416

gāng

亢 416
坑(kēng) 559
剛 416

gāo

咎(jiù) 535
皋 416
高 416
睪(yì) 1016
睾 417
膏 417
槁(gǎo) 417
橋(qiáo) 655
櫜 417

gǎo

槁 417
縞 417

gào

告 417
膏(gāo) 417

gē

戈 418
格(gé) 419
割 418
歌 419

gé

革 419
格 419
鬲(lì) 574
假(jiǎ) 503
隔 419
葛 419
閣 419

gě

合(hé) 466
蓋(gài) 413

gè

各 419

gēn

根 419

gēng

更 419
耕 420
羹 420

gěng

邢(xíng) 933
梗 420

gèng

更(gēng) 419
恆(héng) 474

gōng

弓 420
工 420
公 420
功 426
共(gòng) 432
攻 427
供(gòng) 432
宮 432
恭 432
躬 432

gǒng

共(gòng) 432
拱 432
鞏 432

gòng

共 432
供 432

貢 432
恐(kǒng) 560

gōu
勾 432
句 433
拘(jū) 537
區(qū) 684
鉤 433
溝 433
構(gòu) 433
緱 433

gǒu
狗 433
苟 433

gòu
勾(gōu) 432
句(gōu) 433
呴(xǔ) 936
區(qū) 684
媾 433
搆 433
詬 433
構 433
講(jiǎng) 513
購 434

gū
孤 434
姑 434
皋(gāo) 416
家(jiā) 501

gǔ
古 434
角(jué) 541
谷 434
姑(gū) 434
股 435
苦(kǔ) 562
骨 435
賈 435
鼓 435
滑(huá) 485
穀 435
轂 435
[illegible](kēng) 560
瞽 435
鵠(hú) 484

gù
告(gào) 417
固 435
故 436
錮 440
顧 440

guā
瓜 440

guǎ
寡 440

guà
詿 443

guài
怪 443

guān
官 443
冠 443
矜(jīn) 527
棺 443
綸(lún) 590
關 443
鰥 444
觀 444

guǎn
筦 444
管 444
館 444

guàn
冠(guān) 443
貫 444
棺(guān) 443
關(guān) 443
灌 444
懽(huān) 485
觀(guān) 444

guāng
光 445

guǎng
廣 445

guī
圭 445
珪 445
規 445
傀 445
閨 445
龜 445
歸 445

guǐ
垝 446
軌 446
鬼 446

guì
垝(guǐ) 446
桂 446
趹(jué) 541
貴 446
跪 447
劌 447
蹶(jué) 542

gǔn
卷(juàn) 541
混(hùn) 490
緄 447

guō
活(huó) 490
郭 447
過(guò) 455

guó
國 448
虢 455

guǒ
果 455
裹 455

guò
過 455

hǎi
海 456
醢 457

hài
害 457
蓋(gài) 413
駭 457

hān
酣 457

hán
汗(hàn) 465
含 457
邯 458
函 457
寒 458
韓 458

hǎn
罕 464
䍐 465
嚂(làn) 565
闞(kàn) 554

hàn
汗 465
扞 465
旰(gàn) 416
含(hán) 457
䍐(hǎn) 465
悍 465
捍 465
閈 465
感(gǎn) 416
漢 465
憾 465

hāng
忼(kāng) 554

háng
行(xíng) 930

hàng
行(xíng) 930
忼(kāng) 554

hāo
蒿 465
鎒(nòu) 620

háo
皋(gāo) 416
毫 465
號 465
豪 465
嗥 465

hǎo
好 465
郝 466

hào
好(hǎo) 465
鄗 466
號(háo) 465
睪(yì) 1016

hē
何(hé) 468
阿(ē) 362
苛(kē) 554

hé
禾 466
合 466
何 468
河 472
和 471
曷 473
盍 473
害(hài) 457
貉 473
蓋(gài) 413
翮 473
齕 473
闔 473

hè
何(hé) 468

和(hē) 471
賀 473
猲(xiè) 926
葛(gě) 419
赫 473
褐 473
壑 474
鵠(hú) 484

hēi
黑 474

hèn
恨 474

héng
恒 474
恆 474
衡 474
橫 474

hèng
橫(héng) 474

hōng
薨 474

hóng
弘 474
降(jiàng) 513
虹 474
閎 474
鴻 474

hòng
虹(hóng) 474
鴻(hóng) 474

hóu
侯 474
喉 477
猴 477

hǒu
呴(xǔ) 936

hòu
后 477
後 478
厚 478
候 480

hū
乎 480
忽 483
呼 483
武(wǔ) 899
惡(è) 362
戲(xì) 907

hú
狐 483
胡 483
湖 484
壺 484
號(háo) 465
葫 484
縠 484
鵠 484

hǔ
虎 484
許(xǔ) 936

hù
戶 484

huā
華 484

huá
華(huā) 484
滑 485
譁 485

huà
化 485
畫 485
華(huā) 484

huái
淮 485
槐 485
懷 485

huài
壞 485

huān
懽 485
歡 485
讙 485
驩 485

huán
洹(yuán) 1053
桓 485
環 486
還 486
轘(huàn) 487
鍰 486

huǎn
緩 486

huàn
宦 486
眩(xuàn) 938
患 486
轘 487

huāng
皇 488
荒 488

huáng
徨 488
惶 488
黃 488
潢 488

huǎng
芒(máng) 592
潢(huáng) 488

huī
恢 488
揮 488
暉 488
睢(suī) 783
褘 488
墮(duò) 362
徽 488
戲(xì) 907
隳 488

huǐ
悔 488
毀 488

huì
恚 489
彗 489
晦 489
惠 489
喙 489
會 489
誨 489
慧 489
諱 489
濊 489
壞(huài) 485

hūn
昏 490
惛 490
婚 490
惽 490
湣(mǐn) 600

hún
昆(kūn) 563
渾 490

hùn
混 490
渾(hún) 490
慁 490

huó
活 490
越(yuè) 1071

huǒ
火 490

huò
呼(hū) 483
或 490
貨 490
惑 490
禍 490
濊(huì) 489
獲 491
藿 491

jī
几 491
机 491
居(jū) 536
其(qí) 629
奇(qí) 637
姬 491
迹 491
笄 491
倚(yǐ) 1011
飢 491
基 491
幾 491
朞 492
期(qī) 628
棊(qí) 637
隔(gé) 419
資(zī) 1183
箕 492
齊(qí) 638
擊 492
稽 492
積 493
機 493
激 493
璣 493
雞 493
饑 493
鷄 493
齎 493
羈 493

jí
及 493
汲 495
即 494
革(gé) 419

亟 495
急 495
疾 496
級 496
集 496
棘 496
揖(yī) 979
楫 496
極 496
輯 496
藉(jiè) 520
籍 496

jǐ
几(jī) 491
己 497
紀(jì) 498
脊 497
給 497
幾(jī) 491
戟 497
棘(jí) 496
踦(qī) 629
濟(jì) 501

jì
旡 497
吉 497
忌 498
技 498
近(jìn) 527
季 498
其(qí) 629
紀 498
既 498
計 498
記 500
寄 500
祭 500
結(jié) 519
幾(jī) 491
棘(jí) 496
資(zī) 1183
際 500
跽 500
齊(qí) 638
稷 500
冀 501
薊 501
濟 501
騎(qí) 647
繼 501
驥 501

jiā
加 501
夾 501
佳 501
俠(xiá) 907
家 501
挾(xié) 926
筴(cè) 285
葭 502
嘉 502

jiá
夾(jiā) 501
鋏 502

jiǎ
甲 502
夏(xià) 914
假 503
賈(gǔ) 435
暇(xià) 914

jià
假(jiǎ) 503
賈(gǔ) 435
嫁 503
駕 503
稼 503
價 503

jiān
肩 503
姦 503
咸(xián) 916
兼 503
堅 504
淺(qiǎn) 652
間 504
湔 504
湛(zhàn) 1083
煎 504
漸(jiān) 508
監 505
濺(jiān) 509
礛 505
纖(xiān) 916

jiǎn
前(qián) 652
減 505
揀 505
齊(qí) 638
翦 505
踐(jiàn) 509
錢(qián) 652
險(xiǎn) 918
蹇 505
簡 505
繭 505

jiàn
見 505
建 508
健 508
湔(jiān) 504
間(jiān) 504
煎(jiān) 504
漸 508
監(jiān) 505
踐 509
劍 508
賤 509
箭 509
諫 509
濫(làn) 565
鍵 509
薦 509
濺 509
[illegible](xiàn) 918
譖(zèn) 1082

jiāng
江 509
將 510
漿 513
僵 513
彊(qiáng) 655
疆 513

jiǎng
講 513

jiàng
匠 513
虹(hóng) 474
降 513
將(jiāng) 510
強(qiáng) 653
絳 513
彊(qiáng) 655
醬 513
疆(jiāng) 513

jiāo
交 514
佼(jiǎo) 515
郊 515
教(jiào) 516
椒 515
焦 515
喬(qiáo) 655
鄗(hào) 466
憍 515
膠 515
徼(jiào) 516
燋 515
橋(qiáo) 655
驕 515

jiǎo
佼 515
糾(jiū) 533
狡 515
校(jiào) 516
絞 515
敫 515
摎(jiū) 533
膠(jiāo) 515
徼(jiào) 516
橋(qiáo) 655
矯 515
蹻(qiāo) 655
繳(zhuó) 1183

jiào
校 516
教 516
敫(jiǎo) 515
徼 516
覺(jué) 542

jie
家(jiā) 501

jiē
皆 516
接 518
階 518
揭 518
價(jià) 503

jié
劫 518
拾(shí) 739
桀 518
桔 518
接(jiē) 518
結 519
傑 519
節 519
截 519
碣 519
竭 519
潔 519

jiě
解 519

jiè
介 520
戒 520
界 520
借 520
解(jiě) 519
誡 520
藉 520
籍(jí) 496

jīn
今 520
斤 526

金 526
津 527
矜 527
衿 527
筋 527
祲 527
禁(jìn) 529
襟 527

jǐn
僅 527
盡(jìn) 530
錦 527
謹 527

jìn
吟(yín) 1021
近 527
衿(jīn) 527
晉 528
進 529
僅(jǐn) 527
禁 529
靳 529
盡 530
薦(jiàn) 509

jīng
京 530
涇 530
荊 531
旌 531
菁 531
靖(jìng) 533
經 531
精 531
蜻(qīng) 677
驚 531

jǐng
井 531
剄 531
景 532
儆 532
頸 532

jìng
勁 532
俓 532
徑 532
陘(xíng) 933
竟 532
脛 532
靖 533
敬 532
境 533
靜 533
鏡 533

jiōng
扃 533

jiǒng
扃(jiōng) 533
窘 533

jiū
糾 533
摎 533
繆(móu) 606

jiǔ
九 533
久 534
句(gōu) 433
酒 534

jiù
臼 534
咎 535
柩 535
捄(jū) 537
救 535
就 536
舅 536
廄 536
舊 536

jū
且(qiě) 656
車(chē) 289
居 536
沮(jǔ) 537
狙 537
拘 537
苴 537
捄 537
俱 537
据 537
跔 537
雎 537
駒 537
踘 537
鞠 537
鞫 537

jú
告(gào) 417
桔(jié) 518
跼 537
橘 537
鞠(jū) 537

jǔ
巨(jù) 539
去(qù) 687
拒(jù) 539
沮 537
矩 537
莒 538
鉏(chú) 311
舉 538

jù
句(gōu) 433
巨 539
足(zú) 1195
具 539
拒 539
沮(jǔ) 537
俱(jū) 537
倨 539
据(jū) 537
距 539
渠(qú) 685
鉅 539
聚 539
劇 539
踞 539
據 539
遽 540
虡 540
懼 540

juān
捐 540
勌(juàn) 541
涓 540
悁 541

juǎn
卷(juàn) 541

juàn
卷 541
悁(juān) 541
勌 541
倦 541
鄄 541
棬(quān) 688

juē
祖(zǔ) 1198
嗟 541

jué
抉 541
角 541
決 541
屈(qū) 684
趹 541
掘 541
絕 541
爵 542
闕(què) 689
蹶 542
蹻(qiāo) 655
覺 542
攫 542
戄 542

jūn
旬(xún) 940
均 552
君 542
軍 552
鈞 553
龜(guī) 445

jùn
俊 554
郡 554
浚 554
逡(qūn) 689
箘 554
駿 554

kāi
開 554

kǎi
豈(qǐ) 648
慨 554

kài
欬 554

kàn
闞 554

kāng
忼 554
康 554
糠 554

kàng
亢(gāng) 416
伉 554
坑(kēng) 559
抗 554
康(kāng) 554

kǎo
考 554
槁(gǎo) 417

kào
槁(gǎo) 417

kē
柯 554
科 554
苛 554
軻 554

kě
可 555
軻(kē) 554

kè
可(kě) 555
克 558
刻 558
剋 558
客 559

kěn
肯 559
墾 559

kēng
坑 559
脛(jìng) 532
鏗 560

kěng
鏗(kēng) 560

kōng
空 560

kǒng
孔 560
空(kōng) 560
恐 560

kòng
空(kōng) 560

kǒu
口 561

kòu
寇 562

kū
刳 562
枯 562
哭 562
掘(jué) 541
堀 562
窟 562

kǔ
苦 562

kù
庫 562

kuā
華(huā) 484

kuài
快 562
會(huì) 489
蕢(kuì) 563
噲 562
澮 562

kuān
寬 562

kuāng
匡 562
皇(huāng) 488

kuáng
狂 562

kuàng
兄(xiōng) 934
況 562
皇(huāng) 488
曠 563

kuī
規(guī) 445
窺 563
虧 563
闚 563

kuí
揆 563
葵 563
隗(wěi) 853

kuǐ
頃(qǐng) 678
傀(guī) 445
窺(kuī) 563

kuì
臾(yú) 1038
喟 563
愧 563
媿 563
匱 563
憒 563
潰 563
蕢 563
歸(guī) 445
餽 563
饋 563

kūn
卵(luǎn) 589
昆 563
崑 563
髡 563

kùn
困 564

kuò
會(huì) 489

lái
來 564
萊 565
釐(lí) 567

lài
來(lái) 564
厲(lì) 575
賴 565
瀨 565

lán
闌 565
藍 565
蘭 565

lǎn
濫(làn) 565
覽 565

làn
濫 565
嚂 565

láng
郎 565
狼 565
琅 565
廊 565
羹(gēng) 420

láo
牢 565
勞 566

lǎo
老 566

lào
牢(láo) 565
勞(láo) 566
嫪 566
樂(yuè) 1071

lè
樂(yuè) 1071

léi
累(lěi) 566
雷 566
壘(lěi) 567
羸 566
纍 566

lěi
累 566
壘 567
纍(léi) 566

lèi
淚 567
累(lěi) 566
壘(lěi) 567
類 567

lěng
冷 567

lī
裏(lǐ) 570

lí
狸 567
犁 567
黎 567
釐 567
離 567
麗(lì) 575
蠡(lǐ) 570
灕 568
驪 568

lǐ
李 568
里 568
理 569
豊 570
裏 570
鯉 570
禮 570
蠡 570

lì
力 570
立 571
吏 572
利 573
戾 574
栗 574
鬲 574
淚(lèi) 567
粒 574
厤 574
詈 574
慄 574
蒞 574
厲 575
翮(hé) 473
歷 575
隸 575
癘 575
麗 575
離(lí) 567
蠡(lǐ) 570
糲 575

lián
令(lìng) 581
苓(líng) 580
連 575
廉 575
憐 575

liǎn
斂 576

liàn
練 576
鍊 576

liáng
良 576
梁 576
量(liàng) 578
粱 577
糧 577

liǎng
良(liáng) 576
兩 577
量(liàng) 578

liàng
兩(liǎng) 577
量 578
諒 578

liáo
料(liào) 579
聊 578
勞(láo) 566
僇 578
僚 578
遼 578
療 579
繆(móu) 606

liǎo
僚(liáo) 578

liào
料 579

liè
列 579
戾(lì) 574
烈 579
栗(lì) 574
裂 579
獵 579

lín
林 579
淋 579
鄰 579
臨 579
驎 580
麟 580
鱗 580

lǐn
廩 580

lìn
賃 580
臨(lín) 579
藺 580

líng
令(lìng) 581
冷(lěng) 567
泠 580
苓 580
淩 580
陵 580
蛉 580
蔆 581
靈 581

lǐng
領 581

lìng
令 581
領(lǐng) 581

liū
溜(liù) 585

liú
斿(yóu) 1027
留 584
流 584
游(yóu) 1027
摎(jiū) 533

liǔ
柳 585
留(liú) 584
僂(lǚ) 588

liù
六(lù) 587
陸(lù) 587
溜 585

lóng
隆 585
龍 585
龐(páng) 623
籠 585
聾 585

lǒng
龍(lóng) 585
隴 585
壟 585
籠(lóng) 585

lòng
弄(nòng) 620

lóu
牢(láo) 565
僂(lǚ) 588
漏(lòu) 586
樓 585
螻 586

lòu
陋 586
漏 586
鏤 586

lú
慮(lǜ) 589
盧 586
廬 586
鏤(lòu) 586
顱 586

lǔ
鹵 586
虜 586
魯 586
櫓 587

lù
六 587
角(jué) 541
谷(gǔ) 434
陸 587
鹿 587
僇(liáo) 578
祿 587
賂 587
路 588
勠 588
綠(lǜ) 589
漉 588
戮 588
潞 588
慮(lǜ) 589
簬 588
騄 588
露 588

lǘ
閭 588

lǚ
呂 588
侶 588
旅 588
僂 588
屢 588
履 589
縷 589

lǜ
律 589
率(shuài) 771
綠 589
慮 589
壘(lěi) 567

luán
攣 589
欒 589

luǎn
卵 589

luàn
亂 589
欒(luán) 589

lūn
輪(lún) 590

lún
倫 590
綸 590
輪 590
論(lùn) 590

lùn
論 590

luó
羅 590
蠡(lǐ) 570

luǒ
果(guǒ) 455
累(lěi) 566
裸 590
蠡(lǐ) 570

luò
洛 590
格(gé) 419
落 590
路(lù) 588
雒 590
樂(yuè) 1071
爍(shuò) 774

lüè
略 590

掠 590

mǎ
馬 590

mà
貉(hé) 473
罵 591

mái
埋 592

mǎi
買 592

mài
脈 592
麥 592
賣 592

mán
謾 592
蠻 592

mǎn
滿 592

màn
慢 592
幕(mù) 608
縵 592
謾(mán) 592

máng
芒 592
萌(méng) 595
龍(lóng) 585

máo
毛 592
矛 592
茅 592
旄 592

mǎo
卯 593

mào
冒 593
茂 593
旄(máo) 592
貿 593
瞀 593
貌 593
鄚 594

méi
眉 594
某(mǒu) 606
媒 594
墨(mò) 605
麋(mí) 597

měi
每 594
美 594

mèi
每(měi) 594
昧 594
袂 594
媒(méi) 594
寐 594

mēn
悶(mèn) 595

mén
汶(wèn) 872
門 594

mèn
惛(hūn) 490
悶 595
滿(mǎn) 592

méng
氓 595
虻 595
萌 595
黽(měng) 595
盟 595
夢(mèng) 596
蒙 595

鄳 595

měng
猛 595
黽 595

mèng
孟 595
盟(méng) 595
夢 596

mí
迷 596
麋 597
彌 596
靡(mǐ) 597

mǐ
弭 597
辟(pì) 623
彌(mí) 596
靡 597

mì
宓 597
密 597
冪 597

mián
綿 597
瞑(míng) 603
緜 597

miǎn
免 597
勉 597
俛 597
眄 597
黽(měng) 595
澠(shéng) 735

miàn
面 597
湣(mǐn) 600
瞑(míng) 603

miáo
苗 598

miǎo
妙(miào) 598

miào
妙 598
廟 598
繆(móu) 606

miè
滅 598

mín
民 598
珉 600

mǐn
昏(hūn) 490
呡(wěn) 872
敏 600
閔 600
湣 600
黽(měng) 595
澠(shéng) 735

míng
名 600
明 602
冥 603
盟(méng) 595
鳴 603
暝 603
瞑 603

mìng
命 603
瞑(míng) 603

miù
繆(móu) 606
謬 604

mó
莫(mò) 604
無(wú) 892
募(mù) 608
嫫 604
摩 604
磨 604
靡(mǐ) 597

mò
末 604
百(bǎi) 234
没 604
歿 604
沫 604
冒(mào) 593
陌 604
脈(mài) 592
秣 604
莫 604
貉(hé) 473
幕(mù) 608
嘿 605
墨 605
默 605
磨(mó) 604
纆 605

móu
毋(wú) 889
牟 605
侔 605
謀 605
鍪 606
繆 606

mǒu
某 606

mòu
戊 606

mǔ
母 607
畝 607

mù
木 607
目 607
牟(móu) 605

沐 607
牧 607
莫(mò) 604
募 608
幕 608
墓 608
暮 608
慕 608
穆 608
繆(móu) 606
騖(wù) 902

ná
南(nán) 611
挐(rú) 708

nà
內(nèi) 613
納 608

nǎi
乃 608
迺 611
鼐 611

nài
奈 611
柰 611
能(néng) 614

nán
男 611
南 611
柟 612
難 612

nàn
難(nán) 612

náng
囊 613

nǎng
曩 613

náo
撓 613

nǎo
腦 613

nào
淖 613

nèi
內 613

néng
而(ér) 363
能 614

ní
兒(ér) 387
倪 618
蜺 618

nǐ
疑(yí) 981

nì
倪(ní) 618
逆 618
匿 618
溺 618
䵒 618
䵑 618

nián
年 618

niǎn
輦 619

niàn
念 619

niàng
釀 619

niǎo
鳥 619

niào
溺(nì) 618

niè
聶 619
孽 619
攝(shè) 728
齧 619
躡 619

níng
寧 619
疑(yí) 981

nìng
佞 620
寧(níng) 619

niú
牛 620

niǔ
狃 620

nóng
農 620

nòng
弄 620

nòu
耨 620
鎒 620

nú
奴 620
帑(tǎng) 796
駑 620

nǔ
努 620

nù
怒 620

nǚ
女 621

nǜ
女(nǚ) 621

nuán
濡(rú) 708

nuǎn
煖 622

nuó
難(nán) 612

nuò
諾 622
懧 622
懦 622

ōu
區(qū) 684
毆(qū) 684
甌 622

ǒu
偶 622

pá
把(bǎ) 233

pái
排 622

pān
番(fān) 393
攀 622

pán
般(bān) 237
番(fān) 393
樊(fán) 393
盤 622
繁(fán) 393
磻(bō) 259

pàn
反(fǎn) 393
半(bàn) 237
盼 622
叛 622
畔 622

páng
方(fāng) 395
彷(fǎng) 395
房(fáng) 395
旁 622
逢(féng) 401
彭(péng) 623
傍 622
龐 623

pāo
胞(bāo) 238

páo
包(bāo) 238
胞(bāo) 238

péi
陪 623
棓(bàng) 238

pèi
妃(fēi) 396
沛 623
佩 623
配 623

pēn
噴 623

pèn
噴(pēn) 623

pēng
烹 623
彭(péng) 623

péng
朋 623
逢(féng) 401
彭 623
蓬 623

pěng
奉(fèng) 401

pī
- 皮(pí) 623
- 批 623
- 披 623
- 被(bèi) 241

pí
- 比(bǐ) 243
- 皮 623
- 陂(bēi) 240
- 疲 623
- 脾 623
- 辟(pì) 623
- 罷(bà) 233
- 蕃(fán) 393

pǐ
- 匹 623
- 疋(shū) 767
- 否(fǒu) 402

pì
- 匹(pǐ) 623
- 疋(shū) 767
- 副(fù) 410
- 萆 623
- 辟 623
- 僻 623
- 薜(bì) 252
- 譬 624
- 闢 624

piān
- 扁(biǎn) 252
- 偏 624
- 徧(biàn) 253
- 篇 624

pián
- 平(píng) 624
- 便(biàn) 252
- 徧(biàn) 253
- 楩 624
- 駢 624
- 辯(biàn) 253

piàn
- 辨(biàn) 253

piāo
- 漂 624
- 飄 624

piáo
- 瓢 624

piào
- 漂(piāo) 624

piē
- 蔽(bì) 251

pín
- 貧 624
- 儐(bìn) 254

pìn
- 聘 624

píng
- 平 624
- 屏 625
- 瓶 625
- 馮 625

pō
- 朴(pò) 625
- 陂(bēi) 240
- 頗 625

pó
- 番(fān) 393
- 繁(fán) 393

pǒ
- 頗(pō) 625

pò
- 朴 625
- 柏(bó) 261
- 迫 626
- 破 626
- 霸(bà) 234

pōu
- 朴(pò) 625
- 剖 627

póu
- 棓(bàng) 238

pǒu
- 附(fù) 410
- 部(bù) 283

pū
- 仆 627
- 扑 627
- 朴(pò) 625
- 撲 627

pú
- 扶(fú) 407
- 匍 627
- 脯(fǔ) 409
- 僕 627
- 蒲 627
- 酺 627
- 璞 627
- 濮 627

pǔ
- 朴(pò) 625
- 浦 627
- 普 627

pù
- 暴(bào) 239
- 曝 627

qī
- 七 627
- 妻 628
- 栖 628
- 郪 628
- 期 628
- 棲 628
- 欺 628
- 漆 629
- 踦 629
- 蹊(xī) 906

qí
- 其 629
- 奇 637
- 祁 637
- 耆 637
- 淇 637
- 幾(jī) 491
- 棊 637
- 祺 637
- 碁 637
- 綦 647
- 旗 637
- 齊 638
- 踦(qī) 629
- 錡 647
- 騎 647
- 騏 647
- 麒 648
- 齎(jī) 493

qǐ
- 乞 648
- 豈 648
- 起 648
- 啓 649
- 幾(jī) 491
- 綺 649
- 稽(jī) 492

qì
- 乞(qǐ) 648
- 切(qiē) 656
- 妻(qī) 628
- 泣 649
- 亟(jí) 495
- 契 649
- 氣 649
- 挈(qiè) 659
- 戚 649
- 揭(jiē) 518
- 棄 650
- 葺 650
- 器 650

qià
- 猲(xiè) 926

qiān
- 千 650
- 阡 651
- 牽 651
- 愆 651
- 嗛(xián) 916
- 遷 651
- 褰 651
- 蹇(jiǎn) 505
- 纖(xiān) 916

qián
- 拑 651
- 前 652
- 健(jiàn) 508
- 乾 652
- 鉆 652
- 漸(jiàn) 508
- 潛 652
- 錢 652
- 黔 652

qiǎn
- 淺 652
- 慊 653
- 嗛(xián) 916
- 遣 653
- 譴 653

qiàn
- 牽(qiān) 651
- 嗛(xián) 916

qiāng
- 將(jiāng) 510
- 搶 653
- 慶(qìng) 681

qiáng
- 強 653
- 嬙 655
- 廧 655
- 彊 655
- 牆 655
- 薔 655

qiǎng
強(qiáng) 653
搶(qiāng) 653
彊(qiáng) 655

qiàng
搶(qiāng) 653

qiāo
敫(jiǎo) 515
鄗(hào) 466
橋(qiáo) 655
蹻 655

qiáo
招(zhāo) 1087
焦(jiāo) 515
喬 655
僑 655
憔 655
燋(jiāo) 515
樵 655
橋 655

qiǎo
巧 655

qiào
削(xuē) 939

qiē
切 656

qiě
且 656

qiè
切(qiē) 656
怯 659
妾 658
契(qì) 649
挈 659
愜 659
慊(qiǎn) 653
嗛(xián) 916
篋 659
鍥 659
竊 659

qīn
侵 659
滲(shèn) 732
親 660

qín
秦 661
琴 676
禽 676
懃 677

qǐn
侵(qīn) 659
寢 677

qìn
親(qīn) 660

qīng
頃(qǐng) 678
卿 677
清 677
傾 677
蜻 677
輕 677
慶(qìng) 681

qíng
情 678
請(qǐng) 679
黥 678

qǐng
頃 678
請 679

qìng
請(qǐng) 679
慶 681

qióng
窮 681

qiū
丘 682
秋 682
區(qū) 684
龜(guī) 445

qiú
仇 682
厹 682
囚 682
求 683
捄(jū) 537
裘 684
鰌 684

qū
去(qù) 687
曲 684
屈 684
取(qǔ) 685
區 684
詘 684
趍 684
趣 684
毆 684
趨 684
軀 685
騶(zōu) 1195
驅 685

qú
句(gōu) 433
渠 685
鉤(gōu) 433
懼(jù) 540
臞 685
衢 685

qǔ
曲(qū) 684
取 685
跔(jū) 537

qù
去 687
趣(qū) 684
趨(qū) 684

quān
棬 688

quán
全 688
卷(juàn) 541
泉 688
純(chún) 322
棬(quān) 688
權 688

quǎn
犬 688

quàn
券 688
勸 689

quē
屈(qū) 684
缺 689
闕(què) 689

què
卻 689
雀 689
爵(jué) 542
闕 689
鵲 689

qūn
囷 689
逡 689
遁(dùn) 360

qún
群 689

rán
柟(nán) 612
然 690

rǎn
冉 692

ráng
壤(rǎng) 692
攘 692
穰 692

rǎng
壤 692
攘(ráng) 692
穰(ráng) 692
讓(ràng) 692

ràng
攘(ráng) 692
讓 692

ráo
挐(rú) 708
饒 693

rǎo
擾 693
繞 693

rào
繞(rǎo) 693

rě
若(ruò) 710

rè
熱 693

rén
人 693
仁 702
任(rèn) 702
紝 702

rěn
忍 702

rèn
刃 702
仞 702
任 702
衽 702
軔 703

rì
日 703

róng
戎 704
容 704
隔(gé) 419
榮 704

róu
厹(qiú) 682
柔 704
糅 704

rǒu
楺 704

ròu
肉 704
楺(rǒu) 704

rū
繻 705

rú
如 705
挐 708
茹 707
儒 708
孺 708
濡 708

rǔ
女(nǚ) 621
汝 708
辱 708

rù
入 708
蓐 710
孺(rú) 708

ruǎn
耎 710
軟 710
需(xū) 936

ruì
兌(duì) 359
芮 710
銳 710
叡 710

ruò
若 710
弱 712
爇 713

sǎ
灑 713

sà
殺(shā) 718
蔡(cài) 284

sāi
思(sī) 775

sài
塞(sè) 717

sān
三 713
參(shēn) 730

sǎn
參(shēn) 730
散(sàn) 716

sàn
散 716

sāng
桑 716
喪(sàng) 716

sàng
喪 716

sǎo
掃 716
嫂 716

sào
燥(zào) 1075

sè
色 716
嗇 717
塞 717
瑟 717
廧(qiáng) 655
薔(qiáng) 655

sēn
摻(shān) 720

shā
沙 717
殺 718

shá
奢(shē) 726

shà
沙(shā) 717
舍(shè) 727
歃 718

shài
殺(shā) 718

shān
山 718
苫 720
摻 720

shǎn
摻(shān) 720

shàn
單(dān) 338
善 720
澹(dàn) 339
擔(dān) 339
擅 722
膳 722
壇(tán) 795
繕 722
贍 722
鱔 722

shāng
商 722
湯(tāng) 795
傷 723
觴 723

shǎng
上(shàng) 723
賞 723

shàng
上 723
尚 725
賞(shǎng) 723

shāo
稍 726
燒 726

sháo
招(zhāo) 1087

shǎo
少 726

shào
少(shǎo) 726
召(zhào) 1089
邵 726
削(xuē) 939
紹 726
稍(shāo) 726
詔(zhào) 1090
燒(shāo) 726

shē
奢 726

shé
舌 727
蛇 727

shě
舍(shè) 727

shè
舍 727
社 727
拾(shí) 739
涉 728
射 728
赦 728
設 728
葉(yè) 976
聶(niè) 619
攝 728
懾 728

shēn
申 728
伸 729
身 729
信(xìn) 928
莘 731
深 730
參 730

shén
什(shí) 739
神 731

shěn
沈(chén) 299
審 731

shèn
甚 731
慎 732
椹(zhēn) 1109
滲 732

shēng
生 732
勝 733
聲 735

shéng
澠 735
繩 735

shěng
省(xǐng) 933

shèng
乘(chéng) 304
盛 735
勝(shēng) 733
聖 735

shī
尸 735
失 735
屍 736
施 736
師 736
詩 737

shí
十 737
什 739
石 739
汁(zhī) 1155
拾 739
食 739
時 740
提(tí) 797
實 740
識 741

shǐ
矢 741
史 741
弛(chí) 306
豕 741
始 746
使 741
施(shī) 736

shì
士 747
氏 748
仕 750
市 750
示 751
世 749
式 751
事 751
舍(shè) 727
侍 755
室 755
恃 756
是 756
郝(hǎo) 466
耆(qí) 637
逝 761
弒 761
視 761
軾 762
勢 761
嗜 761
試 761
誓 762
飾 762
奭 762
適 762
噬 762
澤(zé) 1081
飭(chì) 307
釋 762
醳(yì) 1017

shōu
收 762

shǒu
手 763
守 763
首 764

shòu
受 765
狩 766
售 766
授 766
壽 766
獸 766

shū
疋 767
叔 767
杼(zhù) 1181
姝 767
書 767
殊 768
倏 768
疏 768
舒 768
菽 768
踈 768
樞 768
輸 768

shú
秫 768
孰 768
熟 769
贖 769

shǔ
黍 769
蜀 769
鼠 769
署 769
數(shù) 770
屬(zhǔ) 1180

shù
戍 769
束 769
杼(zhù) 1181
秫(shú) 768
恕 770
術 770
庶 770
疏(shū) 768
踈(shū) 768
數 770
豎 771
樹 771

shuā
選(xuǎn) 938

shuāi
衰 771

shuài
帥 771
率 771

shuāng
霜 771
雙 771

shuǎng
爽 771

shuí
誰 771

shuǐ
水 772

shuì
睡 772
說(shuō) 773

shùn
順 772
舜 772

shuō
說 773

shuò
數(shù) 770
爍 774
鑠 774

sī
司 774
私 775
思 775
絲 775
廝 775

sǐ
死 775

sì
司(sī) 774
四 777
汜 778
似 778
伺 778
泗 778
兕 778
祀 779
食(shí) 739
思(sī) 775
嗣 779
肆 779
駟 779

sōng
松 779

sǒng
從(cóng) 327
縱(zòng) 1194

sòng
宋 779
送 780
誦 780

sū
穌 780

sú
俗 782

sù
素 782
速 782
宿 782
粟 782
愬 783
遡 783
數(shù) 770
穌(sū) 780

suān
酸 783

suàn
選(xuǎn) 938

suī
睢 783
雖 783

suí
隋(tuǒ) 809
隨 784

suǐ
髓 784

suì
崇 784
彗(huì) 489
術(shù) 770
隊(duì) 359
歲 784
碎 785
遂 785
粹(cuì) 330
隧 786
燧 786

sūn
孫 786

sǔn
隼 787
損 787

suō
縮 787
獻(xiàn) 918

suǒ
所 787
索 791

tā
他 791
佗(tuō) 808

tá
蹋 792

tà
達(dá) 331

tāi
台(yí) 980
胎 792

tái
台(yí) 980
能(néng) 614
臺 792

tài
大(dà) 331
太 792
能(néng) 614
態 794

tān
探 794
貪 794

tán
沈(chén) 299
彈(dàn) 339
談 795
澹(dàn) 339
壇 795
檀 795
譚 795
鐔(xín) 928

tǎn
坦 795
袒 795

tàn
炭 795
探(tān) 794
貪(tān) 794
歎 795

tāng
湯 795
蕩(dàng) 340

táng
唐 795
堂 796
棠 796

tǎng
帑 796
黨(dǎng) 340

tàng
湯(tāng) 795

tāo
挑(tiāo) 803
謟 796
饕 796

táo
逃 796
桃 796
陶 796

tè
特 796
匿(nì) 618
貳(èr) 389
貸(dài) 337
慝 796

téng
滕 796
騰 796
縢 796
騰 796

tī
梯 797

tí
折(zhé) 1097
提 797
蹄 797
題 797
鯷 797

tǐ
體 797

tì
狄(dí) 347
弟(dì) 352
涕 797
惕 797
裼(xī) 905
適(shì) 762
躍(yuè) 1072

tiān
天 797

tián
田 801
填 803
顛(diān) 353

tiǎn
填(tián) 803
銛(xiān) 916

tiàn
瑱 803

tiāo
挑 803
條(tiáo) 803

tiáo
條 803
脩(xiū) 935
稠(chóu) 308
銚(yáo) 954
調 803

tiǎo
挑(tiāo) 803
誂 803

tiào
稠(chóu) 308

tiě
鐵 803

tiè
僣 803

tīng
聽 803

tíng
廷 805
亭 805
挺(tǐng) 805
庭 805
霆 805

tǐng
挺 805

tìng
庭(tíng) 805

tōng
恫 805
通 805

tóng
同 806
洞(dòng) 356
重(zhòng) 1170
童 806
銅 806
橦 806

tǒng
統 806

tòng
痛 806

tōu
偷 806

tóu
投 806
頭 807

tǒu
黈 807

tū
突 807

tú
徒 807
涂 807
途 807
菟(tù) 808
屠 807
塗 807
圖 807
跿 808

tǔ
土 808

tù
兔 808
菟 808

tuán
剬(duān) 359
專(zhuān) 1182
敦(dūn) 360
揣(chuǎi) 320
剸 808
摶 808

tuàn
緣(yuán) 1054

tuī
推 808

tuí
弟(dì) 352

tuì
退 808

tūn
呑 808

tún
屯(zhūn) 1182
純(chún) 322
敦(dūn) 360

tuō
他(tā) 791
佗 808
託 809
說(shuō) 773

tuó
池(chí) 306
佗(tuō) 808
沱 809
訑(yí) 980
橐 809
鼉 809

tuǒ
隋 809

tuò
唾 809

wā
汙(wū) 875
鼃 809

wài
外 809

wān
貫(guàn) 444
關(guān) 443

wán
丸 810
完 810
玩 810
紈 810
翫 810

wǎn
宛 810
惋 810
晚 810
菀 810
綰 810
輓 810

wàn
腕 811
萬 811

wāng
匡(kuāng) 562

wáng
亡 812
王 814

wǎng
方(fāng) 395
王(wáng) 814
罔 837
枉 837
往 836
網 837

wàng
王(wáng) 814
妄 837
忘 837
往(wǎng) 836
望 837

wēi
危 837
委(wěi) 852
畏(wèi) 855
威 838
煨 839
微 839

wéi
為 839
韋 851
唯 851
帷 852
偽(wěi) 853
惟 852
圍 852
違 852
維 852
闈 852
魏(wèi) 860

wěi
尾 852
委 852
洧 853
偽 853
偉 853
唯(wéi) 851
隗 853

wèi
未 853
位 854
味 855
胃 855
畏 855
尉 855
渭 855
慰 855
衛 855
謂 856
遺(yí) 983
魏 860

wēn
溫 869

wén
文 869
蚊 870
聞 870

wěn
刎 872
呡 872
昧(mèi) 594

wèn
文(wén) 869
免(miǎn) 597
汶 872
問 872
聞(wén) 870

wǒ
我 873
果(guǒ) 455

wò
沃 874
臥 874
握 875

wū
汙 875
杇 875
巫 875
於 875
洿 889
屋 889
烏 889
惡(è) 362
嗚 889
誣 889

wú
亡(wáng) 812
毋 889
吳 892
吾 890
郚 892
梧 892
無 892
廡(wǔ) 900

wǔ
午 899
五 898
伍 899
忤 899
武 899
侮 900
務(wù) 901
啎 900
舞 900
廡 900

wù
勿 901
戊(mòu) 606
牟(móu) 605
物 901
悟 901
掘(jué) 541
梧(wú) 892
務 901
惡(è) 362
誤 902
騖 902
鶩 902

xī
夕 902
兮 902
西 902
希 903
昔 903
犀 904

栖(qī) 628
奚 904
息 904
郗 904
惜 905
悉 904
訢(xīn) 928
棲(qī) 628
翕 905
傒 905
喜(xǐ) 906
犀 905
腊 905
裼 905
熙 905
膝 905
嘻 905
蹊 906
戲(xì) 907
谿 905
釐(lí) 567
醯 906
譆 906
攜 906

xí
席 906
習 906
襲 906

xǐ
徙 906
喜 906
憙 907
璽 907
躧 907

xì
卻(què) 689
係 907
郄 907
氣(qì) 649
郤 907
細 907
赫(hè) 473
戲 907
繫 907

xiā
瑕(xiá) 907

xiá
甲(jiǎ) 502
夾(jiā) 501
匣 907
狎 907
俠 907
狹 907
假(jiǎ) 503
葭(jiā) 502
暇(xià) 914
瑕 907
黠 907
鎋 907

xià
下 907
夏 914
假(jiǎ) 503
暇 914

xiān
先 914
跣(xiǎn) 918
銛 916
鮮 916
纖 916

xián
弦 916
咸 916
絃 916
閑 916
嗛 916
嫌 916
銜 917
賢 917
鹹 917

xiǎn
省(xǐng) 933
跣 918
險 918
鮮(xiān) 916
獮 918
顯 918

xiàn
見(jiàn) 505
限 918
軒(xuān) 938
憲 918
縣(xuán) 938
鮮(xiān) 916
騷 918
獻 918

xiāng
相 919
湘 922
鄉 922
襄 922

xiáng
降(jiàng) 513
祥 922
翔 922
詳 922

xiǎng
享 922
鄉(xiāng) 922
嚮(xiàng) 923
攘(rǎng) 692
饗 923

xiàng
向 923
相(xiāng) 919
巷 923
象 923
項 923
鄉(xiāng) 922
嚮 923

xiāo
肖(xiào) 924
宵 923
消 923
梟 923
銷 923
蕭 923
驕(jiāo) 515

xiáo
校(jiào) 516
絞(jiǎo) 515
殽 923

xiǎo
小 923
宵(xiāo) 923

xiào
肖 924
孝 924
校(jiào) 516
宵(xiāo) 923
笑 925
效 925
殽(xiáo) 923
傚 925

xiē
曷(hé) 473
歇 925

xié
汁(zhī) 1155
邪 925
脅 926
挾 926
攜(xī) 906

xiě
寫(xiè) 926

xiè
泄 926
契(qì) 649
械 926
猲 926
解(jiě) 519
寫 926
緤 926
豫(yù) 1052
謝 926

xīn
心 927
辛 927
莘(shēn) 731
訢 928
新 928
親(qīn) 660
薪 928

xín
鐔 928

xìn
信 928
舋 930

xīng
星 930
興 930

xíng
刑 930
行 930
邢 933
形 933
陘 933
滎 933

xǐng
省 933

xìng
行(xíng) 930
性 934
幸 933
姓 933
興(xīng) 930

xiōng
凶 934
兄 934
匈 934
胸 934

xióng
雄 934

xiū
休 934
修 935
脩 935
羞 935

xiǔ
朽 935

xiù
袖 935
臭 935
宿(sù) 782
褎 935
繡 935

xū
于(yú) 1038
吁 935
呼(hū) 483
胥 935
須 936
虛 935
需 936
墟 936
鬚 936

xú
邪(xié) 925
余(yú) 1038
涂(tú) 807
徐 936

xǔ
休(xiū) 934
呴 936
許 936

xù
序 937
怵(chù) 320
卹 937
恤 937
畜(chù) 320
婿 937
蓄 937
續 937

xuān
宣 937
軒 938
諼 938

xuán
旋 938
滋 938
縣 938
還(huán) 486
懸 938

xuǎn
咺 938
選 938

xuàn
炫 938
涓(juān) 540
眩 938
衒 939
旋(xuán) 938
選(xuǎn) 938

xuē
削 939
薛 939

xué
穴 939
學 939

xuě
雪 940

xuè
血 940
決(jué) 541

xūn
勳 940

xún
旬 940
巡 940
徇(xùn) 940
郇 940
荀 940
尋 940
循 940
遁(dùn) 360

xùn
徇 940
殉 940
孫(sūn) 786
選(xuǎn) 938

yā
亞(yà) 940
烏(wū) 889
厭 940
壓 940

yá
牙 940
睚 940

yǎ
疋(shū) 767
啞(è) 362

yà
亞 940
啞(è) 362
御(yù) 1047

yān
身(shēn) 729
咽 940
殷(yīn) 1020
焉 941
淹 940
厭(yā) 940
鄢 941
隁(yàn) 946
閼(è) 363
燕(yàn) 946

yán
延 944
巡(xún) 940
言 942
鈆 944
險(xiǎn) 918
顏 944
嚴 944
巖 945
鹽 945

yǎn
衍 945
匽 945
掩 945
偃 945
眼 945
揜 945
厭(yā) 940
闇(àn) 232
儼 945
黶 945

yàn
咽(yān) 940
晏 946
雁 946
厭(yā) 940
隁 946
鴈 946
諺 950
燕 946
讌 950
驗 950
饜 950
鹽(yán) 945

yāng
央 950
殃 950
鞅 950

yáng
羊 950
佯 950
湯(tāng) 795
揚 950
陽 951
煬(yàng) 953
詳(xiáng) 922
楊 953

yǎng
卬(áng) 232
仰 953
養 953

yàng
怏 953
恙 953
煬 953

yāo
夭 953
要 953
祅 954
徼(jiào) 516

yáo
肴 954
姚 954
陶(táo) 796
猶(yóu) 1028
堯 954
搖 954
銚 954
遙 954
瑤 954
踰(yú) 1040
繇 954
謠 954

yǎo
要(yāo) 953
嚙 954

yào
幼(yòu) 1037
要(yāo) 953
樂(yuè) 1071
藥 954

yē
邪(xié) 925
耶 954

yě
也 955
冶 975

野 975

yè

曳 976
夜 976
咽(yān) 940
射(shè) 728
葉 976
業 976
緤(xiè) 926
鄴 976
謁 976

yī

一 977
伊 979
衣 979
依 979
挹(yì) 1015
椅 979
揖 979
壹 979
意(yì) 1015
醫 980

yí

匜 980
台 980
夷 980
沂 980
佗(tuō) 808
宜 980
怠(dài) 337
施(shī) 736
訑 980
蛇(shé) 727
移 980
焉(yān) 941
疑 981
頤 983
儀 981
遺 983

yǐ

乙 983
已 983
以 985
矣 1004
依(yī) 979
倚 1011
椅(yī) 979
錡(qí) 647
蟻 1011
齮 1011

yì

刈 1011
失(shī) 735
艾(ài) 229
衣(yī) 979
亦 1011
邑 1012
役 1012
佚 1012
抑 1012
泄(xiè) 926
易 1013
昳(dié) 353
迭(dié) 353
食(shí) 739
施(shī) 736
射(shè) 728
益 1014
挹 1015
移(yí) 980
逸 1015
異 1015
軼 1015
肆(sì) 779
詣 1017
溢 1016
睪 1016
意 1015
義 1016
厭(yā) 940
誼 1017
毅 1017
億 1017
劓 1017
殪 1017
澤(zé) 1081
隸(lì) 575
翳 1017
翼 1017
鎰 1017
藝 1017
釋(shì) 762
議 1017
醳 1017

yīn

因 1018
姻 1020
捆 1020
音 1020
殷 1020
陰 1020
壹(yī) 979

yín

沂(yí) 980
吟 1021
寅 1021
訢(xīn) 928
淫 1021

yǐn

尹 1021
引 1021
殷(yīn) 1020
飲 1021
靷 1022
隱 1022

yìn

印 1022
陰(yīn) 1020
飲(yǐn) 1021
蔭 1022
隱(yǐn) 1022

yīng

央(yāng) 950
英 1022
應 1022
嬰 1022
纓 1023
鷹 1023

yíng

迎 1023
盈 1023
熒 1023
嬴 1023
營 1023
羸 1023

yǐng

郢 1023
景(jǐng) 532
穎 1024

yìng

迎(yíng) 1023
應(yīng) 1022
繩(shéng) 735

yōng

庸 1024
雍 1024
壅 1024
擁 1024
臃 1024
雝 1024
癰 1024

yǒng

臾(yú) 1038
勇 1024

yòng

用 1025

yōu

幽 1026
憂 1026
優 1027
繇(yáo) 954

yóu

尤 1027
由 1027
斿 1027
柚(yòu) 1037
郵 1027
游 1027
猶 1028
遊 1028
繇(yáo) 954

yǒu

又(yòu) 1035
友 1028
有 1028
幽(yōu) 1026
莠 1035
脩(xiū) 935
牖 1035

yòu

又 1035
右 1037
幼 1037
有(yǒu) 1028
囿 1037
柚 1037
誘 1037
褎(xiù) 935

yū

汙(wū) 875

yú

于 1038
予(yǔ) 1040
邪(xié) 925
余 1038
吾(wú) 890
盂 1038
於(wū) 875
竽 1038
臾 1038
魚 1038
喻(yù) 1051
渝 1038
隅 1038
腴 1038
愚 1038
榆 1039
虞 1039
漁 1039
與(yǔ) 1041
餘 1039

- 踰 1040
- 諛 1039
- 輿 1040
- 歟 1040
- 旟 1040

yǔ
- 予 1040
- 羽 1040
- 雨 1040
- 臾(yú) 1038
- 禹 1040
- 梧(wú) 892
- 圉 1040
- 庾 1041
- 傴 1041
- 語 1047
- 嫗(yù) 1052
- 與 1041

yù
- 玉 1047
- 谷(gǔ) 434
- 育 1047
- 或(huò) 490
- 雨(yǔ) 1040
- 御 1047
- 欲 1047
- 尉(wèi) 855
- 圉(yǔ) 1040
- 喻 1051
- 愈 1051
- 遇 1051
- 預 1052
- 嫗 1052
- 與(yǔ) 1041
- 獄 1052
- 語(yǔ) 1047
- 閼(è) 363
- 禦 1052
- 諭 1052
- 豫 1052
- 譽 1052
- 鬻 1052
- 鷸 1053

yuān
- 宛(wǎn) 810
- 咽(yān) 940
- 淵 1053

yuán
- 元 1053
- 垣 1053
- 洹 1053
- 原 1053
- 援 1053
- 猿 1054
- 園 1053
- 隕(yǔn) 1072
- 緣 1054
- 轅 1054
- 黿 1054

yuǎn
- 遠 1054

yuàn
- 怨 1054
- 原(yuán) 1053
- 菀(wǎn) 810
- 願 1055

yuē
- 曰 1057
- 約 1069

yuè
- 月 1070
- 兌(duì) 359
- 悅 1071
- 越 1071
- 鉞 1071
- 說(shuō) 773
- 樂 1071
- 躍 1072
- 籥 1072

yún
- 云 1072
- 均(jūn) 552
- 雲 1072

yǔn
- 抎 1072
- 盾(dùn) 360
- 隕 1072

yùn
- 均(jūn) 552
- 怨(yuàn) 1054
- 菀(wǎn) 810
- 溫(wēn) 869
- 運 1072

zā
- 扎(zhā) 1082

zá
- 雜 1072

zāi
- 哉 1072
- 菑(zī) 1183

zǎi
- 宰 1073

zài
- 再 1073
- 在 1073
- 載 1074

zàn
- 贊 1074

zāng
- 牂 1074
- 臧 1074
- 藏(cáng) 285

zàng
- 葬 1074
- 臧(zāng) 1074
- 藏(cáng) 285

zāo
- 遭 1075
- 糟 1075

zǎo
- 早 1075
- 蚤 1075
- 棗 1075

zào
- 造 1075
- 燥 1075
- 躁 1075
- 竈 1075

zé
- 則 1075
- 柞(zuò) 1202
- 責 1081
- 睪(yì) 1016
- 賊 1081
- 擇 1081
- 澤 1081

zè
- 側(cè) 285

zèn
- 譖 1082

zēng
- 曾 1082
- 憎 1082
- 增 1082
- 繒 1082

zhā
- 扎 1082
- 苴(jū) 537

zhá
- 扎(zhā) 1082

zhà
- 作(zuò) 1201
- 詐 1082

zhāi
- 齊(qí) 638

zhái
- 宅 1082
- 翟(dí) 347

zhài
- 柴(chái) 286
- 祭(jì) 500
- 責(zé) 1081
- 瘵 1082

zhān
- 占 1082
- 沾 1082
- 旃 1082
- 氈 1082
- 鸇 1083

zhǎn
- 展 1083
- 斬 1083
- 棧(zhàn) 1083

zhàn
- 占(zhān) 1082
- 棧 1083
- 湛 1083
- 戰 1083

zhāng
- 章 1086
- 張 1085
- 粻 1087
- 漳 1087
- 鄣 1087
- 樟 1087

zhǎng
- 長(cháng) 286
- 掌 1087
- 黨(dǎng) 340

zhàng
- 丈 1087
- 仗 1087
- 杖 1087
- 長(cháng) 286
- 張(zhāng) 1085

障 1087
鄣(zhāng) 1087

zhāo
招 1087
昭 1087
朝 1088
著(zhù) 1181
鼂(cháo) 289

zhǎo
沼 1089

zhào
召 1089
兆 1090
詔 1090
照 1090
趙 1090

zhé
折 1097
軼(yì) 1015
慴 1097
輒 1097
適(shì) 762
聶(niè) 619
攝(shè) 728
讋 1097

zhě
者 1097

zhēn
珍 1108
貞 1108
振(zhèn) 1109
真 1108
偵 1109
椹 1109
斟 1109
甄 1109

zhěn
枕 1109
振(zhèn) 1109
眕 1109
軫 1109

zhèn
枕(zhěn) 1109
振 1109
陣 1109
陳(chén) 299
揕 1109
塡(tián) 803
瑱(tiàn) 803
甄(zhēn) 1109
震 1109

zhēng
丁(dīng) 353
正(zhèng) 1110
政(zhèng) 1110
爭 1109
征 1109
崢 1110
諍(zhèng) 1111
徵 1110

zhěng
承(chéng) 302
整 1110

zhèng
正 1110
政 1110
爭(zhēng) 1109
証 1111
諍 1111
鄭 1111
靜(jìng) 533

zhī
氏(shì) 748
之 1112
支 1155
卮 1155
汁 1155
知 1155
枝 1155
智(zhì) 1163
織 1158

zhí
直 1158
值 1158
執 1158
殖 1159
跖 1159
植 1159
稙 1159
遲(chí) 306
職 1159
蹠 1159

zhǐ
止 1159
旨 1159
抵(dǐ) 348
底(dǐ) 348
枳 1160
指 1159
咫 1159
砥(dǐ) 348
耆(qí) 637
趾 1160
視(shì) 761
軹 1160
徵(zhēng) 1110

zhì
至 1160
志 1161
制 1162
治 1162
炙 1163
知(zhī) 1155
致 1163
桎 1163
剬(duān) 359
智 1163
雉 1164
置 1164
銍 1164
質 1164
摯 1164
遲(chí) 306
職(zhí) 1159
織(zhī) 1158
贄 1165
識(shí) 741
躓 1165
鷙 1165

zhōng
中 1165
忠 1167
終 1168
眾(zhòng) 1171
鍾 1168
鐘 1168

zhǒng
腫 1169
種 1169
踵 1169

zhòng
中(zhōng) 1165
仲 1169
重 1170
眾 1171
種(zhǒng) 1169

zhōu
州 1172
舟 1172
周 1173
調(tiáo) 803
盩 1175
盩 1175
鬻(yù) 1052

zhóu
軸 1175

zhǒu
肘 1175
帚 1175

zhòu
注(zhù) 1181
紂 1175
胄 1175
祝(zhù) 1181
啄(zhuó) 1183
晝 1175
噣 1176
繇(yáo) 954
騶(zōu) 1195
驟 1176

zhū
朱 1176
侏 1176
邾 1176
株 1176
珠 1176
朝(zhāo) 1088
誅 1176
諸 1176

zhú
竹 1178
柚(yòu) 1037
逐 1178
筑 1178
軸(zhóu) 1175
燭 1178

zhǔ
主 1178
拄 1180
柱(zhù) 1181
渚 1180
煮 1180
屬 1180

zhù
住 1181
助 1181
杼 1181
注 1181
柱 1181
除(chú) 311
祝 1181
庶(shù) 770
紵 1181
筯 1181
著 1181
築 1181
鑄 1182

zhuān
專 1182
剸(tuān) 808
摶(tuān) 808

zhuǎn
轉 1182

zhuàn
傳(chuán) 321
摶(tuān) 808
縳 1182
轉(zhuǎn) 1182

zhuāng
莊 1182
裝 1182

zhuàng
壯 1182
狀 1182
憧(chōng) 307

zhuī
追 1182
揣(chuǎi) 320
錐 1182

zhuì
隊(duì) 359
惴 1182
綴 1182
墜 1182
隧(suì) 786
贅 1182

zhūn
屯 1182
純(chún) 322
淳(chún) 322
頓(dùn) 360

zhǔn
純(chún) 322
准 1182

zhuō
卓 1183
拙 1183
掘(jué) 541
涿 1183

zhuó
酌 1183
淖(nào) 613
啄 1183
斮 1183
著(zhù) 1181
噣(zhòu) 1176
濁 1183
擢 1183
繳 1183

zī
次(cì) 326
茲 1183
淄 1183
訾(zǐ) 1192
菑 1183
資 1183
嗞 1183
齊(qí) 638
緇 1183
齎(jī) 493

zǐ
子 1184
姊 1192
紫 1192
梓 1192
訾 1192

zì
自 1192
事(shì) 751
柴(chái) 286
恣 1194
眥 1194
菑(zī) 1183

zōng
宗 1194
從(cóng) 327
縱(zòng) 1194
總(zǒng) 1194

zǒng
從(cóng) 327
縱(zòng) 1194
總 1194

zòng
從(cóng) 327
總(zǒng) 1194
縱 1194

zōu
陬 1194
掫 1194
鄒 1194
騶 1195

zǒu
走 1195
奏(zòu) 1195

zòu
奏 1195
族(zú) 1198

zū
苴(jū) 537
菹 1195
諸(zhū) 1176

zú
足 1195
卒 1197
族 1198

zǔ
作(zuò) 1201
阻 1198
俎 1198
祖 1198
組 1198

zuǎn
纂 1198

zuì
冣 1198
最 1198
罪 1199
醉 1199

zūn
尊 1200

zǔn
尊(zūn) 1200
撙 1200

zuō
作(zuò) 1201

zuó
作(zuò) 1201
昨 1200
捽 1200

zuǒ
左 1200
佐 1201
縒 1201

zuò
左(zuǒ) 1200
作 1201
坐 1201
柞 1202
昨(zuó) 1200
挫(cuò) 330
座 1202
祚 1202
鑿 1202

(音未詳)
芈 1202
屛 1202
眄 1202
[illegible] 1202
蒷 1202
督 1202
蔆 1202
蕃 1202
軀 1202

威妥碼——漢語拼音對照表

A	
a	a
ai	ai
an	an
ang	ang
ao	ao
C	
cha	zha
ch‘a	cha
chai	zhai
ch‘ai	chai
chan	zhan
ch‘an	chan
chang	zhang
ch‘ang	chang
chao	zhao
ch‘ao	chao
che	zhe
ch‘e	che
chei	zhei
chen	zhen
ch‘en	chen
cheng	zheng
ch‘eng	cheng
chi	ji
ch‘i	qi
chia	jia
ch‘ia	qia
chiang	jiang
ch‘iang	qiang
chiao	jiao
ch‘iao	qiao
chieh	jie
ch‘ieh	qie
chien	jian
ch‘ien	qian
chih	zhi
ch‘ih	chi
chin	jin
ch‘in	qin
ching	jing
ch‘ing	qing
chiu	jiu
ch‘iu	qiu
chiung	jiong
ch‘iung	qiong
cho	zhuo
ch‘o	chuo
chou	zhou
ch‘ou	chou
chu	zhu
ch‘u	chu
chua	zhua
ch‘ua	chua
chuai	zhuai
ch‘uai	chuai
chuan	zhuan
ch‘uan	chuan
chuang	zhuang
ch‘uang	chuang
chui	zhui
ch‘ui	chui
chun	zhun
ch‘un	chun
chung	zhong
ch‘ung	chong
chü	ju
ch‘ü	qu
chüan	juan
ch‘üan	quan
chüeh	jue
ch‘üeh	que
chün	jun
ch‘ün	qun
E	
e	e
eh	ê
ei	ei
en	en
eng	eng
erh	er
F	
fa	fa
fan	fan
fang	fang
fei	fei
fen	fen
feng	feng
fo	fo
fou	fou
fu	fu
H	
ha	ha
hai	hai
han	han
hang	hang
hao	hao
he	he
hei	hei
hen	hen
heng	heng
ho	he
hou	hou
hsi	xi
hsia	xia
hsiang	xiang
hsiao	xiao
hsieh	xie
hsien	xian
hsin	xin
hsing	xing
hsiu	xiu
hsiung	xiong
hsü	xu
hsüan	xuan
hsüeh	xue
hsün	xun
hu	hu
hua	hua
huai	huai
huan	huan
huang	huang
hui	hui
hun	hun
hung	hong
huo	huo
J	
jan	ran
jang	rang
jao	rao
je	re
jen	ren
jeng	reng
jih	ri
jo	ruo
jou	rou
ju	ru
juan	ruan
jui	rui
jun	run
jung	rong
K	
ka	ga
k‘a	ka
kai	gai
k‘ai	kai
kan	gan
k‘an	kan
kang	gang
k‘ang	kang
kao	gao
k‘ao	kao
ke	ge
k‘e	ke
kei	gei
ken	gen
k‘en	ken
keng	geng
k‘eng	keng
ko	ge
k‘o	ke
kou	gou
k‘ou	kou
ku	gu
k‘u	ku
kua	gua
k‘ua	kua
kuai	guai
k‘uai	kuai
kuan	guan
k‘uan	kuan
kuang	guang
k‘uang	kuang
kuei	gui
k‘uei	kui
kun	gun
k‘un	kun
kung	gong
k‘ung	kong
kuo	guo
k‘uo	kuo
L	
la	la
lai	lai
lan	lan
lang	lang
lao	lao
le	le
lei	lei
leng	leng
li	li
lia	lia
liang	liang
liao	liao
lieh	lie
lien	lian
lin	lin
ling	ling
liu	liu
lo	le
lou	lou
lu	lu
luan	luan

lun	lun	nu	nu	sai	sai	t‘e	te	tsung	zong
lung	long	nuan	nuan	san	san	teng	deng	ts‘ung	cong
luo	luo	nung	nong	sang	sang	t‘eng	teng	tu	du
lü	lü	nü	nü	sao	sao	ti	di	t‘u	tu
lüeh	lüe	nüeh	nüe	se	se	t‘i	ti	tuan	duan
				sen	sen	tiao	diao	t‘uan	tuan
M		O		seng	seng	t‘iao	tiao	tui	dui
ma	ma	o	o	sha	sha	tieh	die	t‘ui	tui
mai	mai	ou	ou	shai	shai	t‘ieh	tie	tun	dun
man	man			shan	shan	tien	dian	t‘un	tun
mang	mang	P		shang	shang	t‘ien	tian	tung	dong
mao	mao	pa	ba	shao	shao	ting	ding	t‘ung	tong
me	me	p‘a	pa	she	she	t‘ing	ting	tzu	zi
mei	mei	pai	bai	shei	shei	tiu	diu	tz‘u	ci
men	men	p‘ai	pai	shen	shen	to	duo		
meng	meng	pan	ban	sheng	sheng	t‘o	tuo	W	
mi	mi	p‘an	pan	shih	shi	tou	dou	wa	wa
miao	miao	pang	bang	shou	shou	t‘ou	tou	wai	wai
mieh	mie	p‘ang	pang	shu	shu	tsa	za	wan	wan
mien	mian	pao	bao	shua	shua	ts‘a	ca	wang	wang
min	min	p‘ao	pao	shuai	shuai	tsai	zai	wei	wei
ming	ming	pei	bei	shuan	shuan	ts‘ai	cai	wen	wen
miu	miu	p‘ei	pei	shuang	shuang	tsan	zan	weng	weng
mo	mo	pen	ben	shui	shui	ts‘an	can	wo	wo
mou	mou	p‘en	pen	shun	shun	tsang	zang	wu	wu
mu	mu	peng	beng	shuo	shuo	ts‘ang	cang		
		p‘eng	peng	so	suo	tsao	zao	Y	
N		pi	bi	sou	sou	ts‘ao	cao	ya	ya
na	na	p‘i	pi	ssu	si	tse	ze	yang	yang
nai	nai	piao	biao	su	su	ts‘e	ce	yao	yao
nan	nan	p‘iao	piao	suan	suan	tsei	zei	yeh	ye
nang	nang	pieh	bie	sui	sui	tsen	zen	yen	yan
nao	nao	p‘ieh	pie	sun	sun	ts‘en	cen	yi	yi
ne	ne	pien	bian	sung	song	tseng	zeng	yin	yin
nei	nei	p‘ien	pian			ts‘eng	ceng	ying	ying
nen	nen	pin	bin	T		tso	zuo	yo	yo
neng	neng	p‘in	pin	ta	da	ts‘o	cuo	yu	you
ni	ni	ping	bing	t‘a	ta	tsou	zou	yung	yong
niang	niang	p‘ing	ping	tai	dai	ts‘ou	cou	yü	yu
niao	niao	po	bo	t‘ai	tai	tsu	zu	yüan	yuan
nieh	nie	p‘o	po	tan	dan	ts‘u	cu	yüeh	yue
nien	nian	p‘ou	pou	t‘an	tan	tsuan	zuan	yün	yun
nin	nin	pu	bu	tang	dang	ts‘uan	cuan		
ning	ning	p‘u	pu	t‘ang	tang	tsui	zui		
niu	niu			tao	dao	ts‘ui	cui		
no	nuo	S		t‘ao	tao	tsun	zun		
nou	nou	sa	sa	te	de	ts‘un	cun		

筆 畫 檢 字 表

一畫
一 一 977
乙 乙 983

二畫
一 丁 353
七 627
丿 乃 608
乙 九 533
二 二 388
人 人 693
入 入 708
八 八 232
几 几 491
刀 刀 340
力 力 570
匕 匕 242
十 十 737
卜 卜 261
又 又 1035

三畫
一 三 713
下 907
丈 1087
上 723
丶 丸 810
丿 久 534
乙 也 955
乞 648
二 于 1038
亠 亡 812
几 凡 393
刀 刃 702
十 千 650
口 口 561
土 土 808
士 士 747
夕 夕 902
大 大 331
女 女 621
子 子 1184
寸 寸 330
小 小 923
尸 尸 735
山 山 718
巛 川 320
工 工 420
己 己 497
已 983
干 干 413
弓 弓 420
手 才 283

四畫
一 丑 308
丏 413
不 262
丨 中 1165
丶 丹 338
丿 之 1112
亅 予 1040
二 云 1072
井 531
五 898
亠 亢 416
人 仁 702
什 739
仆 627
仇 682
今 520
介 520
儿 元 1053
入 內 613
八 六 587
兮 902
公 420
凵 凶 934
刀 分 399
切 656
刈 1011
勹 勾 432
勿 901
匕 化 485
匚 匹 623
十 午 899
卜 卞 252
卩 印 232
厂 厄 362
厶 厹 682
又 友 1028
及 493
反 393
大 天 797
夫 402
太 792
夭 953
子 孔 560
小 少 726
尢 尤 1027
尸 尹 1021
尺 307
屮 屯 1182
己 巴 232
弓 弔 353
引 1021
心 心 927
戈 戈 418
戶 戶 484
手 手 763
扎 1082
支 支 1155
文 文 869
斗 斗 356
斤 斤 526
方 方 395
无 旡 497
日 日 703
曰 曰 1057
月 月 1070
木 木 607
止 止 1159
毋 毋 889
比 比 243
毛 毛 592
氏 氏 748
水 水 772
火 火 490
父 父 409
牙 牙 940
牛 牛 620
犬 犬 688
玉 王 814

五畫
一 世 749
且 656
丘 682
丶 主 1178
丿 乏 390
乎 480
人 以 985
仕 750
他 791
仗 1087
代 336
令 581
仞 702
儿 充 307
兄 934
冂 冉 692
冫 冬 354
凵 出 309
力 加 501
功 426
勹 包 238
匕 北 240
匚 匜 980
十 半 237
卜 占 1082
卩 卯 593
卮 1155
厶 去 687
口 可 555
古 434
右 1037
召 1089
司 774
史 741
叱 307
台 980
句 433
囗 四 777
囚 682
夕 外 809
大 央 950
失 735
女 奴 620
工 巨 539
巧 655
左 1200
巾 市 750
布 283
干 平 624
幺 幼 1037
弓 弘 474
弗 406
心 必 243
戈 戊 606
手 扑 627
斤 斥 307
日 旦 339
木 本 242
未 853
末 604
止 正 1110
毋 母 607
氏 民 598
水 汁 1155
犬 犯 394
玉 玉 1047
瓜 瓜 440
甘 甘 413
生 生 732
用 用 1025
田 田 801
由 1027
甲 502
申 728
疋 疋 767
白 白 234
皮 皮 623
目 目 607
矛 矛 592
矢 矢 741
石 石 739
示 示 751
禾 禾 466
穴 穴 939
立 立 571

六畫
一 丞 300
亠 交 514
亦 1011
人 伉 554
伊 979
伍 899
伐 390
休 934
伏 406
仲 1169
任 702
仰 953
儿 光 445
兆 1090
先 914
入 全 688
八 共 432
冂 再 1073
刀 列 579
刑 930
刎 872
勹 匈 934
匚 匡 562
匠 513
卩 印 1022
危 837
口 吉 497
吏 572
同 806
吊 353
吁 935
各 419
向 923
名 600
合 466
后 477
囗 因 1018
土 地 348
在 1073
圭 445
夕 多 361
大 夷 980
女 妄 837
妃 396
好 465
如 705
子 存 330
宀 守 763
宅 1082
安 230
巛 州 1172
干 并 259
年 618
弋 式 751
弓 弛 306
心 忖 330
戈 戎 704
戍 769
戌 300
手 扞 465
攴 收 762
日 早 1075
旨 1159
旬 940
曰 曲 684
曳 976
月 有 1028
木 朽 935
朴 625
朱 1176
机 491
欠 次 326

止 此 323
歹 死 775
水 汝 708
汘 465
汙 875
江 509
池 306
汜 778
牛 牟 605
白 百 234
竹 竹 1178
羊 羊 950
羽 羽 1040
老 老 566
考 554
而 而 363
耳 耳 387
肉 肉 704
臣 臣 290
自 自 1192
至 至 1160
臼 臼 534
舌 舌 727
舟 舟 1172
色 色 716
艸 艾 229
血 血 940
行 行 930
衣 衣 979
襾 西 902
阜 阡 651

七畫

人 位 854
住 1181
佗 808
佞 620
何 468
佐 1201
伺 778
伸 729
似 778
但 339
作 1201
伯 259
余 1038
佚 1012
儿 兌 359
克 558
免 597
八 兵 254
冫 冶 975
冷 567
刀 別 254
利 573
初 311
力 劫 518
助 1181
匚 匣 907
卩 即 494
卵 589
口 吞 808
吾 890
否 402
吳 892
呂 588
君 542
告 417
吹 321
吠 398
含 457
吟 1021
呋 232
囗 困 564
土 坊 395
坑 559
均 552
坐 1201
士 壯 1182
大 夾 501
女 妨 395
妙 598
子 孝 924
宀 完 810
宋 779
尢 尬 413
尸 尾 852
巛 巡 940
工 巫 875
巾 希 903
干 芉 1202
广 序 937
庇 250
床 321
廴 廷 805
延 944
廾 弄 620
弓 弟 352
彡 形 933
彳 彷 395
役 1012
心 忘 837
忌 498
志 1161
忍 702
快 562
忤 899
忼 554
戈 戒 520
我 873
手 抗 554
技 498
扶 407
抉 541
把 233
扼 362
批 623
折 1097
扮 400
投 806
抑 1012
抎 1072
攴 改 413
攻 427
日 旰 416
曰 更 419
木 束 769
李 568
材 283
杜 358
杖 1087
杇 875
止 步 283
毋 每 594
毒 229
水 求 683
沙 717
沈 299
沉 299
沛 623
決 541
沐 607
没 604
沃 874
汲 495
汾 399
汶 872
沂 980
牛 牢 565
犬 狄 347
狂 562
狃 620
用 甫 408
田 男 611
矢 矣 1004
禾 私 775
网 罕 464
肉 肖 924
肝 414
肘 1175
育 1047
艮 良 576
艸 芒 592
見 見 505
角 角 541
言 言 942
谷 谷 434
豆 豆 356
豕 豕 741
走 走 1195
足 足 1195
身 身 729
車 車 289
辛 辛 927
辰 辰 299
邑 邑 1012
邢 933
邪 925
邦 238
釆 采 252
里 里 568
阜 防 395
阪 237
阨 362

八畫

一 並 259
亅 事 751
二 亞 940
亠 享 922
京 530
人 佯 950
依 979
侍 755
佳 501
使 741
供 432
來 564
侈 307
佩 623
侏 1176
佼 515
侔 605
儿 兔 808
兒 387
兕 778
入 兩 577
八 具 539
其 629
典 353
凵 函 457
刀 刻 558
券 688
刺 327
到 340
制 1162
刲 562
刱 321
十 卒 1197
卓 1183
卑 239
卩 卷 541
卹 937
又 取 685
叔 767
受 765
口 味 855
咄 361
呼 483
和 471
周 1173
命 603
咎 535
呴 936
呡 872
囗 固 435
囷 689
土 坦 795
坼 290
垂 321
夕 夜 976
大 奉 401
奇 637
奈 611
女 妾 658
妻 628
委 852
姑 434
始 746
姓 933
姊 1192
妬 358
子 孟 595
孤 434
季 498
宀 宗 1194
定 354
官 443
宜 980
宛 810
宓 597
小 尚 725
尸 屈 684
居 536
山 岸 232
巾 帚 1175
帛 260
帑 796
干 幸 933
广 府 408
底 348
弓 弦 916
弩 620
彳 往 836
征 1109
彼 243
心 忠 1167
忽 483
念 619
忿 400
怏 953
怯 659
怵 320
怪 443
性 934
怫 407
戈 或 490
戶 房 395
戾 574
所 787
手 承 302
拄 1180
拂 407
拒 539
招 1087
披 623
拔 233
抽 308
拙 1183
抵 348
抱 238
拘 537
拑 651
拊 408
支 放 396
政 1110
斤 斧 408
方 於 875
日 昔 903
易 1013
昌 286
昆 563
明 602
昏 490
月 服 407
朋 623
朌 399
木 枕 1109
東 354
果 455
枝 1155
林 579
杯 240
板 237
枉 837
松 779
杼 1181
止 武 899
歹 歿 604

毋 毒 357
氏 氓 595
水 泣 649
注 1181
沱 809
河 472
沾 1082
沼 1089
波 259
沫 604
法 392
沸 398
泄 926
況 562
沮 537
泗 778
治 1162
泠 580
火 炊 321
炙 1163
爪 爭 1109
片 版 237
牛 牧 607
物 901
犬 狀 1182
狎 907
狙 537
狗 433
狐 483
玉 玩 810
白 的 352
皿 盂 1038
目 直 1158
矢 知 1155
示 社 727
祀 779
祁 637
禾 秉 258
穴 空 560
糸 糾 533
网 罔 837
肉 肥 398
股 435
肩 503
肴 954
肯 559
臣 臥 874
舌 舍 727
艸 芮 710
虍 虎 484
衣 表 254
辵 迎 1023
返 394
近 527
邑 邵 726
邯 458
金 金 526
長 長 286
門 門 594
阜 阿 362
阻 1198
附 410
陂 240
雨 雨 1040
非 非 396

九畫

二 亟 495
亠 亭 805
人 信 928
侵 659
侯 474
便 252
俠 907
保 238
侶 588
俊 554
俗 782
侮 900
係 907
俎 1198
俓 532
俛 597
冂 冒 593
胄 1175
冖 冠 443
刀 削 939
前 652
剋 558
則 1075
剄 531
力 勇 1024
勉 597
勃 261
勁 532
勹 匍 627
匚 匽 945
十 南 611
卩 卻 689
厂 厚 478
又 叛 622
口 哀 229
哉 1072
咸 916
咽 940
咫 1159
咺 938
囗 囿 1037
土 垣 1053
城 302
垝 446
大 奔 242
契 649
奏 1195
女 姚 954
姦 503
威 838
姻 1020
姬 491
姝 767
宀 宣 937
宦 486
室 755
客 559
寸 封 400
尸 屏 625
屍 736
屋 889
屖 904
己 巷 923
巾 帝 352
帥 771
干 罕 465
幺 幽 1026
广 度 358
廴 建 508
弓 弭 597
彳 待 337
律 589
徇 940
後 478
心 怒 620
思 775
怠 337
急 495
怨 1054
恨 474
恢 488
恆 474
恃 756
恫 805
恤 937
恒 474
戶 扁 252
扃 533
扂 1202
手 拜 236
按 232
持 306
指 1159
拱 432
拾 739
挑 803
捆 1020
攴 故 436
方 施 736
斿 1027
无 既 498
日 春 321
昭 1087
昧 594
是 756
星 930
昨 1200
昳 353
曰 曷 473
木 柱 1181
柔 704
某 606
枯 562
柩 535
柯 554
柄 258
柚 1037
柏 261
柞 1202
柳 585
柴 286
柟 612
枳 1160
枹 408
柰 611
歹 殃 950
殆 337
殳 段 359
水 泉 688
津 527
洞 356
活 490
洛 590
洹 1053
洧 853
洿 889
火 炫 938
為 839
炭 795
犬 狩 766
狡 515
玉 珍 1108
珉 600
甘 甚 731
田 畏 855
界 520
白 皆 516
皇 488
皿 盈 1023
盃 240
目 省 933
相 919
眉 594
盾 360
盼 622
眄 597
眄 1202
矛 矜 527
示 祆 954
内 禹 1040
禾 科 554
秋 682
穴 穿 321
突 807
竹 竽 1038
糸 紂 1175
紀 498
約 1069
紈 810
羊 美 594
老 者 1097
而 耍 710
耳 耶 954
肉 胥 935
胃 855
背 241
胡 483
胎 792
胞 238
胕 408
至 致 1163
臼 臾 1038
艸 范 394
茅 592
苛 554
苦 562
若 710
茂 593
苗 598
英 1022
苞 238
苓 580
苟 433
苫 720
苴 537
虫 虹 474
虻 595
行 衍 945
衣 袂 594
衽 702
衿 527
襾 要 953
言 計 498
貝 貞 1108
負 410
走 赴 410
車 軍 552
軌 446
辵 迭 353
迫 626
邑 郊 515
郎 565
郝 1176
郇 940
郄 907
里 重 1170
阜 限 918
陋 586
陌 604
降 513
面 面 597
革 革 419
韋 韋 851
音 音 1020
風 風 401
飛 飛 398
食 食 739
首 首 764

十畫

丿 乘 304
亠 亳 261
人 倍 241
俯 409
倦 541
俸 402
值 1158
借 520
倚 1011
倒 340
倨 539
俱 537
倡 286
候 480
修 935
倪 618
倫 590
倉 284
倏 768
八 兼 503
冖 冥 603
冫 凍 356
凌 580
准 1182
凋 353
刀 剖 627
剛 416
剡 286
力 勌 541
厂 原 1053
厝 330
口 唐 795

	哭	562
土	埋	592
	埃	229
夊	夏	914
大	奚	904
子	孫	786
宀	宰	1073
	害	457
	家	501
	宮	432
	宵	923
	容	704
寸	射	728
尸	展	1083
工	差	285
巾	席	906
	師	736
广	庫	562
	庭	805
	座	1202
弓	弱	712
彳	徒	807
	徑	532
	徐	936
心	恙	953
	恣	1194
	恥	307
	恐	560
	恕	770
	恭	432
	恩	363
	息	904
	悟	901
	悍	465
	悔	488
	悅	1071
	悖	241
	恚	489
	悁	541
手	挈	659
	挾	926
	振	1109
	捕	261
	挺	805
	捐	540
	挫	330
	捍	465
	挐	708
	捄	537
	挹	1015
攴	效	925
斗	料	579
方	旁	622
	旅	588
	旂	1082
	旄	592
日	時	740
	晉	528
	晏	946
曰	書	767
木	校	516
	案	232
	桓	485
	根	419
	桂	446
	桔	518
	栗	574
	桑	716
	桀	518
	格	419
	桃	796
	株	1176
	桉	232
	栖	628
	桎	1163
欠	欬	554
歹	殊	768
	殉	940
殳	殷	1020
气	氣	649
水	流	584
	涕	797
	消	923
	涇	530
	浦	627
	海	456
	涓	540
	涉	728
	浮	408
	浚	554
	涂	807
火	烈	579
	烏	889
片	牂	1074
牛	特	796
	牂	1202
犬	狼	565
	狹	907
	狸	567
玉	珠	1176
	珪	445
	珥	388
田	畔	622
	畝	607
	畜	320
	留	584
	畛	1109
疒	疾	496
	病	259
	疲	623
	疸	339
	疵	322
白	皋	416
皿	益	1014
	盍	473
目	眩	938
	眞	1108
	眥	1194
矢	矩	537
石	破	626
	砥	348
示	祠	322
	祟	784
	祖	1198
	神	731
	祝	1181
	祚	1202
禾	秣	604
	秦	661
	秫	768
竹	笑	925
	笄	491
米	粉	400
糸	素	782
	索	791
	純	322
	級	496
	納	608
	紛	399
	紝	702
缶	缺	689
羽	翅	307
老	耆	637
耒	耕	420
肉	脅	926
	脆	329
	胸	934
	脈	592
	能	614
	脊	497
自	臭	935
舟	舫	396
	般	237
艸	芻	311
	荒	488
	荊	531
	草	285
	茲	1183
	茹	707
	荀	940
虫	蚊	870
	蚤	1075
	蚩	306
	蚌	238
	蚠	399
衣	衰	771
	被	241
	袒	795
	袖	935
言	記	500
	託	809
	訑	980
豆	豈	648
豸	豺	286
	豹	239
貝	財	284
	貢	432
走	起	648
身	躬	432
車	軒	938
	軔	703
辰	辱	708
辵	送	780
	逆	618
	迷	596
	退	808
	迺	611
	逃	796
	追	1182
	迹	491
邑	郡	554
	郝	466
	郢	1023
	郚	892
	郗	904
	郤	907
酉	酒	534
	配	623
	酌	1183
金	釜	409
阜	陣	1109
	陛	250
	除	311
	陘	933
隹	隼	787
馬	馬	590
骨	骨	435
高	高	416
鬲	鬲	574
鬼	鬼	446
十一畫		
乙	乾	652
人	偽	853
	假	503
	偃	945
	偉	853
	健	508
	偶	622
	偵	1109
	側	285
	偷	806
	偏	624
	偪	242
儿	兜	356
刀	副	410
	剬	359
力	務	901
	動	356
匸	匿	618
	區	684
卩	卿	677
厶	參	730
口	商	722
	啄	1183
	啞	362
	問	872
	唯	851
	售	766
	啜	322
	啗	339
	啓	649
	唾	809
	啎	900
囗	國	448
	圉	1040
土	堅	504
	基	491
	堂	796
	執	1158
	堀	562
女	婦	410
	婢	250
	婚	490
子	孰	768
宀	寇	562
	寅	1021
	寄	500
	宿	782
	密	597
	㝡	1198
寸	尉	855
	專	1182
	將	510
山	崇	308
	崢	1110
	崑	563
	崩	242
	崔	329
巛	巢	289
巾	常	287
	帶	337
	帷	852
广	康	554
	庸	1024
	庶	770
弓	張	1085
	強	653
彐	彗	489
彳	得	342
	徙	906
	從	327
	御	1047
心	患	486
	悉	904
	惋	810
	情	678
	惜	905
	悼	340
	惕	797
	惟	852
	惛	490
戈	戚	649
手	掠	590
	探	794
	接	518
	掘	541
	掩	945
	掃	716
	推	808
	授	766
	排	622
	捽	1200
	掫	1194
	据	537
攴	敖	232
	救	535
	教	516
	敗	236
	敏	600
斤	斬	1083
方	族	1198
	旋	938
	旌	531
日	晝	1175
	晚	810
	晨	299
	晦	489
曰	曹	285
月	望	837
木	梁	576
	梯	797
	梓	1192
	梧	892
	梗	420
	械	926
	條	803
	梟	923
欠	欲	1047

殳 殺 718
毛 毫 465
水 淳 322
淺 652
清 677
淇 637
淋 579
淹 940
混 490
淵 1053
淚 567
淫 1021
深 730
淮 485
淄 1183
淬 329
涿 1183
淖 613
火 烹 623
焉 941
爻 爽 771
牛 牽 651
犬 猜 283
猛 595
玄 率 771
玉 琅 565
理 569
瓦 瓶 625
生 產 286
田 略 590
畢 250
疋 疏 768
目 眾 1171
眼 945
示 祥 922
祭 500
禾 移 980
立 章 1086
竟 532
竹 第 353
符 408
笞 306
米 粒 574
粗 329
糸 紘 916
紹 726
細 907
組 1198
累 566
終 1168
紫 1192
紵 1181
紿 337
羊 羞 935
羽 習 906
耳 聊 578
肉 脯 409
脣 322
脩 935
脰 357
脛 532
舟 船 321
艸 莘 731
莫 604
莒 538
莊 1182
莠 1035
虍 處 311
虫 蛇 727
蛉 580
行 術 770
衒 939
見 規 445
言 訪 396
許 936
設 728
訢 928
貝 責 1081
貫 444
貨 490
貪 794
貧 624
赤 赦 728
足 趾 1160
趺 541
車 軟 710
辵 通 805
連 575
速 782
逝 761
逐 1178
造 1075
逢 401
途 807
逡 689
邑 部 283
郭 447
郵 1027
鄆 628
里 野 975
金 釣 353
門 閉 250
閈 465
阜 陪 623
陵 580
陳 299
陸 587
陰 1020
陶 796
陬 1194
隹 雀 689
雨 雪 940
頁 頃 678
食 飢 491
魚 魚 1038
鳥 鳥 619
鹵 鹵 586
鹿 鹿 587
麥 麥 592

十二畫

人 傍 622
傅 411
備 242
傑 519
傀 445
傚 925
傒 905
刀 割 418
創 321
力 勞 566
勝 733
十 博 261
厂 厤 574
口 喜 906
喪 716
單 338
喟 563
喻 1051
喬 655
喉 477
喙 489
善 720
囗 圍 852
土 堯 954
場 288
堤 347
報 239
堞 353
士 壹 979
壺 484
大 奢 726
女 婿 937
媒 594
宀 寒 458
富 411
寐 594
寸 尊 1200
尋 940
尢 就 536
尸 屠 807
幺 幾 491
广 廄 1041
廁 327
弋 弒 761
彡 彭 623
彳 復 411
循 940
徨 488
徧 253
心 惑 490
惡 362
悲 240
悶 595
惠 489
愜 659
愕 363
惰 362
惴 1182
惶 488
惛 490
戈 戟 497
手 掌 1087
揀 505
揆 563
插 285
揣 320
提 797
握 875
揖 979
揭 518
揮 488
援 1053
揚 950
揕 1109
揜 945
支 敝 250
敦 360
敢 414
散 716
斤 斯 1183
日 普 627
景 532
智 1163
曰 最 1198
曾 1082
月 期 628
朝 1088
朞 492
木 棄 650
棺 443
棠 796
棘 496
棗 1075
椅 979
棧 1083
棲 628
植 1159
椒 515
椎 321
棓 238
棬 688
棼 400
棊 637
欠 欺 628
歹 殘 284
殖 1159
殳 殽 923
水 渚 1180
游 1027
湔 504
渡 359
湊 329
渠 685
減 505
湛 1083
湘 922
渤 261
湖 484
渭 855
湯 795
測 285
渝 1038
渾 490
湣 600
火 焚 399
焦 515
無 892
然 690
牛 犀 905
犂 567
犬 猶 1028
猴 477
猲 926
玉 琴 676
田 異 1015
畫 485
番 393
疒 痛 806
痤 330
癶 登 347
發 389
皿 盛 735
盜 340
矢 短 359
示 祲 527
禾 稍 726
穴 窖 533
立 童 806
竹 等 347
策 285
筆 243
答 331
筋 527
筑 1178
米 粟 782
糸 統 806
絞 515
結 519
絕 541
絲 775
給 497
絳 513
絣 242
羽 翔 922
翕 905
肉 腕 811
脾 623
腓 398
腊 905
舌 舒 768
舛 舜 772
艸 菁 531
華 484
萊 565
萌 595
菽 768
菟 808
菹 1195
菀 810
萆 623
菑 1183
萺 1202
虍 虛 935
虜 586
衣 裁 284
裂 579
補 261
裎 305
見 視 761
言 証 1111
詔 1090
詐 1082
訾 1192
詘 684
詈 574
豕 象 923
豸 貂 353
貝 貳 389
賁 250
費 398
賀 473
貴 446
買 592
貿 593
貸 337
走 越 1071
超 289
足 距 539

跖 1159
跔 537
車 軻 554
軸 1175
軼 1015
軹 1160
軫 1109
辵 逮 337
逸 1015
進 529
邑 都 357
鄂 363
鄄 541
酉 酣 457
里 量 578
金 鈞 553
鈍 360
鈆 944
門 閔 600
開 554
閑 916
間 504
閎 474
阜 隊 359
階 518
隋 809
陽 951
隅 1038
隆 585
隹 雁 946
雄 934
集 496
雨 雲 1072
頁 項 923
順 772
須 936
馬 馮 625
黃 黃 488
黍 黍 769
黑 黑 474

十三畫

乙 亂 589
人 傲 232
傳 321
僅 527
傾 677
傷 723
僇 578
傴 1041
僂 588
刀 剸 808
力 募 608
勢 761
勦 588
口 嗟 541
嗜 761
嗇 717
嗣 779
嗚 889
嗛 916
嗞 1183
囗 園 1053
土 塞 717
塗 807
填 803
女 嫁 503
嫌 916
媾 433
媼 232
嫂 716
媿 563
巾 幐 796
广 廊 565
廉 575
彳 微 839
心 愚 1038
意 1015
感 416
愛 229
愁 308
愈 1051
慎 732
慄 574
愴 321
愧 563
愍 651
惷 322
慊 653
手 搏 261
損 787
搶 653
搖 954
搆 433
搤 363
支 敬 532
敫 515
斗 斟 1109
斤 新 928
日 暉 488
暇 914
曰 會 489
木 業 976
楚 312
極 496
楊 953
楫 496
楡 1039
椹 1109
楺 704
楩 624
欠 歇 925
歃 718
止 歲 784
殳 毀 488
殿 353
水 滋 938
溢 1016
溝 433
滅 598
溺 618
溫 869
滑 485
溜 585
滕 796
滏 408
火 煮 1180
煎 504
煩 393
照 1090
煬 953
煨 839
煖 622
片 牒 353
犬 猿 1054
玉 瑕 907
瑟 717
瓦 甄 321
田 當 339
疒 瘁 330
皿 盟 595
目 督 357
睪 1016
睢 783
睡 772
睚 940
睯 1202
石 碎 785
碁 637
示 祺 637
祿 587
禁 529
禸 禽 676
禾 稠 308
稙 1159
穴 窟 562
竹 節 519
筦 444
筴 285
筯 1181
米 粱 577
糸 經 531
网 置 1164
罪 1199
羊 義 1016
群 689
耳 聖 735
聘 624
聿 肆 779
肉 腴 1038
腸 288
腫 1169
腹 412
腦 613
臼 舅 536
艸 著 1181
萬 811
落 590
葵 563
葫 484
葉 976
葬 1074
葛 419
董 356
葭 502
葆 238
葺 650
莽 259
虍 虞 1039
號 465
虫 蜀 769
衣 裘 684
裝 1182
裸 590
裼 905
裏 570
角 解 519
言 詳 922
試 761
詩 737
詣 1017
誠 305
誅 1176
詬 433
詿 443
誂 803
豆 豊 570
豸 貉 473
貝 賊 1081
資 1183
賈 435
賃 580
賂 587
走 趍 684
足 路 588
跪 447
跣 918
車 載 1074
軾 762
辛 辟 623
辰 農 620
辵 運 1072
遊 1028
道 341
遂 785
達 331
逼 242
違 852
遇 1051
過 455
遍 253
遁 360
邑 鄉 922
鄒 1194
鄗 466
金 鉤 433
鉅 539
鉞 1071
鉆 652
鉏 311
阜 隘 230
隔 419
隕 1072
隗 853
隹 雍 1024
雉 1164
雎 537
雨 雷 566
電 353
青 靖 533
革 靳 529
靷 1022
頁 預 1052
頓 360
食 飯 395
飲 1021
飭 307
馬 馳 306
髟 髡 563
黽 黽 595
鼎 鼎 353
鼓 鼓 435
鼠 鼠 769

十四畫

人 僚 578
僕 627
僑 655
僭 803
刀 劃 307
匚 匱 563
厂 厭 940
口 嘗 288
嘉 502
囗 圖 807
土 塵 300
境 533
墓 608
士 壽 766
夕 夢 596
大 奪 361
女 嫗 1052
嫪 566
嫫 604
宀 寧 619
寡 440
實 740
寢 677
察 285
寸 對 359
尸 屢 588
巾 幕 608
广 廄 536
廕 1022
心 慨 554
慈 322
態 794
慢 592
慚 284
愬 783
慁 490
慴 1097
戈 截 519
手 摻 720
摶 808
摎 533
方 旗 637
日 暝 603
木 槁 417
榮 704
構 433
槐 485
欠 歌 419
水 溉 413
漳 1087
漏 586
漂 624
漢 465
滿 592
漆 629
漸 508
漕 285
漁 1039
滲 732
滎 933
漉 588
火 熙 905
熒 1023
爻 爾 388

犬	獄	1052
玉	瑤	954
	瑱	803
瓦	甄	1109
疋	疑	981
皿	盡	530
	監	505
目	睹	358
	瞀	593
	睾	417
石	碣	519
	碭	340
示	福	408
	禍	490
禾	種	1169
	稱	300
立	竭	519
	端	359
竹	管	444
	箕	492
	箠	321
	箘	554
米	粹	330
	精	531
	粻	1087
糸	綰	810
	綠	589
	綴	1182
	網	837
	綺	649
	綿	597
	綸	590
	維	852
	緇	1183
	緄	447
	綦	647
网	署	769
	罰	392
羽	翠	330
	翟	347
耳	聞	870
	聚	539
肉	腐	409
	膏	417
	膊	261
臣	臧	1074
至	臺	792
臼	與	1041
舛	舞	900
艸	萬	465
	蓄	937
	蒙	595
	蒞	574
	蒲	627
	蓋	413
	蒼	285
	蓐	710
	蔆	1202
	蕾	1202
虫	蜻	677
	蜺	618
	蜚	398
衣	裳	289
	裹	455
	褐	473
	褘	488
言	誦	780
	語	1047
	誣	889
	誡	520
	誓	762
	誤	902
	說	773
	誨	489
	誘	1037
豕	豪	465
豸	貌	593
貝	賓	254
赤	赫	473
走	趙	1090
足	踊	537
	踕	808
	跽	500
	踈	768
車	輔	409
	輒	1097
	輕	677
	輓	810
辵	遠	1054
	遣	653
	遙	954
	遞	353
	遡	783
邑	鄙	243
	鄣	1087
	鄢	941
酉	酸	783
	酺	627
金	銅	806
	銜	917
	銛	916
	銍	1164
	銚	954
門	閨	445
	閤	419
阜	障	1087
	際	500
	隔	946
隹	雒	590
雨	需	936
革	鞅	950
頁	頗	625
	領	581
食	飽	238
	飾	762
鳥	鳴	603
	鳳	402
鼻	鼻	242
齊	齊	638

十五畫

人	億	1017
	儀	981
	僻	623
	僵	513
	價	503
	儌	532
刀	劇	539
	劍	508
	劌	447
厂	厲	575
口	嘻	905
	嘿	605
	噴	623
	嘷	465
土	墟	936
	增	1082
	墳	400
	墜	1182
	墮	362
	墨	605
大	奭	762
宀	寬	562
	審	731
	寫	926
尸	履	589
巾	幣	250
广	廢	399
	廚	311
	廟	598
	廝	775
	廣	445
	廡	900
廾	弊	251
弓	彈	339
彳	徹	290
	德	346
	徵	1110
心	慶	681
	慧	489
	慮	589
	慝	796
	慕	608
	憂	1026
	慰	855
	憧	307
	憐	575
	憎	1082
	憚	339
	憔	655
	慼	329
	憒	563
	憍	515
戈	戮	588
手	摩	604
	摯	1164
	撲	627
	撥	259
	撓	613
	播	259
	撫	409
	撙	1200
	擊	492
攴	敵	347
	數	770
	毆	684
日	暮	608
	暴	239
木	樟	1087
	樞	768
	樓	585
	樊	393
	樂	1071
	樗	311
欠	歎	795
殳	毅	1017
水	漿	513
	潔	519
	潛	652
	潰	563
	潞	588
火	熟	769
	熱	693
片	牖	1035
疒	瘡	321
	瘨	353
皿	盤	622
目	瞑	603
	瞋	290
禾	稼	503
	穀	435
	稽	492
	稷	500
	稻	342
穴	窮	681
竹	箭	509
	篇	624
	篋	659
米	糅	704
糸	練	576
	編	252
	緣	1054
	緩	486
	緱	433
	緤	926
	緜	597
网	罷	233
羽	翫	810
	翦	505
肉	膝	905
	膠	515
	膚	406
艸	蔡	284
	蓬	623
	蔆	581
	蔥	327
虍	虢	455
行	衝	307
衣	褒	935
言	誼	1017
	諒	578
	談	795
	請	679
	諂	286
	調	803
	誰	771
	論	590
	諍	1111
	誹	398
	諔	320
豆	豎	771
貝	賞	723
	賦	413
	賤	509
	賢	917
	賣	592
	賜	327
	質	1164
走	趣	684
足	踐	509
	踞	539
	踦	629
	踘	537
車	輟	322
	輩	242
	輦	619
	輪	590
辵	適	762
	遭	1075
	遷	651
邑	鄰	579
	鄭	1111
	鄧	347
	鄲	338
	鄮	594
酉	醉	1199
金	銷	923
	銳	710
	鋒	401
	鋏	502
門	閭	588
雨	霆	805
	震	1109
革	鞏	432
頁	頤	983
	頞	363
食	餌	388
	養	953
馬	駟	779
	駑	620
	駕	503
	駒	537
髟	髮	393
魚	魯	586
鳥	鴈	946
黍	黎	567
	[illegible]	618
鼎	鼐	611
齒	齒	307

十六畫

人	儒	708
	儐	254
八	冀	501
冖	冪	597
刀	劓	1017
力	勳	940
又	叡	710
口	器	650
	噬	762
	噣	1176
	噲	562
土	壁	251
	墾	559
	壇	795
	壅	1024
大	奮	400
女	嬴	1023
	嬙	655
	嬖	251
子	學	939
广	廩	580
	廧	655
弓	彊	655
彳	徼	516
心	憲	918
	憾	465
	憙	907
戈	戰	1083

手	擅	722
	擁	1024
	據	539
	擇	1081
	操	285
	擔	339
攴	整	1110
木	橫	474
	橘	537
	樹	771
	橋	655
	樵	655
	機	493
	橦	806
	橐	809
止	歷	575
歹	殪	1017
	殫	339
水	澤	1081
	濁	1183
	激	493
	澹	339
	澠	735
	濊	489
	澮	562
火	燒	726
	燕	946
	熿	488
	燋	515
	燔	393
犬	獨	357
玉	璣	493
	璞	627
瓜	瓢	624
瓦	甌	622
疒	瘵	1082
皿	盧	586
	盩	1175
石	磨	604
示	禦	1052
禾	積	493
	穎	1024
	穆	608
穴	窺	563
竹	築	1181
	篤	358
糸	縛	413
	縣	938
	縞	417
	縠	484
	縢	796
羽	翮	473
耒	耨	620
肉	膳	722
臼	興	930
艸	蔽	251
	蕩	340
	蕃	393
	蕭	923
	蕡	563
行	衛	855
	衡	474
衣	褰	651
見	親	660
	覩	358
言	諸	1176
	諛	1039
	諺	950
	諫	509
	諱	489
	謀	605
	諾	622
	謁	976
	謂	856
	諭	1052
	諼	938
豕	豫	1052
貝	賭	358
	賴	565
足	蹄	797
	踵	1169
	踰	1040
車	輻	408
	輯	496
	輸	768
辛	辨	253
辵	選	938
	遲	306
	遼	578
	遺	983
邑	鄴	976
	鄶	595
金	錯	330
	錢	652
	錐	1182
	錦	527
	錡	647
	錮	440
門	闕	363
阜	隧	786
	隨	784
	險	918
隹	雕	353
青	靜	533
頁	頸	532
	頭	807
食	餓	363
	餘	1039
	餐	284
	餔	261
馬	駭	457
	駡	591
魚	鮑	239
	鮒	413
鳥	鴟	306
黍	黎	618
黑	默	605
	黔	652
龍	龍	585
龜	龜	445

十七畫

人	優	1027
	償	289
口	嚐	565
土	壓	940
	壑	474
女	嬰	1022
子	孺	708
广	廩	242
弓	彌	596
彳	徽	488
心	應	1022
	懦	622
	懃	677
	懧	622
戈	戲	907
手	擢	1183
	擯	254
攴	斂	576
斤	斶	320
木	檀	795
比	毚	286
毛	氈	1082
水	濱	254
	濟	501
	濫	565
	濡	708
	濮	627
火	燧	786
	營	1023
	燥	1075
	燭	1178
爿	牆	655
犬	獲	491
	獮	918
玉	環	486
疒	療	579
皿	盩	1175
矢	矯	515
石	磻	259
竹	簒	329
米	糠	554
	糞	400
	糟	1075
糸	縮	787
	繆	606
	縷	589
	縫	401
	總	1194
	縱	1194
	繁	393
	縵	592
	縳	1182
	繇	954
羽	翳	1017
	翼	1017
耳	聲	735
	聰	327
肉	臃	1024
	臂	252
臣	臨	579
臼	舉	538
艸	薪	928
	薄	261
	薜	252
	薔	655
	薛	939
	薨	474
	薊	501
	薦	509
虍	虧	563
虫	螻	586
衣	襄	922
言	謗	238
	講	513
	謠	954
	謝	926
	謟	796
谷	谿	905
貝	購	434
走	趨	684
足	蹈	340
	蹊	906
	蹇	505
車	轂	435
	轅	1054
	輿	1040
辵	避	252
	遽	540
	還	486
酉	醜	309
	醢	457
金	鍵	509
	鍊	576
	鍥	659
	鍾	1168
	鍪	606
門	闌	565
	闈	852
	闇	232
阜	隱	1022
隶	隸	575
隹	雖	783
雨	霜	771
革	鞠	537
韋	韓	458
食	館	444
	餝	307
馬	騁	306
	駿	554
魚	鮮	916
鳥	鴻	474
鹿	麋	597
黃	黈	807
黑	黜	320
黽	黿	1054

十八畫

人	儲	320
又	叢	329
口	嚙	954
土	壘	567
戈	戴	337
手	擾	693
斤	斷	359
木	檳	254
欠	歟	1040
止	歸	445
歹	殯	254
水	濺	509
爪	爵	542
犬	獵	579
玉	璧	252
疒	癘	575
目	瞽	435
示	禮	570
竹	簡	505
	簬	588
米	糧	577
糸	織	1158
	繕	722
	繞	693
	繡	935
	繒	1082
	繓	1201
耳	職	1159
	聶	619
肉	臏	254
臼	舊	536
艸	藏	285
	藍	565
	藉	520
虍	虡	540
虫	蟲	308
衣	襟	527
	襜	286
襾	覆	413
角	觴	723
言	謹	527
	謬	604
	謾	592
豆	豐	401
貝	贅	1182
	贄	1165
足	蹠	1159
身	軀	685
車	轉	1182
	轚	560
酉	醫	980
	醬	513
里	釐	567
金	鎰	1017
	鎒	620
	鎋	907
門	闔	473
	闕	689
阜	隳	488
隹	雜	1072
	雙	771
	雞	493
	雝	1024
革	鞭	252
	鞮	347
	鞫	537
頁	顏	944
	題	797
馬	騈	624
	騎	647
	騏	647
	騄	588
	騷	918
骨	髀	252
鬼	魏	860
魚	鯉	570
鳥	鵬	362
	鵠	484
黑	黠	907
黽	鼂	289
齒	齕	473

十九畫

口	嚮	923
土	壞	485
	壟	585
宀	寵	308
广	龐	623
	廬	586
心	懷	485

手 攀 622
日 曠 563
曝 627
木 櫓 587
櫜 417
欠 歠 322
水 瀨 565
火 爍 774
爇 713
片 牘 358
犬 獸 766
玉 璽 907
田 疇 308
疆 513
石 礚 505
示 禱 340
糸 繫 907
繭 505
繩 735
繳 1183
网 羅 590
羊 羹 420
羸 566
臼 疊 930
艸 藩 393
藝 1017
藥 954
虫 蟻 1011
言 譁 485
識 741
譚 795
譆 906
譖 1082
貝 贊 1074
足 蹶 542
蹴 329
蹯 393
蹻 655
蹹 792
辛 辭 322
辵 邊 252
酉 醯 906
金 鏡 533
鏤 586
門 關 443
闚 563
阜 隴 585
隹 離 567
難 612
非 靡 597
頁 類 567
願 1055
顛 353
食 餽 563
馬 騖 902
鳥 鵲 689
鹿 麒 648
麗 575
黽 黿 809

二十畫
力 勸 689
口 嚴 944
土 壤 692
子 孽 619
宀 寶 238
心 懸 938
手 攘 692
方 旟 1040
犬 獻 918
穴 竇 357
竹 籌 308
籍 496
糸 繼 501
纂 1198
繻 705
艸 蘭 580
蘇 780
藿 491
見 覺 542
角 觸 320
言 議 1017
譬 624
貝 贏 1023
贍 722
足 躁 1075
車 轘 487
酉 醳 1017
釆 釋 762
金 鐘 1168
鐔 928
門 闞 554
雨 露 588
風 飄 624
馬 騰 796
騶 1195
魚 鯷 797
鰌 684
鳥 鶩 902
鹵 鹹 917
黑 黨 340
黥 678

廿一畫
尸 屬 1180
心 懼 540
懾 728
懽 485
手 攝 728
攜 906
日 曩 613
水 灌 444
穴 竈 1075
米 糲 575
糸 纏 286
續 937
纆 605
纍 566
艸 蘭 565
虫 蠡 570
見 覽 565
言 譴 653
譽 1052
足 躍 1072
辛 辯 253
金 鐵 803
鐸 362
鐶 486
門 闢 624
雨 霸 234
頁 顧 440
食 饒 693
饑 493
饋 563
馬 驅 685
驂 284
魚 鰥 444
鳥 鷄 493
齊 齎 493
齒 齧 619

廿二畫
人 儼 945
口 囊 613
子 孿 589
木 權 688
欠 歡 485
水 灑 713
灘 568
禾 穰 692
穴 竊 659
竹 籠 585
耳 聾 585
聽 803
肉 臞 685
衣 襲 906
言 讀 358
貝 贖 769
足 躓 1165
金 鑄 1182
食 饗 923
饕 796
馬 驕 515
驎 580
髟 鬚 936
鬲 鬻 1052
鳥 鷙 1165

廿三畫
山 巖 945
心 戄 542
手 攫 542
水 欒 589
疒 癰 1024
竹 籥 1072
糸 纓 1023
纖 916
言 變 253
讌 950
讎 308
讋 1097
金 鑠 774
頁 顯 918
食 饜 950
馬 驚 531
驗 950
骨 髓 784
體 797
魚 鱉 254
鱔 722
鱗 580
鳥 鷸 1053
鹿 麟 580
齒 齮 1011

廿四畫
网 羈 493
虫 蠶 284
蠹 359
行 衢 685
言 讓 692
讒 286
酉 釀 619
雨 靈 581
馬 驟 1176
鬥 鬭 357
鳥 鷹 1023
鸇 1083
鹵 鹽 945

廿五畫
虫 蠻 592
見 觀 444
言 讙 485
足 躡 619
頁 顱 586
鳥 鷏 1202
黽 鼉 809

廿六畫
足 躧 907
黑 黶 945

廿七畫
馬 驥 501

廿八畫
金 鑿 1202
馬 驩 485

廿九畫
火 爨 329
馬 驪 568

卅三畫
鹿 麤 329

通用字表

編號	本索引用字	原底本用字	章/頁/行	內文
1	賴	頼	1/1/9	周賴大國之義
2	醯	醓	1/1/14	非效醯壺醬甀耳
3	群	羣	2/1/25	秦王不聽群臣父兄之義而攻宜陽
			14B/6/7	明群臣據故主
			44/18/3	譬如使豺狼逐群羊也
			50/21/1	群臣聞見者畢賀
			53/22/21	義渠君致群臣而謀曰
			96/47/21	秦王召群臣賓客六十人而問焉
			96/47/22	群臣莫對
			96/48/2	非所以厲群臣也
			96/48/16	是以群臣莫敢以虛願望於上
			108/52/26	群臣吏民
			108/53/1	群臣進諫
			112/55/7	是群臣之計過也
			145/75/25	以制群臣
			149B/79/8	君王后以示群臣
			149B/79/9	群臣不知解
			154/81/3	荊宣王問群臣曰
			154/81/3	群臣莫對
			167/86/9	內與群臣謀
			168/86/18	無以異於驅群羊而攻猛虎也
			168/86/18	今大王不與猛虎而與群羊
			168/86/25	聚群弱而攻至強也
			177/92/9	王明日朝群臣
			177/92/11	王墳墓、復群臣、歸社稷也
			179/93/19	臣願無聽群臣之相惡也
			198/100/21	久失群也
			209/109/2	臣願大王深與左右群臣卒計而重謀
			220/116/9	先王棄群臣
			236/127/23	鄒之群臣曰
			244/130/25	旦日贊群臣而訪之
			312/159/16	今君劫於群臣而許秦
			440/217/10	群臣怪之

編號	本索引用字	原底本用字	章/頁/行	內文
4	煮	煑	2/2/1 272/142/28	遽效煮棗 東有淮、穎、沂、黃、煮棗、海鹽、無（踈）〔疏〕
5	豎	竪	21/7/25 21/7/26	而陽豎與焉 而陽豎與之
6	卻	却	23/8/18 42/16/24 42/16/25 120/58/11 120/58/11 120/58/14 120/58/14 121/58/20 121/58/20 440/215/4	是君卻秦而定周也 戰慄而卻 又交罷卻 不如聽之以卻秦兵 不聽則秦兵不卻 卻秦兵 威卻強秦兵 韓卻周害也 及韓卻周割之 卻行為道
7	弊	獘	40/13/21	舌弊耳聾
8	紝	絍	40/13/30	妻不下紝
9	蛇	虵	40/14/18 318/163/22	嫂蛇行匍伏 有蛇於此
10	鄰	隣	42/15/23 42/16/1 42/16/4 42/16/8 42/17/10 42/17/11 433/211/23 438/213/19	四鄰諸侯不服 無與禍鄰 四鄰諸侯可朝也 四鄰諸侯可朝也 朝四鄰諸侯之道 四鄰諸侯不朝 鄰民之所處也 出語鄰家
11	蠹	蠧	42/16/19 46/18/23 73A/31/16 142/72/1	蠹魏 蠹 若木之有蠹 幣帛矯蠹而不服矣
12	爇	焫	53/22/15	則秦且燒爇獲君之國
13	羈	羇	55/23/13	今臣羈旅之臣也

編號	本索引用字	原底本用字	章/頁/行	內文
13	羈	羇	57/24/4 73A/30/3 80/35/12	我羈旅而得相秦者 羈旅之臣也 王舉臣於羈旅之中
14	涖	莅	72/28/28 218/114/11 221/118/18	臣聞明主涖正 涖國之日淺 是以涖國者不襲奇辟之服
15	恥	耻	73A/30/6 73A/30/12 418/200/22	不足以為臣恥 臣又何恥乎 以雪先王之恥
16	鬬	鬪	75/33/8	與樂死者鬬
17	慚	慙	81/35/20 134/66/11 145/76/3 461/226/30	應侯內慚 得志不慚為人主 慚恥而不見 應侯慚而退
18	刱	剏	81/37/3	大夫種為越王墾草刱邑
19	芻	蒭	82B/38/7 82B/38/7 82B/38/8	齊、秦合而立負芻 負芻立 負芻必以魏歿世事秦
20	博	愽	87/42/4	夫以王壤土之博
21	鉤	鈎	95/47/8 99/49/13	繾病鉤 鉤不能牽
22	效	効	115/56/15 153/80/25 167/86/5 168/87/22 383C/185/4 461A/199/17	願效之王 請效列城五 使臣效愚計 效萬家之都 則曰來效賊也 王因收印自三百石吏而效之子之
23	卮	巵	117/57/14	賜其舍人卮酒

編號	本索引用字	原底本用字	章/頁/行	內文
23	卮	巵	117/57/16 117/57/16 412/196/26	乃左手持卮 奪其卮曰 妻使妾奉卮酒進之
24	鱉	鼈	129/62/23 442/218/20	則不若魚鱉 江、漢魚鱉黿鼉為天下饒
25	壟	壠	129/62/25	而操銚鎒與農夫居壟畝之中
26	床	牀	130/63/3 130/63/4 130/63/4 130/63/7 130/63/10 130/63/13 130/63/16	獻象床 直送象床 象床之直千金 君豈受楚象床哉 今君到楚而受象床 子教文無受象床 輸象床
27	齎	賫	133/65/25	遣太傅齎黃金千斤
28	虡	簴	136B/67/20	萬石虡
29	鼓	皷	142/73/17 143/74/20 270/142/8	故鍾鼓竽瑟之音不絕 於是殺閔王於鼓里 見敵之可也鼓之
30	禍	旤	145/75/20	國弊禍多
31	以	㠯	153/80/19 153/80/19 153/80/21 153/80/21 153/80/25 153/80/25 154/81/5 154/81/6 156/81/17 156/81/21 156/81/22	五國約以伐齊 五國以破齊秦 我厚賂之以利 我悉兵以臨之 王苟無以五國用兵 以廧於齊 子以我為不信 虎以為然 而以強魏 何以兩弊也 必與魏合而以謀楚

編號	本索引用字	原底本用字	章/頁/行	內文
31	以	㠯	156/81/22	以為趙援
			157B/82/6	臣朝夕以事聽命
			158/82/14	以居魏知之
			160/82/27	無以至此
			160/82/30	以色交者
			160/82/30	是以嬖女不敝席
			160/83/1	而無以深自結於王
			160/83/2	以身為殉
			160/83/11	願得以身試黃泉
			163/84/6	楚以弱新城圍之
			163/84/8	故楚王何不以新城為主郡也
			164/84/15	矯以新城、陽人予太子
			164/84/16	以與公叔爭國而得之
			166/85/5	以苛廉聞於世
			170/89/2	天下莫敢以兵南鄉
			186/96/4	公不如以儀之言為資
			187/96/10	吾欲先據之以加德焉
			189/96/27	不足以載大名
			190/97/5	此孝子之所以事親
			190/97/6	忠臣之所以事君也
			190/97/8	鄭褏知王以己為不妬也
			192/98/3	黃雀因是以
			192/98/5	以其類為招
			197/99/23	湯以亳
			197/99/23	武王以鄗
			197/99/24	君籍之以百里勢
			197/99/24	臣竊以為不便於君
32	皋	皐	168/86/22	取成皋
			203/104/1	請蔡、皋狼之地
			218/114/5	韓守成皋
			220/116/4	一軍軍於成皋
			247/131/21	留天下之兵於成皋
			247/131/25	今趙留天下之甲於成皋
			249/133/3	罷於成皋
			264A/140/11	因索蔡、皋梁於趙
			344A/172/3	分地必取成皋
			344A/172/3	成皋

編號	本索引用字	原底本用字	章/頁/行	內文
32	皋	臯	344A/172/6 344A/172/6 347/172/28 347/173/5 348A/173/27 348A/173/27 352/175/3	果取成皋 果從成皋始 韓北有鞏、洛、成皋之固 秦必求宜陽、成皋 東取成皋、宜陽 夫塞成皋 兵罷而留於成皋
33	帚	箒	168/87/22	請以秦女為大王箕帚之妾
34	鬭	鬪	170/89/20 170/89/21 208/107/25 220/116/2 234/125/18 301/153/7	蒙穀給鬭於宮唐之上 舍鬭奔郢曰 土梗與木梗鬭曰 夫斷右臂而求與人鬭 夫不鬭一卒 王游人而合其鬭
35	袖	褏	182/94/10 182/94/18 182/94/19 182/94/23 190/97/3 190/97/5 190/97/8 190/97/9 190/97/10 190/97/10	南后、鄭袖貴於楚 南后、鄭袖聞之大恐 鄭袖亦以金五百斤 乃召南后、鄭袖而觴之 夫人鄭袖知王之說新人也 今鄭袖知寡人之說新人也 鄭袖知王以己為不妬也 王謂鄭袖曰 鄭袖曰 鄭袖曰
36	臥	卧	190/97/4 273/144/7	宮室臥具 則大王高枕而臥
37	蚊	蚉	192/98/1	俛啄蚊虻而食之
38	鹹	醎	192/98/5	夕調乎酸鹹
39	倏	倐	192/98/5	倏忽之間
40	鰭	鮨	192/98/7	俯噣鰭鯉

編號	本索引用字	原底本用字	章/頁/行	內文
41	蔆	蔆	192/98/7	仰嚙蔆衡
42	姦	姧	197/100/2 221/118/12	無法術以知姦 姦之屬也
43	癰	癕	197/100/7	夫癘雖癰腫胞疾
44	迺	廼	201/103/1	迺謂魏王曰
45	規	䂓	203/103/25 203/105/3 208/108/4 212/110/22	段規諫曰 康子之謀臣曰段規 先生之計大而規高 且以繩墨案規矩刻鏤我
46	麤	麁	203/104/21	麤中而少親
47	著	着	203/105/1	兵著晉陽三年矣
48	崑	崐	209/108/24	而崑山之玉不出也
49	黈	黈	211/109/19 211/109/21 211/109/23	今韓陽告上黨之守靳黈曰 靳黈曰 乃使馮亭代靳黈
50	氈	氊	218/113/1	燕必致氈裘狗馬之地
51	楫	檝	221/117/20 221/117/21	而無舟楫之用 故寡人且聚舟楫之用
52	棄	弃	236/126/29	棄禮義而上首功之國也
53	尬	尬	243/130/18	魏尬謂建信君曰
54	怪	恠	246/131/7 385/185/24	而臣竊怪王之不試見臣 愈怪其厚
55	裂	𧘂	252/135/18	車甲羽毛裂敝

編號	本索引用字	原底本用字	章/頁/行	內文
56	沱	沲	253/135/24	五年以擅呼沱
57	地	埅	253/135/24	不如盡歸中山之新地
			270/142/7	前脈形地之險阻
			272/142/27	大王之地
			272/142/29	地方千里
			272/142/29	地名雖小
			272/143/11	割其主之地以求外交
			272/143/12	外挾彊秦之勢以內劫其主以求割地
			273/143/22	地四平
			273/143/25	魏之地勢
			275/145/4	夫秦非不利有齊而得宋地也
			275/145/7	則地廣矣
			277/145/28	為求壤地也
			283/147/13	欲得地
			284/147/19	必反燕地以下楚
			287/148/9	請卑辭割地
			297/151/15	王無與之講以取地
			297/151/15	既已得地矣
			297/151/18	又必且曰王以求地
			297/151/18	既已得地
			304/155/1	身處死亡之地
			304/155/2	必多割地以深下王
			304/155/2	則是大王垂拱之割地以為利重
			305/155/8	必效城地於王
			305/155/11	許楚城地
			305/155/12	敝邑之王欲效城地
			408/194/16	彌地踵道數千里
			410/195/10	不如以地請合於齊
			410/195/11	令郭任以地請講於齊
			414/197/21	故大亂者可得其地
			417/200/13	秦非不利有齊而得宋地也
			420/202/16	歸耕乎周之上地
			420/203/6	昔周之上地嘗有之
			421/203/18	周地賤媒
			422/204/26	西河之外、上雒之地、三川
			424/206/5	趙劫之求地
			426/206/24	欲以復振古地也

編號	本索引用字	原底本用字	章/頁/行	內文
57	地	埊	427/207/19 428/208/5 433/211/21	至於虛北地行其兵 齎地百里 今宋王射天笞地
58	蔥	𦶜	263/140/1	使趙蔥及顏冣代將
59	蔥	葱	306/155/18 306/155/20	龐蔥與太子質於邯鄲 龐蔥曰
60	胥	肙	309/156/23 363/179/17	臣聞明王不胥中而行 王胥臣反
61	蓄	稸	319/164/8 415/198/17	蓄積竭盡 蓄積散
62	糧	粮	366/180/13	糧不多
63	眥	眦	385/186/3	夫賢者以感忿睚眥之意
64	餐	飡	412/196/15 459B/225/18 459B/225/20	不取素餐 君下壺餐餌之 以一壺餐得士二人
65	刈	刘	427/207/16	猶剗刈者也
66	剋	尅	461/226/1 461/226/27	秦軍大剋 必不可剋
67	疏	疎	461/226/16	良臣斥疏

誤字改正說明表

編號	誤字	改字	原句 / 位置 (章/頁/行)	改正說明
1	豊	豐	(豊)〔豐〕其祿 170/88/21	豊乃豐之誤字，據鮑本改。
2	瞑	瞑	壹(瞑)〔瞑〕而萬世不視 170/88/21	瞑乃瞑之誤字，據鮑本改。
3	豊	豐	(豊)〔豐〕其祿 170/89/3	豊乃豐之誤字，據鮑本改。
4	曰	白	(曰)〔白〕黿生鼉 202/103/11	曰乃白之誤字，據鮑本改。
5	官	宮	處梁之(官)〔宮〕 236/127/28	官乃宮之誤字，據鮑本改。
6	謟	諂	其摯(謟)〔諂〕也固矣 341/170/22	謟乃諂之誤字，據上海古籍排印本改。
7	眄	眄	(眄)〔眄〕視指使 418/200/26	眄字未詳，據《藝文類聚·卷六十九服飾部·几》引作眄改正。
8	鶊	鷇	有雀生(鶊)〔鷇〕於城之陬 447/220/6	鶊字未詳，據《新序·雜事四·二十八》引作鷇改正。

譌體改正說明表

編號	譌字	改字	原句 / 位置 (章/頁/行)	改正說明
1	牂	牂	有狂兕(牂)〔牂〕車依輪而至 160/83/9	牂乃牂之譌體，據《大漢和辭典》改。
2	蝵	蝵	楚使新造(蝵)〔蝵〕棼冒勃蘇 170/89/14	蝵乃蝵之譌體，據《大漢和辭典》改。
3	黎	黎	至(黎)〔黎〕也 237/128/12	黎乃黎之譌體，據《大漢和辭典》改。
4	踈	疏	東有淮、穎、沂、黃、煮棗、海鹽、無(踈)〔疏〕 272/142/28	踈乃疎之譌體，疎、疏為通用字，據《大漢和辭典》改。

正　　文

1 秦興師臨周而求九鼎

秦興師臨周而求九鼎，周君患之，以告顏率。顏率曰：「大王勿憂，臣請東借救於齊。」顏率至齊，謂齊王曰：「夫秦之為[1]無道也，欲興兵臨周而求九鼎，周之君臣，內自盡[2]計，與秦，不若歸之大國。夫存危國，美名也；得九鼎，厚寶[3]也。願大王圖之。」齊王▸大悅◂[4]，發師五萬人，使陳臣思將以救周，而秦兵罷。

齊將求九鼎，周君又患之。顏率曰：「大王勿憂，臣請東解之。」顏率至齊，謂齊王曰：「周賴大國之義，得君臣父子相保也，願獻九鼎，不識大國何塗之從而致之齊？」齊王曰：「寡人將寄徑於梁。」顏率曰：「不可。夫梁之君臣欲得九鼎，謀之暉臺之下，少[5]海之上，其日久矣。鼎入梁，必不出。」齊王曰：「寡人將寄徑於楚。」對曰：「不可。楚之君臣欲得九鼎，謀之於葉庭之中，其日久矣。若入楚，鼎必不出。」王曰：「寡人終何塗之從而致之齊？」顏率曰：「弊邑固竊為大王患之。夫鼎者，非效▸醯壺◂[6]醬甀[7]耳，可懷挾提挈以至齊者；非效鳥集烏飛，兔興馬[8]逝，灕然▸止於齊者◂[9]。昔周之伐[10]殷，▸得九鼎◂[11]，▸凡一鼎而◂[12]九萬人輓之，九九八十一萬人，士卒師徒，▸器械◂[13]被具，所以[14]備者稱此。今大王縱有其人，何塗之從而出？臣竊[15]為大王私憂之。」齊王曰：「▸子之數來者◂[16]，猶無與耳。」顏率曰：「不敢欺大國，疾定所從出，弊邑遷鼎以待命。」齊王乃止。

2 秦攻宜陽

秦攻宜陽，周君謂趙[17]累曰：「子以為何如？」對曰：「宜陽必拔也。」君曰：「宜陽城方八里，材士十萬，粟支數年，公仲之軍二十萬，景翠以楚之眾，臨山而救之，秦必無功。」對曰：「甘茂[18]，羈旅也，攻宜陽而有功，則周公旦也；無功，則削迹於秦。秦王不聽群臣父兄之義[19]而攻宜陽，宜陽不拔，秦王恥之。臣故曰拔。」君曰：「子為[20]寡人謀，且柰何？」對曰：「君謂景翠曰：『公爵為執圭，官為柱國，戰而勝，則無加焉矣[21]；不勝，則死。不如背秦援宜陽。公進兵，秦恐公之乘其弊也，必以寶事公；公中[22]慕公之為己乘秦也，亦必盡其寶。』」

---

1. 於　2. 畫　3. 實　4. a.大 b.大說　5. 沙
6. 壺醯　7. 甀　8. 梟　9. 可至於齊者　10. 代
11. 凡得九鼎　12. 而鼎　13. 械器　14. 已　15. 切
16. 子之數來　17. 周　18. 戊　19. 議　20. 曰
21. 耳　22. 仲

秦拔宜陽，景翠果進兵。秦懼，遽效煮棗，韓氏果亦效重寶。景翠得城於秦，受寶於韓，而德東周。

3A 東周與西周戰

東周與西周戰，韓救西周。為東周謂[1]韓王曰：「西周者，故天子之國也，多名器重寶。案[2]兵而勿出，可以德東周，西周之寶可盡矣.。」

3B 東周與西周爭

東周與西周爭，西周欲和於楚、韓。齊明謂東周君曰：「臣恐西周之與楚、韓寶，令之為己求地於東周也。不如謂楚、韓曰，西周之欲入寶，持二端。今東周之兵不急西周，西周之寶不入楚、韓。楚、韓欲得寶，即且趣我攻西周。西周寶出，是我為楚、韓取寶以德之也，西周弱矣。」

4 東周欲為稻

東周欲為稻，西周不下水，東周患之。蘇子謂東周君曰：「臣請使西周下水可乎？」乃往見西周之君曰：「君之謀過矣！今不下水，所以富東周也。今其民皆種麥，無他種矣。君若欲害之，不若一為下水，以病其所種。下水，東周必復種稻；種稻而復奪之。若是，則東周之民可令一仰西周，而受命於君矣。」西周君曰：▸「善。」遂下水◂[3]。蘇子亦得兩國之金也。

5A 昭獻在陽翟

昭獻在陽翟，周君將令相國往，相國將不欲。蘇厲為之謂周君曰：「楚王與魏王遇也，主君令陳封之楚，令向公之魏。楚、韓之遇也，主君令許[4]公之楚，令向公之韓。今昭獻非人主也，而主君令相國往；若其王在陽翟，▸主君將令誰往◂[5]？」周君曰：「善。」乃止其行。

---

1. 讁　2. 按　3. 善　4. 葉
5. 主君將令誰往周

5B 秦假道於周以伐韓

秦假道於周以伐韓，周恐假之而惡於韓，不假而惡於秦。史黶[1]謂周君曰：「君何不令人謂韓公叔曰：『秦敢絶塞而伐韓者，信東周也。公何不與周地，發重使使之楚，秦必疑，不信周，是韓不伐也。』又謂秦王曰：『韓強與周地，將以疑周於秦，▸寡人不敢弗受◂[2]。』秦必無辭而令周弗受，是得地於韓而聽於秦也。」

6 楚攻雍氏

楚攻雍氏，周粻秦、韓，楚王怒周，周之君患之。為周謂楚王曰：「以王之強而怒周，周恐，必以國合於所與粟之國，則是勁王之敵也。故王不如速解周恐，彼前得罪而後得解，必厚事王矣。」

7 周最謂石禮

周最謂石[3]禮曰：「子何不以秦攻齊？臣請令齊相子，子以齊事秦，必無處[4]矣。子因令周最居魏以共之，是天下制於子也。子東重於齊，西貴於秦，秦、齊合，則子常重矣。」

8A 周相呂倉見客於周君

周相呂倉見客於周君。前相工師藉[5]恐客之傷己也，因令人謂周君曰：「客者，辯士也，然而所以不可者，好毀人。」

8B 周文君免士工師藉

▸周文君免士◂[6]工師藉[7]，相呂倉，國人不說也。君有閔閔之心。

謂周文君曰：「國必有誹譽，忠臣令誹在己，譽在上。宋君奪民時以為臺，而民非之，無忠臣以掩蓋之也。子罕釋相為司空，民非子罕而善其君。齊桓公宮中七[8]市，女

1. 厭　2. 寡人不敢受　3. 呂　4. 慮　5. 籍
6. 周文君免　7. 籍　8. 女

閭七百，國人非之。管仲故為三歸之家，以掩桓公，非自傷於民也？《春秋》記臣弒君者以百數，皆大臣見譽者也。故大臣得譽，非國家之美也。故眾庶成彊[1]，增積成[2]山。」周君遂不免。

9 溫人之周

溫人之周，▸周不納。客即對曰◂[3]：「主人也。」問其巷而不知也，吏因囚之。君使人問之曰：「子非周人，而自謂非客何也？」對曰：「臣少而誦《詩》，《詩》曰：『普天之下，莫非王土；率土之濱，莫非王臣。』今周君天下，則我天子之臣，而又為客哉？故曰主人。」君乃使吏出之。

10A 或為周最謂金投

或為周最謂金投曰：「秦以周最之齊疑天下，而又知趙之難子[4]齊人戰，恐齊、韓之合，必先合於秦。秦、齊合，則公之國虛矣。公不如救齊，因佐秦而伐韓、魏，上黨長子趙之有已。公東收寶於秦，南取地於韓，魏因以因[5]，徐為之東，則有合矣。」

10B 周最謂金投

周最謂金投曰：「公負令[6]秦與強齊戰。戰勝，秦且收齊而封之，使無多割，而聽天下之戰；不勝，國大傷，不得不聽秦。秦盡韓、魏之上黨太[7]原，西[8]止[9]秦之有已。秦地，天下之半也，制齊、楚、三晉之命，復[10]國且身危，是何計之道也。」

11A 石行秦謂大梁造

▸石行秦◂[11]謂大梁造曰：「欲決霸王之名，不如備兩周辯知之士。」謂周君曰：「君不如令辯知之士，為君爭於秦。」

---

1. a.強 b.疆　2. 如　3. 周不內，問曰：「客耶？」對曰　4. 予
5. 困　6. 全　7. 大　8. 而　9. 土
10. 覆　11. a.右行楚 b.右行秦

11B 謂薛公

謂薛公[1]曰：「▸周最於齊王也而逐之◂[2]，聽祝弗，相呂禮者，▸欲取秦。秦、齊合◂[3]，弗與禮重矣。▸有周齊◂[4]，秦必輕君。君弗如急北兵趨趙以秦、魏，收周最以為後行，且反齊王之信，又[5]禁天下之率。齊無秦，天下果，弗必走，齊王誰與為其國？」

11C 齊聽祝弗

齊聽祝弗，外周最。謂齊王曰：「逐周最、聽祝弗、相呂禮者，欲深取秦也。秦得天下，則伐齊深矣。▸夫齊合◂[6]，則趙恐伐，故急兵以示秦。秦以趙攻，與之齊伐趙，其實同理，必不處矣。故用祝弗，即天下之理也。」

12 蘇厲為周最謂蘇秦

蘇厲為周最謂蘇秦[7]曰：「君不如令王聽最，以地合於魏、趙，▸故必怒合於齊◂[8]，是君▸以合◂[9]齊與強楚吏產子。君若欲因最之事，則合齊者，君也；割地者，最也。」

13 謂周最曰仇赫之相宋

謂周最曰：「仇赫[10]之相宋，將以觀秦之應趙、宋，敗三國。三國不敗，將興趙、宋合於東方以孤秦。亦將觀韓、魏之於齊也。不固，則將與宋敗三國，▸則賣趙◂[11]、宋於三國。公何不令人謂韓、魏之王曰：『欲秦、趙之相賣乎？何不合周最兼相，視之不可離，則秦、趙必相賣以合於王也。』」

14A 為周最謂魏王

為周最謂魏王曰：「秦知趙之難與齊戰也，將恐齊、趙之合也，必陰勁[12]之。趙不

---

1. 君　2. 周最於齊王厚也而逐之　3. 欲取秦也，秦、齊合
4. 有齊　5. 以　6. 夫秦齊合　7. 子
8. a.必怒合於齊 b.故必恐合於齊　9. 全以　10. 郝　11. 則賣
12. 助

敢戰，恐秦不己收也，先合於齊。秦、趙爭齊，而王無人焉，不可。王不去周最，合與收齊，‣而以兵之急◂[1]則伐齊，無因事也[2]。」

14B 謂周最曰魏王以國與先生

謂周最曰：「魏王以國與先生，貴合於秦以伐齊。薛公故主，輕忘其薛，不顧其先君之丘墓，而公獨脩虛信‣為茂行◂[3]，明群臣據故主，‣不與伐齊者◂[4]，產以忿強秦，不可。公不如謂魏王、薛公曰：『請為王入齊，天下不能傷齊。而有變，臣請為救之；無變，王遂伐之。且臣[5]為齊奴也，如累王之交於天下，不可。王為臣賜厚矣，臣入齊，則王亦無齊之累也。』」

15 趙取周之祭地

趙取周之祭地，周君患之，告於鄭朝。鄭朝曰：「君勿患也，臣請以三十金復取之。」周君予之，鄭朝獻之趙太卜，因告以祭地事。及王病，使卜之。太卜譴之曰：「周之祭地為祟。」趙乃還之。

16 杜赫欲重景翠於周

杜赫欲重景翠於周，謂周君曰：「君之國小，盡君子[6]重寶珠玉以事諸侯，不可不察也。譬之如張羅者，張於無鳥之所，則終日無所得矣；張於多鳥處，則又駭鳥矣；必張於有鳥無鳥之際，然後能多得鳥矣。今君將施於大人，大人輕君；施於小人，小人無可以求，又費財焉。君必施於今之窮士，不必且為大人者，故能得欲矣。」

17 周共太子死

周共太子死，有五庶子，皆愛之，而無適立也。司馬翦‣謂楚王曰◂[7]：「何不封公子咎[8]，而為之請太子？」左[9]成謂司馬翦曰：「周君不聽，是公之知困而交絕於周也。不如謂周君曰：『孰欲立也？微告翦，翦今[10]楚王資[11]之以地。』公若欲為太子，因令

1. 而以兵急之急之　2. 矣　3. 為物茂行　4. 不與伐齊
5. 秦　6. 之　7. 謂王曰　8. 右　9. 右
10. 令　11. 奉

人謂相國御展子、廧夫空曰：『王類欲令若為之，此健士也，居中不便[1]於相國。』」相國令之為太子。

18 三國隘秦

三國隘秦，周令其相之秦，以秦之輕也，留其行。有人謂相國曰：「秦之輕重，未可知也。秦欲知三[2]國之情，公不如遂見秦王曰：『請謂[3]王聽東方之處。』秦必重公。是公重周，重周以取秦也。齊重故有周，而已取齊，是周常不失重國之交也。」

19 昌他亡西周

昌[4]他亡西周，之東周，盡輸西周之情於東周。東周大喜，西周大怒。馮旦[5]曰：「臣能殺之。」君予金三十斤。馮旦使人操金與書，▸間遺昌他書曰◂[6]：「告昌他，事可成，勉成之；不可成，▸亟亡來亡來◂[7]。事久且泄，自令身死。」因使人告東周之候曰：「今夕有姦人當入者矣。」候得而獻東周，東周立殺昌他。

20 昭翦與東周惡

昭翦與東周惡，或謂照[8]翦曰：「為公畫陰計。」照翦曰：「何也？」「▸西周甚憎東周◂[9]，嘗[10]欲東周與楚惡，西周必令賊賊公，因宣言東周也，▸以西周◂[11]之於王也。」照翦曰：「善。吾又恐東周之賊己而以輕西周惡之於楚。」遽和東周。

21 嚴氏為賊

嚴氏為賊，而陽豎[12]與焉。道周，周君留之十四日，載以乘車駟馬而遣之。韓使人讓周，周君患之。▸客謂周君曰◂[13]：「正語之曰：『寡人知嚴氏之為賊，而陽豎與之，故留之十四日以待命也。▸小國不足亦以容賊◂[14]，君之使又不至，是以遣之也。』」

---

1. 使　2. 亡　3. 為　4. 宮
5. a.睢 b.且　6. 間遺昌他曰　7. 亟亡來　8. 昭
9. 曰：西周甚憎東周　10. 常　11. 以以惡　12. 堅
13. 客謂周君正語之曰　14. 小國不足以容賊

22 薛公以齊為韓魏攻楚

薛公以齊為韓、魏攻楚，又與韓、魏攻秦，而藉兵乞食於西周。韓慶為西周謂薛公曰：「君以齊為韓、魏攻楚，▸九年而取宛◂[1]、葉以北以[2]強韓、魏，今又攻秦以益之。韓、魏南無楚憂，西無秦患，則地廣而益重，齊必輕矣。夫本末更盛，虛實有時，竊為君危之。君不如令弊邑陰合於[3]秦而君無攻，又無藉兵乞食。君臨函谷而無攻，令弊邑以君之情謂秦王曰：『▸薛公必破秦◂[4]以張韓、魏，所以進兵者，欲王令楚割東國以與齊也[5]。』秦王出楚王以為和，君令弊邑以此忠[6]秦，秦得無破[7]，而以楚之東國自免也，必欲之。楚王出，必德齊，齊得東國而益強，而薛世世無患。秦不大弱，而處之三晉之西，三晉必重齊。」薛公曰：「善。」因令韓慶入秦，而使三國無攻秦，而使不藉兵乞食於西周。

23 秦攻魏將犀武軍於伊闕

秦攻魏將犀[8]武軍於伊闕，進兵而攻周。為周最謂李兌曰：「君不如禁秦之攻周。趙之上計，莫如令秦、魏復戰。今秦攻周而得之，則眾必多傷矣。秦欲待[9]周之得，必不攻魏；秦若攻周而不得，前有勝魏之勞，後有攻周之敗，又必不攻魏。今君禁之，而秦未與魏講也。而[10]全趙令其止，必不敢不聽，是君卻秦而定周也。秦去周，必復攻魏，魏不能支，必因君而講，則君重矣。若魏不講，而疾支之，是君存周而戰秦、魏也。重亦盡在趙。」

24 秦令樗里疾以車百乘入周

秦令樗里疾以車百乘入周，周君迎之以卒，甚敬。楚王怒，讓周，以其重秦客。游騰謂楚王曰：「昔智伯欲伐厹由，遺之大鍾，載以廣車，因隨入以兵，厹由卒亡，無備故也。桓公伐蔡也，號言伐楚，其實襲蔡。▸今秦者◂[11]，虎狼之國也，兼有吞周之意；使樗里疾以車百乘入周，周君懼焉，以蔡、厹由戒[12]之，故使長兵在前，強弩在後，名曰衛疾，▸而實囚之也◂[13]。周君豈能無愛國哉？▸恐一日之亡國◂[14]，而憂大王。」楚王乃悅。

---

1. 九年取宛　2. 為　3. 為　4. 薛公必不破秦　5. 而
6. 患　7. 攻　8. 犀　9. 持　10. 攻
11. 今秦　12. 惑　13. 而實囚之　14. 恐一日之亡

25 雍氏之役

雍氏之役，韓徵甲與粟於周。周君患之，告蘇代。蘇代曰：「何患焉？代能為君令韓不徵甲與粟於周，又能為君得高都。」周君大悅曰：「子苟能，寡人請以國聽。」蘇代遂往見韓相國公中[1]曰：「公不聞楚計乎？昭應謂楚王曰：『韓氏罷於兵，倉廩空，無以守城，吾收[2]之以飢，不過一月必拔之。』今圍雍氏五月不能拔，是楚病也。楚王始不信昭應之計矣，今公乃徵甲及粟於周，此告楚病也。昭應聞此，必勸楚王益兵守雍氏，雍氏必拔。」公中曰：「善。然吾使者已行矣。」代曰：「公何不以高都與周。」公中怒曰：「吾無徵甲與粟於周，亦已多矣。何為與高都？」代曰：「與之高都，則周必折而入於韓，秦聞之必大怒，而焚周之節，不通其使，是公以弊高都得完周也，何不與也？」公中曰：「善。」不徵甲與粟於周而與高都，楚卒不拔雍氏而去。

26 周君之秦

周君之秦。謂周最曰：「不如譽秦王之孝也，因以應[3]為太后養地。秦王、太后必喜，是公有秦也。交善，周君必以為公功；交惡，勸周君入秦者，必有罪矣。」

27 蘇厲謂周君

蘇厲謂周君曰：「敗韓、魏，殺犀武，攻趙，取藺、離石、祁者，皆白起。是攻用兵，又有天命也。今攻梁，梁必破，破則周危，君不若止之。謂白起曰：『楚有養由基者，善射；去柳葉者百步而射之，百發百中。左右皆曰善。有一人過曰，善射，▸可教射也矣◂[4]。養由基曰，▸人皆善◂[5]，子乃曰可教射，子何不代我射之也。客曰，我不能教子支左屈右。夫射柳葉者，百發百中，而不已[6]善息，少焉氣力倦，弓撥矢鉤[7]，一發不中，前功盡矣。今公破韓、魏，殺犀武，而北攻趙，取藺、離石、祁者，公也。公之功甚多。今公又以秦兵出塞，過[8]兩周，踐韓而以攻梁，一攻而不得，前功盡滅，公不若稱病不出也。』」

---

1. 仲　2. 攻　3. 原　4. 可教射矣　5. 人皆曰善
6. 以　7. 拘　8. 週

28 楚兵在山南

楚兵在山南，吾[1]得將為楚王屬怒[2]於周。或謂周君曰：「不如令太子將軍正迎吾得於境，而君自郊迎，令天下皆知君[3]之重吾得也。因泄之楚，曰：『周君所以事吾得者器，▸必名曰謀楚◂[4]。』王必求之，而吾得無效也，王必罪之。」

29 楚請道於二周之間

楚請道於二周之間，以臨韓、魏，周君患之。蘇秦[5]謂[6]周君曰：「除道屬之於河，韓、魏必惡之。齊、秦恐楚之取九鼎也，必救韓、魏而攻楚。楚不能守方城之外，安能道二周之間。若四國弗惡，君雖不欲與也，楚必將自取之矣。」

30 司寇布為周最謂周君

司寇布為周最謂周君曰：「君使人告齊王以周最不肯為太子也，臣為君不取也。函冶氏為齊太公買良劍，公不知善，歸其劍而責之金。越人請買之千金，折而不賣。將死，而屬其子曰：『必無獨知。』今君之使最為太子，獨知之契也，天下未有信之者也。臣恐齊王之為[7]君實立果而讓之於最，▸以嫁之齊也◂[8]。君為多巧，最為多詐，君何不買信貨哉？奉養無有愛於最也，使天下見之。」

31 秦召周君

秦召周君，周君難往。或為周君謂魏王曰：「秦召周君，將以使攻魏之南陽。▸王何不出於河南◂[9]？周君聞之，將以為辭於秦而不往。周君不入秦，秦必不敢越河而攻南陽。」

32 犀武敗於伊闕

犀武敗於伊闕，周君之魏求救，魏王以上黨之急辭之。周君反，見梁囿而樂之也。

---

1. 伍　2. 怨　3. 軍　4. a.名曰謀楚 b.必名曰某楚
5. 子　6. 調　7. 謂　8. 以嫁之於齊
9. 王何不出兵於河南

綦母恢謂周君曰：「溫囿不下此，而又近。▸臣能為君取之◂[1]。」反見魏王，王曰：「周君怨寡人乎？」對曰：「不怨。且誰怨王[2]？臣為王有患也。周君，謀主也。而設以國為王[3]扞秦，而王無之扞也。臣見其必以國事秦也，秦悉塞外之兵，與周之眾，以攻南陽，而兩上黨絕矣。」魏王曰：「然則奈何？」綦母恢曰：「▸周君形不小利◂[4]，事秦而好小利。今王許戍三萬人與溫囿，周君得以為辭於父兄百姓，而利[5]溫囿以為樂，必不合於秦。臣嘗聞溫囿之利，▸歲八十金◂[6]，周君得溫囿，其以事王者，歲百二十金，是上黨每[7]患而贏四十金。」魏王因使孟卯致溫囿於周君▸而許之戍也◂[8]。

33 韓魏易地

韓、魏易地，西周弗利。▸樊餘謂楚王曰◂[9]：「周必亡矣。韓、魏之易地，韓得二縣，魏亡二縣。所以為之者，盡包二周，多於二縣，九鼎存焉。且魏有南陽、鄭地、三川而包二周，則楚方城之外危；韓兼兩上黨以臨趙，即趙羊腸以上危。故易成之曰[10]，楚、趙皆輕。」楚王恐，▸因趙以止易也◂[11]。

34 秦欲攻周

秦欲攻周，周最謂秦王曰：「▸為王之國計者◂[12]，不攻周。攻周，實不足以利國，而聲畏天下。天下以聲畏秦，必東合於齊。兵弊於周，而合天下於齊，則秦孤而不王矣。是天下欲罷秦，故勸王攻周。秦與天下俱罷，則令不横行於周矣。」

35 宮他謂周君

宮他謂周君曰：「宛恃秦而輕晉，秦飢而宛亡。鄭恃魏而輕韓，魏攻蔡而鄭亡。▸邾、莒亡於齊◂[13]，陳、蔡亡於楚。此皆恃援國而輕近敵也。今君恃韓、魏而輕秦，國恐傷矣。君不如使周最陰合於趙以備秦，則不毀。」

---

1. 臣能為取之　2. 乎　3. 乎　4. 周君形不好小利
5. 私　6. 計歲八十金　7. 無　8. 而許之戍
9. 樊餘為周謂楚王曰　10. 日　11. 因趙兵以止易
12. 為國之計者　13. 邾臣莒亡於齊

36 謂齊王

謂齊王曰：「王何不以地齎周最以為太子也。」齊王令司馬悍[1]以賂[2]進周最於周。左尚謂司馬悍曰：「周不聽，是公之知困而交絕於周也。公不如謂周君曰：『何欲置？令人微告悍，▸悍請令王進之以地◂[3]。』」左尚以此得事。

37 三國攻秦反

三國攻秦反，西周恐魏之藉道也。為西周謂魏王曰：「楚、宋不利秦之德[4]三國也，彼且攻王之聚以利秦。」魏王懼，令軍設舍速東。

38 犀武敗

犀武敗，▸周使周足之秦◂[5]。或謂周足曰：「何不謂周君曰：『臣之秦，秦、周之交必惡。主君之臣，又秦重而欲相者，且惡臣於秦，▸而臣為不能使矣◂[6]。臣願免而行。君因相之，彼得相，不惡周於秦矣。』君重秦，故使相往，行而免，且[7]輕秦也，公必不免。公言是而行，交善於秦，▸且公之成事也◂[8]；交惡於秦，▸不善於公◂[9]且誅矣。」

39 衛鞅亡魏入秦

衛鞅亡魏入秦，孝公以為相，封之於商，號曰商君。商君治秦，法令至行，公平無私，罰不諱強大，賞不私親近，法及太子，黥劓其傅。朞年之後，道不拾遺，民不妄取，兵革大強，諸侯畏懼。然刻深寡恩，特以強服之耳。

▸孝公行之八年◂[10]，疾且不起，欲傳[11]商君，辭不受。孝公已死，惠王代後，蒞政有頃，商君告歸。

人說惠王曰：「大臣太重者國危，左右太親者身危。今秦婦人嬰兒皆言商君之法，

---

1. 桿　2. 地　3. 悍令王進之以地　4. 聽
5. 周使足之秦　6. 而臣不能為使矣　7. 是　8. 是公之事成也
9. 不善於公者　10. 孝公行之十八年　11. 傳

莫言大王之法。是商君反為主，大王更為臣也。且夫商君，▸固大王仇讎也◂[1]，願大王圖之。」商君歸還，惠王車裂之，而秦人不憐。

40 蘇秦始將連橫

蘇秦始將連橫說秦惠王曰：「大王之國，西有巴、蜀、漢中之利，北有胡貉、代馬之用，南有巫山、黔中之限，東有肴、函之固。田肥美，民殷富，戰車萬乘，奮擊百萬，沃野千里，蓄積饒多，地勢形便，此所謂天府，天下之雄國也。以大王之賢，士民之眾，車騎之用，兵法之教，可以并諸侯，吞天下，稱帝而治。願大王少留意，臣請奏其效。」

秦王曰：「寡人聞之，毛羽不豐滿者不可以高飛，文章不成者不可以誅罰，道德不厚者不可以使民，政教不順者不可以煩大臣。今先生儼然不遠千里而庭教之，願以異日。」

蘇秦曰：「臣固疑大王之不能用也。昔者神農伐補遂，黃帝伐涿鹿而禽蚩尤，堯伐驩兜，舜伐三苗，禹伐共工，湯伐有夏，文王伐崇，武王伐紂，齊桓任戰而伯天下。由此觀之，惡有不戰者乎？古者使車轂擊馳，言語相結，天下為一；約從連橫，兵革不藏；文士並飭[2]，諸侯亂惑；萬端俱起，不可勝理；科條既備，民多偽態；書策稠濁，百姓不足；▸上下相愁◂[3]，民無所聊；明言章理，兵甲愈起；辯言偉[4]服，戰攻不息；繁稱文辭，天下不治；舌弊耳聾，不見成功；行義約信，天下不親。於是，乃廢文任武，厚養死士，綴甲厲兵，效勝於戰場。夫徒處而致利，安坐而廣地，▸雖古五帝、三王、五伯◂[5]，明主賢君，常欲坐而致之，其勢不能，故以戰續之。寬則兩軍相攻，迫則杖戟相橦[6]，然後可建大功。是故兵勝於外，義強於內；威立於上，民服於下。今欲并天下，凌萬乘，詘敵國，制海內，▸子元元◂[7]，臣諸侯，非兵不可！今之嗣主，忽於至道，皆惽於教，亂於治，迷於言，惑於語，沈於辯，溺於辭。以此論之，王固不能行也。」

說秦王書十上而說不行。黑貂之裘弊，黃金百斤盡，資用乏絕，去秦而歸。羸[8]縢履蹻，負書擔橐[9]，形容枯槁，面目犁[10]黑，狀有歸[11]色。歸至家，妻不下紝，嫂不為

---

1. 固大王之仇讎也　2. 飭　3. 上下相愁怨　4. 偽
5. 雖古五帝、三王　6. 撞　7. 子元　8. 羸
9. 囊　10. 黧　11. 愧

炊，父母不與言。蘇秦▸喟歎曰◂[1]：「妻不以我為夫，嫂不以我為叔，父母不以我為子，是皆秦之罪也。」乃夜發書，陳篋數十，得《太公陰符》之謀，伏而誦之，簡練以為揣摩。讀書欲睡，引錐自刺其股，血流至足。曰：「安有說人主不能出其金玉錦繡，取卿相之尊者乎？」朞年揣摩成，曰：「此真可以說當世之君矣！」

於是乃摩燕烏集闕，見說趙王於華屋之下，抵掌而談。趙王大悅，封為武安君。受相印，革車百乘，綿繡千純，白壁[2]百雙，黃金萬溢[3]，以隨其後，約從散横，以抑強秦。

故蘇秦相於趙而關不通。當此之時，天下之大，萬民之眾，王侯之威，謀臣之權，皆欲決蘇秦之策。不費斗糧，未煩一兵，未戰一士，未絶一絃，未折一矢，諸侯相親，賢於兄弟。夫賢人在而天下服，一人用而天下從。故曰：式於政，不式於勇；式於廊廟之內，不式於四境之外。當秦之隆，黃金萬溢為用，轉轂連騎，炫熿於道，山東之國，從風而服，使趙大重。且夫蘇秦特窮巷掘門、桑戶棬[4]樞之士耳，伏軾撙銜，横歷天下，廷說諸侯之王[5]，杜左右之口，▸天下莫之能伉◂[6]。

將說楚王，路過洛陽，父母聞之，清宮除道，張樂設飲，郊迎三十里。妻側目而視，傾耳而聽；嫂蛇行匍伏，四拜自跪而謝。蘇秦曰：「嫂，何前倨而後卑也？」嫂曰：「▸以季子之位尊而多金◂[7]。」蘇秦曰：「嗟乎！貧窮則父母不子，富貴則親戚畏懼。人生世上，勢位富貴，▸蓋可忽乎哉◂[8]！」

41A 秦惠王謂寒泉子

秦惠王謂寒泉子曰：「蘇秦欺寡人，欲以一人之智，反覆▸東山◂[9]之君，從以欺秦。趙固負其眾，故先使蘇秦以幣帛約乎諸侯。諸侯不可一，猶連鷄之不能俱止於棲之[10]明矣。寡人忿然，含怒日久，吾欲使武安子起往喻意焉。」寒泉子曰：「不可。夫攻城墮邑，請使武安子。善我國家使諸侯，請使客卿張儀。」秦惠王曰：「敬受命。」

1. 喟然歎曰　2. 璧　3. 鎰　4. 捲　5. 主
6. a.天下莫之伉 b.天下莫之能抗　7. 以季子位尊而多金　8. 蓋可以忽乎哉
9. 山東　10. 亦

41B 泠向謂秦王

泠向謂秦王曰：「向欲以齊事王，使[1]攻宋也。宋破，晉國危，安邑王之有也。燕、趙惡齊、秦之合，必割地以交於王矣。齊必重於王，則向之攻宋也，且以恐齊而重王。王何惡向之攻宋乎？向以王之明為先知之，故不言。」

42 張儀說秦王

▸張儀說秦王曰◂[2]：「臣聞之，弗知而言為不智，知而不言為不忠。為人臣不忠當死，言不審亦當死。雖然，臣願悉言所聞，大王裁其罪。臣聞，天下陰燕陽魏，連荊固齊，收餘韓成從，將西南以與秦為難。臣竊笑之。世有三亡，而天下得之，其此之謂乎！臣聞之曰，『以亂攻治者亡，以邪攻正者亡，以逆攻順者亡』。今天下之府庫不盈，囷倉空虛，悉其士民，張軍數千百萬，白刃在前，斧質在後，而皆去走，▸不能死◂[3]，▸罪其百姓不能死也◂[4]，▸其上不能殺也。言賞則不與◂[5]，言罰則不行，賞罰不行，故民不死也。

「今秦出號令而行賞罰，▸不攻無攻相事也◂[6]。出其父母懷衽之中，生未嘗見寇也，聞戰頓足徒裼，犯白刃，蹈煨炭，斷死於前者▸比是也◂[7]。夫斷死與斷生也不同，而民為之者是貴奮也。一可以勝[8]十，十可以勝百，百可以勝千，千可以勝萬，萬可以勝天下矣。今秦地形，斷長續短，方數千里，名師數百萬，秦之號令賞罰，地形利害，天下莫如也。以此與天下，天下不足兼而有也。是知秦戰未嘗不勝，攻未嘗不取，所當未嘗不破也。開地數千里，此甚大功也。然而甲兵頓，士民病，蓄積索，田疇荒，囷倉虛，四鄰諸侯不服，伯王之名不成，此無異故，謀臣皆不盡其忠也。

「臣敢言往昔。昔者齊南破荊，中破宋，西服秦，北破燕，中使韓、魏之君，地廣而兵強，戰勝攻取，詔令天下，▸濟清河濁◂[9]，足以為限，長城、鉅坊[10]，足以為塞。齊，五戰之國也，一戰不勝而無齊。故由此觀之，夫戰者萬乘之存亡也。

---

1. 故　2. 說秦王曰　3. 不能死也
4. a.非其百姓不能死也 b.而皆去之不能死 c.罪
5. a.言賞則不與 b.其上不殺也，言賞則不與
6. a.有功無功相事也 b.不攻耳無相攻事也　7. 比比是也　8. 合
9. 齊清濟濁河　10. 防

「且臣聞之曰：『削株掘根，無與禍鄰，禍乃不存。』秦與荊人戰，大破荊，襲郢，取洞庭、五都、江南。‣荊王亡奔走◂[1]，東伏於陳。當是之時，隨荊以兵，則荊可舉。舉荊，則其民足貪也，地足利也。東以強齊、燕，‣中陵三晉◂[2]。然則是一舉而伯王之名可成也，四鄰諸侯可朝也。而謀臣不為，引軍而退，與荊人和。今[3]荊人收亡國，聚散民，立社主，置宗廟，令帥天下西面以與秦為難，此固已無伯王之道一矣。天下有比志而軍華下，大王以詐破之，兵至梁郭[4]，圍梁數旬，則梁可拔。拔梁，則魏可舉。舉魏，則荊、趙之志絕。荊、趙之志絕，則趙危。趙危而荊孤。東以強齊、燕，中陵三晉，然則是一舉而伯王之名可成也，四鄰諸侯可朝也。而謀臣不為，引軍而退，與魏氏和，令魏氏收亡國，聚散民，立社主，置宗廟，此固已無伯王之道二矣。前者穰侯之治秦也，用一國之兵，而欲以成兩國之功。是故兵終身暴靈[5]於外，士民潞病於內，伯王之名不成，此固已無伯王之道三矣。

「趙氏，中央之國也，雜民之所居也。其民輕‣而難用◂[6]，號令不治，賞罰不信，地形不便，上非能盡其民力。彼固亡國之形也，而不憂民氓，悉其士民，軍於長平之下，以爭韓之上黨，‣大王以詐破之◂[7]，拔武安。當是時，趙氏上下不相親也，貴賤不相信，然則是邯鄲不守，拔邯鄲，完河間，引軍而去，西攻脩武，踰羊腸，降代、上黨。代三十六縣，上黨十七縣，不用一領甲，不苦一民，皆秦之有也。代、上黨不戰而‣已為秦矣◂[8]，東陽河外不戰而已反為齊矣，中呼池[9]以北不戰而已為燕矣。然則是舉趙則韓必亡，‣韓亡則荊、魏不能獨立◂[10]。荊、魏不能獨立，則是一舉而壞韓，蠹魏，挾荊，以東弱齊、燕，決白馬之口，以流魏氏。一舉而三晉亡，從者敗。大王拱手以須，天下徧[11]隨而伏，伯王之名可成也。而謀臣不為，引軍而退，與趙氏為和。以大王之明，秦兵之強，‣伯王之業◂[12]，地尊不可得，乃取欺於亡國，是謀臣之拙也。且夫趙當亡不亡，秦當伯不伯，天下固量秦之謀臣一矣。‣乃復悉卒乃攻邯鄲◂[13]，不能拔也，棄甲兵怒，戰慄而卻，天下固量‣秦力二矣◂[14]。軍乃引退，并於李下，大王又并軍而致[15]與戰，非能厚勝之也，又交罷卻，天下固量‣秦力三矣◂[16]。內者量吾謀臣，外者極吾兵力。由是觀之，臣以天下之從，豈其難矣。內者吾甲兵頓，士民病，蓄積索，田疇荒，囷倉虛；外者天下比志甚固。願大王有以慮之也。

---

1. a.荆王亡命走 b.荆王亡走　2. 中以陵三晉　3. 令　4. 都
5. 露　6. 而難用也　7. 大王以詐破之兵　8. 已反為秦矣
9. 沱　10. 韓亡則　11. 編　12. 伯王業也
13. a.乃復悉以攻邯鄲 b.乃復悉卒以攻邯鄲　14. 秦之力二矣　15. 至
16. 秦之力三矣

「且臣聞之，戰戰慄慄，日慎一日。苟慎其道，天下可有也。何以知其然也？昔者紂為天子[1]，帥天下▸將甲百萬◂[2]，左飲於淇谷，右飲於洹水，淇水竭而洹水不流，以與周武為難。武王將素甲三千領，戰一日，破紂之國，禽其身，據其地，而有其民，▸天下莫不傷◂[3]。智伯帥三國之衆，以攻趙襄主於晉陽，決水灌之，三年，城且拔矣。襄主錯龜，數策占兆，以視利害，何國可降，而使張孟談。於是潛行而出，反智伯之約，得兩國之衆，以攻智伯之國，禽其身，以成襄子[4]之功。今秦地斷長續短，方數千里，名師數百萬，秦國號令賞罰，地形利害，天下莫如也。以此與天下，天下可兼而有也。

「▸臣昧死望◂[5]見大王，言▸所以舉破◂[6]天下之從，舉趙亡韓，臣荊、魏，親齊、燕，以成伯王之名，朝四鄰諸侯之道。大王試聽其說，一舉而天下之從不破，趙不舉，韓不亡，荊、魏不臣，齊、燕不親，伯王之名不成，四鄰諸侯不朝，大王斬臣以徇於國，▸以主為謀不忠者◂[7]。」

43 張儀欲假秦兵以救魏

張儀欲假秦兵以救魏。左成謂甘茂曰：「▸子不予之◂[8]。魏不反秦兵，張子不反秦。魏若反秦兵，張子得志於魏，不敢反於秦矣。張子不去秦，張子必高子。」

44 司馬錯與張儀爭論於秦惠王前

司馬錯與張儀爭論於秦惠王前。司馬錯欲伐蜀，張儀曰：「不如伐韓。」王曰：「請聞[9]其說。」

對曰：「親魏善楚，下兵三川，塞轘轅、緱氏之口，當屯留之道，魏絕南陽，楚臨南鄭，秦攻新城、宜陽，以臨二周之郊，誅周主之罪，侵楚、魏之地。周自知不救，九鼎寶器必出。據九鼎，桉圖籍，挾天子以令天下，天下莫敢不聽，此王業也。今夫蜀，西辟之國，而戎狄之長也，弊兵[10]勞衆不足以成名，得其地不足以為利。臣聞：『爭名者於朝，爭利者於市。』今三川、周室，天下之市朝也，而王不爭焉，顧爭於戎狄，▸去王業遠矣◂[11]。」

1. 下　2. 將百萬　3. 天下莫傷　4. 主　5. 臣願望
6. 所以破　7. 以主不忠於國者　8. 不如予之　9. 問
10. 名　11. 去王遠矣

司馬錯曰：「不然。臣聞之，▸欲富國者◂[1]，務廣其地；欲強兵者，務富其民；欲王者，務博其德。三資者備，而王隨之矣。今王之地小民貧，故臣願從事於易。夫蜀，西辟之國也，而戎狄之長也，而有桀、紂之亂。以秦攻之，譬[2]如使豺狼逐群羊也。取其地，足以廣國也；得其財，足以富民；繕兵不傷衆，而彼已服矣。故拔一國，而天下不以為暴；利盡西[3]海，諸侯不以為貪。是我一舉而名實兩附，而又有禁暴正亂之名。今攻韓劫天子，劫天子，惡名也，而未必利也，又有不義之名，而攻天下之所不欲，危！臣請謁其故：周，天下之宗室也；齊，韓、周之與國也。周自知失九鼎，韓自知亡三川，則必將二國并力合謀，以因于齊、趙，而求解乎楚、魏。以鼎與楚，以地與魏，王不能禁。此臣所謂『危』，不如伐蜀之完也。」惠王曰：「善！寡人聽子。」

卒起兵伐蜀，十月取之，遂定蜀。蜀主更號為侯，而使陳莊相蜀。蜀既屬，秦益強富厚，輕諸侯。

45 張儀之殘樗里疾

張儀之殘樗里疾也，重而使之楚。因令楚王為之請相於秦。張子謂秦王曰：「重樗里疾而使之者，將以為國交也。今身在楚，楚王因為請相於秦。臣聞其言曰：『王欲窮儀於秦乎？臣請助王。』楚王以為然，故為請相也。今王誠聽之，彼必以國事楚王[4]。」秦王大怒，樗里疾出走。

46 張儀欲以漢中與楚

張儀欲以漢中與楚，請秦王曰：「有漢中，蠹。種樹不處者，人必害之；家有不宜之財，則傷本[5]。漢中南邊為楚利，此國累也。」甘茂謂王曰：「地大者，固多憂乎！天下有變，▸王割漢中以為和楚◂[6]，楚必畔天下而與王。王今以漢中與楚，即天下有變，王何以市楚也？」

47 楚攻魏張儀謂秦王

楚攻魏。張儀謂秦王曰：「不如與魏以勁之，魏戰勝，▸復聽於秦◂[7]，必入西河之外；不勝，魏不能守，王必取之。」

1. 欲國富者　2. 避　3. 四　4. 矣　5. 今
6. a.王割漢中以和楚 b.王割漢中以楚和　7. 德於秦

王用儀言，取皮氏卒萬人，車百乘，以與魏。犀首戰勝威王，魏兵罷弊，恐畏秦，果獻西河之外。

48A 田莘之為陳軫說秦惠王

田莘之為陳軫說秦惠王曰：「臣恐王之如郭君。夫晉獻公欲伐郭，而憚舟之僑存。荀息曰：『《周書》有言，美女破舌。』乃遺之女樂，以亂其政。舟之僑諫而不聽，遂去。因而伐郭，遂破之。又欲伐虞，而憚宮之奇存。荀息曰：『《周書》有言，美男破老。』乃遺之美男，教之惡宮之奇。宮之奇以諫而不聽，遂亡。因而伐虞，遂取之。今秦自以為王，‣能害王者之國者◂[1]，楚也。楚智[2]‣橫君◂[3]之善‣用兵，用兵與陳軫之智◂[4]，故驕張儀以五國。來，必惡是二人。願王勿聽也。」張儀果來辭，因言軫也，王怒而不聽。

48B 張儀又惡陳軫於秦王

張儀又惡陳軫於秦王，曰：「軫‣馳楚、秦之間◂[5]，今楚[6]不加善秦而善軫，然則是軫自為而不為國也。且軫欲去秦而之楚，王何不聽乎？」

王謂陳軫曰：「吾聞子欲去秦而之楚，信乎？」陳軫曰：「然。」王曰：「儀之言果信也。」曰：「非獨儀知之也，行道之人皆知之。曰：『孝己愛其親，天下欲以為子；‣子胥忠乎其君◂[7]，天下欲以為臣。賣僕妾售乎閭巷者，良僕妾也；出婦嫁鄉曲者，良婦也。』吾不忠於君，‣楚亦何以軫為忠乎◂[8]？忠且見棄，吾不之楚，何適乎？」秦王曰：「善。」‣乃必之也◂[9]。

49 陳軫去楚之秦

陳軫去楚之秦。張儀謂秦王曰：「陳軫為王臣，常以國情輸楚。儀不能與從事，願王逐之。即復之楚，願王殺之。」王曰：「軫安敢之楚也。」

---

1. 能害王之國者 2. 知 3. 橫門君 4. 用兵與陳軫之智
5. a.馳走秦、楚之間 b.馳秦、楚之間 6. 遂 7. 子胥忠其君
8. 楚亦何以軫為忠 9. 乃止之

王召陳軫告之曰：「▸吾能聽子言◂[1]，子欲何之？▸請為子車約◂[2]。」對曰：「臣願之楚。」王曰：「儀以子為之楚，吾又自知子之楚。子非楚，且[3]安之也！」軫曰：「臣出，必故之楚，以順王與儀之策，而明臣之楚與不[4]也。楚人有兩妻者，人誂其長者，▸詈之◂[5]；誂其少者，少者許之。居無幾何，有兩妻者死。客謂誂者曰：『汝取長者乎？少者乎？』▸『取長者。』◂[6]客曰：『長者詈汝，少者和汝，汝何為取長者？』曰：『居彼人之所，則欲其許我也。今為我妻，▸則欲其為我詈人也◂[7]。』今楚王明主也，而昭陽賢相也。軫為人臣，▸而常以國輸楚王，王必不留臣◂[8]，昭陽將不與臣從事矣。以此明臣之楚與不。」

軫出，張儀入，問王曰：「陳軫果安之？」王曰：「夫軫天下之辯士也，孰[9]視寡人曰：『軫必之楚。』寡人遂無柰何也。寡人因問曰：『子必之楚也，則儀之言果信矣！』軫曰：『▸非獨儀之言也◂[10]，行道之人皆知之。昔者子胥忠其君，天下皆欲以為臣；孝己愛其親，天下皆欲以為子。故賣僕妾不出里巷而取者，良僕妾也；出婦嫁於鄉里者，善婦也。臣不忠於王，▸楚何以軫為？忠尚見棄◂[11]，軫不之楚，而何之乎？』」王以為然，遂善待之。

50 齊助楚攻秦

齊助楚攻秦，取曲沃。其後，秦欲伐齊，齊、楚之交善，惠王患之，謂張儀曰：「吾欲伐齊，齊、楚方懽，子為寡人慮之，柰何？」張儀曰：「王其為臣約車并幣，臣請試之。」

張儀南見楚王曰：「弊邑之王所說甚者，無大大王；唯儀之所甚願為臣者，亦無大大王。弊邑之王所甚憎者，亦無先[12]齊王；▸唯儀之甚憎者◂[13]，亦無大[14]齊王。今齊王之罪，其於弊邑之王甚厚，弊邑欲伐之，而大國與之懽，是以弊邑之王不得事令，而儀不得為臣也。大王苟能閉關絕齊，臣請使秦王獻商於之地，方六百里。若此，齊必弱，齊弱則必為王役[15]矣。則是北弱齊，西德於秦，而私商於之地▸以為利也◂[16]，則此一計而三利俱至。」

---

1. 吾能聽子　2. 請為子約車　3. 宜　4. 否　5. 長者詈之
6. 曰：『取長者。』　7. 則欲其為詈人也
8. a.而常以國情輸楚，楚王必不留臣　b.而常以國輸楚，楚王必不留臣　9. 熟
10. 非獨儀之言
11. a.楚何以軫為忠，忠尚見棄　b.楚何以軫為忠，忠且見棄　c.楚何以為臣乎？軫為忠見棄
12. 大　13. 唯儀之所甚憎者　14. 先　15. 沒
16. 以為己利

楚王大說，宣言之於朝廷，曰：「不穀得商於之田[1]，方六百里。」群臣聞見者畢賀，陳軫後見，獨不賀。楚王曰：「不穀不煩一兵，不傷一人，而得商於之地六百里，寡人自以為智矣！諸士大夫皆賀，子獨不賀，何也？」陳軫對曰：「臣見商於之地不可得，而患必至也，故不敢妄賀。」王曰：「何也？」對曰：「夫秦所以重王者，以王有齊也。今地未可得而齊先絕，是楚孤也，▸秦又何重孤國◂[2]？且先出地絕齊，秦計必弗為也。先絕齊後責地，且必受欺於張儀。受欺於張儀，王必惋之。是西生秦患，北絕齊交，則兩國兵必至矣。」楚王不聽，曰：「吾事善矣！子其弭口無言，以待吾事。」楚王使人絕齊，使者未來，又重絕之。

張儀反，秦使人使齊，齊、秦之交陰合。楚因使一將軍受地於秦。張儀至，稱病不朝。楚王曰：「張子以寡人不絕齊乎？」乃使勇士往詈齊王。張儀知楚絕齊也，乃出見使者曰：「從某至某，廣從[3]六里。」使者曰：「臣聞六百里，不聞六里。」儀曰：「儀固以小人，安得六百里？」使者反報楚王，楚王大怒，欲興師伐秦。陳軫曰：「臣可以言乎？」王曰：「可矣。」軫曰：「伐秦非計也，▸王不如因而賂之一名都◂[4]，與之伐齊，是我亡於秦而取償於齊也。楚國不尚全事[5]。王今已絕齊，而責欺於秦，是吾合齊、秦之交也，固[6]必大傷。」

楚王不聽，遂舉兵伐秦。秦與齊合，韓氏從之。楚兵大敗於杜陵。故楚之土壤士民非削弱，僅以救亡者，計失於陳軫，過聽於張儀。

51 楚絕齊齊舉兵伐楚

楚絕齊，齊舉兵伐楚。陳軫謂楚王曰：「王不如以地東解於齊，西講於秦。」

楚王使陳軫之秦，秦王謂軫曰：「子秦人也，寡人與子故也，寡人不佞，不能親國事也，故子棄寡人事楚王。今齊、楚相伐，或謂救之便，或謂救之不便，子獨不可以忠為子主計，以其餘為寡人乎？」陳軫曰：「王獨不聞吳人之遊楚者乎？楚王甚愛之，病，故使人問之，曰：『誠病乎？意亦思乎？』左右曰：『臣不[7]知其思與不思，誠思則將吳吟。』今軫將為王吳吟。王不聞夫管[8]與之說乎？有兩虎諍[9]人▸而鬭者◂[10]，管莊

1. 地　2. 夫秦有何重孤國　3. 衣
4. 王不如賂之一名都　5. 乎　6. 國　7. 又
8. 卞　9. 爭　10. 而鬭

子將刺之，管與止之曰：『虎者，戾蟲；人者，‣甘餌也◂[1]。今兩虎諍人而鬬，小者必死，大者必傷。子待傷虎而刺之，則是一舉而兼兩虎也。無刺一虎之勞，而有刺兩虎之名。』齊、楚今戰，‣戰必敗。敗◂[2]，王起兵救之，有救齊之利，而無伐楚之害。計聽知覆逆者，唯王可也。計者，事之本也；聽者，存亡之機。計失而聽過，能有國者寡也。故曰：『‣計有一二者難悖也◂[3]，聽無失本末者難惑。』」

52 秦惠王死公孫衍欲窮張儀

秦惠王死，公孫衍欲窮張儀。李讎謂公孫衍曰：「不如召甘茂於魏，召公孫顯於韓，起樗里子於國。三人者，皆張儀[4]之讎也，公用之，則諸侯必見張儀之無秦矣！」

53 義渠君之魏

義渠君之魏，公孫衍謂義渠君曰：「道遠，臣不得復過矣，請謁事情。」義渠君曰：「願聞之。」對曰：「中國無事於秦，則秦且燒爇獲君之國；中國為有事於秦，則秦且輕使重幣，而事君之國也。」義渠君曰：「謹聞令。」

居無幾何，五國伐秦。陳軫謂秦王曰：「‣義渠君者◂[5]，蠻夷之賢君，王不如賂之以撫其心。」秦王曰：「善。」因以文繡千匹，好女百人，遺義渠君。

義渠君致群臣而謀曰：「此乃公孫衍之所謂也。」因起兵襲秦，大敗秦人於李帛之下。

54 醫扁鵲見秦武王

醫扁鵲見秦武王，武王示之病，扁鵲請除。左右曰：「君之病，在耳之前，目之下，除之未必已也，將使耳不聰，目不明。」君以告扁鵲。扁鵲怒‣而投其石◂[6]：「‣君與知之者謀之◂[7]，而與不知者敗之。使此知秦國之政也，則君一舉而亡國矣。」

1. 甘餌　2. 戰必敗　3. 計有一二者難悖　4. 子
5. 義渠君　6. 而投其石曰　7. 君與知者謀之

55 秦武王謂甘茂

秦武王謂甘茂曰：「寡人欲車通三川，以闚周室，而寡人死不朽乎[1]？」甘茂對曰：「請之魏，約伐[2]韓。」王令向壽輔行。

甘茂至魏，謂向壽：「子歸告王曰：『魏聽臣矣，然願王勿攻也。』事成，盡以為子功。」向壽歸以告王，王迎甘茂於息壤。

甘茂至，王問其故。對曰：「宜陽，大縣也，上黨、南陽積之久矣，名為縣，其實郡也。今王倍數險，▸行千里◂[3]而攻之，難矣。臣聞張儀西并巴、蜀之地，北取西河之外，南取上庸，天下▸不以為多張儀◂[4]而賢先王。魏文侯令樂羊將，攻中山，三年而拔之，樂羊反而語功，文侯示之謗書一篋，樂羊再拜稽首曰：『此非臣之功，主君之力也。』今臣羈旅之臣也，樗里疾、公孫衍二人者，挾韓而議，王必聽之，是王欺魏，而臣受公仲侈[5]之怨也。昔者曾子處費，費人有與曾子同名族者而殺人，人告曾子母曰：『曾參殺人。』曾子之母曰：『吾子不殺人。』織自若。有頃焉，人又曰：『曾參殺人。』其母尚織自若也。頃之，一人又告之曰：『曾參殺人。』其母懼，投杼踰牆而走。夫以曾參之賢，與母之信也，而三人疑之，則慈母不能信也。今臣之賢不及曾子，而王之信臣又未若曾子之母也，疑臣者不適三人，臣恐▸王為臣◂[6]之投杼也。」王曰：「寡人不聽也，請與子盟。」於是與之盟於息壤。

果攻宜陽，五月而不能拔也。樗里疾、公孫衍二人在，爭之王，王將聽之，召甘茂而告之。甘茂對曰：「息壤在彼。」王曰：「有之。」因悉起兵，復使甘茂攻之，遂拔宜陽。

56 宜陽之役馮章謂秦王

宜陽之役，馮章謂秦王曰：「不拔宜陽，韓、楚乘吾弊，國必危矣！不如許楚漢中以懽之。楚懽而不進，韓必孤，無奈秦何矣！」王曰：「善。」果使馮章許楚漢中，而拔宜陽。楚王以其言責漢中於馮章，馮章謂秦王曰：「王遂[7]亡臣，固[8]謂楚王曰：『寡人固無地而許楚王。』」

---

1. 矣　2. 代　3. 行數千里　4. 不以多張子　5. 朋
6. 王之為臣　7. 逐　8. 因

57 甘茂攻宜陽

甘茂攻宜陽，三鼓之而卒不上。秦之右將有尉對曰：「公不論兵，必大困。」甘茂曰：「我羈旅而得相秦者，我以宜陽餌王。今攻宜陽而不拔，公孫衍、樗里疾挫我於內，而公中[1]以韓窮我於外，是無伐[2]之日已！請明日鼓之而不可下，因以宜陽之郭為墓。」於是出私[3]金以益公賞。明日鼓之，▸宜陽拔◂[4]。

58 宜陽未得

宜陽未得[5]，秦死傷者眾，甘茂欲息兵。左成謂甘茂曰：「公內攻於樗里疾、公孫衍，而外與韓侈[6]為怨，今公用兵無功，公必窮矣。公不如進兵攻宜陽，宜陽拔，則公之功多矣。是樗里疾、公孫衍無事也，秦眾盡怨之深矣。」

59 宜陽之役楚畔秦而合於韓

宜陽之役，楚畔秦而合於韓。秦王懼。甘茂曰：「楚雖合韓，不為韓氏先戰；韓亦恐戰而楚有變其後。韓、楚必相御也。楚言與韓，而不餘怨於秦，臣是以知其御也。」

60 秦王謂甘茂

秦王謂甘茂曰：「楚客來使者多健，與寡人爭辭，寡人數窮焉，為之奈何？」甘茂對曰：「王勿患也！其健者來使者，則王勿聽其事；其需弱者來使，則王必聽之。然則需弱者用，而健者不用矣！王因而制之。」

61A 甘茂亡秦且之齊

甘茂亡秦，且之齊，出關遇蘇子，曰：「君聞夫江上之處女乎？」蘇子曰：「不聞。」曰：「夫江上之處女，有家貧而無燭者，處女相與語，欲去之。家貧無燭者將去矣，謂處女曰：『妾以無燭，故常先至，掃室布席，▸何愛餘明◂[7]之照四壁者？幸以賜妾，何妨於處女？妾自以有益於處女，何為去我？』處女相語以為然而留之。今臣不

1. 仲　2. 茂　3. 利　4. 而宜陽拔　5. 拔
6. 明　7. 何愛於餘明

肖，棄逐於秦而出關，願為足下掃室布席，幸無我逐也。」蘇子曰：「善。請重公於齊。」

乃西說秦王曰：「甘茂，賢人，非恒士也。其居秦累世重矣，自殽塞、谿谷，地形險易盡知之。彼若以齊約韓、魏，反以謀秦，是非秦之利也。」秦王曰：「然則奈何？」蘇代曰：「不如重其贄，厚其祿以迎之。彼來則置之槐谷，終身勿出，天下何從圖秦。」秦王曰：「善」。與之上卿，▸以相迎之◂[1]齊。

甘茂辭不往，蘇秦[2]▸偽謂王曰◂[3]：「甘茂，賢人也。今秦與之上卿，以相迎之，茂德王之賜，故不往，願為王臣。今王何以禮之？王若不留，必不德王。彼以甘茂之賢，得擅用強秦之眾，則難圖也！」齊王曰：「善。」賜之上卿，命而處之。

61B 甘茂相秦

甘茂相秦。秦王愛公孫衍，與之間有所立，因自謂之曰：「寡人且相子。」▸甘茂之吏道而聞之◂[4]，以告甘茂。甘茂因入見王曰：「王得賢相，敢再拜賀。」王曰：「寡人託國於子，焉更得賢相？」對曰：「王且相犀首。」王曰：「子焉聞之？」對曰：「犀首告臣。」王怒於犀首之泄也，▸乃逐之◂[5]。

62 甘茂約秦魏而攻楚

甘茂約秦、魏而攻楚。楚之相秦者屈蓋，為楚和於秦，秦啓關而聽楚使。甘茂謂秦王曰：「怵[6]於楚而不使魏制和，楚必曰『秦鬻魏』。▸不悅而合於楚◂[7]，楚、魏為一，國恐傷矣。王不如使魏制和，魏制和必悅。王不惡於魏，則寄地必多矣。」

63 陘山之事

陘山之事，趙且與秦伐齊。齊懼，令田章以陽武合於趙，而以順子為質。趙王喜，乃案兵告於秦曰：「齊以陽武賜弊邑而納順子，欲以解伐。敢告下吏。」

1. 相印迎之　2. a.代 b.子　3. a.偽為齊王曰 b.偽謂齊湣王曰　4. 甘茂之吏聞之
5. 乃逐　6. 訹　7. 魏不悅而合於楚

秦王使公子他之趙，謂趙王曰：「齊與大國救魏而倍約，不可信恃，大國不[1]義，以告弊邑，而賜之二社之地，以奉祭祀。今又[2]案兵，且欲合齊而受其地，非使臣之所知也。請益甲四萬，大國裁之。」

蘇代為齊獻書穰侯曰：「▸臣聞往來之者言曰◂[3]：『秦且益趙甲四萬人以伐齊。』臣竊必之弊邑之王曰：『秦王明而熟於計，穰侯智而習於事，必不益趙甲四萬人以伐齊。』是何也？夫三晉相結，秦之深讎也。三晉百背秦，百欺秦，不為不信，不為無行。今破齊以肥趙，趙，秦之深讎，不利於秦。一也。秦之謀者必曰：『破齊弊晉，而後制晉、楚之勝。』夫齊，罷國也，以天下擊之，▸譬猶以千鈞之弩潰癰也◂[4]。秦王安能制晉、楚哉！二也。秦少出兵，則晉、楚不信；多出兵，則晉、楚為制於秦。齊恐，▸則必不走於秦◂[5]且走晉、楚。三也。齊割地以實晉、楚，則晉、楚安。齊舉兵而為之頓劍，則秦反受兵。四也。是晉、楚以秦破[6]齊，以齊破秦，何晉、楚之智而齊、秦之愚！五也。秦得安邑，善齊以安之，亦必無患矣。秦有安邑，則韓、魏必無上黨哉[7]。夫取三晉之腸胃與出兵而懼其不反也，孰利？▸故臣竊必之◂[8]弊邑之王曰：『秦王明而熟於計，穰侯智而習於事，必不益趙甲四萬人以伐齊矣。』」

64 秦宣太后愛魏醜夫

秦宣太后愛魏醜夫。太后病將死，出令曰：「為我葬，必以魏子為殉。」魏子患之。庸芮為魏子說太后曰：「以死者為有知乎？」太后曰：「無知也。」曰：「若太后之神靈，明知死者之無知矣，何為空以生所愛，葬於無知之死人哉！若死者有知，先王積怒之日久矣，太后救過不贍，何暇乃[9]私魏醜夫乎？」太后曰：「善。」乃止。

65 薛公為魏謂魏冉

薛公為魏謂魏冉曰：「文聞秦王欲以呂禮收齊，以濟天下，君必輕矣。齊、秦相聚以臨三晉，禮必并相之，是君收齊以重呂禮也。齊免於天下之兵，其讎君必深。君不如勸秦王令弊邑卒攻齊之事。齊破，文請以所得封君。齊破晉強，秦王畏晉之強也，必重君以取晉。齊予[10]晉弊邑，而不能支秦，晉必重君以事秦。▸是君破齊以為功◂[11]，操[12]晉以為重也。破齊定封，而秦、晉皆重君；若齊不破，呂禮復用，子必大窮矣。」

---

1. 弗　2. 有　3. a.臣聞往來之言者曰 b.臣聞往來者之言曰
4. 譬猶以千鈞之弩射潰癰也　5. 則不走於秦　6. 伐　7. 矣
8. 故臣竊必為之　9. 及　10. 與　11. 是破齊以為功
12. 採

66 秦客卿造謂穰侯

秦客卿造謂穰侯曰：「秦封君以陶，藉君天下數年矣。攻齊之事成，陶為萬乘，長小國，▸率以朝天子◂[1]，天下必聽，五伯之事也；攻齊不成，陶為鄰恤，而莫之據也。故攻齊之於陶也，存亡之機也。

「君欲成之，何不使人謂燕相國曰：『聖人不能為時，▸時至而弗失◂[2]。舜雖賢，不遇堯也，不得為天子；湯、武雖賢，不當桀、紂不王。故以舜、湯、武之賢，不遭時不得帝王。令[3]攻齊，此君之大時也已。因天下之力，伐讎國之齊，報惠王之恥，成昭王之功，除萬世之害，此燕之長利，而君之大名也。《書[4]》云，樹德莫如滋，除害莫如盡。吳不亡越，越故亡吳；齊不亡燕，燕故亡齊。齊亡於燕，吳亡於越，此除疾不盡也。▸以非此時也◂[5]，成君之功，除君之害，秦卒有他事而從齊，齊、趙[6]合，其讎君必深矣。挾君之讎以誅於燕，後雖悔之，不可得也已。君悉燕兵而疾僭[7]之，天下之從君也，若報父子之仇。誠能亡齊，封君於河南，為萬乘，達途於中國，南與陶為鄰，世世無患。願君之專志於攻齊，而無[8]他慮也。』」

67 魏謂魏冉

▸魏謂魏冉曰◂[9]：「公聞東方之語乎？」曰：「弗聞也。」曰：「辛、張陽、毋澤說魏王、薛公、公叔也，曰：『臣戰，載主契國以與王約，必無患矣。若有敗之者，臣請挈領。▸然而臣有患也。夫楚王之以其臣請挈領然而臣有患也◂[10]。夫楚王之以其國依冉也，而事臣之主，▸此臣之甚患也◂[11]。』今公東而因言於楚，▸是令張儀之言為禹◂[12]，而務敗公之事也。公不如反公國，德楚而觀薛公之為公也。觀三國之所求於秦而不能得者，請以號三國以自信也。▸觀張儀與澤◂[13]之所不能得於薛公者也，而公請之以自重也。」

---

1. 以朝天子　2. 時至弗失　3. 今　4. 《詩》　5. 非以此時也
6. 秦　7. 攻　8. 毋
9. a. 魏文謂魏冉曰 b. 為魏謂魏冉曰　10. 然而臣有患也
11. 此臣之所甚患也　12. 是令張之言為禹　13. 觀張與澤

68 謂魏冉曰和不成

謂魏冉曰：「和不成，兵必出。白起者，▸且復將◂[1]。戰勝，必窮公；不勝，必事趙從公。公又輕，公不若毋多，則疾到。」

69 謂穰侯

謂穰侯曰：「為君慮封，若[2]於除宋罪，重齊怒；須殘伐亂宋，德強齊，定身封。▸此亦百世之時也已◂[3]！」

70 謂魏冉曰楚破秦

謂魏冉曰：「楚破秦，▸不能與齊縣衡矣◂[4]。秦三世積節於韓、魏，而齊之德新加與[5]。齊、秦交爭，▸韓、魏東聽◂[6]，則秦伐矣。齊有東國之地，方千里。楚苞九夷，又方千里，南有符離之塞，北有甘魚之口。權縣宋、衛，宋、衛乃當阿、甄耳。利有千里者二，富擅越隸，▸秦烏能與齊縣衡韓、魏◂[7]，支分方城膏腴之地以薄鄭？兵休復起，足以傷秦，不必待齊。」

71 五國罷成睪

五國罷成睪[8]，秦王欲為成陽君求相韓、魏，韓、魏弗聽。秦太后為魏冉謂秦王曰：「成陽君以王之故，窮而居於齊，今王見其達而收之，亦能翕其心乎？」王曰：「未也。」太后曰：「窮而不收，達而報之，恐不為王用；且收成陽君，失韓、魏之道也。」

72 范子因王稽入秦

范子因王稽入秦，獻書昭王曰：「臣聞明主蒞正，有功者不得不賞，有能者不得不官；勞大者其祿厚，功多者其爵尊，能治眾者其官大。故不能者不敢當其職焉，能者亦

1. 復將　2. 苦　3. 此亦百世之一時已
4. 秦不能與齊縣衡矣　5. 焉　6. 韓魏、韓魏東聽
7. 秦烏能與齊縣衡韓　8. 皋

不得蔽隱。使以臣之言為可，則行而益利其道；若將弗行，則久留臣無為[1]也。語曰：『人主賞所愛，而罰所惡。明主則不然，賞必加於有功，刑必斷於有罪。』今臣之胸不足以當椹質，要不足以待斧鉞，豈敢以疑事嘗試於王乎？雖以臣為賤而輕辱臣，獨不重任臣者後▸無反覆於王前耶◂[2]！

「臣聞周有砥厄，宋有結緑，梁有懸黎，楚有和璞。此四寶者，工之所失也，而為天下名器。然則聖王之所棄者，獨不足以厚國家乎？

「臣聞善厚家者，取之於國；善厚國者，取之於諸侯。天下有明主，則諸侯不得擅厚矣。▸是何故也◂[3]？為其凋榮[4]也。良醫知病人之死生，聖主明於成敗之事，利則行之，害則舍之，疑則少嘗之，雖堯、舜、禹、湯復生，弗能改已！語之至者，臣不敢載之於書；其淺者又不足聽也。意者，臣愚而不闔於王心耶！已[5]其言臣者，將賤而不足聽耶！非若是也，則臣之志，願少賜游觀之間，望見足下而入之。」

書上，秦王說之，▸因謝王稽說◂[6]，使人持車召之。

73A 范睢至秦

范睢至秦，王庭迎，▸謂范睢曰◂[7]：「寡人宜以身受令久矣。今者義渠之事急，寡人日自請太后。今義渠之事已，▸寡人乃得以身受命◂[8]。躬竊閔然不敏，敬執賓主之禮。」范睢辭讓。

是日見范睢，見者無不變色易容者。秦王屏左右，宮中虛無人，秦王跪而請[9]曰：「先生何以幸教寡人？」范睢曰：「唯唯。」有間，秦王復請，范睢曰：「唯唯。」若是者三。

秦王跽曰：「先生不幸教寡人乎？」

范睢謝曰：「非敢然也。臣聞始時呂尚之遇文王也，身為漁父而釣於渭陽之濱耳。

1. 謂　2. 無反覆於前者耶　3. 是何也　4. 弊
5. a.亡 b.以 c.抑　6. 因謝王稽　7. 范睢曰
8. 寡人乃以身受命　9. 進

若是者，交疏也。▸已一說而立為太師◂[1]，▸載與俱歸者◂[2]，其言深也。故文王果收功於呂尚，卒擅天下而身立為帝王。即使文王疏呂望[3]而弗與深言，是周無天子之德，而文、武無與成其王也。今臣，羈旅之臣也，交疏於王，而所願陳者，皆匡君之[4]之事，處人骨肉之間，願以陳臣之陋忠，而未知王心也，所以王三問而不對者是也。臣非有所畏而不敢言也，知今日言之於前，而明日伏誅於後，然臣弗敢畏也。大王信行臣之言，死不足以為臣患，亡不足以為臣憂，漆身而為厲，被髮而為狂，不足以為臣恥。▸五帝之聖而死◂[5]，▸三王之仁而死◂[6]，▸五伯之賢而死◂[7]，▸烏獲之力而死◂[8]，▸奔、育之勇焉而死◂[9]。死者，▸人之所必不免也◂[10]。處必然之勢，可以少有補於秦，此臣之所大願也，臣何患乎？伍子胥橐載而出昭關，夜行而晝伏，至於蔆[11]水，無以餌其口，坐行蒲服，乞食於吳市，卒興吳國，闔廬為霸。使臣得進謀如伍子胥，加之以幽囚，▸終身不復見◂[12]，是臣說之行也，臣何憂乎？箕子、接輿，漆身而為厲，被髮而為狂，無益於殷、楚。使臣得同行於箕子、接輿，▸漆身可以補所賢之主◂[13]，是臣之大榮也，臣又何恥乎？臣之所恐者，獨恐臣死之後，天下見臣盡忠而身蹶也，是以杜口裹足，莫肯即[14]秦耳。足下上畏太后之嚴，下惑姦臣之態；居深宮之中，不離保傅之手；終身闇惑，無與照姦；大者宗廟滅覆，小者身以孤危。此臣之所恐耳！若夫窮辱之事，死亡之患，臣弗敢畏也。臣死而秦治，賢於生也。」

秦王跽曰：「先生是何言也！夫秦國僻遠，寡人愚不肖，先生乃幸至此，此天以寡人慁先生，而存先王之廟也。寡人得受命於先生，此天所以幸先王[15]而不棄其孤也。先生奈何而言若此！事無大小，上及太后，下至大臣，願先生悉以教寡人，無疑寡人也。」范雎再拜，秦王亦再拜。

范雎曰：「大王之國，北有甘泉、谷口，南帶涇、渭，右隴、蜀，左關、阪[16]；戰車千乘，▸奮擊百萬◂[17]。以秦卒之勇，車騎之多，以當諸侯，▸譬若馳韓盧而逐蹇兔也◂[18]，霸王之業可致。▸今反閉◂[19]而不敢窺兵於山東者，是穰侯為國謀不忠，而大王之計有所失也。」

王曰：「願聞所失計。」

1. 已而立為太師 2. 載與俱南歸者 3. 尚 4. 臣
5. 五帝之聖焉而死 6. 三王之仁焉而死
7. 五伯之賢焉而死 8. 烏獲之力焉而死 9. 奔育之勇而死
10. 人之所必不免 11. 菱 12. 不復見
13. 可以補所賢之主 14. 鄉 15. 生 16. 坂
17. 奮擊百萬馳 18. a.譬若韓盧而逐蹇兔也 b.譬若施韓盧而逐駑兔也 19. 今反閉關

睢曰：「大王越韓、魏而攻強齊，非計也。少出師，則不足以傷齊；多之則害於秦。▸臣意王之計欲少出師◂[1]，而悉韓、魏之兵則不義矣。▸今見與國之不可親◂[2]，越人之國而攻，可乎？疏於計矣！昔者，齊人伐楚，戰勝，破軍殺將，再辟千里，膚寸之地無得者[3]，豈齊不欲地哉，形弗能有也。諸侯見齊之罷露，君臣之不親，舉兵而伐之，主辱軍破，為天下笑。所以然者，以其伐楚而肥韓、魏也。此所謂藉賊兵而齎盜食者也。王不如遠交而近攻，得寸則王之寸，得尺亦王之尺也。今舍此而遠攻，不亦繆乎？且昔者，▸中山之地◂[4]，方五百里，趙獨擅之，功成、名立、利附，則[5]天下莫能害。今韓、魏，中國之處，而天下之樞也。王若欲霸，必親中國而以為天下樞，以威楚、趙。趙彊則楚附，楚彊則趙附。楚、趙附則齊必懼，懼必卑辭重幣以事秦，齊附而韓、魏可虛也。」

王曰：「寡人欲親魏，魏多變之國也，寡人不能親。請問親魏奈何？」范睢曰：「卑辭重幣以事之。不可，削地而賂之。不可，舉兵而伐之。」於是舉兵而攻邢丘，邢丘拔而魏請附。

曰：「秦、韓之地形，相錯如繡。秦之有韓，若木之有蠹，人之病心腹。天下有變，▸為秦害者莫大於韓。王不如收韓◂[6]。」王曰：「寡人欲收韓，▸不聽◂[7]，為之奈何？」

范睢曰：「舉兵而攻榮[8]陽，則成睪之路不通；北斬太行之道則上黨之兵不下；一舉而攻▸榮陽◂[9]，則其國斷而為三。魏、韓見必亡，焉得不聽？韓聽而霸事可成也。」王曰：「善。」

73B 范睢曰臣居山東

范睢曰：「臣居山東，▸聞齊之內有田單◂[10]，▸不聞其王◂[11]。聞秦之有太后、穰侯、涇陽、華陽，不聞其有王。夫擅國之謂王，能專利害之謂王，制殺生之威之謂王。今太后擅行不顧，穰侯出使不報，▸涇陽、華陽擊斷無諱◂[12]，四貴備而國不危者，未之

1. a.臣意王之以欲少出師 b.臣計王之少出師　2. 今見與國之可親
3. 也　4. 山中之地　5. 焉　6. 為秦害者莫大於韓
7. 韓不聽　8. 滎　9. a.宜陽 b.滎陽　10. 聞齊之有田單
11. 不聞其有王　12. 涇陽、華陽擊斷無諱，高陵進退不請

有也。為此四者，下乃所謂無王已。然則權焉得不傾，而令焉得從王出乎？臣聞：『善為國者，內固其威，而外重其權。』穰侯使者操王之重，決裂諸侯，剖符於天下，征敵伐國，莫敢不聽。戰勝攻取，則利歸於陶；國弊，御於諸侯；戰敗，則怨結於百姓，而禍歸社稷。《詩》曰：『木實繁者披其枝，披其枝者傷其心。大其都者危其國，尊其臣者卑其主。』淖齒管齊之權，縮閔王之筋，縣之廟梁，宿昔而死。李兌用趙，減食主父，百日而餓死。今秦，太后、穰侯用事，高陵、▸涇陽佐之◂[1]，卒無秦王，此亦淖齒、李兌之類已[2]。臣今見王獨立於廟朝矣，且臣將恐後世之有秦國者，非王之子孫也。」

秦王懼，於是乃廢太后，逐穰侯，出高陵，▸走涇陽於關外◂[3]。

昭王謂范睢曰：「昔者，齊公得管仲，時以為仲父。今吾得子，亦以為父。」

74 應侯謂昭王

應侯謂昭王曰：「亦聞恆思有神叢與？恆思有悍少年，請與叢博，曰：『吾勝叢，叢籍[4]我神三日；不勝叢，叢困我。』乃左手為叢投，右手自為投，勝叢，叢籍其神。三日，叢往求之，遂弗歸。五日而叢枯，七日而叢亡。今國者，王之叢；勢者，王之神。籍人以此，得無危乎？臣未嘗聞指大於臂，臂大於股，若有此，則病必甚矣。百人輿瓢而趨，▸不如一人持而走疾◂[5]。百人誠輿瓢，瓢必裂。今秦國，華陽用之，穰侯用之，太后用之，王亦用之。不稱瓢為器，則已；▸已稱瓢為器◂[6]，國必裂矣。臣聞之也：『木實繁者枝必披，枝之披者傷其心。都大者危其國，臣強者危其主。』其[7]令邑中自斗食以上，至尉、內史及王左右，有非相國之人者乎？國無事，則已；國有事，▸臣必聞見◂[8]王獨立於庭也。臣竊為王恐，恐萬世之後有國者，非王子孫也。

「臣聞古之善為政也，其威內扶，其輔外布，四[9]治政不亂不逆，使者直道而行，不敢為非。今太后使者分裂諸侯，而符布天下，操大國之勢，▸強徵兵◂[10]，伐諸侯。戰勝攻取，利盡歸於陶；國之幣帛，竭入太后之家；竟內之利，分移華陽。古之所謂『危

1. 涇陽、華陽佐之　2. 也
3. a.涇陽於關外 b.走涇陽華陽於關外　4. 藉
5. 不如一人持而走　6. 稱瓢為器　7. 且　8. 臣必見
9. 而　10. 徵強兵

主滅國之道』必從此起。三貴竭國以自安，然則令何得從王出，權何得毋分，▸是我王◂[1]果處三分之一也。」

75 秦攻韓圍陘

秦攻韓，圍陘。范睢謂秦昭王曰：「有攻人者，有攻地者。穰侯十攻魏而不得[2]傷者，非秦弱而魏強也，其所攻者，地也。地者，人主所甚愛也。人主者，人臣之所樂為死也。攻人主之所愛，與樂死者鬬，故十攻而▸弗能勝也◂[3]。今王將攻韓圍陘，臣願王之毋獨攻其地，而攻其人也。王攻韓圍陘，以張儀為言。張儀之力多，▸且削地而以自贖於王◂[4]，幾割地而韓不盡；張儀之力少，則王逐張儀，▸而更與不如張儀者市◂[5]。則王之所求於韓者，言[6]可得也。」

76 應侯曰鄭人謂玉未理者璞

應侯曰：「鄭人謂玉未理者璞[7]，周人謂鼠未腊者朴。周人懷璞[8]過鄭賈曰：『欲買朴乎？』鄭賈曰：『欲之。』▸出其朴，視之◂[9]，乃鼠也。因謝不取。今平原君自以賢，顯名於天下，然降其主父沙丘而臣之。天下之王尚猶尊之，是天下之王▸不如鄭賈之智也◂[10]，眩於名，不知其實也。」

77 天下之士合從相聚於趙

天下之士，合從相聚於趙，而欲攻秦。秦相應侯曰：「王勿憂也，請令廢之。秦於天下之士非有怨也，相聚而攻秦者，以己欲[11]富貴耳。王見大王之狗，臥者臥，起者起，行者行，止者止，毋相與鬬者；投之一骨，輕起相牙者，何則？有爭意也。」▸於是唐睢◂[12]載音樂，予之五十[13]金，居武安，高會相與飲，謂：「邯鄲人誰來取者？」於是其謀者固未可得予也，其可得與[14]者，與之昆弟矣。

「公與秦計功者，不問金之所之，金盡者功多矣。今令人復載五十金隨公。」唐睢行，▸行至武安◂[15]，散不能三千金，天下之士，大相與鬬矣。

1. 是王　2. 能　3. 弗勝也
4. a.且割地而以自贖於王 b.且削地以自贖於王　5. 而更與不如儀者市
6. 盡　7. 樸　8. 朴　9. a.出其朴 b.出其扑，視之
10. 不如鄭賈之智　11. 有　12. 於是使唐睢　13. 千
14. 子　15. 至武安

78 謂應侯曰君禽馬服乎

謂應侯曰：「▸君禽馬服乎◂[1]？」曰：「然。」「又即圍邯鄲乎？」▸曰：「然。」「趙亡◂[2]，秦王王矣，武安君為三公。武安君▸所以為秦◂[3]戰勝攻取者七十餘城，南亡鄢、郢、漢中，禽馬服之軍，不亡一甲，▸雖周呂望之功◂[4]，亦不過此矣。趙亡，秦王王，武安君為三公，君能為之下乎？雖欲無為之下，固不得之矣。▸秦嘗攻韓邢◂[5]，困於上黨，上黨之民皆返為趙。天下之民，不樂為秦民之日固久矣。今攻趙，北地入燕，東地入齊，南地入楚、魏，則秦所得▸不一幾何◂[6]。故不如因而割之，因以為武安功。」

79 應侯失韓之汝南

應侯失韓之汝南。秦昭王謂應侯曰：「▸君亡國◂[7]，其憂乎？」應侯曰：「臣不憂。」王曰：「何也？」曰：「梁人有東門吳者，其子死而不憂，其相室曰：『公之[8]愛子也，天下無有，▸今子死不憂◂[9]，何也？』東門吳曰：『吾嘗無子，無子之時不憂；今子死，乃即與無子時同也。臣奚憂焉？』臣亦嘗為子，為子時不憂；今亡汝南，▸乃與即為◂[10]梁餘子同也。臣何為憂？」

秦王以為不然，以告蒙傲曰：「今也，寡人一城圍，食不甘味，臥不便席，今應侯亡地而言不憂，▸此其情也◂[11]？」蒙傲曰：「臣請得其情。」

▸蒙傲乃往見應侯◂[12]，曰：「傲欲死。」應侯曰：「何謂也？」曰：「秦王師君，天下莫不聞，而況於秦國乎！▸今傲勢得秦為王將◂[13]，將兵，臣以韓之細也，▸顯逆誅◂[14]，奪君地，傲尚奚生？不若死。」應侯拜蒙傲曰：「願委之卿。」蒙傲以報於昭王。

自是之後，應侯每言韓事者，秦王弗聽也，▸以其為汝南虜也◂[15]。

---

1. 君禽馬服君乎 2. 曰：「然。」曰：「趙亡 3. 所為秦
4. 雖周召呂望之功 5. 秦嘗攻韓邢丘
6. a.無幾何 b.不能幾何 7. 君亡汝南國 8. 子 9. 今子死而不憂
10. a.乃與 b.乃即與為 11. 此其情何也 12. 乃往見應侯
13. a.今傲勢得秦王將 b.今傲勢得秦王為將 14. 顯違誅戮 15. 以其為汝南也

80 秦攻邯鄲

秦攻邯鄲，十七月不下。莊謂王稽曰：「君何不賜軍吏乎？」王稽曰：「吾與王也，不用人言。」莊曰：「不然。父之於子也，令有必行者，必不行者。曰『去貴妻，賣愛妾』，此令必行者也；因曰『毋敢思也』，此令必不行者也。守閭嫗曰，『▸其夕，某懦子◂[1]內某士』。貴妻已去，愛妾已賣，而心不有。欲教之者，人心固有。今君雖幸於王，不過父子之親；軍吏雖賤，不卑於守閭嫗。且君擅主輕下之日久矣。聞『三人成虎，十夫楺椎。眾口所移，毋翼而飛』。故曰，不如賜軍吏而禮之。」王稽不聽。軍吏窮，果惡王稽、杜摯以反。

秦王大怒，而欲兼誅范睢。范睢曰：「臣，東鄙之賤人也，開罪於楚、魏，遁逃來奔。臣無諸侯之援，親習之故，王舉臣於羈旅之中，使職事，天下皆聞臣之身與王之舉也。▸今遇◂[2]惑或與罪人同心，而王明誅之，是王過舉顯於天下，而為諸侯所議也。臣願請藥賜死，而恩以相葬臣，王必不失臣之罪，而無過舉之名。」王曰：「有之。」遂弗殺而善遇之。

81 蔡澤見逐於趙

蔡澤見逐於趙，而入韓、魏，▸遇奪釜鬲◂[3]於涂。聞應侯任鄭安平、王稽，皆負重罪，應侯內慚，乃西入秦。將見昭王，使人宣言以感怒應侯曰：「燕客蔡澤，天下駿雄弘辯之士也。彼一見秦王，秦王必相之而奪君位。」

應侯聞之，使人召蔡澤。蔡澤入，則揖應侯，應侯固不快，及見之，又倨。應侯因讓之曰：「子常[4]宣言▸代我相秦◂[5]，豈有此乎？」對曰：「然。」應侯曰：「請聞其說。」蔡澤曰：「吁！▸何君◂[6]見之晚也。夫四時之序，成功者去。夫人生手足堅強，耳目聰明聖知，豈非士之所願與？」應侯曰：「然。」蔡澤曰：「質仁秉義，行道施德於天下，天下懷樂敬愛，願以為君王，豈不辯智之期與？」應侯曰：「然。」蔡澤復曰：「富貴顯榮，成理萬物，萬物各得其所；生命壽長，終其年而不夭傷；天下繼其統，守其業，傳之無窮，名實純粹，澤流千世，▸稱之而毋絕，與天下終◂[7]。豈非道之符，而聖人所謂吉祥善事與？」應侯曰：「然。」澤曰：「若秦之商君，楚之吳起，越

---

1. a.其夕，某孺子 b.某夕，某懦子　2. 令愚　3. 遇奪釜
4. 嘗　5. 欲代我相秦　6. 君何　7. 稱之而毋絕

之大夫種，其卒亦可願矣[1]。」應侯知蔡澤之欲困己以說，復曰：「何為不可？夫公孫鞅事孝公，極身毋二，盡公不還私，信賞罰以致治，竭智能，示情素，蒙怨咎，欺舊交，虜魏公子卬，卒為秦禽將，破敵軍，攘地千里。吳起事悼王，使私不害公，讒不蔽忠，言不取苟合，行不取苟容，行義不固[2]毀譽，必有[3]伯主強國，不辭禍凶。大夫種事越王，主[4]離困辱，悉忠而不解，主雖亡絕，盡能而不離，多功而不矜，▸貴富◂[5]不驕怠。若此三子者，義之至，忠之節也。故君子殺身以成名，義之所在，▸身雖死，無憾悔◂[6]，何為▸不可哉◂[7]？」蔡澤曰：「主聖臣賢，天下之福也；君明臣忠，國之福也；父慈子孝，夫信婦貞，家之福也。故比干忠，▸不能存殷◂[8]；子胥知，▸不能存吳◂[9]；申生孝，而晉惑[10]亂。是有忠臣孝子，國家滅亂，何也？無明君賢父以聽之。故天下以其君父為戮辱，▸憐其臣子◂[11]。夫待死而後可以立忠成名，是微子不足仁，孔子不足聖，管仲不足大也。」於是應侯稱善。

蔡澤得少間，因曰：「商君、吳起、大夫種，其為人臣，盡忠致功[12]，則可願矣。閎夭事文王，周公輔成王也，▸豈不亦忠乎◂[13]？▸以君臣論之◂[14]，商君、吳起、大夫種，其可願孰與閎夭、周公哉？」應侯曰：「商君、▸吳起、大夫種◂[15]不若也。」蔡澤曰：「然則君之主，慈仁任忠，不欺舊故，孰與▸秦孝公、楚悼王◂[16]、越王乎？」應侯曰：「未知何如也。」蔡澤曰：「主固親忠臣，不過秦孝、越王、楚悼。君之為[17]主，正亂、批患、折難，廣地殖穀，富國、足家、強主，威蓋海內，功章萬里之外，不過商君、吳起、大夫種。而君之祿位貴盛，私家之富過於三子，而身不退，竊為君危之。語曰：『日中則移，月滿則虧。』物盛則衰，天之常數也；進退、盈縮、變化，聖人之常道也。昔者，▸齊桓公九合諸侯◂[18]，一匡天下，至葵丘之會，有驕矜之色，畔者九國。吳王夫差無適[19]於天下，輕諸侯，淩[20]齊、晉，遂以殺身亡國。夏育、太史啓[21]叱呼駭三軍，然而身死於庸夫。此皆乘至盛不及[22]道理也。夫商君為孝公平權衡、正度量、調輕重，決裂阡陌，教民耕戰，是以兵動而地廣，兵休而國富，故秦無敵於天下，立威諸侯。▸功已成◂[23]，遂以車裂。楚地持戟百萬，白起率數萬之師，以與楚戰，一戰舉鄢、郢，再戰燒夷陵，南并蜀、漢，又越韓、魏攻強趙，北坑馬服，誅屠四十餘萬之眾，流血成川，沸聲若雷，使秦業帝。自是之後，趙、楚懾服，不敢攻秦者，白起之勢也。身

1. 與　2. 願　3. 欲　4. 王　5. 富貴
6. 身雖無，咸無悔　7. 而不可哉　8. 而不能存殷　9. 而不能存吳
10. 國　11. 而憐其臣子　12. 力　13. 豈不亦忠聖乎
14. 以聖論之　15. 吳起與大夫種　16. 秦孝、楚悼　17. 令
18. 齊桓公　19. 敵　20. 陵　21. 噭　22. 近
23. 功已成矣

所服者，七十餘城。功已成矣，賜死於杜郵。吳起為楚悼罷無能，廢無用，損不急之官，塞私門之請，壹楚國之俗，南攻楊[1]越，北并陳、蔡，破橫散從，使馳說之士無所開其口。功已成矣，卒支解。大夫種為越王墾草刱[2]邑，辟地殖穀，▸率四方士◂[3]，上下之力，以禽勁吳，成霸功。勾踐終棓[4]而殺之。此四子者，▸成功◂[5]而不去，禍至於此。此所謂信而不能詘，往而不能反者也。范蠡知之，超然避世，長為陶朱。君獨不觀博者乎？▸或欲分大投◂[6]，或欲分功。此皆君之所明知也。今君相秦，計不下席，謀不出廊廟，坐制諸侯，利施三川，以實宜陽，▸決羊腸之險◂[7]，塞太行之口，又斬范、中行之途，▸棧道千里於蜀、漢◂[8]，使天下皆畏秦。秦之欲得矣，君之功極矣。此亦秦之分功之時也！如是[9]不退，則商君、白公、吳起、大夫種是也。君何不以此時歸相印，讓賢者授之，必有伯夷之廉；長為應侯，世世稱孤，而有喬、松之壽。孰與以禍終哉！此則君何居焉？」應侯曰：「善。」乃延入坐為上客。

後數日，入朝，言於秦昭王曰：「客新有從山東來者蔡澤，其人辯士。臣之見人甚眾，莫有及者，臣不如也。」秦昭王召見，與語，大說之，拜為客卿。

應侯因謝病，請歸相印。昭王彊起應侯，應侯遂稱篤，因免相。昭王新說蔡澤計畫，遂拜為秦相，東收周室。

蔡澤相秦王數月，人或惡之，懼誅，乃謝病歸相印，號為剛成君。▸秦十餘年◂[10]，▸昭王◂[11]、孝文王、莊襄王，卒事始皇帝。為秦使於燕，三年而燕使太子丹入質於秦。

82A 秦取楚漢中

秦取楚漢中，再戰於藍田，大敗楚軍。韓、魏聞楚之困，乃南襲至鄧，楚王引歸。後三國謀攻楚，恐秦之救也，或說薛公：「可發使告楚曰：『今三國之兵且去楚，楚能應而共攻秦，雖藍田豈難得哉！況於楚之故地？』楚疑於秦之未必救己也，而今三國之辭去[12]，則楚之應之也必勸，是楚與三國謀出秦兵矣。秦為知之，必不救也。三國疾攻楚，▸楚必走秦以急◂[13]；秦愈不敢出，則是我離秦而攻楚也，兵必有功。」

1. 揚　2. a.仞 b.入　3. 率四方之士專　4. 拮　5. 功成
6. 或欲大投　7. 以決羊腸之險　8. 棧道千里通於蜀、漢　9. 時
10. 居秦十餘年　11. 事昭王　12. 云　13. 楚必走秦以急告

薛公曰：「善。」遂發重使之楚，楚之應之果勸。於是三國并力攻楚，楚果告急於秦，秦遂不敢出兵。大臣[1]有功。

82B 薛公入魏而出齊女

薛公入魏而出齊女。韓春謂秦王曰：「何不取為妻，以齊、秦劫魏，則上黨，秦之有也。齊、秦合而立負芻，負芻立，其母在秦，則魏，秦之縣也已。氓[2]欲以齊、秦▸劫魏而困薛公◂[3]，佐欲定其弟，臣請為王因氓與佐也。魏懼而復之，負芻必以魏歿世事秦。齊女入魏而怨薛公，終以齊奉事王矣。」

83A 三國攻秦入函谷

三國攻秦，入函谷。秦王謂樓緩曰：「三國之兵深矣，寡人欲割河東而講。」對曰：「割河東，大費也；免[4]於國患，大利也。此父兄之任也。王何不召公子池[5]而問焉？」

王召公子池而問焉[6]，對曰：「講亦悔，不講亦悔。」王曰：「何也？」對曰：「王割河東而講，三國雖去，王必曰：『惜矣！三國且去，吾特以三城從之。』此講之悔也。王不講，三國入函谷，咸陽必危，王又曰：『惜矣！吾愛三城而不講。』此又不講之悔也。」王曰：「鈞吾悔也，寧亡三城而悔，無危咸陽而悔也。寡人決講矣。」卒使公子池以三城講於三國，▸之兵◂[7]乃退。

83B 秦昭王謂左右

秦昭王謂左右曰：「今日韓、魏，孰與始強？」對曰：「弗如也。」王曰：「今之如耳、魏齊，孰與[8]孟嘗、芒卯之賢？」對曰：「弗如也。」王曰：「以孟嘗、芒卯之賢，帥強韓、魏之兵以伐秦，猶無奈寡人何也！今以無能之如耳、魏齊，帥弱韓、魏以攻秦，其無奈寡人何，▸亦明矣！」左右皆曰：「甚然◂[9]。」

中期推琴對曰：「三[10]之料天下過矣。昔者六晉之時，智氏最強，滅破范、中行，

1. 勝　2. 珉　3. 而困薛公　4. 勉　5. 他
6. 之　7. 三國之兵　8. 如　9. 亦明矣　10. 王

▸帥韓、魏◂[1]以圍趙襄子於晉陽。決晉水以灌晉陽，城不沈者三板耳。智伯出行水，韓康子御，魏桓子驂乘。智伯曰：『始，吾不知水之可亡人之國也，乃今知之。汾水利以灌安邑，絳水利以灌平陽。』魏桓子肘韓康子，康子履魏桓子，躡其踵。肘足接於車上，而智氏分矣。身死國亡，為天下笑。今秦之強，不能過智伯；韓、魏雖弱，▸尚賢在晉陽之下也◂[2]。此乃方其用肘足時也，願王之勿易也。」

84A 楚魏戰於陘山

楚、魏戰於陘山。魏許秦以上洛，以絕秦於楚。魏戰勝，楚敗於南陽。秦責賂於魏，魏不與。營[3]淺謂秦王曰：「王何不謂楚王曰，魏許寡人以地，今戰勝，魏王倍寡人也。王何不與寡人遇。魏畏秦、楚之合，必與秦地矣。是魏勝楚而亡地於秦也；▸是王以魏地德寡人◂[4]，秦之楚者多資矣。魏弱，若不出地，則王攻其南，寡人絕[5]其西，魏必危。」秦王曰：「善。」以是告楚。楚王揚言與秦遇，魏王聞之恐，效上洛於秦。

84B 楚使者景鯉在秦

楚使者景鯉在秦，從秦王與魏王遇於境。▸楚怒秦合，周㝡為楚王曰：「魏請無與楚遇而合於秦，是以鯉與之遇也◂[6]。弊邑之於與遇善之，故齊不合也。」楚王因不罪景鯉而德周、秦。

85 楚王使景鯉如秦

楚王使景鯉如秦。客謂秦王曰：「景鯉，▸楚王使景所甚愛◂[7]，王不如留之以市地。楚王聽，則不用兵而得地；楚王不聽，則殺景鯉，▸更不與◂[8]不如景鯉留[9]，是便計也。」秦王乃留景鯉。

景鯉使人說秦王曰：「臣見王之權輕天下，而地不可得也。臣之來使也，聞齊、魏皆且割地以事秦。所以然者，以秦與楚為昆弟國。今大王留臣，是示天下無楚也，齊、

1. 又帥韓魏　2. 尚賢其在晉陽之下也　3. 管
4. 是王以地德寡人　5. 攻
6. a.楚怒秦合，周最謂楚王曰：「魏請無與楚遇而合於秦，是以鯉與之遇也 b.是以鯉與之遇也　7. 楚王所甚愛　8. 更與　9. 者

魏有何重於孤國也。楚知秦之孤，不與地，▸而外結交諸侯以圖◂[1]，則社稷必危，不如出臣。」秦王乃出之。

86 秦王欲見頓弱

秦王欲見頓弱，頓弱曰：「臣之義不參拜，王能使臣無拜，即[2]可矣。不，即不見也。」秦王許之。於是頓子曰：「▸天下有其實而無其名者◂[3]，有無其實而有其名者，有無其名又無其實者。王知之乎？」王曰：「弗知。」頓子曰：「有其實而無其名者，商人是也。無把銚推耨之勢，而有積粟之實，此有其實而無其名者也。無其實而有其名者，農夫是也。解凍而耕，暴背而耨，無積粟之實，此無其實而有其名者也。無其名又無其實者，王乃是也。已立為萬乘，無孝之名；以千里養，無孝之實。」秦王悖然而怒。

頓弱曰：「山東戰國有六，威不掩於山東，而掩於母，臣竊為大王不取也。」秦王曰：「山東之建[4]國可兼與？」頓子曰：「韓，天下之咽喉；魏，天下之胸腹。王資臣萬金而遊，聽之韓、魏，入其社稷之臣於秦，▸即韓、魏從。韓、魏從◂[5]，而天下可圖也。」秦王曰：「寡人之國貧，恐不能給也。」頓子曰：「天下未嘗無事也，非從即橫也。橫成，則秦帝；從成，即楚王。秦帝，即以天下恭養；楚王，即王雖有萬金，弗得私也。」秦王曰：「善。」乃資萬金，使東遊韓、魏，入其將相。北遊於燕、趙，而殺李牧。▸齊王入朝◂[6]，四國必[7]從，頓子之說也。

87 頃襄王二十年

▸頃襄王二十年，秦白起拔楚西陵，或拔鄢、郢、夷陵，燒先王之墓。王徙東北，保于陳城。楚遂削弱，為秦所輕。於是白起又將兵來伐。

楚人有黃歇者，游學博聞，襄王以為辯，故使於秦。說昭王曰：

「天下莫強於秦、楚，今聞大王欲伐楚，此猶兩虎相鬬而駑犬受其弊，不如善楚。臣請言其說。臣聞之◂[8]：『物至而反，冬夏是也。致至而危，累碁是也。』今大國之地半天下，有二垂，此從生民以來，萬乘之地未嘗有也。先帝文王、莊[9]王，王之身，三世而不接地於齊，以絕從親之要。▸今王三使盛橋◂[10]守事於韓，成橋以[11]北入燕。是王

1. 而外結交以圖 2. 則 3. 天下有有其實而無其名者 4. 戰
5. 即韓、魏從 6. 齊入朝 7. 畢 8. 說秦王曰 9. 武
10. 今王使成橋 11. 已

不用甲，不伸威，而出百里之地，王可謂能矣。王又舉甲兵而攻魏，杜[1]大梁之門，舉河內，拔燕、酸棗、虛、桃人，楚、燕之兵▸云翔不敢校◂[2]，王之功亦多矣。▸王申◂[3]息眾二年，然後復之，又取蒲、衍、首垣，以臨仁、平兵[4]，小黃、濟陽嬰城，而魏氏服矣。王又割濮、磨之北屬之燕，斷齊、秦之要，絕楚、魏之脊。天下五合、六聚而不敢救也，王之威亦憚矣。王若能持功守威，省攻伐之心而肥仁義之誡[5]，使無復後患，三王不足四，五伯不足六也。

「王若負人徒之眾，▸材兵甲之強◂[6]，壹[7]毀魏氏之威，而欲以力臣天下之主，臣恐有後患。《詩》云：『靡不有初，鮮克有終。』《易》曰：『狐濡其尾。』此言始之易，終之難也。何以知其然也？智氏見伐趙之利，而不知▸榆次之禍也◂[8]；吳見伐齊之便，而不知▸干隧之敗也◂[9]。此二國者，非無大功也，設[10]利於前，而易患於後也。吳之信越也，從而伐齊，▸既勝◂[11]齊人於艾陵，還為越王禽於三江之浦。智氏信韓、魏，從而伐趙，攻晉陽之城，勝有日矣，韓、魏反之，殺智伯瑤於鑿臺之上。今王妬[12]楚之不毀也，而忘毀楚之強魏也。臣為大王慮而不取。《詩》云：『大武遠宅不涉。』從此觀之，楚國，援也；鄰國，敵也。《詩》云：『他人有心，予忖度之。躍躍毚兔，遇犬獲之。』今王中道而信韓、魏之善王也，此正吳信越也。臣聞，敵不可易，時不可失。臣[13]恐韓、魏之卑辭慮患，▸而實欺大國也。此何也◂[14]？王既無重世之德於韓、魏，▸而有累世之怨矣◂[15]。韓、魏父子兄弟接踵而死於秦者，百[16]世矣。本國殘，社稷壞，宗廟隳，刳腹折頤，首身分離，暴骨草澤，頭顱僵仆，相望於境；父子老弱係虜，相隨於路；鬼神狐祥無所食，百姓不聊生，族類離散，流亡為臣妾，滿海內矣。韓、魏之不亡，秦社稷之憂也。今王之攻楚，不亦失乎！是[17]王攻楚之日，則惡出兵？王將藉路於仇讎之韓、魏乎！兵出之日而王憂其不反也，▸是王以兵資於仇讎之韓、魏。王若不藉路於仇讎之韓、魏◂[18]，▸必攻陽、右壤。隨陽、右壤◂[19]，此皆廣川大水，山林谿谷不食之地，王雖有之，不為得地。是王有毀楚之名，無得地之實也。

「且王攻楚之日，▸四國必應悉起應王◂[20]。▸秦、楚之構而不離◂[21]，魏氏將出兵而

1. 社　2. 雲翔而不敢校　3. 王休甲　4. 丘　5. 誠
6. 兵甲之強　7. 一　8. 榆次之禍　9. 干隧之敗　10. 沒
11. 遂攻　12. 妬　13. 正　14. 而實欺大國也
15. 而有累世之怨焉夫　16. 累　17. 且
18. 是王以兵資於仇讎之韓、魏
19. a.必攻隨陽、右壤，隨陽、右壤 b.必攻隨陽、右壤
20. 四國必悉起應王　21. 秦楚之兵構而不離

攻留、方與、銍、胡陵、碭、蕭、相，故宋必盡。齊人南面，泗北必舉。此皆平原四達，膏腴之地也，而王使之獨攻。▸王破楚於以肥韓◂[1]、魏於中國而勁齊，韓、魏之強足以校於秦矣。齊南以泗為境，東負海，北倚河，而無後患，天下之國，莫強於齊。齊、魏得地葆利，而詳事下[2]吏，一年之後，為帝若未能，於以禁王之為帝▸有餘◂[3]。夫以王壤土之博，人徒之衆，兵革之強，▸一舉衆而注地於楚◂[4]，詘令韓、魏，歸帝重於齊，是王失計也。

「臣為王慮，莫若善楚。秦、楚合而為一，▸臨以韓◂[5]，韓必授[6]首。王襟[7]以山東之險，帶以河曲之利，韓必為關中之候。若是，▸王以十成鄭◂[8]，梁氏寒心，許、鄢[9]陵嬰城，上蔡、召陵不往來也。如此，而魏亦關內候[10]矣。王一善楚，而關內二萬乘之主注地於齊[11]，齊之右壤可拱手而取也。是王之地一任[12]兩海，要絶天下也。是燕、趙無齊、楚，▸無燕、趙也◂[13]。然後危動燕、趙，持齊、楚，此四國者，不待痛而服矣。」

88 或為六國說秦王

或為六國說秦王曰：「土廣不足以為安，人衆不足以為強。若土廣者安，人衆者強，則桀、紂之後將存。昔者，▸趙氏亦嘗強矣◂[14]。▸曰趙強何若◂[15]？舉左案齊，舉右案魏，厭案萬乘之國，二國，千乘之宋也。築剛平，衛無東野，芻牧薪采莫敢闚東門。當是時，衛危於累卵，天下之士相從謀曰：『吾將還其委質，而朝於邯鄲之君乎！』於是天下有稱伐邯鄲者，▸莫不令朝行◂[16]。魏伐邯鄲，因退為逢澤之遇，乘夏車，稱夏王，▸朝為天子◂[17]，天下皆從。▸齊太公◂[18]聞之，▸舉兵伐魏，壤地兩分，國家大危◂[19]。梁王身抱質執璧，請為陳侯臣，天下乃釋梁。郢威王聞之，寢不寐，食不飽，帥天下百姓，以與申縳[20]遇於泗水之上，而大敗申縳。趙人聞之至枝桑，燕人聞之至格道。格道不通，▸平際絶◂[21]。齊戰敗不勝，謀則不得，使陳毛釋劍掫，委南聽罪，西說趙，北說燕，內喻其百姓，而天下乃齊釋。▸於是夫積薄而為厚◂[22]，▸聚少而為多◂[23]，以同言郢威王於側紂之間。臣豈以郢威王為政衰謀亂以至於此哉？郢為強，臨天下諸侯，故天下樂伐之也！」

---

1. 王破楚以肥韓 2. 不 3. 有餘矣 4. 而注地於楚 5. 以臨韓
6. 受 7. 施 8. 王以十萬戍鄭 9. 鄢 10. 侯
11. 秦 12. 注 13. 齊、楚無燕趙也 14. 趙氏嘗亦強矣
15. 曰趙強若何 16. 莫不夕令朝行 17. 一朝為天子 18. 齊宣王
19. 舉兵伐魏 20. 縛 21. 平絕
22. a.於是天下積薄而為厚 b.於是夫積薄而厚 23. 聚少而多

89 謂秦王

謂秦王曰：「臣竊惑王之輕齊易楚，而卑畜韓也。臣聞，王兵勝而不驕，伯主約而不忿。勝而不驕，故能服世；約而不忿，故能從鄰。今王廣[1]德魏、趙，而輕失齊，驕也；戰勝宜陽，不恤楚交，忿也。驕忿非伯主[2]之業也。臣竊為大王慮之而不取也。

「《詩》云：『靡不有初，鮮克有終。』故先王之所重者，▸唯始與終。何以知其然◂[3]？昔智伯瑤殘范、中行，▸圍逼晉陽◂[4]，卒為三家笑；吳王夫差棲越於會稽，勝齊於艾陵，為黃池之遇，無禮於宋，遂與[5]句[6]踐禽，▸死於干隧◂[7]；梁君伐楚勝齊，▸制趙、韓◂[8]之兵，驅十二諸侯以朝天子於孟津，後子死，身布冠而拘於秦。三者非無功也，能始而不能終也。

「今王破宜陽，殘三川，而使天下之士不敢言；雍天下之國，徙兩周之疆，而世主不敢交[9]陽侯之塞；取黃棘，而韓、楚之兵不敢進。王若能為此尾，則三王不足四，五伯不足六。王若不能為此尾，而有後患，則臣恐諸侯之君，河、濟之士，以王為吳、智之事也。

「《詩》云：『行百里者半於九十。』此言末路之難。今大王皆有驕色，以臣之心觀之，天下之事，依世主之心，非楚受兵，必秦也。何以知其然也？秦人援魏以拒楚，▸楚人援韓以拒秦◂[10]，四國之兵敵，而未能復戰也。齊、宋在繩墨之外以為權，故曰先得齊、宋者伐秦。秦先得齊、宋，則韓氏鑠；韓氏鑠，則楚孤而受兵也。楚先得齊[11]，則魏氏鑠；魏氏鑠，則秦孤而受兵矣。若隨此計而行之，則兩國者必為天下笑矣。」

90 秦王與中期爭論

秦王與中期爭論，不勝。秦王大怒，中期徐行而去。或為[12]中期說秦王曰：「悍人也。中期適遇明君故也，向者遇桀、紂，必殺之矣。」秦王因不罪。

---

1. a.得 b.失　2. 王　3. 唯終與始，何以知其然也　4. 圍晉陽
5. 為　6. 勾　7. a.死於干隊 b.死　8. 制韓、趙
9. 窺　10. 楚人援韓以拒秦王　11. 之　12. 與

91 獻則謂公孫消

獻則謂公孫消曰：「公，大臣之尊者也，數伐有功。所以不為相者，太后不善公也。辛[1]戎者，太后之所親也。今亡於楚，在東周。公何不以秦、楚之重，資而相之於周乎？楚必便之矣。是辛戎有秦、楚之重，太后必悅公，公相必矣。」

92 樓啎約秦魏

樓啎[2]約秦、魏，魏太子為質，紛彊欲敗之。謂太后曰：「國與還者也，敗秦而利魏，魏必負之。負秦之日，太子為糞矣。」▸太后坐王而泣◂[3]。王因疑於太子，令之留於酸棗。樓子患之。昭衍為周之梁，樓子告之。昭衍見梁王，梁王曰：「何聞？」曰：「聞秦且伐魏。」王曰：「為期[4]與我約矣。」曰：「秦疑於王之約，以太子之留酸棗而不之秦。秦王之計曰：『魏不與我約，必攻我；我與其處而待之見攻，不如先伐之。』以秦彊折節而下與國，臣恐其害於東周。」

93 濮陽人呂不韋賈於邯鄲

濮陽人呂不韋賈於邯鄲，見秦質子異人，▸歸而謂父曰◂[5]：「耕田之利幾倍？」曰：「十倍。」「珠玉之贏幾倍？」曰：「百倍。」「立國家之主贏幾倍？」曰：「無數。」曰：「今力田疾作，不得煖衣餘食；今建國立君，澤可以遺世。願往事之。」

秦子異人質於趙，處於郚城。故往說之曰：「子傒[6]有承國之業，又有母在中。今子無母於中，外託於不可知之國，一日倍約，身為糞土。今子聽吾計事，求歸，可以有秦國。吾為子使秦，必來請子。」

乃說秦王后弟陽泉君曰：「君之罪至死，君知之乎？君之門下無不居高尊位，太子門下無貴者。君之府藏珍珠寶玉，君之駿馬盈外廄，美女充後庭。王之春秋高，一日山陵崩，太子用事，君危於累卵，而不壽於朝生。說有可以一切而使君富貴千萬歲，其寧於太山四維，必無危亡之患矣。」陽泉君避席，請聞其說。不韋曰：「王年高矣，王后無子，子傒有承國之業，士倉又輔之。王一日山陵崩，子傒立，士倉用事，王后之門，

1. 芊　2. 牾　3. 太后坐而王泣　4. 其　5. 歸而謂父母曰
6. 徯

必生蓬蒿。子異人賢材也，棄在於趙，無母於內，引領西[1]望，而願一得歸。王后誠請而立之，是子異人無國而有國，王后無子而有子也。」陽泉君曰：「然。」入說王后，王后乃請趙而歸之。

趙未之遣，不韋說趙曰：「子異人，秦之寵子也，無母於中，王后欲取而子之。使秦而欲屠趙，不顧一子以留計，是抱空質也。若使子異人歸而得立，趙厚送遣之，是不敢倍德畔施，是自為德[2]講。秦王老矣，一日晏駕，雖有子異人，不足以結秦。」趙乃遣之。

異人至，不韋使楚服而見。王后悅其狀，高其知，曰：「吾楚人也。」而自子之，乃變其名曰楚。王使子誦，子曰：「少棄捐在外，嘗無師傅所教學，不習於誦。」王罷之，乃留止[3]。間曰：「陛下嘗軔車於趙矣，趙之豪桀，得知名者不少。今大王反國，皆西面而望。大王無一介之使以存之，臣恐其皆有怨心。使邊境早閉晚開。」王以為然，奇其計。王后勸立之。王乃召相，令之曰：「寡人子莫若楚。」立以為太子。

子楚立，以不韋為相，號曰文信侯，食藍田十二縣。王后為華陽太后，諸侯皆致秦邑。

94 文信侯欲攻趙以廣河間

文信侯欲攻趙以廣河間，使剛成君蔡澤事燕三年，而燕太子質於秦。文信侯因請▸張唐相燕◂[4]，▸欲與燕共伐趙，以廣河間之地。張唐辭曰◂[5]：「燕者必徑於趙，趙人得唐者，受百里之地。」文信侯去而不快。少庶子甘羅曰：「君侯何不快甚也？」文信侯曰：「吾令剛成君蔡澤事燕三年，而燕太子已入質矣。今吾自請張卿相燕，而不肯行。」甘羅曰：「▸臣行之◂[6]。」文信君[7]叱▸去曰◂[8]：「我自行之而不肯，汝安能行之也？」甘羅曰：「夫項橐[9]生七歲而為孔子師，今臣生十二歲於茲矣！君其試臣，奚以遽言叱也？」

甘羅見張唐曰：「卿之功，孰與武安君？」唐曰：「武安君戰勝攻取，不知其數；攻城墮邑，不知其數。臣之功不如武安君也。」甘羅曰：「卿明知功之不如武安君

1. 四　2. 誠　3. 請　4. 張唐往相燕　5. 張唐辭曰
6. 臣請行之　7. 侯　8. 曰去　9. 櫜

歟？」曰：「知之。」「應侯之用秦也，孰與文信侯專？」曰：「應侯不如文信侯專。」曰：「卿明知為不如文信侯專歟？」曰：「知之。」甘羅曰：「應侯欲伐趙，武安君難之，去咸陽七里，絞而殺之。今文信侯自請卿相燕，而卿不肯行，臣不知卿所死之處矣！」唐曰：「請因孺子而行！」令庫具車，廄具馬，府具幣，行有日矣。甘羅謂文信侯曰：「借臣車五乘，請為張唐先報趙。」

見趙王，趙王郊迎。謂趙王曰：「聞燕太子丹之入秦與？」曰：「聞之。」「聞張唐之相燕與？」曰：「聞之。」「燕太子入秦者，燕不欺秦也。張唐相燕者，秦不欺燕也。秦、燕不相欺，則伐趙，危矣。燕、秦所以不相欺者，無異故，欲攻趙而廣河間也。今王齎臣五城以廣河間，請歸燕太子，與強趙攻弱燕。」趙王立割五城以廣河間，歸燕太子。▸趙攻燕◂[1]，得上谷三十六縣，與秦什一。

95 文信侯出走

文信侯出走，與司空馬之趙，趙以為守相。秦下甲而攻趙。

司空馬說趙王曰：「文信侯相秦，臣事之，為尚書，習秦事。今大王使守[2]小官，習趙事。請為大王設秦、趙之戰，而親觀其孰勝。趙孰與秦大？」曰：「不如。」「民孰與之眾？」曰：「不如。」「金錢粟孰與之富？」曰：「弗如。」「國孰與之治？」曰：「不如。」「相孰與之賢？」曰：「不如。」「將孰與之武？」曰：「不如。」「律令孰與之明？」曰：「不如。」司空馬曰：「然則大王之國，百舉而無及秦者，大王之國亡。」趙王曰：「卿不遠趙，▸而悉教以國事◂[3]，願於因計。」司空馬曰：「大王裂趙之半以賂秦，秦不接刃而得趙之半，秦必悅。內惡趙之守，外恐諸侯之救，秦必受之[4]。秦受地而郄[5]兵，趙守半國以自存。秦銜賂以自強，山東必恐；亡趙自危，諸侯必懼。懼而相捄，則從事可[6]成。▸臣請大王約從◂[7]。從事成，則是大王名亡趙之半，實得山東以敵秦，秦不足亡。」趙王曰：「前日秦下甲攻趙，趙賂以河間十二縣，地削兵弱，卒不免秦患。今又割趙之半以強秦，力不能自存，因以亡矣。▸願卿之更計◂[8]。」司空馬曰：「臣少為秦刀[9]筆，以官長而守小官[10]，未嘗為兵首[11]，請為大王悉趙兵以遇。」趙王不能將。司空馬曰：「臣效愚計，大王不用，是臣無以事大王，願自請。」

1. 與趙攻燕　2. 臣　3. a.而惠教以國事 b.而悉敵以國事
4. 地　5. 卻　6. 有　7. 臣請為大王約從
8. 願卿更計　9. 奉　10. 吏　11. 臣

司空馬去趙，渡平原。平原津令郭遺勞而問：「秦兵下趙，上客從趙來，趙事何如？」司空馬言其為趙王計而‣弗用◂[1]，趙必亡。平原令曰：「以上客料之，趙何時亡？」司空馬曰：「趙將武安君，期年而亡；若殺武安君，不過半年。趙王之臣有韓倉者，以曲合於趙王，其交甚親，其為人疾賢妬功臣。今國危亡，王必用其言，武安君必死。」

韓倉果惡之，王使[2]人代。武安君至，使韓倉數之曰：「將軍戰勝，王觴將軍。將軍為壽於前而捍[3]匕首，當死。」武安君曰：「繓病鉤，身大臂短，不能及地，起居不敬，恐懼死罪於前，故使工人為木材以接手。上若不信，繓請以出示。」出之袖中，以示韓倉，狀如振捆[4]，纏之以布。「願公入明之。」韓倉曰：「受命於王，賜將軍死，不赦。臣不敢言。」武安君北面再拜賜死，縮劍將自誅，乃曰：「人臣不得自殺宮中。」‣遇司空馬門◂[5]，趣[6]甚疾，出諔[7]門也。右舉劍將自誅[8]，臂短不能及，銜劍徵之於柱以自刺。武安君死。五月趙亡。

平原令見諸公，‣必為言之曰◂[9]：「‣嗟嗞乎◂[10]，司空馬！」又以為[11]司空馬逐於秦，非不知[12]也；去趙，非不肖也。趙去司空馬而‣國亡◂[13]。國亡者，非無賢人，不能用也。

96 四國為一將以攻秦

四國為一，將以攻秦。秦王召群臣賓客六十人而問焉，曰：「四國為一，將以圖秦，寡人屈於內，而百姓靡於外，為之奈何？」群臣莫對。姚[14]賈對曰：「賈願出使四國，必絶其謀，而安[15]其兵。」乃資車百乘，金千斤，衣以其衣，‣冠舞以其劍◂[16]。姚賈辭行，絶其謀，止其兵，與之為交以報秦。秦王大悅。‣賈封◂[17]千戶，以為上卿。

韓非知[18]之，曰：「賈以珍珠重寶，南使荊、吳[19]，北使燕、代之間三年，四國之交未必合也，而珍珠重寶盡於內。‣是賈以王之權，國之寶◂[20]，外自交於諸侯，願王察

1. a.不用 b.弗勝　2. 令　3. 捭
4. a.槶 b.梱　5. a.過司馬門 b.過司空馬門　6. 趨　7. 諺
8. 殺　9. 必為之言曰　10. a.嗟乎 b.嗟茲乎　11. 謂
12. 智　13. 亡國　14. 桃　15. 案
16. a.冠帶以其劍 b.舞以其劍　17. 封賈　18. 短　19. 齊
20. 是賈以王之權

之。且梁監門子，嘗盜於梁，臣於趙而逐。取世監門子，梁之大盜，趙之逐臣，與同知社稷之計，非所以厲群臣也。」

王召姚賈而問曰：「吾聞子以寡人財交於諸侯，有諸？」▸對曰：「有◂[1]。」王曰：「有何面目復見寡人？」對曰：「曾參孝其親，天下願以為子；子胥忠於君，天下願以為臣；貞女工巧，天下願以為妃。今賈忠王而王不知也。賈不歸四國，尚焉之？使賈不忠於君，四國之王尚焉用賈之身？桀聽讒而誅其良將，紂聞[2]讒而殺其忠臣，至身死國亡。今王聽讒，則無忠臣矣。」

王曰：「子監門子，梁之大盜，趙之逐臣。」姚賈曰：「太公望，齊之逐夫，朝歌之廢屠，子良之逐臣，棘津之讎不庸，文王用之而王。管仲，▸其鄙人之賈人也◂[3]，南陽之弊幽，魯之免囚，桓公用之而伯。百里奚，虞之乞人，傳賣以五羊之皮，穆公相之而朝西戎。文公用中山盜，而勝於城濮。此四士者，皆有詬醜，▸大誹天下◂[4]，明主用之，▸知其可與立功◂[5]。使若卞隨、務光、申屠狄，人主豈得其用哉！故明主不取其汙，不聽其非，察其為己用。故可以存社稷者，雖有外誹者不聽；雖有高世之名，無咫尺之功者不賞。是以群臣莫敢以虛願望於上。」

秦王曰：「然。」▸乃可復使◂[6]姚賈而誅韓非。

97 楚威王戰勝於徐州

楚威王戰勝於徐[7]州，欲逐嬰子於齊。嬰子恐，張丑謂楚王曰：「王戰勝於徐[8]州也，盼子不用也。盼子有功於國，▸百姓為之用◂[9]。嬰子不善，而用申縛[10]。申縛者，▸大臣與◂[11]百姓弗為用，故王勝之也。今嬰子逐，盼子必用。復整其士卒以與王遇，必不便於王也。」楚王因弗逐。

98 齊將封田嬰於薛

齊將封田嬰於薛。楚王聞之，大怒，將伐齊。齊王有輟志。公孫閈曰：「封之成與

1. 對曰：「有之　2. 聽　3. 其鄙人之賈也　4. 大誹於天下
5. 知其可與立功也　6. 乃復使　7. 徐　8. 徐
9. 而百姓為之用　10. 縛　11. 大臣弗與

不，非在齊也，又將在楚。閈說楚王，令其欲封公也又甚於齊。」嬰子曰：「願委之於子。」

▸公孫閈為謂楚王曰◂[1]：「魯、宋事楚而齊不事者，齊大而魯、宋小。王獨利魯、宋之小，不惡齊大何也？▸夫齊削地◂[2]而封田嬰，是其所以弱也。願勿止。」▸楚王曰◂[3]：「善。」因不止。

99 靖郭君將城薛

靖郭君將城薛，客多以諫。靖郭君謂謁者，无為客通。齊人有請者曰：「臣請三言而已矣！益一言，臣請烹。」靖郭君因見之。客趨而進曰：「海大魚。」因反走。君曰：「客有於此。」客曰：「鄙臣不敢以死為戲。」君曰：「亡，更言之。」對曰：「君不聞大魚乎？網不能止，鉤不能牽，蕩而失水，則螻蟻得意焉。今夫齊，亦君之水也。▸君長有齊陰◂[4]，奚以薛為？夫齊，雖隆薛之城到於天，猶之無益也。」君曰：「善。」乃輟城薛。

100 靖郭君謂齊王

靖郭君謂齊王曰：「五官之計，不可不日聽也而數覽。」▸王曰：「說五而厭之。」◂[5]今[6]與靖郭君。

101 靖郭君善齊貌辨

靖郭君善齊貌辨。齊貌辨之為人也多疵，門人弗說。士尉以証靖郭君，靖郭君不聽，士尉辭而去。孟嘗君又竊以諫，靖郭君大怒曰：「剗而類，破吾家。苟可慊齊貌辨者，吾無辭為之。」於是舍之上舍，▸令長子御◂[7]，旦暮進食。

數年，▸威王薨，宣王立◂[8]。靖郭君之交，大不善於宣王，辭而之薛，與齊貌辨俱

1. 公孫閈謂楚王曰　2. 夫齊之削地　3. 楚王
4. a.君長有齊 b.君長齊
5. a.王曰：「日說五官吾厭之。」 b.王曰：「說吾而厭之。」　6. 令
7. 令長子御之　8. 宣王薨，閔王立

留。無幾何，齊貌辨辭而行，請見宣王。靖郭君曰：「王之不說嬰甚，公往必得死焉。」齊貌辨曰：「固不求生也，請必行。」靖郭君不能止。

齊貌辨行至齊，宣王聞之，藏怒以待之。齊貌辨見▸宣王，王曰：「子◂[1]，靖郭君之所聽愛夫！」齊貌辨曰：「愛則有之，聽則無有。王之方為太子之時，辨謂靖郭君曰：『太子相不仁，過頤豕視，若是者信反。不若廢太子，更立衛姬嬰兒郊師。』靖郭君泣而曰：『不可，吾不忍也。』若聽辨而為之，必無今日之患也。此為一。至於薛，昭陽請以數倍之地易薛，辨又曰：『必聽之。』靖郭君曰：『受薛於先王，雖惡於後王，▸吾獨謂先王何乎◂[2]！且先王之廟在薛，吾豈可以先王之廟與楚乎！』又不肯聽辨。此為二。」宣王大息，動於顏色，曰：「靖郭君之於寡人一至此乎！寡人少，殊不知此。客肯為寡人來靖郭君乎？」齊貌辨對曰：「敬諾。」

靖郭君衣威王之衣，冠舞[3]其劍，宣王自迎靖郭君於郊，望之而泣。靖郭君至，因請相之。靖郭君辭，▸不得已而受◂[4]。七日，謝病強辭。▸靖郭君辭不得◂[5]，三日而聽。

當是時，靖郭君可謂能自知人矣！能自知人，故人非之不為沮。此齊貌辨之所以外生樂患趣難者也。

102 邯鄲之難

邯鄲之難，趙求救於齊。田侯召大臣而謀曰：「救趙孰與勿救？」鄒子曰：「不如勿救。」段干綸曰：「弗救，則我不利。」田侯曰：▸「何哉？」◂[6]「夫魏氏兼邯鄲，▸其於齊何利哉◂[7]！」田侯曰：「善。」乃起兵，曰[8]：「軍於邯鄲之郊。」段干綸曰：「臣之求利且不利者，非此也。夫救邯鄲，軍於其郊，是趙不拔而魏全也。故不如南攻襄陵以弊魏，邯鄲拔而承魏之弊，是趙破而魏弱也。」田侯曰：「善。」乃起兵南攻襄陵。七月，邯鄲拔。齊因承魏之弊，大破之桂陵。

103 南梁之難

南梁之難，韓氏請救於齊。田侯召大臣而謀曰：「早救之，孰與晚救之便？」張丐

1. 宣王，子曰　2. 吾獨謂先王何　3. 帶　4. 不得已而受之　5. 不得
6. 「何哉？」對曰：　7. 其於齊何哉　8. 甲

對曰：「晚救之，韓且折而入於魏，不如早救之。」田臣思曰：「不可。夫韓、魏之兵未弊，而我救之，我代韓而受魏之兵，顧反聽命於韓也。且夫魏有破韓之志，韓見且亡，必東愬於齊。我因陰結韓之親，而晚承魏之弊，則國可重，利可得，名可尊矣。」田侯曰：「善。」乃陰告韓使者而遣之。

▸韓自以專有齊國◂[1]，五戰五不勝，東愬於齊，齊因起兵擊魏，大破之馬陵。魏破韓弱，韓、魏之君▸因田嬰北面◂[2]而朝田侯。

104 成侯鄒忌為齊相

成侯鄒忌為齊相，田忌為將，不相說。公孫閈謂鄒忌曰：「公何不為王謀伐魏？勝，則是君之謀也，君可以有功；戰不勝，田忌不進，戰而不死，曲撓而誅。」鄒忌以為然，乃說王而使田忌伐魏。

田忌三戰三勝，鄒忌以告公孫閈，公孫閈乃使人操十金而往卜於市，曰：「我田忌之人也，吾三戰而三勝，聲威天下，欲為大事，亦吉否？」卜者出，因令人捕為人卜者，▸亦驗其辭◂[3]於王前。田忌遂走。

105 田忌為齊將

田忌為齊將，係梁太子申，禽龐涓。孫子謂田忌曰：「將軍可以為大事乎？」田忌曰：「奈何？」孫子曰：「將軍無解兵而入齊。使彼罷弊於先[4]弱守於主。主者，循軼之途也，鎋擊摩車而相過。使彼罷弊先[5]弱守於主，必一而當十，十而當百，百而當千。然後背太山，左濟，右天唐，軍重踵高宛，使輕車銳騎衝雍門。若是，則齊君可正，而成侯可走。不然，則將軍不得入於齊矣。」田忌不聽，果不入齊。

106 田忌亡齊而之楚

田忌亡齊而之楚，鄒忌代之相。齊恐田忌欲以楚權復於齊，杜赫曰：「▸臣請為留楚◂[6]。」

1. 韓自以有齊國 2. 因北面 3. 驗其辭 4. 老 5. 老
6. a.臣請為君留楚 b.臣請為留之楚

謂楚王曰：「鄒忌所以不善楚者，恐田忌之以楚權復於齊也。王不如封田忌於江南，▸以示田忌◂[1]之不返齊也，▸鄒忌以◂[2]齊厚事楚。田忌亡人也，而得封，必德王。若復於齊，必以齊事楚。此用二忌之道也。」楚果封之於江南。

107 鄒忌事宣王

鄒忌事宣王，仕人衆，宣王不悅。晏首貴而仕人寡，王悅之。鄒忌謂宣王曰：「忌聞以為有一子之孝，不如有五子之孝。今首之所進仕者，以[3]▸幾何人◂[4]？」宣王因以晏首壅塞之。

108 鄒忌脩八尺有餘

鄒忌脩八尺有餘，▸身體昳麗◂[5]。朝服衣冠窺鏡，謂其妻曰：「我孰與城北徐公美？」其妻曰：「君美甚，▸徐公何能及公也◂[6]！」城北徐[7]公，齊國之美麗者也。▸忌不自信◂[8]，▸而復問其妾曰◂[9]：「吾孰與徐公美？」妾曰：「徐公何能及君也！」旦日，客從外來，與坐談，▸問之客曰◂[10]：「吾與徐公孰美？」客曰：「▸徐公不若君之美也◂[11]！」

明日，徐公來。孰視之，自以為不如；窺鏡而自視，▸又弗如遠甚◂[12]。暮，寢而思之曰：「吾妻之美我者，私我也；妾之美我者，畏我也；客之美我者，欲有求於我也。」

▸於是入朝◂[13]▸見威王曰◂[14]：「▸臣誠知不如◂[15]徐公美，臣之妻私臣，臣之妾畏臣，臣之客欲有求於臣，皆以美於徐公。今齊地方千里，百二十城，宮婦左右，莫不私王；朝廷之臣，莫不畏王；四境之內，莫不有求於王。由此觀之，王之蔽甚矣！」王曰：「善。」乃下令：「群臣吏民，▸能面刺◂[16]寡人之過者，受上賞；上書諫寡人者，受中賞；能謗議[17]於市朝，聞寡人之耳者，受下賞。」

---

1. 以示忌　2. 鄒忌必以　3. 亦　4. 幾何人矣　5. 而形貌昳麗
6. a.徐公何能及也 b.徐公何能及君也　7. 齊　8. 不自信
9. 而問其妾曰　10. a.問之曰 b.問之　11. 徐公不若君　12. 弗如遠甚
13. 入朝　14. 見王曰　15. 臣知情不如　16. 面刺　17. 譏

令初下，▸群臣進諫◂[1]，門庭若市。數月之後，時時而間進。期[2]年之後，雖欲言，無可進者。燕、趙、韓、魏聞之，皆朝於齊。此所謂戰勝於朝廷。

109 秦假道韓魏以攻齊

秦假道韓、魏以攻齊，齊威王使章子將而應之。與秦交和而舍，使者數相往來，章子為變其徽章，以雜秦軍。候者言章子以齊入秦，威王不應。頃之間，候者復言章子以齊兵降秦，威王不應。而此者三。有司請曰：「▸言章子之敗者，異人而同辭◂[3]。王何不發[4]將而擊之？」王曰：「此不叛寡人明矣，▸曷為擊之◂[5]！」

頃間，言齊兵大勝，秦軍[6]大敗，於是秦王拜[7]西藩之臣而謝於齊。左右曰：「何以知之？」曰：「章子之母啓得罪其父，其父殺之而埋馬棧之下。▸吾使者◂[8]章子將也，勉之曰：『夫子之強，全兵而還，必更葬將軍之母。』對曰：『臣非不能更葬先妾也。臣之母啓得罪臣之父。臣之父未教[9]而死。夫不得父之教而更葬母，是欺死父也。故不敢。』夫為人子而不欺死父，豈為人臣欺生君哉？」

110 楚將伐齊

楚將伐齊，魯親之，齊王患之。張丐曰：「臣請令魯中立。」乃為齊見魯君。魯君曰：「齊王懼乎？」曰：「非臣所知也，臣來弔足下。」魯君曰：「▸何弔◂[10]？」曰：「君之謀過矣。君不與勝者而與不勝者，何故也？」魯君曰：「子以齊、楚為孰勝哉？」對曰：「鬼且不知也。」「然則子何以弔寡人？」曰：「齊，楚之權敵也，不用有魯與無魯。足下豈如令[11]衆而合二國之後哉！楚大勝齊，其良士選卒必殪，其餘兵足以待天下；齊為勝，其良士選卒亦殪。而君以魯衆合戰勝後，此其為德也亦大矣，▸其見恩德亦其大也◂[12]。」魯君以為然，身[13]退師。

---

1. 群臣進　2. 朞　3. 言章子敗者，異人而同辭辭　4. 廢
5. 曷為而擊之　6. 兵　7. 稱　8. a.吾之使者 b.吾使
9. 葬　10. 何弔乎　11. 全
12. a.其見恩德亦甚大也 b.其見恩德也亦甚大矣　13. 乃

111 秦伐魏

秦伐魏，陳軫合三晉而東謂齊王曰：「古之王者之伐也，欲以正天下而立功名，以為後世也。今齊、楚、燕、趙、韓、梁六國之遞甚也，不足以立功名，適足以強秦而自弱也，非山東之上計也。能危山東者，強秦也。不憂強秦，而遞相罷弱，而兩歸其國於秦，此臣之所以為山東之患。天下為秦相割，秦曾不出力；天下為秦相烹，秦曾不出薪。何秦之智而山東之愚耶？願大王之察也。

「古之五帝、三王、五伯之伐也，伐不道者。今秦之伐天下不然，必欲反之，主必死辱，民必死虜。今韓、梁之目未嘗乾，而齊民獨不也，非齊親而韓、梁疏也，齊遠秦而韓、梁近。今齊將近矣！今秦欲攻梁絳、安邑，秦得絳、安邑以東下河，▸必表裏河◂[1]而東攻齊，舉齊屬之海，南面而孤楚、韓、梁，北向而孤燕、趙，齊無所出其計矣。願王熟慮之！

「今三晉已合矣，復為兄弟約，而出銳師以戍梁絳、安邑，此萬世之計也。齊非急以銳師合三晉，必有後憂。三晉合，秦必不敢攻梁，必南攻楚。楚、秦構難，三晉怒齊不與己也，必東攻齊。此臣之所謂齊必有大憂，不如急以兵合於三晉。」

齊王敬諾，果以兵合於三晉。

112 蘇秦為趙合從說齊宣王

蘇秦為趙合從，說齊宣王曰：「齊南有太山，東有琅邪，西有清河，北有渤海，此所謂四塞之國也。齊地方二千里，帶甲數十萬，粟如丘山。齊車之良，五家之兵，疾如錐矢，戰如雷電，解如風雨，即有軍役，未嘗倍太山、絕清河、涉渤海也。臨淄之中七萬戶，臣竊度之，下戶三男子，三七二十一萬，不待發於遠縣，而臨淄之卒，固以[2]二十一萬矣。臨淄甚富而實，其民無不吹竽、鼓瑟、擊筑、彈琴、鬬雞、走犬、六博、蹹踘[3]者；臨淄之途，車轚[4]擊，人肩摩，連衽成帷，舉袂成幕，揮汗成雨；家敦而富，志高而揚。夫以大王之賢與齊之強，天下不能當。今乃西面事秦，竊為大王羞之。

「且夫韓、▸魏之所以◂[5]畏秦者，以與秦接界也。兵出而相當[6]，不至十日，而戰勝

1. 必表裏河山　2. 已　3. 鞠　4. 轂　5. 魏所以
6. 攻

存亡之機決矣。韓、魏戰而勝秦，則兵半折，四境不守；戰而不勝，以亡隨其後。是故[1]韓、魏之所以重與秦戰而輕為之臣也。

「今秦攻齊則不然，倍韓、魏之地，▸至闈◂[2]陽晉之道，徑亢父之險，車不得方軌，馬不得並行，百人守險，千人不能過也。秦雖欲深入，則狼顧，恐韓、魏之議其後也。是故恫疑虛猲[3]，高躍而不敢進，則秦不能害齊，▸亦已明矣◂[4]。▸夫不深料◂[5]秦之不奈我何也，而欲西面事秦，▸是群臣之計過也◂[6]。▸今無臣事秦之名◂[7]，而有強國之實，臣固[8]願大王之少留計。」

齊王曰：「寡人不敏，今主君▸以趙王之教詔之◂[9]，敬奉社稷以從。」

113 張儀為秦連橫齊王

張儀為秦連橫▸齊王曰◂[10]：「天下強國無過齊者，大臣父兄殷眾富樂，無過齊者。然而為大王計者，皆為一時說而不顧萬世之利。從人說大王者，必謂齊西有強趙，南有韓、魏，負海之國也，地廣人眾，兵強士勇，雖有百秦，將無奈我何！大王覽其說，而不察其至實。

「夫從人朋黨比周，莫不以從為可。臣聞之，齊與魯三戰而魯三勝，國以危，亡隨其後，雖有勝名而有亡之實，是何故也？齊大而魯小。今趙之與秦也，猶齊之於魯也。秦、趙戰於河漳之上，再戰而再勝秦；戰於番吾之下，再戰而再勝秦。四戰之後，趙亡卒數十萬，邯鄲僅存。雖有勝秦之名，而國破矣！是何故也？秦強而趙弱也。今秦、楚嫁子取婦，為昆弟之國；韓獻宜陽，魏效河外，趙入朝黽池，割河間以事秦。大王不事秦，秦驅韓、魏攻齊之南地，悉趙涉河關，指摶[11]關，臨淄、即墨非王之有也。國一日被攻，雖欲事秦，不可得也。是故願大王熟計之。」

齊王曰：「齊僻陋隱居，託於東海之上，未嘗聞社稷之長利。今大客幸而教之，請奉社稷以事秦。」獻魚鹽之地▸三百於秦也◂[12]。

1. 後　2. a.過衛 b.至衛　3. 喝　4. 亦明矣
5. 夫不料　6. a.是群臣之計過 b.是群臣之過計也
7. 今臣無事秦之名　8. 故　9. 以趙王之詔告之
10. 說齊王曰　11. 博　12. a.三百里於秦也 b.三百於秦

114 韓齊為與國

韓、齊為與國。張儀以秦、魏伐韓。齊王曰：「韓，吾與國也。秦伐之，吾將救之。」田臣思曰：「王之謀過矣，不如聽之。子噲與子之國，百姓不戴，諸侯弗與。秦伐韓，楚、趙必救之，▸是天下◂[1]以燕賜我也。」王曰：「善。」乃許韓使者而遣[2]之。

韓自以得交於齊，遂與秦戰。楚、趙果遽起兵而救韓，齊因起兵攻燕，三十日而舉燕國。

115 張儀事秦惠王

張儀事秦惠王。惠王死，武王立。左右惡張儀，曰：「儀事先王不忠。」言未已，齊讓又至。

▸張儀聞之◂[3]，謂武王曰：「儀有愚計，願效之王。」王曰：「奈何？」曰：「為社稷計者，東方有大變，然後王可以多割地。今齊王▸甚憎張儀◂[4]，儀之所在，▸必舉兵而伐之◂[5]。故儀願乞不肖身而之梁，▸齊必舉兵而伐之◂[6]。齊、梁之兵連於城下，不能相去，王以其間伐韓，入三川，出兵函谷而無伐，以臨周，祭器必出，挾天子，案圖籍，此王業也。」王曰：「善。」乃具革車三十乘，納之梁。

齊果舉兵伐之。梁王大恐。張儀曰：「王勿患，請令罷齊兵。」乃使其舍人馮喜之楚，藉使之齊。齊、楚之事已畢，因謂齊王：「王甚憎張儀，雖然，厚矣王之託儀於秦王也。」齊王曰：「▸寡人甚憎儀◂[7]，儀之所在，必舉兵伐之，何以託儀也？」對曰：「是乃王之託儀也。儀之出秦，因[8]與秦王約曰：『為王計者，東方有大變，然後王可以多割地。齊王甚憎儀，儀之所在，必舉兵伐之。故儀願乞▸不肖身◂[9]而之梁，齊必舉兵伐梁。梁、齊之兵連於城下不能去，王以其間伐韓，入三川，出兵函谷而無伐，以臨周，祭器必出，挾天子，案圖籍，是王業也。』秦王以為然，與革車三十乘而納儀於梁。而果伐之，是王內自罷而伐與國，廣鄰敵以自臨，而信儀於秦王也。此臣之所謂託儀也。」王曰：「善。」乃止。

---

1. 是天　2. 還　3. 張儀　4. 甚憎儀　5. 必舉兵伐之
6. 齊必舉兵伐之　7. 寡人甚憎張儀　8. 固　9. 不肖之身

116 犀首以梁為齊戰於承匡而不勝

犀首以梁為[1]齊戰於承匡而不勝。張儀謂梁王不用臣言以危國。梁[2]王因[3]相儀，儀以秦、梁之齊合橫親。犀首欲敗，謂衛君曰：「▸衍非有怨於儀也◂[4]，值所以為國者不同耳。君必解衍。」衛君為告儀，儀許諾，因與之參坐於衛君之前。犀首跪行，為儀千秋之祝。明日張子行，犀首送之至於齊疆。齊王聞之，怒於儀，曰：「衍也吾讎，而儀與之俱，是必與衍[5]鬻吾國矣。」▸遂不聽◂[6]。

117 昭陽為楚伐魏

昭陽為楚伐魏，覆軍殺將得八城，移兵而攻齊。陳軫為齊王使，見昭陽，再拜賀戰勝，起而問：「楚之法，覆軍殺將，其官爵何也？」昭陽曰：「官為上柱國，爵為上執珪。」陳軫曰：「異貴於此者何也？」曰：「唯令尹耳。」陳軫曰：「令尹貴矣！王[7]非置兩令尹也，臣竊為公譬可也[8]。楚有祠者，賜其舍人卮酒。舍人相謂曰：『數人飲之不足，一人飲之有餘。請畫地為蛇，先成者飲酒。』一人蛇先成，▸引酒且飲之◂[9]，乃左手持卮，右手畫蛇，曰：『吾能為之足。』未成，一人之蛇成，奪其卮曰：『蛇固無足，子安能為之足。』遂飲其酒。為蛇足者，終亡其酒。今君相楚而攻魏，破軍殺將得八城，不弱兵，欲攻齊，齊畏公甚，▸公以是為名居足矣◂[10]，官之上非可重也。戰無不勝而不知止者，身且死，爵且後歸，猶為蛇足也。」昭陽以為然，解軍而去。

118 秦攻趙

秦攻趙。趙令樓緩以五城求講於秦，而與之伐齊。齊王恐，因使人以十城求講於秦。樓子恐，因以上黨二十四縣許秦王。趙足之齊，謂齊王曰：「王欲秦、趙之解乎？不如從合於趙，趙必倍秦。倍秦則齊無患矣。」

119 權之難齊燕戰

權之難，齊、燕戰。秦使魏冉之趙，出兵助燕擊齊。薛公使魏處之趙，謂李向曰：

1. 與　2. 魏　3. 困　4. 衍非有怨於儀　5. 儀
6. 遂不聽也　7. 主　8. 乎　9. 引酒且飲
10. a.公以是為名足矣 b.公以是為名亦足矣

「君助燕擊齊，齊必急。急必以地和於燕，而身與趙戰矣。然則是君自為燕東[1]兵，為燕取地也。故為君計者，不如按兵勿出。齊必緩，緩必復與燕戰。戰而勝，兵罷弊，趙可取唐、曲逆；戰而不勝，命懸於趙。然則吾中立而割窮齊與疲燕也，兩國之權，歸於君矣。」

120 秦攻趙長平

▸秦攻趙長平◂[2]，齊、楚救之。秦計曰：「▸齊、楚救趙◂[3]，親，則將退兵；不親，則且遂攻之。」

趙無以食，請粟於齊，而齊不聽。蘇秦[4]謂齊王曰：「不如聽之以卻秦兵，不聽則秦兵不卻，是秦之計中，而齊、燕[5]之計過矣。且趙之於▸燕、齊◂[6]，▸隱蔽也◂[7]，▸齒之有脣也◂[8]，脣亡則齒寒。今日亡趙，則明日及齊、楚矣。且夫救趙之務，宜若奉漏壅，沃燋釜。夫救趙，高義也；▸卻秦兵◂[9]，顯名也。義救亡趙，威卻強秦兵，不務為此，而務愛粟，則為國計者過矣。」

121 或謂齊王

或謂齊王曰：「周、韓西有強秦，▸東有趙◂[10]、魏。秦伐周、韓之西，趙、魏不伐，周、韓為割，韓卻周害也。▸及韓卻周割之◂[11]，趙、魏亦不免與秦為患矣。▸今齊、秦伐趙、魏◂[12]，則亦不果於趙、魏之應秦而伐周、韓。令齊入於秦而伐趙、魏，趙、魏亡之後，秦東面而伐齊，▸齊安得救天下乎◂[13]！」

122 楚王死

楚王死，太子在齊質。蘇秦[14]▸謂薛公曰◂[15]：「君何不留楚太子，以市其下東國。」薛公曰：「不可。我留太子，郢中立王，然則是我抱空質而行不義於天下也。」蘇秦曰：「不然。郢中立王，君因謂其新王曰：『與我下東國，吾為王殺太子。不然，吾將與三國共立之。』然則下東國必可得也。」

---

1. 東　2. a.秦破趙長平 b.秦攻趙　3. 齊救趙　4. 子
5. 楚　6. 齊楚　7. 隱蔽　8. 猶齒之有脣也　9. 卻秦
10. 東北有趙　11. 及韓卻周害之後　12. 今齊應秦伐趙魏
13. 齊安得救於天下乎　14. 子　15. 謂薛公曰曰

蘇秦之事，可以請行；可以令楚王亟入下東國；可以益割於楚；可以忠太子而使楚益入地；可以為楚王走太子；▸可以忠太子使之亟去◂[1]；可以惡蘇秦於薛公；可以為蘇秦請封於楚；▸可以使人說薛公以善蘇子◂[2]；可以使蘇子自解於薛公。

蘇秦謂薛公曰：「臣聞謀泄者事無功，計不決者名不成。▸今君留太子者◂[3]，以市下東國也。非亟得下東國者，則楚之計變，變則是君抱空質而負名於天下也。」薛公曰：「善。為之奈何？」對曰：「臣請為君之楚，使亟入下東國之地。楚得成，則君無敗矣。」薛公曰：「善。」▸因遣之◂[4]。

謂楚王曰：「齊欲奉太子而立之。臣觀薛公之留太子者，以市下東國也。今王不亟入下東國，則太子且倍王之割而使齊奉己。」楚王曰：「謹受命。」因獻下東國。故曰可以使楚亟入地也。

謂薛公曰：「楚之勢可多割也。」薛公曰：「奈何？」「請告太子其故，使太子謁之君，以忠太子，使楚王聞之，可以益入地。」故曰可以益割於楚。

謂太子曰：「齊奉太子而立之，楚王請割地以留太子，齊少其地。太子何不倍楚之割地而資齊，齊必奉太子。」太子曰：「善。」倍楚之割而延齊。楚王聞之恐，益割地而獻之，尚恐事不成。故曰可以使楚益入地也。

謂楚王曰：「▸齊之所以敢多割地者◂[5]，挾太子也。今已得地而求不止者，以太子權王也。故臣能去太子。太子去，齊無辭，必不倍於王也。王因馳強齊▸而為交，齊辭◂[6]，必聽王。然則是王去讎而得齊交也。」楚王大悅，曰：「請以國因。」故曰可以為楚王使太子亟去也。

謂太子曰：「夫剬楚者王也，以空名市者太子也，齊未必信太子之言也，而楚功見矣。楚交成，太子必危矣。太子其圖之。」太子曰：「謹受命。」乃約車而暮去。故曰可以使太子急去也。

---

1. 可以忠太子使亟去
2. 可以使薛公以善蘇子
3. 今君留楚太子者
4. 因遣之。故曰可以請行也
5. 齊之所以多割地者
6. 而為交於齊，齊辭

蘇秦使人請薛公曰：「夫勸留太子者蘇秦也。蘇秦非誠以為君也，且以便楚也。蘇秦恐君之知之，故多割楚以滅迹也。▸今勸太子者◂[1]又蘇秦也，而君弗知，臣竊為君疑之。」薛公大怒於蘇秦。故曰▸可使人◂[2]惡蘇秦於薛公也。

又使人謂楚王曰：「夫使薛公留太子者蘇秦也，奉王而代立楚太子者又蘇秦也，割地固[3]約者又蘇秦也，忠王而走太子者又蘇秦也。今人惡蘇秦於薛公，▸以其為齊薄◂[4]而為楚厚也。▸願王之知之◂[5]。」楚王曰：「謹受命。」因封蘇秦為武貞君。故曰可以為蘇秦請封於楚也。

又使景鯉請薛公曰：「君之所以重於天下者，以能得天下之士而有齊權也。今蘇秦天下之辯士也，世與少有。君因[6]不善蘇秦，則是圍塞天下士而不利說途也。夫不善君者且奉蘇秦，而於君之事殆矣。今蘇秦善於楚王，而君不蚤親，則是身與楚為讎也。故君不如因而親之，貴而重之，是君有楚也。」薛公因善蘇秦。故曰可以為蘇秦說薛公以善蘇秦。

123 齊王夫人死

齊王夫人死，有七孺子皆近。薛公欲知王所欲立，乃獻七珥，美其一，明日視美珥所在，勸王立為夫人。

124 孟嘗君將入秦

孟嘗君將入秦，止者千數而弗聽。蘇秦[7]欲止之，▸孟嘗曰◂[8]：「人事者，吾已盡知之矣；吾所未聞者，獨鬼事耳。」蘇秦曰：「臣之來也，固不敢言人事也，固且以鬼事見君。」

孟嘗君見之。謂孟嘗君曰：「▸今者臣來◂[9]，過於淄上，有土偶人與桃梗相與語。桃梗謂土偶人曰：『子，西岸之土也，挺[10]子以為人，至歲八月，降雨下，淄水至，則汝殘矣。』土偶曰：『不然。吾西岸之土也，▸土則◂[11]復西岸耳。今子，東國之桃梗

1. 今勸太子去者 2. 可以使人 3. 因 4. 之以其為齊薄 5. 願王知之
6. 固 7. 代 8. 孟嘗君曰 9. 今臣來
10. a.埏 b.梃 11. 吾殘則

也，刻削子以為人，降雨下，淄水至，流子而去，則子漂漂者將▸何如◂[1]耳。』今秦四塞之國，譬若[2]虎口，而君入之，則臣不知君所出矣。」孟嘗君乃止。

125 孟嘗君在薛

孟嘗君在薛，荊人攻之。淳于髡為齊使於荊，還反過薛。▸而孟嘗◂[3]令人體[4]貌▸而親郊迎之◂[5]。謂淳于髡曰：「荊人攻薛，夫子弗憂，文無以復侍矣。」淳于髡曰：「▸敬聞命◂[6]。」

至於齊，畢報。王曰：「何見於荊？」對曰：「荊甚固，而薛亦不量其力。」王曰：「何謂也？」對曰：「薛不量其力，而為先王立清廟。荊固而攻之，清廟必危。故曰薛不量力，而荊亦甚固。」齊王和其顏色曰：「譆！先君之廟在焉！」疾興兵救之。

顛蹶之請，望拜之謁，雖得則薄矣。善說者，陳其勢，言其方，人之急也，若自在隘窘之中，豈用強力哉！

126 孟嘗君奉夏侯章

孟嘗君奉夏侯章以四馬百人之食，遇之甚懽。夏侯章每言未嘗▸不毀孟嘗君也◂[7]。或以告孟嘗君，孟嘗君曰：「文有以事夏侯公矣，勿言，董之。」▸繁菁◂[8]以問夏侯公，夏侯公曰：「孟嘗君重非諸侯也，而奉我四馬百人之食。我無分寸之功而得此，然吾毀之以為之也。君所以得為長者，▸以吾毀之者也◂[9]。吾以身為孟嘗君，▸豈得持言也◂[10]。」

127 孟嘗君讌坐

孟嘗君讌坐，謂三先生曰：「願聞▸先生有以補之闕者◂[11]。」一人曰：「訾天下之主，有侵君者，臣請[12]以臣之血湔其衽。」田瞀曰：「車軼之所能至，請掩▸足下之短

1. 如何　2. 如　3. 孟嘗君　4. 禮　5. 而郊迎之
6. 敬聞命矣　7. 不毀之也　8. a.繁青 b.蘩菁　9. 以吾毀之也
10. a.豈特言也哉 b.豈得待言也
11. a.先生以補之闕者 b.先生有以補文之闕者 c.先生有以補文闕者也　12. 輕

者◂[1]，誦足下之長；千乘之君與萬乘之相，其欲有君也，如使而弗及也。」▸勝瞖◂[2]曰：「臣願以足下之府庫財物，收天下之士，能為君決疑應卒，若魏文侯之有田子方、段干木也。此臣之所為君取矣。」

128 孟嘗君舍人有與君之夫人相愛者

孟嘗君舍人有與君之夫人相愛者。或以問[3]孟嘗君曰：「為君舍人而內與夫人相愛，亦甚不義矣，君其殺之。」君曰：「睹貌而相悅者，人之情也，其錯之勿言也。」

居朞年，君召愛夫人者而謂之曰：「子與文游久矣，大官未可得，小官公又弗欲。衛君與文布衣交，請具車馬皮幣，願君以此從衛君遊。」▸於衛甚重◂[4]。

齊、衛之交惡，衛君甚欲約天下之兵以攻齊。是人▸謂衛君曰◂[5]：「孟嘗君不知臣不肖，以臣欺君。且臣聞齊、衛先君，刑馬壓羊，盟曰：『齊、衛後世無相攻伐，有相攻伐者，令其命如此。』今君約天下之兵以攻齊，是足下倍先君盟約而欺孟嘗君也。願君勿以齊為心。君聽臣則可；不聽臣，若臣不肖也，臣輒以頸血湔足下衿。」衛君乃止。

齊人聞之曰：「孟嘗君可語[6]善為事矣，轉禍為功。」

129 孟嘗君有舍人而弗悅

孟嘗君有舍人而弗悅，欲逐之。魯連謂孟嘗君曰：「猿獮猴錯木據水，▸則不若魚鱉◂[7]；歷險乘危，則騏驥不如狐狸。曹沫之奮三尺之劍，一軍不能當；使曹沫釋其三尺之劍，而操銚鎒與農夫居壟畝之中，則不若農夫。故物舍其所長，之其所短，堯亦有所不及矣。今使人而不能，則謂之不肖；教人而不能，則謂之拙。拙則罷之，不肖則棄之，使人有棄逐，不相與處，而來害相報者，豈非世之立教首也哉！」孟嘗君曰：「善。」乃弗逐。

---

1. 足下之短　2. 滕瞖　3. 聞　4. 舍人遊於衛甚重
5. 謂君曰　6. 謂　7. 則不若魚鱉處

130 孟嘗君出行國至楚

孟嘗君出行國，至楚，獻象床。郢之登徒，直使送之，不欲行。見孟嘗君門人公孫戍[1]曰：「臣，郢之登徒也，直送象床。象床之直千金，傷此若髮漂[2]，賣妻子不足償之。足下能使僕無行，先人有寶劍，願得獻之。」▸公孫◂[3]曰：「諾。」

入見孟嘗君曰：「君豈受楚象床哉？」孟嘗君曰：「然。」公孫戍曰：「臣願君勿受。」孟嘗君曰：「何哉？」公孫戍曰：「小國所以皆致相印於君者，聞君於齊能振達貧窮，有存亡繼絕之義。小國英桀之士，皆以國事累君，▸誠說君之義◂[4]，慕君之廉也。今君到楚而受象床，所未至之國，將何以待君？臣戍願君勿受。」孟嘗君曰：「諾。」

公孫戍趨而去。未出，至中閨，君召而返之，曰：「子教文無受象床，甚善。今何舉足之高，志之揚也？」公孫戍曰：「臣有大喜三，重之寶劍一。」孟嘗君曰：「何謂也？」公孫戍曰：「門下百數，莫敢入諫，臣獨入諫，臣一喜；諫而得聽，臣二喜；諫而止君之過，臣三喜。輸象床，郢之登徒不欲行，許戍以先人之寶劍。」孟嘗君曰：「善。受之乎？」公孫戍曰：「未敢。」曰：「急受之。」因書門版曰：「有能揚文之名，止文之過，私得寶於外者，疾入諫。」

131 淳于髡一日而見七人於宣王

淳于髡一日而見七人於宣王。王曰：「子來，寡人聞之，千里而一士，是比肩而立；百世而一聖，若隨踵而至[5]也。今子一朝而見七士，則士不亦衆乎？」淳于髡曰：「不然。夫鳥同翼者而聚居，獸同足者而俱行。今求柴葫、桔梗於沮澤，則累世不得一焉。及之睪黍、梁父之陰，則郄車而載耳。夫物各有疇，今髡賢者之疇也。王求士於髡，▸譬若挹水於河◂[6]，而取火於燧也。髡將復見之，豈特七士也。」

132A 齊欲伐魏

齊欲伐魏。淳于髡謂[7]齊王曰：「韓子盧者，天下之疾犬也。東郭逡者，海內之狡

1. 戍　2. 標　3. 公孫戍　4. 說君之義
5. a.生 b.主　6. 若挹水於河　7. 為

兔也。韓子盧逐東郭逡，環山者三，騰山者五，兔極於前，犬廢於後，犬兔俱罷，各死其處。田父見之，無勞勸之苦，而擅其功。今齊、魏久相持，以頓其兵，弊其眾，臣恐強秦大楚承其後，有田父之功。」齊王懼，▸謝將休士也◂[1]。

132B 國子曰秦破馬服君之師

國子曰：「秦破馬服君之師，圍邯鄲。齊、魏亦佐秦伐邯鄲，齊取淄鼠，魏取伊是[2]。公子無忌為天下循便計，殺晉鄙，率魏兵以救邯鄲之圍，使秦弗有而失天下。是齊入於魏而救邯鄲之功也。安邑者，魏之柱國也；晉陽者，趙之柱國也；鄢郢者，楚之柱國也。▸故三國欲與秦◂[3]壤界，秦伐魏取安邑，伐趙取晉陽，伐楚取鄢郢矣。▸福三國之君◂[4]，兼二周之地，舉韓氏取其地，且天下之半。今又劫趙、魏，疏中國，封[5]衛之東野，兼魏之河南[6]，絶趙之東陽，則趙、魏▸亦危矣◂[7]。趙、魏危，則非齊之利也。韓、魏、趙、楚之志，恐秦兼天下而臣其君，故專兵一志以逆秦。三國之與秦壤界而患急，齊不與秦壤界而患緩。是以天下之勢，不得不事齊也。故秦得齊，則權重於中國；趙、魏、楚得齊，則足以敵秦。故▸秦、趙、魏◂[8]得齊者重，失齊者輕。齊有此勢，不能以重於天下者何也？其用者過也。」

133 齊人有馮諼者

齊人有馮諼者，貧乏不能自存，使人屬孟嘗君，願寄食門下。孟嘗君曰：「客何好？」曰：「客無好也。」曰：「客何能？」曰：「客無能也。」孟嘗君笑而受之曰：「諾。」左右以君賤之也，食以草具。

居有頃，▸椅柱彈其劍◂[9]，歌曰：「長鋏歸來乎！食無魚。」左右以告。孟嘗君曰：「食之，▸比門下之客◂[10]。」居有頃，復彈其鋏，歌曰：「長鋏歸來乎！出無車。」左右皆笑之，以告。孟嘗君曰：「為之駕，比門下之車客。」於是乘其車，揭其劍，過其友曰：「孟嘗君客我。」後有頃，復彈其劍鋏，歌曰：「長鋏歸來乎！無以為家。」左右皆惡之，以為貪而不知足。孟嘗君問：「馮公有親乎？」對曰：「有老母。」孟嘗君使人給其食用，無使乏。於是馮諼不復歌。

---

1. 謝將休士　2. 氏　3. 故三國與秦
4. a.覆三國之軍 b.覆三國之君 c.逼三國之君　5. 封　6. 內
7. 亦已危矣　8. 秦、楚、趙、魏　9. 倚柱彈劍　10. 比門下之魚客

後孟嘗君出記，問門下諸客：「誰習計會，能為文收責於薛者乎？」馮諼署曰：「能。」孟嘗君怪之，曰：「此誰也？」左右曰：「乃歌夫長鋏歸來者也。」孟嘗君笑曰：「客果有能也，吾負之，未嘗見也。」請而見之，謝曰：「文倦於事[1]，憒於憂，而性懧愚，沉於國家之事，開罪於先生。先生不羞，乃有意欲為收責於薛乎？」馮諼曰：「願之。」於是約車治裝，載券契而行，辭曰：「責畢收，以何市而反？」孟嘗君曰：「視吾家所寡有者。」

驅而之薛，使吏召諸民當償者，悉來合券。券徧合，起[2]矯命以責賜諸民，因燒其券，民稱萬歲。

長驅到齊，晨而求見。孟嘗君怪其疾也，衣冠而見之，曰：「責畢收乎？來何疾也！」曰：「收畢矣。」「以何市而反？」馮諼曰：「君云『視吾家所寡有者』。臣竊計，君宮中積珍寶，狗馬實外廄，美人充下陳。君家所寡有者以義耳！竊以為君市義。」孟嘗君曰：「市義柰何？」曰：「今君有區區之薛，不拊愛子其民，因而賈利之。臣竊矯君命，以責賜諸民，因燒其券，民稱萬歲。乃臣所以為君市義也。」孟嘗君不[3]說，曰：「諾，先生休矣！」

後朞年，齊王謂孟嘗君曰：「寡人不敢以先王之臣為臣。」孟嘗君就國於薛，未至百里，民扶老攜幼，▸迎君道中◂[4]。孟嘗君▸顧謂馮諼◂[5]：「先生所為文市義者，乃今日見之。」馮諼曰：「狡兔有三窟，僅[6]得免其死耳。▸今君有一窟◂[7]，未得高枕而臥也。請為君復鑿二窟。」孟嘗君予車五十乘，金五百斤，西遊於梁，謂惠[8]王曰：「齊放其大臣孟嘗君於諸侯，諸侯先迎之者，富而兵強。」於是，梁王虛上位，以故相為上將軍，遣使者，黃金千斤，車百乘，往聘孟嘗君。馮諼先驅誡孟嘗君曰：「千金，重幣也；百乘，顯使也。齊其聞之矣。」梁使三反，孟嘗君固辭不往也。齊王聞之，君臣恐懼，遣太傅齎黃金千斤，文車二駟，服劍一，▸封書◂[9]謝孟嘗君曰：「寡人不祥，被於宗廟之祟，沉於諂諛之臣，開罪於君，寡人不足為也。願君顧先王之宗廟，姑反國統萬人乎？」馮諼誡孟嘗君曰：「願請先王之祭器，立宗廟於薛。」廟成，還報孟嘗君曰：「三窟已就，▸君姑高枕為樂矣◂[10]。」

孟嘗君為相數十年，無纖介之禍者，馮諼之計也。

---

1. 是　2. 赴　3. 乃　4. 迎君道中終日　5. 顧謂馮諼曰
6. 今　7. 今有一窟　8. 梁　9. 封書一　10. 君高枕為樂矣

134 孟嘗君為從

孟嘗君為從。公孫弘謂孟嘗君曰：「‣君不以使人先觀秦王◂[1]？意者秦王帝王之主也，君恐不得為臣，奚暇從以難之？意者秦王不肖之主也，君從以難之，未晚。」孟嘗君曰：「善，願因請公往矣。」

公孫弘敬諾，以車十乘之秦。昭王聞之，而欲媿[2]之以辭。公孫弘見，昭王曰：「薛公之地，大小幾何？」公孫弘對曰：「百里。」昭王笑而曰：「寡人地數千里，猶[3]未敢以有難也。今孟嘗君之地方百里，而因‣欲難寡人◂[4]，猶可乎？」公孫弘對曰：「孟嘗君好人，大王不好人。」昭王曰：「孟嘗君之好人也，奚如？」公孫弘曰：「義不臣乎天子，不友乎諸侯，得志不慚為人主，不得志不肯為人臣，如此者三人；而治可為管、商之師，說義聽行，‣能致其如此者五人◂[5]；萬乘之嚴主也，辱其使者，退而自刎，必以其血洿其衣，如臣者十人。」昭王笑而謝之，曰：「客胡為若此，寡人直與客論耳！寡人善孟嘗君，欲客之必諭寡人之志也！」公孫弘曰：「敬諾。」

公孫弘可謂不侵矣。昭王，大國也。孟嘗，千乘也。立千乘之義而不可陵，可謂足使矣。

135 魯仲連謂孟嘗

魯仲連‣謂孟嘗：「君好士也◂[6]！‣雍門◂[7]養椒亦，陽得子養，飲食、衣裘‣與之同之◂[8]，皆得其死。今君之家富於二公，而士未有為君盡游者也。」君曰：「文不得是二人故也。‣使文得二人者◂[9]，豈獨不得盡？」對曰：「君之廄馬百乘，無不被繡衣而食菽粟者，豈有‣騏麟◂[10]騄耳哉？後宮十妃，‣皆衣縞紵◂[11]，食梁肉，豈有毛嬙、西施哉？色與馬取於今之世，士何必待古哉？故曰君之好士未也。」

---

1. a.君何不使人先觀秦王 b.君不如使人先觀秦王　2. 愧　3. 由
4. 欲以難寡人　5. 能致其主霸王如此者五人
6. a.謂孟嘗君曰：「君好士也 b.謂孟嘗君曰：「君好士未也 c.謂孟嘗：「好士也 d.謂孟嘗君曰：「好士也 e.謂孟嘗：「君好士未也　7. 雍門子　8. 與之同
9. 使文得二人　10. a.麒麟 b.騏驎　11. 皆縞紵

136A 孟嘗君逐於齊而復反

孟嘗君逐於齊而復反。譚拾子迎之於境，謂孟嘗君曰：「君得▸無有所怨齊士◂[1]大夫？」孟嘗君曰：「有。」「君滿意殺之乎？」孟嘗君曰：「然。」譚拾子曰：「事有必至，理有固然，君知之乎？」孟嘗君曰：「不知。」譚拾子曰：「事之必至者，死也；理之固然者，富貴則就之，貧賤則去之。此事之必至，理之固然者。請以市諭。市，朝則滿，夕則虛，非朝愛市而夕憎之也，求存故往，亡故去。願君勿怨。」孟嘗君乃取所怨五百牒削去之，不敢以為言。

136B 齊宣王見顏斶

齊宣王見顏斶曰：「斶前！」斶亦曰：「王前！」宣王不悅。左右曰：「王，人君也。斶，人臣也。王曰『斶前』，▸亦曰『王前』◂[2]，可乎？」斶對曰：「夫斶前為慕勢，王前為趨士。與使斶為趨[3]勢，不如使王為趨士。」王忿然作色曰：「王者貴乎？士貴乎？」對曰：「士貴耳，王者不貴。」王曰：「有說乎？」斶曰：「有。昔者秦攻齊，▸令曰：『有敢去柳下季◂[4]壟五十步而樵采者，死不赦。』令曰：『有能得齊王頭者，封萬戶侯，賜金千鎰。』由是觀之，生王之頭，曾不若死士之壟也。」宣王默然不悅。

左右皆曰：「斶來，斶來！大王據千乘之地，而建千石鐘，萬石虡。天下之士，▸仁義皆來役處◂[5]；辯知並進，莫不來語；東西南北，莫敢不▸服。求◂[6]▸萬物不備具◂[7]，▸而百無不親附◂[8]。今夫士之高者，乃稱匹夫，徒步而處農畝，下則鄙野、監門、閭里，士之賤也，亦甚矣！」

斶對曰：「不然。斶聞古大禹之時，諸侯萬國。何則？德厚之道，得貴士之力也。故舜起農畝，出於野鄙，而為天子。及湯之時，諸侯三千。當今之世，南面稱寡者，乃二十四。由此觀之，非得失之策與？稍稍誅滅，▸滅亡無族之時◂[9]，欲為監門、閭里，安可得而有乎[10]哉？是故《易傳》不云乎：『居上位，未得其實，以[11]喜其為名者，必以驕奢為行。据慢驕奢，▸則凶從之◂[12]。是故無其實而喜其名者削，無德而望其福者

1. 無有所怨於齊士　2. 斶亦曰『王前』　3. 慕
4. 令有敢去柳下季　5. 皆為役處　6. 來服。　7. 萬物無不備具
8. 而百姓無不親附　9. 之時　10. 也　11. 而
12. 則凶必從之

約，無功而受其祿者辱，禍必握。』故曰：『矜功不立，虛願不至。』此皆幸樂其名，▸華而無其實德者也◂[1]。是以堯有九佐，舜有七友，禹有五丞，湯有三輔，自古及今而能虛成名於天下者，無有。是以君王無羞亟問，不媿下學；▸是故成其道德◂[2]而揚功名於後世者，堯、舜、禹、湯、周文王是也。故曰：『無形[3]者，形之君也。無端者，事之本也。』夫上見其原，下通其流，▸至聖人明學◂[4]，何不吉之有哉！老子曰：『雖貴，必以賤為本；雖高，必以下為基。是以侯王稱孤寡不穀，是其賤之本與？』▸非夫孤寡者◂[5]，人之困賤下位也，而侯王以自謂，豈非下人而尊貴士與？夫堯傳舜，舜傳禹，周成王任周公旦，而世世稱曰明主，是以明乎士之貴也。」

宣王曰：「嗟乎！君子焉可侮哉，寡人自取病耳！及今聞君子之言，乃今聞細人之行，▸願請受為弟子◂[6]。且顏先生與寡人游，食必太牢，出必乘車，妻子衣服麗都。」

顏斶辭去曰：「夫玉生於山，▸制則破焉◂[7]，非弗寶貴矣，然夫[8]璞不完。士生乎鄙野，推選則祿焉，▸非不得尊遂也◂[9]，然而形神不全。斶願得歸，晚食以當肉，安步以當車，無罪以當貴，清靜貞正以自虞。制言者王也，盡忠直言者斶也。言要道已備矣，願得賜歸，安行而反臣之邑屋。」▸則再拜而辭去也◂[10]。

▸斶知足矣，歸反撲，則終身不辱也◂[11]。

137 先生王斗造門而欲見齊宣王

先生王斗造門而欲見齊宣王，宣王使謁者延入。王斗曰：「斗趨見王為好勢，王趨見斗為好士，於王何如？」使者復還報。王曰：「先生徐之，寡人請從。」宣王因趨而迎之於門，與入，曰：「寡人奉先君之宗廟，守社稷，聞先生直言正諫不諱。」王斗對曰：「王聞之過。斗生於亂世，事亂君，焉敢直言正諫。」宣王忿然作色，不說。

有間，王斗曰：「昔先君桓公▸所好者◂[12]，九合諸侯，一匡天下，天子受[13]籍，立為大伯。今王有四焉。」宣王說，曰：「寡人愚陋，守齊國，唯恐失[14]抎之，焉能有四

1. 而無其實德者也　2. 是故能成其道德　3. 刑
4. 至聖明學　5. 夫孤寡者　6. 願請為弟子　7. 制取則破焉　8. 大
9. 非不尊遂也　10. 則再拜辭去也
11. 君子曰：斶知足矣，歸真反璞，則終身不辱　12. 所好者五　13. 授
14. 夫

焉？」王斗曰：「▸否。先君好馬◂[1]，王亦好馬。先君好狗，王亦好狗。先君好酒，王亦好酒。先君好色，王亦好色。先君好士，▸是王不好士◂[2]」。宣王曰：「當今之世無士，寡人何好？」王斗曰：「▸世無騏驎騄耳◂[3]，▸王駟已備矣◂[4]。世無東郭俊[5]、盧氏之狗，王之走狗已具矣。世無毛嬙、西施，王宮已充矣。王亦不好士也，何患無士？」王曰：「寡人憂國愛民，固願得士以治之。」王斗曰：「王之憂國愛民，不若王愛尺縠也。」王曰：「何謂也？」王斗曰：「王使人為冠，不使左右便辟而使工者何也？▸為能之也◂[6]。今王治齊，非左右便辟無使也，臣故曰不如愛尺縠也。」

宣王謝曰：「寡人有罪國家。」於是舉士五人任官，齊國大治。

138 齊王使使者問趙威后

齊王使使者問趙威后。書未發，威后問使者曰：「歲亦無恙耶？民亦無恙耶？王亦無恙耶？」使者不說，曰：「臣奉使使威后，今不問王，而先問歲與民，豈先賤而後尊貴者乎？」威后曰：「不然。苟無歲，▸何以有民？苟無民，何以有君？◂[7]▸故有問舍本◂[8]而問末者耶？」乃進而問之曰：「齊有處士曰鍾離子，無恙耶？是其為人也，有糧者亦食，無糧者亦食；有衣者亦衣，無衣者亦衣。▸是助王養其民也◂[9]，何以至今不業也？葉陽子無恙乎？是其為人，哀鰥寡，卹孤獨，振困窮，補不足。是助王息其民者也，何以至今不業也？北宮之女嬰兒子無恙耶？徹其環瑱，至老不嫁，以養父母。是皆率民而出於孝情者也，胡為至今不朝也？此二士弗[10]業，一女不[11]朝，何以王齊國，子萬民乎？於陵子仲尚存乎？是其為人也，上不臣於王，下不治其家，中不索交諸侯。此率民而出於無用者，何為至今不殺乎？」

139 齊人見田駢

齊人見田駢，曰：「聞先生高議[12]，設為不宦，而願為役。」田駢曰：「子何聞之？」對曰：「臣聞之鄰人之女。」田駢曰：「何謂也？」對曰：「臣鄰人之女，設為不嫁，行年三十而有七子，不嫁則不嫁，然嫁過畢矣。今先生設為不宦，訾養千鍾[13]，徒百人，不宦則然矣，而富過畢也[14]」。田子辭。

1. 先君好馬　2. a.王不好士 b.而王不好士　3. 世無騏驎騄耳之馬
4. 王之駟已備矣　5. 逡　6. 為能之　7. 何有民？苟無民，何有君？
8. 故有舍本　9. 是助王養其民者也　10. 不　11. 弗
12. 誼　13. 鐘　14. 矣

140 管燕得罪齊王

管燕得罪齊王，謂其左右曰：「▸子孰而與我◂[1]赴諸侯乎？」左右嘿然莫對。管燕連然流涕曰：「悲夫！士何其易得而難用也！」田需對曰：「士三食不得饜，而君鵝鶩有餘食；下宮糅羅紈，曳綺縠，而士不得以為緣。且財者君之所輕，死者士之所重，君不肯以所輕與士[2]，而責士以所重事君，非士易得而難用也。」

141A 蘇秦自燕之齊

蘇秦[3]自燕之齊，見於▸華章◂[4]南門。齊王曰：「嘻！子之來也。秦使魏冉致帝，子以為何如？」對曰：「王之問臣也卒，而患之所從生[5]者微。今不聽，是恨秦也；聽之，是恨天下也。不如聽之以卒[6]秦，勿庸稱也以為天下。秦稱之，天下聽之，王亦稱之，先後之事，帝名為無傷也。秦稱之，而天下不聽，王因勿稱，▸其於以收天下◂[7]，此大資也。」

141B 蘇秦謂齊王

蘇秦[8]謂齊王曰：「齊、秦立為兩帝，王以天下為尊秦乎？且尊齊乎？」王曰：「尊秦。」「釋帝則天下愛齊乎？且愛秦乎？」王曰：「愛齊而憎秦。」「兩帝立，約伐趙，▸孰與伐宋之利也？」◂[9]對曰：「▸夫約然與秦為帝◂[10]，而天下獨尊秦而輕齊；齊釋帝，則天下愛齊而憎秦；伐趙不如伐宋之利。故臣願王明釋帝，以就天下；倍約儐秦，勿使爭重；而王以其間舉宋。夫有宋則衛之陽城危；有淮北則楚之東國危；有濟西則趙之河東危；有陰、平陸則梁門不啓。故釋帝而貳之以伐宋之事，則國重而名尊，燕、楚以形[11]服，天下不敢不聽，此湯、武之舉也。敬秦以為名，而後使天下憎之，此所謂以卑易尊者也！願王之熟慮之也！」

---

1. 子孰與我　2. 亡　3. 子　4. 章華　5. 往
6. 為　7. 於以收天下　8. 子
9. a.孰與伐宋之利也？」王曰：「不如伐宋。」 b.孰與伐宋之利也？」對曰：「伐宋利。」　10. 夫約與秦為帝　11. 刑

142 蘇秦說齊閔王

▸蘇秦說齊閔王曰◂[1]：「臣聞用兵而喜先天下者憂，約結而喜主怨者孤。夫後起者藉也，而遠怨者時也。是以聖人從事，必藉於權而務興於時。夫權藉者，萬物之率也；而時勢者，百事之長也。故無權籍，倍時勢，而能事成者寡矣。

「今雖干將、莫邪，非得人力，則不能割劌矣。堅箭利金，不得弦機之利，則不能遠殺矣。矢非不銛，而劍非不利也，何則？權藉不在焉。何以知其然也？昔者趙氏襲衛，車舍人不休傅[2]，衛國城割平，衛八門土而二門墮矣，此亡國之形也。衛君跣行，告遡於魏。魏王身被甲底[3]劍，挑趙索戰。邯鄲之中騖，河、山之間亂。衛得是藉也，亦收餘甲而北面，殘剛平，墮中牟之郭。衛▸非強於趙也◂[4]，譬之衛矢而魏弦機也，▸藉力魏◂[5]而有河東之地。趙氏懼，楚人救趙而伐魏，戰於州西，▸出梁門◂[6]，軍舍林中，馬飲於大河。趙得是藉也，亦襲魏之河北燒棘溝[7]，隊黃城。故剛平之殘也，中牟之墮也，黃城之墜也，▸棘溝◂[8]之燒也，此皆非趙、魏之欲也。然二國勸行之者，何也？衛明於時權之藉也。今世之為國者不然矣。兵弱而好敵強，國罷而好眾怨，事敗而好鞠之，兵弱▸而憎下人也◂[9]，地狹而好敵大，事敗而好長詐。行此六者而求伯，則遠矣。

「臣聞善為國者，順民之意，而料兵之能，然後從於天下。故約不為人主怨，伐不為人挫強。如此，則兵不費，權不輕，地可廣，欲可成也。昔者，齊之與韓、▸魏伐秦、楚也◂[10]，戰非甚疾也，分地又非多韓、魏也，然而天下獨歸咎於齊者，何也？以其為韓、魏主怨也。且天下徧用兵矣，齊、燕戰，而趙氏兼中山，秦、楚戰韓、魏不休，而宋、越專用其兵。此十國者，皆以相敵為意，而獨舉心於齊者，何也？約而好主怨，伐而好挫強也。

「且夫強大之禍，常以王人為意也；▸夫弱小之殃◂[11]，常以謀人為利也。是以大國危，小國滅也。大國之計，莫若後起而重伐不義。夫後起之籍與多而兵勁，則事[12]以眾強適[13]罷寡也，兵必立也。事不塞天下之心，則利必附矣。大國行此，則名號不攘而至，伯王不為而立矣。小國之情，莫如僅[14]靜而寡信諸侯。僅靜，則四鄰不反；寡信諸

1. a.說齊閔王曰 b.蘇子說齊閔王曰　2. 傅　3. 砥
4. 非有強於趙也　5. 藉力於魏　6. 出於梁門　7. 蒲
8. a.溝棘 b.棘蒲　9. 而憎下人　10. 魏伐楚也　11. 弱小之殃
12. 是　13. 敵　14. 謹

侯，則天下不賣。外不賣，內不反，則▸檳禍◂[1]朽腐而不用，▸幣帛矯蠹而不服矣◂[2]。小國道此，則不祠而福矣，不貸而見足矣。故曰：祖仁者王，立義者伯，用兵窮者亡。何以知其然也？昔吳王夫差以強大為天下先，▸強襲郢◂[3]而棲越，身從諸侯之君，而卒身死國亡，為天下戮者，何也？此夫差平居而謀王，強大而喜先天下之禍也。昔者萊、莒好謀，陳、蔡好詐，莒恃越而滅，蔡恃晉而亡，此皆內長詐，外信諸侯之殃也。由此觀之，則強弱大小之禍，可見於前事矣。

「語曰：『麒[4]驥之衰也，駑馬先之；孟賁之倦也，女子勝之。』夫駑馬、女子，▸筋骨力◂[5]勁，非賢於騏驥、孟賁也。何則？後起之藉也。今天下之相與也不並滅，有而[6]案兵而後起，寄怨而誅不直，微用兵而寄於義，則亡[7]天下可蹻足而須也。明於諸侯之故，察於地形之理者，不約親，不相質而固，不趨而疾，眾事而不反，交割而不相憎，俱彊而加以親。何則？形同憂而兵趨利也。何以知其然也？▸昔者齊、燕◂[8]戰於桓之曲，燕不勝，十萬之眾盡。胡人襲燕樓煩數縣，取其牛馬。夫胡之與齊非素親也，而用兵又非約質而謀燕也，然而甚於相趨者，何也？▸何則形同憂◂[9]而兵趨利也。由此觀之，約於同形則利長，後起則諸侯可趨役也。

「故明主察相，誠欲▸以伯王也為志◂[10]，則戰攻非所先。戰者，國之殘也，而都縣之費也。殘費已先，而能從諸侯者寡矣。彼戰者之為殘也，士聞戰則輸私財而富軍市，輸飲食而待死士，令折轅[11]而炊之，殺牛而觴士，則是路君之道也。中人禱祝，君翳釀，通都小縣置社，有市之邑莫不止[12]事而奉王，則此虛中之計也。夫戰之明日，尸[13]死扶傷，雖若有功也，軍出費，中哭泣，則傷主心矣。死者破家而葬，夷傷者空財而共藥，完者內酺而華樂，故其費與死傷者鈞。故民之所費也，十年之田而不償也。軍之所出，矛戟折，鐶弦[14]絕，傷弩，破車，罷馬，亡矢之大半。甲兵之具，官[15]之所私出也，士大夫之所匿，廝養士之所竊，十年之田而不償也。天下有此再費者，而能從諸侯寡矣。攻城之費，百姓理襜蔽，舉衝櫓，家雜總，身窟[16]穴，中罷於刀金。而士困於土功，將不釋甲，期數而能拔城者為亟耳。上倦於教，士斷於兵，故三下城而能勝敵者寡矣。故曰：彼戰攻者，非所先也。何以知其然也？昔智伯瑤攻范、中行氏，殺其君，滅其國，又西圍晉陽，吞兼[17]二國，而憂一主，此用兵之盛也。然而智伯卒身死國亡，為

---

1. 蓄積　2. 幣帛矯蠹　3. 襲郢　4. 騏　5. 筋力骨
6. 能　7. 霸　8. 昔者燕、齊　9. 則形同憂　10. 以伯王為志
11. 轂　12. 正　13. 屍　14. 鉉　15. 宮
16. 屈　17. 併

天下笑者，何謂也？兵先戰攻，▸而滅二子患也◂[1]。日[2]者，中山悉起而迎燕、趙，南戰於長子，敗趙氏；北戰於中山，克燕軍，殺其將。夫中山千乘之國也，而敵[3]萬乘之國二，再戰北[4]勝，此用兵之上節也。然而國遂亡，君臣於齊者，何也？不嗇於戰攻之患也。由此觀之，則戰攻之敗，▸可見於前事◂[5]。

「今世之所謂善用兵者，終戰比勝，而守不可拔，天下稱為善，一國得而保之，則非國之利也。臣聞戰大勝者，其士多死而兵益弱；守而不可拔者，其百姓罷而城郭露。夫士死於外，民殘於內，而城郭露於境，則非王之樂也。今夫鵠的[6]非咎[7]罪於人也，便弓引弩而射之，中者則善[8]，不中則愧，少長貴賤，則同心於貫之者，何也？惡其示人以難也。今窮戰比勝，而守必不拔，則是非徒示人以難也，又且害人者也，然則天下仇之必矣。夫罷士露國，而多與天下為仇，則明君不居也；素用強兵而弱之，則察相不事。彼明君察相者，則五兵不動而諸侯從，辭讓而重賂至矣。故明君之攻戰也，甲兵不出於軍而敵國勝，衝櫓不施而邊城降，士民不知而王業至矣。彼明君之從事也，用財少，曠日遠▸而為利長者◂[9]。故曰：兵後起則諸侯可趨役也。

「臣之所聞，攻戰之道非師者，雖有百萬之軍，比之堂上；雖有闔閭、吳起之將，禽之戶內；千丈之城，拔之尊俎之間；百尺之衝，▸折之衽◂[10]▸席之上◂[11]。故鍾鼓竽瑟之音不絕，地可廣而欲可成；和樂倡優侏儒之笑不之[12]，諸侯可同日而致也。故名配天地不為尊，利制海內不為厚。故夫善為王業者，在勞天下而自佚，亂天下而自安，諸侯無成謀，則其國無宿憂也。▸何以知其然◂[13]？▸佚治在我◂[14]，勞亂在天下，則王之道也。銳兵來則[15]拒之，▸患至則趨之◂[16]，使諸侯無成謀，則其國無宿憂矣。何以知其然矣[17]？昔者魏王擁土千里，帶甲三十六萬，▸其強而拔邯鄲◂[18]，西圍定陽，又從十二諸侯朝天子，以西謀秦。秦王恐之，寢不安席，食不甘味，令於境內，盡堞中為戰具，竟[19]為守備，為死士置將，以待魏氏。衛鞅謀於秦王曰：『夫魏氏其功大，而令行於天下，有十二諸侯而朝天子，其與必眾。故以一秦而敵大魏，恐不如。王何不使臣見魏王，則臣請必北魏矣。』秦王許諾。衛鞅見魏王曰：『大王之功大矣，令行於天下矣。今大王之所從十二諸侯，非宋、衛也，則鄒、魯、陳、蔡，此固大王之所以鞭箠使也，不足以王天下。大王不若北取燕，東伐齊，則趙必從矣；西取秦，南伐楚，則韓必從

1. 而滅二子之患也
2. 昔
3. 攻
4. 比
5. 可見於前事矣
6. 杓
7. a.柩 b.喜
8. 喜
9. 而利長者
10. 折之
11. 席上
12. 乏
13. 何以知其然也
14. 治在我
15. 而
16. 患至而移之
17. 也
18. 恃其強而拔邯鄲
19. 競

矣。大王有伐齊、楚心，而從天下之志，則王業見矣。大王不如先行王服，然後圖齊、楚。』魏王說於衛鞅之言也，故身廣公宮，制丹衣柱，建九斿，從七星之旟。此天子之位也，而魏王處之。於是齊、楚怒，諸侯奔齊，齊人伐魏，殺其太子，覆其十萬之軍。魏王大恐，跣行按兵於國，而東次於齊，然後天下乃舍之。當是時，▸秦王垂拱受◂[1]西河之外，而不以德魏王。▸故曰衛鞅◂[2]之始與秦王計也，謀約不下席，言於尊俎之間，謀成於堂上，而魏將以[3]禽於齊矣；衝櫓未施，▸而西河之外入於秦矣◂[4]。此臣之所謂比之堂上，禽將戶內，拔城於尊俎之間，折衝席上者也。」

143 齊負郭之民有孤狐咺者

齊負郭之民有孤狐咺[5]者，正議閔王，斮之檀衢，百姓不附。齊孫室子陳舉直言，殺之東閭，宗族離心。司馬穰苴為政者也，殺之，大臣不親。以故燕舉兵，使昌國君將而擊之。齊使向子將而應之。齊軍破，▸向子以輿一乘亡◂[6]。達子收餘卒，復振，與燕戰，求所以償[7]者，閔王不肯與，軍破走。

王奔莒，淖齒數之曰：「夫千乘、博昌之間，方數百里，雨血沾衣，王知之乎？」王曰：「不知。」「嬴、博之間，地坼至泉，王知之乎？」王曰：「不知。」「人有當闕而哭者，求之則不得，去之則聞其聲，王知之乎？」王曰：「不知。」淖齒曰：「天雨血沾衣者，天以告也；地坼至泉者，地以告也；人有當闕而哭者，人以告也。天地人皆以告矣，而王不知戒焉，何得無誅乎？」於是殺閔王於鼓里。

太子乃解衣免服，逃太史之家為溉園。君王后，▸太史氏女◂[8]，知其貴人，善事之。田單以即墨之城，破亡餘卒，破燕兵，紿騎劫，遂以復齊，遽迎太子於莒，立之以為王。襄王即位[9]，▸君王后◂[10]以為后，生齊王建。

144 王孫賈年十五事閔王

王孫賈年十五，事閔王。王出走，失王之處。其母曰：「女朝出而晚來，則吾倚門而望；女暮出而不還，則吾倚閭而望。女今事王，王出走，女不知其處，女尚何歸？」

1. 秦王垂拱而受 2. 故衛鞅 3. 已 4. 而西河之外已入於秦矣
5. 喧 6. 向子輿一乘亡 7. 賞 8. 太史后氏女 9. 立
10. 立君王后

王孫賈▸乃入市中◂[1]，曰：「淖齒亂齊國，▸殺閔王◂[2]，欲與我誅者，袒右！」市人從者四百人，與之誅淖齒，刺而殺之。

145 燕攻齊取七十餘城

燕攻齊，取七十餘城，唯莒、即墨不[3]下。齊田單以即墨破燕，殺騎劫。

▸初，燕將攻下聊城，人或讒之。燕將懼誅◂[4]，遂保守聊城，不敢歸。田單攻之歲餘，士卒多死，而聊城不下。

▸魯連乃書◂[5]，約之矢以射城中，遺燕將曰：「吾聞之，智者不倍時而棄利，勇士不怯死而滅名，忠臣不先身而後君。今公行一朝之[6]忿，不顧燕王之無臣，非忠也；殺身亡聊城，而威不信於齊，非勇也；功廢名滅，後世無稱，非知也。▸故知者不再計，勇士不怯死◂[7]。今死生榮辱，尊卑貴賤，此其一時也。願公之詳計而無與俗同也。且楚攻南陽，魏攻平陸，齊無南面之心，以為亡南陽之害，不若得濟北之利，故定計而堅守之。今秦人下兵，魏不敢東面，橫秦之勢合，則楚國之形危。▸且棄南陽◂[8]，斷右壤，存濟北，計必為之。今楚、魏交退，燕救不至，齊無天下之規，與聊城共據朞年之弊，即臣見公之不能得[9]也。齊必決之於聊城，公無再計。彼燕國大亂，君臣過計，上下迷惑，栗腹以百[10]萬之眾，五折於外，萬乘之國，被圍於趙，壤削主困，為天下戮，公聞之乎？今燕王方寒心獨立，大臣不足恃，國弊禍多，民心無所歸。今公▸又以弊聊◂[11]之民，距全齊之兵，朞年不解，是墨翟之守也；食人炊骨，士無反北之心，是孫臏、吳起之兵也。能以[12]見於天下矣！

「▸故為公計者◂[13]，不如罷兵休士，全車甲，歸報燕王，燕王必喜。士民見公，如見父母，交游攘臂而議於世，功業可明矣。上輔孤主，以制群臣；下養百姓，以資說士。矯國革俗於天下，功名可立也。▸意者，亦捐燕棄世◂[14]，東游於齊乎？請裂地定封，富比陶、衛，▸世世稱孤寡◂[15]，▸與齊久存◂[16]，此亦一計也。二者顯名厚實也，願公熟計而審處一也。

1. 乃反入市中　2. 殺王　3. 未　4. 燕將懼誅　5. 魯連乃為書
6. 亡　7. a.故知者不再計，勇士不再劫 b.此三者，世主不臣，說士不載
8. 且齊棄南陽　9. 待　10. 十　11. 又以聊城　12. 已
13. 故為公計　14. 亦捐燕棄世　15. a.世世稱孤寡人 b.世世稱寡　16. 左齊據右

「且吾聞，傚小節者不能行大威，惡小恥者不能立榮名，昔管仲射桓公中鉤，篡也；遺公子糾而不能死，怯也；束縛桎桔[1]，辱身也。此三行者，鄉里不通也，世主不臣也。使管仲終窮抑，幽囚而不出，慚恥而不見，窮年没壽，不免為辱人賤行矣。▸然而管子◂[2]并[3]三行之過，據齊國之政，一匡天下，九合諸侯，為伍伯首，名高天下，光照鄰國。曹沫為魯君將，三戰三北，而喪地千里。使曹子之足不離陳，計不顧後，出必死而不生，則不免為敗軍禽將。曹子以敗軍禽將，非勇也；功廢名滅，後世無稱，非知也。故去三北之恥，▸退而與魯君計也，曹子以為遭◂[4]。齊桓公有天下，朝諸侯。曹子以一劍之任，劫桓公於壇位之上，顏色不變，而辭氣不悖。三戰之所喪，一朝而反之，▸天下震動驚駭◂[5]，威信吳、楚，傳名後世。若此二公者，非不能行小節，死小恥也，以為殺身絶世，功名不立，非知也。故去忿恚之心，而成終身之名；除感忿之恥，而立累世之功。故業與三王爭流，名與天壤相敝也。公其圖之！」

燕將曰：「敬聞命矣！」因罷兵▸到讀◂[6]而去。故解齊國之圍，救百姓之死，仲連之說也。

146 燕攻齊齊破

燕攻齊，齊破。閔王奔莒，淖齒殺閔王。田單守即墨之城，破燕兵，復齊墟。襄王為太子徵。齊以[7]破燕，田單之立疑，齊國之衆，皆以田單為自立也。襄王立，田單相之。

過菑水，有老人涉▸菑而寒◂[8]，出不能行，坐於沙中。田單見其寒，欲使後車▸分衣◂[9]，無可以分者，單解裘而衣之。襄王惡之，曰：「田單之施，將欲以取我國乎？▸不早圖◂[10]，恐後之。」左右顧無人，巖[11]下有貫珠者，襄王呼而問之曰：「女聞吾言乎？」對曰：「聞之。」王曰：「女以為何若？」對曰：「王不如因以為己善。▸王嘉單之善◂[12]，下令曰：『寡人憂民之飢也，單收而食之；寡人憂民之寒也，單解裘而衣之；寡人憂勞百姓，而單亦憂之，稱寡人之意。』單有是善而王嘉之，善單之善，亦王之善已[13]。」王曰：「善！」乃賜單牛酒，嘉其行。

1. a.梏 b.梧　2. 然管子　3. 棄　4. 退而與魯君計以為遭
5. 天下震動，諸侯驚駭　6. a.倒韣 b.到櫝　7. 已
8. 菑水而寒　9. 分之衣　10. 不早圖之　11. 聲
12. 」王曰：「奈何？」曰：「嘉單之善　13. 也

後數日，貫珠者復見王曰：「王至朝日，宜召田單而揖之於庭，口勞之。乃布令求百姓之饑寒者，收穀之。」乃使人聽於閭里，聞丈夫之相□‣與語，舉◂[1]□□□□曰：「田單之愛人！嗟，乃王之教澤也！」

147 貂勃常惡田單

貂勃常惡田單，曰：「安平君，小人也。」安平君聞之，故為酒而召貂勃，曰：「單何以得罪於先生，故常見譽[2]於朝？」貂勃曰：「跖之狗吠堯，非貴跖而賤堯也，狗固吠非其主也。且今使公孫子賢，而徐子不肖。然而使公孫子與徐子鬬，徐子之狗，‣猶時◂[3]攫公孫子之腓[4]而噬之也。若乃得去不肖者，而為賢者狗，豈特攫其腓而噬之耳哉？」安平君曰：「敬聞命。」明日，任之於王。

王有所幸臣九人之屬，欲傷安平君，相與語於王曰：「燕之伐齊之時，楚王使將軍將萬人而佐齊。今國已定，而社稷已安矣，何不使使者謝於楚王？」王曰：「左右孰可？」九人之屬曰：「貂勃可。」貂勃使楚。楚王受而觴之，數日不反。九人之屬相與語於王曰：「‣夫一人身◂[5]，而牽留萬乘者，豈不以據勢也哉？且安平君之與王也，君臣無禮，而上下無別。且其志欲為不善。內牧[6]百姓，循撫其心，振窮補不足，布德於民；外懷戎翟、天下之賢士，陰結諸侯之雄俊豪英。其志欲有為也。願王之察之。」異日，而王曰：「召相單來。」田單免冠徒跣肉袒而進，退而請死罪。五日，而王曰：「子無罪於寡人，子為子之臣禮，吾為吾之王禮而已矣。」

貂勃從楚來，‣王賜諸前◂[7]，酒酣，王曰：「召相田單而來。」貂勃避席稽首曰：「王惡得此亡國之言乎？王上者孰與周文王？」王曰：「吾不若也。」貂勃曰：「然，臣固知王不若也。下者孰與齊桓公？」王曰：「‣吾不若也。」貂勃曰：「然，臣固知王不若也◂[8]。然則周文王得呂尚[9]以為太公，‣齊桓公◂[10]得管夷吾以為仲父，今王得安平君而獨曰『單』。且自天地之闢，民人之治[11]，為人臣之功者，誰有厚於安平君者哉？而王曰『單，單』。惡得此亡國之言乎？且王不能守先[12]王之社稷，燕人興師而襲齊墟，王走而之城陽之山中。安平君以惴惴之即墨，三里之城，五里之郭，敝卒七千，禽其司馬，而反千里之齊，安平君之功也。當是時也，闔城陽而王，城陽、天下莫之能

1. 舉與語　2. 惡　3. 由將　4. 髀　5. 夫一人之身
6. 收　7. 王觴賜諸前　8. 吾不若也。」　9. 望　10. 桓公
11. 始　12. 乎

止。然而計之於道，歸之於義，以為不可，故為棧道木閣，而迎王與后於城陽山中，王乃得反，子臨百姓。今國已定，民已安矣，▸王乃曰『單』。◂[1]且嬰兒之計不為此。王不亟殺此九子者以謝安平君，不然，國危矣！」王乃殺九子而逐其家，益封安平君以夜[2]邑萬戶。

148 田單將攻狄

田單將攻狄，往見魯仲子。仲子曰：「將軍攻狄，不能下也。」田單曰：「臣以五里之城，七里之郭，破亡餘卒，破萬乘之燕，復齊墟。攻狄而不下，何也？」上車弗謝而去。遂攻狄，三月而不克之也。

齊嬰兒謠曰：「大冠若箕，脩劍拄頤，攻狄不能，下壘枯丘。」田單乃懼，問魯仲子曰：「先生謂單不能下狄，請聞其說。」魯仲子曰：「將軍之在即墨，坐而織蕢，立則丈[3]插，▸為士卒倡曰：『可往矣！宗廟亡矣！云曰尚矣！歸於何黨矣！』◂[4]當此之時，將軍有死之心，而士卒無生之氣，聞若言，莫不揮泣奮臂而欲戰，此所以破燕也。當今將軍東有夜邑之奉，西有菑上之虞，黃金橫帶，而馳乎淄、澠之間，有生之樂，無死之心，所以不勝者也。」田單曰：「單有心，先生志之矣。」明日，乃厲氣循[5]城，立於矢石之所，乃[6]援枹鼓之，狄人乃下。

149A 濮上之事

濮上之事，贅子死，章子走，盼子謂齊王曰：「不如易餘糧於宋，宋王必說，梁氏不敢過宋伐齊。齊固弱，是以餘糧收宋也。齊國復強，雖復▸責之宋，可◂[7]；不償，▸因以為辭而攻之◂[8]，亦可。」

149B 齊閔王之遇殺

齊閔王之遇殺，其子法章變姓名，為莒太史家庸夫。太史敫[9]女，奇法章之狀貌，

1. 王乃曰『單單』。 2. 劇 3. 杖
4. a.為士卒倡曰：『何往矣！宗廟亡矣！云曰尚矣！歸於何黨矣！』 b.為士卒倡曰：『可往矣！宗廟亡矣！亡日尚矣！歸於何黨矣！』 c.為士卒倡曰：『可往矣！宗廟亡矣！去日尚矣！歸於何黨矣！』 d.為士卒倡曰 5. 脩 6. 及
7. 責之宋，不可 8. 因以為辭攻之 9. 微

以為非常人，憐而常竊衣食之，▸與私焉◂[1]。莒中及齊亡臣相聚，求閔王子，欲立之。法章乃自言於莒。共立法章為襄王。襄王立，以太史氏女為王后，生子建。太史敫曰：「女無謀[2]而嫁者，非吾種也，汙吾世矣。」終身不覩。▸君王后賢◂[3]，不以不覩之故，失人子之禮也。

襄王卒，子建立為齊王。君王后事秦謹，與諸侯信，以故建立四十有餘年不受兵。

秦▸始皇◂[4]嘗使[5]使者遺君王后玉連環，曰：「齊多知，而[6]解此環不？」君王后以示群臣，群臣不知解。君王后引椎[7]椎破之，謝秦使曰：「謹以解矣。」

及君王后病且卒，誡建曰：「群臣之可用者某。」建曰：「請書之。」君王后曰：「善。」取筆牘受言。君王后曰：「老婦已亡[8]矣！」

君王后死，後后勝相齊，多受秦間金玉，使賓客入秦，皆為變辭，勸王朝秦，不脩攻戰之備。

150 齊王建入朝於秦

齊王建入朝於秦，雍門司馬前曰：「所為立王者，為社稷耶？為王立王耶？」王曰：「為社稷。」司馬曰：「為社稷立王，王何以去社稷而入秦？」齊王還車而反。

即墨大夫與[9]雍門司馬諫而聽之，▸則以為可可◂[10]為謀，即入見齊王曰：「齊地方數千里，帶甲數百[11]萬。夫三晉大夫，皆不便秦，而在阿、鄄之間者百數，王收而與之百[12]萬之眾，使收三晉之故地，即臨晉之關可以入矣；鄢、郢大夫，不欲為秦，而在城南下者百數，王收而與之百萬之師，使收楚故地，即武關可以入矣。如此，則齊威可立，▸秦國可亡。夫舍南面之稱制◂[13]，乃西面而事秦，為大王不取也。」齊王不聽。

秦使陳馳誘齊王內之，約與五百里之地。齊王不聽即墨大夫而聽陳馳，遂入秦。處之共松柏之間，餓而死。先是齊為之歌曰：「松邪！柏邪！住建共者，客耶！」

1. 與之私焉　2. 媒　3. 君王后君王后賢　4. 昭王
5. 遺　6. 能　7. 鎚　8. 忘　9. 聞
10. a.則以為可以 b.則以為可　11. 十　12. 十
13. a.秦國可亡矣，舍南面之稱制 b.秦國可亡，舍南面之稱制

151 齊以淖君之亂

齊以淖君之▸亂秦◂[1]。其後秦欲取齊，故使蘇涓之楚，令[2]任固之齊。齊明謂楚王曰：「秦王欲楚，不若其欲齊之甚也。其使涓來，以示齊之有楚，以資固於齊。齊見[3]楚，必受固。是王[4]之聽涓也，適為固驅以合齊、秦也。齊、秦合，非楚之利也。▸且夫涓來之辭◂[5]，必非固之所以之齊之辭也。▸王不如令人以涓來◂[6]之辭謾固於齊，齊、秦必不合。齊、秦不合，則王重矣。王欲收齊以攻秦，漢中可得也。王即欲以秦攻齊，淮、泗之間亦可得也。」

152 齊楚構難

齊、楚構難，宋請中立。齊急宋，宋許之。子象為楚▸謂宋王◂[7]曰：「楚以緩失宋，將法齊之急也。齊以急得宋，後將常急矣。是從齊而攻楚，▸未必利也◂[8]。齊戰勝楚，勢必危宋；不勝，是以弱宋干強楚也。而令兩萬乘之國，常以急求所欲，國必危矣。」

153 五國約以伐齊

五國約▸以伐齊◂[9]。昭陽謂楚王曰：「▸五國以破齊秦◂[10]，必南圖楚。」王曰：「然則奈何？」對曰：「韓氏輔[11]國也，好利而惡難。好利，可營也；惡難，可懼也。我厚賂之以利，其心必營。我悉兵以臨之，▸其心必懼我◂[12]。彼懼吾兵而營我利，五國之事必可敗也。約絕之後，雖勿與地可。」

楚王曰：「善。」乃命大[13]公事之韓，見公仲曰：「夫牛闌之事，馬陵之難，親王[14]之所見也。王苟無以五國用兵，請效列城五，請悉楚國之眾也，以圖[15]於齊。」

齊之[16]反趙、魏之後，而楚果弗與地，則五國之事困也。

---

1. a.亂讎秦 b.亂事秦　2. 合　3. 有　4. 楚
5. 且夫涓來　6. 王不如令人以涓　7. a.謂王 b.謂楚王
8. 之未必利也　9. a.秦以伐齊 b.以伐齊秦　10. 五國已破秦　11. 轉
12. 其心必懼　13. 太　14. 主　15. 圖　16. 人

154 荊宣王問群臣

▸荊宣王◂[1]問群臣曰：「吾聞北方之畏昭奚恤也，果誠何如？」群臣莫對。江一[2]對曰：「虎求百獸而食之，得狐。狐曰：『子無敢食我也。天帝使我長百獸，今子食我，是逆天帝命也。子以我為不信，吾為子先行，子隨我後，觀百獸之見我而敢不走乎？』虎以為然，故遂與之行。獸見之皆走。虎不知獸畏己而走也，以為畏狐也。今王之地方五千里，帶甲百萬，而專屬之昭奚恤；故北方之畏奚恤也，其實畏王之甲兵也，猶百獸之畏虎也。」

155 昭奚恤與彭城君議於王前

昭奚恤與彭城君議於王前，王召江乙而問焉。江乙曰：「二人之言皆善也，臣不敢言其後。▸此謂慮賢也◂[3]。」

156 邯鄲之難

邯鄲之難，昭奚恤謂楚王曰：「王不如無救趙，而以強魏。魏強，其割趙必深矣。趙不能聽，則必堅守，是兩弊也。」

景舍曰：「不然。昭奚恤不知也。夫魏之攻趙也，恐楚之▸攻其後◂[4]。今不救趙，趙有亡形，而魏無楚憂，是楚、魏共趙也，害必深矣！何以兩弊也？且魏令兵▸以深割趙◂[5]，趙見亡形，而有[6]楚之不救己也，必與魏合而以謀楚。故王不如少出兵，以為趙援。趙恃楚勁，必與魏戰。魏怒於趙之勁，而見楚救之不足畏也，必不釋趙。趙、魏相弊，而齊、秦應楚，則魏可破也。」

楚因使景舍起兵救趙。邯鄲拔，楚取睢、濊之間。

157A 江尹欲惡昭奚恤於楚王

江尹欲惡昭奚恤於楚王，▸而力不能◂[7]，故為梁山陽君請封於楚。楚王曰：

---

1. 宣王　2. 乙　3. 言其後此謂慮賢也　4. 攻其後也
5. 以割趙　6. 知　7. 而力不能之

「諾。」昭奚恤曰：「山陽君無功於楚國，不當封。」江尹因得山陽君與之共惡昭奚恤。

157B 魏氏惡昭奚恤於楚王

魏氏惡昭奚恤於楚王，楚王告昭子。昭子曰：「臣朝夕以事聽命，而魏入吾君臣之間，臣大懼。臣非畏魏也！夫泄吾君臣之交，而天下信之，是其為人也近苦矣。夫苟不難為之外，豈忘為之內乎？臣之得罪無日矣。」王曰：「寡人知之，大夫何患？」

158 江乙惡昭奚恤

江乙惡昭奚恤，謂楚王曰：「人有以其狗為有執而愛之。其狗嘗溺井。其鄰人見狗之溺井也，欲入言之。狗惡之，當門而噬之。鄰人憚之，遂不得入言。邯鄲之難，楚進兵大梁，取[1]矣。昭奚恤取魏之寶器，‣以居魏知之◂[2]，故昭奚恤常惡臣之見王。」

159 江乙欲惡昭奚恤於楚

江乙欲惡昭奚恤於楚，謂楚王曰：「下比周，則上危；下分爭，則上安。王亦知之乎？願王勿忘也。且人有好揚人之善者，於王何如？」王曰：「此君子也，近之。」江乙曰：「有人好揚人之惡者，於王何如？」王曰：「此小人也，遠之。」江乙曰：「然則且有子殺其父，臣弒其主者，而王終已[3]不知者，何也？以王好聞人之美而惡聞人之惡也。」王曰：「善。寡人願兩聞之。」

160 江乙說於安陵君

江乙說於安陵君曰：「君無咫尺之地[4]，骨肉之親，處尊位，受厚祿，一國之眾，見君莫不斂衽而拜，撫委而服，何以也？」曰：「王過舉‣而已◂[5]。不然，無以至此。」

江乙曰：「以財交者，財盡而交絕；以色交者，華落而愛渝。是以嬖女[6]不敝席，

1. 拔　2. a.以臣居魏知之 b.臣居魏知之　3. 已　4. 功
5. a.而已 b.而色 c.以色　6. 色

寵臣不避軒。今君擅楚國之勢，▸而無以深自結於王◂[1]，竊為君危之。」安陵君曰：「然則奈何？」▸「願君必請從死◂[2]，以身為殉，如是必長得重於楚國。」曰：「謹受令。」

三年而弗言。江乙復見曰：「臣所為君道，▸至今未效◂[3]。君不用臣之計，臣請不敢復見矣。」安陵君曰：「不敢忘先生之言，未得間也。」

於是，楚王游於雲夢，結駟千乘，旌旗蔽日[4]，野火之起也若雲蜺，兕虎嘷之聲若雷霆，有狂兕（牂）〔䍧〕[5]車依[6]輪而至，王親引弓而射，壹[7]發而殪。王抽旃旄而抑兕首，仰天而笑曰：「樂矣，今日之游也。寡人萬歲千秋之後，誰與樂此矣？」安陵君▸泣數行而進曰◂[8]：「臣入則編席，出則陪乘。大王萬歲千秋之後，願得以身試[9]黃泉，蓐螻蟻，又何如得此樂而樂之。」王大說，乃封壇為安陵君。

君子聞之曰：「江乙可謂善謀，安陵君可謂知時矣。」

161 江乙為魏使於楚

江乙為魏使於楚，謂楚王曰：「臣入竟，聞楚之俗，不蔽人之善，不言人之惡，誠有之乎？」王曰：「誠有之。」江乙曰：「然則白公之亂，得無遂乎？誠如是，臣等之罪免矣。」楚王曰：「何也？」江乙曰：「州侯相楚，貴甚矣而主斷，左右俱曰『無有』，如出一口矣。」

162 郢人有獄三年不決

郢人有獄三年不決者，▸故令請其宅◂[10]，以卜其罪。▸客因為之謂◂[11]昭奚恤曰：「郢人某氏之宅，臣願之。」昭奚恤曰：「郢人某氏，不當服罪，▸故其宅不得◂[12]。」

客辭而去。昭奚恤已而悔之，因謂客曰：「奚恤得事公，公何為以故與奚恤？」客曰：「非用故也。」曰：「謂[13]而不得，有說色，▸非故如何也◂[14]？」

1. 而無以自結於王　2. 江乙曰：「願君必請從死　3. 至今未有效
4. 天　5. 翔　6. 衣　7. 一
8. 泣數行下而進曰　9. 式　10. 故令人請其宅
11. a. 客因謂　b. 客因請之　12. 故其宅不可得　13. 請
14. 非如何也

163 城渾出周

城渾出周，三[1]人偶行，南游於楚，至於新城。

城渾說其令曰：「鄭、魏者，楚之耎國；而秦，楚之強敵也。鄭、魏之弱，而楚以上梁應之；宜陽之大也，楚以弱新城圍[2]之。蒲反[3]、平陽相去百里，秦人一夜而襲之，安邑不知；新城、上梁相去五百里，秦人一夜而襲之，上梁亦不知也。今邊邑之所恃者，非江南泗上也。故[4]楚王何不以新城為主郡也，邊邑甚利之。」

新城公大說，▸乃為具駟馬乘車五百金之楚◂[5]。城渾得之，遂南交於楚，▸楚王果以新城◂[6]為主郡。

164 韓公叔有齊魏

韓公叔有齊、魏，而太子有楚、秦以爭國。鄭申為楚使於韓，矯以新城、陽人予太子。楚王怒，將罪之。對曰：「臣矯予之，以為國也。臣為太子得新城、陽人，以與公叔爭國而得之。齊、魏必伐韓。韓氏急，必懸命於楚，又何新城、陽人之敢求？太子不勝，然[7]而不死，今將倒冠而至，又安敢言地？」楚王曰：「善。」乃不罪也。

165 楚杜赫說楚王以取趙

楚杜赫說楚王以取趙。▸王且予之◂[8]五大夫，而令私行。

陳軫謂楚王曰：「赫不能得趙，五大夫不可收也，得[9]賞無功也。得趙而王無加焉，是無善也。▸王不如以十乘行之，事成，予之五大夫。」王曰：「善。」乃以十乘行之。◂[10]

杜赫怒而不行。陳軫謂王曰：「是不能得趙也。」

---

1. 二　2. 圖　3. 坂　4. 則
5. 乃為王具駟馬乘車五百金之楚盡　6. 楚果以新城　7. 幸
8. a.王曰與之 b.王且與之　9. 是　10. 王不如以十乘行之。

166 楚王問於范環

楚王問於范環曰：「寡人欲置相於秦，孰可？」對曰：「臣不足以知之。」王曰：「▸吾相甘茂◂[1]可乎？」范環對曰：「不可。」王曰：「何也？」曰：「夫史舉，上蔡之監門也。大不如[2]事君，小不如[3]處室，以苛廉聞於世，甘茂事之順焉。故惠王之明，武王之察，張儀之好譖，甘茂事之，取十官而無罪，茂誠賢者也，然而不可相秦。秦之有賢相也，非楚國之利也。▸且王嘗用滑◂[4]於越而納句章，昧之難，越亂，故楚南察瀨胡[5]而野江東。計王之功所以能如此者，越亂而楚治也。今王以用之於越矣，而忘之於秦，臣以為王鉅速忘矣。王若欲置相於秦乎？若公孫郝者可。夫公孫郝之於秦王，親也。少與之同衣，長與之同車，被王衣以聽事，真大王之相已。王相之，楚國之大利也。」

167 蘇秦為趙合從說楚威王

蘇秦為趙合從，說楚威王曰：「楚，天下之強國也。大王，天下之賢王也。楚地西有黔中、巫郡，東有夏州、海陽，南有洞庭、蒼梧，北有汾陘[6]之塞、郇陽。地方五千里，帶甲百萬，車千乘，騎萬匹，粟支十年，此霸王之資也。▸夫以楚之強與大王之賢◂[7]，天下莫能當也。今乃欲西面而事秦，則諸侯莫不南[8]面而朝於章臺之下矣。秦之所害於天下莫如楚，楚強則秦弱，楚弱則秦強，此其勢不兩立。▸故為王至計◂[9]，莫如從親以孤秦。大王不從親，秦必起兩軍：一軍出武關；一軍下黔中。若此，則鄢、郢動矣。臣聞治之其未亂，為之其未有也；患至而後憂之，則無及已[10]。故願大王之早計之。

「大王誠能聽臣，臣請令山東之國，奉四時之獻，以承[11]大王之明制，委社稷宗廟，練士厲兵，在大王之所用之。大王誠能聽臣之愚計，則▸韓、魏、齊、燕、趙、衛◂[12]之妙音美人，必充後宮矣。趙[13]、代良馬橐他[14]，必實於外廄。故從合則楚王，橫成則秦帝。今釋霸王之業，而有事人之名，▸臣竊為大王不取也◂[15]。

1. 吾欲相甘茂　2. 知　3. 知　4. 且王嘗用召滑　5. 湖
6. 陸　7. 夫以楚之強大王之賢　8. 西　9. 故為大王計
10. 矣　11. 奉　12. 韓、魏、齊、燕、趙　13. 燕
14. 駝　15. 竊為大王不取也

「夫秦，虎狼之國也，有吞天下之心。秦，天下之仇讎也，橫人皆欲割諸侯之地以事秦，此所謂養仇而奉讎者也。夫為人臣而割其主之地，以外交強虎狼之秦，以侵天下，卒有秦患，不顧其禍。夫外挾強秦之威，以內劫其主，以求割地，大逆不忠，無過此者。故從親，則諸侯割地以事楚；橫合，則楚割地以事秦。此兩策者，相去遠矣，有億兆之數。兩者大王何居焉？故弊邑趙王，使臣效愚計，奉明約，在大王命之。」

楚王曰：「寡人之國，西與秦接境，秦有舉巴蜀、并漢中之心。秦，虎狼之國，不可親也。而韓、魏迫於秦患，▸不可與深謀◂[1]，恐反人以入於秦，故謀未發而國已危矣。寡人自料，以楚當秦，未見勝焉。內與群臣謀，不足恃也。寡人臥不安席，食不甘味，心搖搖如懸旌，而無所終薄。▸今君欲一天下◂[2]，安諸侯，存危[3]國，寡人謹奉社稷以從。」

168 張儀為秦破從連橫

張儀為秦破從連橫，說楚王曰：「秦地半天下，兵敵四國，被山帶河，▸四塞以為固◂[4]。虎賁之士百餘萬，車千乘，騎萬疋，粟如丘山。法令既明，士卒安難樂死。主嚴以明，將知以武。雖無出兵甲，席卷常山之險，折天下之脊，天下後服者先亡。且夫為從者，無以異於驅群羊而攻猛虎也。夫虎之與羊，不格明矣。今大王不與猛虎而與群羊，竊以為大王之計過矣。

「凡天下強國，非秦而楚，非楚而秦。兩國敵侔交爭，其勢不兩立。而大王不與秦，秦下甲兵，據宜陽，韓之上地不通；下河東，取成皋，韓必入臣於秦。▸韓入臣◂[5]，魏則從風而動。秦攻楚之西，韓、魏攻其北，社稷豈得無危哉？

「且夫約從者，聚群弱而攻至強也。夫以弱攻強，不料敵而輕戰，國貧而驟舉兵，此危亡之術也。臣聞之，兵不如者，勿與挑戰；粟不如者，勿與持久。夫從人者，飾辯虛辭，高主之節行，言其利而不言其害，卒有楚[6]禍，無及為已，是故願大王之熟計之也。

「秦西有巴蜀，方船積粟，起於汶山，循江而下，至郢三千餘里。▸舫船◂[7]載卒，

1. 不可與深謀，與深謀　2. a.今主君欲一天下 b.令君欲一天下
3. 亡　4. 以為固　5. 韓入臣秦　6. 秦　7. 方舡

一舫載五十人，與三月之糧，下水而浮，一日行三百餘里；里數雖多，不費▸馬汗◂[1]之勞，不至十日而距扞關；扞關驚，則從竟陵已[2]東，盡城守矣，黔中、巫郡非王之有已。秦舉甲出之武關，南面而攻，則北地絕。秦兵之攻楚也，危難在三月之內。而楚恃諸侯之救，在半歲之外，此其勢不相及也。夫恃弱國之救，而忘強秦之禍，▸此臣之所以為大王◂[3]之患也。且大王嘗與吳人五戰三勝而亡之，陳[4]卒盡矣；▸有偏守新城◂[5]而居民苦矣。臣聞之，攻大者易危，而民弊者怨於上。夫守易危之功，而逆強秦之心，臣竊為大王危之。

「且夫秦之所以不出甲於函谷關十五年以攻諸侯者，▸陰謀有吞天下之心也◂[6]。楚嘗與秦構[7]難，戰於漢中。楚人不勝，通侯、執珪死者七十餘人，遂亡漢中。▸楚王大怒，興師襲秦◂[8]，戰於藍田，又卻。此所謂兩虎相搏者也。夫秦、楚相弊，而韓、魏以全制其後，計無過[9]於此者矣，是故願大王熟計之也。

「秦下兵攻衛、陽晉，▸必開扃天下之匈◂[10]，▸大王悉起兵以攻宋◂[11]，不至數月而宋可舉。舉宋而東指，則泗上十二諸侯，盡王之有已。

「凡天下所信約從親堅者蘇秦，封為武安君而相燕，即陰與燕王謀破齊共分其地。乃佯有罪，出走[12]入齊，齊王因受而相之。居二年而覺，齊王大怒，車裂蘇秦於市。夫以一詐偽反覆之蘇秦，而欲經營天下，混一諸侯，其不可成也亦明矣。

「今秦之與楚也，接境壤界，固形親之國也。大王誠能聽臣，臣請秦太子入質於楚，楚太子入質於秦，請以秦女為大王箕帚之妾，效萬家之都，以為湯沐之邑，長為昆弟之國，終身無相攻擊。臣以為[13]計無便於此者。故敝邑秦王，▸使使臣獻書大王之從車下風◂[14]，須以決事。」

楚王曰：「楚國僻陋，託東海之上。寡人年幼，不習國家之長計。今上客幸教以明制，寡人聞之，敬以國從。」乃遣使車百乘，獻鷄駭之犀、夜光之璧於秦王。

---

1. 汗馬　2. 以　3. 此臣所以為大王　4. 陣
5. 偏守新城　6. 陰有吞天下之心也　7. 角　8. 楚王大怒
9. 危　10. a.必大開扃天下之匈 b.必關扃天下之匈
11. 大王悉起以攻宋　12. 奔　13. 謂
14. 使使臣獻書之從車下風

169 張儀相秦

張儀相秦，謂昭雎曰：「楚無鄢、郢、漢中，有所更得乎？」曰：「無有。」曰：「無昭雎[1]、陳軫，有所更得乎？」曰：「無所更得。」張儀曰：「為儀謂楚王逐昭雎[2]、陳軫，請復鄢、郢、漢中。」昭雎歸報楚王，楚王說之。

有人謂昭雎[3]曰：「甚矣，楚王▸不察於爭名者也◂[4]。韓求相工陳籍而周不聽；魏求相綦母恢而周不聽，何以也？▸周是◂[5]列縣畜我也。今楚，萬乘之強國也；大王，天下之賢主[6]也。今儀曰逐君與陳軫而王聽之，是楚自行[7]不如周，而儀重於韓、魏之王也。且儀之所行，有功名者秦也，所欲貴富者魏也。欲為攻於魏，必南伐楚。故攻有道，外絕其交，內逐其謀臣。陳軫，夏人也，習於三晉之事，故逐之，則楚無謀臣矣。今君能用楚之眾，故亦逐之，則楚眾不用矣。此所謂內攻之者也，而王不知察。今君何不見臣於王，▸請為王使齊交不絕。齊交不絕◂[8]，儀聞之，其效鄢、郢、漢中必緩矣。是昭雎之言不信也，王必薄之。」

170 威王問於莫敖子華

威王問於莫敖子華曰：「自從先君文王以至不穀之身，亦有不為爵勸，不為祿勉，以憂社稷者乎？」莫敖子華對曰：「如華[9]▸不足知之矣◂[10]。」王曰：「不於大夫，無所聞之？」莫敖子華對曰：「君王將何問者也？彼有廉其爵，貧其身，以憂社稷者；有崇其爵，（豊）〔豐〕其祿，以憂社稷者；有斷脰[11]決腹，壹[12]（瞑）〔瞑〕而萬世不視，不知所益，▸以憂社稷者；有勞其身，愁其志，以憂社稷者◂[13]；▸亦有不為爵勸◂[14]，不為祿勉，以憂社稷者。」王曰：「大夫此言，將何謂也？」

莫敖子華對曰：「昔令尹子文，緇帛[15]之衣以朝，鹿裘以處；未明而立於朝，日晦而歸食；朝不謀夕，無一月[16]之積。故彼廉其爵，貧其身，以憂社稷者，令尹子文是也。

1. 過　2. 過　3. 過　4. 不察於名者也　5. 周曰是
6. 王　7. 待　8. 請為王使齊交不絕　9. 章
10. 不足以知之矣　11. 頭　12. 一　13. 以憂社稷者
14. 亦不為爵勸　15. 布　16. 日

「昔者葉公子高，身獲於表薄，而財於柱國；定白公之禍，寧楚國之事；恢先君以揜方城之外，四封不侵[1]，名不挫於諸侯。當此之時也，天下莫敢以兵南鄉。葉公子高，食田六百畛，故彼崇其爵，（豊）〔豐〕其祿，以憂社稷者，葉公子高是也。

「昔者吳與楚戰於柏舉，兩御[2]之間夫卒交。莫敖大心撫其御之手，顧而大息曰：『嗟乎子[3]乎，楚國亡之月[4]至矣！吾將深入吳軍，若扑一人，若捽一人，以與大心者也，社稷▸其為庶幾乎◂[5]？』故斷脰決腹，壹瞑而萬世不視，不知所益，以憂社稷者，莫敖大心是也。

「昔吳與楚戰於柏舉，三戰入郢。寡君身出，大夫悉屬，百姓離散。棼冒勃蘇曰：『吾被堅執銳，赴強敵而死，此猶一卒也，不若奔諸侯。』於是贏糧潛行，上峥山，踰深谿，蹠穿膝暴，七日而薄秦王之朝。雀立不轉，晝吟宵哭。七日不得告。水漿無入口，瘨而殫悶，旄不知人。秦王聞而走之，冠帶不相及，左奉其首，右濡其口，勃蘇乃蘇。秦王身問之：『子孰誰也？』棼冒勃蘇對曰：『臣非異，楚使新造（盩）〔盭〕棼冒勃蘇。吳與楚人戰於柏舉，三戰入郢，寡君身出，大夫悉屬，百姓離散。使下臣來告亡，且求救。』秦王顧令不[6]起：『寡人聞之，萬乘之君，得罪一士，社稷其危，今此之謂也。』遂出革車千乘，卒萬人，屬之子滿與子虎，下塞以東，與吳人戰於濁水而大敗之，亦聞於遂浦。故勞其身，愁其思，以憂社稷者，棼冒勃蘇是也。

「吳與楚戰於柏舉，三戰入郢。君王身出，大夫悉屬，百姓離散。蒙穀給[7]鬭於宮唐之上，舍鬭奔郢曰：『若有孤，楚國社稷其庶幾乎？』▸遂入大宮◂[8]，負雞[9]次之典以浮於江，逃於雲夢之中。昭王反郢，五官失法，百姓昏亂；蒙穀獻典，五官得法，而百姓大治。此蒙穀之功，多與存國[10]相若，封之執圭，田六百畛。蒙穀怒曰：『穀非人臣，社稷之臣，苟社稷血食，▸餘豈悉◂[11]無君乎？』遂自棄於磨山之中，至今無冒[12]。故不為爵勸，不為祿勉，以憂社稷者，蒙穀是也。」

王乃大息曰：「此古之人也。今之人，焉能有之耶？」

莫敖子華對曰：「昔者先君靈王好小要[13]，楚士約食，馮而能立，式而能起。食之

1. 廉　2. 軍　3. 予　4. 日　5. 其庶幾乎
6. 之　7. 結　8. 遂入宮　9. 離　10. 田
11. a.余豈患 b.餘豈患　12. 位　13. 腰

可欲，忍而不入；死之可惡，然[1]而不避。章[2]聞之，其君好發者，其臣抉[3]拾。君王直不好，若君王誠好賢，此五臣者，皆可得而致之。」

171 魏相翟強死

魏相翟強死。為甘茂謂楚王曰：「魏之幾相者，公子勁也。▸勁也相魏◂[4]，魏、秦之交必善。秦、魏之交完，則楚輕矣。故王不如與齊約，相甘茂於魏。齊王好高人以名，今為其行人請魏之相，齊必喜。魏氏不聽，交惡於齊；齊、魏之交惡，必爭事楚。魏氏聽，甘茂與樗里疾，貿首之讎也；而魏、秦之交必惡，又交重楚也。」

172 齊秦約攻楚

齊、秦約攻楚，楚令景翠以六城賂齊，▸太子為質◂[5]。昭雎謂景翠曰：「秦恐且因景鯉、蘇厲而效地於楚。公出地以取[6]齊，鯉與厲且以收地取秦，公事必敗。公不如令王重賂景鯉、蘇厲，使入秦，▸秦恐◂[7]，必不求地而合於楚。若齊不求，是公與約也。」

173A 術視伐楚

術視伐楚，楚令昭鼠以十萬軍漢中。昭雎勝秦於重丘[8]，蘇厲謂宛公昭鼠曰：「王欲昭雎之▸乘秦也◂[9]，必分公之兵以益之。秦知公兵之分也，必出漢中。請為公令辛[10]戎謂王曰：『秦兵且出漢中。』則公之兵全矣。」

173B 四國伐楚

四國伐楚，楚令昭雎將以距秦。楚王欲擊秦，昭侯[11]不欲。桓臧為昭雎謂楚王曰：「▸雎戰勝◂[12]，三國惡楚之強也，恐秦之變而聽楚也，必深攻楚以勁秦。秦王怒於戰不勝，必悉起而擊楚，是王與秦相罷，▸而以利三國也◂[13]。戰不勝秦，秦進兵而攻。不如益昭雎之兵，令之示秦必戰。秦王惡與楚相弊▸而令天下◂[14]，秦可以少割▸而收害也◂[15]。秦、楚之合，而燕、趙、魏不敢不聽，三國可定也。」

---

1. 就　2. 華　3. 決　4. 勁相魏　5. 以太子為質
6. a.收 b.牧　7. 秦齊恐　8. 兵　9. 乘秦　10. 芉
11. 雎　12. 雎戰勝秦　13. 而利三國也　14. 而令天下利　15. 而收也

174 楚懷王拘張儀

楚懷王拘張儀，將欲殺之。靳尚為儀謂楚王曰：「拘張儀，秦王必怒。天下見楚之無秦也，楚必輕矣。」又謂王之幸夫人鄭袖曰：「子亦自知且賤於王乎？」鄭袖曰：「何也？」尚曰：「張儀者，秦王之忠信有功臣也。今楚拘之，秦王欲出之。秦王有愛女而美，又簡擇宮中佳翫麗好翫習音者，以懽從之；資之金玉寶器，奉以上庸六縣為湯沐邑，欲因張儀內之楚王。楚王必愛，秦女依強秦以為重，挾寶地以為資，‣勢為王妻以臨于楚◂[1]。王惑於虞樂，必厚尊敬親愛之而忘子，子益賤而日疏矣。」鄭袖曰：「願委之於公，為之奈何？」曰：「子何不急言王，出張子。張子得出，德子無已時，秦女必不來，而秦必重子。子內擅楚之貴，外結秦之交，畜張子以為用，子之子孫必為楚太子矣，此非布衣之利也。」鄭袖遽說楚王出張子。

175 楚王將出張子

楚王將出張子，恐其敗[2]己也，靳尚謂楚王曰：「臣請隨之。儀事王不善，臣請殺之。」

楚小臣，靳尚之仇也，謂張旄曰：「以張儀之知，而有秦、楚之用，君必窮矣。君不如使人微要靳尚而刺[3]之，楚王必大怒儀也。彼儀窮，則子重矣。楚、秦相難，則魏無患矣。」

張旄果令人要靳尚刺之。楚王大怒，‣秦構兵而戰◂[4]。秦、楚爭事魏，張旄果大重。

176 秦敗楚漢中

秦敗楚漢中。楚王入秦，秦王留之。游騰為楚謂秦王曰：「王挾楚王，而與天下攻楚，則傷行矣。不與天下共攻之，則失利矣。王不如與之盟而歸之。楚王畏，必不敢倍[5]盟。‣王因與三國攻之◂[6]，義也。」

---

1. 勢必為王妻以臨于楚　2. 欺　3. 殺　4. 秦楚構兵而戰
5. 背　6. 王背盟因與三國攻之

177 楚襄王為太子之時

楚襄王為太子之時，質於齊。懷王薨，太子辭於齊王而歸。齊王隘之：「予我東地五百里，乃歸子。子不予我，不得歸。」太子曰：「臣有傅，請追[1]而問傅。」傅慎子曰：「獻之地，所以為身也。愛地不送死父，不義。臣故曰，獻之便[2]。」太子入，致命齊王曰：「敬獻地五百里。」齊王歸楚太子。

太子歸，即位為王。齊使車五十乘，來取東地於楚。楚王告慎子曰：「齊使來求東地，為之奈何？」慎子曰：「王明日朝群臣，皆令獻其計。」

上柱國子良入見。王曰：「寡人之得求反，王[3]墳墓、復群臣、歸社稷也，以東地五百里許齊。齊令[4]使來求地，為之奈何？」子良曰：「王不可不與也。王身出玉聲，許強萬乘之齊而不與，則不信，後不可以約結諸侯。請與而復攻之。與之信，攻之武。臣故曰與之。」

子良出，昭常入見。王曰：「齊使來求東地五百里，為之奈何？」昭常曰：「不可與也。萬乘者，以地大為萬乘。今去東地五百里，是去戰國之半也，有萬乘之號而無千乘之用也，不可。臣故曰勿與。常請守之。」

昭常出，景鯉入見。王曰：「齊使來求東地五百里，為之奈何？」景鯉曰：「不可與也。雖然，楚不能獨守。▸王身出玉聲，許萬乘之強齊也而不與，負不義於天下。楚亦不能獨守。臣請西索救於秦◂[5]。」

景鯉出，慎子入，王以三大夫計告慎子曰：「子良見寡人曰：『不可不與也，與而復攻之。』常見寡人曰：『不可與也，常請守之。』鯉見寡人曰：『不可與也，雖然楚不能獨守也，臣請索救於秦。』寡人誰用於三子之計？」慎子對曰：「王皆用之。」王怫然作色曰：「何謂也？」慎子曰：「臣請效其說，而王且見其誠然也。王發上柱國子良車五十乘，而北獻地五百里於齊。發子良之明日，遣昭常為大司馬，令往守東地。遣昭常之明日，遣景鯉車五十乘，西索救於秦。」王曰：「善。」乃遣子良北獻地於齊。遣子良之明日，立昭常為大司馬，使守東地。又遣景鯉西索救於秦。

---

1. 退　　2. 使　　3. 主　　4. 今
5. 臣請西索救於秦

子良至齊，齊使人以甲受東地。昭常應齊使曰：「我典主東地，且與死生。悉五尺至六十，三十餘萬弊甲鈍兵，願承下塵。」齊王謂子良曰：「大夫來獻地，今常守之何如？」子良曰：「臣身受命弊邑之王，是常矯也。王攻之。」齊王大興兵，攻東地，伐昭常。未涉疆，秦以五十萬臨齊右壤。曰：「夫隘楚太子弗出，不仁；又欲奪之東地五百里，不義。其縮甲則可，不然，則願待戰。」齊王恐焉。乃請子良南道楚，西使秦，解齊患。士卒不用，東地復全。

178 女阿謂蘇子

女阿謂蘇子曰：「秦栖[1]楚王，危太子者，公也。今楚王歸，太子南，公必危。公不如令人謂太子曰：『蘇子知太子之怨己也，必且務不利太子。太子不如善蘇子，蘇子必且為太子入矣。』」蘇子乃令人謂太子。太子復請善於蘇子。

179 蘇子謂楚王

蘇子謂楚王曰：「仁人之於民也，愛之以心，事之以善言。孝子之於親也，愛之以心，事之以財。忠臣之於君也，必進賢人以輔之。今王之大臣父兄，好傷賢以為資，厚賦斂諸臣百姓，使王見疾於民，非忠臣也。大臣播王之過於百姓，多賂諸侯以王之地，是故退王之所愛，亦非忠臣也，是以國危。臣願無聽群臣之相惡也，慎大臣父兄；用民之所善，節身之嗜欲，▸以百姓◂[2]。人臣莫難於無妬而進賢。為主死易，垂沙之事，死者以千數。為主辱易，自令尹以下，事王者以千數。至於無妬而進賢，未見一人也。故明主之察其臣也，必知其無妬而進賢也。▸賢之事其主也◂[3]，亦必無妬而進賢。夫進賢之難者，賢者用且使己廢，貴且使己賤，故人難之。」

180 蘇秦之楚

蘇秦之楚，三日乃得見乎王。談卒，辭而行。楚王曰：「寡人聞先生，若聞古人。今先生乃不遠千里而臨寡人，曾不肯留，願聞其說。」對曰：「楚國之食貴於玉，薪貴於桂，謁者難得見如鬼，王難得見如天帝。今令臣食玉炊桂，因鬼見帝。」王曰：「先生就舍，寡人聞命矣。」

1. 西　2. 以與百姓　3. 賢臣之事其主也

181 楚王逐張儀於魏

楚王逐張儀於魏。陳軫曰：「王何逐張子？」曰：「為臣不忠不信。」曰：「不忠，王無以為臣；不信，王勿與為約。且魏臣不忠不信，於王何傷？忠且信，於王何益？逐而聽則可，若不聽，是王令困也。且使萬乘之國免其相，是城下之事也。」

182 張儀之楚貧

張儀之楚，貧。舍人怒▸而歸◂[1]。張儀曰：「子必以衣冠之敝，故欲歸。▸子待我◂[2]為子見楚王。」當是之時，南后、鄭褎貴於楚。

張子見楚王，楚王不說。張子曰：「王無所用臣，臣請北見晉君。」楚王曰：「諾。」張子曰：「王無求於晉國乎？」王曰：「黃金珠璣犀象出於楚，寡人無求於晉國。」張子曰：「王徒不好色耳？」王曰：「何也？」張子曰：「彼鄭、周之女，粉白墨[3]黑，立於衢閭，非知而見之者，以為神。」楚王曰：「楚，僻陋之國也，未嘗見中國之女如此其美也。▸寡人之◂[4]獨何為不好色也？」乃資之以珠玉。

南后、鄭褎聞之大恐。令人謂張子曰：「妾聞將軍之晉國，偶有金千斤，進之左右，以供芻秣。」鄭褎亦以金五百斤。

張子辭楚王曰：「天下▸關閉◂[5]不通，未知見日也，願王賜之觴。」王曰：「諾。」乃觴之。張子中飲，再拜而請曰：「非有他人於此也，願王召所便習而觴之。」王曰：「諾。」乃召南后、鄭褎而觴之。張子再拜而請曰：「儀有死罪於大王。」王曰：「何也？」曰：「儀行天下徧矣，未嘗見人▸如此其美也◂[6]。而儀言得美人，是欺王也。」王曰：「子釋之。吾固以為天下莫若是兩人也。」

183 楚王令昭雎之秦重張儀

楚王令昭雎之秦重張儀。未至，惠王死。武王逐張儀。▸楚王因收昭雎以取齊◂[7]。桓臧為雎謂楚王曰：「橫[8]親之不合也，儀貴惠王而善雎也。今惠王死，武王立，儀

1. 而欲歸　2. 待我　3. 黛　4. 寡人見之　5. 閉關
6. 如此其美　7. 王因收昭雎以取齊　8. 從

走，公孫郝、甘茂貴。甘茂善魏，公孫郝善韓。二人固不善睢也，必以秦合韓、魏。韓、魏之重儀，儀有秦而睢以楚重之。今儀困秦而睢收楚，韓、魏欲得秦，▸必善二人者◂[1]。將收韓、魏輕儀而伐楚，方城必危。王不如復睢，而重儀於韓、魏。儀據楚勢，挾魏重，以與秦爭。魏不合秦，韓[2]亦不從，則方城無患。」

184 張儀逐惠施於魏

張儀逐惠施於魏。惠子之楚，楚王受之。

馮郝謂楚王曰：「逐惠子者，張儀也。而王親與約，是欺儀也，臣為王弗取也。惠子為儀▸者來◂[3]，而惡王之交於張儀，惠子必弗行也。且宋王之賢惠子也，天下莫不聞也。今之不善張儀也，天下莫不知也。今為事之故，棄所貴於讎人，臣以為大王輕矣。且為事耶？王不如舉惠子而納之於宋，而謂張儀曰：『請為子勿納也。』儀[4]必德王。而惠子窮人，而王奉之，又必德王。此不失為儀之實，而可以德惠子。」楚王曰：「善。」▸乃奉惠子◂[5]而納之宋。

185 五國伐秦

五國伐秦。魏欲和，使惠施之楚。楚將入之秦而使行和。

杜赫謂昭陽曰：「凡為伐秦者楚也。今施以魏來，而公入之秦，是明楚之伐而信魏之和也。公不如無聽惠施，而陰使人以請聽[6]秦。」昭子曰：「善。」因謂惠施曰：「凡為攻秦者魏也，今子從楚為和，楚得[7]其利，魏受其怨。子歸，吾將使人因魏而和。」

惠子反，魏王不說。杜赫謂昭陽曰：「魏為子先戰，折兵之半，謁病不聽，請和不得，魏折而入齊、秦，子何以救之？東有越纍[8]，北無晉，而交未定於齊、秦，是楚孤也。不如速和。」昭子曰：「善。」因令人謁和於魏。

---

1. a.必善二人二人者 b.必善二人者二人者　2. 王　3. 來者
4. 今　5. 奉惠子　6. 德　7. 將　8. 累

186 陳軫告楚之魏

陳軫告[1]楚之魏。張儀惡之於魏王曰：「軫猶善楚，為求地甚力。」左爽謂陳軫曰：「儀善於魏王，魏王甚信之，公雖百說之，猶不聽也。公不如以儀之言為資，而得復楚。」陳軫曰：「善。」因使人以儀之言聞於楚。楚王喜，▸欲復之◂[2]。

187 秦伐宜陽

秦伐宜陽。楚王謂陳軫曰：「寡人聞韓侈[3]巧士也，習諸侯事，殆能自免也。為其必免，吾欲先據之以加德焉。」陳軫對曰：「舍之，王勿據也。以韓侈之知，於此困矣。今山澤之獸，無黠於麋。麋知獵者張罔，前而驅己也，因還走而冒人，至數。獵者知其詐，偽舉罔而進之，麋因得矣。今諸侯明知此多詐，偽舉罔而進者必眾矣。舍之，王勿據也。韓侈之知，於此困矣。」楚王聽之，宜陽果拔。陳軫先知之也。

188 唐且見春申君

▸唐且見春申君曰◂[4]：「齊人飾身修行得為益，然臣羞而不學也。不避絕江河，行千餘里來，竊慕大君之義，而善君之業。臣聞之，賁、諸懷錐刃而天下為勇，西施衣褐而天下稱美。今君相萬乘之楚，禦中國之難，所欲者不成，所求者不得，臣等少也。▸夫梟棊之所以能為者◂[5]，以散棊佐之也。▸夫一梟之不如不勝五散◂[6]，亦明矣。今君何不為天下梟，而令臣等為散乎？」

189 或謂楚王

或謂楚王曰：「臣聞從者欲合天下以朝大王，臣願大王聽之也。夫因詘為信，舊[7]患有成，勇者義之。攝禍為福，裁少為多，知者官之。夫報報之反，墨墨之化，唯大君能之。禍與福相貫，生與亡為鄰，不偏於死，不偏於生，不足以載[8]大名。無所寇艾，不足以橫世。夫秦捐德絕命之日久矣，而天下不知。今夫橫人嚂口利機，上干主心，下牟百姓，公舉而私取利，是以國權輕於鴻毛，而積禍重於丘山。」

---

1. 去　2. 果欲復之　3. 朋　4. 唐雎旦見春申君曰
5. a. 夫梟之所以能為者　b. 夫梟棊之所以為能者　6. 夫一梟之不勝五散
7. 奮　8. 戴

190 魏王遺楚王美人

魏王遺楚王美人，楚王說之。夫人鄭袖知王之說新人也，甚愛新人。衣服玩好，擇其所喜而為之；宮室臥具，擇其所善[1]而為之。愛之甚於王。王曰：「婦人所以事夫者，色也；而妬者，其情也。今鄭袖知寡人之說新人也，其愛之甚於寡人，此孝子之所以事親，忠臣之所以事君也。」

鄭袖知王以己為不妬也，因謂新人曰：「王愛子美矣。雖然，惡子之鼻。子為見王，則必揜子鼻。」新人見王，因掩其鼻。王謂鄭袖曰：「夫新人見寡人，則掩其鼻，何也？」鄭袖曰：「妾知也。」王曰：「雖惡必言之。」鄭袖曰：「▸其似惡聞君王之臭也◂[2]。」王曰：「悍哉！」令劓之，無使逆命。

191 楚王后死

楚王后死，未立后也。謂昭魚曰：「公何以不請立后也？」昭魚曰：「王不聽，是知[3]困而交絕於[4]后也。」「然則不買五雙珥，令其一善而獻之王，明日視善珥所在，因請立之。」

192 莊辛謂楚襄王

莊辛謂楚襄王曰：「君王左州侯，右夏侯，輦從鄢陵君與壽陵君，專淫逸侈靡，不顧國政，郢都必危矣。」襄王曰：「先生老悖乎？將以為楚國祆祥乎？」莊辛曰：「臣誠見其必然者也，非敢以為國祆祥也。君王卒幸四子者不衰，楚國必亡矣。臣請辟於趙，淹留以觀之。」莊辛去，之趙，留五月，秦果舉鄢、郢、巫、上蔡、陳之地，襄王流揜於城[5]陽。於是使人發騶，徵莊辛於趙。莊辛曰：「諾。」莊辛至，襄王曰：「寡人不能用先生之言，今事至於此，為之奈何？」

莊辛對曰：「臣聞鄙語曰：『見菟而顧犬，未為晚也；亡羊而補牢，未為遲也。』臣聞昔湯、武以百里昌，桀、紂以天下亡。今楚國雖小，絕長續短，猶以數千里，豈特百里哉？

1. 喜　2. 其似惡聞王之臭也　3. 智　4. 立
5. 成

「王獨不見夫蜻蛉乎？六足四翼，飛翔乎天地之間，俛啄蚊虻而食之，仰承甘露而飲之，自以為無患，與人無爭也。不知夫五尺童子，方將調鈆[1]膠絲，加己乎四仞之上，而下為螻蟻食也。▸蜻蛉其小者也，黃雀因是以◂[2]。俯噣[3]白粒，仰棲茂樹，鼓翅奮翼，自以為無患，與人無爭也。不知夫公子王孫，左挾彈，右攝丸，將加己乎十仞之上，以其類為招。晝游乎茂樹，▸夕調乎酸鹹，倏忽之間，墜於公子之手◂[4]。

「▸夫雀其小者也◂[5]，黃鵠因是以。游於江海，淹乎大沼，俯噣鱔鯉，仰嚙蔆衡，奮其六翮，而淩清風，飄搖乎高翔，自以為無患，與人無爭也。不知夫射者，方將脩其苐[6]盧，治其繒[7]繳，將加己乎百仞之上。彼礛[8]磻，引微繳，折清風而抎矣。▸故晝游乎江河◂[9]，▸夕調乎鼎鼐◂[10]。

「夫黃鵠其小者也，蔡聖[11]侯之事因是以。南游乎高陂，北陵乎巫山，飲茹谿流，食湘波之魚，左抱幼妾，右擁嬖女，與之馳騁乎高蔡之中，而不以國家為事。不知夫子發方受命乎宣[12]王，▸繫己以朱絲◂[13]而見之也。

「蔡聖侯之事其小者也，君王之事因是以。左州侯，右夏侯，▸輦從鄢陵君◂[14]與壽陵君，飯封祿之粟，而戴[15]方府之金，與之馳騁乎雲夢之中，而不以天下國家為事。▸不知夫穰侯◂[16]方受命乎秦王，填黽塞之內，而投己乎黽塞之外。」

襄王聞之，顏色變作，身體戰慄。▸於是乃以執珪◂[17]而授之為陽陵君，▸與淮北之地也◂[18]。

193 齊明說卓滑以伐秦

齊明說卓滑以伐秦，滑不聽也。齊明謂卓滑曰：「明之來也，為樗里疾卜交也。明說楚大夫以伐秦，皆受明之說也，唯公弗受也，臣有辭以報樗里子矣。」卓滑因重之。

1. 飴　2. 黃雀因是以　3. 啁　4. 夕調乎酸鹹
5. 夫黃雀其小者也　6. 碆　7. 矰　8. 鹵
9. 故晝游江河　10. 夕調鼎鼐　11. 靈　12. 靈　13. 繫己朱絲
14. a. 從鄢陵君 b. 輦從鄢陵君　15. 載　16. 而不知夫穰侯
17. 於是乃執珪　18. 與淮北之地

194 或謂黃齊

或謂黃齊曰：「人皆以謂公不善於富摯。公不聞老萊子之教孔子事君乎？▸示之其齒之堅也◂[1]，六十而盡相靡也。今富摯能，而公重不相善也，是兩盡也。諺曰：『見君之乘，下之；見杖，起之。』今也，王愛富摯，而公不善也，是不臣也。」

195 長沙之難

長沙之難，楚太子橫為質於齊。楚王死，薛公歸太子橫，因與韓、魏之兵，隨而攻東國。太子懼。昭蓋曰：「不若令屈署以新東國為和於齊以動秦。秦恐齊之敗東國，而令行於天下也，必將救我。」太子曰：「善。」遽令屈署以東國為和於齊。秦王聞之懼，令辛[2]戎告楚曰：「毋與齊東國，吾與子出兵矣。」

196 有獻不死之藥於荊王者

有獻不死之藥於荊王者，謁者操以入。中射之士問曰：「可食乎？」曰：「可。」因奪而食之。王怒，使人殺中射之士。中射之士使人說王曰：「臣問謁者，謁者曰可食，臣故食之。是臣無罪，而罪在謁者也。且客獻不死之藥，臣食之而王殺臣，是死藥也。王殺無罪之臣，而明人之欺王。」王乃不殺。

197 客說春申君

客說春申君曰：「湯以亳，武王以鄗[3]，皆不過百里以有天下。今孫子，天下賢人也，君籍之▸以百里勢◂[4]，臣竊以為不便於君。何如？」春申君曰：「善。」於是使人謝孫子。孫子去之趙，趙以為上卿。

客又說春申君曰：「▸昔伊尹去夏入殷◂[5]，殷王而夏亡。管仲去魯入齊，魯弱而齊強。夫賢者之所在，其君未嘗不尊，國未嘗不榮也。今孫子，天下賢人也。君何辭之？」春申君又曰：「善。」於是使人請孫子於趙。

---

1. 示之其齒曰齒之堅也　2. 芉　3. 鎬　4. 以百里之勢
5. 昔伊去夏入殷

孫子為書謝曰：「癘人憐王，此不恭之語也。▸雖然，不可不審察也◂[1]。此為劫弒死亡之主言也。夫人主年少而矜材，無法術以知姦，則大臣主斷國私以禁誅於己也，故弒賢長而立幼弱，廢正適而立不義。《春秋》戒之曰：『楚王子圍聘於鄭，未出竟，聞王病，反問疾，遂以冠纓絞王，殺之，因自立也。齊崔杼之妻美，莊公通之。▸崔杼帥其君黨而攻◂[2]。莊公請與分國，崔杼不許；欲自刃於廟，崔杼不許。莊公走出，踰於外牆，射中其股，遂殺之，而立其弟景公。』近代所見：李兌用趙，餓主父於沙丘，百日而殺之；淖齒用齊，擢閔王之筋，縣於其廟梁，宿夕而死。夫癘雖癰腫胞疾，上比前世，未至絞纓射股；下比近代，未至擢筋而餓死也。夫劫弒死亡之主也，心之憂勞，形之困苦，必甚於癘矣。由此觀之，癘雖憐王可也。」因為賦曰：「寶珍隋珠，不知佩[3]兮。▸褘布與絲◂[4]，不知異兮。閭姝子奢，莫知媒兮。嫫母求之，又甚喜之兮。以瞽為明，以聾為聰，以是為非，以吉為凶。嗚呼上天，曷惟其同！」《詩》曰：「上天甚神，無自瘵也。」

198 天下合從

天下合[5]從。趙使魏加見楚春申君曰：「君有將乎？」曰：「有矣，僕欲將臨武君。」魏加曰：「臣少之時好射，臣願以射譬之，可乎？」春申君曰：「可。」加曰：「異日者，更羸與魏王處京臺之下，仰見飛鳥。更羸謂魏王曰：『臣為王[6]引弓虛發而下鳥。』魏王曰：『然則射可至此乎？』更羸曰：『可。』有間，雁從東方來，更羸以虛發而下之。魏王曰：『然則射可至此乎？』更羸曰：『此孽也。』王曰：『先生何以知之？』對曰：『其飛徐而鳴悲。飛徐者，故瘡痛也；▸鳴悲者◂[7]，久失群也，故瘡未息，而驚心未至[8]也。▸聞弦音，引而高飛◂[9]，故瘡隕也。』今臨武君，嘗為秦孽，不可為拒秦之將也。」

199 汗明見春申君

汗明見春申君，候問[10]三月，而後得見。談卒，春申君大說之。汗明欲復談，春申君曰：「僕已知先生，先生大息矣。」汗明憱[11]焉曰：「明願有問君而恐固。不審君之

1. 雖然，古無虛諺，不可不審察也 2. 崔杼帥其君黨而攻莊公 3. 佩
4. a.雜布與絲 b.褘布與縣 5. 舍 6. 君 7. 悲鳴者
8. a.去 b.忘 9. 聞弦者音烈而高飛 10. 間
11. a.慨 b.蹵

聖，孰與堯也？」春申君曰：「先生過矣，臣何足以當堯？」汗明曰：「然則君料臣孰與舜？」春申君曰：「先生即舜也。」汗明曰：「不然，臣請為君終言之。君之賢實不如堯，臣之能不及舜。夫以賢舜事聖堯，三年而後乃相知也。今君一時[1]而知臣，是君聖於堯而臣賢於舜也。」春申君曰：「善。」召門吏為汗先生著客籍，五日一見。

汗明曰：「君亦聞驥乎？夫驥之齒至矣，服鹽[2]車而上太行。蹄申膝折，尾湛胕潰，漉汁[3]灑地，白汗交流，中[4]阪遷延，▸負轅不能上◂[5]。伯樂遭之，下車攀而哭之，解紵衣以冪之。驥於是俛而噴，仰而鳴，聲達於天，若出金石聲者，何也？彼見伯樂之知己也。今僕之不肖，阨於州部，▸堀穴窮巷◂[6]，沈洿鄙俗之日久矣，君獨無意湔拔[7]僕也，使得為君高鳴屈於梁乎？」

200 楚考烈王無子

楚考烈王無子，春申君患之，求婦人宜子者進之，甚眾，卒無子。

趙人李園，持其女弟，欲進之楚王，聞其不宜子，恐又[8]無寵。李園求事春申君為舍人。已而謁歸，故失期。還謁，春申君問狀。對曰：「齊王遣使求臣女弟，與其使者飲，故失期。」春申君曰：「聘入乎？」對曰：「未也。」春申君曰：「可得見乎？」曰：「可。」▸於是園乃進其女弟◂[9]，即幸於春申君。▸知其有身◂[10]，園乃與其女弟謀。

園女弟承間說春申君曰：「楚王之貴幸君，雖兄弟不如。▸今君相楚王二十餘年◂[11]，而王無子，即百歲後將更立兄弟。即楚王更立，▸彼亦各貴其故所親◂[12]，君又安得長有寵乎？非徒然也？君用事久，多失禮於王兄弟，兄弟誠立，禍且及身，▸奈何以保相印◂[13]、江東之封乎？今妾自知有身矣，而人莫知。妾之幸君未久，誠以君之重而進妾於楚王，王必幸妾。妾賴天而有男，則是君之子為王也，▸楚國封盡可得◂[14]，孰與其臨不測之罪乎？」春申君大然之。乃出園女弟謹舍，而言之楚王。楚王召入，幸之。遂生子男，立為太子，以李園女弟立為王后。楚王貴李園，李園用事。

---

1. 旦　2. 檻　3. 汗　4. 外
5. a.負棘不能上 b.負棘而不能上　6. 陪堀穴窮巷　7. 祓　8. 久
9. 於是園進其女弟　10. 知有身　11. 今君相楚二十餘年
12. 彼亦各貴其所親　13. 何以保相印　14. 楚國封可得

李園既入其女弟為王后，子為太子，恐春申君語泄而益驕，陰養死士，欲殺春申君以滅口，而國人頗有知之者。

春申君相楚二十五年，考烈王病。朱英謂春申君曰：「世有無妄之福，又有無妄之禍。今君處無妄之世，以事無妄之主，安不有無妄之人乎？」春申君曰：「何謂無妄之福？」曰：「君相楚二十餘年矣，雖名為相國，‣實楚王也◂[1]。五子皆相諸侯。今王疾甚，旦暮且崩，太子衰弱，疾而不起，而君相少主，因而代立當國，如伊尹、周公。王長而反政，不，即遂南面稱孤，因而有楚國。此所謂無妄之福也。」春申君曰：「何謂無妄之禍？」曰：「李園不治國，‣王之舅也◂[2]。不為兵將，而陰養死士之日久矣。楚王崩，李園必先入，據本議制斷君命，秉權而殺君以滅口。此所謂無妄之禍也。」春申君曰：「何謂無妄之人？」曰：「君先仕臣為郎中，君王崩，李園先入，臣請為君剸其胸殺之。此所謂無妄之人也。」春申君曰：「先生置之，勿復言已[3]。李園，軟弱人也，僕又善之，又何至此？」朱英恐，乃亡去。

後十七日，‣楚考烈王崩◂[4]，李園果先入，置死士，止於棘門之內。春申君後入，止棘門。園死士夾刺春申君，斬其頭，投之棘門外。於是使吏盡滅春申君之家。而李園女弟，初幸春申君有身，而入之王所生子者，遂立為楚幽王也。

是歲，秦始皇立九年矣。嫪毐亦為亂於秦。覺，夷三族，而呂不韋廢。

201 虞卿謂春申君

虞卿謂春申君曰：「臣聞之《春秋》，於安思危，危則慮安。今楚王之春秋高矣，而君之封地，不可不早定也。為主君慮封者，莫如遠楚。秦孝公封商君，孝公死，‣而後不免殺之◂[5]。秦惠王封冉子，惠王死，而後王奪之。公孫鞅，功臣也；冉子，親姻也。然而不免奪死者，封近故也。太公望封於齊，邵公奭[6]封於燕，為其遠王室矣。今燕之罪大而趙怒[7]深，故君不如北兵以德趙，踐亂燕，以定身封，此百代之一時也。」

君曰：「所道攻燕，非齊則魏。魏、齊新怨楚，楚君[8]雖欲攻燕，將道何哉？」對曰：「請令魏王可。」君曰：「何如？」對曰：「臣請到魏，而使所以信之。」

1. 實如楚王也　2. 而王之舅也　3. 也　4. 考烈王崩
5. 而後王不免殺之　6. [illegible]　7. 怨　8. 軍

廼謂魏王曰：「夫楚亦強大矣，天下無敵，乃且攻燕。」魏王曰：「鄉也，子云天下無敵；今也，子云乃且攻燕者，何也？」對曰：「今為[1]馬多力則有矣，若曰勝千鈞則不然者，何也？夫千鈞非馬之任也。今謂楚強大則有矣，若越趙、魏而鬭兵於燕，則豈楚之任也我[2]？非楚之任而楚為之，是敝楚也。▸敝楚見強魏也◂[3]，其於王孰便也？」

202 知伯從韓魏兵以攻趙

知伯從韓、魏兵以攻趙，圍晉陽而水之，城下[4]不沉者三板。郄疵謂知伯曰：「韓、魏之君必反矣。」知伯曰：「何以知之？」郄疵曰：「以其人事知之。夫[5]從韓、魏之兵[6]而攻趙，趙亡，難必及韓、魏矣。▸今約勝趙而三分其地◂[7]。今城不沒者三板，（曰）〔臼〕竈生鼃，人馬相食，城降有日，而韓、魏之君無憙[8]志而有憂色，是非反如何也？」

明日，知伯以告韓、魏之君曰：「郄疵言君之且反也。」韓、魏之君曰：「夫勝趙而三分其地，城今且將拔矣。夫三[9]家雖愚，不棄美利於前，背信盟之約，而為危難不可成之事，其勢可見也。是疵為趙計矣，使君疑二主之心，而解於攻趙也。今君聽讒臣之言，而離二主之交，為君惜之。」趨而出。郄疵謂知伯曰：「君又何以疵言告韓、魏之君為？」知伯曰：「子安知之？」對曰：「韓、魏之君視疵端而趨疾。」

郄疵知其言之不聽，請使於齊，知伯遣之。韓、魏之君果反矣。

203 知伯帥趙韓魏而伐范中行氏

知伯帥趙、韓、魏而伐范中行氏，滅之。休數年，使人請地於韓。韓康子欲勿與，段規諫曰：「不可。夫知伯之為人也，好利而鷙復[10]，來請地不與，必加兵於韓矣。君其與之。▸與之彼狃◂[11]，又將請地於他國，他國不聽，必鄉之以兵；然則韓可以免於患難，而待事之變。」康子曰：「善。」使使者致萬家之邑一於知伯。知伯說，又使人請地於魏，魏宣[12]子欲勿與。趙葭諫曰：「彼請地於韓，韓與之。請地於魏，魏弗與，則是魏內自強，而外怒知伯也。然則其錯兵於魏必矣！不如與之。」宣子曰：「諾。」因

1. 謂　2. 哉　3. a.強楚敝楚 b.敝楚是強魏也　4. 之
5. 矣　6. 君　7. 今約而三分其地　8. 喜
9. 二　10. 愎　11. 彼狃　12. 桓

使人致萬家之邑一於知伯。知伯說，又使人之趙，請蔡[1]、皋狼之地，趙襄子弗與。▸知伯因陰結韓、魏◂[2]，將以伐趙。

▸趙襄子◂[3]召張孟談而告之曰：「夫知伯之為人，陽親而陰疏，三使韓、魏，而寡人弗與焉，其移兵寡人必矣。今吾安居而可？」張孟談曰：「夫董閼安于，簡主[4]之才臣也，世治晉陽，而尹[5]澤循[6]之，其餘政教猶存，君其定居晉陽。」君曰：「諾。」乃使延陵王[7]將車騎先之晉陽，君因從之。至，行城郭，案府庫，視倉廩，召張孟談曰：「吾城郭之完，府庫足用，倉廩實矣，無矢奈何？」張孟談曰：「臣聞董子之治晉陽也，公宮之垣，皆以狄[8]蒿苫楚廧之，其高至丈餘，君發而用之。」於是發而試之，其堅則箘簬之勁不能過也。君曰：「▸足矣，吾銅少若何◂[9]？」張孟談曰：「臣聞董子之治晉陽也，公宮之室，皆以鍊銅為柱質，請發而用之，則有餘銅矣。」君曰：「善。」號令以定，備守以具。

三國之兵乘晉陽城，遂戰。三月不能拔，因舒軍而圍之，決晉水而灌之。圍晉陽三年，城中巢居而處，懸釜而炊，財食將盡，士卒病羸。襄子謂張孟談曰：「糧食匱，城[10]力盡，士大夫病，吾不能守矣。欲以城下，何如？」張孟談曰：「臣聞之，亡不能存，危不能安，則無為貴知士也。君釋此計，勿復言也。臣請見韓、魏之君。」襄子曰：「諾。」

張孟談於是陰見韓、魏之君曰：「臣聞脣亡則齒寒，今知伯帥二國之君伐趙，趙將亡矣，亡則二君為之次矣。」二君曰：「我知其然。夫知伯為人也，麤中而少親，我謀未遂而知，則其禍必至，為之奈何？」張孟談曰：「謀出二君之口，入臣之耳，人莫之知也。」二君即與張孟談陰約三軍，▸與之期曰◂[11]，夜，遣入晉陽。張孟談以報襄子，襄子再拜之。

張孟談因朝知伯而出，遇知過[12]轅門之外。知過入見知伯曰：「二主殆將有變。」君曰：「何如？」對曰：「臣遇張孟談於轅門之外，其志矜，其行高。」知伯曰：「不然。吾與二主約謹矣，破趙三分其地，寡人所親之，必不欺也。子釋之，勿出於口。」知過出見二主，入說知伯曰：「二主色動而意變，必背君，不如令殺之。」知伯曰：

1. 藺　2. 知伯陰結韓、魏　3. 襄子　4. 子
5. 君　6. 修　7. 君　8. 荻
9. 矢足矣，吾銅少若何　10. 財　11. 與之期日　12. 果

「兵著晉陽三年矣，‣旦暮當拔之◂[1]而饗其利，乃有他心？不可，子慎勿復言。」知過曰：「不殺則遂親之。」知伯曰：「親之奈何？」知過曰：「‣魏宣子◂[2]之謀臣曰趙葭，‣康子◂[3]之謀臣曰段規，是皆能移其君之計。君其與二君約，破趙則封二子者各萬家之縣一，如是則二主之心可不變，而君得其所欲矣。」知伯曰：「破趙而三分其地，又封二子者各萬家之縣一，則吾所得者少，不可。」知過見君之不用也，言之不聽，出，更其姓為輔氏，遂去不見。

張孟談聞之，入見襄子曰：「臣遇知過於轅門之外，其視有疑臣之心，入見知伯，出更其姓。今暮不擊，必後之矣。」襄子曰：「諾。」使張孟談見韓、魏之君曰[4]：「夜期殺守堤之吏，而決水灌知伯軍。」知伯軍救水而亂，韓、魏翼而擊之，襄子將卒犯其前，大敗知伯軍而禽知伯。

知伯身死，國亡地分，為天下笑，此貪欲無厭也。夫不聽知過，亦所以亡也。知氏盡滅，唯輔氏存焉。

204A 張孟談既固趙宗

張孟談既固趙宗，廣[5]封疆，發五百[6]，乃稱簡之塗以告襄子曰：「昔者，前國地君之御有之曰：『五百之所以致天下者，約兩主勢能制臣，無令臣能制主。故貴為列侯者，不令在相位，自將軍以上，不為近大夫。』今臣之名顯而身尊，權重而眾服，臣願捐[7]功名去權勢以離眾。」襄子恨然曰：「何哉？吾聞輔主者名顯，功大者身尊，任國者權重，信忠在己而眾服焉。此先聖之所以集國家，安社稷乎[8]！子何為然？」張孟談對曰：「君之所言，成功之美也。臣之所謂，持國之道也。臣觀成事，聞往古，天下之美同，臣主之權均之能美，未之有也。前事之不忘，後事之師。君若弗圖，則臣力不足。」愴然有決色。襄子去之。臥三日，使人謂之曰：「晉陽之政，臣下不使者‣何如◂[9]？」對曰：「死僇。」張孟談曰：「左司馬見使於國家，安社稷，不避其死，以成其忠，君其行之。」君曰：「子從事。」乃許之。張孟談便厚以便名，納地釋事以去權尊，而耕於負親之丘。故曰，賢人之行，明主之政也。

耕三年，韓、魏、齊、燕[10]負親以謀趙，襄子往見張孟談而告之曰：「昔者知氏之

1. 旦暮當拔　2. 魏桓宣子　3. 韓康子　4. 日　5. 廟
6. 霸　7. 損　8. 也　9. 如何　10. 楚

地，趙氏分則多十城，復來，而今諸侯孰謀我，為之奈何？」張孟談曰：「君其負劍而御臣以之國，舍臣於廟，授吏大夫，臣試計之。」君曰：「諾。」張孟談乃行，其妻之楚，長子之韓，次子之魏，少子之齊。四國疑而謀敗。

204B 晉畢陽之孫豫讓

晉畢陽之孫豫讓，始事范中行氏而不說，去而就知伯，知伯寵之。及三晉分知氏，趙襄子最怨知伯，而將其頭以為飲器。豫讓遁逃山中，曰：「嗟乎！士為知己者死，女為悅己者容。吾其報知氏之讎矣。」乃變姓名，為刑人，入宮塗廁，欲以刺襄子。襄子如廁，心動，執問塗者，則豫讓也。刃其扞[1]，曰：「欲為知伯報讎！」左右欲殺之。趙襄子曰：「彼義士也，吾謹避之耳。且知伯已死，無後，而其臣至為報讎，此天下之賢人也。」卒釋之。豫讓又漆身為厲，滅鬚去眉，自刑以變其容，為乞人而往乞，其妻不識，曰：「狀貌不似吾夫，其音何類吾夫之甚也。」又吞炭為啞，變其音。其友謂之曰：「子之道甚難而無功，謂子有志則然矣，謂子智則否。以子之才，而善事襄子，襄子必近幸子；子之得近而行所欲，此甚易而功必成。」豫讓乃笑而應之曰：「是為先知報後知，為故君賊新君，大亂君臣之義者無此矣。凡吾所謂為此者，以明君臣之義，非從易也。且夫委質而事人，而求弒之，是懷二心以事君也。吾所為難，亦將以愧天下後世人臣懷二心者。」

居頃之，襄子當出，▸豫讓伏所當過橋下◂[2]。襄子至橋而馬驚。襄子曰：「此必豫讓也。」使人問之，果豫讓。於是趙襄子面數豫讓曰：「子不嘗事范中行氏乎？知伯滅范中行氏，而子不為報讎，反委質事知伯。知伯已死，子獨何為報讎之深也？」豫讓曰：「臣事范中行氏，范中行氏以衆人遇臣，臣故衆人報之；知伯以國士遇臣，臣故國士報之。」襄子乃喟然歎泣曰：「嗟乎，豫子！▸豫子之為知伯◂[3]，名既成矣，寡人舍子，亦以[4]足矣。子自為計，寡人不舍子。」使兵環之。豫讓曰：「臣聞明主不掩人之義，忠臣不愛死以成名。君前已[5]寬舍臣，天下莫不稱君之賢。今日之事，臣故伏誅，然願請君之衣而擊之，雖死不恨。非所望也，敢布腹心。」於是襄子義之，▸乃使使者◂[6]持衣與豫讓。豫讓拔劍三躍，▸呼天擊之曰◂[7]：「而可以報知伯矣。」遂伏劍而死。死之日，趙國之士聞之，皆為涕泣。

---

1. 抒　2. 豫讓伏以過橋下　3. 子之為知伯　4. 已
5. 以　6. 乃使使者者　7. a.呼天而擊之曰 b.擊之曰

205 魏文侯借道於趙攻中山

魏文侯借道於趙攻中山。趙侯將不許。趙利曰：「過矣。魏攻中山而不能取，則魏必罷，罷則趙重。魏拔中山，必不能越趙而有中山矣。是用兵者，魏也；而得地者，趙也。君不如許之，許之大勸，▸彼將知矣利之也◂[1]，必輟。君不如借之道，而示之不得已。」

206 秦韓圍梁燕趙救之

秦、韓圍梁，燕、趙救之。謂山陽君曰：「秦戰而勝三國，秦必過周、韓而有梁。三國而勝秦，三國之力，雖不足以攻秦，足以拔鄭。計者不如構三國攻秦。」

207 腹擊為室而鉅

腹擊為室而鉅，荊敢言之主。謂腹子曰：「何故為室之鉅也？」腹擊曰：「臣羈旅也，爵高而祿輕，宮室小而帑不眾。主雖信臣，百姓皆曰：『國有大事，擊必不為用。』今擊之鉅宮[2]，將以取信於百姓也。」主君曰：「善。」

208 蘇秦說李兌

蘇秦[3]說李兌曰：「雒陽乘軒車[4]蘇秦[5]，家貧親老，無罷車駑馬，桑輪蓬篋羸[6]幐，負書擔橐[7]，觸塵埃，蒙霜露，▸越漳、河◂[8]，足重繭，日百而舍，造外闕，願見於前，口道天下之事。」李兌曰：「先生以鬼之言見我則可，▸若以人之事◂[9]，兌盡知之矣。」蘇秦對曰：「臣固以鬼之言見君，非以人之言也。」李兌見之。蘇秦曰：「今日臣之來也暮，後郭門，藉席無所得，寄宿人田中，傍有大叢。夜半，土梗與木梗鬬曰：『汝不如我，▸我者乃土也◂[10]。使我逢疾風淋雨，壞沮[11]，乃復歸土。今汝非木之根，則木之枝耳。汝逢疾風淋雨，漂入漳、河，東流至海，氾濫無所止。』臣竊以為土梗勝也。今君殺主父而族之，君之立於天下，危於累卵。君聽臣計則生，不聽臣計則死。」李兌曰：「先生就舍，明日復來見兌也。」蘇秦出。

---

1. a.彼將知利之也 b.彼將知趙利之也　2. 室　3. 子
4. 里　5. 某　6. 羸　7. 囊　8. 越河、漳
9. 若以人事　10. 我乃土也　11. 阻

李兌舍人謂李兌曰：「臣竊觀君與蘇公談也，其辯過君，其博過君，君能聽蘇公之計乎？」李兌曰：「不能。」舍人曰：「君即不能，願君堅塞兩耳，無聽其談也。」明日復見，終日談而去。舍人出送蘇君，蘇秦謂舍人曰：「昨日我談粗而君動，今日精而君不動，何也？」舍人曰：「先生之計大而規高，吾君不能用也。▸乃我請君塞兩耳◂[1]，無聽談者。雖然，先生明日復來，吾請資先生厚用。」明日來，抵掌而談。李兌送蘇秦明月[2]之珠，和氏之璧，黑貂之裘，黃金百鎰。蘇秦得以為用，西入於秦。

209 趙收天下且以伐齊

趙收天下，且以伐齊。蘇秦[3]為齊上書說趙王曰：「臣聞古之賢君，德行非施於海內也，教順慈愛，非布於萬民也，祭祀時享，非當於鬼神也。甘露降，▸風雨時至◂[4]，農夫登，年穀豐盈，眾人喜[5]之，而賢主惡之。今足下功力，非數痛加於秦國，而怨毒積惡，▸非曾深凌於韓也◂[6]。臣竊外聞大臣及下吏之議，皆言主前專據，以秦為愛趙而憎韓。臣竊以事觀之，秦豈得愛趙而憎韓哉？欲亡韓吞兩周之地，故以韓為餌，先出聲於天下，欲鄰國聞而觀之也。恐其事不成，故出兵以佯示趙、魏。恐天下之驚覺，▸故微韓以貳之◂[7]。恐天下疑己，故出質以為信。聲德於與國，而實伐空韓。臣竊觀其圖之也，▸議秦以謀計◂[8]，必出於是。

「且夫說士之計，皆曰韓亡三川，魏滅晉國，恃[9]韓未窮，而禍及於趙。且物固有勢異而患同者，又有勢同而患異者。昔者，楚人久伐而中山亡。今燕盡韓之河南，距沙丘，而至鉅鹿之界三百里；距於扞關，至於榆中千五百里。秦盡韓、魏之上黨，則地與國都邦屬而壤挈者七百里。秦以三軍強弩坐羊唐[10]之上，即地去邯鄲二十里。且秦以三軍攻王之上黨而危其北，則句注之西，非王之有也。今魯[11]句注禁常山而守，三百里通於燕之唐、曲吾[12]，此代馬胡駒不東，而崑山之玉不出也。此三寶者，又非王之有也。今從於彊秦國[13]之伐齊，臣恐其禍出於是矣。▸昔者，五國之王◂[14]，嘗合橫而謀伐趙，參[15]分趙國壤地，著之盤盂，屬之讎柞。五國之兵有日矣，韓[16]乃西師以禁秦國，使秦發令素服而聽，▸反溫、枳◂[17]、高平於魏，反三公、什清於趙，此王之明知也。▸夫韓事趙宜正為上交◂[18]；今乃以抵[19]罪取伐，▸臣恐其後事王者之不敢自必也◂[20]。今王▸收

1. 乃我請君堅塞兩耳　2. 日　3. 厲　4. 風兩時
5. 善　6. 非素深于韓、齊也　7. 故微伐韓以貳之
8. 議以為秦計謀　9. 是　10. 腸　11. 踰　12. 遇
13. 與　14. 五國之王　15. 三　16. 齊
17. a.反根柔 b.反溫、軹　18. a.夫齊事趙宜為上交 b.夫齊韓事趙宜為上交
19. 邸　20. 臣恐其後事王不敢自必也

天下◂[1]，▸必以王為得。韓危社稷◂[2]以事王，天下必重王。然則韓[3]義王以天下就之，下至韓[4]慕王以天下收之，是一世之命，制於王已。臣願大王深與左右群臣卒計而重謀，先事成慮而熟圖之也。」

210 齊攻宋奉陽君不欲

齊攻宋，奉陽君不欲。客請奉陽君曰：「君之春秋高矣，而封地不定，不可不熟圖也。秦之貪，韓、魏危，▸衛、楚正◂[5]，中山之地薄，宋罪重，齊怒深，殘伐亂宋，定身封，德強齊，此百代之一時也。」

211 秦王謂公子他

秦王謂公子他曰：「昔歲殽下之事，韓為中軍，以與諸侯攻秦。韓與秦接境壤界，其地不能千里，展轉不可約。日者秦、楚戰於藍田，韓出銳師以佐秦，秦戰不利，因轉與楚，不固信盟，唯便是從。韓之在我，心腹之疾。吾將伐之，何如？」公子他曰：「王出兵韓，韓必懼，懼則可以不戰而深取割。」王曰：「善。」乃起兵，一軍臨熒[6]陽，一軍臨太行。

韓恐，使陽城君入謝於秦，請效上黨之地以為和。令韓陽告上黨之守靳黈曰：「秦起二軍以臨韓，韓不能有[7]。今王令韓興兵以上黨入和於秦，使陽言之太守，太守其效之。」靳黈曰：「人有言：挈瓶之知，不失守器。王則有令，而臣太[8]守，雖王與子，▸亦其猜焉◂[9]。臣請悉發守以應秦，若不能卒，則死之。」韓陽趨以報王，王曰：「吾始已諾於應侯矣，今不與，是欺之也。」乃使馮亭代靳黈。

馮亭守三十日，陰使人請趙王曰：「韓不能守上黨，且以與秦，其民皆不欲為秦，而願為趙。今有城市之邑七十，願拜內之於王，唯王才之。」趙王喜，召平原[10]君而告之曰：「韓不能守上黨，且以與秦，其吏民不欲為秦，而皆願為趙。今[11]馮亭令使者以與寡人，何如？」趙豹對曰：「▸臣聞聖人甚禍無故之利◂[12]。」王曰：「人懷吾義，何

1. 收齊天下　2. a.必以王為得齊，齊危社稷　b.必以王為得，韓抱社稷
3. 齊　4. 齊　5. 燕、楚僻　6. 滎　7. 支
8. 失　9. 其亦猜焉　10. 陽　11. 令
12. 聖人甚禍無故之利

謂無故乎？」對曰：「秦蠶食韓氏之地，中絶不令相通，故自以為坐受上黨也。且夫韓之所以內趙者，欲嫁其禍也。秦被其勞，而趙受其利，雖強大不能得之於小弱，而小弱顧能得之強大乎？今王取之，可謂有故乎？且秦以牛田[1]，水通糧，其死士皆列之於上地，令嚴政行，不可與戰。王自圖之！」王大怒曰：「夫用百萬之衆，攻戰[2]踰年歷歲，未見一城也。今不用兵而得城七十，何故不為？」趙豹出。

王召趙勝、趙禹而告之曰：「韓不能守上黨，今其守以與寡人，有城市之邑七十。」二人對曰：「用兵踰年，未見一城，▸今坐而得城◂[3]，此大利也。」乃使趙勝往受地。

趙勝至曰：「敝邑之王，使使者臣勝，▸太守有詔◂[4]，使臣勝謂曰：『請以三萬戶之都封太守，千戶封縣令，諸吏皆益爵三級，民能相集者，賜家六金。』」馮亭垂涕而勉[5]曰：「是吾處三不義也：為主守地而不能死，而以與人，不義一也；主內之秦，不順主命，不義二也；賣主之地而食之，不義三也。」辭封而入韓，謂韓王曰：「趙聞韓不能守上黨，今發兵已取之矣。」

韓告秦曰：「趙起兵取上黨。」秦王怒，令公孫起、王齮以兵遇趙於長平。

212 蘇秦為趙王使於秦

蘇秦為趙王使於秦，反，三日不得見。謂趙王曰：「秦乃者過柱山，有兩木焉。一蓋呼侶，一蓋哭。▸問其故◂[6]，對曰：『吾已大矣，年已長矣，吾苦夫匠人，且以繩墨案規矩刻鏤我。』一蓋曰：『此非吾所苦也，是故吾事也。吾所苦夫鐵鉆[7]然，自入而出夫人者。』今臣使於秦，而三日不見，無有謂[8]臣為鐵鉆者乎？」

213 甘茂為秦約魏以攻韓宜陽

甘茂為秦約魏以攻韓宜陽，又北之趙，冷向謂強國曰：「不如令趙拘甘茂，勿出，以與齊、韓、秦市。齊王欲求救宜陽，必效縣狐氏。韓欲有[9]宜陽，必以路涉、端氏賂趙。秦王欲得宜陽，不愛名寶，且拘茂也，且以置公孫赫、樗里疾。」

1. 甲　2. 齊　3. 今坐而得城七十　4. 告太守有詔
5. 免　6. 秦問其故　7. 銛　8. 為　9. 存

214 謂皮相國

謂皮相國曰：「以趙之弱而據之建信君，涉孟之讎然者何也？以從為有功也。齊不從，建信君知從之無功。建信者[1]安能以無功惡秦哉？不能以無功惡秦，則且出兵助秦攻魏，以楚、趙分齊，則是強畢矣。建信、春申從，則無功而惡秦。秦分[2]齊，齊亡魏，則有功而善秦。故兩君者，奚擇▸有功之無功◂[3]為知哉？」

215 或謂皮相國

▸或謂皮相國曰◂[4]：「魏殺呂遼而衛兵，亡其北[5]陽而梁危，河間封不定而齊[6]危，文信不得志，三晉倍之憂也。今魏恥未滅，趙患又起，文信侯之憂大矣。齊不從，三晉之心疑矣。憂大者不計而構[7]，心疑者事秦急。秦、魏之構，不待割而成。秦從楚、魏攻齊，獨吞趙，齊、趙必俱亡矣。」

216 趙王封孟嘗君以武城

趙王封孟嘗君以武城。孟嘗君擇舍人以為武城吏，而[8]遣之曰：「鄙語豈不曰，借車者馳之，借衣者被之哉？」皆對曰：「有之。」孟嘗君曰：「文甚不取也。夫所借衣車者，非親友，則兄弟也。夫馳親友之車，被兄弟之衣，文以為不可。今趙王不知文不肖，而封之以武城，願大夫之往也，毋伐樹木，毋發屋室，訾然使趙王▸悟而知文也◂[9]。謹使可全而歸之。」

217 謂趙王曰三晉合而秦弱

謂趙王曰：「三晉合而秦弱，三晉離而秦強，此天下之所明也。秦之有燕而伐趙，有趙而伐燕；有梁而伐趙，有趙而伐梁；有楚而伐韓，有韓而伐楚；此[10]天下之所明見也。然山東不能易其路，兵弱也。弱而不能相壹，是何楚[11]之知，山東之愚也。是臣所為山東之憂也。虎將即禽，禽不知虎之即己也，而相鬬兩罷，而歸其死於虎。故使禽知虎之即己，決不相鬬矣。今山東之主不知秦之即己也，而尚相鬬兩敝，而歸其國於秦，知不如禽遠矣。願王熟慮之也。

---

1. 君　2. 合　3. 有功之與無功　4. 謂皮相國曰　5. 比
6. 趙　7. 講　8. 之　9. 悟而知文　10. 而
11. 秦

「今事有可急者，秦之欲伐韓、梁，東闚於周室甚，惟寐亡[1]之。今南攻楚者，惡三晉之大[2]合也。今攻楚休而復之，已五年矣，攘地千餘里。今謂楚王：『苟來舉玉趾而見寡人，必與楚為兄弟之國，必為楚攻韓、梁，反楚之故地。』楚王美秦之語，怒韓、梁之不救己，必入於秦。▸有謀故殺使之趙◂[3]，以燕餌趙，而離三晉。今王美秦之言，而欲攻燕，攻燕，食未飽而禍已及矣。楚王入秦，秦、楚為一，東面而攻韓。韓南無楚，北無趙，韓不待伐，割挈馬兔[4]而西走。秦與韓為上交，秦禍安移於梁矣。以秦之強，有楚、韓之用，▸梁不待伐矣◂[5]。割挈馬兔而西走，秦與梁為上交，▸秦禍案攘於趙矣◂[6]。以強秦之有韓、梁、楚，與燕之怒，割必深矣。國之舉此，臣之所為來。臣故曰：事有可急為者。

「及楚王之未入也，三晉相親相堅，出銳師以戍韓、梁西邊，楚王聞之，必不入秦，秦必怒而循攻楚，是秦禍不離楚也，便於三晉。▸若楚王入，秦見三晉之大合而堅也◂[7]，必不出楚王，即多割，是秦禍不離楚也，有利於三晉。▸願王之熟計之也急◂[8]！」

趙王因起兵▸南戍韓◂[9]、梁之西邊。秦見三晉之堅也，果不出楚王卬[10]，而多求地。

218 蘇秦從燕之趙始合從

蘇秦從燕之趙，始合從，說趙王曰：「天下之卿相人臣，乃至布衣之士，莫不高賢大王之行義，皆願奉教陳忠於前之日久矣。雖然，奉陽君妬，大王不得任事，▸是以外賓客遊談之士◂[11]，無敢盡忠於前者。今奉陽君捐館舍，大王乃今然後得與士民相親，▸臣故敢獻其愚，效愚忠◂[12]。為大王計，莫若安民無事，請無庸有為也。安民之本，在於擇交。擇交而得則民安，擇交不得則民終身不得安。請言外患：齊、秦為兩敵，而民不得安；倚秦攻齊，而民不得安；倚齊攻秦，而民不得安。故夫謀人之主，伐人之國，常苦出辭斷絕人之交，願大王慎無出於口也。

1. 忘　2. 相
3. a.有謀故發使之趙 b.秦有謀故發使之趙 c.秦有謀故殺使之趙　4. 免
5. 梁不待伐　6. 秦禍案環中趙矣
7. 若楚王入秦，秦見三晉之大合而堅也　8. 願王之熟計之也
9. 南伐山戎戍韓　10. 印　11. 是以外客遊談之士
12. 臣故敢進其愚忠

「請屏左右，曰[1]言所以異，陰陽而已矣。大王誠能聽臣，燕必致氈裘狗馬之地，齊必致海隅魚鹽之地，楚必致橘柚雲夢之地，韓、魏皆可使致封地湯沐之邑，貴戚父兄皆可以受封侯。夫割地效實，五伯之所以覆軍禽將而求也；封侯貴戚，湯、武之所以放殺而爭也。今大王垂拱而兩有之，是臣之所以為大王願也。大王與秦，則秦必弱韓、魏；與齊，則齊必弱楚、魏。魏弱則割河外，韓弱則效宜陽。宜陽效則上郡絕，河外割則道不通。楚弱則無援。此三策者，不可不熟計也。夫秦下軹道則南陽動，劫韓包周則趙自銷鑠，據衛取淇則齊必入朝。▸秦欲已得行於山東◂[2]，則必舉甲而向趙。秦甲涉河踰漳，據番吾，則兵必戰於邯鄲之下矣。此臣之所以為大王患也。

「當今之時，山東之建國，莫如趙強。趙地方二[3]千里，帶甲數十萬，車千乘，騎萬匹，粟支十年；西有常山，南有河、漳，東有清河，北有燕國。燕固弱國，不足畏也。且秦之所畏害於天下者，莫如趙。然而秦不敢舉兵甲而伐趙者，何也？畏韓、魏之議其後也。然則韓、魏，趙之南蔽也。秦之攻韓、魏也，則不然。無有名山大川之限，稍稍蠶食之，傅之國都而止矣。韓、魏▸不能支秦◂[4]，必入臣。▸韓、魏臣於秦◂[5]，秦無韓、魏之隔，▸禍中於趙矣◂[6]。此臣之所以為大王患也。

「臣聞，堯無三夫之分，舜無咫尺之地，以有天下。禹無百人之聚，以王諸侯。湯、武之卒不過三千人，車不過三百乘，立為天子。誠得其道也。是故明主▸外料其敵國◂[7]之強弱，內度其士卒之眾寡、賢與不肖，不待兩軍相當，▸而勝敗存亡之機節◂[8]，固已見於胸中矣，豈掩[9]於眾人之言，而以冥冥決事哉！

「臣竊以天下地圖案之。諸侯之地五倍於秦，料諸侯之卒，十倍於秦。六國并力為一，西面而攻秦，秦破必矣。▸今見破於秦，西面而事之◂[10]，見臣於秦。夫破人之與破於人也，臣人之與臣於人也，豈可同日而言之哉！夫橫人者，皆欲割諸侯之地以與秦成。與秦成，▸則高臺◂[11]，美宮室，▸聽竽瑟之音◂[12]，察五味之和，前有軒轅，後有長庭[13]，美人巧笑，卒有秦患，而不與其憂。是故橫人日夜務以秦權恐猲[14]諸侯，以求割地。願大王之熟計之也。

1. 白　2. 秦欲已得於山東　3. 三　4. 不支秦
5. 於秦　6. 禍必中於趙矣　7. 外料敵國　8. 而勝敗存亡之機
9. 闇　10. 今西面而事之　11. 則高臺榭
12. 聽竽笙琴瑟之音　13. 姣　14. 喝

「臣聞，明王絕疑去讒，屏流言之迹，塞朋黨之門，故尊主廣地強兵之計，臣得陳忠於前矣。故竊為大王計，莫如一韓、魏、齊、楚、燕、趙，六國從親[1]，以儐畔秦。令天下之將相，相與會於洹水之上，通質刑白馬以盟之。約曰：秦攻楚，齊、魏各出銳師以佐之，韓絕食道，趙涉河、漳，燕守常山之北。秦攻韓、魏，則楚絕其後，齊出銳師以佐之，趙涉河、漳，燕守雲中。秦攻齊，則楚絕其後，韓守成皋，魏塞午道，趙涉河、漳、博關，燕出銳師以佐之。秦攻燕，則趙守常山，楚軍武關，齊涉渤海，韓、魏出銳師以佐之。秦攻趙，則韓軍宜陽，楚軍武關，魏軍河外，齊涉渤海，燕出銳師以佐之。諸侯有先背約者，五國共伐之。六國從親以擯[2]秦，秦必不敢出兵於函谷關以害山東矣！如是則伯業成矣！」

趙王曰：「寡人年少，涖國之日淺，未嘗得聞社稷之長計。今上客有意存天下，安諸侯，寡人敬以國從。」乃封蘇秦為武安君，飾車百乘，黃金千鎰，白璧百雙，錦繡千純，以約諸侯。

219 秦攻趙

秦攻趙，▸蘇子為謂秦王曰◂[3]：「臣聞明王之於其民也，博論而技藝之，是故官無乏事而力不困；於其言也，多聽而時用之，是故事無敗業而惡不章。臣願王察臣之所謁，而效之於一時之用也。臣聞懷重寶者，不以夜行；任大功者，不以輕敵。是以賢者任重而行恭，知者功大而辭順。故民不惡其尊，而世不妬[4]其業。臣聞之：百倍之國者，民不樂後也；功業高世者，人主不再行也；力盡之民，仁者不用也；求得而反靜，聖主[5]之制也；功大而息民，用兵之道也。今用兵終身不休，力盡不罷，▸趙怒◂[6]必於其己邑，趙僅存哉！然而四輪[7]之國也，今雖得邯鄲，非國之長利也。意者，地廣而不耕，民羸而不休，又嚴之以刑罰，則雖從而不止矣。語曰：『戰勝而國危者，物不斷也。功大而權輕者，地不入也。』故過任之事，父不得於子；無已之求，君不得於臣。故微之為著者強，察乎息民之為用者伯，明乎輕之為重者王。」

秦王曰：「寡人案兵息民，則天下必為從，將以逆秦。」

蘇子曰：「臣有以知天下之不能為從以逆秦也。臣以田單、如耳為大過也。豈獨田

1. 國　2. 儐　3. 蘇子謂秦王曰　4. 姤　5. 王
6. 怒趙　7. 輸

單、如耳為大過哉？天下之主亦盡過矣！夫慮收亡[1]齊、罷楚、敝魏與不可知之趙，欲以窮秦折韓，臣以為至愚也。▸夫齊威、宣◂[2]，世之賢主也，德博而地廣，▸國富而用民◂[3]，將武而兵強。宣王用之，後富[4]韓威魏，以南伐楚，西攻秦，▸為齊兵◂[5]困於殽塞[6]之上，十年攘地，秦人遠迹不服，而齊為虛戾。夫齊兵之所以破，韓、魏之所以僅存者，何也？是則伐楚攻秦，而後受其殃也。今富非有齊威、宣之餘也，精兵非有富韓勁魏之庫也，而將非有田單、司馬之慮也。收破齊、罷楚、弊魏、不可知之趙，欲以窮秦折韓，臣以為至誤。▸臣以從一◂[7]不可成也。客有難者，今臣[8]有患於世。夫刑名之家，皆曰『白馬非馬』也。已如白馬實馬，乃使有白馬之為也。此臣之所患也。

「昔者，秦人下兵攻懷，服其人，三國從之。趙奢、鮑佞[9]將，楚有四人起而從之。臨懷而不救，秦人去而不從。不識三國之憎秦而愛懷邪？忘[10]其憎懷而愛秦邪？夫攻而不救，去而不從，▸是以三國之兵困◂[11]，而趙奢、鮑佞之能也。故裂地以敗於齊。田單將齊之良，以兵橫行於中十四年，終身不敢設兵以攻秦折韓也，而馳於封內，不識從之一成惡存也。」

於是秦王解兵不出於境，諸侯休，天下安，二十九年不相攻。

220 張儀為秦連橫說趙王

張儀為秦連橫，說趙王曰：「弊邑秦王使臣敢獻書於大王御史。大王收率天下以儐秦，秦兵不敢出[12]函谷關十五年矣。大王之威，▸行於天下山東◂[13]。弊邑恐懼懾伏，繕[14]甲厲兵，飾車騎，習馳射，力田積粟，▸守四封之內◂[15]，愁居懾處，不敢動搖，唯大王有意督過之也。今秦以大王之力，西舉巴蜀，并漢中，東收兩周而西遷九鼎，守白馬之津。秦雖辟遠，▸然而心忿悁◂[16]含怒之日久矣。今▸宣君有微◂[17]甲鈍兵，軍於澠池，願渡河踰漳，據番吾，迎戰邯鄲之下。願以甲子之日合戰，以正殷紂之事。敬使臣先以聞於左右。

「凡大王之所信以為從者，恃蘇秦之計。▸熒惑諸侯◂[18]，以是為非，以非為是，欲

1. 破　2. 夫齊威、宣者　3. 國富而民用　4. 破　5. 秦為齊兵
6. 函　7. 臣以為從一　8. 人　9. 接　10. 亡
11. 是以知三國之兵困　12. 去　13. 行於天下　14. 綴
15. 守四封　16. 然心忿悁　17. 寡君有敝　18. 秦熒惑諸侯

反覆齊國而不能，自令車裂於齊之市。夫天下之不可一亦明矣。今楚與秦為昆弟之國，而韓、魏‣稱為東蕃之臣◂[1]，齊獻魚鹽之地，此斷趙之右臂也。夫斷右臂而求與人鬬，失其黨而孤居，求欲無危，豈可得哉？今秦發三將軍，一軍塞午道，告齊使興師度清河，軍於邯鄲之東；一軍軍於成皋，敺韓、魏而軍於河外；一軍軍於澠池。約曰，四國為一以攻趙，破趙而四分其地。是故不敢匿意隱情，先以聞於左右。臣切[2]為大王計，莫如與秦遇於澠池，面相見而身相結也。臣請案兵無攻，願大王之定計。」

趙王曰：「先王之時，奉陽君相，專權擅勢，蔽晦先王，獨制官事。寡人宮居，屬於師傅，不能與國謀。先王棄群臣，寡人年少，奉祠祭之日淺，私心固竊疑焉。以為一從不事秦，非國之長利也。乃且願變心易慮，剖地謝前過以事秦。方將約車趨行，而適聞使者之明詔。」於是乃以車三[3]百乘入朝澠池，割河間以事秦。

221 武靈王平晝間居

武靈王平晝間居，肥義侍坐，曰：「王慮世事之變，權甲兵之用，念簡、襄之迹，‣計胡、狄之利乎◂[4]？」王曰：「嗣立不忘先德，君之道也；錯質務明主之長，臣之論也。是以賢君靜‣而有道民◂[5]便事之教，‣動有明古◂[6]先世之功。為人臣者，窮有弟長辭讓之節，通有補民益主之業。此兩者，君臣之分也。今吾欲繼襄主[7]之業，啓胡、翟之鄉，而卒世不見也。敵弱者，用力少而功多，可以無盡百姓之勞，而享往古之勳。夫有高世之功者，必負遺俗之累；有獨知之慮者，必被庶人之恐。今吾將胡服騎射以教百姓，而世必議‣寡人矣◂[8]。」

肥義曰：「臣聞之，疑事無功，疑行無名。今王即定負遺俗之慮，殆毋顧天下之議矣。夫論至德者，不和於俗；成大功者，不謀於眾。昔舜舞有苗，而禹袒入裸國，非以養欲而樂志也，欲以論德而要功也。愚者闇於成事，智者見於未萌，王其遂行之。」王曰：「寡人非疑胡服也，吾恐天下笑之。狂夫之樂，知者哀焉；愚者之笑，賢者戚焉。世有順我者，則胡服之功[9]未可知也。雖敺世以笑我，胡地中山吾[10]必有之。」

王遂胡服。使王孫緤告公子成曰：「寡人胡服，且將以朝，亦欲叔之服之也。家聽於親，國聽於君，古今之公行也；子不反親，臣不逆主，先王之通誼也。今寡人作教易

1. 稱於東藩　2. 竊　3. 二　4. 計胡狄之利　5. 有道民
6. 動而有明古　7. 王　8. 寡人奈何　9. 攻　10. 我

服，而叔不服，吾恐天下議之也。夫制國有常，而利民為本；從政有經，而令行為上。故明德在於論賤，行政在於信貴。今胡服之意，非以養欲而樂志也。事有所出[1]，功有所止[2]。事成功立，然後德且[3]見也。今寡人恐叔逆從政之經，以輔公叔之議。且寡人聞之，事利國者行無邪，因貴戚者名不累。故寡人願募[4]公叔之義，以成胡服之功。使緤謁之叔，請服焉。」

公子成再拜曰：「臣固聞王之胡服也，不佞寢疾，不能趨走，是以不先進。王今命之，臣固敢竭其愚忠。臣聞之，中國者，聰明叡知之所居也，萬物財用[5]之所聚也，賢聖之所教也，仁義之所施也，詩書禮樂之所用也，異敏技藝之所試也，遠方之所觀赴也，蠻夷之所義行也。今王釋此，而襲遠方之服，變古之教，易古之道，逆人之心，畔學者，離中國，臣願大王圖之。」

使者報王。王曰：「吾固聞叔之病也。」即之公叔成家，自請之曰：「夫服者，所以便用也；禮者，所以便事也。是以聖人觀其鄉而順宜，因其事而制禮，所以利其民而厚其國也。被[6]髮文身，▸錯臂左衽◂[7]，甌[8]越之民也。黑齒雕題，▸鯷冠秫縫◂[9]，大吳之國也。禮服不同，其便一也。是以鄉異而用變，事異而禮易。是故聖人苟可以利其民，不一其用；果可以便其事，不同其禮。儒者一師而禮異，中國同俗而教離，又況山谷之便[10]乎？故去就之變，知者不能一；遠近之服，賢聖不能同。窮鄉多異，曲學多辨，不知而不疑，異於己而不非者，公於求善也。今卿[11]之所言者，俗也。吾之所言者，所以制俗也。今吾國東有河、薄洛之水，與齊、中山同之，而無舟楫之用。自常山以至代、上黨，東有燕、東胡之境，西有樓煩、秦、韓之邊，而無騎射之備。故寡人且聚舟楫之用，求水居之民，以守河、薄洛之水；變服騎射，以備其[12]參胡、樓煩、秦、韓之邊。且昔者▸簡主不塞晉陽，以及上黨，而襄王兼戎取代◂[13]，以攘諸胡，此愚知之所明也。先時中山負齊之強兵，侵掠吾地，係累吾民，引水圍鄗，非社稷之神靈，即鄗幾不守。先王忿之，其怨未能報也。今騎射之服，近可以備上黨之形，遠可以報中山之怨。而叔也順中國之俗以逆簡、襄之意，惡變服之名，而忘國事之恥，非寡人所望於子！」

公子成再拜稽首曰：「臣愚不達於王之議，敢道世俗之間[14]。今欲繼簡、襄之意，以順先王之志，臣敢不聽今[15]。」再拜。乃賜胡服。

1. 止　2. 出　3. 可　4. 慕　5. 貨
6. 祝　7. a.拃面左衽 b.左衽　8. 林　9. 鮭冠黎緤
10. 士　11. 鄉　12. 燕
13. a.簡主實晉陽，而襄主兼戎取代 b.簡主不塞晉陽，以及上黨，而襄主兼戎取代
14. 聞　15. 令

趙文進諫曰：「▸農夫勞◂[1]而君子養焉，政之經也。愚者陳意而知者論焉，教之道也。臣無隱忠，君無蔽言，國之祿也。臣雖愚，願竭其忠。」王曰：「慮無惡[2]擾，忠無過罪，子其言乎。」趙文曰：「當世輔俗，古之道也。衣服有常，禮之制也。▸修法◂[3]無愆，民之職也。三者，先聖之所以教。今君釋此，而襲遠方之服，變古之教，易古之道，故臣願王之圖之。」王曰：「子[4]言世俗之間。常民溺於習俗，學者沉於所聞。此兩者，所以成官而順政也，非所以觀遠而論始也。且夫三代不同服而王，五伯不同教而政。知者作教，而愚者制焉。賢者議俗，不肖者拘焉。夫制於服之民，不足與論心；拘於俗之眾，不足與致意。故勢與俗化，而禮與變俱，聖人之道也。承教而動，循法無私，民之職也。知學之人，能與聞遷；▸達於禮之變◂[5]，能與時化。故為己者不待人，制今者不法古，子其釋之。」

趙造諫曰：「隱忠不竭，姦之屬也。以私誣國，賤[6]之類也。犯姦者身死，賤[7]國者族宗。▸反此兩者◂[8]，先聖[9]之明刑，臣下之大罪也。臣雖愚，願盡其忠，無遁其死。」王曰：「竭意不諱[10]，忠也。上無蔽言，明也。忠不辟危，明不距人。子其言乎。」

趙造曰：「臣聞之，聖人不易民而教，知者不變俗而動。因民而教者，不勞而成功；據俗而動者，慮徑而易見也。今王易初不循俗，胡服不顧世，非所以教民而成禮也。且服奇者志淫，俗辟者亂民。是以蒞國者不襲奇辟之服，中國不近蠻夷之行，非所以教民而成禮者也。且循法無過，脩[11]禮無邪，臣願王之圖之。」

王曰：「古今不同俗，何古之法？帝王不相襲，何禮之循？▸宓戲◂[12]、神農教而不誅，黃帝、堯、舜誅而不怒。及至三王，觀時而制法，因事而制禮，法度制令，各順其宜；衣服器械，各便其用。故▸禮世不必一其道◂[13]，便國不必法古。聖人之興也，不相襲而王。夏、殷之衰也，不易禮而滅。然則反古未可非，而循禮未足多也。且服奇而志淫，是鄒、魯▸無奇行也◂[14]；俗辟而民易，是吳、越無俊民也。是以聖人利身之謂服，便事之謂教，進退之謂節，▸衣服之制◂[15]，所以齊常民，非所以論賢者也。故聖與俗流，賢與變俱。諺曰：『以書為御者，▸不盡於馬之情◂[16]。以古制今者，▸不達於事之變◂[17]。』故循法之功，不足以高世；法古之學，不足以制今。子其勿反也。」

---

1. 農夫勞力　2. 變　3. a.循法 b.循禮　4. 卿
5. 達禮之變　6. 賊　7. 賊　8. a.有此兩者 b.此兩者
9. 王　10. 讓　11. 循　12. 伏羲
13. a.理世不必一其道 b.禮世不一其道 c.禮世不必一道 d.後世不一其道
14. a.無衺行也 b.無奇行　15. 衣服之謂制　16. 不盡馬之情　17. 不達事之變

222 王立周紹為傅

王立周紹為傅，曰：「寡人始行縣，過番吾，當子為子之時，踐石以上者皆道子之孝。故寡人問子以璧，遺子以酒食，而求見子。子謁[1]病而辭。人有言子者曰：『父之孝子，君之忠臣也。』故寡人以子之知慮，為辨足以道人，危足以持難，忠可以寫意，信可以遠期。詩[2]云：『服難以勇，治亂以知，事之計也。立傅以行，教少以學，義之經也。循計之事，▸失而累◂[3]；訪議之行，窮而不憂。』故寡人欲子之胡服以傅王乎[4]。」

周紹曰：「王失論矣，非賤臣所敢任也。」王曰：「選子莫若父，論臣莫若君。君，寡人也。」周紹曰：「立傅之道六。」王曰：「六者何也？」周紹曰：「知慮不躁達於變，身行寬惠達於禮，威嚴不足以易於位，重利不足以變其心，恭於教而不快，和於下而不危。六者，傅之才，而臣無一焉。隱中[5]不竭[6]，臣之罪也。傅命僕官，以煩有司，吏之恥也。王請更論。」

王曰：「知此六者，所以使子。」周紹曰：「乃國未通於▸王胡服◂[7]。雖然，臣，王之臣也，而王重命之，臣敢不聽令乎？」再拜，賜胡服。

王曰：「寡人以王子為子任，欲子之厚愛之，無所見醜。御道之以行義，勿令溺苦於學。事君者，順其意，不逆其志。事先者，明其高，不倍其孤。故有臣可命，其國之祿也。子能行是，▸以事寡人者◂[8]畢矣。《書》云：『去邪無疑，任賢勿貳。』寡人與子，不用人矣。」遂賜周紹胡服衣冠，具[9]帶黃金師比，▸以傅王子也◂[10]。

223 趙燕後胡服

趙燕後胡服，王令讓之曰：「事主之行，竭意盡力，微諫而不譁，應對而不怨，不逆上以自伐，不立私以為名。子道順而不拂，臣行讓而不爭。子用私道者家必亂，臣用私義者國必危。反親以為行，慈父不子；逆主以自成，惠主不臣也。寡人胡服，子獨弗服，逆主罪莫大焉。以從政為累，以逆主為高，行私莫大焉。故寡人恐親犯刑戮之罪，

1. 謁　2. 諺　3. a. 佚而不累 b. 失而不累　4. 子
5. 忠　6. 謁　7. 王之胡服　8. 所以事寡人者　9. 且
10. 以傅王子

以明有司之法。」趙燕再拜稽首曰：「前吏命胡服，施及賤臣，臣以失令過期，更[1]不用侵辱教，王之惠也。臣敬循[2]衣服，以待▸今日◂[3]。」

224 王破原陽

王破原陽，以為騎邑。牛贊進諫曰：「國有固籍，兵有常經。變籍則亂，失經則弱。今王破原陽，以為騎邑，是變籍而棄經也。且習其兵者輕其敵，便其用者易其難。今民便其用而王變之，是損[4]君而弱國也。故利不百者不變俗，功不什者不易器。今王破卒散兵，以奉騎射，臣恐其攻獲之利，不如所失之費也。」

王曰：「古今異利，遠近易用。陰陽不同道，四時不一宜。故賢人觀時，而不觀於時；制兵，而不制於兵。子知官府之籍，不知器械之利；知兵甲之用，不知陰陽之宜。故兵不當於用，何兵之不可易？教不便於事，何俗之不可變？昔者先君襄主與代交地，城境封之，名曰無窮之門，所以昭[5]後而期遠也。今重甲循[6]兵，不可以踰險；仁義道德，不可以來朝。吾聞信不棄功，知不遺時。今[7]子以官府之籍，亂寡人之事，非子所知[8]。」

牛贊再拜稽首曰：「臣敢不聽令乎？」至[9]遂胡服，率騎入胡，出於遺遺之門，踰九限之固，絕五俓[10]之險，至榆[11]中，辟地千里。

225 趙惠文王三十年

趙惠文王三十年，相▸都平君◂[12]田單問趙奢曰：「吾非不說將軍之兵法也，所以不服者，獨將軍之用眾。用眾者，使民不得耕作，糧食輓賃不可給也。此坐而自破之道也，非單之所為也。單聞之，帝王之兵，所用者不過三萬，而天下服矣。今將軍必負十萬、二十萬之眾乃用之，此單之所不服也。」

▸馬服曰◂[13]：「君非徒不達於兵也，又不明其時勢。夫吳干之劍，肉試則斷牛馬，金試則截盤匜；薄之柱上而擊之，則折為三，質之石上而擊之，則碎為百。今以三萬之

1. 史　2. 修　3. a.令日 b.令甲　4. 捐
5. 詔　6. 修　7. 令　8. 智　9. 王
10. 徑　11. 胡　12. 平都君　13. 馬服君曰

眾而應強國之兵，是薄柱擊石之類[1]也。且夫吳干之劍材，難夫毋[2]脊之厚，而鋒不入；無脾之薄，而刃不斷。兼有是兩[3]者，無▸鈞䍐◂[4]鐔蒙須[5]之便，操其刃而刺，則未入而手斷。君無十餘、二十萬之眾，而為此鈞䍐鐔蒙須之便，而徒以三萬行於天下，君焉能乎？且古者，四海之內，分為萬國。城雖大，無過▸三百丈◂[6]者；人雖眾，無過三千家者。而以集兵三萬，距此奚難哉！今取古之為萬國者，分以為戰國七，▸能具數十萬之兵◂[7]，曠日持久，數歲，即君之齊已。齊以二十萬之眾攻荊，五年乃罷。趙以二十萬之眾攻中山，五年乃歸。今者，齊、韓相方，而國圍攻焉，豈有敢曰，我其以三萬救是者乎哉？今千丈之城，萬家之邑相望也，而索以三萬之眾，圍千丈之城，不存其一角，而野戰不足用也，君將以此何之？」都平君喟然大息曰：「單不至也！」

226 趙使机郝之秦

趙使▸机郝◂[8]之秦，請相魏冉。宋突謂机郝曰：「秦不聽，樓緩必怨公。公不若陰辭樓子曰：『請無急秦王。』秦王見趙之相魏冉之▸不急也◂[9]，且不聽公言也，▸是事而不成◂[10]，魏冉固德公矣。」

227 齊破燕趙欲存之

齊破燕，趙欲存之。樂毅謂趙王曰：「今無約而攻齊，齊必讎趙。不如請以河東易燕地於齊。趙有河北，齊有河東，燕、趙必不爭矣。是二國親也。以河東之地強齊，▸以燕以趙輔之◂[11]，天下憎之，必皆事王以伐齊。是因天下以破齊也。」王曰：「善。」乃以河東易齊，楚、魏憎之，令淖滑、惠施之趙，請伐齊而存燕。

228 秦攻趙藺離石祁拔

秦攻趙，藺、離石、祁拔。趙以公子郚為質於秦，而請內焦[12]、黎、牛狐之城，以易藺、離石、祁於趙[13]。趙背秦，不予焦、黎、牛狐。秦王怒，令公子繒請地。趙王乃令鄭朱對曰：「夫藺、離石、祁之地，曠遠於趙，而近於大國。有先王之明與先臣之

1. 謂　2. 無　3. 二　4. a.鉤竿 b.鉤䍐
5. 頃　6. 三丈　7. 不能具數十萬之兵　8. 仇赫
9. 不急　10. 是事而不成以德樓子事成　11. 以燕趙輔之　12. 應
13. 秦

力，故能有之。今寡人不逮，其社稷之不能恤，安能收恤藺、離石、祁乎？寡人有不令之臣，實為此事也，非寡人之所敢知。」卒倍秦。

秦王大怒，令衛胡易伐趙，攻閼與。趙奢將救之。魏令公子咎以銳師居安邑，以挾秦。秦敗於閼與，反攻魏幾，廉頗救幾，大敗秦師。

229A 富丁欲以趙合齊魏

富丁欲以趙合齊、魏，樓緩欲以趙合秦、楚。富丁恐主父之聽樓緩而合秦、楚也。

司馬淺為富丁謂主父曰：「不如以順齊。今我不順齊伐秦，秦、楚必合而攻韓、魏。韓、魏告急於齊，齊不欲伐秦，必以趙為辭，‣則伐秦者趙也◂[1]，韓、魏必怨趙。齊之兵不西，韓必聽秦違齊。違齊而親，兵必歸於趙矣。今我順而齊不西，韓、魏必絶齊，絶齊則皆事我。且我順齊，齊無而[2]西。日者，樓緩坐魏三月，不能散齊、魏之交。今我順而齊、魏果西，是罷齊敝秦也，趙必為天下重國。」主父曰：「我與三國攻秦，是俱敝也。」曰：「不然。我約三國而告之秦，以未構[3]中山也。三國欲伐秦之果也，必聽我，欲和我。中山聽之，‣是我以王因◂[4]饒中山而取地也。中山不聽，三國必絶之，是中山孤也。三國不能和我，雖少出兵可也。我分兵而孤樂中山，中山必亡[5]，我已亡中山，而以餘兵與三國攻秦，是我一舉而兩取地於秦、中山也。」

229B 魏因富丁且合於秦

魏因富丁且合於秦，趙恐，請效地於魏而聽薛公。教子欬謂李兌曰：「趙畏橫之合也，故欲效地於魏而聽薛公。公不如令主父以地資周最，而請相之於魏。周最以天下辱[6]秦者也，今相魏，魏、秦必虛矣。齊、魏雖勁，無秦不能傷趙。魏王聽，是輕齊也。秦、魏雖勁，無齊不能得趙。此利於趙而便於周最也。」

230 魏使人因平原君請從於趙

魏使人因平原君請從於趙。三言之，趙王不聽。出遇虞卿曰：「為入必語從。」虞

1. 則不伐秦者趙也　　2. 不　　3. 講　　4. 是我以三國
5. 之　　6. 厚

卿入，王曰：「今者平原君為魏請從，寡人不聽。其於子何如？」虞卿曰：「魏過矣。」王曰：「然，故寡人不聽。」虞卿曰：「王亦過矣。」王曰：「何也？」曰：「凡強弱之舉事，強受其利，弱受其害。今魏求從，而王不聽，是魏求害，而王辭利也。臣故曰，魏過，▸王亦過矣◂[1]。」

231 平原君請馮忌

平原君請[2]馮忌曰：「吾欲北伐上黨，出兵攻燕，何如？」馮忌對曰：「不可。夫以秦將武安君公孫起乘七勝之威，而與馬服之子戰於長平之下，大敗趙師，因以其餘兵，圍邯鄲之城。趙以亡敗之餘眾，收破軍之敝守，而秦罷於邯鄲之下，▸趙守而不可拔者，以攻難而守者易也◂[3]。今趙非有七克之威也，而燕非有長平之禍也。今七敗之禍未復，而欲以罷趙攻強燕，是使弱趙為強秦之所以攻，而使強燕為弱趙之所以守。而強秦以休兵承趙之敝，此乃強吳之所以亡，而弱越之所以霸。故臣未見燕之可攻也。」平原君曰：「善哉！」

232 平原君謂平陽君

平原君謂平陽君曰：「公子牟游於秦，且東，而辭應侯。應侯曰：『公子將行矣，獨無以教之乎？』曰：『且微君之命命之也，臣固且有效於君。夫貴不與富期，而富至；富不與粱肉期，而粱肉至；粱肉不與驕奢期，而驕奢至；驕奢不與死亡期，而死亡至。累世以前，坐此者多矣。』應侯曰：『公子之所以教之者厚矣。』僕得聞此，不忘於心。願君之亦勿忘也。」平陽君曰：「敬諾。」

233 秦攻趙於長平

秦攻趙於長平，大破之，引兵而歸。因使人索六城於趙而講。趙計未定。樓緩新從秦來，趙王與樓緩計之曰：「與秦城何如？不與何如？」樓緩辭讓曰：「此非人臣之所能知也。」王曰：「雖然，試言公之私。」樓緩曰：「王亦聞夫公甫文伯母乎？公甫文伯官於魯，病死。婦人為之自殺於房中者二八。其母聞之，不肯哭也。相室曰：『焉有子死而不哭者乎？』其母曰：『孔子，賢人也，逐於魯，是人不隨。今死，而婦人為死者十六人。若是者，其於長者薄，而於婦人厚？』故從母言之，▸之為賢母也◂[4]；從婦

1. 王亦過　2. 謂　3. 趙守而不可拔然者，攻難而守者易也
4. 為賢母也

言之，必不免為妬婦也。故其言一也，言者異，則人心變矣。今臣新從秦來，而言勿與，則非計也；言與之，則恐王以臣之為秦也。故不敢對。使臣得為王計之，不如予之。」王曰：「諾。」

虞卿聞之，入見王，王以樓緩言告之。虞卿曰：「此飾說也。」秦既解邯鄲之圍，而趙王入朝，使趙郝約事於秦，割六縣而講。王曰：「何謂也？」虞卿曰：「秦之攻趙也，倦而歸乎？▸王以其力◂[1]尚能進，愛王而不攻乎？」王曰：「秦之攻[2]我也，不遺餘力矣，必以倦而歸也。」虞卿曰：「秦以其力攻其所不能取，倦而歸。王又以其力之所不能攻以資之，是助秦自攻也。來年秦復攻王，王無以救矣。」

王又以虞卿之言告樓緩。樓緩曰：「虞卿能盡知秦力之所至乎？▸誠知秦力之不至◂[3]，此彈丸之地，猶不予也，令秦來年復攻王，得無割其內而媾乎？」王曰：「誠聽子割矣，子能必來年秦之不復攻我乎？」樓緩對曰：「此非臣之所敢任也。昔者三晉之交於秦，相善也。今秦釋韓、魏而獨攻王，王之所以事秦必不如韓、魏也。今臣為足下解負親之攻，啓關通敝[4]，齊交韓、魏。至來年而王獨不取於秦，王之所以事秦者，必在韓、魏之後也。此非臣之所敢任也。」

▸王以樓緩之言告◂[5]。虞卿曰：「樓緩言不媾[6]，來年秦復攻王，得無更割其內而媾[7]。今媾[8]，樓緩又不能必秦之不復攻也，雖割何益？來年復攻，又割其力之所不能取而媾[9]也，此自盡之術也。不如無媾[10]。秦雖善攻，不能取六城；趙雖不能守，而[11]不至失六城。秦倦而歸，兵必罷。我以五[12]城收天下以攻罷秦，是我失之於天下，而取償於秦也。吾國尚利，孰與坐而割地，自弱以強秦？今樓緩曰：『秦善韓、魏而攻趙者，必王之事秦不如韓、魏也。』是使王歲以六城事秦也，即坐而地盡矣。來年秦復求割地，王將予之乎？不與，則是棄前貴[13]而挑秦禍也；與之，則無地而給之。語曰：『強者善攻，而弱者不能自守。』今坐而聽秦，秦兵不敝而多得地，是強秦而弱趙也。以益愈強之秦，而割愈弱之趙，其計固不止矣。且秦虎狼之國也，無禮義之心。其求無已，而王之地有盡。以有盡之地，給無已之求，其勢必無趙矣。故曰：此飾說也。王必勿與。」王曰：「諾。」

1. 亡其力　2. 伐　3. 誠不知秦力之所至　4. 弊
5. 王以樓緩之言告虞卿　6. 講　7. 講　8. 講
9. 講　10. 講　11. 亦　12. 六　13. 資

樓緩聞之，入見於王，王又以虞卿言告之。樓緩曰：「不然，虞卿得其一，未知其二也。夫秦、趙構難，而天下皆說，何也？曰『我將因強而乘弱』。今趙兵困於秦，天下之▸賀戰者◂[1]，▸則必盡在於秦矣◂[2]。故不若亟割地求和，以疑天下，慰秦心。不然，天下將因秦之怒，秦[3]趙之敝而瓜分之。趙且亡，何秦之圖？王以此斷之，勿復計也。」

虞卿聞之，又入見王曰：「危矣，樓子之為秦也！夫趙兵困於秦，又割地為和，是愈疑天下，而何慰秦心哉？是不亦大示天下弱乎？且臣曰勿予者，非固勿予而已也。秦索六城於王，王以五城賂齊。齊，秦之深讎也，得王五城，并力▸而西擊秦也◂[4]，齊之聽王，不待辭之畢也。▸是王失於齊而取償於秦，一舉結三國之親◂[5]，而與秦易道也。」趙王曰：「善。」因發虞卿東見齊王，與之謀秦。

虞卿未反，秦之使者已在趙矣。樓緩聞之，逃去。

234 秦攻趙平原君使人請救於魏

秦攻趙，平原君使人請救於魏。信陵君發兵至邯鄲城下，秦兵罷。虞卿為平原君請益地，謂趙王曰：「夫不鬬一卒，不頓一戟，而解二國患者，▸平原君之力也◂[6]。用人之力，而忘人之功，不可。」趙王曰：「善。」將益之地。公孫龍聞之，見平原君曰：「君無覆軍殺將之功，而封以東武城。趙國豪傑之士，多在君之右，而君為相國者▸以親故◂[7]。夫君封以東武城不讓無功，佩趙國相印不辭無能，一解國患，欲求益地，是親戚受封，而國人計功也。為君計者，不如勿受便。」平原君曰：「謹受令。」乃不受封。

235 秦趙戰於長平

秦、趙戰於長平，▸趙不勝，亡一都尉◂[8]。趙王召樓昌與虞卿曰：「軍戰不勝，尉復[9]死，寡人使卷甲而趍[10]之，何如？」樓昌曰：「無益也，不如發重使而為媾[11]。」虞卿曰：「夫言媾者，以為不媾者軍必破，而制媾者在秦。且王之論秦也，欲破王之軍

1. 賀戰勝者　2. 則必在於秦矣　3. 乘　4. 而西擊秦
5. 一舉結三國之親　6. 平原君之力　7. 以親也故　8. 趙亡一都尉
9. 係　10. 趨　11. 講

乎？其不邪？」王曰：「秦不遺餘力矣，必且破趙軍。」虞卿曰：「王聊聽臣，發使出重寶以附楚、魏。楚、魏欲得王之重寶，必入吾使。趙使入楚、魏，秦必疑天下合從也，且必恐。如此，則媾乃可為也。」

趙王不聽，與平陽君為媾，發鄭朱入秦，秦內之。趙王召虞卿曰：「寡人使平陽君媾秦，秦已內鄭朱矣，子以為奚如？」虞卿曰：「王必不得媾，軍必破矣，天下之賀戰勝者皆在秦矣。鄭朱，趙之貴人也，而入於秦，秦王與應侯必顯重以示天下。楚、魏以趙為媾，必不救王。▸秦知天下不救王◂[1]，▸則媾不可得成也◂[2]。」趙卒不得媾，軍果大敗。王入秦，秦留趙王而后許之媾。

236 秦圍趙之邯鄲

秦圍趙之邯鄲。魏安釐王使將軍晉鄙救趙。畏秦，止於蕩[3]陰，不進。魏王使客將軍新[4]垣衍間入邯鄲，因平原君謂趙王曰：「秦所以急圍趙者，前與齊湣[5]王爭強為帝，已而復歸帝，以齊故。▸今齊湣王已益弱◂[6]。方今唯秦雄天下，此非必貪邯鄲，其意欲求為帝。趙誠發使尊秦昭王為帝，秦必喜，罷兵去。」平原君猶豫未有所決。

此時魯仲連適游趙，會秦圍趙。聞魏將欲令趙尊秦為帝，乃見平原君曰：「事將奈何矣？」平原君曰：「勝也何敢言事？百萬之眾折於外，今又內圍邯鄲▸而不能去◂[7]。魏王▸使將軍◂[8]辛垣衍令趙帝秦。今其人在是，勝也何敢言事？」魯連曰：「始吾以君為天下之賢公子也，吾乃今然后知君非天下之賢公子也。梁客辛垣衍安在？吾請為君責而歸之。」平原君曰：「勝請▸召而見之◂[9]於先生。」平原君遂見辛垣衍曰：「東國▸有魯連先生◂[10]，其人在此，勝▸請為紹介而見之於將軍◂[11]。」辛垣衍曰：「吾聞魯連先生，齊國之高士也。衍，人臣也，使事有職。吾不願見魯連先生也。」平原君曰：「勝已泄之矣。」辛垣衍許諾。

魯連見辛垣衍而無言。辛垣衍曰：「吾視居北[12]圍城之中者，皆有求於平原君者也。今吾視先生之玉貌，非有求於平原君者，曷為久居此圍城之中而不去也？」魯連曰：「世以鮑焦無從容而死者，皆非也。今眾人不知，則為一身。▸彼秦者◂[13]，棄禮義

1. 天下不救王　2. 則媾不可得也　3. 湯　4. 辛　5. 閔
6. 今齊湣王益弱　7. 而不去　8. 使客將軍　9. 為召而見之　10. 有魯連先生者
11. 請為紹交之於將軍　12. 此　13. 彼秦

而上首功之國也。權使其士，虜使其民。彼則肆然而為帝，過而遂正於天下，則連有赴東海而死矣[1]。吾不忍為之民也！所為見將軍者，欲以助趙也。」辛垣衍曰：「先生助之奈何？」魯連曰：「吾將使梁及燕助之。▸齊、楚則固助之矣◂[2]。」辛垣衍曰：「燕則吾請以從矣。若乃梁，則吾乃梁人也，先生惡能使梁助之耶？」魯連曰：「梁未睹秦稱帝之害故也，使梁睹秦稱帝之害，則必助趙矣。」辛垣衍曰：「秦稱帝之害將奈何？」魯仲連曰：「昔齊威王嘗為仁義矣，率天下諸侯而朝周。周貧且微，諸侯莫朝，而齊獨朝之。居歲餘，周烈王崩，諸侯皆弔，齊後往。周怒，赴於齊曰：『天崩地坼，天子下席。東藩之臣田嬰齊後至，則斮之。』威王勃然怒曰：『叱嗟，而母婢也。』卒為天下笑。故生則朝周，死則叱之，誠不忍其求也。彼天子固然，其無足怪。」辛垣衍曰：「先生獨未見夫僕乎？十人而從一人者，寧力不勝，智不若耶？畏之也。」魯仲連曰：「然梁之比於秦若僕耶？」辛垣衍曰：「然。」魯仲連曰：「▸然吾將使秦王◂[3]烹醢梁王。」辛垣衍怏然不悅曰：「嘻，亦太甚矣，先生之言也！先生又惡能使秦王烹醢梁王？」

魯仲連曰：「固也，待吾言之。昔者，▸鬼侯之鄂侯◂[4]、文王，紂之三公也。鬼侯有子而好，故入之於紂，紂以為惡，醢鬼侯。鄂侯爭之急，辨之疾，故脯鄂侯。文王聞之，喟然而歎，故拘之於牖里之車[5]，百日而欲舍[6]之死。曷為與人俱稱帝王，卒就脯醢之地也？齊閔王將之魯，夷維子執策而從，謂魯人曰：『子將何以待吾君？』魯人曰：『吾將以十太牢待子之君。』▸維子◂[7]曰：『子安取禮而來待吾君？彼吾君者，天子也。天子巡狩，諸侯辟舍，納于筦鍵，攝衽抱几，視膳於堂下，天子已食，▸退而聽朝也◂[8]。』魯人投其籥，不果納。不得入於魯，將之薛，假涂於鄒。當是時，鄒君死，閔王欲入弔。夷維子謂鄒之孤曰：『天子弔，主人必將倍殯柩，設北面於南方，然后天子南面弔也。』鄒之群臣曰：『必若此，吾將伏劍而死。』故不敢入於鄒。鄒、魯之臣，生則不得事養，死則不得飯含。然且欲行天子之禮於鄒、魯之臣，不果納。今秦萬乘之國，▸梁亦萬乘之國。俱據萬乘之國◂[9]，交有稱王之名，賭[10]其一戰而勝，欲從而帝之，是使三晉之大臣不如鄒、魯之僕妾也。且秦無已而帝，則且變易諸侯之大臣。彼將奪其所謂不肖，而予其所謂賢；奪其所憎，而與其所愛。彼又將使其子女讒妾為諸侯妃姬，處梁之（官）〔宮〕，梁王安得晏然而已乎？而將軍又何以得故寵乎？」

1. 耳　2. 齊楚固助之矣　3. 然則吾將使秦王　4. 鬼侯、鄂侯
5. 庫　6. 令　7. 夷維子　8. 而聽退朝也　9. 梁亦萬乘之國
10. 睹

於是，辛垣衍起，再拜謝曰：「始以先生為庸人，▸吾乃今日而知先生◂[1]為天下之士也。吾請去，不敢復言帝秦。」秦將聞之，為郤軍五十里。

適會▸魏公子無忌◂[2]奪晉鄙軍以救趙擊秦，秦軍引而去。於是平原君欲封魯仲連。魯仲連辭讓者三，終不肯受。平原君乃置酒，酒酣，起前以千金為魯連壽。魯連笑曰：「所[3]貴於天下之士者，為人排患、釋難、解紛亂而無所取也。即有所取者，是商賈之人也，仲連不忍為也。」遂辭平原君而去，終身不復見。

237 說張相國

說張相國曰：「君安能少趙人，而令趙人多君？君安能憎趙人，而令趙人愛君乎？夫膠漆，至（黐）〔黏〕[4]也，而不能合遠；鴻毛，至輕也，而不能自舉。夫飃於清風，則橫行四海。故事有簡而功成者，因也。今趙萬乘之強國也，前漳、滏，右常山，左河間，北有代，帶甲百萬，嘗抑強齊[5]，四十餘年而秦不能得所欲。由是觀之，趙之於天下也不輕。今君易萬乘之強趙，而慕思不可得之小梁，臣竊為君不取也。」君曰：「善。」自是之後，衆人廣坐之中，未嘗不言趙人之長者也，未嘗不言趙俗之善者也。

238 鄭同北見趙王

鄭同北見趙王。趙王曰：「子南方之傳[6]士也，何以教之？」鄭同曰：「臣南方草鄙之人也，何足問[7]？雖然，王致之於前，安敢不對乎？臣少之時，親嘗教以兵。」趙王曰：「寡人不好兵。」鄭同因撫手仰天而笑之曰：「兵固天下之狙喜也，臣故[8]意大王不好也。臣亦嘗以兵說魏昭王，昭王亦曰：『寡人不喜。』臣曰：『王之行能如許由乎？許由無天下之累，故不受[9]也。今王既受先生之傳，欲宗廟之安，壤地不削，社稷之血食乎？』王曰：『然。』今有人操隨侯之珠，持丘之環，萬金之財，時[10]宿於野，內無孟賁之威，荊慶之斷，外無弓弩之禦，不出宿夕，人必危之矣。今有強貪之國，臨王之境，索王之地，告以理則不可，說以義則不聽。王非戰國守圉[11]之具，▸其將何以當之◂[12]？王若無兵，鄰國得志矣。」趙王曰：「寡人請奉教。」

---

1. 吾乃今日知先生　2. 公子無忌　3. 此　4. 黏
5. 秦　6. 博　7. 聞　8. 固　9. 愛
10. 特　11. 圄　12. 其何以當之

239A 建信君貴於趙

建信君貴於趙。公子魏牟過趙，趙王迎之，顧反至坐，前有尺帛，且令工以為冠。工見客來也，因辟[1]。趙王曰：「公子乃驅後車，幸以臨寡人，願聞所以為天下。」魏牟曰：「王能重王之國若此尺帛，則王之國大治矣。」趙王不說，形於顏色，曰：「先生[2]不知寡人不肖，使奉社稷，豈敢輕國若此？」魏牟曰：「王無怒，請為王說之。」曰：「王有此尺帛，何不令前郎中以為冠？」王曰：「郎中不知為冠。」魏牟曰：「為冠而敗之，奚虧於王之國？而王必待工而后乃使之。今為天下之工，或非也，社稷為虛戾，先王不血食，而王不以予工，乃與幼艾。且王之先帝，駕犀首而驂馬服，以與秦角逐。秦當時適[3]其鋒。今王憧憧，乃輦建信以與強秦角逐，臣恐秦折王之椅[4]也。」

239B 衛靈公近雍疸彌子瑕

衛靈公近▸雍疸◂[5]、彌子瑕。二人者，專君之勢以蔽左右。復塗偵謂君曰：「昔日臣夢見君。」君曰：「子何夢？」曰：「夢見竈君。」君忿然作色曰：「吾聞夢見人君者，夢見日。今子曰夢見竈君而言君也，有說則可，無說則死。」對曰：「日，并燭天下者也，一物不能蔽也。若竈則不然，前之人煬，則後之人無從見也。今臣疑人之有煬於君者也，是以夢見竈君。」君曰：「善。」於是，因廢雍疸、彌子瑕，而立司空狗。

240 或謂建信君之所以事王者

▸或謂建信◂[6]：「君之所以事王者，色也。葺[7]之所以事王者，知也。色老而衰，知老而多。以日多之知，而逐衰惡之色，君必困矣。」建信君曰：「奈何？」曰：「並驥而走者，五里而罷；乘驥而御之，不倦而取道多。君令葺乘獨斷之車，御獨斷之勢，以居邯鄲；令之內治國事，外刺諸侯，則葺之事有不言者矣。君因言王而重責之，葺之軸今折矣。」建信君再拜受命，入言於王，厚任葺以事能[8]，重責之。未期年而葺亡走矣。

---

1. 避　2. 王　3. 避　4. 輢　5. 癰疽
6. 或謂建信君　7. 蕁　8. 而

241 苦成常謂建信君

苦[1]成常謂建信君曰：「天下合[2]從，而獨以趙惡秦，何也？魏殺呂遺[3]，而天下交之。今收河間，▸於是與殺呂遺◂[4]何以異？君唯▸釋虛偽疾◂[5]，▸文信◂[6]猶且知之也。從而有功乎，何患不得收河間？從而無功乎，收河間何益也？」

242 希寫見建信君

希寫見建信君。建信君曰：「文信侯之於僕也，甚無禮。秦使人來仕，僕官之丞相，爵五大夫。文信侯之於僕也，甚矣其無禮也。」希寫曰：「臣以為今世用事者，不如商賈。」建信君悖然曰：「足下卑用事者而高商賈乎？」曰：「不然。夫良商不與人爭買賣之賈，而謹司時。時賤而買，雖貴已賤矣；時貴而賣，雖賤已貴矣。昔者，文王之拘於牖里，而武王羈於玉門，卒斷[7]紂之頭而縣於太白者，是武王之功也。今君不能與文信侯相伉以權，而責文信侯少禮，臣竊為君不取也。」

243 魏尬謂建信君

魏尬謂建信君曰：「人有置係蹄者而得虎。虎怒，決蹯而去。虎之情，非不愛其蹯也。然而不以環寸之蹯，害七尺之軀者，權也。今有國，非直七尺軀也。而君之身於王，非環寸之蹯也。願公之熟圖之也。」

244 秦攻趙鼓鐸之音聞於北堂

秦攻趙，鼓鐸之音聞於北堂。希卑曰：「夫秦之攻趙，不宜急如此。此召兵也。必有大臣欲衡者耳。王欲知其人，旦日贊群臣而訪之，先言橫者，則其人也。」建信君果先言橫。

245 齊人李伯見孝成王

齊人李伯見孝成王。成王說之，以為代郡守。而居無幾何，人告之反。孝成王方

1. 晉　2. 公　3. 遼　4. 是與殺呂遺　5. 飾虛偽侯
6. 文信侯　7. 斬

饋，不墮食。無幾何，告者復至，孝成王不應。已，乃使使者言：「齊舉兵擊燕，恐其以擊燕為名，而以兵襲趙，故發兵自備。今燕、齊已合，臣請要其敝，而地可多割。」自是之後，為孝成王從事於外者，無自疑於中者。

246 為齊獻書趙王

▸為齊獻書趙王，使臣與復丑曰◂[1]：「臣一見，而能令王坐而天下致名寶[2]。而臣竊怪王之不試見臣，而窮臣也。群臣必多以臣為不能者，故王重見臣也。以臣為不能者非他，▸欲用王之兵，成其私者也◂[3]。▸非然，則交有所偏者也◂[4]；非然，則知不足者也；非然，則欲以天下之重恐王，▸而取行於王者也◂[5]。臣以齊循[6]事王，王能亡燕，能亡韓、魏，能攻秦，能孤秦。臣以為齊致尊名於王，天下孰敢不致尊名於王？臣以齊致地於王，天下孰敢不致地於王？臣以齊為王求名於燕及韓、魏，孰敢辭之？臣之能也，其前可見已。齊先重王，故天下盡重王；▸無齊◂[7]，天下必盡輕王也。秦之彊，▸以無齊之故重王◂[8]，▸燕、魏◂[9]自以無齊故重王。今王無齊獨安得無重天下？故勸王無齊者，▸非知不足也◂[10]，則不忠者也。非然，則欲用王之兵成其私者也；非然，則欲輕王以天下之重，取行於王者也；非然，則位尊而能卑者也。願王之熟慮無齊之利害也。」

247 齊欲攻宋

齊欲攻宋，秦令起賈禁之。齊乃捄[11]趙以伐宋。秦王怒，屬怨於趙。李兌約五國以伐秦，無功，留天下之兵於成皋，而陰構於秦。又欲與秦攻魏，以解其怨而取封焉。

魏王不說。之齊，▸謂齊王曰◂[12]：「臣為足下謂魏王曰：『三晉皆有秦患。今之攻秦也，為趙也。五國伐趙，趙必亡矣。秦[13]逐李兌，李兌必死。今之伐秦也，以救李子之死也。今趙留天下之甲於成皋，而陰鬻之於秦，已講，則令秦攻魏以成其私封，王之事趙也何得矣？且王嘗濟於漳，而身朝於邯鄲，抱陰、成，負蒿、葛、薜[14]，▸以為趙蔽◂[15]，而趙無為王行也。今又以何[16]陽、姑密封其子，而乃令秦攻王，以便取陰。人比然而後如[17]賢不，如王若用所以事趙之半收齊，天下有敢謀王者乎？王之事齊也，無

1. 為齊獻書趙王曰　2. 實　3. 欲用王之兵者也
4. 則交有所偏者也　5. 而取行者也　6. 脩　7. 重王無齊
8. 以無齊故重王　9. 燕、韓、魏　10. 非知不足　11. a.援 b.收　12. 人謂齊王曰
13. 齊　14. 孽　15. 為趙蔽　16. 河　17. 知

入朝之辱，無割地之費。齊為王之故，虛國於燕、趙之前，用兵於二千里之外，故攻城野戰，未嘗不為王先被矢石也。得二都，割河東，盡效之於王。自是之後，秦攻魏，▸齊甲未嘗◂[1]不歲至於王之境也。請問王之所以報齊者可乎？韓呡[2]處於趙[3]，去齊三千里，王以此疑齊，曰有秦陰。今王又挾故薛公以為相，善韓徐以為上交，尊虞商以為大[4]客，▸王固可以反疑齊乎◂[5]？』於魏王聽此言也甚詘，其欲事王也甚循[6]。其怨於趙。臣願王之曰[7]聞魏而無庸見惡也，臣請為王推其怨於趙，願王之陰重趙，而無使秦之見王之重趙也。秦見之且亦重趙。齊、秦交重趙，臣必見燕與韓、魏亦且重趙也，皆且無敢與趙治。五[8]國事趙，趙從親以合於秦，必為王高矣。臣故欲王之偏[9]劫天下，而皆私甘之也。王使臣以韓、魏與燕劫趙，使丹也甘之；以趙劫韓、魏，使臣[10]也甘之；以三晉劫秦，使順也甘之；以天下劫楚，使呡也甘之。則天下皆偪秦以事王，而不敢相私也。交定，然[11]後王擇焉。」

248 齊將攻宋而秦楚禁之

齊將攻宋，而秦、楚[12]禁之。齊因欲與趙，趙不聽。齊乃令公孫衍說李兌以攻宋而定封焉。李兌乃謂齊王曰：「臣之所以堅三晉以攻秦者，非以為齊得利秦之毀也，欲以使攻宋也。而宋置太子以為王，下親其上而守堅，臣是以欲足下之速歸休士民也。今太子走，諸善太子者，皆有死心。若復攻之，其國必有亂，而太子在外，此亦舉宋之時也。

「臣為足下使公孫衍說奉陽君曰：『君之身老矣，封不可▸不早定也◂[13]。為君慮封，莫若於宋，他國莫可。夫秦人貪，韓、魏危，燕、楚辟[14]，中山之地薄，莫如於陰。失今之時，不可復得已。宋之罪重，齊之怒深，殘亂宋，得[15]大齊，定身封，此百代之一時也。』以[16]奉陽君甚食[17]之，唯[18]得大封，齊無大異。臣願足下之大發攻宋之舉，▸而無庸致兵，姑待已耕◂[19]，以觀奉陽君之應足下也。縣陰以甘之，循有燕以臨之，而臣待忠之封，事必大成。臣又願足下有地效於襄安君以資臣也。足下果殘宋，此兩地之時也，足下何愛焉？若足下不得志於宋，與國何敢望也。足下以此資臣也，臣循燕觀趙，則足下擊潰而決天下矣。」

1. a.齊未嘗 b.齊甲不嘗　2. a.珉 b.岷　3. 楚　4. 一
5. 王顧可以反疑於齊乎　6. 脩　7. a.亟 b.重　8. 三
9. 徧　10. 甘　11. 而　12. 陰　13. 不可早定也
14. 僻　15. 德　16. 已　17. 貪　18. 雖
19. 而無庸致兵

249 五國伐秦無功

五國伐秦無功，罷於成皋。趙欲搆[1]於秦，楚與魏、韓將應之，秦[2]弗欲。蘇代謂齊王曰：「臣以[3]為足下見奉陽君矣。臣謂奉陽君曰：『天下散而事[4]秦，秦必據宋。魏冉必妬君之有陰也。秦王貪，魏冉妬，則陰不可得已矣。君無搆，齊必攻宋。齊攻宋，則楚必攻宋，魏必攻宋，燕、趙助之。五國據宋，不至一二月，陰必得矣。得陰而搆，秦雖有變，▸則君無患矣◂[5]。若不得已而必搆，則願五國復堅約。▸願得趙◂[6]，足下雄飛，與韓氏大吏東免[7]，齊王▸必無召呡也◂[8]。使臣守約，▸若與有倍約者◂[9]，以四國攻之。無倍約者，而秦侵約，五國復堅而賓[10]之。今韓、魏與齊相疑也，▸若復不堅約而講◂[11]，臣恐與國之大亂也。齊、秦非復合也，必有踦[12]重者矣。後合與踦重者，皆非趙之利也。且天下散而事秦，是秦制天下也。秦制天下，將何以天下為？臣願君之蚤計也。

「『天下爭[13]秦有六舉，皆不利趙矣。天下爭[14]秦，秦王受負海內之國，合負親之交，以據中國，而求利於三晉，是秦之一舉也。秦行是計，不利於趙，而君終不得陰，一矣。天下爭[15]秦，秦王內韓珉於齊，內成陽君於韓，相魏懷於魏，復合衍[16]交兩王，王賁、韓他之曹[17]，皆起而行事，是秦之一舉也。秦行是計也，不利於趙，而君▸又不得陰◂[18]，二矣。天下爭[19]秦，秦王受齊受趙，三彊[20]三親，以據魏而求安邑，是秦之一舉也。秦行是計，齊、趙應之，魏不待伐，抱安邑而信[21]秦，▸秦得安邑之饒◂[22]，魏為上交，韓必入朝秦，▸過趙已安邑矣，是秦之一舉也◂[23]。秦行是計，不利於趙，而君必不得陰，三矣。天下爭[24]秦，秦堅燕、趙之交，以伐齊收楚，與韓呡而攻魏，是秦之一舉也。秦行是計，而燕、趙應之。燕、趙伐齊，兵始用，秦因收楚而攻魏，不至一二月，魏必破矣。秦舉安邑而塞女戟，▸韓之太原絶◂[25]，下軹道、南陽、高[26]，伐魏，絶韓，包二周，即趙▸自消爍矣◂[27]。國燥[28]於秦，兵分[29]於齊，非趙之利也。而君終身不得陰，四矣。天下爭[30]秦，秦堅三晉之交攻齊，國破曹[31]屈，而兵東分於齊，秦桉[32]兵攻魏，取安邑，是秦之一舉也。秦行是計也，君桉[33]救魏，是以攻齊之已弊，▸救與秦

1. 講　2. 齊　3. 已　4. 爭　5. 君無患矣
6. 五國願得趙　7. 勉　8. 必無名禁珉也
9. 若與國有倍約者　10. 儐　11. 若復不約而講
12. 觭　13. 事　14. 事　15. 事　16. 衛
17. 楚　18. 不得陰　19. 事　20. a.強 b.彊　21. 倍
22. 得安邑之饒　23. 過趙已安邑矣　24. 事　25. 韓之太原之絶
26. 而　27. 自消矣　28. 爍　29. 孤　30. 事
31. 財　32. 按　33. 按

爭戰也◂[1]；君不救也，韓、魏焉免西合？國在謀之中，而君有[2]終身不得陰，五矣。天下爭[3]秦，秦按為義，存亡繼絕，固危扶弱，定無罪之君，必起中山與勝焉。秦起中山與勝，而趙、宋同命，何暇言陰？六矣。故曰君必無講，則陰必得矣。』

「奉陽君曰：『善。』乃絕和於秦，而收齊、魏以成取陰。」

250 樓緩將使伏事辭行

樓緩將使，伏事，辭行，謂趙王曰：「臣雖盡力竭知，死不復見於王矣。」王曰：「是何言也？固且為書而厚寄卿。」樓子曰：「王不聞公子牟夷之於宋乎？非肉不食。文張善宋，惡公子牟夷，▸寅然◂[4]。今臣之於王非宋之於公子牟夷也，而惡臣者過文張。故臣死不復見於王矣。」王曰：「子勉行矣，寡人與子有誓言矣。」樓子遂行。

後以中牟反，入梁。候者來言，而王弗聽，曰：「吾已與樓子有言矣。」

251 虞卿請趙王

虞卿請[5]趙王曰：「人之情，寧朝人乎？寧朝於人也[6]？」趙王曰：「人亦寧朝人耳，何故寧朝於人？」虞卿曰：「夫魏為從主，而違者范座[7]也。今王能以百里之地，若萬戶之都，請殺范座[8]於魏。范座[9]死，則從事可移於趙。」趙王曰：「善。」乃使人以百里之地，請殺范座[10]於魏。魏王許諾，使司徒[11]執范座[12]，而未殺也。

范座[13]獻書魏王曰：「臣聞趙王以百里之地，請殺座[14]之身。夫殺無罪范座[15]，▸座薄故也◂[16]；而得百里之地，大利也。臣竊為大王美之。雖然，而有一焉，百里之地不可得，而死者不可復生也，則主[17]必為天下笑矣！臣竊以為與其以死人市，不若以▸生人市使也◂[18]。」

又遺其後相信陵君書曰：「夫趙、魏，敵戰之國也。趙王以咫尺之書來，而魏王輕

1. a.救之而與秦爭戰也 b.與秦爭戰也　2. 又　3. 事
4. 宋然之　5. 謂　6. 乎　7. 痤　8. 痤
9. 痤　10. 痤　11. 空　12. 痤　13. 痤
14. 痤　15. 痤　16. 薄故也　17. 王
18. a.生人市便也 b.生人市也

為之殺無罪之座[1]，座[2]雖不肖，故魏之免相望[3]也。嘗以魏之故，得罪於趙。▸夫國內無用臣◂[4]，外雖得地，勢不能守。然今能守魏者，莫如君矣。王聽趙殺座[5]之後，強秦襲趙之欲[6]，倍趙之割，則君將何以止之？此君之累也。」信陵君曰：「善。」遽言之王而出之。

252 燕封宋人榮蚠為高陽君

燕封宋人榮蚠為高陽君，使將而攻趙。趙王因割濟東三城令[7]盧、高唐、▸平原陵地城◂[8]▸邑市◂[9]五十七，命以與齊，而以求安平君而將之。馬服君謂平原君曰：「國奚無人甚哉！君致安平君而將之，▸乃割濟東三令◂[10]城市邑五十七以與齊，此夫子與敵國戰，覆軍殺將之所取、割地於敵國者也。今君以此與齊，而求安平君而將之，國奚無人甚也[11]！且君奚不將奢也？奢嘗抵罪居燕，燕以奢為上谷守，燕之通谷要塞，奢習知之。百日之內，天下之兵未聚，奢已舉燕矣。然則君奚求安平君而為將乎？」平原君曰：「將軍釋之矣，僕已言之僕主矣。僕主幸以[12]聽僕也。將軍無言已。」馬服君曰：「君過矣！君之所以求安平君者，以齊之於燕也，茹肝涉血之仇耶。▸其於奢不然◂[13]。使安平君愚，固不能當榮蚠；使安平君知，又不肯與燕人戰。此兩言者，安平君必處一焉。雖然，兩[14]者有一也。使安平君知，則奚以趙之強為？趙強則齊不復霸矣。今得強趙之兵，以杜燕將，曠日持久數歲，令士大夫餘子之力，盡於溝壘，車甲羽毛裂敝，府庫倉廩虛，兩國▸交以習之◂[15]，乃引其兵而歸。夫盡兩國之兵，無明此者矣。」夏[16]，軍也縣釜而炊。得三城也，城大無能過百雉者。果如馬服之言也。

253 三國攻秦趙攻中山

三國攻秦，趙攻中山，取扶柳，五年以擅呼沱。齊人戎郭、宋突謂仇郝[17]曰：「不如盡歸中山之新地。中山案此言於齊曰，四國將假道於衛，以過章子之路。齊聞此，必效[18]鼓。」

1. 痤 2. 痤 3. 室 4. 夫國無用臣 5. 痤
6. 俗 7. 合 8. 平原地城 9. 市邑
10. a.乃割濟東三 b.乃割濟東三城合 11. 哉 12. 已
13. 其於奢也不然 14. 然 15. 交敝之 16. 是
17. 赫 18. 放

254 趙使趙莊合從

趙使趙莊合從，欲伐齊。齊請效地，趙因賤趙莊。▸齊明為謂趙王◂[1]曰：「▸齊畏從人之合也◂[2]，故效地。今聞趙莊賤，張懃[3]貴，齊必不效地矣。」趙王曰：「善。」乃召趙莊[4]而貴之。

255 翟章從梁來

翟章從梁來，甚善趙王。趙王三延之以相，翟章辭不受。田駟謂柱國韓向曰：「臣請為卿刺之。客若死，則王必怒而誅建信君。建信君死，則卿必為相矣。建信君不死，以為交，終身不敝，卿因以德建信君矣。」

256 馮忌為廬陵君謂趙王

馮忌[5]為廬陵君謂趙王曰：「王之逐廬陵君，為燕也。」王曰：「吾所以重者，無燕、秦也。」對曰：「秦三[6]以虞卿為言，而王不逐也。今燕一以廬陵君為言，而王逐之。是王輕強秦而重弱燕也。」王曰：「吾非為燕也，吾固將逐之。」「然則王逐廬陵君，又不為燕也。行逐愛弟，又兼無燕、秦，臣竊為大王不取也。」

257 馮忌請見趙王

馮忌請見趙王，行人見之。馮忌接手免[7]首，欲言而不敢。王問其故，對曰：「客有見人於服子者，已而請其罪。服子曰：『公之客獨有三罪：望我而笑，是狎也；談語而不稱師，是倍也；交淺而言深，是亂也。』客曰：『不然。夫望人而笑，是和也；言而[8]不稱師，是庸說也；交淺而言深，是忠也。昔者堯見舜於草茅之中，席隴畝而廕庇桑，陰移而授[9]▸天下傳◂[10]。伊尹負鼎俎而干湯，姓名未著而受三公。使夫交淺者不可以深談，則天下不傳，而三公不得也。』」▸趙王曰：「甚善。」馮忌曰◂[11]：「今外臣交淺而欲深談可乎？」王曰：「請奉教。」於是馮忌乃談。

---

1. 齊明謂趙王　2. 齊畏從之合也　3. 漢　4. 庄　5. 忌
6. 王　7. 俛　8. 是　9. 受　10. 天下
11. 趙王曰

258A 客見趙王

客見趙王曰：「臣聞王之使人買馬也，有之乎？」王曰：「有之。」「何故至今不遣？」王曰：「未得相[1]馬之工也。」對曰：「王何不遣建信君乎？」王曰：「建信君有國事，又不知相馬。」曰：「王何不遣紀姬乎？」王曰：「紀姬婦人也，不知相馬。」對曰：「買馬而善，何補於國？」王曰：「無補於國。」「買馬而惡，何危於國？」王曰：「無危於國。」對曰：「然則買馬善而若惡，皆無危補於國。然而王之買馬也，必將待工。今治[2]天下，舉錯非也，國家為虛戾，而社稷不血食，然而王不待工，而與建信君，何也？」趙王未之應也。客曰：「▸燕郭之法◂[3]，有所謂桑[4]雍者，王知之乎？」王曰：「未之聞也。」「所謂▸桑雍◂[5]者，便辟▸左右之近者◂[6]，及夫人優愛孺子也。此皆能乘王之醉昏，而求所欲於王者也。是能得之乎[7]內，則大臣為之枉法於外矣。故日月暉於外，其賊在於內，謹備其所憎，而禍在於所愛。」

258B 秦攻魏取寧邑

秦攻魏，取寧邑，諸侯皆賀。▸趙王使往賀◂[8]，三反不得通。趙王憂之，謂左右曰：「以秦之強，得寧邑，以制齊、趙。諸侯皆賀，吾往賀而獨不得通，此必加兵我，為之奈何？」左右曰：「使者三往不得通者，必所使者非其人也。曰諒毅者，辨士也，大王可試使之。」

▸諒毅親受命◂[9]而往。至秦，獻書秦王曰：「大王廣地寧邑，諸侯皆賀，敝邑寡君亦竊嘉之，不敢寧居，使下臣奉其幣物三至王廷，而使不得通。使若無罪，願大王無絕其歡；▸若使有罪◂[10]，願得請之。」秦王使使者報曰：「吾所使趙國者，小大皆聽吾言，則受書幣。若不從吾言，則使者歸矣。」諒毅對曰：「下臣之來，固願承大國之意也，豈敢有難？大王若有以令之，請奉而西行之，無所敢疑。」

於是秦王乃見使者，曰：「趙豹、平原君，數欺弄寡人。趙能殺此二人，則可。若不能殺，請今率諸侯受命邯鄲城下。」諒毅曰：「趙豹、平原君，▸親寡君之母弟也◂[11]，猶大王之有葉陽、涇陽君也。大王以孝治聞於天下，▸衣服使之便於體◂[12]，▸膳

---

1. 買　2. 將　3. 郭偃之淫　4. 柔　5. 柔癰
6. 左右之人　7. 於　8. 趙王使賀　9. 諒毅受命　10. 若使者有罪
11. 親寡君母弟也　12. 衣服之便於體

啗使之嗛於口◂[1]，未嘗不分於葉陽、涇陽君。葉陽君、涇陽君之車馬衣服，無非大王之服御者。臣聞之：『有覆巢毀卵，而鳳皇不翔；刳胎焚夭，而▸騏驎◂[2]不至。』今使臣受大王之令以還報，敝邑之君，畏懼不敢不行，無乃傷葉陽君、涇陽君之心乎？」

秦王曰：「諾。勿使從政。」諒毅曰：「敝邑之君，有母弟不能教誨，以惡大國，請黜之，勿使與政事，以稱大國。」秦王乃喜，▸受其弊◂[3]而厚遇之。

259 趙使姚賈約韓魏

趙使姚賈約韓、魏，韓、魏以友[4]之。▸舉茅◂[5]為姚賈謂趙王曰：「賈也，王之忠臣也。韓、魏欲得之，故友[6]之，將使王逐之，而己因受之。今王逐之，是韓、魏之欲得，而王之忠臣有罪也。故王不如勿逐，以明王之賢，而折韓、魏▸招之◂[7]。」

260 魏敗楚於陘山

魏敗楚於陘山，禽唐明。楚王懼，令昭應奉太子以委和於薛公。主父欲敗之，乃結秦▸連楚、宋之交◂[8]，令仇郝[9]相宋，樓緩相秦。楚王禽[10]趙、宋，魏[11]之和卒敗。

261 秦召春平侯

秦召春平侯，因留之。世[12]鈞為之謂[13]文信侯曰：「春平侯者，趙王之所甚愛也，而郎中甚妬之，故相與謀曰：『春平侯入秦，秦必留之。』故謀而入之秦。今君留之，是空絕趙，而郎中之計中也。故君不如遣春平侯而留平都侯。春平侯者言行於趙王，必厚割趙以事君，而贖平都侯。」文信侯曰：「善。」因與接意而遣之。

262 趙太后新用事

趙太后新用事，秦急攻之。趙氏求救於齊。齊曰：「必以長安君為質，兵乃出。」太后不肯，大臣強諫。太后明謂左右：「有復言令長安君為質者，老婦必唾其面。」

1. 膳啗之嗛於口 2. 麒麟 3. 受幣 4. 反 5. 茅舉
6. 反 7. 之招 8. 連宋之交 9. 赫 10. 合
11. 齊 12. 泄 13. 請

左師觸讋[1]▸願見太后。太后◂[2]盛氣而揖之。▸入而徐趨◂[3]，至而自謝，曰：「老臣病足，曾不能疾走，不得見久矣。竊自恕，▸而恐太后◂[4]玉體之有所郄也，故願▸望見太后。」太后曰◂[5]：「老婦恃輦而行。」曰：「日食飲得無衰乎？」曰：「恃鬻[6]耳。」曰：「老臣今者殊不欲食，乃自強步，日三四里，少益耆[7]食，▸和於身也。」太后曰◂[8]：「老婦不能。」太后之色少解。

左師公曰：「老臣賤息舒祺，最少，不肖。而臣衰，竊愛憐之。▸願令得◂[9]補黑衣之數，以衛王官[10]，沒死以聞。」太后曰：「敬諾。年幾何矣？」對曰：「十五歲矣。雖少，願及未填溝壑而託之。」太后曰：「丈夫亦愛憐其少子乎？」對曰：「甚於婦人。」▸太后笑曰◂[11]：「婦人異甚。」對曰：「老臣竊▸以為媼◂[12]之愛燕后賢於長安君。」曰：「君過矣，不若長安君之甚。」左師公曰：「父母之愛子，則為之計深遠。媼之送燕后也，持其踵▸為之泣，念悲其遠也◂[13]，亦哀之矣。已行，非弗思也，祭祀必祝之，祝[14]曰：『必勿使反。』豈非計久長，有[15]子孫相繼為王也哉？」太后曰：「然。」左師公曰：「今三世以前，至於趙之為趙，趙主[16]之子孫侯者，其繼有在者乎？」曰：「無有。」曰：「微獨趙，諸侯有在者乎？」曰：「老婦不聞也。」「此其近者禍及身，遠者及其子孫。豈人主之子孫[17]則必不善哉？位尊而無功，奉厚而無勞，而挾重器多也。今媼尊▸長安君◂[18]之位，▸而封之以膏腴之地◂[19]，多予之重器，而不及今令有功於國。一旦山陵崩，長安君何以自託於趙？老臣以媼為長安君計短也，故以為其愛不若燕后。」太后曰：「諾。恣君之所使之。」於是為長安君約車百乘質於齊，齊兵乃出。

子義聞之曰：「人主之子也，骨肉之親也，猶不能恃無功之尊，無勞之奉，而守金玉之重也，而況人臣乎？」

263 秦使王翦攻趙

秦使王翦攻趙，趙使李牧、司馬尚禦之。李牧數破走秦軍，殺秦將桓齮。王翦惡之，乃多與趙王寵臣郭開等金，使為反間，曰：「李牧、司馬尚欲與秦反趙，以多取封

1. 龍　2. 願見太后　3. 入徐趨　4. 恐太后
5. 望見太后。」曰　6. 粥　7. 嗜　8. 和於身。」曰
9. a.願令 b.願得　10. 宮　11. 太后曰　12. 以為太后
13. 而泣之甚，悲念其遠也　14. 甚　15. 為　16. 王
17. 侯　18. 長安　19. 而封以膏腴之地

於秦。」趙王疑之，使趙蔥[1]及顏冣[2]代將，斬李牧，廢司馬尚。後三[3]月，王翦因急擊，大破趙，殺趙軍，虜趙王遷及其將顏冣，遂滅趙。

264A 知伯索地於魏桓子

知伯索地於魏桓子，魏桓子弗予。任章曰：「何故弗予？」桓子曰：「無故索地，故弗予。」任章曰：「無故索地，鄰國必恐；重欲無厭，天下必懼。君予之地，知伯必憍[4]。▸憍而輕敵◂[5]，鄰國懼而相親。以相親之兵，待輕敵之國，知氏之命不長矣！《周書》曰：『將欲敗之，必姑輔之；將欲取之，必姑與之。』君不如與之，以驕知伯。君何釋以天下圖知氏，而獨以吾國為知氏質[6]乎？」君曰：「善。」乃與之萬家之邑一。知伯大說。因索蔡、皋梁[7]於趙，趙弗與，因圍晉陽。韓、魏反於外，趙氏應之於內，知氏遂亡。

264B 韓趙相難

韓、趙相難。韓索兵於魏曰：「願得借師以伐趙。」魏文侯曰：「寡人與趙兄弟，不敢從。」趙又索兵以攻韓，文侯曰：「寡人與韓兄弟，不敢從。」二國不得兵，怒而反。已乃知文侯以[8]講於己也，皆朝魏。

265 樂羊為魏將而攻中山

樂羊為魏將而攻中山。其子在中山，中山之君烹其子而遺之羹，樂羊坐於幕下而啜之，盡一盃。文侯謂覩師贊曰：「樂羊以我之故，食其子之肉。」贊對曰：「▸其子之肉尚食之◂[9]，其[10]誰不食！」樂羊既罷中山，文侯賞其功而疑其心。

266 西門豹為鄴令

西門豹為鄴令，而辭乎魏文侯。文侯曰：「▸子往矣◂[11]，必就子之功，而成子之名。」西門豹曰：「敢問就功成名，亦有術乎？」文侯曰：「有之。夫[12]鄉邑老者而先

1. 思　2. 最　3. 五　4. 驕　5. 彼驕而輕敵
6. 資　7. 狼　8. 已　9. 其子食之　10. 且
11. 子往子往矣　12. 矣

受坐之士，子入而問其賢良之士而師事之，求其好掩人之美▸而揚人之醜者◂[1]而參驗之。夫物多相類而非也，幽莠之幼也似禾，驪[2]牛之黃也似虎，白骨疑象，武夫類玉，此皆似之而非者也。」

267 文侯與虞人期獵

文侯與虞人期獵。是日，飲酒樂，天雨。文侯將出，左右曰：「今日飲酒樂，天又雨，公將焉之？」文侯曰：「吾與虞人期獵，雖樂，豈可不[3]一會期哉！」乃往，身自罷之。魏於是乎始強。

268 魏文侯與田子方飲酒而稱樂

魏文侯與田子方飲酒而稱樂。文侯曰：「鍾聲不比乎，左高。」田子方笑。文侯曰：「奚笑？」子方曰：「臣聞之，君明則樂官，不明則樂音。今君審於聲，臣恐君之聾於官也。」文侯曰：「善，敬聞命。」

269 魏武侯與諸大夫浮於西河

魏武侯與諸大夫浮於西河，稱曰：「河山之險，▸豈不亦信固哉◂[4]！」王鍾[5]侍王[6]，曰：「此晉國之所以強也。若善脩之，則霸王之業具矣。」吳起對曰：「吾君之言，危國之道也；而子又附之，▸是危也◂[7]。」武侯忿然曰：「子之言有說乎？」

吳起對曰：「河山之險，▸信不足保也◂[8]；▸是伯王之業◂[9]，不從此也。昔者，三苗之居，▸左彭蠡之波◂[10]，▸右有洞庭之水◂[11]，文[12]山在其南，而衡山在其北。恃此險也，為政不善，而禹放逐之。夫夏桀之國，左天門之陰，而右天谿之陽，廬[13]、睪在其北，伊、洛出其南。有此險也，然為政不善，而湯伐之。殷紂之國，左孟門而右漳、釜[14]，前帶河，後被山。有此險也，然為政不善，而武王伐之。且君親從臣而勝降城，▸城非不高也◂[15]，人民非不眾也，然而可得并者，政惡故也。從是觀之，地形險阻，奚足以霸王矣！」

---

1. 而揚人之醜　2. 黧　3. 無　4. 不亦信固哉　5. 錯
6. 坐　7. 是重危也　8. 不足保也　9. 伯王之業　10. 左有彭蠡之波
11. 右洞庭之水　12. 汶　13. 盧　14. 滏　15. 城非不高

武侯曰：「善。吾乃今日聞聖人之言也！西河之政，專委之子矣。」

270 魏公叔痤為魏將

魏公叔痤為魏將，而與韓、趙戰澮北，禽樂祚。魏王說，迎郊，以賞田百萬祿之。公叔痤反走，再拜辭曰：「夫使士卒不崩，直而不倚，▸撓揀而不辟者◂[1]，此吳起餘教也，臣不能為也。前脈▸形地◂[2]之險阻，決利害之備，使三軍之士不迷惑者，巴[3]寧、爨襄之力也。縣賞罰於前，使民昭然信之於後者，王之明法也。見敵之可也鼓之，不敢怠倦者，臣也。王特為臣之右手不倦賞臣，何也？若以臣之有功，臣何力之有乎？」王曰：「善。」於是索吳起之後，賜之田二十萬。巴[4]寧、爨襄田各十萬。

王曰：「公叔豈非長者哉！既為寡人勝強敵矣，又不遺賢者之後，不揜能士之迹，公叔何可無益乎？」故又與田四十萬，加之百萬之上，使百四十萬。故《老子》曰：「聖人無積，盡[5]以為人，己愈有；既以與人，己愈多。」公叔當之矣。

271 魏公叔痤病

魏公叔痤病，惠王往問之。曰：「公叔病，即不可諱，將柰社稷何？」公叔痤對曰：「痤有御庶子公孫鞅，願王以國事聽之也。為弗能聽，勿使出竟。」王弗應，出而謂左右曰：「豈不悲哉！以公叔之賢，而謂寡人必以國事聽鞅，不亦悖乎！」

公叔痤死，公孫鞅聞之，▸已葬◂[6]，西之秦，孝公受而用之。秦果日以強，魏日以削。此非公叔之悖也，惠王之悖也。悖者之患，固以不悖者為悖。

272 蘇子為趙合從說魏王

蘇子為趙合從，說魏王曰：「大王之地，南有鴻溝、陳、▸汝南，有許、鄢◂[7]、昆陽、邵陵、舞陽、新郪；東有淮、穎[8]、沂、黃、煮棗、▸海鹽、無（踈）〔疏〕◂[9]；西有長城之界；北有河外、卷、▸衍、燕、酸棗◂[10]，地方千里。▸地名雖小◂[11]，然而▸盧

1. a.楝撓而不辟者 b.撓揀不辟者　2. 地形　3. 已　4. 已
5. 既　6. 出奔　7. 汝、許、鄢　8. 潁
9. a.海鹽無胥 b.無（踈）〔疏〕　10. 衍、酸棗　11. 名雖小

田廡舍◂[1]，曾無所芻牧牛馬之地。人民之眾，車馬之多，日夜行不休已，無以異於三軍之眾。臣竊料之，大王之國，不下於楚。然橫人謀[2]王，外交強虎狼之秦，以侵天下，卒有國患，不被其禍。夫挾強秦之勢，以內劫其主，罪無過此者。且魏，天下之強國也；大王，天下之賢主[3]也。今乃有意西面而事秦，稱東藩，築帝宮，受冠帶，祠春秋，臣竊為大王媿之。

「臣聞越王勾踐以散卒三千，禽夫差於干遂；武王卒三千人，革車三百乘，斬紂於牧之野。豈其士卒眾哉？誠能振其威也。今竊聞大王之卒，武力二十餘萬，蒼頭二千[4]萬，奮擊二十萬，厮徒十萬，‣車六百乘◂[5]，‣騎五千疋◂[6]。此其過越王勾踐、武王遠矣！今乃劫於辟[7]臣之說，而欲臣事秦。夫事秦必割地效質[8]，故兵未用而國已虧矣。凡群臣之言事秦者，皆姦臣，非忠臣也。夫為人臣，割其主之地‣以求外交◂[9]，偷取一旦之功而不顧其後，破公家而成私門，外挾彊秦之勢以內劫其主以求割地，願大王之熟察之也。

「《周書》曰：『緜緜不絕，‣縵縵奈何◂[10]；毫毛不拔，將成斧柯。』前慮不定，後有大患，將奈之何？大王誠能聽臣，六國從親，專心并力，則必無強秦之患。故敝邑趙王使使臣獻愚計，奉明約，在大王詔之。」魏王曰：「寡人不肖，未嘗得聞明教。今主君以趙王之詔詔之，敬以國從。」

273 張儀為秦連橫說魏王

張儀為秦連橫，說魏王曰：「魏地方不至千里，卒不過三十萬人。地四平，諸侯四通，條達輻湊，無有名山大川之阻。從鄭至梁，不過百里；從陳至梁，二百餘里。馬馳人趨，不待倦而至梁。南與楚境，西與韓境，北與趙境，東與齊境，卒戍四方，守亭障者參列。粟糧‣漕庾◂[11]，不下十萬。魏之地勢，故戰場也。魏南與楚而不與齊，則齊攻其東；東與齊而不與趙，則趙攻其北；不合於韓，則韓攻其西；不親[12]於楚，則楚攻其南。此所謂四分五裂之道也。

「且夫諸侯之為從者，以安社稷、尊主、強兵、顯名也。合從者，一天下、約為兄

1. 田舍廬廡　2. 訹　3. 王　4. 十　5. 車六百
6. 騎五千　7. 群　8. 實　9. 以外交　10. 蔓蔓若何
11. 糟庚　12. 合

弟、刑白馬以盟於洹水之上以相堅也。夫親昆[1]弟，同父母，尚有爭錢財。而欲恃詐偽反覆蘇秦之餘謀，其不可以成亦明矣。

「大王不事秦，秦下兵攻河外，拔卷、衍、燕[2]、酸棗，劫衛取晉陽，則趙不南；趙不南，則魏不北；魏不北，▸則從道絶；從道絶◂[3]，則大王之國欲求無危不可得也。秦挾韓而攻魏，韓劫於秦，不敢不聽。秦、韓為一國，魏之亡可立而須也，▸此臣之所以為大王◂[4]患也。為大王計，莫如事秦，事秦則楚、韓必不敢動；無楚、韓之患，則大王高枕而臥，國必無憂矣。

「且夫秦之所欲弱莫如楚，而能弱楚者莫若魏。楚雖有富大之名，其實空虛；其卒雖眾，多言[5]而輕走，易北，不敢堅戰。▸魏之兵◂[6]南面而伐，勝楚必矣。夫虧楚而益魏，攻楚而適秦，內嫁禍安國，此善事也。大王不聽臣，▸秦甲出而東◂[7]，雖欲事秦而不可得也。

「且夫從人多奮辭而寡可信，說一諸侯之王，出而乘其車；約一國▸而反，成而封侯之基◂[8]。是故天下之遊士，莫不日夜搤腕瞋目切齒以言從之便，以說人主。人主覽其辭，牽其說，惡得無眩哉？臣聞積羽沉舟，群輕折軸，眾口鑠金，故願大王之熟計之也。」

魏王曰：「▸寡人惷愚◂[9]，前計失之。請稱東藩，築帝宮，受冠帶，祠春秋，效河外。」

274 齊魏約而伐楚

齊、魏約而伐楚，魏以董慶為質於齊。楚攻齊，大敗之，而魏弗救。田嬰怒，將殺董慶。旰[10]夷▸為董慶謂田嬰曰◂[11]：「楚攻齊，大敗之，而不敢深入者，以魏為將內之於齊而擊其後。今殺董慶，是示楚無魏也。魏怒合於楚，齊必危矣。不如貴[12]董慶以善魏，而疑之於楚也。」

1. 兄　2. 點　3. 則從道絕　4. 此臣之所為大王
5. 然　6. 患魏之兵　7. 秦甲出而東伐
8. 而成反而取封侯之基　9. 寡人惷　10. a.干 b.盱 c.吁
11. 謂田嬰曰　12. 舍

275 蘇秦拘於魏

蘇秦[1]拘於魏，欲走▸而之韓◂[2]，魏氏閉關而不通。齊使蘇厲為之謂魏王曰：「齊請以宋地封涇陽君，而秦不受也。夫秦非不利有齊▸而得宋地也◂[3]，然其所以不受者，不信齊王與蘇秦也。今秦見齊、魏之不合也如此其甚也，則齊必不欺秦，而秦信齊矣。齊、秦合而涇陽君有宋地，則非魏之利也。故王不如復東蘇秦，秦必疑齊而不聽也。夫齊、秦不合，天下無憂[4]，伐齊成，則地廣矣。」

276 陳軫為秦使於齊

陳軫為秦使於齊，過魏，求見犀首。犀首謝陳軫。陳軫曰：「軫之所以來者，事也。公不見軫，軫且行，不得待異日矣。」犀首乃見之。陳軫曰：「公惡事乎？何為飲食而無事？無事必來。」犀首曰：「衍不肖，不能得事焉，何敢惡事？」陳軫曰：「請移天下之事於公。」犀首曰：「奈何？」陳軫曰：「魏王使李從以車百乘使於楚，公可以居其中而疑之。公謂魏王曰：『臣與燕、趙故矣，數令人召臣也，曰無事必來。今臣無事，請謁而往。無久，旬、五之期。』王必無辭以止公。公得行，因自言於廷曰：『臣急使燕、趙，急約車為行具。』」犀首曰：「諾。」謁魏王，王許之，即明言使燕、趙。

諸侯客聞之，皆使人告其王曰：「李從以車百乘使楚，犀首又以車三十[5]乘使燕、趙。」齊王聞之，恐後天下得魏，以事屬犀首，犀首受齊事。魏王▸止其行使◂[6]。燕、趙聞之，亦以事屬犀首。楚王聞之，曰：「李從約寡人，今燕、齊、趙皆以事因犀首，犀首必欲寡人，寡人欲之。」乃倍李從，而以事因犀首。魏王曰：「所以不使犀首者，以為不可。令[7]四國屬以事，寡人亦以事因焉。」犀首遂主天下之事，復相魏。

277 張儀惡陳軫於魏王

張儀惡陳軫於魏王曰：「軫善事楚，為求壤地也，▸甚力之◂[8]。」左華謂陳軫曰：「儀善於魏王，魏王甚愛之。公雖百說之，猶不聽也。▸公不如儀之言為資◂[9]，而反於楚王。」陳軫曰：「善。」因使人先言於楚王。

---

1. 代　　2. a.而之齊 b.而之齊韓　　3. 而得宋地　　4. 變
5. 千　　6. 止其使　　7. 今　　8. 甚力
9. 公不如以儀之言為資

278 張儀欲窮陳軫

張儀欲窮陳軫，令[1]魏王召而相之，來將悟[2]之。將行，其子陳應止其公之行，曰：「物之湛者，不可不察也。鄭彊出秦曰[3]，應為知[4]。夫魏欲絕楚、齊，必重迎公。郢中不善公者，欲公之去也，必勸王多公之車。公至宋，道稱疾而毋行，使人謂齊王曰：『魏之所以迎我者，欲以絕齊、楚也。』」

齊王曰：「子果[5]無之魏而見寡人也，請封子。」因以魯侯之車迎之。

279 張儀走之魏

張儀走之魏，魏將迎之。張丑諫於王，欲勿內，不得於王。張丑退，復諫於王曰：「王亦聞老妾事其主婦者乎？子長色衰，重家[6]而已。今臣之事王，若老妾之事其主婦者。」魏王因不納張儀。

280 張儀欲以魏合於秦韓

張儀欲以魏合於秦、韓而攻齊、楚。惠施欲以魏合於齊、楚以案兵。人多為張子於王所。惠子謂王曰：「小事也，謂可者謂不可者正半，況大事乎？以魏合於秦、韓而攻齊、楚，大事也，而王之群臣皆以為可。不知是其可也，如是其明耶？而群臣之知術也，如是其同耶？是其可也，未如是其明也，而群臣之知術也，又非皆同也，是有其半塞也。所謂劫主者，失其半者也。」

281 張子儀以秦相魏

▸張子儀◂[7]以秦相魏，齊、楚怒而欲攻魏。雍沮謂張子曰：「魏之所以相公者，以公相則國家安，而百姓無患。今公相而魏受兵，是魏計過也。齊、楚攻魏，公必危矣。」張子曰：「然則奈何？」雍沮曰：「請令齊、楚解攻。」雍沮謂齊、楚之君曰：「王亦聞張儀之約秦王乎？曰：『王若相儀於魏，齊、楚惡儀，必攻魏。魏戰而勝，是齊、楚之兵折，而儀固得魏矣；若不勝魏，魏必事秦以持其國，必割地以賂王。若欲復

---

1. 今　2. a.梏 b.倍　3. 曰　4. 之　5. 東
6. 嫁　7. 張儀

攻，其敝不足以應秦。』此儀之所以與秦王陰相結也。今儀相魏而攻之，是使儀之計當於秦也，非所以窮儀之道也。」齊、楚之王曰：「善。」乃遽[1]解攻於魏。

282 張儀欲并相秦魏

張儀欲并相秦、魏，故謂魏王曰：「儀請以秦攻三川，王以其間約南陽，韓氏亡。」史厭謂趙獻曰：「公何不以楚佐儀求相之於魏，韓恐亡，必南走楚。儀兼相秦、魏，則公亦必并相楚、韓也。」

283 魏王將相張儀

魏王將相張儀，犀首弗利，故令人謂韓公叔曰：「張儀以[2]合秦、魏矣。其言曰：『魏攻南陽，秦攻三川，韓氏必亡。』且魏王所以貴張子者，▸欲得地◂[3]，則韓之南陽舉矣。子盍少委焉，以為衍功，則秦、魏之交可廢矣。如此，則魏必圖秦而棄儀，收韓而相衍。」公叔以為信[4]，因而委之，犀首以為功，果相魏。

284 楚許魏六城

楚許魏六城，與之伐齊而存燕。張儀欲敗之，謂魏王曰：「齊畏三國之合也，必反燕地以下楚，楚、趙必聽之，而不與魏六城。是王失謀於▸楚、趙◂[5]，而樹怨▸而於齊◂[6]、秦也。齊遂伐趙，取乘丘，收侵地，虛、頓丘危。楚破南陽九夷，內沛，許、鄢陵危。王之所得者，新觀也。而道塗宋、衛為制，事敗為趙驅，事成功縣宋、衛。」魏王弗聽也。

285 張儀告公仲

張儀告公仲，令以饑故，賞韓王以近河外。魏王懼，問張子。張子曰：「秦欲救齊，韓欲攻南陽，秦、韓合而欲攻南陽，無異也。且以遇卜王，王不遇秦，韓之卜也決矣。」魏王遂尚遇秦，信韓、廣魏、救趙，尺[7]楚人，遽於萆[8]下。伐齊之事遂敗。

---

1. 遂　2. 已　3. 欲得地也　4. a.便 b.然　5. 楚
6. 於齊　7. 斥　8. 革

286 徐州之役

徐[1]州之役，犀首謂梁王曰：「何不陽與齊而陰結於楚？二國恃王，▸齊、楚必戰◂[2]。齊戰勝楚，而與乘之，必取方城之外；▸楚戰勝齊敗◂[3]，而與乘之，是太子之讎報矣。」

287 秦敗東周

秦敗東周，與魏戰於伊闕，殺犀武。魏令公孫衍乘勝而留於境，請卑辭割地，以講於秦。為竇屢謂魏王曰：「臣不知衍之所以聽於秦之少多，然而臣能半衍之割，而令秦講於王。」王曰：「奈何？」對曰：「王不若與竇屢關內侯，▸而令趙◂[4]。王重其行而厚奉之。因揚言曰：『聞周、魏令竇屢以割魏於奉陽君，而聽秦矣。』夫周君、竇屢、奉陽君之與穰侯，貿首之仇也。今行和者，竇屢也；制割者，奉陽君也。太后恐其不因穰侯也，而欲敗之，必以少割請合於王，而和於東周與魏也。」

288 齊王將見燕趙楚之相於衛

齊王將見燕、趙、楚之相於衛，約外魏。魏王懼，恐其謀伐魏也，告公孫衍。公孫衍曰：「王與臣百金，臣請敗之。」王為約車，載[5]百金。犀首期齊王至之曰[6]，▸先以車五十乘◂[7]至衛間齊，▸行以百金◂[8]，以請先見齊王，乃得見。因久坐安，從容談三國之相怨。

謂齊王曰：「王與三國約外魏，魏使公孫衍來，今久與之談，▸是王謀三國也也◂[9]。」齊王曰：「魏王聞寡人來，使公孫子勞寡人，寡人無與之語也。」三國之▸不相◂[10]信齊王之遇，遇事遂敗。

289 魏令公孫衍請和於秦

魏令公孫衍請和於秦，綦母恢教之語曰：「▸無多割。曰◂[11]，和成，▸固有秦重和◂[12]，以與王遇；和不成，則後必莫能以魏合於秦者矣。」

---

1. 俆　2. 齊必戰　3. 楚戰勝齊　4. 而令之趙　5. 齎
6. 日　7. 先以五十乘　8. 行人以百金　9. 是王謀三國也
10. 相不　11. 無多割　12. 固有秦重

290 公孫衍為魏將

公孫衍為魏將，與其相田繻[1]不善。季子為衍謂梁王曰：「王獨不見夫服牛驂驥乎？不可以行百步。今王以衍為可使將，故用之也；而聽相之計，▸是服牛驂驥也◂[2]。牛馬俱死，而不能成其功，王之國必傷矣！願王察之。」

291 犀首田盼欲得齊魏之兵以伐趙

犀首、田盼欲得齊、魏之兵以伐趙，梁君與田侯不欲。犀首曰：「請國出五萬人，不過五月而趙破。」田盼曰：「夫輕用其兵者，其國易危；易用其計者，其身易窮。公今言破趙大易，恐有後咎。」犀首曰：「公之不慧也。夫二君者，固已不欲矣。▸今公又言有難以懼之◂[3]，是趙不伐，而二士[4]之謀困也。且公直言易，而事已去矣。夫難搆而兵結，田侯、梁君見其危，又安敢釋卒不我予乎？」田盼曰：「善。」遂勸兩君▸聽犀首。犀首◂[5]、田盼遂得齊、魏之兵。兵未出境，梁君、田侯恐其至而戰敗也，悉起兵從之，大敗趙氏。

292 犀首見梁君

犀首見梁君曰：「臣盡力竭知，欲以為王廣土取尊名，田需從中敗君[6]，王又聽之，是臣終無成功也。需亡，臣將侍；需侍，臣請亡。」王曰：「需，寡人之股掌之臣也。為子之不便也，殺之亡之，▸毋謂天下何◂[7]，內之無若群臣何也！今吾為子外之，令毋敢入子之事。入子之事者，吾為子殺之亡之，胡如？」犀首許諾。於是東見田嬰，與之約結；召文子而相之魏，身相於韓。

293 蘇代為田需說魏王

蘇代為田需說魏王曰：「臣請問文之為魏，孰與其為齊也？」王曰：「不如其為齊也。」「衍之為魏，孰與其為韓也？」王曰：「不如其為韓也。」而蘇代曰：「衍將右韓而左魏，文將右齊而左魏。二人者，將用王之國，舉事於世，中道而不可，王且無所聞之矣。王之國雖滲樂而從[8]之可也。王不如舍需於側，以稽二人者之所為。二人者

1. 需　2. 是服牛騎驥之道　3. 今公又言難以懼之
4. 君　5. 聽犀首　6. a.臣 b.之　7. 外之毋謂天下何
8. 後

曰：『需非吾人也，吾舉事而不利於魏，需必挫我於王。』二人者必不敢有外心矣。▸二人者之所為之◂[1]，利於魏與不利於魏，王厝需於側以稽之，▸臣以為身利◂[2]▸而便於事◂[3]。」王曰：「善[4]。」果厝需於側。

294 史舉非犀首於王

史舉非犀首於王。犀首欲窮之，謂張儀曰：「請令王讓先生以國，王為堯、舜矣；而先生弗受，亦許由也。▸衍請因令王◂[5]致萬戶邑於先生。」張儀說，因令史舉數見犀首。王聞之而弗任也，史舉不辭而去。

295 楚王攻梁南

楚王攻梁南，韓氏因圍蔷[6]。成恢為犀首謂韓王曰：「疾攻蔷，楚師必進矣。魏不能支，交臂而聽楚，韓氏必危，故王不如釋蔷。魏無韓患，必與楚戰，戰而不勝，大梁不能守，而又況存蔷乎？▸若戰而勝◂[7]，兵罷敝，大王之攻蔷易矣。」

296 魏惠王死

魏惠王死，葬有日矣。天大雨雪，至於牛目，壞城郭，且為棧道而葬。群臣多諫太子者，曰：「雪甚如此而喪行，民必甚病之。官費又恐不給，請弛期更日。」太子曰：「為人子，而以民勞與官費用之故，而不行先王之喪，▸不義也◂[8]。子勿復言。」

群臣皆不敢言，而以告犀首。犀首曰：「吾未有以言之也，是其唯惠[9]公乎！請告惠公[10]。」

惠公[11]曰：「諾。」駕而見太子曰：「葬有日矣。」太子曰：「然。」惠公曰：「昔王季歷葬於▸楚山之尾◂[12]，欒水齧其墓，見棺之前和。文王曰：『嘻！先君必欲一見群臣百姓也夫，故使欒水見之。』於是出▸而為之張於朝◂[13]，百姓皆見之，三日而後更葬。此文王之義也。今葬有日矣，而雪甚，及牛目，難以行，太子為及日之故，得毋

1. 二人者之所為　2. 臣以為　3. a.而國便於事 b.便於事　4. 然
5. 衍因令王　6. a.蔷 b.黃　7. 若戰勝　8. 不義　9. 薛
10. 子　11. 子　12. 楚山尾　13. 而為之張朝

嫌於欲亟葬乎？願太子更日。先王必欲少留而扶社稷、安黔首也，故使雪甚。因弛期而更為日，此文王之義也。若此而弗為，意者羞法文王乎？」太子曰：「甚善。敬弛期，更擇日。」

惠子非徒行其說也，又令魏太子未葬其先王而▸因又◂[1]說文王之義。說文王之義以示天下，豈小功也哉！

297 五國伐秦

五國伐秦，無功而還。其後，齊欲伐宋，而秦禁之。齊令宋郭之秦，請合而以伐宋。秦王許之。魏王畏齊、秦之合也，欲講於秦。

謂魏王曰：「秦王謂宋郭曰：『分宋之城，服宋之強者，六國也。乘宋之敝，而與王爭得者，楚、魏也。請為王毋禁楚之伐魏也，而王獨舉宋。王之伐宋也，請剛柔而皆用之。如宋者，▸欺之不為逆者◂[2]，▸殺之不為讎者也◂[3]。王無與之講以取地，▸既已得地矣◂[4]，又以力攻之，期於啗宋而已矣。』

「臣聞此言，而竊為王悲[5]，秦必且用此於王矣。又必▸且曰王以求地◂[6]，既已得地，又且以力攻王。又必謂王曰使王輕齊，齊、魏之交已醜，又且收齊以更[7]索於王。秦嘗用此於楚矣，又嘗用此於韓矣，願王之深計之也。秦善魏不可知也已。故為王計，太上伐秦，其次賓秦，其次堅約而詳講，與國無相離[8]也。秦、齊合，國不可為也已。王其聽臣也，必無與講。

「秦權重魏，▸魏再明孰◂[9]，是故▸又為◂[10]足下傷秦者，不敢顯也。天下可令伐秦，則陰勸而弗敢圖也。見天下之傷秦也，則先鬻與國而以自解也。天下可令賓秦，則為劫於與國而不得已者。天下不可，則先去，而以秦為上交以自重也。如是人者，鬻王以為資者也，▸而焉能免國於患？免國於患者◂[11]，必窮三節，而行其上。上不可，則行其中；中不可，則行其下；下不可，則明不與秦。而[12]生以殘秦，使秦皆無百怨百利，唯已之曾安。▸令足下◂[13]鬻之以合於秦，是免國於患者之計也。臣何足以當之？雖然，願足下之論臣之計也。

1. 又因 2. 欺之不為逆 3. 殺之而無讎者也 4. 既已得地
5. 患 6. 且劫王必求地 7. 東 8. 讎 9. 魏冉明熟
10. 有謂 11. 而焉能免國於患者 12. 兩
13. a.無令天下 b.今足下

「燕，齊讎國也；秦，兄弟之交也。合讎國以伐婚姻，臣為之苦矣。黃帝戰於涿鹿之野，而西戎之兵不至；禹攻三苗，而東夷之民不起[1]。▸以燕伐秦◂[2]，黃帝之所難也，而臣以致燕甲而起齊兵矣。

「臣又偏[3]事三晉之吏，奉陽君、孟嘗君、韓呡[4]、周㝡[5]、周、韓餘為徒從而下之，恐其伐秦之疑也。又身自醜於秦，扮之請焚天下之秦符者，臣也；次傳焚符之約者，臣也；欲使[6]五國約閉秦關者，臣也。奉陽君、韓餘為既和矣，蘇脩、朱嬰既皆陰在邯鄲，臣又說齊王而往敗之。天下共講，因使蘇脩游天下之語，而以齊為上交，兵請伐魏，臣又爭之以死。而果西因蘇脩重報。臣非不知秦勸[7]之重也，然而所以為之者，為足下也。」

298 魏文子田需周宵相善

魏文子、田[8]需、周宵[9]相善，欲罪犀首。犀首患之，謂魏王曰：「今所患者，齊也。嬰子言行於齊王，王欲得齊，則胡不召文子而相之？彼必務以齊事王。」王曰：「善。」因召文子而相之。犀首以倍田需、周宵。

299 魏王令惠施之楚

魏王令惠施之楚，令犀首之齊。鈞二子者，乘數鈞，將測交也。楚王聞之，施因令人[10]先之楚，言曰：「魏王令犀首之齊，惠施之楚，鈞二子者，將測交也。」楚王聞之，因郊迎惠施。

300 魏惠王起境內眾

魏惠王起境內眾，將太子申而攻齊。客謂公子理之傳[11]曰：「何不令公子泣王太后，止太子之行？事成則樹德，不成則為王矣。太子年少，不習於兵。田盼[12]宿將也，而孫子善用兵。戰必不勝，不勝必禽。公子爭之於王，王聽公子，公子不[13]封；不聽公子，太子必敗；敗，公子必立；立，必為王也。」

1. 赴　2. 以燕齊伐秦　3. 徧　4. 珉　5. 最
6. 伐　7. 權　8. 曰　9. 胥　10. 之
11. 傅　12. 盼　13. 必

301 齊魏戰於馬陵

齊、魏戰於馬陵，齊大勝魏，殺太子申，覆十萬之軍。魏王召惠施而告之曰：「夫齊，寡人之讎也，怨之至死不忘。國雖小，吾常欲悉起兵而攻之，何如？」對曰：「不可。臣聞之，王者得度，而霸者知計。今王所以告臣者，疏於度而遠於計。王固先屬怨於趙，而後與齊戰。今戰不勝，國無守戰之備，王又欲悉起而攻齊，此非臣之所謂也。王若欲報齊乎，則不如因[1]變服折節而朝齊，楚王必怒矣。王游人而合其鬬，則楚必伐齊。以休楚而伐罷齊，則必為楚禽矣。是王以楚毀齊也。」魏王曰：「善。」乃使人報於齊，願臣畜而朝。

田嬰許諾。張丑曰：「不可。戰不勝魏，而得朝禮，與魏和而下楚，此可以大勝也。今戰勝魏，覆十萬之軍，而禽太子申；臣萬乘之魏，而卑[2]秦、楚，▸此其暴於戾定矣◂[3]。且楚王之為人也，好用兵而甚務名，終為齊患者，必楚也。」田嬰不聽，遂內魏王，而與之並朝齊侯再三。

趙氏醜之。楚王怒，自將而伐齊，趙應之，大敗齊於徐[4]州。

302 惠施為韓魏交

惠施為[5]韓[6]、魏交，令太子鳴為質於齊。王欲見之，朱倉謂王曰：「何不稱病？臣請說嬰子曰：『魏王之年長矣，今有疾，公不如歸太子以德之。不然，公子高在楚，楚將內而立之，是齊抱空質而行不義也。』」

303A 田需貴於魏王

田需貴於魏王，惠子曰：「子必善左右。今夫楊，橫樹之則生，倒[7]樹之則生，折而樹之又生。然使十人樹楊，一人拔之，則無生楊矣。故以十人之眾，樹易生之物，然而不勝一人者，何也？樹之難而去之易也。今子雖自樹於王，而欲去子者眾，▸則子必危矣◂[8]。」

1. 固　2. 甲　3. 此其暴戾定矣　4. 徐　5. 謂
6. 齊　7. 側　8. 子必危矣

303B 田需死

田需死。昭魚謂蘇代曰：「田需死，吾恐張儀、薛公、犀首之有一人相魏者。」代曰：「▸然則相者以誰◂[1]而君便之也？」昭魚曰：「吾欲太子之自相也。」代曰：「請為君北見梁王，必相之矣。」昭魚曰：「奈何？」代曰：「君[2]其為梁王，代請說君。」昭魚曰：「奈何？」對曰：「代也從楚來，昭魚甚憂。代曰：『君何憂？』曰：『田需死，吾恐張儀、薛公、犀首有一人相魏者。』代曰：『勿憂也。梁王，長主也，必不相張儀。張儀相魏，必右秦而左魏。薛公相魏，必右齊而左魏。犀首相魏，必右韓而左魏。梁王，長主也，▸必不使相也。』代曰◂[3]：『莫如太子之自相。是三人皆[4]以太子為非固相也，皆將務以其國事魏，而欲丞相之璽。以魏之強，▸而持三萬乘◂[5]之國輔之，魏必安矣。故曰，不如太子之自相也。』」遂北見梁王，以此語告之，太子果自相。

304 秦召魏相信安君

秦召魏相信安君，信安君不欲往。蘇代為說秦王曰：「臣聞之，忠不必當[6]，當必不忠。今臣▸願大王◂[7]陳臣之愚意，恐其不忠於下吏，自使有要領之罪。願大王察之。今大王令人執事於魏，以完其交，臣恐魏交之益疑也。將以塞趙也，臣又恐趙之益勁也。夫魏王之愛習魏信也，甚矣；其智能而任用之也，厚矣；其畏惡嚴尊秦也，明矣。今[8]王之使人入魏而不用，則王之使人入魏無益也。若用，魏必舍所愛習而用所畏惡，此魏王之▸所以不安也◂[9]。夫舍萬乘之事而退，此魏信之所難行也。夫令人之君處所不安，令人之相行所不能，以此為親，則難久矣。臣故恐魏交之益疑也。且魏信舍事，則趙[10]之謀者必曰：『舍於秦，秦必令其所愛信者用趙。』是趙存而我亡也，趙安而我危也。則上有野戰之氣，下有堅守之心，臣故恐趙之益勁也。

「大王欲完魏之交，而使趙小心乎？不如用魏信而尊之以名。魏信事王，國安而名尊；離王，國危而權輕。然則魏信之事主[11]也，上所以為其主者忠矣，下所以自為者厚矣，彼其事王必完矣。趙之用事者必曰：『魏氏之名族不高於我，土地之實不厚於我。魏信以韓、魏事秦，秦甚善之，國得安焉，身取尊焉。今我講[12]難於秦兵為招質，國處

1. 然則相誰　2. 若　3. 必不使相也。』王曰：『然則寡人孰相？』代曰
4. 不　5. 而三萬乘　6. 黨　7. 願為大王　8. 令
9. 所不安也　10. 魏　11. 王　12. 搆

削危之形，非得計也。結怨於外，主[1]患於中，身處死亡之地，非完事也。』彼將傷其前事，‣而悔其過行◂[2]；冀其利，必多割地以深下王。則是大王垂拱之[3]割地以為利重，堯、舜之所求而不能得也。臣願大王察之。」

305 秦楚攻魏圍皮氏

‣秦、楚攻魏，圍皮氏◂[4]。為魏謂楚王曰：「秦、楚勝魏，魏王之恐也見亡矣[5]，必舍[6]於秦，王何不倍秦而與魏王？魏王喜，必內太子。秦恐失楚，必效[7]城地於王，王雖復與之攻魏可也。」楚王曰：「善。」乃倍秦而與魏。魏內太子於楚。

秦恐，許楚城地，欲與之復攻魏。樗里疾怒，欲與魏攻楚，恐魏之以太子在楚不肯也。為疾謂楚王曰：「外臣疾使臣謁之，曰：『敝邑之王欲效城地，而為魏太子之尚在楚也，是以未敢。王出魏質，‣臣請效之◂[8]，而復固秦、楚之交，以疾攻魏。』」楚王曰：「諾。」乃出魏太子。秦因合魏以攻楚。

306 龐葱與太子質於邯鄲

龐葱[9]與太子質於邯鄲，謂魏王曰：「今一人言市有虎，王信之乎？」王曰：「否。」「二人言市有虎，王信之乎？」王曰：「寡人疑之矣。」「三人言市有虎，王信之乎？」王曰：「寡人信之矣。」龐葱曰：「夫市之無虎明矣，然而三人言而成虎。今邯鄲去大梁也遠於市，而議臣者過於三人矣。願王察之矣[10]。」王曰：「寡人自為知。」於是辭行，而讒言先至。‣後太子罷質，果不得見◂[11]。

307 梁王魏嬰觴諸侯於范臺

梁王魏嬰觴諸侯於范臺。酒酣，請魯君舉觴。魯君興，避席擇言曰：「昔者，帝女‣令儀狄作酒◂[12]而美，進之禹，禹飲而甘之，遂疏儀狄，絕旨酒，曰：『後世必有以酒亡其國者。』齊桓公夜半不嗛，易牙乃煎敖[13]燔炙，和調五味而進之，桓公食之而飽，

1. 生　2. 而悔過其行　3. 多　4. 秦楚攻圍皮氏　5. 也
6. 合　7. 攻　8. 太子請效之　9. 恭　10. 也
11. a.後果不得見魏君矣 b.後果不見龐君。王曰：「寡人自為知。」太子罷質，果不得見
12. 儀狄作酒　13. 熬

至旦不覺，曰：『後世必有以味亡其國者。』晉文公得▸南之威◂[1]，三日不聽朝，遂推南之威而遠之，曰：『後世必有以色亡其國者。』楚王登強臺[2]而望崩山，左江而右湖，以臨彷徨，其樂忘死，遂盟強臺而弗登，曰：『後世必有以高臺陂池亡其國者。』今主君之尊，儀狄之酒也；主君之味，易牙之調也；左白台而右閭須，南威之美也；前夾林而後蘭臺，強臺之樂也。有一於此，足以亡其國。今主君兼此四者，可無戒與！」梁王稱善相屬。

308 秦趙約而伐魏

▸秦、趙約而伐魏◂[3]，魏王患之。芒卯曰：「王勿憂也。臣請發張倚使謂趙王曰，夫鄴，寡人固刑[4]弗有也。今大王收秦而攻魏，寡人請以鄴事大王。」▸趙王喜◂[5]，召相國而命之曰：「魏王請以鄴[6]事寡人，使寡人絕秦。」相國曰：「收秦攻魏，利不過鄴。今不用兵而得鄴，請許魏。」

張倚因謂趙王曰：「敝邑之吏效城者，已在鄴矣。大王且何以報魏？」趙王因令閉關絕秦。秦、趙大惡。

芒卯應趙使曰：「敝邑所以事大王者，為完鄴也。今郊[7]鄴者，使者之罪也，卯不知也。」趙王恐魏承秦之怒，遽割五城以合於魏而支秦。

309 芒卯謂秦王

芒卯謂秦王曰：「王之士未有為之中者也。臣聞明王不胥[8]中而行。王之所欲於魏者，長羊[9]、王屋、洛林之地也。王能使臣為魏之司徒，則臣能使魏獻之。」秦王曰：「善。」▸因任之以為◂[10]魏之司徒。

謂魏王曰：「王所患者上地也。秦之所欲於魏者，長羊[11]、王屋、洛林之地也。王獻之秦，則上地無憂患。因請以下兵東擊齊，攘地▸必遠矣◂[12]。」魏王曰：「善。」因獻之秦。

---

1. 南威　2. 荊　3. 秦約趙而伐魏　4. 形　5. 王喜
6. 國　7. 效　8. 背　9. 平　10. 因任以為
11. 平　12. 必不遠矣

地入數月，而秦兵不下。魏王謂芒卯曰：「地已入數月，而秦兵不下，何也？」芒卯曰：「臣有死罪。雖然，臣死，則契折於秦，王無以責秦。王因赦其罪，臣為王責約於秦。」

乃之秦，謂秦王曰：「魏之所以獻長羊[1]、王屋、洛林之地者，▸有意欲以下大王之兵◂[2]東擊齊也。今地已入，而秦兵不可下，臣則死人也。雖然，後山東之士，無以利事王者矣。」秦王懼[3]然曰：「國有事，未澹[4]下兵也，今以兵從。」後十日，秦兵下。芒卯并將秦、魏之兵，以東擊齊，啓地二十二縣。

310 秦敗魏於華走芒卯而圍大梁

秦敗魏於華，走芒卯而圍大梁。須賈為魏謂穰侯曰：「臣聞魏氏大臣父兄皆謂魏王曰：『初[5]時惠王伐趙，戰勝乎三梁，十萬之軍拔邯鄲，趙氏不割，而邯鄲復歸。齊人攻燕，殺子之，破故國，燕不割，而燕國復歸。燕、趙之所以國全兵勁，而地不并乎諸侯者，以其能忍難而重出地也。宋、中山數伐數割，而隨以亡。▸臣以為燕、趙可法◂[6]，而宋、中山可無為也。夫秦貪戾之國而無親，蠶食魏，盡晉國，戰勝睪[7]子，割八縣，地未畢入而兵復出矣。夫秦何厭之有哉！今又走芒卯，入北地，此非但攻梁也，且劫王以多割也，王必勿聽也。今王循楚、趙而講，楚、趙怒而與王爭事秦，秦必受之。秦挾楚、趙之兵以復攻，則國救亡不可得也已。願王之必無講也。王若欲講，必少割而有質；不然必欺。』是臣之所聞於魏也，願君之以是慮事也。

「《周書》曰：『維命不于常。』此言幸之不可數也。夫戰勝睪子，而割八縣，此非兵力之精，非計之工[8]也，天幸為多矣。今又走芒卯，入北地，以攻大梁，是以天幸自為常也。知者不然。

「臣聞魏氏悉其百縣[9]勝兵，以止戍大梁，臣以為不下三十萬。以三十萬之眾，守十仞之城，臣以為雖湯、武復生，弗易攻也。夫輕信楚、趙之兵，陵十仞之城，戴[10]三十萬之眾，而志必舉之，臣以為自天下之始分以至于今，未嘗有之也。攻而不能拔，秦兵必罷，陰必亡，則前功必棄矣。今魏方疑，可以少割收也。▸願之及楚◂[11]、趙之兵未

1. 平　2. 欲以下大王之兵　3. 懼　4. 贍
5. 幼　6. 以為燕、趙可法　7. 睪　8. 功
9. 姓　10. 戰　11. 願君之及楚

任於大梁也，▸亟以少割收◂[1]。魏方疑，而得以少割為和，必欲之，則君得所欲矣。楚、趙怒於魏之先己講也，必爭事秦。從是以散，而君後擇焉。且君之嘗割晉國取地也，何必以兵哉？夫兵不用，而魏效絳、安邑，又為陰啓兩機，盡故宋，衛效▸尤憚◂[2]。秦兵已令，而君制之，何求而不得？何為而不成？臣願君之熟計而無行危也。」

穰侯曰：「善。」乃罷梁圍。

311 秦敗魏於華魏王且入朝於秦

秦敗魏於華，魏王且入朝於秦。周訢[3]謂王曰：「宋人有學者，三年反而名其母。其母曰：『子學三年，反而名我者，何也？』其子曰：『吾所賢者，無過堯、舜，堯、舜名。吾所大者，無大天地，天地名。今母賢不過堯、舜，母大不過天地，是以名母也。』其母曰：『子之於學者，將盡行之乎？願子之有以易名母也。子之於學也，將有所不行乎[4]？願子之且以名母為後也。』今王之事秦，尚有可以易入朝者乎？願王之有以易之，而以入朝為後。」魏王曰：「子患寡人入而不出邪？許綰為我祝曰：『入而不出，請殉寡人以頭。』」周訢對曰：「如臣之賤也，今人有謂臣曰，入不測之淵而必出，不出，請以一鼠首為女殉者，臣必不為也。今秦不可知之國也，猶不測之淵也；而許綰之首，猶鼠首也。內王於不可知之秦，而殉王以鼠首，臣竊為王不取也。且無梁孰與無河內急？」王曰：「梁急。」「無梁孰與無身急？」王曰：「身急。」曰：「以三者，身，上也；河內，其下也。秦未索其下，而王效其上，可乎？」

王尚未聽也。支期曰：「王視楚王。楚王入秦，王以三乘先之；楚王不入，楚、魏為一，尚足以捍秦。」王乃止。王謂支期曰：「吾始已諾於應侯矣，今不行者欺之矣。」支期曰：「王勿憂也。臣使長信侯請無內王，王待臣也。」

支期說於長信侯曰：「王命召相國。」長信侯曰：「王何以臣為？」支期曰：「臣不知也，王急召君。」長信侯曰：「吾內王於秦者，寧以為秦邪？吾以為魏也。」支期曰：「君無為魏計，君其自為計。且安死乎？安生乎？安窮乎？安貴乎？君其先自為計，後為魏計。」長信侯曰：「樓公將入矣，臣今從。」支期曰：「王急召君，君不行，血濺君襟矣！」

---

1. 亟以少割收魏 2. 憚尤 3. 訴 4. 也

長信侯行，支期隨其後。且見王，支期先入謂王曰：「偽病者乎而見之，臣已恐之矣。」長信侯入見王，王曰：「病甚奈何！吾始已諾於應侯矣，▸意雖道死◂[1]，行乎？」長信侯曰：「王毋行矣！臣[2]能得之▸於應侯◂[3]，願王無憂。」

312 華軍之戰

▸華軍之戰◂[4]，魏不勝秦。明年，將使段干崇割地而講。

孫臣謂魏王曰：「魏不以敗之上割，可謂善用不勝矣；而秦不以勝之上割，可謂不能[5]用勝矣。今處期年乃欲割，是群臣之私而王不知也。且夫欲璽者，段干子也，王因使之割地；欲地者，秦也，而王因使之受[6]璽。夫欲璽者制地，而欲地者制璽，其勢必無魏矣。且夫姦臣[7]固皆欲以地事秦。以地事秦，譬猶抱薪而救火也。薪不盡，則火不止。今王之地有盡，▸而秦之求◂[8]無窮，是薪火之說也。」

魏王曰：「善。雖然，吾已[9]許秦矣，不可以革也。」對曰：「王獨不見夫博者之用梟邪？欲食則食，欲握則握。今君劫於群臣而許秦，因曰不可革，何用智之不若梟也？」▸魏王曰：「善◂[10]。」乃案其行。

313 齊欲伐魏

齊欲伐魏，魏使人謂淳于髡曰：「齊欲伐魏，能解魏患，唯先生也。敝邑有寶璧二雙，文馬二駟，請致之先生。」淳于髡曰：「諾。」入說齊王曰：「楚，齊之仇敵也；魏，齊之與國也。夫伐與國，使仇敵制其餘敝，名醜而實危，為王弗取也。」齊王曰：「善。」乃不伐魏。

客謂齊王曰：「淳于髡言不伐魏者，受魏之璧、馬也。」王以謂淳于髡曰：「聞先生受魏之璧、馬，有諸？」曰：「有之。」「然則先生之為寡人計之何如？」淳于髡曰：「伐魏之事不便，魏雖刺髡，於王何益？▸若誠不便◂[11]，▸魏雖封髡◂[12]，於王何損？且夫王無伐與國之誹，魏無見亡之危，百姓無被兵之患，髡有璧、馬之寶，於王何傷乎？」

---

1. a.雖欲道死 b.意雖死　2. 且　3. 於應侯矣
4. a.華陽軍之戰 b.華陽之戰　5. 善　6. 授　7. 人
8. 而秦求之　9. 以　10. 魏曰：「善　11. 若誠便　12. 雖封髡

314 秦將伐魏

秦將伐魏。魏王聞之，夜見孟嘗君，告之曰：「秦且攻魏，子為寡人謀，奈何？」孟嘗君曰：「有諸侯之救，則國可存也。」王曰：「寡人願子之行也。」重為之約車百乘。

孟嘗君之趙，謂趙王曰：「文願借兵以救魏。」趙王曰：「寡人不能。」孟嘗君曰：「夫敢借兵者，以忠王也。」王曰：「可得聞乎？」孟嘗君曰：「夫趙之兵，▸非能彊於魏之兵◂[1]；魏之兵，▸非能弱於趙也◂[2]。然而趙之地不歲危，而民不歲死；而魏之地歲危，而民歲死者，何也？以其西為趙蔽也。今趙不救魏，魏歃盟於秦，是趙與強秦為界也，地亦且歲危，民亦且歲死矣。此文之所以忠於大王也。」趙王許諾，為起兵十萬，車三百乘。

又北見燕王曰：「先日公子常約兩王[3]之交矣。今秦且攻魏，願大王之救之。」燕王曰：「吾歲不熟二年矣，今又行數千里而以助魏，且奈何？」田文曰：「夫行數千里而救人者，此國之利也。今魏王出國門而望見軍，雖欲行數千里而助人，可得乎？」燕王尚未許也。田文曰：「臣效便計於王，王不用臣之忠計，文[4]請行矣。恐天下之將有大變也。」王曰：「大變可得聞乎？」曰：「秦攻魏未能克之也，而臺已燔，游已奪矣。而燕不救魏，魏王折節割地，以國之半與秦，秦必去矣。秦已去魏，魏王悉韓、魏之兵，又西借秦兵，▸以因趙之眾◂[5]，以四國攻燕，王且何利？利行數千里而助人乎？利出燕南門而望見軍乎？則道里近而輸又易矣，▸王何利◂[6]？」燕王曰：「子行矣，寡人聽子。」乃為之起兵八萬，車二[7]百乘，▸以從田文◂[8]。

魏王大說，曰：「君得燕、趙之兵甚眾且亟矣。」秦王大恐，割地請講於魏。▸因歸燕◂[9]、趙之兵，而封田文。

315 魏將與秦攻韓

魏將與秦攻韓，朱己[10]謂魏王曰：「秦與戎、翟同俗，有虎狼之心，貪戾好利而無信，不識禮義德行。苟有利焉，不顧親戚兄弟，若禽獸耳。此天下之所同知也，非所施

1. 非彊於魏之兵 2. 非弱於趙也 3. 主 4. 臣 5. 以因之趙眾
6. 王何利入乎 7. 三 8. 以田文 9. 魏因歸燕 10. 已

厚[1]積德也。故太后母也，而以憂死；穰侯舅也，功莫大焉，而竟逐之；兩弟無罪，而再奪之國。此於其親戚兄弟若此，而又況於仇讎之敵國也[2]。

「今大王與秦伐韓而益近秦，臣甚或[3]之，而王弗識也，則不明矣。群臣知之，而莫以此諫，則不忠矣。今夫韓氏以一女子承一弱主，內有大亂，外安能支強秦、魏之兵，王以為不破乎？韓亡，▸秦盡有鄭地◂[4]，與大梁鄰，王以為安乎？▸王欲得故地◂[5]，而今負強秦之禍也，王以為利乎？

「秦非無事之國也，韓亡之後，必且便事；便事，必就易與利；就易與利，必不伐楚與趙矣。是何也？夫越山踰河，絕韓之上黨而攻強趙，則是復閼與之事也，秦必不為也。若道河內，倍鄴、朝歌，絕漳、滏之水，而以與趙兵決勝於邯鄲之郊，是受智伯之禍也，秦又不敢。伐楚，道涉而[6]谷，行三十里而攻危隘之塞[7]，所行者甚遠，而所攻者甚難，秦又弗為也。若道河外，背大梁，而右上蔡、召陵，以與楚兵決於陳郊，秦又不敢也。故曰，秦必不伐楚與趙矣，又不攻衛與齊矣。韓亡之後，兵出之日，非魏無攻矣。

「秦故有懷地刑[8]丘、之城、垝津，而以之臨河內，河內之共、汲莫不危矣。秦有鄭地，得垣雍，決熒[9]澤，而水大梁，大梁必亡矣。王之使者大過矣，乃惡安陵氏於秦，秦之欲許之久矣。然而秦之葉陽、昆陽與舞陽、高陵鄰，聽使者之惡也，隨安陵氏而欲亡之。秦繞舞陽之北，以東臨許，則南國必危矣。南國雖無危，則魏國豈得安哉？且夫憎韓不受安陵氏可也，夫不患秦之不愛南國非也。

「異日者，秦乃在河西，晉國之去梁也，千里有餘，▸河山以蘭之◂[10]，有周、韓而間之。從林[11]軍以至于今，秦十攻魏，五入國中，邊城盡拔。文臺墮，垂都焚，林木伐，麋鹿盡，而國繼以圍。又長驅梁北，東至陶、衛之郊，北至乎闞，所亡乎秦者，山北、河外、河內，大縣數百，名都數十。秦乃在河西，晉國之去大梁也尚千里，而禍若是矣。又況於使秦無韓而有鄭地，無河山以蘭之，無周、韓以間之，去大梁百里，禍必百此矣。異日者，從之不成矣[12]，楚、魏疑而韓不可得而約也。今韓受兵三年矣，秦撓之以講，韓知亡，猶弗聽，投質於趙，而請為天下鴈行頓刃。▸以臣之觀之◂[13]，則楚、

1. 惠　2. 乎　3. 惑　4. 秦有鄭地　5. 欲得故地
6. 山　7. 國　8. 邢　9. 滎　10. 有河山以闌之
11. 横　12. 也　13. 以臣之愚觀之

趙必與之攻矣。此何也？則皆知▸秦之無窮也◂[1]，非盡亡天下之兵，而臣海內之民，必不休矣。是故臣願以從事乎王，王速受楚、趙之約，而挾韓、魏之質，以存韓為務，因求故地於韓，韓必效之。如此則士民不勞而故地得，其功多於與秦共伐韓，然而無與強秦鄰之禍。

「夫存韓安魏而利天下，此亦王之大時已。通韓之上黨於共、莫，使道已通，因而關之，出入者賦之，是魏重質韓以其上黨也。共有其賦，足以富國，韓必德魏、愛魏、重魏、畏魏，韓必不敢反魏。韓是魏之縣也。魏得韓以為縣，則衛、大梁、河外必安矣。今不存韓，則二周必危，安陵必易。▸楚、趙楚◂[2]大破，衛、齊甚畏，天下之西鄉而馳秦，入朝為臣之日▸不久◂[3]。」

316 葉陽君約魏

葉陽君約魏，魏王將封其子，謂魏王曰：「王嘗身濟漳，朝邯鄲，抱葛、薛[4]、陰、成以為趙養邑，而趙無為王有也。王能又封其子問[5]陽姑[6]衣[7]乎？臣為王不取也。」魏王乃止。

317A 秦使趙攻魏

秦使趙攻魏，魏謂趙王曰：「攻魏者，亡趙之始也。昔者[8]，晉人欲亡虞而伐虢，伐虢者，亡虞之始也。故荀息以馬與璧假道於虞，宮之奇諫而不聽，卒假晉道。晉人伐虢，反而取虞。故《春秋》書之，以罪虞公。今國莫強於趙，而并齊、秦，王賢而有聲者相之，▸所以為腹心◂[9]之疾者，趙也。魏者，趙之虢也；趙者，魏之虞也。聽秦而攻魏者，虞之為也。願王之熟計之也。」

317B 魏太子在楚

魏太子在楚。謂[10]樓子於鄢陵曰：「公必且待齊、楚之合也，以救皮氏。今齊、楚之理，必不合矣。彼翟子之所惡於國者，無公矣。其人皆欲合齊、秦外楚以輕公，公必謂齊王曰：『魏之受兵，非秦實首伐之也，楚惡魏之事王也，故勸秦攻魏。』齊王故欲

1. 秦欲之無窮也　2. 楚趙　3. 不久矣　4. a.薛 b.犨　5. 河
6. 茹　7. 密　8. 也　9. 所以為心腹　10. 為

伐楚，而又怒其不己善也，必令魏以地聽秦而為和。以張子之強，有秦、韓之重，齊王惡之，而魏王不敢據也。今以齊、秦之重，外楚以輕公，臣為公患之。鈞之出地，以為和於秦也，豈若由楚乎？秦疾攻楚，楚還兵，魏王必懼，公因寄[1]汾北以予秦而為和，合親以孤齊，秦、楚重公，公必為相矣。臣意秦王與樗里疾之欲之也，臣請為公說之。」

乃請[2]樗里子曰：「攻皮氏，此王之首事也，而不能拔，天下且以此輕秦。且有皮氏，於以攻韓、魏，利也。」樗里子曰：「吾已合魏矣，無所用之。」對曰：「臣願以鄙心意公，公無以為罪。有皮氏，▸國之大利也◂[3]，而以與魏，公終自以為不能守也，故以與魏。今公[4]之力有餘守之，何故而弗有也？」樗里子曰：「奈何？」曰：「魏王之所恃者，齊、楚也；所用者，樓廙[5]、翟強也。今齊王謂魏王曰：『欲講攻於齊王[6]兵之辭也，是弗救矣[7]。』楚王怒於魏之不用樓子，而使翟強為和也，怨顏已絕之矣。魏王之懼也見亡，翟強欲合齊、秦外楚，以輕樓廙；樓廙欲合秦、楚外齊，以輕翟強。公不如按魏[8]之和，使人謂樓子曰：『子能以汾北與我乎？請合於楚外齊，以重公也，此吾事也。』樓子與楚王必疾矣。又謂翟子：『子能以汾北與我乎？必為[9]合於齊外於楚，以重公也。』翟強與齊王必疾矣。是公外得齊、楚以為用，內得樓廙、翟強以為佐，何故不能有地於河東乎？」

318 獻書秦王

獻書秦王曰：「昔[10]竊聞大王之謀出事於梁，謀恐不出於計矣，願大王之熟計之也。梁者，山東之要也。有蛇於此，擊其尾，其首救；擊其首，其尾救；擊其中身，首尾▸皆救。今梁王，天下之中身也◂[11]。▸秦攻梁者◂[12]，是示天下要斷山東之脊也，是山東首尾皆救中身之時也。山東見亡必恐，恐必大合，山東尚強，臣見秦之必大憂可立而待也。臣竊為大王計，不如南出。事於南方，其兵弱，▸天下必能救◂[13]，▸地可廣大◂[14]，國可富，兵可強，主可尊。王不聞湯之伐桀乎？試之弱密須氏以為武教，得密須氏而湯之[15]服桀矣。今秦國[16]與山東為讎，不先以弱為武教，兵必大挫，國必大憂。」秦果南攻藍田、鄢、郢。

---

1. 割　2. 謂　3. 國之所大利也　4. 攻　5. [illegible]
6. 主　7. 也　8. 親　9. 不　10. 臣
11. 俱救。今梁者，天下之脊也　12. 夫秦攻梁者　13. 天下不必能救
14. 地可廣　15. 知　16. 欲

319 八年謂魏王

▸八年◂[1]，謂魏王曰：「昔曹恃齊而輕晉，齊伐釐、莒而晉人亡曹。繒恃齊▸以悍越◂[2]，齊和子亂而越人亡繒。鄭恃魏以輕韓，▸伐榆關◂[3]而韓氏亡鄭。原恃秦、翟以輕晉，秦、翟年穀大凶而晉人亡原。中山恃齊、魏以輕趙，齊、魏伐楚而趙亡中山。此五國所以亡者，皆其[4]所恃也。非獨此五國為然而已也，天下之亡國皆然矣。夫國之所以不可恃者多，其變不可勝數也。或以政教不脩，上下不輯，而不可恃者；或有諸侯鄰國之虞，而不可恃者；或以年穀不登，蓄[5]積竭盡，而不可恃者；或化於利，比於患。臣以此知國之不可必恃也。今王恃楚之強，而信春申君之言，以是質[6]秦，而久不可知。即春申君有變，是王獨受秦患也。即王有萬乘之國，而以一人之心為命也。臣以此為不完，願王之熟計之也。」

320 魏王問張旄

魏王問張旄曰：「吾欲與秦攻韓，何如？」張旄對曰：「韓且坐而胥[7]亡乎？且割而從天下乎？」王曰：「韓且割而從天下。」張旄曰：「韓怨魏乎？怨秦乎？」王曰：「怨魏。」張旄曰：「韓強秦乎？強魏乎？」王曰：「強秦。」張旄曰：「韓且割而從其所強，與所不怨乎？且割而從其所不強，與其所怨乎？」王曰：「韓將割而從其所強，與其所不怨。」張旄曰：「攻韓之事，王自知矣。」

321 客謂司馬食其

客謂司馬食其曰：「▸慮久以天下◂[8]為可一者，是不知天下者也。欲獨以魏支秦者，是又不知魏者也。謂茲公不知此兩者，又不知茲公者也。然而茲公為從，其說何也？從則茲公重，不從則茲公輕，茲公之處重也，▸不實為期◂[9]。子何不疾及三國方堅也，自賣於秦，秦必受子。不然，橫者將圖子以合於秦，是取子之資，而以資子之讎也。」

1. 十八年　2. 而輕越　3. 魏伐榆關　4. 有　5. 畜
6. 賓　7. 且　8. 慮以天下　9. 不以實為期

322 魏秦伐楚

▸魏、秦◂[1]伐楚，魏王不欲。樓緩謂魏王曰：「王不與秦攻楚，楚且與秦攻王。王不如令秦、楚戰，▸王交制之也◂[2]。」

323 穰侯攻大梁

穰侯攻大梁，乘▸北郢◂[3]，魏王且從。謂穰侯曰：「君攻楚得宛、穰以廣陶，攻齊得剛、博以廣陶，得許、鄢陵以廣陶，秦王不問者，何也？以大梁之未亡也。今日大梁亡，許、鄢陵必議，議則君必窮。為君計者，勿攻便。」

324 白珪謂新城君

白珪[4]謂新城君曰：「夜行者能無[5]為姦，不能禁狗使無吠己也。故臣能無議君於王，不能▸禁人議臣於君也◂[6]。」

325 秦攻韓之管

秦攻韓之管，魏王發兵救之。昭忌曰：「夫秦強國也，而韓、魏壤梁[7]，不出攻則已，若出攻，非於韓也▸必魏也◂[8]。今幸▸而於韓◂[9]，此魏之福也。王若救之，夫解攻者，必韓之管也；致攻者，必魏之梁也。」魏王不聽，曰：「▸若不因救韓◂[10]，韓怨魏；西合於秦，秦、韓為一，則魏危。」遂救之。

秦果釋管而攻魏。魏王大恐，謂昭忌曰：「不用子之計而禍至，為之奈何？」昭忌乃為之見秦王曰：「臣聞明主之聽也，不以挾私為政，是參行也。願大王無攻魏，聽臣也。」秦王曰：「何也？」昭忌曰：「山東之從，時合時離，▸何也哉◂[11]？」秦王曰：「不識也。」曰：「▸天下之合也◂[12]，以王之不必也；其離也，以王之必也。今攻韓之管，國危矣，未卒而移兵於梁，合天下之從，無精於此者矣。以為秦之求索，必不可支也。故為王計者，不如齊[13]趙。秦已制趙，則燕不敢不事秦，荊、齊[14]不能獨從。天下爭敵於秦，則弱矣。」秦王乃止。

---

1. 秦、魏　2. 王交制之　3. 郢北　4. 圭　5. 不
6. 禁人議於君也　7. 秦　8. 必於魏也　9. 而歸於韓　10. 若不救韓
11. 何也　12. 天下之合　13. 制　14. 濟

326 秦趙構難而戰

秦、趙構難而戰。謂魏王曰：「不如齊[1]、趙而構之秦。王不構趙，趙不以毀構矣；而構之秦，趙必復鬭，▸必重魏◂[2]；是并制秦、趙之事也。王欲焉而收齊、趙攻荊，欲焉而收荊、趙攻齊，欲王之東長▸之待之也◂[3]。」

327 長平之役

長平之役，平都君說魏王曰：「王胡不為從？」魏王曰：「秦許吾以垣雍。」平都君曰：「臣以垣雍為空割也。」魏王曰：「何謂也？」平都君曰：「秦、趙久相持於長平之下▸而無決◂[4]。天下合於秦，則無趙；合於趙，則無秦。秦恐王之變也，故以垣雍餌王也。秦戰勝趙，王敢責垣雍之割乎？王曰『不敢』。秦戰不勝趙，王能令韓出垣雍之割乎？王曰『不能』。臣故曰，垣雍空割也。」魏王曰：「善。」

328 樓梧約秦魏

樓梧約秦、魏[5]，將令秦王遇於境。謂魏王曰：「遇而無相，秦必置相。▸不聽之◂[6]，則交惡於秦；聽之，則後王之臣，將皆務事諸侯之能令▸於王之上者◂[7]。且遇於秦而相秦者，是無齊也，秦必輕王之強矣。有齊者，▸不若相之◂[8]，齊必喜，是以有雍[9]者與秦遇，秦必重王矣。」

329A 芮宋欲絕秦趙之交

芮宋欲絶秦、趙之交，故令魏氏收秦太后之養地▸秦王於秦◂[10]。芮宋謂秦王曰：「魏委國於王，而王不受，故委國於趙也。李郝謂臣曰：『子言無秦，而養秦太后以地，是欺我也，故敝邑收之。』」秦王怒，▸遂絕趙也◂[11]。

---

1. 收　2. 鬭必重魏　3. a.之也待之也 b.之侍之也　4. 而無大決
5. 部　6. 不聽　7. 於王上者　8. 王不若相之　9. 齊
10. 秦王怒　11. 遂絕趙

329B 為魏謂楚王

為魏謂楚王曰：「索攻魏於秦，秦必不聽王矣，是智困於秦，而交疏於魏也。楚、魏有怨，則秦重矣。故王不如順天下，遂伐齊，與魏便地，兵不傷，交不變，所欲必得矣。」

330 管鼻之令翟強與秦事

管鼻之令翟強與秦事，謂魏王曰：「鼻之與強，猶晉人之與楚人也。晉人見楚人之急，帶劍而緩之；楚人惡其緩而急之。令[1]鼻之入秦之傳舍，舍不足以舍之。強之入，無蔽[2]於秦者。強，王貴臣也，而秦若此其甚，安可？」

331 成陽君欲以韓魏聽秦

成陽君欲以韓、魏聽秦，魏王弗利。白圭[3]謂魏王曰：「王不如陰侯[4]人說成陽君曰：『君入秦，秦必留君，而以多割於韓矣。韓不聽，秦必留君，而伐韓矣。故君不如安行求質於秦。』成陽君必不入秦，秦、韓不敢合，則王重矣。」

332 秦拔寧邑

秦拔寧邑，魏王令之[5]謂秦王曰：「王歸寧邑，吾請先天下構[6]。」魏魏王[7]曰：「王無聽。魏王見天下之不足恃也，故欲先構。夫亡寧者，宜割二寧以求構；夫得寧者，安能歸寧乎？」

333 秦罷邯鄲

秦罷邯鄲，攻魏，取寧邑。吳慶恐魏王之構[8]於秦也，謂魏王曰：「▸秦之攻王也◂[9]，王知其故乎？天下皆曰王近也。王不近秦，秦之所去。皆曰王弱也。王不弱二周，秦人去邯鄲，過二周而攻王者，以王為易制也。王亦知弱之召攻乎？」

---

1. 今　2. 蘇　3. 珪　4. 使　5. 人
6. 講　7. 冉　8. 講　9. 秦攻王也

334 魏王欲攻邯鄲

魏王欲攻邯鄲，季梁聞之，中道而反，衣焦不申，頭塵不去，往見王曰：「今者[1]臣來，見人於大行，方北面而持其駕，告臣曰：『我欲之楚。』臣曰：『君之楚，將奚為北面？』曰：『吾馬良。』臣曰：『馬雖良，此非楚之路也。』曰：『吾用多。』臣曰：『用雖多，此非楚之路也。』曰：『吾御者善。』『此數者愈善，而離楚愈遠耳。』今王動欲成霸王，舉欲信於天下。恃王國之大，兵之精銳，而攻邯鄲，以廣地尊名，王之動愈數，而離王愈遠耳。猶至楚而北行也。」

335 周肖謂宮他

周肖謂宮他曰：「子為肖謂齊王曰，肖願為外臣。令齊資我於魏。」宮他曰：「不可，是示齊輕也。夫齊不以無魏者以害有魏者，故公不如示有魏。公曰：『王之所求於魏者，臣請以魏聽。』齊必資公矣，是公有齊，以齊有魏也。」

336 周冣善齊

周冣[2]善齊，翟強善楚。二子者，欲傷張儀於魏。張子聞之，因使其人為見者嗇夫聞[3]見者，因無敢傷張子。

337 周冣入齊

周冣入齊，秦王怒，令姚賈讓魏王。魏王為之謂秦王曰：「魏之所以為王通天下者，以周冣也。今周冣遁寡人入齊，齊無▸通於天下◂[4]矣。敝邑之事王，亦無齊累矣。大國欲急兵，則趣趙而已。」

338 秦魏為與國

秦、魏為與國。齊、楚約而欲攻魏，魏使人求救於秦，冠蓋相望，秦救不出。

魏人有唐且[5]者，年九十餘，謂魏王曰：「老臣請出西說秦，令兵先臣出可乎？」

1. 之　2. 冣　3. 間　4. 通端於天下　5. 雎

魏王曰：「敬諾。」遂約車而遣之。唐且[1]見秦王，秦王曰：「丈人芒然乃遠至此，甚苦矣。魏來求救數矣，寡人知魏之急矣。」唐且[2]對曰：「大王已知魏之急而救不至者，是大王籌筴之臣無任矣。且夫魏一萬乘之國，稱東藩，受冠帶，祠春秋者，以為秦之強足以為與也。今齊、楚之兵已在魏郊矣，大王之救不至，魏急則且割地而約齊、楚，王雖欲救之，豈有及哉？是亡一萬乘之魏，而強二敵之齊、楚[3]也。竊以為大王籌筴之臣無任矣。」

秦王喟然愁悟，遽[4]發兵，日夜赴魏。齊、楚聞之，乃引兵而去。魏氏復全，唐且[5]之說也。

339 信陵君殺晉鄙

信陵君殺晉鄙，救邯鄲，破秦人，存趙國，趙王自郊迎。唐且[6]謂信陵君曰：「臣聞之曰，事有不可知者，有不可不知者；有不可忘者，有不可不忘者。」信陵君曰：「何謂也？」對曰：「人之憎我也，不可不知也；吾憎人也，不可得而知也。人之有德於我也，不可忘也；吾有德於人也，不可不忘也。今君殺晉鄙，救邯鄲，破秦人，存趙國，此大德也。今趙王自郊迎，卒然見趙王，臣願君之忘之也。」信陵君曰：「無忌謹受教。」

340 魏攻管而不下

魏攻管而不下。安陵人縮高，其子為管守。信陵君使人謂安陵君曰：「▸君其遣縮高◂[7]，吾將仕之以五大夫，使為持節尉。」安陵君曰：「安陵，小國也，不能必使其民。使者自往，▸請使道使者◂[8]至縞[9]高之所，復信陵君之命。」縮高曰：「君之幸高也，將使高攻管也。▸夫以父攻子守◂[10]，▸人大笑也◂[11]。是臣而下，▸是倍主也◂[12]。父教子倍，亦非君之所喜也。敢再拜辭。」

使者以報信陵君，信陵君大怒，遣大使之安陵曰：「安陵之地，亦猶魏也。今吾攻管而不下，則秦兵及我，社稷必危矣。願君之生束縮高而致之。▸若君弗致也◂[13]，無忌

1. 雎　2. 雎　3. 強　4. 遂　5. 雎
6. 雎　7. 其遣縮高　8. 請使道使吏者　9. 縮　10. 夫父攻子守
11. 人之所大笑　12. 見背王也　13. 若君弗致

將發十萬之師，以造[1]安陵之城。」安陵君曰：「吾先君成侯，受詔襄王以守此地也，手受大府之憲。憲之上篇曰：『子弒父，臣弒君，▸有常不赦◂[2]。國雖大赦，降城亡子不得與焉。』今縮高▸謹解大位◂[3]，以全父子之義，而君曰『必生致之』，是使我▸負襄王詔◂[4]而廢大府之憲也，雖死終不敢行。」

縮高聞之曰：「信陵君為人，悍而自用也。此辭反，必為國禍。吾已全▸己，無◂[5]為[6]人臣之義矣，豈可使吾君有魏患也。」乃之使者之舍，刎頸而死。

信陵君聞縮高死，素服縞素辟舍，使使者謝安陵君曰：「無忌，小人也，困於思慮，失言於君，敢再拜釋罪。」

341 魏王與龍陽君共船而釣

魏王與龍陽君共船而釣，龍陽君得十餘魚而涕下。王曰：「有所不安乎？如是，何不相告也？」對曰：「臣無敢不安也。」王曰：「然則何為涕出？」曰：「臣為王[7]之所得魚也。」王曰：「何謂也？」對曰：「臣之始得魚也，臣甚喜，後得又益大，今臣直欲棄臣前之所得矣。▸今以臣凶惡◂[8]，而得為王拂枕席。今臣爵至人君，走人於庭，辟[9]人於途。四海之內，▸美人亦甚多矣◂[10]，聞臣之得幸於王也，必褰裳▸而趨王◂[11]。臣亦猶曩臣之前所得魚也，臣亦將棄矣，臣安能無涕出乎？」魏王曰：「誤！有是心也，何不相告也？」於是布令於四境之內曰：「有敢言美人者族。」

由是觀之，近習之人，其摯（諂）〔諂〕也固矣，其自▸纂繁◂[12]也完矣。今由千里之外，欲進美人，所效者庸必得幸乎？假之得幸，庸必為我用乎？而近習之人相與怨，我見有禍，未見有福；見有怨，未見有德，非用知之術也。

342 秦攻魏急

秦攻魏急。或謂魏王曰：「棄之不如用之之易也，死之不如棄之之易也。能棄之▸弗能用之◂[13]，能死之▸弗能棄之◂[14]，此人之大過也。今王亡地數百里，亡城數十，而

1. 告　2. 有常刑不赦　3. a.解大位 b.謹雖辭大位　4. 負襄王之詔
5. a.己之 b.已，無　6. 違　7. 臣　8. 今以臣之凶惡
9. 避　10. 其美人亦甚多矣　11. 而趨大王　12. 纂繫
13. 弗能用　14. 弗能棄

國患不解，是王棄之，非用之也。今秦之強也，天下無敵，而魏之弱也甚，而王以是質[1]秦，王又能死而弗能棄之[2]，此重過也。今王能用臣之計，虧地不足以傷國，卑體不足以苦身，解患而怨報。

「秦自四境之內，執法以下至於長輓者，故畢曰：『與嫪氏乎？與呂氏乎？』雖至於門閭之下，廊廟之上，猶之如是也。今王割地以[3]賂秦，以為嫪毒功；卑體以尊秦，以因嫪毒。王以國贊嫪毒，以嫪毒勝矣。王以國贊嫪氏[4]，太后之德王也，深於骨髓，王之交最為天下上矣。秦、魏百相交也，百相欺也。今由嫪氏善秦而交為天下上，天下孰不棄呂氏而從嫪氏？天下必合[5]呂氏而從嫪氏，則王之怨報矣。」

343 秦王使人謂安陵君

秦王使人謂安陵君曰：「寡人欲以五百里之地易安陵，安陵君其許寡人？」安陵君曰：「大王加惠，以大易小，甚善。雖然，受地於先生[6]，願終守之，弗敢易。」秦王不說。安陵君因使唐且[7]使於秦。秦王謂唐且[8]曰：「寡人以五百里之地易安陵，安陵君不聽寡人，何也？且秦滅韓亡魏，而君以五十里之地存者，以君為長者，故不錯意也。今吾以十倍之地，請廣於君，而君逆寡人者，輕寡人與？」唐且[9]對曰：「否，非若是也。安陵君受地於先生[10]而守之，雖千里不敢易也，豈直五百里哉？」秦王怫然怒，謂唐且[11]曰：「公亦嘗聞天子之怒乎？」唐且[12]對曰：「臣未嘗聞也。」秦王曰：「天子之怒，伏屍百萬，流血千里。」唐且[13]曰：「大王嘗聞布衣之怒乎？」秦王曰：「布衣之怒，亦免冠徒跣，以頭搶地爾[14]。」唐且[15]曰：「此庸夫之怒也，非士之怒也。夫專諸之刺王僚也，彗星襲月；聶政之刺韓傀也，白虹貫日；要離之刺慶忌也，倉鷹擊於殿上。‣此三子者◂[16]，皆布衣之士也，懷怒未發，‣休祲降於天◂[17]，與臣而將四矣。若士必怒，伏屍二人，流血五步，天下縞素，今日是也。」挺劍而起。秦王色撓，長跪而謝之曰：「先生坐，何至於此，寡人諭矣。夫韓、魏滅亡，而安陵以五十里之地存者，徒以有先生也。」

---

1. 賓　2. 也　3. 王　4. 毒　5. 舍
6. 王　7. 雎　8. 雎　9. 雎　10. 王
11. 雎　12. 雎　13. 雎　14. 耳　15. 雎
16. 此三子　17. 休烈隆於天

344A 三晉已破智氏

三晉已破智氏，將分其地。段規謂韓王曰：「分地必取成皋。」韓王曰：「成皋，石溜之地也，寡人無所用之。」段規曰：「不然，臣聞一里之厚，而動千里之權者，地利也。萬人之眾，而破三軍者，不意也。王用臣言，則韓必取鄭矣。」王曰：「善。」果取成皋。至韓之取鄭也，▸果從成皋始◂[1]。

344B 大成午從趙來

▸大成午◂[2]從趙來，謂申不害於韓曰：「子以韓重我於趙，請以趙重子於韓，是子有兩韓，而我[3]有兩趙也。」

345 魏之圍邯鄲

魏之圍邯鄲也，申不害始合於韓王，然未知王之所欲也，恐言而未必中於王也。王問申子曰：「吾誰與而可？」對曰：「此安危之要，國家之大事也。臣請深惟而苦思之。」乃微謂趙卓、韓鼂曰：「子皆國之辯士也，夫為人臣者，言可必用，盡忠而已矣。」▸二人各進議◂[4]於王以事。申子微視王之所說以言於王，王大說之。

346 申子請仕其從兄官

申子請仕其從兄官，昭侯不許也。申子有怨色。昭侯曰：「▸非所謂學於子者也◂[5]。聽子之謁，而廢子之道乎？又亡其行子之術，而廢子之謁[6]乎？子嘗教寡人循功勞，視次第。今有所求，此我將奚聽乎？」申子乃辟舍請罪，曰：「君真其人也！」

347 蘇秦為楚合從說韓王

蘇秦為楚[7]合從說韓王曰：「韓北有鞏、洛、成皋之固，西有宜陽、常阪之塞，東有宛、穰、洧水，南有陘山，地方千里，帶甲數十萬。天下之強弓勁弩，皆自韓出。谿子、少府時力、距來，皆射六百步之外。韓卒超[8]足而射，百發不暇止，遠者達胸，近

1. 果從成皋始大 2. 成午 3. 子 4. 二人因各進議
5. 非所學於子者也 6. 請 7. 趙
8. a.跕 b.帖

者掩心。韓卒之劍戟，皆出於冥山、棠谿、墨陽、▸合伯膊◂[1]。鄧師、宛馮、龍淵、大阿，皆陸斷馬牛，水擊鵠鴈[2]，當敵即斬堅。甲、盾、鞮、鍪、鐵幕、革抉、㕹[3]芮，無不畢具。以韓卒之勇，被堅甲，蹠勁弩，帶利劍，一人當百，不足言也。夫以韓之勁，與大王之賢，乃欲西面事秦，稱東藩，築帝宮，受冠帶，祠春秋，交臂而服焉。夫羞社稷而為天下笑，無過此者矣。是故願大王之熟計之也。大王事秦，秦必求宜陽、成皋。今茲效之，明年又益求割地。與之，即無地以給之；不與，則棄前功而後更受其禍。且夫大王之地有盡，而秦之求無已。夫以有盡之地，而逆無已之求，此所謂市怨而買禍者也，不戰而地已削矣。臣聞鄙語曰：『寧為鷄口，無為牛後。』今大王西面交臂而臣事秦，何以異於牛後乎？夫以大王之賢，挾強韓之兵，而有牛後之名，臣竊為大王羞之。」

韓王忿然作色，攘臂按劍，仰天太息曰：「寡人雖死，必不能事秦。今主君以楚王之教詔之，敬奉社稷以從。」

348A 張儀為秦連橫說韓王

張儀為秦連橫說韓王曰：「韓地險惡，山居，五穀所生，非麥而豆；民之所食，大抵豆飯藿羹；一歲不收，民不饜糟糠；地方不滿九百里，無二歲之所食。料大王之卒，悉之不過三十萬，而厮徒負養在其中矣，為除守徼亭鄣塞，見卒不過二十萬▸而已矣◂[4]。秦帶甲百餘萬，車千乘，騎萬匹，虎摯[5]之士，跿跔科頭，貫頤奮戟者，至不可勝計也。秦馬之良，戎兵之眾，探前趹[6]後，蹄間▸三尋者◂[7]，不可稱數也。山東之卒，被甲冒冑以會戰，秦人捐甲徒裎以趨敵，左挈人頭，右挾生虜。夫秦卒之與山東之卒也，猶孟賁之與怯夫也；以重力相壓，猶烏獲之與嬰兒也。夫戰孟賁、烏獲之士，以攻不服之弱國，無以異於墮千鈞之重，集於鳥卵之上，必無幸矣。諸侯不料兵之弱，食之寡，而聽從人之甘言好辭，比周以相飾也，皆言曰：『聽吾計則可以強霸天下。』夫不顧社稷之長利，而聽須臾之說，詿誤人主者，無過於此者矣。大王不事秦，秦下甲據宜陽，斷絕韓之上地；東取成皋、宜陽，則鴻臺之宮，桑林之苑，非王之有已。夫塞成皋，絕上地，則王之國分矣。先事秦則安矣，不事[8]秦則危矣。夫造禍而求福，計淺而怨深，逆秦而順楚[9]，雖欲無亡，不可得也。故為大王計，莫如事秦。秦之所欲，莫如

1. a.合伯 b.合膊　2. 雁　3. 吷　4. 而已
5. 鷙　6. 蹶　7. a.三尋騰者 b.三尋騰者者 c.三尋
8. 成　9. 趙

弱楚，而能弱楚者莫如韓。非以韓能強於楚也，其地勢然也。今王西面而事秦以攻楚，▸為敝邑◂[1]，秦王必喜。夫攻楚而私其地，轉禍而說秦，計無便於此者也。是故秦王使使臣獻書大王御史，須以決事。」

韓王曰：「客幸而教之，請比郡縣，築帝宮，祠春秋，稱東藩，效宜陽。」

348B 宣王謂摎留

宣[2]王謂摎留曰：「吾欲兩用公仲、公叔，其可乎？」對曰：「不可。晉用六卿而國分，簡公用田成、監止而簡公弒，▸魏兩用犀首◂[3]、張儀而西河之外亡。今王兩用之，其多力者內樹其黨，其寡力者籍外權。群臣或內樹其黨以擅其主，或外為交以裂其地，則王之國必危矣。」

349 張儀謂齊王

▸張儀謂◂[4]齊[5]王曰：「王不如資韓朋，與之逐張儀於魏。魏因相犀首，因以齊、魏廢韓朋，而相公叔以伐秦。公仲聞之，必不入於齊。據公於魏，是公無患。」

350 楚昭獻相韓

楚昭獻相韓。秦且攻韓，韓廢昭獻。昭獻令人謂公叔曰：「不如▸貴昭獻以固楚◂[6]，秦必曰楚、韓合矣。」

351 秦攻陘

秦攻陘，▸韓使人馳南陽之地◂[7]。秦已馳，又攻陘，韓因割南陽之地。秦受地，又攻陘。陳軫謂秦王曰：「國形不便故馳，交不親故割。今割矣而交不親，馳矣而兵不止，臣恐山東之▸無以馳割事王◂[8]者矣。且王求百金於三川而不可得，求千金於韓，一旦而具。今王攻韓，是絕上交而固私府也，竊為王弗[9]取也。」

1. 敝邑　2. 韓　3. 魏用犀首　4. 謂張儀臣謂　5. 秦
6. 貴獻以固楚　7. 使人馳南陽之地　8. 無以割地事王　9. 不

352 五國約而攻秦

五國約而攻秦，楚王為從長，不能傷秦，兵罷而留於成皋。魏順謂市[1]丘君曰：「五國罷，必攻市[2]丘，以償兵費。君資臣，臣請為君止天下之攻市[3]丘。」市[4]丘君曰：「善。」因遣之。

魏順南見楚王曰：「王約五國而西伐秦，不能傷秦，天下且以是輕王而重秦，故王胡不卜交乎？」楚王曰：「奈何？」魏順曰：「天下罷，必攻市[5]丘以償兵費。王令之勿攻市[6]丘。五國重王，且聽王之言而不攻市[7]丘；不重王，且反王之言而攻市[8]丘。然則王之輕重必明矣。」故楚王卜交而市[9]丘存。

353 鄭彊載八百金入秦

鄭彊載[10]八百金入秦，▸請以伐韓◂[11]。泠[12]向謂鄭彊曰：「公以八百金請伐人之與國，秦必不聽公。公不如令秦王疑公叔。」鄭彊曰：「何如？」曰：「公叔之攻楚也，以幾瑟之存焉，故言先[13]楚也。今已令楚王奉幾瑟以車百乘居陽翟，令昭獻轉而與之處，旬有餘，彼已覺[14]。而幾瑟，公叔之讎也；而昭獻，公叔之人也。秦王聞之，必疑公叔為楚也。」

354 鄭彊之走張儀於秦

鄭彊之走張儀於秦，曰儀之使者，必之楚矣。故謂[15]大宰曰：「公留儀之使者，彊請西圖儀於秦。」故因而[16]請秦王曰：「張儀使人致上庸之地，故使使臣再拜謁秦王。」秦王怒，張儀走。

355 宜陽之役

宜陽之役，楊達[17]謂公孫顯曰：「請為公以五萬攻西周，得之，是以九鼎印[18]甘茂也。不然，秦攻西周，天下惡之，其救韓必疾，則茂事敗矣。」

---

1. 沛　2. 沛　3. 沛　4. 沛　5. 沛
6. 沛　7. 沛　8. 沛　9. 沛　10. 以
11. 以伐韓　12. 冷　13. 伐　14. 角　15. 為
16. 西　17. 侹　18. a. 卬　b. 市　c. 抑

356A 秦圍宜陽

秦圍宜陽，游騰謂公仲曰：「公何不與趙藺[1]、離石、祁，以質許地，則樓緩必敗矣。收韓、趙之兵[2]以臨魏，樓鼻[3]必敗矣。▸韓為一◂[4]，魏必倍秦，甘茂[5]必敗矣。以成陽資翟強於齊，楚必敗之[6]。須秦必敗，秦失魏，宜陽必不拔矣。」

356B 公仲以宜陽之故仇甘茂

公仲以宜陽之故，仇甘茂。其後，秦歸武遂於韓，已而，秦王固疑甘茂之以武遂解於公仲也。杜赫[7]為公仲謂秦王曰：「明[8]也願因茂以事王。」秦王大怒於甘茂，故樗里疾大說杜聊。

357 秦韓戰於濁澤

秦、韓戰於濁澤，韓氏急。公仲明[9]謂韓王曰：「與國不可恃。今秦之心欲伐楚，王不如因張儀為和於秦，賂之以一名都，與之伐楚。此以一易二之計也。」韓王曰：「善。」乃儆公仲之行，將西講於秦。

楚王聞之大恐，召陳軫而告之。陳軫曰：「秦之欲伐我久矣，今又得韓之名都一而具甲，秦、韓并兵南鄉，此秦所以廟祠而求也。今已得之矣，▸楚國必伐矣◂[10]。王聽臣，為之儆四境之內選師，言救韓，令戰車滿道路；發信臣，多其車，重其幣，▸使信王之救己也。縱韓為不能聽我◂[11]，韓必[12]德王也，必不為鴈行以來。是秦、韓不和，兵雖至，楚國不大病矣。為能聽我絕和於秦，秦必大怒，以厚怨於韓。，韓得楚救，必輕秦。輕秦，其應秦必不敬。是我困[13]秦、韓之兵，而免楚國之患也。」

楚王大說，乃儆四境之內選師，言救韓，發信臣，▸多其車，重其幣◂[14]。謂韓王曰：「弊邑雖小，已悉起之矣。願大國遂肆意於秦，弊邑將以楚殉韓。」

韓王大說，乃止公仲。公仲曰：「不可，夫以實告[15]我者，秦也；以虛名救我者，

---

1. 蘭　2. 地　3. 廧　4. 韓、趙為一　5. 戊
6. 矣　7. 聊　8. 朋　9. 朋　10. 楚國必伐
11. 使信王之救己。韓為不能聽我　12. 之　13. 因　14. 多車幣
15. 困

楚也。恃楚之虛名，輕絶強秦之敵，必為天下笑矣。且楚、韓非兄弟之國也，又非素約而謀伐秦矣[1]。秦欲伐楚，▸楚因以起師◂[2]言救韓，此必陳軫之謀也。且王以[3]使人報於秦矣，今弗行，是欺秦也。夫輕強秦之禍，而信楚之謀臣，王必悔之矣。」韓王弗聽，遂絶和於秦。秦果大怒，興師與韓氏戰於岸門，楚救不至，韓氏大敗。

韓氏之兵非削弱也，民非蒙愚也，兵為秦禽，智為楚笑，過聽於陳軫，失計於韓明[4]也。

358 顏率見公仲

顏率見公仲，公仲不見。顏率謂公仲之謁者曰：「公仲必以率為陽[5]也，故不見率也。公仲好內，率曰好士；▸仲嗇於財◂[6]，率曰散施；公仲無行，率曰好義。自今以來，率且正言之而已矣。」公仲之謁者以告公仲，公仲遽起而見之。

359 韓公仲謂向壽

韓[7]公仲謂向壽曰：「禽困覆車。公破韓，辱公仲，公仲收國復事秦，自以為必可以封。今公與楚解，中封小令尹以桂陽。秦、楚合，復攻韓，韓必亡。公仲躬率其私徒以關於秦，願公之熟計之也。」向壽曰：「吾合秦、楚，非以當韓也，子為我謁之。」

公仲曰：「秦、韓之交可合也。」對曰：「願有復於公。諺曰：『貴其所以貴者貴。』今王之愛習公也，不如公孫郝；其知能公也，不如甘茂。今二人者，皆不得親於事矣，而公獨與王主斷於國者，彼有以失之也。公孫郝黨於韓，而甘戊[8]黨於魏，故王不信也。今秦、楚爭強，而公黨於楚，是與▸公孫郝、甘茂◂[9]同道也。公何以異之？人皆言楚之多[10]變也，而公必之，是自為責也。公不如與王謀其變也，善韓以備之，若此，則無禍矣。韓氏先以國從公孫郝，而後委國於甘茂，是韓，公之讎也。▸今公言善韓以備楚◂[11]，是外舉不辟讎也。」

向壽曰：「吾甚欲韓合。」對曰：「甘茂許公仲以武遂，反宜陽之民，今公▸徒令

---

1. 也　2. 楚以起師　3. 已　4. 朋　5. 傷
6. 公仲嗇於財　7. 為　8. 茂　9. 甘茂、公孫郝
10. 若　11. a.今公善韓以備楚 b.今公言善韓以待楚

收之◀1，甚難。」向子曰：「然則奈何？武遂終不可得已。」對曰：「公何不以秦為韓求穎川於楚，此乃韓之寄地也。公求而得之，是令行於楚而以其地德韓也。公求而弗得，是韓、楚之怨不解，而交走秦也。秦、楚爭強，而公過楚以攻韓，此利於秦。」向子曰：「奈何？」對曰：「此善事也。甘茂欲以魏取齊，公孫郝欲以韓取齊，今公取宜陽以為功，收楚、韓以安之，而誅齊、魏之罪，是以公孫郝、甘茂之無事也。」

360 或謂公仲曰聽者聽國

或謂公仲曰：「聽者聽國，非必聽實也。故先王聽諺言於市，願公之聽臣言也。公求中立於秦，而弗能得也，善公孫郝以難甘茂，勸[2]齊兵以勸止魏，楚、趙皆公之讎也。臣恐國之以此為患也，願公之復求中立於秦也。」

公仲曰：「奈何？」對曰：「秦王以公孫郝為黨於公而弗之聽，甘茂不善於公而弗為公言，公何不因行願以與秦王語？行願之為秦王臣也公，臣請為公謂秦王曰：『齊、魏合與離，於秦孰利？齊、魏別與合，於秦孰強？』秦王必曰：『齊、魏離，則秦重；合，則秦輕。齊、魏別，則秦強；合，則秦弱。』臣即曰：『今王聽公孫郝以韓、秦之兵應齊而攻魏，魏不敢戰，歸地而合於齊，是秦輕也，臣以公孫郝為不忠。今王聽甘茂，以韓、秦之兵據魏而攻齊，齊不敢戰，不[3]求割地而合於魏，是秦輕也，臣以甘茂為不忠。▸故王不如◀4令韓中立以攻齊，齊王言救魏以勁之，齊、魏不能相聽，▸久離兵史◀5。王欲，則信公孫郝於齊，為韓取南陽，易穀川以歸，此惠王之願也。王欲，則信甘茂於魏，以韓、秦之兵據魏以郄[6]齊，此武王之願也。臣以為▸令韓以中立◀7以勁[8]齊，最秦之大急也。公孫郝黨於齊而不肯言，甘茂薄而不敢謁也，此二人，王之大患也。願王之熟計之也。』」

361 韓公仲相

韓公仲相。▸齊、楚之交善秦。秦、魏遇◀9，且以善齊而絕齊乎楚。▸王使景鯉◀10之秦，鯉與於秦、魏之遇。楚王怒景鯉，恐齊以楚遇為有陰於秦、魏也，且罪景鯉。

1. 徒收之　2. 歡　3. 亦　4. 故不如　5. 必離兵交
6. a.欲 b.郤 c.拒　7. 令韓中立　8. 攻
9. 齊楚之交善秦與魏遇　10. 楚王使景鯉

為謂楚王曰：「臣賀鯉之與於遇也。秦、魏之遇也，將以合齊、秦而絶齊[1]於楚也。今鯉與於遇，齊無以信魏之合己於秦而攻於楚也，齊又畏楚之有陰於秦、魏也，必重楚。故鯉之與於遇，王之大資也。今鯉不與於遇，魏之絶齊▸於楚明矣◂[2]。齊、楚信之，必輕王，故王不如無罪景鯉，以視齊於有秦、魏，齊必重楚，而且疑秦、魏於齊。」王曰：「諾。」因不罪而益其列。

362 王曰向也子曰天下無道

王曰：「向也子曰『天下無道』，今也子曰『乃且攻燕』者，何也？」對曰：「今謂馬多力則有矣，若曰勝千鈞則不然者，何也？夫千鈞，非馬之任也。今謂楚強大則有矣，▸若夫越趙◂[3]、魏而關兵於燕，則豈楚之任也哉？且非楚之任，而楚為之，是弊楚也。強楚、弊楚，其於王孰便也？」

363 或謂魏王王儆四彊之內

或謂魏王：「▸王儆四彊之內◂[4]，其從於王者，十日之內，備不具者死。王因取其游之舟上擊[5]之。臣為王之楚，▸王胥臣反◂[6]，乃行。」春申君聞之，謂使者曰：「子為我反，無見王矣。十日之內，數萬之眾，今涉魏境。」秦使聞之，以告秦王。秦王謂魏王[7]曰：「大國有意，必來以是而足矣。」

364 觀鞅謂春申

觀[8]鞅謂春申曰：「人皆以楚為強，▸而君用之弱◂[9]，其於鞅也不然。先君者，二十餘年未嘗見攻。今秦欲踰兵於澠[10]隘之塞，不使；假道兩周倍韓以攻楚，不可。今則不然，魏且旦暮亡矣，不能愛其許、鄢陵與梧，割以予秦，▸去百六十里◂[11]。臣之所見者，秦、楚關之日也[12]已。」

---

1. 和　2. 於楚信明矣　3. 若越趙　4. a. 王四彊之內 b. 王警四疆之內
5. 繫　6. 王胥臣之反　7. 主　8. 魏　9. 而君用之弱也
10. 郿　11. 相去百六十里　12. 近

365 公仲數不信於諸侯

　　公仲數►不信於諸侯，諸侯錮之◄¹。南委國於楚，楚王弗聽。蘇代►為楚王曰◄²：
「不若聽而備於其反也。明³之反也，常仗⁴趙►而畔楚◄⁵，仗齊而畔秦。今四國錮之，
而無所入矣，亦甚患之。此方其為尾生之時也。」

366 楚圍雍氏五月

　　楚圍雍氏五月。韓令使者求救於秦，冠蓋相望也，秦師不下殽。韓又令尚靳使秦，
謂秦王曰：「韓之於秦也，居為隱蔽，出為鴈行。今韓已病矣，秦師不下殽。臣聞之，
脣揭者其齒寒，願大王之熟計之。」宣太后曰：「使者來者眾矣，獨尚子之言是。」召
尚子入。宣太后謂尚子曰：「妾事先王也⁶，先王以其髀加妾之身，妾困不疲⁷也；盡置
其身妾之上，而妾弗重也，何也？以其少有利焉。今佐韓，兵不眾，糧不多，則不足以
救韓。夫救韓之危，日費千金，獨不可使妾少有利焉。」

　　尚靳歸書報韓王，韓王遣張翠，張翠稱病，日行一縣。張翠至，甘茂曰：「韓急
矣，先生病而來。」張翠曰：「韓未急也，且急矣。」甘茂曰：「秦重國知⁸王也，►韓
之急緩◄⁹莫不知。今先生言不急，可乎？」張翠曰：「韓急則折而入於楚矣，臣安敢
來？」甘茂曰：「先生毋復言也。」

　　甘茂入言秦王曰：「公仲柄得秦師，故敢捍楚。今雍氏圍，而秦師不下殽，是無韓
也。公仲且抑首而不朝，公叔且以國南合於楚。楚、韓為一，魏氏不敢不聽，是楚以三
國謀秦也。如此則伐秦之形成矣。不識坐而待伐¹⁰，孰與伐人之利？」秦王曰：
「善。」果下師於殽以救韓。

367 楚圍雍氏韓令冷向借救於秦

　　楚圍雍氏，韓令冷向借救於秦，秦為發使公孫昧入韓。公仲曰：「子以秦為將救韓
乎？其不乎？」對曰：「秦王之言曰，請道於南鄭、藍田以入攻楚，出兵於三川以待

---

1. 不信於諸侯錮之　　　2. 為謂楚王曰　3. 朋　　　4. 杖
5. 而畔楚楚　6. 日　　　7. 支　　　8. a.之 b.智　9. 韓之緩急
10. 我

公，殆不合，軍於南鄭矣。」公仲曰：「柰何？」對曰：「秦王必祖張儀之故謀。楚威王攻梁，張儀謂秦王曰：『與楚攻梁，魏折而入於楚。韓▸固其與國也◂[1]，是秦孤也。故不如出兵以勁魏。』於是攻皮氏。魏氏勁，威王怒，楚與魏大戰，秦取西河之外以歸。今也其將揚[2]言救韓，而陰善楚，公恃[3]秦而勁，必輕與楚戰。楚陰得秦之不用也，必易與公相支也。公戰勝楚，遂與公乘楚，易三川而歸。公戰不勝楚，▸塞三川而守之◂[4]，公不能救也。臣甚惡其事。司馬康三反之郢矣，甘茂與昭獻遇於境，其言曰收璽，其實猶有約也。」公仲恐曰：「然則柰何？」對曰：「公必先韓而後秦，先身而後張儀。▸以公不如◂[5]亟以國合於齊、楚，秦必委國於公以解伐。是公之所以外者儀而已，其實猶之不失秦也。」

368 公仲為韓魏易地

公仲為韓、魏易地，公叔爭之而不聽，且亡。史惕謂公叔曰：「公亡，則易必可成矣。公無辭以後[6]反，且示天下輕公，公不若順之。夫韓地易於上，則害於趙；▸魏地易於下◂[7]，則害於楚。公不如告楚、趙。楚、趙惡之。趙聞之，起兵臨羊腸，楚聞之，發兵臨方城，而易必敗矣。」

369 錡宣之教韓王取秦

錡宣之教韓王取秦，曰：「為公叔具車百乘，言之楚，易三川。因令公仲謂秦王曰：『三川之言曰，秦王必取我。韓王之心，不可解矣。王何不試以襄子為質於韓，令韓王▸知王之不取三川也◂[8]。』因以出襄子而德太子。」

370 襄陵之役

襄陵之役，畢長謂公叔曰：「請毋用兵，而楚、魏皆德公之國矣。夫楚欲置公子高[9]，必以兵臨魏。公何不令人說昭子曰：『戰未必勝，請為子起兵以之魏。』子有辭以毋戰，於是以太子扁[10]、昭揚[11]、梁王皆德公矣。」

---

1. 固其與也　2. 陽　3. 待　4. 楚塞三川而守之
5. a.臣以公不如 b.公不如　6. 復　7. 魏易於下
8. 知之王之不取三川也　9. 咎　10. 與　11. 陽

371 公叔使馮君於秦

公叔使馮君於秦，恐留，教陽向說秦王曰：「留馮君以善韓臣[1]，非上知也。主君不如善馮君，而資之以秦。馮君廣王而不聽公叔，以與太子爭，則王澤布，而害於韓矣。」

372 謂公叔曰公欲得武遂於秦

謂公叔曰：「公欲得武遂於秦，而不患楚之能揚河外也。公不如令人恐楚王，而令人為公求武遂於秦。謂楚王曰：『發重使為韓求武遂於秦。秦王聽，是令得行於萬乘之主也。韓得武遂以恨[2]秦，毋[3]秦患而得[4]楚。韓，楚之縣而已。秦不聽，是秦、韓之怨深，▸而交楚也◂[5]。』」

373 謂公叔曰乘舟

謂公叔曰：「乘舟，舟漏而弗塞，則舟沉矣。塞漏舟，而輕陽侯之波，則舟覆矣。今公▸自以辯於薛公◂[6]而輕秦，是塞漏舟而輕陽侯之波也，願公之察也。」

374 齊令周最使鄭

齊令周最使鄭，立韓擾而廢公叔。周最患之，曰：「公叔之與周君交也，令[7]我使鄭，立韓擾而廢公叔。語曰：『怒於室者色於市。』今公叔怨齊，無柰何也，▸必周君◂[8]而深怨我矣。」史舍曰：「公行矣，請令公叔必重公。」

周最行至鄭，公叔大怒。史舍入見曰：「周最固不欲來使，臣竊強之。周最不欲來，以為公也；▸臣之強之也◂[9]，亦以為公也。」公叔曰：「請聞其說。」對曰：「齊大夫諸子有犬，犬猛不可叱，叱之必噬人。客有請叱之者，疾視而徐叱之，犬不動；復叱之，犬遂無噬人之心。今周最固得事足下，而以不得已之故來使，彼將禮陳其辭而緩其言，鄭王必以齊王為不急，必不許也。今周最不來，他人必來。來使者無交於公，而欲德於韓擾，其使之必疾，言之必急，則鄭王必許之矣。」公叔曰：「善。」遂重周最。王果不許韓擾。

---

1. 辰　2. 限　3. 無　4. 德　5. 而交事楚也
6. 自以為辨於薛公　7. 今　8. 必絕周君　9. 使臣之強之也

375 韓公叔與幾瑟爭國鄭強為楚王使於韓

韓公叔與幾瑟爭國。鄭強為楚王使於韓，矯以新城、陽人合[1]世子，以與公叔爭國。楚怒，將罪之。鄭彊曰：「臣之矯與之，以為國也。臣曰，世子得新城、陽人，以與公叔爭國，而得全，魏必急韓氏；韓氏急，必縣命於楚，又何新城、陽人敢索？若戰而不勝，走[2]而不死，今且以至，又安敢言地？」楚王曰：「善。」乃弗罪。

376 韓公叔與幾瑟爭國中庶子強謂太子

韓公叔與幾瑟爭國。中庶子強謂太子曰：「不若及齊師未入，急擊公叔。」太子曰：「不可。▸戰之於國中必分◂[3]。」對曰：「事不成，身必危，尚何足以圖國[4]之全為？」太子弗聽，齊師果入，太子出走。

377 齊明謂公叔

齊明謂公叔曰：「齊逐幾瑟，楚善之。今楚欲善齊甚，公何不令齊王謂楚王：『王為我逐幾瑟以窮之。』楚聽，是齊、楚合，而幾瑟走也；楚王不聽，是有陰於韓也。」

378 公叔將殺幾瑟

公叔將殺幾瑟也。謂公叔曰：「太子之重公也，畏幾瑟也。今幾瑟死，太子無患，必輕公。韓大夫見王老，冀太子之用事也，固欲事之。太子外無幾瑟之患，而內收諸大夫以自輔也，公必輕矣。不如無殺幾瑟，以恐太子，太子必終身重公矣。」

379 公叔且殺幾瑟

公叔且殺幾瑟也，宋赫為謂公叔曰：「幾瑟之能為亂也，內得父兄，而外得秦、楚也。今公殺之，太子無患，必輕公。韓大夫知王之老而太子定，必陰事之。秦、楚若無韓，必陰事伯嬰。伯嬰亦幾瑟也。公不如勿殺。伯嬰恐，▸必保於公◂[5]。韓大夫不能必其不入也，必不敢輔伯嬰以為亂。秦、楚挾幾瑟以塞伯嬰，伯嬰外無秦、楚之權，內無父兄之眾，必不能為亂矣。此便於公。」

---

1. 命　2. 幸　3. 戰之於國中國必分　4. 尚
5. 必陰保於公

380 謂新城君曰

謂新城君曰：「公叔、伯嬰恐秦、楚之內幾瑟也，公何不為韓求質子於楚？楚王聽而入質子於韓，則公叔、伯嬰必知秦、楚之不以幾瑟為事也，必以韓合於秦、楚矣。秦、楚挾韓以窘魏，魏氏不敢東，是齊孤也。公又令秦求質子於楚，楚不聽，則怨結於韓。韓挾齊、魏以眄[1]楚，楚王必重公矣。公挾秦、楚之重，以積德於韓，則公叔、伯嬰必以國事公矣。」

381 胡衍之出幾瑟於楚

胡衍之出幾瑟於楚也，教公仲謂魏王曰：「太子在楚，韓不敢離楚也。公[2]何不試奉公子咎，而為之請太子。因令人謂楚王曰：『韓立公子咎而棄幾瑟，是王抱虛質也。王不如亟歸幾瑟。幾瑟入，必以韓權報讎於魏，而德王矣。』」

382 幾瑟亡之楚

幾瑟亡之楚，楚將收秦而復之。謂芈戎曰：「廢公叔而相幾瑟者楚也。今幾瑟亡之楚，楚又收秦而復之，幾瑟入鄭之日，韓，楚之縣邑[3]。公不如令秦王賀伯嬰之立也。韓絕於楚，其事秦必疾，秦挾韓親魏，齊、楚後至者先亡。此王業也。」

383A 冷向謂韓咎

冷向謂韓咎曰：「幾瑟亡在楚，楚王欲復之甚，令楚兵十餘萬在方城之外。臣請令楚築萬家之都於雍氏之旁，韓必起兵以禁之，公必將矣。公因以楚、韓之兵奉幾瑟▸而內之鄭◂[4]，幾瑟得入而德公，必以韓、楚奉公矣。」

383B 楚令景鯉入韓

楚令景鯉入韓，韓且內伯嬰於秦，景鯉患之。冷向謂伯嬰曰：「太子入秦，秦必留太子而合楚，以復幾瑟也，是太子反棄之。」

---

1. a.眄 b.盼　2. 王　3. 已　4. 而內之

383C 韓咎立為君而未定

韓咎立為君而未定也，其弟在周，周欲▸以車百乘重而送之◂[1]，恐韓咎入韓之不立也。綦母恢曰：「不如以百金從之，韓咎立，▸因也以為戒◂[2]；不立，則曰來效賊也。」

384 史疾為韓使楚

史疾為韓使楚，楚王問曰：「客何方所循？」曰：「治列子圉寇之言。」曰：「何貴？」曰：「貴正。」王曰：「正亦可為國乎？」曰：「可。」王曰：「楚國多盜，正可以圉盜乎？」曰：「可。」曰：「以正圉盜，奈何？」頃間[3]有鵲止於屋上者，曰：「請問楚人▸謂此鳥何◂[4]？」王曰：「謂之鵲。」▸曰：「謂之烏◂[5]，可乎？」曰：「不可。」曰：「今王之國有柱國、令尹、司馬、典令，其任官置吏，必曰廉潔勝任。今盜賊公行，而弗能禁也，此烏不為烏，鵲不為鵲也。」

385 韓傀相韓

韓傀相韓，嚴遂重於君，二人相害也。嚴遂政議直指，舉韓傀之過。韓傀以之叱之於朝。嚴遂拔劍趨之，以救解。於是嚴遂懼誅，亡去，游求人可以報韓傀者。

至齊，齊人或言：「軹深井里聶政，勇敢士也，避仇隱於屠者之間。」嚴遂陰交於聶政，以意厚之。聶政▸問曰◂[6]：「子欲安用我乎？」嚴遂曰：「吾得為役之日淺，事今薄，奚敢有請？」於是嚴遂乃具酒，▸觴聶政母前◂[7]。仲子奉黃金百鎰，前為聶政母壽。聶政驚，愈怪其厚，固謝嚴仲子。仲子固進，而聶政謝曰：「臣有老母，家貧，客游以為狗屠，可旦夕得甘脆以養親。親供養備，義不敢當仲子之賜。」嚴仲子辟人，因為聶政語曰：「臣有仇，而行游諸侯眾矣。然至齊，聞足下義甚高。故直進百金者，特以為夫[8]人麤糲之費，以交[9]足下之驩，豈敢以有求邪？」聶政曰：「臣所以降志辱身，▸居市井者◂[10]，▸徒幸而養老母◂[11]。▸老母在◂[12]，政身未敢以許人也。」嚴仲子固讓，聶政竟不肯受。然仲子卒備賓主之禮而去。

---

1. 立車百乘而送之　2. a.曰也以為戒 b.因以為戒　3. 聞
4. 謂之何　5. 「謂之烏　6. 問之曰　7. 自觴聶政母前　8. 丈
9. 反　10. 居市井屠者　11. 幸以養老母　12. 老母在前

久之，聶政母死，既葬，除服。聶政曰：「嗟乎！政乃市井之人，鼓刀以屠，而嚴仲子乃諸侯之卿相也，不遠千里，枉車騎而交臣，臣之所以待之▸至淺鮮矣◂[1]，未有大功可以稱者，而嚴仲子舉百金為親壽，我雖[2]不受，然是深知政也。夫賢者以感忿睚眥之意，而親信窮僻之人，而政獨安可嘿然而止乎？且前日要政，政徒以老母。老母今以天年終，政將為知己者用。」

遂西至濮陽，見嚴仲子曰：「前所以不許仲子者，徒以親在。▸今親不幸◂[3]，仲子▸所欲報仇者為誰◂[4]？」嚴仲子具告曰：「臣之仇▸韓相傀◂[5]。傀又韓君之季父也，宗族盛，▸兵衛設◂[6]，臣使人刺之，終莫能就。今足下幸而不棄，請益具車騎壯士，以為羽翼。」政曰：「韓與衛，▸中間不遠◂[7]，今殺人之相，相又國君之親，此其勢不可以多人。多人不能無生得失，生得失則語泄，語泄則韓舉國而與仲子為讎也，豈不殆哉！」遂謝車騎人徒，辭，獨行仗劍至韓。

韓適有東孟之會，韓王及相皆在焉，持兵戟而▸衛者甚衆◂[8]。聶政直入，上階▸刺韓傀◂[9]。韓傀走而抱哀[10]侯，聶政刺之，兼中哀[11]侯，左右大亂。聶政大呼，▸所殺者◂[12]數十人。▸因自皮面◂[13]抉眼，▸自屠出腸◂[14]，遂以死。韓取聶政▸屍於市◂[15]，縣購之千金。久之▸莫知誰子◂[16]。

▸政姊聞之◂[17]，曰：「▸弟至賢◂[18]，不可愛妾之軀，滅吾弟之名，非弟意也。」乃之韓。視之曰：「勇哉！氣矜之隆。是其軼賁、育▸而高成荊矣◂[19]。今死而無名，父母既歿矣，兄弟無有，此為我故也。夫愛身不揚弟之名，吾不忍也。」乃抱屍而哭之曰：「此吾弟軹深井里聶政也。」亦自殺於屍下。

晉、楚、齊、衛聞之曰：「▸非獨政之能，乃其姊者，亦列女也◂[20]。」聶政之所以名施於後世者，其姊不避▸菹醢◂[21]之誅，以揚其名也。

---

1. 至淺矣　2. 義　3. 今親不幸而死
4. 所欲報仇者，請得從事焉　5. 韓相韓傀　6. 多居處，兵衛甚設
7. 相去中間不遠　8. 衛侍者甚衆　9. 刺殺韓傀　10. 列　11. 列
12. 所擊殺者　13. 因自面皮　14. 屠腸　15. 屍暴於市　16. 莫知誰
17. 政姊嫈聞之　18. 吾弟至賢　19. 高成荊矣
20. 非獨聶政之能，乃其姊者，列女也　21. 葅酢

386 或謂韓公仲

或謂韓公仲[1]曰：「夫孿子之相似者，唯其母知之而已；▸利害之相似者◂[2]，唯智者知之而已。今公國，其利害之相似，正如孿子之相似也。▸得以其道為之◂[3]，則主尊而身安；不得其道，則主卑而身危。今秦、魏之和成，而非公▸適束之◂[4]，則韓必謀矣。若韓隨魏以善秦，是為魏從也，▸則韓輕矣◂[5]，主卑矣。秦已善韓，▸必將欲置◂[6]其所愛信者，令用事於韓以完之，是公危矣。今公與安成君為秦、魏之和，成固為福，不成亦為福。秦、魏之和成，而公▸適束之◂[7]，是韓為秦、魏之門戶也，是韓重而主尊矣。安成君東重於魏，而西貴於秦，操右契而為公責德於秦、魏之主[8]，裂地而為諸侯，公之事也。若夫安韓、魏而終身相，公之下服，此主尊而身安矣。秦、魏不終相聽者也。齊怒於不得魏，必欲善韓以塞魏；魏不聽秦，必務善韓以備秦，是公▸擇布而割也◂[9]。秦、魏和，則兩國德公；不和，則兩國爭事公。所謂成為福，不成亦為福者也。願公之無疑也。」

387 或謂公仲

或謂公仲曰：「今有一舉而可以忠於主，便於國，利於身，願公之行之也。今天下散而事秦，則韓最輕矣；▸天下合◂[10]而離秦，則韓最弱矣；合離之相續，則韓最先危矣。此君國長民之大患也。今公以韓先合於秦，天下隨之，是韓以天下事[11]秦，秦之德韓也厚矣。韓與天下朝秦，而獨厚取德焉，公行之計，是其於主也至忠矣。天下不合秦，秦令而不聽，秦必起兵以誅不服。秦久與天下結怨構[12]難，而兵不決，韓息士民以待其亹，公行之計，是其於國也，大便也。昔者，周佼以西周善於秦，而封於梗陽；周啓以東周善於秦，而封於平原。今公以韓善秦，韓之▸重於兩周也無計◂[13]，而秦之爭機也，萬於周之時。今公以韓為天下先合於秦，秦必以公為諸侯，以明示天下，公行之計，是其於身大利也。願公之加務也。」

388 韓人攻宋

韓人攻宋，秦王大怒曰：「吾愛宋，與新城、陽晉同也。韓珉與我交，而攻我甚所

1. 中　2. 夫利害之相似者　3. 得其道為之　4. 適兩束之
5. 則韓輕　6. 必將置　7. 適兩束之　8. 王　9. 擇豨而割之
10. 今天下合　11. 予　12. 搆　13. 重於兩周也無先計

愛，何也？」蘇秦[1]為韓說秦王曰：「韓珉之攻宋，所以為王也。以韓之強，輔之以宋，楚、魏必恐。恐，必西面事秦。王不折一兵，不殺一人，無事而割安邑，此韓珉之所以禱於秦也。」秦王曰：「吾固患韓之難知，一從一橫，此其說何也？」對曰：「天下固令韓可知也[2]。韓故[3]已攻宋矣，▸其西面事秦◂[4]，以萬乘自輔；不西事秦，則宋地不安矣。中國白頭游敖之士，皆積智欲離秦、韓之交。伏軾結靷西馳者，未有一人言善韓者也；伏軾結靷東馳者，未有一人言善秦者也。皆不欲韓、秦之合者何也？則晉、楚智而韓、秦愚也。晉、楚合，必伺韓、秦；韓、秦合，必圖晉、楚。請以決事。」秦王曰：「善。」

389 或謂韓王

或謂韓王曰：「秦王欲出事於梁，而欲攻絳、安邑，韓計將安出矣？秦之欲伐韓，以東闚周室，甚唯寐忘之。今韓不察，因欲與秦，必為山東大禍矣。秦之欲攻梁也，欲得梁以臨韓，恐梁之不聽也，故欲病[5]之以固交也。王不察，因欲中立，梁必怒於韓之不與己，必折為秦用，韓必舉矣。願王熟慮之也。不如急發重使之趙、梁，約復為兄弟，使山東皆以銳師戍韓、梁之西邊，非為此也，山東無以救亡，此萬世之計也。秦之欲并天下而王之也，不與古同。事之雖如子之事父，猶將亡之也。行雖如伯夷，猶將亡之也。行雖如桀、紂，猶將亡之也。雖善事之無益也。不可以為存，適足以自令亟亡也。然則山東非能從親，合而相堅如一者，必皆亡矣。」

390 謂鄭王

謂鄭王曰：「昭釐侯，一世之明君也；申不害，一世之賢士也。韓與魏敵侔之國也，申不害與昭釐侯執珪而見梁君，非好卑而惡尊也，非慮過而議失也。申不害之計事，曰：『我執珪於魏，魏君必得志於韓，必外靡於天下矣，是魏弊矣。諸侯惡魏必事韓，是我免[6]於一人之下，而信於萬人之上也。夫弱魏之兵，而重韓之權，莫如朝魏。』昭釐侯聽而行之，明君也；申不害慮事而言之，忠臣也。今之韓弱於始之韓，而今之秦強於始之秦。今秦有梁君之心矣，而王與諸臣不事為尊秦以定韓者，臣竊以為王之明為不如昭釐侯，而王之諸臣忠莫如申不害也。

1. 代　2. 矣　3. 固　4. 其西事秦　5. 痛
6. 俛

「昔者，▸穆公◂[1]一勝於韓原而霸西州，晉文公一勝於城濮而定天下[2]，此以一勝立尊令，成功名於天下。今秦數世強矣，大勝以千[3]數，小勝以百數，大之不王，小之不霸，名尊無所立，制令無所行，然而《春秋》用兵者，非以求主尊成名[4]於天下也。昔先王之攻，有為名者，有為實者。為名者攻其心，為實者攻其形。昔者，吳與越戰，越人大敗，保於會稽之上。吳人入越而戶撫之。越王使大夫種行成於吳，請男為臣，女為妾，身執禽而隨諸御。吳人果聽其辭，與成而不盟，此攻其心者也。其後越與吳戰，吳人大敗，亦請[5]男為臣，女為妾，反以越事吳之禮事越。越人不聽也，遂殘吳國而禽夫差，此攻其形者也。今將攻其心乎，宜使如吳；攻其形乎，宜使如越。夫攻形不如越，而攻心不如吳，而君臣、上下、少長、貴賤，畢呼霸王，臣竊以為猶之井中而謂曰：『我將為爾求火也。』

391 東孟之會

「東孟之會，聶政、陽堅刺相兼君。許異▸蹴哀侯◂[6]而殪之，立以為鄭君。韓氏之眾無不聽令者，則許異為之先也。是故哀[7]侯為君，而許異終身相焉。而韓氏之尊許異也，猶其尊哀[8]侯也。今日[9]鄭君不可得而為也，雖終身相之焉，然而吾弗為云者，豈不為過謀哉！昔齊桓公九合諸侯，未嘗不以周襄王之命。然則雖尊襄王，桓公亦定霸矣。九合之尊桓公也，猶其尊襄王也。今日天子不可得而為也，▸雖為桓公吾弗為云者◂[10]，豈不為過謀而不知尊哉！韓氏之士數十萬，皆戴哀[11]侯以為君，而許異獨取相焉者，▸無他◂[12]；諸侯之君，無不任事於周室也，而桓公獨取霸者，亦無他也。今強國將有帝王之舋，而以國先者，此桓公、許異之類也。豈可不謂善謀哉？夫先與強國之利，強國能王，則我必為之霸；強國不能王，則可以辟[13]其兵，使之無伐我。然則強國事成，則我立帝而霸；強國之事不成，猶之厚德我也。▸今與強國，強國之事成◂[14]則有福，不成則無患，然則先與強國者，聖人之計也。」

392 韓陽役於三川而欲歸

韓陽役於三川而欲歸，足強為之說韓王曰：「三川服矣，王亦知之乎？役且共貴公子。」王於是召諸公子役於三川者而歸之。

---

1. 秦穆公　2. 子　3. 十　4. 王　5. 謂
6. 蹷列侯　7. 列　8. 列　9. 曰
10. 雖為桓公然而吾弗為云者　11. 列　12. 無他也　13. 避
14. 今與強國之事成

393 秦大國

秦，大國也。韓，小國也。韓甚疏秦。▸然而見親秦，計之◂[1]，非金無以[2]也，故賣美人。美人之賈貴，諸侯不能買，故秦買之三千金。韓因以其金事秦，秦反得其金與韓之美人。韓之美人因言於秦曰：「韓甚疏秦。」從是觀之，韓亡[3]美人與金，其疏秦乃▸始益明◂[4]。故客有說韓者曰：「不如止淫用，以是為金以事秦，是金必行，而韓之疏秦不明。美人知內行者也，故善為計者，不見內行。」

394 張丑之合齊楚講於魏

張丑之合齊、楚講於魏也，謂韓公仲曰：「今公疾攻魏之運[5]，魏急，則必以地和於齊、楚，故公不如勿攻也。魏緩則必戰。戰勝，攻運而取之易矣。戰不勝，則魏且內之。」公仲曰：「諾。」張丑因謂齊、楚曰：「韓已與魏矣。以為不然，則蓋[6]觀公仲之攻也。」公仲不攻，齊、楚恐，因講於魏，而不告韓。

395 或謂韓相國

▸或謂韓相國曰◂[7]：「人之所以善扁鵲者，為有臃腫也；使善扁鵲而無臃腫也，則人莫之為之也。今君以所事善平原君者，為惡於秦也；而善平原君乃所以惡於秦也。願君之熟計之也。」

396A 公仲使韓珉之秦求武隧

公仲使韓珉之秦求武隧[8]，而恐楚之怒也。唐客謂公仲曰：「韓之事秦也，且以求武隧也，非弊邑之所憎也。韓已得武隧，其形乃可以善楚。臣願有言，而不敢為楚計。今韓之父兄得眾者毋相，韓不能獨立，勢必不善楚。王曰：『吾欲以國輔韓珉而相之可乎？父兄惡珉，珉必以國保楚。』」公仲說，士[9]唐客於諸公，而使之主韓、楚之事。

---

1. a.而見親秦，韓計之 b.然而見親秦，韓計之　2. 巳　3. 之
4. 始於益明　5. 鄆　6. 盍　7. 謂韓相國曰　8. 遂
9. 仕

396B 韓相公仲珉使韓侈之秦

▸韓相公仲珉◂[1]使韓侈之秦，請攻魏，秦王說之。韓侈在唐，公仲珉死。韓侈謂秦王曰：「魏之使者謂後相韓辰曰：『公必為魏罪韓侈。』韓辰曰：『不可。秦王仕之，又與約事。』使者曰：『秦之仕韓侈也，以重公仲也。今公仲死，韓侈之秦，▸秦必弗入。入◂[2]，又奚為挾之以恨魏王乎？』韓辰患之，將聽之矣。今王不召韓侈，韓侈且伏於山中矣。」秦王曰：「何意寡人如是之權也！令安伏？」召韓侈而仕之。

396C 客卿為韓謂秦王

客卿為韓謂秦王曰：「韓珉之議，知其君不知異君，知其國不知異國。彼公仲者，秦勢能詘之。▸秦之強◂[3]，首之者，珉為疾矣。進齊、宋之兵至首坦[4]，遠薄梁郭，所以不及[5]魏者，以為成[6]而過南陽之道，欲以四國西首也。所以不者，皆曰以燕亡於齊，魏亡於秦，陳、蔡亡於楚，此皆絕地形，群臣比周以蔽其上，大臣為諸侯輕國也。今王位正，張儀之貴，不得議公孫郝，是從臣不事大臣也；公孫郝之貴，不得議甘戊[7]，則大臣不得事近臣矣[8]。貴賤不相事，各得其位，輻湊以事其上，則群臣之賢不肖，可得而知也。王之明一也。公孫郝嘗疾齊、韓而不加貴，則為大臣不敢為諸侯輕國矣。齊、韓嘗因公孫郝而不受，則諸侯不敢因群臣以為能矣。外內不相為，則諸侯之情偽可得而知也。王之明二也。公孫郝、樗里疾請無攻韓，陳四辟去，王猶攻之也。甘茂約楚、趙▸而反敬魏，是其講我◂[9]，茂且攻宜陽，王猶校之也。群臣之知，無幾於王之明者，臣故願公仲之▸國以侍於王◂[10]，而無自左右也。」

397 韓珉相齊

韓珉相齊，令吏逐公疇豎，▸大怒於周之留成陽君也◂[11]。謂韓珉曰：「公以二人者為賢人也，所入之國，因用之乎？則不如其處小國。何也？成陽君為秦去韓，公疇豎，楚王善之。今公因逐之，二人者必入秦、楚，必為公患。且明公之不善於天下。天下之不善公者，與欲有求於齊者，且收之，以臨齊而市公。」

---

1. 韓相公仲　2. 秦必弗入　3. 以秦之強　4. 垣　5. 反
6. 戍　7. 茂　8. 也　9. 而攻敬魏，是且搆我
10. a.以國待於王 b.國以待於王　11. 又怒於周之留成陽君

398 或謂山陽君

▸或謂山陽君曰◂[1]：「秦封君以山陽，齊封君以莒。齊、秦非重韓則賢君之行也。今楚攻齊取莒，▸上及不交齊◂[2]，次弗納於君，是棘齊、秦之威而輕韓也。」山陽君因使之楚。

399 趙魏攻華陽

趙、魏攻華陽，韓謁急於秦。冠蓋相望，秦不救。韓相國謂田苓曰：「事急，願公雖疾，為一宿之行。」田苓見穰侯，穰侯曰：「韓急乎？何故使公來？」田苓對曰：「未急也。」穰侯怒曰：「是何以為公之王[3]使乎？冠蓋相望，告弊邑甚急，公曰未急，何也？」田苓曰：「彼韓急，則將變矣。」穰侯曰：「公無見王矣，臣請令發兵救韓。」八日中，大敗趙、魏於華陽之下。

400 秦招楚而伐齊

秦招楚而伐齊，冷向謂陳軫曰：「秦王必外向。楚之齊者知西不合於秦，必且務以楚合於齊。齊、楚合，燕、趙不敢不聽。▸齊以四國敵秦◂[4]，是齊不窮也。」向曰：「秦王誠必欲伐齊乎？不如先收於楚之齊者，楚之齊者先務以楚合於齊，則楚必即秦矣。以強秦而有晉、楚，則燕、趙不敢不聽，是齊孤矣。向請為公說秦王。」

401 韓氏逐向晉於周

韓氏逐向晉於周，▸周成恢◂[5]為之謂魏王曰：「周必寬而反之，王何不為之先言，是王有向晉於周也。」魏王曰：「諾。」成恢因為謂韓王曰：「逐向晉者韓也，而還之者魏也，豈如道韓反之哉！是魏有向晉於周，而韓王失之也。」韓王曰：「善。」亦因請復之。

---

1. 謂山陽君曰　2. 上不交齊　3. 主　4. 齊以四敵秦　5. 周使成恢

402 張登請費緤

張登請[1]費緤曰：「請令公子年[2]謂韓王曰：『費緤，西周讎之，東周寶之。此其家萬金，王何不召之，以為三川之守。是緤以三川與西周戒也，必盡其家以事王。西周惡之，必效先王之器以止王。』韓王必為之。西周聞之，必解子之罪，以止子之事。」

403 安邑之御史死

安邑之御史死，其次恐不得也。輸人‣為之謂安令曰◂[3]：「公孫綦為人請御史於王，王曰：『‣彼固有次乎◂[4]？‣吾難敗其法◂[5]。』」因遽置之。

404 魏王為九里之盟

魏王為九里[6]之盟，且復天子。房喜謂韓王曰：「勿聽之也，大國惡有天子，而小國利之。王與大國弗聽，魏安能與小國立之。」

405 建信君輕韓熙

建信君輕韓熙，趙敖為謂建信侯[7]曰：「國形有之而存，無之而亡者，魏也。不可無而從者，韓也。今君之輕韓熙者，交善楚、魏也。秦見君之交反[8]善於楚、魏也，其收韓必重矣。從則韓輕，横則韓重，則無從輕矣。秦出兵於三川，則南圍鄢，蔡、邵之道不通矣。魏急，其救趙必緩矣。秦舉兵破邯鄲，趙必亡矣。故君收韓，可以無舋。」

406 段產謂新城君

段産謂新城君曰：「夫宵行者能無為姦，而不能令狗無吠己。今臣處郎中，能無議君於王，而不能令人毋議臣於君。願君察之也。」

---

1. 謂　2. 牟　3. a.為之安令曰 b.為之謂安邑令曰
4. 彼固有次　5. 吾難敗之　6. 重　7. 君　8. 之

407 段干越人謂新城君

段干越人謂新城君曰：「王良之弟子駕，‣云取千里馬◂[1]，遇造父之弟子。造父之弟子曰：『馬不千里。』王良弟子曰：『馬，千里之馬也；服，千里之服也。而不能取千里，何也？』曰：『子纆牽長。故纆牽於事，萬分之一也，而難[2]千里之行。』今臣雖不肖，於秦亦萬分之一也，而相國見臣不釋塞者，是纆牽長也。」

408 蘇秦將為從北說燕文侯

蘇秦將為從，北說燕文侯曰：「燕東有朝鮮、遼東，北有林胡、樓煩，西有雲中、九原，南有呼沱、易水。‣地方二千餘里◂[3]，帶甲數十萬，車七百乘，騎六千疋，粟支十[4]年。南有碣石、鴈門之饒，北有棗粟[5]之利，民雖不由田作，棗栗之實，足食於民矣。此所謂天府也。夫安樂無事，不見覆軍殺將之憂，無過燕矣。大王知其所以然乎？夫燕之所以不犯寇被兵者，以趙之為蔽於南也。秦、趙五戰，秦再勝而趙三勝。秦、趙相弊，而王以全燕制其後，此燕之所以不犯難也。且夫秦之攻燕也，踰雲中、九原，過代、上谷，彌地踵道數千里，雖得燕城，秦計固不能守也。秦之不能害燕亦明矣。今趙之攻燕也，‣發興號令◂[6]，不至十日，而數十萬之眾，軍於東垣矣。度呼沱，涉易水，不至四五日，距國都矣。故曰，秦之攻燕也，戰於千里之外；趙之攻燕也，戰於百里之內。夫不憂百里之患，而重千里之外，計無過於此者。是故願大王與趙從親，天下為一，則國必無患矣。」

燕王曰：「寡人國小，西迫強秦，南[7]近齊、趙。‣齊、趙，強國也◂[8]，今主君幸教詔之，合從以安燕，敬以國從。」於是齎蘇秦車馬金帛以至趙。

409 奉陽君李兌甚不取於蘇秦

奉陽君李兌甚不取於蘇秦。蘇秦在燕，李兌因為蘇秦謂奉陽君曰：「齊、燕離則趙重，齊、燕合則趙輕。今君之齊，非趙之利也。臣竊為君不取也。」

奉陽君曰：「何吾合燕於齊？」

1. 云取千里　2. 維　3. 地方二千里　4. 二　5. 栗
6. 發號出令　7. 促　8. 齊趙強國

對曰：「夫制於燕者蘇子也。而燕弱國也，東不如齊，西不如趙，豈能東無齊、西無趙哉？而君甚不善蘇秦，蘇秦能抱弱燕而孤於天下哉？是驅燕而使合於齊也。且燕亡國之餘也，其以權立，以重外，以事貴。故為君計，▸善蘇秦則取◂[1]，不善亦取之，以疑燕、齊。燕、齊疑，則趙重矣。齊王疑蘇秦，則君多資。」

奉陽君曰：「善。」乃使使與蘇秦結交。

410 權之難燕再戰不勝

權之難，燕再戰不勝，趙弗救。噲子謂文公曰：「不如以地請合於齊，趙必救我。若不吾救，不得不事。」文公曰：「善。」令郭任以地▸請講於齊。趙聞之◂[2]，遂出兵救燕。

411 燕文公時

燕文公時，秦惠王以其女為燕太子婦。文公卒，易王立。齊宣王因燕喪攻之，取十城。

武安君蘇秦為燕說齊王，再拜而賀，因仰而弔。齊王桉戈而卻曰：「此一何慶弔相隨之速也？」

對曰：「人之飢所以不食烏喙者，以為雖偷充腹，而與死同患也。今燕雖弱小，強秦之少婿也。王利其十城，而深與強秦為仇。今使弱燕為鴈行，而強秦制其後，以招天下之精兵，此食烏喙之類也。」

齊王曰：「▸然則柰何◂[3]？」

對曰：「聖人之制事也，轉禍而為福，因敗而為功。故桓公負婦人而名益尊，韓獻開罪而交愈固，此皆轉禍而為福，因敗而為功者也。王能聽臣，莫如歸燕之十城，卑辭以謝秦。秦知王以己之故歸燕城也，秦必德王。燕無故而得十城，燕亦德王。是棄強仇而立厚交也。且夫燕、秦之俱事齊，則大王號令天下皆從。是王以虛辭附秦，而以十城取天下也。此霸王之業矣。所謂轉禍為福，因敗成功者也。」

1. 善蘇秦則取之　2. 請講於齊、趙。齊、趙聞之　3. 然則柰何乎

齊王大說，乃歸燕城。以金千斤謝其後，頓首塗中，願為兄弟而請罪於秦。

412 人有惡蘇秦於燕王者

人有惡蘇秦於燕王者，曰：「武安君，天下不信人也。王以萬乘下之，尊之於廷，示天下與小人群也。」

武安君從齊來，而燕王不館也。謂燕王曰：「臣東周之鄙人也，見足下身無咫尺之功，而足下迎臣於郊，顯臣於廷。今臣為足下使，利得十城，功存危燕，足下不聽臣者，人必有言臣不信，傷臣於王者。▸臣之不信◂[1]，是足下之福也。使臣信如尾生，廉如伯夷，孝如曾參，三者天下之高行，而以事足下，▸不可乎◂[2]？」燕王曰：「可。」曰：「有此，臣亦不事足下矣。」

蘇秦曰：「且夫孝如曾參，義不離親一夕宿於外，足下安得使之之齊？廉如伯夷，不取素餐[3]，汙武王之義▸而不臣焉◂[4]，辭孤竹之君，餓而死於首陽之山。廉如此者，何肯步行數千里，而事弱燕之危主乎？信如尾生，期而不來，抱梁柱而死。信至如此。何肯楊[5]燕、秦之威於齊而取大功乎哉？且夫信行者，所以自為也，非所以為人也。皆自覆之術，非進取之道也。且夫三王代興，五霸迭盛，皆不自覆也。君以自覆為可乎？則齊不益於營丘，足下不踰楚境，不窺於邊城之外。且臣有老母於周，離老母而事足下，去自覆之術，而謀進取之道，臣之趍固不與足下合者。足下皆自覆之君也，僕者進取之臣也，所謂以忠信得罪於君者也。」

燕王曰：「夫忠信，又何罪之有也？」

對曰：「足下不知也。臣鄰家有遠為吏者，其妻私人。其夫且歸，其私之者憂之。其妻曰：『公勿憂也，吾已為藥酒以待之矣。』後二日，夫至。妻使妾奉卮酒進之。妾知▸其藥酒也◂[6]，進之則殺主父，言之則逐主母，乃陽僵棄酒。主父大怒而笞之。▸故妾一僵而棄酒◂[7]，上以活主父，下以存主母也。忠至如此，然不免於笞，此以忠信得罪者也。臣之事，適不幸而有類妾之棄酒也。且臣之事足下，亢義益國，今乃得罪，臣恐天下後事足下者，莫敢自必也。且臣之說齊，曾不欺之也。使之說齊者，莫如臣之言也，雖堯、舜之智，不敢取也。」

---

1. 且臣之不信　2. 可乎　3. 飧　4. 而不臣　5. 揚
6. 其為藥酒也　7. 妾之棄酒

413 張儀為秦破從連橫謂燕王

張儀為秦破從連橫，謂燕王曰：「大王之所親，莫如趙。昔趙王[1]以其姊為代王妻，欲并代，約與代王遇於句注之塞。乃令工人作為金斗，長其尾，令之可以擊人。與代王飲，而陰告廚人曰：『即酒酣樂，進熱歠，即因反斗擊之。』於是酒酣樂進取熱歠。廚人進斟羹，▸因反斗而擊之，代王腦塗地◂[2]。其姊聞之，摩笄以自刺也。故至今有摩笄之山，天下莫不聞。

「夫趙王之狼戾無親，大王之所明見知也。且以趙王為可親邪？趙興兵而攻燕，再圍燕都而劫大王，大王割十城乃郤以謝。▸今趙王◂[3]已入朝澠池，效河間以事秦。▸大王不事秦◂[4]，秦下甲雲中、九原，驅趙而攻燕，則易水、長城非王之有也。且今時趙之於秦，猶郡縣也，不敢妄興師以征伐。今大王事秦，秦王必喜，而趙不敢妄動矣。是西有強秦之援，而南無齊、趙之患，是故願大王之熟計之也。」

燕王曰：「寡人蠻夷辟處，雖大男子，裁如嬰兒，言不足以求正，謀不足以決事。今大客幸而教之，請奉社稷西面而事秦，獻常山之尾五城。」

414 宮他為燕使魏

宮他為燕使魏，魏不聽，留之數月。客謂魏王曰：「不聽燕使何也？」曰：「以其亂也。」對曰：「湯之伐桀，欲其亂也。故大亂者可得其地，小亂者可得其寶。今燕客之言曰：『事苟可聽，雖盡寶、地，猶為之也。』王何為不見？」魏王說，因見燕客而遣之。

415 蘇秦死其弟蘇代欲繼之

蘇秦死，其弟蘇代欲繼之，乃北見燕王噲曰：「臣東周之鄙人也，竊聞王義甚高甚順，鄙人不敏，竊釋鉏耨而干大王。至於邯鄲，所聞於邯鄲者，又高於所聞東周。臣竊負其志，乃至燕廷，觀王之群臣下吏，大王天下之明主也。」

王曰：「子之所謂天下之明主者，何如者也？」

---

1. 主　2. 因反斗而擊代王，殺之，王腦塗地　3. 趙王
4. 今大王不事秦

對曰：「臣聞之，明主者務聞其過，不欲聞其善。臣請謁王之過。夫齊、趙者，王之仇讎也；楚、魏者，王之援國也。今王奉仇讎以伐援國，非所以利燕也。王自慮此則計過。無以諫者，非忠臣也。」

王曰：「寡人之於齊、趙也，非所敢欲伐也。」

曰：「夫無謀人之心，而令人疑之，殆；有謀人之心，而令人知之，拙；謀未發而聞於外，則危。今臣聞王居處不安，食飲不甘，思念[1]報齊，▸身自削甲扎，曰有大數矣◂[2]，妻自組甲絣，曰有大數矣，有之乎？」

王曰：「子聞之，寡人不敢隱也。我有深怨積怒於齊，而欲報之二年矣。齊者，我讎國也，故寡人之所欲伐[3]也。直患國弊，力不足矣。子能以燕敵[4]齊，則寡人奉國而委之於子矣。」

對曰：「凡天下之戰國七，而燕處弱焉。獨戰則不能，有所附則無不重。南附楚則楚重，西附秦則秦重，中附韓、魏則韓、魏重。且苟所附之國重，此必使王重矣。今夫齊王，長主也，而自用也。南攻楚五年，蓄積散。西困秦三年，民憔瘁，士罷弊。北與燕戰，覆三軍，獲二將。而又以其餘兵南面而[5]舉五千乘之勁宋，而包十二諸侯。此其君之欲得也，其民力竭也，安猶取哉？且臣聞之，數戰則民勞，久師則兵弊。」

王曰：「吾聞齊有清濟、濁河，可以為固；有長城、鉅防，足以為塞。誠有之乎？」

對曰：「天時不與，雖有清濟、濁河，何足以為固？民力窮弊，雖有長城、鉅防，何足以為塞？且異日也，濟西不役，所以備趙也；河北不師，所以備燕也。今濟西、河北，盡以役矣，封內弊矣。夫驕主必不好計，而亡國之臣貪於財。王誠能毋愛寵子、母弟以為質，寶珠玉帛以事其左右，彼且德燕而輕亡宋，則齊可亡已。」

王曰：「吾終以子受命於天矣！」

曰：「內寇不與，外敵不可距[6]。王自治其外，臣自報其內，此乃亡之之勢也。」

1. 齊　2. 身自削甲札　3. 報　4. 報　5. 西
6. 拒

416A 燕王噲既立

燕王噲既立，蘇秦死於齊。蘇秦之在燕也，與其相子之為婚，而蘇代與子之交。及蘇秦死，而齊宣王復用蘇代。

燕噲三年，與楚、三晉攻秦，不勝而還。子之相燕，貴重主斷。蘇代為齊使於燕，燕王問之曰：「齊宣王何如？」對曰：「必不霸。」燕王曰：「何也？」對曰：「不信其臣。」蘇代欲以激燕王以厚任子之也。於是燕王大信子之。子之因遺蘇代百金，聽其所使。

鹿毛壽謂燕王曰：「不如以國讓子之。人謂堯賢者，以其讓天下於許由，由必不受，有讓天下之名，實不失天下。今王以國讓相子之，子之必不敢受，是王與堯同行也。」燕王因舉國屬子之，子之大重。

或曰：「禹授益而▸以啓為吏◂[1]，及老，而以啓為不足任天下，傳之益也。啓與支[2]黨攻益而奪之天下，是禹▸名傳天下於益◂[3]，其實令啓自取之。今王言屬國子之，而吏無非太子人者，是名屬子之，而太子用事。」王因收印▸自三百石吏◂[4]而效之子之。子之南面行王事，而噲老不聽政，顧為臣，國事皆決子之。

子之三年，燕國大亂，百姓恫怨。將軍市被、太子平謀，將攻子之。儲子謂齊宣王：「因而仆之，破燕必矣。」王因令人謂太子平曰：「寡人聞太子之義，將廢私而立公，飭君臣之義，正父子之位。寡人之國小，不足先後。雖然，則唯太子所以令之。」

太子因數黨聚眾，將軍市被圍公宮，攻子之，不克；將軍市被及百姓乃反攻太子平。將軍市被死已[5]殉，國構難數月，死者數萬眾，燕人恫怨，百姓離意。

孟軻謂齊宣王曰：「今伐燕，此文、武之時，不可失也。」王因令章子將五都之兵，以因北地之眾以伐燕。士卒不戰，城門不閉，燕王噲死。齊大勝燕，子之亡。▸二年，燕人立公子平◂[6]，是為燕昭王。

---

1. 以啟人為吏　2. 友　3. 名傳天下於益也　4. 自三百里石吏
5. 以　6. 二年而燕人立太子平

416B 初蘇秦弟厲因燕質子而求見齊王

初，蘇秦弟厲因燕質子而求見齊王。齊王怨蘇秦，欲囚厲，燕質子為謝乃已，遂委質為臣。

燕相子之與蘇代婚，而欲得燕權，乃使蘇代持[1]質子於齊。齊使代報燕，燕王噲問曰：「▸齊王其伯也乎◂[2]？」曰：「不能。」曰：「何也？」曰：「不信其臣。」於是燕王專任子之，已而讓位，燕大亂。齊伐燕，殺王噲、子之。燕立昭王。而蘇代、厲遂不敢入燕，皆終歸齊，齊善待之。

417 蘇代過魏

蘇代過魏，魏為燕執代。齊使人謂魏王曰：「齊請以宋封涇陽君，秦不受。秦非不利有齊而得宋地也，不信齊王與蘇子也。今齊、魏不和，如此其甚，則齊不欺秦。秦信齊，齊、秦合，涇陽君有宋地，非魏之利也。故王不如東蘇子，秦必疑而不信蘇子矣。齊、秦不合，天下無變，伐齊之形成矣。」於是出▸蘇伐之宋◂[3]，宋善待之。

418 燕昭王收破燕後即位

燕昭王收破燕後即位，卑身厚幣，以招賢者，▸欲將以報讎◂[4]。故往見郭隗先生曰：「齊因孤國之亂，而襲破燕。孤極知▸燕小力少◂[5]，不足以報。然得賢士與共國，以雪先王之恥，孤之願也。敢問以國報讎者奈何？」

郭隗先生對曰：「帝者與師處，王者與友處，霸者與臣處，亡國與役處。詘指而事之，北面而受學，則百己者至。先趨而後息，先問而後嘿，則什己者至。▸人趨己趨◂[6]，則若己者至。馮几據杖，（眄）〔盼〕視指使，則廝役之人至。若恣睢奮擊，呴籍叱咄，則徒隸之人至矣。此古服道致士之法也。王誠博選國中之賢者，而朝其門下，天下聞王朝其賢臣，天下之士必趨於燕矣。」

昭王曰：「寡人將誰朝而可？」郭隗先生曰：「臣聞古之君人，有以千金求千里馬

1. 侍　2. 齊王其伯乎　3. a.蘇代代之宋 b.蘇代之宋　4. 欲將報讎
5. 燕小力　6. 人趨

者，三年不能得。涓人言於君曰：『請求之。』君遣之。三月得千里馬，馬已死，買其首五百金，反以報君。君大怒曰：『所求者生馬，安事死馬而捐五百金？』涓人對曰：『死馬且買之五百金，況生馬乎？天下必以王為能市馬，馬今至矣。』於是不能期年，千里之馬至者三。今王誠欲致士，先從隗始；隗且見事，況賢於隗者乎？豈遠千里哉？」

於是昭王為隗築宮而師之。樂毅自魏往，鄒衍自齊往，劇辛自趙往，士爭湊燕。燕王弔死問生，與[1]百姓同其甘苦。二十八年，▸燕國殷富◂[2]，士卒樂佚輕戰。於是遂以樂毅為上將軍，與秦、楚、三晉合謀以伐齊。齊兵敗，閔王出走於外。燕兵獨追北入至臨淄，盡取齊寶，燒其宮室宗廟。齊城之不下者，唯獨莒、即墨。

419 齊伐宋宋急

齊伐宋，宋急。蘇代乃遺燕昭王書曰：「夫列在萬乘，而寄質於齊，名卑而權輕。秦[3]齊助之伐宋，民勞而實費。破宋，殘楚淮北，肥大齊，讎強而國弱也。此三者，皆國之大敗也，而足下行之，將欲以除害取信於齊也。而齊未加信於足下，而忌燕也愈甚矣。然則足下之事齊也，失所為矣。夫民勞而實費，又無尺寸之功，破宋肥讎，而世負其禍矣。足下以宋加淮北，強萬乘之國也，而齊并之，是益一齊也。北夷方七百里，加之以魯、衛，此所謂強萬乘之國也，而齊并之，是益二齊也。夫一齊之強，而燕猶不能支也，今乃以三齊臨燕，其禍必大矣。

「雖然，臣聞知者之舉事也，轉禍而為福，因敗而成功者也。齊人紫敗素也，而賈十倍。越王勾踐棲於會稽，而後殘吳霸天下。此皆轉禍而為福，因敗而為功者也。今王若欲轉禍而為福，因敗而為功乎？則莫如遙伯齊而厚尊之，使使[4]盟於周室，盡焚天下之秦符，約曰：『夫上計破秦，其次長賓之[5]秦。』秦挾賓客以待破，秦王必患之。秦五世以結諸侯，今為齊下；秦王之志，苟得窮齊，不憚以一國都為功。然而王何不使布衣之人，以窮齊之說說秦，謂秦王曰：『燕、趙破宋肥齊尊齊而為之下者，燕、趙非利之也。弗利而勢為之者，何也？以不信秦王也。今王何不使可以信者接收燕、趙。今[6]涇陽君若高陵君先於燕、趙，秦有變，因以為質，則燕、趙信秦矣。秦為西帝，趙為中帝，燕為北帝，立為三帝而以令諸侯。韓、魏不聽，則秦伐之。齊不聽，則燕、趙伐

1. 於　2. 國殷富　3. 奉　4. 之　5. 客
6. 令

之。天下孰敢不聽？天下服聽[1]，因驅[2]韓、魏以攻齊，曰，必反宋地，而歸楚之淮北。夫反宋地，▸歸楚之淮北◂[3]，燕、趙之所同利也。並立三帝，燕、趙之所同願也。夫實得所利，名得所願，則燕、趙之棄齊也，猶釋弊躧。今王之不收燕、趙，則齊伯必成矣。諸侯戴齊，而王獨弗從也，是國伐[4]也。諸侯戴齊，而王從之，是名卑也。王不收燕、趙，名卑而國危；王收燕、趙，名尊而國寧。夫去尊寧而就卑危，知者不為也。』秦王聞若說也，必如刺心然，則王何不務使知士▸以若此言說秦◂[5]？秦伐齊必矣。夫取秦，上交也；伐齊，正利也。尊上交，務正利，聖王之事也。」

燕昭王善其書，曰：「先人嘗有德蘇氏，子之之亂，而蘇氏去燕。燕欲報仇於齊，非蘇氏莫可。」乃召蘇氏，復善待之。與謀伐齊，竟破齊，閔王出走。

420 蘇代謂燕昭王

蘇代謂燕昭王曰：「今有人於此，孝如曾參、孝己，信如尾生高，廉如鮑焦、史鰌，兼此三行以事王，奚如？」王曰：「如是足矣。」對曰：「足下以為足，則臣不事足下矣。臣且處無為之事，歸耕乎周之上地，耕而食之，織而衣之。」王曰：「何故也？」對曰：「孝如曾參、孝己，則不過養其親其[6]。信如尾生高，則不過不欺人耳。廉如鮑焦、史鰌，則不過不竊人之財耳。今臣為進取者也。臣以為廉不與身俱達，義不與生俱立。仁義者，自完之道也，非進取之術也。」

王曰：「自憂不足乎？」對曰：「以自憂為足，則秦不出殽塞，齊不出營丘，楚不出疏章。三王代位，五伯改政，皆以不自憂故也。若自憂而足，則臣亦之周負籠耳，何為煩大王之廷耶？昔者楚取章武，諸侯北面而朝。秦取西山，諸侯西面而朝。曩者使燕毋去周室之上，則諸侯不為別馬[7]而朝矣。臣聞之，善為事者，先量其國之大小，而揆其兵之強弱，故功可成，而名可立也。不能為[8]事者，不先量其國之大小，不揆其兵之強弱，故功不可成而名不可立也。今王有東嚮伐齊之心，而愚臣知之。」

王曰：「子何以知之？」對曰：「矜戟砥劍，登丘東嚮而歎，是以愚臣知之。今夫烏獲舉千鈞之重，行年八十，而求扶持。故齊雖強國也，西勞於宋，南罷於楚，則齊軍可敗，而河間可取。」

1. 德　2. 馳　3. 而歸楚之淮北　4. 代　5. 以若言說秦
6. 耳　7. 馮　8. 其

燕王曰：「善。吾請拜子為上卿，奉子車百乘，子以此為寡人東游於齊，何如？」對曰：「足下以愛之故與，▸則何不與愛子◂[1]與諸舅、叔父、負床之孫，不得，而乃以與無能之臣，何也？王之論臣，何如人哉？今臣之所以事足下者，忠信也。恐以忠信之故，見罪於左右。」

王曰：「安有為人臣盡其力，竭其能，而得罪者乎？」對曰：「臣請為王譬。昔周之上地嘗有之。其丈夫官[2]三年不歸，其妻愛人。其所愛者曰：『子之丈夫來，則且奈何乎？』其妻曰：『勿憂也，吾已為藥酒而待其來矣。』已而其丈夫果來，於是因令其妾酌藥酒而進之。其妾知之，半道而立。慮曰：『吾以此飲吾主父，則殺吾主父；以此事告吾主父，則逐吾主母。▸與殺吾父◂[3]、逐吾主母者，寧佯躓而覆之。』於是因佯僵而仆之。其妻曰：『為子之遠行來之，故為美酒，今妾奉而仆之。』其丈夫不知，縛其妾而笞之。故妾所以笞者，忠信也。今臣為足下使於齊，恐忠信不諭於左右也。臣聞之曰：萬乘之主，不制於人臣。十乘之家，不制於眾人。疋夫徒步之士，不制於妻妾。而又況於當世之賢主乎？臣請行矣，願足下之無制於群臣也。」

421 燕王謂蘇代

燕王謂蘇代曰：「寡人甚不喜訑者言也。」蘇代對曰：「周地賤媒，為[4]其兩譽也。之男家曰『女美』，之女家曰『男富』。然而周之俗，不自為取妻。且夫處女無媒，老且不嫁；舍媒而自衒，弊[5]而不售。順而無敗，售而不弊者，唯媒而已矣。且事非權不立，非勢不成。夫使人坐受成事者，唯訑者耳。」王曰：「善矣。」

422 秦召燕王

秦召燕王，燕王欲往。蘇代約燕王曰：「楚得枳而國亡，齊得宋而國亡，齊、楚不得以有枳、宋事秦者，何也？是則有功者，秦之深讎也。秦取天下，非行義也，暴也。

「▸秦之行暴於天下，正告楚曰◂[6]：『蜀地之甲，輕舟浮於汶，乘夏水而下江，五日而至郢。漢中之甲，乘舟出於巴，▸乘夏水而下漢◂[7]，四日而至五渚。寡人積甲宛，東下隨，知者不及謀，勇者不及怒，寡人如射隼矣。王乃待天下之攻函谷，不亦遠乎？』楚王為是之故，十七年事秦。

1. 何不與愛子　2. 宦　3. 與殺吾主父　4. 謂　5. 敝
6. 秦之行暴天下，正告天下告楚曰　7. 乘夏水下漢

「秦正告韓曰：『我起乎少曲，一日而斷太行。我起乎宜陽而觸平陽，二日而莫不盡繇。我離兩周而觸鄭，五日而國舉。』韓氏以為然，故事秦。

「秦正告魏曰：『我舉安邑，塞女戟，韓氏、太原卷。▸我下枳，道南陽◂[1]、封、冀，▸包兩周◂[2]，乘夏水，浮輕舟，強弩在前，銛戈[3]在後，▸決滎口◂[4]，魏無大梁；決白馬之口，魏無濟陽；決宿胥之口，魏無虛、頓丘。陸攻則擊河內，水攻則滅大梁。』魏氏以為然，故事秦。

「秦欲攻安邑，恐齊救[5]之，則以宋委於齊，曰：『宋王無道，為木人以寫[6]寡人，射其面。寡人地絕兵遠，不能攻也。王苟能破宋有之，寡人如自得之。』已得安邑，塞女戟，因以破宋為齊罪。

「秦欲攻齊[7]，恐天下救之，則以齊委於天下曰：『齊王[8]四與寡人約，四欺寡人，必率天下以攻寡人者三。有齊無秦，無齊有秦，必伐[9]之，必亡之！』已得宜陽、少曲，▸致藺、石◂[10]，因以破齊為天下罪。

「秦欲攻魏，重楚，則以南陽委於楚曰：『寡人固與韓且絕矣！殘均陵，塞鄳[11]隘，苟利於楚，寡人如自有之。』魏棄與國而合於秦，因以塞鄳隘為楚罪。

「兵困於林中，重燕、趙，以膠東委於燕，以濟西委於趙。趙[12]得講於魏，至[13]公子延，▸因犀首屬行而攻趙◂[14]。兵傷於離石，遇敗於▸馬陵◂[15]，而重魏，則以▸葉、蔡◂[16]委於魏。已得講於趙，則劫魏，魏不為割。困則使太后、穰侯為和，羸[17]則兼欺舅與母。適燕者曰：『以膠東。』適趙者曰：『以濟西。』適魏者曰：『以葉、蔡。』適楚者曰：『以塞鄳隘[18]。』適齊者曰：『以宋。』▸此必令其言◂[19]如循環，▸用兵如刺蜚繡◂[20]，母不能制[21]，舅不能約。龍賈之戰，岸門之戰，▸封陸之戰，高商之戰，趙莊之戰◂[22]，秦之所殺三晉之民數百萬。今其生者，皆死秦之孤也。西河之外、上雒之地、三川，晉國之禍，三晉之半。秦禍如此其大，而燕、趙之秦者，皆以爭事秦說[23]其主，此臣之所大患。」

1. a.下枳，道南陽 b.下軹，道道南陽　2. 兼包兩周　3. 戟
4. a.決滎陽之口 b.決滎口　5. 據　6. 象　7. 韓
8. 人　9. 代　10. a.致藺、君 b.致藺、離石　11. 黽
12. 已　13. 質　14. 因犀首攻趙　15. 陽馬　16. 南陽
17. 羸　18. 阨　19. 必令其言　20. 用兵如刺蜚　21. 知
22. a.封陵之戰，高商之戰，趙莊之戰 b.趙莊之戰　23. 議

燕昭王不行，蘇代復重於燕。燕反約諸侯從親，如蘇秦時，或從或不[1]，而天下由此宗蘇氏之從約。代、厲皆以壽死，名顯諸侯。

423 蘇代為奉陽君說燕於趙以伐齊

蘇代為[2]奉陽君說燕於趙以伐齊，奉陽君不聽。乃入齊惡趙，令齊絕於趙。齊已絕於趙，因之燕，謂昭王曰：「韓為謂臣曰：『人告奉陽君曰：使齊不信趙者，蘇子也；今[3]齊王召蜀子▸使不伐宋◂[4]，蘇子也；與齊王謀道[5]取秦以謀趙者，蘇子也；令齊守趙之質子以甲者，又蘇子也。請告子以請齊，果以守趙之質子以甲，吾必守子以甲。』其言惡矣。雖然，王勿患也。臣故知入齊之有趙累也。出為之以成所欲，臣死而齊大惡於趙，臣猶生也。令[6]齊、趙絕，可大紛已。持臣非張孟談也，使臣也如張孟談也，齊、趙必有為智伯者矣。

424 奉陽君告朱讙與趙足

「奉陽君告朱讙與趙足曰：『齊王使公王[7]曰命說曰，必不反韓珉，今召之矣。必不任蘇子以事，今封而相之。令[8]不合燕，今以燕為上交。吾所恃者順也，今其言變有甚於其父，順始與蘇子為讎。見之知[9]無厲，今賢之兩之，已矣，吾無齊矣！』

「奉陽君之怒甚矣。如齊王王之不信趙，而小人奉陽君也，因是而倍之。不以今時大紛之，解而復合，則後不可奈何也。故齊、趙之合苟可循[10]也，死不足以為臣患；逃不足以為臣恥；為諸侯，不足以為臣榮；被髮自漆為厲，不足以為臣辱。然而臣有患也，臣死而齊、趙不循，惡交分於臣也，而後相效，是臣之患也。若臣死而必相攻也，臣必勉之而求死焉。堯、舜之賢而死，禹、湯之知而死，孟賁之勇而死，烏獲之力而死，生之物固有不死者乎？在必然之物以成所欲，王何疑焉？

「▸臣以為不若逃而去之◂[11]。臣以韓、魏循自[12]齊，而為之取秦，深結趙以勁[13]之。如是則▸近於相攻◂[14]。▸臣雖為之累燕◂[15]，奉陽君告朱讙曰：『蘇子怒於燕王之不

---

1. 否　2. 謂　3. 令　4. 使不伐宋者　5. 遁
6. 今　7. 玉　8. a.必 b.今　9. 如　10. 脩
11. 臣以不若逃而去之　12. 日　13. 勤　14. 近於相攻也
15. 臣雖為之不累燕

以吾故，▸弗予相，又不予卿也◂[1]，殆無燕矣。』其疑至於此，故臣雖為之不累燕，又不欲王。▸伊尹再逃湯而之桀◂[2]，再逃桀而之湯，果與鳴條之戰，而以湯為天子。伍子胥逃楚而之吳，果與伯[3]舉之戰，而報其父之讎。今臣逃而紛齊、趙，始可著於春秋。且舉大事者，孰不逃？桓公之難，管仲逃於魯；陽虎[4]之難，孔子逃於衛；張儀逃於楚；白珪逃於秦；望諸相中山也使趙，趙劫之求地，▸望諸攻關而出逃◂[5]；外孫之難，薛公釋戴[6]逃出於關，▸三晉稱以為士◂[7]。故舉大事，逃不足以為辱矣。」

卒絕齊於趙，趙合於燕以攻齊，敗之。

425 蘇代為燕說齊

蘇代為燕說齊，未見齊王，先說淳于髡曰：「人有賣駿馬者，比三旦立市，人莫之知。往見伯樂曰：『臣有駿馬，欲賣之，比三旦立於市，人莫與言，▸願子還而視之◂[8]，去而顧之，臣請獻一朝之賈[9]。』伯樂乃還而視之，去而顧之，一旦而馬價十倍。▸今臣欲◂[10]以駿馬見於王，莫為臣先後者，足下有意為臣伯樂乎？臣請獻白璧一雙，黃金千鎰，以為馬食。」淳于髡曰：「謹聞命矣。」入言之王而見之，齊王大說蘇子。

426 蘇代自齊使人謂燕昭王

蘇代自齊使人謂燕昭王曰：「臣聞[11]離齊、趙，齊、趙已孤矣，王何不出兵以攻齊？臣請為王弱之。」燕乃伐齊攻晉。

令人謂閔王曰：「燕之攻齊也，欲以復振古[12]地也。燕兵在晉而不進，則是兵弱而計疑也。王何不令蘇子將而應燕乎？夫以蘇子之賢，將而應弱燕，燕破必矣。燕破則趙不敢不聽，是王破燕而服趙也。」閔王曰：「善。」乃謂蘇子曰：「燕兵在晉，今寡人發兵應之，願子為寡人為之將。」對曰：「臣之於兵，何足以當之，王其改舉。王使臣也，是敗王之兵，而以臣遺燕也。戰不勝，不可振也。」王曰：「行，寡人知子矣。」

1. 弗子相，又不子卿也　2. 伊尹　3. 柏　4. 貨
5. 望諸攻關而出　6. 載　7. 三晉稱以為好士　8. 子還而視之
9. 費　10. 今臣之欲　11. 間　12. 故

蘇子遂將，而與燕人戰於晉下，齊軍敗。燕得甲首二萬人。蘇子收[1]其餘兵，以守陽城，而報於閔王曰：「王過舉，令臣應燕。今軍敗亡二萬人，臣有斧質之罪，請自歸於吏以戮。」閔王曰：「此寡人之過也，子無以為罪。」

明日又使燕攻陽城及狸。又使人謂閔王曰：「日者齊不勝於晉下，此非兵之過，齊不幸而燕有天幸也。今燕又攻陽城及狸，是以天幸自為功也。王復使蘇子應之，蘇子先敗王之兵，其後必務以勝報王矣。」王曰：「善。」乃復使蘇子，蘇子固辭，王不聽。遂將以與燕戰於陽城。燕人大勝，得首三萬。齊君臣不親，百姓離心。燕因使樂毅大起兵伐齊，破之。

427 蘇代自齊獻書於燕王

蘇代自齊獻書於燕王曰：「臣之行也，固知將有口事，故獻御書而行，曰：『臣貴於齊，燕大夫將不信臣；臣賤，將輕臣；臣用，將多望於臣；齊有不善，將歸罪於臣；天下不攻齊，將曰善為齊謀；天下攻齊，將與齊兼鄮[2]臣。臣之所重處重卵[3]也。』王謂臣曰：『吾必不聽眾口與讒言，吾信汝也，▸猶剗刈者也◂[4]。上可以得用於齊，次可以得信於下，苟無死，女無不為也，以女自信可也。』與之言曰：『去燕之齊可也，期[5]於成事而已。』臣受令以任齊，及五年。齊數出兵，未嘗謀燕。齊、趙之交，一合一離，燕王▸不與齊謀趙◂[6]，則與趙謀齊。齊之信燕也，至於虛北地行其兵。今王信田伐與參、去疾之言，且攻齊，▸使齊犬馬駿◂[7]而不言燕。今王又使慶令臣曰：『吾欲用所善。』▸王苟欲用之◂[8]，則臣請為王事之。王欲醳臣剸[9]任所善，則臣請歸醳事。臣苟得見，則盈願。」

428 陳翠合齊燕

陳翠合齊、燕，將令燕王之弟為質於齊，燕王許諾。太后聞之大怒曰：「陳公不能為人之國，▸亦則已矣◂[10]，焉有離人子母者，老婦欲得志焉。」

陳翠欲見太后，王曰：「太后方怒子，子其待之。」陳翠曰：「無害也。」遂入見

1. 以　2. 貿　3. a. 留 b. 卯　4. 猶列眉也　5. 其
6. 與齊謀趙　7. 使齊犬馬　8. 王苟欲用所善王欲用之　9. 專
10. 則亦已矣

太后曰：「何臞也？」太后曰：「賴得先王[1]鴈鶩之餘食，▸不宜臞◂[2]。臞者，憂公子之且為質於齊也。」

陳翠曰：「人主之愛子也，不如布衣之甚也。非徒不愛子也，又不愛丈夫子獨甚。」太后曰：「何也？」對曰：「太后嫁女諸侯，奉以千金，齎地百里，以為人之終也。今王願封公子，百官持職，群臣效忠，曰：『公子無功不當封。』今王之以公子為質也，▸且以為公子功而封之也。太后弗聽◂[3]，臣是以知人主之不愛丈夫子獨甚也。且太后與王幸而在，故公子貴；太后千秋之後，王棄國家，而太子即位，公子賤於布衣。故非及太后與王封公子，則公子終身不封矣！」

太后曰：「老婦不知長者之計。」乃命公子束車制衣為行具。

429 燕昭王且與天下伐齊

燕昭王且與天下伐齊，而有齊人仕於燕者，昭王召而謂之曰：「寡人且與天下伐齊，旦暮出令矣。子必爭之，爭之而不聽，子因去而之齊。▸寡人有時復合和也◂[4]，且以因子而事齊。」當此之時也，燕、齊不兩立，然而常獨欲有復收之之志若此也。

430 燕饑趙將伐之

燕饑，趙將伐之。楚使將軍之燕，過魏，見趙恢。趙恢曰：「使除患無至，易於救患。伍子胥、宮之奇不用，燭之武、張孟談受大賞。是故謀者皆從事於▸除患之道◂[5]，而先[6]使除患無至者。今予[7]以百金送公也，不如以言。公聽吾言而說趙王曰：『昔者吳伐齊，為其饑也，伐齊未必勝也，而弱越乘其弊以霸。今王之伐燕也，亦為其饑也，伐之未必勝，而強秦將以兵承[8]王之西[9]，是使弱趙居強吳之處，而使強秦處弱越之所以霸也。願王之熟計之也。』」

使者乃以說趙王，趙王大悅，乃止。燕昭王聞之，乃封之以地。

---

1. 生　2. 不宜臞者　3. 且以為公子功也。而太后弗聽　4. 寡人有時復合
5. 除患之遺者　6. 無　7. 與　8. 乘　9. 北

431 昌國君樂毅為燕昭王合五國之兵而攻齊

昌國君樂毅為燕昭王合五國之兵而攻齊，下七十餘城，盡郡縣之以屬燕。三城未下，而燕昭王死。惠王即位，用齊人反間，疑樂毅，而使騎劫代之將。樂毅奔趙，趙封以為望諸君。齊田單▸欺詐騎劫◂[1]，卒敗燕軍，復收七十城以復齊。燕王悔，懼趙用樂毅承[2]燕之弊以伐燕。

燕王乃使人讓樂毅，且謝之曰：「先王舉國而委將軍，將軍為燕破齊，報先王之讎，天下莫不振動，寡人豈敢一日而忘將軍之功哉！會先王棄群臣，寡人新即位，左右誤寡人。寡人之使騎劫▸代將軍者◂[3]，為將軍久暴露於外，故召將軍且休計事。將軍過聽，以與寡人有郄[4]，遂捐燕而歸趙。將軍自為計則可矣，而亦何以報先王之所以遇將軍之意乎？」

望諸君乃使人獻書報燕王曰：「臣不佞，不能奉承先王之教，以順左右之心，恐抵斧質之罪，以傷先王之明，而又害於足下之義，故遁逃奔趙。自負以不肖之罪，故不敢為辭說。今王使使者數之罪，臣恐侍御者之不察先王之所以畜幸臣之理，而又不白於臣之所以事先王之心，故敢以書對。

「臣聞賢聖之君，不以祿私其親，功多者授之；不以官隨其愛，▸能當之者處之◂[5]。故察能而授官者，成功之君也；論行而結交者，立名之士也。臣以所學者觀之，先王之舉錯，有高世之心，故假節於魏王，而以身得察於燕。先王過舉，擢之乎賓客之中，而立之乎群臣之上，不謀於父兄，而使臣為亞卿。臣自以為奉令承教，可以幸無罪矣，故受命而不辭。

「先王命之曰：『我有積怨深怒於齊，不量輕弱，而欲以齊為事。』臣對曰：『夫齊▸霸國之餘教也◂[6]，而驟勝之遺事也，閑於兵甲，習於戰攻。王若欲攻之，則必舉天下而圖之。舉天下而圖之，莫徑於結趙矣。且又淮北、宋地，楚、魏之所同願也。趙若許，約楚、魏[7]，宋盡力，四國攻之，齊可大破也。』先王曰：『善。』臣乃口受令，具符節，南使臣於趙。顧反命，起兵隨而攻齊。以天之道，先王之靈，河北之地，隨先王舉而有之於濟上。濟上之軍，奉令擊齊，大勝之。輕卒銳兵，長驅至國[8]。齊王逃遁

1. 詐騎劫　2. 乘　3. 代將軍　4. 隙　5. 能當者處之
6. 霸國之餘教　7. 趙　8. 齊

走莒，僅以身免。珠玉財寶，車甲珍器，盡收入燕。大呂陳於元英，故鼎反於[1]厤[2]室，齊器設於寧臺。薊丘之植，植於汶皇[3]。自五伯以來，功未有及先王者也。先王以為▸慊其志◂[4]，以臣為不頓命，故裂地而封之，使之得比乎小國諸侯。臣不佞，自以為奉令承教，可以幸無罪矣，故受命而弗辭。

「臣聞賢明之君，功立而不廢，故著於春秋；蚤知之士，名成而不毀，故稱於後世。若先王之報怨雪恥，夷萬乘之強國，收八百歲之蓄積，及至棄群臣之日，餘令詔後嗣之遺義，執政任事之臣，所以能循法令，順庶孽者，施及萌隸，皆可以教於後世。

「臣聞善作者，不必善成；善始者，不必善終。昔者五[5]子胥說聽乎闔閭，故吳王遠迹至於郢。夫差弗是也，賜之鴟夷而浮之江。故吳王夫差不悟[6]先論之可以立功，故沉子胥而不[7]悔。子胥不蚤見主之不同量，故入江而不改。夫免身全功，以明先王之迹者，臣之上計也。離毀辱之非，墮先王之名者，臣之所大恐也。臨不測之罪，以幸為利者，義之所不敢出也。

「臣聞古之君子，交絕不出惡聲；忠臣之去也，不潔其名。▸臣雖不佞◂[8]，數奉教於君子矣。恐侍御者之親左右之說，而不察疏遠之行也。故敢以書報，唯君之留意焉。」

432 或獻書燕王

或獻書燕王：「▸王而不能自恃◂[9]，不惡卑名以事強，事強可以令國安長久，▸萬世之善計◂[10]。以事強而不可以為萬世，則不如合弱。將奈何合弱而不能如一，此臣之所為山東苦也。

「比目之魚，不相得則不能行，▸故古之人稱之◂[11]，以其合兩而如一也。今山東合弱而不能如一，是山東之知不如魚也。又譬如車士之引車也，三人不能行，索二人，五人而車因行矣。今山東三國弱而不能敵秦，索二國，因能勝秦矣。然而山東▸不知相索◂[12]，智固不如車士矣。胡與越人，言語不相知，志意不相通，同舟而凌波，至其相

1. 乎　2. 厤　3. 篁　4. a.順干其志 b.愜于志
5. 伍　6. 悞　7. 弗　8. 臣雖不佞乎
9. 燕王而不能自恃　10. 萬世之善計也　11. 故古人稱之
12. 不知相索者

救助如一也。今山東之相與也，如同舟而濟，秦之兵至，不能相救助如一，智又不如胡、越之人矣。三物者，人之所能為也，▸山東之主遂不悟◂[1]，此臣之所為山東苦也。願大王之熟慮之也。

「山東相合，之主者▸不卑名◂[2]，之國者可長存，之卒者出士以戍韓、梁之西邊，此燕之上計也。不急為此，國必危矣，主[3]必大憂。今韓、梁、趙三國以合矣，秦見三晉之堅也，必南伐楚。趙見秦之伐楚也，▸必北攻燕◂[4]。物固有勢異而患同者。秦久[5]伐韓，故中山亡；▸今久伐楚◂[6]，燕必亡。臣竊為王計，不如以兵南合三晉，約戍韓、梁之西邊。山東不能堅為此，此必皆亡。」

燕果以兵南合三晉也。

433 客謂燕王

客謂燕王曰：「齊南破楚，西屈秦，用韓、魏之兵，燕、趙之眾，猶鞭筴也。使齊北面伐燕，即雖五燕不能當。王何不陰出使，散游士，頓齊兵，弊其眾，使世世無患。」燕王曰：「假寡人五年，寡人得其志矣。」蘇子曰：「請假王十年。」燕王說，奉蘇子車▸五十乘◂[7]，南使於齊。

謂齊王曰：「齊南破楚，西屈秦，用韓、魏之兵，燕、趙之眾，猶鞭筴也。臣聞當世之舉王，必誅暴正亂，舉無道，攻不義。今宋王射天笞地，鑄諸侯之象，使侍屏匽，展其臂，彈其鼻，此天下之無道不義，而王不伐，王名終不成。且夫宋，中國膏腴之地，鄰民之所處也，與其得百里於燕，不如得十里於宋。伐之，名則義，實則利，王何為弗為？」齊王曰：「善。」遂與[8]兵伐宋，三覆宋，宋遂舉。

燕王聞之，絕交於齊，率天下之兵以伐齊，大戰一，小戰再，頓齊國，成其名。故曰：因其強而強之，乃可折也；因其廣而廣之，乃可缺也。

---

1. 山東主遂不悟　2. 不惡卑名　3. 王　4. 必攻燕　5. 之
6. 今秦之伐楚　7. 十五乘　8. 興

434 趙且伐燕

趙且伐燕，蘇代為燕謂惠王曰：「今者臣來，過易水，蚌方出曝，而鷸啄其肉，蚌合而拑[1]其喙。鷸曰：『今日不雨，明日不雨，即有死蚌。』蚌亦謂鷸曰：『今日不出，明日不出，即有死鷸。』兩者不肯相舍，漁者得而并禽之。今趙且伐燕，燕、趙久相支，以弊大眾，臣恐強秦之為漁父也。▸故願王之熟計之也◂[2]。」惠王曰：「善。」乃止。

435 齊魏爭燕

齊、魏爭燕。齊謂燕王曰：「吾得趙矣。」魏亦謂燕王曰：「吾得趙矣。」燕無以決之，而未有適予也。蘇子[3]謂燕相曰：「臣聞辭卑而幣重者，失天下者也；辭倨而幣薄者，得天下者也。今魏之辭倨而幣薄。」燕因合於魏，得趙[4]，齊遂北矣。

436 齊韓魏共攻燕

齊、韓、魏共攻燕，燕使太子請救於楚。楚王使景陽將而救之。暮舍，使左右司馬各營壁地，已，稙[5]表。景陽怒曰：「女所營者，水皆至滅表。此焉可以舍！」乃令徙。明日大雨，山水大出，所營者，水皆滅表。軍吏乃服。於是遂不救燕，而攻魏雝丘，取之以與宋。三國懼，乃罷兵。魏軍其西，齊軍其東，楚軍欲還不可得也。景陽乃開西和門，晝以車騎，▸暮以燭見◂[6]，通使於魏。齊師怪之，以為燕、楚與魏謀之，乃引兵而去。齊兵已去，魏失其與國，無與共擊楚，乃夜遁。楚師乃還。

437 張丑為質於燕

張丑為質於燕，燕王欲殺之，走且出境，境吏得丑。丑曰：「燕王所為將殺我者，人有言我有寶珠也，王欲得之。今我已亡之矣，而燕王不我信。今子且致我，我且言子之奪我珠而吞之，燕王必當殺子，刳子腹及[7]子之腸矣。夫欲得之君，不可說以利。吾要且死，子腸亦且寸絶。」境吏恐而赦之。

---

1. 箝　2. 願王熟計之也　3. 代　4. 燕　5. 植
6. 暮以燭　7. 反

438 燕王喜使栗腹以百金為趙孝成王壽

燕王喜使栗腹以百金為趙孝成王壽，酒三日，反報曰：「趙民其壯者皆死於長平，其孤未壯，可伐也。」王乃召昌國君樂間而問曰：「何如？」對曰：「趙，四達之國也，其民皆習於兵，不可與戰。」王曰：「吾以倍攻之，可乎？」曰：「不可。」曰：「以三，可乎？」曰：「不可。」王大怒。左右皆以為趙可伐，遽起六十萬以攻趙。令栗腹以四十萬攻鄗，使慶秦以二十萬攻代。趙使廉頗以八萬遇栗腹於鄗，使樂乘以五萬遇慶秦於代。燕人大敗。樂間入趙。

燕王以書且謝焉，曰：「寡人不佞，不能奉順君意，故君捐國而去，則寡人之不肖明矣。敢端其願，而君不肯聽，故使使者陳愚意，君試論之。語曰：『仁不輕絶，智不輕怨。』君之於先王也，世之所明知也。寡人望有非則君掩蓋之，不虞君之明罪之也；望有過則君教誨之，不虞君之明罪[1]之也。且寡人之罪，國人莫不知，天下莫不聞，君微出明怨以棄寡人，寡人必有罪矣。雖然，恐君之未盡厚也。諺曰：『厚者不毀人以自益也，仁者不危人以要名。』▸以故掩人之邪者◂[2]，厚人之行也；救人之過者，仁者之道也。世有掩寡人之邪，救寡人之過，▸非君心所望之◂[3]？今君厚受位於先王以成尊，輕棄寡人以快心，則掩邪救過，難得於君矣。且世有薄於[4]故厚施，行有失而故惠用。今使寡人任不肖之罪，而君有失厚之累，於為君擇之也，無所取之。國之有封疆，▸猶家之有垣牆◂[5]，所以合好掩惡也。室不能相和，出語鄰家，未為通計也。怨惡未見而明棄之，▸未盡厚也◂[6]。寡人雖不肖乎，未如殷紂之亂也；君雖不得意乎，未如商容、箕子之累也。然則不內蓋[7]寡人，而明怨於外，恐其適足以傷於高而薄於行也，非然也。苟可以明君之義，成君之高，雖任惡名，不難受也。本欲以為明寡人之薄，而君不得厚；揚寡人之辱，而君不得榮，此一舉而兩失也。義者不虧人以自益，況傷人以自損乎！願君無以寡人不肖，累往事之美。昔者，柳下惠吏於魯，三黜而不去。或謂之曰：『可以去。』柳下惠曰：『苟與人之異，惡往而不黜乎？猶且黜乎，寧於故國爾。』柳下惠不以三黜自累，故前業不忘；不以去為心，故遠近無議。今寡人之罪，國人未知，而議寡人者遍天下。語曰：『論不脩心，議不累物，仁不輕絶，智不簡功。』▸棄大功者◂[8]，輟也；輕絶厚利者，怨也。輟而棄之，怨而累之，宜在遠者，不望之乎君也。今以寡人無罪，君豈怨之乎？願君捐怨，追惟先王，復以教寡人！意君曰，余且慝心以成而過，不顧先王以明而惡，使寡人進不得脩功，退不得改過，君之所揣[9]也，唯君圖之！此寡人之愚意也。敬以書謁之。」

---

1. 棄　2. 故掩人之邪者　3. 非君孰望之　4. 而　5. 家之有垣牆
6. 未為盡厚也　7. 盡　8. 簡棄大功者　9. 剬

樂間、▸樂乘怨不用其計◂[1]，二人卒留趙，不報。

439 秦并趙北向迎燕

秦并趙，北向迎燕。燕王聞之，使人賀秦王。使者過趙，趙王繫之。使者曰：「秦、趙為一，而天下服矣。茲[2]之所以受命於趙者，為秦也。今臣使秦，而趙繫之，是秦、趙有郄[3]。秦、趙有郄，天下必不服，而燕不受命矣。且臣之使秦，無妨於趙之伐燕也。」趙王以為然而遣之。

使者見秦王曰：「燕王竊聞秦并趙，燕王使使者賀千金。」秦王曰：「夫燕無道，吾使趙有之，子何賀？」使者曰：「臣聞全趙之時，南鄰為秦，北下曲陽為燕，趙廣三百里，而與秦相距五十餘年矣，所以不能反勝秦者，國小而地無所取。今王使趙北并燕，燕、趙同力，必不復▸受於秦矣◂[4]。臣切[5]為王患之。」秦王以為然，起兵而救[6]燕。

440 燕太子丹質於秦亡歸

燕太子丹質於秦，亡歸。見秦且滅六國，兵以[7]臨易水[8]，恐其禍至。太子丹患之，謂其太傅鞫[9]武曰：「燕、秦不兩立，願太傅幸而圖之。」武對曰：「秦地遍天下，威脅韓、魏、趙氏，則易水[10]以北，未有所定也。奈何以見陵之怨，欲排[11]其逆鱗哉？」太子曰：「然則何由？」太傅曰：「請入，圖之。」

居之有間，樊將軍亡秦之燕，太子容[12]之。太傅鞫武諫曰：「不可。夫秦王之暴，而積怨於燕，足為寒心，又況聞樊將軍之在乎！是以[13]委肉當餓虎之蹊，禍必不振矣！雖有管、晏，▸不能為謀◂[14]。願太子急遣樊將軍入匈奴以滅口。請西約三晉，南連齊、楚，北講於單于，然後乃可圖也。」太子丹曰：「太傅之計，曠日彌久，心惛然，恐不能須臾。且非獨於此也。夫樊將軍困窮於天下，歸身於丹，丹終不迫於強秦，而棄所哀憐之交置之匈奴，是丹命固卒之時也。願太傅更慮之。」鞫武曰：「燕有田光先生者，其智深，▸其勇沉◂[15]，可與之謀也。」太子曰：「願因太傅交於田先生，可乎？」鞫武

1. 乘怨不用其計　2. 燕　3. 隙　4. 受命於秦矣　5. 竊
6. 攻　7. 已　8. 未　9. 鞠　10. 人
11. 批　12. 客　13. 謂　14. 不能為之謀也
15. 而慮沉

曰：「敬諾。」出見田光，道太子曰：「願圖國事於先生。」田光曰：「敬奉教。」乃造焉。

太子跪而逢迎，卻行為道，跪而拂席。田先生坐定，左右無人，太子避席而請曰：「燕、秦不兩立，願先生留意也。」田光曰：「臣聞騏驥盛壯之時，一日而馳千里。至其衰也，駑馬先之。今太子聞光壯盛之時，不知吾精已消亡矣。雖然，光不敢以乏國事也。所善荊軻，可使也。」太子曰：「願因先生得▸願交於荊軻◂[1]，可乎？」田光曰：「敬諾。」▸即起，趨出◂[2]。▸太子送之至門，曰◂[3]：「丹所報，先生所言者，國大事也，願先生勿泄也。」田光俛而笑曰：「諾。」

僂行見荊軻，曰：「光與子相善，燕國莫不知。今太子聞光壯盛之時，不知吾形已不逮也，幸而教之曰：『燕、秦不兩立，願先生留意也。』光竊不自外，言足下於太子，願足下過太子於宮。」荊軻曰：「謹奉教。」田光曰：「光聞長者之[4]行，不使人疑之，今太子約光曰：『所言者，國之大事也，願先生勿泄也。』是太子疑光也。夫為行使人疑之，非節俠士也。」欲自殺以激荊軻，曰：「願足下急過太子，言光已死，明不言也。」遂自刭而死。

軻見太子，言田光已死，▸明不言也◂[5]。太子再拜而跪，膝下行流涕，有頃而後言曰：「丹所請田先生無言者，欲以成大事之謀，今田先生以死明不泄言，豈丹之心哉？」荊軻坐定，太子避席頓首曰：「田先生不知丹不肖，使得至前，願有所道，此天所以哀燕▸不棄其孤也◂[6]。今秦有貪饕[7]之心，而欲不可足也。非盡天下之地，臣海內之王者，其意不饜。今秦已虜韓王，盡納其地，又舉兵南伐楚，北臨趙。▸王翦將數十萬之眾◂[8]臨漳、鄴，而李信出太原、雲中。▸趙不能支秦◂[9]，必入臣。入臣，則禍至燕。燕小弱，數困於兵，今計舉國不足以當秦。諸侯服秦，莫敢合從。丹之私計，愚以為誠得天下之勇士，使於秦，窺以重利，秦王貪其贄，必得所願矣。誠得劫秦王，使悉反諸侯之侵地，若曹沫之與齊桓公，則大善矣；則不可，因而刺殺之。彼大將擅兵於外，而內有大亂，則君臣相疑。以其間諸侯，諸侯得合從，▸其償破秦必矣◂[10]。此丹之上願，▸而不知所以委命◂[11]，▸唯荊卿留意焉◂[12]。」久之，荊軻曰：「▸此國之大事◂[13]，臣駑

1. 願交荊軻　2. a.則起趨出 b.即趨出　3. 太子送之至門，戒曰
4. 為　5. 致光之言　6. 而不棄其孤也　7. 利
8. 王翦數十萬之眾　9. 趙不支秦　10. 其償秦必矣　11. 不知所以委命
12. 唯卿留意焉　13. 此國之大事也

下，恐不足任使。」太子前頓首，固請無讓。然後許諾。於是尊荊軻為上卿，舍上舍，▸太子日日造問◂[1]，▸供太牢異物◂[2]，間進車騎美女，恣荊軻所欲，以順適其意。

久之，荊卿未有行意。秦將王翦破趙，▸虜趙王◂[3]，盡收其地，進兵北略地，至燕南界。太子丹恐懼，乃請荊卿曰：「秦兵旦暮渡易水，則雖欲長侍足下，豈可得哉？」荊卿曰：「微太子言，臣願得謁之。今行而無信，則秦未可親也。夫今樊將軍，▸秦王購之金◂[4]千斤，邑萬家。誠能得樊將軍首，與燕督亢之地圖獻秦王，秦王必說見臣，臣乃得有以報太子。」太子曰：「樊將軍以窮困來歸丹，丹不忍以己之私，而傷長者之意，願足下更慮之。」

荊軻知太子不忍，乃遂私見樊於期曰：「秦之遇將軍，可謂深矣。父母宗族，皆為戮沒。今聞購將軍之首，金千斤，邑萬家，將奈何？」樊將軍仰天太息流涕曰：「吾每念，常痛於骨髓，顧計不知所出耳。」軻曰：「今有一言，可以解燕國之患，而報將軍之仇者，何如？」樊於期乃前曰：「▸為之奈何◂[5]？」荊軻曰：「願得將軍之首以獻秦，秦王必喜而善見臣，臣左手把其袖，▸而右手揕抗其胸◂[6]，然則將軍之仇報，而燕國見陵之恥除矣。將軍豈有意乎？」樊於期偏袒扼腕而進曰：「▸此臣日夜切齒拊心也◂[7]，乃今得聞教。」遂自刎。太子聞之，馳往，伏屍而哭，極哀。既已，無可奈何，▸乃遂收盛◂[8]樊於期之首，函封之。

於是，太子預求天下之利匕首，得趙人徐夫人之匕首，取之百金，使工以藥淬之，以試人，血濡縷，人無不立死者。乃為裝遣荊軻。燕國有勇士秦武陽，年十二[9]，殺人，▸人不敢與忤視◂[10]。乃令秦武陽為副。荊軻有所待，欲與俱，其人居遠未來，而為留待。頃之未[11]發。太子遲之，▸疑其有改悔◂[12]，乃復請之曰：「日以[13]盡矣，荊卿豈無意哉？丹請先遣秦武陽。」荊軻怒，叱太子曰：「今日往而不反者，豎子也！今提一匕首入不測之強秦，僕所以留者，待吾客與俱。今太子遲之，請辭決矣！」遂發。

▸太子及賓客◂[14]知其事者，皆白衣冠以送之。至易水上，既祖，取道。高漸離擊筑，▸荊軻和而歌◂[15]，▸為變徵之聲◂[16]，士皆垂淚涕泣。又前而為歌曰：「風蕭蕭兮易

1. 太子日造門下 2. 供太牢具異物 3. 虜趙王遷 4. 秦王懸金 5. 奈何
6. a.而右手揕其胸 b.右手揕其胸 7. 此臣之日夜切齒腐心也 8. 乃遂盛
9. a.三 b.一 10. 人不敢牾視 11. 不 12. 疑其改悔 13. 已
14. 太子賓客 15. 荆軻和歌 16. 為濮上之聲

水寒，壯士一去兮不復還！」▸復為忼慨羽聲◂[1]，士皆瞋目，髮盡上指冠。於是荊軻遂就車而去，終已不顧。

既至秦，持千金之資幣物，厚遺秦王寵臣中庶子蒙嘉。嘉為先言於秦王曰：「燕王誠振▸畏慕大王◂[2]之威，不敢興兵▸以拒大王◂[3]，願舉國為內臣，比諸侯之列，給貢職如郡縣，而得奉守先王之宗廟。恐懼不敢自陳，謹斬樊於期頭，及獻燕之督亢之地圖，函封，燕王拜送于庭，使使以聞大王。唯大王命之。」

秦王聞之，大喜。乃朝服，設九賓，見燕使者咸陽宮。荊軻奉樊於期頭函，而秦武陽奉地圖匣，▸以次進至陛下◂[4]。秦武陽色變振恐，群臣怪之，荊軻顧笑武陽，前為謝曰：「北蠻夷之鄙人，未嘗見天子，故振慴，願大王少假借之，▸使畢使於前◂[5]。」▸秦王謂軻曰◂[6]：「起，取武陽所持圖。」軻既▸取圖奉之◂[7]，發圖，圖窮而匕首見。因左手把秦王之袖，而右手持匕首▸揕抗之◂[8]。未至身，秦王驚，自引而起，▸絶袖◂[9]。拔劍，劍長，摻其室。時怨[10]急，▸劍堅，故不可立拔◂[11]。荊軻逐秦王，秦王還[12]柱而走。群臣驚愕，卒起不意，盡失其度。而秦法，群臣侍殿上者，不得▸持尺兵◂[13]。諸郎中執兵，▸皆陳殿下◂[14]，非有詔不得上。方急時，不及召下兵，以故荊軻逐秦王，而卒惶急無以擊軻，而乃以手共搏之。是時侍醫夏無且，以其所奉藥囊▸提軻◂[15]。▸秦王之方還柱走◂[16]，卒惶急不知所為，左右乃曰：「王負劍！王負劍！」遂拔以擊荊軻，斷其左股。荊軻廢，▸乃引其匕首提秦王◂[17]，不中，中柱。秦王復擊軻，▸被八創◂[18]。軻自知事不就，倚柱而笑，箕踞以罵曰：「事所以不成者，乃欲以生劫之，必得約契以報太子也。」左右既前斬荊軻，秦王目眩良久。▸而論功賞群臣◂[19]及當坐者，各有差。而賜夏無且黃金二百鎰，曰：「無且愛我，乃以藥囊▸提軻也◂[20]。」

於是，秦大怒燕，益發兵詣趙，詔王翦軍以伐燕。十月而拔燕薊城。燕王喜、太子丹等，皆率其精兵東保於遼東。秦將李信追擊燕王，王急，用代王嘉計，殺太子丹，欲獻之秦。秦復進兵攻之。五歲而卒滅燕國，而虜燕王喜。秦兼天下。

其後荊軻客高漸離以擊筑見秦皇帝，而以筑擊秦皇帝，為燕報仇，不中而死。

---

1. a.後為忼慨羽聲 b.復為羽聲忼慷 c.復為慷慨羽聲 2. 怖大王 3. 以逆軍吏
4. 以次進至陛 5. 使得畢使於前 6. 秦王謂軻 7. 取圖奉之秦王 8. 揕之
9. 袖絕 10. a.恐 b.惶 11. 堅故不可立拔 12. 環
13. 持尺寸之兵 14. 皆陳於殿下 15. 提荆軻 16. 秦王方環柱走
17. 乃引其匕首以提秦王 18. 軻被八創 19. 已而論功賞群臣
20. 提荆軻也

441 齊攻宋宋使臧子索救於荊

齊攻宋，宋使臧子索救於荊。荊王大說，許救甚勸。臧子憂而反。其御曰：「索救而得，有憂色何也？」臧子曰：「宋小而齊大。夫救於小宋而惡於大齊，此王之所憂也；而荊王說甚，必以堅我。我堅而齊弊，荊之利也。」臧子乃歸。▸齊王果攻，拔宋五城◂[1]，而荊王不至。

442 公輸般為楚設機

公輸般為楚設機，將以攻宋。墨子聞之，百舍重繭，往見公輸般，謂之曰：「吾自宋聞子。吾欲藉子殺王[2]」公輸般曰：「吾義固不殺王。」墨子曰：「聞公為雲梯，將以攻宋。宋何罪之有？義不殺王而攻國，是不殺少而殺眾。敢問攻宋何義也？」公輸般服焉，請見之王。

墨子見楚王曰：「今有人於此，舍其文軒，鄰有弊輿而欲竊之；舍其錦繡，鄰有短[3]褐而欲竊之；舍其梁肉，鄰有糟糠而欲竊之。此為何若人也？」王曰：「必為有竊疾矣。」

墨子曰：「荊之地方五千里，宋方五百里，此猶文軒之與弊輿也。荊有雲夢，犀兕麋鹿盈之，江、漢魚鱉黿鼉為天下饒，宋所謂無雉兔鮒魚者也，此猶梁肉之與糟糠也。荊有長松、文梓、楩、▸枏、豫樟◂[4]，宋無長木，此猶錦繡之與短褐也。惡[5]以王吏之攻宋，為與此同類也。」王曰：「善哉！請無攻宋。」

443 犀首伐黃

犀首伐黃，過衛，使人謂衛君曰：「弊邑之師過大國之郊，曾無一介之使以存之乎？敢請其罪。今黃城將下矣，已，將移兵而造大國之城下。」衛君懼，束組三百緄，黃金三百鎰，以隨使者。南文子止之曰：「是勝黃城，必不敢來；不勝，亦不敢來。是勝黃城，則功大名美，內臨其倫。夫在中者惡臨，議其事。蒙大名，挾成功，坐御以待中之議，犀首雖愚，必不為也。是不勝黃城，破心而走，歸，恐不免於罪矣！彼安敢攻衛以重其不勝之罪哉？」果勝黃城，帥師而歸，遂不敢過衛。

1. 齊王果拔宋五城　2. 人　3. 裋　4. 楠、豫章
5. 臣

444 梁王伐邯鄲

梁王伐邯鄲，而徵師於宋。宋君使使者請於趙王曰：「夫梁兵勁而權重，今徵師於弊邑，弊邑不從，則恐危社稷；若扶梁伐趙，以害趙國，則寡人不忍也。願王之有以命弊邑。」

趙王曰：「然。夫▸宋之不足如梁也◂[1]，寡人知之矣。弱趙以強梁，宋必不利也。則吾何以告子而可乎？」使者曰：「臣請受邊城，徐其攻而留其日，以待下吏之有城而已。」趙王曰：「善。」

宋人因遂舉兵入趙境，而圍一城焉。梁王甚說，曰：「宋人助我攻矣。」▸趙王亦說曰◂[2]：「宋人止於此矣。」故兵退難解，德施於梁而無怨於趙。故名有所加而實有所歸。

445 謂大尹曰

謂大尹曰：「君日長矣，自知政，則公無事。公不如令楚賀君之孝，則君不奪太后之事矣，則公常用宋矣。」

446A 宋與楚為兄弟

宋與楚為兄弟。齊攻宋，楚王言救宋。宋因賣楚重以求講於齊，齊不聽。蘇秦為宋謂齊相曰：「不如與之，以明宋之賣楚重於齊也。楚怒，必絶於宋而事齊，齊、楚合，則攻宋易矣。」

446B 魏太子自將過宋外黃

魏太子自將，過宋外黃。外黃徐子曰：「臣有百戰百勝之術，太子能聽臣乎？」太子曰：「願聞之。」客曰：「固願效之。今太子自將攻齊，大勝并莒，則富不過有魏，而貴不益為王。若戰不勝，則萬世無魏。此臣之百戰百勝之術也。」太子曰：「諾。請必從公之言而還。」客曰：「太子雖欲還，不得矣。彼利太子之戰攻，而欲滿其意者

1. 宋之不如梁也 2. 趙王亦曰

眾，太子雖欲還，恐不得矣。」太子上車請還。其御曰：「將出而還，與北同，不如遂行。」▸遂行。與齊人戰而死◂[1]，卒不得魏。

447 宋康王之時有雀生䲰

宋康王之時，有雀生（䲰）〔鸇〕於城之陬。使史占之，曰：「小而生巨，必霸天下。」康王大喜。於是滅滕伐薛，取淮北之地，乃愈自信，欲霸之亟[2]成，故射天笞地，斬社稷而焚滅之，曰：「威服天下鬼神。」罵國老諫曰[3]，為無顏之冠，以示勇。剖傴之背，鍥朝涉之脛，而國人大駭。齊聞而伐之，民散，城不守。王乃逃倪侯之館，遂得而死。見祥而不為祥，反為禍。

448A 智伯欲伐衛

智伯欲伐衛，遺衛君野馬四百，▸白璧一◂[4]。衛君大悅，群臣皆賀，南文子有憂色。衛君曰：「大國大懽，而子有憂色何？」文子曰：「無功之賞，無力之禮，不可不察也。野馬四，百璧一，▸此小國之禮也◂[5]，而大國致之，君其圖之。」衛君以其言告邊境。智伯果起兵而襲衛，至境而反曰：「衛有賢人，先知吾謀也。」

448B 智伯欲襲衛

智伯欲襲衛，乃佯亡其太子，使奔衛。南文子曰：「太子顏為君子也，甚愛而有寵，非有大罪而亡，必有故。」使人迎之於境，曰：「車過五乘，慎勿納也。」智伯聞之，乃止。

449 秦攻衛之蒲

秦攻衛之蒲。胡衍謂樗里疾曰：「公之伐蒲，以為秦乎？以為魏乎？為魏則善，為秦則不賴矣。衛所以為衛者，以有蒲也。今蒲入於魏[6]，衛必折於魏。魏亡西河之外，▸而弗能復取者◂[7]，弱也。今并衛於魏，魏必強。魏強之日，西河之外必危。且秦王亦將觀公之事。害秦以善魏，秦王必怨公。」樗里疾曰：「奈何？」胡衍曰：「公釋蒲勿攻，臣請為公入戒蒲守，以德衛君。」樗里疾曰：「善。」

---

1. 與齊人戰而死　2. 速　3. 臣　4. 璧一　5. 此小國之禮
6. 秦　7. 而弗能取者

胡衍因入蒲，謂其守曰：「樗里子知蒲之病也，其言曰：『吾必取蒲。』今臣能使釋蒲勿攻。」蒲守再拜，因效金三百鎰焉，曰：「秦兵誠去，請厚子於衛君。」胡衍取金於蒲，以自重於衛。樗里子亦得三百金而歸，又以德衛君也。

450 衛使客事魏

衛使客事魏，三年不得見。衛客患之，乃見梧下先生，許之以百金。梧下先生曰：「諾。」乃見魏王曰：「臣聞▸秦出兵◂[1]，未知其所之。秦、魏交而不脩之日久矣。願王博[2]事秦，無有佗計。」魏王曰：「諾。」

客趨出，至郎門而反曰：「臣恐王事秦之晚。」王曰：「何也？」先生曰：「夫人於事己者過急，於事人者過緩。今王緩於事己者，安能急於事人。」「奚以知之？」「衛客曰，事王三年不得見。▸臣以是知◂[3]王緩也。」魏王趨見衛客。

451 衛嗣君病

衛嗣君病。富術謂殷順且曰：「子聽吾言也以說君，勿益損也，君必善子。人生之所行，與死之心異。始君之所行於世者，食高麗也；所用者，緤錯、挐薄也。群臣盡以為君輕國而好高麗，必無與君言國事者。子謂君：『君之所行天下者甚謬。緤錯主斷於國，而挐薄輔之，自今以往者，公孫氏必不血食矣。』」

君曰：「善。」與之相印，曰：「我死，子制之。」嗣君死，殷順且以君令相▸公期◂[4]。緤錯、挐薄之族▸皆逐也◂[5]。

452A 衛嗣君時胥靡逃之魏

衛嗣君時，胥靡逃之魏，衛贖之百金，不與。乃請以左氏。群臣諫曰：「以百金之地，贖一胥靡，無乃不可乎？」君曰：「治無小，亂無大。教化喻於民，三百之城，足以為治；民無廉恥，雖有十左氏，將何以用之？」

1. 秦人兵出　2. 專　3. 臣是以知　4. 公子期　5. 皆逐之也

452B 衛人迎新婦

衛人迎新婦，婦上車，問：「驂馬，誰馬也？」御曰：「借之。」新婦謂僕曰：「拊驂，無笞服。」車至門，扶，‣教送母◂[1]：「滅竈，將失火。」入室見臼，曰：「徙之牖下，妨往來者。」主人笑之。此三言者，皆要[2]言也，然而不免為笑者，蚤晚之時失也。

453 魏文侯欲殘中山

魏文侯欲殘中山。常莊談謂趙襄[3]子曰：「魏并中山，必無趙矣。公何不請公子傾以為正妻，因封之中山，是中山復立也。」

454 犀首立五王

犀首立五王，而中山後持。齊謂趙、魏曰：「寡人羞與中山並為王，願與大國伐之，以廢其王。」中山聞之，大恐。召張登而告之曰：「寡人且王，齊謂趙、魏曰，羞與寡人並為王，而欲伐寡人。恐亡其國，不在索王。非子莫能吾救。」登對曰：「君為臣多車重幣，臣請見田嬰。」中山之君遣之齊。見嬰子曰：「臣聞君欲廢中山之王，將與趙、魏伐之，過矣。以中山之小，而三國伐之，中山雖益廢王，猶且聽也。且中山恐，必為趙、魏廢其王而務附焉。是君為趙、魏驅羊也，非齊之利也。豈若中山廢其王而事齊哉？」

田嬰曰：「奈何？」張登曰：「今君召中山，與之遇而許之王，中山必喜而絕趙、魏。趙、魏怒而攻中山，中山急而為君難其王，則中山必恐，為君廢王事齊。彼患亡其國，是君廢其王而亡[4]其國，賢於為趙、魏驅羊也。」田嬰曰：「諾。」張丑曰：「不可。臣聞之，同欲者相憎，同憂者相親。今五國相與王也，負海不與焉。此是欲皆在為王，而憂在負海。今召中山，與之遇而許之王，是奪五[5]國而益負海也。致中山而塞四國，四國寒心。必先與之王而故親之，是君臨中山而失四國也。且張登之為人也，善以微計薦中山之君久矣，難信以為利。」

田嬰不聽。果召中山君而許之王。張登因謂趙、魏曰：「齊欲伐河東。何以知之？

1. 教送母曰　2. 至　3. 桓　4. 立　5. 四

齊羞與中山之[1]為王甚矣，今召中山，與之遇而許之王，是欲用其兵也。豈若令大國先與之王，以止其遇哉？」趙、魏許諾，果與中山王而親之。中山果絕齊而從趙、魏。

455 中山與燕趙為王

中山與燕、趙為王，齊閉關不通中山之使，其言曰：「我萬乘之國也，中山千[2]乘之國也，何侔名於我？」欲割平邑以賂燕、趙，出兵以攻中山。

藍諸君患之。張登謂藍諸君曰：「公何患於齊？」藍諸君曰：「齊強，萬乘之國，恥與中山侔名，不憚割地以賂燕、趙，出兵以攻中山。燕、趙好位[3]而貪地，吾恐其不吾據也。大者危國，次者廢王，柰何吾弗患也？」張登曰：「請令燕、趙固輔中山而成其王，事遂定。公欲之乎？」藍諸君曰：「此所欲也。」曰：「請以公為齊王而登試說公。可，乃行之。」藍諸君曰：「願聞其說。」

登曰：「王之所以不憚割地以賂燕、趙，出兵以攻中山者，其實欲廢中山之王也。王曰：『然。』然則王之為費且危。夫割地以賂燕、趙，是強敵也；出兵以攻中山，首難也。王行二者，所求中山未必得。王如用臣之道，地不虧而兵不用，中山可廢也。王必曰：『子之道柰何？』」藍諸君曰：「然則子之道柰何？」張登曰：「王發重使，使告中山君曰：『寡人所以閉關不通使者，為中山之獨與燕、趙為王，而寡人不與聞焉，是以隘之。▸王苟舉趾◂[4]以見寡人，請亦佐君。』中山恐燕、趙之不己據也，今齊之辭云『即佐王』，中山必遁燕、趙，與王相見。燕、趙聞之，▸怒絕之◂[5]，王亦絕之，是中山孤，孤何得無廢。以此說齊王，齊王聽乎？」藍諸君曰：「是則必聽矣，此所以廢之，何在其▸所存之矣◂[6]。」張登曰：「此王所以存者也。齊以是辭來，因言告燕、趙而無往，以積厚於燕、趙。燕、趙必曰：『齊之欲割平邑以賂我者，非欲廢中山之王也；徒欲以離我於中山，而己親之也。』雖百平邑，燕、趙必不受也。」藍諸君曰：「善。」

遣張登往，果以是辭來。中山因告燕、趙而不往，燕、趙果俱輔中山而使其王。事遂定。

1. 並　2. 百　3. 倍　4. 王苟舉玉趾　5. 必怒絕之
6. 所以存之矣

456 司馬憙使趙

司馬憙[1]使趙，為己求相中山。公孫弘陰知之。中山君出，司馬憙御，公孫弘參乘。弘曰：「為人臣，招大國之威，以為己求相，於君何如？」君曰：「吾食其肉，不以分人。」司馬憙頓首於軾曰：「臣自知死至矣！」君曰：「何也？」▸「臣抵罪◂[2]。」君曰：「行，吾知之矣。」居頃之，趙使來，為司馬憙求相。中山君大疑公孫弘，公孫弘走出。

457 司馬憙三相中山

司馬憙三相中山，陰簡難之。田簡謂司馬憙曰：「趙使者來屬耳，獨不可語陰簡之美乎？趙必請之，君與之，即公無內難矣。君弗與趙，公因勸君立之以為正妻。陰簡之德公，無所窮矣。」▸果令趙請◂[3]，君弗與。司馬憙曰：「君弗與趙，趙王必大怒；大怒則君必危矣。然則立以為妻，固無請人之妻不得而怨人者也。」

田簡自謂[4]取使，可以為司馬憙，可以為陰簡，可以令趙勿請也。

458 陰姬與江姬爭為后

陰姬與江姬爭為后。司馬憙謂陰姬公曰：「事成，則有土子[5]民；不成，則恐無身。欲成之，何不見臣乎？」陰姬公稽首曰：「誠如君言，事何可豫道者。」司馬憙即奏書中山王曰：「臣聞弱趙強中山。」中山王悅而見之曰：「願聞弱趙強中山之說。」司馬憙曰：「臣願之趙，觀其地形險阻，人民貧富，君臣賢不肖，商敵為資，未可豫陳也。」中山王遣之。

見趙王曰：「臣聞趙，天下善為音，佳麗人之所出也。今者，臣來至境，入都邑，觀人民謠俗，容貌顏色，殊無佳麗好美者。以臣所行多矣，周流無所不通[6]，未嘗見人如中山陰姬者也。不知者，特以為神，力[7]言不能及也。其容貌顏色，固已過絶人矣。若乃其眉目准頞權衡，犀角偃月，彼乃帝王之后，非諸侯之姬也。」趙王意移，大悅曰：「吾願請之，何如？」司馬憙曰：「臣竊見其佳麗，口不能無道爾。即欲請之，是非臣所敢議，願王無泄也。」

1. 喜　2. 曰：「臣抵罪　3. 果令趙請之　4. 為　5. 得
6. 至　7. 人

司馬憙辭去，歸報中山王曰：「趙王非賢王也。不好道德，而好聲色；不好仁義，而好勇力。臣聞其乃欲請所謂陰姬者。」中山王作色不悅。司馬喜曰：「趙強國也，其請之必矣。王如不與，即社稷危矣；與之，即為諸侯笑。」中山王曰：「為將奈何？」司馬憙曰：「王立為后，以絕趙王之意。世無請后者。雖欲得請之，鄰國不與也。」中山王遂立以為后，趙王亦無請言也。

459A 主父欲伐中山

主父欲伐中山，使李疵觀之。李疵曰：「可伐也。君弗攻，恐後天下。」主父曰：「何以？」對曰：「中山之君，▸所傾蓋與車◂[1]而朝窮閭隘巷之士者，七十家。」主父曰：「是賢君也，安可伐？」李疵曰：「不然。舉士，則民務名不存本；朝賢，則耕者惰而戰士懦。若此不亡者，未之有也。」

459B 中山君饗都士

中山君饗都士，大夫司馬子期在焉。羊羹不遍，司馬子期怒而走於楚，說楚王伐中山，中山君亡。有二人挈戈而隨其後者，中山君顧謂二人：「子奚為者也？」二人對曰：「臣有父，嘗餓且死，君下壺餐▸餌之◂[2]。臣父且死，曰：『中山有事，汝必死之。』故來死君也。」中山君喟然而仰歎曰：「與不期眾少，其於當厄；怨不期深淺，其於傷心。吾以一杯羊羹亡國，以一壺餐得士二人。」

460 樂羊為魏將

樂羊為魏將，攻中山。其子時在中山，中山君烹之，作羹致於樂羊。▸樂羊食之◂[3]。▸古今稱之◂[4]：樂羊食子以自信，明害父以求法。

461 昭王既息民繕兵

昭王既息民繕兵，復欲伐趙。武安君曰：「不可。」王曰：「前年國虛民飢，君不量百姓之力，求益軍糧以滅趙。今寡人息民以養士，蓄積糧食[5]，三軍之俸有倍於前，而曰『不可』，其說何也？」

1. 所傾蓋與車者 2. 臣父 3. 樂食之 4. 古今稱之曰 5. 實

武安君曰：「長平之事，秦軍大剋[1]，趙軍大破；秦人歡喜，趙人畏懼。秦民之死者厚葬，傷者厚養，勞者相饗，飲食餔餽，以靡其財；趙人之死者不得收，傷者不得療，涕泣相哀，勠力同憂，耕田疾作，以生其財。今王發軍，雖倍其前，臣料趙國守備，亦以十倍矣。趙自長平已來，君臣憂懼，早朝晏退[2]，卑辭重幣，四面出嫁，結親燕、魏，連好齊、楚，積慮并心，備秦為務。其國內實，其交外成。當今之時，趙未可伐也。」

王曰：「寡人既以興師矣。」乃使五校大夫王陵將而伐趙。陵戰失利，亡五校。王欲使武安君，武安君稱疾不行。王乃使應侯往見武安君，責之曰：「楚，地方五千里，持戟百萬。君前率數萬之眾入楚，拔鄢、郢，焚其廟，東至竟陵，楚人震恐，東徙而不敢西向。韓、魏相率，興兵甚眾，▸君所將之不能半之◂[3]，而與戰之於伊闕，大破二國之軍，流血漂鹵，斬首二十四萬。韓、魏▸以故至今稱東藩◂[4]。此君之功，天下莫不聞。今趙卒之死於長平者已十七、八，其國虛弱，是以寡人大發軍，人數倍於趙國之眾，願使君將，必欲滅之矣。君嘗以寡擊眾，取勝如神，況以彊擊弱，以眾擊寡乎？」

武安君曰：「是時楚王恃其國大，不恤其政，而群臣相妬以功，▸諂諛用事◂[5]，良臣斥疏，百姓心離，城池不修，既無良臣，又無守備。故起所以得引兵深入，多倍城邑，發梁焚舟以[6]專民，以掠於郊野，以足軍食。當此之時，秦中士卒，以軍中為家，將帥為父母，不約而親，不謀而信，一心同功，死不旋踵。楚人自戰其地，咸顧其家，各有散心，莫有鬬志。是以能有功也。伊闕之戰，韓孤顧魏，不欲先用其眾。魏恃韓之銳，欲推以為鋒。二軍爭便之力不同，是以臣得設疑兵，以待[7]韓陣，專軍并銳，觸魏之不意。魏軍既敗，韓軍自潰，乘勝逐北，以是之故能立功。皆計利形勢，自然之理，何神之有哉！今秦破趙軍於長平，不遂以時乘其振懼而滅之，畏而釋之，使得耕稼以益蓄積，養孤長幼以益其眾，繕治兵甲以益其強，增城浚池以益其固。主折節以下其臣，臣推體以下死士。▸至於平原君之屬◂[8]，皆令妻妾補縫於行伍之間。臣人一心，上下同力，猶勾踐困於會稽之時也。以合[9]伐之，趙必固守。挑其軍戰，必不肯出。圍其國都，必不可剋。攻其列城，必未可拔。掠其郊野，必無所得。兵出無功，諸侯生心，外救必至。臣見其害，未覩其利。又病，未能行。」

應侯慚而退，以言於王。王曰：「微白起，吾不能滅趙乎？」復益發軍，更使王齕

1. 克　2. 罷　3. 君所將之卒不能半之　4. 以故稱東藩
5. 諛諂用事　6. 心　7. 持　8. 至於平原之屬　9. 今

代王陵伐趙。圍邯鄲八、九月，死傷者眾，而弗下。趙王出輕銳以寇其後，秦數不利。武安君曰：「不聽臣計，▸今果何如◂[1]？」王聞之怒，因見武安君，彊起之，曰：「君雖病，彊為寡人臥而將之。有功，寡人之願，將加重於君。如君不行，寡人恨君。」武安君頓首曰：「臣知行雖無功，得免於罪。雖不行無罪，不免於誅。然惟願大王覽臣愚計，釋趙養民，以諸侯之變。撫其恐懼，伐其憍慢，誅滅無道，以令諸侯，天下可定，何必以趙為先乎？此所謂為一臣屈而勝天下也。大王若不察臣愚計，必欲快心於趙，以致臣罪，此亦所謂勝一臣而為天下屈者也。夫勝一臣之嚴焉，孰若勝天下之威大耶？臣聞明主愛其國，忠臣愛其名。破國不可復完，死卒不可復生。臣寧伏受重誅而死，不忍為辱軍之將。願大王察之。」王不答而去。

1. 今果何如

逐字索引

哀 āi 13

○鰥寡 138/69/18
知者○焉 221/116/26
亦○之矣 262/139/12
韓傀走而抱○侯 385/186/15
兼中○侯 385/186/15
許異蹴○侯而殪之 391/189/14
是故○侯為君 391/189/15
猶其尊○侯也 391/189/16
皆戴○侯以為君 391/189/19
而棄所○憐之交置之匈奴 440/214/27
此天所以○燕不棄其孤也 440/215/20
極○ 440/216/17
涕泣相○ 461/226/3

埃 āi 1

觸塵○ 208/107/22

毐 ǎi 5

嫪○亦為亂於秦 200/102/19
以為嫪○功 342/171/6
以因嫪○ 342/171/7
王以國贊嫪○ 342/171/7
以嫪○勝矣 342/171/7

艾 ài 4

既勝齊人於○陵 87/41/12
勝齊於○陵 89/43/8
無所寇○ 189/96/27
乃與幼○ 239A/129/9

愛 ài 99

皆○之 17/6/27
周君豈能無○國哉 24/8/28
奉養無有○於最也 30/10/19
孝己○其親 48B/19/20,49/20/13
楚王甚○之 51/21/27
何○餘明之照四壁者 61A/24/29
秦王○公孫衍 61B/25/15
秦宣太后○魏醜夫 64/26/19
何為空以生所○ 64/26/21
人主賞所○ 72/29/2
人主所甚○也 75/33/7
攻人主之所○ 75/33/8
公之○子也 79/34/14
賣○妾 80/35/5
○妾已賣 80/35/6
天下懷樂敬○ 81/35/27
吾○三城而不講 83A/38/19
楚王使景所甚○ 85/39/23
靖郭君之所聽○夫 101/50/4
○則有之 101/50/5
而務○粟 120/58/15
孟嘗君舍人有與君之夫人相○者 128/62/7
為君舍人而內與夫人相○ 128/62/7
君召○夫人者而謂之曰 128/62/10
不拊○子其民 133/65/14
非朝○市而夕憎之也 136A/67/7
寡人憂國○民 137/69/5
王之憂國○民 137/69/5
不若王○尺縠也 137/69/5
臣故曰不如○尺縠也 137/69/7
釋帝則天下○齊乎 141B/70/19
且○秦乎 141B/70/19
○齊而憎秦 141B/70/19
則天下○齊而憎秦 141B/70/21
田單之○人 146/77/3
人有以其狗為有執而○之 158/82/12
華落而○渝 160/82/30
秦王有○女而美 174/91/5
楚王必○ 174/91/7
必厚尊敬親○之而忘子 174/91/8
○地不送死父 177/92/5
○之以心 179/93/16,179/93/16
是故退王之所○ 179/93/19
甚○新人 190/97/3
○之甚於王 190/97/4
其○之甚於寡人 190/97/5
王○子美矣 190/97/8
王○富摯 194/99/5
忠臣不○死以成名 204B/106/26
教順慈○ 209/108/11
以秦為○趙而憎韓 209/108/13
秦豈得○趙而憎韓哉 209/108/14
不○名寶 213/110/30
不識三國之憎秦而○懷邪 219/115/11
忘其憎懷而○秦邪 219/115/11
欲子之厚○之 222/119/19
○王而不攻乎 233/124/7
而與其所○ 236/127/27
而令趙人○君乎 237/128/11
非不○其蹯也 243/130/18
足下何○焉 248/132/27
行逐○弟 256/136/18
及夫人優○孺子也 258A/137/10
而禍在於所○ 258A/137/12
趙王之所甚○也 261/138/21
竊○憐之 262/139/7
丈夫亦○憐其少子乎 262/139/9
老臣竊以為媼之○燕后賢於長安君 262/139/10
父母之○子 262/139/11
故以為其○不若燕后 262/139/18
魏王甚○之 277/145/29
夫魏王之○習魏信也 304/154/19
魏必舍所○習而用所畏惡 304/154/20
秦必令其所○信者用趙 304/154/23
夫不患秦之不○南國非也 315/161/21
韓必德魏、○魏、重魏、畏魏 315/162/7
今王之○習公也 359/177/22
不能○其許、鄢陵與梧 364/179/25
不可○妾之軀 385/186/19
夫○身不揚弟之名 385/186/21
必將欲置其所○信者 386/187/6
吾○宋 388/187/29
而攻我甚所○ 388/187/29
王誠能毋○寵子、母弟以為質 415/198/26
足下以○之故與 420/203/2
則何不與○子與諸舅、叔父、負床之孫 420/203/2
其妻○人 420/203/7
其所○者曰 420/203/7
人主之○子也 428/208/4
非徒不○子也 428/208/4

又不○丈夫子獨甚 428/208/4
臣是以知人主之不○丈夫子獨甚也 428/208/7
不以官隨其○ 431/209/19
無且○我 440/217/22
甚○而有寵 448B/220/21
臣聞明主○其國 461/227/7
忠臣○其名 461/227/8

隘 ài 11

三國○秦 18/7/6
若自在○窘之中 125/61/14
齊王○之 177/92/3
夫○楚太子弗出 177/93/4
行三十里而攻危○之塞 315/161/12
今秦欲踰兵於澠○之塞 364/179/24
塞鄳○ 422/204/17
因以塞鄳○為楚罪 422/204/18
以塞鄳○ 422/204/24
是以○之 455/223/20
所傾蓋與車而朝窮閭○巷之士者 459A/225/10

安 ān 237

○能道二周之間 29/10/10
○坐而廣地 40/13/22
○有說人主不能出其金玉錦繡 40/14/3
封為武○君 40/14/6
吾欲使武○子起往喻意焉 41A/14/26
請使武○子 41A/14/27
○邑王之有也 41B/15/3
拔武○ 42/16/15
軫○敢之楚也 49/19/28
且○之也 49/20/2
陳軫果○之 49/20/10
○得六百里 50/21/13
秦王○能制晉、楚哉 63/26/9
則晉、楚○ 63/26/11
秦得○邑 63/26/13
善齊以○之 63/26/13
秦有○邑 63/26/13
三貴竭國以自○ 74/33/1
居武○ 77/33/25
行至武○ 77/33/29
武○君為三公 78/34/4,78/34/6
武○君所以為秦戰勝攻取者七十餘城 78/34/4
因以為武○功 78/34/8
聞應侯任鄭○平、王稽 81/35/19
汾水利以灌○邑 83B/39/2
土廣不足以為○ 88/42/16
若土廣者○ 88/42/16
汝○能行之也 94/45/25
孰與武○君 94/45/29
武○君戰勝攻取 94/45/29
臣之功不如武○君也 94/45/30
卿明知功之不如武○君歟 94/45/30
武○君難之 94/46/2
趙將武○君 95/47/3
若殺武○君 95/47/3
武○君必死 95/47/4
武○君至 95/47/7
武○君曰 95/47/8
461/225/29,461/226/1
461/226/16,461/227/2
武○君北面再拜賜死 95/47/11
武○君死 95/47/13
而○其兵 96/47/23
今秦欲攻梁絳、○邑 111/54/11
秦得絳、○邑以東下河 111/54/11
而出銳師以戍梁絳、○邑 111/54/15
子○能為之足 117/57/17
齊○得救天下乎 121/58/22
○邑者 132B/64/9
秦伐魏取○邑 132B/64/10
○可得而有乎哉 136B/67/28
○步以當車 136B/68/14
○行而反臣之邑屋 136B/68/16
亂天下而自○ 142/73/19
寢不○席 142/73/23
○平君 147/77/7
○平君聞之 147/77/7
○平君曰 147/77/11
欲傷○平君 147/77/13
而社稷已○矣 147/77/14
且○平君之與王也 147/77/16
今王得○平君而獨曰『單』 147/77/25
誰有厚於○平君者哉 147/77/26
○平君以惴惴之即墨 147/77/28
○平君之功也 147/77/29
民已○矣 147/78/2
王不亟殺此九子者以謝○平君 147/78/2
益封○平君以夜邑萬戶 147/78/3
則上○ 159/82/18
江乙說於○陵君曰 160/82/26
○陵君曰 160/83/1
160/83/6,340/169/23
340/170/1,343/171/13
○陵君泣數行而進曰 160/83/10
乃封壇為○陵君 160/83/12
○陵君可謂知時矣 160/83/14
○邑不知 163/84/7
又○敢言地 164/84/18,375/183/6
寡人臥不○席 167/86/9
○諸侯 167/86/10,218/114/11
士卒○難樂死 168/86/16
封為武○君而相燕 168/87/17
君又○得長有寵乎 200/101/23
○不有無妄之人乎 200/102/5
於○思危 201/102/23
危則慮○ 201/102/23
子○知之 202/103/18
今吾○居而可 203/104/5
夫董閼○于 203/104/5
危不能○ 203/104/17
○社稷乎 204A/105/22
○社稷 204A/105/26
建信者○能以無功惡秦哉 214/111/4
秦禍○移於梁矣 217/112/6
莫若○民無事 218/112/24
○民之本 218/112/24
擇交而得則民○ 218/112/25
擇交不得則民終身不得○ 218/112/25
而民不得○ 218/112/25
218/112/26,218/112/26
乃封蘇秦為武○君 218/114/12
天下○ 219/115/16
○能收恤蘭、離石、祁乎 228/122/1

魏令公子咎以銳師居○邑 228/122/4
夫以秦將武○君公孫起乘七勝之威 231/123/8
魏○釐王使將軍晉鄙救趙 236/126/13
梁客辛垣衍○在 236/126/21
子○取禮而來待吾君 236/127/19
梁王○得晏然而已乎 236/127/28
君○能少趙人 237/128/11
君○能憎趙人 237/128/11
○敢不對乎 238/128/21
欲宗廟之○ 238/128/24
今王無齊獨○得無重天下 246/131/14
臣又願足下有地效於襄○君以資臣也 248/132/26
以據魏而求○邑 249/133/18
抱○邑而信秦 249/133/19
秦得○邑之饒 249/133/19
過趙已○邑矣 249/133/20
秦舉○邑而塞女戟 249/133/23
取○邑 249/133/26
而以求○平君而將之 252/135/9
君致○平君而將之 252/135/10
而求○平君而將之 252/135/11
然則君奚求○平君而為將乎 252/135/13
君之所以求○平君者 252/135/15
使○平君愚 252/135/16
使○平君知 252/135/16
252/135/17
○平君必處一焉 252/135/16
必以長○君為質 262/138/28
有復言令長○君為質者 262/138/29
老臣竊以為媼之愛燕后賢於長○君 262/139/10
不若長○君之甚 262/139/11
今媼尊長○君之位 262/139/17
長○君何以自託於趙 262/139/18
老臣以媼為長○君計短也 262/139/18
於是為長○君約車百乘質於齊 262/139/19
以○社稷、尊主、強兵、顯名也 273/143/29
內嫁禍○國 273/144/12
以公相則國家○ 281/146/26
因久坐○ 288/148/20
又○敢釋卒不我予乎 291/149/13
先王必欲少留而扶社稷、○黔首也 296/151/1
唯已之曾○ 297/151/29
魏必○矣 303B/154/11
秦召魏相信○君 304/154/16
信○君不欲往 304/154/16
此魏王之所以不○也 304/154/21
夫令人之君處所不○ 304/154/21
趙○而我危也 304/154/23
國○而名尊 304/154/26
國得○焉 304/154/29
而魏效絳、○邑 310/158/3
且○死乎 311/158/28
○生乎 311/158/28
○窮乎 311/158/28
○貴乎 311/158/28
外○能支強秦、魏之兵 315/161/5
王以為○乎 315/161/6
乃惡○陵氏於秦 315/161/18
隨○陵氏而欲亡之 315/161/19
則魏國豈得○哉 315/161/20
且夫憎韓不受○陵氏可也 315/161/21
夫存韓○魏而利天下 315/162/6
則衛、大梁、河外必○矣 315/162/8
○陵必易 315/162/9
○可 330/167/11
故君不如○行求質於秦 331/167/16
○能歸寧乎 332/167/23
○陵人縮高 340/169/22
信陵君使人謂○陵君曰 340/169/22
○陵 340/169/23
遣大使之○陵曰 340/169/28
○陵之地 340/169/28
以造○陵之城 340/170/1
使使者謝○陵君曰 340/170/9
有所不○乎 341/170/14
臣無敢不○也 341/170/15
臣○能無涕出乎 341/170/19
秦王使人謂○陵君曰 343/171/13
寡人欲以五百里之地易○陵 343/171/13
○陵君其許寡人 343/171/13
○陵君因使唐且使於秦 343/171/15
寡人以五百里之地易○陵 343/171/15
○陵君不聽寡人 343/171/15
○陵君受地於先生而守之 343/171/18
而○陵以五十里之地存者 343/171/25
此○危之要 345/172/16
先事秦則○矣 348A/173/28
收楚、韓以○之 359/178/5
臣○敢來 366/180/18
子欲○用我乎 385/185/22
而政獨○可嘿然而止乎 385/186/4
則主尊而身○ 386/187/4
今公與○成君為秦、魏之和 386/187/7
○成君東重於魏 386/187/8
若夫○韓、魏而終身相 386/187/10
此主尊而身○矣 386/187/10
無事而割○邑 388/188/2
則宋地不○矣 388/188/4
而欲攻絳、○邑 389/188/12
韓計將○出矣 389/188/12
令○伏 396B/191/7
○邑之御史死 403/193/9
輸人為之謂○令曰 403/193/9
魏○能與小國立之 404/193/15
夫○樂無事 408/194/13
合從以○燕 408/194/23
武○君蘇秦為燕說齊王 411/195/19
武○君 412/196/5
武○君從齊來 412/196/8
足下○得使之之齊 412/196/14
今臣聞王居處不○ 415/198/8
○猶取哉 415/198/19
○事死馬而捐五百金 418/201/2
○有為人臣盡其力 420/203/6
我舉○邑 422/204/4
秦欲攻○邑 422/204/9
已得○邑 422/204/10

事強可以令國○長久 432/210/22
彼○敢攻衛以重其不勝
　之罪哉 443/218/30
○能急於事人 450/221/12
○可伐 459A/225/11
王欲使武○君 461/226/8
武○君稱疾不行 461/226/9
王乃使應侯往見武○君 461/226/9
因見武○君 461/227/2
武○君頓首曰 461/227/3

岸 àn 5

西○之土也 124/60/28
吾西○之土也 124/60/29
土則復西○耳 124/60/29
興師與韓氏戰於○門 357/177/4
○門之戰 422/204/25

按 àn 5

不如○兵勿出 119/58/2
跣行○兵於國 142/74/4
秦○為義 249/134/2
公不如○魏之和 317B/163/13
攘臂○劍 347/173/12

案 àn 18

○兵而勿出 3A/2/7
乃○兵告於秦曰 63/25/29
今又○兵 63/26/2
舉左○齊 88/42/17
舉右○魏 88/42/17
厭○萬乘之國 88/42/18
○圖籍 115/56/18, 115/56/27
有而○兵而後起 142/72/9
○府庫 203/104/7
且以繩墨○規矩刻鏤我
　212/110/22
秦禍○攘於趙矣 217/112/7
臣竊以天下地圖○之 218/113/22
寡人○兵息民 219/114/28
臣請○兵無攻 220/116/6
中山○此言於齊曰 253/135/25
惠施欲以魏合於齊、楚
　以○兵 280/146/18

乃○其行 312/159/17

桉 àn 4

○圖籍 44/17/26
秦○兵攻魏 249/133/25
君○救魏 249/133/26
齊王○戈而卻曰 411/195/19

闇 àn 2

終身○惑 73A/30/14
愚者○於成事 221/116/25

卬 áng 2

虜魏公子○ 81/36/3
果不出楚王○ 217/112/16

呋 āo 1

甲、盾、鞮、鍪、鐵幕
　、革抉、○芮 347/173/2

敖 áo 10

威王問於莫○子華曰 170/88/18
莫○子華對曰 170/88/19
　170/88/20, 170/88/25
　170/89/29
莫○大心撫其御之手 170/89/5
莫○大心是也 170/89/8
易牙乃煎○燔炙 307/155/28
中國白頭游○之士 388/188/5
趙○為謂建信侯曰 405/193/19

媼 ǎo 4

老臣竊以為○之愛燕后
　賢於長安君 262/139/10
○之送燕后也 262/139/12
今○尊長安君之位 262/139/17
老臣以○為長安君計短
　也 262/139/18

傲 ào 8

以告蒙○曰 79/34/19
蒙○曰 79/34/20
蒙○乃往見應侯 79/34/22
○欲死 79/34/22
今○勢得秦為王將 79/34/23
○尚奚生 79/34/24
應侯拜蒙○曰 79/34/24
蒙○以報於昭王 79/34/24

八 bā 24

九九○十一萬人 1/1/15
宜陽城方○里 2/1/23
歲○十金 32/11/6
孝公行之○年 39/12/26
鄒忌脩○尺有餘 108/52/13
覆軍殺將得○城 117/57/11
破軍殺將得○城 117/57/17
至歲○月 124/60/28
衛○門土而二門墮矣 142/71/9
婦人為之自殺於房中者
　二○ 233/123/29
割○縣 310/157/16
而割○縣 310/157/22
乃為之起兵○萬 314/160/22
○年 319/164/3
鄭彊載○百金入秦 353/175/14
公以○百金請伐人之與
　國 353/175/14
○日中 399/192/13
二十○年 418/201/8
行年○十 420/202/29
收○百歲之蓄積 431/210/7
趙使廉頗以○萬遇栗腹
　於鄗 438/213/7
被○創 440/217/19
今趙卒之死於長平者已
　十七、○ 461/226/13
圍邯鄲○、九月 461/227/1

巴 bā 8

西有○、蜀、漢中之利 40/13/6
臣聞張儀西并○、蜀之
　地 55/23/10

秦有舉○蜀、并漢中之心 167/86/7
秦西有○蜀 168/86/30
西舉○蜀 220/115/23
○寧、爨襄之力也 270/142/7
○寧、爨襄田各十萬 270/142/10
乘舟出於○ 422/203/29

拔 bá 65

宜陽必○也 2/1/22
宜陽不○ 2/1/25
臣故曰○ 2/1/25
秦○宜陽 2/2/1
不過一月必○之 25/9/6
今圍雍氏五月不能○ 25/9/6
雍氏必○ 25/9/8
楚卒不○雍氏而去 25/9/11
則梁可○ 42/16/6
○梁 42/16/6
○武安 42/16/15
○邯鄲 42/16/16
不能○也 42/16/23
城且○矣 42/17/4
故○一國 44/18/4
三年而○之 55/23/11
五月而不能○也 55/23/21
遂○宜陽 55/23/22
不○宜陽 56/23/27
而○宜陽 56/23/28
今攻宜陽而不○ 57/24/4
宜陽○ 57/24/6,58/24/11
邢丘○而魏請附 73A/31/13
秦白起○楚西陵 87/40/24
或○鄢、郢、夷陵 87/40/24
○燕、酸棗、虛、桃人 87/41/2
是趙不○而魏全也 102/50/24
邯鄲○而承魏之弊 102/50/25
邯鄲○ 102/50/26,156/81/26
期數而能○城者為亟耳 142/72/26
而守不可○ 142/73/6
守而不可○者 142/73/7
而守必不○ 142/73/10
○之尊俎之間 142/73/17
其強而○邯鄲 142/73/22
○城於尊俎之間 142/74/7
宜陽果○ 187/96/13
君獨無意湔○僕也 199/101/9
城今且將○矣 202/103/15
三月不能○ 203/104/14
旦暮當○之而饗其利 203/105/1
豫讓○劍三躍 204B/106/28
魏○中山 205/107/4
足以○鄭 206/107/11
藺、離石、祁○ 228/121/26
趙守而不可○者 231/123/10
毫毛不○ 272/143/15
○卷、衍、燕、酸棗 273/144/4
一人○之 303A/153/27
十萬之軍○邯鄲 310/157/13
攻而不能○ 310/157/28
邊城盡○ 315/161/24
而不能○ 317B/163/7
秦○寧邑 332/167/21
宜陽必不○矣 356A/176/5
嚴遂○劍趨之 385/185/19
○劍 440/217/13
故不可立○ 440/217/14
遂○以擊荊軻 440/217/18
十月而○燕薊城 440/217/24
○宋五城 441/218/5
○鄢、郢 461/226/10
必未可○ 461/226/27

把 bǎ 3

無○銚推耨之勢 86/40/9
臣左手○其袖 440/216/15
因左手○秦王之袖 440/217/12

罷 bà 59

而秦兵○ 1/1/6
韓氏○於兵 25/9/5
是天下欲○秦 34/11/20
秦與天下俱○ 34/11/20
又交○卻 42/16/25
魏兵○弊 47/19/1
○國也 63/26/9
五國○成睪 71/28/21
諸侯見齊之○露 73A/31/4
吳起為楚悼○無能 81/37/1
王○之 93/45/11
使彼○弊於先弱守於主 105/51/22
使彼○弊先弱守於主 105/51/23
而遞相○弱 111/54/5
請令○齊兵 115/56/21
是王內自○而伐與國 115/56/28
兵○弊 119/58/2
拙則○之 129/62/26
犬兔俱○ 132A/64/1
國○而好眾怨 142/71/15
則事以眾強適○寡也 142/71/26
○馬 142/72/23
中○於刀金 142/72/25
其百姓○而城郭露 142/73/7
夫○士露國 142/73/11
不如○兵休士 145/75/24
因○兵到讀而去 145/76/13
是王與秦相○ 173B/90/28
則魏必○ 205/107/3
○則趙重 205/107/4
無○車駑馬 208/107/21
而相鬬兩○ 217/111/28
力盡不○ 219/114/22
夫慮收亡齊、○楚、敝魏與不可知之趙 219/115/1
收破齊、○楚、弊魏、不可知之趙 219/115/6
五年乃○ 225/121/6
是○齊敝秦也 229A/122/15
而秦○於邯鄲之下 231/123/10
而欲以○趙攻強燕 231/123/12
兵必○ 233/124/21
我以五城收天下以攻○秦 233/124/21
秦兵○ 234/125/17
○兵去 236/126/16
五里而○ 240/129/24
○於成皋 249/133/3
樂羊既○中山 265/140/24
身自○之 267/141/8
兵○敝 295/150/15
以休楚而伐○齊 301/153/8
後太子○質 306/155/22
秦兵必○ 310/157/28
乃○梁圍 310/158/6
秦○邯鄲 333/167/27
兵○而留於成皋 352/175/3
五國○ 352/175/4
天下○ 352/175/8

士○弊　415/198/17
南○於楚　420/202/29
乃○兵　436/212/20

霸 bà　32

欲決○王之名　11A/4/26
闔廬為○　73A/30/10
○王之業可致　73A/30/25
王若欲○　73A/31/8
韓聽而○事可成也　73A/31/21
成○功　81/37/4
此○王之資也　167/85/17
今釋○王之業　167/85/27
而弱越之所以○　231/123/13
趙強則齊不復○矣　252/135/17
則○王之業具矣　269/141/20
奚足以○王矣　269/141/28
而○者知計　301/153/5
今王動欲成○王　334/168/7
聽吾計則可以強○天下　348A/173/25
穆公一勝於韓原而○西州　390/189/1
小之不○　390/189/2
畢呼○王　390/189/9
桓公亦定○矣　391/189/17
而桓公獨取○者　391/189/20
則我必為之○　391/189/22
則我立帝而○　391/189/22
此○王之業矣　411/195/32
五○迭盛　412/196/18
必不○　416A/199/7
○者與臣處　418/200/24
而後殘吳○天下　419/201/23
而弱越乘其弊以○　430/208/24
而使強秦處弱越之所以○也　430/208/25
夫齊○國之餘教也　431/209/25
必○天下　447/220/6
欲○之亟成　447/220/7

白 bái　38

皆○起　27/9/20
謂○起曰　27/9/21
○壁百雙　40/14/7
○刃在前　42/15/13
犯○刃　42/15/18
決○馬之口　42/16/20,422/204/5
○起者　68/28/3
○起率數萬之師　81/36/25
○起之勢也　81/36/27
則商君、○公、吳起、大夫種是也　81/37/9
秦○起拔楚西陵　87/40/24
於是○起又將兵來伐　87/40/25
然則○公之亂　161/83/19
定○公之禍　170/89/1
粉○墨黑　182/94/14
俯噣○粒　192/98/3
○汗交流　199/101/7
通質刑○馬以盟之　218/114/3
○璧百雙　218/114/12
皆曰『○馬非馬』也　219/115/8
已如○馬實馬　219/115/8
乃使有○馬之為也　219/115/8
守○馬之津　220/115/23
卒斷紂之頭而縣於太○者　242/130/13
○骨疑象　266/141/2
一天下、約為兄弟、刑○馬以盟於洹水之上以相堅也　273/143/29
左○台而右閭須　307/156/4
○珪謂新城君曰　324/165/14
○圭謂魏王曰　331/167/15
○虹貫日　343/171/22
中國○頭游敖之士　388/188/5
○珪逃於秦　424/206/5
臣請獻○璧一雙　425/206/15
而又不○於臣之所以事先王之心　431/209/16
皆○衣冠以送之　440/216/27
○璧一　448A/220/14
微○起　461/226/30

百 bǎi　269

女閭七○　8B/3/30
《春秋》記臣弒君者以○數　8B/4/1
秦令樗里疾以車○乘入周　24/8/24
使樗里疾以車○乘入周　24/8/27
去柳葉者○步而射之　27/9/22
○發○中　27/9/22,27/9/24
周君得以為辭於父兄○姓　32/11/5
歲○二十金　32/11/6
奮擊○萬　40/13/7,73A/30/24
○姓不足　40/13/20
黃金○斤盡　40/13/29
革車○乘　40/14/7
白壁○雙　40/14/7
張軍數千○萬　42/15/13
罪其○姓不能死也　42/15/14
十可以勝○　42/15/19
○可以勝千　42/15/19
名師數○萬　42/15/20,42/17/6
帥天下將甲○萬　42/17/2
車○乘　47/19/1,133/65/23
方六○里　50/20/26,50/21/1
而得商於之地六○里　50/21/2
臣聞六○里　50/21/12
安得六○里　50/21/13
好女○人　53/22/19
三晉○背秦　63/26/7
○欺秦　63/26/7
此亦○世之時也已　69/28/9
方五○里　73A/31/7
則怨結於○姓　73B/32/3
○日而餓死　73B/32/6
○人輿瓢而趨　74/32/19
○人誠輿瓢　74/32/20
楚地持戟○萬　81/36/25
而出○里之地　87/41/1
○世矣　87/41/18
○姓不聊生　87/41/20
帥天下○姓　88/42/23
內喻其○姓　88/42/25
行○里者半於九十　89/43/18
○倍　93/44/19
受○里之地　94/45/23
○舉而無及秦者　95/46/21
而○姓靡於外　96/47/22
乃資車○乘　96/47/23
○里奚　96/48/12
○姓為之用　97/48/23
大臣與○姓弗為用　97/48/24
十而當○　105/51/23
○而當千　105/51/23
○二十城　108/52/24

○人守險 112/55/5
雖有○秦 113/55/16
獻魚鹽之地三○於秦也 113/55/28
○姓不戴 114/56/4
孟嘗君奉夏侯章以四馬
　○人之食 126/61/19
而奉我四馬○人之食 126/61/21
門下○數 130/63/15
○世而一聖 131/63/23
未至○里 133/65/18
金五○斤 133/65/21
○乘 133/65/24
○里 134/66/8
今孟嘗君之地方○里 134/66/9
君之廄馬○乘 135/66/23
孟嘗君乃取所怨五○牒
　削去之 136A/67/7
而○無不親附 136B/67/22
徒○人 139/69/29
○事之長也 142/71/5
○姓理襜蔽 142/72/25
其○姓罷而城郭露 142/73/7
雖有○萬之軍 142/73/16
○尺之衝 142/73/17
○姓不附 143/74/11
方數○里 143/74/16
市人從者四○人 144/75/1
栗腹以○萬之眾 145/75/19
下養○姓 145/75/25
救○姓之死 145/76/13
寡人憂勞○姓 146/76/27
乃布令求○姓之饑寒者 146/77/1
內牧○姓 147/77/17
子臨○姓 147/78/2
帶甲數○萬 150/79/23
而在阿、鄄之間者○數 150/79/23
王收而與之○萬之眾 150/79/23
而在城南下者○數 150/79/24
王收而與之○萬之師 150/79/25
約與五○里之地 150/79/28
虎求○獸而食之 154/81/4
天帝使我長○獸 154/81/4
觀○獸之見我而敢不走
　乎 154/81/5
帶甲○萬 154/81/7
　167/85/17,237/128/14
猶○獸之畏虎也 154/81/7
蒲反、平陽相去○里 163/84/6
新城、上梁相去五○里 163/84/7
乃為具駟馬乘車五○金
　之楚 163/84/10
虎賁之士○餘萬 168/86/16
一日行三○餘里 168/87/1
乃遣使車○乘 168/87/27
食田六○畛 170/89/3
○姓離散 170/89/10
　170/89/15,170/89/20
○姓昏亂 170/89/22
而○姓大治 170/89/22
田六○畛 170/89/23
予我東地五○里 177/92/3
敬獻地五○里 177/92/6
以東地五○里許齊 177/92/11
齊使來求東地五○里 177/92/16
　177/92/20
今去東地五○里 177/92/17
而北獻地五○里於齊 177/92/28
又欲奪之東地五○里 177/93/4
厚賦斂諸臣○姓 179/93/17
大臣播王之過於○姓 179/93/18
以○姓 179/93/20
鄭褎亦以金五○斤 182/94/19
公雖○說之 186/96/4,277/145/29
下牟○姓 189/96/28
臣聞昔湯、武以○里昌 192/97/29
豈特○里哉 192/97/29
將加己乎○仞之上 192/98/9
皆不過○里以有天下 197/99/23
君籍之以○里勢 197/99/24
○日而殺之 197/100/6
即○歲後將更立兄弟 200/101/23
此○代之一時也 201/102/27
　210/109/9,248/132/23
發五○ 204A/105/18
五○之所以致天下者 204A/105/19
○姓皆曰 207/107/16
將以取信於○姓也 207/107/17
日○而舍 208/107/22
黃金○鎰 208/108/6
而至鉅鹿之界三○里 209/108/21
至於榆中千五○里 209/108/21
則地與國都邦屬而壤挈
　者七○里 209/108/21
三○里通於燕之唐、曲
　吾 209/108/23
夫用○萬之眾 211/110/4
禹無○人之聚 218/113/17
車不過三○乘 218/113/18
飾車○乘 218/114/12
白璧○雙 218/114/12
○倍之國者 219/114/20
於是乃以車三○乘入朝
　澠池 220/116/11
可以無盡○姓之勞 221/116/19
今吾將胡服騎射以教○
　姓 221/116/20
故利不○者不變俗 224/120/8
則碎為○ 225/120/29
無過三○丈者 225/121/4
○萬之眾折於外 236/126/19
○日而欲舍之死 236/127/17
今王能以○里之地 251/134/19
乃使人以○里之地 251/134/20
臣聞趙王以○里之地 251/134/23
而得○里之地 251/134/24
○里之地不可得 251/134/24
○日之內 252/135/13
城大無能過○雉者 252/135/20
於是為長安君約車○乘
　質於齊 262/139/19
以賞田○萬祿之 270/142/5
加之○萬之上 270/142/13
使○四十萬 270/142/13
革車三○乘 272/143/7
車六○乘 272/143/9
不過○里 273/143/23
二○餘里 273/143/23
魏王使李從以車○乘使
　於楚 276/145/14
李從以車○乘使楚 276/145/20
而○姓無患 281/146/27
王與臣○金 288/148/19
載○金 288/148/19
行以○金 288/148/20
不可以行○步 290/149/4
先君必欲一見群臣○姓
　也夫 296/150/27
○姓皆見之 296/150/28
使秦皆無○怨○利 297/151/28
臣聞魏氏悉其○縣勝兵
　310/157/26

○姓無被兵之患 313/159/29
重為之約車○乘 314/160/4
車三○乘 314/160/12
車二○乘 314/160/22
大縣數○ 315/161/26
去大梁○里 315/161/27
禍必○此矣 315/161/27
今王亡地數○里 342/170/29
秦、魏○相交也 342/171/8
○相欺也 342/171/8
寡人欲以五○里之地易安陵 343/171/13
寡人以五○里之地易安陵 343/171/15
豈直五○里哉 343/171/18
伏屍○萬 343/171/20
皆射六○步之外 347/172/30
○發不暇止 347/172/30
一人當○ 347/173/3
地方不滿九○里 348A/173/18
秦帶甲○餘萬 348A/173/20
且王求○金於三川而不可得 351/174/28
鄭彊載八○金入秦 353/175/14
公以八○金請伐人之與國 353/175/14
今已令楚王奉幾瑟以車○乘居陽翟 353/175/16
去○六十里 364/179/25
為公叔具車○乘 369/181/20
周欲以車○乘重而送之 383C/185/3
不如以○金從之 383C/185/4
仲子奉黃金○鎰 385/185/23
故直進○金者 385/185/26
而嚴仲子舉○金為親壽 385/186/3
小勝以○數 390/189/2
車七○乘 408/194/11
戰於○里之內 408/194/18
夫不憂○里之患 408/194/19
子之因遺蘇代○金 416A/199/8
王因收印自三○石吏而效之子之 416A/199/17
○姓恫怨 416A/199/20
將軍市被及○姓乃反攻太子平 416A/199/24
○姓離意 416A/199/25
則○己者至 418/200/25
買其首五○金 418/201/1
安事死馬而捐五○金 418/201/2
死馬且買之五○金 418/201/3
與○姓同其甘苦 418/201/8
北夷方七○里 419/201/18
奉子車○乘 420/203/1
秦之所殺三晉之民數○萬 422/204/26
○姓離心 426/207/8
齎地○里 428/208/5
○官持職 428/208/6
今予以○金送公也 430/208/23
收八○歲之蓄積 431/210/7
與其得○里於燕 433/211/23
燕王喜使栗腹以○金為趙孝成王壽 438/213/3
趙廣三○里 439/214/11
取之○金 440/216/20
而賜夏無且黃金二○鎰 440/217/21
○舍重繭 442/218/10
宋方五○里 442/218/19
束組三○緄 443/218/27
黃金三○鎰 443/218/28
臣有○戰○勝之術 446B/219/28
此臣之○戰○勝之術也 446B/219/30
遺衛君野馬四○ 448A/220/14
○璧一 448A/220/16
因效金三○鎰焉 449/221/2
樗里子亦得三○金而歸 449/221/3
許之以○金 450/221/7
衛贖之○金 452A/221/27
以○金之地 452A/221/27
三○之城 452A/221/28
雖○平邑 455/223/25
君不量○姓之力 461/225/29
持戟○萬 461/226/10
○姓心離 461/226/17

拜 bài 37

四○自跪而謝 40/14/18
樂羊再○稽首曰 55/23/12
敢再○賀 61B/25/16
范睢再○ 73A/30/21
秦王亦再○ 73A/30/21
應侯○蒙傲曰 79/34/24
○為客卿 81/37/14
遂○為秦相 81/37/17
臣之義不參○ 86/40/6
王能使臣無○ 86/40/6
武安君北面再○賜死 95/47/11
於是秦王○西藩之臣而謝於齊 109/53/11
再○賀戰勝 117/57/11
望○之謁 125/61/14
則再○而辭去也 136B/68/16
見君莫不斂衽而○ 160/82/27
再○而請曰 182/94/22
張子再○而請曰 182/94/23
襄子再○之 203/104/24
願○內之於王 211/109/26
公子成再○曰 221/117/7
公子成再○稽首曰 221/117/28
再○ 221/117/29,222/119/17
趙燕再○稽首曰 223/120/1
牛贊再○稽首曰 224/120/18
再○謝曰 236/128/1
建信君再○受命 240/129/26
再○辭曰 270/142/6
敢再○辭 340/169/26
敢再○釋罪 340/170/10
故使使臣再○謁秦王 354/175/23
再○而賀 411/195/19
吾請○子為上卿 420/203/1
太子再○而跪 440/215/18
燕王○送于庭 440/217/7
蒲守再○ 449/221/2

敗 bài 108

○三國 13/5/21
三國不○ 13/5/21
則將與宋○三國 13/5/22
後有攻周之○ 23/8/17
○韓、魏 27/9/20
犀武○於伊闕 32/10/29
犀武○ 38/12/14
從者○ 42/16/20
楚兵大○於杜陵 50/21/18
戰必○ 51/22/3
○ 51/22/3,300/152/29

大○秦人於李帛之下　53/22/21
而與不知者○之　54/22/28
若有○之者　67/27/20
而務○公之事也　67/27/23
聖主明於成○之事　72/29/10
戰○　73B/32/3
大○楚軍　82A/37/24
楚○於南陽　84A/39/9
而不知干隧之○也　87/41/11
而大○申縛　88/42/23
齊戰○不勝　88/42/24
紛彊欲○之　92/44/9
○秦而利魏　92/44/9
言章子之○者　109/53/8
秦軍大○　109/53/11
犀首欲○　116/57/4
則君無○矣　122/59/7
事○而好鞠之　142/71/15
事○而好長詐　142/71/16
○趙氏　142/73/2
則戰攻之○　142/73/4
則不免為○軍禽將　145/76/6
曹子以○軍禽將　145/76/6
五國之事必可○也　153/80/21
與吳人戰於濁水而大○
之　170/89/17
公事必○　172/90/14
恐其○己也　175/91/15
秦○楚漢中　176/91/27
秦恐齊之○東國　195/99/10
大○知伯軍而禽知伯　203/105/11
四國疑而謀○　204A/106/3
而勝○存亡之機節　218/113/19
是故事無○業而惡不章
219/114/18
故裂地以○於齊　219/115/12
秦○於閼與　228/122/5
大○秦師　228/122/5
大○趙師　231/123/9
趙以亡○之餘衆　231/123/10
今七○之禍未復　231/123/11
軍果大○　235/126/8
為冠而○之　239A/129/7
魏○楚於陘山　260/138/16
主父欲○之　260/138/16
魏之和卒○　260/138/17
將欲○之　264A/140/9
大○之　274/144/25,274/144/26
張儀欲○之　284/147/19
事○為趙驅　284/147/22
伐齊之事遂○　285/147/29
楚戰勝齊○　286/148/4
秦○東周　287/148/9
而欲○之　287/148/14
臣請○之　288/148/19
遇事遂○　288/148/25
梁君、田侯恐其至而戰
○也　291/149/14
大○趙氏　291/149/15
田需從中○君　292/149/19
臣又說齊王而往○之　297/152/8
太子必○　300/152/29
大○齊於徐州　301/153/16
秦○魏於華　310/157/12
311/158/10
魏不以○之上割　312/159/9
則茂事○矣　355/175/29
則樓緩必○矣　356A/176/3
樓鼻必○矣　356A/176/4
甘茂必○矣　356A/176/4
楚必○之　356A/176/5
須秦必○　356A/176/5
韓氏大○　357/177/4
而易必○矣　368/181/16
越人大○　390/189/4
吳人大○　390/189/6
大○趙、魏於華陽之下
399/192/13
吾難○其法　403/193/10
因○而為功　411/195/28
因○而為功者也　411/195/29
419/201/23
因○成功者也　411/195/32
齊兵○　418/201/9
皆國之大○也　419/201/15
因○而成功者也　419/201/22
齊人紫○素也　419/201/22
因○而為功乎　419/201/24
則齊軍可○　420/202/29
順而無○　421/203/20
遇○於馬陵　422/204/21
○之　424/206/8
是○王之兵　426/206/28
齊軍○　426/207/1
今軍○亡二萬人　426/207/2
蘇子先○王之兵　426/207/6
卒○燕軍　431/209/5
燕人大○　438/213/8
魏軍既○　461/226/22

般 bān　4

公輸○為楚設機　442/218/10
往見公輸○　442/218/10
公輸○曰　442/218/11
公輸○服焉　442/218/12

阪 bǎn　3

左關、○　73A/30/23
中○遷延　199/101/7
西有宜陽、常○之塞　347/172/28

板 bǎn　3

城不沈者三○耳　83B/39/1
城下不沉者三○　202/103/8
今城不沒者三○　202/103/10

版 bǎn　1

因書門○曰　130/63/17

半 bàn　27

天下之○也　10B/4/22
今大國之地○天下　87/40/28
行百里者○於九十　89/43/18
大王裂趙之○以賂秦　95/46/22
秦不接刃而得趙之○　95/46/23
趙守○國以自存　95/46/24
則是大王名亡趙之○　95/46/25
今又割趙之○以強秦　95/46/27
不過○年　95/47/3
則兵○折　112/55/1
且天下之○　132B/64/11
亡矣之大○　142/72/23
秦地○天下　168/86/15
在○歲之外　168/87/4
是去戰國之○也　177/92/17
折兵之○　185/95/26

夜○ 208/107/25
如王若用所以事趙之○收齊 247/131/28
謂可者謂不可者正○ 280/146/19
是有其○塞也 280/146/21
失其○者也 280/146/22
然而臣能○衍之割 287/148/10
齊桓公夜○不嗛 307/155/28
以國之○與秦 314/160/19
○道而立 420/203/9
三晉之○ 422/204/27
君所將之不能○之 461/226/11

邦 bāng 1

則地與國都○屬而壤挈者七百里 209/108/21

蚌 bàng 4

○方出曝 434/212/3
○合而拑其喙 434/212/3
即有死○ 434/212/4
○亦謂鷸曰 434/212/4

棓 bàng 1

勾踐終○而殺之 81/37/4

謗 bàng 2

文侯示之○書一篋 55/23/12
能○議於市朝 108/52/27

包 bāo 6

盡○二周 33/11/12
且魏有南陽、鄭地、三川而○二周 33/11/12
劫韓○周則趙自銷鑠 218/113/6
○二周 249/133/24
而○十二諸侯 415/198/18
○兩周 422/204/5

胞 bāo 1

大癘雖癰腫○疾 197/100/7

苞 bāo 1

楚○九夷 70/28/14

保 bǎo 11

得君臣父子相○也 1/1/9
不離○傅之手 73A/30/14
○于陳城 87/40/25
一國得而○之 142/73/6
遂○守聊城 145/75/8
奈何以○相印、江東之封乎 200/101/24
信不足○也 269/141/23
必○於公 379/183/29
○於會稽之上 390/189/5
珉必以國○楚 396A/190/27
皆率其精兵東○於遼東 440/217/25

葆 bǎo 1

齊、魏得地○利 87/42/4

飽 bǎo 3

食不○ 88/42/22
食未○而禍已及矣 217/112/5
桓公食之而○ 307/155/28

寶 bǎo 46

厚○也 1/1/5
必以○事公 2/1/27
亦必盡其○ 2/1/28
韓氏果亦效重○ 2/2/1
受○於韓 2/2/1
多名器重○ 3A/2/6
西周之○可盡矣 3A/2/7
臣恐西周之與楚、韓○ 3B/2/11
西周之欲入○ 3B/2/12
西周之○不入楚、韓 3B/2/13
楚、韓欲得○ 3B/2/13
西周○出 3B/2/13
是我為楚、韓取○以德之也 3B/2/13
公東收○於秦 10A/4/16
盡君子重○珠玉以事諸侯 16/6/20
九鼎○器必出 44/17/25
此四○者 72/29/6
君之府藏珍珠○玉 93/44/27
賈以珍珠重○ 96/47/26
而珍珠重○盡於內 96/47/27
國之○ 96/47/27
先人有○劍 130/63/5
重之○劍一 130/63/14
許戍以先人之○劍 130/63/16
私得○於外者 130/63/18
君宮中積珍○ 133/65/13
非弗○貴矣 136B/68/13
昭奚恤取魏之○器 158/82/14
資之金玉○器 174/91/6
挾○地以為資 174/91/7
○珍隋珠 197/100/9
此三○者 209/108/24
不愛名○ 213/110/30
臣聞懷重○者 219/114/19
發使出重○以附楚、魏 235/126/1
楚、魏欲得王之重○ 235/126/2
而能令王坐而天下致名○ 246/131/7
敝邑有○璧二雙 313/159/21
髡有璧、馬之○ 313/159/29
東周○之 402/193/3
小亂者可得其○ 414/197/21
雖盡○、地 414/197/22
○珠玉帛以事其左右 415/198/27
盡取齊○ 418/201/10
珠玉財○ 431/210/1
人有言我有○珠也 437/212/27

抱 bào 16

梁王身○質執璧 88/42/22
是○空質也 93/45/6
然則是我○空質而行不義於天下也 122/58/27
變則是君○空質而負名於天下也 122/59/6
左○幼妾 192/98/13
攝衽○几 236/127/20
○陰、成 247/131/26
○安邑而信秦 249/133/19
是齊○空質而行不義也

302/153/22
譬猶○薪而救火也　312/159/12
○葛、薛、陰、成以為趙養邑　316/162/14
是王○虛質也　381/184/12
韓傀走而○哀侯　385/186/15
乃○屍而哭之曰　385/186/21
蘇秦能○弱燕而孤於天下哉　409/195/2
○梁柱而死　412/196/16

豹 bào　6

趙○對曰　211/109/28
趙○出　211/110/5
趙○、平原君　258B/137/27
258B/137/28
西門○為鄴令　266/140/28
西門○曰　266/140/29

報 bào　73

使者反○楚王　50/21/13
○惠王之恥　66/27/9
若○父子之仇　66/27/14
達而○之　71/28/23
穰侯出使不○　73B/31/28
蒙傲以○於昭王　79/34/24
請為張唐先○趙　94/46/5
與之為交以○秦　96/47/24
畢○　125/61/10
而來害相○者　129/62/27
還○孟嘗君曰　133/65/27
使者復還○　137/68/23
歸○燕王　145/75/24
昭雎歸○楚王　169/88/5
夫○○之反　189/96/26
臣有辭以○樗里子矣　193/98/26
張孟談以○襄子　203/104/23
吾其○知氏之讎矣　204B/106/9
欲為知伯○讎　204B/106/10
而其臣至為○讎　204B/106/11
是為先知○後知　204B/106/15
而子不為○讎　204B/106/22
子獨何為○讎之深也　204B/106/22
臣故眾人○之　204B/106/23
臣故國士○之　204B/106/23
而可以○知伯矣　204B/106/28
韓陽趨以○王　211/109/22
使者○王　221/117/13
其怨未能○也　221/117/25
遠可以○中山之怨　221/117/25
請問王之所以○齊者可乎　247/132/3
秦王使使者○曰　258B/137/23
今使臣受大王之令以還○　258B/138/2
是太子之讎○矣　286/148/4
而果西因蘇脩重○　297/152/9
王若欲○齊乎　301/153/7
乃使人○於齊　301/153/8
大王且何以○魏　308/156/15
使者以○信陵君　340/169/28
解患而怨○　342/171/3
則王之怨○矣　342/171/9
且王以使人○於秦矣　357/177/2
尚靳歸書○韓王　366/180/16
必以韓權○讎於魏　381/184/13
游求人可以○韓傀者　385/185/19
仲子所欲○仇者為誰　385/186/7
思念○齊　415/198/8
而欲○之二年矣　415/198/11
臣自○其內　415/198/31
齊使代○燕　416B/200/6
欲將以○讎　418/200/20
不足以○　418/200/21
敢問以國○讎者柰何　418/200/22
反以○君　418/201/2
燕欲○仇於齊　419/202/9
而○其父之讎　424/206/3
而○於閔王曰　426/207/2
其後必務以勝○王矣　426/207/7
○先王之讎　431/209/8
而亦何以○先王之所以遇將軍之意乎　431/209/11
望諸君乃使人獻書○燕王曰　431/209/14
若先王之○怨雪恥　431/210/7
故敢以書○　431/210/17
反○曰　438/213/3
不○　438/214/1
丹所○　440/215/8
臣乃得有以○太子　440/216/7
而○將軍之仇者　440/216/13
然則將軍之仇○　440/216/15
必得約契以○太子也　440/217/20
為燕○仇　440/217/28
歸○中山王曰　458/225/1

暴 bào　12

是故兵終身○靈於外　42/16/10
而天下不以為○　44/18/4
而又有禁○正亂之名　44/18/5
○背而耨　86/40/10
○骨草澤　87/41/19
蹠穿膝○　170/89/12
此其○於戾定矣　301/153/12
○也　422/203/26
秦之行○於天下　422/203/28
為將軍久○露於外　431/209/10
必誅○正亂　433/211/21
夫秦王之○　440/214/23

鮑 bào　5

趙奢、○佞將　219/115/10
而趙奢、○佞之能也　219/115/12
世以○焦無從容而死者　236/126/29
廉如○焦、史鰌　420/202/14
420/202/18

卑 bēi　29

何前倨而後○也　40/14/18
懼必○辭重幣以事秦　73A/31/9
○辭重幣以事之　73A/31/13
尊其臣者○其主　73B/32/4
不○於守閭嫗　80/35/7
臣恐韓、魏之○辭慮患　87/41/17
而○畜韓也　89/43/3
此所謂以○易尊者也　141B/70/24
尊○貴賤　145/75/14
足下○用事者而高商賈乎　242/130/11
希○曰　244/130/24
則位尊而能○者也　246/131/16
請○辭割地　287/148/9
而○秦、楚　301/153/12
○體不足以苦身　342/171/2

○體以尊秦 342/171/6
則主○而身危 386/187/5
主○矣 386/187/6
非好○而惡尊也 390/188/24
○辭以謝秦 411/195/29
○身厚幣 418/200/20
名○而權輕 419/201/14
是名○也 419/202/4
名○而國危 419/202/5
夫去尊寧而就○危 419/202/5
不惡○名以事強 432/210/22
之主者不○名 432/211/5
臣聞辭○而幣重者 435/212/12
○辭重幣 461/226/4

杯 bēi 1

吾以一○羊羹亡國 459B/225/20

陂 bēi 2

南游乎高○ 192/98/12
後世必有以高臺○池亡其國者 307/156/3

盃 bēi 1

盡一○ 265/140/23

悲 bēi 6

○夫 140/70/4
其飛徐而鳴○ 198/100/21
鳴○者 198/100/21
念○其遠也 262/139/12
豈不○哉 271/142/20
而竊為王○ 297/151/18

北 běi 128

君弗如急○兵趨趙以秦、魏 11B/5/4
九年而取宛、葉以○以強韓、魏 22/8/4
而○攻趙 27/9/25
○有胡貉、代馬之用 40/13/6
○破燕 42/15/25
中呼池以○不戰而已為燕矣 42/16/18
則是○弱齊 50/20/27
○絕齊交 50/21/6
○取西河之外 55/23/10
○有甘魚之口 70/28/15
○有甘泉、谷口 73A/30/23
○斬太行之道則上黨之兵不下 73A/31/20
○地入燕 78/34/7
○坑馬服 81/36/26
○并陳、蔡 81/37/2
○遊於燕、趙 86/40/19
王徙東○ 87/40/24
成橋以○入燕 87/40/30
王又割濮、磨之○屬之燕 87/41/4
泗○必舉 87/42/1
○倚河 87/42/3
○說燕 88/42/25
武安君○面再拜賜死 95/47/11
○使燕、代之間三年 96/47/26
韓、魏之君因田嬰○面而朝田侯 103/51/7
我孰與城○徐公美 108/52/13
城○徐公 108/52/14
○向而孤燕、趙 111/54/12
○有渤海 112/54/23
東西南○ 136B/67/21
○宮之女嬰兒子無恙耶 138/69/19
有淮○則楚之東國危 141B/70/22
亦收餘甲而○面 142/71/11
亦襲魏之河○燒棘溝 142/71/13
○戰於中山 142/73/2
再戰○勝 142/73/3
則臣請必○魏矣 142/73/26
大王不若○取燕 142/73/28
不若得濟○之利 145/75/15
存濟○ 145/75/17
士無反○之心 145/75/21
三戰三○ 145/76/5
故去三○之恥 145/76/7
吾聞○方之畏昭奚恤也 154/81/3
故○方之畏奚恤也 154/81/7
○有汾陘之塞、郇陽 167/85/16
韓、魏攻其○ 168/86/23
則○地絕 168/87/3
而○獻地五百里於齊 177/92/28
乃遣子良○獻地於齊 177/92/29
臣請○見晉君 182/94/12
○無晉 185/95/27
○陵乎巫山 192/98/12
與淮○之地也 192/98/20
故君不如○兵以德趙 201/102/27
且秦以三軍攻王之上黨而危其○ 209/108/22
又○之趙 213/110/28
亡其○陽而梁危 215/111/10
○無趙 217/112/6
○有燕國 218/113/11
燕守常山之○ 218/114/4
趙有河○ 227/121/20
吾欲○伐上黨 231/123/8
吾視居○圍城之中者 236/126/27
設○面於南方 236/127/22
○有代 237/128/14
鄭同○見趙王 238/128/20
鼓鐸之音聞於○堂 244/130/24
而衡山在其○ 269/141/24
廬、睪在其○ 269/141/25
而與韓、趙戰澮○ 270/142/5
○有河外、卷、衍、燕、酸棗 272/142/29
○與趙境 273/143/24
則趙攻其○ 273/143/26
則魏不○ 273/144/5
魏不○ 273/144/5
易○ 273/144/11
請為君○見梁王 303B/154/4
遂○見梁王 303B/154/11
入○地 310/157/17,310/157/23
又○見燕王曰 314/160/14
秦繞舞陽之○ 315/161/20
又長驅梁○ 315/161/25
○至乎闞 315/161/25
山○、河外、河內 315/161/25
公因寄汾○以予秦而為和 317B/163/3
子能以汾○與我乎 317B/163/14
317B/163/15
乘○郢 323/165/8
方○面而持其駕 334/168/4
將奚為○面 334/168/4
猶至楚而○行也 334/168/8
韓○有鞏、洛、成皋之

固 347/172/28
○說燕文侯曰 408/194/10
○有林胡、樓煩 408/194/10
○有棗粟之利 408/194/12
乃○見燕王噲曰 415/197/27
○與燕戰 415/198/17
河○不師 415/198/25
今濟西、河○ 415/198/25
以因○地之衆以伐燕 416A/199/28
○面而受學 418/200/25
燕兵獨追○入至臨淄 418/201/9
殘楚淮○ 419/201/15
足下以宋加淮○ 419/201/18
○夷方七百里 419/201/18
燕為○帝 419/201/30
而歸楚之淮○ 419/202/1
歸楚之淮○ 419/202/2
諸侯○面而朝 420/202/23
至於虛○地行其兵 427/207/19
且又淮○、宋地 431/209/27
河○之地 431/209/29
必○攻燕 432/211/7
使齊○面伐燕 433/211/15
齊遂○矣 435/212/13
○向迎燕 439/214/5
○下曲陽為燕 439/214/11
今王使趙○并燕 439/214/12
則易水以○ 440/214/20
○講於單于 440/214/26
○臨趙 440/215/22
進兵○略地 440/216/4
○蠻夷之鄙人 440/217/11
與○同 446B/220/1
取淮○之地 447/220/7
乘勝逐○ 461/226/22

背 bèi 10

不如○秦援宜陽 2/1/27
三晉百○秦 63/26/7
暴○而耨 86/40/10
然後○太山 105/51/24
○信盟之約 202/103/15
必○君 203/104/29
諸侯有先○約者 218/114/8
趙○秦 228/121/27
○大梁 315/161/13
剖傴之○ 447/220/9

倍 bèi 54

今王○數險 55/23/10
齊與大國救魏而○約 63/26/1
魏王○寡人也 84A/39/10
耕田之利幾○ 93/44/18
十○ 93/44/19
珠玉之贏幾○ 93/44/19
百○ 93/44/19
立國家之主贏幾○ 93/44/19
一日○約 93/44/23
是不敢○德畔施 93/45/6
昭陽請以數○之地易薛 101/50/8
未嘗○太山、絕清河、涉渤海也 112/54/25
○韓、魏之地 112/55/4
趙必○秦 118/57/25
○秦則齊無患矣 118/57/25
則太子且○王之割而使齊奉己 122/59/11
太子何不○楚之割地而資齊 122/59/17
○楚之割而延齊 122/59/18
必不○於王也 122/59/22
是足下○先君盟約而欺孟嘗君也 128/62/15
○約儐秦 141B/70/21
○時勢 142/71/5
智者不○時而棄利 145/75/11
必不敢○盟 176/91/28
三晉○之憂也 215/111/11
諸侯之地五○於秦 218/113/22
十○於秦 218/113/22
百○之國者 219/114/20
不○其孤 222/119/20
卒○秦 228/122/2
主人必將○殯柩 236/127/22
若與有○約者 249/133/8
無○約者 249/133/9
○趙之割 251/135/3
是○也 257/136/24
乃○李從 276/145/23
犀首以○田需、周宵 298/152/16
王何不○秦而與魏王 305/155/8
乃○秦而與魏 305/155/9
○鄴、朝歌 315/161/11
是○主也 340/169/25
父教子○ 340/169/25
今吾以十○之地 343/171/17
魏必○秦 356A/176/4
假道兩周○韓以攻楚 364/179/24
而賈十○ 419/201/22
因是而○之 424/205/20
一旦而馬價十○ 425/206/14
吾以○攻之 438/213/5
三軍之俸有○於前 461/225/30
雖○其前 461/226/3
亦以十○矣 461/226/4
人數○於趙國之衆 461/226/13
多○城邑 461/226/17

悖 bèi 11

計有一二者難○也 51/22/5
秦王○然而怒 86/40/11
而辭氣不○ 145/76/8
先生老○乎 192/97/22
建信君○然曰 242/130/11
不亦○乎 271/142/20
此非公叔之○也 271/142/23
惠王之○也 271/142/23
○者之患 271/142/23
固以不○者為○ 271/142/23

被 bèi 29

器械○具 1/1/16
○髮而為狂 73A/30/6,73A/30/11
國一日○攻 113/55/24
○於宗廟之祟 133/65/25
無不○繡衣而食菽粟者 135/66/23
魏王身○甲底劍 142/71/10
○圍於趙 145/75/19
○王衣以聽事 166/85/10
○山帶河 168/86/15
吾○堅執銳 170/89/11
秦○其勞 211/110/2
借衣者○之哉 216/111/18
○兄弟之衣 216/111/19
必○庶人之恐 221/116/20
○髮文身 221/117/15
未嘗不為王先○矢石也 247/132/2

後○山 269/141/27
不○其禍 272/143/3
百姓無○兵之患 313/159/29
○堅甲 347/173/3
○甲冒冑以會戰 348A/173/22
夫燕之所以不犯寇○兵者 408/194/14
將軍市○、太子平謀 416A/199/20
將軍市○圍公宮 416A/199/24
將軍市○及百姓乃反攻太子平 416A/199/24
將軍市○死已殉 416A/199/25
○髮自漆為厲 424/205/22
○八創 440/217/19

備 bèi 32

所以○者稱此 1/1/16
不如○兩周辯知之士 11A/4/26
無○故也 24/8/25
君不如使周最陰合於趙以○秦 35/11/26
科條既○ 40/13/19
三資者○ 44/18/2
四貴○而國不危者 73B/31/28
求萬物不○具 136B/67/21
言要道已○矣 136B/68/15
王駟已○矣 137/69/3
竟為守○ 142/73/24
不脩攻戰之○ 149B/79/14
○守以具 203/104/12
而無騎射之○ 221/117/21
以○其參胡、樓煩、秦、韓之邊 221/117/22
近可以○上黨之形 221/117/25
故發兵自○ 245/131/2
謹○其所憎 258A/137/12
決利害之○ 270/142/7
國無守戰之○ 301/153/6
善韓以○之 359/177/25
今公言善韓以○楚 359/177/26
○不具者死 363/179/16
不若聽而○於其反也 365/180/4
親供養○ 385/185/25
然仲子卒○賓主之禮而去 385/185/29
必務善韓以○秦 386/187/11
所以○趙也 415/198/25
所以○燕也 415/198/25
臣料趙國守○ 461/226/3
○秦為務 461/226/5
又無守○ 461/226/17

輩 bèi 1

○從鄢陵君與壽陵君 192/98/16

奔 bēn 11

荊王亡○走 42/16/2
○、育之勇焉而死 73A/30/7
遁逃來○ 80/35/11
諸侯○齊 142/74/3
王○莒 143/74/16
閔王○莒 146/76/18
不若○諸侯 170/89/11
舍鬭○郢曰 170/89/21
樂毅○趙 431/209/4
故遁逃○趙 431/209/15
使○衛 448B/220/21

本 běn 14

夫○末更盛 22/8/5
則傷○ 46/18/24
事之○也 51/22/4,136B/68/4
聽無失○末者難惑 51/22/5
○國殘 87/41/18
必以賤為○ 136B/68/6
是其賤之○與 136B/68/6
故有問舍○而問末者耶 138/69/15
據○議制斷君命 200/102/10
安民之○ 218/112/24
而利民為○ 221/117/1
○欲以為明寡人之薄 438/213/22
則民務名不存○ 459A/225/11

崩 bēng 11

一日山陵○ 93/44/27
王一日山陵○ 93/44/30
旦暮且○ 200/102/7
楚王○ 200/102/9
君王○ 200/102/11
楚考烈王○ 200/102/15
周烈王○ 236/127/7
天○地坼 236/127/7
一旦山陵○ 262/139/18
夫使士卒不○ 270/142/6
楚王登強臺而望○山 307/156/2

絣 bēng 1

妻自組甲○ 415/198/9

偪 bī 1

則天下皆○秦以事王 247/132/10

逼 bī 1

圍○晉陽 89/43/8

鼻 bí 9

惡子之○ 190/97/8
則必揜子○ 190/97/9
因掩其○ 190/97/9
則掩其○ 190/97/9
管○之令翟強與秦事 330/167/9
○之與強 330/167/9
令○之入秦之傳舍 330/167/10
樓○必敗矣 356A/176/4
彈其○ 433/211/22

廩 bí 4

樓○、翟強也 317B/163/11
以輕樓○ 317B/163/13
樓○欲合秦、楚外齊 317B/163/13
內得樓○、翟強以為佐 317B/163/16

匕 bǐ 7

將軍為壽於前而捍○首 95/47/7
太子預求天下之利○首 440/216/20
得趙人徐夫人之○首 440/216/20
今提一○首入不測之強秦 440/216/24

圖窮而○首見 440/217/12
而右手持○首揕抗之 440/217/13
乃引其○首提秦王 440/217/19

比 bǐ 29

斷死於前者○是也 42/15/18
天下有○志而軍華下 42/16/5
外者天下○志甚固 42/16/27
故○干忠 81/36/8
夫從人朋黨○周 113/55/19
是○肩而立 131/63/22
○門下之客 133/64/25
○門下之車客 133/64/26
終戰○勝 142/73/6
今窮戰○勝 142/73/10
○之堂上 142/73/16
此臣之所謂○之堂上 142/74/6
富○陶、衛 145/75/27
下○周 159/82/18
上○前世 197/100/7
下○近代 197/100/8
具帶黃金師○ 222/119/22
然梁之○於秦若僕耶 236/127/11
人○然而後如賢不 247/131/27
鍾聲不○乎 268/141/13
○於患 319/164/8
○周以相飾也 348A/173/25
請○郡縣 348A/174/5
群臣○周以蔽其上 396C/191/14
○三旦立市 425/206/12
○三旦立於市 425/206/13
使之得○乎小國諸侯 431/210/3
○目之魚 432/210/26
○諸侯之列 440/217/5

彼 bǐ 54

○前得罪而後得解 6/3/11
○且攻王之聚以利秦 37/12/10
○得相 38/12/16
○固亡國之形也 42/16/14
而○已服矣 44/18/4
○必以國事楚王 45/18/18
居○人之所 49/20/6
息壤在○ 55/23/22
○若以齊約韓、魏 61A/25/5
○來則置之槐谷 61A/25/6
○以甘茂之賢 61A/25/10
○一見秦王 81/35/21
使○罷弊於先弱守於主 105/51/22
使○罷弊先弱守於主 105/51/23
○戰者之為殘也 142/72/18
○戰攻者 142/72/27
○明君察相者 142/73/12
○明君之從事也 142/73/13
○燕國大亂 145/75/18
○懼吾兵而營我利 153/80/21
○有廉其爵 170/88/20
故○廉其爵 170/88/26
故○崇其爵 170/89/3
○儀窮 175/91/19
○鄭、周之女 182/94/14
○礛磻 192/98/9
○見伯樂之知己也 199/101/8
○亦各貴其故所親 200/101/23
與之○狃 203/103/26
○請地於韓 203/103/28
○義士也 204B/106/11
○將知矣利之也 205/107/5
○秦者 236/126/29
○則肆然而為帝 236/127/1
○天子固然 236/127/9
○吾君者 236/127/19
○將奪其所謂不肖 236/127/26
○又將使其子女讒妾為諸侯妃姬 236/127/27
○必務以齊事王 298/152/15
○其事王必完矣 304/154/28
○將傷其前事 304/155/1
○翟子之所惡於國者 317B/162/29
○已覺 353/175/17
○有以失之也 359/177/23
○將禮陳其辭而緩其言 374/182/28
○公仲者 396C/191/11
○韓急 399/192/12
○固有次乎 403/193/10
○且德燕而輕亡宋 415/198/27
○大將擅兵於外 440/215/26
○安敢攻衛以重其不勝之罪哉 443/218/30
○利太子之戰攻 446B/219/31
○患亡其國 454/222/24
○乃帝王之后 458/224/29

筆 bǐ 2

臣少為秦刀○ 95/46/28
取○牘受言 149B/79/12

鄙 bǐ 21

東○之賤人也 80/35/11
其○人之賈人也 96/48/11
○臣不敢以死為戲 99/49/12
殺晉○ 132B/64/8
下則○野、監門、閭里 136B/67/22
出於野○ 136B/67/26
士生乎○野 136B/68/13
臣聞○語曰 192/97/28,347/173/8
沈洿○俗之日久矣 199/101/9
○語豈不曰 216/111/17
魏安釐王使將軍晉○救趙 236/126/13
適會魏公子無忌奪晉○軍以救趙擊秦 236/128/4
臣南方草○之人也 238/128/20
臣願以○心意公 317B/163/8
信陵君殺晉○ 339/169/13
今君殺晉○ 339/169/16
臣東周之○人也 412/196/8
415/197/27
○人不敏 415/197/28
北蠻夷之○人 440/217/11

必 bì 858

○不出 1/1/11
鼎○不出 1/1/12
宜陽○拔也 2/1/22
秦○無功 2/1/24
○以寶事公 2/1/27
亦○盡其寶 2/1/28
東周○復種稻 4/2/20
秦○疑 5B/3/5
秦○無辭而令周弗受 5B/3/6
○以國合於所與粟之國 6/3/11
○厚事王矣 6/3/12
○無處矣 7/3/16

國○有誹譽	8B/3/29
○先合於秦	10A/4/15
秦○輕君	11B/5/4
弗○走	11B/5/5
○不處矣	11C/5/12
故○怒合於齊	12/5/16
則秦、趙○相賣以合於王也	13/5/24
○陰勁之	14A/5/28
○張於有鳥無鳥之際	16/6/21
君○施於今之窮士	16/6/23
不○且為大人者	16/6/23
秦○重公	18/7/7
西周○令賊賊公	20/7/20
齊○輕矣	22/8/5
薛公○破秦以張韓、魏	22/8/7
○欲之	22/8/9,310/158/1
○德齊	22/8/9
三晉○重齊	22/8/10
則衆○多傷矣	23/8/16
○不攻魏	23/8/16
又○不攻魏	23/8/17
○不敢不聽	23/8/18
○復攻魏	23/8/18
○因君而講	23/8/19
不過一月○拔之	25/9/6
○勸楚王益兵守雍氏	25/9/7
雍氏○拔	25/9/8
則周○折而入於韓	25/9/9
秦聞之○大怒	25/9/10
秦王、太后○喜	26/9/15
周君○以為公功	26/9/16
○有罪矣	26/9/16
梁○破	27/9/21
○名曰謀楚	28/10/5
王○求之	28/10/5
王○罪之	28/10/5
韓、魏○惡之	29/10/10
○救韓、魏而攻楚	29/10/10
楚○將自取之矣	29/10/11
○無獨知	30/10/17
秦○不敢越河而攻南陽	31/10/24
臣見其○以國事秦也	32/11/3
○不合於秦	32/11/6
周○亡矣	33/11/11
○東合於齊	34/11/19
秦、周之交○惡	38/12/14
公○不免	38/12/17
○割地以交於王矣	41B/15/4
齊○重於王	41B/15/4
然則是舉趙則韓○亡	42/16/18
張子○高子	43/17/17
九鼎寶器○出	44/17/25
而未○利也	44/18/6
則○將二國并力合謀	44/18/8
彼○以國事楚王	45/18/18
人○害之	46/18/23
楚○畔天下而與王	46/18/25
○入西河之外	47/18/30
王○取之	47/18/31
○惡是二人	48A/19/11
乃○之也	48B/19/23
○故之楚	49/20/3
王○不留臣	49/20/7
軫○之楚	49/20/11
子○之楚也	49/20/11
齊○弱	50/20/26
齊弱則○為王役矣	50/20/27
而患○至也	50/21/4
秦計○弗為也	50/21/5
且○受欺於張儀	50/21/6
王○惋之	50/21/6
則兩國兵○至矣	50/21/7
固○大傷	50/21/16
小者○死	51/22/1
大者○傷	51/22/2
戰○敗	51/22/3
則諸侯○見張儀之無秦矣	52/22/10
除之未○已也	54/22/27
王○聽之	55/23/13
國○危矣	56/23/27 152/80/14,432/211/6
韓○孤	56/23/28
○大困	57/24/3
公○窮矣	58/24/11
韓、楚○相御也	59/24/17
則王○聽之	60/24/22
○不德王	61A/25/10
楚○曰『秦鬻魏』	62/25/23
魏制和○悅	62/25/24
則寄地○多矣	62/25/24
臣竊○之弊邑之王曰	63/26/6
○不益趙甲四萬人以伐齊	63/26/6
秦之謀者○曰	63/26/8
則○不走於秦且走晉、楚	63/26/11
亦○無患矣	63/26/13
則韓、魏○無上黨哉	63/26/13
故臣竊○之弊邑之王曰	63/26/14
○不益趙甲四萬人以伐齊矣	63/26/15
○以魏子為殉	64/26/19
君○輕矣	65/26/26
禮○并相之	65/26/27
其讎君○深	65/26/27
○重君以取晉	65/26/28
晉○重君以事秦	65/26/29
子○大窮矣	65/26/30
天下○聽	66/27/4
其讎君○深矣	66/27/12
○無患矣	67/27/20
兵○出	68/28/3
○窮公	68/28/3
○事趙從公	68/28/3
不○待齊	70/28/17
賞○加於有功	72/29/2
刑○斷於有罪	72/29/2
人之所○不免也	73A/30/8
處○然之勢	73A/30/8
○親中國而以為天下樞	73A/31/8
楚、趙附則齊○懼	73A/31/9
懼○卑辭重幣以事秦	73A/31/9
魏、韓見○亡	73A/31/21
則病○甚矣	74/32/19
瓢○裂	74/32/20
國○裂矣	74/32/21
木實繁者枝○披	74/32/22
臣○聞見王獨立於庭也	74/32/24
古之所謂『危主滅國之道』○從此起	74/32/28
令有○行者	80/35/4
○不行者	80/35/4
此令○行者也	80/35/5
此令○不行者也	80/35/5
王○不失臣之罪	80/35/14
秦王○相之而奪君位	81/35/21
○有伯主強國	81/36/4
○有伯夷之廉	81/37/10
楚疑於秦之未○救己也	82A/37/26
則楚之應之也○勸	82A/37/27

○不救也	82A/37/27
楚○走秦以急	82A/37/28
兵○有功	82A/37/28
負芻○以魏殁世事秦	82B/38/8
王○曰	83A/38/18,455/223/17
咸陽○危	83A/38/19
○與秦地矣	84A/39/11
魏○危	84A/39/13
則社稷○危	85/40/1
四國○從	86/40/20
○攻陽、右壤	87/41/23
四國○應悉起應王	87/41/26
故宋○盡	87/42/1
泗北○舉	87/42/1
韓○授首	87/42/8
韓○為關中之候	87/42/9
○秦也	89/43/19
則兩國者○為天下笑矣	89/43/22
○殺之矣	90/43/27
楚○便之矣	91/44/5
太后○悅公	91/44/5
公相○矣	91/44/5
魏○負之	92/44/10
○攻我	92/44/13
○來請子	93/44/24
○無危亡之患矣	93/44/29
○生蓬蒿	93/45/1
燕者○徑於趙	94/45/22
秦○悅	95/46/23
秦○受之	95/46/23,310/157/18
山東○恐	95/46/24
諸侯○懼	95/46/24
趙○亡	95/47/2
王○用其言	95/47/4
武安君○死	95/47/4
○為言之曰	95/47/15
○絕其謀	96/47/23
四國之交未○合也	96/47/26
盼子○用	97/48/24
○不便於王也	97/48/24
公往○得死焉	101/50/1
請○行	101/50/2
○無今日之患也	101/50/7
○聽之	101/50/8
○東愬於齊	103/51/3
○一而當十	105/51/23
○德王	106/52/2
○以齊事楚	106/52/3
○更葬將軍之母	109/53/13
其良士選卒○殪	110/53/23
○欲反之	111/54/9
主○死辱	111/54/9
民○死虜	111/54/10
○表裏河而東攻齊	111/54/11
○有後憂	111/54/16
秦○不敢攻梁	111/54/16
○南攻楚	111/54/16
○東攻齊	111/54/17
此臣之所謂齊○有大憂	111/54/17
○謂齊西有強趙	113/55/15
楚、趙○救之	114/56/5
○舉兵而伐之	115/56/16
齊○舉兵而伐之	115/56/17
祭器○出	115/56/18,115/56/27
○舉兵伐之	115/56/23,115/56/25
齊○舉兵伐梁	115/56/25
君○解衍	116/57/5
是○與衍鬻吾國矣	116/57/7
趙○倍秦	118/57/25
齊○急	119/58/1
急○以地和於燕	119/58/1
齊○緩	119/58/2
緩○復與燕戰	119/58/2
然則下東國○可得也	122/58/29
齊○奉太子	122/59/18
○不倍於王也	122/59/22
○聽王	122/59/23
齊未○信太子之言也	122/59/26
太子○危矣	122/59/27
清廟○危	125/61/11
○以其血洿其衣	134/66/13
欲客之○諭寡人之志也	134/66/14
士何○待古哉	135/66/25
事有○至	136A/67/4
事之○至者	136A/67/5
此事之○至	136A/67/6
○以驕奢為行	136B/67/28
禍○握	136B/68/1
○以賤為本	136B/68/6
○以下為基	136B/68/6
食○太牢	136B/68/11
出○乘車	136B/68/11
○藉於權而務興於時	142/71/4
兵○立也	142/71/27
則利○附矣	142/71/27
而守○不拔	142/73/10
然則天下仇之○矣	142/73/10
其與○眾	142/73/25
則臣請○北魏矣	142/73/26
則趙○從矣	142/73/28
則韓○從矣	142/73/28
計○為之	145/75/17
齊○決之於聊城	145/75/18
燕王○喜	145/75/24
出○死而不生	145/76/5
宋王○說	149A/78/22
○受固	151/80/5
○非固之所以之齊之辭也	151/80/6
齊、秦○不合	151/80/6
未○利也	152/80/13
勢○危宋	152/80/14
○南圖楚	153/80/19
其心○營	153/80/21
其心○懼我	153/80/21
五國之事○可敗也	153/80/21
其割趙○深矣	156/81/17
則○堅守	156/81/18
害○深矣	156/81/21
○與魏合而以謀楚	156/81/22
○與魏戰	156/81/23
○不釋趙	156/81/23
願君○請從死	160/83/2
如是○長得重於楚國	160/83/2
齊、魏○伐韓	164/84/17
○懸命於楚	164/84/17
秦○起兩軍	167/85/20
○充後宮矣	167/85/26
○實於外廄	167/85/26
韓○入臣於秦	168/86/22
○開扃天下之匈	168/87/14
○南伐楚	169/88/10,432/211/7
其效鄢、郢、漢中○緩矣	169/88/13
王○薄之	169/88/14
魏、秦之交○善	171/90/6
齊○喜	171/90/8,328/166/19
○爭事楚	171/90/8
而魏、秦之交○惡	171/90/9
公事○敗	172/90/14
○不求地而合於楚	172/90/15

○分公之兵以益之	173A/90/21
○出漢中	173A/90/21
○深攻楚以勁秦	173B/90/27
○悉起而擊楚	173B/90/28
令之示秦○戰	173B/90/29
秦王○怒	174/91/3
楚○輕矣	174/91/4
楚王○愛	174/91/7
○厚尊敬親愛之而忘子	174/91/8
秦女○不來	174/91/9
而秦○重子	174/91/10
子之子孫○為楚太子矣	174/91/10
君○窮矣	175/91/18
楚王○大怒儀也	175/91/19
○不敢倍盟	176/91/28
公○危	178/93/10
○且務不利太子	178/93/11
蘇子○且為太子入矣	178/93/11
○進賢人以輔之	179/93/17
○知其無妬而進賢也	179/93/22
亦○無妬而進賢	179/93/22
子○以衣冠之敝	182/94/9
○以秦合韓、魏	183/95/1
○善二人者	183/95/2
方城○危	183/95/3
惠子○弗行也	184/95/11
儀○德王	184/95/13
又○德王	184/95/14
為其○免	187/96/9
偽舉罔而進者○眾矣	187/96/12
則○揜子鼻	190/97/9
雖惡○言之	190/97/10
郢都○危矣	192/97/22
臣誠見其○然者也	192/97/22
楚國○亡矣	192/97/23
○將救我	195/99/11
○甚於癘矣	197/100/9
王○幸妾	200/101/26
李園○先入	200/102/10
韓、魏之君○反矣	202/103/9
難○及韓、魏矣	202/103/10
○加兵於韓矣	203/103/25
○鄉之以兵	203/103/26
然則其錯兵於魏○矣	203/103/29
其移兵寡人○矣	203/104/5
則其禍○至	203/104/22
○不欺也	203/104/28
○背君	203/104/29
○後之矣	203/105/9
襄子○近幸子	204B/106/14
此甚易而功○成	204B/106/15
此○豫讓也	204B/106/20
則魏○罷	205/107/3
○不能越趙而有中山矣	205/107/4
○輟	205/107/5
秦○過周、韓而有梁	206/107/10
擊○不為用	207/107/16
○出於是	209/108/17
臣恐其後事王者之不敢自○也	209/108/28
○以王為得	209/109/1
天下○重王	209/109/1
韓○懼	211/109/16
○效縣狐氏	213/110/29
○以路涉、端氏賂趙	213/110/29
齊、趙○俱亡矣	215/111/13
○與楚為兄弟之國	217/112/3
○為楚攻韓、梁	217/112/3
○入於秦	217/112/4
割○深矣	217/112/8
○不入秦	217/112/11
秦○怒而循攻楚	217/112/12
○不出楚王	217/112/13
燕○致氈裘狗馬之地	218/113/1
齊○致海隅魚鹽之地	218/113/2
楚○致橘柚雲夢之地	218/113/2
則秦○弱韓、魏	218/113/4
則齊○弱楚、魏	218/113/5
據衛取淇則齊○入朝	218/113/7
則○舉甲而向趙	218/113/7
則兵○戰於邯鄲之下矣	218/113/8
○入臣	218/113/14,440/215/23
秦破○矣	218/113/23
秦○不敢出兵於函谷關以害山東矣	218/114/8
趙怒○於其己邑	219/114/22
則天下○為從	219/114/28
○負遺俗之累	221/116/20
○被庶人之恐	221/116/20
而世○議寡人矣	221/116/21
胡地中山吾○有之	221/116/27
故禮世不○一其道	221/118/23
便國不○法古	221/118/23
子用私道者家○亂	223/119/27
臣用私義者國○危	223/119/27
今將軍○負十萬、二十萬之眾乃用之	225/120/25
樓緩○怨公	226/121/13
齊○讎趙	227/121/19
燕、趙○不爭矣	227/121/20
○皆事王以伐齊	227/121/21
秦、楚○合而攻韓、魏	229A/122/11
○以趙為辭	229A/122/12
韓、魏○怨趙	229A/122/12
韓○聽秦違齊	229A/122/13
兵○歸於趙矣	229A/122/13
韓、魏○絕齊	229A/122/13
趙○為天下重國	229A/122/15
○聽我	229A/122/17
三國○絕之	229A/122/17
中山○亡	229A/122/18
魏、秦○虛矣	229B/122/25
為入○語從	230/122/30
○不免為妬婦也	233/124/1
○以倦而歸也	233/124/8
子能○來年秦之不復攻我乎	233/124/13
王之所以事秦○不如韓、魏也	233/124/14
○在韓、魏之後也	233/124/15
樓緩又不能○秦之不復攻也	233/124/19
兵○罷	233/124/21
○王之事秦不如韓、魏也	233/124/23
其勢○無趙矣	233/124/27
王○勿與	233/124/27
則○盡在於秦矣	233/125/3
以為不媾者軍○破	235/125/29
○且破趙軍	235/126/1
○入吾使	235/126/2
秦○疑天下合從也	235/126/2
且○恐	235/126/3
王○不得媾	235/126/6
軍○破矣	235/126/6
秦王與應侯○顯重以示天下	235/126/7
○不救王	235/126/8
此非○貪邯鄲	236/126/15
秦○喜	236/126/16

則○助趙矣 236/127/5
主人○將倍殯柩 236/127/22
○若此 236/127/23
人○危之矣 238/128/26
而王○待工而后乃使之 239A/129/8
君○困矣 240/129/23
○有大臣欲衡者耳 244/130/24
群臣○多以臣為不能者 246/131/8
天下○盡輕王也 246/131/13
趙○亡矣 247/131/24,405/193/22
李兌○死 247/131/24
臣○見燕與韓、魏亦且重趙也 247/132/7
○為王高矣 247/132/8
其國○有亂 248/132/18
事○大成 248/132/26
秦○據宋 249/133/4
魏冉○妬君之有陰也 249/133/4
齊○攻宋 249/133/5
則楚○攻宋 249/133/5
魏○攻宋 249/133/6
陰○得矣 249/133/6
若不得已而○搆 249/133/7
齊王○無召岷也 249/133/8
○有踦重者矣 249/133/10
韓○入朝秦 249/133/20
而君○不得陰 249/133/20
魏○破矣 249/133/23
○起中山與勝焉 249/134/2
故曰君○無講 249/134/3
則陰○得矣 249/134/3
則主○為天下笑矣 251/134/25
安平君○處一焉 252/135/16
○效鼓 253/135/25
齊○不效地矣 254/136/4
則王○怒而誅建信君 255/136/10
則卿○為相矣 255/136/10
○將待工 258A/137/8
此○加兵我 258B/137/17
○所使者非其人也 258B/137/18
秦○留之 261/138/22
○厚割趙以事君 261/138/23
○以長安君為質 262/138/28
老婦○唾其面 262/138/29
祭祀○祝之 262/139/12
○勿使反 262/139/13
豈人主之子孫則○不善哉 262/139/16
鄰國○恐 264A/140/7
天下○懼 264A/140/7
知伯○憍 264A/140/7
○姑輔之 264A/140/9
○姑與之 264A/140/9
○就子之功 266/140/28
而謂寡人○以國事聽鞅 271/142/20
夫事秦○割地效質 272/143/10
則○無強秦之患 272/143/16
事秦則楚、韓○不敢動 273/144/7
國○無憂矣 273/144/8
勝楚○矣 273/144/11
齊○危矣 274/144/27
則齊○不欺秦 275/145/5
秦○疑齊而不聽也 275/145/6
無事○來 276/145/13
曰無事○來 276/145/15
王○無辭以止公 276/145/16
犀首○欲寡人 276/145/23
○重迎公 278/146/4
○勸王多公之車 278/146/5
公○危矣 281/146/27
○攻魏 281/146/29
魏○事秦以持其國 281/146/30
○割地以賂王 281/146/30
○南走楚 282/147/7
則公亦○并相楚、韓也 282/147/8
韓氏○亡 283/147/13
則魏○圖秦而棄儀 283/147/14
○反燕地以下楚 284/147/19
楚、趙○聽之 284/147/20
齊、楚○戰 286/148/3
○取方城之外 286/148/4
○以少割請合於王 287/148/14
則後○莫能以魏合於秦者矣 289/148/30
王之國○傷矣 290/149/5
需○挫我於王 293/150/1
二人者○不敢有外心矣 293/150/1
楚師○進矣 295/150/13
韓氏○危 295/150/14
○與楚戰 295/150/14
民○甚病之 296/150/20
先君○欲一見群臣百姓也夫 296/150/27
先王○欲少留而扶社稷、安黔首也 296/151/1
秦○且用此於王矣 297/151/18
又○且曰王以求地 297/151/18
又○謂王曰使王輕齊 297/151/19
○無與講 297/151/22
○窮三節 297/151/27
彼○務以齊事王 298/152/15
戰○不勝 300/152/28
不勝○禽 300/152/28
太子○敗 300/152/29
公子○立 300/152/29
○為王也 300/152/29
楚王○怒矣 301/153/7
則楚○伐齊 301/153/7
則○為楚禽矣 301/153/8
○楚也 301/153/13
子○善左右 303A/153/26
則子○危矣 303A/153/28
○相之矣 303B/154/5
○不相張儀 303B/154/8
○右秦而左魏 303B/154/8
○右齊而左魏 303B/154/8
○右韓而左魏 303B/154/8
○不使相也 303B/154/9
魏○安矣 303B/154/11
忠不○當 304/154/16
當○不忠 304/154/16
魏○舍所愛習而用所畏惡 304/154/20
則趙之謀者○曰 304/154/22
秦○令其所愛信者用趙 304/154/23
彼其事王○完矣 304/154/28
趙之用事者○曰 304/154/28
○多割地以深下王 304/155/2
○舍於秦 305/155/7
○內太子 305/155/8
○效城地於王 305/155/8
後世○有以酒亡其國者 307/155/27
後世○有以味亡其國者 307/156/1
後世○有以色亡其國者 307/156/2
後世○有以高臺陂池亡其國者 307/156/3
攘地○遠矣 309/156/28

王○勿聽也 310/157/18
願王之○無講也 310/157/19
○少割而有質 310/157/19
不然○欺 310/157/20
而志○舉之 310/157/28
秦兵○罷 310/157/28
陰○亡 310/157/29
則前功○棄矣 310/157/29
○爭事秦 310/158/2
何○以兵哉 310/158/3
入不測之淵而○出 311/158/16
臣○不為也 311/158/17
其勢○無魏矣 312/159/11
秦○去矣 314/160/19
○且便事 315/161/9
○就易與利 315/161/9
○不伐楚與趙矣 315/161/9
秦○不為也 315/161/10
秦○不伐楚與趙矣 315/161/14
大梁○亡矣 315/161/18
則南國○危矣 315/161/20
禍○百此矣 315/161/27
則楚、趙○與之攻矣 315/161/29
○不休矣 315/162/1
韓○效之 315/162/3
韓○德魏、愛魏、重魏、畏魏 315/162/7
韓○不敢反魏 315/162/8
則衛、大梁、河外○安矣 315/162/8
則二周○危 315/162/9
安陵○易 315/162/9
公○且待齊、楚之合也 317B/162/28
○不合矣 317B/162/29
公○謂齊王曰 317B/162/29
○令魏以地聽秦而為和 317B/163/1
魏王○懼 317B/163/3
公○為相矣 317B/163/4
樓子與楚王○疾矣 317B/163/15
○為合於齊外於楚 317B/163/15
翟強與齊王○疾矣 317B/163/16
山東見亡○恐 318/163/24
恐○大合 318/163/24
臣見秦之○大憂可立而待也 318/163/24
天下○能救 318/163/25
兵○大挫 318/163/27
國○大憂 318/163/27
臣以此知國之不可○恃也 319/164/8
秦○受子 321/164/26
許、鄢陵○議 323/165/10
議則君○窮 323/165/10
非於韓也○魏也 325/165/20
○韓之管也 325/165/21
○魏之梁也 325/165/21
以王之不○也 325/165/27
以王之○也 325/165/27
○不可支也 325/165/28
趙○復鬭 326/166/4
○重魏 326/166/4
秦○置相 328/166/17
秦○輕王之強矣 328/166/19
秦○重王矣 328/166/20
秦○不聽王矣 329B/167/3
所欲○得矣 329B/167/4
秦○留君 331/167/16,331/167/16
成陽君○不入秦 331/167/17
齊○資公矣 335/168/14
不能○使其民 340/169/23
社稷○危矣 340/169/29
而君曰『○生致之』 340/170/3
○為國禍 340/170/6
○褰裳而趨王 341/170/18
所效者庸○得幸乎 341/170/23
庸○為我用乎 341/170/23
天下○合呂氏而從嫪氏 342/171/9
若士○怒 343/171/23
分地○取成皋 344A/172/3
則韓○取鄭矣 344A/172/5
恐言而未○中於王也 345/172/15
言可○用 345/172/17
秦○求宜陽、成皋 347/173/5
○不能事秦 347/173/12
○無幸矣 348A/173/24
秦王○喜 348A/174/2,413/197/12
則王之國○危矣 348B/174/12
○不入於齊 349/174/17
秦○曰楚、韓合矣 350/174/22
○攻市丘 352/175/4
○攻市丘以償兵費 352/175/8
然則王之輕重○明矣 352/175/9
秦○不聽公 353/175/15
○疑公叔為楚也 353/175/17
○之楚矣 354/175/22
其救韓○疾 355/175/29
則樓緩○敗矣 356A/176/3
樓鼻○敗矣 356A/176/4
魏○倍秦 356A/176/4
甘茂○敗矣 356A/176/4
楚○敗之 356A/176/5
須秦○敗 356A/176/5
宜陽○不拔矣 356A/176/5
楚國○伐矣 357/176/20
韓○德王也 357/176/22
○不為鴈行以來 357/176/22
秦○大怒 357/176/23
○輕秦 357/176/23
其應秦○不敬 357/176/24
○為天下笑矣 357/177/1
此○陳軫之謀也 357/177/2
王○悔之矣 357/177/3
公仲○以率為陽也 358/177/11
自以為○可以封 359/177/17
韓○亡 359/177/18
而公○之 359/177/25
非○聽實也 360/178/9
秦王○曰 360/178/15
○重楚 361/179/2
○輕王 361/179/4
齊○重楚 361/179/4
○來以是而足矣 363/179/19
秦王○祖張儀之故謀 367/181/1
○輕與楚戰 367/181/4
○易與公相支也 367/181/5
公○先韓而後秦 367/181/7
秦○委國於公以解伐 367/181/8
則易○可成矣 368/181/13
而易○敗矣 368/181/16
秦王○取我 369/181/21
○以兵臨魏 370/181/27
戰未○勝 370/181/27
○周君而深怨我矣 374/182/22
請令公叔○重公 374/182/23
叱之○噬人 374/182/27
鄭王○以齊王為不急 374/182/29
○不許也 374/182/29
他人○來 374/182/29
其使之○疾 374/182/30

言之○急 374/182/30
則鄭王○許之矣 374/182/30
魏○急韓氏 375/183/5
○縣命於楚 375/183/5
戰之於國中○分 376/183/11
身○危 376/183/11
○輕公 378/183/22,379/183/28
公○輕矣 378/183/23
太子○終身重公矣 378/183/23
○陰事之 379/183/28
○陰事伯嬰 379/183/29
○保於公 379/183/29
韓大夫不能○其不入也 379/183/29
○不敢輔伯嬰以為亂 379/183/30
○不能為亂矣 379/183/31
則公叔、伯嬰○知秦、楚之不以幾瑟為事也 380/184/4
○以韓合於秦、楚矣 380/184/4
楚王○重公矣 380/184/6
則公叔、伯嬰○以國事公矣 380/184/6
○以韓權報讎於魏 381/184/13
其事秦○疾 382/184/19
韓○起兵以禁之 383A/184/24
公○將矣 383A/184/24
○以韓、楚奉公矣 383A/184/25
秦○留太子而合楚 383B/184/29
○曰廉潔勝任 384/185/13
則韓○謀矣 386/187/5
○將欲置其所愛信者 386/187/6
○欲善韓以塞魏 386/187/11
○務善韓以備秦 386/187/11
秦○起兵以誅不服 387/187/21
秦○以公為諸侯 387/187/24
楚、魏○恐 388/188/2
○西面事秦 388/188/2
○伺韓、秦 388/188/7
○圖晉、楚 388/188/7
○為山東大禍矣 389/188/13
梁○怒於韓之不與己 389/188/14
○折為秦用 389/188/15
韓○舉矣 389/188/15
○皆亡矣 389/188/19
魏君○得志於韓 390/188/25
○外靡於天下矣 390/188/25
諸侯惡魏○事韓 390/188/25
則我○為之霸 391/189/22
是企○行 393/190/6
則○以地和於齊、楚 394/190/11
魏緩則○戰 394/190/12
勢○不善楚 396A/190/26
珉○以國保楚 396A/190/27
公○為魏罪韓侈 396B/191/4
秦○弗入 396B/191/5
二人者○入秦、楚 397/191/27
○為公患 397/191/27
秦王○外向 400/192/17
○且務以楚合於齊 400/192/17
秦王誠○欲伐齊乎 400/192/19
則楚○即秦矣 400/192/19
周○寬而反之 401/192/24
○盡其家以事王 402/193/4
○效先王之器以止王 402/193/5
韓王○為之 402/193/5
○解子之罪 402/193/5
其收韓○重矣 405/193/20
其救趙○緩矣 405/193/22
則國○無患矣 408/194/20
趙○救我 410/195/10
秦○德王 411/195/30
人○有言臣不信 412/196/10
莫敢自○也 412/196/30
此○使王重矣 415/198/16
夫驕主○不好計 415/198/26
○不霸 416A/199/7
由○不受 416A/199/11
子之○不敢受 416A/199/12
破燕○矣 416A/199/21
秦○疑而不信蘇子矣 417/200/15
天下之士○趨於燕矣 418/200/28
天下○以王為能市馬 418/201/3
其禍○大矣 419/201/20
秦王○患之 419/201/25
○反宋地 419/202/1
則齊伯○成矣 419/202/3
○如刺心然 419/202/6
秦伐齊○矣 419/202/6
○率天下以攻寡人者三 422/204/14
○伐之 422/204/14
○亡之 422/204/14
此○令其言如循環 422/204/24
吾○守子以甲 423/205/9
齊、趙○有為智伯者矣 423/205/11
○不反韓珉 424/205/16
○不任蘇子以事 424/205/16
若臣死而○相攻也 424/205/23
臣○勉之而求死焉 424/205/24
在○然之物以成所欲 424/205/25
燕破○矣 426/206/25
其後○務以勝報王矣 426/207/7
吾○不聽眾口與讒言 427/207/16
子○爭之 429/208/16
伐齊未○勝也 430/208/24
伐之未○勝 430/208/24
則○舉天下而圖之 431/209/26
不○善成 431/210/10
不○善終 431/210/10
主○大憂 432/211/6
○北攻燕 432/211/7
燕○亡 432/211/8
此○皆亡 432/211/9
○誅暴正亂 433/211/21
燕王○當殺子 437/212/28
寡人○有罪矣 438/213/14
天下○不服 439/214/7
○不復受於秦矣 439/214/13
禍○不振矣 440/214/24
○得所願矣 440/215/25
其償破秦○矣 440/215/27
秦王○說見臣 440/216/7
秦王○喜而善見臣 440/216/15
○得約契以報太子也 440/217/20
○以堅我 441/218/5
○為有竊疾矣 442/218/16
○不敢來 443/218/28
○不為也 443/218/30
宋○不利也 444/219/7
○絕於宋而事齊 446A/219/23
請○從公之言而還 446B/219/30
○霸天下 447/220/6
○有故 448B/220/22
衛○折於魏 449/220/28
魏○強 449/220/29
西河之外○危 449/220/29
秦王○怨公 449/220/30
吾○取蒲 449/221/1
君○善子 451/221/17
○無與君言國事者 451/221/19

公孫氏○不血食矣　451/221/20
○無趙矣　453/222/10
○為趙、魏廢其王而務附焉　454/222/20
中山○喜而絕趙、魏　454/222/23
則中山○恐　454/222/24
○先與之王而故親之　454/222/28
所求中山未○得　455/223/17
中山○遁燕、趙　455/223/21
是則○聽矣　455/223/22
燕、趙○曰　455/223/24
燕、趙○不受也　455/223/25
趙○請之　457/224/12
趙王○大怒　457/224/13
大怒則君○危矣　457/224/13
其請之○矣　458/225/2
汝○死之　459B/225/18
○欲滅之矣　461/226/14
趙○固守　461/226/26
○不肯出　461/226/26
○不可剋　461/226/27
○未可拔　461/226/27
○無所得　461/226/27
外救○至　461/226/27
何○以趙為先乎　461/227/6
○欲快心於趙　461/227/6

庇 bì　1

席隴畝而廕○桑　257/136/25

陛 bì　2

○下嘗軔車於趙矣　93/45/12
以次進至○下　440/217/10

婢 bì　1

而母○也　236/127/8

畢 bì　18

群臣聞見者○賀　50/21/1
齊、楚之事已○　115/56/22
○報　125/61/10
責○收　133/65/5
責○收乎　133/65/11
收○矣　133/65/12
然嫁過○矣　139/69/28
而富過○也　139/69/29
晉○陽之孫豫讓　204B/106/7
則是強○矣　214/111/5
以事寡人者○矣　222/119/21
不待辭之○也　233/125/10
地未○入而兵復出矣　310/157/17
故○曰　342/171/5
無不○具　347/173/2
○長謂公叔曰　370/181/26
○呼霸王　390/189/9
使○使於前　440/217/11

閉 bì　10

大王苟能○關絕齊　50/20/26
今反○而不敢窺兵於山東者　73A/30/25
使邊境早○晚開　93/45/13
天下關○不通　182/94/21
魏氏○關而不通　275/145/3
欲使五國約○秦關者　297/152/7
趙王因令○關絕秦　308/156/15
城門不○　416A/199/28
齊○關不通中山之使　455/223/6
寡人所以○關不通使者　455/223/19

敝 bì　35

名與天壤相○也　145/76/11
○卒七千　147/77/28
是以嬖女不○席　160/82/30
故○邑秦王　168/87/23
子必以衣冠之○　182/94/9
是○楚也　201/103/4
○楚見強魏也　201/103/4
○邑之王　211/110/11
而尚相鬭兩○　217/111/29
夫慮收亡齊、罷楚、○魏與不可知之趙　219/115/1
是罷齊○秦也　229A/122/15
是俱○也　229A/122/16
收破軍之○守　231/123/10
而強秦以休兵承趙之○　231/123/12
啓關通○　233/124/15
秦兵不○而多得地　233/124/25
秦趙之○而瓜分之　233/125/4
臣請要其○　245/131/2
車甲羽毛裂○　252/135/18
終身不○　255/136/11
○邑寡君亦竊嘉之　258B/137/21
○邑之君　258B/138/3,258B/138/5
故○邑趙王使使臣獻愚計　272/143/16
其○不足以應秦　281/147/1
兵罷○　295/150/15
乘宋之○　297/151/13
○邑之王欲效城地　305/155/12
○邑之吏效城者　308/156/15
○邑所以事大王者　308/156/18
○邑有寶璧二雙　313/159/21
使仇敵制其餘○　313/159/23
故○邑收之　329A/166/26
○邑之事王　337/168/24
為○邑　348A/174/2

賁 bì　10

孟○之倦也　142/72/8
非賢於騏驥、孟○也　142/72/9
虎○之士百餘萬　168/86/16
○、諸懷錐刃而天下為勇　188/96/18
內無孟○之威　238/128/26
王○、韓他之曹　249/133/17
猶孟○之與怯夫也　348A/173/23
夫戰孟○、烏獲之士　348A/173/23
是其軼○、育而高成荊矣　385/186/20
孟○之勇而死　424/205/24

幣 bì　21

故先使蘇秦以○帛約乎諸侯　41A/14/25
王其為臣約車并○　50/20/20
則秦且輕使重○　53/22/15
懼必卑辭重○以事秦　73A/31/9
卑辭重○以事之　73A/31/13
國之○帛　74/32/28
府具○　94/46/4

請具車馬皮○ 128/62/11
重○也 133/65/23
○帛矯蠹而不服矣 142/72/1
使下臣奉其○物三至王廷 258B/137/22
則受書○ 258B/137/24
重其○ 357/176/21,357/176/26
卑身厚○ 418/200/20
臣聞辭卑而○重者 435/212/12
辭倨而○薄者 435/212/12
今魏之辭倨而○薄 435/212/13
持千金之資○物 440/217/4
君為臣多車重○ 454/222/17
卑辭重○ 461/226/4

弊 bì 82

○邑固竊為大王患之 1/1/13
○邑遷鼎以待命 1/1/18
秦恐公之乘其○也 2/1/27
君不如令○邑陰合於秦而君無攻 22/8/6
令○邑以君之情謂秦王曰 22/8/6
君令○邑以此忠秦 22/8/8
是公以○高都得完周也 25/9/10
兵○於周 34/11/19
舌○耳聾 40/13/21
黑貂之裘○ 40/13/29
○兵勞眾不足以成名 44/17/27
魏兵罷○ 47/19/1
○邑之王所說甚者 50/20/23
○邑之王所甚憎者 50/20/24
其於○邑之王甚厚 50/20/25
○邑欲伐之 50/20/25
是以○邑之王不得事令 50/20/25
韓、楚乘吾○ 56/23/27
齊以陽武賜○邑而納順子 63/25/29
以告○邑 63/26/2
臣竊必之○邑之王曰 63/26/6
破齊○晉 63/26/8
故臣竊必之○邑之王曰 63/26/14
君不如勸秦王令○邑卒攻齊之事 65/26/27
齊予晉○邑 65/26/29
國○ 73B/32/3
○邑之於與遇善之 84B/39/18
此猶兩虎相鬬而駑犬受其○ 87/40/27
南陽之○幽 96/48/11
故不如南攻襄陵以○魏 102/50/24
邯鄲拔而承魏之○ 102/50/25
齊因承魏之○ 102/50/26
夫韓、魏之兵未○ 103/51/1
而晚承魏之○ 103/51/3
使彼罷○於先弱守於主 105/51/22
使彼罷○先弱守於主 105/51/23
兵罷○ 119/58/2
○其眾 132A/64/2,433/211/16
與聊城共據朞年之○ 145/75/17
國○禍多 145/75/20
今公又以○聊之民 145/75/20
是兩○也 156/81/18
何以兩○也 156/81/21
趙、魏相○ 156/81/23
故○邑趙王 167/86/5
而民○者怨於上 168/87/6
夫秦、楚相○ 168/87/11
秦王惡與楚相○而令天下 173B/90/29
三十餘萬○甲鈍兵 177/93/2
臣身受命○邑之王 177/93/3
收破齊、罷楚、○魏、不可知之趙 219/115/6
○邑秦王使臣敢獻書於大王御史 220/115/20
○邑恐懼懾伏 220/115/21
是以攻齊之已○ 249/133/26
受其○而厚遇之 258B/138/6
○邑雖小 357/176/27
○邑將以楚殉韓 357/176/27
是○楚也 362/179/11
強楚、○楚 362/179/12
是魏○矣 390/188/25
非○邑之所憎也 396A/190/25
告○邑甚急 399/192/11
秦、趙相○ 408/194/14
直患國○ 415/198/12
士罷○ 415/198/17
久師則兵○ 415/198/19
民力窮○ 415/198/24
封內○矣 415/198/26
猶釋○躧 419/202/3
○而不售 421/203/20
售而不○者 421/203/20
而弱越乘其○以霸 430/208/24
懼趙用樂毅承燕之○以伐燕 431/209/5
以○大眾 434/212/6
我堅而齊○ 441/218/5
鄰有○輿而欲竊之 442/218/15
此猶文軒之與○輿也 442/218/19
○邑之師過大國之郊 443/218/26
今徼師於○邑 444/219/3
○邑不從 444/219/4
願王之有以命○邑 444/219/4

蔽 bì 19

能者亦不得○隱 72/28/29
讒不○忠 81/36/3
王之○甚矣 108/52/25
隱○也 120/58/12
百姓理襜○ 142/72/25
旌旗○日 160/83/8
不○人之善 161/83/18
趙之南○也 218/113/13
○晦先王 220/116/8
君無○言 221/118/2
上無○言 221/118/14
專君之勢以○左右 239B/129/14
一物不能○也 239B/129/17
以為趙○ 247/131/26
以其西為趙○也 314/160/10
無○於秦者 330/167/11
居為隱○ 366/180/10
群臣比周以○其上 396C/191/14
以趙之為○於南也 408/194/14

壁 bì 3

白○百雙 40/14/7
何愛餘明之照四○者 61A/24/29
使左右司馬各營○地 436/212/17

嬖 bì 2

是以○女不敝席 160/82/30
右擁○女 192/98/13

臂 bì 14

臣未嘗聞指大於○	74/32/19
○大於股	74/32/19
身大○短	95/47/8
○短不能及	95/47/12
交游攘○而議於世	145/75/25
莫不揮泣奮○而欲戰	148/78/15
此斷趙之右○也	220/116/2
夫斷右○而求與人鬬	220/116/2
錯○左衽	221/117/15
交○而聽楚	295/150/14
交○而服焉	347/173/4
今大王西面交○而臣事秦	347/173/8
攘○按劍	347/173/12
展其○	433/211/22

薜 bì 2

負蒿、葛、○	247/131/26
抱葛、○、陰、成以為趙養邑	316/162/14

避 bì 13

超然○世	81/37/5
陽泉君○席	93/44/29
貂勃○席稽首曰	147/77/22
寵臣不○軒	160/83/1
然而不○	170/90/1
不○絕江河	188/96/17
不○其死	204A/105/26
吾謹○之耳	204B/106/11
○席擇言曰	307/155/26
○仇隱於屠者之間	385/185/21
其姊不○菹醢之誅	385/186/25
太子○席而請曰	440/215/4
太子○席頓首曰	440/215/20

璧 bì 13

梁王身抱質執○	88/42/22
獻雞駭之犀、夜光之○於秦王	168/87/27
和氏之○	208/108/6
白○百雙	218/114/12
故寡人問子以○	222/119/4
敝邑有寶○二雙	313/159/21
受魏之○、馬也	313/159/26
聞先生受魏之○、馬	313/159/26
髡有○、馬之寶	313/159/29
故荀息以馬與○假道於虞	317A/162/21
臣請獻白○一雙	425/206/15
白○一	448A/220/14
百○一	448A/220/16

髀 bì 1

先王以其○加妾之身	366/180/12

編 biān 1

臣入則○席	160/83/11

鞭 biān 3

此固大王之所以○箠使也	142/73/27
猶○筴也	433/211/15,433/211/20

邊 biān 16

漢中南○為楚利	46/18/24
使○境早閉晚開	93/45/13
衝櫓不施而○城降	142/73/13
今○邑之所恃者	163/84/7
○邑甚利之	163/84/8
出銳師以戍韓、梁西○	217/112/11
趙王因起兵南戍韓、梁之西○	217/112/16
西有樓煩、秦、韓之○	221/117/21
以備其參胡、樓煩、秦、韓之○	221/117/22
○城盡拔	315/161/24
使山東皆以銳師戍韓、梁之西○	389/188/16
不窺於○城之外	412/196/19
之卒者出士以戍韓、梁之西○	432/211/5
約戍韓、梁之西○	432/211/8
臣請受○城	444/219/8
衛君以其言告○境	448A/220/16

扁 biǎn 7

醫○鵲見秦武王	54/22/26
○鵲請除	54/22/26
君以告○鵲	54/22/27
○鵲怒而投其石	54/22/27
於是以太子○、昭揚、梁王皆德公矣	370/181/28
人之所以善○鵲者	395/190/18
使善○鵲而無臃腫也	395/190/18

卞 biàn 1

使若○隨、務光、申屠狄	96/48/14

釆 biàn 2

芻牧薪○莫敢闚東門	88/42/18
有敢去柳下季壟五十步而樵○者	136B/67/16

便 biàn 63

居中不○於相國	17/7/1
地勢形○	40/13/8
地形不○	42/16/14
或謂救之○	51/21/26
或謂救之不○	51/21/26
臥不○席	79/34/19
是○計也	85/39/24
吳見伐齊之○	87/41/10
楚必○之矣	91/44/5
必不○於王也	97/48/24
孰與晚救之○	103/50/30
且以○楚也	122/60/1
公子無忌為天下循○計	132B/64/8
不使左右○辟而使工者何也	137/69/6
非左右○辟無使也	137/69/7
○弓引弩而射之	142/73/8
皆不○秦	150/79/23
臣以為計無○於此者	168/87/23
獻之○	177/92/5

顧王召所○習而觴之 182/94/22
臣竊以為不○於君 197/99/24
其於王孰○也 201/103/4
362/179/12
張孟談○厚以○名 204A/105/27
唯○是從 211/109/15
○於三晉 217/112/12
是以賢君靜而有道民○事之教 221/116/17
所以○用也 221/117/13
所以○事也 221/117/14
其○一也 221/117/16
果可以○其事 221/117/17
又況山谷之○乎 221/117/17
各○其用 221/118/23
○國不必法古 221/118/23
○事之謂教 221/118/26
○其用者易其難 224/120/7
今民○其用而王變之 224/120/8
教不○於事 224/120/13
無釣罕鐔蒙須之○ 225/121/2
而為此釣罕鐔蒙須之○ 225/121/3
此利於趙而○於周最也 229B/122/26
不如勿受○ 234/125/22
以○取陰 247/131/27
○辟左右之近者 258A/137/10
衣服使之○於體 258B/137/29
莫不日夜搤腕瞋目切齒以言從之○ 273/144/16
為子之不○也 292/149/21
臣以為身利而○於事 293/150/2
然則相者以誰而君○之也 303B/154/4
伐魏之事不○ 313/159/28
若誠不○ 313/159/28
臣效○計於王 314/160/17
必且○事 315/161/9
○事 315/161/9
勿攻○ 323/165/10
與魏○地 329B/167/4
計無○於此者也 348A/174/2
國形不○故馳 351/174/27
此○於公 379/183/31
○於國 387/187/17
大○也 387/187/22
二軍爭○之力不同 461/226/21

偏 biān 4

天下○隨而伏 42/16/21
券○合 133/65/8
且天下○用兵矣 142/71/21
儀行天下○矣 182/94/24

遍 biàn 3

而議寡人者○天下 438/213/27
秦地○天下 440/214/19
羊羹不○ 459B/225/16

辨 biàn 19

靖郭君善齊貌○ 101/49/24
齊貌○之為人也多疵 101/49/24
苟可慊齊貌○者 101/49/25
與齊貌○俱留 101/49/28
齊貌○辭而行 101/50/1
齊貌○曰 101/50/2, 101/50/5
齊貌○行至齊 101/50/4
齊貌○見宣王 101/50/4
○謂靖郭君曰 101/50/5
若聽○而為之 101/50/7
○又曰 101/50/8
又不肯聽○ 101/50/9
齊貌○對曰 101/50/11
此齊貌○之所以外生樂患趣難者也 101/50/16
曲學多○ 221/117/18
為○足以道人 222/119/5
○之疾 236/127/16
○士也 258B/137/18

辯 biàn 16

○士也 8A/3/22
不如備兩周○知之士 11A/4/26
君不如令○知之士 11A/4/27
○言偉服 40/13/20
沈於○ 40/13/26
夫軫天下之○士也 49/20/10
天下駿雄弘○之士也 81/35/20
豈不○智之期與 81/35/27
其人○士 81/37/13
襄王以為○ 87/40/26
今蘇秦天下之○士也 122/60/10
○知並進 136B/67/21
飾○虛辭 168/86/26
其○過君 208/108/1
子皆國之○士也 345/172/17
今公自以○於薛公而輕秦 373/182/17

變 biàn 66

而有○ 14B/6/8
無○ 14B/6/8
天下有○ 46/18/25, 73A/31/16
即天下有○ 46/18/25
韓亦恐戰而楚有○其後 59/24/16
見者無不○色易容者 73A/29/23
魏多○之國也 73A/31/12
進退、盈縮、○化 81/36/20
乃○其名曰楚 93/45/11
章子為○其徽章 109/53/6
東方有大○ 115/56/16, 115/56/24
則楚之計○ 122/59/6
○則是君抱空質而負名於天下也 122/59/6
顏色不○ 145/76/8
其子法章○姓名 149B/78/28
皆為○辭 149B/79/14
恐秦之○而聽楚也 173B/90/27
顏色○作 192/98/20
而待事之○ 203/103/27
二主殆將有○ 203/104/26
二主色動而意○ 203/104/29
如是則二主之心可不○ 203/105/4
乃○姓名 204B/106/9
自刑以○其容 204B/106/12
○其音 204B/106/13
乃且願○心易慮 220/116/10
王慮世事之○ 221/116/15
○古之教 221/117/10, 221/118/4
是以鄉異而用○ 221/117/16
故去就之○ 221/117/18
○服騎射 221/117/22
惡○服之名 221/117/26
而禮與○俱 221/118/8
達於禮之○ 221/118/9
知者不○俗而動 221/118/16
賢與○俱 221/118/27

不達於事之○ 221/118/27
知慮不躁達於○ 222/119/11
重利不足以○其心 222/119/12
○籍則亂 224/120/6
是○籍而棄經也 224/120/7
今民便其用而王○之 224/120/8
故利不百者不○俗 224/120/8
何俗之不可○ 224/120/13
則人心○矣 233/124/1
則且○易諸侯之大臣 236/127/26
秦雖有○ 249/133/6
則不如因○服折節而朝齊 301/153/7
恐天下之將有大○也 314/160/17
大○可得聞乎 314/160/18
其○不可勝數也 319/164/7
即春申君有○ 319/164/10
秦恐王之○也 327/166/11
交不○ 329B/167/4
人皆言楚之多○也 359/177/24
公不如與王謀其○也 359/177/25
則將○矣 399/192/12
天下無○ 417/200/16
秦有○ 419/201/29
今其言○有甚於其父 424/205/17
為○徵之聲 440/216/28
秦武陽色○振恐 440/217/10
以諸侯之○ 461/227/5

表 biǎo 5

必○裏河而東攻齊 111/54/11
身獲於○薄 170/89/1
稙○ 436/212/18
水皆至滅○ 436/212/18
水皆滅○ 436/212/19

鱉 biē 2

則不若魚○ 129/62/23
江、漢魚○黿鼉為天下饒 442/218/20

別 bié 4

而上下無○ 147/77/17
齊、魏○與合 360/178/15
齊、魏○ 360/178/16
則諸侯不為○馬而朝矣 420/202/24

賓 bīn 13

敬執○主之禮 73A/29/20
秦王召群臣○客六十人而問焉 96/47/21
使○客入秦 149B/79/14
是以外○客遊談之士 218/112/22
五國復堅而○之 249/133/9
其次○秦 297/151/21
天下可令○秦 297/151/25
然仲子卒備○主之禮而去 385/185/29
其次長○之秦 419/201/25
秦挾○客以待破 419/201/25
擢之乎○客之中 431/209/21
太子及○客知其事者 440/216/27
設九○ 440/217/9

濱 bīn 2

率土之○ 9/4/9
身為漁父而釣於渭陽之○耳 73A/29/29

檳 bīn 1

則○禍朽腐而不用 142/72/1

儐 bìn 3

倍約○秦 141B/70/21
以○畔秦 218/114/2
大王收率天下以○秦 220/115/20

擯 bìn 1

六國從親以○秦 218/114/8

殯 bìn 1

主人必將倍○柩 236/127/22

臏 bìn 1

是孫○、吳起之兵也 145/75/21

兵 bīng 541

欲興○臨周而求九鼎 1/1/4
而秦○罷 1/1/6
公進○ 2/1/27
景翠果進○ 2/2/1
案○而勿出 3A/2/7
今東周之○不急西周 3B/2/12
君弗如急北○趨趙以秦、魏 11B/5/4
故急○以示秦 11C/5/11
而以○之急則伐齊 14A/6/2
而藉○乞食於西周 22/8/3
又無藉○乞食 22/8/6
所以進○者 22/8/7
而使不藉○乞食於西周 22/8/10
進○而攻周 23/8/15
因隨入以○ 24/8/25
故使長○在前 24/8/27
韓氏罷於○ 25/9/5
必勸楚王益○守雍氏 25/9/7
是攻用○ 27/9/20
今公又以秦○出塞 27/9/26
楚○在山南 28/10/3
秦悉塞外之○ 32/11/3
○弊於周 34/11/19
○革大強 39/12/24
○法之教 40/13/9
○革不藏 40/13/18
○甲愈起 40/13/20
綴甲厲○ 40/13/22
是故○勝於外 40/13/24
非○不可 40/13/25
未煩一○ 40/14/11
然而甲○頓 42/15/22
地廣而○強 42/15/25
隨荊以○ 42/16/2
○至梁郭 42/16/6
用一國之○ 42/16/10
是故○終身暴靈於外 42/16/10
秦○之強 42/16/22
棄甲○怒 42/16/23
外者極吾○力 42/16/25

內者吾甲○頓 42/16/26
張儀欲假秦○以救魏 43/17/16
魏不反秦○ 43/17/16
魏若反秦○ 43/17/17
下○三川 44/17/24
弊○勞衆不足以成名 44/17/27
欲強○者 44/18/1
繕○不傷衆 44/18/4
卒起○伐蜀 44/18/11
魏○罷弊 47/19/1
楚智橫君之善用○ 48A/19/10
用○與陳軫之智 48A/19/10
不穀不煩一○ 50/21/2
則兩國○必至矣 50/21/7
遂舉○伐秦 50/21/18
楚○大敗於杜陵 50/21/18
齊舉○伐楚 51/21/23
王起○救之 51/22/3
因起○襲秦 53/22/21
因悉起○ 55/23/22
公不論○ 57/24/3
甘茂欲息○ 58/24/10
今公用○無功 58/24/11
公不如進○攻宜陽 58/24/11
乃案○告於秦曰 63/25/29
今又案○ 63/26/2
秦少出○ 63/26/10
多出○ 63/26/10
齊舉○而為之頓劍 63/26/11
則秦反受○ 63/26/12
夫取三晉之腸胃與出○而懼其不反也 63/26/14
齊免於天下之○ 65/26/27
君悉燕○而疾僭之 66/27/13
○必出 68/28/3
○休復起 70/28/16
今反閉而不敢窺○於山東者 73A/30/25
而悉韓、魏之○則不義矣 73A/31/2
舉○而伐之 73A/31/4,73A/31/13
此所謂藉賊○而齎盜食者也 73A/31/5
於是舉○而攻邢丘 73A/31/13
舉○而攻滎陽 73A/31/20
北斬太行之道則上黨之○不下 73A/31/20
強徵○ 74/32/27
將○ 79/34/23
是以○動而地廣 81/36/24
○休而國富 81/36/24
今三國之○且去楚 82A/37/25
是楚與三國謀出秦○矣 82A/37/27
○必有功 82A/37/28
秦遂不敢出○ 82A/38/2
三國之○深矣 83A/38/13
之○乃退 83A/38/21
帥強韓、魏之○以伐秦 83B/38/27
則不用○而得地 85/39/24
於是白起又將○來伐 87/40/25
王又舉甲○而攻魏 87/41/1
楚、燕之○云翔不敢校 87/41/2
以臨仁、平○ 87/41/3
材○甲之強 87/41/8
則惡出○ 87/41/21
○出之日而王憂其不反也 87/41/22
是王以○資於仇讎之韓、魏 87/41/22
魏氏將出○而攻留、方與、銍、胡陵、碭、蕭、相 87/41/26
○革之強 87/42/5
舉○伐魏 88/42/21
王○勝而不驕 89/43/3
制趙、韓之○ 89/43/9
而韓、楚之○不敢進 89/43/14
非楚受○ 89/43/19
四國之○敵 89/43/20
則楚孤而受○也 89/43/21
則秦孤而受○矣 89/43/22
秦受地而郄○ 95/46/24
地削○弱 95/46/26
未嘗為○首 95/46/28
請為大王悉趙○以遇 95/46/28
秦○下趙 95/47/1
而安其○ 96/47/23
止其○ 96/47/24
乃起○ 102/50/23,211/109/16
乃起○南攻襄陵 102/50/25
夫韓、魏之○未弊 103/51/1
我代韓而受魏之○ 103/51/2
齊因起○擊魏 103/51/6
將軍無解○而入齊 105/51/22
候者復言章子以齊○降秦 109/53/7
言齊○大勝 109/53/11
全○而還 109/53/13
其餘○足以待天下 110/53/23
不如急以○合於三晉 111/54/17
果以○合於三晉 111/54/19
五家之○ 112/54/24
○出而相當 112/54/31
則○半折 112/55/1
○強士勇 113/55/16
楚、趙果遽起○而救韓 114/56/7
齊因起○攻燕 114/56/7
必舉○而伐之 115/56/16
齊必舉○而伐之 115/56/17
齊、梁之○連於城下 115/56/17
出○函谷而無伐 115/56/18
115/56/26
齊果舉○伐之 115/56/21
請令罷齊○ 115/56/21
必舉○伐之 115/56/23,115/56/25
齊必舉○伐梁 115/56/25
梁、齊之○連於城下不能去 115/56/26
移○而攻齊 117/57/11
不弱○ 117/57/18
出○助燕擊齊 119/57/29
然則是君自為燕東○ 119/58/1
不如按○勿出 119/58/2
○罷弊 119/58/2
則將退○ 120/58/8
不如聽之以卻秦○ 120/58/11
不聽則秦○不卻 120/58/11
卻秦○ 120/58/14
威卻強秦○ 120/58/14
疾興○救之 125/61/12
衛君甚欲約天下之○以攻齊 128/62/13
今君約天下之○以攻齊 128/62/15
以頓其○ 132A/64/2
率魏○以救邯鄲之圍 132B/64/8
故專○一志以逆秦 132B/64/13
富而○強 133/65/22
臣聞用○而喜先天下者憂 142/71/3
○弱而好敵強 142/71/15
○弱而憎下人也 142/71/16

而料○之能	142/71/18
則○不費	142/71/19
且天下徧用○矣	142/71/21
而宋、越專用其○	142/71/22
夫後起之籍與多而○勁	142/71/26
○必立也	142/71/27
用○窮者亡	142/72/2
有而案○而後起	142/72/9
微用○而寄於義	142/72/10
形同憂而○趨利也	142/72/12
而用○又非約質而謀燕也	142/72/13
何則形同憂而○趨利也	142/72/14
甲○之具	142/72/23
士斷於○	142/72/26
此用○之盛也	142/72/28
○先戰攻	142/73/1
此用○之上節也	142/73/3
今世之所謂善用○者	142/73/6
其士多死而○益弱	142/73/7
素用強○而弱之	142/73/11
則五○不動而諸侯從	142/73/12
甲○不出於軍而敵國勝	142/73/12
○後起則諸侯可趨役也	142/73/14
銳○來則拒之	142/73/21
跣行按○於國	142/74/4
以故燕舉○	143/74/12
破燕○	143/74/23, 146/76/18
今秦人下○	145/75/16
距全齊之○	145/75/21
是孫臏、吳起之○也	145/75/21
不如罷○休士	145/75/24
因罷○到讀而去	145/76/13
以故建立四十有餘年不受○	149B/79/6
我悉○以臨之	153/80/21
彼懼吾○而營我利	153/80/21
王苟無以五國用○	153/80/25
其實畏王之甲○也	154/81/7
且魏令○以深割趙	156/81/21
故王不如少出○	156/81/22
楚因使景舍起○救趙	156/81/26
楚進○大梁	158/82/13
練士厲○	167/85/25
○敵四國	168/86/15
雖無出○甲	168/86/17
秦下甲○	168/86/22
國貧而驟舉○	168/86/25
○不如者	168/86/26
秦○之攻楚也	168/87/3
秦下○攻衛、陽晉	168/87/14
大王悉起○以攻宋	168/87/14
天下莫敢以○南鄉	170/89/2
必分公之○以益之	173A/90/21
秦知公○之分也	173A/90/21
秦○且出漢中	173A/90/22
則公之○全矣	173A/90/22
秦進○而攻	173B/90/28
不如益昭雎之○	173B/90/28
秦構○而戰	175/91/22
三十餘萬弊甲鈍○	177/93/2
齊王大興○	177/93/3
折○之半	185/95/26
因與韓、魏之○	195/99/9
吾與子出○矣	195/99/12
不為○將	200/102/9
故君不如北○以德趙	201/102/27
若越趙、魏而鬭○於燕	201/103/3
知伯從韓、魏○以攻趙	202/103/8
夫從韓、魏之○而攻趙	202/103/9
必加○於韓矣	203/103/25
必鄉之以○	203/103/26
然則其錯○於魏必矣	203/103/29
其移○寡人必矣	203/104/5
三國之○乘晉陽城	203/104/14
○著晉陽三年矣	203/105/1
使○環之	204B/106/25
是用○者	205/107/4
故出○以佯示趙、魏	209/108/15
五國之○有日矣	209/108/26
王出○韓	211/109/16
今王令韓興○以上黨入和於秦	211/109/20
今不用○而得城七十	211/110/5
用○踰年	211/110/8
今發○已取之矣	211/110/15
趙起○取上黨	211/110/17
令公孫起、王齮以○遇趙於長平	211/110/17
則且出○助秦攻魏	214/111/4
魏殺呂遼而衛○	215/111/10
○弱也	217/111/27
趙王因起○南戍韓、梁之西邊	217/112/16
則○必戰於邯鄲之下矣	218/113/8
然而秦不敢舉○甲而伐趙者	218/113/12
故尊主廣地強○之計	218/114/1
秦必不敢出○於函谷關以害山東矣	218/114/8
用○之道也	219/114/22
今用○終身不休	219/114/22
寡人案○息民	219/114/28
將武而○強	219/115/3
為齊○困於殽塞之上	219/115/3
夫齊○之所以破	219/115/4
精○非有富韓勁魏之庫也	219/115/5
秦人下○攻懷	219/115/10
是以三國之○困	219/115/12
以○橫行於中十四年	219/115/13
終身不敢設○以攻秦折韓也	219/115/13
於是秦王解○不出於境	219/115/16
秦○不敢出函谷關十五年矣	220/115/21
繕甲厲○	220/115/22
今宣君有微甲鈍○	220/115/24
臣請案○無攻	220/116/6
權甲○之用	221/116/15
先時中山負齊之強○	221/117/24
○有常經	224/120/6
且習其○者輕其敵	224/120/7
今王破卒散○	224/120/8
制○	224/120/12
而不制於○	224/120/12
知○甲之用	224/120/12
故○不當於用	224/120/13
何○之不可易	224/120/13
今重甲循○	224/120/14
吾非不說將軍之○法也	225/120/23
帝王之○	225/120/25
君非徒不達於○也	225/120/28
今以三萬之眾而應強國之○	225/120/29
而以集○三萬	225/121/5
能具數十萬之○	225/121/5
齊之○不西	229A/122/13
○必歸於趙矣	229A/122/13

雖少出○可也　229A/122/18
我分○而孤樂中山　229A/122/18
而以餘○與三國攻秦　229A/122/19
出○攻燕　231/123/8
因以其餘○　231/123/9
而強秦以休○承趙之敝　231/123/12
引○而歸　233/123/26
○必罷　233/124/21
秦○不敝而多得地　233/124/25
今趙○困於秦　233/125/2
夫趙○困於秦　233/125/7
信陵君發○至邯鄲城下　234/125/17
秦○罷　234/125/17
罷○去　236/126/16
親嘗教以○　238/128/21
寡人不好○　238/128/22
○固天下之狙喜也　238/128/22
臣亦嘗以○說魏昭王　238/128/23
王若無○　238/128/28
此召○也　244/130/24
齊舉○擊燕　245/131/1
而以○襲趙　245/131/2
故發○自備　245/131/2
欲用王之○　246/131/9
則欲用王之○成其私者也　246/131/15
留天下之○於成皋　247/131/21
用○於二千里之外　247/132/1
而無庸致○　248/132/25
○始用　249/133/22
○分於齊　249/133/24
而○東分於齊　249/133/25
秦桉○攻魏　249/133/25
天下之○未聚　252/135/13
今得強趙之○　252/135/17
乃引其○而歸　252/135/19
夫盡兩國之○　252/135/19
此必加○我　258B/137/17
○乃出　262/138/28
齊○乃出　262/139/19
以相親之○　264A/140/8
韓索○於魏曰　264B/140/16
趙又索○以攻韓　264B/140/17
二國不得○　264B/140/17
故○未用而國已虧矣　272/143/10
以安社稷、尊主、強○、顯名也　273/143/29
秦下○攻河外　273/144/4
魏之○南面而伐　273/144/11
惠施欲以魏合於齊、楚以案○　280/146/18
今公相而魏受○　281/146/27
是齊、楚之○折　281/146/29
犀首、田盼欲得齊、魏之○以伐趙　291/149/9
夫輕用其○者　291/149/10
夫難搆而○結　291/149/12
犀首、田盼遂得齊、魏之○　291/149/14
○未出境　291/149/14
悉起○從之　291/149/14
○罷敝　295/150/15
而西戎之○不至　297/152/2
而臣以致燕甲而起齊○矣　297/152/3
○請伐魏　297/152/8
不習於○　300/152/27
而孫子善用○　300/152/28
吾常欲悉起○而攻之　301/153/4
好用○而甚務名　301/153/13
今我講難於秦○為招質　304/154/29
今不用○而得鄴　308/156/13
因請以下○東擊齊　309/156/28
而秦○不下　309/157/1,309/157/1
有意欲以下大王之○東擊齊也　309/157/5
而秦○不可下　309/157/6
未澹下○也　309/157/7
今以○從　309/157/7
秦○下　309/157/7
芒卯并將秦、魏之○　309/157/7
燕、趙之所以國全○勁　310/157/14
地未畢入而○復出矣　310/157/17
秦挾楚、趙之○以復攻　310/157/19
此非○力之精　310/157/22
臣聞魏氏悉其百縣勝○　310/157/26
夫輕信楚、趙之○　310/157/27
秦○必罷　310/157/28
願之及楚、趙之○未任於大梁也　310/157/29
何必以○哉　310/158/3
夫○不用　310/158/3
秦○已令　310/158/4
百姓無被○之患　313/159/29
文願借○以救魏　314/160/7
夫敢借○者　314/160/8
夫趙之○　314/160/8
非能彊於魏之○　314/160/8
魏之○　314/160/9
為起○十萬　314/160/11
魏王悉韓、魏之○　314/160/19
又西借秦○　314/160/20
乃為之起○八萬　314/160/22
君得燕、趙之○甚眾且亟矣　314/160/24
因歸燕、趙之○　314/160/24
外安能支強秦、魏之○　315/161/5
而以與趙○決勝於邯鄲之郊　315/161/11
以與楚○決於陳郊　315/161/13
○出之日　315/161/14
今韓受○三年矣　315/161/28
非盡亡天下之○　315/162/1
魏之受○　317B/162/30
楚還○　317B/163/3
欲講攻於齊王○之辭也　317B/163/11
其○弱　318/163/25
○可強　318/163/26
○必大挫　318/163/27
魏王發○救之　325/165/19
未卒而移○於梁　325/165/28
○不傷　329B/167/4
○之精銳　334/168/7
大國欲急○　337/168/25
令○先臣出可乎　338/168/31
今齊、楚之○已在魏郊矣　338/169/4
遽發○　338/169/8
乃引○而去　338/169/8
436/212/21
則秦○及我　340/169/29
挾強韓之○　347/173/9
戎○之眾　348A/173/21
諸侯不料○之弱　348A/173/24

馳矣而○不止 351/174/27
○罷而留於成皋 352/175/3
以償○費 352/175/4
必攻市丘以償○費 352/175/8
收韓、趙之○以臨魏 356A/176/4
秦、韓并○南鄉 357/176/20
○雖至 357/176/23
是我困秦、韓之○ 357/176/24
韓氏之○非削弱也 357/177/6
○為秦禽 357/177/6
勸齊○以勸止魏 360/178/10
今王聽公孫郝以韓、秦之○應齊而攻魏 360/178/16
以韓、秦之○據魏而攻齊 360/178/18
久離○史 360/178/19
以韓、秦之○據魏以郄齊 360/178/21
若夫越趙、魏而關○於燕 362/179/11
今秦欲踰○於澠隘之塞 364/179/24
○不眾 366/180/13
出○於三川以待公 367/180/29
故不如出○以勁魏 367/181/3
起○臨羊腸 368/181/15
發○臨方城 368/181/15
請毋用○ 370/181/26
必以○臨魏 370/181/27
請為子起○以之魏 370/181/27
令楚○十餘萬在方城之外 383A/184/23
韓必起○以禁之 383A/184/24
公因以楚、韓之○奉幾瑟而內之鄭 383A/184/24
○衛設 385/186/9
持○戟而衛者甚眾 385/186/14
秦必起○以誅不服 387/187/21
而○不決 387/187/21
王不折一○ 388/188/2
夫弱魏之○ 390/188/26
然而《春秋》用○者 390/189/3
則可以辟其○ 391/189/22
進齊、宋之○至首坦 396C/191/12
臣請令發○救韓 399/192/12
秦出○於三川 405/193/21
秦舉○破邯鄲 405/193/22
夫燕之所以不犯寇被○者 408/194/14
遂出○救燕 410/195/11
以招天下之精○ 411/195/23
趙興○而攻燕 413/197/9
而又以其餘○南面而舉五千乘之勁宋 415/198/18
久師則○弊 415/198/19
王因令章子將五都之○ 416A/199/27
齊○敗 418/201/9
燕○獨追北入至臨淄 418/201/9
而揆其○之強弱 420/202/24
不揆其○之強弱 420/202/25
寡人地絕○遠 422/204/10
○困於林中 422/204/20
○傷於離石 422/204/21
用○如刺蜚繡 422/204/24
王何不出○以攻齊 426/206/21
燕○在晉而不進 426/206/24
則是○弱而計疑也 426/206/24
燕○在晉 426/206/26
今寡人發○應之 426/206/26
臣之於○ 426/206/27
是敗王之○ 426/206/28
蘇子收其餘○ 426/207/1
此非○之過 426/207/5
蘇子先敗王之○ 426/207/6
燕因使樂毅大起○伐齊 426/207/8
齊數出○ 427/207/18
至於虛北地行其○ 427/207/19
而強秦將以○承王之西 430/208/25
昌國君樂毅為燕昭王合五國之○而攻齊 431/209/3
閑於○甲 431/209/26
起○隨而攻齊 431/209/29
輕卒銳○ 431/209/30
秦之○至 432/211/1
不如以○南合三晉 432/211/8
燕果以○南合三晉也 432/211/11
用韓、魏之○ 433/211/15
433/211/20
頓齊○ 433/211/16
遂與○伐宋 433/211/24
率天下之○以伐齊 433/211/26
乃罷○ 436/212/20
齊○已去 436/212/22
其民皆習於○ 438/213/5
起○而救燕 439/214/13
○以臨易水 440/214/18
又舉○南伐楚 440/215/22
數困於○ 440/215/24
彼大將擅○於外 440/215/26
進○北略地 440/216/4
秦○旦暮渡易水 440/216/5
不敢興○以拒大王 440/217/5
不得持尺○ 440/217/15
諸郎中執○ 440/217/15
不及召下○ 440/217/16
益發○詣趙 440/217/24
皆率其精○東保於遼東 440/217/25
秦復進○攻之 440/217/26
將移○而造大國之城下 443/218/27
夫梁○勁而權重 444/219/3
宋人因遂舉○入趙境 444/219/11
故○退難解 444/219/12
智伯果起○而襲衛 448A/220/17
秦○誠去 449/221/2
臣聞秦出○ 450/221/8
是欲用其○也 454/223/1
出○以攻中山 455/223/7
455/223/10,455/223/16
出○以攻中山者 455/223/15
地不虧而○不用 455/223/17
昭王既息民繕○ 461/225/29
興○甚眾 461/226/11
故起所以得引○深入 461/226/17
是以臣得設疑○ 461/226/21
繕治○甲以益其強 461/226/24
○出無功 461/226/27

秉 bǐng 2

質仁○義 81/35/26
○權而殺君以滅口 200/102/10

柄 bǐng 1

公仲○得秦師 366/180/21

并 bìng　39

可以○諸侯　40/13/9
今欲○天下　40/13/24
○於李下　42/16/24
大王又○軍而致與戰　42/16/24
則必將二國○力合謀　44/18/8
王其為臣約車○幣　50/20/20
臣聞張儀西○巴、蜀之地　55/23/10
禮必○相之　65/26/27
南○蜀、漢　81/36/26
北○陳、蔡　81/37/2
於是三國○力攻楚　82A/38/1
然而管子○三行之過　145/76/3
秦有舉巴蜀、○漢中之心　167/86/7
六國○力為一　218/113/22
○漢中　220/115/23
○力而西擊秦也　233/125/9
○燭天下者也　239B/129/16
然而可得○者　269/141/28
專心○力　272/143/16
張儀欲○相秦、魏　282/147/6
則公亦必○相楚、韓也　282/147/8
芒卯○將秦、魏之兵　309/157/7
而地不○乎諸侯者　310/157/14
而○齊、秦　317A/162/22
是○制秦、趙之事也　326/166/4
秦、韓○兵南鄉　357/176/20
秦之欲○天下而王之也　389/188/16
欲○代　413/197/4
而齊○之　419/201/18,419/201/19
漁者得而○禽之　434/212/5
秦○趙　439/214/5
燕王竊聞秦○趙　439/214/10
今王使趙北○燕　439/214/12
大勝○莒　446B/219/29
今○衛於魏　449/220/29
魏○中山　453/222/10
積慮○心　461/226/5
專軍○銳　461/226/21

並 bìng　9

文士○餝　40/13/19
馬不得○行　112/55/5
辯知○進　136B/67/21
今天下之相與也不○滅　142/72/9
○驥而走者　240/129/23
而與之○朝齊侯再三　301/153/14
○立三帝　419/202/2
寡人羞與中山○為王　454/222/15
羞與寡人○為王　454/222/16

病 bìng　47

以○其所種　4/2/20
及王○　15/6/15
是楚○也　25/9/6
此告楚○也　25/9/7
公不若稱○不出也　27/9/26
士民○　42/15/22,42/16/26
士民潞○於內　42/16/10
稱○不朝　50/21/10
○　51/21/28
誠○乎　51/21/28
武王示之○　54/22/26
君之○　54/22/26
太后○將死　64/26/19
良醫知○人之死生　72/29/10
人之○心腹　73A/31/16
則○必甚矣　74/32/19
應侯因謝○　81/37/16
乃謝○歸相印　81/37/19
縕○鉤　95/47/8
謝○強辭　101/50/14
寡人自取○耳　136B/68/10
及君王后○且卒　149B/79/11
謁○不聽　185/95/26
聞王○　197/100/3
考烈王○　200/102/4
士卒○羸　203/104/15
士大夫○　203/104/16
吾固聞叔之○也　221/117/13
子謁○而辭　222/119/4
○死　233/123/29
老臣○足　262/139/1
魏公叔痤○　271/142/18
公叔○　271/142/18
民必甚○之　296/150/20
何不稱○　302/153/20
偽○者乎而見之　311/159/1
○甚奈何　311/159/2
楚國不大○矣　357/176/23
今韓已○矣　366/180/10
張翠稱○　366/180/16
先生○而來　366/180/17
故欲○之以固交也　389/188/14
樗里子知蒲之○也　449/221/1
衛嗣君○　451/221/17
又○　461/226/28
君雖○　461/227/2

波 bō　5

食湘○之魚　192/98/13
左彭蠡之○　269/141/24
而輕陽侯之○　373/182/16
是塞漏舟而輕陽侯之○也　373/182/17
同舟而淩○　432/210/29

[illegible] bō　1

方將脩其○盧　192/98/8

撥 bō　1

弓○矢鉤　27/9/24

播 bō　1

大臣○王之過於百姓　179/93/18

磻 bō　1

彼礛○　192/98/9

伯 bó　129

昔智○欲伐厹由　24/8/25
齊桓任戰而○天下　40/13/17
雖古五帝、三王、五○　40/13/22
○王之名不成　42/15/23
42/16/11,42/17/11
然則是一舉而○王之名可成也
42/16/3,42/16/8
此固已無○王之道一矣　42/16/5
此固已無○王之道二矣　42/16/9

此固已無○王之道三矣 42/16/11
○王之名可成也 42/16/21
○王之業 42/16/22
秦當○不○ 42/16/23
智○帥三國之衆 42/17/4
反智○之約 42/17/5
以攻智○之國 42/17/6
以成○王之名 42/17/10
五○之事也 66/27/4
五○之賢而死 73A/30/7
必有○主強國 81/36/4
必有○夷之廉 81/37/10
智○出行水 83B/39/1
智○曰 83B/39/2
不能過智○ 83B/39/4
五○不足六也 87/41/6
殺智○瑤於鑿臺之上 87/41/13
○主約而不忿 89/43/3
驕忿非○主之業也 89/43/5
昔智○瑤殘范、中行 89/43/8
五○不足六 89/43/14
桓公用之而○ 96/48/12
古之五帝、三王、五○
之伐也 111/54/9
立為大○ 137/68/27
行此六者而求○ 142/71/16
○王不為而立矣 142/71/28
立義者○ 142/72/2
誠欲以○王也為志 142/72/17
昔智○瑤攻范、中行氏 142/72/27
然而智○卒身死國亡 142/72/28
為伍○首 145/76/4
○樂遭之 199/101/7
彼見○樂之知己也 199/101/8
知○從韓、魏兵以攻趙 202/103/8
郄疵謂知○曰 202/103/8
202/103/17
知○曰 202/103/9,202/103/18
203/104/27,203/104/29
203/105/2,203/105/4
知○以告韓、魏之君曰
202/103/14
知○遣之 202/103/20
知○帥趙、韓、魏而伐
范中行氏 203/103/24
夫知○之為人也 203/103/25
使使者致萬家之邑一於
知○ 203/103/27
知○說 203/103/27,203/104/1
而外怒知○也 203/103/29
因使人致萬家之邑一於
知○ 203/103/29
知○因陰結韓、魏 203/104/1
夫知○之為人 203/104/4
今知○帥二國之君伐趙
203/104/20
夫知○為人也 203/104/21
張孟談因朝知○而出 203/104/26
知過入見知○曰 203/104/26
入說知○曰 203/104/29
入見知○ 203/105/8
而決水灌知○軍 203/105/10
知○軍救水而亂 203/105/10
大敗知○軍而禽知○ 203/105/11
知○身死 203/105/13
去而就知○ 204B/106/7
知○寵之 204B/106/7
趙襄子最怨知○ 204B/106/8
欲為知○報讎 204B/106/10
且知○已死 204B/106/11
知○滅范中行氏 204B/106/21
反委質事知○ 204B/106/22
知○已死 204B/106/22
知○以國士遇臣 204B/106/23
豫子之為知○ 204B/106/24
而可以報知○矣 204B/106/28
五○之所以覆軍禽將而
求也 218/113/3
如是則○業成矣 218/114/9
察乎息民之為用者○ 219/114/26
五○不同教而政 221/118/6
王亦聞夫公甫文○母乎
233/123/28
公甫文○官於魯 233/123/28
齊人李○見孝成王 245/130/30
知○索地於魏桓子 264A/140/6
知○必憍 264A/140/7
以驕知○ 264A/140/9
知○大說 264A/140/11
是○王之業 269/141/23
是受智○之禍也 315/161/11
皆出於冥山、棠谿、墨
陽、合○膊 347/173/1
必陰事○嬰 379/183/29
○嬰亦幾瑟也 379/183/29
○嬰恐 379/183/29
必不敢輔○嬰以為亂 379/183/30
秦、楚挾幾瑟以塞○嬰
379/183/30
○嬰外無秦、楚之權 379/183/30
公叔、○嬰恐秦、楚之
內幾瑟也 380/184/3
則公叔、○嬰必知秦、
楚之不以幾瑟為事也 380/184/4
則公叔、○嬰必以國事
公矣 380/184/6
公不如令秦王賀○嬰之
立也 382/184/18
韓且內○嬰於秦 383B/184/29
冷向謂○嬰曰 383B/184/29
行雖如○夷 389/188/17
廉如○夷 412/196/10,412/196/14
齊王其○也乎 416B/200/7
則莫如遙○齊而厚尊之
419/201/24
則齊○必成矣 419/202/3
五○改政 420/202/22
齊、趙必有為智○者矣
423/205/11
果與○舉之戰 424/206/3
往見○樂曰 425/206/13
○樂乃還而視之 425/206/14
足下有意為臣○樂乎 425/206/15
自五○以來 431/210/2
智○欲伐衛 448A/220/14
智○果起兵而襲衛 448A/220/17
智○欲襲衛 448B/220/21
智○聞之 448B/220/22

帛 bó 10

故先使蘇秦以幣○約乎
諸侯 41A/14/25
大敗秦人於李○之下 53/22/21
國之幣○ 74/32/28
幣○矯蠹而不服矣 142/72/1
緇○之衣以朝 170/88/25
前有尺○ 239A/129/3
王能重王之國若此尺○
239A/129/5
王有此尺○ 239A/129/7

於是齎蘇秦車馬金○以至趙　408/194/23
寶珠玉○以事其左右　415/198/27

勃 bó　15

貂○常惡田單　147/77/7
故為酒而召貂○　147/77/7
貂○曰　147/77/8
147/77/23,147/77/24
貂○可　147/77/15
貂○使楚　147/77/15
貂○從楚來　147/77/22
貂○避席稽首曰　147/77/22
棼冒○蘇曰　170/89/10
○蘇乃蘇　170/89/13
棼冒○蘇對曰　170/89/14
楚使新造（盭）〔盭〕棼冒○蘇　170/89/14
棼冒○蘇是也　170/89/18
威王○然怒曰　236/127/8

柏 bó　6

處之共松○之間　150/79/28
○邪　150/79/29
昔者吳與楚戰於○舉　170/89/5
昔吳與楚戰於○舉　170/89/10
吳與楚人戰於○舉　170/89/15
吳與楚戰於○舉　170/89/20

亳 bó　1

湯以○　197/99/23

博 bó　16

務○其德　44/18/2
請與叢○　74/32/16
君獨不觀○者乎　81/37/5
游學○聞　87/40/26
夫以王壤土之○　87/42/4
其民無不吹竽、鼓瑟、擊筑、彈琴、鬭雞、走犬、六○、蹹踘者　112/54/27
夫千乘、○昌之間　143/74/16
贏、○之間　143/74/17
其○過君　208/108/1
趙涉河、漳、○關　218/114/5
○論而技藝之　219/114/17
德○而地廣　219/115/2
王獨不見夫○者之用梟邪　312/159/15
攻齊得剛、○以廣陶　323/165/8
王誠○選國中之賢者　418/200/27
願王○事秦　450/221/8

渤 bó　4

北有○海　112/54/23
未嘗倍太山、絶清河、涉○海也　112/54/25
齊涉○海　218/114/6,218/114/7

搏 bó　2

此所謂兩虎相○者也　168/87/11
而乃以手共○之　440/217/17

膊 bó　1

皆出於冥山、棠谿、墨陽、合伯○　347/173/1

薄 bó　28

支分方城膏腴之地以○鄭　70/28/16
於是夫積○而為厚　88/42/25
以其為齊○而為楚厚也　122/60/6
雖得則○矣　125/61/14
而無所終○　167/86/10
王必○之　169/88/14
身獲於表○　170/89/1
七日而○秦王之朝　170/89/12
中山之地○　210/109/8
248/132/22
今吾國東有河、○洛之水　221/117/20
以守河、○洛之水　221/117/22
○之柱上而擊之　225/120/29
是○柱擊石之類也　225/121/1
無脾之○　225/121/2
其於長者○　233/123/31
座○故也　251/134/24
甘茂○而不敢謁也　360/178/22
事今○　385/185/22
遠○梁郭　396C/191/12
辭倨而幣○者　435/212/12
今魏之辭倨而幣○　435/212/13
且世有○於故厚施　438/213/17
恐其適足以傷於高而○於行也　438/213/21
本欲以為明寡人之○　438/213/22
緤錯、挐○也　451/221/18
而挐○輔之　451/221/20
緤錯、挐○之族皆逐也　451/221/23

餔 bū　1

飲食○餽　461/226/2

卜 bǔ　12

鄭朝獻之趙太○　15/6/15
使○之　15/6/15
太○譴之曰　15/6/15
公孫閈乃使人操十金而往○於市　104/51/15
○者出　104/51/16
因令人捕為人○者　104/51/16
以○其罪　162/83/25
為樗里疾○交也　193/98/25
且以遇○王　285/147/28
韓之○也決矣　285/147/28
故王胡不○交乎　352/175/7
故楚王○交而市丘存　352/175/10

捕 bǔ　1

因令人○為人卜者　104/51/16

補 bǔ　13

昔者神農伐○遂　40/13/16
可以少有○於秦　73A/30/8
漆身可以○所賢之主　73A/30/12
願聞先生有以○之闕者　127/61/27
○不足　138/69/18
振窮○不足　147/77/17

亡羊而○牢 192/97/28
通有○民益主之業 221/116/18
何○於國 258A/137/6
無○於國 258A/137/6
皆無危○於國 258A/137/7
願令得○黑衣之數 262/139/7
皆令妻妾○縫於行伍之
間 461/226/25

不 bù 2971

○若歸之大國 1/1/5
○識大國何塗之從而致之齊 1/1/9
○可 1/1/10,1/1/12,14A/6/1
14B/6/7,14B/6/9,41A/14/26
73A/31/13,73A/31/13
101/50/7,103/51/1
122/58/27,166/85/4
177/92/18,203/103/25
203/105/1,203/105/5
231/123/8,234/125/19
301/153/4,301/153/11
335/168/12,348B/174/9
357/176/29,364/179/24
376/183/11,384/185/12
396B/191/4,438/213/5
438/213/6,440/214/23
454/222/25,461/225/29
必○出 1/1/11
鼎必○出 1/1/12
○敢欺大國 1/1/17
秦王○聽群臣父兄之義
而攻宜陽 2/1/25
宜陽○拔 2/1/25
○勝 2/1/27,10B/4/21
47/18/31,68/28/3,90/43/26
152/80/14,443/218/28
○如背秦援宜陽 2/1/27
○如謂楚、韓曰 3B/2/12
今東周之兵○急西周 3B/2/12
西周之寶○入楚、韓 3B/2/13
西周○下水 4/2/18
今○下水 4/2/19
○若一為下水 4/2/20
相國將○欲 5A/2/26
○假而惡於秦 5B/3/3
君何○令人謂韓公叔曰 5B/3/3
公何○與周地 5B/3/4
○信周 5B/3/5
是韓○伐也 5B/3/5
寡人○敢弗受 5B/3/5
故王○如速解周恐 6/3/11
子何○以秦攻齊 7/3/16
然而所以○可者 8A/3/23
國人○說也 8B/3/27
周君遂○免 8B/4/3
周○納 9/4/7
問其巷而○知也 9/4/7
公○如救齊 10A/4/15
○得○聽秦 10B/4/21
○如備兩周辯知之士 11A/4/26
君○如令辯知之士 11A/4/27
必○處矣 11C/5/12
君○如令王聽最 12/5/16
三國○敗 13/5/21
○固 13/5/22
公何○令人謂韓、魏之
王曰 13/5/23
何○合周最兼相 13/5/23
視之○可離 13/5/23
趙○敢戰 14A/5/28
恐秦○己收也 14A/6/1
王○去周最 14A/6/1
○顧其先君之丘基 14B/6/6
○與伐齊者 14B/6/7
公○如謂魏王、薛公曰 14B/6/8
天下○能傷齊 14B/6/8
○可○察也 16/6/20
278/146/4,448A/220/15
○必且為大人者 16/6/23
何○封公子咎 17/6/27
周君○聽 17/6/28
○如謂周君曰 17/6/29
居中○便於相國 17/7/1
公○如遂見秦王曰 18/7/7
是周常○失重國之交也 18/7/8
○可成 19/7/14
小國○足亦以容賊 21/7/27
君之使又○至 21/7/27
君○如令弊邑陰合於秦
而君無攻 22/8/6
秦○大弱 22/8/9
而使○藉兵乞食於西周 22/8/10
君○如禁秦之攻周 23/8/15
必○攻魏 23/8/16
秦若攻周而○得 23/8/17
又必○攻魏 23/8/17
必○敢○聽 23/8/18
魏○能支 23/8/19,295/150/13
若魏○講 23/8/19
代能為君令韓○徵甲與
粟於周 25/9/3
公○聞楚計乎 25/9/5
○過一月必拔之 25/9/6
今圍雍氏五月○能拔 25/9/6
楚王始○信昭應之計矣 25/9/6
公何○以高都與周 25/9/8
○通其使 25/9/10
何○與也 25/9/10
○徵甲與粟於周而與高都 25/9/11
楚卒○拔雍氏而去 25/9/11
○如譽秦王之孝也 26/9/15
君○若止之 27/9/21
子何○代我射之也 27/9/23
我○能教子支左屈右 27/9/23
而○已善息 27/9/24
一發○中 27/9/24
一攻而○得 27/9/26
公○若稱病○出也 27/9/26
○如令太子將軍正迎吾
得於境 28/10/3
楚○能守方城之外 29/10/10
君雖○欲與也 29/10/11
君使人告齊王以周最○
肯為太子也 30/10/15
臣為君○取也 30/10/15
公○知善 30/10/16
折而○賣 30/10/16
君何○買信貨哉 30/10/18
王何○出於河南 31/10/23
將以為辭於秦而○往 31/10/24
周君○入秦 31/10/24
秦必○敢越河而攻南陽 31/10/24
溫囿○下此 32/11/1
○怨 32/11/2
周君形○小利 32/11/4
必○合於秦 32/11/6
○攻周 34/11/18
實○足以利國 34/11/18
則秦孤而○王矣 34/11/19
則令○橫行於周矣 34/11/20

君○如使周最陰合於趙以備秦 35/11/26
則○毀 35/11/26
王何○以地齎周最以為太子也 36/12/3
周○聽 36/12/4
公○如謂周君曰 36/12/4
楚、宋○利秦之德三國也 37/12/9
何○謂周君曰 38/12/14
而臣為○能使矣 38/12/15
○惡周於秦矣 38/12/16
公必○免 38/12/17
○善於公且誅矣 38/12/17
罰○諱強大 39/12/23
賞○私親近 39/12/23
道○拾遺 39/12/23
民○妄取 39/12/23
疾且○起 39/12/26
辭○受 39/12/26
而秦人○憐 39/13/2
毛羽○豐滿者○可以高飛 40/13/12
文章○成者○可以誅罰 40/13/12
道德○厚者○可以使民 40/13/12
政教○順者○可以煩大臣 40/13/13
今先生儼然○遠千里而庭教之 40/13/13
臣固疑大王之○能用也 40/13/16
惡有○戰者乎 40/13/18
兵革○藏 40/13/18
○可勝理 40/13/19
百姓○足 40/13/20
戰攻○息 40/13/20
天下○治 40/13/21
○見成功 40/13/21
天下○親 40/13/21
其勢○能 40/13/23
非兵○可 40/13/25
王固○能行也 40/13/26
說秦王書十上而說○行 40/13/29
妻○下紝 40/13/30
嫂○為炊 40/13/30
父母○與言 40/14/1
妻○以我為夫 40/14/1
嫂○以我為叔 40/14/1
父母○以我為子 40/14/1
安有說人主○能出其金玉錦繡 40/14/3
故蘇秦相於趙而關○通 40/14/10
○費斗糧 40/14/11
○式於勇 40/14/12
○式於四境之外 40/14/13
貧窮則父母○子 40/14/19
諸侯○可一 41A/14/25
猶連鷄之○能俱止於棲之明矣 41A/14/25
故○言 41B/15/5
弗知而言為○智 42/15/9
知而○言為○忠 42/15/9
為人臣○忠當死 42/15/9
言○審亦當死 42/15/10
今天下之府庫○盈 42/15/12
○能死 42/15/13
罪其百姓○能死也 42/15/14
其上○能殺也 42/15/14
言賞則○與 42/15/14
言罰則○行 42/15/14
賞罰○行 42/15/14
故民○死也 42/15/15
○攻無攻相事也 42/15/17
夫斷死與斷生也○同 42/15/18
天下○足兼而有也 42/15/21
是知秦戰未嘗○勝 42/15/21
攻未嘗○取 42/15/21
所當未嘗○破也 42/15/21
四鄰諸侯○服 42/15/23
伯王之名○成 42/15/23
42/16/11, 42/17/11
謀臣皆○盡其忠也 42/15/23
一戰○勝而無齊 42/15/27
禍乃○存 42/16/1
而謀臣○為 42/16/4
42/16/8, 42/16/21
號令○治 42/16/13
賞罰○信 42/16/13
地形○便 42/16/14
而○憂民氓 42/16/14
趙氏上下○相親也 42/16/15
貴賤○相信 42/16/15
然則是邯鄲○守 42/16/16
○用一領甲 42/16/17
○苦一民 42/16/17
代、上黨○戰而已為秦矣 42/16/17
東陽河外○戰而已反為齊矣 42/16/18
中呼池以北○戰而已為燕矣 42/16/18
韓亡則荊、魏○能獨立 42/16/19
荊、魏○能獨立 42/16/19
地尊○可得 42/16/22
且夫趙當亡○亡 42/16/22
秦當伯○伯 42/16/23
○能拔也 42/16/23
淇水竭而洹水○流 42/17/2
天下莫○傷 42/17/3
一舉而天下之從○破 42/17/10
趙○舉 42/17/10
韓○亡 42/17/11
荊、魏○臣 42/17/11
齊、燕○親 42/17/11
四鄰諸侯○朝 42/17/11
以主為謀○忠者 42/17/12
子○予之 43/17/16
魏○反秦兵 43/17/16
張子○反秦 43/17/16
○敢反於秦矣 43/17/17
張子○去秦 43/17/17
○如伐韓 44/17/21
周自知○救 44/17/25
天下莫敢○聽 44/17/26
弊兵勞眾○足以成名 44/17/27
得其地○足以為利 44/17/27
而王○爭焉 44/17/28
○然 44/18/1, 80/35/4, 105/51/25, 122/58/28, 122/58/28, 124/60/29, 131/63/24, 136B/67/25, 138/69/15, 147/78/3, 156/81/20, 160/82/27, 177/93/5, 199/101/2, 203/104/27, 229A/122/16, 233/125/1, 233/125/3, 242/130/11, 257/136/24, 302/153/21, 321/164/26, 344A/172/4, 355/175/29, 459A/225/11
繕兵○傷眾 44/18/4
而天下○以為暴 44/18/4
諸侯○以為貪 44/18/5
又有○義之名 44/18/6

而攻天下之所〇欲 44/18/6
王〇能禁 44/18/9
〇如伐蜀之完也 44/18/9
種樹〇處者 46/18/23
家有〇宜之財 46/18/23
〇如與魏以勁之 47/18/30
魏〇能守 47/18/31
舟之僑諫而〇聽 48A/19/7
宮之奇以諫而〇聽 48A/19/9
王怒而〇聽 48A/19/11
今楚〇加善秦而善軫 48B/19/16
然則是軫自為而〇為國也 48B/19/16
王何〇聽乎 48B/19/17
吾〇忠於君 48B/19/22
吾〇之楚 48B/19/22
儀〇能與從事 49/19/27
而明臣之楚與〇也 49/20/3
王必〇留臣 49/20/7
昭陽將〇與臣從事矣 49/20/7
以此明臣之楚與〇 49/20/8
故賣僕妾〇出里巷而取者 49/20/13
臣〇忠於王 49/20/14
軫〇之楚 49/20/14
是以弊邑之王〇得事令 50/20/25
而儀〇得為臣也 50/20/25
〇穀得商於之田 50/21/1
獨〇賀 50/21/2
〇穀〇煩一兵 50/21/2
〇傷一人 50/21/2
子獨〇賀 50/21/3
臣見商於之地〇可得 50/21/3
故〇敢妄賀 50/21/4
楚王〇聽 50/21/7,50/21/18,85/39/24,377/183/17
稱病〇朝 50/21/10
張子以寡人〇絕齊乎 50/21/11
〇聞六里 50/21/12
王〇如因而賂之一名都 50/21/14
楚國〇尚全事 50/21/15
王〇如以地東解於齊 51/21/23
寡人〇佞 51/21/25,438/213/10
〇能親國事也 51/21/25
或謂救之〇便 51/21/26
子獨〇可以忠為子主計 51/21/26
王獨〇聞吳人之遊楚者乎 51/21/27
臣〇知其思與〇思 51/21/28
王〇聞夫管與之說乎 51/21/29
〇如召甘茂於魏 52/22/9
臣〇得復過矣 53/22/14
王〇如賂之以撫其心 53/22/18
將使耳〇聽 54/22/27
目〇明 54/22/27
而與〇知者敗之 54/22/28
而寡人死〇朽乎 55/23/3
天下〇以為多張儀而賢先王 55/23/11
吾子〇殺人 55/23/15
則慈母〇能信也 55/23/17
今臣之賢〇及曾子 55/23/17
疑臣者〇適三人 55/23/18
寡人〇聽也 55/23/19
五月而〇能拔也 55/23/21
〇拔宜陽 56/23/27
〇如許楚漢中以懽之 56/23/27
楚懽而〇進 56/23/28
三鼓之而卒〇上 57/24/3
公〇論兵 57/24/3
今攻宜陽而〇拔 57/24/4
請明日鼓之而〇可下 57/24/5
公〇如進兵攻宜陽 58/24/11
〇為韓氏先戰 59/24/16
而〇餘怨於秦 59/24/17
而健者〇用矣 60/24/23
〇聞 61A/24/27
今臣〇肖 61A/24/30
〇如重其贄 61A/25/6
甘茂辭〇往 61A/25/9
故〇往 61A/25/10
王若〇留 61A/25/10
必〇德王 61A/25/10
怵於楚而〇使魏制和 62/25/23
〇悅而合於楚 62/25/23
王〇如使魏制和 62/25/24
王〇惡於魏 62/25/24
〇可信恃 63/26/1
大國〇義 63/26/1
必〇益趙甲四萬人以伐齊 63/26/6
〇為〇信 63/26/7
〇為無行 63/26/7
〇利於秦 63/26/8
則晉、楚〇信 63/26/10
則必〇走於秦且走晉、楚 63/26/11
夫取三晉之腸胃與出兵而懼其〇反也 63/26/14
必〇益趙甲四萬人以伐齊矣 63/26/15
太后救過〇贍 64/26/22
君〇如勸秦王令弊邑卒攻齊之事 65/26/27
而〇能支秦 65/26/29
若齊〇破 65/26/30
攻齊〇成 66/27/4
何〇使人謂燕相國曰 66/27/7
聖人〇能為時 66/27/7
〇遇堯也 66/27/8
〇得為天子 66/27/8
〇當桀、紂〇王 66/27/8
〇遭時〇得帝王 66/27/8
吳〇亡越 66/27/11
齊〇亡燕 66/27/11
此除疾〇盡也 66/27/11
〇可得也已 66/27/13
公〇如反公國 67/27/23
觀三國之所求於秦而〇能得者 67/27/23
觀張儀與澤之所〇能得於薛公者也 67/27/24
和〇成 68/28/3,289/148/30
公〇若毋多 68/28/4
〇能與齊縣衡矣 70/28/13
〇必待齊 70/28/17
窮而〇收 71/28/23
恐〇為王用 71/28/23
有功者〇得〇賞 72/28/28
有能者〇得〇官 72/28/28
故〇能者〇敢當其職焉 72/28/29
能者亦〇得蔽隱 72/28/29
明主則〇然 72/29/2
今臣之胸〇足以當椹質 72/29/2
要〇足以待斧鉞 72/29/3
獨〇重任臣者後無反覆於王前耶 72/29/3
獨〇足以厚國家乎 72/29/7
則諸侯〇得擅厚矣 72/29/9
臣〇敢載之於書 72/29/11
其淺者又〇足聽也 72/29/12
臣愚而〇闔於王心耶 72/29/12

將賤而○足聽耶 72/29/12
躬竊閔然○敏 73A/29/20
見者無○變色易容者 73A/29/23
先生○幸教寡人乎 73A/29/27
所以王三問而○對者是也 73A/30/4
臣非有所畏而○敢言也 73A/30/4
死○足以為臣患 73A/30/6, 424/205/21
亡○足以為臣憂 73A/30/6
○足以為臣恥 73A/30/6
人之所必○免也 73A/30/8
終身○復見 73A/30/10,236/128/7
○離保傅之手 73A/30/14
寡人愚○肖 73A/30/18
此天所以幸先王而○棄其孤也 73A/30/19
今反閉而○敢窺兵於山東者 73A/30/25
是穰侯為國謀○忠 73A/30/25
則○足以傷齊 73A/31/1
而悉韓、魏之兵則○義矣 73A/31/2
今見與國之○可親 73A/31/2
豈齊○欲地哉 73A/31/4
君臣之○親 73A/31/4
王○如遠交而近攻 73A/31/6
○亦繆乎 73A/31/6
寡人○能親 73A/31/12
王○如收韓 73A/31/17
○聽 73A/31/17
則成睪之路○通 73A/31/20
北斬太行之道則上黨之兵○下 73A/31/20
焉得○聽 73A/31/21
○聞其王 73B/31/26
○聞其有王 73B/31/27
今太后擅行○顧 73B/31/28
穰侯出使○報 73B/31/28
四貴備而國○危者 73B/31/28
然則權焉得○傾 73B/32/1
莫敢○聽 73B/32/3
○勝叢 74/32/17
○如一人持而走疾 74/32/20
○稱瓢為器 74/32/21
四治政○亂○逆 74/32/26
○敢為非 74/32/27
穰侯十攻魏而○得傷者 75/33/6
幾割地而韓○盡 75/33/10
而更與○如張儀者市 75/33/10
因謝○取 76/33/16
是天下之王○如鄭賈之智也 76/33/17
○知其實也 76/33/18
○問金之所之 77/33/28
散○能三千金 77/33/29
○亡一甲 78/34/5
亦○過此矣 78/34/5
固○得之矣 78/34/6
○樂為秦民之日固久矣 78/34/7
則秦所得○一幾何 78/34/8
故○如因而割之 78/34/8
臣○憂 79/34/13
其子死而○憂 79/34/14
今子死○憂 79/34/15
無子之時○憂 79/34/15
為子時○憂 79/34/16
秦王以為○然 79/34/19
食○甘味 79/34/19, 142/73/23,167/86/9
臥○便席 79/34/19
今應侯亡地而言○憂 79/34/19
天下莫○聞 79/34/23,413/197/7, 438/213/13,461/226/12
○若死 79/34/24
十七月○下 80/35/3
君何○賜軍吏乎 80/35/3
○用人言 80/35/4
必○行者 80/35/4
此令必○行者也 80/35/5
而心○有 80/35/6
○過父子之親 80/35/7
○卑於守閭嫗 80/35/7
○如賜軍吏而禮之 80/35/8
王稽○聽 80/35/8
王必○失臣之罪 80/35/14
應侯固○快 81/35/23
豈○辯智之期與 81/35/27
終其年而○夭傷 81/35/28
何為○可 81/36/1
盡公○還私 81/36/2
使私○害公 81/36/3
讒○蔽忠 81/36/3
言○取苟合 81/36/4
行○取苟容 81/36/4
行義○固毀譽 81/36/4
○辭禍凶 81/36/4
悉忠而○解 81/36/5
盡能而○離 81/36/5
多功而○矜 81/36/5
貴富○驕怠 81/36/5
何為○可哉 81/36/7
○能存殷 81/36/8
○能存吳 81/36/8
是微子○足仁 81/36/10
孔子○足聖 81/36/10
管仲○足大也 81/36/11
豈○亦忠乎 81/36/14
商君、吳起、大夫種○若也 81/36/15
○欺舊故 81/36/16
○過秦孝、越王、楚悼 81/36/17
○過商君、吳起、大夫種 81/36/18
而身○退 81/36/19
此皆乘至盛○及道理也 81/36/23
○敢攻秦者 81/36/27
損○急之官 81/37/1
成功而○去 81/37/4
此所謂信而○能詘 81/37/5
往而○能反者也 81/37/5
君獨○觀博者乎 81/37/5
計○下席 81/37/6
謀○出廊廟 81/37/6
如是○退 81/37/9
君何○以此時歸相印 81/37/9
臣○如也 81/37/14
必○救也 82A/37/27
秦愈○敢出 82A/37/28
秦遂○敢出兵 82A/38/2
何○取為妻 82B/38/6
王何○召公子池而問焉 83A/38/14
○講亦悔 83A/38/17
王○講 83A/38/19
吾愛三城而○講 83A/38/19
此又○講之悔也 83A/38/19
城○沈者三板耳 83B/39/1
吾○知水之可亡人之國也 83B/39/2
○能過智伯 83B/39/4
魏○與 84A/39/10

王何○謂楚王曰 84A/39/10
王何○與寡人遇 84A/39/11
若○出地 84A/39/12
故齊○合也 84B/39/18
楚王因○罪景鯉而德周、秦 84B/39/18
王○如留之以市地 85/39/23
則○用兵而得地 85/39/24
更○與○如景鯉留 85/39/24
而地○可得也 85/39/27
○與地 85/40/1
○如出臣 85/40/1
臣之義○參拜 86/40/6
○ 86/40/6,200/102/8
即○見也 86/40/6
威○掩於山東 86/40/14
臣竊為大王○取也 86/40/14
167/85/27,256/136/18
恐○能給也 86/40/17
○如善楚 87/40/27
三世而○接地於齊 87/40/29
是王○用甲 87/40/30
○伸威 87/41/1
楚、燕之兵云翔○敢校 87/41/2
天下五合、六聚而○敢救也 87/41/4
三王○足四 87/41/5
五伯○足六也 87/41/6
靡○有初 87/41/9,89/43/7
而○知榆次之禍也 87/41/10
而○知干隧之敗也 87/41/11
今王妬楚之○毀也 87/41/13
臣為大王慮而○取 87/41/14
大武遠宅○涉 87/41/14
敵○可易 87/41/16
時○可失 87/41/16
百姓○聊生 87/41/20
韓、魏之○亡 87/41/20
○亦失乎 87/41/21
兵出之日而王憂其○反也 87/41/22
王若○藉路於仇讎之韓、魏 87/41/22
山林谿谷○食之地 87/41/23
○為得地 87/41/24
秦、楚之構而○離 87/41/26
上蔡、召陵○往來也 87/42/10
○待痛而服矣 87/42/12
土廣○足以為安 88/42/16
人衆○足以為強 88/42/16
莫○令朝行 88/42/20
寢○寐 88/42/22
食○飽 88/42/22
格道○通 88/42/24
齊戰敗○勝 88/42/24
謀則○得 88/42/24
王兵勝而○驕 89/43/3
伯主約而○忿 89/43/3
勝而○驕 89/43/4
約而○忿 89/43/4
○恤楚交 89/43/5
臣竊為大王慮之而○取也 89/43/5
能始而○能終也 89/43/11
而使天下之士○敢言 89/43/13
而世主○敢交陽侯之塞 89/43/13
而韓、楚之兵○敢進 89/43/14
則三王○足四 89/43/14
五伯○足六 89/43/14
王若○能為此尾 89/43/15
秦王因○罪 90/43/27
所以○為相者 91/44/3
太后○善公也 91/44/3
公何○以秦、楚之重 91/44/4
以太子之留酸棗而○之秦 92/44/12
魏○與我約 92/44/13
○如先伐之 92/44/13
濮陽人呂○韋賈於邯鄲 93/44/18
○得煖衣餘食 93/44/20
外託於○可知之國 93/44/23
君之門下無○居高尊位 93/44/26
而○壽於朝生 93/44/28
○韋曰 93/44/29
○韋說趙曰 93/45/5
○顧一子以留計 93/45/6
是○敢倍德畔施 93/45/6
○足以結秦 93/45/7
○韋使楚服而見 93/45/10
○習於誦 93/45/11
得知名者○少 93/45/12
以○韋為相 93/45/16
文信侯去而○快 94/45/23
君侯何○快甚也 94/45/23
而○肯行 94/45/24
我自行之而○肯 94/45/25
○知其數 94/45/29,94/45/30
臣之功○如武安君也 94/45/30
卿明知功之○如武安君歟 94/45/30
應侯○如文信侯專 94/46/1
卿明知為○如文信侯專歟 94/46/2
而卿○肯行 94/46/3
臣○知卿所死之處矣 94/46/3
燕○欺秦也 94/46/8
秦○欺燕也 94/46/8
秦、燕○相欺 94/46/9
燕、秦所以○相欺者 94/46/9
○如 95/46/18
95/46/19,95/46/20,95/46/20
95/46/20,95/46/21
卿○遠趙 95/46/22
秦○接刃而得趙之半 95/46/23
秦○足亡 95/46/26
卒○免秦患 95/46/27
力○能自存 95/46/27
趙王○能將 95/46/29
大王○用 95/46/29
○過半年 95/47/3
○能及地 95/47/8
起居○敬 95/47/8
上若○信 95/47/9
○赦 95/47/11
臣○敢言 95/47/11
人臣○得自殺宮中 95/47/11
臂短○能及 95/47/12
非○知也 95/47/16
非○肖也 95/47/16
○能用也 95/47/16
今賈忠王而王○知也 96/48/6
賈○歸四國 96/48/6
使賈○忠於君 96/48/6
棘津之讎○庸 96/48/11
故明主○取其汙 96/48/14
○聽其非 96/48/15
雖有外誹者○聽 96/48/15
無咫尺之功者○賞 96/48/15
盼子○用也 97/48/23
嬰子○善 97/48/23
必○便於王也 97/48/24
封之成與○ 98/48/29
魯、宋事楚而齊○事者 98/49/4

○惡齊大何也 98/49/5
因○止 98/49/6
鄙臣○敢以死為戲 99/49/12
君○聞大魚乎 99/49/13
網○能止 99/49/13
鉤○能牽 99/49/13
○可○日聽也而數覽 100/49/19
靖郭君○聽 101/49/24
大○善於宣王 101/49/28
王之○說嬰甚 101/50/1
固○求生也 101/50/2
靖郭君○能止 101/50/2
太子相○仁 101/50/6
○若廢太子 101/50/6
吾○忍也 101/50/7,385/186/21
又○肯聽辨 101/50/9
殊○知此 101/50/10
○得已而受 101/50/14
靖郭君辭○得 101/50/14
故人非之○為沮 101/50/16
○如勿救 102/50/21
則我○利 102/50/22
臣之求利且○利者 102/50/24
是趙○拔而魏全也 102/50/24
故○如南攻襄陵以弊魏 102/50/24
○如早救之 103/51/1
五戰五○勝 103/51/6
○相說 104/51/11
公何○為王謀伐魏 104/51/11
戰○勝 104/51/12
394/190/12,426/206/28
田忌○進 104/51/12
戰而○死 104/51/12
則將軍○得入於齊矣 105/51/25
田忌○聽 105/51/25
果○入齊 105/51/25
鄒忌所以○善楚者 106/52/1
王○如封田忌於江南 106/52/1
以示田忌之○返齊也 106/52/2
宣王○悅 107/52/7,136B/67/12
○如有五子之孝 107/52/8
忌○自信 108/52/14
徐公○若君之美也 108/52/16
自以為○如 108/52/19
臣誠知○如徐公美 108/52/23
莫○私王 108/52/24
莫○畏王 108/52/25
莫○有求於王 108/52/25
威王○應 109/53/7,109/53/8
王何○發將而擊之 109/53/8
此○叛寡人明矣 109/53/9
臣非○能更葬先妾也 109/53/13
夫○得父之教而更葬母 109/53/14
故○敢 109/53/14
夫為人子而○欺死父 109/53/15
君○與勝者而與○勝者 110/53/21
鬼且○知也 110/53/22
○用有魯與無魯 110/53/22
○足以立功名 111/54/4
○憂強秦 111/54/5
秦曾○出力 111/54/6
秦曾○出薪 111/54/6
伐○道者 111/54/9
今秦之伐天下○然 111/54/9
而齊民獨○也 111/54/10
秦必○敢攻梁 111/54/16
三晉怒齊○與己也 111/54/16
○如急以兵合於三晉 111/54/17
○待發於遠縣 112/54/26
其民無○吹竽、鼓瑟、擊筑、彈琴、鬭雞、走犬、六博、蹹踘者 112/54/27
天下○能當 112/54/29
○至十日 112/54/31,408/194/17
四境○守 112/55/1
戰而○勝 112/55/1
119/58/3,295/150/14
今秦攻齊則○然 112/55/4
車○得方軌 112/55/4
馬○得並行 112/55/5
千人○能過也 112/55/5
高躍而○敢進 112/55/6
則秦○能害齊 112/55/6
夫○深料秦之○奈我何也 112/55/6
寡人○敏 112/55/10
皆為一時說而○顧萬世之利 113/55/15
而○察其至實 113/55/16
莫○以從為可 113/55/19
大王○事秦 113/55/23,273/144/4
348A/173/26,413/197/10
○可得也 113/55/25,348A/173/29
○如聽之 114/56/4
百姓○戴 114/56/4
儀事先王○忠 115/56/12
故儀願乞○肖身而之梁 115/56/17
115/56/25
○能相去 115/56/17
梁、齊之兵連於城下○能去 115/56/26
犀首以梁為齊戰於承匡而○勝 116/57/3
張儀謂梁王○用臣言以危國 116/57/3
值所以為國者○同耳 116/57/4
遂○聽 116/57/7
數人飲之○足 117/57/14
○弱兵 117/57/18
戰無○勝而○知止者 117/57/18
○如從合於趙 118/57/25
○如按兵勿出 119/58/2
○親 120/58/8
而齊○聽 120/58/11
○如聽之以卻秦兵 120/58/11
○聽則秦兵○卻 120/58/11
○務為此 120/58/14
趙、魏○伐 121/58/19
趙、魏亦○免與秦為患矣 121/58/20
則亦○果於趙、魏之應秦而伐周、韓 121/58/21
君何○留楚太子 122/58/26
然則是我抱空質而行○義於天下也 122/58/27
計○決者名○成 122/59/5
今王○亟入下東國 122/59/10
太子何○倍楚之割地而資齊 122/59/17
尚恐事○成 122/59/19
今已得地而求○止者 122/59/21
必○倍於王也 122/59/22
君因○善蘇秦 122/60/11
則是圍塞天下士而○利說途也 122/60/11
夫○善君者且奉蘇秦 122/60/11
而君○蚤親 122/60/12
故君○如因而親之 122/60/12
固○敢言人事也 124/60/24
則臣○知君所出矣 124/61/2
而薛亦○量其力 125/61/10

薛○量其力	125/61/11
故曰薛○量力	125/61/11
夏侯章每言未嘗○毀孟嘗君也	126/61/19
亦甚○義矣	128/62/8
孟嘗君○知臣○肖	128/62/13
○聽臣	128/62/16
若臣○肖也	128/62/16
則○若魚鱉	129/62/23
則騏驥○如狐狸	129/62/24
一軍○能當	129/62/24
則○若農夫	129/62/25
堯亦有所○及矣	129/62/25
今使人而○能	129/62/26
則謂之○肖	129/62/26
教人而○能	129/62/26
○肖則棄之	129/62/26
○相與處	129/62/27
○欲行	130/63/3
賣妻子○足償之	130/63/4
郢之登徒○欲行	130/63/16
則士○亦眾乎	131/63/23
則累世○得一焉	131/63/24
齊○與秦壤界而患緩	132B/64/14
○得○事齊也	132B/64/14
○能以重於天下者何也	132B/64/15
貧乏○能自存	133/64/20
以為貪而○知足	133/64/28
於是馮諼○復歌	133/64/29
先生○羞	133/65/4
○拊愛子其民	133/65/14
孟嘗君○說	133/65/15
寡人○敢以先王之臣為臣	133/65/18
孟嘗君固辭○往也	133/65/24
寡人○祥	133/65/25
寡人○足為也	133/65/26
君○以使人先觀秦王	134/66/3
君恐○得為臣	134/66/4
意者秦王○肖之主也	134/66/4
大王○好人	134/66/10
義○臣乎天子	134/66/10
○友乎諸侯	134/66/11
得志○慚為人主	134/66/11
○得志○肯為人臣	134/66/11
公孫弘可謂○侵矣	134/66/16
立千乘之義而○可陵	134/66/16
文○得是二人故也	135/66/22
豈獨○得盡	135/66/23
無○被繡衣而食菽粟者	135/66/23
○知	136A/67/5, 143/74/17, 143/74/17, 143/74/18
○敢以為言	136A/67/8
○如使王為趨士	136B/67/14
王者○貴	136B/67/15
死○赦	136B/67/16
曾○若死士之壟也	136B/67/17
宣王默然○悅	136B/67/17
莫○來語	136B/67/21
莫敢○服	136B/67/21
求萬物○備具	136B/67/21
而百無○親附	136B/67/22
是故《易傳》○云乎	136B/67/28
矜功○立	136B/68/1
虛願○至	136B/68/1
○媿下學	136B/68/3
何○吉之有哉	136B/68/5
是以侯王稱孤寡○穀	136B/68/6
然夫璞○完	136B/68/13
非○得尊遂也	136B/68/14
然而形神○全	136B/68/14
則終身○辱也	136B/68/18
聞先生直言正諫○諱	137/68/24
○說	137/68/25
是王○好士	137/69/2
王亦○好士也	137/69/4
○若王愛尺縠也	137/69/5
○使左右便辟而使工者何也	137/69/6
臣故曰○如愛尺縠也	137/69/7
使者○說	138/69/14
今○問王	138/69/14
何以至今○業也	138/69/17, 138/69/19
補○足	138/69/18
至老○嫁	138/69/19
胡為至今○朝也	138/69/20
一女○朝	138/69/20
上○臣於王	138/69/21
下○治其家	138/69/21
中○索交諸侯	138/69/21
何為至今○殺乎	138/69/22
設為○宦	139/69/26
設為○嫁	139/69/27
○嫁則○嫁	139/69/28
今先生設為○宦	139/69/28
○宦則然矣	139/69/29
士三食○得饜	140/70/4
而士○得以為緣	140/70/5
君○肯以所輕與士	140/70/5
今○聽	141A/70/11
○如聽之以卒秦	141A/70/12
而天下○聽	141A/70/13
伐趙○如伐宋之利	141B/70/21
有陰、平陸則梁門○啓	141B/70/23
天下○敢○聽	141B/70/24
則○能割劌矣	142/71/7
○得弦機之利	142/71/7
則○能遠殺矣	142/71/7
矢非○銛	142/71/8
而劍非○利也	142/71/8
權藉○在焉	142/71/8
車舍人○休傅	142/71/9
今世之為國者○然矣	142/71/15
故約○為人主怨	142/71/18
伐○為人挫強	142/71/18
則兵○費	142/71/19
權○輕	142/71/19
秦、楚戰韓、魏○休	142/71/21
莫若後起而重伐○義	142/71/26
事○塞天下之心	142/71/27
則名號○攘而至	142/71/27
伯王○為而立矣	142/71/28
則四鄰○反	142/71/28
則天下○賣	142/72/1
外○賣	142/72/1
內○反	142/72/1
則檳禍朽腐而○用	142/72/1
幣帛矯蠹而○服矣	142/72/1
則○祠而福矣	142/72/2
○貸而見足矣	142/72/2
今天下之相與也○並滅	142/72/9
寄怨而誅○直	142/72/10
○約親	142/72/11
○相質而固	142/72/11
○趨而疾	142/72/11
眾事而○反	142/72/11
交割而○相憎	142/72/11
燕○勝	142/72/13

有市之邑莫○止事而奉王	142/72/20
十年之田而○償也	142/72/22
	142/72/24
將○釋甲	142/72/26
○嗇於戰攻之患也	142/73/3
而守○可拔	142/73/6
守而○可拔者	142/73/7
○中則愧	142/73/9
而守必○拔	142/73/10
則明君○居也	142/73/11
則察相○事	142/73/11
則五兵○動而諸侯從	142/73/12
甲兵○出於軍而敵國勝	142/73/12
衝櫓○施而邊城降	142/73/13
士民○知而王業至矣	142/73/13
故鍾鼓竽瑟之音○絕	142/73/17
和樂倡優侏儒之笑○之	142/73/18
故名配天地○為尊	142/73/18
利制海內○為厚	142/73/19
寢○安席	142/73/23
恐○如	142/73/25
王何○使臣見魏王	142/73/25
○足以王天下	142/73/28
大王○若北取燕	142/73/28
大王○如先行王服	142/74/1
而○以德魏王	142/74/5
謀約○下席	142/74/5
百姓○附	143/74/11
大臣○親	143/74/12
閔王○肯與	143/74/14
求之則○得	143/74/18
而王○知戒焉	143/74/20
女暮出而○還	144/74/29
女○知其處	144/74/29
唯莒、即墨○下	145/75/6
○敢歸	145/75/8
而聊城○下	145/75/9
智者○倍時而棄利	145/75/11
勇士○怯死而滅名	145/75/11
忠臣○先身而後君	145/75/12
○顧燕王之無臣	145/75/12
而威○信於齊	145/75/13
故知者○再計	145/75/13
勇士○怯死	145/75/14
○若得濟北之利	145/75/15
魏○敢東面	145/75/16
燕救○至	145/75/17
即臣見公之○能得也	145/75/18
大臣○足恃	145/75/20
朞年○解	145/75/21
○如罷兵休士	145/75/24
傚小節者○能行大威	145/76/1
惡小恥者○能立榮名	145/76/1
遺公子糾而○能死	145/76/2
鄉里○通也	145/76/2
世主○臣也	145/76/2
幽囚而○出	145/76/3
慚恥而○見	145/76/3
○免為辱人賤行矣	145/76/3
使曹子之足○離陳	145/76/5
計○顧後	145/76/5
出必死而○生	145/76/5
則○免為敗軍禽將	145/76/6
顏色○變	145/76/8
而辭氣○悖	145/76/8
非○能行小節	145/76/9
功名○立	145/76/10
出○能行	146/76/22
○早圖	146/76/24
王○如因以為己善	146/76/25
而徐子○肖	147/77/9
若乃得去○肖者	147/77/10
何○使使者謝於楚王	147/77/14
數日○反	147/77/15
豈○以據勢也哉	147/77/16
且其志欲為○善	147/77/17
振窮補○足	147/77/17
吾○若也	147/77/23, 147/77/24
臣固知王○若也	147/77/24
	147/77/24
且王○能守先王之社稷	147/77/27
以為○可	147/78/1, 276/145/24
且嬰兒之計○為此	147/78/2
王○亟殺此九子者以謝安平君	147/78/2
○能下也	148/78/8
攻狄而○下	148/78/9
三月而○克之也	148/78/10
攻狄○能	148/78/12
先生謂單○能下狄	148/78/13
莫○揮泣奮臂而欲戰	148/78/15
所以○勝者也	148/78/17
○如易餘糧於宋	149A/78/22
梁氏○敢過宋伐齊	149A/78/22
○償	149A/78/23
終身○覩	149B/79/3
○以○覩之故	149B/79/3
以故建立四十有餘年○受兵	149B/79/6
而解此環○	149B/79/8
群臣○知解	149B/79/9
○脩攻戰之備	149B/79/14
皆○便秦	150/79/23
○欲為秦	150/79/24
為大王○取也	150/79/26
齊王○聽	150/79/26
齊王○聽即墨大夫而聽陳馳	150/79/28
○若其欲齊之甚也	151/80/4
王○如令人以涓來之辭謾固於齊	151/80/6
齊、秦必○合	151/80/6
齊、秦○合	151/80/7, 417/200/16
子以我為○信	154/81/5
觀百獸之見我而敢○走乎	154/81/5
虎○知獸畏己而走也	154/81/6
臣○敢言其後	155/81/12
王○如無救趙	156/81/17
趙○能聽	156/81/18
昭奚恤○知也	156/81/20
今○救趙	156/81/20
而有楚之○救己也	156/81/22
故王○如少出兵	156/81/22
而見楚救之○足畏也	156/81/23
必○釋趙	156/81/23
而力○能	157A/81/30
○當封	157A/82/1
夫苟○難為之外	157B/82/7
遂○得入言	158/82/13
而王終已○知者	159/82/21
見君莫○斂衽而拜	160/82/27
是以嬖女○敝席	160/82/30
寵臣○避軒	160/83/1
君○用臣之計	160/83/5
臣請○敢復見矣	160/83/5
○敢忘先生之言	160/83/6
○蔽人之善	161/83/18
○言人之惡	161/83/18
郢人有獄三年○決者	162/83/25

○當服罪 162/83/26
故其宅○得 162/83/26
謂而○得 162/83/29
安邑○知 163/84/7
上梁亦○知也 163/84/7
故楚王何○以新城為主郡也 163/84/8
太子○勝 164/84/17
然而○死 164/84/18
乃○罪也 164/84/18
赫○能得趙 165/84/24
五大夫○可收也 165/84/24
王○如以十乘行之 165/84/25
杜赫怒而○行 165/84/26
是○能得趙也 165/84/28
臣○足以知之 166/85/3
大○如事君 166/85/5
小○如處室 166/85/5
然而○可相秦 166/85/6
則諸侯莫○南面而朝於章臺之下矣 167/85/18
此其勢○兩立 167/85/19
大王○從親 167/85/20
○顧其禍 167/86/3
大逆○忠 167/86/3
○可親也 167/86/7
○可與深謀 167/86/8
○足恃也 167/86/9
寡人臥○安席 167/86/9
○格明矣 168/86/18
今大王○與猛虎而與群羊 168/86/18
其勢○兩立 168/86/21
而大王○與秦 168/86/21
韓之上地○通 168/86/22
○料敵而輕戰 168/86/25
兵○如者 168/86/26
粟○如者 168/86/26
言其利而○言其害 168/86/27
○費馬汗之勞 168/87/1
○至十日而距扞關 168/87/2
此其勢○相及也 168/87/4
且夫秦之所以○出甲於函谷關十五年以攻諸侯者 168/87/9
楚人○勝 168/87/10
○至數月而宋可舉 168/87/14
其○可成也亦明矣 168/87/19
○習國家之長計 168/87/26
楚王○察於爭名者也 169/88/7
韓求相工陳籍而周○聽 169/88/7
魏求相綦母恢而周○聽 169/88/7
是楚自行○如周 169/88/9
則楚眾○用矣 169/88/12
而王○知察 169/88/12
今君何○見臣於王 169/88/12
請為王使齊交○絕 169/88/13
齊交○絕 169/88/13
是昭雎之言○信也 169/88/13
自從先君文王以至○穀之身 170/88/18
亦有○為爵勸 170/88/18, 170/88/22
○為祿勉 170/88/18, 170/88/23, 170/89/25
如華○足知之矣 170/88/19
○於大夫 170/88/19
壹（瞑）〔瞑〕而萬世○視 170/88/21
○知所益 170/88/22, 170/89/7
朝○謀夕 170/88/26
四封○侵 170/89/2
名○挫於諸侯 170/89/2
壹瞑而萬世○視 170/89/7
○若奔諸侯 170/89/11
雀立○轉 170/89/12
七日○得告 170/89/12
旄○知人 170/89/13
冠帶○相及 170/89/13
秦王顧令○起 170/89/16
故○為爵勸 170/89/25
忍而○入 170/90/1
然而○避 170/90/1
君王直○好 170/90/1
故王○如與齊約 171/90/7
魏氏○聽 171/90/8
公○如令王重賂景鯉、蘇厲 172/90/14
必○求地而合於楚 172/90/15
若齊○求 172/90/15
昭侯○欲 173B/90/26
秦王怒於戰○勝 173B/90/27
戰○勝秦 173B/90/28
○如益昭雎之兵 173B/90/28
而燕、趙、魏○敢○聽 173B/90/30
子何○急言王 174/91/9
秦女必○來 174/91/9
儀事王○善 175/91/15
君○如使人微要靳尚而刺之 175/91/18
○與天下共攻之 176/91/28
王○如與之盟而歸之 176/91/28
必○敢倍盟 176/91/28
子○予我 177/92/4
○得歸 177/92/4
愛地○送死父 177/92/5
○義 177/92/5, 177/93/5
王○可○與也 177/92/12
許強萬乘之齊而○與 177/92/13
則○信 177/92/13
後○可以約結諸侯 177/92/13
○可與也 177/92/16, 177/92/20, 177/92/25, 177/92/25
楚○能獨守 177/92/21
許萬乘之強齊也而○與 177/92/21
負○義於天下 177/92/21
楚亦○能獨守 177/92/21
○可○與也 177/92/24
雖然楚○能獨守也 177/92/25
○仁 177/93/4
士卒○用 177/93/6
公○如令人謂太子曰 178/93/10
必且務○利太子 178/93/11
太子○如善蘇子 178/93/11
今先生乃○遠千里而臨寡人 180/93/28
曾○肯留 180/93/28
為臣○忠○信 181/94/3
○忠 181/94/3
○信 181/94/4
且魏臣○忠○信 181/94/4
若○聽 181/94/5
楚王○說 182/94/12
王徒○好色耳 182/94/14
寡人之獨何為○好色也 182/94/16
天下關閉○通 182/94/21
橫親之○合也 183/94/30
二人固○善雎也 183/95/1
王○如復雎 183/95/3
魏○合秦 183/95/4

韓亦○從 183/95/4
天下莫○聞也 184/95/11
今之○善張儀也 184/95/12
天下莫○知也 184/95/12
王○如舉惠子而納之於宋 184/95/13
此○失為儀之實 184/95/14
公○如無聽惠施 185/95/22
魏王○說 185/95/26,247/131/23
謁病○聽 185/95/26
請和○得 185/95/26
○如速和 185/95/28
猶○聽也 186/96/4,277/145/29
公○如以儀之言為資 186/96/4
然臣羞而○學也 188/96/17
○避絕江河 188/96/17
所欲者○成 188/96/19
所求者○得 188/96/19
夫一梟之○如○勝五散 188/96/20
今君何○為天下梟 188/96/20
○偏於死 189/96/27
○偏於生 189/96/27
○足以載大名 189/96/27
○足以橫世 189/96/28
而天下○知 189/96/28
鄭褎知王以己為○妬也 190/97/8
公何以○請立后也 191/97/15
王○聽 191/97/15,426/207/7
然則○買五雙珥 191/97/16
○顧國政 192/97/21
君王卒幸四子者○衰 192/97/23
寡人○能用先生之言 192/97/25
王獨○見夫蜻蛉乎 192/98/1
○知夫五尺童子 192/98/2
○知夫公子王孫 192/98/4
○知夫射者 192/98/8
而○以國家為事 192/98/13
○知夫子發方受命乎宣王 192/98/13
而○以天下國家為事 192/98/17
○知夫穰侯方受命乎秦王 192/98/18
滑○聽也 193/98/25
人皆以謂公○善於富摯 194/99/3
公○聞老萊子之教孔子事君乎 194/99/3
而公重○相善也 194/99/4
而公○善也 194/99/5
是○臣也 194/99/5
○若令屈署以新東國為和於齊以動秦 195/99/10
有獻○死之藥於荊王者 196/99/16
且客獻○死之藥 196/99/18
王乃○殺 196/99/19
皆○過百里以有天下 197/99/23
臣竊以為○便於君 197/99/24
其君未嘗○尊 197/99/28
國未嘗○榮也 197/99/28
此○恭之語也 197/100/1
○可○審察也 197/100/1
廢正適而立○義 197/100/3
崔杼○許 197/100/5,197/100/5
○知佩兮 197/100/9
○知異兮 197/100/10
○可為拒秦之將也 198/100/22
○審君之聖 199/100/28
君之賢實○如堯 199/101/2
臣之能○及舜 199/101/3
負轅○能上 199/101/7
今僕之○肖 199/101/9
聞其○宜子 200/101/16
雖兄弟○如 200/101/22
孰與其臨○測之罪乎 200/101/26
安○有無妄之人乎 200/102/5
疾而○起 200/102/7
李園○治國 200/102/9
○為兵將 200/102/9
而呂○韋廢 200/102/19
○可○早定也 201/102/24
而後○免殺之 201/102/24
然而○免奪死者 201/102/26
故君○如北兵以德趙 201/102/27
若曰勝千鈞則○然者 201/103/2,362/179/10
城下○沉者三板 202/103/8
今城○沒者三板 202/103/10
○棄美利於前 202/103/15
而為危難○可成之事 202/103/15
郄疵知其言之○聽 202/103/20
來請地○與 203/103/25
他國○聽 203/103/26
○如與之 203/103/29,446A/219/23
其堅則箘簬之勁○能過也 203/104/9
三月○能拔 203/104/14
吾○能守矣 203/104/16
亡○能存 203/104/16
危○能安 203/104/17
必○欺也 203/104/28
○如令殺之 203/104/29
○殺則遂親之 203/105/2
如是則二主之心可○變 203/105/4
知過見君之○用也 203/105/5
言之○聽 203/105/5
遂去○見 203/105/6
今暮○擊 203/105/9
夫○聽知過 203/105/13
○令在相位 204A/105/20
○為近大夫 204A/105/20
前事之○忘 204A/105/24
則臣力○足 204A/105/24
臣下○使者何如 204A/105/25
○避其死 204A/105/26
始事范中行氏而○說 204B/106/7
其妻○識 204B/106/12
狀貌○似吾夫 204B/106/13
子○嘗事范中行氏乎 204B/106/21
而子○為報讎 204B/106/22
寡人○舍子 204B/106/25
臣聞明主○掩人之義 204B/106/25
忠臣○愛死以成名 204B/106/26
天下莫○稱君之賢 204B/106/26
雖死○恨 204B/106/27
趙侯將○許 205/107/3
魏攻中山而○能取 205/107/3
必○能越趙而有中山矣 205/107/4
君○如許之 205/107/5
君○如借之道 205/107/5
而示之○得已 205/107/5
雖○足以攻秦 206/107/11
計者○如構三國攻秦 206/107/11
宮室小而帑○衆 207/107/16
擊必○為用 207/107/16
汝○如我 208/107/26
○聽臣計則死 208/107/28
○能 208/108/2,416B/200/7
君即○能 208/108/2
今日精而君○動 208/108/3
吾君○能用也 208/108/4
恐其事○成 209/108/15

此代馬胡駒○東 209/108/24
而崑山之玉○出也 209/108/24
臣恐其後事王者之○敢自必也 209/108/28
奉陽君○欲 210/109/7
而封地○定 210/109/7
○可○熟圖也 210/109/7
其地○能千里 211/109/14
展轉○可約 211/109/14
秦戰○利 211/109/14
○固信盟 211/109/15
懼則可以○戰而深取割 211/109/16
韓○能有 211/109/20
○失守器 211/109/21
若○能卒 211/109/22
今○與 211/109/23
韓○能守上黨 211/109/25
211/109/27,211/110/7
其民皆○欲為秦 211/109/25
其吏民○欲為秦 211/109/27
中絕○令相通 211/110/1
雖強大○能得之於小弱 211/110/2
○可與戰 211/110/4,438/213/5
今○用兵而得城七十 211/110/5
何故○為 211/110/5
是吾處三○義也 211/110/13
為主守地而○能死 211/110/13
○義一也 211/110/13
○順主命 211/110/13
○義二也 211/110/14
○義三也 211/110/14
趙聞韓○能守上黨 211/110/14
三日○得見 212/110/21
而三日○見 212/110/24
○如令趙拘甘茂 213/110/28
○愛名寶 213/110/30
齊○從 214/111/3,215/111/11
○能以無功惡秦 214/111/4
河間封○定而齊危 215/111/10
文信○得志 215/111/11
憂大者○計而構 215/111/12
○待割而成 215/111/12
鄙語豈○曰 216/111/17
文甚○取也 216/111/18
文以為○可 216/111/19
今趙王○知文○肖 216/111/19
然山東○能易其路 217/111/27
弱而○能相壹 217/111/27
禽○知虎之即己也 217/111/28
決○相關矣 217/111/29
今山東之主○知秦之即己也 217/111/29
知○如禽遠矣 217/111/30
怒韓、梁之○救己 217/112/3
韓○待伐 217/112/6
梁○待伐矣 217/112/7
必○入秦 217/112/11
是秦禍○離楚也 217/112/12
217/112/13
必○出楚王 217/112/13
果○出楚王卬 217/112/16
莫○高賢大王之行義 218/112/21
大王○得任事 218/112/22
擇交○得則民終身○得安 218/112/25
而民○得安 218/112/25
218/112/26,218/112/26
河外割則道○通 218/113/5
○可○熟計也 218/113/6
○足畏也 218/113/11
然而秦○敢舉兵甲而伐趙者 218/113/12
則○然 218/113/13
韓、魏○能支秦 218/113/14
湯、武之卒○過三千人 218/113/18
車○過三百乘 218/113/18
內度其士卒之眾寡、賢與○肖 218/113/19
○待兩軍相當 218/113/19
而○與其憂 218/113/26
秦必○敢出兵於函谷關以害山東矣 218/114/8
是故官無乏事而力○困 219/114/17
是故事無敗業而惡○章 219/114/18
○以夜行 219/114/19
○以輕敵 219/114/19
故民○惡其尊 219/114/20
而世○妬其業 219/114/20
民○樂後也 219/114/21
人主○再行也 219/114/21
仁者○用也 219/114/21
今用兵終身○休 219/114/22
力盡○罷 219/114/22
地廣而○耕 219/114/23
民羸而○休 219/114/24
則雖從而○止矣 219/114/24
物○斷也 219/114/24
地○入也 219/114/25
父○得於子 219/114/25
君○得於臣 219/114/25
臣有以知天下之○能為從以逆秦也 219/114/30
夫慮收亡齊、罷楚、敝魏與○可知之趙 219/115/1
秦人遠迹○服 219/115/4
收破齊、罷楚、弊魏、○可知之趙 219/115/6
臣以從一○可成也 219/115/7
臨懷而○救 219/115/11
秦人去而○從 219/115/11
○識三國之憎秦而愛懷邪 219/115/11
夫攻而○救 219/115/11
去而○從 219/115/12
終身○敢設兵以攻秦折韓也 219/115/13
○識從之一成惡存也 219/115/13
於是秦王解兵○出於境 219/115/16
二十九年○相攻 219/115/16
秦兵○敢出函谷關十五年矣 220/115/21
○敢動搖 220/115/22
欲反覆齊國而○能 220/115/28
夫天下之○可一亦明矣 220/116/1
是故○敢匿意隱情 220/116/5
○能與國謀 220/116/9
以為一從○事秦 220/116/9
嗣立○忘先德 221/116/16
而卒世○見也 221/116/19
○和於俗 221/116/24
○謀於眾 221/116/24
子○反親 221/116/30
臣○逆主 221/116/30
而叔○服 221/117/1
因貴戚者名○累 221/117/4
○佞寢疾 221/117/7

○能趨走 221/117/7
是以○先進 221/117/7
禮服○同 221/117/16
○一其用 221/117/17
○同其禮 221/117/17
知者○能一 221/117/18
賢聖○能同 221/117/18
○知而○疑 221/117/18
異於己而○非者 221/117/19
且昔者簡主○塞晉陽 221/117/23
即鄗幾○守 221/117/24
臣愚○達於王之議 221/117/28
臣敢○聽今 221/117/29
且夫三代○同服而王 221/118/6
五伯○同教而政 221/118/6
○肖者拘焉 221/118/7
○足與論心 221/118/7
○足與致意 221/118/8
故為己者○待人 221/118/9
制今者○法古 221/118/10
隱忠○竭 221/118/12
竭意○諱 221/118/14
忠○辟危 221/118/14
明○距人 221/118/14
聖人○易民而教 221/118/16
知者○變俗而動 221/118/16
○勞而成功 221/118/16
今王易初○循俗 221/118/17
胡服○顧世 221/118/17
是以蒞國者○襲奇辟之服 221/118/18
中國○近蠻夷之行 221/118/18
古今○同俗 221/118/21
帝王○相襲 221/118/21
宓戲、神農教而○誅 221/118/21
黃帝、堯、舜誅而○怒 221/118/22
故禮世○必一其道 221/118/23
便國○必法古 221/118/23
○相襲而王 221/118/23
○易禮而滅 221/118/24
○盡於馬之情 221/118/27
○達於事之變 221/118/27
○足以高世 221/118/28
○足以制今 221/118/28
窮而○憂 222/119/7
知慮○躁達於變 222/119/11

威嚴○足以易於位 222/119/12
重利○足以變其心 222/119/12
恭於教而○快 222/119/12
和於下而○危 222/119/12
隱中○竭 222/119/13
臣敢○聽令乎 222/119/17
 224/120/18
○逆其志 222/119/20
○倍其孤 222/119/20
○用人矣 222/119/22
微諫而○譁 223/119/26
應對而○怨 223/119/26
○逆上以自伐 223/119/26
○立私以為名 223/119/27
子道順而○拂 223/119/27
臣行讓而○爭 223/119/27
慈父○子 223/119/28
惠主○臣也 223/119/28
更○用侵辱教 223/120/1
故利○百者○變俗 224/120/8
功○什者○易器 224/120/8
○如所失之費也 224/120/9
陰陽○同道 224/120/11
四時○一宜 224/120/11
而○觀於時 224/120/11
而○制於兵 224/120/12
○知器械之利 224/120/12
○知陰陽之宜 224/120/12
故兵○當於用 224/120/13
何兵之○可易 224/120/13
教○便於事 224/120/13
何俗之○可變 224/120/13
○可以踰險 224/120/14
○可以來朝 224/120/15
吾聞信○棄功 224/120/15
知○遺時 224/120/15
吾非○說將軍之兵法也 225/120/23
所以○服者 225/120/23
使民○得耕作 225/120/24
糧食輓賃○可給也 225/120/24
所用者○過三萬 225/120/25
此單之所○服也 225/120/26
君非徒○達於兵也 225/120/28
又○明其時勢 225/120/28
而鋒○入 225/121/1
而刃○斷 225/121/2

○存其一角 225/121/8
而野戰○足用也 225/121/8
單○至也 225/121/9
秦○聽 226/121/13,372/182/11
公○若陰辭樓子曰 226/121/13
秦王見趙之相魏冉之○急也 226/121/14
且○聽公言也 226/121/14
是事而○成 226/121/14
○如請以河東易燕地於齊 227/121/19
燕、趙必○爭矣 227/121/20
○予焦、黎、牛狐 228/121/27
今寡人○逮 228/122/1
其社稷之○能恤 228/122/1
寡人有○令之臣 228/122/1
○如以順齊 229A/122/11
今我○順齊伐秦 229A/122/11
齊○欲伐秦 229A/122/12
齊之兵○西 229A/122/13
今我順而齊○西 229A/122/13
○能散齊、魏之交 229A/122/14
中山○聽 229A/122/17
三國○能和我 229A/122/18
公○如令主父以地資周最 229B/122/24
無秦○能傷趙 229B/122/25
無齊○能得趙 229B/122/26
趙王○聽 230/122/30,235/126/5
寡人○聽 230/123/1
故寡人○聽 230/123/2
而王○聽 230/123/3
趙守而○可拔者 231/123/10
夫貴○與富期 232/123/19
富○與粱肉期 232/123/20
粱肉○與驕奢期 232/123/20
驕奢○與死亡期 232/123/20
○忘於心 232/123/21
○與何如 233/123/27
○肯哭也 233/123/29
焉有子死而○哭者乎 233/123/29
是人○隨 233/123/30
必○免為妬婦也 233/124/1
故○敢對 233/124/2
○如予之 233/124/2
愛王而○攻乎 233/124/7
○遺餘力矣 233/124/7

秦以其力攻其所○能取 233/124/8
王又以其力之所○能攻以資之 233/124/8
誠知秦力之○至 233/124/11
猶○予也 233/124/12
子能必來年秦之○復攻我乎 233/124/13
王之所以事秦必○如韓、魏也 233/124/14
至來年而王獨○取於秦 233/124/15
樓緩言○媾 233/124/18
樓緩又○能必秦之○復攻也 233/124/19
又割其力之所○能取而媾也 233/124/19
○如無媾 233/124/20
○能取六城 233/124/20
趙雖○能守 233/124/20
而○至失六城 233/124/20
必王之事秦○如韓、魏也 233/124/23
○與 233/124/24
347/173/6,452A/221/27
而弱者○能自守 233/124/25
秦兵○敝而多得地 233/124/25
其計固○止矣 233/124/26
故○若亟割地求和 233/125/3
是○亦大示天下弱乎 233/125/8
○待辭之畢也 233/125/10
夫○鬬一卒 234/125/18
○頓一戟 234/125/18
夫君封以東武城○讓無功 234/125/21
佩趙國相印○辭無能 234/125/21
○如勿受便 234/125/22
乃○受封 234/125/22
趙○勝 235/125/27
軍戰○勝 235/125/27
○如發重使而為媾 235/125/28
以為○媾者軍必破 235/125/29
其○邪 235/126/1
秦○遺餘力矣 235/126/1
王必○得媾 235/126/6
必○救王 235/126/8
秦知天下○救王 235/126/8
則媾○可得成也 235/126/8
趙卒○得媾 235/126/8
○進 236/126/13
今又內圍邯鄲而○能去 236/126/19
吾○願見魯連先生也 236/126/24
曷為久居此圍城之中而○去也 236/126/28
令衆人○知 236/126/29
吾○忍為之民也 236/127/2
誠○忍其求也 236/127/9
寧力○勝 236/127/10
智○若耶 236/127/10
辛垣衍怏然○悅曰 236/127/12
○果納 236/127/21,236/127/24
○得入於魯 236/127/21
故○敢入於鄒 236/127/23
生則○得事養 236/127/24
死則○得飯含 236/127/24
是使三晉之大臣○如鄒、魯之僕妾也 236/127/26
彼將奪其所謂○肖 236/127/26
○敢復言帝秦 236/128/2
終○肯受 236/128/5
仲連○忍為也 236/128/7
而○能合遠 237/128/12
而○能自舉 237/128/12
四十餘年而秦○能得所欲 237/128/14
趙之於天下也○輕 237/128/14
而慕思○可得之小梁 237/128/15
臣竊為君○取也 237/128/15
242/130/14,409/194/28
未嘗○言趙人之長者也 237/128/16
未嘗○言趙俗之善者也 237/128/16
安敢○對乎 238/128/21
寡人○好兵 238/128/22
臣故意大王○好也 238/128/22
寡人○喜 238/128/23
故○受也 238/128/24
壞地○削 238/128/24
○出宿夕 238/128/26
告以理則○可 238/128/27
說以義則○聽 238/128/27
趙王○說 239A/129/5
先生○知寡人○肖 239A/129/5
何○令前郎中以為冠 239A/129/7
郎中○知為冠 239A/129/7
先王○血食 239A/129/9
而王○以予工 239A/129/9
一物○能蔽也 239B/129/17
若竈則○然 239B/129/17
○倦而取道多 240/129/24
則膏之事有○言者矣 240/129/25
何患○得收河間 241/130/5
○如商賈 242/130/10
夫良商○與人爭買賣之賈 242/130/11
今君○能與文信侯相伉以權 242/130/13
非○愛其蹯也 243/130/18
然而○以環寸之蹯 243/130/19
○宜急如此 244/130/24
○墮食 245/131/1
孝成王○應 245/131/1
而臣竊怪王之○試見臣 246/131/7
群臣必多以臣為○能者 246/131/8
以臣為○能者非他 246/131/8
則知○足者也 246/131/9
天下孰敢○致尊名於王 246/131/11
天下孰敢○致地於王 246/131/12
非知○足也 246/131/14
則○忠者也 246/131/15
人比然而後如賢○ 247/131/27
未嘗○為王先被矢石也 247/132/2
齊甲未嘗○歲至於王之境也 247/132/3
而○敢相私也 247/132/10
趙○聽 248/132/15
封○可○早定也 248/132/21
○可復得已 248/132/23
若足下○得志於宋 248/132/27
則陰○可得已矣 249/133/5
○至一二月 249/133/6
249/133/22
若○得已而必搆 249/133/7
若復○堅約而講 249/133/9
皆○利趙矣 249/133/14
○利於趙 249/133/15
249/133/17,249/133/20
而君終○得陰 249/133/15
而君又○得陰 249/133/17

魏○待伐 249/133/19
而君必○得陰 249/133/20
而君終身○得陰 249/133/24
君○救也 249/134/1
而君有終身○得陰 249/134/1
死○復見於王矣 250/134/9
王○聞公子牟夷之於宋乎 250/134/10
非肉○食 250/134/10
故臣死○復見於王矣 250/134/12
百里之地○可得 251/134/24
而死者○可復生也 251/134/25
○若以生人市使也 251/134/25
座雖○肖 251/135/1
勢○能守 251/135/2
且君奚○將奢也 252/135/12
其於奢○然 252/135/15
固○能當榮盆 252/135/16
又○肯與燕人戰 252/135/16
趙強則齊○復霸矣 252/135/17
○如盡歸中山之新地 253/135/24
齊必○效地矣 254/136/4
翟章辭○受 255/136/9
建信君○死 255/136/10
終身○敝 255/136/11
而王○逐也 256/136/16
又○為燕也 256/136/18
欲言而○敢 257/136/22
談語而○稱師 257/136/23
言而○稱師 257/136/24
使夫交淺者○可以深談 257/136/26
則天下○傳 257/136/27
而三公○得也 257/136/27
何故至今○遣 258A/137/3
王何○遣建信君乎 258A/137/4
又○知相馬 258A/137/5
王何○遣紀姬乎 258A/137/5
○知相馬 258A/137/5
而社稷○血食 258A/137/8
然而王○待工 258A/137/8
三反○得通 258B/137/16
吾往賀而獨○得通 258B/137/17
使者三往○得通者 258B/137/18
○敢寧居 258B/137/22
而使○得通 258B/137/22
若○從吾言 258B/137/24
若○能殺 258B/137/27
未嘗○分於葉陽、涇陽君 258B/138/1
而鳳皇○翔 258B/138/2
而騏驎○至 258B/138/2
畏懼○敢○行 258B/138/3
有母弟○能教誨 258B/138/5
故王○如勿逐 259/138/12
故君○如遣春平侯而留平都侯 261/138/23
太后○肯 262/138/29
曾○能疾走 262/139/2
○得見久矣 262/139/2
老臣今者殊○欲食 262/139/4
老婦○能 262/139/5
○肖 262/139/7
○若長安君之甚 262/139/11
老婦○聞也 262/139/15
豈人主之子孫則必○善哉 262/139/16
而○及今令有功於國 262/139/17
故以為其愛○若燕后 262/139/18
猶○能恃無功之尊 262/139/22
知氏之命○長矣 264A/140/8
君○如與之 264A/140/9
○敢從 264B/140/17,264B/140/17
二國○得兵 264B/140/17
其誰○食 265/140/24
豈可○一會期哉 267/141/8
鍾聲○比乎 268/141/13
○明則樂音 268/141/14
豈○亦信固哉 269/141/19
信○足保也 269/141/23
○從此也 269/141/23
為政○善 269/141/25
然為政○善 269/141/26
269/141/27
城非○高也 269/141/28
人民非○眾也 269/141/28
夫使士卒○崩 270/142/6
直而○倚 270/142/6
撓揀而○辟者 270/142/6
臣○能為也 270/142/7
使三軍之士○迷惑者 270/142/7
○敢怠倦者 270/142/8
王特為臣之右手○倦賞臣 270/142/9
又○遺賢者之後 270/142/12
○揜能士之迹 270/142/12
即○可諱 271/142/18
豈○悲哉 271/142/20
○亦悖乎 271/142/20
固以○悖者為悖 271/142/23
日夜行○休已 272/143/1
○下於楚 272/143/2
○被其禍 272/143/3
偷取一旦之功而○顧其後 272/143/11
緜緜○絕 272/143/15
毫毛○拔 272/143/15
前慮○定 272/143/15
寡人○肖 272/143/17
魏地方○至千里 273/143/22
卒○過三十萬人 273/143/22
○過百里 273/143/23
○待倦而至梁 273/143/24
○下十萬 273/143/25
魏南與楚而○與齊 273/143/25
東與齊而○與趙 273/143/26
○合於韓 273/143/26
○親於楚 273/143/26
其○可以成亦明矣 273/144/2
則趙○南 273/144/4
趙○南 273/144/5
則魏○北 273/144/5
魏○北 273/144/5
則大王之國欲求無危○可得也 273/144/5
○敢○聽 273/144/6
事秦則楚、韓必○敢動 273/144/7
○敢堅戰 273/144/11
大王○聽臣 273/144/12
雖欲事秦而○可得也 273/144/12
莫○日夜搤腕瞋目切齒以言從之便 273/144/16
而○敢深入者 274/144/26
○如貴董慶以善魏 274/144/27
魏氏閉關而○通 275/145/3
而秦○受也 275/145/4
夫秦非○利有齊而得宋地也 275/145/4
然其所以○受者 275/145/4
○信齊王與蘇秦也 275/145/4
今秦見齊、魏之○合也

如此其甚也 275/145/5
則齊必○欺秦 275/145/5
故王○如復東蘇秦 275/145/6
秦必疑齊而○聽也 275/145/6
夫齊、秦○合 275/145/6
公○見軫 276/145/12
○得待異日矣 276/145/12
衍○肖 276/145/13
○能得事焉 276/145/13
所以○使犀首者 276/145/23
公○如儀之言為資 277/145/29
郢中○善公者 278/146/4
○得於王 279/146/12
魏王因○納張儀 279/146/14
謂可者謂○可者正半 280/146/19
○知是其可也 280/146/20
若○勝魏 281/146/30
其敝○足以應秦 281/147/1
公何○以楚佐儀求相之於魏 282/147/7
而○與魏六城 284/147/20
王○遇秦 285/147/28
何○陽與齊而陰結於楚 286/148/3
臣○知衍之所以聽於秦之少多 287/148/10
王○若與竇屢關內侯 287/148/11
太后恐其○因穰侯也 287/148/13
三國之○相信齊王之遇 288/148/24
與其相田繻○善 290/149/3
王獨○見夫服牛驂驥乎 290/149/3
○可以行百步 290/149/4
而○能成其功 290/149/5
梁君與田侯○欲 291/149/9
○過五月而趙破 291/149/10
公之○慧也 291/149/11
固已○欲矣 291/149/11
是趙○伐 291/149/12
又安敢釋卒○我予乎 291/149/13
為子之○便也 292/149/21
○如其為齊也 293/149/27
○如其為韓也 293/149/28
中道而○可 293/149/29
王○如舍需於側 293/149/30
吾舉事而○利於魏 293/150/1
二人者必○敢有外心矣 293/150/1
利於魏與○利於魏 293/150/2

史舉○辭而去 294/150/9
故王○如釋藺 295/150/14
大梁○能守 295/150/14
官費又恐○給 296/150/20
而○行先王之喪 296/150/21
○義也 296/150/21
群臣皆○敢言 296/150/23
欺之○為逆者 297/151/15
殺之○為讎者也 297/151/15
秦善魏○可知也已 297/151/20
國○可為也已 297/151/21
○敢顯也 297/151/24
則為劫於與國而○得已者 297/151/25
天下○可 297/151/26
上○可 297/151/27
中○可 297/151/28
下○可 297/151/28
則明○與秦 297/151/28
而西戎之兵○至 297/152/2
而東夷之民○起 297/152/2
臣非○知秦勸之重也 297/152/9
則胡○召文子而相之 298/152/15
何○令公子泣王太后 300/152/26
○成則為王矣 300/152/27
○習於兵 300/152/27
戰必○勝 300/152/28
○勝必禽 300/152/28
公子○封 300/152/28
○聽公子 300/152/28
怨之至死○忘 301/153/4
今戰○勝 301/153/6
則○如因變服折節而朝齊 301/153/7
戰○勝魏 301/153/11
田嬰○聽 301/153/13,454/222/31
何○稱病 302/153/20
公○如歸太子以德之 302/153/21
是齊抱空質而行○義也 302/153/22
然而○勝一人者 303A/153/27
必○相張儀 303B/154/8
必○使相也 303B/154/9
○如太子之自相也 303B/154/11
信安君○欲往 304/154/16
忠○必當 304/154/16
當必○忠 304/154/16

恐其○忠於下吏 304/154/17
今王之使人入魏而○用 304/154/20
此魏王之所以○安也 304/154/21
夫令人之君處所○安 304/154/21
令人之相行所○能 304/154/22
○如用魏信而尊之以名 304/154/26
魏氏之名族○高於我 304/154/28
土地之實○厚於我 304/154/28
堯、舜之所求而○能得也 304/155/3
王何○倍秦而與魏王 305/155/8
恐魏之以太子在楚○肯也 305/155/11
果○得見 306/155/22
齊桓公夜半○嗛 307/155/28
至旦○覺 307/156/1
三日○聽朝 307/156/1
利○過鄴 308/156/12
今○用兵而得鄴 308/156/13
卯○知也 308/156/18
臣聞明王○胥中而行 309/156/23
而秦兵○下 309/157/1,309/157/1
而秦兵○可下 309/157/6
趙氏○割 310/157/13
燕○割 310/157/14
而地○并乎諸侯者 310/157/14
則國救亡○可得也已 310/157/19
○然必欺 310/157/20
維命○于常 310/157/22
此言幸之○可數也 310/157/22
知者○然 310/157/24
臣以為○下三十萬 310/157/26
攻而○能拔 310/157/28
夫兵○用 310/158/3
何求而○得 310/158/4
何為而○成 310/158/4
今母賢○過堯、舜 311/158/12
母大○過天地 311/158/12
將有所○行乎 311/158/13
子患寡人入而○出邪 311/158/15
入而○出 311/158/15
入○測之淵而必出 311/158/16
○出 311/158/17
臣必○為也 311/158/17
今秦○可知之國也 311/158/17

猶○測之淵也 311/158/17
內王於○可知之秦 311/158/18
臣竊為王○取也 311/158/18
楚王○入 311/158/22
今○行者欺之矣 311/158/23
臣○知也 311/158/26
君○行 311/158/29
魏○勝秦 312/159/7
魏○以敗之上割 312/159/9
可謂善用○勝矣 312/159/9
而秦○以勝之上割 312/159/9
可謂○能用勝矣 312/159/9
是群臣之私而王○知也 312/159/10
薪○盡 312/159/12
則火○止 312/159/12
○可以革也 312/159/15
王獨○見夫博者之用梟邪 312/159/15
因曰○可革 312/159/16
何用智之○若梟也 312/159/16
乃○伐魏 313/159/24
淳于髡言○伐魏者 313/159/26
伐魏之事○便 313/159/28
若誠○便 313/159/28
寡人○能 314/160/7
然而趙之地○歲危 314/160/9
而民○歲死 314/160/9
今趙○救魏 314/160/10
吾歲○熟二年矣 314/160/15
王○用臣之忠計 314/160/17
而燕○救魏 314/160/19
○識禮義德行 315/160/30
○顧親戚兄弟 315/160/30
則○明矣 315/161/4
則○忠矣 315/161/5
王以為○破乎 315/161/6
必○伐楚與趙矣 315/161/9
秦必○為也 315/161/10
秦又○敢 315/161/12
秦又○敢也 315/161/13
秦必○伐楚與趙矣 315/161/14
又○攻衛與齊矣 315/161/14
河內之共、汲莫○危矣 315/161/17
且夫憎韓○受安陵氏可也 315/161/21
夫○患秦之○愛南國非也 315/161/21
從之○成矣 315/161/28
楚、魏疑而韓○可得而約也 315/161/28
必○休矣 315/162/1
如此則士民○勞而故地得 315/162/3
韓必○敢反魏 315/162/8
今○存韓 315/162/9
入朝為臣之日○久 315/162/10
臣為王○取也 316/162/15
宮之奇諫而○聽 317A/162/21
必○合矣 317B/162/29
而又怒其○己善也 317B/163/1
而魏王○敢據也 317B/163/2
而○能拔 317B/163/7
公終自以為○能守也 317B/163/9
楚王怒於魏之○用樓子 317B/163/12
公○如按魏之和 317B/163/13
何故○能有地於河東乎 317B/163/17
謀恐○出於計矣 318/163/21
○如南出 318/163/25
王○聞湯之伐桀乎 318/163/26
○先以弱為武教 318/163/27
夫國之所以○可恃者多 319/164/6
其變○可勝數也 319/164/7
或以政教○脩 319/164/7
上下○輯 319/164/7
而○可恃者 319/164/7
319/164/8,319/164/8
或以年穀○登 319/164/8
臣以此知國之○可必恃也 319/164/8
而久○可知 319/164/9
臣以此為○完 319/164/10
與所○怨乎 320/164/18
且割而從其所○強 320/164/18
與其所○怨 320/164/19
是○知天下者也 321/164/23
是又○知魏者也 321/164/24
謂茲公○知此兩者 321/164/24
又○知茲公者也 321/164/24
○從則茲公輕 321/164/25
○實為期 321/164/25
子何○疾及三國方堅也 321/164/25
魏王○欲 322/165/3
王○與秦攻楚 322/165/3
王○如令秦、楚戰 322/165/3
秦王○問者 323/165/9
○能禁狗使無吠己也 324/165/14
○能禁人議臣於君也 324/165/15
○出攻則已 325/165/19
魏王○聽 325/165/21
若○因救韓 325/165/21
○用子之計而禍至 325/165/24
○以挾私為政 325/165/25
○識也 325/165/27
以王之○必也 325/165/27
必○可支也 325/165/28
○如齊趙 325/165/29
則燕○敢○事秦 325/165/29
荊、齊○能獨從 325/165/29
○如齊、趙而構之秦 326/166/3
王○構趙 326/166/3
趙○以毀構矣 326/166/3
王胡○為從 327/166/9
王曰『○敢』 327/166/12
秦戰○勝趙 327/166/12
王曰『○能』 327/166/13
○聽之 328/166/17
○若相之 328/166/19
而王○受 329A/166/25
秦必○聽王矣 329B/167/3
故王○如順天下 329B/167/4
兵○傷 329B/167/4
交○變 329B/167/4
舍○足以舍之 330/167/10
王○如陰侯人說成陽君曰 331/167/15
韓○聽 331/167/16
故君○如安行求質於秦 331/167/16
成陽君必○入秦 331/167/17
秦、韓○敢合 331/167/17
魏王見天下之○足恃也 332/167/22
王○近秦 333/167/28
王○弱二周 333/167/28
衣焦○申 334/168/3
頭塵○去 334/168/3

夫齊○以無魏者以害有魏者 335/168/13
故公○如示有魏 335/168/13
秦救○出 338/168/29
大王已知魏之急而救○至者 338/169/2
大王之救○至 338/169/4
事有○可知者 339/169/14
有○可○知者 339/169/14
有○可忘者 339/169/14
有○可○忘者 339/169/14
○可○知也 339/169/15
○可得而知也 339/169/15
○可忘也 339/169/16
○可○忘也 339/169/16
魏攻管而○下 340/169/22
○能必使其民 340/169/23
今吾攻管而○下 340/169/28
有常○赦 340/170/2
降城亡子○得與焉 340/170/2
雖死終○敢行 340/170/4
有所○安乎 341/170/14
何○相告也 341/170/14
341/170/20
臣無敢○安也 341/170/15
棄之○如用之之易也 342/170/28
死之○如棄之之易也 342/170/28
而國患○解 342/170/29
虧地○足以傷國 342/171/2
卑體○足以苦身 342/171/2
天下孰○棄呂氏而從嫪氏 342/171/8
秦王○說 343/171/14
安陵君○聽寡人 343/171/15
故○錯意也 343/171/16
雖千里○敢易也 343/171/18
○意也 344A/172/5
謂申○害於韓曰 344B/172/10
申○害始合於韓王 345/172/15
昭侯○許也 346/172/22
百發○暇止 347/172/30
無○畢具 347/173/2
○足言也 347/173/3
○戰而地已削矣 347/173/8
必○能事秦 347/173/12
一歲○收 348A/173/18
民○饜糟糠 348A/173/18
地方○滿九百里 348A/173/18
悉之○過三十萬 348A/173/19
見卒○過二十萬而已矣 348A/173/19
至○可勝計也 348A/173/20
○可稱數也 348A/173/21
以攻○服之弱國 348A/173/23
諸侯○料兵之弱 348A/173/24
夫○顧社稷之長利 348A/173/25
○事秦則危矣 348A/173/28
王○如資韓朋 349/174/16
必○入於齊 349/174/17
○如貴昭獻以固楚 350/174/21
國形○便故馳 351/174/27
交○親故割 351/174/27
今割矣而交○親 351/174/27
馳矣而兵○止 351/174/27
且王求百金於三川而○可得 351/174/28
○能傷秦 352/175/3,352/175/7
故王胡○卜交乎 352/175/7
且聽王之言而○攻市丘 352/175/9
○重王 352/175/9
秦必○聽公 353/175/15
公○如令秦王疑公叔 353/175/15
公何○與趙藺、離石、祁 356A/176/3
宜陽必○拔矣 356A/176/5
與國○可恃 357/176/15
王○如因張儀為和於秦 357/176/16
縱韓為○能聽我 357/176/22
必○為鴈行以來 357/176/22
是秦、韓○和 357/176/22
楚國○大病矣 357/176/23
其應秦必○敬 357/176/24
楚救○至 357/177/4
公仲○見 358/177/11
故○見率也 358/177/11
○如公孫郝 359/177/22
○如甘茂 359/177/22
皆○得親於事矣 359/177/22
故王○信也 359/177/23
公○如與王謀其變也 359/177/25
是外舉○辟讎也 359/177/27
武遂終○可得已 359/178/1
公何○以秦為韓求穎川於楚 359/178/1
是韓、楚之怨○解 359/178/3
甘茂○善於公而弗為公言 360/178/13
公何○因行願以與秦王語 360/178/14
魏○敢戰 360/178/17
臣以公孫郝為○忠 360/178/17
齊○敢戰 360/178/18
○求割地而合於魏 360/178/18
臣以甘茂為○忠 360/178/18
故王○如令韓中立以攻齊 360/178/19
齊、魏○能相聽 360/178/19
公孫郝黨於齊而○肯言 360/178/22
甘茂薄而○敢謁也 360/178/22
今鯉○與於遇 361/179/3
故王○如無罪景鯉 361/179/4
因○罪而益其列 361/179/5
備○具者死 363/179/16
其於鞅也○然 364/179/23
○使 364/179/24
今則○然 364/179/24
○能愛其許、鄢陵與梧 364/179/25
公仲數○信於諸侯 365/180/3
○若聽而備於其反也 365/180/4
秦師○下殽 366/180/9
366/180/10
妾困○疲也 366/180/12
兵○眾 366/180/13
糧○多 366/180/13
則○足以救韓 366/180/13
獨○可使妾少有利焉 366/180/14
韓之急緩莫○知 366/180/17
今先生言○急 366/180/18
而秦師○下殽 366/180/21
公仲且抑首而○朝 366/180/22
魏氏○敢○聽 366/180/22
○識坐而待伐 366/180/23
其○乎 367/180/29
殆○合 367/181/1
故○如出兵以勁魏 367/181/3
楚陰得秦之○用也 367/181/4
公戰○勝楚 367/181/5
公○能救也 367/181/6

以公○如亟以國合於齊、楚 367/181/8
其實猶之○失秦也 367/181/9
公叔爭之而○聽 368/181/13
公○若順之 368/181/14
公○如告楚、趙 368/181/15
○可解矣 369/181/21
王何○試以襄子為質於韓 369/181/21
令韓王知王之○取三川也 369/181/21
公何○令人說昭子曰 370/181/27
主君○如善馮君 371/182/3
馮君廣王而○聽公叔 371/182/4
而○患楚之能揚河外也 372/182/9
公○如令人恐楚王 372/182/9
周最固○欲來使 374/182/25
周最○欲來 374/182/25
犬猛○可叱 374/182/27
犬○動 374/182/27
而以○得已之故來使 374/182/28
鄭王必以齊王為○急 374/182/29
必○許也 374/182/29
今周最○來 374/182/29
王果○許韓擾 374/182/31
若戰而○勝 375/183/5
走而○死 375/183/6
○若及齊師未入 376/183/10
事○成 376/183/11
公何○令齊王謂楚王 377/183/16
○如無殺幾瑟 378/183/23
公○如勿殺 379/183/29
韓大夫○能必其○入也 379/183/29
必○敢輔伯嬰以為亂 379/183/30
必○能為亂矣 379/183/31
公何○為韓求質子於楚 380/184/3
則公叔、伯嬰必知秦、楚之○以幾瑟為事也 380/184/4
魏氏○敢東 380/184/5
楚○聽 380/184/5
韓○敢離楚也 381/184/11
公何○試奉公子咎 381/184/11
王○如亟歸幾瑟 381/184/13
公○如令秦王賀伯嬰之立也 382/184/18
恐韓咎入韓之○立也 383C/185/3
○如以百金從之 383C/185/4
○立 383C/185/4
此烏○為烏 384/185/14
鵲○為鵲也 384/185/14
義○敢當仲子之賜 385/185/25
聶政竟○肯受 385/185/29
○遠千里 385/186/2
我雖○受 385/186/3
前所以○許仲子者 385/186/7
今親○幸 385/186/7
今足下幸而○棄 385/186/9
中間○遠 385/186/10
此其勢○可以多人 385/186/10
多人○能無生得失 385/186/11
豈○殆哉 385/186/11
○可愛妾之軀 385/186/19
夫愛身○揚弟之名 385/186/21
其姊○避菹醢之誅 385/186/25
○得其道 386/187/5
○成亦為福 386/187/7
秦、魏○終相聽者也 386/187/10
齊怒於○得魏 386/187/10
魏○聽秦 386/187/11
○和 386/187/12
○成亦為福者也 386/187/12
天下○合秦 387/187/20
秦令而○聽 387/187/21
秦必起兵以誅○服 387/187/21
而兵○決 387/187/21
王○折一兵 388/188/2
○殺一人 388/188/2
○西事秦 388/188/4
則宋地○安矣 388/188/4
皆○欲韓、秦之合者何也 388/188/6
今韓○察 389/188/13
恐梁之○聽也 389/188/14
王○察 389/188/14
梁必怒於韓之○與己 389/188/14
○如急發重使之趙、梁 389/188/15
○與古同 389/188/17
○可以為存 389/188/18
申○害 390/188/23
申○害與昭釐侯執珪而見梁君 390/188/24
申○害之計事 390/188/24
申○害慮事而言之 390/188/27
而王與諸臣○事為尊秦以定韓者 390/188/28
臣竊以為王之明為○如昭釐侯 390/188/28
而王之諸臣忠莫如申○害也 390/188/29
大之○王 390/189/2
小之○霸 390/189/2
與成而○盟 390/189/6
越人○聽也 390/189/7
夫攻形○如越 390/189/8
而攻心○如吳 390/189/9
韓氏之眾無○聽令者 391/189/14
今日鄭君○可得而為也 391/189/16
豈○為過謀哉 391/189/16
未嘗○以周襄王之命 391/189/17
今日天子○可得而為也 391/189/18
豈○為過謀而○知尊哉 391/189/19
無○任事於周室也 391/189/20
豈可○謂善謀哉 391/189/21
強國○能王 391/189/22
強國之事○成 391/189/23
○成則無患 391/189/23
諸侯○能買 393/190/4
○如止淫用 393/190/6
而韓之疏秦○明 393/190/6
○見內行 393/190/7
故公○如勿攻也 394/190/12
以為○然 394/190/13
公仲○攻 394/190/14
而○告韓 394/190/14
而○敢為楚計 396A/190/25
韓○能獨立 396A/190/26
勢必○善楚 396A/190/26
今王○召韓侈 396B/191/6
知其君○知異君 396C/191/11
知其國○知異國 396C/191/11
所以○及魏者 396C/191/12
所以○者 396C/191/13
○得議公孫郝 396C/191/15
是從臣○事大臣也 396C/191/15
○得議甘戊 396C/191/15
則大臣○得事近臣矣 396C/191/15

貴賤○相事	396C/191/16
則群臣之賢○肖	396C/191/16
公孫郝嘗疾齊、韓而○加貴	396C/191/17
則為大臣○敢為諸侯輕國矣	396C/191/17
齊、韓嘗因公孫郝而○受	396C/191/17
則諸侯○敢因群臣以為能矣	396C/191/18
外內○相為	396C/191/18
則○如其處小國	397/191/26
且明公之○善於天下	397/191/27
天下之○善公者	397/191/27
上及○交齊	398/192/4
秦○救	399/192/9
楚之齊者知西○合於秦	400/192/17
燕、趙○敢○聽	400/192/18
是齊○窮也	400/192/18
○如先收於楚之齊者	400/192/19
則燕、趙○敢○聽	400/192/20
王何○為之先言	401/192/24
王何○召之	402/193/4
其次恐○得也	403/193/9
○可無而從者	405/193/19
蔡、邵之道○通矣	405/193/21
而○能令狗無吠己	406/193/26
而○能令人毋議臣於君	406/193/27
馬○千里	407/194/4
而○能取千里	407/194/4
今臣雖○肖	407/194/5
而相國見臣○釋塞者	407/194/6
民雖○由田作	408/194/12
○見覆軍殺將之憂	408/194/13
夫燕之所以○犯寇被兵者	408/194/14
此燕之所以○犯難也	408/194/15
秦計固○能守也	408/194/16
秦之○能害燕亦明矣	408/194/16
○至四五日	408/194/18
夫○憂百里之患	408/194/19
奉陽君李兌甚○取於蘇秦	409/194/27
東○如齊	409/195/1
西○如趙	409/195/1
而君甚○善蘇秦	409/195/2
○善亦取之	409/195/3
燕再戰○勝	410/195/10
○如以地請合於齊	410/195/10
若○吾救	410/195/11
○得○事	410/195/11
人之飢所以○食烏喙者	411/195/22
天下○信人也	412/196/5
而燕王○館也	412/196/8
足下○聽臣者	412/196/9
人必有言臣○信	412/196/10
臣之○信	412/196/10
○可乎	412/196/11
臣亦○事足下矣	412/196/12
義○離親一夕宿於外	412/196/14
○取素餐	412/196/15
汙武王之義而○臣焉	412/196/15
期而○來	412/196/16
皆○自覆也	412/196/18
則齊○益於營丘	412/196/18
足下○踰楚境	412/196/19
○窺於邊城之外	412/196/19
臣之趍固○與足下合者	412/196/20
足下○知也	412/196/25
然○免於笞	412/196/28
適○幸而有類妾之棄酒也	412/196/29
曾○欺之也	412/196/30
○敢取也	412/196/31
○敢妄興師以征伐	413/197/12
而趙○敢妄動矣	413/197/12
言○足以求正	413/197/15
謀○足以決事	413/197/15
魏○聽	414/197/20
○聽燕使何也	414/197/20
王何為○見	414/197/22
鄙人○敏	415/197/28
○欲聞其善	415/198/1
今臣聞王居處○安	415/198/8
食飲○甘	415/198/8
寡人○敢隱也	415/198/11
力○足矣	415/198/12
獨戰則○能	415/198/15
有所附則無○重	415/198/15
天時○與	415/198/24
濟西○役	415/198/25
河北○師	415/198/25
夫驕主必○好計	415/198/26
內寇○與	415/198/31
外敵○可距	415/198/31
○勝而還	416A/199/6
必○霸	416A/199/7
○信其臣	416A/199/7,416B/200/7
○如以國讓子之	416A/199/11
由必○受	416A/199/11
實○失天下	416A/199/12
子之必○敢受	416A/199/12
而以啓為○足任天下	416A/199/15
而噲老○聽政	416A/199/18
○足先後	416A/199/22
○克	416A/199/24
○可失也	416A/199/27
士卒○戰	416A/199/28
城門○閉	416A/199/28
而蘇代、厲遂○敢入燕	416B/200/8
秦○受	417/200/13
秦非○利有齊而得宋地也	417/200/13
○信齊王與蘇子也	417/200/14
今齊、魏○和	417/200/14
則齊○欺秦	417/200/14
故王○如東蘇子	417/200/15
秦必疑而○信蘇子矣	417/200/15
○足以報	418/200/21
三年○能得	418/201/1
於是○能期年	418/201/3
齊城之○下者	418/201/10
而燕猶○能支也	419/201/19
○憚以一國都為功	419/201/26
然而王何○使布衣之人	419/201/26
以○信秦王也	419/201/28
今王何○使可以信者接收燕、趙	419/201/28
韓、魏○聽	419/201/30
齊○聽	419/201/30,446A/219/22
天下孰敢○聽	419/202/1
今王之○收燕、趙	419/202/3
王○收燕、趙	419/202/4
知者○為也	419/202/5
則王何○務使知士以若	

此言說秦 419/202/6
則臣〇事足下矣 420/202/15
則〇過養其親其 420/202/17
則〇過〇欺人耳 420/202/17
則〇過〇竊人之財耳 420/202/18
臣以為廉〇與身俱達 420/202/18
義〇與生俱立 420/202/18
自憂〇足乎 420/202/21
則秦〇出殽塞 420/202/21
齊〇出營丘 420/202/21
楚〇出疏章 420/202/21
皆以〇自憂故也 420/202/22
則諸侯〇為別馬而朝矣 420/202/24
〇能為事者 420/202/25
〇先量其國之大小 420/202/25
〇揆其兵之強弱 420/202/25
故功〇可成而名〇可立也 420/202/26
則何〇與愛子與諸舅、叔父、負床之孫 420/203/2
〇得 420/203/2
其丈夫官三年〇歸 420/203/7
其丈夫〇知 420/203/11
恐忠信〇諭於左右也 420/203/12
〇制於人臣 420/203/13
〇制於眾人 420/203/13
〇制於妻妾 420/203/13
寡人甚〇喜訑者言也 421/203/18
〇自為取妻 421/203/19
老且〇嫁 421/203/20
弊而〇售 421/203/20
售而〇弊者 421/203/20
且事非權〇立 421/203/20
非勢〇成 421/203/21
齊、楚〇得以有枳、宋事秦者 422/203/25
知者〇及謀 422/203/30
勇者〇及怒 422/203/30
〇亦遠乎 422/203/30
二日而莫〇盡繇 422/204/1
〇能攻也 422/204/10
魏〇為割 422/204/22
母〇能制 422/204/25
舅〇能約 422/204/25
燕昭王〇行 422/205/1
或從或〇 422/205/1
奉陽君〇聽 423/205/6
使齊〇信趙者 423/205/7
今齊王召蜀子使〇伐宋 423/205/8
必〇反韓珉 424/205/16
必〇任蘇子以事 424/205/16
令〇合燕 424/205/17
如齊王王之〇信趙 424/205/20
〇以今時大紛之 424/205/20
則後〇可奈何也 424/205/21
逃〇足以為臣恥 424/205/21
〇足以為臣榮 424/205/22
〇足以為臣辱 424/205/22
臣死而齊、趙〇循 424/205/23
生之物固有〇死者乎 424/205/25
臣以為〇若逃而去之 424/205/27
蘇子怒於燕王之〇以吾故 424/205/28
又〇予卿也 424/206/1
故臣雖為之〇累燕 424/206/1
又〇欲王 424/206/1
孰〇逃 424/206/4
逃〇足以為辱矣 424/206/6
王何〇出兵以攻齊 426/206/21
燕兵在晉而〇進 426/206/24
王何〇令蘇子將而應燕乎 426/206/25
燕破則趙〇敢〇聽 426/206/25
〇可振也 426/206/28
日者齊〇勝於晉下 426/207/5
齊〇幸而燕有天幸也 426/207/5
齊君臣〇親 426/207/8
燕大夫將〇信臣 427/207/14
齊有〇善 427/207/14
天下〇攻齊 427/207/15
吾必〇聽眾口與讒言 427/207/16
女無〇為也 427/207/17
燕王〇與齊謀趙 427/207/19
使齊犬馬駿而〇言燕 427/207/20
陳公〇能為人之國 428/207/26
〇宜臞 428/208/1
〇如布衣之甚也 428/208/4
非徒〇愛子也 428/208/4
又〇愛丈夫子獨甚 428/208/4
公子無功〇當封 428/208/6
臣是以知人主之〇愛丈夫子獨甚也 428/208/7
則公子終身〇封矣 428/208/9
老婦〇知長者之計 428/208/11
爭之而〇聽 429/208/16
燕、齊〇兩立 429/208/17
伍子胥、宮之奇〇用 430/208/22
〇如以言 430/208/23
天下莫〇振動 431/209/9
臣〇佞 431/209/14,431/210/3
〇能奉承先王之教 431/209/14
自負以〇肖之罪 431/209/15
故〇敢為辭說 431/209/15
臣恐侍御者之〇察先王之所以畜幸臣之理 431/209/16
而又〇白於臣之所以事先王之心 431/209/16
〇以祿私其親 431/209/19
〇以官隨其愛 431/209/19
〇謀於父兄 431/209/22
故受命而〇辭 431/209/23
〇量輕弱 431/209/25
以臣為〇頓命 431/210/3
功立而〇廢 431/210/6
名成而〇毀 431/210/6
〇必善成 431/210/10
〇必善終 431/210/10
故吳王夫差〇悟先論之可以立功 431/210/11
故沉子胥而〇悔 431/210/11
子胥〇蚤見主之〇同量 431/210/12
故入江而〇改 431/210/12
臨〇測之罪 431/210/13
義之所〇敢出也 431/210/14
交絕〇出惡聲 431/210/16
〇潔其名 431/210/16
臣雖〇佞 431/210/16
而〇察疏遠之行也 431/210/17
王而〇能自恃 432/210/22
〇惡卑名以事強 432/210/22
以事強而〇可以為萬世 432/210/23
則〇如合弱 432/210/23
將奈何合弱而〇能如一 432/210/23
〇相得則〇能行 432/210/26
今山東合弱而〇能如一 432/210/26
是山東之知〇如魚也 432/210/27

三人○能行 432/210/27
今山東三國弱而○能敵
秦 432/210/28
然而山東○知相索 432/210/28
智固○如車士矣 432/210/29
言語○相知 432/210/29
志意○相通 432/210/29
○能相救助如一 432/211/1
智又○如胡、越之人矣 432/211/1
山東之主遂○悟 432/211/2
之主者○卑名 432/211/5
○急為此 432/211/6
○如以兵南合三晉 432/211/8
山東○能堅為此 432/211/9
即雖五燕○能當 433/211/16
王何○陰出使 433/211/16
攻○義 433/211/21
此天下之無道○義 433/211/22
而王○伐 433/211/22
王名終○成 433/211/22
○如得十里於宋 433/211/23
今日○雨 434/212/4
明日○雨 434/212/4
今日○出 434/212/4
明日○出 434/212/5
兩者○肯相舍 434/212/5
於是遂○救燕 436/212/19
楚軍欲還○可得也 436/212/20
而燕王○我信 437/212/27
○可說以利 437/212/28
○能奉順君意 438/213/10
則寡人之○肖明矣 438/213/10
而君○肯聽 438/213/11
仁○輕絕 438/213/11, 438/213/27
智○輕怨 438/213/11
○虞君之明罪之也 438/213/12
438/213/13
國人莫○知 438/213/13
厚者○毀人以自益也 438/213/14
仁者○危人以要名 438/213/15
今使寡人任○肖之罪 438/213/18
室○能相和 438/213/19
寡人雖○肖乎 438/213/20
君雖○得意乎 438/213/20
然則○內蓋寡人 438/213/21
○難受也 438/213/22
而君○得厚 438/213/22
而君○得榮 438/213/23
義者○虧人以自益 438/213/23
願君無以寡人○肖 438/213/24
三黜而○去 438/213/24
惡往而○黜乎 438/213/25
柳下惠○以三黜自累 438/213/25
故前業○忘 438/213/26
○以去為心 438/213/26
論○脩心 438/213/27
議○累物 438/213/27
智○簡功 438/213/27
○望之乎君也 438/213/28
○顧先王以明而惡 438/213/30
使寡人進○得脩功 438/213/30
退○得改過 438/213/30
樂間、樂乘怨○用其計 438/214/1
○報 438/214/1
天下必○服 439/214/7
而燕○受命矣 439/214/7
所以○能反勝秦者 439/214/12
必○復受於秦矣 439/214/13
燕、秦○兩立 440/214/19
440/215/5, 440/215/12
禍必○振矣 440/214/24
○能為謀 440/214/25
恐○能須臾 440/214/26
丹終○迫於強秦 440/214/27
○知吾精已消亡矣 440/215/6
光○敢以乏國事也 440/215/6
燕國莫○知 440/215/11
○知吾形已○逮也 440/215/11
光竊○自外 440/215/12
○使人疑之 440/215/13
明○言也 440/215/15, 440/215/18
今田先生以死明○泄言
440/215/19
田先生○知丹○肖 440/215/20
此天所以哀燕○棄其孤
也 440/215/20
而欲○可足也 440/215/21
其意○饜 440/215/22
趙○能支秦 440/215/23
今計舉國○足以當秦 440/215/24
則○可 440/215/26
而○知所以委命 440/215/28
恐○足任使 440/216/1
丹○忍以己之私 440/216/8
荊軻知太子○忍 440/216/11
願計○知所出耳 440/216/13
人無○立死者 440/216/21
人○敢與忤視 440/216/22
今日往而○反者 440/216/24
今提一匕首入○測之強
秦 440/216/24
壯士一去兮○復還 440/217/1
終已○顧 440/217/2
○敢興兵以拒大王 440/217/5
恐懼○敢自陳 440/217/6
故○可立拔 440/217/14
卒起○意 440/217/15
○得持尺兵 440/217/15
非有詔○得上 440/217/16
○及召下兵 440/217/16
卒惶急○知所為 440/217/18
○中 440/217/19
軻自知事○就 440/217/19
事所以○成者 440/217/20
○中而死 440/217/28
而荊王○至 441/218/6
吾義固○殺王 442/218/11
義○殺王而攻國 442/218/12
是○殺少而殺眾 442/218/12
必○敢來 443/218/28
亦○敢來 443/218/28
必○為也 443/218/30
是○勝黃城 443/218/30
恐○免於罪矣 443/218/30
彼安敢攻衛以重其○勝
之罪哉 443/218/30
遂○敢過衛 443/218/31
弊邑○從 444/219/4
則寡人○忍也 444/219/4
夫宋之○足如梁也 444/219/7
宋必○利也 444/219/7
公○如令楚賀君之孝 445/219/17
則君○奪太后之事矣 445/219/17
則富○過有魏 446B/219/29
而貴○益為王 446B/219/30
若戰○勝 446B/219/30
○得矣 446B/219/31
恐○得矣 446B/220/1
○如遂行 446B/220/1
卒○得魏 446B/220/2
城○守 447/220/9

見祥而○為祥　447/220/10
為秦則○賴矣　449/220/27
三年○得見　450/221/7
秦、魏交而○脩之日久矣　450/221/8
事王三年○得見　450/221/13
公孫氏必○血食矣　451/221/20
無乃○可乎　452A/221/28
然而○免為笑者　452B/222/5
公何○請公子傾以為正妻　453/222/10
○在索王　454/222/17
負海○與焉　454/222/26
齊閉關○通中山之使　455/223/6
○憚割地以賂燕、趙　455/223/10
吾恐其○吾據也　455/223/10
王之所以○憚割地以賂燕、趙　455/223/15
地○虧而兵○用　455/223/17
寡人所以閉關○通使者　455/223/19
而寡人○與聞焉　455/223/19
中山恐燕、趙之○己據也　455/223/20
燕、趙必○受也　455/223/25
中山因告燕、趙而○往　455/223/28
○以分人　456/224/4
獨○可語陰簡之美乎　457/224/11
固無請人之妻○得而怨人者也　457/224/14
○成　458/224/20
何○見臣乎　458/224/21
君臣賢○肖　458/224/23
周流無所○通　458/224/27
○知者　458/224/28
力言○能及也　458/224/28
口○能無道爾　458/224/30
○好道德　458/225/1
○好仁義　458/225/1
中山王作色○悅　458/225/2
王如○與　458/225/3
鄰國○與也　458/225/4
則民務名○存本　459A/225/11
若此○亡者　459A/225/12
羊羹○遍　459B/225/16
與○期眾少　459B/225/19
怨○期深淺　459B/225/19
君○量百姓之力　461/225/29
而曰『○可』　461/225/31
趙人之死者○得收　461/226/2
傷者○得療　461/226/2
武安君稱疾○行　461/226/9
東徙而○敢西向　461/226/10
君所將之○能半之　461/226/11
○恤其政　461/226/16
城池○修　461/226/17
○約而親　461/226/19
○謀而信　461/226/19
死○旋踵　461/226/19
○欲先用其眾　461/226/20
二軍爭便之力○同　461/226/21
觸魏之○意　461/226/21
○遂以時乘其振懼而滅之　461/226/23
必○肯出　461/226/26
必○可剋　461/226/27
吾○能滅趙乎　461/226/30
秦數○利　461/227/1
○聽臣計　461/227/2
如君○行　461/227/3
雖○行無罪　461/227/4
○免於誅　461/227/4
大王若○察臣愚計　461/227/6
破國○可復完　461/227/8
死卒○可復生　461/227/8
○忍為辱軍之將　461/227/8
王○答而去　461/227/9

布　bù　24

司寇○為周最謂周君曰　30/10/15
掃室○席　61A/24/29
願為足下掃室○席　61A/25/1
其輔外○　74/32/26
而符○天下　74/32/27
身○冠而拘於秦　89/43/10
纏之以○　95/47/10
衛君與文○衣交　128/62/11
乃○令求百姓之饑寒者　146/77/1
○德於民　147/77/17
此非○衣之利也　174/91/11
褘○與絲　197/100/10
敢○腹心　204B/106/27
非○於萬民也　209/108/11
乃至○衣之士　218/112/21
於是○令於四境之內曰　341/170/20
大王嘗聞○衣之怒乎　343/171/20
○衣之怒　343/171/20
皆○衣之士也　343/171/23
則王澤○　371/182/4
是公擇○而割也　386/187/11
然而王何不使○衣之人　419/201/26
不如○衣之甚也　428/208/4
公子賤於○衣　428/208/8

步　bù　10

去柳葉者百○而射之　27/9/22
有敢去柳下季壟五十○而樵采者　136B/67/16
徒○而處農畝　136B/67/22
安○以當車　136B/68/14
乃自強○　262/139/4
不可以行百○　290/149/4
流血五○　343/171/24
皆射六百○之外　347/172/30
何肯○行數千里　412/196/15
疋夫徒○之士　420/203/13

部　bù　1

阨於州○　199/101/9

猜　cāi　1

亦其○焉　211/109/22

才　cái　4

簡主之○臣也　203/104/5
以子之○　204B/106/14
唯王○之　211/109/26
傅之○　222/119/13

材　cái　6

○士十萬　2/1/23
○兵甲之強　87/41/8

子異人賢○也 93/45/1
故使工人為木○以接手 95/47/9
夫人主年少而矜○ 197/100/2
且夫吳干之劍○ 225/121/1

財 cái 23

又費○焉 16/6/23
得其○ 44/18/4
家有不宜之○ 46/18/23
吾聞子以寡人○交於諸侯 96/48/4
臣願以足下之府庫○物 127/62/2
且○者君之所輕 140/70/5
士聞戰則輸私○而富軍市 142/72/18
夷傷者空○而共藥 142/72/21
用○少 142/73/13
以○交者 160/82/30
○盡而交絕 160/82/30
而○於柱國 170/89/1
事之以○ 179/93/17
○食將盡 203/104/15
萬物○用之所聚也 221/117/8
萬金之○ 238/128/25
尚有爭錢○ 273/144/1
仲嗇於○ 358/177/12
而亡國之臣貪於○ 415/198/26
則不過不竊人之○耳 420/202/18
珠玉○寶 431/210/1
以靡其○ 461/226/2
以生其○ 461/226/3

裁 cái 4

大王○其罪 42/15/10
大國○之 63/26/3
○少為多 189/96/26
○如嬰兒 413/197/15

蔡 cài 39

桓公伐○也 24/8/26
其實襲○ 24/8/26
以○、厹由戒之 24/8/27
魏攻○而鄭亡 35/11/24
陳、○亡於楚 35/11/25
396C/191/14
○澤見逐於趙 81/35/19
燕客○澤 81/35/20
使人召○澤 81/35/23
○澤入 81/35/23
○澤曰 81/35/25,81/35/26
81/36/7,81/36/15,81/36/17
○澤復曰 81/35/27
應侯知○澤之欲困己以說 81/36/1
○澤得少間 81/36/13
北并陳、○ 81/37/2
客新有從山東來者○澤 81/37/13
昭王新說○澤計畫 81/37/16
○澤相秦王數月 81/37/19
上○、召陵不往來也 87/42/10
使剛成君○澤事燕三年 94/45/21
吾令剛成君○澤事燕三年 94/45/24
陳、○好詐 142/72/5
○恃晉而亡 142/72/5
則鄒、魯、陳、○ 142/73/27
上○之監門也 166/85/4
秦果舉鄢、郢、巫、上○、陳之地 192/97/24
○聖侯之事因是以 192/98/12
與之馳騁乎高○之中 192/98/13
○聖侯之事其小者也 192/98/16
請○、皋狼之地 203/104/1
因索○、皋梁於趙 264A/140/11
而右上○、召陵 315/161/13
○、邵之道不通矣 405/193/21
則以葉、○委於魏 422/204/21
以葉、○ 422/204/23

餐 cān 3

不取素○ 412/196/15
君下壺○餌之 459B/225/18
以一壺○得士二人 459B/225/20

驂 cān 6

魏桓子○乘 83B/39/2
駕犀首而○馬服 239A/129/9
王獨不見夫服牛○驥乎 290/149/3
是服牛○驥也 290/149/4
○馬 452B/222/3
拊○ 452B/222/4

殘 cán 21

張儀之○樗里疾也 45/18/16
須○伐亂宋 69/28/8
本國○ 87/41/18
昔智伯瑤○范、中行 89/43/8
○三川 89/43/13
則汝○矣 124/60/28
○剛平 142/71/11
故剛平之○也 142/71/13
國之○也 142/72/17
○費已先 142/72/18
彼戰者之為○也 142/72/18
民○於內 142/73/8
○伐亂宋 210/109/8
○亂宋 248/132/23
足下果○宋 248/132/26
而生以○秦 297/151/28
遂○吳國而禽夫差 390/189/7
○楚淮北 419/201/15
而後○吳霸天下 419/201/23
○均陵 422/204/17
魏文侯欲○中山 453/222/10

慚 cán 4

應侯內○ 81/35/20
得志不○為人主 134/66/11
○恥而不見 145/76/3
應侯○而退 461/226/30

蠶 cán 3

秦○食韓氏之地 211/110/1
稍稍○食之 218/113/14
○食魏 310/157/16

倉 cāng 18

周相呂○見客於周君 8A/3/22
相呂○ 8B/3/27
○廩空 25/9/5
囷○空虛 42/15/13
囷○虛 42/15/22,42/16/27
士○又輔之 93/44/30
士○用事 93/44/30
趙王之臣有韓○者 95/47/3

韓○果惡之 95/47/7
使韓○數之曰 95/47/7
以示韓○ 95/47/9
韓○曰 95/47/10
視○廩 203/104/7
○廩實矣 203/104/8
府庫○廩虛 252/135/18
朱○謂王曰 302/153/20
○鷹擊於殿上 343/171/22

蒼 cāng 2

南有洞庭、○梧 167/85/16
○頭二千萬 272/143/8

藏 cáng 3

兵革不○ 40/13/18
君之府○珍珠寶玉 93/44/27
○怒以待之 101/50/4

操 cāo 10

馮旦使人○金與書 19/7/13
○晉以為重也 65/26/29
穰侯使者○王之重 73B/32/2
○大國之勢 74/32/27
公孫閈乃使人○十金而
　往卜於市 104/51/15
而○銚鎒與農夫居壟畝
　之中 129/62/25
謁者○以入 196/99/16
○其刃而刺 225/121/2
今有人○隨侯之珠 238/128/25
○右契而為公責德於秦
　、魏之主 386/187/9

曹 cáo 12

○沬之奮三尺之劍 129/62/24
使○沬釋其三尺之劍 129/62/24
○沬為魯君將 145/76/5
使○子之足不離陳 145/76/5
○子以敗軍禽將 145/76/6
○子以為遭 145/76/7
○子以一劍之任 145/76/7
王賁、韓他之○ 249/133/17
國破○屈 249/133/25
昔○恃齊而輕晉 319/164/3
齊伐釐、莒而晉人亡○ 319/164/3
若○沬之與齊桓公 440/215/26

漕 cáo 1

粟糧○庾 273/143/25

草 cǎo 5

大夫種為越王墾○刱邑 81/37/3
暴骨○澤 87/41/19
食以○具 133/64/22
臣南方○鄙之人也 238/128/20
昔者堯見舜於○茅之中
　257/136/25

側 cè 5

妻○目而視 40/14/17
以同言郢威王於○紂之
　間 88/42/26
王不如舍需於○ 293/149/30
王厝需於○以稽之 293/150/2
果厝需於○ 293/150/3

測 cè 7

孰與其臨不○之罪乎 200/101/26
將○交也 299/152/20,299/152/21
入不○之淵而必出 311/158/16
猶不○之淵也 311/158/17
臨不○之罪 431/210/13
今提一匕首入不○之強
　秦 440/216/24

策 cè 8

書○稠濁 40/13/19
皆欲決蘇秦之○ 40/14/11
數○占兆 42/17/5
以順王與儀之○ 49/20/3
非得失之○與 136B/67/27
此兩○者 167/86/4
此三○者 218/113/6
夷維子執○而從 236/127/18

筴 cè 4

是大王籌○之臣無任矣 338/169/3
竊以為大王籌○之臣無
　任矣 338/169/5
猶鞭○也 433/211/15,433/211/20

差 chā 9

吳王夫○無適於天下 81/36/22
吳王夫○棲越於會稽 89/43/8
昔吳王夫○以強大為天
　下先 142/72/3
此夫○平居而謀王 142/72/4
禽夫○於干遂 272/143/7
遂殘吳國而禽夫○ 390/189/7
夫○弗是也 431/210/11
故吳王夫○不悟先論之
　可以立功 431/210/11
各有○ 440/217/21

插 chā 1

立則丈○ 148/78/13

察 chá 36

不可不○也 16/6/20
　278/146/4,448A/220/15
願王○之 96/47/27,290/149/5
○其為己用 96/48/15
願大王之○也 111/54/7
而不○其至實 113/55/16
○於地形之理者 142/72/11
故明主○相 142/72/17
則○相不事 142/73/11
彼明君○相者 142/73/12
願王之○之 147/77/18
武王之○ 166/85/6
故楚南○瀨胡而野江東 166/85/7
楚王不○於爭名者也 169/88/7
而王不知○ 169/88/12
故明主之○其臣也 179/93/21
不可不審○也 197/100/1
○五味之和 218/113/25
臣願王○臣之所謁 219/114/18
○乎息民之為用者伯 219/114/26

願大王之熟○之也 272/143/12
願大王○之 304/154/17
461/227/9
臣願大王○之 304/155/3
願王○之矣 306/155/21
願公之○也 373/182/17
今韓不○ 389/188/13
王不○ 389/188/14
願君○之也 406/193/27
臣恐侍御者之不○先王之所以畜幸臣之理 431/209/16
故○能而授官者 431/209/20
而以身得○於燕 431/209/21
而不○疏遠之行也 431/210/17
大王若不○臣愚計 461/227/6

柴 chái 1

今求○葫、桔梗於沮澤 131/63/24

豺 chái 1

譬如使○狼逐群羊也 44/18/3

襜 chān 1

百姓理○蔽 142/72/25

毚 chān 1

躍躍○兔 87/41/15

纏 chān 1

○之以布 95/47/10

讒 chān 10

○不蔽忠 81/36/3
桀聽○而誅其良將 96/48/7
紂聞○而殺其忠臣 96/48/7
今王聽○ 96/48/8
人或○之 145/75/8
今君聽○臣之言 202/103/16
明王絕疑去○ 218/114/1
彼又將使其子女○妾為諸侯妃姬 236/127/27
而○言先至 306/155/22
吾必不聽眾口與○言 427/207/16

剗 chǎn 2

○而類 101/49/25
猶○刈者也 427/207/16

產 chǎn 3

是君以合齊與強楚吏○子 12/5/17
○以忿強秦 14B/6/7
段○謂新城君曰 406/193/26

諂 chǎn 3

沉於○諛之臣 133/65/26
其摯（諂）〔○〕也固矣 341/170/22
○諛用事 461/226/16

昌 chāng 11

○他亡西周 19/7/12
間遺○他書曰 19/7/13
告○他 19/7/13
東周立殺○他 19/7/15
使○國君將而擊之 143/74/12
夫千乘、博○之間 143/74/16
臣聞昔湯、武以百里○ 192/97/29
趙王召樓○與虞卿曰 235/125/27
樓○曰 235/125/28
○國君樂毅為燕昭王合五國之兵而攻齊 431/209/3
王乃召○國君樂間而問曰 438/213/4

倡 chāng 2

和樂○優侏儒之笑不之 142/73/18
為士卒○曰 148/78/14

長 cháng 127

上黨○子趙之有已 10A/4/15
故使○兵在前 24/8/27
斷○續短 42/15/20
○城、鉅坊 42/15/26
軍於○平之下 42/16/14
今秦地斷○續短 42/17/6
而戎狄之○也 44/17/27,44/18/3
人誂其○者 49/20/3
汝取○者乎 49/20/4
取○者 49/20/5
○者詈汝 49/20/5
汝何為取○者 49/20/5
○小國 66/27/3
此燕之○利 66/27/10
生命壽○ 81/35/28
○為陶朱 81/37/5
○為應侯 81/37/10
以官○而守小官 95/46/28
君○有齊陰 99/49/14
令○子御 101/49/26
未嘗聞社稷之○利 113/55/27
秦攻趙○平 120/58/8
君所以得為○者 126/61/22
誦足下之○ 127/62/1
故物舍其所○ 129/62/25
○鋏歸來乎 133/64/24
133/64/25,133/64/27
乃歌夫○鋏歸來者也 133/65/2
○驅到齊 133/65/11
百事之○也 142/71/5
事敗而好○詐 142/71/16
此皆內○詐 142/72/5
約於同形則利○ 142/72/15
南戰於○子 142/73/1
少○貴賤 142/73/9
曠日遠而為利○者 142/73/14
天帝使我○百獸 154/81/4
如是必○得重於楚國 160/83/2
○與之同車 166/85/10
○為昆弟之國 168/87/22
不習國家之○計 168/87/26
絕○續短 192/97/29
○沙之難 195/99/9
故弒賢○而立幼弱 197/100/2
君又安得○有寵乎 200/101/23
王○而反政 200/102/7
○子之韓 204A/106/3
令公孫起、王齮以兵遇趙於○平 211/110/17
年已○矣 212/110/22

後有○庭 218/113/25
未嘗得聞社稷之○計 218/114/11
非國之○利也 219/114/23
220/116/10
錯質務明主之○ 221/116/16
窮有弟○辭讓之節 221/116/17
而與馬服之子戰於○平之下 231/123/9
而燕非有○平之禍也 231/123/11
秦攻趙於○平 233/123/26
其於○者薄 233/123/31
秦、趙戰於○平 235/125/27
未嘗不言趙人之○者也 237/128/16
必以○安君為質 262/138/28
有復言令○安君為質者 262/138/29
老臣竊以為媼之愛燕后賢於○安君 262/139/10
不若○安君之甚 262/139/11
豈非計久○ 262/139/13
今媼尊○安君之位 262/139/17
○安君何以自託於趙 262/139/18
老臣以媼為○安君計短也 262/139/18
於是為○安君約車百乘質於齊 262/139/19
知氏之命不○矣 264A/140/8
公叔豈非○者哉 270/142/12
西有○城之界 272/142/28
子○色衰 279/146/13
魏王之年○矣 302/153/21
○主也 303B/154/7
303B/154/9,415/198/17
○羊、王屋、洛林之地也 309/156/24,309/156/27
魏之所以獻○羊、王屋、洛林之地者 309/157/5
臣使○信侯請無內王 311/158/24
支期說於○信侯曰 311/158/26
○信侯曰 311/158/26,311/158/27
311/158/29,311/159/3
○信侯行 311/159/1
○信侯入見王 311/159/2
又○驅梁北 315/161/25
欲王之東○之待之也 326/166/5
○平之役 327/166/9
秦、趙久相持於○平之下而無決 327/166/10
執法以下至於○輓者 342/171/5
以君為○者 343/171/16
○跪而謝之曰 343/171/24
夫不顧社稷之○利 348A/173/25
楚王為從○ 352/175/3
畢○謂公叔曰 370/181/26
此君國○民之大患也 387/187/19
而君臣、上下、少○、貴賤 390/189/9
子纆牽○ 407/194/5
是纆牽○也 407/194/6
○其尾 413/197/4
則易水、○城非王之有也 413/197/11
有○城、鉅防 415/198/21
雖有○城、鉅防 415/198/24
其次○賓之秦 419/201/25
老婦不知○者之計 428/208/11
○驅至國 431/209/30
事強可以令國安○久 432/210/22
之國者可○存 432/211/5
趙民其壯者皆死於○平 438/213/3
光聞○者之行 440/215/13
則雖欲○侍足下 440/216/5
而傷○者之意 440/216/8
劍○ 440/217/14
荊有○松、文梓、楩、柟、豫樟 442/218/21
宋無○木 442/218/21
君日○矣 445/219/17
○平之事 461/226/1
趙自○平已來 461/226/4
今趙卒之死於○平者已十七、八 461/226/13
今秦破趙軍於○平 461/226/23
養孤○幼以益其眾 461/226/24

常 cháng 57

則子○重矣 7/3/17
是周○不失重國之交也 18/7/8
○欲坐而致之 40/13/23
○以國情輸楚 49/19/27
而○以國輸楚王 49/20/7
故○先至 61A/24/29
子○宣言代我相秦 81/35/24
天之○數也 81/36/20
聖人之○道也 81/36/20
○以王人為意也 142/71/25
○以謀人為利也 142/71/25
貂勃○惡田單 147/77/7
故○見譽於朝 147/77/8
以為非○人 149B/79/1
憐而○竊衣食之 149B/79/1
後將○急矣 152/80/13
○以急求所欲 152/80/14
故昭奚恤○惡臣之見王 158/82/14
席卷○山之險 168/86/17
昭○入見 177/92/16
昭○曰 177/92/16
○請守之 177/92/18,177/92/25
昭○出 177/92/20
○見寡人曰 177/92/25
遣昭○為大司馬 177/92/28
遣昭○之明日 177/92/28
立昭○為大司馬 177/92/30
昭○應齊使曰 177/93/1
今○守之何如 177/93/2
是○矯也 177/93/3
伐昭○ 177/93/3
今魯句注禁○山而守 209/108/23
○苦出辭斷絕人之交 218/112/27
西有○山 218/113/11
燕守○山之北 218/114/4
則趙守○山 218/114/6
夫制國有○ 221/117/1
自○山以至代、上黨 221/117/20
衣服有○ 221/118/3
○民溺於習俗 221/118/5
所以齊○民 221/118/26
兵有○經 224/120/6
右○山 237/128/13
苦成○謂建信君曰 241/130/3
吾○欲悉起兵而攻之 301/153/4
維命不于○ 310/157/22
是以天幸自為○也 310/157/23
先日公子○約兩王之交矣 314/160/14
有○不赦 340/170/2
西有宜陽、○阪之塞 347/172/28
○仗趙而畔楚 365/180/4
獻○山之尾五城 413/197/16

然而○獨欲有復收之之志若此也 429/208/17
○痛於骨髓 440/216/13
則公○用宋矣 445/219/18
○莊談謂趙襄子曰 453/222/10

場 cháng 2

效勝於戰○ 40/13/22
故戰○也 273/143/25

腸 cháng 8

即趙羊○以上危 33/11/13
踰羊○ 42/16/16
夫取三晉之○胃與出兵而懼其不反也 63/26/14
決羊○之險 81/37/7
起兵臨羊○ 368/181/15
自屠出○ 385/186/16
刳子腹及子之○矣 437/212/28
子○亦且寸絶 437/212/29

嘗 cháng 154

○欲東周與楚惡 20/7/20
臣○聞溫囿之利 32/11/6
生未○見寇也 42/15/17
是知秦戰未○不勝 42/15/21
攻未○不取 42/15/21
所當未○不破也 42/15/21
豈敢以疑事○試於王乎 72/29/3
疑則少○之 72/29/11
臣未○聞指大於臂 74/32/19
秦○攻韓邢 78/34/6
吾○無子 79/34/15
臣亦○為子 79/34/16
孰與孟○、芒卯之賢 83B/38/26
以孟○、芒卯之賢 83B/38/26
天下未○無事也 86/40/17
萬乘之地未○有也 87/40/29
趙氏亦○強矣 88/42/17
○無師傅所教學 93/45/11
陛下○軔車於趙矣 93/45/12
未○為兵首 95/46/28
○盜於梁 96/48/1
孟○君又竊以諫 101/49/25
今韓、梁之目未○乾 111/54/10
未○倍太山、絶清河、涉渤海也 112/54/25
未○聞社稷之長利 113/55/27
孟○君將入秦 124/60/23
孟○曰 124/60/23
孟○君見之 124/60/27
謂孟○君曰 124/60/27, 136A/67/3
孟○君乃止 124/61/2
孟○君在薛 125/61/6
而孟○令人體貌而親郊迎之 125/61/6
孟○君奉夏侯章以四馬百人之食 126/61/19
夏侯章每言未○不毀孟○君也 126/61/19
或以告孟○君 126/61/20
孟○君曰 126/61/20, 129/62/27, 130/63/7, 130/63/8, 130/63/10, 130/63/14, 130/63/16, 133/64/20, 133/64/24, 133/64/26, 133/65/5, 133/65/14, 134/66/4, 136A/67/4, 136A/67/4, 136A/67/5, 216/111/18, 314/160/4, 314/160/7, 314/160/8
孟○君重非諸侯也 126/61/21
吾以身為孟○君 126/61/22
孟○君讌坐 127/61/27
孟○君舍人有與君之夫人相愛者 128/62/7
或以問孟○君曰 128/62/7
孟○君不知臣不肖 128/62/13
是足下倍先君盟約而欺孟○君也 128/62/15
孟○君可語善為事矣 128/62/19
孟○君有舍人而弗悅 129/62/23
魯連謂孟○君曰 129/62/23
孟○君出行國 130/63/3
見孟○君門人公孫戍曰 130/63/3
入見孟○君曰 130/63/7
使人屬孟○君 133/64/20
孟○君笑而受之曰 133/64/21
孟○君客我 133/64/27
孟○君問 133/64/28
孟○君使人給其食用 133/64/29
後孟○君出記 133/65/1
孟○君怪之 133/65/2
孟○君笑曰 133/65/2
未○見也 133/65/3
孟○君怪其疾也 133/65/11
孟○君不說 133/65/15
齊王謂孟○君曰 133/65/18
孟○君就國於薛 133/65/18
孟○君顧謂馮諼 133/65/19
孟○君予車五十乘 133/65/21
齊放其大臣孟○君於諸侯 133/65/21
往聘孟○君 133/65/23
馮諼先驅誡孟○君曰 133/65/23
孟○君固辭不往也 133/65/24
封書謝孟○君曰 133/65/25
馮諼誡孟○君曰 133/65/27
還報孟○君曰 133/65/27
孟○君為相數十年 133/65/30
孟○君為從 134/66/3
公孫弘謂孟○君曰 134/66/3
今孟○君之地方百里 134/66/9
孟○君好人 134/66/10
孟○君之好人也 134/66/10
寡人善孟○君 134/66/14
孟○ 134/66/16
魯仲連謂孟○ 135/66/21
孟○君逐於齊而復反 136A/67/3
孟○君乃取所怨五百牒削去之 136A/67/7
秦始皇○使使者遺君王后玉連環 149B/79/8
其狗○溺井 158/82/12
且王○用滑於越而納句章 166/85/7
且大王○與吳人五戰三勝而亡之 168/87/5
楚○與秦構難 168/87/9
未○見中國之女如此其美也 182/94/15
未○見人如此其美也 182/94/24
其君未○不尊 197/99/28
國未○不榮也 197/99/28
○為秦孽 198/100/22
子不○事范中行氏乎 204B/106/21
○合橫而謀伐趙 209/108/25
趙王封孟○君以武城 216/111/17

孟○君擇舍人以為武城吏 216/111/17
未○得聞社稷之長計 218/114/11
昔齊威王○為仁義矣 236/127/6
○抑強齊 237/128/14
未○不言趙人之長者也 237/128/16
未○不言趙俗之善者也 237/128/16
親○教以兵 238/128/21
臣亦○以兵說魏昭王 238/128/23
且王○濟於漳 247/131/26
未○不為王先被矢石也 247/132/2
齊甲未○不歲至於王之境也 247/132/3
○以魏之故 251/135/1
奢○抵罪居燕 252/135/12
未○不分於葉陽、涇陽君 258B/138/1
未○得聞明教 272/143/17
秦○用此於楚矣 297/151/20
又○用此於韓矣 297/151/20
奉陽君、孟○君、韓呡、周㝡、周、韓餘為徒從而下之 297/152/5
未○有之也 310/157/28
且君之○割晉國取地也 310/158/2
夜見孟○君 314/160/3
孟○君之趙 314/160/7
王○身濟漳 316/162/14
公亦○聞天子之怒乎 343/171/19
臣未○聞也 343/171/19
大王○聞布衣之怒乎 343/171/20
子○教寡人循功勞 346/172/23
二十餘年未○見攻 364/179/23
未○不以周襄王之命 391/189/17
公孫郝○疾齊、韓而不加貴 396C/191/17
齊、韓○因公孫郝而不受 396C/191/17
先人○有德蘇氏 419/202/9
昔周之上地○有之 420/203/6
未○謀燕 427/207/18
未○見天子 440/217/11
未○見人如中山陰姬者也 458/224/27
○餓且死 459B/225/18
君○以寡擊衆 461/226/14

裳 cháng 1

必褰○而趨王 341/170/18

償 cháng 12

是我亡於秦而取○於齊也 50/21/15
賣妻子不足○之 130/63/4
使吏召諸民當○者 133/65/8
十年之田而不○也 142/72/22
142/72/24
求所以○者 143/74/14
不○ 149A/78/23
而取○於秦也 233/124/21
是王失於齊而取○於秦 233/125/10
以○兵費 352/175/4
必攻市丘以○兵費 352/175/8
其○破秦必矣 440/215/27

超 chāo 2

○然避世 81/37/5
韓卒○足而射 347/172/30

巢 cháo 2

城中○居而處 203/104/15
有覆○毀卵 258B/138/2

鼂 cháo 1

乃微謂趙卓、韓○曰 345/172/17

車 chē 129

載以乘○駟馬而遣之 21/7/25
秦令樗里疾以○百乘入周 24/8/24
載以廣○ 24/8/25
使樗里疾以○百乘入周 24/8/27
惠王○裂之 39/13/2
戰○萬乘 40/13/7
○騎之用 40/13/9
古者使○轂擊馳 40/13/18
革○百乘 40/14/7
○百乘 47/19/1,133/65/23
請為子○約 49/20/1
王其為臣約○并幣 50/20/20
寡人欲○通三川 55/23/3
使人持○召之 72/29/15
戰○千乘 73A/30/23
○騎之多 73A/30/24
遂以○裂 81/36/25
肘足接於○上 83B/39/3
乘夏○ 88/42/20
陛下嘗軔○於趙矣 93/45/12
令庫具○ 94/46/4
借臣○五乘 94/46/5
乃資○百乘 96/47/23
錯擊摩○而相過 105/51/23
使輕○銳騎衝雍門 105/51/24
齊○之良 112/54/24
○轚擊 112/54/28
○不得方軌 112/55/4
乃具革○三十乘 115/56/19
與革○三十乘而納儀於梁 115/56/27
乃約○而暮去 122/59/27
○軼之所能至 127/61/28
請具○馬皮幣 128/62/11
則郄○而載耳 131/63/25
出無○ 133/64/25
比門下之○客 133/64/26
於是乘其○ 133/64/26
於是約○治裝 133/65/5
孟嘗君予○五十乘 133/65/21
文○二駟 133/65/25
以○十乘之秦 134/66/7
出必乘○ 136B/68/11
安步以當○ 136B/68/14
○舍人不休傅 142/71/9
破○ 142/72/23
全○甲 145/75/24
欲使後○分衣 146/76/22
上○弗謝而去 148/78/9
齊王還○而反 150/79/20
有狂兕（牂）〔牂〕○依輪而至 160/83/9
乃為具駟馬乘○五百金之楚 163/84/10
長與之同○ 166/85/10

○千乘 167/85/17,168/86/16
218/113/10,348A/173/20
○裂蘇秦於市 168/87/18
使使臣獻書大王之從○
下風 168/87/23
乃遣使○百乘 168/87/27
遂出革○千乘 170/89/17
齊使○五十乘 177/92/8
王發上柱國子良○五十
乘 177/92/27
遣景鯉○五十乘 177/92/29
服鹽○而上太行 199/101/6
下○攀而哭之 199/101/7
乃使延陵王將○騎先之
晉陽 203/104/6
雒陽乘軒○蘇秦 208/107/21
無罷○駑馬 208/107/21
借○者馳之 216/111/17
夫所借衣○者 216/111/18
夫馳親友之○ 216/111/19
○不過三百乘 218/113/18
飾○百乘 218/114/12
飾○騎 220/115/22
自令○裂於齊之市 220/116/1
方將約○趨行 220/116/10
於是乃以○三百乘入朝
澠池 220/116/11
故拘之於牖里之○ 236/127/17
公子乃驅後○ 239A/129/4
君令嘗乘獨斷之○ 240/129/24
○甲羽毛裂敝 252/135/18
葉陽君、涇陽君之○馬
衣服 258B/138/1
於是為長安君約○百乘
質於齊 262/139/19
○馬之多 272/143/1
革○三百乘 272/143/7
○六百乘 272/143/9
出而乘其○ 273/144/15
魏王使李從以○百乘使
於楚 276/145/14
急約○為行具 276/145/17
李從以○百乘使楚 276/145/20
犀首又以○三十乘使燕
、趙 276/145/20
必勸王多公之○ 278/146/5
因以魯侯之○迎之 278/146/8
王為約○ 288/148/19
先以○五十乘至衛間齊
288/148/19
重為之約○百乘 314/160/4
○三百乘 314/160/12
○二百乘 314/160/22
遂約○而遣之 338/169/1
今已令楚王奉幾瑟以○
百乘居陽翟 353/175/16
令戰○滿道路 357/176/21
多其○ 357/176/21,357/176/26
禽困覆○ 359/177/17
為公叔具○百乘 369/181/20
周欲以○百乘重而送之
383C/185/3
枉○騎而交臣 385/186/2
請益具○騎壯士 385/186/9
遂謝○騎人徒 385/186/12
○七百乘 408/194/11
於是齎蘇秦○馬金帛以
至趙 408/194/23
奉子○百乘 420/203/1
乃命公子束○制衣為行
具 428/208/11
○甲珍器 431/210/1
又譬如○士之引○也 432/210/27
五人而○因行矣 432/210/27
智固不如○士矣 432/210/29
奉蘇子○五十乘 433/211/18
晝以○騎 436/212/21
間進○騎美女 440/216/2
於是荊軻遂就○而去 440/217/1
太子上○請還 446B/220/1
○過五乘 448B/220/22
婦上○ 452B/222/3
○至門 452B/222/4
君為臣多○重幣 454/222/17
所傾蓋與○而朝窮閭隘
巷之士者 459A/225/10

坼 chè 3

地○至泉 143/74/17
地○至泉者 143/74/19
天崩地○ 236/127/7

徹 chè 1

○其環瑱 138/69/19

瞋 chēn 2

莫不日夜搤腕○目切齒
以言從之便 273/144/16
士皆○目 440/217/1

臣 chén 1185

○請東借救於齊 1/1/3
周之君○ 1/1/4
使陳○思將以救周 1/1/6
○請東解之 1/1/8
得君○父子相保也 1/1/9
夫梁之君○欲得九鼎 1/1/10
楚之君○欲得九鼎 1/1/12
○竊為大王私憂之 1/1/16
秦王不聽群○父兄之義
而攻宜陽 2/1/25
○故曰拔 2/1/25
○恐西周之與楚、韓寶 3B/2/11
○請使西周下水可乎 4/2/18
○請令齊相子 7/3/16
忠○令誹在己 8B/3/29
無忠○以掩蓋之也 8B/3/30
《春秋》記○弒君者以
百數 8B/4/1
皆大○見譽者也 8B/4/2
故大○得譽 8B/4/2
○少而誦《詩》 9/4/8
莫非王○ 9/4/9
則我天子之○ 9/4/9
明群○據故主 14B/6/7
○請為救之 14B/6/8
且○為齊奴也 14B/6/9
王為○賜厚矣 14B/6/9
○入齊 14B/6/9
○請以三十金復取之 15/6/14
○能殺之 19/7/13
○為君不取也 30/10/15
○恐齊王之為君實立果
而讓之於最 30/10/18
○能為君取之 32/11/1
○為王有患也 32/11/2

○見其必以國事秦也 32/11/3
○嘗聞溫囿之利 32/11/6
○之秦 38/12/14
主君之○ 38/12/15
且惡○於秦 38/12/15
而○為不能使矣 38/12/15
○願免而行 38/12/15
大○太重者國危 39/12/29
大王更為○也 39/13/1
○請奏其效 40/13/9
政教不順者不可以煩大
○ 40/13/13
○固疑大王之不能用也 40/13/16
○諸侯 40/13/25
謀○之權 40/14/10
○聞之 42/15/9
44/18/1,87/40/28,113/55/19
168/86/26,168/87/6
188/96/18,203/104/16
219/114/20,221/116/23
221/117/8,221/118/16
258B/138/2,268/141/14
301/153/5,304/154/16
366/180/10,415/198/1
420/202/24,454/222/26
為人○不忠當死 42/15/9
○願悉言所聞 42/15/10
○聞 42/15/10,44/17/27
73B/32/1,87/41/16,89/43/3
218/113/17,218/114/1
○竊笑之 42/15/11
○聞之曰 42/15/12
339/169/13,420/203/12
謀○皆不盡其忠也 42/15/23
○敢言往昔 42/15/25
且○聞之曰 42/16/1
而謀○不為 42/16/4
42/16/8,42/16/21
是謀○之拙也 42/16/22
天下固量秦之謀○一矣 42/16/23
內者量吾謀○ 42/16/25
○以天下之從 42/16/26
且○聞之 42/17/1,415/198/19
○昧死望見大王 42/17/9
○荊、魏 42/17/9
荊、魏不○ 42/17/11
大王斬○以徇於國 42/17/11
故○願從事於易 44/18/2
○請謁其故 44/18/7
此○所謂『危』 44/18/9
○聞其言曰 45/18/17
○請助王 45/18/18
○恐王之如郭君 48A/19/6
天下欲以為○ 48B/19/21
陳軫為王○ 49/19/27
○願之楚 49/20/1
○出 49/20/3
而明○之楚與不也 49/20/3
軫為人○ 49/20/7
王必不留○ 49/20/7
昭陽將不與○從事矣 49/20/7
以此明○之楚與不 49/20/8
天下皆欲以為○ 49/20/12
○不忠於王 49/20/14
王其為○約車并幣 50/20/20
○請試之 50/20/20
唯儀之所甚願為○者 50/20/23
而儀不得為○也 50/20/25
○請使秦王獻商於之地 50/20/26
群○聞見者畢賀 50/21/1
○見商於之地不可得 50/21/3
○聞六百里 50/21/12
○可以言乎 50/21/13
○不知其思與不思 51/21/28
○不得復過矣 53/22/14
義渠君致群○而謀曰 53/22/21
魏聽○矣 55/23/6
○聞張儀西并巴、蜀之
地 55/23/10
此非○之功 55/23/12
今○羈旅之○也 55/23/13
而○受公仲侈之怨也 55/23/13
今○之賢不及曾子 55/23/17
而王之信○又未若曾子
之母也 55/23/18
疑○者不適三人 55/23/18
○恐王為○之投杼也 55/23/18
王遂亡○ 56/23/29
○是以知其御也 59/24/17
今○不肖 61A/24/30
願為王○ 61A/25/10
犀首告○ 61B/25/18
非使○之所知也 63/26/2
○聞往來之者言曰 63/26/5
○竊必之弊邑之王曰 63/26/6
故○竊必之弊邑之王曰 63/26/14
○戰 67/27/20
○請挈領 67/27/20
然而○有患也 67/27/21
424/205/22
夫楚王之以其○請挈領
然而○有患也 67/27/21
而事○之主 67/27/22
此○之甚患也 67/27/22
○聞明主蒞正 72/28/28
使以○之言為可 72/29/1
則久留○無為也 72/29/1
今○之胸不足以當椹質 72/29/2
雖以○為賤而輕辱○ 72/29/3
獨不重任○者後無反覆
於王前耶 72/29/3
○聞周有砥厄 72/29/6
○聞善厚家者 72/29/9
○不敢載之於書 72/29/11
○愚而不闔於王心耶 72/29/12
已其言○者 72/29/12
則○之志 72/29/13
○聞始時呂尚之遇文王
也 73A/29/29
今○ 73A/30/3
羈旅之○也 73A/30/3
願以陳○之陋忠 73A/30/4
○非有所畏而不敢言也 73A/30/4
然○弗敢畏也 73A/30/5
大王信行○之言 73A/30/5
死不足以為○患 73A/30/6
424/205/21
亡不足以為○憂 73A/30/6
不足以為○恥 73A/30/6
此○之所大願也 73A/30/8
○何患乎 73A/30/9
使○得進謀如伍子胥 73A/30/10
是○說之行也 73A/30/11
○何憂乎 73A/30/11
使○得同行於箕子、接
輿 73A/30/12
是○之大榮也 73A/30/12
○又何恥乎 73A/30/12
○之所恐者 73A/30/13
獨恐○死之後 73A/30/13
天下見○盡忠而身蹶也 73A/30/13

下惑姦○之態	73A/30/14
此○之所恐耳	73A/30/15
○弗敢畏也	73A/30/15
○死而秦治	73A/30/16
下至大○	73A/30/20
○意王之計欲少出師	73A/31/2
君○之不親	73A/31/4
○居山東	73B/31/26
尊其○者卑其主	73B/32/4
○今見王獨立於廟朝矣	73B/32/7
且○將恐後世之有秦國者	73B/32/7
○未嘗聞指大於臂	74/32/19
○聞之也	74/32/21
○強者危其主	74/32/22
○必聞見王獨立於庭也	74/32/24
○竊為王恐	74/32/24
○聞古之善為政也	74/32/26
人○之所樂為死也	75/33/7
○願王之毋獨攻其地	75/33/8
然降其主父沙丘而○之	76/33/17
○不憂	79/34/13
○奚憂焉	79/34/16
○亦嘗為子	79/34/16
○何為憂	79/34/17
○請得其情	79/34/20
○以韓之細也	79/34/23
○	80/35/11, 130/63/4, 222/119/16
○無諸侯之援	80/35/12
王舉○於羈旅之中	80/35/12
天下皆聞○之身與王之舉也	80/35/12
○願請藥賜死	80/35/13
而恩以相葬○	80/35/14
王必不失○之罪	80/35/14
主聖○賢	81/36/7
君明○忠	81/36/7
是有忠○孝子	81/36/9
憐其○子	81/36/10
其為人○	81/36/13
以君○論之	81/36/14
主固親忠○	81/36/17
○之見人甚眾	81/37/13
○不如也	81/37/14
大○有功	82A/38/2
○請為王因呡與佐也	82B/38/8
○見王之權輕天下	85/39/27
○之來使也	85/39/27
今大王留○	85/39/28
不如出○	85/40/1
○之義不參拜	86/40/6
王能使○無拜	86/40/6
○竊為大王不取也	86/40/14, 167/85/27, 256/136/18
王資○萬金而遊	86/40/15
入其社稷之○於秦	86/40/16
○請言其說	87/40/28
而欲以力○天下之主	87/41/8
○恐有後患	87/41/8
○為大王慮而不取	87/41/14
○恐韓、魏之卑辭慮患	87/41/17
流亡為○妾	87/41/20
○為王慮	87/42/8
請為陳侯○	88/42/22
○豈以郢威王為政衰謀亂以至於此哉	88/42/26
○竊惑王之輕齊易楚	89/43/3
○竊為大王慮之而不取也	89/43/5
則○恐諸侯之君	89/43/15
以○之心觀之	89/43/18
大○之尊者也	91/44/3
○恐其害於東周	92/44/14
○恐其皆有怨心	93/45/13
○行之	94/45/25
今○生十二歲於茲矣	94/45/26
君其試○	94/45/26
○之功不如武安君也	94/45/30
○不知卿所死之處矣	94/46/3
借○車五乘	94/46/5
今王齎○五城以廣河間	94/46/10
○事之	95/46/17
○請大王約從	95/46/25
○少為秦刀筆	95/46/28
○效愚計	95/46/29
是○無以事大王	95/46/29
趙王之○有韓倉者	95/47/3
其為人疾賢妬功○	95/47/4
○不敢言	95/47/11
人○不得自殺宮中	95/47/11
秦王召群○賓客六十人而問焉	96/47/21
群○莫對	96/47/22, 154/81/3
○於趙而逐	96/48/1
趙之逐○	96/48/1, 96/48/10
非所以厲群○也	96/48/2
天下願以為○	96/48/5
紂聞讒而殺其忠○	96/48/7
則無忠○矣	96/48/8
子良之逐○	96/48/11
是以群○莫敢以虛願望於上	96/48/16
大○與百姓弗為用	97/48/24
○請三言而已矣	99/49/10
○請烹	99/49/11
鄙○不敢以死為戲	99/49/12
田侯召大○而謀曰	102/50/21, 103/50/30
○之求利且不利者	102/50/24
田○思曰	103/51/1, 114/56/4
○請為留楚	106/51/29
○誠知不如徐公美	108/52/23
○之妻私○	108/52/23
○之妾畏○	108/52/23
○之客欲有求於○	108/52/24
朝廷之○	108/52/25
群○吏民	108/52/26
群○進諫	108/53/1
於是秦王拜西藩之○而謝於齊	109/53/11
○非不能更葬先妾也	109/53/13
○之母啓得罪○之父	109/53/14
○之父未教而死	109/53/14
豈為人○欺生君哉	109/53/15
○請令魯中立	110/53/19
非○所知也	110/53/20
○來弔足下	110/53/20
此○之所以為山東之患	111/54/6
此○之所謂齊必有大憂	111/54/17
○竊度之	112/54/26
是故韓、魏之所以重與秦戰而輕為之○也	112/55/1
是群○之計過也	112/55/7
今無○事秦之名	112/55/7
○固願大王之少留計	112/55/8
大○父兄殷眾富樂	113/55/14
此○之所謂託儀也	115/56/28
張儀謂梁王不用○言以危國	116/57/3
○竊為公譬可也	117/57/14
○聞謀泄者事無功	122/59/5

○請為君之楚	122/59/7
○觀薛公之留太子者	122/59/10
故○能去太子	122/59/22
○竊為君疑之	122/60/2
○之來也	124/60/24
今者○來	124/60/27
	334/168/3,434/212/3
則○不知君所出矣	124/61/2
○請以○之血湔其衽	127/61/28
○願以足下之府庫財物	127/62/2
此○之所為君取矣	127/62/3
孟嘗君不知○不肖	128/62/13
以○欺君	128/62/14
且○聞齊、衛先君	128/62/14
君聽○則可	128/62/16
不聽○	128/62/16
若○不肖也	128/62/16
○輒以頸血湔足下衿	128/62/16
○願君勿受	130/63/7
○戍願君勿受	130/63/10
○有大喜三	130/63/14
○獨入諫	130/63/15
○一喜	130/63/15
○二喜	130/63/15
○三喜	130/63/16
○恐強秦大楚承其後	132A/64/2
恐秦兼天下而○其君	132B/64/13
○竊計	133/65/12
○竊矯君命	133/65/15
乃○所以為君市義也	133/65/15
寡人不敢以先王之○為○	133/65/18
齊放其大○孟嘗君於諸侯	133/65/21
君○恐懼	133/65/24
沉於諂諛之○	133/65/26
君恐不得為○	134/66/4
義不○乎天子	134/66/10
不得志不肯為人○	134/66/11
如○者十人	134/66/13
人○也	136B/67/13,236/126/24
安行而反○之邑屋	136B/68/16
○故曰不如愛尺轂也	137/69/7
○奉使使威后	138/69/14
上不○於王	138/69/21
○聞之鄰人之女	139/69/27
○鄰人之女	139/69/27
王之問○也卒	141A/70/11
故○願王明釋帝	141B/70/21
○聞用兵而喜先天下者憂	142/71/3
○聞善為國者	142/71/18
君○於齊者	142/73/3
○聞戰大勝者	142/73/7
○之所聞	142/73/16
王何不使○見魏王	142/73/25
則○請必北魏矣	142/73/26
此○之所謂比之堂上	142/74/6
大○不親	143/74/12
忠○不先身而後君	145/75/12
不顧燕王之無○	145/75/12
即○見公之不能得也	145/75/18
君○過計	145/75/18
大○不足恃	145/75/20
以制群○	145/75/25
世主不○也	145/76/2
王有所幸○九人之屬	147/77/13
君○無禮	147/77/16
子為子之○禮	147/77/20
○固知王不若也	147/77/24
	147/77/24
為人○之功者	147/77/26
○以五里之城	148/78/8
莒中及齊亡○相聚	149B/79/1
君王后以示群○	149B/79/8
群○不知解	149B/79/9
群○之可用者某	149B/79/11
荊宣王問群○曰	154/81/3
○不敢言其後	155/81/12
○朝夕以事聽命	157B/82/6
而魏入吾君○之間	157B/82/6
○大懼	157B/82/7
○非畏魏也	157B/82/7
夫泄吾君○之交	157B/82/7
○之得罪無日矣	157B/82/8
故昭奚恤常惡○之見王	158/82/14
○弑其主者	159/82/21
寵○不避軒	160/83/1
○所為君道	160/83/5
君不用○之計	160/83/5
○請不敢復見矣	160/83/5
○入則編席	160/83/11
○入竟	161/83/18
○等之罪免矣	161/83/19
○願之	162/83/26
○矯予之	164/84/16
○為太子得新城、陽人	164/84/16
○不足以知之	166/85/3
○以為王鉅速忘矣	166/85/9
○聞治之其未亂	167/85/21
大王誠能聽○	167/85/24
	168/87/21,218/113/1
	272/143/16
○請令山東之國	167/85/24
大王誠能聽○之愚計	167/85/25
夫為人○而割其主之地	167/86/2
使○效愚計	167/86/5
內與群○謀	167/86/9
韓必入○於秦	168/86/22
韓入○	168/86/22
此○之所以為大王之患也	168/87/4
○竊為大王危之	168/87/6
○請秦太子入質於楚	168/87/21
○以為計無便於此者	168/87/23
使使○獻書大王之從車下風	168/87/23
內逐其謀○	169/88/11
則楚無謀○矣	169/88/11
今君何不見○於王	169/88/12
○非異	170/89/14
使下○來告亡	170/89/15
穀非人○	170/89/23
社稷之○	170/89/24
其○抉拾	170/90/1
此五○者	170/90/2
秦王之忠信有功○也	174/91/5
○請隨之	175/91/15
○請殺之	175/91/15
楚小○	175/91/18
○有傅	177/92/4
○故曰	177/92/5,217/112/8
	230/123/4,327/166/13
王明日朝群○	177/92/9
王墳墓、復群○、歸社稷也	177/92/11
○故曰與之	177/92/14
○故曰勿與	177/92/18
○請西索救於秦	177/92/22
○請索救於秦	177/92/26
○請效其說	177/92/27

○身受命弊邑之王 177/93/3
忠○之於君也 179/93/17
今王之大○父兄 179/93/17
厚賦斂諸○百姓 179/93/17
非忠○也 179/93/18
272/143/11,415/198/3
大○播王之過於百姓 179/93/18
亦非忠○也 179/93/19
○願無聽群○之相惡也 179/93/19
慎大○父兄 179/93/19
人○莫難於無妬而進賢 179/93/20
故明主之察其○也 179/93/21
今令○食玉炊桂 180/93/29
為○不忠不信 181/94/3
王無以為○ 181/94/4
且魏○不忠不信 181/94/4
王無所用○ 182/94/12
○請北見晉君 182/94/12
○為王弗取也 184/95/10
○以為大王輕矣 184/95/12
然○羞而不學也 188/96/17
○等少也 188/96/19
而令○等為散乎 188/96/21
○聞從者欲合天下以朝大王 189/96/25
○願大王聽之也 189/96/25
忠○之所以事君也 190/97/6
○誠見其必然者也 192/97/22
○請辟於趙 192/97/23
○聞鄙語曰 192/97/28,347/173/8
○聞昔湯、武以百里昌 192/97/29
○有辭以報樗里子矣 193/98/26
是不○也 194/99/5
○問謁者 196/99/17
○故食之 196/99/18
是○無罪 196/99/18
○食之而王殺○ 196/99/18
王殺無罪之○ 196/99/19
○竊以為不便於君 197/99/24
則大○主斷國私以禁誅於己也 197/100/2
○少之時好射 198/100/17
○願以射譬之 198/100/17
○為王引弓虛發而下鳥 198/100/18
○何足以當堯 199/101/1
然則君料○孰與舜 199/101/1
○請為君終言之 199/101/2
○之能不及舜 199/101/3
今君一時而知○ 199/101/3
是君聖於堯而○賢於舜也 199/101/3
齊王遣使求○女弟 200/101/17
君先仕○為郎中 200/102/11
○請為君剸其胸殺之 200/102/11
○聞之《春秋》 201/102/23
功○也 201/102/25
○請到魏 201/102/30
今君聽讒○之言 202/103/16
簡主之才○也 203/104/5
○聞董子之治晉陽也 203/104/8
203/104/10
○請見韓、魏之君 203/104/17
○聞脣亡則齒寒 203/104/20
入○之耳 203/104/22
○遇張孟談於轅門之外 203/104/27
魏宣子之謀○曰趙葭 203/105/2
康子之謀○曰段規 203/105/3
○遇知過於轅門之外 203/105/8
其視有疑○之心 203/105/8
約兩主勢能制○ 204A/105/19
無令○能制主 204A/105/19
今○之名顯而身尊 204A/105/20
○願捐功名去權勢以離衆 204A/105/20
○之所謂 204A/105/23
○觀成事 204A/105/23
○主之權均之能美 204A/105/24
則○力不足 204A/105/24
○下不使者何如 204A/105/25
君其負劍而御○以之國 204A/106/1
舍○於廟 204A/106/2
○試計之 204A/106/2
而其○至為報讎 204B/106/11
大亂君○之義者無此矣 204B/106/16
以明君○之義 204B/106/16
亦將以愧天下後世人○懷二心者 204B/106/17
○事范中行氏 204B/106/23
范中行氏以衆人遇○ 204B/106/23
○故衆人報之 204B/106/23
知伯以國士遇○ 204B/106/23
○故國士報之 204B/106/23
○聞明主不掩人之義 204B/106/25
忠○不愛死以成名 204B/106/26
君前已寬舍○ 204B/106/26
○故伏誅 204B/106/26
○羈旅也 207/107/15
主雖信○ 207/107/16
○固以鬼之言見君 208/107/24
今日○之來也暮 208/107/24
○竊以為土梗勝也 208/107/27
君聽○計則生 208/107/28
不聽○計則死 208/107/28
○竊觀君與蘇公談也 208/108/1
○聞古之賢君 209/108/10
○竊外聞大○及下吏之議 209/108/13
○竊以事觀之 209/108/14
○竊觀其圖之也 209/108/16
○恐其禍出於是矣 209/108/25
○恐其後事王者之不敢自必也 209/108/28
○願大王深與左右群○卒計而重謀 209/109/2
而○太守 211/109/21
○請悉發守以應秦 211/109/22
○聞聖人甚禍無故之利 211/109/28
使使者○勝 211/110/11
使○勝謂曰 211/110/11
今○使於秦 212/110/24
無有謂○為鐵鉆者乎 212/110/24
是○所為山東之憂也 217/111/27
○之所為來 217/112/8
天下之卿相人○ 218/112/21
○故敢獻其愚 218/112/24
是○之所以為大王願也 218/113/4
此○之所以為大王患也 218/113/8
218/113/15,273/144/6
必入○ 218/113/14,440/215/23
韓、魏○於秦 218/113/14
○竊以天下地圖案之 218/113/22
見○於秦 218/113/23
○人之與○於人也 218/113/24
○得陳忠於前矣 218/114/1
○聞明王之於其民也 219/114/17
○願王察○之所謂 219/114/18

○聞懷重寶者 219/114/19
君不得於○ 219/114/25
○有以知天下之不能為從以逆秦也 219/114/30
○以田單、如耳為大過也 219/114/30
○以為至愚也 219/115/2
○以為至誤 219/115/7
○以從一不可成也 219/115/7
今○有患於世 219/115/7
此○之所患也 219/115/8
弊邑秦王使○敢獻書於大王御史 220/115/20
敬使○先以聞於左右 220/115/25
而韓、魏稱為東蕃之○ 220/116/2
○切為大王計 220/116/5
○請案兵無攻 220/116/6
先王棄群○ 220/116/9
○之論也 221/116/16
為人○者 221/116/17
君○之分也 221/116/18
○不逆主 221/116/30
○固聞王之胡服也 221/117/7
○固敢竭其愚忠 221/117/8
○願大王圖之 221/117/11
○愚不達於王之議 221/117/28
○敢不聽今 221/117/29
○無隱忠 221/118/2
○雖愚 221/118/2,221/118/13
故○願王之圖之 221/118/5
○下之大罪也 221/118/13
○願王之圖之 221/118/19
君之忠○也 222/119/5
非賤○所敢任也 222/119/10
論○莫若君 222/119/10
而○無一焉 222/119/13
○之罪也 222/119/13
王之○也 222/119/17
○敢不聽令乎 222/119/17
224/120/18
故有○可命 222/119/20
○行讓而不爭 223/119/27
○用私義者國必危 223/119/27
惠主不○也 223/119/28
施及賤○ 223/120/1
○以失令過期 223/120/1
○敬循衣服 223/120/2
○恐其攻獲之利 224/120/9
有先王之明與先○之力 228/121/28
寡人有不令之○ 228/122/1
故○未見燕之可攻也 231/123/13
○固且有效於君 232/123/19
此非人○之所能知也 233/123/27
今○新從秦來 233/124/1
則恐王以○之為秦也 233/124/2
使○得為王計之 233/124/2
此非○之所敢任也 233/124/13
233/124/16
今○為足下解負親之攻 233/124/14
且○曰勿予者 233/125/8
王聊聽○ 235/126/1
東藩之○田嬰齊後至 236/127/8
鄒之群○曰 236/127/23
鄒、魯之○ 236/127/23
然且欲行天子之禮於鄒、魯之○ 236/127/24
是使三晉之大○不如鄒、魯之僕妾也 236/127/26
則且變易諸侯之大○ 236/127/26
○竊為君不取也 237/128/15
242/130/14,409/194/28
○南方草鄙之人也 238/128/20
○少之時 238/128/21
○故意大王不好也 238/128/22
○亦嘗以兵說魏昭王 238/128/23
○曰 238/128/23
334/168/4,334/168/5
334/168/5,375/183/4
○恐秦折王之椅也 239A/129/10
昔日○夢見君 239B/129/14
今○疑人之有煬於君者也 239B/129/17
○以為今世用事者 242/130/10
必有大○欲衡者耳 244/130/24
旦日贊群○而訪之 244/130/25
○請要其敝 245/131/2
使○與復丑曰 246/131/7
○一見 246/131/7
而○竊怪王之不試見○ 246/131/7
而窮○也 246/131/8
群○必多以○為不能者 246/131/8
故王重見○也 246/131/8
以○為不能者非他 246/131/8
○以齊循事王 246/131/10
○以為齊致尊名於王 246/131/11
○以齊致地於王 246/131/11
○以齊為王求名於燕及韓、魏 246/131/12
○之能也 246/131/12
○為足下謂魏王曰 247/131/23
○願王之曰聞魏而無庸見惡也 247/132/6
○請為王推其怨於趙 247/132/6
○必見燕與韓、魏亦且重趙也 247/132/7
○故欲王之偏劫天下 247/132/8
王使○以韓、魏與燕劫趙 247/132/9
使○也甘之 247/132/9
○之所以堅三晉以攻秦者 248/132/16
○是以欲足下之速歸休士民也 248/132/17
○為足下使公孫衍說奉陽君曰 248/132/21
○願足下之大發攻宋之舉 248/132/24
而○待忠之封 248/132/26
○又願足下有地效於襄安君以資○也 248/132/26
足下以此資○也 248/132/27
○循燕觀趙 248/132/27
○以為足下見奉陽君矣 249/133/4
○謂奉陽君曰 249/133/4
使○守約 249/133/8
○恐與國之大亂也 249/133/10
○願君之蚤計也 249/133/11
○雖盡力竭知 250/134/9
今○之於王非宋之於公子牟夷也 250/134/11
而惡○者過文張 250/134/11
故○死不復見於王矣 250/134/12
○聞趙王以百里之地 251/134/23
○竊為大王美之 251/134/24
○竊以為與其以死人市 251/134/25
夫國內無用○ 251/135/1
○請為卿刺之 255/136/9
今外○交淺而欲深談可

乎 257/136/27
○聞王之使人買馬也 258A/137/3
則大○為之枉法於外矣 258A/137/11
使下○奉其幣物三至王廷 258B/137/22
下○之來 258B/137/24
今使○受大王之令以還報 258B/138/2
王之忠○也 259/138/10
而王之忠○有罪也 259/138/12
大○強諫 262/138/29
老○病足 262/139/1
老○今者殊不欲食 262/139/4
老○賤息舒祺 262/139/7
而○衰 262/139/7
老○竊以為媼之愛燕后賢於長安君 262/139/10
老○以媼為長安君計短也 262/139/18
而況人○乎 262/139/23
乃多與趙王寵○郭開等金 263/139/28
○恐君之聾於官也 268/141/14
且君親從○而勝降城 269/141/27
○不能為也 270/142/7
○也 270/142/9,297/152/6
297/152/7,297/152/7
王特為○之右手不倦賞○ 270/142/9
若以○之有功 270/142/9
○何力之有乎 270/142/9
○竊料之 272/143/2
○竊為大王媿之 272/143/5
○聞越王勾踐以散卒三千 272/143/7
今乃劫於辟○之說 272/143/10
而欲○事秦 272/143/10
凡群○之言事秦者 272/143/10
皆姦○ 272/143/11
夫為人○ 272/143/11
故敝邑趙王使使○獻愚計 272/143/16
大王不聽○ 273/144/12
○聞積羽沉舟 273/144/17
○與燕、趙故矣 276/145/15
數令人召○也 276/145/15
今○無事 276/145/15
○急使燕、趙 276/145/17
今○之事王 279/146/13
而王之群○皆以為可 280/146/20
而群○之知術也 280/146/20
280/146/21
○不知衍之所以聽於秦之少多 287/148/10
然而○能半衍之割 287/148/10
王與○百金 288/148/19
○請敗之 288/148/19
○盡力竭知 292/149/19
是○終無成功也 292/149/20
○將侍 292/149/20
○請亡 292/149/20
寡人之股掌之○也 292/149/20
內之無若群○何也 292/149/21
○請問文之為魏 293/149/27
○以為身利而便於事 293/150/2
群○多諫太子者 296/150/19
群○皆不敢言 296/150/23
先君必欲一見群○百姓也夫 296/150/27
○聞此言 297/151/18
王其聽○也 297/151/22
○何足以當之 297/151/29
願足下之論○之計也 297/151/30
○為之苦矣 297/152/1
而○以致燕甲而起齊兵矣 297/152/3
○又偏事三晉之吏 297/152/5
○又說齊王而往敗之 297/152/8
○又爭之以死 297/152/9
○非不知秦勸之重也 297/152/9
今王所以告○者 301/153/5
此非○之所謂也 301/153/6
願○畜而朝 301/153/9
○萬乘之魏 301/153/12
○請說嬰子曰 302/153/20
今○願大王陳○之愚意 304/154/17
○恐魏交之益疑也 304/154/18
○又恐趙之益勁也 304/154/18
○故恐魏交之益疑也 304/154/22
○故恐趙之益勁也 304/154/24
○願大王察之 304/155/3
外○疾使○謁之 305/155/12
○請效之 305/155/13
而議○者過於三人矣 306/155/21
○請發張倚使謂趙王曰 308/156/10
○聞明王不胥中而行 309/156/23
王能使○為魏之司徒 309/156/24
則○能使魏獻之 309/156/24
○有死罪 309/157/2
○死 309/157/2
○為王責約於秦 309/157/2
○則死人也 309/157/6
○聞魏氏大○父兄皆謂魏王曰 310/157/12
○以為燕、趙可法 310/157/15
是○之所聞於魏也 310/157/20
○聞魏氏悉其百縣勝兵 310/157/26
○以為不下三十萬 310/157/26
○以為雖湯、武復生 310/157/27
○以為自天下之始分以至于今 310/157/28
○願君之熟計而無行危也 310/158/4
如○之賤也 311/158/16
今人有謂○曰 311/158/16
○必不為也 311/158/17
○竊為王不取也 311/158/18
○使長信侯請無內王 311/158/24
王待○也 311/158/24
王何以○為 311/158/26
○不知也 311/158/26
○今從 311/158/29
○已恐之矣 311/159/1
○能得之於應侯 311/159/3
孫○謂魏王曰 312/159/9
是群○之私而王不知也 312/159/10
且夫姦○固皆欲以地事秦 312/159/12
今君劫於群○而許秦 312/159/16
○效便計於王 314/160/17
王不用○之忠計 314/160/17
○甚或之 315/161/4
群○知之 315/161/4
以○之觀之 315/161/29
而○海內之民 315/162/1
是故○願以從事乎王 315/162/2

入朝為○之日不久 315/162/10
○為王不取也 316/162/15
○為公患之 317B/163/2
○意秦王與樗里疾之欲之也 317B/163/4
○請為公說之 317B/163/4
○願以鄙心意公 317B/163/8
○見秦之必大憂可立而待也 318/163/24
○竊為大王計 318/163/25
○以此知國之不可必恃也 319/164/8
○以此為不完 319/164/10
故○能無議君於王 324/165/14
不能禁人議○於君也 324/165/15
○聞明主之聽也 325/165/25
聽○也 325/165/25
○以垣雍為空割也 327/166/10
則後王之○ 328/166/18
李郝謂○曰 329A/166/25
王貴○也 330/167/11
告○曰 334/168/4
肖願為外○ 335/168/12
○請以魏聽 335/168/14
老○請出西說秦 338/168/31
令兵先○出可乎 338/168/31
是大王籌筴之○無任矣 338/169/3
竊以為大王籌筴之○無任矣 338/169/5
○願君之忘之也 339/169/17
是○而下 340/169/25
○弒君 340/170/2
無為人○之義矣 340/170/7
○無敢不安也 341/170/15
○為王之所得魚也 341/170/15
○之始得魚也 341/170/16
○甚喜 341/170/16
今○直欲棄○前之所得矣 341/170/16
今以○凶惡 341/170/17
今○爵至人君 341/170/17
聞○之得幸於王也 341/170/18
○亦猶曩○之前所得魚也 341/170/19
○亦將棄矣 341/170/19
○安能無涕出乎 341/170/19
今王能用○之計 342/171/2
○未嘗聞也 343/171/19
與○而將四矣 343/171/23
○聞一里之厚 344A/172/4
王用○言 344A/172/5
○請深惟而苦思之 345/172/16
夫為人○者 345/172/17
今大王西面交臂而○事秦 347/173/8
○竊為大王羞之 347/173/9
是故秦王使使○獻書大王御史 348A/174/2
群○或內樹其黨以擅其主 348B/174/11
○恐山東之無以馳割事王者矣 351/174/28
君資○ 352/175/4
○請為君止天下之攻市丘 352/175/4
故使使○再拜謁秦王 354/175/23
王聽○ 357/176/20
發信○ 357/176/21,357/176/26
而信楚之謀○ 357/177/3
願公之聽○言也 360/178/9
○恐國之以此為患也 360/178/11
行願之為秦王○也公 360/178/14
○請為公謂秦王曰 360/178/14
○即曰 360/178/16
○以公孫郝為不忠 360/178/17
○以甘茂為不忠 360/178/18
○以為令韓以中立以勁齊 360/178/21
○賀鯉之與於遇也 361/179/1
○為王之楚 363/179/17
王胥○反 363/179/17
○之所見者 364/179/25
○安敢來 366/180/18
○甚惡其事 367/181/6
留馮君以善韓○ 371/182/3
○竊強之 374/182/25
○之強之也 374/182/26
○之矯與之 375/183/4
○請令楚築萬家之都於雍氏之旁 383A/184/23
○有老母 385/185/24
○有仇 385/185/26
○所以降志辱身 385/185/27
枉車騎而交○ 385/186/2
○之所以待之至淺鮮矣 385/186/2
○之仇韓相傀 385/186/8
○使人刺之 385/186/9
忠○也 390/188/27
而王與諸○不事為尊秦以定韓者 390/188/28
○竊以為王之明為不如昭釐侯 390/188/28
而王之諸○忠莫如申不害也 390/188/29
請男為○ 390/189/5
亦請男為○ 390/189/7
而君○、上下、少長、貴賤 390/189/9
○竊以為猶之井中而謂曰 390/189/9
○願有言 396A/190/25
群○比周以蔽其上 396C/191/14
大○為諸侯輕國也 396C/191/14
是從○不事大○也 396C/191/15
則大○不得事近○矣 396C/191/15
則群○之賢不肖 396C/191/16
則為大○不敢為諸侯輕國矣 396C/191/17
則諸侯不敢因群○以為能矣 396C/191/18
群○之知 396C/191/20
○故願公仲之國以侍於王 396C/191/20
○請令發兵救韓 399/192/12
今○處郎中 406/193/26
而不能令人毋議○於君 406/193/27
今○雖不肖 407/194/5
而相國見○不釋塞者 407/194/6
王能聽○ 411/195/29
○東周之鄙人也 412/196/8
415/197/27
而足下迎○於郊 412/196/9
顯○於廷 412/196/9
今○為足下使 412/196/9
足下不聽○者 412/196/9
人必有言○不信 412/196/10
傷○於王者 412/196/10
○之不信 412/196/10
使○信如尾生 412/196/10
○亦不事足下矣 412/196/12

汙武王之義而不○焉 412/196/15
且○有老母於周 412/196/19
○之趍固不與足下合者 412/196/20
僕者進取之○也 412/196/20
○鄰家有遠為吏者 412/196/25
○之事 412/196/29
且○之事足下 412/196/29
○恐天下後事足下者 412/196/29
且○之說齊 412/196/30
莫如○之言也 412/196/30
○竊負其志 415/197/28
觀王之群○下吏 415/197/29
○請謁王之過 415/198/1
今○聞王居處不安 415/198/8
而亡國之○貪於財 415/198/26
○自報其內 415/198/31
不信其○ 416A/199/7,416B/200/7
顧為○ 416A/199/18
飭君○之義 416A/199/22
遂委質為○ 416B/200/3
霸者與○處 418/200/24
天下聞王朝其賢○ 418/200/28
○聞古之君人 418/200/30
○聞知者之舉事也 419/201/22
則○不事足下矣 420/202/15
○且處無為之事 420/202/16
今○為進取者也 420/202/18
○以為廉不與身俱達 420/202/18
則○亦之周負籠耳 420/202/22
而愚○知之 420/202/26
是以愚○知之 420/202/28
而乃以與無能之○ 420/203/2
王之論○ 420/203/3
今○之所以事足下者 420/203/3
安有為人○盡其力 420/203/6
○請為王譬 420/203/6
今○為足下使於齊 420/203/12
不制於人○ 420/203/13
○請行矣 420/203/14
願足下之無制於群○也 420/203/14
此○之所大患 422/204/28
韓為謂○曰 423/205/7
○故知入齊之有趙累也 423/205/10
○死而齊大惡於趙 423/205/10

○猶生也 423/205/11
持○非張孟談也 423/205/11
使○也如張孟談也 423/205/11
逃不足以為○恥 424/205/21
不足以為○榮 424/205/22
不足以為○辱 424/205/22
○死而齊、趙不循 424/205/23
惡交分於○也 424/205/23
是○之患也 424/205/23
若○死而必相攻也 424/205/23
○必勉之而求死焉 424/205/24
○以為不若逃而去之 424/205/27
○以韓、魏循自齊 424/205/27
○雖為之累燕 424/205/28
故○雖為之不累燕 424/206/1
今○逃而紛齊、趙 424/206/3
○有駿馬 425/206/13
○請獻一朝之賈 425/206/14
今○欲以駿馬見於王 425/206/15
莫為○先後者 425/206/15
足下有意為○伯樂乎 425/206/15
○請獻白璧一雙 425/206/15
○聞離齊、趙 426/206/21
○請為王弱之 426/206/22
○之於兵 426/206/27
王使○也 426/206/27
而以○遺燕也 426/206/28
令○應燕 426/207/2
○有斧質之罪 426/207/2
齊君○不親 426/207/8
○之行也 427/207/13
○貴於齊 427/207/13
燕大夫將不信○ 427/207/14
○賤 427/207/14
將輕○ 427/207/14
○用 427/207/14
將多望於○ 427/207/14
將歸罪於○ 427/207/14
將與齊兼鄮○ 427/207/15
○之所重處重卵也 427/207/15
王謂○曰 427/207/15
○受令以任齊 427/207/18
今王又使慶令○曰 427/207/20
則○請為王事之 427/207/21
王欲醳○剸任所善 427/207/21
則○請歸醳事 427/207/21
○苟得見 427/207/21

群○效忠 428/208/6
○是以知人主之不愛丈夫子獨甚也 428/208/7
會先王棄群○ 431/209/9
○不佞 431/209/14,431/210/3
○恐侍御者之不察先王之所以畜幸○之理 431/209/16
而又不白於○之所以事先王之心 431/209/16
○聞賢聖之君 431/209/19
○以所學者觀之 431/209/20
而立之乎群○之上 431/209/22
而使○為亞卿 431/209/22
○自以為奉令承教 431/209/22
○對曰 431/209/25
○乃口受令 431/209/28
南使○於趙 431/209/29
以○為不頓命 431/210/3
○聞賢明之君 431/210/6
及至棄群○之日 431/210/7
執政任事之○ 431/210/8
○聞善作者 431/210/10
○之上計也 431/210/13
○之所大恐也 431/210/13
○聞古之君子 431/210/16
忠○之去也 431/210/16
○雖不佞 431/210/16
此○之所為山東苦也 432/210/23
432/211/2
○竊為王計 432/211/8
○聞當世之舉王 433/211/20
○恐強秦之為漁父也 434/212/6
○聞辭卑而幣重者 435/212/12
今○使秦 439/214/6
且○之使秦 439/214/7
○聞全趙之時 439/214/11
○切為王患之 439/214/13
○聞騏驥盛壯之時 440/215/5
○海內之王者 440/215/21
入○ 440/215/23
則君○相疑 440/215/27
○駑下 440/215/28
○願得謁之 440/216/6
秦王必說見○ 440/216/7
○乃得有以報太子 440/216/7
秦王必喜而善見○ 440/216/15
○左手把其袖 440/216/15

此○日夜切齒拊心也 440/216/16
厚遺秦王寵○中庶子蒙嘉 440/217/4
願舉國為內○ 440/217/5
群○怪之 440/217/10
群○驚愕 440/217/15
群○侍殿上者 440/217/15
而論功賞群○及當坐者 440/217/21
○請受邊城 444/219/8
○有百戰百勝之術 446B/219/28
太子能聽○乎 446B/219/28
此○之百戰百勝之術也 446B/219/30
群○皆賀 448A/220/14
○請為公入戒蒲守 449/220/31
今○能使釋蒲勿攻 449/221/1
○聞秦出兵 450/221/8
○恐王事秦之晚 450/221/11
○以是知王緩也 450/221/13
群○盡以為君輕國而好高麗 451/221/18
群○諫曰 452A/221/27
君為○多車重幣 454/222/17
○請見田嬰 454/222/18
○聞君欲廢中山之王 454/222/18
王如用○之道 455/223/17
為人○ 456/224/4
○自知死至矣 456/224/5
○抵罪 456/224/5
何不見○乎 458/224/21
○聞弱趙強中山 458/224/22
○願之趙 458/224/23
君○賢不肖 458/224/23
○聞趙 458/224/26
○來至境 458/224/26
以○所行多矣 458/224/27
○竊見其佳麗 458/224/30
是非○所敢議 458/224/30
○聞其乃欲請所謂陰姬者 458/225/2
○有父 459B/225/18
○父且死 459B/225/18
○料趙國守備 461/226/3
君○憂懼 461/226/4
而群○相妬以功 461/226/16
良○斥疏 461/226/16
既無良○ 461/226/17
是以○得設疑兵 461/226/21
主折節以下其○ 461/226/24
○推體以下死士 461/226/25
○人一心 461/226/25
○見其害 461/226/28
不聽○計 461/227/2
○知行雖無功 461/227/4
然惟願大王覽○愚計 461/227/4
此所謂為一○屈而勝天下也 461/227/6
大王若不察○愚計 461/227/6
以致○罪 461/227/6
此亦所謂勝一○而為天下屈者也 461/227/7
夫勝一○之嚴焉 461/227/7
○聞明主愛其國 461/227/7
忠○愛其名 461/227/8
○寧伏受重誅而死 461/227/8

沈 chén 3

○於辯 40/13/26
城不○者三板耳 83B/39/1
○洿鄙俗之日久矣 199/101/9

沉 chén 8

○於國家之事 133/65/4
○於諂諛之臣 133/65/26
城下不○者三板 202/103/8
學者○於所聞 221/118/5
臣聞積羽○舟 273/144/17
則舟○矣 373/182/16
故○子胥而不悔 431/210/11
其勇○ 440/214/29

辰 chén 3

魏之使者謂後相韓○曰 396B/191/4
韓○曰 396B/191/4
韓○患之 396B/191/6

晨 chén 1

○而求見 133/65/11

陳 chén 94

使○臣思將以救周 1/1/6
主君令○封之楚 5A/2/27
○、蔡亡於楚 35/11/25
396C/191/14
○篋數十 40/14/2
東伏於○ 42/16/2
而使○莊相蜀 44/18/11
田莘之為○軫說秦惠王曰 48A/19/6
用兵與○軫之智 48A/19/10
張儀又惡○軫於秦王 48B/19/16
王謂○軫曰 48B/19/19
○軫曰 48B/19/19
50/21/13,51/21/27
117/57/13,117/57/13
181/94/3,186/96/5
276/145/11,276/145/12
276/145/13,276/145/14
277/145/30,357/176/19
○軫去楚之秦 49/19/27
○軫為王臣 49/19/27
王召○軫告之曰 49/20/1
○軫果安之 49/20/10
○軫後見 50/21/2
○軫對曰 50/21/3,187/96/10
計失於○軫 50/21/19
○軫謂楚王曰 51/21/23
165/84/24
楚王使○軫之秦 51/21/25
○軫謂秦王曰 53/22/18
351/174/27
而所願○者 73A/30/3
願以○臣之陋忠 73A/30/4
北并○、蔡 81/37/2
保于○城 87/40/25
請為○侯臣 88/42/22
使○毛釋劍掫 88/42/24
○軫合三晉而東謂齊王曰 111/54/3
○軫為齊王使 117/57/11
○其勢 125/61/14
美人充下○ 133/65/13
○、蔡好詐 142/72/5
則鄒、魯、○、蔡 142/73/27
齊孫室子○舉直言 143/74/11

使曹子之足不離○ 145/76/5
秦使○馳誘齊王內之 150/79/28
齊王不聽即墨大夫而聽○馳 150/79/28
○軫謂王曰 165/84/28
○卒盡矣 168/87/5
無昭睢、○軫 169/88/4
為儀謂楚王逐昭睢、○軫 169/88/4
韓求相工○籍而周不聽 169/88/7
今儀曰逐君與○軫而王聽之 169/88/9
○軫 169/88/11
○軫告楚之魏 186/96/3
左爽謂○軫曰 186/96/3
楚王謂○軫曰 187/96/9
○軫先知之也 187/96/13
秦果舉鄢、郢、巫、上蔡、○之地 192/97/24
皆願奉教○忠於前之日久矣 218/112/22
臣得○忠於前矣 218/114/1
愚者○意而知者論焉 221/118/1
南有鴻溝、○、汝南 272/142/27
從○至梁 273/143/23
○軫為秦使於齊 276/145/11
犀首謝○軫 276/145/11
張儀惡○軫於魏王曰 277/145/28
左華謂○軫曰 277/145/28
張儀欲窮○軫 278/146/3
其子○應止其公之行 278/146/3
今臣願大王○臣之愚意 304/154/17
以與楚兵決於○郊 315/161/13
召○軫而告之 357/176/19
此必○軫之謀也 357/177/2
過聽於○軫 357/177/6
彼將禮○其辭而緩其言 374/182/28
○四辟去 396C/191/19
冷向謂○軫曰 400/192/17
○翠合齊、燕 428/207/26
○公不能為人之國 428/207/26
○翠欲見太后 428/207/29
○翠曰 428/207/29,428/208/4
大呂○於元英 431/210/1
故使使者○愚意 438/213/11
恐懼不敢自○ 440/217/6
皆○殿下 440/217/16
未可豫○也 458/224/23

塵 chén 3

願承下○ 177/93/2
觸○埃 208/107/22
頭○不去 334/168/3

稱 chēng 62

所以備者○此 1/1/16
公不若○病不出也 27/9/26
○帝而治 40/13/9
繁○文辭 40/13/20
○病不朝 50/21/10
不○瓢為器 74/32/21
已○瓢為器 74/32/21
○之而毋絕 81/35/29
於是應侯○善 81/36/11
世世○孤 81/37/10
應侯遂○篤 81/37/16
於是天下有○伐邯鄲者 88/42/19
○夏王 88/42/20
民○萬歲 133/65/9,133/65/15
乃○匹夫 136B/67/22
南面○寡者 136B/67/26
是以侯王○孤寡不穀 136B/68/6
而世世○曰明主 136B/68/8
勿庸○也以為天下 141A/70/12
秦○之 141A/70/12,141A/70/13
王亦○之 141A/70/12
王因勿○ 141A/70/13
天下○為善 142/73/6
後世無○ 145/75/13,145/76/6
世世○孤寡 145/75/27
○寡人之意 146/76/27
夫舍南面之○制 150/79/26
西施衣褐而天下○美 188/96/18
即遂南面○孤 200/102/8
乃○簡之塗以告襄子曰 204A/105/18
天下莫不○君之賢 204B/106/26
而韓、魏○為東蕃之臣 220/116/2
梁未睹秦○帝之害故也 236/127/4
使梁睹秦○帝之害 236/127/5
秦○帝之害將奈何 236/127/5
曷為與人俱○帝王 236/127/17
交有○王之名 236/127/25
談語而不○師 257/136/23
言而不○師 257/136/24
以○大國 258B/138/6
魏文侯與田子方飲酒而○樂 268/141/13
○曰 269/141/19
○東藩 272/143/4,338/169/3,347/173/4,348A/174/5
請○東藩 273/144/20
道○疾而毋行 278/146/5
何不○病 302/153/20
梁王○善相屬 307/156/6
不可○數也 348A/173/21
張翠○病 366/180/16
未有大功可以○者 385/186/2
三晉○以為士 424/206/6
故○於後世 431/210/6
故古之人○之 432/210/26
古今○之 460/225/25
武安君○疾不行 461/226/9
韓、魏以故至今○東藩 461/226/12

丞 chéng 3

禹有五○ 136B/68/2
僕官之○相 242/130/9
而欲○相之璽 303B/154/10

成 chéng 231

故眾庶○彊 8B/4/2
增積○山 8B/4/2
左○謂司馬翦曰 17/6/28
事可○ 19/7/13
勉○之 19/7/14
不可○ 19/7/14
故易○之曰 33/11/13
且公之○事也 38/12/17
文章不○者不可以誅罰 40/13/12
不見○功 40/13/21
朞年揣摩○ 40/14/4
收餘韓○從 42/15/11
伯王之名不○ 42/15/23

42/16/11,42/17/11
然則是一舉而伯王之名可○也 42/16/3,42/16/8
而欲以○兩國之功 42/16/10
伯王之名可○也 42/16/21
以○襄子之功 42/17/6
以○伯王之名 42/17/10
左○謂甘茂曰 43/17/16,58/24/10
弊兵勞眾不足以○名 44/17/27
事○ 55/23/6
165/84/25,458/224/20
攻齊之事○ 66/27/3
攻齊不○ 66/27/4
君欲○之 66/27/7
○昭王之功 66/27/9
○君之功 66/27/12
和不○ 68/28/3,289/148/30
五國罷○睪 71/28/21
秦王欲為○陽君求相韓、魏 71/28/21
○陽君以王之故 71/28/22
且收○陽君 71/28/23
聖主明於○敗之事 72/29/10
而文、武無與○其王也 73A/30/2
功○、名立、利附 73A/31/7
則○睪之路不通 73A/31/20
韓聽而霸事可○也 73A/31/21
聞『三人○虎 80/35/7
○功者去 81/35/25
○理萬物 81/35/28
故君子殺身以○名 81/36/6
夫待死而後可以立忠○名 81/36/10
周公輔○王也 81/36/14
功已○ 81/36/25
流血○川 81/36/26
功已○矣 81/37/1,81/37/3
○霸功 81/37/4
○功而不去 81/37/4
號為剛○君 81/37/19
横○ 86/40/18
從○ 86/40/18
○橋以北入燕 87/40/30
王以十○鄭 87/42/9
使剛○君蔡澤事燕三年 94/45/21
吾令剛○君蔡澤事燕三年 94/45/24
則從事可○ 95/46/25
從事○ 95/46/25
封之○與不 98/48/29
○侯鄒忌為齊相 104/51/11
而○侯可走 105/51/25
連衽○帷 112/54/28
舉袂○幕 112/54/28
揮汗○雨 112/54/28
先○者飲酒 117/57/15
一人蛇先○ 117/57/15
未○ 117/57/16
一人之蛇○ 117/57/16
計不決者名不○ 122/59/5
楚得○ 122/59/7
尚恐事不○ 122/59/19
楚交○ 122/59/27
廟○ 133/65/27
自古及今而能虛○名於天下者 136B/68/2
是故○其道德而揚功名於後世者 136B/68/3
周○王任周公旦 136B/68/8
而能事○者寡矣 142/71/5
欲可○也 142/71/19
地可廣而欲可○ 142/73/18
諸侯無○謀 142/73/19
使諸侯無○謀 142/73/21
謀○於堂上 142/74/6
而○終身之名 145/76/10
横○則秦帝 167/85/27
取○睪 168/86/22
其不可○也亦明矣 168/87/19
所欲者不○ 188/96/19
舊患有○ 189/96/25
而為危難不可○之事 202/103/15
○功之美也 204A/105/23
臣觀○事 204A/105/23
以○其忠 204A/105/26
此甚易而功必○ 204B/106/15
名既○矣 204B/106/24
忠臣不愛死以○名 204B/106/26
恐其事不○ 209/108/15
先事○慮而熟圖之也 209/109/3
不待割而○ 215/111/12
皆欲割諸侯之地以與秦○ 218/113/24
與秦○ 218/113/25
韓守○睪 218/114/5
如是則伯業○矣 218/114/9
臣以從一不可○也 219/115/7
不識從之一○惡存也 219/115/13
一軍軍於○睪 220/116/4
○大功者 221/116/24
愚者闇於○事 221/116/25
使王孫緤告公子○曰 221/116/29
事○功立 221/117/3
以○胡服之功 221/117/4
公子○再拜曰 221/117/7
即之公叔○家 221/117/13
公子○再拜稽首曰 221/117/28
所以○官而順政也 221/118/6
不勞而○功 221/118/16
非所以教民而○禮也 221/118/17
非所以教民而○禮者也 221/118/18
逆主以自○ 223/119/28
是事而不○ 226/121/14
則媾不可得○也 235/126/8
故事有簡而功○者 237/128/13
苦○常謂建信君曰 241/130/3
齊人李伯見孝○王 245/130/30
○王說之 245/130/30
孝○王方饋 245/130/30
孝○王不應 245/131/1
為孝○王從事於外者 245/131/3
○其私者也 246/131/9
則欲用王之兵○其私者也 246/131/15
留天下之兵於○睪 247/131/21
今趙留天下之甲於○睪 247/131/25
則令秦攻魏以○其私封 247/131/25
抱陰、○ 247/131/26
事必大○ 248/132/26
罷於○睪 249/133/3
內○陽君於韓 249/133/16
而收齊、魏以○取陰 249/134/5
而○子之名 266/140/28
敢問就功○名 266/140/29
破公家而○私門 272/143/12
將○斧柯 272/143/15
其不可以○亦明矣 273/144/2
○而封侯之基 273/144/15

承 chéng 21

城 chéng 212

寡人一○圍 79/34/19
七十餘○ 81/37/1
吾特以三○從之 83A/38/18
吾愛三○而不講 83A/38/19
寧亡三○而悔 83A/38/20
卒使公子池以三○講於三國 83A/38/20
○不沈者三板耳 83B/39/1
保于陳○ 87/40/25
小黃、濟陽嬰○ 87/41/3
攻晉陽之○ 87/41/13
許、鄢陵嬰○ 87/42/9
處於廓○ 93/44/22
攻○墮邑 94/45/30
今王齎臣五○以廣河間 94/46/10
趙王立割五○以廣河間 94/46/10
而勝於○濮 96/48/13
靖郭君將○薛 99/49/10
雖隆薛之○到於天 99/49/14
乃輟○薛 99/49/15
我孰與○北徐公美 108/52/13
○北徐公 108/52/14
百二十○ 108/52/24
齊、梁之兵連於○下 115/56/17
梁、齊之兵連於○下不能去 115/56/26
覆軍殺將得八○ 117/57/11
破軍殺將得八○ 117/57/17
趙令樓緩以五○求講於秦 118/57/23
因使人以十○求講於秦 118/57/23
夫有宋則衛之陽○危 141B/70/22
衛國○割平 142/71/9
隊黃○ 142/71/13
黃○之墜也 142/71/14
攻○之費 142/72/25
期數而能拔○者為亟耳 142/72/26
故三下○而能勝敵者寡矣 142/72/26
其百姓罷而○郭露 142/73/7
而○郭露於境 142/73/8
衝櫓不施而邊○降 142/73/13
千丈之○ 142/73/17
拔○於尊俎之間 142/74/7
田單以即墨之○ 143/74/23
取七十餘○ 145/75/6
燕將攻下聊○ 145/75/8
遂保守聊○ 145/75/8
而聊○不下 145/75/9
約之矢以射○中 145/75/11
殺身亡聊○ 145/75/12
與聊○共據朞年之弊 145/75/17
齊必決之於聊○ 145/75/18
田單守即墨之○ 146/76/18
王走而之○陽之山中 147/77/28
三里之○ 147/77/28
闔○陽而王 147/77/29
○陽、天下莫之能止 147/77/29
而迎王與后於○陽山中 147/78/1
臣以五里之○ 148/78/8
乃厲氣循○ 148/78/17
而在○南下者百數 150/79/24
請效列○五 153/80/25
昭奚恤與彭○君議於王前 155/81/12
○渾出周 163/84/3
至於新○ 163/84/3
○渾說其令曰 163/84/5
楚以弱新○圍之 163/84/6
新○、上梁相去五百里 163/84/7
故楚王何不以新○為主郡也 163/84/8
新○公大說 163/84/10
○渾得之 163/84/10
楚王果以新○為主郡 163/84/10
蟜以新○、陽人予太子 164/84/15
臣為太子得新○、陽人 164/84/16
又何新○、陽人之敢求 164/84/17
盡○守矣 168/87/2
有偏守新○而居民苦矣 168/87/5
恢先君以揜方○之外 170/89/1
楚令景翠以六○賂齊 172/90/13
是○下之事也 181/94/5
方○必危 183/95/3
則方○無患 183/95/4
襄王流揜於○陽 192/97/24
○下不沉者三板 202/103/8
今○不沒者三板 202/103/10
○降有日 202/103/11
○今且將拔矣 202/103/15
行○郭 203/104/7
吾○郭之完 203/104/8
三國之兵乘晉陽○ 203/104/14
○中巢居而處 203/104/15
○力盡 203/104/16
欲以○下 203/104/16
趙氏分則多十○ 204A/106/1
使陽○君入謝於秦 211/109/19
今有○市之邑七十 211/109/26
未見一○也 211/110/5
今不用兵而得○七十 211/110/5
有○市之邑七十 211/110/7
未見一○ 211/110/8
今坐而得○ 211/110/8
趙王封孟嘗君以武○ 216/111/17
孟嘗君擇舍人以為武○吏 216/111/17
而封之以武○ 216/111/20
○境封之 224/120/14
○雖大 225/121/4
今千丈之○ 225/121/8
圍千丈之○ 225/121/8
而請內焦、黎、牛狐之○ 228/121/26
圍邯鄲之○ 231/123/10
因使人索六○於趙而講 233/123/26
與秦○何如 233/123/27
不能取六○ 233/124/20
而不至失六○ 233/124/20
我以五○收天下以攻罷秦 233/124/21
是使王歲以六○事秦也 233/124/23
秦索六○於王 233/125/8
王以五○賂齊 233/125/9
得王五○ 233/125/9
信陵君發兵至邯鄲○下 234/125/17
而封以東武○ 234/125/20
夫君封以東武○不讓無功 234/125/21
吾視居北圍○之中者 236/126/27
曷為久居此圍○之中而不去也 236/126/28
故攻○野戰 247/132/1
趙王因割濟東三○令盧、高唐、平原陵地○邑市五十七 252/135/8
乃割濟東三令○市邑五十七以與齊 252/135/10

得三○也 252/135/20
○大無能過百雉者 252/135/20
請今率諸侯受命邯鄲○下 258B/137/28
且君親從臣而勝降○ 269/141/27
○非不高也 269/141/28
西有長○之界 272/142/28
楚許魏六○ 284/147/19
而不與魏六○ 284/147/20
必取方○之外 286/148/4
壞○郭 296/150/19
分宋之○ 297/151/13
必效○地於王 305/155/8
許楚○地 305/155/11
敝邑之王欲效○地 305/155/12
敝邑之吏效○者 308/156/15
遽割五○以合於魏而支秦 308/156/19
守十仞之○ 310/157/26
陵十仞之○ 310/157/27
秦故有懷地刑丘、之○、垝津 315/161/17
邊○盡拔 315/161/24
白珪謂新○君曰 324/165/14
以造安陵之○ 340/170/1
降○亡子不得與焉 340/170/2
亡○數十 342/170/29
發兵臨方○ 368/181/15
矯以新○、陽人合世子 375/183/3
世子得新○、陽人 375/183/4
又何新○、陽人敢索 375/183/5
謂新○君曰 380/184/3
令楚兵十餘萬在方○之外 383A/184/23
與新○、陽晉同也 388/187/29
晉文公一勝於○濮而定天下 390/189/1
段產謂新○君曰 406/193/26
段干越人謂新○君曰 407/194/3
雖得燕○ 408/194/16
取十○ 411/195/16
王利其十○ 411/195/23
莫如歸燕之十○ 411/195/29
秦知王以己之故歸燕○也 411/195/30
燕無故而得十○ 411/195/30
而以十○取天下也 411/195/31
乃歸燕○ 411/196/1
利得十○ 412/196/9
不窺於邊○之外 412/196/19
大王割十○乃郤以謝 413/197/10
則易水、長○非王之有也 413/197/11
獻常山之尾五○ 413/197/16
有長○、鉅防 415/198/21
雖有長○、鉅防 415/198/24
○門不閉 416A/199/28
齊○之不下者 418/201/10
以守陽○ 426/207/1
明日又使燕攻陽○及狸 426/207/5
今燕又攻陽○及狸 426/207/6
遂將以與燕戰於陽○ 426/207/8
下七十餘○ 431/209/3
三○未下 431/209/3
復收七十○以復齊 431/209/5
十月而拔燕薊○ 440/217/24
拔宋五○ 441/218/5
今黃○將下矣 443/218/27
將移兵而造大國之○下 443/218/27
是勝黃○ 443/218/28,443/218/28
是不勝黃○ 443/218/30
果勝黃○ 443/218/31
臣請受邊○ 444/219/8
以待下吏之有○而已 444/219/8
而圍一○焉 444/219/11
有雀生（[illegible]）〔鸇〕於○之陬 447/220/6
○不守 447/220/9
三百之○ 452A/221/28
○池不修 461/226/17
多倍○邑 461/226/17
增○浚池以益其固 461/226/24
攻其列○ 461/226/27

乘 chéng 146

秦恐公之○其弊也 2/1/27
公中慕公之為己○秦也 2/1/28
載以○車駟馬而遣之 21/7/25
秦令樗里疾以車百○入周 24/8/24
使樗里疾以車百○入周 24/8/27
戰車萬○ 40/13/7
淩萬○ 40/13/25
革車百○ 40/14/7
夫戰者萬○之存亡也 42/15/27
車百○ 47/19/1,133/65/23
韓、楚○吾弊 56/23/27
陶為萬○ 66/27/3
為萬○ 66/27/14
戰車千○ 73A/30/23
此皆○至盛不及道理也 81/36/23
魏桓子驂○ 83B/39/2
已立為萬○ 86/40/11
萬○之地未嘗有也 87/40/29
而關內二萬○之主注地於齊 87/42/10
厭案萬○之國 88/42/18
千○之宋也 88/42/18
○夏車 88/42/20
借臣車五○ 94/46/5
乃資車百○ 96/47/23
乃具革車三十○ 115/56/19
與革車三十○而納儀於梁 115/56/27
千○之君與萬○之相 127/62/1
歷險○危 129/62/24
於是○其車 133/64/26
孟嘗君予車五十○ 133/65/21
百○ 133/65/24
以車十○之秦 134/66/7
萬○之嚴主也 134/66/12
千○也 134/66/16
立千○之義而不可陵 134/66/16
君之廄馬百○ 135/66/23
大王據千○之地 136B/67/20
出必○車 136B/68/11
夫中山千○之國也 142/73/2
而敵萬○之國二 142/73/2
向子以輿一○亡 143/74/13
夫千○、博昌之間 143/74/16
萬○之國 145/75/19,455/223/9
而牽留萬○者 147/77/16
破萬○之燕 148/78/9
而令兩萬○之國 152/80/14
結駟千○ 160/83/8
出則陪○ 160/83/11
乃為具駟馬○車五百金之楚 163/84/10
王不如以十○行之 165/84/25
乃以十○行之 165/84/25

車千○ 167/85/17,168/86/16
218/113/10,348A/173/20
乃遣使車百○ 168/87/27
萬○之強國也 169/88/8
萬○之君 170/89/16
遂出革車千○ 170/89/17
王欲昭睢之○秦也 173A/90/20
齊使車五十○ 177/92/8
許強萬○之齊而不與 177/92/13
萬○者 177/92/17
以地大為萬○ 177/92/17
有萬○之號而無千○之用也 177/92/17
許萬○之強齊也而不與 177/92/21
王發上柱國子良車五十○ 177/92/27
遣景鯉車五十○ 177/92/29
且使萬○之國免其相 181/94/5
今君相萬○之楚 188/96/19
見君之○ 194/99/4
三國之兵○晉陽城 203/104/14
維陽○軒車蘇秦 208/107/21
車不過三百○ 218/113/18
飾車百○ 218/114/12
於是乃以車三百○入朝澠池 220/116/11
夫以秦將武安君公孫起○七勝之威 231/123/8
曰『我將因強而○弱』 233/125/2
今秦萬○之國 236/127/24
梁亦萬○之國 236/127/25
俱據萬○之國 236/127/25
今趙萬○之強國也 237/128/13
今君易萬○之強趙 237/128/15
○驥而御之 240/129/24
君令葺○獨斷之車 240/129/24
此皆能○王之醉昏 258A/137/11
於是為長安君約車百○質於齊 262/139/19
革車三百○ 272/143/7
車六百○ 272/143/9
出而○其車 273/144/15
魏王使李從以車百○使於楚 276/145/14
李從以車百○使楚 276/145/20
犀首又以車三十○使燕、趙 276/145/20
取○丘 284/147/21
而與○之 286/148/4,286/148/4
魏令公孫衍○勝而留於境 287/148/9
先以車五十○至衛間齊 288/148/19
○宋之敝 297/151/13
○數鈞 299/152/20
臣萬○之魏 301/153/12
而持三萬○之國輔之 303B/154/10
夫舍萬○之事而退 304/154/21
王以三○先之 311/158/22
重為之約車百○ 314/160/4
車三百○ 314/160/12
車二百○ 314/160/22
即王有萬○之國 319/164/10
○北郢 323/165/8
且夫魏一萬○之國 338/169/3
是亡一萬○之魏 338/169/5
今已令楚王奉幾瑟以車百○居陽翟 353/175/16
遂與公○楚 367/181/5
為公叔具車百○ 369/181/20
是令得行於萬○之主也 372/182/10
○舟 373/182/16
周欲以車百○重而送之 383C/185/3
以萬○自輔 388/188/4
車七百○ 408/194/11
王以萬○下之 412/196/5
而又以其餘兵南面而舉五千○之勁宋 415/198/18
夫列在萬○ 419/201/14
強萬○之國也 419/201/18
此所謂強萬○之國也 419/201/19
奉子車百○ 420/203/1
萬○之主 420/203/13
十○之家 420/203/13
○夏水而下江 422/203/28
○舟出於巴 422/203/29
○夏水而下漢 422/203/29
○夏水 422/204/5
而弱越○其弊以霸 430/208/24
夷萬○之強國 431/210/7
奉蘇子車五十○ 433/211/18
使樂○以五萬遇慶秦於代 438/213/7
樂間、樂○怨不用其計 438/214/1
車過五○ 448B/220/22
我萬○之國也 455/223/6
中山千○之國也 455/223/6
公孫弘參○ 456/224/3
○勝逐北 461/226/22
不遂以時○其振懼而滅之 461/226/23

裎 chéng 1

秦人捐甲徒○以趨敵 348A/173/22

誠 chéng 43

今王○聽之 45/18/18
○病乎 51/21/28
○思則將吳吟 51/21/28
○能亡齊 66/27/14
百人○輿瓢 74/32/20
王后○請而立之 93/45/1
臣○知不如徐公美 108/52/23
蘇秦非○以為君也 122/60/1
○說君之義 130/63/9
○欲以伯王也為志 142/72/17
果○何如 154/81/3
○有之乎 161/83/18,415/198/21
○有之 161/83/19
○如是 161/83/19
茂○賢者也 166/85/6
大王○能聽臣 167/85/24
168/87/21,218/113/1
272/143/16
大王○能聽臣之愚計 167/85/25
若君王○好賢 170/90/2
而王且見其○然也 177/92/27
臣○見其必然者也 192/97/22
兄弟○立 200/101/24
○以君之重而進妾於楚王 200/101/25
○得其道也 218/113/18
○知秦力之不至 233/124/11
○聽子割矣 233/124/12
趙○發使尊秦昭王為帝 236/126/16
○不忍其求也 236/127/9

○能振其威也 272/143/8
若○不便 313/159/28
秦王○必欲伐齊乎 400/192/19
王○能毋愛寵子、母弟以為質 415/198/26
王○博選國中之賢者 418/200/27
今王○欲致士 418/201/4
愚以為○得天下之勇士 440/215/24
○得劫秦王 440/215/25
○能得樊將軍首 440/216/7
燕王○振畏慕大王之威 440/217/4
秦兵○去 449/221/2
○如君言 458/224/21

騁 chěng 2

與之馳○乎高蔡之中 192/98/13
與之馳○乎雲夢之中 192/98/17

蚩 chī 1

黃帝伐涿鹿而禽○尤 40/13/16

笞 chī 7

主父大怒而○之 412/196/27
然不免於○ 412/196/28
縛其妾而○之 420/203/11
故妾所以○者 420/203/12
今宋王射天○地 433/211/21
故射天○地 447/220/7
無○服 452B/222/4

鴟 chī 1

賜之○夷而浮之江 431/210/11

弛 chí 3

請○期更日 296/150/20
因○期而更為日 296/151/1
敬○期 296/151/2

池 chí 14

中呼○以北不戰而已為燕矣 42/16/18
王何不召公子○而問焉 83A/38/14
王召公子○而問焉 83A/38/17
卒使公子○以三城講於三國 83A/38/20
為黃○之遇 89/43/9
趙入朝黽○ 113/55/23
軍於澠○ 220/115/24
一軍軍於澠○ 220/116/4
莫如與秦遇於澠○ 220/116/6
於是乃以車三百乘入朝澠○ 220/116/11
後世必有以高臺陂○亡其國者 307/156/3
今趙王已入朝澠○ 413/197/10
城○不修 461/226/17
增城浚○以益其固 461/226/24

持 chí 34

○二端 3B/2/12
使人○車召之 72/29/15
不如一人○而走疾 74/32/20
楚地○戟百萬 81/36/25
王若能○功守威 87/41/5
○齊、楚 87/42/12
乃左手○卮 117/57/16
豈得○言也 126/61/22
今齊、魏久相○ 132A/64/2
勿與○久 168/86/26
○其女弟 200/101/16
○國之道也 204A/105/23
乃使使者○衣與豫讓 204B/106/27
危足以○難 222/119/5
曠日○久 225/121/6
○丘之環 238/128/25
曠日○久數歲 252/135/18
○其踵為之泣 262/139/12
魏必事秦以○其國 281/146/30
而○三萬乘之國輔之 303B/154/10
秦、趙久相○於長平之下而無決 327/166/10
方北面而○其駕 334/168/4
使為○節尉 340/169/23
○兵戟而衛者甚眾 385/186/14
乃使蘇代○質子於齊 416B/200/6
而求扶○ 420/202/29
○臣非張孟談也 423/205/11
百官○職 428/208/6
○千金之資幣物 440/217/4
取武陽所○圖 440/217/12
而右手○匕首揕抗之 440/217/13
不得○尺兵 440/217/15
而中山後○ 454/222/15
○戟百萬 461/226/10

馳 chí 25

古者使車轂擊○ 40/13/18
軫○楚、秦之間 48B/19/16
譬若○韓盧而逐蹇兔也 73A/30/24
使○說之士無所開其口 81/37/2
王因○強齊而為交 122/59/22
而○乎淄、澠之間 148/78/16
秦使陳○誘齊王內之 150/79/28
齊王不聽即墨大夫而聽陳○ 150/79/28
與之○騁乎高蔡之中 192/98/13
與之○騁乎雲夢之中 192/98/17
借車者○之 216/111/17
夫○親友之車 216/111/19
而○於封內 219/115/13
習○射 220/115/22
馬○人趨 273/143/23
天下之西鄉而○秦 315/162/9
韓使人○南陽之地 351/174/26
秦已○ 351/174/26
國形不便故○ 351/174/27
○矣而兵不止 351/174/27
臣恐山東之無以○割事王者矣 351/174/28
伏軾結靷西○者 388/188/5
伏軾結靷東○者 388/188/6
一日而○千里 440/215/5
○往 440/216/17

遲 chí 3

未為○也 192/97/28
太子○之 440/216/23
今太子○之 440/216/25

尺 chǐ 23

得○亦王之○也 73A/31/6
無咫○之功者不賞 96/48/15
鄒忌脩八○有餘 108/52/13
曹沫之奮三○之劍 129/62/24
使曹沫釋其三○之劍 129/62/24
不若王愛○縠也 137/69/5
臣故曰不如愛○縠也 137/69/7
百○之衝 142/73/17
君無咫○之地 160/82/26
悉五○至六十 177/93/1
不知夫五○童子 192/98/2
舜無咫○之地 218/113/17
前有○帛 239A/129/3
王能重王之國若此○帛 239A/129/5
王有此○帛 239A/129/7
害七○之軀者 243/130/19
非直七○軀也 243/130/19
趙王以咫○之書來 251/134/28
○楚人 285/147/29
見足下身無咫○之功 412/196/8
又無○寸之功 419/201/17
不得持○兵 440/217/15

侈 chǐ 15

而臣受公仲○之怨也 55/23/13
而外與韓○為怨 58/24/11
寡人聞韓○巧士也 187/96/9
以韓○之知 187/96/10
韓○之知 187/96/13
專淫逸○靡 192/97/21
韓相公仲珉使韓○之秦 396B/191/3
韓○在唐 396B/191/3
韓○謂秦王曰 396B/191/3
公必為魏罪韓○ 396B/191/4
秦之仕韓○也 396B/191/5
韓○之秦 396B/191/5
今王不召韓○ 396B/191/6
韓○且伏於山中矣 396B/191/6
召韓○而仕之 396B/191/7

恥 chǐ 18

秦王○之 2/1/25
報惠王之○ 66/27/9
不足以為臣○ 73A/30/6
臣又何○乎 73A/30/12
惡小○者不能立榮名 145/76/1
慚○而不見 145/76/3
故去三北之○ 145/76/7
死小○也 145/76/9
除感忿之○ 145/76/10
今魏○未滅 215/111/11
而忘國事之○ 221/117/26
吏之○也 222/119/14
以雪先王之○ 418/200/22
逃不足以為臣○ 424/205/21
若先王之報怨雪○ 431/210/7
而燕國見陵之○除矣 440/216/15
民無廉○ 452A/221/29
○與中山侔名 455/223/10

齒 chǐ 17

淖○管齊之權 73B/32/5
此亦淖○、李兌之類已 73B/32/6
○之有脣也 120/58/12
脣亡則○寒 120/58/13
淖○數之曰 143/74/16
淖○曰 143/74/18
淖○亂齊國 144/75/1
與之誅淖○ 144/75/2
淖○殺閔王 146/76/18
示之其○之堅也 194/99/3
淖○用齊 197/100/7
夫驥之○至矣 199/101/6
臣聞脣亡則○寒 203/104/20
黑○雕題 221/117/15
莫不日夜搤腕瞋目切○以言從之便 273/144/16
脣揭者其○寒 366/180/11
此臣日夜切○拊心也 440/216/16

叱 chì 13

夏育、太史啓○呼駭三軍 81/36/22
文信君○去曰 94/45/25
奚以遽言○也 94/45/26
○嗟 236/127/8
死則○之 236/127/9
犬猛不可○ 374/182/27
○之必噬人 374/182/27
客有請○之者 374/182/27
疾視而徐○之 374/182/27
復○之 374/182/27
韓傀以之○之於朝 385/185/18
呴籍○咄 418/200/26
○太子曰 440/216/24

斥 chì 1

良臣○疏 461/226/16

翅 chì 1

鼓○奮翼 192/98/3

飭 chì 1

○君臣之義 416A/199/22

餝 chì 1

文士並○ 40/13/19

充 chōng 5

美女○後庭 93/44/27
美人○下陳 133/65/13
王宮已○矣 137/69/4
必○後宮矣 167/85/26
以為雖偷○腹 411/195/22

衝 chōng 1

臣請為君○其胸殺之 200/102/11

憧 chōng 2

今王○○ 239A/129/10

衝 chōng 6

使輕車銳騎○雍門 105/51/24

舉○櫓 142/72/25
○櫓不施而邊城降 142/73/13
百尺之○ 142/73/17
○櫓未施 142/74/6
折○席上者也 142/74/7

崇 chóng 4

文王伐○ 40/13/17
有○其爵 170/88/20
故彼○其爵 170/89/3
將使段干○割地而講 312/159/7

蟲 chóng 1

戾○ 51/22/1

寵 chǒng 10

秦之○子也 93/45/5
○臣不避軒 160/83/1
恐又無○ 200/101/16
君又安得長有○乎 200/101/23
知伯○之 204B/106/7
而將軍又何以得故○乎 236/127/28
乃多與趙王○臣郭開等金 263/139/28
王誠能毋愛○子、母弟以為質 415/198/26
厚遺秦王○臣中庶子蒙嘉 440/217/4
甚愛而有○ 448B/220/21

抽 chōu 1

王○旃旄而抑兕首 160/83/9

愁 chóu 5

上下相○ 40/13/20
○其志 170/88/22
○其思 170/89/18
○居懾處 220/115/22
秦王喟然○悟 338/169/8

稠 chóu 1

書策○濁 40/13/19

疇 chóu 6

田○荒 42/15/22,42/16/26
夫物各有○ 131/63/25
今髡賢者之○也 131/63/25
令吏逐公○豎 397/191/25
公○豎 397/191/26

籌 chóu 2

是大王○筴之臣無任矣 338/169/3
竊以為大王○筴之臣無任矣 338/169/5

讎 chóu 55

固大王仇○也 39/13/1
李○謂公孫衍曰 52/22/9
皆張儀之○也 52/22/10
秦之深○也 63/26/7
233/125/9,422/203/26
秦之深○ 63/26/8
其○君必深 65/26/27
伐○國之齊 66/27/9
其○君必深矣 66/27/12
挾君之○以誅於燕 66/27/13
王將藉路於仇○之韓、魏乎 87/41/21
是王以兵資於仇○之韓、魏 87/41/22
王若不藉路於仇○之韓、魏 87/41/22
棘津之○不庸 96/48/11
衍也吾○ 116/57/6
然則是王去○而得齊交也 122/59/23
則是身與楚為○也 122/60/12
天下之仇○也 167/86/1
此所謂養仇而奉○者也 167/86/2
留首之○也 171/90/9
棄所貴於○人 184/95/12
吾其報知氏之○矣 204B/106/9
欲為知伯報○ 204B/106/10
而其臣至為報○ 204B/106/11
而子不為報○ 204B/106/22
子獨何為報○之深也 204B/106/22
屬之○柞 209/108/26
涉孟之○然者何也 214/111/3
齊必○趙 227/121/19
是太子之○報矣 286/148/4
殺之不為○者也 297/151/15
齊○國也 297/152/1
合○國以伐婚姻 297/152/1
寡人之○也 301/153/4
而又況於仇○之敵國也 315/161/2
今秦國與山東為○ 318/163/27
而以資子之○也 321/164/26
公叔之○也 353/175/17
公之○也 359/177/26
是外舉不辟○也 359/177/27
楚、趙皆公之○也 360/178/10
必以韓權報○於魏 381/184/13
語泄則韓舉國而與仲子為○也 385/186/11
西周○之 402/193/3
王之仇○也 415/198/1
今王奉仇○以伐援國 415/198/2
我○國也 415/198/11
欲將以報○ 418/200/20
敢問以國報○者奈何 418/200/22
○強而國弱也 419/201/15
破宋肥○ 419/201/17
順始與蘇子為○ 424/205/18
而報其父之○ 424/206/3
報先王之○ 431/209/8

丑 chǒu 11

張○謂楚王曰 97/48/22
使臣與復○曰 246/131/7
張○諫於王 279/146/12
張○退 279/146/12
張○曰 301/153/11,454/222/25
張○之合齊、楚講於魏也 394/190/11
張○因謂齊、楚曰 394/190/13
張○為質於燕 437/212/26
境吏得○ 437/212/26
○曰 437/212/26

醜 chǒu 9

秦宣太后愛魏○夫 64/26/19
何暇乃私魏○夫乎 64/26/22
皆有詬○ 96/48/13
無所見○ 222/119/19
求其好掩人之美而揚人之○者而參驗之 266/141/1
齊、魏之交已○ 297/151/19
又身自○於秦 297/152/6
趙氏○之 301/153/16
名○而實危 313/159/23

出 chū 261

必不○ 1/1/11
鼎必不○ 1/1/12
何塗之從而○ 1/1/16
疾定所從○ 1/1/18
案兵而勿○ 3A/2/7
西周寶○ 3B/2/13
君乃使吏○之 9/4/10
秦王○楚王以為和 22/8/8
楚王○ 22/8/9
今公又以秦兵○塞 27/9/26
公不若稱病不○也 27/9/26
王何不○於河南 31/10/23
安有說人主不能○其金玉錦繡 40/14/3
今秦○號令而行賞罰 42/15/17
○其父母懷衽之中 42/15/17
於是潛行而○ 42/17/5
九鼎寶器必○ 44/17/25
樗里疾○走 45/18/19
○婦嫁鄉曲者 48B/19/21
臣○ 49/20/3
軫○ 49/20/10
故賣僕妾不○里巷而取者 49/20/13
○婦嫁於鄉里者 49/20/13
且先○地絕齊 50/21/5
乃○見使者曰 50/21/11
於是○私金以益公賞 57/24/6
○關遇蘇子 61A/24/27
棄逐於秦而○關 61A/25/1
終身勿○ 61A/25/6
秦少○兵 63/26/10
多○兵 63/26/10
夫取三晉之腸胃與○兵而懼其不反也 63/26/14
○令曰 64/26/19
兵必○ 68/28/3
伍子胥橐載而○昭關 73A/30/9
少○師 73A/31/1
臣意王之計欲少○師 73A/31/2
穰侯○使不報 73B/31/28
而令焉得從王○乎 73B/32/1
○高陵 73B/32/10
然則令何得從王○ 74/33/1
○其朴 76/33/16
謀不○廊廟 81/37/6
是楚與三國謀○秦兵矣 82A/37/27
秦愈不敢○ 82A/37/28
秦遂不敢○兵 82A/38/2
薛公入魏而○齊女 82B/38/6
智伯○行水 83B/39/1
若不○地 84A/39/12
不如○臣 85/40/1
秦王乃○之 85/40/2
而○百里之地 87/41/1
則惡○兵 87/41/21
兵○之日而王憂其不反也 87/41/22
魏氏將○兵而攻留、方與、銍、胡陵、碭、蕭、相 87/41/26
文信侯○走 95/46/15
縞請以○示 95/47/9
○之袖中 95/47/9
○諏門也 95/47/12
賈願○使四國 96/47/22
卜者○ 104/51/16
秦曾不○力 111/54/6
秦曾不○薪 111/54/6
齊無所○其計矣 111/54/12
而○銳師以戍梁絳、安邑 111/54/15
兵○而相當 112/54/31
○兵函谷而無伐 115/56/18
115/56/26
祭器必○ 115/56/18, 115/56/27
儀之○秦 115/56/24
○兵助燕擊齊 119/57/29
不如按兵勿○ 119/58/2
則臣不知君所○矣 124/61/2
孟嘗君○行國 130/63/3
未○ 130/63/13
○無車 133/64/25
後孟嘗君○記 133/65/1
○於野鄙 136B/67/26
○必乘車 136B/68/11
是皆率民而○於孝情者也 138/69/19
此率民而○於無用者 138/69/21
○梁門 142/71/12
軍○費 142/72/21
軍之所○ 142/72/22
官之所私○也 142/72/23
甲兵不○於軍而敵國勝 142/73/12
王○走 144/74/28, 144/74/29
女朝○而晚來 144/74/28
女暮○而不還 144/74/29
幽囚而不○ 145/76/3
○必死而不生 145/76/5
○不能行 146/76/22
故王不如少○兵 156/81/22
○則陪乘 160/83/11
如○一口矣 161/83/21
城渾○周 163/84/3
一軍○武關 167/85/20
雖無○兵甲 168/86/17
秦舉甲○之武關 168/87/3
且夫秦之所以不○甲於函谷關十五年以攻諸侯者 168/87/9
○走入齊 168/87/18
寡君身○ 170/89/10, 170/89/15
遂○革車千乘 170/89/17
君王身○ 170/89/20
公○地以取齊 172/90/14
必○漢中 173A/90/21
秦兵且○漢中 173A/90/22
秦王欲○之 174/91/5
○張子 174/91/9
張子得○ 174/91/9
鄭袖遽說楚王○張子 174/91/11
楚王將○張子 175/91/15
王身○玉聲 177/92/12, 177/92/21
子良○ 177/92/16
昭常○ 177/92/20
景鯉○ 177/92/24

夫隘楚太子弗○ 177/93/4
黃金珠璣犀象○於楚 182/94/13
吾與子○兵矣 195/99/12
未○竟 197/100/3
莊公走○ 197/100/5
若○金石聲者 199/101/8
乃○園女弟謹舍 200/101/27
趨而○ 202/103/17
謀○二君之口 203/104/22
張孟談因朝知伯而○ 203/104/26
勿○於口 203/104/28
知過○見二主 203/104/29
○ 203/105/6
○更其姓 203/105/9
襄子當○ 204B/106/20
蘇秦○ 208/107/29
舍人○送蘇君 208/108/3
先○聲於天下 209/108/14
故○兵以佯示趙、魏 209/108/15
故○質以為信 209/108/16
必○於是 209/108/17
而崑山之玉不○也 209/108/24
臣恐其禍○於是矣 209/108/25
韓○銳師以佐秦 211/109/14
王○兵韓 211/109/16
趙豹○ 211/110/5
自入而○夫人者 212/110/23
勿○ 213/110/28
則且○兵助秦攻魏 214/111/4
○銳師以戍韓、梁西邊 217/112/11
必不○楚王 217/112/13
果不○楚王卬 217/112/16
常苦○辭斷絶人之交 218/112/27
願大王慎無○於口也 218/112/27
齊、魏各○銳師以佐之 218/114/3
齊○銳師以佐之 218/114/4
燕○銳師以佐之 218/114/6
218/114/7
韓、魏○銳師以佐之 218/114/6
秦必不敢○兵於函谷關以害山東矣 218/114/8
於是秦王解兵不○於境 219/115/16
秦兵不敢○函谷關十五年矣 220/115/21
事有所○ 221/117/2
○於遺遺之門 224/120/18
雖少○兵可也 229A/122/18
○遇虞卿曰 230/122/30
○兵攻燕 231/123/8
發使○重寶以附楚、魏 235/126/1
不○宿夕 238/128/26
遽言之王而○之 251/135/3
兵乃○ 262/138/28
齊兵乃○ 262/139/19
文侯將○ 267/141/7
伊、洛○其南 269/141/26
勿使○竟 271/142/19
○而謂左右曰 271/142/19
秦甲○而東 273/144/12
○而乘其車 273/144/15
鄭彊○秦曰 278/146/4
請國○五萬人 291/149/9
兵未○境 291/149/14
於是○而為之張於朝 296/150/28
王○魏質 305/155/13
乃○魏太子 305/155/14
以其能忍難而重○地也 310/157/15
地未畢入而兵復○矣 310/157/17
子患寡人入而不○邪 311/158/15
入而不○ 311/158/15
入不測之淵而必○ 311/158/16
不○ 311/158/17
今魏王○國門而望見軍 314/160/16
利○燕南門而望見軍乎 314/160/21
兵○之日 315/161/14
○入者賦之 315/162/7
鈞之○地 317B/163/2
昔竊聞大王之謀○事於梁 318/163/21
謀恐不○於計矣 318/163/21
不如南○ 318/163/25
不○攻則已 325/165/19
若○攻 325/165/20
王能令韓○垣雍之割乎 327/166/12
秦救不○ 338/168/29
老臣請○西說秦 338/168/31
令兵先臣○可乎 338/168/31
然則何為涕○ 341/170/15
臣安能無涕○乎 341/170/19
皆自韓○ 347/172/29
皆○於冥山、棠谿、墨陽、合伯膊 347/173/1
○為鴈行 366/180/10
○兵於三川以待公 367/180/29
故不如○兵以勁魏 367/181/3
因以○襄子而德太子 369/181/22
太子○走 376/183/12
胡衍之○幾瑟於楚也 381/184/11
自屠○腸 385/186/16
秦王欲○事於梁 389/188/12
韓計將安○矣 389/188/12
秦○兵於三川 405/193/21
遂○兵救燕 410/195/11
於是○蘇伐之宋 417/200/16
閔王○走於外 418/201/9
閔王○走 419/202/10
則秦不○殽塞 420/202/21
齊不○營丘 420/202/21
楚不○疏章 420/202/21
乘舟○於巴 422/203/29
○為之以成所欲 423/205/10
望諸攻關而○逃 424/206/5
薛公釋戴逃○於關 424/206/6
王何不○兵以攻齊 426/206/21
齊數○兵 427/207/18
旦暮○令矣 429/208/16
義之所不敢○也 431/210/14
交絶不○惡聲 431/210/16
之卒者○士以戍韓、梁之西邊 432/211/5
王何不陰○使 433/211/16
蚌方○曝 434/212/3
今日不○ 434/212/4
明日不○ 434/212/5
山水大○ 436/212/19
走且○境 437/212/26
君微○明怨以棄寡人 438/213/13
○語鄰家 438/213/19
○見田光 440/215/1
趨○ 440/215/8
而李信○太原、雲中 440/215/23
顧計不知所○耳 440/216/13
將○而還 446B/220/1
臣聞秦○兵 450/221/8
客趨○ 450/221/11

○兵以攻中山 455/223/7
455/223/10,455/223/16
○兵以攻中山者 455/223/15
中山君○ 456/224/3
公孫弘走○ 456/224/7
佳麗人之所○也 458/224/26
四面○嫁 461/226/4
必不肯○ 461/226/26
兵○無功 461/226/27
趙王○輕銳以寇其後 461/227/1

初 chū 8

靡不有○ 87/41/9,89/43/7
令○下 108/53/1
○ 145/75/8,416B/200/3
○幸春申君有身 200/102/17
今王易○不循俗 221/118/17
○時惠王伐趙 310/157/13

樗 chū 27

秦令○里疾以車百乘入周 24/8/24
使○里疾以車百乘入周 24/8/27
張儀之殘○里疾也 45/18/16
重○里疾而使之者 45/18/16
○里疾出走 45/18/19
起○里子於國 52/22/10
○里疾、公孫衍二人者 55/23/13
○里疾、公孫衍二人在 55/23/21
公孫衍、○里疾挫我於內 57/24/4
公內攻於○里疾、公孫衍 58/24/10
是○里疾、公孫衍無事也 58/24/12
甘茂與○里疾 171/90/9
為○里疾卜交也 193/98/25
臣有辭以報○里子矣 193/98/26
且以置公孫赫、○里疾 213/110/30
○里疾怒 305/155/11
臣意秦王與○里疾之欲之也 317B/163/4
乃請○里子曰 317B/163/7
○里子曰 317B/163/8
317B/163/10
故○里疾大說杜聊 356B/176/10
公孫郝、○里疾請無攻韓 396C/191/19
胡衍謂○里疾曰 449/220/27
○里疾曰 449/220/30,449/220/31
○里子知蒲之病也 449/221/1
○里子亦得三百金而歸 449/221/3

芻 chú 6

齊、秦合而立負○ 82B/38/7
負○立 82B/38/7
負○必以魏歿世事秦 82B/38/8
○牧薪采莫敢闚東門 88/42/18
以供○秣 182/94/19
曾無所○牧牛馬之地 272/143/1

除 chú 17

○道屬之於河 29/10/9
清宮○道 40/14/17
扁鵲請○ 54/22/26
○之未必已也 54/22/27
○萬世之害 66/27/10
○害莫如盡 66/27/10
此○疾不盡也 66/27/11
○君之害 66/27/12
若於○宋罪 69/28/8
○感忿之恥 145/76/10
為○守徼亭鄣塞 348A/173/19
○服 385/186/1
將欲以○害取信於齊也 419/201/16
使○患無至 430/208/21
是故謀者皆從事於○患之道 430/208/22
而先使○患無至者 430/208/23
而燕國見陵之恥○矣 440/216/15

鉏 chú 1

竊釋○耨而干大王 415/197/28

廚 chú 2

而陰告○人曰 413/197/5
○人進斟羹 413/197/6

處 chǔ 67

必無○矣 7/3/16
必不○矣 11C/5/12
張於多鳥○ 16/6/21
請謂王聽東方之○ 18/7/7
而○之三晉之西 22/8/9
夫徒○而致利 40/13/22
種樹不○者 46/18/23
昔者曾子○費 55/23/14
君聞夫江上之○女乎 61A/24/27
夫江上之○女 61A/24/28
○女相與語 61A/24/28
謂○女曰 61A/24/29
何妨於○女 61A/24/30
妾自以有益於○女 61A/24/30
○女相語以為然而留之 61A/24/30
命而○之 61A/25/11
○人骨肉之間 73A/30/4
○必然之勢 73A/30/8
中國之○ 73A/31/8
是我王果○三分之一也 74/33/1
我與其○而待之見攻 92/44/13
○於屏城 93/44/22
臣不知卿所死之○矣 94/46/3
薛公使魏○之趙 119/57/29
不相與○ 129/62/27
各死其○ 132A/64/1
仁義皆來役○ 136B/67/21
徒步而○農畝 136B/67/22
齊有○士曰鍾離子 138/69/16
而魏王○之 142/74/3
失王之○ 144/74/28
女不知其○ 144/74/29
願公熟計而審○一也 145/75/27
○之共松柏之間 150/79/28
○尊位 160/82/26
小不如○室 166/85/5
鹿裘以○ 170/88/25
更羸與魏王○京臺之下 198/100/18
今君○無妄之世 200/102/5
城中巢居而○ 203/104/15
是吾○三不義也 211/110/13
愁居懾○ 220/115/22
○梁之（官）〔宮〕 236/127/28
韓氓○於趙 247/132/3

安平君必○一焉 252/135/16
夫令人之君○所不安 304/154/21
國○削危之形 304/154/29
身○死亡之地 304/155/1
今○期年乃欲割 312/159/10
茲公之○重也 321/164/25
令昭獻轉而與之○ 353/175/16
則不如其○小國 397/191/26
今臣○郎中 406/193/26
寡人蠻夷辟○ 413/197/15
今臣聞王居○不安 415/198/8
而燕○弱焉 415/198/15
帝者與師○ 418/200/24
王者與友○ 418/200/24
霸者與臣○ 418/200/24
亡國與役○ 418/200/24
臣且○無為之事 420/202/16
且夫○女無媒 421/203/19
臣之所重○重卵也 427/207/15
是使弱趙居強吳之○ 430/208/25
而使強秦○弱越之所以霸也 430/208/25
能當之者○之 431/209/19
鄰民之所○也 433/211/23

楚 chǔ 1096

寡人將寄徑於○ 1/1/11
○之君臣欲得九鼎 1/1/12
若入○ 1/1/12
景翠以○之眾 2/1/23
西周欲和於○、韓 3B/2/11
臣恐西周之與○、韓寶 3B/2/11
不如謂○、韓曰 3B/2/12
西周之寶不入○、韓 3B/2/13
○、韓欲得寶 3B/2/13
是我為○、韓取寶以德之也 3B/2/13
○王與魏王遇也 5A/2/26
主君令陳封之○ 5A/2/27
○、韓之遇也 5A/2/27
主君令許公之○ 5A/2/27
發重使使之○ 5B/3/4
○攻雍氏 6/3/10
○王怒周 6/3/10
為周謂○王曰 6/3/10
制齊、○、三晉之命 10B/4/22
是君以合齊與強○吏產子 12/5/17
司馬翦謂○王曰 17/6/27
翦今○王資之以地 17/6/29
嘗欲東周與○惡 20/7/20
吾又恐東周之賊己而以輕西周惡之於○ 20/7/21
薛公以齊為韓、魏攻○ 22/8/3
君以齊為韓、魏攻○ 22/8/4
韓、魏南無○憂 22/8/5
欲王令○割東國以與齊也 22/8/7
秦王出○王以為和 22/8/8
而以○之東國自免也 22/8/8
○王出 22/8/9
○王怒 24/8/24, 164/84/16,301/153/16
游騰謂○王曰 24/8/24
號言伐○ 24/8/26
○王乃悅 24/8/28
公不聞○計乎 25/9/5
昭應謂○王曰 25/9/5
是○病也 25/9/6
○王始不信昭應之計矣 25/9/6
此告○病也 25/9/7
必勸○王益兵守雍氏 25/9/7
○卒不拔雍氏而去 25/9/11
○有養由基者 27/9/21
○兵在山南 28/10/3
吾得將為○王屬怒於周 28/10/3
因泄之○ 28/10/4
必名曰謀○ 28/10/5
○請道於二周之間 29/10/9
齊、秦恐○之取九鼎也 29/10/10
必救韓、魏而攻○ 29/10/10
○不能守方城之外 29/10/10
○必將自取之矣 29/10/11
樊餘謂○王曰 33/11/11
則○方城之外危 33/11/13
○、趙皆輕 33/11/14
○王恐 33/11/14
陳、蔡亡於○ 35/11/25, 396C/191/14
○、宋不利秦之德三國也 37/12/9
將說○王 40/14/17
親魏善○ 44/17/24
○臨南鄭 44/17/24
侵○、魏之地 44/17/25
而求解乎○、魏 44/18/8
以鼎與○ 44/18/8
重而使之○ 45/18/16
因令○王為之請相於秦 45/18/16
今身在○ 45/18/17
○王因為請相於秦 45/18/17
○王以為然 45/18/18
彼必以國事○王 45/18/18
張儀欲以漢中與○ 46/18/23
漢中南邊為○利 46/18/24
王割漢中以為和○ 46/18/25
○必畔天下而與王 46/18/25
王今以漢中與○ 46/18/25
王何以市○也 46/18/26
○攻魏 47/18/30
○也 48A/19/10,357/177/1
○智橫君之善用兵 48A/19/10
軫馳○、秦之間 48B/19/16
今○不加善秦而善軫 48B/19/16
且軫欲去秦而之○ 48B/19/17
吾聞子欲去秦而之○ 48B/19/19
○亦何以軫為忠乎 48B/19/22
吾不之○ 48B/19/22
陳軫去○之秦 49/19/27
常以國情輸○ 49/19/27
即復之○ 49/19/28
軫安敢之○也 49/19/28
臣願之○ 49/20/1
儀以子為之○ 49/20/2
吾又自知子之○ 49/20/2
子非○ 49/20/2
必故之○ 49/20/3
而明臣之○與不也 49/20/3
○人有兩妻者 49/20/3
今○王明主也 49/20/6
而常以國輸○王 49/20/7
以此明臣之○與不 49/20/8
軫必之○ 49/20/11
子必之○也 49/20/11
○何以軫為 49/20/14
軫不之○ 49/20/14
齊助○攻秦 50/20/19
齊、○之交善 50/20/19
齊、○方懽 50/20/20
張儀南見○王曰 50/20/23
○王大說 50/21/1,357/176/26
○王曰 50/21/2,50/21/11, 98/49/5,122/59/11,122/60/7

153/80/24,157A/81/30
161/83/20,164/84/18
167/86/7,168/87/26
180/93/27,182/94/12
182/94/15,184/95/14
305/155/9,305/155/13
352/175/8,375/183/6
是○孤也 50/21/5,185/95/27
○王不聽 50/21/7
50/21/18,377/183/17
○王使人絕齊 50/21/7
○因使一將軍受地於秦 50/21/10
張儀知○絕齊也 50/21/11
使者反報○王 50/21/13
○王大怒 50/21/13
168/87/10,175/91/22
○國不尚全事 50/21/15
○兵大敗於杜陵 50/21/18
故○之土壤士民非削弱 50/21/18
○絕齊 51/21/23
齊舉兵伐○ 51/21/23
陳軫謂○王曰 51/21/23
165/84/24
○王使陳軫之秦 51/21/25
故子棄寡人事○王 51/21/26
今齊、○相伐 51/21/26
王獨不聞吳人之遊○者乎 51/21/27
○王甚愛之 51/21/27
齊、○今戰 51/22/3
而無伐○之害 51/22/3
韓、○乘吾弊 56/23/27
不如許○漢中以懽之 56/23/27
○懽而不進 56/23/28
果使馮章許○漢中 56/23/28
○王以其言責漢中於馮章 56/23/29
固謂○王曰 56/23/29
寡人固無地而許○王 56/23/29
○畔秦而合於韓 59/24/16
○雖合韓 59/24/16
韓亦恐戰而○有變其後 59/24/16
韓、○必相御也 59/24/17
○言與韓 59/24/17
○客來使者多健 60/24/21
甘茂約秦、魏而攻○ 62/25/22
○之相秦者屈蓋 62/25/22
為○和於秦 62/25/22
秦啓關而聽○使 62/25/22
怵於○而不使魏制和 62/25/23
○必曰『秦鬻魏』 62/25/23
不悅而合於○ 62/25/23
○、魏為一 62/25/23,311/158/22
而後制晉、○之勝 63/26/8
秦王安能制晉、○哉 63/26/9
則晉、○不信 63/26/10
則晉、○為制於秦 63/26/10
則必不走於秦且走晉、○ 63/26/11
齊割地以實晉、○ 63/26/11
則晉、○安 63/26/11
是晉、○以秦破齊 63/26/12
何晉、○之智而齊、秦之愚 63/26/12
夫○王之以其臣請挈領然而臣有患也 67/27/21
夫○王之以其國依冉也 67/27/21
今公東而因言於○ 67/27/22
德○而觀薛公之為公也 67/27/23
○破秦 70/28/13
○苞九夷 70/28/14
○有和璞 72/29/6
無益於殷、○ 73A/30/11
齊人伐○ 73A/31/3
以其伐○而肥韓、魏也 73A/31/5
以威○、趙 73A/31/8
趙彊則○附 73A/31/9
○彊則趙附 73A/31/9
○、趙附則齊必懼 73A/31/9
南地入○、魏 78/34/8
開罪於○、魏 80/35/11
○之吳起 81/35/30
孰與秦孝公、○悼王、越王乎 81/36/16
不過秦孝、越王、○悼 81/36/17
○地持戟百萬 81/36/25
以與○戰 81/36/25
趙、○懾服 81/36/27
吳起為○悼罷無能 81/37/1
壹○國之俗 81/37/2
秦取○漢中 82A/37/24
大敗○軍 82A/37/24
韓、魏聞○之困 82A/37/24
○王引歸 82A/37/24
後三國謀攻○ 82A/37/25
可發使告○曰 82A/37/25
今三國之兵且去○ 82A/37/25
○能應而共攻秦 82A/37/25
況於○之故地 82A/37/26
○疑於秦之未必救己也 82A/37/26
則○之應之也必勸 82A/37/27
是○與三國謀出秦兵矣 82A/37/27
三國疾攻○ 82A/37/27
○必走秦以急 82A/37/28
則是我離秦而攻○也 82A/37/28
遂發重使之○ 82A/38/1
○之應之果勸 82A/38/1
於是三國并力攻○ 82A/38/1
○果告急於秦 82A/38/1
○、魏戰於陘山 84A/39/9
以絕秦於○ 84A/39/9
○敗於南陽 84A/39/9
王何不謂○王曰 84A/39/10
魏畏秦、○之合 84A/39/11
是魏勝○而亡地於秦也 84A/39/11
秦之○者多資矣 84A/39/12
以是告○ 84A/39/13
○王揚言與秦遇 84A/39/13
○使者景鯉在秦 84B/39/17
○怒秦合 84B/39/17
周冣為○王曰 84B/39/17
魏請無與○遇而合於秦 84B/39/17
○王因不罪景鯉而德周、秦 84B/39/18
○王使景鯉如秦 85/39/23
○王使景所甚愛 85/39/23
○王聽 85/39/24
○王不聽 85/39/24
以秦與○為昆弟國 85/39/28
是示天下無○也 85/39/28
○知秦之孤 85/40/1
即○王 86/40/18
○王 86/40/18
秦白起拔○西陵 87/40/24
○遂削弱 87/40/25
○人有黃歇者 87/40/26
天下莫強於秦、○ 87/40/27
今聞大王欲伐○ 87/40/27
不如善○ 87/40/27
○、燕之兵云翔不敢校 87/41/2
絕○、魏之脊 87/41/4

今王妬○之不毀也 87/41/13
而忘毀○之強魏也 87/41/14
○國 87/41/15
今王之攻○ 87/41/21
是王攻○之日 87/41/21
是王有毀○之名 87/41/24
且王攻○之日 87/41/26
秦、○之構而不離 87/41/26
王破○於以肥韓、魏於中國而勁齊 87/42/2
一舉眾而注地於○ 87/42/5
莫若善○ 87/42/8
秦、○合而為一 87/42/8
王一善○ 87/42/10
是燕、趙無齊、○ 87/42/11
持齊、○ 87/42/12
臣竊惑王之輕齊易○ 89/43/3
不恤○交 89/43/5
梁君伐○勝齊 89/43/9
而韓、○之兵不敢進 89/43/14
非○受兵 89/43/19
秦人援魏以拒○ 89/43/19
○人援韓以拒秦 89/43/20
則○孤而受兵也 89/43/21
○先得齊 89/43/21
今亡於○ 91/44/4
公何不以秦、○之重 91/44/4
○必便之矣 91/44/5
是辛戎有秦、○之重 91/44/5
不韋使○服而見 93/45/10
吾○人也 93/45/10
乃變其名曰○ 93/45/11
寡人子莫若○ 93/45/14
子○立 93/45/16
○威王戰勝於徐州 97/48/22
張丑謂○王曰 97/48/22
○王因弗逐 97/48/25
○王聞之 98/48/29
217/112/11, 276/145/22
299/152/20, 299/152/21
又將在○ 98/49/1
閒說○王 98/49/1
公孫閈為謂○王曰 98/49/4
魯、宋事○而齊不事者 98/49/4
吾豈可以先王之廟與○乎 101/50/9
田忌亡齊而之○ 106/51/29
齊恐田忌欲以○權復於齊 106/51/29
臣請為留○ 106/51/29
謂○王曰 106/52/1
122/59/10, 122/59/21
158/82/12, 159/82/18
161/83/18, 372/182/10
鄒忌所以不善○者 106/52/1
恐田忌之以○權復於齊也 106/52/1
鄒忌以齊厚事○ 106/52/2
必以齊事○ 106/52/3
○果封之於江南 106/52/3
○將伐齊 110/53/19
子以齊、○為孰勝哉 110/53/21
○之權敵也 110/53/22
○大勝齊 110/53/23
今齊、○、燕、趙、韓、梁六國之遞甚也 111/54/4
南面而孤○、韓、梁 111/54/12
必南攻○ 111/54/16
○、秦構難 111/54/16
今秦、○嫁子取婦 113/55/22
○、趙必救之 114/56/5
○、趙果遽起兵而救韓 114/56/7
乃使其舍人馮喜之○ 115/56/21
齊、○之事已畢 115/56/22
昭陽為○伐魏 117/57/11
○之法 117/57/12
○有祠者 117/57/14
今君相○而攻魏 117/57/17
齊、○救之 120/58/8
齊、○救趙 120/58/8
則明日及齊、○矣 120/58/13
○王死 122/58/26, 195/99/9
君何不留○太子 122/58/26
可以令○王亟入下東國 122/59/1
可以益割於○ 122/59/1
可以忠太子而使○益入地 122/59/1
可以為○王走太子 122/59/2
可以為蘇秦請封於○ 122/59/2
則○之計變 122/59/6
臣請為君之○ 122/59/7
○得成 122/59/7
故曰可以使○亟入地也 122/59/11
○之勢可多割也 122/59/14
使○王聞之 122/59/15
故曰可以益割於○ 122/59/15
○王請割地以留太子 122/59/17
太子何不倍○之割地而資齊 122/59/17
倍○之割而延齊 122/59/18
○王聞之恐 122/59/18
故曰可以使○益入地也 122/59/19
○王大悅 122/59/23
故曰可以為○王使太子亟去也 122/59/23
夫剬○者王也 122/59/26
而○功見矣 122/59/26
○交成 122/59/27
且以便○也 122/60/1
故多割○以滅迹也 122/60/2
又使人謂○王曰 122/60/5
奉王而代立○太子者又蘇秦也 122/60/5
以其為齊薄而為○厚也 122/60/6
故曰可以為蘇秦請封於○也 122/60/7
今蘇秦善於○王 122/60/12
則是身與○為讎也 122/60/12
是君有○也 122/60/13
至○ 130/63/3
君豈受○象床哉 130/63/7
今君到○而受象床 130/63/10
臣恐強秦大○承其後 132A/64/2
○之柱國也 132B/64/9
伐○取鄢郢矣 132B/64/10
韓、魏、趙、○之志 132B/64/13
趙、魏、○得齊 132B/64/15
有淮北則○之東國危 141B/70/22
燕、○以形服 141B/70/24
○人救趙而伐魏 142/71/12
齊之與韓、魏伐秦、○也 142/71/19
秦、○戰韓、魏不休 142/71/21
南伐○ 142/73/28
大王有伐齊、○心 142/74/1
然後圖齊、○ 142/74/1
於是齊、○怒 142/74/3
且○攻南陽 145/75/14
則○國之形危 145/75/16
今○、魏交退 145/75/17
威信吳、○ 145/76/9

○王使將軍將萬人而佐齊	147/77/13
何不使使者謝於○王	147/77/14
貂勃使○	147/77/15
○王受而觴之	147/77/15
貂勃從○來	147/77/22
使收○故地	150/79/25
故使蘇涓之○	151/80/3
齊明謂○王曰	151/80/3
秦王欲○	151/80/4
以示齊之有○	151/80/4
齊見○	151/80/4
非○之利也	151/80/5
齊、○構難	152/80/12
子象為○謂宋王曰	152/80/12
○以緩失宋	152/80/12
是從齊而攻○	152/80/13
齊戰勝○	152/80/13,286/148/4
是以弱宋干強○也	152/80/14
昭陽謂○王曰	153/80/19
必南圖○	153/80/19
請悉○國之衆也	153/80/25
而○果弗與地	153/80/27
昭奚恤謂○王曰	156/81/17
恐○之攻其後	156/81/20
而魏無○憂	156/81/21
是○、魏共趙也	156/81/21
而有○之不救己也	156/81/22
必與魏合而以謀○	156/81/22
趙恃○勁	156/81/23
而見○救之不足畏也	156/81/23
而齊、秦應○	156/81/24
○因使景舍起兵救趙	156/81/26
○取睢、濊之間	156/81/26
江尹欲惡昭奚恤於○王	157A/81/30
故為梁山陽君請封於○	157A/81/30
山陽君無功於○國	157A/82/1
魏氏惡昭奚恤於○王	157B/82/6
○王告昭子	157B/82/6
○進兵大梁	158/82/13
江乙欲惡昭奚恤於○	159/82/18
今君擅○國之勢	160/83/1
如是必長得重於○國	160/83/2
○王游於雲夢	160/83/8
江乙為魏使於○	161/83/18
聞○之俗	161/83/18
州侯相○	161/83/20
南游於○	163/84/3
○之耎國	163/84/5
○之強敵也	163/84/5
而○以上梁應之	163/84/5
○以弱新城圍之	163/84/6
故○王何不以新城為主郡也	163/84/8
乃為具駟馬乘車五百金之○	163/84/10
遂南交於○	163/84/10
○王果以新城為主郡	163/84/10
而太子有○、秦以爭國	164/84/15
鄭申為○使於韓	164/84/15
必懸命於○	164/84/17
○杜赫說○王以取趙	165/84/22
○王問於范環曰	166/85/3
非○國之利也	166/85/7
故○南察瀨胡而野江東	166/85/7
越亂而○治也	166/85/8
○國之大利也	166/85/10
說○威王曰	167/85/15
○	167/85/15,182/94/15,313/159/22,461/226/9
○地西有黔中、巫郡	167/85/15
夫以○之強與大王之賢	167/85/17
秦之所害於天下莫如○	167/85/18
○強則秦弱	167/85/19
○弱則秦強	167/85/19
故從合則○王	167/85/26
則諸侯割地以事○	167/86/4
則○割地以事秦	167/86/4
以○當秦	167/86/9
說○王曰	168/86/15
非秦而○	168/86/21
非○而秦	168/86/21
秦攻○之西	168/86/23
卒有○禍	168/86/27
秦兵之攻○也	168/87/3
而○恃諸侯之救	168/87/3
○嘗與秦構難	168/87/9
○人不勝	168/87/10
夫秦、○相弊	168/87/11
今秦之與○也	168/87/21
臣請秦太子入質於○	168/87/21
○太子入質於秦	168/87/22
○國僻陋	168/87/26
○無鄢、郢、漢中	169/88/3
為儀謂○王逐昭雎、陳軫	169/88/4
昭雎歸報○王	169/88/5
○王說之	169/88/5,190/97/3
○王不察於爭名者也	169/88/7
今○	169/88/8
是○自行不如周	169/88/9
必南伐○	169/88/10,432/211/7
則○無謀臣矣	169/88/11
今君能用○之衆	169/88/11
則○衆不用矣	169/88/12
寧○國之事	170/89/1
昔者吳與○戰於柏舉	170/89/5
○國亡之月至矣	170/89/6
昔吳與○戰於柏舉	170/89/10
○使新造(蟄)〔盩〕棼冒勃蘇	170/89/14
吳與○人戰於柏舉	170/89/15
吳與○戰於柏舉	170/89/20
○國社稷其庶幾乎	170/89/21
○士約食	170/89/29
為甘茂謂○王曰	171/90/6
則○輕矣	171/90/7
必爭事○	171/90/8
又交重○也	171/90/9
齊、秦約攻○	172/90/13
○令景翠以六城賂齊	172/90/13
秦恐且因景鯉、蘇厲而效地於○	172/90/13
必不求地而合於○	172/90/15
術視伐○	173A/90/20
○令昭鼠以十萬軍漢中	173A/90/20
四國伐○	173B/90/26
○令昭雎將以距秦	173B/90/26
○王欲擊秦	173B/90/26
桓臧為昭雎謂○王曰	173B/90/26
三國惡○之強也	173B/90/27
恐秦之變而聽○也	173B/90/27
必深攻○以勁秦	173B/90/27
必悉起而擊○	173B/90/28
秦王惡與○相弊而令天下	173B/90/29
秦、○之合	173B/90/30
○懷王拘張儀	174/91/3

靳尚為儀謂○王曰	174/91/3
天下見○之無秦也	174/91/3
○必輕矣	174/91/4
今○拘之	174/91/5
欲因張儀內之○王	174/91/7
○王必愛	174/91/7
勢為王妻以臨于○	174/91/7
子內擅○之貴	174/91/10
子之子孫必為○太子矣	174/91/10
鄭袖遽說○王出張子	174/91/11
○王將出張子	175/91/15
靳尚謂○王曰	175/91/15
○小臣	175/91/18
而有秦、○之用	175/91/18
○王必大怒儀也	175/91/19
○、秦相難	175/91/19
秦、○爭事魏	175/91/22
秦敗○漢中	176/91/27
○王入秦	176/91/27
	217/112/5,311/158/22
游騰為○謂秦王曰	176/91/27
王挾○王	176/91/27
而與天下攻○	176/91/27
○王畏	176/91/28
○襄王為太子之時	177/92/3
齊王歸○太子	177/92/6
來取東地於○	177/92/8
○王告慎子曰	177/92/8
○不能獨守	177/92/21
○亦不能獨守	177/92/21
雖然○不能獨守也	177/92/25
夫隘○太子弗出	177/93/4
乃請子良南道○	177/93/5
秦栖○王	178/93/10
今○王歸	178/93/10
蘇子謂○王曰	179/93/16
蘇秦之○	180/93/27
○國之食貴於玉	180/93/28
○王逐張儀於魏	181/94/3
張儀之○	182/94/9
子待我為子見○王	182/94/9
南后、鄭褎貴於○	182/94/10
張子見○王	182/94/12
○王不說	182/94/12
黃金珠璣犀象出於○	182/94/13
張子辭○王曰	182/94/21
○王令昭雎之秦重張儀	183/94/29
○王因收昭雎以取齊	183/94/29
桓臧為雎謂○王曰	183/94/30
儀有秦而雎以○重之	183/95/2
今儀困秦而雎收○	183/95/2
將收韓、魏輕儀而伐○	183/95/3
儀據○勢	183/95/3
惠子之○	184/95/8
○王受之	184/95/8
馮郝謂○王曰	184/95/10
使惠施之○	185/95/19
○將入之秦而使行和	185/95/19
凡為伐秦者○也	185/95/21
是明○之伐而信魏之和也	185/95/21
今子從○為和	185/95/23
○得其利	185/95/23
陳軫告○之魏	186/96/3
軫猶善○	186/96/3
而得復○	186/96/4
因使人以儀之言聞於○	186/96/5
○王喜	186/96/5
○王謂陳軫曰	187/96/9
○王聽之	187/96/13
今君相萬乘之○	188/96/19
或謂○王曰	189/96/25
魏王遺○王美人	190/97/3
○王后死	191/97/15
莊辛謂○襄王曰	192/97/21
將以為○國祅祥乎	192/97/22
○國必亡矣	192/97/23
今○國雖小	192/97/29
明說○大夫以伐秦	193/98/25
○太子橫為質於齊	195/99/9
令辛戎告○曰	195/99/12
○王子圍聘於鄭	197/100/3
趙使魏加見○春申君曰	198/100/16
○考烈王無子	200/101/14
欲進之○王	200/101/16
○王之貴幸君	200/101/22
今君相○王二十餘年	200/101/22
即○王更立	200/101/23
誠以君之重而進妾於○王	200/101/25
○國封盡可得	200/101/26
而言之○王	200/101/27
○王召入	200/101/27
○王貴李園	200/101/28
春申君相○二十五年	200/102/4
君相○二十餘年矣	200/102/6
實○王也	200/102/6
因而有○國	200/102/8
○王崩	200/102/9
○考烈王崩	200/102/15
遂立為○幽王也	200/102/17
今○王之春秋高矣	201/102/23
莫如遠○	201/102/24
魏、齊新怨○	201/102/29
○君雖欲攻燕	201/102/29
夫○亦強大矣	201/103/1
今謂○強大則有矣	201/103/3
	362/179/10
則豈○之任也我	201/103/3
非○之任而○為之	201/103/4
是敝○也	201/103/4
敝○見強魏也	201/103/4
皆以狄蒿苫○廧之	203/104/9
其妻之○	204A/106/2
○人久伐而中山亡	209/108/20
衛、○正	210/109/8
日者秦、○戰於藍田	211/109/14
因轉與○	211/109/14
以○、趙分齊	214/111/5
秦從○、魏攻齊	215/111/12
有○而伐韓	217/111/26
有韓而伐○	217/111/26
是何○之知	217/111/27
今南攻○者	217/112/1
今攻○休而復之	217/112/2
今謂○王	217/112/2
必與○為兄弟之國	217/112/3
必為○攻韓、梁	217/112/3
反○之故地	217/112/3
○王美秦之語	217/112/3
秦、○為一	217/112/5
韓南無○	217/112/5
有○、韓之用	217/112/7
以強秦之有韓、梁、○	217/112/8
及○王之未入也	217/112/11
秦必怒而循攻○	217/112/12
是秦禍不離○也	217/112/12
	217/112/13
若○王入	217/112/12
必不出○王	217/112/13

果不出○王印 217/112/16
○必致橘柚雲夢之地 218/113/2
則齊必弱○、魏 218/113/5
○弱則無援 218/113/6
莫如一韓、魏、齊、○
、燕、趙 218/114/2
秦攻○ 218/114/3
則○絕其後 218/114/4,218/114/5
○軍武關 218/114/6,218/114/7
夫慮收亡齊、罷○、敝
魏與不可知之趙 219/115/1
以南伐○ 219/115/3
是則伐○攻秦 219/115/5
收破齊、罷○、弊魏、
不可知之趙 219/115/6
○有四人起而從之 219/115/10
今○與秦為昆弟之國 220/116/1
○、魏憎之 227/121/22
樓緩欲以趙合秦、○ 229A/122/9
富丁恐主父之聽樓緩而
合秦、○也 229A/122/9
秦、○必合而攻韓、魏
229A/122/11
發使出重寶以附○、魏 235/126/1
○、魏欲得王之重寶 235/126/2
趙使入○、魏 235/126/2
○、魏以趙為媾 235/126/7
齊、○則固助之矣 236/127/3
以天下劫○ 247/132/10
而秦、○禁之 248/132/15
燕、○辟 248/132/22
○與魏、韓將應之 249/133/3
則○必攻宋 249/133/5
以伐齊收○ 249/133/21
秦因收○而攻魏 249/133/22
魏敗○於陘山 260/138/16
○王懼 260/138/16
乃結秦連○、宋之交 260/138/16
○王禽趙、宋 260/138/17
不下於○ 272/143/2
南與○境 273/143/24
魏南與○而不與齊 273/143/25
不親於○ 273/143/26
則○攻其南 273/143/26
事秦則○、韓必不敢動 273/144/7
無○、韓之患 273/144/7
且夫秦之所欲弱莫如○
273/144/10
而能弱○者莫若魏 273/144/10
○雖有富大之名 273/144/10
勝○必矣 273/144/11
夫虧○而益魏 273/144/11
攻○而適秦 273/144/12
齊、魏約而伐○ 274/144/25
○攻齊 274/144/25,274/144/26
是示○無魏也 274/144/27
魏怒合於○ 274/144/27
而疑之於○也 274/144/28
魏王使李從以車百乘使
於○ 276/145/14
李從以車百乘使○ 276/145/20
軫善事○ 277/145/28
而反於○王 277/145/29
因使人先言於○王 277/145/30
夫魏欲絕○、齊 278/146/4
欲以絕齊、○也 278/146/6
張儀欲以魏合於秦、韓
而攻齊、○ 280/146/18
惠施欲以魏合於齊、○
以案兵 280/146/18
以魏合於秦、韓而攻齊
、○ 280/146/19
齊、○怒而欲攻魏 281/146/26
齊、○攻魏 281/146/27
請令齊、○解攻 281/146/28
雍沮謂齊、○之君曰 281/146/28
齊、○惡儀 281/146/29
是齊、○之兵折 281/146/29
齊、○之王曰 281/147/2
公何不以○佐儀求相之
於魏 282/147/7
必南走○ 282/147/7
則公亦必并相○、韓也 282/147/8
○許魏六城 284/147/19
必反燕地以下○ 284/147/19
○、趙必聽之 284/147/20
是王失謀於○、趙 284/147/20
○破南陽九夷 284/147/21
尺○人 285/147/29
何不陽與齊而陰結於○ 286/148/3
齊、○必戰 286/148/3
○戰勝齊敗 286/148/4
齊王將見燕、趙、○之
相於衛 288/148/18
○王攻梁南 295/150/13
○師必進矣 295/150/13
交臂而聽○ 295/150/14
必與○戰 295/150/14
昔王季歷葬於○山之尾
296/150/27
○、魏也 297/151/14
請為王毋禁○之伐魏也
297/151/14
秦嘗用此於○矣 297/151/20
魏王令惠施之○ 299/152/20
施因令人先之○ 299/152/20
惠施之○ 299/152/21
○王必怒矣 301/153/7
則○必伐齊 301/153/7
以休○而伐罷齊 301/153/8
則必為○禽矣 301/153/8
是王以○毀齊也 301/153/8
與魏和而下○ 301/153/11
而卑秦、○ 301/153/12
且○王之為人也 301/153/13
必○也 301/153/13
公子高在○ 302/153/21
○將內而立之 302/153/21
代也從○來 303B/154/6
秦、○攻魏 305/155/7
為魏謂○王曰 305/155/7
329B/167/3
秦、○勝魏 305/155/7
秦恐失○ 305/155/8
魏內太子於○ 305/155/9
許○城地 305/155/11
欲與魏攻○ 305/155/11
恐魏之以太子在○不肯
也 305/155/11
為疾謂○王曰 305/155/12
而為魏太子之尚在○也
305/155/12
而復固秦、○之交 305/155/13
秦因合魏以攻○ 305/155/14
○王登強臺而望崩山 307/156/2
今王循○、趙而講 310/157/18
○、趙怒而與王爭事秦
310/157/18
秦挾○、趙之兵以復攻
310/157/19
夫輕信○、趙之兵 310/157/27

顧之及○、趙之兵未任於大梁也 310/157/29
○、趙怒於魏之先己講也 310/158/2
王視○王 311/158/22
○王不入 311/158/22
必不伐○與趙矣 315/161/9
伐○ 315/161/12
以與○兵決於陳郊 315/161/13
秦必不伐○與趙矣 315/161/14
○、魏疑而韓不可得而約也 315/161/28
則○、趙必與之攻矣 315/161/29
王速受○、趙之約 315/162/2
○、趙○大破 315/162/9
魏太子在○ 317B/162/28
公必且待齊、○之合也 317B/162/28
今齊、○之理 317B/162/28
其人皆欲合齊、秦外○以輕公 317B/162/29
○惡魏之事王也 317B/162/30
齊王故欲伐○ 317B/162/30
外○以輕公 317B/163/2
豈若由○乎 317B/163/3
秦疾攻○ 317B/163/3
○還兵 317B/163/3
秦、○重公 317B/163/4
齊、○也 317B/163/11
○王怒於魏之不用樓子 317B/163/12
翟強欲合齊、秦外○ 317B/163/13
樓廩欲合秦、○外齊 317B/163/13
請合於○外齊 317B/163/14
樓子與○王必疾矣 317B/163/15
必為合於齊外於○ 317B/163/15
是公外得齊、○以為用 317B/163/16
齊、魏伐○而趙亡中山 319/164/5
今王恃○之強 319/164/9
魏、秦伐○ 322/165/3
王不與秦攻○ 322/165/3
○且與秦攻王 322/165/3
王不如令秦、○戰 322/165/3
君攻○得宛、穰以廣陶 323/165/8
○、魏有怨 329B/167/3
猶晉人之與○人也 330/167/9
晉人見○人之急 330/167/9
○人惡其緩而急之 330/167/10
我欲之○ 334/168/4
君之○ 334/168/4
此非○之路也 334/168/5
334/168/6
而離○愈遠耳 334/168/6
猶至○而北行也 334/168/8
翟強善○ 336/168/18
齊、○約而欲攻魏 338/168/29
今齊、○之兵已在魏郊矣 338/169/4
魏急則且割地而約齊、○ 338/169/4
而強二敵之齊、○也 338/169/5
齊、○聞之 338/169/8
蘇秦為○合從說韓王曰 347/172/28
今主君以○王之教詔之 347/173/12
逆秦而順○ 348A/173/29
莫如弱○ 348A/173/29
而能弱○者莫如韓 348A/174/1
非以韓能強於○也 348A/174/1
今王西面而事秦以攻○ 348A/174/1
夫攻○而私其地 348A/174/2
○昭獻相韓 350/174/21
不如貴昭獻以固○ 350/174/21
秦必曰○、韓合矣 350/174/22
○王為從長 352/175/3
魏順南見○王曰 352/175/7
故○王卜交而市丘存 352/175/10
公叔之攻○也 353/175/15
故言先○也 353/175/16
今已令○王奉幾瑟以車百乘居陽翟 353/175/16
必疑公叔為○也 353/175/17
必之○矣 354/175/22
○必敗之 356A/176/5
今秦之心欲伐○ 357/176/15
與之伐○ 357/176/16
○王聞之大恐 357/176/19
○國必伐矣 357/176/20
○國不大病矣 357/176/23
韓得○救 357/176/23
而免○國之患也 357/176/24
弊邑將以○殉韓 357/176/27
恃○之虛名 357/177/1
且○、韓非兄弟之國也 357/177/1
秦欲伐○ 357/177/2
○因以起師言救韓 357/177/2
而信○之謀臣 357/177/3
○救不至 357/177/4
智為○笑 357/177/6
今公與○解 359/177/18
秦、○合 359/177/18
吾合秦、○ 359/177/19
今秦、○爭強 359/177/24
而公黨於○ 359/177/24
人皆言○之多變也 359/177/24
今公言善韓以備○ 359/177/26
公何不以秦為韓求穎川於○ 359/178/1
是令行於○而以其地德韓也 359/178/2
是韓、○之怨不解 359/178/3
秦、○爭強 359/178/3
而公過○以攻韓 359/178/3
收○、韓以安之 359/178/5
○、趙皆公之讎也 360/178/10
齊、○之交善秦 361/178/27
且以善齊而絕齊乎○ 361/178/27
○王怒景鯉 361/178/28
恐齊以○遇為有陰於秦、魏也 361/178/28
為謂○王曰 361/179/1
將以合齊、秦而絕齊於○也 361/179/1
齊無以信魏之合己於秦而攻於○也 361/179/2
齊又畏○之有陰於秦、魏也 361/179/2
必重○ 361/179/2
魏之絕齊於○明矣 361/179/3
齊、○信之 361/179/3
齊必重○ 361/179/4
則豈○之任也哉 362/179/11
且非○之任 362/179/11
而○為之 362/179/11
是弊○也 362/179/11
強○、弊○ 362/179/12
臣為王之○ 363/179/17
人皆以○為強 364/179/23

假道兩周倍韓以攻○	364/179/24
秦、○鬬之日也已	364/179/26
南委國於○	365/180/3
○王弗聽	365/180/3
蘇代為○王曰	365/180/3
常仗趙而畔○	365/180/4
○圍雍氏五月	366/180/9
韓急則折而入於○矣	366/180/18
故敢捍○	366/180/21
公叔且以國南合於○	366/180/22
○、韓為一	366/180/22
是○以三國謀秦也	366/180/22
○圍雍氏	367/180/28
請道於南鄭、藍田以入攻○	367/180/29
○威王攻梁	367/181/1
與○攻梁	367/181/2
魏折而入於○	367/181/2
○與魏大戰	367/181/3
而陰善○	367/181/4
必輕與○戰	367/181/4
○陰得秦之不用也	367/181/4
公戰勝○	367/181/5
遂與公乘○	367/181/5
公戰不勝○	367/181/5
以公不如亟以國合於齊、○	367/181/8
則害於○	368/181/15
公不如告○、趙	368/181/15
○、趙惡之	368/181/15
○聞之	368/181/15
言之○	369/181/20
而○、魏皆德公之國矣	370/181/26
夫○欲置公子高	370/181/26
而不患○之能揚河外也	372/182/9
公不如令人恐○王	372/182/9
毋秦患而得○	372/182/11
○之縣而已	372/182/11
而交○也	372/182/12
鄭強為○王使於韓	375/183/3
○怒	375/183/4,446A/219/23
必縣命於○	375/183/5
○善之	377/183/16
今○欲善齊甚	377/183/16
公何不令齊王謂○王	377/183/16
○聽	377/183/17
是齊、○合	377/183/17
而外得秦、○也	379/183/27
秦、○若無韓	379/183/28
秦、○挾幾瑟以塞伯嬰	379/183/30
伯嬰外無秦、○之權	379/183/30
公叔、伯嬰恐秦、○之內幾瑟也	380/184/3
公何不為韓求質子於○	380/184/3
○王聽而入質子於韓	380/184/3
則公叔、伯嬰必知秦、○之不以幾瑟為事也	380/184/4
必以韓合於秦、○矣	380/184/4
秦、○挾韓以窘魏	380/184/5
公又令秦求質子於○	380/184/5
○不聽	380/184/5
韓挾齊、魏以眄○	380/184/6
○王必重公矣	380/184/6
公挾秦、○之重	380/184/6
胡衍之出幾瑟於○也	381/184/11
太子在○	381/184/11
韓不敢離○也	381/184/11
因令人謂○王曰	381/184/12
幾瑟亡之○	382/184/17
○將收秦而復之	382/184/17
廢公叔而相幾瑟者○也	382/184/17
今幾瑟亡之○	382/184/17
○又收秦而復之	382/184/18
○之縣邑	382/184/18
韓絶於○	382/184/19
齊、○後至者先亡	382/184/19
幾瑟亡在○	383A/184/23
○王欲復之甚	383A/184/23
令○兵十餘萬在方城之外	383A/184/23
臣請令○築萬家之都於雍氏之旁	383A/184/23
公因以○、韓之兵奉幾瑟而內之鄭	383A/184/24
必以韓、○奉公矣	383A/184/25
○令景鯉入韓	383B/184/29
秦必留太子而合○	383B/184/29
史疾為韓使○	384/185/9
○王問曰	384/185/9
○國多盜	384/185/10
請問○人謂此鳥何	384/185/12
晉、○、齊、衛聞之曰	385/186/24
○、魏必恐	388/188/2
則晉、○智而韓、秦愚也	388/188/6
晉、○合	388/188/7
必圖晉、○	388/188/7
張丑之合齊、○講於魏也	394/190/11
則必以地和於齊、○	394/190/11
張丑因謂齊、○曰	394/190/13
齊、○恐	394/190/14
而恐○之怒也	396A/190/24
其形乃可以善○	396A/190/25
而不敢為○計	396A/190/25
勢必不善○	396A/190/26
珉必以國保○	396A/190/27
而使之主韓、○之事	396A/190/27
甘茂約○、趙而反敬魏	396C/191/19
○王善之	397/191/27
二人者必入秦、○	397/191/27
今○攻齊取莒	398/192/4
山陽君因使之○	398/192/4
秦招○而伐齊	400/192/17
○之齊者知西不合於秦	400/192/17
必且務以○合於齊	400/192/17
齊、○合	400/192/18 446A/219/23
不如先收於○之齊者	400/192/19
○之齊者先務以○合於齊	400/192/19
則○必即秦矣	400/192/19
以強秦而有晉、○	400/192/20
交善○、魏也	405/193/20
秦見君之交反善於○、魏也	405/193/20
足下不踰○境	412/196/19
○、魏者	415/198/2
南附○則○重	415/198/15
南攻○五年	415/198/17
與○、三晉攻秦	416A/199/6
與秦、○、三晉合謀以伐齊	418/201/9
殘○淮北	419/201/15
而歸○之淮北	419/202/1

歸○之淮北 419/202/2
○不出疏章 420/202/21
昔者○取章武 420/202/23
南罷於○ 420/202/29
○得枳而國亡 422/203/25
齊、○不得以有枳、宋
　事秦者 422/203/25
正告○曰 422/203/28
○王為是之故 422/203/31
重○ 422/204/17
則以南陽委於○曰 422/204/17
苟利於○ 422/204/18
因以塞鄳隘為○罪 422/204/18
適○者曰 422/204/24
伍子胥逃○而之吳 424/206/2
張儀逃於○ 424/206/4
○使將軍之燕 430/208/21
○、魏之所同願也 431/209/27
約○、魏 431/209/28
趙見秦之伐○也 432/211/7
今久伐○ 432/211/8
齊南破○ 433/211/15,433/211/20
燕使太子請救於○ 436/212/17
○王使景陽將而救之 436/212/17
○軍欲還不可得也 436/212/20
以為燕、○與魏謀之 436/212/21
無與共擊○ 436/212/22
○師乃還 436/212/22
南連齊、○ 440/214/25
又舉兵南伐○ 440/215/22
公輸般為○設機 442/218/10
墨子見○王曰 442/218/15
公不如令○賀君之孝 445/219/17
宋與○為兄弟 446A/219/22
○王言救宋 446A/219/22
宋因賣○重以求講於齊
　446A/219/22
以明宋之賣○重於齊也
　446A/219/23
司馬子期怒而走於○ 459B/225/16
說○王伐中山 459B/225/16
連好齊、○ 461/226/5
君前率數萬之眾入○ 461/226/10
○人震恐 461/226/10
是時○王恃其國大 461/226/16
○人自戰其地 461/226/19

儲 chǔ 1

○子謂齊宣王 416A/199/20

怵 chù 1

○於楚而不使魏制和 62/25/23

畜 chù 5

而卑○韓也 89/43/3
周是列縣○我也 169/88/8
○張子以為用 174/91/10
願臣○而朝 301/153/9
臣恐侍御者之不察先王
　之所以○幸臣之理 431/209/16

詘 chù 1

出○門也 95/47/12

黜 chù 5

請○之 258B/138/6
三○而不去 438/213/24
惡往而不○乎 438/213/25
猶且○乎 438/213/25
柳下惠不以三○自累 438/213/25

觸 chù 17

齊宣王見顏○曰 136B/67/12
○前 136B/67/12
○亦曰 136B/67/12
○ 136B/67/13
王曰『○前』 136B/67/13
○對曰 136B/67/13,136B/67/25
夫○前為慕勢 136B/67/13
與使○為趨勢 136B/67/14
○曰 136B/67/15
○來 136B/67/20,136B/67/20
○聞古大禹之時 136B/67/25
顏○辭去曰 136B/68/13
○願得歸 136B/68/14
盡忠直言者○也 136B/68/15
○知足矣 136B/68/18

觸 chù 5

○塵埃 208/107/22
左師○讋願見太后 262/139/1
我起乎宜陽而○平陽 422/204/1
我離兩周而○鄭 422/204/2
○魏之不意 461/226/21

揣 chuǎi 3

簡練以為○摩 40/14/2
朞年○摩成 40/14/4
君之所○也 438/213/30

川 chuān 32

且魏有南陽、鄭地、三
　○而包二周 33/11/12
下兵三○ 44/17/24
今三○、周室 44/17/28
韓自知亡三○ 44/18/7
寡人欲車通三○ 55/23/3
流血成○ 81/36/26
利施三○ 81/37/7
此皆廣○大水 87/41/23
殘三○ 89/43/13
入三○ 115/56/18,115/56/26
皆曰韓亡三○ 209/108/19
無有名山大○之限 218/113/13
無有名山大○之阻 273/143/23
儀請以秦攻三○ 282/147/6
秦攻三○ 283/147/13
且王求百金於三○而不
　可得 351/174/28
公何不以秦為韓求穎○
　於楚 359/178/1
易穀○以歸 360/178/20
出兵於三○以待公 367/180/29
易三○而歸 367/181/5
塞三○而守之 367/181/5
易三○ 369/181/20
三○之言曰 369/181/21
令韓王知王之不取三○
　也 369/181/21
韓陽役於三○而欲歸 392/189/28
三○服矣 392/189/28
王於是召諸公子役於三

○者而歸之　392/189/29
以為三○之守　402/193/4
是緤以三○與西周戒也　402/193/4
秦出兵於三○　405/193/21
西河之外、上雒之地、
三○　422/204/26

穿 chuān　1

踱○膝暴　170/89/12

船 chuán　3

方○積粟　168/86/30
舫○載卒　168/86/30
魏王與龍陽君共○而釣　341/170/14

傳 chuán　15

欲○商君　39/12/26
○之無窮　81/35/29
○賣以五羊之皮　96/48/12
是故《易○》不云乎　136B/67/28
夫堯○舜　136B/68/7
○名後世　145/76/9
子南方之○士也　238/128/20
今王既受先生之○　238/128/24
陰移而授天下○　257/136/26
則天下不○　257/136/27
次○焚符之約者　297/152/6
客謂公子理之○曰　300/152/26
令鼻之入秦之○舍　330/167/10
○之益也　416A/199/15
是禹名○天下於益　416A/199/16

創 chuāng　1

被八○　440/217/19

瘡 chuāng　3

故○痛也　198/100/21
故○未息　198/100/21
故○隕也　198/100/22

床 chuáng　8

獻象○　130/63/3
直送象○　130/63/4
象○之直千金　130/63/4
君豈受楚象○哉　130/63/7
今君到楚而受象○　130/63/10
子教文無受象○　130/63/13
輸象○　130/63/16
則何不與愛子與諸舅、
叔父、負○之孫　420/203/2

㓡 chuàng　1

大夫種為越王墾草○邑　81/37/3

愴 chuàng　1

○然有決色　204A/105/25

吹 chuī　1

其民無不○竽、鼓瑟、
擊筑、彈琴、鬬雞、
走犬、六博、蹹踘者　112/54/27

炊 chuī　6

嫂不為○　40/13/30
令折轅而○之　142/72/19
食人○骨　145/75/21
今令臣食玉○桂　180/93/29
懸釜而○　203/104/15
軍也縣釜而○　252/135/20

垂 chuí　8

有二○　87/40/29
秦王○拱受西河之外　142/74/4
○沙之事　179/93/20
馮亭○涕而勉曰　211/110/12
今大王○拱而兩有之　218/113/4
則是大王○拱之割地以
為利重　304/155/2
○都焚　315/161/24
士皆○淚涕泣　440/216/28

椎 chuí　3

十夫楺○　80/35/8
君王后引○○破之　149B/79/9

甀 chuí　1

非效醯壺醬○耳　1/1/14

箠 chuí　1

此固大王之所以鞭○使
也　142/73/27

春 chūn　60

《○秋》記臣弒君者以
百數　8B/4/1
韓○謂秦王曰　82B/38/6
王之○秋高　93/44/27
唐且見○申君曰　188/96/17
客說○申君曰　197/99/23
○申君曰　197/99/24,198/100/17
199/100/27,199/101/1
199/101/2,199/101/4
200/101/18,200/101/18
200/102/5,200/102/8
200/102/10,200/102/12
客又說○申君曰　197/99/27
○申君又曰　197/99/29
《○秋》戒之曰　197/100/3
趙使魏加見楚○申君曰
198/100/16
汗明見○申君　199/100/27
○申君大說之　199/100/27
○申君患之　200/101/14
李園求事○申君為舍人
200/101/16
○申君問狀　200/101/17
即幸於○申君　200/101/19
園女弟承間說○申君曰
200/101/22
○申君大然之　200/101/27
恐○申君語泄而益驕　200/102/1
欲殺○申君以滅口　200/102/1
○申君相楚二十五年　200/102/4
朱英謂○申君曰　200/102/4

○申君後入 200/102/15
園死士夾刺○申君 200/102/16
於是使吏盡滅○申君之家 200/102/16
初幸○申君有身 200/102/17
虞卿謂○申君曰 201/102/23
臣聞之《○秋》 201/102/23
今楚王之○秋高矣 201/102/23
君之○秋高矣 210/109/7
建信、○申從 214/111/5
秦召○平侯 261/138/21
○平侯者 261/138/21
○平侯入秦 261/138/22
故君不如遣○平侯而留平都侯 261/138/23
○平侯者言行於趙王 261/138/23
祠○秋 272/143/4,273/144/20
347/173/4,348A/174/5
故《○秋》書之 317A/162/22
而信○申君之言 319/164/9
即○申君有變 319/164/10
祠○秋者 338/169/3
○申君聞之 363/179/17
觀鞅謂○申曰 364/179/23
然而《○秋》用兵者 390/189/3
始可著於○秋 424/206/3
故著於○秋 431/210/6

純 chūn 3

綿繡千○ 40/14/7
名實○粹 81/35/29
錦繡千○ 218/114/12

淳 chūn 13

○于髡為齊使於荊 125/61/6
謂○于髡曰 125/61/7
○于髡曰 125/61/7
131/63/23,313/159/22
313/159/27,425/206/16
○于髡一日而見七人於宣王 131/63/22
○于髡謂齊王曰 132A/63/30
魏使人謂○于髡曰 313/159/21
○于髡言不伐魏者 313/159/26
王以謂○于髡曰 313/159/26
先說○于髡曰 425/206/12

脣 chūn 4

齒之有○也 120/58/12
○亡則齒寒 120/58/13
臣聞○亡則齒寒 203/104/20
○揭者其齒寒 366/180/11

惷 chǔn 1

寡人○愚 273/144/20

啜 chuò 1

樂羊坐於幕下而○之 265/140/22

輟 chuò 5

齊王有○志 98/48/29
乃○城薛 99/49/15
必○ 205/107/5
○也 438/213/28
○而棄之 438/213/28

歠 chuò 2

進熱○ 413/197/5
於是酒酣樂進取熱○ 413/197/5

疵 cī 12

齊貌辨之為人也多○ 101/49/24
郄○謂知伯曰 202/103/8
202/103/17
郄○曰 202/103/9
郄○言君之且反也 202/103/14
是○為趙計矣 202/103/16
君又何以○言告韓、魏之君為 202/103/17
韓、魏之君視○端而趨疾 202/103/18
郄○知其言之不聽 202/103/20
使李○觀之 459A/225/9
李○曰 459A/225/9,459A/225/11

祠 cí 9

楚有○者 117/57/14
則不○而福矣 142/72/2
奉○祭之日淺 220/116/9
○春秋 272/143/4,273/144/20
347/173/4,348A/174/5
○春秋者 338/169/3
此秦所以廟○而求也 357/176/20

慈 cí 5

則○母不能信也 55/23/17
父○子孝 81/36/8
○仁任忠 81/36/16
教順○愛 209/108/11
○父不子 223/119/28

辭 cí 99

秦必無○而令周弗受 5B/3/6
將以為○於秦而不往 31/10/24
魏王以上黨之急○之 32/10/29
周君得以為○於父兄百姓 32/11/5
○不受 39/12/26
繁稱文○ 40/13/20
溺於○ 40/13/26
張儀果來○ 48A/19/11
與寡人爭○ 60/24/21
甘茂○不往 61A/25/9
范睢○讓 73A/29/21
懼必卑○重幣以事秦 73A/31/9
卑○重幣以事之 73A/31/13
不○禍凶 81/36/4
而今三國之○去 82A/37/26
臣恐韓、魏之卑○慮患 87/41/17
張唐○曰 94/45/22
姚賈○行 96/47/23
士尉○而去 101/49/25
吾無○為之 101/49/26
○而之薛 101/49/28
齊貌辨○而行 101/50/1
靖郭君○ 101/50/14
謝病強○ 101/50/14
靖郭君○不得 101/50/14
亦驗其○於王前 104/51/17
異人而同○ 109/53/8

齊無○ 122/59/22
齊○ 122/59/22
○曰 133/65/5
孟嘗君固○不往也 133/65/24
而欲媿之以○ 134/66/7
顏斶○去曰 136B/68/13
則再拜而○去也 136B/68/16
田子○ 139/69/29
○讓而重賂至矣 142/73/12
而○氣不悖 145/76/8
因以為○而攻之 149A/78/23
皆為變○ 149B/79/14
且夫涓來之○ 151/80/5
必非固之所以之齊之○也 151/80/6
王不如令人以涓來之○謾固於齊 151/80/6
客○而去 162/83/28
飾辯虛○ 168/86/26
太子○於齊王而歸 177/92/3
○而行 180/93/27
張子○楚王曰 182/94/21
臣有○以報樗里子矣 193/98/26
君何○之 197/99/28
○封而入韓 211/110/14
常苦出○斷絶人之交 218/112/27
知者功大而○順 219/114/20
窮有弟長○讓之節 221/116/17
子謁病而○ 222/119/4
公不若陰○樓子曰 226/121/13
必以趙為○ 229A/122/12
而王○利也 230/123/3
而○應侯 232/123/18
樓緩○讓曰 233/123/27
不待○之畢也 233/125/10
佩趙國相印不○無能 234/125/21
魯仲連○讓者三 236/128/5
遂○平原君而去 236/128/7
孰敢○之 246/131/12
○行 250/134/9
翟章○不受 255/136/9
而○乎魏文侯 266/140/28
再拜○曰 270/142/6
且夫從人多奮○而寡可信 273/144/15
人主覽其○ 273/144/16
王必無○以止公 276/145/16
請卑○割地 287/148/9
史舉不○而去 294/150/9
於是○行 306/155/22
欲講攻於齊王兵之○也 317B/163/11
敢再拜○ 340/169/26
此○反 340/170/6
而聽從人之甘言好○ 348A/173/25
公無○以後反 368/181/14
子有○以毋戰 370/181/27
彼將禮陳其○而緩其言 374/182/28
○ 385/186/12
吳人果聽其○ 390/189/6
卑○以謝秦 411/195/29
是王以虛○附秦 411/195/31
○孤竹之君 412/196/15
蘇子固○ 426/207/7
故不敢為○說 431/209/15
故受命而不○ 431/209/23
故受命而弗○ 431/210/4
臣聞○卑而幣重者 435/212/12
○倨而幣薄者 435/212/12
今魏之○倨而幣薄 435/212/13
請○決矣 440/216/25
今齊之○云『即佐王』 455/223/20
齊以是○來 455/223/23
果以是○來 455/223/28
司馬憙○去 458/225/1
卑○重幣 461/226/4

此 cǐ 462

所以備者稱○ 1/1/16
○健士也 17/7/1
君令弊邑以○忠秦 22/8/8
○告楚病也 25/9/7
昭應聞○ 25/9/7
溫囿不下○ 32/11/1
○皆恃援國而輕近敵也 35/11/25
左尚以○得事 36/12/5
○所謂天府 40/13/8
由○觀之 40/13/17
108/52/25,136B/67/27
142/72/5,142/72/14
142/73/4,197/100/9
以○論之 40/13/26
○真可以說當世之君矣 40/14/4
當○之時 40/14/10
148/78/14,461/226/18
其○之謂乎 42/15/11
以○與天下 42/15/21,42/17/7
○甚大功也 42/15/22
○無異故 42/15/23
故由○觀之 42/15/27
○固已無伯王之道一矣 42/16/5
○固已無伯王之道二矣 42/16/9
○固已無伯王之道三矣 42/16/11
○王業也 44/17/26
115/56/19,382/184/19
○臣所謂『危』 44/18/9
○國累也 46/18/24
以○明臣之楚與不 49/20/8
若○ 50/20/26
167/85/20,359/177/25
則○一計而三利俱至 50/20/27
○乃公孫衍之所謂也 53/22/21
使○知秦國之政也 54/22/28
○非臣之功 55/23/12
○君之大時也已 66/27/9
○燕之長利 66/27/10
○除疾不盡也 66/27/11
以非○時也 66/27/12
○臣之甚患也 67/27/22
○亦百世之時也已 69/28/9
○四寶者 72/29/6
○臣之所大願也 73A/30/8
○臣之所恐耳 73A/30/15
先生乃幸至○ 73A/30/18
○天以寡人慁先生 73A/30/18
○天所以幸先王而不棄其孤也 73A/30/19
先生奈何而言若○ 73A/30/19
○所謂藉賊兵而齎盜食者也 73A/31/5
今舍○而遠攻 73A/31/6
為○四者 73B/32/1
○亦淖齒、李兌之類已 73B/32/6
籍人以○ 74/32/19
若有○ 74/32/19
古之所謂『危主滅國之道』必從○起 74/32/28
亦不過○矣 78/34/5

○其情也 79/34/20
○令必行者也 80/35/5
○令必不行者也 80/35/5
豈有○乎 81/35/24
若○三子者 81/36/6
○皆乘至盛不及道理也 81/36/23
○四子者 81/37/4
禍至於○ 81/37/4
○所謂信而不能詘 81/37/5
○皆君之所明知也 81/37/6
○亦秦之分功之時也 81/37/8
君何不以○時歸相印 81/37/9
○則君何居焉 81/37/10
○父兄之任也 83A/38/14
○講之悔也 83A/38/18
○又不講之悔也 83A/38/19
○乃方其用肘足時也 83B/39/5
○有其實而無其名者也 86/40/9
○無其實而有其名者也 86/40/10
○猶兩虎相鬬而駑犬受其弊 87/40/27
○從生民以來 87/40/29
○言始之易 87/41/9
○二國者 87/41/11
從○觀之 87/41/14
○正吳信越也 87/41/16
○何也 87/41/17,315/162/1
○皆廣川大水 87/41/23
○皆平原四達 87/42/1
如○ 87/42/10
142/71/19,150/79/25
235/126/3,283/147/14
○四國者 87/42/12
臣豈以郢威王為政衰謀亂以至於○哉 88/42/26
王若能為○尾 89/43/14
王若不能為○尾 89/43/15
○言末路之難 89/43/18
若隨○計而行之 89/43/22
○四士者 96/48/13
客有於○ 99/49/12
○為一 101/50/7
○為二 101/50/10
靖郭君之於寡人一至○乎 101/50/10
殊不知○ 101/50/10
○齊貌辨之所以外生樂患趣難者也 101/50/16
非○也 102/50/24
○用二忌之道也 106/52/3
○所謂戰勝於朝廷 108/53/2
而○者三 109/53/8
○不叛寡人明矣 109/53/9
○其為德也亦大矣 110/53/24
○臣之所以為山東之患 111/54/6
○萬世之計也 111/54/15
389/188/16
○臣之所謂齊必有大憂 111/54/17
○所謂四塞之國也 112/54/23
○臣之所謂託儀也 115/56/28
異貴於○者何也 117/57/13
不務為○ 120/58/14
我無分寸之功而得○ 126/61/21
○臣之所為君取矣 127/62/3
願君以○從衛君遊 128/62/11
令其命如○ 128/62/15
傷○若髮漂 130/63/4
齊有○勢 132B/64/15
○誰也 133/65/2
如○者三人 134/66/11
能致其如○者五人 134/66/12
客胡為若○ 134/66/13
○事之必至 136A/67/6
○皆幸樂其名 136B/68/1
○二士弗業 138/69/20
○率民而出於無用者 138/69/21
○大資也 141A/70/14
○湯、武之舉也 141B/70/24
○所謂以卑易尊者也 141B/70/24
○亡國之形也 142/71/9
○皆非趙、魏之欲也 142/71/14
行○六者而求伯 142/71/16
○十國者 142/71/22
大國行○ 142/71/27
小國道○ 142/72/1
○夫差平居而謀王 142/72/4
○皆內長詐 142/72/5
則○虛中之計也 142/72/20
天下有○再費者 142/72/24
○用兵之盛也 142/72/28
○用兵之上節也 142/73/3
○固大王之所以鞭箠使也 142/73/27
○天子之位也 142/74/2
○臣之所謂比之堂上 142/74/6
○其一時也 145/75/14
○亦一計也 145/75/27
○三行者 145/76/2
若○二公者 145/76/9
王惡得○亡國之言乎 147/77/23
惡得○亡國之言乎 147/77/27
且嬰兒之計不為○ 147/78/2
王不亟殺○九子者以謝安平君 147/78/2
○所以破燕也 148/78/15
而解○環不 149B/79/8
○謂慮賢也 155/81/13
○君子也 159/82/19
○小人也 159/82/20
無以至○ 160/82/27
誰與樂○矣 160/83/10
又何如得○樂而樂之 160/83/12
計王之功所以能如○者 166/85/8
○霸王之資也 167/85/17
○其勢不兩立 167/85/19
○所謂養仇而奉讎者也 167/86/2
無過○者 167/86/3
○兩策者 167/86/4
○危亡之術也 168/86/26
○其勢不相及也 168/87/4
○臣之所以為大王之患也 168/87/4
○所謂兩虎相搏者也 168/87/11
計無過於○者矣 168/87/12
臣以為計無便於○者 168/87/23
○所謂內攻之者也 169/88/12
大夫○言 170/88/23
當○之時也 170/89/2,429/208/17
○猶一卒也 170/89/11
今○之謂也 170/89/16
○蒙穀之功 170/89/23
○古之人也 170/89/27
○五臣者 170/90/2
○非布衣之利也 174/91/11
未嘗見中國之女如○其美也 182/94/15
非有他人於○也 182/94/22
未嘗見人如○其美也 182/94/24
○不失為儀之實 184/95/14
於○困矣 187/96/10,187/96/13
今諸侯明知○多詐 187/96/12

○孝子之所以事親 190/97/5
今事至於○ 192/97/26
○不恭之語也 197/100/1
○為劫弑死亡之主言也 197/100/1
然則射可至○乎 198/100/19
198/100/20
○孽也 198/100/20
○所謂無妄之福也 200/102/8
○所謂無妄之禍也 200/102/10
○所謂無妄之人也 200/102/12
又何至○ 200/102/13
○百代之一時也 201/102/27
210/109/9,248/132/23
君釋○計 203/104/17
○貪欲無厭也 203/105/13
○先聖之所以集國家 204A/105/22
○天下之賢人也 204B/106/11
○甚易而功必成 204B/106/15
大亂君臣之義者無○矣 204B/106/16
凡吾所謂為○者 204B/106/16
○必豫讓也 204B/106/20
○代馬胡駒不東 209/108/24
○三寶者 209/108/24
○王之明知也 209/108/27
○大利也 211/110/8
○非吾所苦也 212/110/23
○天下之所明也 217/111/25
○天下之所明見也 217/111/26
國之舉○ 217/112/8
○三策者 218/113/6
○臣之所以為大王患也 218/113/8
218/113/15,273/144/6
○臣之所患也 219/115/8
○斷趙之右臂也 220/116/2
○兩者 221/116/18,221/118/6
今王釋○ 221/117/10
○愚知之所明也 221/117/23
今君釋○ 221/118/4
反○兩者 221/118/13
知○六者 222/119/16
○坐而自破之道也 225/120/24
○單之所不服也 225/120/26
而為○鈞罕鐔蒙須之便 225/121/3
距○奚難哉 225/121/5
君將以○何之 225/121/9
實為○事也 228/122/2
○利於趙而便於周最也 229B/122/26
○乃強吳之所以亡 231/123/13
坐○者多矣 232/123/21
僕得聞○ 232/123/21
○非人臣之所能知也 233/123/27
○飾說也 233/124/5,233/124/27
○彈丸之地 233/124/12
○非臣之所敢任也 233/124/13
233/124/16
○自盡之術也 233/124/20
王以○斷之 233/125/4
○非必貪邯鄲 236/126/15
○時魯仲連適游趙 236/126/18
其人在○ 236/126/23
曷為久居○圍城之中而不去也 236/126/28
必若○ 236/127/23
王能重王之國若○尺帛 239A/129/5
豈敢輕國若○ 239A/129/6
王有○尺帛 239A/129/7
不宜急如○ 244/130/24
○召兵也 244/130/24
王以○疑齊 247/132/4
於魏王聽○言也甚詘 247/132/5
○亦舉宋之時也 248/132/18
○兩地之時也 248/132/26
足下以○資臣也 248/132/27
○君之累也 251/135/3
○夫子與敵國戰 252/135/10
今君以○與齊 252/135/11
○兩言者 252/135/16
無明○者矣 252/135/19
中山案○言於齊曰 253/135/25
齊聞○ 253/135/25
○皆能乘王之醉昏 258A/137/11
○必加兵我 258B/137/17
趙能殺○二人 258B/137/27
○其近者禍及身 262/139/15
○皆似之而非者也 266/141/3
○晉國之所以強也 269/141/20
不從○也 269/141/23
恃○險也 269/141/24
有○險也 269/141/26,269/141/27
○吳起餘教也 270/142/6
○非公叔之悖也 271/142/23
罪無過○者 272/143/3
○其過越王勾踐、武王遠矣 272/143/9
○所謂四分五裂之道也 273/143/27
○善事也 273/144/12,359/178/4
今秦見齊、魏之不合也如○其甚也 275/145/5
○儀之所以與秦王陰相結也 281/147/1
雪甚如○而喪行 296/150/20
○文王之義也 296/150/29
296/151/2
若○而弗為 296/151/2
臣聞○言 297/151/18
秦必且用○於王矣 297/151/18
秦嘗用○於楚矣 297/151/20
又嘗用○於韓矣 297/151/20
○非臣之所謂也 301/153/6
○可以大勝也 301/153/11
○其暴於戾定矣 301/153/12
以○語告之 303B/154/11
○魏王之所以不安也 304/154/21
○魏信之所難行也 304/154/21
以○為親 304/154/22
有一於○ 307/156/5
今主君兼○四者 307/156/5
○非但攻梁也 310/157/17
○言幸之不可數也 310/157/22
○非兵力之精 310/157/22
○文之所以忠於大王也 314/160/11
○國之利也 314/160/16
○天下之所同知也 315/160/30
○於其親戚兄弟若○ 315/161/2
而莫以○諫 315/161/4
禍必百○矣 315/161/27
如○則士民不勞而故地得 315/162/3
○亦王之大時已 315/162/6
○王之首事也 317B/163/7
天下且以○輕秦 317B/163/7
○吾事也 317B/163/14
有蛇於○ 318/163/22
○五國所以亡者 319/164/5
非獨○五國為然而已也 319/164/6
臣以○知國之不可必恃

也 319/164/8
臣以○為不完 319/164/10
謂玆公不知○兩者 321/164/24
○魏之福也 325/165/20
無精於○者矣 325/165/28
而秦若○其甚 330/167/11
○非楚之路也 334/168/5
334/168/6
○數者愈善 334/168/6
丈人芒然乃遠至○ 338/169/1
○大德也 339/169/17
受詔襄王以守○地也 340/170/1
○辭反 340/170/6
○人之大過也 342/170/29
○重過也 342/171/2
○庸夫之怒也 343/171/21
○三子者 343/171/23
何至於○ 343/171/25
○安危之要 345/172/16
○我將奚聽乎 346/172/24
無過○者矣 347/173/5
○所謂市怨而買禍者也 347/173/7
無過於○者矣 348A/173/26
計無便於○者也 348A/174/2
○以一易二之計也 357/176/16
○秦所以廟祠而求也 357/176/20
○必陳軫之謀也 357/177/2
○乃韓之寄地也 359/178/2
○利於秦 359/178/3
臣恐國之以○為患也 360/178/11
○惠王之願也 360/178/20
○武王之願也 360/178/21
○二人 360/178/22
○方其為尾生之時也 365/180/5
如○則伐秦之形成矣 366/180/23
○便於公 379/183/31
請問楚人謂○鳥何 384/185/12
○鳥不為鳥 384/185/14
○其勢不可以多人 385/186/10
○為我故也 385/186/21
○吾弟軹深井里聶政也
385/186/22
○主尊而身安矣 386/187/10
○君國長民之大患也 387/187/19
○韓珉之所以禱於秦也 388/188/2
○其說何也 388/188/3
非為○也 389/188/16
○以一勝立尊令 390/189/1
○攻其心者也 390/189/6
○攻其形者也 390/189/8
○桓公、許異之類也 391/189/21
○皆絕地形 396C/191/14
○其家萬金 402/193/3
○所謂天府也 408/194/13
○燕之所以不犯難也 408/194/15
計無過於○者 408/194/19
○一何慶弔相隨之速也
411/195/19
○食烏喙之類也 411/195/24
○皆轉禍而為福 411/195/29
419/201/23
○霸王之業矣 411/195/32
有○ 412/196/12
廉如○者 412/196/15
信至如○ 412/196/16
忠至如○ 412/196/28
○以忠信得罪者也 412/196/28
王自慮○則計過 415/198/2
○必使王重矣 415/198/16
○其君之欲得也 415/198/18
○乃亡之之勢也 415/198/31
○文、武之時 416A/199/27
如○其甚 417/200/14
○古服道致士之法也 418/200/27
○三者 419/201/15
○所謂強萬乘之國也 419/201/19
則王何不務使知士以若
○言說秦 419/202/6
今有人於○ 420/202/14
442/218/15
兼○三行以事王 420/202/15
子以○為寡人東游於齊 420/203/1
吾以○飲吾主父 420/203/9
以○事告吾主父 420/203/9
○必令其言如循環 422/204/24
秦禍如○其大 422/204/27
○臣之所大患 422/204/28
而天下由○宗蘇氏之從
約 422/205/1
其疑至於○ 424/206/1
○寡人之過也 426/207/3
○非兵之過 426/207/5
然而常獨欲有復收之之
志若○也 429/208/17
○臣之所為山東苦也 432/210/23
432/211/2
○燕之上計也 432/211/6
不急為○ 432/211/6
山東不能堅為○ 432/211/9
○必皆亡 432/211/9
○天下之無道不義 433/211/22
○焉可以舍 436/212/18
○一舉而兩失也 438/213/23
○寡人之愚意也 438/213/31
且非獨於○也 440/214/27
○天所以哀燕不棄其孤
也 440/215/20
○丹之上願 440/215/27
○國之大事 440/215/28
○臣日夜切齒拊心也 440/216/16
○王之所憂也 441/218/4
○為何若人也 442/218/16
○猶文軒之與弊輿也 442/218/19
○猶粱肉之與糟糠也 442/218/20
○猶錦繡之與短褐也 442/218/21
為與○同類也 442/218/22
宋人止於○矣 444/219/12
○臣之百戰百勝之術也
446B/219/30
○小國之禮也 448A/220/16
○三言者 452B/222/5
○是欲皆在為王 454/222/26
○所欲也 455/223/12
以○說齊王 455/223/22
○所以廢之 455/223/22
○王所以存者也 455/223/23
若○不亡者 459A/225/12
○君之功 461/226/12
○所謂為一臣屈而勝天
下也 461/227/6
○亦所謂勝一臣而為天
下屈者也 461/227/7

次 cì 16

而不知榆○之禍也 87/41/10
而東○於齊 142/74/4
負雞○之典以浮於江 170/89/21
亡則二君為之○矣 203/104/21
○子之魏 204A/106/3
其○賓秦 297/151/21

其○堅約而詳講 297/151/21
○傳焚符之約者 297/152/6
視○第 346/172/24
○弗納於君 398/192/4
其○恐不得也 403/193/9
彼固有○乎 403/193/10
其○長賓之秦 419/201/25
○可以得信於下 427/207/16
以○進至陛下 440/217/10
○者廢王 455/223/11

刺 cì 27

引錐自○其股 40/14/3
管莊子將○之 51/21/29
子待傷虎而○之 51/22/2
無○一虎之勞 51/22/2
而有○兩虎之名 51/22/2
銜劍徵之於柱以自○ 95/47/12
能面○寡人之過者 108/52/26
○而殺之 144/75/2
君不如使人微要靳尚而
　○之 175/91/18
張旄果令人要靳尚○之 175/91/22
園死士夾○春申君 200/102/16
欲以○襄子 204B/106/9
操其刃而○ 225/121/2
外○諸侯 240/129/25
臣請為卿○之 255/136/9
魏雖○髡 313/159/28
夫專諸之○王僚也 343/171/21
聶政之○韓傀也 343/171/22
要離之○慶忌也 343/171/22
臣使人○之 385/186/9
上階○韓傀 385/186/14
聶政○之 385/186/15
聶政、陽堅○相兼君 391/189/14
摩笄以自○也 413/197/6
必如○心然 419/202/6
用兵如○蜚繡 422/204/24
因而○殺之 440/215/26

廁 cì 2

入宮塗○ 204B/106/9
襄子如○ 204B/106/9

賜 cì 30

王為臣○厚矣 14B/6/9
幸以○妾 61A/24/29
茂德王之○ 61A/25/9
○之上卿 61A/25/11
齊以陽武○弊邑而納順
　子 63/25/29
而○之二社之地 63/26/2
願少○游觀之間 72/29/13
君何不○軍吏乎 80/35/3
不如○軍吏而禮之 80/35/8
臣願請藥○死 80/35/13
○死於杜郵 81/37/1
○將軍死 95/47/10
武安君北面再拜○死 95/47/11
是天下以燕○我也 114/56/5
○其舍人卮酒 117/57/14
起矯命以責○諸民 133/65/8
以責○諸民 133/65/15
○金千鎰 136B/67/17
願得○歸 136B/68/16
乃○單牛酒 146/76/28
王○諸前 147/77/22
願王○之觴 182/94/21
○家六金 211/110/12
乃○胡服 221/117/29
○胡服 222/119/17
遂○周紹胡服衣冠 222/119/22
○之田二十萬 270/142/10
義不敢當仲子之○ 385/185/25
○之鴟夷而浮之江 431/210/11
而○夏無且黃金二百鎰
　440/217/21

蔥 cōng 3

使趙○及顏冣代將 263/140/1
龐○與太子質於邯鄲 306/155/18
龐○曰 306/155/20

聰 cōng 4

將使耳不○ 54/22/27
耳目○明聖知 81/35/26
以聾為○ 197/100/11
○明叡知之所居也 221/117/8

從 cóng 248

不識大國何塗之○而致之齊 1/1/9
寡人終何塗之○而致之齊 1/1/13
何塗之○而出 1/1/16
疾定所○出 1/1/18
約○連橫 40/13/18
約○散橫 40/14/7
一人用而天下○ 40/14/12
○風而服 40/14/14
○以欺秦 41A/14/24
收餘韓成○ 42/15/11
○者敗 42/16/20
臣以天下之○ 42/16/26
言所以舉破天下之○ 42/17/9
一舉而天下之○不破 42/17/10
故臣願○事於易 44/18/2
儀不能與○事 49/19/27
昭陽將不與臣○事矣 49/20/7
○某至某 50/21/12
廣○六里 50/21/12
韓氏○之 50/21/18
天下何○圖秦 61A/25/6
秦卒有他事而○齊 66/27/12
天下之○君也 66/27/13
必事趙○公 68/28/3
而令焉得○王出乎 73B/32/1
古之所謂『危主滅國之
　道』必○此起 74/32/28
然則令何得○王出 74/33/1
合○相聚於趙 77/33/22
破橫散○ 81/37/2
客新有○山東來者蔡澤 81/37/13
吾特以三城○之 83A/38/18
○秦王與魏王遇於境 84B/39/17
即韓、魏○ 86/40/16
韓、魏○ 86/40/16
非○即橫也 86/40/17
○成 86/40/18
四國必○ 86/40/20
此○生民以來 87/40/29
以絕○親之要 87/40/30
○而伐齊 87/41/12
○而伐趙 87/41/13
○此觀之 87/41/14
天下之士相○謀曰 88/42/19
天下皆○ 88/42/21

故能○鄰 89/43/4
則○事可成 95/46/25
臣請大王約○ 95/46/25
○事成 95/46/25
上客○趙來 95/47/1
客○外來 108/52/16
蘇秦為趙合○ 112/54/23
167/85/15
敬奉社稷以○ 112/55/10
347/173/13
○人說大王者 113/55/15
夫○人朋黨比周 113/55/19
莫不以○為可 113/55/19
不如○合於趙 118/57/25
願君以此○衛君遊 128/62/11
孟嘗君為○ 134/66/3
奚暇○以難之 134/66/4
君○以難之 134/66/4
則凶○之 136B/67/29
寡人請○ 137/68/23
而患之所○生者微 141A/70/11
是以聖人○事 142/71/4
然後○於天下 142/71/18
身○諸侯之君 142/72/3
而能○諸侯者寡矣 142/72/18
而能○諸侯寡矣 142/72/24
則五兵不動而諸侯○ 142/73/12
彼明君之○事也 142/73/13
又○十二諸侯朝天子 142/73/22
今大王之所○十二諸侯 142/73/27
則趙必○矣 142/73/28
則韓必○矣 142/73/28
而○天下之志 142/74/1
○七星之旟 142/74/2
市人○者四百人 144/75/1
貂勃○楚來 147/77/22
是○齊而攻楚 152/80/13
願君必請○死 160/83/2
莫如○親以孤秦 167/85/19
大王不○親 167/85/20
故○合則楚王 167/85/26
故○親 167/86/4
寡人謹奉社稷以○ 167/86/10
張儀為秦破○連橫 168/86/15
413/197/3
且夫為○者 168/86/17
魏則○風而動 168/86/23
且夫約○者 168/86/25
夫○人者 168/86/26
則○竟陵已東 168/87/2
凡天下所信約○親堅者蘇秦 168/87/17
使使臣獻書大王之○車下風 168/87/23
敬以國○ 168/87/27
272/143/18,408/194/23
自○先君文王以至不穀之身 170/88/18
以權○之 174/91/6
韓亦不○ 183/95/4
今子○楚為和 185/95/23
臣聞○者欲合天下以朝大王 189/96/25
輦○鄢陵君與壽陵君 192/97/21
輦○鄢陵君與壽陵君 192/98/16
天下合○ 198/100/16,241/130/3
雁○東方來 198/100/19
知伯○韓、魏兵以攻趙 202/103/8
夫○韓、魏之兵而攻趙 202/103/9
君因○之 203/104/7
子○事 204A/105/27
非○易也 204B/106/16
今○於彊秦國之伐齊 209/108/25
唯便是○ 211/109/15
以○為有功也 214/111/3
齊不○ 214/111/3,215/111/11
建信君知○之無功 214/111/4
建信、春申○ 214/111/5
秦○楚、魏攻齊 215/111/12
蘇秦○燕之趙 218/112/21
始合○ 218/112/21
六國○親 218/114/2,272/143/16
六國○親以擯秦 218/114/8
寡人敬以國○ 218/114/12
則雖○而不止矣 219/114/24
則天下必為○ 219/114/28
臣有以知天下之不能為○以逆秦也 219/114/30
臣以○一不可成也 219/115/7
三國○之 219/115/10
楚有四人起而○之 219/115/10
秦人去而不○ 219/115/11
去而不○ 219/115/12
不識○之一成惡存也 219/115/13
凡大王之所信以為○者 220/115/28
以為一○不事秦 220/116/9
○政有經 221/117/1
今寡人恐叔逆○政之經 221/117/3
以○政為累 223/119/29
魏使人因平原君請○於趙 230/122/30
為入必語○ 230/122/30
今者平原君為魏請○ 230/123/1
今魏求○ 230/123/3
樓緩新○秦來 233/123/26
故○母言之 233/123/31
○婦言之 233/123/31
今臣新○秦來 233/124/1
秦必疑天下合○也 235/126/2
世以鮑焦無○容而死者 236/126/29
燕則吾請以○矣 236/127/3
十人而○一人者 236/127/10
夷維子執策而○ 236/127/18
欲○而帝之 236/127/25
則後之人無○見也 239B/129/17
○而有功乎 241/130/4
○而無功乎 241/130/5
為孝成王○事於外者 245/131/3
趙○親以合於秦 247/132/8
夫魏為○主 251/134/19
則○事可移於趙 251/134/20
趙使趙莊合○ 254/136/3
齊畏○人之合也 254/136/3
翟章○梁來 255/136/9
若不○吾言 258B/137/24
勿使○政 258B/138/5
不敢○ 264B/140/17,264B/140/17
不○此也 269/141/23
且君親○臣而勝降城 269/141/27
○是觀之 269/141/28,393/190/5
蘇子為趙合○ 272/142/27
○鄭至梁 273/143/23
○陳至梁 273/143/23
且夫諸侯之為○者 273/143/29
合○者 273/143/29
則○道絕 273/144/5
○道絕 273/144/5
且夫○人多奮辭而寡可信 273/144/15

莫不日夜搤腕瞋目切齒以言○之便 273/144/16
魏王使李○以車百乘使於楚 276/145/14
李○以車百乘使楚 276/145/20
李○約寡人 276/145/22
乃倍李○ 276/145/23
○容談三國之相怨 288/148/20
悉起兵○之 291/149/14
田需○中敗君 292/149/19
王之國雖滲樂而○之可也 293/149/30
奉陽君、孟嘗君、韓呡、周㝡、周、韓餘為徒○而下之 297/152/5
代也○楚來 303B/154/6
今以兵○ 309/157/7
○是以散 310/158/2
臣今○ 311/158/29
以○田文 314/160/22
○林軍以至于今 315/161/24
○之不成矣 315/161/28
是故臣願以○事乎王 315/162/2
且割而○天下乎 320/164/15
韓且割而○天下 320/164/16
韓且割而○其所強 320/164/17
且割而○其所不強 320/164/18
韓將割而○其所強 320/164/18
然而茲公為○ 321/164/24
○則茲公重 321/164/25
不○則茲公輕 321/164/25
魏王且○ 323/165/8
山東之○ 325/165/26
合天下之○ 325/165/28
荊、齊不能獨○ 325/165/29
王胡不為○ 327/166/9
天下孰不棄呂氏而○嫪氏 342/171/8
天下必合呂氏而○嫪氏 342/171/9
果○成皋始 344A/172/6
大成午○趙來 344B/172/10
申子請仕其○兄官 346/172/22
蘇秦為楚合○說韓王曰 347/172/28
而聽○人之甘言好辭 348A/173/25
楚王為○長 352/175/3
韓氏先以國○公孫郝 359/177/26
其○於王者 363/179/16
不如以百金○之 383C/185/4
是為魏○也 386/187/6
一○一橫 388/188/3
然則山東非能○親 389/188/19
是○臣不事大臣也 396C/191/15
不可無而○者 405/193/19
○則韓輕 405/193/21
則無○輕矣 405/193/21
蘇秦將為○ 408/194/10
是故願大王與趙○親 408/194/19
合○以安燕 408/194/23
則大王號令天下皆○ 411/195/31
武安君○齊來 412/196/8
先○隗始 418/201/4
而王獨弗○也 419/202/4
而王○之 419/202/4
燕反約諸侯○親 422/205/1
或○或不 422/205/1
而天下由此宗蘇氏之○約 422/205/1
是故謀者皆○事於除患之道 430/208/22
莫敢合○ 440/215/24
諸侯得合○ 440/215/27
弊邑不○ 444/219/4
請必○公之言而還 446B/219/30
中山果絕齊而○趙、魏 454/223/2

叢 cóng 14

亦聞恆思有神○與 74/32/16
請與○博 74/32/16
吾勝○ 74/32/16
○籍我神三日 74/32/17
不勝○ 74/32/17
○困我 74/32/17
乃左手為○投 74/32/17
勝○ 74/32/17
○籍其神 74/32/17
○往求之 74/32/18
五日而○枯 74/32/18
七日而○亡 74/32/18
王之○ 74/32/18
傍有大○ 208/107/25

湊 còu 3

條達輻○ 273/143/23
輻○以事其上 396C/191/16
士爭○燕 418/201/7

粗 cū 1

昨日我談○而君動 208/108/3

麤 cū 2

○中而少親 203/104/21
特以為夫人○糲之費 385/185/26

憱 cù 1

汗明○焉曰 199/100/28

蹴 cù 1

許異○哀侯而殪之 391/189/14

篡 cuàn 1

○也 145/76/1

爨 cuàn 2

巴寧、○襄之力也 270/142/7
巴寧、○襄田各十萬 270/142/10

崔 cuī 4

齊○杼之妻美 197/100/4
○杼帥其君黨而攻 197/100/4
○杼不許 197/100/5, 197/100/5

脆 cuì 1

可旦夕得甘○以養親 385/185/25

淬 cuì 1

使工以藥○之 440/216/20

瘁 cuì 1

民憔○ 415/198/17

粹 cuì 1

名實純○ 81/35/29

翠 cuì 16

景○以楚之衆 2/1/23
君謂景○曰 2/1/26
景○果進兵 2/2/1
景○得城於秦 2/2/1
杜赫欲重景○於周 16/6/20
楚令景○以六城賂齊 172/90/13
昭雎謂景○曰 172/90/13
韓王遣張○ 366/180/16
張○稱病 366/180/16
張○至 366/180/16
張○曰 366/180/17,366/180/18
陳○合齊、燕 428/207/26
陳○欲見太后 428/207/29
陳○曰 428/207/29,428/208/4

存 cún 61

夫○危國 1/1/5
是君○周而戰秦、魏也 23/8/19
九鼎○焉 33/11/12
夫戰者萬乘之○亡也 42/15/27
禍乃不○ 42/16/1
而憚舟之僑○ 48A/19/6
而憚宮之奇○ 48A/19/8
○亡之機 51/22/4
○亡之機也 66/27/5
而○先王之廟也 73A/30/19
不能○殷 81/36/8
不能○吳 81/36/8
則桀、紂之後將○ 88/42/17
大王無一介之使以○之 93/45/13
趙守半國以自○ 95/46/24
力不能自○ 95/46/27
故可以○社稷者 96/48/15
而戰勝○亡之機決矣 112/54/31
邯鄲僅○ 113/55/22
有○亡繼絶之義 130/63/9
貧乏不能自○ 133/64/20
求○故往 136A/67/7
於陵子仲尚○乎 138/69/21
○濟北 145/75/17
與齊久○ 145/75/27
○危國 167/86/10
多與○國相若 170/89/23
其餘政教猶○ 203/104/6
亡不能○ 203/104/16
唯輔氏○焉 203/105/14
而勝敗○亡之機節 218/113/19
今上客有意○天下 218/114/11
趙僅○哉 219/114/23
韓、魏之所以僅○者 219/115/4
不識從之一成惡○也 219/115/13
不○其一角 225/121/8
趙欲○之 227/121/19
請伐齊而○燕 227/121/22
○亡繼絶 249/134/2
與之伐齊而○燕 284/147/19
而又況○薔乎 295/150/15
是趙○而我亡也 304/154/23
則國可○也 314/160/4
以○韓為務 315/162/2
夫○韓安魏而利天下 315/162/6
今不○韓 315/162/9
○趙國 339/169/13,339/169/16
而君以五十里之地○者 343/171/16
而安陵以五十里之地○者 343/171/25
故楚王卜交而市丘○ 352/175/10
以幾瑟之○焉 353/175/16
不可以為○ 389/188/18
國形有之而○ 405/193/19
功○危燕 412/196/9
下以○主母也 412/196/28
之國者可長○ 432/211/5
曾無一介之使以○之乎 443/218/26
何在其所○之矣 455/223/23
此王所以○者也 455/223/23
則民務名不○本 459A/225/11

忖 cǔn 1

予○度之 87/41/15

寸 cùn 8

膚○之地無得者 73A/31/3
得○則王之○ 73A/31/6
我無分○之功而得此 126/61/21
然而不以環○之蹯 243/130/19
非環○之蹯也 243/130/20
又無尺○之功 419/201/17
子腸亦且○絶 437/212/29

痤 cuó 6

魏公叔○為魏將 270/142/5
公叔○反走 270/142/6
魏公叔○病 271/142/18
公叔○對曰 271/142/18
○有御庶子公孫鞅 271/142/19
公叔○死 271/142/22

厝 cuò 2

王○需於側以稽之 293/150/2
果○需於側 293/150/3

挫 cuò 6

公孫衍、樗里疾○我於內 57/24/4
伐不為人○強 142/71/18
伐而好○強也 142/71/23
名不○於諸侯 170/89/2
需必○我於王 293/150/1
兵必大○ 318/163/27

錯 cuò 16

襄主○龜 42/17/4
司馬○與張儀爭論於秦惠王前 44/17/21
司馬○欲伐蜀 44/17/21
司馬○曰 44/18/1
相○如繡 73A/31/16
其○之勿言也 128/62/8
猿獮猴○木據水 129/62/23
然則其○兵於魏必矣 203/103/29
○質務明主之長 221/116/16
○臂左衽 221/117/15
舉○非也 258A/137/8

故不〇意也 343/171/16
先王之舉〇 431/209/21
緤〇、挈薄也 451/221/18
緤〇主斷於國 451/221/19
緤〇、挈薄之族皆逐也 451/221/23

答 dā 1

王不〇而去 461/227/9

達 dá 18

〇途於中國 66/27/14
今王見其〇而收之 71/28/22
〇而報之 71/28/23
此皆平原四〇 87/42/1
聞君於齊能振〇貧窮 130/63/8
〇子收餘卒 143/74/13
聲〇於天 199/101/8
臣愚不〇於王之議 221/117/28
〇於禮之變 221/118/9
不〇於事之變 221/118/27
知慮不躁〇於變 222/119/11
身行寬惠〇於禮 222/119/12
君非徒不〇於兵也 225/120/28
條〇輻湊 273/143/23
遠者〇胸 347/172/30
楊〇謂公孫顯曰 355/175/28
臣以為廉不與身俱〇 420/202/18
四〇之國也 438/213/4

大 dà 695

〇王勿憂 1/1/3,1/1/8
不若歸之〇國 1/1/5
願〇王圖之 1/1/5,39/13/1
齊王〇悅 1/1/6
周賴〇國之義 1/1/9
不識〇國何塗之從而致之齊 1/1/9
弊邑固竊為〇王患之 1/1/13
今〇王縱有其人 1/1/16
臣竊為〇王私憂之 1/1/16
不敢欺〇國 1/1/17
皆〇臣見譽者也 8B/4/2
故〇臣得譽 8B/4/2
國〇傷 10B/4/21
石行秦謂〇梁造曰 11A/4/26
今君將施於〇人 16/6/22
〇人輕君 16/6/22
不必且為〇人者 16/6/23
東周〇喜 19/7/12
西周〇怒 19/7/12
秦不〇弱 22/8/9
遺之〇鍾 24/8/25
而憂〇王 24/8/28
周君〇悅曰 25/9/4
秦聞之必〇怒 25/9/10
罰不諱強〇 39/12/23
兵革〇強 39/12/24
〇臣太重者國危 39/12/29
莫言〇王之法 39/13/1
〇王更為臣也 39/13/1
固〇王仇讎也 39/13/1
〇王之國 40/13/6
73A/30/23,272/143/2
以〇王之賢 40/13/8
願〇王少留意 40/13/9
政教不順者不可以煩〇臣 40/13/13
臣固疑〇王之不能用也 40/13/16
然後可建〇功 40/13/24
趙王〇悅 40/14/6,430/208/28
天下之〇 40/14/10
使趙〇重 40/14/14
〇王裁其罪 42/15/10
此甚〇功也 42/15/22
〇破荊 42/16/1
〇王以詐破之 42/16/6,42/16/15
〇王拱手以須 42/16/20
以〇王之明 42/16/21
〇王又并軍而致與戰 42/16/24
願〇王有以慮之也 42/16/27
臣昧死望見〇王 42/17/9
〇王試聽其說 42/17/10
〇王斬臣以徇於國 42/17/11
秦王〇怒 45/18/19,80/35/11
90/43/26,228/122/4
地〇者 46/18/24
無〇〇王 50/20/23
亦無〇〇王 50/20/23
亦無〇齊王 50/20/24
而〇國與之懽 50/20/25
〇王苟能閉關絕齊 50/20/26
楚王〇說 50/21/1,357/176/26
諸士〇夫皆賀 50/21/3
楚王〇怒 50/21/13
168/87/10,175/91/22
固必〇傷 50/21/16
楚兵〇敗於杜陵 50/21/18
〇者必傷 51/22/2
〇敗秦人於李帛之下 53/22/21
〇縣也 55/23/9
必〇困 57/24/3
齊與〇國救魏而倍約 63/26/1
〇國不義 63/26/1
〇國裁之 63/26/3
子必〇窮矣 65/26/30
此君之〇時也已 66/27/9
而君之〇名也 66/27/10
勞〇者其祿厚 72/28/29
能治眾者其官〇 72/28/29
〇王信行臣之言 73A/30/5
此臣之所〇願也 73A/30/8
是臣之〇榮也 73A/30/12
〇者宗廟滅覆 73A/30/15
事無〇小 73A/30/20
下至〇臣 73A/30/20
而〇王之計有所失也 73A/30/25
〇王越韓、魏而攻強齊 73A/31/1
為秦害者莫〇於韓 73A/31/17
〇其都者危其國 73B/32/4
臣未嘗聞指〇於臂 74/32/19
臂〇於股 74/32/19
都〇者危其國 74/32/22
操〇國之勢 74/32/27
王見〇王之狗 77/33/23
〇相與鬬矣 77/33/29
越之〇夫種 81/35/30
〇夫種事越王 81/36/4
管仲不足〇也 81/36/11
商君、吳起、〇夫種 81/36/13
81/36/14
商君、吳起、〇夫種不若也 81/36/15
不過商君、吳起、〇夫種 81/36/18
〇夫種為越王墾草刱邑 81/37/3
或欲分〇投 81/37/6
則商君、白公、吳起、〇夫種是也 81/37/9

○說之 81/37/14
○敗楚軍 82A/37/24
○臣有功 82A/38/2
○費也 83A/38/14
○利也 83A/38/14,251/134/24
今○王留臣 85/39/28
臣竊為○王不取也 86/40/14
167/85/27,256/136/18
今聞○王欲伐楚 87/40/27
今○國之地半天下 87/40/28
杜○梁之門 87/41/1
非無○功也 87/41/11
臣為○王慮而不取 87/41/14
○武遠宅不涉 87/41/14
而實欺○國也 87/41/17
此皆廣川○水 87/41/23
國家○危 88/42/21
而○敗申縛 88/42/23
臣竊為○王慮之而不取也 89/43/5
今○王皆有驕色 89/43/18
○臣之尊者也 91/44/3
今○王反國 93/45/12
○王無一介之使以存之 93/45/13
今○王使守小官 95/46/17
請為○王設秦、趙之戰 95/46/18
趙孰與秦○ 95/46/18
然則○王之國 95/46/21
○王之國亡 95/46/21
○王裂趙之半以賂秦 95/46/22
臣請○王約從 95/46/25
則是○王名亡趙之半 95/46/25
請為○王悉趙兵以遇 95/46/28
○王不用 95/46/29
是臣無以事○王 95/46/29
身○臂短 95/47/8
秦王○悅 96/47/24
梁之○盜 96/48/1,96/48/10
○誹天下 96/48/13
○臣與百姓弗為用 97/48/24
○怒 98/48/29
齊○而魯、宋小 98/49/4
不惡齊○何也 98/49/5
海○魚 99/49/11
君不聞○魚乎 99/49/13
靖郭君○怒曰 101/49/25
○不善於宣王 101/49/28
宣王○息 101/50/10
田侯召○臣而謀曰 102/50/21
103/50/30
○破之桂陵 102/50/26
○破之馬陵 103/51/6
欲為○事 104/51/16
將軍可以為○事乎 105/51/21
言齊兵○勝 109/53/11
秦軍○敗 109/53/11
楚○勝齊 110/53/23
此其為德也亦○矣 110/53/24
其見恩德亦其○也 110/53/24
願○王之察也 111/54/7
此臣之所謂齊必有○憂 111/54/17
夫以○王之賢與齊之強 112/54/29
竊為○王羞之 112/54/29
臣固願○王之少留計 112/55/8
○臣父兄殷眾富樂 113/55/14
然而為○王計者 113/55/15
從人說○王者 113/55/15
○王覽其說 113/55/16
齊○而魯小 113/55/20
○王不事秦 113/55/23,273/144/4
348A/173/26,413/197/10
是故願○王熟計之 113/55/25
今○客幸而教之 113/55/27
413/197/16
東方有○變 115/56/16,115/56/24
梁王○恐 115/56/21
楚王○悅 122/59/23
薛公○怒於蘇秦 122/60/3
○官未可得 128/62/10
臣有○喜三 130/63/14
臣恐強秦○楚承其後 132A/64/2
齊放其○臣孟嘗君於諸侯 133/65/21
○小幾何 134/66/8
○王不好人 134/66/10
○國也 134/66/16,393/190/3
君得無有所怨齊士○夫 136A/67/3
○王據千乘之地 136B/67/20
斶聞古○禹之時 136B/67/25
立為○伯 137/68/27
齊國○治 137/69/9
此○資也 141A/70/14
馬飲於○河 142/71/13
地狹而好敵○ 142/71/16
且夫強○之禍 142/71/25
是以○國危 142/71/25
○國之計 142/71/26
○國行此 142/71/27
昔吳王夫差以強○為天下先 142/72/3
強○而喜先天下之禍也 142/72/4
則強弱○小之禍 142/72/6
亡矢之○半 142/72/23
士○夫之所匿 142/72/24
臣聞戰○勝者 142/73/7
夫魏氏其功○ 142/73/24
故以一秦而敵○魏 142/73/25
○王之功○矣 142/73/26
今○王之所從十二諸侯 142/73/27
此固○王之所以鞭箠使也 142/73/27
○王不若北取燕 142/73/28
○王有伐齊、楚心 142/74/1
○王不如先行王服 142/74/1
魏王○恐 142/74/4,325/165/24
○臣不親 143/74/12
彼燕國○亂 145/75/18
○臣不足恃 145/75/20
傚小節者不能行○威 145/76/1
○冠若箕 148/78/12
即墨○夫與雍門司馬諫而聽之 150/79/22
夫三晉○夫 150/79/23
鄢、郢○夫 150/79/24
為○王不取也 150/79/26
齊王不聽即墨○夫而聽陳馳 150/79/28
乃命○公事之韓 153/80/24
臣○懼 157B/82/7
○夫何患 157B/82/8
楚進兵○梁 158/82/13
○王萬歲千秋之後 160/83/11
王○說 160/83/12
宜陽之○也 163/84/6
新城公○說 163/84/10
王且予之五○夫 165/84/22
五○夫不可收也 165/84/24
予之五○夫 165/84/25
○不如事君 166/85/5
真○王之相已 166/85/10
楚國之○利也 166/85/10
○王 167/85/15

169/88/8,272/143/4
夫以楚之強與○王之賢 167/85/17
○王不從親 167/85/20
故願○王之早計之 167/85/21
○王誠能聽臣 167/85/24
168/87/21,218/113/1
272/143/16
以承○王之明制 167/85/24
在○王之所用之 167/85/25
○王誠能聽臣之愚計 167/85/25
○逆不忠 167/86/3
兩者○王何居焉 167/86/5
在○王命之 167/86/5
今○王不與猛虎而與群
羊 168/86/18
竊以為○王之計過矣 168/86/19
而○王不與秦 168/86/21
是故願○王之熟計之也 168/86/27
347/173/5,413/197/13
此臣之所以為○王之患
也 168/87/4
且○王嘗與吳人五戰三
勝而亡之 168/87/5
攻○者易危 168/87/6
臣竊為○王危之 168/87/6
是故願○王熟計之也 168/87/12
○王悉起兵以攻宋 168/87/14
齊王○怒 168/87/18
請以秦女為○王箕帚之
妾 168/87/22
使使臣獻書○王之從車
下風 168/87/23
不於○夫 170/88/19
○夫此言 170/88/23
莫敖○心撫其御之手 170/89/5
顧而○息曰 170/89/5
以與○心者也 170/89/6
莫敖○心是也 170/89/8
○夫悉屬 170/89/10
170/89/15,170/89/20
與吳人戰於濁水而○敗
之 170/89/17
遂入○宮 170/89/21
而百姓○治 170/89/22
王乃○息曰 170/89/27
楚王必○怒儀也 175/91/19
張旄果○重 175/91/22
以地○為萬乘 177/92/17
王以三○夫計告慎子曰 177/92/24
遣昭常為○司馬 177/92/28
立昭常為○司馬 177/92/30
○夫來獻地 177/93/2
齊王○興兵 177/93/3
今王之○臣父兄 179/93/17
○臣播王之過於百姓 179/93/18
慎○臣父兄 179/93/19
南后、鄭褏聞之○恐 182/94/18
儀有死罪於○王 182/94/23
臣以為○王輕矣 184/95/12
竊慕○君之義 188/96/18
臣聞從者欲合天下以朝
○王 189/96/25
臣願○王聽之也 189/96/25
唯○君能之 189/96/26
不足以載○名 189/96/27
淹乎○沼 192/98/7
明說楚○夫以伐秦 193/98/25
則○臣主斷國私以禁誅
於己也 197/100/2
春申君○說之 199/100/27
先生○息矣 199/100/28
春申君○然之 200/101/27
今燕之罪○而趙怒深 201/102/26
夫楚亦強○矣 201/103/1
今謂楚強○則有矣 201/103/3
362/179/10
士○夫病 203/104/16
○敗知伯軍而禽知伯 203/105/11
不為近○夫 204A/105/20
功○者身尊 204A/105/21
授吏○夫 204A/106/2
○亂君臣之義者無此矣
204B/106/16
許之○勸 205/107/5
國有○事 207/107/16
傍有○叢 208/107/25
先生之計○而規高 208/108/4
臣竊外聞○臣及下吏之
議 209/108/13
臣願○王深與左右群臣
卒計而重謀 209/109/2
雖強○不能得之於小弱 211/110/2
而小弱顧能得之強○乎 211/110/2
王○怒曰 211/110/4
此○利也 211/110/8
吾已○矣 212/110/22
文信侯之憂○矣 215/111/11
憂○者不計而構 215/111/12
願○夫之往也 216/111/20
惡三晉之○合也 217/112/1
秦見三晉之○合而堅也
217/112/12
莫不高賢○王之行義 218/112/21
○王不得任事 218/112/22
○王乃今然後得與士民
相親 218/112/23
為○王計 218/112/24,273/144/7
願○王慎無出於口也 218/112/27
今○王垂拱而兩有之 218/113/4
是臣之所以為○王願也 218/113/4
○王與秦 218/113/4
此臣之所以為○王患也 218/113/8
218/113/15,273/144/6
無有名山○川之限 218/113/13
願○王之熟計之也 218/113/27
318/163/21
故竊為○王計 218/114/2
任○功者 219/114/19
知者功○而辭順 219/114/20
功○而息民 219/114/22
功○而權輕者 219/114/25
臣以田單、如耳為○過
也 219/114/30
豈獨田單、如耳為○過
哉 219/114/30
弊邑秦王使臣敢獻書於
○王御史 220/115/20
○王收率天下以儐秦 220/115/20
○王之威 220/115/21
唯○王有意督過之也 220/115/22
今秦以○王之力 220/115/23
凡○王之所信以為從者
220/115/28
臣切為○王計 220/116/5
願○王之定計 220/116/6
成○功者 221/116/24
臣願○王圖之 221/117/11
○吳之國也 221/117/15
臣下之○罪也 221/118/13
逆主罪莫○焉 223/119/29
行私莫○焉 223/119/29

城雖○ 225/121/4
都平君喟然○息曰 225/121/9
而近於○國 228/121/28
○敗秦師 228/122/5
○敗趙師 231/123/9
○破之 233/123/26
是不亦○示天下弱乎 233/125/8
軍果○敗 235/126/8
是使三晉之○臣不如鄒、魯之僕妾也 236/127/26
則且變易諸侯之○臣 236/127/26
臣故意○王不好也 238/128/22
則王之國○治矣 239A/129/5
爵五○夫 242/130/10
必有○臣欲衡者耳 244/130/24
尊虞商以為○客 247/132/4
得○齊 248/132/23
唯得○封 248/132/24
齊無○異 248/132/24
臣願足下之○發攻宋之舉 248/132/24
事必○成 248/132/26
與韓氏○吏東免 249/133/8
臣恐與國之○亂也 249/133/10
臣竊為○王美之 251/134/24
令士○夫餘子之力 252/135/18
城○無能過百雉者 252/135/20
則○臣為之枉法於外矣 258A/137/11
○王可試使之 258B/137/19
○王廣地寧邑 258B/137/21
願○王無絕其歡 258B/137/22
小○皆聽吾言 258B/137/23
固願承○國之意也 258B/137/24
○王若有以令之 258B/137/25
猶○王之有葉陽、涇陽君也 258B/137/29
○王以孝治聞於天下 258B/137/29
無非○王之服御者 258B/138/1
今使臣受○王之令以還報 258B/138/2
以惡○國 258B/138/5
以稱○國 258B/138/6
○臣強諫 262/138/29
○破趙 263/140/2
知伯○說 264A/140/11
魏武侯與諸○夫浮於西河 269/141/19
○王之地 272/142/27
臣竊為○王媿之 272/143/5
今竊聞○王之卒 272/143/8
願○王之熟察之也 272/143/12
後有○患 272/143/16
在○王詔之 272/143/17
無有名山○川之阻 273/143/23
則○王之國欲求無危不可得也 273/144/5
則○王高枕而臥 273/144/7
楚雖有富○之名 273/144/10
○王不聽臣 273/144/12
故願○王之熟計之也 273/144/17
○敗之 274/144/25,274/144/26
況○事乎 280/146/19
○事也 280/146/20
公今言破趙○易 291/149/10
○敗趙氏 291/149/15
○梁不能守 295/150/14
○王之攻薔易矣 295/150/15
天○雨雪 296/150/19
齊○勝魏 301/153/3
此可以○勝也 301/153/11
○敗齊於徐州 301/153/16
今臣願○王陳臣之愚意 304/154/17
願○王察之 304/154/17, 461/227/9
今○王令人執事於魏 304/154/18
○王欲完魏之交 304/154/26
則是○王垂拱之割地以為利重 304/155/2
臣願○王察之 304/155/3
今邯鄲去○梁也遠於市 306/155/21
今○王收秦而攻魏 308/156/11
寡人請以鄴事○王 308/156/11
○王且何以報魏 308/156/15
秦、趙○惡 308/156/16
敝邑所以事○王者 308/156/18
有意欲以下○王之兵東擊齊也 309/157/5
走芒卯而圍○梁 310/157/12
臣聞魏氏○臣父兄皆謂魏王曰 310/157/12
以攻○梁 310/157/23
以止戍○梁 310/157/26
願之及楚、趙之兵未任於○梁也 310/157/29
吾所○者 311/158/12
無○天地 311/158/12
毋○不過天地 311/158/12
此文之所以忠於○王也 314/160/11
願○王之救之 314/160/14
恐天下之將有○變也 314/160/17
○變可得聞乎 314/160/18
魏王○說 314/160/24
秦王○恐 314/160/24
功莫○焉 315/161/1
今○王與秦伐韓而益近秦 315/161/4
內有○亂 315/161/5
與○梁鄰 315/161/6
背○梁 315/161/13
而水○梁 315/161/18
○梁必亡矣 315/161/18
王之使者○過矣 315/161/18
○縣數百 315/161/26
晉國之去○梁也尚千里 315/161/26
去○梁百里 315/161/27
此亦王之○時已 315/162/6
則衛、○梁、河外必安矣 315/162/8
楚、趙楚○破 315/162/9
國之○利也 317B/163/9
昔竊聞○王之謀出事於梁 318/163/21
恐必○合 318/163/24
臣見秦之必○憂可立而待也 318/163/24
臣竊為○王計 318/163/25
地可廣○ 318/163/25
兵必○挫 318/163/27
國必○憂 318/163/27
秦、翟年穀○凶而晉人亡原 319/164/5
穰侯攻○梁 323/165/8
以○梁之未亡也 323/165/9
今日○梁亡 323/165/9
願○王無攻魏 325/165/25
見人於○行 334/168/4

恃王國之○ 334/168/7
○國欲急兵 337/168/25
○王已知魏之急而救不至者 338/169/2
是○王籌筴之臣無任矣 338/169/3
○王之救不至 338/169/4
竊以為○王籌筴之臣無任矣 338/169/5
此○德也 339/169/17
吾將仕之以五○夫 340/169/23
人○笑也 340/169/25
信陵君○怒 340/169/28
遣○使之安陵曰 340/169/28
手受○府之憲 340/170/2
國雖○赦 340/170/2
今縮高謹解○位 340/170/3
是使我負襄王詔而廢○府之憲也 340/170/3
後得又益○ 341/170/16
此人之○過也 342/170/29
○王加惠 343/171/14
以○易小 343/171/14
○王嘗聞布衣之怒乎 343/171/20
○成午從趙來 344B/172/10
國家之○事也 345/172/16
王○說之 345/172/18
鄧師、宛馮、龍淵、○阿 347/173/1
與○王之賢 347/173/4
○王事秦 347/173/5
且夫○王之地有盡 347/173/6
今○王西面交臂而臣事秦 347/173/8
夫以○王之賢 347/173/9
臣竊為○王羞之 347/173/9
○抵豆飯藿羹 348A/173/17
料○王之卒 348A/173/18
故為○王計 348A/173/29
是故秦王使使臣獻書○王御史 348A/174/2
故謂○宰曰 354/175/22
秦王○怒於甘茂 356B/176/10
故樗里疾○說杜聊 356B/176/10
楚王聞之○恐 357/176/19
楚國不○病矣 357/176/23
秦必○怒 357/176/23
願○國遂肆意於秦 357/176/27
韓王○說 357/176/29
秦果○怒 357/177/4
韓氏○敗 357/177/4
最秦之○急也 360/178/22
王之○患也 360/178/22
王之○資也 361/179/3
○國有意 363/179/19
願○王之熟計之 366/180/11
楚與魏○戰 367/181/3
公叔○怒 374/182/25
齊○夫諸子有犬 374/182/26
韓○夫見王老 378/183/22
而內收諸○夫以自輔也 378/183/22
韓○夫知王之老而太子定 379/183/28
韓○夫不能必其不入也 379/183/29
未有○功可以稱者 385/186/2
左右○亂 385/186/15
聶政○呼 385/186/15
此君國長民之○患也 387/187/19
○便也 387/187/22
是其於身○利也 387/187/25
秦王○怒曰 388/187/29
必為山東○禍矣 389/188/13
○勝以千數 390/189/2
○之不王 390/189/2
越人○敗 390/189/4
越王使○夫種行成於吳 390/189/5
吳人○敗 390/189/6
○臣為諸侯輕國也 396C/191/14
是從臣不事○臣也 396C/191/15
則○臣不得事近臣矣 396C/191/15
則為○臣不敢為諸侯輕國矣 396C/191/17
○怒於周之留成陽君也 397/191/25
○敗趙、魏於華陽之下 399/192/13
○國惡有天子 404/193/14
王與○國弗聽 404/193/15
○王知其所以然乎 408/194/13
是故願○王與趙從親 408/194/19
則○王號令天下皆從 411/195/31
齊王○說 411/196/1
何肯楊燕、秦之威於齊而取○功乎哉 412/196/16
主父○怒而笞之 412/196/27
○王之所親 413/197/3
○王之所明見知也 413/197/9
再圍燕都而劫○王 413/197/9
○王割十城乃郤以謝 413/197/10
今○王事秦 413/197/12
雖○男子 413/197/15
故○亂者可得其地 414/197/21
竊釋鉏耨而干○王 415/197/28
○王天下之明主也 415/197/29
曰有○數矣 415/198/8, 415/198/9
於是燕王○信子之 416A/199/8
子之○重 416A/199/13
燕國○亂 416A/199/20
齊○勝燕 416A/199/28
燕○亂 416B/200/8
君○怒曰 418/201/2
肥○齊 419/201/15
皆國之○敗也 419/201/15
其禍必○矣 419/201/20
何為煩○王之廷耶 420/202/22
先量其國之○小 420/202/24
不先量其國之○小 420/202/25
魏無○梁 422/204/5
水攻則滅○梁 422/204/6
秦禍如此其○ 422/204/27
此臣之所○患 422/204/28
臣死而齊○惡於趙 423/205/10
可○紛已 423/205/11
不以今時○紛之 424/205/20
且舉○事者 424/206/4
故舉○事 424/206/6
齊王○說蘇子 425/206/16
燕人○勝 426/207/8
燕因使樂毅○起兵伐齊 426/207/8
燕○夫將不信臣 427/207/14
太后聞之○怒曰 428/207/26
燭之武、張孟談受○賞 430/208/22
齊可○破也 431/209/28
○勝之 431/209/30
○呂陳於元英 431/210/1
臣之所○恐也 431/210/13
願○王之熟慮之也 432/211/3
主必○憂 432/211/6
○戰一 433/211/26

以弊○衆 434/212/6
明日○雨 436/212/19
山水○出 436/212/19
王○怒 438/213/6
燕人○敗 438/213/8
棄○功者 438/213/27
國○事也 440/215/8
國之○事也 440/215/14
欲以成○事之謀 440/215/19
則○善矣 440/215/26
彼○將擅兵於外 440/215/26
而內有○亂 440/215/26
此國之○事 440/215/28
燕王誠振畏慕○王之威 440/217/4
不敢興兵以拒○王 440/217/5
使使以聞○王 440/217/7
唯○王命之 440/217/7
○喜 440/217/9
願○王少假借之 440/217/11
秦○怒燕 440/217/24
荊王○說 441/218/3
宋小而齊○ 441/218/4
夫救於小宋而惡於○齊 441/218/4
弊邑之師過○國之郊 443/218/26
將移兵而造○國之城下 443/218/27
則功○名美 443/218/29
蒙○名 443/218/29
謂○尹曰 445/219/17
○勝并莒 446B/219/29
康王○喜 447/220/7
而國人○駭 447/220/9
衛君○悅 448A/220/14
○國○懽 448A/220/15
而○國致之 448A/220/16
非有○罪而亡 448B/220/22
亂無○ 452A/221/28
願與○國伐之 454/222/15
○恐 454/222/16
豈若令○國先與之王 454/223/1
○者危國 455/223/11
招○國之威 456/224/4
中山君○疑公孫弘 456/224/6
趙王必○怒 457/224/13
○怒則君必危矣 457/224/13
○悅曰 458/224/29
○夫司馬子期在焉 459B/225/16
秦軍○剋 461/226/1
趙軍○破 461/226/1
乃使五校○夫王陵將而伐趙 461/226/8
○破二國之軍 461/226/11
是以寡人○發軍 461/226/13
是時楚王恃其國○ 461/226/16
然惟願○王覽臣愚計 461/227/4
○王若不察臣愚計 461/227/6
孰若勝天下之威○耶 461/227/7

代 dài 88

告蘇○ 25/9/3
蘇○曰 25/9/3,61A/25/6
○能為君令韓不徵甲與粟於周 25/9/3
蘇○遂往見韓相國公中曰 25/9/4
○曰 25/9/8,25/9/9
303B/154/3,303B/154/4
303B/154/5,303B/154/6
303B/154/7,303B/154/9
子何不○我射之也 27/9/23
惠王○後 39/12/26
北有胡貉、○馬之用 40/13/6
降○、上黨 42/16/16
○三十六縣 42/16/17
○、上黨不戰而已為秦矣 42/16/17
蘇○為齊獻書穰侯曰 63/26/5
子常宣言○我相秦 81/35/24
王使人○ 95/47/7
北使燕、○之間三年 96/47/26
我○韓而受魏之兵 103/51/2
鄒忌○之相 106/51/29
奉王而○立楚太子者又蘇秦也 122/60/5
趙、○良馬橐他 167/85/26
近○所見 197/100/6
下比近○ 197/100/8
因而○立當國 200/102/7
此百○之一時也 201/102/27
210/109/9,248/132/23
此○馬胡駒不東 209/108/24
乃使馮亭○靳黈 211/109/23
自常山以至○、上黨 221/117/20
而襄王兼戎取○ 221/117/23
且夫三○不同服而王 221/118/6
昔者先君襄主與○交地 224/120/13
北有○ 237/128/14
以為○郡守 245/130/30
蘇○謂齊王曰 249/133/3
使趙蔥及顏冣○將 263/140/1
蘇○為田需說魏王曰 293/149/27
而蘇○曰 293/149/28
昭魚謂蘇○曰 303B/154/3
○請說君 303B/154/5
○也從楚來 303B/154/6
蘇○為說秦王曰 304/154/16
蘇○為楚王曰 365/180/3
過○、上谷 408/194/15
且夫三王○興 412/196/18
昔趙王以其姊為○王妻 413/197/3
欲并○ 413/197/4
約與○王遇於句注之塞 413/197/4
與○王飲 413/197/4
○王腦塗地 413/197/6
其弟蘇○欲繼之 415/197/27
而蘇○與子之交 416A/199/3
而齊宣王復用蘇○ 416A/199/4
蘇○為齊使於燕 416A/199/6
蘇○欲以激燕王以厚任子之也 416A/199/8
子之因遺蘇○百金 416A/199/8
燕相子之與蘇○婚 416B/200/6
乃使蘇○持質子於齊 416B/200/6
齊使○報燕 416B/200/6
而蘇○、厲遂不敢入燕 416B/200/8
蘇○過魏 417/200/13
魏為燕執○ 417/200/13
蘇○乃遺燕昭王書曰 419/201/14
蘇○謂燕昭王曰 420/202/14
三王○位 420/202/22
燕王謂蘇○曰 421/203/18
蘇○對曰 421/203/18
蘇○約燕王曰 422/203/25
蘇○復重於燕 422/205/1
○、厲皆以壽死 422/205/2
蘇○為奉陽君說燕於趙以伐齊 423/205/6
蘇○為燕說齊 425/206/12
蘇○自齊使人謂燕昭王

曰 426/206/21
蘇○自齊獻書於燕王曰 427/207/13
而使騎劫○之將 431/209/4
寡人之使騎劫○將軍者 431/209/10
蘇○為燕謂惠王曰 434/212/3
使慶秦以二十萬攻○ 438/213/7
使樂乘以五萬遇慶秦於○ 438/213/7
用○王嘉計 440/217/25
更使王齕○王陵伐趙 461/226/30

待 dài 63

弊邑遷鼎以○命 1/1/18
故留之十四日以○命也 21/7/27
秦欲○周之得 23/8/16
遂善○之 49/20/15
以○吾事 50/21/7
子○傷虎而刺之 51/22/2
不必○齊 70/28/17
要不足以○斧鉞 72/29/3
夫○死而後可以立忠成名 81/36/10
不○痛而服矣 87/42/12
我與其處而○之見攻 92/44/13
藏怒以○之 101/50/4
其餘兵足以○天下 110/53/23
不○發於遠縣 112/54/26
將何以○君 130/63/10
士何必○古哉 135/66/25
輸飲食而○死士 142/72/19
以○魏氏 142/73/24
則願○戰 177/93/5
子○我為子見楚王 182/94/9
而○事之變 203/103/27
不○割而成 215/111/12
韓不○伐 217/112/6
梁不○伐矣 217/112/7
不○兩軍相當 218/113/19
故為己者不○人 221/118/9
以○今日 223/120/2
不○辭之畢也 233/125/10
○吾言之 236/127/15
子將何以○吾君 236/127/18
吾將以十太牢○子之君 236/127/19
子安取禮而來○吾君 236/127/19
而王必○工而后乃使之 239A/129/8
姑○已耕 248/132/25
而臣○忠之封 248/132/26
魏不○伐 249/133/19
必將○工 258A/137/8
然而王不○工 258A/137/8
○輕敵之國 264A/140/8
不○倦而至梁 273/143/24
不得○異日矣 276/145/12
王○臣也 311/158/24
公必且○齊、楚之合也 317B/162/28
臣見秦之必大憂可立而○也 318/163/24
欲王之東長之○之也 326/166/5
不識坐而○伐 366/180/23
出兵於三川以○公 367/180/29
臣之所以○之至淺鮮矣 385/186/2
韓息士民以○其舋 387/187/21
吾已為藥酒以○之矣 412/196/26
齊善○之 416B/200/9
宋善○之 417/200/16
秦挾賓客以○破 419/201/25
復善○之 419/202/10
吾已為藥酒而○其來矣 420/203/8
王乃○天下之攻函谷 422/203/30
子其○之 428/207/29
荊軻有所○ 440/216/22
而為留○ 440/216/22
○吾客與俱 440/216/25
坐御以○中之議 443/218/29
以○下吏之有城而已 444/219/8
以○韓陣 461/226/21

怠 dài 2

貴富不驕○ 81/36/5
不敢○倦者 270/142/8

殆 dài 8

而於君之事○矣 122/60/12
○能自免也 187/96/9
二主○將有變 203/104/26
○毋顧天下之議矣 221/116/23
○不合 367/181/1
豈不○哉 385/186/11
○ 415/198/7
○無燕矣 424/206/1

帶 dài 23

南○涇、渭 73A/30/23
○以河曲之利 87/42/9
○甲數十萬 112/54/24
218/113/10,347/172/29
408/194/11
○甲三十六萬 142/73/22
黃金橫○ 148/78/16
○甲數百萬 150/79/23
○甲百萬 154/81/7
167/85/17,237/128/14
被山○河 168/86/15
冠○不相及 170/89/13
具○黃金師比 222/119/22
前○河 269/141/27
受冠○ 272/143/4,273/144/20
338/169/3,347/173/4
○劍而緩之 330/167/10
○利劍 347/173/3
秦○甲百餘萬 348A/173/20

紿 dài 1

○騎劫 143/74/23

貸 dài 1

不○而見足矣 142/72/2

逮 dài 2

今寡人不○ 228/122/1
不知吾形已不○也 440/215/11

戴 dài 7

百姓不○ 114/56/4
而○方府之金 192/98/17
○三十萬之眾 310/157/27
皆○哀侯以為君 391/189/19

諸侯○齊 419/202/4,419/202/4
薛公釋○逃出於關 424/206/6

丹 dān 22

三年而燕使太子○入質於秦 81/37/20
聞燕太子○之入秦與 94/46/7
制○衣柱 142/74/2
使○也甘之 247/132/9
燕太子○質於秦 440/214/18
太子○患之 440/214/18
太子○曰 440/214/26
歸身於○ 440/214/27
○終不迫於強秦 440/214/27
是○命固卒之時也 440/214/28
○所報 440/215/8
○所請田先生無言者 440/215/19
豈○之心哉 440/215/19
田先生不知○不肖 440/215/20
○之私計 440/215/24
此○之上願 440/215/27
太子○恐懼 440/216/5
樊將軍以窮困來歸○ 440/216/8
○不忍以己之私 440/216/8
○請先遣秦武陽 440/216/24
燕王喜、太子○等 440/217/24
殺太子○ 440/217/25

單 dān 46

聞齊之內有田○ 73B/31/26
田○以即墨之城 143/74/23
齊田○以即墨破燕 145/75/6
田○攻之歲餘 145/75/8
田○守即墨之城 146/76/18
田○之立疑 146/76/19
皆以田○為自立也 146/76/19
田○相之 146/76/19
田○見其寒 146/76/22
○解裘而衣之 146/76/23, 146/76/26
田○之施 146/76/23
王嘉○之善 146/76/25
○收而食之 146/76/26
而○亦憂之 146/76/27
○有是善而王嘉之 146/76/27
善○之善 146/76/27
乃賜○牛酒 146/76/28
宜召田○而揖之於庭 146/77/1
田○之愛人 146/77/3
貂勃常惡田○ 147/77/7
○何以得罪於先生 147/77/8
召相○來 147/77/19
田○免冠徒跣肉袒而進 147/77/19
召相田○而來 147/77/22
今王得安平君而獨曰『○』 147/77/25
而王曰『○ 147/77/27
○ 147/77/27
王乃曰『○』 147/78/2
田○將攻狄 148/78/8
田○曰 148/78/8,148/78/17
田○乃懼 148/78/12
先生謂○不能下狄 148/78/13
○有心 148/78/17
臣以田○、如耳為大過也 219/114/30
豈獨田○、如耳為大過哉 219/114/30
而將非有田○、司馬之慮也 219/115/6
田○將齊之良 219/115/13
相都平君田○問趙奢曰 225/120/23
非○之所為也 225/120/25
○聞之 225/120/25
此○之所不服也 225/120/26
○不至也 225/121/9
齊田○欺詐騎劫 431/209/5
北講於○于 440/214/26

鄲 dān 61

然則是邯○不守 42/16/16
拔邯○ 42/16/16
乃復悉卒乃攻邯○ 42/16/23
邯○人誰來取者 77/33/25
又即圍邯○乎 78/34/3
秦攻邯○ 80/35/3
而朝於邯○之君乎 88/42/19
於是天下有稱伐邯○者 88/42/19
魏伐邯○ 88/42/20
濮陽人呂不韋賈於邯○ 93/44/18
邯○之難 102/50/21, 156/81/17,158/82/13
夫魏氏兼邯○ 102/50/22
軍於邯○之郊 102/50/23
夫救邯○ 102/50/24
邯○拔而承魏之弊 102/50/25
邯○拔 102/50/26,156/81/26
邯○僅存 113/55/22
圍邯○ 132B/64/7
齊、魏亦佐秦伐邯○ 132B/64/7
率魏兵以救邯○之圍 132B/64/8
是齊入於魏而救邯○之功也 132B/64/8
邯○之中鶩 142/71/10
其強而拔邯○ 142/73/22
即地去邯○二十里 209/108/22
則兵必戰於邯○之下矣 218/113/8
今雖得邯○ 219/114/23
迎戰邯○之下 220/115/25
軍於邯○之東 220/116/4
圍邯○之城 231/123/10
而秦罷於邯○之下 231/123/10
秦既解邯○之圍 233/124/5
信陵君發兵至邯○城下 234/125/17
秦圍趙之邯○ 236/126/13
魏王使客將軍新垣衍間入邯○ 236/126/13
此非必貪邯○ 236/126/15
今又內圍邯○而不能去 236/126/19
以居邯○ 240/129/24
而身朝於邯○ 247/131/26
請今率諸侯受命邯○城下 258B/137/28
蘇脩、朱嬰既皆陰在邯○ 297/152/7
龐葱與太子質於邯○ 306/155/18
今邯○去大梁也遠於市 306/155/21
十萬之軍拔邯○ 310/157/13
而邯○復歸 310/157/13
而以與趙兵決勝於邯○之郊 315/161/11
朝邯○ 316/162/14
秦罷邯○ 333/167/27
秦人去邯○ 333/167/29

魏王欲攻邯○ 334/168/3
而攻邯○ 334/168/7
救邯○ 339/169/13,339/169/16
魏之圍邯○也 345/172/15
秦舉兵破邯○ 405/193/22
至於邯○ 415/197/28
所聞於邯○者 415/197/28
梁王伐邯○ 444/219/3
圍邯○八、九月 461/227/1

擔 dān 2

負書○橐 40/13/30,208/107/22

殫 dān 1

瘨而○悶 170/89/13

疸 dǎn 2

衛靈公近雍○、彌子瑕 239B/129/14
因廢雍○、彌子瑕 239B/129/18

旦 dàn 20

則周公○也 2/1/24
馮○曰 19/7/12
馮○使人操金與書 19/7/13
○暮進食 101/49/26
○日 108/52/15
周成王任周公○ 136B/68/8
○暮且崩 200/102/7
○暮當拔之而饗其利 203/105/1
○日贊群臣而訪之 244/130/25
一○山陵崩 262/139/18
偷取一○之功而不顧其後 272/143/11
至○不覺 307/156/1
一○而具 351/174/28
魏且○暮亡矣 364/179/25
可○夕得甘脆以養親 385/185/25
比三○立市 425/206/12
比三○立於市 425/206/13
一○而馬價十倍 425/206/14
○暮出令矣 429/208/16
秦兵○暮渡易水 440/216/5

但 dàn 1

此非○攻梁也 310/157/17

啗 dàn 2

膳○使之嗛於口 258B/137/29
期於○宋而已矣 297/151/16

彈 dàn 7

其民無不吹竽、鼓瑟、擊筑、○琴、鬬雞、走犬、六博、蹹踘者 112/54/27
椅柱○其劍 133/64/24
復○其鋏 133/64/25
復○其劍鋏 133/64/27
左挾○ 192/98/4
此○丸之地 233/124/12
○其鼻 433/211/22

憚 dàn 8

而○舟之僑存 48A/19/6
而○宮之奇存 48A/19/8
王之威亦○矣 87/41/5
鄰人○之 158/82/13
衛效尤○ 310/158/3
不○以一國都為功 419/201/26
不○割地以賂燕、趙 455/223/10
王之所以不○割地以賂燕、趙 455/223/15

澹 dàn 1

未○下兵也 309/157/7

當 dāng 83

今夕有姦人○入者矣 19/7/15
此真可以說○世之君矣 40/14/4
○此之時 40/14/10
148/78/14,461/226/18
○秦之隆 40/14/13
為人臣不忠○死 42/15/9
言不審亦○死 42/15/10
所○未嘗不破也 42/15/21
○是之時 42/16/2,182/94/10
○是時 42/16/15
88/42/19,101/50/16
142/74/4,236/127/21
且夫趙○亡不亡 42/16/22
秦○伯不伯 42/16/23
○屯留之道 44/17/24
不○桀、紂不王 66/27/8
宋、衛乃○阿、甄耳 70/28/15
故不能者不敢○其職焉 72/28/29
今臣之胸不足以○椹質 72/29/2
以○諸侯 73A/30/24
○死 95/47/8
必一而○十 105/51/23
十而○百 105/51/23
百而○千 105/51/23
天下不能○ 112/54/29
兵出而相○ 112/54/31
一軍不能○ 129/62/24
使吏召諸民○償者 133/65/8
○今之世 136B/67/26
晚食以○肉 136B/68/14
安步以○車 136B/68/14
無罪以○貴 136B/68/15
○今之世無士 137/69/2
人有○闕而哭者 143/74/17
143/74/19
○是時也 147/77/29
○今將軍東有夜邑之奉 148/78/16
不○封 157A/82/1
○門而噬之 158/82/13
不○服罪 162/83/26
天下莫能○也 167/85/18
以楚○秦 167/86/9
○此之時也 170/89/2,429/208/17
臣何足以○堯 199/101/1
因而代立○國 200/102/7
旦暮○拔之而饗其利 203/105/1
襄子○出 204B/106/20
豫讓伏所○過橋下 204B/106/20
非○於鬼神也 209/108/11
○今之時 218/113/10,461/226/5
不待兩軍相○ 218/113/19
○世輔俗 221/118/3
○子為子之時 222/119/3
故兵不○於用 224/120/13
其將何以○之 238/128/27

秦○時適其鋒 239A/129/10
固不能○榮耋 252/135/16
公叔○之矣 270/142/14
是使儀之計○於秦也 281/147/1
臣何足以○之 297/151/29
忠不必○ 304/154/16
○必不忠 304/154/16
○敵即斬堅 347/173/2
一人○百 347/173/3
非以○韓也 359/177/19
義不敢○仲子之賜 385/185/25
而又況於○世之賢主乎 420/203/13
何足以○之 426/206/27
公子無功不○封 428/208/6
能○之者處之 431/209/19
即雖五燕不能○ 433/211/16
臣聞○世之舉王 433/211/20
燕王必○殺子 437/212/28
是以委肉○餓虎之蹊 440/214/24
今計舉國不足以○秦 440/215/24
而論功賞群臣及○坐者 440/217/21
其於○厄 459B/225/19

黨 dǎng 49

上○長子趙之有已 10A/4/15
秦盡韓、魏之上○太原 10B/4/21
魏王以上○之急辭之 32/10/29
而兩上○絶矣 32/11/4
是上○每患而贏四十金 32/11/7
韓兼兩上○以臨趙 33/11/13
以爭韓之上○ 42/16/15
降代、上○ 42/16/16
上○十七縣 42/16/17
代、上○不戰而已為秦矣 42/16/17
上○、南陽積之久矣 55/23/9
則韓、魏必無上○哉 63/26/13
北斬太行之道則上○之兵不下 73A/31/20
困於上○ 78/34/6
上○之民皆返為趙 78/34/7
則上○ 82B/38/6
夫從人朋○比周 113/55/19
因以上○二十四縣許秦王 118/57/24
歸於何○矣 148/78/14
崔杼帥其君○而攻 197/100/4
秦盡韓、魏之上○ 209/108/21
且秦以三軍攻王之上○而危其北 209/108/22
請效上○之地以為和 211/109/19
令韓陽告上○之守靳黈曰 211/109/19
今王令韓興兵以上○入和於秦 211/109/20
韓不能守上○ 211/109/25, 211/109/27, 211/110/7
故自以為坐受上○也 211/110/1
趙聞韓不能守上○ 211/110/14
趙起兵取上○ 211/110/17
塞朋○之門 218/114/1
失其○而孤居 220/116/3
自常山以至代、上○ 221/117/20
以及上○ 221/117/23
近可以備上○之形 221/117/25
吾欲北伐上○ 231/123/8
絶韓之上○而攻強趙 315/161/10
通韓之上○於共、莫 315/162/6
是魏重質韓以其上○也 315/162/7
其多力者內樹其○ 348B/174/11
群臣或內樹其○以擅其主 348B/174/11
公孫郝○於韓 359/177/23
而甘戊○於魏 359/177/23
而公○於楚 359/177/24
秦王以公孫郝為○於公而弗之聽 360/178/13
公孫郝○於齊而不肯言 360/178/22
啓與支○攻益而奪之天下 416A/199/15
太子因數○聚眾 416A/199/24

碭 dàng 1

魏氏將出兵而攻留、方與、銍、胡陵、○、蕭、相 87/41/26

蕩 dàng 2

○而失水 99/49/13
止於○陰 236/126/13

刀 dāo 3

臣少為秦○筆 95/46/28
中罷於○金 142/72/25
鼓○以屠 385/186/1

倒 dǎo 2

今將○冠而至 164/84/18
○樹之則生 303A/153/26

蹈 dǎo 1

○煨炭 42/15/18

禱 dǎo 2

中人○祝 142/72/19
此韓珉之所以○於秦也 388/188/2

到 dào 6

則疾○ 68/28/4
雖隆薛之城○於天 99/49/14
今君○楚而受象床 130/63/10
長驅○齊 133/65/11
因罷兵○讀而去 145/76/13
臣請○魏 201/102/30

悼 dào 4

吳起事○王 81/36/3
孰與秦孝公、楚○王、越王乎 81/36/16
不過秦孝、越王、楚○ 81/36/17
吳起為楚○罷無能 81/37/1

盜 dào 9

此所謂藉賊兵而齎○食者也 73A/31/5
嘗○於梁 96/48/1

梁之大〇 96/48/1,96/48/10
文公用中山〇 96/48/13
楚國多〇 384/185/10
正可以圉〇乎 384/185/10
以正圉〇 384/185/11
今〇賊公行 384/185/13

道 dào 145

夫秦之為無〇也 1/1/4
秦假〇於周以伐韓 5B/3/3
是何計之〇也 10B/4/22
〇周 21/7/25
楚請〇於二周之間 29/10/9
除〇屬之於河 29/10/9
安能〇二周之間 29/10/10
西周恐魏之藉〇也 37/12/9
〇不拾遺 39/12/23
〇德不厚者不可以使民 40/13/12
忽於至〇 40/13/25
炫熿於〇 40/14/13
清宮除〇 40/14/17
此固已無伯王之〇一矣 42/16/5
此固已無伯王之〇二矣 42/16/9
此固已無伯王之〇三矣 42/16/11
苟慎其〇 42/17/1
朝四鄰諸侯之〇 42/17/10
當屯留之〇 44/17/24
行〇之人皆知之 48B/19/20
49/20/12
〇遠 53/22/14
甘茂之吏〇而聞之 61B/25/15
失韓、魏之〇也 71/28/23
則行而益利其〇 72/29/1
北斬太行之〇則上黨之兵不下 73A/31/20
使者直〇而行 74/32/26
古之所謂『危主滅國之〇』必從此起 74/32/28
行〇施德於天下 81/35/26
豈非〇之符 81/35/29
聖人之常〇也 81/36/20
此皆乘至盛不及〇理也 81/36/23
棧〇千里於蜀、漢 81/37/8
今王中〇而信韓、魏之善王也 87/41/16
燕人聞之至格〇 88/42/23
格〇不通 88/42/24
此用二忌之〇也 106/52/3
秦假〇韓、魏以攻齊 109/53/6
伐不〇者 111/54/9
至闈陽晉之〇 112/55/4
迎君〇中 133/65/19
德厚之〇 136B/67/25
是故成其〇德而揚功名於後世者 136B/68/3
言要〇已備矣 136B/68/15
小國〇此 142/72/1
則是路君之〇也 142/72/19
攻戰之〇非師者 142/73/16
則王之〇也 142/73/20
然而計之於〇 147/78/1
故為棧〇木閣 147/78/1
臣所為君〇 160/83/5
故攻有〇 169/88/10
乃請子良南〇楚 177/93/5
所〇攻燕 201/102/29
將〇何哉 201/102/29
持國之〇也 204A/105/23
子之〇甚難而無功 204B/106/14
魏文侯借〇於趙攻中山 205/107/3
君不如借之〇 205/107/5
口〇天下之事 208/107/23
河外割則〇不通 218/113/5
夫秦下軹〇則南陽動 218/113/6
誠得其〇也 218/113/18
韓絕食〇 218/114/4
魏塞午〇 218/114/5
用兵之〇也 219/114/22
一軍塞午〇 220/116/3
君之〇也 221/116/16
是以賢君靜而有〇民便事之教 221/116/17
易古之〇 221/117/10,221/118/4
敢〇世俗之間 221/117/28
教之〇也 221/118/1
古之〇也 221/118/3
聖人之〇也 221/118/8
故禮世不必一其〇 221/118/23
踐石以上者皆〇子之孝 222/119/3
為辨足以〇人 222/119/5
立傅之〇六 222/119/11
御〇之以行義 222/119/19
子〇順而不拂 223/119/27
子用私〇者家必亂 223/119/27
陰陽不同〇 224/120/11
仁義〇德 224/120/14
此坐而自破之〇也 225/120/24
而與秦易〇也 233/125/10
不倦而取〇多 240/129/24
下軹〇、南陽、高 249/133/23
四國將假〇於衛 253/135/25
危國之〇也 269/141/21
此所謂四分五裂之〇也 273/143/27
則從〇絕 273/144/5
從〇絕 273/144/5
〇稱疾而毋行 278/146/5
非所以窮儀之〇也 281/147/2
而〇塗宋、衛為制 284/147/22
中〇而不可 293/149/29
且為棧〇而葬 296/150/19
意雖〇死 311/159/2
則〇里近而輸又易矣 314/160/21
若〇河內 315/161/11
〇涉而谷 315/161/12
若〇河外 315/161/13
使〇已通 315/162/6
故荀息以馬與璧假〇於虞 317A/162/21
卒假晉〇 317A/162/21
中〇而反 334/168/3
請使〇使者至縞高之所 340/169/24
而廢子之〇乎 346/172/23
令戰車滿〇路 357/176/21
是與公孫郝、甘茂同〇也 359/177/24
向也子曰『天下無〇』 362/179/9
假〇兩周倍韓以攻楚 364/179/24
請〇於南鄭、藍田以入攻楚 367/180/29
得以其〇為之 386/187/4
不得其〇 386/187/5
以為成而過南陽之〇 396C/191/13
豈如〇韓反之哉 401/192/26
蔡、邵之〇不通矣 405/193/21
彌地踵〇數千里 408/194/16
非進取之〇也 412/196/18
而謀進取之〇 412/196/20
此古服〇致士之法也 418/200/27

自完之〇也 420/202/19
半〇而立 420/203/9
〇南陽、封、冀 422/204/4
宋王無〇 422/204/9
與齊王謀〇取秦以謀趙者 423/205/8
是故謀者皆從事於除患之〇 430/208/22
以天之〇 431/209/29
舉無〇 433/211/21
此天下之無〇不義 433/211/22
仁者之〇也 438/213/15
夫燕無〇 439/214/10
〇太子曰 440/215/1
卻行為〇 440/215/4
願有所〇 440/215/20
取〇 440/216/27
王如用臣之〇 455/223/17
子之〇柰何 455/223/18
然則子之〇柰何 455/223/18
事何可豫〇者 458/224/21
口不能無〇爾 458/224/30
不好〇德 458/225/1
誅滅無〇 461/227/5

稻 dào 3

東周欲為〇 4/2/18
東周必復種〇 4/2/20
種〇而復奪之 4/2/20

得 dé 545

〇九鼎 1/1/5,1/1/15
〇君臣父子相保也 1/1/9
夫梁之君臣欲〇九鼎 1/1/10
楚之君臣欲〇九鼎 1/1/12
景翠〇城於秦 2/2/1
楚、韓欲〇寶 3B/2/13
蘇子亦〇兩國之金也 4/2/22
是〇地於韓而聽於秦也 5B/3/6
彼前〇罪而後〇解 6/3/11
故大臣〇譽 8B/4/2
不〇不聽秦 10B/4/21
秦〇天下 11C/5/10
則終日無所〇矣 16/6/21
然後能多〇鳥矣 16/6/22
故能〇欲矣 16/6/23
候〇而獻東周 19/7/15
秦〇無破 22/8/8
齊〇東國而益強 22/8/9
今秦攻周而〇之 23/8/16
秦欲待周之〇 23/8/16
秦若攻周而不〇 23/8/17
又能為君〇高都 25/9/4
是公以弊高都〇完周也 25/9/10
一攻而不〇 27/9/26
吾〇將為楚王屬怒於周 28/10/3
不如令太子將軍正迎吾〇於境 28/10/3
令天下皆知君之重吾〇也 28/10/4
周君所以事吾〇者器 28/10/4
而吾〇無效也 28/10/5
周君〇以為辭於父兄百姓 32/11/5
周君〇溫囿 32/11/6
韓〇二縣 33/11/11
左尚以此〇事 36/12/5
彼〇相 38/12/16
〇《太公陰符》之謀 40/14/2
而天下〇之 42/15/11
地尊不可〇 42/16/22
〇兩國之眾 42/17/5
張子〇志於魏 43/17/17
〇其地不足以為利 44/17/27
〇其財 44/18/4
是以弊邑之王不〇事令 50/20/25
而儀不〇為臣也 50/20/25
不穀〇商於之田 50/21/1
而〇商於之地六百里 50/21/2
臣見商於之地不可〇 50/21/3
今地未可〇而齊先絕 50/21/5
安〇六百里 50/21/13
臣不〇復過矣 53/22/14
我羈旅而〇相秦者 57/24/4
宜陽未〇 58/24/10
〇擅用強秦之眾 61A/25/11
王〇賢相 61B/25/16
焉更〇賢相 61B/25/17
秦〇安邑 63/26/13
文請以所〇封君 65/26/28
不〇為天子 66/27/8
不遭時不〇帝王 66/27/8
不可〇也已 66/27/13
觀三國之所求於秦而不能〇者 67/27/23
觀張儀與澤之所不能〇於薛公者也 67/27/24
有功者不〇不賞 72/28/28
有能者不〇不官 72/28/28
能者亦不〇蔽隱 72/28/29
則諸侯不〇擅厚矣 72/29/9
寡人乃〇以身受命 73A/29/20
使臣〇進謀如伍子胥 73A/30/10
使臣〇同行於箕子、接輿 73A/30/12
寡人〇受命於先生 73A/30/19
膚寸之地無〇者 73A/31/3
〇寸則王之寸 73A/31/6
〇尺亦王之尺也 73A/31/6
焉〇不聽 73A/31/21
然則權焉〇不傾 73B/32/1
而令焉〇從王出乎 73B/32/1
齊公〇管仲 73B/32/12
今吾〇子 73B/32/12
〇無危乎 74/32/19
然則令何〇從王出 74/33/1
權何〇毋分 74/33/1
穰侯十攻魏而不〇傷者 75/33/6
言可〇也 75/33/11
於是其謀者固未可〇予也 77/33/26
其可〇與者 77/33/26
固不〇之矣 78/34/6
則秦所〇不一幾何 78/34/8
臣請〇其情 79/34/20
今傲勢〇秦為王將 79/34/23
萬物各〇其所 81/35/28
蔡澤〇少間 81/36/13
秦之欲〇矣 81/37/8
雖藍田豈難〇哉 82A/37/26
則不用兵而〇地 85/39/24
而地不可〇也 85/39/27
弗〇私也 86/40/18
不為〇地 87/41/24
無〇地之實也 87/41/24
齊、魏〇地葆利 87/42/4
謀則不〇 88/42/24
故曰先〇齊、宋者伐秦 89/43/20
秦先〇齊、宋 89/43/21
楚先〇齊 89/43/21
不〇煖衣餘食 93/44/20

而願一○歸 93/45/1
若使子異人歸而○立 93/45/6
○知名者不少 93/45/12
趙人○唐者 94/45/22
○上谷三十六縣 94/46/11
秦不接刃而○趙之半 95/46/23
實○山東以敵秦 95/46/25
人臣不○自殺宮中 95/47/11
人主豈○其用哉 96/48/14
則螻蟻○意焉 99/49/13
公往必○死焉 101/50/1
不○已而受 101/50/14
靖郭君辭不○ 101/50/14
利可○ 103/51/3
則將軍不○入於齊矣 105/51/25
而○封 106/52/2
章子之母啓○罪其父 109/53/12
臣之母啓○罪臣之父 109/53/14
夫不○父之教而更葬母 109/53/14
秦○絳、安邑以東下河 111/54/11
車不○方軌 112/55/4
馬不○並行 112/55/5
不可○也 113/55/25,348A/173/29
韓自以○交於齊 114/56/7
覆軍殺將○八城 117/57/11
破軍殺將○八城 117/57/17
齊安○救天下乎 121/58/22
然則下東國必可○也 122/58/29
非亟○下東國者 122/59/6
楚○成 122/59/7
今已○地而求不止者 122/59/21
然則是王去讎而○齊交
也 122/59/23
以能○天下之士而有齊
權也 122/60/10
雖○則薄矣 125/61/14
我無分寸之功而○此 126/61/21
君所以○為長者 126/61/22
豈○持言也 126/61/22
大官未可○ 128/62/10
願○獻之 130/63/5
諫而○聽 130/63/15
私○寶於外者 130/63/18
則累世不○一焉 131/63/24
不○不事齊也 132B/64/14
故秦○齊 132B/64/14
趙、魏、楚○齊 132B/64/15
故秦、趙、魏○齊者重
132B/64/15
僅○免其死耳 133/65/20
未○高枕而臥也 133/65/20
君恐不○為臣 134/66/4
○志不慚為人主 134/66/11
不○志不肯為人臣 134/66/11
陽○子養 135/66/21
皆○其死 135/66/22
文不○是二人故也 135/66/22
使文○二人者 135/66/23
豈獨不○盡 135/66/23
君○無有所怨齊士大夫 136A/67/3
有能○齊王頭者 136B/67/16
○貴士之力也 136B/67/25
非○失之策與 136B/67/27
安可○而有乎哉 136B/67/28
未○其實 136B/67/28
非不○尊遂也 136B/68/14
斶願○歸 136B/68/14
願○賜歸 136B/68/16
固願○士以治之 137/69/5
管燕○罪齊王 140/70/3
士何其易○而難用也 140/70/4
士三食不○饜 140/70/4
而士不○以為緣 140/70/5
非士易○而難用也 140/70/6
非○人力 142/71/7
不○弦機之利 142/71/7
衛○是藉也 142/71/10
趙○是藉也 142/71/13
一國○而保之 142/73/6
求之則不○ 143/74/18
何○無誅乎 143/74/20
不若○濟北之利 145/75/15
即臣見公之不能○也 145/75/18
單何以○罪於先生 147/77/8
若乃○去不肖者 147/77/10
王惡○此亡國之言乎 147/77/23
然則周文王○呂尚以為
太公 147/77/25
齊桓公○管夷吾以為仲
父 147/77/25
今王○安平君而獨曰
『單』 147/77/25
惡○此亡國之言乎 147/77/27
王乃○反 147/78/1
漢中可○也 151/80/7
淮、泗之間亦可○也 151/80/8
齊以急○宋 152/80/13
○狐 154/81/4
江尹因○山陽君與之共
惡昭奚恤 157A/82/1
臣之○罪無日矣 157B/82/8
遂不○入言 158/82/13
如是必長○重於楚國 160/83/2
未○間也 160/83/6
願○以身試黃泉 160/83/11
又何如○此樂而樂之 160/83/12
○無遂乎 161/83/19
故其宅不○ 162/83/26
奚恤○事公 162/83/28
謂而不○ 162/83/29
城渾○之 163/84/10
臣為太子○新城、陽人 164/84/16
以與公叔爭國而○之 164/84/16
赫不能○趙 165/84/24
○賞無功也 165/84/24
○趙而王無加焉 165/84/24
是不能○趙也 165/84/28
社稷豈○無危哉 168/86/23
有所更○乎 169/88/3,169/88/4
無所更○ 169/88/4
七日不○告 170/89/12
○罪一士 170/89/16
五官○法 170/89/22
皆可○而致之 170/90/2
張子○出 174/91/9
不○歸 177/92/4
寡人之○求反 177/92/11
三日乃○見乎王 180/93/27
謁者難○見如鬼 180/93/29
王難○見如天帝 180/93/29
而儀言○美人 182/94/24
韓、魏欲○秦 183/95/2
楚○其利 185/95/23
請和不○ 185/95/26
而○復楚 186/96/4
麋因○矣 187/96/12
齊人飾身修行○為益 188/96/17
所求者不○ 188/96/19
而後○見 199/100/27
使○為君高鳴屈於梁乎
199/101/10

可○見乎 200/101/18
君又安○長有寵乎 200/101/23
楚國封盡可○ 200/101/26
而君○其所欲矣 203/105/4
則吾所○者少 203/105/5
子之○近而行所欲 204B/106/15
而○地者 205/107/4
而示之不○已 205/107/5
藉席無所○ 208/107/25
蘇秦○以為用 208/108/6
秦豈○愛趙而憎韓哉 209/108/14
必以王為○ 209/109/1
雖強大不能○之於小弱 211/110/2
而小弱顧能○之強大乎 211/110/2
今不用兵而○城七十 211/110/5
今坐而○城 211/110/8
三日不○見 212/110/21
秦王欲○宜陽 213/110/30
文信不○志 215/111/11
大王不○任事 218/112/22
大王乃今然後○與士民相親 218/112/23
擇交而○則民安 218/112/25
擇交不○則民終身不○安 218/112/25
而民不○安 218/112/25
218/112/26,218/112/26
秦欲已○行於山東 218/113/7
誠○其道也 218/113/18
臣○陳忠於前矣 218/114/1
未嘗○聞社稷之長計 218/114/11
求○而反靜 219/114/21
今雖○邯鄲 219/114/23
父不○於子 219/114/25
君不○於臣 219/114/25
豈可○哉 220/116/3,440/216/5
使民不○耕作 225/120/24
無齊不能○趙 229B/122/26
僕○聞此 232/123/21
使臣○為王計之 233/124/2
○無割其內而媾乎 233/124/12
○無更割其內而媾 233/124/18
秦兵不敝而多○地 233/124/25
虞卿○其一 233/125/1
○王五城 233/125/9
楚、魏欲○王之重寶 235/126/2
王必不○媾 235/126/6
則媾不可○成也 235/126/8
趙卒不○媾 235/126/8
不○入於魯 236/127/21
生則不○事養 236/127/24
死則不○飯含 236/127/24
梁王安○晏然而已乎 236/127/28
而將軍又何以○故寵乎 236/127/28
四十餘年而秦不能○所欲 237/128/14
而慕思不可○之小梁 237/128/15
鄴國○志矣 238/128/28
何患不○收河間 241/130/5
人有置係蹄者而○虎 243/130/18
今王無齊獨安○無重天下 246/131/14
王之事趙也何○矣 247/131/25
○二都 247/132/2
非以為齊○利秦之毀也 248/132/16
不可復○已 248/132/23
○大齊 248/132/23
唯○大封 248/132/24
若足下不○志於宋 248/132/27
則陰不可○已矣 249/133/5
陰必○矣 249/133/6
○陰而搆 249/133/6
若不○已而必搆 249/133/7
願○趙 249/133/7
而君終不○陰 249/133/15
而君又不○陰 249/133/17
秦○安邑之饒 249/133/19
而君必不○陰 249/133/20
而君終身不○陰 249/133/24
而君有終身不○陰 249/134/1
則陰必○矣 249/134/3
而○百里之地 251/134/24
百里之地不可○ 251/134/24
○罪於趙 251/135/1
外雖○地 251/135/2
今○強趙之兵 252/135/17
○三城也 252/135/20
而三公不○也 257/136/27
未○相馬之工也 258A/137/4
是能○之乎內 258A/137/11
三反不○通 258B/137/16
○寧邑 258B/137/17
吾往賀而獨不○通 258B/137/17
使者三往不○通者 258B/137/18
而使不○通 258B/137/22
願○請之 258B/137/23
韓、魏欲○之 259/138/11
是韓、魏之欲○ 259/138/11
不○見久矣 262/139/2
日食飲○無衰乎 262/139/3
願令○補黑衣之數 262/139/7
願○借師以伐趙 264B/140/16
二國不○兵 264B/140/17
然而可○并者 269/141/28
未嘗○聞明教 272/143/17
則大王之國欲求無危不可○也 273/144/5
雖欲事秦而不可○也 273/144/12
惡○無眩哉 273/144/17
夫秦非不利有齊而○宋地也 275/145/4
不○待異日矣 276/145/12
不能○事焉 276/145/13
公○行 276/145/16
恐後天下○魏 276/145/21
不○於王 279/146/12
而儀固○魏矣 281/146/30
欲○地 283/147/13
王之所○者 284/147/22
乃○見 288/148/20
犀首、田盼欲○齊、魏之兵以伐趙 291/149/9
犀首、田盼遂○齊、魏之兵 291/149/14
○毋嫌於欲亟葬乎 296/150/29
而與王爭○者 297/151/13
既已○地矣 297/151/15
既已○地 297/151/18
則為劫於與國而不○已者 297/151/25
王欲○齊 298/152/15
王者○度 301/153/5
而○朝禮 301/153/11
國○安焉 304/154/29
非○計也 304/155/1
堯、舜之所求而不能○也 304/155/3
果不○見 306/155/22
晉文公○南之威 307/156/1

今不用兵而○鄴 308/156/13
則國救亡不可○也已 310/157/19
而○以少割為和 310/158/1
則君○所欲矣 310/158/1
何求而不○ 310/158/4
臣能○之於應侯 311/159/3
可○聞乎 314/160/8
可○乎 314/160/16
大變可○聞乎 314/160/18
君○燕、趙之兵甚衆且亟矣 314/160/24
王欲○故地 315/161/6
○垣雍 315/161/18
則魏國豈○安哉 315/161/20
楚、魏疑而韓不可○而約也 315/161/28
如此則士民不勞而故地○ 315/162/3
魏○韓以為縣 315/162/8
是公外○齊、楚以為用 317B/163/16
內○樓廑、翟強以為佐 317B/163/16
○密須氏而湯之服桀矣 318/163/26
君攻楚○宛、穰以廣陶 323/165/8
攻齊○剛、博以廣陶 323/165/8
○許、鄢陵以廣陶 323/165/9
所欲必○矣 329B/167/4
夫○寧者 332/167/22
不可○而知也 339/169/15
降城亡子不○與焉 340/170/2
龍陽君○十餘魚而涕下 341/170/14
臣為王之所○魚也 341/170/15
臣之始○魚也 341/170/16
後○又益大 341/170/16
今臣直欲棄臣前之所○矣 341/170/16
而○為王拂枕席 341/170/17
聞臣之○幸於王也 341/170/18
臣亦猶曩臣之前所○魚也 341/170/19
所效者庸必○幸乎 341/170/23
假之○幸 341/170/23
且王求百金於三川而不可○ 351/174/28
○之 355/175/28
今又○韓之名都一而具甲 357/176/19
今已○之矣 357/176/20
韓○楚救 357/176/23
皆不○親於事矣 359/177/22
武遂終不可○已 359/178/1
公求而○之 359/178/2
公求而弗○ 359/178/2
而弗能○也 360/178/10
公仲柄○秦師 366/180/21
楚陰○秦之不用也 367/181/4
公欲○武遂於秦 372/182/9
是令○行於萬乘之主也 372/182/10
韓○武遂以恨秦 372/182/11
毋秦患而○楚 372/182/11
今周最固○事足下 374/182/28
而以不○已之故來使 374/182/28
世子○新城、陽人 375/183/4
而○全 375/183/5
內○父兄 379/183/27
而外○秦、楚也 379/183/27
幾瑟○入而德公 383A/184/25
吾○為役之日淺 385/185/22
可旦夕○甘脆以養親 385/185/25
多人不能無生○失 385/186/11
生○失則語泄 385/186/11
○以其道為之 386/187/4
不○其道 386/187/5
齊怒於不○魏 386/187/10
欲○梁以臨韓 389/188/13
魏君必○志於韓 390/188/25
今日鄭君不可○而為也 391/189/16
今日天子不可○而為也 391/189/18
秦反○其金與韓之美人 393/190/4
韓已○武隧 396A/190/25
今韓之父兄○衆者毋相 396A/190/26
不○議公孫郝 396C/191/15
不○議甘戊 396C/191/15
則大臣不○事近臣矣 396C/191/15
各○其位 396C/191/16
可○而知也 396C/191/16
則諸侯之情偽可○而知也 396C/191/18
其次恐不○也 403/193/9
雖○燕城 408/194/16
不○不事 410/195/11
燕無故而○十城 411/195/30
利○十城 412/196/9
足下安○使之之齊 412/196/14
所謂以忠信○罪於君者也 412/196/21
此以忠信○罪者也 412/196/28
今乃○罪 412/196/29
故大亂者可○其地 414/197/21
小亂者可○其寶 414/197/21
此其君之欲○也 415/198/18
而欲○燕權 416B/200/6
秦非不利有齊而○宋地也 417/200/13
然○賢士與共國 418/200/21
三年不能○ 418/201/1
三月○千里馬 418/201/1
苟○窮齊 419/201/26
夫實○所利 419/202/2
名○所願 419/202/3
不○ 420/203/2
而○罪者乎 420/203/6
楚○枳而國亡 422/203/25
齊○宋而國亡 422/203/25
齊、楚不○以有枳、宋事秦者 422/203/25
寡人如自○之 422/204/10
已○安邑 422/204/10
已○宜陽、少曲 422/204/14
趙○講於魏 422/204/20
已○講於趙 422/204/22
燕○甲首二萬人 426/207/1
○首三萬 426/207/8
上可以○用於齊 427/207/16
次可以○信於下 427/207/16
臣苟○見 427/207/21
老婦欲○志焉 428/207/27
賴○先王鴈鶩之餘食 428/208/1
而以身○察於燕 431/209/21
使之○比乎小國諸侯 431/210/3
不相○則不能行 432/210/26
寡人○其志矣 433/211/17
與其○百里於燕 433/211/23
不如○十里於宋 433/211/23

漁者○而并禽之 434/212/5
吾○趙矣 435/212/11,435/212/11
○天下者也 435/212/13
○趙 435/212/13
楚軍欲還不可○也 436/212/20
境吏○丑 437/212/26
王欲○之 437/212/27
夫欲○之君 437/212/28
難○於君矣 438/213/17
君雖不○意乎 438/213/20
而君不○厚 438/213/22
而君不○榮 438/213/23
使寡人進不○脩功 438/213/30
退不○改過 438/213/30
願因先生○願交於荊軻 440/215/7
使○至前 440/215/20
愚以為誠○天下之勇士 440/215/24
必○所願矣 440/215/25
誠○劫秦王 440/215/25
諸侯○合從 440/215/27
臣願○謁之 440/216/6
誠能○樊將軍首 440/216/7
臣乃○有以報太子 440/216/7
願○將軍之首以獻秦 440/216/14
乃今○聞教 440/216/17
○趙人徐夫人之匕首 440/216/20
而○奉守先王之宗廟 440/217/6
不○持尺兵 440/217/15
非有詔不○上 440/217/16
必○約契以報太子也 440/217/20
索救而○ 441/218/3
不○矣 446B/219/31
恐不○矣 446B/220/1
卒不○魏 446B/220/2
遂○而死 447/220/10
樗里子亦○三百金而歸 449/221/3
三年不○見 450/221/7
事王三年不○見 450/221/13
所求中山未必○ 455/223/17
孤何○無廢 455/223/22
固無請人之妻不○而怨人者也 457/224/14
雖欲○請之 458/225/4
以一壺餐○士二人 459B/225/20
趙人之死者不○收 461/226/2
傷者不○療 461/226/2
故起所以○引兵深入 461/226/17
是以臣○設疑兵 461/226/21
使○耕稼以益蓄積 461/226/23
必無所○ 461/226/27
○免於罪 461/227/4

德 dé 83

而○東周 2/2/2
可以○東周 3A/2/7
是我為楚、韓取寶以○之也 3B/2/13
必○齊 22/8/9
楚、宋不利秦之○三國也 37/12/9
道○不厚者不可以使民 40/13/12
務博其○ 44/18/2
西○於秦 50/20/27
茂○王之賜 61A/25/9
必不○王 61A/25/10
樹○莫如滋 66/27/10
○楚而觀薛公之為公也 67/27/23
○強齊 69/28/8,210/109/9
而齊之○新加與 70/28/13
是周無天子之○ 73A/30/2
行道施○於天下 81/35/26
是王以魏地○寡人 84A/39/11
楚王因不罪景鯉而○周、秦 84B/39/18
王既無重世之○於韓、魏 87/41/17
今王廣○魏、趙 89/43/4
是不敢倍○畔施 93/45/6
是自為○講 93/45/7
必○王 106/52/2
此其為○也亦大矣 110/53/24
其見恩○亦其大也 110/53/24
○厚之道 136B/67/25
無○而望其福者約 136B/67/29
華而無其實○者也 136B/68/2
是故成其道○而揚功名於後世者 136B/68/3
而不以○魏王 142/74/5
布○於民 147/77/17
○子無已時 174/91/9
儀必○王 184/95/13
又必○王 184/95/14
而可以○惠子 184/95/14
吾欲先據之以加○焉 187/96/10
夫秦捐○絕命之日久矣 189/96/28
故君不如北兵以○趙 201/102/27
○行非施於海內也 209/108/10
聲○於與國 209/108/16
○博而地廣 219/115/2
嗣立不忘先○ 221/116/16
夫論至○者 221/116/24
欲以論○而要功也 221/116/25
故明○在於論賤 221/117/2
然後○且見也 221/117/3
仁義道○ 224/120/14
魏冉固○公矣 226/121/15
卿因以○建信君矣 255/136/11
事成則樹○ 300/152/27
公不如歸太子以○之 302/153/21
不識禮義○行 315/160/30
非所施厚積○也 315/160/30
韓必○魏、愛魏、重魏、畏魏 315/162/7
人之有○於我也 339/169/15
吾有○於人也 339/169/16
此大○也 339/169/17
未見有○ 341/170/24
太后之○王也 342/171/7
韓必○王也 357/176/22
是令行於楚而以其地○韓也 359/178/2
因以出襄子而○太子 369/181/22
而楚、魏皆○公之國矣 370/181/26
於是以太子扁、昭揚、梁王皆○公矣 370/181/28
而欲○於韓擾 374/182/29
以積○於韓 380/184/6
而○王矣 381/184/13
幾瑟得入而○公 383A/184/25
操右契而為公責○於秦、魏之主 386/187/9
則兩國○公 386/187/12
秦之○韓也厚矣 387/187/19
而獨厚取○焉 387/187/20
猶之厚○我也 391/189/23
秦必○王 411/195/30
燕亦○王 411/195/30
彼且○燕而輕亡宋 415/198/27
先人嘗有○蘇氏 419/202/9

○施於梁而無怨於趙 444/219/12
以○衛君 449/220/31
又以○衛君也 449/221/3
陰簡之○公 457/224/12
不好道○ 458/225/1

登 dēng 21

郢之○徒 130/63/3
郢之○徒也 130/63/4
郢之○徒不欲行 130/63/16
農夫○ 209/108/12
楚王○強臺而望崩山 307/156/2
遂盟強臺而弗○ 307/156/3
或以年穀不○ 319/164/8
張○請費緤曰 402/193/3
○丘東嚮而歎 420/202/28
召張○而告之曰 454/222/16
○對曰 454/222/17
張○曰 454/222/23,455/223/11
455/223/18,455/223/23
且張○之為人也 454/222/28
張○因謂趙、魏曰 454/222/31
張○謂藍諸君曰 455/223/9
請以公為齊王而○試說公 455/223/12
○曰 455/223/15
遣張○往 455/223/28

等 děng 5

臣○之罪免矣 161/83/19
臣○少也 188/96/19
而令臣○為散乎 188/96/21
乃多與趙王寵臣郭開○金 263/139/28
燕王喜、太子丹○ 440/217/24

鄧 dèng 2

乃南襲至○ 82A/37/24
○師、宛馮、龍淵、大阿 347/173/1

堤 dī 1

夜期殺守○之吏 203/105/10

鞮 dī 1

甲、盾、○、鍪、鐵幕、革抉、㕹芮 347/173/2

狄 dí 16

而戎○之長也 44/17/27,44/18/3
顧爭於戎○ 44/17/28
使若卞隨、務光、申屠○ 96/48/14
田單將攻○ 148/78/8
將軍攻○ 148/78/8
攻○而不下 148/78/9
遂攻○ 148/78/10
攻○不能 148/78/12
先生謂單不能下○ 148/78/13
○人乃下 148/78/18
皆以○蒿苫楚廧之 203/104/9
計胡、○之利乎 221/116/16
帝女令儀○作酒而美 307/155/26
遂疏儀○ 307/155/27
儀○之酒也 307/156/4

翟 dí 23

昭獻在陽○ 5A/2/26
若其王在陽○ 5A/2/28
是墨○之守也 145/75/21
外懷戎○、天下之賢士 147/77/18
魏相○強死 171/90/6
啓胡、○之鄉 221/116/18
○章從梁來 255/136/9
○章辭不受 255/136/9
秦與戎、○同俗 315/160/29
彼○子之所惡於國者 317B/162/29
樓廩、○強也 317B/163/11
而使○強為和也 317B/163/12
○強欲合齊、秦外楚 317B/163/13
以輕○強 317B/163/13
又謂○子 317B/163/15
○強與齊王必疾矣 317B/163/16
內得樓廩、○強以為佐 317B/163/16
原恃秦、○以輕晉 319/164/4
秦、○年穀大凶而晉人亡原 319/164/5
管鼻之令○強與秦事 330/167/9
○強善楚 336/168/18
今已令楚王奉幾瑟以車百乘居陽○ 353/175/16
以成陽資○強於齊 356A/176/4

敵 dí 55

則是勁王之○也 6/3/11
此皆恃援國而輕近○也 35/11/25
詘○國 40/13/25
征○伐國 73B/32/2
破○軍 81/36/3
故秦無○於天下 81/36/24
○也 87/41/15
○不可易 87/41/16
四國之兵○ 89/43/20
實得山東以○秦 95/46/25
楚之權○也 110/53/22
廣鄰○以自臨 115/56/28
則足以○秦 132B/64/15
兵弱而好○強 142/71/15
地狹而好○大 142/71/16
皆以相○為意 142/71/22
故三下城而能勝○者寡矣 142/72/26
而○萬乘之國二 142/73/2
甲兵不出於軍而○國勝 142/73/12
故以一秦而○大魏 142/73/25
楚之強○也 163/84/5
兵○四國 168/86/15
兩國○侔交爭 168/86/21
不料○而輕戰 168/86/25
赴強○而死 170/89/11
天下無○ 201/103/1,342/171/1
子云天下無○ 201/103/1
齊、秦為兩○ 218/112/25
是故明主外料其○國之強弱 218/113/18
不以輕○ 219/114/19
○弱者 221/116/19
且習其兵者輕其○ 224/120/7
○戰之國也 251/134/28
此夫子與○國戰 252/135/10
覆軍殺將之所取、割地於○國者也 252/135/11
憍而輕○ 264A/140/8

待輕○之國 264A/140/8
見○之可也鼓之 270/142/8
既為寡人勝強○矣 270/142/12
齊之仇○也 313/159/22
使仇○制其餘敝 313/159/23
而又況於仇讎之○國也 315/161/2
天下爭○於秦 325/165/29
而強二○之齊、楚也 338/169/5
當○即斬堅 347/173/2
秦人捐甲徒裎以趨○ 348A/173/22
輕絶強秦之○ 357/177/1
韓與魏○侔之國也 390/188/23
齊以四國○秦 400/192/18
子能以燕○齊 415/198/12
外○不可距 415/198/31
今山東三國弱而不能○秦 432/210/28
是強○也 455/223/16
商○為資 458/224/23

底 dǐ 1

魏王身被甲○劍 142/71/10

抵 dǐ 7

○掌而談 40/14/6,208/108/5
今乃以○罪取伐 209/108/28
奢嘗○罪居燕 252/135/12
大○豆飯藿羹 348A/173/17
恐○斧質之罪 431/209/14
臣○罪 456/224/5

砥 dǐ 2

臣聞周有○厄 72/29/6
矜戟○劍 420/202/28

地 dì 492

令之為己求○於東周也 3B/2/12
公何不與周○ 5B/3/4
韓強與周○ 5B/3/5
是得○於韓而聽於秦也 5B/3/6
南取○於韓 10A/4/16
秦○ 10B/4/22
以○合於魏、趙 12/5/16
割○者 12/5/17
趙取周之祭○ 15/6/14
因告以祭○事 15/6/15
周之祭○為祟 15/6/16
翦今楚王資之以○ 17/6/29
則○廣而益重 22/8/5
因以應為太后養○ 26/9/15
韓、魏易○ 33/11/11
韓、魏之易○ 33/11/11
且魏有南陽、鄭○、三川而包二周 33/11/12
王何不以○齎周最以為太子也 36/12/3
悍請令王進之以○ 36/12/5
○勢形便 40/13/8
安坐而廣○ 40/13/22
必割○以交於王矣 41B/15/4
今秦○形 42/15/20
○形利害 42/15/20,42/17/7
開○數千里 42/15/22
○廣而兵強 42/15/25
○足利也 42/16/3
○形不便 42/16/14
○尊不可得 42/16/22
據其○ 42/17/3
今秦○斷長續短 42/17/6
侵楚、魏之○ 44/17/25
得其○不足以為利 44/17/27
務廣其○ 44/18/1
今王之○小民貧 44/18/2
取其○ 44/18/3
以○與魏 44/18/8
○大者 46/18/24
臣請使秦王獻商於之○ 50/20/26
而私商於之○以為利也 50/20/27
而得商於之○六百里 50/21/2
臣見商於之○不可得 50/21/3
今○未可得而齊先絶 50/21/5
且先出○絶齊 50/21/5
先絶齊後責○ 50/21/6
楚因使一將軍受○於秦 50/21/10
王不如以○東解於齊 51/21/23
臣聞張儀西并巴、蜀之○ 55/23/10
寡人固無○而許楚王 56/23/29
○形險易盡知之 61A/25/4
則寄○必多矣 62/25/24
而賜之二社之○ 63/26/2
且欲合齊而受其○ 63/26/2
齊割○以實晉、楚 63/26/11
齊有東國之○ 70/28/14
支分方城膏腴之○以薄鄭 70/28/16
膚寸之○無得者 73A/31/3
豈齊不欲○哉 73A/31/4
中山之○ 73A/31/7
削○而賂之 73A/31/13
秦、韓之○形 73A/31/16
有攻○者 75/33/6
○也 75/33/7
○者 75/33/7
臣願王之毋獨攻其○ 75/33/8
且削○而以自贖於王 75/33/9
幾割○而韓不盡 75/33/10
北○入燕 78/34/7
東○入齊 78/34/8
南○入楚、魏 78/34/8
今應侯亡○而言不憂 79/34/19
奪君○ 79/34/24
攘○千里 81/36/3
廣○殖穀 81/36/18
是以兵動而○廣 81/36/24
楚○持戟百萬 81/36/25
辟○殖穀 81/37/3
況於楚之故○ 82A/37/26
魏許寡人以○ 84A/39/10
必與秦○矣 84A/39/11
是魏勝楚而亡○於秦也 84A/39/11
是王以魏○德寡人 84A/39/11
若不出○ 84A/39/12
王不如留之以市○ 85/39/23
則不用兵而得○ 85/39/24
而○不可得也 85/39/27
聞齊、魏皆且割○以事秦 85/39/27
不與○ 85/40/1
今大國之○半天下 87/40/28
萬乘之○未嘗有也 87/40/29
三世而不接○於齊 87/40/29
而出百里之○ 87/41/1
山林谿谷不食之○ 87/41/23
不為得○ 87/41/24
無得○之實也 87/41/24
膏腴之○也 87/42/2

齊、魏得○葆利 87/42/4
一舉眾而注○於楚 87/42/5
而關內二萬乘之主注○
於齊 87/42/10
是王之○一任兩海 87/42/11
壤○兩分 88/42/21
以廣河間之○ 94/45/22
受百里之○ 94/45/23
秦受○而郄兵 95/46/24
○削兵弱 95/46/26
不能及○ 95/47/8
夫齊削○而封田嬰 98/49/5
昭陽請以數倍之○易薛 101/50/8
今齊○方千里 108/52/24
齊○方二千里 112/54/24
倍韓、魏之○ 112/55/4
○廣人眾 113/55/16
秦驅韓、魏攻齊之南○ 113/55/24
獻魚鹽之○三百於秦也 113/55/28
然後王可以多割○ 115/56/16
115/56/24
請畫○為蛇 117/57/15
急必以○和於燕 119/58/1
為燕取○也 119/58/1
可以忠太子而使楚益入
○ 122/59/1
使亟入下東國之○ 122/59/7
故曰可以使楚亟入○也 122/59/11
可以益入○ 122/59/15
楚王請割○以留太子 122/59/17
齊少其○ 122/59/17
太子何不倍楚之割○而
資齊 122/59/17
益割○而獻之 122/59/18
故曰可以使楚益入○也 122/59/19
齊之所以敢多割○者 122/59/21
今已得○而求不止者 122/59/21
割○固約者又蘇秦也 122/60/5
兼二周之○ 132B/64/11
舉韓氏取其○ 132B/64/11
薛公之○ 134/66/8
寡人○數千里 134/66/8
今孟嘗君之○方百里 134/66/9
大王據千乘之○ 136B/67/20
藉力魏而有河東之○ 142/71/11
○狹而好敵大 142/71/16
○可廣 142/71/19
分○又非多韓、魏也 142/71/20
察於○形之理者 142/72/11
○可廣而欲可成 142/73/18
故名配天○不為尊 142/73/18
○坼至泉 143/74/17
○坼至泉者 143/74/19
○以告也 143/74/19
天○人皆以告矣 143/74/19
請裂○定封 145/75/26
而喪○千里 145/76/5
且自天○之闢 147/77/26
齊○方數千里 150/79/22
使收三晉之故○ 150/79/24
使收楚故○ 150/79/25
約與五百里之○ 150/79/28
雖勿與○可 153/80/22
而楚果弗與○ 153/80/27
今王之○方五千里 154/81/6
君無咫尺之○ 160/82/26
又安敢言○ 164/84/18,375/183/6
楚○西有黔中、巫郡 167/85/15
○方五千里 167/85/16,461/226/9
橫人皆欲割諸侯之○以
事秦 167/86/1
夫為人臣而割其主之○ 167/86/2
以求割○ 167/86/3,218/113/26
則諸侯割○以事楚 167/86/4
則楚割○以事秦 167/86/4
秦○半天下 168/86/15
韓之上○不通 168/86/22
則北○絕 168/87/3
即陰與燕王謀破齊共分
其○ 168/87/17
秦恐且因景鯉、蘇厲而
效○於楚 172/90/13
公出○以取齊 172/90/14
鯉與厲且以收○取秦 172/90/14
必不求○而合於楚 172/90/15
挾寶○以為資 174/91/7
予我東○五百里 177/92/3
獻之○ 177/92/5
愛○不送死父 177/92/5
敬獻○五百里 177/92/6
來取東○於楚 177/92/8
齊使來求東○ 177/92/8
以東○五百里許齊 177/92/11
齊令使來求○ 177/92/12
齊使來求東○五百里 177/92/16
177/92/20
以○大為萬乘 177/92/17
今去東○五百里 177/92/17
而北獻○五百里於齊 177/92/28
令往守東○ 177/92/28
乃遣子良北獻○於齊 177/92/29
使守東○ 177/92/30
齊使人以甲受東○ 177/93/1
我典主東○ 177/93/1
大夫來獻○ 177/93/2
攻東○ 177/93/3
又欲奪之東○五百里 177/93/4
東○復全 177/93/6
多賂諸侯以王之○ 179/93/18
為求○甚力 186/96/3
秦果舉鄢、郢、巫、上
蔡、陳之○ 192/97/24
飛翔乎天○之間 192/98/1
與淮北之○也 192/98/20
瀌汁灑○ 199/101/7
而君之封○ 201/102/24
今約勝趙而三分其○ 202/103/10
夫勝趙而三分其○ 202/103/14
使人請○於韓 203/103/24
來請○不與 203/103/25
又將請○於他國 203/103/26
又使人請○於魏 203/103/27
彼請○於韓 203/103/28
請○於魏 203/103/28
請蔡、皋狼之○ 203/104/1
破趙三分其○ 203/104/28
破趙而三分其○ 203/105/4
國亡○分 203/105/13
前國○君之御有之曰 204A/105/18
納○釋事以去權尊 204A/105/27
昔者知氏之○ 204A/105/30
而得○者 205/107/4
欲亡韓呑兩周之○ 209/108/14
則○與國都邦屬而壤挈
者七百里 209/108/21
即○去邯鄲二十里 209/108/22
參分趙國壤○ 209/108/26
而封○不定 210/109/7
中山之○薄 210/109/8
248/132/22
其○不能千里 211/109/14

請效上黨之○以為和 211/109/19
秦蠶食韓氏之○ 211/110/1
其死士皆列之於上○ 211/110/3
乃使趙勝往受○ 211/110/8
為主守○而不能死 211/110/13
賣主之○而食之 211/110/14
攘○千餘里 217/112/2
反楚之故○ 217/112/3
而多求○ 217/112/16
燕必致氈裘狗馬之○ 218/113/1
齊必致海隅魚鹽之○ 218/113/2
楚必致橘柚雲夢之○ 218/113/2
韓、魏皆可使致封○湯沐之邑 218/113/2
夫割○效實 218/113/3
趙○方二千里 218/113/10
舜無咫尺之○ 218/113/17
臣竊以天下○圖案之 218/113/22
諸侯之○五倍於秦 218/113/22
皆欲割諸侯之○以與秦成 218/113/24
故尊主廣○強兵之計 218/114/1
○廣而不耕 219/114/23
○不入也 219/114/25
德博而○廣 219/115/2
十年攘○ 219/115/4
故裂○以敗於齊 219/115/12
齊獻魚鹽之○ 220/116/2
破趙而四分其○ 220/116/5
剖○謝前過以事秦 220/116/10
胡○中山吾必有之 221/116/27
侵掠吾○ 221/117/24
昔者先君襄主與代交○ 224/120/13
辟○千里 224/120/19
不如請以河東易燕○於齊 227/121/19
以河東之○強齊 227/121/20
令公子繒請○ 228/121/27
夫藺、離石、祁之○ 228/121/28
是我以王因饒中山而取○也 229A/122/17
是我一舉而兩取○於秦、中山也 229A/122/19
請效○於魏而聽薛公 229B/122/23
故欲效○於魏而聽薛公 229B/122/24
公不如令主父以○資周最 229B/122/24
此彈丸之○ 233/124/12
孰與坐而割○ 233/124/22
即坐而○盡矣 233/124/23
來年秦復求割○ 233/124/23
則無○而給之 233/124/24
秦兵不敝而多得○ 233/124/25
而王之○有盡 233/124/27
以有盡之○ 233/124/27
故不若亟割○求和 233/125/3
又割○為和 233/125/7
虞卿為平原君請益○ 234/125/17
將益之○ 234/125/19
欲求益○ 234/125/21
天崩○坼 236/127/7
卒就脯醢之○也 236/127/17
壤○不削 238/128/24
索王之○ 238/128/27
而○可多割 245/131/2
臣以齊致○於王 246/131/11
天下孰敢不致○於王 246/131/12
無割○之費 247/132/1
臣又願足下有○效於襄安君以資臣也 248/132/26
此兩○之時也 248/132/26
今王能以百里之○ 251/134/19
乃使人以百里之○ 251/134/20
臣聞趙王以百里之○ 251/134/23
而得百里之○ 251/134/24
百里之○不可得 251/134/24
外雖得○ 251/135/2
趙王因割濟東三城令盧、高唐、平原陵○城邑市五十七 252/135/8
覆軍殺將之所取、割○於敵國者也 252/135/11
不如盡歸中山之新○ 253/135/24
齊請效○ 254/136/3
故效○ 254/136/4
齊必不效○矣 254/136/4
大王廣○寧邑 258B/137/21
而封之以膏腴之○ 262/139/17
知伯索○於魏桓子 264A/140/6
無故索○ 264A/140/6,264A/140/7
君予之○ 264A/140/7
○形險阻 269/141/28
前脈形○之險阻 270/142/7
大王之○ 272/142/27
○方千里 272/142/29,347/172/29
○名雖小 272/142/29
曾無所芻牧牛馬之○ 272/143/1
夫事秦必割○效質 272/143/10
割其主之○以求外交 272/143/11
外挾彊秦之勢以內劫其主以求割○ 272/143/12
魏○方不至千里 273/143/22
○四平 273/143/22
魏之○勢 273/143/25
齊請以宋○封涇陽君 275/145/3
夫秦非不利有齊而得宋○也 275/145/4
齊、秦合而涇陽君有宋○ 275/145/6
則○廣矣 275/145/7
為求壤○也 277/145/28
必割○以賂王 281/146/30
欲得○ 283/147/13
必反燕○以下楚 284/147/19
收侵○ 284/147/21
請卑辭割○ 287/148/9
王無與之講以取○ 297/151/15
既已得○矣 297/151/15
又必且曰王以求○ 297/151/18
既已得○ 297/151/18
土○之實不厚於我 304/154/28
身處死亡之○ 304/155/1
必多割○以深下王 304/155/2
則是大王垂拱之割○以為利重 304/155/2
必效城○於王 305/155/8
許楚城○ 305/155/11
敝邑之王欲效城○ 305/155/12
長羊、王屋、洛林之○也 309/156/24,309/156/27
王所患者上○也 309/156/27
則上○無憂患 309/156/28
攘○必遠矣 309/156/28
○入數月 309/157/1
○已入數月 309/157/1
魏之所以獻長羊、王屋、洛林之○者 309/157/5
今○已入 309/157/6
啓○二十二縣 309/157/8

而○不并乎諸侯者 310/157/14
以其能忍難而重出○也 310/157/15
○未畢入而兵復出矣 310/157/17
入北○ 310/157/17,310/157/23
且君之嘗割晉國取○也 310/158/2
無大天○ 311/158/12
天○名 311/158/12
毋大不過天○ 311/158/12
將使段干崇割○而講 312/159/7
王因使之割○ 312/159/10
欲○者 312/159/11
夫欲璽者制○ 312/159/11
而欲○者制璽 312/159/11
且夫姦臣固皆欲以○事秦 312/159/12
以○事秦 312/159/12
今王之○有盡 312/159/13
然而趙之○不歲危 314/160/9
而魏之○歲危 314/160/9
○亦且歲危 314/160/11
魏王折節割○ 314/160/19
割○請講於魏 314/160/24
秦盡有鄭○ 315/161/6
王欲得故○ 315/161/6
秦故有懷○刑丘、之城、垝津 315/161/17
秦有鄭○ 315/161/17
又況於使秦無韓而有鄭○ 315/161/27
因求故○於韓 315/162/2
如此則士民不勞而故○得 315/162/3
必令魏以○聽秦而為和 317B/163/1
鈞之出○ 317B/163/2
何故不能有○於河東乎 317B/163/17
○可廣大 318/163/25
故令魏氏收秦太后之養○秦王於秦 329A/166/24
而養秦太后以○ 329A/166/25
與魏便○ 329B/167/4
以廣○尊名 334/168/7
魏急則且割○而約齊、楚 338/169/4
安陵之○ 340/169/28

受詔襄王以守此○也 340/170/1
今王亡○數百里 342/170/29
虧○不足以傷國 342/171/2
今王割○以賂秦 342/171/6
寡人欲以五百里之○易安陵 343/171/13
受○於先生 343/171/14
寡人以五百里之○易安陵 343/171/15
而君以五十里之○存者 343/171/16
今吾以十倍之○ 343/171/17
安陵君受○於先生而守之 343/171/18
以頭搶○爾 343/171/21
而安陵以五十里之○存者 343/171/25
將分其○ 344A/172/3
分○必取成皋 344A/172/3
石溜之○也 344A/172/4
○利也 344A/172/4
明年又益求割○ 347/173/6
即無○以給之 347/173/6
且夫大王之○有盡 347/173/6
夫以有盡之○ 347/173/7
不戰而○已削矣 347/173/8
韓○險惡 348A/173/17
○方不滿九百里 348A/173/18
斷絕韓之上○ 348A/173/27
絕上○ 348A/173/28
其○勢然也 348A/174/1
夫攻楚而私其○ 348A/174/2
或外為交以裂其○ 348B/174/11
韓使人馳南陽之○ 351/174/26
韓因割南陽之○ 351/174/26
秦受○ 351/174/26
張儀使人致上庸之○ 354/175/23
以質許○ 356A/176/3
此乃韓之寄○也 359/178/2
是令行於楚而以其○德韓也 359/178/2
歸○而合於齊 360/178/17
不求割○而合於魏 360/178/18
公仲為韓、魏易○ 368/181/13
夫韓○易於上 368/181/14
魏○易於下 368/181/14
裂○而為諸侯 386/187/9

則宋○不安矣 388/188/4
則必以○和於齊、楚 394/190/11
此皆絕○形 396C/191/14
○方二千餘里 408/194/11
彌○踵道數千里 408/194/16
不如以○請合於齊 410/195/10
令郭任以○請講於齊 410/195/11
代王腦塗○ 413/197/6
故大亂者可得其○ 414/197/21
雖盡寶、○ 414/197/22
以因北○之眾以伐燕 416A/199/28
秦非不利有齊而得宋○也 417/200/13
涇陽君有宋○ 417/200/15
必反宋○ 419/202/1
夫反宋○ 419/202/2
歸耕乎周之上○ 420/202/16
昔周之上○嘗有之 420/203/6
周○賤媒 421/203/18
蜀○之甲 422/203/28
寡人○絕兵遠 422/204/10
西河之外、上雒之○、三川 422/204/26
趙劫之求○ 424/206/5
欲以復振古○也 426/206/24
至於虛北○行其兵 427/207/19
齎○百里 428/208/5
乃封之以○ 430/208/28
且又淮北、宋○ 431/209/27
河北之○ 431/209/29
故裂○而封之 431/210/3
今宋王射天笞○ 433/211/21
中國膏腴之○ 433/211/22
使左右司馬各營壁○ 436/212/17
國小而○無所取 439/214/12
秦○遍天下 440/214/19
非盡天下之○ 440/215/21
盡納其○ 440/215/22
使悉反諸侯之侵○ 440/215/25
盡收其○ 440/216/4
進兵北略○ 440/216/4
與燕督亢之○圖獻秦王 440/216/7
及獻燕之督亢之○圖 440/217/6
而秦武陽奉○圖匣 440/217/9
荊之○方五千里 442/218/19
取淮北之○ 447/220/7
故射天笞○ 447/220/7

以百金之○ 452A/221/27
不憚割○以賂燕、趙 455/223/10
燕、趙好位而貪○ 455/223/10
王之所以不憚割○以賂燕、趙 455/223/15
夫割○以賂燕、趙 455/223/16
○不虧而兵不用 455/223/17
觀其○形險阻 458/224/23
楚人自戰其○ 461/226/19

弟 dì 59

賢於兄○ 40/14/12
與之昆○矣 77/33/26
佐欲定其○ 82B/38/8
以秦與楚為昆○國 85/39/28
韓、魏父子兄○接踵而死於秦者 87/41/18
乃說秦王后○陽泉君曰 93/44/26
復為兄○約 111/54/15
為昆○之國 113/55/23
願請受為○子 136B/68/11
長為昆○之國 168/87/22
而立其○景公 197/100/6
持其女○ 200/101/16
齊王遣使求臣女○ 200/101/17
於是園乃進其女○ 200/101/19
園乃與其女○謀 200/101/19
園女○承間說春申君曰 200/101/22
雖兄○不如 200/101/22
即百歲後將更立兄○ 200/101/23
多失禮於王兄○ 200/101/24
兄○誠立 200/101/24
乃出園女○謹舍 200/101/27
以李園女○立為王后 200/101/28
李園既入其女○為王后 200/102/1
而李園女○ 200/102/16
則兄○也 216/111/19
被兄○之衣 216/111/19
必與楚為兄○之國 217/112/3
今楚與秦為昆○之國 220/116/1
窮有○長辭讓之節 221/116/17
行逐愛○ 256/136/18
親寡君之母○也 258B/137/28
有母○不能教誨 258B/138/5
寡人與趙兄○ 264B/140/16
寡人與韓兄○ 264B/140/17
一天下、約為兄○、刑白馬以盟於洹水之上以相堅也 273/143/29
夫親昆○ 273/144/1
兄○之交也 297/152/1
不顧親戚兄○ 315/160/30
兩○無罪 315/161/1
此於其親戚兄○若此 315/161/2
且楚、韓非兄○之國也 357/177/1
其○在周 383C/185/3
○至賢 385/186/19
滅吾○之名 385/186/19
非○意也 385/186/19
兄○無有 385/186/21
夫愛身不揚○之名 385/186/21
此吾○軹深井里聶政也 385/186/22
約復為兄○ 389/188/15
王良之○子駕 407/194/3
遇造父之○子 407/194/3
造父之○子曰 407/194/3
王良○子曰 407/194/4
願為兄○而請罪於秦 411/196/1
其○蘇代欲繼之 415/197/27
王誠能毋愛寵子、母○以為質 415/198/26
蘇秦○厲因燕質子而求見齊王 416B/200/3
將令燕王之○為質於齊 428/207/26
宋與楚為兄○ 446A/219/22

的 dì 1

今夫鵠○非咎罪於人也 142/73/8

帝 dì 66

稱○而治 40/13/9
黃○伐涿鹿而禽蚩尤 40/13/16
雖古五○、三王、五伯 40/13/22
不遭時不得○王 66/27/8
卒擅天下而身立為○王 73A/30/2
五○之聖而死 73A/30/6
使秦業○ 81/36/27
卒事始皇○ 81/37/20
則秦○ 86/40/18
秦○ 86/40/18
先○文王、莊王 87/40/29
為○若未能 87/42/4
於以禁王之為○有餘 87/42/4
歸○重於齊 87/42/5
古之五○、三王、五伯之伐也 111/54/9
意者秦王○王之主也 134/66/3
秦使魏冉致○ 141A/70/10
○名為無傷也 141A/70/13
齊、秦立為兩○ 141B/70/18
釋○則天下愛齊乎 141B/70/19
兩○立 141B/70/19
夫約然與秦為○ 141B/70/20
齊釋○ 141B/70/21
故臣願王明釋○ 141B/70/21
故釋○而貳之以伐宋之事 141B/70/23
天○使我長百獸 154/81/4
是逆天○命也 154/81/5
橫成則秦○ 167/85/27
王難得見如天○ 180/93/29
因鬼見○ 180/93/29
○王不相襲 221/118/21
黃○、堯、舜誅而不怒 221/118/22
○王之兵 225/120/25
前與齊湣王爭強為○ 236/126/14
已而復歸○ 236/126/15
其意欲求為○ 236/126/15
趙誠發使尊秦昭王為○ 236/126/16
聞魏將欲令趙尊秦為○ 236/126/18
魏王使將軍辛垣衍令趙○秦 236/126/20
彼則肆然而為○ 236/127/1
梁未睹秦稱○之害故也 236/127/4
使梁睹秦稱○之害 236/127/5
秦稱○之害將奈何 236/127/5
曷為與人俱稱○王 236/127/17
欲從而○之 236/127/25
且秦無已而○ 236/127/26
不敢復言○秦 236/128/2
且王之先○ 239A/129/9
築○宮 272/143/4,273/144/20

347/173/4,348A/174/5
黃○戰於涿鹿之野 297/152/1
黃○之所難也 297/152/2
○女令儀狄作酒而美 307/155/26
今強國將有○王之舋 391/189/20
則我立○而霸 391/189/22
○者與師處 418/200/24
秦為西○ 419/201/29
趙為中○ 419/201/29
燕為北○ 419/201/30
立為三○而以令諸侯 419/201/30
並立三○ 419/202/2
其後荊軻客高漸離以擊
筑見秦皇○ 440/217/28
而以筑擊秦皇○ 440/217/28
彼乃○王之后 458/224/29

第 dì 1

視次○ 346/172/24

遞 dì 2

今齊、楚、燕、趙、韓
、梁六國之○甚也 111/54/4
而○相罷弱 111/54/5

瘨 diān 1

○而殫悶 170/89/13

顛 diān 1

○蹶之請 125/61/14

典 diǎn 4

負雞次之○以浮於江 170/89/21
蒙穀獻○ 170/89/22
我○主東地 177/93/1
今王之國有柱國、令尹
、司馬、○令 384/185/13

殿 diàn 3

倉鷹擊於○上 343/171/22
群臣侍○上者 440/217/15
皆陳○下 440/217/16

電 diàn 1

戰如雷○ 112/54/25

凋 diāo 1

為其○榮也 72/29/10

貂 diāo 11

黑○之裘弊 40/13/29
○勃常惡田單 147/77/7
故為酒而召○勃 147/77/7
○勃曰 147/77/8
147/77/23,147/77/24
○勃可 147/77/15
○勃使楚 147/77/15
○勃從楚來 147/77/22
○勃避席稽首曰 147/77/22
黑○之裘 208/108/6

雕 diāo 1

黑齒○題 221/117/15

弔 diào 9

臣來○足下 110/53/20
然則子何以○寡人 110/53/22
諸侯皆○ 236/127/7
閔王欲入○ 236/127/21
天子○ 236/127/22
然后天子南面○也 236/127/22
因仰而○ 411/195/19
此一何慶○相隨之速也
411/195/19
燕王○死問生 418/201/7

吊 diào 1

何○ 110/53/20

釣 diào 4

身為漁父而○於渭陽之
濱耳 73A/29/29
無○罕鐔蒙須之便 225/121/2
而為此○罕鐔蒙須之便 225/121/3
魏王與龍陽君共船而○
341/170/14

迭 dié 1

五霸○盛 412/196/18

昳 dié 1

身體○麗 108/52/13

堞 dié 1

盡○中為戰具 142/73/23

牒 dié 1

孟嘗君乃取所怨五百○
削去之 136A/67/7

丁 dīng 4

富○欲以趙合齊、魏 229A/122/9
富○恐主父之聽樓緩而
合秦、楚也 229A/122/9
司馬淺為富○謂主父曰
229A/122/11
魏因富○且合於秦 229B/122/23

鼎 dǐng 24

秦興師臨周而求九○ 1/1/3
欲興兵臨周而求九○ 1/1/4
得九○ 1/1/5,1/1/15
齊將求九○ 1/1/8
願獻九○ 1/1/9
夫梁之君臣欲得九○ 1/1/10
○入梁 1/1/11
楚之君臣欲得九○ 1/1/12
○必不出 1/1/12
夫○者 1/1/13
凡一○而九萬人輓之 1/1/15
弊邑遷○以待命 1/1/18
齊、秦恐楚之取九○也 29/10/10

九○存焉 33/11/12
九○寶器必出 44/17/25
據九○ 44/17/26
周自知失九○ 44/18/7
以○與楚 44/18/8
夕調乎○鼐 192/98/10
東收兩周而西遷九○ 220/115/23
伊尹負○俎而干湯 257/136/26
是以九○印甘茂也 355/175/28
故○反於麻室 431/210/1

定 dìng 42

疾○所從出 1/1/18
是君卻秦而○周也 23/8/18
遂○蜀 44/18/11
破齊○封 65/26/30
○身封 69/28/8
210/109/8,248/132/23
佐欲○其弟 82B/38/8
西圍○陽 142/73/22
故○計而堅守之 145/75/15
請裂地○封 145/75/26
今國已○ 147/77/14,147/78/2
○白公之禍 170/89/1
三國可○也 173B/90/30
而交未○於齊、秦 185/95/27
不可不早○也 201/102/24
以○身封 201/102/27
君其○居晉陽 203/104/6
號令以○ 203/104/12
而封地不○ 210/109/7
河間封不○而齊危 215/111/10
願大王之○計 220/116/6
今王即○負遺俗之慮 221/116/23
趙計未○ 233/123/26
交○ 247/132/11
齊乃令公孫衍說李兌以
攻宋而○封焉 248/132/15
封不可不早○也 248/132/21
○無罪之君 249/134/2
前慮不○ 272/143/15
此其暴於戾○矣 301/153/12
韓大夫知王之老而太子
○ 379/183/28
韓咎立為君而未○也 383C/185/3
而王與諸臣不事為尊秦
以○韓者 390/188/28
晉文公一勝於城濮而○
天下 390/189/1
桓公亦○霸矣 391/189/17
未有所○也 440/214/20
田先生坐○ 440/215/4
荊軻坐○ 440/215/20
事遂○ 455/223/12,455/223/28
天下可○ 461/227/5

冬 dōng 1

○夏是也 87/40/28

東 dōng 263

臣請○借救於齊 1/1/3
臣請○解之 1/1/8
而德○周 2/2/2
○周與西周戰 3A/2/6
為○周謂韓王曰 3A/2/6
可以德○周 3A/2/7
○周與西周爭 3B/2/11
齊明謂○周君曰 3B/2/11
令之為己求地於○周也 3B/2/12
今○周之兵不急西周 3B/2/12
○周欲為稻 4/2/18
○周患之 4/2/18
蘇子謂○周君曰 4/2/18
所以富○周也 4/2/19
○周必復種稻 4/2/20
則○周之民可令一仰西周 4/2/21
信○周也 5B/3/4
子○重於齊 7/3/17
公○收寶於秦 10A/4/16
徐為之○ 10A/4/16
將興趙、宋合於○方以
孤秦 13/5/21
請謂王聽○方之處 18/7/7
之○周 19/7/12
盡輸西周之情於○周 19/7/12
○周大喜 19/7/12
因使人告○周之候曰 19/7/14
候得而獻○周 19/7/15
○周立殺昌他 19/7/15
昭翦與○周惡 20/7/19
西周甚憎○周 20/7/19
嘗欲○周與楚惡 20/7/20
因宣言○周也 20/7/20
吾又恐○周之賊己而以
輕西周惡之於楚 20/7/21
遽和○周 20/7/21
欲王令楚割○國以與齊也 22/8/7
而以楚之○國自免也 22/8/8
齊得○國而益強 22/8/9
必○合於齊 34/11/19
令軍設舍速○ 37/12/10
○有肴、函之固 40/13/7
山○之國 40/14/13
反覆○山之君 41A/14/24
○伏於陳 42/16/2
○以強齊、燕 42/16/3,42/16/7
○陽河外不戰而已反為
齊矣 42/16/18
以○弱齊、燕 42/16/20
王不如以地○解於齊 51/21/23
公聞○方之語乎 67/27/19
今公○而因言於楚 67/27/22
韓、魏○聽 70/28/14
齊有○國之地 70/28/14
今反閉而不敢窺兵於山
○者 73A/30/25
臣居山○ 73B/31/26
○地入齊 78/34/8
梁人有○門吳者 79/34/14
○門吳曰 79/34/15
○鄙之賤人也 80/35/11
客新有從山○來者蔡澤 81/37/13
○收周室 81/37/17
寡人欲割河○而講 83A/38/13
割河○ 83A/38/14,247/132/2
王割河○而講 83A/38/18
山○戰國有六 86/40/14
威不掩於山○ 86/40/14
山○之建國可兼與 86/40/15
使○遊韓、魏 86/40/19
王徙○北 87/40/24
○負海 87/42/3
王襟以山○之險 87/42/8
衛無○野 88/42/18
芻牧薪采莫敢闚○門 88/42/18
在○周 91/44/4
臣恐其害於○周 92/44/14
山○必恐 95/46/24

實得山○以敵秦 95/46/25
必○愬於齊 103/51/3
○愬於齊 103/51/6
陳軫合三晉而○謂齊王曰 111/54/3
非山○之上計也 111/54/5
能危山○者 111/54/5
此臣之所以為山○之患 111/54/6
何秦之智而山○之愚耶 111/54/7
秦得絳、安邑以○下河 111/54/11
必表裏河而○攻齊 111/54/11
必○攻齊 111/54/17
○有琅邪 112/54/23
託於○海之上 113/55/27
○方有大變 115/56/16, 115/56/24
然則是君自為燕○兵 119/58/1
○有趙、魏 121/58/19
秦○面而伐齊 121/58/22
以市其下○國 122/58/26
與我下○國 122/58/28
然則下○國必可得也 122/58/29
可以令楚王亟入下○國 122/59/1
以市下○國也 122/59/5
122/59/10
非亟得下○國者 122/59/6
使亟入下○國之地 122/59/7
今王不亟入下○國 122/59/10
因獻下○國 122/59/11
○國之桃梗也 124/60/29
○郭逡者 132A/63/30
韓子盧逐○郭逡 132A/64/1
封衛之○野 132B/64/11
絶趙之○陽 132B/64/12
○西南北 136B/67/21
世無○郭俊、盧氏之狗 137/69/3
有淮北則楚之○國危 141B/70/22
有濟西則趙之河○危 141B/70/22
藉力魏而有河○之地 142/71/11
○伐齊 142/73/28
而○次於齊 142/74/4
殺之○閭 143/74/12
魏不敢○面 145/75/16
○游於齊乎 145/75/26
當今將軍○有夜邑之奉 148/78/16
故楚南察瀨胡而野江○ 166/85/7
○有夏州、海陽 167/85/16
臣請令山○之國 167/85/24
下河○ 168/86/22
則從竟陵已○ 168/87/2
舉宋而○指 168/87/15
託○海之上 168/87/26
下塞以○ 170/89/17
予我○地五百里 177/92/3
來取○地於楚 177/92/8
齊使來求○地 177/92/8
以○地五百里許齊 177/92/11
齊使來求○地五百里 177/92/16
177/92/20
今去○地五百里 177/92/17
令往守○地 177/92/28
使守○地 177/92/30
齊使人以甲受○地 177/93/1
我典主○地 177/93/1
攻○地 177/93/3
又欲奪之○地五百里 177/93/4
○地復全 177/93/6
○有越纍 185/95/27
隨而攻○國 195/99/9
不若令屈署以新○國為和於齊以動秦 195/99/10
秦恐齊之敗○國 195/99/10
遽令屈署以○國為和於齊 195/99/11
毋與齊○國 195/99/12
雁從○方來 198/100/19
奈何以保相印、江○之封乎 200/101/24
○流至海 208/107/27
此代馬胡駒不○ 209/108/24
然山○不能易其路 217/111/27
山○之愚也 217/111/27
是臣所為山○之憂也 217/111/27
今山○之主不知秦之即己也 217/111/29
○闚於周室甚 217/112/1
○面而攻韓 217/112/5
秦欲已得行於山○ 218/113/7
山○之建國 218/113/10
○有清河 218/113/11
秦必不敢出兵於函谷關以害山○矣 218/114/8
行於天下山○ 220/115/21
○收兩周而西遷九鼎 220/115/23
而韓、魏稱為○蕃之臣 220/116/2
軍於邯鄲之○ 220/116/4
今吾國○有河、薄洛之水 221/117/20
○有燕、○胡之境 221/117/21
不如請以河○易燕地於齊 227/121/19
齊有河○ 227/121/20
以河○之地強齊 227/121/20
乃以河○易齊 227/121/22
且○ 232/123/18
因發虞卿○見齊王 233/125/11
而封以○武城 234/125/20
夫君封以○武城不讓無功 234/125/21
○國有魯連先生 236/126/22
則連有赴○海而死矣 236/127/1
○藩之臣田嬰齊後至 236/127/8
與韓氏大吏○免 249/133/8
而兵○分於齊 249/133/25
趙王因割濟○三城令盧、高唐、平原陵地城邑市五十七 252/135/8
乃割濟○三令城市邑五十七以與齊 252/135/10
○有淮、穎、沂、黃、煮棗、海鹽、無(疎)〔疏〕 272/142/28
稱○藩 272/143/4, 338/169/3
347/173/4, 348A/174/5
○與齊境 273/143/24
則齊攻其○ 273/143/25
○與齊而不與趙 273/143/26
秦甲出而○ 273/144/12
請稱○藩 273/144/20
故王不如復○蘇秦 275/145/6
秦敗○周 287/148/9
而和於○周與魏也 287/148/14
於是○見田嬰 292/149/22
而○夷之民不起 297/152/2
因請以下兵○擊齊 309/156/28
有意欲以下大王之兵○擊齊也 309/157/5
後山○之士 309/157/6
以○擊齊 309/157/8
以○臨許 315/161/20
○至陶、衛之郊 315/161/25
何故不能有地於河○乎

317B/163/17
山○之要也 318/163/22
是示天下要斷山○之脊也 318/163/23
是山○首尾皆救中身之時也 318/163/23
山○見亡必恐 318/163/24
山○尚強 318/163/24
今秦國與山○為讎 318/163/27
山○之從 325/165/26
欲王之○長之待之也 326/166/5
○有宛、穰、洧水 347/172/28
山○之卒 348A/173/21
夫秦卒之與山○之卒也 348A/173/22
○取成皋、宜陽 348A/173/27
臣恐山○之無以馳割事王者矣 351/174/28
魏氏不敢○ 380/184/5
韓適有○孟之會 385/186/14
安成君○重於魏 386/187/8
周啓以○周善於秦 387/187/22
伏軾結靷○馳者 388/188/6
以○闚周室 389/188/13
必為山○大禍矣 389/188/13
使山○皆以銳師戍韓、梁之西邊 389/188/16
山○無以救亡 389/188/16
然則山○非能從親 389/188/19
○孟之會 391/189/14
○周寶之 402/193/3
燕○有朝鮮、遼○ 408/194/10
軍於○垣矣 408/194/17
○不如齊 409/195/1
豈能○無齊、西無趙哉 409/195/1
臣○周之鄙人也 412/196/8
415/197/27
又高於所聞○周 415/197/28
故王不如○蘇子 417/200/15
今王有○嚮伐齊之心 420/202/26
登丘○嚮而歎 420/202/28
子以此為寡人○游於齊 420/203/1
○下隨 422/203/30
以膠○委於燕 422/204/20
以膠○ 422/204/23
此臣之所為山○苦也 432/210/23
432/211/2
今山○合弱而不能如一 432/210/26
是山○之知不如魚也 432/210/27
今山○三國弱而不能敵秦 432/210/28
然而山○不知相索 432/210/28
今山○之相與也 432/211/1
山○之主遂不悟 432/211/2
山○相合 432/211/5
山○不能堅為此 432/211/9
齊軍其○ 436/212/20
皆率其精兵○保於遼○ 440/217/25
齊欲伐河○ 454/222/31
○至竟陵 461/226/10
○徙而不敢西向 461/226/10
韓、魏以故至今稱○藩 461/226/12

董 dǒng 9

○之 126/61/20
夫○閼安于 203/104/5
臣聞○子之治晉陽也 203/104/8
203/104/10
魏以○慶為質於齊 274/144/25
將殺○慶 274/144/25
旰夷為○慶謂田嬰曰 274/144/26
今殺○慶 274/144/27
不如貴○慶以善魏 274/144/27

洞 dòng 3

取○庭、五都、江南 42/16/2
南有○庭、蒼梧 167/85/16
右有○庭之水 269/141/24

凍 dòng 1

解○而耕 86/40/10

動 dòng 25

是以兵○而地廣 81/36/24
然後危○燕、趙 87/42/12
○於顏色 101/50/10
則五兵不○而諸侯從 142/73/12
天下震○驚駭 145/76/9
則鄢、郢○矣 167/85/20
魏則從風而○ 168/86/23
不若令屈署以新東國為和於齊以○秦 195/99/10
二主色○而意變 203/104/29
心○ 204B/106/10
昨日我談粗而君○ 208/108/3
今日精而君不○ 208/108/3
夫秦下軹道則南陽○ 218/113/6
不敢○搖 220/115/22
○有明古先世之功 221/116/17
承教而○ 221/118/8
知者不變俗而○ 221/118/16
據俗而○者 221/118/17
事秦則楚、韓必不敢○ 273/144/7
今王○欲成霸王 334/168/7
王之○愈數 334/168/8
而○千里之權者 344A/172/4
犬不○ 374/182/27
而趙不敢妄○矣 413/197/12
天下莫不振○ 431/209/9

兜 dōu 1

堯伐驩○ 40/13/16

斗 dǒu 16

不費○糧 40/14/11
其令邑中自○食以上 74/32/22
先生王○造門而欲見齊宣王 137/68/22
王○曰 137/68/22
137/68/27, 137/69/1
137/69/3, 137/69/5, 137/69/6
○趨見王為好勢 137/68/22
王趨見○為好士 137/68/22
王○對曰 137/68/24
○生於亂世 137/68/25
乃令工人作為金○ 413/197/4
即因反○擊之 413/197/5
因反○而擊之 413/197/6

豆 dòu 2

非麥而○ 348A/173/17

大抵○飯藿羹 348A/173/17

脰 dòu 2

有斷○決腹 170/88/21
故斷○決腹 170/89/7

竇 dòu 5

為○屢謂魏王曰 287/148/10
王不若與○屢關內侯 287/148/11
聞周、魏令○屢以割魏
　於奉陽君 287/148/12
夫周君、○屢、奉陽君
　之與穰侯 287/148/12
○屢也 287/148/13

鬬 dòu 23

有兩虎諍人而○者 51/21/29
今兩虎諍人而○ 51/22/1
與樂死者○ 75/33/8
毋相與○者 77/33/24
大相與○矣 77/33/29
此猶兩虎相○而駑犬受
　其弊 87/40/27
其民無不吹竽、鼓瑟、
　擊筑、彈琴、○雞、
　走犬、六博、蹹踘者 112/54/27
然而使公孫子與徐子○ 147/77/9
蒙穀給○於宮唐之上 170/89/20
舍○奔郢曰 170/89/21
若越趙、魏而○兵於燕 201/103/3
土梗與木梗○曰 208/107/25
而相○兩罷 217/111/28
決不相○矣 217/111/29
而尚相○兩敝 217/111/29
夫斷右臂而求與人○ 220/116/2
夫不○一卒 234/125/18
王游人而合其○ 301/153/7
趙必復○ 326/166/4
公仲躬率其私徒以○於
　秦 359/177/18
若夫越趙、魏而○兵於
　燕 362/179/11
秦、楚○之日也已 364/179/26
莫有○志 461/226/20

都 dū 40

又能為君得高○ 25/9/4
公何不以高○與周 25/9/8
何為與高○ 25/9/9
與之高○ 25/9/9
是公以弊高○得完周也 25/9/10
不徵甲與粟於周而與高○ 25/9/11
取洞庭、五○、江南 42/16/2
王不如因而賂之一名○ 50/21/14
大其○者危其國 73B/32/4
○大者危其國 74/32/22
妻子衣服麗○ 136B/68/11
而○縣之費也 142/72/17
通○小縣置社 142/72/20
效萬家之○ 168/87/22
郢○必危矣 192/97/22
則地與國○邦屬而壤挈
　者七百里 209/108/21
請以三萬戶之○封太守
　211/110/11
傳之國○而止矣 218/113/14
相○平君田單問趙奢曰
　225/120/23
○平君喟然大息曰 225/121/9
亡一○尉 235/125/27
得二○ 247/132/2
若萬戶之○ 251/134/20
故君不如遣春平侯而留
　平○侯 261/138/23
而贖平○侯 261/138/24
垂○焚 315/161/24
名○數十 315/161/26
平○君說魏王曰 327/166/9
平○君曰 327/166/9,327/166/10
賂之以一名○ 357/176/16
今又得韓之名○一而具
　甲 357/176/19
臣請令楚築萬家之○於
　雍氏之旁 383A/184/23
距國○矣 408/194/18
再圍燕○而劫大王 413/197/9
王因令章子將五○之兵
　416A/199/27
不憚以一國○為功 419/201/26
入○邑 458/224/26
中山君饗○士 459B/225/16
圍其國○ 461/226/26

督 dū 3

唯大王有意○過之也 220/115/22
與燕○亢之地圖獻秦王 440/216/7
及獻燕之○亢之地圖 440/217/6

毒 dú 1

而怨○積惡 209/108/12

獨 dú 85

而公○脩虛信為茂行 14B/6/7
必無○知 30/10/17
○知之契也 30/10/17
韓亡則荊、魏不能○立 42/16/19
荊、魏不能○立 42/16/19
非○儀知之也 48B/19/20
非○儀之言也 49/20/12
○不賀 50/21/2
子○不賀 50/21/3
子○不可以忠為子主計 51/21/26
王○不聞吳人之遊楚者
　乎 51/21/27
○不重任臣者後無反覆
　於王前耶 72/29/3
○不足以厚國家乎 72/29/7
○恐臣死之後 73A/30/13
趙○擅之 73A/31/7
臣今見王○立於廟朝矣 73B/32/7
臣必聞見王○立於庭也 74/32/24
臣願王之毋○攻其地 75/33/8
君○不觀博者乎 81/37/5
而王使之○攻 87/42/2
王○利魯、宋之小 98/49/4
吾○謂先王何乎 101/50/9
而齊民○不也 111/54/10
○鬼事耳 124/60/24
臣○入諫 130/63/15
豈○不得盡 135/66/23
卹孤○ 138/69/18
而天下○尊秦而輕齊 141B/70/20
然而天下○歸咎於齊者 142/71/20
而○舉心於齊者 142/71/22
今燕王方寒心○立 145/75/20

今王得安平君而○曰『單』 147/77/25
楚不能○守 177/92/21
楚亦不能○守 177/92/21
雖然楚不能○守也 177/92/25
寡人之○何為不好色也 182/94/16
王○不見夫蜻蛉乎 192/98/1
君○無意湔拔僕也 199/101/9
子○何為報讎之深也 204B/106/22
○吞趙 215/111/13
豈○田單、如耳為大過哉 219/114/30
○制官事 220/116/8
有○知之慮者 221/116/20
子○弗服 223/119/28
○將軍之用眾 225/120/24
○無以教之乎 232/123/19
今秦釋韓、魏而○攻王 233/124/14
至來年而王○不取於秦 233/124/15
而齊○朝之 236/127/7
先生○未見夫僕乎 236/127/10
君令菅乘○斷之車 240/129/24
御○斷之勢 240/129/24
而○以趙惡秦 241/130/3
今王無齊○安得無重天下 246/131/14
公之客○有三罪 257/136/23
吾往賀而○不得通 258B/137/17
微○趙 262/139/15
而○以吾國為知氏質乎 264A/140/10
王○不見夫服牛驂驥乎 290/149/3
而王○舉宋 297/151/14
王○不見夫博者之用梟邪 312/159/15
非○此五國為然而已也 319/164/6
是王○受秦患也 319/164/10
欲○以魏支秦者 321/164/23
荊、齊不能○從 325/165/29
而公○與王主斷於國者 359/177/23
○尚子之言是 366/180/11
○不可使妾少有利焉 366/180/14
而政○安可嘿然而止乎 385/186/4
○行仗劍至韓 385/186/12
非○政之能 385/186/24
而○厚取德焉 387/187/20
而許異○取相焉者 391/189/19
而桓公○取霸者 391/189/20
韓不能○立 396A/190/26
○戰則不能 415/198/15
燕兵○追北入至臨淄 418/201/9
唯○莒、即墨 418/201/10
而王○弗從也 419/202/4
又不愛丈夫子○甚 428/208/4
臣是以知人主之不愛丈夫子○甚也 428/208/7
然而常○欲有復收之之志若此也 429/208/17
且非○於此也 440/214/27
為中山之○與燕、趙為王 455/223/19
○不可語陰簡之美乎 457/224/11

牘 dú 1

取筆○受言 149B/79/12

讀 dú 2

○書欲睡 40/14/3
因罷兵到○而去 145/76/13

睹 dǔ 3

○貌而相悅者 128/62/8
梁未○秦稱帝之害故也 236/127/4
使梁○秦稱帝之害 236/127/5

賭 dǔ 1

○其一戰而勝 236/127/25

篤 dǔ 1

應侯遂稱○ 81/37/16

覩 dǔ 4

終身不○ 149B/79/3
不以不○之故 149B/79/3
文侯謂○師贊曰 265/140/23
未○其利 461/226/28

杜 dù 15

○赫欲重景翠於周 16/6/20
○左右之口 40/14/15
楚兵大敗於○陵 50/21/18
是以○口裹足 73A/30/13
果惡王稽、○摯以反 80/35/9
賜死於○郵 81/37/1
○大梁之門 87/41/1
○赫曰 106/51/29
楚○赫說楚王以取趙 165/84/22
○赫怒而不行 165/84/26
○赫謂昭陽曰 185/95/21
185/95/26
以○燕將 252/135/18
○赫為公仲謂秦王曰 356B/176/10
故樗里疾大說○聊 356B/176/10

妬 dù 15

今王○楚之不毀也 87/41/13
其為人疾賢○功臣 95/47/4
人臣莫難於無○而進賢 179/93/20
至於無○而進賢 179/93/21
必知其無○而進賢也 179/93/22
亦必無○而進賢 179/93/22
而○者 190/97/5
鄭袖知王以己為不○也 190/97/8
奉陽君○ 218/112/22
而世不○其業 219/114/20
必不免為○婦也 233/124/1
魏冉必○君之有陰也 249/133/4
魏冉○ 249/133/5
而郎中甚○之 261/138/22
而群臣相○以功 461/226/16

度 dù 10

夫商君為孝公平權衡、正○量、調輕重 81/36/23
予忖○之 87/41/15
臣竊○之 112/54/26
內○其士卒之眾寡、賢與不肖 218/113/19
告齊使興師○清河 220/116/3

法○制令　221/118/22
王者得○　301/153/5
疏於○而遠於計　301/153/5
○呼沱　408/194/17
盡失其○　440/217/15

渡 dù　3

○平原　95/47/1
顧○河踰漳　220/115/25
秦兵旦暮○易水　440/216/5

蠹 dù　4

○魏　42/16/19
○　46/18/23
若木之有○　73A/31/16
幣帛矯○而不服矣　142/72/1

剬 duān　1

夫○楚者王也　122/59/26

端 duān　6

持二○　3B/2/12
萬○俱起　40/13/19
無○者　136B/68/4
韓、魏之君視疵○而趨
　疾　202/103/18
必以路涉、○氏賂趙　213/110/29
敢○其願　438/213/11

短 duǎn　10

斷長續○　42/15/20
今秦地斷長續○　42/17/6
身大臂○　95/47/8
臂○不能及　95/47/12
請掩足下之○者　127/61/28
之其所○　129/62/25
絕長續○　192/97/29
老臣以媼為長安君計○
　也　262/139/18
鄰有○褐而欲竊之　442/218/15
此猶錦繡之與○褐也　442/218/21

段 duàn　11

○干綸曰　102/50/22,102/50/23
若魏文侯之有田子方、
　○干木也　127/62/2
○規諫曰　203/103/25
康子之謀臣曰○規　203/105/3
將使○干崇割地而講　312/159/7
○干子也　312/159/10
○規謂韓王曰　344A/172/3
○規曰　344A/172/4
○產謂新城君曰　406/193/26
○干越人謂新城君曰　407/194/3

斷 duàn　36

○死於前者比是也　42/15/18
夫○死與○生也不同　42/15/18
○長續短　42/15/20
今秦地○長續短　42/17/6
刑必○於有罪　72/29/2
則其國○而為三　73A/31/21
涇陽、華陽擊○無諱　73B/31/28
○齊、秦之要　87/41/4
士○於兵　142/72/26
○右壤　145/75/16
貴甚矣而主○　161/83/20
有○脰決腹　170/88/21
故○脰決腹　170/89/7
則大臣主○國私以禁誅
　於己也　197/100/2
據本議制○君命　200/102/10
常苦出辭○絕人之交　218/112/27
物不○也　219/114/24
此○趙之右臂也　220/116/2
夫○右臂而求與人鬬　220/116/2
肉試則○牛馬　225/120/28
而刃不○　225/121/2
則未入而手○　225/121/2
王以此○之　233/125/4
荊慶之○　238/128/26
君令葺乘獨○之車　240/129/24
御獨○之勢　240/129/24
卒○紂之頭而縣於太白
　者　242/130/13
是示天下要○山東之脊
　也　318/163/23
皆陸○馬牛　347/173/2
○絕韓之上地　348A/173/27
而公獨與王主○於國者
　359/177/23
貴重主○　416A/199/6
一日而○太行　422/204/1
○其左股　440/217/18
緤錯主○於國　451/221/19

兌 duì　22

為周最謂李○曰　23/8/15
李○用趙　73B/32/5,197/100/6
此亦淖齒、李○之類已　73B/32/6
蘇秦說李○曰　208/107/21
李○曰　208/107/23
　208/107/29,208/108/2
○盡知之矣　208/107/23
李○見之　208/107/24
明日復來見○也　208/107/29
李○舍人謂李○曰　208/108/1
李○送蘇秦明月之珠　208/108/5
教子欬謂李○曰　229B/122/23
李○約五國以伐秦　247/131/20
秦逐李○　247/131/24
李○必死　247/131/24
齊乃令公孫衍說李○以
　攻宋而定封焉　248/132/15
李○乃謂齊王曰　248/132/16
奉陽君李○甚不取於蘇
　秦　409/194/27
李○因為蘇秦謂奉陽君
　曰　409/194/27

隊 duì　1

○黃城　142/71/13

對 duì　163

○曰　1/1/12,2/1/22,2/1/24
　2/1/26,9/4/8,32/11/2
　44/17/24,49/20/1,50/21/4
　53/22/15,55/23/9,61B/25/17
　61B/25/17,81/35/24
　83A/38/13,83A/38/17
　83A/38/17,83B/38/25

83B/38/26,96/48/4,96/48/5
99/49/12,109/53/13
110/53/22,115/56/23
122/59/7,125/61/10
125/61/11,133/64/28
135/66/23,136B/67/15
139/69/27,139/69/27
141A/70/11,141B/70/20
146/76/25,146/76/25
153/80/20,164/84/16
166/85/3,180/93/28
198/100/21,200/101/17
200/101/18,201/102/29
201/102/30,201/103/2
202/103/18,203/104/27
204A/105/26,211/110/1
212/110/22,239B/129/16
256/136/16,257/136/22
258A/137/4,258A/137/6
258A/137/7,262/139/8
262/139/9,262/139/10
287/148/11,301/153/4
303B/154/6,312/159/15
317B/163/8,339/169/15
341/170/15,341/170/16
345/172/16,348B/174/9
359/177/21,359/177/29
359/178/1,359/178/4
360/178/13,362/179/9
367/180/29,367/181/1
367/181/7,374/182/26
376/183/11,388/188/3
409/195/1,411/195/22
411/195/28,412/196/25
414/197/21,415/198/1
415/198/15,415/198/24
416A/199/7,416A/199/7
420/202/15,420/202/17
420/202/21,420/202/28
420/203/2,420/203/6
426/206/27,428/208/5
438/213/4,459A/225/10

客即○曰 9/4/7
陳軫○曰 50/21/3,187/96/10
甘茂○曰 55/23/3
55/23/22,60/24/21
秦之右將有尉○曰 57/24/3
所以王三問而不○者是也 73A/30/4
中期推琴○曰 83B/38/30
群臣莫○ 96/47/22,154/81/3
姚賈○曰 96/47/22
齊貌辨○曰 101/50/11
張丐○曰 103/50/30
公孫弘○曰 134/66/8,134/66/9
斶○曰 136B/67/13,136B/67/25
王斗○曰 137/68/24
左右嘿然莫○ 140/70/3
田需○曰 140/70/4
江一○曰 154/81/3
范環○曰 166/85/4
莫敖子華○曰 170/88/19
170/88/20,170/88/25
170/89/29
棼冒勃蘇○曰 170/89/14
慎子○曰 177/92/26
莊辛○曰 192/97/28
張孟談○曰 204A/105/22
蘇秦○曰 208/107/24
趙豹○曰 211/109/28
二人○曰 211/110/8,459B/225/17
皆○曰 216/111/18
應○而不怨 223/119/26
趙王乃令鄭朱○曰 228/121/27
馮忌○曰 231/123/8
故不敢○ 233/124/2
樓緩○曰 233/124/13
安敢不○乎 238/128/21
諒毅○曰 258B/137/24
贊○曰 265/140/23
吳起○曰 269/141/20,269/141/23
公叔痤○曰 271/142/18
周訢○曰 311/158/16
張旄○曰 320/164/15
唐且○曰 338/169/2
343/171/17,343/171/19
田苓○曰 399/192/10
郭隗先生○曰 418/200/24
涓人○曰 418/201/2
蘇代○曰 421/203/18
故敢以書○ 431/209/17
臣○曰 431/209/25
武○曰 440/214/19
登○曰 454/222/17

敦 dūn 1

家○而富 112/54/28

盾 dùn 1

甲、○、鞮、鍪、鐵幕、革抉、吠芮 347/173/2

鈍 dùn 2

三十餘萬弊甲○兵 177/93/2
今宣君有微甲○兵 220/115/24

遁 dùn 8

○逃來奔 80/35/11
豫讓○逃山中 204B/106/8
無○其死 221/118/13
今周㝡○寡人入齊 337/168/24
故○逃奔趙 431/209/15
齊王逃○走莒 431/209/30
乃夜○ 436/212/22
中山必○燕、趙 455/223/21

頓 dùn 25

聞戰○足徒裼 42/15/18
然而甲兵○ 42/15/22
內者吾甲兵○ 42/16/26
齊舉兵而為之○劍 63/26/11
秦王欲見○弱 86/40/6
○弱曰 86/40/6,86/40/14
於是○子曰 86/40/7
○子曰 86/40/8
86/40/15,86/40/17
○子之說也 86/40/20
以○其兵 132A/64/2
不○一戟 234/125/18
虛、○丘危 284/147/21
而請為天下鴈行○刃 315/161/29
○首塗中 411/196/1
魏無虛、○丘 422/204/6
以臣為不○命 431/210/3
○齊兵 433/211/16
○齊國 433/211/26
太子避席○首曰 440/215/20

太子前○首 440/216/1
司馬憙○首於軾曰 456/224/5
武安君○首曰 461/227/3

多 duō 107

○名器重寶 3A/2/6
使無○割 10B/4/20
張於○鳥處 16/6/21
然後能○得鳥矣 16/6/22
則眾必○傷矣 23/8/16
亦已○矣 25/9/9
公之功甚○ 27/9/25
君為○巧 30/10/18
最為○詐 30/10/18
○於二縣 33/11/12
蓄積饒○ 40/13/8
民○偽態 40/13/19
以季子之位尊而○金 40/14/19
固○憂乎 46/18/24
天下不以為○張儀而賢先王 55/23/11
則公之功○矣 58/24/11
楚客來使者○健 60/24/21
則寄地必○矣 62/25/24
○出兵 63/26/10
公不若毋○ 68/28/4
功○者其爵尊 72/28/29
車騎之○ 73A/30/24
○之則害於秦 73A/31/1
魏○變之國也 73A/31/12
張儀之力○ 75/33/9
金盡者功○矣 77/33/28
○功而不矜 81/36/5
秦之楚者○資矣 84A/39/12
王之功亦○矣 87/41/2
聚少而為○ 88/42/25
客○以諫 99/49/10
齊貌辨之為人也○疵 101/49/24
然後王可以○割地 115/56/16
115/56/24
楚之勢可○割也 122/59/14
齊之所以敢○割地者 122/59/21
故○割楚以滅迹也 122/60/2
分地又非○韓、魏也 142/71/20
夫後起之籍與○而兵勁 142/71/26
其士○死而兵益弱 142/73/7
而○與天下為仇 142/73/11
士卒○死 145/75/9
國弊禍○ 145/75/20
齊○知 149B/79/8
○受秦間金玉 149B/79/14
里數雖○ 168/87/1
○與存國相若 170/89/23
○賂諸侯以王之地 179/93/18
今諸侯明知此○詐 187/96/12
裁少為○ 189/96/26
○失禮於王兄弟 200/101/24
今為馬○力則有矣 201/103/2
趙氏分則○十城 204A/106/1
即○割 217/112/13
而○求地 217/112/16
○聽而時用之 219/114/18
用力少而功○ 221/116/19
窮鄉○異 221/117/18
曲學○辨 221/117/18
而循禮未足○也 221/118/24
坐此者○矣 232/123/21
秦兵不敝而○得地 233/124/25
○在君之右 234/125/20
而令趙人○君 237/128/11
知老而○ 240/129/22
以日○之知 240/129/23
不倦而取道○ 240/129/24
而地可○割 245/131/2
群臣必○以臣為不能者 246/131/8
而挾重器○也 262/139/17
○予之重器 262/139/17
乃○與趙王寵臣郭開等金 263/139/28
以○取封於秦 263/139/28
夫物○相類而非也 266/141/2
己愈○ 270/142/14
車馬之○ 272/143/1
○言而輕走 273/144/11
且夫從人○奮辭而寡可信 273/144/15
必勸王○公之車 278/146/5
人○為張子於王所 280/146/18
臣不知衍之所以聽於秦之少○ 287/148/10
無○割 289/148/29
群臣○諫太子者 296/150/19
必○割地以深下王 304/155/2
且劫王以○割也 310/157/18
天幸為○矣 310/157/23
其功○於與秦共伐韓 315/162/3
夫國之所以不可恃者○ 319/164/6
而以○割於韓矣 331/167/16
吾用○ 334/168/5
用雖○ 334/168/6
美人亦甚○矣 341/170/18
其○力者內樹其黨 348B/174/11
○其車 357/176/21,357/176/26
人皆言楚之○變也 359/177/24
今謂馬○力則有矣 362/179/9
糧不○ 366/180/13
楚國○盜 384/185/10
此其勢不可以○人 385/186/10
○人不能無生得失 385/186/11
則君○資 409/195/4
將○望於臣 427/207/14
功○者授之 431/209/19
君為臣○車重幣 454/222/17
以臣所行○矣 458/224/27
○倍城邑 461/226/17

咄 duō 1

响籍叱○ 418/200/26

奪 duó 19

種稻而復○之 4/2/20
宋君○民時以為臺 8B/3/29
○君地 79/34/24
遇○釜鬲於涂 81/35/19
秦王必相之而○君位 81/35/21
○其卮曰 117/57/16
又欲○之東地五百里 177/93/4
因○而食之 196/99/17
而後王○之 201/102/25
然而不免○死者 201/102/26
彼將○其所謂不肖 236/127/26
○其所憎 236/127/27
適會魏公子無忌○晉鄙軍以救趙擊秦 236/128/4
游已○矣 314/160/18
而再○之國 315/161/1
啓與支黨攻益而○之天下 416A/199/15

我且言子之〇我珠而吞之 437/212/27
則君不〇太后之事矣 445/219/17
是〇五國而益負海也 454/222/27

鐸 duō 1

鼓〇之音聞於北堂 244/130/24

惰 duò 1

則耕者〇而戰士懦 459A/225/11

墮 duò 9

夫攻城〇邑 41A/14/26
攻城〇邑 94/45/30
衛八門土而二門〇矣 142/71/9
〇中牟之郭 142/71/11
中牟之〇也 142/71/13
不〇食 245/131/1
文臺〇 315/161/24
無以異於〇千鈞之重 348A/173/24
〇先王之名者 431/210/13

阿 ē 4

宋、衛乃當〇、甄耳 70/28/15
而在〇、鄄之間者百數 150/79/23
女〇謂蘇子曰 178/93/10
鄧師、宛馮、龍淵、大〇 347/173/1

鵝 é 1

而君〇鶩有餘食 140/70/4

厄 è 2

臣聞周有砥〇 72/29/6
其於當〇 459B/225/19

扼 è 1

樊於期偏袒〇腕而進曰 440/216/16

阨 è 1

〇於州部 199/101/9

啞 è 1

又吞炭為〇 204B/106/13

惡 è 131

周恐假之而〇於韓 5B/3/3
不假而〇於秦 5B/3/3
昭翦與東周〇 20/7/19
嘗欲東周與楚〇 20/7/20
吾又恐東周之賊己而以輕西周〇之於楚 20/7/21
交〇 26/9/16
韓、魏必〇之 29/10/10
若四國弗〇 29/10/11
秦、周之交必〇 38/12/14
且〇臣於秦 38/12/15
不〇周於秦矣 38/12/16
交〇於秦 38/12/17
〇有不戰者乎 40/13/18
燕、趙〇齊、秦之合 41B/15/4
王何〇向之攻宋乎 41B/15/5
〇名也 44/18/6
教之〇宮之奇 48A/19/9
必〇是二人 48A/19/11
張儀又〇陳軫於秦王 48B/19/16
王不〇於魏 62/25/24
而罰所〇 72/29/2
果〇王稽、杜摯以反 80/35/9
人或〇之 81/37/19
則〇出兵 87/41/21
內〇趙之守 95/46/23
韓倉果〇之 95/47/7
不〇齊大何也 98/49/5
雖〇於後王 101/50/8
左右〇張儀 115/56/12
可以〇蘇秦於薛公 122/59/2
故曰可使人〇蘇秦於薛公也 122/60/3
今人〇蘇秦於薛公 122/60/6
齊、衛之交〇 128/62/13
左右皆〇之 133/64/28
〇其示人以難也 142/73/9
〇小恥者不能立榮名 145/76/1
襄王〇之 146/76/23
貂勃常〇田單 147/77/7
王〇得此亡國之言乎 147/77/23
〇得此亡國之言乎 147/77/27
好利而〇難 153/80/20
〇難 153/80/20
江尹欲〇昭奚恤於楚王 157A/81/30
江尹因得山陽君與之共〇昭奚恤 157A/82/1
魏氏〇昭奚恤於楚王 157B/82/6
江乙〇昭奚恤 158/82/12
狗〇之 158/82/13
故昭奚恤常〇臣之見王 158/82/14
江乙欲〇昭奚恤於楚 159/82/18
有人好揚人之〇者 159/82/20
以王好聞人之美而〇聞人之〇也 159/82/21
不言人之〇 161/83/18
死之可〇 170/90/1
交〇於齊 171/90/8
齊、魏之交〇 171/90/8
而魏、秦之交必〇 171/90/9
三國〇楚之強也 173B/90/27
秦王〇與楚相弊而令天下 173B/90/29
臣願無聽群臣之相〇也 179/93/19
而〇王之交於張儀 184/95/11
張儀〇之於魏王曰 186/96/3
〇子之鼻 190/97/8
雖〇必言之 190/97/10
其似〇聞君王之臭也 190/97/10
而賢主〇之 209/108/12
而怨毒積〇 209/108/12
建信者安能以無功〇秦哉 214/111/4
不能以無功〇秦 214/111/4
則無功而〇秦 214/111/5
〇三晉之大合也 217/112/1
是故事無敗業而〇不章 219/114/18
故民不〇其尊 219/114/20
不識從之一成〇存也 219/115/13
〇變服之名 221/117/26
慮無〇擾 221/118/2
先生〇能使梁助之耶 236/127/4

先生又○能使秦王烹醢
梁王 236/127/12
紂以為○ 236/127/16
而逐衰○之色 240/129/23
而獨以趙○秦 241/130/3
臣願王之曰聞魏而無庸
見○也 247/132/6
○公子牟夷 250/134/11
而○臣者過文張 250/134/11
買馬而○ 258A/137/6
然則買馬善而若○ 258A/137/7
以○大國 258B/138/5
王翦○之 263/139/27
政○故也 269/141/28
○得無眩哉 273/144/17
公○事乎 276/145/12
何敢○事 276/145/13
張儀○陳軫於魏王曰 277/145/28
齊、楚○儀 281/146/29
其畏○嚴尊秦也 304/154/19
魏必舍所愛習而用所畏
○ 304/154/20
秦、趙大○ 308/156/16
乃○安陵氏於秦 315/161/18
聽使者之○也 315/161/19
彼翟子之所○於國者 317B/162/29
楚○魏之事王也 317B/162/30
齊王○之 317B/163/1
則交○於秦 328/166/18
楚人○其緩而急之 330/167/10
今以臣凶○ 341/170/17
韓地險○ 348A/173/17
天下○之 355/175/29
臣甚○其事 367/181/6
楚、趙○之 368/181/15
非好卑而○尊也 390/188/24
諸侯○魏必事韓 390/188/25
為○於秦也 395/190/19
而善平原君乃所以○於
秦也 395/190/19
父兄○珉 396A/190/27
西周○之 402/193/4
大國○有天子 404/193/14
人有○蘇秦於燕王者 412/196/5
乃入齊○趙 423/205/6
其言○矣 423/205/9
臣死而齊大○於趙 423/205/10
○交分於臣也 424/205/23
交絕不出○聲 431/210/16
不○卑名以事強 432/210/22
所以合好掩○也 438/213/19
怨○未見而明棄之 438/213/19
雖任○名 438/213/22
○往而不黜乎 438/213/25
不顧先王以明而○ 438/213/30
夫救於小宋而○於大齊 441/218/4
○以王吏之攻宋 442/218/21
夫在中者○臨 443/218/29

愕 è 1

群臣驚○ 440/217/15

鄂 è 3

鬼侯之○侯、文王 236/127/15
○侯爭之急 236/127/16
故脯○侯 236/127/16

搤 è 1

莫不日夜○腕瞋目切齒
以言從之便 273/144/16

頞 è 1

若乃其眉目准○權衡 458/224/29

餓 è 7

百日而○死 73B/32/6
○而死 150/79/29
○主父於沙丘 197/100/6
未至擢筋而○死也 197/100/8
○而死於首陽之山 412/196/15
是以委肉當○虎之蹊 440/214/24
嘗○且死 459B/225/18

閼 è 4

夫董○安于 203/104/5
攻○與 228/122/4
秦敗於○與 228/122/5
則是復○與之事也 315/161/10

恩 ēn 3

然刻深寡○ 39/12/24
而○以相葬臣 80/35/14
其見○德亦其大也 110/53/24

而 ér 3018

秦興師臨周○求九鼎 1/1/3
欲興兵臨周○求九鼎 1/1/4
○秦兵罷 1/1/6
不識大國何塗之從○致之齊 1/1/9
寡人終何塗之從○致之齊 1/1/13
凡一鼎○九萬人輓之 1/1/15
何塗之從○出 1/1/16
臨山○救之 2/1/23
攻宜陽○有功 2/1/24
秦王不聽群臣父兄之義
○攻宜陽 2/1/25
戰○勝 2/1/26,119/58/2
○德東周 2/2/2
案兵○勿出 3A/2/7
種稻○復奪之 4/2/20
○受命於君矣 4/2/21
○主君令相國往 5A/2/28
周恐假之○惡於韓 5B/3/3
不假○惡於秦 5B/3/3
秦敢絕塞○伐韓者 5B/3/4
秦必無辭○令周弗受 5B/3/6
是得地於韓○聽於秦也 5B/3/6
以王之強○怒周 6/3/10
彼前得罪○後得解 6/3/11
然○所以不可者 8A/3/23
○民非之 8B/3/29
民非子罕○善其君 8B/3/30
問其巷○不知也 9/4/7
○自謂非客何也 9/4/8
臣少○誦《詩》 9/4/8
○又為客哉 9/4/9
○又知趙之難子齊人戰 10A/4/14
因佐秦○伐韓、魏 10A/4/15
秦且收齊○封之 10B/4/20
○聽天下之戰 10B/4/20
周最於齊王也○逐之 11B/5/3
○王無人焉 14A/6/1
○以兵之急則伐齊 14A/6/2
○公獨脩虛信為茂行 14B/6/7

○有變 14B/6/8
○無適立也 17/6/27
○為之請太子 17/6/28
381/184/12
是公之知困○交絕於周也 17/6/28
36/12/4
○已取齊 18/7/8
候得○獻東周 19/7/15
吾又恐東周之賊己○以輕西周惡之於楚 20/7/21
○陽豎與焉 21/7/25
載以乘車駟馬○遣之 21/7/25
○陽豎與之 21/7/26
○藉兵乞食於西周 22/8/3
九年○取宛、葉以北以強韓、魏 22/8/4
則地廣○益重 22/8/5
君不如令弊邑陰合於秦○君無攻 22/8/6
君臨函谷○無攻 22/8/6
○以楚之東國自免也 22/8/8
齊得東國○益強 22/8/9
○薛世世無患 22/8/9
○處之三晉之西 22/8/9
○使三國無攻秦 22/8/10
○使不藉兵乞食於西周 22/8/10
進兵○攻周 23/8/15
今秦攻周○得之 23/8/16
秦若攻周○不得 23/8/17
○秦未與魏講也 23/8/17
○全趙令其止 23/8/18
是君卻秦○定周也 23/8/18
必因君○講 23/8/19
○疾支之 23/8/19
是君存周○戰秦、魏也 23/8/19
○實囚之也 24/8/28
○憂大王 24/8/28
則周必折○入於韓 25/9/9
○焚周之節 25/9/10
不徵甲與粟於周○與高都 25/9/11
楚卒不拔雍氏○去 25/9/11
去柳葉者百步○射之 27/9/22
○不已善息 27/9/24
○北攻趙 27/9/25
踐韓○以攻梁 27/9/26
一攻○不得 27/9/26
○君自郊迎 28/10/4
○吾得無效也 28/10/5
必救韓、魏○攻楚 29/10/10
歸其劍○責之金 30/10/16
折○不賣 30/10/16
○屬其子曰 30/10/17
臣恐齊王之為君實立果○讓之於最 30/10/18
將以為辭於秦○不往 31/10/24
秦必不敢越河○攻南陽 31/10/24
見梁囿○樂之也 32/10/29
○又近 32/11/1
○設以國為王扞秦 32/11/2
○王無之扞也 32/11/3
○兩上黨絕矣 32/11/4
事秦○好小利 32/11/5
○利溫囿以為樂 32/11/5
是上黨每患○贏四十金 32/11/7
魏王因使孟卯致溫囿於周君○許之戍也 32/11/7
且魏有南陽、鄭地、三川○包二周 33/11/12
○聲畏天下 34/11/19
○合天下於齊 34/11/19
則秦孤○不王矣 34/11/19
宛恃秦○輕晉 35/11/24
秦飢○宛亡 35/11/24
鄭恃魏○輕韓 35/11/24
魏攻蔡○鄭亡 35/11/24
此皆恃援國○輕近敵也 35/11/25
今君恃韓、魏○輕秦 35/11/25
又秦重○欲相者 38/12/15
○臣為不能使矣 38/12/15
臣願免○行 38/12/15
行○免 38/12/16
公言是○行 38/12/17
○秦人不憐 39/13/2
稱帝○治 40/13/9
今先生儼然不遠千里○庭教之 40/13/13
黃帝伐涿鹿○禽蚩尤 40/13/16
齊桓任戰○伯天下 40/13/17
夫徒處○致利 40/13/22
安坐○廣地 40/13/22
常欲坐○致之 40/13/23
說秦王書十上○說不行 40/13/29
去秦○歸 40/13/29
伏○誦之 40/14/2
抵掌○談 40/14/6,208/108/5
故蘇秦相於趙○關不通 40/14/10
夫賢人在○天下服 40/14/12
一人用○天下從 40/14/12
從風○服 40/14/14
妻側目○視 40/14/17
傾耳○聽 40/14/18
四拜自跪○謝 40/14/18
何前倨○後卑也 40/14/18
以季子之位尊○多金 40/14/19
且以恐齊○重王 41B/15/4
弗知○言為不智 42/15/9
知○不言為不忠 42/15/9
○天下得之 42/15/11
○皆去走 42/15/13
今秦出號令○行賞罰 42/15/17
○民為之者是貴奮也 42/15/19
天下不足兼○有也 42/15/21
然○甲兵頓 42/15/22
地廣○兵強 42/15/25
一戰不勝○無齊 42/15/27
然則是一舉○伯王之名可成也
42/16/3,42/16/8
○謀臣不為 42/16/4
42/16/8,42/16/21
引軍○退 42/16/4
42/16/8,42/16/21
天下有比志○軍華下 42/16/5
趙危○荊孤 42/16/7
○欲以成兩國之功 42/16/10
其民輕○難用 42/16/13
○不憂民氓 42/16/14
引軍○去 42/16/16
代、上黨不戰○已為秦矣 42/16/17
東陽河外不戰○已反為齊矣 42/16/18
中呼池以北不戰○已為燕矣 42/16/18
則是一舉○壞韓 42/16/19
一舉○三晉亡 42/16/20
天下徧隨○伏 42/16/21
戰慄○卻 42/16/24
大王又并軍○致與戰 42/16/24
淇水竭○洹水不流 42/17/2
○有其民 42/17/3
○使張孟談 42/17/5

於是潛行○出 42/17/5
天下可兼○有也 42/17/7
一舉○天下之從不破 42/17/10
○戎狄之長也 44/17/27,44/18/3
○王不爭焉 44/17/28
○王隨之矣 44/18/2
○有桀、紂之亂 44/18/3
○彼已服矣 44/18/4
○天下不以為暴 44/18/4
是我一舉○名實兩附 44/18/5
○又有禁暴正亂之名 44/18/5
○未必利也 44/18/6
○攻天下之所不欲 44/18/6
○求解乎楚、魏 44/18/8
○使陳莊相蜀 44/18/11
重○使之楚 45/18/16
重樗里疾○使之者 45/18/16
楚必畔天下○與王 46/18/25
○憚舟之僑存 48A/19/6
舟之僑諫○不聽 48A/19/7
因○伐郭 48A/19/8
○憚宮之奇存 48A/19/8
宮之奇以諫○不聽 48A/19/9
因○伐虞 48A/19/9
王怒○不聽 48A/19/11
今楚不加善秦○善軫 48B/19/16
然則是軫自為○不為國也 48B/19/16
且軫欲去秦○之楚 48B/19/17
吾聞子欲去秦○之楚 48B/19/19
○明臣之楚與不也 49/20/3
○昭陽賢相也 49/20/7
○常以國輸楚王 49/20/7
故賣僕妾不出里巷○取者 49/20/13
○何之乎 49/20/14
○大國與之懽 50/20/25
○儀不得為臣也 50/20/25
○私商於之地以為利也 50/20/27
則此一計○三利俱至 50/20/27
○得商於之地六百里 50/21/2
○患必至也 50/21/4
今地未可得○齊先絕 50/21/5
王不如因○賂之一名都 50/21/14
是我亡於秦○取償於齊也 50/21/15
○責欺於秦 50/21/15

有兩虎諍人○鬬者 51/21/29
今兩虎諍人○鬬 51/22/1
子待傷虎○刺之 51/22/2
則是一舉○兼兩虎也 51/22/2
○有刺兩虎之名 51/22/2
○無伐楚之害 51/22/3
計失○聽過 51/22/4
○事君之國也 53/22/16
義渠君致群臣○謀曰 53/22/21
扁鵲怒○投其石 54/22/27
○與不知者敗之 54/22/28
則君一舉○亡國矣 54/22/28
○寡人死不朽乎 55/23/3
行千里○攻之 55/23/10
天下不以為多張儀○賢先王 55/23/11
三年○拔之 55/23/11
樂羊反○語功 55/23/12
挾韓○議 55/23/13
○臣受公仲侈之怨也 55/23/13
費人有與曾子同名族者○殺人 55/23/14
投杼踰牆○走 55/23/16
○三人疑之 55/23/17
○王之信臣又未若曾子之母也 55/23/18
五月○不能拔也 55/23/21
召甘茂○告之 55/23/21
楚懽○不進 56/23/28
○拔宜陽 56/23/28
寡人固無地○許楚王 56/23/29
三鼓之○卒不上 57/24/3
我羈旅○得相秦者 57/24/4
今攻宜陽○不拔 57/24/4
○公中以韓窮我於外 57/24/5
請明日鼓之○不可下 57/24/5
○外與韓侈為怨 58/24/11
楚畔秦○合於韓 59/24/16
韓亦恐戰○楚有變其後 59/24/16
○不餘怨於秦 59/24/17
○健者不用矣 60/24/23
王因○制之 60/24/23
有家貧○無燭者 61A/24/28
處女相語以為然○留之 61A/24/30
棄逐於秦○出關 61A/25/1
命○處之 61A/25/11
甘茂之吏道○聞之 61B/25/15

甘茂約秦、魏○攻楚 62/25/22
秦啓關○聽楚使 62/25/22
怵於楚○不使魏制和 62/25/23
不悅○合於楚 62/25/23
○以順子為質 63/25/28
齊以陽武賜弊邑○納順子 63/25/29
齊與大國救魏○倍約 63/26/1
○賜之二社之地 63/26/2
且欲合齊○受其地 63/26/2
秦王明○熟於計 63/26/6
63/26/14
穰侯智○習於事 63/26/6
63/26/15
○後制晉、楚之勝 63/26/8
齊舉兵○為之頓劍 63/26/11
何晉、楚之智○齊、秦之愚 63/26/12
夫取三晉之腸胃與出兵○懼其不反也 63/26/14
○不能支秦 65/26/29
○秦、晉皆重君 65/26/30
○莫之據也 66/27/4
時至○弗失 66/27/7
○君之大名也 66/27/10
秦卒有他事○從齊 66/27/12
君悉燕兵○疾僣之 66/27/13
○無他慮也 66/27/15
然○臣有患也 67/27/21
424/205/22
夫楚王之以其臣請挈領然○臣有患也 67/27/21
○事臣之主 67/27/22
今公東○因言於楚 67/27/22
○務敗公之事也 67/27/23
德楚○觀薛公之為公也 67/27/23
觀三國之所求於秦○不能得者 67/27/23
○公請之以自重也 67/27/24
○齊之德新加與 70/28/13
窮○居於齊 71/28/22
今王見其達○收之 71/28/22
窮○不收 71/28/23
達○報之 71/28/23
則行○益利其道 72/29/1
○罰所惡 72/29/2
雖以臣為賤○輕辱臣 72/29/3

○為天下名器 72/29/6
臣愚○不闔於王心耶 72/29/12
將賤○不足聽耶 72/29/12
望見足下○入之 72/29/13
秦王跪○請曰 73A/29/23
身為漁父○釣於渭陽之濱耳 73A/29/29
已一說○立為太師 73A/30/1
卒擅天下○身立為帝王 73A/30/2
即使文王疏呂望○弗與深言 73A/30/2
○文、武無與成其王也 73A/30/2
○所願陳者 73A/30/3
○未知王心也 73A/30/4
所以王三問○不對者是也 73A/30/4
臣非有所畏○不敢言也 73A/30/4
○明日伏誅於後 73A/30/5
漆身○為厲 73A/30/6,73A/30/11
被髮○為狂 73A/30/6,73A/30/11
五帝之聖○死 73A/30/6
三王之仁○死 73A/30/7
五伯之賢○死 73A/30/7
烏獲之力○死 73A/30/7
424/205/24
奔、育之勇焉○死 73A/30/7
伍子胥橐載○出昭關 73A/30/9
夜行○晝伏 73A/30/9
天下見臣盡忠○身蹶也 73A/30/13
臣死○秦治 73A/30/16
○存先王之廟也 73A/30/19
此天所以幸先王○不棄其孤也 73A/30/19
先生奈何○言若此 73A/30/19
譬若馳韓盧○逐蹇兔也 73A/30/24
今反閉○不敢窺兵於山東者 73A/30/25
○大王之計有所失也 73A/30/25
大王越韓、魏○攻強齊 73A/31/1
○悉韓、魏之兵則不義矣 73A/31/2
越人之國○攻 73A/31/2
舉兵○伐之 73A/31/4,73A/31/13
以其伐楚○肥韓、魏也 73A/31/5
此所謂藉賊兵○齎盜食者也 73A/31/5
王不如遠交○近攻 73A/31/6
今舍此○遠攻 73A/31/6
○天下之樞也 73A/31/8
必親中國○以為天下樞 73A/31/8
齊附○韓、魏可虛也 73A/31/9
削地○賂之 73A/31/13
於是舉兵○攻邢丘 73A/31/13
邢丘拔○魏請附 73A/31/13
舉兵○攻滎陽 73A/31/20
一舉○攻滎陽 73A/31/20
則其國斷○為三 73A/31/21
韓聽○霸事可成也 73A/31/21
四貴備○國不危者 73B/31/28
○令焉得從王出乎 73B/32/1
○外重其權 73B/32/2
○禍歸社稷 73B/32/3
宿昔○死 73B/32/5
百日○餓死 73B/32/6
五日○叢枯 74/32/18
七日○叢亡 74/32/18
百人輿瓢○趨 74/32/19
不如一人持○走疾 74/32/20
使者直道○行 74/32/26
○符布天下 74/32/27
穰侯十攻魏○不得傷者 75/33/6
非秦弱○魏強也 75/33/7
故十攻○弗能勝也 75/33/8
○攻其人也 75/33/9
且削地○以自贖於王 75/33/9
幾割地○韓不盡 75/33/10
○更與不如張儀者市 75/33/10
然降其主父沙丘○臣之 76/33/17
○欲攻秦 77/33/22
相聚○攻秦者 77/33/23
故不如因○割之 78/34/8
其子死○不憂 79/34/14
今應侯亡地○言不憂 79/34/19
○況於秦國乎 79/34/23
○心不有 80/35/6
毋翼○飛 80/35/8
不如賜軍吏○禮之 80/35/8
○欲兼誅范睢 80/35/11
○王明誅之 80/35/13
○為諸侯所議也 80/35/13
○恩以相葬臣 80/35/14
○無過舉之名 80/35/14
遂弗殺○善遇之 80/35/14
○入韓、魏 81/35/19
秦王必相之○奪君位 81/35/21
終其年○不夭傷 81/35/28
稱之○毋絕 81/35/29
○聖人所謂吉祥善事與 81/35/30
悉忠○不解 81/36/5
盡能○不離 81/36/5
多功○不矜 81/36/5
○晉惑亂 81/36/9
夫待死○後可以立忠成名 81/36/10
○君之祿位貴盛 81/36/19
○身不退 81/36/19
然○身死於庸夫 81/36/23
是以兵動○地廣 81/36/24
兵休○國富 81/36/24
勾踐終棓○殺之 81/37/4
成功○不去 81/37/4
此所謂信○不能詘 81/37/5
往○不能反者也 81/37/5
○有喬、松之壽 81/37/10
三年○燕使太子丹入質於秦 81/37/20
楚能應○共攻秦 82A/37/25
○今三國之辭去 82A/37/26
則是我離秦○攻楚也 82A/37/28
薛公入魏○出齊女 82B/38/6
齊、秦合○立負芻 82B/38/7
眠欲以齊、秦劫魏○困薛公 82B/38/7
魏懼○復之 82B/38/8
齊女入魏○怨薛公 82B/38/9
寡人欲割河東○講 83A/38/13
王何不召公子池○問焉 83A/38/14
王召公子池○問焉 83A/38/17
王割河東○講 83A/38/18
吾愛三城○不講 83A/38/19
寧亡三城○悔 83A/38/20
無危咸陽○悔也 83A/38/20
○智氏分矣 83B/39/4
是魏勝楚○亡地於秦也 84A/39/11
魏請無與楚遇○合於秦 84B/39/17
楚王因不罪景鯉○德周、秦 84B/39/18
則不用兵○得地 85/39/24
○地不可得也 85/39/27
○外結交諸侯以圖 85/40/1
天下有其實○無其名者 86/40/7

有無其實○有其名者	86/40/7
有其實○無其名者	86/40/8
○有積粟之實	86/40/9
此有其實○無其名者也	86/40/9
無其實○有其名者	86/40/9
解凍○耕	86/40/10
暴背○耨	86/40/10
此無其實○有其名者也	86/40/10
秦王悖然○怒	86/40/11
○掩於母	86/40/14
王資臣萬金○遊	86/40/15
○天下可圖也	86/40/16
○殺李牧	86/40/19
此猶兩虎相鬭○駑犬受其弊	87/40/27
物至○反	87/40/28
致至○危	87/40/28
三世○不接地於齊	87/40/29
○出百里之地	87/41/1
王又舉甲兵○攻魏	87/41/1
○魏氏服矣	87/41/3
天下五合、六聚○不敢救也	87/41/4
省攻伐之心○肥仁義之誡	87/41/5
○欲以力臣天下之主	87/41/8
○不知榆次之禍也	87/41/10
○不知干隧之敗也	87/41/11
○易患於後也	87/41/11
從○伐齊	87/41/12
從○伐趙	87/41/13
○忘毀楚之強魏也	87/41/14
臣為大王慮○不取	87/41/14
今王中道○信韓、魏之善王也	87/41/16
○實欺大國也	87/41/17
○有累世之怨矣	87/41/18
韓、魏父子兄弟接踵○死於秦者	87/41/18
兵出之日○王憂其不反也	87/41/22
秦、楚之構○不離	87/41/26
魏氏將出兵○攻留、方與、銍、胡陵、碭、蕭、相	87/41/26
○王使之獨攻	87/42/2
王破楚於以肥韓、魏於中國○勁齊	87/42/2
○無後患	87/42/3
○詳事下吏	87/42/4
一舉衆○注地於楚	87/42/5
秦、楚合○為一	87/42/8
○魏亦關內候矣	87/42/10
○關內二萬乘之主注地於齊	87/42/10
齊之右壤可拱手○取也	87/42/11
不待痛○服矣	87/42/12
○朝於邯鄲之君乎	88/42/19
○大敗申縛	88/42/23
○天下乃齊釋	88/42/25
於是夫積薄○為厚	88/42/25
聚少○為多	88/42/25
○卑畜韓也	89/43/3
王兵勝○不驕	89/43/3
伯主約○不忿	89/43/3
勝○不驕	89/43/4
約○不忿	89/43/4
○輕失齊	89/43/4
臣竊為大王慮之○不取也	89/43/5
身布冠○拘於秦	89/43/10
能始○不能終也	89/43/11
○使天下之士不敢言	89/43/13
○世主不敢交陽侯之塞	89/43/13
○韓、楚之兵不敢進	89/43/14
○有後患	89/43/15
○未能復戰也	89/43/20
則楚孤○受兵也	89/43/21
則秦孤○受兵矣	89/43/22
若隨此計○行之	89/43/22
中期徐行○去	90/43/26
資○相之於周乎	91/44/4
敗秦○利魏	92/44/9
太后坐王○泣	92/44/10
以太子之留酸棗○不之秦	92/44/12
我與其處○待之見攻	92/44/13
以秦彊折節○下與國	92/44/14
歸○謂父曰	93/44/18
○不壽於朝生	93/44/28
說有可以一切○使君富貴千萬歲	93/44/28
○願一得歸	93/45/1
王后誠請○立之	93/45/1
是子異人無國○有國	93/45/2
王后無子○有子也	93/45/2
王后乃請趙○歸之	93/45/3
王后欲取○子之	93/45/5
使秦○欲屠趙	93/45/5
若使子異人歸○得立	93/45/6
不韋使楚服○見	93/45/10
○自子之	93/45/10
皆西面○望	93/45/13
○燕太子質於秦	94/45/21
文信侯去○不快	94/45/23
○燕太子已入質矣	94/45/24
○不肯行	94/45/24
我自行之○不肯	94/45/25
夫項橐生七歲○為孔子師	94/45/26
絞○殺之	94/46/3
○卿不肯行	94/46/3
請因孺子○行	94/46/4
欲攻趙○廣河間也	94/46/9
秦下甲○攻趙	95/46/15
○親觀其孰勝	95/46/18
百舉○無及秦者	95/46/21
○悉教以國事	95/46/22
秦不接刃○得趙之半	95/46/23
秦受地○郄兵	95/46/24
懼○相捄	95/46/25
以官長○守小官	95/46/28
平原津令郭遺勞○問	95/47/1
司空馬言其為趙王計○弗用	95/47/2
期年○亡	95/47/3
將軍為壽於前○捍匕首	95/47/7
趙去司空馬○國亡	95/47/16
秦王召群臣賓客六十人○問焉	96/47/21
○百姓靡於外	96/47/22
○安其兵	96/47/23
○珍珠重寶盡於內	96/47/27
臣於趙○逐	96/48/1
王召姚賈○問曰	96/48/4
今賈忠王○王不知也	96/48/6
桀聽讒○誅其良將	96/48/7
紂聞讒○殺其忠臣	96/48/7
文王用之○王	96/48/11
桓公用之○伯	96/48/12
穆公相之○朝西戎	96/48/12
○勝於城濮	96/48/13
乃可復使姚賈○誅韓非	96/48/18

○用申縳	97/48/23
魯、宋事楚○齊不事者	98/49/4
齊大○魯、宋小	98/49/4
夫齊削地○封田嬰	98/49/5
臣請三言○已矣	99/49/10
客趨○進曰	99/49/11
蕩○失水	99/49/13
不可不日聽也○數覽	100/49/19
說五○厭之	100/49/19
士尉辭○去	101/49/25
剗○類	101/49/25
辭○之薛	101/49/28
齊貌辨辭○行	101/50/1
靖郭君泣○曰	101/50/6
若聽辨○為之	101/50/7
望之○泣	101/50/13
不得已○受	101/50/14
三日○聽	101/50/14
田侯召大臣○謀曰	102/50/21
	103/50/30
是趙不拔○魏全也	102/50/24
邯鄲拔○承魏之弊	102/50/25
是趙破○魏弱也	102/50/25
韓且折○入於魏	103/51/1
○我救之	103/51/2
我代韓○受魏之兵	103/51/2
○晚承魏之弊	103/51/3
乃陰告韓使者○遣之	103/51/4
韓、魏之君因田嬰北面○朝田侯	103/51/7
戰○不死	104/51/12
曲撓○誅	104/51/12
乃說王○使田忌伐魏	104/51/13
公孫閈乃使人操十金○往卜於市	104/51/15
吾三戰○三勝	104/51/16
將軍無解兵○入齊	105/51/22
鎋擊摩車○相過	105/51/23
必一○當十	105/51/23
十○當百	105/51/23
百○當千	105/51/23
○成侯可走	105/51/25
田忌亡齊○之楚	106/51/29
○得封	106/52/2
晏首貴○仕人寡	107/52/7
○復問其妾曰	108/52/15
窺鏡○自視	108/52/19
寢○思之曰	108/52/19
時時○間進	108/53/1
齊威王使章子將○應之	109/53/6
與秦交和○舍	109/53/6
○此者三	109/53/8
異人○同辭	109/53/8
王何不發將○擊之	109/53/8
於是秦王拜西藩之臣○謝於齊	109/53/11
其父殺之○埋馬棧之下	109/53/12
全兵○還	109/53/13
臣之父未教○死	109/53/14
夫不得父之教○更葬母	109/53/14
夫為人子○不欺死父	109/53/15
君不與勝者○與不勝者	110/53/21
足下豈如令衆○合二國之後哉	110/53/23
○君以魯衆合戰勝後	110/53/24
陳軫合三晉○東謂齊王曰	111/54/3
欲以正天下○立功名	111/54/3
適足以強秦○自弱也	111/54/4
○遞相罷弱	111/54/5
○兩歸其國於秦	111/54/5
何秦之智○山東之愚耶	111/54/7
○齊民獨不也	111/54/10
非齊親○韓、梁疏也	111/54/10
齊遠秦○韓、梁近	111/54/10
必表裏河○東攻齊	111/54/11
南面○孤楚、韓、梁	111/54/12
北向○孤燕、趙	111/54/12
○出銳師以戍梁絳、安邑	111/54/15
○臨淄之卒	112/54/26
臨淄甚富○實	112/54/27
家敦○富	112/54/28
志高○揚	112/54/28
兵出○相當	112/54/31
○戰勝存亡之機決矣	112/54/31
韓、魏戰○勝秦	112/55/1
戰○不勝	112/55/1
	119/58/3,295/150/14
是故韓、魏之所以重與秦戰○輕為之臣也	112/55/1
高躍○不敢進	112/55/6
○欲西面事秦	112/55/7
○有強國之實	112/55/7
然○為大王計者	113/55/15
皆為一時說○不顧萬世之利	113/55/15
○不察其至實	113/55/16
齊與魯三戰○魯三勝	113/55/19
雖有勝名○有亡之實	113/55/20
齊大○魯小	113/55/20
再戰○再勝秦	113/55/21
	113/55/21
○國破矣	113/55/22
秦強○趙弱也	113/55/22
今大客幸○教之	113/55/27
	413/197/16
乃許韓使者○遣之	114/56/5
楚、趙果遽起兵○救韓	114/56/7
三十日○舉燕國	114/56/7
必舉兵○伐之	115/56/16
故儀願乞不肖身○之梁	115/56/17
	115/56/25
齊必舉兵○伐之	115/56/17
出兵函谷○無伐	115/56/18
	115/56/26
與革車三十乘○納儀於梁	115/56/27
○果伐之	115/56/28
是王內自罷○伐與國	115/56/28
○信儀於秦王也	115/56/28
犀首以梁為齊戰於承匡○不勝	116/57/3
○儀與之俱	116/57/6
移兵○攻齊	117/57/11
起○問	117/57/12
今君相楚○攻魏	117/57/17
戰無不勝○不知止者	117/57/18
解軍○去	117/57/19
○與之伐齊	118/57/23
○身與趙戰矣	119/58/1
然則吾中立○割窮齊與疲燕也	119/58/3
○齊不聽	120/58/11
○齊、燕之計過矣	120/58/12
○務愛粟	120/58/15
則亦不果於趙、魏之應秦○伐周、韓	121/58/21
令齊入於秦○伐趙、魏	121/58/21
秦東面○伐齊	121/58/22
然則是我抱空質○行不	

義於天下也 122/58/27
可以忠太子○使楚益入地 122/59/1
變則是君抱空質○負名於天下也 122/59/6
齊欲奉太子○立之 122/59/10
則太子且倍王之割○使齊奉己 122/59/11
齊奉太子○立之 122/59/17
太子何不倍楚之割地○資齊 122/59/17
倍楚之割○延齊 122/59/18
益割地○獻之 122/59/18
今已得地○求不止者 122/59/21
王因馳強齊○為交 122/59/22
然則是王去讎○得齊交也 122/59/23
○楚功見矣 122/59/26
乃約車○暮去 122/59/27
○君弗知 122/60/2
奉王○代立楚太子者又蘇秦也 122/60/5
忠王○走太子者又蘇秦也 122/60/6
以其為齊薄○為楚厚也 122/60/6
以能得天下之士○有齊權也 122/60/10
則是圍塞天下士○不利說途也 122/60/11
○於君之事殆矣 122/60/12
○君不蚤親 122/60/12
故君不如因○親之 122/60/12
貴○重之 122/60/13
止者千數○弗聽 124/60/23
流子○去 124/61/1
○君入之 124/61/2
○孟嘗令人體貌○親郊迎之 125/61/6
○薛亦不量其力 125/61/10
○為先王立清廟 125/61/11
荊固○攻之 125/61/11
○荊亦甚固 125/61/12
○奉我四馬百人之食 126/61/21
我無分寸之功○得此 126/61/21
如使○弗及也 127/62/1
為君舍人○內與夫人相愛 128/62/7
睹貌○相悅者 128/62/8
君召愛夫人者○謂之曰 128/62/10
是足下倍先君盟約○欺孟嘗君也 128/62/15
孟嘗君有舍人○弗悅 129/62/23
○操銚鎒與農夫居壟畝之中 129/62/25
今使人○不能 129/62/26
教人○不能 129/62/26
○來害相報者 129/62/27
今君到楚○受象床 130/63/10
公孫戍趨○去 130/63/13
君召○返之 130/63/13
諫○得聽 130/63/15
諫○止君之過 130/63/15
淳于髡一日○見七人於宣王 131/63/22
千里○一士 131/63/22
是比肩○立 131/63/22
百世○一聖 131/63/23
若隨踵○至也 131/63/23
今子一朝○見七士 131/63/23
夫鳥同翼者○聚居 131/63/24
獸同足者○俱行 131/63/24
則郄車○載耳 131/63/25
○取火於燧也 131/63/26
○擅其功 132A/64/2
使秦弗有○失天下 132B/64/8
是齊入於魏○救邯鄲之功也 132B/64/8
恐秦兼天下○臣其君 132B/64/13
三國之與秦壤界○患急 132B/64/13
齊不與秦壤界○患緩 132B/64/14
孟嘗君笑○受之曰 133/64/21
以為貪○不知足 133/64/28
請○見之 133/65/3
○性懧愚 133/65/4
載券契○行 133/65/5
以何市○反 133/65/5, 133/65/12
驅○之薛 133/65/8
晨○求見 133/65/11
衣冠○見之 133/65/11
因○賈利之 133/65/14
未得高枕○臥也 133/65/20
富○兵強 133/65/22
○欲媿之以辭 134/66/7
昭王笑○曰 134/66/8
○因欲難寡人 134/66/9
○治可為管、商之師 134/66/11
退○自刎 134/66/12
昭王笑○謝之 134/66/13
立千乘之義○不可陵 134/66/16
○士未有為君盡游者也 135/66/22
無不被繡衣○食菽粟者 135/66/23
孟嘗君逐於齊○復反 136A/67/3
非朝愛市○夕憎之也 136A/67/7
有敢去柳下季壟五十步○樵采者 136B/67/16
○建千石鐘 136B/67/20
○百無不親附 136B/67/22
徒步○處農畝 136B/67/22
○為天子 136B/67/26
安可得○有乎哉 136B/67/28
是故無其實○喜其名者削 136B/67/29
無德○望其福者約 136B/67/29
無功○受其祿者辱 136B/68/1
華○無其實德者也 136B/68/2
自古及今○能虛成名於天下者 136B/68/2
是故成其道德○揚功名於後世者 136B/68/3
○侯王以自謂 136B/68/7
豈非下人○尊貴士與 136B/68/7
○世世稱曰明主 136B/68/8
然○形神不全 136B/68/14
安行○反臣之邑屋 136B/68/16
則再拜○辭去也 136B/68/16
先生王斗造門○欲見齊宣王 137/68/22
宣王因趨○迎之於門 137/68/23
不使左右便辟○使工者何也 137/69/6
○先問歲與民 138/69/14
豈先賤○後尊貴者乎 138/69/14
故有問舍本○問末者耶 138/69/15
乃進○問之曰 138/69/16
是皆率民○出於孝情者也 138/69/19
此率民○出於無用者 138/69/21
○願為役 139/69/26
行年三十○有七子 139/69/28
○富過畢也 139/69/29

子孰○與我赴諸侯乎	140/70/3
士何其易得○難用也	140/70/4
○君鵝鶩有餘食	140/70/4
○士不得以為緣	140/70/5
○責士以所重事君	140/70/6
非士易得○難用也	140/70/6
○患之所從生者微	141A/70/11
○天下不聽	141A/70/13
愛齊○憎秦	141B/70/19
○天下獨尊秦○輕齊	141B/70/20
則天下愛齊○憎秦	141B/70/21
○王以其間舉宋	141B/70/22
故釋帝○貳之以伐宋之事	141B/70/23
則國重○名尊	141B/70/23
○後使天下憎之	141B/70/24
臣聞用兵○喜先天下者憂	142/71/3
約結○喜主怨者孤	142/71/3
○遠怨者時也	142/71/4
必藉於權○務興於時	142/71/4
○時勢者	142/71/5
○能事成者寡矣	142/71/5
○劍非不利也	142/71/8
衛八門土○二門墮矣	142/71/9
亦收餘甲○北面	142/71/11
譬之衛矢○魏弦機也	142/71/11
藉力魏○有河東之地	142/71/11
楚人救趙○伐魏	142/71/12
兵弱○好敵強	142/71/15
國罷○好眾怨	142/71/15
事敗○好鞠之	142/71/15
兵弱○憎下人也	142/71/16
地狹○好敵大	142/71/16
事敗○好長詐	142/71/16
行此六者○求伯	142/71/16
○料兵之能	142/71/18
然○天下獨歸咎於齊者	142/71/20
○趙氏兼中山	142/71/21
○宋、越專用其兵	142/71/22
○獨舉心於齊者	142/71/22
約○好主怨	142/71/22
伐○好挫強也	142/71/23
莫若後起○重伐不義	142/71/26
夫後起之籍與多○兵勁	142/71/26
則名號不攘○至	142/71/27
伯王不為○立矣	142/71/28
莫如僅靜○寡信諸侯	142/71/28
則檳禍朽腐○不用	142/72/1
幣帛矯蠹○不服矣	142/72/1
則不祠○福矣	142/72/2
不貸○見足矣	142/72/2
強襲郢○棲越	142/72/3
○卒身死國亡	142/72/3
此夫差平居○謀王	142/72/4
強大○喜先天下之禍也	142/72/4
莒恃越○滅	142/72/5
蔡恃晉○亡	142/72/5
有○案兵○後起	142/72/9
寄怨○誅不直	142/72/10
微用兵○寄於義	142/72/10
則亡天下可跼足○須也	142/72/10
不相質○固	142/72/11
不趨○疾	142/72/11
眾事○不反	142/72/11
交割○不相憎	142/72/11
俱彊○加以親	142/72/12
形同憂○兵趨利也	142/72/12
○用兵又非約質○謀燕也	142/72/13
然○甚於相趨者	142/72/14
何則形同憂○兵趨利也	142/72/14
○都縣之費也	142/72/17
○能從諸侯者寡矣	142/72/18
士聞戰則輸私財○富軍市	142/72/18
輸飲食○待死士	142/72/19
令折轅○炊之	142/72/19
殺牛○觴士	142/72/19
有市之邑莫不止事○奉王	142/72/20
死者破家○葬	142/72/21
夷傷者空財○共藥	142/72/21
完者內酺○華樂	142/72/22
十年之田○不償也	142/72/22
	142/72/24
○能從諸侯寡矣	142/72/24
○士困於土功	142/72/25
期數○能拔城者為亟耳	142/72/26
故三下城○能勝敵者寡矣	142/72/26
○憂一主	142/72/28
然○智伯卒身死國亡	142/72/28
○滅二子患也	142/73/1
中山悉起○迎燕、趙	142/73/1
○敵萬乘之國二	142/73/2
然○國遂亡	142/73/3
○守不可拔	142/73/6
一國得○保之	142/73/6
其士多死○兵益弱	142/73/7
守○不可拔者	142/73/7
其百姓罷○城郭露	142/73/7
○城郭露於境	142/73/8
便弓引弩○射之	142/73/8
○守必不拔	142/73/10
○多與天下為仇	142/73/11
素用強兵○弱之	142/73/11
則五兵不動○諸侯從	142/73/12
辭讓○重賂至矣	142/73/12
甲兵不出於軍○敵國勝	142/73/12
衝櫓不施○邊城降	142/73/13
士民不知○王業至矣	142/73/13
曠日遠○為利長者	142/73/14
地可廣○欲可成	142/73/18
諸侯可同日○致也	142/73/18
在勞天下○自佚	142/73/19
亂天下○自安	142/73/19
其強○拔邯鄲	142/73/22
○令行於天下	142/73/24
有十二諸侯○朝天子	142/73/25
故以一秦○敵大魏	142/73/25
○從天下之志	142/74/1
○魏王處之	142/74/3
○東次於齊	142/74/4
○不以德魏王	142/74/5
○魏將以禽於齊矣	142/74/6
○西河之外入於秦矣	142/74/6
使昌國君將○擊之	143/74/12
齊使向子將○應之	143/74/13
人有當闕○哭者	143/74/17
	143/74/19
○王不知戒焉	143/74/20
女朝出○晚來	144/74/28
則吾倚門○望	144/74/28
女暮出○不還	144/74/29
則吾倚閭○望	144/74/29
刺○殺之	144/75/2
○聊城不下	145/75/9
智者不倍時○棄利	145/75/11
勇士不怯死○滅名	145/75/11
忠臣不先身○後君	145/75/12

○威不信於齊 145/75/13
願公之詳計○無與俗同也 145/75/14
故定計○堅守之 145/75/15
交游攘臂○議於世 145/75/25
願公熟計○審處一也 145/75/27
遺公子糾○不能死 145/76/2
幽囚○不出 145/76/3
慚恥○不見 145/76/3
然○管子并三行之過 145/76/3
○喪地千里 145/76/5
出必死○不生 145/76/5
退○與魯君計也 145/76/7
○辭氣不悖 145/76/8
一朝○反之 145/76/8
○成終身之名 145/76/10
○立累世之功 145/76/10
因罷兵到讀○去 145/76/13
有老人涉菑○寒 146/76/22
單解裘○衣之 146/76/23
146/76/26
襄王呼○問之曰 146/76/24
單收○食之 146/76/26
○單亦憂之 146/76/27
單有是善○王嘉之 146/76/27
宜召田單○揖之於庭 146/77/1
故為酒○召貂勃 147/77/7
非貴跖○賤堯也 147/77/8
○徐子不肖 147/77/9
然○使公孫子與徐子鬭 147/77/9
猶時攫公孫子之腓○噬之也 147/77/10
○為賢者狗 147/77/10
豈特攫其腓○噬之耳哉 147/77/10
楚王使將軍將萬人○佐齊 147/77/13
○社稷已安矣 147/77/14
楚王受○觴之 147/77/15
○牽留萬乘者 147/77/16
○上下無別 147/77/17
○王曰 147/77/19,147/77/19
田單免冠徒跣肉袒○進 147/77/19
退○請死罪 147/77/19
吾為吾之王禮○已矣 147/77/20
召相田單○來 147/77/22
今王得安平君○獨曰『單』 147/77/25
○王曰『單 147/77/27
燕人興師○襲齊墟 147/77/27
王走○之城陽之山中 147/77/28
○反千里之齊 147/77/29
闔城陽○王 147/77/29
然○計之於道 147/78/1
○迎王與后於城陽山中 147/78/1
王乃殺九子○逐其家 147/78/3
攻狄○不下 148/78/9
上車弗謝○去 148/78/9
三月○不克之也 148/78/10
坐○織蕢 148/78/13
○士卒無生之氣 148/78/15
莫不揮泣奮臂○欲戰 148/78/15
○馳乎淄、澠之間 148/78/16
因以為辭○攻之 149A/78/23
憐○常竊衣食之 149B/79/1
女無謀○嫁者 149B/79/3
○解此環不 149B/79/8
王何以去社稷○入秦 150/79/20
齊王還車○反 150/79/20
即墨大夫與雍門司馬諫○聽之 150/79/22
○在阿、鄄之間者百數 150/79/23
王收○與之百萬之眾 150/79/23
○在城南下者百數 150/79/24
王收○與之百萬之師 150/79/25
乃西面○事秦 150/79/26
齊王不聽即墨大夫○聽陳馳 150/79/28
餓○死 150/79/29
是從齊○攻楚 152/80/13
○令兩萬乘之國 152/80/14
好利○惡難 153/80/20
彼懼吾兵○營我利 153/80/21
○楚果弗與地 153/80/27
虎求百獸○食之 154/81/4
觀百獸之見我○敢不走乎 154/81/5
虎不知獸畏己○走也 154/81/6
○專屬之昭奚恤 154/81/7
王召江乙○問焉 155/81/12
○以強魏 156/81/17
○魏無楚憂 156/81/21
○有楚之不救己也 156/81/22
必與魏合○以謀楚 156/81/22
○見楚救之不足畏也 156/81/23
○齊、秦應楚 156/81/24
○力不能 157A/81/30
○魏入吾君臣之間 157B/82/6
○天下信之 157B/82/7
人有以其狗為有執○愛之 158/82/12
當門○噬之 158/82/13
○王終已不知者 159/82/21
以王好聞人之美○惡聞人之惡也 159/82/21
見君莫不斂衽○拜 160/82/27
撫委○服 160/82/27
王過舉○已 160/82/27
財盡○交絕 160/82/30
華落○愛渝 160/82/30
○無以深自結於王 160/83/1
三年○弗言 160/83/5
有狂兕（牂）〔牂〕車依輪○至 160/83/9
王親引弓○射 160/83/9
壹發○殪 160/83/9
王抽旃旄○抑兕首 160/83/9
仰天○笑曰 160/83/10
安陵君泣數行○進曰 160/83/10
又何如得此樂○樂之 160/83/12
貴甚矣○主斷 161/83/20
客辭○去 162/83/28
昭奚恤已○悔之 162/83/28
謂○不得 162/83/29
○秦 163/84/5
○楚以上梁應之 163/84/5
秦人一夜○襲之 163/84/6
163/84/7
○太子有楚、秦以爭國 164/84/15
以與公叔爭國○得之 164/84/16
然○不死 164/84/18
今將倒冠○至 164/84/18
○令私行 165/84/22
得趙○王無加焉 165/84/24
杜赫怒○不行 165/84/26
取十官○無罪 166/85/6
然○不可相秦 166/85/6
且王嘗用滑於越○納句章 166/85/7
故楚南察瀨胡○野江東 166/85/7
越亂○楚治也 166/85/8
○忘之於秦 166/85/8

今乃欲西面○事秦 167/85/18
則諸侯莫不南面○朝於章臺之下矣 167/85/18
患至○後憂之 167/85/21
○有事人之名 167/85/27
此所謂養仇○奉讎者也 167/86/2
夫為人臣○割其主之地 167/86/2
○韓、魏迫於秦患 167/86/8
故謀未發○國已危矣 167/86/8
○無所終薄 167/86/10
無以異於驅群羊○攻猛虎也 168/86/18
今大王不與猛虎○與群羊 168/86/18
非秦○楚 168/86/21
非楚○秦 168/86/21
○大王不與秦 168/86/21
魏則從風○動 168/86/23
聚群弱○攻至強也 168/86/25
不料敵○輕戰 168/86/25
國貧○驟舉兵 168/86/25
言其利○不言其害 168/86/27
循江○下 168/86/30
下水○浮 168/87/1
不至十日○距扞關 168/87/2
南面○攻 168/87/3
○楚恃諸侯之救 168/87/3
○忘強秦之禍 168/87/4
且大王嘗與吳人五戰三勝○亡之 168/87/5
有偏守新城○居民苦矣 168/87/5
○民弊者怨於上 168/87/6
○逆強秦之心 168/87/6
○韓、魏以全制其後 168/87/11
不至數月○宋可舉 168/87/14
舉宋○東指 168/87/15
封為武安君○相燕 168/87/17
齊王因受○相之 168/87/18
居二年○覺 168/87/18
○欲經營天下 168/87/19
韓求相工陳籍○周不聽 169/88/7
魏求相綦母恢○周不聽 169/88/7
今儀曰逐君與陳軫○王聽之 169/88/9
○儀重於韓、魏之王也 169/88/9
○王不知察 169/88/12
壹（瞑）〔瞑〕○萬世不視 170/88/21
未明○立於朝 170/88/25
日晦○歸食 170/88/25
○財於柱國 170/89/1
顧○大息曰 170/89/5
壹瞑○萬世不視 170/89/7
赴強敵○死 170/89/11
七日○薄秦王之朝 170/89/12
瘨○殫悶 170/89/13
秦王聞○走之 170/89/13
與吳人戰於濁水○大敗之 170/89/17
○百姓大治 170/89/22
馮○能立 170/89/29
式○能起 170/89/29
忍○不入 170/90/1
然○不避 170/90/1
皆可得○致之 170/90/2
○魏、秦之交必惡 171/90/9
秦恐且因景鯉、蘇厲○效地於楚 172/90/13
必不求地○合於楚 172/90/15
恐秦之變○聽楚也 173B/90/27
必悉起○擊楚 173B/90/28
○以利三國也 173B/90/28
秦進兵○攻 173B/90/28
秦王惡與楚相弊○令天下 173B/90/29
秦可以少割○收害也 173B/90/29
○燕、趙、魏不敢不聽 173B/90/30
秦王有愛女○美 174/91/5
必厚尊敬親愛之○忘子 174/91/8
子益賤○日疏矣 174/91/8
○秦必重子 174/91/10
○有秦、楚之用 175/91/18
君不如使人微要靳尚○刺之 175/91/18
秦構兵○戰 175/91/22
○與天下攻楚 176/91/27
王不如與之盟○歸之 176/91/28
太子辭於齊王○歸 177/92/3
請追○問傅 177/92/4
許強萬乘之齊○不與 177/92/13
請與○復攻之 177/92/13
有萬乘之號○無千乘之用也 177/92/17
許萬乘之強齊也○不與 177/92/21
與○復攻之 177/92/24
○王且見其誠然也 177/92/27
○北獻地五百里於齊 177/92/28
人臣莫難於無妬○進賢 179/93/20
至於無妬○進賢 179/93/21
必知其無妬○進賢也 179/93/22
亦必無妬○進賢 179/93/22
辭○行 180/93/27
今先生乃不遠千里○臨寡人 180/93/28
逐○聽則可 181/94/5
舍人怒○歸 182/94/9
非知○見之者 182/94/15
再拜○請曰 182/94/22
願王召所便習○觴之 182/94/22
乃召南后、鄭袞○觴之 182/94/23
張子再拜○請曰 182/94/23
○儀言得美人 182/94/24
儀貴惠王○善雎也 183/94/30
儀有秦○雎以楚重之 183/95/2
今儀困秦○雎收楚 183/95/2
將收韓、魏輕儀○伐楚 183/95/3
○重儀於韓、魏 183/95/3
○王親與約 184/95/10
○惡王之交於張儀 184/95/11
王不如舉惠子○納之於宋 184/95/13
○謂張儀曰 184/95/13
○惠子窮人 184/95/14
○王奉之 184/95/14
○可以德惠子 184/95/14
乃奉惠子○納之宋 184/95/15
楚將入之秦○使行和 185/95/19
○公入之秦 185/95/21
是明楚之伐○信魏之和也 185/95/21
○陰使人以請聽秦 185/95/22
吾將使人因魏○和 185/95/23
魏折○入齊、秦 185/95/27
○交未定於齊、秦 185/95/27
○得復楚 186/96/4
前○驅己也 187/96/11
因還走○冒人 187/96/11
偽舉罔○進之 187/96/12
偽舉罔○進者必眾矣 187/96/12
然臣羞○不學也 188/96/17

○善君之業 188/96/18
賁、諸懷錐刃○天下為勇 188/96/18
西施衣褐○天下稱美 188/96/18
○令臣等為散乎 188/96/21
○天下不知 189/96/28
公舉○私取利 189/96/29
○積禍重於丘山 189/96/29
擇其所喜○為之 190/97/3
擇其所善○為之 190/97/4
○妬者 190/97/5
是知困○交絶於后也 191/97/15
令其一善○獻之王 191/97/16
見菟○顧犬 192/97/28
亡羊○補牢 192/97/28
俛啄蚊虻○食之 192/98/1
仰承甘露○飲之 192/98/1
○下為螻蟻食也 192/98/3
○淩清風 192/98/8
折清風○抎矣 192/98/9
○不以國家為事 192/98/13
繫己以朱絲○見之也 192/98/14
○戴方府之金 192/98/17
○不以天下國家為事 192/98/17
○投己乎黽塞之外 192/98/18
於是乃以執珪○授之為陽陵君 192/98/20
六十○盡相靡也 194/99/4
○公重不相善也 194/99/4
○公不善也 194/99/5
隨○攻東國 195/99/9
○令行於天下也 195/99/10
因奪○食之 196/99/17
○罪在謁者也 196/99/18
臣食之○王殺臣 196/99/18
○明人之欺王 196/99/19
殷王○夏亡 197/99/27
魯弱○齊強 197/99/27
夫人主年少○矜材 197/100/2
故弒賢長○立幼弱 197/100/2
廢正適○立不義 197/100/3
崔杼帥其君黨○攻 197/100/4
○立其弟景公 197/100/6
百日○殺之 197/100/6
宿夕○死 197/100/7
未至擢筋○餓死也 197/100/8
臣為王引弓虛發○下鳥 198/100/18
更羸以虛發○下之 198/100/19
其飛徐○鳴悲 198/100/21
○驚心未至也 198/100/22
引○高飛 198/100/22
○後得見 199/100/27
明願有問君○恐固 199/100/28
三年○後乃相知也 199/101/3
今君一時○知臣 199/101/3
是君聖於堯○臣賢於舜也 199/101/3
服鹽車○上太行 199/101/6
下車攀○哭之 199/101/7
驥於是俛○噴 199/101/8
仰○鳴 199/101/8
已○謁歸 200/101/17
○王無子 200/101/23
○人莫知 200/101/25
誠以君之重○進妾於楚王 200/101/25
妾賴天○有男 200/101/26
○言之楚王 200/101/27
恐春申君語泄○益驕 200/102/1
○國人頗有知之者 200/102/2
疾○不起 200/102/7
○君相少主 200/102/7
因○代立當國 200/102/7
王長○反政 200/102/7
因○有楚國 200/102/8
○陰養死士之日久矣 200/102/9
秉權○殺君以滅口 200/102/10
○李園女弟 200/102/16
○入之王所生子者 200/102/17
○呂不韋廢 200/102/19
○君之封地 201/102/24
○後不免殺之 201/102/24
○後王奪之 201/102/25
然○不免奪死者 201/102/26
今燕之罪大○趙怒深 201/102/26
○使所以信之 201/102/30
若越趙、魏○關兵於燕 201/103/3
非楚之任○楚為之 201/103/4
圍晉陽○水之 202/103/8
夫從韓、魏之兵○攻趙 202/103/9
今約勝趙○三分其地 202/103/10
○韓、魏之君無憙志○有憂色 202/103/11
夫勝趙○三分其地 202/103/14
○為危難不可成之事 202/103/15
○解於攻趙也 202/103/16
○離二主之交 202/103/17
趨○出 202/103/17
韓、魏之君視疵端○趨疾 202/103/18
知伯帥趙、韓、魏○伐范中行氏 203/103/24
好利○鷙復 203/103/25
○待事之變 203/103/27
○外怒知伯也 203/103/29
趙襄子召張孟談○告之曰 203/104/4
陽親○陰疏 203/104/4
○寡人弗與焉 203/104/4
今吾安居○可 203/104/5
○尹澤循之 203/104/6
君發○用之 203/104/9
於是發○試之 203/104/9
請發○用之 203/104/11
因舒軍○圍之 203/104/14
決晉水○灌之 203/104/14
城中巢居○處 203/104/15
懸釜○炊 203/104/15
麤中○少親 203/104/21
我謀未遂○知 203/104/21
張孟談因朝知伯○出 203/104/26
二主色動○意變 203/104/29
旦暮當拔之○饗其利 203/105/1
○君得其所欲矣 203/105/4
破趙○三分其地 203/105/4
○決水灌知伯軍 203/105/10
知伯軍救水○亂 203/105/10
韓、魏翼○擊之 203/105/10
大敗知伯軍○禽知伯 203/105/11
今臣之名顯○身尊 204A/105/20
權重○衆服 204A/105/20
信忠在己○衆服焉 204A/105/22
○耕於負親之丘 204A/105/28
襄子往見張孟談○告之曰 204A/105/30
○今諸侯孰謀我 204A/106/1
君其負劍○御臣以之國 204A/106/1
四國疑○謀敗 204A/106/3
始事范中行氏○不說 204B/106/7

去○就知伯 204B/106/7
○將其頭以為飲器 204B/106/8
○其臣至為報讎 204B/106/11
為乞人○往乞 204B/106/12
子之道甚難○無功 204B/106/14
○善事襄子 204B/106/14
子之得近○行所欲 204B/106/15
此甚易○功必成 204B/106/15
豫讓乃笑○應之曰 204B/106/15
且夫委質○事人 204B/106/17
○求弒之 204B/106/17
襄子至橋○馬驚 204B/106/20
○子不為報讎 204B/106/22
然願請君之衣○擊之 204B/106/27
○可以報知伯矣 204B/106/28
遂伏劍○死 204B/106/28
魏攻中山○不能取 205/107/3
必不能越趙○有中山矣 205/107/4
○得地者 205/107/4
○示之不得已 205/107/5
秦戰○勝三國 206/107/10
秦必過周、韓○有梁 206/107/10
三國○勝秦 206/107/11
腹擊為室○鉅 207/107/15
爵高○祿輕 207/107/16
宮室小○帑不眾 207/107/16
日百○舍 208/107/22
今君殺主父○族之 208/107/28
終日談○去 208/108/3
昨日我談粗○君動 208/108/3
今日精○君不動 208/108/3
先生之計大○規高 208/108/4
○賢主惡之 209/108/12
○怨毒積惡 209/108/12
以秦為愛趙○憎韓 209/108/13
秦豈得愛趙○憎韓哉 209/108/14
欲鄰國聞○觀之也 209/108/15
○實伐空韓 209/108/16
○禍及於趙 209/108/19
且物固有勢異○患同者
209/108/19
又有勢同○患異者 209/108/20
楚人久伐○中山亡 209/108/20
○至鉅鹿之界三百里 209/108/21
則地與國都邦屬○壤挈
者七百里 209/108/21
且秦以三軍攻王之上黨
○危其北 209/108/22
今魯句注禁常山○守 209/108/23
○崑山之玉不出也 209/108/24
嘗合橫○謀伐趙 209/108/25
使秦發令素服○聽 209/108/26
臣願大王深與左右群臣
卒計○重謀 209/109/2
先事成慮○熟圖之也 209/109/3
○封地不定 210/109/7
懼則可以不戰○深取割
211/109/16
○臣太守 211/109/21
○願為趙 211/109/26
召平原君○告之曰 211/109/26
○皆願為趙 211/109/27
○趙受其利 211/110/2
○小弱顧能得之強大乎 211/110/2
今不用兵○得城七十 211/110/5
王召趙勝、趙禹○告之
曰 211/110/7
今坐○得城 211/110/8
馮亭垂涕○勉曰 211/110/12
為主守地○不能死 211/110/13
○以與人 211/110/13
賣主之地○食之 211/110/14
辭封○入韓 211/110/14
自入○出夫人者 212/110/23
○三日不見 212/110/24
以趙之弱○據之建信君 214/111/3
則無功○惡秦 214/111/5
則有功○善秦 214/111/6
魏殺呂遼○衛兵 215/111/10
亡其北陽○梁危 215/111/10
河間封不定○齊危 215/111/10
憂大者不計○構 215/111/12
不待割○成 215/111/12
○遣之曰 216/111/17
○封之以武城 216/111/20
瞥然使趙王悟○知文也
216/111/20
謹使可全○歸之 216/111/21
三晉合○秦弱 217/111/25
三晉離○秦強 217/111/25
秦之有燕○伐趙 217/111/25
有趙○伐燕 217/111/26
有梁○伐趙 217/111/26
有趙○伐梁 217/111/26
有楚○伐韓 217/111/26
有韓○伐楚 217/111/26
弱○不能相壹 217/111/27
○相鬬兩罷 217/111/28
○歸其死於虎 217/111/28
○尚相鬬兩敝 217/111/29
○歸其國於秦 217/111/29
今攻楚休○復之 217/112/2
苟來舉玉趾○見寡人 217/112/2
○離三晉 217/112/4
○欲攻燕 217/112/5
食未飽○禍已及矣 217/112/5
東面○攻韓 217/112/5
割挈馬兔○西走 217/112/6
217/112/7
秦必怒○循攻楚 217/112/12
秦見三晉之大合○堅也
217/112/12
○多求地 217/112/16
擇交○得則民安 218/112/25
○民不得安 218/112/25
218/112/26,218/112/26
陰陽○已矣 218/113/1
五伯之所以覆軍禽將○
求也 218/113/3
湯、武之所以放殺○爭
也 218/113/3
今大王垂拱○兩有之 218/113/4
則必舉甲○向趙 218/113/7
然○秦不敢舉兵甲○伐
趙者 218/113/12
傳之國都○止矣 218/113/14
○勝敗存亡之機節 218/113/19
○以冥冥決事哉 218/113/20
西面○攻秦 218/113/23
西面○事之 218/113/23
豈可同日○言之哉 218/113/24
○不與其憂 218/113/26
博論○技藝之 219/114/17
是故官無乏事○力不困
219/114/17
多聽○時用之 219/114/18
是故事無敗業○惡不章
219/114/18
○效之於一時之用也 219/114/19
是以賢者任重○行恭 219/114/19
知者功大○辭順 219/114/20

○世不妬其業 219/114/20
求得○反靜 219/114/21
功大○息民 219/114/22
然○四輪之國也 219/114/23
地廣○不耕 219/114/23
民羸○不休 219/114/24
則雖從○不止矣 219/114/24
戰勝○國危者 219/114/24
功大○權輕者 219/114/25
德博○地廣 219/115/2
國富○用民 219/115/2
將武○兵強 219/115/3
○齊為虛戾 219/115/4
○後受其殃也 219/115/5
○將非有田單、司馬之慮也 219/115/6
楚有四人起○從之 219/115/10
臨懷○不救 219/115/11
秦人去○不從 219/115/11
不識三國之憎秦○愛懷邪 219/115/11
忘其憎懷○愛秦邪 219/115/11
夫攻○不救 219/115/11
去○不從 219/115/12
○趙奢、鮑佞之能也 219/115/12
○馳於封內 219/115/13
東收兩周○西遷九鼎 220/115/23
然○心忿悁含怒之日久矣 220/115/24
欲反覆齊國○不能 220/115/28
○韓、魏稱為東蕃之臣 220/116/2
夫斷右臂○求與人鬭 220/116/2
失其黨○孤居 220/116/3
毆韓、魏○軍於河外 220/116/4
破趙○四分其地 220/116/5
面相見○身相結也 220/116/6
○適聞使者之明詔 220/116/10
是以賢君靜○有道民便事之教 221/116/17
○卒世不見也 221/116/19
用力少○功多 221/116/19
○享往古之勳 221/116/19
○世必議寡人矣 221/116/21
○禹袒入裸國 221/116/24
非以養欲○樂志也 221/116/24
221/117/2
欲以論德○要功也 221/116/25
○叔不服 221/117/1
○利民為本 221/117/1
○令行為上 221/117/1
○襲遠方之服 221/117/10
221/118/4
是以聖人觀其鄉○順宜 221/117/14
因其事○制禮 221/117/14
所以利其民○厚其國也 221/117/14
是以鄉異○用變 221/117/16
事異○禮易 221/117/16
儒者一師○禮異 221/117/17
中國同俗○教離 221/117/17
不知○不疑 221/117/18
異於己○不非者 221/117/19
○無舟楫之用 221/117/20
○無騎射之備 221/117/21
○襄王兼戎取代 221/117/23
○叔也順中國之俗以逆簡、襄之意 221/117/25
○忘國事之恥 221/117/26
農夫勞○君子養焉 221/118/1
愚者陳意○知者論焉 221/118/1
所以成官○順政也 221/118/6
非所以觀遠○論始也 221/118/6
且夫三代不同服○王 221/118/6
五伯不同教○政 221/118/6
○愚者制焉 221/118/7
○禮與變俱 221/118/8
承教○動 221/118/8
聖人不易民○教 221/118/16
知者不變俗○動 221/118/16
因民○教者 221/118/16
不勞○成功 221/118/16
據俗○動者 221/118/17
慮徑○易見也 221/118/17
非所以教民○成禮也 221/118/17
非所以教民○成禮者也 221/118/18
宓戲、神農教○不誅 221/118/21
黃帝、堯、舜誅○不怒 221/118/22
觀時○制法 221/118/22
因事○制禮 221/118/22
不相襲○王 221/118/23
不易禮○滅 221/118/24
○循禮未足多也 221/118/24
且服奇○志淫 221/118/24
俗辟○民易 221/118/25
○求見子 222/119/4
子謁病○辭 222/119/4
失○累 222/119/7
窮○不憂 222/119/7
恭於教○不快 222/119/12
和於下○不危 222/119/12
○臣無一焉 222/119/13
○王重命之 222/119/17
微諫○不譁 223/119/26
應對○不怨 223/119/26
子道順○不拂 223/119/27
臣行讓○不爭 223/119/27
是變籍○棄經也 224/120/7
今民便其用○王變之 224/120/8
是損君○弱國也 224/120/8
○不觀於時 224/120/11
○不制於兵 224/120/12
所以昭後○期遠也 224/120/14
此坐○自破之道也 225/120/24
○天下服矣 225/120/25
439/214/6
薄之柱上○擊之 225/120/29
質之石上○擊之 225/120/29
今以三萬之眾○應強國之兵 225/120/29
○鋒不入 225/121/1
○刃不斷 225/121/2
操其刃○刺 225/121/2
則未入○手斷 225/121/2
○為此釣罕鐔蒙須之便 225/121/3
○徒以三萬行於天下 225/121/3
○以集兵三萬 225/121/5
○國圍攻焉 225/121/7
○索以三萬之眾 225/121/8
○野戰不足用也 225/121/8
是事○不成 226/121/14
今無約○攻齊 227/121/19
請伐齊○存燕 227/121/22
○請內焦、黎、牛狐之城 228/121/26
○近於大國 228/121/28
富丁恐主父之聽樓緩○合秦、楚也 229A/122/9
秦、楚必合○攻韓、魏

229A/122/11
違齊○親 229A/122/13
今我順○齊不西 229A/122/13
齊無○西 229A/122/14
今我順○齊、魏果西 229A/122/15
我約三國○告之秦 229A/122/16
是我以王因饒中山○取地也 229A/122/17
我分兵○孤樂中山 229A/122/18
○以餘兵與三國攻秦 229A/122/19
是我一舉○兩取地於秦、中山也 229A/122/19
請效地於魏○聽薛公 229B/122/23
故欲效地於魏○聽薛公 229B/122/24
○請相之於魏 229B/122/24
此利於趙○便於周最也 229B/122/26
○王不聽 230/123/3
○王辭利也 230/123/3
○與馬服之子戰於長平之下 231/123/9
○秦罷於邯鄲之下 231/123/10
趙守○不可拔者 231/123/10
以攻難○守者易也 231/123/11
○燕非有長平之禍也 231/123/11
○欲以罷趙攻強燕 231/123/12
○使強燕為弱趙之所以守 231/123/12
○強秦以休兵承趙之敝 231/123/12
○弱越之所以霸 231/123/13
○辭應侯 232/123/18
○富至 232/123/19
○粱肉至 232/123/20
○驕奢至 232/123/20
○死亡至 232/123/20
引兵○歸 233/123/26
因使人索六城於趙○講 233/123/26
焉有子死○不哭者乎 233/123/29
○婦人為死者十六人 233/123/30
○於婦人厚 233/123/31
○言勿與 233/124/1
○趙王入朝 233/124/6
割六縣○講 233/124/6
倦○歸乎 233/124/7
愛王○不攻乎 233/124/7
必以倦○歸也 233/124/8
倦○歸 233/124/8
得無割其內○媾乎 233/124/12
今秦釋韓、魏○獨攻王 233/124/14
至來年○王獨不取於秦 233/124/15
得無更割其內○媾 233/124/18
又割其力之所不能取○媾也 233/124/19
○不至失六城 233/124/20
秦倦○歸 233/124/21
○取償於秦也 233/124/21
孰與坐○割地 233/124/22
秦善韓、魏○攻趙者 233/124/22
即坐○地盡矣 233/124/23
則是棄前貴○挑秦禍也 233/124/24
則無地○給之 233/124/24
○弱者不能自守 233/124/25
今坐○聽秦 233/124/25
秦兵不敝○多得地 233/124/25
是強秦○弱趙也 233/124/25
○割愈弱之趙 233/124/26
○王之地有盡 233/124/27
○天下皆說 233/125/2
曰『我將因強○乘弱』 233/125/2
秦趙之敝○瓜分之 233/125/4
○何慰秦心哉 233/125/8
非固勿予○已也 233/125/8
并力○西擊秦也 233/125/9
是王失於齊○取償於秦 233/125/10
○與秦易道也 233/125/10
○解二國患者 234/125/18
○忘人之功 234/125/19
○封以東武城 234/125/20
○君為相國者以親故 234/125/20
○國人計功也 234/125/22
寡人使卷甲○趍之 235/125/28
不如發重使○為媾 235/125/28
○制媾者在秦 235/125/29
○入於秦 235/126/7
秦留趙王○后許之媾 235/126/9
已○復歸帝 236/126/15
今又內圍邯鄲○不能去 236/126/19
吾請為君責○歸之 236/126/21
勝請召○見之於先生 236/126/22
勝請為紹介○見之於將軍 236/126/23
魯連見辛垣衍○無言 236/126/27
曷為久居此圍城之中○不去也 236/126/28
世以鮑焦無從容○死者 236/126/29
棄禮義○上首功之國也 236/126/29
彼則肆然○為帝 236/127/1
過○遂正於天下 236/127/1
則連有赴東海○死矣 236/127/1
率天下諸侯○朝周 236/127/6
○齊獨朝之 236/127/7
○母婢也 236/127/8
十人○從一人者 236/127/10
鬼侯有子○好 236/127/15
喟然○歎 236/127/17
百日○欲舍之死 236/127/17
夷維子執策○從 236/127/18
子安取禮○來待吾君 236/127/19
退○聽朝也 236/127/20
吾將伏劍○死 236/127/23
睹其一戰○勝 236/127/25
欲從○帝之 236/127/25
且秦無已○帝 236/127/26
○予其所謂賢 236/127/27
○與其所愛 236/127/27
梁王安得晏然○已乎 236/127/28
○將軍又何以得故寵乎 236/127/28
吾乃今日○知先生為天下之士也 236/128/1
秦軍引○去 236/128/4
為人排患、釋難、解紛亂○無所取也 236/128/6
遂辭平原君○去 236/128/7
○令趙人多君 237/128/11
○令趙人愛君乎 237/128/11
○不能合遠 237/128/12
○不能自舉 237/128/12
故事有簡○功成者 237/128/13
四十餘年○秦不能得所欲 237/128/14

○慕思不可得之小梁	237/128/15
鄭同因撫手仰天○笑之曰	238/128/22
為冠○敗之	239A/129/7
○王必待工○后乃使之	239A/129/8
○王不以予工	239A/129/9
駕犀首○驂馬服	239A/129/9
今子曰夢見竈君○言君也	239B/129/16
○立司空狗	239B/129/18
色老○衰	240/129/22
知老○多	240/129/22
○逐衰惡之色	240/129/23
並驥○走者	240/129/23
五里○罷	240/129/24
乘驥○御之	240/129/24
不倦○取道多	240/129/24
君因言王○重責之	240/129/25
未期年○葺亡走矣	240/129/26
○獨以趙惡秦	241/130/3
○天下交之	241/130/3
從○有功乎	241/130/4
從○無功乎	241/130/5
足下卑用事者○高商賈乎	242/130/11
○謹司時	242/130/12
時賤○買	242/130/12
時貴○賣	242/130/12
○武王羈於玉門	242/130/13
卒斷紂之頭○縣於太白者	242/130/13
○責文信侯少禮	242/130/14
人有置係蹄者○得虎	243/130/18
決蹯○去	243/130/18
然○不以環寸之蹯	243/130/19
○君之身於王	243/130/19
旦日贊群臣○訪之	244/130/25
○居無幾何	245/130/30
○以兵襲趙	245/131/2
○地可多割	245/131/2
○能令王坐○天下致名寶	246/131/7
○臣竊怪王之不試見臣	246/131/7
○窮臣也	246/131/8
○取行於王者也	246/131/10
則位尊○能卑者也	246/131/16
○陰構於秦	247/131/21
以解其怨○取封焉	247/131/21
○陰鬻之於秦	247/131/25
○身朝於邯鄲	247/131/26
○趙無為王行也	247/131/27
○乃令秦攻王	247/131/27
人比然○後如賢不	247/131/27
臣願王之曰聞魏○無庸見惡也	247/132/6
○無使秦之見王之重趙也	247/132/6
○皆私甘之也	247/132/8
○不敢相私也	247/132/10
○秦、楚禁之	248/132/15
齊乃令公孫衍說李兌以攻宋○定封焉	248/132/15
○宋置太子以為王	248/132/17
下親其上○守堅	248/132/17
○太子在外	248/132/18
○無庸致兵	248/132/25
○臣待忠之封	248/132/26
則足下擊潰○決天下矣	248/132/28
天下散○事秦	249/133/4
得陰○構	249/133/6
若不得已○必構	249/133/7
○秦侵約	249/133/9
五國復堅○賓之	249/133/9
若復不堅約○講	249/133/9
且天下散○事秦	249/133/11
○求利於三晉	249/133/15
○君終不得陰	249/133/15
皆起○行事	249/133/17
○君又不得陰	249/133/17
以據魏○求安邑	249/133/18
抱安邑○信秦	249/133/19
○君必不得陰	249/133/20
與韓呡○攻魏	249/133/21
○燕、趙應之	249/133/22
秦因收楚○攻魏	249/133/22
秦舉安邑○塞女戟	249/133/23
○君終身不得陰	249/133/24
○兵東分於齊	249/133/25
○君有終身不得陰	249/134/1
○趙、宋同命	249/134/3
○收齊、魏以成取陰	249/134/5
固且為書○厚寄卿	250/134/10
○惡臣者過文張	250/134/11
○王弗聽	250/134/14
○違者范座也	251/134/19
○未殺也	251/134/21
○得百里之地	251/134/24
○有一焉	251/134/24
○死者不可復生也	251/134/25
○魏王輕為之殺無罪之座	251/134/28
遽言之王○出之	251/135/3
使將○攻趙	252/135/8
○以求安平君○將之	252/135/9
君致安平君○將之	252/135/10
○求安平君○將之	252/135/11
然則君奚求安平君○為將乎	252/135/13
乃引其兵○歸	252/135/19
軍也縣釜○炊	252/135/20
乃召趙莊○貴之	254/136/4
則王必怒○誅建信君	255/136/10
○王不逐也	256/136/16
○王逐之	256/136/16
是王輕強秦○重弱燕也	256/136/17
欲言○不敢	257/136/22
已○請其罪	257/136/23
望我○笑	257/136/23
談語○不稱師	257/136/23
交淺○言深	257/136/24, 257/136/25
夫望人○笑	257/136/24
言○不稱師	257/136/24
席隴畝○廕庇桑	257/136/25
陰移○授天下傳	257/136/26
伊尹負鼎俎○干湯	257/136/26
姓名未著○受三公	257/136/26
○三公不得也	257/136/27
今外臣交淺○欲深談可乎	257/136/27
買馬○善	258A/137/6
買馬○惡	258A/137/6
然則買馬善○若惡	258A/137/7
然○王之買馬也	258A/137/7
○社稷不血食	258A/137/8
然○王不待工	258A/137/8
○與建信君	258A/137/9
○求所欲於王者也	258A/137/11

○禍在於所愛 258A/137/12
吾往賀○獨不得通 258B/137/17
諒毅親受命○往 258B/137/21
○使不得通 258B/137/22
請奉○西行之 258B/137/25
○鳳皇不翔 258B/138/2
○騏驎不至 258B/138/2
受其弊○厚遇之 258B/138/6
○己因受之 259/138/11
○王之忠臣有罪也 259/138/12
○折韓、魏招之 259/138/12
○郎中甚妬之 261/138/22
故謀○入之秦 261/138/22
○郎中之計中也 261/138/23
故君不如遣春平侯○留平都侯 261/138/23
○贖平都侯 261/138/24
因與接意○遣之 261/138/24
太后盛氣○揖之 262/139/1
入○徐趨 262/139/1
至○自謝 262/139/1
○恐太后玉體之有所郄也 262/139/2
老婦恃輦○行 262/139/3
○臣衰 262/139/7
願及未填溝壑○託之 262/139/9
位尊○無功 262/139/16
奉厚○無勞 262/139/16
○挾重器多也 262/139/17
○封之以膏腴之地 262/139/17
○不及今令有功於國 262/139/17
○守金玉之重也 262/139/22
○況人臣乎 262/139/23
憍○輕敵 264A/140/8
鄰國懼○相親 264A/140/8
○獨以吾國為知氏質乎 264A/140/10
怒○反 264B/140/17
樂羊為魏將○攻中山 265/140/22
中山之君烹其子○遺之羹 265/140/22
樂羊坐於幕下○啜之 265/140/22
文侯賞其功○疑其心 265/140/24
○辭乎魏文侯 266/140/28
○成子之名 266/140/28
夫鄉邑老者○先受坐之士 266/140/29
子入○問其賢良之士○師事之 266/141/1
求其好掩人之美○揚人之醜者○參驗之 266/141/1
夫物多相類○非也 266/141/2
此皆似之○非者也 266/141/3
魏文侯與田子方飲酒○稱樂 268/141/13
○子又附之 269/141/21
○衡山在其北 269/141/24
○禹放逐之 269/141/25
○右天谿之陽 269/141/25
○湯伐之 269/141/26
左孟門○右漳、釜 269/141/26
○武王伐之 269/141/27
且君親從臣○勝降城 269/141/27
然○可得并者 269/141/28
○與韓、趙戰澮北 270/142/5
直○不倚 270/142/6
撓揀○不辟者 270/142/6
出○謂左右曰 271/142/19
○謂寡人必以國事聽鞅 271/142/20
孝公受○用之 271/142/22
然○廬田廡舍 272/142/29
今乃有意西面○事秦 272/143/4
○欲臣事秦 272/143/10
故兵未用○國已虧矣 272/143/10
偷取一旦之功○不顧其後 272/143/11
破公家○成私門 272/143/12
不待倦○至梁 273/143/24
魏南與楚○不與齊 273/143/25
東與齊○不與趙 273/143/26
○欲恃詐偽反覆蘇秦之餘謀 273/144/1
秦挾韓○攻魏 273/144/6
魏之亡可立○須也 273/144/6
則大王高枕○臥 273/144/7
○能弱楚者莫若魏 273/144/10
多言○輕走 273/144/11
魏之兵南面○伐 273/144/11
夫虧楚○益魏 273/144/11
攻楚○適秦 273/144/12
秦甲出○東 273/144/12
雖欲事秦○不可得也 273/144/12
且夫從人多奮辭○寡可信 273/144/15
出○乘其車 273/144/15
約一國○反 273/144/15
成○封侯之基 273/144/15
齊、魏約○伐楚 274/144/25
○魏弗救 274/144/25
○不敢深入者 274/144/26
以魏為將內之於齊○擊其後 274/144/26
○疑之於楚也 274/144/28
欲走○之韓 275/145/3
魏氏閉關○不通 275/145/3
○秦不受也 275/145/4
夫秦非不利有齊○得宋地也 275/145/4
○秦信齊矣 275/145/5
齊、秦合○涇陽君有宋地 275/145/6
秦必疑齊○不聽也 275/145/6
何為飲食○無事 276/145/12
公可以居其中○疑之 276/145/14
請謁○往 276/145/16
○以事因犀首 276/145/23
○反於楚王 277/145/29
令魏王召○相之 278/146/3
道稱疾○毋行 278/146/5
子果無之魏○見寡人也 278/146/8
重家○已 279/146/13
張儀欲以魏合於秦、韓○攻齊、楚 280/146/18
以魏合於秦、韓○攻齊、楚 280/146/19
○王之群臣皆以為可 280/146/20
○群臣之知術也 280/146/20
280/146/21
齊、楚怒○欲攻魏 281/146/26
○百姓無患 281/146/27
今公相○魏受兵 281/146/27
魏戰○勝 281/146/29
○儀固得魏矣 281/146/30
今儀相魏○攻之 281/147/1
則魏必圖秦○棄儀 283/147/14
收韓○相衍 283/147/14
因○委之 283/147/15
與之伐齊○存燕 284/147/19
○不與魏六城 284/147/20
○樹怨○於齊、秦也 284/147/20

○道塗宋、衛為制 284/147/22
秦、韓合○欲攻南陽 285/147/28
何不陽與齊○陰結於楚 286/148/3
○與乘之 286/148/4,286/148/4
魏令公孫衍乘勝○留於境 287/148/9
然○臣能半衍之割 287/148/10
○令秦講於王 287/148/10
○令趙 287/148/11
王重其行○厚奉之 287/148/11
○聽秦矣 287/148/12
○欲敗之 287/148/14
○和於東周與魏也 287/148/14
○聽相之計 290/149/4
○不能成其功 290/149/5
不過五月○趙破 291/149/10
○二士之謀困也 291/149/12
○事已去矣 291/149/12
夫難搆○兵結 291/149/12
梁君、田侯恐其至○戰敗也 291/149/14
召文子○相之魏 292/149/23
○蘇代曰 293/149/28
衍將右韓○左魏 293/149/28
文將右齊○左魏 293/149/29
中道○不可 293/149/29
王之國雖滲樂○從之可也 293/149/30
吾舉事○不利於魏 293/150/1
臣以為身利○便於事 293/150/2
○先生弗受 294/150/8
王聞之○弗任也 294/150/9
史舉不辭○去 294/150/9
交臂○聽楚 295/150/14
○又況存薔乎 295/150/15
若戰○勝 295/150/15
且為棧道○葬 296/150/19
雪甚如此○喪行 296/150/20
○以民勞與官費用之故 296/150/21
○不行先王之喪 296/150/21
○以告犀首 296/150/23
駕○見太子曰 296/150/26
於是出○為之張於朝 296/150/28
三日○後更葬 296/150/28
○雪甚 296/150/29
先王必欲少留○扶社稷、安黔首也 296/151/1
因弛期○更為日 296/151/1
若此○弗為 296/151/2
又令魏太子未葬其先王○因又說文王之義 296/151/5
無功○還 297/151/10
○秦禁之 297/151/10
請合○以伐宋 297/151/10
○與王爭得者 297/151/13
○王獨舉宋 297/151/14
請剛柔○皆用之 297/151/14
期於啗宋○已矣 297/151/16
○竊為王悲 297/151/18
其次堅約○詳講 297/151/21
則陰勸○弗敢圖也 297/151/25
則先鬻與國○以自解也 297/151/25
則為劫於與國○不得已者 297/151/25
○以秦為上交以自重也 297/151/26
○焉能免國於患 297/151/27
○行其上 297/151/27
○生以殘秦 297/151/28
○西戎之兵不至 297/152/2
○東夷之民不起 297/152/2
○臣以致燕甲○起齊兵矣 297/152/3
奉陽君、孟嘗君、韓呡、周㝡、周、韓餘為徒從○下之 297/152/5
臣又說齊王○往敗之 297/152/8
○以齊為上交 297/152/8
○果西因蘇脩重報 297/152/9
然○所以為之者 297/152/9
則胡不召文子○相之 298/152/15
因召文子○相之 298/152/16
將太子申○攻齊 300/152/26
○孫子善用兵 300/152/28
魏王召惠施○告之曰 301/153/3
吾常欲悉起兵○攻之 301/153/4
○霸者知計 301/153/5
疏於度○遠於計 301/153/5
○後與齊戰 301/153/6
王又欲悉起○攻齊 301/153/6
則不如因變服折節○朝齊 301/153/7
王游人○合其鬭 301/153/7
以休楚○伐罷齊 301/153/8
願臣畜○朝 301/153/9
○得朝禮 301/153/11
與魏和○下楚 301/153/11
○禽太子申 301/153/12
○卑秦、楚 301/153/12
好用兵○甚務名 301/153/13
○與之並朝齊侯再三 301/153/14
自將○伐齊 301/153/16
楚將內○立之 302/153/21
是齊抱空質○行不義也 302/153/22
折○樹之又生 303A/153/26
然○不勝一人者 303A/153/27
樹之難○去之易也 303A/153/28
○欲去子者眾 303A/153/28
然則相者以誰○君便之也 303B/154/4
必右秦○左魏 303B/154/8
必右齊○左魏 303B/154/8
必右韓○左魏 303B/154/8
○欲丞相之璽 303B/154/10
○持三萬乘之國輔之 303B/154/10
其智能○任用之也 304/154/19
今王之使人入魏○不用 304/154/20
魏必舍所愛習○用所畏惡 304/154/20
夫舍萬乘之事○退 304/154/21
是趙存○我亡也 304/154/23
趙安○我危也 304/154/23
○使趙小心乎 304/154/26
不如用魏信○尊之以名 304/154/26
國安○名尊 304/154/26
國危○權輕 304/154/27
○悔其過行 304/155/2
堯、舜之所求○不能得也 304/155/3
王何不倍秦○與魏王 305/155/8
乃倍秦○與魏 305/155/9
○為魏太子之尚在楚也 305/155/12
○復固秦、楚之交 305/155/13
然○三人言○成虎 306/155/20
○議臣者過於三人矣 306/155/21

〇讒言先至 306/155/22
帝女令儀狄作酒〇美 307/155/26
禹飲〇甘之 307/155/27
和調五味〇進之 307/155/28
桓公食之〇飽 307/155/28
遂推南之威〇遠之 307/156/1
楚王登強臺〇望崩山 307/156/2
左江〇右湖 307/156/2
遂盟強臺〇弗登 307/156/3
左白台〇右閭須 307/156/4
前夾林〇後蘭臺 307/156/4
秦、趙約〇伐魏 308/156/10
今大王收秦〇攻魏 308/156/11
召相國〇命之曰 308/156/11
今不用兵〇得鄴 308/156/13
遽割五城以合於魏〇支秦 308/156/19
臣聞明王不胥中〇行 309/156/23
〇秦兵不下 309/157/1,309/157/1
〇秦兵不可下 309/157/6
走芒卯〇圍大梁 310/157/12
〇邯鄲復歸 310/157/13
〇燕國復歸 310/157/14
〇地不并乎諸侯者 310/157/14
以其能忍難〇重出地也 310/157/15
〇隨以亡 310/157/15
〇宋、中山可無為也 310/157/16
夫秦貪戾之國〇無親 310/157/16
地未畢入〇兵復出矣 310/157/17
今王循楚、趙〇講 310/157/18
楚、趙怒〇與王爭事秦 310/157/18
必少割〇有質 310/157/19
〇割八縣 310/157/22
〇志必舉之 310/157/28
攻〇不能拔 310/157/28
〇得以少割為和 310/158/1
〇君後擇焉 310/158/2
〇魏效絳、安邑 310/158/3
〇君制之 310/158/4
何求〇不得 310/158/4
何為〇不成 310/158/4
臣願君之熟計〇無行危也 310/158/4
三年反〇名其母 311/158/10
反〇名我者 311/158/11
〇以入朝為後 311/158/15
子患寡人入〇不出邪 311/158/15
入〇不出 311/158/15
入不測之淵〇必出 311/158/16
〇許綰之首 311/158/17
〇殉王以鼠首 311/158/18
〇王效其上 311/158/20
偽病者乎〇見之 311/159/1
將使段干崇割地〇講 312/159/7
〇秦不以勝之上割 312/159/9
是群臣之私〇王不知也 312/159/10
〇王因使之受璽 312/159/11
〇欲地者制璽 312/159/11
譬猶抱薪〇救火也 312/159/12
〇秦之求無窮 312/159/13
今君劫於群臣〇許秦 312/159/16
名醜〇實危 313/159/23
然〇趙之地不歲危 314/160/9
〇民不歲死 314/160/9
〇魏之地歲危 314/160/9
〇民歲死者 314/160/10
今又行數千里〇以助魏 314/160/15
夫行數千里〇救人者 314/160/15
今魏王出國門〇望見軍 314/160/16
雖欲行數千里〇助人 314/160/16
〇臺已燔 314/160/18
〇燕不救魏 314/160/19
利行數千里〇助人乎 314/160/20
利出燕南門〇望見軍乎 314/160/21
則道里近〇輸又易矣 314/160/21
〇封田文 314/160/25
貪戾好利〇無信 315/160/29
〇以憂死 315/161/1
〇竟逐之 315/161/1
〇再奪之國 315/161/1
〇又況於仇讎之敵國也 315/161/2
今大王與秦伐韓〇益近秦 315/161/4
〇王弗識也 315/161/4
〇莫以此諫 315/161/4
〇今負強秦之禍也 315/161/7
絕韓之上黨〇攻強趙 315/161/10
〇以與趙兵決勝於邯鄲之郊 315/161/11
道涉〇谷 315/161/12
行三十里〇攻危隘之塞 315/161/12
〇所攻者甚難 315/161/12
〇右上蔡、召陵 315/161/13
〇以之臨河內 315/161/17
〇水大梁 315/161/18
然〇秦之葉陽、昆陽與舞陽、高陵鄰 315/161/19
隨安陵氏〇欲亡之 315/161/19
有周、韓〇間之 315/161/23
〇國繼以圍 315/161/25
〇禍若是矣 315/161/26
又況於使秦無韓〇有鄭地 315/161/27
楚、魏疑〇韓不可得〇約也 315/161/28
〇請為天下鴈行頓刃 315/161/29
〇臣海內之民 315/162/1
〇挾韓、魏之質 315/162/2
如此則士民不勞〇故地得 315/162/3
然〇無與強秦鄰之禍 315/162/3
夫存韓安魏〇利天下 315/162/6
因〇關之 315/162/6
天下之西鄉〇馳秦 315/162/9
〇趙無為王有也 316/162/15
晉人欲亡虞〇伐虢 317A/162/20
宮之奇諫〇不聽 317A/162/21
反〇取虞 317A/162/22
〇并齊、秦 317A/162/22
王賢〇有聲者相之 317A/162/22
聽秦〇攻魏者 317A/162/23
〇又怒其不己善也 317B/163/1
必令魏以地聽秦〇為和 317B/163/1
〇魏王不敢據也 317B/163/2
公因寄汾北以予秦〇為和 317B/163/3
〇不能拔 317B/163/7
〇以與魏 317B/163/9
何故〇弗有也 317B/163/10
〇使翟強為和也 317B/163/12
臣見秦之必大憂可立〇待也 318/163/24
得密須氏〇湯之服桀矣

318/163/26
昔曹恃齊○輕晉 319/164/3
齊伐釐、莒○晉人亡曹 319/164/3
齊和子亂○越人亡繒 319/164/4
伐榆關○韓氏亡鄭 319/164/4
秦、翟年穀大凶○晉人亡原 319/164/5
齊、魏伐楚○趙亡中山 319/164/5
非獨此五國為然○已也 319/164/6
○不可恃者 319/164/7
319/164/8,319/164/8
○信春申君之言 319/164/9
○久不可知 319/164/9
○以一人之心為命也 319/164/10
韓且坐○胥亡乎 320/164/15
且割○從天下乎 320/164/15
韓且割○從天下 320/164/16
韓且割○從其所強 320/164/17
且割○從其所不強 320/164/18
韓將割○從其所強 320/164/18
然○茲公為從 321/164/24
○以資子之讎也 321/164/26
○韓、魏壤梁 325/165/19
今幸○於韓 325/165/20
秦果釋管○攻魏 325/165/24
不用子之計○禍至 325/165/24
未卒○移兵於梁 325/165/28
秦、趙構難○戰 326/166/3
不如齊、趙○構之秦 326/166/3
○構之秦 326/166/4
王欲焉○收齊、趙攻荊 326/166/4
欲焉○收荊、趙攻齊 326/166/5
秦、趙久相持於長平之下○無決 327/166/10
遇○無相 328/166/17
且遇於秦○相秦者 328/166/18
○王不受 329A/166/25
○養秦太后以地 329A/166/25
○交疏於魏也 329B/167/3
帶劍○緩之 330/167/10
楚人惡其緩○急之 330/167/10
○秦若此其甚 330/167/11
○以多割於韓矣 331/167/16
○伐韓矣 331/167/16
過二周○攻王者 333/167/29
中道○反 334/168/3
方北面○持其駕 334/168/4
○離楚愈遠耳 334/168/6
○攻邯鄲 334/168/7
○離王愈遠耳 334/168/8
猶至楚○北行也 334/168/8
則趣趙○已 337/168/25
齊、楚約○欲攻魏 338/168/29
遂約車○遣之 338/169/1
大王已知魏之急○救不至者 338/169/2
魏急則且割地○約齊、楚 338/169/4
○強二敵之齊、楚也 338/169/5
乃引兵○去 338/169/8
436/212/21
不可得○知也 339/169/15
魏攻管○不下 340/169/22
是臣○下 340/169/25
今吾攻管○不下 340/169/28
願君之生束縮高○致之 340/169/29
○君曰『必生致之』 340/170/3
是使我負襄王詔○廢大府之憲也 340/170/3
悍○自用也 340/170/6
刎頸○死 340/170/7
魏王與龍陽君共船○釣 341/170/14
龍陽君得十餘魚○涕下 341/170/14
○得為王拂枕席 341/170/17
必褰裳○趨王 341/170/18
○近習之人相與怨 341/170/23
○國患不解 342/170/29
○魏之弱也甚 342/171/1
○王以是質秦 342/171/1
王又能死○弗能棄之 342/171/2
解患○怨報 342/171/3
今由嫪氏善秦○交為天下上 342/171/8
天下孰不棄呂氏○從嫪氏 342/171/8
天下必合呂氏○從嫪氏 342/171/9
○君以五十里之地存者 343/171/16
○君逆寡人者 343/171/17
安陵君受地於先生○守之 343/171/18
與臣○將四矣 343/171/23
挺劍○起 343/171/24
長跪○謝之曰 343/171/24
○安陵以五十里之地存者 343/171/25
○動千里之權者 344A/172/4
○破三軍者 344A/172/5
○我有兩趙也 344B/172/11
恐言○未必中於王也 345/172/15
吾誰與○可 345/172/16
臣請深惟○苦思之 345/172/16
盡忠○已矣 345/172/17
○廢子之道乎 346/172/23
○廢子之謁乎 346/172/23
韓卒超足○射 347/172/30
交臂○服焉 347/173/4
夫羞社稷○為天下笑 347/173/4
則棄前功○後更受其禍 347/173/6
○秦之求無已 347/173/7
○逆無已之求 347/173/7
此所謂市怨○買禍者也 347/173/7
不戰○地已削矣 347/173/8
今大王西面交臂○臣事秦 347/173/8
○有牛後之名 347/173/9
非麥○豆 348A/173/17
○廝徒負養在其中矣 348A/173/19
見卒不過二十萬○已矣 348A/173/19
○聽從人之甘言好辭 348A/173/25
○聽須臾之說 348A/173/26
夫造禍○求福 348A/173/28
計淺○怨深 348A/173/28
逆秦○順楚 348A/173/29
○能弱楚者莫如韓 348A/174/1
今王西面○事秦以攻楚 348A/174/1
夫攻楚○私其地 348A/174/2
轉禍○說秦 348A/174/2
客幸○教之 348A/174/5
晉用六卿○國分 348B/174/9
簡公用田成、監止○簡公弒 348B/174/10
魏兩用犀首、張儀○西河之外亡 348B/174/10
○相公叔以伐秦 349/174/17
今割矣○交不親 351/174/27

馳矣○兵不止 351/174/27
且王求百金於三川○不可得 351/174/28
一旦○具 351/174/28
是絶上交○固私府也 351/174/29
五國約○攻秦 352/175/3
兵罷○留於成皋 352/175/3
王約五國○西伐秦 352/175/7
天下且以是輕王○重秦 352/175/7
且聽王之言○不攻市丘 352/175/9
且反王之言○攻市丘 352/175/9
故楚王卜交○市丘存 352/175/10
令昭獻轉○與之處 353/175/16
○幾瑟 353/175/17
○昭獻 353/175/17
故因○請秦王曰 354/175/23
已○ 356B/176/9
召陳軫○告之 357/176/19
今又得韓之名都一○具甲 357/176/19
此秦所以廟祠○求也 357/176/20
○免楚國之患也 357/176/24
又非素約○謀伐秦矣 357/177/1
○信楚之謀臣 357/177/3
率且正言之○已矣 358/177/13
公仲遽起○見之 358/177/13
○公獨與王主斷於國者 359/177/23
○甘戊黨於魏 359/177/23
○公黨於楚 359/177/24
○公必之 359/177/25
○後委國於甘茂 359/177/26
公求○得之 359/178/2
是令行於楚○以其地德韓也 359/178/2
公求○弗得 359/178/2
○交走秦也 359/178/3
○公過楚以攻韓 359/178/3
○誅齊、魏之罪 359/178/5
○弗能得也 360/178/10
秦王以公孫郝為黨於公○弗之聽 360/178/13
甘茂不善於公○弗為公言 360/178/13
今王聽公孫郝以韓、秦之兵應齊○攻魏 360/178/16
歸地○合於齊 360/178/17
以韓、秦之兵據魏○攻齊 360/178/18
不求割地○合於魏 360/178/18
公孫郝黨於齊○不肯言 360/178/22
甘茂薄○不敢謁也 360/178/22
且以善齊○絶齊乎楚 361/178/27
將以合齊、秦○絶齊於楚也 361/179/1
齊無以信魏之合己於秦○攻於楚也 361/179/2
○且疑秦、魏於齊 361/179/4
因不罪○益其列 361/179/5
若夫越趙、魏○關兵於燕 362/179/11
○楚為之 362/179/11
必來以是○足矣 363/179/19
○君用之弱 364/179/23
不若聽○備於其反也 365/180/4
常仗趙○畔楚 365/180/4
仗齊○畔秦 365/180/4
○無所入矣 365/180/5
○妾弗重也 366/180/13
先生病○來 366/180/17
韓急則折○入於楚矣 366/180/18
○秦師不下殽 366/180/21
公仲且抑首○不朝 366/180/22
不識坐○待伐 366/180/23
魏折○入於楚 367/181/2
○陰善楚 367/181/4
公恃秦○勁 367/181/4
易三川○歸 367/181/5
塞三川○守之 367/181/5
公必先韓○後秦 367/181/7
先身○後張儀 367/181/7
是公之所以外者儀○已 367/181/8
公叔爭之○不聽 368/181/13
○易必敗矣 368/181/16
因以出襄子○德太子 369/181/22
○楚、魏皆德公之國矣 370/181/26
○資之以秦 371/182/4
馮君廣王○不聽公叔 371/182/4
○害於韓矣 371/182/4
○不患楚之能揚河外也 372/182/9
○令人為公求武遂於秦 372/182/9
毋秦患○得楚 372/182/11
楚之縣○已 372/182/11
○交楚也 372/182/12
舟漏○弗塞 373/182/16
○輕陽侯之波 373/182/16
今公自以辯於薛公○輕秦 373/182/17
是塞漏舟○輕陽侯之波也 373/182/17
立韓擾○廢公叔 374/182/21
374/182/22
必周君○深怨我矣 374/182/22
疾視○徐叱之 374/182/27
○以不得已之故來使 374/182/28
彼將禮陳其辭○緩其言 374/182/28
○欲德於韓擾 374/182/29
○得全 375/183/5
若戰○不勝 375/183/5
走○不死 375/183/6
○幾瑟走也 377/183/17
○內收諸大夫以自輔也 378/183/22
○外得秦、楚也 379/183/27
韓大夫知王之老○太子定 379/183/28
楚王聽○入質子於韓 380/184/3
韓立公子咎○棄幾瑟 381/184/12
○德王矣 381/184/13
楚將收秦○復之 382/184/17
廢公叔○相幾瑟者楚也 382/184/17
楚又收秦○復之 382/184/18
公因以楚、韓之兵奉幾瑟○內之鄭 383A/184/24
幾瑟得入○德公 383A/184/25
秦必留太子○合楚 383B/184/29
韓咎立為君○未定也 383C/185/3
周欲以車百乘重○送之 383C/185/3
○弗能禁也 384/185/14
○聶政謝曰 385/185/24
○行游諸侯眾矣 385/185/26
徒幸○養老母 385/185/28
然仲子卒備賓主之禮○去 385/185/29
○嚴仲子乃諸侯之卿相也 385/186/1

枉車騎○交臣 385/186/2
○嚴仲子舉百金為親壽 385/186/3
○親信窮僻之人 385/186/4
○政獨安可嘿然○止乎 385/186/4
今足下幸○不棄 385/186/9
語泄則韓舉國○與仲子為讎也 385/186/11
持兵戟○衛者甚眾 385/186/14
韓傀走○抱哀侯 385/186/15
是其軼賁、育○高成荊矣 385/186/20
今死○無名 385/186/20
乃抱屍○哭之曰 385/186/21
唯其母知之○已 386/187/3
唯智者知之○已 386/187/3
則主尊○身安 386/187/4
則主卑○身危 386/187/5
○非公適束之 386/187/5
○公適束之 386/187/8
是韓重○主尊矣 386/187/8
○西貴於秦 386/187/9
操右契○為公責德於秦、魏之主 386/187/9
裂地○為諸侯 386/187/9
若夫安韓、魏○終身相 386/187/10
此主尊○身安矣 386/187/10
是公擇布○割也 386/187/11
今有一舉○可以忠於主 387/187/17
今天下散○事秦 387/187/17
天下合○離秦 387/187/18
○獨厚取德焉 387/187/20
秦令○不聽 387/187/21
○兵不決 387/187/21
○封於梗陽 387/187/22
○封於平原 387/187/23
○秦之爭機也 387/187/23
○攻我甚所愛 388/187/29
無事○割安邑 388/188/2
則晉、楚智○韓、秦愚也 388/188/6
○欲攻絳、安邑 389/188/12
秦之欲并天下○王之也 389/188/16
合○相堅如一者 389/188/19
申不害與昭釐侯執珪○見梁君 390/188/24
非好卑○惡尊也 390/188/24
非慮過○議失也 390/188/24
○信於萬人之上也 390/188/26
○重韓之權 390/188/26
昭釐侯聽○行之 390/188/27
申不害慮事○言之 390/188/27
○今之秦強於始之秦 390/188/27
○王與諸臣不事為尊秦以定韓者 390/188/28
○王之諸臣忠莫如申不害也 390/188/29
穆公一勝於韓原○霸西州 390/189/1
晉文公一勝於城濮○定天下 390/189/1
然○《春秋》用兵者 390/189/3
吳人入越○戶撫之 390/189/5
身執禽○隨諸御 390/189/6
與成○不盟 390/189/6
遂殘吳國○禽夫差 390/189/7
○攻心不如吳 390/189/9
○君臣、上下、少長、貴賤 390/189/9
臣竊以為猶之井中○謂曰 390/189/9
許異蹴哀侯○殪之 391/189/14
○許異終身相焉 391/189/15
○韓氏之尊許異也 391/189/15
今日鄭君不可得○為也 391/189/16
然○吾弗為云者 391/189/16
今日天子不可得○為也 391/189/18
豈不為過謀○不知尊哉 391/189/19
○許異獨取相焉者 391/189/19
○桓公獨取霸者 391/189/20
○以國先者 391/189/21
則我立帝○霸 391/189/22
韓陽役於三川○欲歸 392/189/28
王於是召諸公子役於三川者○歸之 392/189/29
然○見親秦 393/190/3
○韓之疏秦不明 393/190/6
攻運○取之易矣 394/190/12
○不告韓 394/190/14
使善扁鵲○無臃腫也 395/190/18
○善平原君乃所以惡於秦也 395/190/19
○恐楚之怒也 396A/190/24
○不敢為楚計 396A/190/25
吾欲以國輔韓珉○相之可乎 396A/190/26
○使之主韓、楚之事 396A/190/27
召韓侈○仕之 396B/191/7
以為成○過南陽之道 396C/191/13
可得○知也 396C/191/16
公孫郝嘗疾齊、韓○不加貴 396C/191/17
齊、韓嘗因公孫郝○不受 396C/191/17
則諸侯之情偽可得○知也 396C/191/18
甘茂約楚、趙○反敬魏 396C/191/19
○無自左右也 396C/191/21
以臨齊○市公 397/191/28
是棘齊、秦之威○輕韓也 398/192/4
秦招楚○伐齊 400/192/17
以強秦○有晉、楚 400/192/20
周必寬○反之 401/192/24
○還之者魏也 401/192/25
○韓王失之也 401/192/26
○小國利之 404/193/14
國形有之○存 405/193/19
無之○亡者 405/193/19
不可無○從者 405/193/19
○不能令狗無吠己 406/193/26
○不能令人毋議臣於君 406/193/27
○不能取千里 407/194/4
○難千里之行 407/194/5
○相國見臣不釋塞者 407/194/6
秦再勝○趙三勝 408/194/14
○王以全燕制其後 408/194/15
○數十萬之眾 408/194/17
○重千里之外 408/194/19
○燕弱國也 409/195/1
○君甚不善蘇秦 409/195/2
蘇秦能抱弱燕○孤於天下哉 409/195/2
是驅燕○使合於齊也 409/195/2

再拜○賀 411/195/19
因仰○弔 411/195/19
齊王桉戈○卻曰 411/195/19
○與死同患也 411/195/22
○深與強秦為仇 411/195/23
○強秦制其後 411/195/23
轉禍○為福 411/195/28
419/201/22
因敗○為功 411/195/28
故桓公負婦人○名益尊
411/195/28
韓獻開罪○交愈固 411/195/28
此皆轉禍○為福 411/195/29
419/201/23
因敗○為功者也 411/195/29
419/201/23
燕無故○得十城 411/195/30
是棄強仇○立厚交也 411/195/30
○以十城取天下也 411/195/31
願為兄弟○請罪於秦 411/196/1
○燕王不館也 412/196/8
○足下迎臣於郊 412/196/9
○以事足下 412/196/11
汙武王之義○不臣焉 412/196/15
餓○死於首陽之山 412/196/15
○事弱燕之危主乎 412/196/16
期○不來 412/196/16
抱梁柱○死 412/196/16
何肯楊燕、秦之威於齊
○取大功乎哉 412/196/16
離老母○事足下 412/196/19
○謀進取之道 412/196/20
主父大怒○笞之 412/196/27
故妾一僵○棄酒 412/196/27
適不幸○有類妾之棄酒
也 412/196/29
○陰告廚人曰 413/197/5
因反斗○擊之 413/197/6
趙興兵○攻燕 413/197/9
再圍燕都○劫大王 413/197/9
驅趙○攻燕 413/197/11
○趙不敢妄動矣 413/197/12
○南無齊、趙之患 413/197/13
請奉社稷西面○事秦 413/197/16
因見燕客○遣之 414/197/22
竊釋鉏耨○干大王 415/197/28
○令人疑之 415/198/7

○令人知之 415/198/7
謀未發○聞於外 415/198/7
○欲報之二年矣 415/198/11
則寡人奉國○委之於子
矣 415/198/12
○燕處弱焉 415/198/15
○自用也 415/198/17
○又以其餘兵南面○舉
五千乘之勁宋 415/198/18
○包十二諸侯 415/198/18
○亡國之臣貪於財 415/198/26
彼且德燕○輕亡宋 415/198/27
○蘇代與子之交 416A/199/3
○齊宣王復用蘇代 416A/199/4
不勝○還 416A/199/6
禹授益○以啓為吏 416A/199/15
○以啓為不足任天下 416A/199/15
啓與支黨攻益○奪之天
下 416A/199/15
○吏無非太子人者 416A/199/16
○太子用事 416A/199/17
王因收印自三百石吏○
效之子之 416A/199/17
○噲老不聽政 416A/199/18
因○仆之 416A/199/21
將廢私○立公 416A/199/21
蘇秦弟厲因燕質子○求
見齊王 416B/200/3
○欲得燕權 416B/200/6
已○讓位 416B/200/8
○蘇代、厲遂不敢入燕
416B/200/8
秦非不利有齊○得宋地
也 417/200/13
秦必疑○不信蘇子矣 417/200/15
○襲破燕 418/200/21
詘指○事之 418/200/24
北面○受學 418/200/25
先趨○後息 418/200/25
先問○後嘿 418/200/25
○朝其門下 418/200/27
寡人將誰朝○可 418/200/30
安事死馬○捐五百金 418/201/2
於是昭王為隗築宮○師
之 418/201/7
○寄質於齊 419/201/14
名卑○權輕 419/201/14

民勞○實費 419/201/15
讎強○國弱也 419/201/15
○足下行之 419/201/16
○齊未加信於足下 419/201/16
○忌燕也愈甚矣 419/201/16
夫民勞○實費 419/201/17
○世負其禍矣 419/201/17
○齊并之 419/201/18,419/201/19
○燕猶不能支也 419/201/19
因敗○成功者也 419/201/22
○賈十倍 419/201/22
○後殘吳霸天下 419/201/23
今王若欲轉禍○為福 419/201/23
因敗○為功乎 419/201/24
則莫如遙伯齊○厚尊之
419/201/24
然○王何不使布衣之人
419/201/26
燕、趙破宋肥齊尊齊○
為之下者 419/201/27
弗利○勢為之者 419/201/28
立為三帝○以令諸侯 419/201/30
○歸楚之淮北 419/202/1
○王獨弗從也 419/202/4
○王從之 419/202/4
名卑○國危 419/202/5
名尊○國寧 419/202/5
夫去尊寧○就卑危 419/202/5
○蘇氏去燕 419/202/9
耕○食之 420/202/16
織○衣之 420/202/16
若自憂○足 420/202/22
諸侯北面○朝 420/202/23
諸侯西面○朝 420/202/23
則諸侯不為別馬○朝矣
420/202/24
○揆其兵之強弱 420/202/24
○名可立也 420/202/25
故功不可成○名不可立
也 420/202/26
○愚臣知之 420/202/26
登丘東嚮○歎 420/202/28
○求扶持 420/202/29
○河間可取 420/202/30
○乃以與無能之臣 420/203/2
○得罪者乎 420/203/6
吾已為藥酒○待其來矣 420/203/8

已○其丈夫果來 420/203/8
於是因令其妾酌藥酒○進之 420/203/8
半道○立 420/203/9
寧佯躓○覆之 420/203/10
於是因佯僵○仆之 420/203/10
今妾奉○仆之 420/203/11
縛其妾○笞之 420/203/11
○又況於當世之賢主乎 420/203/13
然○周之俗 421/203/19
舍媒○自衒 421/203/20
弊○不售 421/203/20
順○無敗 421/203/20
售○不弊者 421/203/20
唯媒○已矣 421/203/20
楚得枳○國亡 422/203/25
齊得宋○國亡 422/203/25
乘夏水○下江 422/203/28
五日○至郢 422/203/28
乘夏水○下漢 422/203/29
四日○至五渚 422/203/29
一日○斷太行 422/204/1
我起乎宜陽○觸平陽 422/204/1
二日○莫不盡繇 422/204/1
我離兩周○觸鄭 422/204/2
五日○國舉 422/204/2
魏棄與國○合於秦 422/204/18
因犀首屬行○攻趙 422/204/21
○重魏 422/204/21
○燕、趙之秦者 422/204/27
○天下由此宗蘇氏之從約 422/205/1
臣死○齊大惡於趙 423/205/10
今封○相之 424/205/17
○小人奉陽君也 424/205/20
因是○倍之 424/205/20
解○復合 424/205/21
臣死○齊、趙不循 424/205/23
○後相效 424/205/23
若臣死○必相攻也 424/205/23
臣必勉之○求死焉 424/205/24
堯、舜之賢○死 424/205/24
禹、湯之知○死 424/205/24
孟賁之勇○死 424/205/24
臣以為不若逃○去之 424/205/27
○為之取秦 424/205/27
伊尹再逃湯○之桀 424/206/2
再逃桀○之湯 424/206/2
○以湯為天子 424/206/2
伍子胥逃楚○之吳 424/206/2
○報其父之讎 424/206/3
今臣逃○紛齊、趙 424/206/3
望諸攻關○出逃 424/206/5
願子還○視之 425/206/13
去○顧之 425/206/14,425/206/14
伯樂乃還○視之 425/206/14
一旦○馬價十倍 425/206/14
入言之王○見之 425/206/16
燕兵在晉○不進 426/206/24
則是兵弱○計疑也 426/206/24
王何不令蘇子將○應燕乎 426/206/25
將○應弱燕 426/206/25
是王破燕○服趙也 426/206/26
○以臣遺燕也 426/206/28
○與燕人戰於晉下 426/207/1
○報於閔王曰 426/207/2
齊不幸○燕有天幸也 426/207/5
故獻御書○行 427/207/13
期於成事○已 427/207/17
使齊犬馬駿○不言燕 427/207/20
且以為公子功○封之也 428/208/7
且太后與王幸○在 428/208/7
○太子即位 428/208/8
○有齊人仕於燕者 429/208/15
昭王召○謂之曰 429/208/15
爭之○不聽 429/208/16
子因去○之齊 429/208/16
且以因子○事齊 429/208/16
然○常獨欲有復收之之志若此也 429/208/17
○先使除患無至者 430/208/23
公聽吾言○說趙王曰 430/208/23
○弱越乘其弊以霸 430/208/24
○強秦將以兵承王之西 430/208/25
○使強秦處弱越之所以霸也 430/208/25
昌國君樂毅為燕昭王合五國之兵○攻齊 431/209/3
○燕昭王死 431/209/4
○使騎劫代之將 431/209/4
先王舉國○委將軍 431/209/8
寡人豈敢一日○忘將軍之功哉 431/209/9
遂捐燕○歸趙 431/209/11
○亦何以報先王之所以遇將軍之意乎 431/209/11
○又害於足下之義 431/209/15
○又不白於臣之所以事先王之心 431/209/16
故察能○授官者 431/209/20
論行○結交者 431/209/20
○以身得察於燕 431/209/21
○立之乎群臣之上 431/209/22
○使臣為亞卿 431/209/22
故受命○不辭 431/209/23
○欲以齊為事 431/209/25
○驟勝之遺事也 431/209/26
則必舉天下○圖之 431/209/26
舉天下○圖之 431/209/27
起兵隨○攻齊 431/209/29
隨先王舉○有之於濟上 431/209/29
故裂地○封之 431/210/3
故受命○弗辭 431/210/4
功立○不廢 431/210/6
名成○不毀 431/210/6
賜之鴟夷○浮之江 431/210/11
故沉子胥○不悔 431/210/11
故入江○不改 431/210/12
○不察疏遠之行也 431/210/17
王○不能自恃 432/210/22
以事強○不可以為萬世 432/210/23
將奈何合弱○不能如一 432/210/23
以其合兩○如一也 432/210/26
今山東合弱○不能如一 432/210/26
五人○車因行矣 432/210/27
今山東三國弱○不能敵秦 432/210/28
然○山東不知相索 432/210/28
同舟○淩波 432/210/29
如同舟○濟 432/211/1
物固有勢異○患同者 432/211/7
○王不伐 433/211/22
因其強○強之 433/211/27
因其廣○廣之 433/211/27

○鷸啄其肉 434/212/3
蚌合○拑其喙 434/212/3
漁者得○并禽之 434/212/5
○未有適予也 435/212/12
臣聞辭卑○幣重者 435/212/12
辭倨○幣薄者 435/212/12
今魏之辭倨○幣薄 435/212/13
楚王使景陽將○救之 436/212/17
○攻魏雝丘 436/212/19
○燕王不我信 437/212/27
我且言子之奪我珠○吞之 437/212/27
境吏恐○赦之 437/212/29
王乃召昌國君樂間○問曰 438/213/4
故君捐國○去 438/213/10
○君不肯聽 438/213/11
行有失○故惠用 438/213/17
○君有失厚之累 438/213/18
怨惡未見○明棄之 438/213/19
○明怨於外 438/213/21
恐其適足以傷於高○薄於行也 438/213/21
○君不得厚 438/213/22
○君不得榮 438/213/23
此一舉○兩失也 438/213/23
三黜○不去 438/213/24
惡往○不黜乎 438/213/25
○議寡人者遍天下 438/213/27
輟○棄之 438/213/28
怨○累之 438/213/28
余且慝心以成○過 438/213/29
不顧先王以明○惡 438/213/30
○趙繫之 439/214/6
○燕不受命矣 439/214/7
趙王以為然○遣之 439/214/8
○與秦相距五十餘年矣 439/214/12
國小○地無所取 439/214/12
起兵○救燕 439/214/13
願太傅幸○圖之 440/214/19
○積怨於燕 440/214/24
○棄所哀憐之交置之匈奴 440/214/27
太子跪○逢迎 440/215/4
跪○拂席 440/215/4
太子避席○請曰 440/215/4
一日○馳千里 440/215/5
田光俛○笑曰 440/215/9
幸○教之曰 440/215/12
遂自剄○死 440/215/16
太子再拜○跪 440/215/18
有頃○後言曰 440/215/18
○欲不可足也 440/215/21
○李信出太原、雲中 440/215/23
因○刺殺之 440/215/26
○內有大亂 440/215/26
○不知所以委命 440/215/28
今行○無信 440/216/6
○傷長者之意 440/216/8
○報將軍之仇者 440/216/13
秦王必喜○善見臣 440/216/15
○右手揕抗其胸 440/216/15
○燕國見陵之恥除矣 440/216/15
樊於期偏袒扼腕○進曰 440/216/16
伏屍○哭 440/216/17
○為留待 440/216/22
今日往○不反者 440/216/24
荊軻和○歌 440/216/28
又前○為歌曰 440/216/28
於是荊軻遂就車○去 440/217/1
○得奉守先王之宗廟 440/217/6
○秦武陽奉地圖匣 440/217/9
圖窮○匕首見 440/217/12
○右手持匕首揕抗之 440/217/13
自引○起 440/217/13
秦王還柱○走 440/217/14
○秦法 440/217/15
○卒惶急無以擊軻 440/217/16
○乃以手共搏之 440/217/17
倚柱○笑 440/217/20
○論功賞群臣及當坐者 440/217/21
○賜夏無且黃金二百鎰 440/217/21
十月○拔燕薊城 440/217/24
五歲○卒滅燕國 440/217/26
○虜燕王喜 440/217/26
○以筑擊秦皇帝 440/217/28
不中○死 440/217/28
臧子憂○反 441/218/3
索救○得 441/218/3
宋小○齊大 441/218/4
夫救於小宋○惡於大齊 441/218/4
○荊王說甚 441/218/5
我堅○齊弊 441/218/5
○荊王不至 441/218/6
義不殺王○攻國 442/218/12
是不殺少○殺眾 442/218/12
鄰有弊輿○欲竊之 442/218/15
鄰有短褐○欲竊之 442/218/15
鄰有糟糠○欲竊之 442/218/16
將移兵○造大國之城下 443/218/27
破心○走 443/218/30
帥師○歸 443/218/31
○徵師於宋 444/219/3
夫梁兵勁○權重 444/219/3
則吾何以告子○可乎 444/219/8
徐其攻○留其日 444/219/8
以待下吏之有城○已 444/219/8
○圍一城焉 444/219/11
德施於梁○無怨於趙 444/219/12
故名有所加○實有所歸 444/219/12
必絕於宋○事齊 446A/219/23
○貴不益為王 446B/219/30
請必從公之言○還 446B/219/30
○欲滿其意者眾 446B/219/31
將出○還 446B/220/1
與齊人戰○死 446B/220/2
小○生巨 447/220/6
斬社稷○焚滅之 447/220/8
○國人大駭 447/220/9
齊聞○伐之 447/220/9
遂得○死 447/220/10
見祥○不為祥 447/220/10
○子有憂色何 448A/220/15
○大國致之 448A/220/16
智伯果起兵○襲衛 448A/220/17
至境○反曰 448A/220/17
甚愛○有寵 448B/220/21
非有大罪○亡 448B/220/22
○弗能復取者 449/220/29
樗里子亦得三百金○歸 449/221/3
秦、魏交○不脩之日久矣 450/221/8
至郎門○反曰 450/221/11
群臣盡以為君輕國○好高麗 451/221/18

○挈薄輔之 451/221/20
然○不免為笑者 452B/222/5
○中山後持 454/222/15
召張登○告之曰 454/222/16
○欲伐寡人 454/222/17
○三國伐之 454/222/19
必為趙、魏廢其王○務附焉 454/222/20
豈若中山廢其王○事齊哉 454/222/20
與之遇○許之王 454/222/23
454/222/27,454/223/1
中山必喜○絕趙、魏 454/222/23
趙、魏怒○攻中山 454/222/24
中山急○為君難其王 454/222/24
是君廢其王○亡其國 454/222/25
○憂在負海 454/222/27
是奪五國○益負海也 454/222/27
致中山○塞四國 454/222/27
必先與之王○故親之 454/222/28
是君臨中山○失四國也 454/222/28
果召中山君○許之王 454/222/31
果與中山王○親之 454/223/2
中山果絕齊○從趙、魏 454/223/2
燕、趙好位○貪地 455/223/10
請令燕、趙固輔中山○成其王 455/223/11
請以公為齊王○登試說公 455/223/12
地不虧○兵不用 455/223/17
○寡人不與聞焉 455/223/19
因言告燕、趙○無往 455/223/23
○己親之也 455/223/25
中山因告燕、趙○不往 455/223/28
燕、趙果俱輔中山○使其王 455/223/28
固無請人之妻不得○怨人者也 457/224/14
中山王悅○見之曰 458/224/22
○好聲色 458/225/1
○好勇力 458/225/2
所傾蓋與車○朝窮閭隘巷之士者 459A/225/10
則耕者惰○戰士懦 459A/225/11
司馬子期怒○走於楚 459B/225/16
有二人挈戈○隨其後者 459B/225/17
中山君喟然○仰歎曰 459B/225/19
○曰『不可』 461/225/31
乃使五校大夫王陵將○伐趙 461/226/8
東徙○不敢西向 461/226/10
○與戰之於伊闕 461/226/11
○群臣相妬以功 461/226/16
不約○親 461/226/19
不謀○信 461/226/19
不遂以時乘其振懼○滅之 461/226/23
畏○釋之 461/226/23
應侯慚○退 461/226/30
○弗下 461/227/1
彊為寡人臥○將之 461/227/3
此所謂為一臣屈○勝天下也 461/227/6
此亦所謂勝一臣○為天下屈者也 461/227/7
臣寧伏受重誅○死 461/227/8
王不答○去 461/227/9

兒 ér 7

今秦婦人嬰○皆言商君之法 39/12/29
更立衛姬嬰○郊師 101/50/6
北宮之女嬰○子無恙耶 138/69/19
且嬰○之計不為此 147/78/2
齊嬰○謠曰 148/78/12
猶烏獲之與嬰○也 348A/173/23
裁如嬰○ 413/197/15

耳 ěr 53

非效醯壺醬甀○ 1/1/14
猶無與○ 1/1/17
特以強服之○ 39/12/24
舌弊○聾 40/13/21
且夫蘇秦特窮巷掘門、桑戶棬樞之士○ 40/14/14
傾○而聽 40/14/18
在○之前 54/22/26
將使○不聽 54/22/27
宋、衛乃當阿、甄○ 70/28/15
身為漁父而釣於渭陽之濱○ 73A/29/29
莫肯即秦○ 73A/30/13
此臣之所恐○ 73A/30/15
以己欲富貴○ 77/33/23
○目聰明聖知 81/35/26
今之如○、魏齊 83B/38/25
今以無能之如○、魏齊 83B/38/27
城不沈者三板○ 83B/39/1
聞寡人之○者 108/52/27
值所以為國者不同○ 116/57/4
唯令尹○ 117/57/13
獨鬼事○ 124/60/24
土則復西岸○ 124/60/29
則子漂漂者將何如○ 124/61/1
則郄車而載○ 131/63/25
君家所寡有者以義○ 133/65/13
僅得免其死○ 133/65/20
寡人直與客論○ 134/66/13
豈有騏麟騄○哉 135/66/24
士貴○ 136B/67/15
寡人自取病○ 136B/68/10
世無騏驎騄○ 137/69/3
期數而能拔城者為亟○ 142/72/26
豈特攫其腓而噬之○哉 147/77/10
王徒不好色○ 182/94/14
入臣之○ 203/104/22
吾謹避之○ 204B/106/11
則木之枝○ 208/107/27
願君堅塞兩○ 208/108/2
乃我請君塞兩○ 208/108/4
臣以田單、如○為大過也 219/114/30
豈獨田單、如○為大過哉 219/114/30
必有大臣欲衡者○ 244/130/24
人亦寧朝人○ 251/134/18
恃鬻○ 262/139/3
若禽獸○ 315/160/30
而離楚愈遠○ 334/168/6
而離王愈遠○ 334/168/8
則不過不欺人○ 420/202/17
則不過不竊人之財○ 420/202/18
則臣亦之周負籠○ 420/202/22
唯詘者○ 421/203/21
顧計不知所出○ 440/216/13
趙使者來屬○ 457/224/11

珥 ěr 4

乃獻七○ 123/60/18
明日視美○所在 123/60/18
然則不買五雙○ 191/97/16
明日視善○所在 191/97/16

爾 ěr 4

以頭搶地○ 343/171/21
我將為○求火也 390/189/10
寧於故國○ 438/213/25
口不能無道○ 458/224/30

餌 ěr 7

甘○也 51/22/1
我以宜陽○王 57/24/4
無以○其口 73A/30/9
故以韓為○ 209/108/14
以燕○趙 217/112/4
故以垣雍○王也 327/166/11
君下壺餐○之 459B/225/18

二 èr 172

公仲之軍○十萬 2/1/23
持○端 3B/2/12
楚請道於○周之間 29/10/9
安能道○周之間 29/10/10
歲百○十金 32/11/6
韓得○縣 33/11/11
魏亡○縣 33/11/12
盡包○周 33/11/12
多於○縣 33/11/12
且魏有南陽、鄭地、三川而包○周 33/11/12
此固已無伯王之道○矣 42/16/9
天下固量秦力○矣 42/16/24
以臨○周之郊 44/17/25
則必將○國并力合謀 44/18/8
必惡是○人 48A/19/11
計有一○者難悖也 51/22/5
樗里疾、公孫衍○人者 55/23/13
樗里疾、公孫衍○人在 55/23/21
而賜之○社之地 63/26/2
○也 63/26/10
利有千里者○ 70/28/15
極身毋○ 81/36/2
頃襄王○十年 87/40/24
有○垂 87/40/29
王申息眾○年 87/41/2
此○國者 87/41/11
而關內○萬乘之主注地於齊 87/42/10
○國 88/42/18
驅十○諸侯以朝天子於孟津 89/43/10
食藍田十○縣 93/45/16
今臣生十○歲於茲矣 94/45/26
趙賂以河間十○縣 95/46/26
此為○ 101/50/10
此用○忌之道也 106/52/3
百○十城 108/52/24
足下豈如令眾而合○國之後哉 110/53/23
齊地方○千里 112/54/24
三七○十一萬 112/54/26
固以○十一萬矣 112/54/26
因以上黨○十四縣許秦王 118/57/24
臣○喜 130/63/15
兼○周之地 132B/64/11
請為君復鑿○窟 133/65/21
文車○駟 133/65/25
今君之家富於○公 135/66/22
文不得是○人故也 135/66/22
使文得○人者 135/66/23
乃○十四 136B/67/26
此○士弗業 138/69/20
衛八門土而○門墮矣 142/71/9
然○國勸行之者 142/71/14
吞兼○國 142/72/28
而滅○子患也 142/73/1
而敵萬乘之國○ 142/73/2
又從十○諸侯朝天子 142/73/22
有十○諸侯而朝天子 142/73/25
今大王之所從十○諸侯 142/73/27
○者顯名厚實也 145/75/27
若此○公者 145/76/9
○人之言皆善也 155/81/12
則泗上十○諸侯 168/87/15
居○年而覺 168/87/18
○人固不善雎也 183/95/1
必善○人者 183/95/2
今君相楚王○十餘年 200/101/22
春申君相楚○十五年 200/102/4
君相楚○十餘年矣 200/102/6
使君疑○主之心 202/103/16
而離○主之交 202/103/17
今知伯帥○國之君伐趙 203/104/20
亡則○君為之次矣 203/104/21
○君曰 203/104/21
謀出○君之口 203/104/22
○君即與張孟談陰約三軍 203/104/23
○主殆將有變 203/104/26
吾與○主約謹矣 203/104/28
知過出見○主 203/104/29
○主色動而意變 203/104/29
君其與○君約 203/105/3
破趙則封○子者各萬家之縣一 203/105/3
如是則○主之心可不變 203/105/4
又封○子者各萬家之縣一 203/105/5
是懷○心以事君也 204B/106/17
亦將以愧天下後世人臣懷○心者 204B/106/17
即地去邯鄲○十里 209/108/22
秦起○軍以臨韓 211/109/19
○人對曰 211/110/8,459B/225/17
不義○也 211/110/14
趙地方○千里 218/113/10
○十九年不相攻 219/115/16
今將軍必負十萬、○十萬之眾乃用之 225/120/25
君無十餘、○十萬之眾 225/121/3
齊以○十萬之眾攻荊 225/121/6
趙以○十萬之眾攻中山 225/121/6
是○國親也 227/121/20
婦人為之自殺於房中者○八 233/123/29
未知其○也 233/125/1
而解○國患者 234/125/18
○人者 239B/129/14,293/149/29
用兵於○千里之外 247/132/1
得○都 247/132/2
不至一○月 249/133/6
249/133/22

○矣 249/133/18
包○周 249/133/24
趙能殺此○人 258B/137/27
○國不得兵 264B/140/17
賜之田○十萬 270/142/10
武力○十餘萬 272/143/8
蒼頭○千萬 272/143/8
奮擊○十萬 272/143/9
○百餘里 273/143/23
○國恃王 286/148/3
夫○君者 291/149/11
而○士之謀困也 291/149/12
以稽○人者之所為 293/149/30
○人者曰 293/149/30
○人者必不敢有外心矣 293/150/1
○人者之所為之 293/150/2
鈞○子者 299/152/20,299/152/21
○人言市有虎 306/155/19
啓地○十○縣 309/157/8
敝邑有寶璧○雙 313/159/21
文馬○駟 313/159/22
吾歲不熟○年矣 314/160/15
車○百乘 314/160/22
則○周必危 315/162/9
宜割○寧以求構 332/167/22
王不弱○周 333/167/28
過○周而攻王者 333/167/29
○子者 336/168/18
而強○敵之齊、楚也 338/169/5
伏屍○人 343/171/24
○人各進議於王以事 345/172/18
無○歲之所食 348A/173/18
見卒不過○十萬而已矣 348A/173/19
此以一易○之計也 357/176/16
今○人者 359/177/22
此○人 360/178/22
○十餘年未嘗見攻 364/179/23
○人相害也 385/185/18
王之明○也 396C/191/19
公以○人者為賢人也 397/191/25
○人者必入秦、楚 397/191/27
地方○千餘里 408/194/11
後○日 412/196/26
而欲報之○年矣 415/198/11
獲○將 415/198/18
而包十○諸侯 415/198/18
○年 416A/199/28
○十八年 418/201/8
是益○齊也 419/201/19
○日而莫不盡繇 422/204/1
燕得甲首○萬人 426/207/1
今軍敗亡○萬人 426/207/2
索○人 432/210/27
索○國 432/210/28
使慶秦以○十萬攻代 438/213/7
○人卒留趙 438/214/1
年十○ 440/216/21
而賜夏無且黃金○百鎰 440/217/21
王行○者 455/223/17
有○人挈戈而隨其後者 459B/225/17
中山君顧謂○人 459B/225/17
以一壺餐得士○人 459B/225/20
大破○國之軍 461/226/11
斬首○十四萬 461/226/12
○軍爭便之力不同 461/226/21

貳 èr 3

故釋帝而○之以伐宋之事 141B/70/23
故儆韓以○之 209/108/15
任賢勿○ 222/119/21

發 fā 62

○師五萬人 1/1/6
○重使使之楚 5B/3/4
百○百中 27/9/22,27/9/24
一○不中 27/9/24
乃夜○書 40/14/2
可○使告楚曰 82A/37/25
遂○重使之楚 82A/38/1
王何不○將而擊之 109/53/8
不待○於遠縣 112/54/26
書未○ 138/69/13
壹○而殪 160/83/9
故謀未○而國已危矣 167/86/8
其君好○者 170/90/1
王○上柱國子良車五十乘 177/92/27
○子良之明日 177/92/28
於是使人○騶 192/97/25
不知夫子○方受命乎宣王 192/98/13
臣為王引弓虛○而下鳥 198/100/18
更羸以虛○而下之 198/100/19
君○而用之 203/104/9
於是○而試之 203/104/9
請○而用之 203/104/11
○五百 204A/105/18
使秦○令素服而聽 209/108/26
臣請悉○守以應秦 211/109/22
今○兵已取之矣 211/110/15
毋○屋室 216/111/20
今秦○三將軍 220/116/3
因○虞卿東見齊王 233/125/11
信陵君○兵至邯鄲城下 234/125/17
不如○重使而為媾 235/125/28
○使出重寶以附楚、魏 235/126/1
○鄭朱入秦 235/126/5
趙誠○使尊秦昭王為帝 236/126/16
故○兵自備 245/131/2
臣願足下之大○攻宋之舉 248/132/24
臣請○張倚使謂趙王曰 308/156/10
魏王○兵救之 325/165/19
遽○兵 338/169/8
無忌將○十萬之師 340/169/29
懷怒未○ 343/171/23
百○不暇止 347/172/30
○信臣 357/176/21,357/176/26
秦為○使公孫昧入韓 367/180/28
○兵臨方城 368/181/15
○重使為韓求武遂於秦 372/182/10
不如急○重使之趙、梁 389/188/15
臣請令○兵救韓 399/192/12
○興號令 408/194/17
謀未○而聞於外 415/198/7
今寡人○兵應之 426/206/26
頃之未○ 440/216/23
遂○ 440/216/25
○圖 440/217/12

益○兵詣趙 440/217/24
王○重使 455/223/18
今王○軍 461/226/3
是以寡人大○軍 461/226/13
○梁焚舟以專民 461/226/18
復益○軍 461/226/30

乏 fá 5

資用○絶 40/13/29
貧○不能自存 133/64/20
無使○ 133/64/29
是故官無○事而力不困 219/114/17
光不敢以○國事也 440/215/6

伐 fá 336

昔周之○殷 1/1/15
秦假道於周以○韓 5B/3/3
秦敢絶塞而○韓者 5B/3/4
是韓不○也 5B/3/5
因佐秦而○韓、魏 10A/4/15
則○齊深矣 11C/5/11
則趙恐○ 11C/5/11
與之齊○趙 11C/5/11
而以兵之急則○齊 14A/6/2
貴合於秦以○齊 14B/6/6
不與○齊者 14B/6/7
王遂○之 14B/6/9
昔智伯欲○厹由 24/8/25
桓公○蔡也 24/8/26
號言○楚 24/8/26
昔者神農○補遂 40/13/16
黃帝○涿鹿而禽蚩尤 40/13/16
堯○驩兜 40/13/16
舜○三苗 40/13/17
禹○共工 40/13/17
湯○有夏 40/13/17
文王○崇 40/13/17
武王○紂 40/13/17
司馬錯欲○蜀 44/17/21
不如○韓 44/17/21
不如○蜀之完也 44/18/9
卒起兵○蜀 44/18/11
夫晉獻公欲○郭 48A/19/6
因而○郭 48A/19/8
又欲○虞 48A/19/8
因而○虞 48A/19/9
秦欲○齊 50/20/19
吾欲○齊 50/20/20
弊邑欲○之 50/20/25
欲興師○秦 50/21/13
○秦非計也 50/21/14
與之○齊 50/21/14
遂舉兵○秦 50/21/18
齊舉兵○楚 51/21/23
今齊、楚相○ 51/21/26
而無○楚之害 51/22/3
五國○秦 53/22/18
185/95/19,297/151/10
約○韓 55/23/4
是無○之日已 57/24/5
趙且與秦○齊 63/25/28
欲以解○ 63/25/29
秦且益趙甲四萬人以○齊 63/26/5
必不益趙甲四萬人以○齊 63/26/6
必不益趙甲四萬人以○齊矣 63/26/15
○讎國之齊 66/27/9
須殘○亂宋 69/28/8
則秦○矣 70/28/14
齊人○楚 73A/31/3
舉兵而○之 73A/31/4,73A/31/13
以其○楚而肥韓、魏也 73A/31/5
征敵○國 73B/32/2
○諸侯 74/32/27
帥強韓、魏之兵以○秦 83B/38/27
於是白起又將兵來○ 87/40/25
今聞大王欲○楚 87/40/27
省攻○之心而肥仁義之誡 87/41/5
智氏見○趙之利 87/41/10
吳見○齊之便 87/41/10
從而○齊 87/41/12
從而○趙 87/41/13
於是天下有稱○邯鄲者 88/42/19
魏○邯鄲 88/42/20
舉兵○魏 88/42/21
故天下樂○之也 88/42/27
梁君○楚勝齊 89/43/9
故曰先得齊、宋者○秦 89/43/20
數○有功 91/44/3
聞秦且○魏 92/44/12
不如先○之 92/44/13
欲與燕共○趙 94/45/22
應侯欲○趙 94/46/2
則○趙 94/46/9
將○齊 98/48/29
公何不為王謀○魏 104/51/11
乃說王而使田忌○魏 104/51/13
楚將○齊 110/53/19
秦○魏 111/54/3
古之王者之○也 111/54/3
古之五帝、三王、五伯之○也 111/54/9
○不道者 111/54/9
今秦之○天下不然 111/54/9
張儀以秦、魏○韓 114/56/3
秦○之 114/56/3
秦○韓 114/56/4
必舉兵而○之 115/56/16
齊必舉兵而○之 115/56/17
王以其間○韓 115/56/18
115/56/26
出兵函谷而無○ 115/56/18
115/56/26
齊果舉兵○之 115/56/21
必舉兵○之 115/56/23,115/56/25
齊必舉兵○梁 115/56/25
而果○之 115/56/28
是王內自罷而○與國 115/56/28
昭陽為楚○魏 117/57/11
而與之○齊 118/57/23
秦○周、韓之西 121/58/19
趙、魏不○ 121/58/19
今齊、秦○趙、魏 121/58/20
則亦不果於趙、魏之應秦而○周、韓 121/58/21
令齊入於秦而○趙、魏 121/58/21
秦東面而○齊 121/58/22
齊、衛後世無相攻○ 128/62/14
有相攻○者 128/62/14
齊欲○魏 132A/63/30
313/159/21,313/159/21
齊、魏亦佐秦○邯鄲 132B/64/7
秦○魏取安邑 132B/64/10
○趙取晉陽 132B/64/10
○楚取鄢郢矣 132B/64/10
約○趙 141B/70/19
孰與○宋之利也 141B/70/20
○趙不如○宋之利 141B/70/21

故釋帝而貳之以○宋之事 141B/70/23
楚人救趙而○魏 142/71/12
○不為人挫強 142/71/18
齊之與韓、魏○秦、楚也 142/71/19
○而好挫強也 142/71/23
莫若後起而重○不義 142/71/26
東○齊 142/73/28
南○楚 142/73/28
大王有○齊、楚心 142/74/1
齊人○魏 142/74/3
燕之○齊之時 147/77/13
梁氏不敢過宋○齊 149A/78/22
五國約以○齊 153/80/19
齊、魏必○韓 164/84/17
必南○楚 169/88/10,432/211/7
術視○楚 173A/90/20
四國○楚 173B/90/26
○昭常 177/93/3
將收韓、魏輕儀而○楚 183/95/3
凡為○秦者楚也 185/95/21
是明楚之○而信魏之和也 185/95/21
秦○宜陽 187/96/9
齊明說卓滑以○秦 193/98/25
明說楚大夫以○秦 193/98/25
知伯帥趙、韓、魏而○范中行氏 203/103/24
將以○趙 203/104/2
今知伯帥二國之君○趙 203/104/20
且以○齊 209/108/10
而實○空韓 209/108/16
楚人久○而中山亡 209/108/20
今從於彊秦國之○齊 209/108/25
嘗合橫而謀○趙 209/108/25
今乃以抵罪取○ 209/108/28
殘○亂宋 210/109/8
吾將○之 211/109/15
毋○樹木 216/111/20
秦之有燕而○趙 217/111/25
有趙而○燕 217/111/26
有梁而○趙 217/111/26
有趙而○梁 217/111/26
有楚而○韓 217/111/26
有韓而○楚 217/111/26
秦之欲○韓、梁 217/112/1
韓不待○ 217/112/6
梁不待○矣 217/112/7
○人之國 218/112/26
然而秦不敢舉兵甲而○趙者 218/113/12
五國共○之 218/114/8
以南○楚 219/115/3
是則○楚攻秦 219/115/5
不逆上以自○ 223/119/26
必皆事王以○齊 227/121/21
請○齊而存燕 227/121/22
令衛胡易○趙 228/122/4
今我不順齊○秦 229A/122/11
齊不欲○秦 229A/122/12
則○秦者趙也 229A/122/12
三國欲○秦之果也 229A/122/16
吾欲北○上黨 231/123/8
齊乃捄趙以○宋 247/131/20
李兌約五國以○秦 247/131/20
五國○趙 247/131/24
今之○秦也 247/131/24
五國○秦無功 249/133/3
魏不待○ 249/133/19
以○齊收楚 249/133/21
燕、趙○齊 249/133/22
○魏 249/133/23
欲○齊 254/136/3
願得借師以○趙 264B/140/16
而湯○之 269/141/26
而武王○之 269/141/27
魏之兵南面而○ 273/144/11
齊、魏約而○楚 274/144/25
○齊成 275/145/7
與之○齊而存燕 284/147/19
齊遂○趙 284/147/21
○齊之事遂敗 285/147/29
恐其謀○魏也 288/148/18
犀首、田盼欲得齊、魏之兵以○趙 291/149/9
是趙不○ 291/149/12
齊欲○宋 297/151/10
請合而以○宋 297/151/10
請為王毋禁楚之○魏也 297/151/14
王之○宋也 297/151/14
太上○秦 297/151/21
天下可令○秦 297/151/24
合讎國以○婚姻 297/152/1
以燕○秦 297/152/2
恐其○秦之疑也 297/152/6
兵請○魏 297/152/8
則楚必○齊 301/153/7
以休楚而○罷齊 301/153/8
自將而○齊 301/153/16
秦、趙約而○魏 308/156/10
初時惠王○趙 310/157/13
宋、中山數○數割 310/157/15
夫○與國 313/159/23
乃不○魏 313/159/24
淳于髡言不○魏者 313/159/26
○魏之事不便 313/159/28
且夫王無○與國之誹 313/159/29
秦將○魏 314/160/3
今大王與秦○韓而益近秦 315/161/4
必不○楚與趙矣 315/161/9
○楚 315/161/12
秦必不○楚與趙矣 315/161/14
林木○ 315/161/24
其功多於與秦共○韓 315/162/3
晉人欲亡虞而○虢 317A/162/20
○虢者 317A/162/21
晉人○虢 317A/162/21
非秦實首○之也 317B/162/30
齊王故欲○楚 317B/162/30
王不聞湯之○桀乎 318/163/26
齊○釐、莒而晉人亡曹 319/164/3
○榆關而韓氏亡鄭 319/164/4
齊、魏○楚而趙亡中山 319/164/5
魏、秦○楚 322/165/3
遂○齊 329B/167/4
而○韓矣 331/167/16
而相公叔以○秦 349/174/17
王約五國而西○秦 352/175/7
請以○韓 353/175/14
公以八百金請○人之與國 353/175/14
今秦之心欲○楚 357/176/15
與之○楚 357/176/16
秦之欲○我久矣 357/176/19
楚國必○矣 357/176/20
又非素約而謀○秦矣 357/177/1
秦欲○楚 357/177/2

如此則○秦之形成矣 366/180/23
不識坐而待○ 366/180/23
孰與○人之利 366/180/23
秦必委國於公以解○ 367/181/8
秦之欲○韓 389/188/12
使之無○我 391/189/22
秦招楚而○齊 400/192/17
秦王誠必欲○齊乎 400/192/19
不敢妄興師以征○ 413/197/12
湯之○桀 414/197/21
今王奉仇讎以○援國 415/198/2
非所敢欲○也 415/198/5
故寡人之所欲○也 415/198/12
今○燕 416A/199/27
以因北地之衆以○燕 416A/199/28
齊○燕 416B/200/8
○齊之形成矣 417/200/16
於是出蘇○之宋 417/200/16
與秦、楚、三晉合謀以
　○齊 418/201/9
齊○宋 419/201/14
秦齊助之○宋 419/201/15
則秦○之 419/201/30
則燕、趙○之 419/201/30
是國○也 419/202/4
秦○齊必矣 419/202/6
○齊 419/202/7
與謀○齊 419/202/10
今王有東嚮○齊之心 420/202/26
必○之 422/204/14
蘇代為奉陽君說燕於趙
　以○齊 423/205/6
今齊王召蜀子使不○宋 423/205/8
燕乃○齊攻晉 426/206/22
燕因使樂毅大起兵○齊 426/207/8
今王信田○與參、去疾
　之言 427/207/19
燕昭王且與天下○齊 429/208/15
寡人且與天下○齊 429/208/15
趙將○之 430/208/21
昔者吳○齊 430/208/23
○齊未必勝也 430/208/24
今王之○燕也 430/208/24
○之未必勝 430/208/24
懼趙用樂毅承燕之弊以
　○燕 431/209/5
趙見秦之○楚也 432/211/7
秦久○韓 432/211/7
今久○楚 432/211/8
使齊北面○燕 433/211/15
而王不○ 433/211/22
○之 433/211/23
遂與兵○宋 433/211/24
率天下之兵以○齊 433/211/26
趙且○燕 434/212/3
今趙且○燕 434/212/5
可○也 438/213/4,459A/225/9
左右皆以為趙可○ 438/213/6
無妨於趙之○燕也 439/214/7
又舉兵南○楚 440/215/22
詔王翦軍以○燕 440/217/24
犀首○黃 443/218/26
梁王○邯鄲 444/219/3
若扶梁○趙 444/219/4
於是滅滕○薛 447/220/7
齊聞而○之 447/220/9
智伯欲○衛 448A/220/14
公之○蒲 449/220/27
願與大國○之 454/222/15
而欲○寡人 454/222/17
將與趙、魏○之 454/222/18
而三國○之 454/222/19
齊欲○河東 454/222/31
主父欲○中山 459A/225/9
安可○ 459A/225/11
說楚王○中山 459B/225/16
復欲○趙 461/225/29
趙未可○也 461/226/5
乃使五校大夫王陵將而
　○趙 461/226/8
以合○之 461/226/26
更使王齕代王陵○趙 461/226/30
○其憍慢 461/227/5

罰 fá 12

○不諱強大 39/12/23
文章不成者不可以誅○ 40/13/12
言○則不行 42/15/14
賞○不行 42/15/14
今秦出號令而行賞○ 42/15/17
秦之號令賞○ 42/15/20
賞○不信 42/16/13
秦國號令賞○ 42/17/7
而○所惡 72/29/2
信賞○以致治 81/36/2
又嚴之以刑○ 219/114/24
縣賞○於前 270/142/8

法 fǎ 38

○令至行 39/12/22
○及太子 39/12/23
今秦婦人嬰兒皆言商君
　之○ 39/12/29
莫言大王之○ 39/13/1
兵○之教 40/13/9
楚之○ 117/57/12
其子○章變姓名 149B/78/28
奇○章之狀貌 149B/78/28
○章乃自言於莒 149B/79/2
共立○章為襄王 149B/79/2
將○齊之急也 152/80/13
○令既明 168/86/16
五官失○ 170/89/22
五官得○ 170/89/22
無○術以知姦 197/100/2
修○無愆 221/118/3
循○無私 221/118/8
制今者不○古 221/118/10
且循○無過 221/118/19
何古之○ 221/118/21
觀時而制○ 221/118/22
○度制令 221/118/22
便國不必○古 221/118/23
故循○之功 221/118/28
○古之學 221/118/28
以明有司之○ 223/120/1
吾非不說將軍之兵○也
　225/120/23
燕郭之○ 258A/137/9
則大臣為之枉○於外矣
　258A/137/11
王之明○也 270/142/8
意者羞○文王乎 296/151/2
臣以為燕、趙可○ 310/157/15
執○以下至於長輓者 342/171/5
吾難敗其○ 403/193/10
此古服道致士之○也 418/200/27
所以能循○令 431/210/8
而秦○ 440/217/15

明害父以求○ 460/225/25

髮 fà 6

被○而為狂 73A/30/6,73A/30/11
傷此若○漂 130/63/4
被○文身 221/117/15
被○自漆為厲 424/205/22
○盡上指冠 440/217/1

番 fān 4

戰於○吾之下 113/55/21
據○吾 218/113/8,220/115/25
過○吾 222/119/3

藩 fān 8

於是秦王拜西○之臣而謝於齊 109/53/11
東○之臣田嬰齊後至 236/127/8
稱東○ 272/143/4,338/169/3,347/173/4,348A/174/5
請稱東○ 273/144/20
韓、魏以故至今稱東○ 461/226/12

蹯 fān 4

決○而去 243/130/18
非不愛其○也 243/130/18
然而不以環寸之○ 243/130/19
非環寸之○也 243/130/20

凡 fán 10

○一鼎而九萬人輓之 1/1/15
○天下強國 168/86/21
○天下所信約從親堅者蘇秦 168/87/17
○為伐秦者楚也 185/95/21
○為攻秦者魏也 185/95/23
○吾所謂為此者 204B/106/16
○大王之所信以為從者 220/115/28
○強弱之舉事 230/123/3
○群臣之言事秦者 272/143/10
○天下之戰國七 415/198/15

煩 fán 9

政教不順者不可以○大臣 40/13/13
未○一兵 40/14/11
不穀不○一兵 50/21/2
胡人襲燕樓○數縣 142/72/13
西有樓○、秦、韓之邊 221/117/21
以備其參胡、樓○、秦、韓之邊 221/117/22
以○有司 222/119/13
北有林胡、樓○ 408/194/10
何為○大王之廷耶 420/202/22

樊 fán 15

○餘謂楚王曰 33/11/11
○將軍亡秦之燕 440/214/23
又況聞○將軍之在乎 440/214/24
願太子急遣○將軍入匈奴以滅口 440/214/25
夫○將軍困窮於天下 440/214/27
夫今○將軍 440/216/6
誠能得○將軍首 440/216/7
○將軍以窮困來歸丹 440/216/8
乃遂私見○於期曰 440/216/11
○將軍仰天太息流涕曰 440/216/12
○於期乃前曰 440/216/14
○於期偏袒扼腕而進曰 440/216/16
乃遂收盛○於期之首 440/216/18
謹斬○於期頭 440/217/6
荊軻奉○於期頭函 440/217/9

蕃 fán 1

而韓、魏稱為東○之臣 220/116/2

燔 fán 2

易牙乃煎敖○炙 307/155/28
而臺已○ 314/160/18

繁 fán 5

○稱文辭 40/13/20
木實○者披其枝 73B/32/4
木實○者枝必披 74/32/22
○菁以問夏侯公 126/61/20
其自纂○也完矣 341/170/22

反 fǎn 131

且○齊王之信 11B/5/5
周君○ 32/10/29
○見魏王 32/11/1
三國攻秦○ 37/12/9
是商君○為主 39/13/1
○覆東山之君 41A/14/24
東陽河外不戰而已○為齊矣 42/16/18
○智伯之約 42/17/5
魏不○秦兵 43/17/16
張子不○秦 43/17/16
魏若○秦兵 43/17/17
不敢○於秦矣 43/17/17
張儀○ 50/21/10
使者○報楚王 50/21/13
樂羊○而語功 55/23/12
○以謀秦 61A/25/5
則秦○受兵 63/26/12
夫取三晉之腸胃與出兵而懼其不○也 63/26/14
公不如○公國 67/27/23
獨不重任臣者後無○覆於王前耶 72/29/3
今○閉而不敢窺兵於山東者 73A/30/25
果惡王稽、杜摯以○ 80/35/9
往而不能○者也 81/37/5
物至而○ 87/40/28
韓、魏○之 87/41/13
兵出之日而王憂其不○也 87/41/22
今大王○國 93/45/12
因○走 99/49/11
若是者信○ 101/50/6
顧○聽命於韓也 103/51/2
必欲○之 111/54/9
還○過薛 125/61/6

以何市而○ 133/65/5,133/65/12
梁使三○ 133/65/24
姑○國統萬人乎 133/65/26
孟嘗君逐於齊而復○ 136A/67/3
安行而○臣之邑屋 136B/68/16
歸○撲 136B/68/18
則四鄰不○ 142/71/28
內不○ 142/72/1
衆事而不○ 142/72/11
士無○北之心 145/75/21
一朝而○之 145/76/8
數日不○ 147/77/15
而○千里之齊 147/77/29
王乃得○ 147/78/1
齊王還車而○ 150/79/20
齊之○趙、魏之後 153/80/27
蒲○、平陽相去百里 163/84/6
恐○人以入於秦 167/86/8
夫以一詐偽○覆之蘇秦 168/87/18
昭王○郢 170/89/22
寡人之得求○ 177/92/11
惠子○ 185/95/26
夫報報之○ 189/96/26
○問疾 197/100/4
王長而○政 200/102/7
韓、魏之君必○矣 202/103/9
是非○如何也 202/103/11
郄疵言君之且○也 202/103/14
韓、魏之君果○矣 202/103/20
○委質事知伯 204B/106/22
○溫、枳、高平於魏 209/108/27
○三公、什清於趙 209/108/27
○ 212/110/21
○楚之故地 217/112/3
求得而○靜 219/114/21
欲○覆齊國而不能 220/115/28
子不○親 221/116/30
○此兩者 221/118/13
然則○古未可非 221/118/24
子其勿○也 221/118/28
○親以為行 223/119/28
○攻魏幾 228/122/5
虞卿未○ 233/125/13
顧○至坐 239A/129/3
人告之○ 245/130/30
王固可以○疑齊乎 247/132/5
後以中牟○ 250/134/14
三○不得通 258B/137/16
必勿使○ 262/139/13
使為○間 263/139/28
李牧、司馬尚欲與秦○趙 263/139/28
韓、魏○於外 264A/140/11
怒而○ 264B/140/17
公叔痤○走 270/142/6
而欲恃詐偽○覆蘇秦之餘謀 273/144/1
約一國而○ 273/144/15
而○於楚王 277/145/29
必○燕地以下楚 284/147/19
三年○而名其母 311/158/10
○而名我者 311/158/11
韓必不敢○魏 315/162/8
○而取虞 317A/162/22
中道而○ 334/168/3
此辭○ 340/170/6
且○王之言而攻市丘 352/175/9
○宜陽之民 359/177/29
王胥臣○ 363/179/17
子為我○ 363/179/17
不若聽而備於其○也 365/180/4
明之○也 365/180/4
司馬康三○之郢矣 367/181/6
公無辭以後○ 368/181/14
是太子○棄之 383B/184/30
○以越事吳之禮事越 390/189/7
秦○得其金與韓之美人 393/190/4
甘茂約楚、趙而○敬魏 396C/191/19
周必寬而○之 401/192/24
豈如道韓○之哉 401/192/26
秦見君之交○善於楚、魏也 405/193/20
即因○斗擊之 413/197/5
因○斗而擊之 413/197/6
將軍市被及百姓乃○攻太子平 416A/199/24
○以報君 418/201/2
必○宋地 419/202/1
夫○宋地 419/202/2
燕○約諸侯從親 422/205/1
必不○韓珉 424/205/16
用齊人○間 431/209/4
顧○命 431/209/29
故鼎○於曆室 431/210/1
○報曰 438/213/3
所以不能○勝秦者 439/214/12
使悉○諸侯之侵地 440/215/25
今日往而不○者 440/216/24
臧子憂而○ 441/218/3
○為禍 447/220/10
至境而○曰 448A/220/17
至郎門而○曰 450/221/11

返 fǎn 3

上黨之民皆○為趙 78/34/7
以示田忌之不○齊也 106/52/2
君召而○之 130/63/13

犯 fàn 6

○白刃 42/15/18
襄子將卒○其前 203/105/10
○姦者身死 221/118/12
故寡人恐親○刑戮之罪 223/119/29
夫燕之所以不○寇被兵者 408/194/14
此燕之所以不○難也 408/194/15

范 fàn 38

○子因王稽入秦 72/28/28
○睢至秦 73A/29/19
謂○睢曰 73A/29/19
○睢辭讓 73A/29/21
是日見○睢 73A/29/23
○睢曰 73A/29/24
73A/29/24,73A/30/23
73A/31/12,73A/31/20
73B/31/26,80/35/11
○睢謝曰 73A/29/29
○睢再拜 73A/30/21
昭王謂○睢曰 73B/32/12
○睢謂秦昭王曰 75/33/6
而欲兼誅○睢 80/35/11
○蠡知之 81/37/5
又斬○、中行之途 81/37/7
滅破○、中行 83B/38/30
昔智伯瑤殘○、中行 89/43/8

昔智伯瑤攻○、中行氏 142/72/27
楚王問於○環曰 166/85/3
○環對曰 166/85/4
知伯帥趙、韓、魏而伐
　○中行氏 203/103/24
始事○中行氏而不說 204B/106/7
子不嘗事○中行氏乎 204B/106/21
知伯滅○中行氏 204B/106/21
臣事○中行氏 204B/106/23
○中行氏以眾人遇臣 204B/106/23
而違者○座也 251/134/19
請殺○座於魏 251/134/20
251/134/21
○座死 251/134/20
使司徒執○座 251/134/21
○座獻書魏王曰 251/134/23
夫殺無罪○座 251/134/23
梁王魏嬰觴諸侯於○臺
307/155/26

飯 fàn 3

○封祿之粟 192/98/17
死則不得○含 236/127/24
大抵豆○藿羹 348A/173/17

方 fāng 82

宜陽城○八里 2/1/23
將興趙、宋合於東○以
　孤秦 13/5/21
請謂王聽東○之處 18/7/7
楚不能守○城之外 29/10/10
則楚○城之外危 33/11/13
○數千里 42/15/20,42/17/6
齊、楚○懽 50/20/20
○六百里 50/20/26,50/21/1
公聞東○之語乎 67/27/19
○千里 70/28/14
又○千里 70/28/14
支分○城膏腴之地以薄
　鄭 70/28/16
○五百里 73A/31/7
率四○士 81/37/3
此乃○其用肘足時也 83B/39/5
魏氏將出兵而攻留、○
　與、銍、胡陵、碭、
　蕭、相 87/41/26
王之○為太子之時 101/50/5
今齊地○千里 108/52/24
齊地○二千里 112/54/24
車不得○軌 112/55/4
東○有大變 115/56/16,115/56/24
言其○ 125/61/14
若魏文侯之有田子○、
　段干木也 127/62/2
今孟嘗君之地○百里 134/66/9
○數百里 143/74/16
今燕王○寒心獨立 145/75/20
齊地○數千里 150/79/22
吾聞北○之畏昭奚恤也 154/81/3
今王之地○五千里 154/81/6
故北○之畏奚恤也 154/81/7
地○五千里 167/85/16,461/226/9
○船積粟 168/86/30
恢先君以揜○城之外 170/89/1
○城必危 183/95/3
則○城無患 183/95/4
○將調鉖膠絲 192/98/2
○將脩其莽盧 192/98/8
不知夫子發○受命乎宣
　王 192/98/13
而戴○府之金 192/98/17
不知夫穰侯○受命乎秦
　王 192/98/18
雁從東○來 198/100/19
趙地○二千里 218/113/10
○將約車趨行 220/116/10
遠○之所觀赴也 221/117/9
而襲遠○之服 221/117/10
221/118/4
齊、韓相○ 225/121/7
○今唯秦雄天下 236/126/15
設北面於南○ 236/127/22
子南○之傳士也 238/128/20
臣南○草鄙之人也 238/128/20
孝成王○饋 245/130/30
魏文侯與田子○飲酒而
　稱樂 268/141/13
田子○笑 268/141/13
子○曰 268/141/14
地○千里 272/142/29,347/172/29
魏地○不至千里 273/143/22
卒戍四○ 273/143/24
必取○城之外 286/148/4
今魏○疑 310/157/29
魏○疑 310/158/1
事於南○ 318/163/25
子何不疾及三國○堅也
321/164/25
○北面而持其駕 334/168/4
地○不滿九百里 348A/173/18
此○其為尾生之時也 365/180/5
發兵臨○城 368/181/15
令楚兵十餘萬在○城之
　外 383A/184/23
客何○所循 384/185/9
地○二千餘里 408/194/11
北夷○七百里 419/201/18
太后○怒子 428/207/29
蚌○出曝 434/212/3
○急時 440/217/16
秦王之○還柱走 440/217/17
荊之地○五千里 442/218/19
宋○五百里 442/218/19

坊 fāng 1

長城、鉅○ 42/15/26

妨 fāng 3

何○於處女 61A/24/30
無○於趙之伐燕也 439/214/7
○往來者 452B/222/5

防 fáng 2

有長城、鉅○ 415/198/21
雖有長城、鉅○ 415/198/24

房 fáng 2

婦人為之自殺於○中者
　二八 233/123/29
○喜謂韓王曰 404/193/14

彷 fǎng 1

以臨○徨 307/156/3

舫 fǎng 2

○船載卒 168/86/30
一○載五十人 168/87/1

訪 fǎng 2

○議之行 222/119/7
旦日贊群臣而○之 244/130/25

放 fàng 3

齊○其大臣孟嘗君於諸侯 133/65/21
湯、武之所以○殺而爭也 218/113/3
而禹○逐之 269/141/25

妃 fēi 3

天下願以為○ 96/48/6
後宮十○ 135/66/24
彼又將使其子女讒妾為諸侯○姬 236/127/27

非 fēi 299

○效醯壺醬甀耳 1/1/14
○效鳥集烏飛 1/1/14
今昭獻○人主也 5A/2/28
而民○之 8B/3/29
民○子罕而善其君 8B/3/30
國人○之 8B/4/1
○自傷於民也 8B/4/1
○國家之美也 8B/4/2
子○周人 9/4/8
而自謂○客何也 9/4/8
莫○王土 9/4/9
莫○王臣 9/4/9
○兵不可 40/13/25
上○能盡其民力 42/16/14
○能厚勝之也 42/16/25
○獨儀知之也 48B/19/20
子○楚 49/20/2
○獨儀之言也 49/20/12
伐秦○計也 50/21/14
故楚之土壤士民○削弱 50/21/18
此○臣之功 55/23/12
○恒士也 61A/25/4
是○秦之利也 61A/25/5
○使臣之所知也 63/26/2
以○此時也 66/27/12
○若是也 72/29/13,343/171/17
○敢然也 73A/29/29
臣○有所畏而不敢言也 73A/30/4
○計也 73A/31/1
○王之子孫也 73B/32/7
有○相國之人者乎 74/32/23
○王子孫也 74/32/24
不敢為○ 74/32/27
○秦弱而魏強也 75/33/7
秦於天下之士○有怨也 77/33/22
豈○士之所願與 81/35/26
豈○道之符 81/35/29
○從即橫也 86/40/17
○無大功也 87/41/11
驕忿○伯主之業也 89/43/5
三者○無功也 89/43/10
○楚受兵 89/43/19
○不知也 95/47/16
○不肖也 95/47/16
○無賢人 95/47/16
韓○知之 96/47/26
○所以厲群臣也 96/48/2
不聽其○ 96/48/15
乃可復使姚賈而誅韓○ 96/48/18
○在齊也 98/49/1
故人○之不為沮 101/50/16
○此也 102/50/24
臣○不能更葬先妾也 109/53/13
○臣所知也 110/53/20
○山東之上計也 111/54/5
○齊親而韓、梁疏也 111/54/10
齊○急以銳師合三晉 111/54/15
臨淄、即墨○王之有也 113/55/24
衍○有怨於儀也 116/57/4
王○置兩令尹也 117/57/13
官之上○可重也 117/57/18
○亟得下東國者 122/59/6
蘇秦○誠以為君也 122/60/1
孟嘗君重○諸侯也 126/61/21
豈○世之立教首也哉 129/62/27
則○齊之利也 132B/64/12
○朝愛市而夕憎之也 136A/67/7
○得失之策與 136B/67/27
○夫孤寡者 136B/68/6
豈○下人而尊貴士與 136B/68/7
○弗寶貴矣 136B/68/13
○不得尊遂也 136B/68/14
○左右便辟無使也 137/69/7
○士易得而難用也 140/70/6
○得人力 142/71/7
矢○不銛 142/71/8
而劍○不利也 142/71/8
衛○強於趙也 142/71/11
此皆○趙、魏之欲也 142/71/14
戰○甚疾也 142/71/20
分地又○多韓、魏也 142/71/20
○賢於騏驥、孟賁也 142/72/9
夫胡之與齊○素親也 142/72/13
而用兵又○約質而謀燕也 142/72/13
則戰攻○所先 142/72/17
○所先也 142/72/27
則○國之利也 142/73/6
則○王之樂也 142/73/8
今夫鵠的○咎罪於人也 142/73/8
則是○徒示人以難也 142/73/10
攻戰之道○師者 142/73/16
○宋、衛也 142/73/27
○忠也 145/75/12
○勇也 145/75/13,145/76/6
○知也 145/75/13, 145/76/6,145/76/10
○不能行小節 145/76/9
○貴跖而賤堯也 147/77/8
狗固吠○其主也 147/77/9
以為○常人 149B/79/1
○吾種也 149B/79/3
○楚之利也 151/80/5
必○固之所以之齊之辭也 151/80/6
臣○畏魏也 157B/82/7
○用故也 162/83/29
○故如何也 162/83/29
○江南泗上也 163/84/8
○楚國之利也 166/85/7
○秦而楚 168/86/21
○楚而秦 168/86/21
黔中、巫郡○王之有已 168/87/2
臣○異 170/89/14

穀○人臣 170/89/23
此○布衣之利也 174/91/11
○忠臣也 179/93/18
272/143/11,415/198/3
亦○忠臣也 179/93/19
○知而見之者 182/94/15
○有他人於此也 182/94/22
○敢以為國祅祥也 192/97/23
以是為○ 197/100/11,220/115/28
○徒然也 200/101/24
○齊則魏 201/102/29
夫千鈞○馬之任也 201/103/3
○楚之任而楚為之 201/103/4
是○反如何也 202/103/11
○從易也 204B/106/16
○所望也 204B/106/27
○以人之言也 208/107/24
今汝○木之根 208/107/26
德行○施於海內也 209/108/10
○布於萬民也 209/108/11
○當於鬼神也 209/108/11
○數痛加於秦國 209/108/12
○曾深淩於韓也 209/108/13
○王之有也 209/108/23
又○王之有也 209/108/24
此○吾所苦也 212/110/23
○親友 216/111/19
○國之長利也 219/114/23
220/116/10
今富○有齊威、宣之餘也 219/115/5
精兵○有富韓勁魏之庫也 219/115/5
而將○有田單、司馬之慮也 219/115/6
皆曰『白馬○馬』也 219/115/8
以○為是 220/115/28
○以養欲而樂志也 221/116/24
221/117/2
寡人○疑胡服也 221/116/26
異於己而不○者 221/117/19
○社稷之神靈 221/117/24
○寡人所望於子 221/117/26
○所以觀遠而論始也 221/118/6
○所以教民而成禮也 221/118/17
○所以教民而成禮者也 221/118/18
然則反古未可○ 221/118/24
○所以論賢者也 221/118/26
○賤臣所敢任也 222/119/10
○子所知 224/120/15
吾○不說將軍之兵法也 225/120/23
○單之所為也 225/120/25
君○徒不達於兵也 225/120/28
○寡人之所敢知 228/122/2
今趙○有七克之威也 231/123/11
而燕○有長平之禍也 231/123/11
此○人臣之所能知也 233/123/27
則○計也 233/124/2
此○臣之所敢任也 233/124/13
233/124/16
○固勿予而已也 233/125/8
此○必貪邯鄲 236/126/15
吾乃今然后知君○天下之賢公子也 236/126/21
○有求於平原君者 236/126/28
皆○也 236/126/29
王○戰國守圉之具 238/128/27
或○也 239A/129/8
○不愛其蹯也 243/130/18
○直七尺軀也 243/130/19
○環寸之蹯也 243/130/20
以臣為不能者○他 246/131/8
○然 246/131/9,246/131/9
246/131/10,246/131/15
246/131/15,246/131/16
○知不足也 246/131/14
○以為齊得利秦之毀也 248/132/16
齊、秦○復合也 249/133/10
皆○趙之利也 249/133/10
○趙之利也 249/133/24
409/194/28
○肉不食 250/134/10
今臣之於王○宋之於公子牟夷也 250/134/11
吾○為燕也 256/136/17
舉錯○也 258A/137/8
必所使者○其人也 258B/137/18
無○大王之服御者 258B/138/1
○弗思也 262/139/12
豈○計久長 262/139/13
夫物多相類而○也 266/141/2
此皆似之而○者也 266/141/3
城○不高也 269/141/28
人民○不眾也 269/141/28
公叔豈○長者哉 270/142/12
此○公叔之悖也 271/142/23
夫秦○不利有齊而得宋地也 275/145/4
則○魏之利也 275/145/6
又○皆同也 280/146/21
○所以窮儀之道也 281/147/2
需○吾人也 293/150/1
史舉○犀首於王 294/150/7
惠子○徒行其說也 296/151/5
臣○不知秦勸之重也 297/152/9
此○臣之所謂也 301/153/6
是三人皆以太子為○固相也 303B/154/9
○得計也 304/155/1
○完事也 304/155/1
此○但攻梁也 310/157/17
此○兵力之精 310/157/22
○計之工也 310/157/23
○能彊於魏之兵 314/160/8
○能弱於趙也 314/160/9
○所施厚積德也 315/160/30
秦○無事之國也 315/161/9
○魏無攻矣 315/161/14
夫不患秦之不愛南國○也 315/161/21
○盡亡天下之兵 315/162/1
○秦實首伐之也 317B/162/30
○獨此五國為然而已也 319/164/6
○於韓也必魏也 325/165/20
此○楚之路也 334/168/5
334/168/6
亦○君之所喜也 340/169/26
○用知之術也 341/170/24
○用之也 342/171/1
○士之怒也 343/171/21
○所謂學於子者也 346/172/22
○麥而豆 348A/173/17
○王之有已 348A/173/27
○以韓能強於楚也 348A/174/1
且楚、韓○兄弟之國也 357/177/1
又○素約而謀伐秦矣 357/177/1
韓氏之兵○削弱也 357/177/6
民○蒙愚也 357/177/6

○以當韓也 359/177/19
○必聽實也 360/178/9
○馬之任也 362/179/10
且○楚之任 362/179/11
○上知也 371/182/3
○弟意也 385/186/19
○獨政之能 385/186/24
而○公適東之 386/187/5
○為此也 389/188/16
然則山東○能從親 389/188/19
○好卑而惡尊也 390/188/24
○慮過而議失也 390/188/24
○以求主尊成名於天下也 390/189/3
○金無以也 393/190/3
○弊邑之所憎也 396A/190/25
齊、秦○重韓則賢君之行也 398/192/3
○所以為人也 412/196/17
○進取之道也 412/196/18
則易水、長城○王之有也 413/197/11
○所以利燕也 415/198/2
○所敢欲伐也 415/198/5
而吏無○太子人者 416A/199/16
秦○不利有齊而得宋地也 417/200/13
○魏之利也 417/200/15
燕、趙○利之也 419/201/27
○蘇氏莫可 419/202/10
○進取之術也 420/202/19
且事○權不立 421/203/20
○勢不成 421/203/21
○行義也 422/203/26
持臣○張孟談也 423/205/11
此○兵之過 426/207/5
○徒不愛子也 428/208/4
故○及太后與王封公子 428/208/9
離毀辱之○ 431/210/13
寡人望有○則君掩蓋之 438/213/12
○君心所望之 438/213/16
○然也 438/213/21
且○獨於此也 440/214/27
○節俠士也 440/215/15
○盡天下之地 440/215/21
○有詔不得上 440/217/16
○有大罪而亡 448B/220/22
○子莫能吾救 454/222/17
○齊之利也 454/222/20
○欲廢中山之王也 455/223/24
○諸侯之姬也 458/224/29
是○臣所敢議 458/224/30
趙王○賢王也 458/225/1

飛 fēi 9

非效鳥集烏○ 1/1/14
毛羽不豐滿者不可以高○ 40/13/12
毋翼而○ 80/35/8
○翔乎天地之間 192/98/1
仰見○鳥 198/100/18
其○徐而鳴悲 198/100/21
○徐者 198/100/21
引而高○ 198/100/22
足下雄○ 249/133/7

肥 féi 10

田○美 40/13/7
今破齊以○趙 63/26/8
以其伐楚而○韓、魏也 73A/31/5
省攻伐之心而○仁義之誠 87/41/5
王破楚於以○韓、魏於中國而勁齊 87/42/2
○義侍坐 221/116/15
○義曰 221/116/23
○大齊 419/201/15
破宋○讎 419/201/17
燕、趙破宋○齊尊齊而為之下者 419/201/27

腓 féi 2

猶時攫公孫子之○而噬之也 147/77/10
豈特攫其○而噬之耳哉 147/77/10

蜚 fěi 1

用兵如刺○繡 422/204/24

誹 fěi 5

國必有○譽 8B/3/29
忠臣令○在己 8B/3/29
大○天下 96/48/13
雖有外○者不聽 96/48/15
且夫王無伐與國之○ 313/159/29

吠 fèi 4

跖之狗○堯 147/77/8
狗固○非其主也 147/77/9
不能禁狗使無○己也 324/165/14
而不能令狗無○己 406/193/26

沸 fèi 1

○聲若雷 81/36/27

費 fèi 27

又○財焉 16/6/23
不○斗糧 40/14/11
昔者曾子處○ 55/23/14
○人有與曾子同名族者而殺人 55/23/14
大○也 83A/38/14
則兵不○ 142/71/19
而都縣之○也 142/72/17
殘○已先 142/72/18
軍出○ 142/72/21
故其○與死傷者鈞 142/72/22
故民之所○也 142/72/22
天下有此再○者 142/72/24
攻城之○ 142/72/25
不○馬汗之勞 168/87/1
不如所失之○也 224/120/9
無割地之○ 247/132/1
官○又恐不給 296/150/20
而以民勞與官○用之故 296/150/21
以償兵○ 352/175/4
必攻市丘以償兵○ 352/175/8
日○千金 366/180/14
特以為夫人麤糲之○ 385/185/26
張登請○緤曰 402/193/3
○緤 402/193/3

民勞而實○ 419/201/15
夫民勞而實○ 419/201/17
然則王之為○且危 455/223/16

廢 fèi 39

乃○文任武 40/13/21
於是乃○太后 73B/32/10
請令○之 77/33/22
○無用 81/37/1
朝歌之○屠 96/48/10
不若○太子 101/50/6
犬○於後 132A/64/1
功○名滅 145/75/13, 145/76/6
賢者用且使己○ 179/93/23
○正適而立不義 197/100/3
而呂不韋○ 200/102/19
因○雍疸、彌子瑕 239B/129/18
○司馬尚 263/140/1
則秦、魏之交可○矣 283/147/14
是使我負襄王詔而○大府之憲也 340/170/3
而○子之道乎 346/172/23
而○子之謁乎 346/172/23
因以齊、魏○韓朋 349/174/16
韓○昭獻 350/174/21
立韓擾而○公叔 374/182/21, 374/182/22
○公叔而相幾瑟者楚也 382/184/17
將○私而立公 416A/199/21
功立而不○ 431/210/6
荊軻○ 440/217/19
以○其王 454/222/16
臣聞君欲○中山之王 454/222/18
中山雖益○王 454/222/19
必為趙、魏○其王而務附焉 454/222/20
豈若中山○其王而事齊哉 454/222/20
為君○王事齊 454/222/24
是君○其王而亡其國 454/222/25
次者○王 455/223/11
其實欲○中山之王也 455/223/15
中山可○也 455/223/17
孤何得無○ 455/223/22
此所以○之 455/223/22
非欲○中山之王也 455/223/24

分 fēn 52

支○方城膏腴之地以薄鄭 70/28/16
今太后使者○裂諸侯 74/32/27
○移華陽 74/32/28
權何得毋○ 74/33/1
是我王果處三○之一也 74/33/1
或欲○大投 81/37/6
或欲○功 81/37/6
此亦秦之○功之時也 81/37/8
而智氏○矣 83B/39/4
首身○離 87/41/19
壤地兩○ 88/42/21
我無○寸之功而得此 126/61/21
○地又非多韓、魏也 142/71/20
欲使後車○衣 146/76/22
無可以○者 146/76/23
下○爭 159/82/18
即陰與燕王謀破齊共○其地 168/87/17
必○公之兵以益之 173A/90/21
秦知公兵之○也 173A/90/21
莊公請與○國 197/100/5
今約勝趙而三○其地 202/103/10
夫勝趙而三○其地 202/103/14
破趙三○其地 203/104/28
破趙而三○其地 203/105/4
國亡地○ 203/105/13
趙氏○則多十城 204A/106/1
及三晉○知氏 204B/106/7
參○趙國壤地 209/108/26
以楚、趙○齊 214/111/5
秦○齊 214/111/5
堯無三夫之○ 218/113/17
破趙而四○其地 220/116/5
君臣之○也 221/116/18
○為萬國 225/121/4
○以為戰國七 225/121/5
我○兵而孤樂中山 229A/122/18
秦趙之敝而瓜○之 233/125/4
兵○於齊 249/133/24
而兵東○於齊 249/133/25
未嘗不○於葉陽、涇陽君 258B/138/1
此所謂四○五裂之道也 273/143/27
○宋之城 297/151/13
臣以為自天下之始○以至于今 310/157/28
將○其地 344A/172/3
○地必取成皋 344A/172/3
則王之國○矣 348A/173/28
晉用六卿而國○ 348B/174/9
戰之於國中必○ 376/183/11
萬○之一也 407/194/5
於秦亦萬○之一也 407/194/6
惡交○於臣也 424/205/23
不以○人 456/224/4

紛 fēn 5

○彊欲敗之 92/44/9
為人排患、釋難、解○亂而無所取也 236/128/6
可大○已 423/205/11
不以今時大○之 424/205/20
今臣逃而○齊、趙 424/206/3

汾 fén 5

○水利以灌安邑 83B/39/2
北有○陘之塞、郇陽 167/85/16
公因寄○北以予秦而為和 317B/163/3
子能以○北與我乎 317B/163/14, 317B/163/15

盼 fēn 1

田○宿將也 300/152/27

坌 fén 2

燕封宋人榮○為高陽君 252/135/8
固不能當榮○ 252/135/16

焚 fén 9

而○周之節 25/9/10
刳胎○夭 258B/138/2
扮之請○天下之秦符者 297/152/6

次傳○符之約者　297/152/6
垂都○　315/161/24
盡○天下之秦符　419/201/24
斬社稷而○滅之　447/220/8
○其廟　461/226/10
發梁○舟以專民　461/226/18

棼 fén　4

○冒勃蘇曰　170/89/10
○冒勃蘇對曰　170/89/14
楚使新造（盩）〔盭〕○冒勃蘇　170/89/14
○冒勃蘇是也　170/89/18

墳 fén　1

王○墓、復群臣、歸社稷也　177/92/11

扮 fěn　1

○之請焚天下之秦符者　297/152/6

粉 fěn　1

○白墨黑　182/94/14

忿 fèn　17

產以○強秦　14B/6/7
寡人○然　41A/14/26
伯主約而不○　89/43/3
約而不○　89/43/4
○也　89/43/5
驕○非伯主之業也　89/43/5
王○然作色曰　136B/67/14
宣王○然作色　137/68/25
今公行一朝之○　145/75/12
故去○恚之心　145/76/10
除感○之恥　145/76/10
然而心○悁含怒之日久矣　220/115/24
先王○之　221/117/25
君○然作色曰　239B/129/15
武侯○然曰　269/141/21
韓王○然作色　347/173/12
夫賢者以感○睚眥之意　385/186/3

奮 fèn　11

○擊百萬　40/13/7，73A/30/24
而民為之者是貴○也　42/15/19
曹沫之○三尺之劍　129/62/24
莫不揮泣○臂而欲戰　148/78/15
鼓翅○翼　192/98/3
○其六翮　192/98/8
○擊二十萬　272/143/9
且夫從人多○辭而寡可信　273/144/15
貫頤○戟者　348A/173/20
若恣睢○擊　418/200/26

糞 fèn　2

太子為○矣　92/44/10
身為○土　93/44/23

封 fēng　110

主君令陳○之楚　5A/2/27
秦且收齊而○之　10B/4/20
何不○公子咎　17/6/27
○之於商　39/12/22
○為武安君　40/14/6
文請以所得○君　65/26/28
破齊定○　65/26/30
秦○君以陶　66/27/3
○君於河南　66/27/14
為君慮○　69/28/8，248/132/21
定身○　69/28/8，210/109/8，248/132/23
買○千戶　96/47/24
齊將○田嬰於薛　98/48/29
○之成與不　98/48/29
令其欲○公也又甚於齊　98/49/1
夫齊削地而○田嬰　98/49/5
王不如○田忌於江南　106/52/1
而得○　106/52/2
楚果○之於江南　106/52/3
可以為蘇秦請○於楚　122/59/2
因○蘇秦為武貞君　122/60/7
故曰可以為蘇秦請○於楚也　122/60/7
○衛之東野　132B/64/11
○書謝孟嘗君曰　133/65/25
○萬戶侯　136B/67/17
請裂地定○　145/75/26
益○安平君以夜邑萬戶　147/78/3
故為梁山陽君請○於楚　157A/81/30
不當○　157A/82/1
乃○壇為安陵君　160/83/12
○為武安君而相燕　168/87/17
四○不侵　170/89/2
○之執圭　170/89/23
飯○祿之粟　192/98/17
奈何以保相印、江東之○乎　200/101/24
楚國○盡可得　200/101/26
而君之○地　201/102/24
為主君慮○者　201/102/24
秦孝公○商君　201/102/24
秦惠王○冉子　201/102/25
○近故也　201/102/26
太公望○於齊　201/102/26
邵公奭○於燕　201/102/26
以定身○　201/102/27
破趙則○二子者各萬家之縣一　203/105/3
又○二子者各萬家之縣一　203/105/5
廣○疆　204A/105/18
而○地不定　210/109/7
請以三萬戶之都○太守　211/110/11
千戶○縣令　211/110/12
辭○而入韓　211/110/14
河間○不定而齊危　215/111/10
趙王○孟嘗君以武城　216/111/17
而○之以武城　216/111/20
韓、魏皆可使致○地湯沐之邑　218/113/2
貴戚父兄皆可以受○侯　218/113/2
○侯貴戚　218/113/3
乃○蘇秦為武安君　218/114/12
而馳於○內　219/115/13
守四○之內　220/115/22
城境○之　224/120/14
而○以東武城　234/125/20
夫君○以東武城不讓無

功 234/125/21
是親戚受〇 234/125/21
乃不受〇 234/125/22
於是平原君欲〇魯仲連 236/128/4
以解其怨而取〇焉 247/131/21
則令秦攻魏以成其私〇 247/131/25
今又以何陽、姑密〇其子 247/131/27
齊乃令公孫衍說李兌以攻宋而定〇焉 248/132/15
〇不可不早定也 248/132/21
唯得大〇 248/132/24
而臣待忠之〇 248/132/26
燕〇宋人榮蚠為高陽君 252/135/8
而〇之以膏腴之地 262/139/17
以多取〇於秦 263/139/28
成而〇侯之基 273/144/15
齊請以宋地〇涇陽君 275/145/3
請〇子 278/146/8
公子不〇 300/152/28
魏雖〇髡 313/159/28
而〇田文 314/160/25
魏王將〇其子 316/162/14
王能又〇其子問陽姑衣乎 316/162/15
自以為必可以〇 359/177/17
中〇小令尹以桂陽 359/177/18
而〇於梗陽 387/187/22
而〇於平原 387/187/23
秦〇君以山陽 398/192/3
齊〇君以莒 398/192/3
〇內弊矣 415/198/26
齊請以宋〇涇陽君 417/200/13
道南陽、〇、冀 422/204/4
〇陸之戰 422/204/25
今〇而相之 424/205/17
今王願〇公子 428/208/6
公子無功不當〇 428/208/6
且以為公子功而〇之也 428/208/7
故非及太后與王〇公子 428/208/9
則公子終身不〇矣 428/208/9
乃〇之以地 430/208/28
趙〇以為望諸君 431/209/4
故裂地而〇之 431/210/3
國之有〇疆 438/213/18
函〇之 440/216/18
函〇 440/217/6
因〇之中山 453/222/11

風 fēng 11

從〇而服 40/14/14
解如〇雨 112/54/25
魏則從〇而動 168/86/23
使使臣獻書大王之從車下〇 168/87/23
而淩清〇 192/98/8
折清〇而抎矣 192/98/9
使我逢疾〇淋雨 208/107/26
汝逢疾〇淋雨 208/107/27
〇雨時至 209/108/11
夫飄於清〇 237/128/12
〇蕭蕭兮易水寒 440/216/28

鋒 fēng 3

而〇不入 225/121/1
秦當時適其〇 239A/129/10
欲推以為〇 461/226/21

豐 fēng 4

毛羽不〇滿者不可以高飛 40/13/12
（豊）〔〇〕其祿 170/88/21
170/89/3
年穀〇盈 209/108/12

逢 féng 4

因退為〇澤之遇 88/42/20
使我〇疾風淋雨 208/107/26
汝〇疾風淋雨 208/107/27
太子跪而〇迎 440/215/4

縫 féng 2

鯷冠秫〇 221/117/15
皆令妻妾補〇於行伍之間 461/226/25

奉 fèng 93

〇養無有愛於最也 30/10/19
以〇祭祀 63/26/2
終以齊〇事王矣 82B/38/9
敬〇社稷以從 112/55/10
347/173/13
請〇社稷以事秦 113/55/27
宜若〇漏壅 120/58/13
齊欲〇太子而立之 122/59/10
則太子且倍王之割而使齊〇己 122/59/11
齊〇太子而立之 122/59/17
齊必〇太子 122/59/18
〇王而代立楚太子者又蘇秦也 122/60/5
夫不善君者且〇蘇秦 122/60/11
孟嘗君〇夏侯章以四馬百人之食 126/61/19
而〇我四馬百人之食 126/61/21
寡人〇先君之宗廟 137/68/24
臣〇使使威后 138/69/14
有市之邑莫不止事而〇王 142/72/20
當今將軍東有夜邑之〇 148/78/16
〇四時之獻 167/85/24
此所謂養仇而〇讎者也 167/86/2
〇明約 167/86/5,272/143/17
寡人謹〇社稷以從 167/86/10
左〇其首 170/89/13
〇以上庸六縣為湯沐邑 174/91/6
而王〇之 184/95/14
乃〇惠子而納之宋 184/95/15
〇陽君不欲 210/109/7
客請〇陽君曰 210/109/7
皆願〇教陳忠於前之日久矣 218/112/22
〇陽君妬 218/112/22
今〇陽君捐館舍 218/112/23
〇陽君相 220/116/8
〇祠祭之日淺 220/116/9
以〇騎射 224/120/9
寡人請〇教 238/128/28
使〇社稷 239A/129/6
臣為足下使公孫衍說〇陽君曰 248/132/21
以〇陽君甚食之 248/132/24

以觀○陽君之應足下也 248/132/25
臣以為足下見○陽君矣 249/133/4
臣謂○陽君曰 249/133/4
○陽君曰 249/134/5
409/194/30,409/195/6
請○教 257/136/28
使下臣○其幣物三至王廷 258B/137/22
請○而西行之 258B/137/25
令昭應○太子以委和於薛公 260/138/16
○厚而無勞 262/139/16
無勞之○ 262/139/22
王重其行而厚○之 287/148/11
聞周、魏令竇屢以割魏於○陽君 287/148/12
夫周君、竇屢、○陽君之與穰侯 287/148/12
○陽君也 287/148/13
○陽君、孟嘗君、韓呡、周㝡、周、韓餘為徒從而下之 297/152/5
○陽君、韓餘為既和矣 297/152/7
今已令楚王○幾瑟以車百乘居陽翟 353/175/16
公何不試○公子咎 381/184/11
公因以楚、韓之兵○幾瑟而內之鄭 383A/184/24
必以韓、楚○公矣 383A/184/25
仲子○黃金百鎰 385/185/23
○陽君李兌甚不取於蘇秦 409/194/27
李兌因為蘇秦謂○陽君曰 409/194/27
妻使妾○卮酒進之 412/196/26
請○社稷西面而事秦 413/197/16
今王○仇讎以伐援國 415/198/2
則寡人○國而委之於子矣 415/198/12
○子車百乘 420/203/1
今妾○而仆之 420/203/11
蘇代為○陽君說燕於趙以伐齊 423/205/6
○陽君不聽 423/205/6
人告○陽君曰 423/205/7
○陽君告朱讙與趙足曰 424/205/16
○陽君之怒甚矣 424/205/20
而小人○陽君也 424/205/20
○陽君告朱讙曰 424/205/28
○以千金 428/208/5
不能○承先王之教 431/209/14
臣自以為○令承教 431/209/22
○令擊齊 431/209/30
自以為○令承教 431/210/3
數○教於君子矣 431/210/16
○蘇子車五十乘 433/211/18
不能○順君意 438/213/10
敬○教 440/215/1
謹○教 440/215/13
而得○守先王之宗廟 440/217/6
荊軻○樊於期頭函 440/217/9
而秦武陽○地圖匣 440/217/9
軻既取圖○之 440/217/12
以其所○藥囊提軻 440/217/17

俸 fèng 1

三軍之○有倍於前 461/225/30

鳳 fèng 1

而○皇不翔 258B/138/2

否 fǒu 5

亦吉○ 104/51/16
○ 137/69/1
306/155/19,343/171/17
謂子智則○ 204B/106/14

夫 fū 426

○秦之為無道也 1/1/4
○存危國 1/1/5
○梁之君臣欲得九鼎 1/1/10
○鼎者 1/1/13
○齊合 11C/5/11
因令人謂相國御展子、廧○空曰 17/6/29
○本末更盛 22/8/5
○射柳葉者 27/9/24
且○商君 39/13/1
○徒處而致利 40/13/22
妻不以我為○ 40/14/1
○賢人在而天下服 40/14/12
且○蘇秦特窮巷掘門、桑戶棬樞之士耳 40/14/14
○攻城墮邑 41A/14/26
○斷死與斷生也不同 42/15/18
○戰者萬乘之存亡也 42/15/27
且○趙當亡不亡 42/16/22
今○蜀 44/17/26
○蜀 44/18/2
○晉獻公欲伐郭 48A/19/6
○軫天下之辯士也 49/20/10
諸士大○皆賀 50/21/3
○秦所以重王者 50/21/4
王不聞○管與之說乎 51/21/29
○以曾參之賢 55/23/17
君聞○江上之處女乎 61A/24/27
○江上之處女 61A/24/28
○三晉相結 63/26/7
○齊 63/26/9
99/49/14,301/153/3
○取三晉之腸胃與出兵而懼其不反也 63/26/14
秦宣太后愛魏醜○ 64/26/19
何暇乃私魏醜○乎 64/26/22
○楚王之以其臣請挈領然而臣有患也 67/27/21
○楚王之以其國依冉也 67/27/21
若○窮辱之事 73A/30/15
○秦國僻遠 73A/30/18
○擅國之謂王 73B/31/27
十○楺椎 80/35/8
○四時之序 81/35/25
○人生手足堅強 81/35/25
越之大○種 81/35/30
○公孫鞅事孝公 81/36/1
大○種事越王 81/36/4
○信婦貞 81/36/8
○待死而後可以立忠成名 81/36/10
商君、吳起、大○種 81/36/13
81/36/14
商君、吳起、大○種不若也 81/36/15
不過商君、吳起、大○種 81/36/18

吳王○差無適於天下 81/36/22
然而身死於庸○ 81/36/23
○商君為孝公平權衡、正度量、調輕重 81/36/23
大○種為越王墾草剏邑 81/37/3
則商君、白公、吳起、大○種是也 81/37/9
農○是也 86/40/10
○以王壤土之博 87/42/4
於是○積薄而為厚 88/42/25
吳王○差棲越於會稽 89/43/8
○項橐生七歲而為孔子師 94/45/26
齊之逐○ 96/48/10
○齊削地而封田嬰 98/49/5
今○齊 99/49/13
靖郭君之所聽愛○ 101/50/4
○魏氏兼邯鄲 102/50/22
○救邯鄲 102/50/24
○韓、魏之兵未弊 103/51/1
且○魏有破韓之志 103/51/2
○子之強 109/53/13
○不得父之教而更葬母 109/53/14
○為人子而不欺死父 109/53/15
○以大王之賢與齊之強 112/54/29
且○韓、魏之所以畏秦者 112/54/31
○不深料秦之不奈我何也 112/55/6
○從人朋黨比周 113/55/19
且○救趙之務 120/58/13
○救趙 120/58/14
○剬楚者王也 122/59/26
○勸留太子者蘇秦也 122/60/1
○使薛公留太子者蘇秦也 122/60/5
○不善君者且奉蘇秦 122/60/11
齊王○人死 123/60/18
勸王立為○人 123/60/19
○子弗憂 125/61/7
孟嘗君舍人有與君之○人相愛者 128/62/7
為君舍人而內與○人相愛 128/62/7
君召愛○人者而謂之曰 128/62/10
而操銚鎒與農○居壟畝之中 129/62/25
則不若農○ 129/62/25
○鳥同翼者而聚居 131/63/24
○物各有疇 131/63/25
乃歌○長鋏歸來者也 133/65/2
君得無有所怨齊士大○ 136A/67/3
○斶前為慕勢 136B/67/13
今○士之高者 136B/67/22
乃稱匹○ 136B/67/22
○上見其原 136B/68/5
非○孤寡者 136B/68/6
○堯傳舜 136B/68/7
○玉生於山 136B/68/13
然○璞不完 136B/68/13
悲○ 140/70/4
○約然與秦為帝 141B/70/20
○有宋則衛之陽城危 141B/70/22
○後起者藉也 142/71/3
○權藉者 142/71/4
且○強大之禍 142/71/25
○弱小之殃 142/71/25
○後起之籍與多而兵勁 142/71/26
昔吳王○差以強大為天下先 142/72/3
此○差平居而謀王 142/72/4
○駑馬、女子 142/72/8
○胡之與齊非素親也 142/72/13
○戰之明日 142/72/20
士大○之所匿 142/72/24
○中山千乘之國也 142/73/2
○士死於外 142/73/8
今○鵠的非咎罪於人也 142/73/8
○罷士露國 142/73/11
故○善為王業者 142/73/19
○魏氏其功大 142/73/24
○千乘、博昌之間 143/74/16
聞丈○之相□與語 146/77/2
○一人身 147/77/16
為莒太史家庸○ 149B/78/28
即墨大○與雍門司馬諫而聽之 150/79/22
○三晉大○ 150/79/23
鄢、郢大○ 150/79/24
○舍南面之稱制 150/79/26
齊王不聽即墨大○而聽陳馳 150/79/28
且○涓來之辭 151/80/5
○牛闌之事 153/80/24
○魏之攻趙也 156/81/20
○泄吾君臣之交 157B/82/7
○苟不難為之外 157B/82/7
大○何患 157B/82/8
王且予之五大○ 165/84/22
五大○不可收也 165/84/24
予之五大○ 165/84/25
○史舉 166/85/4
○公孫郝之於秦王 166/85/9
○以楚之強與大王之賢 167/85/17
○秦 167/86/1
○為人臣而割其主之地 167/86/2
○外挾強秦之威 167/86/3
且○為從者 168/86/17
○虎之與羊 168/86/18
且○約從者 168/86/25
○以弱攻強 168/86/25
○從人者 168/86/26
○恃弱國之救 168/87/4
○守易危之功 168/87/6
且○秦之所以不出甲於函谷關十五年以攻諸侯者 168/87/9
○秦、楚相弊 168/87/11
○以一詐偽反覆之蘇秦 168/87/18
不於大○ 170/88/19
大○此言 170/88/23
兩御之間○卒交 170/89/5
大○悉屬 170/89/10
170/89/15, 170/89/20
又謂王之幸○人鄭袖曰 174/91/4
王以三大○計告慎子曰 177/92/24
大○來獻地 177/93/2
○隘楚太子弗出 177/93/4
○進賢之難者 179/93/22
○梟棊之所以能為者 188/96/20
○一梟之不如不勝五散 188/96/20
○因詘為信 189/96/25
○報報之反 189/96/26
○秦捐德絕命之日久矣 189/96/28
今○橫人嚂口利機 189/96/28
○人鄭褎知王之說新人也 190/97/3
婦人所以事○者 190/97/4
○新人見寡人 190/97/9
王獨不見○蜻蛉乎 192/98/1
不知○五尺童子 192/98/2

不知○公子王孫 192/98/4
○雀其小者也 192/98/7
不知○射者 192/98/8
○黃鵠其小者也 192/98/12
不知○子發方受命乎宣王 192/98/13
不知○穰侯方受命乎秦王 192/98/18
明說楚大○以伐秦 193/98/25
○賢者之所在 197/99/28
○人主年少而矜材 197/100/2
○癘雖癰腫胞疾 197/100/7
○劫弑死亡之主也 197/100/8
○以賢舜事聖堯 199/101/3
○驥之齒至矣 199/101/6
○楚亦強大矣 201/103/1
○千鈞非馬之任也 201/103/3
○從韓、魏之兵而攻趙 202/103/9
○勝趙而三分其地 202/103/14
○三家雖愚 202/103/15
○知伯之為人也 203/103/25
○知伯之為人 203/104/4
○董閼安于 203/104/5
士大○病 203/104/16
○知伯為人也 203/104/21
○不聽知過 203/105/13
不為近大○ 204A/105/20
授吏大○ 204A/106/2
狀貌不似吾○ 204B/106/13
其音何類吾○之甚也 204B/106/13
且○委質而事人 204B/106/17
農○登 209/108/12
且○說士之計 209/108/19
○韓事趙宜正為上交 209/108/27
且○韓之所以內趙者 211/110/1
○用百萬之眾 211/110/4
吾苦○匠人 212/110/22
吾所苦○鐵鉆然 212/110/23
自入而出○人者 212/110/23
○所借衣車者 216/111/18
○馳親友之車 216/111/19
願大○之往也 216/111/20
故○謀人之主 218/112/26
○割地效實 218/113/3
○秦下軹道則南陽動 218/113/6
堯無三○之分 218/113/17
○破人之與破於人也 218/113/23
○橫人者 218/113/24
○慮收亡齊、罷楚、敝魏與不可知之趙 219/115/1
○齊威、宣 219/115/2
○齊兵之所以破 219/115/4
○刑名之家 219/115/7
○攻而不救 219/115/11
○天下之不可一亦明矣 220/116/1
○斷右臂而求與人鬭 220/116/2
○有高世之功者 221/116/19
○論至德者 221/116/24
狂○之樂 221/116/26
○制國有常 221/117/1
○服者 221/117/13
農○勞而君子養焉 221/118/1
且○三代不同服而王 221/118/6
○制於服之民 221/118/7
○吳干之劍 225/120/28
且○吳干之劍材 225/121/1
難○毋脊之厚 225/121/1
○藺、離石、祁之地 228/121/28
○以秦將武安君公孫起乘七勝之威 231/123/8
○貴不與富期 232/123/19
王亦聞○公甫文伯母乎 233/123/28
○秦、趙構難 233/125/2
○趙兵困於秦 233/125/7
○不鬭一卒 234/125/18
○君封以東武城不讓無功 234/125/21
○言媾者 235/125/29
先生獨未見○僕乎 236/127/10
○膠漆 237/128/12
○飄於清風 237/128/12
爵五大○ 242/130/10
○良商不與人爭買賣之賈 242/130/11
○秦之攻趙 244/130/24
○秦人貪 248/132/22
○魏為從主 251/134/19
○殺無罪范座 251/134/23
○趙、魏 251/134/28
○國內無用臣 251/135/1
此○子與敵國戰 252/135/10
令士大○餘子之力 252/135/18
○盡兩國之兵 252/135/19
○望人而笑 257/136/24
使○交淺者不可以深談 257/136/26
及○人優愛孺子也 258A/137/10
丈○亦愛憐其少子乎 262/139/9
○鄉邑老者而先受坐之士 266/140/29
○物多相類而非也 266/141/2
武○類玉 266/141/2
魏武侯與諸大○浮於西河 269/141/19
○夏桀之國 269/141/25
○使士卒不崩 270/142/6
○挾強秦之勢 272/143/3
禽○差於干遂 272/143/7
○事秦必割地效質 272/143/10
○為人臣 272/143/11
且○諸侯之為從者 273/143/29
○親昆弟 273/144/1
且○秦之所欲弱莫如楚 273/144/10
○虧楚而益魏 273/144/11
且○從人多奮辭而寡可信 273/144/15
○秦非不利有齊而得宋地也 275/145/4
○齊、秦不合 275/145/6
○魏欲絕楚、齊 278/146/4
○周君、竇屢、奉陽君之與穰侯 287/148/12
王獨不見○服牛驂驥乎 290/149/3
○輕用其兵者 291/149/10
○二君者 291/149/11
○難搆而兵結 291/149/12
先君必欲一見群臣百姓也○ 296/150/27
今○楊 303A/153/26
○魏王之愛習魏信也 304/154/19
○舍萬乘之事而退 304/154/21
○令人之君處所不安 304/154/21
○市之無虎明矣 306/155/20
○鄴 308/156/11
○秦貪戾之國而無親 310/157/16
○秦何厭之有哉 310/157/17
○戰勝睾子 310/157/22
○輕信楚、趙之兵 310/157/27
○兵不用 310/158/3

且○欲璽者 312/159/10
○欲璽者制地 312/159/11
且○姦臣固皆欲以地事秦 312/159/12
王獨不見○博者之用梟邪 312/159/15
○伐與國 313/159/23
且○王無伐與國之誹 313/159/29
○敢借兵者 314/160/8
○趙之兵 314/160/8
○行數千里而救人者 314/160/15
今○韓氏以一女子承一弱主 315/161/5
○越山踰河 315/161/10
且○憎韓不受安陵氏可也 315/161/21
○不患秦之不愛南國非也 315/161/21
○存韓安魏而利天下 315/162/6
○國之所以不可恃者多 319/164/6
○秦強國也 325/165/19
○解攻者 325/165/20
○亡寧者 332/167/22
○得寧者 332/167/22
○齊不以無魏者以害有魏者 335/168/13
因使其人為見者嗇○聞見者 336/168/18
且○魏一萬乘之國 338/169/3
吾將仕之以五大○ 340/169/23
○以父攻子守 340/169/25
此庸○之怒也 343/171/21
○專諸之刺王僚也 343/171/21
○韓、魏滅亡 343/171/25
○為人臣者 345/172/17
○以韓之勁 347/173/3
○羞社稷而為天下笑 347/173/4
且○大王之地有盡 347/173/6
○以有盡之地 347/173/7
○以大王之賢 347/173/9
○秦卒之與山東之卒也 348A/173/22
猶孟賁之與怯○也 348A/173/23
○戰孟賁、烏獲之士 348A/173/23
○不顧社稷之長利 348A/173/25
○塞成皋 348A/173/27
○造禍而求福 348A/173/28
○攻楚而私其地 348A/174/2
○以實告我者 357/176/29
○輕強秦之禍 357/177/3
○千鈞 362/179/10
若○越趙、魏而關兵於燕 362/179/11
○救韓之危 366/180/14
○韓地易於上 368/181/14
○楚欲置公子高 370/181/26
齊大○諸子有犬 374/182/26
韓大○見王老 378/183/22
而內收諸大○以自輔也 378/183/22
韓大○知王之老而太子定 379/183/28
韓大○不能必其不入也 379/183/29
特以為○人麤糲之費 385/185/26
○賢者以感忿睚眥之意 385/186/3
○愛身不揚弟之名 385/186/21
○孿子之相似者 386/187/3
若○安韓、魏而終身相 386/187/10
○弱魏之兵 390/188/26
越王使大○種行成於吳 390/189/5
遂殘吳國而禽○差 390/189/7
○攻形不如越 390/189/8
○先與強國之利 391/189/21
○宵行者能無為姦 406/193/26
○安樂無事 408/194/13
○燕之所以不犯寇被兵者 408/194/14
且○秦之攻燕也 408/194/15
○不憂百里之患 408/194/19
○制於燕者蘇子也 409/195/1
且○燕、秦之俱事齊 411/195/31
且○孝如曾參 412/196/14
且○信行者 412/196/17
且○三王代興 412/196/18
○忠信 412/196/23
其○且歸 412/196/25
○至 412/196/26
○趙王之狼戾無親 413/197/9
○齊、趙者 415/198/1
○無謀人之心 415/198/7
今○齊王 415/198/16
○驕主必不好計 415/198/26
○列在萬乘 419/201/14
○民勞而實費 419/201/17
○一齊之強 419/201/19
○上計破秦 419/201/25
○反宋地 419/202/2
○實得所利 419/202/2
○去尊寧而就卑危 419/202/5
○取秦 419/202/6
今○烏獲舉千鈞之重 420/202/28
其丈○官三年不歸 420/203/7
子之丈○來 420/203/7
已而其丈○果來 420/203/8
其丈○不知 420/203/11
疋○徒步之士 420/203/13
且○處女無媒 421/203/19
○使人坐受成事者 421/203/21
○以蘇子之賢 426/206/25
燕大○將不信臣 427/207/14
又不愛丈○子獨甚 428/208/4
臣是以知人主之不愛丈○子獨甚也 428/208/7
○齊霸國之餘教也 431/209/25
○差弗是也 431/210/11
故吳王○差不悟先論之可以立功 431/210/11
○免身全功 431/210/12
且○宋 433/211/22
○欲得之君 437/212/28
○燕無道 439/214/10
○秦王之暴 440/214/23
○樊將軍困窮於天下 440/214/27
○為行使人疑之 440/215/14
○今樊將軍 440/216/6
得趙人徐○人之匕首 440/216/20
○救於小宋而惡於大齊 441/218/4
○在中者惡臨 443/218/29
○梁兵勁而權重 444/219/3
○宋之不足如梁也 444/219/7
○人於事己者過急 450/221/11
○割地以賂燕、趙 455/223/16
大○司馬子期在焉 459B/225/16
乃使五校大○王陵將而伐趙 461/226/8
○勝一臣之嚴焉 461/227/7

膚 fū 1

○寸之地無得者 73A/31/3

弗 fú 124

寡人不敢○受 5B/3/5
秦必無辭而令周○受 5B/3/6
聽祝○ 11B/5/3
○與禮重矣 11B/5/4
君○如急北兵趨趙以秦、魏 11B/5/4
○必走 11B/5/5
齊聽祝○ 11C/5/10
逐周最、聽祝○、相呂禮者 11C/5/10
故用祝○ 11C/5/12
若四國○惡 29/10/11
西周○利 33/11/11
○知而言為不智 42/15/9
秦計必○為也 50/21/5
時至而○失 66/27/7
○聞也 67/27/19
韓、魏○聽 71/28/21
若將○行 72/29/1
○能改已 72/29/11
即使文王疏呂望而○與深言 73A/30/2
然臣○敢畏也 73A/30/5
臣○敢畏也 73A/30/15
形○能有也 73A/31/4
遂○歸 74/32/18
故十攻而○能勝也 75/33/8
秦王○聽也 79/34/27
遂○殺而善遇之 80/35/14
○如也 83B/38/25,83B/38/26
○知 86/40/8
○得私也 86/40/18
○如 95/46/19
司空馬言其為趙王計而○用 95/47/2
大臣與百姓○為用 97/48/24
楚王因○逐 97/48/25
門人○說 101/49/24
○救 102/50/22
又○如遠甚 108/52/19
諸侯○與 114/56/4
而君○知 122/60/2
止者千數而○聽 124/60/23
夫子○憂 125/61/7
如使而○及也 127/62/1
小官公又○欲 128/62/10
孟嘗君有舍人而○悅 129/62/23
乃○逐 129/62/28
使秦○有而失天下 132B/64/8
非○寶貴矣 136B/68/13
此二士○業 138/69/20
上車○謝而去 148/78/9
而楚果○與地 153/80/27
三年而○言 160/83/5
夫隘楚太子○出 177/93/4
臣為王○取也 184/95/10
惠子必○行也 184/95/11
唯公○受也 193/98/26
魏○與 203/103/28
趙襄子○與 203/104/1
而寡人○與焉 203/104/4
君若○圖 204A/105/24
子獨○服 223/119/28
秦○欲 249/133/3
而王○聽 250/134/14
非○思也 262/139/12
魏桓子○予 264A/140/6
何故○予 264A/140/6
故○予 264A/140/7
趙○與 264A/140/11
為○能聽 271/142/19
王○應 271/142/19
而魏○救 274/144/25
犀首○利 283/147/12
魏王○聽也 284/147/22
而先生○受 294/150/8
王聞之而○任也 294/150/9
若此而○為 296/151/2
則陰勸而○敢圖也 297/151/25
遂盟強臺而○登 307/156/3
寡人固刑○有也 308/156/1
○易攻也 310/157/27
為王○取也 313/159/23
而王○識也 315/161/4
秦又○為也 315/161/13
猶○聽 315/161/29
何故而○有也 317B/163/10
是○救矣 317B/163/12
魏王○利 331/167/15
若君○致也 340/169/29
能棄之○能用之 342/170/28
能死之○能棄之 342/170/29
王又能死而○能棄之 342/171/2
○敢易 343/171/14
竊為王○取也 351/174/29
今○行 357/177/3
韓王○聽 357/177/3
公求而○得 359/178/2
而○能得也 360/178/10
秦王以公孫郝為黨於公而○之聽 360/178/13
甘茂不善於公而○為公言 360/178/13
楚王○聽 365/180/3
而妾○重也 366/180/13
舟漏而○塞 373/182/16
乃○罪 375/183/6
太子○聽 376/183/12
而○能禁也 384/185/14
然而吾○為云者 391/189/16
雖為桓公吾○為云者 391/189/18
秦必○入 396B/191/5
次○納於君 398/192/4
王與大國○聽 404/193/15
趙○救 410/195/10
○利而勢為之者 419/201/28
而王獨○從也 419/202/4
○予相 424/206/1
太后○聽 428/208/7
故受命而○辭 431/210/4
夫差○是也 431/210/11
王何為○為 433/211/23
而○能復取者 449/220/29
柰何吾○患也 455/223/11
君○與趙 457/224/12,457/224/13
君○與 457/224/13
君○攻 459A/225/9
而○下 461/227/1

伏 fú 21

○而誦之 40/14/2
○軾撙銜 40/14/14
嫂蛇行匍○ 40/14/18
東○於陳 42/16/2

天下徧隨而○ 42/16/21
而明日○誅於後 73A/30/5
夜行而晝○ 73A/30/9
豫讓○所當過橋下 204B/106/20
臣故○誅 204B/106/26
遂○劍而死 204B/106/28
弊邑恐懼懾○ 220/115/21
吾將○劍而死 236/127/23
○事 250/134/9
○屍百萬 343/171/20
○屍二人 343/171/24
○軾結靷西馳者 388/188/5
○軾結靷東馳者 388/188/6
韓侈且○於山中矣 396B/191/6
令安○ 396B/191/7
○屍而哭 440/216/17
臣寧○受重誅而死 461/227/8

扶 fú 9

其威內○ 74/32/26
民○老攜幼 133/65/19
尸死○傷 142/72/20
固危○弱 249/134/2
取○柳 253/135/24
先王必欲少留而○社稷、安黔首也 296/151/1
而求○持 420/202/29
若○梁伐趙 444/219/4
○ 452B/222/4

怫 fú 2

王○然作色曰 177/92/26
秦王○然怒 343/171/18

拂 fú 3

子道順而不○ 223/119/27
而得為王○枕席 341/170/17
跪而○席 440/215/4

服 fú 118

特以強○之耳 39/12/24
辯言偉○ 40/13/20
民○於下 40/13/24
夫賢人在而天下○ 40/14/12
從風而○ 40/14/14
四鄰諸侯不○ 42/15/23
西○秦 42/15/25
而彼已○矣 44/18/4
坐行蒲○ 73A/30/9
君禽馬○乎 78/34/3
禽馬○之軍 78/34/5
北坑馬○ 81/36/26
趙、楚懾○ 81/36/27
身所○者 81/36/27
而魏氏○矣 87/41/3
不待痛而○矣 87/42/12
故能○世 89/43/4
不韋使楚○而見 93/45/10
朝○衣冠窺鏡 108/52/13
秦破馬○君之師 132B/64/7
○劍一 133/65/25
莫敢不○ 136B/67/21
妻子衣○麗都 136B/68/11
燕、楚以形○ 141B/70/24
幣帛矯蠹而不○矣 142/72/1
大王不如先行王○ 142/74/1
太子乃解衣免○ 143/74/22
撫委而○ 160/82/27
不當○罪 162/83/26
天下後○者先亡 168/86/17
衣○玩好 190/97/3
○鹽車而上太行 199/101/6
權重而眾○ 204A/105/20
信忠在己而眾○焉 204A/105/22
使秦發令素○而聽 209/108/26
秦人遠迹不○ 219/115/4
○其人 219/115/10
今吾將胡○騎射以教百姓 221/116/20
寡人非疑胡○也 221/116/26
則胡○之功未可知也 221/116/27
王遂胡○ 221/116/29
寡人胡○ 221/116/29,223/119/28
亦欲叔之○之也 221/116/29
今寡人作教易○ 221/116/30
而叔不○ 221/117/1
今胡○之意 221/117/2
以成胡○之功 221/117/4
請○焉 221/117/5
臣固聞王之胡○也 221/117/7
而襲遠方之○ 221/117/10, 221/118/4
夫○者 221/117/13
禮○不同 221/117/16
遠近之○ 221/117/18
變○騎射 221/117/22
今騎射之○ 221/117/25
惡變○之名 221/117/26
乃賜胡○ 221/117/29
衣○有常 221/118/3
且夫三代不同○而王 221/118/6
夫制於○之民 221/118/7
胡○不顧世 221/118/17
且○奇者志淫 221/118/18
是以涖國者不襲奇辟之○ 221/118/18
衣○器械 221/118/23
且○奇而志淫 221/118/24
是以聖人利身之謂○ 221/118/25
衣○之制 221/118/26
○難以勇 222/119/6
故寡人欲子之胡○以傅王乎 222/119/7
乃國未通於王胡○ 222/119/16
賜胡○ 222/119/17
遂賜周紹胡○衣冠 222/119/22
趙燕後胡○ 223/119/26
子獨弗○ 223/119/28
前吏命胡○ 223/120/1
臣敬循衣○ 223/120/2
至遂胡○ 224/120/18
所以不○者 225/120/23
而天下○矣 225/120/25, 439/214/6
此單之所不○也 225/120/26
馬○曰 225/120/28
而與馬○之子戰於長平之下 231/123/9
駕犀首而驂馬○ 239A/129/9
馬○君謂平原君曰 252/135/9
馬○君曰 252/135/14
果如馬○之言也 252/135/20
客有見人於○子者 257/136/22
○子曰 257/136/23
衣○使之便於體 258B/137/29
葉陽君、涇陽君之車馬衣○ 258B/138/1

無非大王之〇御者 258B/138/1
王獨不見夫〇牛驂驥乎 290/149/3
是〇牛驂驥也 290/149/4
〇宋之強者 297/151/13
則不如因變〇折節而朝齊 301/153/7
得密須氏而湯之〇桀矣 318/163/26
素〇縞素辟舍 340/170/9
交臂而〇焉 347/173/4
以攻不〇之弱國 348A/173/23
除〇 385/186/1
公之下〇 386/187/10
秦必起兵以誅不〇 387/187/21
三川〇矣 392/189/28
〇 407/194/4
千里之〇也 407/194/4
此古〇道致士之法也 418/200/27
天下〇聽 419/202/1
是王破燕而〇趙也 426/206/26
軍吏乃〇 436/212/19
天下必不〇 439/214/7
諸侯〇秦 440/215/24
乃朝〇 440/217/9
公輸般〇焉 442/218/12
威〇天下鬼神 447/220/8
無咎〇 452B/222/4

枹 fú 1

乃援〇鼓之 148/78/18

浮 fú 6

下水而〇 168/87/1
負雞次之典以〇於江 170/89/21
魏武侯與諸大夫〇於西河 269/141/19
輕舟〇於汶 422/203/28
〇輕舟 422/204/5
賜之鴟夷而〇之江 431/210/11

符 fú 9

得《太公陰〇》之謀 40/14/2
南有〇離之塞 70/28/15
剖〇於天下 73B/32/2
而〇布天下 74/32/27
豈非道之〇 81/35/29
扮之請焚天下之秦〇者 297/152/6
次傳焚〇之約者 297/152/6
盡焚天下之秦〇 419/201/24
具〇節 431/209/29

滏 fú 2

前漳、〇 237/128/13
絶漳、〇之水 315/161/11

福 fú 26

天下之〇也 81/36/7
國之〇也 81/36/7
家之〇也 81/36/8
〇三國之君 132B/64/10
無德而望其〇者約 136B/67/29
則不祠而〇矣 142/72/2
攝禍為〇 189/96/26
禍與〇相貫 189/96/27
世有無妄之〇 200/102/4
何謂無妄之〇 200/102/5
此所謂無妄之〇也 200/102/8
此魏之〇也 325/165/20
未見有〇 341/170/24
夫造禍而求〇 348A/173/28
成固為〇 386/187/7
不成亦為〇 386/187/7
所謂成為〇 386/187/12
不成亦為〇者也 386/187/12
強國之事成則有〇 391/189/23
轉禍而為〇 411/195/28, 419/201/22
此皆轉禍而為〇 411/195/29, 419/201/23
所謂轉禍為〇 411/195/32
是足下之〇也 412/196/10
今王若欲轉禍而為〇 419/201/23

輻 fú 2

倏達〇湊 273/143/23
〇湊以事其上 396C/191/16

甫 fǔ 2

王亦聞夫公〇文伯母乎 233/123/28
公〇文伯官於魯 233/123/28

府 fǔ 16

此所謂天〇 40/13/8
今天下之〇庫不盈 42/15/12
君之〇藏珍珠寶玉 93/44/27
〇具幣 94/46/4
臣願以足下之〇庫財物 127/62/2
而戴方〇之金 192/98/17
案〇庫 203/104/7
〇庫足用 203/104/8
子知官〇之籍 224/120/12
今子以官〇之籍 224/120/15
〇庫倉廩虛 252/135/18
手受大〇之憲 340/170/2
是使我負襄王詔而廢大〇之憲也 340/170/3
谿子、少〇時力、距來 347/172/29
是絶上交而固私〇也 351/174/29
此所謂天〇也 408/194/13

斧 fǔ 5

〇質在後 42/15/13
要不足以待〇鉞 72/29/3
將成〇柯 272/143/15
臣有〇質之罪 426/207/2
恐抵〇質之罪 431/209/14

拊 fǔ 3

不〇愛子其民 133/65/14
此臣日夜切齒〇心也 440/216/16
〇驂 452B/222/4

胕 fǔ 1

尾湛〇潰 199/101/6

俯 fǔ 2

〇噣白粒 192/98/3
〇噣鱔鯉 192/98/7

釜 fǔ 5

遇奪〇鬲於涂 81/35/19
沃燋〇 120/58/14
懸〇而炊 203/104/15
軍也縣〇而炊 252/135/20
左孟門而右漳、〇 269/141/26

脯 fǔ 2

故〇鄂侯 236/127/16
卒就〇醢之地也 236/127/17

腐 fǔ 1

則櫝禍朽〇而不用 142/72/1

輔 fǔ 24

王令向壽〇行 55/23/4
其〇外布 74/32/26
周公〇成王也 81/36/14
士倉又〇之 93/44/30
湯有三〇 136B/68/2
上〇孤主 145/75/25
韓氏〇國也 153/80/20
必進賢人以〇之 179/93/17
更其姓為〇氏 203/105/6
唯〇氏存焉 203/105/14
吾聞〇主者名顯 204A/105/21
以〇公叔之議 221/117/3
當世〇俗 221/118/3
以燕以趙〇之 227/121/21
必姑〇之 264A/140/9
而持三萬乘之國〇之 303B/154/10
而內收諸大夫以自〇也 378/183/22
必不敢〇伯嬰以為亂 379/183/30
〇之以宋 388/188/1
以萬乘自〇 388/188/4
吾欲以國〇韓珉而相之可乎 396A/190/26
而挐薄〇之 451/221/20
請令燕、趙固〇中山而成其王 455/223/11
燕、趙果俱〇中山而使其王 455/223/28

撫 fǔ 7

王不如賂之以〇其心 53/22/18
循〇其心 147/77/17
〇委而服 160/82/27
莫敖大心〇其御之手 170/89/5
鄭同因〇手仰天而笑之曰 238/128/22
吳人入越而戶〇之 390/189/5
〇其恐懼 461/227/5

父 fù 91

得君臣〇子相保也 1/1/9
秦王不聽群臣〇兄之義而攻宜陽 2/1/25
周君得以為辭於〇兄百姓 32/11/5
〇母不與言 40/14/1
〇母不以我為子 40/14/1
〇母聞之 40/14/17
貧窮則〇母不子 40/14/19
出其〇母懷衽之中 42/15/17
若報〇子之仇 66/27/14
身為漁〇而釣於渭陽之濱耳 73A/29/29
減食主〇 73B/32/5
時以為仲〇 73B/32/12
亦以為〇 73B/32/12
然降其主〇沙丘而臣之 76/33/17
〇之於子也 80/35/4
不過〇子之親 80/35/7
〇慈子孝 81/36/8
無明君賢〇以聽之 81/36/9
故天下以其君〇為戮辱 81/36/9
此〇兄之任也 83A/38/14
韓、魏〇子兄弟接踵而死於秦者 87/41/18
〇子老弱係虜 87/41/19
歸而謂〇曰 93/44/18
章子之母啓得罪其〇 109/53/12
其〇殺之而埋馬棧之下 109/53/12
臣之母啓得罪臣之〇 109/53/14
臣之〇未教而死 109/53/14
夫不得〇之教而更葬母 109/53/14
是欺死〇也 109/53/14
夫為人子而不欺死〇 109/53/15
徑亢〇之險 112/55/4
大臣〇兄殷眾富樂 113/55/14
及之睪黍、梁〇之陰 131/63/25
田〇見之 132A/64/2
有田〇之功 132A/64/3
以養〇母 138/69/19
如見〇母 145/75/24
齊桓公得管夷吾以為仲〇 147/77/25
然則且有子殺其〇 159/82/20
愛地不送死〇 177/92/5
今王之大臣〇兄 179/93/17
慎大臣〇兄 179/93/19
餓主〇於沙丘 197/100/6
今君殺主〇而族之 208/107/28
貴戚〇兄皆可以受封侯 218/113/2
〇不得於子 219/114/25
〇之孝子 222/119/4
選子莫若〇 222/119/10
慈〇不子 223/119/28
富丁恐主〇之聽樓緩而合秦、楚也 229A/122/9
司馬淺為富丁謂主〇曰 229A/122/11
主〇曰 229A/122/15
459A/225/9,459A/225/10
公不如令主〇以地資周最 229B/122/24
主〇欲敗之 260/138/16
〇母之愛子 262/139/11
同〇母 273/144/1
臣聞魏氏大臣〇兄皆謂魏王曰 310/157/12
夫以〇攻子守 340/169/25
〇教子倍 340/169/25
子弒〇 340/170/2
以全〇子之義 340/170/3
內得〇兄 379/183/27
內無〇兄之眾 379/183/30
傀又韓君之季〇也 385/186/8
〇母既殁矣 385/186/20
事之雖如子之事〇 389/188/17

今韓之○兄得眾者毋相 396A/190/26
○兄惡珉 396A/190/27
遇造○之弟子 407/194/3
造○之弟子曰 407/194/3
進之則殺主○ 412/196/27
主○大怒而笞之 412/196/27
上以活主○ 412/196/28
正○子之位 416A/199/22
則何不與愛子與諸舅、叔○、負床之孫 420/203/2
吾以此飲吾主○ 420/203/9
則殺吾主○ 420/203/9
以此事告吾主○ 420/203/9
與殺吾○、逐吾主母者 420/203/10
今其言變有甚於其○ 424/205/17
而報其○之讎 424/206/3
不謀於○兄 431/209/22
臣恐強秦之為漁○也 434/212/6
○母宗族 440/216/11
主○欲伐中山 459A/225/9
臣有○ 459B/225/18
臣○且死 459B/225/18
明害○以求法 460/225/25
將帥為○母 461/226/19

附 fù 19

是我一舉而名實兩○ 44/18/5
功成、名立、利○ 73A/31/7
趙彊則楚○ 73A/31/9
楚彊則趙○ 73A/31/9
楚、趙○則齊必懼 73A/31/9
齊○而韓、魏可虛也 73A/31/9
邢丘拔而魏請○ 73A/31/13
而百無不親○ 136B/67/22
則利必○矣 142/71/27
百姓不○ 143/74/11
發使出重寶以○楚、魏 235/126/1
而子又○之 269/141/21
是王以虛辭○秦 411/195/31
有所○則無不重 415/198/15
南○楚則楚重 415/198/15
西○秦則秦重 415/198/16
中○韓、魏則韓、魏重 415/198/16
且苟所○之國重 415/198/16
必為趙、魏廢其王而務○焉 454/222/20

負 fù 45

公○令秦與強齊戰 10B/4/20
○書擔橐 40/13/30,208/107/22
趙固○其眾 41A/14/25
皆○重罪 81/35/19
齊、秦合而立○芻 82B/38/7
○芻立 82B/38/7
○芻必以魏歿世事秦 82B/38/8
王若○人徒之眾 87/41/8
東○海 87/42/3
魏必○之 92/44/10
○秦之日 92/44/10
○海之國也 113/55/16
變則是君抱空質而○名於天下也 122/59/6
吾○之 133/65/3
齊○郭之民有孤狐咺者 143/74/11
○雞次之典以浮於江 170/89/21
○不義於天下 177/92/21
○轅不能上 199/101/7
而耕於○親之丘 204A/105/28
韓、魏、齊、燕○親以謀趙 204A/105/30
君其○劍而御臣以之國 204A/106/1
必○遺俗之累 221/116/20
今王即定○遺俗之慮 221/116/23
先時中山○齊之強兵 221/117/24
今將軍必○十萬、二十萬之眾乃用之 225/120/25
今臣為足下解○親之攻 233/124/14
○蒿、葛、薜 247/131/26
秦王受○海內之國 249/133/14
合○親之交 249/133/14
伊尹○鼎俎而干湯 257/136/26
而今○強秦之禍也 315/161/7
是使我○襄王詔而廢大府之憲也 340/170/3
而廝徒○養在其中矣 348A/173/19
故桓公○婦人而名益尊 411/195/28
臣竊○其志 415/197/28
而世○其禍矣 419/201/17
則臣亦之周○籠耳 420/202/22
則何不與愛子與諸舅、叔父、○床之孫 420/203/2
自○以不肖之罪 431/209/15
王○劍 440/217/18,440/217/18
○海不與焉 454/222/26
而憂在○海 454/222/27
是奪五國而益○海也 454/222/27

赴 fù 6

子孰而與我○諸侯乎 140/70/3
○強敵而死 170/89/11
遠方之所觀○也 221/117/9
則連有○東海而死矣 236/127/1
○於齊曰 236/127/7
日夜○魏 338/169/8

副 fù 1

乃令秦武陽為○ 440/216/22

婦 fù 32

今秦○人嬰兒皆言商君之法 39/12/29
出○嫁鄉曲者 48B/19/21
良○也 48B/19/22
出○嫁於鄉里者 49/20/13
善○也 49/20/14
夫信○貞 81/36/8
宮○左右 108/52/24
今秦、楚嫁子取○ 113/55/22
老○已亡矣 149B/79/12
○人所以事夫者 190/97/4
求○人宜子者進之 200/101/14
○人為之自殺於房中者二八 233/123/29
而○人為死者十六人 233/123/30
而於○人厚 233/123/31
從○言之 233/123/31
必不免為妬○也 233/124/1
紀姬○人也 258A/137/5
老○必唾其面 262/138/29
老○恃輦而行 262/139/3

老○不能 262/139/5
甚於○人 262/139/9
○人異甚 262/139/10
老○不聞也 262/139/15
王亦聞老妾事其主○者乎 279/146/13
若老妾之事其主○者 279/146/13
秦惠王以其女為燕太子○ 411/195/16
故桓公負○人而名益尊 411/195/28
老○欲得志焉 428/207/27
老○不知長者之計 428/208/11
衛人迎新○ 452B/222/3
○上車 452B/222/3
新○謂僕曰 452B/222/3

傅 fù 25

黥劓其○ 39/12/23
不離保○之手 73A/30/14
嘗無師○所教學 93/45/11
遣太○齎黃金千斤 133/65/25
舜○禹 136B/68/7
車舍人不休○ 142/71/9
臣有○ 177/92/4
請追而問○ 177/92/4
○慎子曰 177/92/4
○之國都而止矣 218/113/14
屬於師○ 220/116/8
王立周紹為○ 222/119/3
立○以行 222/119/6
故寡人欲子之胡服以○王乎 222/119/7
立○之道六 222/119/11
○之才 222/119/13
○命僕官 222/119/13
以○王子也 222/119/22
謂其太○鞫武曰 440/214/19
願太○幸而圖之 440/214/19
太○曰 440/214/21
太○鞫武諫曰 440/214/23
太○之計 440/214/26
願太○更慮之 440/214/28
願因太○交於田先生 440/214/29

富 fù 49

所以○東周也 4/2/19
民殷○ 40/13/7
○貴則親戚畏懼 40/14/19
勢位○貴 40/14/20
欲○國者 44/18/1
務○其民 44/18/1
足以○民 44/18/4
秦益強○厚 44/18/11
○擅越隸 70/28/16
以己欲○貴耳 77/33/23
○貴顯榮 81/35/28
貴○不驕怠 81/36/5
○國、足家、強主 81/36/18
私家之○過於三子 81/36/19
兵休而國○ 81/36/24
說有可以一切而使君○貴千萬歲 93/44/28
金錢粟孰與之○ 95/46/19
臨淄甚○而實 112/54/27
家敦而○ 112/54/28
大臣父兄殷衆○樂 113/55/14
○而兵強 133/65/22
今君之家○於二公 135/66/22
○貴則就之 136A/67/6
而○過畢也 139/69/29
士聞戰則輸私財而○軍市 142/72/18
○比陶、衛 145/75/27
所欲貴○者魏也 169/88/10
人皆以謂公不善於○摯 194/99/3
今○摯能 194/99/4
王愛○摯 194/99/5
國○而用民 219/115/2
後○韓威魏 219/115/3
今○非有齊威、宣之餘也 219/115/5
精兵非有○韓勁魏之庫也 219/115/5
○丁欲以趙合齊、魏 229A/122/9
○丁恐主父之聽樓緩而合秦、楚也 229A/122/9
司馬淺為○丁謂主父曰 229A/122/11
魏因○丁且合於秦 229B/122/23
夫貴不與○期 232/123/19
而○至 232/123/19
○不與梁肉期 232/123/20
楚雖有○大之名 273/144/10
足以○國 315/162/7
國可○ 318/163/26
燕國殷○ 418/201/8
之女家曰『男○』 421/203/19
則○不過有魏 446B/219/29
○術謂殷順且曰 451/221/17
人民貧○ 458/224/23

復 fù 154

東周必○種稻 4/2/20
種稻而○奪之 4/2/20
○國且身危 10B/4/22
臣請以三十金○取之 15/6/14
莫如令秦、魏○戰 23/8/16
必○攻魏 23/8/18
乃○悉卒乃攻邯鄲 42/16/23
○聽於秦 47/18/30
即○之楚 49/19/28
臣不得○過矣 53/22/14
○使甘茂攻之 55/23/22
呂禮○用 65/26/30
且○將 68/28/3
兵休○起 70/28/16
雖堯、舜、禹、湯○生 72/29/11
秦王○請 73A/29/24
終身不○見 73A/30/10,236/128/7
今令人○載五十金隨公 77/33/28
蔡澤○曰 81/35/27
○曰 81/36/1
魏懼而○之 82B/38/8
然後○之 87/41/3
使無○後患 87/41/5
而未能○戰也 89/43/20
有何面目○見寡人 96/48/5
乃可○使姚賈而誅韓非 96/48/18
○整其士卒以與王遇 97/48/24
齊恐田忌欲以楚權○於齊 106/51/29
恐田忌之以楚權○於齊也 106/52/1
若○於齊 106/52/2
而○問其妾曰 108/52/15
候者○言章子以齊兵降

秦	109/53/7
〇為兄弟約	111/54/15
緩必〇與燕戰	119/58/2
土則〇西岸耳	124/60/29
文無以〇侍矣	125/61/7
髡將〇見之	131/63/26
〇彈其鋏	133/64/25
〇彈其劍鋏	133/64/27
於是馮諼不〇歌	133/64/29
請為君〇鑿二窟	133/65/21
孟嘗君逐於齊而〇反	136A/67/3
使者〇還報	137/68/23
〇振	143/74/13
遂以〇齊	143/74/23
〇齊墟	146/76/18,148/78/9
貫珠者〇見王曰	146/77/1
齊國〇強	149A/78/23
雖〇責之宋	149A/78/23
江乙〇見曰	160/83/5
臣請不敢〇見矣	160/83/5
請〇鄢、郢、漢中	169/88/5
王墳墓、〇群臣、歸社稷也	177/92/11
請與而〇攻之	177/92/13
與而〇攻之	177/92/24
東地〇全	177/93/6
太子〇請善於蘇子	178/93/12
王不如〇睢	183/95/3
而得〇楚	186/96/4
欲〇之	186/96/5
汗明欲〇談	199/100/27
勿〇言已	200/102/12
好利而鶩〇	203/103/25
勿〇言也	203/104/17
子慎勿〇言	203/105/1
〇來	204A/106/1
乃〇歸土	208/107/26
明日〇來見兌也	208/107/29
明日〇見	208/108/2
先生明日〇來	208/108/5
今攻楚休而〇之	217/112/2
今七敗之禍未〇	231/123/11
來年秦〇攻王	233/124/9
	233/124/18
令秦來年〇攻王	233/124/12
子能必來年秦之不〇攻我乎	233/124/13
樓緩又不能必秦之不〇攻也	233/124/19
來年〇攻	233/124/19
來年秦〇求割地	233/124/23
勿〇計也	233/125/4
尉〇死	235/125/27
已而〇歸帝	236/126/15
不敢〇言帝秦	236/128/2
〇塗偵謂君曰	239B/129/14
告者〇至	245/131/1
使臣與〇丑曰	246/131/7
若〇攻之	248/132/18
不可〇得已	248/132/23
則願五國〇堅約	249/133/7
五國〇堅而賓之	249/133/9
若〇不堅約而講	249/133/9
齊、秦非〇合也	249/133/10
〇合衍交兩王	249/133/16
死不〇見於王矣	250/134/9
故臣死不〇見於王矣	250/134/12
而死者不可〇生也	251/134/25
趙強則齊不〇霸矣	252/135/17
有〇言令長安君為質者	262/138/29
故王不如〇東蘇秦	275/145/6
〇相魏	276/145/24
〇諫於王曰	279/146/12
若欲〇攻	281/146/30
子勿〇言	296/150/21
王雖〇與之攻魏可也	305/155/8
欲與之〇攻魏	305/155/11
而〇固秦、楚之交	305/155/13
而邯鄲〇歸	310/157/13
而燕國〇歸	310/157/14
地未畢入而兵〇出矣	310/157/17
秦挾楚、趙之兵以〇攻	310/157/19
臣以為雖湯、武〇生	310/157/27
則是〇闕與之事也	315/161/10
趙必〇鬬	326/166/4
魏氏〇全	338/169/8
〇信陵君之命	340/169/24
公仲收國〇事秦	359/177/17
〇攻韓	359/177/18
願有〇於公	359/177/21
願公之〇求中立於秦也	360/178/11
先生毋〇言也	366/180/19
〇吒之	374/182/27
楚將收秦而〇之	382/184/17
楚又收秦而〇之	382/184/18
楚王欲〇之甚	383A/184/23
以〇幾瑟也	383B/184/30
約〇為兄弟	389/188/15
亦因請〇之	401/192/26
且〇天子	404/193/14
而齊宣王〇用蘇代	416A/199/4
〇善待之	419/202/10
蘇代〇重於燕	422/205/1
解而〇合	424/205/21
欲以〇振古地也	426/206/24
王〇使蘇子應之	426/207/6
乃〇使蘇子	426/207/7
寡人有時〇合和也	429/208/16
然而常獨欲有〇收之之志若此也	429/208/17
〇收七十城以〇齊	431/209/5
〇以教寡人	438/213/29
必不〇受於秦矣	439/214/13
乃〇請之曰	440/216/23
壯士一去兮不〇還	440/217/1
〇為忼慨羽聲	440/217/1
秦王〇擊軻	440/217/19
秦〇進兵攻之	440/217/26
而弗能〇取者	449/220/29
是中山〇立也	453/222/11
〇欲伐趙	461/225/29
〇益發軍	461/226/30
破國不可〇完	461/227/8
死卒不可〇生	461/227/8

腹 fù 17

人之病心〇	73A/31/16
天下之胸〇	86/40/15
刳〇折頤	87/41/19
栗〇以百萬之眾	145/75/19
有斷脰決〇	170/88/21
故斷脰決〇	170/89/7
敢布〇心	204B/106/27
〇擊為室而鉅	207/107/15
謂〇子曰	207/107/15
〇擊曰	207/107/15
心〇之疾	211/109/15

所以為○心之疾者 317A/162/23
以為雖偷充○ 411/195/22
刳子○及子之腸矣 437/212/28
燕王喜使栗○以百金為
趙孝成王壽 438/213/3
令栗○以四十萬攻鄗 438/213/6
趙使廉頗以八萬遇栗○
於鄗 438/213/7

賦 fù 4

厚○斂諸臣百姓 179/93/17
因為○曰 197/100/9
出入者○之 315/162/7
共有其○ 315/162/7

縛 fù 4

以與申○遇於泗水之上 88/42/23
而大敗申○ 88/42/23
束○桎梏 145/76/2
○其妾而笞之 420/203/11

鮒 fù 1

宋所謂無雉兔○魚者也
442/218/20

覆 fù 27

反○東山之君 41A/14/24
計聽知○逆者 51/22/3
獨不重任臣者後無反○
於王前耶 72/29/3
大者宗廟滅○ 73A/30/15
○軍殺將得八城 117/57/11
○軍殺將 117/57/12
○其十萬之軍 142/74/3
夫以一詐偽反○之蘇秦 168/87/18
五伯之所以○軍禽將而
求也 218/113/3
欲反○齊國而不能 220/115/28
君無○軍殺將之功 234/125/20
○軍殺將之所取、割地
於敵國者也 252/135/11
有○巢毀卵 258B/138/2
而欲恃詐偽反○蘇秦之
餘謀 273/144/1
○十萬之軍 301/153/3
301/153/12
禽困○車 359/177/17
則舟○矣 373/182/16
不見○軍殺將之憂 408/194/13
皆自○之術 412/196/17
皆不自○也 412/196/18
君以自○為可乎 412/196/18
去自○之術 412/196/20
足下皆自○之君也 412/196/20
○三軍 415/198/18
寧佯躓而○之 420/203/10
三○宋 433/211/24

尬 gà 1

魏○謂建信君曰 243/130/18

改 gǎi 6

弗能○已 72/29/11
五伯○政 420/202/22
王其○舉 426/206/27
故入江而不○ 431/210/12
退不得○過 438/213/30
疑其有○悔 440/216/23

丐 gài 2

張○對曰 103/50/30
張○曰 110/53/19

漑 gài 1

逃太史之家為○園 143/74/22

蓋 gài 16

無忠臣以掩○之也 8B/3/30
○可忽乎哉 40/14/20
楚之相秦者屈○ 62/25/22
威○海內 81/36/18
昭○曰 195/99/10
一○呼侶 212/110/21
一○哭 212/110/22
一○曰 212/110/23
冠○相望 338/168/29
399/192/9,399/192/11
冠○相望也 366/180/9
則○觀公仲之攻也 394/190/13
寡人望有非則君掩○之
438/213/12
然則不內○寡人 438/213/21
所傾○與車而朝窮閭隘
巷之士者 459A/225/10

干 gān 17

故比○忠 81/36/8
而不知○隧之敗也 87/41/11
死於○隧 89/43/9
段○綸曰 102/50/22,102/50/23
若魏文侯之有田子方、
段○木也 127/62/2
今雖○將、莫邪 142/71/7
是以弱宋○強楚也 152/80/14
上○主心 189/96/28
夫吳○之劍 225/120/28
且夫吳○之劍材 225/121/1
伊尹負鼎俎而○湯 257/136/26
禽夫差於○遂 272/143/7
將使段○崇割地而講 312/159/7
段○子也 312/159/10
段○越人謂新城君曰 407/194/3
竊釋鉏耨而○大王 415/197/28

甘 gān 91

○茂 2/1/24,61A/25/4,61A/25/9
左成謂○茂曰 43/17/16,58/24/10
○茂謂王曰 46/18/24
○餌也 51/22/1
不如召○茂於魏 52/22/9
秦武王謂○茂曰 55/23/3
○茂對曰 55/23/3
55/23/22,60/24/21
○茂至魏 55/23/6
王迎○茂於息壤 55/23/7
○茂至 55/23/9
召○茂而告之 55/23/21
復使○茂攻之 55/23/22
○茂攻宜陽 57/24/3
○茂曰 57/24/3

59/24/16,366/180/16
366/180/17,366/180/19
○茂欲息兵 58/24/10
秦王謂○茂曰 60/24/21
○茂亡秦 61A/24/27
○茂辭不往 61A/25/9
彼以○茂之賢 61A/25/10
○茂相秦 61B/25/15
○茂之吏道而聞之 61B/25/15
以告○茂 61B/25/16
○茂因入見王曰 61B/25/16
○茂約秦、魏而攻楚 62/25/22
○茂謂秦王曰 62/25/22
北有○魚之口 70/28/15
北有○泉、谷口 73A/30/23
食不○味 79/34/19
142/73/23,167/86/9
少庶子○羅曰 94/45/23
○羅曰 94/45/25
94/45/26,94/45/30,94/46/2
○羅見張唐曰 94/45/29
○羅謂文信侯曰 94/46/4
吾相○茂可乎 166/85/4
○茂事之順焉 166/85/5
○茂事之 166/85/6
為○茂謂楚王曰 171/90/6
相○茂於魏 171/90/7
○茂與樗里疾 171/90/9
公孫郝、○茂貴 183/95/1
○茂善魏 183/95/1
仰承○露而飲之 192/98/1
○露降 209/108/11
○茂為秦約魏以攻韓宜陽 213/110/28
不如令趙拘○茂 213/110/28
而皆私○之也 247/132/8
使丹也○之 247/132/9
使臣也○之 247/132/9
使順也○之 247/132/10
使眠也○之 247/132/10
縣陰以○之 248/132/25
禹飲而○之 307/155/27
而聽從人之○言好辭 348A/173/25
是以九鼎印○茂也 355/175/28
○茂必敗矣 356A/176/4
仇○茂 356B/176/9
秦王固疑○茂之以武遂解於公仲也 356B/176/9
秦王大怒於○茂 356B/176/10
不如○茂 359/177/22
而○戊黨於魏 359/177/23
是與公孫郝、○茂同道也 359/177/24
而後委國於○茂 359/177/26
○茂許公仲以武遂 359/177/29
○茂欲以魏取齊 359/178/4
是以公孫郝、○茂之無事也 359/178/5
善公孫郝以難○茂 360/178/10
○茂不善於公而弗為公言 360/178/13
今王聽○茂 360/178/17
臣以○茂為不忠 360/178/18
則信○茂於魏 360/178/20
○茂薄而不敢謁也 360/178/22
○茂入言秦王曰 366/180/21
○茂與昭獻遇於境 367/181/6
可旦夕得○脆以養親 385/185/25
不得議○戊 396C/191/15
○茂約楚、趙而反敬魏 396C/191/19
食飲不○ 415/198/8
與百姓同其○苦 418/201/8

肝 gān 1

姑○涉血之仇耶 252/135/15

敢 gǎn 190

不○欺大國 1/1/17
秦○絕塞而伐韓者 5B/3/4
寡人不○弗受 5B/3/5
趙不○戰 14A/5/28
必不○不聽 23/8/18
秦必不○越河而攻南陽 31/10/24
臣○言往昔 42/15/25
不○反於秦矣 43/17/17
天下莫○不聽 44/17/26
軫安○之楚也 49/19/28
故不○妄賀 50/21/4
○再拜賀 61B/25/16
○告下吏 63/25/29
故不能者不○當其職焉 72/28/29
豈○以疑事嘗試於王乎 72/29/3
臣不○載之於書 72/29/11
非○然也 73A/29/29
臣非有所畏而不○言也 73A/30/4
然臣弗○畏也 73A/30/5
臣弗○畏也 73A/30/15
今反閉而不○窺兵於山東者 73A/30/25
莫○不聽 73B/32/3
不○為非 74/32/27
因曰『毋○思也』 80/35/5
不○攻秦者 81/36/27
秦愈不○出 82A/37/28
秦遂不○出兵 82A/38/2
楚、燕之兵云翔不○校 87/41/2
天下五合、六聚而不○救也 87/41/4
芻牧薪采莫○闚東門 88/42/18
而使天下之士不○言 89/43/13
而世主不○交陽侯之塞 89/43/13
而韓、楚之兵不○進 89/43/14
是不○倍德畔施 93/45/6
臣不○言 95/47/11
是以群臣莫○以虛願望於上 96/48/16
鄙臣不○以死為戲 99/49/12
故不○ 109/53/14
秦必不○攻梁 111/54/16
高躍而不○進 112/55/6
齊之所以○多割地者 122/59/21
固不○言人事也 124/60/24
莫○入諫 130/63/15
未○ 130/63/17
寡人不○以先王之臣為臣 133/65/18
猶未○以有難也 134/66/9
不○以為言 136A/67/8
有○去柳下季壟五十步而樵采者 136B/67/16
莫○不服 136B/67/21
焉○直言正諫 137/68/25
天下不○不聽 141B/70/24
不○歸 145/75/8
魏不○東面 145/75/16
梁氏不○過宋伐齊 149A/78/22
子無○食我也 154/81/4
觀百獸之見我而○不走

乎 154/81/5
臣不○言其後 155/81/12
臣請不○復見矣 160/83/5
不○忘先生之言 160/83/6
又何新城、陽人之○求 164/84/17
又安○言地 164/84/18,375/183/6
天下莫○以兵南鄉 170/89/2
而燕、趙、魏不○不聽 173B/90/30
必不○倍盟 176/91/28
非○以為國袄祥也 192/97/23
○布腹心 204B/106/27
荊○言之主 207/107/15
臣恐其後事王者之不○自必也 209/108/28
無○盡忠於前者 218/112/23
臣故○獻其愚 218/112/24
然而秦不○舉兵甲而伐趙者 218/113/12
秦必不○出兵於函谷關以害山東矣 218/114/8
終身不○設兵以攻秦折韓也 219/115/13
弊邑秦王使臣○獻書於大王御史 220/115/20
秦兵不○出函谷關十五年矣 220/115/21
不○動搖 220/115/22
是故不○匿意隱情 220/116/5
臣固○竭其愚忠 221/117/8
○道世俗之間 221/117/28
臣○不聽今 221/117/29
非賤臣所○任也 222/119/10
臣○不聽令乎 222/119/17
224/120/18
豈有○曰 225/121/7
非寡人之所○知 228/122/2
故不○對 233/124/2
此非臣之所○任也 233/124/13
233/124/16
勝也何○言事 236/126/19
236/126/20
故不○入於鄒 236/127/23
不○復言帝秦 236/128/2
安○不對乎 238/128/21
豈○輕國若此 239A/129/6
天下孰○不致尊名於王 246/131/11
天下孰○不致地於王 246/131/12
孰○辭之 246/131/12
天下有○謀王者乎 247/131/28
皆且無○與趙治 247/132/7
而不○相私也 247/132/10
與國何○望也 248/132/27
欲言而不○ 257/136/22
不○寧居 258B/137/22
豈○有難 258B/137/25
無所○疑 258B/137/25
畏懼不○不行 258B/138/3
不○從 264B/140/17,264B/140/17
○問就功成名 266/140/29
不○怠倦者 270/142/8
不○不聽 273/144/6
事秦則楚、韓必不○動 273/144/7
不○堅戰 273/144/11
而不○深入者 274/144/26
何○惡事 276/145/13
又安○釋卒不我予乎 291/149/13
令毋○入子之事 292/149/22
二人者必不○有外心矣 293/150/1
群臣皆不○言 296/150/23
不○顯也 297/151/24
則陰勸而弗○圖也 297/151/25
是以未○ 305/155/13
夫○借兵者 314/160/8
秦又不○ 315/161/12
秦又不○也 315/161/13
韓必不○反魏 315/162/8
而魏王不○據也 317B/163/2
則燕不○不事秦 325/165/29
王○責垣雍之割乎 327/166/12
王曰『不○』 327/166/12
秦、韓不○合 331/167/17
因無○傷張子 336/168/19
○再拜辭 340/169/26
雖死終不○行 340/170/4
○再拜釋罪 340/170/10
臣無○不安也 341/170/15
有○言美人者族 341/170/20
弗○易 343/171/14
雖千里不○易也 343/171/18
魏不○戰 360/178/17
齊不○戰 360/178/18
甘茂薄而不○謁也 360/178/22
臣安○來 366/180/18
故○捍楚 366/180/21
魏氏不○不聽 366/180/22
又何新城、陽人○索 375/183/5
必不○輔伯嬰以為亂 379/183/30
魏氏不○東 380/184/5
韓不○離楚也 381/184/11
勇○士也 385/185/21
奚○有請 385/185/23
義不○當仲子之賜 385/185/25
豈○以有求邪 385/185/27
政身未○以許人也 385/185/28
而不○為楚計 396A/190/25
則為大臣不○為諸侯輕國矣 396C/191/17
則諸侯不○因群臣以為能矣 396C/191/18
燕、趙不○不聽 400/192/18
則燕、趙不○不聽 400/192/20
莫○自必也 412/196/30
不○取也 412/196/31
不○妄興師以征伐 413/197/12
而趙不○妄動矣 413/197/12
非所○欲伐也 415/198/5
寡人不○隱也 415/198/11
子之必不○受 416A/199/12
而蘇代、厲遂不○入燕 416B/200/8
○問以國報讎者奈何 418/200/22
天下孰○不聽 419/202/1
燕破則趙不○不聽 426/206/25
寡人豈○一日而忘將軍之功哉 431/209/9
故不○為辭說 431/209/15
故○以書對 431/209/17
義之所不○出也 431/210/14
故○以書報 431/210/17
○端其願 438/213/11
光不○以乏國事也 440/215/6
莫○合從 440/215/24
人不○與忤視 440/216/22
不○興兵以拒大王 440/217/5
恐懼不○自陳 440/217/6
○問攻宋何義也 442/218/12
○請其罪 443/218/27
必不○來 443/218/28
亦不○來 443/218/28

彼安○攻衛以重其不勝之罪哉 443/218/30
遂不○過衛 443/218/31
是非臣所○議 458/224/30
東徙而不○西向 461/226/10

感 gǎn　3

使人宣言以○怒應侯曰 81/35/20
除○忿之恥 145/76/10
夫賢者以○忿睚眥之意 385/186/3

旰 gàn　1

○夷為董慶謂田嬰曰 274/144/26

亢 gāng　4

徑○父之險 112/55/4
○義益國 412/196/29
與燕督○之地圖獻秦王 440/216/7
及獻燕之督○之地圖 440/217/6

剛 gāng　8

號為○成君 81/37/19
築○平 88/42/18
使○成君蔡澤事燕三年 94/45/21
吾令○成君蔡澤事燕三年 94/45/24
殘○平 142/71/11
故○平之殘也 142/71/13
請○柔而皆用之 297/151/14
攻齊得○、博以廣陶 323/165/8

皋 gāo　17

取成○ 168/86/22
請蔡、○狼之地 203/104/1
韓守成○ 218/114/5
一軍軍於成○ 220/116/4
留天下之兵於成○ 247/131/21
今趙留天下之甲於成○ 247/131/25
罷於成○ 249/133/3
因索蔡、○梁於趙 264A/140/11
分地必取成○ 344A/172/3
成○ 344A/172/3
果取成○ 344A/172/6
果從成○始 344A/172/6
韓北有鞏、洛、成○之固 347/172/28
秦必求宜陽、成○ 347/173/5
東取成○、宜陽 348A/173/27
夫塞成○ 348A/173/27
兵罷而留於成○ 352/175/3

高 gāo　91

又能為君得○都 25/9/4
公何不以○都與周 25/9/8
何為與○都 25/9/9
與之○都 25/9/9
是公以弊○都得完周也 25/9/10
不徵甲與粟於周而與○都 25/9/11
毛羽不豐滿者不可以○飛 40/13/12
張子必○子 43/17/17
○陵、涇陽佐之 73B/32/6
出○陵 73B/32/10
○會相與飲 77/33/25
君之門下無不居○尊位 93/44/26
王之春秋○ 93/44/27
王年○矣 93/44/29
○其知 93/45/10
雖有○世之名 96/48/15
軍重踵○宛 105/51/24
志○而揚 112/54/28
○躍而不敢進 112/55/6
○義也 120/58/14
今何舉足之○ 130/63/13
未得○枕而臥也 133/65/20
君姑○枕為樂矣 133/65/28
今夫士之○者 136B/67/22
雖○ 136B/68/6
聞先生○議 139/69/26
名○天下 145/76/4
○主之節行 168/86/27
昔者葉公子○ 170/89/1
葉公子○ 170/89/2
葉公子○是也 170/89/3
齊王好○人以名 171/90/7
飄搖乎○翔 192/98/8
南游乎○陂 192/98/12
與之馳騁乎○蔡之中 192/98/13
引而○飛 198/100/22
使得為君○鳴屈於梁乎 199/101/10
今楚王之春秋○矣 201/102/23
其○至丈餘 203/104/9
其行○ 203/104/27
爵○而祿輕 207/107/16
先生之計大而規○ 208/108/4
反溫、枳、○平於魏 209/108/27
君之春秋○矣 210/109/7
莫不○賢大王之行義 218/112/21
則○臺 218/113/25
功業○世者 219/114/21
夫有○世之功者 221/116/19
不足以○世 221/118/28
明其○ 222/119/20
以逆主為○ 223/119/29
齊國之○士也 236/126/24
足下卑用事者而○商賈乎 242/130/11
必為王○矣 247/132/8
下軹道、南陽、○ 249/133/23
燕封宋人榮蚠為○陽君 252/135/8
趙王因割濟東三城令盧、○唐、平原陵地城邑市五十七 252/135/8
左○ 268/141/13
城非不○也 269/141/28
則大王○枕而臥 273/144/7
公子○在楚 302/153/21
魏氏之名族不○於我 304/154/28
後世必有以○臺陂池亡其國者 307/156/3
然而秦之葉陽、昆陽與舞陽、○陵鄰 315/161/19
安陵人縮○ 340/169/22
君其遣縮○ 340/169/22
請使道使者至縞○之所 340/169/24
縮○曰 340/169/24
君之幸○也 340/169/24
將使○攻管也 340/169/25
願君之生束縮○而致之 340/169/29
今縮○謹解大位 340/170/3
縮○聞之曰 340/170/6

信陵君聞縞○死 340/170/9
夫楚欲置公子○ 370/181/26
聞足下義甚○ 385/185/26
是其軼賁、育而○成荊矣 385/186/20
三者天下之○行 412/196/11
竊聞王義甚○甚順 415/197/27
又○於所聞東周 415/197/28
今涇陽君若○陵君先於燕、趙 419/201/28
信如尾生○ 420/202/14
420/202/17
○商之戰 422/204/25
有○世之心 431/209/21
恐其適足以傷於○而薄於行也 438/213/21
成君之○ 438/213/22
○漸離擊筑 440/216/27
其後荊軻客○漸離以擊筑見秦皇帝 440/217/28
食○麗也 451/221/18
群臣盡以為君輕國而好○麗 451/221/18

膏 gāo 4

支分方城○腴之地以薄鄭 70/28/16
○腴之地也 87/42/2
而封之以○腴之地 262/139/17
中國○腴之地 433/211/22

皋 gāo 3

及之○黍、梁父之陰 131/63/25
戰勝○子 310/157/16
夫戰勝○子 310/157/22

櫜 gāo 1

夫項○生七歲而為孔子師 94/45/26

槁 gǎo 1

形容枯○ 40/13/30

縞 gǎo 4

皆衣○紵 135/66/24
請使道使者至○高之所 340/169/24
素服○素辟舍 340/170/9
天下○素 343/171/24

告 gào 102

以○顏率 1/1/3
○於鄭朝 15/6/14
因○以祭地事 15/6/15
徵○翦 17/6/29
○昌他 19/7/13
因使人○東周之候曰 19/7/14
○蘇代 25/9/3
此○楚病也 25/9/7
君使人○齊王以周最不肯為太子也 30/10/15
令人微○悍 36/12/5
商君○歸 39/12/27
王召陳軫○之曰 49/20/1
君以○扁鵲 54/22/27
子歸○王曰 55/23/6
向壽歸以○王 55/23/7
人○曾子母曰 55/23/14
一人又○之曰 55/23/16
召甘茂而○之 55/23/21
以○甘茂 61B/25/16
犀首○臣 61B/25/18
乃案兵○於秦曰 63/25/29
敢○下吏 63/25/29
以○弊邑 63/26/2
以○蒙傲曰 79/34/19
可發使○楚曰 82A/37/25
楚果○急於秦 82A/38/1
以是○楚 84A/39/13
樓子○之 92/44/11
乃陰○韓使者而遣之 103/51/4
鄒忌以○公孫閈 104/51/15
衛君為○儀 116/57/5
請○太子其故 122/59/14
或以○孟嘗君 126/61/20
左右以○ 133/64/24
以○ 133/64/26
○遡於魏 142/71/10
天以○也 143/74/19
地以○也 143/74/19
人以○也 143/74/19
天地人皆以○矣 143/74/19
楚王○昭子 157B/82/6
七日不得○ 170/89/12
使下臣來○亡 170/89/15
楚王○慎子曰 177/92/8
王以三大夫計○慎子曰 177/92/24
陳軫○楚之魏 186/96/3
令辛戎○楚曰 195/99/12
知伯以○韓、魏之君曰 202/103/14
君又何以疵言○韓、魏之君為 202/103/17
趙襄子召張孟談而○之曰 203/104/4
乃稱簡之塗以○襄子曰 204A/105/18
襄子往見張孟談而○之曰 204A/105/30
令韓陽○上黨之守靳黈曰 211/109/19
召平原君而○之曰 211/109/26
王召趙勝、趙禹而○之曰 211/110/7
韓○秦曰 211/110/17
○齊使興師度清河 220/116/3
使王孫緤○公子成曰 221/116/29
韓、魏○急於齊 229A/122/12
我約三國而○之秦 229A/122/16
王以樓緩言○之 233/124/5
王又以虞卿之言○樓緩 233/124/11
王以樓緩之言○ 233/124/18
王又以虞卿言○之 233/125/1
○以理則不可 238/128/27
人○之反 245/130/30
○者復至 245/131/1
皆使人○其王曰 276/145/20
張儀○公仲 285/147/27
○公孫衍 288/148/18
而以○犀首 296/150/23
請○惠公 296/150/23
魏王召惠施而○之曰 301/153/3
今王所以○臣者 301/153/5
以此語○之 303B/154/11

○之曰 314/160/3
○臣曰 334/168/4
何不相○也 341/170/14
341/170/20
召陳軫而○之 357/176/19
夫以實○我者 357/176/29
公仲之謁者以○公仲 358/177/13
以○秦王 363/179/18
公不如○楚、趙 368/181/15
嚴仲子具○曰 385/186/8
而不○韓 394/190/14
○弊邑甚急 399/192/11
而陰○廚人曰 413/197/5
以此事○吾主父 420/203/9
正○楚曰 422/203/28
秦正○韓曰 422/204/1
秦正○魏曰 422/204/4
人○奉陽君曰 423/205/7
請○子以請齊 423/205/9
奉陽君○朱讙與趙足曰 424/205/16
奉陽君○朱讙曰 424/205/28
則吾何以○子而可乎 444/219/8
衛君以其言○邊境 448A/220/16
召張登而○之曰 454/222/16
使○中山君曰 455/223/18
因言○燕、趙而無往 455/223/23
中山因○燕、趙而不往 455/223/28

戈 gē 3

齊王桉○而卻曰 411/195/19
銛○在後 422/204/5
有二人挈○而隨其後者 459B/225/17

割 gē 135

使無多○ 10B/4/20
○地者 12/5/17
欲王令楚○東國以與齊也 22/8/7
必○地以交於王矣 41B/15/4
王○漢中以為和楚 46/18/25
齊○地以實晉、楚 63/26/11
幾○地而韓不盡 75/33/10
故不如因而○之 78/34/8
寡人欲○河東而講 83A/38/13
○河東 83A/38/14,247/132/2
王○河東而講 83A/38/18
聞齊、魏皆且○地以事秦 85/39/27
王又○濮、磨之北屬之燕 87/41/4
趙王立○五城以廣河間 94/46/10
今又○趙之半以強秦 95/46/27
天下為秦相○ 111/54/6
○河間以事秦 113/55/23
220/116/11
然後王可以多○地 115/56/16
115/56/24
然則吾中立而○窮齊與疲燕也 119/58/3
周、韓為○ 121/58/20
及韓卻周○之 121/58/20
可以益○於楚 122/59/1
則太子且倍王之○而使齊奉己 122/59/11
楚之勢可多○也 122/59/14
故曰可以益○於楚 122/59/15
楚王請○地以留太子 122/59/17
太子何不倍楚之○地而資齊 122/59/17
倍楚之○而延齊 122/59/18
益○地而獻之 122/59/18
齊之所以敢多○地者 122/59/21
故多○楚以滅迹也 122/60/2
○地固約者又蘇秦也 122/60/5
則不能○劌矣 142/71/7
衛國城○平 142/71/9
交○而不相憎 142/72/11
其○趙必深矣 156/81/17
且魏令兵以深○趙 156/81/21
橫人皆欲○諸侯之地以事秦 167/86/1
夫為人臣而○其主之地 167/86/2
以求○地 167/86/3,218/113/26
則諸侯○地以事楚 167/86/4
則楚○地以事秦 167/86/4
秦可以少○而收害也 173B/90/29
懼則可以不戰而深取○ 211/109/16
不待○而成 215/111/12
○挈馬兔而西走 217/112/6
217/112/7
○必深矣 217/112/8
即多○ 217/112/13
夫○地效實 218/113/3
魏弱則○河外 218/113/5
河外○則道不通 218/113/5
皆欲○諸侯之地以與秦成 218/113/24
○六縣而講 233/124/6
得無○其內而媾乎 233/124/12
誠聽子○矣 233/124/12
得無更○其內而媾 233/124/18
雖○何益 233/124/19
又○其力之所不能取而媾也 233/124/19
孰與坐而○地 233/124/22
來年秦復求○地 233/124/23
而○愈弱之趙 233/124/26
故不若亟○地求和 233/125/3
又○地為和 233/125/7
而地可多○ 245/131/2
無○地之費 247/132/1
倍趙之○ 251/135/3
趙王因○濟東三城令盧、高唐、平原陵地城邑市五十七 252/135/8
乃○濟東三令城市邑五十七以與齊 252/135/10
覆軍殺將之所取、○地於敵國者也 252/135/11
必厚○趙以事君 261/138/23
夫事秦必○地效質 272/143/10
○其主之地以求外交 272/143/11
外挾彊秦之勢以內劫其主以求○地 272/143/12
必○地以賂王 281/146/30
請卑辭○地 287/148/9
然而臣能半衍之○ 287/148/10
聞周、魏令竇屢以○魏於奉陽君 287/148/12
制○者 287/148/13
必以少○請合於王 287/148/14
無多○ 289/148/29
必多○地以深下王 304/155/2
則是大王垂拱之○地以為利重 304/155/2
遽○五城以合於魏而支秦 308/156/19

趙氏不○ 310/157/13
燕不○ 310/157/14
宋、中山數伐數○ 310/157/15
○八縣 310/157/16
且劫王以多○也 310/157/18
必少○而有質 310/157/19
而○八縣 310/157/22
可以少○收也 310/157/29
亟以少○收 310/158/1
而得以少○為和 310/158/1
且君之嘗○晉國取地也 310/158/2
將使段干崇○地而講 312/159/7
魏不以敗之上○ 312/159/9
而秦不以勝之上○ 312/159/9
今處期年乃欲○ 312/159/10
王因使之○地 312/159/10
魏王折節○地 314/160/19
○地請講於魏 314/160/24
且○而從天下乎 320/164/15
韓且○而從天下 320/164/16
韓且○而從其所強 320/164/17
且○而從其所不強 320/164/18
韓將○而從其所強 320/164/18
臣以垣雍為空○也 327/166/10
王敢責垣雍之○乎 327/166/12
王能令韓出垣雍之○乎 327/166/12
垣雍空○也 327/166/13
而以多○於韓矣 331/167/16
宜○二寧以求構 332/167/22
魏急則且○地而約齊、楚 338/169/4
今王○地以賂秦 342/171/6
明年又益求○地 347/173/6
韓因○南陽之地 351/174/26
交不親故○ 351/174/27
今○矣而交不親 351/174/27
臣恐山東之無以馳○事王者矣 351/174/28
不求○地而合於魏 360/178/18
○以予秦 364/179/25
是公擇布而○也 386/187/11
無事而○安邑 388/188/2
大王○十城乃郤以謝 413/197/10
魏不為○ 422/204/22
欲○平邑以賂燕、趙 455/223/7
不憚○地以賂燕、趙 455/223/10
王之所以不憚○地以賂燕、趙 455/223/15
夫○地以賂燕、趙 455/223/16
齊之欲○平邑以賂我者 455/223/24

歌 gē 10

朝○之廢屠 96/48/10
○曰 133/64/24
133/64/25,133/64/27
於是馮諼不復○ 133/64/29
乃○夫長鋏歸來者也 133/65/2
先是齊為之○曰 150/79/29
倍鄴、朝○ 315/161/11
荊軻和而○ 440/216/28
又前而為○曰 440/216/28

革 gé 12

兵○大強 39/12/24
兵○不藏 40/13/18
○車百乘 40/14/7
兵○之強 87/42/5
乃具○車三十乘 115/56/19
與○車三十乘而納儀於梁 115/56/27
矯國○俗於天下 145/75/26
遂出○車千乘 170/89/17
○車三百乘 272/143/7
不可以○也 312/159/15
因曰不可○ 312/159/16
甲、盾、鞮、鍪、鐵幕、○抉、㕹芮 347/173/2

格 gé 3

燕人聞之至○道 88/42/23
○道不通 88/42/24
不○明矣 168/86/18

葛 gé 2

負蒿、○、薜 247/131/26
抱○、薜、陰、成以為趙養邑 316/162/14

隔 gé 1

秦無韓、魏之○ 218/113/14

閣 gé 1

故為棧道木○ 147/78/1

各 gè 15

萬物○得其所 81/35/28
夫物○有疇 131/63/25
○死其處 132A/64/1
彼亦○貴其故所親 200/101/23
破趙則封二子者○萬家之縣一 203/105/3
又封二子者○萬家之縣一 203/105/5
齊、魏○出銳師以佐之 218/114/3
○順其宜 221/118/22
○便其用 221/118/23
巴寧、爨襄田○十萬 270/142/10
二人○進議於王以事 345/172/18
○得其位 396C/191/16
使左右司馬○營壁地 436/212/17
○有差 440/217/21
○有散心 461/226/20

根 gēn 2

削株掘○ 42/16/1
今汝非木之○ 208/107/26

更 gēng 37

夫本末○盛 22/8/5
大王○為臣也 39/13/1
蜀主○號為侯 44/18/11
焉○得賢相 61B/25/17
而○與不如張儀者市 75/33/10
○不與不如景鯉留 85/39/24
願卿之○計 95/46/27
○言之 99/49/12
○立衛姬嬰兒郊師 101/50/6
必○葬將軍之母 109/53/13
臣非不能○葬先妾也 109/53/13
夫不得父之教而○葬母 109/53/14

有所○得乎	169/88/3, 169/88/4
無所○得	169/88/4
○贏與魏王處京臺之下	198/100/18
○贏謂魏王曰	198/100/18
○贏曰	198/100/19, 198/100/20
○贏以虛發而下之	198/100/19
即百歲後將○立兄弟	200/101/23
即楚王○立	200/101/23
○其姓為輔氏	203/105/6
出○其姓	203/105/9
王請○論	222/119/14
○不用侵辱教	223/120/1
得無○割其內而媾	233/124/18
請弛期○日	296/150/20
三日而後○葬	296/150/28
願太子○日	296/151/1
因弛期而○為日	296/151/1
○擇日	296/151/3
又且收齊以○索於王	297/151/19
則棄前功而後○受其禍	347/173/6
願太傅○慮之	440/214/28
願足下○慮之	440/216/9
○使王齕代王陵伐趙	461/226/30

耕 gēng 13

教民○戰	81/36/24
解凍而○	86/40/10
○田之利幾倍	93/44/18
而○於負親之丘	204A/105/28
○三年	204A/105/30
地廣而不○	219/114/23
使民不得○作	225/120/24
姑待已○	248/132/25
歸○乎周之上地	420/202/16
○而食之	420/202/16
則○者惰而戰士懦	459A/225/11
○田疾作	461/226/3
使得○稼以益蓄積	461/226/23

羹 gēng 6

中山之君烹其子而遺之○	265/140/22
大抵豆飯藿○	348A/173/17
廚人進斟○	413/197/6
羊○不遍	459B/225/16
吾以一杯羊○亡國	459B/225/20
作○致於樂羊	460/225/24

梗 gěng 8

有土偶人與桃○相與語	124/60/27
桃○謂土偶人曰	124/60/28
東國之桃○也	124/60/29
今求柴葫、桔○於沮澤	131/63/24
土○與木○闘曰	208/107/25
臣竊以為土○勝也	208/107/27
而封於○陽	387/187/22

工 gōng 19

前相○師藉恐客之傷己也	8A/3/22
周文君免士○師藉	8B/3/27
禹伐共○	40/13/17
○之所失也	72/29/6
故使○人為木材以接手	95/47/9
貞女○巧	96/48/6
不使左右便辟而使○者何也	137/69/6
韓求相○陳籍而周不聽	169/88/7
且令○以為冠	239A/129/3
○見客來也	239A/129/4
而王必待○而后乃使之	239A/129/8
今為天下之○	239A/129/8
而王不以予○	239A/129/9
未得相馬之○也	258A/137/4
必將待○	258A/137/8
然而王不待○	258A/137/8
非計之○也	310/157/23
乃令○人作為金斗	413/197/4
使○以藥淬之	440/216/20

弓 gōng 6

○撥矢鉤	27/9/24
便○引弩而射之	142/73/8
王親引○而射	160/83/9
臣為王引○虛發而下鳥	198/100/18
外無○弩之禦	238/128/26
天下之強○勁弩	347/172/29

公 gōng 761

○仲之軍二十萬	2/1/23
則周○旦也	2/1/24
○爵為執圭	2/1/26
○進兵	2/1/27
秦恐○之乘其弊也	2/1/27
必以寶事○	2/1/27
○中慕○之為己乘秦也	2/1/28
令向○之魏	5A/2/27
主君令許○之楚	5A/2/27
令向○之韓	5A/2/27
君何不令人謂韓○叔曰	5B/3/3
○何不與周地	5B/3/4
齊桓○宮中七市	8B/3/30
以掩桓○	8B/4/1
則○之國虛矣	10A/4/15
○不如救齊	10A/4/15
○東收寶於秦	10A/4/16
○負令秦與強齊戰	10B/4/20
謂薛○曰	11B/5/3, 122/59/14
○何不令人謂韓、魏之王曰	13/5/23
薛○故主	14B/6/6
而○獨脩虛信為茂行	14B/6/7
○不如謂魏王、薛○曰	14B/6/8
何不封○子咎	17/6/27
是○之知困而交絕於周也	17/6/28, 36/12/4
○若欲為太子	17/6/29
○不如遂見秦王曰	18/7/7
秦必重○	18/7/7
是○重周	18/7/8
為○畫陰計	20/7/19
西周必令賊賊○	20/7/20
薛○以齊為韓、魏攻楚	22/8/3
韓慶為西周謂薛○曰	22/8/3
薛○必破秦以張韓、魏	22/8/7
薛○曰	22/8/10, 82A/38/1, 122/58/27, 122/59/6, 122/59/8, 122/59/14
桓○伐蔡也	24/8/26
蘇代遂往見韓相國○中曰	25/9/4
○不聞楚計乎	25/9/5
今○乃徵甲及粟於周	25/9/7
○中曰	25/9/8, 25/9/11
○何不以高都與周	25/9/8

○中怒曰	25/9/9
是○以弊高都得完周也	25/9/10
是○有秦也	26/9/16
周君必以為○功	26/9/16
今○破韓、魏	27/9/25
○也	27/9/25,178/93/10
○之功甚多	27/9/25
今○又以秦兵出塞	27/9/26
○不若稱病不出也	27/9/26
函冶氏為齊太○買良劍	30/10/15
○不知善	30/10/16
○不如謂周君曰	36/12/4
○必不免	38/12/17
○言是而行	38/12/17
且○之成事也	38/12/17
不善於○且誅矣	38/12/17
孝○以為相	39/12/22
○平無私	39/12/22
孝○行之八年	39/12/26
孝○已死	39/12/26
得《太○陰符》之謀	40/14/2
夫晉獻○欲伐郭	48A/19/6
○孫衍欲窮張儀	52/22/9
李讎謂○孫衍曰	52/22/9
召○孫顯於韓	52/22/9
○用之	52/22/10
○孫衍謂義渠君曰	53/22/14
此乃○孫衍之所謂也	53/22/21
樗里疾、○孫衍二人者	55/23/13
而臣受○仲侈之怨也	55/23/13
樗里疾、○孫衍二人在	55/23/21
○不論兵	57/24/3
○孫衍、樗里疾挫我於內	57/24/4
而○中以韓窮我於外	57/24/5
於是出私金以益○賞	57/24/6
○內攻於樗里疾、○孫衍	58/24/10
今○用兵無功	58/24/11
○必窮矣	58/24/11
○不如進兵攻宜陽	58/24/11
則○之功多矣	58/24/11
是樗里疾、○孫衍無事也	58/24/12
請重○於齊	61A/25/1
秦王愛○孫衍	61B/25/15
秦王使○子他之趙	63/26/1
薛○為魏謂魏冉曰	65/26/26
○聞東方之語乎	67/27/19
辛、張陽、毋澤說魏王、薛○、○叔也	67/27/19
今○東而因言於楚	67/27/22
而務敗○之事也	67/27/23
○不如反○國	67/27/23
德楚而觀薛○之為○也	67/27/23
觀張儀與澤之所不能得於薛○者也	67/27/24
而○請之以自重也	67/27/24
必窮○	68/28/3
必事趙從○	68/28/3
○又輕	68/28/4
○不若毋多	68/28/4
齊○得管仲	73B/32/12
○與秦計功者	77/33/28
今令人復載五十金隨○	77/33/28
武安君為三○	78/34/4,78/34/6
○之愛子也	79/34/14
夫○孫鞅事孝○	81/36/1
盡○不還私	81/36/2
虜魏○子卬	81/36/3
使私不害○	81/36/3
周○輔成王也	81/36/14
其可願孰與閎夭、周○哉	81/36/15
孰與秦孝○、楚悼王、越王乎	81/36/16
齊桓○九合諸侯	81/36/21
夫商君為孝○平權衡、正度量、調輕重	81/36/23
則商君、白○、吳起、大夫種是也	81/37/9
或說薛○	82A/37/25
薛○入魏而出齊女	82B/38/6
眠欲以齊、秦劫魏而困薛○	82B/38/7
齊女入魏而怨薛○	82B/38/9
王何不召○子池而問焉	83A/38/14
王召○子池而問焉	83A/38/17
卒使○子池以三城講於三國	83A/38/20
齊太○聞之	88/42/21
獻則謂○孫消曰	91/44/3
○	91/44/3
太后不善○也	91/44/3
○何不以秦、楚之重	91/44/4
太后必悅○	91/44/5
○相必矣	91/44/5
願○入明之	95/47/10
平原令見諸○	95/47/15
太○望	96/48/10
桓○用之而伯	96/48/12
穆○相之而朝西戎	96/48/12
文○用中山盜	96/48/13
○孫閈曰	98/48/29
令其欲封○也又甚於齊	98/49/1
○孫閈為謂楚王曰	98/49/4
○往必得死焉	101/50/1
○孫閈謂鄒忌曰	104/51/11
○何不為王謀伐魏	104/51/11
鄒忌以告○孫閈	104/51/15
○孫閈乃使人操十金而往卜於市	104/51/15
我孰與城北徐○美	108/52/13
徐○何能及○也	108/52/14
城北徐○	108/52/14
吾孰與徐○美	108/52/15
徐○何能及君也	108/52/15
吾與徐○孰美	108/52/16
徐○不若君之美也	108/52/16
徐○來	108/52/19
臣誠知不如徐○美	108/52/23
皆以美於徐○	108/52/24
臣竊為○譬可也	117/57/14
齊畏○甚	117/57/18
○以是為名居足矣	117/57/18
薛○使魏處之趙	119/57/29
蘇秦謂薛○曰	122/58/26
	122/59/5
可以惡蘇秦於薛○	122/59/2
可以使人說薛○以善蘇子	122/59/3
可以使蘇子自解於薛○	122/59/3
臣觀薛○之留太子者	122/59/10
蘇秦使人請薛○曰	122/60/1
薛○大怒於蘇秦	122/60/3
故曰可使人惡蘇秦於薛○也	122/60/3
夫使薛○留太子者蘇秦也	122/60/5
今人惡蘇秦於薛○	122/60/6
又使景鯉請薛○曰	122/60/10
薛○因善蘇秦	122/60/13

故曰可以為蘇秦說薛○
以善蘇秦 122/60/13
薛○欲知王所欲立 123/60/18
文有以事夏侯○矣 126/61/20
繁菁以問夏侯○ 126/61/20
夏侯○曰 126/61/21
小官○又弗欲 128/62/10
見孟嘗君門人○孫戍曰 130/63/3
○孫曰 130/63/5
○孫戍曰 130/63/7
130/63/8,130/63/14
130/63/15,130/63/17
○孫戍趨而去 130/63/13
○子無忌為天下循便計 132B/64/8
馮○有親乎 133/64/28
○孫弘謂孟嘗君曰 134/66/3
願因請○往矣 134/66/5
○孫弘敬諾 134/66/7
○孫弘見 134/66/7
薛○之地 134/66/8
○孫弘對曰 134/66/8,134/66/9
○孫弘曰 134/66/10,134/66/14
○孫弘可謂不侵矣 134/66/16
今君之家富於二○ 135/66/22
周成王任周○旦 136B/68/8
昔先君桓○所好者 137/68/27
故身廣○宮 142/74/2
今○行一朝之忿 145/75/12
願○之詳計而無與俗同
也 145/75/14
即臣見○之不能得也 145/75/18
○無再計 145/75/18
○聞之乎 145/75/19
今○又以弊聊之民 145/75/20
故為○計者 145/75/24
士民見○ 145/75/24
願○熟計而審處一也 145/75/27
昔管仲射桓○中鉤 145/76/1
遺○子糾而不能死 145/76/2
齊桓○有天下 145/76/7
劫桓○於壇位之上 145/76/8
若此二○者 145/76/9
○其圖之 145/76/11
且今使○孫子賢 147/77/9
然而使○孫子與徐子鬬 147/77/9
猶時攫○孫子之腓而噬
之也 147/77/10
下者孰與齊桓○ 147/77/24
然則周文王得呂尚以為
太○ 147/77/25
齊桓○得管夷吾以為仲
父 147/77/25
乃命大○事之韓 153/80/24
見○仲曰 153/80/24
然則白○之亂 161/83/19
奚恤得事○ 162/83/28
○何為以故與奚恤 162/83/28
新城○大說 163/84/10
韓○叔有齊、魏 164/84/15
以與○叔爭國而得之 164/84/16
若○孫郝者可 166/85/9
夫○孫郝之於秦王 166/85/9
昔者葉○子高 170/89/1
定白○之禍 170/89/1
葉○子高 170/89/2
葉○子高是也 170/89/3
○子勁也 171/90/6
○出地以取齊 172/90/14
○事必敗 172/90/14
○不如令王重賂景鯉、
蘇厲 172/90/14
是○與約也 172/90/15
蘇厲謂宛○昭鼠曰 173A/90/20
必分○之兵以益之 173A/90/21
秦知○兵之分也 173A/90/21
請為○令辛戎謂王曰 173A/90/21
則○之兵全矣 173A/90/22
願委之於○ 174/91/8
○必危 178/93/10
○不如令人謂太子曰 178/93/10
○孫郝、甘茂貴 183/95/1
○孫郝善韓 183/95/1
而○入之秦 185/95/21
○不如無聽惠施 185/95/22
○雖百說之 186/96/4,277/145/29
○不如以儀之言為資 186/96/4
○舉而私取利 189/96/29
○何以不請立后也 191/97/15
不知夫○子王孫 192/98/4
墜於○子之手 192/98/5
唯○弗受也 193/98/26
人皆以謂○不善於富摯 194/99/3
○不聞老萊子之教孔子
事君乎 194/99/3
而○重不相善也 194/99/4
而○不善也 194/99/5
薛○歸太子橫 195/99/9
莊○通之 197/100/4
莊○請與分國 197/100/5
莊○走出 197/100/5
而立其弟景○ 197/100/6
如伊尹、周○ 200/102/7
秦孝○封商君 201/102/24
孝○死 201/102/24
○孫鞅 201/102/25
太○望封於齊 201/102/26
邵○奭封於燕 201/102/26
○宮之垣 203/104/9
○宮之室 203/104/11
臣竊觀君與蘇○談也 208/108/1
君能聽蘇○之計乎 208/108/1
反三○、什清於趙 209/108/27
秦王謂○子他曰 211/109/13
○子他曰 211/109/15
令○孫起、王齮以兵遇
趙於長平 211/110/17
且以置○孫赫、樗里疾
213/110/30
使王孫緤告○子成曰 221/116/29
古今之○行也 221/116/30
以輔○叔之議 221/117/3
故寡人願募○叔之義 221/117/4
○子成再拜曰 221/117/7
即之○叔成家 221/117/13
○於求善也 221/117/19
○子成再拜稽首曰 221/117/28
樓緩必怨○ 226/121/13
○不若陰辭樓子曰 226/121/13
且不聽○言也 226/121/14
魏冉固德○矣 226/121/15
趙以○子部為質於秦 228/121/26
令○子繒請地 228/121/27
魏令○子咎以銳師居安
邑 228/122/4
請效地於魏而聽薛○ 229B/122/23
故欲效地於魏而聽薛○
229B/122/24
○不如令主父以地資周
最 229B/122/24
夫以秦將武安君○孫起
乘七勝之威 231/123/8

○子牟游於秦 232/123/18
○子將行矣 232/123/18
○子之所以教之者厚矣 232/123/21
試言○之私 233/123/28
王亦聞夫○甫文伯母乎 233/123/28
○甫文伯官於魯 233/123/28
○孫龍聞之 234/125/19
始吾以君為天下之賢○子也 236/126/20
吾乃今然后知君非天下之賢○子也 236/126/21
紂之三○也 236/127/15
適會魏○子無忌奪晉鄙軍以救趙擊秦 236/128/4
○子魏牟過趙 239A/129/3
○子乃驅後車 239A/129/4
衛靈○近雍疸、彌子瑕 239B/129/14
願○之熟圖之也 243/130/20
今王又挾故薛○以為相 247/132/4
齊乃令○孫衍說李兌以攻宋而定封焉 248/132/15
臣為足下使○孫衍說奉陽君曰 248/132/21
王不聞○子牟夷之於宋乎 250/134/10
惡○子牟夷 250/134/11
今臣之於王非宋之於○子牟夷也 250/134/11
○之客獨有三罪 257/136/23
姓名未著而受三○ 257/136/26
而三○不得也 257/136/27
令昭應奉太子以委和於薛○ 260/138/16
左師○曰 262/139/7
262/139/11,262/139/14
○將焉之 267/141/8
魏○叔痤為魏將 270/142/5
○叔痤反走 270/142/6
○叔豈非長者哉 270/142/12
○叔何可無益乎 270/142/13
○叔當之矣 270/142/14
魏○叔痤病 271/142/18
○叔病 271/142/18
○叔痤對曰 271/142/18
痤有御庶子○孫鞅 271/142/19
以○叔之賢 271/142/20
○叔痤死 271/142/22
○孫鞅聞之 271/142/22
孝○受而用之 271/142/22
此非○叔之悖也 271/142/23
破○家而成私門 272/143/12
○不見軫 276/145/12
○惡事乎 276/145/12
請移天下之事於○ 276/145/13
○可以居其中而疑之 276/145/14
○謂魏王曰 276/145/15
王必無辭以止○ 276/145/16
○得行 276/145/16
○不如儀之言為資 277/145/29
其子陳應止其○之行 278/146/3
必重迎○ 278/146/4
郢中不善○者 278/146/4
欲○之去也 278/146/5
必勸王多○之車 278/146/5
○至宋 278/146/5
魏之所以相○者 281/146/26
以○相則國家安 281/146/26
今○相而魏受兵 281/146/27
○必危矣 281/146/27
○何不以楚佐儀求相之於魏 282/147/7
則○亦必并相楚、韓也 282/147/8
故令人謂韓○叔曰 283/147/12
○叔以為信 283/147/15
張儀告○仲 285/147/27
魏令○孫衍乘勝而留於境 287/148/9
告○孫衍 288/148/18
○孫衍曰 288/148/18
魏使○孫衍來 288/148/23
使○孫子勞寡人 288/148/24
魏令○孫衍請和於秦 289/148/29
○孫衍為魏將 290/149/3
○今言破趙大易 291/149/10
○之不慧也 291/149/11
今○又言有難以懼之 291/149/11
且○直言易 291/149/12
是其唯惠○乎 296/150/23
請告惠○ 296/150/23
惠○曰 296/150/26,296/150/26
客謂○子理之傳曰 300/152/26
何不令○子泣王太后 300/152/26
○子爭之於王 300/152/28
王聽○子 300/152/28
○子不封 300/152/28
不聽○子 300/152/28
○子必立 300/152/29
○不如歸太子以德之 302/153/21
○子高在楚 302/153/21
吾恐張儀、薛○、犀首之有一人相魏者 303B/154/3
吾恐張儀、薛○、犀首有一人相魏者 303B/154/7
薛○相魏 303B/154/8
齊桓○夜半不嗛 307/155/28
桓○食之而飽 307/155/28
晉文○得南之威 307/156/1
樓○將入矣 311/158/29
先日○子常約兩王之交矣 314/160/14
以罪虞○ 317A/162/22
○必且待齊、楚之合也 317B/162/28
無○矣 317B/162/29
其人皆欲合齊、秦外楚以輕○ 317B/162/29
○必謂齊王曰 317B/162/29
外楚以輕○ 317B/163/2
臣為○患之 317B/163/2
○因寄汾北以予秦而為和 317B/163/3
秦、楚重○ 317B/163/4
○必為相矣 317B/163/4
臣請為○說之 317B/163/4
臣願以鄙心意○ 317B/163/8
○無以為罪 317B/163/9
○終自以為不能守也 317B/163/9
今○之力有餘守之 317B/163/10
○不如按魏之和 317B/163/13
以重○也 317B/163/14
317B/163/16
是○外得齊、楚以為用 317B/163/16
謂茲○不知此兩者 321/164/24
又不知茲○者也 321/164/24
然而茲○為從 321/164/24
從則茲○重 321/164/25
不從則茲○輕 321/164/25

兹○之處重也 321/164/25
故○不如示有魏 335/168/13
○曰 335/168/13
齊必資○矣 335/168/14
是○有齊 335/168/14
○亦嘗聞天子之怒乎 343/171/19
吾欲兩用○仲、○叔 348B/174/9
簡○用田成、監止而簡○弑 348B/174/10
而相○叔以伐秦 349/174/17
○仲聞之 349/174/17
據○於魏 349/174/17
是○無患 349/174/17
昭獻令人謂○叔曰 350/174/21
○以八百金請伐人之與國 353/175/14
秦必不聽○ 353/175/15
○不如令秦王疑○叔 353/175/15
○叔之攻楚也 353/175/15
○叔之讎也 353/175/17
○叔之人也 353/175/17
必疑○叔為楚也 353/175/17
○留儀之使者 354/175/22
楊達謂○孫顯曰 355/175/28
請為○以五萬攻西周 355/175/28
游騰謂○仲曰 356A/176/3
○何不與趙藺、離石、祁 356A/176/3
○仲以宜陽之故 356B/176/9
秦王固疑甘茂之以武遂解於○仲也 356B/176/9
杜赫為○仲謂秦王曰 356B/176/10
○仲明謂韓王曰 357/176/15
乃儆○仲之行 357/176/17
乃止○仲 357/176/29
○仲曰 357/176/29,359/177/21,360/178/13,367/180/28,367/181/1,394/190/13
顏率見○仲 358/177/11
○仲不見 358/177/11
顏率謂○仲之謁者曰 358/177/11
○仲必以率為陽也 358/177/11
○仲好內 358/177/12
○仲無行 358/177/12
○仲之謁者以告○仲 358/177/13
○仲遽起而見之 358/177/13
韓○仲謂向壽曰 359/177/17
○破韓 359/177/17
辱○仲 359/177/17
○仲收國復事秦 359/177/17
今○與楚解 359/177/18
○仲躬率其私徒以鬭於秦 359/177/18
願○之熟計之也 359/177/19
願有復於○ 359/177/21
今王之愛習○也 359/177/22
不如○孫郝 359/177/22
其知能○也 359/177/22
而○獨與王主斷於國者 359/177/23
○孫郝黨於韓 359/177/23
而○黨於楚 359/177/24
是與○孫郝、甘茂同道也 359/177/24
○何以異之 359/177/24
而○必之 359/177/25
○不如與王謀其變也 359/177/25
韓氏先以國從○孫郝 359/177/26
○之讎也 359/177/26
今○言善韓以備楚 359/177/26
甘茂許○仲以武遂 359/177/29
今○徒令收之 359/177/29
○何不以秦為韓求穎川於楚 359/178/1
○求而得之 359/178/2
○求而弗得 359/178/2
而○過楚以攻韓 359/178/3
○孫郝欲以韓取齊 359/178/4
今○取宜陽以為功 359/178/4
是以○孫郝、甘茂之無事也 359/178/5
或謂○仲曰 360/178/9,387/187/17
願○之聽臣言也 360/178/9
○求中立於秦 360/178/9
善○孫郝以難甘茂 360/178/10
楚、趙皆○之讎也 360/178/10
願○之復求中立於秦也 360/178/11
秦王以○孫郝為黨於○而弗之聽 360/178/13
甘茂不善於○而弗為○言 360/178/13
○何不因行願以與秦王語 360/178/14
行願之為秦王臣也○ 360/178/14
臣請為○謂秦王曰 360/178/14
今王聽○孫郝以韓、秦之兵應齊而攻魏 360/178/16
臣以○孫郝為不忠 360/178/17
則信○孫郝於齊 360/178/20
○孫郝黨於齊而不肯言 360/178/22
韓○仲相 361/178/27
○仲數不信於諸侯 365/180/3
○仲柄得秦師 366/180/21
○仲且抑首而不朝 366/180/22
○叔且以國南合於楚 366/180/22
秦為發使○孫昧入韓 367/180/28
出兵於三川以待○ 367/180/29
○恃秦而勁 367/181/4
必易與○相支也 367/181/5
○戰勝楚 367/181/5
遂與○乘楚 367/181/5
○戰不勝楚 367/181/5
○不能救也 367/181/6
○仲恐曰 367/181/7
○必先韓而後秦 367/181/7
以○不如亟以國合於齊、楚 367/181/8
秦必委國於○以解伐 367/181/8
是○之所以外者儀而已 367/181/8
○仲為韓、魏易地 368/181/13
○叔爭之而不聽 368/181/13
史惕謂○叔曰 368/181/13
○亡 368/181/13
○無辭以後反 368/181/14
且示天下輕○ 368/181/14
○不若順之 368/181/14
○不如告楚、趙 368/181/15
為○叔具車百乘 369/181/20
因令○仲謂秦王曰 369/181/20
畢長謂○叔曰 370/181/26
而楚、魏皆德○之國矣 370/181/26
夫楚欲置○子高 370/181/26
○何不令人說昭子曰 370/181/27
於是以太子扁、昭揚、梁王皆德○矣 370/181/28
○叔使馮君於秦 371/182/3
馮君廣王而不聽○叔 371/182/4

謂○叔曰 372/182/9
373/182/16,378/183/21
○欲得武遂於秦 372/182/9
○不如令人恐楚王 372/182/9
而令人為○求武遂於秦 372/182/9
今○自以辯於薛○而輕秦 373/182/17
願○之察也 373/182/17
立韓擾而廢○叔 374/182/21
374/182/22
○叔之與周君交也 374/182/21
今○叔怨齊 374/182/22
○行矣 374/182/23
請令○叔必重○ 374/182/23
○叔大怒 374/182/25
以為○也 374/182/26
亦以為○也 374/182/26
○叔曰 374/182/26,374/182/30
來使者無交於○ 374/182/29
韓○叔與幾瑟爭國 375/183/3
376/183/10
以與○叔爭國 375/183/3
375/183/4
急擊○叔 376/183/10
齊明謂○叔曰 377/183/16
○何不令齊王謂楚王 377/183/16
○叔將殺幾瑟也 378/183/21
太子之重○也 378/183/21
必輕○ 378/183/22,379/183/28
○必輕矣 378/183/23
太子必終身重○矣 378/183/23
○叔且殺幾瑟也 379/183/27
宋赫為謂○叔曰 379/183/27
今○殺之 379/183/28
○不如勿殺 379/183/29
必保於○ 379/183/29
此便於○ 379/183/31
○叔、伯嬰恐秦、楚之內幾瑟也 380/184/3
○何不為韓求質子於楚 380/184/3
則○叔、伯嬰必知秦、楚之不以幾瑟為事也 380/184/4
○又令秦求質子於楚 380/184/5
楚王必重○矣 380/184/6
○挾秦、楚之重 380/184/6
則○叔、伯嬰必以國事○矣 380/184/6

教○仲謂魏王曰 381/184/11
○何不試奉○子咎 381/184/11
韓立○子咎而棄幾瑟 381/184/12
廢○叔而相幾瑟者楚也 382/184/17
○不如令秦王賀伯嬰之立也 382/184/18
○必將矣 383A/184/24
○因以楚、韓之兵奉幾瑟而內之鄭 383A/184/24
幾瑟得入而德○ 383A/184/25
必以韓、楚奉○矣 383A/184/25
今盜賊○行 384/185/13
或謂韓○仲曰 386/187/3
今○國 386/187/4
而非○適束之 386/187/5
是○危矣 386/187/7
今○與安成君為秦、魏之和 386/187/7
而○適束之 386/187/8
操右契而為○責德於秦、魏之主 386/187/9
○之事也 386/187/9
○之下服 386/187/10
是○擇布而割也 386/187/11
則兩國德○ 386/187/12
則兩國爭事○ 386/187/12
願○之無疑也 386/187/12
願○之行之也 387/187/17
今○以韓先合於秦 387/187/19
○行之計 387/187/20
387/187/22,387/187/24
今○以韓善秦 387/187/23
今○以韓為天下先合於秦 387/187/24
秦必以○為諸侯 387/187/24
願○之加務也 387/187/25
穆○一勝於韓原而霸西州 390/189/1
晉文○一勝於城濮而定天下 390/189/1
昔齊桓○九合諸侯 391/189/17
桓○亦定霸矣 391/189/17
九合之尊桓○也 391/189/18
雖為桓○吾弗為云者 391/189/18
而桓○獨取霸者 391/189/20
此桓○、許異之類也 391/189/21

役且共貴○子 392/189/28
王於是召諸○子役於三川者而歸之 392/189/29
謂韓○仲曰 394/190/11
今○疾攻魏之運 394/190/11
故○不如勿攻也 394/190/12
則蓋觀○仲之攻也 394/190/13
○仲不攻 394/190/14
○仲使韓珉之秦求武隧 396A/190/24
唐客謂○仲曰 396A/190/24
○仲說 396A/190/27
士唐客於諸○ 396A/190/27
韓相○仲珉使韓侈之秦 396B/191/3
○仲珉死 396B/191/3
○必為魏罪韓侈 396B/191/4
以重○仲也 396B/191/5
今○仲死 396B/191/5
彼○仲者 396C/191/11
不得議○孫郝 396C/191/15
○孫郝之貴 396C/191/15
○孫郝嘗疾齊、韓而不加貴 396C/191/17
齊、韓嘗因○孫郝而不受 396C/191/17
○孫郝、樗里疾請無攻韓 396C/191/19
臣故願○仲之國以侍於王 396C/191/20
令吏逐○疇豎 397/191/25
○以二人者為賢人也 397/191/25
○疇豎 397/191/26
今○因逐之 397/191/27
必為○患 397/191/27
且明○之不善於天下 397/191/27
天下之不善○者 397/191/27
以臨齊而市○ 397/191/28
願○雖疾 399/192/9
何故使○來 399/192/10
是何以為○之王使乎 399/192/11
○曰未急 399/192/11
○無見王矣 399/192/12
向請為○說秦王 400/192/20
請令○子年謂韓王曰 402/193/3
○孫綦為人請御史於王 403/193/9
噲子謂文○曰 410/195/10

文○曰 410/195/11
燕文○時 411/195/16
文○卒 411/195/16
故桓○負婦人而名益尊 411/195/28
○勿憂也 412/196/26
將廢私而立○ 416A/199/21
將軍市被圍○宮 416A/199/24
燕人立○子平 416A/199/29
至○子延 422/204/20
齊王使○王曰命說曰 424/205/16
桓○之難 424/206/4
薛○釋戴逃出於關 424/206/6
陳○不能為人之國 428/207/26
憂○子之且為質於齊也 428/208/1
今王願封○子 428/208/6
○子無功不當封 428/208/6
今王之以○子為質也 428/208/6
且以為○子功而封之也 428/208/7
故○子貴 428/208/8
○子賤於布衣 428/208/8
故非及太后與王封○子 428/208/9
則○子終身不封矣 428/208/9
乃命○子束車制衣為行具 428/208/11
今予以百金送○也 430/208/23
○聽吾言而說趙王曰 430/208/23
若曹沫之與齊桓○ 440/215/26
○輸般為楚設機 442/218/10
往見○輸般 442/218/10
○輸般曰 442/218/11
聞○為雲梯 442/218/11
○輸般服焉 442/218/12
則○無事 445/219/17
○不如令楚賀君之孝 445/219/17
則○常用宋矣 445/219/18
請必從○之言而還 446B/219/30
○之伐蒲 449/220/27
且秦王亦將觀○之事 449/220/29
秦王必怨○ 449/220/30
○釋蒲勿攻 449/220/30
臣請為○入戒蒲守 449/220/31
○孫氏必不血食矣 451/221/20
殷順且以君令相○期 451/221/22
○何不請○子傾以為正妻 453/222/10
○何患於齊 455/223/9
○欲之乎 455/223/12
請以○為齊王而登試說○ 455/223/12
○孫弘陰知之 456/224/3
○孫弘參乘 456/224/3
中山君大疑○孫弘 456/224/6
○孫弘走出 456/224/7
即○無內難矣 457/224/12
○因勸君立之以為正妻 457/224/12
陰簡之德○ 457/224/12
司馬憙謂陰姬○曰 458/224/20
陰姬○稽首曰 458/224/21

功 gōng 195

秦必無○ 2/1/24
攻宜陽而有○ 2/1/24
無○ 2/1/24,247/131/21
周君必以為公○ 26/9/16
前○盡矣 27/9/25
公之○甚多 27/9/25
前○盡滅 27/9/26
不見成○ 40/13/21
然後可建大○ 40/13/24
此甚大○也 42/15/22
而欲以成兩國之○ 42/16/10
以成襄子之○ 42/17/6
盡以為子○ 55/23/6
樂羊反而語○ 55/23/12
此非臣之○ 55/23/12
今公用兵無○ 58/24/11
則公之○多矣 58/24/11
是君破齊以為○ 65/26/29
成昭王之○ 66/27/9
成君之○ 66/27/12
有○者不得不賞 72/28/28
○多者其爵尊 72/28/29
賞必加於有○ 72/29/2
故文王果收○於呂尚 73A/30/1
○成、名立、利附 73A/31/7
公與秦計○者 77/33/28
金盡者○多矣 77/33/28
雖周呂望之○ 78/34/5
因以為武安○ 78/34/8
成○者去 81/35/25
多○而不矜 81/36/5
盡忠致○ 81/36/13
○章萬里之外 81/36/18
○已成 81/36/25
○已成矣 81/37/1,81/37/3
成霸○ 81/37/4
成○而不去 81/37/4
或欲分○ 81/37/6
君之○極矣 81/37/8
此亦秦之分○之時也 81/37/8
兵必有○ 82A/37/28
大臣有○ 82A/38/2
王之○亦多矣 87/41/2
王若能持○守威 87/41/5
非無大○也 87/41/11
三者非無○也 89/43/10
數伐有○ 91/44/3
卿之○ 94/45/29
臣之○不如武安君也 94/45/30
卿明知○之不如武安君歟 94/45/30
其為人疾賢妬○臣 95/47/4
知其可與立○ 96/48/14
無咫尺之○者不賞 96/48/15
盼子有○於國 97/48/23
君可以有○ 104/51/12
欲以正天下而立○名 111/54/3
不足以立○名 111/54/4
臣聞謀泄者事無○ 122/59/5
而楚○見矣 122/59/26
我無分寸之○而得此 126/61/21
轉禍為○ 128/62/19
而擅其○ 132A/64/2
有田父之○ 132A/64/3
是齊入於魏而救邯鄲之○也 132B/64/8
無○而受其祿者辱 136B/68/1
矜○不立 136B/68/1
是故成其道德而揚○名於後世者 136B/68/3
雖若有○也 142/72/21
而士困於土○ 142/72/25
夫魏氏其○大 142/73/24
大王之○大矣 142/73/26
○廢名滅 145/75/13,145/76/6
○業可明矣 145/75/25
○名可立也 145/75/26
○名不立 145/76/10

而立累世之〇 145/76/10
為人臣之〇者 147/77/26
安平君之〇也 147/77/29
山陽君無〇於楚國 157A/82/1
得賞無〇也 165/84/24
計王之〇所以能如此者 166/85/8
夫守易危之〇 168/87/6
有〇名者秦也 169/88/10
此蒙穀之〇 170/89/23
秦王之忠信有〇臣也 174/91/5
〇臣也 201/102/25
臣願捐〇名去權勢以離眾 204A/105/20
〇大者身尊 204A/105/21
成〇之美也 204A/105/23
子之道甚難而無〇 204B/106/14
此甚易而〇必成 204B/106/15
今足下〇力 209/108/12
以從為有〇也 214/111/3
建信君知從之無〇 214/111/4
建信者安能以無〇惡秦哉 214/111/4
不能以無〇惡秦 214/111/4
則無〇而惡秦 214/111/5
則有〇而善秦 214/111/6
奚擇有〇之無〇為知哉 214/111/6
任大〇者 219/114/19
知者〇大而辭順 219/114/20
〇業高世者 219/114/21
〇大而息民 219/114/22
〇大而權輕者 219/114/25
動有明古先世之〇 221/116/17
用力少而〇多 221/116/19
夫有高世之〇者 221/116/19
疑事無〇 221/116/23
成大〇者 221/116/24
欲以論德而要〇也 221/116/25
則胡服之〇未可知也 221/116/27
〇有所止 221/117/2
事成〇立 221/117/3
以成胡服之〇 221/117/4
不勞而成〇 221/118/16
故循法之〇 221/118/28
〇不什者不易器 224/120/8
吾聞信不棄〇 224/120/15
而忘人之〇 234/125/19
君無覆軍殺將之〇 234/125/20
夫君封以東武城不讓無〇 234/125/21
而國人計〇也 234/125/22
棄禮義而上首〇之國也 236/126/29
故事有簡而〇成者 237/128/13
從而有〇乎 241/130/4
從而無〇乎 241/130/5
是武王之〇也 242/130/13
五國伐秦無〇 249/133/3
位尊而無〇 262/139/16
而不及今令有〇於國 262/139/17
猶不能恃無〇之尊 262/139/22
文侯賞其〇而疑其心 265/140/24
必就子之〇 266/140/28
敢問就〇成名 266/140/29
若以臣之有〇 270/142/9
偷取一旦之〇而不顧其後 272/143/11
以為衍〇 283/147/14
犀首以為〇 283/147/15
事成〇縣宋、衛 284/147/22
而不能成其〇 290/149/5
是臣終無成〇也 292/149/20
豈小〇也哉 296/151/6
無〇而還 297/151/10
則前〇必棄矣 310/157/29
〇莫大焉 315/161/1
其〇多於與秦共伐韓 315/162/3
以為嫪毒〇 342/171/6
子嘗教寡人循〇勞 346/172/23
則棄前〇而後更受其禍 347/173/6
今公取宜陽以為〇 359/178/4
未有大〇可以稱者 385/186/2
成〇名於天下 390/189/2
因敗而為〇 411/195/28
因敗而為〇者也 411/195/29
419/201/23
因敗成〇者也 411/195/32
見足下身無咫尺之〇 412/196/8
〇存危燕 412/196/9
何肯楊燕、秦之威於齊而取大〇乎哉 412/196/16
又無尺寸之〇 419/201/17
因敗而成〇者也 419/201/22
因敗而為〇乎 419/201/24
不憚以一國都為〇 419/201/26
故〇可成 420/202/25
故〇不可成而名不可立也 420/202/26
是則有〇者 422/203/26
是以天幸自為〇也 426/207/6
公子無〇不當封 428/208/6
且以為公子〇而封之也 428/208/7
寡人豈敢一日而忘將軍之〇哉 431/209/9
〇多者授之 431/209/19
成〇之君也 431/209/20
〇未有及先王者也 431/210/2
〇立而不廢 431/210/6
故吳王夫差不悟先論之可以立〇 431/210/11
夫免身全〇 431/210/12
智不簡〇 438/213/27
棄大〇者 438/213/27
使寡人進不得脩〇 438/213/30
而論〇賞群臣及當坐者 440/217/21
則〇大名美 443/218/29
挾成〇 443/218/29
無〇之賞 448A/220/15
此君之〇 461/226/12
而群臣相妬以〇 461/226/16
一心同〇 461/226/19
是以能有〇也 461/226/20
以是之故能立〇 461/226/22
兵出無〇 461/226/27
有〇 461/227/3
臣知行雖無〇 461/227/4

攻 gōng 562

秦〇宜陽 2/1/22
〇宜陽而有功 2/1/24
秦王不聽群臣父兄之義而〇宜陽 2/1/25
即且趣我〇西周 3B/2/13
楚〇雍氏 6/3/10
子何不以秦〇齊 7/3/16
秦以趙〇 11C/5/11
薛公以齊為韓、魏〇楚 22/8/3
又與韓、魏〇秦 22/8/3
君以齊為韓、魏〇楚 22/8/4
今又〇秦以益之 22/8/4

君不如令弊邑陰合於秦
而君無○ 22/8/6
君臨函谷而無○ 22/8/6
而使三國無○秦 22/8/10
秦○魏將犀武軍於伊闕 23/8/15
進兵而○周 23/8/15
君不如禁秦之○周 23/8/15
今秦○周而得之 23/8/16
必不○魏 23/8/16
秦若○周而不得 23/8/17
後有○周之敗 23/8/17
又必不○魏 23/8/17
必復○魏 23/8/18
○趙 27/9/20
是○用兵 27/9/20
今○梁 27/9/21
而北○趙 27/9/25
踐韓而以○梁 27/9/26
一○而不得 27/9/26
必救韓、魏而○楚 29/10/10
將以使○魏之南陽 31/10/23
秦必不敢越河而○南陽 31/10/24
以○南陽 32/11/3
秦欲○周 34/11/18
不○周 34/11/18
○周 34/11/18
故勸王○周 34/11/20
魏○蔡而鄭亡 35/11/24
三國○秦反 37/12/9
彼且○王之聚以利秦 37/12/10
戰○不息 40/13/20
寬則兩軍相○ 40/13/23
夫○城墮邑 41A/14/26
使○宋也 41B/15/3
則向之○宋也 41B/15/4
王何惡向之○宋乎 41B/15/5
以亂○治者亡 42/15/12
以邪○正者亡 42/15/12
以逆○順者亡 42/15/12
不○無○相事也 42/15/17
○未嘗不取 42/15/21
戰勝○取 42/15/26
73B/32/3,74/32/27
西○脩武 42/16/16
乃復悉卒乃○邯鄲 42/16/23
以○趙襄主於晉陽 42/17/4
以○智伯之國 42/17/6
秦○新城、宜陽 44/17/25
以秦○之 44/18/3
今○韓劫天子 44/18/6
而○天下之所不欲 44/18/6
楚○魏 47/18/30
齊助楚○秦 50/20/19
然願王勿○也 55/23/6
行千里而○之 55/23/10
○中山 55/23/11,460/225/24
果○宜陽 55/23/21
復使甘茂○之 55/23/22
甘茂○宜陽 57/24/3
今○宜陽而不拔 57/24/4
公內○於樗里疾、公孫
衍 58/24/10
公不如進兵○宜陽 58/24/11
甘茂約秦、魏而○楚 62/25/22
君不如勸秦王令弊邑卒
○齊之事 65/26/27
○齊之事成 66/27/3
○齊不成 66/27/4
故○齊之於陶也 66/27/5
令○齊 66/27/9
願君之專志於○齊 66/27/15
大王越韓、魏而○強齊 73A/31/1
越人之國而○ 73A/31/2
王不如遠交而近○ 73A/31/6
今舍此而遠○ 73A/31/6
於是舉兵而○邢丘 73A/31/13
舉兵而○滎陽 73A/31/20
一舉而○滎陽 73A/31/20
秦○韓 75/33/6
有○人者 75/33/6
有○地者 75/33/6
穰侯十○魏而不得傷者 75/33/6
其所○者 75/33/7
○人主之所愛 75/33/8
故十○而弗能勝也 75/33/8
今王將○韓圍陘 75/33/8
臣願王之毋獨○其地 75/33/8
而○其人也 75/33/9
王○韓圍陘 75/33/9
而欲○秦 77/33/22
相聚而○秦者 77/33/23
武安君所以為秦戰勝○
取者七十餘城 78/34/4
秦嘗○韓邢 78/34/6
今○趙 78/34/7
秦○邯鄲 80/35/3
又越韓、魏○強趙 81/36/26
不敢○秦者 81/36/27
南○楊越 81/37/2
後三國謀○楚 82A/37/25
楚能應而共○秦 82A/37/25
三國疾○楚 82A/37/27
則是我離秦而○楚也 82A/37/28
於是三國并力○楚 82A/38/1
三國○秦 83A/38/13,253/135/24
帥弱韓、魏以○秦 83B/38/27
則王○其南 84A/39/12
王又舉甲兵而○魏 87/41/1
省○伐之心而肥仁義之誡 87/41/5
○晉陽之城 87/41/13
今王之○楚 87/41/21
是王○楚之日 87/41/21
必○陽、右壤 87/41/23
且王○楚之日 87/41/26
魏氏將出兵而○留、方
與、銍、胡陵、碭、
蕭、相 87/41/26
而王使之獨○ 87/42/2
必○我 92/44/13
我與其處而待之見○ 92/44/13
文信侯欲○趙以廣河間 94/45/21
武安君戰勝○取 94/45/29
○城墮邑 94/45/30
欲○趙而廣河間也 94/46/9
與強趙○弱燕 94/46/10
趙○燕 94/46/11
秦下甲而○趙 95/46/15
前日秦下甲○趙 95/46/26
將以○秦 96/47/21
故不如南○襄陵以弊魏 102/50/24
乃起兵南○襄陵 102/50/25
秦假道韓、魏以○齊 109/53/6
今秦欲○梁絳、安邑 111/54/11
必表裏河而東○齊 111/54/11
秦必不敢○梁 111/54/16
必南○楚 111/54/16
必東○齊 111/54/17
今秦○齊則不然 112/55/4
秦驅韓、魏○齊之南地 113/55/24
國一日被○ 113/55/24
齊因起兵○燕 114/56/7

移兵而○齊 117/57/11
今君相楚而○魏 117/57/17
欲○齊 117/57/18
秦○趙 118/57/23,218/114/7
219/114/17,228/121/26
234/125/17,244/130/24
秦○趙長平 120/58/8
則且遂○之 120/58/9
荊人○之 125/61/6
荊人○薛 125/61/7
荊固而○之 125/61/11
衛君甚欲約天下之兵以
○齊 128/62/13
齊、衛後世無相○伐 128/62/14
有相○伐者 128/62/14
今君約天下之兵以○齊 128/62/15
昔者秦○齊 136B/67/15
則戰○非所先 142/72/17
○城之費 142/72/25
彼戰○者 142/72/27
昔智伯瑤○范、中行氏 142/72/27
兵先戰○ 142/73/1
不嗇於戰○之患也 142/73/3
則戰○之敗 142/73/4
故明君之○戰也 142/73/12
○戰之道非師者 142/73/16
燕○齊 145/75/6,146/76/18
燕將○下聊城 145/75/8
田單○之歲餘 145/75/8
且楚○南陽 145/75/14
魏○平陸 145/75/15
田單將○狄 148/78/8
將軍○狄 148/78/8
○狄而不下 148/78/9
遂○狄 148/78/10
○狄不能 148/78/12
因以為辭而○之 149A/78/23
不脩○戰之備 149B/79/14
王欲收齊以○秦 151/80/7
王即欲以秦○齊 151/80/7
是從齊而○楚 152/80/13
夫魏之○趙也 156/81/20
恐楚之○其後 156/81/20
無以異於驅群羊而○猛
虎也 168/86/18
秦○楚之西 168/86/23
韓、魏○其北 168/86/23
聚群弱而○至強也 168/86/25
夫以弱○強 168/86/25
南面而○ 168/87/3
秦兵之○楚也 168/87/3
○大者易危 168/87/6
且夫秦之所以不出甲於
函谷關十五年以○諸
侯者 168/87/9
秦下兵○衛、陽晉 168/87/14
大王悉起兵以○宋 168/87/14
終身無相○擊 168/87/23
欲為○於魏 169/88/10
故○有道 169/88/10
此所謂內○之者也 169/88/12
齊、秦約○楚 172/90/13
必深○楚以勁秦 173B/90/27
秦進兵而○ 173B/90/28
而與天下○楚 176/91/27
不與天下共○之 176/91/28
王因與三國○之 176/91/29
請與而復○之 177/92/13
○之武 177/92/13
與而復○之 177/92/24
王○之 177/93/3
○東地 177/93/3
凡為○秦者魏也 185/95/23
隨而○東國 195/99/9
崔杼帥其君黨而○ 197/100/4
所道○燕 201/102/29
楚君雖欲○燕 201/102/29
乃且○燕 201/103/1
子云乃且○燕者 201/103/2
知伯從韓、魏兵以○趙 202/103/8
夫從韓、魏之兵而○趙 202/103/9
而解於○趙也 202/103/16
魏文侯借道於趙○中山 205/107/3
魏○中山而不能取 205/107/3
雖不足以○秦 206/107/11
計者不如構三國○秦 206/107/11
且秦以三軍○王之上黨
而危其北 209/108/22
齊○宋 210/109/7,249/133/5
441/218/3,446A/219/22
以與諸侯○秦 211/109/13
○戰踰年歷歲 211/110/4
甘茂為秦約魏以○韓宜
陽 213/110/28
則且出兵助秦○魏 214/111/4
秦從楚、魏○齊 215/111/12
今南○楚者 217/112/1
今○楚休而復之 217/112/2
必為楚○韓、梁 217/112/3
而欲○燕 217/112/5
○燕 217/112/5
東面而○韓 217/112/5
秦必怒而循○楚 217/112/12
倚秦○齊 218/112/26
倚齊○秦 218/112/26
秦之○韓、魏也 218/113/13
西面而○秦 218/113/23
秦○楚 218/114/3
秦○韓、魏 218/114/4
秦○齊 218/114/5
秦○燕 218/114/6
西○秦 219/115/3
是則伐楚○秦 219/115/5
秦人下兵○懷 219/115/10
夫○而不救 219/115/11
終身不敢設兵以○秦折
韓也 219/115/13
二十九年不相○ 219/115/16
四國為一以○趙 220/116/4
臣請案兵無○ 220/116/6
臣恐其○獲之利 224/120/9
齊以二十萬之衆○荊 225/121/6
趙以二十萬之衆○中山 225/121/6
而國圍○焉 225/121/7
今無約而○齊 227/121/19
○關與 228/122/4
反○魏幾 228/122/5
秦、楚必合而○韓、魏
229A/122/11
我與三國○秦 229A/122/15
而以餘兵與三國○秦 229A/122/19
出兵○燕 231/123/8
以○難而守者易也 231/123/11
而欲以罷趙○強燕 231/123/12
是使弱趙為強秦之所以
○ 231/123/12
故臣未見燕之可○也 231/123/13
秦○趙於長平 233/123/26
秦之○趙也 233/124/6
愛王而不○乎 233/124/7
秦之○我也 233/124/7

秦以其力○其所不能取 233/124/8
王又以其力之所不能○以資之 233/124/8
是助秦自○也 233/124/9
來年秦復○王 233/124/9
233/124/18
令秦來年復○王 233/124/12
子能必來年秦之不復○我乎 233/124/13
今秦釋韓、魏而獨○王 233/124/14
今臣為足下解負親之○ 233/124/14
樓緩又不能必秦之不復○也 233/124/19
來年復○ 233/124/19
秦雖善○ 233/124/20
我以五城收天下以○罷秦 233/124/21
秦善韓、魏而○趙者 233/124/22
強者善○ 233/124/24
夫秦之○趙 244/130/24
能○秦 246/131/11
齊欲○宋 247/131/20
又欲與秦○魏 247/131/21
今之○秦也 247/131/23
則令秦○魏以成其私封 247/131/25
而乃令秦○王 247/131/27
故○城野戰 247/132/1
秦○魏 247/132/2,258B/137/16
齊將○宋 248/132/15
齊乃令公孫衍說李兌以○宋而定封焉 248/132/15
臣之所以堅三晉以○秦者 248/132/16
欲以使○宋也 248/132/16
若復○之 248/132/18
臣願足下之大發○宋之舉 248/132/24
齊必○宋 249/133/5
則楚必○宋 249/133/5
魏必○宋 249/133/6
以四國○之 249/133/8
與韓氓而○魏 249/133/21
秦因收楚而○魏 249/133/22
秦堅三晉之交○齊 249/133/25
秦桉兵○魏 249/133/25
是以○齊之已弊 249/133/26
使將而○趙 252/135/8
趙○中山 253/135/24
秦急○之 262/138/28
秦使王翦○趙 263/139/27
趙又索兵以○韓 264B/140/17
樂羊為魏將而○中山 265/140/22
則齊○其東 273/143/25
則趙○其北 273/143/26
則韓○其西 273/143/26
則楚○其南 273/143/26
秦下兵○河外 273/144/4
秦挾韓而○魏 273/144/6
○楚而適秦 273/144/12
楚○齊 274/144/25,274/144/26
張儀欲以魏合於秦、韓而○齊、楚 280/146/18
以魏合於秦、韓而○齊、楚 280/146/19
齊、楚怒而欲○魏 281/146/26
齊、楚○魏 281/146/27
請令齊、楚解○ 281/146/28
必○魏 281/146/29
若欲復○ 281/146/30
今儀相魏而○之 281/147/1
乃遽解○於魏 281/147/2
儀請以秦○三川 282/147/6
魏○南陽 283/147/13
秦○三川 283/147/13
韓欲○南陽 285/147/28
秦、韓合而欲○南陽 285/147/28
楚王○梁南 295/150/13
疾○薔 295/150/13
大王之○薔易矣 295/150/15
又以力○之 297/151/16
又且以力○王 297/151/19
禹○三苗 297/152/2
將太子申而○齊 300/152/26
吾常欲悉起兵而○之 301/153/4
王又欲悉起而○齊 301/153/6
秦、楚○魏 305/155/7
王雖復與之○魏可也 305/155/8
欲與之復○魏 305/155/11
欲與魏○楚 305/155/11
以疾○魏 305/155/13
秦因合魏以○楚 305/155/14
今大王收秦而○魏 308/156/11
收秦○魏 308/156/12
齊人○燕 310/157/13
此非但○梁也 310/157/17
秦挾楚、趙之兵以復○ 310/157/19
以○大梁 310/157/23
弗易○也 310/157/27
○而不能拔 310/157/28
秦且○魏 314/160/3
今秦且○魏 314/160/14
秦○魏未能克之也 314/160/18
以四國○燕 314/160/20
魏將與秦○韓 315/160/29
絕韓之上黨而○強趙 315/161/10
行三十里而○危隘之塞 315/161/12
而所○者甚難 315/161/12
又不○衛與齊矣 315/161/14
非魏無○矣 315/161/14
秦十○魏 315/161/24
則楚、趙必與之○矣 315/161/29
秦使趙○魏 317A/162/20
○魏者 317A/162/20
聽秦而○魏者 317A/162/23
故勸秦○魏 317B/162/30
秦疾○楚 317B/163/3
○皮氏 317B/163/7
於以○韓、魏 317B/163/8
欲講○於齊王兵之辭也 317B/163/11
秦○梁者 318/163/23
秦果南○藍田、鄢、郢 318/163/28
吾欲與秦○韓 320/164/15
○韓之事 320/164/19
王不與秦○楚 322/165/3
楚且與秦○王 322/165/3
穰侯○大梁 323/165/8
君○楚得宛、穰以廣陶 323/165/8
○齊得剛、博以廣陶 323/165/8
勿○便 323/165/10
秦○韓之管 325/165/19
不出○則已 325/165/19
若出○ 325/165/20
夫解○者 325/165/20
致○者 325/165/21

秦果釋管而○魏 325/165/24
願大王無○魏 325/165/25
今○韓之管 325/165/27
王欲焉而收齊、趙○荊 326/166/4
欲焉而收荊、趙○齊 326/166/5
索○魏於秦 329B/167/3
○魏 333/167/27
秦之○王也 333/167/27
過二周而○王者 333/167/29
王亦知弱之召○乎 333/167/29
魏王欲○邯鄲 334/168/3
而○邯鄲 334/168/7
齊、楚約而欲○魏 338/168/29
魏○管而不下 340/169/22
將使高○管也 340/169/25
夫以父○子守 340/169/25
今吾○管而不下 340/169/28
秦○魏急 342/170/28
以○不服之弱國 348A/173/23
今王西面而事秦以○楚 348A/174/1
夫○楚而私其地 348A/174/2
秦且○韓 350/174/21
秦○陘 351/174/26
又○陘 351/174/26,351/174/26
今王○韓 351/174/29
五國約而○秦 352/175/3
必○市丘 352/175/4
臣請為君止天下之○市丘 352/175/4
必○市丘以償兵費 352/175/8
王令之勿○市丘 352/175/8
且聽王之言而不○市丘 352/175/9
且反王之言而○市丘 352/175/9
公叔之○楚也 353/175/15
請為公以五萬○西周 355/175/28
秦○西周 355/175/29
復○韓 359/177/18
而公過楚以○韓 359/178/3
今王聽公孫郝以韓、秦之兵應齊而○魏 360/178/16
以韓、秦之兵據魏而○齊 360/178/18
故王不如令韓中立以○齊 360/178/19
齊無以信魏之合己於秦而○於楚也 361/179/2
今也子曰『乃且○燕』者 362/179/9
二十餘年未嘗見○ 364/179/23
假道兩周倍韓以○楚 364/179/24
請道於南鄭、藍田以入○楚 367/180/29
楚威王○梁 367/181/1
與楚○梁 367/181/2
於是○皮氏 367/181/3
韓人○宋 388/187/29
而○我甚所愛 388/187/29
韓珉之○宋 388/188/1
韓故已○宋矣 388/188/4
而欲○絳、安邑 389/188/12
秦之欲○梁也 389/188/13
昔先王之○ 390/189/3
為名者○其心 390/189/4
為實者○其形 390/189/4
此○其心者也 390/189/6
此○其形者也 390/189/8
今將○其心乎 390/189/8
○其形乎 390/189/8
夫○形不如越 390/189/8
而○心不如吳 390/189/9
今公疾○魏之運 394/190/11
故公不如勿○也 394/190/12
○運而取之易矣 394/190/12
則蓋觀公仲之○也 394/190/13
公仲不○ 394/190/14
請○魏 396B/191/3
公孫郝、樗里疾請無○韓 396C/191/19
王猶○之也 396C/191/19
茂且○宜陽 396C/191/20
今楚○齊取莒 398/192/4
趙、魏○華陽 399/192/9
且夫秦之○燕也 408/194/15
今趙之○燕也 408/194/16
秦之○燕也 408/194/18
趙之○燕也 408/194/18
齊宣王因燕喪○之 411/195/16
趙興兵而○燕 413/197/9
驅趙而○燕 413/197/11
南○楚五年 415/198/17
與楚、三晉○秦 416A/199/6
啓與支黨○益而奪之天下 416A/199/15
將○子之 416A/199/20
○子之 416A/199/24
將軍市被及百姓乃反○太子平 416A/199/24
因驅韓、魏以○齊 419/202/1
王乃待天下之○函谷 422/203/30
陸○則擊河內 422/204/6
水○則滅大梁 422/204/6
秦欲○安邑 422/204/9
不能○也 422/204/10
秦欲○齊 422/204/13
必率天下以○寡人者三 422/204/14
秦欲○魏 422/204/17
因犀首屬行而○趙 422/204/21
若臣死而必相○也 424/205/23
如是則近於相○ 424/205/28
望諸○關而出逃 424/206/5
趙合於燕以○齊 424/206/8
王何不出兵以○齊 426/206/21
燕乃伐齊○晉 426/206/22
燕之○齊也 426/206/24
明日又使燕○陽城及狸 426/207/5
今燕又○陽城及狸 426/207/6
天下不○齊 427/207/15
天下○齊 427/207/15
且○齊 427/207/20
昌國君樂毅為燕昭王合五國之兵而○齊 431/209/3
習於戰○ 431/209/26
王若欲○之 431/209/26
四國○之 431/209/28
起兵隨而○齊 431/209/29
必北○燕 432/211/7
○不義 433/211/21
齊、韓、魏共○燕 436/212/17
而○魏雝丘 436/212/19
吾以倍○之 438/213/5
遽起六十萬以○趙 438/213/6
令栗腹以四十萬○鄗 438/213/6
使慶秦以二十萬○代 438/213/7
秦復進兵○之 440/217/26
齊王果○ 441/218/5
將以○宋 442/218/10,442/218/11
義不殺王而○國 442/218/12
敢問○宋何義也 442/218/12
惡以王吏之○宋 442/218/21

請無○宋 442/218/22
彼安敢○衛以重其不勝之罪哉 443/218/30
徐其○而留其日 444/219/8
宋人助我○矣 444/219/11
則○宋易矣 446A/219/24
今太子自將○齊 446B/219/29
彼利太子之戰○ 446B/219/31
秦○衛之蒲 449/220/27
公釋蒲勿○ 449/220/30
今臣能使釋蒲勿○ 449/221/1
趙、魏怒而○中山 454/222/24
出兵以○中山 455/223/7
455/223/10,455/223/16
出兵以○中山者 455/223/15
君弗○ 459A/225/9
○其列城 461/226/27

宮 gōng 44

齊桓公○中七市 8B/3/30
○他謂周君曰 35/11/24
清○除道 40/14/17
而憚○之奇存 48A/19/8
教之惡○之奇 48A/19/9
○之奇以諫而不聽 48A/19/9
○中虛無人 73A/29/23
居深○之中 73A/30/14
人臣不得自殺○中 95/47/11
○婦左右 108/52/24
君○中積珍寶 133/65/13
後○十妃 135/66/24
王○已充矣 137/69/4
北○之女嬰兒子無恙耶 138/69/19
下○糅羅紈 140/70/5
故身廣公○ 142/74/2
必充後○矣 167/85/26
蒙穀給鬬於○唐之上 170/89/20
遂入大○ 170/89/21
又簡擇○中佳翫麗好翫習音者 174/91/6
○室臥具 190/97/4
公○之垣 203/104/9
公○之室 203/104/11
入○塗廁 204B/106/9
○室小而帑不眾 207/107/16
今擊之鉅○ 207/107/17
美○室 218/113/25
寡人○居 220/116/8
處梁之（官）〔○〕 236/127/28
築帝○ 272/143/4,273/144/20
347/173/4,348A/174/5
○之奇諫而不聽 317A/162/21
周肖謂○他曰 335/168/12
○他曰 335/168/12
則鴻臺之○ 348A/173/27
○他為燕使魏 414/197/20
將軍市被圍公○ 416A/199/24
於是昭王為隗築○而師之 418/201/7
燒其○室宗廟 418/201/10
伍子胥、○之奇不用 430/208/22
願足下過太子於○ 440/215/13
見燕使者咸陽○ 440/217/9

恭 gōng 4

即以天下○養 86/40/18
此不○之語也 197/100/1
是以賢者任重而行○ 219/114/19
○於教而不快 222/119/12

躬 gōng 2

○竊閔然不敏 73A/29/20
公仲○率其私徒以鬬於秦 359/177/18

拱 gǒng 5

大王○手以須 42/16/20
齊之右壤可○手而取也 87/42/11
秦王垂○受西河之外 142/74/4
今大王垂○而兩有之 218/113/4
則是大王垂○之割地以為利重 304/155/2

鞏 gǒng 1

韓北有○、洛、成皋之固 347/172/28

共 gòng 27

子因令周最居魏以○之 7/3/16
周○太子死 17/6/27
禹伐○工 40/13/17
楚能應而○攻秦 82A/37/25
欲與燕○伐趙 94/45/22
吾將與三國○立之 122/58/29
夷傷者空財而○藥 142/72/21
與聊城○據朞年之弊 145/75/17
○立法章為襄王 149B/79/2
處之○松柏之間 150/79/28
住建○者 150/79/29
是楚、魏○趙也 156/81/21
江尹因得山陽君與之○惡昭奚恤 157A/82/1
即陰與燕王謀破齊○分其地 168/87/17
不與天下○攻之 176/91/28
五國○伐之 218/114/8
天下○講 297/152/8
河內之○、汲莫不危矣 315/161/17
其功多於與秦○伐韓 315/162/3
通韓之上黨於○、莫 315/162/6
○有其賦 315/162/7
魏王與龍陽君○船而釣 341/170/14
役且○貴公子 392/189/28
然得賢士與○國 418/200/21
齊、韓、魏○攻燕 436/212/17
無與○擊楚 436/212/22
而乃以手○搏之 440/217/17

供 gōng 3

以○芻秣 182/94/19
親○養備 385/185/25
○太牢異物 440/216/2

貢 gòng 1

給○職如郡縣 440/217/5

勾 gōu 5

○踐終棓而殺之 81/37/4

臣聞越王○踐以散卒三千 272/143/7
此其過越王○踐、武王遠矣 272/143/9
越王○踐棲於會稽 419/201/23
猶○踐困於會稽之時也 461/226/26

句 gōu 5

遂與○踐禽 89/43/9
且王嘗用滑於越而納○章 166/85/7
則○注之西 209/108/23
今魯○注禁常山而守 209/108/23
約與代王遇於○注之塞 413/197/4

溝 gōu 5

亦襲魏之河北燒棘○ 142/71/13
棘○之燒也 142/71/14
盡於○壘 252/135/18
願及未填○壑而託之 262/139/9
南有鴻○、陳、汝南 272/142/27

鉤 gōu 4

弓撥矢○ 27/9/24
縞病○ 95/47/8
○不能牽 99/49/13
昔管仲射桓公中○ 145/76/1

緱 gōu 1

塞轘轅、○氏之口 44/17/24

狗 gǒu 19

王見大王之○ 77/33/23
○馬實外廄 133/65/13
先君好○ 137/69/1
王亦好○ 137/69/1
世無東郭俊、盧氏之○ 137/69/3
王之走○已具矣 137/69/4
跖之○吠堯 147/77/8
○固吠非其主也 147/77/9
徐子之○ 147/77/9
而為賢者○ 147/77/10
人有以其○為有執而愛之 158/82/12
其○嘗溺井 158/82/12
其鄰人見○之溺井也 158/82/12
○惡之 158/82/13
燕必致氈裘○馬之地 218/113/1
而立司空○ 239B/129/18
不能禁○使無吠己也 324/165/14
客游以為○屠 385/185/24
而不能令○無吠己 406/193/26

茍 gǒu 26

子○能 25/9/4
○慎其道 42/17/1
大王○能閉關絶齊 50/20/26
言不取○合 81/36/4
行不取○容 81/36/4
○可慊齊貌辨者 101/49/25
○無歲 138/69/15
○無民 138/69/15
王○無以五國用兵 153/80/25
夫○不難為之外 157B/82/7
○社稷血食 170/89/24
○來舉玉趾而見寡人 217/112/2
是故聖人○可以利其民 221/117/16
○有利焉 315/160/30
事○可聽 414/197/22
且○所附之國重 415/198/16
○得窮齊 419/201/26
王○能破宋有之 422/204/10
○利於楚 422/204/18
故齊、趙之合○可循也 424/205/21
○無死 427/207/17
王○欲用之 427/207/21
臣○得見 427/207/21
○可以明君之義 438/213/22
○與人之異 438/213/25
王○舉趾以見寡人 455/223/20

媾 gòu 18

得無割其內而○乎 233/124/12
樓緩言不○ 233/124/18
得無更割其內而○ 233/124/18
今○ 233/124/19
又割其力之所不能取而○也 233/124/19
不如無○ 233/124/20
不如發重使而為○ 235/125/28
夫言○者 235/125/29
以為不○者軍必破 235/125/29
而制○者在秦 235/125/29
則○乃可為也 235/126/3
與平陽君為○ 235/126/5
寡人使平陽君○秦 235/126/5
王必不得○ 235/126/6
楚、魏以趙為○ 235/126/7
則○不可得成也 235/126/8
趙卒不得○ 235/126/8
秦留趙王而后許之○ 235/126/9

搆 gòu 5

趙欲○於秦 249/133/3
君無○ 249/133/5
得陰而○ 249/133/6
若不得已而必○ 249/133/7
夫難○而兵結 291/149/12

詬 gòu 1

皆有○醜 96/48/13

構 gòu 22

秦、楚之○而不離 87/41/26
楚、秦○難 111/54/16
齊、楚○難 152/80/12
楚嘗與秦○難 168/87/9
秦○兵而戰 175/91/22
計者不如○三國攻秦 206/107/11
憂大者不計而○ 215/111/12
秦、魏之○ 215/111/12
以未○中山也 229A/122/16
夫秦、趙○難 233/125/2
而陰○於秦 247/131/21
秦、趙○難而戰 326/166/3
不如齊、趙而○之秦 326/166/3
王不○趙 326/166/3
趙不以毀○矣 326/166/3

而○之秦 326/166/4
吾請先天下○ 332/167/21
故欲先○ 332/167/22
宜割二寧以求○ 332/167/22
吳慶恐魏王之○於秦也 333/167/27
秦久與天下結怨○難 387/187/21
國○難數月 416A/199/25

購 gòu 3

縣○之千金 385/186/16
秦王○之金千斤 440/216/6
今聞○將軍之首 440/216/12

姑 gū 7

○反國統萬人乎 133/65/26
君○高枕為樂矣 133/65/28
今又以何陽、○密封其子 247/131/27
○待已耕 248/132/25
必○輔之 264A/140/9
必○與之 264A/140/9
王能又封其子問陽○衣乎 316/162/15

孤 gū 49

將興趙、宋合於東方以○秦 13/5/21
則秦○而不王矣 34/11/19
趙危而荊○ 42/16/7
是楚○也 50/21/5,185/95/27
秦又何重○國 50/21/5
韓必○ 56/23/28
小者身以○危 73A/30/15
此天所以幸先王而不棄其○也 73A/30/19
世世稱○ 81/37/10
齊、魏有何重於○國也 85/39/28
楚知秦之○ 85/40/1
則楚○而受兵也 89/43/21
則秦○而受兵矣 89/43/22
南面而○楚、韓、梁 111/54/12
北向而○燕、趙 111/54/12
是以侯王稱○寡不穀 136B/68/6
非夫○寡者 136B/68/6
卹○獨 138/69/18
約結而喜主怨者○ 142/71/3
齊負郭之民有○狐咺者 143/74/11
上輔○主 145/75/25
世世稱○寡 145/75/27
莫如從親以○秦 167/85/19
若有○ 170/89/21
即遂南面稱○ 200/102/8
失其黨而○居 220/116/3
不倍其○ 222/119/20
是中山○也 229A/122/18
我分兵而○樂中山 229A/122/18
夷維子謂鄒之○曰 236/127/22
能○秦 246/131/11
合親以○齊 317B/163/4
是秦○也 367/181/2
是齊○也 380/184/5
是齊○矣 400/192/20
蘇秦能抱弱燕而○於天下哉 409/195/2
辭○竹之君 412/196/15
齊因○國之亂 418/200/21
○極知燕小力少 418/200/21
○之願也 418/200/22
皆死秦之○也 422/204/26
齊、趙已○矣 426/206/21
其○未壯 438/213/4
此天所以哀燕不棄其○也 440/215/20
是中山○ 455/223/21
○何得無廢 455/223/22
韓○顧魏 461/226/20
養○長幼以益其衆 461/226/24

古 gǔ 38

○者使車轂擊馳 40/13/18
雖○五帝、三王、五伯 40/13/22
臣聞○之善為政也 74/32/26
○之所謂『危主滅國之道』必從此起 74/32/28
○之王者之伐也 111/54/3
○之五帝、三王、五伯之伐也 111/54/9
士何必待○哉 135/66/25
觸聞○大禹之時 136B/67/25
自○及今而能虛成名於天下者 136B/68/2
此○之人也 170/89/27
若聞○人 180/93/27
聞往○ 204A/105/23
臣聞○之賢君 209/108/10
動有明○先世之功 221/116/17
而享往○之勳 221/116/19
○今之公行也 221/116/30
變○之教 221/117/10,221/118/4
易○之道 221/117/10,221/118/4
○之道也 221/118/3
制今者不法○ 221/118/10
○今不同俗 221/118/21
何○之法 221/118/21
便國不必法○ 221/118/23
然則反○未可非 221/118/24
以○制今者 221/118/27
法○之學 221/118/28
○今異利 224/120/11
且○者 225/121/4
今取○之為萬國者 225/121/5
不與○同 389/188/17
此○服道致士之法也 418/200/27
臣聞○之君人 418/200/30
欲以復振○地也 426/206/24
臣聞○之君子 431/210/16
故○之人稱之 432/210/26
○今稱之 460/225/25

谷 gǔ 20

君臨函○而無攻 22/8/6
左飲於淇○ 42/17/2
自殽塞、谿○ 61A/25/4
彼來則置之槐○ 61A/25/6
北有甘泉、○口 73A/30/23
入函○ 83A/38/13
三國入函○ 83A/38/19
山林谿○不食之地 87/41/23
得上○三十六縣 94/46/11
出兵函○而無伐 115/56/18
 115/56/26
且夫秦之所以不出甲於函○關十五年以攻諸侯者 168/87/9
秦必不敢出兵於函○關

以害山東矣 218/114/8
秦兵不敢出函○關十五年矣 220/115/21
又況山○之便乎 221/117/17
燕以奢為上○守 252/135/12
燕之通○要塞 252/135/12
道涉而○ 315/161/12
過代、上○ 408/194/15
王乃待天下之攻函○ 422/203/30

股 gǔ 6

引錐自刺其○ 40/14/3
臂大於○ 74/32/19
射中其○ 197/100/6
未至絞纓射○ 197/100/8
寡人之○掌之臣也 292/149/20
斷其左○ 440/217/18

骨 gǔ 10

處人○肉之間 73A/30/4
投之一○ 77/33/24
暴○草澤 87/41/19
筋○力勁 142/72/9
食人炊○ 145/75/21
○肉之親 160/82/26
○肉之親也 262/139/22
白○疑象 266/141/2
深於○髓 342/171/7
常痛於○髓 440/216/13

賈 gǔ 35

周人懷璞過鄭○曰 76/33/15
鄭○曰 76/33/16
是天下之王不如鄭○之智也 76/33/17
濮陽人呂不韋○於邯鄲 93/44/18
姚○對曰 96/47/22
○願出使四國 96/47/22
姚○辭行 96/47/23
○封千戶 96/47/24
○以珍珠重寶 96/47/26
是○以王之權 96/47/27
王召姚○而問曰 96/48/4
今○忠王而王不知也 96/48/6
○不歸四國 96/48/6
使○不忠於君 96/48/6
四國之王尚焉用○之身 96/48/7
姚○曰 96/48/10
其鄙人之○人也 96/48/11
乃可復使姚○而誅韓非 96/48/18
因而○利之 133/65/14
王孫○年十五 144/74/28
王孫○乃入市中 144/75/1
是商○之人也 236/128/6
不如商○ 242/130/10
足下卑用事者而高商○乎 242/130/11
夫良商不與人爭買賣之○ 242/130/11
秦令起○禁之 247/131/20
趙使姚○約韓、魏 259/138/10
舉茅為姚○謂趙王曰 259/138/10
○也 259/138/10
須○為魏謂穰侯曰 310/157/12
令姚○讓魏王 337/168/23
美人之○貴 393/190/4
而○十倍 419/201/22
龍○之戰 422/204/25
臣請獻一朝之○ 425/206/14

鼓 gǔ 12

三○之而卒不上 57/24/3
請明日○之而不可下 57/24/5
明日○之 57/24/6
其民無不吹竽、○瑟、擊筑、彈琴、鬬雞、走犬、六博、蹹踘者 112/54/27
故鍾○竽瑟之音不絕 142/73/17
於是殺閔王於○里 143/74/20
乃援枹○之 148/78/18
○翅奮翼 192/98/3
○鐸之音聞於北堂 244/130/24
必效○ 253/135/25
見敵之可也○之 270/142/8
○刀以屠 385/186/1

穀 gǔ 18

不○得商於之田 50/21/1
不○不煩一兵 50/21/2
廣地殖○ 81/36/18
辟地殖○ 81/37/3
是以侯王稱孤寡不○ 136B/68/6
收○之 146/77/2
自從先君文王以至不○之身 170/88/18
蒙○給鬬於宮唐之上 170/89/20
蒙○獻典 170/89/22
此蒙○之功 170/89/23
蒙○怒曰 170/89/23
○非人臣 170/89/23
蒙○是也 170/89/25
年○豐盈 209/108/12
秦、翟年○大凶而晉人亡原 319/164/5
或以年○不登 319/164/8
五○所生 348A/173/17
易○川以歸 360/178/20

轂 gǔ 2

古者使車○擊馳 40/13/18
轉○連騎 40/14/13

瞽 gǔ 1

以○為明 197/100/10

固 gù 134

弊邑○竊為大王患之 1/1/13
不○ 13/5/22
○大王仇讎也 39/13/1
東有肴、函之○ 40/13/7
臣○疑大王之不能用也 40/13/16
王○不能行也 40/13/26
趙○負其眾 41A/14/25
連荊○齊 42/15/10
此○已無伯王之道一矣 42/16/5
此○已無伯王之道二矣 42/16/9
此○已無伯王之道三矣 42/16/11
彼○亡國之形也 42/16/14
天下○量秦之謀臣一矣 42/16/23
天下○量秦力二矣 42/16/24
天下○量秦力三矣 42/16/25
外者天下比志甚○ 42/16/27
○多憂乎 46/18/24

儀○以小人 50/21/13
○必大傷 50/21/16
○謂楚王曰 56/23/29
寡人○無地而許楚王 56/23/29
內○其威 73B/32/2
於是其謀者○未可得予也 77/33/26
○不得之矣 78/34/6
不樂為秦民之日○久矣 78/34/7
人心○有 80/35/6
應侯○不快 81/35/23
行義不○毀譽 81/36/4
主○親忠臣 81/36/17
○不求生也 101/50/2
○以二十一萬矣 112/54/26
臣○願大王之少留計 112/55/8
蛇○無足 117/57/16
割地○約者又蘇秦也 122/60/5
○不敢言人事也 124/60/24
○且以鬼事見君 124/60/24
荊甚○ 125/61/10
荊○而攻之 125/61/11
而荊亦甚○ 125/61/12
孟嘗君○辭不往也 133/65/24
理有○然 136A/67/5
理之○然者 136A/67/6,136A/67/6
○願得士以治之 137/69/5
不相質而○ 142/72/11
此○大王之所以鞭箠使也 142/73/27
狗○吠非其主也 147/77/9
臣○知王不若也 147/77/24
147/77/24
齊○弱 149A/78/23
令任○之齊 151/80/3
以資○於齊 151/80/4
必受○ 151/80/5
適為○驅以合齊、秦也 151/80/5
必非○之所以之齊之辭也 151/80/6
王不如令人以涓來之辭謾○於齊 151/80/6
四塞以為○ 168/86/15
○形親之國也 168/87/21
吾○以為天下莫若是兩人也 182/94/25
二人○不善雎也 183/95/1
明願有問君而恐○ 199/100/28
張孟談既○趙宗 204A/105/18
臣○以鬼之言見君 208/107/24
且物○有勢異而患同者 209/108/19
不○信盟 211/109/15
燕○弱國 218/113/11
○已見於胸中矣 218/113/20
私心○竊疑焉 220/116/9
臣○聞王之胡服也 221/117/7
臣○敢竭其愚忠 221/117/8
吾○聞叔之病也 221/117/13
國有○籍 224/120/6
踰九限之○ 224/120/18
魏冉○德公矣 226/121/15
臣○且有效於君 232/123/19
其計○不止矣 233/124/26
非○勿予而已也 233/125/8
齊、楚則○助之矣 236/127/3
彼天子○然 236/127/9
○也 236/127/15
兵○天下之狙喜也 238/128/22
王○可以反疑齊乎 247/132/5
○危扶弱 249/134/2
○且為書而厚寄卿 250/134/10
○不能當榮盆 252/135/16
吾○將逐之 256/136/17
○願承大國之意也 258B/137/24
豈不亦信○哉 269/141/19
○以不悖者為悖 271/142/23
而儀○得魏矣 281/146/30
○有秦重和 289/148/29
○已不欲矣 291/149/11
王○先屬怨於趙 301/153/5
是三人皆以太子為非○相也 303B/154/9
而復○秦、楚之交 305/155/13
寡人○刑弗有也 308/156/11
且夫姦臣○皆欲以地事秦 312/159/12
其摯（諂）〔諂〕也○矣 341/170/22
韓北有鞏、洛、成皋之○ 347/172/28
不如貴昭獻以○楚 350/174/21
是絕上交而○私府也 351/174/29
秦王○疑甘茂之以武遂解於公仲也 356B/176/9
韓○其與國也 367/181/2
周最○不欲來使 374/182/25
今周最○得事足下 374/182/28
○欲事之 378/183/22
○謝嚴仲子 385/185/24
仲子○進 385/185/24
嚴仲子○讓 385/185/28
成○為福 386/187/7
吾○患韓之難知 388/188/3
天下○令韓可知也 388/188/3
故欲病之以○交也 389/188/14
彼○有次乎 403/193/10
秦計○不能守也 408/194/16
韓獻開罪而交愈○ 411/195/28
臣之趍○不與足下合者 412/196/20
可以為○ 415/198/21
何足以為○ 415/198/24
寡人○與韓且絕矣 422/204/17
生之物○有不死者乎 424/205/25
蘇子○辭 426/207/7
○知將有口事 427/207/13
智○不如車士矣 432/210/29
物○有勢異而患同者 432/211/7
是丹命○卒之時也 440/214/28
○請無讓 440/216/1
吾義○不殺王 442/218/11
○願效之 446B/219/29
請令燕、趙○輔中山而成其王 455/223/11
○無請人之妻不得而怨人者也 457/224/14
○已過絕人矣 458/224/28
增城浚池以益其○ 461/226/24
趙必○守 461/226/26

故 gù 485

臣○曰拔 2/1/25
○天子之國也 3A/2/6
○王不如速解周恐 6/3/11
管仲○為三歸之家 8B/4/1
○大臣得譽 8B/4/2
○眾庶成彊 8B/4/2
○曰主人 9/4/10
○急兵以示秦 11C/5/11

〇用祝弗 11C/5/12
〇必怒合於齊 12/5/16
薛公〇主 14B/6/6
明群臣據〇主 14B/6/7
〇能得欲矣 16/6/23
齊重〇有周 18/7/8
〇留之十四日以待命也 21/7/27
無備〇也 24/8/25
〇使長兵在前 24/8/27
〇易成之曰 33/11/13
〇勸王攻周 34/11/20
〇使相往 38/12/16
〇以戰續之 40/13/23
是〇兵勝於外 40/13/24
〇蘇秦相於趙而關不通 40/14/10
〇曰 40/14/12
51/22/5,80/35/8,136B/68/1
136B/68/4,142/72/2
142/72/27,142/73/14
204A/105/28,233/124/27
303B/154/11,315/161/14
408/194/18,433/211/26
〇先使蘇秦以幣帛約乎
諸侯 41A/14/25
〇不言 41B/15/5
〇民不死也 42/15/15
此無異〇 42/15/23
〇由此觀之 42/15/27
是〇兵終身暴靈於外 42/16/10
〇臣願從事於易 44/18/2
〇拔一國 44/18/4
臣請謁其〇 44/18/7
〇為請相也 45/18/18
〇驕張儀以五國 48A/19/11
必〇之楚 49/20/3
〇賣僕妾不出里巷而取
者 49/20/13
〇不敢妄賀 50/21/4
〇楚之土壤士民非削弱 50/21/18
寡人與子〇也 51/21/25
〇子棄寡人事楚王 51/21/26
〇使人問之 51/21/28
王問其〇 55/23/9,257/136/22
〇常先至 61A/24/29
〇不往 61A/25/10
〇臣竊必之弊邑之王曰 63/26/14
〇攻齊之於陶也 66/27/5
〇以舜、湯、武之賢 66/27/8
越〇亡吳 66/27/11
燕〇亡齊 66/27/11
成陽君以王之〇 71/28/22
〇不能者不敢當其職焉 72/28/29
是何〇也 72/29/10
113/55/20,113/55/22
〇文王果收功於呂尚 73A/30/1
〇十攻而弗能勝也 75/33/8
〇不如因而割之 78/34/8
親習之〇 80/35/12
〇君子殺身以成名 81/36/6
〇比干忠 81/36/8
〇天下以其君父為戮辱 81/36/9
不欺舊〇 81/36/16
〇秦無敵於天下 81/36/24
況於楚之〇地 82A/37/26
〇齊不合也 84B/39/18
〇使於秦 87/40/26
〇宋必盡 87/42/1
〇天下樂伐之也 88/42/27
〇能服世 89/43/4
〇能從鄰 89/43/4
〇先王之所重者 89/43/7
〇曰先得齊、宋者伐秦 89/43/20
中期適遇明君〇也 90/43/27
〇往說之曰 93/44/22
無異〇 94/46/9
〇使工人為木材以接手 95/47/9
〇明主不取其汙 96/48/14
〇可以存社稷者 96/48/15
〇王勝之也 97/48/24
〇人非之不為沮 101/50/16
〇不如南攻襄陵以弊魏 102/50/24
〇不敢 109/53/14
何〇也 110/53/21,420/202/16
是〇韓、魏之所以重與
秦戰而輕為之臣也 112/55/1
是〇恫疑虛猲 112/55/6
是〇願大王熟計之 113/55/25
〇儀願乞不肖身而之梁 115/56/17
115/56/25
〇為君計者 119/58/2
〇曰可以使楚亟入地也 122/59/11
請告太子其〇 122/59/14
〇曰可以益割於楚 122/59/15
〇曰可以使楚益入地也 122/59/19
〇臣能去太子 122/59/22
〇曰可以為楚王使太子
亟去也 122/59/23
〇曰可以使太子急去也 122/59/27
〇多割楚以滅迹也 122/60/2
〇曰可使人惡蘇秦於薛
公也 122/60/3
〇曰可以為蘇秦請封於
楚也 122/60/7
〇君不如因而親之 122/60/12
〇曰可以為蘇秦說薛公
以善蘇秦 122/60/13
〇曰薛不量力 125/61/11
〇物舍其所長 129/62/25
〇三國欲與秦壤界 132B/64/10
〇專兵一志以逆秦 132B/64/13
〇秦得齊 132B/64/14
〇秦、趙、魏得齊者重
132B/64/15
以〇相為上將軍 133/65/22
文不得是二人〇也 135/66/22
〇曰君之好士未也 135/66/25
求存〇往 136A/67/7
亡〇去 136A/67/7
〇舜起農畝 136B/67/26
是〇《易傳》不云乎 136B/67/28
是〇無其實而喜其名者
削 136B/67/29
是〇成其道德而揚功名
於後世者 136B/68/3
臣〇曰不如愛尺轂也 137/69/7
〇有問舍本而問末者耶 138/69/15
〇臣願王明釋帝 141B/70/21
〇釋帝而貳之以伐宋之
事 141B/70/23
〇無權籍 142/71/5
〇剛平之殘也 142/71/13
〇約不為人主怨 142/71/18
明於諸侯之〇 142/72/10
〇明主察相 142/72/17
〇其費與死傷者鈞 142/72/22
〇民之所費也 142/72/22
〇三下城而能勝敵者寡
矣 142/72/26
〇明君之攻戰也 142/73/12
〇鍾鼓竽瑟之音不絕 142/73/17
〇名配天地不為尊 142/73/18

○夫善為王業者 142/73/19
○以一秦而敵大魏 142/73/25
○身廣公宮 142/74/2
○曰衛鞅之始與秦王計也 142/74/5
以○燕舉兵 143/74/12
○知者不再計 145/75/13
○定計而堅守之 145/75/15
○為公計者 145/75/24
○去三北之恥 145/76/7
○去忿恚之心 145/76/10
○業與三王爭流 145/76/11
○解齊國之圍 145/76/13
○為酒而召貂勃 147/77/7
○常見譽於朝 147/77/8
○為棧道木閣 147/78/1
不以不覩之○ 149B/79/3
以○建立四十有餘年不受兵 149B/79/6
使收三晉之○地 150/79/24
使收楚○地 150/79/25
○使蘇涓之楚 151/80/3
○遂與之行 154/81/6
○北方之畏奚恤也 154/81/7
○王不如少出兵 156/81/22
○為梁山陽君請封於楚 157A/81/30
○昭奚恤常惡臣之見王 158/82/14
○令請其宅 162/83/25
○其宅不得 162/83/26
公何為以○與奚恤 162/83/28
非用○也 162/83/29
非○如何也 162/83/29
○楚王何不以新城為主郡也 163/84/8
○惠王之明 166/85/5
○楚南察瀨胡而野江東 166/85/7
○為王至計 167/85/19
○願大王之早計之 167/85/21
○從合則楚王 167/85/26
○從親 167/86/4
○弊邑趙王 167/86/5
○謀未發而國已危矣 167/86/8
是○願大王之熟計之也 168/86/27, 347/173/5,413/197/13
是○願大王熟計之也 168/87/12
○敝邑秦王 168/87/23
○攻有道 169/88/10
○逐之 169/88/11
○亦逐之 169/88/12
○彼廉其爵 170/88/26
○彼崇其爵 170/89/3
○斷脰決腹 170/89/7
○勞其身 170/89/18
○不為爵勸 170/89/25
○王不如與齊約 171/90/7
臣○曰 177/92/5,217/112/8, 230/123/4,327/166/13
臣○曰與之 177/92/14
臣○曰勿與 177/92/18
是○退王之所愛 179/93/19
○明主之察其臣也 179/93/21
○人難之 179/93/23
○欲歸 182/94/9
今為事之○ 184/95/12
○晝游乎江河 192/98/9
臣○食之 196/99/18
○弒賢長而立幼弱 197/100/2
○瘡痛也 198/100/21
○瘡未息 198/100/21
○瘡隕也 198/100/22
○失期 200/101/17,200/101/18
彼亦各貴其○所親 200/101/23
封近○也 201/102/26
○君不如北兵以德趙 201/102/27
○貴為列侯者 204A/105/19
為○君賊新君 204B/106/16
臣○眾人報之 204B/106/23
臣○國士報之 204B/106/23
臣○伏誅 204B/106/26
何○為室之鉅也 207/107/15
○以韓為餌 209/108/14
○出兵以佯示趙、魏 209/108/15
○微韓以貳之 209/108/15
○出質以為信 209/108/16
臣聞聖人甚禍無○之利 211/109/28
何謂無○乎 211/109/28
○自以為坐受上黨也 211/110/1
可謂有○乎 211/110/3
何○不為 211/110/5
問其○ 212/110/22
是○吾事也 212/110/23
○兩君者 214/111/6
○使禽知虎之即己 217/111/28
反楚之○地 217/112/3
有謀○殺使之趙 217/112/4
臣○敢獻其愚 218/112/24
○夫謀人之主 218/112/26
是○明主外料其敵國之強弱 218/113/18
是○橫人日夜務以秦權恐猲諸侯 218/113/26
○尊主廣地強兵之計 218/114/1
○竊為大王計 218/114/2
是○官無乏事而力不困 219/114/17
是○事無敗業而惡不章 219/114/18
○民不惡其尊 219/114/20
○過任之事 219/114/25
○微之為著者強 219/114/26
○裂地以敗於齊 219/115/12
是○不敢匿意隱情 220/116/5
○明德在於論賤 221/117/2
○寡人願募公叔之義 221/117/4
是○聖人苟可以利其民 221/117/16
○去就之變 221/117/18
○寡人且聚舟楫之用 221/117/21
○臣願王之圖之 221/118/5
○勢與俗化 221/118/8
○為己者不待人 221/118/9
○禮世不必一其道 221/118/23
○聖與俗流 221/118/26
○循法之功 221/118/28
○寡人問子以璧 222/119/4
○寡人以子之知慮 222/119/5
○寡人欲子之胡服以傅王乎 222/119/7
○有臣可命 222/119/20
○寡人恐親犯刑戮之罪 223/119/29
○利不百者不變俗 224/120/8
○賢人觀時 224/120/11
○兵不當於用 224/120/13
○能有之 228/122/1
○欲效地於魏而聽薛公 229B/122/24
○寡人不聽 230/123/2
○臣未見燕之可攻也 231/123/13

○從母言之 233/123/31
○其言一也 233/124/1
○不敢對 233/124/2
○不若亟割地求和 233/125/3
而君為相國者以親○ 234/125/20
以齊○ 236/126/15
梁未睹秦稱帝之害○也 236/127/4
○生則朝周 236/127/9
○入之於紂 236/127/16
○脯鄂侯 236/127/16
○拘之於牖里之車 236/127/17
○不敢入於鄒 236/127/23
而將軍又何以得○寵乎 236/127/28
○事有簡而功成者 237/128/13
臣○意大王不好也 238/128/22
○不受也 238/128/24
○發兵自備 245/131/2
○王重見臣也 246/131/8
○天下盡重王 246/131/13
以無齊之○重王 246/131/13
燕、魏自以無齊○重王 246/131/14
○勸王無齊者 246/131/14
齊為王之○ 247/132/1
○攻城野戰 247/132/1
今王又挾○薛公以為相 247/132/4
臣○欲王之偏劫天下 247/132/8
○曰君必無講 249/134/3
○臣死不復見於王矣 250/134/12
何○寧朝於人 251/134/19
座薄○也 251/134/24
○魏之免相望也 251/135/1
嘗以魏之○ 251/135/1
○效地 254/136/4
何○至今不遣 258A/137/3
○日月暉於外 258A/137/12
○友之 259/138/11
○王不如勿逐 259/138/12
○相與謀曰 261/138/22
○謀而入之秦 261/138/22
○君不如遣春平侯而留平都侯 261/138/23
○願望見太后 262/139/2
○以為其愛不若燕后 262/139/18
何○弗予 264A/140/6
無○索地 264A/140/6,264A/140/7
○弗予 264A/140/7
樂羊以我之○ 265/140/23
政惡○也 269/141/28
○又與田四十萬 270/142/13
○《老子》曰 270/142/13
○兵未用而國已虧矣 272/143/10
○敝邑趙王使使臣獻愚計 272/143/16
○戰場也 273/143/25
是○天下之遊士 273/144/16
○願大王之熟計之也 273/144/17
○王不如復東蘇秦 275/145/6
臣與燕、趙○矣 276/145/15
○謂魏王曰 282/147/6
○令人謂韓公叔曰 283/147/12
令以饑○ 285/147/27
○用之也 290/149/4
○王不如釋藺 295/150/14
而以民勞與官費用之○ 296/150/21
○使欒水見之 296/150/28
太子為及日之○ 296/150/29
○使雪甚 296/151/1
○為王計 297/151/20
是○又為足下傷秦者 297/151/24
○以十人之眾 303A/153/27
臣○恐魏交之益疑也 304/154/22
臣○恐趙之益勁也 304/154/24
破○國 310/157/14
盡○宋 310/158/3
○太后母也 315/161/1
王欲得○地 315/161/6
秦○有懷地刑丘、之城、垝津 315/161/17
是○臣願以從事乎王 315/162/2
因求○地於韓 315/162/2
如此則士民不勞而○地得 315/162/3
○荀息以馬與璧假道於虞 317A/162/21
○《春秋》書之 317A/162/22
○勸秦攻魏 317B/162/30
齊王○欲伐楚 317B/162/30
○以與魏 317B/163/10
何○而弗有也 317B/163/10
何○不能有地於河東乎 317B/163/17
○臣能無議君於王 324/165/14
○為王計者 325/165/29
○以垣雍餌王也 327/166/11
○令魏氏收秦太后之養地秦王於秦 329A/166/24
○委國於趙也 329A/166/25
○敝邑收之 329A/166/26
○王不如順天下 329B/167/4
○君不如安行求質於秦 331/167/16
○欲先構 332/167/22
王知其○乎 333/167/28
○公不如示有魏 335/168/13
○畢曰 342/171/5
○不錯意也 343/171/16
○為大王計 348A/173/29
是○秦王使使臣獻書大王御史 348A/174/2
國形不便○馳 351/174/27
交不親○割 351/174/27
○王胡不卜交乎 352/175/7
○楚王卜交而市丘存 352/175/10
○言先楚也 353/175/16
○謂大宰曰 354/175/22
○因而請秦王曰 354/175/23
○使使臣再拜謁秦王 354/175/23
公仲以宜陽之○ 356B/176/9
○樗里疾大說杜聊 356B/176/10
○不見率也 358/177/11
○王不信也 359/177/23
○先王聽諺言於市 360/178/9
○王不如令韓中立以攻齊 360/178/19
○鯉之與於遇 361/179/3
○王不如無罪景鯉 361/179/4
○敢捍楚 366/180/21
秦王必祖張儀之○謀 367/181/1
○不如出兵以勁魏 367/181/3
而以不得已之○來使 374/182/28
○直進百金者 385/185/26
此為我○也 385/186/21
韓○已攻宋矣 388/188/4
○欲病之以固交也 389/188/14
是○哀侯為君 391/189/15
○賣美人 393/190/3
○秦買之三千金 393/190/4
○客有說韓者曰 393/190/6

〇善為計者 393/190/7
〇公不如勿攻也 394/190/12
臣〇願公仲之國以侍於王 396C/191/20
何〇使公來 399/192/10
〇君收韓 405/193/22
〇纆牽於事 407/194/5
是〇願大王與趙從親 408/194/19
〇為君計 409/195/3
〇桓公負婦人而名益尊 411/195/28
秦知王以己之〇歸燕城也 411/195/30
燕無〇而得十城 411/195/30
〇妾一僵而棄酒 412/196/27
〇至今有摩笄之山 413/197/6
〇大亂者可得其地 414/197/21
〇寡人之所欲伐也 415/198/12
〇王不如東蘇子 417/200/15
〇往見郭隗先生曰 418/200/20
皆以不自憂〇也 420/202/22
〇功可成 420/202/25
〇功不可成而名不可立也 420/202/26
〇齊雖強國也 420/202/29
足下以愛之〇與 420/203/2
恐以忠信之〇 420/203/3
〇為美酒 420/203/11
〇妾所以笞者 420/203/12
楚王為是之〇 422/203/31
〇事秦 422/204/2,422/204/7
臣〇知入齊之有趙累也 423/205/10
〇齊、趙之合苟可循也 424/205/21
蘇子怒於燕王之不以吾〇 424/205/28
〇臣雖為之不累燕 424/206/1
〇舉大事 424/206/6
〇獻御書而行 427/207/13
〇公子貴 428/208/8
〇非及太后與王封公子 428/208/9
是〇謀者皆從事於除患之道 430/208/22
〇召將軍且休計事 431/209/10
〇遁逃奔趙 431/209/15
〇不敢為辭說 431/209/15
〇敢以書對 431/209/17
〇察能而授官者 431/209/20
〇假節於魏王 431/209/21
〇受命而不辭 431/209/23
〇鼎反於厤室 431/210/1
〇裂地而封之 431/210/3
〇受命而弗辭 431/210/4
〇著於春秋 431/210/6
〇稱於後世 431/210/6
〇吳王遠迹至於郢 431/210/10
〇吳王夫差不悟先論之可以立功 431/210/11
〇沉子胥而不悔 431/210/11
〇入江而不改 431/210/12
〇敢以書報 431/210/17
〇古之人稱之 432/210/26
〇中山亡 432/211/8
〇願王之熟計之也 434/212/6
〇君捐國而去 438/213/10
〇使使者陳愚意 438/213/11
以〇掩人之邪者 438/213/15
且世有薄於〇厚施 438/213/17
行有失而〇惠用 438/213/17
寧於〇國爾 438/213/25
〇前業不忘 438/213/26
〇遠近無議 438/213/26
〇振慴 440/217/11
〇不可立拔 440/217/14
以〇荊軻逐秦王 440/217/16
〇兵退難解 444/219/12
〇名有所加而實有所歸 444/219/12
〇射天笞地 447/220/7
必有〇 448B/220/22
必先與之王而〇親之 454/222/28
〇來死君也 459B/225/19
韓、魏以〇至今稱東藩 461/226/12
〇起所以得引兵深入 461/226/17
以是之〇能立功 461/226/22

錮 gù 2

諸侯〇之 365/180/3
今四國〇之 365/180/4

顧 gù 35

不〇其先君之丘墓 14B/6/6
〇爭於戎狄 44/17/28
今太后擅行不〇 73B/31/28
不〇一子以留計 93/45/6
〇反聽命於韓也 103/51/2
則狼〇 112/55/5
皆為一時說而不〇萬世之利 113/55/15
孟嘗君〇謂馮諼 133/65/19
願君〇先王之宗廟 133/65/26
不〇燕王之無臣 145/75/12
計不〇後 145/76/5
左右〇無人 146/76/24
不〇其禍 167/86/3
〇而大息曰 170/89/5
秦王〇令不起 170/89/16
不〇國政 192/97/21
見菟而〇犬 192/97/28
而小弱〇能得之強大乎 211/110/2
殆毋〇天下之議矣 221/116/23
胡服不〇世 221/118/17
〇反至坐 239A/129/3
偷取一旦之功而不〇其後 272/143/11
不〇親戚兄弟 315/160/30
夫不〇社稷之長利 348A/173/25
〇為臣 416A/199/18
去而〇之 425/206/14,425/206/14
〇反命 431/209/29
不〇先王以明而惡 438/213/30
〇計不知所出耳 440/216/13
終已不〇 440/217/2
荊軻〇笑武陽 440/217/10
中山君〇謂二人 459B/225/17
咸〇其家 461/226/19
韓孤〇魏 461/226/20

瓜 guā 1

秦趙之敝而〇分之 233/125/4

寡 guǎ 304

〇人將寄徑於梁 1/1/10
〇人將寄徑於楚 1/1/11

〇人終何塗之從而致之齊 1/1/13
子為〇人謀 2/1/26,314/160/3
〇人不敢弗受 5B/3/5
〇人知嚴氏之為賊 21/7/26
〇人請以國聽 25/9/4
周君怨〇人乎 32/11/2
然刻深〇恩 39/12/24
〇人聞之 40/13/12,131/63/22 168/87/27,170/89/16
蘇秦欺〇人 41A/14/24
〇人忿然 41A/14/26
〇人聽子 44/18/9,314/160/21
孰視〇人曰 49/20/10
〇人遂無柰何也 49/20/11
〇人因問曰 49/20/11
子為〇人慮之 50/20/20
〇人自以為智矣 50/21/3
張子以〇人不絕齊乎 50/21/11
〇人與子故也 51/21/25
〇人不佞 51/21/25,438/213/10
故子棄〇人事楚王 51/21/26
以其餘為〇人乎 51/21/27
能有國者〇也 51/22/4
〇人欲車通三川 55/23/3
而〇人死不朽乎 55/23/3
〇人不聽也 55/23/19
〇人固無地而許楚王 56/23/29
與〇人爭辭 60/24/21
〇人數窮焉 60/24/21
〇人且相子 61B/25/15
〇人託國於子 61B/25/16
〇人宜以身受令久矣 73A/29/19
〇人日自請太后 73A/29/19
〇人乃得以身受命 73A/29/20
先生何以幸教〇人 73A/29/24
先生不幸教〇人乎 73A/29/27
〇人愚不肖 73A/30/18
此天以〇人慁先生 73A/30/18
〇人得受命於先生 73A/30/19
願先生悉以教〇人 73A/30/20
無疑〇人也 73A/30/20
〇人欲親魏 73A/31/12
〇人不能親 73A/31/12
〇人欲收韓 73A/31/17
〇人一城圍 79/34/19
〇人欲割河東而講 83A/38/13
〇人決講矣 83A/38/20
猶無柰〇人何也 83B/38/27
其無柰〇人何 83B/38/28
魏許〇人以地 84A/39/10
魏王倍〇人也 84A/39/10
王何不與〇人遇 84A/39/11
是王以魏地德〇人 84A/39/11
〇人絕其西 84A/39/12
〇人之國貧 86/40/17
〇人子莫若楚 93/45/14
〇人屈於內 96/47/22
吾聞子以〇人財交於諸侯 96/48/4
有何面目復見〇人 96/48/5
靖郭君之於〇人一至此乎 101/50/10
〇人少 101/50/10
客肯為〇人來靖郭君乎 101/50/11
晏首貴而仕人〇 107/52/7
能面刺〇人之過者 108/52/26
上書諫〇人者 108/52/26
聞〇人之耳者 108/52/27
此不叛〇人明矣 109/53/9
然則子何以弔〇人 110/53/22
〇人不敏 112/55/10
〇人甚憎儀 115/56/23
視吾家所〇有者 133/65/6
君云『視吾家所〇有者』 133/65/12
君家所〇有者以義耳 133/65/13
〇人不敢以先王之臣為臣 133/65/18
〇人不祥 133/65/25
〇人不足為也 133/65/26
〇人地數千里 134/66/8
而因欲難〇人 134/66/9
〇人直與客論耳 134/66/13
〇人善孟嘗君 134/66/14
欲客之必諭〇人之志也 134/66/14
南面稱〇者 136B/67/26
是以侯王稱孤〇不穀 136B/68/6
非夫孤〇者 136B/68/6
〇人自取病耳 136B/68/10
且顏先生與〇人游 136B/68/11
〇人請從 137/68/23
〇人奉先君之宗廟 137/68/24
〇人愚陋 137/68/28
〇人何好 137/69/3
〇人憂國愛民 137/69/5
〇人有罪國家 137/69/9
哀鰥〇 138/69/18
而能事成者〇矣 142/71/5
則事以眾強適罷〇也 142/71/26
莫如僅靜而〇信諸侯 142/71/28
〇信諸侯 142/71/28
而能從諸侯者〇矣 142/72/18
而能從諸侯〇矣 142/72/24
故三下城而能勝敵者〇矣 142/72/26
世世稱孤〇 145/75/27
〇人憂民之飢也 146/76/26
〇人憂民之寒也 146/76/26
〇人憂勞百姓 146/76/27
稱〇人之意 146/76/27
子無罪於〇人 147/77/20
〇人知之 157B/82/8
〇人願兩聞之 159/82/22
〇人萬歲千秋之後 160/83/10
〇人欲置相於秦 166/85/3
〇人之國 167/86/7
〇人自料 167/86/9
〇人臥不安席 167/86/9
〇人謹奉社稷以從 167/86/10
〇人年幼 168/87/26
〇君身出 170/89/10,170/89/15
〇人之得求反 177/92/11
子良見〇人曰 177/92/24
常見〇人曰 177/92/25
鯉見〇人曰 177/92/25
〇人誰用於三子之計 177/92/26
〇人聞先生 180/93/27
今先生乃不遠千里而臨〇人 180/93/28
〇人聞命矣 180/93/30
〇人無求於晉國 182/94/13
〇人之獨何為不好色也 182/94/16
〇人聞韓侈巧士也 187/96/9
今鄭褎知〇人之說新人也 190/97/5
其愛之甚於〇人 190/97/5
夫新人見〇人 190/97/9
〇人不能用先生之言 192/97/25
而〇人弗與焉 203/104/4
其移兵〇人必矣 203/104/5
〇人所親之 203/104/28
〇人舍子 204B/106/24

〇人不舍子 204B/106/25
今馮亭令使者以與〇人 211/109/27
今其守以與〇人 211/110/7
苟來舉玉趾而見〇人 217/112/2
內度其士卒之眾〇、賢與不肖 218/113/19
〇人年少 218/114/11,220/116/9
〇人敬以國從 218/114/12
〇人案兵息民 219/114/28
〇人宮居 220/116/8
而世必議〇人矣 221/116/21
〇人非疑胡服也 221/116/26
〇人胡服 221/116/29,223/119/28
今〇人作教易服 221/116/30
今〇人恐叔逆從政之經 221/117/3
且〇人聞之 221/117/3
故〇人願募公叔之義 221/117/4
故〇人且聚舟楫之用 221/117/21
非〇人所望於子 221/117/26
〇人始行縣 222/119/3
故〇人問子以璧 222/119/4
故〇人以子之知慮 222/119/5
故〇人欲子之胡服以傅王乎 222/119/7
〇人也 222/119/11
〇人以王子為子任 222/119/19
以事〇人者畢矣 222/119/21
〇人與子 222/119/21
故〇人恐親犯刑戮之罪 223/119/29
亂〇人之事 224/120/15
今〇人不逮 228/122/1
〇人有不令之臣 228/122/1
非〇人之所敢知 228/122/2
〇人不聽 230/123/1
故〇人不聽 230/123/2
〇人使卷甲而趍之 235/125/28
〇人使平陽君媾秦 235/126/5
〇人不好兵 238/128/22
〇人不喜 238/128/23
〇人請奉教 238/128/28
幸以臨〇人 239A/129/4
先生不知〇人不肖 239A/129/5
〇人與子有誓言矣 250/134/12
敝邑〇君亦竊嘉之 258B/137/21
數欺弄〇人 258B/137/27
親〇君之母弟也 258B/137/28
〇人與趙兄弟 264B/140/16
〇人與韓兄弟 264B/140/17
既為〇人勝強敵矣 270/142/12
而謂〇人必以國事聽鞅 271/142/20
〇人不肖 272/143/17
且夫從人多奮辭而〇可信 273/144/15
〇人惷愚 273/144/20
李從約〇人 276/145/22
犀首必欲〇人 276/145/23
〇人欲之 276/145/23
〇人亦以事因焉 276/145/24
子果無之魏而見〇人也 278/146/8
魏王聞〇人來 288/148/24
使公孫子勞〇人 288/148/24
〇人無與之語也 288/148/24
〇人之股掌之臣也 292/149/20
〇人之讎也 301/153/4
〇人疑之矣 306/155/19
〇人信之矣 306/155/20
〇人自為知 306/155/21
〇人固刑弗有也 308/156/11
〇人請以鄴事大王 308/156/11
魏王請以鄴事〇人 308/156/12
使〇人絕秦 308/156/12
子患〇人入而不出邪 311/158/15
請殉〇人以頭 311/158/16
然則先生之為〇人計之何如 313/159/27
〇人願子之行也 314/160/4
〇人不能 314/160/7
今周冣遁〇人入齊 337/168/24
〇人知魏之急矣 338/169/2
〇人欲以五百里之地易安陵 343/171/13
安陵君其許〇人 343/171/13
〇人以五百里之地易安陵 343/171/15
安陵君不聽〇人 343/171/15
而君逆〇人者 343/171/17
輕〇人與 343/171/17
〇人諭矣 343/171/25
〇人無所用之 344A/172/4
子嘗教〇人循功勞 346/172/23
〇人雖死 347/173/12
食之〇 348A/173/24
其〇力者籍外權 348B/174/11
何意〇人如是之權也 396B/191/7
〇人國小 408/194/22
〇人蠻夷辟處 413/197/15
〇人之於齊、趙也 415/198/5
〇人不敢隱也 415/198/11
故〇人之所欲伐也 415/198/12
則〇人奉國而委之於子矣 415/198/12
〇人聞太子之義 416A/199/21
〇人之國小 416A/199/22
〇人將誰朝而可 418/200/30
子以此為〇人東游於齊 420/203/1
〇人甚不喜訑者言也 421/203/18
〇人積甲宛 422/203/29
〇人如射隼矣 422/203/30
為木人以寫〇人 422/204/9
〇人地絕兵遠 422/204/10
〇人如自得之 422/204/10
齊王四與〇人約 422/204/13
四欺〇人 422/204/13
必率天下以攻〇人者三 422/204/14
〇人固與韓且絕矣 422/204/17
〇人如自有之 422/204/18
今〇人發兵應之 426/206/26
願子為〇人為之將 426/206/27
〇人知子矣 426/206/28
此〇人之過也 426/207/3
〇人且與天下伐齊 429/208/15
〇人有時復合和也 429/208/16
〇人豈敢一日而忘將軍之功哉 431/209/9
〇人新即位 431/209/9
左右誤〇人 431/209/9
〇人之使騎劫代將軍者 431/209/10
以與〇人有郄 431/209/11
假〇人五年 433/211/17
〇人得其志矣 433/211/17
則〇人之不肖明矣 438/213/10
〇人望有非則君掩蓋之 438/213/12
且〇人之罪 438/213/13
君微出明怨以棄〇人 438/213/13
〇人必有罪矣 438/213/14

世有掩○人之邪 438/213/16
救○人之過 438/213/16
輕棄○人以快心 438/213/17
今使○人任不肖之罪 438/213/18
○人雖不肖乎 438/213/20
然則不內蓋○人 438/213/21
本欲以為明○人之薄 438/213/22
揚○人之辱 438/213/23
願君無以○人不肖 438/213/24
今○人之罪 438/213/26
而議○人者遍天下 438/213/27
今以○人無罪 438/213/28
復以教○人 438/213/29
使○人進不得脩功 438/213/30
此○人之愚意也 438/213/31
則○人不忍也 444/219/4
○人知之矣 444/219/7
○人羞與中山並為王 454/222/15
○人且王 454/222/16
羞與○人並為王 454/222/16
而欲伐○人 454/222/17
○人所以閉關不通使者 455/223/19
而○人不與聞焉 455/223/19
王苟舉趾以見○人 455/223/20
今○人息民以養士 461/225/30
○人既以興師矣 461/226/8
是以○人大發軍 461/226/13
君嘗以○擊衆 461/226/14
以衆擊○乎 461/226/14
彊為○人臥而將之 461/227/3
○人之願 461/227/3
○人恨君 461/227/3

詿 guà 1

○誤人主者 348A/173/26

怪 guài 7

孟嘗君○之 133/65/2
孟嘗君○其疾也 133/65/11
其無足○ 236/127/9
而臣竊○王之不試見臣 246/131/7
愈○其厚 385/185/24
齊師○之 436/212/21
群臣○之 440/217/10

官 guān 39

○為柱國 2/1/26
有能者不得不○ 72/28/28
能治衆者其○大 72/28/29
損不急之○ 81/37/1
今大王使守小○ 95/46/17
以○長而守小○ 95/46/28
五○之計 100/49/19
其○爵何也 117/57/12
○為上柱國 117/57/12
○之上非可重也 117/57/18
大○未可得 128/62/10
小○公又弗欲 128/62/10
於是舉士五人任○ 137/69/9
○之所私出也 142/72/23
取十○而無罪 166/85/6
五○失法 170/89/22
五○得法 170/89/22
知者○之 189/96/26
是故○無乏事而力不困 219/114/17
獨制○事 220/116/8
所以成○而順政也 221/118/6
傅命僕○ 222/119/13
子知○府之籍 224/120/12
今子以○府之籍 224/120/15
公甫文伯○於魯 233/123/28
處梁之（○）〔宮〕 236/127/28
僕○之丞相 242/130/9
以衛王○ 262/139/8
君明則樂○ 268/141/14
臣恐君之聾於○也 268/141/14
○費又恐不給 296/150/20
而以民勞與○費用之故 296/150/21
申子請仕其從兄○ 346/172/22
其任○置吏 384/185/13
其丈夫○三年不歸 420/203/7
百○持職 428/208/6
不以○隨其愛 431/209/19
故察能而授○者 431/209/20

冠 guān 30

身布○而拘於秦 89/43/10
○舞以其劍 96/47/23
○舞其劍 101/50/13
朝服衣○窺鏡 108/52/13
衣○而見之 133/65/11
王使人為○ 137/69/6
田單免○徒跣肉袒而進 147/77/19
大○若箕 148/78/12
今將倒○而至 164/84/18
○帶不相及 170/89/13
子必以衣○之敝 182/94/9
遂以○纓絞王 197/100/4
鯷○秫縫 221/117/15
遂賜周紹胡服衣○ 222/119/22
且令工以為○ 239A/129/3
何不令前郎中以為○ 239A/129/7
郎中不知為○ 239A/129/7
為○而敗之 239A/129/7
受○帶 272/143/4,273/144/20,338/169/3,347/173/4
○蓋相望 338/168/29,399/192/9,399/192/11
亦免○徒跣 343/171/21
○蓋相望也 366/180/9
皆白衣○以送之 440/216/27
髮盡上指○ 440/217/1
為無顏之○ 447/220/8

棺 guān 1

見○之前和 296/150/27

關 guān 38

故蘇秦相於趙而○不通 40/14/10
大王苟能閉○絕齊 50/20/26
出○遇蘇子 61A/24/27
棄逐於秦而出○ 61A/25/1
秦啓○而聽楚使 62/25/22
伍子胥橐載而出昭○ 73A/30/9
左○、阪 73A/30/23
走涇陽於○外 73B/32/10
韓必為○中之候 87/42/9
而魏亦○內候矣 87/42/10
而○內二萬乘之主注地於齊 87/42/10
悉趙涉河○ 113/55/24
指摶○ 113/55/24
即臨晉之○可以入矣 150/79/24

即武○可以入矣 150/79/25
一軍出武○ 167/85/20
不至十日而距扞○ 168/87/2
扞○驚 168/87/2
秦舉甲出之武○ 168/87/3
且夫秦之所以不出甲於函谷○十五年以攻諸侯者 168/87/9
天下○閉不通 182/94/21
距於扞○ 209/108/21
趙涉河、漳、博○ 218/114/5
楚軍武○ 218/114/6,218/114/7
秦必不敢出兵於函谷○以害山東矣 218/114/8
秦兵不敢出函谷○十五年矣 220/115/21
啓○通敝 233/124/15
魏氏閉○而不通 275/145/3
王不若與竇屢○內侯 287/148/11
欲使五國約閉秦○者 297/152/7
趙王因令閉○絕秦 308/156/15
因而○之 315/162/6
伐榆○而韓氏亡鄭 319/164/4
望諸攻○而出逃 424/206/5
薛公釋戴逃出於○ 424/206/6
齊閉○不通中山之使 455/223/6
寡人所以閉○不通使者 455/223/19

鰥 guān 1

哀○寡 138/69/18

觀 guān 51

將以○秦之應趙、宋 13/5/21
亦將○韓、魏之於齊也 13/5/22
由此○之 40/13/17
108/52/25,136B/67/27
142/72/5,142/72/14
142/73/4,197/100/9
故由此○之 42/15/27
由是○之 42/16/26,136B/67/17
237/128/14,341/170/22
德楚而○薛公之為公也 67/27/23
○三國之所求於秦而不能得者 67/27/23
○張儀與澤之所不能得於薛公者也 67/27/24
願少賜游○之間 72/29/13
君獨不○博者乎 81/37/5
從此○之 87/41/14
以臣之心○之 89/43/18
而親○其孰勝 95/46/18
臣○薛公之留太子者 122/59/10
君不以使人先○秦王 134/66/3
○百獸之見我而敢不走乎 154/81/5
淹留以○之 192/97/24
臣○成事 204A/105/23
臣竊○君與蘇公談也 208/108/1
臣竊以事○之 209/108/14
欲鄰國聞而○之也 209/108/15
臣竊○其圖之也 209/108/16
遠方之所○赴也 221/117/9
是以聖人○其鄉而順宜 221/117/14
非所以○遠而論始也 221/118/6
○時而制法 221/118/22
故賢人○時 224/120/11
而不○於時 224/120/11
以○奉陽君之應足下也 248/132/25
臣循燕○趙 248/132/27
從是○之 269/141/28,393/190/5
新○也 284/147/22
以臣之○之 315/161/29
○鞅謂春申曰 364/179/23
則蓋○公仲之攻也 394/190/13
○王之群臣下吏 415/197/29
臣以所學者○之 431/209/20
且秦王亦將○公之事 449/220/29
○其地形險阻 458/224/23
○人民謠俗 458/224/27
使李疵○之 459A/225/9

莞 guǎn 1

納于○鍵 236/127/20

管 guǎn 27

○仲故為三歸之家 8B/4/1
王不聞夫○與之說乎 51/21/29
○莊子將刺之 51/21/29
○與止之曰 51/22/1
淖齒○齊之權 73B/32/5
齊公得○仲 73B/32/12
○仲不足大也 81/36/11
○仲 96/48/11
而治可為○、商之師 134/66/11
○燕得罪齊王 140/70/3
○燕連然流涕曰 140/70/3
昔○仲射桓公中鉤 145/76/1
使○仲終窮抑 145/76/3
然而○子并三行之過 145/76/3
齊桓公得○夷吾以為仲父 147/77/25
○仲去魯入齊 197/99/27
秦攻韓之○ 325/165/19
必韓之○也 325/165/21
秦果釋○而攻魏 325/165/24
今攻韓之○ 325/165/27
○鼻之令翟強與秦事 330/167/9
魏攻○而不下 340/169/22
其子為○守 340/169/22
將使高攻○也 340/169/25
今吾攻○而不下 340/169/28
○仲逃於魯 424/206/4
雖有○、晏 440/214/25

館 guǎn 3

今奉陽君捐○舍 218/112/23
而燕王不○也 412/196/8
王乃逃倪侯之○ 447/220/9

貫 guàn 6

則同心於○之者 142/73/9
巖下有○珠者 146/76/24
○珠者復見王曰 146/77/1
禍與福相○ 189/96/27
白虹○日 343/171/22
○頤奮戟者 348A/173/20

灌 guàn 6

決水○之 42/17/4
決晉水以○晉陽 83B/39/1
汾水利以○安邑 83B/39/2

絳水利以○平陽 83B/39/3
決晉水而○之 203/104/14
而決水○知伯軍 203/105/10

光 guāng 20

使若卞隨、務○、申屠狄 96/48/14
○照鄰國 145/76/4
獻鷄駭之犀、夜○之璧於秦王 168/87/27
燕有田○先生者 440/214/28
出見田○ 440/215/1
田○曰 440/215/1,440/215/5 440/215/7,440/215/13
今太子聞○壯盛之時 440/215/6 440/215/11
○不敢以乏國事也 440/215/6
田○俛而笑曰 440/215/9
○與子相善 440/215/11
○竊不自外 440/215/12
○聞長者之行 440/215/13
今太子約○曰 440/215/14
是太子疑○也 440/215/14
言○已死 440/215/15
言田○已死 440/215/18

廣 guǎng 42

則地○而益重 22/8/5
載以○車 24/8/25
安坐而○地 40/13/22
地○而兵強 42/15/25
務○其地 44/18/1
足以○國也 44/18/4
○從六里 50/21/12
○地殖穀 81/36/18
是以兵動而地○ 81/36/24
此皆○川大水 87/41/23
土○不足以為安 88/42/16
若土○者安 88/42/16
今王○德魏、趙 89/43/4
文信侯欲攻趙以○河間 94/45/21
以○河間之地 94/45/22
欲攻趙而○河間也 94/46/9
今王齎臣五城以○河間 94/46/10
趙王立割五城以○河間 94/46/10
地○人眾 113/55/16
○鄰敵以自臨 115/56/28
地可○ 142/71/19
地可○而欲可成 142/73/18
故身○公宮 142/74/2
○封疆 204A/105/18
故尊主○地強兵之計 218/114/1
地○而不耕 219/114/23
德博而地○ 219/115/2
眾人○坐之中 237/128/16
大王○地寧邑 258B/137/21
則地○矣 275/145/7
信韓、○魏、救趙 285/147/29
欲以為王○土取尊名 292/149/19
地可○大 318/163/25
君攻楚得宛、穰以○陶 323/165/8
攻齊得剛、博以○陶 323/165/8
得許、鄢陵以○陶 323/165/9
以○地尊名 334/168/7
請○於君 343/171/17
憑君○王而不聽公叔 371/182/4
因其○而○之 433/211/27
趙○三百里 439/214/11

圭 guī 3

公爵為執○ 2/1/26
封之執○ 170/89/23
白○謂魏王曰 331/167/15

珪 guī 7

爵為上執○ 117/57/12
通侯、執○死者七十餘人 168/87/10
於是乃以執○而授之為陽陵君 192/98/20
白○謂新城君曰 324/165/14
申不害與昭釐侯執○而見梁君 390/188/24
我執○於魏 390/188/25
白○逃於秦 424/206/5

規 guī 7

齊無天下之○ 145/75/17
段○諫曰 203/103/25
康子之謀臣曰段○ 203/105/3
先生之計大而○高 208/108/4
且以繩墨案○矩刻鏤我 212/110/22
段○謂韓王曰 344A/172/3
段○曰 344A/172/4

傀 guī 9

聶政之刺韓○也 343/171/22
韓○相韓 385/185/18
舉韓○之過 385/185/18
韓○以之叱之於朝 385/185/18
游求人可以報韓○者 385/185/19
臣之仇韓相○ 385/186/8
○又韓君之季父也 385/186/8
上階刺韓○ 385/186/14
韓○走而抱哀侯 385/186/15

閨 guī 1

至中○ 130/63/13

龜 guī 1

襄主錯○ 42/17/4

歸 guī 114

不若○之大國 1/1/5
管仲故為三○之家 8B/4/1
○其劍而責之金 30/10/16
商君告○ 39/12/27
商君○還 39/13/2
去秦而○ 40/13/29
狀有○色 40/13/30
○至家 40/13/30
子○告王曰 55/23/6
向壽○以告王 55/23/7
載與俱○者 73A/30/1
則利○於陶 73B/32/3
而禍○社稷 73B/32/3
遂弗○ 74/32/18
利盡○於陶 74/32/28
君何不以此時○相印 81/37/9
請○相印 81/37/16
乃謝病○相印 81/37/19

楚王引○ 82A/37/24
○帝重於齊 87/42/5
○而謂父曰 93/44/18
求○ 93/44/23
而願一得○ 93/45/1
王后乃請趙而○之 93/45/3
若使子異人○而得立 93/45/6
請○燕太子 94/46/10
○燕太子 94/46/11
賈不○四國 96/48/6
而兩○其國於秦 111/54/5
爵且後○ 117/57/19
○於君矣 119/58/3
長鋏○來乎 133/64/24
133/64/25,133/64/27
乃歌夫長鋏○來者也 133/65/2
𠍴願得○ 136B/68/14
願得賜○ 136B/68/16
○反撲 136B/68/18
然而天下獨○咎於齊者 142/71/20
女尚何○ 144/74/29
不敢○ 145/75/8
民心無所○ 145/75/20
○報燕王 145/75/24
○之於義 147/78/1
○於何黨矣 148/78/14
昭雎○報楚王 169/88/5
日晦而○食 170/88/25
王不如與之盟而○之 176/91/28
太子辭於齊王而○ 177/92/3
乃○子 177/92/4
不得○ 177/92/4
齊王○楚太子 177/92/6
太子○ 177/92/8
王墳墓、復群臣、○社
稷也 177/92/11
今楚王○ 178/93/10
舍人怒而○ 182/94/9
故欲○ 182/94/9
子○ 185/95/23
薛公○太子横 195/99/9
已而謁○ 200/101/17
乃復○土 208/107/26
謹使可全而○之 216/111/21
而○其死於虎 217/111/28
而○其國於秦 217/111/29
五年乃○ 225/121/7
兵必○於趙矣 229A/122/13
引兵而○ 233/123/26
倦而○乎 233/124/7
必以倦而○也 233/124/8
倦而○ 233/124/8
秦倦而○ 233/124/21
已而復○帝 236/126/15
吾請為君責而○之 236/126/21
臣是以欲足下之速○休
士民也 248/132/17
乃引其兵而○ 252/135/19
不如盡○中山之新地 253/135/24
則使者○矣 258B/137/24
公不如○太子以德之 302/153/21
而邯鄲復○ 310/157/13
而燕國復○ 310/157/14
因○燕、趙之兵 314/160/24
王○寧邑 332/167/21
安能○寧乎 332/167/23
秦○武遂於韓 356B/176/9
○地而合於齊 360/178/17
易穀川以○ 360/178/20
尚靳○書報韓王 366/180/16
秦取西河之外以○ 367/181/3
易三川而○ 367/181/5
王不如亟○幾瑟 381/184/13
韓陽役於三川而欲○ 392/189/28
王於是召諸公子役於三
川者而○之 392/189/29
莫如○燕之十城 411/195/29
秦知王以己之故○燕城
也 411/195/30
乃○燕城 411/196/1
其夫且○ 412/196/25
皆終○齊 416B/200/9
而○楚之淮北 419/202/1
○楚之淮北 419/202/2
○耕乎周之上地 420/202/16
其丈夫官三年不○ 420/203/7
請自○於吏以戮 426/207/2
將○罪於臣 427/207/14
則臣請○醳事 427/207/21
遂捐燕而○趙 431/209/11
亡○ 440/214/18
○身於丹 440/214/27
樊將軍以窮困來○丹 440/216/8
臧子乃○ 441/218/5
○ 443/218/30
帥師而○ 443/218/31
故名有所加而實有所○
444/219/12
樗里子亦得三百金而○ 449/221/3
○報中山王曰 458/225/1

軌 guǐ 1

車不得方○ 112/55/4

垝 guǐ 1

秦故有懷地刑丘、之城
、○津 315/161/17

鬼 guǐ 13

○神狐祥無所食 87/41/20
○且不知也 110/53/22
獨○事耳 124/60/24
固且以○事見君 124/60/24
謁者難得見如○ 180/93/29
因○見帝 180/93/29
先生以○之言見我則可
208/107/23
臣固以○之言見君 208/107/24
非當於○神也 209/108/11
○侯之鄂侯、文王 236/127/15
○侯有子而好 236/127/15
醢○侯 236/127/16
威服天下○神 447/220/8

桂 guì 4

大破之○陵 102/50/26
薪貴於○ 180/93/28
今令臣食玉炊○ 180/93/29
中封小令尹以○陽 359/177/18

貴 guì 90

西○於秦 7/3/17
○合於秦以伐齊 14B/6/6
富○則親戚畏懼 40/14/19
勢位富○ 40/14/20
而民為之者是○奮也 42/15/19

○賤不相信 42/16/15
四○備而國不危者 73B/31/28
三○竭國以自安 74/33/1
以己欲富○耳 77/33/23
曰『去○妻 80/35/4
○妻已去 80/35/6
富○顯榮 81/35/28
○富不驕怠 81/36/5
而君之祿位○盛 81/36/19
太子門下無○者 93/44/26
說有可以一切而使君富○千萬歲 93/44/28
憂首○而仕人寡 107/52/7
異○於此者何也 117/57/13
令尹○矣 117/57/13
○而重之 122/60/13
富○則就之 136A/67/6
王者○乎 136B/67/14
士○乎 136B/67/15
士○耳 136B/67/15
王者不○ 136B/67/15
得○士之力也 136B/67/25
雖○ 136B/68/5
豈非下人而尊○士與 136B/68/7
是以明乎士之○也 136B/68/8
非弗寶○矣 136B/68/13
無罪以當○ 136B/68/15
豈先賤而後尊○者乎 138/69/14
少長○賤 142/73/9
知其○人 143/74/22
尊卑○賤 145/75/14
非○跖而賤堯也 147/77/8
○甚矣而主斷 161/83/20
所欲○富者魏也 169/88/10
子內擅楚之○ 174/91/10
○且使己賤 179/93/23
楚國之食○於玉 180/93/28
薪○於桂 180/93/28
南后、鄭褒○於楚 182/94/10
儀○惠王而善睢也 183/94/30
公孫郝、甘茂○ 183/95/1
棄所○於讎人 184/95/12
楚王之○幸君 200/101/22
彼亦各○其故所親 200/101/23
楚王○李園 200/101/28
則無為○知士也 203/104/17
故○為列侯者 204A/105/19
○戚父兄皆可以受封侯 218/113/2
封侯○戚 218/113/3
行政在於信○ 221/117/2
因○戚者名不累 221/117/4
夫○不與富期 232/123/19
則是棄前○而挑秦禍也 233/124/24
趙之○人也 235/126/7
所○於天下之士者 236/128/6
建信君○於趙 239A/129/3
雖○已賤矣 242/130/12
時○而賣 242/130/12
雖賤已○矣 242/130/12
張懃○ 254/136/4
乃召趙莊而○之 254/136/4
不如○董慶以善魏 274/144/27
且魏王所以○張子者 283/147/13
田需○於魏王 303A/153/26
安○乎 311/158/28
王○臣也 330/167/11
不如○昭獻以固楚 350/174/21
○其所以○者○ 359/177/21
是自為○也 359/177/25
何○ 384/185/9
○正 384/185/10
而西○於秦 386/187/9
而君臣、上下、少長、○賤 390/189/9
役且共○公子 392/189/28
美人之賈○ 393/190/4
張儀之○ 396C/191/15
公孫郝之○ 396C/191/15
○賤不相事 396C/191/16
公孫郝嘗疾齊、韓而不加○ 396C/191/17
以事○ 409/195/3
○重主斷 416A/199/6
臣○於齊 427/207/13
故公子○ 428/208/8
而○不益為王 446B/219/30

跪 guì 7

四拜自○而謝 40/14/18
秦王○而請曰 73A/29/23
犀首○行 116/57/5
長○而謝之曰 343/171/24
太子○而逢迎 440/215/4
○而拂席 440/215/4
太子再拜而○ 440/215/18

劌 guì 1

則不能割○矣 142/71/7

緄 gǔn 1

束組三百○ 443/218/27

郭 guō 53

兵至梁○ 42/16/6
臣恐王之如○君 48A/19/6
夫晉獻公欲伐○ 48A/19/6
因而伐○ 48A/19/8
因以宜陽之○為墓 57/24/5
平原津令○遺勞而問 95/47/1
靖○君將城薛 99/49/10
靖○君謂謁者 99/49/10
靖○君因見之 99/49/11
靖○君謂齊王曰 100/49/19
今與靖○君 100/49/20
靖○君善齊貌辨 101/49/24
士尉以証靖○君 101/49/24
靖○君不聽 101/49/24
靖○君大怒曰 101/49/25
靖○君之交 101/49/28
靖○君曰 101/50/1, 101/50/8
靖○君不能止 101/50/2
靖○君之所聽愛夫 101/50/4
辨謂靖○君曰 101/50/5
靖○君泣而曰 101/50/6
靖○君之於寡人一至此乎 101/50/10
客肯為寡人來靖○君乎 101/50/11
靖○君衣威王之衣 101/50/13
宣王自迎靖○君於郊 101/50/13
靖○君至 101/50/13
靖○君辭 101/50/14
靖○君辭不得 101/50/14
靖○君可謂能自知人矣 101/50/16
東○逡者 132A/63/30
韓子盧逐東○逡 132A/64/1
世無東○俊、盧氏之狗 137/69/3

墮中牟之〇 142/71/11
其百姓罷而城〇露 142/73/7
而城〇露於境 142/73/8
齊負〇之民有孤狐咺者 143/74/11
五里之〇 147/77/28
七里之〇 148/78/9
行城〇 203/104/7
吾城〇之完 203/104/8
後〇門 208/107/25
齊人戎〇、宋突謂仇郝曰 253/135/24
燕〇之法 258A/137/9
乃多與趙王寵臣〇開等金 263/139/28
壞城〇 296/150/19
齊令宋〇之秦 297/151/10
秦王謂宋〇曰 297/151/13
遠薄梁〇 396C/191/12
令〇任以地請講於齊 410/195/11
故往見〇隗先生曰 418/200/20
〇隗先生對曰 418/200/24
〇隗先生曰 418/200/30

國 guó　931

不若歸之大〇 1/1/5
夫存危〇 1/1/5
周賴大〇之義 1/1/9
不識大〇何塗之從而致之齊 1/1/9
不敢欺大〇 1/1/17
官為柱〇 2/1/26
故天子之〇也 3A/2/6
蘇子亦得兩〇之金也 4/2/22
周君將令相〇往 5A/2/26
相〇將不欲 5A/2/26
而主君令相〇往 5A/2/28
必以〇合於所與粟之〇 6/3/11
〇人不說也 8B/3/27
〇必有誹譽 8B/3/29
〇人非之 8B/4/1
非〇家之美也 8B/4/2
則公之〇虛矣 10A/4/15
〇大傷 10B/4/21
復〇且身危 10B/4/22
齊王誰與為其〇 11B/5/5
敗三〇 13/5/21
三〇不敗 13/5/21
則將與宋敗三〇 13/5/22
則賣趙、宋於三〇 13/5/22
魏王以〇與先生 14B/6/6
君之〇小 16/6/20
因令人謂相〇御展子、廧夫空曰 17/6/29
居中不便於相〇 17/7/1
相〇令之為太子 17/7/2
三〇隘秦 18/7/6
有人謂相〇曰 18/7/6
秦欲知三〇之情 18/7/7
是周常不失重〇之交也 18/7/8
小〇不足亦以容賊 21/7/27
欲王令楚割東〇以與齊也 22/8/7
而以楚之東〇自免也 22/8/8
齊得東〇而益強 22/8/9
而使三〇無攻秦 22/8/10
虎狼之〇也 24/8/26,167/86/1
周君豈能無愛〇哉 24/8/28
恐一日之亡〇 24/8/28
寡人請以〇聽 25/9/4
蘇代遂往見韓相〇公中曰 25/9/4
若四〇弗惡 29/10/11
而設以〇為王扞秦 32/11/2
臣見其必以〇事秦也 32/11/3
為王之〇計者 34/11/18
實不足以利〇 34/11/18
此皆恃援〇而輕近敵也 35/11/25
〇恐傷矣 35/11/25,62/25/24
三〇攻秦反 37/12/9
楚、宋不利秦之德三〇也 37/12/9
大臣太重者〇危 39/12/29
大王之〇 40/13/6, 73A/30/23,272/143/2
天下之雄〇也 40/13/8
詘敵〇 40/13/25
山東之〇 40/14/13
善我〇家使諸侯 41A/14/27
晉〇危 41B/15/3
五戰之〇也 42/15/27
今荊人收亡〇 42/16/4
令魏氏收亡〇 42/16/9
用一〇之兵 42/16/10
而欲以成兩〇之功 42/16/10
中央之〇也 42/16/13
彼固亡〇之形也 42/16/14
乃取欺於亡〇 42/16/22
破紂之〇 42/17/3
智伯帥三〇之衆 42/17/4
何〇可降 42/17/5
得兩〇之衆 42/17/5
以攻智伯之〇 42/17/6
秦〇號令賞罰 42/17/7
大王斬臣以徇於〇 42/17/11
西辟之〇 44/17/27
欲富〇者 44/18/1
西辟之〇也 44/18/3
足以廣〇也 44/18/4
故拔一〇 44/18/4
韓、周之與〇也 44/18/7
則必將二〇并力合謀 44/18/8
將以為〇交也 45/18/17
彼必以〇事楚王 45/18/18
此〇累也 46/18/24
能害王者之〇者 48A/19/10
故驕張儀以五〇 48A/19/11
然則是軫自為而不為〇也 48B/19/16
常以〇情輸楚 49/19/27
而常以〇輸楚王 49/20/7
而大〇與之權 50/20/25
秦又何重孤〇 50/21/5
則兩〇兵必至矣 50/21/7
楚〇不尚全事 50/21/15
不能親〇事也 51/21/25
能有〇者寡也 51/22/4
起樗里子於〇 52/22/10
中〇無事於秦 53/22/15
則秦且燒焫獲君之〇 53/22/15
中〇為有事於秦 53/22/15
而事君之〇也 53/22/16
五〇伐秦 53/22/18, 185/95/19,297/151/10
使此知秦〇之政也 54/22/28
則君一舉而亡〇矣 54/22/28
〇必危矣 56/23/27, 152/80/14,432/211/6
寡人託〇於子 61B/25/16
齊與大〇救魏而倍約 63/26/1
大〇不義 63/26/1
大〇裁之 63/26/3
罷〇也 63/26/9
長小〇 66/27/3
何不使人謂燕相〇曰 66/27/7

伐讎〇之齊	66/27/9
達途於中〇	66/27/14
載主契〇以與王約	67/27/20
夫楚王之以其〇依冉也	67/27/21
公不如反公〇	67/27/23
觀三〇之所求於秦而不能得者	67/27/23
請以號三〇以自信也	67/27/24
齊有東〇之地	70/28/14
五〇罷成睪	71/28/21
獨不足以厚〇家乎	72/29/7
取之於〇	72/29/9
善厚〇者	72/29/9
卒興吳〇	73A/30/10
夫秦〇僻遠	73A/30/18
是穰侯為〇謀不忠	73A/30/25
今見與〇之不可親	73A/31/2
越人之〇而攻	73A/31/2
中〇之處	73A/31/8
必親中〇而以為天下樞	73A/31/8
魏多變之〇也	73A/31/12
則其〇斷而為三	73A/31/21
夫擅〇之謂王	73B/31/27
四貴備而〇不危者	73B/31/28
善為〇者	73B/32/1
征敵伐〇	73B/32/2
〇弊	73B/32/3
大其都者危其〇	73B/32/4
且臣將恐後世之有秦〇者	73B/32/7
今〇者	74/32/18
今秦〇	74/32/20
〇必裂矣	74/32/21
都大者危其〇	74/32/22
有非相〇之人者乎	74/32/23
〇無事	74/32/23
〇有事	74/32/23,309/157/7
恐萬世之後有〇者	74/32/24
操大〇之勢	74/32/27
〇之幣帛	74/32/28
古之所謂『危主滅〇之道』必從此起	74/32/28
三貴竭〇以自安	74/33/1
君亡〇	79/34/13
而況於秦〇乎	79/34/23
必有伯主強〇	81/36/4
〇之福也	81/36/7
〇家滅亂	81/36/9
富〇、足家、強主	81/36/18
畔者九〇	81/36/21
遂以殺身亡〇	81/36/22
兵休而〇富	81/36/24
壹楚〇之俗	81/37/2
後三〇謀攻楚	82A/37/25
今三〇之兵且去楚	82A/37/25
而今三〇之辭去	82A/37/26
是楚與三〇謀出秦兵矣	82A/37/27
三〇疾攻楚	82A/37/27
於是三〇并力攻楚	82A/38/1
三〇攻秦	83A/38/13,253/135/24
三〇之兵深矣	83A/38/13
免於〇患	83A/38/14
三〇雖去	83A/38/18
三〇且去	83A/38/18
三〇入函谷	83A/38/19
卒使公子池以三城講於三〇	83A/38/20
吾不知水之可亡人之〇也	83B/39/2
身死〇亡	83B/39/4
以秦與楚為昆弟〇	85/39/28
齊、魏有何重於孤〇也	85/39/28
山東戰〇有六	86/40/14
山東之建〇可兼與	86/40/15
寡人之〇貧	86/40/17
四〇必從	86/40/20
今大〇之地半天下	87/40/28
此二〇者	87/41/11
楚〇	87/41/15
鄰〇	87/41/15
而實欺大〇也	87/41/17
本〇殘	87/41/18
四〇必應悉起應王	87/41/26
王破楚於以肥韓、魏於中〇而勁齊	87/42/2
天下之〇	87/42/3
此四〇者	87/42/12
或為六〇說秦王曰	88/42/16
厭案萬乘之〇	88/42/18
二〇	88/42/18
〇家大危	88/42/21
擁天下之〇	89/43/13
四〇之兵敵	89/43/20
則兩〇者必為天下笑矣	89/43/22
〇與還者也	92/44/9
以秦彊折節而下與〇	92/44/14
立〇家之主贏幾倍	93/44/19
今建〇立君	93/44/20
子傒有承〇之業	93/44/22
	93/44/30
外託於不可知之〇	93/44/23
可以有秦〇	93/44/23
是子異人無〇而有〇	93/45/2
今大王反〇	93/45/12
〇孰與之治	95/46/19
然則大王之〇	95/46/21
大王之〇亡	95/46/21
而悉教以〇事	95/46/22
趙守半〇以自存	95/46/24
今〇危亡	95/47/4
趙去司空馬而〇亡	95/47/16
〇亡者	95/47/16
四〇為一	96/47/21,96/47/21
賈願出使四〇	96/47/22
四〇之交未必合也	96/47/26
〇之寶	96/47/27
賈不歸四〇	96/48/6
四〇之王尚焉用賈之身	96/48/7
至身死〇亡	96/48/7
盼子有功於〇	97/48/23
則〇可重	103/51/3
韓自以專有齊〇	103/51/6
齊〇之美麗者也	108/52/14
足下豈如令眾而合二〇之後哉	110/53/23
今齊、楚、燕、趙、韓、梁六〇之遞甚也	111/54/4
而兩歸其〇於秦	111/54/5
此所謂四塞之〇也	112/54/23
而有強〇之實	112/55/7
天下強〇無過齊者	113/55/14
負海之〇也	113/55/16
〇以危	113/55/19
而〇破矣	113/55/22
為昆弟之〇	113/55/23
〇一日被攻	113/55/24
韓、齊為與〇	114/56/3
吾與〇也	114/56/3
子噲與子之〇	114/56/4
三十日而舉燕〇	114/56/7
是王內自罷而伐與〇	115/56/28

張儀謂梁王不用臣言以危〇 116/57/3
值所以為〇者不同耳 116/57/4
是必與衍鬻吾〇矣 116/57/7
官為上柱〇 117/57/12
兩〇之權 119/58/3
則為〇計者過矣 120/58/15
以市其下東〇 122/58/26
與我下東〇 122/58/28
吾將與三〇共立之 122/58/29
然則下東〇必可得也 122/58/29
可以令楚王亟入下東〇 122/59/1
以市下東〇也 122/59/5
122/59/10
非亟得下東〇者 122/59/6
使亟入下東〇之地 122/59/7
今王不亟入下東〇 122/59/10
因獻下東〇 122/59/11
請以〇因 122/59/23
東〇之桃梗也 124/60/29
今秦四塞之〇 124/61/1
孟嘗君出行〇 130/63/3
小〇所以皆致相印於君者 130/63/8
小〇英桀之士 130/63/9
皆以〇事累君 130/63/9
所未至之〇 130/63/10
〇子曰 132B/64/7
魏之柱〇也 132B/64/9
趙之柱〇也 132B/64/9
楚之柱〇也 132B/64/9
故三〇欲與秦壤界 132B/64/10
福三〇之君 132B/64/10
疏中〇 132B/64/11
三〇之與秦壤界而患急 132B/64/13
則權重於中〇 132B/64/14
沉於〇家之事 133/65/4
孟嘗君就〇於薛 133/65/18
姑反〇統萬人乎 133/65/26
大〇也 134/66/16,393/190/3
諸侯萬〇 136B/67/25
守齊〇 137/68/28
寡人憂〇愛民 137/69/5
王之憂〇愛民 137/69/5
寡人有罪〇家 137/69/9
齊〇大治 137/69/9
何以王齊〇 138/69/20
有淮北則楚之東〇危 141B/70/22
則〇重而名尊 141B/70/23
衛〇城割平 142/71/9
此亡〇之形也 142/71/9
然二〇勸行之者 142/71/14
今世之為〇者不然矣 142/71/15
〇罷而好衆怨 142/71/15
臣聞善為〇者 142/71/18
此十〇者 142/71/22
是以大〇危 142/71/25
小〇滅也 142/71/26
大〇之計 142/71/26
大〇行此 142/71/27
小〇之情 142/71/28
小〇道此 142/72/1
而卒身死〇亡 142/72/3
〇之殘也 142/72/17
滅其〇 142/72/27
呑兼二〇 142/72/28
然而智伯卒身死〇亡 142/72/28
夫中山千乘之〇也 142/73/2
而敵萬乘之〇二 142/73/2
然而〇遂亡 142/73/3
一〇得而保之 142/73/6
則非〇之利也 142/73/6
夫罷士露〇 142/73/11
甲兵不出於軍而敵〇勝 142/73/12
則其〇無宿憂也 142/73/20
則其〇無宿憂矣 142/73/21
跣行按兵於〇 142/74/4
使昌〇君將而擊之 143/74/12
淖齒亂齊〇 144/75/1
則楚〇之形危 145/75/16
彼燕〇大亂 145/75/18
萬乘之〇 145/75/19,455/223/9
〇弊禍多 145/75/20
矯〇革俗於天下 145/75/26
據齊〇之政 145/76/4
光照鄰〇 145/76/4
故解齊〇之圍 145/76/13
齊〇之衆 146/76/19
將欲以取我〇乎 146/76/23
今〇已定 147/77/14,147/78/2
王惡得此亡〇之言乎 147/77/23
惡得此亡〇之言乎 147/77/27
〇危矣 147/78/3,325/165/28
齊〇復強 149A/78/23
秦〇可亡 150/79/26
而令兩萬乘之〇 152/80/14
五〇約以伐齊 153/80/19
五〇以破齊秦 153/80/19
韓氏輔〇也 153/80/20
五〇之事必可敗也 153/80/21
王苟無以五〇用兵 153/80/25
請悉楚〇之衆也 153/80/25
則五〇之事困也 153/80/27
山陽君無功於楚〇 157A/82/1
一〇之衆 160/82/26
今君擅楚〇之勢 160/83/1
如是必長得重於楚〇 160/83/2
楚之耎〇 163/84/5
而太子有楚、秦以爭〇 164/84/15
以為〇也 164/84/16,375/183/4
以與公叔爭〇而得之 164/84/16
非楚〇之利也 166/85/7
楚〇之大利也 166/85/10
天下之強〇也 167/85/15
272/143/3
臣請令山東之〇 167/85/24
寡人之〇 167/86/7
虎狼之〇 167/86/7
故謀未發而〇已危矣 167/86/8
存危〇 167/86/10
兵敵四〇 168/86/15
凡天下強〇 168/86/21
兩〇敵侔交爭 168/86/21
〇貧而驟舉兵 168/86/25
夫恃弱〇之救 168/87/4
固形親之〇也 168/87/21
長為昆弟之〇 168/87/22
楚〇僻陋 168/87/26
不習〇家之長計 168/87/26
敬以〇從 168/87/27
272/143/18,408/194/23
萬乘之強〇也 169/88/8
而財於柱〇 170/89/1
寧楚〇之事 170/89/1
楚〇亡之月至矣 170/89/6
楚〇社稷其庶幾乎 170/89/21
多與存〇相若 170/89/23
四〇伐楚 173B/90/26
三〇惡楚之強也 173B/90/27
而以利三〇也 173B/90/28

三〇可定也 173B/90/30
王因與三〇攻之 176/91/29
上柱〇子良入見 177/92/11
是去戰〇之半也 177/92/17
王發上柱〇子良車五十乘 177/92/27
是以〇危 179/93/19
楚〇之食貴於玉 180/93/28
且使萬乘之〇免其相 181/94/5
王無求於晉〇乎 182/94/13
寡人無求於晉〇 182/94/13
僻陋之〇也 182/94/15
未嘗見中〇之女如此其美也 182/94/15
妾聞將軍之晉〇 182/94/18
禦中〇之難 188/96/19
是以〇權輕於鴻毛 189/96/29
不顧〇政 192/97/21
將以為楚〇祅祥乎 192/97/22
非敢以為〇祅祥也 192/97/23
楚〇必亡矣 192/97/23
今楚〇雖小 192/97/29
而不以〇家為事 192/98/13
而不以天下〇家為事 192/98/17
隨而攻東〇 195/99/9
不若令屈署以新東〇為和於齊以動秦 195/99/10
秦恐齊之敗東〇 195/99/10
遽令屈署以東〇為和於齊 195/99/11
毋與齊東〇 195/99/12
〇未嘗不榮也 197/99/28
則大臣主斷〇私以禁誅於己也 197/100/2
莊公請與分〇 197/100/5
楚〇封盡可得 200/101/26
而〇人頗有知之者 200/102/2
雖名為相〇 200/102/6
因而代立當〇 200/102/7
因而有楚〇 200/102/8
李園不治〇 200/102/9
又將請地於他〇 203/103/26
他〇不聽 203/103/26
三〇之兵乘晉陽城 203/104/14
今知伯帥二〇之君伐趙 203/104/20
〇亡地分 203/105/13
前〇地君之御有之曰 204A/105/18
任〇者權重 204A/105/21
此先聖之所以集〇家 204A/105/22
持〇之道也 204A/105/23
左司馬見使於〇家 204A/105/26
君其負劍而御臣以之〇 204A/106/1
四〇疑而謀敗 204A/106/3
知伯以〇士遇臣 204B/106/23
臣故〇士報之 204B/106/23
趙〇之士聞之 204B/106/29
秦戰而勝三〇 206/107/10
三〇而勝秦 206/107/11
三〇之力 206/107/11
計者不如構三〇攻秦 206/107/11
〇有大事 207/107/16
非數痛加於秦〇 209/108/12
欲鄰〇聞而觀之也 209/108/15
聲德於與〇 209/108/16
魏滅晉〇 209/108/19
則地與〇都邦屬而壤挈者七百里 209/108/21
今從於彊秦〇之伐齊 209/108/25
五〇之王 209/108/25
參分趙〇壤地 209/108/26
五〇之兵有日矣 209/108/26
韓乃西師以禁秦〇 209/108/26
冷向謂強〇曰 213/110/28
謂皮相〇曰 214/111/3
或謂皮相〇曰 215/111/10
而歸其〇於秦 217/111/29
必與楚為兄弟之〇 217/112/3
〇之舉此 217/112/8
伐人之〇 218/112/26
山東之建〇 218/113/10
北有燕〇 218/113/11
燕固弱〇 218/113/11
傅之〇都而止矣 218/113/14
是故明主外料其敵〇之強弱 218/113/18
六〇并力為一 218/113/22
六〇從親 218/114/2,272/143/16
五〇共伐之 218/114/8
六〇從親以擯秦 218/114/8
涖〇之日淺 218/114/11
寡人敬以〇從 218/114/12
百倍之〇者 219/114/20
然而四輪之〇也 219/114/23
非〇之長利也 219/114/23, 220/116/10
戰勝而〇危者 219/114/24
〇富而用民 219/115/2
三〇從之 219/115/10
不識三〇之憎秦而愛懷邪 219/115/11
是以三〇之兵困 219/115/12
欲反覆齊〇而不能 220/115/28
今楚與秦為昆弟之〇 220/116/1
四〇為一以攻趙 220/116/4
不能與〇謀 220/116/9
而禹袒入裸〇 221/116/24
〇聽於君 221/116/30
夫制〇有常 221/117/1
事利〇者行無邪 221/117/4
中〇者 221/117/8
離中〇 221/117/11
所以利其民而厚其〇也 221/117/14
大吳之〇也 221/117/15
中〇同俗而教離 221/117/17
今吾〇東有河、薄洛之水 221/117/20
而叔也順中〇之俗以逆簡、襄之意 221/117/25
而忘〇事之恥 221/117/26
〇之祿也 221/118/2
以私誣〇 221/118/12
賤〇者族宗 221/118/12
是以涖〇者不襲奇辟之服 221/118/18
中〇不近蠻夷之行 221/118/18
便〇不必法古 221/118/23
乃〇未通於王胡服 222/119/16
其〇之祿也 222/119/20
臣用私義者〇必危 223/119/27
〇有固籍 224/120/6
是損君而弱〇也 224/120/8
今以三萬之眾而應強〇之兵 225/120/29
分為萬〇 225/121/4
今取古之為萬〇者 225/121/5
分以為戰〇七 225/121/5
而〇圍攻焉 225/121/7
是二〇親也 227/121/20

而近於大○ 228/121/28
趙必為天下重○ 229A/122/15
我與三○攻秦 229A/122/15
我約三○而告之秦 229A/122/16
三○欲伐秦之果也 229A/122/16
三○必絕之 229A/122/17
三○不能和我 229A/122/18
而以餘兵與三○攻秦 229A/122/19
吾○尚利 233/124/22
且秦虎狼之○也 233/124/26
一舉結三○之親 233/125/10
而解二○患者 234/125/18
趙○豪傑之士 234/125/20
而君為相○者以親故 234/125/20
佩趙○相印不辭無能 234/125/21
一解○患 234/125/21
而○人計功也 234/125/22
東○有魯連先生 236/126/22
齊○之高士也 236/126/24
棄禮義而上首功之○也 236/126/29
今秦萬乘之○ 236/127/24
梁亦萬乘之○ 236/127/25
俱據萬乘之○ 236/127/25
說張相○曰 237/128/11
今趙萬乘之強○也 237/128/13
今有強貪之○ 238/128/26
王非戰○守圉之具 238/128/27
鄰○得志矣 238/128/28
王能重王之○若此尺帛 239A/129/5
則王之○大治矣 239A/129/5
豈敢輕○若此 239A/129/6
奚虧於王之○ 239A/129/8
令之內治○事 240/129/25
今有○ 243/130/19
李兌約五○以伐秦 247/131/20
五○伐趙 247/131/24
虛○於燕、趙之前 247/132/1
五○事趙 247/132/8
其○必有亂 248/132/18
他○莫可 248/132/22
與○何敢望也 248/132/27
五○伐秦無功 249/133/3
五○據宋 249/133/6
則願五○復堅約 249/133/7
以四○攻之 249/133/8
五○復堅而賓之 249/133/9
臣恐與○之大亂也 249/133/10
秦王受負海內之○ 249/133/14
以據中○ 249/133/15
○燥於秦 249/133/24
○破曹屈 249/133/25
○在謀之中 249/134/1
敵戰之○也 251/134/28
夫○內無用臣 251/135/1
○奚無人甚哉 252/135/9
此夫子與敵○戰 252/135/10
覆軍殺將之所取、割地於敵○者也 252/135/11
○奚無人甚也 252/135/11
兩○交以習之 252/135/19
夫盡兩○之兵 252/135/19
四○將假道於衛 253/135/25
田駟謂柱○韓向曰 255/136/9
建信君有○事 258A/137/4
何補於○ 258A/137/6
無補於○ 258A/137/6
何危於○ 258A/137/6
無危於○ 258A/137/7
皆無危補於○ 258A/137/7
○家為虛戾 258A/137/8
吾所使趙○者 258B/137/23
固願承大○之意也 258B/137/24
以惡大○ 258B/138/5
以稱大○ 258B/138/6
而不及今令有功於○ 262/139/17
鄰○必恐 264A/140/7
鄰○懼而相親 264A/140/8
待輕敵之○ 264A/140/8
而獨以吾○為知氏質乎 264A/140/10
二○不得兵 264B/140/17
此晉○之所以強也 269/141/20
危○之道也 269/141/21
夫夏桀之○ 269/141/25
殷紂之○ 269/141/26
願王以○事聽之也 271/142/19
而謂寡人必以○事聽鞅 271/142/20
卒有○患 272/143/3
故兵未用而○已虧矣 272/143/10
則大王之○欲求無危不可得也 273/144/5
秦、韓為一○ 273/144/6
○必無憂矣 273/144/8
內嫁禍安○ 273/144/12
約一○而反 273/144/15
令四○屬以事 276/145/24
以公相則○家安 281/146/26
魏必事秦以持其○ 281/146/30
齊畏三○之合也 284/147/19
二○恃王 286/148/3
從容談三○之相怨 288/148/20
王與三○約外魏 288/148/23
是王謀三○也也 288/148/23
三○之不相信齊王之遇 288/148/24
王之○必傷矣 290/149/5
請○出五萬人 291/149/9
其○易危 291/149/10
將用王之○ 293/149/29
王之○雖滲樂而從之可也 293/149/30
請令王讓先生以○ 294/150/7
六○也 297/151/13
與○無相離也 297/151/21
○不可為也已 297/151/21
則先鬻與○而以自解也 297/151/25
則為劫於與○而不得已者 297/151/25
而焉能免○於患 297/151/27
免○於患者 297/151/27
是免○於患者之計也 297/151/29
齊讎○也 297/152/1
合讎○以伐婚姻 297/152/1
欲使五○約閉秦關者 297/152/7
○雖小 301/153/4
○無守戰之備 301/153/6
皆將務以其○事魏 303B/154/10
而持三萬乘之○輔之 303B/154/10
○安而名尊 304/154/26
○危而權輕 304/154/27
○得安焉 304/154/29
○處削危之形 304/154/29
後世必有以酒亡其○者 307/155/27
後世必有以味亡其○者 307/156/1
後世必有以色亡其○者 307/156/2
後世必有以高臺陂池亡

其〇者 307/156/3
足以亡其〇 307/156/5
召相〇而命之曰 308/156/11
相〇曰 308/156/12
破故〇 310/157/14
而燕〇復歸 310/157/14
燕、趙之所以〇全兵勁 310/157/14
夫秦貪戾之〇而無親 310/157/16
盡晉〇 310/157/16
則〇救亡不可得也已 310/157/19
且君之嘗割晉〇取地也 310/158/2
今秦不可知之〇也 311/158/17
王命召相〇 311/158/26
齊之與〇也 313/159/23
夫伐與〇 313/159/23
且夫王無伐與〇之誹 313/159/29
則〇可存也 314/160/4
此〇之利也 314/160/16
今魏王出〇門而望見軍 314/160/16
以〇之半與秦 314/160/19
以四〇攻燕 314/160/20
而再奪之〇 315/161/1
而又況於仇讎之敵〇也 315/161/2
秦非無事之〇也 315/161/9
則南〇必危矣 315/161/20
南〇雖無危 315/161/20
則魏〇豈得安哉 315/161/20
夫不患秦之不愛南〇非也 315/161/21
晉〇之去梁也 315/161/23
五入〇中 315/161/24
而〇繼以圍 315/161/25
晉〇之去大梁也尚千里 315/161/26
足以富〇 315/162/7
今〇莫強於趙 317A/162/22
彼翟子之所惡於〇者 317B/162/29
〇之大利也 317B/163/9
〇可富 318/163/26
今秦〇與山東為讎 318/163/27
〇必大憂 318/163/27
此五〇所以亡者 319/164/5
非獨此五〇為然而已也 319/164/6
天下之亡〇皆然矣 319/164/6
夫〇之所以不可恃者多 319/164/6
或有諸侯鄰〇之虞 319/164/7
臣以此知〇之不可必恃也 319/164/8
即王有萬乘之〇 319/164/10
子何不疾及三〇方堅也 321/164/25
夫秦強〇也 325/165/19
魏委〇於王 329A/166/25
故委〇於趙也 329A/166/25
恃王〇之大 334/168/7
大〇欲急兵 337/168/25
秦、魏為與〇 338/168/29
且夫魏一萬乘之〇 338/169/3
存趙〇 339/169/13,339/169/16
小〇也 340/169/23,393/190/3
〇雖大赦 340/170/2
必為〇禍 340/170/6
而〇患不解 342/170/29
虧地不足以傷〇 342/171/2
王以〇贊嫪毒 342/171/7
王以〇贊嫪氏 342/171/7
〇家之大事也 345/172/16
子皆〇之辯士也 345/172/17
以攻不服之弱〇 348A/173/23
則王之〇分矣 348A/173/28
晉用六卿而〇分 348B/174/9
則王之〇必危矣 348B/174/12
〇形不便故馳 351/174/27
五〇約而攻秦 352/175/3
五〇罷 352/175/4
王約五〇而西伐秦 352/175/7
五〇重王 352/175/9
公以八百金請伐人之與〇 353/175/14
與〇不可恃 357/176/15
楚〇必伐矣 357/176/20
楚〇不大病矣 357/176/23
而免楚〇之患也 357/176/24
願大〇遂肆意於秦 357/176/27
且楚、韓非兄弟之〇也 357/177/1
公仲收〇復事秦 359/177/17
而公獨與王主斷於〇者 359/177/23
韓氏先以〇從公孫郝 359/177/26
而後委〇於甘茂 359/177/26
聽者聽〇 360/178/9
臣恐〇之以此為患也 360/178/11
大〇有意 363/179/19
南委〇於楚 365/180/3
今四〇錮之 365/180/4
秦重〇知王也 366/180/17
公叔且以〇南合於楚 366/180/22
是楚以三〇謀秦也 366/180/22
韓固其與〇也 367/181/2
以公不如亟以〇合於齊、楚 367/181/8
秦必委〇於公以解伐 367/181/8
而楚、魏皆德公之〇矣 370/181/26
韓公叔與幾瑟爭〇 375/183/3, 376/183/10
以與公叔爭〇 375/183/3, 375/183/4
戰之於〇中必分 376/183/11
尚何足以圖〇之全為 376/183/11
則公叔、伯嬰必以〇事公矣 380/184/6
正亦可為〇乎 384/185/10
楚〇多盜 384/185/10
今王之〇有柱〇、令尹、司馬、典令 384/185/13
相又〇君之親 385/186/10
語泄則韓舉〇而與仲子為讎也 385/186/11
今公〇 386/187/4
則兩〇德公 386/187/12
則兩〇爭事公 386/187/12
便於〇 387/187/17
此君〇長民之大患也 387/187/19
是其於〇也 387/187/22
中〇白頭游敖之士 388/188/5
韓與魏敵侔之〇也 390/188/23
遂殘吳〇而禽夫差 390/189/7
今強〇將有帝王之舋 391/189/20
而以〇先者 391/189/21
夫先與強〇之利 391/189/21
強〇能王 391/189/21
強〇不能王 391/189/22
然則強〇事成 391/189/22
強〇之事不成 391/189/23
今與強〇 391/189/23
強〇之事成則有福 391/189/23
然則先與強〇者 391/189/24
或謂韓相〇曰 395/190/18

吾欲以○輔韓珉而相之可乎 396A/190/26
珉必以○保楚 396A/190/27
知其○不知異○ 396C/191/11
欲以四○西首也 396C/191/13
大臣為諸侯輕○也 396C/191/14
則為大臣不敢為諸侯輕○矣 396C/191/17
臣故願公仲之○以侍於王 396C/191/20
所入之○ 397/191/26
則不如其處小○ 397/191/26
韓相○謂田苓曰 399/192/9
齊以四○敵秦 400/192/18
大○惡有天子 404/193/14
而小○利之 404/193/14
王與大○弗聽 404/193/15
魏安能與小○立之 404/193/15
○形有之而存 405/193/19
而相○見臣不釋塞者 407/194/6
距○都矣 408/194/18
則○必無患矣 408/194/20
寡人○小 408/194/22
強○也 408/194/22
而燕弱○也 409/195/1
且燕亡○之餘也 409/195/2
亢義益○ 412/196/29
王之援○也 415/198/2
今王奉仇讎以伐援○ 415/198/2
我讎○也 415/198/11
直患○弊 415/198/12
則寡人奉○而委之於子矣 415/198/12
凡天下之戰○七 415/198/15
且苟所附之○重 415/198/16
而亡○之臣貪於財 415/198/26
不如以○讓子之 416A/199/11
今王以○讓相子之 416A/199/12
燕王因舉○屬子之 416A/199/13
今王言屬○子之 416A/199/16
○事皆決子之 416A/199/18
燕○大亂 416A/199/20
寡人之○小 416A/199/22
○構難數月 416A/199/25
齊因孤○之亂 418/200/21
然得賢士與共○ 418/200/21
敢問以○報讎者奈何 418/200/22
亡○與役處 418/200/24
王誠博選○中之賢者 418/200/27
燕○殷富 418/201/8
讎強而○弱也 419/201/15
皆○之大敗也 419/201/15
強萬乘之○也 419/201/18
此所謂強萬乘之○也 419/201/19
不憚以一○都為功 419/201/26
是○伐也 419/202/4
名卑而○危 419/202/5
名尊而○寧 419/202/5
先量其○之大小 420/202/24
不先量其○之大小 420/202/25
故齊雖強○也 420/202/29
楚得枳而○亡 422/203/25
齊得宋而○亡 422/203/25
五日而○舉 422/204/2
魏棄與○而合於秦 422/204/18
晉○之禍 422/204/27
陳公不能為人之○ 428/207/26
王棄○家 428/208/8
昌○君樂毅為燕昭王合五○之兵而攻齊 431/209/3
先王舉○而委將軍 431/209/8
夫齊霸○之餘教也 431/209/25
四○攻之 431/209/28
長驅至○ 431/209/30
使之得比乎小○諸侯 431/210/3
夷萬乘之強○ 431/210/7
事強可以令○安長久 432/210/22
今山東三○弱而不能敵秦 432/210/28
索二○ 432/210/28
之○者可長存 432/211/5
今韓、梁、趙三○以合矣 432/211/6
中○膏腴之地 433/211/22
頓齊○ 433/211/26
三○懼 436/212/20
魏失其與○ 436/212/22
王乃召昌○君樂間而問曰 438/213/4
四達之○也 438/213/4
故君捐○而去 438/213/10
○人莫不知 438/213/13
○之有封疆 438/213/18
寧於故○爾 438/213/25
○人未知 438/213/26
○小而地無所取 439/214/12
見秦且滅六○ 440/214/18
願圖○事於先生 440/215/1
光不敢以乏○事也 440/215/6
○大事也 440/215/8
燕○莫不知 440/215/11
○之大事也 440/215/14
今計舉○不足以當秦 440/215/24
此○之大事 440/215/28
可以解燕○之患 440/216/13
而燕○見陵之恥除矣 440/216/15
燕○有勇士秦武陽 440/216/21
願舉○為內臣 440/217/5
五歲而卒滅燕○ 440/217/26
義不殺王而攻○ 442/218/12
弊邑之師過大○之郊 443/218/26
將移兵而造大○之城下 443/218/27
以害趙○ 444/219/4
罵○老諫曰 447/220/8
而○人大駭 447/220/9
大○大懽 448A/220/15
此小○之禮也 448A/220/16
而大○致之 448A/220/16
群臣盡以為君輕○而好高麗 451/221/18
必無與君言○事者 451/221/19
縲錯主斷於○ 451/221/19
願與大○伐之 454/222/15
恐亡其○ 454/222/17
而三○伐之 454/222/19
彼患亡其○ 454/222/24
是君廢其王而亡其○ 454/222/25
今五○相與王也 454/222/26
是奪五○而益負海也 454/222/27
致中山而塞四○ 454/222/27
四○寒心 454/222/28
是君臨中山而失四○也 454/222/28
豈若令大○先與之王 454/223/1
我萬乘之○也 455/223/6
中山千乘之○也 455/223/6
大者危○ 455/223/11
招大○之威 456/224/4
趙強○也 458/225/2
鄰○不與也 458/225/4

吾以一杯羊羹亡○ 459B/225/20
前年○虛民飢 461/225/29
臣料趙○守備 461/226/3
其○內實 461/226/5
大破二○之軍 461/226/11
其○虛弱 461/226/13
人數倍於趙○之眾 461/226/13
是時楚王恃其○大 461/226/16
圍其○都 461/226/26
臣聞明主愛其○ 461/227/7
破○不可復完 461/227/8

虢 guó 4

晉人欲亡虞而伐○ 317A/162/20
伐○者 317A/162/21
晉人伐○ 317A/162/21
趙之○也 317A/162/23

果 guǒ 76

景翠○進兵 2/2/1
韓氏○亦效重寶 2/2/1
天下○ 11B/5/5
臣恐齊王之為君實立○而讓之於最 30/10/18
○獻西河之外 47/19/2
張儀○來辭 48A/19/11
儀之言○信也 48B/19/19
陳軫○安之 49/20/10
則儀之言○信矣 49/20/11
○攻宜陽 55/23/21
○使馮章許楚漢中 56/23/28
故文王○收功於呂尚 73A/30/1
是我王○處三分之一也 74/33/1
○惡王稽、杜摯以反 80/35/9
楚之應之○勸 82A/38/1
楚○告急於秦 82A/38/1
韓倉○惡之 95/47/7
○不入齊 105/51/25
楚○封之於江南 106/52/3
○以兵合於三晉 111/54/19
楚、趙○遽起兵而救韓 114/56/7
齊○舉兵伐之 115/56/21
而○伐之 115/56/28
則亦不○於趙、魏之應秦而伐周、韓 121/58/21
客○有能也 133/65/3
而楚○弗與地 153/80/27
○誠何如 154/81/3
楚王○以新城為主郡 163/84/10
張旄○令人要靳尚刺之 175/91/22
張旄○大重 175/91/22
宜陽○拔 187/96/13
秦○舉鄢、郢、巫、上蔡、陳之地 192/97/24
李園○先入 200/102/15
韓、魏之君○反矣 202/103/20
○豫讓 204B/106/21
○不出楚王卬 217/112/16
○可以便其事 221/117/17
今我順而齊、魏○西 229A/122/15
三國欲伐秦之○也 229A/122/16
軍○大敗 235/126/8
不○納 236/127/21,236/127/24
建信君○先言橫 244/130/25
足下○殘宋 248/132/26
○如馬服之言也 252/135/20
秦○日以強 271/142/22
子○無之魏而見寡人也 278/146/8
○相魏 283/147/15
○厝需於側 293/150/3
而○西因蘇脩重報 297/152/9
太子○自相 303B/154/11
○不得見 306/155/22
秦○南攻藍田、鄢、郢 318/163/28
秦○釋管而攻魏 325/165/24
○取成皋 344A/172/6
○從成皋始 344A/172/6
秦○大怒 357/177/4
○下師於殽以救韓 366/180/24
王○不許韓擾 374/182/31
齊師○入 376/183/12
吳人○聽其辭 390/189/6
已而其丈夫○來 420/203/8
○以守趙之質子以甲 423/205/9
○與鳴條之戰 424/206/2
○與伯舉之戰 424/206/3
燕○以兵南合三晉也 432/211/11
齊王○攻 441/218/5
○勝黃城 443/218/31
智伯○起兵而襲衛 448A/220/17
○召中山君而許之王 454/222/31
○與中山王而親之 454/223/2
中山○絕齊而從趙、魏 454/223/2
○以是辭來 455/223/28
燕、趙○俱輔中山而使其王 455/223/28
○令趙請 457/224/13
今○何如 461/227/2

裹 guǒ 1

是以杜口○足 73A/30/13

過 guò 157

君之謀○矣 4/2/19,110/53/21
不○一月必拔之 25/9/6
有一人○曰 27/9/22
○兩周 27/9/26
路○洛陽 40/14/17
○聽於張儀 50/21/19
計失而聽○ 51/22/4
臣不得復○矣 53/22/14
太后救○不贍 64/26/22
周人懷璞○鄭賈曰 76/33/15
亦不○此矣 78/34/5
不○父子之親 80/35/7
是王○舉顯於天下 80/35/13
而無○舉之名 80/35/14
不○秦孝、越王、楚悼 81/36/17
不○商君、吳起、大夫種 81/36/18
私家之富○於三子 81/36/19
三之料天下○矣 83B/38/30
不能○智伯 83B/39/4
不○半年 95/47/3
○頤豕視 101/50/6
鍺擊摩車而相○ 105/51/23
能面刺寡人之○者 108/52/26
千人不能○也 112/55/5
是群臣之計○也 112/55/7
天下強國無○齊者 113/55/14
無○齊者 113/55/14
王之謀○矣 114/56/4
而齊、燕之計○矣 120/58/12
則為國計者○矣 120/58/15
○於淄上 124/60/27
還反○薛 125/61/6

諫而止君之○ 130/63/15
止文之○ 130/63/18
其用者○也 132B/64/16
○其友曰 133/64/27
王聞之○ 137/68/25
然嫁○畢矣 139/69/28
而富○畢也 139/69/29
君臣○計 145/75/18
然而管子并三行之○ 145/76/3
○菑水 146/76/22
梁氏不敢○宋伐齊 149A/78/22
王○舉而已 160/82/27
無○此者 167/86/3
竊以為大王之計○矣 168/86/19
計無○於此者矣 168/87/12
大臣播王之○於百姓 179/93/18
皆不○百里以有天下 197/99/23
先生○矣 199/101/1
其堅則箘簬之勁不能○
　也 203/104/9
遇知○轅門之外 203/104/26
知○入見知伯曰 203/104/26
知○出見二主 203/104/29
知○曰 203/105/1,203/105/2
知○見君之不用也 203/105/5
臣遇知○於轅門之外 203/105/8
夫不聽知○ 203/105/13
豫讓伏所當○橋下 204B/106/20
○矣 205/107/3,454/222/19
秦必○周、韓而有梁 206/107/10
其辯○君 208/108/1
其博○君 208/108/1
秦乃者○柱山 212/110/21
湯、武之卒不○三千人
　218/113/18
車不○三百乘 218/113/18
故○任之事 219/114/25
臣以田單、如耳為大○
　也 219/114/30
豈獨田單、如耳為大○
　哉 219/114/30
天下之主亦盡○矣 219/115/1
唯大王有意督○之也 220/115/22
剖地謝前○以事秦 220/116/10
忠無○罪 221/118/2
且循法無○ 221/118/19
○番吾 222/119/3
臣以失令○期 223/120/1
所用者不○三萬 225/120/25
無○三百丈者 225/121/4
無○三千家者 225/121/4
魏○矣 230/123/1
王亦○矣 230/123/2,230/123/4
魏○ 230/123/4
○而遂正於天下 236/127/1
公子魏牟○趙 239A/129/3
○趙已安邑矣 249/133/20
而惡臣者○文張 250/134/11
君○矣 252/135/15,262/139/11
城大無能○百雉者 252/135/20
以○章子之路 253/135/25
罪無○此者 272/143/3
此其○越王勾踐、武王
　遠矣 272/143/9
卒不○三十萬人 273/143/22
不○百里 273/143/23
○魏 276/145/11,430/208/21
是魏計○也 281/146/27
不○五月而趙破 291/149/10
而悔其○行 304/155/2
而議臣者○於三人矣 306/155/21
利不○鄴 308/156/12
無○堯、舜 311/158/11
今母賢不○堯、舜 311/158/12
母大不○天地 311/158/12
王之使者大○矣 315/161/18
○二周而攻王者 333/167/29
此人之大○也 342/170/29
此重○也 342/171/2
無○此者矣 347/173/5
悉之不○三十萬 348A/173/19
見卒不○二十萬而已矣
　348A/173/19
無○於此者矣 348A/173/26
○聽於陳軫 357/177/6
而公○楚以攻韓 359/178/3
舉韓傀之○ 385/185/18
非慮○而議失也 390/188/24
豈不為○謀哉 391/189/16
豈不為○謀而不知尊哉
　391/189/19
以為成而○南陽之道 396C/191/13
無○燕矣 408/194/13
○代、上谷 408/194/15
計無○於此者 408/194/19
明主者務聞其○ 415/198/1
臣請謁王之○ 415/198/1
王自慮此則計○ 415/198/2
蘇代○魏 417/200/13
則不○養其親其 420/202/17
則不○不欺人耳 420/202/17
則不○不竊人之財耳 420/202/18
王○舉 426/207/2
此寡人之○也 426/207/3
此非兵之○ 426/207/5
將軍○聽 431/209/10
先王○舉 431/209/21
○易水 434/212/3
望有○則君教誨之 438/213/13
救人之○者 438/213/15
救寡人之○ 438/213/16
則掩邪救○ 438/213/17
余且慝心以成而○ 438/213/29
退不得改○ 438/213/30
使者○趙 439/214/5
願足下○太子於宮 440/215/13
願足下急○太子 440/215/15
○衛 443/218/26
弊邑之師○大國之郊 443/218/26
遂不敢○衛 443/218/31
○宋外黃 446B/219/28
則富不○有魏 446B/219/29
車○五乘 448B/220/22
夫人於事己者○急 450/221/11
於事人者○緩 450/221/12
固已○絶人矣 458/224/28

海 hǎi 34

少○之上 1/1/11
制○內 40/13/25
利盡西○ 44/18/5
威蓋○內 81/36/18
滿○內矣 87/41/20
東負○ 87/42/3
是王之地一任兩○ 87/42/11
○大魚 99/49/11
舉齊屬之○ 111/54/12
北有渤○ 112/54/23
未嘗倍太山、絶清河、
　涉渤○也 112/54/25

負○之國也　113/55/16
託於東○之上　113/55/27
○內之狡兔也　132A/63/30
利制○內不為厚　142/73/19
東有夏州、○陽　167/85/16
託東○之上　168/87/26
游於江○　192/98/7
東流至○　208/107/27
德行非施於○內也　209/108/10
齊必致○隅魚鹽之地　218/113/2
齊涉渤○　218/114/6,218/114/7
四○之內　225/121/4,341/170/18
則連有赴東○而死矣　236/127/1
則橫行四○　237/128/13
秦王受負○內之國　249/133/14
東有淮、穎、沂、黃、煮棗、○鹽、無（踈）〔疏〕　272/142/28
而臣○內之民　315/162/1
臣○內之王者　440/215/21
負○不與焉　454/222/26
而憂在負○　454/222/27
是奪五國而益負○也　454/222/27

醢 hǎi　5

然吾將使秦王烹○梁王　236/127/11
先生又惡能使秦王烹○梁王　236/127/12
○鬼侯　236/127/16
卒就脯○之地也　236/127/17
其姊不避菹○之誅　385/186/25

害 hài　58

君若欲○之　4/2/20
地形利○　42/15/20,42/17/7
以視利○　42/17/5
人必○之　46/18/23
能○王者之國者　48A/19/10
而無伐楚之○　51/22/3
除萬世之○　66/27/10
除○莫如盡　66/27/10
除君之○　66/27/12
○則舍之　72/29/11
多之則○於秦　73A/31/1
則天下莫能○　73A/31/7
為秦○者莫大於韓　73A/31/17
能專利○之謂王　73B/31/27
使私不○公　81/36/3
臣恐其○於東周　92/44/14
則秦不能○齊　112/55/6
韓卻周○也　121/58/20
而來○相報者　129/62/27
又且○人者也　142/73/10
以為亡南陽之○　145/75/15
○必深矣　156/81/21
秦之所○於天下莫如楚　167/85/18
言其利而不言其○　168/86/27
秦可以少割而收○也　173B/90/29
且秦之所畏○於天下者　218/113/12
秦必不敢出兵於函谷關以○山東矣　218/114/8
弱受其○　230/123/3
是魏求○　230/123/3
梁未睹秦稱帝之○故也　236/127/4
使梁睹秦稱帝之○　236/127/5
秦稱帝之○將奈何　236/127/5
○七尺之軀者　243/130/19
願王之熟慮無齊之利○也　246/131/16
決利○之備　270/142/7
夫齊不以無魏者以○有魏者　335/168/13
謂申不○於韓曰　344B/172/10
申不○始合於韓王　345/172/15
則○於趙　368/181/14
則○於楚　368/181/15
而○於韓矣　371/182/4
二人相○也　385/185/18
利○之相似者　386/187/3
其利○之相似　386/187/4
申不○　390/188/23
申不○與昭釐侯執珪而見梁君　390/188/24
申不○之計事　390/188/24
申不○慮事而言之　390/188/27
而王之諸臣忠莫如申不○也　390/188/29
秦之不能○燕亦明矣　408/194/16
將欲以除○取信於齊也　419/201/16
無○也　428/207/29
而又○於足下之義　431/209/15
以○趙國　444/219/4
○秦以善魏　449/220/30
明○父以求法　460/225/25
臣見其○　461/226/28

駭 hài　5

則又○鳥矣　16/6/21
夏育、太史啓叱呼○三軍　81/36/22
天下震動驚○　145/76/9
獻雞○之犀、夜光之璧於秦王　168/87/27
而國人大○　447/220/9

酣 hān　5

酒○　147/77/22
236/128/5,307/155/26
即酒○樂　413/197/5
於是酒○樂進取熱歠　413/197/5

含 hán　3

○怒日久　41A/14/26
然而心忿悁○怒之日久矣　220/115/24
死則不得飯○　236/127/24

函 hán　14

君臨○谷而無攻　22/8/6
○冶氏為齊太公買良劍　30/10/15
東有肴、○之固　40/13/7
入○谷　83A/38/13
三國入○谷　83A/38/19
出兵○谷而無伐　115/56/18
115/56/26
且夫秦之所以不出甲於○谷關十五年以攻諸侯者　168/87/9
秦必不敢出兵於○谷關以害山東矣　218/114/8
秦兵不敢出○谷關十五年矣　220/115/21

王乃待天下之攻〇谷 422/203/30
〇封之 440/216/18
〇封 440/217/6
荊軻奉樊於期頭〇 440/217/9

邯 hán 61

然則是〇鄲不守 42/16/16
拔〇鄲 42/16/16
乃復悉卒乃攻〇鄲 42/16/23
〇鄲人誰來取者 77/33/25
又即圍〇鄲乎 78/34/3
秦攻〇鄲 80/35/3
而朝於〇鄲之君乎 88/42/19
於是天下有稱伐〇鄲者 88/42/19
魏伐〇鄲 88/42/20
濮陽人呂不韋賈於〇鄲 93/44/18
〇鄲之難 102/50/21
156/81/17, 158/82/13
夫魏氏兼〇鄲 102/50/22
軍於〇鄲之郊 102/50/23
夫救〇鄲 102/50/24
〇鄲拔而承魏之弊 102/50/25
〇鄲拔 102/50/26, 156/81/26
〇鄲僅存 113/55/22
圍〇鄲 132B/64/7
齊、魏亦佐秦伐〇鄲 132B/64/7
率魏兵以救〇鄲之圍 132B/64/8
是齊入於魏而救〇鄲之功也 132B/64/8
〇鄲之中騖 142/71/10
其強而拔〇鄲 142/73/22
即地去〇鄲二十里 209/108/22
則兵必戰於〇鄲之下矣 218/113/8
今雖得〇鄲 219/114/23
迎戰〇鄲之下 220/115/25
軍於〇鄲之東 220/116/4
圍〇鄲之城 231/123/10
而秦罷於〇鄲之下 231/123/10
秦既解〇鄲之圍 233/124/5
信陵君發兵至〇鄲城下 234/125/17
秦圍趙之〇鄲 236/126/13
魏王使客將軍新垣衍間入〇鄲 236/126/13
此非必貪〇鄲 236/126/15
今又內圍〇鄲而不能去 236/126/19
以居〇鄲 240/129/24
而身朝於〇鄲 247/131/26
請今率諸侯受命〇鄲城下 258B/137/28
蘇脩、朱嬰既皆陰在〇鄲 297/152/7
龐葱與太子質於〇鄲 306/155/18
今〇鄲去大梁也遠於市 306/155/21
十萬之軍拔〇鄲 310/157/13
而〇鄲復歸 310/157/13
而以與趙兵決勝於〇鄲之郊 315/161/11
朝〇鄲 316/162/14
秦罷〇鄲 333/167/27
秦人去〇鄲 333/167/29
魏王欲攻〇鄲 334/168/3
而攻〇鄲 334/168/7
救〇鄲 339/169/13, 339/169/16
魏之圍〇鄲也 345/172/15
秦舉兵破〇鄲 405/193/22
至於〇鄲 415/197/28
所聞於〇鄲者 415/197/28
梁王伐〇鄲 444/219/3
圍〇鄲八、九月 461/227/1

寒 hán 14

秦惠王謂〇泉子曰 41A/14/24
〇泉子曰 41A/14/26
梁氏〇心 87/42/9
脣亡則齒〇 120/58/13
今燕王方〇心獨立 145/75/20
有老人涉菑而〇 146/76/22
田單見其〇 146/76/22
寡人憂民之〇也 146/76/26
乃布令求百姓之饑〇者 146/77/1
臣聞脣亡則齒〇 203/104/20
脣揭者其齒〇 366/180/11
足為〇心 440/214/24
風蕭蕭兮易水〇 440/216/28
四國〇心 454/222/28

韓 hán 805

〇氏果亦效重寶 2/2/1
受寶於〇 2/2/1
〇救西周 3A/2/6
為東周謂〇王曰 3A/2/6
西周欲和於楚、〇 3B/2/11
臣恐西周之與楚、〇寶 3B/2/11
不如謂楚、〇曰 3B/2/12
西周之寶不入楚、〇 3B/2/13
楚、〇欲得寶 3B/2/13
是我為楚、〇取寶以德之也 3B/2/13
楚、〇之遇也 5A/2/27
令向公之〇 5A/2/27
秦假道於周以伐〇 5B/3/3
周恐假之而惡於〇 5B/3/3
君何不令人謂〇公叔曰 5B/3/3
秦敢絶塞而伐〇者 5B/3/4
是〇不伐也 5B/3/5
〇強與周地 5B/3/5
是得地於〇而聽於秦也 5B/3/6
周粻秦、〇 6/3/10
恐齊、〇之合 10A/4/14
因佐秦而伐〇、魏 10A/4/15
南取地於〇 10A/4/16
秦盡〇、魏之上黨太原 10B/4/21
亦將觀〇、魏之於齊也 13/5/22
公何不令人謂〇、魏之王曰 13/5/23
〇使人讓周 21/7/25
薛公以齊為〇、魏攻楚 22/8/3
又與〇、魏攻秦 22/8/3
〇慶為西周謂薛公曰 22/8/3
君以齊為〇、魏攻楚 22/8/4
九年而取宛、葉以北以強〇、魏 22/8/4
〇、魏南無楚憂 22/8/5
薛公必破秦以張〇、魏 22/8/7
因令〇慶入秦 22/8/10
〇徵甲與粟於周 25/9/3
代能為君令〇不徵甲與粟於周 25/9/3
蘇代遂往見〇相國公中曰 25/9/4
〇氏罷於兵 25/9/5
則周必折而入於〇 25/9/9
敗〇、魏 27/9/20
今公破〇、魏 27/9/25
踐〇而以攻梁 27/9/26
以臨〇、魏 29/10/9

〇、魏必惡之 29/10/10
必救〇、魏而攻楚 29/10/10
〇、魏易地 33/11/11
〇、魏之易地 33/11/11
〇得二縣 33/11/11
〇兼兩上黨以臨趙 33/11/13
鄭恃魏而輕〇 35/11/24
今君恃〇、魏而輕秦 35/11/25
收餘〇成從 42/15/11
中使〇、魏之君 42/15/25
以爭〇之上黨 42/16/15
然則是舉趙則〇必亡 42/16/18
〇亡則荊、魏不能獨立 42/16/19
則是一舉而壞〇 42/16/19
舉趙亡〇 42/17/9
〇不亡 42/17/11
不如伐〇 44/17/21
今攻〇劫天子 44/18/6
〇、周之與國也 44/18/7
〇自知亡三川 44/18/7
〇氏從之 50/21/18
召公孫顯於〇 52/22/9
約伐〇 55/23/4
挾〇而議 55/23/13
〇、楚乘吾弊 56/23/27
〇必孤 56/23/28
而公中以〇窮我於外 57/24/5
而外與〇侈為怨 58/24/11
楚畔秦而合於〇 59/24/16
楚雖合〇 59/24/16
不為〇氏先戰 59/24/16
〇亦恐戰而楚有變其後 59/24/16
〇、楚必相御也 59/24/17
楚言與〇 59/24/17
彼若以齊約〇、魏 61A/25/5
則〇、魏必無上黨哉 63/26/13
秦三世積節於〇、魏 70/28/13
〇、魏東聽 70/28/14
秦烏能與齊縣衡〇、魏 70/28/16
秦王欲為成陽君求相〇
、魏 71/28/21
〇、魏弗聽 71/28/21
失〇、魏之道也 71/28/23
譬若馳〇盧而逐蹇兔也 73A/30/24
大王越〇、魏而攻強齊 73A/31/1
而悉〇、魏之兵則不義
矣 73A/31/2
以其伐楚而肥〇、魏也 73A/31/5
今〇、魏 73A/31/7
齊附而〇、魏可虛也 73A/31/9
秦、〇之地形 73A/31/16
秦之有〇 73A/31/16
為秦害者莫大於〇 73A/31/17
王不如收〇 73A/31/17
寡人欲收〇 73A/31/17
魏、〇見必亡 73A/31/21
〇聽而霸事可成也 73A/31/21
秦攻〇 75/33/6
今王將攻〇圍陘 75/33/8
王攻〇圍陘 75/33/9
幾割地而〇不盡 75/33/10
則王之所求於〇者 75/33/10
秦嘗攻〇邢 78/34/6
應侯失〇之汝南 79/34/13
臣以〇之細也 79/34/23
應侯每言〇事者 79/34/27
而入〇、魏 81/35/19
又越〇、魏攻強趙 81/36/26
〇、魏聞楚之困 82A/37/24
〇春謂秦王曰 82B/38/6
今日〇、魏 83B/38/25
帥強〇、魏之兵以伐秦 83B/38/27
帥弱〇、魏以攻秦 83B/38/27
帥〇、魏以圍趙襄子於
晉陽 83B/39/1
〇康子御 83B/39/1
魏桓子肘〇康子 83B/39/3
〇、魏雖弱 83B/39/4
〇 86/40/15
114/56/3,372/182/11
382/184/18,393/190/3
聽之〇、魏 86/40/16
即〇、魏從 86/40/16
〇、魏從 86/40/16
使東遊〇、魏 86/40/19
今王三使盛橋守事於〇 87/40/30
智氏信〇、魏 87/41/12
〇、魏反之 87/41/13
今王中道而信〇、魏之
善王也 87/41/16
臣恐〇、魏之卑辭慮患 87/41/17
王既無重世之德於〇、
魏 87/41/17
〇、魏父子兄弟接踵而
死於秦者 87/41/18
〇、魏之不亡 87/41/20
王將藉路於仇讎之〇、
魏乎 87/41/21
是王以兵資於仇讎之〇
、魏 87/41/22
王若不藉路於仇讎之〇
、魏 87/41/22
王破楚於以肥〇、魏於
中國而勁齊 87/42/2
〇、魏之強足以校於秦矣 87/42/2
詘令〇、魏 87/42/5
臨以〇 87/42/8
〇必授首 87/42/8
〇必為關中之候 87/42/9
而卑畜〇也 89/43/3
制趙、〇之兵 89/43/9
而〇、楚之兵不敢進 89/43/14
楚人援〇以拒秦 89/43/20
則〇氏鑠 89/43/21
〇氏鑠 89/43/21
趙王之臣有〇倉者 95/47/3
〇倉果惡之 95/47/7
使〇倉數之曰 95/47/7
以示〇倉 95/47/9
〇倉曰 95/47/10
〇非知之 96/47/26
乃可復使姚賈而誅〇非 96/48/18
〇氏請救於齊 103/50/30
〇且折而入於魏 103/51/1
夫〇、魏之兵未弊 103/51/1
我代〇而受魏之兵 103/51/2
顧反聽命於〇也 103/51/2
且夫魏有破〇之志 103/51/2
〇見且亡 103/51/2
我因陰結〇之親 103/51/3
乃陰告〇使者而遣之 103/51/4
〇自以專有齊國 103/51/6
魏破〇弱 103/51/6
〇、魏之君因田嬰北面
而朝田侯 103/51/7
燕、趙、〇、魏聞之 108/53/2
秦假道〇、魏以攻齊 109/53/6
今齊、楚、燕、趙、〇
、梁六國之遞甚也 111/54/4
今〇、梁之目未嘗乾 111/54/10
非齊親而〇、梁疏也 111/54/10

齊遠秦而○、梁近 111/54/10
南面而孤楚、○、梁 111/54/12
且夫○、魏之所以畏秦者 112/54/31
○、魏戰而勝秦 112/55/1
是故○、魏之所以重與秦戰而輕為之臣也 112/55/1
倍○、魏之地 112/55/4
恐○、魏之議其後也 112/55/5
南有○、魏 113/55/15
○獻宜陽 113/55/23
秦驅○、魏攻齊之南地 113/55/24
○、齊為與國 114/56/3
張儀以秦、魏伐○ 114/56/3
秦伐○ 114/56/4
乃許○使者而遣之 114/56/5
○自以得交於齊 114/56/7
楚、趙果遽起兵而救○ 114/56/7
王以其間伐○ 115/56/18
115/56/26
周、○西有強秦 121/58/19
秦伐周、○之西 121/58/19
周、○為割 121/58/20
○卻周害也 121/58/20
及○卻周割之 121/58/20
則亦不果於趙、魏之應秦而伐周、○ 121/58/21
○子盧者 132A/63/30
○子盧逐東郭逡 132A/64/1
舉○氏取其地 132B/64/11
○、魏、趙、楚之志 132B/64/13
齊之與○、魏伐秦、楚也 142/71/19
分地又非多○、魏也 142/71/20
以其為○、魏主怨也 142/71/20
秦、楚戰○、魏不休 142/71/21
則○必從矣 142/73/28
○氏輔國也 153/80/20
乃命大公事之○ 153/80/24
○公叔有齊、魏 164/84/15
鄭申為楚使於○ 164/84/15
齊、魏必伐○ 164/84/17
○氏急 164/84/17
357/176/15,375/183/5
則○、魏、齊、燕、趙、衛之妙音美人 167/85/25
而○、魏迫於秦患 167/86/8
○之上地不通 168/86/22
○必入臣於秦 168/86/22
○入臣 168/86/22
○、魏攻其北 168/86/23
而○、魏以全制其後 168/87/11
○求相工陳籍而周不聽 169/88/7
而儀重於○、魏之王也 169/88/9
公孫郝善○ 183/95/1
必以秦合○、魏 183/95/1
○、魏之重儀 183/95/2
○、魏欲得秦 183/95/2
將收○、魏輕儀而伐楚 183/95/3
而重儀於○、魏 183/95/3
○亦不從 183/95/4
寡人聞○侈巧士也 187/96/9
以○侈之知 187/96/10
○侈之知 187/96/13
因與○、魏之兵 195/99/9
知伯從○、魏兵以攻趙 202/103/8
○、魏之君必反矣 202/103/9
夫從○、魏之兵而攻趙 202/103/9
難必及○、魏矣 202/103/10
而○、魏之君無憙志而有憂色 202/103/11
知伯以告○、魏之君曰
202/103/14
○、魏之君曰 202/103/14
君又何以疵言告○、魏之君為 202/103/17
○、魏之君視疵端而趨疾 202/103/18
○、魏之君果反矣 202/103/20
知伯帥趙、○、魏而伐范中行氏 203/103/24
使人請地於○ 203/103/24
○康子欲勿與 203/103/24
必加兵於○矣 203/103/25
然則○可以免於患難 203/103/26
彼請地於○ 203/103/28
○與之 203/103/28
知伯因陰結○、魏 203/104/1
三使○、魏 203/104/4
臣請見○、魏之君 203/104/17
張孟談於是陰見○、魏之君曰 203/104/20
使張孟談見○、魏之君曰 203/105/9
○、魏翼而擊之 203/105/10
○、魏、齊、燕負親以謀趙 204A/105/30
長子之○ 204A/106/3
秦、○圍梁 206/107/10
秦必過周、○而有梁 206/107/10
非曾深凌於○也 209/108/13
以秦為愛趙而憎○ 209/108/13
秦豈得愛趙而憎○哉 209/108/14
欲亡○呑兩周之地 209/108/14
故以○為餌 209/108/14
故微○以貳之 209/108/15
而實伐空○ 209/108/16
皆曰○亡三川 209/108/19
恃○未窮 209/108/19
今燕盡○之河南 209/108/20
秦盡○、魏之上黨 209/108/21
○乃西師以禁秦國 209/108/26
夫○事趙宜正為上交 209/108/27
○危社稷以事王 209/109/1
然則○義王以天下就之 209/109/1
下至○慕王以天下收之 209/109/1
○、魏危 210/109/8,248/132/22
○為中軍 211/109/13
○與秦接境壤界 211/109/13
○出銳師以佐秦 211/109/14
○之在我 211/109/15
王出兵○ 211/109/16
○必懼 211/109/16
○恐 211/109/19
令○陽告上黨之守靳黈曰 211/109/19
秦起二軍以臨○ 211/109/19
○不能有 211/109/20
今王令○興兵以上黨入和於秦 211/109/20
○陽趨以報王 211/109/22
○不能守上黨 211/109/25
211/109/27,211/110/7
秦蠶食○氏之地 211/110/1
且夫○之所以內趙者 211/110/1
辭封而入○ 211/110/14
謂○王曰 211/110/14,357/176/26
趙聞○不能守上黨 211/110/14
○告秦曰 211/110/17
甘茂為秦約魏以攻○宜陽 213/110/28

以與齊、○、秦市 213/110/29
○欲有宜陽 213/110/29
有楚而伐○ 217/111/26
有○而伐楚 217/111/26
秦之欲伐○、梁 217/112/1
必為楚攻○、梁 217/112/3
怒○、梁之不救己 217/112/3
東面而攻○ 217/112/5
○南無楚 217/112/5
○不待伐 217/112/6
秦與○為上交 217/112/6
有楚、○之用 217/112/7
以強秦之有○、梁、楚 217/112/8
出銳師以戍○、梁西邊 217/112/11
趙王因起兵南戍○、梁之西邊 217/112/16
○、魏皆可使致封地湯沐之邑 218/113/2
則秦必弱○、魏 218/113/4
○弱則效宜陽 218/113/5
劫○包周則趙自銷鑠 218/113/6
畏○、魏之議其後也 218/113/12
然則○、魏 218/113/13
秦之攻○、魏也 218/113/13
○、魏不能支秦 218/113/14
○、魏臣於秦 218/113/14
秦無○、魏之隔 218/113/14
莫如一○、魏、齊、楚、燕、趙 218/114/2
○絕食道 218/114/4
秦攻○、魏 218/114/4
○守成皋 218/114/5
○、魏出銳師以佐之 218/114/6
則○軍宜陽 218/114/7
欲以窮秦折○ 219/115/1
219/115/6
後富○威魏 219/115/3
○、魏之所以僅存者 219/115/4
精兵非有富○勁魏之庫也 219/115/5
終身不敢設兵以攻秦折○也 219/115/13
而○、魏稱為東蕃之臣 220/116/2
毆○、魏而軍於河外 220/116/4
西有樓煩、秦、○之邊 221/117/21
以備其參胡、樓煩、秦、○之邊 221/117/22
齊、○相方 225/121/7
秦、楚必合而攻○、魏 229A/122/11
○、魏告急於齊 229A/122/12
○、魏必怨趙 229A/122/12
○必聽秦違齊 229A/122/13
○、魏必絕齊 229A/122/13
今秦釋○、魏而獨攻王 233/124/14
王之所以事秦必不如○、魏也 233/124/14
齊交○、魏 233/124/15
必在○、魏之後也 233/124/15
秦善○、魏而攻趙者 233/124/22
必王之事秦不如○、魏也 233/124/23
能亡○、魏 246/131/10
臣以齊為王求名於燕及○、魏 246/131/12
○呡處於趙 247/132/3
善○徐以為上交 247/132/4
臣必見燕與○、魏亦且重趙也 247/132/7
王使臣以○、魏與燕劫趙 247/132/9
以趙劫○、魏 247/132/9
楚與魏、○將應之 249/133/3
與○氏大吏東免 249/133/8
今○、魏與齊相疑也 249/133/9
秦王內○珉於齊 249/133/16
內成陽君於○ 249/133/16
王賁、○他之曹 249/133/17
○必入朝秦 249/133/20
與○呡而攻魏 249/133/21
○之太原絕 249/133/23
絕○ 249/133/23
○、魏焉免西合 249/134/1
田駟謂柱國○向曰 255/136/9
趙使姚賈約○、魏 259/138/10
○、魏以友之 259/138/10
○、魏欲得之 259/138/11
是○、魏之欲得 259/138/11
而折○、魏招之 259/138/12
○、魏反於外 264A/140/11
○、趙相難 264B/140/16
○索兵於魏曰 264B/140/16
趙又索兵以攻○ 264B/140/17
寡人與○兄弟 264B/140/17
而與○、趙戰澮北 270/142/5
西與○境 273/143/24
不合於○ 273/143/26
則○攻其西 273/143/26
秦挾○而攻魏 273/144/6
○劫於秦 273/144/6
秦、○為一國 273/144/6
事秦則楚、○必不敢動 273/144/7
無楚、○之患 273/144/7
欲走而之○ 275/145/3
張儀欲以魏合於秦、○而攻齊、楚 280/146/18
以魏合於秦、○而攻齊、楚 280/146/19
○氏亡 282/147/6
○恐亡 282/147/7
則公亦必并相楚、○也 282/147/8
故令人謂○公叔曰 283/147/12
○氏必亡 283/147/13
則○之南陽舉矣 283/147/13
收○而相衍 283/147/14
賞○王以近河外 285/147/27
○欲攻南陽 285/147/28
秦、○合而欲攻南陽 285/147/28
○之卜也決矣 285/147/28
信○、廣魏、救趙 285/147/29
身相於○ 292/149/23
孰與其為○也 293/149/28
不如其為○也 293/149/28
衍將右○而左魏 293/149/28
○氏因圍蕃 295/150/13
成恢為犀首謂○王曰 295/150/13
○氏必危 295/150/14
魏無○患 295/150/14
又嘗用此於○矣 297/151/20
奉陽君、孟嘗君、○呡、周㝡、周、○餘為徒從而下之 297/152/5
奉陽君、○餘為既和矣 297/152/7
惠施為○、魏交 302/153/20
必右○而左魏 303B/154/8
魏信以○、魏事秦 304/154/29
魏王悉○、魏之兵 314/160/19
魏將與秦攻○ 315/160/29

今大王與秦伐○而益近秦 315/161/4
今夫○氏以一女子承一弱主 315/161/5
○亡 315/161/6
○亡之後 315/161/9,315/161/14
絶○之上黨而攻強趙 315/161/10
且夫憎○不受安陵氏可也 315/161/21
有周、○而間之 315/161/23
又況於使秦無○而有鄭地 315/161/27
無周、○以間之 315/161/27
楚、魏疑而○不可得而約也 315/161/28
今○受兵三年矣 315/161/28
○知亡 315/161/29
而挾○、魏之質 315/162/2
以存○為務 315/162/2
因求故地於○ 315/162/2
○必效之 315/162/3
其功多於與秦共伐○ 315/162/3
夫存○安魏而利天下 315/162/6
通○之上黨於共、莫 315/162/6
是魏重質○以其上黨也 315/162/7
○必德魏、愛魏、重魏、畏魏 315/162/7
○必不敢反魏 315/162/8
○是魏之縣也 315/162/8
魏得○以為縣 315/162/8
今不存○ 315/162/9
有秦、○之重 317B/163/1
於以攻○、魏 317B/163/8
鄭恃魏以輕○ 319/164/4
伐榆關而○氏亡鄭 319/164/4
吾欲與秦攻○ 320/164/15
○且坐而胥亡乎 320/164/15
○且割而從天下 320/164/16
○怨魏乎 320/164/16
○強秦乎 320/164/17
○且割而從其所強 320/164/17
○將割而從其所強 320/164/18
攻○之事 320/164/19
秦攻○之管 325/165/19
而○、魏壤梁 325/165/19
非於○也必魏也 325/165/20
今幸而於○ 325/165/20
必○之管也 325/165/21
若不因救○ 325/165/21
○怨魏 325/165/21
秦、○為一 325/165/22
今攻○之管 325/165/27
王能令○出垣雍之割乎 327/166/12
成陽君欲以○、魏聽秦 331/167/15
而以多割於○矣 331/167/16
○不聽 331/167/16
而伐○矣 331/167/16
秦、○不敢合 331/167/17
且秦滅○亡魏 343/171/16
聶政之刺○傀也 343/171/22
夫○、魏滅亡 343/171/25
段規謂○王曰 344A/172/3
○王曰 344A/172/3,348A/174/5,357/176/16,401/192/26
則○必取鄭矣 344A/172/5
至○之取鄭也 344A/172/6
謂申不害於○曰 344B/172/10
子以○重我於趙 344B/172/10
請以趙重子於○ 344B/172/10
是子有兩○ 344B/172/10
申不害始合於○王 345/172/15
乃微謂趙卓、○鼂曰 345/172/17
蘇秦為楚合從說○王曰 347/172/28
○北有鞏、洛、成皋之固 347/172/28
皆自○出 347/172/29
○卒超足而射 347/172/30
○卒之劍戟 347/173/1
以○卒之勇 347/173/3
夫以○之勁 347/173/3
挾強○之兵 347/173/9
○王忿然作色 347/173/12
張儀為秦連横說○王曰 348A/173/17
○地險惡 348A/173/17
斷絶○之上地 348A/173/27
而能弱楚者莫如○ 348A/174/1
非以○能強於楚也 348A/174/1
王不如資○朋 349/174/16
因以齊、魏廢○朋 349/174/16
楚昭獻相○ 350/174/21
秦且攻○ 350/174/21
○廢昭獻 350/174/21
秦必曰楚、○合矣 350/174/22
○使人馳南陽之地 351/174/26
○因割南陽之地 351/174/26
求千金於○ 351/174/28
今王攻○ 351/174/29
請以伐○ 353/175/14
其救○必疾 355/175/29
收○、趙之兵以臨魏 356A/176/4
○為一 356A/176/4
秦歸武遂於○ 356B/176/9
秦、○戰於濁澤 357/176/15
公仲明謂○王曰 357/176/15
今又得○之名都一而具甲 357/176/19
秦、○并兵南鄉 357/176/20
言救○ 357/176/21,357/176/26
縱○為不能聽我 357/176/22
○必德王也 357/176/22
是秦、○不和 357/176/22
以厚怨於○ 357/176/23
○得楚救 357/176/23
是我困秦、○之兵 357/176/24
弊邑將以楚殉○ 357/176/27
○王大說 357/176/29
且楚、○非兄弟之國也 357/177/1
楚因以起師言救○ 357/177/2
○王弗聽 357/177/3
興師與○氏戰於岸門 357/177/4
○氏大敗 357/177/4
○氏之兵非削弱也 357/177/6
失計於○明也 357/177/6
○公仲謂向壽曰 359/177/17
公破○ 359/177/17
復攻○ 359/177/18
○必亡 359/177/18
非以當○也 359/177/19
秦、○之交可合也 359/177/21
公孫郝黨於○ 359/177/23
善○以備之 359/177/25
○氏先以國從公孫郝 359/177/26
是○ 359/177/26
今公言善○以備楚 359/177/26
吾甚欲○合 359/177/29
公何不以秦為○求穎川於楚 359/178/1

此乃○之寄地也 359/178/2
是令行於楚而以其地德○也 359/178/2
是○、楚之怨不解 359/178/3
而公過楚以攻○ 359/178/3
公孫郝欲以○取齊 359/178/4
收楚、○以安之 359/178/5
今王聽公孫郝以○、秦之兵應齊而攻魏 360/178/16
以○、秦之兵據魏而攻齊 360/178/18
故王不如令○中立以攻齊 360/178/19
為○取南陽 360/178/20
以○、秦之兵據魏以郄齊 360/178/21
臣以為令○以中立以勁齊 360/178/21
○公仲相 361/178/27
假道兩周倍○以攻楚 364/179/24
○令使者求救於秦 366/180/9
○又令尚靳使秦 366/180/9
○之於秦也 366/180/10
今○已病矣 366/180/10
今佐○ 366/180/13
則不足以救○ 366/180/13
夫救○之危 366/180/14
尚靳歸書報○王 366/180/16
○王遣張翠 366/180/16
○急矣 366/180/16
○未急也 366/180/17
○之急緩莫不知 366/180/17
○急則折而入於楚矣 366/180/18
是無○也 366/180/21
楚、○為一 366/180/22
果下師於殽以救○ 366/180/24
○令冷向借救於秦 367/180/28
秦為發使公孫昧入○ 367/180/28
子以秦為將救○乎 367/180/28
○固其與國也 367/181/2
今也其將揚言救○ 367/181/4
公必先○而後秦 367/181/7
公仲為○、魏易地 368/181/13
夫○地易於上 368/181/14
錡宣之教○王取秦 369/181/20
○王之心 369/181/21
王何不試以襄子為質於○ 369/181/21
令○王知王之不取三川也 369/181/21
留馮君以善○臣 371/182/3
而害於○矣 371/182/4
發重使為○求武遂於秦 372/182/10
○得武遂以恨秦 372/182/11
是秦、○之怨深 372/182/11
立○擾而廢公叔 374/182/21
374/182/22
而欲德於○擾 374/182/29
王果不許○擾 374/182/31
○公叔與幾瑟爭國 375/183/3
376/183/10
鄭強為楚王使於○ 375/183/3
魏必急○氏 375/183/5
是有陰於○也 377/183/17
○大夫見王老 378/183/22
○大夫知王之老而太子定 379/183/28
秦、楚若無○ 379/183/28
○大夫不能必其不入也 379/183/29
公何不為○求質子於楚 380/184/3
楚王聽而入質子於○ 380/184/3
必以○合於秦、楚矣 380/184/4
秦、楚挾○以窘魏 380/184/5
則怨結於○ 380/184/5
○挾齊、魏以眄楚 380/184/6
以積德於○ 380/184/6
○不敢離楚也 381/184/11
○立公子咎而棄幾瑟 381/184/12
必以○權報讎於魏 381/184/13
○絕於楚 382/184/19
秦挾○親魏 382/184/19
冷向謂○咎曰 383A/184/23
○必起兵以禁之 383A/184/24
公因以楚、○之兵奉幾瑟而內之鄭 383A/184/24
必以○、楚奉公矣 383A/184/25
楚令景鯉入○ 383B/184/29
○且內伯嬰於秦 383B/184/29
○咎立為君而未定也 383C/185/3
恐○咎入○之不立也 383C/185/3
○咎立 383C/185/4
史疾為○使楚 384/185/9
○傀相○ 385/185/18
舉○傀之過 385/185/18
○傀以之叱之於朝 385/185/18
游求人可以報○傀者 385/185/19
臣之仇○相傀 385/186/8
傀又○君之季父也 385/186/8
○與衛 385/186/10
語泄則○舉國而與仲子為讎也 385/186/11
獨行仗劍至○ 385/186/12
○適有東孟之會 385/186/14
○王及相皆在焉 385/186/14
上階刺○傀 385/186/14
○傀走而抱哀侯 385/186/15
○取聶政屍於市 385/186/16
乃之○ 385/186/19
或謂○公仲曰 386/187/3
則○必謀矣 386/187/5
若○隨魏以善秦 386/187/6
則○輕矣 386/187/6
秦已善○ 386/187/6
令用事於○以完之 386/187/7
是○為秦、魏之門戶也 386/187/8
是○重而主尊矣 386/187/8
若夫安○、魏而終身相 386/187/10
必欲善○以塞魏 386/187/11
必務善○以備秦 386/187/11
則○最輕矣 387/187/18
則○最弱矣 387/187/18
則○最先危矣 387/187/18
今公以○先合於秦 387/187/19
是○以天下事秦 387/187/19
秦之德○也厚矣 387/187/19
○與天下朝秦 387/187/20
○息士民以待其釁 387/187/21
今公以○善秦 387/187/23
○之重於兩周也無計 387/187/23
今公以○為天下先合於秦 387/187/24
○人攻宋 388/187/29
○珉與我交 388/187/29
蘇秦為○說秦王曰 388/188/1
○珉之攻宋 388/188/1
以○之強 388/188/1
此○珉之所以禱於秦也 388/188/2
吾固患○之難知 388/188/3

天下固令○可知也	388/188/3
○故已攻宋矣	388/188/4
皆積智欲離秦、○之交	388/188/5
未有一人言善○者也	388/188/5
皆不欲○、秦之合者何也	388/188/6
則晉、楚智而○、秦愚也	388/188/6
必伺○、秦	388/188/7
○、秦合	388/188/7
或謂○王曰	389/188/12
○計將安出矣	389/188/12
秦之欲伐○	389/188/12
今○不察	389/188/13
欲得梁以臨○	389/188/13
梁必怒於○之不與己	389/188/14
○必舉矣	389/188/15
使山東皆以銳師戍○、梁之西邊	389/188/16
○與魏敵侔之國也	390/188/23
魏君必得志於○	390/188/25
諸侯惡魏必事○	390/188/25
而重○之權	390/188/26
今之○弱於始之○	390/188/27
而王與諸臣不事為尊秦以定○者	390/188/28
穆公一勝於○原而霸西州	390/189/1
○氏之眾無不聽令者	391/189/14
而○氏之尊許異也	391/189/15
○氏之士數十萬	391/189/19
○陽役於三川而欲歸	392/189/28
足強為之說○王曰	392/189/28
○甚疏秦	393/190/3,393/190/5
○因以其金事秦	393/190/4
秦反得其金與○之美人	393/190/4
○之美人因言於秦曰	393/190/5
○亡美人與金	393/190/5
故客有說○者曰	393/190/6
而○之疏秦不明	393/190/6
謂○公仲曰	394/190/11
○已與魏矣	394/190/13
而不告○	394/190/14
或謂○相國曰	395/190/18
公仲使○珉之秦求武隧	396A/190/24
○之事秦也	396A/190/24
○已得武隧	396A/190/25
今○之父兄得眾者毋相	396A/190/26
○不能獨立	396A/190/26
吾欲以國輔○珉而相之可乎	396A/190/26
而使之主○、楚之事	396A/190/27
○相公仲珉使○侈之秦	396B/191/3
○侈在唐	396B/191/3
○侈謂秦王曰	396B/191/3
魏之使者謂後相○辰曰	396B/191/4
公必為魏罪○侈	396B/191/4
○辰曰	396B/191/4
秦之仕○侈也	396B/191/5
○侈之秦	396B/191/5
○辰患之	396B/191/6
今王不召○侈	396B/191/6
○侈且伏於山中矣	396B/191/6
召○侈而仕之	396B/191/7
客卿為○謂秦王曰	396C/191/11
○珉之議	396C/191/11
公孫郝嘗疾齊、○而不加貴	396C/191/17
齊、○嘗因公孫郝而不受	396C/191/17
公孫郝、樗里疾請無攻○	396C/191/19
○珉相齊	397/191/25
謂○珉曰	397/191/25
成陽君為秦去○	397/191/26
齊、秦非重○則賢君之行也	398/192/3
是棘齊、秦之威而輕○也	398/192/4
○謁急於秦	399/192/9
○相國謂田苓曰	399/192/9
○急乎	399/192/10
彼○急	399/192/12
臣請令發兵救○	399/192/12
○氏逐向晉於周	401/192/24
成恢因為謂○王曰	401/192/25
逐向晉者○也	401/192/25
豈如道○反之哉	401/192/26
而○王失之也	401/192/26
請令公子年謂○王曰	402/193/3
○王必為之	402/193/5
房喜謂○王曰	404/193/14
建信君輕○熙	405/193/19
○也	405/193/20
今君之輕○熙者	405/193/20
其收○必重矣	405/193/20
從則○輕	405/193/21
橫則○重	405/193/21
故君收○	405/193/22
○獻開罪而交愈固	411/195/28
中附○、魏則○、魏重	415/198/16
○、魏不聽	419/201/30
因驅○、魏以攻齊	419/202/1
秦正告○曰	422/204/1
○氏以為然	422/204/2
○氏、太原卷	422/204/4
寡人固與○且絕矣	422/204/17
○為謂臣曰	423/205/7
必不反○珉	424/205/16
臣以○、魏循自齊	424/205/27
之卒者出士以戍○、梁之西邊	432/211/5
今○、梁、趙三國以合矣	432/211/6
秦久伐○	432/211/7
約戍○、梁之西邊	432/211/8
用○、魏之兵	433/211/15 433/211/20
齊、○、魏共攻燕	436/212/17
威脅○、魏、趙氏	440/214/19
今秦已虜○王	440/215/22
○、魏相率	461/226/11
○、魏以故至今稱東藩	461/226/12
○孤顧魏	461/226/20
魏恃○之銳	461/226/20
以待○陣	461/226/21
○軍自潰	461/226/22

罕 hǎn 2

子○釋相為司空	8B/3/30
民非子○而善其君	8B/3/30

罕 hǎn 2

無釣○鐔蒙須之便 225/121/2
而為此釣○鐔蒙須之便 225/121/3

汗 hàn 10

揮○成雨 112/54/28
不費馬○之勞 168/87/1
○明見春申君 199/100/27
○明欲復談 199/100/27
○明憱焉曰 199/100/28
○明曰 199/101/1
199/101/2, 199/101/6
召門吏為○先生著客籍 199/101/4
白○交流 199/101/7

扞 hàn 6

而設以國為王○秦 32/11/2
而王無之○也 32/11/3
不至十日而距○關 168/87/2
○關驚 168/87/2
刃其○ 204B/106/10
距於○關 209/108/21

悍 hàn 9

齊王令司馬○以賂進周
最於周 36/12/3
左尚謂司馬○曰 36/12/4
令人微告○ 36/12/5
○請令王進之以地 36/12/5
恆思有○少年 74/32/16
○人也 90/43/26
○哉 190/97/11
繒恃齊以○越 319/164/3
○而自用也 340/170/6

捍 hàn 3

將軍為壽於前而○匕首 95/47/7
尚足以○秦 311/158/23
故敢○楚 366/180/21

閈 hàn 6

公孫○曰 98/48/29
○說楚王 98/49/1
公孫○為謂楚王曰 98/49/4
公孫○謂鄒忌曰 104/51/11
鄒忌以告公孫○ 104/51/15
公孫○乃使人操十金而
往卜於市 104/51/15

漢 hàn 28

西有巴、蜀、○中之利 40/13/6
張儀欲以○中與楚 46/18/23
有○中 46/18/23
○中南邊為楚利 46/18/24
王割○中以為和楚 46/18/25
王今以○中與楚 46/18/25
不如許楚○中以懽之 56/23/27
果使馮章許楚○中 56/23/28
楚王以其言責○中於馮
章 56/23/29
南亡鄢、郢、○中 78/34/4
南并蜀、○ 81/36/26
棧道千里於蜀、○ 81/37/8
秦取楚○中 82A/37/24
○中可得也 151/80/7
秦有舉巴蜀、并○中之
心 167/86/7
戰於○中 168/87/10
遂亡○中 168/87/10
楚無鄢、郢、○中 169/88/3
請復鄢、郢、○中 169/88/5
其效鄢、郢、○中必緩
矣 169/88/13
楚令昭鼠以十萬軍○中
173A/90/20
必出○中 173A/90/21
秦兵且出○中 173A/90/22
秦敗楚○中 176/91/27
并○中 220/115/23
○中之甲 422/203/29
乘夏水而下○ 422/203/29
江、○魚鱉黿鼉為天下
饒 442/218/20

憾 hàn 1

無○悔 81/36/6

蒿 hāo 3

必生蓬○ 93/45/1
皆以狄○苫楚廥之 203/104/9
負○、葛、薜 247/131/26

毫 háo 1

○毛不拔 272/143/15

號 háo 15

○言伐楚 24/8/26
○曰商君 39/12/22
今秦出○令而行賞罰 42/15/17
秦之○令賞罰 42/15/20
○令不治 42/16/13
秦國○令賞罰 42/17/7
蜀主更○為侯 44/18/11
請以○三國以自信也 67/27/24
○為剛成君 81/37/19
○曰文信侯 93/45/16
則名○不攘而至 142/71/27
有萬乘之○而無千乘之
用也 177/92/17
○令以定 203/104/12
發興○令 408/194/17
則大王○令天下皆從 411/195/31

豪 háo 3

趙之○桀 93/45/12
陰結諸侯之雄俊○英 147/77/18
趙國○傑之士 234/125/20

嗥 háo 1

兕虎○之聲若雷霆 160/83/8

好 hǎo 73

○毀人 8A/3/23
事秦而○小利 32/11/5

○女百人 53/22/19
客何○ 133/64/20
客無○也 133/64/21
孟嘗君○人 134/66/10
大王不○人 134/66/10
孟嘗君之○人也 134/66/10
君○士也 135/66/21
故曰君之○士未也 135/66/25
斗趨見王為○勢 137/68/22
王趨見斗為○士 137/68/22
昔先君桓公所○者 137/68/27
先君○馬 137/69/1
王亦○馬 137/69/1
先君○狗 137/69/1
王亦○狗 137/69/1
先君○酒 137/69/1
王亦○酒 137/69/1
先君○色 137/69/2
王亦○色 137/69/2
先君○士 137/69/2
是王不○士 137/69/2
寡人何○ 137/69/3
王亦不○士也 137/69/4
兵弱而○敵強 142/71/15
國罷而○衆怨 142/71/15
事敗而○鞠之 142/71/15
地狹而○敵大 142/71/16
事敗而○長詐 142/71/16
約而○主怨 142/71/22
伐而○挫強也 142/71/23
昔者萊、莒○謀 142/72/4
陳、蔡○詐 142/72/5
○利而惡難 153/80/20
○利 153/80/20
且人有○揚人之善者 159/82/19
有人○揚人之惡者 159/82/20
以王○聞人之美而惡聞人之惡也 159/82/21
張儀之○譖 166/85/6
昔者先君靈王○小要 170/89/29
其君○發者 170/90/1
君王直不○ 170/90/1
若君王誠○賢 170/90/2
齊王○高人以名 171/90/7
又簡擇宮中佳翫麗○翫習音者 174/91/6
○傷賢以為資 179/93/17
王徒不○色耳 182/94/14
寡人之獨何為不○色也 182/94/16
衣服玩○ 190/97/3
臣少之時○射 198/100/17
○利而鶩復 203/103/25
鬼侯有子而○ 236/127/15
寡人不○兵 238/128/22
臣故意大王不○也 238/128/22
求其○掩人之美而揚人之醜者而參驗之 266/141/1
○用兵而甚務名 301/153/13
貪戾○利而無信 315/160/29
而聽從人之甘言○辭 348A/173/25
公仲○內 358/177/12
率曰○士 358/177/12
率曰○義 358/177/12
非○卑而惡尊也 390/188/24
夫驕主必不○計 415/198/26
所以合○掩惡也 438/213/19
群臣盡以為君輕國而○高麗 451/221/18
燕、趙○位而貪地 455/223/10
殊無佳麗○美者 458/224/27
不○道德 458/225/1
而○聲色 458/225/1
不○仁義 458/225/1
而○勇力 458/225/2
連○齊、楚 461/226/5

郝 hǎo 28

若公孫○者可 166/85/9
夫公孫○之於秦王 166/85/9
公孫○、甘茂貴 183/95/1
公孫○善韓 183/95/1
馮○謂楚王曰 184/95/10
趙使机○之秦 226/121/13
宋突謂机○曰 226/121/13
使趙○約事於秦 233/124/6
齊人戎郭、宋突謂仇○曰 253/135/24
令仇○相宋 260/138/17
李○謂臣曰 329A/166/25
不如公孫○ 359/177/22
公孫○黨於韓 359/177/23
是與公孫○、甘茂同道也 359/177/24
韓氏先以國從公孫○ 359/177/26
公孫○欲以韓取齊 359/178/4
是以公孫○、甘茂之無事也 359/178/5
善公孫○以難甘茂 360/178/10
秦王以公孫○為黨於公而弗之聽 360/178/13
今王聽公孫○以韓、秦之兵應齊而攻魏 360/178/16
臣以公孫○為不忠 360/178/17
則信公孫○於齊 360/178/20
公孫○黨於齊而不肯言 360/178/22
不得議公孫○ 396C/191/15
公孫○之貴 396C/191/15
公孫○嘗疾齊、韓而不加貴 396C/191/17
齊、韓嘗因公孫○而不受 396C/191/17
公孫○、樗里疾請無攻韓 396C/191/19

鄗 hào 5

武王以○ 197/99/23
引水圍○ 221/117/24
即○幾不守 221/117/24
令栗腹以四十萬攻○ 438/213/6
趙使廉頗以八萬遇栗腹於○ 438/213/7

禾 hé 1

幽莠之幼也似○ 266/141/2

合 hé 216

必以國○於所與粟之國 6/3/11
秦、齊○ 7/3/17, 10A/4/15, 11B/5/3, 297/151/21
恐齊、韓之○ 10A/4/14
必先○於秦 10A/4/15
則有○矣 10A/4/16
夫齊○ 11C/5/11
以地○於魏、趙 12/5/16
故必怒○於齊 12/5/16
是君以○齊與強楚吏產子 12/5/17

則○齊者 12/5/17
將興趙、宋○於東方以孤秦 13/5/21
何不○周最兼相 13/5/23
則秦、趙必相賣以○於王也 13/5/24
將恐齊、趙之○也 14A/5/28
先○於齊 14A/6/1
○與收齊 14A/6/1
貴○於秦以伐齊 14B/6/6
君不如令弊邑陰○於秦而君無攻 22/8/6
必不○於秦 32/11/6
必東○於齊 34/11/19
而○天下於齊 34/11/19
君不如使周最陰○於趙以備秦 35/11/26
燕、趙惡齊、秦之○ 41B/15/4
則必將二國并力○謀 44/18/8
齊、秦之交陰○ 50/21/10
是吾○齊、秦之交也 50/21/15
秦與齊○ 50/21/18
楚畔秦而○於韓 59/24/16
楚雖○韓 59/24/16
不悅而○於楚 62/25/23
令田章以陽武○於趙 63/25/28
且欲○齊而受其地 63/26/2
齊、趙○ 66/27/12
○從相聚於趙 77/33/22
言不取苟○ 81/36/4
齊桓公九○諸侯 81/36/21
齊、秦○而立負芻 82B/38/7
魏畏秦、楚之○ 84A/39/11
楚怒秦○ 84B/39/17
魏請無與楚遇而○於秦 84B/39/17
故齊不○也 84B/39/18
天下五○、六聚而不敢救也 87/41/4
秦、楚○而為一 87/42/8
以曲○於趙王 95/47/4
四國之交未必○也 96/47/26
足下豈如令眾而○二國之後哉 110/53/23
而君以魯眾○戰勝後 110/53/24
陳軫○三晉而東謂齊王曰 111/54/3
今三晉已○矣 111/54/15
齊非急以銳師○三晉 111/54/15
三晉○ 111/54/16
不如急以兵○於三晉 111/54/17
果以兵○於三晉 111/54/19
蘇秦為趙○從 112/54/23
167/85/15
儀以秦、梁之齊○橫親 116/57/3
不如從○於趙 118/57/25
悉來○券 133/65/8
券徧○ 133/65/8
九○諸侯 137/68/27,145/76/4
橫秦之勢○ 145/75/16
適為固驅以○齊、秦也 151/80/5
齊、秦○ 151/80/5,417/200/15
齊、秦必不○ 151/80/6
齊、秦不○ 151/80/7,417/200/16
必與魏○而以謀楚 156/81/22
故從○則楚王 167/85/26
橫○ 167/86/4
必不求地而○於楚 172/90/15
秦、楚之○ 173B/90/30
橫親之不○也 183/94/30
必以秦○韓、魏 183/95/1
魏不○秦 183/95/4
臣聞從者欲○天下以朝大王 189/96/25
天下○從 198/100/16,241/130/3
嘗○橫而謀伐趙 209/108/25
三晉○而秦弱 217/111/25
惡三晉之大○也 217/112/1
秦見三晉之大○而堅也 217/112/12
始○從 218/112/21
願以甲子之日○戰 220/115/25
富丁欲以趙○齊、魏 229A/122/9
樓緩欲以趙○秦、楚 229A/122/9
富丁恐主父之聽樓緩而○秦、楚也 229A/122/9
秦、楚必○而攻韓、魏 229A/122/11
魏因富丁且○於秦 229B/122/23
趙畏橫之○也 229B/122/23
秦必疑天下○從也 235/126/2
而不能○遠 237/128/12
今燕、齊已○ 245/131/2
趙從親以○於秦 247/132/8
齊、秦非復○也 249/133/10
後○與踦重者 249/133/10
○負親之交 249/133/14
復○衍交兩王 249/133/16
韓、魏焉免西○ 249/134/1
趙使趙莊○從 254/136/3
齊畏從人之○也 254/136/3
蘇子為趙○從 272/142/27
不○於韓 273/143/26
○從者 273/143/29
魏怒○於楚 274/144/27
今秦見齊、魏之不○也如此其甚也 275/145/5
齊、秦○而涇陽君有宋地 275/145/6
夫齊、秦不○ 275/145/6
張儀欲以魏○於秦、韓而攻齊、楚 280/146/18
惠施欲以魏○於齊、楚以案兵 280/146/18
以魏○於秦、韓而攻齊、楚 280/146/19
張儀以○秦、魏矣 283/147/12
齊畏三國之○也 284/147/19
秦、韓○而欲攻南陽 285/147/28
必以少割請○於王 287/148/14
則後必莫能以魏○於秦者矣 289/148/30
請○而以伐宋 297/151/10
魏王畏齊、秦之○也 297/151/11
令足下鬻之以○於秦 297/151/29
○讎國以伐婚姻 297/152/1
王游人而○其鬬 301/153/7
秦因○魏以攻楚 305/155/14
遽割五城以○於魏而支秦 308/156/19
公必且待齊、楚之○也 317B/162/28
必不○矣 317B/162/29
其人皆欲○齊、秦外楚以輕公 317B/162/29
○親以孤齊 317B/163/4
吾已○魏矣 317B/163/8
翟強欲○齊、秦外楚 317B/163/13
樓廩欲○秦、楚外齊 317B/163/13
請○於楚外齊 317B/163/14
必為○於齊外於楚 317B/163/15
恐必大○ 318/163/24

橫者將圖子以○於秦 321/164/26
西○於秦 325/165/22
時○時離 325/165/26
天下之○也 325/165/27
○天下之從 325/165/28
天下○於秦 327/166/11
○於趙 327/166/11
秦、韓不敢○ 331/167/17
天下必○呂氏而從嫪氏 342/171/9
申不害始○於韓王 345/172/15
蘇秦為楚○從說韓王曰 347/172/28
皆出於冥山、棠谿、墨陽、○伯膊 347/173/1
秦必曰楚、韓○矣 350/174/22
秦、楚○ 359/177/18
吾○秦、楚 359/177/19
秦、韓之交可○也 359/177/21
吾甚欲韓○ 359/177/29
齊、魏○與離 360/178/14
齊、魏別與○ 360/178/15
○ 360/178/16,360/178/16
歸地而○於齊 360/178/17
不求割地而○於魏 360/178/18
將以○齊、秦而絕齊於楚也 361/179/1
齊無以信魏之○己於秦而攻於楚也 361/179/2
公叔且以國南○於楚 366/180/22
殆不○ 367/181/1
以公不如亟以國○於齊、楚 367/181/8
嬀以新城、陽人○世子 375/183/3
是齊、楚○ 377/183/17
必以韓○於秦、楚矣 380/184/4
秦必留太子而○楚 383B/184/29
天下○而離秦 387/187/18
○離之相續 387/187/18
今公以韓先○於秦 387/187/19
天下不○秦 387/187/20
今公以韓為天下先○於秦 387/187/24
皆不欲韓、秦之○者何也 388/188/6
晉、楚○ 388/188/7
韓、秦○ 388/188/7
○而相堅如一者 389/188/19
昔齊桓公九○諸侯 391/189/17
九○之尊桓公也 391/189/18
張丑之○齊、楚講於魏也 394/190/11
楚之齊者知西不○於秦 400/192/17
必且務以楚○於齊 400/192/17
齊、楚○ 400/192/18
446A/219/23
楚之齊者先務以楚○於齊 400/192/19
○從以安燕 408/194/23
齊、燕○則趙輕 409/194/28
何吾○燕於齊 409/194/30
是驅燕而使○於齊也 409/195/2
不如以地請○於齊 410/195/10
臣之趍固不與足下○者 412/196/20
與秦、楚、三晉○謀以伐齊 418/201/9
魏棄與國而○於秦 422/204/18
令不○燕 424/205/17
解而復○ 424/205/21
故齊、趙之○苟可循也 424/205/21
趙○於燕以攻齊 424/206/8
一○一離 427/207/18
陳翠○齊、燕 428/207/26
寡人有時復○和也 429/208/16
昌國君樂毅為燕昭王○五國之兵而攻齊 431/209/3
則不如○弱 432/210/23
將柰何○弱而不能如一 432/210/23
以其○兩而如一也 432/210/26
今山東○弱而不能如一 432/210/26
山東相○ 432/211/5
今韓、梁、趙三國以○矣 432/211/6
不如以兵南○三晉 432/211/8
燕果以兵南○三晉也 432/211/11
蚌○而拑其喙 434/212/3
燕因○於魏 435/212/13
所以○好掩惡也 438/213/19
莫敢○從 440/215/24
諸侯得○從 440/215/27
以○伐之 461/226/26

何 hé 504

不識大國○塗之從而致之齊 1/1/9
寡人終○塗之從而致之齊 1/1/13
○塗之從而出 1/1/16
子以為○如 2/1/22,141A/70/10
且柰○ 2/1/26
君○不令人謂韓公叔曰 5B/3/3
公○不與周地 5B/3/4
子○不以秦攻齊 7/3/16
而自謂非客○也 9/4/8
是○計之道也 10B/4/22
公○不令人謂韓、魏之王曰 13/5/23
○不合周最兼相 13/5/23
○不封公子咎 17/6/27
○也 20/7/19,50/21/3,50/21/4
79/34/14,79/34/15,81/36/9
83A/38/17,142/71/14
142/71/20,142/71/22
142/72/4,142/72/14
142/73/3,142/73/9,148/78/9
159/82/21,161/83/20
166/85/4,174/91/5
182/94/14,182/94/24
190/97/10,199/101/8
201/103/2,201/103/3
208/108/4,218/113/12
219/115/5,230/123/2
233/125/2,241/130/3
258A/137/9,270/142/9
303A/153/28,309/157/1
311/158/11,314/160/10
323/165/9,325/165/26
343/171/16,362/179/9
362/179/10,366/180/13
388/188/1,397/191/26
399/192/12,407/194/5
416A/199/7,416B/200/7
419/201/28,420/203/3
422/203/26,428/208/5
450/221/11,456/224/5
○患焉 25/9/3
公○不以高都與周 25/9/8
○為與高都 25/9/9

○不與也 25/9/10
子○不代我射之也 27/9/23
君○不買信貨哉 30/10/18
王○不出於河南 31/10/23
然則奈○ 32/11/4
281/146/28,359/178/1
367/181/7,411/195/26
王○不以地齎周最以為太子也 36/12/3
○欲置 36/12/4
○不謂周君曰 38/12/14
○前倨而後卑也 40/14/18
王○惡向之攻宋乎 41B/15/5
○以知其然也 42/17/1,87/41/10
89/43/19,142/71/8,142/72/2
142/72/12,142/72/27
○國可降 42/17/5
王○以市楚也 46/18/26
王○不聽乎 48B/19/17
楚亦○以軫為忠乎 48B/19/22
○適乎 48B/19/22
子欲○之 49/20/1
居無幾○ 49/20/4,53/22/18
汝○為取長者 49/20/5
寡人遂無奈○也 49/20/11
楚○以軫為 49/20/14
而○之乎 49/20/14
奈○ 50/20/20
276/145/14,352/175/8
367/181/1,384/185/11
449/220/30,454/222/23
秦又○重孤國 50/21/5
無奈秦○矣 56/23/28
為之奈○ 60/24/21
73A/31/17,96/47/22
122/59/7,174/91/9,177/92/9
177/92/12,177/92/16
177/92/20,192/97/26
203/104/22,204A/106/1
258B/137/18,325/165/24
○愛餘明之照四壁者 61A/24/29
○妨於處女 61A/24/30
○為去我 61A/24/30
然則奈○ 61A/25/5
153/80/20,160/83/2
天下○從圖秦 61A/25/6
今王○以禮之 61A/25/10
是○也 63/26/7,315/161/10
○晉、楚之智而齊、秦之愚 63/26/12
○為空以生所愛 64/26/21
○暇乃私魏醜夫乎 64/26/22
○不使人謂燕相國曰 66/27/7
是○故也 72/29/10
113/55/20,113/55/22
先生○以幸教寡人 73A/29/24
臣○患乎 73A/30/9
臣○憂乎 73A/30/11
臣又○恥乎 73A/30/12
先生是○言也 73A/30/18
先生奈○而言若此 73A/30/19
請問親魏奈○ 73A/31/12
然則令○得從王出 74/33/1
權○得毋分 74/33/1
○則 77/33/24
136B/67/25,142/71/8
142/72/9,142/72/12
則秦所得不一幾○ 78/34/8
臣○為憂 79/34/17
○謂也 79/34/22
125/61/11,130/63/14
137/69/6,139/69/27
142/73/1,177/92/27
233/124/6,327/166/10
339/169/15,341/170/16
君○不賜軍吏乎 80/35/3
○君見之晚也 81/35/25
○為不可 81/36/1
○為不可哉 81/36/7
未知○如也 81/36/17
君○不以此時歸相印 81/37/9
此則君○居焉 81/37/10
○不取為妻 82B/38/6
王○不召公子池而問焉 83A/38/14
猶無奈寡人○也 83B/38/27
其無奈寡人○ 83B/38/28
王○不謂楚王曰 84A/39/10
王○不與寡人遇 84A/39/11
齊、魏有○重於孤國也 85/39/28
此○也 87/41/17,315/162/1
曰趙強○若 88/42/17
○以知其然 89/43/7,142/73/20
公○不以秦、楚之重 91/44/4
○聞 92/44/11
君侯○不快甚也 94/45/23
趙事○如 95/47/1
趙○時亡 95/47/2
有○面目復見寡人 96/48/5
不惡齊大○也 98/49/5
無幾○ 101/50/1,245/131/1
吾獨謂先王○乎 101/50/9
○哉 102/50/22
130/63/8,204A/105/21
其於齊○利哉 102/50/23
公○不為王謀伐魏 104/51/11
奈○ 105/51/22
115/56/15,122/59/14
240/129/23,287/148/11
303B/154/5,303B/154/6
314/160/3,317B/163/10
359/178/4,360/178/13
以幾○人 107/52/8
徐公○能及公也 108/52/14
徐公○能及君也 108/52/15
王○不發將而擊之 109/53/8
○以知之 109/53/11
202/103/9,454/222/31
○弔 110/53/20
○故也 110/53/21,420/202/16
然則子○以弔寡人 110/53/22
○秦之智而山東之愚耶 111/54/7
夫不深料秦之不奈我○也 112/55/6
將無奈我○ 113/55/16
○以託儀也 115/56/23
其官爵○也 117/57/12
異貴於此者○也 117/57/13
君○不留楚太子 122/58/26
太子○不倍楚之割地而資齊 122/59/17
則子漂漂者將○如耳 124/61/1
○見於荊 125/61/10
將○以待君 130/63/10
今○舉足之高 130/63/13
不能以重於天下者○也 132B/64/15
客○好 133/64/20
客○能 133/64/21
以○市而反 133/65/5,133/65/12
來○疾也 133/65/11
市義奈○ 133/65/14

大小幾○ 134/66/8
士○必待古哉 135/66/25
○不吉之有哉 136B/68/5
於王○如 137/68/23
159/82/19, 159/82/20
寡人○好 137/69/3
○患無士 137/69/4
不使左右便辟而使工者○也 137/69/6
○以有民 138/69/15
○以有君 138/69/15
○以至今不業也 138/69/17
138/69/19
○以王齊國 138/69/20
○為至今不殺乎 138/69/22
子○聞之 139/69/26
士○其易得而難用也 140/70/4
○則形同憂而兵趨利也 142/72/14
○以知其然矣 142/73/21
王○不使臣見魏王 142/73/25
○得無誅乎 143/74/20
女尚○歸 144/74/29
女以為○若 146/76/25
單○以得罪於先生 147/77/8
○不使使者謝於楚王 147/77/14
歸於○黨矣 148/78/14
王○以去社稷而入秦 150/79/20
果誠○如 154/81/3
○以兩弊也 156/81/21
大夫○患 157B/82/8
○以也 160/82/27, 169/88/8
又○如得此樂而樂之 160/83/12
公○為以故與奚恤 162/83/28
非故如○也 162/83/29
故楚王○不以新城為主郡也 163/84/8
又○新城、陽人之敢求 164/84/17
兩者大王○居焉 167/86/5
今君○不見臣於王 169/88/12
君王將○問者也 170/88/20
將○謂也 170/88/23
子○不急言王 174/91/9
今常守之○如 177/93/2
王○逐張子 181/94/3
於王○傷 181/94/4
於王○益 181/94/4, 313/159/28
寡人之獨○為不好色也 182/94/16
子○以救之 185/95/27
今君○不為天下梟 188/96/20
公○以不請立后也 191/97/15
○如 197/99/24
201/102/30, 203/104/16
203/104/27, 211/109/15
211/109/28, 231/123/8
235/125/28, 301/153/4
320/164/15, 353/175/15
420/203/1, 438/213/4
440/216/14, 458/224/30
君○辭之 197/99/28
先生○以知之 198/100/20
臣○足以當堯 199/101/1
奈○以保相印、江東之封乎 200/101/24
○謂無妄之福 200/102/5
○謂無妄之禍 200/102/8
○謂無妄之人 200/102/11
又○至此 200/102/13
將道○哉 201/102/29
是非反如○也 202/103/11
君又○以疵言告韓、魏之君為 202/103/17
無矢奈○ 203/104/8
吾銅少若○ 203/104/10
親之奈○ 203/105/2
子○為然 204A/105/22
臣下不使者○如 204A/105/25
其音○類吾夫之甚也 204B/106/13
子獨○為報讎之深也 204B/106/22
○故為室之鉅也 207/107/15
○謂無故乎 211/109/28
○故不為 211/110/5
涉孟之讎然者○也 214/111/3
是○楚之知 217/111/27
○古之法 221/118/21
○禮之循 221/118/21
六者○也 222/119/11
○兵之不可易 224/120/13
○俗之不可變 224/120/13
君將以此○之 225/121/9
其於子○如 230/123/1
與秦城○如 233/123/27
不與○如 233/123/27
雖割○益 233/124/19
○秦之圖 233/125/4
而○慰秦心哉 233/125/8
事將奈○矣 236/126/18
勝也○敢言事 236/126/19
236/126/20
先生助之奈○ 236/127/2
秦稱帝之害將奈○ 236/127/5
子將○以待吾君 236/127/18
而將軍又○以得故寵乎 236/127/28
○以教之 238/128/20
○足問 238/128/21
其將○以當之 238/128/27
○不令前郎中以為冠 239A/129/7
子○夢 239B/129/15
於是與殺呂遺○以異 241/130/4
○患不得收河間 241/130/5
收河間○益也 241/130/5
而居無幾○ 245/130/30
王之事趙也○得矣 247/131/25
今又以○陽、姑密封其子 247/131/27
足下○愛焉 248/132/27
與國○敢望也 248/132/27
將○以天下為 249/133/11
○暇言陰 249/134/3
是○言也 250/134/10
○故寧朝於人 251/134/19
則君將○以止之 251/135/3
○故至今不遣 258A/137/3
王○不遣建信君乎 258A/137/4
王○不遣紀姬乎 258A/137/5
○補於國 258A/137/6
○危於國 258A/137/6
年幾○矣 262/139/8
長安君○以自託於趙 262/139/18
○故弗予 264A/140/6
君○釋以天下圖知氏 264A/140/9
臣○力之有乎 270/142/9
公叔○可無益乎 270/142/13
將奈社稷○ 271/142/18
縵縵奈○ 272/143/15
將奈之○ 272/143/16
○為飲食而無事 276/145/12
○敢惡事 276/145/13
公○不以楚佐儀求相之於魏 282/147/7
○不陽與齊而陰結於楚 286/148/3

毋謂天下○ 292/149/21
內之無若群臣○也 292/149/21
臣○足以當之 297/151/29
○不令公子泣王太后 300/152/26
○不稱病 302/153/20
君○憂 303B/154/6
王○不倍秦而與魏王 305/155/8
大王且○以報魏 308/156/15
夫秦○厭之有哉 310/157/17
○必以兵哉 310/158/3
○求而不得 310/158/4
○為而不成 310/158/4
王○以臣為 311/158/26
病甚奈○ 311/159/2
○用智之不若梟也 312/159/16
然則先生之為寡人計之○如 313/159/27
於王○損 313/159/28
於王○傷乎 313/159/29
且奈○ 314/160/15
王且○利 314/160/20
王○利 314/160/21
○故而弗有也 317B/163/10
○故不能有地於河東乎 317B/163/17
其說○也 321/164/24,461/225/31
子○不疾及三國方堅也 321/164/25
○也哉 325/165/26
○不相告也 341/170/14
341/170/20
然則○為涕出 341/170/15
○至於此 343/171/25
○以異於牛後乎 347/173/9
公○不與趙藺、離石、祁 356A/176/3
公○以異之 359/177/24
公○不以秦為韓求穎川於楚 359/178/1
公○不因行願以與秦王語 360/178/14
王○不試以襄子為質於韓 369/181/21
公○不令人說昭子曰 370/181/27
無奈○也 374/182/22
又○新城、陽人敢索 375/183/5
尚○足以圖國之全為 376/183/11
公○不令齊王謂楚王 377/183/16
公○不為韓求質子於楚 380/184/3
公○不試奉公子咎 381/184/11
客○方所循 384/185/9
○貴 384/185/9
請問楚人謂此鳥○ 384/185/12
此其說○也 388/188/3
皆不欲韓、秦之合者○也 388/188/6
○意寡人如是之權也 396B/191/7
○故使公來 399/192/10
是○以為公之王使乎 399/192/11
王○不為之先言 401/192/24
王○不召之 402/193/4
○吾合燕於齊 409/194/30
此一○慶弔相隨之速也 411/195/19
○肯步行數千里 412/196/15
○肯楊燕、秦之威於齊而取大功乎哉 412/196/16
又○罪之有也 412/196/23
不聽燕使○也 414/197/20
王○為不見 414/197/22
○如者也 415/197/31
○足以為固 415/198/24
○足以為塞 415/198/25
齊宣王○如 416A/199/7
敢問以國報讎者奈○ 418/200/22
然而王○不使布衣之人 419/201/26
今王○不使可以信者接收燕、趙 419/201/28
則王○不務使知士以若此言說秦 419/202/6
○為煩大王之廷耶 420/202/22
子○以知之 420/202/28
則○不與愛子與諸舅、叔父、負床之孫 420/203/2
○如人哉 420/203/3
則且奈○乎 420/203/7
則後不可奈○也 424/205/21
王○疑焉 424/205/25
王○不出兵以攻齊 426/206/21
王○不令蘇子將而應燕乎 426/206/25
○足以當之 426/206/27
○臞也 428/208/1
而亦○以報先王之所以遇將軍之意乎 431/209/11
將奈○合弱而不能如一 432/210/23
王○不陰出使 433/211/16
王○為弗為 433/211/23
子○賀 439/214/11
奈○以見陵之怨 440/214/20
然則○由 440/214/21
將奈○ 440/216/12
為之奈○ 440/216/14
無可奈○ 440/216/17
有憂色○也 441/218/4
宋○罪之有 442/218/12
敢問攻宋○義也 442/218/12
此為○若人也 442/218/16
則吾○以告子而可乎 444/219/8
而子有憂色○ 448A/220/15
將○以用之 452A/221/29
公○不請公子傾以為正妻 453/222/10
○侔名於我 455/223/7
公○患於齊 455/223/9
奈○吾弗患也 455/223/11
子之道奈○ 455/223/18
然則子之道奈○ 455/223/18
孤○得無廢 455/223/22
○在其所存之矣 455/223/23
於君○如 456/224/4
○不見臣乎 458/224/21
事○可豫道者 458/224/21
為將奈○ 458/225/3
○以 459A/225/10
○神之有哉 461/226/23
今果○如 461/227/2
○必以趙為先乎 461/227/6

和 hé 76

西周欲○於楚、韓 3B/2/11
遽○東周 20/7/21
秦王出楚王以為○ 22/8/8
與荊人○ 42/16/4
與魏氏○ 42/16/8
與趙氏為○ 42/16/21
王割漢中以為○楚 46/18/25
少者○汝 49/20/5

為楚○於秦 62/25/22
怵於楚而不使魏制○ 62/25/23
王不如使魏制○ 62/25/24
魏制○必悅 62/25/24
○不成 68/28/3,289/148/30
楚有○璞 72/29/6
與秦交○而舍 109/53/6
急必以地○於燕 119/58/1
齊王○其顏色曰 125/61/12
○樂倡優侏儒之笑不之 142/73/18
魏欲○ 185/95/19
楚將入之秦而使行○ 185/95/19
是明楚之伐而信魏之○也 185/95/21
今子從楚為○ 185/95/23
吾將使人因魏而○ 185/95/23
請○不得 185/95/26
不如速○ 185/95/28
因令人謁○於魏 185/95/28
不若令屈署以新東國為○於齊以動秦 195/99/10
遽令屈署以東國為○於齊 195/99/11
○氏之璧 208/108/6
請效上黨之地以為○ 211/109/19
今王令韓興兵以上黨入○於秦 211/109/20
察五味之○ 218/113/25
不○於俗 221/116/24
○於下而不危 222/119/12
欲○我 229A/122/17
三國不能○我 229A/122/18
故不若亟割地求○ 233/125/3
又割地為○ 233/125/7
乃絶○於秦 249/134/5
是○也 257/136/24
令昭應奉太子以委○於薛公 260/138/16
魏之○卒敗 260/138/17
○於身也 262/139/4
今行○者 287/148/13
而○於東周與魏也 287/148/14
魏令公孫衍請○於秦 289/148/29
○成 289/148/29
固有秦重○ 289/148/29
見棺之前○ 296/150/27
奉陽君、韓餘為既○矣 297/152/7
與魏○而下楚 301/153/11
○調五味而進之 307/155/28
而得以少割為○ 310/158/1
必令魏以地聽秦而為○ 317B/163/1
以為○於秦也 317B/163/2
公因寄汾北以予秦而為○ 317B/163/3
而使翟強為○也 317B/163/12
公不如按魏之○ 317B/163/13
齊○子亂而越人亡繒 319/164/4
王不如因張儀為○於秦 357/176/16
是秦、韓不○ 357/176/22
為能聽我絶○於秦 357/176/23
遂絶○於秦 357/177/4
今秦、魏之○成 386/187/5
今公與安成君為秦、魏之○ 386/187/7
秦、魏之○成 386/187/8
秦、魏○ 386/187/12
不○ 386/187/12
則必以地○於齊、楚 394/190/11
今齊、魏不○ 417/200/14
困則使太后、穰侯為○ 422/204/22
寡人有時復合○也 429/208/16
景陽乃開西○門 436/212/20
室不能相○ 438/213/19
荊軻○而歌 440/216/28

河 hé 112

除道屬之於○ 29/10/9
王何不出於○南 31/10/23
秦必不敢越○而攻南陽 31/10/24
濟清○濁 42/15/26
完○間 42/16/16
東陽○外不戰而已反為齊矣 42/16/18
必入西○之外 47/18/30
果獻西○之外 47/19/2
北取西○之外 55/23/10
封君於○南 66/27/14
寡人欲割○東而講 83A/38/13
割○東 83A/38/14,247/132/2
王割○東而講 83A/38/18
舉○內 87/41/1
北倚○ 87/42/3
帶以○曲之利 87/42/9
○、濟之士 89/43/15
文信侯欲攻趙以廣○間 94/45/21
以廣○間之地 94/45/22
欲攻趙而廣○間也 94/46/9
今王齎臣五城以廣○間 94/46/10
趙王立割五城以廣○間 94/46/10
趙賂以○間十二縣 95/46/26
秦得絳、安邑以東下○ 111/54/11
必表裏○而東攻齊 111/54/11
西有清○ 112/54/23
未嘗倍太山、絶清○、涉渤海也 112/54/25
秦、趙戰於○漳之上 113/55/21
魏效○外 113/55/23
割○間以事秦 113/55/23
220/116/11
悉趙涉○關 113/55/24
譬若挹水於○ 131/63/26
兼魏之○南 132B/64/12
有濟西則趙之○東危 141B/70/22
○、山之間亂 142/71/10
藉力魏而有○東之地 142/71/11
馬飲於大○ 142/71/13
亦襲魏之○北燒棘溝 142/71/13
秦王垂拱受西○之外 142/74/4
而西○之外入於秦矣 142/74/6
被山帶○ 168/86/15
下○東 168/86/22
不避絶江○ 188/96/17
故畫游乎江○ 192/98/9
越漳、○ 208/107/22
漂入漳、○ 208/107/27
今燕盡韓之○南 209/108/20
○間封不定而齊危 215/111/10
魏弱則割○外 218/113/5
○外割則道不通 218/113/5
秦甲涉○踰漳 218/113/7
南有○、漳 218/113/11
東有清○ 218/113/11
趙涉○、漳 218/114/4,218/114/5
趙涉○、漳、博關 218/114/5
魏軍○外 218/114/7
願渡○踰漳 220/115/25
告齊使興師度清○ 220/116/3

歐韓、魏而軍於〇外 220/116/4
今吾國東有〇、薄洛之水 221/117/20
以守〇、薄洛之水 221/117/22
不如請以〇東易燕地於齊 227/121/19
趙有〇北 227/121/20
齊有〇東 227/121/20
以〇東之地強齊 227/121/20
乃以〇東易齊 227/121/22
左〇間 237/128/14
今收〇間 241/130/4
何患不得收〇間 241/130/5
收〇間何益也 241/130/5
魏武侯與諸大夫浮於西〇 269/141/19
〇山之險 269/141/19,269/141/23
前帶〇 269/141/27
西〇之政 269/142/1
北有〇外、卷、衍、燕、酸棗 272/142/29
秦下兵攻〇外 273/144/4
效〇外 273/144/20
賞韓王以近〇外 285/147/27
且無梁孰與無〇內急 311/158/18
〇內 311/158/20
夫越山踰〇 315/161/10
若道〇內 315/161/11
若道〇外 315/161/13
而以之臨〇內 315/161/17
〇內之共、汲莫不危矣 315/161/17
秦乃在〇西 315/161/23
315/161/26
〇山以蘭之 315/161/23
山北、〇外、〇內 315/161/25
無〇山以蘭之 315/161/27
則衛、大梁、〇外必安矣 315/162/8
何故不能有地於〇東乎 317B/163/17
魏兩用犀首、張儀而西〇之外亡 348B/174/10
秦取西〇之外以歸 367/181/3
而不患楚之能揚〇外也 372/182/9
效〇間以事秦 413/197/10
吾聞齊有清濟、濁〇 415/198/21
雖有清濟、濁〇 415/198/24
〇北不師 415/198/25
今濟西、〇北 415/198/25
而〇間可取 420/202/30
陸攻則擊〇內 422/204/6
西〇之外、上雒之地、三川 422/204/26
〇北之地 431/209/29
魏亡西〇之外 449/220/28
西〇之外必危 449/220/29
齊欲伐〇東 454/222/31

曷 hé 4

〇為擊之 109/53/9
〇惟其同 197/100/11
〇為久居此圍城之中而不去也 236/126/28
〇為與人俱稱帝王 236/127/17

盍 hé 1

子〇少委焉 283/147/14

貉 hé 1

北有胡〇、代馬之用 40/13/6

翮 hé 1

奮其六〇 192/98/8

闔 hé 5

臣愚而不〇於王心耶 72/29/12
〇廬為霸 73A/30/10
雖有〇閭、吳起之將 142/73/16
〇城陽而王 147/77/29
昔者五子胥說聽乎〇閭 431/210/10

齕 hé 1

更使王〇代王陵伐趙 461/226/30

賀 hè 22

群臣聞見者畢〇 50/21/1
獨不〇 50/21/2
諸士大夫皆〇 50/21/3
子獨不〇 50/21/3
故不敢妄〇 50/21/4
敢再拜〇 61B/25/16
再拜〇戰勝 117/57/11
天下之〇戰者 233/125/2
天下之〇戰勝者皆在秦矣 235/126/6
諸侯皆〇 258B/137/16
258B/137/17,258B/137/21
趙王使往〇 258B/137/16
吾往〇而獨不得通 258B/137/17
臣〇鯉之與於遇也 361/179/1
公不如令秦王〇伯嬰之立也 382/184/18
再拜而〇 411/195/19
使人〇秦王 439/214/5
燕王使使者〇千金 439/214/10
子何〇 439/214/11
公不如令楚〇君之孝 445/219/17
群臣皆〇 448A/220/14

赫 hè 11

仇〇之相宋 13/5/21
杜〇欲重景翠於周 16/6/20
杜〇曰 106/51/29
楚杜〇說楚王以取趙 165/84/22
〇不能得趙 165/84/24
杜〇怒而不行 165/84/26
杜〇謂昭陽曰 185/95/21
185/95/26
且以置公孫〇、樗里疾 213/110/30
杜〇為公仲謂秦王曰 356B/176/10
宋〇為謂公叔曰 379/183/27

褐 hè 3

西施衣〇而天下稱美 188/96/18
鄰有短〇而欲竊之 442/218/15
此猶錦繡之與短〇也 442/218/21

壑 hè 1

顧及未填溝○而託之 262/139/9

黑 hēi 6

○貂之裘弊 40/13/29
面目犁○ 40/13/30
粉白墨○ 182/94/14
○貂之裘 208/108/6
○齒雕題 221/117/15
願令得補○衣之數 262/139/7

恨 hèn 7

是○秦也 141A/70/11
是○天下也 141A/70/12
襄子○然曰 204A/105/21
雖死不○ 204B/106/27
韓得武遂以○秦 372/182/11
又奚為挾之以○魏王乎 396B/191/6
寡人○君 461/227/3

恆 héng 2

亦聞○思有神叢與 74/32/16
○思有悍少年 74/32/16

恒 héng 1

非○士也 61A/25/4

橫 héng 39

則令不○行於周矣 34/11/20
蘇秦始將連○說秦惠王曰 40/13/6
約從連○ 40/13/18
約從散○ 40/14/7
○歷天下 40/14/14
楚智○君之善用兵 48A/19/10
破○散從 81/37/2
非從即○也 86/40/17
○成 86/40/18
張儀為秦連○齊王曰 113/55/14
儀以秦、梁之齊合○親 116/57/3
○秦之勢合 145/75/16
黃金○帶 148/78/16
○成則秦帝 167/85/27
○人皆欲割諸侯之地以事秦 167/86/1
○合 167/86/4
張儀為秦破從連○ 168/86/15, 413/197/3
○親之不合也 183/94/30
不足以○世 189/96/28
今夫○人嚂口利機 189/96/28
楚太子○為質於齊 195/99/9
薛公歸太子○ 195/99/9
嘗合○而謀伐趙 209/108/25
夫○人者 218/113/24
是故○人日夜務以秦權恐猲諸侯 218/113/26
以兵○行於中十四年 219/115/13
張儀為秦連○ 220/115/20, 273/143/22
趙畏○之合也 229B/122/23
則○行四海 237/128/13
先言○者 244/130/25
建信君果先言○ 244/130/25
然○人謀王 272/143/2
○樹之則生 303A/153/26
○者將圖子以合於秦 321/164/26
張儀為秦連○說韓王曰 348A/173/17
一從一○ 388/188/3
○則韓重 405/193/21

衡 héng 7

不能與齊縣○矣 70/28/13
秦烏能與齊縣○韓、魏 70/28/16
夫商君為孝公平權○、正度量、調輕重 81/36/23
仰嚙蔆○ 192/98/7
必有大臣欲○者耳 244/130/24
而○山在其北 269/141/24
若乃其眉目准頞權○ 458/224/29

薨 hōng 2

威王○ 101/49/28
懷王○ 177/92/3

弘 hóng 14

天下駿雄○辯之士也 81/35/20
公孫○謂孟嘗君曰 134/66/3
公孫○敬諾 134/66/7
公孫○見 134/66/7
公孫○對曰 134/66/8, 134/66/9
公孫○曰 134/66/10, 134/66/14
公孫○可謂不侵矣 134/66/16
公孫○陰知之 456/224/3
公孫○參乘 456/224/3
○曰 456/224/4
中山君大疑公孫○ 456/224/6
公孫○走出 456/224/7

虹 hóng 1

白○貫日 343/171/22

閎 hóng 2

○夭事文王 81/36/14
其可願孰與○夭、周公哉 81/36/15

鴻 hóng 4

是以國權輕於○毛 189/96/29
○毛 237/128/12
南有○溝、陳、汝南 272/142/27
則○臺之宮 348A/173/27

侯 hóu 357

盡君子重寶珠玉以事諸○ 16/6/20
諸○畏懼 39/12/24
可以并諸○ 40/13/9
諸○亂惑 40/13/19
臣諸○ 40/13/25
王○之威 40/14/10
諸○相親 40/14/11
廷說諸○之王 40/14/15
故先使蘇秦以幣帛約乎諸○ 41A/14/25
諸○不可一 41A/14/25
善我國家使諸○ 41A/14/27
四鄰諸○不服 42/15/23

四鄰諸○可朝也 42/16/4,42/16/8
前者穰○之治秦也 42/16/9
朝四鄰諸○之道 42/17/10
四鄰諸○不朝 42/17/11
諸○不以為貪 44/18/5
蜀主更號為○ 44/18/11
輕諸○ 44/18/12,81/36/22
則諸○必見張儀之無秦矣 52/22/10
魏文○令樂羊將 55/23/11
文○示之謗書一篋 55/23/12
蘇代為齊獻書穰○曰 63/26/5
穰○智而習於事 63/26/6
63/26/15
秦客卿造謂穰○曰 66/27/3
謂穰○曰 69/28/8,323/165/8
取之於諸○ 72/29/9
則諸○不得擅厚矣 72/29/9
以當諸○ 73A/30/24
是穰○為國謀不忠 73A/30/25
諸○見齊之罷露 73A/31/4
聞秦之有太后、穰○、涇陽、華陽 73B/31/26
穰○出使不報 73B/31/28
穰○使者操王之重 73B/32/2
決裂諸○ 73B/32/2
御於諸○ 73B/32/3
太后、穰○用事 73B/32/6
逐穰○ 73B/32/10
應○謂昭王曰 74/32/16
穰○用之 74/32/20
今太后使者分裂諸○ 74/32/27
伐諸○ 74/32/27
穰○十攻魏而不得傷者 75/33/6
應○曰 76/33/15
79/34/13,79/34/22,81/35/24
81/35/26,81/35/27,81/35/30
81/36/15,81/36/16,81/37/11
232/123/18,232/123/21
秦相應○曰 77/33/22
謂應○曰 78/34/3
應○失韓之汝南 79/34/13
秦昭王謂應○曰 79/34/13
今應○亡地而言不憂 79/34/19
蒙傲乃往見應○ 79/34/22
應○拜蒙傲曰 79/34/24
應○每言韓事者 79/34/27
臣無諸○之援 80/35/12
而為諸○所議也 80/35/13
聞應○任鄭安平、王稽 81/35/19
應○內慚 81/35/20
使人宣言以感怒應○曰 81/35/20
應○聞之 81/35/23
則揖應○ 81/35/23
應○固不快 81/35/23
應○因讓之曰 81/35/23
應○知蔡澤之欲困己以說 81/36/1
於是應○稱善 81/36/11
齊桓公九合諸○ 81/36/21
立威諸○ 81/36/24
坐制諸○ 81/37/7
長為應○ 81/37/10
應○因謝病 81/37/16
昭王彊起應○ 81/37/16
應○遂稱篤 81/37/16
而外結交諸○以圖 85/40/1
請為陳○臣 88/42/22
臨天下諸○ 88/42/26
驅十二諸○以朝天子於孟津 89/43/10
而世主不敢交陽○之塞 89/43/13
則臣恐諸○之君 89/43/15
號曰文信○ 93/45/16
諸○皆致秦邑 93/45/16
文信○欲攻趙以廣河間 94/45/21
文信○因請張唐相燕 94/45/21
文信○去而不快 94/45/23
君○何不快甚也 94/45/23
文信○曰 94/45/23,261/138/24
應○之用秦也 94/46/1
孰與文信○專 94/46/1
應○不如文信○專 94/46/1
卿明知為不如文信○專歟 94/46/2
應○欲伐趙 94/46/2
今文信○自請卿相燕 94/46/3
甘羅謂文信○曰 94/46/4
文信○出走 95/46/15
文信○相秦 95/46/17
外恐諸○之救 95/46/23
諸○必懼 95/46/24
外自交於諸○ 96/47/27
吾聞子以寡人財交於諸○ 96/48/4
田○召大臣而謀曰 102/50/21
103/50/30
田○曰 102/50/22,102/50/23
102/50/25,103/51/4
韓、魏之君因田嬰北面而朝田○ 103/51/7
成○鄒忌為齊相 104/51/11
而成○可走 105/51/25
諸○弗與 114/56/4
孟嘗君奉夏○章以四馬百人之食 126/61/19
夏○章每言未嘗不毀孟嘗君也 126/61/19
文有以事夏○公矣 126/61/20
繁菁以問夏○公 126/61/20
夏○公曰 126/61/21
孟嘗君重非諸○也 126/61/21
若魏文○之有田子方、段干木也 127/62/2
齊放其大臣孟嘗君於諸○ 133/65/21
諸○先迎之者 133/65/22
不友乎諸○ 134/66/11
封萬戶○ 136B/67/17
諸○萬國 136B/67/25
諸○三千 136B/67/26
是以○王稱孤寡不穀 136B/68/6
而○王以自謂 136B/68/7
九合諸○ 137/68/27,145/76/4
中不索交諸○ 138/69/21
子孰而與我赴諸○乎 140/70/3
莫如僅靜而寡信諸○ 142/71/28
寡信諸○ 142/71/28
身從諸○之君 142/72/3
外信諸○之殃也 142/72/5
明於諸○之故 142/72/10
後起則諸○可趨役也 142/72/15
而能從諸○者寡矣 142/72/18
而能從諸○寡矣 142/72/24
則五兵不動而諸○從 142/73/12
兵後起則諸○可趨役也 142/73/14
諸○可同日而致也 142/73/18
諸○無成謀 142/73/19
使諸○無成謀 142/73/21
又從十二諸○朝天子 142/73/22
有十二諸○而朝天子 142/73/25
今大王之所從十二諸○ 142/73/27
諸○奔齊 142/74/3
朝諸○ 145/76/7

陰結諸○之雄俊豪英 147/77/18
與諸○信 149B/79/6
州○相楚 161/83/20
則諸○莫不南面而朝於章臺之下矣 167/85/18
橫人皆欲割諸○之地以事秦 167/86/1
則諸○割地以事楚 167/86/4
安諸○ 167/86/10,218/114/11
而楚恃諸○之救 168/87/3
且夫秦之所以不出甲於函谷關十五年以攻諸○者 168/87/9
通○、執珪死者七十餘人 168/87/10
則泗上十二諸○ 168/87/15
混一諸○ 168/87/19
名不挫於諸○ 170/89/2
不若奔諸○ 170/89/11
昭○不欲 173B/90/26
後不可以約結諸○ 177/92/13
多賂諸○以王之地 179/93/18
習諸○事 187/96/9
今諸○明知此多詐 187/96/12
君王左州○ 192/97/21
右夏○ 192/97/21,192/98/16
蔡聖○之事因是以 192/98/12
蔡聖○之事其小者也 192/98/16
左州○ 192/98/16
不知夫穰○方受命乎秦王 192/98/18
五子皆相諸○ 200/102/6
故貴為列○者 204A/105/19
而今諸○孰謀我 204A/106/1
魏文○借道於趙攻中山 205/107/3
趙○將不許 205/107/3
以與諸○攻秦 211/109/13
吾始已諾於應○矣 211/109/22
311/158/23,311/159/2
文信○之憂大矣 215/111/11
貴戚父兄皆可以受封○ 218/113/2
封○貴戚 218/113/3
以王諸○ 218/113/17
諸○之地五倍於秦 218/113/22
料諸○之卒 218/113/22
皆欲割諸○之地以與秦成 218/113/24
是故橫人日夜務以秦權恐猲諸○ 218/113/26
諸○有先背約者 218/114/8
以約諸○ 218/114/13
諸○休 219/115/16
熒惑諸○ 220/115/28
而辭應○ 232/123/18
秦王與應○必顯重以示天下 235/126/7
率天下諸○而朝周 236/127/6
諸○莫朝 236/127/6
諸○皆弔 236/127/7
鬼○之鄂○、文王 236/127/15
鬼○有子而好 236/127/15
醢鬼○ 236/127/16
鄂○爭之急 236/127/16
故脯鄂○ 236/127/16
諸○辟舍 236/127/20
則且變易諸○之大臣 236/127/26
彼又將使其子女讒妾為諸○妃姬 236/127/27
今有人操隨○之珠 238/128/25
外刺諸○ 240/129/25
文信○之於僕也 242/130/9
242/130/10
今君不能與文信○相伉以權 242/130/13
而責文信○少禮 242/130/14
諸○皆賀 258B/137/16
258B/137/17,258B/137/21
請今率諸○受命邯鄲城下 258B/137/28
秦召春平○ 261/138/21
世鈞為之謂文信○曰 261/138/21
春平○者 261/138/21
春平○入秦 261/138/22
故君不如遣春平○而留平都○ 261/138/23
春平○者言行於趙王 261/138/23
而贖平都○ 261/138/24
趙主之子孫○者 262/139/14
諸○有在者乎 262/139/15
魏文○曰 264B/140/16
文○曰 264B/140/17
266/140/28,266/140/29
267/141/8,268/141/13
268/141/13,268/141/15
已乃知文○以講於己也
264B/140/18
文○謂覩師贊曰 265/140/23
文○賞其功而疑其心 265/140/24
而辭乎魏文○ 266/140/28
文○與虞人期獵 267/141/7
文○將出 267/141/7
魏文○與田子方飲酒而稱樂 268/141/13
魏武○與諸大夫浮於西河 269/141/19
武○忿然曰 269/141/21
武○曰 269/142/1
諸○四通 273/143/22
且夫諸○之為從者 273/143/29
說一諸○之王 273/144/15
成而封○之基 273/144/15
諸○客聞之 276/145/20
因以魯○之車迎之 278/146/8
王不若與竇屢關內○ 287/148/11
夫周君、竇屢、奉陽君之與穰○ 287/148/12
太后恐其不因穰○也 287/148/13
梁君與田○不欲 291/149/9
田○、梁君見其危 291/149/13
梁君、田○恐其至而戰敗也 291/149/14
而與之並朝齊○再三 301/153/14
梁王魏嬰觴諸○於范臺
307/155/26
須賈為魏謂穰○曰 310/157/12
而地不并乎諸○者 310/157/14
穰○曰 310/158/6
399/192/10,399/192/12
臣使長信○請無內王 311/158/24
支期說於長信○曰 311/158/26
長信○曰 311/158/26,311/158/27
311/158/29,311/159/3
長信○行 311/159/1
長信○入見王 311/159/2
臣能得之於應○ 311/159/3
有諸○之救 314/160/4
穰○舅也 315/161/1
或有諸○鄰國之虞 319/164/7
穰○攻大梁 323/165/8
將皆務事諸○之能令於王之上者 328/166/18

王不如陰○人說成陽君曰 331/167/15
吾先君成○ 340/170/1
昭○不許也 346/172/22
昭○曰 346/172/22
諸○不料兵之弱 348A/173/24
公仲數不信於諸○ 365/180/3
諸○錮之 365/180/3
而輕陽○之波 373/182/16
是塞漏舟而輕陽○之波也 373/182/17
而行游諸○眾矣 385/185/26
而嚴仲子乃諸○之卿相也 385/186/1
韓傀走而抱哀○ 385/186/15
兼中哀○ 385/186/15
裂地而為諸○ 386/187/9
秦必以公為諸○ 387/187/24
昭釐○ 390/188/23
申不害與昭釐○執珪而見梁君 390/188/24
諸○惡魏必事韓 390/188/25
昭釐○聽而行之 390/188/27
臣竊以為王之明為不如昭釐○ 390/188/28
許異蹴哀○而殪之 391/189/14
是故哀○為君 391/189/15
猶其尊哀○也 391/189/16
昔齊桓公九合諸○ 391/189/17
皆戴哀○以為君 391/189/19
諸○之君 391/189/20
諸○不能買 393/190/4
大臣為諸○輕國也 396C/191/14
則為大臣不敢為諸○輕國矣 396C/191/17
則諸○不敢因群臣以為能矣 396C/191/18
則諸○之情偽可得而知也 396C/191/18
田苓見穰○ 399/192/10
穰○怒曰 399/192/11
趙敖為謂建信○曰 405/193/19
北說燕文○曰 408/194/10
而包十二諸○ 415/198/18
秦五世以結諸○ 419/201/25
立為三帝而以令諸○ 419/201/30
諸○戴齊 419/202/4,419/202/4
諸○北面而朝 420/202/23
諸○西面而朝 420/202/23
則諸○不為別馬而朝矣 420/202/24
困則使太后、穰○為和 422/204/22
燕反約諸○從親 422/205/1
名顯諸○ 422/205/2
為諸○ 424/205/22
太后嫁女諸○ 428/208/5
使之得比乎小國諸○ 431/210/3
鑄諸○之象 433/211/21
諸○服秦 440/215/24
使悉反諸○之侵地 440/215/25
以其間諸○ 440/215/27
諸○得合從 440/215/27
比諸○之列 440/217/5
王乃逃倪○之館 447/220/9
魏文○欲殘中山 453/222/10
非諸○之姬也 458/224/29
即為諸○笑 458/225/3
王乃使應○往見武安君 461/226/9
諸○生心 461/226/27
應○慚而退 461/226/30
以諸○之變 461/227/5
以令諸○ 461/227/5

喉 hóu 1

天下之咽○ 86/40/15

猴 hóu 1

猿獮○錯木據水 129/62/23

后 hòu 115

因以應為太○養地 26/9/15
秦王、太○必喜 26/9/15
秦宣太○愛魏醜夫 64/26/19
太○病將死 64/26/19
庸芮為魏子說太○曰 64/26/20
太○曰 64/26/20,64/26/22,71/28/23,262/139/3,262/139/4,262/139/8,262/139/9,262/139/13,262/139/19,428/208/1,428/208/5,428/208/11
若太○之神靈 64/26/20
太○救過不贍 64/26/22
秦太○為魏冉謂秦王曰 71/28/21
寡人日自請太○ 73A/29/19
足下上畏太○之嚴 73A/30/14
上及太○ 73A/30/20
聞秦之有太○、穰侯、涇陽、華陽 73B/31/26
今太○擅行不顧 73B/31/28
太○、穰侯用事 73B/32/6
於是乃廢太○ 73B/32/10
太○用之 74/32/21
今太○使者分裂諸侯 74/32/27
竭入太○之家 74/32/28
太○不善公也 91/44/3
太○之所親也 91/44/4
太○必悅公 91/44/5
謂太○曰 92/44/9
太○坐王而泣 92/44/10
乃說秦王○弟陽泉君曰 93/44/26
王○無子 93/44/29
王○之門 93/44/30
王○誠請而立之 93/45/1
王○無子而有子也 93/45/2
入說王○ 93/45/2
王○乃請趙而歸之 93/45/3
王○欲取而子之 93/45/5
王○悅其狀 93/45/10
王○勸立之 93/45/14
王○為華陽太○ 93/45/16
齊王使使者問趙威○ 138/69/13
威○問使者曰 138/69/13
臣奉使使威○ 138/69/14
威○曰 138/69/15
君王○ 143/74/22
君王○以為○ 143/74/24
而迎王與○於城陽山中 147/78/1
以太史氏女為王○ 149B/79/2
君王○賢 149B/79/3
君王○事秦謹 149B/79/6
秦始皇嘗使使者遺君王○玉連環 149B/79/8
君王○以示群臣 149B/79/8
君王○引椎椎破之 149B/79/9
及君王○病且卒 149B/79/11
君王○曰 149B/79/11,149B/79/12

君王○死 149B/79/14
後○勝相齊 149B/79/14
南○、鄭褎貴於楚 182/94/10
南○、鄭褎聞之大恐 182/94/18
乃召南○、鄭褎而觴之 182/94/23
楚王○死 191/97/15
未立○也 191/97/15
公何以不請立○也 191/97/15
是知困而交絕於○也 191/97/15
以李園女弟立為王○ 200/101/28
李園既入其女弟為王○ 200/102/1
秦留趙王而○許之媾 235/126/9
吾乃今然○知君非天下之賢公子也 236/126/21
然○天子南面弔也 236/127/22
而王必待工而○乃使之 239A/129/8
趙太○新用事 262/138/28
太○不肯 262/138/29
太○明謂左右 262/138/29
左師觸讋願見太○ 262/139/1
太○盛氣而揖之 262/139/1
而恐太○玉體之有所郄也 262/139/2
故願望見太○ 262/139/2
太○之色少解 262/139/5
太○笑曰 262/139/10
老臣竊以為媼之愛燕○賢於長安君 262/139/10
媼之送燕○也 262/139/12
故以為其愛不若燕○ 262/139/18
太○恐其不因穰侯也 287/148/13
何不令公子泣王太○ 300/152/26
故太○母也 315/161/1
故令魏氏收秦太○之養地秦王於秦 329A/166/24
而養秦太○以地 329A/166/25
太○之德王也 342/171/7
宣太○曰 366/180/11
宣太○謂尚子曰 366/180/12
困則使太○、穰侯為和 422/204/22
太○聞之大怒曰 428/207/26
陳翠欲見太○ 428/207/29
太○方怒子 428/207/29
遂入見太○曰 428/207/29
太○嫁女諸侯 428/208/5
太○弗聽 428/208/7
且太○與王幸而在 428/208/7
太○千秋之後 428/208/8
故非及太○與王封公子 428/208/9
則君不奪太○之事矣 445/219/17
陰姬與江姬爭為○ 458/224/20
彼乃帝王之○ 458/224/29
王立為○ 458/225/4
世無請○者 458/225/4
中山王遂立以為○ 458/225/4

厚 hòu 69

○寶也 1/1/5
必○事王矣 6/3/12
王為臣賜○矣 14B/6/9
道德不○者不可以使民 40/13/12
○養死士 40/13/22
非能○勝之也 42/16/25
秦益強富○ 44/18/11
其於弊邑之王甚○ 50/20/25
○其祿以迎之 61A/25/6
勞大者其祿○ 72/28/29
獨不足以○國家乎 72/29/7
臣聞善○家者 72/29/9
善○國者 72/29/9
則諸侯不得擅○矣 72/29/9
於是夫積薄而為○ 88/42/25
趙○送遣之 93/45/6
鄒忌以齊○事楚 106/52/2
○矣王之託儀於秦王也 115/56/22
以其為齊薄而為楚○也 122/60/6
德○之道 136B/67/25
利制海內不為○ 142/73/19
二者顯名○實也 145/75/27
誰有○於安平君者哉 147/77/26
我○賂之以利 153/80/21
受○祿 160/82/26
必○尊敬親愛之而忘子 174/91/8
○賦斂諸臣百姓 179/93/17
張孟談便○以便名 204A/105/27
吾請資先生○用 208/108/5
所以利其民而○其國也 221/117/14
欲子之○愛之 222/119/19
雖夫毋脊之○ 225/121/1
公子之所以教之者○矣 232/123/21
而於婦人○ 233/123/31
○任冒以事能 240/129/26
固且為書而○寄卿 250/134/10
受其弊而○遇之 258B/138/6
必○割趙以事君 261/138/23
奉○而無勞 262/139/16
王重其行而○奉之 287/148/11
○矣 304/154/19
下所以自為者○矣 304/154/27
土地之實不○於我 304/154/28
非所施○積德也 315/160/30
臣聞一里之○ 344A/172/4
以○怨於韓 357/176/23
以意○之 385/185/22
愈怪其○ 385/185/24
秦之德韓也○矣 387/187/19
而獨○取德焉 387/187/20
猶之○德我也 391/189/23
是棄強仇而立○交也 411/195/30
蘇代欲以激燕王以○任子之也 416A/199/8
卑身○幣 418/200/20
則莫如遙伯齊而○尊之 419/201/24
恐君之未盡○也 438/213/14
○者不毀人以自益也 438/213/14
○人之行也 438/213/15
今君○受位於先王以成尊 438/213/16
且世有薄於故○施 438/213/17
而君有失○之累 438/213/18
未盡○也 438/213/20
而君不得○ 438/213/22
輕絕○利者 438/213/28
○遺秦王寵臣中庶子蒙嘉 440/217/4
請○子於衛君 449/221/2
以積○於燕、趙 455/223/24
秦民之死者○葬 461/226/1
傷者○養 461/226/2

後 hòu 209

彼前得罪而○得解 6/3/11
收周最以為○行 11B/5/4
然○能多得鳥矣 16/6/22

○有攻周之敗 23/8/17
強弩在○ 24/8/27
朞年之○ 39/12/23
惠王代○ 39/12/26
然○可建大功 40/13/24
以隨其○ 40/14/7
何前倨而○卑也 40/14/18
斧質在○ 42/15/13
其○ 50/20/19
297/151/10,356B/176/9
陳軫○見 50/21/2
先絶齊○責地 50/21/6
韓亦恐戰而楚有變其○ 59/24/16
而○制晉、楚之勝 63/26/8
○雖悔之 66/27/13
獨不重任臣者○無反覆於王前耶 72/29/3
而明日伏誅於○ 73A/30/5
獨恐臣死之○ 73A/30/13
且臣將恐○世之有秦國者 73B/32/7
恐萬世之○有國者 74/32/24
自是之○ 79/34/27
81/36/27,237/128/16
245/131/3,247/132/2
夫待死而○可以立忠成名 81/36/10
○數日 81/37/13,146/77/1
○三國謀攻楚 82A/37/25
然○復之 87/41/3
使無復○患 87/41/5
臣恐有○患 87/41/8
而易患於○也 87/41/11
而無○患 87/42/3
一年之○ 87/42/4
然○危動燕、趙 87/42/12
則桀、紂之○將存 88/42/17
○子死 89/43/10
而有○患 89/43/15
美女充○庭 93/44/27
雖惡於○王 101/50/8
然○背太山 105/51/24
數月之○ 108/53/1
期年之○ 108/53/1
足下豈如令衆而合二國之○哉 110/53/23
而君以魯衆合戰勝○ 110/53/24
以為○世也 111/54/3
必有○憂 111/54/16
以亡隨其○ 112/55/1
恐韓、魏之議其○也 112/55/5
亡隨其○ 113/55/19
四戰之○ 113/55/21
然○王可以多割地 115/56/16
115/56/24
爵且○歸 117/57/19
趙、魏亡之○ 121/58/22
齊、衛○世無相攻伐 128/62/14
犬廢於○ 132A/64/1
臣恐強秦大楚承其○ 132A/64/2
○有頃 133/64/27
○孟嘗君出記 133/65/1
○朞年 133/65/18
○宮十妃 135/66/24
是故成其道德而揚功名於○世者 136B/68/3
豈先賤而○尊貴者乎 138/69/14
先○之事 141A/70/13
而○使天下憎之 141B/70/24
夫○起者藉也 142/71/3
然○從於天下 142/71/18
莫若○起而重伐不義 142/71/26
夫○起之籍與多而兵勁 142/71/26
○起之藉也 142/72/9
有而案兵而○起 142/72/9
○起則諸侯可趨役也 142/72/15
兵○起則諸侯可趨役也 142/73/14
然○圖齊、楚 142/74/1
然○天下乃舍之 142/74/4
忠臣不先身而○君 145/75/12
○世無稱 145/75/13,145/76/6
計不顧○ 145/76/5
傳名○世 145/76/9
欲使○車分衣 146/76/22
恐○之 146/76/24
○后勝相齊 149B/79/14
其○秦欲取齊 151/80/3
○將常急矣 152/80/13
約絶之○ 153/80/22
齊之反趙、魏之○ 153/80/27
子隨我○ 154/81/5
臣不敢言其○ 155/81/12
恐楚之攻其○ 156/81/20
寡人萬歲千秋之○ 160/83/10
大王萬歲千秋之○ 160/83/11
患至而○憂之 167/85/21
必充○宮矣 167/85/26
天下○服者先亡 168/86/17
而韓、魏以全制其○ 168/87/11
○不可以約結諸侯 177/92/13
而○得見 199/100/27
三年而○乃相知也 199/101/3
即百歲○將更立兄弟 200/101/23
○十七日 200/102/15
春申君○入 200/102/15
而○不免殺之 201/102/24
而○王奪之 201/102/25
必○之矣 203/105/9
○事之師 204A/105/24
無○ 204B/106/11
是為先知報○知 204B/106/15
亦將以愧天下○世人臣懷二心者 204B/106/17
○郭門 208/107/25
臣恐其○事王者之不敢自必也 209/108/28
大王乃今然○得與士民相親 218/112/23
畏韓、魏之議其○也 218/113/12
○有長庭 218/113/25
則楚絶其○ 218/114/4,218/114/5
民不樂○也 219/114/21
○富韓威魏 219/115/3
而○受其殃也 219/115/5
然○德且見也 221/117/3
趙燕○胡服 223/119/26
所以昭○而期遠也 224/120/14
必在韓、魏之○也 233/124/15
齊○往 236/127/7
東藩之臣田嬰齊○至 236/127/8
公子乃驅○車 239A/129/4
則○之人無從見也 239B/129/17
人比然而○如賢不 247/131/27
然○王擇焉 247/132/11
○合與踦重者 249/133/10
○以中牟反 250/134/14
又遺其○相信陵君書曰 251/134/28
王聽趙殺座之○ 251/135/2
○三月 263/140/1
○被山 269/141/27

使民昭然信之於○者 270/142/8
於是索吳起之○ 270/142/10
又不遺賢者之○ 270/142/12
偷取一旦之功而不顧其○ 272/143/11
○有大患 272/143/16
以魏為將內之於齊而擊其○ 274/144/26
恐○天下得魏 276/145/21
則○必莫能以魏合於秦者矣 289/148/30
恐有○咎 291/149/11
三日而○更葬 296/150/28
而○與齊戰 301/153/6
○太子罷質 306/155/22
○世必有以酒亡其國者 307/155/27
○世必有以味亡其國者 307/156/1
○世必有以色亡其國者 307/156/2
○世必有以高臺陂池亡其國者 307/156/3
前夾林而○蘭臺 307/156/4
○山東之士 309/157/6
○十日 309/157/7
而君○擇焉 310/158/2
願子之且以名母為○也 311/158/14
而以入朝為○ 311/158/15
○為魏計 311/158/29
支期隨其○ 311/159/1
韓亡之○ 315/161/9,315/161/14
則○王之臣 328/166/18
○得又益大 341/170/16
則棄前功而○更受其禍 347/173/6
無為牛○ 347/173/8
何以異於牛○乎 347/173/9
而有牛○之名 347/173/9
探前趹○ 348A/173/21
而○委國於甘茂 359/177/26
公必先韓而○秦 367/181/7
先身而○張儀 367/181/7
公無辭以○反 368/181/14
齊、楚○至者先亡 382/184/19
聶政之所以名施於○世者 385/186/24
其○越與吳戰 390/189/6
魏之使者謂○相韓辰曰 396B/191/4
而王以全燕制其○ 408/194/15
而強秦制其○ 411/195/23
以金千斤謝其○ 411/196/1
○二日 412/196/26
臣恐天下○事足下者 412/196/29
不足先○ 416A/199/22
燕昭王收破燕○即位 418/200/20
先趨而○息 418/200/25
先問而○嘿 418/200/25
而○殘吳霸天下 419/201/23
銛戈在○ 422/204/5
則○不可柰何也 424/205/21
而○相效 424/205/23
莫為臣先○者 425/206/15
其○必務以勝報王矣 426/207/7
太后千秋之○ 428/208/8
故稱於○世 431/210/6
餘令詔○嗣之遺義 431/210/7
皆可以教於○世 431/210/8
然○乃可圖也 440/214/26
有頃而○言曰 440/215/18
然○許諾 440/216/1
其○荊軻客高漸離以擊筑見秦皇帝 440/217/28
而中山○持 454/222/15
恐○天下 459A/225/9
有二人挈戈而隨其○者 459B/225/17
趙王出輕銳以寇其○ 461/227/1

候 hòu 8

因使人告東周之○曰 19/7/14
○得而獻東周 19/7/15
韓必為關中之○ 87/42/9
而魏亦關內○矣 87/42/10
○者言章子以齊入秦 109/53/7
○者復言章子以齊兵降秦 109/53/7
○問三月 199/100/27
○者來言 250/134/14

乎 hū 387

臣請使西周下水可○ 4/2/18
欲秦、趙之相賣○ 13/5/23
公不聞楚計○ 25/9/5
周君怨寡人○ 32/11/2
惡有不戰者○ 40/13/18
取卿相之尊者○ 40/14/4
嗟○ 40/14/19
136B/68/10,204B/106/8
204B/106/24,385/186/1
蓋可忽○哉 40/14/20
故先使蘇秦以幣帛約○諸侯 41A/14/25
王何惡向之攻宋○ 41B/15/5
其此之謂○ 42/15/11
而求解○楚、魏 44/18/8
王欲窮儀於秦○ 45/18/17
固多憂○ 46/18/24
王何不聽○ 48B/19/17
信○ 48B/19/19
子胥忠○其君 48B/19/21
賣僕妾售○閭巷者 48B/19/21
楚亦何以軫為忠○ 48B/19/22
何適○ 48B/19/22
汝取長者○ 49/20/4
少者○ 49/20/5
而何之○ 49/20/14
張子以寡人不絕齊○ 50/21/11
臣可以言○ 50/21/13
以其餘為寡人○ 51/21/27
王獨不聞吳人之遊楚者○ 51/21/27
誠病○ 51/21/28
意亦思○ 51/21/28
王不聞夫管與之說○ 51/21/29
而寡人死不朽○ 55/23/3
君聞夫江上之處女○ 61A/24/27
以死者為有知○ 64/26/20
何暇乃私魏醜夫○ 64/26/22
公聞東方之語○ 67/27/19
亦能翕其心○ 71/28/22
豈敢以疑事嘗試於王○ 72/29/3
獨不足以厚國家○ 72/29/7
先生不幸教寡人○ 73A/29/27
臣何患○ 73A/30/9
臣何憂○ 73A/30/11
臣又何恥○ 73A/30/12
可○ 73A/31/3,136B/67/13
198/100/17,311/158/20
366/180/18,384/185/12

438/213/5,438/213/6
440/214/29,440/215/7
不亦繆○ 73A/31/6
而令焉得從王出○ 73B/32/1
得無危○ 74/32/19
有非相國之人者○ 74/32/23
欲買朴○ 76/33/15
君禽馬服○ 78/34/3
又即圍邯鄲○ 78/34/3
君能為之下○ 78/34/6
其憂○ 79/34/13
而況於秦國○ 79/34/23
君何不賜軍吏○ 80/35/3
豈有此○ 81/35/24
豈不亦忠○ 81/36/14
孰與秦孝公、楚悼王、越王○ 81/36/16
君獨不觀博者○ 81/37/5
王知之○ 86/40/8
143/74/16,143/74/17
143/74/18,258A/137/9
不亦失○ 87/41/21
王將藉路於仇讎之韓、魏○ 87/41/21
而朝於邯鄲之君○ 88/42/19
資而相之於周○ 91/44/4
君知之○ 93/44/26,136A/67/5
嗟嗞○ 95/47/15
君不聞大魚○ 99/49/13
吾獨謂先王何○ 101/50/9
吾豈可以先王之廟與楚○ 101/50/9
靖郭君之於寡人一至此○ 101/50/10
客肯為寡人來靖郭君○ 101/50/11
將軍可以為大事○ 105/51/21
齊王懼○ 110/53/20
王欲秦、趙之解○ 118/57/24
齊安得救天下○ 121/58/22
受之○ 130/63/17
則士不亦眾○ 131/63/23
長鋏歸來○ 133/64/24
133/64/25,133/64/27
馮公有親○ 133/64/28
能為文收責於薛者○ 133/65/1
乃有意欲為收責於薛○ 133/65/4
責畢收○ 133/65/11
姑反國統萬人○ 133/65/26
猶可○ 134/66/9
義不臣○天子 134/66/10
不友○諸侯 134/66/11
君滿意殺之○ 136A/67/4
王者貴○ 136B/67/14
士貴○ 136B/67/15
有說○ 136B/67/15
安可得而有○哉 136B/67/28
是故《易傳》不云○ 136B/67/28
是以明○士之貴也 136B/68/8
士生○鄙野 136B/68/13
豈先賤而後尊貴者○ 138/69/14
葉陽子無恙○ 138/69/18
子萬民○ 138/69/20
於陵子仲尚存○ 138/69/21
何為至今不殺○ 138/69/22
子孰而與我赴諸侯○ 140/70/3
王以天下為尊秦○ 141B/70/18
且尊齊○ 141B/70/18
釋帝則天下愛齊○ 141B/70/19
且愛秦○ 141B/70/19
何得無誅○ 143/74/20
公聞之○ 145/75/19
東游於齊○ 145/75/26
將欲以取我國○ 146/76/23
女聞吾言○ 146/76/24
王惡得此亡國之言○ 147/77/23
惡得此亡國之言○ 147/77/27
而馳○淄、澠之間 148/78/16
觀百獸之見我而敢不走○ 154/81/5
豈忘為之內○ 157B/82/8
王亦知之○ 159/82/18
392/189/28
誠有之○ 161/83/18,415/198/21
得無遂○ 161/83/19
吾相甘茂可○ 166/85/4
王若欲置相於秦○ 166/85/9
有所更得○ 169/88/3,169/88/4
以憂社稷者○ 170/88/19
嗟○子○ 170/89/6
社稷其為庶幾○ 170/89/7
楚國社稷其庶幾○ 170/89/21
餘豈悉無君○ 170/89/24
子亦自知且賤於王○ 174/91/4
三日乃得見○王 180/93/27
王無求於晉國○ 182/94/13
而令臣等為散○ 188/96/21
先生老悖○ 192/97/22
將以為楚國祆祥○ 192/97/22
王獨不見夫蜻蛉○ 192/98/1
飛翔○天地之間 192/98/1
加己○四仞之上 192/98/2
將加己○十仞之上 192/98/4
晝游○茂樹 192/98/5
夕調○酸鹹 192/98/5
淹○大沼 192/98/7
飄搖○高翔 192/98/8
將加己○百仞之上 192/98/9
故晝游○江河 192/98/9
夕調○鼎鼐 192/98/10
南游○高陂 192/98/12
北陵○巫山 192/98/12
與之馳騁○高蔡之中 192/98/13
不知夫子發方受命○宣王 192/98/13
與之馳騁○雲夢之中 192/98/17
不知夫穰侯方受命○秦王 192/98/18
而投己○黽塞之外 192/98/18
公不聞老萊子之教孔子事君○ 194/99/3
可食○ 196/99/16
君有將○ 198/100/16
然則射可至此○ 198/100/19
198/100/20
君亦聞驥○ 199/101/6
使得為君高鳴屈於梁○ 199/101/10
聘入○ 200/101/18
可得見○ 200/101/18
君又安得長有寵○ 200/101/23
奈何以保相印、江東之封○ 200/101/24
孰與其臨不測之罪○ 200/101/26
安不有無妄之人○ 200/102/5
安社稷○ 204A/105/22
子不嘗事范中行氏○ 204B/106/21
君能聽蘇公之計○ 208/108/1
何謂無故○ 211/109/28
而小弱顧能得之強大○ 211/110/2
可謂有故○ 211/110/3
無有謂臣為鐵鉆者○ 212/110/24

察○息民之為用者伯 219/114/26
明○輕之為重者王 219/114/26
計胡、狄之利○ 221/116/16
又況山谷之便○ 221/117/17
子其言○ 221/118/3,221/118/14
故寡人欲子之胡服以傅王○ 222/119/7
臣敢不聽令○ 222/119/17
224/120/18
君焉能○ 225/121/3
我其以三萬救是者○哉 225/121/7
安能收恤藺、離石、祁○ 228/122/1
獨無以教之○ 232/123/19
王亦聞夫公甫文伯母○ 233/123/28
焉有子死而不哭者○ 233/123/29
倦而歸○ 233/124/7
愛王而不攻○ 233/124/7
虞卿能盡知秦力之所至○ 233/124/11
得無割其內而媾○ 233/124/12
子能必來年秦之不復攻我○ 233/124/13
王將予之○ 233/124/24
是不亦大示天下弱○ 233/125/8
欲破王之軍○ 235/125/29
先生獨未見夫僕○ 236/127/10
梁王安得晏然而已○ 236/127/28
而將軍又何以得故寵○ 236/127/28
而令趙人愛君○ 237/128/11
安敢不對○ 238/128/21
王之行能如許由○ 238/128/23
社稷之血食○ 238/128/24
從而有功○ 241/130/4
從而無功○ 241/130/5
足下卑用事者而高商賈○ 242/130/11
天下有敢謀王者○ 247/131/28
請問王之所以報齊者可○ 247/132/3
王固可以反疑齊○ 247/132/5
王不聞公子牟夷之於宋○ 250/134/10
寧朝人○ 251/134/18
然則君奚求安平君而為將○ 252/135/13
今外臣交淺而欲深談可○ 257/136/27
有之○ 258A/137/3,415/198/9
王何不遣建信君○ 258A/137/4
王何不遣紀姬○ 258A/137/5
是能得之○內 258A/137/11
無乃傷葉陽君、涇陽君之心○ 258B/138/3
日食飲得無衰○ 262/139/3
丈夫亦愛憐其少子○ 262/139/9
其繼有在者○ 262/139/14
諸侯有在者○ 262/139/15
而況人臣○ 262/139/23
而獨以吾國為知氏質○ 264A/140/10
而辭○魏文侯 266/140/28
亦有術○ 266/140/29
魏於是○始強 267/141/9
鍾聲不比○ 268/141/13
子之言有說○ 269/141/21
臣何力之有○ 270/142/9
公叔何可無益○ 270/142/13
不亦悖○ 271/142/20
公惡事○ 276/145/12
王亦聞老妾事其主婦者○ 279/146/13
況大事○ 280/146/19
王亦聞張儀之約秦王○ 281/146/29
王獨不見夫服牛驂驥○ 290/149/3
又安敢釋卒不我予○ 291/149/13
而又況存薔○ 295/150/15
是其唯惠公○ 296/150/23
得毋嫌於欲亟葬○ 296/150/29
意者羞法文王○ 296/151/2
王若欲報齊○ 301/153/7
而使趙小心○ 304/154/26
王信之○ 306/155/18
306/155/19,306/155/19
戰勝○三梁 310/157/13
而地不并○諸侯者 310/157/14
將盡行之○ 311/158/13
將有所不行○ 311/158/13
尚有可以易入朝者○ 311/158/14
且安死○ 311/158/28
安生○ 311/158/28
安窮○ 311/158/28
安貴○ 311/158/28
偽病者○而見之 311/159/1
行○ 311/159/2
於王何傷○ 313/159/29
可得聞○ 314/160/8
可得○ 314/160/16
大變可得聞○ 314/160/18
利行數千里而助人○ 314/160/20
利出燕南門而望見軍○ 314/160/21
王以為不破○ 315/161/6
王以為安○ 315/161/6
王以為利○ 315/161/7
北至○闞 315/161/25
所亡○秦者 315/161/25
是故臣願以從事○王 315/162/2
王能又封其子問陽姑衣○ 316/162/15
豈若由楚○ 317B/163/3
子能以汾北與我○ 317B/163/14
317B/163/15
何故不能有地於河東○ 317B/163/17
王不聞湯之伐桀○ 318/163/26
韓且坐而胥亡○ 320/164/15
且割而從天下○ 320/164/15
韓怨魏○ 320/164/16
怨秦○ 320/164/16
韓強秦○ 320/164/17
強魏○ 320/164/17
與所不怨○ 320/164/18
與其所怨○ 320/164/18
王敢責垣雍之割○ 327/166/12
王能令韓出垣雍之割○ 327/166/12
安能歸寧○ 332/167/23
王知其故○ 333/167/28
王亦知弱之召攻○ 333/167/29
令兵先臣出可○ 338/168/31
有所不安○ 341/170/14
臣安能無涕出○ 341/170/19
所效者庸必得幸○ 341/170/23
庸必為我用○ 341/170/23
與嫪氏○ 342/171/5
與呂氏○ 342/171/5
公亦嘗聞天子之怒○ 343/171/19

大王嘗聞布衣之怒○ 343/171/20
而廢子之道○ 346/172/23
而廢子之謁○ 346/172/23
此我將奚聽○ 346/172/24
何以異於牛後○ 347/173/9
其可○ 348B/174/9
故王胡不卜交○ 352/175/7
且以善齊而絕齊○楚 361/178/27
子以秦為將救韓○ 367/180/28
其不○ 367/180/29
正亦可為國○ 384/185/10
正可以圉盜○ 384/185/10
子欲安用我○ 385/185/22
而政獨安可嘿然而止○ 385/186/4
今將攻其心○ 390/189/8
攻其形○ 390/189/8
吾欲以國輔韓珉而相之
　可○ 396A/190/26
又奚為挾之以恨魏王○
　396B/191/6
因用之○ 397/191/26
韓急○ 399/192/10
是何以為公之王使○ 399/192/11
秦王誠必欲伐齊○ 400/192/19
彼固有次○ 403/193/10
大王知其所以然○ 408/194/13
不可○ 412/196/11
而事弱燕之危主○ 412/196/16
何肯楊燕、秦之威於齊
　而取大功○哉 412/196/16
君以自覆為可○ 412/196/18
齊王其伯也○ 416B/200/7
況生馬○ 418/201/3
況賢於隗者○ 418/201/4
因敗而為功○ 419/201/24
歸耕○周之上地 420/202/16
自憂不足○ 420/202/21
而得罪者○ 420/203/6
則且柰何○ 420/203/7
而又況於當世之賢主○
　420/203/13
不亦遠○ 422/203/30
我起○少曲 422/204/1
我起○宜陽而觸平陽 422/204/1
生之物固有不死者○ 424/205/25
足下有意為臣伯樂○ 425/206/15
王何不令蘇子將而應燕
　○ 426/206/25
而亦何以報先王之所以
　遇將軍之意○ 431/209/11
擢之○賓客之中 431/209/21
而立之○群臣之上 431/209/22
使之得比○小國諸侯 431/210/3
昔者五子胥說聽○闔閭
　431/210/10
寡人雖不肖○ 438/213/20
君雖不得意○ 438/213/20
況傷人以自損○ 438/213/23
惡往而不黜○ 438/213/25
猶且黜○ 438/213/25
不望之○君也 438/213/28
君豈怨之○ 438/213/29
又況聞樊將軍之在○ 440/214/24
將軍豈有意○ 440/216/16
曾無一介之使以存之○
　443/218/26
則吾何以告子而可○ 444/219/8
太子能聽臣○ 446B/219/28
以為秦○ 449/220/27
以為魏○ 449/220/27
無乃不可○ 452A/221/28
公欲之○ 455/223/12
齊王聽○ 455/223/22
獨不可語陰簡之美○ 457/224/11
何不見臣○ 458/224/21
以眾擊寡○ 461/226/14
吾不能滅趙○ 461/226/30
何必以趙為先○ 461/227/6

呼 hū 11

中○池以北不戰而已為
　燕矣 42/16/18
夏育、太史啓叱○駭三
　軍 81/36/22
襄王○而問之曰 146/76/24
嗚○上天 197/100/11
○天擊之曰 204B/106/28
一蓋○侶 212/110/21
五年以擅○沱 253/135/24
聶政大○ 385/186/15
畢○霸王 390/189/9
南有○沱、易水 408/194/11
度○沱 408/194/17

忽 hū 3

○於至道 40/13/25
蓋可○乎哉 40/14/20
倏○之間 192/98/5

狐 hú 10

○濡其尾 87/41/9
鬼神○祥無所食 87/41/20
則騏驥不如○狸 129/62/24
齊負郭之民有孤○咺者 143/74/11
得○ 154/81/4
○曰 154/81/4
以為畏○也 154/81/6
必效縣○氏 213/110/29
而請內焦、黎、牛○之
　城 228/121/26
不予焦、黎、牛○ 228/121/27

胡 hú 46

北有○貉、代馬之用 40/13/6
魏氏將出兵而攻留、方
　與、銍、○陵、碭、
　蕭、相 87/41/26
客○為若此 134/66/13
○為至今不朝也 138/69/20
○人襲燕樓煩數縣 142/72/13
夫○之與齊非素親也 142/72/13
故楚南察瀨○而野江東 166/85/7
此代馬○駒不東 209/108/24
計○、狄之利乎 221/116/16
啓○、翟之鄉 221/116/18
今吾將○服騎射以教百
　姓 221/116/20
寡人非疑○服也 221/116/26
則○服之功未可知也 221/116/27
○地中山吾必有之 221/116/27
王遂○服 221/116/29
寡人○服 221/116/29,223/119/28
今○服之意 221/117/2
以成○服之功 221/117/4
臣固聞王之○服也 221/117/7
東有燕、東○之境 221/117/21
以備其參○、樓煩、秦
　、韓之邊 221/117/22

以攘諸○ 221/117/23
乃賜○服 221/117/29
○服不顧世 221/118/17
故寡人欲子之○服以傅王乎 222/119/7
乃國未通於王○服 222/119/16
賜○服 222/119/17
遂賜周紹○服衣冠 222/119/22
趙燕後○服 223/119/26
前吏命○服 223/120/1
至遂○服 224/120/18
率騎入○ 224/120/18
令衛○易伐趙 228/122/4
○如 292/149/22
則○不召文子而相之 298/152/15
王○不為從 327/166/9
故王○不卜交乎 352/175/7
○衍之出幾瑟於楚也 381/184/11
北有林○、樓煩 408/194/10
○與越人 432/210/29
智又不如○、越之人矣 432/211/1
○衍謂樗里疾曰 449/220/27
○衍曰 449/220/30
○衍因入蒲 449/221/1
○衍取金於蒲 449/221/2

壺 hú 3

非效醯○醬甀耳 1/1/14
君下○餐餌之 459B/225/18
以一○餐得士二人 459B/225/20

湖 hú 1

左江而右○ 307/156/2

葫 hú 1

今求柴○、桔梗於沮澤 131/63/24

縠 hú 3

不若王愛尺○也 137/69/5
臣故曰不如愛尺○也 137/69/7
曳綺○ 140/70/5

鵠 hú 4

今夫○的非咎罪於人也 142/73/8
黃○因是以 192/98/7
夫黃○其小者也 192/98/12
水擊○鴈 347/173/2

虎 hǔ 44

○狼之國也 24/8/26,167/86/1
有兩○諍人而鬬者 51/21/29
○者 51/22/1
今兩○諍人而鬬 51/22/1
子待傷○而刺之 51/22/2
則是一舉而兼兩○也 51/22/2
無刺一○之勞 51/22/2
而有刺兩○之名 51/22/2
聞『三人成○ 80/35/7
此猶兩○相鬬而駑犬受其弊 87/40/27
譬若○口 124/61/2
○求百獸而食之 154/81/4
○以為然 154/81/6
○不知獸畏己而走也 154/81/6
猶百獸之畏○也 154/81/7
兕○嘷之聲若雷霆 160/83/8
以外交強○狼之秦 167/86/2
○狼之國 167/86/7
○賁之士百餘萬 168/86/16
無以異於驅群羊而攻猛○也 168/86/18
夫○之與羊 168/86/18
今大王不與猛○而與群羊 168/86/18
此所謂兩○相搏者也 168/87/11
屬之子滿與子○ 170/89/17
○將即禽 217/111/28
禽不知○之即己也 217/111/28
而歸其死於○ 217/111/28
故使禽知○之即己 217/111/28
且秦○狼之國也 233/124/26
人有置係蹄者而得○ 243/130/18
○怒 243/130/18
○之情 243/130/18
驪牛之黃也似○ 266/141/2
外交強○狼之秦 272/143/2
今一人言市有○ 306/155/18
二人言市有○ 306/155/19
三人言市有○ 306/155/19
夫市之無○明矣 306/155/20
然而三人言而成○ 306/155/20
有○狼之心 315/160/29
○摯之士 348A/173/20
陽○之難 424/206/4
是以委肉當餓○之蹊 440/214/24

戶 hù 14

且夫蘇秦特窮巷掘門、桑○棬樞之士耳 40/14/14
賈封千○ 96/47/24
臨淄之中七萬○ 112/54/25
下○三男子 112/54/26
封萬○侯 136B/67/17
禽之○內 142/73/17
禽將○內 142/74/7
益封安平君以夜邑萬○ 147/78/3
請以三萬○之都封太守 211/110/11
千○封縣令 211/110/12
若萬○之都 251/134/20
衍請因令王致萬○邑於先生 294/150/8
是韓為秦、魏之門○也 386/187/8
吳人入越而○撫之 390/189/5

華 huā 23

見說趙王於○屋之下 40/14/6
天下有比志而軍○下 42/16/5
聞秦之有太后、穰侯、涇陽、○陽 73B/31/26
涇陽、○陽擊斷無諱 73B/31/28
○陽用之 74/32/20
分移○陽 74/32/28
王后為○陽太后 93/45/16
○而無其實德者也 136B/68/2
見於○章南門 141A/70/10
完者內酺而○樂 142/72/22
○落而愛渝 160/82/30
威王問於莫敖子○曰 170/88/18
莫敖子○對曰 170/88/19, 170/88/20,170/88/25, 170/89/29

如○不足知之矣 170/88/19
左○謂陳軫曰 277/145/28
秦敗魏於○ 310/157/12
311/158/10
○軍之戰 312/159/7
趙、魏攻○陽 399/192/9
大敗趙、魏於○陽之下 399/192/13

滑 huá 6

且王嘗用○於越而納句章 166/85/7
齊明說卓○以伐秦 193/98/25
○不聽也 193/98/25
齊明謂卓○曰 193/98/25
卓○因重之 193/98/26
令淖○、惠施之趙 227/121/22

譁 huá 1

微諫而不○ 223/119/26

化 huà 6

進退、盈縮、變○ 81/36/20
墨墨之○ 189/96/26
故勢與俗○ 221/118/8
能與時○ 221/118/9
或○於利 319/164/8
教○喻於民 452A/221/28

畫 huà 4

為公○陰計 20/7/19
昭王新說蔡澤計○ 81/37/16
請○地為蛇 117/57/15
右手○蛇 117/57/16

淮 huái 10

有○北則楚之東國危 141B/70/22
○、泗之間亦可得也 151/80/8
與○北之地也 192/98/20
東有○、穎、沂、黃、煮棗、海鹽、無(疎)〔疏〕 272/142/28
殘楚○北 419/201/15
足下以宋加○北 419/201/18
而歸楚之○北 419/202/1
歸楚之○北 419/202/2
且又○北、宋地 431/209/27
取○北之地 447/220/7

槐 huái 1

彼來則置之○谷 61A/25/6

懷 huái 19

可○挾提挈以至齊者 1/1/14
出其父母○衽之中 42/15/17
周人○璞過鄭賈曰 76/33/15
天下○樂敬愛 81/35/27
外○戎翟、天下之賢士 147/77/18
楚○王拘張儀 174/91/3
○王薨 177/92/3
賁、諸○錐刃而天下為勇 188/96/18
是○二心以事君也 204B/106/17
亦將以愧天下後世人臣○二心者 204B/106/17
人○吾義 211/109/28
臣聞○重寶者 219/114/19
秦人下兵攻○ 219/115/10
臨○而不救 219/115/11
不識三國之憎秦而愛○邪 219/115/11
忘其憎○而愛秦邪 219/115/11
相魏○於魏 249/133/16
秦故有○地刑丘、之城、垝津 315/161/17
○怒未發 343/171/23

壞 huài 4

則是一舉而○韓 42/16/19
社稷○ 87/41/18
○沮 208/107/26
○城郭 296/150/19

懽 huān 7

齊、楚方○ 50/20/20
而大國與之○ 50/20/25
不如許楚漢中以○之 56/23/27
楚○而不進 56/23/28
遇之甚○ 126/61/19
以○從之 174/91/6
大國大○ 448A/220/15

歡 huān 2

願大王無絶其○ 258B/137/22
秦人○喜 461/226/1

讙 huān 2

奉陽君告朱○與趙足曰 424/205/16
奉陽君告朱○曰 424/205/28

驩 huān 2

堯伐○兜 40/13/16
以交足下之○ 385/185/27

桓 huán 33

齊○公宮中七市 8B/3/30
以掩○公 8B/4/1
○公伐蔡也 24/8/26
齊○任戰而伯天下 40/13/17
齊○公九合諸侯 81/36/21
魏○子驂乘 83B/39/2
魏○子肘韓康子 83B/39/3
康子履魏○子 83B/39/3
○公用之而伯 96/48/12
昔先君○公所好者 137/68/27
昔者齊、燕戰於○之曲 142/72/12
昔管仲射○公中鉤 145/76/1
齊○公有天下 145/76/7
劫○公於壇位之上 145/76/8
下者孰與齊○公 147/77/24
齊○公得管夷吾以為仲父 147/77/25
○臧為昭雎謂楚王曰 173B/90/26
○臧為雎謂楚王曰 183/94/30
殺秦將○齮 263/139/27
知伯索地於魏○子 264A/140/6
魏○子弗予 264A/140/6

○子曰 264A/140/6
齊○公夜半不嗛 307/155/28
○公食之而飽 307/155/28
昔齊○公九合諸侯 391/189/17
○公亦定霸矣 391/189/17
九合之尊○公也 391/189/18
雖為○公吾弗為云者 391/189/18
而○公獨取霸者 391/189/20
此○公、許異之類也 391/189/21
故○公負婦人而名益尊 411/195/28
○公之難 424/206/4
若曹沫之與齊○公 440/215/26

環 huán　11

○山者三 132A/64/1
徹其○瑱 138/69/19
秦始皇嘗使使者遺君王后玉連○ 149B/79/8
而解此○不 149B/79/8
楚王問於范○曰 166/85/3
范○對曰 166/85/4
使兵○之 204B/106/25
持丘之○ 238/128/25
然而不以○寸之蹯 243/130/19
非○寸之蹯也 243/130/20
此必令其言如循○ 422/204/24

還 huán　31

趙乃○之 15/6/16
商君歸○ 39/13/2
盡公不○私 81/36/2
○為越王禽於三江之浦 87/41/12
吾將○其委質 88/42/19
國與○者也 92/44/9
全兵而○ 109/53/13
○反過薛 125/61/6
○報孟嘗君曰 133/65/27
使者復○報 137/68/23
女暮出而不○ 144/74/29
齊王○車而反 150/79/20
因○走而冒人 187/96/11
○謁 200/101/17
今使臣受大王之令以○報 258B/138/2
無功而○ 297/151/10
楚○兵 317B/163/3
而○之者魏也 401/192/25
不勝而○ 416A/199/6
顧子○而視之 425/206/13
伯樂乃○而視之 425/206/14
楚軍欲○不可得也 436/212/20
楚師乃○ 436/212/22
壯士一去兮不復○ 440/217/1
秦王○柱而走 440/217/14
秦王之方○柱走 440/217/17
請必從公之言而○ 446B/219/30
太子雖欲○ 446B/219/31, 446B/220/1
太子上車請○ 446B/220/1
將出而○ 446B/220/1

鐶 huán　1

○弦絕 142/72/23

緩 huǎn　39

秦王謂樓○曰 83A/38/13
趙令樓○以五城求講於秦 118/57/23
齊必○ 119/58/2
○必復與燕戰 119/58/2
齊不與秦壤界而患○ 132B/64/14
楚以○失宋 152/80/12
其效鄢、郢、漢中必○矣 169/88/13
樓○必怨公 226/121/13
樓○欲以趙合秦、楚 229A/122/9
富丁恐主父之聽樓○而合秦、楚也 229A/122/9
樓○坐魏三月 229A/122/14
樓○新從秦來 233/123/26
趙王與樓○計之曰 233/123/27
樓○辭讓曰 233/123/27
樓○曰 233/123/28, 233/124/11,233/125/1
王以樓○言告之 233/124/5
王又以虞卿之言告樓○ 233/124/11
樓○對曰 233/124/13
王以樓○之言告 233/124/18
樓○言不媾 233/124/18
樓○又不能必秦之不復攻也 233/124/19
今樓○曰 233/124/22
樓○聞之 233/125/1,233/125/13
樓○將使 250/134/9
樓○相秦 260/138/17
樓○謂魏王曰 322/165/3
帶劍而○之 330/167/10
楚人惡其○而急之 330/167/10
則樓○必敗矣 356A/176/3
韓之急○莫不知 366/180/17
彼將禮陳其辭而○其言 374/182/28
魏○則必戰 394/190/12
其救趙必○矣 405/193/22
於事人者過○ 450/221/12
今王○於事己者 450/221/12
臣以是知王○也 450/221/13

宦 huàn　3

設為不○ 139/69/26
今先生設為不○ 139/69/28
不○則然矣 139/69/29

患 huàn　153

周君○之 1/1/3,15/6/14, 21/7/26,25/9/3,29/10/9
周君又○之 1/1/8
弊邑固竊為大王○之 1/1/13
東周○之 4/2/18
周之君○之 6/3/10
君勿○也 15/6/14
西無秦○ 22/8/5
而薛世世無○ 22/8/9
何○焉 25/9/3
臣為王有○也 32/11/2
是上黨每○而贏四十金 32/11/7
惠王○之 50/20/19
而○必至也 50/21/4
是西生秦○ 50/21/6
王勿○也 60/24/22,423/205/10
亦必無○矣 63/26/13
魏子○之 64/26/19
世世無○ 66/27/14

必無○矣 67/27/20
然而臣有○也 67/27/21
424/205/22
夫楚王之以其臣請挈領
然而臣有○也 67/27/21
此臣之甚○也 67/27/22
死不足以為臣○ 73A/30/6
424/205/21
臣何○乎 73A/30/9
死亡之○ 73A/30/15
正亂、批○、折難 81/36/18
免於國○ 83A/38/14
使無復後○ 87/41/5
臣恐有後○ 87/41/8
而易○於後也 87/41/11
臣恐韓、魏之卑辭慮○ 87/41/17
而無後○ 87/42/3
而有後○ 89/43/15
樓子○之 92/44/11
必無危亡之○矣 93/44/29
卒不免秦○ 95/46/27
必無今日之○也 101/50/7
此齊貌辨之所以外生樂
○趣難者也 101/50/16
齊王○之 110/53/19
此臣之所以為山東之○ 111/54/6
王勿○ 115/56/21
倍秦則齊無○矣 118/57/25
趙、魏亦不免與秦為○
矣 121/58/20
三國之與秦壤界而○急
132B/64/13
齊不與秦壤界而○緩 132B/64/14
何○無士 137/69/4
而○之所從生者微 141A/70/11
而滅二子○也 142/73/1
不嗇於戰攻之○也 142/73/3
○至則趨之 142/73/21
大夫何○ 157B/82/8
○至而後憂之 167/85/21
卒有秦○ 167/86/3,218/113/26
而韓、魏迫於秦○ 167/86/8
此臣之所以為大王之○
也 168/87/4
則魏無○矣 175/91/19
解齊○ 177/93/6
則方城無○ 183/95/4
舊○有成 189/96/25
自以為無○ 192/98/2
192/98/4,192/98/8
春申君○之 200/101/14
然則韓可以免於○難 203/103/26
且物固有勢異而○同者
209/108/19
又有勢同而○異者 209/108/20
趙○又起 215/111/11
請言外○ 218/112/25
此臣之所以為大王○也 218/113/8
218/113/15,273/144/6
今臣有○於世 219/115/7
此臣之所○也 219/115/8
而解二國○者 234/125/18
一解國○ 234/125/21
為人排○、釋難、解紛
亂而無所取也 236/128/6
何○不得收河間 241/130/5
三晉皆有秦○ 247/131/23
則君無○矣 249/133/7
悖者之○ 271/142/23
卒有國○ 272/143/3
後有大○ 272/143/16
則必無強秦之○ 272/143/16
無楚、韓之○ 273/144/7
而百姓無○ 281/146/27
魏無韓○ 295/150/14
而焉能免國於○ 297/151/27
免國於○者 297/151/27
是免國於○者之計也 297/151/29
犀首○之 298/152/14
今所○者 298/152/14
終為齊○者 301/153/13
主○於中 304/155/1
魏王○之 308/156/10
王所○者上地也 309/156/27
則上地無憂○ 309/156/28
子○寡人入而不出邪 311/158/15
能解魏○ 313/159/21
百姓無被兵之○ 313/159/29
夫不○秦之不愛南國非
也 315/161/21
臣為公○之 317B/163/2
比於○ 319/164/8
是王獨受秦○也 319/164/10
豈可使吾君有魏○也 340/170/7
而國○不解 342/170/29
解○而怨報 342/171/3
是公無○ 349/174/17
而免楚國之○也 357/176/24
臣恐國之以此為○也 360/178/11
王之大○也 360/178/22
亦甚○之 365/180/5
而不○楚之能揚河外也 372/182/9
毋秦○而得楚 372/182/11
周最○之 374/182/21
太子無○ 378/183/21,379/183/28
太子外無幾瑟之○ 378/183/22
景鯉○之 383B/184/29
此君國長民之大○也 387/187/19
吾固○韓之難知 388/188/3
不成則無○ 391/189/23
韓辰○之 396B/191/6
必為公○ 397/191/27
夫不憂百里之○ 408/194/19
則國必無○矣 408/194/20
而與死同○也 411/195/22
而南無齊、趙之○ 413/197/13
直○國弊 415/198/12
秦王必○之 419/201/25
此臣之所大○ 422/204/28
是臣之○也 424/205/23
使除○無至 430/208/21
易於救○ 430/208/21
是故謀者皆從事於除○
之道 430/208/22
而先使除○無至者 430/208/23
物固有勢異而○同者 432/211/7
使世世無○ 433/211/16
臣切為王○之 439/214/13
太子丹○之 440/214/18
可以解燕國之○ 440/216/13
衛客○之 450/221/7
彼○亡其國 454/222/24
藍諸君○之 455/223/9
公何○於齊 455/223/9
柰何吾弗○也 455/223/11

轘 huàn 1

塞○轅、緱氏之口 44/17/24

皇 huāng 7

卒事始○帝 81/37/20
秦始○嘗使使者遺君王后玉連環 149B/79/8
秦始○立九年矣 200/102/19
而鳳○不翔 258B/138/2
植於汶○ 431/210/2
其後荊軻客高漸離以擊筑見秦○帝 440/217/28
而以筑擊秦○帝 440/217/28

荒 huāng 2

田疇○ 42/15/22,42/16/26

徨 huáng 1

以臨彷○ 307/156/3

惶 huáng 2

而卒○急無以擊軻 440/217/16
卒○急不知所為 440/217/18

黃 huáng 39

○帝伐涿鹿而禽蚩尤 40/13/16
○金百斤盡 40/13/29
○金萬溢 40/14/7
○金萬溢為用 40/14/13
楚人有○歇者 87/40/26
小○、濟陽嬰城 87/41/3
為○池之遇 89/43/9
取○棘 89/43/14
○金千斤 133/65/23
遣太傅齎○金千斤 133/65/25
隊○城 142/71/13
○城之墜也 142/71/14
○金橫帶 148/78/16
願得以身試○泉 160/83/11
○金珠璣犀象出於楚 182/94/13
○雀因是以 192/98/3
○鵠因是以 192/98/7
夫○鵠其小者也 192/98/12
或謂○齊曰 194/99/3
○金百鎰 208/108/6
○金千鎰 218/114/12,425/206/16
○帝、堯、舜誅而不怒 221/118/22
具帶○金師比 222/119/22
驪牛之○也似虎 266/141/2
東有淮、穎、沂、○、煮棗、海鹽、無（踈）〔疏〕 272/142/28
○帝戰於涿鹿之野 297/152/1
○帝之所難也 297/152/2
仲子奉○金百鎰 385/185/23
而賜夏無且○金二百鎰 440/217/21
犀首伐○ 443/218/26
今○城將下矣 443/218/27
○金三百鎰 443/218/28
是勝○城 443/218/28,443/218/28
是不勝○城 443/218/30
果勝○城 443/218/31
過宋外○ 446B/219/28
外○徐子曰 446B/219/28

熿 huáng 1

炫○於道 40/14/13

恢 huī 11

綦母○謂周君曰 32/11/1
綦母○曰 32/11/4,383C/185/4
魏求相綦母○而周不聽 169/88/7
○先君以揜方城之外 170/89/1
綦母○教之語曰 289/148/29
成○為犀首謂韓王曰 295/150/13
周成○為之謂魏王曰 401/192/24
成○因為謂韓王曰 401/192/25
見趙○ 430/208/21
趙○曰 430/208/21

揮 huī 2

○汗成雨 112/54/28
莫不○泣奮臂而欲戰 148/78/15

暉 huī 2

謀之○臺之下 1/1/10
故日月○於外 258A/137/12

褘 huī 1

○布與絲 197/100/10

徽 huī 1

章子為變其○章 109/53/6

隳 huī 1

宗廟○ 87/41/19

悔 huǐ 15

後雖○之 66/27/13
無憾○ 81/36/6
講亦○ 83A/38/17
不講亦○ 83A/38/17
此講之○也 83A/38/18
此又不講之○也 83A/38/19
鈞吾○也 83A/38/20
寧亡三城而○ 83A/38/20
無危咸陽而○也 83A/38/20
昭奚恤已而○之 162/83/28
而○其過行 304/155/2
王必○之矣 357/177/3
燕王○ 431/209/5
故沉子胥而不○ 431/210/11
疑其有改○ 440/216/23

毀 huǐ 17

好○人 8A/3/23
則不○ 35/11/26
行義不固○譽 81/36/4
壹○魏氏之威 87/41/8
今王妬楚之不○也 87/41/13
而忘○楚之強魏也 87/41/14
是王有○楚之名 87/41/24
夏侯章每言未嘗不○孟嘗君也 126/61/19
然吾○之以為之也 126/61/21
以吾○之者也 126/61/22
非以為齊得利秦之○也 248/132/16

有覆巢○卵 258B/138/2
是王以楚○齊也 301/153/8
趙不以○構矣 326/166/3
名成而不○ 431/210/6
離○辱之非 431/210/13
厚者不○人以自益也 438/213/14

恚 huì 1

故去忿○之心 145/76/10

彗 huì 1

○星襲月 343/171/22

晦 huì 2

日○而歸食 170/88/25
蔽○先王 220/116/8

喙 huì 3

人之飢所以不食烏○者 411/195/22
此食烏○之類也 411/195/24
蚌合而拑其○ 434/212/3

惠 huì 68

○王代後 39/12/26
人說○王曰 39/12/29
○王車裂之 39/13/2
蘇秦始將連橫說秦○王曰 40/13/6
秦○王謂寒泉子曰 41A/14/24
秦○王曰 41A/14/27
司馬錯與張儀爭論於秦○王前 44/17/21
○王曰 44/18/9, 434/212/6
田莘之為陳軫說秦○王曰 48A/19/6
○王患之 50/20/19
秦○王死 52/22/9
報○王之恥 66/27/9
張儀事秦○王 115/56/12
○王死 115/56/12
183/94/29, 201/102/25
謂○王曰 133/65/21
故○王之明 166/85/5
儀貴○王而善雎也 183/94/30
今○王死 183/94/30
張儀逐○施於魏 184/95/8
○子之楚 184/95/8
逐○子者 184/95/10
○子為儀者來 184/95/10
○子必弗行也 184/95/11
且宋王之賢○子也 184/95/11
王不如舉○子而納之於宋 184/95/13
而○子窮人 184/95/14
而可以德○子 184/95/14
乃奉○子而納之宋 184/95/15
使○施之楚 185/95/19
公不如無聽○施 185/95/22
因謂○施曰 185/95/22
○子反 185/95/26
秦○王封冉子 201/102/25
身行寬○達於禮 222/119/12
○主不臣也 223/119/28
王之○也 223/120/2
趙○文王三十年 225/120/23
令淖滑、○施之趙 227/121/22
○王往問之 271/142/18
○王之悖也 271/142/23
○施欲以魏合於齊、楚以案兵 280/146/18
○子謂王曰 280/146/19
魏○王死 296/150/19
是其唯○公乎 296/150/23
請告○公 296/150/23
○公曰 296/150/26, 296/150/26
○子非徒行其說也 296/151/5
魏王令○施之楚 299/152/20
○施之楚 299/152/21
因郊迎○施 299/152/22
魏○王起境內衆 300/152/26
魏王召○施而告之曰 301/153/3
○施為韓、魏交 302/153/20
○子曰 303A/153/26
初時○王伐趙 310/157/13
大王加○ 343/171/14
此○王之願也 360/178/20
秦○王以其女為燕太子婦 411/195/16
○王即位 431/209/4
蘇代為燕謂○王曰 434/212/3
行有失而故○用 438/213/17
柳下○吏於魯 438/213/24
柳下○曰 438/213/25
柳下○不以三黜自累 438/213/25

會 huì 15

高○相與飲 77/33/25
至葵丘之○ 81/36/21
吳王夫差棲越於○稽 89/43/8
誰習計○ 133/65/1
相與○於洹水之上 218/114/3
○秦圍趙 236/126/18
適○魏公子無忌奪晉鄙軍以救趙擊秦 236/128/4
豈可不一○期哉 267/141/8
被甲冒冑以○戰 348A/173/22
韓適有東孟之○ 385/186/14
保於○稽之上 390/189/5
東孟之○ 391/189/14
越王勾踐棲於○稽 419/201/23
○先王棄群臣 431/209/9
猶勾踐困於○稽之時也 461/226/26

誨 huì 2

有母弟不能教○ 258B/138/5
望有過則君教○之 438/213/13

慧 huì 1

公之不○也 291/149/11

諱 huì 5

罰不○強大 39/12/23
涇陽、華陽擊斷無○ 73B/31/28
聞先生直言正諫不○ 137/68/24
竭意不○ 221/118/14
即不可○ 271/142/18

濊 huì 1

楚取睢、○之間 156/81/26

昏 hūn 2

百姓○亂 170/89/22
此皆能乘王之醉○ 258A/137/11

婚 hūn 3

合讎國以伐○姻 297/152/1
與其相子之為○ 416A/199/3
燕相子之與蘇代○ 416B/200/6

惛 hūn 1

心○然 440/214/26

惽 hūn 1

皆○於教 40/13/26

渾 hún 3

城○出周 163/84/3
城○說其令曰 163/84/5
城○得之 163/84/10

混 hùn 1

○一諸侯 168/87/19

慁 hùn 1

此天以寡人○先生 73A/30/18

活 huó 1

上以○主父 412/196/28

火 huǒ 7

而取○於燧也 131/63/26
野○之起也若雲蜺 160/83/8
譬猶抱薪而救○也 312/159/12
則○不止 312/159/12
是薪○之說也 312/159/13
我將為爾求○也 390/189/10
將失○ 452B/222/4

或 huò 45

○為周最謂金投曰 10A/4/14
○謂照翦曰 20/7/19
○謂周君曰 28/10/3
○為周君謂魏王曰 31/10/23
○謂周足曰 38/12/14
○謂救之便 51/21/26
○謂救之不便 51/21/26
今遇惑○與罪人同心 80/35/13
○欲分大投 81/37/6
○欲分功 81/37/6
人○惡之 81/37/19
○說薛公 82A/37/25
○拔鄢、郢、夷陵 87/40/24
○為六國說秦王曰 88/42/16
○為中期說秦王曰 90/43/26
○謂齊王曰 121/58/19
○以告孟嘗君 126/61/20
○以問孟嘗君曰 128/62/7
人○讒之 145/75/8
○謂楚王曰 189/96/25
○謂黃齊曰 194/99/3
○謂皮相國曰 215/111/10
○非也 239A/129/8
○謂建信 240/129/22
臣甚○之 315/161/4
○以政教不脩 319/164/7
○有諸侯鄰國之虞 319/164/7
○以年穀不登 319/164/8
○化於利 319/164/8
○謂魏王曰 342/170/28
群臣○內樹其黨以擅其主 348B/174/11
○外為交以裂其地 348B/174/11
○謂公仲曰 360/178/9, 387/187/17
○謂魏王 363/179/16
齊人○言 385/185/21
○謂韓公仲曰 386/187/3
○謂韓王曰 389/188/12
○謂韓相國曰 395/190/18
○謂山陽君曰 398/192/3
○曰 416A/199/15
○從○不 422/205/1
○獻書燕王 432/210/22
○謂之曰 438/213/24

貨 huò 1

君何不買信○哉 30/10/18

惑 huò 12

諸侯亂○ 40/13/19
○於語 40/13/26
聽無失本末者難○ 51/22/5
下○姦臣之態 73A/30/14
終身闇○ 73A/30/14
今遇○或與罪人同心 80/35/13
而晉○亂 81/36/9
臣竊○王之輕齊易楚 89/43/3
上下迷○ 145/75/18
王○於虞樂 174/91/8
熒○諸侯 220/115/28
使三軍之士不迷○者 270/142/7

禍 huò 73

無與○鄰 42/16/1
○乃不存 42/16/1
而○歸社稷 73B/32/3
不辭○凶 81/36/4
○至於此 81/37/4
孰與以○終哉 81/37/10
而不知榆次之○也 87/41/10
轉○為功 128/62/19
無纖介之○者 133/65/30
○必握 136B/68/1
且夫強大之○ 142/71/25
則檳○朽腐而不用 142/72/1
強大而喜先天下之○也 142/72/4
則強弱大小之○ 142/72/6
國弊○多 145/75/20
不顧其○ 167/86/3
卒有楚○ 168/86/27
而忘強秦之○ 168/87/4
定白公之○ 170/89/1
攝○為福 189/96/26
○與福相貫 189/96/27
而積○重於丘山 189/96/29
○且及身 200/101/24
又有無妄之○ 200/102/4
何謂無妄之○ 200/102/8
此所謂無妄之○也 200/102/10

則其○必至 203/104/22
而○及於趙 209/108/19
臣恐其○出於是矣 209/108/25
臣聞聖人甚○無故之利 211/109/28
欲嫁其○也 211/110/2
食未飽而○已及矣 217/112/5
秦○安移於梁矣 217/112/6
秦○案攘於趙矣 217/112/7
是秦○不離楚也 217/112/12
217/112/13
○中於趙矣 218/113/15
而燕非有長平之○也 231/123/11
今七敗之○未復 231/123/11
則是棄前貴而挑秦○也 233/124/24
而○在於所愛 258A/137/12
此其近者○及身 262/139/15
不被其○ 272/143/3
內嫁○安國 273/144/12
而今負強秦之○也 315/161/7
是受智伯之○也 315/161/11
而○若是矣 315/161/26
○必百此矣 315/161/27
然而無與強秦鄰之○ 315/162/3
不用子之計而○至 325/165/24
必為國○ 340/170/6
我見有○ 341/170/24
則棄前功而後更受其○ 347/173/6
此所謂市怨而買○者也 347/173/7
夫造○而求福 348A/173/28
轉○而說秦 348A/174/2
夫輕強秦之○ 357/177/3
則無○矣 359/177/26
必為山東大○矣 389/188/13
轉○而為福 411/195/28
419/201/22
此皆轉○而為福 411/195/29
419/201/23
所謂轉○為福 411/195/32
而世負其○矣 419/201/17
其○必大矣 419/201/20
今王若欲轉○而為福 419/201/23
晉國之○ 422/204/27
秦○如此其大 422/204/27
恐其○至 440/214/18
○必不振矣 440/214/24
則○至燕 440/215/23
反為○ 447/220/10

獲 huò 10

則秦且燒爇○君之國 53/22/15
烏○之力而死 73A/30/7
424/205/24
遇犬○之 87/41/15
身○於表薄 170/89/1
臣恐其攻○之利 224/120/9
猶烏○之與嬰兒也 348A/173/23
夫戰孟賁、烏○之士 348A/173/23
○二將 415/198/18
今夫烏○舉千鈞之重 420/202/28

藿 huò 1

大抵豆飯○羹 348A/173/17

几 jī 2

攝衽抱○ 236/127/20
憑○據杖 418/200/26

机 jī 2

趙使○郝之秦 226/121/13
宋突謂○郝曰 226/121/13

姬 jī 11

更立衛○嬰兒郊師 101/50/6
彼又將使其子女讒妾為
諸侯妃○ 236/127/27
王何不遣紀○乎 258A/137/5
紀○婦人也 258A/137/5
陰○與江○爭為后 458/224/20
司馬憙謂陰○公曰 458/224/20
陰○公稽首曰 458/224/21
未嘗見人如中山陰○者
也 458/224/27
非諸侯之○也 458/224/29
臣聞其乃欲請所謂陰○
者 458/225/2

笄 jī 2

摩○以自刺也 413/197/6
故至今有摩○之山 413/197/6

迹 jī 8

則削○於秦 2/1/24
故多割楚以滅○也 122/60/2
屏流言之○ 218/114/1
秦人遠○不服 219/115/4
念簡、襄之○ 221/116/15
不揜能士之○ 270/142/12
故吳王遠○至於郢 431/210/10
以明先王之○者 431/210/12

飢 jī 5

吾收之以○ 25/9/6
秦○而宛亡 35/11/24
寡人憂民之○也 146/76/26
人之○所以不食烏喙者 411/195/22
前年國虛民○ 461/225/29

基 jī 4

楚有養由○者 27/9/21
養由○曰 27/9/23
必以下為○ 136B/68/6
成而封侯之○ 273/144/15

幾 jī 51

居無○何 49/20/4,53/22/18
○割地而韓不盡 75/33/10
則秦所得不一○何 78/34/8
耕田之利○倍 93/44/18
珠玉之贏○倍 93/44/19
立國家之主贏○倍 93/44/19
無○何 101/50/1,245/131/1
以○何人 107/52/8
大小○何 134/66/8
社稷其為庶○乎 170/89/7
楚國社稷其庶○乎 170/89/21
魏之○相者 171/90/6
即鄗○不守 221/117/24

反攻魏○ 228/122/5
廉頗救○ 228/122/5
而居無○何 245/130/30
年○何矣 262/139/8
以○瑟之存焉 353/175/16
今已令楚王奉○瑟以車百乘居陽翟 353/175/16
而○瑟 353/175/17
韓公叔與○瑟爭國 375/183/3, 376/183/10
齊逐○瑟 377/183/16
王為我逐○瑟以窮之 377/183/16
而○瑟走也 377/183/17
公叔將殺○瑟也 378/183/21
畏○瑟也 378/183/21
今○瑟死 378/183/21
太子外無○瑟之患 378/183/22
不如無殺○瑟 378/183/23
公叔且殺○瑟也 379/183/27
○瑟之能為亂也 379/183/27
伯嬰亦○瑟也 379/183/29
秦、楚挾○瑟以塞伯嬰 379/183/30
公叔、伯嬰恐秦、楚之內○瑟也 380/184/3
則公叔、伯嬰必知秦、楚之不以○瑟為事也 380/184/4
胡衍之出○瑟於楚也 381/184/11
韓立公子咎而棄○瑟 381/184/12
王不如亟歸○瑟 381/184/13
○瑟入 381/184/13
○瑟亡之楚 382/184/17
廢公叔而相○瑟者楚也 382/184/17
今○瑟亡之楚 382/184/17
○瑟入鄭之日 382/184/18
○瑟亡在楚 383A/184/23
公因以楚、韓之兵奉○瑟而內之鄭 383A/184/24
○瑟得入而德公 383A/184/25
以復○瑟也 383B/184/30
無○於王之明者 396C/191/20

朞 jī 6

○年之後 39/12/23
○年揣摩成 40/14/4
居○年 128/62/10
後○年 133/65/18
與聊城共據○年之弊 145/75/17
○年不解 145/75/21

箕 jī 6

○子、接輿 73A/30/11
使臣得同行於○子、接輿 73A/30/12
大冠若○ 148/78/12
請以秦女為大王○帚之妾 168/87/22
未如商容、○子之累也 438/213/20
○踞以罵曰 440/217/20

稽 jī 19

樂羊再拜○首曰 55/23/12
范子因王○入秦 72/28/28
因謝王○說 72/29/15
莊謂王○曰 80/35/3
王○曰 80/35/3
王○不聽 80/35/8
果惡王○、杜摯以反 80/35/9
聞應侯任鄭安平、王○ 81/35/19
吳王夫差棲越於會○ 89/43/8
貂勃避席○首曰 147/77/22
公子成再拜○首曰 221/117/28
趙燕再拜○首曰 223/120/1
牛贊再拜○首曰 224/120/18
以○二人者之所為 293/149/30
王厝需於側以○之 293/150/2
保於會○之上 390/189/5
越王勾踐棲於會○ 419/201/23
陰姬公○首曰 458/224/21
猶勾踐困於會○之時也 461/226/26

擊 jī 63

奮○百萬 40/13/7,73A/30/24
古者使車轂○馳 40/13/18
以天下○之 63/26/9
涇陽、華陽○斷無諱 73B/31/28
齊因起兵○魏 103/51/6
轄○摩車而相過 105/51/23
王何不發將而○之 109/53/8
曷為○之 109/53/9
其民無不吹竽、鼓瑟、○筑、彈琴、鬭雞、走犬、六博、蹹踘者 112/54/27
車轂○ 112/54/28
出兵助燕○齊 119/57/29
君助燕○齊 119/58/1
使昌國君將而○之 143/74/12
終身無相攻○ 168/87/23
楚王欲○秦 173B/90/26
必悉起而○楚 173B/90/28
今暮不○ 203/105/9
韓、魏翼而○之 203/105/10
然願請君之衣而○之 204B/106/27
呼天○之曰 204B/106/28
腹○為室而鉅 207/107/15
腹○曰 207/107/15
○必不為用 207/107/16
今○之鉅宮 207/107/17
薄之柱上而○之 225/120/29
質之石上而○之 225/120/29
是薄柱○石之類也 225/121/1
并力而西○秦也 233/125/9
適會魏公子無忌奪晉鄙軍以救趙○秦 236/128/4
齊舉兵○燕 245/131/1
恐其以○燕為名 245/131/1
則足下○潰而決天下矣 248/132/28
王翦因急○ 263/140/1
奮○二十萬 272/143/9
以魏為將內之於齊而○其後 274/144/26
因請以下兵東○齊 309/156/28
有意欲以下大王之兵東○齊也 309/157/5
以東○齊 309/157/8
○其尾 318/163/22
○其首 318/163/22
○其中身 318/163/22
倉鷹○於殿上 343/171/22
水○鵠鴈 347/173/2
王因取其游之舟上○之 363/179/16
急○公叔 376/183/10

令之可以○人 413/197/4
即因反斗○之 413/197/5
因反斗而○之 413/197/6
若恣睢奮○ 418/200/26
陸攻則○河內 422/204/6
奉令○齊 431/209/30
無與共○楚 436/212/22
高漸離○筑 440/216/27
而卒惶急無以○軻 440/217/16
遂拔以○荊軻 440/217/18
秦王復○軻 440/217/19
秦將李信追○燕王 440/217/25
其後荊軻客高漸離以○筑見秦皇帝 440/217/28
而以筑○秦皇帝 440/217/28
君嘗以寡○衆 461/226/14
況以彊○弱 461/226/14
以衆○寡乎 461/226/14

機 jī 10

存亡之○ 51/22/4
存亡之○也 66/27/5
而戰勝存亡之○決矣 112/54/31
不得弦○之利 142/71/7
譬之衛矢而魏弦○也 142/71/11
今夫橫人嚂口利○ 189/96/28
而勝敗存亡之○節 218/113/19
又為陰啓兩○ 310/158/3
而秦之爭○也 387/187/23
公輸般為楚設○ 442/218/10

激 jī 2

蘇代欲以○燕王以厚任子之也 416A/199/8
欲自殺以○荊軻 440/215/15

璣 jī 1

黃金珠○犀象出於楚 182/94/13

積 jī 32

增○成山 8B/4/2
蓄○饒多 40/13/8
蓄○索 42/15/22,42/16/26
上黨、南陽○之久矣 55/23/9
先王○怒之日久矣 64/26/21
秦三世○節於韓、魏 70/28/13
而有○粟之實 86/40/9
無○粟之實 86/40/10
於是夫○薄而為厚 88/42/25
君宮中○珍寶 133/65/13
方船○粟 168/86/30
無一月之○ 170/88/26
而○禍重於丘山 189/96/29
而怨毒○惡 209/108/12
力田○粟 220/115/22
聖人無○ 270/142/14
臣聞○羽沉舟 273/144/17
非所施厚○德也 315/160/30
蓄○竭盡 319/164/8
以○德於韓 380/184/6
皆○智欲離秦、韓之交 388/188/5
我有深怨○怒於齊 415/198/11
蓄○散 415/198/17
寡人○甲宛 422/203/29
我有○怨深怒於齊 431/209/25
收八百歲之蓄○ 431/210/7
而○怨於燕 440/214/24
以○厚於燕、趙 455/223/24
蓄○糧食 461/225/30
○慮并心 461/226/5
使得耕稼以益蓄○ 461/226/23

雞 jī 2

其民無不吹竽、鼓瑟、擊筑、彈琴、鬬○、走犬、六博、蹹踘者 112/54/27
負○次之典以浮於江 170/89/21

饑 jī 5

乃布令求百姓之○寒者 146/77/1
令以○故 285/147/27
燕○ 430/208/21
為其○也 430/208/24
亦為其○也 430/208/24

齎 jī 6

王何不以地○周最以為太子也 36/12/3
此所謂藉賊兵而○盜食者也 73A/31/5
今王○臣五城以廣河間 94/46/10
遣太傅○黃金千斤 133/65/25
於是○蘇秦車馬金帛以至趙 408/194/23
○地百里 428/208/5

鷄 jī 3

猶連○之不能俱止於棲之明矣 41A/14/25
獻○駭之犀、夜光之璧於秦王 168/87/27
寧為○口 347/173/8

羈 jī 7

○旅也 2/1/24
今臣○旅之臣也 55/23/13
我○旅而得相秦者 57/24/4
○旅之臣也 73A/30/3
王舉臣於○旅之中 80/35/12
臣○旅也 207/107/15
而武王○於玉門 242/130/13

及 jí 76

○王病 15/6/15
今公乃徵甲○粟於周 25/9/7
法○太子 39/12/23
今臣之賢不○曾子 55/23/17
上○太后 73A/30/20
至尉、內史○王左右 74/32/23
○見之 81/35/23
此皆乘至盛不○道理也 81/36/23
莫有○者 81/37/14
百舉而無○秦者 95/46/21
不能○地 95/47/8
臂短不能○ 95/47/12
徐公何能○公也 108/52/14
徐公何能○君也 108/52/15
則明日○齊、楚矣 120/58/13
○韓卻周割之 121/58/20
如使而弗○也 127/62/1
堯亦有所不○矣 129/62/25

○之睪黍、梁父之陰 131/63/25
○湯之時 136B/67/26
自古○今而能虛成名於天下者 136B/68/2
○今聞君子之言 136B/68/10
莒中○齊亡臣相聚 149B/79/1
○君王后病且卒 149B/79/11
則無○已 167/85/21
無○為已 168/86/27
此其勢不相○也 168/87/4
冠帶不相○ 170/89/13
臣之能不○舜 199/101/3
禍且○身 200/101/24
難必○韓、魏矣 202/103/10
○三晉分知氏 204B/106/7
臣竊外聞大臣○下吏之議 209/108/13
而禍○於趙 209/108/19
食未飽而禍已○矣 217/112/5
○楚王之未入也 217/112/11
以○上黨 221/117/23
○至三王 221/118/22
施○賤臣 223/120/1
吾將使梁○燕助之 236/127/3
臣以齊為王求名於燕○韓、魏 246/131/12
○夫人優愛孺子也 258A/137/10
願○未填溝壑而託之 262/139/9
此其近者禍○身 262/139/15
遠者○其子孫 262/139/16
而不○今令有功於國 262/139/17
使趙葱○顏冣代將 263/140/1
虜趙王遷○其將顏冣 263/140/2
○牛目 296/150/29
太子為○日之故 296/150/29
願之○楚、趙之兵未任於大梁也 310/157/29
子何不疾○三國方堅也 321/164/25
豈有○哉 338/169/5
則秦兵○我 340/169/29
不若○齊師未入 376/183/10
韓王○相皆在焉 385/186/14
所以不○魏者 396C/191/12
上○不交齊 398/192/4
○蘇秦死 416A/199/3
○老 416A/199/15
將軍市被○百姓乃反攻太子平 416A/199/24
知者不○謀 422/203/30
勇者不○怒 422/203/30
明日又使燕攻陽城○狸 426/207/5
今燕又攻陽城○狸 426/207/6
○五年 427/207/18
故非○太后與王封公子 428/208/9
功未有○先王者也 431/210/2
○至棄群臣之日 431/210/7
施○萌隸 431/210/8
刳子腹○子之腸矣 437/212/28
太子○賓客知其事者 440/216/27
○獻燕之督亢之地圖 440/217/6
不○召下兵 440/217/16
而論功賞群臣○當坐者 440/217/21
力言不能○也 458/224/28

即 jí 81

○且趣我攻西周 3B/2/13
客○對曰 9/4/7
○天下之理也 11C/5/12
○趙羊腸以上危 33/11/13
○天下有變 46/18/25
○復之楚 49/19/28
○使文王疏呂望而弗與深言 73A/30/2
莫肯○秦耳 73A/30/13
又○圍邯鄲乎 78/34/3
乃○與無子時同也 79/34/16
乃與○為梁餘子同也 79/34/17
○可矣 86/40/6
○不見也 86/40/6
○韓、魏從 86/40/16
非從○橫也 86/40/17
○楚王 86/40/18
○以天下恭養 86/40/18
○王雖有萬金 86/40/18
○有軍役 112/54/25
臨淄、○墨非王之有也 113/55/24
田單以○墨之城 143/74/23
襄王○位 143/74/24
唯莒、○墨不下 145/75/6
齊田單以○墨破燕 145/75/6
○臣見公之不能得也 145/75/18
田單守○墨之城 146/76/18
安平君以惴惴之○墨 147/77/28
將軍之在○墨 148/78/13
○墨大夫與雍門司馬諫而聽之 150/79/22
○入見齊王曰 150/79/22
○臨晉之關可以入矣 150/79/24
○武關可以入矣 150/79/25
齊王不聽○墨大夫而聽陳馳 150/79/28
王○欲以秦攻齊 151/80/7
○陰與燕王謀破齊共分其地 168/87/17
○位為王 177/92/8
先生○舜也 199/101/2
○幸於春申君 200/101/19
○百歲後將更立兄弟 200/101/23
○楚王更立 200/101/23
○遂南面稱孤 200/102/8
二君○與張孟談陰約三軍 203/104/23
君○不能 208/108/2
○地去邯鄲二十里 209/108/22
虎將○禽 217/111/28
禽不知虎之○己也 217/111/28
故使禽知虎之○己 217/111/28
今山東之主不知秦之○己也 217/111/29
○多割 217/112/13
今王○定負遺俗之慮 221/116/23
○之公叔成家 221/117/13
○鄗幾不守 221/117/24
○君之齊已 225/121/6
○坐而地盡矣 233/124/23
○有所取者 236/128/6
○趙自消爍矣 249/133/24
○不可諱 271/142/18
○明言使燕、趙 276/145/17
○春申君有變 319/164/10
○王有萬乘之國 319/164/10
當敵○斬堅 347/173/2
○無地以給之 347/173/6
臣○曰 360/178/16
則楚必○秦矣 400/192/19
○酒酣樂 413/197/5
○因反斗擊之 413/197/5
燕昭王收破燕後○位 418/200/20

唯獨莒、○墨 418/201/10
而太子○位 428/208/8
惠王○位 431/209/4
寡人新○位 431/209/9
○雖五燕不能當 433/211/16
○有死蚌 434/212/4
○有死鷸 434/212/5
○起 440/215/8
今齊之辭云『○佐王』 455/223/20
○公無內難矣 457/224/12
司馬憙○奏書中山王曰 458/224/21
○欲請之 458/224/30
○社稷危矣 458/225/3
○為諸侯笑 458/225/3

汲 jí 1

河內之共、○莫不危矣 315/161/17

亟 jí 19

○亡來亡來 19/7/14
可以令楚王○入下東國 122/59/1
可以忠太子使之○去 122/59/2
非○得下東國者 122/59/6
使○入下東國之地 122/59/7
今王不○入下東國 122/59/10
故曰可以使楚○入地也 122/59/11
故曰可以為楚王使太子○去也 122/59/23
是以君王無羞○問 136B/68/3
期數而能拔城者為○耳 142/72/26
王不○殺此九子者以謝安平君 147/78/2
故不若○割地求和 233/125/3
得毋嫌於欲○葬乎 296/150/29
○以少割收 310/158/1
君得燕、趙之兵甚眾且○矣 314/160/24
以公不如○以國合於齊、楚 367/181/8
王不如○歸幾瑟 381/184/13
適足以自令○亡也 389/188/18
欲霸之○成 447/220/7

急 jí 86

今東周之兵不○西周 3B/2/12
君弗如○北兵趨趙以秦、魏 11B/5/4
故○兵以示秦 11C/5/11
而以兵之○則伐齊 14A/6/2
魏王以上黨之○辭之 32/10/29
今者義渠之事○ 73A/29/19
損不○之官 81/37/1
楚必走秦以○ 82A/37/28
楚果告○於秦 82A/38/1
齊非○以銳師合三晉 111/54/15
不如○以兵合於三晉 111/54/17
齊必○ 119/58/1
○必以地和於燕 119/58/1
故曰可以使太子○去也 122/59/27
人之○也 125/61/14
○受之 130/63/17
三國之與秦壤界而患○ 132B/64/13
齊○宋 152/80/12
將法齊之○也 152/80/13
齊以○得宋 152/80/13
後將常○矣 152/80/13
常以○求所欲 152/80/14
韓氏○ 164/84/17, 357/176/15,375/183/5
子何不○言王 174/91/9
心疑者事秦○ 215/111/12
今事有可○者 217/112/1
事有可○為者 217/112/9
願王之熟計之也○ 217/112/13
請無○秦王 226/121/14
秦王見趙之相魏冉之不○也 226/121/14
韓、魏告○於齊 229A/122/12
秦所以○圍趙者 236/126/14
鄂侯爭之○ 236/127/16
不宜○如此 244/130/24
秦○攻之 262/138/28
王翦因○擊 263/140/1
臣○使燕、趙 276/145/17
○約車為行具 276/145/17
且無梁孰與無河內○ 311/158/18
梁○ 311/158/19
無梁孰與無身○ 311/158/19
身○ 311/158/19
王○召君 311/158/27,311/158/29
晉人見楚人之○ 330/167/9
楚人惡其緩而○之 330/167/10
大國欲○兵 337/168/25
寡人知魏之○矣 338/169/2
大王已知魏之○而救不至者 338/169/2
魏○則且割地而約齊、楚 338/169/4
秦攻魏○ 342/170/28
最秦之大○也 360/178/22
韓○矣 366/180/16
韓未○也 366/180/17
且○矣 366/180/17
韓之○緩莫不知 366/180/17
今先生言不○ 366/180/18
韓○則折而入於楚矣 366/180/18
鄭王必以齊王為不○ 374/182/29
言之必○ 374/182/30
魏必○韓氏 375/183/5
○擊公叔 376/183/10
不如○發重使之趙、梁 389/188/15
魏○ 394/190/11,405/193/22
韓謁○於秦 399/192/9
事○ 399/192/9
韓○乎 399/192/10
未○也 399/192/11
告弊邑甚○ 399/192/11
公曰未○ 399/192/11
彼韓○ 399/192/12
宋○ 419/201/14
不○為此 432/211/6
願太子○遣樊將軍入匈奴以滅口 440/214/25
願足下○過太子 440/215/15
時怨○ 440/217/14
方○時 440/217/16
而卒惶○無以擊軻 440/217/16
卒惶○不知所為 440/217/18
王○ 440/217/25
夫人於事己者過○ 450/221/11
安能○於事人 450/221/12
中山○而為君難其王 454/222/24

疾 jí 77

○定所從出 1/1/18
而○支之 23/8/19
秦令樗里○以車百乘入周 24/8/24
使樗里○以車百乘入周 24/8/27
名曰衛○ 24/8/27
○且不起 39/12/26
張儀之殘樗里○也 45/18/16
重樗里○而使之者 45/18/16
樗里○出走 45/18/19
樗里○、公孫衍二人者 55/23/13
樗里○、公孫衍二人在 55/23/21
公孫衍、樗里○挫我於內 57/24/4
公內攻於樗里○、公孫衍 58/24/10
是樗里○、公孫衍無事也 58/24/12
此除○不盡也 66/27/11
君悉燕兵而○偕之 66/27/13
則○到 68/28/4
不如一人持而走○ 74/32/20
三國○攻楚 82A/37/27
今力田○作 93/44/20
其為人○賢妬功臣 95/47/4
趣甚○ 95/47/12
○如錐矢 112/54/24
○興兵救之 125/61/12
○入諫 130/63/18
天下之○犬也 132A/63/30
孟嘗君怪其○也 133/65/11
來何○也 133/65/11
戰非甚○也 142/71/20
不趨而○ 142/72/11
甘茂與樗里○ 171/90/9
使王見○於民 179/93/18
為樗里○卜交也 193/98/25
反問○ 197/100/4
夫癘雖癰腫胞○ 197/100/7
今王○甚 200/102/6
○而不起 200/102/7
韓、魏之君視疵端而趨○ 202/103/18
使我逢○風淋雨 208/107/26
汝逢○風淋雨 208/107/27
心腹之○ 211/109/15
且以置公孫赫、樗里○ 213/110/30
不佞寢○ 221/117/7
辨之○ 236/127/16
君唯釋虛偽○ 241/130/4
曾不能○走 262/139/2
道稱○而毋行 278/146/5
○攻蘠 295/150/13
今有○ 302/153/21
樗里○怒 305/155/11
為○謂楚王曰 305/155/12
外臣○使臣謁之 305/155/12
以○攻魏 305/155/13
所以為腹心之○者 317A/162/23
秦○攻楚 317B/163/3
臣意秦王與樗里○之欲之也 317B/163/4
樓子與楚王必○矣 317B/163/15
翟強與齊王必○矣 317B/163/16
子何不○及三國方堅也 321/164/25
其救韓必○ 355/175/29
故樗里○大說杜聊 356B/176/10
○視而徐叱之 374/182/27
其使之必○ 374/182/30
其事秦必○ 382/184/19
史○為韓使楚 384/185/9
今公○攻魏之運 394/190/11
珉為○矣 396C/191/12
公孫郝嘗○齊、韓而不加貴 396C/191/17
公孫郝、樗里○請無攻韓 396C/191/19
願公雖○ 399/192/9
今王信田伐與參、去○之言 427/207/19
必為有竊○矣 442/218/16
胡衍謂樗里○曰 449/220/27
樗里○曰 449/220/30,449/220/31
耕田○作 461/226/3
武安君稱○不行 461/226/9

級 jí 1

諸吏皆益爵三○ 211/110/12

棘 jí 8

取黃○ 89/43/14
○津之讎不庸 96/48/11
亦襲魏之河北燒○溝 142/71/13
○溝之燒也 142/71/14
止於○門之內 200/102/15
止○門 200/102/16
投之○門外 200/102/16
是○齊、秦之威而輕韓也 398/192/4

集 jí 6

非效鳥○烏飛 1/1/14
於是乃摩燕烏○闕 40/14/6
此先聖之所以○國家 204A/105/22
民能相○者 211/110/12
而以○兵三萬 225/121/5
○於鳥卵之上 348A/173/24

極 jí 6

外者○吾兵力 42/16/25
○身毋二 81/36/2
君之功○矣 81/37/8
兔○於前 132A/64/1
孤○知燕小力少 418/200/21
○哀 440/216/17

楫 jí 2

而無舟○之用 221/117/20
故寡人且聚舟○之用 221/117/21

輯 jí 1

上下不○ 319/164/7

籍 jí 19

桉圖○ 44/17/26
叢○我神三日 74/32/17
叢○其神 74/32/17
○人以此 74/32/19
案圖○ 115/56/18,115/56/27
天子受○ 137/68/27

故無權○ 142/71/5
夫後起之○與多而兵勁 142/71/26
韓求相工陳○而周不聽 169/88/7
君○之以百里勢 197/99/24
召門吏為汗先生著客○ 199/101/4
國有固○ 224/120/6
變○則亂 224/120/6
是變○而棄經也 224/120/7
子知官府之○ 224/120/12
今子以官府之○ 224/120/15
其寡力者○外權 348B/174/11
响○叱咄 418/200/26

己 jǐ 69

公中慕公之為○乘秦也 2/1/28
令之為○求地於東周也 3B/2/12
前相工師藉恐客之傷○也 8A/3/22
忠臣令誹在○ 8B/3/29
恐秦不○收也 14A/6/1
吾又恐東周之賊○而以輕西周惡之於楚 20/7/21
孝○愛其親 48B/19/20,49/20/13
以○欲富貴耳 77/33/23
應侯知蔡澤之欲困○以說 81/36/1
楚疑於秦之未必救○也 82A/37/26
察其為○用 96/48/15
三晉怒齊不與○也 111/54/16
則太子且倍王之割而使齊奉○ 122/59/11
王不如因以為○善 146/76/25
虎不知獸畏○而走也 154/81/6
而有楚之不救○也 156/81/22
恐其敗○也 175/91/15
蘇子知太子之怨○也 178/93/11
賢者用且使○廢 179/93/23
貴且使○賤 179/93/23
前而驅○也 187/96/11
鄭袖知王以○為不妬也 190/97/8
加○乎四仞之上 192/98/2
將加○乎十仞之上 192/98/4
將加○乎百仞之上 192/98/9
繫○以朱絲而見之也 192/98/14
而投○乎黽塞之外 192/98/18
則大臣主斷國私以禁誅於○也 197/100/2
彼見伯樂之知○也 199/101/8
信忠在○而眾服焉 204A/105/22
士為知○者死 204B/106/8
女為悅○者容 204B/106/8
恐天下疑○ 209/108/16
禽不知虎之即○也 217/111/28
故使禽知虎之即○ 217/111/28
今山東之主不知秦之即○也 217/111/29
怒韓、梁之不救○ 217/112/3
趙怒必於其○邑 219/114/22
異於○而不非者 221/117/19
故為○者不待人 221/118/9
而○因受之 259/138/11
已乃知文侯以講於○也 264B/140/18
○愈有 270/142/14
○愈多 270/142/14
楚、趙怒於魏之先○講也 310/158/2
朱○謂魏王曰 315/160/29
而又怒其不○善也 317B/163/1
不能禁狗使無吠○也 324/165/14
吾已全○ 340/170/6
使信王之救○也 357/176/21
齊無以信魏之合○於秦而攻於楚也 361/179/2
政將為知○者用 385/186/5
梁必怒於韓之不與○ 389/188/14
而不能令狗無吠○ 406/193/26
秦知王以○之故歸燕城也 411/195/30
則百○者至 418/200/25
則什○者至 418/200/25
人趨○趨 418/200/25
則若○者至 418/200/26
孝如曾參、孝○ 420/202/14
420/202/17
丹不忍以○之私 440/216/8
夫人於事○者過急 450/221/11
今王緩於事○者 450/221/12
中山恐燕、趙之不○據也 455/223/20
而○親之也 455/223/25
為○求相中山 456/224/3
以為○求相 456/224/4

脊 jǐ 4

絕楚、魏之○ 87/41/4
折天下之○ 168/86/17
難夫毋○之厚 225/121/1
是示天下要斷山東之○也 318/163/23

戟 jǐ 12

迫則杖○相權 40/13/23
楚地持○百萬 81/36/25
矛○折 142/72/23
不頓一○ 234/125/18
秦舉安邑而塞女○ 249/133/23
韓卒之劍○ 347/173/1
貫頤奮○者 348A/173/20
持兵○而衛者甚眾 385/186/14
矜○砥劍 420/202/28
塞女○ 422/204/4,422/204/10
持○百萬 461/226/10

給 jǐ 9

恐不能○也 86/40/17
孟嘗君使人○其食用 133/64/29
蒙穀○鬪於宮唐之上 170/89/20
糧食輓賃不可○也 225/120/24
則無地而○之 233/124/24
○無已之求 233/124/27
官費又恐不○ 296/150/20
即無地以○之 347/173/6
○貢職如郡縣 440/217/5

旡 jì 1

○為客通 99/49/10

吉 jí 4

而聖人所謂○祥善事與 81/35/30
亦○否 104/51/16
何不○之有哉 136B/68/5
以○為凶 197/100/11

忌 jì 47

成侯鄒○為齊相 104/51/11
田○為將 104/51/11
公孫閈謂鄒○曰 104/51/11
田○不進 104/51/12
鄒○以為然 104/51/12
乃說王而使田○伐魏 104/51/13
田○三戰三勝 104/51/15
鄒○以告公孫閈 104/51/15
我田○之人也 104/51/15
田○遂走 104/51/17
田○為齊將 105/51/21
孫子謂田○曰 105/51/21
田○曰 105/51/21
田○不聽 105/51/25
田○亡齊而之楚 106/51/29
鄒○代之相 106/51/29
齊恐田○欲以楚權復於齊 106/51/29
鄒○所以不善楚者 106/52/1
恐田○之以楚權復於齊也 106/52/1
王不如封田○於江南 106/52/1
以示田○之不返齊也 106/52/2
鄒○以齊厚事楚 106/52/2
田○亡人也 106/52/2
此用二○之道也 106/52/3
鄒○事宣王 107/52/7
鄒○謂宣王曰 107/52/7
○聞以為有一子之孝 107/52/7
鄒○脩八尺有餘 108/52/13
○不自信 108/52/14
公子無○為天下循便計 132B/64/8
平原君請馮○曰 231/123/8
馮○對曰 231/123/8
適會魏公子無○奪晉鄙軍以救趙擊秦 236/128/4
馮○為廬陵君謂趙王曰 256/136/15
馮○請見趙王 257/136/22
馮○接手免首 257/136/22
馮○曰 257/136/27
於是馮○乃談 257/136/28
昭○曰 325/165/19,325/165/26
謂昭○曰 325/165/24
昭○乃為之見秦王曰 325/165/24
無○謹受教 339/169/17
無○將發十萬之師 340/169/29
無○ 340/170/9
要離之刺慶○也 343/171/22
而○燕也愈甚矣 419/201/16

技 jì 2

博論而○藝之 219/114/17
異敏○藝之所試也 221/117/9

季 jì 6

以○子之位尊而多金 40/14/19
有敢去柳下○壟五十步而樵采者 136B/67/16
○子為衍謂梁王曰 290/149/3
昔王○歷葬於楚山之尾 296/150/27
○梁聞之 334/168/3
傀又韓君之○父也 385/186/8

既 jì 29

科條○備 40/13/19
蜀○屬 44/18/11
○勝齊人於艾陵 87/41/12
王○無重世之德於韓、魏 87/41/17
法令○明 168/86/16
李園○入其女弟為王后 200/102/1
張孟談○固趙宗 204A/105/18
名○成矣 204B/106/24
秦○解邯鄲之圍 233/124/5
今王○受先生之傳 238/128/24
樂羊○罷中山 265/140/24
○為寡人勝強敵矣 270/142/12
○以與人 270/142/14
○已得地矣 297/151/15
○已得地 297/151/18
奉陽君、韓餘為○和矣 297/152/7
蘇脩、朱嬰○皆陰在邯鄲 297/152/7
○葬 385/186/1
父母○歿矣 385/186/20
燕王噲○立 416A/199/3
○已 440/216/17
○祖 440/216/27
○至秦 440/217/4
軻○取圖奉之 440/217/12
左右○前斬荊軻 440/217/21
昭王○息民繕兵 461/225/29
寡人○以興師矣 461/226/8
○無良臣 461/226/17
魏軍○敗 461/226/22

紀 jì 2

王何不遣○姬乎 258A/137/5
○姬婦人也 258A/137/5

計 jì 223

內自盡○ 1/1/5
是何○之道也 10B/4/22
為公畫陰○ 20/7/19
趙之上○ 23/8/16
公不聞楚○乎 25/9/5
楚王始不信昭應之○矣 25/9/6
為王之國○者 34/11/18
則此一○而三利俱至 50/20/27
秦○必弗為也 50/21/5
伐秦非○也 50/21/14
○失於陳軫 50/21/19
子獨不可以忠為子主○ 51/21/26
○聽知覆逆者 51/22/3
○者 51/22/4
○失而聽過 51/22/4
○有一二者難悖也 51/22/5
秦王明而熟於○ 63/26/6
63/26/14
而大王之○有所失也 73A/30/25
願聞所失○ 73A/30/28
非○也 73A/31/1
臣意王之○欲少出師 73A/31/2
疏於○矣 73A/31/3
公與秦○功者 77/33/28
○不下席 81/37/6
昭王新說蔡澤○畫 81/37/16
是便○也 85/39/24
是王失○也 87/42/6
若隨此○而行之 89/43/22
秦王之○曰 92/44/13
今子聽吾○事 93/44/23

不顧一子以留○ 93/45/6
奇其○ 93/45/14
願於因○ 95/46/22
願卿之更○ 95/46/27
臣效愚○ 95/46/29
司空馬言其為趙王○而
弗用 95/47/2
與同知社稷之○ 96/48/1
五官之○ 100/49/19
非山東之上○也 111/54/5
齊無所出其○矣 111/54/12
此萬世之○也 111/54/15
389/188/16
是群臣之○過也 112/55/7
臣固願大王之少留○ 112/55/8
然而為大王○者 113/55/15
是故願大王熟○之 113/55/25
儀有愚○ 115/56/15
為社稷○者 115/56/15
為王○者 115/56/24
故為君○者 119/58/2
秦○曰 120/58/8
是秦之○中 120/58/12
而齊、燕之○過矣 120/58/12
則為國○者過矣 120/58/15
○不決者名不成 122/59/5
則楚之○變 122/59/6
公子無忌為天下循便○ 132B/64/8
誰習○會 133/65/1
臣竊○ 133/65/12
馮諼之○也 133/65/30
大國之○ 142/71/26
則此虛中之○也 142/72/20
故曰衛鞅之始與秦王○
也 142/74/5
故知者不再○ 145/75/13
願公之詳○而無與俗同
也 145/75/14
故定○而堅守之 145/75/15
○必為之 145/75/17
公無再○ 145/75/18
君臣過○ 145/75/18
故為公○者 145/75/24
此亦一○也 145/75/27
願公熟○而審處一也 145/75/27
○不顧後 145/76/5
退而與魯君○也 145/76/7
然而○之於道 147/78/1
且嬰兒之○不為此 147/78/2
君不用臣之○ 160/83/5
○王之功所以能如此者 166/85/8
故為王至○ 167/85/19
故願大王之早○之 167/85/21
大王誠能聽臣之愚○ 167/85/25
使臣效愚○ 167/86/5
竊以為大王之○過矣 168/86/19
是故願大王之熟○之也 168/86/27
347/173/5,413/197/13
○無過於此者矣 168/87/12
是故願大王熟○之也 168/87/12
臣以為○無便於此者 168/87/23
不習國家之長○ 168/87/26
皆令獻其○ 177/92/9
王以三大夫○告慎子曰 177/92/24
寡人誰用於三子之○ 177/92/26
是疵為趙○矣 202/103/16
君釋此○ 203/104/17
是皆能移其君之○ 203/105/3
臣試○之 204A/106/2
子自為○ 204B/106/25
○者不如構三國攻秦 206/107/11
君聽臣○則生 208/107/28
不聽臣○則死 208/107/28
君能聽蘇公之○乎 208/108/1
先生之○大而規高 208/108/4
議秦以謀○ 209/108/17
且夫說士之○ 209/108/19
臣願大王深與左右群臣
卒○而重謀 209/109/2
憂大者不○而構 215/111/12
願王之熟○之也急 217/112/13
為大王○ 218/112/24,273/144/7
不可不熟○也 218/113/6
願大王之熟○之也 218/113/27
318/163/21
故尊主廣地強兵之○ 218/114/1
故竊為大王○ 218/114/2
未嘗得聞社稷之長○ 218/114/11
恃蘇秦之○ 220/115/28
臣切為大王○ 220/116/5
願大王之定○ 220/116/6
○胡、狄之利乎 221/116/16
事之○也 222/119/6
循○之事 222/119/7
趙○未定 233/123/26
趙王與樓緩○之曰 233/123/27
則非○也 233/124/2
使臣得為王○之 233/124/2
其○固不止矣 233/124/26
勿復○也 233/125/4
而國人○功也 234/125/22
為君○者 234/125/22,323/165/10
臣願君之蚤○也 249/133/11
秦行是○ 249/133/15,249/133/19
249/133/20,249/133/22
秦行是○也 249/133/17
249/133/26
而郎中之○中也 261/138/23
則為之○深遠 262/139/11
豈非○久長 262/139/13
老臣以媼為長安君○短
也 262/139/18
故敝邑趙王使使臣獻愚
○ 272/143/16
故願大王之熟○之也 273/144/17
前○失之 273/144/20
是魏○過也 281/146/27
是使儀之○當於秦也 281/147/1
而聽相之○ 290/149/4
易用其○者 291/149/10
願王之深○之也 297/151/20
故為王○ 297/151/20
是免國於患者之○也 297/151/29
願足下之論臣之○也 297/151/30
而霸者知○ 301/153/5
疏於度而遠於○ 301/153/5
非得○也 304/155/1
非○之工也 310/157/23
臣願君之熟○而無行危
也 310/158/4
君無為魏○ 311/158/28
君其自為○ 311/158/28
君其先自為○ 311/158/28
後為魏○ 311/158/29
然則先生之為寡人○之
何如 313/159/27
臣效便○於王 314/160/17
王不用臣之忠○ 314/160/17
願王之熟○之也 317A/162/24
319/164/11,360/178/23
430/208/26

謀恐不出於○矣 318/163/21
臣竊為大王○ 318/163/25
不用子之○而禍至 325/165/24
故為王○者 325/165/29
今王能用臣之○ 342/171/2
至不可勝○也 348A/173/20
聽吾○則可以強霸天下 348A/173/25
○淺而怨深 348A/173/28
故為大王○ 348A/173/29
○無便於此者也 348A/174/2
此以一易二之○也 357/176/16
失○於韓明也 357/177/6
願公之熟○之也 359/177/19
願大王之熟○之 366/180/11
公行之○ 387/187/20, 387/187/22, 387/187/24
韓之重於兩周也無○ 387/187/23
韓○將安出矣 389/188/12
申不害之○事 390/188/24
聖人之○也 391/189/24
○之 393/190/3
故善為○者 393/190/7
願君之熟○之也 395/190/19
而不敢為楚○ 396A/190/25
秦○固不能守也 408/194/16
○無過於此者 408/194/19
故為君○ 409/195/3
王自慮此則○過 415/198/2
夫驕主必不好○ 415/198/26
夫上○破秦 419/201/25
則是兵弱而○疑也 426/206/24
老婦不知長者之○ 428/208/11
故召將軍且休○事 431/209/10
將軍自為○則可矣 431/209/11
臣之上○也 431/210/13
萬世之善○ 432/210/22
此燕之上○也 432/211/6
臣竊為王○ 432/211/8
故願王之熟○之也 434/212/6
未為通○也 438/213/19
樂間、樂乘怨不用其○ 438/214/1
太傅之○ 440/214/26
今○舉國不足以當秦 440/215/24
丹之私○ 440/215/24
顧○不知所出耳 440/216/13
用代王嘉○ 440/217/25
無有佗○ 450/221/9
善以微○薦中山之君久矣 454/222/28
皆○利形勢 461/226/22
不聽臣○ 461/227/2
然惟願大王覽臣愚○ 461/227/4
大王若不察臣愚○ 461/227/6

記 jì 2

《春秋》○臣弒君者以百數 8B/4/1
後孟嘗君出○ 133/65/1

寄 jì 11

寡人將○徑於梁 1/1/10
寡人將○徑於楚 1/1/11
則○地必多矣 62/25/24
願○食門下 133/64/20
○怨而誅不直 142/72/10
微用兵而○於義 142/72/10
○宿人田中 208/107/25
固且為書而厚○卿 250/134/10
公因○汾北以予秦而為和 317B/163/3
此乃韓之○地也 359/178/2
而○質於齊 419/201/14

祭 jì 10

趙取周之○地 15/6/14
因告以○地事 15/6/15
周之○地為祟 15/6/16
以奉○祀 63/26/2
○器必出 115/56/18, 115/56/27
願請先王之○器 133/65/27
○祀時享 209/108/11
奉祠○之日淺 220/116/9
○祀必祝之 262/139/12

際 jì 2

必張於有鳥無鳥之○ 16/6/21
平○絕 88/42/24

跽 jì 2

秦王○曰 73A/29/27, 73A/30/18

稷 jì 59

而禍歸社○ 73B/32/3
則社○必危 85/40/1
入其社○之臣於秦 86/40/16
社○壞 87/41/18
秦社○之憂也 87/41/21
與同知社○之計 96/48/1
故可以存社○者 96/48/15
敬奉社○以從 112/55/10, 347/173/13
未嘗聞社○之長利 113/55/27
請奉社○以事秦 113/55/27
為社○計者 115/56/15
守社○ 137/68/24
而社○已安矣 147/77/14
且王不能守先王之社○ 147/77/27
為社○耶 150/79/19
為社○ 150/79/20
為社○立王 150/79/20
王何以去社○而入秦 150/79/20
委社○宗廟 167/85/24
寡人謹奉社○以從 167/86/10
社○豈得無危哉 168/86/23
以憂社○者乎 170/88/19
以憂社○者 170/88/20, 170/88/21, 170/88/22, 170/88/22, 170/88/23, 170/88/26, 170/89/3, 170/89/7, 170/89/18, 170/89/25
社○其為庶幾乎 170/89/7
社○其危 170/89/16
楚國社○其庶幾乎 170/89/21
社○之臣 170/89/24
苟社○血食 170/89/24
王墳墓、復群臣、歸社○也 177/92/11
安社○乎 204A/105/22
安社○ 204A/105/26
韓危社○以事王 209/109/1
未嘗得聞社○之長計 218/114/11
非社○之神靈 221/117/24
其社○之不能恤 228/122/1

社○之血食乎 238/128/24
使奉社○ 239A/129/6
社○為虛戾 239A/129/8
而社○不血食 258A/137/8
將柰社○何 271/142/18
以安社○、尊主、強兵、顯名也 273/143/29
先王必欲少留而扶社○、安黔首也 296/151/1
社○必危矣 340/169/29
夫差社○而為天下笑 347/173/4
夫不顧社○之長利 348A/173/25
請奉社○西面而事秦 413/197/16
則恐危社○ 444/219/4
斬社○而焚滅之 447/220/8
即社○危矣 458/225/3

冀 jì 3

○其利 304/155/2
○太子之用事也 378/183/22
道南陽、封、○ 422/204/4

濟 jì 22

○清河濁 42/15/26
以○天下 65/26/26
小黃、○陽嬰城 87/41/3
河、○之士 89/43/15
左○ 105/51/24
有○西則趙之河東危 141B/70/22
不若得○北之利 145/75/15
存○北 145/75/17
且王嘗○於漳 247/131/26
趙王因割○東三城令盧、高唐、平原陵地城邑市五十七 252/135/8
乃割○東三令城市邑五十七以與齊 252/135/10
王嘗身○漳 316/162/14
吾聞齊有清○、濁河 415/198/21
雖有清○、濁河 415/198/24
○西不役 415/198/25
今○西、河北 415/198/25
魏無○陽 422/204/6
以○西委於趙 422/204/20
以○西 422/204/23
隨先王舉而有之於○上 431/209/29
○上之軍 431/209/30
如同舟而○ 432/211/1

薊 jì 2

○丘之植 431/210/2
十月而拔燕○城 440/217/24

繼 jì 9

天下○其統 81/35/28
有存亡○絕之義 130/63/9
今吾欲○襄主之業 221/116/18
今欲○簡、襄之意 221/117/28
存亡○絕 249/134/2
有子孫相○為王也哉 262/139/13
其○有在者乎 262/139/14
而國○以圍 315/161/25
其弟蘇代欲○之 415/197/27

驥 jì 11

則騏○不如狐狸 129/62/24
騏○之衰也 142/72/8
非賢於騏○、孟賁也 142/72/9
君亦聞○乎 199/101/6
夫○之齒至矣 199/101/6
○於是俛而噴 199/101/8
並○而走者 240/129/23
乘○而御之 240/129/24
王獨不見夫服牛驂○乎 290/149/3
是服牛驂○也 290/149/4
臣聞騏○盛壯之時 440/215/5

加 jiā 27

則無○焉矣 2/1/27
今楚不○善秦而善軫 48B/19/16
而齊之德新○與 70/28/13
賞必○於有功 72/29/2
○之以幽囚 73A/30/10
俱彊而○以親 142/72/12
得趙而王無○焉 165/84/24
吾欲先據之以○德焉 187/96/10
○己乎四仞之上 192/98/2
將○己乎十仞之上 192/98/4
將○己乎百仞之上 192/98/9
趙使魏○見楚春申君曰 198/100/16
魏○曰 198/100/17
○曰 198/100/17
必○兵於韓矣 203/103/25
非數痛○於秦國 209/108/12
此必○兵我 258B/137/17
○之百萬之上 270/142/13
大王○惠 343/171/14
先王以其髀○妾之身 366/180/12
願公之○務也 387/187/25
公孫郝嘗疾齊、韓而不○貴 396C/191/17
而齊未○信於足下 419/201/16
足下以宋○淮北 419/201/18
○之以魯、衛 419/201/18
故名有所○而實有所歸 444/219/12
將○重於君 461/227/3

夾 jiā 2

園死士○刺春申君 200/102/16
前○林而後蘭臺 307/156/4

佳 jiā 4

又簡擇宮中○翫麗好翫習音者 174/91/6
○麗人之所出也 458/224/26
殊無○麗好美者 458/224/27
臣竊見其○麗 458/224/30

家 jiā 75

管仲故為三歸之○ 8B/4/1
非國○之美也 8B/4/2
歸至○ 40/13/30
善我國○使諸侯 41A/14/27
○有不宜之財 46/18/23
有○貧而無燭者 61A/24/28
○貧無燭者將去矣 61A/24/28
獨不足以厚國○乎 72/29/7
臣聞善厚○者 72/29/9
竭入太后之○ 74/32/28

〇之福也 81/36/8
國〇滅亂 81/36/9
富國、足〇、強主 81/36/18
私〇之富過於三子 81/36/19
國〇大危 88/42/21
卒為三〇笑 89/43/8
立國〇之主贏幾倍 93/44/19
破吾〇 101/49/25
五〇之兵 112/54/24
〇敦而富 112/54/28
無以為〇 133/64/27
沉於國〇之事 133/65/4
視吾〇所寡有者 133/65/6
君云『視吾〇所寡有者』 133/65/12
君〇所寡有者以義耳 133/65/13
今君之〇富於二公 135/66/22
寡人有罪國〇 137/69/9
下不治其〇 138/69/21
死者破〇而葬 142/72/21
〇雜總 142/72/25
逃太史之〇為溉園 143/74/22
王乃殺九子而逐其〇 147/78/3
為莒太史〇庸夫 149B/78/28
效萬〇之都 168/87/22
不習國〇之長計 168/87/26
而不以國〇為事 192/98/13
而不以天下國〇為事 192/98/17
於是使吏盡滅春申君之〇 200/102/16
夫三〇雖愚 202/103/15
使使者致萬〇之邑一於知伯 203/103/27
因使人致萬〇之邑一於知伯 203/103/29
破趙則封二子者各萬〇之縣一 203/105/3
又封二子者各萬〇之縣一 203/105/5
此先聖之所以集國〇 204A/105/22
左司馬見使於國〇 204A/105/26
〇貧親老 208/107/21
賜〇六金 211/110/12
夫刑名之〇 219/115/7
〇聽於親 221/116/29
即之公叔成〇 221/117/13
子用私道者〇必亂 223/119/27
無過三千〇者 225/121/4
萬〇之邑相望也 225/121/8
國〇為虛戾 258A/137/8
乃與之萬〇之邑一 264A/140/10
破公〇而成私門 272/143/12
重〇而已 279/146/13
以公相則國〇安 281/146/26
國〇之大事也 345/172/16
臣請令楚築萬〇之都於雍氏之旁 383A/184/23
〇貧 385/185/24
此其〇萬金 402/193/3
必盡其〇以事王 402/193/4
臣鄰〇有遠為吏者 412/196/25
十乘之〇 420/203/13
之男〇曰『女美』 421/203/19
之女〇曰『男富』 421/203/19
王棄國〇 428/208/8
猶〇之有垣牆 438/213/18
出語鄰〇 438/213/19
邑萬〇 440/216/7,440/216/12
七十〇 459A/225/10
以軍中為〇 461/226/18
咸顧其〇 461/226/19

葭 jiā 2

趙〇諫曰 203/103/28
魏宣子之謀臣曰趙〇 203/105/2

嘉 jiā 7

王〇單之善 146/76/25
單有是善而王〇之 146/76/27
〇其行 146/76/28
敝邑寡君亦竊〇之 258B/137/21
厚遺秦王寵臣中庶子蒙〇 440/217/4
〇為先言於秦王曰 440/217/4
用代王〇計 440/217/25

鋏 jiā 6

長〇歸來乎 133/64/24
133/64/25,133/64/27
復彈其〇 133/64/25
復彈其劍〇 133/64/27
乃歌夫長〇歸來者也 133/65/2

甲 jiǎ 81

韓徵〇與粟於周 25/9/3
代能為君令韓不徵〇與粟於周 25/9/3
今公乃徵〇及粟於周 25/9/7
吾無徵〇與粟於周 25/9/9
不徵〇與粟於周而與高都 25/9/11
兵〇愈起 40/13/20
綴〇厲兵 40/13/22
然而〇兵頓 42/15/22
不用一領〇 42/16/17
棄〇兵怒 42/16/23
內者吾〇兵頓 42/16/26
帥天下將〇百萬 42/17/2
武王將素〇三千領 42/17/3
請益〇四萬 63/26/3
秦且益趙〇四萬人以伐齊 63/26/5
必不益趙〇四萬人以伐齊 63/26/6
必不益趙〇四萬人以伐齊矣 63/26/15
不亡一〇 78/34/5
是王不用〇 87/40/30
王又舉〇兵而攻魏 87/41/1
材兵〇之強 87/41/8
秦下〇而攻趙 95/46/15
前日秦下〇攻趙 95/46/26
帶〇數十萬 112/54/24
218/113/10,347/172/29
408/194/11
魏王身被〇底劍 142/71/10
亦收餘〇而北面 142/71/11
〇兵之具 142/72/23
將不釋〇 142/72/26
〇兵不出於軍而敵國勝 142/73/12
帶〇三十六萬 142/73/22
全車〇 145/75/24
帶〇數百萬 150/79/23
帶〇百萬 154/81/7
167/85/17,237/128/14
其實畏王之〇兵也 154/81/7
雖無出兵〇 168/86/17
秦下〇兵 168/86/22
秦舉〇出之武關 168/87/3
且夫秦之所以不出〇於

函谷關十五年以攻諸侯者　168/87/9
齊使人以○受東地　177/93/1
三十餘萬弊○鈍兵　177/93/2
其縮○則可　177/93/5
則必舉○而向趙　218/113/7
秦○涉河踰漳　218/113/7
然而秦不敢舉兵○而伐趙者　218/113/12
繕○厲兵　220/115/22
今宣君有微○鈍兵　220/115/24
願以○子之日合戰　220/115/25
權○兵之用　221/116/15
知兵○之用　224/120/12
今重○循兵　224/120/14
寡人使卷○而趍之　235/125/28
今趙留天下之○於成皋　247/131/25
齊○未嘗不歲至於王之境也　247/132/3
車○羽毛裂敝　252/135/18
秦○出而東　273/144/12
而臣以致燕○而起齊兵矣　297/152/3
○、盾、鞮、鍪、鐵幕、革抉、㕮芮　347/173/2
被堅○　347/173/3
秦帶○百餘萬　348A/173/20
被○冒胄以會戰　348A/173/22
秦人捐○徒裎以趨敵　348A/173/22
秦下○據宜陽　348A/173/26
今又得韓之名都一而具○　357/176/19
秦下○雲中、九原　413/197/11
身自削○扎　415/198/8
妻自組○絣　415/198/9
蜀地之○　422/203/28
漢中之○　422/203/29
寡人積○宛　422/203/29
令齊守趙之質子以○者　423/205/8
果以守趙之質子以○　423/205/9
吾必守子以○　423/205/9
燕得○首二萬人　426/207/1
閑於兵○　431/209/26
車○珍器　431/210/1
繕治兵○以益其強　461/226/24

假 jiǎ　15

秦○道於周以伐韓　5B/3/3
周恐○之而惡於韓　5B/3/3
不○而惡於秦　5B/3/3
張儀欲○秦兵以救魏　43/17/16
秦○道韓、魏以攻齊　109/53/6
○涂於鄒　236/127/21
四國將○道於衛　253/135/25
故荀息以馬與璧○道於虞　317A/162/21
卒○晉道　317A/162/21
○之得幸　341/170/23
○道兩周倍韓以攻楚　364/179/24
故○節於魏王　431/209/21
○寡人五年　433/211/17
請○王十年　433/211/17
願大王少○借之　440/217/11

嫁 jià　15

以○之齊也　30/10/18
出婦○鄉曲者　48B/19/21
出婦○於鄉里者　49/20/13
今秦、楚○子取婦　113/55/22
至老不○　138/69/19
設為不○　139/69/27
不○則不○　139/69/28
然○過畢矣　139/69/28
女無謀而○者　149B/79/3
欲○其禍也　211/110/2
內○禍安國　273/144/12
老且不○　421/203/20
太后○女諸侯　428/208/5
四面出○　461/226/4

價 jià　1

一旦而馬○十倍　425/206/14

稼 jià　1

使得耕○以益蓄積　461/226/23

駕 jià　6

一日晏○　93/45/7
為之○　133/64/26
○犀首而驂馬服　239A/129/9
○而見太子曰　296/150/26
方北面而持其○　334/168/4
王良之弟子○　407/194/3

肩 jiān　2

人○摩　112/54/28
是比○而立　131/63/22

姦 jiān　10

今夕有○人當入者矣　19/7/15
下惑○臣之態　73A/30/14
無與照○　73A/30/14
無法術以知○　197/100/2
○之屬也　221/118/12
犯○者身死　221/118/12
皆○臣　272/143/11
且夫○臣固皆欲以地事秦　312/159/12
夜行者能無為○　324/165/14
夫宵行者能無為○　406/193/26

兼 jiān　25

何不合周最○相　13/5/23
○有吞周之意　24/8/26
韓○兩上黨以臨趙　33/11/13
天下不足○而有也　42/15/21
天下可○而有也　42/17/7
則是一舉而○兩虎也　51/22/2
而欲○誅范睢　80/35/11
山東之建國可○與　86/40/15
夫魏氏○邯鄲　102/50/22
○二周之地　132B/64/11
○魏之河南　132B/64/12
恐秦○天下而臣其君　132B/64/13
而趙氏○中山　142/71/21
吞○二國　142/72/28
而襄王○戎取代　221/117/23
○有是兩者　225/121/2
又○無燕、秦　256/136/18
儀○相秦、魏　282/147/7
今主君○此四者　307/156/5
○中哀侯　385/186/15

聶政、陽堅刺相○君 391/189/14
○此三行以事王 420/202/15
羸則○欺舅與母 422/204/22
將與齊○鄮臣 427/207/15
秦○天下 440/217/26

堅 jiān 33

夫人生手足○強 81/35/25
○箭利金 142/71/7
故定計而○守之 145/75/15
則必○守 156/81/18
凡天下所信約從親○者蘇秦 168/87/17
吾被○執銳 170/89/11
示之其齒之○也 194/99/3
其○則箘簵之勁不能過也 203/104/9
願君○塞兩耳 208/108/2
三晉相親相○ 217/112/11
秦見三晉之大合而○也 217/112/12
秦見三晉之○也 217/112/16
432/211/6
臣之所以○三晉以攻秦者 248/132/16
下親其上而守○ 248/132/17
則願五國復○約 249/133/7
五國復○而賓之 249/133/9
若復不○約而講 249/133/9
秦○燕、趙之交 249/133/21
秦○三晉之交攻齊 249/133/25
一天下、約為兄弟、刑白馬以盟於洹水之上以相○也 273/143/29
不敢○戰 273/144/11
其次○約而詳講 297/151/21
下有○守之心 304/154/24
子何不疾及三國方○也 321/164/25
當敵即斬○ 347/173/2
被○甲 347/173/3
合而相○如一者 389/188/19
聶政、陽○刺相兼君 391/189/14
山東不能○為此 432/211/9
劍○ 440/217/14
必以○我 441/218/5
我○而齊弊 441/218/5

湔 jiān 3

臣請以臣之血○其衽 127/61/28
臣輒以頸血○足下衿 128/62/16
君獨無意○拔僕也 199/101/9

間 jiān 75

○遺昌他書曰 19/7/13
楚請道於二周之○ 29/10/9
安能道二周之○ 29/10/10
完河○ 42/16/16
軫馳楚、秦之○ 48B/19/16
與之○有所立 61B/25/15
願少賜游觀之○ 72/29/13
有○ 73A/29/24
137/68/27, 198/100/19
處人骨肉之○ 73A/30/4
蔡澤得少○ 81/36/13
以同言郢威王於側紂之○ 88/42/26
○曰 93/45/12
文信侯欲攻趙以廣河○ 94/45/21
以廣河○之地 94/45/22
欲攻趙而廣河○也 94/46/9
今王齎臣五城以廣河○ 94/46/10
趙王立割五城以廣河○ 94/46/10
趙賂以河○十二縣 95/46/26
北使燕、代之○三年 96/47/26
時時而○進 108/53/1
頃之○ 109/53/7
頃○ 109/53/11
割河○以事秦 113/55/23
220/116/11
王以其○伐韓 115/56/18
115/56/26
而王以其○舉宋 141B/70/22
河、山之○亂 142/71/10
拔之尊俎之○ 142/73/17
言於尊俎之○ 142/74/5
拔城於尊俎之○ 142/74/7
夫千乘、博昌之○ 143/74/16
羸、博之○ 143/74/17
而馳乎淄、澠之○ 148/78/16
多受秦○金玉 149B/79/14
而在阿、鄄之○者百數 150/79/23
處之共松柏之○ 150/79/28
淮、泗之○亦可得也 151/80/8
楚取睢、濊之○ 156/81/26
而魏入吾君臣之○ 157B/82/6
未得○也 160/83/6
兩御之○夫卒交 170/89/5
飛翔乎天地之○ 192/98/1
倏忽之○ 192/98/5
園女弟承○說春申君曰 200/101/22
河○封不定而齊危 215/111/10
武靈王平晝○居 221/116/15
敢道世俗之○ 221/117/28
子言世俗之○ 221/118/5
魏王使客將軍新垣衍○入邯鄲 236/126/13
左河○ 237/128/14
今收河○ 241/130/4
何患不得收河○ 241/130/5
收河○何益也 241/130/5
使為反○ 263/139/28
王以其○約南陽 282/147/6
先以車五十乘至衛○齊 288/148/19
有周、韓而○之 315/161/23
無周、韓以○之 315/161/27
蹄○三尋者 348A/173/21
頃○有鵲止於屋上者 384/185/11
避仇隱於屠者之○ 385/185/21
中○不遠 385/186/10
效河○以事秦 413/197/10
而河○可取 420/202/30
用齊人反○ 431/209/4
王乃召昌國君樂○而問曰 438/213/4
樂○入趙 438/213/8
樂○、樂乘怨不用其計 438/214/1
居之有○ 440/214/23
以其○諸侯 440/215/27
○進車騎美女 440/216/2
皆令妻妾補縫於行伍之○ 461/226/25

煎 jiān 1

易牙乃○敖燔炙 307/155/28

監 jiān　7

且梁○門子　96/48/1
取世○門子　96/48/1
子○門子　96/48/10
下則鄙野、○門、閭里　136B/67/22
欲為○門、閭里　136B/67/27
上蔡之○門也　166/85/4
簡公用田成、○止而簡公弒　348B/174/10

礛 jiān　1

彼○磻　192/98/9

揀 jiǎn　1

撓○而不辟者　270/142/6

減 jiǎn　1

○食主父　73B/32/5

翦 jiǎn　14

司馬○謂楚王曰　17/6/27
左成謂司馬○曰　17/6/28
微告○　17/6/29
○今楚王資之以地　17/6/29
昭○與東周惡　20/7/19
或謂照○曰　20/7/19
照○曰　20/7/19,20/7/21
秦使王○攻趙　263/139/27
王○惡之　263/139/27
王○因急擊　263/140/1
王○將數十萬之眾臨漳、鄴　440/215/22
秦將王○破趙　440/216/4
詔王○軍以伐燕　440/217/24

蹇 jiǎn　1

譬若馳韓盧而逐○兔也　73A/30/24

簡 jiǎn　18

○練以為揣摩　40/14/2
又○擇宮中佳翫麗好翫習音者　174/91/6
○主之才臣也　203/104/5
乃稱○之塗以告襄子曰　204A/105/18
念○、襄之迹　221/116/15
且昔者○主不塞晉陽　221/117/23
而叔也順中國之俗以逆○、襄之意　221/117/25
今欲繼○、襄之意　221/117/28
故事有○而功成者　237/128/13
○公用田成、監止而○公弒　348B/174/10
智不○功　438/213/27
陰○難之　457/224/11
田○謂司馬憙曰　457/224/11
獨不可語陰○之美乎　457/224/11
陰○之德公　457/224/12
田○自謂取使　457/224/16
可以為陰○　457/224/16

繭 jiǎn　2

足重○　208/107/22
百舍重○　442/218/10

見 jiàn　369

乃往○西周之君曰　4/2/19
周相呂倉○客於周君　8A/3/22
皆大臣○譽者也　8B/4/2
公不如遂○秦王曰　18/7/7
蘇代遂往○韓相國公中曰　25/9/4
使天下○之　30/10/19
○梁囿而樂之也　32/10/29
反○魏王　32/11/1
臣○其必以國事秦也　32/11/3
不○成功　40/13/21
○說趙王於華屋之下　40/14/6
生未嘗○寇也　42/15/17
臣昧死望○大王　42/17/9
忠且○棄　48B/19/22
忠尚○棄　49/20/14
張儀南○楚王曰　50/20/23
群臣聞○者畢賀　50/21/1
陳軫後○　50/21/2
臣○商於之地不可得　50/21/3
乃出○使者曰　50/21/11
則諸侯必○張儀之無秦矣　52/22/10
醫扁鵲○秦武王　54/22/26
甘茂因入○王曰　61B/25/16
今王○其達而收之　71/28/22
望○足下而入之　72/29/13
是日○范睢　73A/29/23
○者無不變色易容者　73A/29/23
終身不復○　73A/30/10,236/128/7
天下○臣盡忠而身蹶也　73A/30/13
今○與國之不可親　73A/31/2
諸侯○齊之罷露　73A/31/4
魏、韓○必亡　73A/31/21
臣今○王獨立於廟朝矣　73B/32/7
臣必聞○王獨立於庭也　74/32/24
王○大王之狗　77/33/23
蒙傲乃往○應侯　79/34/22
蔡澤○逐於趙　81/35/19
將○昭王　81/35/20
彼一○秦王　81/35/21
及○之　81/35/23
何君○之晚也　81/35/25
臣之○人甚眾　81/37/13
秦昭王召○　81/37/14
臣○王之權輕天下　85/39/27
秦王欲○頓弱　86/40/6
即不○也　86/40/6
智氏○伐趙之利　87/41/10
吳○伐齊之便　87/41/10
昭衍○梁王　92/44/11
我與其處而待之○攻　92/44/13
○秦質子異人　93/44/18
不韋使楚服而○　93/45/10
甘羅○張唐曰　94/45/29
○趙王　94/46/7
平原令○諸公　95/47/15
有何面目復○寡人　96/48/5
靖郭君因○之　99/49/11
請○宣王　101/50/1
齊貌辨○宣王　101/50/4
韓○且亡　103/51/2
於是入朝○威王曰　108/52/23
乃為齊○魯君　110/53/19

其○恩德亦其大也	110/53/24
○昭陽	117/57/11
而楚功○矣	122/59/26
固且以鬼事○君	124/60/24
孟嘗君○之	124/60/27
何○於荊	125/61/10
○孟嘗君門人公孫戍曰	130/63/3
入○孟嘗君曰	130/63/7
淳于髡一日而○七人於宣王	131/63/22
今子一朝而○七士	131/63/23
髡將復○之	131/63/26
田父○之	132A/64/2
未嘗○也	133/65/3
請而○之	133/65/3
晨而求○	133/65/11
衣冠而○之	133/65/11
乃今日○之	133/65/19
公孫弘○	134/66/7
齊宣王○顏斶曰	136B/67/12
夫上○其原	136B/68/5
先生王斗造門而欲○齊宣王	137/68/22
斗趨○王為好勢	137/68/22
王趨○斗為好士	137/68/22
齊人○田駢	139/69/26
○於華章南門	141A/70/10
不貸而○足矣	142/72/2
可○於前事矣	142/72/6
可○於前事	142/73/4
王何不使臣○魏王	142/73/25
衛鞅○魏王曰	142/73/26
則王業○矣	142/74/1
即臣○公之不能得也	145/75/18
能以○於天下矣	145/75/22
士民○公	145/75/24
如○父母	145/75/24
慚恥而不○	145/76/3
田單○其寒	146/76/22
貫珠者復○王曰	146/77/1
故常○譽於朝	147/77/8
往○魯仲子	148/78/8
即入○齊王曰	150/79/22
齊○楚	151/80/4
○公仲曰	153/80/24
親王之所○也	153/80/24
觀百獸之○我而敢不走乎	154/81/5
獸○之皆走	154/81/6
趙○亡形	156/81/22
而○楚救之不足畏也	156/81/23
其鄰人○狗之溺井也	158/82/12
故昭奚恤常惡臣之○王	158/82/14
○君莫不斂衽而拜	160/82/27
江乙復○曰	160/83/5
臣請不敢復○矣	160/83/5
未○勝焉	167/86/9
今君何不○臣於王	169/88/12
天下○楚之無秦也	174/91/3
上柱國子良入○	177/92/11
昭常入○	177/92/16
景鯉入○	177/92/20
子良○寡人曰	177/92/24
常○寡人曰	177/92/25
鯉○寡人曰	177/92/25
而王且○其誠然也	177/92/27
使王○疾於民	179/93/18
未○一人也	179/93/21
三日乃得○乎王	180/93/27
謁者難得○如鬼	180/93/29
王難得○如天帝	180/93/29
因鬼○帝	180/93/29
子待我為子○楚王	182/94/9
張子○楚王	182/94/12
臣請北○晉君	182/94/12
非知而○之者	182/94/15
未嘗○中國之女如此其美也	182/94/15
未知○日也	182/94/21
未嘗○人如此其美也	182/94/24
唐且○春申君曰	188/96/17
子為○王	190/97/8
新人○王	190/97/9
夫新人○寡人	190/97/9
臣誠○其必然者也	192/97/22
○菟而顧犬	192/97/28
王獨不○夫蜻蛉乎	192/98/1
繫己以朱絲而○之也	192/98/14
○君之乘	194/99/4
○杖	194/99/5
近代所○	197/100/6
趙使魏加○楚春申君曰	198/100/16
仰○飛鳥	198/100/18
汗明○春申君	199/100/27
而後得○	199/100/27
五日一○	199/101/4
彼○伯樂之知己也	199/101/8
可得○乎	200/101/18
敝楚○強魏也	201/103/4
其勢可○也	202/103/16
臣請○韓、魏之君	203/104/17
張孟談於是陰○韓、魏之君曰	203/104/20
知過入○知伯曰	203/104/26
知過出○二主	203/104/29
知過○君之不用也	203/105/5
遂去不○	203/105/6
入○襄子曰	203/105/8
入○知伯	203/105/8
使張孟談○韓、魏之君曰	203/105/9
左司馬○使於國家	204A/105/26
襄子往○張孟談而告之曰	204A/105/30
願○於前	208/107/22
先生以鬼之言○我則可	208/107/23
臣固以鬼之言○君	208/107/24
李兌○之	208/107/24
明日復來○兌也	208/107/29
明日復○	208/108/2
未○一城也	211/110/5
未○一城	211/110/8
三日不得○	212/110/21
而三日不○	212/110/24
此天下之所明○也	217/111/26
苟來舉玉趾而○寡人	217/112/2
秦○三晉之大合而堅也	217/112/12
秦○三晉之堅也	217/112/16
	432/211/6
固已○於胸中矣	218/113/20
今○破於秦	218/113/23
○臣於秦	218/113/23
面相○而身相結也	220/116/6
而卒世不○也	221/116/19
智者○於未萌	221/116/25
然後德且○也	221/117/3
慮徑而易○也	221/118/17
而求○子	222/119/4

無所○醜 222/119/19
秦王○趙之相魏冉之不急也 226/121/14
故臣未○燕之可攻也 231/123/13
入○王 233/124/5
入○於王 233/125/1
又入○王曰 233/125/7
因發虞卿東○齊王 233/125/11
○平原君曰 234/125/19
乃○平原君曰 236/126/18
勝請召而○之於先生 236/126/22
平原君遂○辛垣衍曰 236/126/22
勝請為紹介而○之於將軍 236/126/23
吾不願○魯連先生也 236/126/24
魯連○辛垣衍而無言 236/126/27
所為○將軍者 236/127/2
先生獨未○夫僕乎 236/127/10
鄭同北○趙王 238/128/20
工○客來也 239A/129/4
昔日臣夢○君 239B/129/14
夢○竈君 239B/129/15
吾聞夢○人君者 239B/129/15
夢○日 239B/129/16
今子曰夢○竈君而言君也 239B/129/16
則後之人無從○也 239B/129/17
是以夢○竈君 239B/129/18
希寫○建信君 242/130/9
齊人李伯○孝成王 245/130/30
臣一○ 246/131/7
而臣竊怪王之不試○臣 246/131/7
故王重○臣也 246/131/8
其前可○已 246/131/12
臣願王之曰聞魏而無庸○惡也 247/132/6
而無使秦之○王之重趙也 247/132/6
秦○之且亦重趙 247/132/7
臣必○燕與韓、魏亦且重趙也 247/132/7
臣以為足下○奉陽君矣 249/133/4
死不復○於王矣 250/134/9
故臣死不復○於王矣 250/134/12
馮忌請○趙王 257/136/22
行人○之 257/136/22
客有○人於服子者 257/136/22
昔者堯○舜於草茅之中 257/136/25
客○趙王曰 258A/137/3
於是秦王乃○使者 258B/137/27
左師觸讋願○太后 262/139/1
不得○久矣 262/139/2
故願望○太后 262/139/2
○敵之可也鼓之 270/142/8
今秦○齊、魏之不合也如此其甚也 275/145/5
求○犀首 276/145/11
公不○軫 276/145/12
犀首乃○之 276/145/12
子果無之魏而○寡人也 278/146/8
齊王將○燕、趙、楚之相於衛 288/148/18
以請先○齊王 288/148/20
乃得○ 288/148/20
王獨不○夫服牛驂驥乎 290/149/3
田侯、梁君○其危 291/149/13
犀首○梁君曰 292/149/19
於是東○田嬰 292/149/22
因令史舉數○犀首 294/150/8
駕而○太子曰 296/150/26
○棺之前和 296/150/27
先君必欲一○群臣百姓也夫 296/150/27
故使欒水○之 296/150/28
百姓皆○之 296/150/28
○天下之傷秦也 297/151/25
王欲○之 302/153/20
請為君北○梁王 303B/154/4
遂北○梁王 303B/154/11
魏王之恐也○亡矣 305/155/7
果不得○ 306/155/22
且○王 311/159/1
偽病者乎而○之 311/159/1
長信侯入○王 311/159/2
王獨不○夫博者之用梟邪 312/159/15
魏無○亡之危 313/159/29
夜○孟嘗君 314/160/3
又北○燕王曰 314/160/14
今魏王出國門而望○軍 314/160/16
利出燕南門而望○軍乎 314/160/21
魏王之懼也○亡 317B/163/12
山東○亡必恐 318/163/24
臣○秦之必大憂可立而待也 318/163/24
昭忌乃為之○秦王曰 325/165/24
晉人○楚人之急 330/167/9
魏王○天下之不足恃也 332/167/22
往○王曰 334/168/3
○人於大行 334/168/4
因使其人為○者嗇夫聞○者 336/168/18
唐且○秦王 338/169/1
卒然○趙王 339/169/17
我○有禍 341/170/24
未○有福 341/170/24
○有怨 341/170/24
未○有德 341/170/24
○卒不過二十萬而已矣 348A/173/19
魏順南○楚王曰 352/175/7
顏率○公仲 358/177/11
公仲不○ 358/177/11
故不○率也 358/177/11
公仲遽起而○之 358/177/13
無○王矣 363/179/18
二十餘年未嘗○攻 364/179/23
臣之所○者 364/179/25
史舍入○曰 374/182/25
韓大夫○王老 378/183/22
○嚴仲子曰 385/186/7
申不害與昭釐侯執珪而○梁君 390/188/24
然而○親秦 393/190/3
不○內行 393/190/7
田苓○穰侯 399/192/10
公無○王矣 399/192/12
秦○君之交反善於楚、魏也 405/193/20
而相國○臣不釋塞者 407/194/6
不○覆軍殺將之憂 408/194/13
○足下身無咫尺之功 412/196/8
大王之所明○知也 413/197/9
王何為不○ 414/197/22
因○燕客而遣之 414/197/22
乃北○燕王噲曰 415/197/27
蘇秦弟厲因燕質子而求

○齊王 416B/200/3
故往○郭隗先生曰 418/200/20
隗且○事 418/201/4
○罪於左右 420/203/4
○之知無厲 424/205/18
未○齊王 425/206/12
往○伯樂曰 425/206/13
今臣欲以駿馬○於王 425/206/15
入言之王而○之 425/206/16
臣茍得○ 427/207/21
陳翠欲○太后 428/207/29
遂入○太后曰 428/207/29
○趙恢 430/208/21
子胥不蚤○主之不同量 431/210/12
趙○秦之伐楚也 432/211/7
暮以燭○ 436/212/21
怨惡未○而明棄之 438/213/19
使者○秦王曰 439/214/10
○秦且滅六國 440/214/18
柰何以○陵之怨 440/214/20
出○田光 440/215/1
僂行○荊軻 440/215/11
軻○太子 440/215/18
秦王必說○臣 440/216/7
乃遂私○樊於期曰 440/216/11
秦王必喜而善○臣 440/216/15
而燕國○陵之恥除矣 440/216/15
○燕使者咸陽宮 440/217/9
未嘗○天子 440/217/11
圖窮而匕首○ 440/217/12
其後荊軻客高漸離以擊筑○秦皇帝 440/217/28
往○公輸般 442/218/10
請○之王 442/218/13
墨子○楚王曰 442/218/15
○祥而不為祥 447/220/10
三年不得○ 450/221/7
乃○梧下先生 450/221/7
乃○魏王曰 450/221/8
事王三年不得○ 450/221/13
魏王趨○衛客 450/221/13
入室○白 452B/222/4
臣請○田嬰 454/222/18
○嬰子曰 454/222/18
王茍舉趾以○寡人 455/223/20
與王相○ 455/223/21
何不○臣乎 458/224/21
中山王悅而○之曰 458/224/22
○趙王曰 458/224/26
未嘗○人如中山陰姬者也 458/224/27
臣竊○其佳麗 458/224/30
王乃使應侯往○武安君 461/226/9
臣○其害 461/226/28
因○武安君 461/227/2

建 jiàn 38

然後可○大功 40/13/24
山東之○國可兼與 86/40/15
今○國立君 93/44/20
而○千石鐘 136B/67/20
○九斿 142/74/2
生齊王○ 143/74/24
生子○ 149B/79/2
子○立為齊王 149B/79/6
以故○立四十有餘年不受兵 149B/79/6
誠○曰 149B/79/11
○曰 149B/79/11
齊王○入朝於秦 150/79/19
住○共者 150/79/29
以趙之弱而據之○信君 214/111/3
○信君知從之無功 214/111/4
○信者安能以無功惡秦哉 214/111/4
○信、春申從 214/111/5
山東之○國 218/113/10
○信君貴於趙 239A/129/3
乃輦○信以與強秦角逐 239A/129/10
或謂○信 240/129/22
○信君曰 240/129/23,242/130/9
○信君再拜受命 240/129/26
苦成常謂○信君曰 241/130/3
希寫見○信君 242/130/9
○信君悖然曰 242/130/11
魏尬謂○信君曰 243/130/18
○信君果先言橫 244/130/25
則王必怒而誅○信君 255/136/10
○信君死 255/136/10
○信君不死 255/136/10
卿因以德○信君矣 255/136/11
王何不遣○信君乎 258A/137/4
○信君有國事 258A/137/4
而與○信君 258A/137/9
○信君輕韓熙 405/193/19
趙敖為謂○信侯曰 405/193/19

健 jiàn 4

此○士也 17/7/1
楚客來使者多○ 60/24/21
其○者來使者 60/24/22
而○者不用矣 60/24/23

漸 jiàn 2

高○離擊筑 440/216/27
其後荊軻客高○離以擊筑見秦皇帝 440/217/28

劍 jiàn 41

函冶氏為齊太公買良○ 30/10/15
歸其○而責之金 30/10/16
齊舉兵而為之頓○ 63/26/11
使陳毛釋○掫 88/42/24
縮○將自誅 95/47/11
右舉○將自誅 95/47/12
銜○徵之於柱以自刺 95/47/12
冠舞以其○ 96/47/23
冠舞其○ 101/50/13
曹沫之奮三尺之○ 129/62/24
使曹沫釋其三尺之○ 129/62/24
先人有寶○ 130/63/5
重之寶○一 130/63/14
許戍以先人之寶○ 130/63/16
倚柱彈其○ 133/64/24
揭其○ 133/64/26
復彈其○鋏 133/64/27
服○一 133/65/25
而○非不利也 142/71/8
魏王身被甲底○ 142/71/10
曹子以一○之任 145/76/7
脩○拄頤 148/78/12
君其負○而御臣以之國 204A/106/1
豫讓拔○三躍 204B/106/28
遂伏○而死 204B/106/28

夫吳干之○ 225/120/28
且夫吳干之○材 225/121/1
吾將伏○而死 236/127/23
帶○而綏之 330/167/10
挺○而起 343/171/24
韓卒之○戟 347/173/1
帶利○ 347/173/3
攘臂按○ 347/173/12
嚴遂拔○趨之 385/185/19
獨行仗○至韓 385/186/12
矜戟砥○ 420/202/28
拔○ 440/217/13
○長 440/217/14
○堅 440/217/14
王負○ 440/217/18,440/217/18

箭 jiàn 1

堅○利金 142/71/7

賤 jiàn 36

貴○不相信 42/16/15
雖以臣為○而輕辱臣 72/29/3
將○而不足聽耶 72/29/12
軍吏雖○ 80/35/7
東鄙之○人也 80/35/11
左右以君○之也 133/64/22
貧○則去之 136A/67/6
士之○也 136B/67/23
必以○為本 136B/68/6
是其○之本與 136B/68/6
人之困○下位也 136B/68/7
豈先○而後尊貴者乎 138/69/14
少長貴○ 142/73/9
尊卑貴○ 145/75/14
不免為辱人○行矣 145/76/3
非貴跖而○堯也 147/77/8
子亦自知且○於王乎 174/91/4
子益○而日疏矣 174/91/8
貴且使己○ 179/93/23
故明德在於論○ 221/117/2
○之類也 221/118/12
○國者族宗 221/118/12
非○臣所敢任也 222/119/10
施及○臣 223/120/1
時○而買 242/130/12
雖貴已○矣 242/130/12
雖○已貴矣 242/130/12
趙因○趙莊 254/136/3
今聞趙莊○ 254/136/4
老臣○息舒祺 262/139/7
如臣之○也 311/158/16
而君臣、上下、少長、
貴○ 390/189/9
貴○不相事 396C/191/16
周地○媒 421/203/18
臣○ 427/207/14
公子○於布衣 428/208/8

踐 jiàn 9

○韓而以攻梁 27/9/26
勾○終棓而殺之 81/37/4
遂與勾○禽 89/43/9
○亂燕 201/102/27
○石以上者皆道子之孝 222/119/3
臣聞越王勾○以散卒三
千 272/143/7
此其過越王勾○、武王
遠矣 272/143/9
越王勾○棲於會稽 419/201/23
猶勾○困於會稽之時也
461/226/26

諫 jiàn 30

舟之僑○而不聽 48A/19/7
宮之奇以○而不聽 48A/19/9
客多以○ 99/49/10
孟嘗君又竊以○ 101/49/25
上書○寡人者 108/52/26
群臣進○ 108/53/1
莫敢入○ 130/63/15
臣獨入○ 130/63/15
○而得聽 130/63/15
○而止君之過 130/63/15
疾入○ 130/63/18
聞先生直言正○不諱 137/68/24
焉敢直言正○ 137/68/25
即墨大夫與雍門司馬○
而聽之 150/79/22
段規○曰 203/103/25
趙葭○曰 203/103/28
趙文進○曰 221/118/1
趙造○曰 221/118/12
微○而不譁 223/119/26
牛贊進○曰 224/120/6
大臣強○ 262/138/29
張丑○於王 279/146/12
復○於王曰 279/146/12
群臣多○太子者 296/150/19
而莫以此○ 315/161/4
宮之奇○而不聽 317A/162/21
無以○者 415/198/3
太傅鞫武○曰 440/214/23
鶡國老○曰 447/220/8
群臣○曰 452A/221/27

鍵 jiàn 1

納于筦○ 236/127/20

薦 jiàn 1

善以微計○中山之君久
矣 454/222/28

濺 jiàn 1

血○君襟矣 311/158/30

江 jiāng 36

取洞庭、五都、○南 42/16/2
君聞夫○上之處女乎 61A/24/27
夫○上之處女 61A/24/28
還為越王禽於三○之浦 87/41/12
王不如封田忌於○南 106/52/1
楚果封之於○南 106/52/3
○一對曰 154/81/3
王召○乙而問焉 155/81/12
○乙曰 155/81/12,159/82/19
159/82/20,160/82/30
161/83/19,161/83/20
○尹欲惡昭奚恤於楚王
157A/81/30
○尹因得山陽君與之共
惡昭奚恤 157A/82/1
○乙惡昭奚恤 158/82/12
○乙欲惡昭奚恤於楚 159/82/18

〇乙說於安陵君曰 160/82/26
〇乙復見曰 160/83/5
〇乙可謂善謀 160/83/14
〇乙為魏使於楚 161/83/18
非〇南泗上也 163/84/8
故楚南察瀨胡而野〇東 166/85/7
循〇而下 168/86/30
負雞次之典以浮於〇 170/89/21
不避絶〇河 188/96/17
游於〇海 192/98/7
故晝游乎〇河 192/98/9
奈何以保相印、〇東之封乎 200/101/24
左〇而右湖 307/156/2
乘夏水而下〇 422/203/28
賜之鴟夷而浮之〇 431/210/11
故入〇而不改 431/210/12
〇、漢魚鱉黿鼉為天下饒 442/218/20
陰姬與〇姬爭為后 458/224/20

將 jiāng 383

使陳臣思〇以救周 1/1/6
齊〇求九鼎 1/1/8
寡人〇寄徑於梁 1/1/10
寡人〇寄徑於楚 1/1/11
周君〇令相國往 5A/2/26
相國〇不欲 5A/2/26
主君〇令誰往 5A/2/28
〇以疑周於秦 5B/3/5
〇以觀秦之應趙、宋 13/5/21
〇興趙、宋合於東方以孤秦 13/5/21
亦〇觀韓、魏之於齊也 13/5/22
則〇與宋敗三國 13/5/22
〇恐齊、趙之合也 14A/5/28
今君〇施於大人 16/6/22
秦攻魏〇犀武軍於伊闕 23/8/15
吾得〇為楚王屬怒於周 28/10/3
不如令太子〇軍正迎吾得於境 28/10/3
楚必〇自取之矣 29/10/11
〇死 30/10/16
〇以使攻魏之南陽 31/10/23
〇以為辭於秦而不往 31/10/24
蘇秦始〇連橫說秦惠王曰 40/13/6
〇說楚王 40/14/17
〇西南以與秦為難 42/15/11
帥天下〇甲百萬 42/17/2
武王〇素甲三千領 42/17/3
則必〇二國并力合謀 44/18/8
〇以為國交也 45/18/17
昭陽〇不與臣從事矣 49/20/7
楚因使一〇軍受地於秦 50/21/10
誠思則〇吳吟 51/21/28
今軫〇為王吳吟 51/21/29
管莊子〇刺之 51/21/29
〇使耳不聰 54/22/27
魏文侯令樂羊〇 55/23/11
王〇聽之 55/23/21
秦之右〇有尉對曰 57/24/3
家貧無燭者〇去矣 61A/24/28
太后病〇死 64/26/19
且復〇 68/28/3
若〇弗行 72/29/1
〇賤而不足聽耶 72/29/12
破軍殺〇 73A/31/3
且臣〇恐後世之有秦國者 73B/32/7
今王〇攻韓圍陘 75/33/8
今傲勢得秦為王〇 79/34/23
〇兵 79/34/23
〇見昭王 81/35/20
卒為秦禽〇 81/36/3
入其〇相 86/40/19
於是白起又〇兵來伐 87/40/25
王〇藉路於仇讎之韓、魏乎 87/41/21
魏氏〇出兵而攻留、方與、銍、胡陵、碭、蕭、相 87/41/26
則桀、紂之後〇存 88/42/17
吾〇還其委質 88/42/19
〇孰與之武 95/46/20
趙王不能〇 95/46/29
趙〇武安君 95/47/3
〇軍戰勝 95/47/7
王觴〇軍 95/47/7
〇軍為壽於前而捍匕首 95/47/7
賜〇軍死 95/47/10
縮劍〇自誅 95/47/11
右舉劍〇自誅 95/47/12
〇以攻秦 96/47/21
〇以圖秦 96/47/21
桀聽讒而誅其良〇 96/48/7
齊〇封田嬰於薛 98/48/29
〇伐齊 98/48/29
又〇在楚 98/49/1
靖郭君〇城薛 99/49/10
田忌為〇 104/51/11
田忌為齊〇 105/51/21
〇軍可以為大事乎 105/51/21
〇軍無解兵而入齊 105/51/22
則〇軍不得入於齊矣 105/51/25
齊威王使章子〇而應之 109/53/6
王何不發〇而擊之 109/53/8
吾使者章子〇也 109/53/12
必更葬〇軍之母 109/53/13
楚〇伐齊 110/53/19
今齊〇近矣 111/54/11
〇無奈我何 113/55/16
吾〇救之 114/56/3
覆軍殺〇得八城 117/57/11
覆軍殺〇 117/57/12
破軍殺〇得八城 117/57/17
則〇退兵 120/58/8
吾〇與三國共立之 122/58/29
孟嘗君〇入秦 124/60/23
則子漂漂者〇何如耳 124/61/1
〇何以待君 130/63/10
髡〇復見之 131/63/26
謝〇休士也 132A/64/3
以故相為上〇軍 133/65/22
今雖干〇、莫邪 142/71/7
〇不釋甲 142/72/26
殺其〇 142/73/2
雖有闔閭、吳起之〇 142/73/16
為死士置〇 142/73/24
而魏〇以禽於齊矣 142/74/6
禽〇戶內 142/74/7
使昌國君〇而擊之 143/74/12
齊使向子〇而應之 143/74/13
燕〇攻下聊城 145/75/8
燕〇懼誅 145/75/8
遺燕〇曰 145/75/11
曹沫為魯君〇 145/76/5
則不免為敗軍禽〇 145/76/6
曹子以敗軍禽〇 145/76/6
燕〇曰 145/76/13
〇欲以取我國乎 146/76/23

楚王使○軍○萬人而佐齊 147/77/13
田單○攻狄 148/78/8
○軍攻狄 148/78/8
○軍之在即墨 148/78/13
○軍有死之心 148/78/15
當今○軍東有夜邑之奉 148/78/16
○法齊之急也 152/80/13
後○常急矣 152/80/13
○罪之 164/84/16,375/183/4
今○倒冠而至 164/84/18
○知以武 168/86/17
君王○何問者也 170/88/20
○何謂也 170/88/23
吾○深入吳軍 170/89/6
楚令昭雎○以距秦 173B/90/26
○欲殺之 174/91/3
楚王○出張子 175/91/15
妾聞○軍之晉國 182/94/18
○收韓、魏輕儀而伐楚 183/95/3
楚○入之秦而使行和 185/95/19
吾○使人因魏而和 185/95/23
○以為楚國祅祥乎 192/97/22
方○調鈆膠絲 192/98/2
○加己乎十仞之上 192/98/4
方○脩其莽盧 192/98/8
○加己乎百仞之上 192/98/9
必○救我 195/99/11
君有○乎 198/100/16
僕欲○臨武君 198/100/16
不可為拒秦之○也 198/100/22
即百歲後○更立兄弟 200/101/23
不為兵○ 200/102/9
○道何哉 201/102/29
城今且○拔矣 202/103/15
又○請地於他國 203/103/26
○以伐趙 203/104/2
乃使延陵王○車騎先之晉陽 203/104/6
財食○盡 203/104/15
趙○亡矣 203/104/20
二主殆○有變 203/104/26
襄子○卒犯其前 203/105/10
自○軍以上 204A/105/20
而○其頭以為飲器 204B/106/8
亦○以愧天下後世人臣懷二心者 204B/106/17
趙侯○不許 205/107/3
彼○知矣利之也 205/107/5
○以取信於百姓也 207/107/17
吾○伐之 211/109/15
虎○即禽 217/111/28
五伯之所以覆軍禽○而求也 218/113/3
令天下之○相 218/114/3
○以逆秦 219/114/28
○武而兵強 219/115/3
而○非有田單、司馬之慮也 219/115/6
趙奢、鮑佞○ 219/115/10
田單○齊之良 219/115/13
今秦發三○軍 220/116/3
方○約車趨行 220/116/10
今吾○胡服騎射以教百姓 221/116/20
且○以朝 221/116/29
吾非不說○軍之兵法也 225/120/23
獨○軍之用眾 225/120/24
今○軍必負十萬、二十萬之眾乃用之 225/120/25
君○以此何之 225/121/9
趙奢○救之 228/122/4
夫以秦○武安君公孫起乘七勝之威 231/123/8
公子○行矣 232/123/18
王○予之乎 233/124/24
曰『我○因強而乘弱』 233/125/2
天下○因秦之怒 233/125/4
○益之地 234/125/19
君無覆軍殺○之功 234/125/20
魏安釐王使○軍晉鄙救趙 236/126/13
魏王使客○軍新垣衍間入邯鄲 236/126/13
聞魏○欲令趙尊秦為帝 236/126/18
事○奈何矣 236/126/18
魏王使○軍辛垣衍令趙帝秦 236/126/20
勝請為紹介而見之於○軍 236/126/23
所為見○軍者 236/127/2
吾○使梁及燕助之 236/127/3
秦稱帝之害○奈何 236/127/5
然吾○使秦王烹醢梁王 236/127/11
齊閔王○之魯 236/127/18
子○何以待吾君 236/127/18
吾○以十太牢待子之君 236/127/19
○之薛 236/127/21
主人必○倍殯柩 236/127/22
吾○伏劍而死 236/127/23
彼○奪其所謂不肖 236/127/26
彼又○使其子女讒妾為諸侯妃姬 236/127/27
而○軍又何以得故寵乎 236/127/28
秦○聞之 236/128/2
其○何以當之 238/128/27
齊○攻宋 248/132/15
楚與魏、韓○應之 249/133/3
○何以天下為 249/133/11
樓緩○使 250/134/9
則君○何以止之 251/135/3
使○而攻趙 252/135/8
而以求安平君而○之 252/135/9
君致安平君而○之 252/135/10
覆軍殺○之所取、割地於敵國者也 252/135/11
而求安平君而○之 252/135/11
且君奚不○奢也 252/135/12
然則君奚求安平君而為○乎 252/135/13
○軍釋之矣 252/135/14
○軍無言已 252/135/14
以杜燕○ 252/135/18
四國○假道於衛 253/135/25
吾固○逐之 256/136/17
必○待工 258A/137/8
○使王逐之 259/138/11
殺秦○桓齮 263/139/27
使趙葱及顏冣代○ 263/140/1
虜趙王遷及其○顏冣 263/140/2
○欲敗之 264A/140/9
○欲取之 264A/140/9
樂羊為魏○而攻中山 265/140/22
文侯○出 267/141/7
公○焉之 267/141/8
魏公叔痤為魏○ 270/142/5

○奈社稷何 271/142/18
○成斧柯 272/143/15
○奈之何 272/143/16
○殺董慶 274/144/25
以魏為○內之於齊而擊其後 274/144/26
來○悟之 278/146/3
○行 278/146/3
魏○迎之 279/146/12
魏王○相張儀 283/147/12
齊王○見燕、趙、楚之相於衛 288/148/18
公孫衍為魏○ 290/149/3
今王以衍為可使○ 290/149/4
臣○侍 292/149/20
衍○右韓而左魏 293/149/28
文○右齊而左魏 293/149/29
○用王之國 293/149/29
○測交也 299/152/20,299/152/21
○太子申而攻齊 300/152/26
田盼宿○也 300/152/27
自○而伐齊 301/153/16
楚○內而立之 302/153/21
皆○務以其國事魏 303B/154/10
○以塞趙也 304/154/18
彼○傷其前事 304/155/1
芒卯并○秦、魏之兵 309/157/7
○盡行之乎 311/158/13
○有所不行乎 311/158/13
樓公○入矣 311/158/29
○使段干崇割地而講 312/159/7
秦○伐魏 314/160/3
恐天下之○有大變也 314/160/17
魏○與秦攻韓 315/160/29
魏王○封其子 316/162/14
韓○割而從其所強 320/164/18
橫者○圖子以合於秦 321/164/26
○令秦王遇於境 328/166/17
○皆務事諸侯之能令於王之上者 328/166/18
○奚為北面 334/168/4
吾○仕之以五大夫 340/169/23
○使高攻管也 340/169/25
無忌○發十萬之師 340/169/29
臣亦○棄矣 341/170/19
與臣而○四矣 343/171/23
○分其地 344A/172/3
此我○奚聽乎 346/172/24
○西講於秦 357/176/17
弊邑○以楚殉韓 357/176/27
○以合齊、秦而絕齊於楚也 361/179/1
子以秦為○救韓乎 367/180/28
今也其○揚言救韓 367/181/4
彼○禮陳其辭而緩其言 374/182/28
公叔○殺幾瑟也 378/183/21
楚○收秦而復之 382/184/17
公必○矣 383A/184/24
政○為知己者用 385/186/5
必○欲置其所愛信者 386/187/6
韓計○安出矣 389/188/12
猶○亡之也 389/188/17
389/188/17,389/188/18
今○攻其心乎 390/189/8
我○為爾求火也 390/189/10
今強國○有帝王之亹 391/189/20
○聽之矣 396B/191/6
則○變矣 399/192/12
蘇秦○為從 408/194/10
不見覆軍殺○之憂 408/194/13
獲二○ 415/198/18
○軍市被、太子平謀 416A/199/20
○攻子之 416A/199/20
○廢私而立公 416A/199/21
○軍市被圍公宮 416A/199/24
○軍市被及百姓乃反攻太子平 416A/199/24
○軍市被死已殉 416A/199/25
王因令章子○五都之兵 416A/199/27
欲○以報讎 418/200/20
寡人○誰朝而可 418/200/30
於是遂以樂毅為上○軍 418/201/8
○欲以除害取信於齊也 419/201/16
王何不令蘇子○而應燕乎 426/206/25
○而應弱燕 426/206/25
願子為寡人為之○ 426/206/27
蘇子遂○ 426/207/1
遂○以與燕戰於陽城 426/207/8
固知○有口事 427/207/13
燕大夫○不信臣 427/207/14
○輕臣 427/207/14
○多望於臣 427/207/14
○歸罪於臣 427/207/14
○曰善為齊謀 427/207/15
○與齊兼鄮臣 427/207/15
○令燕王之弟為質於齊 428/207/26
趙○伐之 430/208/21
楚使○軍之燕 430/208/21
而強秦○以兵承王之西 430/208/25
而使騎劫代之○ 431/209/4
先王舉國而委○軍 431/209/8
○軍為燕破齊 431/209/8
寡人豈敢一日而忘○軍之功哉 431/209/9
寡人之使騎劫代○軍者 431/209/10
為○軍久暴露於外 431/209/10
故召○軍且休計事 431/209/10
○軍過聽 431/209/10
○軍自為計則可矣 431/209/11
而亦何以報先王之所以遇○軍之意乎 431/209/11
○奈何合弱而不能如一 432/210/23
楚王使景陽○而救之 436/212/17
燕王所為○殺我者 437/212/26
樊○軍亡秦之燕 440/214/23
又況聞樊○軍之在乎 440/214/24
願太子急遣樊○軍入匈奴以滅口 440/214/25
夫樊○軍困窮於天下 440/214/27
王翦○數十萬之眾臨漳、鄴 440/215/22
彼大○擅兵於外 440/215/26
秦○王翦破趙 440/216/4
夫今樊○軍 440/216/6
誠能得樊○軍首 440/216/7
樊○軍以窮困來歸丹 440/216/8
秦之遇○軍 440/216/11
今聞購○軍之首 440/216/12
○奈何 440/216/12
樊○軍仰天太息流涕曰 440/216/12
而報○軍之仇者 440/216/13
願得○軍之首以獻秦 440/216/14

然則○軍之仇報 440/216/15
○軍豈有意乎 440/216/16
秦○李信追擊燕王 440/217/25
○以攻宋 442/218/10,442/218/11
今黃城○下矣 443/218/27
○移兵而造大國之城下 443/218/27
魏太子自○ 446B/219/28
今太子自○攻齊 446B/219/29
○出而還 446B/220/1
且秦王亦○觀公之事 449/220/29
○何以用之 452A/221/29
○失火 452B/222/4
○與趙、魏伐之 454/222/18
為○奈何 458/225/3
樂羊為魏○ 460/225/24
乃使五校大夫王陵○而伐趙 461/226/8
君所○之不能半之 461/226/11
願使君○ 461/226/14
○帥為父母 461/226/19
彊為寡人臥而○之 461/227/3
○加重於君 461/227/3
不忍為辱軍之○ 461/227/8

僵 jiāng 4

頭顱○仆 87/41/19
乃陽○棄酒 412/196/27
故妾一○而棄酒 412/196/27
於是因佯○而仆之 420/203/10

漿 jiāng 1

水○無入口 170/89/12

疆 jiāng 7

徙兩周之○ 89/43/13
犀首送之至於齊○ 116/57/6
未涉○ 177/93/4
廣封○ 204A/105/18
三○三親 249/133/18
鄭○曰 375/183/4
國之有封○ 438/213/18

講 jiǎng 48

而秦未與魏○也 23/8/17
必因君而○ 23/8/19
若魏不○ 23/8/19
西○於秦 51/21/23
寡人欲割河東而○ 83A/38/13
○亦悔 83A/38/17
不○亦悔 83A/38/17
王割河東而○ 83A/38/18
此○之悔也 83A/38/18
王不○ 83A/38/19
吾愛三城而不○ 83A/38/19
此又不○之悔也 83A/38/19
寡人決○矣 83A/38/20
卒使公子池以三城○於三國 83A/38/20
是自為德○ 93/45/7
趙令樓緩以五城求○於秦 118/57/23
因使人以十城求○於秦 118/57/23
因使人索六城於趙而○ 233/123/26
割六縣而○ 233/124/6
已○ 247/131/25
若復不堅約而○ 249/133/9
故曰君必無○ 249/134/3
已乃知文侯以○於己也 264B/140/18
以○於秦 287/148/9
而令秦○於王 287/148/10
欲○於秦 297/151/11
王無與之○以取地 297/151/15
其次堅約而詳○ 297/151/21
必無與○ 297/151/22
天下共○ 297/152/8
今我○難於秦兵為招質 304/154/29
今王循楚、趙而○ 310/157/18
願王之必無○也 310/157/19
王若欲○ 310/157/19
楚、趙怒於魏之先己○也 310/158/2
將使段干崇割地而○ 312/159/7
割地請○於魏 314/160/24
秦撓之以○ 315/161/28
欲○攻於齊王兵之辭也 317B/163/11
將西○於秦 357/176/17
張丑之合齊、楚○於魏也 394/190/11
因○於魏 394/190/14
是其○我 396C/191/20
令郭任以地請○於齊 410/195/11
趙得○於魏 422/204/20
已得○於趙 422/204/22
北○於單于 440/214/26
宋因賣楚重以求○於齊 446A/219/22

匠 jiàng 1

吾苦夫○人 212/110/22

降 jiàng 13

○代、上黨 42/16/16
何國可○ 42/17/5
然○其主父沙丘而臣之 76/33/17
候者復言章子以齊兵○秦 109/53/7
○雨下 124/60/28,124/61/1
衝櫓不施而邊城○ 142/73/13
城○有日 202/103/11
甘露○ 209/108/11
且君親從臣而勝○城 269/141/27
○城亡子不得與焉 340/170/2
休祲○於天 343/171/23
臣所以○志辱身 385/185/27

絳 jiàng 6

○水利以灌平陽 83B/39/3
今秦欲攻梁○、安邑 111/54/11
秦得○、安邑以東下河 111/54/11
而出銳師以戍梁○、安邑 111/54/15
而魏效○、安邑 310/158/3
而欲攻○、安邑 389/188/12

醬 jiàng 1

非效醯壺○甀耳 1/1/14

交 jiāo 159

如累王之○於天下 14B/6/9
是公之知困而○絶於周也 17/6/28
36/12/4
是周常不失重國之○也 18/7/8
○善 26/9/16
○惡 26/9/16
秦、周之○必惡 38/12/14
○善於秦 38/12/17
○惡於秦 38/12/17
必割地以○於王矣 41B/15/4
又○罷卻 42/16/25
將以為國○也 45/18/17
齊、楚之○善 50/20/19
北絶齊○ 50/21/6
齊、秦之○陰合 50/21/10
是吾合齊、秦之○也 50/21/15
齊、秦○爭 70/28/14
○疏也 73A/30/1
○疏於王 73A/30/3
王不如遠○而近攻 73A/31/6
欺舊○ 81/36/2
而外結○諸侯以圖 85/40/1
不恤楚○ 89/43/5
而世主不敢○陽侯之塞 89/43/13
其○甚親 95/47/4
與之為○以報秦 96/47/24
四國之○未必合也 96/47/26
外自○於諸侯 96/47/27
吾聞子以寡人財○於諸侯 96/48/4
靖郭君之○ 101/49/28
與秦○和而舍 109/53/6
韓自以得○於齊 114/56/7
王因馳強齊而為○ 122/59/22
然則是王去讎而得齊○也 122/59/23
楚○成 122/59/27
衛君與文布衣○ 128/62/11
齊、衛之○惡 128/62/13
中不索○諸侯 138/69/21
○割而不相憎 142/72/11
今楚、魏○退 145/75/17
○游攘臂而議於世 145/75/25
夫泄吾君臣之○ 157B/82/7
以財○者 160/82/30
財盡而○絶 160/82/30
以色○者 160/82/30
遂南○於楚 163/84/10
以外○強虎狼之秦 167/86/2
兩國敵侔○爭 168/86/21
外絶其○ 169/88/10
請為王使齊○不絶 169/88/13
齊○不絶 169/88/13
兩御之間夫卒○ 170/89/5
魏、秦之○必善 171/90/6
秦、魏之○完 171/90/7
○惡於齊 171/90/8
齊、魏之○惡 171/90/8
而魏、秦之○必惡 171/90/9
又○重楚也 171/90/9
外結秦之○ 174/91/10
而惡王之○於張儀 184/95/11
而○未定於齊、秦 185/95/27
是知困而○絶於后也 191/97/15
為樗里疾卜○也 193/98/25
白汗○流 199/101/7
而離二主之○ 202/103/17
夫韓事趙宜正為上○ 209/108/27
秦與韓為上○ 217/112/6
秦與梁為上○ 217/112/7
在於擇○ 218/112/24
擇○而得則民安 218/112/25
擇○不得則民終身不得安 218/112/25
常苦出辭斷絶人之○ 218/112/27
昔者先君襄主與代○地 224/120/13
不能散齊、魏之○ 229A/122/14
昔者三晉之○於秦 233/124/13
齊○韓、魏 233/124/15
○有稱王之名 236/127/25
而天下○之 241/130/3
則○有所偏者也 246/131/9
善韓徐以為上○ 247/132/4
齊、秦○重趙 247/132/7
○定 247/132/11
合負親之○ 249/133/14
復合衍○兩王 249/133/16
魏為上○ 249/133/19
秦堅燕、趙之○ 249/133/21
秦堅三晉之○攻齊 249/133/25
兩國○以習之 252/135/19
以為○ 255/136/11
○淺而言深 257/136/24
257/136/25
使夫○淺者不可以深談 257/136/26
今外臣○淺而欲深談可乎 257/136/27
乃結秦連楚、宋之○ 260/138/16
外○強虎狼之秦 272/143/2
割其主之地以求外○ 272/143/11
則秦、魏之○可廢矣 283/147/14
○臂而聽楚 295/150/14
齊、魏之○已醜 297/151/19
而以秦為上○以自重也 297/151/26
兄弟之○也 297/152/1
而以齊為上○ 297/152/8
將測○也 299/152/20,299/152/21
惠施為韓、魏○ 302/153/20
以完其○ 304/154/18
臣恐魏○之益疑也 304/154/18
臣故恐魏○之益疑也 304/154/22
大王欲完魏之○ 304/154/26
而復固秦、楚之○ 305/155/13
先日公子常約兩王之○矣 314/160/14
王○制之也 322/165/4
則○惡於秦 328/166/18
芮宋欲絶秦、趙之○ 329A/166/24
而○疏於魏也 329B/167/3
○不變 329B/167/4
王之○最為天下上矣 342/171/8
秦、魏百相○也 342/171/8
今由嫪氏善秦而○為天下上 342/171/8
○臂而服焉 347/173/4
今大王西面○臂而臣事秦 347/173/8
或外為○以裂其地 348B/174/11
○不親故割 351/174/27
今割矣而○不親 351/174/27
是絶上○而固私府也 351/174/29
故王胡不卜○乎 352/175/7
故楚王卜○而市丘存 352/175/10
秦、韓之○可合也 359/177/21
而○走秦也 359/178/3
齊、楚之○善秦 361/178/27
而○楚也 372/182/12

公叔之與周君○也 374/182/21
來使者無○於公 374/182/29
嚴遂陰○於聶政 385/185/21
以○足下之驩 385/185/27
枉車騎而○臣 385/186/2
韓珉與我○ 388/187/29
皆積智欲離秦、韓之○ 388/188/5
故欲病之以固○也 389/188/14
上及不○齊 398/192/4
○善楚、魏也 405/193/20
秦見君之○反善於楚、魏也 405/193/20
乃使使與蘇秦結○ 409/195/6
韓獻開罪而○愈固 411/195/28
是棄強仇而立厚○也 411/195/30
而蘇代與子之○ 416A/199/3
上○也 419/202/7
尊上○ 419/202/7
今以燕為上○ 424/205/17
惡○分於臣也 424/205/23
齊、趙之○ 427/207/18
論行而結○者 431/209/20
○絕不出惡聲 431/210/16
絕○於齊 433/211/26
而棄所哀憐之○置之匈奴 440/214/27
願因太傅○於田先生 440/214/29
願因先生得願○於荊軻 440/215/7
秦、魏○而不脩之日久矣 450/221/8
其○外成 461/226/5

郊 jiāo 22

而君自○迎 28/10/4
○迎三十里 40/14/17
以臨二周之○ 44/17/25
趙王○迎 94/46/7
更立衛姬嬰兒○師 101/50/6
宣王自迎靖郭君於○ 101/50/13
軍於邯鄲之○ 102/50/23
軍於其○ 102/50/24
而孟嘗令人體貌而親○迎之 125/61/6
迎○ 270/142/5
因○迎惠施 299/152/22
今○鄴者 308/156/18
而以與趙兵決勝於邯鄲之○ 315/161/11
以與楚兵決於陳○ 315/161/13
東至陶、衛之○ 315/161/25
今齊、楚之兵已在魏○矣 338/169/4
趙王自○迎 339/169/13
今趙王自○迎 339/169/17
而足下迎臣於○ 412/196/9
弊邑之師過大國之○ 443/218/26
以掠於○野 461/226/18
掠其○野 461/226/27

椒 jiāo 1

雍門養○亦 135/66/21

焦 jiāo 6

而請內○、黎、牛狐之城 228/121/26
不予○、黎、牛狐 228/121/27
世以鮑○無從容而死者 236/126/29
衣○不申 334/168/3
廉如鮑○、史鰌 420/202/14
420/202/18

膠 jiāo 4

方將調鈆○絲 192/98/2
夫○漆 237/128/12
以○東委於燕 422/204/20
以○東 422/204/23

憍 jiāo 3

知伯必○ 264A/140/7
○而輕敵 264A/140/8
伐其○慢 461/227/5

燋 jiāo 1

沃○釜 120/58/14

驕 jiāo 16

故○張儀以五國 48A/19/11
貴富不○怠 81/36/5
有○矜之色 81/36/21
王兵勝而不○ 89/43/3
勝而不○ 89/43/4
○也 89/43/4
○忿非伯主之業也 89/43/5
今大王皆有○色 89/43/18
必以○奢為行 136B/67/28
据慢○奢 136B/67/29
恐春申君語泄而益○ 200/102/1
粱肉不與○奢期 232/123/20
而○奢至 232/123/20
○奢不與死亡期 232/123/20
以○知伯 264A/140/9
夫○主必不好計 415/198/26

佼 jiǎo 1

周○以西周善於秦 387/187/22

狡 jiǎo 2

海內之○兔也 132A/63/30
○兔有三窟 133/65/20

絞 jiǎo 3

○而殺之 94/46/3
遂以冠纓○王 197/100/4
未至○纓射股 197/100/8

敫 jiǎo 2

太史○女 149B/78/28
太史○曰 149B/79/2

矯 jiǎo 9

起○命以責賜諸民 133/65/8
臣竊○君命 133/65/15
幣帛○蠹而不服矣 142/72/1
○國革俗於天下 145/75/26
○以新城、陽人予太子 164/84/15
臣○予之 164/84/16

是常〇也 177/93/3
〇以新城、陽人合世子 375/183/3
臣之〇與之 375/183/4

校 jiào 5

楚、燕之兵云翔不敢〇 87/41/2
韓、魏之強足以〇於秦矣 87/42/2
王猶〇之也 396C/191/20
乃使五〇大夫王陵將而伐趙 461/226/8
亡五〇 461/226/8

教 jiào 89

可〇射也矣 27/9/22
子乃曰可〇射 27/9/23
我不能〇子支左屈右 27/9/23
兵法之〇 40/13/9
政〇不順者不可以煩大臣 40/13/13
今先生儼然不遠千里而庭〇之 40/13/13
皆惛於〇 40/13/26
〇之惡宮之奇 48A/19/9
先生何以幸〇寡人 73A/29/24
先生不幸〇寡人乎 73A/29/27
願先生悉以〇寡人 73A/30/20
欲〇之者 80/35/6
〇民耕戰 81/36/24
嘗無師傅所〇學 93/45/11
而悉〇以國事 95/46/22
臣之父未〇而死 109/53/14
夫不得父之〇而更葬母 109/53/14
今主君以趙王之〇詔之 112/55/10
今大客幸而〇之 113/55/27, 413/197/16
〇人而不能 129/62/26
豈非世之立〇首也哉 129/62/27
子〇文無受象床 130/63/13
上倦於〇 142/72/26
乃王之〇澤也 146/77/3
今上客幸〇以明制 168/87/26
公不聞老萊子之〇孔子事君乎 194/99/3
其餘政〇猶存 203/104/6
〇順慈愛 209/108/11
皆願奉〇陳忠於前之日久矣 218/112/22
是以賢君靜而有道民便事之〇 221/116/17
今吾將胡服騎射以〇百姓 221/116/20
今寡人作〇易服 221/116/30
賢聖之所〇也 221/117/8
變古之〇 221/117/10, 221/118/4
中國同俗而〇離 221/117/17
〇之道也 221/118/1
先聖之所以〇 221/118/4
五伯不同〇而政 221/118/6
知者作〇 221/118/7
承〇而動 221/118/8
聖人不易民而〇 221/118/16
因民而〇者 221/118/16
非所以〇民而成禮也 221/118/17
非所以〇民而成禮者也 221/118/18
宓戲、神農〇而不誅 221/118/21
便事之謂〇 221/118/26
〇少以學 222/119/6
恭於〇而不快 222/119/12
更不用侵辱〇 223/120/1
〇不便於事 224/120/13
〇子欬謂李兌曰 229B/122/23
獨無以〇之乎 232/123/19
公子之所以〇之者厚矣 232/123/21
何以〇之 238/128/20
親嘗〇以兵 238/128/21
寡人請奉〇 238/128/28
請奉〇 257/136/28
有母弟不能〇誨 258B/138/5
此吳起餘〇也 270/142/6
未嘗得聞明〇 272/143/17
綦母恢〇之語曰 289/148/29
試之弱密須氏以為武〇 318/163/26
不先以弱為武〇 318/163/27
或以政〇不脩 319/164/7
無忌謹受〇 339/169/17
父〇子倍 340/169/25
子嘗〇寡人循功勞 346/172/23
今主君以楚王之〇詔之 347/173/12
客幸而〇之 348A/174/5
錡宣之〇韓王取秦 369/181/20
〇陽向說秦王曰 371/182/3
〇公仲謂魏王曰 381/184/11
今主君幸〇詔之 408/194/22
不能奉承先王之〇 431/209/14
臣自以為奉令承〇 431/209/22
夫齊霸國之餘〇也 431/209/25
自以為奉令承〇 431/210/3
皆可以〇於後世 431/210/8
數奉〇於君子矣 431/210/16
望有過則君〇誨之 438/213/13
復以〇寡人 438/213/29
敬奉〇 440/215/1
幸而〇之曰 440/215/12
謹奉〇 440/215/13
乃今得聞〇 440/216/17
〇化喻於民 452A/221/28
〇送母 452B/222/4

徼 jiào 1

為除守〇亭鄣塞 348A/173/19

皆 jiē 189

今其民〇種麥 4/2/19
〇大臣見譽者也 8B/4/2
〇愛之 17/6/27
〇白起 27/9/20
左右〇曰善 27/9/22
人〇善 27/9/23
令天下〇知君之重吾得也 28/10/4
楚、趙〇輕 33/11/14
此〇恃援國而輕近敵也 35/11/25
今秦婦人嬰兒〇言商君之法 39/12/29
〇惛於教 40/13/26
是〇秦之罪也 40/14/2
〇欲決蘇秦之策 40/14/11
而〇去走 42/15/13
謀臣〇不盡其忠也 42/15/23
〇秦之有也 42/16/17
行道之人〇知之 48B/19/20, 49/20/12
天下〇欲以為臣 49/20/12
天下〇欲以為子 49/20/13

諸士大夫○賀 50/21/3
○張儀之讎也 52/22/10
而秦、晉○重君 65/26/30
○匡君之之事 73A/30/3
上黨之民○返為趙 78/34/7
天下○聞臣之身與王之舉也 80/35/12
○負重罪 81/35/19
此○乘至盛不及道理也 81/36/23
此○君之所明知也 81/37/6
使天下○畏秦 81/37/8
左右○曰 83B/38/28,136B/67/20
聞齊、魏○且割地以事秦 85/39/27
此○廣川大水 87/41/23
此○平原四達 87/42/1
天下○從 88/42/21
今大王○有驕色 89/43/18
○西面而望 93/45/13
臣恐其○有怨心 93/45/13
諸侯○致秦邑 93/45/16
○有詬醜 96/48/13
○以美於徐公 108/52/24
○朝於齊 108/53/2
○為一時說而不顧萬世之利 113/55/15
有七孺子○近 123/60/18
小國所以○致相印於君者 130/63/8
○以國事累君 130/63/9
左右○笑之 133/64/26
左右○惡之 133/64/28
○得其死 135/66/22
○衣縞紵 135/66/24
仁義○來役處 136B/67/21
此○幸樂其名 136B/68/1
是○率民而出於孝情者也 138/69/19
此○非趙、魏之欲也 142/71/14
○以相敵為意 142/71/22
此○內長詐 142/72/5
天地人○以告矣 143/74/19
○以田單為自立也 146/76/19
○為變辭 149B/79/14
○不便秦 150/79/23
獸見之○走 154/81/6
二人之言○善也 155/81/12
橫人○欲割諸侯之地以事秦 167/86/1
○可得而致之 170/90/2
○令獻其計 177/92/9
王○用之 177/92/26
○受明之說也 193/98/26
人○以謂公不善於富摯 194/99/3
○不過百里以有天下 197/99/23
五子○相諸侯 200/102/6
○以狄蒿苦楚廧之 203/104/9
○以鍊銅為柱質 203/104/11
是○能移其君之計 203/105/3
○為涕泣 204B/106/29
百姓○曰 207/107/16
○言主前專據 209/108/13
○曰韓亡三川 209/108/19
其民○不欲為秦 211/109/25
而○願為趙 211/109/27
其死士○列之於上地 211/110/3
諸吏○益爵三級 211/110/12
○對曰 216/111/18
○願奉教陳忠於前之日久矣 218/112/22
韓、魏○可使致封地湯沐之邑 218/113/2
貴戚父兄○可以受封侯 218/113/2
○欲割諸侯之地以與秦成 218/113/24
○曰『白馬非馬』也 219/115/8
踐石以上者○道子之孝 222/119/3
必○事王以伐齊 227/121/21
絕齊則○事我 229A/122/14
而天下○說 233/125/2
天下之賀戰勝者○在秦矣 235/126/6
○有求於平原君者也 236/126/27
○非也 236/126/29
諸侯○弔 236/127/7
三晉○有秦患 247/131/23
○且無敢與趙治 247/132/7
而○私甘之也 247/132/8
則天下○偪秦以事王 247/132/10
○有死心 248/132/18
○非趙之利也 249/133/10
○不利趙矣 249/133/14
○起而行事 249/133/17
○無危補於國 258A/137/7
此○能乘王之醉昏 258A/137/11
諸侯○賀 258B/137/16
258B/137/17,258B/137/21
小大○聽吾言 258B/137/23
○朝魏 264B/140/18
此○似之而非者也 266/141/3
○姦臣 272/143/11
○使人告其王曰 276/145/20
今燕、齊、趙○以事因犀首 276/145/22
而王之群臣○以為可 280/146/20
又非○同也 280/146/21
群臣○不敢言 296/150/23
百姓○見之 296/150/28
請剛柔而○用之 297/151/14
使秦○無百怨百利 297/151/28
蘇脩、朱嬰既○陰在邯鄲 297/152/7
是三人○以太子為非固相也 303B/154/9
○將務以其國事魏 303B/154/10
臣聞魏氏大臣父兄○謂魏王曰 310/157/12
且夫姦臣固○欲以地事秦 312/159/12
則○知秦之無窮也 315/162/1
其人○欲合齊、秦外楚以輕公 317B/162/29
首尾○救 318/163/22
是山東首尾○救中身之時也 318/163/23
○其所恃也 319/164/6
天下之亡國○然矣 319/164/6
將○務事諸侯之能令於王之上者 328/166/18
天下○曰王近也 333/167/28
○曰王弱也 333/167/28
○布衣之士也 343/171/23
子○國之辯士也 345/172/17
○自韓出 347/172/29
○射六百步之外 347/172/30
○出於冥山、棠谿、墨陽、合伯膊 347/173/1
○陸斷馬牛 347/173/2
○言曰 348A/173/25
○不得親於事矣 359/177/22
人○言楚之多變也 359/177/24

楚、趙○公之讎也 360/178/10
人○以楚為強 364/179/23
而楚、魏○德公之國矣 370/181/26
於是以太子扁、昭揚、梁王○德公矣 370/181/28
韓王及相○在焉 385/186/14
○積智欲離秦、韓之交 388/188/5
○不欲韓、秦之合者何也 388/188/6
使山東○以銳師戍韓、梁之西邊 389/188/16
必○亡矣 389/188/19
○戴哀侯以為君 391/189/19
○曰以燕亡於齊 396C/191/13
此○絕地形 396C/191/14
此○轉禍而為福 411/195/29
419/201/23
則大王號令天下○從 411/195/31
○自覆之術 412/196/17
○不自覆也 412/196/18
足下○自覆之君也 412/196/20
國事○決子之 416A/199/18
○終歸齊 416B/200/9
○國之大敗也 419/201/15
○以不自憂故也 420/202/22
○死秦之孤也 422/204/26
○以爭事秦說其主 422/204/27
代、厲○以壽死 422/205/2
是故謀者○從事於除患之道 430/208/22
○可以教於後世 431/210/8
此必○亡 432/211/9
水○至滅表 436/212/18
水○滅表 436/212/19
趙民其壯者○死於長平 438/213/3
其民○習於兵 438/213/5
左右○以為趙可伐 438/213/6
○為戮沒 440/216/11
○白衣冠以送之 440/216/27
士○垂淚涕泣 440/216/28
士○瞋目 440/217/1
○陳殿下 440/217/16
○率其精兵東保於遼東 440/217/25
群臣○賀 448A/220/14
緤錯、挐薄之族○逐也 451/221/23
○要言也 452B/222/5
此是欲○在為王 454/222/26
○計利形勢 461/226/22
○令妻妾補縫於行伍之間 461/226/25

接 jiē 14

箕子、○輿 73A/30/11
使臣得同行於箕子、○輿 73A/30/12
肘足○於車上 83B/39/3
三世而不○地於齊 87/40/29
韓、魏父子兄弟○踵而死於秦者 87/41/18
秦不○刃而得趙之半 95/46/23
故使工人為木材以○手 95/47/9
以與秦○界也 112/54/31
西與秦○境 167/86/7
○境壤界 168/87/21
韓與秦○境壤界 211/109/13
馮忌○手免首 257/136/22
因與○意而遣之 261/138/24
今王何不使可以信者○收燕、趙 419/201/28

揭 jiē 2

○其劍 133/64/26
脣○者其齒寒 366/180/11

階 jiē 1

上○刺韓傀 385/186/14

劫 jié 34

今攻韓○天子 44/18/6
○天子 44/18/6
以齊、秦○魏 82B/38/6
眠欲以齊、秦○魏而困薛公 82B/38/7
今又○趙、魏 132B/64/11
紿騎○ 143/74/23
殺騎○ 145/75/6
○桓公於壇位之上 145/76/8
以內○其主 167/86/3,272/143/3
此為○弒死亡之主言也 197/100/1
夫○弒死亡之主也 197/100/8
○韓包周則趙自銷鑠 218/113/6
臣故欲王之偏○天下 247/132/8
王使臣以韓、魏與燕○趙 247/132/9
以趙○韓、魏 247/132/9
以三晉○秦 247/132/10
以天下○楚 247/132/10
今乃○於辟臣之說 272/143/10
外挾彊秦之勢以內○其主以求割地 272/143/12
○衛取晉陽 273/144/4
韓○於秦 273/144/6
所謂○主者 280/146/22
則為○於與國而不得已者 297/151/25
且○王以多割也 310/157/18
今君○於群臣而許秦 312/159/16
再圍燕都而○大王 413/197/9
則○魏 422/204/22
趙○之求地 424/206/5
而使騎○代之將 431/209/4
齊田單欺詐騎○ 431/209/5
寡人之使騎○代將軍者 431/209/10
誠得○秦王 440/215/25
乃欲以生○之 440/217/20

桔 jié 2

今求柴葫、○梗於沮澤 131/63/24
束縛桎○ 145/76/2

桀 jié 15

而有○、紂之亂 44/18/3
不當○、紂不王 66/27/8
則○、紂之後將存 88/42/17
向者遇○、紂 90/43/27
趙之豪○ 93/45/12
○聽讒而誅其良將 96/48/7
小國英○之士 130/63/9
○、紂以天下亡 192/97/29
夫夏○之國 269/141/25
王不聞湯之伐○乎 318/163/26

得密須氏而湯之服○矣 318/163/26
行雖如○、紂 389/188/18
湯之伐○ 414/197/21
伊尹再逃湯而之○ 424/206/2
再逃○而之湯 424/206/2

傑 jié 1

趙國豪○之士 234/125/20

結 jié 32

言語相○ 40/13/18
夫三晉相○ 63/26/7
宋有○綠 72/29/6
則怨○於百姓 73B/32/3
而外○交諸侯以圖 85/40/1
不足以○秦 93/45/7
我因陰○韓之親 103/51/3
約○而喜主怨者孤 142/71/3
陰○諸侯之雄俊豪英 147/77/18
而無以深自○於王 160/83/1
○駟千乘 160/83/8
外○秦之交 174/91/10
後不可以約○諸侯 177/92/13
知伯因陰○韓、魏 203/104/1
面相見而身相○也 220/116/6
一舉○三國之親 233/125/10
乃○秦連楚、宋之交 260/138/16
此儀之所以與秦王陰相○也 281/147/1
何不陽與齊而陰○於楚 286/148/3
夫難搆而兵○ 291/149/12
與之約○ 292/149/23
○怨於外 304/155/1
則怨○於韓 380/184/5
秦久與天下○怨構難 387/187/21
伏軾○靷西馳者 388/188/5
伏軾○靷東馳者 388/188/6
乃使使與蘇秦○交 409/195/6
秦五世以○諸侯 419/201/25
深○趙以勁之 424/205/27
論行而○交者 431/209/20
莫徑於○趙矣 431/209/27
○親燕、魏 461/226/4

節 jié 20

而焚周之○ 25/9/10
秦三世積○於韓、魏 70/28/13
忠之○也 81/36/6
以秦彊折○而下與國 92/44/14
此用兵之上○也 142/73/3
傚小○者不能行大威 145/76/1
非不能行小○ 145/76/9
高主之○行 168/86/27
○身之嗜欲 179/93/20
而勝敗存亡之機○ 218/113/19
窮有弟長辭讓之○ 221/116/17
進退之謂○ 221/118/26
必窮三○ 297/151/27
則不如因變服折○而朝齊 301/153/7
魏王折○割地 314/160/19
使為持○尉 340/169/23
故假○於魏王 431/209/21
具符○ 431/209/29
非○俠士也 440/215/15
主折○以下其臣 461/226/24

截 jié 1

金試則○盤匜 225/120/29

碣 jié 1

南有○石、鴈門之饒 408/194/12

竭 jié 15

淇水○而洹水不流 42/17/2
○入太后之家 74/32/28
三貴○國以自安 74/33/1
○智能 81/36/2
臣固敢○其愚忠 221/117/8
願○其忠 221/118/2
隱忠不○ 221/118/12
○意不諱 221/118/14
隱中不○ 222/119/13
○意盡力 223/119/26
臣雖盡力○知 250/134/9
臣盡力○知 292/149/19
蓄積○盡 319/164/8
其民力○也 415/198/19
○其能 420/203/6

潔 jié 2

必曰廉○勝任 384/185/13
不○其名 431/210/16

解 jiě 52

臣請東○之 1/1/8
故王不如速○周恐 6/3/11
彼前得罪而後得○ 6/3/11
而求○乎楚、魏 44/18/8
王不如以地東○於齊 51/21/23
欲以○伐 63/25/29
悉忠而不○ 81/36/5
卒支○ 81/37/3
○凍而耕 86/40/10
將軍無○兵而入齊 105/51/22
○如風雨 112/54/25
君必○衍 116/57/5
○軍而去 117/57/19
王欲秦、趙之○乎 118/57/24
可以使蘇子自○於薛公 122/59/3
太子乃○衣免服 143/74/22
朞年不○ 145/75/21
故○齊國之圍 145/76/13
單○裘而衣之 146/76/23
146/76/26
而○此環不 149B/79/8
群臣不知○ 149B/79/9
謹以○矣 149B/79/9
○齊患 177/93/6
○紵衣以冪之 199/101/8
而○於攻趙也 202/103/16
於是秦王○兵不出於境 219/115/16
秦既○邯鄲之圍 233/124/5
今臣為足下○負親之攻 233/124/14
而○二國患者 234/125/18
一○國患 234/125/21
為人排患、釋難、○紛亂而無所取也 236/128/6
以○其怨而取封焉 247/131/21
太后之色少○ 262/139/5

請令齊、楚○攻 281/146/28
乃遽○攻於魏 281/147/2
則先鬻與國而以自○也 297/151/25
能○魏患 313/159/21
夫○攻者 325/165/20
今縮高謹○大位 340/170/3
而國患不○ 342/170/29
○患而怨報 342/171/3
秦王固疑甘茂之以武遂○於公仲也 356B/176/9
今公與楚○ 359/177/18
是韓、楚之怨不○ 359/178/3
秦必委國於公以○伐 367/181/8
不可○矣 369/181/21
以救○ 385/185/19
必○子之罪 402/193/5
○而復合 424/205/21
可以○燕國之患 440/216/13
故兵退難○ 444/219/12

介 jiè 4

大王無一○之使以存之 93/45/13
無纖○之禍者 133/65/30
勝請為紹○而見之於將軍 236/126/23
曾無一○之使以存之乎 443/218/26

戒 jiè 7

以蔡、厹由○之 24/8/27
而王不知○焉 143/74/20
《春秋》○之曰 197/100/3
可無○與 307/156/5
因也以為○ 383C/185/4
是緤以三川與西周○也 402/193/4
臣請為公入○蒲守 449/220/31

界 jiè 10

以與秦接○也 112/54/31
故三國欲與秦壤○ 132B/64/10
三國之與秦壤○而患急 132B/64/13
齊不與秦壤○而患緩 132B/64/14
接境壤○ 168/87/21
而至鉅鹿之○三百里 209/108/21
韓與秦接境壤○ 211/109/13
西有長城之○ 272/142/28
是趙與強秦為○也 314/160/10
至燕南○ 440/216/4

借 jiè 14

臣請東○救於齊 1/1/3
○臣車五乘 94/46/5
魏文侯○道於趙攻中山 205/107/3
君不如○之道 205/107/5
○車者馳之 216/111/17
○衣者被之哉 216/111/18
夫所○衣車者 216/111/18
願得○師以伐趙 264B/140/16
文願○兵以救魏 314/160/7
夫敢○兵者 314/160/8
又西○秦兵 314/160/20
韓令冷向○救於秦 367/180/28
願大王少假○之 440/217/11
○之 452B/222/3

誡 jiè 4

省攻伐之心而肥仁義之○ 87/41/5
馮諼先驅○孟嘗君曰 133/65/23
馮諼○孟嘗君曰 133/65/27
○建曰 149B/79/11

藉 jiè 22

前相工師○恐客之傷己也 8A/3/22
周文君免士工師○ 8B/3/27
而○兵乞食於西周 22/8/3
又無○兵乞食 22/8/6
而使不○兵乞食於西周 22/8/10
西周恐魏之○道也 37/12/9
○君天下數年矣 66/27/3
此所謂○賊兵而齎盜食者也 73A/31/5
王將○路於仇讎之韓、魏乎 87/41/21
王若不○路於仇讎之韓、魏 87/41/22
○使之齊 115/56/22
夫後起者○也 142/71/3
必○於權而務興於時 142/71/4
夫權○者 142/71/4
權○不在焉 142/71/8
衛得是○也 142/71/10
○力魏而有河東之地 142/71/11
趙得是○也 142/71/13
衛明於時權之○也 142/71/14
後起之○也 142/72/9
○席無所得 208/107/25
吾欲○子殺王 442/218/11

今 jīn 709

○大王縱有其人 1/1/16
○東周之兵不急西周 3B/2/12
○不下水 4/2/19
○其民皆種麥 4/2/19
○昭獻非人主也 5A/2/28
○周君天下 9/4/9
○君將施於大人 16/6/22
君必施於○之窮士 16/6/23
翦○楚王資之以地 17/6/29
○夕有姦人當入者矣 19/7/15
○又攻秦以益之 22/8/4
○秦攻周而得之 23/8/16
○君禁之 23/8/17
○秦者 24/8/26
○圍雍氏五月不能拔 25/9/6
○公乃徵甲及粟於周 25/9/7
○攻梁 27/9/21
○公破韓、魏 27/9/25
○公又以秦兵出塞 27/9/26
○君之使最為太子 30/10/17
○王許戍三萬人與溫囿 32/11/5
○君恃韓、魏而輕秦 35/11/25
○秦婦人嬰兒皆言商君之法 39/12/29
○先生儼然不遠千里而庭教之 40/13/13
○欲并天下 40/13/24
○之嗣主 40/13/25
○天下之府庫不盈 42/15/12
○秦出號令而行賞罰 42/15/17
○秦地形 42/15/20
○荊人收亡國 42/16/4
○秦地斷長續短 42/17/6

○夫蜀 44/17/26
○三川、周室 44/17/28
○王之地小民貧 44/18/2
○攻韓劫天子 44/18/6
○身在楚 45/18/17
○王誠聽之 45/18/18
王○以漢中與楚 46/18/25
○秦自以為王 48A/19/9
○楚不加善秦而善軫 48B/19/16
○為我妻 49/20/6
○楚王明主也 49/20/6
○齊王之罪 50/20/24
○地未可得而齊先絶 50/21/5
王○已絶齊 50/21/15
○齊、楚相伐 51/21/26
○軫將為王吳吟 51/21/29
○兩虎諍人而鬬 51/22/1
齊、楚○戰 51/22/3
○王倍數險 55/23/10
○臣羈旅之臣也 55/23/13
○臣之賢不及曾子 55/23/17
○攻宜陽而不拔 57/24/4
○公用兵無功 58/24/11
○臣不肖 61A/24/30
○秦與之上卿 61A/25/9
○王何以禮之 61A/25/10
○又案兵 63/26/2
○破齊以肥趙 63/26/8
○公東而因言於楚 67/27/22
○王見其達而收之 71/28/22
○臣之胸不足以當椹質 72/29/2
○者義渠之事急 73A/29/19
○義渠之事已 73A/29/20
○臣 73A/30/3
知○日言之於前 73A/30/5
○反閉而不敢窺兵於山東者 73A/30/25
○見與國之不可親 73A/31/2
○舍此而遠攻 73A/31/6
○韓、魏 73A/31/7
○太后擅行不顧 73B/31/28
○秦 73B/32/6
臣○見王獨立於廟朝矣 73B/32/7
○吾得子 73B/32/12
○國者 74/32/18
○秦國 74/32/20
○太后使者分裂諸侯 74/32/27
○王將攻韓圍陘 75/33/8
○平原君自以賢 76/33/16
○令人復載五十金隨公 77/33/28
○攻趙 78/34/7
○子死不憂 79/34/15
○子死 79/34/16
○亡汝南 79/34/16
○也 79/34/19
194/99/5,201/103/2
○應侯亡地而言不憂 79/34/19
○傲勢得秦為王將 79/34/23
○君雖幸於王 80/35/6
○遇惑或與罪人同心 80/35/13
○君相秦 81/37/6
○三國之兵且去楚 82A/37/25
而○三國之辭去 82A/37/26
○日韓、魏 83B/38/25
○之如耳、魏齊 83B/38/25
○以無能之如耳、魏齊 83B/38/27
乃○知之 83B/39/2
○秦之強 83B/39/4
○戰勝 84A/39/10
○大王留臣 85/39/28
○聞大王欲伐楚 87/40/27
○大國之地半天下 87/40/28
○王三使盛橋守事於韓 87/40/30
○王妬楚之不毀也 87/41/13
○王中道而信韓、魏之善王也 87/41/16
○王之攻楚 87/41/21
○王廣德魏、趙 89/43/4
○王破宜陽 89/43/13
○大王皆有驕色 89/43/18
○亡於楚 91/44/4
○力田疾作 93/44/20
○建國立君 93/44/20
○子無母於中 93/44/22
○子聽吾計事 93/44/23
○大王反國 93/45/12
○吾自請張卿相燕 94/45/24
○臣生十二歲於茲矣 94/45/26
○文信侯自請卿相燕 94/46/3
○王齎臣五城以廣河間 94/46/10
○大王使守小官 95/46/17
○又割趙之半以強秦 95/46/27
○國危亡 95/47/4
○賈忠王而王不知也 96/48/6
○王聽讒 96/48/8
○嬰子逐 97/48/24
○夫齊 99/49/13
○與靖郭君 100/49/20
必無○日之患也 101/50/7
○首之所進仕者 107/52/8
○齊地方千里 108/52/24
○齊、楚、燕、趙、韓、梁六國之遞甚也 111/54/4
○秦之伐天下不然 111/54/9
○韓、梁之目未嘗乾 111/54/10
○齊將近矣 111/54/11
○秦欲攻梁絳、安邑 111/54/11
○三晉已合矣 111/54/15
○乃西面事秦 112/54/29
○秦攻齊則不然 112/55/4
○無臣事秦之名 112/55/7
○主君以趙王之教詔之 112/55/10
○趙之與秦也 113/55/20
○秦、楚嫁子取婦 113/55/22
○大客幸而教之 113/55/27
413/197/16
○齊王甚憎張儀 115/56/16
○君相楚而攻魏 117/57/17
○日亡趙 120/58/13
○齊、秦伐趙、魏 121/58/20
○君留太子者 122/59/5
○王不亟入下東國 122/59/10
○已得地而求不止者 122/59/21
○勸太子者又蘇秦也 122/60/2
○人惡蘇秦於薛公 122/60/6
○蘇秦天下之辯士也 122/60/10
○蘇秦善於楚王 122/60/12
○者臣來 124/60/27
334/168/3,434/212/3
○子 124/60/29
○秦四塞之國 124/61/1
○君約天下之兵以攻齊 128/62/15
○使人而不能 129/62/26
○君到楚而受象床 130/63/10
○何舉足之高 130/63/13
○子一朝而見七士 131/63/23
○求柴葫、桔梗於沮澤 131/63/24
○髡賢者之疇也 131/63/25
○齊、魏久相持 132A/64/2
○又劫趙、魏 132B/64/11
○君有區區之辭 133/65/14

乃○日見之 133/65/19
○君有一窟 133/65/20
○孟嘗君之地方百里 134/66/9
○君之家富於二公 135/66/22
色與馬取於○之世 135/66/25
○夫士之高者 136B/67/22
當○之世 136B/67/26
自古及○而能虛成名於天下者 136B/68/2
及○聞君子之言 136B/68/10
乃○聞細人之行 136B/68/10
○王有四焉 137/68/28
當○之世無士 137/69/2
○王治齊 137/69/7
○不問王 138/69/14
何以至○不業也 138/69/17
138/69/19
胡為至○不朝也 138/69/20
何為至○不殺乎 138/69/22
○先生設為不宦 139/69/28
○不聽 141A/70/11
○雖干將、莫邪 142/71/7
○世之為國者不然矣 142/71/15
○天下之相與也不並滅 142/72/9
○世之所謂善用兵者 142/73/6
○夫鵠的非咎罪於人也 142/73/8
○窮戰比勝 142/73/10
○大王之所從十二諸侯 142/73/27
女○事王 144/74/29
○公行一朝之忿 145/75/12
○死生榮辱 145/75/14
○秦人下兵 145/75/16
○楚、魏交退 145/75/17
○燕王方寒心獨立 145/75/20
○公又以弊聊之民 145/75/20
且○使公孫子賢 147/77/9
○國已定 147/77/14, 147/78/2
○王得安平君而獨曰『單』 147/77/25
當○將軍東有夜邑之奉 148/78/16
○子食我 154/81/4
○王之地方五千里 154/81/6
○不救趙 156/81/20
○君擅楚國之勢 160/83/1
至○未效 160/83/5
○日之游也 160/83/10
○邊邑之所恃者 163/84/7
○將倒冠而至 164/84/18
○王以用之於越矣 166/85/8
○乃欲西面而事秦 167/85/18
○釋霸王之業 167/85/27
○君欲一天下 167/86/10
○大王不與猛虎而與群羊 168/86/18
○秦之與楚也 168/87/21
○上客幸教以明制 168/87/26
○楚 169/88/8
○儀曰逐君與陳軫而王聽之 169/88/9
○君能用楚之眾 169/88/11
○君何不見臣於王 169/88/12
○此之謂也 170/89/16
至○無冒 170/89/24
○之人 170/89/27
○為其行人請魏之相 171/90/8
○楚拘之 174/91/5
○去東地五百里 177/92/17
○常守之何如 177/93/2
○楚王歸 178/93/10
○王之大臣父兄 179/93/17
○先生乃不遠千里而臨寡人 180/93/28
○令臣食玉炊桂 180/93/29
○惠王死 183/94/30
○儀困秦而睢收楚 183/95/2
○之不善張儀也 184/95/12
○為事之故 184/95/12
○施以魏來 185/95/21
○子從楚為和 185/95/23
○山澤之獸 187/96/11
○諸侯明知此多詐 187/96/12
○君相萬乘之楚 188/96/19
○君何不為天下梟 188/96/20
○夫橫人嚂口利機 189/96/28
○鄭褎知寡人之說新人也 190/97/5
○事至於此 192/97/26
○楚國雖小 192/97/29
○富摯能 194/99/4
○孫子 197/99/23, 197/99/28
○臨武君 198/100/22
○君一時而知臣 199/101/3
○僕之不肖 199/101/9
○君相楚王二十餘年 200/101/22
○妾自知有身矣 200/101/25
○君處無妄之世 200/102/5
○王疾甚 200/102/6
○楚王之春秋高矣 201/102/23
○燕之罪大而趙怒深 201/102/26
○為馬多力則有矣 201/103/2
○謂楚強大則有矣 201/103/3
362/179/10
○約勝趙而三分其地 202/103/10
○城不沒者三板 202/103/10
城○且將拔矣 202/103/15
○君聽讒臣之言 202/103/16
○吾安居而可 203/104/5
○知伯帥二國之君伐趙 203/104/20
○暮不擊 203/105/9
○臣之名顯而身尊 204A/105/20
而○諸侯孰謀我 204A/106/1
○日之事 204B/106/26
○擊之鉅宮 207/107/17
○日臣之來也暮 208/107/24
○汝非木之根 208/107/26
○君殺主父而族之 208/107/28
○日精而君不動 208/108/3
○足下功力 209/108/12
○燕盡韓之河南 209/108/20
○魯句注禁常山而守 209/108/23
○從於彊秦國之伐齊 209/108/25
○乃以抵罪取伐 209/108/28
○王收天下 209/108/28
○王令韓興兵以上黨入和於秦 211/109/20
○不與 211/109/23
○有城市之邑七十 211/109/26
○馮亭令使者以與寡人 211/109/27
○王取之 211/110/3
○不用兵而得城七十 211/110/5
○其守以與寡人 211/110/7
○坐而得城 211/110/8
○發兵已取之矣 211/110/15
○臣使於秦 212/110/24
○魏恥未滅 215/111/11
○趙王不知文不肖 216/111/19
○山東之主不知秦之即己也 217/111/29
○事有可急者 217/112/1

○南攻楚者 217/112/1
○攻楚休而復之 217/112/2
○謂楚王 217/112/2
○王美秦之言 217/112/4
○奉陽君捐館舍 218/112/23
大王乃○然後得與士民相親 218/112/23
○大王垂拱而兩有之 218/113/4
當○之時 218/113/10,461/226/5
○見破於秦 218/113/23
○上客有意存天下 218/114/11
○用兵終身不休 219/114/22
○雖得邯鄲 219/114/23
○富非有齊威、宣之餘也 219/115/5
○臣有患於世 219/115/7
○秦以大王之力 220/115/23
○宣君有徹甲鈍兵 220/115/24
○楚與秦為昆弟之國 220/116/1
○秦發三將軍 220/116/3
○吾欲繼襄主之業 221/116/18
○吾將胡服騎射以教百姓 221/116/20
○王即定負遺俗之慮 221/116/23
古○之公行也 221/116/30
○寡人作教易服 221/116/30
○胡服之意 221/117/2
○寡人恐叔逆從政之經 221/117/3
王○命之 221/117/7
○王釋此 221/117/10
○卿之所言者 221/117/19
○吾國東有河、薄洛之水 221/117/20
○騎射之服 221/117/25
○欲繼簡、襄之意 221/117/28
臣敢不聽○ 221/117/29
○君釋此 221/118/4
制○者不法古 221/118/10
○王易初不循俗 221/118/17
古○不同俗 221/118/21
以古制○者 221/118/27
不足以制○ 221/118/28
以待○日 223/120/2
○王破原陽 224/120/7
○民便其用而王變之 224/120/8
○王破卒散兵 224/120/8
古○異利 224/120/11
○重甲循兵 224/120/14
○子以官府之籍 224/120/15
○將軍必負十萬、二十萬之眾乃用之 225/120/25
○以三萬之眾而應強國之兵 225/120/29
○取古之為萬國者 225/121/5
○者 225/121/7,458/224/26
○千丈之城 225/121/8
○無約而攻齊 227/121/19
○寡人不逮 228/122/1
○我不順齊伐秦 229A/122/11
○我順而齊不西 229A/122/13
○我順而齊、魏果西 229A/122/15
○相魏 229B/122/25
○者平原君為魏請從 230/123/1
○魏求從 230/123/3
○趙非有七克之威也 231/123/11
○七敗之禍未復 231/123/11
○死 233/123/30
○臣新從秦來 233/124/1
○秦釋韓、魏而獨攻王 233/124/14
○臣為足下解負親之攻 233/124/14
○媾 233/124/19
○樓緩曰 233/124/22
○坐而聽秦 233/124/25
○趙兵困於秦 233/125/2
○齊湣王已益弱 236/126/15
方○唯秦雄天下 236/126/15
○又內圍邯鄲而不能去 236/126/19
○其人在是 236/126/20
吾乃○然后知君非天下之賢公子也 236/126/21
○吾視先生之玉貌 236/126/28
○秦萬乘之國 236/127/24
吾乃○日而知先生為天下之士也 236/128/1
○趙萬乘之強國也 237/128/13
○君易萬乘之強趙 237/128/15
○王既受先生之傳 238/128/24
○有人操隨侯之珠 238/128/25
○有強貪之國 238/128/26
○為天下之工 239A/129/8
○王憧憧 239A/129/10
○子曰夢見竈君而言君也 239B/129/16
○臣疑人之有煬於君者也 239B/129/17
膂之軸○折矣 240/129/25
○收河間 241/130/4
臣以為○世用事者 242/130/10
○君不能與文信侯相伉以權 242/130/13
○有國 243/130/19
○燕、齊已合 245/131/2
○王無齊獨安得無重天下 246/131/14
○之攻秦也 247/131/23
○之伐秦也 247/131/24
○趙留天下之甲於成皐 247/131/25
○又以何陽、姑密封其子 247/131/27
○王又挾故薛公以為相 247/132/4
○太子走 248/132/17
失○之時 248/132/23
○韓、魏與齊相疑也 249/133/9
○臣之於王非宋之於公子牟夷也 250/134/11
○王能以百里之地 251/134/19
然○能守魏者 251/135/2
○君以此與齊 252/135/11
○得強趙之兵 252/135/17
○聞趙莊賤 254/136/4
○燕一以廬陵君為言 256/136/16
○外臣交淺而欲深談可乎 257/136/27
何故至○不遣 258A/137/3
○治天下 258A/137/8
請○率諸侯受命邯鄲城下 258B/137/28
○使臣受大王之令以還報 258B/138/2
○王逐之 259/138/11
○君留之 261/138/22
老臣○者殊不欲食 262/139/4
○三世以前 262/139/14
○媪尊長安君之位 262/139/17
而不及○令有功於國 262/139/17
○日飲酒樂 267/141/7
○君審於聲 268/141/14

吾乃○日聞聖人之言也 269/142/1
○乃有意西面而事秦 272/143/4
○竊聞大王之卒 272/143/8
○乃劫於辟臣之說 272/143/10
○主君以趙王之詔詔之 272/143/17
○殺董慶 274/144/27
○秦見齊、魏之不合也如此其甚也 275/145/5
○臣無事 276/145/15
○燕、齊、趙皆以事因犀首 276/145/22
○臣之事王 279/146/13
○公相而魏受兵 281/146/27
○儀相魏而攻之 281/147/1
○行和者 287/148/13
○久與之談 288/148/23
○王以衍為可使將 290/149/4
公○言破趙大易 291/149/10
○公又言有難以懼之 291/149/11
○吾為子外之 292/149/21
○葬有日矣 296/150/29
○所患者 298/152/14
○王所以告臣者 301/153/5
○戰不勝 301/153/6
○戰勝魏 301/153/12
○有疾 302/153/21
○夫楊 303A/153/26
○子雖自樹於王 303A/153/28
○臣願大王陳臣之愚意 304/154/17
○大王令人執事於魏 304/154/18
○王之使人入魏而不用 304/154/20
○我講難於秦兵為招質 304/154/29
○一人言市有虎 306/155/18
○邯鄲去大梁也遠於市 306/155/21
○主君之尊 307/156/4
○主君兼此四者 307/156/5
○大王收秦而攻魏 308/156/11
○不用兵而得鄴 308/156/13
○郊鄴者 308/156/18
○地已入 309/157/6
○以兵從 309/157/7
○又走芒卯 310/157/17
310/157/23
○王循楚、趙而講 310/157/18
臣以為自天下之始分以至于○ 310/157/28
○魏方疑 310/157/29
○母賢不過堯、舜 311/158/12
○王之事秦 311/158/14
○人有謂臣曰 311/158/16
○秦不可知之國也 311/158/17
○不行者欺之矣 311/158/23
臣○從 311/158/29
○處期年乃欲割 312/159/10
○王之地有盡 312/159/13
○君劫於群臣而許秦 312/159/16
○趙不救魏 314/160/10
○秦且攻魏 314/160/14
○又行數千里而以助魏 314/160/15
○魏王出國門而望見軍 314/160/16
○大王與秦伐韓而益近秦 315/161/4
○夫韓氏以一女子承一弱主 315/161/5
而○負強秦之禍也 315/161/7
從林軍以至于○ 315/161/24
○韓受兵三年矣 315/161/28
○不存韓 315/162/9
○國莫強於趙 317A/162/22
○齊、楚之理 317B/162/28
○以齊、秦之重 317B/163/2
○公之力有餘守之 317B/163/10
○齊王謂魏王曰 317B/163/11
○梁王 318/163/23
○秦國與山東為讎 318/163/27
○王恃楚之強 319/164/9
○日大梁亡 323/165/9
○幸而於韓 325/165/20
○攻韓之管 325/165/27
○王動欲成霸王 334/168/7
○周冣遁寡人入齊 337/168/24
○齊、楚之兵已在魏郊矣 338/169/4
○君殺晉鄙 339/169/16
○趙王自郊迎 339/169/17
○吾攻管而不下 340/169/28
○縮高謹解大位 340/170/3
○臣直欲棄臣前之所得矣 341/170/16
○以臣凶惡 341/170/17
○臣爵至人君 341/170/17
○由千里之外 341/170/22
○王亡地數百里 342/170/29
○秦之強也 342/171/1
○王能用臣之計 342/171/2
○王割地以賂秦 342/171/6
○由嫪氏善秦而交為天下上 342/171/8
○吾以十倍之地 343/171/17
○日是也 343/171/24
○有所求 346/172/24
○茲效之 347/173/6
○大王西面交臂而臣事秦 347/173/8
○主君以楚王之教詔之 347/173/12
○王西面而事秦以攻楚 348A/174/1
○王兩用之 348B/174/10
○割矣而交不親 351/174/27
○王攻韓 351/174/29
○已令楚王奉幾瑟以車百乘居陽翟 353/175/16
○秦之心欲伐楚 357/176/15
○又得韓之名都一而具甲 357/176/19
○已得之矣 357/176/20
○弗行 357/177/3
自○以來 358/177/12
○公與楚解 359/177/18
○王之愛習公也 359/177/22
○二人者 359/177/22
○秦、楚爭強 359/177/24
○公言善韓以備楚 359/177/26
○公徒令收之 359/177/29
○公取宜陽以為功 359/178/4
○王聽公孫郝以韓、秦之兵應齊而攻魏 360/178/16
○王聽甘茂 360/178/17
○鯉與於遇 361/179/2
○鯉不與於遇 361/179/3
○也子曰『乃且攻燕』者 362/179/9
○謂馬多力則有矣 362/179/9

○涉魏境 363/179/18
○秦欲踰兵於澠隘之塞 364/179/24
○則不然 364/179/24
○四國錮之 365/180/4
○韓已病矣 366/180/10
○佐韓 366/180/13
○先生言不急 366/180/18
○雍氏圍 366/180/21
○也其將揚言救韓 367/181/4
○公自以辯於薛公而輕秦 373/182/17
○公叔怨齊 374/182/22
○周最固得事足下 374/182/28
○周最不來 374/182/29
○且以至 375/183/6
○楚欲善齊甚 377/183/16
○幾瑟死 378/183/21
○公殺之 379/183/28
○幾瑟亡之楚 382/184/17
○王之國有柱國、令尹、司馬、典令 384/185/13
○盜賊公行 384/185/13
事○薄 385/185/22
老母○以天年終 385/186/4
○親不幸 385/186/7
○足下幸而不棄 385/186/9
○殺人之相 385/186/10
○死而無名 385/186/20
○公國 386/187/4
○秦、魏之和成 386/187/5
○公與安成君為秦、魏之和 386/187/7
○有一舉而可以忠於主 387/187/17
○天下散而事秦 387/187/17
○公以韓先合於秦 387/187/19
○公以韓善秦 387/187/23
○公以韓為天下先合於秦 387/187/24
○韓不察 389/188/13
○之韓弱於始之韓 390/188/27
而○之秦強於始之秦 390/188/27
○秦有梁君之心矣 390/188/28
○秦數世強矣 390/189/2
○將攻其心乎 390/189/8
○日鄭君不可得而為也 391/189/16
○日天子不可得而為也 391/189/18
○強國將有帝王之舋 391/189/20
○與強國 391/189/23
○公疾攻魏之運 394/190/11
○君以所事善平原君者 395/190/19
○韓之父兄得眾者毋相 396A/190/26
○公仲死 396B/191/5
○王不召韓侈 396B/191/6
○王位正 396C/191/14
○公因逐之 397/191/27
○楚攻齊取莒 398/192/4
○君之輕韓熙者 405/193/20
○臣處郎中 406/193/26
○臣雖不肖 407/194/5
○趙之攻燕也 408/194/16
○主君幸教詔之 408/194/22
○君之齊 409/194/28
○燕雖弱小 411/195/22
○使弱燕為鴈行 411/195/23
○臣為足下使 412/196/9
○乃得罪 412/196/29
故至○有摩笄之山 413/197/6
○趙王已入朝澠池 413/197/10
且○時趙之於秦 413/197/11
○大王事秦 413/197/12
○燕客之言曰 414/197/21
○王奉仇讎以伐援國 415/198/2
○臣聞王居處不安 415/198/8
○夫齊王 415/198/16
○濟西、河北 415/198/25
○王以國讓相子之 416A/199/12
○王言屬國子之 416A/199/16
○伐燕 416A/199/27
○齊、魏不和 417/200/14
馬○至矣 418/201/3
○王誠欲致士 418/201/4
○乃以三齊臨燕 419/201/20
○王若欲轉禍而為福 419/201/23
○為齊下 419/201/26
○王何不使可以信者接收燕、趙 419/201/28
○涇陽君若高陵君先於燕、趙 419/201/28
○王之不收燕、趙 419/202/3
○有人於此 420/202/14 442/218/15
○臣為進取者也 420/202/18
○王有東嚮伐齊之心 420/202/26
○夫烏獲舉千鈞之重 420/202/28
○臣之所以事足下者 420/203/3
○妾奉而仆之 420/203/11
○臣為足下使於齊 420/203/12
○其生者 422/204/26
○齊王召蜀子使不伐宋 423/205/8
○召之矣 424/205/16
○封而相之 424/205/17
○以燕為上交 424/205/17
○其言變有甚於其父 424/205/17
○賢之兩之 424/205/18
不以○時大紛之 424/205/20
○臣逃而紛齊、趙 424/206/3
○臣欲以駿馬見於王 425/206/15
○寡人發兵應之 426/206/26
○軍敗亡二萬人 426/207/2
○燕又攻陽城及狸 426/207/6
○王信田伐與參、去疾之言 427/207/19
○王又使慶令臣曰 427/207/20
○王願封公子 428/208/6
○王之以公子為質也 428/208/6
○予以百金送公也 430/208/23
○王之伐燕也 430/208/24
○王使使者數之罪 431/209/16
○山東合弱而不能如一 432/210/26
○山東三國弱而不能敵秦 432/210/28
○山東之相與也 432/211/1
○韓、梁、趙三國以合矣 432/211/6
○久伐楚 432/211/8
○宋王射天笞地 433/211/21
○日不雨 434/212/4
○日不出 434/212/4
○趙且伐燕 434/212/5
○魏之辭倨而幣薄 435/212/13
○我已亡之矣 437/212/27
○子且致我 437/212/27
○君厚受位於先王以成尊 438/213/16

○使寡人任不肖之罪 438/213/18
○寡人之罪 438/213/26
○以寡人無罪 438/213/28
○臣使秦 439/214/6
○王使趙北并燕 439/214/12
○太子聞光壯盛之時 440/215/6
440/215/11
○太子約光曰 440/215/14
○田先生以死明不泄言
440/215/19
○秦有貪饕之心 440/215/21
○秦已虜韓王 440/215/22
○計舉國不足以當秦 440/215/24
○行而無信 440/216/6
夫○樊將軍 440/216/6
○聞購將軍之首 440/216/12
○有一言 440/216/13
乃○得聞教 440/216/17
○日往而不反者 440/216/24
○提一匕首入不測之強
秦 440/216/24
○太子遲之 440/216/25
○黃城將下矣 443/218/27
○徵師於弊邑 444/219/3
○太子自將攻齊 446B/219/29
○蒲入於魏 449/220/28
○并衛於魏 449/220/29
○臣能使釋蒲勿攻 449/221/1
○王緩於事己者 450/221/12
自○以往者 451/221/20
○君召中山 454/222/23
○五國相與王也 454/222/26
○召中山 454/222/27,454/223/1
○齊之辭云『即佐王』
455/223/20
古○稱之 460/225/25
○寡人息民以養士 461/225/30
○王發軍 461/226/3
韓、魏以故至○稱東藩
461/226/12
○趙卒之死於長平者已
十七、八 461/226/13
○秦破趙軍於長平 461/226/23
○果何如 461/227/2

斤 jīn 11

君予金三十○ 19/7/13
黃金百○盡 40/13/29
金千○ 96/47/23,440/216/12
金五百○ 133/65/21
黃金千○ 133/65/23
遣太傅齎黃金千○ 133/65/25
偶有金千○ 182/94/18
鄭袖亦以金五百○ 182/94/19
以金千○謝其後 411/196/1
秦王購之金千○ 440/216/6

金 jīn 101

蘇子亦得兩國之○也 4/2/22
或為周最謂○投曰 10A/4/14
周最謂○投曰 10B/4/20
臣請以三十○復取之 15/6/14
君予○三十斤 19/7/13
馮旦使人操○與書 19/7/13
歸其劍而責之○ 30/10/16
越人請買之千○ 30/10/16
歲八十○ 32/11/6
歲百二十○ 32/11/6
是上黨每患而贏四十○ 32/11/7
黃○百斤盡 40/13/29
安有說人主不能出其○
玉錦繡 40/14/3
黃○萬溢 40/14/7
黃○萬溢為用 40/14/13
以季子之位尊而多○ 40/14/19
於是出私○以益公賞 57/24/6
予之五十○ 77/33/25
不問○之所之 77/33/28
○盡者功多矣 77/33/28
今令人復載五十○隨公 77/33/28
散不能三千○ 77/33/29
王資臣萬○而遊 86/40/15
即王雖有萬○ 86/40/18
乃資萬○ 86/40/19
○錢粟孰與之富 95/46/19
○千斤 96/47/23,440/216/12
公孫閈乃使人操十○而
往卜於市 104/51/15
象床之直千○ 130/63/4
○五百斤 133/65/21
黃○千斤 133/65/23
千○ 133/65/23
遣太傅齎黃○千斤 133/65/25
賜○千鎰 136B/67/17
堅箭利○ 142/71/7
中罷於刀○ 142/72/25
黃○橫帶 148/78/16
多受秦間○玉 149B/79/14
乃為具駟馬乘車五百○
之楚 163/84/10
資之○玉寶器 174/91/6
黃○珠璣犀象出於楚 182/94/13
偶有○千斤 182/94/18
鄭袖亦以○五百斤 182/94/19
而戴方府之○ 192/98/17
若出○石聲者 199/101/8
黃○百鎰 208/108/6
賜家六○ 211/110/12
黃○千鎰 218/114/12,425/206/16
具帶黃○師比 222/119/22
○試則截盤匜 225/120/29
起前以千○為魯連壽 236/128/5
萬○之財 238/128/25
而守○玉之重也 262/139/22
乃多與趙王寵臣郭開等
○ 263/139/28
眾口鑠○ 273/144/17
王與臣百○ 288/148/19
載百○ 288/148/19
行以百○ 288/148/20
且王求百○於三川而不
可得 351/174/28
求千○於韓 351/174/28
鄭彊載八百○入秦 353/175/14
公以八百○請伐人之與
國 353/175/14
日費千○ 366/180/14
不如以百○從之 383C/185/4
仲子奉黃○百鎰 385/185/23
故直進百○者 385/185/26
而嚴仲子舉百○為親壽 385/186/3
縣購之千○ 385/186/16
非○無以也 393/190/3
故秦買之三千○ 393/190/4
韓因以其○事秦 393/190/4
秦反得其○與韓之美人 393/190/4
韓亡美人與○ 393/190/5

以是為○以事秦 393/190/6
是○必行 393/190/6
此其家萬○ 402/193/3
於是齎蘇秦車馬○帛以至趙 408/194/23
以○千斤謝其後 411/196/1
乃令工人作為○斗 413/197/4
子之因遺蘇代百○ 416A/199/8
有以千○求千里馬者 418/200/30
買其首五百○ 418/201/1
安事死馬而捐五百○ 418/201/2
死馬且買之五百○ 418/201/3
奉以千○ 428/208/5
今予以百○送公也 430/208/23
燕王喜使栗腹以百○為趙孝成王壽 438/213/3
燕王使使者賀千○ 439/214/10
秦王購之○千斤 440/216/6
取之百○ 440/216/20
持千○之資幣物 440/217/4
而賜夏無且黃○二百鎰 440/217/21
黃○三百鎰 443/218/28
因效○三百鎰焉 449/221/2
胡衍取○於蒲 449/221/2
樗里子亦得三百○而歸 449/221/3
許之以百○ 450/221/7
衛贖之百○ 452A/221/27
以百○之地 452A/221/27

津 jīn 5

驅十二諸侯以朝天子於孟○ 89/43/10
平原○令郭遺勞而問 95/47/1
棘○之讎不庸 96/48/11
守白馬之○ 220/115/23
秦故有懷地刑丘、之城、垝○ 315/161/17

矜 jīn 7

多功而不○ 81/36/5
有驕○之色 81/36/21
○功不立 136B/68/1
夫人主年少而○材 197/100/2
其志○ 203/104/27
氣○之隆 385/186/20
○戟砥劍 420/202/28

衿 jīn 1

臣輒以頸血湔足下○ 128/62/16

筋 jīn 3

○骨力勁 142/72/9
擢閔王之○ 197/100/7
未至擢○而餓死也 197/100/8

祲 jīn 1

休○降於天 343/171/23

襟 jīn 2

王○以山東之險 87/42/8
血濺君○矣 311/158/30

僅 jǐn 8

○以救亡者 50/21/19
邯鄲○存 113/55/22
○得免其死耳 133/65/20
莫如○靜而寡信諸侯 142/71/28
○靜 142/71/28
趙○存哉 219/114/23
韓、魏之所以○存者 219/115/4
○以身免 431/210/1

錦 jǐn 4

安有說人主不能出其金玉○繡 40/14/3
○繡千純 218/114/12
舍其○繡 442/218/15
此猶○繡之與短褐也 442/218/21

謹 jǐn 20

○聞令 53/22/16
○受命 122/59/11, 122/59/27, 122/60/7
君王后事秦○ 149B/79/6
○以解矣 149B/79/9
○受令 160/83/2, 234/125/22
寡人○奉社稷以從 167/86/10
乃出園女弟○舍 200/101/27
吾與二主約○矣 203/104/28
吾○避之耳 204B/106/11
○使可全而歸之 216/111/21
而○司時 242/130/12
○備其所憎 258A/137/12
無忌○受教 339/169/17
今縮高○解大位 340/170/3
○聞命矣 425/206/16
○奉教 440/215/13
○斬樊於期頭 440/217/6

近 jìn 35

而又○ 32/11/1
此皆恃援國而輕○敵也 35/11/25
賞不私親○ 39/12/23
王不如遠交而○攻 73A/31/6
齊遠秦而韓、梁○ 111/54/10
今齊將○矣 111/54/11
有七孺子皆○ 123/60/18
是其為人也○苦矣 157B/82/7
○之 159/82/19
○代所見 197/100/6
下比○代 197/100/8
封○故也 201/102/26
不為○大夫 204A/105/20
襄子必○幸子 204B/106/14
子之得○而行所欲 204B/106/15
遠○之服 221/117/18
○可以備上黨之形 221/117/25
中國不○蠻夷之行 221/118/18
遠○易用 224/120/11
而○於大國 228/121/28
衛靈公○雍疸、彌子瑕 239B/129/14
便辟左右之○者 258A/137/10
此其○者禍及身 262/139/15
賞韓王以○河外 285/147/27
則道里○而輸又易矣 314/160/21
今大王與秦伐韓而益○秦 315/161/4
天下皆曰王○也 333/167/28
王不○秦 333/167/28

○習之人 341/170/22
而○習之人相與怨 341/170/23
○者掩心 347/172/30
則大臣不得事○臣矣 396C/191/15
南○齊、趙 408/194/22
如是則○於相攻 424/205/28
故遠○無議 438/213/26

晉 jìn 147

制齊、楚、三○之命 10B/4/22
而處之三○之西 22/8/9
三○必重齊 22/8/10
宛恃秦而輕○ 35/11/24
○國危 41B/15/3
中陵三○ 42/16/3,42/16/7
一舉而三○亡 42/16/20
以攻趙襄主於○陽 42/17/4
夫○獻公欲伐郭 48A/19/6
夫三○相結 63/26/7
三○百背秦 63/26/7
破齊弊○ 63/26/8
而後制○、楚之勝 63/26/8
秦王安能制○、楚哉 63/26/9
則○、楚不信 63/26/10
則○、楚為制於秦 63/26/10
則必不走於秦且走○、楚 63/26/11
齊割地以實○、楚 63/26/11
則○、楚安 63/26/11
是○、楚以秦破齊 63/26/12
何○、楚之智而齊、秦之愚 63/26/12
夫取三○之腸胃與出兵而懼其不反也 63/26/14
齊、秦相聚以臨三○ 65/26/26
齊破○強 65/26/28
秦王畏○之強也 65/26/28
必重君以取○ 65/26/28
齊予○弊邑 65/26/29
○必重君以事秦 65/26/29
操○以為重也 65/26/29
而秦、○皆重君 65/26/30
而○惑亂 81/36/9
淩齊、○ 81/36/22
昔者六○之時 83B/38/30
帥韓、魏以圍趙襄子於○陽 83B/39/1
決○水以灌○陽 83B/39/1
尚賢在○陽之下也 83B/39/4
攻○陽之城 87/41/13
圍逼○陽 89/43/8
陳軫合三○而東謂齊王曰 111/54/3
今三○已合矣 111/54/15
齊非急以銳師合三○ 111/54/15
三○合 111/54/16
三○怒齊不與己也 111/54/16
不如急以兵合於三○ 111/54/17
果以兵合於三○ 111/54/19
至闈陽○之道 112/55/4
殺○鄙 132B/64/8
○陽者 132B/64/9
伐趙取○陽 132B/64/10
蔡恃○而亡 142/72/5
又西圍○陽 142/72/28
夫三○大夫 150/79/23
使收三○之故地 150/79/24
即臨○之關可以入矣 150/79/24
秦下兵攻衛、陽○ 168/87/14
習於三○之事 169/88/11
臣請北見○君 182/94/12
王無求於○國乎 182/94/13
寡人無求於○國 182/94/13
妾聞將軍之○國 182/94/18
北無○ 185/95/27
圍○陽而水之 202/103/8
世治○陽 203/104/6
君其定居○陽 203/104/6
乃使延陵王將車騎先之○陽 203/104/6
臣聞董子之治○陽也 203/104/8
203/104/10
三國之兵乘○陽城 203/104/14
決○水而灌之 203/104/14
圍○陽三年 203/104/14
遣入○陽 203/104/23
兵著○陽三年矣 203/105/1
○陽之政 204A/105/25
○畢陽之孫豫讓 204B/106/7
及三○分知氏 204B/106/7
魏滅○國 209/108/19
三○倍之憂也 215/111/11
三○之心疑矣 215/111/11
三○合而秦弱 217/111/25
三○離而秦強 217/111/25
惡三○之大合也 217/112/1
而離三○ 217/112/4
三○相親相堅 217/112/11
便於三○ 217/112/12
秦見三○之大合而堅也 217/112/12
有利於三○ 217/112/13
秦見三○之堅也 217/112/16
432/211/6
且昔者簡主不塞○陽 221/117/23
昔者三○之交於秦 233/124/13
魏安釐王使將軍○鄙救趙 236/126/13
是使三○之大臣不如鄒、魯之僕妾也 236/127/26
適會魏公子無忌奪○鄙軍以救趙擊秦 236/128/4
三○皆有秦患 247/131/23
以三○劫秦 247/132/10
臣之所以堅三○以攻秦者 248/132/16
而求利於三○ 249/133/15
秦堅三○之交攻齊 249/133/25
因圍○陽 264A/140/11
此○國之所以強也 269/141/20
劫衛取○陽 273/144/4
臣又偏事三○之吏 297/152/5
○文公得南之威 307/156/1
盡○國 310/157/16
且君之嘗割○國取地也 310/158/2
○國之去梁也 315/161/23
○國之去大梁也尚千里 315/161/26
○人欲亡虞而伐虢 317A/162/20
卒假○道 317A/162/21
○人伐虢 317A/162/21
昔曹恃齊而輕○ 319/164/3
齊伐釐、莒而○人亡曹 319/164/3
原恃秦、翟以輕○ 319/164/4
秦、翟年穀大凶而○人亡原 319/164/5
猶○人之與楚人也 330/167/9
○人見楚人之急 330/167/9
信陵君殺○鄙 339/169/13
今君殺○鄙 339/169/16

三○已破智氏 344A/172/3
○用六卿而國分 348B/174/9
○、楚、齊、衛聞之曰 385/186/24
與新城、陽○同也 388/187/29
則○、楚智而韓、秦愚也 388/188/6
○、楚合 388/188/7
必圖○、楚 388/188/7
○文公一勝於城濮而定天下 390/189/1
以強秦而有○、楚 400/192/20
韓氏逐向○於周 401/192/24
是王有向○於周也 401/192/25
逐向○者韓也 401/192/25
是魏有向○於周 401/192/26
與楚、三○攻秦 416A/199/6
與秦、楚、三○合謀以伐齊 418/201/9
秦之所殺三○之民數百萬 422/204/26
○國之禍 422/204/27
三○之半 422/204/27
三○稱以為士 424/206/6
燕乃伐齊攻○ 426/206/22
燕兵在○而不進 426/206/24
燕兵在○ 426/206/26
而與燕人戰於○下 426/207/1
日者齊不勝於○下 426/207/5
不如以兵南合三○ 432/211/8
燕果以兵南合三○也 432/211/11
請西約三○ 440/214/25

進 jìn 70

公○兵 2/1/27
景翠果○兵 2/2/1
所以○兵者 22/8/7
○兵而攻周 23/8/15
齊王令司馬悍以賂○周最於周 36/12/3
悍請令王○之以地 36/12/5
楚懽而不○ 56/23/28
公不如○兵攻宜陽 58/24/11
使臣得○謀如伍子胥 73A/30/10
○退、盈縮、變化 81/36/20
而韓、楚之兵不敢○ 89/43/14
客趨而○曰 99/49/11
旦暮○食 101/49/26
田忌不○ 104/51/12
今首之所○仕者 107/52/8
群臣○諫 108/53/1
時時而間○ 108/53/1
無可○者 108/53/2
高躍而不敢○ 112/55/6
辯知並○ 136B/67/21
乃○而問之曰 138/69/16
田單免冠徒跣肉袒而○ 147/77/19
楚○兵大梁 158/82/13
安陵君泣數行而○曰 160/83/10
秦○兵而攻 173B/90/28
必○賢人以輔之 179/93/17
人臣莫難於無妬而○賢 179/93/20
至於無妬而○賢 179/93/21
必知其無妬而○賢也 179/93/22
亦必無妬而○賢 179/93/22
夫○賢之難者 179/93/22
○之左右 182/94/18
偽舉罔而○之 187/96/12
偽舉罔而○者必眾矣 187/96/12
求婦人宜子者○之 200/101/14
欲○之楚王 200/101/16
於是園乃○其女弟 200/101/19
誠以君之重而○妾於楚王 200/101/25
是以不先○ 221/117/7
趙文○諫曰 221/118/1
○退之謂節 221/118/26
牛贊○諫曰 224/120/6
王以其力尚能○ 233/124/7
不○ 236/126/13
楚師必○矣 295/150/13
○之禹 307/155/27
和調五味而○之 307/155/28
欲○美人 341/170/23
二人各○議於王以事 345/172/18
仲子固○ 385/185/24
故直○百金者 385/185/26
○齊、宋之兵至首坦 396C/191/12
非○取之道也 412/196/18
而謀○取之道 412/196/20
僕者○取之臣也 412/196/20
妻使妾奉卮酒○之 412/196/26
○之則殺主父 412/196/27
○熱歠 413/197/5
於是酒酣樂○取熱歠 413/197/5
廚人○斟羹 413/197/6
今臣為○取者也 420/202/18
非○取之術也 420/202/19
於是因令其妾酌藥酒而○之 420/203/8
燕兵在晉而不○ 426/206/24
使寡人○不得脩功 438/213/30
間○車騎美女 440/216/2
○兵北略地 440/216/4
樊於期偏袒扼腕而○曰 440/216/16
以次○至陛下 440/217/10
秦復○兵攻之 440/217/26

禁 jìn 17

又○天下之率 11B/5/5
君不如○秦之攻周 23/8/15
今君○之 23/8/17
而又有○暴正亂之名 44/18/5
王不能○ 44/18/9
於以○王之為帝有餘 87/42/4
則大臣主斷國私以○誅於己也 197/100/2
今魯句注○常山而守 209/108/23
韓乃西師以○秦國 209/108/26
秦令起賈○之 247/131/20
而秦、楚○之 248/132/15
而秦○之 297/151/10
請為王毋○楚之伐魏也 297/151/14
不能○狗使無吠己也 324/165/14
不能○人議臣於君也 324/165/15
韓必起兵以○之 383A/184/24
而弗能○也 384/185/14

靳 jìn 10

○尚為儀謂楚王曰 174/91/3
○尚謂楚王曰 175/91/15
○尚之仇也 175/91/18
君不如使人微要○尚而刺之 175/91/18
張旄果令人要○尚刺之 175/91/22
令韓陽告上黨之守○黈

曰 211/109/19
○斳曰 211/109/21
乃使馮亭代○斳 211/109/23
韓又令尚○使秦 366/180/9
尚○歸書報韓王 366/180/16

盡 jìn 105

內自○計 1/1/5
亦必○其寶 2/1/28
西周之寶可○矣 3A/2/7
秦○韓、魏之上黨太原 10B/4/21
○君子重寶珠玉以事諸侯 16/6/20
○輸西周之情於東周 19/7/12
重亦○在趙 23/8/20
前功○矣 27/9/25
前功○滅 27/9/26
○包二周 33/11/12
黃金百斤○ 40/13/29
謀臣皆不○其忠也 42/15/23
上非能○其民力 42/16/14
利○西海 44/18/5
○以為子功 55/23/6
秦衆○怨之深矣 58/24/12
地形險易○知之 61A/25/4
除害莫如○ 66/27/10
此除疾不○也 66/27/11
天下見臣○忠而身蹶也 73A/30/13
利○歸於陶 74/32/28
幾割地而韓不○ 75/33/10
金○者功多矣 77/33/28
○公不還私 81/36/2
○能而不離 81/36/5
○忠致功 81/36/13
故宋必○ 87/42/1
而珍珠重寶○於內 96/47/27
吾已○知之矣 124/60/23
而士未有為君○游者也 135/66/22
豈獨不得○ 135/66/23
○忠直言者斶也 136B/68/15
十萬之衆○ 142/72/13
○堞中為戰具 142/73/23
財○而交絕 160/82/30
○城守矣 168/87/2
陳卒○矣 168/87/5
○王之有已 168/87/15
六十而○相靡也 194/99/4
是兩○也 194/99/4
楚國封○可得 200/101/26
於是使吏○滅春申君之家 200/102/16
財食將○ 203/104/15
城力○ 203/104/16
知氏○滅 203/105/13
兌○知之矣 208/107/23
今燕○韓之河南 209/108/20
秦○韓、魏之上黨 209/108/21
無敢○忠於前者 218/112/23
力○之民 219/114/21
力○不罷 219/114/22
天下之主亦○過矣 219/115/1
可以無○百姓之勞 221/116/19
願○其忠 221/118/13
不○於馬之情 221/118/27
竭意○力 223/119/26
虞卿能○知秦力之所至乎 233/124/11
此自○之術也 233/124/20
即坐而地○矣 233/124/23
而王之地有○ 233/124/27
以有○之地 233/124/27
則必○在於秦矣 233/125/3
故天下○重王 246/131/13
天下必○輕王也 246/131/13
○效之於王 247/132/2
臣雖○力竭知 250/134/9
○於溝壘 252/135/18
夫○兩國之兵 252/135/19
不如○歸中山之新地 253/135/24
○一盃 265/140/23
○以為人 270/142/14
臣○力竭知 292/149/19
○晉國 310/157/16
○故宋 310/158/3
將○行之乎 311/158/13
薪不○ 312/159/12
今王之地有○ 312/159/13
秦○有鄭地 315/161/6
邊城○拔 315/161/24
麋鹿○ 315/161/25
非○亡天下之兵 315/162/1
蓄積竭○ 319/164/8
○忠而已矣 345/172/17
且夫大王之地有○ 347/173/6
夫以有○之地 347/173/7
○置其身妾之上 366/180/12
必○其家以事王 402/193/4
雖○寶、地 414/197/22
○以役矣 415/198/26
○取齊寶 418/201/10
○焚天下之秦符 419/201/24
安有為人臣○其力 420/203/6
二日而莫不○繇 422/204/1
○郡縣之以屬燕 431/209/3
宋○力 431/209/28
○收入燕 431/210/1
恐君之未○厚也 438/213/14
未○厚也 438/213/20
非○天下之地 440/215/21
○納其地 440/215/22
○收其地 440/216/4
日以○矣 440/216/23
髮○上指冠 440/217/1
○失其度 440/217/15
群臣○以為君輕國而好高麗 451/221/18

京 jīng 1

更羸與魏王處○臺之下 198/100/18

涇 jīng 14

南帶○、渭 73A/30/23
聞秦之有太后、穰侯、○陽、華陽 73B/31/26
○陽、華陽擊斷無諱 73B/31/28
高陵、○陽佐之 73B/32/6
走○陽於關外 73B/32/10
猶大王之有葉陽、○陽君也 258B/137/29
未嘗不分於葉陽、○陽君 258B/138/1
葉陽君、○陽君之車馬衣服 258B/138/1
無乃傷葉陽君、○陽君之心乎 258B/138/3
齊請以宋地封○陽君 275/145/3
齊、秦合而○陽君有宋地 275/145/6

齊請以宋封○陽君 417/200/13
○陽君有宋地 417/200/15
今○陽君若高陵君先於燕、趙 419/201/28

荊 jīng 72

連○固齊 42/15/10
昔者齊南破○ 42/15/25
秦與○人戰 42/16/1
大破○ 42/16/1
○王亡奔走 42/16/2
隨○以兵 42/16/2
則○可舉 42/16/2
舉○ 42/16/3
與○人和 42/16/4
今○人收亡國 42/16/4
則○、趙之志絕 42/16/7
○、趙之志絕 42/16/7
趙危而○孤 42/16/7
韓亡則○、魏不能獨立 42/16/19
○、魏不能獨立 42/16/19
挾○ 42/16/19
臣○、魏 42/17/9
○、魏不臣 42/17/11
南使○、吳 96/47/26
○人攻之 125/61/6
淳于髡為齊使於○ 125/61/6
○人攻薛 125/61/7
何見於○ 125/61/10
○甚固 125/61/10
○固而攻之 125/61/11
而○亦甚固 125/61/12
○宣王問群臣曰 154/81/3
有獻不死之藥於○王者 196/99/16
○敢言之主 207/107/15
齊以二十萬之眾攻○ 225/121/6
○慶之斷 238/128/26
○、齊不能獨從 325/165/29
王欲焉而收齊、趙攻○ 326/166/4
欲焉而收○、趙攻齊 326/166/5
是其軼賁、育而高成○矣 385/186/20
所善○軻 440/215/7
願因先生得願交於○軻 440/215/7
僂行見○軻 440/215/11
○軻曰 440/215/13, 440/215/28, 440/216/14
欲自殺以激○軻 440/215/15
○軻坐定 440/215/20
唯○卿留意焉 440/215/28
於是尊○軻為上卿 440/216/1
恣○軻所欲 440/216/2
○卿未有行意 440/216/4
乃請○卿曰 440/216/5
○卿曰 440/216/6
○軻知太子不忍 440/216/11
乃為裝遣○軻 440/216/21
○軻有所待 440/216/22
○卿豈無意哉 440/216/23
○軻怒 440/216/24
○軻和而歌 440/216/28
於是○軻遂就車而去 440/217/1
○軻奉樊於期頭函 440/217/9
○軻顧笑武陽 440/217/10
○軻逐秦王 440/217/14
以故○軻逐秦王 440/217/16
遂拔以擊○軻 440/217/18
○軻廢 440/217/19
左右既前斬○軻 440/217/21
其後○軻客高漸離以擊筑見秦皇帝 440/217/28
宋使臧子索救於○ 441/218/3
○王大說 441/218/3
而○王說甚 441/218/5
○之利也 441/218/5
而○王不至 441/218/6
○之地方五千里 442/218/19
○有雲夢 442/218/19
○有長松、文梓、楩、柟、豫樟 442/218/21

旌 jīng 2

○旗蔽日 160/83/8
心搖搖如懸○ 167/86/10

菁 jīng 1

繁○以問夏侯公 126/61/20

經 jīng 8

而欲○營天下 168/87/19
從政有○ 221/117/1
今寡人恐叔逆從政之○ 221/117/3
政之○也 221/118/1
義之○也 222/119/6
兵有常○ 224/120/6
失○則弱 224/120/6
是變籍而棄○也 224/120/7

精 jīng 8

今日○而君不動 208/108/3
○兵非有富韓勁魏之庫也 219/115/5
此非兵力之○ 310/157/22
無○於此者矣 325/165/28
兵之○銳 334/168/7
以招天下之○兵 411/195/23
不知吾○已消亡矣 440/215/6
皆率其○兵東保於遼東 440/217/25

驚 jīng 8

天下震動○駭 145/76/9
扞關○ 168/87/2
而○心未至也 198/100/22
襄子至橋而馬○ 204B/106/20
恐天下之○覺 209/108/15
聶政○ 385/185/24
秦王○ 440/217/13
群臣○愕 440/217/15

井 jǐng 7

其狗嘗溺○ 158/82/12
其鄰人見狗之溺○也 158/82/12
軹深○里聶政 385/185/21
居市○者 385/185/28
政乃市○之人 385/186/1
此吾弟軹深○里聶政也 385/186/22
臣竊以為猶之○中而謂曰 390/189/9

剄 jǐng 1

遂自○而死 440/215/16

景 jǐng 36

○翠以楚之眾 2/1/23
君謂○翠曰 2/1/26
○翠果進兵 2/2/1
○翠得城於秦 2/2/1
杜赫欲重○翠於周 16/6/20
楚使者○鯉在秦 84B/39/17
楚王因不罪○鯉而德周、秦 84B/39/18
楚王使○鯉如秦 85/39/23
○鯉 85/39/23
楚王使○所甚愛 85/39/23
則殺○鯉 85/39/24
更不與不如○鯉留 85/39/24
秦王乃留○鯉 85/39/25
○鯉使人說秦王曰 85/39/27
又使○鯉請薛公曰 122/60/10
○舍曰 156/81/20
楚因使○舍起兵救趙 156/81/26
楚令○翠以六城賂齊 172/90/13
昭雎謂○翠曰 172/90/13
秦恐且因○鯉、蘇厲而效地於楚 172/90/13
公不如令王重賂○鯉、蘇厲 172/90/14
○鯉入見 177/92/20
○鯉曰 177/92/20
○鯉出 177/92/24
遣○鯉車五十乘 177/92/29
又遣○鯉西索救於秦 177/92/30
而立其弟○公 197/100/6
王使○鯉之秦 361/178/27
楚王怒○鯉 361/178/28
且罪○鯉 361/178/28
故王不如無罪○鯉 361/179/4
楚令○鯉入韓 383B/184/29
○鯉患之 383B/184/29
楚王使○陽將而救之 436/212/17
○陽怒曰 436/212/18
○陽乃開西和門 436/212/20

儆 jǐng 4

乃○公仲之行 357/176/17
為之○四境之內選師 357/176/21
乃○四境之內選師 357/176/26
王○四彊之內 363/179/16

頸 jǐng 2

臣輒以○血湔足下衿 128/62/16
刎○而死 340/170/7

勁 jìng 30

則是○王之敵也 6/3/11
必陰○之 14A/5/28
不如與魏以○之 47/18/30
以禽○吳 81/37/4
王破楚於以肥韓、魏於中國而○齊 87/42/2
夫後起之籍與多而兵○ 142/71/26
筋骨力○ 142/72/9
趙恃楚○ 156/81/23
魏怒於趙之○ 156/81/23
公子○也 171/90/6
○也相魏 171/90/6
必深攻楚以○秦 173B/90/27
其堅則箘簬之○不能過也 203/104/9
精兵非有富韓○魏之庫也 219/115/5
齊、魏雖○ 229B/122/25
秦、魏雖○ 229B/122/26
臣又恐趙之益○也 304/154/18
臣故恐趙之益○也 304/154/24
燕、趙之所以國全兵○ 310/157/14
天下之強弓○弩 347/172/29
蹠○弩 347/173/3
夫以韓之○ 347/173/3
齊王言救魏以○之 360/178/19
臣以為令韓以中立以○齊 360/178/21
故不如出兵以○魏 367/181/3
魏氏○ 367/181/3
公恃秦而○ 367/181/4
而又以其餘兵南面而舉五千乘之○宋 415/198/18
深結趙以○之 424/205/27
夫梁兵○而權重 444/219/3

俓 jìng 1

絕五○之險 224/120/19

徑 jìng 6

寡人將寄○於梁 1/1/10
寡人將寄○於楚 1/1/11
燕者必○於趙 94/45/22
○亢父之險 112/55/4
慮○而易見也 221/118/17
莫○於結趙矣 431/209/27

竟 jìng 10

○內之利 74/32/28
○為守備 142/73/24
臣入○ 161/83/18
則從○陵已東 168/87/2
未出○ 197/100/3
勿使出○ 271/142/19
而○逐之 315/161/1
聶政○不肯受 385/185/29
○破齊 419/202/10
東至○陵 461/226/10

脛 jìng 1

鍥朝涉之○ 447/220/9

敬 jìng 34

甚○ 24/8/24
○受命 41A/14/27
○執賓主之禮 73A/29/20
天下懷樂○愛 81/35/27
起居不○ 95/47/8
○諾 101/50/11
134/66/14,232/123/22
262/139/8,338/169/1
440/215/1,440/215/8
齊王○諾 111/54/19
○奉社稷以從 112/55/10
347/173/13
○聞命 125/61/8
147/77/11,268/141/15
公孫弘○諾 134/66/7

〇秦以為名 141B/70/24
〇聞命矣 145/76/13
〇以國從 168/87/27
272/143/18,408/194/23
必厚尊〇親愛之而忘子 174/91/8
〇獻地五百里 177/92/6
寡人〇以國從 218/114/12
〇使臣先以聞於左右 220/115/25
臣〇循衣服 223/120/2
〇弛期 296/151/2
其應秦必不〇 357/176/24
甘茂約楚、趙而反〇魏
396C/191/19
〇以書謁之 438/213/31
〇奉教 440/215/1

靖 jìng 24

〇郭君將城薛 99/49/10
〇郭君謂謁者 99/49/10
〇郭君因見之 99/49/11
〇郭君謂齊王曰 100/49/19
今與〇郭君 100/49/20
〇郭君善齊貌辨 101/49/24
士尉以証〇郭君 101/49/24
〇郭君不聽 101/49/24
〇郭君大怒曰 101/49/25
〇郭君之交 101/49/28
〇郭君曰 101/50/1,101/50/8
〇郭君不能止 101/50/2
〇郭君之所聽愛夫 101/50/4
辨謂〇郭君曰 101/50/5
〇郭君泣而曰 101/50/6
〇郭君之於寡人一至此
乎 101/50/10
客肯為寡人來〇郭君乎 101/50/11
〇郭君衣威王之衣 101/50/13
宣王自迎〇郭君於郊 101/50/13
〇郭君至 101/50/13
〇郭君辭 101/50/14
〇郭君辭不得 101/50/14
〇郭君可謂能自知人矣 101/50/16

境 jìng 42

不如令太子將軍正迎吾
得於〇 28/10/3
不式於四〇之外 40/14/13
從秦王與魏王遇於〇 84B/39/17
相望於〇 87/41/19
齊南以泗為〇 87/42/3
使邊〇早閉晚開 93/45/13
四〇之內 108/52/25
四〇不守 112/55/1
譚拾子迎之於〇 136A/67/3
而城郭露於〇 142/73/8
令於〇內 142/73/23
西與秦接〇 167/86/7
接〇壤界 168/87/21
韓與秦接〇壤界 211/109/13
於是秦王解兵不出於〇
219/115/16
東有燕、東胡之〇 221/117/21
城〇封之 224/120/14
臨王之〇 238/128/26
齊甲未嘗不歲至於王之
〇也 247/132/3
南與楚〇 273/143/24
西與韓〇 273/143/24
北與趙〇 273/143/24
東與齊〇 273/143/24
魏令公孫衍乘勝而留於
〇 287/148/9
兵未出〇 291/149/14
魏惠王起〇內眾 300/152/26
將令秦王遇於〇 328/166/17
於是布令於四〇之內曰
341/170/20
秦自四〇之內 342/171/5
為之儆四〇之內選師 357/176/21
乃儆四〇之內選師 357/176/26
今涉魏〇 363/179/18
甘茂與昭獻遇於〇 367/181/6
足下不踰楚〇 412/196/19
走且出〇 437/212/26
〇吏得丑 437/212/26
〇吏恐而赦之 437/212/29
宋人因遂舉兵入趙〇 444/219/11
衛君以其言告邊〇 448A/220/16
至〇而反曰 448A/220/17
使人迎之於〇 448B/220/22
臣來至〇 458/224/26

靜 jìng 5

清〇貞正以自虞 136B/68/15
莫如僅〇而寡信諸侯 142/71/28
僅〇 142/71/28
求得而反〇 219/114/21
是以賢君〇而有道民便
事之教 221/116/17

鏡 jìng 2

朝服衣冠窺〇 108/52/13
窺〇而自視 108/52/19

扃 jiōng 1

必開〇天下之匈 168/87/14

窘 jiǒng 2

若自在隘〇之中 125/61/14
秦、楚挾韓以〇魏 380/184/5

糾 jiū 1

遺公子〇而不能死 145/76/2

摎 jiū 1

宣王謂〇留曰 348B/174/9

九 jiǔ 46

秦興師臨周而求〇鼎 1/1/3
欲興兵臨周而求〇鼎 1/1/4
得〇鼎 1/1/5,1/1/15
齊將求〇鼎 1/1/8
願獻〇鼎 1/1/9
夫梁之君臣欲得〇鼎 1/1/10
楚之君臣欲得〇鼎 1/1/12
凡一鼎而〇萬人輓之 1/1/15
〇〇八十一萬人 1/1/15
〇年而取宛、葉以北以
強韓、魏 22/8/4
齊、秦恐楚之取〇鼎也 29/10/10
〇鼎存焉 33/11/12
〇鼎寶器必出 44/17/25

據○鼎 44/17/26
周自知失○鼎 44/18/7
楚苞○夷 70/28/14
齊桓公○合諸侯 81/36/21
畔者○國 81/36/21
行百里者半於○十 89/43/18
是以堯有○佐 136B/68/2
○合諸侯 137/68/27,145/76/4
建○斿 142/74/2
王有所幸臣○人之屬 147/77/13
○人之屬曰 147/77/15
○人之屬相與語於王曰 147/77/15
王不亟殺此○子者以謝安平君 147/78/2
王乃殺○子而逐其家 147/78/3
秦始皇立○年矣 200/102/19
二十○年不相攻 219/115/16
東收兩周而西遷○鼎 220/115/23
踰○限之固 224/120/18
楚破南陽○夷 284/147/21
年○十餘 338/168/31
地方不滿○百里 348A/173/18
是以○鼎印甘茂也 355/175/28
昔齊桓公○合諸侯 391/189/17
○合之尊桓公也 391/189/18
魏王為○里之盟 404/193/14
西有雲中、○原 408/194/10
踰雲中、○原 408/194/15
秦下甲雲中、○原 413/197/11
設○賓 440/217/9
圍邯鄲八、○月 461/227/1

久 jiǔ 54

其日○矣 1/1/11,1/1/12
事○且泄 19/7/14
含怒日○ 41A/14/26
上黨、南陽積之○矣 55/23/9
先王積怒之日○矣 64/26/21
則○留臣無為也 72/29/1
寡人宜以身受令○矣 73A/29/19
不樂為秦民之日固○矣 78/34/7
且君擅主輕下之日○矣 80/35/7
子與文游○矣 128/62/10
今齊、魏○相持 132A/64/2
與齊○存 145/75/27
勿與持○ 168/86/26
夫秦捐德絕命之日○矣 189/96/28
○失群也 198/100/21
沈洿鄙俗之日○矣 199/101/9
君用事○ 200/101/24
妾之幸君未○ 200/101/25
而陰養死士之日○矣 200/102/9
楚人○伐而中山亡 209/108/20
皆願奉教陳忠於前之日○矣 218/112/22
然而心忿悁含怒之日○矣 220/115/24
曠日持○ 225/121/6
曷為○居此圍城之中而不去也 236/126/28
曠日持○數歲 252/135/18
不得見○矣 262/139/2
豈非計○長 262/139/13
無○ 276/145/16
因○坐安 288/148/20
今○與之談 288/148/23
則難○矣 304/154/22
秦之欲許之○矣 315/161/19
入朝為臣之日不○ 315/162/10
而○不可知 319/164/9
慮○以天下為可一者 321/164/23
秦、趙○相持於長平之下而無決 327/166/10
秦之欲伐我○矣 357/176/19
○離兵史 360/178/19
○之 385/186/1 440/215/28,440/216/4
○之莫知誰子 385/186/17
秦○與天下結怨構難 387/187/21
○師則兵弊 415/198/19
為將軍○暴露於外 431/209/10
事強可以令國安長○ 432/210/22
秦○伐韓 432/211/7
今○伐楚 432/211/8
燕、趙○相支 434/212/5
曠日彌○ 440/214/26
秦王目眩良○ 440/217/21
秦、魏交而不脩之日○矣 450/221/8
善以微計薦中山之君○矣 454/222/28

酒 jiǔ 34

賜其舍人卮○ 117/57/14
先成者飲○ 117/57/15
引○且飲之 117/57/15
遂飲其○ 117/57/17
終亡其○ 117/57/17
先君好○ 137/69/1
王亦好○ 137/69/1
乃賜單牛○ 146/76/28
故為○而召貂勃 147/77/7
○酣 147/77/22 236/128/5,307/155/26
遺子以○食 222/119/4
平原君乃置○ 236/128/5
飲○樂 267/141/7
今日飲○樂 267/141/7
魏文侯與田子方飲○而稱樂 268/141/13
帝女令儀狄作○而美 307/155/26
絕旨○ 307/155/27
後世必有以○亡其國者 307/155/27
儀狄之○也 307/156/4
於是嚴遂乃具○ 385/185/23
吾已為藥○以待之矣 412/196/26
妻使妾奉卮○進之 412/196/26
妾知其藥○也 412/196/26
乃陽僵棄○ 412/196/27
故妾一僵而棄○ 412/196/27
適不幸而有類妾之棄○也 412/196/29
即○酣樂 413/197/5
於是○酣樂進取熱歠 413/197/5
吾已為藥○而待其來矣 420/203/8
於是因令其妾酌藥○而進之 420/203/8
故為美○ 420/203/11
○三日 438/213/3

臼 jiù 2

（臼）〔○〕竈生鼃 202/103/11
入室見○ 452B/222/4

咎 jiù 12

何不封公子○ 17/6/27
蒙怨○ 81/36/2
然而天下獨歸○於齊者 142/71/20
今夫鵠的非○罪於人也 142/73/8
魏令公子○以銳師居安邑 228/122/4
恐有後○ 291/149/11
公何不試奉公子○ 381/184/11
韓立公子○而棄幾瑟 381/184/12
冷向謂韓○曰 383A/184/23
韓○立為君而未定也 383C/185/3
恐韓○入韓之不立也 383C/185/3
韓○立 383C/185/4

柩 jiù 1

主人必將倍殯○ 236/127/22

救 jiù 158

臣請東借○於齊 1/1/3
使陳臣思將以○周 1/1/6
臨山而○之 2/1/23
韓○西周 3A/2/6
公不如○齊 10A/4/15
臣請為○之 14B/6/8
必○韓、魏而攻楚 29/10/10
周君之魏求○ 32/10/29
張儀欲假秦兵以○魏 43/17/16
周自知不○ 44/17/25
僅以○亡者 50/21/19
或謂○之便 51/21/26
或謂○之不便 51/21/26
王起兵○之 51/22/3
有○齊之利 51/22/3
齊與大國○魏而倍約 63/26/1
太后○過不贍 64/26/22
恐秦之○也 82A/37/25
楚疑於秦之未必○己也 82A/37/26
必不○也 82A/37/27
天下五合、六聚而不敢○也 87/41/4
外恐諸侯之○ 95/46/23
趙求○於齊 102/50/21
○趙孰與勿○ 102/50/21
不如勿○ 102/50/21
弗○ 102/50/22
夫○邯鄲 102/50/24
韓氏請○於齊 103/50/30
早○之 103/50/30
孰與晚○之便 103/50/30
晚○之 103/51/1
不如早○之 103/51/1
而我○之 103/51/2
吾將○之 114/56/3
楚、趙必○之 114/56/5
楚、趙果遽起兵而○韓 114/56/7
齊、楚○之 120/58/8
齊、楚○趙 120/58/8
且夫○趙之務 120/58/13
夫○趙 120/58/14
義○亡趙 120/58/14
齊安得○天下乎 121/58/22
疾興兵○之 125/61/12
率魏兵以○邯鄲之圍 132B/64/8
是齊入於魏而○邯鄲之功也 132B/64/8
楚人○趙而伐魏 142/71/12
燕○不至 145/75/17
○百姓之死 145/76/13
王不如無○趙 156/81/17
今不○趙 156/81/20
而有楚之不○己也 156/81/22
而見楚○之不足畏也 156/81/23
楚因使景舍起兵○趙 156/81/26
而楚恃諸侯之○ 168/87/3
夫恃弱國之○ 168/87/4
且求○ 170/89/16
臣請西索○於秦 177/92/22
臣請索○於秦 177/92/26
西索○於秦 177/92/29
又遣景鯉西索○於秦 177/92/30
子何以○之 185/95/27
必將○我 195/99/11
知伯軍○水而亂 203/105/10
燕、趙○之 206/107/10
齊王欲求○宜陽 213/110/29
怒韓、梁之不○己 217/112/3
臨懷而不○ 219/115/11
夫攻而不○ 219/115/11
我其以三萬○是者乎哉 225/121/7
趙奢將○之 228/122/4
廉頗○幾 228/122/5
王無以○矣 233/124/9
平原君使人請○於魏 234/125/17
必不○王 235/126/8
秦知天下不○王 235/126/8
魏安釐王使將軍晉鄙○趙 236/126/13
適會魏公子無忌奪晉鄙軍以○趙擊秦 236/128/4
以○李子之死也 247/131/24
君桉○魏 249/133/26
○與秦爭戰也 249/133/26
君不○也 249/134/1
趙氏求○於齊 262/138/28
而魏弗○ 274/144/25
秦欲○齊 285/147/27
信韓、廣魏、○趙 285/147/29
則國○亡不可得也已 310/157/19
譬猶抱薪而○火也 312/159/12
有諸侯之○ 314/160/4
文願借兵以○魏 314/160/7
今趙不○魏 314/160/10
願大王之○之 314/160/14
夫行數千里而○人者 314/160/15
而燕不○魏 314/160/19
以○皮氏 317B/162/28
是弗○矣 317B/163/12
其首○ 318/163/22
其尾○ 318/163/22
首尾皆○ 318/163/22
是山東首尾皆○中身之時也 318/163/23
天下必能○ 318/163/25
魏王發兵○之 325/165/19
王若○之 325/165/20
若不因○韓 325/165/21
遂○之 325/165/22
魏使人求○於秦 338/168/29
秦○不出 338/168/29
魏來求○數矣 338/169/2
大王已知魏之急而○不至者 338/169/2
大王之○不至 338/169/4
王雖欲○之 338/169/5
○邯鄲 339/169/13,339/169/16
其○韓必疾 355/175/29
言○韓 357/176/21,357/176/26

使信王之〇己也 357/176/21
韓得楚〇 357/176/23
以虛名〇我者 357/176/29
楚因以起師言〇韓 357/177/2
楚〇不至 357/177/4
齊王言〇魏以勁之 360/178/19
韓令使者求〇於秦 366/180/9
則不足以〇韓 366/180/13
夫〇韓之危 366/180/14
果下師於殽以〇韓 366/180/24
韓令冷向借〇於秦 367/180/28
子以秦為將〇韓乎 367/180/28
今也其將揚言〇韓 367/181/4
公不能〇也 367/181/6
以〇解 385/185/19
山東無以〇亡 389/188/16
秦不〇 399/192/9
臣請令發兵〇韓 399/192/12
其〇趙必緩矣 405/193/22
趙弗〇 410/195/10
趙必〇我 410/195/10
若不吾〇 410/195/11
遂出兵〇燕 410/195/11
恐齊〇之 422/204/9
恐天下〇之 422/204/13
易於〇患 430/208/21
至其相〇助如一也 432/210/29
不能相〇助如一 432/211/1
燕使太子請〇於楚 436/212/17
楚王使景陽將而〇之 436/212/17
於是遂不〇燕 436/212/19
〇人之過者 438/213/15
〇寡人之過 438/213/16
則掩邪〇過 438/213/17
起兵而〇燕 439/214/13
宋使臧子索〇於荊 441/218/3
許〇甚勸 441/218/3
索〇而得 441/218/3
夫〇於小宋而惡於大齊 441/218/4
楚王言〇宋 446A/219/22
非子莫能吾〇 454/222/17
外〇必至 461/226/27

就 jiù 18

孟嘗君〇國於薛 133/65/18
三窟已〇 133/65/28
富貴則〇之 136A/67/6
以〇天下 141B/70/21
先生〇舍 180/93/29,208/107/29
去而〇知伯 204B/106/7
然則韓義王以天下〇之 209/109/1
故去〇之變 221/117/18
卒〇脯醢之地也 236/127/17
必〇子之功 266/140/28
敢問〇功成名 266/140/29
必〇易與利 315/161/9
〇易與利 315/161/9
終莫能〇 385/186/9
夫去尊寧而〇卑危 419/202/5
於是荊軻遂〇車而去 440/217/1
軻自知事不〇 440/217/19

舅 jiù 5

王之〇也 200/102/9
穰侯〇也 315/161/1
則何不與愛子與諸〇、
　叔父、負床之孫 420/203/2
羸則兼欺〇與母 422/204/22
〇不能約 422/204/25

廄 jiù 5

君之廄馬盈外〇 93/44/27
〇具馬 94/46/4
狗馬實外〇 133/65/13
君之〇馬百乘 135/66/23
必實於外〇 167/85/26

舊 jiù 3

欺〇交 81/36/2
不欺〇故 81/36/16
〇患有成 189/96/25

居 jū 57

子因令周最〇魏以共之 7/3/16
〇中不便於相國 17/7/1
雜民之所〇也 42/16/13
〇無幾何 49/20/4,53/22/18
〇彼人之所 49/20/6
其〇秦累世重矣 61A/25/4
窮而〇於齊 71/28/22
〇深宮之中 73A/30/14
臣〇山東 73B/31/26
〇武安 77/33/25
此則君何〇焉 81/37/10
君之門下無不〇高尊位 93/44/26
起〇不敬 95/47/8
齊僻陋隱〇 113/55/27
公以是為名〇足矣 117/57/18
〇朞年 128/62/10
而操銚鎒與農夫〇壟畝
　之中 129/62/25
夫鳥同翼者而聚〇 131/63/24
〇有頃 133/64/24,133/64/25
〇上位 136B/67/28
此夫差平〇而謀王 142/72/4
則明君不〇也 142/73/11
以〇魏知之 158/82/14
兩者大王何〇焉 167/86/5
有偏守新城而〇民苦矣 168/87/5
〇二年而覺 168/87/18
今吾安〇而可 203/104/5
君其定〇晉陽 203/104/6
城中巢〇而處 203/104/15
〇頃之 204B/106/20,456/224/6
愁〇懾處 220/115/22
失其黨而孤〇 220/116/3
寡人宮〇 220/116/8
武靈王平晝間〇 221/116/15
聰明叡知之所〇也 221/117/8
求水〇之民 221/117/22
魏令公子咎以銳師〇安
　邑 228/122/4
吾視〇北圍城之中者 236/126/27
曷為久〇此圍城之中而
　不去也 236/126/28
〇歲餘 236/127/7
以〇邯鄲 240/129/24
而〇無幾何 245/130/30
奢嘗抵罪〇燕 252/135/12
不敢寧〇 258B/137/22
三苗之〇 269/141/23
公可以〇其中而疑之 276/145/14
山〇 348A/173/17
今已令楚王奉幾瑟以車
　百乘〇陽翟 353/175/16
〇為隱蔽 366/180/10

○市井者 385/185/28
今臣聞王○處不安 415/198/8
是使弱趙○強吳之處 430/208/25
○之有間 440/214/23
其人○遠未來 440/216/22

拘 jū 11

身布冠而○於秦 89/43/10
楚懷王○張儀 174/91/3
○張儀 174/91/3
今楚○之 174/91/5
不如令趙○甘茂 213/110/28
且○茂也 213/110/30
不肖者○焉 221/118/7
○於俗之眾 221/118/8
故○之於牖里之車 236/127/17
文王之○於牖里 242/130/12
蘇秦○於魏 275/145/3

狙 jū 1

兵固天下之○喜也 238/128/22

苴 jū 1

司馬穰○為政者也 143/74/12

俱 jū 24

秦與天下○罷 34/11/20
萬端○起 40/13/19
猶連鷄之不能○止於棲之明矣 41A/14/25
則此一計而三利○至 50/20/27
載與○歸者 73A/30/1
與齊貌辨○留 101/49/28
而儀與之○ 116/57/6
獸同足者而○行 131/63/24
犬兔○罷 132A/64/1
○彊而加以親 142/72/12
左右○曰『無有』 161/83/20
齊、趙必○亡矣 215/111/13
而禮與變○ 221/118/8
賢與變○ 221/118/27
是○敝也 229A/122/16
曷為與人○稱帝王 236/127/17
○據萬乘之國 236/127/25
牛馬○死 290/149/5
且夫燕、秦之○事齊 411/195/31
臣以為廉不與身○達 420/202/18
義不與生○立 420/202/18
欲與○ 440/216/22
待吾客與○ 440/216/25
燕、趙果○輔中山而使其王 455/223/28

捄 jū 2

懼而相○ 95/46/25
齊乃○趙以伐宋 247/131/20

据 jū 1

○慢驕奢 136B/67/29

跔 jū 1

跿○科頭 348A/173/20

雎 jū 23

於是唐○載音樂 77/33/24
唐○行 77/33/28
謂昭○曰 169/88/3
無昭○、陳軫 169/88/4
為儀謂楚王逐昭○、陳軫 169/88/4
昭○歸報楚王 169/88/5
有人謂昭○曰 169/88/7
是昭○之言不信也 169/88/13
昭○謂景翠曰 172/90/13
昭○勝秦於重丘 173A/90/20
王欲昭○之乘秦也 173A/90/20
楚令昭○將以距秦 173B/90/26
桓臧為昭○謂楚王曰 173B/90/26
○戰勝 173B/90/27
不如益昭○之兵 173B/90/28
楚王令昭○之秦重張儀 183/94/29
楚王因收昭○以取齊 183/94/29
桓臧為○謂楚王曰 183/94/30
儀貴惠王而善○也 183/94/30
二人固不善○也 183/95/1
儀有秦而○以楚重之 183/95/2
今儀困秦而○收楚 183/95/2
王不如復○ 183/95/3

駒 jū 1

此代馬胡○不東 209/108/24

踘 jū 1

其民無不吹竽、鼓瑟、擊筑、彈琴、鬭雞、走犬、六博、蹹○者 112/54/27

鞠 jū 1

事敗而好○之 142/71/15

鞫 jū 4

謂其太傅○武曰 440/214/19
太傅○武諫曰 440/214/23
○武曰 440/214/28,440/214/29

踽 jú 1

則亡天下可○足而須也 142/72/10

橘 jú 1

楚必致○柚雲夢之地 218/113/2

沮 jǔ 6

故人非之不為○ 101/50/16
今求柴胡、桔梗於○澤 131/63/24
壞○ 208/107/26
雍○謂張子曰 281/146/26
雍○曰 281/146/28
雍○謂齊、楚之君曰 281/146/28

矩 jǔ 1

且以繩墨案規○刻鏤我 212/110/22

莒 jǔ 16

邾、○亡於齊 35/11/25
昔者萊、○好謀 142/72/4
○恃越而滅 142/72/5
王奔○ 143/74/16
遽迎太子於○ 143/74/23
唯○、即墨不下 145/75/6
閔王奔○ 146/76/18
為○太史家庸夫 149B/78/28
○中及齊亡臣相聚 149B/79/1
法章乃自言於○ 149B/79/2
齊伐釐、○而晉人亡曹 319/164/3
齊封君以○ 398/192/3
今楚攻齊取○ 398/192/4
唯獨○、即墨 418/201/10
齊王逃遁走○ 431/209/30
大勝并○ 446B/219/29

舉 jǔ 140

則荊可○ 42/16/2
○荊 42/16/3
然則是一○而伯王之名可成也 42/16/3,42/16/8
則魏可○ 42/16/6
○魏 42/16/7
然則是○趙則韓必亡 42/16/18
則是一○而壞韓 42/16/19
一○而三晉亡 42/16/20
言所以○破天下之從 42/17/9
○趙亡韓 42/17/9
一○而天下之從不破 42/17/10
趙不○ 42/17/10
是我一○而名實兩附 44/18/5
遂○兵伐秦 50/21/18
齊○兵伐楚 51/21/23
則是一○而兼兩虎也 51/22/2
則君一○而亡國矣 54/22/28
齊○兵而為之頓劍 63/26/11
○兵而伐之 73A/31/4,73A/31/13
於是○兵而攻邢丘 73A/31/13
○兵而攻滎陽 73A/31/20
一○而攻滎陽 73A/31/20
王○臣於羈旅之中 80/35/12
天下皆聞臣之身與王之○也 80/35/12
是王過○顯於天下 80/35/13
而無過○之名 80/35/14
一戰○鄢、郢 81/36/25
王又○甲兵而攻魏 87/41/1
○河內 87/41/1
泗北必○ 87/42/1
一○眾而注地於楚 87/42/5
○左案齊 88/42/17
○右案魏 88/42/17
○兵伐魏 88/42/21
百○而無及秦者 95/46/21
右○劍將自誅 95/47/12
○齊屬之海 111/54/12
○袂成幕 112/54/28
三十日而○燕國 114/56/7
必○兵而伐之 115/56/16
齊必○兵而伐之 115/56/17
齊果○兵伐之 115/56/21
必○兵伐之 115/56/23,115/56/25
齊必○兵伐梁 115/56/25
今何○足之高 130/63/13
○韓氏取其地 132B/64/11
於是○士五人任官 137/69/9
而王以其間○宋 141B/70/22
此湯、武之○也 141B/70/24
而獨○心於齊者 142/71/22
○衝櫓 142/72/25
齊孫室子陳○直言 143/74/11
以故燕○兵 143/74/12
○□□□□曰 146/77/2
王過○而已 160/82/27
夫史○ 166/85/4
秦有○巴蜀、并漢中之心 167/86/7
國貧而驟○兵 168/86/25
秦○甲出之武關 168/87/3
不至數月而宋可○ 168/87/14
○宋而東指 168/87/15
昔者吳與楚戰於柏○ 170/89/5
昔吳與楚戰於柏○ 170/89/10
吳與楚人戰於柏○ 170/89/15
吳與楚戰於柏○ 170/89/20
王不如○惠子而納之於宋 184/95/13
偽○罔而進之 187/96/12
偽○罔而進者必眾矣 187/96/12
公○而私取利 189/96/29
秦果○鄢、郢、巫、上蔡、陳之地 192/97/24
苟來○玉趾而見寡人 217/112/2
國之○此 217/112/8
則必○甲而向趙 218/113/7
然而秦不敢○兵甲而伐趙者 218/113/12
西○巴蜀 220/115/23
是我一○而兩取地於秦、中山也 229A/122/19
凡強弱之○事 230/123/3
一○結三國之親 233/125/10
而不能自○ 237/128/12
齊○兵擊燕 245/131/1
此亦○宋之時也 248/132/18
臣願足下之大發攻宋之○ 248/132/24
天下爭秦有六○ 249/133/14
是秦之一○也 249/133/15
249/133/17,249/133/18
249/133/20,249/133/21
249/133/26
秦○安邑而塞女戟 249/133/23
奢已○燕矣 252/135/13
○錯非也 258A/137/8
○茅為姚賈謂趙王曰 259/138/10
則韓之南陽○矣 283/147/13
○事於世 293/149/29
吾○事而不利於魏 293/150/1
史○非犀首於王 294/150/7
因令史○數見犀首 294/150/8
史○不辭而去 294/150/9
而王獨○宋 297/151/14
請魯君○觴 307/155/26
而志必○之 310/157/28
○欲信於天下 334/168/7
是外○不辟讎也 359/177/27
○韓傀之過 385/185/18
而嚴仲子○百金為親壽 385/186/3
語泄則韓○國而與仲子為讎也 385/186/11
今有一○而可以忠於主 387/187/17
韓必○矣 389/188/15
秦○兵破邯鄲 405/193/22
而又以其餘兵南面而○五千乘之勁宋 415/198/18

燕王因○國屬子之 416A/199/13
臣聞知者之○事也 419/201/22
今夫烏獲○千鈞之重 420/202/28
五日而國○ 422/204/2
我○安邑 422/204/4
果與伯○之戰 424/206/3
且○大事者 424/206/4
故○大事 424/206/6
王其改○ 426/206/27
王過○ 426/207/2
先王○國而委將軍 431/209/8
先王之○錯 431/209/21
先王過○ 431/209/21
則必○天下而圖之 431/209/26
○天下而圖之 431/209/27
隨先王○而有之於濟上 431/209/29
臣聞當世之○王 433/211/20
○無道 433/211/21
宋遂○ 433/211/24
此一○而兩失也 438/213/23
又○兵南伐楚 440/215/22
今計○國不足以當秦 440/215/24
願○國為內臣 440/217/5
宋人因遂○兵入趙境 444/219/11
王苟○趾以見寡人 455/223/20
○士 459A/225/11

巨 jù 1

小而生○ 447/220/6

具 jù 29

器械被○ 1/1/16
令庫○車 94/46/4
廄○馬 94/46/4
府○幣 94/46/4
乃○革車三十乘 115/56/19
請○車馬皮幣 128/62/11
食以草○ 133/64/22
求萬物不備○ 136B/67/21
王之走狗已○矣 137/69/4
甲兵之○ 142/72/23
盡堞中為戰○ 142/73/23
乃為○駟馬乘車五百金之楚 163/84/10
宮室臥○ 190/97/4
備守以○ 203/104/12
○帶黃金師比 222/119/22
能○數十萬之兵 225/121/5
王非戰國守圉之○ 238/128/27
則霸王之業○矣 269/141/20
急約車為行○ 276/145/17
無不畢○ 347/173/2
一旦而○ 351/174/28
今又得韓之名都一而○甲 357/176/19
備不○者死 363/179/16
為公叔○車百乘 369/181/20
於是嚴遂乃○酒 385/185/23
嚴仲子○告曰 385/186/8
請益○車騎壯士 385/186/9
乃命公子束車制衣為行○ 428/208/11
○符節 431/209/29

拒 jù 5

秦人援魏以○楚 89/43/19
楚人援韓以○秦 89/43/20
銳兵來則○之 142/73/21
不可為○秦之將也 198/100/22
不敢興兵以○大王 440/217/5

倨 jù 4

何前○而後卑也 40/14/18
又○ 81/35/23
辭○而幣薄者 435/212/12
今魏之辭○而幣薄 435/212/13

距 jù 11

○全齊之兵 145/75/21
不至十日而○扞關 168/87/2
楚令昭雎將以○秦 173B/90/26
○沙丘 209/108/20
○於扞關 209/108/21
明不○人 221/118/14
○此奚難哉 225/121/5
谿子、少府時力、○來 347/172/29
○國都矣 408/194/18
外敵不可○ 415/198/31
而與秦相○五十餘年矣 439/214/12

鉅 jù 8

長城、○坊 42/15/26
臣以為王○速忘矣 166/85/9
腹擊為室而○ 207/107/15
何故為室之○也 207/107/15
今擊之○宮 207/107/17
而至○鹿之界三百里 209/108/21
有長城、○防 415/198/21
雖有長城、○防 415/198/24

聚 jù 16

彼且攻王之○以利秦 37/12/10
○散民 42/16/5,42/16/9
齊、秦相○以臨三晉 65/26/26
合從相○於趙 77/33/22
相○而攻秦者 77/33/23
天下五合、六○而不敢救也 87/41/4
○少而為多 88/42/25
夫鳥同翼者而○居 131/63/24
莒中及齊亡臣相○ 149B/79/1
○群弱而攻至強也 168/86/25
禹無百人之○ 218/113/17
萬物財用之所○也 221/117/8
故寡人且○舟楫之用 221/117/21
天下之兵未○ 252/135/13
太子因數黨○眾 416A/199/24

劇 jù 1

○辛自趙往 418/201/7

踞 jù 1

箕○以罵曰 440/217/20

據 jù 34

明群臣○故主 14B/6/7
○其地 42/17/3
○九鼎 44/17/26

而莫之○也 66/27/4
猿獮猴錯木○水 129/62/23
大王○千乘之地 136B/67/20
與聊城共○朞年之弊 145/75/17
○齊國之政 145/76/4
豈不以○勢也哉 147/77/16
○宜陽 168/86/22
儀○楚勢 183/95/3
吾欲先○之以加德焉 187/96/10
王勿○也 187/96/10,187/96/13
○本議制斷君命 200/102/10
皆言主前專○ 209/108/13
以趙之弱而○之建信君 214/111/3
○衛取淇則齊必入朝 218/113/7
○番吾 218/113/8,220/115/25
○俗而動者 221/118/17
俱○萬乘之國 236/127/25
秦必○宋 249/133/4
五國○宋 249/133/6
以○中國 249/133/15
以○魏而求安邑 249/133/18
而魏王不敢○也 317B/163/2
秦下甲○宜陽 348A/173/26
○公於魏 349/174/17
以韓、秦之兵○魏而攻齊 360/178/18
以韓、秦之兵○魏以郄齊 360/178/21
馮几○杖 418/200/26
吾恐其不吾○也 455/223/10
中山恐燕、趙之不己○也 455/223/20

遽 jù 15

○效煮棗 2/2/1
○和東周 20/7/21
奚以○言叱也 94/45/26
楚、趙果○起兵而救韓 114/56/7
○迎太子於莒 143/74/23
鄭袖○說楚王出張子 174/91/11
○令屈署以東國為和於齊 195/99/11
○言之王而出之 251/135/3
乃○解攻於魏 281/147/2
○於萆下 285/147/29
○割五城以合於魏而支秦 308/156/19
○發兵 338/169/8
公仲○起而見之 358/177/13
因○置之 403/193/10
○起六十萬以攻趙 438/213/6

虡 jù 1

萬石○ 136B/67/20

懼 jù 51

秦○ 2/2/1
周君○焉 24/8/27
魏王○ 37/12/10, 285/147/27,288/148/18
諸侯畏○ 39/12/24
富貴則親戚畏○ 40/14/19
其母○ 55/23/16
秦王○ 59/24/16,73B/32/10
齊○ 63/25/28
夫取三晉之腸胃與出兵而○其不反也 63/26/14
楚、趙附則齊必○ 73A/31/9
○必卑辭重幣以事秦 73A/31/9
○誅 81/37/19
魏○而復之 82B/38/8
諸侯必○ 95/46/24
○而相捄 95/46/25
恐○死罪於前 95/47/9
齊王○乎 110/53/20
齊王○ 132A/64/3
君臣恐○ 133/65/24
趙氏○ 142/71/12
燕將○誅 145/75/8
田單乃○ 148/78/12
可○也 153/80/20
其心必○我 153/80/21
彼○吾兵而營我利 153/80/21
臣大○ 157B/82/7
太子○ 195/99/10
秦王聞之○ 195/99/11
韓必○ 211/109/16
○則可以不戰而深取割 211/109/16
弊邑恐○懾伏 220/115/21
畏○不敢不行 258B/138/3
楚王○ 260/138/16
天下必○ 264A/140/7
鄰國○而相親 264A/140/8
今公又言有難以○之 291/149/11
魏王必○ 317B/163/3
魏王之○也見亡 317B/163/12
於是嚴遂○誅 385/185/19
○趙用樂毅承燕之弊以伐燕 431/209/5
三國○ 436/212/20
太子丹恐○ 440/216/5
恐○不敢自陳 440/217/6
衛君○ 443/218/27
趙人畏○ 461/226/1
君臣憂○ 461/226/4
不遂以時乘其振○而滅之 461/226/23
撫其恐○ 461/227/5

捐 juān 10

少棄○在外 93/45/11
亦○燕棄世 145/75/26
夫秦○德絶命之日久矣 189/96/28
臣願○功名去權勢以離眾 204A/105/20
今奉陽君○館舍 218/112/23
秦人○甲徒裎以趨敵 348A/173/22
安事死馬而○五百金 418/201/2
遂○燕而歸趙 431/209/11
故君○國而去 438/213/10
願君○怨 438/213/29

涓 juān 8

禽龐○ 105/51/21
故使蘇○之楚 151/80/3
其使○來 151/80/4
是王之聽○也 151/80/5
且夫○來之辭 151/80/5
王不如令人以○來之辭謾固於齊 151/80/6
○人言於君曰 418/201/1
○人對曰 418/201/2

悁 juān 1

然而心忿○含怒之日久矣 220/115/24

卷 juàn 5

席○常山之險 168/86/17
寡人使○甲而趍之 235/125/28
北有河外、○、衍、燕、酸棗 272/142/29
拔○、衍、燕、酸棗 273/144/4
韓氏、太原○ 422/204/4

倦 juàn 12

少焉氣力○ 27/9/24
文○於事 133/65/3
孟賁之○也 142/72/8
上○於教 142/72/26
○而歸乎 233/124/7
必以○而歸也 233/124/8
○而歸 233/124/8
秦○而歸 233/124/21
不○而取道多 240/129/24
不敢怠○者 270/142/8
王特為臣之右手不○賞臣 270/142/9
不待○而至梁 273/143/24

勸 juàn 1

無勞○之苦 132A/64/2

鄄 juàn 1

而在阿、○之間者百數 150/79/23

噘 juē 9

○乎 40/14/19
136B/68/10,204B/106/8
204B/106/24,385/186/1
○嗞乎 95/47/15
○ 146/77/3
○乎子乎 170/89/6
叱○ 236/127/8

抉 jué 3

其臣○拾 170/90/1
甲、盾、鞮、鍪、鐵幕、革○、㕧芮 347/173/2
因自皮面○眼 385/186/16

決 jué 41

欲○霸王之名 11A/4/26
皆欲○蘇秦之策 40/14/11
○白馬之口 42/16/20,422/204/5
○水灌之 42/17/4
○裂諸侯 73B/32/2
○裂阡陌 81/36/24
○羊腸之險 81/37/7
寡人○講矣 83A/38/20
○晉水以灌晉陽 83B/39/1
而戰勝存亡之機○矣 112/54/31
計不○者名不成 122/59/5
能為君○疑應卒 127/62/2
齊必○之於聊城 145/75/18
郢人有獄三年不○者 162/83/25
須以○事 168/87/24,348A/174/3
有斷脰○腹 170/88/21
故斷脰○腹 170/89/7
○晉水而灌之 203/104/14
而○水灌知伯軍 203/105/10
愴然有○色 204A/105/25
○不相關矣 217/111/29
而以冥冥○事哉 218/113/20
平原君猶豫未有所○ 236/126/16
○蹯而去 243/130/18
則足下擊潰而○天下矣 248/132/28
○利害之備 270/142/7
韓之卜也○矣 285/147/28
而以與趙兵○勝於邯鄲之郊 315/161/11
以與楚兵○於陳郊 315/161/13
○熒澤 315/161/18
秦、趙久相持於長平之下而無○ 327/166/10
而兵不○ 387/187/21
請以○事 388/188/7
謀不足以○事 413/197/15
國事皆○子之 416A/199/18
○滎口 422/204/5
○宿胥之口 422/204/6
燕無以○之 435/212/11
請辭○矣 440/216/25

角 jué 4

不存其一○ 225/121/8
以與秦○逐 239A/129/9
乃輦建信以與強秦○逐 239A/129/10
犀○偃月 458/224/29

掘 jué 2

且夫蘇秦特窮巷○門、桑戶棬樞之士耳 40/14/14
削株○根 42/16/1

趹 jué 1

探前○後 348A/173/21

絕 jué 107

秦敢○塞而伐韓者 5B/3/4
是公之知困而交○於周也 17/6/28
36/12/4
而兩上黨○矣 32/11/4
資用乏○ 40/13/29
未○一絃 40/14/11
則荊、趙之志○ 42/16/7
荊、趙之志○ 42/16/7
魏○南陽 44/17/24
大王苟能閉關○齊 50/20/26
今地未可得而齊先○ 50/21/5
且先出地○齊 50/21/5
先○齊後責地 50/21/6
北○齊交 50/21/6
楚王使人○齊 50/21/7
又重○之 50/21/8
張子以寡人不○齊乎 50/21/11
張儀知楚○齊也 50/21/11
王今已○齊 50/21/15
楚○齊 51/21/23
稱之而毋○ 81/35/29
主雖亡○ 81/36/5

以○秦於楚 84A/39/9
寡人○其西 84A/39/12
以○從親之要 87/40/30
○楚、魏之脊 87/41/4
要○天下也 87/42/11
平際○ 88/42/24
必○其謀 96/47/23
○其謀 96/47/24
未嘗倍太山、○清河、
涉渤海也 112/54/25
有存亡繼○之義 130/63/9
○趙之東陽 132B/64/12
鐶弦○ 142/72/23
故鍾鼓竽瑟之音不○ 142/73/17
以為殺身○世 145/76/10
約○之後 153/80/22
財盡而交○ 160/82/30
則北地○ 168/87/3
外○其交 169/88/10
請為王使齊交不○ 169/88/13
齊交不○ 169/88/13
不避○江河 188/96/17
夫秦捐德○命之日久矣 189/96/28
是知困而交○於后也 191/97/15
○長續短 192/97/29
中○不令相通 211/110/1
常苦出辭斷○人之交 218/112/27
宜陽效則上郡○ 218/113/5
明王○疑去讒 218/114/1
韓○食道 218/114/4
則楚○其後 218/114/4,218/114/5
○五徑之險 224/120/19
韓、魏必○齊 229A/122/13
○齊則皆事我 229A/122/14
三國必○之 229A/122/17
韓之太原○ 249/133/23
○韓 249/133/23
存亡繼○ 249/134/2
乃○和於秦 249/134/5
願大王無○其歡 258B/137/22
是空○趙 261/138/23
緜緜不○ 272/143/15
則從道○ 273/144/5
從道○ 273/144/5
夫魏欲○楚、齊 278/146/4
欲以○齊、楚也 278/146/6
○旨酒 307/155/27
使寡人○秦 308/156/12
趙王因令閉關○秦 308/156/15
○韓之上黨而攻強趙 315/161/10
○漳、滏之水 315/161/11
恐顏已○之矣 317B/163/12
芮宋欲○秦、趙之交 329A/166/24
遂○趙也 329A/166/26
斷○韓之上地 348A/173/27
○上地 348A/173/28
是○上交而固私府也 351/174/29
為能聽我○和於秦 357/176/23
輕○強秦之敵 357/177/1
遂○和於秦 357/177/4
且以善齊而○齊乎楚 361/178/27
將以合齊、秦而○齊於
楚也 361/179/1
魏之○齊於楚明矣 361/179/3
韓○於楚 382/184/19
此皆○地形 396C/191/14
寡人地○兵遠 422/204/10
寡人固與韓且○矣 422/204/17
令齊○於趙 423/205/6
齊已○於趙 423/205/6
令齊、趙○ 423/205/11
卒○齊於趙 424/206/8
交○不出惡聲 431/210/16
○交於齊 433/211/26
子腸亦且寸○ 437/212/29
仁不輕○ 438/213/11,438/213/27
輕○厚利者 438/213/28
○袖 440/217/13
必○於宋而事齊 446A/219/23
中山必喜而○趙、魏 454/222/23
中山果○齊而從趙、魏 454/223/2
怒○之 455/223/21
王亦○之 455/223/21
固已過○人矣 458/224/28
以○趙王之意 458/225/4

爵 jué 16

公○為執圭 2/1/26
功多者其○尊 72/28/29
其官○何也 117/57/12
○為上執珪 117/57/12
○且後歸 117/57/19
亦有不為○勸 170/88/18
170/88/22
彼有廉其○ 170/88/20
有崇其○ 170/88/20
故彼廉其○ 170/88/26
故彼崇其○ 170/89/3
故不為○勸 170/89/25
○高而祿輕 207/107/16
諸吏皆益○三級 211/110/12
○五大夫 242/130/10
今臣○至人君 341/170/17

蹶 jué 2

天下見臣盡忠而身○也 73A/30/13
顛○之請 125/61/14

覺 jué 5

居二年而○ 168/87/18
○ 200/102/19
恐天下之驚○ 209/108/15
至旦不○ 307/156/1
彼已○ 353/175/17

攫 jué 2

猶時○公孫子之腓而噬
之也 147/77/10
豈特○其腓而噬之耳哉 147/77/10

戄 jué 1

秦王○然曰 309/157/7

君 jūn 1288

周○患之 1/1/3,15/6/14
21/7/26,25/9/3,29/10/9
周之○臣 1/1/4
周○又患之 1/1/8
得○臣父子相保也 1/1/9
夫梁之○臣欲得九鼎 1/1/10
楚之○臣欲得九鼎 1/1/12
周○謂趙累曰 2/1/22
○曰 2/1/22,2/1/25,99/49/11
99/49/12,99/49/14,128/62/8
135/66/22,201/102/29

201/102/30,203/104/6
203/104/10,203/104/11
203/104/27,204A/105/27
204A/106/2,237/128/15
239B/129/15,239B/129/18
264A/140/10,451/221/22
452A/221/28,456/224/4
456/224/5,456/224/6
○謂景翠曰 2/1/26
齊明謂東周○曰 3B/2/11
蘇子謂東周○曰 4/2/18
乃往見西周之○曰 4/2/19
○之謀過矣 4/2/19,110/53/21
○若欲害之 4/2/20
而受命於○矣 4/2/21
西周○曰 4/2/21
周○將令相國往 5A/2/26
蘇厲為之謂周○曰 5A/2/26
主○令陳封之楚 5A/2/27
主○令許公之楚 5A/2/27
而主○令相國往 5A/2/28
主○將令誰往 5A/2/28
周○曰 5A/2/28
史黶謂周○曰 5B/3/3
○何不令人謂韓公叔曰 5B/3/3
周之○患之 6/3/10
周相呂倉見客於周○ 8A/3/22
因令人謂周○曰 8A/3/22
周文○免士工師藉 8B/3/27
○有閔閔之心 8B/3/27
謂周文○曰 8B/3/29
宋○奪民時以為臺 8B/3/29
民非子罕而善其○ 8B/3/30
《春秋》記臣弒○者以
百數 8B/4/1
周○遂不免 8B/4/3
○使人問之曰 9/4/7
今周○天下 9/4/9
○乃使吏出之 9/4/10
謂周○曰 11A/4/26,16/6/20
○不如令辯知之士 11A/4/27
為○爭於秦 11A/4/27
秦必輕○ 11B/5/4
○弗如急北兵趨趙以秦
、魏 11B/5/4
○不如令王聽最 12/5/16
是○以合齊與強楚吏產子 12/5/17
○若欲因最之事 12/5/17
○也 12/5/17
不顧其先○之丘墓 14B/6/6
○勿患也 15/6/14
周○予之 15/6/15
○之國小 16/6/20
盡○子重寶珠玉以事諸侯 16/6/20
今○將施於大人 16/6/22
大人輕○ 16/6/22
○必施於今之窮士 16/6/23
周○不聽 17/6/28
不如謂周○曰 17/6/29
○予金三十斤 19/7/13
周○留之十四日 21/7/25
客謂周○曰 21/7/26
○之使又不至 21/7/27
○以齊為韓、魏攻楚 22/8/4
竊為○危之 22/8/5
81/36/19,160/83/1
○不如令弊邑陰合於秦
而○無攻 22/8/6
○臨函谷而無攻 22/8/6
令弊邑以○之情謂秦王曰 22/8/6
○令弊邑以此忠秦 22/8/8
○不如禁秦之攻周 23/8/15
今○禁之 23/8/17
是○卻秦而定周也 23/8/18
必因○而講 23/8/19
則○重矣 23/8/19
是○存周而戰秦、魏也 23/8/19
周○迎之以卒 24/8/24
周○懼焉 24/8/27
周○豈能無愛國哉 24/8/28
代能為○令韓不徵甲與
粟於周 25/9/3
又能為○得高都 25/9/4
周○大悅曰 25/9/4
周○之秦 26/9/15
周○必以為公功 26/9/16
勸周○入秦者 26/9/16
蘇厲謂周○曰 27/9/20
○不若止之 27/9/21
或謂周○曰 28/10/3
而○自郊迎 28/10/4
令天下皆知○之重吾得也 28/10/4
周○所以事吾得者器 28/10/4
蘇秦謂周○曰 29/10/9
○雖不欲與也 29/10/11
司寇布為周最謂周○曰 30/10/15
○使人告齊王以周最不
肯為太子也 30/10/15
臣為○不取也 30/10/15
今○之使最為太子 30/10/17
臣恐齊王之為○實立果
而讓之於最 30/10/18
○為多巧 30/10/18
○何不買信貨哉 30/10/18
秦召周○ 31/10/23,31/10/23
周○難往 31/10/23
或為周○謂魏王曰 31/10/23
周○聞之 31/10/24
周○不入秦 31/10/24
周○之魏求救 32/10/29
周○反 32/10/29
綦母恢謂周○曰 32/11/1
臣能為○取之 32/11/1
周○怨寡人乎 32/11/2
周○ 32/11/2
周○形不小利 32/11/4
周○得以為辭於父兄百姓 32/11/5
周○得溫囿 32/11/6
魏王因使孟卯致溫囿於
周○而許之戍也 32/11/7
宮他謂周○曰 35/11/24
今○恃韓、魏而輕秦 35/11/25
○不如使周最陰合於趙
以備秦 35/11/26
公不如謂周○曰 36/12/4
何不謂周○曰 38/12/14
主○之臣 38/12/15
○因相之 38/12/16
○重秦 38/12/16
號曰商○ 39/12/22
商○治秦 39/12/22
欲傳商○ 39/12/26
商○告歸 39/12/27
今秦婦人嬰兒皆言商○
之法 39/12/29
是商○反為主 39/13/1
且夫商○ 39/13/1
商○歸還 39/13/2
明主賢○ 40/13/23
此真可以說當世之○矣 40/14/4
封為武安○ 40/14/6

反覆東山之○ 41A/14/24
中使韓、魏之○ 42/15/25
臣恐王之如郭○ 48A/19/6
楚智橫○之善用兵 48A/19/10
子胥忠乎其○ 48B/19/21
吾不忠於○ 48B/19/22
昔者子胥忠其○ 49/20/12
義渠○之魏 53/22/14
公孫衍謂義渠○曰 53/22/14
義渠○曰 53/22/14,53/22/16
則秦且燒爇獲○之國 53/22/15
而事○之國也 53/22/16
義渠○者 53/22/18
蠻夷之賢○ 53/22/18
遺義渠○ 53/22/19
義渠○致群臣而謀曰 53/22/21
○之病 54/22/26
○以告扁鵲 54/22/27
○與知之者謀之 54/22/27
則○一舉而亡國矣 54/22/28
主○之力也 55/23/12
○聞夫江上之處女乎 61A/24/27
○必輕矣 65/26/26
是○收齊以重呂禮也 65/26/27
其讎○必深 65/26/27
○不如勸秦王令弊邑卒攻齊之事 65/26/27
文請以所得封○ 65/26/28
必重○以取晉 65/26/28
晉必重○以事秦 65/26/29
是○破齊以為功 65/26/29
而秦、晉皆重○ 65/26/30
秦封○以陶 66/27/3
藉○天下數年矣 66/27/3
○欲成之 66/27/7
此○之大時也已 66/27/9
而○之大名也 66/27/10
成○之功 66/27/12
除○之害 66/27/12
其讎○必深矣 66/27/12
挾○之讎以誅於燕 66/27/13
○悉燕兵而疾僭之 66/27/13
天下之從○也 66/27/13
封○於河南 66/27/14
願○之專志於攻齊 66/27/15
為○慮封 69/28/8,248/132/21
秦王欲為成陽○求相韓、魏 71/28/21
成陽○以王之故 71/28/22
且收成陽○ 71/28/23
皆匡○之之事 73A/30/3
○臣之不親 73A/31/4
今平原○自以賢 76/33/16
○禽馬服乎 78/34/3
武安○為三公 78/34/4,78/34/6
武安○所以為秦戰勝攻取者七十餘城 78/34/4
○能為之下乎 78/34/6
○亡國 79/34/13
秦王師○ 79/34/22
奪○地 79/34/24
○何不賜軍吏乎 80/35/3
今○雖幸於王 80/35/6
且○擅主輕下之日久矣 80/35/7
秦王必相之而奪○位 81/35/21
何○見之晚也 81/35/25
願以為○王 81/35/27
若秦之商○ 81/35/30
故○子殺身以成名 81/36/6
○明臣忠 81/36/7
無明○賢父以聽之 81/36/9
故天下以其○父為戮辱 81/36/9
商○、吳起、大夫種 81/36/13
81/36/14
以○臣論之 81/36/14
商○、吳起、大夫種不若也 81/36/15
然則○之主 81/36/16
○之為主 81/36/17
不過商○、吳起、大夫種 81/36/18
而○之祿位貴盛 81/36/19
夫商○為孝公平權衡、正度量、調輕重 81/36/23
○獨不觀博者乎 81/37/5
此皆○之所明知也 81/37/6
今○相秦 81/37/6
○之功極矣 81/37/8
則商○、白公、吳起、大夫種是也 81/37/9
○何不以此時歸相印 81/37/9
此則○何居焉 81/37/10
號為剛成○ 81/37/19
而朝於邯鄲之○乎 88/42/19
梁○伐楚勝齊 89/43/9
則臣恐諸侯之○ 89/43/15
中期適遇明○故也 90/43/27
今建國立○ 93/44/20
乃說秦王后弟陽泉○曰 93/44/26
○之罪至死 93/44/26
○知之乎 93/44/26,136A/67/5
○之門下無不居高尊位 93/44/26
○之府藏珍珠寶玉 93/44/27
○之駿馬盈外廄 93/44/27
○危於累卵 93/44/28
說有可以一切而使○富貴千萬歲 93/44/28
陽泉○避席 93/44/29
陽泉○曰 93/45/2
使剛成○蔡澤事燕三年 94/45/21
○侯何不快甚也 94/45/23
吾令剛成○蔡澤事燕三年 94/45/24
文信○叱去曰 94/45/25
○其試臣 94/45/26
孰與武安○ 94/45/29
武安○戰勝攻取 94/45/29
臣之功不如武安○也 94/45/30
卿明知功之不如武安○歟 94/45/30
武安○難之 94/46/2
趙將武安○ 95/47/3
若殺武安○ 95/47/3
武安○必死 95/47/4
武安○至 95/47/7
武安○曰 95/47/8
461/225/29,461/226/1
461/226/16,461/227/2
武安○北面再拜賜死 95/47/11
武安○死 95/47/13
子胥忠於○ 96/48/5
使賈不忠於○ 96/48/6
靖郭○將城薛 99/49/10
靖郭○謂謁者 99/49/10
靖郭○因見之 99/49/11
○不聞大魚乎 99/49/13
亦○之水也 99/49/13
○長有齊陰 99/49/14
靖郭○謂齊王曰 100/49/19
今與靖郭○ 100/49/20
靖郭○善齊貌辨 101/49/24

士尉以証靖郭○ 101/49/24
靖郭○不聽 101/49/24
孟嘗○又竊以諫 101/49/25
靖郭○大怒曰 101/49/25
靖郭○之交 101/49/28
靖郭○曰 101/50/1, 101/50/8
靖郭○不能止 101/50/2
靖郭○之所聽愛夫 101/50/4
辨謂靖郭○曰 101/50/5
靖郭○泣而曰 101/50/6
靖郭○之於寡人一至此乎 101/50/10
客肯為寡人來靖郭○乎 101/50/11
靖郭○衣威王之衣 101/50/13
宣王自迎靖郭○於郊 101/50/13
靖郭○至 101/50/13
靖郭○辭 101/50/14
靖郭○辭不得 101/50/14
靖郭○可謂能自知人矣 101/50/16
韓、魏之○因田嬰北面而朝田侯 103/51/7
則是○之謀也 104/51/12
○可以有功 104/51/12
則齊○可正 105/51/24
○美甚 108/52/14
徐公何能及○也 108/52/15
徐公不若○之美也 108/52/16
豈為人臣欺生○哉 109/53/15
乃為齊見魯○ 110/53/19
魯○曰 110/53/19
110/53/20, 110/53/21
○不與勝者而與不勝者 110/53/21
而○以魯眾合戰勝後 110/53/24
魯○以為然 110/53/25
今主○以趙王之教詔之 112/55/10
謂衛○曰 116/57/4
○必解衍 116/57/5
衛○為告儀 116/57/5
因與之參坐於衛○之前 116/57/5
今○相楚而攻魏 117/57/17
○助燕擊齊 119/58/1
然則是○自為燕東兵 119/58/1
故為○計者 119/58/2
歸於○矣 119/58/3
○何不留楚太子 122/58/26
○因謂其新王曰 122/58/28
今○留太子者 122/59/5
變則是○抱空質而負名於天下也 122/59/6
臣請為○之楚 122/59/7
則○無敗矣 122/59/7
使太子謁之○ 122/59/14
蘇秦非誠以為○也 122/60/1
蘇秦恐○之知之 122/60/1
而○弗知 122/60/2
臣竊為○疑之 122/60/2
因封蘇秦為武貞○ 122/60/7
○之所以重於天下者 122/60/10
○因不善蘇秦 122/60/11
夫不善○者且奉蘇秦 122/60/11
而於○之事殆矣 122/60/12
而○不蚤親 122/60/12
故○不如因而親之 122/60/12
是○有楚也 122/60/13
孟嘗○將入秦 124/60/23
固且以鬼事見○ 124/60/24
孟嘗○見之 124/60/27
謂孟嘗○曰 124/60/27, 136A/67/3
而○入之 124/61/2
則臣不知○所出矣 124/61/2
孟嘗○乃止 124/61/2
孟嘗○在薛 125/61/6
先○之廟在焉 125/61/12
孟嘗○奉夏侯章以四馬百人之食 126/61/19
夏侯章每言未嘗不毀孟嘗○也 126/61/19
或以告孟嘗○ 126/61/20
孟嘗○曰 126/61/20, 129/62/27
130/63/7, 130/63/8
130/63/10, 130/63/14
130/63/16, 133/64/20
133/64/24, 133/64/26
133/65/5, 133/65/14
134/66/4, 136A/67/4
136A/67/4, 136A/67/5
216/111/18, 314/160/4
314/160/7, 314/160/8
孟嘗○重非諸侯也 126/61/21
○所以得為長者 126/61/22
吾以身為孟嘗○ 126/61/22
孟嘗○讌坐 127/61/27
有侵○者 127/61/28
千乘之○與萬乘之相 127/62/1
其欲有○也 127/62/1
能為○決疑應卒 127/62/2
此臣之所為○取矣 127/62/3
孟嘗○舍人有與○之夫人相愛者 128/62/7
或以問孟嘗○曰 128/62/7
為○舍人而內與夫人相愛 128/62/7
○其殺之 128/62/8
○召愛夫人者而謂之曰 128/62/10
衛○與文布衣交 128/62/11
願○以此從衛○遊 128/62/11
衛○甚欲約天下之兵以攻齊 128/62/13
是人謂衛○曰 128/62/13
孟嘗○不知臣不肖 128/62/13
以臣欺○ 128/62/14
且臣聞齊、衛先○ 128/62/14
今○約天下之兵以攻齊 128/62/15
是足下倍先○盟約而欺孟嘗○也 128/62/15
願○勿以齊為心 128/62/15
○聽臣則可 128/62/16
衛○乃止 128/62/16
孟嘗○可語善為事矣 128/62/19
孟嘗○有舍人而弗悅 129/62/23
魯連謂孟嘗○曰 129/62/23
孟嘗○出行國 130/63/3
見孟嘗○門人公孫戌曰 130/63/3
入見孟嘗○曰 130/63/7
○豈受楚象床哉 130/63/7
臣願○勿受 130/63/7
小國所以皆致相印於○者 130/63/8
聞○於齊能振達貧窮 130/63/8
皆以國事累○ 130/63/9
誠說○之義 130/63/9
慕○之廉也 130/63/9
今○到楚而受象床 130/63/10
將何以待○ 130/63/10
臣戌願○勿受 130/63/10
○召而返之 130/63/13
諫而止○之過 130/63/15
秦破馬服○之師 132B/64/7
福三國之○ 132B/64/10
恐秦兼天下而臣其○ 132B/64/13
使人屬孟嘗○ 133/64/20

孟嘗○笑而受之曰 133/64/21
左右以○賤之也 133/64/22
孟嘗○客我 133/64/27
孟嘗○問 133/64/28
孟嘗○使人給其食用 133/64/29
後孟嘗○出記 133/65/1
孟嘗○怪之 133/65/2
孟嘗○笑曰 133/65/2
孟嘗○怪其疾也 133/65/11
○云『視吾家所寡有者』 133/65/12
○宮中積珍寶 133/65/13
○家所寡有者以義耳 133/65/13
竊以為○市義 133/65/13
今○有區區之薛 133/65/14
臣竊矯○命 133/65/15
乃臣所以為○市義也 133/65/15
孟嘗○不說 133/65/15
齊王謂孟嘗○曰 133/65/18
孟嘗○就國於薛 133/65/18
迎○道中 133/65/19
孟嘗○顧謂馮諼 133/65/19
今○有一窟 133/65/20
請為○復鑿二窟 133/65/21
孟嘗○予車五十乘 133/65/21
齊放其大臣孟嘗○於諸侯 133/65/21
往聘孟嘗○ 133/65/23
馮諼先驅誡孟嘗○曰 133/65/23
孟嘗○固辭不往也 133/65/24
○臣恐懼 133/65/24
封書謝孟嘗○曰 133/65/25
開罪於○ 133/65/26
願○顧先王之宗廟 133/65/26
馮諼誡孟嘗○曰 133/65/27
還報孟嘗○曰 133/65/27
○姑高枕為樂矣 133/65/28
孟嘗○為相數十年 133/65/30
孟嘗○為從 134/66/3
公孫弘謂孟嘗○曰 134/66/3
○不以使人先觀秦王 134/66/3
○恐不得為臣 134/66/4
○從以難之 134/66/4
今孟嘗○之地方百里 134/66/9
孟嘗○好人 134/66/10
孟嘗○之好人也 134/66/10
寡人善孟嘗○ 134/66/14
○好士也 135/66/21
今○之家富於二公 135/66/22
而士未有為○盡游者也 135/66/22
○之廄馬百乘 135/66/23
故曰○之好士未也 135/66/25
孟嘗○逐於齊而復反 136A/67/3
○得無有所怨齊士大夫 136A/67/3
○滿意殺之乎 136A/67/4
願○勿怨 136A/67/7
孟嘗○乃取所怨五百牒削去之 136A/67/7
人○也 136B/67/12
是以○王無羞亟問 136B/68/3
形之○也 136B/68/4
○子焉可侮哉 136B/68/10
及今聞○子之言 136B/68/10
寡人奉先○之宗廟 137/68/24
事亂○ 137/68/25
昔先○桓公所好者 137/68/27
先○好馬 137/69/1
先○好狗 137/69/1
先○好酒 137/69/1
先○好色 137/69/2
先○好士 137/69/2
何以有○ 138/69/15
而○鵝鶩有餘食 140/70/4
且財者○之所輕 140/70/5
○不肯以所輕與士 140/70/5
而責士以所重事○ 140/70/6
衛○跣行 142/71/9
身從諸侯之○ 142/72/3
則是路○之道也 142/72/19
○翳釀 142/72/19
殺其○ 142/72/27
○臣於齊者 142/73/3
則明○不居也 142/73/11
彼明○察相者 142/73/12
故明○之攻戰也 142/73/12
彼明○之從事也 142/73/13
使昌國○將而擊之 143/74/12
○王后 143/74/22
○王后以為后 143/74/24
忠臣不先身而後○ 145/75/12
○臣過計 145/75/18
曹沫為魯○將 145/76/5
退而與魯○計也 145/76/7
安平○ 147/77/7
安平○聞之 147/77/7
安平○曰 147/77/11
欲傷安平○ 147/77/13
且安平○之與王也 147/77/16
○臣無禮 147/77/16
今王得安平○而獨曰『單』 147/77/25
誰有厚於安平○者哉 147/77/26
安平○以惴惴之即墨 147/77/28
安平○之功也 147/77/29
王不亟殺此九子者以謝安平○ 147/78/2
益封安平○以夜邑萬戶 147/78/3
○王后賢 149B/79/3
○王后事秦謹 149B/79/6
秦始皇嘗使使者遺○王后玉連環 149B/79/8
○王后以示群臣 149B/79/8
○王后引椎椎破之 149B/79/9
及○王后病且卒 149B/79/11
○王后曰 149B/79/11,149B/79/12
○王后死 149B/79/14
齊以淖○之亂秦 151/80/3
昭奚恤與彭城○議於王前 155/81/12
故為梁山陽○請封於楚 157A/81/30
山陽○無功於楚國 157A/82/1
江尹因得山陽○與之共惡昭奚恤 157A/82/1
而魏入吾○臣之間 157B/82/6
夫泄吾○臣之交 157B/82/7
此○子也 159/82/19
江乙說於安陵○曰 160/82/26
○無咫尺之地 160/82/26
見○莫不斂衽而拜 160/82/27
今○擅楚國之勢 160/83/1
安陵○曰 160/83/1
160/83/6,340/169/23
340/170/1,343/171/13
願○必請從死 160/83/2
臣所為○道 160/83/5
○不用臣之計 160/83/5
安陵○泣數行而進曰 160/83/10
乃封壇為安陵○ 160/83/12
○子聞之曰 160/83/14
安陵○可謂知時矣 160/83/14

大不如事〇 166/85/5
今〇欲一天下 167/86/10
封為武安〇而相燕 168/87/17
今儀曰逐〇與陳軫而王聽之 169/88/9
今〇能用楚之眾 169/88/11
今〇何不見臣於王 169/88/12
自從先〇文王以至不穀之身 170/88/18
〇王將何問者也 170/88/20
恢先〇以揜方城之外 170/89/1
寡〇身出 170/89/10, 170/89/15
萬乘之〇 170/89/16
〇王身出 170/89/20
餘豈悉無〇乎 170/89/24
昔者先〇靈王好小要 170/89/29
其〇好發者 170/90/1
〇王直不好 170/90/1
若〇王誠好賢 170/90/2
〇必窮矣 175/91/18
〇不如使人微要靳尚而刺之 175/91/18
忠臣之於〇也 179/93/17
臣請北見晉〇 182/94/12
唐且見春申〇曰 188/96/17
竊慕大〇之義 188/96/18
而善〇之業 188/96/18
今〇相萬乘之楚 188/96/19
今〇何不為天下梟 188/96/20
唯大〇能之 189/96/26
忠臣之所以事〇也 190/97/6
其似惡聞〇王之臭也 190/97/10
〇王左州侯 192/97/21
輦從鄢陵〇與壽陵〇 192/97/21
〇王卒幸四子者不衰 192/97/23
〇王之事因是以 192/98/16
輦從鄢陵〇與壽陵〇 192/98/16
於是乃以執珪而授之為陽陵〇 192/98/20
公不聞老萊子之教孔子事〇乎 194/99/3
見〇之乘 194/99/4
客說春申〇曰 197/99/23
〇籍之以百里勢 197/99/24
臣竊以為不便於〇 197/99/24
春申〇曰 197/99/24, 198/100/17, 199/100/27, 199/101/1, 199/101/2, 199/101/4, 200/101/18, 200/101/18, 200/102/5, 200/102/8, 200/102/10, 200/102/12
客又說春申〇曰 197/99/27
其〇未嘗不尊 197/99/28
〇何辭之 197/99/28
春申〇又曰 197/99/29
崔杼帥其〇黨而攻 197/100/4
趙使魏加見楚春申〇曰 198/100/16
〇有將乎 198/100/16
僕欲將臨武〇 198/100/16
今臨武〇 198/100/22
汗明見春申〇 199/100/27
春申〇大說之 199/100/27
明願有問〇而恐固 199/100/28
不審〇之聖 199/100/28
然則〇料臣孰與舜 199/101/1
臣請為〇終言之 199/101/2
〇之賢實不如堯 199/101/2
今〇一時而知臣 199/101/3
是〇聖於堯而臣賢於舜也 199/101/3
〇亦聞驥乎 199/101/6
〇獨無意湔拔僕也 199/101/9
使得為〇高鳴屈於梁乎 199/101/10
春申〇患之 200/101/14
李園求事春申〇為舍人 200/101/16
春申〇問狀 200/101/17
即幸於春申〇 200/101/19
園女弟承間說春申〇曰 200/101/22
楚王之貴幸〇 200/101/22
今〇相楚王二十餘年 200/101/22
〇又安得長有寵乎 200/101/23
〇用事久 200/101/24
妾之幸〇未久 200/101/25
誠以〇之重而進妾於楚王 200/101/25
則是〇之子為王也 200/101/26
春申〇大然之 200/101/27
恐春申〇語泄而益驕 200/102/1
欲殺春申〇以滅口 200/102/1
春申〇相楚二十五年 200/102/4
朱英謂春申〇曰 200/102/4
今〇處無妄之世 200/102/5
〇相楚二十餘年矣 200/102/6
而〇相少主 200/102/7
據本議制斷〇命 200/102/10
秉權而殺〇以滅口 200/102/10
〇先仕臣為郎中 200/102/11
〇王崩 200/102/11
臣請為〇劃其胸殺之 200/102/11
春申〇後入 200/102/15
園死士夾刺春申〇 200/102/16
於是使吏盡滅春申〇之家 200/102/16
初幸春申〇有身 200/102/17
虞卿謂春申〇曰 201/102/23
而〇之封地 201/102/24
為主〇慮封者 201/102/24
秦孝公封商〇 201/102/24
故〇不如北兵以德趙 201/102/27
楚〇雖欲攻燕 201/102/29
韓、魏之〇必反矣 202/103/9
而韓、魏之〇無憙志而有憂色 202/103/11
知伯以告韓、魏之〇曰 202/103/14
郄疵言〇之且反也 202/103/14
韓、魏之〇曰 202/103/14
使〇疑二主之心 202/103/16
今〇聽讒臣之言 202/103/16
為〇惜之 202/103/17
〇又何以疵言告韓、魏之〇為 202/103/17
韓、魏之〇視疵端而趨疾 202/103/18
韓、魏之〇果反矣 202/103/20
〇其與之 203/103/25
〇其定居晉陽 203/104/6
〇因從之 203/104/7
〇發而用之 203/104/9
〇釋此計 203/104/17
臣請見韓、魏之〇 203/104/17
張孟談於是陰見韓、魏之〇曰 203/104/20
今知伯帥二國之〇伐趙 203/104/20
亡則二〇為之次矣 203/104/21
二〇曰 203/104/21

謀出二○之口 203/104/22
二○即與張孟談陰約三軍 203/104/23
必背○ 203/104/29
是皆能移其○之計 203/105/3
○其與二○約 203/105/3
而○得其所欲矣 203/105/4
知過見○之不用也 203/105/5
使張孟談見韓、魏之○曰 203/105/9
前國地○之御有之曰 204A/105/18
○之所言 204A/105/23
○若弗圖 204A/105/24
○其行之 204A/105/27
○其負劍而御臣以之國 204A/106/1
為故○賊新○ 204B/106/16
大亂○臣之義者無此矣 204B/106/16
以明○臣之義 204B/106/16
是懷二心以事○也 204B/106/17
○前已寬舍臣 204B/106/26
天下莫不稱○之賢 204B/106/26
然願請○之衣而擊之 204B/106/27
○不如許之 205/107/5
○不如借之道 205/107/5
謂山陽○曰 206/107/10
主○曰 207/107/17
臣固以鬼之言見○ 208/107/24
今○殺主父而族之 208/107/28
○之立於天下 208/107/28
○聽臣計則生 208/107/28
臣竊觀○與蘇公談也 208/108/1
其辯過○ 208/108/1
其博過○ 208/108/1
○能聽蘇公之計乎 208/108/1
○即不能 208/108/2
願○堅塞兩耳 208/108/2
舍人出送蘇○ 208/108/3
昨日我談粗而○動 208/108/3
今日精而○不動 208/108/3
吾○不能用也 208/108/4
乃我請○塞兩耳 208/108/4
臣聞古之賢○ 209/108/10
奉陽○不欲 210/109/7
客請奉陽○曰 210/109/7
○之春秋高矣 210/109/7
使陽城○入謝於秦 211/109/19
召平原○而告之曰 211/109/26
以趙之弱而據之建信○ 214/111/3
建信○知從之無功 214/111/4
故兩○者 214/111/6
趙王封孟嘗○以武城 216/111/17
孟嘗○擇舍人以為武城吏 216/111/17
奉陽○妬 218/112/22
今奉陽○捐館舍 218/112/23
乃封蘇秦為武安○ 218/114/12
○不得於臣 219/114/25
今宣○有微甲鈍兵 220/115/24
奉陽○相 220/116/8
○之道也 221/116/16
是以賢○靜而有道民便事之教 221/116/17
○臣之分也 221/116/18
國聽於○ 221/116/30
農夫勞而○子養焉 221/118/1
○無蔽言 221/118/2
今○釋此 221/118/4
○之忠臣也 222/119/5
論臣莫若○ 222/119/10
○ 222/119/11
事○者 222/119/20
是損○而弱國也 224/120/8
昔者先○襄主與代交地 224/120/13
相都平○田單問趙奢曰 225/120/23
○非徒不達於兵也 225/120/28
○無十餘、二十萬之眾 225/121/3
○焉能乎 225/121/3
即○之齊已 225/121/6
○將以此何之 225/121/9
都平○喟然大息曰 225/121/9
魏使人因平原○請從於趙 230/122/30
今者平原○為魏請從 230/123/1
平原○請馮忌曰 231/123/8
夫以秦將武安○公孫起乘七勝之威 231/123/8
平原○曰 231/123/13,234/125/22,236/126/19,236/126/22,236/126/24,252/135/13
平原○謂平陽○曰 232/123/18
且微○之命命之也 232/123/19
臣固且有效於○ 232/123/19
願○之亦勿忘也 232/123/22
平陽○曰 232/123/22
平原○使人請救於魏 234/125/17
信陵○發兵至邯鄲城下 234/125/17
虞卿為平原○請益地 234/125/17
平原○之力也 234/125/18
見平原○曰 234/125/19
○無覆軍殺將之功 234/125/20
多在○之右 234/125/20
而○為相國者以親故 234/125/20
夫○封以東武城不讓無功 234/125/21
為○計者 234/125/22,323/165/10
與平陽○為媾 235/126/5
寡人使平陽○媾秦 235/126/5
因平原○謂趙王曰 236/126/14
平原○猶豫未有所決 236/126/16
乃見平原○曰 236/126/18
始吾以○為天下之賢公子也 236/126/20
吾乃今然后知○非天下之賢公子也 236/126/21
吾請為○責而歸之 236/126/21
平原○遂見辛垣衍曰 236/126/22
皆有求於平原○者也 236/126/27
非有求於平原○者 236/126/28
子將何以待吾○ 236/127/18
吾將以十太牢待子之○ 236/127/19
子安取禮而來待吾○ 236/127/19
彼吾○者 236/127/19
鄒○死 236/127/21
於是平原○欲封魯仲連 236/128/4
平原○乃置酒 236/128/5
遂辭平原○而去 236/128/7
○安能少趙人 237/128/11
而令趙人多○ 237/128/11
○安能憎趙人 237/128/11
而令趙人愛○乎 237/128/11
今○易萬乘之強趙 237/128/15
臣竊為○不取也 237/128/15,242/130/14,409/194/28
建信○貴於趙 239A/129/3
專○之勢以蔽左右 239B/129/14

復塗偵謂○曰	239B/129/14
昔日臣夢見○	239B/129/14
夢見竈○	239B/129/15
○忿然作色曰	239B/129/15
吾聞夢見人○者	239B/129/15
今子曰夢見竈○而言○也	239B/129/16
今臣疑人之有煬於○者也	239B/129/17
是以夢見竈○	239B/129/18
○之所以事王者	240/129/22
○必困矣	240/129/23
建信○曰	240/129/23,242/130/9
○令冑乘獨斷之車	240/129/24
○因言王而重責之	240/129/25
建信○再拜受命	240/129/26
苦成常謂建信○曰	241/130/3
○唯釋虛偽疾	241/130/4
希寫見建信○	242/130/9
建信○悖然曰	242/130/11
今○不能與文信侯相伉以權	242/130/13
魏尬謂建信○曰	243/130/18
而○之身於王	243/130/19
建信○果先言橫	244/130/25
臣為足下使公孫衍說奉陽○曰	248/132/21
○之身老矣	248/132/21
以奉陽○甚食之	248/132/24
以觀奉陽○之應足下也	248/132/25
臣又願足下有地效於襄安○以資臣也	248/132/26
臣以為足下見奉陽○矣	249/133/4
臣謂奉陽○曰	249/133/4
魏冉必妬○之有陰也	249/133/4
○無搆	249/133/5
則○無患矣	249/133/7
臣願○之蚤計也	249/133/11
而○終不得陰	249/133/15
內成陽○於韓	249/133/16
而○又不得陰	249/133/17
而○必不得陰	249/133/20
而○終身不得陰	249/133/24
○桉救魏	249/133/26
○不救也	249/134/1
而○有終身不得陰	249/134/1
定無罪之○	249/134/2
故曰○必無講	249/134/3
奉陽○曰	249/134/5
	409/194/30,409/195/6
又遣其後相信陵○書曰	251/134/28
莫如○矣	251/135/2
則○將何以止之	251/135/3
此○之累也	251/135/3
信陵○曰	251/135/3
	339/169/14,339/169/17
燕封宋人榮蚠為高陽○	252/135/8
而以求安平○而將之	252/135/9
馬服○謂平原○曰	252/135/9
○致安平○而將之	252/135/10
今○以此與齊	252/135/11
而求安平○而將之	252/135/11
且○奚不將奢也	252/135/12
然則○奚求安平○而為將乎	252/135/13
馬服○曰	252/135/14
○過矣	252/135/15,262/139/11
○之所以求安平○者	252/135/15
使安平○愚	252/135/16
使安平○知	252/135/16
	252/135/17
安平○必處一焉	252/135/16
則王必怒而誅建信○	255/136/10
建信○死	255/136/10
建信○不死	255/136/10
卿因以德建信○矣	255/136/11
馮忌為廬陵○謂趙王曰	256/136/15
王之逐廬陵○	256/136/15
今燕一以廬陵○為言	256/136/16
然則王逐廬陵○	256/136/17
王何不遣建信○乎	258A/137/4
建信○有國事	258A/137/4
而與建信○	258A/137/9
敝邑寡○亦竊嘉之	258B/137/21
趙豹、平原○	258B/137/27
	258B/137/28
親寡○之母弟也	258B/137/28
猶大王之有葉陽、涇陽○也	258B/137/29
未嘗不分於葉陽、涇陽○	258B/138/1
葉陽○、涇陽○之車馬衣服	258B/138/1
敝邑之○	258B/138/3,258B/138/5
無乃傷葉陽○、涇陽○之心乎	258B/138/3
今○留之	261/138/22
故○不如遣春平侯而留平都侯	261/138/23
必厚割趙以事○	261/138/23
必以長安○為質	262/138/28
有復言令長安○為質者	262/138/29
老臣竊以為媼之愛燕后賢於長安○	262/139/10
不若長安○之甚	262/139/11
今媼尊長安○之位	262/139/17
長安○何以自託於趙	262/139/18
老臣以媼為長安○計短也	262/139/18
恣○之所使之	262/139/19
於是為長安○約車百乘質於齊	262/139/19
○予之地	264A/140/7
○不如與之	264A/140/9
○何釋以天下圖知氏	264A/140/9
中山之○烹其子而遺之羹	265/140/22
○明則樂官	268/141/14
今○審於聲	268/141/14
臣恐○之聾於官也	268/141/14
吾○之言	269/141/20
且○親從臣而勝降城	269/141/27
今主○以趙王之詔詔之	272/143/17
齊請以宋地封涇陽○	275/145/3
齊、秦合而涇陽○有宋地	275/145/6
雍沮謂齊、楚之○曰	281/146/28
聞周、魏令竇屢以割魏於奉陽○	287/148/12
夫周○、竇屢、奉陽○之與穰侯	287/148/12
奉陽○也	287/148/13
梁○與田侯不欲	291/149/9
夫二○者	291/149/11
田侯、梁○見其危	291/149/13
遂勸兩○聽犀首	291/149/13

梁○、田侯恐其至而戰敗也 291/149/14
犀首見梁○曰 292/149/19
田需從中敗○ 292/149/19
先○必欲一見群臣百姓也夫 296/150/27
奉陽○、孟嘗○、韓呡、周㝡、周、韓餘為徒從而下之 297/152/5
奉陽○、韓餘為既和矣 297/152/7
然則相者以誰而○便之也 303B/154/4
請為○北見梁王 303B/154/4
○其為梁王 303B/154/5
代請說○ 303B/154/5
○何憂 303B/154/6
秦召魏相信安○ 304/154/16
信安○不欲往 304/154/16
夫令人之○處所不安 304/154/21
請魯○舉觴 307/155/26
魯○興 307/155/26
今主○之尊 307/156/4
主○之味 307/156/4
今主○兼此四者 307/156/5
願○之以是慮事也 310/157/20
則○得所欲矣 310/158/1
而○後擇焉 310/158/2
且○之嘗割晉國取地也 310/158/2
而○制之 310/158/4
臣願○之熟計而無行危也 310/158/4
王急召○ 311/158/27,311/158/29
○無為魏計 311/158/28
○其自為計 311/158/28
○其先自為計 311/158/28
○不行 311/158/29
血濺○襟矣 311/158/30
今○劫於群臣而許秦 312/159/16
夜見孟嘗○ 314/160/3
孟嘗○之趙 314/160/7
○得燕、趙之兵甚衆且亟矣 314/160/24
葉陽○約魏 316/162/14
而信春申○之言 319/164/9
即春申○有變 319/164/10
○攻楚得宛、穰以廣陶 323/165/8
議則○必窮 323/165/10
白珪謂新城○曰 324/165/14
故臣能無議○於王 324/165/14
不能禁人議臣於○也 324/165/15
平都○說魏王曰 327/166/9
平都○曰 327/166/9,327/166/10
成陽○欲以韓、魏聽秦 331/167/15
王不如陰侯人說成陽○曰 331/167/15
○入秦 331/167/16
秦必留○ 331/167/16,331/167/16
故○不如安行求質於秦 331/167/16
成陽○必不入秦 331/167/17
○之楚 334/168/4
信陵○殺晉鄙 339/169/13
唐且謂信陵○曰 339/169/13
今○殺晉鄙 339/169/16
臣願○之忘之也 339/169/17
信陵○使人謂安陵○曰 340/169/22
○其遣縮高 340/169/22
復信陵○之命 340/169/24
○之幸高也 340/169/24
亦非○之所喜也 340/169/26
使者以報信陵○ 340/169/28
信陵○大怒 340/169/28
願○之生束縮高而致之 340/169/29
若○弗致也 340/169/29
吾先○成侯 340/170/1
臣弒○ 340/170/2
而○曰『必生致之』 340/170/3
信陵○為人 340/170/6
豈可使吾○有魏患也 340/170/7
信陵○聞縮高死 340/170/9
使使者謝安陵○曰 340/170/9
失言於○ 340/170/10
魏王與龍陽○共船而釣 341/170/14
龍陽○得十餘魚而涕下 341/170/14
今臣爵至人○ 341/170/17
秦王使人謂安陵○曰 343/171/13
安陵○其許寡人 343/171/13
安陵○因使唐且使於秦 343/171/15
安陵○不聽寡人 343/171/15
而○以五十里之地存者 343/171/16
以○為長者 343/171/16
請廣於○ 343/171/17
而○逆寡人者 343/171/17
安陵○受地於先生而守之 343/171/18
○真其人也 346/172/24
今主○以楚王之教詔之 347/173/12
魏順謂市丘○曰 352/175/3
○資臣 352/175/4
臣請為○止天下之攻市丘 352/175/4
市丘○曰 352/175/4
春申○聞之 363/179/17
而○用之弱 364/179/23
先○者 364/179/23
公叔使馮○於秦 371/182/3
留馮○以善韓臣 371/182/3
主○不如善馮○ 371/182/3
馮○廣王而不聽公叔 371/182/4
公叔之與周○交也 374/182/21
必周○而深怨我矣 374/182/22
謂新城○曰 380/184/3
韓咎立為○而未定也 383C/185/3
嚴遂重於○ 385/185/18
傀又韓○之季父也 385/186/8
相又國○之親 385/186/10
今公與安成○為秦、魏之和 386/187/7
安成○東重於魏 386/187/8
此○國長民之大患也 387/187/19
一世之明○也 390/188/23
申不害與昭釐侯執珪而見梁○ 390/188/24
魏○必得志於韓 390/188/25
明○也 390/188/27
今秦有梁○之心矣 390/188/28
而○臣、上下、少長、貴賤 390/189/9
聶政、陽堅刺相兼○ 391/189/14
立以為鄭○ 391/189/14
是故哀侯為○ 391/189/15
今日鄭○不可得而為也 391/189/16

皆戴哀侯以為○ 391/189/19
諸侯之○ 391/189/20
今○以所事善平原○者 395/190/19
而善平原○乃所以惡於秦也 395/190/19
願○之熟計之也 395/190/19
知其○不知異○ 396C/191/11
大怒於周之留成陽○也 397/191/25
成陽○為秦去韓 397/191/26
或謂山陽○曰 398/192/3
秦封○以山陽 398/192/3
齊封○以莒 398/192/3
齊、秦非重韓則賢○之行也 398/192/3
次弗納於○ 398/192/4
山陽○因使之楚 398/192/4
建信○輕韓熙 405/193/19
今○之輕韓熙者 405/193/20
秦見○之交反善於楚、魏也 405/193/20
故○收韓 405/193/22
段産謂新城○曰 406/193/26
能無議○於王 406/193/26
而不能令人毋議臣於○ 406/193/27
願○察之也 406/193/27
段干越人謂新城○曰 407/194/3
今主○幸教詔之 408/194/22
奉陽○李兌甚不取於蘇秦 409/194/27
李兌因為蘇秦謂奉陽○曰 409/194/27
今○之齊 409/194/28
而○甚不善蘇秦 409/195/2
故為○計 409/195/3
則○多資 409/195/4
武安○蘇秦為燕說齊王 411/195/19
武安○ 412/196/5
武安○從齊來 412/196/8
辭孤竹之○ 412/196/15
○以自覆為可乎 412/196/18
足下皆自覆之○也 412/196/20
所謂以忠信得罪於○者也 412/196/21
此其○之欲得也 415/198/18
飭○臣之義 416A/199/22
齊請以宋封涇陽○ 417/200/13
涇陽○有宋地 417/200/15
臣聞古之○人 418/200/30
涓人言於○曰 418/201/1
○遣之 418/201/1
反以報○ 418/201/2
○大怒曰 418/201/2
今涇陽○若高陵○先於燕、趙 419/201/28
蘇代為奉陽○說燕於趙以伐齊 423/205/6
奉陽○不聽 423/205/6
人告奉陽○曰 423/205/7
奉陽○告朱讙與趙足曰 424/205/16
奉陽○之怒甚矣 424/205/20
而小人奉陽○也 424/205/20
奉陽○告朱讙曰 424/205/28
齊○臣不親 426/207/8
昌國○樂毅為燕昭王合五國之兵而攻齊 431/209/3
趙封以為望諸○ 431/209/4
望諸○乃使人獻書報燕王曰 431/209/14
臣聞賢聖之○ 431/209/19
成功之○也 431/209/20
臣聞賢明之○ 431/210/6
臣聞古之○子 431/210/16
數奉教於○子矣 431/210/16
唯○之留意焉 431/210/17
夫欲得之○ 437/212/28
王乃召昌國○樂間而問曰 438/213/4
不能奉順○意 438/213/10
故○捐國而去 438/213/10
而○不肯聽 438/213/11
○試論之 438/213/11
○之於先王也 438/213/12
寡人望有非則○掩蓋之 438/213/12
不虞○之明罪之也 438/213/12
438/213/13
望有過則○教誨之 438/213/13
○微出明怨以棄寡人 438/213/13
恐○之未盡厚也 438/213/14
非○心所望之 438/213/16
今○厚受位於先王以成尊 438/213/16
難得於○矣 438/213/17
而○有失厚之累 438/213/18
於為○擇之也 438/213/18
○雖不得意乎 438/213/20
苟可以明○之義 438/213/22
成○之高 438/213/22
而○不得厚 438/213/22
而○不得榮 438/213/23
願○無以寡人不肖 438/213/24
不望之乎○也 438/213/28
○豈怨之乎 438/213/29
願○捐怨 438/213/29
意○曰 438/213/29
○之所揣也 438/213/30
唯○圖之 438/213/30
則○臣相疑 440/215/27
使人謂衛○曰 443/218/26
衛○懼 443/218/27
宋○使使者請於趙王曰 444/219/3
○日長矣 445/219/17
公不如令楚賀○之孝 445/219/17
則○不奪太后之事矣 445/219/17
遺衛○野馬四百 448A/220/14
衛○大悅 448A/220/14
衛○曰 448A/220/15
○其圖之 448A/220/16
衛○以其言告邊境 448A/220/16
太子顏為○子也 448B/220/21
以德衛○ 449/220/31
請厚子於衛○ 449/221/2
又以德衛○也 449/221/3
衛嗣○病 451/221/17
子聽吾言也以說○ 451/221/17
○必善子 451/221/17
始○之所行於世者 451/221/18
群臣盡以為○輕國而好高麗 451/221/18
必無與○言國事者 451/221/19
子謂○ 451/221/19
○之所行天下者甚謬 451/221/19
嗣○死 451/221/22
殷順且以○令相公期 451/221/22
衛嗣○時 452A/221/27
○為臣多車重幣 454/222/17

中山之○遣之齊 454/222/18
臣聞○欲廢中山之王 454/222/18
是○為趙、魏驅羊也 454/222/20
今○召中山 454/222/23
中山急而為○難其王 454/222/24
為○廢王事齊 454/222/24
是○廢其王而亡其國 454/222/25
是○臨中山而失四國也 454/222/28
善以微計薦中山之○久矣 454/222/28
果召中山○而許之王 454/222/31
藍諸○患之 455/223/9
張登謂藍諸○曰 455/223/9
藍諸○曰 455/223/9,455/223/12,455/223/13,455/223/18,455/223/22,455/223/25
使告中山○曰 455/223/18
請亦佐○ 455/223/20
中山○出 456/224/3
於○何如 456/224/4
中山○大疑公孫弘 456/224/6
○與之 457/224/12
○弗與趙 457/224/12,457/224/13
公因勸○立之以為正妻 457/224/12
○弗與 457/224/13
大怒則○必危矣 457/224/13
誠如○言 458/224/21
○臣賢不肖 458/224/23
○弗攻 459A/225/9
中山之○ 459A/225/10
是賢○也 459A/225/11
中山○饗都士 459B/225/16
中山○亡 459B/225/17
中山○顧謂二人 459B/225/17
○下壺餐餌之 459B/225/18
故來死○也 459B/225/19
中山○喟然而仰歎曰 459B/225/19
中山○烹之 460/225/24
○不量百姓之力 461/225/29
○臣憂懼 461/226/4
王欲使武安○ 461/226/8
武安○稱疾不行 461/226/9
王乃使應侯往見武安○ 461/226/9
○前率數萬之衆入楚 461/226/10
○所將之不能半之 461/226/11
此○之功 461/226/12
願使○將 461/226/14
○嘗以寡擊衆 461/226/14
至於平原○之屬 461/226/25
因見武安○ 461/227/2
○雖病 461/227/2
將加重於○ 461/227/3
如○不行 461/227/3
寡人恨○ 461/227/3
武安○頓首曰 461/227/3

均 jūn 2

臣主之權○之能美 204A/105/24
殘○陵 422/204/17

軍 jūn 191

公仲之○二十萬 2/1/23
秦攻魏將犀武○於伊闕 23/8/15
不如令太子將○正迎吾得於境 28/10/3
令○設舍速東 37/12/10
寬則兩○相攻 40/13/23
張○數千百萬 42/15/13
引○而退 42/16/4,42/16/8,42/16/21
天下有比志而○華下 42/16/5
○於長平之下 42/16/14
引○而去 42/16/16
○乃引退 42/16/24
大王又并○而致與戰 42/16/24
楚因使一將○受地於秦 50/21/10
破○殺將 73A/31/3
主辱○破 73A/31/5
禽馬服之○ 78/34/5
君何不賜○吏乎 80/35/3
○吏雖賤 80/35/7
不如賜○吏而禮之 80/35/8
○吏窮 80/35/9
破敵○ 81/36/3
夏育、太史啓叱呼駭三○ 81/36/22
大敗楚○ 82A/37/24
將○戰勝 95/47/7
王觴將○ 95/47/7
將○為壽於前而捍匕首 95/47/7
賜將○死 95/47/10
○於邯鄲之郊 102/50/23
○於其郊 102/50/24
將○可以為大事乎 105/51/21
將○無解兵而入齊 105/51/22
○重踵高宛 105/51/24
則將○不得入於齊矣 105/51/25
以雜秦○ 109/53/7
秦○大敗 109/53/11
必更葬將○之母 109/53/13
即有○役 112/54/25
覆○殺將得八城 117/57/11
覆○殺將 117/57/12
破○殺將得八城 117/57/17
解○而去 117/57/19
一○不能當 129/62/24
以故相為上將○ 133/65/22
○舍林中 142/71/12
士聞戰則輸私財而富○市 142/72/18
○出費 142/72/21
○之所出 142/72/22
克燕○ 142/73/2
甲兵不出於○而敵國勝 142/73/12
雖有百萬之○ 142/73/16
覆其十萬之○ 142/74/3
齊○破 143/74/13
○破走 143/74/14
則不免為敗○禽將 145/76/6
曹子以敗○禽將 145/76/6
楚王使將○將萬人而佐齊 147/77/13
將○攻狄 148/78/8
將○之在即墨 148/78/13
將○有死之心 148/78/15
當今將○東有夜邑之奉 148/78/16
秦必起兩○ 167/85/20
一○出武關 167/85/20
一○下黔中 167/85/20
吾將深入吳○ 170/89/6
楚令昭鼠以十萬○漢中 173A/90/20
妾聞將○之晉國 182/94/18
因舒○而圍之 203/104/14
二君即與張孟談陰約三○ 203/104/23
而決水灌知伯○ 203/105/10

知伯○救水而亂 203/105/10
大敗知伯○而禽知伯 203/105/11
自將○以上 204A/105/20
秦以三○強弩坐羊唐之上 209/108/22
且秦以三○攻王之上黨而危其北 209/108/22
韓為中○ 211/109/13
一○臨熒陽 211/109/16
一○臨太行 211/109/17
秦起二○以臨韓 211/109/19
五伯之所以覆○禽將而求也 218/113/3
不待兩○相當 218/113/19
楚○武關 218/114/6,218/114/7
則韓○宜陽 218/114/7
魏○河外 218/114/7
○於澠池 220/115/24
今秦發三將○ 220/116/3
一○塞午道 220/116/3
○於邯鄲之東 220/116/4
一○○於成皋 220/116/4
敺韓、魏而○於河外 220/116/4
一○○於澠池 220/116/4
吾非不說將○之兵法也 225/120/23
獨將○之用眾 225/120/24
今將○必負十萬、二十萬之眾乃用之 225/120/25
收破○之敝守 231/123/10
君無覆○殺將之功 234/125/20
○戰不勝 235/125/27
以為不媾者○必破 235/125/29
欲破王之○乎 235/125/29
必且破趙○ 235/126/1
○必破矣 235/126/6
○果大敗 235/126/8
魏安釐王使將○晉鄙救趙 236/126/13
魏王使客將○新垣衍間入邯鄲 236/126/13
魏王使將○辛垣衍令趙帝秦 236/126/20
勝請為紹介而見之於將○ 236/126/23
所為見將○者 236/127/2
而將○又何以得故寵乎 236/127/28
為郤○五十里 236/128/2
適會魏公子無忌奪晉鄙○以救趙擊秦 236/128/4
秦○引而去 236/128/4
覆○殺將之所取、割地於敵國者也 252/135/11
將○釋之矣 252/135/14
將○無言已 252/135/14
○也縣釜而炊 252/135/20
李牧數破走秦○ 263/139/27
殺趙○ 263/140/2
使三○之士不迷惑者 270/142/7
無以異於三○之眾 272/143/1
覆十萬之○ 301/153/3, 301/153/12
十萬之○拔邯鄲 310/157/13
華○之戰 312/159/7
今魏王出國門而望見○ 314/160/16
利出燕南門而望見○乎 314/160/21
從林○以至于今 315/161/24
而破三○者 344A/172/5
○於南鄭矣 367/181/1
不見覆○殺將之憂 408/194/13
○於東垣矣 408/194/17
覆三○ 415/198/18
將○市被、太子平謀 416A/199/20
將○市被圍公宮 416A/199/24
將○市被及百姓乃反攻太子平 416A/199/24
將○市被死已殉 416A/199/25
於是遂以樂毅為上將○ 418/201/8
則齊○可敗 420/202/29
齊○敗 426/207/1
今○敗亡二萬人 426/207/2
楚使將○之燕 430/208/21
卒敗燕○ 431/209/5
先王舉國而委將○ 431/209/8
將○為燕破齊 431/209/8
寡人豈敢一日而忘將○之功哉 431/209/9
寡人之使騎劫代將○者 431/209/10
為將○久暴露於外 431/209/10
故召將○且休計事 431/209/10
將○過聽 431/209/10
將○自為計則可矣 431/209/11
而亦何以報先王之所以遇將○之意乎 431/209/11
濟上之○ 431/209/30
○吏乃服 436/212/19
魏○其西 436/212/20
齊○其東 436/212/20
楚○欲還不可得也 436/212/20
樊將○亡秦之燕 440/214/23
又況聞樊將○之在乎 440/214/24
願太子急遣樊將○入匈奴以滅口 440/214/25
夫樊將○困窮於天下 440/214/27
夫今樊將○ 440/216/6
誠能得樊將○首 440/216/7
樊將○以窮困來歸丹 440/216/8
秦之遇將○ 440/216/11
今聞購將○之首 440/216/12
樊將○仰天太息流涕曰 440/216/12
而報將○之仇者 440/216/13
願得將○之首以獻秦 440/216/14
然則將○之仇報 440/216/15
將○豈有意乎 440/216/16
詔王翦○以伐燕 440/217/24
求益○糧以滅趙 461/225/30
三○之俸有倍於前 461/225/30
秦○大剋 461/226/1
趙○大破 461/226/1
今王發○ 461/226/3
大破二國之○ 461/226/11
是以寡人大發○ 461/226/13
以足○食 461/226/18
以○中為家 461/226/18
二○爭便之力不同 461/226/21
專○并銳 461/226/21
魏○既敗 461/226/22
韓○自潰 461/226/22
今秦破趙○於長平 461/226/23
挑其○戰 461/226/26
復益發○ 461/226/30
不忍為辱○之將 461/227/8

鈞 jūn 14

譬猶以千○之弩潰癰也 63/26/9

○吾悔也 83A/38/20
故其費與死傷者○ 142/72/22
若曰勝千○則不然者 201/103/2
362/179/10
夫千○非馬之任也 201/103/3
世○為之謂文信侯曰 261/138/21
○二子者 299/152/20,299/152/21
乘數○ 299/152/20
○之出地 317B/163/2
無以異於墮千○之重 348A/173/24
夫千○ 362/179/10
今夫烏獲舉千○之重 420/202/28

俊 jùn 3

世無東郭○、盧氏之狗 137/69/3
陰結諸侯之雄○豪英 147/77/18
是吳、越無○民也 221/118/25

浚 jùn 1

增城○池以益其固 461/226/24

郡 jùn 11

其實○也 55/23/9
故楚王何不以新城為主○也 163/84/8
楚王果以新城為主○ 163/84/10
楚地西有黔中、巫○ 167/85/15
黔中、巫○非王之有已 168/87/2
宜陽效則上○絕 218/113/5
以為代○守 245/130/30
請比○縣 348A/174/5
猶○縣也 413/197/12
盡○縣之以屬燕 431/209/3
給貢職如○縣 440/217/5

箘 jùn 1

其堅則○簬之勁不能過也 203/104/9

駿 jùn 5

天下○雄弘辯之士也 81/35/20
君之○馬盈外廏 93/44/27
人有賣○馬者 425/206/12
臣有○馬 425/206/13
今臣欲以○馬見於王 425/206/15

開 kāi 10

○地數千里 42/15/22
○罪於楚、魏 80/35/11
使馳說之士無所○其口 81/37/2
使邊境早閉晚○ 93/45/13
○罪於先生 133/65/4
○罪於君 133/65/26
必○扃天下之匈 168/87/14
乃多與趙王寵臣郭○等金 263/139/28
韓獻○罪而交愈固 411/195/28
景陽乃○西和門 436/212/20

慨 kǎi 1

復為忼○羽聲 440/217/1

欬 kài 1

教子○謂李兌曰 229B/122/23

闞 kàn 1

北至乎○ 315/161/25

忼 kāng 1

復為○慨羽聲 440/217/1

康 kāng 9

韓○子御 83B/39/1
魏桓子肘韓○子 83B/39/3
○子履魏桓子 83B/39/3
韓○子欲勿與 203/103/24
○子曰 203/103/27
○子之謀臣曰段規 203/105/3
司馬○三反之郢矣 367/181/6
宋○王之時 447/220/6
○王大喜 447/220/7

穅 kāng 3

民不饜糟○ 348A/173/18
鄰有糟○而欲竊之 442/218/16
此猶粱肉之與糟○也 442/218/20

伉 kàng 2

天下莫之能○ 40/14/15
今君不能與文信侯相○以權 242/130/13

抗 kàng 2

而右手揕○其胸 440/216/15
而右手持匕首揕○之 440/217/13

考 kǎo 3

楚○烈王無子 200/101/14
○烈王病 200/102/4
楚○烈王崩 200/102/15

柯 kē 1

將成斧○ 272/143/15

科 kē 2

○條既備 40/13/19
跿跔○頭 348A/173/20

苛 kē 1

以○廉聞於世 166/85/5

軻 kē 34

孟○謂齊宣王曰 416A/199/27
所善荊○ 440/215/7
願因先生得願交於荊○ 440/215/7
僂行見荊○ 440/215/11
荊○曰 440/215/13
440/215/28,440/216/14
欲自殺以激荊○ 440/215/15
○見太子 440/215/18
荊○坐定 440/215/20

於是尊荊○為上卿 440/216/1
恣荊○所欲 440/216/2
荊○知太子不忍 440/216/11
○曰 440/216/13
乃為裝遣荊○ 440/216/21
荊○有所待 440/216/22
荊○怒 440/216/24
荊○和而歌 440/216/28
於是荊○遂就車而去 440/217/1
荊○奉樊於期頭函 440/217/9
荊○顧笑武陽 440/217/10
秦王謂○曰 440/217/11
○既取圖奉之 440/217/12
荊○逐秦王 440/217/14
以故荊○逐秦王 440/217/16
而卒惶急無以擊○ 440/217/16
以其所奉藥囊提○ 440/217/17
遂拔以擊荊○ 440/217/18
荊○廢 440/217/19
秦王復擊○ 440/217/19
○自知事不就 440/217/19
左右既前斬荊○ 440/217/21
乃以藥囊提○也 440/217/22
其後荊○客高漸離以擊筑見秦皇帝 440/217/28

可 kě 513

不○ 1/1/10,1/1/12,14A/6/1,14B/6/7,14B/6/9,41A/14/26,73A/31/13,73A/31/13,101/50/7,103/51/1,122/58/27,166/85/4,177/92/18,203/103/25,203/105/1,203/105/5,231/123/8,234/125/19,301/153/4,301/153/11,335/168/12,348B/174/9,357/176/29,364/179/24,376/183/11,384/185/12,396B/191/4,438/213/5,438/213/6,440/214/23,454/222/25,461/225/29
○懷挾提挈以至齊者 1/1/14
○以德東周 3A/2/7
西周之寶○盡矣 3A/2/7
臣請使西周下水○乎 4/2/18
則東周之民○令一仰西周 4/2/21
然而所以不○者 8A/3/23
視之不○離 13/5/23
不○不察也 16/6/20,278/146/4,448A/220/15
小人無○以求 16/6/22
未○知也 18/7/6
事○成 19/7/13
不○成 19/7/14
○教射也矣 27/9/22
子乃曰○教射 27/9/23
○以并諸侯 40/13/9
毛羽不豐滿者不○以高飛 40/13/12
文章不成者不○以誅罰 40/13/12
道德不厚者不○以使民 40/13/12
政教不順者不○以煩大臣 40/13/13
不○勝理 40/13/19
然後○建大功 40/13/24
非兵不○ 40/13/25
此真○以說當世之君矣 40/14/4
蓋○忽乎哉 40/14/20
諸侯不○一 41A/14/25
一○以勝十 42/15/19
十○以勝百 42/15/19
百○以勝千 42/15/19
千○以勝萬 42/15/19
萬○以勝天下矣 42/15/19
則荊○舉 42/16/2
然則是一舉而伯王之名○成也 42/16/3,42/16/8
四鄰諸侯○朝也 42/16/4,42/16/8
則梁○拔 42/16/6
則魏○舉 42/16/6
伯王之名○成也 42/16/21
地尊不○得 42/16/22
天下○有也 42/17/1
何國○降 42/17/5
天下○兼而有也 42/17/7
臣見商於之地不○得 50/21/3
今地未○得而齊先絕 50/21/5
臣○以言乎 50/21/13
○矣 50/21/14
子獨不○以忠為子主計 51/21/26
唯王○也 51/22/4
請明日鼓之而不○下 57/24/5
不○信恃 63/26/1
不○得也已 66/27/13
使以臣之言為○ 72/29/1
○以少有補於秦 73A/30/8
漆身○以補所賢之主 73A/30/12
霸王之業○致 73A/30/25
今見與國之不○親 73A/31/2
○乎 73A/31/3,136B/67/13,198/100/17,311/158/20,366/180/18,384/185/12,438/213/5,438/213/6,440/214/29,440/215/7
齊附而韓、魏○虛也 73A/31/9
韓聽而霸事○成也 73A/31/21
言○得也 75/33/11
於是其謀者固未○得予也 77/33/26
其○得與者 77/33/26
其卒亦○願矣 81/36/1
何為不○ 81/36/1
何為不○哉 81/36/7
夫待死而後○以立忠成名 81/36/10
則○願矣 81/36/13
其○願孰與閎夭、周公哉 81/36/15
○發使告楚曰 82A/37/25
吾不知水之○亡人之國也 83B/39/2
而地不○得也 85/39/27
即○矣 86/40/6
山東之建國○兼與 86/40/15
而天下○圖也 86/40/16
王○謂能矣 87/41/1
敵不○易 87/41/16
時不○失 87/41/16
齊之右壤○拱手而取也 87/42/11
澤○以遺世 93/44/20
外託於不○知之國 93/44/23
○以有秦國 93/44/23
說有○以一切而使君富貴千萬歲 93/44/28
則從事○成 95/46/25
知其○與立功 96/48/14
故○以存社稷者 96/48/15
乃○復使姚賈而誅韓非 96/48/18
不○不日聽也而數覽 100/49/19

荀○慊齊貌辨者 101/49/25
吾豈○以先王之廟與楚乎 101/50/9
靖郭君○謂能自知人矣 101/50/16
則國○重 103/51/3
利○得 103/51/3
名○尊矣 103/51/3
君○以有功 104/51/12
將軍○以為大事乎 105/51/21
則齊君○正 105/51/24
而成侯○走 105/51/25
無○進者 108/53/2
莫不以從為○ 113/55/19
不○得也 113/55/25,348A/173/29
然後王○以多割地 115/56/16
115/56/24
臣竊為公譬○也 117/57/14
官之上非○重也 117/57/18
趙○取唐、曲逆 119/58/2
然則下東國必○得也 122/58/29
○以請行 122/59/1
○以令楚王亟入下東國 122/59/1
○以益割於楚 122/59/1
○以忠太子而使楚益入地 122/59/1
○以為楚王走太子 122/59/2
○以忠太子使之亟去 122/59/2
○以惡蘇秦於薛公 122/59/2
○以為蘇秦請封於楚 122/59/2
○以使人說薛公以善蘇子 122/59/3
○以使蘇子自解於薛公 122/59/3
故曰○以使楚亟入地也 122/59/11
楚之勢○多割也 122/59/14
○以益入地 122/59/15
故曰○以益割於楚 122/59/15
故曰○以使楚益入地也 122/59/19
故曰○以為楚王使太子亟去也 122/59/23
故曰○以使太子急去也 122/59/27
故曰○使人惡蘇秦於薛公也 122/60/3
故曰○以為蘇秦請封於楚也 122/60/7
故曰○以為蘇秦說薛公以善蘇秦 122/60/13
大官未○得 128/62/10
君聽臣則○ 128/62/16
孟嘗君○語善為事矣 128/62/19
猶○乎 134/66/9
而治○為管、商之師 134/66/11
公孫弘○謂不侵矣 134/66/16
立千乘之義而不○陵 134/66/16
○謂足使矣 134/66/16
安○得而有乎哉 136B/67/28
君子焉○侮哉 136B/68/10
地○廣 142/71/19
欲○成也 142/71/19
○見於前事矣 142/72/6
則亡天下○跼足而須也 142/72/10
後起則諸侯○趨役也 142/72/15
○見於前事 142/73/4
而守不○拔 142/73/6
守而不○拔者 142/73/7
兵後起則諸侯○趨役也 142/73/14
地○廣而欲○成 142/73/18
諸侯○同日而致也 142/73/18
功業○明矣 145/75/25
功名○立也 145/75/26
無○以分者 146/76/23
左右孰○ 147/77/14
貂勃○ 147/77/15
以為不○ 147/78/1,276/145/24
○往矣 148/78/14
○ 149A/78/23
196/99/16,198/100/17
198/100/19,200/101/19
384/185/10,384/185/11
412/196/11,455/223/13
亦○ 149A/78/24
群臣之○用者某 149B/79/11
則以為○○為謀 150/79/22
即臨晉之關○以入矣 150/79/24
即武關○以入矣 150/79/25
則齊威○立 150/79/25
秦國○亡 150/79/26
漢中○得也 151/80/7
淮、泗之間亦○得也 151/80/8
○營也 153/80/20
○懼也 153/80/20
五國之事必○敗也 153/80/21
雖勿與地○ 153/80/22
則魏○破也 156/81/24
江乙○謂善謀 160/83/14
安陵君○謂知時矣 160/83/14
五大夫不○收也 165/84/24
孰○ 166/85/3
吾相甘茂○乎 166/85/4
然而不○相秦 166/85/6
若公孫郝者○ 166/85/9
不○親也 167/86/7
不○與深謀 167/86/8
不至數月而宋○舉 168/87/14
其不○成也亦明矣 168/87/19
食之○欲 170/89/29
死之○惡 170/90/1
皆○得而致之 170/90/2
秦○以少割而收害也 173B/90/29
三國○定也 173B/90/30
王不○不與也 177/92/12
後不○以約結諸侯 177/92/13
不○與也 177/92/16,177/92/20
177/92/25,177/92/25
不○不與也 177/92/24
其縮甲則○ 177/93/5
逐而聽則○ 181/94/5
而○以德惠子 184/95/14
○食乎 196/99/16
謁者曰○食 196/99/17
不○不審察也 197/100/1
癘雖憐王○也 197/100/9
然則射○至此乎 198/100/19
198/100/20
不○為拒秦之將也 198/100/22
○得見乎 200/101/18
楚國封盡○得 200/101/26
不○不早定也 201/102/24
請令魏王○ 201/102/30
而為危難不○成之事 202/103/15
其勢○見也 202/103/16
然則韓○以免於患難 203/103/26
今吾安居而○ 203/104/5
如是則二主之心○不變 203/105/4
而○以報知伯矣 204B/106/28
先生以鬼之言見我則○ 208/107/23
不○不熟圖也 210/109/7
展轉不○約 211/109/14
懼則○以不戰而深取割 211/109/16
○謂有故乎 211/110/3

不○與戰 211/110/4,438/213/5
文以為不○ 216/111/19
謹使○全而歸之 216/111/21
今事有○急者 217/112/1
事有○急為者 217/112/9
韓、魏皆○使致封地湯沐之邑 218/113/2
貴戚父兄皆○以受封侯 218/113/2
不○不熟計也 218/113/6
豈○同日而言之哉 218/113/24
夫慮收亡齊、罷楚、敝魏與不○知之趙 219/115/1
收破齊、罷楚、弊魏、不○知之趙 219/115/6
臣以從一不○成也 219/115/7
夫天下之不○一亦明矣 220/116/1
豈○得哉 220/116/3,440/216/5
○以無盡百姓之勞 221/116/19
則胡服之功未○知也 221/116/27
是故聖人苟○以利其民 221/117/16
果○以便其事 221/117/17
近○以備上黨之形 221/117/25
遠○以報中山之怨 221/117/25
然則反古未○非 221/118/24
忠○以寫意 222/119/5
信○以遠期 222/119/6
故有臣○命 222/119/20
何兵之不○易 224/120/13
何俗之不○變 224/120/13
不○以踰險 224/120/14
不○以來朝 224/120/15
糧食輓賃不○給也 225/120/24
雖少出兵○也 229A/122/18
趙守而不○拔者 231/123/10
故臣未見燕之○攻也 231/123/13
則嫪乃○為也 235/126/3
則嫪不○得成也 235/126/8
而慕思不○得之小梁 237/128/15
告以理則不○ 238/128/27
有說則○ 239B/129/16
而地○多割 245/131/2
其前○見已 246/131/12
請問王之所以報齊者○乎 247/132/3
王固○以反疑齊乎 247/132/5
封不○不早定也 248/132/21
他國莫○ 248/132/22
不○復得已 248/132/23
則陰不○得已矣 249/133/5
則從事○移於趙 251/134/20
百里之地不○得 251/134/24
而死者不○復生也 251/134/25
使夫交淺者不○以深談 257/136/26
今外臣交淺而欲深談○乎 257/136/27
大王○試使之 258B/137/19
則○ 258B/137/27
豈○不一會期哉 267/141/8
然而○得并者 269/141/28
見敵之○也鼓之 270/142/8
公叔何○無益乎 270/142/13
即不○諱 271/142/18
其不○以成亦明矣 273/144/2
則大王之國欲求無危不○得也 273/144/5
魏之亡○立而須也 273/144/6
雖欲事秦而不○得也 273/144/12
且夫從人多奮辭而寡○信 273/144/15
公○以居其中而疑之 276/145/14
謂○者謂不○者正半 280/146/19
而王之群臣皆以為○ 280/146/20
不知是其○也 280/146/20
是其○也 280/146/21
則秦、魏之交○廢矣 283/147/14
不○以行百步 290/149/4
今王以衍為○使將 290/149/4
中道而不○ 293/149/29
王之國雖滲樂而從之○也 293/149/30
秦善魏不○知也已 297/151/20
國不○為也已 297/151/21
天下○令伐秦 297/151/24
天下○令賓秦 297/151/25
天下不○ 297/151/26
上不○ 297/151/27
中不○ 297/151/28
下不○ 297/151/28
此○以大勝也 301/153/11
王雖復與之攻魏○也 305/155/8
○無戒與 307/156/5
而秦兵不○下 309/157/6
臣以為燕、趙○法 310/157/15
而宋、中山○無為也 310/157/16
則國救亡不○得也已 310/157/19
此言幸之不○數也 310/157/22
○以少割收也 310/157/29
尚有○以易入朝者乎 311/158/14
今秦不○知之國也 311/158/17
內王於不○知之秦 311/158/18
○謂善用不勝矣 312/159/9
○謂不能用勝矣 312/159/9
不○以革也 312/159/15
因曰不○革 312/159/16
則國○存也 314/160/4
○得聞乎 314/160/8
○得乎 314/160/16
大變○得聞乎 314/160/18
且夫憎韓不受安陵氏○也 315/161/21
楚、魏疑而韓不○得而約也 315/161/28
臣見秦之必大憂○立而待也 318/163/24
地○廣大 318/163/25
國○富 318/163/26
兵○強 318/163/26
主○尊 318/163/26
夫國之所以不○恃者多 319/164/6
其變不○勝數也 319/164/7
而不○恃者 319/164/7, 319/164/8,319/164/8
臣以此知國之不○必恃也 319/164/8
而久不○知 319/164/9
慮久以天下為○一者 321/164/23
必不○支也 325/165/28
安○ 330/167/11
令兵先臣出○乎 338/168/31
事有不○知者 339/169/14
有不○不知者 339/169/14
有不○忘者 339/169/14
有不○不忘者 339/169/14
不○不知也 339/169/15
不○得而知也 339/169/15
不○忘也 339/169/16
不○不忘也 339/169/16
豈○使吾君有魏患也 340/170/7
吾誰與而○ 345/172/16

言○必用 345/172/17
至不○勝計也 348A/173/20
不○稱數也 348A/173/21
聽吾計則○以強霸天下 348A/173/25
其○乎 348B/174/9
且王求百金於三川而不○得 351/174/28
與國不○恃 357/176/15
自以為必○以封 359/177/17
秦、韓之交○合也 359/177/21
武遂終不○得已 359/178/1
獨不○使妾少有利焉 366/180/14
則易必○成矣 368/181/13
不○解矣 369/181/21
犬猛不○叱 374/182/27
正亦○為國乎 384/185/10
正○以圉盜乎 384/185/10
游求人○以報韓傀者 385/185/19
○旦夕得甘脆以養親 385/185/25
未有大功○以稱者 385/186/2
而政獨安○嘿然而止乎 385/186/4
此其勢不○以多人 385/186/10
不○愛妾之軀 385/186/19
今有一舉而○以忠於主 387/187/17
天下固令韓○知也 388/188/3
不○以為存 389/188/18
今日鄭君不○得而為也 391/189/16
今日天子不○得而為也 391/189/18
豈○不謂善謀哉 391/189/21
則○以辟其兵 391/189/22
其形乃○以善楚 396A/190/25
吾欲以國輔韓珉而相之○乎 396A/190/26
○得而知也 396C/191/16
則諸侯之情偽○得而知也 396C/191/18
不○無而從者 405/193/19
○以無疊 405/193/22
不○乎 412/196/11
君以自覆為○乎 412/196/18
令之○以擊人 413/197/4
且以趙王為○親邪 413/197/9
故大亂者○得其地 414/197/21
小亂者○得其寶 414/197/21
事苟○聽 414/197/22
○以為固 415/198/21
則齊○亡已 415/198/27
外敵不○距 415/198/31
不○失也 416A/199/27
寡人將誰朝而○ 418/200/30
今王何不使○以信者接收燕、趙 419/201/28
非蘇氏莫○ 419/202/10
故功○成 420/202/25
而名○立也 420/202/25
故功不○成而名不○立也 420/202/26
則齊軍○敗 420/202/29
而河間○取 420/202/30
○大紛已 423/205/11
則後不○奈何也 424/205/21
故齊、趙之合苟○循也 424/205/21
始○著於春秋 424/206/3
不○振也 426/206/28
上○以得用於齊 427/207/16
次○以得信於下 427/207/16
以女自信○也 427/207/17
去燕之齊○也 427/207/17
將軍自為計則○矣 431/209/11
○以幸無罪矣 431/209/22
431/210/4
齊○大破也 431/209/28
皆○以教於後世 431/210/8
故吳王夫差不悟先論之○以立功 431/210/11
事強○以令國安長久 432/210/22
以事強而不○以為萬世 432/210/23
之國者○長存 432/211/5
乃○折也 433/211/27
乃○缺也 433/211/27
此焉○以舍 436/212/18
楚軍欲還不○得也 436/212/20
不○說以利 437/212/28
○伐也 438/213/4,459A/225/9
左右皆以為趙○伐 438/213/6
苟○以明君之義 438/213/22
○以去 438/213/25
然後乃○圖也 440/214/26
○與之謀也 440/214/29
○使也 440/215/7
而欲不○足也 440/215/21
則不○ 440/215/26
則秦未○親也 440/216/6
○謂深矣 440/216/11
○以解燕國之患 440/216/13
無○柰何 440/216/17
故不○立拔 440/217/14
則吾何以告子而○乎 444/219/8
無乃不○乎 452A/221/28
中山○廢也 455/223/17
獨不○語陰簡之美乎 457/224/11
○以為司馬憙 457/224/16
○以為陰簡 457/224/16
○以令趙勿請也 457/224/16
事何○豫道者 458/224/21
未○豫陳也 458/224/23
安○伐 459A/225/11
而曰『不○』 461/225/31
趙未○伐也 461/226/5
必不○剋 461/226/27
必未○拔 461/226/27
天下○定 461/227/5
破國不○復完 461/227/8
死卒不○復生 461/227/8

克 kè 7

鮮○有終 87/41/9,89/43/7
○燕軍 142/73/2
三月而不○之也 148/78/10
今趙非有七○之威也 231/123/11
秦攻魏未能○之也 314/160/18
不○ 416A/199/24

刻 kè 3

然○深寡恩 39/12/24
○削子以為人 124/61/1
且以繩墨案規矩○鏤我 212/110/22

剋 kè 2

秦軍大○ 461/226/1
必不可○ 461/226/27

客 kè 100

周相呂倉見○於周君 8A/3/22
前相工師藉恐○之傷己也 8A/3/22
○者 8A/3/22
○即對曰 9/4/7
而自謂非○何也 9/4/8
而又為○哉 9/4/9
○謂周君曰 21/7/26
以其重秦○ 24/8/24
○曰 27/9/23,49/20/5,99/49/12
108/52/16,162/83/28
257/136/24,258A/137/9
446B/219/29,446B/219/31
請使○卿張儀 41A/14/27
○謂誂者曰 49/20/4
楚○來使者多健 60/24/21
秦○卿造謂穰侯曰 66/27/3
燕○蔡澤 81/35/20
乃延入坐為上○ 81/37/11
○新有從山東來者蔡澤 81/37/13
拜為○卿 81/37/14
○謂秦王曰 85/39/23
上○從趙來 95/47/1
以上○料之 95/47/2
秦王召群臣賓○六十人
而問焉 96/47/21
○多以諫 99/49/10
无為○通 99/49/10
○趨而進曰 99/49/11
○有於此 99/49/12
○肯為寡人來靖郭君乎 101/50/11
○從外來 108/52/16
問之○曰 108/52/16
○之美我者 108/52/20
臣之○欲有求於臣 108/52/24
今大○幸而教之 113/55/27
413/197/16
○何好 133/64/20
○無好也 133/64/21
○何能 133/64/21
○無能也 133/64/21
比門下之○ 133/64/25
比門下之車○ 133/64/26
孟嘗君○我 133/64/27
問門下諸○ 133/65/1
○果有能也 133/65/3
○胡為若此 134/66/13
寡人直與○論耳 134/66/13
欲○之必諭寡人之志也 134/66/14
使賓○入秦 149B/79/14
○耶 150/79/29
○因為之謂昭奚恤曰 162/83/25
○辭而去 162/83/28
因謂○曰 162/83/28
今上○幸教以明制 168/87/26
且○獻不死之藥 196/99/18
○說春申君曰 197/99/23
○又說春申君曰 197/99/27
召門吏為汗先生著○籍 199/101/4
○請奉陽君曰 210/109/7
是以外賓○遊談之士 218/112/22
今上○有意存天下 218/114/11
○有難者 219/115/7
魏王使○將軍新垣衍間
入邯鄲 236/126/13
梁○辛垣衍安在 236/126/21
工見○來也 239A/129/4
尊虞商以為大○ 247/132/4
○若死 255/136/10
○有見人於服子者 257/136/22
公之○獨有三罪 257/136/23
○見趙王曰 258A/137/3
諸侯○聞之 276/145/20
○謂公子理之傳曰 300/152/26
○謂齊王曰 313/159/26
○謂司馬食其曰 321/164/23
○幸而教之 348A/174/5
○有請叱之者 374/182/27
○何方所循 384/185/9
○游以為狗屠 385/185/24
故○有說韓者曰 393/190/6
唐○謂公仲曰 396A/190/24
士唐○於諸公 396A/190/27
○卿為韓謂秦王曰 396C/191/11
○謂魏王曰 414/197/20
今燕○之言曰 414/197/21
因見燕○而遣之 414/197/22
秦挾賓○以待破 419/201/25
擢之乎賓○之中 431/209/21
○謂燕王曰 433/211/15
待吾○與俱 440/216/25
太子及賓○知其事者 440/216/27
其後荊軻○高漸離以擊
筑見秦皇帝 440/217/28
衛使○事魏 450/221/7
衛○患之 450/221/7
○趨出 450/221/11
衛○曰 450/221/13
魏王趨見衛○ 450/221/13

肯 kěn 23

君使人告齊王以周最不
○為太子也 30/10/15
莫○即秦耳 73A/30/13
而不○行 94/45/24
我自行之而不○ 94/45/25
而卿不○行 94/46/3
又不○聽辨 101/50/9
客○為寡人來靖郭君乎 101/50/11
不得志不○為人臣 134/66/11
君不○以所輕與士 140/70/5
閔王不○與 143/74/14
曾不○留 180/93/28
不○哭也 233/123/29
終不○受 236/128/5
又不○與燕人戰 252/135/16
太后不○ 262/138/29
恐魏之以太子在楚不○
也 305/155/11
公孫郝黨於齊而不○言
360/178/22
聶政竟不○受 385/185/29
何○步行數千里 412/196/15
何○楊燕、秦之威於齊
而取大功乎哉 412/196/16
兩者不○相舍 434/212/5
而君不○聽 438/213/11
必不○出 461/226/26

墾 kěn 1

大夫種為越王○草刱邑 81/37/3

坑 kēng 1

北○馬服 81/36/26

罄 kēng 1

車○擊 112/54/28

空 kōng 30

子罕釋相為司○ 8B/3/30
因令人謂相國御展子、廧夫○曰 17/6/29
倉廩○ 25/9/5
囷倉○虛 42/15/13
何為○以生所愛 64/26/21
是抱○質也 93/45/6
與司○馬之趙 95/46/15
司○馬說趙王曰 95/46/17
司○馬曰 95/46/21,95/46/22
95/46/28,95/46/29,95/47/3
司○馬去趙 95/47/1
司○馬言其為趙王計而弗用 95/47/2
遇司○馬門 95/47/12
司○馬 95/47/15
又以為司○馬逐於秦 95/47/15
趙去司○馬而國亡 95/47/16
然則是我抱○質而行不義於天下也 122/58/27
變則是君抱○質而負名於天下也 122/59/6
以○名市者太子也 122/59/26
夷傷者○財而共藥 142/72/21
而實伐○韓 209/108/16
而立司○狗 239B/129/18
是○絕趙 261/138/23
其實○虛 273/144/10
是齊抱○質而行不義也 302/153/22
臣以垣雍為○割也 327/166/10
垣雍○割也 327/166/13

孔 kǒng 5

○子不足聖 81/36/10
夫項槖生七歲而為○子師 94/45/26
公不聞老萊子之教○子事君乎 194/99/3
○子 233/123/30
○子逃於衛 424/206/4

恐 kǒng 179

秦○公之乘其弊也 2/1/27
臣○西周之與楚、韓寶 3B/2/11
周○假之而惡於韓 5B/3/3
周○ 6/3/11
故王不如速解周○ 6/3/11
前相工師藉○客之傷己也 8A/3/22
○齊、韓之合 10A/4/14
則趙○伐 11C/5/11
將○齊、趙之合也 14A/5/28
○秦不己收也 14A/6/1
吾又○東周之賊己而以輕西周惡之於楚 20/7/21
○一日之亡國 24/8/28
齊、秦○楚之取九鼎也 29/10/10
臣○齊王之為君實立果而讓之於最 30/10/18
楚王○ 33/11/14
國○傷矣 35/11/25,62/25/24
西周○魏之藉道也 37/12/9
且以○齊而重王 41B/15/4
○畏秦 47/19/1
臣○王之如郭君 48A/19/6
臣○王為臣之投杼也 55/23/18
韓亦○戰而楚有變其後 59/24/16
齊○ 63/26/10
○不為王用 71/28/23
臣之所○者 73A/30/13
獨○臣死之後 73A/30/13
此臣之所○耳 73A/30/15
且臣將○後世之有秦國者 73B/32/7
臣竊為王○ 74/32/24
○萬世之後有國者 74/32/24
○秦之救也 82A/37/25
魏王聞之○ 84A/39/13
○不能給也 86/40/17
臣○有後患 87/41/8
臣○韓、魏之卑辭慮患 87/41/17
則臣○諸侯之君 89/43/15
臣○其害於東周 92/44/14
臣○其皆有怨心 93/45/13
外○諸侯之救 95/46/23
山東必○ 95/46/24
○懼死罪於前 95/47/9
嬰子○ 97/48/22
齊○田忌欲以楚權復於齊 106/51/29
○田忌之以楚權復於齊也 106/52/1
○韓、魏之議其後也 112/55/5
梁王大○ 115/56/21
齊王○ 118/57/23
樓子○ 118/57/24
楚王聞之○ 122/59/18
尚○事不成 122/59/19
蘇秦○君之知之 122/60/1
臣○強秦大楚承其後 132A/64/2
○秦兼天下而臣其君 132B/64/13
君臣○懼 133/65/24
君○不得為臣 134/66/4
唯○失抎之 137/68/28
秦王○之 142/73/23
○不如 142/73/25
魏王大○ 142/74/4,325/165/24
○後之 146/76/24
○楚之攻其後 156/81/20
○反人以入於秦 167/86/8
秦○且因景鯉、蘇厲而效地於楚 172/90/13
秦○ 172/90/15,305/155/11
○秦之變而聽楚也 173B/90/27
○其敗己也 175/91/15
齊王○焉 177/93/5
南后、鄭袖聞之大○ 182/94/18
秦○齊之敗東國 195/99/10
明願有問君而○固 199/100/28
○又無寵 200/101/16
○春申君語泄而益驕 200/102/1
朱英○ 200/102/13
○其事不成 209/108/15
○天下之驚覺 209/108/15
○天下疑己 209/108/16
臣○其禍出於是矣 209/108/25
臣○其後事王者之不敢自必也 209/108/28
韓○ 211/109/19
是故橫人日夜務以秦權○猲諸侯 218/113/26
弊邑○懼懾伏 220/115/21
必被庶人之○ 221/116/20

吾○天下笑之 221/116/26
吾○天下議之也 221/117/1
今寡人○叔逆從政之經 221/117/3
故寡人○親犯刑戮之罪 223/119/29
臣○其攻獲之利 224/120/9
富丁○主父之聽樓緩而合秦、楚也 229A/122/9
趙○ 229B/122/23
則○王以臣之為秦也 233/124/2
且必○ 235/126/3
臣○秦折王之椅也 239A/129/10
○其以擊燕為名 245/131/1
則欲以天下之重○王 246/131/10
臣○與國之大亂也 249/133/10
而○太后玉體之有所郄也 262/139/2
鄰國必○ 264A/140/7
臣○君之聾於官也 268/141/14
○後天下得魏 276/145/21
韓○亡 282/147/7
太后○其不因穰侯也 287/148/13
○其謀伐魏也 288/148/18
○有後咎 291/149/11
梁君、田侯○其至而戰敗也 291/149/14
官費又○不給 296/150/20
○其伐秦之疑也 297/152/6
吾○張儀、薛公、犀首之有一人相魏者 303B/154/3
吾○張儀、薛公、犀首有一人相魏者 303B/154/7
○其不忠於下吏 304/154/17
臣○魏交之益疑也 304/154/18
臣又○趙之益勁也 304/154/18
臣故○魏交之益疑也 304/154/22
臣故○趙之益勁也 304/154/24
魏王之○也見亡矣 305/155/7
秦○失楚 305/155/8
○魏之以太子在楚不肯也 305/155/11
趙王○魏承秦之怒 308/156/19
臣已○之矣 311/159/1
○天下之將有大變也 314/160/17
秦王大○ 314/160/24
謀○不出於計矣 318/163/21
山東見亡必○ 318/163/24
○必大合 318/163/24
秦○王之變也 327/166/11
吳慶○魏王之構於秦也 333/167/27
○言而未必中於王也 345/172/15
臣○山東之無以馳割事王者矣 351/174/28
楚王聞之大○ 357/176/19
臣○國之以此為患也 360/178/11
○齊以楚遇為有陰於秦、魏也 361/178/28
公仲○曰 367/181/7
○留 371/182/3
公不如令人○楚王 372/182/9
以○太子 378/183/23
伯嬰○ 379/183/29
公叔、伯嬰○秦、楚之內幾瑟也 380/184/3
○韓咎入韓之不立也 383C/185/3
楚、魏必○ 388/188/2
○ 388/188/2
○梁之不聽也 389/188/14
齊、楚○ 394/190/14
而○楚之怒也 396A/190/24
其次○不得也 403/193/9
臣○天下後事足下者 412/196/29
○以忠信之故 420/203/3
○忠信不諭於左右也 420/203/12
○齊救之 422/204/9
○天下救之 422/204/13
○抵斧質之罪 431/209/14
臣○侍御者之不察先王之所以畜幸臣之理 431/209/16
臣之所大○也 431/210/13
○侍御者之親左右之說 431/210/17
臣○強秦之為漁父也 434/212/6
境吏○而赦之 437/212/29
○君之未盡厚也 438/213/14
○其適足以傷於高而薄於行也 438/213/21
○其禍至 440/214/18
○不能須臾 440/214/26
○不足任使 440/216/1
太子丹○懼 440/216/5
○懼不敢自陳 440/217/6
秦武陽色變振○ 440/217/10
○不免於罪矣 443/218/30
則○危社稷 444/219/4
○不得矣 446B/220/1
臣○王事秦之晚 450/221/11
大○ 454/222/16
○亡其國 454/222/17
且中山○ 454/222/19
則中山必○ 454/222/24
吾○其不吾據也 455/223/10
中山○燕、趙之不己據也 455/223/20
則○無身 458/224/20
○後天下 459A/225/9
楚人震○ 461/226/10
撫其○懼 461/227/5

口 kǒu 34

杜左右之○ 40/14/15
決白馬之○ 42/16/20,422/204/5
塞轘轅、緱氏之○ 44/17/24
子其弭○無言 50/21/7
北有甘魚之○ 70/28/15
無以餌其○ 73A/30/9
是以杜○裹足 73A/30/13
北有甘泉、谷○ 73A/30/23
衆○所移 80/35/8
使馳說之士無所開其○ 81/37/2
塞太行之○ 81/37/7
譬若虎○ 124/61/2
○勞之 146/77/1
如出一○矣 161/83/21
水漿無入○ 170/89/12
右濡其○ 170/89/13
今夫橫人嚂○利機 189/96/28
欲殺春申君以滅○ 200/102/1
秉權而殺君以滅○ 200/102/10
謀出二君之○ 203/104/22
勿出於○ 203/104/28
○道天下之事 208/107/23
願大王慎無出於○也 218/112/27
膳啗使之嗛於○ 258B/137/29
衆○鑠金 273/144/17
寧為雞○ 347/173/8
決滎○ 422/204/5
決宿胥之○ 422/204/6
固知將有○事 427/207/13

吾必不聽眾○與讒言　427/207/16
臣乃○受令　431/209/28
願太子急遣樊將軍入匈
　奴以滅○　440/214/25
○不能無道爾　458/224/30

寇 kòu　7

司○布為周最謂周君曰　30/10/15
生未嘗見○也　42/15/17
無所○艾　189/96/27
治列子圉○之言　384/185/9
夫燕之所以不犯○被兵
　者　408/194/14
內○不與　415/198/31
趙王出輕銳以○其後　461/227/1

刳 kū　3

○腹折頤　87/41/19
○胎焚夭　258B/138/2
○子腹及子之腸矣　437/212/28

枯 kū　3

形容○槁　40/13/30
五日而叢○　74/32/18
下壘○丘　148/78/12

哭 kū　10

中○泣　142/72/21
人有當闕而○者　143/74/17
　143/74/19
晝吟宵○　170/89/12
下車攀而○之　199/101/7
一蓋○　212/110/22
不肯○也　233/123/29
焉有子死而不○者乎　233/123/29
乃抱屍而○之曰　385/186/21
伏屍而○　440/216/17

堀 kū　1

○穴窮巷　199/101/9

窟 kū　5

狡兔有三○　133/65/20
今君有一○　133/65/20
請為君復鑿二○　133/65/21
三○已就　133/65/28
身○穴　142/72/25

苦 kǔ　18

不○一民　42/16/17
無勞勸之○　132A/64/2
是其為人也近○矣　157B/82/7
有偏守新城而居民○矣　168/87/5
形之困○　197/100/8
吾○夫匠人　212/110/22
此非吾所○也　212/110/23
吾所○夫鐵鉆然　212/110/23
常○出辭斷絕人之交　218/112/27
勿令溺○於學　222/119/19
○成常謂建信君曰　241/130/3
臣為之○矣　297/152/1
甚○矣　338/169/1
卑體不足以○身　342/171/2
臣請深惟而○思之　345/172/16
與百姓同其甘○　418/201/8
此臣之所為山東○也　432/210/23
　432/211/2

庫 kù　7

今天下之府○不盈　42/15/12
令○具車　94/46/4
臣願以足下之府○財物　127/62/2
案府○　203/104/7
府○足用　203/104/8
精兵非有富韓勁魏之○
　也　219/115/5
府○倉廩虛　252/135/18

快 kuài　6

應侯固不○　81/35/23
文信侯去而不○　94/45/23
君侯何不○甚也　94/45/23
恭於教而不○　222/119/12
輕棄寡人以○心　438/213/17
必欲○心於趙　461/227/6

噲 kuài　9

子○與子之國　114/56/4
○子謂文公曰　410/195/10
乃北見燕王○曰　415/197/27
燕王○既立　416A/199/3
燕○三年　416A/199/6
而○老不聽政　416A/199/18
燕王○死　416A/199/28
燕王○問曰　416B/200/6
殺王○、子之　416B/200/8

澮 kuài　1

而與韓、趙戰○北　270/142/5

寬 kuān　4

○則兩軍相攻　40/13/23
君前已○舍臣　204B/106/26
身行○惠達於禮　222/119/12
周必○而反之　401/192/24

匡 kuāng　5

皆○君之之事　73A/30/3
一○天下　81/36/21
　137/68/27，145/76/4
犀首以梁為齊戰於承○
　而不勝　116/57/3

狂 kuáng　4

被髮而為○　73A/30/6，73A/30/11
有○兕（牂）〔䍧〕車
　依輪而至　160/83/9
○夫之樂　221/116/26

況 kuàng　14

而○於秦國乎　79/34/23
○於楚之故地　82A/37/26
又○山谷之便乎　221/117/17
而○人臣乎　262/139/23
○大事乎　280/146/19

而又○存蕃乎　295/150/15
而又○於仇讎之敵國也　315/161/2
又○於使秦無韓而有鄭地　315/161/27
○生馬乎　418/201/3
○賢於隗者乎　418/201/4
而又○於當世之賢主乎　420/203/13
○傷人以自損乎　438/213/23
又○聞樊將軍之在乎　440/214/24
○以彊擊弱　461/226/14

曠 kuàng　5

○日遠而為利長者　142/73/14
○日持久　225/121/6
○遠於趙　228/121/28
○日持久數歲　252/135/18
○日彌久　440/214/26

窺 kuī　5

今反閉而不敢○兵於山東者　73A/30/25
朝服衣冠○鏡　108/52/13
○鏡而自視　108/52/19
不○於邊城之外　412/196/19
○以重利　440/215/25

虧 kuī　7

月滿則○　81/36/20
奚○於王之國　239A/129/8
故兵未用而國已○矣　272/143/10
夫○楚而益魏　273/144/11
○地不足以傷國　342/171/2
義者不○人以自益　438/213/23
地不○而兵不用　455/223/17

闚 kuī　4

以○周室　55/23/3
芻牧薪采莫敢○東門　88/42/18
東○於周室甚　217/112/1
以東○周室　389/188/13

揆 kuí　2

而○其兵之強弱　420/202/24
不○其兵之強弱　420/202/25

葵 kuí　1

至○丘之會　81/36/21

喟 kuì　6

蘇秦○歎曰　40/14/1
襄子乃○然歎泣曰　204B/106/24
都平君○然大息曰　225/121/9
○然而歎　236/127/17
秦王○然愁悟　338/169/8
中山君○然而仰歎曰　459B/225/19

愧 kuì　2

不中則○　142/73/9
亦將以○天下後世人臣懷二心者　204B/106/17

媿 kuì　3

而欲○之以辭　134/66/7
不○下學　136B/68/3
臣竊為大王○之　272/143/5

匱 kuì　1

糧食○　203/104/15

潰 kuì　4

譬猶以千鈞之弩○癰也　63/26/9
尾湛胕○　199/101/6
則足下擊○而決天下矣　248/132/28
韓軍自○　461/226/22

憒 kuì　1

○於憂　133/65/3

簣 kuì　1

坐而織○　148/78/13

餽 kuì　1

飲食餔○　461/226/2

饋 kuì　1

孝成王方○　245/130/30

昆 kūn　8

與之○弟矣　77/33/26
以秦與楚為○弟國　85/39/28
為○弟之國　113/55/23
長為○弟之國　168/87/22
今楚與秦為○弟之國　220/116/1
有許、鄢、○陽、邵陵、舞陽、新郪　272/142/27
夫親○弟　273/144/1
然而秦之葉陽、○陽與舞陽、高陵鄰　315/161/19

崑 kūn　1

而○山之玉不出也　209/108/24

髡 kūn　19

淳于○為齊使於荊　125/61/6
謂淳于○曰　125/61/7
淳于○曰　125/61/7
131/63/23,313/159/22
313/159/27,425/206/16
淳于○一日而見七人於宣王　131/63/22
今○賢者之疇也　131/63/25
王求士於○　131/63/25
○將復見之　131/63/26
淳于○謂齊王曰　132A/63/30
魏使人謂淳于○曰　313/159/21
淳于○言不伐魏者　313/159/26
王以謂淳于○曰　313/159/26
魏雖刺○　313/159/28
魏雖封○　313/159/28

○有璧、馬之寶 313/159/29
先說淳于○曰 425/206/12

困 kùn 39

是公之知○而交絕於周也 17/6/28, 36/12/4
必大○ 57/24/3
叢○我 74/32/17
○於上黨 78/34/6
應侯知蔡澤之欲○己以說 81/36/1
主離○辱 81/36/5
韓、魏聞楚之○ 82A/37/24
呡欲以齊、秦劫魏而○薛公 82B/38/7
人之○賤下位也 136B/68/7
振○窮 138/69/18
而士○於土功 142/72/25
壤削主○ 145/75/19
則五國之事○也 153/80/27
是王令○也 181/94/5
今儀○秦而睢收楚 183/95/2
於此○矣 187/96/10,187/96/13
是知○而交絕於后也 191/97/15
形之○苦 197/100/8
是故官無乏事而力不○ 219/114/17
為齊兵○於殽塞之上 219/115/3
是以三國之兵○ 219/115/12
今趙兵○於秦 233/125/2
夫趙兵○於秦 233/125/7
君必○矣 240/129/23
而二士之謀○也 291/149/12
是智○於秦 329B/167/3
○於思慮 340/170/9
是我○秦、韓之兵 357/176/24
禽○覆車 359/177/17
妾○不疲也 366/180/12
西○秦三年 415/198/17
兵○於林中 422/204/20
○則使太后、穰侯為和 422/204/22
夫樊將軍○窮於天下 440/214/27
數○於兵 440/215/24
樊將軍以窮○來歸丹 440/216/8
猶勾踐○於會稽之時也 461/226/26

來 lāi 131

子之數○者 1/1/17
亟亡○亡○ 19/7/14
○ 48A/19/11
張儀果○辭 48A/19/11
使者未○ 50/21/8
楚客○使者多健 60/24/21
其健者○使者 60/24/22
其需弱者○使 60/24/22
彼○則置之槐谷 61A/25/6
臣聞往○之者言曰 63/26/5
邯鄲人誰○取者 77/33/25
遁逃○奔 80/35/11
客新有從山東○者蔡澤 81/37/13
臣之○使也 85/39/27
於是白起又將兵○伐 87/40/25
此從生民以○ 87/40/29
上蔡、召陵不往○也 87/42/10
必○請子 93/44/24
上客從趙○ 95/47/1
客肯為寡人○靖郭君乎 101/50/11
客從外○ 108/52/16
徐公○ 108/52/19
使者數相往○ 109/53/6
臣○弔足下 110/53/20
臣之○也 124/60/24
今者臣○ 124/60/27, 334/168/3,434/212/3
而○害相報者 129/62/27
子○ 131/63/22
長鋏歸○乎 133/64/24, 133/64/25,133/64/27
乃歌夫長鋏歸○者也 133/65/2
悉○合券 133/65/8
○何疾也 133/65/11
斶○ 136B/67/20,136B/67/20
仁義皆○役處 136B/67/21
莫不○語 136B/67/21
子之○也 141A/70/10
銳兵○則拒之 142/73/21
女朝出而晚○ 144/74/28
召相單○ 147/77/19
貂勃從楚○ 147/77/22
召相田單而○ 147/77/22
其使涓○ 151/80/4
且夫涓○之辭 151/80/5
王不如令人以涓○之辭謾固於齊 151/80/6
使下臣○告亡 170/89/15
秦女必不○ 174/91/9
○取東地於楚 177/92/8
齊使○求東地 177/92/8
齊令使○求地 177/92/12
齊使○求東地五百里 177/92/16, 177/92/20
大夫○獻地 177/93/2
惠子為儀者○ 184/95/10
今施以魏○ 185/95/21
行千餘里○ 188/96/17
明之○也 193/98/25
雁從東方○ 198/100/19
○請地不與 203/103/25
復○ 204A/106/1
今日臣之○也暮 208/107/24
明日復○見兌也 208/107/29
先生明日復○ 208/108/5
明日○ 208/108/5
苟○舉玉趾而見寡人 217/112/2
臣之所為○ 217/112/8
不可以○朝 224/120/15
樓緩新從秦○ 233/123/26
今臣新從秦○ 233/124/1
○年秦復攻王 233/124/9, 233/124/18
令秦○年復攻王 233/124/12
子能必○年秦之不復攻我乎 233/124/13
至○年而王獨不取於秦 233/124/15
○年復攻 233/124/19
○年秦復求割地 233/124/23
子安取禮而○待吾君 236/127/19
工見客○也 239A/129/4
秦使人○仕 242/130/9
候者○言 250/134/14
趙王以咫尺之書○ 251/134/28
翟章從梁○ 255/136/9
下臣之○ 258B/137/24
軫之所以○者 276/145/11
無事必○ 276/145/13
曰無事必○ 276/145/15
○將悟之 278/146/3
魏使公孫衍○ 288/148/23

魏王聞寡人〇 288/148/24
代也從楚〇 303B/154/6
魏〇求救數矣 338/169/2
大成午從趙〇 344B/172/10
谿子、少府時力、距〇 347/172/29
必不為鴈行以〇 357/176/22
自今以〇 358/177/12
必〇以是而足矣 363/179/19
使者〇者眾矣 366/180/11
先生病而〇 366/180/17
臣安敢〇 366/180/18
周最固不欲〇使 374/182/25
周最不欲〇 374/182/25
而以不得已之故〇使 374/182/28
今周最不〇 374/182/29
他人必〇 374/182/29
〇使者無交於公 374/182/29
則曰〇效賊也 383C/185/4
何故使公〇 399/192/10
武安君從齊〇 412/196/8
期而不〇 412/196/16
子之丈夫〇 420/203/7
吾已為藥酒而待其〇矣 420/203/8
已而其丈夫果〇 420/203/8
為子之遠行〇之 420/203/11
自五伯以〇 431/210/2
樊將軍以窮困〇歸丹 440/216/8
其人居遠未〇 440/216/22
必不敢〇 443/218/28
亦不敢〇 443/218/28
妨往〇者 452B/222/5
齊以是辭〇 455/223/23
果以是辭〇 455/223/28
趙使〇 456/224/6
趙使者〇屬耳 457/224/11
臣〇至境 458/224/26
故〇死君也 459B/225/19
趙自長平已〇 461/226/4

萊 lái 2

昔者〇、莒好謀 142/72/4
公不聞老〇子之教孔子事君乎 194/99/3

賴 lài 4

周〇大國之義 1/1/9
妾〇天而有男 200/101/26
〇得先王鴈鶩之餘食 428/208/1
為秦則不〇矣 449/220/27

瀨 lài 1

故楚南察〇胡而野江東 166/85/7

闌 lán 1

夫牛〇之事 153/80/24

藍 lán 15

再戰於〇田 82A/37/24
雖〇田豈難得哉 82A/37/26
食〇田十二縣 93/45/16
戰於〇田 168/87/11
日者秦、楚戰於〇田 211/109/14
秦果南攻〇田、鄢、郢 318/163/28
請道於南鄭、〇田以入攻楚 367/180/29
〇諸君患之 455/223/9
張登謂〇諸君曰 455/223/9
〇諸君曰 455/223/9,455/223/12
455/223/13,455/223/18
455/223/22,455/223/25

蘭 lán 3

前夾林而後〇臺 307/156/4
河山以〇之 315/161/23
無河山以〇之 315/161/27

覽 lǎn 4

不可不日聽也而數〇 100/49/19
大王〇其說 113/55/16
人主〇其辭 273/144/16
然惟願大王〇臣愚計 461/227/4

濫 làn 1

氾〇無所止 208/107/27

嚂 làn 1

今夫橫人〇口利機 189/96/28

郎 láng 8

君先仕臣為〇中 200/102/11
何不令前〇中以為冠 239A/129/7
〇中不知為冠 239A/129/7
而〇中甚妬之 261/138/22
而〇中之計中也 261/138/23
今臣處〇中 406/193/26
諸〇中執兵 440/217/15
至〇門而反曰 450/221/11

狼 láng 11

虎〇之國也 24/8/26,167/86/1
譬如使豺〇逐群羊也 44/18/3
則〇顧 112/55/5
以外交強虎〇之秦 167/86/2
虎〇之國 167/86/7
請蔡、皋〇之地 203/104/1
且秦虎〇之國也 233/124/26
外交強虎〇之秦 272/143/2
有虎〇之心 315/160/29
夫趙王之〇戾無親 413/197/9

琅 láng 1

東有〇邪 112/54/23

廊 láng 3

式於〇廟之內 40/14/12
謀不出〇廟 81/37/6
〇廟之上 342/171/6

牢 láo 4

食必太〇 136B/68/11
亡羊而補〇 192/97/28
吾將以十太〇待子之君

236/127/19
供太○異物 440/216/2

勞 lāo 29

前有勝魏之○ 23/8/17
弊兵○衆不足以成名 44/17/27
無刺一虎之○ 51/22/2
○大者其祿厚 72/28/29
平原津令郭遺○而問 95/47/1
無○勸之苦 132A/64/2
在○天下而自佚 142/73/19
○亂在天下 142/73/20
寡人憂○百姓 146/76/27
口○之 146/77/1
不費馬汗之○ 168/87/1
有○其身 170/88/22
故○其身 170/89/18
心之憂○ 197/100/8
秦被其○ 211/110/2
可以無盡百姓之○ 221/116/19
農夫○而君子養焉 221/118/1
不○而成功 221/118/16
奉厚而無○ 262/139/16
無○之奉 262/139/22
使公孫子○寡人 288/148/24
而以民○與官費用之故 296/150/21
如此則士民不○而故地得 315/162/3
子嘗教寡人循功○ 346/172/23
數戰則民○ 415/198/19
民○而實費 419/201/15
夫民○而實費 419/201/17
西○於宋 420/202/29
○者相饗 461/226/2

老 lǎo 44

美男破○ 48A/19/8
父子○弱係虜 87/41/19
秦王○矣 93/45/7
有○母 133/64/28
民扶○攜幼 133/65/19
○子曰 136B/68/5
至○不嫁 138/69/19
有○人涉菑而寒 146/76/22
○婦已亡矣 149B/79/12
先生○悖乎 192/97/22
公不聞○萊子之教孔子事君乎 194/99/3
家貧親○ 208/107/21
色○而衰 240/129/22
知○而多 240/129/22
君之身○矣 248/132/21
○婦必唾其面 262/138/29
○臣病足 262/139/1
○婦恃輦而行 262/139/3
○臣今者殊不欲食 262/139/4
○婦不能 262/139/5
○臣賤息舒祺 262/139/7
○臣竊以為媼之愛燕后賢於長安君 262/139/10
○婦不聞也 262/139/15
○臣以媼為長安君計短也 262/139/18
夫鄉邑○者而先受坐之士 266/140/29
故《○子》曰 270/142/13
王亦聞○妾事其主婦者乎 279/146/13
若○妾之事其主婦者 279/146/13
○臣請出西說秦 338/168/31
韓大夫見王○ 378/183/22
韓大夫知王之○而太子定 379/183/28
臣有○母 385/185/24
徒幸而養○母 385/185/28
○母在 385/185/28
政徒以○母 385/186/4
○母今以天年終 385/186/4
且臣有○母於周 412/196/19
離○母而事足下 412/196/19
及○ 416A/199/15
而噲○不聽政 416A/199/18
○且不嫁 421/203/20
○婦欲得志焉 428/207/27
○婦不知長者之計 428/208/11
罵國○諫曰 447/220/8

嫪 lào 10

○毐亦為亂於秦 200/102/19
與○氏乎 342/171/5
以為○毐功 342/171/6
以因○毐 342/171/7
王以國贊○毐 342/171/7
以○毐勝矣 342/171/7
王以國贊○氏 342/171/7
今由○氏善秦而交為天下上 342/171/8
天下孰不棄呂氏而從○氏 342/171/8
天下必合呂氏而從○氏 342/171/9

雷 léi 3

沸聲若○ 81/36/27
戰如○電 112/54/25
兕虎嘷之聲若○霆 160/83/8

羸 léi 10

○縢履蹻 40/13/29
更○與魏王處京臺之下 198/100/18
更○謂魏王曰 198/100/18
更○曰 198/100/19, 198/100/20
更○以虛發而下之 198/100/19
士卒病○ 203/104/15
桑輪蓬篋○縢 208/107/21
民○而不休 219/114/24
○則兼欺舅與母 422/204/22

纍 léi 1

東有越○ 185/95/27

累 lěi 31

周君謂趙○曰 2/1/22
如○王之交於天下 14B/6/9
則王亦無齊之○也 14B/6/10
此國○也 46/18/24
其居秦○世重矣 61A/25/4
○碁是也 87/40/28
而有○世之怨矣 87/41/18
衛危於○卵 88/42/19
君危於○卵 93/44/28
皆以國事○君 130/63/9
則○世不得一焉 131/63/24

而立○世之功 145/76/10
危於○卵 208/107/28
必負遺俗之○ 221/116/20
因貴戚者名不○ 221/117/4
係○吾民 221/117/24
失而○ 222/119/7
以從政為○ 223/119/29
○世以前 232/123/21
許由無天下之○ 238/128/24
此君之○也 251/135/3
亦無齊○矣 337/168/24
臣故知入齊之有趙○也 423/205/10
臣雖為之○燕 424/205/28
故臣雖為之不○燕 424/206/1
而君有失厚之○ 438/213/18
未如商容、箕子之○也 438/213/20
○往事之美 438/213/24
柳下惠不以三黜自○ 438/213/25
議不○物 438/213/27
怨而○之 438/213/28

壘 lěi 2

下○枯丘 148/78/12
盡於溝○ 252/135/18

淚 lèi 1

士皆垂○涕泣 440/216/28

類 lèi 14

王○欲令若為之 17/7/1
此亦淖齒、李兌之○已 73B/32/6
族○離散 87/41/20
劃而○ 101/49/25
以其○為招 192/98/5
其音何○吾夫之甚也 204B/106/13
賤之○也 221/118/12
是薄柱擊石之○也 225/121/1
夫物多相○而非也 266/141/2
武夫○玉 266/141/2
此桓公、許異之○也 391/189/21
此食烏喙之○也 411/195/24
適不幸而有○妾之棄酒也 412/196/29
為與此同○也 442/218/22

冷 lěng 5

○向謂強國曰 213/110/28
韓令○向借救於秦 367/180/28
○向謂韓咎曰 383A/184/23
○向謂伯嬰曰 383B/184/29
○向謂陳軫曰 400/192/17

狸 lí 3

則騏驥不如狐○ 129/62/24
明日又使燕攻陽城及○ 426/207/5
今燕又攻陽城及○ 426/207/6

犂 lí 1

面目○黑 40/13/30

黎 lí 3

梁有懸○ 72/29/6
而請內焦、○、牛狐之城 228/121/26
不予焦、○、牛狐 228/121/27

釐 lí 6

魏安○王使將軍晉鄙救趙 236/126/13
齊伐○、莒而晉人亡曹 319/164/3
昭○侯 390/188/23
申不害與昭○侯執珪而見梁君 390/188/24
昭○侯聽而行之 390/188/27
臣竊以為王之明為不如昭○侯 390/188/28

離 lí 59

視之不可○ 13/5/23
取藺、○石、祁者 27/9/20
27/9/25
南有符○之塞 70/28/15
不○保傅之手 73A/30/14
主○困辱 81/36/5
盡能而不○ 81/36/5
則是我○秦而攻楚也 82A/37/28
首身分○ 87/41/19
族類○散 87/41/20
秦、楚之構而不○ 87/41/26
齊有處士曰鍾○子 138/69/16
宗族○心 143/74/12
使曹子之足不○陳 145/76/5
百姓○散 170/89/10
170/89/15, 170/89/20
而○二主之交 202/103/17
臣願捐功名去權勢以○眾 204A/105/20
三晉○而秦強 217/111/25
而○三晉 217/112/4
是秦禍不○楚也 217/112/12
217/112/13
○中國 221/117/11
中國同俗而教○ 221/117/17
藺、○石、祁拔 228/121/26
以易藺、○石、祁於趙 228/121/26
夫藺、○石、祁之地 228/121/28
安能收恤藺、○石、祁乎 228/122/1
與國無相○也 297/151/21
○王 304/154/27
時合時○ 325/165/26
其○也 325/165/27
而○楚愈遠耳 334/168/6
而○王愈遠耳 334/168/8
要○之刺慶忌也 343/171/22
公何不與趙藺、○石、祁 356A/176/3
齊、魏合與○ 360/178/14
齊、魏○ 360/178/15
久○兵史 360/178/19
韓不敢○楚也 381/184/11
天下合而○秦 387/187/18
合○之相續 387/187/18
皆積智欲○秦、韓之交 388/188/5
齊、燕○則趙重 409/194/27
義不○親一夕宿於外 412/196/14
○老母而事足下 412/196/19
百姓○意 416A/199/25
我○兩周而觸鄭 422/204/2

兵傷於○石 422/204/21
臣聞○齊、趙 426/206/21
百姓○心 426/207/8
一合一○ 427/207/18
焉有○人子母者 428/207/27
○毀辱之非 431/210/13
高漸○擊筑 440/216/27
其後荊軻客高漸○以擊筑見秦皇帝 440/217/28
徒欲以○我於中山 455/223/25
百姓心○ 461/226/17

灕 lí 1

○然止於齊者 1/1/14

驪 lí 1

○牛之黃也似虎 266/141/2

李 lǐ 53

為周最謂○兌曰 23/8/15
并於○下 42/16/24
○讎謂公孫衍曰 52/22/9
大敗秦人於○帛之下 53/22/21
○兌用趙 73B/32/5,197/100/6
此亦淖齒、○兌之類已 73B/32/6
而殺○牧 86/40/19
謂○向曰 119/57/29
趙人○園 200/101/16
○園求事春申君為舍人 200/101/16
以○園女弟立為王后 200/101/28
楚王貴○園 200/101/28
○園用事 200/101/28
○園既入其女弟為王后 200/102/1
○園不治國 200/102/9
○園必先入 200/102/10
○園先入 200/102/11
○園 200/102/12
○園果先入 200/102/15
而○園女弟 200/102/16
蘇秦說○兌曰 208/107/21
○兌曰 208/107/23, 208/107/29,208/108/2
○兌見之 208/107/24
○兌舍人謂○兌曰 208/108/1
○兌送蘇秦明月之珠 208/108/5
教子欬謂○兌曰 229B/122/23
齊人○伯見孝成王 245/130/30
○兌約五國以伐秦 247/131/20
秦逐○兌 247/131/24
○兌必死 247/131/24
以救○子之死也 247/131/24
齊乃令公孫衍說○兌以攻宋而定封焉 248/132/15
○兌乃謂齊王曰 248/132/16
趙使○牧、司馬尚禦之 263/139/27
○牧數破走秦軍 263/139/27
○牧、司馬尚欲與秦反趙 263/139/28
斬○牧 263/140/1
魏王使○從以車百乘使於楚 276/145/14
○從以車百乘使楚 276/145/20
○從約寡人 276/145/22
乃倍○從 276/145/23
○郝謂臣曰 329A/166/25
奉陽君○兌甚不取於蘇秦 409/194/27
○兌因為蘇秦謂奉陽君曰 409/194/27
而○信出太原、雲中 440/215/23
秦將○信追擊燕王 440/217/25
使○疵觀之 459A/225/9
○疵曰 459A/225/9,459A/225/11

里 lǐ 180

宜陽城方八○ 2/1/23
秦令樗○疾以車百乘入周 24/8/24
使樗○疾以車百乘入周 24/8/27
沃野千○ 40/13/8
今先生儼然不遠千○而庭教之 40/13/13
郊迎三十○ 40/14/17
方數千○ 42/15/20,42/17/6
開地數千○ 42/15/22
張儀之殘樗○疾也 45/18/16
重樗○疾而使之者 45/18/16
樗○疾出走 45/18/19
故賣僕妾不出○巷而取者 49/20/13
出婦嫁於鄉○者 49/20/13
方六百○ 50/20/26,50/21/1
而得商於之地六百○ 50/21/2
廣從六○ 50/21/12
臣聞六百○ 50/21/12
不聞六○ 50/21/12
安得六百○ 50/21/13
起樗○子於國 52/22/10
行千○而攻之 55/23/10
樗○疾、公孫衍二人者 55/23/13
樗○疾、公孫衍二人在 55/23/21
公孫衍、樗○疾挫我於內 57/24/4
公內攻於樗○疾、公孫衍 58/24/10
是樗○疾、公孫衍無事也 58/24/12
方千○ 70/28/14
又方千○ 70/28/14
利有千○者二 70/28/15
再辟千○ 73A/31/3
方五百○ 73A/31/7
攘地千○ 81/36/3
功章萬○之外 81/36/18
棧道千○於蜀、漢 81/37/8
以千○養 86/40/11
而出百○之地 87/41/1
行百○者半於九十 89/43/18
受百○之地 94/45/23
去咸陽七○ 94/46/3
百○奚 96/48/12
今齊地方千○ 108/52/24
齊地方二千○ 112/54/24
千○而一士 131/63/22
未至百○ 133/65/18
百○ 134/66/8
寡人地數千○ 134/66/8
今孟嘗君之地方百○ 134/66/9
下則鄙野、監門、閭○ 136B/67/22
欲為監門、閭○ 136B/67/27
昔者魏王擁土千○ 142/73/22
方數百○ 143/74/16
於是殺閔王於鼓○ 143/74/20
鄉○不通也 145/76/2
而喪地千○ 145/76/5
乃使人聽於閭○ 146/77/2

三〇之城 147/77/28
五〇之郭 147/77/28
而反千〇之齊 147/77/29
臣以五〇之城 148/78/8
七〇之郭 148/78/9
齊地方數千〇 150/79/22
約與五百〇之地 150/79/28
今王之地方五千〇 154/81/6
蒲反、平陽相去百〇 163/84/6
新城、上梁相去五百〇 163/84/7
地方五千〇 167/85/16,461/226/9
至郢三千餘〇 168/86/30
一日行三百餘〇 168/87/1
〇數雖多 168/87/1
甘茂與樗〇疾 171/90/9
予我東地五百〇 177/92/3
敬獻地五百〇 177/92/6
以東地五百〇許齊 177/92/11
齊使來求東地五百〇 177/92/16
177/92/20
今去東地五百〇 177/92/17
而北獻地五百〇於齊 177/92/28
又欲奪之東地五百〇 177/93/4
今先生乃不遠千〇而臨寡人 180/93/28
行千餘〇來 188/96/17
臣聞昔湯、武以百〇昌 192/97/29
猶以數千〇 192/97/29
豈特百〇哉 192/97/29
為樗〇疾卜交也 193/98/25
臣有辭以報樗〇子矣 193/98/26
皆不過百〇以有天下 197/99/23
君籍之以百〇勢 197/99/24
而至鉅鹿之界三百〇 209/108/21
至於榆中千五百〇 209/108/21
則地與國都邦屬而壤挈者七百〇 209/108/21
即地去邯鄲二十〇 209/108/22
三百〇通於燕之唐、曲吾 209/108/23
其地不能千〇 211/109/14
且以置公孫赫、樗〇疾 213/110/30
攘地千餘〇 217/112/2
趙地方二千〇 218/113/10
辟地千〇 224/120/19
故拘之於牖〇之車 236/127/17
為郤軍五十〇 236/128/2
五〇而罷 240/129/24
文王之拘於牖〇 242/130/12
用兵於二千〇之外 247/132/1
去齊三千〇 247/132/3
今王能以百〇之地 251/134/19
乃使人以百〇之地 251/134/20
臣聞趙王以百〇之地 251/134/23
而得百〇之地 251/134/24
百〇之地不可得 251/134/24
日三四〇 262/139/4
地方千〇 272/142/29,347/172/29
魏地方不至千〇 273/143/22
不過百〇 273/143/23
二百餘〇 273/143/23
樗〇疾怒 305/155/11
今又行數千〇而以助魏 314/160/15
夫行數千〇而救人者 314/160/15
雖欲行數千〇而助人 314/160/16
利行數千〇而助人乎 314/160/20
則道〇近而輸又易矣 314/160/21
行三十〇而攻危隘之塞 315/161/12
千〇有餘 315/161/23
晉國之去大梁也尚千〇 315/161/26
去大梁百〇 315/161/27
臣意秦王與樗〇疾之欲之也 317B/163/4
乃請樗〇子曰 317B/163/7
樗〇子曰 317B/163/8
317B/163/10
今由千〇之外 341/170/22
今王亡地數百〇 342/170/29
寡人欲以五百〇之地易安陵 343/171/13
寡人以五百〇之地易安陵 343/171/15
而君以五十〇之地存者 343/171/16
雖千〇不敢易也 343/171/18
豈直五百〇哉 343/171/18
流血千〇 343/171/20
而安陵以五十〇之地存者 343/171/25
臣聞一〇之厚 344A/172/4
而動千〇之權者 344A/172/4
地方不滿九百〇 348A/173/18
故樗〇疾大說杜聊 356B/176/10
去百六十〇 364/179/25
軹深井〇聶政 385/185/21
不遠千〇 385/186/2
此吾弟軹深井〇聶政也 385/186/22
公孫郝、樗〇疾請無攻韓 396C/191/19
魏王為九〇之盟 404/193/14
云取千〇馬 407/194/3
馬不千〇 407/194/4
千〇之馬也 407/194/4
千〇之服也 407/194/4
而不能取千〇 407/194/4
而難千〇之行 407/194/5
地方二千餘〇 408/194/11
彌地踵道數千〇 408/194/16
戰於千〇之外 408/194/18
戰於百〇之內 408/194/18
夫不憂百〇之患 408/194/19
而重千〇之外 408/194/19
何肯步行數千〇 412/196/15
有以千金求千〇馬者 418/200/30
三月得千〇馬 418/201/1
千〇之馬至者三 418/201/4
豈遠千〇哉 418/201/4
北夷方七百〇 419/201/18
齎地百〇 428/208/5
與其得百〇於燕 433/211/23
不如得十〇於宋 433/211/23
趙廣三百〇 439/214/11
一日而馳千〇 440/215/5
荊之地方五千〇 442/218/19
宋方五百〇 442/218/19
胡衍謂樗〇疾曰 449/220/27
樗〇疾曰 449/220/30,449/220/31
樗〇子知蒲之病也 449/221/1
樗〇子亦得三百金而歸 449/221/3

理 lǐ 17

其實同〇 11C/5/12
即天下之〇也 11C/5/12
不可勝〇 40/13/19
明言章〇 40/13/20

鄭人謂玉未○者璞 76/33/15
成○萬物 81/35/28
此皆乘至盛不及道○也 81/36/23
○有固然 136A/67/5
○之固然者 136A/67/6,136A/67/6
察於地形之○者 142/72/11
百姓○襜蔽 142/72/25
告以○則不可 238/128/27
客謂公子○之傳曰 300/152/26
今齊、楚之○ 317B/162/28
臣恐侍御者之不察先王之所以畜幸臣之○ 431/209/16
自然之○ 461/226/22

豊 lǐ 2

（○）〔豐〕其祿 170/88/21
170/89/3

裏 lǐ 1

必表○河而東攻齊 111/54/11

禮 lǐ 50

周最謂石○曰 7/3/16
相呂○者 11B/5/3
弗與○重矣 11B/5/4
逐周最、聽祝弗、相呂○者 11C/5/10
今王何以○之 61A/25/10
文聞秦王欲以呂○收齊 65/26/26
○必并相之 65/26/27
是君收齊以重呂○也 65/26/27
呂○復用 65/26/30
敬執賓主之○ 73A/29/20
不如賜軍吏而○之 80/35/8
無○於宋 89/43/9
君臣無○ 147/77/16
子為子之臣○ 147/77/20
吾為吾之王○而已矣 147/77/20
失人子之○也 149B/79/4
多失○於王兄弟 200/101/24
詩書○樂之所用也 221/117/9
○者 221/117/14
因其事而制○ 221/117/14
○服不同 221/117/16
事異而○易 221/117/16
不同其○ 221/117/17
儒者一師而○異 221/117/17
○之制也 221/118/3
而○與變俱 221/118/8
達於○之變 221/118/9
非所以教民而成○也 221/118/17
非所以教民而成○者也 221/118/18
脩○無邪 221/118/19
何○之循 221/118/21
因事而制○ 221/118/22
故○世不必一其道 221/118/23
不易○而滅 221/118/24
而循○未足多也 221/118/24
身行寬惠達於○ 222/119/12
無○義之心 233/124/26
棄○義而上首功之國也 236/126/29
子安取○而來待吾君 236/127/19
然且欲行天子之○於鄒、魯之臣 236/127/24
甚無○ 242/130/9
甚矣其無○也 242/130/10
而責文信侯少○ 242/130/14
而得朝○ 301/153/11
不識○義德行 315/160/30
彼將○陳其辭而緩其言 374/182/28
然仲子卒備賓主之○而去 385/185/29
反以越事吳之○事越 390/189/7
無力之○ 448A/220/15
此小國之○也 448A/220/16

鯉 lǐ 31

楚使者景○在秦 84B/39/17
是以○與之遇也 84B/39/18
楚王因不罪景○而德周、秦 84B/39/18
楚王使景○如秦 85/39/23
景○ 85/39/23
則殺景○ 85/39/24
更不與不如景○留 85/39/24
秦王乃留景○ 85/39/25
景○使人說秦王曰 85/39/27
又使景○請薛公曰 122/60/10
秦恐且因景○、蘇厲而效地於楚 172/90/13
○與厲且以收地取秦 172/90/14
公不如令王重賂景○、蘇厲 172/90/14
景○入見 177/92/20
景○曰 177/92/20
景○出 177/92/24
○見寡人曰 177/92/25
遺景○車五十乘 177/92/29
又遣景○西索救於秦 177/92/30
俯噣鱔○ 192/98/7
王使景○之秦 361/178/27
○與於秦、魏之遇 361/178/28
楚王怒景○ 361/178/28
且罪景○ 361/178/28
臣賀○之與於遇也 361/179/1
今○與於遇 361/179/2
故○之與於遇 361/179/3
今○不與於遇 361/179/3
故王不如無罪景○ 361/179/4
楚令景○入韓 383B/184/29
景○患之 383B/184/29

蠡 lǐ 2

范○知之 81/37/5
左彭○之波 269/141/24

力 lì 85

少焉氣○倦 27/9/24
上非能盡其民○ 42/16/14
天下固量秦○二矣 42/16/24
天下固量秦○三矣 42/16/25
外者極吾兵○ 42/16/25
則必將二國并○合謀 44/18/8
主君之○也 55/23/12
因天下之○ 66/27/9
烏獲之○而死 73A/30/7
424/205/24
張儀之○多 75/33/9
張儀之○少 75/33/10
上下之○ 81/37/3
於是三國并○攻楚 82A/38/1
而欲以○臣天下之主 87/41/8

今○田疾作 93/44/20
○不能自存 95/46/27
秦曾不出○ 111/54/6
而薛亦不量其○ 125/61/10
薛不量其○ 125/61/11
故曰薛不量○ 125/61/11
豈用強○哉 125/61/15
得貴士之○也 136B/67/25
非得人○ 142/71/7
藉○魏而有河東之地 142/71/11
筋骨○勁 142/72/9
而○不能 157A/81/30
為求地甚○ 186/96/3
今為馬多○則有矣 201/103/2
城○盡 203/104/16
則臣○不足 204A/105/24
三國之○ 206/107/11
今足下功○ 209/108/12
六國并○為一 218/113/22
是故官無乏事而○不困 219/114/17
○盡之民 219/114/21
○盡不罷 219/114/22
○田積粟 220/115/22
今秦以大王之○ 220/115/23
用○少而功多 221/116/19
竭意盡○ 223/119/26
有先王之明與先臣之○ 228/121/28
王以其○尚能進 233/124/7
不遺餘○矣 233/124/7
秦以其○攻其所不能取 233/124/8
王又以其○之所不能攻以資之 233/124/8
虞卿能盡知秦○之所至乎 233/124/11
誠知秦○之不至 233/124/11
又割其○之所不能取而媾也 233/124/19
并○而西擊秦也 233/125/9
平原君之○也 234/125/18
用人之○ 234/125/18
秦不遺餘○矣 235/126/1
寧○不勝 236/127/10
臣雖盡○竭知 250/134/9
令士大夫餘子之○ 252/135/18
巴寧、爨襄之○也 270/142/7
臣何○之有乎 270/142/9
武○二十餘萬 272/143/8
專心并○ 272/143/16
甚○之 277/145/28
臣盡○竭知 292/149/19
又以○攻之 297/151/16
又且以○攻王 297/151/19
此非兵○之精 310/157/22
今公之○有餘守之 317B/163/10
谿子、少府時○、距來 347/172/29
以重○相壓 348A/173/23
其多○者內樹其黨 348B/174/11
其寡○者籍外權 348B/174/11
今謂馬多○則有矣 362/179/9
○不足矣 415/198/12
其民○竭也 415/198/19
民○窮弊 415/198/24
孤極知燕小○少 418/200/21
安有為人臣盡其○ 420/203/6
宋盡○ 431/209/28
燕、趙同○ 439/214/13
無○之禮 448A/220/15
○言不能及也 458/224/28
而好勇○ 458/225/2
君不量百姓之○ 461/225/29
勠○同憂 461/226/3
二軍爭便之○不同 461/226/21
上下同○ 461/226/25

立 lì 167

而無適○也 17/6/27
孰欲○也 17/6/29
東周○殺昌他 19/7/15
臣恐齊王之為君實○果而讓之於最 30/10/18
威○於上 40/13/24
○社主 42/16/5, 42/16/9
韓亡則荊、魏不能獨○ 42/16/19
荊、魏不能獨○ 42/16/19
與之間有所○ 61B/25/15
已一說而○為太師 73A/30/1
卒擅天下而身○為帝王 73A/30/2
功成、名○、利附 73A/31/7
臣今見王獨○於廟朝矣 73B/32/7
臣必聞見王獨○於庭也 74/32/24
夫待死而後可以○忠成名 81/36/10
○威諸侯 81/36/24
齊、秦合而○負芻 82B/38/7
負芻○ 82B/38/7
已○為萬乘 86/40/11
○國家之主贏幾倍 93/44/19
今建國○君 93/44/20
子傒○ 93/44/30
王后誠請而○之 93/45/1
若使子異人歸而得○ 93/45/6
王后勸○之 93/45/14
○以為太子 93/45/14
子楚○ 93/45/16
趙王○割五城以廣河間 94/46/10
知其可與○功 96/48/14
宣王○ 101/49/28
更○衛姬嬰兒郊師 101/50/6
臣請令魯中○ 110/53/19
欲以正天下而○功名 111/54/3
不足以○功名 111/54/4
武王○ 115/56/12, 183/94/30
然則吾中○而割窮齊與疲燕也 119/58/3
郢中○王 122/58/27, 122/58/28
吾將與三國共○之 122/58/29
齊欲奉太子而○之 122/59/10
齊奉太子而○之 122/59/17
奉王而代○楚太子者又蘇秦也 122/60/5
薛公欲知王所欲○ 123/60/18
勸王○為夫人 123/60/19
而為先王○清廟 125/61/11
豈非世之○教首也哉 129/62/27
是比肩而○ 131/63/22
○宗廟於薛 133/65/27
○千乘之義而不可陵 134/66/16
矜功不○ 136B/68/1
○為大伯 137/68/27
齊、秦○為兩帝 141B/70/18
兩帝○ 141B/70/19
兵必○也 142/71/27
伯王不為而○矣 142/71/28
○義者伯 142/72/2
○之以為王 143/74/23
今燕王方寒心獨○ 145/75/20
功名可○也 145/75/26

惡小恥者不能○榮名 145/76/1
功名不○ 145/76/10
而○累世之功 145/76/10
田單之○疑 146/76/19
皆以田單為自○也 146/76/19
襄王○ 146/76/19,149B/79/2
○則丈插 148/78/13
○於矢石之所 148/78/18
欲○之 149B/79/1
共○法章為襄王 149B/79/2
子建○為齊王 149B/79/6
以故建○四十有餘年不
受兵 149B/79/6
所為○王者 150/79/19
為王○王耶 150/79/19
為社稷○王 150/79/20
則齊威可○ 150/79/25
宋請中○ 152/80/12
此其勢不兩○ 167/85/19
其勢不兩○ 168/86/21
未明而○於朝 170/88/25
雀○不轉 170/89/12
馮而能○ 170/89/29
○昭常為大司馬 177/92/30
○於衢閭 182/94/15
未○后也 191/97/15
公何以不請○后也 191/97/15
因請○之 191/97/16
故弒賢長而○幼弱 197/100/2
廢正適而○不義 197/100/3
因自○也 197/100/4
而○其弟景公 197/100/6
即百歲後將更○兄弟 200/101/23
即楚王更○ 200/101/23
兄弟誠○ 200/101/24
○為太子 200/101/28
以李園女弟○為王后 200/101/28
因而代○當國 200/102/7
遂○為楚幽王也 200/102/17
秦始皇○九年矣 200/102/19
君之○於天下 208/107/28
○為天子 218/113/18
嗣○不忘先德 221/116/16
事成功○ 221/117/3
王○周紹為傅 222/119/3
○傅以行 222/119/6
○傅之道六 222/119/11
不○私以為名 223/119/27
而○司空狗 239B/129/18
魏之亡可○而須也 273/144/6
公子必○ 300/152/29
○ 300/152/29
楚將內而○之 302/153/21
臣見秦之必大憂可○而
待也 318/163/24
公求中○於秦 360/178/9
願公之復求中○於秦也
360/178/11
故王不如令韓中○以攻
齊 360/178/19
臣以為令韓以中○以勁
齊 360/178/21
○韓擾而廢公叔 374/182/21
374/182/22
韓○公子咎而棄幾瑟 381/184/12
公不如令秦王賀伯嬰之
○也 382/184/18
韓咎○為君而未定也 383C/185/3
恐韓咎入韓之不○也 383C/185/3
韓咎○ 383C/185/4
不○ 383C/185/4
因欲中○ 389/188/14
此以一勝○尊令 390/189/1
名尊無所○ 390/189/3
○以為鄭君 391/189/14
則我○帝而霸 391/189/22
韓不能獨○ 396A/190/26
魏安能與小國○之 404/193/15
其以權○ 409/195/3
易王○ 411/195/16
是棄強仇而○厚交也 411/195/30
燕王噲既○ 416A/199/3
將廢私而○公 416A/199/21
燕人○公子平 416A/199/29
燕○昭王 416B/200/8
○為三帝而以令諸侯 419/201/30
並○三帝 419/202/2
義不與生俱○ 420/202/18
而名可○也 420/202/25
故功不可成而名不可○
也 420/202/26
半道而○ 420/203/9
且事非權不○ 421/203/20
比三旦○市 425/206/12
比三旦○於市 425/206/13
燕、齊不兩○ 429/208/17
○名之士也 431/209/20
而○之乎群臣之上 431/209/22
功○而不廢 431/210/6
故吳王夫差不悟先論之
可以○功 431/210/11
燕、秦不兩○ 440/214/19
440/215/5,440/215/12
人無不○死者 440/216/21
故不可○拔 440/217/14
是中山復○也 453/222/11
犀首○五王 454/222/15
公因勸君○之以為正妻
457/224/12
然則○以為妻 457/224/14
王○為后 458/225/4
中山王遂○以為后 458/225/4
以是之故能○功 461/226/22

吏 li 40

○因囚之 9/4/7
君乃使○出之 9/4/10
是君以合齊與強楚○產子 12/5/17
甘茂之○道而聞之 61B/25/15
敢告下○ 63/25/29
君何不賜軍○乎 80/35/3
軍○雖賤 80/35/7
不如賜軍○而禮之 80/35/8
軍○窮 80/35/9
而詳事下○ 87/42/4
群臣○民 108/52/26
使○召諸民當償者 133/65/8
召門○為汗先生著客籍 199/101/4
於是使○盡滅春申君之
家 200/102/16
夜期殺守堤之○ 203/105/10
授○大夫 204A/106/2
臣竊外聞大臣及下○之
議 209/108/13
其○民不欲為秦 211/109/27
諸○皆益爵三級 211/110/12
孟嘗君擇舍人以為武城
○ 216/111/17
○之恥也 222/119/14
前○命胡服 223/120/1

與韓氏大○東免 249/133/8
臣又偏事三晉之○ 297/152/5
恐其不忠於下○ 304/154/17
敝邑之○效城者 308/156/15
其任官置○ 384/185/13
令○逐公疇豎 397/191/25
臣鄰家有遠為○者 412/196/25
觀王之群臣下○ 415/197/29
禹授益而以啓為○ 416A/199/15
而○無非太子人者 416A/199/16
王因收印自三百石○而效之子之 416A/199/17
請自歸於○以戮 426/207/2
軍○乃服 436/212/19
境○得丑 437/212/26
境○恐而赦之 437/212/29
柳下惠○於魯 438/213/24
惡以王○之攻宋 442/218/21
以待下○之有城而已 444/219/8

利 lì 195

周君形不小○ 32/11/4
事秦而好小○ 32/11/5
而○溫囿以為樂 32/11/5
臣嘗聞溫囿之○ 32/11/6
西周弗○ 33/11/11
實不足以○國 34/11/18
楚、宋不○秦之德三國也 37/12/9
彼且攻王之聚以○秦 37/12/10
西有巴、蜀、漢中之○ 40/13/6
夫徒處而致○ 40/13/22
地形○害 42/15/20,42/17/7
地足○也 42/16/3
以視○害 42/17/5
得其地不足以為○ 44/17/27
爭○者於市 44/17/28
○盡西海 44/18/5
而未必○也 44/18/6
漢中南邊為楚○ 46/18/24
而私商於之地以為○也 50/20/27
則此一計而三○俱至 50/20/27
有救齊之○ 51/22/3
是非秦之○也 61A/25/5
不○於秦 63/26/8
孰○ 63/26/14
此燕之長○ 66/27/10
○有千里者二 70/28/15
則行而益○其道 72/29/1
○則行之 72/29/10
功成、名立、○附 73A/31/7
能專○害之謂王 73B/31/27
則○歸於陶 73B/32/3
○盡歸於陶 74/32/28
竟內之○ 74/32/28
○施三川 81/37/7
大○也 83A/38/14,251/134/24
汾水○以灌安邑 83B/39/2
絳水○以灌平陽 83B/39/3
智氏見伐趙之○ 87/41/10
設○於前 87/41/11
齊、魏得地葆○ 87/42/4
帶以河曲之○ 87/42/9
敗秦而○魏 92/44/9
耕田之○幾倍 93/44/18
王獨○魯、宋之小 98/49/4
則我不○ 102/50/22
其於齊何○哉 102/50/23
臣之求○且不○者 102/50/24
○可得 103/51/3
皆為一時說而不顧萬世之○ 113/55/15
未嘗聞社稷之長○ 113/55/27
則是圍塞天下士而不○說途也 122/60/11
則非齊之○也 132B/64/12
因而賈○之 133/65/14
孰與伐宋之○也 141B/70/20
伐趙不如伐宋之○ 141B/70/21
堅箭○金 142/71/7
不得弦機之○ 142/71/7
而劍非不○也 142/71/8
常以謀人為○也 142/71/25
則○必附矣 142/71/27
形同憂而兵趨○也 142/72/12
何則形同憂而兵趨○也 142/72/14
約於同形則○長 142/72/15
則非國之○也 142/73/6
曠日遠而為○長者 142/73/14
○制海內不為厚 142/73/19
智者不倍時而棄○ 145/75/11
不若得濟北之○ 145/75/15
非楚之○也 151/80/5
未必○也 152/80/13
好○而惡難 153/80/20
好○ 153/80/20
我厚賂之以○ 153/80/21
彼懼吾兵而營我○ 153/80/21
邊邑甚○之 163/84/8
非楚國之○也 166/85/7
楚國之大○也 166/85/10
言其○而不言其害 168/86/27
而以○三國也 173B/90/28
此非布衣之○也 174/91/11
則失○矣 176/91/28
必且務不○太子 178/93/11
楚得其○ 185/95/23
今夫橫人嚂口○機 189/96/28
公舉而私取○ 189/96/29
不棄美○於前 202/103/15
好○而鷙復 203/103/25
旦暮當拔之而饗其○ 203/105/1
趙○曰 205/107/3
彼將知矣○之也 205/107/5
秦戰不○ 211/109/14
臣聞聖人甚禍無故之○ 211/109/28
而趙受其○ 211/110/2
此大○也 211/110/8
有○於三晉 217/112/13
非國之長○也 219/114/23, 220/116/10
計胡、狄之○乎 221/116/16
而○民為本 221/117/1
事○國者行無邪 221/117/4
所以○其民而厚其國也 221/117/14
是故聖人苟可以○其民 221/117/16
是以聖人○身之謂服 221/118/25
重○不足以變其心 222/119/12
故○不百者不變俗 224/120/8
臣恐其攻獲之○ 224/120/9
古今異○ 224/120/11
不知器械之○ 224/120/12
此○於趙而便於周最也 229B/122/26
強受其○ 230/123/3
而王辭○也 230/123/3
吾國尚○ 233/124/22
願王之熟慮無齊之○害

也 246/131/16
非以為齊得○秦之毀也 248/132/16
皆非趙之○也 249/133/10
皆不○趙矣 249/133/14
而求○於三晉 249/133/15
不○於趙 249/133/15
249/133/17,249/133/20
非趙之○也 249/133/24
409/194/28
決○害之備 270/142/7
夫秦非不○有齊而得宋地也 275/145/4
則非魏之○也 275/145/6
犀首弗○ 283/147/12
吾舉事而不○於魏 293/150/1
○於魏與不○於魏 293/150/2
臣以為身○而便於事 293/150/2
使秦皆無百怨百○ 297/151/28
冀其○ 304/155/2
則是大王垂拱之割地以為○重 304/155/2
○不過鄴 308/156/12
無以○事王者矣 309/157/6
此國之○也 314/160/16
王且何○ 314/160/20
○行數千里而助人乎 314/160/20
○出燕南門而望見軍乎 314/160/21
王何○ 314/160/21
貪戾好○而無信 315/160/29
苟有○焉 315/160/30
王以為○乎 315/161/7
必就易與○ 315/161/9
就易與○ 315/161/9
夫存韓安魏而○天下 315/162/6
○也 317B/163/8
國之大○也 317B/163/9
或化於○ 319/164/8
魏王弗○ 331/167/15
地○也 344A/172/4
帶○劍 347/173/3
夫不顧社稷之長○ 348A/173/25
此○於秦 359/178/3
於秦孰○ 360/178/15
以其少有○焉 366/180/13
獨不可使妾少有○焉 366/180/14
孰與伐人之○ 366/180/23
○害之相似者 386/187/3
其○害之相似 386/187/4
○於身 387/187/17
是其於身大○也 387/187/25
夫先與強國之○ 391/189/21
而小國○之 404/193/14
北有棗粟之○ 408/194/12
王○其十城 411/195/23
○得十城 412/196/9
非所以○燕也 415/198/2
秦非不○有齊而得宋地也 417/200/13
非魏之○也 417/200/15
燕、趙非○之也 419/201/27
弗○而勢為之者 419/201/28
燕、趙之所同○也 419/202/2
夫實得所○ 419/202/2
正○也 419/202/7
務正○ 419/202/7
苟○於楚 422/204/18
以幸為○者 431/210/13
實則○ 433/211/23
不可說以○ 437/212/28
輕絕厚○者 438/213/28
竊以重○ 440/215/25
太子預求天下之○匕首 440/216/20
荊之○也 441/218/5
宋必不○也 444/219/7
彼○太子之戰攻 446B/219/31
非齊之○也 454/222/20
難信以為○ 454/222/29
陵戰失○ 461/226/8
皆計○形勢 461/226/22
未覩其○ 461/226/28
秦數不○ 461/227/1

戾 lì 8

○蟲 51/22/1
而齊為虛○ 219/115/4
社稷為虛○ 239A/129/8
國家為虛○ 258A/137/8
此其暴於○定矣 301/153/12
夫秦貪○之國而無親 310/157/16
貪○好利而無信 315/160/29
夫趙王之狼○無親 413/197/9

栗 lì 5

○腹以百萬之衆 145/75/19
棗○之實 408/194/12
燕王喜使○腹以百金為趙孝成王壽 438/213/3
令○腹以四十萬攻鄗 438/213/6
趙使廉頗以八萬遇○腹於鄗 438/213/7

鬲 lì 1

遇奪釜○於涂 81/35/19

粒 lì 1

俯噣白○ 192/98/3

厤 lì 1

故鼎反於○室 431/210/1

詈 lì 4

○之 49/20/4
長者○汝 49/20/5
則欲其為我○人也 49/20/6
乃使勇士往○齊王 50/21/11

慄 lì 4

戰○而卻 42/16/24
戰戰○○ 42/17/1
身體戰○ 192/98/20

涖 lì 4

○政有頃 39/12/26
臣聞明主○正 72/28/28
○國之日淺 218/114/11
是以○國者不襲奇辟之服 221/118/18

厲 lì　22

蘇○為之謂周君曰　5A/2/26
蘇○為周最謂蘇秦曰　12/5/16
蘇○謂周君曰　27/9/20
綴甲○兵　40/13/22
漆身而為○　73A/30/6,73A/30/11
非所以○群臣也　96/48/2
乃○氣循城　148/78/17
練士○兵　167/85/25
秦恐且因景鯉、蘇○而效地於楚　172/90/13
鯉與○且以收地取秦　172/90/14
公不如令王重賂景鯉、蘇○　172/90/14
蘇○謂宛公昭鼠曰　173A/90/20
豫讓又漆身為○　204B/106/12
繕甲○兵　220/115/22
齊使蘇○為之謂魏王曰　275/145/3
蘇秦弟○因燕質子而求見齊王　416B/200/3
欲囚○　416B/200/3
而蘇代、○遂不敢入燕　416B/200/8
代、○皆以壽死　422/205/2
見之知無○　424/205/18
被髮自漆為○　424/205/22

歷 lì　4

橫○天下　40/14/14
○險乘危　129/62/24
攻戰踰年○歲　211/110/4
昔王季○葬於楚山之尾　296/150/27

隸 lì　3

富擅越○　70/28/16
則徒○之人至矣　418/200/27
施及萌○　431/210/8

癘 lì　4

○人憐王　197/100/1
夫○雖癰腫胞疾　197/100/7
必甚於○矣　197/100/9
○雖憐王可也　197/100/9

麗 lì　9

身體昳○　108/52/13
齊國之美○者也　108/52/14
妻子衣服○都　136B/68/11
又簡擇宮中佳翫○好翫習音者　174/91/6
食高○也　451/221/18
群臣盡以為君輕國而好高○　451/221/18
佳○人之所出也　458/224/26
殊無佳○好美者　458/224/27
臣竊見其佳○　458/224/30

糲 lì　1

特以為夫人麤○之費　385/185/26

連 lián　42

蘇秦始將○橫說秦惠王曰　40/13/6
約從○橫　40/13/18
轉轂○騎　40/14/13
猶○鷄之不能俱止於棲之明矣　41A/14/25
○荊固齊　42/15/10
○衽成帷　112/54/28
張儀為秦○橫齊王曰　113/55/14
齊、梁之兵○於城下　115/56/17
梁、齊之兵○於城下不能去　115/56/26
魯○謂孟嘗君曰　129/62/23
魯仲○謂孟嘗　135/66/21
管燕○然流涕曰　140/70/3
魯○乃書　145/75/11
仲○之說也　145/76/13
秦始皇嘗使使者遺君王后玉○環　149B/79/8
張儀為秦破從○橫　168/86/15,413/197/3
張儀為秦○橫　220/115/20,273/143/22
此時魯仲○適游趙　236/126/18
魯○曰　236/126/20,236/126/28,236/127/3,236/127/4
東國有魯○先生　236/126/22
吾聞魯○先生　236/126/23
吾不願見魯○先生也　236/126/24
魯○見辛垣衍而無言　236/126/27
則○有赴東海而死矣　236/127/1
魯仲○曰　236/127/6,236/127/10,236/127/11,236/127/15
於是平原君欲封魯仲○　236/128/4
魯仲○辭讓者三　236/128/5
起前以千金為魯○壽　236/128/5
魯○笑曰　236/128/5
仲○不忍為也　236/128/7
乃結秦○楚、宋之交　260/138/16
張儀為秦○橫說韓王曰　348A/173/17
南○齊、楚　440/214/25
○好齊、楚　461/226/5

廉 lián　15

必有伯夷之○　81/37/10
慕君之○也　130/63/9
以苛○聞於世　166/85/5
彼有○其爵　170/88/20
故彼○其爵　170/88/26
○頗救幾　228/122/5
必曰○潔勝任　384/185/13
○如伯夷　412/196/10,412/196/14
○如此者　412/196/15
○如鮑焦、史鰌　420/202/14,420/202/18
臣以為○不與身俱達　420/202/18
趙使○頗以八萬遇栗腹於鄗　438/213/7
民無○恥　452A/221/29

憐 lián　8

而秦人不○　39/13/2
○其臣子　81/36/10
○而常竊衣食之　149B/79/1
癘人○王　197/100/1
癘雖○王可也　197/100/9
竊愛○之　262/139/7
丈夫亦愛○其少子乎　262/139/9
而棄所哀○之交置之匈奴　440/214/27

斂 liǎn 2

見君莫不○衽而拜 160/82/27
厚賦○諸臣百姓 179/93/17

練 liàn 2

簡○以為揣摩 40/14/2
○士厲兵 167/85/25

鍊 liàn 1

皆以○銅為柱質 203/104/11

良 liáng 34

函冶氏為齊太公買○劍 30/10/15
○僕妾也 48B/19/21,49/20/13
○婦也 48B/19/22
○醫知病人之死生 72/29/10
桀聽讒而誅其○將 96/48/7
子○之逐臣 96/48/11
其○士選卒必殪 110/53/23
其○士選卒亦殪 110/53/24
齊車之○ 112/54/24
趙、代○馬橐他 167/85/26
上柱國子○入見 177/92/11
子○曰 177/92/12,177/93/3
子○出 177/92/16
子○見寡人曰 177/92/24
王發上柱國子○車五十乘 177/92/27
發子○之明日 177/92/28
乃遣子○北獻地於齊 177/92/29
遣子○之明日 177/92/30
子○至齊 177/93/1
齊王謂子○曰 177/93/2
乃請子○南道楚 177/93/5
田單將齊之○ 219/115/13
夫○商不與人爭買賣之賈 242/130/11
子入而問其賢○之士而師事之 266/141/1
吾馬○ 334/168/5
馬雖○ 334/168/5
秦馬之○ 348A/173/21
王○之弟子駕 407/194/3
王○弟子曰 407/194/4
秦王目眩○久 440/217/21
○臣斥疏 461/226/16
既無○臣 461/226/17

梁 liáng 174

寡人將寄徑於○ 1/1/10
夫○之君臣欲得九鼎 1/1/10
鼎入○ 1/1/11
石行秦謂大○造曰 11A/4/26
今攻○ 27/9/21
○必破 27/9/21
踐韓而以攻○ 27/9/26
見○囿而樂之也 32/10/29
兵至○郭 42/16/6
圍○數旬 42/16/6
則○可拔 42/16/6
拔○ 42/16/6
○有懸黎 72/29/6
縣之廟○ 73B/32/5
○人有東門吳者 79/34/14
乃與即為○餘子同也 79/34/17
杜大○之門 87/41/1
○氏寒心 87/42/9
○王身抱質執璧 88/42/22
天下乃釋○ 88/42/22
○君伐楚勝齊 89/43/9
昭衍為周之○ 92/44/11
昭衍見○王 92/44/11
○王曰 92/44/11
且○監門子 96/48/1
嘗盜於○ 96/48/1
○之大盜 96/48/1,96/48/10
南○之難 103/50/30
係○太子申 105/51/21
今齊、楚、燕、趙、韓、○六國之遞甚也 111/54/4
今韓、○之目未嘗乾 111/54/10
非齊親而韓、○疏也 111/54/10
齊遠秦而韓、○近 111/54/10
今秦欲攻○絳、安邑 111/54/11
南面而孤楚、韓、○ 111/54/12
而出銳師以戍○絳、安邑 111/54/15
秦必不敢攻○ 111/54/16
故儀願乞不肖身而之○ 115/56/17
115/56/25
齊、○之兵連於城下 115/56/17
納之○ 115/56/19
○王大恐 115/56/21
齊必舉兵伐○ 115/56/25
○、齊之兵連於城下不能去 115/56/26
與革車三十乘而納儀於○ 115/56/27
犀首以○為齊戰於承匡而不勝 116/57/3
張儀謂○王不用臣言以危國 116/57/3
○王因相儀 116/57/3
儀以秦、○之齊合橫親 116/57/3
及之睾黍、○父之陰 131/63/25
西遊於○ 133/65/21
○王虛上位 133/65/22
○使三反 133/65/24
食○肉 135/66/24
有陰、平陸則○門不啓 141B/70/23
出○門 142/71/12
○氏不敢過宋伐齊 149A/78/22
故為○山陽君請封於楚 157A/81/30
楚進兵大○ 158/82/13
而楚以上○應之 163/84/5
新城、上○相去五百里 163/84/7
上○亦不知也 163/84/7
縣於其廟○ 197/100/7
使得為君高鳴屈於○乎 199/101/10
秦、韓圍○ 206/107/10
秦必過周、韓而有○ 206/107/10
亡其北陽而○危 215/111/10
有○而伐趙 217/111/26
有趙而伐○ 217/111/26
秦之欲伐韓、○ 217/112/1
必為楚攻韓、○ 217/112/3
怒韓、○之不救己 217/112/3
秦禍安移於○矣 217/112/6
○不待伐矣 217/112/7
秦與○為上交 217/112/7
以強秦之有韓、○、楚 217/112/8
出銳師以戍韓、○西邊 217/112/11

趙王因起兵南戍韓、○之西邊	217/112/16
○客辛垣衍安在	236/126/21
吾將使○及燕助之	236/127/3
若乃○	236/127/4
則吾乃○人也	236/127/4
先生惡能使○助之耶	236/127/4
○未睹秦稱帝之害故也	236/127/4
使○睹秦稱帝之害	236/127/5
然○之比於秦若僕耶	236/127/11
然吾將使秦王烹醢○王	236/127/11
先生又惡能使秦王烹醢○王	236/127/12
○亦萬乘之國	236/127/25
處○之（官）〔宮〕	236/127/28
○王安得晏然而已乎	236/127/28
而慕思不可得之小○	237/128/15
入○	250/134/14
翟章從○來	255/136/9
因索蔡、皋○於趙	264A/140/11
從鄭至○	273/143/23
從陳至○	273/143/23
不待倦而至○	273/143/24
犀首謂○王曰	286/148/3
季子為衍謂○王曰	290/149/3
○君與田侯不欲	291/149/9
田侯、○君見其危	291/149/13
○君、田侯恐其至而戰敗也	291/149/14
犀首見○君曰	292/149/19
楚王攻○南	295/150/13
大○不能守	295/150/14
請為君北見○王	303B/154/4
君其為○王	303B/154/5
○王	303B/154/7,303B/154/9
遂北見○王	303B/154/11
今邯鄲去大○也遠於市	306/155/21
○王魏嬰觴諸侯於范臺	307/155/26
○王稱善相屬	307/156/6
走芒卯而圍大○	310/157/12
戰勝乎三○	310/157/13
此非但攻○也	310/157/17
以攻大○	310/157/23
以止戍大○	310/157/26
願之及楚、趙之兵未任於大○也	310/157/29
乃罷○圍	310/158/6
且無○孰與無河內急	311/158/18
○急	311/158/19
無○孰與無身急	311/158/19
與大○鄰	315/161/6
背大○	315/161/13
而水大○	315/161/18
大○必亡矣	315/161/18
晉國之去○也	315/161/23
又長驅○北	315/161/25
晉國之去大○也尚千里	315/161/26
去大○百里	315/161/27
則衛、大○、河外必安矣	315/162/8
昔竊聞大王之謀出事於○	318/163/21
○者	318/163/22
今○王	318/163/23
秦攻○者	318/163/23
穰侯攻大○	323/165/8
以大○之未亡也	323/165/9
今日大○亡	323/165/9
而韓、魏壤○	325/165/19
必魏之○也	325/165/21
未卒而移兵於○	325/165/28
季○聞之	334/168/3
楚威王攻○	367/181/1
與楚攻○	367/181/2
於是以太子扁、昭揚、○王皆德公矣	370/181/28
秦王欲出事於○	389/188/12
秦之欲攻○也	389/188/13
欲得○以臨韓	389/188/13
恐○之不聽也	389/188/14
○必怒於韓之不與己	389/188/14
不如急發重使之趙、○	389/188/15
使山東皆以銳師戍韓、○之西邊	389/188/16
申不害與昭釐侯執珪而見○君	390/188/24
今秦有○君之心矣	390/188/28
遠薄○郭	396C/191/12
抱○柱而死	412/196/16
魏無大○	422/204/5
水攻則滅大○	422/204/6
之卒者出士以戍韓、○之西邊	432/211/5
今韓、○、趙三國以合矣	432/211/6
約戍韓、○之西邊	432/211/8
舍其○肉	442/218/16
此猶○肉之與糟糠也	442/218/20
○王伐邯鄲	444/219/3
夫○兵勁而權重	444/219/3
若扶○伐趙	444/219/4
夫宋之不足如○也	444/219/7
弱趙以強○	444/219/7
○王甚說	444/219/11
德施於○而無怨於趙	444/219/12
發○焚舟以專民	461/226/18

粱 liáng 3

富不與○肉期	232/123/20
而○肉至	232/123/20
○肉不與驕奢期	232/123/20

糧 liáng 14

不費斗○	40/14/11
有○者亦食	138/69/16
無○者亦食	138/69/17
不如易餘○於宋	149A/78/22
是以餘○收宋也	149A/78/23
與三月之○	168/87/1
於是贏○潛行	170/89/11
○食匱	203/104/15
水通○	211/110/3
○食輓賃不可給也	225/120/24
粟○漕庾	273/143/25
○不多	366/180/13
求益軍○以滅趙	461/225/30
蓄積○食	461/225/30

兩 liǎng 89

蘇子亦得○國之金也	4/2/22
不如備○周辯知之士	11A/4/26
過○周	27/9/26
而○上黨絕矣	32/11/4

韓兼○上黨以臨趙 33/11/13
寬則○軍相攻 40/13/23
而欲以成○國之功 42/16/10
得○國之衆 42/17/5
是我一舉而名實○附 44/18/5
楚人有○妻者 49/20/3
有○妻者死 49/20/4
則○國兵必至矣 50/21/7
有○虎諍人而鬬者 51/21/29
今○虎諍人而鬬 51/22/1
則是一舉而兼○虎也 51/22/2
而有刺○虎之名 51/22/2
此猶○虎相鬬而駑犬受其弊 87/40/27
是王之地一任○海 87/42/11
壤地○分 88/42/21
徙○周之疆 89/43/13
則○國者必為天下笑矣 89/43/22
而○歸其國於秦 111/54/5
王非置○令尹也 117/57/13
○國之權 119/58/3
齊、秦立為○帝 141B/70/18
○帝立 141B/70/19
而令○萬乘之國 152/80/14
是○弊也 156/81/18
何以○弊也 156/81/21
寡人願○聞之 159/82/22
此其勢不○立 167/85/19
秦必起○軍 167/85/20
此○策者 167/86/4
○者大王何居焉 167/86/5
○國敵侔交爭 168/86/21
其勢不○立 168/86/21
此所謂○虎相搏者也 168/87/11
○御之間夫卒交 170/89/5
吾固以為天下莫若是○人也 182/94/25
是○盡也 194/99/4
約○主勢能制臣 204A/105/19
願君堅塞○耳 208/108/2
乃我請君塞○耳 208/108/4
風○時至 209/108/11
欲亡韓呑○周之地 209/108/14
有○木焉 212/110/21
故○君者 214/111/6
而相鬬○罷 217/111/28
而尚相鬬○敝 217/111/29
齊、秦為○敵 218/112/25
今大王垂拱而○有之 218/113/4
不待○軍相當 218/113/19
東收○周而西遷九鼎 220/115/23
此○者 221/116/18,221/118/6
反此○者 221/118/13
兼有是○者 225/121/2
是我一舉而○取地於秦、中山也 229A/122/19
此○地之時也 248/132/26
復合衍交○王 249/133/16
此○言者 252/135/16
○者有一也 252/135/17
○國交以習之 252/135/19
夫盡○國之兵 252/135/19
遂勸○君聽犀首 291/149/13
又為陰啓○機 310/158/3
先日公子常約○王之交矣 314/160/14
○弟無罪 315/161/1
謂茲公不知此○者 321/164/24
是子有○韓 344B/172/10
而我有○趙也 344B/172/11
吾欲○用公仲、公叔 348B/174/9
魏○用犀首、張儀而西河之外亡 348B/174/10
今王○用之 348B/174/10
假道○周倍韓以攻楚 364/179/24
則○國德公 386/187/12
則○國爭事公 386/187/12
韓之重於○周也無計 387/187/23
為其○譬也 421/203/18
我離○周而觸鄭 422/204/2
包○周 422/204/5
今賢之○之 424/205/18
燕、齊不○立 429/208/17
以其合○而如一也 432/210/26
○者不肯相舍 434/212/5
此一舉而○失也 438/213/23
燕、秦不○立 440/214/19
440/215/5,440/215/12

量 liàng 13

天下固○秦之謀臣一矣 42/16/23
天下固○秦力二矣 42/16/24
天下固○秦力三矣 42/16/25
內者○吾謀臣 42/16/25
夫商君為孝公平權衡、正度○、調輕重 81/36/23
而薛亦不○其力 125/61/10
薛不○其力 125/61/11
故曰薛不○力 125/61/11
先○其國之大小 420/202/24
不先○其國之大小 420/202/25
不○輕弱 431/209/25
子胥不蚤見主之不同○ 431/210/12
君不○百姓之力 461/225/29

諒 liàng 5

曰○毅者 258B/137/18
○毅親受命而往 258B/137/21
○毅對曰 258B/137/24
○毅曰 258B/137/28,258B/138/5

聊 liáo 11

民無所○ 40/13/20
百姓不○生 87/41/20
燕將攻下○城 145/75/8
遂保守○城 145/75/8
而○城不下 145/75/9
殺身亡○城 145/75/12
與○城共據朞年之弊 145/75/17
齊必決之於○城 145/75/18
今公又以弊○之民 145/75/20
王○聽臣 235/126/1
故樗里疾大說杜○ 356B/176/10

僇 liáo 1

死○ 204A/105/26

僚 liáo 1

夫專諸之刺王○也 343/171/21

遼 liáo 3

魏殺呂○而衛兵 215/111/10
燕東有朝鮮、○東 408/194/10
皆率其精兵東保於○東

440/217/25

療 liáo 1

傷者不得○ 461/226/2

料 liào 13

三之○天下過矣 83B/38/30
以上客○之 95/47/2
夫不深○秦之不奈我何也 112/55/6
而○兵之能 142/71/18
寡人自○ 167/86/9
不○敵而輕戰 168/86/25
然則君○臣孰與舜 199/101/1
是故明主外○其敵國之強弱 218/113/18
○諸侯之卒 218/113/22
臣竊○之 272/143/2
○大王之卒 348A/173/18
諸侯不○兵之弱 348A/173/24
臣○趙國守備 461/226/3

列 liè 11

請效○城五 153/80/25
周是○縣畜我也 169/88/8
故貴為○侯者 204A/105/19
其死士皆○之於上地 211/110/3
守亭障者參○ 273/143/24
因不罪而益其○ 361/179/5
治○子圉寇之言 384/185/9
亦○女也 385/186/24
夫○在萬乘 419/201/14
比諸侯之○ 440/217/5
攻其○城 461/226/27

烈 liè 4

楚考○王無子 200/101/14
考○王病 200/102/4
楚考○王崩 200/102/15
周○王崩 236/127/7

裂 liè 17

惠王車○之 39/13/2
決○諸侯 73B/32/2
瓢必○ 74/32/20
國必○矣 74/32/21
今太后使者分○諸侯 74/32/27
決○阡陌 81/36/24
遂以車○ 81/36/25
大王○趙之半以賂秦 95/46/22
請○地定封 145/75/26
車○蘇秦於市 168/87/18
故○地以敗於齊 219/115/12
自令車○於齊之市 220/116/1
車甲羽毛○敝 252/135/18
此所謂四分五○之道也 273/143/27
或外為交以○其地 348B/174/11
○地而為諸侯 386/187/9
故○地而封之 431/210/3

獵 liè 4

麋知○者張罔 187/96/11
○者知其詐 187/96/11
文侯與虞人期○ 267/141/7
吾與虞人期○ 267/141/8

林 lín 11

山○谿谷不食之地 87/41/23
軍舍○中 142/71/12
前夾○而後蘭臺 307/156/4
長羊、王屋、洛○之地也 309/156/24,309/156/27
魏之所以獻長羊、王屋、洛○之地者 309/157/5
從○軍以至于今 315/161/24
○木伐 315/161/24
桑○之菀 348A/173/27
北有○胡、樓煩 408/194/10
兵困於○中 422/204/20

淋 lín 2

使我逢疾風○雨 208/107/26
汝逢疾風○雨 208/107/27

鄰 lín 34

四○諸侯不服 42/15/23
無與禍○ 42/16/1
四○諸侯可朝也 42/16/4,42/16/8
朝四○諸侯之道 42/17/10
四○諸侯不朝 42/17/11
陶為○恤 66/27/4
南與陶為○ 66/27/14
○國 87/41/15
故能從○ 89/43/4
廣○敵以自臨 115/56/28
臣聞之○人之女 139/69/27
臣○人之女 139/69/27
則四○不反 142/71/28
光照○國 145/76/4
其○人見狗之溺井也 158/82/12
○人憚之 158/82/13
生與亡為○ 189/96/27
欲○國聞而觀之也 209/108/15
○國得志矣 238/128/28
○國必恐 264A/140/7
○國懼而相親 264A/140/8
與大梁○ 315/161/6
然而秦之葉陽、昆陽與舞陽、高陵○ 315/161/19
然而無與強秦○之禍 315/162/3
或有諸侯○國之虞 319/164/7
臣○家有遠為吏者 412/196/25
○民之所處也 433/211/23
出語○家 438/213/19
南○為秦 439/214/11
○有弊輿而欲竊之 442/218/15
○有短褐而欲竊之 442/218/15
○有糟糠而欲竊之 442/218/16
○國不與也 458/225/4

臨 lín 54

秦興師○周而求九鼎 1/1/3
欲興兵○周而求九鼎 1/1/4
○山而救之 2/1/23
君○函谷而無攻 22/8/6
以○韓、魏 29/10/9
韓兼兩上黨以○趙 33/11/13
楚○南鄭 44/17/24
以○二周之郊 44/17/25

齊、秦相聚以○三晉 65/26/26
以○仁、平兵 87/41/3
○以韓 87/42/8
○天下諸侯 88/42/26
○淄之中七萬戶 112/54/25
而○淄之卒 112/54/26
○淄甚富而實 112/54/27
○淄之途 112/54/28
○淄、即墨非王之有也 113/55/24
以○周 115/56/18, 115/56/26
廣鄰敵以自○ 115/56/28
子○百姓 147/78/2
即○晉之關可以入矣 150/79/24
我悉兵以○之 153/80/21
勢為王妻以○于楚 174/91/7
秦以五十萬○齊右壤 177/93/4
今先生乃不遠千里而○寡人 180/93/28
僕欲將○武君 198/100/16
今○武君 198/100/22
孰與其○不測之罪乎 200/101/26
一軍○滎陽 211/109/16
一軍○太行 211/109/17
秦起二軍以○韓 211/109/19
○懷而不救 219/115/11
○王之境 238/128/26
幸以○寡人 239A/129/4
循有燕以○之 248/132/25
以○彷徨 307/156/3
而以之○河內 315/161/17
以東○許 315/161/20
收韓、趙之兵以○魏 356A/176/4
起兵○羊腸 368/181/15
發兵○方城 368/181/15
必以兵○魏 370/181/27
欲得梁以○韓 389/188/13
以○齊而市公 397/191/28
燕兵獨追北入至○淄 418/201/9
今乃以三齊○燕 419/201/20
○不測之罪 431/210/13
兵以○易水 440/214/18
北○趙 440/215/22
王翦將數十萬之衆○漳、鄴 440/215/22
內○其倫 443/218/29
夫在中者惡○ 443/218/29
是君○中山而失四國也 454/222/28

驎 lín 2

世無騏○騄耳 137/69/3
而騏○不至 258B/138/2

鱗 lín 1

欲排其逆○哉 440/214/20

麟 lín 1

豈有騏○騄耳哉 135/66/24

廩 lǐn 4

倉○空 25/9/5
視倉○ 203/104/7
倉○實矣 203/104/8
府庫倉○虛 252/135/18

賃 lìn 1

糧食輓○不可給也 225/120/24

藺 lìn 8

取○、離石、祁者 27/9/20, 27/9/25
○、離石、祁拔 228/121/26
以易○、離石、祁於趙 228/121/26
夫○、離石、祁之地 228/121/28
安能收恤○、離石、祁乎 228/122/1
公何不與趙○、離石、祁 356A/176/3
致○、石 422/204/15

泠 líng 2

○向謂秦王曰 41B/15/3
○向謂鄭彊曰 353/175/14

苓 líng 4

韓相國謂田○曰 399/192/9
田○見穰侯 399/192/10
田○對曰 399/192/10
田○曰 399/192/12

淩 líng 5

○萬乘 40/13/25
○齊、晉 81/36/22
而○清風 192/98/8
非曾深○於韓也 209/108/13
同舟而○波 432/210/29

蛉 líng 2

王獨不見夫蜻○乎 192/98/1
蜻○其小者也 192/98/3

陵 líng 97

中○三晉 42/16/3, 42/16/7
楚兵大敗於杜○ 50/21/18
高○、涇陽佐之 73B/32/6
出高○ 73B/32/10
再戰燒夷○ 81/36/26
秦白起拔楚西○ 87/40/24
或拔鄢、郢、夷○ 87/40/24
既勝齊人於艾○ 87/41/12
魏氏將出兵而攻留、方與、銍、胡○、碭、蕭、相 87/41/26
許、鄢○嬰城 87/42/9
上蔡、召○不往來也 87/42/10
勝齊於艾○ 89/43/8
一日山○崩 93/44/27
王一日山○崩 93/44/30
故不如南攻襄○以弊魏 102/50/24
乃起兵南攻襄○ 102/50/25
大破之桂○ 102/50/26
大破之馬○ 103/51/6
立千乘之義而不可○ 134/66/16
於○子仲尚存乎 138/69/21
馬○之難 153/80/24
江乙說於安○君曰 160/82/26
安○君曰 160/83/1

160/83/6,340/169/23
340/170/1,343/171/13
安○君泣數行而進曰 160/83/10
乃封壇為安○君 160/83/12
安○君可謂知時矣 160/83/14
則從竟○已東 168/87/2
輦從鄢○君與壽○君 192/97/21
北○乎巫山 192/98/12
輦從鄢○君與壽○君 192/98/16
於是乃以執珪而授之為
陽○君 192/98/20
乃使延○王將車騎先之
晉陽 203/104/6
信○君發兵至邯鄲城下
234/125/17
又遺其後相信○君書曰
251/134/28
信○君曰 251/135/3
339/169/14,339/169/17
趙王因割濟東三城令盧
、高唐、平原○地城
邑市五十七 252/135/8
馮忌為廬○君謂趙王曰
256/136/15
王之逐廬○君 256/136/15
今燕一以廬○君為言 256/136/16
然則王逐廬○君 256/136/17
一旦山○崩 262/139/18
有許、鄢、昆陽、邵○
、舞陽、新郪 272/142/27
許、鄢○危 284/147/21
齊、魏戰於馬○ 301/153/3
○十仞之城 310/157/27
而右上蔡、召○ 315/161/13
乃惡安○氏於秦 315/161/18
然而秦之葉陽、昆陽與
舞陽、高○鄰 315/161/19
隨安○氏而欲亡之 315/161/19
且夫憎韓不受安○氏可
也 315/161/21
安○必易 315/162/9
謂樓子於鄢○曰 317B/162/28
得許、鄢○以廣陶 323/165/9
許、鄢○必議 323/165/10
信○君殺晉鄙 339/169/13
唐且謂信○君曰 339/169/13
安○人縮高 340/169/22
信○君使人謂安○君曰
340/169/22
安○ 340/169/23
復信○君之命 340/169/24
使者以報信○君 340/169/28
信○君大怒 340/169/28
遣大使之安○曰 340/169/28
安○之地 340/169/28
以造安○之城 340/170/1
信○君為人 340/170/6
信○君聞縮高死 340/170/9
使使者謝安○君曰 340/170/9
秦王使人謂安○君曰 343/171/13
寡人欲以五百里之地易
安○ 343/171/13
安○君其許寡人 343/171/13
安○君因使唐且使於秦
343/171/15
寡人以五百里之地易安
○ 343/171/15
安○君不聽寡人 343/171/15
安○君受地於先生而守
之 343/171/18
而安○以五十里之地存
者 343/171/25
不能愛其許、鄢○與梧
364/179/25
襄○之役 370/181/26
今涇陽君若高○君先於
燕、趙 419/201/28
殘均○ 422/204/17
遇敗於馬○ 422/204/21
柰何以見○之怨 440/214/20
而燕國見○之恥除矣 440/216/15
乃使五校大夫王○將而
伐趙 461/226/8
○戰失利 461/226/8
東至竟○ 461/226/10
更使王齕代王○伐趙 461/226/30

蔆 líng 1

仰嚙○衡 192/98/7

靈 líng 7

是故兵終身暴○於外 42/16/10
若太后之神○ 64/26/20
昔者先君○王好小要 170/89/29
武○王平晝間居 221/116/15
非社稷之神○ 221/117/24
衛○公近雍疸、彌子瑕
239B/129/14
先王之○ 431/209/29

領 lǐng 6

不用一○甲 42/16/17
武王將素甲三千○ 42/17/3
臣請挈○ 67/27/20
夫楚王之以其臣請挈○
然而臣有患也 67/27/21
引○西望 93/45/1
自使有要○之罪 304/154/17

令 lìng 335

○之為己求地於東周也 3B/2/12
則東周之民可○一仰西周 4/2/21
周君將○相國往 5A/2/26
主君○陳封之楚 5A/2/27
○向公之魏 5A/2/27
主君○許公之楚 5A/2/27
○向公之韓 5A/2/27
而主君○相國往 5A/2/28
主君將○誰往 5A/2/28
君何不○人謂韓公叔曰 5B/3/3
秦必無辭而○周弗受 5B/3/6
臣請○齊相子 7/3/16
子因○周最居魏以共之 7/3/16
因○人謂周君曰 8A/3/22
忠臣○誹在己 8B/3/29
公負○秦與強齊戰 10B/4/20
君不如○辯知之士 11A/4/27
君不如○王聽最 12/5/16
公何不○人謂韓、魏之
王曰 13/5/23
因○人謂相國御展子、
廧夫空曰 17/6/29
王類欲○若為之 17/7/1
相國○之為太子 17/7/2
周○其相之秦 18/7/6
自○身死 19/7/14
西周必○賊賊公 20/7/20

君不如〇弊邑陰合於秦而君無攻 22/8/6
〇弊邑以君之情謂秦王曰 22/8/6
欲王〇楚割東國以與齊也 22/8/7
君〇弊邑以此忠秦 22/8/8
因〇韓慶入秦 22/8/10
莫如〇秦、魏復戰 23/8/16
而全趙〇其止 23/8/18
秦〇樗里疾以車百乘入周 24/8/24
代能為君〇韓不徵甲與粟於周 25/9/3
不如〇太子將軍正迎吾得於境 28/10/3
〇天下皆知君之重吾得也 28/10/4
則〇不橫行於周矣 34/11/20
齊王〇司馬悍以賂進周最於周 36/12/3
〇人微告悍 36/12/5
悍請〇王進之以地 36/12/5
〇軍設舍速東 37/12/10
法〇至行 39/12/22
今秦出號〇而行賞罰 42/15/17
秦之號〇賞罰 42/15/20
詔〇天下 42/15/26
〇帥天下西面以與秦為難 42/16/5
〇魏氏收亡國 42/16/9
號〇不治 42/16/13
秦國號〇賞罰 42/17/7
挾天子以〇天下 44/17/26
因〇楚王為之請相於秦 45/18/16
是以弊邑之王不得事〇 50/20/25
謹聞〇 53/22/16
王〇向壽輔行 55/23/4
魏文侯〇樂羊將 55/23/11
〇田章以陽武合於趙 63/25/28
出〇曰 64/26/19
君不如勸秦王〇弊邑卒攻齊之事 65/26/27
〇攻齊 66/27/9
是〇張儀之言為禹 67/27/22
寡人宜以身受〇久矣 73A/29/19
而〇焉得從王出乎 73B/32/1
其〇邑中自斗食以上 74/32/22
然則〇何得從王出 74/33/1
請〇廢之 77/33/22
今〇人復載五十金隨公 77/33/28
〇有必行者 80/35/4
此〇必行者也 80/35/5
此〇必不行者也 80/35/5
詘〇韓、魏 87/42/5
莫不〇朝行 88/42/20
〇之留於酸棗 92/44/10
〇之曰 93/45/14
吾〇剛成君蔡澤事燕三年 94/45/24
〇庫具車 94/46/4
律〇孰與之明 95/46/21
平原津〇郭遺勞而問 95/47/1
平原〇曰 95/47/2
平原〇見諸公 95/47/15
〇其欲封公也又甚於齊 98/49/1
〇長子御 101/49/26
因〇人捕為人卜者 104/51/16
乃下〇 108/52/26
〇初下 108/53/1
臣請〇魯中立 110/53/19
足下豈如〇眾而合二國之後哉 110/53/23
請〇罷齊兵 115/56/21
唯〇尹耳 117/57/13
〇尹貴矣 117/57/13
王非置兩〇尹也 117/57/13
趙〇樓緩以五城求講於秦 118/57/23
〇齊入於秦而伐趙、魏 121/58/21
可以〇楚王亟入下東國 122/59/1
而孟嘗〇人體貌而親郊迎之 125/61/6
〇其命如此 128/62/15
〇曰 136B/67/16,136B/67/16
〇折轅而炊之 142/72/19
〇於境內 142/73/23
而〇行於天下 142/73/24
〇行於天下矣 142/73/26
下〇曰 146/76/26
乃布〇求百姓之饑寒者 146/77/1
〇任固之齊 151/80/3
王不如〇人以涓來之辭謾固於齊 151/80/6
而〇兩萬乘之國 152/80/14
且魏〇兵以深割趙 156/81/21
謹受〇 160/83/2,234/125/22
故〇請其宅 162/83/25
城渾說其〇曰 163/84/5
而〇私行 165/84/22
臣請〇山東之國 167/85/24
法〇既明 168/86/16
昔〇尹子文 170/88/25
〇尹子文是也 170/88/26
秦王顧〇不起 170/89/16
楚〇景翠以六城賂齊 172/90/13
公不如〇王重賂景鯉、蘇厲 172/90/14
楚〇昭鼠以十萬軍漢中 173A/90/20
請為公〇辛戎謂王曰 173A/90/21
楚〇昭雎將以距秦 173B/90/26
〇之示秦必戰 173B/90/29
秦王惡與楚相弊而〇天下 173B/90/29
張旄果〇人要靳尚刺之 175/91/22
皆〇獻其計 177/92/9
齊〇使來求地 177/92/12
〇往守東地 177/92/28
公不如〇人謂太子曰 178/93/10
蘇子乃〇人謂太子 178/93/12
自〇尹以下 179/93/21
今〇臣食玉炊桂 180/93/29
是王〇困也 181/94/5
〇人謂張子曰 182/94/18
楚王〇昭雎之秦重張儀 183/94/29
因〇人謁和於魏 185/95/28
而〇臣等為散乎 188/96/21
〇劓之 190/97/11
〇其一善而獻之王 191/97/16
不若〇屈署以新東國為和於齊以動秦 195/99/10
而〇行於天下也 195/99/10
遽〇屈署以東國為和於齊 195/99/11
〇辛戎告楚曰 195/99/12
請〇魏王可 201/102/30
號〇以定 203/104/12
不如〇殺之 203/104/29
無〇臣能制主 204A/105/19
不〇在相位 204A/105/20
使秦發〇素服而聽 209/108/26
〇韓陽告上黨之守靳黈曰 211/109/19
今王〇韓興兵以上黨入和於秦 211/109/20

王則有〇 211/109/21
今馮亭〇使者以與寡人 211/109/27
中絶不〇相通 211/110/1
〇嚴政行 211/110/4
千戶封縣〇 211/110/12
〇公孫起、王齮以兵遇趙於長平 211/110/17
不如〇趙拘甘茂 213/110/28
〇天下之將相 218/114/3
自〇車裂於齊之市 220/116/1
而〇行為上 221/117/1
法度制〇 221/118/22
臣敢不聽〇乎 222/119/17
224/120/18
勿〇溺苦於學 222/119/19
王〇讓之曰 223/119/26
臣以失〇過期 223/120/1
〇淖滑、惠施之趙 227/121/22
〇公子繒請地 228/121/27
趙王乃〇鄭朱對曰 228/121/27
寡人有不〇之臣 228/122/1
〇衛胡易伐趙 228/122/4
魏〇公子咎以銳師居安邑 228/122/4
公不如〇主父以地資周最 229B/122/24
〇秦來年復攻王 233/124/12
聞魏將欲〇趙尊秦為帝 236/126/18
魏王使將軍辛垣衍〇趙帝秦 236/126/20
〇衆人不知 236/126/29
而〇趙人多君 237/128/11
而〇趙人愛君乎 237/128/11
且〇工以為冠 239A/129/3
何不〇前郎中以為冠 239A/129/7
君〇膋乘獨斷之車 240/129/24
〇之內治國事 240/129/25
而能〇王坐而天下致名寶 246/131/7
秦〇起賈禁之 247/131/20
則〇秦攻魏以成其私封 247/131/25
而乃〇秦攻王 247/131/27
齊乃〇公孫衍說李兌以攻宋而定封焉 248/132/15
趙王因割濟東三城〇盧、高唐、平原陵地城邑市五十七 252/135/8
乃割濟東三〇城市邑五十七以與齊 252/135/10
〇士大夫餘子之力 252/135/18
大王若有以〇之 258B/137/25
今使臣受大王之〇以還報 258B/138/2
〇昭應奉太子以委和於薛公 260/138/16
〇仇郝相宋 260/138/17
有復言〇長安君為質者 262/138/29
願〇得補黑衣之數 262/139/7
而不及今〇有功於國 262/139/17
西門豹為鄴〇 266/140/28
數〇人召臣也 276/145/15
〇四國屬以事 276/145/24
〇魏王召而相之 278/146/3
請〇齊、楚解攻 281/146/28
故〇人謂韓公叔曰 283/147/12
〇以饑故 285/147/27
魏〇公孫衍乘勝而留於境 287/148/9
而〇秦講於王 287/148/10
而〇趙 287/148/11
聞周、魏〇竇屢以割魏於奉陽君 287/148/12
魏〇公孫衍請和於秦 289/148/29
〇毋敢入子之事 292/149/22
請〇王讓先生以國 294/150/7
衍請因〇王致萬戶邑於先生 294/150/8
因〇史舉數見犀首 294/150/8
又〇魏太子未葬其先王而因又說文王之義 296/151/5
齊〇宋郭之秦 297/151/10
天下可〇伐秦 297/151/24
天下可〇賓秦 297/151/25
〇足下鬻之以合於秦 297/151/29
魏王〇惠施之楚 299/152/20
〇犀首之齊 299/152/20
施因〇人先之楚 299/152/20
魏王〇犀首之齊 299/152/21
何不〇公子泣王太后 300/152/26
〇太子鳴為質於齊 302/153/20
今大王〇人執事於魏 304/154/18
夫〇人之君處所不安 304/154/21
〇人之相行所不能 304/154/22
秦必〇其所愛信者用趙 304/154/23
帝女〇儀狄作酒而美 307/155/26
趙王因〇閉關絶秦 308/156/15
秦兵已〇 310/158/4
必〇魏以地聽秦而為和 317B/163/1
王不如〇秦、楚戰 322/165/3
王能〇韓出垣雍之割乎 327/166/12
將〇秦王遇於境 328/166/17
將皆務事諸侯之能〇於王之上者 328/166/18
故〇魏氏收秦太后之養地秦王於秦 329A/166/24
管鼻之〇翟強與秦事 330/167/9
〇鼻之入秦之傳舍 330/167/10
魏王〇之謂秦王曰 332/167/21
〇齊資我於魏 335/168/12
〇姚賈讓魏王 337/168/23
〇兵先臣出可乎 338/168/31
於是布〇於四境之內曰 341/170/20
昭獻〇人謂公叔曰 350/174/21
王〇之勿攻市丘 352/175/8
公不如〇秦王疑公叔 353/175/15
今已〇楚王奉幾瑟以車百乘居陽翟 353/175/16
〇昭獻轉而與之處 353/175/16
〇戰車滿道路 357/176/21
中封小〇尹以桂陽 359/177/18
今公徒〇收之 359/177/29
是〇行於楚而以其地德韓也 359/178/2
故王不如〇韓中立以攻齊 360/178/19
臣以為〇韓以中立以勁齊 360/178/21
韓〇使者求救於秦 366/180/9
韓又〇尚靳使秦 366/180/9
韓〇冷向借救於秦 367/180/28
因〇公仲謂秦王曰 369/181/20
〇韓王知王之不取三川也 369/181/21

公何不○人說昭子曰 370/181/27
公不如○人恐楚王 372/182/9
而○人為公求武遂於秦 372/182/9
是○得行於萬乘之主也 372/182/10
齊○周最使鄭 374/182/21
○我使鄭 374/182/21
請○公叔必重公 374/182/23
公何不○齊王謂楚王 377/183/16
公又○秦求質子於楚 380/184/5
因○人謂楚王曰 381/184/12
公不如○秦王賀伯嬰之立也 382/184/18
○楚兵十餘萬在方城之外 383A/184/23
臣請○楚築萬家之都於雍氏之旁 383A/184/23
楚○景鯉入韓 383B/184/29
今王之國有柱國、○尹、司馬、典○ 384/185/13
○用事於韓以完之 386/187/7
秦○而不聽 387/187/21
天下固○韓可知也 388/188/3
適足以自○亟亡也 389/188/18
此以一勝立尊○ 390/189/1
制○無所行 390/189/3
韓氏之眾無不聽○者 391/189/14
○安伏 396B/191/7
○吏逐公疇豎 397/191/25
臣請○發兵救韓 399/192/12
請○公子年謂韓王曰 402/193/3
輸人為之謂安○曰 403/193/9
而不能○狗無吠己 406/193/26
而不能○人毋議臣於君 406/193/27
發興號○ 408/194/17
○郭任以地請講於齊 410/195/11
則大王號○天下皆從 411/195/31
乃○工人作為金斗 413/197/4
○之可以擊人 413/197/4
而○人疑之 415/198/7
而○人知之 415/198/7
其實○啓自取之 416A/199/16
王因○人謂太子平曰 416A/199/21
則唯太子所以○之 416A/199/22
王因○章子將五都之兵 416A/199/27
立為三帝而以○諸侯 419/201/30
於是因○其妾酌藥酒而進之 420/203/8
此必○其言如循環 422/204/24
○齊絕於趙 423/205/6
○齊守趙之質子以甲者 423/205/8
○齊、趙絕 423/205/11
○不合燕 424/205/17
○人謂閔王曰 426/206/24
王何不○蘇子將而應燕乎 426/206/25
○臣應燕 426/207/2
臣受○以任齊 427/207/18
今王又使慶○臣曰 427/207/20
將○燕王之弟為質於齊 428/207/26
旦暮出○矣 429/208/16
臣自以為奉○承教 431/209/22
臣乃口受○ 431/209/28
奉○擊齊 431/209/30
自以為奉○承教 431/210/3
餘○詔後嗣之遺義 431/210/7
所以能循法○ 431/210/8
事強可以○國安長久 432/210/22
乃○徙 436/212/18
○栗腹以四十萬攻鄗 438/213/6
乃○秦武陽為副 440/216/22
公不如○楚賀君之孝 445/219/17
殷順且以君○相公期 451/221/22
豈若○大國先與之王 454/223/1
請○燕、趙固輔中山而成其王 455/223/11
果○趙請 457/224/13
可以○趙勿請也 457/224/16
皆○妻妾補縫於行伍之間 461/226/25
以○諸侯 461/227/5

流 liú 22

血○至足 40/14/3
以○魏氏 42/16/20
淇水竭而洹水不○ 42/17/2
澤○千世 81/35/29
○血成川 81/36/26
○亡為臣妾 87/41/20
○子而去 124/61/1
下通其○ 136B/68/5
管燕連然○涕曰 140/70/3
故業與三王爭○ 145/76/11
襄王○揜於城陽 192/97/24
飲茹谿○ 192/98/12
白汗交○ 199/101/7
東○至海 208/107/27
屏○言之迹 218/114/1
故聖與俗○ 221/118/26
○血千里 343/171/20
○血五步 343/171/24
膝下行○涕 440/215/18
樊將軍仰天太息○涕曰 440/216/12
周○無所不通 458/224/27
○血漂鹵 461/226/12

留 liú 60

○其行 18/7/6
周君○之十四日 21/7/25
故○之十四日以待命也 21/7/27
願大王少○意 40/13/9
當屯○之道 44/17/24
王必不○臣 49/20/7
處女相語以為然而○之 61A/24/30
王若不○ 61A/25/10
則久○臣無為也 72/29/1
王不如○之以市地 85/39/23
更不與不如景鯉○ 85/39/24
秦王乃○景鯉 85/39/25
今大王○臣 85/39/28
魏氏將出兵而攻○、方與、銍、胡陵、碭、蕭、相 87/41/26
令之○於酸棗 92/44/10
以太子之○酸棗而不之秦 92/44/12
不顧一子以○計 93/45/6
乃○止 93/45/12
與齊貌辨俱○ 101/49/28
臣請為○楚 106/51/29
臣固願大王之少○計 112/55/8
君何不○楚太子 122/58/26
我○太子 122/58/27
今君○太子者 122/59/5
臣觀薛公之○太子者 122/59/10

楚王請割地以○太子 122/59/17
夫勸○太子者蘇秦也 122/60/1
夫使薛公○太子者蘇秦也 122/60/5
而牽○萬乘者 147/77/16
秦王○之 176/91/27
曾不肯○ 180/93/28
淹○以觀之 192/97/24
○五月 192/97/24
秦○趙王而后許之媾 235/126/9
○天下之兵於成皋 247/131/21
今趙○天下之甲於成皋 247/131/25
因○之 261/138/21
秦必○之 261/138/22
今君○之 261/138/22
故君不如遣春平侯而○平都侯 261/138/23
魏令公孫衍乘勝而○於境 287/148/9
先王必欲少○而扶社稷、安黔首也 296/151/1
秦必○君 331/167/16,331/167/16
宣王謂摎○曰 348B/174/9
兵罷而○於成皋 352/175/3
公○儀之使者 354/175/22
恐○ 371/182/3
○馮君以善韓臣 371/182/3
秦必○太子而合楚 383B/184/29
大怒於周之○成陽君也 397/191/25
○之數月 414/197/20
唯君之○意焉 431/210/17
二人卒○趙 438/214/1
願先生○意也 440/215/5
440/215/12
唯荊卿○意焉 440/215/28
而為○待 440/216/22
僕所以○者 440/216/25
徐其攻而○其日 444/219/8

柳 liǔ 7

去○葉者百步而射之 27/9/22
夫射○葉者 27/9/24
有敢去○下季壟五十步而樵采者 136B/67/16
取扶○ 253/135/24
○下惠吏於魯 438/213/24
○下惠曰 438/213/25
○下惠不以三黜自累 438/213/25

溜 liù 1

石○之地也 344A/172/4

隆 lóng 3

當秦之○ 40/14/13
雖○薛之城到於天 99/49/14
氣矜之○ 385/186/20

龍 lóng 5

公孫○聞之 234/125/19
魏王與○陽君共船而釣 341/170/14
○陽君得十餘魚而涕下 341/170/14
鄧師、宛馮、○淵、大阿 347/173/1
○賈之戰 422/204/25

籠 lóng 1

則臣亦之周負○耳 420/202/22

聾 lóng 3

舌弊耳○ 40/13/21
以○為聽 197/100/11
臣恐君之○於官也 268/141/14

壟 lǒng 3

而操銚鎒與農夫居○畝之中 129/62/25
有敢去柳下季○五十步而樵采者 136B/67/16
曾不若死士之○也 136B/67/17

隴 lǒng 2

右○、蜀 73A/30/23
席○畝而廕庇桑 257/136/25

樓 lóu 51

秦王謂○緩曰 83A/38/13
○許約秦、魏 92/44/9
○子患之 92/44/11
○子告之 92/44/11
趙令○緩以五城求講於秦 118/57/23
○子恐 118/57/24
胡人襲燕○煩數縣 142/72/13
西有○煩、秦、韓之邊 221/117/21
以備其參胡、○煩、秦、韓之邊 221/117/22
○緩必怨公 226/121/13
公不若陰辭○子曰 226/121/13
○緩欲以趙合秦、楚 229A/122/9
富丁恐主父之聽○緩而合秦、楚也 229A/122/9
○緩坐魏三月 229A/122/14
○緩新從秦來 233/123/26
趙王與○緩計之曰 233/123/27
○緩辭讓曰 233/123/27
○緩曰 233/123/28
233/124/11,233/125/1
王以○緩言告之 233/124/5
王又以虞卿之言告○緩 233/124/11
○緩對曰 233/124/13
王以○緩之言告 233/124/18
○緩言不媾 233/124/18
○緩又不能必秦之不復攻也 233/124/19
今○緩曰 233/124/22
○緩聞之 233/125/1,233/125/13
○子之為秦也 233/125/7
趙王召○昌與虞卿曰 235/125/27
○昌曰 235/125/28
○緩將使 250/134/9
○子曰 250/134/10
○子遂行 250/134/12
吾已與○子有言矣 250/134/14
○緩相秦 260/138/17
○公將入矣 311/158/29
謂○子於鄢陵曰 317B/162/28

○廩、翟強也 317B/163/11
楚王怒於魏之不用○子 317B/163/12
以輕○廩 317B/163/13
○廩欲合秦、楚外齊 317B/163/13
使人謂○子曰 317B/163/14
○子與楚王必疾矣 317B/163/15
內得○廩、翟強以為佐 317B/163/16
○緩謂魏王曰 322/165/3
○梧約秦、魏 328/166/17
則○緩必敗矣 356A/176/3
○鼻必敗矣 356A/176/4
北有林胡、○煩 408/194/10

螻 lóu 3

則○蟻得意焉 99/49/13
辱○蟻 160/83/12
而下為○蟻食也 192/98/3

陋 lòu 5

願以陳臣之○忠 73A/30/4
齊僻○隱居 113/55/27
寡人愚○ 137/68/28
楚國僻○ 168/87/26
僻○之國也 182/94/15

漏 lòu 4

宜若奉○甕 120/58/13
舟○而弗塞 373/182/16
塞○舟 373/182/16
是塞○舟而輕陽侯之波也 373/182/17

鏤 lòu 1

且以繩墨案規矩刻○我 212/110/22

盧 lú 6

譬若馳韓○而逐蹇兔也 73A/30/24
韓子○者 132A/63/30
韓子○逐東郭逡 132A/64/1
世無東郭俊、○氏之狗 137/69/3
方將脩其莽○ 192/98/8
趙王因割濟東三城令○、高唐、平原陵地城邑市五十七 252/135/8

廬 lú 7

闔○為霸 73A/30/10
馮忌為○陵君謂趙王曰 256/136/15
王之逐○陵君 256/136/15
今燕一以○陵君為言 256/136/16
然則王逐○陵君 256/136/17
○、睪在其北 269/141/25
然而○田廡舍 272/142/29

顱 lú 1

頭○僵仆 87/41/19

鹵 lǔ 1

流血漂○ 461/226/12

虜 lǔ 10

以其為汝南○也 79/34/27
○魏公子卬 81/36/3
父子老弱係○ 87/41/19
民必死○ 111/54/10
○使其民 236/127/1
○趙王遷及其將顏㝡 263/140/2
右挾生○ 348A/173/22
今秦已○韓王 440/215/22
○趙王 440/216/4
而○燕王喜 440/217/26

魯 lǔ 64

○之免囚 96/48/12
○、宋事楚而齊不事者 98/49/4
齊大而○、宋小 98/49/4
王獨利○、宋之小 98/49/4
○親之 110/53/19
臣請令○中立 110/53/19
乃為齊見○君 110/53/19
○君曰 110/53/19, 110/53/20, 110/53/21
不用有○與無○ 110/53/22
而君以○眾合戰勝後 110/53/24
○君以為然 110/53/25
齊與○三戰而○三勝 113/55/19
齊大而○小 113/55/20
猶齊之於○也 113/55/20
○連謂孟嘗君曰 129/62/23
○仲連謂孟嘗 135/66/21
則鄒、○、陳、蔡 142/73/27
○連乃書 145/75/11
曹沫為○君將 145/76/5
退而與○君計也 145/76/7
往見○仲子 148/78/8
問○仲子曰 148/78/12
○仲子曰 148/78/13
管仲去○入齊 197/99/27
○弱而齊強 197/99/27
今○句注禁常山而守 209/108/23
是鄒、○無奇行也 221/118/25
公甫文伯官於○ 233/123/28
逐於○ 233/123/30
此時○仲連適游趙 236/126/18
○連曰 236/126/20, 236/126/28, 236/127/3, 236/127/4
東國有○連先生 236/126/22
吾聞○連先生 236/126/23
吾不願見○連先生也 236/126/24
○連見辛垣衍而無言 236/126/27
○仲連曰 236/127/6, 236/127/10, 236/127/11, 236/127/15
齊閔王將之○ 236/127/18
謂○人曰 236/127/18
○人曰 236/127/18
○人投其籥 236/127/21
不得入於○ 236/127/21
鄒、○之臣 236/127/23
然且欲行天子之禮於鄒、○之臣 236/127/24
是使三晉之大臣不如鄒、○之僕妾也 236/127/26
於是平原君欲封○仲連 236/128/4
○仲連辭讓者三 236/128/5
起前以千金為○連壽 236/128/5
○連笑曰 236/128/5
因以○侯之車迎之 278/146/8

請○君舉觴 307/155/26
○君興 307/155/26
加之以○、衛 419/201/18
管仲逃於○ 424/206/4
柳下惠吏於○ 438/213/24

櫓 lǔ 3

舉衝○ 142/72/25
衝○不施而邊城降 142/73/13
衝○未施 142/74/6

六 lù 56

代三十○縣 42/16/17
方○百里 50/20/26,50/21/1
而得商於之地○百里 50/21/2
廣從○里 50/21/12
臣聞○百里 50/21/12
不聞○里 50/21/12
安得○百里 50/21/13
昔者○晉之時 83B/38/30
山東戰國有○ 86/40/14
天下五合、○聚而不敢救也 87/41/4
五伯不足○也 87/41/6
或為○國說秦王曰 88/42/16
五伯不足○ 89/43/14
得上谷三十○縣 94/46/11
秦王召群臣賓客○十人而問焉 96/47/21
今齊、楚、燕、趙、韓、梁○國之遞甚也 111/54/4
其民無不吹竽、鼓瑟、擊筑、彈琴、鬬雞、走犬、○博、蹹踘者 112/54/27
行此○者而求伯 142/71/16
帶甲三十○萬 142/73/22
食田○百畛 170/89/3
田○百畛 170/89/23
楚令景翠以○城賂齊 172/90/13
奉以上庸○縣為湯沐邑 174/91/6
悉五尺至○十 177/93/1
○足四翼 192/98/1
奮其○翮 192/98/8
○十而盡相靡也 194/99/4
賜家○金 211/110/12
○國并力為一 218/113/22
○國從親 218/114/2,272/143/16
○國從親以擯秦 218/114/8
立傅之道○ 222/119/11
○者何也 222/119/11
○者 222/119/13
知此○者 222/119/16
因使人索○城於趙而講 233/123/26
而婦人為死者十○人 233/123/30
割○縣而講 233/124/6
不能取○城 233/124/20
而不至失○城 233/124/20
是使王歲以○城事秦也 233/124/23
秦索○城於王 233/125/8
天下爭秦有○舉 249/133/14
○矣 249/134/3
車○百乘 272/143/9
楚許魏○城 284/147/19
而不與魏○城 284/147/20
○國也 297/151/13
皆射○百步之外 347/172/30
晉用○卿而國分 348B/174/9
去百○十里 364/179/25
騎○千疋 408/194/11
遽起○十萬以攻趙 438/213/6
見秦且滅○國 440/214/18

陸 lù 5

有陰、平○則梁門不啓 141B/70/23
魏攻平○ 145/75/15
皆○斷馬牛 347/173/2
○攻則擊河內 422/204/6
封○之戰 422/204/25

鹿 lù 7

黃帝伐涿○而禽蚩尤 40/13/16
○裘以處 170/88/25
而至鉅○之界三百里 209/108/21
黃帝戰於涿○之野 297/152/1
麋○盡 315/161/25
○毛壽謂燕王曰 416A/199/11
犀兕麋○盈之 442/218/19

祿 lù 17

厚其○以迎之 61A/25/6
勞大者其○厚 72/28/29
而君之○位貴盛 81/36/19
無功而受其○者辱 136B/68/1
推選則○焉 136B/68/14
受厚○ 160/82/26
不為○勉 170/88/18
170/88/23,170/89/25
（豊）〔豐〕其○ 170/88/21
170/89/3
飯封○之粟 192/98/17
爵高而○輕 207/107/16
國之○也 221/118/2
其國之○也 222/119/20
以賞田百萬○之 270/142/5
不以○私其親 431/209/19

賂 lù 23

齊王令司馬悍以○進周最於周 36/12/3
王不如因而○之一名都 50/21/14
王不如○之以撫其心 53/22/18
削地而○之 73A/31/13
秦責○於魏 84A/39/9
大王裂趙之半以○秦 95/46/22
秦銜○以自強 95/46/24
趙○以河間十二縣 95/46/26
辭讓而重○至矣 142/73/12
我厚○之以利 153/80/21
楚令景翠以六城○齊 172/90/13
公不如令王重○景鯉、蘇厲 172/90/14
多○諸侯以王之地 179/93/18
必以路涉、端氏○趙 213/110/29
王以五城○齊 233/125/9
必割地以○王 281/146/30
今王割地以○秦 342/171/6
○之以一名都 357/176/16
欲割平邑以○燕、趙 455/223/7
不憚割地以○燕、趙 455/223/10
王之所以不憚割地以○燕、趙 455/223/15
夫割地以○燕、趙 455/223/16
齊之欲割平邑以○我者

455/223/24

路 lù 13

○過洛陽 40/14/17
則成睪之○不通 73A/31/20
相隨於○ 87/41/19
王將藉○於仇讎之韓、魏乎 87/41/21
王若不藉○於仇讎之韓、魏 87/41/22
此言末○之難 89/43/18
則是○君之道也 142/72/19
必以○涉、端氏賂趙 213/110/29
然山東不能易其○ 217/111/27
以過章子之○ 253/135/25
此非楚之○也 334/168/5
334/168/6
令戰車滿道○ 357/176/21

勠 lù 1

○力同憂 461/226/3

漉 lù 1

○汁灑地 199/101/7

戮 lù 6

故天下以其君父為○辱 81/36/9
為天下○者 142/72/4
為天下○ 145/75/19
故寡人恐親犯刑○之罪 223/119/29
請自歸於吏以○ 426/207/2
皆為○沒 440/216/11

潞 lù 1

士民○病於內 42/16/10

騄 lù 2

豈有騏麟○耳哉 135/66/24
世無騏驎○耳 137/69/3

簬 lù 1

其堅則箘○之勁不能過也 203/104/9

露 lù 8

諸侯見齊之罷○ 73A/31/4
其百姓罷而城郭○ 142/73/7
而城郭○於境 142/73/8
夫罷士○國 142/73/11
仰承甘○而飲之 192/98/1
蒙霜○ 208/107/22
甘○降 209/108/11
為將軍久暴○於外 431/209/10

閭 lǘ 16

女○七百 8B/3/30
賣僕妾售乎○巷者 48B/19/21
守○嫗曰 80/35/5
不卑於守○嫗 80/35/7
下則鄙野、監門、○里 136B/67/22
欲為監門、○里 136B/67/27
雖有闔○、吳起之將 142/73/16
殺之東○ 143/74/12
則吾倚○而望 144/74/29
乃使人聽於○里 146/77/2
立於衢○ 182/94/15
○姝子奢 197/100/10
左白台而右○須 307/156/4
雖至於門○之下 342/171/5
昔者五子胥說聽乎闔○ 431/210/10
所傾蓋與車而朝窮○隘巷之士者 459A/225/10

呂 lǚ 21

周相○倉見客於周君 8A/3/22
相○倉 8B/3/27
相○禮者 11B/5/3
逐周最、聽祝弗、相○禮者 11C/5/10
文聞秦王欲以○禮收齊 65/26/26
是君收齊以重○禮也 65/26/27
○禮復用 65/26/30
臣聞始時○尚之遇文王也 73A/29/29
故文王果收功於○尚 73A/30/1
即使文王疏○望而弗與深言 73A/30/2
雖周○望之功 78/34/5
濮陽人○不韋賈於邯鄲 93/44/18
然則周文王得○尚以為太公 147/77/25
而○不韋廢 200/102/19
魏殺○遼而衛兵 215/111/10
魏殺○遺 241/130/3
於是與殺○遺何以異 241/130/4
與○氏乎 342/171/5
天下孰不棄○氏而從嫪氏 342/171/8
天下必合○氏而從嫪氏 342/171/9
大○陳於元英 431/210/1

侶 lǚ 1

一蓋呼○ 212/110/21

旅 lǚ 6

羈○也 2/1/24
今臣羈○之臣也 55/23/13
我羈○而得相秦者 57/24/4
羈○之臣也 73A/30/3
王舉臣於羈○之中 80/35/12
臣羈○也 207/107/15

僂 lǚ 1

○行見荊軻 440/215/11

屢 lǚ 5

為竇○謂魏王曰 287/148/10
王不若與竇○關內侯 287/148/11
聞周、魏令竇○以割魏於奉陽君 287/148/12
夫周君、竇○、奉陽君之與穰侯 287/148/12
竇○也 287/148/13

屨 lǚ 2

贏縢○蹻 40/13/29
康子○魏桓子 83B/39/3

縷 lǚ 1

血濡○ 440/216/21

律 lǜ 1

○令孰與之明 95/46/21

綠 lǜ 1

宋有結○ 72/29/6

慮 lǜ 40

願大王有以○之也 42/16/27
子為寡人○之 50/20/20
而無他○也 66/27/15
為君○封 69/28/8,248/132/21
臣為大王○而不取 87/41/14
臣恐韓、魏之卑辭○患 87/41/17
臣為王○ 87/42/8
臣竊為大王○之而不取也 89/43/5
願王熟○之 111/54/13
願王之熟○之也 141B/70/25
此謂○賢也 155/81/13
危則○安 201/102/23
為主君○封者 201/102/24
先事成○而熟圖之也 209/109/3
願王熟○之也 217/111/30, 389/188/15
夫○收亡齊、罷楚、敝魏與不可知之趙 219/115/1
而將非有田單、司馬之○也 219/115/6
乃且願變心易○ 220/116/10
王○世事之變 221/116/15
有獨知之○者 221/116/20
今王即定負遺俗之○ 221/116/23
○無惡擾 221/118/2
○徑而易見也 221/118/17
故寡人以子之知○ 222/119/5
知○不躁達於變 222/119/11
願王之熟○無齊之利害也 246/131/16
前○不定 272/143/15
願君之以是○事也 310/157/20
○久以天下為可一者 321/164/23
困於思○ 340/170/9
非○過而議失也 390/188/24
申不害○事而言之 390/188/27
王自○此則計過 415/198/2
○曰 420/203/9
願大王之熟○之也 432/211/3
願太傅更○之 440/214/28
願足下更○之 440/216/9
積○并心 461/226/5

孿 luán 2

夫○子之相似者 386/187/3
正如○子之相似也 386/187/4

欒 luán 2

○水齧其墓 296/150/27
故使○水見之 296/150/28

卵 luǎn 6

衛危於累○ 88/42/19
君危於累○ 93/44/28
危於累○ 208/107/28
有覆巢毀○ 258B/138/2
集於鳥○之上 348A/173/24
臣之所重處重○也 427/207/15

亂 luàn 58

諸侯○惑 40/13/19
○於治 40/13/26
以○攻治者亡 42/15/12
而有桀、紂之○ 44/18/3
而又有禁暴正○之名 44/18/5
以○其政 48A/19/7
須殘伐○宋 69/28/8
四治政不○不逆 74/32/26
而晉惑○ 81/36/9
國家滅○ 81/36/9
正○、批患、折難 81/36/18
臣豈以郢威王為政衰謀○以至於此哉 88/42/26
斗生於○世 137/68/25
事○君 137/68/25
河、山之間○ 142/71/10
○天下而自安 142/73/19
勞○在天下 142/73/20
淖齒○齊國 144/75/1
彼燕國大○ 145/75/18
齊以淖君之○秦 151/80/3
然則白公之○ 161/83/19
越○ 166/85/7
越○而楚治也 166/85/8
臣聞治之其未○ 167/85/21
百姓昏○ 170/89/22
嫪毒亦為○於秦 200/102/19
踐○燕 201/102/27
知伯軍救水而○ 203/105/10
大○君臣之義者無此矣 204B/106/16
殘伐○宋 210/109/8
俗辟者○民 221/118/18
治○以知 222/119/6
子用私道者家必○ 223/119/27
變籍則○ 224/120/6
○寡人之事 224/120/15
為人排患、釋難、解紛○而無所取也 236/128/6
其國必有○ 248/132/18
殘○宋 248/132/23
臣恐與國之大○也 249/133/10
是○也 257/136/24
內有大○ 315/161/5
齊和子○而越人亡繒 319/164/4
幾瑟之能為○也 379/183/27
必不敢輔伯嬰以為○ 379/183/30
必不能為○矣 379/183/31
左右大○ 385/186/15
以其○也 414/197/20
欲其○也 414/197/21
故大○者可得其地 414/197/21
小○者可得其寶 414/197/21
燕國大○ 416A/199/20
燕大○ 416B/200/8
齊因孤國之○ 418/200/21
子之之○ 419/202/9
必誅暴正○ 433/211/21

未如殷紂之〇也 438/213/20
而內有大〇 440/215/26
〇無大 452A/221/28

倫 lún 1

內臨其〇 443/218/29

綸 lún 2

段干〇曰 102/50/22,102/50/23

輪 lún 3

有狂兕（牂）〔牂〕車依〇而至 160/83/9
桑〇蓬篋羸滕 208/107/21
然而四〇之國也 219/114/23

論 lùn 26

以此〇之 40/13/26
司馬錯與張儀爭〇於秦惠王前 44/17/21
公不〇兵 57/24/3
以君臣〇之 81/36/14
秦王與中期爭〇 90/43/26
寡人直與客〇耳 134/66/13
博〇而技藝之 219/114/17
臣之〇也 221/116/16
夫〇至德者 221/116/24
欲以〇德而要功也 221/116/25
故明德在於〇賤 221/117/2
愚者陳意而知者〇焉 221/118/1
非所以觀遠而〇始也 221/118/6
不足與〇心 221/118/7
非所以〇賢者也 221/118/26
王失〇矣 222/119/10
〇臣莫若君 222/119/10
王請更〇 222/119/14
且王之〇秦也 235/125/29
願足下之〇臣之計也 297/151/30
王之〇臣 420/203/3
〇行而結交者 431/209/20
故吳王夫差不悟先〇之可以立功 431/210/11
君試〇之 438/213/11
〇不脩心 438/213/27
而〇功賞群臣及當坐者 440/217/21

羅 luó 9

譬之如張〇者 16/6/21
少庶子甘〇曰 94/45/23
甘〇曰 94/45/25
94/45/26,94/45/30,94/46/2
甘〇見張唐曰 94/45/29
甘〇謂文信侯曰 94/46/4
下宮糅〇紈 140/70/5

裸 luǒ 1

而禹袒入〇國 221/116/24

洛 luò 10

路過〇陽 40/14/17
魏許秦以上〇 84A/39/9
效上〇於秦 84A/39/13
今吾國東有河、薄〇之水 221/117/20
以守河、薄〇之水 221/117/22
伊、〇出其南 269/141/26
長羊、王屋、〇林之地也 309/156/24,309/156/27
魏之所以獻長羊、王屋、〇林之地者 309/157/5
韓北有鞏、〇、成皋之固 347/172/28

落 luò 1

華〇而愛渝 160/82/30

雒 luò 2

〇陽乘軒車蘇秦 208/107/21
西河之外、上〇之地、三川 422/204/26

掠 lüè 3

侵〇吾地 221/117/24
以〇於郊野 461/226/18
〇其郊野 461/226/27

略 lüè 1

進兵北〇地 440/216/4

馬 mǎ 164

兔興〇逝 1/1/14
司〇翦謂楚王曰 17/6/27
左成謂司〇翦曰 17/6/28
載以乘車駟〇而遣之 21/7/25
齊王令司〇悍以賂進周最於周 36/12/3
左尚謂司〇悍曰 36/12/4
北有胡貉、代〇之用 40/13/6
決白〇之口 42/16/20,422/204/5
司〇錯與張儀爭論於秦惠王前 44/17/21
司〇錯欲伐蜀 44/17/21
司〇錯曰 44/18/1
君禽〇服乎 78/34/3
禽〇服之軍 78/34/5
北坑〇服 81/36/26
君之駿〇盈外廄 93/44/27
廄具〇 94/46/4
與司空〇之趙 95/46/15
司空〇說趙王曰 95/46/17
司空〇曰 95/46/21,95/46/22
95/46/28,95/46/29,95/47/3
司空〇去趙 95/47/1
司空〇言其為趙王計而弗用 95/47/2
遇司空〇門 95/47/12
司空〇 95/47/15
又以為司空〇逐於秦 95/47/15
趙去司空〇而國亡 95/47/16
大破之〇陵 103/51/6
其父殺之而埋〇棧之下 109/53/12
〇不得並行 112/55/5
孟嘗君奉夏侯章以四〇百人之食 126/61/19
而奉我四〇百人之食 126/61/21
請具車〇皮幣 128/62/11
刑〇壓羊 128/62/14
秦破〇服君之師 132B/64/7

狗○實外廏 133/65/13
君之廏○百乘 135/66/23
色與○取於今之世 135/66/25
先君好○ 137/69/1
王亦好○ 137/69/1
○飲於大河 142/71/13
駑○先之 142/72/8,440/215/6
夫駑○、女子 142/72/8
取其牛○ 142/72/13
罷○ 142/72/23
司○穰苴為政者也 143/74/12
禽其司○ 147/77/29
雍門司○前曰 150/79/19
司○曰 150/79/20
即墨大夫與雍門司○諫而聽之 150/79/22
○陵之難 153/80/24
乃為具駟○乘車五百金之楚 163/84/10
趙、代良○橐他 167/85/26
不費○汗之勞 168/87/1
遣昭常為大司○ 177/92/28
立昭常為大司○ 177/92/30
今為○多力則有矣 201/103/2
夫千鈞非○之任也 201/103/3
人○相食 202/103/11
左司○見使於國家 204A/105/26
襄子至橋而○驚 204B/106/20
無罷車駑○ 208/107/21
此代○胡駒不東 209/108/24
割挈○兔而西走 217/112/6
217/112/7
燕必致氈裘狗○之地 218/113/1
通質刑白○以盟之 218/114/3
而將非有田單、司○之慮也 219/115/6
皆曰『白○非○』也 219/115/8
已如白○實○ 219/115/8
乃使有白○之為也 219/115/8
守白○之津 220/115/23
不盡於○之情 221/118/27
○服曰 225/120/28
肉試則斷牛○ 225/120/28
司○淺為富丁謂主父曰 229A/122/11
而與○服之子戰於長平之下 231/123/9
駕犀首而驂○服 239A/129/9
○服君謂平原君曰 252/135/9
○服君曰 252/135/14
果如○服之言也 252/135/20
臣聞王之使人買○也 258A/137/3
未得相○之工也 258A/137/4
又不知相○ 258A/137/5
不知相○ 258A/137/5
買○而善 258A/137/6
買○而惡 258A/137/6
然則買○善而若惡 258A/137/7
然而王之買○也 258A/137/7
葉陽君、涇陽君之車○衣服 258B/138/1
趙使李牧、司○尚禦之 263/139/27
李牧、司○尚欲與秦反趙 263/139/28
廢司○尚 263/140/1
曾無所芻牧牛○之地 272/143/1
車○之多 272/143/1
○馳人趨 273/143/23
一天下、約為兄弟、刑白○以盟於洹水之上以相堅也 273/143/29
牛○俱死 290/149/5
齊、魏戰於○陵 301/153/3
文○二駟 313/159/22
受魏之璧、○也 313/159/26
聞先生受魏之璧、○ 313/159/26
髡有璧、○之寶 313/159/29
故荀息以○與璧假道於虞 317A/162/21
客謂司○食其曰 321/164/23
吾○良 334/168/5
○雖良 334/168/5
皆陸斷○牛 347/173/2
秦○之良 348A/173/21
今謂○多力則有矣 362/179/9
非○之任也 362/179/10
司○康三反之郢矣 367/181/6
今王之國有柱國、令尹、司○、典令 384/185/13
云取千里○ 407/194/3
○不千里 407/194/4
○ 407/194/4
千里之○也 407/194/4
於是齎蘇秦車○金帛以至趙 408/194/23
有以千金求千里○者 418/200/30
三月得千里○ 418/201/1
○已死 418/201/1
所求者生○ 418/201/2
安事死○而捐五百金 418/201/2
死○且買之五百金 418/201/3
況生○乎 418/201/3
天下必以王為能市○ 418/201/3
○今至矣 418/201/3
千里之○至者三 418/201/4
則諸侯不為別○而朝矣 420/202/24
遇敗於○陵 422/204/21
人有賣駿○者 425/206/12
臣有駿○ 425/206/13
一旦而○價十倍 425/206/14
今臣欲以駿○見於王 425/206/15
以為○食 425/206/16
使齊犬○駿而不言燕 427/207/20
使左右司○各營壁地 436/212/17
遺衛君野○四百 448A/220/14
野○四 448A/220/16
驂○ 452B/222/3
誰○也 452B/222/3
司○憙使趙 456/224/3
司○憙御 456/224/3
司○憙頓首於軾曰 456/224/5
為司○憙求相 456/224/6
司○憙三相中山 457/224/11
田簡謂司○憙曰 457/224/11
司○憙曰 457/224/13,458/224/23,458/224/30,458/225/4
可以為司○憙 457/224/16
司○憙謂陰姬公曰 458/224/20
司○憙即奏書中山王曰 458/224/21
司○憙辭去 458/225/1
司○喜曰 458/225/2
大夫司○子期在焉 459B/225/16
司○子期怒而走於楚 459B/225/16

罵 mà 2

箕踞以○曰 440/217/20
○國老諫曰 447/220/8

埋 mái 1

其父殺之而○馬棧之下 109/53/12

買 mǎi 17

函冶氏為齊太公○良劍 30/10/15
越人請○之千金 30/10/16
君何不○信貨哉 30/10/18
欲○朴乎 76/33/15
然則不○五雙珥 191/97/16
夫良商不與人爭○賣之賈 242/130/11
時賤而○ 242/130/12
臣聞王之使人○馬也 258A/137/3
○馬而善 258A/137/6
○馬而惡 258A/137/6
然則○馬善而若惡 258A/137/7
然而王之○馬也 258A/137/7
此所謂市怨而○禍者也 347/173/7
諸侯不能○ 393/190/4
故秦○之三千金 393/190/4
○其首五百金 418/201/1
死馬且○之五百金 418/201/3

脈 mài 1

前○形地之險阻 270/142/7

麥 mài 2

今其民皆種○ 4/2/19
非○而豆 348A/173/17

賣 mài 21

則○趙、宋於三國 13/5/22
欲秦、趙之相○乎 13/5/23
則秦、趙必相○以合於王也 13/5/24
折而不○ 30/10/16
○僕妾售乎閭巷者 48B/19/21
故○僕妾不出里巷而取者 49/20/13
○愛妾 80/35/5
愛妾已○ 80/35/6
傳○以五羊之皮 96/48/12
○妻子不足償之 130/63/4
則天下不○ 142/72/1
外不○ 142/72/1
○主之地而食之 211/110/14
夫良商不與人爭買○之賈 242/130/11
時貴而○ 242/130/12
自○於秦 321/164/26
故○美人 393/190/3
人有○駿馬者 425/206/12
欲○之 425/206/13
宋因○楚重以求講於齊 446A/219/22
以明宋之○楚重於齊也 446A/219/23

謾 mán 1

王不如令人以涓來之辭○固於齊 151/80/6

蠻 mán 5

○夷之賢君 53/22/18
○夷之所義行也 221/117/10
中國不近○夷之行 221/118/18
寡人○夷辟處 413/197/15
北○夷之鄙人 440/217/11

滿 mǎn 9

毛羽不豐○者不可以高飛 40/13/12
月○則虧 81/36/20
○海內矣 87/41/20
君○意殺之乎 136A/67/4
朝則○ 136A/67/7
屬之子○與子虎 170/89/17
地方不○九百里 348A/173/18
令戰車○道路 357/176/21
而欲○其意者眾 446B/219/31

慢 màn 2

据○驕奢 136B/67/29
伐其憍○ 461/227/5

縵 màn 2

○○奈何 272/143/15

芒 máng 12

孰與孟嘗、○卯之賢 83B/38/26
以孟嘗、○卯之賢 83B/38/26
○卯曰 308/156/10,309/157/1
○卯應趙使曰 308/156/18
○卯謂秦王曰 309/156/23
魏王謂○卯曰 309/157/1
○卯并將秦、魏之兵 309/157/7
走○卯而圍大梁 310/157/12
今又走○卯 310/157/17
310/157/23
丈人○然乃遠至此 338/169/1

毛 máo 9

○羽不豐滿者不可以高飛 40/13/12
使陳○釋劍掫 88/42/24
豈有○嬙、西施哉 135/66/24
世無○嬙、西施 137/69/4
是以國權輕於鴻○ 189/96/29
鴻○ 237/128/12
車甲羽○裂敝 252/135/18
毫○不拔 272/143/15
鹿○壽謂燕王曰 416A/199/11

矛 máo 1

○戟折 142/72/23

茅 máo 2

昔者堯見舜於草○之中 257/136/25
舉○為姚賈謂趙王曰 259/138/10

旄 máo 11

王抽旃○而抑兕首 160/83/9
○不知人 170/89/13
謂張○曰 175/91/18
張○果令人要靳尚刺之 175/91/22

張○果大重 175/91/22
魏王問張○曰 320/164/15
張○對曰 320/164/15
張○曰 320/164/16,320/164/17
320/164/17,320/164/19

卯 mǎo 13

魏王因使孟○致溫囿於周君而許之戍也 32/11/7
孰與孟嘗、芒○之賢 83B/38/26
以孟嘗、芒○之賢 83B/38/26
芒○曰 308/156/10,309/157/1
芒○應趙使曰 308/156/18
○不知也 308/156/18
芒○謂秦王曰 309/156/23
魏王謂芒○曰 309/157/1
芒○并將秦、魏之兵 309/157/7
走芒○而圍大梁 310/157/12
今又走芒○ 310/157/17
310/157/23

冒 mào 7

棼○勃蘇曰 170/89/10
棼○勃蘇對曰 170/89/14
楚使新造（盩）〔盭〕棼○勃蘇 170/89/14
棼○勃蘇是也 170/89/18
至今無○ 170/89/24
因還走而○人 187/96/11
被甲○冑以會戰 348A/173/22

茂 mào 72

甘○ 2/1/24,61A/25/4,61A/25/9
而公獨脩虛信為○行 14B/6/7
左成謂甘○曰 43/17/16,58/24/10
甘○謂王曰 46/18/24
不如召甘○於魏 52/22/9
秦武王謂甘○曰 55/23/3
甘○對曰 55/23/3
55/23/22,60/24/21
甘○至魏 55/23/6
王迎甘○於息壤 55/23/7
甘○至 55/23/9
召甘○而告之 55/23/21
復使甘○攻之 55/23/22
甘○攻宜陽 57/24/3
甘○曰 57/24/3
59/24/16,366/180/16
366/180/17,366/180/19
甘○欲息兵 58/24/10
秦王謂甘○曰 60/24/21
甘○亡秦 61A/24/27
甘○辭不往 61A/25/9
○德王之賜 61A/25/9
彼以甘○之賢 61A/25/10
甘○相秦 61B/25/15
甘○之吏道而聞之 61B/25/15
以告甘○ 61B/25/16
甘○因入見王曰 61B/25/16
甘○約秦、魏而攻楚 62/25/22
甘○謂秦王曰 62/25/22
吾相甘○可乎 166/85/4
甘○事之順焉 166/85/5
甘○事之 166/85/6
○誠賢者也 166/85/6
為甘○謂楚王曰 171/90/6
相甘○於魏 171/90/7
甘○與樗里疾 171/90/9
公孫郝、甘○貴 183/95/1
甘○善魏 183/95/1
仰棲○樹 192/98/3
晝游乎○樹 192/98/5
甘○為秦約魏以攻韓宜陽 213/110/28
不如令趙拘甘○ 213/110/28
且拘○也 213/110/30
是以九鼎印甘○也 355/175/28
則○事敗矣 355/175/29
甘○必敗矣 356A/176/4
仇甘○ 356B/176/9
秦王固疑甘○之以武遂解於公仲也 356B/176/9
明也願因○以事王 356B/176/10
秦王大怒於甘○ 356B/176/10
不如甘○ 359/177/22
是與公孫郝、甘○同道也 359/177/24
而後委國於甘○ 359/177/26
甘○許公仲以武遂 359/177/29
甘○欲以魏取齊 359/178/4
是以公孫郝、甘○之無事也 359/178/5
善公孫郝以難甘○ 360/178/10
甘○不善於公而弗為公言 360/178/13
今王聽甘○ 360/178/17
臣以甘○為不忠 360/178/18
則信甘○於魏 360/178/20
甘○薄而不敢謁也 360/178/22
甘○入言秦王曰 366/180/21
甘○與昭獻遇於境 367/181/6
甘○約楚、趙而反敬魏 396C/191/19
○且攻宜陽 396C/191/20

貿 mào 2

○首之讎也 171/90/9
○首之仇也 287/148/13

貌 mào 18

靖郭君善齊○辨 101/49/24
齊○辨之為人也多疵 101/49/24
苟可慊齊○辨者 101/49/25
與齊○辨俱留 101/49/28
齊○辨辭而行 101/50/1
齊○辨曰 101/50/2,101/50/5
齊○辨行至齊 101/50/4
齊○辨見宣王 101/50/4
齊○辨對曰 101/50/11
此齊○辨之所以外生樂患趣難者也 101/50/16
而孟嘗令人體○而親郊迎之 125/61/6
睹○而相悅者 128/62/8
奇法章之狀○ 149B/78/28
狀○不似吾夫 204B/106/13
今吾視先生之玉○ 236/126/28
容○顏色 458/224/27
其容○顏色 458/224/28

瞀 mào 1

田○曰 127/61/28

鄮 mào 1

將與齊兼〇臣 427/207/15

眉 méi 2

滅鬚去〇 204B/106/12
若乃其〇目准頞權衡 458/224/29

媒 méi 5

莫知〇兮 197/100/10
周地賤〇 421/203/18
且夫處女無〇 421/203/19
舍〇而自衒 421/203/20
唯〇而已矣 421/203/20

每 měi 4

是上黨〇患而贏四十金 32/11/7
應侯〇言韓事者 79/34/27
夏侯章〇言未嘗不毀孟
嘗君也 126/61/19
吾〇念 440/216/12

美 měi 59

〇名也 1/1/5
非國家之〇也 8B/4/2
田肥〇 40/13/7
〇女破舌 48A/19/7
〇男破老 48A/19/8
乃遺之〇男 48A/19/9
〇女充後庭 93/44/27
我孰與城北徐公〇 108/52/13
君〇甚 108/52/14
齊國之〇麗者也 108/52/14
吾孰與徐公〇 108/52/15
吾與徐公孰〇 108/52/16
徐公不若君之〇也 108/52/16
吾妻之〇我者 108/52/20
妾之〇我者 108/52/20
客之〇我者 108/52/20
臣誠知不如徐公〇 108/52/23
皆以〇於徐公 108/52/24
〇其一 123/60/18
明日視〇珥所在 123/60/18
〇人充下陳 133/65/13
以王好聞人之〇而惡聞
人之惡也 159/82/21
則韓、魏、齊、燕、趙
、衛之妙音〇人 167/85/25
秦王有愛女而〇 174/91/5
未嘗見中國之女如此其
〇也 182/94/15
未嘗見人如此其〇也 182/94/24
而儀言得〇人 182/94/24
西施衣褐而天下稱〇 188/96/18
魏王遺楚王〇人 190/97/3
王愛子〇矣 190/97/8
齊崔杼之妻〇 197/100/4
不棄〇利於前 202/103/15
成功之〇也 204A/105/23
天下之〇同 204A/105/23
臣主之權均之能〇 204A/105/24
楚王〇秦之語 217/112/3
今王〇秦之言 217/112/4
〇宮室 218/113/25
〇人巧笑 218/113/26
臣竊為大王〇之 251/134/24
求其好掩人之〇而揚人
之醜者而參驗之 266/141/1
帝女令儀狄作酒而〇 307/155/26
南威之〇也 307/156/4
〇人亦甚多矣 341/170/18
有敢言〇人者族 341/170/20
欲進〇人 341/170/23
故賣〇人 393/190/3
〇人之賈貴 393/190/4
秦反得其金與韓之〇人 393/190/4
韓之〇人因言於秦曰 393/190/5
韓亡〇人與金 393/190/5
〇人知內行者也 393/190/7
故為〇酒 420/203/11
之男家曰『女〇』 421/203/19
累往事之〇 438/213/24
間進車騎〇女 440/216/2
則功大名〇 443/218/29
獨不可語陰簡之〇乎 457/224/11
殊無佳麗好〇者 458/224/27

昧 mèi 3

臣〇死望見大王 42/17/9
〇之難 166/85/7
秦為發使公孫〇入韓 367/180/28

袂 mèi 1

舉〇成幕 112/54/28

寐 mèi 3

寢不〇 88/42/22
惟〇亡之 217/112/1
甚唯〇忘之 389/188/13

門 mén 69

且夫蘇秦特窮巷掘〇、
桑戶棬樞之士耳 40/14/14
梁人有東〇吳者 79/34/14
東〇吳曰 79/34/15
塞私〇之請 81/37/2
杜大梁之〇 87/41/1
芻牧薪采莫敢闚東〇 88/42/18
君之〇下無不居高尊位 93/44/26
太子〇下無貴者 93/44/26
王后之〇 93/44/30
遇司空馬〇 95/47/12
出諔〇也 95/47/12
且梁監〇子 96/48/1
取世監〇子 96/48/1
子監〇子 96/48/10
〇人弗說 101/49/24
使輕車銳騎衝雍〇 105/51/24
〇庭若市 108/53/1
見孟嘗君〇人公孫戍曰 130/63/3
〇下百數 130/63/15
因書〇版曰 130/63/17
願寄食〇下 133/64/20
比〇下之客 133/64/25
比〇下之車客 133/64/26
問〇下諸客 133/65/1
雍〇養椒亦 135/66/21
下則鄙野、監〇、閭里
136B/67/22
欲為監〇、閭里 136B/67/27
先生王斗造〇而欲見齊
宣王 137/68/22
宣王因趨而迎之於〇 137/68/23

見於華章南○ 141A/70/10
有陰、平陸則梁○不啓
141B/70/23
衛八○土而二○墮矣 142/71/9
出梁○ 142/71/12
則吾倚○而望 144/74/28
雍○司馬前曰 150/79/19
即墨大夫與雍○司馬諫
而聽之 150/79/22
當○而噬之 158/82/13
上蔡之監○也 166/85/4
召○吏為汗先生著客籍 199/101/4
止於棘○之內 200/102/15
止棘○ 200/102/16
投之棘○外 200/102/16
遇知過轅○之外 203/104/26
臣遇張孟談於轅○之外
203/104/27
臣遇知過於轅○之外 203/105/8
後郭○ 208/107/25
塞朋黨之○ 218/114/1
名曰無窮之○ 224/120/14
出於遺遺之○ 224/120/18
而武王羈於玉○ 242/130/13
西○豹為鄴令 266/140/28
西○豹曰 266/140/29
左天○之陰 269/141/25
左孟○而右漳、釜 269/141/26
破公家而成私○ 272/143/12
今魏王出國○而望見軍
314/160/16
利出燕南○而望見軍乎
314/160/21
雖至於○閭之下 342/171/5
興師與韓氏戰於岸○ 357/177/4
是韓為秦、魏之○戶也 386/187/8
南有碣石、鴈○之饒 408/194/12
城○不閉 416A/199/28
而朝其○下 418/200/27
岸○之戰 422/204/25
景陽乃開西和○ 436/212/20
太子送之至○ 440/215/8
至郎○而反曰 450/221/11
車至○ 452B/222/4

悶 mèn 1

瘨而殫○ 170/89/13

氓 méng 1

而不憂民○ 42/16/14

虻 méng 1

俛啄蚊○而食之 192/98/1

萌 méng 2

智者見於未○ 221/116/25
施及○隸 431/210/8

盟 méng 15

請與子○ 55/23/19
於是與之○於息壤 55/23/19
○曰 128/62/14
是足下倍先君○約而欺
孟嘗君也 128/62/15
王不如與之○而歸之 176/91/28
必不敢倍○ 176/91/28
背信○之約 202/103/15
不固信○ 211/109/15
通質刑白馬以○之 218/114/3
一天下、約為兄弟、刑
白馬以○於洹水之上
以相堅也 273/143/29
遂○強臺而弗登 307/156/3
魏歃○於秦 314/160/10
與成而不○ 390/189/6
魏王為九里之○ 404/193/14
使使○於周室 419/201/24

蒙 méng 17

以告○傲曰 79/34/19
○傲曰 79/34/20
○傲乃往見應侯 79/34/22
應侯拜○傲曰 79/34/24
○傲以報於昭王 79/34/24
○怨咎 81/36/2
○穀給鬭於宮唐之上 170/89/20
○穀獻典 170/89/22
此○穀之功 170/89/23
○穀怒曰 170/89/23
○穀是也 170/89/25
○霜露 208/107/22
無釣罕鐔○須之便 225/121/2
而為此釣罕鐔○須之便 225/121/3
民非○愚也 357/177/6
厚遺秦王寵臣中庶子○
嘉 440/217/4
○大名 443/218/29

鄳 méng 3

塞○隘 422/204/17
因以塞○隘為楚罪 422/204/18
以塞○隘 422/204/24

猛 měng 3

無以異於驅群羊而攻○
虎也 168/86/18
今大王不與○虎而與群
羊 168/86/18
犬○不可叱 374/182/27

黽 měng 3

趙入朝○池 113/55/23
填○塞之內 192/98/18
而投己乎○塞之外 192/98/18

孟 mèng 123

魏王因使○卯致溫囿於
周君而許之戍也 32/11/7
而使張○談 42/17/5
孰與○嘗、芒卯之賢 83B/38/26
以○嘗、芒卯之賢 83B/38/26
驅十二諸侯以朝天子於
○津 89/43/10
○嘗君又竊以諫 101/49/25
○嘗君將入秦 124/60/23
○嘗曰 124/60/23
○嘗君見之 124/60/27
謂○嘗君曰 124/60/27, 136A/67/3
○嘗君乃止 124/61/2

○嘗君在薛 125/61/6
而○嘗令人體貌而親郊迎之 125/61/6
○嘗君奉夏侯章以四馬百人之食 126/61/19
夏侯章每言未嘗不毀○嘗君也 126/61/19
或以告○嘗君 126/61/20
○嘗君曰 126/61/20, 129/62/27, 130/63/7, 130/63/8, 130/63/10, 130/63/14, 130/63/16, 133/64/20, 133/64/24, 133/64/26, 133/65/5, 133/65/14, 134/66/4, 136A/67/4, 136A/67/4, 136A/67/5, 216/111/18, 314/160/4, 314/160/7, 314/160/8
○嘗君重非諸侯也 126/61/21
吾以身為○嘗君 126/61/22
○嘗君讌坐 127/61/27
○嘗君舍人有與君之夫人相愛者 128/62/7
或以問○嘗君曰 128/62/7
○嘗君不知臣不肖 128/62/13
是足下倍先君盟約而欺○嘗君也 128/62/15
○嘗君可語善為事矣 128/62/19
○嘗君有舍人而弗悅 129/62/23
魯連謂○嘗君曰 129/62/23
○嘗君出行國 130/63/3
見○嘗君門人公孫戍曰 130/63/3
入見○嘗君曰 130/63/7
使人屬○嘗君 133/64/20
○嘗君笑而受之曰 133/64/21
○嘗君客我 133/64/27
○嘗君問 133/64/28
○嘗君使人給其食用 133/64/29
後○嘗君出記 133/65/1
○嘗君怪之 133/65/2
○嘗君笑曰 133/65/2
○嘗君怪其疾也 133/65/11
○嘗君不說 133/65/15
齊王謂○嘗君曰 133/65/18
○嘗君就國於薛 133/65/18
○嘗君顧謂馮諼 133/65/19
○嘗君予車五十乘 133/65/21
齊放其大臣○嘗君於諸侯 133/65/21
往聘○嘗君 133/65/23
馮諼先驅誡○嘗君曰 133/65/23
○嘗君固辭不往也 133/65/24
封書謝○嘗君曰 133/65/25
馮諼誡○嘗君曰 133/65/27
還報○嘗君曰 133/65/27
○嘗君為相數十年 133/65/30
○嘗君為從 134/66/3
公孫弘謂○嘗君曰 134/66/3
今○嘗君之地方百里 134/66/9
○嘗君好人 134/66/10
○嘗君之好人也 134/66/10
寡人善○嘗君 134/66/14
○嘗 134/66/16
魯仲連謂○嘗 135/66/21
○嘗君逐於齊而復反 136A/67/3
○嘗君乃取所怨五百牒削去之 136A/67/7
○賁之倦也 142/72/8
非賢於騏驥、○賁也 142/72/9
趙襄子召張○談而告之曰 203/104/4
張○談曰 203/104/5, 203/104/8, 203/104/10, 203/104/16, 203/104/22, 204A/105/26, 204A/106/1
召張○談曰 203/104/7
襄子謂張○談曰 203/104/15
張○談於是陰見韓、魏之君曰 203/104/20
二君即與張○談陰約三軍 203/104/23
張○談以報襄子 203/104/23
張○談因朝知伯而出 203/104/26
臣遇張○談於轅門之外 203/104/27
張○談聞之 203/105/8
使張○談見韓、魏之君曰 203/105/9
張○談既固趙宗 204A/105/18
張○談對曰 204A/105/22
張○談便厚以便名 204A/105/27
襄子往見張○談而告之曰 204A/105/30
張○談乃行 204A/106/2
涉○之讎然者何也 214/111/3
趙王封○嘗君以武城 216/111/17
○嘗君擇舍人以為武城吏 216/111/17
內無○賁之威 238/128/26
左○門而右漳、釜 269/141/26
奉陽君、○嘗君、韓呡、周㝡、周、韓餘為徒從而下之 297/152/5
夜見○嘗君 314/160/3
○嘗君之趙 314/160/7
猶○賁之與怯夫也 348A/173/23
夫戰○賁、烏獲之士 348A/173/23
韓適有東○之會 385/186/14
東○之會 391/189/14
○軻謂齊宣王曰 416A/199/27
持臣非張○談也 423/205/11
使臣也如張○談也 423/205/11
○賁之勇而死 424/205/24
燭之武、張○談受大賞 430/208/22

夢 mèng 12

楚王游於雲○ 160/83/8
逃於雲○之中 170/89/22
與之馳騁乎雲○之中 192/98/17
楚必致橘柚雲○之地 218/113/2
昔日臣○見君 239B/129/14
子何○ 239B/129/15
○見竈君 239B/129/15
吾聞○見人君者 239B/129/15
○見日 239B/129/16
今子曰○見竈君而言君也 239B/129/16
是以○見竈君 239B/129/18
荊有雲○ 442/218/19

迷 mí 3

○於言 40/13/26
上下○惑 145/75/18
使三軍之士不○惑者 270/142/7

彌 mí 4

衛靈公近雍疸、○子瑕

239B/129/14
因廢雍疸、○子瑕 239B/129/18
○地踵道數千里 408/194/16
曠日○久 440/214/26

麋 mí 5

無黠於○ 187/96/11
○知獵者張罔 187/96/11
○因得矣 187/96/12
○鹿盡 315/161/25
犀兕○鹿盈之 442/218/19

弭 mǐ 1

子其○口無言 50/21/7

靡 mǐ 9

○不有初 87/41/9,89/43/7
而百姓○於外 96/47/22
專淫逸侈○ 192/97/21
六十而盡相○也 194/99/4
必外○於天下矣 390/188/25
胥○逃之魏 452A/221/27
贖一胥○ 452A/221/28
以○其財 461/226/2

宓 mì 1

○戲、神農教而不誅 221/118/21

密 mì 3

今又以何陽、姑○封其子 247/131/27
試之弱○須氏以為武教 318/163/26
得○須氏而湯之服桀矣 318/163/26

冪 mì 1

解紵衣以○之 199/101/8

綿 mián 1

○繡千純 40/14/7

緜 mián 2

○○不絕 272/143/15

免 miǎn 43

周文君○士工師藉 8B/3/27
周君遂不○ 8B/4/3
而以楚之東國自○也 22/8/8
臣願○而行 38/12/15
行而○ 38/12/16
公必不○ 38/12/17
齊○於天下之兵 65/26/27
人之所必不○也 73A/30/8
因○相 81/37/16
○於國患 83A/38/14
卒不○秦患 95/46/27
魯之○囚 96/48/12
趙、魏亦不○與秦為患矣 121/58/20
僅得○其死耳 133/65/20
太子乃解衣○服 143/74/22
不○為辱人賤行矣 145/76/3
則不○為敗軍禽將 145/76/6
田單○冠徒跣肉袒而進 147/77/19
臣等之罪○矣 161/83/19
且使萬乘之國○其相 181/94/5
殆能自○也 187/96/9
為其必○ 187/96/9
而後不○殺之 201/102/24
然而不○奪死者 201/102/26
然則韓可以○於患難 203/103/26
必不○為妬婦也 233/124/1
與韓氏大吏東○ 249/133/8
韓、魏焉○西合 249/134/1
故魏之○相望也 251/135/1
馮忌接手○首 257/136/22
而焉能○國於患 297/151/27
○國於患者 297/151/27
是○國於患者之計也 297/151/29
亦○冠徒跣 343/171/21
而○楚國之患也 357/176/24
是我○於一人之下 390/188/26
然不○於笞 412/196/28
僅以身○ 431/210/1
夫○身全功 431/210/12
恐不○於罪矣 443/218/30
然而不○為笑者 452B/222/5
得○於罪 461/227/4
不○於誅 461/227/4

勉 miǎn 8

○成之 19/7/14
○之曰 109/53/13
不為祿○ 170/88/18
170/88/23,170/89/25
馮亭垂涕而○曰 211/110/12
子○行矣 250/134/12
臣必○之而求死焉 424/205/24

俛 miǎn 3

○啄蚊虻而食之 192/98/1
驥於是○而噴 199/101/8
田光○而笑曰 440/215/9

眄 miǎn 2

韓挾齊、魏以○楚 380/184/6
（眄）〔○〕視指使 418/200/26

面 miàn 49

○目犁黑 40/13/30
令帥天下西○以與秦為難 42/16/5
齊人南○ 87/42/1
皆西○而望 93/45/13
武安君北○再拜賜死 95/47/11
有何○目復見寡人 96/48/5
韓、魏之君因田嬰北○而朝田侯 103/51/7
能○刺寡人之過者 108/52/26
南○而孤楚、韓、梁 111/54/12
今乃西○事秦 112/54/29
而欲西○事秦 112/55/7
秦東○而伐齊 121/58/22
南○稱寡者 136B/67/26
亦收餘甲而北○ 142/71/11
齊無南○之心 145/75/15

魏不敢東○ 145/75/16
夫舍南○之稱制 150/79/26
乃西○而事秦 150/79/26
今乃欲西○而事秦 167/85/18
則諸侯莫不南○而朝於章臺之下矣 167/85/18
南○而攻 168/87/3
即遂南○稱孤 200/102/8
於是趙襄子○數豫讓曰 204B/106/21
東○而攻韓 217/112/5
西○而攻秦 218/113/23
西○而事之 218/113/23
○相見而身相結也 220/116/6
設北○於南方 236/127/22
然后天子南○弔也 236/127/22
老婦必唾其○ 262/138/29
今乃有意西○而事秦 272/143/4
魏之兵南○而伐 273/144/11
方北○而持其駕 334/168/4
將奚為北○ 334/168/4
乃欲西○事秦 347/173/4
今大王西○交臂而臣事秦 347/173/8
今王西○而事秦以攻楚 348A/174/1
因自皮○抉眼 385/186/16
必西○事秦 388/188/2
其西○事秦 388/188/4
請奉社稷西○而事秦 413/197/16
而又以其餘兵南○而舉五千乘之勁宋 415/198/18
子之南○行王事 416A/199/18
北○而受學 418/200/25
諸侯北○而朝 420/202/23
諸侯西○而朝 420/202/23
射其○ 422/204/10
使齊北○伐燕 433/211/15
四○出嫁 461/226/4

苗 miáo 4

舜伐三○ 40/13/17
昔舜舞有○ 221/116/24
三○之居 269/141/23
禹攻三○ 297/152/2

妙 miào 1

則韓、魏、齊、燕、趙、衛之○音美人 167/85/25

廟 miào 30

式於廊○之內 40/14/12
置宗○ 42/16/5,42/16/9
大者宗○滅覆 73A/30/15
而存先王之○也 73A/30/19
縣之○梁 73B/32/5
臣今見王獨立於○朝矣 73B/32/7
謀不出廊○ 81/37/6
宗○隳 87/41/19
且先王之○在薛 101/50/9
吾豈可以先王之○與楚乎 101/50/9
而為先王立清○ 125/61/11
清○必危 125/61/11
先君之○在焉 125/61/12
被於宗○之祟 133/65/25
願君顧先王之宗○ 133/65/26
立宗○於薛 133/65/27
○成 133/65/27
寡人奉先君之宗○ 137/68/24
宗○亡矣 148/78/14
委社稷宗○ 167/85/24
欲自刃於○ 197/100/5
縣於其○梁 197/100/7
舍臣於○ 204A/106/2
欲宗○之安 238/128/24
廊○之上 342/171/6
此秦所以○祠而求也 357/176/20
燒其宮室宗○ 418/201/10
而得奉守先王之宗○ 440/217/6
焚其○ 461/226/10

滅 miè 44

前功盡○ 27/9/26
大者宗廟○覆 73A/30/15
古之所謂『危主○國之道』必從此起 74/32/28
國家○亂 81/36/9
○破范、中行 83B/38/30
故多割楚以○迹也 122/60/2
稍稍誅○ 136B/67/27
○亡無族之時 136B/67/27
小國○也 142/71/26
莒恃越而○ 142/72/5
今天下之相與也不並○ 142/72/9
○其國 142/72/27
而○二子患也 142/73/1
勇士不怯死而○名 145/75/11
功廢名○ 145/75/13,145/76/6
欲殺春申君以○口 200/102/1
秉權而殺君以○口 200/102/10
於是使吏盡○春申君之家 200/102/16
○之 203/103/24
知氏盡○ 203/105/13
○鬚去眉 204B/106/12
知伯○范中行氏 204B/106/21
魏○晉國 209/108/19
今魏恥未○ 215/111/11
不易禮而○ 221/118/24
遂○趙 263/140/2
且秦○韓亡魏 343/171/16
夫韓、魏○亡 343/171/25
○吾弟之名 385/186/19
水攻則○大梁 422/204/6
水皆至○表 436/212/18
水皆○表 436/212/19
見秦且○六國 440/214/18
願太子急遣樊將軍入匈奴以○口 440/214/25
五歲而卒○燕國 440/217/26
於是○滕伐薛 447/220/7
斬社稷而焚○之 447/220/8
○竈 452B/222/4
求益軍糧以○趙 461/225/30
必欲○之矣 461/226/14
不遂以時乘其振懼而○之 461/226/23
吾不能○趙乎 461/226/30
誅○無道 461/227/5

民 mín 169

今其○皆種麥 4/2/19
則東周之○可令一仰西周 4/2/21
宋君奪○時以為臺 8B/3/29
而○非之 8B/3/29

○非子罕而善其君 8B/3/30
非自傷於○也 8B/4/1
○不妄取 39/12/23
○殷富 40/13/7
士○之衆 40/13/8
道德不厚者不可以使○ 40/13/12
○多偽態 40/13/19
○無所聊 40/13/20
○服於下 40/13/24
萬○之衆 40/14/10
悉其士○ 42/15/13,42/16/14
故○不死也 42/15/15
而○為之者是貴奮也 42/15/19
士○病 42/15/22,42/16/26
則其○足貪也 42/16/3
聚散○ 42/16/5,42/16/9
士○潞病於內 42/16/10
雜○之所居也 42/16/13
其○輕而難用 42/16/13
上非能盡其○力 42/16/14
而不憂○氓 42/16/14
不苦一○ 42/16/17
而有其○ 42/17/3
務富其○ 44/18/1
今王之地小○貧 44/18/2
足以富○ 44/18/4
故楚之土壤士○非削弱 50/21/18
上黨之○皆返為趙 78/34/7
天下之○ 78/34/7
不樂為秦○之日固久矣 78/34/7
教○耕戰 81/36/24
此從生○以來 87/40/29
○孰與之衆 95/46/18
群臣吏○ 108/52/26
○必死虜 111/54/10
而齊○獨不也 111/54/10
其○無不吹竽、鼓瑟、擊筑、彈琴、鬭雞、走犬、六博、蹹踘者 112/54/27
使吏召諸○當償者 133/65/8
起矯命以責賜諸○ 133/65/8
○稱萬歲 133/65/9,133/65/15
不拊愛子其○ 133/65/14
以責賜諸○ 133/65/15
○扶老攜幼 133/65/19
寡人憂國愛○ 137/69/5
王之憂國愛○ 137/69/5
○亦無恙耶 138/69/13
而先問歲與○ 138/69/14
何以有○ 138/69/15
苟無○ 138/69/15
是助王養其○也 138/69/17
是助王息其○者也 138/69/18
是皆率○而出於孝情者也 138/69/19
子萬○乎 138/69/20
此率○而出於無用者 138/69/21
順○之意 142/71/18
故○之所費也 142/72/22
○殘於內 142/73/8
士○不知而王業至矣 142/73/13
齊負郭之○有孤狐咺者 143/74/11
○心無所歸 145/75/20
今公又以弊聊之○ 145/75/20
士○見公 145/75/24
寡人憂○之飢也 146/76/26
寡人憂○之寒也 146/76/26
布德於○ 147/77/17
○人之治 147/77/26
○已安矣 147/78/2
有偏守新城而居○苦矣 168/87/5
而○弊者怨於上 168/87/6
仁人之於○也 179/93/16
使王見疾於○ 179/93/18
用○之所善 179/93/19
非布於萬○也 209/108/11
其○皆不欲為秦 211/109/25
其吏○不欲為秦 211/109/27
○能相集者 211/110/12
大王乃今然後得與士○相親 218/112/23
莫若安○無事 218/112/24
安○之本 218/112/24
擇交而得則○安 218/112/25
擇交不得則○終身不得安 218/112/25
而○不得安 218/112/25
218/112/26,218/112/26
臣聞明王之於其○也 219/114/17
故○不惡其尊 219/114/20
○不樂後也 219/114/21
力盡之○ 219/114/21
功大而息○ 219/114/22
○羸而不休 219/114/24
察乎息○之為用者伯 219/114/26
寡人案兵息○ 219/114/28
國富而用○ 219/115/2
是以賢君靜而有道○便事之教 221/116/17
通有補○益主之業 221/116/18
而利○為本 221/117/1
所以利其○而厚其國也 221/117/14
甌越之○也 221/117/15
是故聖人苟可以利其○ 221/117/16
求水居之○ 221/117/22
係累吾○ 221/117/24
○之職也 221/118/4,221/118/9
常○溺於習俗 221/118/5
夫制於服之○ 221/118/7
聖人不易○而教 221/118/16
因○而教者 221/118/16
非所以教○而成禮也 221/118/17
俗辟者亂○ 221/118/18
非所以教○而成禮者也 221/118/18
俗辟而○易 221/118/25
是吳、越無俊○也 221/118/25
所以齊常○ 221/118/26
今○便其用而王變之 224/120/8
使○不得耕作 225/120/24
虜使其○ 236/127/1
吾不忍為之○也 236/127/2
臣是以欲足下之速歸休士○也 248/132/17
人○非不衆也 269/141/28
使○昭然信之於後者 270/142/8
人○之衆 272/143/1
○必甚病之 296/150/20
而以○勞與官費用之故 296/150/21
而東夷之○不起 297/152/2
而○不歲死 314/160/9
而○歲死者 314/160/10
○亦且歲死矣 314/160/11
而臣海內之○ 315/162/1
如此則士○不勞而故地得 315/162/3
不能必使其○ 340/169/23
○之所食 348A/173/17

〇不饜糟糠 348A/173/18
〇非蒙愚也 357/177/6
反宜陽之〇 359/177/29
此君國長〇之大患也 387/187/19
韓息士〇以待其舋 387/187/21
〇雖不由田作 408/194/12
足食於〇矣 408/194/12
〇憔瘁 415/198/17
其〇力竭也 415/198/19
數戰則〇勞 415/198/19
〇力窮弊 415/198/24
〇勞而實費 419/201/15
夫〇勞而實費 419/201/17
秦之所殺三晉之〇數百萬 422/204/26
鄰〇之所處也 433/211/23
趙〇其壯者皆死於長平 438/213/3
其〇皆習於兵 438/213/5
〇散 447/220/9
教化喻於〇 452A/221/28
〇無廉恥 452A/221/29
則有土子〇 458/224/20
人〇貧富 458/224/23
觀人〇謠俗 458/224/27
則〇務名不存本 459A/225/11
昭王既息〇繕兵 461/225/29
前年國虛〇飢 461/225/29
今寡人息〇以養士 461/225/30
秦〇之死者厚葬 461/226/1
發梁焚舟以專〇 461/226/18
釋趙養〇 461/227/5

珉 mín 15

秦王內韓〇於齊 249/133/16
韓〇與我交 388/187/29
韓〇之攻宋 388/188/1
此韓〇之所以禱於秦也 388/188/2
公仲使韓〇之秦求武隧 396A/190/24
吾欲以國輔韓〇而相之可乎 396A/190/26
父兄惡〇 396A/190/27
〇必以國保楚 396A/190/27
韓相公仲〇使韓侈之秦 396B/191/3
公仲〇死 396B/191/3
韓〇之議 396C/191/11
〇為疾矣 396C/191/12
韓〇相齊 397/191/25
謂韓〇曰 397/191/25
必不反韓〇 424/205/16

敏 mǐn 4

躬竊閔然不〇 73A/29/20
寡人不〇 112/55/10
異〇技藝之所試也 221/117/9
鄙人不〇 415/197/28

湣 mǐn 2

前與齊〇王爭強為帝 236/126/14
今齊〇王已益弱 236/126/15

閔 mǐn 24

君有〇〇之心 8B/3/27
躬竊〇然不敏 73A/29/20
縮〇王之筋 73B/32/5
蘇秦說齊〇王曰 142/71/3
正議〇王 143/74/11
〇王不肯與 143/74/14
於是殺〇王於鼓里 143/74/20
事〇王 144/74/28
殺〇王 144/75/1
〇王奔莒 146/76/18
淖齒殺〇王 146/76/18
齊〇王之遇殺 149B/78/28
求〇王子 149B/79/1
擢〇王之筋 197/100/7
齊〇王將之魯 236/127/18
〇王欲入弔 236/127/21
〇王出走於外 418/201/9
〇王出走 419/202/10
令人謂〇王曰 426/206/24
〇王曰 426/206/26,426/207/3
而報於〇王曰 426/207/2
又使人謂〇王曰 426/207/5

名 míng 176

美〇也 1/1/5
多〇器重寶 3A/2/6
欲決霸王之〇 11A/4/26
〇曰衛疾 24/8/27
必〇曰謀楚 28/10/5
〇師數百萬 42/15/20,42/17/6
伯王之〇不成 42/15/23
42/16/11,42/17/11
然則是一舉而伯王之〇可成也 42/16/3,42/16/8
伯王之〇可成也 42/16/21
以成伯王之〇 42/17/10
弊兵勞眾不足以成〇 44/17/27
爭〇者於朝 44/17/27
是我一舉而〇實兩附 44/18/5
而又有禁暴正亂之〇 44/18/5
惡〇也 44/18/6
又有不義之〇 44/18/6
王不如因而賂之一〇都 50/21/14
而有刺兩虎之〇 51/22/2
〇為縣 55/23/9
費人有與曾子同〇族者而殺人 55/23/14
而君之大〇也 66/27/10
而為天下〇器 72/29/6
功成、〇立、利附 73A/31/7
顯〇於天下 76/33/17
眩於〇 76/33/18
而無過舉之〇 80/35/14
〇實純粹 81/35/29
故君子殺身以成〇 81/36/6
夫待死而後可以立忠成〇 81/36/10
天下有其實而無其〇者 86/40/7
有無其實而有其〇者 86/40/7
有無其〇又無其實者 86/40/8
有其實而無其〇者 86/40/8
此有其實而無其〇者也 86/40/9
無其實而有其〇者 86/40/9
此無其實而有其〇者也 86/40/10
無其〇又無其實者 86/40/10
無孝之〇 86/40/11
是王有毀楚之〇 87/41/24
乃變其〇曰楚 93/45/11
得知〇者不少 93/45/12
則是大王〇亡趙之半 95/46/25
雖有高世之〇 96/48/15
〇可尊矣 103/51/3
欲以正天下而立功〇 111/54/3

不足以立功○ 111/54/4
今無臣事秦之○ 112/55/7
雖有勝○而有亡之實 113/55/20
雖有勝秦之○ 113/55/22
公以是為○居足矣 117/57/18
顯○也 120/58/14
計不決者○不成 122/59/5
變則是君抱空質而負○於天下也 122/59/6
以空○市者太子也 122/59/26
有能揚文之○ 130/63/17
以喜其為○者 136B/67/28
是故無其實而喜其○者削 136B/67/29
此皆幸樂其○ 136B/68/1
自古及今而能虛成○於天下者 136B/68/2
是故成其道德而揚功○於後世者 136B/68/3
帝○為無傷也 141A/70/13
則國重而○尊 141B/70/23
敬秦以為○ 141B/70/24
則○號不攘而至 142/71/27
故○配天地不為尊 142/73/18
勇士不怯死而滅○ 145/75/11
功廢○滅 145/75/13,145/76/6
功○可立也 145/75/26
二者顯○厚實也 145/75/27
惡小恥者不能立榮○ 145/76/1
○高天下 145/76/4
傳○後世 145/76/9
功○不立 145/76/10
而成終身之○ 145/76/10
○與天壤相敝也 145/76/11
其子法章變姓○ 149B/78/28
而有事人之○ 167/85/27
楚王不察於爭○者也 169/88/7
有功○者秦也 169/88/10
○不挫於諸侯 170/89/2
齊王好高人以○ 171/90/7
不足以載大○ 189/96/27
雖○為相國 200/102/6
今臣之○顯而身尊 204A/105/20
臣願捐功○去權勢以離眾 204A/105/20
吾聞輔主者○顯 204A/105/21
張孟談便厚以便○ 204A/105/27
乃變姓○ 204B/106/9
○既成矣 204B/106/24
忠臣不愛死以成○ 204B/106/26
不愛○寶 213/110/30
無有○山大川之限 218/113/13
夫刑○之家 219/115/7
疑行無○ 221/116/23
因貴戚者○不累 221/117/4
惡變服之○ 221/117/26
不立私以為○ 223/119/27
○曰無窮之門 224/120/14
交有稱王之○ 236/127/25
恐其以擊燕為○ 245/131/1
而能令王坐而天下致○寶 246/131/7
臣以為齊致尊○於王 246/131/11
天下孰敢不致尊○於王 246/131/11
臣以齊為王求○於燕及韓、魏 246/131/12
姓○未著而受三公 257/136/26
而成子之○ 266/140/28
敢問就功成○ 266/140/29
地○雖小 272/142/29
無有○山大川之阻 273/143/23
以安社稷、尊主、強兵、顯○也 273/143/29
楚雖有富大之○ 273/144/10
欲以為王廣土取尊○ 292/149/19
好用兵而甚務○ 301/153/13
不如用魏信而尊之以○ 304/154/26
國安而○尊 304/154/26
魏氏之○族不高於我 304/154/28
三年反而○其母 311/158/10
反而○我者 311/158/11
堯、舜○ 311/158/11
天地○ 311/158/12
是以○母也 311/158/12
願子之有以易○母也 311/158/13
願子之且以○母為後世 311/158/14
○醜而實危 313/159/23
○都數十 315/161/26
以廣地尊○ 334/168/7
而有牛後之○ 347/173/9
賂之以一○都 357/176/16
今又得韓之○都一而具甲 357/176/19
以虛○救我者 357/176/29
恃楚之虛○ 357/177/1
滅吾弟之○ 385/186/19
今死而無○ 385/186/20
夫愛身不揚弟之○ 385/186/21
聶政之所以○施於後世者 385/186/24
以揚其○也 385/186/25
成功○於天下 390/189/2
○尊無所立 390/189/3
非以求主尊成○於天下也 390/189/3
有為○者 390/189/4
為○者攻其心 390/189/4
故桓公負婦人而○益尊 411/195/28
有讓天下之○ 416A/199/12
是禹○傳天下於益 416A/199/16
是○屬子之 416A/199/17
○卑而權輕 419/201/14
○得所願 419/202/3
是○卑也 419/202/4
○卑而國危 419/202/5
○尊而國寧 419/202/5
而○可立也 420/202/25
故功不可成而○不可立也 420/202/26
○顯諸侯 422/205/2
立○之士也 431/209/20
○成而不毀 431/210/6
墮先王之○者 431/210/13
不潔其○ 431/210/16
不惡卑○以事強 432/210/22
之主者不卑○ 432/211/5
王○終不成 433/211/22
○則義 433/211/23
成其○ 433/211/26
仁者不危人以要○ 438/213/15
雖任惡○ 438/213/22
則功大○美 443/218/29
蒙大○ 443/218/29
故○有所加而實有所歸 444/219/12
何侔○於我 455/223/7
恥與中山侔○ 455/223/10

則民務○不存本 459A/225/11
忠臣愛其○ 461/227/8

明 míng 187

齊○謂東周君曰 3B/2/11
○群臣據故主 14B/6/7
○言章理 40/13/20
○主賢君 40/13/23
猶連鷄之不能俱止於棲
　之○矣 41A/14/25
向以王之○為先知之 41B/15/5
以大王之○ 42/16/21
而○臣之楚與不也 49/20/3
今楚王○主也 49/20/6
以此○臣之楚與不 49/20/8
目不○ 54/22/27
請○日鼓之而不可下 57/24/5
○日鼓之 57/24/6
何愛餘○之照四壁者 61A/24/29
秦王○而熟於計 63/26/6
63/26/14
○知死者之無知矣 64/26/21
臣聞○主莅正 72/28/28
○主則不然 72/29/2
天下有○主 72/29/9
聖主○於成敗之事 72/29/10
而○日伏誅於後 73A/30/5
而王○誅之 80/35/13
耳目聰○聖知 81/35/26
君○臣忠 81/36/7
無○君賢父以聽之 81/36/9
此皆君之所○知也 81/37/6
亦○矣 83B/38/28,188/96/20
中期適遇○君故也 90/43/27
卿○知功之不如武安君
　歟 94/45/30
卿○知為不如文信侯專歟 94/46/2
律令孰與之○ 95/46/21
願公入○之 95/47/10
○主用之 96/48/13
故○主不取其汙 96/48/14
○日 108/52/19,147/77/11
148/78/17,202/103/14
此不叛寡人○矣 109/53/9
亦已○矣 112/55/6
○日張子行 116/57/6
則○日及齊、楚矣 120/58/13
○日視美珥所在 123/60/18
至聖人○學 136B/68/5
而世世稱曰○主 136B/68/8
是以○乎士之貴也 136B/68/8
故臣願王○釋帝 141B/70/21
衛○於時權之藉也 142/71/14
○於諸侯之故 142/72/10
故○主察相 142/72/17
夫戰之○日 142/72/20
則○君不居也 142/73/11
彼○君察相者 142/73/12
故○君之攻戰也 142/73/12
彼○君之從事也 142/73/13
功業可○矣 145/75/25
齊○謂楚王曰 151/80/3
故惠王之○ 166/85/5
以承大王之○制 167/85/24
奉○約 167/86/5,272/143/17
法令既○ 168/86/16
主嚴以○ 168/86/16
不格○矣 168/86/18
其不可成也亦○矣 168/87/19
今上客幸教以○制 168/87/26
未○而立於朝 170/88/25
王○日朝群臣 177/92/9
發子良之○日 177/92/28
遣昭常之○日 177/92/28
遣子良之○日 177/92/30
故○主之察其臣也 179/93/21
是○楚之伐而信魏之和
　也 185/95/21
今諸侯○知此多詐 187/96/12
○日視善珥所在 191/97/16
齊○說卓滑以伐秦 193/98/25
齊○謂卓滑曰 193/98/25
○之來也 193/98/25
○說楚大夫以伐秦 193/98/25
皆受○之說也 193/98/26
而○人之欺王 196/99/19
以瞽為○ 197/100/10
汗○見春申君 199/100/27
汗○欲復談 199/100/27
汗○憱焉曰 199/100/28
○願有問君而恐固 199/100/28
汗○曰 199/101/1
199/101/2,199/101/6
○主之政也 204A/105/28
以○君臣之義 204B/106/16
臣聞○主不掩人之義 204B/106/25
○日復來見兌也 208/107/29
○日復見 208/108/2
先生○日復來 208/108/5
○日來 208/108/5
李兌送蘇秦○月之珠 208/108/5
此王之○知也 209/108/27
此天下之所○也 217/111/25
此天下之所○見也 217/111/26
是故○主外料其敵國之
　強弱 218/113/18
○王絕疑去讒 218/114/1
臣聞○王之於其民也 219/114/17
○乎輕之為重者王 219/114/26
夫天下之不可一亦○矣 220/116/1
而適聞使者之○詔 220/116/10
錯質務○主之長 221/116/16
動有○古先世之功 221/116/17
故○德在於論賤 221/117/2
聽○叡知之所居也 221/117/8
此愚知之所○也 221/117/23
先聖之○刑 221/118/13
○也 221/118/14
○不距人 221/118/14
○其高 222/119/20
以○有司之法 223/120/1
又不○其時勢 225/120/28
有先王之○與先臣之力
228/121/28
無○此者矣 252/135/19
齊○為謂趙王曰 254/136/3
以○王之賢 259/138/12
禽唐○ 260/138/16
太后○謂左右 262/138/29
君○則樂官 268/141/14
不○則樂音 268/141/14
王之○法也 270/142/8
未嘗得聞○教 272/143/17
其不可以成亦○矣 273/144/2
即○言使燕、趙 276/145/17
如是其○耶 280/146/20
未如是其○也 280/146/21
魏再○孰 297/151/24
則○不與秦 297/151/28
○矣 304/154/19

夫市之無虎○矣 306/155/20
臣聞○王不胥中而行 309/156/23
○年 312/159/7
則不○矣 315/161/4
臣聞○主之聽也 325/165/25
○年又益求割地 347/173/6
然則王之輕重必○矣 352/175/9
○也願因茂以事王 356B/176/10
公仲○謂韓王曰 357/176/15
失計於韓○也 357/177/6
魏之絶齊於楚○矣 361/179/3
○之反也 365/180/4
齊○謂公叔曰 377/183/16
以○示天下 387/187/24
一世之○君也 390/188/23
○君也 390/188/27
臣竊以為王之○為不如昭釐侯 390/188/28
其疏秦乃始益○ 393/190/5
而韓之疏秦不○ 393/190/6
王之○一也 396C/191/17
王之○二也 396C/191/19
無幾於王之○者 396C/191/20
且○公之不善於天下 397/191/27
秦之不能害燕亦○矣 408/194/16
大王之所○見知也 413/197/9
大王天下之○主也 415/197/29
子之所謂天下之○主者 415/197/31
○主者務聞其過 415/198/1
○日又使燕攻陽城及狸 426/207/5
以傷先王之○ 431/209/15
臣聞賢○之君 431/210/6
以○先王之迹者 431/210/12
○日不雨 434/212/4
○日不出 434/212/5
○日大雨 436/212/19
則寡人之不肖○矣 438/213/10
世之所○知也 438/213/12
不虞君之○罪之也 438/213/12, 438/213/13
君微出○怨以棄寡人 438/213/13
怨惡未見而○棄之 438/213/19
而○怨於外 438/213/21
苟可以○君之義 438/213/22
本欲以為○寡人之薄 438/213/22
不顧先王以○而惡 438/213/30
○不言也 440/215/15,440/215/18
今田先生以死○不泄言 440/215/19
以○宋之賣楚重於齊也 446A/219/23
○害父以求法 460/225/25
臣聞○主愛其國 461/227/7

冥 míng 3

而以○○決事哉 218/113/20
皆出於○山、棠谿、墨陽、合伯膊 347/173/1

暝 míng 1

壹（○）〔瞑〕而萬世不視 170/88/21

鳴 míng 6

其飛徐而○悲 198/100/21
○悲者 198/100/21
仰而○ 199/101/8
使得為君高○屈於梁乎 199/101/10
令太子○為質於齊 302/153/20
果與○條之戰 424/206/2

瞑 míng 2

壹（暝）〔○〕而萬世不視 170/88/21
壹○而萬世不視 170/89/7

命 mìng 73

弊邑遷鼎以待○ 1/1/18
而受○於君矣 4/2/21
制齊、楚、三晉之○ 10B/4/22
故留之十四日以待○也 21/7/27
又有天○也 27/9/21
敬受○ 41A/14/27
○而處之 61A/25/11
寡人乃得以身受○ 73A/29/20
寡人得受○於先生 73A/30/19
生○壽長 81/35/28
受○於王 95/47/10
顧反聽○於韓也 103/51/2
○懸於趙 119/58/3
謹受○ 122/59/11, 122/59/27,122/60/7
敬聞○ 125/61/8, 147/77/11,268/141/15
令其○如此 128/62/15
起矯○以責賜諸民 133/65/8
臣竊矯君○ 133/65/15
敬聞○矣 145/76/13
乃○大公事之韓 153/80/24
是逆天帝○也 154/81/5
臣朝夕以事聽○ 157B/82/6
必懸○於楚 164/84/17
在大王○之 167/86/5
致○齊王曰 177/92/5
臣身受○弊邑之王 177/93/3
寡人聞○矣 180/93/30
夫秦捐德絶○之日久矣 189/96/28
無使逆○ 190/97/11
不知夫子發方受○乎宣王 192/98/13
不知夫穰侯方受○乎秦王 192/98/18
據本議制斷君○ 200/102/10
是一世之○ 209/109/2
不順主○ 211/110/13
王今○之 221/117/7
傅○僕官 222/119/13
而王重○之 222/119/17
故有臣可○ 222/119/20
前吏○胡服 223/120/1
且微君之○○之也 232/123/19
建信君再拜受○ 240/129/26
而趙、宋同○ 249/134/3
○以與齊 252/135/9
諒毅親受○而往 258B/137/21
請今率諸侯受○邯鄲城下 258B/137/28
知氏之○不長矣 264A/140/8
召相國而○之曰 308/156/11
維○不于常 310/157/22
王○召相國 311/158/26
而以一人之心為○也 319/164/10
復信陵君之○ 340/169/24
必縣○於楚 375/183/5

未嘗不以周襄王之○ 391/189/17
吾終以子受○於天矣 415/198/29
齊王使公王曰○說曰 424/205/16
謹聞○矣 425/206/16
乃○公子束車制衣為行
具 428/208/11
故受○而不辭 431/209/23
先王○之曰 431/209/25
顧反○ 431/209/29
以臣為不頓○ 431/210/3
故受○而弗辭 431/210/4
玆之所以受○於趙者 439/214/6
而燕不受○矣 439/214/7
是丹○固卒之時也 440/214/28
而不知所以委○ 440/215/28
唯大王○之 440/217/7
願王之有以○弊邑 444/219/4

謬 miù 1

君之所行天下者甚○ 451/221/19

嫫 mó 1

○母求之 197/100/10

摩 mó 7

簡練以為揣○ 40/14/2
朞年揣○成 40/14/4
於是乃○燕烏集闕 40/14/6
錯擊○車而相過 105/51/23
人肩○ 112/54/28
○笄以自刺也 413/197/6
故至今有○笄之山 413/197/6

磨 mó 2

王又割濮、○之北屬之燕 87/41/4
遂自棄於○山之中 170/89/24

末 mò 4

夫本○更盛 22/8/5
聽無失本○者難惑 51/22/5
此言○路之難 89/43/18
故有問舍本而問○者耶 138/69/15

没 mò 4

窮年○壽 145/76/3
今城不○者三板 202/103/10
○死以聞 262/139/8
皆為戮○ 440/216/11

歿 mò 2

負芻必以魏○世事秦 82B/38/8
父母既○矣 385/186/20

沫 mò 4

曹○之奮三尺之劍 129/62/24
使曹○釋其三尺之劍 129/62/24
曹○為魯君將 145/76/5
若曹○之與齊桓公 440/215/26

陌 mò 1

決裂阡○ 81/36/24

秣 mò 1

以供芻○ 182/94/19

莫 mò 118

○非王土 9/4/9
○非王臣 9/4/9
○如令秦、魏復戰 23/8/16
○言大王之法 39/13/1
天下○之能伉 40/14/15
天下○如也 42/15/21,42/17/7
天下○不傷 42/17/3
天下○敢不聽 44/17/26
而○之據也 66/27/4
樹德○如滋 66/27/10
除害○如盡 66/27/10
○肯即秦耳 73A/30/13
則天下○能害 73A/31/7
為秦害者○大於韓 73A/31/17
○敢不聽 73B/32/3
天下○不聞 79/34/23,413/197/7
438/213/13,461/226/12
○有及者 81/37/14
天下○強於秦、楚 87/40/27
○強於齊 87/42/3
○若善楚 87/42/8
芻牧薪釆○敢闚東門 88/42/18
○不令朝行 88/42/20
寡人子○若楚 93/45/14
群臣○對 96/47/22,154/81/3
是以群臣○敢以虛願望
於上 96/48/16
○不私王 108/52/24
○不畏王 108/52/25
○不有求於王 108/52/25
○不以從為可 113/55/19
○敢入諫 130/63/15
○不來語 136B/67/21
○敢不服 136B/67/21
左右嘿然○對 140/70/3
今雖干將、○邪 142/71/7
○若後起而重伐不義 142/71/26
○如僅靜而寡信諸侯 142/71/28
有市之邑○不止事而奉
王 142/72/20
城陽、天下○之能止 147/77/29
○不揮泣奮臂而欲戰 148/78/15
見君○不斂衽而拜 160/82/27
天下○能當也 167/85/18
則諸侯○不南面而朝於
章臺之下矣 167/85/18
秦之所害於天下○如楚 167/85/18
○如從親以孤秦 167/85/19
威王問於○敖子華曰 170/88/18
○敖子華對曰 170/88/19
170/88/20,170/88/25
170/89/29
天下○敢以兵南鄉 170/89/2
○敖大心撫其御之手 170/89/5
○敖大心是也 170/89/8
人臣○難於無妬而進賢 179/93/20
吾固以為天下○若是兩
人也 182/94/25
天下○不聞也 184/95/11
天下○不知也 184/95/12
○知媒兮 197/100/10
而人○知 200/101/25
○如遠楚 201/102/24
人○之知也 203/104/22
天下○不稱君之賢 204B/106/26

〇不高賢大王之行義　218/112/21
〇若安民無事　218/112/24
〇如趙強　218/113/10
〇如趙　218/113/12,413/197/3
〇如一韓、魏、齊、楚、燕、趙　218/114/2
〇如與秦遇於澠池　220/116/6
選子〇若父　222/119/10
論臣〇若君　222/119/10
逆主罪〇大焉　223/119/29
行私〇大焉　223/119/29
諸侯〇朝　236/127/6
〇若於宋　248/132/22
他國〇可　248/132/22
〇如於陰　248/132/22
〇如君矣　251/135/2
〇如事秦　273/144/7,348A/173/29
且夫秦之所欲弱〇如楚　273/144/10
而能弱楚者〇若魏　273/144/10
〇不日夜搤腕瞋目切齒以言從之便　273/144/16
則後必〇能以魏合於秦者矣　289/148/30
〇如太子之自相　303B/154/9
功〇大焉　315/161/1
而〇以此諫　315/161/4
河內之共、汲〇不危矣　315/161/17
通韓之上黨於共、〇　315/162/6
今國〇強於趙　317A/162/22
〇如弱楚　348A/173/29
而能弱楚者〇如韓　348A/174/1
韓之急緩〇不知　366/180/17
終〇能就　385/186/9
久之〇知誰子　385/186/17
〇如朝魏　390/188/26
而王之諸臣忠〇如申不害也　390/188/29
則人〇之為之也　395/190/18
〇如歸燕之十城　411/195/29
〇敢自必也　412/196/30
〇如臣之言也　412/196/30
則〇如遙伯齊而厚尊之　419/201/24
非蘇氏〇可　419/202/10
二日而〇不盡繇　422/204/1
人〇之知　425/206/12
人〇與言　425/206/13
〇為臣先後者　425/206/15
天下〇不振動　431/209/9
〇徑於結趙矣　431/209/27
國人〇不知　438/213/13
燕國〇不知　440/215/11
〇敢合從　440/215/24
非子〇能吾救　454/222/17
〇有鬬志　461/226/20

嘿 mò　3

左右〇然莫對　140/70/3
而政獨安可〇然而止乎　385/186/4
先問而後〇　418/200/25

墨 mò　21

齊、宋在繩〇之外以為權　89/43/20
臨淄、即〇非王之有也　113/55/24
田單以即〇之城　143/74/23
唯莒、即〇不下　145/75/6
齊田單以即〇破燕　145/75/6
是〇翟之守也　145/75/21
田單守即〇之城　146/76/18
安平君以惴惴之即〇　147/77/28
將軍之在即〇　148/78/13
即〇大夫與雍門司馬諫而聽之　150/79/22
齊王不聽即〇大夫而聽陳馳　150/79/28
粉白〇黑　182/94/14
〇〇之化　189/96/26
且以繩〇案規矩刻鏤我　212/110/22
皆出於冥山、棠谿、〇陽、合伯膊　347/173/1
唯獨莒、即〇　418/201/10
〇子聞之　442/218/10
〇子曰　442/218/11,442/218/19
〇子見楚王曰　442/218/15

默 mò　1

宣王〇然不悅　136B/67/17

纆 mò　3

子〇牽長　407/194/5
故〇牽於事　407/194/5
是〇牽長也　407/194/6

牟 móu　12

墮中〇之郭　142/71/11
中〇之墮也　142/71/13
下〇百姓　189/96/28
公子〇游於秦　232/123/18
公子魏〇過趙　239A/129/3
魏〇曰　239A/129/4,239A/129/6,239A/129/7
王不聞公子〇夷之於宋乎　250/134/10
惡公子〇夷　250/134/11
今臣之於王非宋之於公子〇夷也　250/134/11
後以中〇反　250/134/14

侔 móu　4

兩國敵〇交爭　168/86/21
韓與魏敵〇之國也　390/188/23
何〇名於我　455/223/7
恥與中山〇名　455/223/10

謀 móu　124

〇之暉臺之下　1/1/10
〇之於葉庭之中　1/1/12
子為寡人〇　2/1/26,314/160/3
君之〇過矣　4/2/19,110/53/21
必名曰〇楚　28/10/5
〇主也　32/11/2
得《太公陰符》之〇　40/14/2
〇臣之權　40/14/10
〇臣皆不盡其忠也　42/15/23
而〇臣不為　42/16/4,42/16/8,42/16/21
是〇臣之拙也　42/16/22
天下固量秦之〇臣一矣　42/16/23
內者量吾〇臣　42/16/25
以主為〇不忠者　42/17/12
則必將二國并力合〇　44/18/8

義渠君致群臣而○曰 53/22/21
君與知之者○之 54/22/27
反以○秦 61A/25/5
秦之○者必曰 63/26/8
使臣得進○如伍子胥 73A/30/10
是穰侯為國○不忠 73A/30/25
於是其○者固未可得予也 77/33/26
○不出廊廟 81/37/6
後三國○攻楚 82A/37/25
是楚與三國○出秦兵矣 82A/37/27
天下之士相從○曰 88/42/19
○則不得 88/42/24
臣豈以郢威王為政衰○亂以至於此哉 88/42/26
必絕其○ 96/47/23
絕其○ 96/47/24
田侯召大臣而○曰 102/50/21
103/50/30
公何不為王○伐魏 104/51/11
則是君之○也 104/51/12
王之○過矣 114/56/4
臣聞○泄者事無功 122/59/5
常以○人為利也 142/71/25
此夫差平居而○王 142/72/4
昔者萊、莒好○ 142/72/4
而用兵又非約質而○燕也 142/72/13
諸侯無成○ 142/73/19
使諸侯無成○ 142/73/21
以西○秦 142/73/23
衛鞅○於秦王曰 142/73/24
○約不下席 142/74/5
○成於堂上 142/74/6
女無○而嫁者 149B/79/3
則以為可可為○ 150/79/22
必與魏合而以○楚 156/81/22
江乙可謂善○ 160/83/14
不可與深○ 167/86/8
故○未發而國已危矣 167/86/8
內與群臣○ 167/86/9
陰○有吞天下之心也 168/87/9
即陰與燕王○破齊共分其地 168/87/17
內逐其○臣 169/88/11
則楚無○臣矣 169/88/11
朝不○夕 170/88/26
園乃與其女弟○ 200/101/19
我○未遂而知 203/104/21
○出二君之口 203/104/22
魏宣子之○臣曰趙葭 203/105/2
康子之○臣曰段規 203/105/3
韓、魏、齊、燕負親以○趙 204A/105/30
而今諸侯孰○我 204A/106/1
四國疑而○敗 204A/106/3
議秦以○計 209/108/17
嘗合橫而○伐趙 209/108/25
臣願大王深與左右群臣卒計而重○ 209/109/2
有○故殺使之趙 217/112/4
故夫○人之主 218/112/26
不能與國○ 220/116/9
不○於眾 221/116/24
與之○秦 233/125/11
天下有敢○王者乎 247/131/28
國在○之中 249/134/1
故相與○曰 261/138/22
故○而入之秦 261/138/22
然橫人○王 272/143/2
而欲恃詐偽反覆蘇秦之餘○ 273/144/1
是王失○於楚、趙 284/147/20
恐其○伐魏也 288/148/18
是王○三國也也 288/148/23
而二士之○困也 291/149/12
則趙之○者必曰 304/154/22
昔竊聞大王之○出事於梁 318/163/21
○恐不出於計矣 318/163/21
又非素約而○伐秦矣 357/177/1
此必陳軫之○也 357/177/2
而信楚之○臣 357/177/3
公不如與王○其變也 359/177/25
是楚以三國○秦也 366/180/22
秦王必祖張儀之故○ 367/181/1
則韓必○矣 386/187/5
豈不為過○哉 391/189/16
豈不為過○而不知尊哉 391/189/19
豈可不謂善○哉 391/189/21
而○進取之道 412/196/20
○不足以決事 413/197/15
夫無○人之心 415/198/7
有○人之心 415/198/7
○未發而聞於外 415/198/7
將軍市被、太子平○ 416A/199/20
與秦、楚、三晉合○以伐齊 418/201/9
與○伐齊 419/202/10
知者不及○ 422/203/30
與齊王○道取秦以○趙者 423/205/8
將曰善為齊○ 427/207/15
未嘗○燕 427/207/18
燕王不與齊○趙 427/207/19
則與趙○齊 427/207/19
是故○者皆從事於除患之道 430/208/22
不○於父兄 431/209/22
以為燕、楚與魏○之 436/212/21
不能為○ 440/214/25
可與之○也 440/214/29
欲以成大事之○ 440/215/19
先知吾○也 448A/220/17
不○而信 461/226/19

繆 móu 1

不亦○乎 73A/31/6

鍪 móu 1

甲、盾、鞮、○、鐵幕、革抉、呋芮 347/173/2

某 mǒu 7

從○至○ 50/21/12
○懦子內○士 80/35/6
群臣之可用者○ 149B/79/11
郢人○氏之宅 162/83/26
郢人○氏 162/83/26

戊 mòu 2

而甘○黨於魏 359/177/23
不得議甘○ 396C/191/15

母 mǔ 74

綦○恢謂周君曰 32/11/1
綦○恢曰 32/11/4,383C/185/4
父○不與言 40/14/1
父○不以我為子 40/14/1
父○聞之 40/14/17
貧窮則父○不子 40/14/19
出其父○懷衽之中 42/15/17
人告曾子○曰 55/23/14
曾子之○曰 55/23/15
其○尚織自若也 55/23/16
其○懼 55/23/16
與○之信也 55/23/17
則慈○不能信也 55/23/17
而王之信臣又未若曾子之○也 55/23/18
其○在秦 82B/38/7
而掩於○ 86/40/14
又有○在中 93/44/22
今子無○於中 93/44/22
無○於內 93/45/1
無○於中 93/45/5
章子之○啓得罪其父 109/53/12
必更葬將軍之○ 109/53/13
臣之○啓得罪臣之父 109/53/14
夫不得父之教而更葬○ 109/53/14
有老○ 133/64/28
以養父○ 138/69/19
其○曰 144/74/28,233/123/30,311/158/11,311/158/13
如見父○ 145/75/24
魏求相綦○恢而周不聽 169/88/7
嫫○求之 197/100/10
王亦聞夫公甫文伯○乎 233/123/28
其○聞之 233/123/29
故從○言之 233/123/31
之為賢○也 233/123/31
而○婢也 236/127/8
親寡君之○弟也 258B/137/28
有○弟不能教誨 258B/138/5
父○之愛子 262/139/11
同父○ 273/144/1
綦○恢教之語曰 289/148/29
三年反而名其○ 311/158/10
今○賢不過堯、舜 311/158/12
○大不過天地 311/158/12
是以名○也 311/158/12
願子之有以易名○也 311/158/13
願子之且以名○為後也 311/158/14
故太后○也 315/161/1
觴聶政○前 385/185/23
前為聶政○壽 385/185/23
臣有老○ 385/185/24
徒幸而養老○ 385/185/28
老○在 385/185/28
聶政○死 385/186/1
政徒以老○ 385/186/4
老○今以天年終 385/186/4
父○既殁矣 385/186/20
唯其○知之而已 386/187/3
且臣有老○於周 412/196/19
離老○而事足下 412/196/19
言之則逐主○ 412/196/27
下以存主○也 412/196/28
王誠能毋愛寵子、○弟以為質 415/198/26
則逐吾主○ 420/203/10
與殺吾父、逐吾主○者 420/203/10
贏則兼欺舅與○ 422/204/22
○不能制 422/204/25
焉有離人子○者 428/207/27
父○宗族 440/216/11
教送○ 452B/222/4
將帥為父○ 461/226/19

畝 mǔ 4

而操銚鎒與農夫居壟○之中 129/62/25
徒步而處農○ 136B/67/22
故舜起農○ 136B/67/26
席隴○而廕庇桑 257/136/25

木 mù 15

若○之有蠹 73A/31/16
○實繁者披其枝 73B/32/4
○實繁者枝必披 74/32/22
故使工人為○材以接手 95/47/9
若魏文侯之有田子方、段干○也 127/62/2
猿獮猴錯○據水 129/62/23
故為棧道○閣 147/78/1
土梗與○梗鬬曰 208/107/25
今汝非○之根 208/107/26
則○之枝耳 208/107/27
有兩○焉 212/110/21
毋伐樹○ 216/111/20
林○伐 315/161/24
為○人以寫寡人 422/204/9
宋無長○ 442/218/21

目 mù 14

面○犂黑 40/13/30
妻側○而視 40/14/17
○之下 54/22/26
○不明 54/22/27
耳○聰明聖知 81/35/26
有何面○復見寡人 96/48/5
今韓、梁之○未嘗乾 111/54/10
莫不日夜搤腕瞋○切齒以言從之便 273/144/16
至於牛○ 296/150/19
及牛○ 296/150/29
比○之魚 432/210/26
士皆瞋○ 440/217/1
秦王○眩良久 440/217/21
若乃其眉○准頞權衡 458/224/29

沐 mù 3

以為湯○之邑 168/87/22
奉以上庸六縣為湯○邑 174/91/6
韓、魏皆可使致封地湯○之邑 218/113/2

牧 mù 9

而殺李○ 86/40/19
芻○薪采莫敢闚東門 88/42/18
內○百姓 147/77/17
趙使李○、司馬尚禦之 263/139/27
李○數破走秦軍 263/139/27
李○、司馬尚欲與秦反趙 263/139/28

斬李〇 263/140/1
曾無所芻〇牛馬之地 272/143/1
斬紂於〇之野 272/143/7

募 mù 1

故寡人願〇公叔之義 221/117/4

墓 mù 5

不顧其先君之丘〇 14B/6/6
因以宜陽之郭為〇 57/24/5
燒先王之〇 87/40/24
王墳〇、復群臣、歸社稷也 177/92/11
欒水齧其〇 296/150/27

幕 mù 3

舉袂成〇 112/54/28
樂羊坐於〇下而啜之 265/140/22
甲、盾、鞮、鍪、鐵〇、革抉、㕹芮 347/173/2

慕 mù 7

公中〇公之為己乘秦也 2/1/28
〇君之廉也 130/63/9
夫鬫前為〇勢 136B/67/13
竊〇大君之義 188/96/18
下至韓〇王以天下收之 209/109/1
而〇思不可得之小梁 237/128/15
燕王誠振畏〇大王之威 440/217/4

暮 mù 13

旦〇進食 101/49/26
〇 108/52/19
乃約車而〇去 122/59/27
女〇出而不還 144/74/29
旦〇且崩 200/102/7
旦〇當拔之而饗其利 203/105/1
今〇不擊 203/105/9
今日臣之來也〇 208/107/24
魏且旦〇亡矣 364/179/25
旦〇出令矣 429/208/16
〇舍 436/212/17
〇以燭見 436/212/21
秦兵旦〇渡易水 440/216/5

穆 mù 2

〇公相之而朝西戎 96/48/12
〇公一勝於韓原而霸西州 390/189/1

納 nà 16

周不〇 9/4/7
齊以陽武賜弊邑而〇順子 63/25/29
〇之梁 115/56/19
與革車三十乘而〇儀於梁 115/56/27
且王嘗用滑於越而〇句章 166/85/7
王不如舉惠子而〇之於宋 184/95/13
請為子勿〇也 184/95/13
乃奉惠子而〇之宋 184/95/15
〇地釋事以去權尊 204A/105/27
〇于筦鍵 236/127/20
不果〇 236/127/21,236/127/24
魏王因不〇張儀 279/146/14
次弗〇於君 398/192/4
盡〇其地 440/215/22
愼勿〇也 448B/220/22

乃 nǎi 320

齊王〇止 1/1/18
〇往見西周之君曰 4/2/19
〇止其行 5A/2/29
君〇使吏出之 9/4/10
趙〇還之 15/6/16
楚王〇悅 24/8/28
今公〇徵甲及粟於周 25/9/7
子〇曰可教射 27/9/23
〇廢文任武 40/13/21
〇夜發書 40/14/2
於是〇摩燕烏集闕 40/14/6
禍〇不存 42/16/1
〇取欺於亡國 42/16/22
〇復悉卒〇攻邯鄲 42/16/23
軍〇引退 42/16/24
〇遺之女樂 48A/19/7
〇遺之美男 48A/19/9
〇必之也 48B/19/23
〇使勇士往詈齊王 50/21/11
〇出見使者曰 50/21/11
此〇公孫衍之所謂也 53/22/21
〇西說秦王曰 61A/25/4
〇逐之 61B/25/18
〇案兵告於秦曰 63/25/29
何暇〇私魏醜夫乎 64/26/22
〇止 64/26/22
115/56/29,430/208/28
434/212/7,448B/220/23
宋、衛〇當阿、甄耳 70/28/15
寡人〇得以身受命 73A/29/20
先生〇幸至此 73A/30/18
下〇所謂無王已 73B/32/1
於是〇廢太后 73B/32/10
〇左手為叢投 74/32/17
〇鼠也 76/33/16
〇即與無子時同也 79/34/16
〇與即為梁餘子同也 79/34/17
蒙傲〇往見應侯 79/34/22
〇西入秦 81/35/20
〇延入坐為上客 81/37/11
〇謝病歸相印 81/37/19
〇南襲至鄧 82A/37/24
之兵〇退 83A/38/21
〇今知之 83B/39/2
此〇方其用肘足時也 83B/39/5
秦王〇留景鯉 85/39/25
秦王〇出之 85/40/2
王〇是也 86/40/11
〇資萬金 86/40/19
天下〇釋梁 88/42/22
而天下〇齊釋 88/42/25
〇說秦王后弟陽泉君曰 93/44/26
王后〇請趙而歸之 93/45/3
趙〇遣之 93/45/7
〇變其名曰楚 93/45/11
〇留止 93/45/12
王〇召相 93/45/14
〇曰 95/47/11
〇資車百乘 96/47/23
〇可復使姚賈而誅韓非 96/48/18
〇輟城薛 99/49/15

○起兵 102/50/23,211/109/16
○起兵南攻襄陵 102/50/25
○陰告韓使者而遣之 103/51/4
○說王而使田忌伐魏 104/51/13
公孫閈○使人操十金而往卜於市 104/51/15
○下令 108/52/26
○為齊見魯君 110/53/19
今○西面事秦 112/54/29
○許韓使者而遣之 114/56/5
○具革車三十乘 115/56/19
○使其舍人馮喜之楚 115/56/21
是○王之託儀也 115/56/24
○左手持卮 117/57/16
○約車而暮去 122/59/27
○獻七珥 123/60/18
孟嘗君○止 124/61/2
衛君○止 128/62/16
○弗逐 129/62/28
○歌夫長鋏歸來者也 133/65/2
○有意欲為收責於薛乎 133/65/4
○臣所以為君市義也 133/65/15
○今日見之 133/65/19
孟嘗君○取所怨五百牒削去之 136A/67/7
○稱匹夫 136B/67/22
○二十四 136B/67/26
○今聞細人之行 136B/68/10
○進而問之曰 138/69/16
然後天下○舍之 142/74/4
太子○解衣免服 143/74/22
王孫賈○入市中 144/75/1
魯連○書 145/75/11
○賜單牛酒 146/76/28
○布令求百姓之饑寒者 146/77/1
○使人聽於閭里 146/77/2
○王之教澤也 146/77/3
若○得去不肖者 147/77/10
王○得反 147/78/1
王○曰『單』 147/78/2
王○殺九子而逐其家 147/78/3
田單○懼 148/78/12
○厲氣循城 148/78/17
○援枹鼓之 148/78/18
狄人○下 148/78/18
法章○自言於莒 149B/79/2
○西面而事秦 150/79/26
○命大公事之韓 153/80/24
○封壇為安陵君 160/83/12
○為具駟馬乘車五百金之楚 163/84/10
○不罪也 164/84/18
○以十乘行之 165/84/25
今○欲西面而事秦 167/85/18
○佯有罪 168/87/18
○遣使車百乘 168/87/27
勃蘇○蘇 170/89/13
王○大息曰 170/89/27
○歸子 177/92/4
○遣子良北獻地於齊 177/92/29
○請子良南道楚 177/93/5
蘇子○令人謂太子 178/93/12
三日○得見乎王 180/93/27
今先生○不遠千里而臨寡人 180/93/28
○資之以珠玉 182/94/16
○觴之 182/94/22
○召南后、鄭褎而觴之 182/94/23
○奉惠子而納之宋 184/95/15
於是○以執珪而授之為陽陵君 192/98/20
王○不殺 196/99/19
三年而後○相知也 199/101/3
於是園○進其女弟 200/101/19
園○與其女弟謀 200/101/19
○出園女弟謹舍 200/101/27
○亡去 200/102/13
○且攻燕 201/103/1
子云○且攻燕者 201/103/2
○使延陵王將車騎先之晉陽 203/104/6
○有他心 203/105/1
○稱簡之塗以告襄子曰 204A/105/18
○許之 204A/105/27
張孟談○行 204A/106/2
○變姓名 204B/106/9
豫讓○笑而應之曰 204B/106/15
襄子○喟然歎泣曰 204B/106/24
○使使者持衣與豫讓 204B/106/27
我者○土也 208/107/26
○復歸土 208/107/26
○我請君塞兩耳 208/108/4
韓○西師以禁秦國 209/108/26
今○以抵罪取伐 209/108/28
○使馮亭代靳黈 211/109/23
○使趙勝往受地 211/110/8
秦○者過柱山 212/110/21
○至布衣之士 218/112/21
大王○今然後得與士民相親 218/112/23
○封蘇秦為武安君 218/114/12
○使有白馬之為也 219/115/8
○且願變心易慮 220/116/10
於是○以車三百乘入朝澠池 220/116/11
○賜胡服 221/117/29
○國未通於王胡服 222/119/16
今將軍必負十萬、二十萬之眾○用之 225/120/25
五年○罷 225/121/6
五年○歸 225/121/7
○以河東易齊 227/121/22
趙王○令鄭朱對曰 228/121/27
此○強吳之所以亡 231/123/13
○不受封 234/125/22
則媾○可為也 235/126/3
○見平原君曰 236/126/18
吾○今然后知君非天下之賢公子也 236/126/21
若○梁 236/127/4
則吾○梁人也 236/127/4
吾○今日而知先生為天下之士也 236/128/1
平原君○置酒 236/128/5
公子○驅後車 239A/129/4
而王必待工而后○使之 239A/129/8
○與幼艾 239A/129/9
○輦建信以與強秦角逐 239A/129/10
○使使者言 245/131/1
齊○捄趙以伐宋 247/131/20
而○令秦攻王 247/131/27
齊○令公孫衍說李兌以攻宋而定封焉 248/132/15
李兌○謂齊王曰 248/132/16
○絕和於秦 249/134/5
○使人以百里之地 251/134/20
○割濟東三令城市邑五十七以與齊 252/135/10

○引其兵而歸 252/135/19

○召趙莊而貴之 254/136/4

於是馮忌○談 257/136/28

於是秦王○見使者 258B/137/27

無○傷葉陽君、涇陽君之心乎 258B/138/3

秦王○喜 258B/138/6

○結秦連楚、宋之交 260/138/16

兵○出 262/138/28

○自強步 262/139/4

齊兵○出 262/139/19

○多與趙王寵臣郭開等金 263/139/28

○與之萬家之邑一 264A/140/10

已○知文侯以講於己也 264B/140/18

○往 267/141/8

吾○今日聞聖人之言也 269/142/1

今○有意西面而事秦 272/143/4

今○劫於辟臣之說 272/143/10

犀首○見之 276/145/12

○倍李從 276/145/23

○遽解攻於魏 281/147/2

○得見 288/148/20

○使人報於齊 301/153/8

○倍秦而與魏 305/155/9

○出魏太子 305/155/14

易牙○煎敖燔炙 307/155/28

○之秦 309/157/5

○罷梁圍 310/158/6

王○止 311/158/23

今處期年○欲割 312/159/10

○案其行 312/159/17

○不伐魏 313/159/24

○為之起兵八萬 314/160/22

○惡安陵氏於秦 315/161/18

秦○在河西 315/161/23

315/161/26

魏王○止 316/162/16

○請樗里子曰 317B/163/7

昭忌○為之見秦王曰 325/165/24

秦王○止 325/165/30

丈人芒然○遠至此 338/169/1

○引兵而去 338/169/8

436/212/21

○之使者之舍 340/170/7

○微謂趙卓、韓鼂曰 345/172/17

申子○辟舍請罪 346/172/24

○欲西面事秦 347/173/4

○儆公仲之行 357/176/17

○儆四境之內選師 357/176/26

○止公仲 357/176/29

此○韓之寄地也 359/178/2

今也子曰『○且攻燕』者 362/179/9

○行 363/179/17

○弗罪 375/183/6

於是嚴遂○具酒 385/185/23

政○市井之人 385/186/1

而嚴仲子○諸侯之卿相也 385/186/1

○之韓 385/186/19

○抱屍而哭之曰 385/186/21

○其姊者 385/186/24

其疏秦○始益明 393/190/5

而善平原君○所以惡於秦也 395/190/19

其形○可以善楚 396A/190/25

○使使與蘇秦結交 409/195/6

○歸燕城 411/196/1

○陽僵棄酒 412/196/27

今○得罪 412/196/29

○令工人作為金斗 413/197/4

大王割十城○郤以謝 413/197/10

○北見燕王噲曰 415/197/27

○至燕廷 415/197/29

此○亡之之勢也 415/198/31

將軍市被及百姓○反攻太子平 416A/199/24

燕質子為謝○已 416B/200/3

○使蘇代持質子於齊 416B/200/6

蘇代○遺燕昭王書曰 419/201/14

今○以三齊臨燕 419/201/20

○召蘇氏 419/202/10

而○以與無能之臣 420/203/2

王○待天下之攻函谷 422/203/30

○入齊惡趙 423/205/6

伯樂○還而視之 425/206/14

燕○伐齊攻晉 426/206/22

○謂蘇子曰 426/206/26

○復使蘇子 426/207/7

○命公子束車制衣為行具 428/208/11

使者○以說趙王 430/208/28

○封之以地 430/208/28

燕王○使人讓樂毅 431/209/8

望諸君○使人獻書報燕王曰 431/209/14

臣○口受令 431/209/28

○可折也 433/211/27

○可缺也 433/211/27

○令徙 436/212/18

軍吏○服 436/212/19

○罷兵 436/212/20

景陽○開西和門 436/212/20

○夜遁 436/212/22

楚師○還 436/212/22

王○召昌國君樂間而問曰 438/213/4

然後○可圖也 440/214/26

○造焉 440/215/1

○請荊卿曰 440/216/5

臣○得有以報太子 440/216/7

○遂私見樊於期曰 440/216/11

樊於期○前曰 440/216/14

○今得聞教 440/216/17

○遂收盛樊於期之首 440/216/18

○為裝遣荊軻 440/216/21

○令秦武陽為副 440/216/22

○復請之曰 440/216/23

○朝服 440/217/9

而○以手共搏之 440/217/17

左右○曰 440/217/18

○引其匕首提秦王 440/217/19

○欲以生劫之 440/217/20

○以藥囊提軻也 440/217/22

臧子○歸 441/218/5

○愈自信 447/220/7

王○逃倪侯之館 447/220/9

○佯亡其太子 448B/220/21

○見梧下先生 450/221/7

○見魏王曰 450/221/8

○請以左氏 452A/221/27

無○不可乎 452A/221/28

○行之 455/223/13

若○其眉目准頞權衡 458/224/29

彼○帝王之后 458/224/29

臣聞其○欲請所謂陰姬者 458/225/2

○使五校大夫王陵將而伐趙 461/226/8

王○使應侯往見武安君 461/226/9

迺 nǎi 1

○謂魏王曰 201/103/1

鼐 nǎi 1

夕調乎鼎○ 192/98/10

奈 nài 44

無○秦何矣 56/23/28
為之○何 60/24/21
73A/31/17,96/47/22
122/59/7,174/91/9,177/92/9
177/92/12,177/92/16
177/92/20,192/97/26
203/104/22,204A/106/1
258B/137/18,325/165/24
然則○何 61A/25/5
153/80/20,160/83/2
先生○何而言若此 73A/30/19
請問親魏○何 73A/31/12
猶無○寡人何也 83B/38/27
其無○寡人何 83B/38/28
○何 105/51/22
115/56/15,122/59/14
240/129/23,287/148/11
303B/154/5,303B/154/6
314/160/3,317B/163/10
359/178/4,360/178/13
夫不深料秦之不○我何也 112/55/6
將無○我何 113/55/16
○何以保相印、江東之封乎 200/101/24
無矢○何 203/104/8
親之○何 203/105/2
事將○何矣 236/126/18
先生助之○何 236/127/2
秦稱帝之害將○何 236/127/5
病甚○何 311/159/2
且○何 314/160/15
為將○何 458/225/3

柰 nài 30

且○何 2/1/26
然則○何 32/11/4
281/146/28,359/178/1
367/181/7,411/195/26
寡人遂無○何也 49/20/11
○何 50/20/20
276/145/14,352/175/8
367/181/1,384/185/11
449/220/30,454/222/23
市義○何 133/65/14
將○社稷何 271/142/18
緩緩○何 272/143/15
將○之何 272/143/16
無○何也 374/182/22
敢問以國報讎者○何 418/200/22
則且○何乎 420/203/7
則後不可○何也 424/205/21
將○何合弱而不能如一 432/210/23
○何以見陵之怨 440/214/20
將○何 440/216/12
為之○何 440/216/14
無可○何 440/216/17
○何吾弗患也 455/223/11
子之道○何 455/223/18
然則子之道○何 455/223/18

男 nán 10

美○破老 48A/19/8
乃遺之美○ 48A/19/9
下戶三○子 112/54/26
妾賴天而有○ 200/101/26
遂生子○ 200/101/28
請○為臣 390/189/5
亦請○為臣 390/189/7
雖大○子 413/197/15
之○家曰『女美』 421/203/19
之女家曰『○富』 421/203/19

南 nán 155

○取地於韓 10A/4/16
韓、魏○無楚憂 22/8/5
楚兵在山○ 28/10/3
將以使攻魏之○陽 31/10/23
王何不出於河○ 31/10/23
秦必不敢越河而攻○陽 31/10/24
以攻○陽 32/11/3
且魏有○陽、鄭地、三川而包二周 33/11/12
○有巫山、黔中之限 40/13/7
將西○以與秦為難 42/15/11
昔者齊○破荊 42/15/25
取洞庭、五都、江○ 42/16/2
魏絕○陽 44/17/24
楚臨○鄭 44/17/24
漢中○邊為楚利 46/18/24
張儀○見楚王曰 50/20/23
上黨、○陽積之久矣 55/23/9
○取上庸 55/23/11
封君於河○ 66/27/14
○與陶為鄰 66/27/14
○有符離之塞 70/28/15
○帶涇、渭 73A/30/23
○亡鄢、郢、漢中 78/34/4
○地入楚、魏 78/34/8
應侯失韓之汝○ 79/34/13
今亡汝○ 79/34/16
以其為汝○虜也 79/34/27
○并蜀、漢 81/36/26
○攻楊越 81/37/2
乃○襲至鄧 82A/37/24
楚敗於○陽 84A/39/9
則王攻其○ 84A/39/12
齊人○面 87/42/1
齊○以泗為境 87/42/3
委○聽罪 88/42/24
○使荊、吳 96/47/26
○陽之弊幽 96/48/11
故不如○攻襄陵以弊魏 102/50/24
乃起兵○攻襄陵 102/50/25
○梁之難 103/50/30
王不如封田忌於江○ 106/52/1
楚果封之於江○ 106/52/3
○面而孤楚、韓、梁 111/54/12
必○攻楚 111/54/16
齊○有太山 112/54/23
○有韓、魏 113/55/15
秦驅韓、魏攻齊之○地 113/55/24
兼魏之河○ 132B/64/12
東西○北 136B/67/21

○面稱寡者 136B/67/26
見於華章○門 141A/70/10
○戰於長子 142/73/1
○伐楚 142/73/28
且楚攻○陽 145/75/14
齊無○面之心 145/75/15
以為亡○陽之害 145/75/15
且棄○陽 145/75/16
而在城○下者百數 150/79/24
夫舍○面之稱制 150/79/26
必○圖楚 153/80/19
○游於楚 163/84/3
非江○泗上也 163/84/8
遂○交於楚 163/84/10
故楚○察瀨胡而野江東 166/85/7
○有洞庭、蒼梧 167/85/16
則諸侯莫不○面而朝於章臺之下矣 167/85/18
○面而攻 168/87/3
必○伐楚 169/88/10,432/211/7
天下莫敢以兵○鄉 170/89/2
乃請子良○道楚 177/93/5
太子○ 178/93/10
○后、鄭褎貴於楚 182/94/10
○后、鄭褎聞之大恐 182/94/18
乃召○后、鄭褎而觴之 182/94/23
○游乎高陂 192/98/12
即遂○面稱孤 200/102/8
今燕盡韓之河○ 209/108/20
今○攻楚者 217/112/1
韓○無楚 217/112/5
趙王因起兵○戍韓、梁之西邊 217/112/16
夫秦下軹道則○陽動 218/113/6
○有河、漳 218/113/11
趙之○蔽也 218/113/13
以○伐楚 219/115/3
設北面於○方 236/127/22
然后天子○面弔也 236/127/22
子○方之傳士也 238/128/20
臣○方草鄙之人也 238/128/20
下軹道、○陽、高 249/133/23
文山在其○ 269/141/24
伊、洛出其○ 269/141/26
○有鴻溝、陳、汝○ 272/142/27
○與楚境 273/143/24
魏○與楚而不與齊 273/143/25
則楚攻其○ 273/143/26
則趙不○ 273/144/4
趙不○ 273/144/5
魏之兵○面而伐 273/144/11
王以其間約○陽 282/147/6
必○走楚 282/147/7
魏攻○陽 283/147/13
則韓之○陽舉矣 283/147/13
楚破○陽九夷 284/147/21
韓欲攻○陽 285/147/28
秦、韓合而欲攻○陽 285/147/28
楚王攻梁○ 295/150/13
晉文公得○之威 307/156/1
遂推○之威而遠之 307/156/1
○威之美也 307/156/4
利出燕○門而望見軍乎 314/160/21
則○國必危矣 315/161/20
○國雖無危 315/161/20
夫不患秦之不愛○國非也 315/161/21
不如○出 318/163/25
事於○方 318/163/25
秦果○攻藍田、鄢、郢 318/163/28
○有陘山 347/172/29
韓使人馳○陽之地 351/174/26
韓因割○陽之地 351/174/26
魏順○見楚王曰 352/175/7
秦、韓并兵○鄉 357/176/20
為韓取○陽 360/178/20
○委國於楚 365/180/3
公叔且以國○合於楚 366/180/22
請道於○鄭、藍田以入攻楚 367/180/29
軍於○鄭矣 367/181/1
以為成而過○陽之道 396C/191/13
則○圍鄗 405/193/21
○有呼沱、易水 408/194/11
○有碣石、鴈門之饒 408/194/12
以趙之為蔽於○也 408/194/14
○近齊、趙 408/194/22
而○無齊、趙之患 413/197/13
○附楚則楚重 415/198/15
○攻楚五年 415/198/17
而又以其餘兵○面而舉五千乘之勁宋 415/198/18
子之○面行王事 416A/199/18
○罷於楚 420/202/29
道○陽、封、冀 422/204/4
則以○陽委於楚曰 422/204/17
○使臣於趙 431/209/29
不如以兵○合三晉 432/211/8
燕果以兵○合三晉也 432/211/11
齊○破楚 433/211/15,433/211/20
○使於齊 433/211/18
○鄰為秦 439/214/11
○連齊、楚 440/214/25
又舉兵○伐楚 440/215/22
至燕○界 440/216/4
○文子止之曰 443/218/28
○文子有憂色 448A/220/14
○文子曰 448B/220/21

枏 nán 1

荊有長松、文梓、楩、○、豫樟 442/218/21

難 nán 96

而又知趙之○子齊人戰 10A/4/14
秦知趙之○與齊戰也 14A/5/28
周君○往 31/10/23
將西南以與秦為○ 42/15/11
令帥天下西面以與秦為○ 42/16/5
其民輕而○用 42/16/13
豈其○矣 42/16/26
以與周武為○ 42/17/2
計有一二者○悖也 51/22/5
聽無失本末者○惑 51/22/5
○矣 55/23/10
則○圖也 61A/25/11
正亂、批患、折○ 81/36/18
雖藍田豈○得哉 82A/37/26
終之○也 87/41/10
此言末路之○ 89/43/18
武安君○之 94/46/2
此齊貌辨之所以外生樂患趣○者也 101/50/16
邯鄲之○ 102/50/21, 156/81/17,158/82/13
南梁之○ 103/50/30
楚、秦構○ 111/54/16

權之○ 119/57/29,410/195/10
奚暇從以○之 134/66/4
君從以○之 134/66/4
猶未敢以有○也 134/66/9
而因欲○寡人 134/66/9
士何其易得而○用也 140/70/4
非士易得而○用也 140/70/6
惡其示人以○也 142/73/9
則是非徒示人以○也 142/73/10
齊、楚構○ 152/80/12
好利而惡○ 153/80/20
惡○ 153/80/20
馬陵之○ 153/80/24
夫苟不○為之外 157B/82/7
昧之○ 166/85/7
士卒安○樂死 168/86/16
危○在三月之內 168/87/3
楚嘗與秦構○ 168/87/9
楚、秦相○ 175/91/19
人臣莫○於無妬而進賢 179/93/20
夫進賢之○者 179/93/22
故人○之 179/93/23
謁者○得見如鬼 180/93/29
王○得見如天帝 180/93/29
禦中國之○ 188/96/19
長沙之○ 195/99/9
○必及韓、魏矣 202/103/10
而為危○不可成之事 202/103/15
然則韓可以免於患○ 203/103/26
子之道甚○而無功 204B/106/14
吾所為○ 204B/106/17
客有○者 219/115/7
危足以持○ 222/119/5
服○以勇 222/119/6
便其用者易其○ 224/120/7
○夫毋脊之厚 225/121/1
距此奚○哉 225/121/5
以攻○而守者易也 231/123/11
夫秦、趙構○ 233/125/2
為人排患、釋○、解紛亂而無所取也 236/128/6
豈敢有○ 258B/137/25
韓、趙相○ 264B/140/16
今公又言有○以懼之 291/149/11
夫○搆而兵結 291/149/12
○以行 296/150/29
黃帝之所○也 297/152/2
樹之○而去之易也 303A/153/28
此魏信之所○行也 304/154/21
則○久矣 304/154/22
今我講○於秦兵為招質 304/154/29
以其能忍○而重出地也 310/157/15
而所攻者甚○ 315/161/12
秦、趙構○而戰 326/166/3
甚○ 359/178/1
善公孫郝以○甘茂 360/178/10
秦久與天下結怨構○ 387/187/21
吾固患韓之○知 388/188/3
吾○敗其法 403/193/10
而○千里之行 407/194/5
此燕之所以不犯○也 408/194/15
國構○數月 416A/199/25
桓公之○ 424/206/4
陽虎之○ 424/206/4
外孫之○ 424/206/5
○得於君矣 438/213/17
不○受也 438/213/22
故兵退○解 444/219/12
中山急而為君○其王 454/222/24
○信以為利 454/222/29
首○也 455/223/16
陰簡○之 457/224/11
即公無內○矣 457/224/12

囊 náng 2

以其所奉藥○提軻 440/217/17
乃以藥○提軻也 440/217/22

曩 nǎng 2

臣亦猶○臣之前所得魚也 341/170/19
○者使燕毋去周室之上 420/202/23

撓 náo 4

曲○而誅 104/51/12
○揀而不辟者 270/142/6
秦○之以講 315/161/28
秦王色○ 343/171/24

腦 nǎo 1

代王○塗地 413/197/6

淖 nào 10

○齒管齊之權 73B/32/5
此亦○齒、李兌之類已 73B/32/6
○齒數之曰 143/74/16
○齒曰 143/74/18
○齒亂齊國 144/75/1
與之誅○齒 144/75/2
○齒殺閔王 146/76/18
齊以○君之亂秦 151/80/3
○齒用齊 197/100/7
令○滑、惠施之趙 227/121/22

內 nèi 133

○自盡計 1/1/5
義強於○ 40/13/24
制海○ 40/13/25
式於廊廟之○ 40/14/12
士民潞病於○ 42/16/10
○者量吾謀臣 42/16/25
○者吾甲兵頓 42/16/26
公孫衍、樗里疾挫我於○ 57/24/4
公○攻於樗里疾、公孫衍 58/24/10
聞齊之○有田單 73B/31/26
○固其威 73B/32/2
至尉、○史及王左右 74/32/23
其威○扶 74/32/26
竟○之利 74/32/28
某懦子○某士 80/35/6
應侯○慚 81/35/20
威蓋海○ 81/36/18
舉河○ 87/41/1
滿海○矣 87/41/20
而魏亦關○候矣 87/42/10
而關○二萬乘之主注地於齊 87/42/10
○喻其百姓 88/42/25
無母於○ 93/45/1
○惡趙之守 95/46/23
寡人屈於○ 96/47/22
而珍珠重寶盡於○ 96/47/27

四境之○ 108/52/25
是王○自罷而伐與國 115/56/28
為君舍人而○與夫人相愛 128/62/7
海○之狡兔也 132A/63/30
○不反 142/72/1
此皆○長詐 142/72/5
完者○酺而華樂 142/72/22
民殘於○ 142/73/8
禽之戶○ 142/73/17
利制海○不為厚 142/73/19
令於境○ 142/73/23
禽將戶○ 142/74/7
○牧百姓 147/77/17
秦使陳馳誘齊王○之 150/79/28
豈忘為之○乎 157B/82/8
以○劫其主 167/86/3,272/143/3
○與群臣謀 167/86/9
危難在三月之○ 168/87/3
○逐其謀臣 169/88/11
此所謂○攻之者也 169/88/12
欲因張儀○之楚王 174/91/7
子○擅楚之貴 174/91/10
填黽塞之○ 192/98/18
止於棘門之○ 200/102/15
則是魏○自強 203/103/28
德行非施於海○也 209/108/10
願拜○之於王 211/109/26
且夫韓之所以○趙者 211/110/1
主○之秦 211/110/13
○度其士卒之眾寡、賢與不肖 218/113/19
而馳於封○ 219/115/13
守四封之○ 220/115/22
四海之○ 225/121/4,341/170/18
而請○焦、黎、牛狐之城 228/121/26
得無割其○而媾乎 233/124/12
得無更割其○而媾 233/124/18
秦○之 235/126/5
秦已○鄭朱矣 235/126/6
今又○圍邯鄲而不能去 236/126/19
○無孟賁之威 238/128/26
令之○治國事 240/129/25
秦王受負海○之國 249/133/14
秦王○韓珉於齊 249/133/16
○成陽君於韓 249/133/16
夫國○無用臣 251/135/1
百日之○ 252/135/13
是能得之乎○ 258A/137/11
其賊在於○ 258A/137/12
趙氏應之於○ 264A/140/11
外挾彊秦之勢以○劫其主以求割地 272/143/12
○嫁禍安國 273/144/12
以魏為將○之於齊而擊其後 274/144/26
欲勿○ 279/146/12
○沛 284/147/21
王不若與竇屢關○侯 287/148/11
○之無若群臣何也 292/149/21
魏惠王起境○眾 300/152/26
遂○魏王 301/153/13
楚將○而立之 302/153/21
必○太子 305/155/8
魏○太子於楚 305/155/9
○王於不可知之秦 311/158/18
且無梁孰與無河○急 311/158/18
河○ 311/158/20
臣使長信侯請無○王 311/158/24
吾○王於秦者 311/158/27
○有大亂 315/161/5
若道河○ 315/161/11
而以之臨河○ 315/161/17
河○之共、汲莫不危矣 315/161/17
山北、河外、河○ 315/161/25
而臣海○之民 315/162/1
○得樓麇、翟強以為佐 317B/163/16
於是布令於四境之○曰 341/170/20
秦自四境之○ 342/171/5
其多力者○樹其黨 348B/174/11
群臣或○樹其黨以擅其主 348B/174/11
為之儆四境之○選師 357/176/21
乃儆四境之○選師 357/176/26
公仲好○ 358/177/12
王儆四彊之○ 363/179/16
十日之○ 363/179/16,363/179/18
而○收諸大夫以自輔也 378/183/22
○得父兄 379/183/27
○無父兄之眾 379/183/30
公叔、伯嬰恐秦、楚之○幾瑟也 380/184/3
公因以楚、韓之兵奉幾瑟而○之鄭 383A/184/24
韓且○伯嬰於秦 383B/184/29
美人知○行者也 393/190/7
不見○行 393/190/7
則魏且○之 394/190/12
外○不相為 396C/191/18
戰於百里之○ 408/194/18
封○弊矣 415/198/26
○寇不與 415/198/31
臣自報其○ 415/198/31
陸攻則擊河○ 422/204/6
然則不○蓋寡人 438/213/21
臣海○之王者 440/215/21
而○有大亂 440/215/26
願舉國為○臣 440/217/5
○臨其倫 443/218/29
即公無○難矣 457/224/12
其國○實 461/226/5

能 néng 411

天下不○傷齊 14B/6/8
然後○多得鳥矣 16/6/22
故○得欲矣 16/6/23
臣○殺之 19/7/13
魏不○支 23/8/19,295/150/13
周君豈○無愛國哉 24/8/28
代○為君令韓不徵甲與粟於周 25/9/3
又○為君得高都 25/9/4
子苟○ 25/9/4
今圍雍氏五月不○拔 25/9/6
我不○教子支左屈右 27/9/23
楚不○守方城之外 29/10/10
安○道二周之間 29/10/10
臣○為君取之 32/11/1
而臣為不○使矣 38/12/15
臣固疑大王之不○用也 40/13/16
其勢不○ 40/13/23
王固不○行也 40/13/26
安有說人主不○出其金玉錦繡 40/14/3

天下莫之○伉	40/14/15
猶連鷄之不○俱止於棲之明矣	41A/14/25
不○死	42/15/13
罪其百姓不○死也	42/15/14
其上不○殺也	42/15/14
上非○盡其民力	42/16/14
韓亡則荊、魏不○獨立	42/16/19
荊、魏不○獨立	42/16/19
不○拔也	42/16/23
非○厚勝之也	42/16/25
王不○禁	44/18/9
魏不○守	47/18/31
○害王者之國者	48A/19/10
儀不○與從事	49/19/27
吾○聽子言	49/20/1
大王苟○閉關絕齊	50/20/26
不○親國事也	51/21/25
○有國者寡也	51/22/4
則慈母不○信也	55/23/17
五月而不○拔也	55/23/21
秦王安○制晉、楚哉	63/26/9
而不○支秦	65/26/29
聖人不○為時	66/27/7
誠○亡齊	66/27/14
觀三國之所求於秦而不○得者	67/27/23
觀張儀與澤之所不○得於薛公者也	67/27/24
不○與齊縣衡矣	70/28/13
秦烏○與齊縣衡韓、魏	70/28/16
亦○翕其心乎	71/28/22
有○者不得不官	72/28/28
○治眾者其官大	72/28/29
故不○者不敢當其職焉	72/28/29
○者亦不得蔽隱	72/28/29
弗○改已	72/29/11
形弗○有也	73A/31/4
則天下莫○害	73A/31/7
寡人不○親	73A/31/12
○專利害之謂王	73B/31/27
故十攻而弗○勝也	75/33/8
散不○三千金	77/33/29
君○為之下乎	78/34/6
竭智○	81/36/2
盡○而不離	81/36/5
不○存殷	81/36/8
不○存吳	81/36/8
吳起為楚悼罷無○	81/37/1
此所謂信而不○詘	81/37/5
往而不○反者也	81/37/5
楚○應而共攻秦	82A/37/25
今以無○之如耳、魏齊	83B/38/27
不○過智伯	83B/39/4
王○使臣無拜	86/40/6
恐不○給也	86/40/17
王可謂○矣	87/41/1
王若○持功守威	87/41/5
為帝若未○	87/42/4
故○服世	89/43/4
故○從鄰	89/43/4
○始而不○終也	89/43/11
王若○為此尾	89/43/14
王若不○為此尾	89/43/15
而未○復戰也	89/43/20
汝安○行之也	94/45/25
力不○自存	95/46/27
趙王不○將	95/46/29
不○及地	95/47/8
臂短不○及	95/47/12
不○用也	95/47/16
網不○止	99/49/13
鉤不○牽	99/49/13
靖郭君不○止	101/50/2
靖郭君可謂○自知人矣	101/50/16
○自知人	101/50/16
徐公何○及公也	108/52/14
徐公何○及君也	108/52/15
○面刺寡人之過者	108/52/26
○謗議於市朝	108/52/27
臣非不○更葬先妾也	109/53/13
○危山東者	111/54/5
天下不○當	112/54/29
千人不○過也	112/55/5
則秦不○害齊	112/55/6
不○相去	115/56/17
梁、齊之兵連於城下不○去	115/56/26
吾○為之足	117/57/16
子安○為之足	117/57/17
故臣○去太子	122/59/22
以○得天下之士而有齊權也	122/60/10
車軼之所○至	127/61/28
○為君決疑應卒	127/62/2
一軍不○當	129/62/24
今使人而不○	129/62/26
教人而不○	129/62/26
足下○使僕無行	130/63/5
聞君於齊○振達貧窮	130/63/8
有○揚文之名	130/63/17
不○以重於天下者何也	132B/64/15
貧乏不○自存	133/64/20
客何○	133/64/21
客無○也	133/64/21
○為文收責於薛者乎	133/65/1
○	133/65/2
客果有○也	133/65/3
○致其如此者五人	134/66/12
有○得齊王頭者	136B/67/16
自古及今而○虛成名於天下者	136B/68/2
焉○有四焉	137/68/28
為○之也	137/69/6
而○事成者寡矣	142/71/5
則不○割劌矣	142/71/7
則不○遠殺矣	142/71/7
而料兵之○	142/71/18
而○從諸侯者寡矣	142/72/18
而○從諸侯寡矣	142/72/24
期數而○拔城者為亟耳	142/72/26
故三下城而○勝敵者寡矣	142/72/26
即臣見公之不○得也	145/75/18
○以見於天下矣	145/75/22
傚小節者不○行大威	145/76/1
惡小恥者不○立榮名	145/76/1
遺公子糾而不○死	145/76/2
非不○行小節	145/76/9
出不○行	146/76/22
且王不○守先王之社稷	147/77/27
城陽、天下莫之○止	147/77/29
不○下也	148/78/8
攻狄不○	148/78/12
先生謂單不○下狄	148/78/13
趙不○聽	156/81/18
而力不○	157A/81/30
赫不○得趙	165/84/24
是不○得趙也	165/84/28
計王之功所以○如此者	166/85/8

天下莫○當也 167/85/18
大王誠○聽臣 167/85/24
168/87/21,218/113/1
272/143/16
大王誠○聽臣之愚計 167/85/25
今君○用楚之衆 169/88/11
焉○有之耶 170/89/27
馮而○立 170/89/29
式而○起 170/89/29
楚不○獨守 177/92/21
楚亦不○獨守 177/92/21
雖然楚不○獨守也 177/92/25
殆○自免也 187/96/9
夫梟棊之所以○為者 188/96/20
唯大君○之 189/96/26
寡人不○用先生之言 192/97/25
今富摯○ 194/99/4
臣之○不及舜 199/101/3
負轅不○上 199/101/7
其堅則箘簬之勁不○過也 203/104/9
三月不○拔 203/104/14
吾不○守矣 203/104/16
亡不○存 203/104/16
危不○安 203/104/17
是皆○移其君之計 203/105/3
約兩主勢○制臣 204A/105/19
無令臣○制主 204A/105/19
臣主之權均之○美 204A/105/24
魏攻中山而不○取 205/107/3
必不○越趙而有中山矣 205/107/4
君○聽蘇公之計乎 208/108/1
不○ 208/108/2,416B/200/7
君即不○ 208/108/2
吾君不○用也 208/108/4
其地不○千里 211/109/14
韓不○有 211/109/20
若不○卒 211/109/22
韓不○守上黨 211/109/25
211/109/27,211/110/7
雖強大不○得之於小弱 211/110/2
而小弱顧○得之強大乎 211/110/2
民○相集者 211/110/12
為主守地而不○死 211/110/13
趙聞韓不○守上黨 211/110/14
建信者安○以無功惡秦哉 214/111/4
不○以無功惡秦 214/111/4
然山東不○易其路 217/111/27
弱而不○相壹 217/111/27
韓、魏不○支秦 218/113/14
臣有以知天下之不○為從以逆秦也 219/114/30
而趙奢、鮑佞之○也 219/115/12
欲反覆齊國而不○ 220/115/28
不○與國謀 220/116/9
不○趨走 221/117/7
知者不○一 221/117/18
賢聖不○同 221/117/18
其怨未○報也 221/117/25
○與聞遷 221/118/9
○與時化 221/118/9
子○行是 222/119/21
君焉○乎 225/121/3
○具數十萬之兵 225/121/5
故○有之 228/122/1
其社稷之不○恤 228/122/1
安○收恤藺、離石、祁乎 228/122/1
不○散齊、魏之交 229A/122/14
三國不○和我 229A/122/18
無秦不○傷趙 229B/122/25
無齊不○得趙 229B/122/26
此非人臣之所○知也 233/123/27
王以其力尚○進 233/124/7
秦以其力攻其所不○取 233/124/8
王又以其力之所不○攻以資之 233/124/8
虞卿○盡知秦力之所至乎 233/124/11
子○必來年秦之不復攻我乎 233/124/13
樓緩又不○必秦之不復攻也 233/124/19
又割其力之所不○取而媾也 233/124/19
不○取六城 233/124/20
趙雖不○守 233/124/20
而弱者不○自守 233/124/25
佩趙國相印不辭無○ 234/125/21
今又內圍邯鄲而不○去 236/126/19
先生惡○使梁助之耶 236/127/4
先生又惡○使秦王烹醢梁王 236/127/12
君安○少趙人 237/128/11
君安○憎趙人 237/128/11
而不○合遠 237/128/12
而不○自舉 237/128/12
四十餘年而秦不○得所欲 237/128/14
王之行○如許由乎 238/128/23
王○重王之國若此尺帛 239A/129/5
一物不○蔽也 239B/129/17
厚任葺以事○ 240/129/26
今君不○與文信侯相伉以權 242/130/13
而○令王坐而天下致名寶 246/131/7
群臣必多以臣為不○者 246/131/8
以臣為不○者非他 246/131/8
王○亡燕 246/131/10
○亡韓、魏 246/131/10
○攻秦 246/131/11
○孤秦 246/131/11
臣之○也 246/131/12
則位尊而○卑者也 246/131/16
今王○以百里之地 251/134/19
勢不○守 251/135/2
然今○守魏者 251/135/2
固不○當榮盆 252/135/16
城大無○過百雉者 252/135/20
此皆○乘王之醉昏 258A/137/11
是○得之乎內 258A/137/11
趙○殺此二人 258B/137/27
若不○殺 258B/137/27
有母弟不○教誨 258B/138/5
曾不○疾走 262/139/2
老婦不○ 262/139/5
猶不○恃無功之尊 262/139/22
臣不○為也 270/142/7
不揜○士之迹 270/142/12
為弗○聽 271/142/19
誠○振其威也 272/143/8
而○弱楚者莫若魏 273/144/10
不○得事焉 276/145/13
然而臣○半衍之割 287/148/10
則後必莫○以魏合於秦者矣 289/148/30
而不○成其功 290/149/5

大梁不○守 295/150/14
而焉○免國於患 297/151/27
其智○而任用之也 304/154/19
令人之相行所不○ 304/154/22
堯、舜之所求而不○得也 304/155/3
王○使臣為魏之司徒 309/156/24
則臣○使魏獻之 309/156/24
以其○忍難而重出地也 310/157/15
攻而不○拔 310/157/28
臣○得之於應侯 311/159/3
可謂不○用勝矣 312/159/9
○解魏患 313/159/21
寡人不○ 314/160/7
非○彊於魏之兵 314/160/8
非○弱於趙也 314/160/9
秦攻魏未○克之也 314/160/18
外安○支強秦、魏之兵 315/161/5
王○又封其子問陽姑衣乎 316/162/15
而不○拔 317B/163/7
公終自以為不○守也 317B/163/9
子○以汾北與我乎 317B/163/14, 317B/163/15
何故不○有地於河東乎 317B/163/17
天下必○救 318/163/25
夜行者○無為姦 324/165/14
不○禁狗使無吠己也 324/165/14
故臣○無議君於王 324/165/14
不○禁人議臣於君也 324/165/15
荊、齊不○獨從 325/165/29
王○令韓出垣雍之割乎 327/166/12
王曰『不○』 327/166/13
將皆務事諸侯之○令於王之上者 328/166/18
安○歸寧乎 332/167/23
不○必使其民 340/169/23
臣安○無涕出乎 341/170/19
○棄之弗○用之 342/170/28
○死之弗○棄之 342/170/29
王又○死而弗○棄之 342/171/2
今王○用臣之計 342/171/2
必不○事秦 347/173/12
而○弱楚者莫如韓 348A/174/1
非以韓○強於楚也 348A/174/1
不○傷秦 352/175/3,352/175/7
縱韓為不○聽我 357/176/22
為○聽我絕和於秦 357/176/23
其知○公也 359/177/22
而弗○得也 360/178/10
齊、魏不○相聽 360/178/19
不○愛其許、鄢陵與梧 364/179/25
公不○救也 367/181/6
而不患楚之○揚河外也 372/182/9
幾瑟之○為亂也 379/183/27
韓大夫不○必其不入也 379/183/29
必不○為亂矣 379/183/31
而弗○禁也 384/185/14
終莫○就 385/186/9
多人不○無生得失 385/186/11
非獨政之○ 385/186/24
然則山東非○從親 389/188/19
強國○王 391/189/21
強國不○王 391/189/22
諸侯不○買 393/190/4
韓不○獨立 396A/190/26
秦勢○詘之 396C/191/12
則諸侯不敢因群臣以為○矣 396C/191/18
魏安○與小國立之 404/193/15
夫宵行者○無為姦 406/193/26
而不○令狗無吠己 406/193/26
○無議君於王 406/193/26
而不○令人毋議臣於君 406/193/27
而不○取千里 407/194/4
秦計固不○守也 408/194/16
秦之不○害燕亦明矣 408/194/16
豈○東無齊、西無趙哉 409/195/1
蘇秦○抱弱燕而孤於天下哉 409/195/2
王○聽臣 411/195/29
子○以燕敵齊 415/198/12
獨戰則不○ 415/198/15
王誠○毋愛寵子、母弟以為質 415/198/26
三年不○得 418/201/1
天下必以王為○市馬 418/201/3
於是不○期年 418/201/3
而燕猶不○支也 419/201/19
不○為事者 420/202/25
而乃以與無○之臣 420/203/2
竭其○ 420/203/6
不○攻也 422/204/10
王苟○破宋有之 422/204/10
母不○制 422/204/25
舅不○約 422/204/25
陳公不○為人之國 428/207/26
不○奉承先王之教 431/209/14
○當之者處之 431/209/19
故察○而授官者 431/209/20
所以○循法令 431/210/8
王而不○自恃 432/210/22
將柰何合弱而不○如一 432/210/23
不相得則不○行 432/210/26
今山東合弱而不○如一 432/210/26
三人不○行 432/210/27
今山東三國弱而不○敵秦 432/210/28
因○勝秦矣 432/210/28
不○相救助如一 432/211/1
人之所○為也 432/211/2
山東不○堅為此 432/211/9
即雖五燕不○當 433/211/16
不○奉順君意 438/213/10
室不○相和 438/213/19
所以不○反勝秦者 439/214/12
不○為謀 440/214/25
恐不○須臾 440/214/26
趙不○支秦 440/215/23
誠○得樊將軍首 440/216/7
太子○聽臣乎 446B/219/28
而弗○復取者 449/220/29
今臣○使釋蒲勿攻 449/221/1
安○急於事人 450/221/12
非子莫○吾救 454/222/17
力言不○及也 458/224/28
口不○無道爾 458/224/30
君所將之不○半之 461/226/11
是以○有功也 461/226/20
以是之故○立功 461/226/22
未○行 461/226/28
吾不○滅趙乎 461/226/30

倪 nì 1

王乃逃○侯之館 447/220/9

蜺 nì 1

野火之起也若雲○ 160/83/8

逆 nì 26

以○攻順者亡 42/15/12
計聽知覆○者 51/22/3
四治政不亂不○ 74/32/26
顯○誅 79/34/23
趙可取唐、曲○ 119/58/2
故專兵一志以○秦 132B/64/13
是○天帝命也 154/81/5
大○不忠 167/86/3
而○強秦之心 168/87/6
無使○命 190/97/11
將以○秦 219/114/28
臣有以知天下之不能為從以○秦也 219/114/30
臣不○主 221/116/30
今寡人恐叔○從政之經 221/117/3
○人之心 221/117/10
而叔也順中國之俗以○簡、襄之意 221/117/25
不○其志 222/119/20
不○上以自伐 223/119/26
○主以自成 223/119/28
○主罪莫大焉 223/119/29
以○主為高 223/119/29
欺之不為○者 297/151/15
而君○寡人者 343/171/17
而○無已之求 347/173/7
○秦而順楚 348A/173/29
欲排其○鱗哉 440/214/20

匿 nì 2

士大夫之所○ 142/72/24
是故不敢○意隱情 220/116/5

溺 nì 5

○於辭 40/13/26
其狗嘗○井 158/82/12
其鄰人見狗之○井也 158/82/12
常民○於習俗 221/118/5
勿令○苦於學 222/119/19

刴 nì 1

至（○）〔黐〕也 237/128/12

黐 nì 1

至（刴）〔○〕也 237/128/12

年 nián 113

粟支數○ 2/1/23
九○而取宛、葉以北以強韓、魏 22/8/4
朞○之後 39/12/23
孝公行之八○ 39/12/26
朞○揣摩成 40/14/4
三○ 42/17/4
三○而拔之 55/23/11
藉君天下數○矣 66/27/3
恆思有悍少○ 74/32/16
終其○而不夭傷 81/35/28
秦十餘○ 81/37/19
三○而燕使太子丹入質於秦 81/37/20
頃襄王二十○ 87/40/24
王申息眾二○ 87/41/2
一○之後 87/42/4
王○高矣 93/44/29
使剛成君蔡澤事燕三○ 94/45/21
吾令剛成君蔡澤事燕三○ 94/45/24
期○而亡 95/47/3
不過半○ 95/47/3
北使燕、代之間三○ 96/47/26
數○ 101/49/28
期○之後 108/53/1
居朞○ 128/62/10
後朞○ 133/65/18
孟嘗君為相數十○ 133/65/30
行○三十而有七子 139/69/28
十○之田而不償也 142/72/22
142/72/24
王孫賈○十五 144/74/28
與聊城共據朞○之弊 145/75/17
朞○不解 145/75/21
窮○沒壽 145/76/3
以故建立四十有餘○不受兵 149B/79/6
三○而弗言 160/83/5
郢人有獄三○不決者 162/83/25
粟支十○ 167/85/17
218/113/11,408/194/11
且夫秦之所以不出甲於函谷關十五○以攻諸侯者 168/87/9
居二○而覺 168/87/18
寡人○幼 168/87/26
夫人主○少而矜材 197/100/2
三○而後乃相知也 199/101/3
今君相楚王二十餘○ 200/101/22
春申君相楚二十五○ 200/102/4
君相楚二十餘○矣 200/102/6
秦始皇立九○矣 200/102/19
休數○ 203/103/24
圍晉陽三○ 203/104/14
兵著晉陽三○矣 203/105/1
耕三○ 204A/105/30
○穀豐盈 209/108/12
攻戰踰○歷歲 211/110/4
用兵踰○ 211/110/8
○已長矣 212/110/22
已五○矣 217/112/2
寡人○少 218/114/11,220/116/9
十○攘地 219/115/4
以兵橫行於中十四○ 219/115/13
二十九○不相攻 219/115/16
秦兵不敢出函谷關十五○矣 220/115/21
趙惠文王三十○ 225/120/23
五○乃罷 225/121/6
五○乃歸 225/121/7
來○秦復攻王 233/124/9
233/124/18
令秦來○復攻王 233/124/12
子能必來○秦之不復攻我乎 233/124/13
至來○而王獨不取於秦 233/124/15
來○復攻 233/124/19

來〇秦復求割地 233/124/23
四十餘〇而秦不能得所欲 237/128/14
未期〇而葺亡走矣 240/129/26
五〇以擅呼沱 253/135/24
〇幾何矣 262/139/8
太子〇少 300/152/27
魏王之〇長矣 302/153/21
三〇反而名其母 311/158/10
子學三〇 311/158/11
明〇 312/159/7
今處期〇乃欲割 312/159/10
吾歲不熟二〇矣 314/160/15
今韓受兵三〇矣 315/161/28
八〇 319/164/3
秦、翟〇穀大凶而晉人亡原 319/164/5
或以〇穀不登 319/164/8
〇九十餘 338/168/31
明〇又益求割地 347/173/6
二十餘〇未嘗見攻 364/179/23
老母今以天〇終 385/186/4
請令公子〇謂韓王曰 402/193/3
而欲報之二〇矣 415/198/11
南攻楚五〇 415/198/17
西困秦三〇 415/198/17
燕噲三〇 416A/199/6
子之三〇 416A/199/20
二〇 416A/199/28
三〇不能得 418/201/1
於是不能期〇 418/201/3
二十八〇 418/201/8
行〇八十 420/202/29
其丈夫官三〇不歸 420/203/7
十七〇事秦 422/203/31
及五〇 427/207/18
假寡人五〇 433/211/17
請假王十〇 433/211/17
而與秦相距五十餘〇矣 439/214/12
〇十二 440/216/21
三〇不得見 450/221/7
事王三〇不得見 450/221/13
前〇國虛民飢 461/225/29

輦 niǎn 3

〇從鄢陵君與壽陵君 192/97/21
乃〇建信以與強秦角逐 239A/129/10
老婦恃〇而行 262/139/3

念 niàn 4

〇簡、襄之迹 221/116/15
〇悲其遠也 262/139/12
思〇報齊 415/198/8
吾每〇 440/216/12

釀 niàng 1

君翳〇 142/72/19

鳥 niǎo 12

非效〇集烏飛 1/1/14
張於無〇之所 16/6/21
張於多〇處 16/6/21
則又駭〇矣 16/6/21
必張於有〇無〇之際 16/6/21
然後能多得〇矣 16/6/22
夫〇同翼者而聚居 131/63/24
仰見飛〇 198/100/18
臣為王引弓虛發而下〇 198/100/18
集於〇卵之上 348A/173/24
請問楚人謂此〇何 384/185/12

聶 niè 20

〇政之刺韓傀也 343/171/22
軹深井里〇政 385/185/21
嚴遂陰交於〇政 385/185/21
〇政問曰 385/185/22
觴〇政母前 385/185/23
前為〇政母壽 385/185/23
〇政驚 385/185/24
而〇政謝曰 385/185/24
因為〇政語曰 385/185/25
〇政曰 385/185/27, 385/186/1
〇政竟不肯受 385/185/29
〇政母死 385/186/1
〇政直入 385/186/14
〇政刺之 385/186/15
〇政大呼 385/186/15
韓取〇政屍於市 385/186/16
此吾弟軹深井里〇政也 385/186/22
〇政之所以名施於後世者 385/186/24
〇政、陽堅刺相兼君 391/189/14

孽 niè 3

此〇也 198/100/20
嘗為秦〇 198/100/22
順庶〇者 431/210/8

齧 niè 1

欒水〇其墓 296/150/27

躡 niè 1

〇其踵 83B/39/3

寧 níng 29

〇亡三城而悔 83A/38/20
其〇於太山四維 93/44/28
〇楚國之事 170/89/1
〇力不勝 236/127/10
〇朝人乎 251/134/18
〇朝於人也 251/134/18
人亦〇朝人耳 251/134/18
何故〇朝於人 251/134/19
取〇邑 258B/137/16, 333/167/27
得〇邑 258B/137/17
大王廣地〇邑 258B/137/21
不敢〇居 258B/137/22
巴〇、爨襄之力也 270/142/7
巴〇、爨襄田各十萬 270/142/10
〇以為秦邪 311/158/27
秦拔〇邑 332/167/21
王歸〇邑 332/167/21
夫亡〇者 332/167/22
宜割二〇以求構 332/167/22
夫得〇者 332/167/22
安能歸〇乎 332/167/23

○為鷄口 347/173/8
名尊而國○ 419/202/5
夫去尊○而就卑危 419/202/5
○佯躓而覆之 420/203/10
齊器設於○臺 431/210/2
○於故國爾 438/213/25
臣○伏受重誅而死 461/227/8

佞 nìng 8

寡人不○ 51/21/25,438/213/10
趙奢、鮑○將 219/115/10
而趙奢、鮑○之能也 219/115/12
不○寢疾 221/117/7
臣不○ 431/209/14,431/210/3
臣雖不○ 431/210/16

牛 niú 21

取其○馬 142/72/13
殺○而觴士 142/72/19
乃賜單○酒 146/76/28
夫○闌之事 153/80/24
且秦以○田 211/110/3
○贊進諫曰 224/120/6
○贊再拜稽首曰 224/120/18
肉試則斷○馬 225/120/28
而請內焦、黎、○狐之城 228/121/26
不予焦、黎、○狐 228/121/27
驪○之黃也似虎 266/141/2
曾無所芻牧○馬之地 272/143/1
王獨不見夫服○驂驥乎 290/149/3
是服○驂驥也 290/149/4
○馬俱死 290/149/5
至於○目 296/150/19
及○目 296/150/29
皆陸斷馬○ 347/173/2
無為○後 347/173/8
何以異於○後乎 347/173/9
而有○後之名 347/173/9

狃 niǔ 1

與之彼○ 203/103/26

農 nóng 9

昔者神○伐補遂 40/13/16
○夫是也 86/40/10
而操銚鎒與○夫居壟畝之中 129/62/25
則不若○夫 129/62/25
徒步而處○畝 136B/67/22
故舜起○畝 136B/67/26
○夫登 209/108/12
○夫勞而君子養焉 221/118/1
宓戲、神○教而不誅 221/118/21

弄 nòng 1

數欺○寡人 258B/137/27

耨 nòu 3

無把銚推○之勢 86/40/9
暴背而○ 86/40/10
竊釋鉏○而干大王 415/197/28

鎒 nòu 1

而操銚○與農夫居壟畝之中 129/62/25

奴 nú 3

且臣為齊○也 14B/6/9
願太子急遣樊將軍入匈○以滅口 440/214/25
而棄所哀憐之交置之匈○ 440/214/27

駑 nú 6

此猶兩虎相鬭而○犬受其弊 87/40/27
○馬先之 142/72/8,440/215/6
夫○馬、女子 142/72/8
無罷車○馬 208/107/21
臣○下 440/215/28

弩 nǔ 9

強○在後 24/8/27
譬猶以千鈞之○潰癰也 63/26/9
傷○ 142/72/23
便弓引○而射之 142/73/8
秦以三軍強○坐羊唐之上 209/108/22
外無弓○之禦 238/128/26
天下之強弓勁○ 347/172/29
蹠勁○ 347/173/3
強○在前 422/204/5

怒 nù 121

楚王○周 6/3/10
以王之強而○周 6/3/10
故必○合於齊 12/5/16
西周大○ 19/7/12
楚王○ 24/8/24,164/84/16,301/153/16
公中○曰 25/9/9
秦聞之必大○ 25/9/10
吾得將為楚王屬○於周 28/10/3
含○日久 41A/14/26
棄甲兵○ 42/16/23
秦王大○ 45/18/19,80/35/11,90/43/26,228/122/4
王○而不聽 48A/19/11
楚王大○ 50/21/13,168/87/10,175/91/22
扁鵲○而投其石 54/22/27
王○於犀首之泄也 61B/25/18
先王積○之日久矣 64/26/21
重齊○ 69/28/8
使人宣言以感○應侯曰 81/35/20
楚○秦合 84B/39/17
秦王悖然而○ 86/40/11
大○ 98/48/29
靖郭君大○曰 101/49/25
藏○以待之 101/50/4
三晉○齊不與己也 111/54/16
○於儀 116/57/6
薛公大○於蘇秦 122/60/3
於是齊、楚○ 142/74/3
魏○於趙之勁 156/81/23
杜赫○而不行 165/84/26

齊王大○	168/87/18
蒙穀○曰	170/89/23
秦王○於戰不勝	173B/90/27
秦王必○	174/91/3
楚王必大○儀也	175/91/19
舍人○而歸	182/94/9
王○	196/99/17
今燕之罪大而趙○深	201/102/26
而外○知伯也	203/103/29
齊○深	210/109/8
王大○曰	211/110/4
秦王○	211/110/17,228/121/27,247/131/20,329A/166/26,337/168/23,354/175/24
○韓、梁之不救己	217/112/3
與燕之○	217/112/8
秦必○而循攻楚	217/112/12
趙○必於其己邑	219/114/22
然而心忿悁含○之日久矣	220/115/24
黃帝、堯、舜誅而不○	221/118/22
天下將因秦之○	233/125/4
周○	236/127/7
威王勃然○曰	236/127/8
王無○	239A/129/6
虎○	243/130/18
齊之○深	248/132/23
則王必○而誅建信君	255/136/10
○而反	264B/140/17
田嬰○	274/144/25
魏○合於楚	274/144/27
齊、楚○而欲攻魏	281/146/26
楚王必○矣	301/153/7
樗里疾○	305/155/11
趙王恐魏承秦之○	308/156/19
楚、趙○而與王爭事秦	310/157/18
楚、趙○於魏之先己講也	310/158/2
而又○其不己善也	317B/163/1
楚王○於魏之不用樓子	317B/163/12
信陵君大○	340/169/28
秦王怫然○	343/171/18
公亦嘗聞天子之○乎	343/171/19
天子之○	343/171/19
大王嘗聞布衣之○乎	343/171/20
布衣之○	343/171/20
此庸夫之○也	343/171/21
非士之○也	343/171/21
懷○未發	343/171/23
若士必○	343/171/23
秦王大○於甘茂	356B/176/10
秦必大○	357/176/23
秦果大○	357/177/4
楚王○景鯉	361/178/28
威王○	367/181/3
○於室者色於市	374/182/22
公叔大○	374/182/25
楚○	375/183/4,446A/219/23
齊○於不得魏	386/187/10
秦王大○曰	388/187/29
梁必○於韓之不與己	389/188/14
而恐楚之○也	396A/190/24
大○於周之留成陽君也	397/191/25
穰侯○曰	399/192/11
主父大○而笞之	412/196/27
我有深怨積○於齊	415/198/11
君大○曰	418/201/2
勇者不及○	422/203/30
奉陽君之○甚矣	424/205/20
蘇子○於燕王之不以吾故	424/205/28
太后聞之大○曰	428/207/26
太后方○子	428/207/29
我有積怨深○於齊	431/209/25
景陽○曰	436/212/18
王大○	438/213/6
荊軻○	440/216/24
秦大○燕	440/217/24
趙、魏○而攻中山	454/222/24
○絕之	455/223/21
趙王必大○	457/224/13
大○則君必危矣	457/224/13
司馬子期○而走於楚	459B/225/16
王聞之○	461/227/2

女 nǔ 70

○閭七百	8B/3/30
美○破舌	48A/19/7
乃遺之○樂	48A/19/7
好○百人	53/22/19
君聞夫江上之處○乎	61A/24/27
夫江上之處○	61A/24/28
處○相與語	61A/24/28
謂處○曰	61A/24/29
何妨於處○	61A/24/30
妾自以有益於處○	61A/24/30
處○相語以為然而留之	61A/24/30
薛公入魏而出齊○	82B/38/6
齊○入魏而怨薛公	82B/38/9
美○充後庭	93/44/27
貞○工巧	96/48/6
北宮之○嬰兒子無恙耶	138/69/19
一○不朝	138/69/20
臣聞之鄰人之○	139/69/27
臣鄰人之○	139/69/27
○子勝之	142/72/8
夫駑馬、○子	142/72/8
太史氏○	143/74/22
○朝出而晚來	144/74/28
○暮出而不還	144/74/29
○今事王	144/74/29
○不知其處	144/74/29
○尚何歸	144/74/29
○聞吾言乎	146/76/24
○以為何若	146/76/25
太史敫○	149B/78/28
以太史氏○為王后	149B/79/2
○無謀而嫁者	149B/79/3
是以嬖○不敝席	160/82/30
請以秦○為大王箕帚之妾	168/87/22
秦王有愛○而美	174/91/5
秦○依強秦以為重	174/91/7
秦○必不來	174/91/9
○阿謂蘇子曰	178/93/10
彼鄭、周之○	182/94/14
未嘗見中國之○如此其美也	182/94/15
右擁嬖○	192/98/13
持其○弟	200/101/16
齊王遣使求臣○弟	200/101/17
於是園乃進其○弟	200/101/19
園乃與其○弟謀	200/101/19
園○弟承間說春申君曰	200/101/22
乃出園○弟謹舍	200/101/27

以李園○弟立為王后 200/101/28
李園既入其○弟為王后 200/102/1
而李園○弟 200/102/16
○為悅己者容 204B/106/8
彼又將使其子○讒妾為
　諸侯妃姬 236/127/27
秦舉安邑而塞○戟 249/133/23
帝○令儀狄作酒而美 307/155/26
請以一鼠首為○殉者 311/158/17
今夫韓氏以一○子承一
　弱主 315/161/5
亦列○也 385/186/24
○為妾 390/189/5,390/189/7
秦惠王以其○為燕太子
　婦 411/195/16
之男家曰『○美』 421/203/19
之○家曰『男富』 421/203/19
且夫處○無媒 421/203/19
塞○戟 422/204/4,422/204/10
○無不為也 427/207/17
以○自信可也 427/207/17
太后嫁○諸侯 428/208/5
○所營者 436/212/18
間進車騎美○ 440/216/2

煖 nuǎn 1

不得○衣餘食 93/44/20

諾 nuò 52

敬○ 101/50/11
　134/66/14,232/123/22
　262/139/8,338/169/1
　440/215/1,440/215/8
齊王敬○ 111/54/19
儀許○ 116/57/5
○ 130/63/5,130/63/11
　133/64/22,133/65/16
　157A/82/1,182/94/13
　182/94/22,182/94/23
　192/97/25,203/103/29
　203/104/6,203/104/18
　203/105/9,204A/106/2
　233/124/3,233/124/28
　258B/138/5,262/139/19
　276/145/17,296/150/26
　305/155/14,313/159/22
　361/179/5,394/190/13
　401/192/25,440/215/9
　446B/219/30,450/221/8
　450/221/9,454/222/25
公孫弘敬○ 134/66/7
秦王許○ 142/73/26
吾始已○於應侯矣 211/109/22
　311/158/23,311/159/2
辛垣衍許○ 236/126/25
魏王許○ 251/134/21
犀首許○ 292/149/22
田嬰許○ 301/153/11
趙王許○ 314/160/11
燕王許○ 428/207/26
然後許○ 440/216/1
趙、魏許○ 454/223/2

懦 nuò 2

某○子內某士 80/35/6
則耕者惰而戰士○ 459A/225/11

儜 nuò 1

而性○愚 133/65/4

甌 ōu 1

○越之民也 221/117/15

偶 ǒu 5

有土○人與桃梗相與語 124/60/27
桃梗謂土○人曰 124/60/28
土○曰 124/60/29
三人○行 163/84/3
○有金千斤 182/94/18

排 pāi 2

為人○患、釋難、解紛
　亂而無所取也 236/128/6
欲○其逆鱗哉 440/214/20

攀 pān 1

下車○而哭之 199/101/7

盤 pán 2

著之○盂 209/108/26
金試則截○匜 225/120/29

叛 pàn 1

此不○寡人明矣 109/53/9

盼 pàn 8

○子不用也 97/48/23
○子有功於國 97/48/23
○子必用 97/48/24
○子謂齊王曰 149A/78/22
犀首、田○欲得齊、魏
　之兵以伐趙 291/149/9
田○曰 291/149/10,291/149/13
犀首、田○遂得齊、魏
　之兵 291/149/14

畔 pàn 8

楚必○天下而與王 46/18/25
楚○秦而合於韓 59/24/16
○者九國 81/36/21
是不敢倍德○施 93/45/6
以儐○秦 218/114/2
○學者 221/117/10
常仗趙而○楚 365/180/4
仗齊而○秦 365/180/4

旁 páng 1

臣請令楚築萬家之都於
　雍氏之○ 383A/184/23

傍 páng 1

○有大叢 208/107/25

龐 páng　3

禽○涓　105/51/21
○葱與太子質於邯鄲　306/155/18
○葱曰　306/155/20

陪 péi　1

出則○乘　160/83/11

沛 pèi　1

內○　284/147/21

佩 pèi　2

不知○兮　197/100/9
○趙國相印不辭無能　234/125/21

配 pèi　1

故名○天地不為尊　142/73/18

噴 pēn　1

驥於是俛而○　199/101/8

烹 pēng　6

臣請○　99/49/11
天下為秦相○　111/54/6
然吾將使秦王○醢梁王　236/127/11
先生又惡能使秦王○醢梁王　236/127/12
中山之君○其子而遺之羹　265/140/22
中山君○之　460/225/24

朋 péng　4

夫從人○黨比周　113/55/19
塞○黨之門　218/114/1
王不如資韓○　349/174/16
因以齊、魏廢韓○　349/174/16

彭 péng　2

昭奚恤與○城君議於王前　155/81/12
左○蠡之波　269/141/24

蓬 péng　2

必生○蒿　93/45/1
桑輪○篋羸勝　208/107/21

批 pī　1

正亂、○患、折難　81/36/18

披 pī　4

木實繁者○其枝　73B/32/4
○其枝者傷其心　73B/32/4
木實繁者枝必○　74/32/22
枝之○者傷其心　74/32/22

皮 pí　12

取○氏卒萬人　47/19/1
傳賣以五羊之○　96/48/12
請具車馬○幣　128/62/11
謂○相國曰　214/111/3
或謂○相國曰　215/111/10
圍○氏　305/155/7
以救○氏　317B/162/28
攻○氏　317B/163/7
且有○氏　317B/163/7
有○氏　317B/163/9
於是攻○氏　367/181/3
因自○面抉眼　385/186/16

疲 pí　2

然則吾中立而割窮齊與○燕也　119/58/3
妾困不○也　366/180/12

脾 pí　1

無○之薄　225/121/2

匹 pǐ　5

因以文繡千○　53/22/19
乃稱○夫　136B/67/22
騎萬○　167/85/17
218/113/10,348A/173/20

革 pì　1

遽於○下　285/147/29

辟 pì　27

西○之國　44/17/27
西○之國也　44/18/3
再○千里　73A/31/3
○地殖穀　81/37/3
不使左右便○而使工者何也　137/69/6
非左右便○無使也　137/69/7
臣請○於趙　192/97/23
秦雖○遠　220/115/24
忠不○危　221/118/14
俗○者亂民　221/118/18
是以涖國者不襲奇○之服　221/118/18
俗○而民易　221/118/25
○地千里　224/120/19
諸侯○舍　236/127/20
因○　239A/129/4
燕、楚○　248/132/22
便○左右之近者　258A/137/10
撓揀而不○者　270/142/6
今乃劫於○臣之說　272/143/10
素服縞素○舍　340/170/9
○人於途　341/170/18
申子乃○舍請罪　346/172/24
是外舉不○讎也　359/177/27
嚴仲子○人　385/185/25
則可以○其兵　391/189/22
陳四○去　396C/191/19
寡人蠻夷○處　413/197/15

僻 pì　5

夫秦國○遠　73A/30/18
齊○陋隱居　113/55/27

楚國○陋 168/87/26
○陋之國也 182/94/15
而親信窮○之人 385/186/4

譬 pì 12

○之如張羅者 16/6/21
○如使豺狼逐群羊也 44/18/3
○猶以千鈞之弩潰癰也 63/26/9
○若馳韓盧而逐蹇兔也 73A/30/24
臣竊為公○可也 117/57/14
○若虎口 124/61/2
○若挹水於河 131/63/26
○之衛矢而魏弦機也 142/71/11
臣願以射○之 198/100/17
○猶抱薪而救火也 312/159/12
臣請為王○ 420/203/6
又○如車士之引車也 432/210/27

闢 pì 1

且自天地之○ 147/77/26

偏 piān 7

有○守新城而居民苦矣 168/87/5
不○於死 189/96/27
不○於生 189/96/27
則交有所○者也 246/131/9
臣故欲王之○劫天下 247/132/8
臣又○事三晉之吏 297/152/5
樊於期○袒扼腕而進曰 440/216/16

篇 piān 1

憲之上○曰 340/170/2

楩 piān 1

荊有長松、文梓、○、
柟、豫樟 442/218/21

駢 piān 3

齊人見田○ 139/69/26
田○曰 139/69/26, 139/69/27

漂 piāo 5

則子○○者將何如耳 124/61/1
傷此若髮○ 130/63/4
○入漳、河 208/107/27
流血○鹵 461/226/12

飄 piāo 2

○搖乎高翔 192/98/8
夫○於清風 237/128/12

瓢 piáo 5

百人輿○而趨 74/32/19
百人誠輿○ 74/32/20
○必裂 74/32/20
不稱○為器 74/32/21
已稱○為器 74/32/21

貧 pín 16

○窮則父母不子 40/14/19
今王之地小民○ 44/18/2
有家○而無燭者 61A/24/28
家○無燭者將去矣 61A/24/28
寡人之國○ 86/40/17
聞君於齊能振達○窮 130/63/8
○乏不能自存 133/64/20
○賤則去之 136A/67/6
國○而驟舉兵 168/86/25
○其身 170/88/20, 170/88/26
○ 182/94/9
家○親老 208/107/21
周○且微 236/127/6
家○ 385/185/24
人民○富 458/224/23

聘 pìn 3

往○孟嘗君 133/65/23
楚王子圍○於鄭 197/100/3
○入乎 200/101/18

平 píng 113

公○無私 39/12/22
軍於長○之下 42/16/14
今○原君自以賢 76/33/16
聞應侯任鄭安○、王稽 81/35/19
夫商君為孝公○權衡、
正度量、調輕重 81/36/23
絳水利以灌○陽 83B/39/3
以臨仁、○兵 87/41/3
此皆○原四達 87/42/1
築剛○ 88/42/18
○際絕 88/42/24
渡○原 95/47/1
○原津令郭遺勞而問 95/47/1
○原令曰 95/47/2
○原令見諸公 95/47/15
秦攻趙長○ 120/58/8
有陰、○陸則梁門不啓 141B/70/23
衛國城割○ 142/71/9
殘剛○ 142/71/11
故剛○之殘也 142/71/13
此夫差○居而謀王 142/72/4
魏攻○陸 145/75/15
安○君 147/77/7
安○君聞之 147/77/7
安○君曰 147/77/11
欲傷安○君 147/77/13
且安○君之與王也 147/77/16
今王得安○君而獨曰
『單』 147/77/25
誰有厚於安○君者哉 147/77/26
安○君以惴惴之即墨 147/77/28
安○君之功也 147/77/29
王不亟殺此九子者以謝
安○君 147/78/2
益封安○君以夜邑萬戶 147/78/3
蒲反、○陽相去百里 163/84/6
反溫、枳、高○於魏 209/108/27
召○原君而告之曰 211/109/26
令公孫起、王齮以兵遇
趙於長○ 211/110/17
武靈王○晝間居 221/116/15
相都○君田單問趙奢曰 225/120/23
都○君喟然大息曰 225/121/9
魏使人因○原君請從於
趙 230/122/30
今者○原君為魏請從 230/123/1

○原君請馮忌曰　231/123/8
而與馬服之子戰於長○
　之下　231/123/9
而燕非有長○之禍也　231/123/11
○原君曰　231/123/13,234/125/22
　236/126/19,236/126/22
　236/126/24,252/135/13
○原君謂○陽君曰　232/123/18
○陽君曰　232/123/22
秦攻趙於長○　233/123/26
○原君使人請救於魏　234/125/17
虞卿為○原君請益地　234/125/17
○原君之力也　234/125/18
見○原君曰　234/125/19
秦、趙戰於長○　235/125/27
與○陽君為媾　235/126/5
寡人使○陽君媾秦　235/126/5
因○原君謂趙王曰　236/126/14
○原君猶豫未有所決　236/126/16
乃見○原君曰　236/126/18
○原君遂見辛垣衍曰　236/126/22
皆有求於○原君者也　236/126/27
非有求於○原君者　236/126/28
於是○原君欲封魯仲連　236/128/4
○原君乃置酒　236/128/5
遂辭○原君而去　236/128/7
趙王因割濟東三城令盧
　、高唐、○原陵地城
　邑市五十七　252/135/8
而以求安○君而將之　252/135/9
馬服君謂○原君曰　252/135/9
君致安○君而將之　252/135/10
而求安○君而將之　252/135/11
然則君奚求安○君而為
　將乎　252/135/13
君之所以求安○君者　252/135/15
使安○君愚　252/135/16
使安○君知　252/135/16
　252/135/17
安○君必處一焉　252/135/16
趙豹、○原君　258B/137/27
　258B/137/28
秦召春○侯　261/138/21
春○侯者　261/138/21
春○侯入秦　261/138/22
故君不如遣春○侯而留
　○都侯　261/138/23
春○侯者言行於趙王　261/138/23
而贖○都侯　261/138/24
地四○　273/143/22
長○之役　327/166/9
○都君說魏王曰　327/166/9
○都君曰　327/166/9,327/166/10
秦、趙久相持於長○之
　下而無決　327/166/10
而封於○原　387/187/23
今君以所事善○原君者
　395/190/19
而善○原君乃所以惡於
　秦也　395/190/19
將軍市被、太子○謀　416A/199/20
王因令人謂太子○曰　416A/199/21
將軍市被及百姓乃反攻
　太子○　416A/199/24
燕人立公子○　416A/199/29
我起乎宜陽而觸○陽　422/204/1
趙民其壯者皆死於長○　438/213/3
欲割○邑以賂燕、趙　455/223/7
齊之欲割○邑以賂我者
　455/223/24
雖百○邑　455/223/25
長○之事　461/226/1
趙自長○已來　461/226/4
今趙卒之死於長○者已
　十七、八　461/226/13
今秦破趙軍於長○　461/226/23
至於○原君之屬　461/226/25

屏 píng　4

秦王○左右　73A/29/23
請○左右　218/113/1
○流言之迹　218/114/1
使侍○匽　433/211/21

瓶 píng　1

挈○之知　211/109/21

馮 píng　37

○旦曰　19/7/12
○旦使人操金與書　19/7/13
○章謂秦王曰　56/23/27,56/23/29
果使○章許楚漢中　56/23/28
楚王以其言責漢中於○
　章　56/23/29
乃使其舍人○喜之楚　115/56/21
齊人有○諼者　133/64/20
○公有親乎　133/64/28
於是○諼不復歌　133/64/29
○諼署曰　133/65/1
○諼曰　133/65/4
　133/65/12,133/65/20
孟嘗君顧謂○諼　133/65/19
○諼先驅誡孟嘗君曰　133/65/23
○諼誡孟嘗君曰　133/65/27
○諼之計也　133/65/30
○而能立　170/89/29
○郝謂楚王曰　184/95/10
乃使○亭代靳黈　211/109/23
○亭守三十日　211/109/25
今○亭令使者以與寡人
　211/109/27
○亭垂涕而勉曰　211/110/12
平原君請○忌曰　231/123/8
○忌對曰　231/123/8
○忌為廬陵君謂趙王曰
　256/136/15
○忌請見趙王　257/136/22
○忌接手免首　257/136/22
○忌曰　257/136/27
於是○忌乃談　257/136/28
鄧師、宛○、龍淵、大
　阿　347/173/1
公叔使○君於秦　371/182/3
留○君以善韓臣　371/182/3
主君不如善○君　371/182/3
○君廣王而不聽公叔　371/182/4
○几據杖　418/200/26

頗 pō　3

而國人○有知之者　200/102/2
廉○救幾　228/122/5
趙使廉○以八萬遇栗腹
　於鄗　438/213/7

朴 pō　3

周人謂鼠未腊者○　76/33/15

欲買○乎 76/33/15
出其○ 76/33/16

迫 pò 4

○則杖戟相橦 40/13/23
而韓、魏○於秦患 167/86/8
西○強秦 408/194/22
丹終不○於強秦 440/214/27

破 pò 131

薛公必○秦以張韓、魏 22/8/7
秦得無○ 22/8/8
梁必○ 27/9/21
○則周危 27/9/21
今公○韓、魏 27/9/25
宋○ 41B/15/3
所當未嘗不○也 42/15/21
昔者齊南○荊 42/15/25
中○宋 42/15/25
北○燕 42/15/25
大○荊 42/16/1
大王以詐○之 42/16/6, 42/16/15
○紂之國 42/17/3
言所以舉○天下之從 42/17/9
一舉而天下之從不○ 42/17/10
美女○舌 48A/19/7
遂○之 48A/19/8
美男○老 48A/19/8
今○齊以肥趙 63/26/8
○齊弊晉 63/26/8
是晉、楚以秦○齊 63/26/12
以齊○秦 63/26/12
齊○ 65/26/28, 146/76/18
齊○晉強 65/26/28
是君○齊以為功 65/26/29
○齊定封 65/26/30
若齊不○ 65/26/30
楚○秦 70/28/13
○軍殺將 73A/31/3
主辱軍○ 73A/31/5
○敵軍 81/36/3
○橫散從 81/37/2
滅○范、中行 83B/38/30
王○楚於以肥韓、魏於
　中國而勁齊 87/42/2
今王○宜陽 89/43/13
○吾家 101/49/25
是趙○而魏弱也 102/50/25
大○之桂陵 102/50/26
且夫魏有○韓之志 103/51/2
大○之馬陵 103/51/6
魏○韓弱 103/51/6
而國○矣 113/55/22
○軍殺將得八城 117/57/17
秦○馬服君之師 132B/64/7
制則○焉 136B/68/13
死者○家而葬 142/72/21
○車 142/72/23
齊軍○ 143/74/13
軍○走 143/74/14
○亡餘卒 143/74/23, 148/78/9
○燕兵 143/74/23, 146/76/18
齊田單以即墨○燕 145/75/6
齊以○燕 146/76/19
○萬乘之燕 148/78/9
此所以○燕也 148/78/15
君王后引椎椎○之 149B/79/9
五國以○齊秦 153/80/19
則魏可○也 156/81/24
張儀為秦○從連橫 168/86/15
413/197/3
即陰與燕王謀○齊共分
　其地 168/87/17
○趙三分其地 203/104/28
○趙則封二子者各萬家
　之縣一 203/105/3
○趙而三分其地 203/105/4
秦○必矣 218/113/23
今見○於秦 218/113/23
夫○人之與○於人也 218/113/23
夫齊兵之所以○ 219/115/4
收○齊、罷楚、弊魏、
　不可知之趙 219/115/6
○趙而四分其地 220/116/5
王○原陽 224/120/6
今王○原陽 224/120/7
今王○卒散兵 224/120/8
此坐而自○之道也 225/120/24
齊○燕 227/121/19
是因天下以○齊也 227/121/21
收○軍之敝守 231/123/10
大○之 233/123/26
以為不媾者軍必○ 235/125/29
欲○王之軍乎 235/125/29
必且○趙軍 235/126/1
軍必○矣 235/126/6
魏必○矣 249/133/23
國○曹屈 249/133/25
李牧數○走秦軍 263/139/27
大○趙 263/140/2
○公家而成私門 272/143/12
楚○南陽九夷 284/147/21
不過五月而趙○ 291/149/10
公今言○趙大易 291/149/10
○故國 310/157/14
王以為不○乎 315/161/6
楚、趙楚大○ 315/162/9
○秦人 339/169/13, 339/169/16
三晉已○智氏 344A/172/3
而○三軍者 344A/172/5
公○韓 359/177/17
秦舉兵○邯鄲 405/193/22
○燕必矣 416A/199/21
燕昭王收○燕後即位 418/200/20
而襲○燕 418/200/21
○宋 419/201/15
○宋肥讎 419/201/17
夫上計○秦 419/201/25
秦挾賓客以待○ 419/201/25
燕、趙○宋肥齊尊齊而
　為之下者 419/201/27
竟○齊 419/202/10
王苟能○宋有之 422/204/10
因以○宋為齊罪 422/204/11
因以○齊為天下罪 422/204/15
燕○必矣 426/206/25
燕○則趙不敢不聽 426/206/25
是王○燕而服趙也 426/206/26
○之 426/207/9
將軍為燕○齊 431/209/8
齊可大○也 431/209/28
齊南○楚 433/211/15, 433/211/20
其償○秦必矣 440/215/27
秦將王翦○趙 440/216/4
○心而走 443/218/30
趙軍大○ 461/226/1
大○二國之軍 461/226/11
今秦○趙軍於長平 461/226/23
○國不可復完 461/227/8

剖 pōu　3

〇符於天下　73B/32/2
〇地謝前過以事秦　220/116/10
〇傴之背　447/220/9

仆 pū　4

頭顱僵〇　87/41/19
因而〇之　416A/199/21
於是因佯僵而〇之　420/203/10
今妾奉而〇之　420/203/11

扑 pū　1

若〇一人　170/89/6

撲 pū　1

歸反〇　136B/68/18

匍 pú　1

嫂蛇行〇伏　40/14/18

僕 pú　25

賣〇妾售乎閭巷者　48B/19/21
良〇妾也　48B/19/21,49/20/13
故賣〇妾不出里巷而取者　49/20/13
足下能使〇無行　130/63/5
〇欲將臨武君　198/100/16
〇已知先生　199/100/28
今〇之不肖　199/101/9
君獨無意湔拔〇也　199/101/9
〇又善之　200/102/13
傳命〇官　222/119/13
〇得聞此　232/123/21
先生獨未見夫〇乎　236/127/10
然梁之比於秦若〇耶　236/127/11
是使三晉之大臣不如鄒、魯之〇妾也　236/127/26
文信侯之於〇也　242/130/9
242/130/10
〇官之丞相　242/130/9
〇已言之〇主矣　252/135/14
〇主幸以聽〇也　252/135/14
〇者進取之臣也　412/196/20
〇所以留者　440/216/25
新婦謂〇曰　452B/222/3

蒲 pú　15

坐行〇服　73A/30/9
又取〇、衍、首垣　87/41/3
〇反、平陽相去百里　163/84/6
秦攻衛之〇　449/220/27
公之伐〇　449/220/27
以有〇也　449/220/28
今〇入於魏　449/220/28
公釋〇勿攻　449/220/30
臣請為公入戒〇守　449/220/31
胡衍因入〇　449/221/1
樗里子知〇之病也　449/221/1
吾必取〇　449/221/1
今臣能使釋〇勿攻　449/221/1
〇守再拜　449/221/2
胡衍取金於〇　449/221/2

酺 pú　1

完者內〇而華樂　142/72/22

璞 pú　4

楚有和〇　72/29/6
鄭人謂玉未理者〇　76/33/15
周人懷〇過鄭賈曰　76/33/15
然夫〇不完　136B/68/13

濮 pú　6

王又割〇、磨之北屬之燕　87/41/4
〇陽人呂不韋賈於邯鄲　93/44/18
而勝於城〇　96/48/13
〇上之事　149A/78/22
遂西至〇陽　385/186/7
晉文公一勝於城〇而定天下　390/189/1

浦 pǔ　2

還為越王禽於三江之〇　87/41/12
亦聞於遂〇　170/89/18

普 pǔ　1

〇天之下　9/4/9

曝 pù　1

蚌方出〇　434/212/3

七 qī　48

齊桓公宮中〇市　8B/3/30
女閭〇百　8B/3/30
上黨十〇縣　42/16/17
〇日而叢亡　74/32/18
武安君所以為秦戰勝攻取者〇十餘城　78/34/4
十〇月不下　80/35/3
〇十餘城　81/37/1
夫項橐生〇歲而為孔子師　94/45/26
去咸陽〇里　94/46/3
〇日　101/50/14
〇月　102/50/26
臨淄之中〇萬戶　112/54/25
三〇二十一萬　112/54/26
有〇孺子皆近　123/60/18
乃獻〇珥　123/60/18
淳于髡一日而見〇人於宣王　131/63/22
今子一朝而見〇士　131/63/23
豈特〇士也　131/63/26
舜有〇友　136B/68/2
行年三十而有〇子　139/69/28
從〇星之旟　142/74/2
取〇十餘城　145/75/6
敝卒〇千　147/77/28
〇里之郭　148/78/9
通侯、執珪死者〇十餘人　168/87/10
〇日而薄秦王之朝　170/89/12
〇日不得告　170/89/12
後十〇日　200/102/15
則地與國都邦屬而壤挈者〇百里　209/108/21
今有城市之邑〇十　211/109/26

今不用兵而得城〇十 211/110/5
有城市之邑〇十 211/110/7
分以為戰國〇 225/121/5
夫以秦將武安君公孫起乘〇勝之威 231/123/8
今趙非有〇克之威也 231/123/11
今〇敗之禍未復 231/123/11
害〇尺之軀者 243/130/19
非直〇尺軀也 243/130/19
趙王因割濟東三城令盧、高唐、平原陵地城邑市五十〇 252/135/8
乃割濟東三令城市邑五十〇以與齊 252/135/10
車〇百乘 408/194/11
凡天下之戰國〇 415/198/15
北夷方〇百里 419/201/18
十〇年事秦 422/203/31
下〇十餘城 431/209/3
復收〇十城以復齊 431/209/5
〇十家 459A/225/10
今趙卒之死於長平者已十〇、八 461/226/13

妻 qī 34

〇不下紝 40/13/30
〇不以我為夫 40/14/1
〇側目而視 40/14/17
楚人有兩〇者 49/20/3
有兩〇者死 49/20/4
今為我〇 49/20/6
曰『去貴〇 80/35/4
貴〇已去 80/35/6
何不取為〇 82B/38/6
謂其〇曰 108/52/13
其〇曰 108/52/14,412/196/26,420/203/8,420/203/11
吾〇之美我者 108/52/20
臣之〇私臣 108/52/23
賣〇子不足償之 130/63/4
〇子衣服麗都 136B/68/11
勢為王〇以臨于楚 174/91/7
齊崔杼之〇美 197/100/4
其〇之楚 204A/106/2
其〇不識 204B/106/12
其〇私人 412/196/25
〇使妾奉卮酒進之 412/196/26
昔趙王以其姊為代王〇 413/197/3
〇自組甲絣 415/198/9
其〇愛人 420/203/7
不制於〇妾 420/203/13
不自為取〇 421/203/19
公何不請公子傾以為正〇 453/222/10
公因勸君立之以為正〇 457/224/12
然則立以為〇 457/224/14
固無請人之〇不得而怨人者也 457/224/14
皆令〇妾補縫於行伍之間 461/226/25

栖 qī 1

秦〇楚王 178/93/10

郪 qī 1

有許、鄢、昆陽、邵陵、舞陽、新〇 272/142/27

期 qī 56

豈不辯智之〇與 81/35/27
中〇推琴對曰 83B/38/30
秦王與中〇爭論 90/43/26
中〇徐行而去 90/43/26
或為中〇說秦王曰 90/43/26
中〇適遇明君故也 90/43/27
為〇與我約矣 92/44/12
〇年而亡 95/47/3
〇年之後 108/53/1
〇數而能拔城者為亟耳 142/72/26
故失〇 200/101/17,200/101/18
與之〇曰 203/104/23
夜〇殺守堤之吏 203/105/10
信可以遠〇 222/119/6
臣以失令過〇 223/120/1
所以昭後而〇遠也 224/120/14
夫貴不與富〇 232/123/19
富不與梁肉〇 232/123/20
梁肉不與驕奢〇 232/123/20
驕奢不與死亡〇 232/123/20
未〇年而葺亡走矣 240/129/26
文侯與虞人〇獵 267/141/7
吾與虞人〇獵 267/141/8
豈可不一會〇哉 267/141/8
旬、五之〇 276/145/16
犀首〇齊王至之曰 288/148/19
請弛〇更日 296/150/20
因弛〇而更為日 296/151/1
敬弛〇 296/151/2
〇於啗宋而已矣 297/151/16
支〇曰 311/158/22
311/158/24,311/158/26
311/158/27,311/158/29
王謂支〇曰 311/158/23
支〇說於長信侯曰 311/158/26
支〇隨其後 311/159/1
支〇先入謂王曰 311/159/1
今處〇年乃欲割 312/159/10
不實為〇 321/164/25
〇而不來 412/196/16
於是不能〇年 418/201/3
〇於成事而已 427/207/17
乃遂私見樊於〇曰 440/216/11
樊於〇乃前曰 440/216/14
樊於〇偏袒扼腕而進曰 440/216/16
乃遂收盛樊於〇之首 440/216/18
謹斬樊於〇頭 440/217/6
荊軻奉樊於〇頭函 440/217/9
殷順且以君令相公〇 451/221/22
大夫司馬子〇在焉 459B/225/16
司馬子〇怒而走於楚 459B/225/16
與不〇眾少 459B/225/19
怨不〇深淺 459B/225/19

棲 qī 5

猶連鷄之不能俱止於〇之明矣 41A/14/25
吳王夫差〇越於會稽 89/43/8
強襲郢而〇越 142/72/3
仰〇茂樹 192/98/3
越王勾踐〇於會稽 419/201/23

欺 qī 40

不敢〇大國 1/1/17

蘇秦○寡人 41A/14/24
從以○秦 41A/14/24
乃取○於亡國 42/16/22
且必受○於張儀 50/21/6
受○於張儀 50/21/6
而責○於秦 50/21/15
是王○魏 55/23/13
百○秦 63/26/7
○舊交 81/36/2
不○舊故 81/36/16
而實○大國也 87/41/17
燕不○秦也 94/46/8
秦不○燕也 94/46/8
秦、燕不相○ 94/46/9
燕、秦所以不相○者 94/46/9
是○死父也 109/53/14
夫為人子而不○死父 109/53/15
豈為人臣○生君哉 109/53/15
以臣○君 128/62/14
是足下倍先君盟約而○孟嘗君也 128/62/15
是○王也 182/94/25
是○儀也 184/95/10
而明人之○王 196/99/19
必不○也 203/104/28
是○之也 211/109/23
數○弄寡人 258B/137/27
則齊必不○秦 275/145/5
○之不為逆者 297/151/15
不然必○ 310/157/20
今不行者○之矣 311/158/23
是○我也 329A/166/26
百相○也 342/171/8
是○秦也 357/177/3
曾不○之也 412/196/30
則齊不○秦 417/200/14
則不過不○人耳 420/202/17
四○寡人 422/204/13
贏則兼○舅與母 422/204/22
齊田單○詐騎劫 431/209/5

漆 qī 6

○身而為厲 73A/30/6,73A/30/11
○身可以補所賢之主 73A/30/12
豫讓又○身為厲 204B/106/12
夫膠○ 237/128/12
被髮自○為厲 424/205/22

踦 qī 2

必有○重者矣 249/133/10
後合與○重者 249/133/10

其 qí 1135

○日久矣 1/1/11,1/1/12
今大王縱有○人 1/1/16
秦恐公之乘○弊也 2/1/27
亦必盡○寶 2/1/28
今○民皆種麥 4/2/19
以病○所種 4/2/20
若○王在陽翟 5A/2/28
乃止○行 5A/2/29
民非子罕而善○君 8B/3/30
問○巷而不知也 9/4/7
齊王誰與為○國 11B/5/5
○實同理 11C/5/12
輕忘○薛 14B/6/6
不顧○先君之丘墓 14B/6/6
周令○相之秦 18/7/6
留○行 18/7/6
而全趙令○止 23/8/18
以○重秦客 24/8/24
○實襲蔡 24/8/26
不通○使 25/9/10
歸○劍而責之金 30/10/16
而屬○子曰 30/10/17
臣見○必以國事秦也 32/11/3
○以事王者 32/11/6
黥劓○傅 39/12/23
臣請奏○效 40/13/9
○勢不能 40/13/23
引錐自刺○股 40/14/3
安有說人主不能出○金玉錦繡 40/14/3
以隨○後 40/14/7
趙固負○眾 41A/14/25
大王裁○罪 42/15/10
○此之謂乎 42/15/11
悉○士民 42/15/13,42/16/14
罪○百姓不能死也 42/15/14
○上不能殺也 42/15/14
出○父母懷衽之中 42/15/17
謀臣皆不盡○忠也 42/15/23
則○民足貪也 42/16/3
○民輕而難用 42/16/13
上非能盡○民力 42/16/14
豈○難矣 42/16/26
苟慎○道 42/17/1
何以知○然也 42/17/1,87/41/10
89/43/19,142/71/8,142/72/2
142/72/12,142/72/27
禽○身 42/17/3,42/17/6
據○地 42/17/3
而有○民 42/17/3
大王試聽○說 42/17/10
請聞○說 44/17/22
81/35/24,93/44/29
148/78/13,374/182/26
得○地不足以為利 44/17/27
務廣○地 44/18/1
務富○民 44/18/1
務博○德 44/18/2
取○地 44/18/3
得○財 44/18/4
臣請謁○故 44/18/7
臣聞○言曰 45/18/17
以亂○政 48A/19/7
孝己愛○親 48B/19/20,49/20/13
子胥忠乎○君 48B/19/21
人誂○長者 49/20/3
誂○少者 49/20/4
則欲○許我也 49/20/6
則欲○為我詈人也 49/20/6
昔者子胥忠○君 49/20/12
○後 50/20/19
297/151/10,356B/176/9
王○為臣約車并幣 50/20/20
○於弊邑之王甚厚 50/20/25
子○弭口無言 50/21/7
以○餘為寡人乎 51/21/27
臣不知○思與不思 51/21/28
王不如賂之以撫○心 53/22/18
扁鵲怒而投○石 54/22/27
王問○故 55/23/9,257/136/22
○實郡也 55/23/9
○母尚織自若也 55/23/16
○母懼 55/23/16
楚王以○言責漢中於馮章 56/23/29

韓亦恐戰而楚有變○後 59/24/16
臣是以知○御也 59/24/17
○健者來使者 60/24/22
則王勿聽○事 60/24/22
○需弱者來使 60/24/22
○居秦累世重矣 61A/25/4
不如重○贄 61A/25/6
厚○祿以迎之 61A/25/6
且欲合齊而受○地 63/26/2
夫取三晉之腸胃與出兵
　而懼○不反也 63/26/14
○讎君必深 65/26/27
○讎君必深矣 66/27/12
夫楚王之以○臣請挈領
　然而臣有患也 67/27/21
夫楚王之以○國依冉也 67/27/21
今王見○達而收之 71/28/22
亦能翕○心乎 71/28/22
勞大者○祿厚 72/28/29
功多者○爵尊 72/28/29
能治衆者○官大 72/28/29
故不能者不敢當○職焉 72/28/29
則行而益利○道 72/29/1
為○凋榮也 72/29/10
○淺者又不足聽也 72/29/12
已○言臣者 72/29/12
○言深也 73A/30/1
而文、武無與成○王也 73A/30/2
無以餌○口 73A/30/9
此天所以幸先王而不棄
　○孤也 73A/30/19
以○伐楚而肥韓、魏也 73A/31/5
則○國斷而為三 73A/31/21
不聞○王 73B/31/26
不聞○有王 73B/31/27
內固○威 73B/32/2
而外重○權 73B/32/2
木實繁者披○枝 73B/32/4
披○枝者傷○心 73B/32/4
大○都者危○國 73B/32/4
尊○臣者卑○主 73B/32/4
叢籍○神 74/32/17
枝之披者傷○心 74/32/22
都大者危○國 74/32/22
臣強者危○主 74/32/22
○令邑中自斗食以上 74/32/22
○威內扶 74/32/26
○輔外布 74/32/26
○所攻者 75/33/7
臣願王之毋獨攻○地 75/33/8
而攻○人也 75/33/9
出○朴 76/33/16
然降○主父沙丘而臣之 76/33/17
不知○實也 76/33/18
於是○謀者固未可得予
　也 77/33/26
○可得與者 77/33/26
○憂乎 79/34/13
○子死而不憂 79/34/14
○相室曰 79/34/14
此○情也 79/34/20
臣請得○情 79/34/20
以○為汝南虜也 79/34/27
○夕 80/35/5
萬物各得○所 81/35/28
終○年而不夭傷 81/35/28
天下繼○統 81/35/28
守○業 81/35/29
○卒亦可願矣 81/36/1
故天下以○君父為戮辱 81/36/9
憐○臣子 81/36/10
○為人臣 81/36/13
○可願孰與閎夭、周公
　哉 81/36/15
使馳說之士無所開○口 81/37/2
○人辯士 81/37/13
○母在秦 82B/38/7
佐欲定○弟 82B/38/8
○無奈寡人何 83B/38/28
躡○踵 83B/39/3
此乃方○用肘足時也 83B/39/5
則王攻○南 84A/39/12
寡人絕○西 84A/39/12
天下有○實而無○名者 86/40/7
有無○實而有○名者 86/40/7
有無○名又無○實者 86/40/8
有○實而無○名者 86/40/8
此有○實而無○名者也 86/40/9
無○實而有○名者 86/40/9
此無○實而有○名者也 86/40/10
無○名又無○實者 86/40/10
入○社稷之臣於秦 86/40/16
入○將相 86/40/19
此猶兩虎相鬭而駑犬受
　○弊 87/40/27
臣請言○說 87/40/28
狐濡○尾 87/41/9
兵出之日而王憂○不反
　也 87/41/22
吾將還○委質 88/42/19
內喻○百姓 88/42/25
何以知○然 89/43/7,142/73/20
我與○處而待之見攻 92/44/13
臣恐○害於東周 92/44/14
○寧於太山四維 93/44/28
王后悅○狀 93/45/10
高○知 93/45/10
乃變○名曰楚 93/45/11
臣恐○皆有怨心 93/45/13
奇○計 93/45/14
君○試臣 94/45/26
不知○數 94/45/29,94/45/30
而親觀○孰勝 95/46/18
司空馬言○為趙王計而
　弗用 95/47/2
○交甚親 95/47/4
○為人疾賢妬功臣 95/47/4
王必用○言 95/47/4
必絕○謀 96/47/23
而安○兵 96/47/23
衣以○衣 96/47/23
冠舞以○劍 96/47/23
絕○謀 96/47/24
止○兵 96/47/24
曾參孝○親 96/48/5
桀聽讒而誅○良將 96/48/7
紂聞讒而殺○忠臣 96/48/7
○鄙人之賈人也 96/48/11
知○可與立功 96/48/14
人主豈得○用哉 96/48/14
故明主不取○汙 96/48/14
不聽○非 96/48/15
察○為己用 96/48/15
復整○士卒以與王遇 97/48/24
令○欲封公也又甚於齊 98/49/1
是○所以弱也 98/49/5
冠舞○劍 101/50/13
○於齊何利哉 102/50/23
軍於○郊 102/50/24
亦驗○辭於王前 104/51/17
謂○妻曰 108/52/13

○妻曰 108/52/14,412/196/26
420/203/8,420/203/11
而復問○妾曰 108/52/15
章子為變○徽章 109/53/6
章子之母啓得罪○父 109/53/12
○父殺之而埋馬棧之下 109/53/12
○良士選卒必殪 110/53/23
○餘兵足以待天下 110/53/23
○良士選卒亦殪 110/53/24
此○為德也亦大矣 110/53/24
○見恩德亦○大也 110/53/24
而兩歸○國於秦 111/54/5
齊無所出○計矣 111/54/12
○民無不吹竽、鼓瑟、擊筑、彈琴、鬭雞、走犬、六博、蹹踘者 112/54/27
以亡隨○後 112/55/1
恐韓、魏之議○後也 112/55/5
大王覽○說 113/55/16
而不察○至實 113/55/16
亡隨○後 113/55/19
王以○間伐韓 115/56/18
115/56/26
乃使○舍人馮喜之楚 115/56/21
○官爵何也 117/57/12
賜○舍人卮酒 117/57/14
奪○卮曰 117/57/16
遂飲○酒 117/57/17
終亡○酒 117/57/17
以市○下東國 122/58/26
君因謂○新王曰 122/58/28
請告太子○故 122/59/14
齊少○地 122/59/17
太子○圖之 122/59/27
以○為齊薄而為楚厚也 122/60/6
美○一 123/60/18
而薛亦不量○力 125/61/10
薛不量○力 125/61/11
齊王和○顏色曰 125/61/12
陳○勢 125/61/14
言○方 125/61/14
臣請以臣之血湔○衽 127/61/28
○欲有君也 127/62/1
君○殺之 128/62/8
○錯之勿言也 128/62/8
令○命如此 128/62/15
使曹沫釋○三尺之劍 129/62/24
故物舍○所長 129/62/25
之○所短 129/62/25
各死○處 132A/64/1
而擅○功 132A/64/2
以頓○兵 132A/64/2
弊○衆 132A/64/2,433/211/16
臣恐強秦大楚承○後 132A/64/2
舉韓氏取○地 132B/64/11
恐秦兼天下而臣○君 132B/64/13
○用者過也 132B/64/16
倚柱彈○劍 133/64/24
復彈○鋏 133/64/25
於是乘○車 133/64/26
揭○劍 133/64/26
過○友曰 133/64/27
復彈○劍鋏 133/64/27
孟嘗君使人給○食用 133/64/29
因燒○券 133/65/8,133/65/15
孟嘗君怪○疾也 133/65/11
不拊愛子○民 133/65/14
僅得免○死耳 133/65/20
齊放○大臣孟嘗君於諸侯 133/65/21
齊○聞之矣 133/65/24
能致○如此者五人 134/66/12
辱○使者 134/66/12
必以○血洿○衣 134/66/13
皆得○死 135/66/22
未得○實 136B/67/28
以喜○為名者 136B/67/28
是故無○實而喜○名者削 136B/67/29
無德而望○福者約 136B/67/29
無功而受○祿者辱 136B/68/1
此皆幸樂○名 136B/68/1
華而無○實德者也 136B/68/2
是故成○道德而揚功名於後世者 136B/68/3
夫上見○原 136B/68/5
下通○流 136B/68/5
是○賤之本與 136B/68/6
是○為人也 138/69/16,138/69/21
是助王養○民也 138/69/17
是○為人 138/69/18
是助王息○民者也 138/69/18
徹○環瑱 138/69/19
下不治○家 138/69/21
謂○左右曰 140/70/3
士何○易得而難用也 140/70/4
○於以收天下 141A/70/13
而王以○間舉宋 141B/70/22
以○為韓、魏主怨也 142/71/20
而宋、越專用○兵 142/71/22
取○牛馬 142/72/13
故○費與死傷者鈞 142/72/22
殺○君 142/72/27
滅○國 142/72/27
殺○將 142/73/2
○士多死而兵益弱 142/73/7
○百姓罷而城郭露 142/73/7
惡○示人以難也 142/73/9
則○國無宿憂也 142/73/20
則○國無宿憂矣 142/73/21
何以知○然矣 142/73/21
○強而拔邯鄲 142/73/22
夫魏氏○功大 142/73/24
○與必衆 142/73/25
殺○太子 142/74/3
覆○十萬之軍 142/74/3
去之則聞○聲 143/74/18
知○貴人 143/74/22
○母曰 144/74/28,233/123/30
311/158/11,311/158/13
女不知○處 144/74/29
此○一時也 145/75/14
公○圖之 145/76/11
田單見○寒 146/76/22
嘉○行 146/76/28
狗固吠非○主也 147/77/9
豈特攫○腓而噬之耳哉 147/77/10
且○志欲為不善 147/77/17
循撫○心 147/77/17
○志欲有為也 147/77/18
禽○司馬 147/77/29
王乃殺九子而逐○家 147/78/3
○子法章變姓名 149B/78/28
○後秦欲取齊 151/80/3
不若○欲齊之甚也 151/80/4
○使涓來 151/80/4
○心必營 153/80/21
○心必懼我 153/80/21
○實畏王之甲兵也 154/81/7
臣不敢言○後 155/81/12
○割趙必深矣 156/81/17

恐楚之攻○後 156/81/20
是○為人也近苦矣 157B/82/7
人有以○狗為有執而愛之 158/82/12
○狗嘗溺井 158/82/12
○鄰人見狗之溺井也 158/82/12
然則且有子殺○父 159/82/20
臣弑○主者 159/82/21
故令請○宅 162/83/25
以卜○罪 162/83/25
故○宅不得 162/83/26
城渾說○令曰 163/84/5
此○勢不兩立 167/85/19
臣聞治之○未亂 167/85/21
為之○未有也 167/85/21
夫為人臣而割○主之地 167/86/2
不顧○禍 167/86/3
以內劫○主 167/86/3,272/143/3
○勢不兩立 168/86/21
韓、魏攻○北 168/86/23
言○利而不言○害 168/86/27
此○勢不相及也 168/87/4
而韓、魏以全制○後 168/87/11
即陰與燕王謀破齊共分○地 168/87/17
○不可成也亦明矣 168/87/19
外絕○交 169/88/10
內逐○謀臣 169/88/11
○效鄢、郢、漢中必緩矣 169/88/13
彼有廉○爵 170/88/20
貧○身 170/88/20,170/88/26
有崇○爵 170/88/20
（豐）〔豐〕○祿 170/88/21
170/89/3
有勞○身 170/88/22
愁○志 170/88/22
故彼廉○爵 170/88/26
故彼崇○爵 170/89/3
莫敖大心撫○御之手 170/89/5
社稷○為庶幾乎 170/89/7
左奉○首 170/89/13
右濡○口 170/89/13
社稷○危 170/89/16
故勞○身 170/89/18
愁○思 170/89/18
楚國社稷○庶幾乎 170/89/21
○君好發者 170/90/1
○臣抉拾 170/90/1
今為○行人請魏之相 171/90/8
恐○敗己也 175/91/15
皆令獻○計 177/92/9
臣請效○說 177/92/27
而王且見○誠然也 177/92/27
○縮甲則可 177/93/5
故明主之察○臣也 179/93/21
必知○無妬而進賢也 179/93/22
賢之事○主也 179/93/22
願聞○說 180/93/28,455/223/13
且使萬乘之國免○相 181/94/5
未嘗見中國之女如此○美也 182/94/15
未嘗見人如此○美也 182/94/24
楚得○利 185/95/23
魏受○怨 185/95/23
為○必免 187/96/9
獵者知○詐 187/96/11
擇○所喜而為之 190/97/3
擇○所善而為之 190/97/4
○情也 190/97/5
○愛之甚於寡人 190/97/5
因掩○鼻 190/97/9
則掩○鼻 190/97/9
○似惡聞君王之臭也 190/97/10
令○一善而獻之王 191/97/16
臣誠見○必然者也 192/97/22
蜻蛉○小者也 192/98/3
以○類為招 192/98/5
夫雀○小者也 192/98/7
奮○六翮 192/98/8
方將脩○莽盧 192/98/8
治○繒繳 192/98/9
夫黃鵠○小者也 192/98/12
蔡聖侯之事○小者也 192/98/16
示之○齒之堅也 194/99/3
○君未嘗不尊 197/99/28
崔杼帥○君黨而攻 197/100/4
射中○股 197/100/6
而立○弟景公 197/100/6
縣於○廟梁 197/100/7
曷惟○同 197/100/11
○飛徐而鳴悲 198/100/21
持○女弟 200/101/16
聞○不宜子 200/101/16
與○使者飲 200/101/17
於是園乃進○女弟 200/101/19
知○有身 200/101/19
園乃與○女弟謀 200/101/19
彼亦各貴○故所親 200/101/23
孰與○臨不測之罪乎 200/101/26
李園既入○女弟為王后 200/102/1
臣請為君劃○胸殺之 200/102/11
斬○頭 200/102/16
為○遠王室矣 201/102/26
○於王孰便也 201/103/4
362/179/12
以○人事知之 202/103/9
今約勝趙而三分○地 202/103/10
夫勝趙而三分○地 202/103/14
○勢可見也 202/103/16
郄疵知○言之不聽 202/103/20
君○與之 203/103/25
然則○錯兵於魏必矣 203/103/29
○移兵寡人必矣 203/104/5
○餘政教猶存 203/104/6
君○定居晉陽 203/104/6
○高至丈餘 203/104/9
○堅則箘簬之勁不能過也 203/104/9
我知○然 203/104/21
則○禍必至 203/104/22
○志矜 203/104/27
○行高 203/104/27
破趙三分○地 203/104/28
旦暮當拔之而饗○利 203/105/1
是皆能移○君之計 203/105/3
君○與二君約 203/105/3
而君得○所欲矣 203/105/4
破趙而三分○地 203/105/4
更○姓為輔氏 203/105/6
○視有疑臣之心 203/105/8
出更○姓 203/105/9
襄子將卒犯○前 203/105/10
不避○死 204A/105/26
以成○忠 204A/105/26
君○行之 204A/105/27
君○負劍而御臣以之國 204A/106/1
○妻之楚 204A/106/2
而將○頭以為飲器 204B/106/8
吾○報知氏之讎矣 204B/106/9

刃〇扞 204B/106/10
而〇臣至為報讎 204B/106/11
自刑以變〇容 204B/106/12
〇妻不識 204B/106/12
〇音何類吾夫之甚也 204B/106/13
變〇音 204B/106/13
〇友謂之曰 204B/106/13
〇辯過君 208/108/1
〇博過君 208/108/1
無聽〇談也 208/108/2
恐〇事不成 209/108/15
臣竊觀〇圖之也 209/108/16
且秦以三軍攻王之上黨而危〇北 209/108/22
臣恐〇禍出於是矣 209/108/25
臣恐〇後事王者之不敢自必也 209/108/28
〇地不能千里 211/109/14
太守〇效之 211/109/20
亦〇猜焉 211/109/22
〇民皆不欲為秦 211/109/25
〇吏民不欲為秦 211/109/27
欲嫁〇禍也 211/110/2
秦被〇勞 211/110/2
而趙受〇利 211/110/2
〇死士皆列之於上地 211/110/3
今〇守以與寡人 211/110/7
問〇故 212/110/22
亡〇北陽而梁危 215/111/10
然山東不能易〇路 217/111/27
而歸〇死於虎 217/111/28
而歸〇國於秦 217/111/29
臣故敢獻〇愚 218/112/24
畏韓、魏之議〇後也 218/113/12
誠得〇道也 218/113/18
是故明主外料〇敵國之強弱 218/113/18
內度〇士卒之眾寡、賢與不肖 218/113/19
而不與〇憂 218/113/26
則楚絕〇後 218/114/4,218/114/5
臣聞明王之於〇民也 219/114/17
於〇言也 219/114/18
故民不惡〇尊 219/114/20
而世不妬〇業 219/114/20
趙怒必於〇己邑 219/114/22
而後受〇殃也 219/115/5
服〇人 219/115/10
忘〇憎懷而愛秦邪 219/115/11
失〇黨而孤居 220/116/3
破趙而四分〇地 220/116/5
王〇遂行之 221/116/25
臣固敢竭〇愚忠 221/117/8
是以聖人觀〇鄉而順宜 221/117/14
因〇事而制禮 221/117/14
所以利〇民而厚〇國也 221/117/14
〇便一也 221/117/16
是故聖人苟可以利〇民 221/117/16
不一〇用 221/117/17
果可以便〇事 221/117/17
不同〇禮 221/117/17
以備〇參胡、樓煩、秦、韓之邊 221/117/22
〇怨未能報也 221/117/25
願竭〇忠 221/118/2
子〇言乎 221/118/3,221/118/14
子〇釋之 221/118/10
願盡〇忠 221/118/13
無遁〇死 221/118/13
各順〇宜 221/118/22
各便〇用 221/118/23
故禮世不必一〇道 221/118/23
子〇勿反也 221/118/28
重利不足以變〇心 222/119/12
順〇意 222/119/20
不逆〇志 222/119/20
明〇高 222/119/20
不倍〇孤 222/119/20
〇國之祿也 222/119/20
且習〇兵者輕〇敵 224/120/7
便〇用者易〇難 224/120/7
今民便〇用而王變之 224/120/8
臣恐〇攻獲之利 224/120/9
又不明〇時勢 225/120/28
操〇刃而刺 225/121/2
我〇以三萬救是者乎哉 225/121/7
不存〇一角 225/121/8
〇社稷之不能恤 228/122/1
〇於子何如 230/123/1
強受〇利 230/123/3
弱受〇害 230/123/3
因以〇餘兵 231/123/9
〇母聞之 233/123/29
〇於長者薄 233/123/31
故〇言一也 233/124/1
王以〇力尚能進 233/124/7
秦以〇力攻〇所不能取 233/124/8
王又以〇力之所不能攻以資之 233/124/8
得無割〇內而媾乎 233/124/12
得無更割〇內而媾 233/124/18
又割〇力之所不能取而媾也 233/124/19
〇計固不止矣 233/124/26
〇求無已 233/124/26
〇勢必無趙矣 233/124/27
虞卿得〇一 233/125/1
未知〇二也 233/125/1
〇不邪 235/126/1
〇意欲求為帝 236/126/15
今〇人在是 236/126/20
〇人在此 236/126/23
權使〇士 236/127/1
虜使〇民 236/127/1
誠不忍〇求也 236/127/9
〇無足怪 236/127/9
魯人投〇籥 236/127/21
賭〇一戰而勝 236/127/25
彼將奪〇所謂不肖 236/127/26
而予〇所謂賢 236/127/27
奪〇所憎 236/127/27
而與〇所愛 236/127/27
彼又將使〇子女讒妾為諸侯妃姬 236/127/27
〇將何以當之 238/128/27
秦當時適〇鋒 239A/129/10
甚矣〇無禮也 242/130/10
非不愛〇蹯也 243/130/18
王欲知〇人 244/130/25
則〇人也 244/130/25
恐〇以擊燕為名 245/131/1
臣請要〇敝 245/131/2
成〇私者也 246/131/9
〇前可見已 246/131/12
則欲用王之兵成〇私者也 246/131/15
以解〇怨而取封焉 247/131/21
則令秦攻魏以成〇私封

247/131/25
今又以何陽、姑密封〇子 247/131/27
〇欲事王也甚循 247/132/5
〇怨於趙 247/132/5
臣請為王推〇怨於趙 247/132/6
下親〇上而守堅 248/132/17
〇國必有亂 248/132/18
臣竊以為與〇以死人市 251/134/25
又遺〇後相信陵君書曰 251/134/28
〇於奢不然 252/135/15
乃引〇兵而歸 252/135/19
已而請〇罪 257/136/23
〇賊在於內 258A/137/12
謹備〇所憎 258A/137/12
必所使者非〇人也 258B/137/18
使下臣奉〇幣物三至王廷 258B/137/22
願大王無絶〇歡 258B/137/22
受〇弊而厚遇之 258B/138/6
老婦必唾〇面 262/138/29
丈夫亦愛憐〇少子乎 262/139/9
持〇踵為之泣 262/139/12
念悲〇遠也 262/139/12
〇繼有在者乎 262/139/14
此〇近者禍及身 262/139/15
遠者及〇子孫 262/139/16
故以為〇愛不若燕后 262/139/18
虜趙王遷及〇將顏㝡 263/140/2
〇子在中山 265/140/22
中山之君烹〇子而遺之羹 265/140/22
食〇子之肉 265/140/23
〇子之肉尚食之 265/140/23
〇誰不食 265/140/24
文侯賞〇功而疑〇心 265/140/24
子入而問〇賢良之士而師事之 266/141/1
求〇好掩人之美而揚人之醜者而參驗之 266/141/1
文山在〇南 269/141/24
而衡山在〇北 269/141/24
廬、睪在〇北 269/141/25
伊、洛出〇南 269/141/26
不被〇禍 272/143/3
豈〇士卒眾哉 272/143/8
誠能振〇威也 272/143/8
此〇過越王勾踐、武王遠矣 272/143/9
割〇主之地以求外交 272/143/11
偷取一旦之功而不顧〇後 272/143/11
外挾彊秦之勢以內劫〇主以求割地 272/143/12
則齊攻〇東 273/143/25
則趙攻〇北 273/143/26
則韓攻〇西 273/143/26
則楚攻〇南 273/143/26
〇不可以成亦明矣 273/144/2
〇實空虛 273/144/10
〇卒雖眾 273/144/10
出而乘〇車 273/144/15
人主覽〇辭 273/144/16
牽〇說 273/144/17
以魏為將內之於齊而擊〇後 274/144/26
然〇所以不受者 275/145/4
今秦見齊、魏之不合也如此〇甚也 275/145/5
公可以居〇中而疑之 276/145/14
皆使人告〇王曰 276/145/20
魏王止〇行使 276/145/21
〇子陳應止〇公之行 278/146/3
王亦聞老妾事〇主婦者乎 279/146/13
若老妾之事〇主婦者 279/146/13
不知是〇可也 280/146/20
如是〇明耶 280/146/20
如是〇同耶 280/146/21
是〇可也 280/146/21
未如是〇明也 280/146/21
是有〇半塞也 280/146/21
失〇半者也 280/146/22
魏必事秦以持〇國 281/146/30
〇敝不足以應秦 281/147/1
王以〇間約南陽 282/147/6
〇言曰 283/147/12
449/221/1,455/223/6
王重〇行而厚奉之 287/148/11
太后恐〇不因穰侯也 287/148/13
恐〇謀伐魏也 288/148/18
與〇相田繻不善 290/149/3
而不能成〇功 290/149/5
夫輕用〇兵者 291/149/10
〇國易危 291/149/10
易用〇計者 291/149/10
〇身易窮 291/149/10
田侯、梁君見〇危 291/149/13
梁君、田侯恐〇至而戰敗也 291/149/14
孰與〇為齊也 293/149/27
不如〇為齊也 293/149/27
孰與〇為韓也 293/149/28
不如〇為韓也 293/149/28
是〇唯惠公乎 296/150/23
欒水齧〇墓 296/150/27
惠子非徒行〇說也 296/151/5
又令魏太子未葬〇先王而因又說文王之義 296/151/5
〇次賓秦 297/151/21
〇次堅約而詳講 297/151/21
王〇聽臣也 297/151/22
而行〇上 297/151/27
則行〇中 297/151/27
則行〇下 297/151/28
恐〇伐秦之疑也 297/152/6
王游人而合〇鬬 301/153/7
此〇暴於戾定矣 301/153/12
君〇為梁王 303B/154/5
皆將務以〇國事魏 303B/154/10
恐〇不忠於下吏 304/154/17
以完〇交 304/154/18
〇智能而任用之也 304/154/19
〇畏惡嚴尊秦也 304/154/19
秦必令〇所愛信者用趙 304/154/23
上所以為〇主者忠矣 304/154/27
彼〇事王必完矣 304/154/28
彼將傷〇前事 304/155/1
而悔〇過行 304/155/2
冀〇利 304/155/2
後世必有以酒亡〇國者 307/155/27
後世必有以味亡〇國者 307/156/1
後世必有以色亡〇國者 307/156/2
〇樂忘死 307/156/3
後世必有以高臺陂池亡〇國者 307/156/3
足以亡〇國 307/156/5

王因赦○罪 309/157/2
以○能忍難而重出地也 310/157/15
臣聞魏氏悉○百縣勝兵 310/157/26
三年反而名○母 311/158/10
○子曰 311/158/11
○下也 311/158/20
秦未索○下 311/158/20
而王效○上 311/158/20
君○自為計 311/158/28
君○先自為計 311/158/28
支期隨○後 311/159/1
○勢必無魏矣 312/159/11
乃案○行 312/159/17
使仇敵制○餘敝 313/159/23
以○西為趙蔽也 314/160/10
此於○親戚兄弟若此 315/161/2
○功多於與秦共伐韓 315/162/3
是魏重質韓以○上黨也 315/162/7
共有○賦 315/162/7
魏王將封○子 316/162/14
王能又封○子問陽姑衣乎 316/162/15
○人皆欲合齊、秦外楚以輕公 317B/162/29
而又怒○不己善也 317B/163/1
擊○尾 318/163/22
○首救 318/163/22
擊○首 318/163/22
○尾救 318/163/22
擊○中身 318/163/22
○兵弱 318/163/25
皆○所恃也 319/164/6
○變不可勝數也 319/164/7
韓且割而從○所強 320/164/17
且割而從○所不強 320/164/18
與○所怨乎 320/164/18
韓將割而從○所強 320/164/18
與○所不怨 320/164/19
客謂司馬食○曰 321/164/23
○說何也 321/164/24,461/225/31
○離也 325/165/27
楚人惡○緩而急之 330/167/10
而秦若此○甚 330/167/11
王知○故乎 333/167/28
方北面而持○駕 334/168/4
因使○人為見者嗇夫聞見者 336/168/18
○子為管守 340/169/22
君○遣縮高 340/169/22
不能必使○民 340/169/23
○摯（諂）〔謟〕也固矣 341/170/22
○自纂繁也完矣 341/170/22
安陵君○許寡人 343/171/13
將分○地 344A/172/3
申子請仕○從兄官 346/172/22
又亡○行子之術 346/172/23
君真○人也 346/172/24
則棄前功而後更受○禍 347/173/6
而廝徒負養在○中矣 348A/173/19
○地勢然也 348A/174/1
夫攻楚而私○地 348A/174/2
○可乎 348B/174/9
○多力者內樹○黨 348B/174/11
○寡力者籍外權 348B/174/11
群臣或內樹○黨以擅○主 348B/174/11
或外為交以裂○地 348B/174/11
○救韓必疾 355/175/29
多○車 357/176/21,357/176/26
重○幣 357/176/21,357/176/26
○應秦必不敬 357/176/24
公仲躬率○私徒以關於秦 359/177/18
貴○所以貴者貴 359/177/21
○知能公也 359/177/22
公不如與王謀○變也 359/177/25
是令行於楚而以○地德韓也 359/178/2
因不罪而益○列 361/179/5
○從於王者 363/179/16
王因取○游之舟上擊之 363/179/16
○於鞅也不然 364/179/23
不能愛○許、鄢陵與梧 364/179/25
不若聽而備於○反也 365/180/4
此方○為尾生之時也 365/180/5
脣揭者○齒寒 366/180/11
先王以○髀加妾之身 366/180/12
盡置○身妾之上 366/180/12
以○少有利焉 366/180/13
○不乎 367/180/29
韓固○與國也 367/181/2
今也○將揚言救韓 367/181/4
臣甚惡○事 367/181/6
○言曰收璽 367/181/6
○實猶有約也 367/181/7
○實猶之不失秦也 367/181/9
彼將禮陳○辭而緩○言 374/182/28
○使之必疾 374/182/30
韓大夫不能必○不入也 379/183/29
○事秦必疾 382/184/19
○弟在周 383C/185/3
○任官置吏 384/185/13
愈怪○厚 385/185/24
此○勢不可以多人 385/186/10
是○軼賁、育而高成荊矣 385/186/20
乃○姊者 385/186/24
○姊不避菹醢之誅 385/186/25
以揚○名也 385/186/25
唯○母知之而已 386/187/3
○利害之相似 386/187/4
得以○道為之 386/187/4
不得○道 386/187/5
必將欲置○所愛信者 386/187/6
是○於主也至忠矣 387/187/20
韓息士民以待○釁 387/187/21
是○於國也 387/187/22
是○於身大利也 387/187/25
此○說何也 388/188/3
○西面事秦 388/188/4
為名者攻○心 390/189/4
為實者攻○形 390/189/4
吳人果聽○辭 390/189/6
此攻○心者也 390/189/6
○後越與吳戰 390/189/6
此攻○形者也 390/189/8
今將攻○心乎 390/189/8
攻○形乎 390/189/8
猶○尊哀侯也 391/189/16
猶○尊襄王也 391/189/18
則可以辟○兵 391/189/22
韓因以○金事秦 393/190/4
秦反得○金與韓之美人 393/190/4
○疏秦乃始益明 393/190/5

〇形乃可以善楚 396A/190/25
知〇君不知異君 396C/191/11
知〇國不知異國 396C/191/11
群臣比周以蔽〇上 396C/191/14
各得〇位 396C/191/16
輻湊以事〇上 396C/191/16
是〇講我 396C/191/20
則不如〇處小國 397/191/26
此〇家萬金 402/193/3
必盡〇家以事王 402/193/4
〇次恐不得也 403/193/9
吾難敗〇法 403/193/10
〇收韓必重矣 405/193/20
〇救趙必緩矣 405/193/22
大王知〇所以然乎 408/194/13
而王以全燕制〇後 408/194/15
〇以權立 409/195/3
秦惠王以〇女為燕太子婦 411/195/16
王利〇十城 411/195/23
而強秦制〇後 411/195/23
以金千斤謝〇後 411/196/1
〇妻私人 412/196/25
〇夫且歸 412/196/25
〇私之者憂之 412/196/25
妾知〇藥酒也 412/196/26
昔趙王以〇姊為代王妻 413/197/3
長〇尾 413/197/4
〇姊聞之 413/197/6
以〇亂也 414/197/20
欲〇亂也 414/197/21
故大亂者可得〇地 414/197/21
小亂者可得〇寶 414/197/21
〇弟蘇代欲繼之 415/197/27
臣竊負〇志 415/197/28
明主者務聞〇過 415/198/1
不欲聞〇善 415/198/1
而又以〇餘兵南面而舉五千乘之勁宋 415/198/18
此〇君之欲得也 415/198/18
〇民力竭也 415/198/19
寶珠玉帛以事〇左右 415/198/27
王自治〇外 415/198/31
臣自報〇內 415/198/31
與〇相子之為婚 416A/199/3
不信〇臣 416A/199/7,416B/200/7
聽〇所使 416A/199/8
以〇讓天下於許由 416A/199/11
〇實令啓自取之 416A/199/16
齊王〇伯也乎 416B/200/7
如此〇甚 417/200/14
而朝〇門下 418/200/27
天下聞王朝〇賢臣 418/200/28
買〇首五百金 418/201/1
與百姓同〇甘苦 418/201/8
燒〇宮室宗廟 418/201/10
而世負〇禍矣 419/201/17
〇禍必大矣 419/201/20
〇次長賓之秦 419/201/25
燕昭王善〇書 419/202/9
則不過養〇親〇 420/202/17
先量〇國之大小 420/202/24
而揆〇兵之強弱 420/202/24
不先量〇國之大小 420/202/25
不揆〇兵之強弱 420/202/25
安有為人臣盡〇力 420/203/6
竭〇能 420/203/6
〇丈夫官三年不歸 420/203/7
〇妻愛人 420/203/7
〇所愛者曰 420/203/7
吾已為藥酒而待〇來矣 420/203/8
已而〇丈夫果來 420/203/8
於是因令〇妾酌藥酒而進之 420/203/8
〇妾知之 420/203/9
〇丈夫不知 420/203/11
縛〇妾而笞之 420/203/11
為〇兩譽也 421/203/18
射〇面 422/204/10
此必令〇言如循環 422/204/24
今〇生者 422/204/26
秦禍如此〇大 422/204/27
皆以爭事秦說〇主 422/204/27
〇言惡矣 423/205/9
今〇言變有甚於〇父 424/205/17
〇疑至於此 424/206/1
而報〇父之讎 424/206/3
王〇改舉 426/206/27
蘇子收〇餘兵 426/207/1
〇後必務以勝報王矣 426/207/7
至於虛北地行〇兵 427/207/19
子〇待之 428/207/29
為〇饑也 430/208/24
而弱越乘〇弊以霸 430/208/24
亦為〇饑也 430/208/24
不以祿私〇親 431/209/19
不以官隨〇愛 431/209/19
先王以為慊〇志 431/210/2
不潔〇名 431/210/16
以〇合兩而如一也 432/210/26
至〇相救助如一也 432/210/29
寡人得〇志矣 433/211/17
展〇臂 433/211/22
彈〇鼻 433/211/22
與〇得百里於燕 433/211/23
成〇名 433/211/26
因〇強而強之 433/211/27
因〇廣而廣之 433/211/27
而鷸啄〇肉 434/212/3
蚌合而拑〇喙 434/212/3
魏軍〇西 436/212/20
齊軍〇東 436/212/20
魏失〇與國 436/212/22
趙民〇壯者皆死於長平 438/213/3
〇孤未壯 438/213/4
〇民皆習於兵 438/213/5
敢端〇願 438/213/11
恐〇適足以傷於高而薄於行也 438/213/21
樂間、樂乘怨不用〇計 438/214/1
恐〇禍至 440/214/18
謂〇太傅鞫武曰 440/214/19
欲排〇逆鱗哉 440/214/20
〇智深 440/214/29
〇勇沉 440/214/29
至〇衰也 440/215/5
此天所以哀燕不棄〇孤也 440/215/20
〇意不饜 440/215/22
盡納〇地 440/215/22
秦王貪〇贄 440/215/25
以〇間諸侯 440/215/27
〇償破秦必矣 440/215/27
以順適〇意 440/216/2
盡收〇地 440/216/4
臣左手把〇袖 440/216/15
而右手揕抗〇胸 440/216/15
〇人居遠未來 440/216/22
疑〇有改悔 440/216/23
太子及賓客知〇事者 440/216/27
摻〇室 440/217/14

盡失○度 440/217/15
以○所奉藥囊提軻 440/217/17
斷○左股 440/217/18
乃引○匕首提秦王 440/217/19
皆率○精兵東保於遼東 440/217/25
○後荊軻客高漸離以擊筑見秦皇帝 440/217/28
○御曰 441/218/3,446B/220/1
舍○文軒 442/218/15
舍○錦繡 442/218/15
舍○粱肉 442/218/16
敢請○罪 443/218/27
內臨○倫 443/218/29
議○事 443/218/29
彼安敢攻衛以重○不勝之罪哉 443/218/30
徐○攻而留○日 444/219/8
而欲滿○意者眾 446B/219/31
君○圖之 448A/220/16
衛君以○言告邊境 448A/220/16
乃佯亡○太子 448B/220/21
謂○守曰 449/221/1
未知○所之 450/221/8
以廢○王 454/222/16
恐亡○國 454/222/17
必為趙、魏廢○王而務附焉 454/222/20
豈若中山廢○王而事齊哉 454/222/20
中山急而為君難○王 454/222/24
彼患亡○國 454/222/24
是君廢○王而亡○國 454/222/25
是欲用○兵也 454/223/1
以止○遇哉 454/223/2
吾恐○不吾據也 455/223/10
請令燕、趙固輔中山而成○王 455/223/11
○實欲廢中山之王也 455/223/15
何在○所存之矣 455/223/23
燕、趙果俱輔中山而使○王 455/223/28
吾食○肉 456/224/4
觀○地形險阻 458/224/23
○容貌顏色 458/224/28
若乃○眉目准頞權衡 458/224/29
臣竊見○佳麗 458/224/30
臣聞○乃欲請所謂陰姬者 458/225/2
○請之必矣 458/225/2
有二人挈戈而隨○後者 459B/225/17
○於當厄 459B/225/19
○於傷心 459B/225/20
○子時在中山 460/225/24
以靡○財 461/226/2
以生○財 461/226/3
雖倍○前 461/226/3
○國內實 461/226/5
○交外成 461/226/5
焚○廟 461/226/10
○國虛弱 461/226/13
是時楚王恃○國大 461/226/16
不恤○政 461/226/16
楚人自戰○地 461/226/19
咸顧○家 461/226/19
不欲先用○眾 461/226/20
不遂以時乘○振懼而滅之 461/226/23
養孤長幼以益○眾 461/226/24
繕治兵甲以益○強 461/226/24
增城浚池以益○固 461/226/24
主折節以下○臣 461/226/24
挑○軍戰 461/226/26
圍○國都 461/226/26
攻○列城 461/226/27
掠○郊野 461/226/27
臣見○害 461/226/28
未覩○利 461/226/28
趙王出輕銳以寇○後 461/227/1
撫○恐懼 461/227/5
伐○憍慢 461/227/5
臣聞明主愛○國 461/227/7
忠臣愛○名 461/227/8

奇 qí 11

而憚宮之○存 48A/19/8
教之惡宮之○ 48A/19/9
宮之○以諫而不聽 48A/19/9
○其計 93/45/14
○法章之狀貌 149B/78/28
且服○者志淫 221/118/18
是以蒞國者不襲○辟之服 221/118/18
且服○而志淫 221/118/24
是鄒、魯無○行也 221/118/25
宮之○諫而不聽 317A/162/21
伍子胥、宮之○不用 430/208/22

祁 qí 7

取藺、離石、○者 27/9/20
27/9/25
藺、離石、○拔 228/121/26
以易藺、離石、○於趙 228/121/26
夫藺、離石、○之地 228/121/28
安能收恤藺、離石、○乎 228/122/1
公何不與趙藺、離石、○ 356A/176/3

耆 qí 1

少益○食 262/139/4

淇 qí 3

左飲於○谷 42/17/2
○水竭而洹水不流 42/17/2
據衛取○則齊必入朝 218/113/7

綦 qí 2

夫梟○之所以能為者 188/96/20
以散○佐之也 188/96/20

祺 qí 1

老臣賤息舒○ 262/139/7

朞 qí 1

累○是也 87/40/28

旗 qí 1

旌○蔽日 160/83/8

齊 qí 1272

臣請東借救於○ 1/1/3
顏率至○ 1/1/4,1/1/8
謂○王曰 1/1/4
1/1/8,11C/5/10,36/12/3
118/57/24,247/131/23
288/148/23,433/211/20
○王大悅 1/1/6
○將求九鼎 1/1/8
不識大國何塗之從而致之○ 1/1/9
○王曰 1/1/10
1/1/11,1/1/17,61A/25/11
112/55/10,113/55/27
114/56/3,115/56/23
141A/70/10,278/146/8
288/148/24,313/159/23
411/195/26,433/211/24
寡人終何塗之從而致之○ 1/1/13
可懷挾提挈以至○者 1/1/14
灘然止於○者 1/1/14
○王乃止 1/1/18
○明謂東周君曰 3B/2/11
子何不以秦攻○ 7/3/16
臣請令○相子 7/3/16
子以○事秦 7/3/16
子東重於○ 7/3/17
秦、○合 7/3/17,10A/4/15
11B/5/3,297/151/21
○桓公宮中七市 8B/3/30
秦以周最之○疑天下 10A/4/14
而又知趙之難子○人戰 10A/4/14
恐○、韓之合 10A/4/14
公不如救○ 10A/4/15
公負令秦與強○戰 10B/4/20
秦且收○而封之 10B/4/20
制○、楚、三晉之命 10B/4/22
周最於○王也而逐之 11B/5/3
有周○ 11B/5/4
且反○王之信 11B/5/5
○無秦 11B/5/5
○王誰與為其國 11B/5/5
○聽祝弗 11C/5/10
則伐○深矣 11C/5/11
夫○合 11C/5/11
與之○伐趙 11C/5/11
故必怒合於○ 12/5/16
是君以合○與強楚吏產子 12/5/17
則合○者 12/5/17
亦將觀韓、魏之於○也 13/5/22
秦知趙之難與○戰也 14A/5/28
將恐○、趙之合也 14A/5/28
先合於○ 14A/6/1
秦、趙爭○ 14A/6/1
合與收○ 14A/6/1
而以兵之急則伐○ 14A/6/2
責合於秦以伐○ 14B/6/6
不與伐○者 14B/6/7
請為王入○ 14B/6/8
天下不能傷○ 14B/6/8
且臣為○奴也 14B/6/9
臣入○ 14B/6/9
則王亦無○之累也 14B/6/10
○重故有周 18/7/8
而已取○ 18/7/8
薛公以○為韓、魏攻楚 22/8/3
君以○為韓、魏攻楚 22/8/4
○必輕矣 22/8/5
欲王令楚割東國以與○也 22/8/7
必德○ 22/8/9
○得東國而益強 22/8/9
三晉必重○ 22/8/10
○、秦恐楚之取九鼎也 29/10/10
君使人告○王以周最不
肯為太子也 30/10/15
函冶氏為○太公買良劍 30/10/15
臣恐○王之為君實立果
而讓之於最 30/10/18
以嫁之○也 30/10/18
必東合於○ 34/11/19
而合天下於○ 34/11/19
邾、莒亡於○ 35/11/25
○王令司馬悍以賂進周
最於周 36/12/3
○桓任戰而伯天下 40/13/17
向欲以○事王 41B/15/3
燕、趙惡○、秦之合 41B/15/4
○必重於王 41B/15/4
且以恐○而重王 41B/15/4
連荊固○ 42/15/10
昔者○南破荊 42/15/25
○ 42/15/27,44/18/7
110/53/22,233/125/9
一戰不勝而無○ 42/15/27
東以強○、燕 42/16/3,42/16/7
東陽河外不戰而已反為
○矣 42/16/18
以東弱○、燕 42/16/20
親○、燕 42/17/9
○、燕不親 42/17/11
以因于○、趙 44/18/8
○助楚攻秦 50/20/19
秦欲伐○ 50/20/19
○、楚之交善 50/20/19
吾欲伐○ 50/20/20
○、楚方懽 50/20/20
亦無先○王 50/20/24
亦無大○王 50/20/24
今○王之罪 50/20/24
大王苟能閉關絕○ 50/20/26
○必弱 50/20/26
○弱則必為王役矣 50/20/27
則是北弱○ 50/20/27
以王有○也 50/21/4
今地未可得而○先絕 50/21/5
且先出地絕○ 50/21/5
先絕○後責地 50/21/6
北絕○交 50/21/6
楚王使人絕○ 50/21/7
秦使人使○ 50/21/10
○、秦之交陰合 50/21/10
張子以寡人不絕○乎 50/21/11
乃使勇士往詈○王 50/21/11
張儀知楚絕○也 50/21/11
與之伐○ 50/21/14
是我亡於秦而取償於○
也 50/21/15
王今已絕○ 50/21/15
是吾合○、秦之交也 50/21/15
秦與○合 50/21/18
楚絕○ 51/21/23
○舉兵伐楚 51/21/23
王不如以地東解於○ 51/21/23
今○、楚相伐 51/21/26
○、楚今戰 51/22/3
有救○之利 51/22/3
且之○ 61A/24/27
請重公於○ 61A/25/1
彼若以○約韓、魏 61A/25/5
以相迎之○ 61A/25/7
趙且與秦伐○ 63/25/28

○懼 63/25/28
○以陽武賜弊邑而納順子 63/25/29
○與大國救魏而倍約 63/26/1
且欲合○而受其地 63/26/2
蘇代為○獻書穰侯曰 63/26/5
秦且益趙甲四萬人以伐○ 63/26/5
必不益趙甲四萬人以伐○ 63/26/6
今破○以肥趙 63/26/8
破○弊晉 63/26/8
夫○ 63/26/9, 99/49/14, 301/153/3
○恐 63/26/10
○割地以實晉、楚 63/26/11
○舉兵而為之頓劍 63/26/11
是晉、楚以秦破○ 63/26/12
以○破秦 63/26/12
何晉、楚之智而○、秦之愚 63/26/12
善○以安之 63/26/13
必不益趙甲四萬人以伐○矣 63/26/15
文聞秦王欲以呂禮收○ 65/26/26
○、秦相聚以臨三晉 65/26/26
是君收○以重呂禮也 65/26/27
○免於天下之兵 65/26/27
君不如勸秦王令弊邑卒攻○之事 65/26/27
○破 65/26/28, 146/76/18
○破晉強 65/26/28
○予晉弊邑 65/26/29
是君破○以為功 65/26/29
破○定封 65/26/30
若○不破 65/26/30
攻○之事成 66/27/3
攻○不成 66/27/4
故攻○之於陶也 66/27/5
令攻○ 66/27/9
伐讎國之○ 66/27/9
○不亡燕 66/27/11
燕故亡○ 66/27/11
○亡於燕 66/27/11
秦卒有他事而從○ 66/27/12
○、趙合 66/27/12
誠能亡○ 66/27/14
願君之專志於攻○ 66/27/15
重○怒 69/28/8
德強○ 69/28/8, 210/109/9
不能與○縣衡矣 70/28/13
而○之德新加與 70/28/13
○、秦交争 70/28/14
○有東國之地 70/28/14
秦烏能與○縣衡韓、魏 70/28/16
不必待○ 70/28/17
窮而居於○ 71/28/22
大王越韓、魏而攻強○ 73A/31/1
則不足以傷○ 73A/31/1
○人伐楚 73A/31/3
豈○不欲地哉 73A/31/4
諸侯見○之罷露 73A/31/4
楚、趙附則○必懼 73A/31/9
○附而韓、魏可虛也 73A/31/9
聞○之內有田單 73B/31/26
淖齒管○之權 73B/32/5
○公得管仲 73B/32/12
東地入○ 78/34/8
○桓公九合諸侯 81/36/21
淩○、晉 81/36/22
薛公入魏而出○女 82B/38/6
以○、秦劫魏 82B/38/6
○、秦合而立負芻 82B/38/7
岷欲以○、秦劫魏而困薛公 82B/38/7
○女入魏而怨薛公 82B/38/9
終以○奉事王矣 82B/38/9
今之如耳、魏○ 83B/38/25
今以無能之如耳、魏○ 83B/38/27
故○不合也 84B/39/18
聞○、魏皆且割地以事秦 85/39/27
○、魏有何重於孤國也 85/39/28
○王入朝 86/40/20
三世而不接地於○ 87/40/29
斷○、秦之要 87/41/4
吳見伐○之便 87/41/10
從而伐○ 87/41/12
既勝○人於艾陵 87/41/12
○人南面 87/42/1
王破楚於以肥韓、魏於中國而勁○ 87/42/2
○南以泗為境 87/42/3
莫強於○ 87/42/3
○、魏得地葆利 87/42/4
歸帝重於○ 87/42/5
而關內二萬乘之主注地於○ 87/42/10
○之右壤可拱手而取也 87/42/11
是燕、趙無○、楚 87/42/11
持○、楚 87/42/12
舉左案○ 88/42/17
○太公聞之 88/42/21
○戰敗不勝 88/42/24
而天下乃○釋 88/42/25
臣竊惑王之輕○易楚 89/43/3
而輕失○ 89/43/4
勝○於艾陵 89/43/8
梁君伐楚勝○ 89/43/9
○、宋在繩墨之外以為權 89/43/20
故曰先得○、宋者伐秦 89/43/20
秦先得○、宋 89/43/21
楚先得○ 89/43/21
○之逐夫 96/48/10
欲逐嬰子於○ 97/48/22
○將封田嬰於薛 98/48/29
將伐○ 98/48/29
○王有輟志 98/48/29
非在○也 98/49/1
令其欲封公也又甚於○ 98/49/1
魯、宋事楚而○不事者 98/49/4
○大而魯、宋小 98/49/4
不惡○大何也 98/49/5
夫○削地而封田嬰 98/49/5
○人有請者曰 99/49/10
今夫○ 99/49/13
君長有○陰 99/49/14
靖郭君謂○王曰 100/49/19
靖郭君善○貌辨 101/49/24
○貌辨之為人也多疵 101/49/24
苟可慊○貌辨者 101/49/25
與○貌辨俱留 101/49/28
○貌辨辭而行 101/50/1
○貌辨曰 101/50/2, 101/50/5
○貌辨行至○ 101/50/4
○貌辨見宣王 101/50/4
○貌辨對曰 101/50/11
此○貌辨之所以外生樂患趣難者也 101/50/16
趙求救於○ 102/50/21
其於○何利哉 102/50/23
○因承魏之弊 102/50/26

韓氏請救於○ 103/50/30
必東愬於○ 103/51/3
韓自以專有○國 103/51/6
東愬於○ 103/51/6
○因起兵擊魏 103/51/6
成侯鄒忌為○相 104/51/11
田忌為○將 105/51/21
將軍無解兵而入○ 105/51/22
則○君可正 105/51/24
則將軍不得入於○矣 105/51/25
果不入○ 105/51/25
田忌亡○而之楚 106/51/29
○恐田忌欲以楚權復於○ 106/51/29
恐田忌之以楚權復於○也 106/52/1
以示田忌之不返○也 106/52/2
鄒忌以○厚事楚 106/52/2
若復於○ 106/52/2
必以○事楚 106/52/3
○國之美麗者也 108/52/14
今○地方千里 108/52/24
皆朝於○ 108/53/2
秦假道韓、魏以攻○ 109/53/6
○威王使章子將而應之 109/53/6
候者言章子以○入秦 109/53/7
候者復言章子以○兵降秦 109/53/7
言○兵大勝 109/53/11
於是秦王拜西藩之臣而謝於○ 109/53/11
楚將伐○ 110/53/19
○王患之 110/53/19
乃為○見魯君 110/53/19
○王懼乎 110/53/20
子以○、楚為孰勝哉 110/53/21
楚大勝○ 110/53/23
○為勝 110/53/24
陳軫合三晉而東謂○王曰 111/54/3
今○、楚、燕、趙、韓、梁六國之遞甚也 111/54/4
而○民獨不也 111/54/10
非○親而韓、梁疏也 111/54/10
○遠秦而韓、梁近 111/54/10
今○將近矣 111/54/11
必表裏河而東攻○ 111/54/11
舉○屬之海 111/54/12
○無所出其計矣 111/54/12
○非急以銳師合三晉 111/54/15
三晉怒○不與己也 111/54/16
必東攻○ 111/54/17
此臣之所謂○必有大憂 111/54/17
○王敬諾 111/54/19
說○宣王曰 112/54/23
○南有太山 112/54/23
○地方二千里 112/54/24
○車之良 112/54/24
夫以大王之賢與○之強 112/54/29
今秦攻○則不然 112/55/4
則秦不能害○ 112/55/6
張儀為秦連橫○王曰 113/55/14
天下強國無過○者 113/55/14
無過○者 113/55/14
必謂○西有強趙 113/55/15
○與魯三戰而魯三勝 113/55/19
○大而魯小 113/55/20
猶○之於魯也 113/55/20
秦驅韓、魏攻○之南地 113/55/24
○僻陋隱居 113/55/27
韓、○為與國 114/56/3
韓自以得交於○ 114/56/7
○因起兵攻燕 114/56/7
○讓又至 115/56/13
今○王甚憎張儀 115/56/16
○必舉兵而伐之 115/56/17
○、梁之兵連於城下 115/56/17
○果舉兵伐之 115/56/21
請令罷○兵 115/56/21
藉使之○ 115/56/22
○、楚之事已畢 115/56/22
因謂○王 115/56/22
○王甚憎儀 115/56/25
○必舉兵伐梁 115/56/25
梁、○之兵連於城下不能去 115/56/26
犀首以梁為○戰於承匡而不勝 116/57/3
儀以秦、梁之○合橫親 116/57/3
犀首送之至於○疆 116/57/6
○王聞之 116/57/6
133/65/24,276/145/21
移兵而攻○ 117/57/11
陳軫為○王使 117/57/11
欲攻○ 117/57/18
○畏公甚 117/57/18
而與之伐○ 118/57/23
○王恐 118/57/23
趙足之○ 118/57/24
倍秦則○無患矣 118/57/25
○、燕戰 119/57/29,142/71/21
出兵助燕擊○ 119/57/29
君助燕擊○ 119/58/1
○必急 119/58/1
○必緩 119/58/2
然則吾中立而割窮○與疲燕也 119/58/3
○、楚救之 120/58/8
○、楚救趙 120/58/8
請粟於○ 120/58/11
而○不聽 120/58/11
蘇秦謂○王曰 120/58/11
141B/70/18
而○、燕之計過矣 120/58/12
且趙之於燕、○ 120/58/12
則明日及○、楚矣 120/58/13
或謂○王曰 121/58/19
今○、秦伐趙、魏 121/58/20
令○入於秦而伐趙、魏 121/58/21
秦東面而伐○ 121/58/22
○安得救天下乎 121/58/22
太子在○質 122/58/26
○欲奉太子而立之 122/59/10
則太子且倍王之割而使○奉己 122/59/11
○奉太子而立之 122/59/17
○少其地 122/59/17
太子何不倍楚之割地而資○ 122/59/17
○必奉太子 122/59/18
倍楚之割而延○ 122/59/18
○之所以敢多割地者 122/59/21
○無辭 122/59/22
王因馳強○而為交 122/59/22
○辭 122/59/22
然則是王去讎而得○交也 122/59/23
○未必信太子之言也 122/59/26
以其為○薄而為楚厚也 122/60/6
以能得天下之士而有○權也 122/60/10

○王夫人死 123/60/18
淳于髡為○使於荊 125/61/6
至於○ 125/61/10
○王和其顏色曰 125/61/12
○、衛之交惡 128/62/13
衛君甚欲約天下之兵以攻○ 128/62/13
且臣聞○、衛先君 128/62/14
○、衛後世無相攻伐 128/62/14
今君約天下之兵以攻○ 128/62/15
願君勿以○為心 128/62/15
○人聞之曰 128/62/19
聞君於○能振達貧窮 130/63/8
○欲伐魏 132A/63/30
313/159/21,313/159/21
淳于髡謂○王曰 132A/63/30
今○、魏久相持 132A/64/2
○王懼 132A/64/3
○、魏亦佐秦伐邯鄲 132B/64/7
○取淄鼠 132B/64/7
是○入於魏而救邯鄲之功也 132B/64/8
則非○之利也 132B/64/12
○不與秦壤界而患緩 132B/64/14
不得不事○也 132B/64/14
故秦得○ 132B/64/14
趙、魏、楚得○ 132B/64/15
故秦、趙、魏得○者重 132B/64/15
失○者輕 132B/64/15
○有此勢 132B/64/15
○人有馮諼者 133/64/20
長驅到○ 133/65/11
○王謂孟嘗君曰 133/65/18
○放其大臣孟嘗君於諸侯 133/65/21
○其聞之矣 133/65/24
孟嘗君逐於○而復反 136A/67/3
君得無有所怨○士大夫 136A/67/3
○宣王見顏斶曰 136B/67/12
昔者秦攻○ 136B/67/15
有能得○王頭者 136B/67/16
先生王斗造門而欲見○宣王 137/68/22
守○國 137/68/28
今王治○ 137/69/7
○國大治 137/69/9
○王使使者問趙威后 138/69/13
○有處士曰鍾離子 138/69/16
何以王○國 138/69/20
○人見田駢 139/69/26
管燕得罪○王 140/70/3
蘇秦自燕之○ 141A/70/10
○、秦立為兩帝 141B/70/18
且尊○乎 141B/70/18
釋帝則天下愛○乎 141B/70/19
愛○而憎秦 141B/70/19
而天下獨尊秦而輕○ 141B/70/20
○釋帝 141B/70/21
則天下愛○而憎秦 141B/70/21
蘇秦說○閔王曰 142/71/3
○之與韓、魏伐秦、楚也 142/71/19
然而天下獨歸咎於○者 142/71/20
而獨舉心於○者 142/71/22
昔者○、燕戰於桓之曲 142/72/12
夫胡之與○非素親也 142/72/13
君臣於○者 142/73/3
東伐○ 142/73/28
大王有伐○、楚心 142/74/1
然後圖○、楚 142/74/1
於是○、楚怒 142/74/3
諸侯奔○ 142/74/3
○人伐魏 142/74/3
而東次於○ 142/74/4
而魏將以禽於○矣 142/74/6
○負郭之民有孤狐咺者 143/74/11
○孫室子陳舉直言 143/74/11
○使向子將而應之 143/74/13
○軍破 143/74/13
遂以復○ 143/74/23
生○王建 143/74/24
淖齒亂○國 144/75/1
燕攻○ 145/75/6,146/76/18
○田單以即墨破燕 145/75/6
而威不信於○ 145/75/13
○無南面之心 145/75/15
○無天下之規 145/75/17
○必決之於聊城 145/75/18
距全○之兵 145/75/21
東游於○乎 145/75/26
與○久存 145/75/27
據○國之政 145/76/4
○桓公有天下 145/76/7
故解○國之圍 145/76/13
復○墟 146/76/18,148/78/9
○以破燕 146/76/19
○國之眾 146/76/19
燕之伐○之時 147/77/13
楚王使將軍將萬人而佐○ 147/77/13
下者孰與○桓公 147/77/24
○桓公得管夷吾以為仲父 147/77/25
燕人興師而襲○墟 147/77/27
而反千里之○ 147/77/29
○嬰兒謠曰 148/78/12
盼子謂○王曰 149A/78/22
梁氏不敢過宋伐○ 149A/78/22
○固弱 149A/78/23
○國復強 149A/78/23
○閔王之遇殺 149B/78/28
莒中及○亡臣相聚 149B/79/1
子建立為○王 149B/79/6
○多知 149B/79/8
後后勝相○ 149B/79/14
○王建入朝於秦 150/79/19
○王還車而反 150/79/20
即入見○王曰 150/79/22
○地方數千里 150/79/22
則○威可立 150/79/25
○王不聽 150/79/26
秦使陳馳誘○王內之 150/79/28
○王不聽即墨大夫而聽陳馳 150/79/28
先是○為之歌曰 150/79/29
○以淖君之亂秦 151/80/3
其後秦欲取○ 151/80/3
令任固之○ 151/80/3
○明謂楚王曰 151/80/3
不若其欲○之甚也 151/80/4
以示○之有楚 151/80/4
以資固於○ 151/80/4
○見楚 151/80/4
適為固驅以合○、秦也 151/80/5
○、秦合 151/80/5,417/200/15
必非固之所以之○之辭也 151/80/6
王不如令人以涓來之辭謾固於○ 151/80/6
○、秦必不合 151/80/6

○、秦不合 151/80/7,417/200/16
王欲收○以攻秦 151/80/7
王即欲以秦攻○ 151/80/7
○、楚構難 152/80/12
○急宋 152/80/12
將法○之急也 152/80/13
○以急得宋 152/80/13
是從○而攻楚 152/80/13
○戰勝楚 152/80/13,286/148/4
五國約以伐○ 153/80/19
五國以破○秦 153/80/19
以廧於○ 153/80/25
○之反趙、魏之後 153/80/27
而○、秦應楚 156/81/24
韓公叔有○、魏 164/84/15
○、魏必伐韓 164/84/17
則韓、魏、○、燕、趙、衛之妙音美人 167/85/25
即陰與燕王謀破○共分其地 168/87/17
出走入○ 168/87/18
○王因受而相之 168/87/18
○王大怒 168/87/18
請為王使○交不絕 169/88/13
○交不絕 169/88/13
故王不如與○約 171/90/7
○王好高人以名 171/90/7
○必喜 171/90/8,328/166/19
交惡於○ 171/90/8
○、魏之交惡 171/90/8
○、秦約攻楚 172/90/13
楚令景翠以六城賂○ 172/90/13
公出地以取○ 172/90/14
若○不求 172/90/15
質於○ 177/92/3
太子辭於○王而歸 177/92/3
○王隘之 177/92/3
致命○王曰 177/92/5
○王歸楚太子 177/92/6
○使車五十乘 177/92/8
○使來求東地 177/92/8
以東地五百里許○ 177/92/11
○令使來求地 177/92/12
許強萬乘之○而不與 177/92/13
○使來求東地五百里 177/92/16
177/92/20
許萬乘之強○也而不與 177/92/21
而北獻地五百里於○ 177/92/28
乃遣子良北獻地於○ 177/92/29
子良至○ 177/93/1
○使人以甲受東地 177/93/1
昭常應○使曰 177/93/1
○王謂子良曰 177/93/2
○王大興兵 177/93/3
秦以五十萬臨○右壤 177/93/4
○王恐焉 177/93/5
解○患 177/93/6
楚王因收昭睢以取○ 183/94/29
魏折而入○、秦 185/95/27
而交未定於○、秦 185/95/27
○人飾身修行得為益 188/96/17
○明說卓滑以伐秦 193/98/25
○明謂卓滑曰 193/98/25
或謂黃○曰 194/99/3
楚太子橫為質於○ 195/99/9
不若令屈署以新東國為和於○以動秦 195/99/10
秦恐○之敗東國 195/99/10
遽令屈署以東國為和於○ 195/99/11
毋與○東國 195/99/12
管仲去魯入○ 197/99/27
魯弱而○強 197/99/27
○崔杼之妻美 197/100/4
淖齒用○ 197/100/7
○王遣使求臣女弟 200/101/17
太公望封於○ 201/102/26
非○則魏 201/102/29
魏、○新怨楚 201/102/29
請使於○ 202/103/20
韓、魏、○、燕負親以謀趙 204A/105/30
少子之○ 204A/106/3
且以伐○ 209/108/10
蘇秦為○上書說趙王曰 209/108/10
今從於彊秦國之伐○ 209/108/25
○攻宋 210/109/7,249/133/5,441/218/3,446A/219/22
○怒深 210/109/8
以與○、韓、秦市 213/110/29
○王欲求救宜陽 213/110/29
○不從 214/111/3,215/111/11
以楚、趙分○ 214/111/5
秦分○ 214/111/5
○亡魏 214/111/5
河間封不定而○危 215/111/10
秦從楚、魏攻○ 215/111/12
○、趙必俱亡矣 215/111/13
○、秦為兩敵 218/112/25
倚秦攻○ 218/112/26
倚○攻秦 218/112/26
○必致海隅魚鹽之地 218/113/2
與○ 218/113/5
則○必弱楚、魏 218/113/5
據衛取淇則○必入朝 218/113/7
莫如一韓、魏、○、楚、燕、趙 218/114/2
○、魏各出銳師以佐之 218/114/3
○出銳師以佐之 218/114/4
秦攻○ 218/114/5
○涉勃海 218/114/6,218/114/7
夫慮收亡○、罷楚、敝魏與不可知之趙 219/115/1
夫○威、宣 219/115/2
為○兵困於殽塞之上 219/115/3
而○為虛戾 219/115/4
夫○兵之所以破 219/115/4
今富非有○威、宣之餘也 219/115/5
收破○、罷楚、弊魏、不可知之趙 219/115/6
故裂地以敗於○ 219/115/12
田單將○之良 219/115/13
欲反覆○國而不能 220/115/28
自令車裂於○之市 220/116/1
○獻魚鹽之地 220/116/2
告○使興師度清河 220/116/3
與○、中山同之 221/117/20
先時中山負○之強兵 221/117/24
所以○常民 221/118/26
即君之○已 225/121/6
○以二十萬之眾攻荊 225/121/6
○、韓相方 225/121/7
○破燕 227/121/19
今無約而攻○ 227/121/19
○必讎趙 227/121/19
不如請以河東易燕地於○ 227/121/19
○有河東 227/121/20
以河東之地強○ 227/121/20

必皆事王以伐○ 227/121/21
是因天下以破○也 227/121/21
乃以河東易○ 227/121/22
請伐○而存燕 227/121/22
富丁欲以趙合○、魏 229A/122/9
不如以順○ 229A/122/11
今我不順○伐秦 229A/122/11
韓、魏告急於○ 229A/122/12
○不欲伐秦 229A/122/12
○之兵不西 229A/122/13
韓必聽秦違○ 229A/122/13
違○而親 229A/122/13
今我順而○不西 229A/122/13
韓、魏必絶○ 229A/122/13
絶○則皆事我 229A/122/14
且我順○ 229A/122/14
○無而西 229A/122/14
不能散○、魏之交 229A/122/14
今我順而○、魏果西 229A/122/15
是罷○敝秦也 229A/122/15
○、魏雖勁 229B/122/25
是輕○也 229B/122/25
無○不能得趙 229B/122/26
○交韓、魏 233/124/15
王以五城賂○ 233/125/9
○之聽王 233/125/9
是王失於○而取償於秦 233/125/10
因發虞卿東見○王 233/125/11
前與○湣王爭強為帝 236/126/14
以○故 236/126/15
今○湣王已益弱 236/126/15
○國之高士也 236/126/24
○、楚則固助之矣 236/127/3
昔○威王嘗為仁義矣 236/127/6
而○獨朝之 236/127/7
○後往 236/127/7
赴於○曰 236/127/7
東藩之臣田嬰○後至 236/127/8
○閔王將之魯 236/127/18
嘗抑強○ 237/128/14
○人李伯見孝成王 245/130/30
○舉兵擊燕 245/131/1
今燕、○已合 245/131/2
為○獻書趙王 246/131/7
臣以○循事王 246/131/10
臣以為○致尊名於王 246/131/11
臣以○致地於王 246/131/11
臣以○為王求名於燕及韓、魏 246/131/12
○先重王 246/131/13
無○ 246/131/13
以無○之故重王 246/131/13
燕、魏自以無○故重王 246/131/14
今王無○獨安得無重天下 246/131/14
故勸王無○者 246/131/14
願王之熟慮無○之利害也 246/131/16
○欲攻宋 247/131/20
○乃捄趙以伐宋 247/131/20
之○ 247/131/23
如王若用所以事趙之半收○ 247/131/28
王之事○也 247/131/28
○為王之故 247/132/1
○甲未嘗不歲至於王之境也 247/132/3
請問王之所以報○者可乎 247/132/3
去○三千里 247/132/3
王以此疑○ 247/132/4
王固可以反疑○乎 247/132/5
○、秦交重趙 247/132/7
○將攻宋 248/132/15
○因欲與趙 248/132/15
○乃令公孫衍說李兌以攻宋而定封焉 248/132/15
李兌乃謂○王曰 248/132/16
非以為○得利秦之毀也 248/132/16
○之怒深 248/132/23
得大○ 248/132/23
○無大異 248/132/24
蘇代謂○王曰 249/133/3
○必攻宋 249/133/5
○王必無召珉也 249/133/8
今韓、魏與○相疑也 249/133/9
○、秦非復合也 249/133/10
秦王內韓珉於○ 249/133/16
秦王受○受趙 249/133/18
○、趙應之 249/133/19
以伐○收楚 249/133/21
燕、趙伐○ 249/133/22
兵分於○ 249/133/24
秦堅三晉之交攻○ 249/133/25
而兵東分於○ 249/133/25
是以攻○之已弊 249/133/26
而收○、魏以成取陰 249/134/5
命以與○ 252/135/9
乃割濟東三令城市邑五十七以與○ 252/135/10
今君以此與○ 252/135/11
以○之於燕也 252/135/15
趙強則○不復霸矣 252/135/17
○人戎郭、宋突謂仇郝曰 253/135/24
中山案此言於○曰 253/135/25
○聞此 253/135/25
欲伐○ 254/136/3
○請效地 254/136/3
○明為謂趙王曰 254/136/3
○畏從人之合也 254/136/3
○必不效地矣 254/136/4
以制○、趙 258B/137/17
趙氏求救於○ 262/138/28
○曰 262/138/28
於是為長安君約車百乘質於○ 262/139/19
○兵乃出 262/139/19
東與○境 273/143/24
魏南與楚而不與○ 273/143/25
則○攻其東 273/143/25
東與○而不與趙 273/143/26
○、魏約而伐楚 274/144/25
魏以董慶為質於○ 274/144/25
楚攻○ 274/144/25,274/144/26
以魏為將內之於○而擊其後 274/144/26
○必危矣 274/144/27
○使蘇厲為之謂魏王曰 275/145/3
○請以宋地封涇陽君 275/145/3
夫秦非不利有○而得宋地也 275/145/4
不信○王與蘇秦也 275/145/4
今秦見○、魏之不合也如此其甚也 275/145/5
則○必不欺秦 275/145/5
而秦信○矣 275/145/5
○、秦合而涇陽君有宋

地 275/145/6
秦必疑○而不聽也 275/145/6
夫○、秦不合 275/145/6
伐○成 275/145/7
陳軫為秦使於○ 276/145/11
犀首受○事 276/145/21
今燕、○、趙皆以事因犀首 276/145/22
夫魏欲絕楚、○ 278/146/4
使人謂○王曰 278/146/5
欲以絕○、楚也 278/146/6
張儀欲以魏合於秦、韓而攻○、楚 280/146/18
惠施欲以魏合於○、楚以案兵 280/146/18
以魏合於秦、韓而攻○、楚 280/146/19
○、楚怒而欲攻魏 281/146/26
○、楚攻魏 281/146/27
請令○、楚解攻 281/146/28
雍沮謂○、楚之君曰 281/146/28
○、楚惡儀 281/146/29
是○、楚之兵折 281/146/29
○、楚之王曰 281/147/2
與之伐○而存燕 284/147/19
○畏三國之合也 284/147/19
而樹怨而於○、秦也 284/147/20
○遂伐趙 284/147/21
秦欲救○ 285/147/27
伐○之事遂敗 285/147/29
何不陽與○而陰結於楚 286/148/3
○、楚必戰 286/148/3
楚戰勝○敗 286/148/4
○王將見燕、趙、楚之相於衛 288/148/18
犀首期○王至之曰 288/148/19
先以車五十乘至衛間○ 288/148/19
以請先見○王 288/148/20
三國之不相信○王之遇 288/148/24
犀首、田盼欲得○、魏之兵以伐趙 291/149/9
犀首、田盼遂得○、魏之兵 291/149/14
孰與其為○也 293/149/27
不如其為○也 293/149/27
文將右○而左魏 293/149/29
○欲伐宋 297/151/10
○令宋郭之秦 297/151/10
魏王畏○、秦之合也 297/151/11
又必謂王曰使王輕○ 297/151/19
○、魏之交已醜 297/151/19
又且收○以更索於王 297/151/19
○讎國也 297/152/1
而臣以致燕甲而起○兵矣 297/152/3
臣又說○王而往敗之 297/152/8
而以○為上交 297/152/8
○也 298/152/14
嬰子言行於○王 298/152/15
王欲得○ 298/152/15
彼必務以○事王 298/152/15
令犀首之○ 299/152/20
魏王令犀首之○ 299/152/21
將太子申而攻○ 300/152/26
○、魏戰於馬陵 301/153/3
○大勝魏 301/153/3
而後與○戰 301/153/6
王又欲悉起而攻○ 301/153/6
王若欲報○乎 301/153/7
則不如因變服折節而朝○ 301/153/7
則楚必伐○ 301/153/7
以休楚而伐罷○ 301/153/8
是王以楚毀○也 301/153/8
乃使人報於○ 301/153/8
終為○患者 301/153/13
而與之並朝○侯再三 301/153/14
自將而伐○ 301/153/16
大敗○於徐州 301/153/16
令太子鳴為質於○ 302/153/20
是○抱空質而行不義也 302/153/22
必右○而左魏 303B/154/8
○桓公夜半不嗛 307/155/28
因請以下兵東擊○ 309/156/28
有意欲以下大王之兵東擊○也 309/157/5
以東擊○ 309/157/8
○人攻燕 310/157/13
入說○王曰 313/159/22
○之仇敵也 313/159/22
○之與國也 313/159/23
客謂○王曰 313/159/26
又不攻衛與○矣 315/161/14
衛、○甚畏 315/162/9
而并○、秦 317A/162/22
公必且待○、楚之合也 317B/162/28
今○、楚之理 317B/162/28
其人皆欲合○、秦外楚以輕公 317B/162/29
公必謂○王曰 317B/162/29
○王故欲伐楚 317B/162/30
○王惡之 317B/163/1
今以○、秦之重 317B/163/2
合親以孤○ 317B/163/4
○、楚也 317B/163/11
今○王謂魏王曰 317B/163/11
欲講攻於○王兵之辭也 317B/163/11
翟強欲合○、秦外楚 317B/163/13
樓庳欲合秦、楚外○ 317B/163/13
請合於楚外○ 317B/163/14
必為合於○外於楚 317B/163/15
翟強與○王必疾矣 317B/163/16
是公外得○、楚以為用 317B/163/16
昔曹恃○而輕晉 319/164/3
○伐釐、莒而晉人亡曹 319/164/3
繒恃○以悍越 319/164/3
○和子亂而越人亡繒 319/164/4
中山恃○、魏以輕趙 319/164/5
○、魏伐楚而趙亡中山 319/164/5
攻○得剛、博以廣陶 323/165/8
不如○趙 325/165/29
荊、○不能獨從 325/165/29
不如○、趙而構之秦 326/166/3
王欲焉而收○、趙攻荊 326/166/4
欲焉而收荊、趙攻○ 326/166/5
是無○也 328/166/19
有○者 328/166/19
遂伐○ 329B/167/4
子為肖謂○王曰 335/168/12
令○資我於魏 335/168/12
是示○輕也 335/168/13
夫○不以無魏者以害有魏者 335/168/13
○必資公矣 335/168/14
是公有○ 335/168/14

以○有魏也 335/168/14
周寂善○ 336/168/18
周寂入○ 337/168/23
今周寂遁寡人入○ 337/168/24
○無通於天下矣 337/168/24
亦無○累矣 337/168/24
○、楚約而欲攻魏 338/168/29
今○、楚之兵已在魏郊矣 338/169/4
魏急則且割地而約○、楚 338/169/4
而強二敵之○、楚也 338/169/5
○、楚聞之 338/169/8
張儀謂○王曰 349/174/16
因以○、魏廢韓朋 349/174/16
必不入於○ 349/174/17
以成陽資翟強於○ 356A/176/4
甘茂欲以魏取○ 359/178/4
公孫郝欲以韓取○ 359/178/4
而誅○、魏之罪 359/178/5
勸○兵以勸止魏 360/178/10
○、魏合與離 360/178/14
○、魏別與合 360/178/15
○、魏離 360/178/15
○、魏別 360/178/16
今王聽公孫郝以韓、秦之兵應○而攻魏 360/178/16
歸地而合於○ 360/178/17
以韓、秦之兵據魏而攻○ 360/178/18
○不敢戰 360/178/18
故王不如令韓中立以攻○ 360/178/19
○王言救魏以勁之 360/178/19
○、魏不能相聽 360/178/19
則信公孫郝於○ 360/178/20
以韓、秦之兵據魏以郄○ 360/178/21
臣以為令韓以中立以勁○ 360/178/21
公孫郝黨於○而不肯言 360/178/22
○、楚之交善秦 361/178/27
且以善○而絕○乎楚 361/178/27
恐○以楚遇為有陰於秦、魏也 361/178/28
將以合○、秦而絕○於楚也 361/179/1
○無以信魏之合己於秦而攻於楚也 361/179/2
○又畏楚之有陰於秦、魏也 361/179/2
魏之絕○於楚明矣 361/179/3
○、楚信之 361/179/3
以視○於有秦、魏 361/179/4
○必重楚 361/179/4
而且疑秦、魏於○ 361/179/4
仗○而畔秦 365/180/4
以公不如亟以國合於○、楚 367/181/8
○令周最使鄭 374/182/21
今公叔怨○ 374/182/22
○大夫諸子有犬 374/182/26
鄭王必以○王為不急 374/182/29
不若及○師未入 376/183/10
○師果入 376/183/12
○明謂公叔曰 377/183/16
○逐幾瑟 377/183/16
今楚欲善○甚 377/183/16
公何不令○王謂楚王 377/183/16
是○、楚合 377/183/17
是○孤也 380/184/5
韓挾○、魏以眄楚 380/184/6
○、楚後至者先亡 382/184/19
至○ 385/185/21
○人或言 385/185/21
然至○ 385/185/26
晉、楚、○、衛聞之曰 385/186/24
○怒於不得魏 386/187/10
昔○桓公九合諸侯 391/189/17
張丑之合○、楚講於魏也 394/190/11
則必以地和於○、楚 394/190/11
張丑因謂○、楚曰 394/190/13
○、楚恐 394/190/14
進○、宋之兵至首坦 396C/191/12
皆曰以燕亡於○ 396C/191/13
公孫郝嘗疾○、韓而不加貴 396C/191/17
○、韓嘗因公孫郝而不受 396C/191/17
韓珉相○ 397/191/25
與欲有求於○者 397/191/28
以臨○而市公 397/191/28
○封君以莒 398/192/3
○、秦非重韓則賢君之行也 398/192/3
今楚攻○取莒 398/192/4
上及不交○ 398/192/4
是棘○、秦之威而輕韓也 398/192/4
秦招楚而伐○ 400/192/17
楚之○者知西不合於秦 400/192/17
必且務以楚合於○ 400/192/17
○、楚合 400/192/18
446A/219/23
○以四國敵秦 400/192/18
是○不窮也 400/192/18
秦王誠必欲伐○乎 400/192/19
不如先收於楚之○者 400/192/19
楚之○者先務以楚合於○ 400/192/19
是○孤矣 400/192/20
南近○、趙 408/194/22
○、趙 408/194/22
○、燕離則趙重 409/194/27
○、燕合則趙輕 409/194/28
今君之○ 409/194/28
何吾合燕於○ 409/194/30
東不如○ 409/195/1
豈能東無○、西無趙哉 409/195/1
是驅燕而使合於○也 409/195/2
以疑燕、○ 409/195/3
燕、○疑 409/195/4
○王疑蘇秦 409/195/4
不如以地請合於○ 410/195/10
令郭任以地請講於○ 410/195/11
○宣王因燕喪攻之 411/195/16
武安君蘇秦為燕說○王 411/195/19
○王桉戈而卻曰 411/195/19
且夫燕、秦之俱事○ 411/195/31
○王大說 411/196/1
武安君從○來 412/196/8
足下安得使之之○ 412/196/14
何肯楊燕、秦之威於○而取大功乎哉 412/196/16
則○不益於營丘 412/196/18
且臣之說○ 412/196/30

使之說○者 412/196/30
而南無○、趙之患 413/197/13
夫○、趙者 415/198/1
寡人之於○、趙也 415/198/5
思念報○ 415/198/8
我有深怨積怒於○ 415/198/11
○者 415/198/11
子能以燕敵○ 415/198/12
今夫○王 415/198/16
吾聞○有清濟、濁河 415/198/21
則○可亡已 415/198/27
蘇秦死於○ 416A/199/3
而○宣王復用蘇代 416A/199/4
蘇代為○使於燕 416A/199/6
○宣王何如 416A/199/7
儲子謂○宣王 416A/199/20
孟軻謂○宣王曰 416A/199/27
○大勝燕 416A/199/28
蘇秦弟厲因燕質子而求見○王 416B/200/3
○王怨蘇秦 416B/200/3
乃使蘇代持質子於○ 416B/200/6
○使代報燕 416B/200/6
○王其伯也乎 416B/200/7
○伐燕 416B/200/8
皆終歸○ 416B/200/9
○善待之 416B/200/9
○使人謂魏王曰 417/200/13
○請以宋封涇陽君 417/200/13
秦非不利有○而得宋地也 417/200/13
不信○王與蘇子也 417/200/14
今○、魏不和 417/200/14
則○不欺秦 417/200/14
秦信○ 417/200/14
伐○之形成矣 417/200/16
○因孤國之亂 418/200/21
鄒衍自○往 418/201/7
與秦、楚、三晉合謀以伐○ 418/201/9
○兵敗 418/201/9
盡取○寶 418/201/10
○城之不下者 418/201/10
○伐宋 419/201/14
而寄質於○ 419/201/14
秦○助之伐宋 419/201/15
肥大○ 419/201/15
將欲以除害取信於○也 419/201/16
而○未加信於足下 419/201/16
然則足下之事○也 419/201/17
而○并之 419/201/18,419/201/19
是益一○也 419/201/18
是益二○也 419/201/19
夫一○之強 419/201/19
今乃以三○臨燕 419/201/20
○人紫敗素也 419/201/22
則莫如遙伯○而厚尊之 419/201/24
今為○下 419/201/26
苟得窮○ 419/201/26
以窮○之說說秦 419/201/27
燕、趙破宋肥○尊○而為之下者 419/201/27
○不聽 419/201/30,446A/219/22
因驅韓、魏以攻○ 419/202/1
則燕、趙之棄○也 419/202/3
則○伯必成矣 419/202/3
諸侯戴○ 419/202/4,419/202/4
秦伐○必矣 419/202/6
伐○ 419/202/7
燕欲報仇於○ 419/202/9
與謀伐○ 419/202/10
竟破○ 419/202/10
○不出營丘 420/202/21
今王有東嚮伐○之心 420/202/26
故○雖強國也 420/202/29
則○軍可敗 420/202/29
子以此為寡人東游於○ 420/203/1
今臣為足下使於○ 420/203/12
○得宋而國亡 422/203/25
○、楚不得以有枳、宋事秦者 422/203/25
恐○救之 422/204/9
則以宋委於○ 422/204/9
因以破宋為○罪 422/204/11
秦欲攻○ 422/204/13
則以○委於天下曰 422/204/13
○王四與寡人約 422/204/13
有○無秦 422/204/14
無○有秦 422/204/14
因以破○為天下罪 422/204/15
適○者曰 422/204/24
蘇代為奉陽君說燕於趙以伐○ 423/205/6
乃入○惡趙 423/205/6
令○絕於趙 423/205/6
○已絕於趙 423/205/6
使○不信趙者 423/205/7
今○王召蜀子使不伐宋 423/205/8
與○王謀道取秦以謀趙者 423/205/8
令○守趙之質子以甲者 423/205/8
請告子以請○ 423/205/9
臣故知入○之有趙累也 423/205/10
臣死而○大惡於趙 423/205/10
令○、趙絕 423/205/11
○、趙必有為智伯者矣 423/205/11
○王使公王曰命說曰 424/205/16
吾無○矣 424/205/18
如○王王之不信趙 424/205/20
故○、趙之合苟可循也 424/205/21
臣死而○、趙不循 424/205/23
臣以韓、魏循自○ 424/205/27
今臣逃而紛○、趙 424/206/3
卒絕○於趙 424/206/8
趙合於燕以攻○ 424/206/8
蘇代為燕說○ 425/206/12
未見○王 425/206/12
○王大說蘇子 425/206/16
蘇代自○使人謂燕昭王曰 426/206/21
臣聞離○、趙 426/206/21
○、趙已孤矣 426/206/21
王何不出兵以攻○ 426/206/21
燕乃伐○攻晉 426/206/22
燕之攻○也 426/206/24
○軍敗 426/207/1
日者○不勝於晉下 426/207/5
○不幸而燕有天幸也 426/207/5
○君臣不親 426/207/8
燕因使樂毅大起兵伐○ 426/207/8
蘇代自○獻書於燕王曰 427/207/13
臣貴於○ 427/207/13
○有不善 427/207/14
天下不攻○ 427/207/15
將曰善為○謀 427/207/15

天下攻○ 427/207/15
將與○兼鄮臣 427/207/15
上可以得用於○ 427/207/16
去燕之○可也 427/207/17
臣受令以任○ 427/207/18
○數出兵 427/207/18
○、趙之交 427/207/18
燕王不與○謀趙 427/207/19
則與趙謀○ 427/207/19
○之信燕也 427/207/19
且攻○ 427/207/20
使○犬馬駿而不言燕 427/207/20
陳翠合○、燕 428/207/26
將令燕王之弟為質於○ 428/207/26
憂公子之且為質於○也 428/208/1
燕昭王且與天下伐○ 429/208/15
而有○人仕於燕者 429/208/15
寡人且與天下伐○ 429/208/15
子因去而之○ 429/208/16
且以因子而事○ 429/208/16
燕、○不兩立 429/208/17
昔者吳伐○ 430/208/23
伐○未必勝也 430/208/24
昌國君樂毅為燕昭王合五國之兵而攻○ 431/209/3
用○人反間 431/209/4
○田單欺詐騎劫 431/209/5
復收七十城以復○ 431/209/5
將軍為燕破○ 431/209/8
我有積怨深怒於○ 431/209/25
而欲以○為事 431/209/25
夫○霸國之餘教也 431/209/25
○可大破也 431/209/28
起兵隨而攻○ 431/209/29
奉令擊○ 431/209/30
○王逃遁走莒 431/209/30
○器設於寧臺 431/210/2
○南破楚 433/211/15,433/211/20
使○北面伐燕 433/211/15
頓○兵 433/211/16
南使於○ 433/211/18
絕交於○ 433/211/26
率天下之兵以伐○ 433/211/26
頓○國 433/211/26
○、魏爭燕 435/212/11
○謂燕王曰 435/212/11
○遂北矣 435/212/13
○、韓、魏共攻燕 436/212/17
○軍其東 436/212/20
○師怪之 436/212/21
○兵已去 436/212/22
南連○、楚 440/214/25
若曹沫之與○桓公 440/215/26
宋小而○大 441/218/4
夫救於小宋而惡於大○ 441/218/4
我堅而○弊 441/218/5
○王果攻 441/218/5
宋因賣楚重以求講於○ 446A/219/22
蘇秦為宋謂○相曰 446A/219/22
以明宋之賣楚重於○也 446A/219/23
必絕於宋而事○ 446A/219/23
今太子自將攻○ 446B/219/29
與○人戰而死 446B/220/2
○聞而伐之 447/220/9
○謂趙、魏曰 454/222/15
454/222/16
中山之君遣之○ 454/222/18
非○之利也 454/222/20
豈若中山廢其王而事○哉 454/222/20
為君廢王事○ 454/222/24
○欲伐河東 454/222/31
○羞與中山之為王甚矣 454/223/1
中山果絕○而從趙、魏 454/223/2
○閉關不通中山之使 455/223/6
公何患於○ 455/223/9
○強 455/223/9
請以公為○王而登試說公 455/223/12
今○之辭云『即佐王』 455/223/20
以此說○王 455/223/22
○王聽乎 455/223/22
○以是辭來 455/223/23
○之欲割平邑以賂我者 455/223/24
連好○、楚 461/226/5

綦 qí 6

○母恢謂周君曰 32/11/1
○母恢曰 32/11/4,383C/185/4
魏求相○母恢而周不聽 169/88/7
○母恢教之語曰 289/148/29
公孫○為人請御史於王 403/193/9

錡 qí 1

○宣之教韓王取秦 369/181/20

騎 qí 30

車○之用 40/13/9
轉轂連○ 40/14/13
車○之多 73A/30/24
使輕車銳○衝雍門 105/51/24
紿○劫 143/74/23
殺○劫 145/75/6
○萬匹 167/85/17
218/113/10,348A/173/20
○萬疋 168/86/16
乃使延陵王將車○先之晉陽 203/104/6
飾車○ 220/115/22
今吾將胡服○射以教百姓 221/116/20
而無○射之備 221/117/21
變服○射 221/117/22
今○射之服 221/117/25
以為○邑 224/120/6,224/120/7
以奉○射 224/120/9
率○入胡 224/120/18
○五千疋 272/143/9
枉車○而交臣 385/186/2
請益具車○壯士 385/186/9
遂謝車○人徒 385/186/12
○六千疋 408/194/11
而使○劫代之將 431/209/4
齊田單欺詐○劫 431/209/5
寡人之使○劫代將軍者 431/209/10
晝以車○ 436/212/21
間進車○美女 440/216/2

騏 qí 6

則○驥不如狐狸 129/62/24
豈有○麟騄耳哉 135/66/24

世無○驥騄耳 137/69/3
非賢於○驥、孟賁也 142/72/9
而○驥不至 258B/138/2
臣聞○驥盛壯之時 440/215/5

麒 qí 1

○驥之衰也 142/72/8

乞 qǐ 9

而藉兵○食於西周 22/8/3
又無藉兵○食 22/8/6
而使不藉兵○食於西周 22/8/10
○食於吳市 73A/30/10
虞之○人 96/48/12
故儀願○不肖身而之梁 115/56/17
115/56/25
為○人而往○ 204B/106/12

豈 qǐ 71

周君○能無愛國哉 24/8/28
○其難矣 42/16/26
○敢以疑事嘗試於王乎 72/29/3
○齊不欲地哉 73A/31/4
○有此乎 81/35/24
○非士之所願與 81/35/26
○不辯智之期與 81/35/27
○非道之符 81/35/29
○不亦忠乎 81/36/14
雖藍田○難得哉 82A/37/26
臣○以郢威王為政衰謀亂以至於此哉 88/42/26
人主○得其用哉 96/48/14
吾○可以先王之廟與楚乎 101/50/9
○為人臣欺生君哉 109/53/15
足下○如令眾而合二國之後哉 110/53/23
○用強力哉 125/61/15
○得持言也 126/61/22
○非世之立教首也哉 129/62/27
君○受楚象床哉 130/63/7
○特七士也 131/63/26
○獨不得盡 135/66/23
○有騏麟騄耳哉 135/66/24
○有毛廧、西施哉 135/66/24
○非下人而尊貴士與 136B/68/7
○先賤而後尊貴者乎 138/69/14
○特攫其腓而噬之耳哉 147/77/10
○不以據勢也哉 147/77/16
○忘為之內乎 157B/82/8
社稷○得無危哉 168/86/23
餘○悉無君乎 170/89/24
○特百里哉 192/97/29
則○楚之任也我 201/103/3
秦○得愛趙而憎韓哉 209/108/14
鄙語○不曰 216/111/17
○掩於眾人之言 218/113/20
○可同日而言之哉 218/113/24
○獨田單、如耳為大過哉 219/114/30
○可得哉 220/116/3,440/216/5
○有敢曰 225/121/7
○敢輕國若此 239A/129/6
○敢有難 258B/137/25
○非計久長 262/139/13
○人主之子孫則必不善哉 262/139/16
○可不一會期哉 267/141/8
○不亦信固哉 269/141/19
公叔○非長者哉 270/142/12
○不悲哉 271/142/20
○其士卒眾哉 272/143/8
○小功也哉 296/151/6
則魏國○得安哉 315/161/20
○若由楚乎 317B/163/3
○有及哉 338/169/5
○可使吾君有魏患也 340/170/7
○直五百里哉 343/171/18
則○楚之任也哉 362/179/11
○敢以有求邪 385/185/27
○不殆哉 385/186/11
○不為過謀哉 391/189/16
○不為過謀而不知尊哉 391/189/19
○可不謂善謀哉 391/189/21
○如道韓反之哉 401/192/26
○能東無齊、西無趙哉 409/195/1
○遠千里哉 418/201/4
寡人○敢一日而忘將軍之功哉 431/209/9
君○怨之乎 438/213/29
○丹之心哉 440/215/19
將軍○有意乎 440/216/16
荊卿○無意哉 440/216/23
○若中山廢其王而事齊哉 454/222/20
○若令大國先與之王 454/223/1

起 qǐ 108

皆白○ 27/9/20
謂白○曰 27/9/21
疾且不○ 39/12/26
萬端俱○ 40/13/19
兵甲愈○ 40/13/20
吾欲使武安子○往喻意焉 41A/14/26
卒○兵伐蜀 44/18/11
王○兵救之 51/22/3
○樗里子於國 52/22/10
因○兵襲秦 53/22/21
因悉○兵 55/23/22
白○者 68/28/3
兵休復○ 70/28/16
古之所謂『危主滅國之道』必從此○ 74/32/28
○者○ 77/33/23
輕○相牙者 77/33/24
楚之吳○ 81/35/30
吳○事悼王 81/36/3
商君、吳○、大夫種 81/36/13
81/36/14
商君、吳○、大夫種不若也 81/36/15
不過商君、吳○、大夫種 81/36/18
白○率數萬之師 81/36/25
白○之勢也 81/36/27
吳○為楚悼罷無能 81/37/1
則商君、白公、吳○、大夫種是也 81/37/9
昭王彊○應侯 81/37/16
秦白○拔楚西陵 87/40/24
於是白○又將兵來伐 87/40/25
四國必應悉○應王 87/41/26
○居不敬 95/47/8
乃○兵 102/50/23,211/109/16
乃○兵南攻襄陵 102/50/25

齊因○兵擊魏 103/51/6
楚、趙果遽○兵而救韓 114/56/7
齊因○兵攻燕 114/56/7
○而問 117/57/12
○矯命以責賜諸民 133/65/8
故舜○農畝 136B/67/26
夫後○者藉也 142/71/3
莫若後○而重伐不義 142/71/26
夫後○之籍與多而兵勁 142/71/26
後○之藉也 142/72/9
有而案兵而後○ 142/72/9
後○則諸侯可趨役也 142/72/15
中山悉○而迎燕、趙 142/73/1
兵後○則諸侯可趨役也 142/73/14
雖有闔閭、吳○之將 142/73/16
是孫臏、吳○之兵也 145/75/21
楚因使景舍○兵救趙 156/81/26
野火之○也若雲蜺 160/83/8
秦必○兩軍 167/85/20
○於汶山 168/86/30
大王悉○兵以攻宋 168/87/14
秦王顧令不○ 170/89/16
式而能○ 170/89/29
必悉○而擊楚 173B/90/28
○之 194/99/5
疾而不○ 200/102/7
秦○二軍以臨韓 211/109/19
趙○兵取上黨 211/110/17
令公孫○、王齕以兵遇趙於長平 211/110/17
趙患又○ 215/111/11
趙王因○兵南戍韓、梁之西邊 217/112/16
楚有四人○而從之 219/115/10
夫以秦將武安君公孫○乘七勝之威 231/123/8
辛垣衍○ 236/128/1
○前以千金為魯連壽 236/128/5
秦令○賈禁之 247/131/20
皆○而行事 249/133/17
必○中山與勝焉 249/134/2
秦○中山與勝 249/134/2
吳○對曰 269/141/20,269/141/23
此吳○餘教也 270/142/6
於是索吳○之後 270/142/10
悉○兵從之 291/149/14
而東夷之民不○ 297/152/2
而臣以致燕甲而○齊兵矣 297/152/3
魏惠王○境內眾 300/152/26
吾常欲悉○兵而攻之 301/153/4
王又欲悉○而攻齊 301/153/6
為○兵十萬 314/160/11
乃為之○兵八萬 314/160/22
挺劍而○ 343/171/24
已悉○之矣 357/176/27
楚因以○師言救韓 357/177/2
公仲遽○而見之 358/177/13
○兵臨羊腸 368/181/15
請為子○兵以之魏 370/181/27
韓必○兵以禁之 383A/184/24
秦必○兵以誅不服 387/187/21
我○乎少曲 422/204/1
我○乎宜陽而觸平陽 422/204/1
燕因使樂毅大○兵伐齊 426/207/8
○兵隨而攻齊 431/209/29
遽○六十萬以攻趙 438/213/6
○兵而救燕 439/214/13
即○ 440/215/8
○ 440/217/12
自引而○ 440/217/13
卒○不意 440/217/15
智伯果○兵而襲衛 448A/220/17
故○所以得引兵深入 461/226/17
微白○ 461/226/30
彊○之 461/227/2

啟 qǐ 14

秦○關而聽楚使 62/25/22
夏育、太史○叱呼駭三軍 81/36/22
章子之母○得罪其父 109/53/12
臣之母○得罪臣之父 109/53/14
有陰、平陸則梁門不○ 141B/70/23
○胡、翟之鄉 221/116/18
○關通敝 233/124/15
○地二十二縣 309/157/8
又為陰○兩機 310/158/3
周○以東周善於秦 387/187/22
禹授益而以○為吏 416A/199/15
而以○為不足任天下 416A/199/15
○與支黨攻益而奪之天下 416A/199/15
其實令○自取之 416A/199/16

綺 qǐ 1

曳○縠 140/70/5

泣 qì 12

太后坐王而○ 92/44/10
靖郭君○而曰 101/50/6
望之而○ 101/50/13
中哭○ 142/72/21
莫不揮○奮臂而欲戰 148/78/15
安陵君○數行而進曰 160/83/10
襄子乃喟然歎○曰 204B/106/24
皆為涕○ 204B/106/29
持其踵為之○ 262/139/12
何不令公子○王太后 300/152/26
士皆垂淚涕○ 440/216/28
涕○相哀 461/226/3

契 qì 6

獨知之○也 30/10/17
載主○國以與王約 67/27/20
載券○而行 133/65/5
則○折於秦 309/157/2
操右○而為公責德於秦、魏之主 386/187/9
必得約○以報太子也 440/217/20

氣 qì 7

少焉○力倦 27/9/24
而辭○不悖 145/76/8
而士卒無生之○ 148/78/15
乃厲○循城 148/78/17
太后盛○而揖之 262/139/1
則上有野戰之○ 304/154/24
○矜之隆 385/186/20

戚 qì 8

富貴則親○畏懼 40/14/19
貴○父兄皆可以受封侯 218/113/2
封侯貴○ 218/113/3

賢者○焉 221/116/26
因貴○者名不累 221/117/4
是親○受封 234/125/21
不顧親○兄弟 315/160/30
此於其親○兄弟若此 315/161/2

棄 qì 53

○甲兵怒 42/16/23
忠且見○ 48B/19/22
忠尚見○ 49/20/14
故子○寡人事楚王 51/21/26
○逐於秦而出關 61A/25/1
然則聖王之所○者 72/29/7
此天所以幸先王而不○其孤也 73A/30/19
○在於趙 93/45/1
少○捐在外 93/45/11
不肖則○之 129/62/26
使人有○逐 129/62/27
智者不倍時而○利 145/75/11
且○南陽 145/75/16
亦捐燕○世 145/75/26
遂自○於磨山之中 170/89/24
○所貴於讎人 184/95/12
不○美利於前 202/103/15
先王○群臣 220/116/9
是變籍而○經也 224/120/7
吾聞信不○功 224/120/15
則是○前貴而挑秦禍也 233/124/24
○禮義而上首功之國也 236/126/29
則魏必圖秦而○儀 283/147/14
則前功必○矣 310/157/29
今臣直欲○臣前之所得矣 341/170/16
臣亦將○矣 341/170/19
○之不如用之之易也 342/170/28
死之不如○之之易也 342/170/28
能○之弗能用之 342/170/28
能死之弗能○之 342/170/29
是王○之 342/171/1
王又能死而弗能○之 342/171/2
天下孰不○呂氏而從嫪氏 342/171/8
則○前功而後更受其禍 347/173/6
韓立公子咎而○幾瑟 381/184/12
是太子反○之 383B/184/30
今足下幸而不○ 385/186/9
是○強仇而立厚交也 411/195/30
乃陽僵○酒 412/196/27
故妾一僵而○酒 412/196/27
適不幸而有類妾之○酒也 412/196/29
則燕、趙之○齊也 419/202/3
魏○與國而合於秦 422/204/18
王○國家 428/208/8
會先王○群臣 431/209/9
及至○群臣之日 431/210/7
君微出明怨以○寡人 438/213/13
輕○寡人以快心 438/213/17
怨惡未見而明○之 438/213/19
○大功者 438/213/27
輟而○之 438/213/28
而○所哀憐之交置之匈奴 440/214/27
此天所以哀燕不○其孤也 440/215/20

葺 qì 1

未期年而○亡走矣 240/129/26

器 qì 22

○械被具 1/1/16
多名○重寶 3A/2/6
周君所以事吾得者○ 28/10/4
九鼎寶○必出 44/17/25
而為天下名○ 72/29/6
不稱瓢為○ 74/32/21
已稱瓢為○ 74/32/21
祭○必出 115/56/18,115/56/27
願請先王之祭○ 133/65/27
昭奚恤取魏之寶○ 158/82/14
資之金玉寶○ 174/91/6
而將其頭以為飲○ 204B/106/8
不失守○ 211/109/21
衣服○械 221/118/23
功不什者不易○ 224/120/8
不知○械之利 224/120/12
而挾重○多也 262/139/17
多予之重○ 262/139/17
必效先王之○以止王 402/193/5
車甲珍○ 431/210/1
齊○設於寧臺 431/210/2

千 qiān 148

越人請買之○金 30/10/16
沃野○里 40/13/8
今先生儼然不遠○里而庭教之 40/13/13
綿繡○純 40/14/7
張軍數○百萬 42/15/13
百可以勝○ 42/15/19
○可以勝萬 42/15/19
方數○里 42/15/20,42/17/6
開地數○里 42/15/22
武王將素甲三○領 42/17/3
因以文繡○匹 53/22/19
行○里而攻之 55/23/10
譬猶以○鈞之弩潰癰也 63/26/9
方○里 70/28/14
又方○里 70/28/14
利有○里者二 70/28/15
戰車○乘 73A/30/23
再辟○里 73A/31/3
散不能三○金 77/33/29
澤流○世 81/35/29
攘地○里 81/36/3
棧道○里於蜀、漢 81/37/8
以○里養 86/40/11
○乘之宋也 88/42/18
說有可以一切而使君富貴○萬歲 93/44/28
金○斤 96/47/23,440/216/12
買封○戶 96/47/24
百而當○ 105/51/23
今齊地方○里 108/52/24
齊地方二○里 112/54/24
○人不能過也 112/55/5
為儀○秋之祝 116/57/5
止者○數而弗聽 124/60/23
○乘之君與萬乘之相 127/62/1
象床之直○金 130/63/4
○里而一士 131/63/22
黃金○斤 133/65/23
○金 133/65/23
遣太傅齎黃金○斤 133/65/25

寡人地數○里 134/66/8
○乘也 134/66/16
立○乘之義而不可陵 134/66/16
賜金○鎰 136B/67/17
大王據○乘之地 136B/67/20
而建○石鐘 136B/67/20
諸侯三○ 136B/67/26
訾養○鍾 139/69/28
夫中山○乘之國也 142/73/2
○丈之城 142/73/17
昔者魏王擁土○里 142/73/22
夫○乘、博昌之間 143/74/16
而喪地○里 145/76/5
敝卒七○ 147/77/28
而反○里之齊 147/77/29
齊地方數○里 150/79/22
今王之地方五○里 154/81/6
結駟○乘 160/83/8
寡人萬歲○秋之後 160/83/10
大王萬歲○秋之後 160/83/11
地方五○里 167/85/16,461/226/9
車○乘 167/85/17,168/86/16,218/113/10,348A/173/20
至郢三○餘里 168/86/30
遂出革車○乘 170/89/17
有萬乘之號而無○乘之用也 177/92/17
死者以○數 179/93/20
事王者以○數 179/93/21
今先生乃不遠○里而臨寡人 180/93/28
偶有金○斤 182/94/18
行○餘里來 188/96/17
猶以數○里 192/97/29
若曰勝○鈞則不然者 201/103/2,362/179/10
夫○鈞非馬之任也 201/103/3
至於榆中○五百里 209/108/21
其地不能○里 211/109/14
○戶封縣令 211/110/12
攘地○餘里 217/112/2
趙地方二○里 218/113/10
湯、武之卒不過三○人 218/113/18
黃金○鎰 218/114/12,425/206/16
錦繡○純 218/114/12
辟地○里 224/120/19
無過三○家者 225/121/4
今○丈之城 225/121/8
圍○丈之城 225/121/8
起前以○金為魯連壽 236/128/5
用兵於二○里之外 247/132/1
去齊三○里 247/132/3
地方○里 272/142/29,347/172/29
臣聞越王勾踐以散卒三○ 272/143/7
武王卒三○人 272/143/7
蒼頭二○萬 272/143/8
騎五○疋 272/143/9
魏地方不至○里 273/143/22
今又行數○里而以助魏 314/160/15
夫行數○里而救人者 314/160/15
雖欲行數○里而助人 314/160/16
利行數○里而助人乎 314/160/20
○里有餘 315/161/23
晉國之去大梁也尚○里 315/161/26
今由○里之外 341/170/22
雖○里不敢易也 343/171/18
流血○里 343/171/20
而動○里之權者 344A/172/4
無以異於墮○鈞之重 348A/173/24
求○金於韓 351/174/28
夫○鈞 362/179/10
日費○金 366/180/14
不遠○里 385/186/2
縣購之○金 385/186/16
大勝以○數 390/189/2
故秦買之三○金 393/190/4
云取○里馬 407/194/3
馬不○里 407/194/4
○里之馬也 407/194/4
○里之服也 407/194/4
而不能取○里 407/194/4
而難○里之行 407/194/5
地方二○餘里 408/194/11
騎六○疋 408/194/11
彌地踵道數○里 408/194/16
戰於○里之外 408/194/18
而重○里之外 408/194/19
以金○斤謝其後 411/196/1
何肯步行數○里 412/196/15
而又以其餘兵南面而舉五○乘之勁宋 415/198/18
有以○金求○里馬者 418/200/30
三月得○里馬 418/201/1
○里之馬至者三 418/201/4
豈遠○里哉 418/201/4
今夫烏獲舉○鈞之重 420/202/28
奉以○金 428/208/5
太后○秋之後 428/208/8
燕王使使者賀○金 439/214/10
一日而馳○里 440/215/5
秦王購之金○斤 440/216/6
持○金之資幣物 440/217/4
荊之地方五○里 442/218/19
中山○乘之國也 455/223/6

阡 qiān 1

決裂○陌 81/36/24

牽 qiān 6

鉤不能○ 99/49/13
而○留萬乘者 147/77/16
○其說 273/144/17
子纆○長 407/194/5
故纆○於事 407/194/5
是纆○長也 407/194/6

愆 qiān 1

修法無○ 221/118/3

遷 qiān 5

弊邑○鼎以待命 1/1/18
中阪○延 199/101/7
東收兩周而西○九鼎 220/115/23
能與聞○ 221/118/9
虜趙王○及其將顏冣 263/140/2

褰 qiān 1

必○裳而趨王 341/170/18

拑 qiān 1

蚌合而○其喙 434/212/3

前 qián 89

彼○得罪而後得解 6/3/11
○相工師藉恐客之傷己也 8A/3/22
○有勝魏之勞 23/8/17
故使長兵在○ 24/8/27
○功盡矣 27/9/25
○功盡滅 27/9/26
何○倨而後卑也 40/14/18
白刃在○ 42/15/13
斷死於○者比是也 42/15/18
○者穰侯之治秦也 42/16/9
司馬錯與張儀爭論於秦惠王○ 44/17/21
在耳之○ 54/22/26
獨不重任臣者後無反覆於王○耶 72/29/3
知今日言之於○ 73A/30/5
設利於○ 87/41/11
○日秦下甲攻趙 95/46/26
將軍為壽於○而捍匕首 95/47/7
恐懼死罪於○ 95/47/9
亦驗其辭於王○ 104/51/17
因與之參坐於衛君之○ 116/57/5
免極於○ 132A/64/1
斶○ 136B/67/12
王○ 136B/67/12
王曰『斶○』 136B/67/13
亦曰『王○』 136B/67/13
夫斶○為慕勢 136B/67/13
王○為趨士 136B/67/14
可見於○事矣 142/72/6
可見於○事 142/73/4
王賜諸○ 147/77/22
雍門司馬○曰 150/79/19
昭奚恤與彭城君議於王○ 155/81/12
○而驅己也 187/96/11
上比○世 197/100/7
不棄美利於○ 202/103/15
襄子將卒犯其○ 203/105/10
○國地君之御有之曰 204A/105/18
○事之不忘 204A/105/24
君○已寬舍臣 204B/106/26
願見於○ 208/107/22
皆言主○專據 209/108/13
皆願奉教陳忠於○之日久矣 218/112/22
無敢盡忠於○者 218/112/23
○有軒轅 218/113/25
臣得陳忠於○矣 218/114/1
剖地謝○過以事秦 220/116/10
○吏命胡服 223/120/1
累世以○ 232/123/21
則是棄○貴而挑秦禍也 233/124/24
○與齊湣王爭強為帝 236/126/14
起○以千金為魯連壽 236/128/5
○漳、滏 237/128/13
王致之於○ 238/128/21
○有尺帛 239A/129/3
何不令○郎中以為冠 239A/129/7
○之人煬 239B/129/17
其○可見已 246/131/12
虛國於燕、趙之○ 247/132/1
今三世以○ 262/139/14
○帶河 269/141/27
○脈形地之險阻 270/142/7
縣賞罰於○ 270/142/8
○慮不定 272/143/15
○計失之 273/144/20
見棺之○和 296/150/27
彼將傷其○事 304/155/1
○夾林而後蘭臺 307/156/4
則○功必棄矣 310/157/29
今臣直欲棄臣○之所得矣 341/170/16
臣亦猶曩臣之○所得魚也 341/170/19
則棄○功而後更受其禍 347/173/6
探○趹後 348A/173/21
觴聶政母○ 385/185/23
○為聶政母壽 385/185/23
且○日要政 385/186/4
○所以不許仲子者 385/186/7
強弩在○ 422/204/5
故○業不忘 438/213/26
使得至○ 440/215/20
太子○頓首 440/216/1
樊於期乃○曰 440/216/14
又○而為歌曰 440/216/28
○為謝曰 440/217/10
使畢使於○ 440/217/11
左右既○斬荊軻 440/217/21
○年國虛民飢 461/225/29
三軍之俸有倍於○ 461/225/30
雖倍其○ 461/226/3
君○率數萬之眾入楚 461/226/10

乾 qián 1

今韓、梁之目未嘗○ 111/54/10

鉆 qián 2

吾所苦夫鐵○然 212/110/23
無有謂臣為鐵○者乎 212/110/24

潛 qián 2

於是○行而出 42/17/5
於是贏糧○行 170/89/11

錢 qián 2

金○粟孰與之富 95/46/19
尚有爭○財 273/144/1

黔 qián 5

南有巫山、○中之限 40/13/7
楚地西有○中、巫郡 167/85/15
一軍下○中 167/85/20
○中、巫郡非王之有已 168/87/2
先王必欲少留而扶社稷、安○首也 296/151/1

淺 qiǎn 13

其○者又不足聽也 72/29/12
嘗○謂秦王曰 84A/39/10
蒞國之日○ 218/114/11
奉祠祭之日○ 220/116/9
司馬○為富丁謂主父曰 229A/122/11
交○而言深 257/136/24
257/136/25
使夫交○者不可以深談 257/136/26
今外臣交○而欲深談可乎 257/136/27

計○而怨深　348A/173/28
吾得為役之日○　385/185/22
臣之所以待之至○鮮矣　385/186/2
怨不期深○　459B/225/19

慊 qiǎn　1

苟可○齊貌辨者　101/49/25

遣 qiǎn　40

載以乘車駟馬而○之　21/7/25
是以○之也　21/7/27
趙未之○　93/45/5
趙厚送○之　93/45/6
趙乃○之　93/45/7
乃陰告韓使者而○之　103/51/4
乃許韓使者而○之　114/56/5
因○之　122/59/8,352/175/5
○使者　133/65/23
○太傅齎黃金千斤　133/65/25
乃○使車百乘　168/87/27
○昭常為大司馬　177/92/28
○昭常之明日　177/92/28
○景鯉車五十乘　177/92/29
乃○子良北獻地於齊　177/92/29
○子良之明日　177/92/30
又○景鯉西索救於秦　177/92/30
齊王○使求臣女弟　200/101/17
知伯○之　202/103/20
○入晉陽　203/104/23
而○之曰　216/111/17
何故至今不○　258A/137/3
王何不○建信君乎　258A/137/4
王何不○紀姬乎　258A/137/5
故君不如○春平侯而留平都侯　261/138/23
因與接意而○之　261/138/24
遂約車而○之　338/169/1
君其○縮高　340/169/22
○大使之安陵曰　340/169/28
韓王○張翠　366/180/16
因見燕客而○之　414/197/22
君○之　418/201/1
趙王以為然而○之　439/214/8
願太子急○樊將軍入匈奴以滅口　440/214/25
乃為裝○荊軻　440/216/21
丹請先○秦武陽　440/216/24
中山之君○之齊　454/222/18
○張登往　455/223/28
中山王○之　458/224/24

譴 qiǎn　1

太卜○之曰　15/6/15

搶 qiāng　1

以頭○地爾　343/171/21

強 qiáng　264

韓○與周地　5B/3/5
以王之○而怒周　6/3/10
公負令秦與○齊戰　10B/4/20
是君以合齊與○楚吏產子　12/5/17
產以忿○秦　14B/6/7
九年而取宛、葉以北以○韓、魏　22/8/4
齊得東國而益○　22/8/9
○弩在後　24/8/27
罰不諱○大　39/12/23
兵革大○　39/12/24
特以○服之耳　39/12/24
義○於內　40/13/24
以抑○秦　40/14/7
地廣而兵○　42/15/25
東以○齊、燕　42/16/3,42/16/7
秦兵之○　42/16/22
欲○兵者　44/18/1
秦益○富厚　44/18/11
得擅用○秦之眾　61A/25/11
齊破晉○　65/26/28
秦王畏晉之○也　65/26/28
德○齊　69/28/8,210/109/9
大王越韓、魏而攻○齊　73A/31/1
臣○者危其主　74/32/22
○徵兵　74/32/27
非秦弱而魏○也　75/33/7
夫人生手足堅○　81/35/25
必有伯主○國　81/36/4
富國、足家、○主　81/36/18
又越韓、魏攻○趙　81/36/26
孰與始○　83B/38/25
帥○韓、魏之兵以伐秦　83B/38/27
智氏最○　83B/38/30
今秦之○　83B/39/4
天下莫○於秦、楚　87/40/27
材兵甲之○　87/41/8
而忘毀楚之○魏也　87/41/14
韓、魏之○足以校於秦矣　87/42/2
莫○於齊　87/42/3
兵革之○　87/42/5
人眾不足以為○　88/42/16
人眾者○　88/42/16
趙氏亦嘗○矣　88/42/17
曰趙○何若　88/42/17
郢為○　88/42/26
與○趙攻弱燕　94/46/10
秦銜賂以自○　95/46/24
今又割趙之半以○秦　95/46/27
謝病○辭　101/50/14
夫子之○　109/53/13
適足以○秦而自弱也　111/54/4
○秦也　111/54/5
不憂○秦　111/54/5
夫以大王之賢與齊之○　112/54/29
而有○國之實　112/55/7
天下○國無過齊者　113/55/14
必謂齊西有○趙　113/55/15
兵○士勇　113/55/16
秦○而趙弱也　113/55/22
威卻○秦兵　120/58/14
周、韓西有○秦　121/58/19
王因馳○齊而為交　122/59/22
豈用○力哉　125/61/15
臣恐○秦大楚承其後　132A/64/2
富而兵○　133/65/22
衛非○於趙也　142/71/11
兵弱而好敵○　142/71/15
伐不為人挫○　142/71/18
伐而好挫○也　142/71/23
且夫○大之禍　142/71/25
則事以眾○適罷寡也　142/71/26
昔吳王夫差以○大為天下先　142/72/3
○襲郢而棲越　142/72/3
○大而喜先天下之禍也　142/72/4
則○弱大小之禍　142/72/6
素用○兵而弱之　142/73/11

其○而拔邯鄲　142/73/22
齊國復○　149A/78/23
是以弱宋干○楚也　152/80/14
而以○魏　156/81/17
魏○　156/81/17
楚之○敵也　163/84/5
天下之○國也　167/85/15, 272/143/3
夫以楚之○與大王之賢　167/85/17
楚○則秦弱　167/85/19
楚弱則秦○　167/85/19
以外交○虎狼之秦　167/86/2
夫外挾○秦之威　167/86/3
凡天下○國　168/86/21
聚群弱而攻至○也　168/86/25
夫以弱攻○　168/86/25
而忘○秦之禍　168/87/4
而逆○秦之心　168/87/6
萬乘之○國也　169/88/8
赴○敵而死　170/89/11
魏相翟○死　171/90/6
三國惡楚之○也　173B/90/27
秦女依○秦以為重　174/91/7
許○萬乘之齊而不與　177/92/13
許萬乘之○齊也而不與　177/92/21
魯弱而齊○　197/99/27
夫楚亦○大矣　201/103/1
今謂楚○大則有矣　201/103/3, 362/179/10
敝楚見○魏也　201/103/4
則是魏內自○　203/103/28
秦以三軍○弩坐羊唐之上　209/108/22
雖○大不能得之於小弱　211/110/2
而小弱顧能得之○大乎　211/110/2
冷向謂○國曰　213/110/28
則是○畢矣　214/111/5
三晉離而秦○　217/111/25
以秦之○　217/112/6,258B/137/17
以○秦之有韓、梁、楚　217/112/8
莫如趙○　218/113/10
是故明主外料其敵國之○弱　218/113/18
故尊主廣地○兵之計　218/114/1
故微之為著者○　219/114/26
將武而兵○　219/115/3
先時中山負齊之○兵　221/117/24
今以三萬之眾而應○國之兵　225/120/29
以河東之地○齊　227/121/20
凡○弱之舉事　230/123/3
○受其利　230/123/3
而欲以罷趙攻○燕　231/123/12
是使弱趙為○秦之所以攻　231/123/12
而使○燕為弱趙之所以守　231/123/12
而○秦以休兵承趙之敝　231/123/12
此乃○吳之所以亡　231/123/13
自弱以○秦　233/124/22
○者善攻　233/124/24
是○秦而弱趙也　233/124/25
以益愈○之秦　233/124/25
曰『我將因○而乘弱』　233/125/2
前與齊湣王爭○為帝　236/126/14
今趙萬乘之○國也　237/128/13
嘗抑○齊　237/128/14
今君易萬乘之○趙　237/128/15
今有○貪之國　238/128/26
乃輦建信以與○秦角逐　239A/129/10
○秦襲趙之欲　251/135/2
則奚以趙之○為　252/135/17
趙○則齊不復霸矣　252/135/17
今得○趙之兵　252/135/17
是王輕○秦而重弱燕也　256/136/17
大臣○諫　262/138/29
乃自○步　262/139/4
魏於是乎始○　267/141/9
此晉國之所以○也　269/141/20
既為寡人勝○敵矣　270/142/12
秦果日以○　271/142/22
外交○虎狼之秦　272/143/2
夫挾○秦之勢　272/143/3
則必無○秦之患　272/143/16
以安社稷、尊主、○兵、顯名也　273/143/29
服宋之○者　297/151/13
以魏之○　303B/154/10
楚王登○臺而望崩山　307/156/2
遂盟○臺而弗登　307/156/3
○臺之樂也　307/156/5
是趙與○秦為界也　314/160/10
外安能支○秦、魏之兵　315/161/5
而今負○秦之禍也　315/161/7
絕韓之上黨而攻○趙　315/161/10
然而無與○秦鄰之禍　315/162/3
今國莫○於趙　317A/162/22
以張子之○　317B/163/1
樓廩、翟○也　317B/163/11
而使翟○為和也　317B/163/12
翟○欲合齊、秦外楚　317B/163/13
以輕翟○　317B/163/13
翟○與齊王必疾矣　317B/163/16
內得樓廩、翟○以為佐　317B/163/16
山東尚○　318/163/24
兵可○　318/163/26
今王恃楚之○　319/164/9
韓○秦乎　320/164/17
○魏乎　320/164/17
○秦　320/164/17
韓且割而從其所○　320/164/17
且割而從其所不○　320/164/18
韓將割而從其所○　320/164/18
夫秦○國也　325/165/19
秦必輕王之○矣　328/166/19
管鼻之令翟○與秦事　330/167/9
鼻之與○　330/167/9
○之入　330/167/10
○　330/167/11
翟○善楚　336/168/18
以為秦之○足以為與也　338/169/3
而○二敵之齊、楚也　338/169/5
今秦之○也　342/171/1
天下之○弓勁弩　347/172/29
挾○韓之兵　347/173/9
聽吾計則可以○霸天下　348A/173/25
非以韓能○於楚也　348A/174/1
以成陽資翟○於齊　356A/176/4
輕絕○秦之敵　357/177/1
夫輕○秦之禍　357/177/3
今秦、楚爭○　359/177/24
秦、楚爭○　359/178/3
於秦孰○　360/178/15
則秦○　360/178/16
○楚、弊楚　362/179/12
人皆以楚為○　364/179/23

臣竊○之 374/182/25
臣之○之也 374/182/26
鄭○為楚王使於韓 375/183/3
中庶子○謂太子曰 376/183/10
以韓之○ 388/188/1
而今之秦○於始之秦 390/188/27
今秦數世○矣 390/189/2
今○國將有帝王之亹 391/189/20
夫先與○國之利 391/189/21
○國能王 391/189/21
○國不能王 391/189/22
然則○國事成 391/189/22
○國之事不成 391/189/23
今與○國 391/189/23
○國之事成則有福 391/189/23
然則先與○國者 391/189/24
足○為之說韓王曰 392/189/28
秦之○ 396C/191/12
以○秦而有晉、楚 400/192/20
西迫○秦 408/194/22
○國也 408/194/22
○秦之少婿也 411/195/22
而深與○秦為仇 411/195/23
而○秦制其後 411/195/23
是棄○仇而立厚交也 411/195/30
是西有○秦之援 413/197/12
讎○而國弱也 419/201/15
○萬乘之國也 419/201/18
此所謂○萬乘之國也 419/201/19
夫一齊之○ 419/201/19
而揆其兵之○弱 420/202/24
不揆其兵之○弱 420/202/25
故齊雖○國也 420/202/29
○弩在前 422/204/5
而○秦將以兵承王之西 430/208/25
是使弱趙居○吳之處 430/208/25
而使○秦處弱越之所以霸也 430/208/25
夷萬乘之○國 431/210/7
不惡卑名以事○ 432/210/22
事○可以令國安長久 432/210/22
以事○而不可以為萬世 432/210/23
因其○而○之 433/211/27
臣恐○秦之為漁父也 434/212/6
丹終不迫於○秦 440/214/27
今提一匕首入不測之○秦 440/216/24
弱趙以○梁 444/219/7
魏必○ 449/220/29
魏○之日 449/220/29
齊○ 455/223/9
是○敵也 455/223/16
臣聞弱趙○中山 458/224/22
願聞弱趙○中山之說 458/224/22
趙○國也 458/225/2
繕治兵甲以益其○ 461/226/24

彊 qiáng 21

故眾庶成○ 8B/4/2
趙○則楚附 73A/31/9
楚○則趙附 73A/31/9
昭王○起應侯 81/37/16
紛○欲敗之 92/44/9
以秦○折節而下與國 92/44/14
俱○而加以親 142/72/12
今從於○秦國之伐齊 209/108/25
秦之○ 246/131/13
外挾○秦之勢以內劫其主以求割地 272/143/12
鄭○出秦曰 278/146/4
非能○於魏之兵 314/160/8
鄭○載八百金入秦 353/175/14
泠向謂鄭○曰 353/175/14
鄭○曰 353/175/15
鄭○之走張儀於秦 354/175/22
○請西圖儀於秦 354/175/22
王徵四○之內 363/179/16
況以○擊弱 461/226/14
○起之 461/227/2
○為寡人臥而將之 461/227/3

嬙 qiáng 1

世無毛○、西施 137/69/4

廧 qiáng 4

因令人謂相國御展子、○夫空曰 17/6/29
豈有毛○、西施哉 135/66/24
以○於齊 153/80/25
皆以狄蒿苫楚○之 203/104/9

牆 qiáng 3

投杼踰○而走 55/23/16
踰於外○ 197/100/5
猶家之有垣○ 438/213/18

薔 qiáng 4

疾攻○ 295/150/13
故王不如釋○ 295/150/14
而又況存○乎 295/150/15
大王之攻○易矣 295/150/15

蹻 qiāo 1

贏縢履○ 40/13/29

喬 qiáo 1

而有○、松之壽 81/37/10

僑 qiáo 2

而憚舟之○存 48A/19/6
舟之○諫而不聽 48A/19/7

憔 qiáo 1

民○瘁 415/198/17

橋 qiáo 4

今王三使盛○守事於韓 87/40/30
成○以北入燕 87/40/30
豫讓伏所當過○下 204B/106/20
襄子至○而馬驚 204B/106/20

樵 qiáo 1

有敢去柳下季壟五十步而○采者 136B/67/16

巧 qiǎo 4

君為多○ 30/10/18

貞女工○ 96/48/6
寡人聞韓侈○士也 187/96/9
美人○笑 218/113/26

切 qiē 5

說有可以一○而使君富貴千萬歲 93/44/28
臣○為大王計 220/116/5
莫不日夜搤腕瞋目○齒以言從之便 273/144/16
臣○為王患之 439/214/13
此臣日夜○齒拊心也 440/216/16

且 qiě 334

○柰何 2/1/26
即○趣我攻西周 3B/2/13
秦○收齊而封之 10B/4/20
復國○身危 10B/4/22
○反齊王之信 11B/5/5
○臣為齊奴也 14B/6/9
不必○為大人者 16/6/23
事久○泄 19/7/14
○誰怨王 32/11/2
○魏有南陽、鄭地、三川而包二周 33/11/12
彼○攻王之聚以利秦 37/12/10
○惡臣於秦 38/12/15
○輕秦也 38/12/16
○公之成事也 38/12/17
不善於公○誅矣 38/12/17
疾○不起 39/12/26
○夫商君 39/13/1
○夫蘇秦特窮巷掘門、桑戶棬樞之士耳 40/14/14
○以恐齊而重王 41B/15/4
○臣聞之曰 42/16/1
○夫趙當亡不亡 42/16/22
○臣聞之 42/17/1,415/198/19
城○拔矣 42/17/4
○軫欲去秦而之楚 48B/19/17
忠○見棄 48B/19/22
○安之也 49/20/2
○先出地絕齊 50/21/5
○必受欺於張儀 50/21/6
則秦○燒爇獲君之國 53/22/15
則秦○輕使重幣 53/22/15
○之齊 61A/24/27
寡人○相子 61B/25/15
王○相犀首 61B/25/17
趙○與秦伐齊 63/25/28
○欲合齊而受其地 63/26/2
秦○益趙甲四萬人以伐齊 63/26/5
則必不走於秦○走晉、楚 63/26/11
○復將 68/28/3
○收成陽君 71/28/23
○昔者 73A/31/7
○臣將恐後世之有秦國者 73B/32/7
○削地而以自贖於王 75/33/9
○君擅主輕下之日久矣 80/35/7
今三國之兵○去楚 82A/37/25
三國○去 83A/38/18
聞齊、魏皆○割地以事秦 85/39/27
○王攻楚之日 87/41/26
聞秦○伐魏 92/44/12
○梁監門子 96/48/1
○先王之廟在薛 101/50/9
臣之求利○不利者 102/50/24
韓○折而入於魏 103/51/1
○夫魏有破韓之志 103/51/2
韓見○亡 103/51/2
鬼○不知也 110/53/22
○夫韓、魏之所以畏秦者 112/54/31
引酒○飲之 117/57/15
身○死 117/57/19
爵○後歸 117/57/19
則○遂攻之 120/58/9
○趙之於燕、齊 120/58/12
○夫救趙之務 120/58/13
則太子○倍王之割而使齊奉己 122/59/11
○以便楚也 122/60/1
夫不善君者○奉蘇秦 122/60/11
固○以鬼事見君 124/60/24
○臣聞齊、衛先君 128/62/14
○天下之半 132B/64/11
○顏先生與寡人游 136B/68/11
○財者君之所輕 140/70/5
○尊齊乎 141B/70/18
○愛秦乎 141B/70/19
○天下徧用兵矣 142/71/21
○夫強大之禍 142/71/25
又○害人者也 142/73/10
○楚攻南陽 145/75/14
○棄南陽 145/75/16
○吾聞 145/76/1
○今使公孫子賢 147/77/9
○安平君之與王也 147/77/16
○其志欲為不善 147/77/17
○自天地之闢 147/77/26
○王不能守先王之社稷 147/77/27
○嬰兒之計不為此 147/78/2
及君王后病○卒 149B/79/11
○夫涓來之辭 151/80/5
○魏令兵以深割趙 156/81/21
○人有好揚人之善者 159/82/19
然則○有子殺其父 159/82/20
王○予之五大夫 165/84/22
○王嘗用滑於越而納句章 166/85/7
○夫為從者 168/86/17
○夫約從者 168/86/25
○大王嘗與吳人五戰三勝而亡之 168/87/5
○夫秦之所以不出甲於函谷關十五年以攻諸侯者 168/87/9
○儀之所行 169/88/10
○求救 170/89/16
秦恐○因景鯉、蘇厲而效地於楚 172/90/13
鯉與厲○以收地取秦 172/90/14
秦兵○出漢中 173A/90/22
子亦自知○賤於王乎 174/91/4
而王○見其誠然也 177/92/27
○與死生 177/93/1
必○務不利太子 178/93/11
蘇子必○為太子入矣 178/93/11
賢者用○使己廢 179/93/23
貴○使己賤 179/93/23
○魏臣不忠不信 181/94/4
忠○信 181/94/4
○使萬乘之國免其相 181/94/5
○宋王之賢惠子也 184/95/11
○為事耶 184/95/13
唐○見春申君曰 188/96/17

○客獻不死之藥 196/99/18
禍○及身 200/101/24
旦暮○崩 200/102/7
乃○攻燕 201/103/1
子云乃○攻燕者 201/103/2
郄疵言君之○反也 202/103/14
城今○將拔矣 202/103/15
○知伯已死 204B/106/11
○夫委質而事人 204B/106/17
○以伐齊 209/108/10
○夫說士之計 209/108/19
○物固有勢異而患同者 209/108/19
○秦以三軍攻王之上黨而危其北 209/108/22
○以與秦 211/109/25,211/109/27
○夫韓之所以內趙者 211/110/1
○秦以牛田 211/110/3
○以繩墨案規矩刻鏤我 212/110/22
○拘茂也 213/110/30
○以置公孫赫、樗里疾 213/110/30
則○出兵助秦攻魏 214/111/4
○秦之所畏害於天下者 218/113/12
乃○願變心易慮 220/116/10
○將以朝 221/116/29
然後德○見也 221/117/3
○寡人聞之 221/117/3
故寡人○聚舟楫之用 221/117/21
○昔者簡主不塞晉陽 221/117/23
○夫三代不同服而王 221/118/6
○服奇者志淫 221/118/18
○循法無過 221/118/19
○服奇而志淫 221/118/24
○習其兵者輕其敵 224/120/7
○夫吳干之劍材 225/121/1
○古者 225/121/4
○不聽公言也 226/121/14
○我順齊 229A/122/14
魏因富丁○合於秦 229B/122/23
○東 232/123/18
○微君之命命之也 232/123/19
臣固○有效於君 232/123/19
○秦虎狼之國也 233/124/26
趙○亡 233/125/4
○臣曰勿予者 233/125/8
○王之論秦也 235/125/29
必○破趙軍 235/126/1
○必恐 235/126/3
周貧○微 236/127/6
然○欲行天子之禮於鄒、魯之臣 236/127/24
○秦無已而帝 236/127/26
則○變易諸侯之大臣 236/127/26
○令工以為冠 239A/129/3
○王之先帝 239A/129/9
文信猶○知之也 241/130/4
○王嘗濟於漳 247/131/26
秦見之○亦重趙 247/132/7
臣必見燕與韓、魏亦○重趙也 247/132/7
皆○無敢與趙治 247/132/7
○天下散而事秦 249/133/11
固○為書而厚寄卿 250/134/10
○君奚不將奢也 252/135/12
○君親從臣而勝降城 269/141/27
○魏 272/143/3
○夫諸侯之為從者 273/143/29
○夫秦之所欲弱莫如楚 273/144/10
○夫從人多奮辭而寡可信 273/144/15
軫○行 276/145/12
○魏王所以貴張子者 283/147/13
○以遇卜王 285/147/28
○公直言易 291/149/12
王○無所聞之矣 293/149/29
○為棧道而葬 296/150/19
秦必○用此於王矣 297/151/18
又必○曰王以求地 297/151/18
又○以力攻王 297/151/19
又○收齊以更索於王 297/151/19
○楚王之為人也 301/153/13
○魏信舍事 304/154/22
大王○何以報魏 308/156/15
○劫王以多割也 310/157/18
○君之嘗割晉國取地也 310/158/2
魏王○入朝於秦 311/158/10
願子之○以名母為後也 311/158/14
○無梁孰與無河內急 311/158/18
○安死乎 311/158/28
○見王 311/159/1
○夫欲璽者 312/159/10
○夫姦臣固皆欲以地事秦 312/159/12
○夫王無伐與國之誹 313/159/29
秦○攻魏 314/160/3
地亦○歲危 314/160/11
民亦○歲死矣 314/160/11
今秦○攻魏 314/160/14
○奈何 314/160/15
王○何利 314/160/20
君得燕、趙之兵甚衆○亟矣 314/160/24
必○便事 315/161/9
○夫憎韓不受安陵氏可也 315/161/21
公必○待齊、楚之合也 317B/162/28
天下○以此輕秦 317B/163/7
○有皮氏 317B/163/7
韓○坐而胥亡乎 320/164/15
○割而從天下乎 320/164/15
韓○割而從天下 320/164/16
韓○割而從其所強 320/164/17
○割而從其所不強 320/164/18
楚○與秦攻王 322/165/3
魏王○從 323/165/8
○遇於秦而相秦者 328/166/18
魏人有唐○者 338/168/31
唐○見秦王 338/169/1
唐○對曰 338/169/2
343/171/17,343/171/19
○夫魏一萬乘之國 338/169/3
魏急則○割地而約齊、楚 338/169/4
唐○之說也 338/169/8
唐○謂信陵君曰 339/169/13
安陵君因使唐○使於秦 343/171/15
秦王謂唐○曰 343/171/15
○秦滅韓亡魏 343/171/16
謂唐○曰 343/171/18
唐○曰 343/171/20,343/171/21
○夫大王之地有盡 347/173/6
秦○攻韓 350/174/21
○王求百金於三川而不可得 351/174/28

天下○以是輕王而重秦 352/175/7
○聽王之言而不攻市丘 352/175/9
○反王之言而攻市丘 352/175/9
○楚、韓非兄弟之國也 357/177/1
○王以使人報於秦矣 357/177/2
率○正言之而已矣 358/177/13
○以善齊而絕齊乎楚 361/178/27
○罪景鯉 361/178/28
而○疑秦、魏於齊 361/179/4
今也子曰『乃○攻燕』者 362/179/9
○非楚之任 362/179/11
魏○旦暮亡矣 364/179/25
○急矣 366/180/17
公仲○抑首而不朝 366/180/22
公叔○以國南合於楚 366/180/22
○亡 368/181/13
○示天下輕公 368/181/14
今○以至 375/183/6
公叔○殺幾瑟也 379/183/27
韓○內伯嬰於秦 383B/184/29
○前日要政 385/186/4
役○共貴公子 392/189/28
則魏○內之 394/190/12
○以求武隧也 396A/190/24
韓侈○伏於山中矣 396B/191/6
茂○攻宜陽 396C/191/20
○明公之不善於天下 397/191/27
○收之 397/191/28
必○務以楚合於齊 400/192/17
○復天子 404/193/14
○夫秦之攻燕也 408/194/15
○燕亡國之餘也 409/195/2
○夫燕、秦之俱事齊 411/195/31
○夫孝如曾參 412/196/14
○夫信行者 412/196/17
○夫三王代興 412/196/18
○臣有老母於周 412/196/19
其夫○歸 412/196/25
○臣之事足下 412/196/29
○臣之說齊 412/196/30
○以趙王為可親邪 413/197/9
○今時趙之於秦 413/197/11
○苟所附之國重 415/198/16
○異日也 415/198/25
彼○德燕而輕亡宋 415/198/27
死馬○買之五百金 418/201/3
隗○見事 418/201/4
臣○處無為之事 420/202/16
則○柰何乎 420/203/7
○夫處女無媒 421/203/19
老○不嫁 421/203/20
○事非權不立 421/203/20
寡人固與韓○絕矣 422/204/17
○舉大事者 424/206/4
○攻齊 427/207/20
憂公子之○為質於齊也 428/208/1
○以為公子功而封之也 428/208/7
○太后與王幸而在 428/208/7
燕昭王○與天下伐齊 429/208/15
寡人○與天下伐齊 429/208/15
○以因子而事齊 429/208/16
○謝之曰 431/209/8
故召將軍○休計事 431/209/10
○又淮北、宋地 431/209/27
○夫宋 433/211/22
趙○伐燕 434/212/3
今趙○伐燕 434/212/5
走○出境 437/212/26
今子○致我 437/212/27
我○言子之奪我珠而吞之 437/212/27
吾要○死 437/212/28
子腸亦○寸絕 437/212/29
燕王以書○謝焉 438/213/10
○寡人之罪 438/213/13
○世有薄於故厚施 438/213/17
猶○黜乎 438/213/25
余○慝心以成而過 438/213/29
○臣之使秦 439/214/7
見秦○滅六國 440/214/18
○非獨於此也 440/214/27
是時侍醫夏無○ 440/217/17
而賜夏無○黃金二百鎰 440/217/21
無○愛我 440/217/22
○秦王亦將觀公之事 449/220/29
富術謂殷順○曰 451/221/17
殷順○以君令相公期 451/221/22
寡人○王 454/222/16
猶○聽也 454/222/19
○中山恐 454/222/19
○張登之為人也 454/222/28
然則王之為費○危 455/223/16
嘗餓○死 459B/225/18
臣父○死 459B/225/18

妾 qiè 48

賣僕○售乎閭巷者 48B/19/21
良僕○也 48B/19/21,49/20/13
故賣僕○不出里巷而取者 49/20/13
○以無燭 61A/24/29
幸以賜○ 61A/24/29
○自以有益於處女 61A/24/30
賣愛○ 80/35/5
愛○已賣 80/35/6
流亡為臣○ 87/41/20
而復問其○曰 108/52/15
○曰 108/52/15
○之美我者 108/52/20
臣之○畏臣 108/52/23
臣非不能更葬先○也 109/53/13
請以秦女為大王箕帚之○ 168/87/22
○聞將軍之晉國 182/94/18
○知也 190/97/10
左抱幼○ 192/98/13
今○自知有身矣 200/101/25
○之幸君未久 200/101/25
誠以君之重而進○於楚王 200/101/25
王必幸○ 200/101/26
○賴天而有男 200/101/26
是使三晉之大臣不如鄒、魯之僕○也 236/127/26
彼又將使其子女讒○為諸侯妃姬 236/127/27
王亦聞老○事其主婦者乎 279/146/13
若老○之事其主婦者 279/146/13
○事先王也 366/180/12
先王以其髀加○之身 366/180/12
○困不疲也 366/180/12
盡置其身○之上 366/180/12
而○弗重也 366/180/13
獨不可使○少有利焉 366/180/14
不可愛○之軀 385/186/19
女為○ 390/189/5,390/189/7
妻使○奉卮酒進之 412/196/26

○知其藥酒也 412/196/26
故○一僵而棄酒 412/196/27
適不幸而有類○之棄酒也 412/196/29
於是因令其○酌藥酒而進之 420/203/8
其○知之 420/203/9
今○奉而仆之 420/203/11
縛其○而笞之 420/203/11
故○所以笞者 420/203/12
不制於妻○ 420/203/13
皆令妻○補縫於行伍之間 461/226/25

怯 qiè 4

勇士不○死而滅名 145/75/11
勇士不○死 145/75/14
○也 145/76/2
猶孟賁之與○夫也 348A/173/23

挈 qiè 9

可懷挾提○以至齊者 1/1/14
臣請○領 67/27/20
夫楚王之以其臣請○領然而臣有患也 67/27/21
則地與國都邦屬而壤○者七百里 209/108/21
○瓶之知 211/109/21
割○馬兔而西走 217/112/6
217/112/7
左○人頭 348A/173/22
有二人○戈而隨其後者 459B/225/17

愜 qiè 1

先王以為○其志 431/210/2

篋 qiè 3

陳○數十 40/14/2
文侯示之謗書一○ 55/23/12
桑輪蓬○羸勝 208/107/21

鍥 qiè 1

○朝涉之脛 447/220/9

竊 qiè 72

弊邑固○為大王患之 1/1/13
臣○為大王私憂之 1/1/16
○為君危之 22/8/5
81/36/19,160/83/1
臣○笑之 42/15/11
臣○必之弊邑之王曰 63/26/6
故臣○必之弊邑之王曰 63/26/14
躬○閔然不敏 73A/29/20
臣○為王恐 74/32/24
臣○為大王不取也 86/40/14
167/85/27,256/136/18
臣○惑王之輕齊易楚 89/43/3
臣○為大王慮之而不取也 89/43/5
孟嘗君又○以諫 101/49/25
臣○度之 112/54/26
○為大王羞之 112/54/29
臣○為公譬可也 117/57/14
臣○為君疑之 122/60/2
臣○計 133/65/12
○以為君市義 133/65/13
臣○矯君命 133/65/15
廝養士之所○ 142/72/24
憐而常○衣食之 149B/79/1
○以為大王之計過矣 168/86/19
臣○為大王危之 168/87/6
○慕大君之義 188/96/18
臣○以為不便於君 197/99/24
臣○以為土梗勝也 208/107/27
臣○觀君與蘇公談也 208/108/1
臣○外聞大臣及下吏之議 209/108/13
臣○以事觀之 209/108/14
臣○觀其圖之也 209/108/16
臣○以天下地圖案之 218/113/22
故○為大王計 218/114/2
私心固○疑焉 220/116/9
臣○為君不取也 237/128/15
242/130/14,409/194/28
而臣○怪王之不試見臣 246/131/7
臣○為大王美之 251/134/24
臣○以為與其以死人市 251/134/25
敝邑寡君亦○嘉之 258B/137/21
○自恕 262/139/2
○愛憐之 262/139/7
老臣○以為媼之愛燕后賢於長安君 262/139/10
臣○料之 272/143/2
臣○為大王媿之 272/143/5
今○聞大王之卒 272/143/8
而○為王悲 297/151/18
臣○為王不取也 311/158/18
昔○聞大王之謀出事於梁 318/163/21
臣○為大王計 318/163/25
○以為大王籌筴之臣無任矣 338/169/5
臣○為大王羞之 347/173/9
○為王弗取也 351/174/29
臣○強之 374/182/25
臣○以為王之明為不如昭釐侯 390/188/28
臣○以為猶之井中而謂曰 390/189/9
○聞王義甚高甚順 415/197/27
○釋鉏耨而干大王 415/197/28
臣○負其志 415/197/28
則不過不○人之財耳 420/202/18
臣○為王計 432/211/8
燕王○聞秦并趙 439/214/10
光○不自外 440/215/12
鄰有弊輿而欲○之 442/218/15
鄰有短褐而欲○之 442/218/15
鄰有糟糠而欲○之 442/218/16
必為有○疾矣 442/218/16
臣○見其佳麗 458/224/30

侵 qīn 11

○楚、魏之地 44/17/25
有○君者 127/61/28
公孫弘可謂不○矣 134/66/16
以○天下 167/86/2,272/143/2
四封不○ 170/89/2
○掠吾地 221/117/24
更不用○辱教 223/120/1
而秦○約 249/133/9
收○地 284/147/21

使悉反諸侯之○地 440/215/25

親 qīn 131

賞不私○近 39/12/23
左右太○者身危 39/12/29
天下不○ 40/13/21
諸侯相○ 40/14/11
富貴則○戚畏懼 40/14/19
趙氏上下不相○也 42/16/15
○齊、燕 42/17/9
齊、燕不○ 42/17/11
○魏善楚 44/17/24
孝己愛其○ 48B/19/20,49/20/13
不能○國事也 51/21/25
今見與國之不可○ 73A/31/2
君臣之不○ 73A/31/4
必○中國而以為天下樞 73A/31/8
寡人欲○魏 73A/31/12
寡人不能○ 73A/31/12
請問○魏奈何 73A/31/12
不過父子之○ 80/35/7
○習之故 80/35/12
主固○忠臣 81/36/17
以絕從○之要 87/40/30
太后之所○也 91/44/4
而○觀其孰勝 95/46/18
其交甚○ 95/47/4
曾參孝其○ 96/48/5
我因陰結韓之○ 103/51/3
魯○之 110/53/19
非齊○而韓、梁疏也 111/54/10
儀以秦、梁之齊合橫○ 116/57/3
○ 120/58/8
不○ 120/58/8
而君不蚤○ 122/60/12
故君不如因而○之 122/60/12
而孟嘗令人體貌而○郊迎之 125/61/6
馮公有○乎 133/64/28
而百無不○附 136B/67/22
不約○ 142/72/11
俱彊而加以○ 142/72/12
夫胡之與齊非素○也 142/72/13
大臣不○ 143/74/12
○王之所見也 153/80/24
骨肉之○ 160/82/26
王○引弓而射 160/83/9
○也 166/85/9
莫如從○以孤秦 167/85/19
大王不從○ 167/85/20
故從○ 167/86/4
不可○也 167/86/7
凡天下所信約從○堅者蘇秦 168/87/17
固形○之國也 168/87/21
必厚尊敬○愛之而忘子 174/91/8
孝子之於○也 179/93/16
橫○之不合也 183/94/30
而王○與約 184/95/10
此孝子之所以事○ 190/97/5
彼亦各貴其故所○ 200/101/23
○姻也 201/102/25
陽○而陰疏 203/104/4
矗中而少○ 203/104/21
寡人所○之 203/104/28
不殺則遂○之 203/105/2
○之奈何 203/105/2
而耕於負○之丘 204A/105/28
韓、魏、齊、燕負○以謀趙 204A/105/30
家貧○老 208/107/21
非○友 216/111/19
夫馳○友之車 216/111/19
三晉相○相堅 217/112/11
大王乃今然後得與士民相○ 218/112/23
六國從○ 218/114/2,272/143/16
六國從○以擯秦 218/114/8
家聽於○ 221/116/29
子不反○ 221/116/30
反○以為行 223/119/28
故寡人恐○犯刑戮之罪 223/119/29
是二國○也 227/121/20
違齊而○ 229A/122/13
今臣為足下解負○之攻 233/124/14
一舉結三國之○ 233/125/10
而君為相國者以○故 234/125/20
是○戚受封 234/125/21
○嘗教以兵 238/128/21
趙從○以合於秦 247/132/8
下○其上而守堅 248/132/17
合負○之交 249/133/14
三彊三○ 249/133/18
諒毅○受命而往 258B/137/21
○寡君之母弟也 258B/137/28
骨肉之○也 262/139/22
鄰國懼而相○ 264A/140/8
以相○之兵 264A/140/8
且君○從臣而勝降城 269/141/27
不○於楚 273/143/26
夫○昆弟 273/144/1
以此為○ 304/154/22
夫秦貪戾之國而無○ 310/157/16
不顧○戚兄弟 315/160/30
此於其○戚兄弟若此 315/161/2
合○以孤齊 317B/163/4
交不○故割 351/174/27
今割矣而交不○ 351/174/27
皆不得○於事矣 359/177/22
秦挾韓○魏 382/184/19
可旦夕得甘脆以養○ 385/185/25
○供養備 385/185/25
而嚴仲子舉百金為○壽 385/186/3
而○信窮僻之人 385/186/4
徒以○在 385/186/7
今○不幸 385/186/7
相又國君之○ 385/186/10
然則山東非能從○ 389/188/19
然而見○秦 393/190/3
是故願大王與趙從○ 408/194/19
義不離○一夕宿於外 412/196/14
大王之所○ 413/197/3
夫趙王之狼戾無○ 413/197/9
且以趙王為可○邪 413/197/9
則不過養其○其 420/202/17
燕反約諸侯從○ 422/205/1
齊君臣不○ 426/207/8
不以祿私其○ 431/209/19
恐侍御者之○左右之說 431/210/17
則秦未可○也 440/216/6
同憂者相○ 454/222/26
必先與之王而故○之 454/222/28
果與中山王而○之 454/223/2
而己○之也 455/223/25
結○燕、魏 461/226/4
不約而○ 461/226/19

秦 qín 2077

○興師臨周而求九鼎	1/1/3
夫○之為無道也	1/1/4
與○	1/1/5
而○兵罷	1/1/6
○攻宜陽	2/1/22
○必無功	2/1/24
則削迹於○	2/1/24
○王不聽群臣父兄之義而攻宜陽	2/1/25
○王恥之	2/1/25
不如背○援宜陽	2/1/27
○恐公之乘其弊也	2/1/27
公中慕公之為己乘○也	2/1/28
○拔宜陽	2/2/1
○懼	2/2/1
景翠得城於○	2/2/1
○假道於周以伐韓	5B/3/3
不假而惡於○	5B/3/3
○敢絶塞而伐韓者	5B/3/4
○必疑	5B/3/5
又謂○王曰	5B/3/5
將以疑周於○	5B/3/5
○必無辭而令周弗受	5B/3/6
是得地於韓而聽於○也	5B/3/6
周粻○、韓	6/3/10
子何不以○攻齊	7/3/16
子以齊事○	7/3/16
西貴於○	7/3/17
○、齊合	7/3/17,10A/4/15,11B/5/3,297/151/21
○以周最之齊疑天下	10A/4/14
必先合於○	10A/4/15
因佐○而伐韓、魏	10A/4/15
公東收寶於○	10A/4/16
公負令○與強齊戰	10B/4/20
○且收齊而封之	10B/4/20
不得不聽○	10B/4/21
○盡韓、魏之上黨太原	10B/4/21
西止○之有已	10B/4/21
○地	10B/4/22
石行○謂大梁造曰	11A/4/26
為君爭於○	11A/4/27
欲取○	11B/5/3
○必輕君	11B/5/4
君弗如急北兵趨趙以○、魏	11B/5/4
齊無○	11B/5/5
欲深取○也	11C/5/10
○得天下	11C/5/10
故急兵以示○	11C/5/11
○以趙攻	11C/5/11
蘇厲為周最謂蘇○曰	12/5/16
將以觀○之應趙、宋	13/5/21
將興趙、宋合於東方以孤○	13/5/21
欲○、趙之相賣乎	13/5/23
則○、趙必相賣以合於王也	13/5/24
○知趙之難與齊戰也	14A/5/28
恐○不己收也	14A/6/1
○、趙爭齊	14A/6/1
貴合於○以伐齊	14B/6/6
產以忿強○	14B/6/7
三國隘○	18/7/6
周令其相之○	18/7/6
以○之輕也	18/7/6
○之輕重	18/7/6
○欲知三國之情	18/7/7
公不如遂見○王曰	18/7/7
○必重公	18/7/7
重周以取○也	18/7/8
又與韓、魏攻○	22/8/3
今又攻○以益之	22/8/4
西無○患	22/8/5
君不如令弊邑陰合於○而君無攻	22/8/6
令弊邑以君之情謂○王曰	22/8/6
薛公必破○以張韓、魏	22/8/7
○王出楚王以為和	22/8/8
君令弊邑以此忠○	22/8/8
○得無破	22/8/8
○不大弱	22/8/9
因令韓慶入○	22/8/10
而使三國無攻○	22/8/10
○攻魏將犀武軍於伊闕	23/8/15
君不如禁○之攻周	23/8/15
莫如令○、魏復戰	23/8/16
今○攻周而得之	23/8/16
○欲待周之得	23/8/16
○若攻周而不得	23/8/17
而○未與魏講也	23/8/17
是君卻○而定周也	23/8/18
○去周	23/8/18
是君存周而戰○、魏也	23/8/19
○令樗里疾以車百乘入周	24/8/24
以其重○客	24/8/24
今○者	24/8/26
○聞之必大怒	25/9/10
周君之○	26/9/15
不如譽○王之孝也	26/9/15
○王、太后必喜	26/9/15
是公有○也	26/9/16
勸周君入○者	26/9/16
今公又以○兵出塞	27/9/26
蘇○謂周君曰	29/10/9
齊、○恐楚之取九鼎也	29/10/10
○召周君	31/10/23,31/10/23
將以為辭於○而不往	31/10/24
周君不入○	31/10/24
○必不敢越河而攻南陽	31/10/24
而設以國為王扞○	32/11/2
臣見其必以國事○也	32/11/3
○悉塞外之兵	32/11/3
事○而好小利	32/11/5
必不合於○	32/11/6
○欲攻周	34/11/18
周最謂○王曰	34/11/18
天下以聲畏○	34/11/19
則○孤而不王矣	34/11/19
是天下欲罷○	34/11/20
○與天下俱罷	34/11/20
宛恃○而輕晉	35/11/24
○飢而宛亡	35/11/24
今君恃韓、魏而輕○	35/11/25
君不如使周最陰合於趙以備○	35/11/26
三國攻○反	37/12/9
楚、宋不利○之德三國也	37/12/9
彼且攻王之聚以利○	37/12/10
周使周足之○	38/12/14
臣之○	38/12/14
○、周之交必惡	38/12/14
又○重而欲相者	38/12/15
且惡臣於○	38/12/15
不惡周於○矣	38/12/16
君重○	38/12/16
且輕○也	38/12/16
交善於○	38/12/17
交惡於○	38/12/17

衛鞅亡魏入○ 39/12/22
商君治○ 39/12/22
今○婦人嬰兒皆言商君之法 39/12/29
而○人不憐 39/13/2
蘇○始將連横說○惠王曰 40/13/6
○王曰 40/13/12,48B/19/23,53/22/19,61A/25/5,61A/25/7,84A/39/13,86/40/14,86/40/17,86/40/19,96/48/18,219/114/28,258B/138/5,309/156/24,325/165/26,325/165/26,338/169/1,343/171/19,343/171/20,366/180/23,388/188/3,388/188/7,396B/191/7,439/214/10
蘇○曰 40/13/16,40/14/18,40/14/19,122/58/28,124/60/24,208/107/24,412/196/14
說○王書十上而說不行 40/13/29
去○而歸 40/13/29
蘇○喟歎曰 40/14/1
是皆○之罪也 40/14/2
以抑強○ 40/14/7
故蘇○相於趙而關不通 40/14/10
皆欲決蘇○之策 40/14/11
當○之隆 40/14/13
且夫蘇○特窮巷掘門、桑戶棬樞之士耳 40/14/14
○惠王謂寒泉子曰 41A/14/24
蘇○欺寡人 41A/14/24
從以欺○ 41A/14/24
故先使蘇○以幣帛約乎諸侯 41A/14/25
○惠王曰 41A/14/27
泠向謂○王曰 41B/15/3
燕、趙惡齊、○之合 41B/15/4
張儀說○王曰 42/15/9
將西南以與○為難 42/15/11
今○出號令而行賞罰 42/15/17
今○地形 42/15/20
○之號令賞罰 42/15/20
是知○戰未嘗不勝 42/15/21
西服○ 42/15/25
○與荊人戰 42/16/1
令帥天下西面以與○為難 42/16/5
前者穰侯之治○也 42/16/9
皆○之有也 42/16/17
代、上黨不戰而已為○矣 42/16/17
○兵之強 42/16/22
○當伯不伯 42/16/23
天下固量○之謀臣一矣 42/16/23
天下固量○力二矣 42/16/24
天下固量○力三矣 42/16/25
今○地斷長續短 42/17/6
○國號令賞罰 42/17/7
張儀欲假○兵以救魏 43/17/16
魏不反○兵 43/17/16
張子不反○ 43/17/16
魏若反○兵 43/17/17
不敢反於○矣 43/17/17
張子不去○ 43/17/17
司馬錯與張儀爭論於○惠王前 44/17/21
○攻新城、宜陽 44/17/25
以○攻之 44/18/3
○益強富厚 44/18/11
因令楚王為之請相於○ 45/18/16
張子謂○王曰 45/18/16
楚王因為請相於○ 45/18/17
王欲窮儀於○乎 45/18/17
○王大怒 45/18/19,80/35/11,90/43/26,228/122/4
請○王曰 46/18/23
張儀謂○王曰 47/18/30,49/19/27,367/181/2
復聽於○ 47/18/30
恐畏○ 47/19/1
田莘之為陳軫說○惠王曰 48A/19/6
今○自以為王 48A/19/9
張儀又惡陳軫於○王 48B/19/16
軫馳楚、○之間 48B/19/16
今楚不加善○而善軫 48B/19/16
且軫欲去○而之楚 48B/19/17
吾聞子欲去○而之楚 48B/19/19
陳軫去楚之○ 49/19/27
齊助楚攻○ 50/20/19
○欲伐齊 50/20/19
臣請使○王獻商於之地 50/20/26
西德於○ 50/20/27
夫○所以重王者 50/21/4
○又何重孤國 50/21/5
○計必弗為也 50/21/5
是西生○患 50/21/6
○使人使齊 50/21/10
齊、○之交陰合 50/21/10
楚因使一將軍受地於○ 50/21/10
欲興師伐○ 50/21/13
伐○非計也 50/21/14
是我亡於○而取償於齊也 50/21/15
而責欺於○ 50/21/15
是吾合齊、○之交也 50/21/15
遂舉兵伐○ 50/21/18
○與齊合 50/21/18
西講於○ 51/21/23
楚王使陳軫之○ 51/21/25
○王謂軫曰 51/21/25
子○人也 51/21/25
○惠王死 52/22/9
則諸侯必見張儀之無○矣 52/22/10
中國無事於○ 53/22/15
則○且燒爇獲君之國 53/22/15
中國為有事於○ 53/22/15
則○且輕使重幣 53/22/15
五國伐○ 53/22/18,185/95/19,297/151/10
陳軫謂○王曰 53/22/18,351/174/27
因起兵襲○ 53/22/21
大敗○人於李帛之下 53/22/21
醫扁鵲見○武王 54/22/26
使此知○國之政也 54/22/28
○武王謂甘茂曰 55/23/3
馮章謂○王曰 56/23/27,56/23/29
無奈○何矣 56/23/28
○之右將有尉對曰 57/24/3
我羈旅而得相○者 57/24/4
○死傷者眾 58/24/10
○眾盡怨之深矣 58/24/12
楚畔○而合於韓 59/24/16
○王懼 59/24/16,73B/32/10
而不餘怨於○ 59/24/17
○王謂甘茂曰 60/24/21
甘茂亡○ 61A/24/27
棄逐於○而出關 61A/25/1

乃西說○王曰 61A/25/4
其居○累世重矣 61A/25/4
反以謀○ 61A/25/5
是非○之利也 61A/25/5
天下何從圖○ 61A/25/6
蘇○偽謂王曰 61A/25/9
今○與之上卿 61A/25/9
得擅用強○之眾 61A/25/11
甘茂相○ 61B/25/15
○王愛公孫衍 61B/25/15
甘茂約○、魏而攻楚 62/25/22
楚之相○者屈蓋 62/25/22
為楚和於○ 62/25/22
○啓關而聽楚使 62/25/22
甘茂謂○王曰 62/25/22
楚必曰『○騖魏』 62/25/23
趙且與○伐齊 63/25/28
乃案兵告於○曰 63/25/29
○王使公子他之趙 63/26/1
○且益趙甲四萬人以伐齊 63/26/5
○王明而熟於計 63/26/6
63/26/14
○之深讎也 63/26/7
233/125/9,422/203/26
三晉百背○ 63/26/7
百欺○ 63/26/7
○之深讎 63/26/8
不利於○ 63/26/8
○之謀者必曰 63/26/8
○王安能制晉、楚哉 63/26/9
○少出兵 63/26/10
則晉、楚為制於○ 63/26/10
則必不走於○且走晉、楚 63/26/11
則○反受兵 63/26/12
是晉、楚以○破齊 63/26/12
以齊破○ 63/26/12
何晉、楚之智而齊、○之愚 63/26/12
○得安邑 63/26/13
○有安邑 63/26/13
○宣太后愛魏醜夫 64/26/19
文聞○王欲以呂禮收齊 65/26/26
齊、○相聚以臨三晉 65/26/26
君不如勸○王令弊邑卒攻齊之事 65/26/27
○王畏晉之強也 65/26/28
而不能支○ 65/26/29
晉必重君以事○ 65/26/29
而○、晉皆重君 65/26/30
○客卿造謂穰侯曰 66/27/3
○封君以陶 66/27/3
○卒有他事而從齊 66/27/12
觀三國之所求於○而不能得者 67/27/23
楚破○ 70/28/13
○三世積節於韓、魏 70/28/13
齊、○交爭 70/28/14
則○伐矣 70/28/14
○烏能與齊縣衡韓、魏 70/28/16
足以傷○ 70/28/17
○王欲為成陽君求相韓、魏 71/28/21
○太后為魏冉謂○王曰 71/28/21
范子因王稽入○ 72/28/28
○王說之 72/29/15,396B/191/3
范睢至○ 73A/29/19
○王屏左右 73A/29/23
○王跪而請曰 73A/29/23
○王復請 73A/29/24
○王跽曰 73A/29/27,73A/30/18
可以少有補於○ 73A/30/8
莫肯即○耳 73A/30/13
臣死而○治 73A/30/16
夫○國僻遠 73A/30/18
○王亦再拜 73A/30/21
以○卒之勇 73A/30/24
多之則害於○ 73A/31/1
懼必卑辭重幣以事○ 73A/31/9
○、韓之地形 73A/31/16
○之有韓 73A/31/16
為○害者莫大於韓 73A/31/17
聞○之有太后、穰侯、涇陽、華陽 73B/31/26
今○ 73B/32/6
卒無○王 73B/32/6
且臣將恐後世之有○國者 73B/32/7
今○國 74/32/20
○攻韓 75/33/6
范睢謂○昭王曰 75/33/6
非○弱而魏強也 75/33/7
而欲攻○ 77/33/22
○相應侯曰 77/33/22
○於天下之士非有怨也 77/33/22
相聚而攻○者 77/33/23
公與○計功者 77/33/28
○王王矣 78/34/4
武安君所以為○戰勝攻取者七十餘城 78/34/4
○王王 78/34/5
○嘗攻韓邢 78/34/6
不樂為○民之日固久矣 78/34/7
則○所得不一幾何 78/34/8
○昭王謂應侯曰 79/34/13
○王以為不然 79/34/19
○王師君 79/34/22
而況於○國乎 79/34/23
今傲勢得○為王將 79/34/23
○王弗聽也 79/34/27
○攻邯鄲 80/35/3
乃西入○ 81/35/20
彼一見○王 81/35/21
○王必相之而奪君位 81/35/21
子常宣言代我相○ 81/35/24
若○之商君 81/35/30
卒為○禽將 81/36/3
孰與○孝公、楚悼王、越王乎 81/36/16
不過○孝、越王、楚悼 81/36/17
故○無敵於天下 81/36/24
使○業帝 81/36/27
不敢攻○者 81/36/27
今君相○ 81/37/6
使天下皆畏○ 81/37/8
○之欲得矣 81/37/8
此亦○之分功之時也 81/37/8
言於○昭王曰 81/37/13
○昭王召見 81/37/14
遂拜為○相 81/37/17
蔡澤相○王數月 81/37/19
○十餘年 81/37/19
為○使於燕 81/37/20
三年而燕使太子丹入質於○ 81/37/20
○取楚漢中 82A/37/24
恐○之救也 82A/37/25
楚能應而共攻○ 82A/37/25
楚疑於○之未必救己也 82A/37/26
是楚與三國謀出○兵矣 82A/37/27
○為知之 82A/37/27

楚必走○以急 82A/37/28
○愈不敢出 82A/37/28
則是我離○而攻楚也 82A/37/28
楚果告急於○ 82A/38/1
○遂不敢出兵 82A/38/2
韓春謂○王曰 82B/38/6
以齊、○劫魏 82B/38/6
○之有也 82B/38/6
齊、○合而立負芻 82B/38/7
其母在○ 82B/38/7
○之縣也已 82B/38/7
岷欲以齊、○劫魏而困薛公 82B/38/7
負芻必以魏殁世事○ 82B/38/8
三國攻○ 83A/38/13,253/135/24
○王謂樓緩曰 83A/38/13
○昭王謂左右曰 83B/38/25
帥強韓、魏之兵以伐○ 83B/38/27
帥弱韓、魏以攻○ 83B/38/27
今○之強 83B/39/4
魏許○以上洛 84A/39/9
以絕○於楚 84A/39/9
○責賂於魏 84A/39/9
營淺謂○王曰 84A/39/10
魏畏○、楚之合 84A/39/11
必與○地矣 84A/39/11
是魏勝楚而亡地於○也 84A/39/11
○之楚者多資矣 84A/39/12
楚王揚言與○遇 84A/39/13
效上洛於○ 84A/39/13
楚使者景鯉在○ 84B/39/17
從○王與魏王遇於境 84B/39/17
楚怒○合 84B/39/17
魏請無與楚遇而合於○ 84B/39/17
楚王因不罪景鯉而德周、○ 84B/39/18
楚王使景鯉如○ 85/39/23
客謂○王曰 85/39/23
○王乃留景鯉 85/39/25
景鯉使人說○王曰 85/39/27
聞齊、魏皆且割地以事○ 85/39/27
以○與楚為昆弟國 85/39/28
楚知○之孤 85/40/1
○王乃出之 85/40/2
○王欲見頓弱 86/40/6
○王許之 86/40/7,297/151/11
○王悖然而怒 86/40/11
入其社稷之臣於○ 86/40/16
則○帝 86/40/18
○帝 86/40/18
○白起拔楚西陵 87/40/24
為○所輕 87/40/25
故使於○ 87/40/26
天下莫強於○、楚 87/40/27
斷齊、○之要 87/41/4
韓、魏父子兄弟接踵而死於○者 87/41/18
○社稷之憂也 87/41/21
○、楚之構而不離 87/41/26
韓、魏之強足以校於○矣 87/42/2
○、楚合而為一 87/42/8
或為六國說○王曰 88/42/16
謂○王曰 89/43/3,309/157/5,366/180/10,419/201/27
身布冠而拘於○ 89/43/10
必○也 89/43/19
○人援魏以拒楚 89/43/19
楚人援韓以拒○ 89/43/20
故曰先得齊、宋者伐○ 89/43/20
○先得齊、宋 89/43/21
則○孤而受兵矣 89/43/22
○王與中期爭論 90/43/26
或為中期說○王曰 90/43/26
○王因不罪 90/43/27
公何不以○、楚之重 91/44/4
是辛戎有○、楚之重 91/44/5
樓許約○、魏 92/44/9
敗○而利魏 92/44/9
負○之日 92/44/10
聞○且伐魏 92/44/12
○疑於王之約 92/44/12
以太子之留酸棗而不之○ 92/44/12
○王之計曰 92/44/13
以○彊折節而下與國 92/44/14
見○質子異人 93/44/18
○子異人質於趙 93/44/22
可以有○國 93/44/23
吾為子使○ 93/44/24
乃說○王后弟陽泉君曰 93/44/26
○之寵子也 93/45/5
使○而欲屠趙 93/45/5
○王老矣 93/45/7
不足以結○ 93/45/7
諸侯皆致○邑 93/45/16
而燕太子質於○ 94/45/21
應侯之用○也 94/46/1
聞燕太子丹之入○與 94/46/7
燕太子入○者 94/46/8
燕不欺○也 94/46/8
○不欺燕也 94/46/8
○、燕不相欺 94/46/9
燕、○所以不相欺者 94/46/9
與○什一 94/46/11
○下甲而攻趙 95/46/15
文信侯相○ 95/46/17
習○事 95/46/17
請為大王設○、趙之戰 95/46/18
趙孰與○大 95/46/18
百舉而無及○者 95/46/21
大王裂趙之半以賂○ 95/46/22
○不接刃而得趙之半 95/46/23
○必悅 95/46/23
○必受之 95/46/23,310/157/18
○受地而郄兵 95/46/24
○銜賂以自強 95/46/24
實得山東以敵○ 95/46/25
○不足亡 95/46/26
前日○下甲攻趙 95/46/26
卒不免○患 95/46/27
今又割趙之半以強○ 95/46/27
臣少為○刀筆 95/46/28
○兵下趙 95/47/1
又以為司空馬逐於○ 95/47/15
將以攻○ 96/47/21
○王召群臣賓客六十人而問焉 96/47/21
將以圖○ 96/47/21
與之為交以報○ 96/47/24
○王大悅 96/47/24
○假道韓、魏以攻齊 109/53/6
與○交和而舍 109/53/6
以雜○軍 109/53/7
候者言章子以齊入○ 109/53/7
候者復言章子以齊兵降○ 109/53/7
○軍大敗 109/53/11
於是○王拜西藩之臣而謝於齊 109/53/11
○伐魏 111/54/3

適足以強○而自弱也 111/54/4
強○也 111/54/5
不憂強○ 111/54/5
而兩歸其國於○ 111/54/5
天下為○相割 111/54/6
○曾不出力 111/54/6
天下為○相烹 111/54/6
○曾不出薪 111/54/6
何○之智而山東之愚耶 111/54/7
今○之伐天下不然 111/54/9
齊遠○而韓、梁近 111/54/10
今○欲攻梁絳、安邑 111/54/11
○得絳、安邑以東下河 111/54/11
○必不敢攻梁 111/54/16
楚、○構難 111/54/16
蘇○為趙合從 112/54/23
167/85/15
今乃西面事○ 112/54/29
且夫韓、魏之所以畏○者 112/54/31
以與○接界也 112/54/31
韓、魏戰而勝○ 112/55/1
是故韓、魏之所以重與○戰而輕為之臣也 112/55/1
今○攻齊則不然 112/55/4
○雖欲深入 112/55/5
則○不能害齊 112/55/6
夫不深料○之不奈我何也 112/55/6
而欲西面事○ 112/55/7
今無臣事○之名 112/55/7
張儀為○連橫齊王曰 113/55/14
雖有百○ 113/55/16
今趙之與○也 113/55/20
○、趙戰於河漳之上 113/55/21
再戰而再勝○ 113/55/21
113/55/21
雖有勝○之名 113/55/22
○強而趙弱也 113/55/22
今○、楚嫁子取婦 113/55/22
割河間以事○ 113/55/23
220/116/11
大王不事○ 113/55/23,273/144/4
348A/173/26,413/197/10
○驅韓、魏攻齊之南地 113/55/24
雖欲事○ 113/55/25
請奉社稷以事○ 113/55/27

獻魚鹽之地三百於○也 113/55/28
張儀以○、魏伐韓 114/56/3
○伐之 114/56/3
○伐韓 114/56/4
遂與○戰 114/56/7
張儀事○惠王 115/56/12
厚矣王之託儀於○王也 115/56/22
儀之出○ 115/56/24
因與○王約曰 115/56/24
○王以為然 115/56/27
439/214/13
而信儀於○王也 115/56/28
儀以○、梁之齊合橫親 116/57/3
○攻趙 118/57/23,218/114/7
219/114/17,228/121/26
234/125/17,244/130/24
趙令樓緩以五城求講於○ 118/57/23
因使人以十城求講於○ 118/57/23
因以上黨二十四縣許○王 118/57/24
王欲○、趙之解乎 118/57/24
趙必倍○ 118/57/25
倍○則齊無患矣 118/57/25
○使魏冉之趙 119/57/29
○攻趙長平 120/58/8
○計曰 120/58/8
蘇○謂齊王曰 120/58/11
141B/70/18
不如聽之以卻○兵 120/58/11
不聽則○兵不卻 120/58/11
是○之計中 120/58/12
卻○兵 120/58/14
威卻強○兵 120/58/14
周、韓西有強○ 121/58/19
○伐周、韓之西 121/58/19
趙、魏亦不免與○為患矣 121/58/20
今齊、○伐趙、魏 121/58/20
則亦不果於趙、魏之應○而伐周、韓 121/58/21
令齊入於○而伐趙、魏 121/58/21
○東面而伐齊 121/58/22
蘇○謂薛公曰 122/58/26
122/59/5
蘇○之事 122/59/1
可以惡蘇○於薛公 122/59/2

可以為蘇○請封於楚 122/59/2
蘇○使人請薛公曰 122/60/1
夫勸留太子者蘇○也 122/60/1
蘇○非誠以為君也 122/60/1
蘇○恐君之知之 122/60/1
今勸太子者又蘇○也 122/60/2
薛公大怒於蘇○ 122/60/3
故曰可使人惡蘇○於薛公也 122/60/3
夫使薛公留太子者蘇○也 122/60/5
奉王而代立楚太子者又蘇○也 122/60/5
割地固約者又蘇○也 122/60/5
忠王而走太子者又蘇○也 122/60/6
今人惡蘇○於薛公 122/60/6
因封蘇○為武貞君 122/60/7
故曰可以為蘇○請封於楚也 122/60/7
今蘇○天下之辯士也 122/60/10
君因不善蘇○ 122/60/11
夫不善君者且奉蘇○ 122/60/11
今蘇○善於楚王 122/60/12
薛公因善蘇○ 122/60/13
故曰可以為蘇○說薛公以善蘇○ 122/60/13
孟嘗君將入○ 124/60/23
蘇○欲止之 124/60/23
今○四塞之國 124/61/1
臣恐強○大楚承其後 132A/64/2
○破馬服君之師 132B/64/7
齊、魏亦佐○伐邯鄲 132B/64/7
使○弗有而失天下 132B/64/8
故三國欲與○壤界 132B/64/10
○伐魏取安邑 132B/64/10
恐○兼天下而臣其君 132B/64/13
故專兵一志以逆○ 132B/64/13
三國之與○壤界而患急 132B/64/13
齊不與○壤界而患緩 132B/64/14
故○得齊 132B/64/14
則足以敵○ 132B/64/15
故○、趙、魏得齊者重 132B/64/15
君不以使人先觀○王 134/66/3
意者○王帝王之主也 134/66/3

意者○王不肖之主也 134/66/4
以車十乘之○ 134/66/7
昔者○攻齊 136B/67/15
蘇○自燕之齊 141A/70/10
○使魏冉致帝 141A/70/10
是恨○也 141A/70/11
不如聽之以卒○ 141A/70/12
○稱之 141A/70/12,141A/70/13
齊、○立為兩帝 141B/70/18
王以天下為尊○乎 141B/70/18
尊○ 141B/70/19
且愛○乎 141B/70/19
愛齊而憎○ 141B/70/19
夫約然與○為帝 141B/70/20
而天下獨尊○而輕齊 141B/70/20
則天下愛齊而憎○ 141B/70/21
倍約儐○ 141B/70/21
敬○以為名 141B/70/24
蘇○說齊閔王曰 142/71/3
齊之與韓、魏伐○、楚
　也 142/71/19
○、楚戰韓、魏不休 142/71/21
以西謀○ 142/73/23
○王恐之 142/73/23
衛鞅謀於○王曰 142/73/24
故以一○而敵大魏 142/73/25
○王許諾 142/73/26
西取○ 142/73/28
○王垂拱受西河之外 142/74/4
故曰衛鞅之始與○王計
　也 142/74/5
而西河之外入於○矣 142/74/6
今○人下兵 145/75/16
橫○之勢合 145/75/16
君王后事○謹 149B/79/6
○始皇嘗使使者遺君王
　后玉連環 149B/79/8
謝○使曰 149B/79/9
多受○間金玉 149B/79/14
使賓客入○ 149B/79/14
勸王朝○ 149B/79/14
齊王建入朝於○ 150/79/19
王何以去社稷而入○ 150/79/20
皆不便○ 150/79/23
不欲為○ 150/79/24
○國可亡 150/79/26
乃西面而事○ 150/79/26
○使陳馳誘齊王內之 150/79/28
遂入○ 150/79/28
齊以淖君之亂○ 151/80/3
其後○欲取齊 151/80/3
○王欲楚 151/80/4
適為固驅以合齊、○也 151/80/5
齊、○合 151/80/5,417/200/15
齊、○必不合 151/80/6
齊、○不合 151/80/7,417/200/16
王欲收齊以攻○ 151/80/7
王即欲以○攻齊 151/80/7
五國以破齊○ 153/80/19
而齊、○應楚 156/81/24
而○ 163/84/5
○人一夜而襲之 163/84/6
　163/84/7
而太子有楚、○以爭國 164/84/15
寡人欲置相於○ 166/85/3
然而不可相○ 166/85/6
○之有賢相也 166/85/6
而忘之於○ 166/85/8
王若欲置相於○乎 166/85/9
夫公孫郝之於○王 166/85/9
今乃欲西面而事○ 167/85/18
○之所害於天下莫如楚 167/85/18
楚強則○弱 167/85/19
楚弱則○強 167/85/19
莫如從親以孤○ 167/85/19
○必起兩軍 167/85/20
橫成則○帝 167/85/27
夫○ 167/86/1
○ 167/86/1,167/86/7
　297/152/1,393/190/3
橫人皆欲割諸侯之地以
　事○ 167/86/1
以外交強虎狼之○ 167/86/2
卒有○患 167/86/3,218/113/26
夫外挾強○之威 167/86/3
則楚割地以事○ 167/86/4
西與○接境 167/86/7
○有舉巴蜀、并漢中之
　心 167/86/7
而韓、魏迫於○患 167/86/8
恐反人以入於○ 167/86/8
以楚當○ 167/86/9
張儀為○破從連橫 168/86/15
　413/197/3
○地半天下 168/86/15
非○而楚 168/86/21
非楚而○ 168/86/21
而大王不與○ 168/86/21
○下甲兵 168/86/22
韓必入臣於○ 168/86/22
○攻楚之西 168/86/23
○西有巴蜀 168/86/30
○舉甲出之武關 168/87/3
○兵之攻楚也 168/87/3
而忘強○之禍 168/87/4
而逆強○之心 168/87/6
且夫○之所以不出甲於
　函谷關十五年以攻諸
　侯者 168/87/9
楚嘗與○構難 168/87/9
興師襲○ 168/87/11
夫○、楚相弊 168/87/11
○下兵攻衛、陽晉 168/87/14
凡天下所信約從親堅者
　蘇○ 168/87/17
車裂蘇○於市 168/87/18
夫以一詐偽反覆之蘇○ 168/87/18
今○之與楚也 168/87/21
臣請○太子入質於楚 168/87/21
楚太子入質於○ 168/87/22
請以○女為大王箕帚之
　妾 168/87/22
故敝邑○王 168/87/23
獻鷄駭之犀、夜光之璧
　於○王 168/87/27
張儀相○ 169/88/3
有功名者○也 169/88/10
七日而薄○王之朝 170/89/12
○王聞而走之 170/89/13
○王身問之 170/89/14
○王顧令不起 170/89/16
魏、○之交必善 171/90/6
○、魏之交完 171/90/7
而魏、○之交必惡 171/90/9
齊、○約攻楚 172/90/13
○恐且因景鯉、蘇厲而
　效地於楚 172/90/13
鯉與厲且以收地取○ 172/90/14
使入○ 172/90/15
○恐 172/90/15,305/155/11
昭雎勝○於重丘 173A/90/20

王欲昭雎之乘○也 173A/90/20
○知公兵之分也 173A/90/21
○兵且出漢中 173A/90/22
楚令昭雎將以距○ 173B/90/26
楚王欲擊○ 173B/90/26
恐○之變而聽楚也 173B/90/27
必深攻楚以勁○ 173B/90/27
○王怒於戰不勝 173B/90/27
是王與○相罷 173B/90/28
戰不勝○ 173B/90/28
○進兵而攻 173B/90/28
令之示○必戰 173B/90/29
○王惡與楚相弊而令天下 173B/90/29
○可以少割而收害也 173B/90/29
○、楚之合 173B/90/30
○王必怒 174/91/3
天下見楚之無○也 174/91/3
○王之忠信有功臣也 174/91/5
○王欲出之 174/91/5
○王有愛女而美 174/91/5
○女依強○以為重 174/91/7
○女必不來 174/91/9
而○必重子 174/91/10
外結○之交 174/91/10
而有○、楚之用 175/91/18
楚、○相難 175/91/19
○構兵而戰 175/91/22
○、楚爭事魏 175/91/22
○敗楚漢中 176/91/27
楚王入○ 176/91/27
217/112/5,311/158/22
○王留之 176/91/27
游騰為楚謂○王曰 176/91/27
臣請西索救於○ 177/92/22
臣請索救於○ 177/92/26
西索救於○ 177/92/29
又遣景鯉西索救於○ 177/92/30
○以五十萬臨齊右壤 177/93/4
西使○ 177/93/5
○栖楚王 178/93/10
蘇○之楚 180/93/27
楚王令昭雎之○重張儀 183/94/29
必以○合韓、魏 183/95/1
儀有○而雎以楚重之 183/95/2
今儀困○而雎收楚 183/95/2
韓、魏欲得○ 183/95/2
以與○爭 183/95/4
魏不合○ 183/95/4
楚將入之○而使行和 185/95/19
凡為伐○者楚也 185/95/21
而公入之○ 185/95/21
而陰使人以請聽○ 185/95/22
凡為攻○者魏也 185/95/23
魏折而入齊、○ 185/95/27
而交未定於齊、○ 185/95/27
○伐宜陽 187/96/9
夫○捐德絕命之日久矣 189/96/28
○果舉鄢、郢、巫、上蔡、陳之地 192/97/24
不知夫穰侯方受命乎○王 192/98/18
齊明說卓滑以伐○ 193/98/25
明說楚大夫以伐○ 193/98/25
不若令屈署以新東國為和於齊以動○ 195/99/10
○恐齊之敗東國 195/99/10
○王聞之懼 195/99/11
嘗為○孽 198/100/22
不可為拒○之將也 198/100/22
○始皇立九年矣 200/102/19
嫪毐亦為亂於○ 200/102/19
○孝公封商君 201/102/24
○惠王封冉子 201/102/25
○、韓圍梁 206/107/10
○戰而勝三國 206/107/10
○必過周、韓而有梁 206/107/10
三國而勝○ 206/107/11
雖不足以攻○ 206/107/11
計者不如構三國攻○ 206/107/11
蘇○說李兌曰 208/107/21
雒陽乘軒車蘇○ 208/107/21
蘇○對曰 208/107/24
蘇○出 208/107/29
蘇○謂舍人曰 208/108/3
李兌送蘇○明月之珠 208/108/5
蘇○得以為用 208/108/6
西入於○ 208/108/6
蘇○為齊上書說趙王曰 209/108/10
非數痛加於○國 209/108/12
以○為愛趙而憎韓 209/108/13
○豈得愛趙而憎韓哉 209/108/14
議○以謀計 209/108/17
○盡韓、魏之上黨 209/108/21
○以三軍強弩坐羊唐之上 209/108/22
且○以三軍攻王之上黨而危其北 209/108/22
今從於彊○國之伐齊 209/108/25
韓乃西師以禁○國 209/108/26
使○發令素服而聽 209/108/26
○之貪 210/109/8
○王謂公子他曰 211/109/13
以與諸侯攻○ 211/109/13
韓與○接境壤界 211/109/13
日者○、楚戰於藍田 211/109/14
韓出銳師以佐○ 211/109/14
○戰不利 211/109/14
使陽城君入謝於○ 211/109/19
○起二軍以臨韓 211/109/19
今王令韓興兵以上黨入和於○ 211/109/20
臣請悉發守以應○ 211/109/22
且以與○ 211/109/25,211/109/27
其民皆不欲為○ 211/109/25
其吏民不欲為○ 211/109/27
○蠶食韓氏之地 211/110/1
○被其勞 211/110/2
且○以牛田 211/110/3
主內之○ 211/110/13
韓告○曰 211/110/17
○王怒 211/110/17,228/121/27
247/131/20,329A/166/26
337/168/23,354/175/24
蘇○為趙王使於○ 212/110/21
○乃者過柱山 212/110/21
今臣使於○ 212/110/24
甘茂為○約魏以攻韓宜陽 213/110/28
以與齊、韓、○市 213/110/29
○王欲得宜陽 213/110/30
建信者安能以無功惡○哉 214/111/4
不能以無功惡○ 214/111/4
則且出兵助○攻魏 214/111/4
則無功而惡○ 214/111/5
○分齊 214/111/5
則有功而善○ 214/111/6
心疑者事○急 215/111/12
○、魏之構 215/111/12

○從楚、魏攻齊 215/111/12
三晉合而○弱 217/111/25
三晉離而○強 217/111/25
○之有燕而伐趙 217/111/25
今山東之主不知○之即己也 217/111/29
而歸其國於○ 217/111/29
○之欲伐韓、梁 217/112/1
楚王美○之語 217/112/3
必入於○ 217/112/4
今王美○之言 217/112/4
○、楚為一 217/112/5
○與韓為上交 217/112/6
○禍安移於梁矣 217/112/6
以○之強 217/112/6,258B/137/17
○與梁為上交 217/112/7
○禍案攘於趙矣 217/112/7
以強○之有韓、梁、楚 217/112/8
必不入○ 217/112/11
○必怒而循攻楚 217/112/12
是○禍不離楚也 217/112/12
217/112/13
○見三晉之大合而堅也
217/112/12
○見三晉之堅也 217/112/16
432/211/6
蘇○從燕之趙 218/112/21
齊、○為兩敵 218/112/25
倚○攻齊 218/112/26
倚齊攻○ 218/112/26
大王與○ 218/113/4
則○必弱韓、魏 218/113/4
夫○下軹道則南陽動 218/113/6
○欲已得行於山東 218/113/7
○甲涉河踰漳 218/113/7
且○之所畏害於天下者
218/113/12
然而○不敢舉兵甲而伐趙者 218/113/12
○之攻韓、魏也 218/113/13
韓、魏不能支○ 218/113/14
韓、魏臣於○ 218/113/14
○無韓、魏之隔 218/113/14
諸侯之地五倍於○ 218/113/22
十倍於○ 218/113/22
西面而攻○ 218/113/23
○破必矣 218/113/23
今見破於○ 218/113/23
見臣於○ 218/113/23
皆欲割諸侯之地以與○成 218/113/24
與○成 218/113/25
是故橫人日夜務以○權恐猲諸侯 218/113/26
以儐畔○ 218/114/2
○攻楚 218/114/3
○攻韓、魏 218/114/4
○攻齊 218/114/5
○攻燕 218/114/6
六國從親以擯○ 218/114/8
○必不敢出兵於函谷關以害山東矣 218/114/8
乃封蘇○為武安君 218/114/12
蘇子為謂○王曰 219/114/17
將以逆○ 219/114/28
臣有以知天下之不能為從以逆○也 219/114/30
欲以窮○折韓 219/115/1
219/115/6
西攻○ 219/115/3
○人遠迹不服 219/115/4
是則伐楚攻○ 219/115/5
○人下兵攻懷 219/115/10
○人去而不從 219/115/11
不識三國之憎○而愛懷邪 219/115/11
忘其憎懷而愛○邪 219/115/11
終身不敢設兵以攻○折韓也 219/115/13
於是○王解兵不出於境
219/115/16
張儀為○連橫 220/115/20
273/143/22
弊邑○王使臣敢獻書於大王御史 220/115/20
大王收率天下以儐○ 220/115/20
○兵不敢出函谷關十五年矣 220/115/21
今○以大王之力 220/115/23
○雖辟遠 220/115/24
恃蘇○之計 220/115/28
今楚與○為昆弟之國 220/116/1
今○發三將軍 220/116/3
莫如與○遇於澠池 220/116/6
以為一從不事○ 220/116/9
剖地謝前過以事○ 220/116/10
西有樓煩、○、韓之邊
221/117/21
以備其參胡、樓煩、○、韓之邊 221/117/22
趙使机郝之○ 226/121/13
○不聽 226/121/13,372/182/11
請無急○王 226/121/14
○王見趙之相魏冉之不急也 226/121/14
趙以公子部為質於○ 228/121/26
趙背○ 228/121/27
卒倍○ 228/122/2
以挾○ 228/122/4
○敗於閼與 228/122/5
大敗○師 228/122/5
樓緩欲以趙合○、楚 229A/122/9
富丁恐主父之聽樓緩而合○、楚也 229A/122/9
今我不順齊伐○ 229A/122/11
○、楚必合而攻韓、魏
229A/122/11
齊不欲伐○ 229A/122/12
則伐○者趙也 229A/122/12
韓必聽○違齊 229A/122/13
是罷齊敝○也 229A/122/15
我與三國攻○ 229A/122/15
我約三國而告之○ 229A/122/16
三國欲伐○之果也 229A/122/16
而以餘兵與三國攻○ 229A/122/19
是我一舉而兩取地於○、中山也 229A/122/19
魏因富丁且合於○ 229B/122/23
周最以天下辱○者也 229B/122/24
魏、○必虛矣 229B/122/25
無○不能傷趙 229B/122/25
○、魏雖勁 229B/122/26
夫以○將武安君公孫起乘七勝之威 231/123/8
而○罷於邯鄲之下 231/123/10
是使弱趙為強○之所以攻 231/123/12
而強○以休兵承趙之敝
231/123/12
公子牟游於○ 232/123/18
○攻趙於長平 233/123/26

樓緩新從○來 233/123/26
與○城何如 233/123/27
今臣新從○來 233/124/1
則恐王以臣之為○也 233/124/2
○既解邯鄲之圍 233/124/5
使趙郄約事於○ 233/124/6
○之攻趙也 233/124/6
○之攻我也 233/124/7
○以其力攻其所不能取 233/124/8
是助○自攻也 233/124/9
來年○復攻王 233/124/9
233/124/18
虞卿能盡知○力之所至乎 233/124/11
誠知○力之不至 233/124/11
令○來年復攻王 233/124/12
子能必來年○之不復攻我乎 233/124/13
昔者三晉之交於○ 233/124/13
今○釋韓、魏而獨攻王 233/124/14
王之所以事○必不如韓、魏也 233/124/14
至來年而王獨不取於○ 233/124/15
王之所以事○者 233/124/15
樓緩又不能必○之不復攻也 233/124/19
○雖善攻 233/124/20
○倦而歸 233/124/21
我以五城收天下以攻罷○ 233/124/21
而取償於○也 233/124/21
自弱以強○ 233/124/22
○善韓、魏而攻趙者 233/124/22
必王之事○不如韓、魏也 233/124/23
是使王歲以六城事○也 233/124/23
來年○復求割地 233/124/23
則是棄前貴而挑○禍也 233/124/24
今坐而聽○ 233/124/25
○兵不敝而多得地 233/124/25
是強○而弱趙也 233/124/25
以益愈強之○ 233/124/25
且○虎狼之國也 233/124/26
夫○、趙構難 233/125/2
今趙兵困於○ 233/125/2
則必盡在於○矣 233/125/3
慰○心 233/125/3
天下將因○之怒 233/125/4
○趙之敝而瓜分之 233/125/4
何○之圖 233/125/4
樓子之為○也 233/125/7
夫趙兵困於○ 233/125/7
而何慰○心哉 233/125/8
○索六城於王 233/125/8
并力而西擊○也 233/125/9
是王失於齊而取償於○ 233/125/10
而與○易道也 233/125/10
與之謀○ 233/125/11
○之使者已在趙矣 233/125/13
○兵罷 234/125/17
○、趙戰於長平 235/125/27
而制媾者在○ 235/125/29
且王之論○也 235/125/29
○不遺餘力矣 235/126/1
○必疑天下合從也 235/126/2
發鄭朱入○ 235/126/5
○內之 235/126/5
寡人使平陽君媾○ 235/126/5
○已內鄭朱矣 235/126/6
天下之賀戰勝者皆在○矣 235/126/6
而入於○ 235/126/7
○王與應侯必顯重以示天下 235/126/7
○知天下不救王 235/126/8
王入○ 235/126/9
○留趙王而后許之媾 235/126/9
○圍趙之邯鄲 236/126/13
畏○ 236/126/13
○所以急圍趙者 236/126/14
方今唯○雄天下 236/126/15
趙誠發使尊○昭王為帝 236/126/16
○必喜 236/126/16
會○圍趙 236/126/18
聞魏將欲令趙尊○為帝 236/126/18
魏王使將軍辛垣衍令趙帝○ 236/126/20
彼○者 236/126/29
梁未睹○稱帝之害故也 236/127/4
使梁睹○稱帝之害 236/127/5
○稱帝之害將奈何 236/127/5
然梁之比於○若僕耶 236/127/11
然吾將使○王烹醢梁王 236/127/11
先生又惡能使○王烹醢梁王 236/127/12
今○萬乘之國 236/127/24
且○無已而帝 236/127/26
不敢復言帝○ 236/128/2
○將聞之 236/128/2
適會魏公子無忌奪晉鄙軍以救趙擊○ 236/128/4
○軍引而去 236/128/4
四十餘年而○不能得所欲 237/128/14
以與○角逐 239A/129/9
○當時適其鋒 239A/129/10
乃輦建信以與強○角逐 239A/129/10
臣恐○折王之椅也 239A/129/10
而獨以趙惡○ 241/130/3
○使人來仕 242/130/9
夫○之攻趙 244/130/24
能攻○ 246/131/11
能孤○ 246/131/11
○之彊 246/131/13
○令起賈禁之 247/131/20
李兌約五國以伐○ 247/131/20
而陰構於○ 247/131/21
又欲與○攻魏 247/131/21
三晉皆有○患 247/131/23
今之攻○也 247/131/23
○逐李兌 247/131/24
今之伐○也 247/131/24
而陰鬻之於○ 247/131/25
則令○攻魏以成其私封 247/131/25
而乃令○攻王 247/131/27
○攻魏 247/132/2,258B/137/16
曰有○陰 247/132/4
而無使○之見王之重趙也 247/132/6
○見之且亦重趙 247/132/7
齊、○交重趙 247/132/7

趙從親以合於○ 247/132/8
以三晉劫○ 247/132/10
則天下皆偪○以事王 247/132/10
而○、楚禁之 248/132/15
臣之所以堅三晉以攻○
者 248/132/16
非以為齊得利○之毀也
248/132/16
夫○人貪 248/132/22
五國伐○無功 249/133/3
趙欲搆於○ 249/133/3
○弗欲 249/133/3
天下散而事○ 249/133/4
○必據宋 249/133/4
○王貪 249/133/5
○雖有變 249/133/6
而○侵約 249/133/9
齊、○非復合也 249/133/10
且天下散而事○ 249/133/11
是○制天下也 249/133/11
○制天下 249/133/11
天下爭○有六舉 249/133/14
天下爭○ 249/133/14,249/133/16
249/133/18,249/133/21
249/133/25,249/134/1
○王受負海內之國 249/133/14
是○之一舉也 249/133/15
249/133/17,249/133/18
249/133/20,249/133/21
249/133/26
○行是計 249/133/15,249/133/19
249/133/20,249/133/22
○王內韓珉於齊 249/133/16
○行是計也 249/133/17
249/133/26
○王受齊受趙 249/133/18
抱安邑而信○ 249/133/19
○得安邑之饒 249/133/19
韓必入朝○ 249/133/20
○堅燕、趙之交 249/133/21
○因收楚而攻魏 249/133/22
○舉安邑而塞女戟 249/133/23
國燥於○ 249/133/24
○堅三晉之交攻齊 249/133/25
○桉兵攻魏 249/133/25
救與○爭戰也 249/133/26
○按為義 249/134/2
○起中山與勝 249/134/2
乃絕和於○ 249/134/5
強○襲趙之欲 251/135/2
無燕、○也 256/136/15
○三以虞卿為言 256/136/16
是王輕強○而重弱燕也
256/136/17
又兼無燕、○ 256/136/18
至○ 258B/137/21
獻書○王曰 258B/137/21
318/163/21
○王使使者報曰 258B/137/23
於是○王乃見使者 258B/137/27
○王乃喜 258B/138/6
乃結○連楚、宋之交 260/138/16
樓緩相○ 260/138/17
○召春平侯 261/138/21
春平侯入○ 261/138/22
○必留之 261/138/22
故謀而入之○ 261/138/22
○急攻之 262/138/28
○使王翦攻趙 263/139/27
李牧數破走○軍 263/139/27
殺○將桓齮 263/139/27
李牧、司馬尚欲與○反
趙 263/139/28
以多取封於○ 263/139/28
西之○ 271/142/22
○果日以強 271/142/22
外交強虎狼之○ 272/143/2
夫挾強○之勢 272/143/3
今乃有意西面而事○ 272/143/4
而欲臣事○ 272/143/10
夫事○必割地效質 272/143/10
凡群臣之言事○者 272/143/10
外挾彊○之勢以內劫其
主以求割地 272/143/12
則必無強○之患 272/143/16
而欲恃詐偽反覆蘇○之
餘謀 273/144/1
○下兵攻河外 273/144/4
○挾韓而攻魏 273/144/6
韓劫於○ 273/144/6
○、韓為一國 273/144/6
莫如事○ 273/144/7,348A/173/29
事○則楚、韓必不敢動 273/144/7
且夫○之所欲弱莫如楚
273/144/10
攻楚而適○ 273/144/12
○甲出而東 273/144/12
雖欲事○而不可得也 273/144/12
蘇○拘於魏 275/145/3
而○不受也 275/145/4
夫○非不利有齊而得宋
地也 275/145/4
不信齊王與蘇○也 275/145/4
今○見齊、魏之不合也
如此其甚也 275/145/5
則齊必不欺○ 275/145/5
而○信齊矣 275/145/5
齊、○合而涇陽君有宋
地 275/145/6
故王不如復東蘇○ 275/145/6
○必疑齊而不聽也 275/145/6
夫齊、○不合 275/145/6
陳軫為○使於齊 276/145/11
鄭彊出○曰 278/146/4
張儀欲以魏合於○、韓
而攻齊、楚 280/146/18
以魏合於○、韓而攻齊
、楚 280/146/19
張子儀以○相魏 281/146/26
王亦聞張儀之約○王乎
281/146/29
魏必事○以持其國 281/146/30
其敝不足以應○ 281/147/1
此儀之所以與○王陰相
結也 281/147/1
是使儀之計當於○也 281/147/1
張儀欲并相○、魏 282/147/6
儀請以○攻三川 282/147/6
儀兼相○、魏 282/147/7
張儀以合○、魏矣 283/147/12
○攻三川 283/147/13
則○、魏之交可廢矣 283/147/14
則魏必圖○而棄儀 283/147/14
而樹怨而於齊、○也 284/147/20
○欲救齊 285/147/27
○、韓合而欲攻南陽 285/147/28
王不遇○ 285/147/28
魏王遂尚遇○ 285/147/29
○敗東周 287/148/9
以講於○ 287/148/9
臣不知衍之所以聽於○

之少多	287/148/10
而令○講於王	287/148/10
而聽○矣	287/148/12
魏令公孫衍請和於○	289/148/29
固有○重和	289/148/29
則後必莫能以魏合於○者矣	289/148/30
而○禁之	297/151/10
齊令宋郭之○	297/151/10
魏王畏齊、○之合也	297/151/11
欲講於○	297/151/11
○王謂宋郭曰	297/151/13
○必且用此於王矣	297/151/18
○嘗用此於楚矣	297/151/20
○善魏不可知也已	297/151/20
太上伐○	297/151/21
其次賓○	297/151/21
○權重魏	297/151/24
是故又為足下傷○者	297/151/24
天下可令伐○	297/151/24
見天下之傷○也	297/151/25
天下可令賓○	297/151/25
而以○為上交以自重也	297/151/26
則明不與○	297/151/28
而生以殘○	297/151/28
使○皆無百怨百利	297/151/28
令足下鬻之以合於○	297/151/29
以燕伐○	297/152/2
恐其伐○之疑也	297/152/6
又身自醜於○	297/152/6
扮之請焚天下之○符者	297/152/6
欲使五國約閉○關者	297/152/7
臣非不知○勸之重也	297/152/9
而卑○、楚	301/153/12
必右○而左魏	303B/154/8
○召魏相信安君	304/154/16
蘇代為說○王曰	304/154/16
其畏惡嚴尊○也	304/154/19
舍於○	304/154/23
○必令其所愛信者用趙	304/154/23
魏信以韓、魏事○	304/154/29
○甚善之	304/154/29
今我講難於○兵為招質	304/154/29
○、楚攻魏	305/155/7
○、楚勝魏	305/155/7
必舍於○	305/155/7
王何不倍○而與魏王	305/155/8
○恐失楚	305/155/8
乃倍○而與魏	305/155/9
而復固○、楚之交	305/155/13
○因合魏以攻楚	305/155/14
○、趙約而伐魏	308/156/10
今大王收○而攻魏	308/156/11
使寡人絕○	308/156/12
收○攻魏	308/156/12
趙王因令閉關絕○	308/156/15
○、趙大惡	308/156/16
趙王恐魏承○之怒	308/156/19
遽割五城以合於魏而支○	308/156/19
芒卯謂○王曰	309/156/23
○之所欲於魏者	309/156/27
王獻之○	309/156/27
因獻之○	309/156/28
而○兵不下	309/157/1,309/157/1
則契折於○	309/157/2
王無以責○	309/157/2
臣為王責約於○	309/157/2
乃之○	309/157/5
而○兵不可下	309/157/6
○王懼然曰	309/157/7
○兵下	309/157/7
芒卯并將○、魏之兵	309/157/7
○敗魏於華	310/157/12
	311/158/10
夫○貪戾之國而無親	310/157/16
夫○何厭之有哉	310/157/17
楚、趙怒而與王爭事○	310/157/18
○挾楚、趙之兵以復攻	310/157/19
○兵必罷	310/157/28
必爭事○	310/158/2
○兵已令	310/158/4
魏王且入朝於○	311/158/10
今王之事○	311/158/14
今○不可知之國也	311/158/17
內王於不可知之○	311/158/18
○未索其下	311/158/20
尚足以捍○	311/158/23
吾內王於○者	311/158/27
寧以為○邪	311/158/27
魏不勝○	312/159/7
而○不以勝之上割	312/159/9
○也	312/159/11,357/176/29
且夫姦臣固皆欲以地事○	312/159/12
以地事○	312/159/12
而○之求無窮	312/159/13
吾已許○矣	312/159/15
今君劫於群臣而許○	312/159/16
○將伐魏	314/160/3
○且攻魏	314/160/3
魏歃盟於○	314/160/10
是趙與強○為界也	314/160/10
今○且攻魏	314/160/14
○攻魏未能克之也	314/160/18
以國之半與○	314/160/19
○必去矣	314/160/19
○已去魏	314/160/19
又西借○兵	314/160/20
○王大恐	314/160/24
魏將與○攻韓	315/160/29
○與戎、翟同俗	315/160/29
今大王與○伐韓而益近○	315/161/4
外安能支強○、魏之兵	315/161/5
○盡有鄭地	315/161/6
而今負強○之禍也	315/161/7
○非無事之國也	315/161/9
○必不為也	315/161/10
○又不敢	315/161/12
○又弗為也	315/161/13
○又不敢也	315/161/13
○必不伐楚與趙矣	315/161/14
○故有懷地刑丘、之城、垝津	315/161/17
○有鄭地	315/161/17
乃惡安陵氏於○	315/161/18
○之欲許之久矣	315/161/19
然而○之葉陽、昆陽與舞陽、高陵鄰	315/161/19
○繞舞陽之北	315/161/20
夫不患○之不愛南國非也	315/161/21
○乃在河西	315/161/23
	315/161/26
○十攻魏	315/161/24

所亡乎○者 315/161/25
又況於使○無韓而有鄭地 315/161/27
○撓之以講 315/161/28
則皆知○之無窮也 315/162/1
其功多於與○共伐韓 315/162/3
然而無與強○鄰之禍 315/162/3
天下之西鄉而馳○ 315/162/9
○使趙攻魏 317A/162/20
而并齊、○ 317A/162/22
聽○而攻魏者 317A/162/23
其人皆欲合齊、○外楚以輕公 317B/162/29
非○實首伐之也 317B/162/30
故勸○攻魏 317B/162/30
必令魏以地聽○而為和 317B/163/1
有○、韓之重 317B/163/1
今以齊、○之重 317B/163/2
以為和於○也 317B/163/2
○疾攻楚 317B/163/3
公因寄汾北以予○而為和 317B/163/3
○、楚重公 317B/163/4
臣意○王與樗里疾之欲之也 317B/163/4
天下且以此輕○ 317B/163/7
翟強欲合齊、○外楚 317B/163/13
樓廩欲合○、楚外齊 317B/163/13
○攻梁者 318/163/23
臣見○之必大憂可立而待也 318/163/24
今○國與山東為讎 318/163/27
○果南攻藍田、鄢、郢 318/163/28
原恃○、翟以輕晉 319/164/4
○、翟年穀大凶而晉人亡原 319/164/5
以是質○ 319/164/9
是王獨受○患也 319/164/10
吾欲與○攻韓 320/164/15
怨○乎 320/164/16
韓強○乎 320/164/17
強○ 320/164/17
欲獨以魏支○者 321/164/23
自賣於○ 321/164/26
○必受子 321/164/26
橫者將圖子以合於○ 321/164/26
魏、○伐楚 322/165/3
王不與○攻楚 322/165/3
楚且與○攻王 322/165/3
王不如令○、楚戰 322/165/3
○王不問者 323/165/9
○攻韓之管 325/165/19
夫○強國也 325/165/19
西合於○ 325/165/22
○、韓為一 325/165/22
○果釋管而攻魏 325/165/24
昭忌乃為之見○王曰 325/165/24
以為○之求索 325/165/28
○已制趙 325/165/29
則燕不敢不事○ 325/165/29
天下爭敵於○ 325/165/29
○王乃止 325/165/30
○、趙構難而戰 326/166/3
不如齊、趙而構之○ 326/166/3
而構之○ 326/166/4
是并制○、趙之事也 326/166/4
○許吾以垣雍 327/166/9
○、趙久相持於長平之下而無決 327/166/10
天下合於○ 327/166/11
則無○ 327/166/11
○恐王之變也 327/166/11
○戰勝趙 327/166/12
○戰不勝趙 327/166/12
樓梧約○、魏 328/166/17
將令○王遇於境 328/166/17
○必置相 328/166/17
則交惡於○ 328/166/18
且遇於○而相○者 328/166/18
○必輕王之強矣 328/166/19
是以有雍者與○遇 328/166/19
○必重王矣 328/166/20
芮宋欲絕○、趙之交 329A/166/24
故令魏氏收○太后之養地○王於○ 329A/166/24
芮宋謂○王曰 329A/166/24
子言無○ 329A/166/25
而養○太后以地 329A/166/25
索攻魏於○ 329B/167/3
○必不聽王矣 329B/167/3
是智困於○ 329B/167/3
則○重矣 329B/167/4
管鼻之令翟強與○事 330/167/9
令鼻之入○之傳舍 330/167/10
無蔽於○者 330/167/11
而○若此其甚 330/167/11
成陽君欲以韓、魏聽○ 331/167/15
君入○ 331/167/16
○必留君 331/167/16, 331/167/16
故君不如安行求質於○ 331/167/16
成陽君必不入○ 331/167/17
○、韓不敢合 331/167/17
○拔寧邑 332/167/21
魏王令之謂○王曰 332/167/21
○罷邯鄲 333/167/27
吳慶恐魏王之構於○也 333/167/27
○之攻王也 333/167/27
王不近○ 333/167/28
○之所去 333/167/28
○人去邯鄲 333/167/29
魏王為之謂○王曰 337/168/23
○、魏為與國 338/168/29
魏使人求救於○ 338/168/29
○救不出 338/168/29
老臣請出西說○ 338/168/31
唐且見○王 338/169/1
以為○之強足以為與也 338/169/3
○王喟然愁悟 338/169/8
破○人 339/169/13, 339/169/16
則○兵及我 340/169/29
○攻魏急 342/170/28
今○之強也 342/171/1
而王以是質○ 342/171/1
○自四境之內 342/171/5
今王割地以賂○ 342/171/6
卑體以尊○ 342/171/6
○、魏百相交也 342/171/8
今由嫪氏善○而交為天下上 342/171/8
○王使人謂安陵君曰 343/171/13
○王不說 343/171/14
安陵君因使唐且使於○ 343/171/15
○王謂唐且曰 343/171/15
且○滅韓亡魏 343/171/16
○王怫然怒 343/171/18

〇王色撓 343/171/24
蘇〇為楚合從說韓王曰 347/172/28
乃欲西面事〇 347/173/4
大王事〇 347/173/5
〇必求宜陽、成皋 347/173/5
而〇之求無已 347/173/7
今大王西面交臂而臣事〇 347/173/8
必不能事〇 347/173/12
張儀為〇連橫說韓王曰 348A/173/17
〇帶甲百餘萬 348A/173/20
〇馬之良 348A/173/21
〇人捐甲徒裎以趨敵 348A/173/22
夫〇卒之與山東之卒也 348A/173/22
〇下甲據宜陽 348A/173/26
先事〇則安矣 348A/173/28
不事〇則危矣 348A/173/28
逆〇而順楚 348A/173/29
〇之所欲 348A/173/29
今王西面而事〇以攻楚 348A/174/1
〇王必喜 348A/174/2,413/197/12
轉禍而說〇 348A/174/2
是故〇王使使臣獻書大王御史 348A/174/2
而相公叔以伐〇 349/174/17
〇且攻韓 350/174/21
〇必曰楚、韓合矣 350/174/22
〇攻陘 351/174/26
〇已馳 351/174/26
〇受地 351/174/26
五國約而攻〇 352/175/3
不能傷〇 352/175/3,352/175/7
王約五國而西伐〇 352/175/7
天下且以是輕王而重〇 352/175/7
鄭彊載八百金入〇 353/175/14
〇必不聽公 353/175/15
公不如令〇王疑公叔 353/175/15
〇王聞之 353/175/17,440/217/9
鄭彊之走張儀於〇 354/175/22
彊請西圖儀於〇 354/175/22
故因而請〇王曰 354/175/23
故使使臣再拜謁〇王 354/175/23
〇攻西周 355/175/29
〇圍宜陽 356A/176/3
魏必倍〇 356A/176/4
須〇必敗 356A/176/5
〇失魏 356A/176/5
〇歸武遂於韓 356B/176/9
〇王固疑甘茂之以武遂解於公仲也 356B/176/9
杜赫為公仲謂〇王曰 356B/176/10
〇王大怒於甘茂 356B/176/10
〇、韓戰於濁澤 357/176/15
今〇之心欲伐楚 357/176/15
王不如因張儀為和於〇 357/176/16
將西講於〇 357/176/17
〇之欲伐我久矣 357/176/19
〇、韓并兵南鄉 357/176/20
此〇所以廟祠而求也 357/176/20
是〇、韓不和 357/176/22
為能聽我絕和於〇 357/176/23
〇必大怒 357/176/23
必輕〇 357/176/23
輕〇 357/176/24
其應〇必不敬 357/176/24
是我困〇、韓之兵 357/176/24
願大國遂肆意於〇 357/176/27
輕絕強〇之敵 357/177/1
又非素約而謀伐〇矣 357/177/1
〇欲伐楚 357/177/2
且王以使人報於〇矣 357/177/2
是欺〇也 357/177/3
夫輕強〇之禍 357/177/3
遂絕和於〇 357/177/4
〇果大怒 357/177/4
兵為〇禽 357/177/6
公仲收國復事〇 359/177/17
〇、楚合 359/177/18
公仲躬率其私徒以鬬於〇 359/177/18
吾合〇、楚 359/177/19
〇、韓之交可合也 359/177/21
今〇、楚爭強 359/177/24
公何不以〇為韓求穎川於楚 359/178/1
而交走〇也 359/178/3
〇、楚爭強 359/178/3
此利於〇 359/178/3
公求中立於〇 360/178/9
願公之復求中立於〇也 360/178/11
〇王以公孫郝為黨於公而弗之聽 360/178/13
公何不因行願以與〇王語 360/178/14
行願之為〇王臣也公 360/178/14
臣請為公謂〇王曰 360/178/14
於〇孰利 360/178/15
於〇孰強 360/178/15
〇王必曰 360/178/15
則〇重 360/178/15
則〇輕 360/178/16
則〇強 360/178/16
則〇弱 360/178/16
今王聽公孫郝以韓、〇之兵應齊而攻魏 360/178/16
是〇輕也 360/178/17,360/178/18
以韓、〇之兵據魏而攻齊 360/178/18
以韓、〇之兵據魏以郄齊 360/178/21
最〇之大急也 360/178/22
齊、楚之交善〇 361/178/27
〇、魏遇 361/178/27
王使景鯉之〇 361/178/27
鯉與於〇、魏之遇 361/178/28
恐齊以楚遇為有陰於〇、魏也 361/178/28
〇、魏之遇也 361/179/1
將以合齊、〇而絕齊於楚也 361/179/1
齊無以信魏之合己於〇而攻於楚也 361/179/2
齊又畏楚之有陰於〇、魏也 361/179/2
以視齊於有〇、魏 361/179/4
而且疑〇、魏於齊 361/179/4
〇使聞之 363/179/18
以告〇王 363/179/18
〇王謂魏王曰 363/179/18
今〇欲踰兵於澠隘之塞 364/179/24
割以予〇 364/179/25
〇、楚鬬之日也已 364/179/26
仗齊而畔〇 365/180/4
韓令使者求救於〇 366/180/9

○師不下殽 366/180/9
366/180/10
韓又令尚靳使○ 366/180/9
韓之於○也 366/180/10
○重國知王也 366/180/17
甘茂入言○王曰 366/180/21
公仲柄得○師 366/180/21
而○師不下殽 366/180/21
是楚以三國謀○也 366/180/22
如此則伐○之形成矣 366/180/23
韓令冷向借救於○ 367/180/28
○為發使公孫昧入韓 367/180/28
子以○為將救韓乎 367/180/28
○王之言曰 367/180/29
○王必祖張儀之故謀 367/181/1
是○孤也 367/181/2
○取西河之外以歸 367/181/3
公恃○而勁 367/181/4
楚陰得○之不用也 367/181/4
公必先韓而後○ 367/181/7
○必委國於公以解伐 367/181/8
其實猶之不失○也 367/181/9
錡宣之教韓王取○ 369/181/20
因令公仲謂○王曰 369/181/20
○王必取我 369/181/21
公叔使馮君於○ 371/182/3
教陽向說○王曰 371/182/3
而資之以○ 371/182/4
公欲得武遂於○ 372/182/9
而令人為公求武遂於○ 372/182/9
發重使為韓求武遂於○ 372/182/10
○王聽 372/182/10
韓得武遂以恨○ 372/182/11
毋○患而得楚 372/182/11
是○、韓之怨深 372/182/11
今公自以辯於薛公而輕○ 373/182/17
而外得○、楚也 379/183/27
○、楚若無韓 379/183/28
○、楚挾幾瑟以塞伯嬰 379/183/30
伯嬰外無○、楚之權 379/183/30
公叔、伯嬰恐○、楚之內幾瑟也 380/184/3
則公叔、伯嬰必知○、楚之不以幾瑟為事也 380/184/4
必以韓合於○、楚矣 380/184/4
○、楚挾韓以窘魏 380/184/5
公又令○求質子於楚 380/184/5
公挾○、楚之重 380/184/6
楚將收○而復之 382/184/17
楚又收○而復之 382/184/18
公不如令○王賀伯嬰之立也 382/184/18
其事○必疾 382/184/19
○挾韓親魏 382/184/19
韓且內伯嬰於○ 383B/184/29
太子入○ 383B/184/29
○必留太子而合楚 383B/184/29
今○、魏之和成 386/187/5
若韓隨魏以善○ 386/187/6
○已善韓 386/187/6
今公與安成君為○、魏之和 386/187/7
○、魏之和成 386/187/8
是韓為○、魏之門戶也 386/187/8
而西貴於○ 386/187/9
操右契而為公責德於○、魏之主 386/187/9
○、魏不終相聽者也 386/187/10
魏不聽○ 386/187/11
必務善韓以備○ 386/187/11
○、魏和 386/187/12
今天下散而事○ 387/187/17
天下合而離○ 387/187/18
今公以韓先合於○ 387/187/19
是韓以天下事○ 387/187/19
○之德韓也厚矣 387/187/19
韓與天下朝○ 387/187/20
天下不合○ 387/187/20
○令而不聽 387/187/21
○必起兵以誅不服 387/187/21
○久與天下結怨構難 387/187/21
周佼以西周善於○ 387/187/22
周啓以東周善於○ 387/187/22
今公以韓善○ 387/187/23
而○之爭機也 387/187/23
今公以韓為天下先合於○ 387/187/24
○必以公為諸侯 387/187/24
○王大怒曰 388/187/29
蘇○為韓說○王曰 388/188/1
必西面事○ 388/188/2
此韓珉之所以禱於○也 388/188/2
其西面事○ 388/188/4
不西事○ 388/188/4
皆積智欲離○、韓之交 388/188/5
未有一人言善○者也 388/188/6
皆不欲韓、○之合者何也 388/188/6
則晉、楚智而韓、○愚也 388/188/6
必伺韓、○ 388/188/7
韓、○合 388/188/7
○王欲出事於梁 389/188/12
○之欲伐韓 389/188/12
因欲與○ 389/188/13
○之欲攻梁也 389/188/13
必折為○用 389/188/15
○之欲并天下而王之也 389/188/16
而今之○強於始之○ 390/188/27
今○有梁君之心矣 390/188/28
而王與諸臣不事為尊○以定韓者 390/188/28
今○數世強矣 390/189/2
韓甚疏○ 393/190/3,393/190/5
然而見親○ 393/190/3
故○買之三千金 393/190/4
韓因以其金事○ 393/190/4
○反得其金與韓之美人 393/190/4
韓之美人因言於○曰 393/190/5
其疏○乃始益明 393/190/5
以是為金以事○ 393/190/6
而韓之疏○不明 393/190/6
為惡於○也 395/190/19
而善平原君乃所以惡於○也 395/190/19
公仲使韓珉之○求武隧 396A/190/24
韓之事○也 396A/190/24
韓相公仲珉使韓侈之○ 396B/191/3
韓侈謂○王曰 396B/191/3
○王仕之 396B/191/4
○之仕韓侈也 396B/191/5
韓侈之○ 396B/191/5
○必弗入 396B/191/5
客卿為韓謂○王曰 396C/191/11
○勢能詘之 396C/191/12

○之強 396C/191/12
魏亡於○ 396C/191/13
成陽君為○去韓 397/191/26
二人者必入○、楚 397/191/27
○封君以山陽 398/192/3
齊、○非重韓則賢君之行也 398/192/3
是棘齊、○之威而輕韓也 398/192/4
韓謁急於○ 399/192/9
○不救 399/192/9
○招楚而伐齊 400/192/17
○王必外向 400/192/17
楚之齊者知西不合於○ 400/192/17
齊以四國敵○ 400/192/18
○王誠必欲伐齊乎 400/192/19
則楚必即○矣 400/192/19
以強○而有晉、楚 400/192/20
向請為公說○王 400/192/20
○見君之交反善於楚、魏也 405/193/20
○出兵於三川 405/193/21
○舉兵破邯鄲 405/193/22
於○亦萬分之一也 407/194/6
蘇○將為從 408/194/10
○、趙五戰 408/194/14
○再勝而趙三勝 408/194/14
○、趙相弊 408/194/14
且夫○之攻燕也 408/194/15
○計固不能守也 408/194/16
○之不能害燕亦明矣 408/194/16
○之攻燕也 408/194/18
西迫強○ 408/194/22
於是齎蘇○車馬金帛以至趙 408/194/23
奉陽君李兌甚不取於蘇○ 409/194/27
蘇○在燕 409/194/27
李兌因為蘇○謂奉陽君曰 409/194/27
而君甚不善蘇○ 409/195/2
蘇○能抱弱燕而孤於天下哉 409/195/2
善蘇○則取 409/195/3
齊王疑蘇○ 409/195/4
乃使使與蘇○結交 409/195/6
○惠王以其女為燕太子婦 411/195/16
武安君蘇○為燕說齊王 411/195/19
強○之少婿也 411/195/22
而深與強○為仇 411/195/23
而強○制其後 411/195/23
卑辭以謝○ 411/195/29
○知王以己之故歸燕城也 411/195/30
○必德王 411/195/30
且夫燕、○之俱事齊 411/195/31
是王以虛辭附○ 411/195/31
願為兄弟而請罪於○ 411/196/1
人有惡蘇○於燕王者 412/196/5
何肯楊燕、○之威於齊而取大功乎哉 412/196/16
效河間以事○ 413/197/10
○下甲雲中、九原 413/197/11
且今時趙之於○ 413/197/11
今大王事○ 413/197/12
是西有強○之援 413/197/12
請奉社稷西面而事○ 413/197/16
蘇○死 415/197/27
西附○則○重 415/198/16
西困○三年 415/198/17
蘇○死於齊 416A/199/3
蘇○之在燕也 416A/199/3
及蘇○死 416A/199/3
與楚、三晉攻○ 416A/199/6
蘇○弟厲因燕質子而求見齊王 416B/200/3
齊王怨蘇○ 416B/200/3
○不受 417/200/13
○非不利有齊而得宋地也 417/200/13
則齊不欺○ 417/200/14
○信齊 417/200/14
○必疑而不信蘇子矣 417/200/15
與○、楚、三晉合謀以伐齊 418/201/9
○齊助之伐宋 419/201/15
盡焚天下之○符 419/201/24
夫上計破○ 419/201/25
其次長賓之○ 419/201/25
○挾賓客以待破 419/201/25
○王必患之 419/201/25
○五世以結諸侯 419/201/25
○王之志 419/201/26
以窮齊之說說○ 419/201/27
以不信○王也 419/201/28
○有變 419/201/29
則燕、趙信○矣 419/201/29
○為西帝 419/201/29
則○伐之 419/201/30
○王聞若說也 419/202/6
則王何不務使知士以若此言說○ 419/202/6
○伐齊必矣 419/202/6
夫取○ 419/202/6
則○不出殽塞 420/202/21
○取西山 420/202/23
○召燕王 422/203/25
齊、楚不得以有枳、宋事○者 422/203/25
○取天下 422/203/26
○之行暴於天下 422/203/28
十七年事○ 422/203/31
○正告韓曰 422/204/1
故事○ 422/204/2,422/204/7
○正告魏曰 422/204/4
○欲攻安邑 422/204/9
○欲攻齊 422/204/13
有齊無○ 422/204/14
無齊有○ 422/204/14
○欲攻魏 422/204/17
魏棄與國而合於○ 422/204/18
○之所殺三晉之民數百萬 422/204/26
皆死○之孤也 422/204/26
○禍如此其大 422/204/27
而燕、趙之○者 422/204/27
皆以爭事○說其主 422/204/27
如蘇○時 422/205/1
與齊王謀道取○以謀趙者 423/205/8
而為之取○ 424/205/27
白珪逃於○ 424/206/5
而強○將以兵承王之西 430/208/25
而使強○處弱越之所以霸也 430/208/25
今山東三國弱而不能敵○ 432/210/28

因能勝○矣 432/210/28
○之兵至 432/211/1
趙見○之伐楚也 432/211/7
○久伐韓 432/211/7
西屈○ 433/211/15,433/211/20
臣恐強○之為漁父也 434/212/6
使慶○以二十萬攻代 438/213/7
使樂乘以五萬遇慶○於代 438/213/7
○并趙 439/214/5
使人賀○王 439/214/5
○、趙為一 439/214/6
為○也 439/214/6
今臣使○ 439/214/6
是○、趙有郄 439/214/7
○、趙有郄 439/214/7
且臣之使○ 439/214/7
使者見○王曰 439/214/10
燕王竊聞○并趙 439/214/10
南鄰為○ 439/214/11
而與○相距五十餘年矣 439/214/12
所以不能反勝○者 439/214/12
必不復受於○矣 439/214/13
燕太子丹質於○ 440/214/18
見○且滅六國 440/214/18
燕、○不兩立 440/214/19
440/215/5,440/215/12
○地遍天下 440/214/19
樊將軍亡○之燕 440/214/23
夫○王之暴 440/214/23
丹終不迫於強○ 440/214/27
今○有貪饕之心 440/215/21
今○已虜韓王 440/215/22
趙不能支○ 440/215/23
今計舉國不足以當○ 440/215/24
諸侯服○ 440/215/24
使於○ 440/215/25
○王貪其贄 440/215/25
誠得劫○王 440/215/25
其償破○必矣 440/215/27
○將王翦破趙 440/216/4
○兵旦暮渡易水 440/216/5
則○未可親也 440/216/6
○王購之金千斤 440/216/6
與燕督亢之地圖獻○王 440/216/7
○王必說見臣 440/216/7
○之遇將軍 440/216/11
願得將軍之首以獻○ 440/216/14
○王必喜而善見臣 440/216/15
燕國有勇士○武陽 440/216/21
乃令○武陽為副 440/216/22
丹請先遣○武陽 440/216/24
今提一匕首入不測之強○ 440/216/24
既至○ 440/217/4
厚遺○王寵臣中庶子蒙嘉 440/217/4
嘉為先言於○王曰 440/217/4
而○武陽奉地圖匣 440/217/9
○武陽色變振恐 440/217/10
○王謂軻曰 440/217/11
因左手把○王之袖 440/217/12
○王驚 440/217/13
荊軻逐○王 440/217/14
○王還柱而走 440/217/14
而○法 440/217/15
以故荊軻逐○王 440/217/16
○王之方還柱走 440/217/17
乃引其匕首提○王 440/217/19
○王復擊軻 440/217/19
○王目眩良久 440/217/21
○大怒燕 440/217/24
○將李信追擊燕王 440/217/25
欲獻之○ 440/217/25
○復進兵攻之 440/217/26
○兼天下 440/217/26
其後荊軻客高漸離以擊筑見○皇帝 440/217/28
而以筑擊○皇帝 440/217/28
蘇○為宋謂齊相曰 446A/219/22
○攻衛之蒲 449/220/27
以為○乎 449/220/27
為○則不賴矣 449/220/27
且○王亦將觀公之事 449/220/29
害○以善魏 449/220/30
○王必怨公 449/220/30
○兵誠去 449/221/2
臣聞○出兵 450/221/8
○、魏交而不脩之日久矣 450/221/8
願王博事○ 450/221/8
臣恐王事○之晚 450/221/11
○軍大剋 461/226/1
○人歡喜 461/226/1
○民之死者厚葬 461/226/1
備○為務 461/226/5
○中士卒 461/226/18
今○破趙軍於長平 461/226/23
○數不利 461/227/1

琴 qín 2

中期推○對曰 83B/38/30
其民無不吹竽、鼓瑟、擊筑、彈○、鬬雞、走犬、六博、蹹踘者 112/54/27

禽 qín 35

黃帝伐涿鹿而○蚩尤 40/13/16
○其身 42/17/3,42/17/6
君○馬服乎 78/34/3
○馬服之軍 78/34/5
卒為秦○將 81/36/3
以○勁吳 81/37/4
還為越王○於三江之浦 87/41/12
遂與句踐○ 89/43/9
○龐涓 105/51/21
○之戶內 142/73/17
而魏將以○於齊矣 142/74/6
○將戶內 142/74/7
則不免為敗軍○將 145/76/6
曹子以敗軍○將 145/76/6
○其司馬 147/77/29
大敗知伯軍而○知伯 203/105/11
虎將即○ 217/111/28
○不知虎之即己也 217/111/28
故使○知虎之即己 217/111/28
知不如○遠矣 217/111/30
五伯之所以覆軍○將而求也 218/113/3
○唐明 260/138/16
楚王○趙、宋 260/138/17
○樂祚 270/142/5
○夫差於干遂 272/143/7
不勝必○ 300/152/28
則必為楚○矣 301/153/8
而○太子申 301/153/12
若○獸耳 315/160/30
兵為秦○ 357/177/6

○困覆車 359/177/17
身執○而隨諸御 390/189/6
遂殘吳國而○夫差 390/189/7
漁者得而并○之 434/212/5

懃 qīn 1

張○貴 254/136/4

寢 qǐn 4

○不寐 88/42/22
○而思之曰 108/52/19
○不安席 142/73/23
不佞○疾 221/117/7

卿 qīng 63

取○相之尊者乎 40/14/4
請使客○張儀 41A/14/27
與之上○ 61A/25/7
今秦與之上○ 61A/25/9
賜之上○ 61A/25/11
秦客○造謂穰侯曰 66/27/3
願委之○ 79/34/24
拜為客○ 81/37/14
今吾自請張○相燕 94/45/24
○之功 94/45/29
○明知功之不如武安君歟 94/45/30
○明知為不如文信侯專歟 94/46/2
今文信侯自請○相燕 94/46/3
而○不肯行 94/46/3
臣不知○所死之處矣 94/46/3
○不遠趙 95/46/22
願○之更計 95/46/27
以為上○ 96/47/24
趙以為上○ 197/99/25
虞○謂春申君曰 201/102/23
天下之○相人臣 218/112/21
今○之所言者 221/117/19
出遇虞○曰 230/122/30
虞○入 230/122/30
虞○曰 230/123/1,230/123/2
233/124/5,233/124/6
233/124/8,233/124/18
235/125/29,235/126/1
235/126/6,251/134/19
虞○聞之 233/124/5,233/125/7
王又以虞○之言告樓緩 233/124/11
虞○能盡知秦力之所至乎 233/124/11
王又以虞○言告之 233/125/1
虞○得其一 233/125/1
因發虞○東見齊王 233/125/11
虞○未反 233/125/13
虞○為平原君請益地 234/125/17
趙王召樓昌與虞○曰 235/125/27
趙王召虞○曰 235/126/5
固且為書而厚寄○ 250/134/10
虞○請趙王曰 251/134/18
臣請為○刺之 255/136/9
則○必為相矣 255/136/10
○因以德建信君矣 255/136/11
秦三以虞○為言 256/136/16
晉用六○而國分 348B/174/9
而嚴仲子乃諸侯之○相也 385/186/1
客○為韓謂秦王曰 396C/191/11
吾請拜子為上○ 420/203/1
又不予○也 424/206/1
而使臣為亞○ 431/209/22
唯荊○留意焉 440/215/28
於是尊荊軻為上○ 440/216/1
荊○未有行意 440/216/4
乃請荊○曰 440/216/5
荊○曰 440/216/6
荊○豈無意哉 440/216/23

清 qīng 15

○宮除道 40/14/17
濟○河濁 42/15/26
西有○河 112/54/23
未嘗倍太山、絶○河、涉渤海也 112/54/25
而為先王立○廟 125/61/11
○廟必危 125/61/11
○靜貞正以自虞 136B/68/15
而淩○風 192/98/8
折○風而抎矣 192/98/9
反三公、什○於趙 209/108/27
東有○河 218/113/11
告齊使興師度○河 220/116/3
夫飄於○風 237/128/12
吾聞齊有○濟、濁河 415/198/21
雖有○濟、濁河 415/198/24

傾 qīng 4

○耳而聽 40/14/18
然則權焉得不○ 73B/32/1
公何不請公子○以為正妻 453/222/10
所○蓋與車而朝窮閭隘巷之士者 459A/225/10

蜻 qīng 2

王獨不見夫○蛉乎 192/98/1
○蛉其小者也 192/98/3

輕 qīng 117

秦必○君 11B/5/4
○忘其薛 14B/6/6
大人○君 16/6/22
以秦之○也 18/7/6
秦之○重 18/7/6
吾又恐東周之賊己而以○西周惡之於楚 20/7/21
齊必○矣 22/8/5
楚、趙皆○ 33/11/14
宛恃秦而○晉 35/11/24
鄭恃魏而○韓 35/11/24
此皆恃援國而○近敵也 35/11/25
今君恃韓、魏而○秦 35/11/25
且○秦也 38/12/16
其民○而難用 42/16/13
○諸侯 44/18/12,81/36/22
則秦且○使重幣 53/22/15
君必○矣 65/26/26
公又○ 68/28/4
雖以臣為賤而○辱臣 72/29/3
○起相牙者 77/33/24
且君擅主○下之日久矣 80/35/7
夫商君為孝公平權衡、正度量、調○重 81/36/23
臣見王之權○天下 85/39/27
為秦所○ 87/40/25

臣竊惑王之○齊易楚 89/43/3
而○失齊 89/43/4
使○車銳騎衝雍門 105/51/24
是故韓、魏之所以重與秦戰而○為之臣也 112/55/1
失齊者○ 132B/64/15
且財者君之所○ 140/70/5
君不肯以所○與士 140/70/5
而天下獨尊秦而○齊 141B/70/20
權不○ 142/71/19
不料敵而○戰 168/86/25
則楚○矣 171/90/7
楚必○矣 174/91/4
將收韓、魏○儀而伐楚 183/95/3
臣以為大王○矣 184/95/12
是以國權○於鴻毛 189/96/29
爵高而祿○ 207/107/16
不以○敵 219/114/19
功大而權○者 219/114/25
明乎○之為重者王 219/114/26
且習其兵者○其敵 224/120/7
是○齊也 229B/122/25
至○也 237/128/12
趙之於天下也不○ 237/128/14
豈敢○國若此 239A/129/6
天下必盡○王也 246/131/13
則欲○王以天下之重 246/131/15
而魏王○為之殺無罪之座 251/134/28
是王○強秦而重弱燕也 256/136/17
憍而○敵 264A/140/8
待○敵之國 264A/140/8
多言而○走 273/144/11
群○折軸 273/144/17
夫○用其兵者 291/149/10
又必謂王曰使王○齊 297/151/19
國危而權○ 304/154/27
夫○信楚、趙之兵 310/157/27
其人皆欲合齊、秦外楚以○公 317B/162/29
外楚以○公 317B/163/2
天下且以此○秦 317B/163/7
以○樓庳 317B/163/13
以○翟強 317B/163/13
昔曹恃齊而○晉 319/164/3
鄭恃魏以○韓 319/164/4
原恃秦、翟以○晉 319/164/4
中山恃齊、魏以○趙 319/164/5
不從則茲公○ 321/164/25
秦必○王之強矣 328/166/19
是示齊○也 335/168/13
○寡人與 343/171/17
天下且以是○王而重秦 352/175/7
然則王之○重必明矣 352/175/9
必○秦 357/176/23
○秦 357/176/24
○絕強秦之敵 357/177/1
夫○強秦之禍 357/177/3
則秦○ 360/178/16
是秦○也 360/178/17, 360/178/18
必○王 361/179/4
必○與楚戰 367/181/4
且示天下○公 368/181/14
而○陽侯之波 373/182/16
今公自以辯於薛公而○秦 373/182/17
是塞漏舟而○陽侯之波也 373/182/17
必○公 378/183/22, 379/183/28
公必○矣 378/183/23
則韓○矣 386/187/6
則韓最○矣 387/187/18
大臣為諸侯○國也 396C/191/14
則為大臣不敢為諸侯○國矣 396C/191/17
是棘齊、秦之威而○韓也 398/192/4
建信君○韓熙 405/193/19
今君之○韓熙者 405/193/20
從則韓○ 405/193/21
則無從○矣 405/193/21
齊、燕合則趙○ 409/194/28
彼且德燕而○亡宋 415/198/27
士卒樂佚○戰 418/201/8
名卑而權○ 419/201/14
○舟浮於汶 422/203/28
浮○舟 422/204/5
將○臣 427/207/14
不量○弱 431/209/25
○卒銳兵 431/209/30
仁不○絕 438/213/11, 438/213/27
智不○怨 438/213/11
○棄寡人以快心 438/213/17
○絕厚利者 438/213/28
群臣盡以為君○國而好高麗 451/221/18
趙王出○銳以寇其後 461/227/1

情 qíng 17

秦欲知三國之○ 18/7/7
盡輪西周之○於東周 19/7/12
令弊邑以君之○謂秦王曰 22/8/6
常以國○輸楚 49/19/27
請謁事○ 53/22/14
此其○也 79/34/20
臣請得其○ 79/34/20
示○素 81/36/2
人之○也 128/62/8
是皆率民而出於孝○者也 138/69/19
小國之○ 142/71/28
其○也 190/97/5
是故不敢匿意隱○ 220/116/5
不盡於馬之○ 221/118/27
虎之○ 243/130/18
人之○ 251/134/18
則諸侯之○偽可得而知也 396C/191/18

黥 qíng 1

○劓其傅 39/12/23

頃 qǐng 14

蒞政有○ 39/12/26
有○焉 55/23/15
○之 55/23/16
○襄王二十年 87/40/24
○之間 109/53/7
○間 109/53/11
居有○ 133/64/24, 133/64/25
後有○ 133/64/27
居○之 204B/106/20, 456/224/6
○間有鵲止於屋上者 384/185/11
有○而後言曰 440/215/18
○之未發 440/216/23

請 qǐng 348

臣○東借救於齊 1/1/3
臣○東解之 1/1/8
臣○使西周下水可乎 4/2/18
臣○令齊相子 7/3/16
○為王入齊 14B/6/8
臣○為救之 14B/6/8
臣○以三十金復取之 15/6/14
而為之○太子 17/6/28
381/184/12
○謂王聽東方之處 18/7/7
寡人○以國聽 25/9/4
楚○道於二周之間 29/10/9
越人○買之千金 30/10/16
悍○令王進之以地 36/12/5
臣○奏其效 40/13/9
○使武安子 41A/14/27
○使客卿張儀 41A/14/27
○聞其說 44/17/22
81/35/24,93/44/29
148/78/13,374/182/26
臣○謁其故 44/18/7
因令楚王為之○相於秦 45/18/16
楚王因為○相於秦 45/18/17
臣○助王 45/18/18
故為○相也 45/18/18
○秦王曰 46/18/23
○為子車約 49/20/1
臣○試之 50/20/20
臣○使秦王獻商於之地 50/20/26
○謁事情 53/22/14
扁鵲○除 54/22/26
○之魏 55/23/4
○與子盟 55/23/19
○明日鼓之而不可下 57/24/5
○重公於齊 61A/25/1
○益甲四萬 63/26/3
文○以所得封君 65/26/28
臣○挈領 67/27/20
夫楚王之以其臣○挈領
然而臣有患也 67/27/21
○以號三國以自信也 67/27/24
而公○之以自重也 67/27/24
寡人日自○太后 73A/29/19
秦王跪而○曰 73A/29/23
秦王復○ 73A/29/24
○問親魏奈何 73A/31/12
邢丘拔而魏○附 73A/31/13
○與叢博 74/32/16
○令廢之 77/33/22
臣○得其情 79/34/20
臣願○藥賜死 80/35/13
塞私門之○ 81/37/2
○歸相印 81/37/16
臣○為王因呡與佐也 82B/38/8
魏○無與楚遇而合於秦 84B/39/17
臣○言其說 87/40/28
○為陳侯臣 88/42/22
必來○子 93/44/24
王后誠○而立之 93/45/1
王后乃○趙而歸之 93/45/3
文信侯因○張唐相燕 94/45/21
今吾自○張卿相燕 94/45/24
今文信侯自○卿相燕 94/46/3
○因孺子而行 94/46/4
○為張唐先報趙 94/46/5
○歸燕太子 94/46/10
○為大王設秦、趙之戰 95/46/18
臣○大王約從 95/46/25
○為大王悉趙兵以遇 95/46/28
願自○ 95/46/29
繓○以出示 95/47/9
齊人有○者曰 99/49/10
臣○三言而已矣 99/49/10
臣○烹 99/49/11
○見宣王 101/50/1
○必行 101/50/2
昭陽○以數倍之地易薛 101/50/8
因○相之 101/50/13
韓氏○救於齊 103/50/30
臣○為留楚 106/51/29
有司○曰 109/53/8
臣○令魯中立 110/53/19
○奉社稷以事秦 113/55/27
○令罷齊兵 115/56/21
○畫地為蛇 117/57/15
○粟於齊 120/58/11
可以○行 122/59/1
可以為蘇秦○封於楚 122/59/2
臣○為君之楚 122/59/7
○告太子其故 122/59/14
楚王○割地以留太子 122/59/17
○以國因 122/59/23
蘇秦使人○薛公曰 122/60/1
故曰可以為蘇秦○封於
楚也 122/60/7
又使景鯉○薛公曰 122/60/10
顛蹶之○ 125/61/14
臣○以臣之血湔其衽 127/61/28
○掩足下之短者 127/61/28
○具車馬皮幣 128/62/11
○而見之 133/65/3
○為君復鑿二窟 133/65/21
願○先王之祭器 133/65/27
願因○公往矣 134/66/5
○以市諭 136A/67/6
願○受為弟子 136B/68/11
寡人○從 137/68/23
則臣○必北魏矣 142/73/26
○裂地定封 145/75/26
退而○死罪 147/77/19
○書之 149B/79/11
宋○中立 152/80/12
○效列城五 153/80/25
○悉楚國之眾也 153/80/25
故為梁山陽君○封於楚
157A/81/30
願君必○從死 160/83/2
臣○不敢復見矣 160/83/5
故令○其宅 162/83/25
臣○令山東之國 167/85/24
臣○秦太子入質於楚 168/87/21
○以秦女為大王箕帚之
妾 168/87/22
○復鄢、郢、漢中 169/88/5
○為王使齊交不絕 169/88/13
今為其行人○魏之相 171/90/8
○為公令辛戎謂王曰 173A/90/21
臣○隨之 175/91/15
臣○殺之 175/91/15
○追而問傅 177/92/4
○與而復攻之 177/92/13
常○守之 177/92/18,177/92/25
臣○西索救於秦 177/92/22
臣○索救於秦 177/92/26
臣○效其說 177/92/27
乃○子良南道楚 177/93/5
太子復○善於蘇子 178/93/12
臣○北見晉君 182/94/12
再拜而○曰 182/94/22

張子再拜而○曰 182/94/23
○為子勿納也 184/95/13
而陰使人以○聽秦 185/95/22
○和不得 185/95/26
公何以不○立后也 191/97/15
因○立之 191/97/16
臣○辟於趙 192/97/23
於是使人○孫子於趙 197/99/29
莊公○與分國 197/100/5
臣○為君終言之 199/101/2
臣○為君剷其胸殺之 200/102/11
○令魏王可 201/102/30
臣○到魏 201/102/30
○使於齊 202/103/20
使人○地於韓 203/103/24
來○地不與 203/103/25
又將○地於他國 203/103/26
又使人○地於魏 203/103/27
彼○地於韓 203/103/28
○地於魏 203/103/28
○蔡、皋狼之地 203/104/1
○發而用之 203/104/11
臣○見韓、魏之君 203/104/17
然願○君之衣而擊之 204B/106/27
乃我○君塞兩耳 208/108/4
吾○資先生厚用 208/108/5
客○奉陽君曰 210/109/7
○效上黨之地以為和 211/109/19
臣○悉發守以應秦 211/109/22
陰使人○趙王曰 211/109/25
○以三萬戶之都封太守 211/110/11
○無庸有為也 218/112/24
○言外患 218/112/25
○屏左右 218/113/1
臣○案兵無攻 220/116/6
○服焉 221/117/5
自○之曰 221/117/13
王○更論 222/119/14
○相魏冉 226/121/13
○無急秦王 226/121/14
不如○以河東易燕地於齊 227/121/19
○伐齊而存燕 227/121/22
而○內焦、黎、牛狐之城 228/121/26
令公子繒○地 228/121/27
○效地於魏而聽薛公 229B/122/23
而○相之於魏 229B/122/24
魏使人因平原君○從於趙 230/122/30
今者平原君為魏○從 230/123/1
平原君○馮忌曰 231/123/8
平原君使人○救於魏 234/125/17
虞卿為平原君○益地 234/125/17
吾○為君責而歸之 236/126/21
勝○召而見之於先生 236/126/22
勝○為紹介而見之於將軍 236/126/23
燕則吾○以從矣 236/127/3
吾○去 236/128/2
寡人○奉教 238/128/28
○為王說之 239A/129/6
臣○要其敝 245/131/2
○問王之所以報齊者可乎 247/132/3
臣○為王推其怨於趙 247/132/6
虞卿○趙王曰 251/134/18
○殺范座於魏 251/134/20
251/134/21
○殺座之身 251/134/23
齊○效地 254/136/3
臣○為卿刺之 255/136/9
馮忌○見趙王 257/136/22
已而○其罪 257/136/23
○奉教 257/136/28
願得○之 258B/137/23
○奉而西行之 258B/137/25
○今率諸侯受命邯鄲城下 258B/137/28
○黜之 258B/138/6
○稱東藩 273/144/20
齊○以宋地封涇陽君 275/145/3
○移天下之事於公 276/145/13
○謁而往 276/145/16
○封子 278/146/8
○令齊、楚解攻 281/146/28
儀○以秦攻三川 282/147/6
○卑辭割地 287/148/9
必以少割○合於王 287/148/14
臣○敗之 288/148/19
以○先見齊王 288/148/20
魏令公孫衍○和於秦 289/148/29
○國出五萬人 291/149/9
臣○亡 292/149/20
臣○問文之為魏 293/149/27
○令王讓先生以國 294/150/7
衍○因令王致萬戶邑於先生 294/150/8
○弛期更日 296/150/20
○告惠公 296/150/23
○合而以伐宋 297/151/10
○為王毋禁楚之伐魏也 297/151/14
○剛柔而皆用之 297/151/14
扮之○焚天下之秦符者 297/152/6
兵○伐魏 297/152/8
臣○說嬰子曰 302/153/20
○為君北見梁王 303B/154/4
代○說君 303B/154/5
臣○效之 305/155/13
○魯君舉觴 307/155/26
臣○發張倚使謂趙王曰 308/156/10
寡人○以鄴事大王 308/156/11
魏王○以鄴事寡人 308/156/12
○許魏 308/156/13
因○以下兵東擊齊 309/156/28
○殉寡人以頭 311/158/16
○以一鼠首為女殉者 311/158/17
臣使長信侯○無內王 311/158/24
○致之先生 313/159/22
文○行矣 314/160/17
割地○講於魏 314/160/24
而○為天下鴈行頓刃 315/161/29
臣○為公說之 317B/163/4
乃○樗里子曰 317B/163/7
○合於楚外齊 317B/163/14
吾○先天下構 332/167/21
臣○以魏聽 335/168/14
老臣○出西說秦 338/168/31
○使道使者至縞高之所 340/169/24
○廣於君 343/171/17
○以趙重子於韓 344B/172/10
臣○深惟而苦思之 345/172/16
申子○仕其從兄官 346/172/22
申子乃辭舍○罪 346/172/24
○比郡縣 348A/174/5
臣○為君止天下之攻市丘 352/175/4

〇以伐韓	353/175/14
公以八百金〇伐人之與國	353/175/14
彊〇西圖儀於秦	354/175/22
故因而〇秦王曰	354/175/23
〇為公以五萬攻西周	355/175/28
臣〇為公謂秦王曰	360/178/14
〇道於南鄭、藍田以入攻楚	367/180/29
〇毋用兵	370/181/26
〇為子起兵以之魏	370/181/27
〇令公叔必重公	374/182/23
客有〇叱之者	374/182/27
臣〇令楚築萬家之都於雍氏之旁	383A/184/23
〇問楚人謂此鳥何	384/185/12
奚敢有〇	385/185/23
〇益具車騎壯士	385/186/9
〇以決事	388/188/7
〇男為臣	390/189/5
亦〇男為臣	390/189/7
〇攻魏	396B/191/3
公孫郝、樗里疾〇無攻韓	396C/191/19
臣〇令發兵救韓	399/192/12
向〇為公說秦王	400/192/20
亦因〇復之	401/192/26
張登〇費緤曰	402/193/3
〇令公子年謂韓王曰	402/193/3
公孫綦為人〇御史於王	403/193/9
不如以地〇合於齊	410/195/10
令郭任以地〇講於齊	410/195/11
願為兄弟而〇罪於秦	411/196/1
〇奉社稷西面而事秦	413/197/16
臣〇謁王之過	415/198/1
齊〇以宋封涇陽君	417/200/13
〇求之	418/201/1
吾〇拜子為上卿	420/203/1
臣〇為王譬	420/203/6
臣〇行矣	420/203/14
〇告子以〇齊	423/205/9
臣〇獻一朝之賈	425/206/14
臣〇獻白璧一雙	425/206/15
臣〇為王弱之	426/206/22
〇自歸於吏以戮	426/207/2
則臣〇為王事之	427/207/21
則臣〇歸醳事	427/207/21
〇假王十年	433/211/17
燕使太子〇救於楚	436/212/17
〇入	440/214/21
〇西約三晉	440/214/25
太子避席而〇曰	440/215/4
丹所〇田先生無言者	440/215/19
固〇無讓	440/216/1
乃〇荊卿曰	440/216/5
乃復〇之曰	440/216/23
丹〇先遣秦武陽	440/216/24
〇辭決矣	440/216/25
〇見之王	442/218/13
〇無攻宋	442/218/22
敢〇其罪	443/218/27
宋君使使者〇於趙王曰	444/219/3
臣〇受邊城	444/219/8
〇必從公之言而還	446B/219/30
太子上車〇還	446B/220/1
臣〇為公入戒蒲守	449/220/31
〇厚子於衛君	449/221/2
乃〇以左氏	452A/221/27
公何不〇公子傾以為正妻	453/222/10
臣〇見田嬰	454/222/18
〇令燕、趙固輔中山而成其王	455/223/11
〇以公為齊王而登試說公	455/223/12
〇亦佐君	455/223/20
趙必〇之	457/224/12
果令趙〇	457/224/13
固無〇人之妻不得而怨人者也	457/224/14
可以令趙勿〇也	457/224/16
吾願〇之	458/224/30
即欲〇之	458/224/30
臣聞其乃欲〇所謂陰姬者	458/225/2
其〇之必矣	458/225/2
世無〇后者	458/225/4
雖欲得〇之	458/225/4
趙王亦無〇言也	458/225/5

慶 qìng 14

韓〇為西周謂薛公曰	22/8/3
因令韓〇入秦	22/8/10
荊〇之斷	238/128/26
魏以董〇為質於齊	274/144/25
將殺董〇	274/144/25
盱夷為董〇謂田嬰曰	274/144/26
今殺董〇	274/144/27
不如貴董〇以善魏	274/144/27
吳〇恐魏王之構於秦也	333/167/27
要離之刺〇忌也	343/171/22
此一何〇弔相隨之速也	411/195/19
今王又使〇令臣曰	427/207/20
使〇秦以二十萬攻代	438/213/7
使樂乘以五萬遇〇秦於代	438/213/7

窮 qióng 55

君必施於今之〇士	16/6/23
且夫蘇秦特〇巷掘門、桑戶棬樞之士耳	40/14/14
貧〇則父母不子	40/14/19
王欲〇儀於秦乎	45/18/17
公孫衍欲〇張儀	52/22/9
而公中以韓〇我於外	57/24/5
公必〇矣	58/24/11
寡人數〇焉	60/24/21
子必大〇矣	65/26/30
必〇公	68/28/3
〇而居於齊	71/28/22
〇而不收	71/28/23
若夫〇辱之事	73A/30/15
軍吏〇	80/35/9
傳之無〇	81/35/29
然則吾中立而割〇齊與疲燕也	119/58/3
聞君於齊能振達貧〇	130/63/8
振困〇	138/69/18
用兵〇者亡	142/72/2
今〇戰比勝	142/73/10
使管仲終〇抑	145/76/3
〇年沒壽	145/76/3
振〇補不足	147/77/17
君必〇矣	175/91/18
彼儀〇	175/91/19
而惠子〇人	184/95/14
掘穴〇巷	199/101/9

恃韓未○ 209/108/19
欲以○秦折韓 219/115/1
219/115/6
○有弟長辭讓之節 221/116/17
○鄉多異 221/117/18
○而不憂 222/119/7
名曰無○之門 224/120/14
而○臣也 246/131/8
張儀欲○陳軫 278/146/3
非所以○儀之道也 281/147/2
其身易○ 291/149/10
犀首欲○之 294/150/7
必○三節 297/151/27
安○乎 311/158/28
而秦之求無○ 312/159/13
則皆知秦之無○也 315/162/1
議則君必○ 323/165/10
王為我逐幾瑟以○之 377/183/16
而親信○僻之人 385/186/4
是齊不○也 400/192/18
民力○弊 415/198/24
茍得○齊 419/201/26
以○齊之說說秦 419/201/27
夫樊將軍困○於天下 440/214/27
樊將軍以○困來歸丹 440/216/8
圖○而匕首見 440/217/12
無所○矣 457/224/13
所傾蓋與車而朝○閭隘巷之士者 459A/225/10

丘 qiū 32

不顧其先君之○墓 14B/6/6
於是舉兵而攻邢○ 73A/31/13
邢○拔而魏請附 73A/31/13
然降其主父沙○而臣之 76/33/17
至葵○之會 81/36/21
粟如○山 112/54/24,168/86/16
下壘枯○ 148/78/12
昭雎勝秦於重○ 173A/90/20
而積禍重於○山 189/96/29
餓主父於沙○ 197/100/6
而耕於負親之○ 204A/105/28
距沙○ 209/108/20
持○之環 238/128/25
取乘○ 284/147/21
虛、頓○危 284/147/21
秦故有懷地刑○、之城、垝津 315/161/17
魏順謂市○君曰 352/175/3
必攻市○ 352/175/4
臣請為君止天下之攻市○ 352/175/4
市○君曰 352/175/4
必攻市○以償兵費 352/175/8
王令之勿攻市○ 352/175/8
且聽王之言而不攻市○ 352/175/9
且反王之言而攻市○ 352/175/9
故楚王卜交而市○存 352/175/10
則齊不益於營○ 412/196/18
齊不出營○ 420/202/21
登○東嚮而歎 420/202/28
魏無虛、頓○ 422/204/6
薊○之植 431/210/2
而攻魏雝○ 436/212/19

秋 qiū 19

《春○》記臣弑君者以百數 8B/4/1
王之春○高 93/44/27
為儀千○之祝 116/57/5
寡人萬歲千○之後 160/83/10
大王萬歲千○之後 160/83/11
《春○》戒之曰 197/100/3
臣聞之《春○》 201/102/23
今楚王之春○高矣 201/102/23
君之春○高矣 210/109/7
祠春○ 272/143/4,273/144/20
347/173/4,348A/174/5
故《春○》書之 317A/162/22
祠春○者 338/169/3
然而《春○》用兵者 390/189/3
始可著於春○ 424/206/3
太后千○之後 428/208/8
故著於春○ 431/210/6

仇 qiú 31

○赫之相宋 13/5/21
固大王○讎也 39/13/1
若報父子之○ 66/27/14
王將藉路於○讎之韓、魏乎 87/41/21
是王以兵資於○讎之韓、魏 87/41/22
王若不藉路於○讎之韓、魏 87/41/22
然則天下○之必矣 142/73/10
而多與天下為○ 142/73/11
天下之○讎也 167/86/1
此所謂養○而奉讎者也 167/86/2
靳尚之○也 175/91/18
茹肝涉血之○耶 252/135/15
齊人戎郭、宋突謂○郝曰 253/135/24
令○郝相宋 260/138/17
留首之○也 287/148/13
齊之○敵也 313/159/22
使○敵制其餘敝 313/159/23
而又況於○讎之敵國也 315/161/2
○甘茂 356B/176/9
避○隱於屠者之間 385/185/21
臣有○ 385/185/26
仲子所欲報○者為誰 385/186/7
臣之○韓相傀 385/186/8
而深與強秦為○ 411/195/23
是棄強○而立厚交也 411/195/30
王之○讎也 415/198/1
今王奉○讎以伐援國 415/198/2
燕欲報○於齊 419/202/9
而報將軍之○者 440/216/13
然則將軍之○報 440/216/15
為燕報○ 440/217/28

厹 qiú 3

昔智伯欲伐○由 24/8/25
○由卒亡 24/8/25
以蔡、○由戒之 24/8/27

囚 qiú 6

吏因○之 9/4/7
而實○之也 24/8/28
加之以幽○ 73A/30/10
魯之免○ 96/48/12
幽○而不出 145/76/3
欲○厲 416B/200/3

求 qiú 147

秦興師臨周而○九鼎 1/1/3
欲興兵臨周而○九鼎 1/1/4
齊將○九鼎 1/1/8
令之為己○地於東周也 3B/2/12
小人無可以○ 16/6/22
王必○之 28/10/5
周君之魏○救 32/10/29
而○解乎楚、魏 44/18/8
觀三國之所○於秦而不能得者 67/27/23
秦王欲為成陽君○相韓、魏 71/28/21
叢往○之 74/32/18
則王之所○於韓者 75/33/10
○歸 93/44/23
固不○生也 101/50/2
趙○救於齊 102/50/21
臣之○利且不利者 102/50/24
欲有○於我也 108/52/20
臣之客欲有○於臣 108/52/24
莫不有○於王 108/52/25
趙令樓緩以五城○講於秦 118/57/23
因使人以十城○講於秦 118/57/23
今已得地而○不止者 122/59/21
今○柴葫、桔梗於沮澤 131/63/24
王○士於髡 131/63/25
晨而○見 133/65/11
○存故往 136A/67/7
○萬物不備具 136B/67/21
行此六者而○伯 142/71/16
○所以償者 143/74/14
○之則不得 143/74/18
乃布令○百姓之饑寒者 146/77/1
○閔王子 149B/79/1
常以急○所欲 152/80/14
虎○百獸而食之 154/81/4
又何新城、陽人之敢○ 164/84/17
以○割地 167/86/3,218/113/26
韓○相工陳籍而周不聽 169/88/7
魏○相綦母恢而周不聽 169/88/7
且○救 170/89/16
必不○地而合於楚 172/90/15
若齊不○ 172/90/15
齊使來○東地 177/92/8
寡人之得○反 177/92/11
齊令使來○地 177/92/12
齊使來○東地五百里 177/92/16
177/92/20
王無○於晉國乎 182/94/13
寡人無○於晉國 182/94/13
為○地甚力 186/96/3
所○者不得 188/96/19
媆母○之 197/100/10
○婦人宜子者進之 200/101/14
李園○事春申君為舍人 200/101/16
齊王遣使○臣女弟 200/101/17
而○弒之 204B/106/17
齊王欲○救宜陽 213/110/29
而多○地 217/112/16
五伯之所以覆軍禽將而○也 218/113/3
○得而反靜 219/114/21
無已之○ 219/114/25
夫斷右臂而○與人鬭 220/116/2
○欲無危 220/116/3
公於○善也 221/117/19
○水居之民 221/117/22
而○見子 222/119/4
今魏○從 230/123/3
是魏○害 230/123/3
來年秦復○割地 233/124/23
其○無已 233/124/26
給無已之○ 233/124/27
故不若亟割地○和 233/125/3
欲○益地 234/125/21
其意欲○為帝 236/126/15
皆有○於平原君者也 236/126/27
非有○於平原君者 236/126/28
誠不忍其○也 236/127/9
臣以齊為王○名於燕及韓、魏 246/131/12
而○利於三晉 249/133/15
以據魏而○安邑 249/133/18
而以○安平君而將之 252/135/9
而○安平君而將之 252/135/11
然則君奚○安平君而為將乎 252/135/13
君之所以○安平君者 252/135/15
而○所欲於王者也 258A/137/11
趙氏○救於齊 262/138/28
○其好掩人之美而揚人之醜者而參驗之 266/141/1
割其主之地以○外交 272/143/11
外挾彊秦之勢以內劫其主以○割地 272/143/12
則大王之國欲○無危不可得也 273/144/5
○見犀首 276/145/11
為○壤地也 277/145/28
公何不以楚佐儀○相之於魏 282/147/7
又必且曰王以○地 297/151/18
堯、舜之所○而不能得也 304/155/3
何○而不得 310/158/4
而秦之○無窮 312/159/13
因○故地於韓 315/162/2
以為秦之○索 325/165/28
故君不如安行○質於秦 331/167/16
宜割二寧以○構 332/167/22
王之所○於魏者 335/168/13
魏使人○救於秦 338/168/29
魏來○救數矣 338/169/2
今有所○ 346/172/24
秦必○宜陽、成皋 347/173/5
明年又益○割地 347/173/6
而秦之○無已 347/173/7
而逆無已之○ 347/173/7
夫造禍而○福 348A/173/28
且王○百金於三川而不可得 351/174/28
○千金於韓 351/174/28
此秦所以廟祠而○也 357/176/20
公何不以秦為韓○穎川於楚 359/178/1
公○而得之 359/178/2
公○而弗得 359/178/2
公○中立於秦 360/178/9
願公之復○中立於秦也 360/178/11
不○割地而合於魏 360/178/18
韓令使者○救於秦 366/180/9
而令人為公○武遂於秦 372/182/9
發重使為韓○武遂於秦 372/182/10
公何不為韓○質子於楚 380/184/3

公又令秦○質子於楚　380/184/5
游○人可以報韓傀者　385/185/19
豈敢以有○邪　385/185/27
非以○主尊成名於天下也　390/189/3
我將為爾○火也　390/189/10
公仲使韓珉之秦○武隧　396A/190/24
且以○武隧也　396A/190/24
與欲有○於齊者　397/191/28
言不足以○正　413/197/15
蘇秦弟厲因燕質子而○見齊王　416B/200/3
有以千金○千里馬者　418/200/30
請○之　418/201/1
所○者生馬　418/201/2
而○扶持　420/202/29
臣必勉之而○死焉　424/205/24
趙劫之○地　424/206/5
太子預○天下之利匕首　440/216/20
宋因賣楚重以○講於齊　446A/219/22
所○中山未必得　455/223/17
為己○相中山　456/224/3
以為己○相　456/224/4
為司馬憙○相　456/224/6
明害父以○法　460/225/25
○益軍糧以滅趙　461/225/30

裘 qiú　7

黑貂之○弊　40/13/29
飲食、衣○與之同之　135/66/21
單解○而衣之　146/76/23
　146/76/26
鹿○以處　170/88/25
黑貂之○　208/108/6
燕必致氈○狗馬之地　218/113/1

鰌 qiū　2

廉如鮑焦、史○　420/202/14
　420/202/18

曲 qū　12

出婦嫁鄉○者　48B/19/21
取○沃　50/20/19
帶以河○之利　87/42/9
以○合於趙王　95/47/4
○撓而誅　104/51/12
趙可取唐、○逆　119/58/2
昔者齊、燕戰於桓之○　142/72/12
三百里通於燕之唐、○吾　209/108/23
○學多辨　221/117/18
我起乎少○　422/204/1
已得宜陽、少○　422/204/14
北下○陽為燕　439/214/11

屈 qū　11

我不能教子支左○右　27/9/23
楚之相秦者○蓋　62/25/22
寡人○於內　96/47/22
不若令○署以新東國為和於齊以動秦　195/99/10
遽令○署以東國為和於齊　195/99/11
使得為君高鳴○於梁乎　199/101/10
國破曹○　249/133/25
西○秦　433/211/15, 433/211/20
此所謂為一臣○而勝天下也　461/227/6
此亦所謂勝一臣而為天下○者也　461/227/7

區 qū　2

今君有○○之薛　133/65/14

詘 qū　7

○敵國　40/13/25
此所謂信而不能○　81/37/5
○令韓、魏　87/42/5
夫因○為信　189/96/25
於魏王聽此言也甚○　247/132/5
秦勢能○之　396C/191/12
○指而事之　418/200/24

趍 qū　2

寡人使卷甲而○之　235/125/28
臣之○固不與足下合者　412/196/20

趣 qū　4

即且○我攻西周　3B/2/13
○甚疾　95/47/12
此齊貌辨之所以外生樂患○難者也　101/50/16
則○趙而已　337/168/25

毆 qū　2

○韓、魏而軍於河外　220/116/4
雖○世以笑我　221/116/27

趨 qū　34

君弗如急北兵○趙以秦、魏　11B/5/4
百人輿瓢而○　74/32/19
客○而進曰　99/49/11
公孫戍○而去　130/63/13
王前為○士　136B/67/14
與使斶為○勢　136B/67/14
不如使王為○士　136B/67/14
斗○見王為好勢　137/68/22
王○見斗為好士　137/68/22
宣王因○而迎之於門　137/68/23
不○而疾　142/72/11
形同憂而兵○利也　142/72/12
然而甚於相○者　142/72/14
何則形同憂而兵○利也　142/72/14
後起則諸侯可○役也　142/72/15
兵後起則諸侯可○役也　142/73/14
患至則○之　142/73/21
○而出　202/103/17
韓、魏之君視疵端而○疾　202/103/18
韓陽○以報王　211/109/22
方將約車○行　220/116/10
不能○走　221/117/7
入而徐○　262/139/1
馬馳人○　273/143/23

必褰裳而○王 341/170/18
秦人捐甲徒裎以○敵 348A/173/22
嚴遂拔劍○之 385/185/19
先○而後息 418/200/25
人○己○ 418/200/25
天下之士必○於燕矣 418/200/28
○出 440/215/8
客○出 450/221/11
魏王○見衛客 450/221/13

軀 qū 3

害七尺之○者 243/130/19
非直七尺○也 243/130/19
不可愛妾之○ 385/186/19

驅 qū 17

○十二諸侯以朝天子於孟津 89/43/10
秦○韓、魏攻齊之南地 113/55/24
○而之薛 133/65/8
長○到齊 133/65/11
馮諼先○誡孟嘗君曰 133/65/23
適為固○以合齊、秦也 151/80/5
無以異於○群羊而攻猛虎也 168/86/18
前而○己也 187/96/11
公子乃○後車 239A/129/4
事敗為趙○ 284/147/22
又長○梁北 315/161/25
是○燕而使合於齊也 409/195/2
○趙而攻燕 413/197/11
因○韓、魏以攻齊 419/202/1
長○至國 431/209/30
是君為趙、魏○羊也 454/222/20
賢於為趙、魏○羊也 454/222/25

渠 qú 9

義○君之魏 53/22/14
公孫衍謂義○君曰 53/22/14
義○君曰 53/22/14,53/22/16
義○君者 53/22/18
遺義○君 53/22/19
義○君致群臣而謀曰 53/22/21
今者義○之事急 73A/29/19
今義○之事已 73A/29/20

臞 qú 3

何○也 428/208/1
不宜○ 428/208/1
○者 428/208/1

衢 qú 2

斷之檀○ 143/74/11
立於○閭 182/94/15

取 qǔ 206

是我為楚、韓○寶以德之也 3B/2/13
南○地於韓 10A/4/16
欲○秦 11B/5/3
欲深○秦也 11C/5/10
趙○周之祭地 15/6/14
臣請以三十金復○之 15/6/14
重周以○秦也 18/7/8
而已○齊 18/7/8
九年而○宛、葉以北以強韓、魏 22/8/4
○藺、離石、祁者 27/9/20
27/9/25
齊、秦恐楚之○九鼎也 29/10/10
楚必將自○之矣 29/10/11
臣為君不○也 30/10/15
臣能為君○之 32/11/1
民不妄○ 39/12/23
○卿相之尊者乎 40/14/4
攻未嘗不○ 42/15/21
戰勝攻○ 42/15/26
73B/32/3,74/32/27
○洞庭、五都、江南 42/16/2
乃○欺於亡國 42/16/22
○其地 44/18/3
十月○之 44/18/11
王必○之 47/18/31
○皮氏卒萬人 47/19/1
遂○之 48A/19/9
汝○長者乎 49/20/4
○長者 49/20/5
汝何為○長者 49/20/5
故賣僕妾不出里巷而○者 49/20/13
○曲沃 50/20/19
是我亡於秦而○償於齊也 50/21/15
北○西河之外 55/23/10
南○上庸 55/23/11
夫○三晉之腸胃與出兵而懼其不反也 63/26/14
必重君以○晉 65/26/28
○之於國 72/29/9
○之於諸侯 72/29/9
因謝不○ 76/33/16
邯鄲人誰來○者 77/33/25
武安君所以為秦戰勝攻○者七十餘城 78/34/4
言不○苟合 81/36/4
行不○苟容 81/36/4
秦○楚漢中 82A/37/24
何不○為妻 82B/38/6
臣竊為大王不○也 86/40/14
167/85/27,256/136/18
又○蒲、衍、首垣 87/41/3
臣為大王慮而不○ 87/41/14
齊之右壤可拱手而○也 87/42/11
臣竊為大王慮之而不○也 89/43/5
○黃棘 89/43/14
王后欲○而子之 93/45/5
武安君戰勝攻○ 94/45/29
○世監門子 96/48/1
故明主不○其汙 96/48/14
今秦、楚嫁子○婦 113/55/22
為燕○地也 119/58/1
趙可○唐、曲逆 119/58/2
此臣之所為君○矣 127/62/3
而○火於燧也 131/63/26
齊○淄鼠 132B/64/7
魏○伊是 132B/64/7
秦伐魏○安邑 132B/64/10
伐趙○晉陽 132B/64/10
伐楚○鄢郢矣 132B/64/10
舉韓氏○其地 132B/64/11
色與馬○於今之世 135/66/25
孟嘗君乃○所怨五百牒削去之 136A/67/7
寡人自○病耳 136B/68/10
○其牛馬 142/72/13

大王不若北○燕 142/73/28
西○秦 142/73/28
○七十餘城 145/75/6
將欲以○我國乎 146/76/23
○筆牘受言 149B/79/12
為大王不○也 150/79/26
其後秦欲○齊 151/80/3
楚○睢、濊之間 156/81/26
○矣 158/82/14
昭奚恤○魏之寶器 158/82/14
楚杜赫說楚王以○趙 165/84/22
○十官而無罪 166/85/6
○成皋 168/86/22
公出地以○齊 172/90/14
鯉與厲且以收地○秦 172/90/14
來○東地於楚 177/92/8
楚王因收昭睢以○齊 183/94/29
臣為王弗○也 184/95/10
公舉而私○利 189/96/29
魏攻中山而不能○ 205/107/3
將以○信於百姓也 207/107/17
今乃以抵罪○伐 209/108/28
懼則可以不戰而深○割 211/109/16
今王○之 211/110/3
今發兵已○之矣 211/110/15
趙起兵○上黨 211/110/17
文甚不○也 216/111/18
據衛○淇則齊必入朝 218/113/7
而襄王兼戎○代 221/117/23
今○古之為萬國者 225/121/5
是我以王因饒中山而○地也 229A/122/17
是我一舉而兩○地於秦、中山也 229A/122/19
秦以其力攻其所不能○ 233/124/8
至來年而王獨不○於秦 233/124/15
又割其力之所不能○而媾也 233/124/19
不能○六城 233/124/20
而○償於秦也 233/124/21
是王失於齊而○償於秦 233/125/10
子安○禮而來待吾君 236/127/19
為人排患、釋難、解紛亂而無所○也 236/128/6
即有所○者 236/128/6
臣竊為君不○也 237/128/15
242/130/14,409/194/28
不倦而○道多 240/129/24
而○行於王者也 246/131/10
○行於王者也 246/131/16
以解其怨而○封焉 247/131/21
以便○陰 247/131/27
○安邑 249/133/26
而收齊、魏以成○陰 249/134/5
覆軍殺將之所○、割地於敵國者也 252/135/11
○扶柳 253/135/24
○寧邑 258B/137/16,333/167/27
以多○封於秦 263/139/28
將欲○之 264A/140/9
偷○一旦之功而不顧其後 272/143/11
劫衛○晉陽 273/144/4
○乘丘 284/147/21
必○方城之外 286/148/4
欲以為王廣土○尊名 292/149/19
王無與之講以○地 297/151/15
身○尊焉 304/154/29
且君之嘗割晉國○地也 310/158/2
臣竊為王不○也 311/158/18
為王弗○也 313/159/23
臣為王不○也 316/162/15
反而○虞 317A/162/22
是○子之資 321/164/26
分地必○成皋 344A/172/3
則韓必○鄭矣 344A/172/5
果○成皋 344A/172/6
至韓之○鄭也 344A/172/6
東○成皋、宜陽 348A/173/27
竊為王弗○也 351/174/29
甘茂欲以魏○齊 359/178/4
公孫郝欲以韓○齊 359/178/4
今公○宜陽以為功 359/178/4
為韓○南陽 360/178/20
王因○其游之舟上擊之 363/179/16
秦○西河之外以歸 367/181/3
錡宣之教韓王○秦 369/181/20
秦王必○我 369/181/21
令韓王知王之不○三川也 369/181/21
韓○聶政屍於市 385/186/16
而獨厚○德焉 387/187/20
而許異獨○相焉者 391/189/19
而桓公獨○霸者 391/189/20
攻運而○之易矣 394/190/12
今楚攻齊○莒 398/192/4
云○千里馬 407/194/3
而不能○千里 407/194/4
奉陽君李兌甚不○於蘇秦 409/194/27
善蘇秦則○ 409/195/3
不善亦○之 409/195/3
○十城 411/195/16
而以十城○天下也 411/195/31
不○素餐 412/196/15
何肯楊燕、秦之威於齊而○大功乎哉 412/196/16
非進○之道也 412/196/18
而謀進○之道 412/196/20
僕者進○之臣也 412/196/20
不敢○也 412/196/31
於是酒酣樂進○熱歠 413/197/5
安猶○哉 415/198/19
其實令啓自○之 416A/199/16
盡○齊寶 418/201/10
將欲以除害○信於齊也 419/201/16
夫○秦 419/202/6
今臣為進○者也 420/202/18
非進○之術也 420/202/19
昔者楚○章武 420/202/23
秦○西山 420/202/23
而河間可○ 420/202/30
不自為○妻 421/203/19
秦○天下 422/203/26
與齊王謀道○秦以謀趙者 423/205/8
而為之○秦 424/205/27
○之以與宋 436/212/20
無所○之 438/213/18
國小而地無所○ 439/214/12
○之百金 440/216/20
○道 440/216/27
○武陽所持圖 440/217/12
軻既○圖奉之 440/217/12
○淮北之地 447/220/7
而弗能復○者 449/220/29

吾必○蒲 449/221/1
胡衍○金於蒲 449/221/2
田簡自謂○使 457/224/16
○勝如神 461/226/14

去 qù 133

王不○周最 14A/6/1
秦○周 23/8/18
楚卒不拔雍氏而○ 25/9/11
○柳葉者百步而射之 27/9/22
○秦而歸 40/13/29
而皆○走 42/15/13
引軍而○ 42/16/16
張子不○秦 43/17/17
○王業遠矣 44/17/29
遂○ 48A/19/7
且軫欲○秦而之楚 48B/19/17
吾聞子欲○秦而之楚 48B/19/19
陳軫○楚之秦 49/19/27
欲○之 61A/24/28
家貧無燭者將○矣 61A/24/28
何為○我 61A/24/30
曰『○貴妻 80/35/4
貴妻已○ 80/35/6
成功者○ 81/35/25
成功而不○ 81/37/4
今三國之兵且○楚 82A/37/25
而今三國之辭○ 82A/37/26
三國雖○ 83A/38/18
三國且○ 83A/38/18
中期徐行而○ 90/43/26
文信侯○而不快 94/45/23
文信君叱○曰 94/45/25
○咸陽七里 94/46/3
司空馬○趙 95/47/1
○趙 95/47/16
趙○司空馬而國亡 95/47/16
士尉辭而○ 101/49/25
不能相○ 115/56/17
梁、齊之兵連於城下不
能○ 115/56/26
解軍而○ 117/57/19
可以忠太子使之亟○ 122/59/2
故臣能○太子 122/59/22
太子○ 122/59/22
然則是王○讎而得齊交
也 122/59/23
故曰可以為楚王使太子
亟○也 122/59/23
乃約車而暮○ 122/59/27
故曰可以使太子急○也 122/59/27
流子而○ 124/61/1
公孫戍趨而○ 130/63/13
貧賤則○之 136A/67/6
亡故○ 136A/67/7
孟嘗君乃取所怨五百牒
削○之 136A/67/7
有敢○柳下季壟五十步
而樵采者 136B/67/16
顏斶辭○曰 136B/68/13
則再拜而辭○也 136B/68/16
○之則聞其聲 143/74/18
故○三北之恥 145/76/7
故○忿恚之心 145/76/10
因罷兵到讀而○ 145/76/13
若乃得○不肖者 147/77/10
上車弗謝而○ 148/78/9
王何以○社稷而入秦 150/79/20
客辭而○ 162/83/28
蒲反、平陽相○百里 163/84/6
新城、上梁相○五百里 163/84/7
相○遠矣 167/86/4
今○東地五百里 177/92/17
是○戰國之半也 177/92/17
莊辛○ 192/97/24
孫子○之趙 197/99/25
昔伊尹○夏入殷 197/99/27
管仲○魯入齊 197/99/27
乃亡○ 200/102/13
遂○不見 203/105/6
臣願捐功名○權勢以離
眾 204A/105/20
襄子○之 204A/105/25
納地釋事以○權尊 204A/105/27
○而就知伯 204B/106/7
滅鬚○眉 204B/106/12
終日談而○ 208/108/3
即地○邯鄲二十里 209/108/22
明王絕疑○讒 218/114/1
秦人○而不從 219/115/11
○而不從 219/115/12
故○就之變 221/117/18
○邪無疑 222/119/21
逃○ 233/125/13
罷兵○ 236/126/16
今又內圍邯鄲而不能○
236/126/19
曷為久居此圍城之中而
不○也 236/126/28
吾請○ 236/128/2
秦軍引而○ 236/128/4
遂辭平原君而○ 236/128/7
決蹯而○ 243/130/18
○齊三千里 247/132/3
欲公之○也 278/146/5
而事已○矣 291/149/12
史舉不辭而○ 294/150/9
則先○ 297/151/26
樹之難而○之易也 303A/153/28
而欲○子者眾 303A/153/28
今邯鄲○大梁也遠於市
306/155/21
秦必○矣 314/160/19
秦已○魏 314/160/19
晉國之○梁也 315/161/23
晉國之○大梁也尚千里
315/161/26
○大梁百里 315/161/27
秦之所○ 333/167/28
秦人○邯鄲 333/167/29
頭塵不○ 334/168/3
乃引兵而○ 338/169/8
436/212/21
○百六十里 364/179/25
亡○ 385/185/19
然仲子卒備賓主之禮而
○ 385/185/29
陳四辟○ 396C/191/19
成陽君為秦○韓 397/191/26
○自覆之術 412/196/20
夫○尊寧而就卑危 419/202/5
而蘇氏○燕 419/202/9
曩者使燕毋○周室之上
420/202/23
臣以為不若逃而○之 424/205/27
○而顧之 425/206/14,425/206/14
○燕之齊可也 427/207/17
今王信田伐與參、○疾
之言 427/207/19
子因○而之齊 429/208/16

忠臣之○也 431/210/16
齊兵已○ 436/212/22
故君捐國而○ 438/213/10
三黜而不○ 438/213/24
可以○ 438/213/25
不以○為心 438/213/26
壯士一○兮不復還 440/217/1
於是荊軻遂就車而○ 440/217/1
秦兵誠○ 449/221/2
司馬憙辭○ 458/225/1
王不答而○ 461/227/9

棬 quān 1

且夫蘇秦特窮巷掘門、桑戶○樞之士耳 40/14/14

全 quán 20

而○趙令其止 23/8/18
楚國不尚○事 50/21/15
是趙不拔而魏○也 102/50/24
○兵而還 109/53/13
然而形神不○ 136B/68/14
距○齊之兵 145/75/21
○車甲 145/75/24
而韓、魏以○制其後 168/87/11
則公之兵○矣 173A/90/22
東地復○ 177/93/6
謹使可○而歸之 216/111/21
燕、趙之所以國○兵勁 310/157/14
魏氏復○ 338/169/8
以○父子之義 340/170/3
吾已○己 340/170/6
而得○ 375/183/5
尚何足以圖國之○為 376/183/11
而王以○燕制其後 408/194/15
夫免身○功 431/210/12
臣聞○趙之時 439/214/11

泉 quán 9

秦惠王謂寒○子曰 41A/14/24
寒○子曰 41A/14/26
北有甘○、谷口 73A/30/23
乃說秦王后弟陽○君曰 93/44/26
陽○君避席 93/44/29
陽○君曰 93/45/2
地坼至○ 143/74/17
地坼至○者 143/74/19
願得以身試黃○ 160/83/11

權 quán 53

謀臣之○ 40/14/10
○縣宋、衛 70/28/15
然則○焉得不傾 73B/32/1
而外重其○ 73B/32/2
淖齒管齊之○ 73B/32/5
○何得毋分 74/33/1
夫商君為孝公平○衡、正度量、調輕重 81/36/23
臣見王之○輕天下 85/39/27
齊、宋在繩墨之外以為○ 89/43/20
是賈以王之○ 96/47/27
齊恐田忌欲以楚○復於齊 106/51/29
恐田忌之以楚○復於齊也 106/52/1
楚之○敵也 110/53/22
○之難 119/57/29, 410/195/10
兩國之○ 119/58/3
以太子○王也 122/59/21
以能得天下之士而有齊○也 122/60/10
則○重於中國 132B/64/14
必藉於○而務興於時 142/71/4
夫○藉者 142/71/4
故無○籍 142/71/5
○藉不在焉 142/71/8
衛明於時○之藉也 142/71/14
○不輕 142/71/19
是以國○輕於鴻毛 189/96/29
秉○而殺君以滅口 200/102/10
○重而衆服 204A/105/20
臣願捐功名去○勢以離衆 204A/105/20
任國者○重 204A/105/21
臣主之○均之能美 204A/105/24
納地釋事以去○尊 204A/105/27
是故橫人日夜務以秦○恐猲諸侯 218/113/26
功大而○輕者 219/114/25
專○擅勢 220/116/8
○甲兵之用 221/116/15
○使其士 236/127/1
今君不能與文信侯相伉以○ 242/130/13
○也 243/130/19
秦○重魏 297/151/24
國危而○輕 304/154/27
而動千里之○者 344A/172/4
其寡力者籍外○ 348B/174/11
伯嬰外無秦、楚之○ 379/183/30
必以韓○報讎於魏 381/184/13
而重韓之○ 390/188/26
何意寡人如是之○也 396B/191/7
其以○立 409/195/3
而欲得燕○ 416B/200/6
名卑而○輕 419/201/14
且事非○不立 421/203/20
夫梁兵勁而○重 444/219/3
若乃其眉目准頞○衡 458/224/29

犬 quǎn 12

此猶兩虎相鬬而駑○受其弊 87/40/27
遇○獲之 87/41/15
其民無不吹竽、鼓瑟、擊筑、彈琴、鬬雞、走○、六博、蹹踘者 112/54/27
天下之疾○也 132A/63/30
○廢於後 132A/64/1
○兔俱罷 132A/64/1
見菟而顧○ 192/97/28
齊大夫諸子有○ 374/182/26
○猛不可叱 374/182/27
○不動 374/182/27
○遂無噬人之心 374/182/28
使齊○馬騷而不言燕 427/207/20

券 quàn 5

載○契而行 133/65/5
悉來合○ 133/65/8
○徧合 133/65/8
因燒其○ 133/65/8, 133/65/15

勸 quàn 26

必○楚王益兵守雍氏 25/9/7
○周君入秦者 26/9/16
故○王攻周 34/11/20
君不如○秦王令弊邑卒攻齊之事 65/26/27
則楚之應之也必○ 82A/37/27
楚之應之果○ 82A/38/1
王后○立之 93/45/14
夫○留太子者蘇秦也 122/60/1
今○太子者又蘇秦也 122/60/2
○王立為夫人 123/60/19
然二國○行之者 142/71/14
○王朝秦 149B/79/14
亦有不為爵○ 170/88/18
170/88/22
故不為爵○ 170/89/25
許之大○ 205/107/5
故○王無齊者 246/131/14
必○王多公之車 278/146/5
遂○兩君聽犀首 291/149/13
則陰○而弗敢圖也 297/151/25
臣非不知秦○之重也 297/152/9
故○秦攻魏 317B/162/30
○齊兵以○止魏 360/178/10
許救甚○ 441/218/3
公因○君立之以為正妻 457/224/12

缺 quē 1

乃可○也 433/211/27

卻 què 11

是君○秦而定周也 23/8/18
戰慄而○ 42/16/24
又交罷○ 42/16/25
不如聽之以○秦兵 120/58/11
不聽則秦兵不○ 120/58/11
○秦兵 120/58/14
威○強秦兵 120/58/14
韓○周害也 121/58/20
及韓○周割之 121/58/20
齊王桉戈而○曰 411/195/19
○行為道 440/215/4

雀 què 4

○立不轉 170/89/12
黃○因是以 192/98/3
夫○其小者也 192/98/7
有○生（鷇）〔鸇〕於城之陬 447/220/6

闕 què 10

秦攻魏將犀武軍於伊○ 23/8/15
犀武敗於伊○ 32/10/29
於是乃摩燕烏集○ 40/14/6
願聞先生有以補之○者 127/61/27
人有當○而哭者 143/74/17
143/74/19
造外○ 208/107/22
與魏戰於伊○ 287/148/9
而與戰之於伊○ 461/226/11
伊○之戰 461/226/20

鵲 què 10

醫扁○見秦武王 54/22/26
扁○請除 54/22/26
君以告扁○ 54/22/27
扁○怒而投其石 54/22/27
頃間有○止於屋上者 384/185/11
謂之○ 384/185/12
○不為○也 384/185/14
人之所以善扁○者 395/190/18
使善扁○而無臃腫也 395/190/18

囷 qūn 3

○倉空虛 42/15/13
○倉虛 42/15/22, 42/16/27

逡 qūn 2

東郭○者 132A/63/30
韓子盧逐東郭○ 132A/64/1

群 qún 63

秦王不聽○臣父兄之義而攻宜陽 2/1/25
明○臣據故主 14B/6/7
譬如使豺狼逐○羊也 44/18/3
○臣聞見者畢賀 50/21/1
義渠君致○臣而謀曰 53/22/21
秦王召○臣賓客六十人而問焉 96/47/21
○臣莫對 96/47/22, 154/81/3
非所以厲○臣也 96/48/2
是以○臣莫敢以虛願望於上 96/48/16
○臣吏民 108/52/26
○臣進諫 108/53/1
是○臣之計過也 112/55/7
以制○臣 145/75/25
君王后以示○臣 149B/79/8
○臣不知解 149B/79/9
○臣之可用者某 149B/79/11
荊宣王問○臣曰 154/81/3
內與○臣謀 167/86/9
無以異於驅○羊而攻猛虎也 168/86/18
今大王不與猛虎而與○羊 168/86/18
聚○弱而攻至強也 168/86/25
王明日朝○臣 177/92/9
王墳墓、復○臣、歸社稷也 177/92/11
臣願無聽○臣之相惡也 179/93/19
久失○也 198/100/21
臣願大王深與左右○臣卒計而重謀 209/109/2
先王棄○臣 220/116/9
鄒之○臣曰 236/127/23
旦日贊○臣而訪之 244/130/25
○臣必多以臣為不能者 246/131/8
凡○臣之言事秦者 272/143/10
○輕折軸 273/144/17
而王之○臣皆以為可 280/146/20
而○臣之知術也 280/146/20
280/146/21
內之無若○臣何也 292/149/21
○臣多諫太子者 296/150/19
○臣皆不敢言 296/150/23
先君必欲一見○臣百姓也夫 296/150/27
是○臣之私而王不知也 312/159/10

今君劫於○臣而許秦 312/159/16
○臣知之 315/161/4
○臣或內樹其黨以擅其主 348B/174/11
○臣比周以蔽其上 396C/191/14
則○臣之賢不肖 396C/191/16
則諸侯不敢因○臣以為能矣 396C/191/18
○臣之知 396C/191/20
示天下與小人○也 412/196/6
觀王之○臣下吏 415/197/29
願足下之無制於○臣也 420/203/14
○臣效忠 428/208/6
會先王棄○臣 431/209/9
而立之乎○臣之上 431/209/22
及至棄○臣之日 431/210/7
○臣怪之 440/217/10
○臣驚愕 440/217/15
○臣侍殿上者 440/217/15
而論功賞○臣及當坐者 440/217/21
○臣皆賀 448A/220/14
○臣盡以為君輕國而好高麗 451/221/18
○臣諫曰 452A/221/27
而○臣相妬以功 461/226/16

然 rán 322

灉○止於齊者 1/1/14
○而所以不可者 8A/3/23
○後能多得鳥矣 16/6/22
○吾使者已行矣 25/9/8
○則奈何 32/11/4
281/146/28,359/178/1
367/181/7,411/195/26
○刻深寡恩 39/12/24
今先生儼○不遠千里而庭教之 40/13/13
○後可建大功 40/13/24
寡人忿○ 41A/14/26
雖○ 42/15/10,115/56/22
177/92/21,190/97/8
197/100/1,208/108/5
218/112/22,222/119/16
233/123/28,238/128/21
251/134/24,252/135/17
297/151/29,309/157/2
309/157/6,312/159/15
343/171/14,416A/199/22
419/201/22,423/205/10
438/213/14,440/215/6
○而甲兵頓 42/15/22
○則是一舉而伯王之名可成也
42/16/3,42/16/8
○則是邯鄲不守 42/16/16
○則是舉趙則韓必亡 42/16/18
何以知其○也 42/17/1,87/41/10
89/43/19,142/71/8,142/72/2
142/72/12,142/72/27
不○ 44/18/1,80/35/4,105/51/25
122/58/28,122/58/28
124/60/29,131/63/24
136B/67/25,138/69/15
147/78/3,156/81/20
160/82/27,177/93/5
199/101/2,203/104/27
229A/122/16,233/125/1
233/125/3,242/130/11
257/136/24,302/153/21
321/164/26,344A/172/4
355/175/29,459A/225/11
楚王以為○ 45/18/18
○則是軫自為而不為國也 48B/19/16
○ 48B/19/19
78/34/3,78/34/3,81/35/24
81/35/26,81/35/27,81/35/30
93/45/2,96/48/18,130/63/7
136A/67/4,147/77/23
147/77/24,230/123/2
236/127/11,238/128/25
262/139/14,296/150/26
444/219/7,455/223/16
王以為○ 49/20/15,93/45/13
○願王勿攻也 55/23/6
○則需弱者用 60/24/22
處女相語以為○而留之 61A/24/30
○則奈何 61A/25/5
153/80/20,160/83/2
○而臣有患也 67/27/21
424/205/22
夫楚王之以其臣請挈領
○而臣有患也 67/27/21
明主則不○ 72/29/2
○則聖王之所棄者 72/29/7
躬竊閔○不敏 73A/29/20
非敢○也 73A/29/29
○臣弗敢畏也 73A/30/5
處必○之勢 73A/30/8
所以○者 73A/31/5,85/39/28
○則權焉得不傾 73B/32/1
○則令何得從王出 74/33/1
○降其主父沙丘而臣之 76/33/17
秦王以為不○ 79/34/19
○則君之主 81/36/16
○而身死於庸夫 81/36/23
超○避世 81/37/5
甚○ 83B/38/28
秦王悖○而怒 86/40/11
○後復之 87/41/3
○後危動燕、趙 87/42/12
何以知其○ 89/43/7,142/73/20
○則大王之國 95/46/21
鄒忌以為○ 104/51/12
○後背太山 105/51/24
○則子何以弔寡人 110/53/22
魯君以為○ 110/53/25
今秦之伐天下不○ 111/54/9
今秦攻齊則不○ 112/55/4
○而為大王計者 113/55/15
○後王可以多割地 115/56/16
115/56/24
秦王以為○ 115/56/27
439/214/13
昭陽以為○ 117/57/19
○則是君自為燕東兵 119/58/1
○則吾中立而割窮齊與疲燕也 119/58/3
○則是我抱空質而行不義於天下也 122/58/27
○則下東國必可得也 122/58/29
○則是王去讎而得齊交也 122/59/23
○吾毀之以為之也 126/61/21
理有固○ 136A/67/5
理之固○者 136A/67/6,136A/67/6
王忿○作色曰 136B/67/14
宣王默○不悅 136B/67/17
○夫璞不完 136B/68/13

○而形神不全 136B/68/14
宣王忿○作色 137/68/25
○嫁過畢矣 139/69/28
不宦則○矣 139/69/29
左右嘿○莫對 140/70/3
管燕連○流涕曰 140/70/3
夫約○與秦為帝 141B/70/20
○二國勸行之者 142/71/14
今世之為國者不○矣 142/71/15
○後從於天下 142/71/18
○而天下獨歸咎於齊者 142/71/20
○而甚於相趨者 142/72/14
○而智伯卒身死國亡 142/72/28
○而國遂亡 142/73/3
○則天下仇之必矣 142/73/10
何以知其○矣 142/73/21
○後圖齊、楚 142/74/1
○後天下乃舍之 142/74/4
○而管子并三行之過 145/76/3
○而使公孫子與徐子鬬 147/77/9
○則周文王得呂尚以為太公 147/77/25
○而計之於道 147/78/1
虎以為○ 154/81/6
○則且有子殺其父 159/82/20
○則白公之亂 161/83/19
○而不死 164/84/18
○而不可相秦 166/85/6
○而不避 170/90/1
雖○楚不能獨守也 177/92/25
王怫○作色曰 177/92/26
而王且見其誠○也 177/92/27
○臣羞而不學也 188/96/17
○則不買五雙珥 191/97/16
臣誠見其必○者也 192/97/22
○則射可至此乎 198/100/19
198/100/20
○則君料臣孰與舜 199/101/1
非徒○也 200/101/24
春申君大○之 200/101/27
○而不免奪死者 201/102/26
若曰勝千鈞則不○者 201/103/2
362/179/10
○則韓可以免於患難 203/103/26
○則其錯兵於魏必矣 203/103/29
我知其○ 203/104/21
襄子恨○曰 204A/105/21
子何為○ 204A/105/22
愴○有決色 204A/105/25
謂子有志則○矣 204B/106/14
襄子乃喟○歎泣曰 204B/106/24
○願請君之衣而擊之 204B/106/27
○則韓義王以天下就之 209/109/1
吾所苦夫鐵鈷○ 212/110/23
涉孟之讎○者何也 214/111/3
訾○使趙王悟而知文也 216/111/20
○山東不能易其路 217/111/27
大王乃今○後得與士民相親 218/112/23
○而秦不敢舉兵甲而伐趙者 218/113/12
○則韓、魏 218/113/13
則不○ 218/113/13
○而四輪之國也 219/114/23
○而心忿悄含怒之日久矣 220/115/24
○後德且見也 221/117/3
○則反古未可非 221/118/24
都平君喟○大息曰 225/121/9
吾乃今○后知君非天下之賢公子也 236/126/21
彼則肆○而為帝 236/127/1
威王勃○怒曰 236/127/8
彼天子固○ 236/127/9
○梁之比於秦若僕耶 236/127/11
○吾將使秦王烹醢梁王 236/127/11
辛垣衍怏○不悅曰 236/127/12
喟○而歎 236/127/17
○后天子南面弔也 236/127/22
○且欲行天子之禮於鄒、魯之臣 236/127/24
梁王安得晏○而已乎 236/127/28
君忿○作色曰 239B/129/15
若竈則不○ 239B/129/17
建信君悖○曰 242/130/11
○而不以環寸之蹯 243/130/19
非○ 246/131/9,246/131/9
246/131/10,246/131/15
246/131/15,246/131/16
人比○而後如賢不 247/131/27
○後王擇焉 247/132/11
寅○ 250/134/11
○今能守魏者 251/135/2
○則君奚求安平君而為將乎 252/135/13
其於奢不○ 252/135/15
○則王逐廬陵君 256/136/17
○則買馬善而若惡 258A/137/7
○而王之買馬也 258A/137/7
○而王不待工 258A/137/8
武侯忿○曰 269/141/21
○為政不善 269/141/26
269/141/27
○而可得并者 269/141/28
使民昭○信之於後者 270/142/8
○而廬田廡舍 272/142/29
○橫人謀王 272/143/2
○其所以不受者 275/145/4
○而臣能半衍之割 287/148/10
○而所以為之者 297/152/9
○使十人樹楊 303A/153/27
○而不勝一人者 303A/153/27
○則相者以誰而君便之也 303B/154/4
○則魏信之事主也 304/154/27
○而三人言而成虎 306/155/20
秦王戄○曰 309/157/7
不○必欺 310/157/20
知者不○ 310/157/24
○則先生之為寡人計之何如 313/159/27
○而趙之地不歲危 314/160/9
○而秦之葉陽、昆陽與舞陽、高陵鄰 315/161/19
○而無與強秦鄰之禍 315/162/3
非獨此五國為○而已也 319/164/6
天下之亡國皆○矣 319/164/6
○而茲公為從 321/164/24
丈人芒○乃遠至此 338/169/1
秦王喟○愁悟 338/169/8
卒○見趙王 339/169/17
○則何為涕出 341/170/15
秦王怫○怒 343/171/18
○未知王之所欲也 345/172/15
韓王忿○作色 347/173/12
其地勢○也 348A/174/1
○則王之輕重必明矣 352/175/9
其於鞅也不○ 364/179/23
今則不○ 364/179/24

○至齊 385/185/26
○仲子卒備賓主之禮而去 385/185/29
○是深知政也 385/186/3
而政獨安可嘿○而止乎 385/186/4
○則山東非能從親 389/188/19
○而《春秋》用兵者 390/189/3
○而吾弗為云者 391/189/16
○則雖尊襄王 391/189/17
○則強國事成 391/189/22
○則先與強國者 391/189/24
○而見親秦 393/190/3
以為不○ 394/190/13
大王知其所以○乎 408/194/13
○不免於咎 412/196/28
○得賢士與共國 418/200/21
○則足下之事齊也 419/201/17
○而王何不使布衣之人 419/201/26
必如刺心○ 419/202/6
○而周之俗 421/203/19
韓氏以為○ 422/204/2
魏氏以為○ 422/204/7
在必○之物以成所欲 424/205/25
○而常獨欲有復收之之志若此也 429/208/17
○而山東不知相索 432/210/28
○則不內蓋寡人 438/213/21
非○也 438/213/21
趙王以為○而遣之 439/214/8
○則何由 440/214/21
○後乃可圖也 440/214/26
心惛○ 440/214/26
○後許諾 440/216/1
○則將軍之仇報 440/216/15
○而不免為笑者 452B/222/5
○則王之為費且危 455/223/16
○則子之道柰何 455/223/18
○則立以為妻 457/224/14
中山君喟○而仰歎曰 459B/225/19
自○之理 461/226/22
○惟願大王覽臣愚計 461/227/4

冉 rǎn 15

薛公為魏謂魏○曰 65/26/26
魏謂魏○曰 67/27/19
夫楚王之以其國依○也 67/27/21
謂魏○曰 68/28/3,70/28/13
秦太后為魏○謂秦王曰 71/28/21
秦使魏○之趙 119/57/29
秦使魏○致帝 141A/70/10
秦惠王封○子 201/102/25
○子 201/102/25
請相魏○ 226/121/13
秦王見趙之相魏○之不急也 226/121/14
魏○固德公矣 226/121/15
魏○必妬君之有陰也 249/133/4
魏○妬 249/133/5

攘 rāng 9

○地千里 81/36/3
則名號不○而至 142/71/27
交游○臂而議於世 145/75/25
○地千餘里 217/112/2
秦禍案○於趙矣 217/112/7
十年○地 219/115/4
以○諸胡 221/117/23
○地必遠矣 309/156/28
○臂按劍 347/173/12

穰 ráng 30

前者○侯之治秦也 42/16/9
蘇代為齊獻書○侯曰 63/26/5
○侯智而習於事 63/26/6
63/26/15
秦客卿造謂○侯曰 66/27/3
謂○侯曰 69/28/8,323/165/8
是○侯為國謀不忠 73A/30/25
聞秦之有太后、○侯、涇陽、華陽 73B/31/26
○侯出使不報 73B/31/28
○侯使者操王之重 73B/32/2
太后、○侯用事 73B/32/6
逐○侯 73B/32/10
○侯用之 74/32/20
○侯十攻魏而不得傷者 75/33/6
司馬○且為政者也 143/74/12
不知夫○侯方受命乎秦王 192/98/18
夫周君、竇屢、奉陽君之與○侯 287/148/12
太后恐其不因○侯也 287/148/13
須賈為魏謂○侯曰 310/157/12
○侯曰 310/158/6
399/192/10,399/192/12
○侯舅也 315/161/1
○侯攻大梁 323/165/8
君攻楚得宛、○以廣陶 323/165/8
東有宛、○、洧水 347/172/28
田苓見○侯 399/192/10
○侯怒曰 399/192/11
困則使太后、○侯為和 422/204/22

壤 rǎng 23

故楚之土○士民非削弱 50/21/18
王迎甘茂於息○ 55/23/7
於是與之盟於息○ 55/23/19
息○在彼 55/23/22
必攻陽、右○ 87/41/23
隨陽、右○ 87/41/23
夫以王○土之博 87/42/4
齊之右○可拱手而取也 87/42/11
○地兩分 88/42/21
故三國欲與秦○界 132B/64/10
三國之與秦○界而患急 132B/64/13
齊不與秦○界而患緩 132B/64/14
斷右○ 145/75/16
○削主困 145/75/19
名與天○相敝也 145/76/11
接境○界 168/87/21
秦以五十萬臨齊右○ 177/93/4
則地與國都邦屬而○挈者七百里 209/108/21
參分趙國○地 209/108/26
韓與秦接境○界 211/109/13
○地不削 238/128/24
為求○地也 277/145/28
而韓、魏○梁 325/165/19

讓 ràng 37

韓使人○周 21/7/25
○周 24/8/24
臣恐齊王之為君實立果

而○之於最 30/10/18
范睢辭○ 73A/29/21
應侯因○之曰 81/35/23
○賢者授之 81/37/9
齊○又至 115/56/13
辭○而重賂至矣 142/73/12
晉畢陽之孫豫○ 204B/106/7
豫○遁逃山中 204B/106/8
則豫○也 204B/106/10
豫○又漆身為厲 204B/106/12
豫○乃笑而應之曰 204B/106/15
豫○伏所當過橋下 204B/106/20
此必豫○也 204B/106/20
果豫○ 204B/106/21
於是趙襄子面數豫○曰 204B/106/21
豫○曰 204B/106/22, 204B/106/25
乃使使者持衣與豫○ 204B/106/27
豫○拔劍三躍 204B/106/28
窮有弟長辭○之節 221/116/17
王令○之曰 223/119/26
臣行○而不爭 223/119/27
樓緩辭○曰 233/123/27
夫君封以東武城不○無功 234/125/21
魯仲連辭○者三 236/128/5
請令王○先生以國 294/150/7
令姚賈○魏王 337/168/23
嚴仲子固○ 385/185/28
不如以國○子之 416A/199/11
以其○天下於許由 416A/199/11
有○天下之名 416A/199/12
今王以國○相子之 416A/199/12
已而○位 416B/200/8
燕王乃使人○樂毅 431/209/8
固請無○ 440/216/1

饒 ráo 5

蓄積○多 40/13/8
是我以王因○中山而取地也 229A/122/17
秦得安邑之○ 249/133/19
南有碣石、鴈門之○ 408/194/12
江、漢魚鱉黿鼉為天下○ 442/218/20

擾 rǎo 5

慮無惡○ 221/118/2
立韓○而廢公叔 374/182/21
374/182/22
而欲德於韓○ 374/182/29
王果不許韓○ 374/182/31

繞 rǎo 1

秦○舞陽之北 315/161/20

熱 rè 2

進○歠 413/197/5
於是酒酣樂進取○歠 413/197/5

人 rén 1167

發師五萬○ 1/1/6
寡○將寄徑於梁 1/1/10
寡○將寄徑於楚 1/1/11
寡○終何塗之從而致之齊 1/1/13
凡一鼎而九萬○輓之 1/1/15
九九八十一萬○ 1/1/15
今大王縱有其○ 1/1/16
子為寡○謀 2/1/26, 314/160/3
今昭獻非○主也 5A/2/28
君何不令○謂韓公叔曰 5B/3/3
寡○不敢弗受 5B/3/5
因令○謂周君曰 8A/3/22
好毀○ 8A/3/23
國○不說也 8B/3/27
國○非之 8B/4/1
溫○之周 9/4/7
主○也 9/4/7
君使○問之曰 9/4/7
子非周○ 9/4/8
故曰主○ 9/4/10
而又知趙之難子齊○戰 10A/4/14
公何不令○謂韓、魏之王曰 13/5/23
而王無○焉 14A/6/1
今君將施於大○ 16/6/22
大○輕君 16/6/22
施於小○ 16/6/22
小○無可以求 16/6/22
不必且為大○者 16/6/23
因令○謂相國御展子、廧夫空曰 17/6/29
有○謂相國曰 18/7/6
馮旦使○操金與書 19/7/13
因使○告東周之候曰 19/7/14
今夕有姦○當入者矣 19/7/15
韓使○讓周 21/7/25
寡○知嚴氏之為賊 21/7/26
寡○請以國聽 25/9/4
有一○過曰 27/9/22
○皆善 27/9/23
君使○告齊王以周最不肯為太子也 30/10/15
越○請買之千金 30/10/16
周君怨寡○乎 32/11/2
今王許戍三萬○與溫囿 32/11/5
令○微告悍 36/12/5
○說惠王曰 39/12/29
今秦婦○嬰兒皆言商君之法 39/12/29
而秦○不憐 39/13/2
寡○聞之 40/13/12, 131/63/22, 168/87/27, 170/89/16
安有說○主不能出其金玉錦繡 40/14/3
夫賢○在而天下服 40/14/12
一○用而天下從 40/14/12
○生世上 40/14/20
蘇秦欺寡○ 41A/14/24
欲以一○之智 41A/14/24
寡○忿然 41A/14/26
為○臣不忠當死 42/15/9
秦與荊○戰 42/16/1
與荊○和 42/16/4
今荊○收亡國 42/16/4
寡○聽子 44/18/9, 314/160/21
○必害之 46/18/23
取皮氏卒萬○ 47/19/1
必惡是二○ 48A/19/11
行道之○皆知之 48B/19/20
49/20/12
楚○有兩妻者 49/20/3
○誂其長者 49/20/3
居彼○之所 49/20/6
則欲其為我詈○也 49/20/6
軫為○臣 49/20/7

孰視寡○曰 49/20/10
寡○遂無柰何也 49/20/11
寡○因問曰 49/20/11
子為寡○慮之 50/20/20
不傷一○ 50/21/2
寡○自以為智矣 50/21/3
楚王使○絕齊 50/21/7
秦使○使齊 50/21/10
張子以寡○不絕齊乎 50/21/11
儀固以小○ 50/21/13
子秦○也 51/21/25
寡○與子故也 51/21/25
寡○不佞 51/21/25,438/213/10
故子棄寡○事楚王 51/21/26
以其餘為寡○乎 51/21/27
王獨不聞吳○之遊楚者乎 51/21/27
故使○問之 51/21/28
有兩虎諍○而鬬者 51/21/29
○者 51/22/1
今兩虎諍○而鬬 51/22/1
三○者 52/22/10
好女百○ 53/22/19
大敗秦○於李帛之下 53/22/21
寡○欲車通三川 55/23/3
而寡○死不朽乎 55/23/3
樗里疾、公孫衍二○者 55/23/13
費○有與曾子同名族者而殺○ 55/23/14
○告曾子母曰 55/23/14
曾參殺○ 55/23/15
55/23/15,55/23/16
吾子不殺○ 55/23/15
○又曰 55/23/15
一○又告之曰 55/23/16
而三○疑之 55/23/17
疑臣者不適三○ 55/23/18
寡○不聽也 55/23/19
樗里疾、公孫衍二○在 55/23/21
寡○固無地而許楚王 56/23/29
與寡○爭辭 60/24/21
寡○數窮焉 60/24/21
賢○ 61A/25/4
賢○也 61A/25/9,233/123/30
寡○且相子 61B/25/15
寡○託國於子 61B/25/16
秦且益趙甲四萬○以伐齊 63/26/5
必不益趙甲四萬○以伐齊 63/26/6
必不益趙甲四萬○以伐齊矣 63/26/15
葬於無知之死○哉 64/26/21
何不使○謂燕相國曰 66/27/7
聖○不能為時 66/27/7
○主賞所愛 72/29/2
良醫知病○之死生 72/29/10
使○持車召之 72/29/15
寡○宜以身受令久矣 73A/29/19
寡○日自請太后 73A/29/19
寡○乃得以身受命 73A/29/20
宮中虛無○ 73A/29/23
先生何以幸教寡○ 73A/29/24
先生不幸教寡○乎 73A/29/27
處○骨肉之間 73A/30/4
○之所必不免也 73A/30/8
寡○愚不肖 73A/30/18
此天以寡○慁先生 73A/30/18
寡○得受命於先生 73A/30/19
願先生悉以教寡○ 73A/30/20
無疑寡○也 73A/30/20
越○之國而攻 73A/31/2
齊○伐楚 73A/31/3
寡○欲親魏 73A/31/12
寡○不能親 73A/31/12
○之病心腹 73A/31/16
寡○欲收韓 73A/31/17
籍○以此 74/32/19
百○輿瓢而趨 74/32/19
不如一○持而走疾 74/32/20
百○誠輿瓢 74/32/20
有非相國之○者乎 74/32/23
有攻○者 75/33/6
○主所甚愛也 75/33/7
○主者 75/33/7
○臣之所樂為死也 75/33/7
攻○主之所愛 75/33/8
而攻其○也 75/33/9
鄭○謂玉未理者璞 76/33/15
周○謂鼠未腊者朴 76/33/15
周○懷璞過鄭賈曰 76/33/15
邯鄲○誰來取者 77/33/25
今令○復載五十金隨公 77/33/28
梁○有東門吳者 79/34/14
寡○一城圍 79/34/19
不用○言 80/35/4
○心固有 80/35/6
聞『三○成虎 80/35/7
東鄙之賤○也 80/35/11
今遇惑或與罪○同心 80/35/13
使○宣言以感怒應侯曰 81/35/20
使○召蔡澤 81/35/23
夫○生手足堅強 81/35/25
而聖○所謂吉祥善事與 81/35/30
其為○臣 81/36/13
聖○之常道也 81/36/20
其○辯士 81/37/13
臣之見○甚眾 81/37/13
○或惡之 81/37/19
寡○欲割河東而講 83A/38/13
寡○決講矣 83A/38/20
猶無奈寡○何也 83B/38/27
其無奈寡○何 83B/38/28
吾不知水之可亡○之國也 83B/39/2
魏許寡○以地 84A/39/10
魏王倍寡○也 84A/39/10
王何不與寡○遇 84A/39/11
是王以魏地德寡○ 84A/39/11
寡○絕其西 84A/39/12
景鯉使○說秦王曰 85/39/27
商○是也 86/40/9
寡○之國貧 86/40/17
楚○有黃歇者 87/40/26
拔燕、酸棗、虛、桃○ 87/41/2
王若負○徒之眾 87/41/8
既勝齊○於艾陵 87/41/12
他○有心 87/41/15
齊○南面 87/42/1
○徒之眾 87/42/5
○眾不足以為強 88/42/16
○眾者強 88/42/16
趙○聞之至枝桑 88/42/23
燕○聞之至格道 88/42/23
秦○援魏以拒楚 89/43/19
楚○援韓以拒秦 89/43/20
悍○也 90/43/26
濮陽○呂不韋賈於邯鄲 93/44/18
見秦質子異○ 93/44/18
秦子異○質於趙 93/44/22
子異○賢材也 93/45/1
是子異○無國而有國 93/45/2
子異○ 93/45/5

若使子巽○歸而得立 93/45/6
雖有子異○ 93/45/7
異○至 93/45/10
吾楚○也 93/45/10
寡○子莫若楚 93/45/14
趙○得唐者 94/45/22
其為○疾賢妬功臣 95/47/4
王使○代 95/47/7
故使工○為木材以接手 95/47/9
○臣不得自殺宮中 95/47/11
非無賢○ 95/47/16
秦王召群臣賓客六十○而問焉 96/47/21
寡○屈於內 96/47/22
吾聞子以寡○財交於諸侯 96/48/4
有何面目復見寡○ 96/48/5
其鄙○之賈○也 96/48/11
虞之乞○ 96/48/12
○主豈得其用哉 96/48/14
齊○有請者曰 99/49/10
齊貌辨之為○也多疵 101/49/24
門○弗說 101/49/24
靖郭君之於寡○一至此乎 101/50/10
寡○少 101/50/10
客肯為寡○來靖郭君乎 101/50/11
靖郭君可謂能自知○矣 101/50/16
能自知○ 101/50/16
故○非之不為沮 101/50/16
公孫閈乃使○操十金而往卜於市 104/51/15
我田忌之○也 104/51/15
因令○捕為○卜者 104/51/16
田忌亡○也 106/52/2
仕○眾 107/52/7
晏首貴而仕○寡 107/52/7
以幾何○ 107/52/8
能面刺寡○之過者 108/52/26
上書諫寡○者 108/52/26
聞寡○之耳者 108/52/27
異○而同辭 109/53/8
此不叛寡○明矣 109/53/9
夫為○子而不欺死父 109/53/15
豈為○臣欺生君哉 109/53/15
然則子何以弔寡○ 110/53/22
○肩摩 112/54/28
百○守險 112/55/5
千○不能過也 112/55/5
寡○不敏 112/55/10
從○說大王者 113/55/15
地廣○眾 113/55/16
夫從○朋黨比周 113/55/19
乃使其舍○馮喜之楚 115/56/21
寡○甚憎儀 115/56/23
賜其舍○卮酒 117/57/14
舍○相謂曰 117/57/14
數○飲之不足 117/57/14
一○飲之有餘 117/57/15
一○蛇先成 117/57/15
一○之蛇成 117/57/16
因使○以十城求講於秦 118/57/23
可以使○說薛公以善蘇子 122/59/3
蘇秦使○請薛公曰 122/60/1
故曰可使○惡蘇秦於薛公也 122/60/3
又使○謂楚王曰 122/60/5
今○惡蘇秦於薛公 122/60/6
齊王夫○死 123/60/18
勸王立為夫○ 123/60/19
○事者 124/60/23
固不敢言○事也 124/60/24
有土偶○與桃梗相與語 124/60/27
桃梗謂土偶○曰 124/60/28
挺子以為○ 124/60/28
刻削子以為○ 124/61/1
荊○攻之 125/61/6
而孟嘗令○體貌而親郊迎之 125/61/6
荊○攻薛 125/61/7
○之急也 125/61/14
孟嘗君奉夏侯章以四馬百○之食 126/61/19
而奉我四馬百○之食 126/61/21
一○曰 127/61/27
孟嘗君舍○有與君之夫○相愛者 128/62/7
為君舍○而內與夫○相愛 128/62/7
○之情也 128/62/8
君召愛夫○者而謂之曰 128/62/10
是○謂衛君曰 128/62/13
齊○聞之曰 128/62/19
孟嘗君有舍○而弗悅 129/62/23
今使○而不能 129/62/26
教○而不能 129/62/26
使○有棄逐 129/62/27
見孟嘗君門○公孫戍曰 130/63/3
先○有寶劍 130/63/5
許戍以先○之寶劍 130/63/16
淳于髡一日而見七○於宣王 131/63/22
齊○有馮諼者 133/64/20
使○屬孟嘗君 133/64/20
孟嘗君使○給其食用 133/64/29
美○充下陳 133/65/13
寡○不敢以先王之臣為臣 133/65/18
寡○不祥 133/65/25
寡○不足為也 133/65/26
姑反國統萬○乎 133/65/26
君不以使○先觀秦王 134/66/3
寡○地數千里 134/66/8
而因欲難寡○ 134/66/9
孟嘗君好○ 134/66/10
大王不好○ 134/66/10
孟嘗君之好○也 134/66/10
得志不慚為○主 134/66/11
不得志不肯為○臣 134/66/11
如此者三○ 134/66/11
能致其如此者五○ 134/66/12
如臣者十○ 134/66/13
寡○直與客論耳 134/66/13
寡○善孟嘗君 134/66/14
欲客之必諭寡○之志也 134/66/14
文不得是二○故也 135/66/22
使文得二○者 135/66/23
○君也 136B/67/12
○臣也 136B/67/13,236/126/24
至聖○明學 136B/68/5
○之困賤下位也 136B/68/7
豈非下○而尊貴士與 136B/68/7
寡○自取病耳 136B/68/10
乃今聞細○之行 136B/68/10
且顏先生與寡○游 136B/68/11
寡○請從 137/68/23
寡○奉先君之宗廟 137/68/24
寡○愚陋 137/68/28
寡○何好 137/69/3
寡○憂國愛民 137/69/5
王使○為冠 137/69/6

寡○有罪國家 137/69/9
於是舉士五○任官 137/69/9
是其為○也 138/69/16,138/69/21
是其為○ 138/69/18
齊○見田駢 139/69/26
臣聞之鄰○之女 139/69/27
臣鄰○之女 139/69/27
徒百○ 139/69/29
是以聖○從事 142/71/4
非得○力 142/71/7
車舍○不休傅 142/71/9
楚○救趙而伐魏 142/71/12
兵弱而憎下○也 142/71/16
故約不為○主怨 142/71/18
伐不為○挫強 142/71/18
常以王○為意也 142/71/25
常以謀○為利也 142/71/25
胡○襲燕樓煩數縣 142/72/13
中○禱祝 142/72/19
今夫鵠的非咎罪於○也 142/73/8
惡其示○以難也 142/73/9
則是非徒示○以難也 142/73/10
又且害○者也 142/73/10
齊○伐魏 142/74/3
○有當闕而哭者 143/74/17
143/74/19
○以告也 143/74/19
天地○皆以告矣 143/74/19
知其貴○ 143/74/22
市○從者四百○ 144/75/1
○或譊之 145/75/8
今秦○下兵 145/75/16
食○炊骨 145/75/21
不免為辱○賤行矣 145/76/3
有老○涉菑而寒 146/76/22
左右顧無○ 146/76/24
寡○憂民之飢也 146/76/26
寡○憂民之寒也 146/76/26
寡○憂勞百姓 146/76/27
稱寡○之意 146/76/27
乃使○聽於閭里 146/77/2
田單之愛○ 146/77/3
小○也 147/77/7,340/170/9
王有所幸臣九○之屬 147/77/13
楚王使將軍將萬○而佐齊 147/77/13
九○之屬曰 147/77/15
九○之屬相與語於王曰 147/77/15
夫一○身 147/77/16
子無罪於寡○ 147/77/20
民○之治 147/77/26
為○臣之功者 147/77/26
燕○興師而襲齊墟 147/77/27
狄○乃下 148/78/18
以為非常○ 149B/79/1
失○子之禮也 149B/79/4
王不如令○以涓來之辭謾固於齊 151/80/6
二○之言皆善也 155/81/12
是其為○也近苦矣 157B/82/7
寡○知之 157B/82/8
○有以其狗為有執而愛之 158/82/12
其鄰○見狗之溺井也 158/82/12
鄰○憚之 158/82/13
且○有好揚○之善者 159/82/19
有○好揚○之惡者 159/82/20
此小○也 159/82/20
以王好聞○之美而惡聞○之惡也 159/82/21
寡○願兩聞之 159/82/22
寡○萬歲千秋之後 160/83/10
不蔽○之善 161/83/18
不言○之惡 161/83/18
郢○有獄三年不決者 162/83/25
郢○某氏之宅 162/83/26
郢○某氏 162/83/26
三○偶行 163/84/3
秦○一夜而襲之 163/84/6
163/84/7
矯以新城、陽○予太子 164/84/15
臣為太子得新城、陽○ 164/84/16
又何新城、陽○之敢求 164/84/17
寡○欲置相於秦 166/85/3
則韓、魏、齊、燕、趙、衛之妙音美○ 167/85/25
而有事○之名 167/85/27
橫○皆欲割諸侯之地以事秦 167/86/1
夫為○臣而割其主之地 167/86/2
寡○之國 167/86/7
恐反○以入於秦 167/86/8
寡○自料 167/86/9
寡○臥不安席 167/86/9
寡○謹奉社稷以從 167/86/10
夫從○者 168/86/26
一舫載五十○ 168/87/1
且大王嘗與吳○五戰三勝而亡之 168/87/5
楚○不勝 168/87/10
通侯、執珪死者七十餘○ 168/87/10
寡○年幼 168/87/26
有○謂昭雎曰 169/88/7
夏○也 169/88/11
若扑一○ 170/89/6
若捽一○ 170/89/6
旄不知○ 170/89/13
吳與楚○戰於柏舉 170/89/15
卒萬○ 170/89/17
與吳○戰於濁水而大敗之 170/89/17
穀非○臣 170/89/23
此古之○也 170/89/27
今之○ 170/89/27
齊王好高○以名 171/90/7
今為其行○請魏之相 171/90/8
又謂王之幸夫○鄭袖曰 174/91/4
君不如使○微要靳尚而刺之 175/91/18
張旄果令○要靳尚刺之 175/91/22
寡○之得求反 177/92/11
子良見寡○曰 177/92/24
常見寡○曰 177/92/25
鯉見寡○曰 177/92/25
寡○誰用於三子之計 177/92/26
齊使○以甲受東地 177/93/1
公不如令○謂太子曰 178/93/10
蘇子乃令○謂太子 178/93/12
仁○之於民也 179/93/16
必進賢○以輔之 179/93/17
○臣莫難於無妬而進賢 179/93/20
未見一○也 179/93/21
故○難之 179/93/23
寡○聞先生 180/93/27
若聞古○ 180/93/27
今先生乃不遠千里而臨寡○ 180/93/28
寡○聞命矣 180/93/30
舍○怒而歸 182/94/9
寡○無求於晉國 182/94/13

寡○之獨何為不好色也 182/94/16
令○謂張子曰 182/94/18
非有他○於此也 182/94/22
未嘗見○如此其美也 182/94/24
而儀言得美○ 182/94/24
吾固以為天下莫若是兩○也 182/94/25
二○固不善睢也 183/95/1
必善二○者 183/95/2
棄所貴於讎○ 184/95/12
而惠子窮○ 184/95/14
而陰使○以請聽秦 185/95/22
吾將使○因魏而和 185/95/23
因令○謁和於魏 185/95/28
因使○以儀之言聞於楚 186/96/5
寡○聞韓侈巧士也 187/96/9
因還走而冒○ 187/96/11
齊○飾身修行得為益 188/96/17
今夫橫○嚂口利機 189/96/28
魏王遺楚王美○ 190/97/3
夫○鄭褎知王之說新○也 190/97/3
甚愛新○ 190/97/3
婦○所以事夫者 190/97/4
今鄭褎知寡○之說新○也 190/97/5
其愛之甚於寡○ 190/97/5
因謂新○曰 190/97/8
新○見王 190/97/9
夫新○見寡○ 190/97/9
於是使○發騶 192/97/25
寡○不能用先生之言 192/97/25
與○無爭也 192/98/2
192/98/4,192/98/8
○皆以謂公不善於富摯 194/99/3
使○殺中射之士 196/99/17
中射之士使○說王曰 196/99/17
而明○之欺王 196/99/19
天下賢○也 197/99/23,197/99/28
於是使○謝孫子 197/99/24
於是使○請孫子於趙 197/99/29
癘○憐王 197/100/1
夫○主年少而矜材 197/100/2
求婦○宜子者進之 200/101/14
趙○李園 200/101/16
李園求事春申君為舍○ 200/101/16
而○莫知 200/101/25
而國○頗有知之者 200/102/2
安不有無妄之○乎 200/102/5
何謂無妄之○ 200/102/11
此所謂無妄之○也 200/102/12
軟弱○也 200/102/12
以其○事知之 202/103/9
○馬相食 202/103/11
使○請地於韓 203/103/24
夫知伯之為○也 203/103/25
又使○請地於魏 203/103/27
因使○致萬家之邑一於知伯 203/103/29
又使○之趙 203/104/1
夫知伯之為○ 203/104/4
而寡○弗與焉 203/104/4
其移兵寡○必矣 203/104/5
夫知伯為○也 203/104/21
○莫之知也 203/104/22
寡○所親之 203/104/28
使○謂之曰 204A/105/25
賢○之行 204A/105/28
為刑○ 204B/106/9
此天下之賢○也 204B/106/11
為乞○而往乞 204B/106/12
且夫委質而事○ 204B/106/17
亦將以愧天下後世○臣懷二心者 204B/106/17
使○問之 204B/106/21
范中行氏以眾○遇臣 204B/106/23
臣故眾○報之 204B/106/23
寡○舍子 204B/106/24
寡○不舍子 204B/106/25
臣聞明主不掩○之義 204B/106/25
若以○之事 208/107/23
非以○之言也 208/107/24
寄宿○田中 208/107/25
李兌舍○謂李兌曰 208/108/1
舍○曰 208/108/2,208/108/4
舍○出送蘇君 208/108/3
蘇秦謂舍○曰 208/108/3
眾○喜之 209/108/12
楚○久伐而中山亡 209/108/20
○有言 211/109/21
陰使○請趙王曰 211/109/25
今馮亭令使者以與寡○ 211/109/27
臣聞聖○甚禍無故之利 211/109/28
○懷吾義 211/109/28
今其守以與寡○ 211/110/7
二○對曰 211/110/8,459B/225/17
而以與○ 211/110/13
吾苦夫匠○ 212/110/22
自入而出夫○者 212/110/23
孟嘗君擇舍○以為武城吏 216/111/17
苟來舉玉趾而見寡○ 217/112/2
天下之卿相○臣 218/112/21
故夫謀○之主 218/112/26
伐○之國 218/112/26
常苦出辭斷絕○之交 218/112/27
禹無百○之聚 218/113/17
湯、武之卒不過三千○ 218/113/18
豈掩於眾○之言 218/113/20
夫破○之與破於○也 218/113/23
臣○之與臣於○也 218/113/24
夫橫○者 218/113/24
美○巧笑 218/113/26
是故橫○日夜務以秦權恐猲諸侯 218/113/26
寡○年少 218/114/11,220/116/9
寡○敬以國從 218/114/12
○主不再行也 219/114/21
寡○案兵息民 219/114/28
秦○遠迹不服 219/115/4
秦○下兵攻懷 219/115/10
服其○ 219/115/10
楚有四○起而從之 219/115/10
秦○去而不從 219/115/11
夫斷右臂而求與○鬭 220/116/2
寡○宮居 220/116/8
為○臣者 221/116/17
必被庶○之恐 221/116/20
而世必議寡○矣 221/116/21
寡○非疑胡服也 221/116/26
寡○胡服 221/116/29,223/119/28
今寡○作教易服 221/116/30
今寡○恐叔逆從政之經 221/117/3
且寡○聞之 221/117/3
故寡○願募公叔之義 221/117/4
逆○之心 221/117/10
是以聖○觀其鄉而順宜

221/117/14
是故聖○苟可以利其民 221/117/16
故寡○且聚舟楫之用 221/117/21
非寡○所望於子 221/117/26
聖○之道也 221/118/8
知學之○ 221/118/9
故為己者不待○ 221/118/9
明不距○ 221/118/14
聖○不易民而教 221/118/16
聖○之興也 221/118/23
是以聖○利身之謂服 221/118/25
寡○始行縣 222/119/3
故寡○問子以壁 222/119/4
○有言子者曰 222/119/4
故寡○以子之知慮 222/119/5
為辨足以道○ 222/119/5
故寡○欲子之胡服以傅王乎 222/119/7
寡○也 222/119/11
寡○以王子為子任 222/119/19
以事寡○者畢矣 222/119/21
寡○與子 222/119/21
不用○矣 222/119/22
故寡○恐親犯刑戮之罪 223/119/29
故賢○觀時 224/120/11
亂寡○之事 224/120/15
○雖眾 225/121/4
今寡○不逮 228/122/1
寡○有不令之臣 228/122/1
非寡○之所敢知 228/122/2
魏使○因平原君請從於趙 230/122/30
寡○不聽 230/123/1
故寡○不聽 230/123/2
因使○索六城於趙而講 233/123/26
此非○臣之所能知也 233/123/27
婦○為之自殺於房中者二八 233/123/29
是○不隨 233/123/30
而婦○為死者十六○ 233/123/30
而於婦○厚 233/123/31
則○心變矣 233/124/1
平原君使○請救於魏 234/125/17
用○之力 234/125/18
而忘○之功 234/125/19
而國○計功也 234/125/22
寡○使卷甲而趍之 235/125/28
寡○使平陽君媾秦 235/126/5
趙之貴○也 235/126/7
今其○在是 236/126/20
其○在此 236/126/23
令眾○不知 236/126/29
則吾乃梁○也 236/127/4
十○而從一○者 236/127/10
曷為與○俱稱帝王 236/127/17
謂魯○曰 236/127/18
魯○曰 236/127/18
魯○投其籥 236/127/21
主○必將倍殯柩 236/127/22
始以先生為庸○ 236/128/1
為○排患、釋難、解紛亂而無所取也 236/128/6
是商賈之○也 236/128/6
君安能少趙○ 237/128/11
而令趙○多君 237/128/11
君安能憎趙○ 237/128/11
而令趙○愛君乎 237/128/11
眾○廣坐之中 237/128/16
未嘗不言趙○之長者也 237/128/16
臣南方草鄙之○也 238/128/20
寡○不好兵 238/128/22
寡○不喜 238/128/23
今有○操隨侯之珠 238/128/25
○必危之矣 238/128/26
寡○請奉教 238/128/28
幸以臨寡○ 239A/129/4
先生不知寡○不肖 239A/129/5
二○者 239B/129/14,293/149/29
吾聞夢見○君者 239B/129/15
前之○煬 239B/129/17
則後之○無從見也 239B/129/17
今臣疑○之有煬於君者也 239B/129/17
秦使○來仕 242/130/9
夫良商不與○爭買賣之賈 242/130/11
○有置係蹄者而得虎 243/130/18
王欲知其○ 244/130/25
則其○也 244/130/25
齊○李伯見孝成王 245/130/30
○告之反 245/130/30
○比然而後如賢不 247/131/27
夫秦○貪 248/132/22
寡○與子有誓言矣 250/134/12
○之情 251/134/18
寧朝○乎 251/134/18
寧朝於○也 251/134/18
○亦寧朝○耳 251/134/18
何故寧朝於○ 251/134/19
乃使○以百里之地 251/134/20
臣竊以為與其以死○市 251/134/25
不若以生○市使也 251/134/25
燕封宋○榮蚠為高陽君 252/135/8
國奚無○甚哉 252/135/9
國奚無○甚也 252/135/11
又不肯與燕○戰 252/135/16
齊○戎郭、宋突謂仇郝曰 253/135/24
齊畏從○之合也 254/136/3
行○見之 257/136/22
客有見○於服子者 257/136/22
夫望○而笑 257/136/24
臣聞王之使○買馬也 258A/137/3
紀姬婦○也 258A/137/5
及夫○優愛孺子也 258A/137/10
必所使者非其○也 258B/137/18
數欺弄寡○ 258B/137/27
趙能殺此二○ 258B/137/27
甚於婦○ 262/139/9
婦○異甚 262/139/10
豈○主之子孫則必不善哉 262/139/16
○主之子也 262/139/22
而況○臣乎 262/139/23
寡○與趙兄弟 264B/140/16
寡○與韓兄弟 264B/140/17
求其好掩○之美而揚○之醜者而參驗之 266/141/1
文侯與虞○期獵 267/141/7
吾與虞○期獵 267/141/8
○民非不眾也 269/141/28
吾乃今日聞聖○之言也 269/142/1
既為寡○勝強敵矣 270/142/12
聖○無積 270/142/14
盡以為○ 270/142/14
既以與○ 270/142/14

而謂寡○必以國事聽鞅 271/142/20
○民之衆 272/143/1
然橫○謀王 272/143/2
武王卒三千○ 272/143/7
夫為○臣 272/143/11
寡○不肖 272/143/17
卒不過三十萬○ 273/143/22
馬馳○趨 273/143/23
且夫從○多奮辭而寡可信 273/144/15
以說○主 273/144/16
○主覽其辭 273/144/16
寡○惷愚 273/144/20
數令○召臣也 276/145/15
皆使○告其王曰 276/145/20
李從約寡○ 276/145/22
犀首必欲寡○ 276/145/23
寡○欲之 276/145/23
寡○亦以事因焉 276/145/24
因使○先言於楚王 277/145/30
使○謂齊王曰 278/146/5
子果無之魏而見寡○也 278/146/8
○多為張子於王所 280/146/18
故令○謂韓公叔曰 283/147/12
尺楚○ 285/147/29
魏王聞寡○來 288/148/24
使公孫子勞寡○ 288/148/24
寡○無與之語也 288/148/24
請國出五萬○ 291/149/9
寡○之股掌之臣也 292/149/20
以稽二○者之所為 293/149/30
二○者曰 293/149/30
需非吾○也 293/150/1
二○者必不敢有外心矣 293/150/1
二○者之所為之 293/150/2
為○子 296/150/21
如是○者 297/151/26
施因令○先之楚 299/152/20
寡○之讎也 301/153/4
王游○而合其鬬 301/153/7
乃使○報於齊 301/153/8
且楚王之為○也 301/153/13
然使十○樹楊 303A/153/27
一○拔之 303A/153/27
故以十○之衆 303A/153/27
然而不勝一○者 303A/153/27
吾恐張儀、薛公、犀首之有一○相魏者 303B/154/3
吾恐張儀、薛公、犀首有一○相魏者 303B/154/7
是三○皆以太子為非固相也 303B/154/9
今大王令○執事於魏 304/154/18
今王之使○入魏而不用 304/154/20
則王之使○入魏無益也 304/154/20
夫令○之君處所不安 304/154/21
令○之相行所不能 304/154/22
今一○言市有虎 306/155/18
二○言市有虎 306/155/19
寡○疑之矣 306/155/19
三○言市有虎 306/155/19
寡○信之矣 306/155/20
然而三○言而成虎 306/155/20
而議臣者過於三○矣 306/155/21
寡○自為知 306/155/21
寡○固刑弗有也 308/156/11
寡○請以鄴事大王 308/156/11
魏王請以鄴事寡○ 308/156/12
使寡○絶秦 308/156/12
臣則死○也 309/157/6
齊○攻燕 310/157/13
宋○有學者 311/158/10
子患寡○入而不出邪 311/158/15
請殉寡○以頭 311/158/16
今○有謂臣曰 311/158/16
魏使○謂淳于髡曰 313/159/21
然則先生之為寡○計之何如 313/159/27
寡○願子之行也 314/160/4
寡○不能 314/160/7
夫行數千里而救○者 314/160/15
雖欲行數千里而助○ 314/160/16
利行數千里而助○乎 314/160/20
晉○欲亡虞而伐虢 317A/162/20
晉○伐虢 317A/162/21
其○皆欲合齊、秦外楚以輕公 317B/162/29
使○謂樓子曰 317B/163/14
齊伐釐、莒而晉○亡曹 319/164/3
齊和子亂而越○亡繒 319/164/4
秦、翟年穀大凶而晉○亡原 319/164/5
而以一○之心為命也 319/164/10
不能禁○議臣於君也 324/165/15
猶晉○之與楚○也 330/167/9
晉○見楚○之急 330/167/9
楚○惡其緩而急之 330/167/10
王不如陰侯○說成陽君曰 331/167/15
秦○去邯鄲 333/167/29
見○於大行 334/168/4
因使其○為見者嗇夫聞見者 336/168/18
今周㝡遁寡○入齊 337/168/24
魏使○求救於秦 338/168/29
魏○有唐且者 338/168/31
丈○芒然乃遠至此 338/169/1
寡○知魏之急矣 338/169/2
破秦○ 339/169/13,339/169/16
○之憎我也 339/169/15
吾憎○也 339/169/15
○之有德於我也 339/169/15
吾有德於○也 339/169/16
安陵○縮高 340/169/22
信陵君使○謂安陵君曰 340/169/22
○大笑也 340/169/25
信陵君為○ 340/170/6
無為○臣之義矣 340/170/7
今臣爵至○君 341/170/17
走○於庭 341/170/17
辟○於途 341/170/18
美○亦甚多矣 341/170/18
有敢言美○者族 341/170/20
近習之○ 341/170/22
欲進美○ 341/170/23
而近習之○相與怨 341/170/23
此○之大過也 342/170/29
秦王使○謂安陵君曰 343/171/13
寡○欲以五百里之地易安陵 343/171/13
安陵君其許寡○ 343/171/13
寡○以五百里之地易安陵 343/171/15
安陵君不聽寡○ 343/171/15
而君逆寡○者 343/171/17
輕寡○與 343/171/17
伏屍二○ 343/171/24

寡○諭矣 343/171/25
寡○無所用之 344A/172/4
萬○之眾 344A/172/5
夫為○臣者 345/172/17
二○各進議於王以事 345/172/18
子嘗教寡○循功勞 346/172/23
君真其○也 346/172/24
一○當百 347/173/3
寡○雖死 347/173/12
秦○捐甲徒裎以趨敵 348A/173/22
左挈○頭 348A/173/22
而聽從○之甘言好辭 348A/173/25
詿誤○主者 348A/173/26
昭獻令○謂公叔曰 350/174/21
韓使○馳南陽之地 351/174/26
公以八百金請伐○之與國 353/175/14
公叔之○也 353/175/17
張儀使○致上庸之地 354/175/23
且王以使○報於秦矣 357/177/2
今二○者 359/177/22
○皆言楚之多變也 359/177/24
此二○ 360/178/22
○皆以楚為強 364/179/23
孰與伐○之利 366/180/23
公何不令○說昭子曰 370/181/27
公不如令○恐楚王 372/182/9
而令○為公求武遂於秦 372/182/9
叱之必噬○ 374/182/27
犬遂無噬○之心 374/182/28
他○必來 374/182/29
矯以新城、陽○合世子 375/183/3
世子得新城、陽○ 375/183/4
又何新城、陽○敢索 375/183/5
因令○謂楚王曰 381/184/12
請問楚○謂此鳥何 384/185/12
二○相害也 385/185/18
游求○可以報韓傀者 385/185/19
齊○或言 385/185/21
嚴仲子辟○ 385/185/25
特以為夫○麤糲之費 385/185/26
政身未敢以許○也 385/185/28
政乃市井之○ 385/186/1
而親信窮僻之○ 385/186/4
臣使○刺之 385/186/9
今殺○之相 385/186/10
此其勢不可以多○ 385/186/10
多○不能無生得失 385/186/11
遂謝車騎○徒 385/186/12
所殺者數十○ 385/186/15
韓○攻宋 388/187/29
不殺一○ 388/188/2
未有一○言善韓者也 388/188/5
未有一○言善秦者也 388/188/6
是我免於一○之下 390/188/26
而信於萬○之上也 390/188/26
越○大敗 390/189/4
吳○入越而戶撫之 390/189/5
吳○果聽其辭 390/189/6
吳○大敗 390/189/6
越○不聽也 390/189/7
聖○之計也 391/189/24
故賣美○ 393/190/3
美○之賈貴 393/190/4
秦反得其金與韓之美○ 393/190/4
韓之美○因言於秦曰 393/190/5
韓亡美○與金 393/190/5
美○知內行者也 393/190/7
○之所以善扁鵲者 395/190/18
則○莫之為之也 395/190/18
何意寡○如是之權也 396B/191/7
公以二○者為賢○也 397/191/25
二○者必入秦、楚 397/191/27
輸○為之謂安令曰 403/193/9
公孫綦為○請御史於王 403/193/9
而不能令○毋議臣於君 406/193/27
段干越○謂新城君曰 407/194/3
寡○國小 408/194/22
○之飢所以不食烏喙者 411/195/22
聖○之制事也 411/195/28
故桓公負婦○而名益尊 411/195/28
○有惡蘇秦於燕王者 412/196/5
天下不信○也 412/196/5
示天下與小○群也 412/196/6
臣東周之鄙○也 412/196/8
415/197/27
○必有言臣不信 412/196/10
非所以為○也 412/196/17
其妻私○ 412/196/25
乃令工○作為金斗 413/197/4
令之可以擊○ 413/197/4
而陰告廚○曰 413/197/5
廚○進斟羹 413/197/6
寡○蠻夷辟處 413/197/15
鄙○不敏 415/197/28
寡○之於齊、趙也 415/198/5
夫無謀○之心 415/198/7
而令○疑之 415/198/7
有謀○之心 415/198/7
而令○知之 415/198/7
寡○不敢隱也 415/198/11
故寡○之所欲伐也 415/198/12
則寡○奉國而委之於子矣 415/198/12
○謂堯賢者 416A/199/11
而吏無非太子○者 416A/199/16
王因令○謂太子平曰 416A/199/21
寡○聞太子之義 416A/199/21
寡○之國小 416A/199/22
燕○恫怨 416A/199/25
燕○立公子平 416A/199/29
齊使○謂魏王曰 417/200/13
○趨己趨 418/200/25
則廝役之○至 418/200/26
則徒隸之○至矣 418/200/27
寡○將誰朝而可 418/200/30
臣聞古之君○ 418/200/30
涓○言於君曰 418/201/1
涓○對曰 418/201/2
齊○紫敗素也 419/201/22
然而王何不使布衣之○ 419/201/26
先○嘗有德蘇氏 419/202/9
今有○於此 420/202/14
442/218/15
則不過不欺○耳 420/202/17
則不過不竊○之財耳 420/202/18
子以此為寡○東游於齊 420/203/1
何如○哉 420/203/3
安有為○臣盡其力 420/203/6
其妻愛○ 420/203/7
不制於○臣 420/203/13
不制於眾○ 420/203/13
寡○甚不喜訑者言也 421/203/18
夫使○坐受成事者 421/203/21
寡○積甲宛 422/203/29
寡○如射隼矣 422/203/30
為木○以寫寡○ 422/204/9

寡○地絶兵遠 422/204/10
寡○如自得之 422/204/10
齊王四與寡○約 422/204/13
四欺寡○ 422/204/13
必率天下以攻寡○者三 422/204/14
寡○固與韓且絶矣 422/204/17
寡○如自有之 422/204/18
○告奉陽君曰 423/205/7
而小○奉陽君也 424/205/20
○有賣駿馬者 425/206/12
○莫之知 425/206/12
○莫與言 425/206/13
蘇代自齊使○謂燕昭王曰 426/206/21
令○謂閔王曰 426/206/24
今寡○發兵應之 426/206/26
願子為寡○為之將 426/206/27
寡○知子矣 426/206/28
而與燕○戰於晉下 426/207/1
燕得甲首二萬○ 426/207/1
今軍敗亡二萬○ 426/207/2
此寡○之過也 426/207/3
又使○謂閔王曰 426/207/5
燕○大勝 426/207/8
陳公不能為○之國 428/207/26
焉有離○子母者 428/207/27
○主之愛子也 428/208/4
以為○之終也 428/208/5
臣是以知○主之不愛丈夫子獨甚也 428/208/7
而有齊○仕於燕者 429/208/15
寡○且與天下伐齊 429/208/15
寡○有時復合和也 429/208/16
用齊○反間 431/209/4
燕王乃使○讓樂毅 431/209/8
寡○豈敢一日而忘將軍之功哉 431/209/9
寡○新即位 431/209/9
左右誤寡○ 431/209/9
寡○之使騎劫代將軍者 431/209/10
以與寡○有郄 431/209/11
望諸君乃使○獻書報燕王曰 431/209/14
故古之○稱之 432/210/26
三○不能行 432/210/27
索二○ 432/210/27
五○而車因行矣 432/210/27
胡與越○ 432/210/29
智又不如胡、越之○矣 432/211/1
○之所能為也 432/211/2
假寡○五年 433/211/17
寡○得其志矣 433/211/17
○有言我有寶珠也 437/212/27
燕○大敗 438/213/8
則寡○之不肖明矣 438/213/10
寡○望有非則君掩蓋之 438/213/12
且寡○之罪 438/213/13
國○莫不知 438/213/13
君微出明怨以棄寡○ 438/213/13
寡○必有罪矣 438/213/14
厚者不毀○以自益也 438/213/14
仁者不危○以要名 438/213/15
以故掩○之邪者 438/213/15
厚○之行也 438/213/15
救○之過者 438/213/15
世有掩寡○之邪 438/213/16
救寡○之過 438/213/16
輕棄寡○以快心 438/213/17
今使寡○任不肖之罪 438/213/18
寡○雖不肖乎 438/213/20
然則不內蓋寡○ 438/213/21
本欲以為明寡○之薄 438/213/22
揚寡○之辱 438/213/23
義者不虧○以自益 438/213/23
況傷○以自損乎 438/213/23
願君無以寡○不肖 438/213/24
苟與○之異 438/213/25
今寡○之罪 438/213/26
國○未知 438/213/26
而議寡○者遍天下 438/213/27
今以寡○無罪 438/213/28
復以教寡○ 438/213/29
使寡○進不得脩功 438/213/30
此寡○之愚意也 438/213/31
二○卒留趙 438/214/1
使○賀秦王 439/214/5
左右無○ 440/215/4
不使○疑之 440/215/13
夫為行使○疑之 440/215/14
得趙○徐夫○之匕首 440/216/20
以試○ 440/216/21
○無不立死者 440/216/21
殺○ 440/216/21
○不敢與忤視 440/216/22
其○居遠未來 440/216/22
北蠻夷之鄙○ 440/217/11
此為何若○也 442/218/16
使○謂衛君曰 443/218/26
則寡○不忍也 444/219/4
寡○知之矣 444/219/7
宋○因遂舉兵入趙境 444/219/11
宋○助我攻矣 444/219/11
宋○止於此矣 444/219/12
與齊○戰而死 446B/220/2
而國○大駭 447/220/9
衛有賢○ 448A/220/17
使○迎之於境 448B/220/22
夫○於事己者過急 450/221/11
於事○者過緩 450/221/12
安能急於事○ 450/221/12
○生之所行 451/221/17
衛○迎新婦 452B/222/3
主○笑之 452B/222/5
寡○羞與中山並為王 454/222/15
寡○且王 454/222/16
羞與寡○並為王 454/222/16
而欲伐寡○ 454/222/17
且張登之為○也 454/222/28
寡○所以閉關不通使者 455/223/19
而寡○不與聞焉 455/223/19
王苟舉趾以見寡○ 455/223/20
為○臣 456/224/4
不以分○ 456/224/4
固無請○之妻不得而怨○者也 457/224/14
○民貧富 458/224/23
佳麗○之所出也 458/224/26
觀○民謠俗 458/224/27
未嘗見○如中山陰姬者也 458/224/27
固已過絶○矣 458/224/28
有二○挈戈而隨其後者 459B/225/17
中山君顧謂二○ 459B/225/17
以一壺餐得士二○ 459B/225/20
今寡○息民以養士 461/225/30
秦○歡喜 461/226/1

趙○畏懼 461/226/1
趙○之死者不得收 461/226/2
寡○既以興師矣 461/226/8
楚○震恐 461/226/10
是以寡○大發軍 461/226/13
○數倍於趙國之眾 461/226/13
楚○自戰其地 461/226/19
臣○一心 461/226/25
彊為寡○臥而將之 461/227/3
寡○之願 461/227/3
寡○恨君 461/227/3

仁 rén 21

三王之○而死 73A/30/7
質○秉義 81/35/26
是微子不足○ 81/36/10
慈○任忠 81/36/16
以臨○、平兵 87/41/3
省攻伐之心而肥○義之誡 87/41/5
太子相不○ 101/50/6
○義皆來役處 136B/67/21
祖○者王 142/72/2
不○ 177/93/4
○人之於民也 179/93/16
○者不用也 219/114/21
○義之所施也 221/117/9
○義道德 224/120/14
昔齊威王嘗為○義矣 236/127/6
○義者 420/202/19
○不輕絕 438/213/11,438/213/27
○者不危人以要名 438/213/15
○者之道也 438/213/15
不好○義 458/225/1

紝 rén 1

妻不下○ 40/13/30

忍 rěn 11

吾不○也 101/50/7,385/186/21
○而不入 170/90/1
吾不○為之民也 236/127/2
誠不○其求也 236/127/9
仲連不○為也 236/128/7
以其能○難而重出地也 310/157/15
丹不○以己之私 440/216/8
荊軻知太子不○ 440/216/11
則寡人不○也 444/219/4
不○為辱軍之將 461/227/8

刃 rèn 9

白○在前 42/15/13
犯白○ 42/15/18
秦不接○而得趙之半 95/46/23
賁、諸懷錐○而天下為勇 188/96/18
欲自○於廟 197/100/5
○其扞 204B/106/10
而○不斷 225/121/2
操其○而刺 225/121/2
而請為天下鴈行頓○ 315/161/29

仞 rèn 5

加己乎四○之上 192/98/2
將加己乎十○之上 192/98/4
將加己乎百○之上 192/98/9
守十○之城 310/157/26
陵十○之城 310/157/27

任 rèn 51

齊桓○戰而伯天下 40/13/17
乃廢文○武 40/13/21
獨不重○臣者後無反覆於王前耶 72/29/3
聞應侯○鄭安平、王稽 81/35/19
慈仁○忠 81/36/16
此父兄之○也 83A/38/14
是王之地一○兩海 87/42/11
周成王○周公旦 136B/68/8
於是舉士五人○官 137/69/9
曹子以一劍之○ 145/76/7
○之於王 147/77/11
令○固之齊 151/80/3
夫千鈞非馬之○也 201/103/3
則豈楚之○也我 201/103/3
非楚之○而楚為之 201/103/4
○國者權重 204A/105/21
大王不得○事 218/112/22
○大功者 219/114/19
是以賢者○重而行恭 219/114/19
故過○之事 219/114/25
非賤臣所敢○也 222/119/10
寡人以王子為子○ 222/119/19
○賢勿貳 222/119/21
此非臣之所敢○也 233/124/13, 233/124/16
厚○葺以事能 240/129/26
○章曰 264A/140/6,264A/140/7
王聞之而弗○也 294/150/9
其智能而○用之也 304/154/19
因○之以為魏之司徒 309/156/25
願之及楚、趙之兵未○於大梁也 310/157/29
是大王籌筴之臣無○矣 338/169/3
竊以為大王籌筴之臣無○矣 338/169/5
非馬之○也 362/179/10
則豈楚之○也哉 362/179/11
且非楚之○ 362/179/11
其○官置吏 384/185/13
必曰廉潔勝○ 384/185/13
無不○事於周室也 391/189/20
令郭○以地請講於齊 410/195/11
蘇代欲以激燕王以厚○子之也 416A/199/8
而以啓為不足○天下 416A/199/15
於是燕王專○子之 416B/200/7
必不○蘇子以事 424/205/16
臣受令以○齊 427/207/18
王欲醳臣剸○所善 427/207/21
執政○事之臣 431/210/8
今使寡人○不肖之罪 438/213/18
雖○惡名 438/213/22
恐不足○使 440/216/1

衽 rèn 7

出其父母懷○之中 42/15/17
連○成帷 112/54/28
臣請以臣之血湔其○ 127/61/28
折之○席之上 142/73/17
見君莫不斂○而拜 160/82/27
錯臂左○ 221/117/15
攝○抱几 236/127/20

軔 rèn 1

陛下嘗○車於趙矣 93/45/12

日 rì 199

其○久矣 1/1/11,1/1/12
則終○無所得矣 16/6/21
周君留之十四○ 21/7/25
故留之十四○以待命也 21/7/27
恐一○之亡國 24/8/28
願以異○ 40/13/13
含怒○久 41A/14/26
○愼一○ 42/17/1
戰一○ 42/17/3
是無伐之○已 57/24/5
請明○鼓之而不可下 57/24/5
明○鼓之 57/24/6
先王積怒之○久矣 64/26/21
寡人○自請太后 73A/29/19
是○見范睢 73A/29/23
知今○言之於前 73A/30/5
而明○伏誅於後 73A/30/5
百○而餓死 73B/32/6
叢籍我神三○ 74/32/17
三○ 74/32/18
五○而叢枯 74/32/18
七○而叢亡 74/32/18
不樂為秦民之○固久矣 78/34/7
且君擅主輕下之○久矣 80/35/7
○中則移 81/36/20
後數○ 81/37/13,146/77/1
今○韓、魏 83B/38/25
勝有○矣 87/41/13
是王攻楚之○ 87/41/21
兵出之○而王憂其不反也 87/41/22
且王攻楚之○ 87/41/26
負秦之○ 92/44/10
一○倍約 93/44/23
一○山陵崩 93/44/27
王一○山陵崩 93/44/30
一○晏駕 93/45/7
行有○矣 94/46/4
前○秦下甲攻趙 95/46/26
不可不○聽也而數覽 100/49/19
必無今○之患也 101/50/7
七○ 101/50/14
三○而聽 101/50/14
旦○ 108/52/15
明○ 108/52/19,147/77/11,148/78/17,202/103/14
不至十○ 112/54/31,408/194/17
國一○被攻 113/55/24
三十○而舉燕國 114/56/7
明○張子行 116/57/6
今○亡趙 120/58/13
則明○及齊、楚矣 120/58/13
明○視美珥所在 123/60/18
淳于髡一○而見七人於宣王 131/63/22
乃今○見之 133/65/19
夫戰之明○ 142/72/20
○者 142/73/1,229A/122/14
曠○遠而為利長者 142/73/14
諸侯可同○而致也 142/73/18
王至朝○ 146/77/1
數○不反 147/77/15
異○ 147/77/18
五○ 147/77/19
臣之得罪無○矣 157B/82/8
旌旗蔽○ 160/83/8
今○之游也 160/83/10
一○行三百餘里 168/87/1
不至十○而距扞關 168/87/2
○晦而歸食 170/88/25
七○而薄秦王之朝 170/89/12
七○不得告 170/89/12
子益賤而○疏矣 174/91/8
王明○朝群臣 177/92/9
發子良之明○ 177/92/28
遣昭常之明○ 177/92/28
遣子良之明○ 177/92/30
三○乃得見乎王 180/93/27
未知見○也 182/94/21
夫秦捐德絕命之○久矣 189/96/28
明○視善珥所在 191/97/16
百○而殺之 197/100/6
異○者 198/100/18,315/161/23,315/161/28
五○一見 199/101/4
沈洿鄙俗之○久矣 199/101/9
而陰養死士之○久矣 200/102/9
後十七○ 200/102/15
城降有○ 202/103/11
臥三○ 204A/105/25
今○之事 204B/106/26
死之○ 204B/106/29
○百而舍 208/107/22
今○臣之來也暮 208/107/24
明○復來見兌也 208/107/29
明○復見 208/108/2
終○談而去 208/108/3
昨○我談粗而君動 208/108/3
今○精而君不動 208/108/3
先生明○復來 208/108/5
明○來 208/108/5
五國之兵有○矣 209/108/26
○者秦、楚戰於藍田 211/109/14
馮亭守三十○ 211/109/25
三○不得見 212/110/21
而三○不見 212/110/24
皆願奉教陳忠於前之○久矣 218/112/22
豈可同○而言之哉 218/113/24
是故橫人○夜務以秦權恐猲諸侯 218/113/26
菀國之○淺 218/114/11
然而心忿悁含怒之○久矣 220/115/24
願以甲子之○合戰 220/115/25
奉祠祭之○淺 220/116/9
以待今○ 223/120/2
曠○持久 225/121/6
百○而欲舍之死 236/127/17
吾乃今○而知先生為天下之士也 236/128/1
昔○臣夢見君 239B/129/14
夢見○ 239B/129/16
○ 239B/129/16
以○多之知 240/129/23
旦○贊群臣而訪之 244/130/25
百○之內 252/135/13
曠○持久數歲 252/135/18
故○月暉於外 258A/137/12
○食飲得無衰乎 262/139/3
○三四里 262/139/4
是○ 267/141/7
今○飲酒樂 267/141/7
吾乃今○聞聖人之言也 269/142/1
秦果○以強 271/142/22

魏○以削 271/142/22
○夜行不休已 272/143/1
莫不○夜搤腕瞋目切齒
以言從之便 273/144/16
不得待異○矣 276/145/12
葬有○矣 296/150/19,296/150/26
請弛期更○ 296/150/20
三○而後更葬 296/150/28
今葬有○矣 296/150/29
太子為及○之故 296/150/29
願太子更○ 296/151/1
因弛期而更為○ 296/151/1
更擇○ 296/151/3
三○不聽朝 307/156/1
後十○ 309/157/7
先○公子常約兩王之交
矣 314/160/14
兵出之○ 315/161/14
入朝為臣之○不久 315/162/10
今○大梁亡 323/165/9
○夜赴魏 338/169/8
白虹貫○ 343/171/22
今○是也 343/171/24
十○之內 363/179/16,363/179/18
秦、楚鬬之○也已 364/179/26
○費千金 366/180/14
○行一縣 366/180/16
幾瑟入鄭之○ 382/184/18
吾得為役之○淺 385/185/22
且前○要政 385/186/4
今○鄭君不可得而為也
391/189/16
今○天子不可得而為也
391/189/18
八○中 399/192/13
不至四五○ 408/194/18
後二○ 412/196/26
且異○也 415/198/25
五○而至郢 422/203/28
四○而至五渚 422/203/29
一○而斷太行 422/204/1
二○而莫不盡繇 422/204/1
五○而國舉 422/204/2
明○又使燕攻陽城及狸 426/207/5
○者齊不勝於晉下 426/207/5
寡人豈敢一○而忘將軍
之功哉 431/209/9
及至棄群臣之○ 431/210/7
今○不雨 434/212/4
明○不雨 434/212/4
今○不出 434/212/4
明○不出 434/212/5
明○大雨 436/212/19
酒三○ 438/213/3
曠○彌久 440/214/26
一○而馳千里 440/215/5
太子○○造問 440/216/2
此臣○夜切齒拊心也 440/216/16
○以盡矣 440/216/23
今○往而不反者 440/216/24
徐其攻而留其○ 444/219/8
君○長矣 445/219/17
魏強之○ 449/220/29
秦、魏交而不脩之○久
矣 450/221/8

戎 róng 15

而○狄之長也 44/17/27,44/18/3
顧爭於○狄 44/17/28
辛○者 91/44/4
是辛○有秦、楚之重 91/44/5
穆公相之而朝西○ 96/48/12
外懷○翟、天下之賢士 147/77/18
請為公令辛○謂王曰 173A/90/21
令辛○告楚曰 195/99/12
而襄王兼○取代 221/117/23
齊人○郭、宋突謂仇郝
曰 253/135/24
而西○之兵不至 297/152/2
秦與○、翟同俗 315/160/29
○兵之眾 348A/173/21
謂芈○曰 382/184/17

容 róng 12

小國不足亦以○賊 21/7/27
形○枯槁 40/13/30
見者無不變色易○者 73A/29/23
行不取苟○ 81/36/4
女為悅己者○ 204B/106/8
自刑以變其○ 204B/106/12
世以鮑焦無從○而死者
236/126/29
從○談三國之相怨 288/148/20
未如商○、箕子之累也
438/213/20
太子○之 440/214/23
○貌顏色 458/224/27
其○貌顏色 458/224/28

榮 róng 12

為其凋○也 72/29/10
是臣之大○也 73A/30/12
一舉而攻○陽 73A/31/20
富貴顯○ 81/35/28
今死生○辱 145/75/14
惡小恥者不能立○名 145/76/1
國未嘗不○也 197/99/28
燕封宋人○蚠為高陽君 252/135/8
固不能當○蚠 252/135/16
決○口 422/204/5
不足以為臣○ 424/205/22
而君不得○ 438/213/23

柔 róu 1

請剛○而皆用之 297/151/14

粈 róu 1

下宮○羅紈 140/70/5

揉 rǒu 1

十夫○椎 80/35/8

肉 ròu 18

處人骨○之間 73A/30/4
食梁○ 135/66/24
晚食以當○ 136B/68/14
田單免冠徒跣○袒而進 147/77/19
骨○之親 160/82/26
○試則斷牛馬 225/120/28
富不與梁○期 232/123/20
而梁○至 232/123/20
梁○不與驕奢期 232/123/20
非○不食 250/134/10
骨○之親也 262/139/22

食其子之○ 265/140/23
其子之○尚食之 265/140/23
而鵲啄其○ 434/212/3
是以委○當餓虎之蹊 440/214/24
舍其梁○ 442/218/16
此猶梁○之與糟糠也 442/218/20
吾食其○ 456/224/4

繻 rū 1

與其相田○不善 290/149/3

如 rú 380

子以為何○ 2/1/22,141A/70/10
不○背秦援宜陽 2/1/27
不○謂楚、韓曰 3B/2/12
故王不○速解周恐 6/3/11
公不○救齊 10A/4/15
不○備兩周辯知之士 11A/4/26
君不○令辯知之士 11A/4/27
君弗○急北兵趨趙以秦、魏 11B/5/4
君不○令王聽最 12/5/16
公不○謂魏王、薛公曰 14B/6/8
○累王之交於天下 14B/6/9
譬之○張羅者 16/6/21
不○謂周君曰 17/6/29
公不○遂見秦王曰 18/7/7
君不○令弊邑陰合於秦而君無攻 22/8/6
君不○禁秦之攻周 23/8/15
莫○令秦、魏復戰 23/8/16
不○譽秦王之孝也 26/9/15
不○令太子將軍正迎吾得於境 28/10/3
君不○使周最陰合於趙以備秦 35/11/26
公不○謂周君曰 36/12/4
天下莫○也 42/15/21,42/17/7
不○伐韓 44/17/21
譬○使豺狼逐群羊也 44/18/3
不○伐蜀之完也 44/18/9
不○與魏以勁之 47/18/30
臣恐王之○郭君 48A/19/6
王不○因而賂之一名都 50/21/14
王不○以地東解於齊 51/21/23
不○召甘茂於魏 52/22/9
王不○賂之以撫其心 53/22/18
不○許楚漢中以懽之 56/23/27
公不○進兵攻宜陽 58/24/11
不○重其贄 61A/25/6
王不○使魏制和 62/25/24
君不○勸秦王令弊邑卒攻齊之事 65/26/27
樹德莫○滋 66/27/10
除害莫○盡 66/27/10
公不○反公國 67/27/23
使臣得進謀○伍子胥 73A/30/10
王不○遠交而近攻 73A/31/6
相錯○繡 73A/31/16
王不○收韓 73A/31/17
不○一人持而走疾 74/32/20
而更與不○張儀者市 75/33/10
是天下之王不○鄭賈之智也 76/33/17
故不○因而割之 78/34/8
不○賜軍吏而禮之 80/35/8
未知何○也 81/36/17
○是不退 81/37/9
臣不○也 81/37/14
弗○也 83B/38/25,83B/38/26
今之○耳、魏齊 83B/38/25
今以無能之○耳、魏齊 83B/38/27
楚王使景鯉○秦 85/39/23
王不○留之以市地 85/39/23
更不與不○景鯉留 85/39/24
不○出臣 85/40/1
不○善楚 87/40/27
○此 87/42/10
142/71/19,150/79/25
235/126/3,283/147/14
不○先伐之 92/44/13
臣之功不○武安君也 94/45/30
卿明知功之不○武安君歟 94/45/30
應侯不○文信侯專 94/46/1
卿明知為不○文信侯專歟 94/46/2
不○ 95/46/18
95/46/19,95/46/20,95/46/20
95/46/20,95/46/21
弗○ 95/46/19
趙事何○ 95/47/1
狀○振捆 95/47/10
不○勿救 102/50/21
故不○南攻襄陵以弊魏 102/50/24
不○早救之 103/51/1
王不○封田忌於江南 106/52/1
不○有五子之孝 107/52/8
自以為不○ 108/52/19
又弗○遠甚 108/52/19
臣誠知不○徐公美 108/52/23
足下豈○令眾而合二國之後哉 110/53/23
不○急以兵合於三晉 111/54/17
粟○丘山 112/54/24,168/86/16
疾○錐矢 112/54/24
戰○雷電 112/54/25
解○風雨 112/54/25
不○聽之 114/56/4
不○從合於趙 118/57/25
不○按兵勿出 119/58/2
不○聽之以卻秦兵 120/58/11
故君不○因而親之 122/60/12
則子漂漂者將何○耳 124/61/1
○使而弗及也 127/62/1
令其命○此 128/62/15
則騏驥不○狐狸 129/62/24
奚○ 134/66/10,420/202/15
○此者三人 134/66/11
能致其○此者五人 134/66/12
○臣者十人 134/66/13
不○使王為趨士 136B/67/14
於王何○ 137/68/23
159/82/19,159/82/20
臣故曰不○愛尺轂也 137/69/7
不○聽之以卒秦 141A/70/12
伐趙不○伐宋之利 141B/70/21
莫○僅靜而寡信諸侯 142/71/28
恐不○ 142/73/25
大王不○先行王服 142/74/1
不○罷兵休士 145/75/24
○見父母 145/75/24
王不○因以為己善 146/76/25
不○易餘糧於宋 149A/78/22
王不○令人以涓來之辭謾固於齊 151/80/6
果誠何○ 154/81/3
王不○無救趙 156/81/17
故王不○少出兵 156/81/22
○是必長得重於楚國 160/83/2

又何○得此樂而樂之 160/83/12
誠○是 161/83/19
○出一口矣 161/83/21
非故○何也 162/83/29
王不○以十乘行之 165/84/25
大不○事君 166/85/5
小不○處室 166/85/5
計王之功所以能○此者 166/85/8
秦之所害於天下莫○楚 167/85/18
莫○從親以孤秦 167/85/19
心搖搖○懸旌 167/86/10
兵不○者 168/86/26
粟不○者 168/86/26
是楚自行不○周 169/88/9
○華不足知之矣 170/88/19
故王不○與齊約 171/90/7
公不○令王重賂景鯉、蘇厲 172/90/14
不○益昭雎之兵 173B/90/28
君不○使人微要靳尚而刺之 175/91/18
王不○與之盟而歸之 176/91/28
今常守之何○ 177/93/2
公不○令人謂太子曰 178/93/10
太子不○善蘇子 178/93/11
謁者難得見○鬼 180/93/29
王難得見○天帝 180/93/29
未嘗見中國之女○此其美也 182/94/15
未嘗見人○此其美也 182/94/24
王不○復雎 183/95/3
王不○舉惠子而納之於宋 184/95/13
公不○無聽惠施 185/95/22
不○速和 185/95/28
公不○以儀之言為資 186/96/4
夫一梟之不○不勝五散 188/96/20
何○ 197/99/24, 201/102/30, 203/104/16, 203/104/27, 211/109/15, 211/109/28, 231/123/8, 235/125/28, 301/153/4, 320/164/15, 353/175/15, 420/203/1, 438/213/4, 440/216/14, 458/224/30
君之賢實不○堯 199/101/2
雖兄弟不○ 200/101/22
○伊尹、周公 200/102/7
莫○遠楚 201/102/24
故君不○北兵以德趙 201/102/27
是非反○何也 202/103/11
不○與之 203/103/29, 446A/219/23
不○令殺之 203/104/29
○是則二主之心可不變 203/105/4
臣下不使者何○ 204A/105/25
襄子○廁 204B/106/9
君不○許之 205/107/5
君不○借之道 205/107/5
計者不○構三國攻秦 206/107/11
汝不○我 208/107/26
不○令趙拘甘茂 213/110/28
知不○禽遠矣 217/111/30
莫○趙強 218/113/10
莫○趙 218/113/12, 413/197/3
莫○一韓、魏、齊、楚、燕、趙 218/114/2
○是則伯業成矣 218/114/9
臣以田單、○耳為大過也 219/114/30
豈獨田單、○耳為大過哉 219/114/30
已○白馬實馬 219/115/8
莫○與秦遇於澠池 220/116/6
不○所失之費也 224/120/9
不○請以河東易燕地於齊 227/121/19
不○以順齊 229A/122/11
公不○令主父以地資周最 229B/122/24
其於子何○ 230/123/1
與秦城何○ 233/123/27
不與何○ 233/123/27
不○予之 233/124/2
王之所以事秦必不○韓、魏也 233/124/14
不○無媾 233/124/20
必王之事秦不○韓、魏也 233/124/23
不○勿受便 234/125/22
不○發重使而為媾 235/125/28
子以為奚○ 235/126/6
是使三晉之大臣不○鄒、魯之僕妾也 236/127/26
王之行能○許由乎 238/128/23
不○商賈 242/130/10
不宜急○此 244/130/24
人比然而後○賢不 247/131/27
○王若用所以事趙之半收齊 247/131/28
莫○於陰 248/132/22
莫○君矣 251/135/2
果○馬服之言也 252/135/20
不○盡歸中山之新地 253/135/24
故王不○勿逐 259/138/12
故君不○遣春平侯而留平都侯 261/138/23
君不○與之 264A/140/9
莫○事秦 273/144/7, 348A/173/29
且夫秦之所欲弱莫○楚 273/144/10
不○貴董慶以善魏 274/144/27
今秦見齊、魏之不合也○此其甚也 275/145/5
故王不○復東蘇秦 275/145/6
公不○儀之言為資 277/145/29
○是其明耶 280/146/20
○是其同耶 280/146/21
未○是其明也 280/146/21
胡○ 292/149/22
不○其為齊也 293/149/27
不○其為韓也 293/149/28
王不○舍需於側 293/149/30
故王不○釋藺 295/150/14
雪甚○此而喪行 296/150/20
○宋者 297/151/15
○是人者 297/151/26
則不○因變服折節而朝齊 301/153/7
公不○歸太子以德之 302/153/21
莫○太子之自相 303B/154/9
不○太子之自相也 303B/154/11
不○用魏信而尊之以名 304/154/26
○臣之賤也 311/158/16
然則先生之為寡人計之何○ 313/159/27
○此則士民不勞而故地得 315/162/3
公不○按魏之和 317B/163/13
不○南出 318/163/25

王不○令秦、楚戰 322/165/3
不○齊趙 325/165/29
不○齊、趙而構之秦 326/166/3
故王不○順天下 329B/167/4
王不○陰侯人說成陽君曰 331/167/15
故君不○安行求質於秦 331/167/16
故公不○示有魏 335/168/13
○是 341/170/14
棄之不○用之之易也 342/170/28
死之不○棄之之易也 342/170/28
猶之○是也 342/171/6
莫○弱楚 348A/173/29
而能弱楚者莫○韓 348A/174/1
王不○資韓朋 349/174/16
不○貴昭獻以固楚 350/174/21
公不○令秦王疑公叔 353/175/15
王不○因張儀為和於秦 357/176/16
不○公孫郝 359/177/22
不○甘茂 359/177/22
公不○與王謀其變也 359/177/25
故王不○令韓中立以攻齊 360/178/19
故王不○無罪景鯉 361/179/4
○此則伐秦之形成矣 366/180/23
故不○出兵以勁魏 367/181/3
以公不○亟以國合於齊、楚 367/181/8
公不○告楚、趙 368/181/15
主君不○善馮君 371/182/3
公不○令人恐楚王 372/182/9
不○無殺幾瑟 378/183/23
公不○勿殺 379/183/29
王不○亟歸幾瑟 381/184/13
公不○令秦王賀伯嬰之立也 382/184/18
不○以百金從之 383C/185/4
正○孿子之相似也 386/187/4
不○急發重使之趙、梁 389/188/15
事之雖○子之事父 389/188/17
行雖○伯夷 389/188/17
行雖○桀、紂 389/188/18
合而相堅○一者 389/188/19
莫○朝魏 390/188/26
臣竊以為王之明為不○昭釐侯 390/188/28
而王之諸臣忠莫○申不害也 390/188/29
宜使○吳 390/189/8
宜使○越 390/189/8
夫攻形不○越 390/189/8
而攻心不○吳 390/189/9
不○止淫用 393/190/6
故公不○勿攻也 394/190/12
何意寡人○是之權也 396B/191/7
則不○其處小國 397/191/26
不○先收於楚之齊者 400/192/19
豈○道韓反之哉 401/192/26
東不○齊 409/195/1
西不○趙 409/195/1
不○以地請合於齊 410/195/10
莫○歸燕之十城 411/195/29
使臣信○尾生 412/196/10
廉○伯夷 412/196/10, 412/196/14
孝○曾參 412/196/11
且夫孝○曾參 412/196/14
廉○此者 412/196/15
信○尾生 412/196/16
信至○此 412/196/16
忠至○此 412/196/28
莫○臣之言也 412/196/30
裁○嬰兒 413/197/15
何○者也 415/197/31
齊宣王何○ 416A/199/7
不○以國讓子之 416A/199/11
○此其甚 417/200/14
故王不○東蘇子 417/200/15
則莫○遙伯齊而厚尊之 419/201/24
必○刺心然 419/202/6
孝○曾參、孝己 420/202/14, 420/202/17
信○尾生高 420/202/14, 420/202/17
廉○鮑焦、史鰌 420/202/14, 420/202/18
○是足矣 420/202/15
何○人哉 420/203/3
寡人○射隼矣 422/203/30
寡人○自得之 422/204/10
寡人○自有之 422/204/18
此必令其言○循環 422/204/24
用兵○刺蜚繡 422/204/24
秦禍○此其大 422/204/27
○蘇秦時 422/205/1
使臣也○張孟談也 423/205/11
○齊王王之不信趙 424/205/20
○是則近於相攻 424/205/28
不○布衣之甚也 428/208/4
不○以言 430/208/23
則不○合弱 432/210/23
將柰何合弱而不能○一 432/210/23
以其合兩而○一也 432/210/26
今山東合弱而不能○一 432/210/26
是山東之知不○魚也 432/210/27
又譬○車士之引車也 432/210/27
智固不○車士矣 432/210/29
至其相救助○一也 432/210/29
○同舟而濟 432/211/1
不能相救助○一 432/211/1
智又不○胡、越之人矣 432/211/1
不○以兵南合三晉 432/211/8
不○得十里於宋 433/211/23
未○殷紂之亂也 438/213/20
未○商容、箕子之累也 438/213/20
給貢職○郡縣 440/217/5
夫宋之不足○梁也 444/219/7
公不○令楚賀君之孝 445/219/17
不○遂行 446B/220/1
王○用臣之道 455/223/17
於君何○ 456/224/4
誠○君言 458/224/21
未嘗見人○中山陰姬者也 458/224/27
王○不與 458/225/3
取勝○神 461/226/14
今果何○ 461/227/2
○君不行 461/227/3

茹 rú 2

飲○谿流 192/98/12
○肝涉血之仇耶 252/135/15

挐 rú 3

絲錯、○薄也 451/221/18
而○薄輔之 451/221/20
絲錯、○薄之族皆逐也 451/221/23

儒 rú 2

和樂倡優侏○之笑不之 142/73/18
○者一師而禮異 221/117/17

孺 rú 3

請因○子而行 94/46/4
有七○子皆近 123/60/18
及夫人優愛○子也 258A/137/10

濡 rú 3

狐○其尾 87/41/9
右○其口 170/89/13
血○縷 440/216/21

汝 rǔ 15

○取長者乎 49/20/4
長者詈○ 49/20/5
少者和○ 49/20/5
○何為取長者 49/20/5
應侯失韓之○南 79/34/13
今亡○南 79/34/16
以其為○南虜也 79/34/27
○安能行之也 94/45/25
則○殘矣 124/60/28
○不如我 208/107/26
今○非木之根 208/107/26
○逢疾風淋雨 208/107/27
南有鴻溝、陳、○南 272/142/27
吾信○也 427/207/16
○必死之 459B/225/18

辱 rǔ 23

雖以臣為賤而輕○臣 72/29/3
若夫窮○之事 73A/30/15
主○軍破 73A/31/5
主離困○ 81/36/5
故天下以其君父為戮○ 81/36/9
主必死○ 111/54/9
○其使者 134/66/12
無功而受其祿者○ 136B/68/1
則終身不○也 136B/68/18
今死生榮○ 145/75/14
○身也 145/76/2
不免為○人賤行矣 145/76/3
為主○易 179/93/21
更不用侵○教 223/120/1
周最以天下○秦者也 229B/122/24
無入朝之○ 247/131/28
○公仲 359/177/17
臣所以降志○身 385/185/27
不足以為臣○ 424/205/22
逃不足以為○矣 424/206/6
離毀○之非 431/210/13
揚寡人之○ 438/213/23
不忍為○軍之將 461/227/8

入 rù 250

鼎○梁 1/1/11
若○楚 1/1/12
西周之欲○寶 3B/2/12
西周之寶不○楚、韓 3B/2/13
請為王○齊 14B/6/8
臣○齊 14B/6/9
今夕有姦人當○者矣 19/7/15
因令韓慶○秦 22/8/10
秦令樗里疾以車百乘○周 24/8/24
因隨○以兵 24/8/25
使樗里疾以車百乘○周 24/8/27
則周必折而○於韓 25/9/9
勸周君○秦者 26/9/16
周君不○秦 31/10/24
衛鞅亡魏○秦 39/12/22
必○西河之外 47/18/30
張儀○ 49/20/10
甘茂因○見王曰 61B/25/16
范子因王稽○秦 72/28/28
望見足下而○之 72/29/13
竭○太后之家 74/32/28
北地○燕 78/34/7
東地○齊 78/34/8
南地○楚、魏 78/34/8
而○韓、魏 81/35/19
乃西○秦 81/35/20
蔡澤○ 81/35/23
乃延○坐為上客 81/37/11
○朝 81/37/13
三年而燕使太子丹○質
於秦 81/37/20
薛公○魏而出齊女 82B/38/6
齊女○魏而怨薛公 82B/38/9
○函谷 83A/38/13
三國○函谷 83A/38/19
○其社稷之臣於秦 86/40/16
○其將相 86/40/19
齊王○朝 86/40/20
成橋以北○燕 87/40/30
○說王后 93/45/2
而燕太子已○質矣 94/45/24
聞燕太子丹之○秦與 94/46/7
燕太子○秦者 94/46/8
願公○明之 95/47/10
韓且折而○於魏 103/51/1
將軍無解兵而○齊 105/51/22
則將軍不得○於齊矣 105/51/25
果不○齊 105/51/25
於是○朝見威王曰 108/52/23
候者言章子以齊○秦 109/53/7
秦雖欲深○ 112/55/5
趙○朝黽池 113/55/23
○三川 115/56/18, 115/56/26
令齊○於秦而伐趙、魏 121/58/21
可以令楚王亟○下東國 122/59/1
可以忠太子而使楚益○
地 122/59/1
使亟○下東國之地 122/59/7
今王不亟○下東國 122/59/10
故曰可以使楚亟○地也 122/59/11
可以益○地 122/59/15
故曰可以使楚益○地也 122/59/19
孟嘗君將○秦 124/60/23
而君○之 124/61/2
○見孟嘗君曰 130/63/7
莫敢○諫 130/63/15
臣獨○諫 130/63/15
疾○諫 130/63/18
是齊○於魏而救邯鄲之
功也 132B/64/8
宣王使謁者延○ 137/68/22

與○ 137/68/24
而西河之外○於秦矣 142/74/6
王孫賈乃○市中 144/75/1
使賓客○秦 149B/79/14
齊王建○朝於秦 150/79/19
王何以去社稷而○秦 150/79/20
即○見齊王曰 150/79/22
即臨晉之關可以○矣 150/79/24
即武關可以○矣 150/79/25
遂○秦 150/79/28
而魏○吾君臣之間 157B/82/6
欲○言之 158/82/13
遂不得○言 158/82/13
臣○則編席 160/83/11
臣○竟 161/83/18
恐反人以○於秦 167/86/8
韓必○臣於秦 168/86/22
韓○臣 168/86/22
出走○齊 168/87/18
臣請秦太子○質於楚 168/87/21
楚太子○質於秦 168/87/22
吾將深○吳軍 170/89/6
三戰○郢 170/89/10
170/89/15，170/89/20
水漿無○口 170/89/12
遂○大宮 170/89/21
忍而不○ 170/90/1
使○秦 172/90/15
楚王○秦 176/91/27
217/112/5，311/158/22
太子○ 177/92/5
上柱國子良○見 177/92/11
昭常○見 177/92/16
景鯉○見 177/92/20
慎子○ 177/92/24
蘇子必且為太子○矣 178/93/11
楚將○之秦而使行和 185/95/19
而公○之秦 185/95/21
魏折而○齊、秦 185/95/27
謁者操以○ 196/99/16
昔伊尹去夏○殷 197/99/27
管仲去魯○齊 197/99/27
聘○乎 200/101/18
楚王召○ 200/101/27
李園既○其女弟為王后 200/102/1
李園必先○ 200/102/10
李園先○ 200/102/11
李園果先○ 200/102/15
春申君後○ 200/102/15
而○之王所生子者 200/102/17
○臣之耳 203/104/22
遣○晉陽 203/104/23
知過○見知伯曰 203/104/26
○說知伯曰 203/104/29
○見襄子曰 203/105/8
○見知伯 203/105/8
○宮塗廁 204B/106/9
漂○漳、河 208/107/27
西○於秦 208/108/6
使陽城君○謝於秦 211/109/19
今王令韓興兵以上黨○和於秦 211/109/20
辭封而○韓 211/110/14
自○而出夫人者 212/110/23
必○於秦 217/112/4
及楚王之未○也 217/112/11
必不○秦 217/112/11
若楚王○ 217/112/12
據衛取淇則齊必○朝 218/113/7
必○臣 218/113/14，440/215/23
地不○也 219/114/25
於是乃以車三百乘○朝澠池 220/116/11
而禹袒○裸國 221/116/24
率騎○胡 224/120/18
而鋒不○ 225/121/1
則未○而手斷 225/121/2
為○必語從 230/122/30
虞卿○ 230/122/30
○見王 233/124/5
而趙王○朝 233/124/6
○見於王 233/125/1
又○見王曰 233/125/7
必○吾使 235/126/2
趙使○楚、魏 235/126/2
發鄭朱○秦 235/126/5
而○於秦 235/126/7
王○秦 235/126/9
魏王使客將軍新垣衍間○邯鄲 236/126/13
故○之於紂 236/127/16
不得○於魯 236/127/21
閔王欲○弔 236/127/21
故不敢○於鄒 236/127/23
○言於王 240/129/26
無○朝之辱 247/131/28
韓必○朝秦 249/133/20
○梁 250/134/14
春平侯○秦 261/138/22
故謀而○之秦 261/138/22
○而徐趨 262/139/1
子○而問其賢良之士而師事之 266/141/1
而不敢深○者 274/144/26
令毋敢○子之事 292/149/22
○子之事者 292/149/22
今王之使人○魏而不用 304/154/20
則王之使人○魏無益也 304/154/20
地○數月 309/157/1
地已○數月 309/157/1
今地已○ 309/157/6
地未畢○而兵復出矣 310/157/17
○北地 310/157/17，310/157/23
魏王且○朝於秦 311/158/10
尚有可以易○朝者乎 311/158/14
而以○朝為後 311/158/15
子患寡人○而不出邪 311/158/15
○而不出 311/158/15
○不測之淵而必出 311/158/16
楚王不○ 311/158/22
樓公將○矣 311/158/29
支期先○謂王曰 311/159/1
長信侯○見王 311/159/2
○說齊王曰 313/159/22
五○國中 315/161/24
出○者賦之 315/162/7
○朝為臣之日不久 315/162/10
令鼻之○秦之傳舍 330/167/10
強之○ 330/167/10
君○秦 331/167/16
成陽君必不○秦 331/167/17
周冣○齊 337/168/23
今周冣遁寡人○齊 337/168/24
必不○於齊 349/174/17
鄭彊載八百金○秦 353/175/14
而無所○矣 365/180/5
召尚子○ 366/180/11
韓急則折而○於楚矣 366/180/18
甘茂○言秦王曰 366/180/21

秦為發使公孫昧○韓 367/180/28
請道於南鄭、藍田以○攻楚 367/180/29
魏折而○於楚 367/181/2
史舍○見曰 374/182/25
不若及齊師未○ 376/183/10
齊師果○ 376/183/12
韓大夫不能必其不○也 379/183/29
楚王聽而○質子於韓 380/184/3
幾瑟○ 381/184/13
幾瑟○鄭之日 382/184/18
幾瑟得○而德公 383A/184/25
楚令景鯉○韓 383B/184/29
太子○秦 383B/184/29
恐韓咎○韓之不立也 383C/185/3
聶政直○ 385/186/14
吳人○越而戶撫之 390/189/5
秦必弗○ 396B/191/5
○ 396B/191/6
所○之國 397/191/26
二人者必○秦、楚 397/191/27
今趙王已○朝澠池 413/197/10
而蘇代、厲遂不敢○燕 416B/200/8
燕兵獨追北○至臨淄 418/201/9
乃○齊惡趙 423/205/6
臣故知○齊之有趙累也 423/205/10
○言之王而見之 425/206/16
遂○見太后曰 428/207/29
盡收○燕 431/210/1
故○江而不改 431/210/12
樂間○趙 438/213/8
請○ 440/214/21
願太子急遣樊將軍○匈奴以滅口 440/214/25
○臣 440/215/23
今提一匕首○不測之強秦 440/216/24
宋人因遂舉兵○趙境 444/219/11
今蒲○於魏 449/220/28
臣請為公○戒蒲守 449/220/31
胡衍因○蒲 449/221/1
○室見白 452B/222/4
○都邑 458/224/26
君前率數萬之眾○楚 461/226/10
故起所以得引兵深○ 461/226/17

蓐 rù 1

○螻蟻 160/83/12

耎 ruǎn 1

楚之○國 163/84/5

軟 ruǎn 1

○弱人也 200/102/12

芮 ruì 4

庸○為魏子說太后曰 64/26/20
○宋欲絕秦、趙之交 329A/166/24
○宋謂秦王曰 329A/166/24
甲、盾、鞮、鍪、鐵幕、革抉、㕦○ 347/173/2

銳 ruì 19

使輕車○騎衝雍門 105/51/24
而出○師以戍梁絳、安邑 111/54/15
齊非急以○師合三晉 111/54/15
○兵來則拒之 142/73/21
吾被堅執○ 170/89/11
韓出○師以佐秦 211/109/14
出○師以戍韓、梁西邊 217/112/11
齊、魏各出○師以佐之 218/114/3
齊出○師以佐之 218/114/4
燕出○師以佐之 218/114/6
218/114/7
韓、魏出○師以佐之 218/114/6
魏令公子咎以○師居安邑 228/122/4
兵之精○ 334/168/7
使山東皆以○師戍韓、梁之西邊 389/188/16
輕卒○兵 431/209/30
魏恃韓之○ 461/226/20
專軍并○ 461/226/21
趙王出輕○以寇其後 461/227/1

叡 ruì 1

聰明○知之所居也 221/117/8

若 ruò 214

不○歸之大國 1/1/5
○入楚 1/1/12
君○欲害之 4/2/20
不○一為下水 4/2/20
○是 4/2/21,87/42/9,105/51/24
○其王在陽翟 5A/2/28
君○欲因最之事 12/5/17
公○欲為太子 17/6/29
王類欲令○為之 17/7/1
秦○攻周而不得 23/8/17
○魏不講 23/8/19
君不○止之 27/9/21
公不○稱病不出也 27/9/26
○四國弗惡 29/10/11
魏○反秦兵 43/17/17
○此 50/20/26
167/85/20,359/177/25
織自○ 55/23/15
其母尚織自○也 55/23/16
而王之信臣又未○曾子之母也 55/23/18
彼○以齊約韓、魏 61A/25/5
王○不留 61A/25/10
○太后之神靈 64/26/20
○死者有知 64/26/21
○齊不破 65/26/30
○報父子之仇 66/27/14
○有敗之者 67/27/20
公不○毋多 68/28/4
○於除宋罪 69/28/8
○將弗行 72/29/1
非○是也 72/29/13,343/171/17
○是者三 73A/29/24
○是者 73A/30/1,233/123/31
○夫窮辱之事 73A/30/15
先生奈何而言○此 73A/30/19
譬○馳韓盧而逐蹇兔也 73A/30/24
王○欲霸 73A/31/8
○木之有蠹 73A/31/16
○有此 74/32/19
不○死 79/34/24

○秦之商君 81/35/30
○此三子者 81/36/6
商君、吳起、大夫種不○也 81/36/15
沸聲○雷 81/36/27
○不出地 84A/39/12
王○能持功守威 87/41/5
王○負人徒之衆 87/41/8
王○不藉路於仇讎之韓、魏 87/41/22
為帝○未能 87/42/4
莫○善楚 87/42/8
○土廣者安 88/42/16
曰趙強何○ 88/42/17
王○能為此尾 89/43/14
王○不能為此尾 89/43/15
○隨此計而行之 89/43/22
○使子異人歸而得立 93/45/6
寡人子莫○楚 93/45/14
○殺武安君 95/47/3
上○不信 95/47/9
使○卞隨、務光、申屠狄 96/48/14
○是者信反 101/50/6
不○廢太子 101/50/6
○聽辨而為之 101/50/7
○復於齊 106/52/2
徐公不○君之美也 108/52/16
門庭○市 108/53/1
宜○奉漏壅 120/58/13
譬○虎口 124/61/2
○自在隘窘之中 125/61/14
○魏文侯之有田子方、段干木也 127/62/2
○臣不肖也 128/62/16
則不○魚鱉 129/62/23
則不○農夫 129/62/25
傷此○髮漂 130/63/4
○隨踵而至也 131/63/23
譬○挹水於河 131/63/26
客胡為○此 134/66/13
曾不○死士之壟也 136B/67/17
不○王愛尺穀也 137/69/5
莫○後起而重伐不義 142/71/26
雖○有功也 142/72/21
大王不○北取燕 142/73/28
不○得濟北之利 145/75/15
○此二公者 145/76/9
女以為何○ 146/76/25
○乃得去不肖者 147/77/10
吾不○也 147/77/23, 147/77/24
臣固知王不○也 147/77/24
147/77/24
大冠○箕 148/78/12
聞○言 148/78/15
不○其欲齊之甚也 151/80/4
野火之起也○雲蜺 160/83/8
兕虎嘷之聲○雷霆 160/83/8
王○欲置相於秦乎 166/85/9
○公孫郝者可 166/85/9
○扑一人 170/89/6
○捽一人 170/89/6
不○奔諸侯 170/89/11
○有孤 170/89/21
多與存國相○ 170/89/23
○君王誠好賢 170/90/2
○齊不求 172/90/15
○聞古人 180/93/27
○不聽 181/94/5
吾固以為天下莫○是兩人也 182/94/25
不○令屈署以新東國為和於齊以動秦 195/99/10
○出金石聲者 199/101/8
○曰勝千鈞則不然者 201/103/2
362/179/10
○越趙、魏而鬭兵於燕 201/103/3
吾銅少○何 203/104/10
君○弗圖 204A/105/24
○以人之事 208/107/23
○不能卒 211/109/22
○楚王入 217/112/12
莫○安民無事 218/112/24
選子莫○父 222/119/10
論臣莫○君 222/119/10
公不○陰辭樓子曰 226/121/13
故不○亟割地求和 233/125/3
○乃梁 236/127/4
智不○耶 236/127/10
然梁之比於秦○僕耶 236/127/11
必○此 236/127/23
王○無兵 238/128/28
王能重王之國○此尺帛 239A/129/5
豈敢輕國○此 239A/129/6
○竈則不然 239B/129/17
如王○用所以事趙之半收齊 247/131/28
○復攻之 248/132/18
莫○於宋 248/132/22
○足下不得志於宋 248/132/27
○不得已而必搆 249/133/7
○與有倍約者 249/133/8
○復不堅約而講 249/133/9
○萬戶之都 251/134/20
不○以生人市使也 251/134/25
客○死 255/136/10
然則買馬善而○惡 258A/137/7
使○無罪 258B/137/22
○使有罪 258B/137/23
○不從吾言 258B/137/24
大王○有以令之 258B/137/25
○不能殺 258B/137/27
不○長安君之甚 262/139/11
故以為其愛不○燕后 262/139/18
○善脩之 269/141/20
○以臣之有功 270/142/9
而能弱楚者莫○魏 273/144/10
○老妾之事其主婦者 279/146/13
王○相儀於魏 281/146/29
○不勝魏 281/146/30
○欲復攻 281/146/30
王不○與竇屢關內侯 287/148/11
內之無○群臣何也 292/149/21
○戰而勝 295/150/15
○此而弗為 296/151/2
王○欲報齊乎 301/153/7
○用 304/154/20
王○欲講 310/157/19
何用智之不○梟也 312/159/16
○誠不便 313/159/28
○禽獸耳 315/160/30
此於其親戚兄弟○此 315/161/2
○道河內 315/161/11
○道河外 315/161/13
而禍○是矣 315/161/26
豈○由楚乎 317B/163/3
○出攻 325/165/20
王○救之 325/165/20
○不因救韓 325/165/21
不○相之 328/166/19

而秦○此其甚 330/167/11
○君弗致也 340/169/29
○士必怒 343/171/23
○夫越趙、魏而鬬兵於燕 362/179/11
不○聽而備於其反也 365/180/4
公不○順之 368/181/14
○戰而不勝 375/183/5
不○及齊師未入 376/183/10
秦、楚○無韓 379/183/28
○韓隨魏以善秦 386/187/6
○夫安韓、魏而終身相 386/187/10
○不吾救 410/195/11
則○己者至 418/200/26
○恣睢奮擊 418/200/26
今王○欲轉禍而為福 419/201/23
今涇陽君○高陵君先於燕、趙 419/201/28
秦王聞○說也 419/202/6
則王何不務使知士以○此言說秦 419/202/6
○自憂而足 420/202/22
○臣死而必相攻也 424/205/23
臣以為不○逃而去之 424/205/27
然而常獨欲有復收之之志○此也 429/208/17
王○欲攻之 431/209/26
趙○許 431/209/27
○先王之報怨雪恥 431/210/7
○曹沫之與齊桓公 440/215/26
此為何○人也 442/218/16
○扶梁伐趙 444/219/4
○戰不勝 446B/219/30
豈○中山廢其王而事齊哉 454/222/20
豈○令大國先與之王 454/223/1
○乃其眉目准頞權衡 458/224/29
○此不亡者 459A/225/12
大王○不察臣愚計 461/227/6
孰○勝天下之威大耶 461/227/7

弱 ruò 127

西周○矣 3B/2/14
秦不大○ 22/8/9
以東○齊、燕 42/16/20
齊必○ 50/20/26
齊○則必為王役矣 50/20/27
則是北○齊 50/20/27
故楚之土壤士民非削○ 50/21/18
其需○者來使 60/24/22
然則需○者用 60/24/22
非秦○而魏強也 75/33/7
帥○韓、魏以攻秦 83B/38/27
韓、魏雖○ 83B/39/4
魏○ 84A/39/12
秦王欲見頓○ 86/40/6
頓○曰 86/40/6,86/40/14
楚遂削○ 87/40/25
父子老○係虜 87/41/19
與強趙攻○燕 94/46/10
地削兵○ 95/46/26
是其所以○也 98/49/5
是趙破而魏○也 102/50/25
魏破韓○ 103/51/6
使彼罷弊於先○守於主 105/51/22
使彼罷弊先○守於主 105/51/23
適足以強秦而自○也 111/54/4
而遞相罷○ 111/54/5
秦強而趙○也 113/55/22
不○兵 117/57/18
兵○而好敵強 142/71/15
兵○而憎下人也 142/71/16
夫○小之殃 142/71/25
則強○大小之禍 142/72/6
其士多死而兵益○ 142/73/7
素用強兵而○之 142/73/11
齊固○ 149A/78/23
是以○宋干強楚也 152/80/14
鄭、魏之○ 163/84/5
楚以○新城圍之 163/84/6
楚強則秦○ 167/85/19
楚○則秦強 167/85/19
聚群○而攻至強也 168/86/25
夫以○攻強 168/86/25
夫恃○國之救 168/87/4
魯○而齊強 197/99/27
故弒賢長而立幼○ 197/100/2
太子衰○ 200/102/7
軟○人也 200/102/12
雖強大不能得之於小○ 211/110/2
而小○顧能得之強大乎 211/110/2
以趙之○而據之建信君 214/111/3
三晉合而秦○ 217/111/25
兵○也 217/111/27
○而不能相壹 217/111/27
則秦必○韓、魏 218/113/4
則齊必○楚、魏 218/113/5
魏○則割河外 218/113/5
韓○則效宜陽 218/113/5
楚○則無援 218/113/6
燕固○國 218/113/11
是故明主外料其敵國之強○ 218/113/18
敵○者 221/116/19
失經則○ 224/120/6
是損君而○國也 224/120/8
凡強○之舉事 230/123/3
○受其害 230/123/3
是使○趙為強秦之所以攻 231/123/12
而使強燕為○趙之所以守 231/123/12
而○越之所以霸 231/123/13
自○以強秦 233/124/22
而○者不能自守 233/124/25
是強秦而○趙也 233/124/25
而割愈○之趙 233/124/26
曰『我將因強而乘○』 233/125/2
是不亦大示天下○乎 233/125/8
今齊湣王已益○ 236/126/15
固危扶○ 249/134/2
是王輕強秦而重○燕也 256/136/17
且夫秦之所欲○莫如楚 273/144/10
而能○楚者莫若魏 273/144/10
非能○於趙也 314/160/9
今夫韓氏以一女子承一○主 315/161/5
其兵○ 318/163/25
試之○密須氏以為武教 318/163/26
不先以○為武教 318/163/27
則○矣 325/165/30
皆曰王○也 333/167/28
王不○二周 333/167/28
王亦知○之召攻乎 333/167/29
而魏之○也甚 342/171/1
以攻不服之○國 348A/173/23

諸侯不料兵之○ 348A/173/24
莫如○楚 348A/173/29
而能○楚者莫如韓 348A/174/1
韓氏之兵非削○也 357/177/6
則秦○ 360/178/16
而君用之○ 364/179/23
則韓最○矣 387/187/18
夫○魏之兵 390/188/26
今之韓○於始之韓 390/188/27
而燕○國也 409/195/1
蘇秦能抱○燕而孤於天下哉 409/195/2
今燕雖○小 411/195/22
今使○燕為鴈行 411/195/23
而事○燕之危主乎 412/196/16
而燕處○焉 415/198/15
饑強而國○也 419/201/15
而揆其兵之強○ 420/202/24
不揆其兵之強○ 420/202/25
臣請為王○之 426/206/22
則是兵○而計疑也 426/206/24
將而應○燕 426/206/25
而○越乘其弊以霸 430/208/24
是使○趙居強吳之處 430/208/25
而使強秦處○越之所以霸也 430/208/25
不量輕○ 431/209/25
則不如合○ 432/210/23
將奈何合○而不能如一 432/210/23
今山東合○而不能如一 432/210/26
今山東三國○而不能敵秦 432/210/28
燕小○ 440/215/24
○趙以強梁 444/219/7
○也 449/220/29
臣聞○趙強中山 458/224/22
願聞○趙強中山之說 458/224/22
其國虛○ 461/226/13
況以彊擊○ 461/226/14

爇 ruò 1

則秦且燒○獲君之國 53/22/15

灑 sǎ 1

漉汁○地 199/101/7

三 sān 394

管仲故為○歸之家 8B/4/1
制齊、楚、○晉之命 10B/4/22
敗○國 13/5/21
○國不敗 13/5/21
則將與宋敗○國 13/5/22
則賣趙、宋於○國 13/5/22
臣請以○十金復取之 15/6/14
○國隘秦 18/7/6
秦欲知○國之情 18/7/7
君予金○十斤 19/7/13
而處之○晉之西 22/8/9
○晉必重齊 22/8/10
而使○國無攻秦 22/8/10
今王許戍○萬人與溫囿 32/11/5
且魏有南陽、鄭地、○川而包二周 33/11/12
○國攻秦反 37/12/9
楚、宋不利秦之德○國也 37/12/9
舜伐○苗 40/13/17
雖古五帝、○王、五伯 40/13/22
郊迎○十里 40/14/17
世有○亡 42/15/11
中陵○晉 42/16/3,42/16/7
此固已無伯王之道○矣 42/16/11
代○十六縣 42/16/17
一舉而○晉亡 42/16/20
天下固量秦力○矣 42/16/25
武王將素甲○千領 42/17/3
智伯帥○國之眾 42/17/4
○年 42/17/4
下兵○川 44/17/24
今○川、周室 44/17/28
○資者備 44/18/2
韓自知亡○川 44/18/7
則此一計而○利俱至 50/20/27
○人者 52/22/10
寡人欲車通○川 55/23/3
○年而拔之 55/23/11
而○人疑之 55/23/17
疑臣者不適○人 55/23/18
○鼓之而卒不上 57/24/3
夫○晉相結 63/26/7
○晉百背秦 63/26/7
○也 63/26/11
夫取○晉之腸胃與出兵而懼其不反也 63/26/14
齊、秦相聚以臨○晉 65/26/26
觀○國之所求於秦而不能得者 67/27/23
請以號○國以自信也 67/27/24
秦○世積節於韓、魏 70/28/13
若是者○ 73A/29/24
所以王○問而不對者是也 73A/30/4
○王之仁而死 73A/30/7
則其國斷而為○ 73A/31/21
叢籍我神○日 74/32/17
○日 74/32/18
○貴竭國以自安 74/33/1
是我王果處○分之一也 74/33/1
散不能○千金 77/33/29
武安君為○公 78/34/4,78/34/6
聞『○人成虎 80/35/7
若此○子者 81/36/6
私家之富過於○子 81/36/19
夏育、太史啓叱呼駭○軍 81/36/22
利施○川 81/37/7
○年而燕使太子丹入質於秦 81/37/20
後○國謀攻楚 82A/37/25
今○國之兵且去楚 82A/37/25
而今○國之辭去 82A/37/26
是楚與○國謀出秦兵矣 82A/37/27
○國疾攻楚 82A/37/27
於是○國并力攻楚 82A/38/1
○國攻秦 83A/38/13,253/135/24
○國之兵深矣 83A/38/13
○國雖去 83A/38/18
○國且去 83A/38/18
吾特以○城從之 83A/38/18
○國入函谷 83A/38/19
吾愛○城而不講 83A/38/19
寧亡○城而悔 83A/38/20
卒使公子池以○城講於○國 83A/38/20
○之料天下過矣 83B/38/30
城不沈者○板耳 83B/39/1

〇世而不接地於齊	87/40/29
今王〇使盛橋守事於韓	87/40/30
〇王不足四	87/41/5
還為越王禽於〇江之浦	87/41/12
卒為〇家笑	89/43/8
〇者非無功也	89/43/10
殘〇川	89/43/13
則〇王不足四	89/43/14
使剛成君蔡澤事燕〇年	94/45/21
吾令剛成君蔡澤事燕〇年	94/45/24
得上谷〇十六縣	94/46/11
北使燕、代之間〇年	96/47/26
臣請〇言而已矣	99/49/10
〇日而聽	101/50/14
田忌〇戰〇勝	104/51/15
吾〇戰而〇勝	104/51/16
而此者〇	109/53/8
陳軫合〇晉而東謂齊王曰	111/54/3
古之五帝、〇王、五伯之伐也	111/54/9
今〇晉已合矣	111/54/15
齊非急以銳師合〇晉	111/54/15
〇晉合	111/54/16
〇晉怒齊不與己也	111/54/16
不如急以兵合於〇晉	111/54/17
果以兵合於〇晉	111/54/19
下戶〇男子	112/54/26
〇七二十一萬	112/54/26
齊與魯〇戰而魯〇勝	113/55/19
獻魚鹽之地〇百於秦也	113/55/28
〇十日而舉燕國	114/56/7
入〇川	115/56/18, 115/56/26
乃具革車〇十乘	115/56/19
與革車〇十乘而納儀於梁	115/56/27
吾將與〇國共立之	122/58/29
謂〇先生曰	127/61/27
曹沫之奮〇尺之劍	129/62/24
使曹沫釋其〇尺之劍	129/62/24
臣有大喜〇	130/63/14
臣〇喜	130/63/16
環山者〇	132A/64/1
故〇國欲與秦壤界	132B/64/10
福〇國之君	132B/64/10
〇國之與秦壤界而患急	132B/64/13
狡兔有〇窟	133/65/20
梁使〇反	133/65/24
〇窟已就	133/65/28
如此者〇人	134/66/11
諸侯〇千	136B/67/26
湯有〇輔	136B/68/2
行年〇十而有七子	139/69/28
士〇食不得饜	140/70/4
故〇下城而能勝敵者寡矣	142/72/26
帶甲〇十六萬	142/73/22
此〇行者	145/76/2
然而管子并〇行之過	145/76/3
〇戰〇北	145/76/5
故去〇北之恥	145/76/7
〇戰之所喪	145/76/8
故業與〇王爭流	145/76/11
〇里之城	147/77/28
〇月而不克之也	148/78/10
夫〇晉大夫	150/79/23
使收〇晉之故地	150/79/24
〇年而弗言	160/83/5
郢人有獄〇年不決者	162/83/25
〇人偶行	163/84/3
至郢〇千餘里	168/86/30
與〇月之糧	168/87/1
一日行〇百餘里	168/87/1
危難在〇月之內	168/87/3
且大王嘗與吳人五戰〇勝而亡之	168/87/5
習於〇晉之事	169/88/11
〇戰入郢	170/89/10, 170/89/15, 170/89/20
〇國惡楚之強也	173B/90/27
而以利〇國也	173B/90/28
〇國可定也	173B/90/30
王因與〇國攻之	176/91/29
王以〇大夫計告慎子曰	177/92/24
寡人誰用於〇子之計	177/92/26
〇十餘萬弊甲鈍兵	177/93/2
〇日乃得見乎王	180/93/27
候問〇月	199/100/27
〇年而後乃相知也	199/101/3
夷〇族	200/102/19
城下不沉者〇板	202/103/8
今約勝趙而〇分其地	202/103/10
今城不沒者〇板	202/103/10
夫勝趙而〇分其地	202/103/14
夫〇家雖愚	202/103/15
〇使韓、魏	203/104/4
〇國之兵乘晉陽城	203/104/14
〇月不能拔	203/104/14
圍晉陽〇年	203/104/14
二君即與張孟談陰約〇軍	203/104/23
破趙〇分其地	203/104/28
兵著晉陽〇年矣	203/105/1
破趙而〇分其地	203/105/4
臥〇日	204A/105/25
耕〇年	204A/105/30
及〇晉分知氏	204B/106/7
豫讓拔劍〇躍	204B/106/28
秦戰而勝〇國	206/107/10
〇國而勝秦	206/107/11
〇國之力	206/107/11
計者不如構〇國攻秦	206/107/11
皆曰韓亡〇川	209/108/19
而至鉅鹿之界〇百里	209/108/21
秦以〇軍強弩坐羊唐之上	209/108/22
且秦以〇軍攻王之上黨而危其北	209/108/22
〇百里通於燕之唐、曲吾	209/108/23
此〇寶者	209/108/24
反〇公、什清於趙	209/108/27
馮亭守〇十日	211/109/25
請以〇萬戶之都封太守	211/110/11
諸吏皆益爵〇級	211/110/12
是吾處〇不義也	211/110/13
不義〇也	211/110/14
〇日不得見	212/110/21
而〇日不見	212/110/24
〇晉倍之憂也	215/111/11
〇晉之心疑矣	215/111/11
〇晉合而秦弱	217/111/25
〇晉離而秦強	217/111/25
惡〇晉之大合也	217/112/1
而離〇晉	217/112/4
〇晉相親相堅	217/112/11
便於〇晉	217/112/12
秦見〇晉之大合而堅也	

217/112/12
有利於○晉 217/112/13
秦見○晉之堅也 217/112/16
432/211/6
此○策者 218/113/6
堯無○夫之分 218/113/17
湯、武之卒不過○千人
218/113/18
車不過○百乘 218/113/18
○國從之 219/115/10
不識○國之憎秦而愛懷邪 219/115/11
是以○國之兵困 219/115/12
今秦發○將軍 220/116/3
於是乃以車○百乘入朝澠池 220/116/11
○者 221/118/4
且夫○代不同服而王 221/118/6
及至○王 221/118/22
趙惠文王○十年 225/120/23
所用者不過○萬 225/120/25
則折為○ 225/120/29
今以○萬之衆而應強國之兵 225/120/29
而徒以○萬行於天下 225/121/3
無過○百丈者 225/121/4
無過○千家者 225/121/4
而以集兵○萬 225/121/5
我其以○萬救是者乎哉 225/121/7
而索以○萬之衆 225/121/8
樓緩坐魏○月 229A/122/14
我與○國攻秦 229A/122/15
我約○國而告之秦 229A/122/16
○國欲伐秦之果也 229A/122/16
○國必絶之 229A/122/17
○國不能和我 229A/122/18
而以餘兵與○國攻秦 229A/122/19
○言之 230/122/30
昔者○晉之交於秦 233/124/13
一舉結○國之親 233/125/10
紂之○公也 236/127/15
是使○晉之大臣不如鄒、魯之僕妾也 236/127/26
魯仲連辭讓者○ 236/128/5
○晉皆有秦患 247/131/23
去齊○千里 247/132/3
以○晉劫秦 247/132/10
臣之所以堅○晉以攻秦者 248/132/16
而求利於○晉 249/133/15
○疆○親 249/133/18
○矣 249/133/21
秦堅○晉之交攻齊 249/133/25
趙王因割濟東○城令盧、高唐、平原陵地城邑市五十七 252/135/8
乃割濟東○令城市邑五十七以與齊 252/135/10
得○城也 252/135/20
趙王○延之以相 255/136/9
秦○以虞卿為言 256/136/16
公之客獨有○罪 257/136/23
姓名未著而受○公 257/136/26
而○公不得也 257/136/27
○反不得通 258B/137/16
使者○往不得通者 258B/137/18
使下臣奉其幣物○至王廷 258B/137/22
日○四里 262/139/4
今○世以前 262/139/14
後○月 263/140/1
○苗之居 269/141/23
使○軍之士不迷惑者 270/142/7
無以異於○軍之衆 272/143/1
臣聞越王勾踐以散卒○千 272/143/7
武王卒○千人 272/143/7
革車○百乘 272/143/7
卒不過○十萬人 273/143/22
犀首又以車○十乘使燕、趙 276/145/20
儀請以秦攻○川 282/147/6
秦攻○川 283/147/13
齊畏○國之合也 284/147/19
從容談○國之相怨 288/148/20
王與○國約外魏 288/148/23
是王謀○國也也 288/148/23
○國之不相信齊王之遇 288/148/24
○日而後更葬 296/150/28
必窮○節 297/151/27
禹攻○苗 297/152/2
臣又偏事○晉之吏 297/152/5
而與之並朝齊侯再○ 301/153/14
是○人皆以太子為非固相也 303B/154/9
而持○萬乘之國輔之 303B/154/10
○人言市有虎 306/155/19
然而○人言而成虎 306/155/20
而議臣者過於○人矣 306/155/21
○日不聽朝 307/156/1
戰勝乎○梁 310/157/13
臣以為不下○十萬 310/157/26
以○十萬之衆 310/157/26
戴○十萬之衆 310/157/27
○年反而名其母 311/158/10
子學○年 311/158/11
以○者 311/158/19
王以○乘先之 311/158/22
車○百乘 314/160/12
行○十里而攻危隘之塞 315/161/12
今韓受兵○年矣 315/161/28
子何不疾及○國方堅也 321/164/25
此○子者 343/171/23
○晉已破智氏 344A/172/3
而破○軍者 344A/172/5
悉之不過○十萬 348A/173/19
蹄間○尋者 348A/173/21
且王求百金於○川而不可得 351/174/28
是楚以○國謀秦也 366/180/22
出兵於○川以待公 367/180/29
易○川而歸 367/181/5
塞○川而守之 367/181/5
司馬康○反之郢矣 367/181/6
易○川 369/181/20
○川之言曰 369/181/21
令韓王知王之不取○川也 369/181/21
韓陽役於○川而欲歸 392/189/28
○川服矣 392/189/28
王於是召諸公子役於○川者而歸之 392/189/29
故秦買之○千金 393/190/4
以為○川之守 402/193/4
是緤以○川與西周戒也 402/193/4
秦出兵於○川 405/193/21
秦再勝而趙○勝 408/194/14
○者天下之高行 412/196/11

且夫○王代興 412/196/18
西困秦○年 415/198/17
覆○軍 415/198/18
燕噲○年 416A/199/6
與楚、○晉攻秦 416A/199/6
王因收印自○百石吏而效之子之 416A/199/17
子之○年 416A/199/20
○年不能得 418/201/1
○月得千里馬 418/201/1
千里之馬至者○ 418/201/4
與秦、楚、○晉合謀以伐齊 418/201/9
此○者 419/201/15
今乃以○齊臨燕 419/201/20
立為○帝而以令諸侯 419/201/30
並立○帝 419/202/2
兼此○行以事王 420/202/15
○王代位 420/202/22
其丈夫官○年不歸 420/203/7
必率天下以攻寡人者○ 422/204/14
秦之所殺○晉之民數百萬 422/204/26
西河之外、上雒之地、○川 422/204/26
○晉之半 422/204/27
○晉稱以為士 424/206/6
比○旦立市 425/206/12
比○旦立於市 425/206/13
得首○萬 426/207/8
○城未下 431/209/3
○人不能行 432/210/27
今山東○國弱而不能敵秦 432/210/28
○物者 432/211/2
今韓、梁、趙○國以合矣 432/211/6
不如以兵南合○晉 432/211/8
燕果以兵南合○晉也 432/211/11
○覆宋 433/211/24
○國懼 436/212/20
酒○日 438/213/3
以○ 438/213/6
○黜而不去 438/213/24
柳下惠不以○黜自累 438/213/25
趙廣○百里 439/214/11
請西約○晉 440/214/25
束組○百緄 443/218/27
黃金○百鎰 443/218/28
因效金○百鎰焉 449/221/2
樗里子亦得○百金而歸 449/221/3
○年不得見 450/221/7
事王○年不得見 450/221/13
○百之城 452A/221/28
此○言者 452B/222/5
而○國伐之 454/222/19
司馬憙○相中山 457/224/11
○軍之俸有倍於前 461/225/30

散 sàn 24

約從○橫 40/14/7
聚○民 42/16/5,42/16/9
○不能三千金 77/33/29
破橫○從 81/37/2
族類離○ 87/41/20
百姓離○ 170/89/10
170/89/15,170/89/20
以○棊佐之也 188/96/20
夫一梟之不如不勝五○ 188/96/20
而令臣等為○乎 188/96/21
今王破卒○兵 224/120/8
不能○齊、魏之交 229A/122/14
天下○而事秦 249/133/4
且天下○而事秦 249/133/11
臣聞越王勾踐以○卒三千 272/143/7
從是以○ 310/158/2
率曰○施 358/177/12
今天下○而事秦 387/187/17
蓄積○ 415/198/17
○游士 433/211/16
民○ 447/220/9
各有○心 461/226/20

桑 sāng 7

且夫蘇秦特窮巷掘門、○戶棬樞之士耳 40/14/14
趙人聞之至枝○ 88/42/23
○輪蓬篋羸滕 208/107/21
席隴畝而廕庇○ 257/136/25
有所謂○雍者 258A/137/9
所謂○雍者 258A/137/10
○林之菀 348A/173/27

喪 sàng 5

而○地千里 145/76/5
三戰之所○ 145/76/8
雪甚如此而○行 296/150/20
而不行先王之○ 296/150/21
齊宣王因燕○攻之 411/195/16

掃 sǎo 2

○室布席 61A/24/29
願為足下○室布席 61A/25/1

嫂 sǎo 5

○不為炊 40/13/30
○不以我為叔 40/14/1
○蛇行匍伏 40/14/18
○ 40/14/18
○曰 40/14/18

色 sè 42

狀有歸○ 40/13/30
見者無不變○易容者 73A/29/23
有驕矜之○ 81/36/21
今大王皆有驕○ 89/43/18
動於顏○ 101/50/10
齊王和其顏○曰 125/61/12
○與馬取於今之世 135/66/25
王忿然作○曰 136B/67/14
宣王忿然作○ 137/68/25
先君好○ 137/69/2
王亦好○ 137/69/2
顏○不變 145/76/8
以○交者 160/82/30
有說○ 162/83/29
王怫然作○曰 177/92/26
王徒不好○耳 182/94/14
寡人之獨何為不好○也 182/94/16
○也 190/97/5,240/129/22
顏○變作 192/98/20
而韓、魏之君無憙志而有憂○ 202/103/11

二主○動而意變 203/104/29
愴然有決○ 204A/105/25
形於顏○ 239A/129/5
君忿然作○曰 239B/129/15
○老而衰 240/129/22
而逐衰惡之○ 240/129/23
太后之○少解 262/139/5
子長○衰 279/146/13
後世必有以○亡其國者 307/156/2
秦王○撓 343/171/24
申子有怨○ 346/172/22
韓王忿然作○ 347/173/12
怒於室者○於市 374/182/22
秦武陽○變振恐 440/217/10
有憂○何也 441/218/4
南文子有憂○ 448A/220/14
而子有憂○何 448A/220/15
容貌顏○ 458/224/27
其容貌顏○ 458/224/28
而好聲○ 458/225/1
中山王作○不悅 458/225/2

嗇 sè 3

不○於戰攻之患也 142/73/3
因使其人為見者○夫聞見者 336/168/18
仲○於財 358/177/12

塞 sè 53

秦敢絕○而伐韓者 5B/3/4
今公又以秦兵出○ 27/9/26
秦悉○外之兵 32/11/3
足以為○ 42/15/26,415/198/21
○轘轅、緱氏之口 44/17/24
自殽○、谿谷 61A/25/4
南有符離之○ 70/28/15
○私門之請 81/37/2
○太行之口 81/37/7
而世主不敢交陽侯之○ 89/43/13
宣王因以晏首壅○之 107/52/8
此所謂四○之國也 112/54/23
則是圍○天下士而不利說途也 122/60/11
今秦四○之國 124/61/1
事不○天下之心 142/71/27
北有汾陘之○、郇陽 167/85/16
四○以為固 168/86/15
下○以東 170/89/17
填黽○之內 192/98/18
而投己乎黽○之外 192/98/18
願君堅○兩耳 208/108/2
乃我請君○兩耳 208/108/4
○朋黨之門 218/114/1
魏○午道 218/114/5
為齊兵困於殽○之上 219/115/3
一軍○午道 220/116/3
且昔者簡主不○晉陽 221/117/23
秦舉安邑而○女戟 249/133/23
燕之通谷要○ 252/135/12
是有其半○也 280/146/21
將以○趙也 304/154/18
行三十里而攻危隘之○ 315/161/12
西有宜陽、常阪之○ 347/172/28
為除守徼亭鄣○ 348A/173/19
夫○成皋 348A/173/27
今秦欲踰兵於澠隘之○ 364/179/24
○三川而守之 367/181/5
舟漏而弗○ 373/182/16
○漏舟 373/182/16
是○漏舟而輕陽侯之波也 373/182/17
秦、楚挾幾瑟以○伯嬰 379/183/30
必欲善韓以○魏 386/187/11
而相國見臣不釋○者 407/194/6
約與代王遇於句注之○ 413/197/4
何足以為○ 415/198/25
則秦不出殽○ 420/202/21
○女戟 422/204/4,422/204/10
○鄳隘 422/204/17
因以○鄳隘為楚罪 422/204/18
以○鄳隘 422/204/24
致中山而○四國 454/222/27

瑟 sè 34

其民無不吹竽、鼓○、擊筑、彈琴、鬬雞、走犬、六博、蹹踘者 112/54/27
故鍾鼓竽○之音不絕 142/73/17
聽竽○之音 218/113/25
以幾○之存焉 353/175/16
今已令楚王奉幾○以車百乘居陽翟 353/175/16
而幾○ 353/175/17
韓公叔與幾○爭國 375/183/3
376/183/10
齊逐幾○ 377/183/16
王為我逐幾○以窮之 377/183/16
而幾○走也 377/183/17
公叔將殺幾○也 378/183/21
畏幾○也 378/183/21
今幾○死 378/183/21
太子外無幾○之患 378/183/22
不如無殺幾○ 378/183/23
公叔且殺幾○也 379/183/27
幾○之能為亂也 379/183/27
伯嬰亦幾○也 379/183/29
秦、楚挾幾○以塞伯嬰 379/183/30
公叔、伯嬰恐秦、楚之內幾○也 380/184/3
則公叔、伯嬰必知秦、楚之不以幾○為事也 380/184/4
胡衍之出幾○於楚也 381/184/11
韓立公子咎而棄幾○ 381/184/12
王不如亟歸幾○ 381/184/13
幾○入 381/184/13
幾○亡之楚 382/184/17
廢公叔而相幾○者楚也 382/184/17
今幾○亡之楚 382/184/17
幾○入鄭之日 382/184/18
幾○亡在楚 383A/184/23
公因以楚、韓之兵奉幾○而內之鄭 383A/184/24
幾○得入而德公 383A/184/25
以復幾○也 383B/184/30

沙 shā 6

然降其主父○丘而臣之 76/33/17
坐於○中 146/76/22
垂○之事 179/93/20
長○之難 195/99/9
餓主父於○丘 197/100/6
距○丘 209/108/20

殺 shā 126

臣能〇之 19/7/13
東周立〇昌他 19/7/15
〇犀武 27/9/20,27/9/25
其上不能〇也 42/15/14
願王〇之 49/19/28
費人有與曾子同名族者
而〇人 55/23/14
曾參〇人 55/23/15
55/23/15,55/23/16
吾子不〇人 55/23/15
破軍〇將 73A/31/3
制〇生之威之謂王 73B/31/27
遂弗〇而善遇之 80/35/14
故君子〇身以成名 81/36/6
遂以〇身亡國 81/36/22
勾踐終棓而〇之 81/37/4
則〇景鯉 85/39/24
而〇李牧 86/40/19
〇智伯瑤於鑿臺之上 87/41/13
必〇之矣 90/43/27
絞而〇之 94/46/3
若〇武安君 95/47/3
人臣不得自〇宮中 95/47/11
紂聞讒而〇其忠臣 96/48/7
其父〇之而埋馬棧之下 109/53/12
覆軍〇將得八城 117/57/11
覆軍〇將 117/57/12
破軍〇將得八城 117/57/17
吾為王〇太子 122/58/28
君其〇之 128/62/8
〇晉鄙 132B/64/8
君滿意〇之乎 136A/67/4
何為至今不〇乎 138/69/22
則不能遠〇矣 142/71/7
〇牛而觴士 142/72/19
〇其君 142/72/27
〇其將 142/73/2
〇其太子 142/74/3
〇之東閭 143/74/12
〇之 143/74/12,197/100/4
於是〇閔王於鼓里 143/74/20
〇閔王 144/75/1
刺而〇之 144/75/2
〇騎劫 145/75/6
〇身亡聊城 145/75/12
以為〇身絕世 145/76/10
淖齒〇閔王 146/76/18
王不亟〇此九子者以謝
安平君 147/78/2
王乃〇九子而逐其家 147/78/3
齊閔王之遇〇 149B/78/28
然則且有子〇其父 159/82/20
將欲〇之 174/91/3
臣請〇之 175/91/15
使人〇中射之士 196/99/17
臣食之而王〇臣 196/99/18
王〇無罪之臣 196/99/19
王乃不〇 196/99/19
遂〇之 197/100/6
百日而〇之 197/100/6
欲〇春申君以滅口 200/102/1
秉權而〇君以滅口 200/102/10
臣請為君剸其胸〇之 200/102/11
而後不免〇之 201/102/24
不如令〇之 203/104/29
不〇則遂親之 203/105/2
夜期〇守堤之吏 203/105/10
左右欲〇之 204B/106/10
今君〇主父而族之 208/107/28
魏〇呂遼而衛兵 215/111/10
有謀故〇使之趙 217/112/4
湯、武之所以放〇而爭
也 218/113/3
婦人為之自〇於房中者
二八 233/123/29
君無覆軍〇將之功 234/125/20
魏〇呂遺 241/130/3
於是與〇呂遺何以異 241/130/4
請〇范座於魏 251/134/20
251/134/21
而未〇也 251/134/21
請〇座之身 251/134/23
夫〇無罪范座 251/134/23
而魏王輕為之〇無罪之
座 251/134/28
王聽趙〇座之後 251/135/2
覆軍〇將之所取、割地
於敵國者也 252/135/11
趙能〇此二人 258B/137/27
若不能〇 258B/137/27
〇秦將桓齮 263/139/27
〇趙軍 263/140/2
將〇董慶 274/144/25
今〇董慶 274/144/27
〇犀武 287/148/9
〇之亡之 292/149/21
吾為子〇之亡之 292/149/22
〇之不為讎者也 297/151/15
〇太子申 301/153/3
〇子之 310/157/14
信陵君〇晉鄙 339/169/13
今君〇晉鄙 339/169/16
公叔將〇幾瑟也 378/183/21
不如無〇幾瑟 378/183/23
公叔且〇幾瑟也 379/183/27
今公〇之 379/183/28
公不如勿〇 379/183/29
今〇人之相 385/186/10
所〇者數十人 385/186/15
亦自〇於屍下 385/186/22
不〇一人 388/188/2
不見覆軍〇將之憂 408/194/13
進之則〇主父 412/196/27
〇王噲、子之 416B/200/8
則〇吾主父 420/203/9
與〇吾父、逐吾主母者
420/203/10
秦之所〇三晉之民數百
萬 422/204/26
燕王欲〇之 437/212/26
燕王所為將〇我者 437/212/26
燕王必當〇子 437/212/28
欲自〇以激荊軻 440/215/15
因而刺〇之 440/215/26
〇人 440/216/21
〇太子丹 440/217/25
吾欲藉子〇王 442/218/11
吾義固不〇王 442/218/11
義不〇王而攻國 442/218/12
是不〇少而〇眾 442/218/12

㱚 shā 1

魏〇盟於秦 314/160/10

山 shān 235

臨〇而救之 2/1/23
增積成〇 8B/4/2

楚兵在○南 28/10/3
南有巫○、黔中之限 40/13/7
○東之國 40/14/13
反覆東○之君 41A/14/24
攻中○ 55/23/11,460/225/24
陘○之事 63/25/28
今反閉而不敢窺兵於○東者 73A/30/25
中○之地 73A/31/7
臣居○東 73B/31/26
客新有從○東來者蔡澤 81/37/13
楚、魏戰於陘○ 84A/39/9
○東戰國有六 86/40/14
威不掩於○東 86/40/14
○東之建國可兼與 86/40/15
○林谿谷不食之地 87/41/23
王襟以○東之險 87/42/8
一日○陵崩 93/44/27
其寧於太○四維 93/44/28
王一日○陵崩 93/44/30
○東必恐 95/46/24
實得○東以敵秦 95/46/25
文公用中○盜 96/48/13
然後背太○ 105/51/24
非○東之上計也 111/54/5
能危○東者 111/54/5
此臣之所以為○東之患 111/54/6
何秦之智而○東之愚耶 111/54/7
齊南有太○ 112/54/23
粟如丘○ 112/54/24,168/86/16
未嘗倍太○、絕清河、涉渤海也 112/54/25
環○者三 132A/64/1
騰○者五 132A/64/1
夫玉生於○ 136B/68/13
河、○之間亂 142/71/10
而趙氏兼中○ 142/71/21
中○悉起而迎燕、趙 142/73/1
北戰於中○ 142/73/2
夫中○千乘之國也 142/73/2
王走而之城陽之○中 147/77/28
而迎王與后於城陽○中 147/78/1
故為梁○陽君請封於楚 157A/81/30
○陽君無功於楚國 157A/82/1
江尹因得○陽君與之共惡昭奚恤 157A/82/1
臣請令○東之國 167/85/24
被○帶河 168/86/15
席卷常○之險 168/86/17
起於汶○ 168/86/30
上崢○ 170/89/11
遂自棄於磨○之中 170/89/24
今○澤之獸 187/96/11
而積禍重於丘○ 189/96/29
北陵乎巫○ 192/98/12
豫讓遁逃○中 204B/106/8
魏文侯借道於趙攻中○ 205/107/3
魏攻中○而不能取 205/107/3
魏拔中○ 205/107/4
必不能越趙而有中○矣 205/107/4
謂○陽君曰 206/107/10
楚人久伐而中○亡 209/108/20
今魯句注禁常○而守 209/108/23
而崑○之玉不出也 209/108/24
中○之地薄 210/109/8
248/132/22
秦乃者過柱○ 212/110/21
然○東不能易其路 217/111/27
○東之愚也 217/111/27
是臣所為○東之憂也 217/111/27
今○東之主不知秦之即己也 217/111/29
秦欲已得行於○東 218/113/7
○東之建國 218/113/10
西有常○ 218/113/11
無有名○大川之限 218/113/13
燕守常○之北 218/114/4
則趙守常○ 218/114/6
秦必不敢出兵於函谷關以害○東矣 218/114/8
行於天下○東 220/115/21
胡地中○吾必有之 221/116/27
又況○谷之便乎 221/117/17
與齊、中○同之 221/117/20
自常○以至代、上黨 221/117/20
先時中○負齊之強兵 221/117/24
遠可以報中○之怨 221/117/25
趙以二十萬之眾攻中○ 225/121/6
以未構中○也 229A/122/16
中○聽之 229A/122/17
是我以王因饒中○而取地也 229A/122/17
中○不聽 229A/122/17
是中○孤也 229A/122/18
我分兵而孤樂中○ 229A/122/18
中○必亡 229A/122/18
我已亡中○ 229A/122/19
是我一舉而兩取地於秦、中○也 229A/122/19
右常○ 237/128/13
必起中○與勝焉 249/134/2
秦起中○與勝 249/134/2
趙攻中○ 253/135/24
不如盡歸中○之新地 253/135/24
中○案此言於齊曰 253/135/25
魏敗楚於陘○ 260/138/16
一旦○陵崩 262/139/18
樂羊為魏將而攻中○ 265/140/22
其子在中○ 265/140/22
中○之君烹其子而遺之羹 265/140/22
樂羊既罷中○ 265/140/24
河○之險 269/141/19,269/141/23
文○在其南 269/141/24
而衡○在其北 269/141/24
後被○ 269/141/27
無有名○大川之阻 273/143/23
昔王季歷葬於楚○之尾 296/150/27
楚王登強臺而望崩○ 307/156/2
後○東之士 309/157/6
宋、中○數伐數割 310/157/15
而宋、中○可無為也 310/157/16
夫越○踰河 315/161/10
河○以蘭之 315/161/23
○北、河外、河內 315/161/25
無河○以蘭之 315/161/27
○東之要也 318/163/22
是示天下要斷○東之脊也 318/163/23
是○東首尾皆救中身之時也 318/163/23
○東見亡必恐 318/163/24
○東尚強 318/163/24
今秦國與○東為讎 318/163/27
中○恃齊、魏以輕趙 319/164/5
齊、魏伐楚而趙亡中○ 319/164/5
○東之從 325/165/26
南有陘○ 347/172/29
皆出於冥○、棠谿、墨

陽、合伯膊 347/173/1
○居 348A/173/17
○東之卒 348A/173/21
夫秦卒之與○東之卒也 348A/173/22
臣恐○東之無以馳割事王者矣 351/174/28
必為○東大禍矣 389/188/13
使○東皆以銳師戍韓、梁之西邊 389/188/16
○東無以救亡 389/188/16
然則○東非能從親 389/188/19
韓侈且伏於○中矣 396B/191/6
或謂○陽君曰 398/192/3
秦封君以○陽 398/192/3
○陽君因使之楚 398/192/4
餓而死於首陽之○ 412/196/15
故至今有摩笄之○ 413/197/6
獻常○之尾五城 413/197/16
秦取西○ 420/202/23
望諸相中○也使趙 424/206/5
此臣之所為○東苦也 432/210/23
432/211/2
今○東合弱而不能如一 432/210/26
是○東之知不如魚也 432/210/27
今○東三國弱而不能敵秦 432/210/28
然而○東不知相索 432/210/28
今○東之相與也 432/211/1
○東之主遂不悟 432/211/2
○東相合 432/211/5
故中○亡 432/211/8
○東不能堅為此 432/211/9
○水大出 436/212/19
魏文侯欲殘中○ 453/222/10
魏并中○ 453/222/10
因封之中○ 453/222/11
是中○復立也 453/222/11
而中○後持 454/222/15
寡人羞與中○並為王 454/222/15
中○聞之 454/222/16
中○之君遣之齊 454/222/18
臣聞君欲廢中○之王 454/222/18
以中○之小 454/222/19
中○雖益廢王 454/222/19
且中○恐 454/222/19
豈若中○廢其王而事齊哉 454/222/20
今君召中○ 454/222/23
中○必喜而絕趙、魏 454/222/23
趙、魏怒而攻中○ 454/222/24
中○急而為君難其王 454/222/24
則中○必恐 454/222/24
今召中○ 454/222/27,454/223/1
致中○而塞四國 454/222/27
是君臨中○而失四國也 454/222/28
善以微計薦中○之君久矣 454/222/28
果召中○君而許之王 454/222/31
齊羞與中○之為王甚矣 454/223/1
果與中○王而親之 454/223/2
中○果絕齊而從趙、魏 454/223/2
中○與燕、趙為王 455/223/6
齊閉關不通中○之使 455/223/6
中○千乘之國也 455/223/6
出兵以攻中○ 455/223/7
455/223/10,455/223/16
恥與中○侔名 455/223/10
請令燕、趙固輔中○而成其王 455/223/11
出兵以攻中○者 455/223/15
其實欲廢中○之王也 455/223/15
所求中○未必得 455/223/17
中○可廢也 455/223/17
使告中○君曰 455/223/18
為中○之獨與燕、趙為王 455/223/19
中○恐燕、趙之不己據也 455/223/20
中○必遁燕、趙 455/223/21
是中○孤 455/223/21
非欲廢中○之王也 455/223/24
徒欲以離我於中○ 455/223/25
中○因告燕、趙而不往 455/223/28
燕、趙果俱輔中○而使其王 455/223/28
為己求相中○ 456/224/3
中○君出 456/224/3
中○君大疑公孫弘 456/224/6
司馬憙三相中○ 457/224/11
司馬憙即奏書中○王曰 458/224/21
臣聞弱趙強中○ 458/224/22
中○王悅而見之曰 458/224/22
願聞弱趙強中○之說 458/224/22
中○王遣之 458/224/24
未嘗見人如中○陰姬者也 458/224/27
歸報中○王曰 458/225/1
中○王作色不悅 458/225/2
中○王曰 458/225/3
中○王遂立以為后 458/225/4
主父欲伐中○ 459A/225/9
中○之君 459A/225/10
中○君饗都士 459B/225/16
說楚王伐中○ 459B/225/16
中○君亡 459B/225/17
中○君顧謂二人 459B/225/17
中○有事 459B/225/18
中○君喟然而仰歎曰 459B/225/19
其子時在中○ 460/225/24
中○君烹之 460/225/24

苫 shān 1

皆以狄蒿○楚廧之 203/104/9

摻 shān 1

○其室 440/217/14

善 shàn 294

○ 4/2/21,5A/2/29,20/7/21,22/8/10,25/9/8,25/9/11,44/18/9,48B/19/23,53/22/19,56/23/28,61A/25/1,61A/25/7,61A/25/11,64/26/22,73A/31/22,81/37/11,82A/38/1,84A/39/13,86/40/19,98/49/6,99/49/15,102/50/23,102/50/25,103/51/4,108/52/26,114/56/5,115/56/19,115/56/29,122/59/7,122/59/8,122/59/18,129/62/28,130/63/17,134/66/5,146/76/28

149B/79/12,153/80/24
159/82/22,164/84/18
165/84/25,177/92/29
184/95/15,185/95/22
185/95/28,186/96/5
195/99/11,197/99/24
197/99/29,199/101/4
203/103/27,203/104/11
207/107/17,211/109/16
227/121/22,233/125/11
234/125/19,237/128/16
239B/129/18,249/134/5
251/134/20,251/135/3
254/136/4,261/138/24
264A/140/10,268/141/15
269/142/1,270/142/10
277/145/30,281/147/2
291/149/13,293/150/3
298/152/16,301/153/8
305/155/9,309/156/25
309/156/28,310/158/6
312/159/15,312/159/17
313/159/24,327/166/13
344A/172/5,352/175/5
357/176/17,366/180/24
374/182/30,375/183/6
388/188/8,401/192/26
409/195/6,410/195/11
420/203/1,426/206/26
426/207/7,431/209/28
433/211/24,434/212/6
444/219/9,449/220/31
451/221/22,455/223/26
民非子罕而〇其君 8B/3/30
交〇 26/9/16
〇射 27/9/22,27/9/22
左右皆曰〇 27/9/22
人皆〇 27/9/23
而不已〇息 27/9/24
公不知〇 30/10/16
交〇於秦 38/12/17
不〇於公且誅矣 38/12/17
〇我國家使諸侯 41A/14/27
親魏〇楚 44/17/24
楚智橫君之〇用兵 48A/19/10
今楚不加〇秦而〇軫 48B/19/16
〇婦也 49/20/14
遂〇待之 49/20/15
齊、楚之交〇 50/20/19
吾事〇矣 50/21/7
〇齊以安之 63/26/13
臣聞〇厚家者 72/29/9
〇厚國者 72/29/9
〇為國者 73B/32/1
臣聞古之〇為政也 74/32/26
遂弗殺而〇遇之 80/35/14
而聖人所謂吉祥〇事與 81/35/30
於是應侯稱〇 81/36/11
弊邑之於與遇〇之 84B/39/18
不如〇楚 87/40/27
今王中道而信韓、魏之
〇王也 87/41/16
莫若〇楚 87/42/8
王一〇楚 87/42/10
太后不〇公也 91/44/3
嬰子不〇 97/48/23
靖郭君〇齊貌辨 101/49/24
大不〇於宣王 101/49/28
鄒忌所以不〇楚者 106/52/1
可以使人說薛公以〇蘇
子 122/59/3
君因不〇蘇秦 122/60/11
夫不〇君者且奉蘇秦 122/60/11
今蘇秦〇於楚王 122/60/12
薛公因〇蘇秦 122/60/13
故曰可以為蘇秦說薛公
以〇蘇秦 122/60/13
〇說者 125/61/14
孟嘗君可語〇為事矣 128/62/19
甚〇 130/63/13,257/136/27
296/151/2,343/171/14
寡人〇孟嘗君 134/66/14
臣聞〇為國者 142/71/18
今世之所謂〇用兵者 142/73/6
天下稱為〇 142/73/6
中者則〇 142/73/9
故夫〇為王業者 142/73/19
〇事之 143/74/22
王不如因以為己〇 146/76/25
王嘉單之〇 146/76/25
單有是〇而王嘉之 146/76/27
〇單之〇 146/76/27
亦王之〇已 146/76/27
且其志欲為不〇 147/77/17
二人之言皆〇也 155/81/12
且人有好揚人之〇者 159/82/19
江乙可謂〇謀 160/83/14
不蔽人之〇 161/83/18
是無〇也 165/84/25
魏、秦之交必〇 171/90/6
儀事王不〇 175/91/15
太子不如〇蘇子 178/93/11
太子復請〇於蘇子 178/93/12
事之以〇言 179/93/16
用民之所〇 179/93/19
儀貴惠王而〇睢也 183/94/30
甘茂〇魏 183/95/1
公孫郝〇韓 183/95/1
二人固不〇睢也 183/95/1
必〇二人者 183/95/2
今之不〇張儀也 184/95/12
軫猶〇楚 186/96/3
儀〇於魏王 186/96/4,277/145/29
而〇君之業 188/96/18
擇其所〇而為之 190/97/4
令其一〇而獻之王 191/97/16
明日視〇珥所在 191/97/16
人皆以謂公不〇於富摯 194/99/3
而公重不相〇也 194/99/4
而公不〇也 194/99/5
僕又〇之 200/102/13
而〇事襄子 204B/106/14
則有功而〇秦 214/111/6
公於求〇也 221/117/19
〇哉 231/123/14,442/218/22
相〇也 233/124/14
秦雖〇攻 233/124/20
秦〇韓、魏而攻趙者 233/124/22
強者〇攻 233/124/24
未嘗不言趙俗之〇者也
237/128/16
〇韓徐以為上交 247/132/4
諸〇太子者 248/132/18
文張〇宋 250/134/11
甚〇趙王 255/136/9
買馬而〇 258A/137/6
然則買馬〇而若惡 258A/137/7
豈人主之子孫則必不〇
哉 262/139/16
若〇脩之 269/141/20
為政不〇 269/141/25

然為政不○ 269/141/26
269/141/27
此○事也 273/144/12,359/178/4
不如貴董慶以○魏 274/144/27
軫○事楚 277/145/28
郢中不○公者 278/146/4
與其相田繻不○ 290/149/3
秦○魏不可知也已 297/151/20
魏文子、田需、周宵相○ 298/152/14
而孫子○用兵 300/152/28
子必○左右 303A/153/26
秦甚○之 304/154/29
梁王稱○相屬 307/156/6
可謂○用不勝矣 312/159/9
而又怒其不己○也 317B/163/1
吾御者○ 334/168/6
此數者愈○ 334/168/6
周冣○齊 336/168/18
翟強○楚 336/168/18
今由嫪氏○秦而交為天下上 342/171/8
○韓以備之 359/177/25
今公言○韓以備楚 359/177/26
○公孫郝以難甘茂 360/178/10
甘茂不○於公而弗為公言 360/178/13
齊、楚之交○秦 361/178/27
且以○齊而絕齊乎楚 361/178/27
而陰○楚 367/181/4
留馮君以○韓臣 371/182/3
主君不如○馮君 371/182/3
楚○之 377/183/16
今楚欲○齊甚 377/183/16
若韓隨魏以○秦 386/187/6
秦已○韓 386/187/6
必欲○韓以塞魏 386/187/11
必務○韓以備秦 386/187/11
周佼以西周○於秦 387/187/22
周啓以東周○於秦 387/187/22
今公以韓○秦 387/187/23
未有一人言○韓者也 388/188/5
未有一人言○秦者也 388/188/6
雖○事之無益也 389/188/18
豈可不謂○謀哉 391/189/21
故○為計者 393/190/7
人之所以○扁鵲者 395/190/18
使○扁鵲而無臃腫也 395/190/18
今君以所事○平原君者 395/190/19
而○平原君乃所以惡於秦也 395/190/19
其形乃可以○楚 396A/190/25
勢必不○楚 396A/190/26
楚王○之 397/191/27
且明公之不○於天下 397/191/27
天下之不○公者 397/191/27
交○楚、魏也 405/193/20
秦見君之交反○於楚、魏也 405/193/20
而君甚不○蘇秦 409/195/2
○蘇秦則取 409/195/3
不○亦取之 409/195/3
不欲聞其○ 415/198/1
齊○待之 416B/200/9
宋○待之 417/200/16
燕昭王○其書 419/202/9
復○待之 419/202/10
○為事者 420/202/24
○矣 421/203/21
齊有不○ 427/207/14
將曰○為齊謀 427/207/15
吾欲用所○ 427/207/20
王欲醳臣剸任所○ 427/207/21
臣聞○作者 431/210/10
不必○成 431/210/10
○始者 431/210/10
不必○終 431/210/10
萬世之○計 432/210/22
所○荊軻 440/215/7
光與子相○ 440/215/11
則大○矣 440/215/26
秦王必喜而○見臣 440/216/15
為魏則○ 449/220/27
害秦以○魏 449/220/30
君必○子 451/221/17
○以微計薦中山之君久矣 454/222/28
天下○為音 458/224/26

擅 shàn 15

得○用強秦之眾 61A/25/11
富○越隸 70/28/16
則諸侯不得○厚矣 72/29/9
卒○天下而身立為帝王 73A/30/2
趙獨○之 73A/31/7
夫○國之謂王 73B/31/27
今太后○行不顧 73B/31/28
且君○主輕下之日久矣 80/35/7
而○其功 132A/64/2
今君○楚國之勢 160/83/1
子內○楚之貴 174/91/10
專權○勢 220/116/8
五年以○呼沱 253/135/24
群臣或內樹其黨以○其主 348B/174/11
彼大將○兵於外 440/215/26

膳 shàn 2

視○於堂下 236/127/20
○啗使之嗛於口 258B/137/29

繕 shàn 4

○兵不傷眾 44/18/4
○甲厲兵 220/115/22
昭王既息民○兵 461/225/29
○治兵甲以益其強 461/226/24

贍 shàn 1

太后救過不○ 64/26/22

鱔 shàn 1

俯噣○鯉 192/98/7

商 shāng 32

封之於○ 39/12/22
號曰○君 39/12/22
○君治秦 39/12/22
欲傳○君 39/12/26
○君告歸 39/12/27
今秦婦人嬰兒皆言○君之法 39/12/29
是○君反為主 39/13/1
且夫○君 39/13/1
○君歸還 39/13/2

臣請使秦王獻○於之地 50/20/26
而私○於之地以為利也 50/20/27
不穀得○於之田 50/21/1
而得○於之地六百里 50/21/2
臣見○於之地不可得 50/21/3
若秦之○君 81/35/30
○君、吳起、大夫種 81/36/13
81/36/14
○君、吳起、大夫種不若也 81/36/15
不過○君、吳起、大夫種 81/36/18
夫○君為孝公平權衡、正度量、調輕重 81/36/23
則○君、白公、吳起、大夫種是也 81/37/9
○人是也 86/40/9
而治可為管、○之師 134/66/11
秦孝公封○君 201/102/24
是○賈之人也 236/128/6
不如○賈 242/130/10
足下卑用事者而高○賈乎 242/130/11
夫良○不與人爭買賣之賈 242/130/11
尊虞○以為大客 247/132/4
高○之戰 422/204/25
未如○容、箕子之累也 438/213/20
○敵為資 458/224/23

傷 shāng 55

前相工師藉恐客之○己也 8A/3/22
非自○於民也 8B/4/1
國大○ 10B/4/21
天下不能○齊 14B/6/8
則眾必多○矣 23/8/16
國恐○矣 35/11/25,62/25/24
天下莫不○ 42/17/3
繕兵不○眾 44/18/4
則○本 46/18/24
不○一人 50/21/2
固必大○ 50/21/16
大者必○ 51/22/2
子待○虎而刺之 51/22/2
秦死○者眾 58/24/10
足以○秦 70/28/17
則不足以○齊 73A/31/1
披其枝者○其心 73B/32/4
枝之披者○其心 74/32/22
穰侯十攻魏而不得○者 75/33/6
終其年而不夭○ 81/35/28
○此若髮漂 130/63/4
帝名為無○也 141A/70/13
尸死扶○ 142/72/20
則○主心矣 142/72/21
夷○者空財而共藥 142/72/21
故其費與死○者鈞 142/72/22
○弩 142/72/23
欲○安平君 147/77/13
則○行矣 176/91/28
好○賢以為資 179/93/17
於王何○ 181/94/4
無秦不能○趙 229B/122/25
無乃○葉陽君、涇陽君之心乎 258B/138/3
王之國必○矣 290/149/5
是故又為足下○秦者 297/151/24
見天下之○秦也 297/151/25
彼將○其前事 304/155/1
於王何○乎 313/159/29
兵不○ 329B/167/4
欲○張儀於魏 336/168/18
因無敢○張子 336/168/19
虧地不足以○國 342/171/2
不能○秦 352/175/3,352/175/7
○臣於王者 412/196/10
兵○於離石 422/204/21
以○先王之明 431/209/15
恐其適足以○於高而薄於行也 438/213/21
況○人以自損乎 438/213/23
而○長者之意 440/216/8
其於○心 459B/225/20
○者厚養 461/226/2
○者不得療 461/226/2
死○者眾 461/227/1

觴 shāng 10

王○將軍 95/47/7
殺牛而○士 142/72/19
楚王受而○之 147/77/15
願王賜之○ 182/94/21
乃○之 182/94/22
願王召所便習而○之 182/94/22
乃召南后、鄭褎而○之 182/94/23
梁王魏嬰○諸侯於范臺 307/155/26
請魯君舉○ 307/155/26
○聶政母前 385/185/23

賞 shǎng 25

○不私親近 39/12/23
言○則不與 42/15/14
○罰不行 42/15/14
今秦出號令而行○罰 42/15/17
秦之號令○罰 42/15/20
○罰不信 42/16/13
秦國號令○罰 42/17/7
於是出私金以益公○ 57/24/6
有功者不得不○ 72/28/28
人主○所愛 72/29/2
○必加於有功 72/29/2
信○罰以致治 81/36/2
無咫尺之功者不○ 96/48/15
受上○ 108/52/26
受中○ 108/52/27
受下○ 108/52/27
得○無功也 165/84/24
文侯○其功而疑其心 265/140/24
以○田百萬祿之 270/142/5
縣○罰於前 270/142/8
王特為臣之右手不倦○臣 270/142/9
○韓王以近河外 285/147/27
燭之武、張孟談受大○ 430/208/22
而論功○群臣及當坐者 440/217/21
無功之○ 448A/220/15

上 shàng 219

少海之○ 1/1/11
譽在○ 8B/3/29
○黨長子趙之有已 10A/4/15
秦盡韓、魏之○黨太原 10B/4/21
趙之○計 23/8/16

魏王以○黨之急辭之	32/10/29
而兩○黨絶矣	32/11/4
是○黨每患而贏四十金	32/11/7
韓兼兩○黨以臨趙	33/11/13
即趙羊腸以○危	33/11/13
○下相愁	40/13/20
威立於○	40/13/24
說秦王書十○而說不行	40/13/29
人生世○	40/14/20
其○不能殺也	42/15/14
○非能盡其民力	42/16/14
以爭韓之○黨	42/16/15
趙氏○下不相親也	42/16/15
降代、○黨	42/16/16
○黨十七縣	42/16/17
代、○黨不戰而已為秦矣	42/16/17
○黨、南陽積之久矣	55/23/9
南取○庸	55/23/11
三鼓之而卒不○	57/24/3
君聞夫江○之處女乎	61A/24/27
夫江○之處女	61A/24/28
與之○卿	61A/25/7
今秦與之○卿	61A/25/9
賜之○卿	61A/25/11
則韓、魏必無○黨哉	63/26/13
書○	72/29/15
足下○畏太后之嚴	73A/30/14
○及太后	73A/30/20
北斬太行之道則○黨之兵不下	73A/31/20
其令邑中自斗食以○	74/32/22
困於○黨	78/34/6
○黨之民皆返為趙	78/34/7
○下之力	81/37/3
乃延入坐為○客	81/37/11
則○黨	82B/38/6
肘足接於車○	83B/39/3
魏許秦以○洛	84A/39/9
效○洛於秦	84A/39/13
殺智伯瑤於鑿臺之○	87/41/13
○蔡、召陵不往來也	87/42/10
以與申縛遇於泗水之○	88/42/23
得○谷三十六縣	94/46/11
○客從趙來	95/47/1
以○客料之	95/47/2
○若不信	95/47/9
以為○卿	96/47/24
是以群臣莫敢以虛願望於○	96/48/16
於是舍之○舍	101/49/26
受○賞	108/52/26
○書諫寡人者	108/52/26
非山東之○計也	111/54/5
秦、趙戰於河漳之○	113/55/21
託於東海之○	113/55/27
官為○柱國	117/57/12
爵為○執珪	117/57/12
官之○非可重也	117/57/18
因以○黨二十四縣許秦王	118/57/24
過於淄○	124/60/27
梁王虛○位	133/65/22
以故相為○將軍	133/65/22
居○位	136B/67/28
夫○見其原	136B/68/5
○不臣於王	138/69/21
○倦於教	142/72/26
此用兵之○節也	142/73/3
比之堂○	142/73/16
折之衽席之○	142/73/17
謀成於堂○	142/74/6
此臣之所謂比之堂○	142/74/6
折衝席○者也	142/74/7
○下迷惑	145/75/18
○輔孤主	145/75/25
劫桓公於壇位之○	145/76/8
而○下無別	147/77/17
王○者孰與周文王	147/77/23
○車弗謝而去	148/78/9
西有菑○之虞	148/78/16
濮○之事	149A/78/22
則○危	159/82/18
則○安	159/82/18
而楚以○梁應之	163/84/5
新城、○梁相去五百里	163/84/7
○梁亦不知也	163/84/7
非江南泗○也	163/84/8
○蔡之監門也	166/85/4
韓之○地不通	168/86/22
而民弊者怨於○	168/87/6
則泗○十二諸侯	168/87/15
託東海之○	168/87/26
今○客幸教以明制	168/87/26
○崢山	170/89/11
蒙穀給鬬於宮唐之○	170/89/20
奉以○庸六縣為湯沐邑	174/91/6
○柱國子良入見	177/92/11
王發○柱國子良車五十乘	177/92/27
○干主心	189/96/28
秦果舉鄢、郢、巫、○蔡、陳之地	192/97/24
加己乎四仞之○	192/98/2
將加己乎十仞之○	192/98/4
將加己乎百仞之○	192/98/9
趙以為○卿	197/99/25
○比前世	197/100/7
嗚呼○天	197/100/11
○天甚神	197/100/11
服鹽車而○太行	199/101/6
負轅不能○	199/101/7
自將軍以○	204A/105/20
蘇秦為齊○書說趙王曰	209/108/10
秦盡韓、魏之○黨	209/108/21
秦以三軍強弩坐羊唐之○	209/108/22
且秦以三軍攻王之○黨而危其北	209/108/22
夫韓事趙宜正為○交	209/108/27
請效○黨之地以為和	211/109/19
令韓陽告○黨之守靳黈曰	211/109/19
今王令韓興兵以○黨入和於秦	211/109/20
韓不能守○黨	211/109/25
	211/109/27,211/110/7
故自以為坐受○黨也	211/110/1
其死士皆列之於○地	211/110/3
趙聞韓不能守○黨	211/110/14
趙起兵取○黨	211/110/17
秦與韓為○交	217/112/6
秦與梁為○交	217/112/7
宜陽效則○郡絶	218/113/5
相與會於洹水之○	218/114/3
今○客有意存天下	218/114/11
為齊兵困於殽塞之○	219/115/3
而令行為○	221/117/1
自常山以至代、○黨	221/117/20
以及○黨	221/117/23

近可以備○黨之形 221/117/25
○無敝言 221/118/14
踐石以○者皆道子之孝 222/119/3
不逆○以自伐 223/119/26
薄之柱○而擊之 225/120/29
質之石○而擊之 225/120/29
吾欲北伐○黨 231/123/8
棄禮義而○首功之國也 236/126/29
善韓徐以為○交 247/132/4
下親其○而守堅 248/132/17
魏為○交 249/133/19
燕以奢為○谷守 252/135/12
加之百萬之○ 270/142/13
一天下、約為兄弟、刑白馬以盟於洹水之○以相堅也 273/143/29
太○伐秦 297/151/21
而以秦為○交以自重也 297/151/26
而行其○ 297/151/27
○不可 297/151/27
而以齊為○交 297/152/8
則○有野戰之氣 304/154/24
○所以為其主者忠矣 304/154/27
王所患者○地也 309/156/27
則○地無憂患 309/156/28
○也 311/158/20
而王效其○ 311/158/20
魏不以敗之○割 312/159/9
而秦不以勝之○割 312/159/9
絕韓之○黨而攻強趙 315/161/10
而右○蔡、召陵 315/161/13
通韓之○黨於共、莫 315/162/6
是魏重質韓以其○黨也 315/162/7
○下不輯 319/164/7
將皆務事諸侯之能令於王之○者 328/166/18
憲之○篇曰 340/170/2
廊廟之○ 342/171/6
王之交最為天下○矣 342/171/8
今由嫪氏善秦而交為天下○ 342/171/8
倉鷹擊於殿○ 343/171/22
集於鳥卵之○ 348A/173/24
斷絕韓之○地 348A/173/27
絕○地 348A/173/28
是絕○交而固私府也 351/174/29
張儀使人致○庸之地 354/175/23
王因取其游之舟○擊之 363/179/16
盡置其身妾之○ 366/180/12
夫韓地易於○ 368/181/14
非○知也 371/182/3
頃間有鵲止於屋○者 384/185/11
○階刺韓傀 385/186/14
而信於萬人之○也 390/188/26
保於會稽之○ 390/189/5
而君臣、○下、少長、貴賤 390/189/9
群臣比周以蔽其○ 396C/191/14
輻湊以事其○ 396C/191/16
○及不交齊 398/192/4
過代、○谷 408/194/15
○以活主父 412/196/28
於是遂以樂毅為○將軍 418/201/8
夫○計破秦 419/201/25
○交也 419/202/7
尊○交 419/202/7
歸耕乎周之○地 420/202/16
曩者使燕毋去周室之○ 420/202/23
吾請拜子為○卿 420/203/1
昔周之○地嘗有之 420/203/6
西河之外、○雒之地、三川 422/204/26
今以燕為○交 424/205/17
○可以得用於齊 427/207/16
而立之乎群臣之○ 431/209/22
隨先王舉而有之於濟○ 431/209/29
濟○之軍 431/209/30
臣之○計也 431/210/13
此燕之○計也 432/211/6
此丹之○願 440/215/27
於是尊荊軻為○卿 440/216/1
舍○舍 440/216/1
至易水○ 440/216/27
髮盡○指冠 440/217/1
群臣侍殿○者 440/217/15
非有詔不得○ 440/217/16
太子○車請還 446B/220/1
婦○車 452B/222/3
○下同力 461/226/25

尚 shàng 46

左○謂司馬悍曰 36/12/4
左○以此得事 36/12/5
忠○見棄 49/20/14
楚國不○全事 50/21/15
其母○織自若也 55/23/16
臣聞始時呂○之遇文王也 73A/29/29
故文王果收功於呂○ 73A/30/1
天下之王○猶尊之 76/33/17
傲○奚生 79/34/24
○賢在晉陽之下也 83B/39/4
為○書 95/46/17
○焉之 96/48/6
四國之王○焉用賈之身 96/48/7
○恐事不成 122/59/19
於陵子仲○存乎 138/69/21
女○何歸 144/74/29
然則周文王得呂○以為太公 147/77/25
云曰○矣 148/78/14
靳○為儀謂楚王曰 174/91/3
○曰 174/91/5
靳○謂楚王曰 175/91/15
靳○之仇也 175/91/18
君不如使人微要靳○而刺之 175/91/18
張旄果令人要靳○刺之 175/91/22
而○相鬬兩敝 217/111/29
王以其力○能進 233/124/7
吾國○利 233/124/22
趙使李牧、司馬○禦之 263/139/27
李牧、司馬○欲與秦反趙 263/139/28
廢司馬○ 263/140/1
其子之肉○食之 265/140/23
○有爭錢財 273/144/1
魏王遂○遇秦 285/147/29
而為魏太子之○在楚也 305/155/12
○有可以易入朝者乎 311/158/14
王○未聽也 311/158/22
○足以捍秦 311/158/23
燕王○未許也 314/160/16
晉國之去大梁也○千里

315/161/26
山東○強 318/163/24
韓又令○靳使秦 366/180/9
獨○子之言是 366/180/11
召○子入 366/180/11
宣太后謂○子曰 366/180/12
○靳歸書報韓王 366/180/16
○何足以圖國之全為 376/183/11

稍 shāo 4

○○誅滅 136B/67/27
○○蠶食之 218/113/14

燒 shāo 8

則秦且○爇獲君之國 53/22/15
再戰○夷陵 81/36/26
○先王之墓 87/40/24
因○其券 133/65/8,133/65/15
亦襲魏之河北○棘溝 142/71/13
棘溝之○也 142/71/14
○其宮室宗廟 418/201/10

少 shǎo 73

○海之上 1/1/11
臣○而誦《詩》 9/4/8
○焉氣力倦 27/9/24
願大王○留意 40/13/9
誂其○者 49/20/4
○者許之 49/20/4
○者乎 49/20/5
○者和汝 49/20/5
秦○出兵 63/26/10
疑則○嘗之 72/29/11
願○賜游觀之間 72/29/13
可以○有補於秦 73A/30/8
○出師 73A/31/1
臣意王之計欲○出師 73A/31/2
恆思有悍○年 74/32/16
張儀之力○ 75/33/10
蔡澤得○間 81/36/13
聚○而為多 88/42/25
○棄捐在外 93/45/11
得知名者不○ 93/45/12
○庶子甘羅曰 94/45/23
臣○為秦刀筆 95/46/28
寡人○ 101/50/10
臣固願大王之○留計 112/55/8
齊○其地 122/59/17
世與○有 122/60/11
○長貴賤 142/73/9
用財○ 142/73/13
故王不如○出兵 156/81/22
○與之同衣 166/85/10
秦可以○割而收害也 173B/90/29
臣等○也 188/96/19
裁○為多 189/96/26
夫人主年○而矜材 197/100/2
臣○之時好射 198/100/17
而君相○主 200/102/7
吾鋼○若何 203/104/10
麤中而○親 203/104/21
則吾所得者○ 203/105/5
○子之齊 204A/106/3
寡人年○ 218/114/11,220/116/9
用力○而功多 221/116/19
教○以學 222/119/6
雖○出兵可也 229A/122/18
君安能○趙人 237/128/11
臣○之時 238/128/21
而責文信侯○禮 242/130/14
○益耆食 262/139/4
太后之色○解 262/139/5
最○ 262/139/7
雖○ 262/139/9
丈夫亦愛憐其○子乎 262/139/9
子盍○委焉 283/147/14
臣不知衍之所以聽於秦之○多 287/148/10
必以○割請合於王 287/148/14
先王必欲○留而扶社稷、安黔首也 296/151/1
太子年○ 300/152/27
必○割而有質 310/157/19
可以○割收也 310/157/29
亟以○割收 310/158/1
而得以○割為和 310/158/1
谿子、○府時力、距來 347/172/29
以其○有利焉 366/180/13
獨不可使妾○有利焉 366/180/14
而君臣、上下、○長、貴賤 390/189/9
強秦之○婿也 411/195/22
孤極知燕小力○ 418/200/21
我起乎○曲 422/204/1
已得宜陽、○曲 422/204/14
願大王○假借之 440/217/11
是不殺○而殺眾 442/218/12
與不期眾○ 459B/225/19

邵 shào 3

○公奭封於燕 201/102/26
有許、鄢、昆陽、○陵、舞陽、新鄭 272/142/27
蔡、○之道不通矣 405/193/21

紹 shào 7

王立周○為傅 222/119/3
周○曰 222/119/10,222/119/11,222/119/11,222/119/16
遂賜周○胡服衣冠 222/119/22
勝請為○介而見之於將軍 236/126/23

奢 shē 16

必以驕○為行 136B/67/28
据慢驕○ 136B/67/29
閭姝子○ 197/100/10
趙○、鮑佞將 219/115/10
而趙○、鮑佞之能也 219/115/12
相都平君田單問趙○曰 225/120/23
趙○將救之 228/122/4
粱肉不與驕○期 232/123/20
而驕○至 232/123/20
驕○不與死亡期 232/123/20
且君奚不將○也 252/135/12
○嘗抵罪居燕 252/135/12
燕以○為上谷守 252/135/12
○習知之 252/135/12
○已舉燕矣 252/135/13
其於○不然 252/135/15

舌 shé 2

○弊耳聾 40/13/21
美女破○ 48A/19/7

蛇 shé 9

嫂○行匍伏 40/14/18
請畫地為○ 117/57/15
一人○先成 117/57/15
右手畫○ 117/57/16
一人之○成 117/57/16
○固無足 117/57/16
為○足者 117/57/17
猶為○足也 117/57/19
有○於此 318/163/22

社 shè 63

立○主 42/16/5,42/16/9
而賜之二○之地 63/26/2
而禍歸○稷 73B/32/3
則○稷必危 85/40/1
入其○稷之臣於秦 86/40/16
○稷壞 87/41/18
秦○稷之憂也 87/41/21
與同知○稷之計 96/48/1
故可以存○稷者 96/48/15
敬奉○稷以從 112/55/10
347/173/13
未嘗聞○稷之長利 113/55/27
請奉○稷以事秦 113/55/27
為○稷計者 115/56/15
守○稷 137/68/24
通都小縣置○ 142/72/20
而○稷已安矣 147/77/14
且王不能守先王之○稷 147/77/27
為○稷耶 150/79/19
為○稷 150/79/20
為○稷立王 150/79/20
王何以去○稷而入秦 150/79/20
委○稷宗廟 167/85/24
寡人謹奉○稷以從 167/86/10
○稷豈得無危哉 168/86/23
以憂○稷者乎 170/88/19
以憂○稷者 170/88/20,170/88/21
170/88/22,170/88/22
170/88/23,170/88/26
170/89/3,170/89/7
170/89/18,170/89/25
○稷其為庶幾乎 170/89/7
○稷其危 170/89/16
楚國○稷其庶幾乎 170/89/21
○稷之臣 170/89/24
苟○稷血食 170/89/24
王墳墓、復群臣、歸○
稷也 177/92/11
安○稷乎 204A/105/22
安○稷 204A/105/26
韓危○稷以事王 209/109/1
未嘗得聞○稷之長計 218/114/11
非○稷之神靈 221/117/24
其○稷之不能恤 228/122/1
○稷之血食乎 238/128/24
使奉○稷 239A/129/6
○稷為虛戾 239A/129/8
而○稷不血食 258A/137/8
將柰○稷何 271/142/18
以安○稷、尊主、強兵
、顯名也 273/143/29
先王必欲少留而扶○稷
、安黔首也 296/151/1
○稷必危矣 340/169/29
夫羞○稷而為天下笑 347/173/4
夫不顧○稷之長利 348A/173/25
請奉○稷西面而事秦 413/197/16
則恐危○稷 444/219/4
斬○稷而焚滅之 447/220/8
即○稷危矣 458/225/3

舍 shè 67

令軍設○速東 37/12/10
害則○之 72/29/11
今○此而遠攻 73A/31/6
於是○之上○ 101/49/26
與秦交和而○ 109/53/6
乃使其○人馮喜之楚 115/56/21
賜其○人卮酒 117/57/14
○人相謂曰 117/57/14
孟嘗君○人有與君之夫
人相愛者 128/62/7
為君○人而內與夫人相
愛 128/62/7
孟嘗君有○人而弗悅 129/62/23
故物○其所長 129/62/25
故有問○本而問末者耶 138/69/15
車○人不休傅 142/71/9
軍○林中 142/71/12
然後天下乃○之 142/74/4
夫○南面之稱制 150/79/26
景○曰 156/81/20
楚因使景○起兵救趙 156/81/26
○闕奔郢曰 170/89/21
先生就○ 180/93/29,208/107/29
○人怒而歸 182/94/9
○之 187/96/10,187/96/12
李園求事春申君為○人
200/101/16
乃出園女弟謹○ 200/101/27
○臣於廟 204A/106/2
寡人○子 204B/106/24
寡人不○子 204B/106/25
君前已寬○臣 204B/106/26
日百而○ 208/107/22
李兌○人謂李兌曰 208/108/1
○人曰 208/108/2,208/108/4
○人出送蘇君 208/108/3
蘇秦謂○人曰 208/108/3
孟嘗君擇○人以為武城
吏 216/111/17
今奉陽君捐館○ 218/112/23
百日而欲○之死 236/127/17
諸侯辟○ 236/127/20
然而廬田廡○ 272/142/29
王不如○需於側 293/149/30
魏必○所愛習而用所畏
惡 304/154/20
夫○萬乘之事而退 304/154/21
且魏信○事 304/154/22
○於秦 304/154/23
必○於秦 305/155/7
令鼻之入秦之傳○ 330/167/10
○不足以○之 330/167/10
乃之使者之○ 340/170/7
素服縞素辟○ 340/170/9
申子乃辟○請罪 346/172/24
史○曰 374/182/23
史○入見曰 374/182/25
○媒而自衒 421/203/20
兩者不肯相○ 434/212/5

暮○ 436/212/17
此焉可以○ 436/212/18
○上○ 440/216/1
百○重繭 442/218/10
○其文軒 442/218/15
○其錦繡 442/218/15
○其粱肉 442/218/16

射 shè 33

善○ 27/9/22,27/9/22
去柳葉者百步而○之 27/9/22
可教○也矣 27/9/22
子乃曰可教○ 27/9/23
子何不代我○之也 27/9/23
夫○柳葉者 27/9/24
便弓引弩而○之 142/73/8
約之矢以○城中 145/75/11
昔管仲○桓公中鉤 145/76/1
王親引弓而○ 160/83/9
不知夫○者 192/98/8
中○之士問曰 196/99/16
使人殺中○之士 196/99/17
中○之士使人說王曰 196/99/17
○中其股 197/100/6
未至絞纓○股 197/100/8
臣少之時好○ 198/100/17
臣願以○譬之 198/100/17
然則○可至此乎 198/100/19
198/100/20
習馳○ 220/115/22
今吾將胡服騎○以教百姓 221/116/20
而無騎○之備 221/117/21
變服騎○ 221/117/22
今騎○之服 221/117/25
以奉騎○ 224/120/9
皆○六百步之外 347/172/30
韓卒超足而○ 347/172/30
寡人如○隼矣 422/203/30
○其面 422/204/10
今宋王○天笞地 433/211/21
故○天笞地 447/220/7

涉 shè 18

大武遠宅不○ 87/41/14
未嘗倍太山、絶清河、○渤海也 112/54/25
悉趙○河關 113/55/24
有老人○菑而寒 146/76/22
未○疆 177/93/4
必以路○、端氏賂趙 213/110/29
○孟之讎然者何也 214/111/3
秦甲○河踰漳 218/113/7
趙○河、漳 218/114/4,218/114/5
趙○河、漳、博關 218/114/5
齊○渤海 218/114/6,218/114/7
姑肝○血之仇耶 252/135/15
道○而谷 315/161/12
今○魏境 363/179/18
○易水 408/194/17
鍥朝○之脛 447/220/9

設 shè 15

而○以國為王扞秦 32/11/2
令軍○舍速東 37/12/10
張樂○飲 40/14/17
○利於前 87/41/11
請為大王○秦、趙之戰 95/46/18
○為不宦 139/69/26
○為不嫁 139/69/27
今先生○為不宦 139/69/28
終身不敢○兵以攻秦折韓也 219/115/13
○北面於南方 236/127/22
兵衛○ 385/186/9
齊器○於寧臺 431/210/2
○九賓 440/217/9
公輸般為楚○機 442/218/10
是以臣得○疑兵 461/226/21

赦 shè 6

不○ 95/47/11
死不○ 136B/67/16
王因○其罪 309/157/2
有常不○ 340/170/2
國雖大○ 340/170/2
境吏恐而○之 437/212/29

懾 shè 3

趙、楚○服 81/36/27
弊邑恐懼○伏 220/115/21
愁居○處 220/115/22

攝 shè 3

○禍為福 189/96/26
右○丸 192/98/4
○衽抱几 236/127/20

申 shēn 65

○生孝 81/36/8
王○息眾二年 87/41/2
以與○縛遇於泗水之上 88/42/23
而大敗○縛 88/42/23
使若卞隨、務光、○屠狄 96/48/14
而用○縛 97/48/23
○縛者 97/48/23
係梁太子○ 105/51/21
鄭○為楚使於韓 164/84/15
唐且見春○君曰 188/96/17
客說春○君曰 197/99/23
春○君曰 197/99/24,198/100/17
199/100/27,199/101/1
199/101/2,199/101/4
200/101/18,200/101/18
200/102/5,200/102/8
200/102/10,200/102/12
客又說春○君曰 197/99/27
春○君又曰 197/99/29
趙使魏加見楚春○君曰 198/100/16
汗明見春○君 199/100/27
春○君大說之 199/100/27
蹄○膝折 199/101/6
春○君患之 200/101/14
李園求事春○君為舍人 200/101/16
春○君問狀 200/101/17
即幸於春○君 200/101/19
園女弟承間說春○君曰 200/101/22
春○君大然之 200/101/27

恐春○君語泄而益驕 200/102/1
欲殺春○君以滅口 200/102/1
春○君相楚二十五年 200/102/4
朱英謂春○君曰 200/102/4
春○君後入 200/102/15
園死士夾刺春○君 200/102/16
於是使吏盡滅春○君之家 200/102/16
初幸春○君有身 200/102/17
虞卿謂春○君曰 201/102/23
建信、春○從 214/111/5
將太子○而攻齊 300/152/26
殺太子○ 301/153/3
而禽太子○ 301/153/12
而信春○君之言 319/164/9
即春○君有變 319/164/10
衣焦不○ 334/168/3
謂○不害於韓曰 344B/172/10
○不害始合於韓王 345/172/15
王問○子曰 345/172/15
○子微視王之所說以言於王 345/172/18
○子請仕其從兄官 346/172/22
○子有怨色 346/172/22
○子乃辟舍請罪 346/172/24
春○君聞之 363/179/17
觀鞅謂春○曰 364/179/23
○不害 390/188/23
○不害與昭釐侯執珪而見梁君 390/188/24
○不害之計事 390/188/24
○不害慮事而言之 390/188/27
而王之諸臣忠莫如○不害也 390/188/29

伸 shēn 1

不○威 87/41/1

身 shēn 152

復國且○危 10B/4/22
自令○死 19/7/14
左右太親者○危 39/12/29
是故兵終○暴靈於外 42/16/10
禽其○ 42/17/3,42/17/6
今○在楚 45/18/17
終○勿出 61A/25/6
定○封 69/28/8, 210/109/8,248/132/23
寡人宜以○受令久矣 73A/29/19
寡人乃得以○受命 73A/29/20
○為漁父而釣於渭陽之濱耳 73A/29/29
卒擅天下而○立為帝王 73A/30/2
漆○而為厲 73A/30/6,73A/30/11
終○不復見 73A/30/10,236/128/7
漆○可以補所賢之主 73A/30/12
天下見臣盡忠而○蹶也 73A/30/13
終○闇惑 73A/30/14
小者○以孤危 73A/30/15
天下皆聞臣之○與王之舉也 80/35/12
極○毋二 81/36/2
故君子殺○以成名 81/36/6
○雖死 81/36/6
而○不退 81/36/19
遂以殺○亡國 81/36/22
然而○死於庸夫 81/36/23
○所服者 81/36/27
○死國亡 83B/39/4
王之○ 87/40/29
首○分離 87/41/19
梁王○抱質執璧 88/42/22
○布冠而拘於秦 89/43/10
○為糞土 93/44/23
○大臂短 95/47/8
四國之王尚焉用賈之○ 96/48/7
至○死國亡 96/48/7
○體昳麗 108/52/13
○退師 110/53/25
故儀願乞不肖○而之梁 115/56/17, 115/56/25
○且死 117/57/19
而○與趙戰矣 119/58/1
則是○與楚為讎也 122/60/12
吾以○為孟嘗君 126/61/22
則終○不辱也 136B/68/18
魏王○被甲底劍 142/71/10
○從諸侯之君 142/72/3
而卒○死國亡 142/72/3
○窟穴 142/72/25
然而智伯卒○死國亡 142/72/28
故○廣公宮 142/74/2
忠臣不先○而後君 145/75/12
殺○亡聊城 145/75/12
辱○也 145/76/2
以為殺○絕世 145/76/10
而成終○之名 145/76/10
夫一人○ 147/77/16
終○不覩 149B/79/3
以○為殉 160/83/2
願得以○試黃泉 160/83/11
終○無相攻擊 168/87/23
自從先君文王以至不穀之○ 170/88/18
貧其○ 170/88/20,170/88/26
有勞其○ 170/88/22
○獲於表薄 170/89/1
寡君○出 170/89/10,170/89/15
秦王○問之 170/89/14
故勞其○ 170/89/18
君王○出 170/89/20
所以為○也 177/92/5
王○出玉聲 177/92/12,177/92/21
臣○受命弊邑之王 177/93/3
節○之嗜欲 179/93/20
齊人飾○修行得為益 188/96/17
○體戰慄 192/98/20
知其有○ 200/101/19
禍且及○ 200/101/24
今妾自知有○矣 200/101/25
初幸春申君有○ 200/102/17
以定○封 201/102/27
知伯○死 203/105/13
今臣之名顯而○尊 204A/105/20
功大者○尊 204A/105/21
豫讓又漆○為厲 204B/106/12
擇交不得則民終○不得安 218/112/25
今用兵終○不休 219/114/22
終○不敢設兵以攻秦折韓也 219/115/13
面相見而○相結也 220/116/6
被髮文○ 221/117/15
犯姦者○死 221/118/12
是以聖人利○之謂服 221/118/25
○行寬惠達於禮 222/119/12
則為一○ 236/126/29
而君之○於王 243/130/19
而○朝於邯鄲 247/131/26

君之○老矣 248/132/21
而君終○不得陰 249/133/24
而君有終○不得陰 249/134/1
請殺座之○ 251/134/23
終○不敝 255/136/11
和於○也 262/139/4
此其近者禍及○ 262/139/15
○自罷之 267/141/8
其○易窮 291/149/10
○相於韓 292/149/23
臣以為○利而便於事 293/150/2
又○自醜於秦 297/152/6
○取尊焉 304/154/29
○處死亡之地 304/155/1
無梁孰與無○急 311/158/19
○急 311/158/19
○ 311/158/20
王嘗○濟漳 316/162/14
擊其中○ 318/163/22
天下之中○也 318/163/23
是山東首尾皆救中○之時也 318/163/23
卑體不足以苦○ 342/171/2
先王以其髀加妾之○ 366/180/12
盡置其○妾之上 366/180/12
先○而後張儀 367/181/7
○必危 376/183/11
太子必終○重公矣 378/183/23
臣所以降志辱○ 385/185/27
政○未敢以許人也 385/185/28
夫愛○不揚弟之名 385/186/21
則主尊而○安 386/187/4
則主卑而○危 386/187/5
若夫安韓、魏而終○相 386/187/10
此主尊而○安矣 386/187/10
利於○ 387/187/17
是其於○大利也 387/187/25
○執禽而隨諸御 390/189/6
而許異終○相焉 391/189/15
雖終○相之焉 391/189/16
見足下○無咫尺之功 412/196/8
○自削甲扎 415/198/8
卑○厚幣 418/200/20
臣以為廉不與○俱達 420/202/18
則公子終○不封矣 428/208/9
而以○得察於燕 431/209/21
僅以○免 431/210/1
夫免○全功 431/210/12
歸○於丹 440/214/27
未至○ 440/217/13
則恐無○ 458/224/20

參 shēn 18

曾○殺人 55/23/15
55/23/15,55/23/16
夫以曾○之賢 55/23/17
臣之義不○拜 86/40/6
曾○孝其親 96/48/5
因與之○坐於衛君之前 116/57/5
○分趙國壤地 209/108/26
以備其○胡、樓煩、秦、韓之邊 221/117/22
求其好掩人之美而揚人之醜者而○驗之 266/141/1
守亭障者○列 273/143/24
是○行也 325/165/25
孝如曾○ 412/196/11
且夫孝如曾○ 412/196/14
孝如曾○、孝己 420/202/14
420/202/17
今王信田伐與○、去疾之言 427/207/19
公孫弘○乘 456/224/3

深 shēn 56

欲○取秦也 11C/5/10
則伐齊○矣 11C/5/11
然刻○寡恩 39/12/24
秦眾盡怨之○矣 58/24/12
秦之○讎也 63/26/7
233/125/9,422/203/26
秦之○讎 63/26/8
其讎君必○ 65/26/27
其讎君必○矣 66/27/12
其言○也 73A/30/1
即使文王疏呂望而弗與○言 73A/30/2
居○宮之中 73A/30/14
三國之兵○矣 83A/38/13
秦雖欲○入 112/55/5
夫不○料秦之不奈我何也 112/55/6
其割趙必○矣 156/81/17
害必○矣 156/81/21
且魏令兵以○割趙 156/81/21
而無以○自結於王 160/83/1
不可與○謀 167/86/8
吾將○入吳軍 170/89/6
踰○谿 170/89/11
必○攻楚以勁秦 173B/90/27
今燕之罪大而趙怒○ 201/102/26
子獨何為報讎之○也 204B/106/22
非曾○淺於韓也 209/108/13
臣願大王○與左右群臣卒計而重謀 209/109/2
齊怒○ 210/109/8
懼則可以不戰而○取割 211/109/16
割必○矣 217/112/8
齊之怒○ 248/132/23
交淺而言○ 257/136/24
257/136/25
使夫交淺者不可以○談 257/136/26
今外臣交淺而欲○談可乎 257/136/27
則為之計○遠 262/139/11
而不敢○入者 274/144/26
願王之○計之也 297/151/20
必多割地以○下王 304/155/2
○於骨髓 342/171/7
臣請○惟而苦思之 345/172/16
計淺而怨○ 348A/173/28
是秦、韓之怨○ 372/182/11
必周君而○怨我矣 374/182/22
軹○井里聶政 385/185/21
然是○知政也 385/186/3
此吾弟軹○井里聶政也 385/186/22
而○與強秦為仇 411/195/23
我有○怨積怒於齊 415/198/11
○結趙以勁之 424/205/27
我有積怨○怒於齊 431/209/25
其智○ 440/214/29
可謂○矣 440/216/11
怨不期○淺 459B/225/19
故起所以得引兵○入 461/226/17

莘 shēn 1

田○之為陳軫說秦惠王曰 48A/19/6

神 shén 17

昔者○農伐補遂 40/13/16
若太后之○靈 64/26/20
亦聞恆思有○叢與 74/32/16
叢籍我○三日 74/32/17
叢籍其○ 74/32/17
王之○ 74/32/18
鬼○狐祥無所食 87/41/20
然而形○不全 136B/68/14
以為○ 182/94/15
上天甚○ 197/100/11
非當於鬼○也 209/108/11
非社稷之○靈 221/117/24
宓戲、○農教而不誅 221/118/21
威服天下鬼○ 447/220/8
特以為○ 458/224/28
取勝如○ 461/226/14
何○之有哉 461/226/23

審 shěn 5

言不○亦當死 42/15/10
願公熟計而○處一也 145/75/27
不可不○察也 197/100/1
不○君之聖 199/100/28
今君○於聲 268/141/14

甚 shèn 133

西周○憎東周 20/7/19
○敬 24/8/24
公之功○多 27/9/25
此○大功也 42/15/22
外者天下比志○固 42/16/27
弊邑之王所說○者 50/20/23
唯儀之所○願為臣者 50/20/23
弊邑之王所○憎者 50/20/24
唯儀之○憎者 50/20/24
其於弊邑之王○厚 50/20/25
楚王○愛之 51/21/27
此臣之○患也 67/27/22
則病必○矣 74/32/19
人主所○愛也 75/33/7
臣之見人○衆 81/37/13
○然 83B/38/28
楚王使景所○愛 85/39/23
君侯何不快○也 94/45/23
其交○親 95/47/4
趣○疾 95/47/12
令其欲封公也又○於齊 98/49/1
王之不說嬰○ 101/50/1
君美○ 108/52/14
又弗如遠○ 108/52/19
王之蔽○矣 108/52/25
今齊、楚、燕、趙、韓、梁六國之遞○也 111/54/4
臨淄○富而實 112/54/27
今齊王○憎張儀 115/56/16
王○憎張儀 115/56/22
寡人○憎儀 115/56/23
齊王○憎儀 115/56/25
齊畏公○ 117/57/18
荊○固 125/61/10
而荊亦○固 125/61/12
遇之○懽 126/61/19
亦○不義矣 128/62/8
於衛○重 128/62/11
衛君○欲約天下之兵以攻齊 128/62/13
○善 130/63/13,257/136/27,296/151/2,343/171/14
亦○矣 136B/67/23
戰非○疾也 142/71/20
然而○於相趨者 142/72/14
不若其欲齊之○也 151/80/4
貴○矣而主斷 161/83/20
邊邑○利之 163/84/8
○矣 169/88/7,304/154/19
為求地○力 186/96/3
魏王○信之 186/96/4
○愛新人 190/97/3
愛之○於王 190/97/4
其愛之○於寡人 190/97/5
必○於癘矣 197/100/9
又○喜之兮 197/100/10
上天○神 197/100/11
○衆 200/101/14
今王疾○ 200/102/6
其音何類吾夫之○也 204B/106/13
子之道○難而無功 204B/106/14
此○易而功必成 204B/106/15
臣聞聖人○禍無故之利 211/109/28
文○不取也 216/111/18
東闚於周室○ 217/112/1
亦太○矣 236/127/12
○無禮 242/130/9
○矣其無禮也 242/130/10
於魏王聽此言也○詘 247/132/5
其欲事王也○循 247/132/5
以奉陽君○食之 248/132/24
國奚無人○哉 252/135/9
國奚無人○也 252/135/11
○善趙王 255/136/9
趙王之所○愛也 261/138/21
而郎中○妬之 261/138/22
○於婦人 262/139/9
婦人異○ 262/139/10
不若長安君之○ 262/139/11
今秦見齊、魏之不合也如此其○也 275/145/5
○力之 277/145/28
魏王○愛之 277/145/29
雪○如此而喪行 296/150/20
民必○病之 296/150/20
而雪○ 296/150/29
故使雪○ 296/151/1
好用兵而○務名 301/153/13
昭魚○憂 303B/154/6
秦○善之 304/154/29
病○奈何 311/159/2
君得燕、趙之兵○衆且亟矣 314/160/24
臣○或之 315/161/4
所行者○遠 315/161/12
而所攻者○難 315/161/12
衛、齊○畏 315/162/9
而秦若此其○ 330/167/11
○苦矣 338/169/1
臣○喜 341/170/16
美人亦○多矣 341/170/18
而魏之弱也○ 342/171/1
吾○欲韓合 359/177/29
○難 359/178/1
亦○患之 365/180/5

臣○惡其事 367/181/6
今楚欲善齊○ 377/183/16
楚王欲復之○ 383A/184/23
聞足下義○高 385/185/26
持兵戟而衛者○眾 385/186/14
而攻我○所愛 388/187/29
○唯寐忘之 389/188/13
韓○疏秦 393/190/3,393/190/5
告弊邑○急 399/192/11
奉陽君李兌○不取於蘇秦 409/194/27
而君○不善蘇秦 409/195/2
竊聞王義○高○順 415/197/27
如此其○ 417/200/14
而忌燕也愈○矣 419/201/16
寡人○不喜訑者言也 421/203/18
今其言變有○於其父 424/205/17
奉陽君之怒○矣 424/205/20
不如布衣之○也 428/208/4
又不愛丈夫子獨○ 428/208/4
臣是以知人主之不愛丈夫子獨○也 428/208/7
許救○勸 441/218/3
而荊王說○ 441/218/5
梁王○說 444/219/11
○愛而有寵 448B/220/21
君之所行天下者○謬 451/221/19
齊羞與中山之為王○矣 454/223/1
興兵○眾 461/226/11

慎 shèn 13

日○一日 42/17/1
苟○其道 42/17/1
傅○子曰 177/92/4
楚王告○子曰 177/92/8
○子曰 177/92/9,177/92/27
○子入 177/92/24
王以三大夫計告○子曰 177/92/24
○子對曰 177/92/26
○大臣父兄 179/93/19
子○勿復言 203/105/1
願大王○無出於口也 218/112/27
○勿納也 448B/220/22

滲 shèn 1

王之國雖○樂而從之可也 293/149/30

生 shēng 167

魏王以國與先○ 14B/6/6
今先○儼然不遠千里而庭教之 40/13/13
人○世上 40/14/20
○未嘗見寇也 42/15/17
夫斷死與斷○也不同 42/15/18
是西○秦患 50/21/6
何為空以○所愛 64/26/21
良醫知病人之死○ 72/29/10
雖堯、舜、禹、湯復○ 72/29/11
先○何以幸教寡人 73A/29/24
先○不幸教寡人乎 73A/29/27
賢於○也 73A/30/16
先○是何言也 73A/30/18
先○乃幸至此 73A/30/18
此天以寡人慁先○ 73A/30/18
寡人得受命於先○ 73A/30/19
先○奈何而言若此 73A/30/19
願先○悉以教寡人 73A/30/20
制殺○之威之謂王 73B/31/27
傲尚奚○ 79/34/24
夫人○手足堅強 81/35/25
○命壽長 81/35/28
申○孝 81/36/8
此從○民以來 87/40/29
百姓不聊○ 87/41/20
而不壽於朝○ 93/44/28
必○蓬蒿 93/45/1
夫項橐○七歲而為孔子師 94/45/26
今臣○十二歲於茲矣 94/45/26
固不求○也 101/50/2
此齊貌辨之所以外○樂患趣難者也 101/50/16
豈為人臣欺○君哉 109/53/15
謂三先○曰 127/61/27
願聞先○有以補之闕者 127/61/27
開罪於先○ 133/65/4
先○不羞 133/65/4
先○休矣 133/65/16
先○所為文市義者 133/65/19
○王之頭 136B/67/17
且顏先○與寡人游 136B/68/11
夫玉○於山 136B/68/13
士○乎鄙野 136B/68/13
先○王斗造門而欲見齊宣王 137/68/22
先○徐之 137/68/23
聞先○直言正諫不諱 137/68/24
斗○於亂世 137/68/25
聞先○高議 139/69/26
今先○設為不宦 139/69/28
而患之所從○者微 141A/70/11
○齊王建 143/74/24
今死○榮辱 145/75/14
出必死而不○ 145/76/5
單何以得罪於先○ 147/77/8
先○謂單不能下狄 148/78/13
而士卒無○之氣 148/78/15
有○之樂 148/78/16
先○志之矣 148/78/17
○子建 149B/79/2
不敢忘先○之言 160/83/6
且與死○ 177/93/1
寡人聞先○ 180/93/27
今先○乃不遠千里而臨寡人 180/93/28
先○就舍 180/93/29,208/107/29
○與亡為鄰 189/96/27
不偏於○ 189/96/27
先○老悖乎 192/97/22
寡人不能用先○之言 192/97/25
先○何以知之 198/100/20
僕已知先○ 199/100/28
先○大息矣 199/100/28
先○過矣 199/101/1
先○即舜也 199/101/2
召門吏為汗先○著客籍 199/101/4
遂○子男 200/101/28
先○置之 200/102/12
而入之王所○子者 200/102/17
（曰）〔白〕黿○鼉 202/103/11
先○以鬼之言見我則可 208/107/23
君聽臣計則○ 208/107/28
先○之計大而規高 208/108/4
先○明日復來 208/108/5

吾請資先○厚用 208/108/5
勝請召而見之於先○ 236/126/22
東國有魯連先○ 236/126/22
吾聞魯連先○ 236/126/23
吾不願見魯連先○也 236/126/24
今吾視先○之玉貌 236/126/28
先○助之奈何 236/127/2
先○惡能使梁助之耶 236/127/4
故○則朝周 236/127/9
先○獨未見夫僕乎 236/127/10
先○之言也 236/127/12
先○又惡能使秦王烹醢梁王 236/127/12
○則不得事養 236/127/24
始以先○為庸人 236/128/1
吾乃今日而知先○為天下之士也 236/128/1
今王既受先○之傳 238/128/24
先○不知寡人不肖 239A/129/5
而死者不可復○也 251/134/25
不若以○人市使也 251/134/25
請令王讓先○以國 294/150/7
而先○弗受 294/150/8
衍請因令王致萬戶邑於先○ 294/150/8
而○以殘秦 297/151/28
横樹之則○ 303A/153/26
倒樹之則○ 303A/153/26
折而樹之又○ 303A/153/26
則無○楊矣 303A/153/27
樹易○之物 303A/153/27
臣以為雖湯、武復○ 310/157/27
安○乎 311/158/28
唯先○也 313/159/21
請致之先○ 313/159/22
聞先○受魏之璧、馬 313/159/26
然則先○之為寡人計之何如 313/159/27
願君之○束縮高而致之 340/169/29
而君曰『必○致之』 340/170/3
受地於先○ 343/171/14
安陵君受地於先○而守之 343/171/18
先○坐 343/171/25
徒以有先○也 343/171/25
五穀所○ 348A/173/17
右挾○虜 348A/173/22
此方其為尾○之時也 365/180/5
先○病而來 366/180/17
今先○言不急 366/180/18
先○毋復言也 366/180/19
多人不能無○得失 385/186/11
○得失則語泄 385/186/11
使臣信如尾○ 412/196/10
信如尾○ 412/196/16
故往見郭隗先○曰 418/200/20
郭隗先○對曰 418/200/24
郭隗先○曰 418/200/30
所求者○馬 418/201/2
況○馬乎 418/201/3
燕王弔死問○ 418/201/7
信如尾○高 420/202/14
420/202/17
義不與○俱立 420/202/18
今其○者 422/204/26
臣猶○也 423/205/11
○之物固有不死者乎 424/205/25
燕有田光先○者 440/214/28
願因太傅交於田先○ 440/214/29
願圖國事於先○ 440/215/1
田先○坐定 440/215/4
願先○留意也 440/215/5
440/215/12
願因先○得願交於荊軻 440/215/7
先○所言者 440/215/8
願先○勿泄也 440/215/9
440/215/14
丹所請田先○無言者 440/215/19
今田先○以死明不泄言
440/215/19
田先○不知丹不肖 440/215/20
乃欲以○劫之 440/217/20
有雀○（鷀）〔鸇〕於城之陬 447/220/6
小而○巨 447/220/6
乃見梧下先○ 450/221/7
梧下先○曰 450/221/7
先○曰 450/221/11
人○之所行 451/221/17
以○其財 461/226/3
諸侯○心 461/226/27
死卒不可復○ 461/227/8

勝 shēng 201

戰而○ 2/1/26,119/58/2
不○ 2/1/27,10B/4/21
47/18/31,68/28/3,90/43/26
152/80/14,443/218/28
戰○ 10B/4/20,68/28/3
73A/31/3,394/190/12
前有○魏之勞 23/8/17
不可○理 40/13/19
效○於戰場 40/13/22
是故兵○於外 40/13/24
一可以○十 42/15/19
十可以○百 42/15/19
百可以○千 42/15/19
千可以○萬 42/15/19
萬可以○天下矣 42/15/19
是知秦戰未嘗不○ 42/15/21
戰○攻取 42/15/26
73B/32/3,74/32/27
一戰不○而無齊 42/15/27
非能厚○之也 42/16/25
魏戰○ 47/18/30,84A/39/9
犀首戰○威王 47/19/1
而後制晉、楚之○ 63/26/8
吾○叢 74/32/16
不○叢 74/32/17
○叢 74/32/17
故十攻而弗能○也 75/33/8
武安君所以為秦戰○攻取者七十餘城 78/34/4
今戰○ 84A/39/10
是魏○楚而亡地於秦也 84A/39/11
既○齊人於艾陵 87/41/12
○有日矣 87/41/13
齊戰敗不○ 88/42/24
王兵○而不驕 89/43/3
○而不驕 89/43/4
戰○宜陽 89/43/5
○齊於艾陵 89/43/8
梁君伐楚○齊 89/43/9
武安君戰○攻取 94/45/29
而親觀其孰○ 95/46/18
將軍戰○ 95/47/7
而○於城濮 96/48/13
楚威王戰○於徐州 97/48/22
王戰○於徐州也 97/48/22

故王○之也 97/48/24
五戰五不○ 103/51/6
○ 104/51/12
戰不○ 104/51/12
394/190/12,426/206/28
田忌三戰三○ 104/51/15
吾三戰而三○ 104/51/16
此所謂戰○於朝廷 108/53/2
言齊兵大○ 109/53/11
君不與○者而與不○者 110/53/21
子以齊、楚為孰○哉 110/53/21
楚大○齊 110/53/23
齊為○ 110/53/24
而君以魯眾合戰○後 110/53/24
而戰○存亡之機決矣 112/54/31
韓、魏戰而○秦 112/55/1
戰而不○ 112/55/1
119/58/3,295/150/14
齊與魯三戰而魯三○ 113/55/19
雖有○名而有亡之實 113/55/20
再戰而再○秦 113/55/21
113/55/21
雖有○秦之名 113/55/22
犀首以梁為齊戰於承匡而不○ 116/57/3
再拜賀戰○ 117/57/11
戰無不○而不知止者 117/57/18
○暨曰 127/62/1
女子○之 142/72/8
燕不○ 142/72/13
故三下城而能○敵者寡矣 142/72/26
再戰北○ 142/73/3
終戰比○ 142/73/6
臣聞戰大○者 142/73/7
今窮戰比○ 142/73/10
甲兵不出於軍而敵國○ 142/73/12
所以不○者也 148/78/17
後后○相齊 149B/79/14
齊戰○楚 152/80/13,286/148/4
太子不○ 164/84/17
未見○焉 167/86/9
且大王嘗與吳人五戰三○而亡之 168/87/5
楚人不○ 168/87/10
昭雎○秦於重丘 173A/90/20
雎戰○ 173B/90/27
秦王怒於戰不○ 173B/90/27
戰不○秦 173B/90/28
夫一梟之不如不○五散 188/96/20
若曰○千鈞則不然者 201/103/2
362/179/10
今約○趙而三分其地 202/103/10
夫○趙而三分其地 202/103/14
秦戰而○三國 206/107/10
三國而○秦 206/107/11
臣竊以為土梗○也 208/107/27
王召趙○、趙禹而告之曰 211/110/7
乃使趙○往受地 211/110/8
趙○至曰 211/110/11
使使者臣○ 211/110/11
使臣○謂曰 211/110/11
而○敗存亡之機節 218/113/19
戰○而國危者 219/114/24
夫以秦將武安君公孫起乘七○之威 231/123/8
趙不○ 235/125/27
軍戰不○ 235/125/27
天下之賀戰○者皆在秦矣 235/126/6
○也何敢言事 236/126/19
236/126/20
○請召而見之於先生 236/126/22
○請為紹介而見之於將軍 236/126/23
○已泄之矣 236/126/24
寧力不○ 236/127/10
睹其一戰而○ 236/127/25
必起中山與○焉 249/134/2
秦起中山與○ 249/134/2
且君親從臣而○降城 269/141/27
既為寡人○強敵矣 270/142/12
○楚必矣 273/144/11
魏戰而○ 281/146/29
若不○魏 281/146/30
楚戰○齊敗 286/148/4
魏令公孫衍乘○而留於境 287/148/9
若戰而○ 295/150/15
戰必不○ 300/152/28
不○必禽 300/152/28
齊大○魏 301/153/3
今戰不○ 301/153/6
戰不○魏 301/153/11
此可以大○也 301/153/11
今戰○魏 301/153/12
然而不○一人者 303A/153/27
秦、楚○魏 305/155/7
戰○乎三梁 310/157/13
戰○睪子 310/157/16
夫戰○睪子 310/157/22
臣聞魏氏悉其百縣○兵 310/157/26
魏不○秦 312/159/7
可謂善用不○矣 312/159/9
而秦不以○之上割 312/159/9
可謂不能用○矣 312/159/9
而以與趙兵決○於邯鄲之郊 315/161/11
其變不可○數也 319/164/7
秦戰○趙 327/166/12
秦戰不○趙 327/166/12
以嫪毒○矣 342/171/7
至不可○計也 348A/173/20
公戰○楚 367/181/5
公戰不○楚 367/181/5
戰未必○ 370/181/27
若戰而不○ 375/183/5
必曰廉潔○任 384/185/13
穆公一○於韓原而霸西州 390/189/1
晉文公一○於城濮而定天下 390/189/1
此以一○立尊令 390/189/1
大○以千數 390/189/2
小○以百數 390/189/2
秦再○而趙三○ 408/194/14
燕再戰不○ 410/195/10
不○而還 416A/199/6
齊大○燕 416A/199/28
日者齊不○於晉下 426/207/5
其後必務以○報王矣 426/207/7
燕人大○ 426/207/8
伐齊未必○也 430/208/24
伐之未必○ 430/208/24
而驟○之遺事也 431/209/26
大○之 431/209/30
因能○秦矣 432/210/28
所以不能反○秦者 439/214/12
是○黃城 443/218/28,443/218/28

是不○黃城 443/218/30
彼安敢攻衛以重其不○之罪哉 443/218/30
果○黃城 443/218/31
臣有百戰百○之術 446B/219/28
大○并莒 446B/219/29
若戰不○ 446B/219/30
此臣之百戰百○之術也 446B/219/30
取○如神 461/226/14
乘○逐北 461/226/22
此所謂為一臣屈而○天下也 461/227/6
此亦所謂○一臣而為天下屈者也 461/227/7
夫○一臣之嚴焉 461/227/7
孰若○天下之威大耶 461/227/7

聲 shēng 19

而○畏天下 34/11/19
天下以○畏秦 34/11/19
沸○若雷 81/36/27
○威天下 104/51/16
去之則聞其○ 143/74/18
兕虎嗥之○若雷霆 160/83/8
王身出玉○ 177/92/12,177/92/21
○達於天 199/101/8
若出金石○者 199/101/8
先出○於天下 209/108/14
○德於與國 209/108/16
鍾○不比乎 268/141/13
今君審於○ 268/141/14
王賢而有○者相之 317A/162/22
交絕不出惡○ 431/210/16
為變徵之○ 440/216/28
復為忼慨羽○ 440/217/1
而好○色 458/225/1

澠 shéng 7

而馳乎淄、○之間 148/78/16
軍於○池 220/115/24
一軍軍於○池 220/116/4
莫如與秦遇於○池 220/116/6
於是乃以車三百乘入朝○池 220/116/11
今秦欲踰兵於○隘之塞 364/179/24
今趙王已入朝○池 413/197/10

繩 shéng 2

齊、宋在○墨之外以為權 89/43/20
且以○墨案規矩刻鏤我 212/110/22

盛 shèng 13

夫本末更○ 22/8/5
而君之祿位貴○ 81/36/19
物○則衰 81/36/20
此皆乘至○不及道理也 81/36/23
今王三使○橋守事於韓 87/40/30
此用兵之○也 142/72/28
太后○氣而揖之 262/139/1
宗族○ 385/186/8
五霸迭○ 412/196/18
臣聞騏驥○壯之時 440/215/5
今太子聞光壯○之時 440/215/6
440/215/11
乃遂收○樊於期之首 440/216/18

聖 shèng 37

○人不能為時 66/27/7
然則○王之所棄者 72/29/7
○主明於成敗之事 72/29/10
五帝之○而死 73A/30/6
耳目聰明○知 81/35/26
而○人所謂吉祥善事與 81/35/30
主○臣賢 81/36/7
孔子不足○ 81/36/10
○人之常道也 81/36/20
百世而一○ 131/63/23
至○人明學 136B/68/5
是以○人從事 142/71/4
蔡○侯之事因是以 192/98/12
蔡○侯之事其小者也 192/98/16
不審君之○ 199/100/28
夫以賢舜事○堯 199/101/3
是君○於堯而臣賢於舜也 199/101/3
此先○之所以集國家 204A/105/22
臣聞○人甚禍無故之利 211/109/28
○主之制也 219/114/22
賢○之所教也 221/117/8
是以○人觀其鄉而順宜 221/117/14
是故○人苟可以利其民 221/117/16
賢○不能同 221/117/18
先○之所以教 221/118/4
○人之道也 221/118/8
先○之明刑 221/118/13
○人不易民而教 221/118/16
○人之興也 221/118/23
是以○人利身之謂服 221/118/25
故○與俗流 221/118/26
吾乃今日聞○人之言也 269/142/1
○人無積 270/142/14
○人之計也 391/189/24
○人之制事也 411/195/28
○王之事也 419/202/7
臣聞賢○之君 431/209/19

尸 shī 1

○死扶傷 142/72/20

失 shī 68

是周常不○重國之交也 18/7/8
周自知○九鼎 44/18/7
計○於陳軫 50/21/19
計○而聽過 51/22/4
聽無○本末者難惑 51/22/5
時至而弗○ 66/27/7
○韓、魏之道也 71/28/23
工之所○也 72/29/6
而大王之計有所○也 73A/30/25
願聞所○計 73A/30/28
應侯○韓之汝南 79/34/13
王必不○臣之罪 80/35/14
時不可○ 87/41/16
不亦○乎 87/41/21
是王○計也 87/42/6
而輕○齊 89/43/4
蕩而○水 99/49/13

使秦弗有而○天下 132B/64/8
○齊者輕 132B/64/15
非得○之策與 136B/67/27
唯恐○抎之 137/68/28
○王之處 144/74/28
○人子之禮也 149B/79/4
楚以緩○宋 152/80/12
五官○法 170/89/22
則○利矣 176/91/28
此不○為儀之實 184/95/14
久○群也 198/100/21
故○期 200/101/17,200/101/18
多○禮於王兄弟 200/101/24
不○守器 211/109/21
○其黨而孤居 220/116/3
○而累 222/119/7
王○論矣 222/119/10
臣以○令過期 223/120/1
○經則弱 224/120/6
不如所○之費也 224/120/9
而不至○六城 233/124/20
是我○之於天下 233/124/21
是王○於齊而取償於秦 233/125/10
○今之時 248/132/23
前計○之 273/144/20
○其半者也 280/146/22
是王○謀於楚、趙 284/147/20
秦恐○楚 305/155/8
○言於君 340/170/10
秦○魏 356A/176/5
○計於韓明也 357/177/6
彼有以○之也 359/177/23
其實猶之不○秦也 367/181/9
多人不能無生得○ 385/186/11
生得○則語泄 385/186/11
非慮過而議○也 390/188/24
而韓王○之也 401/192/26
實不○天下 416A/199/12
不可○也 416A/199/27
○所為矣 419/201/17
○天下者也 435/212/12
魏○其與國 436/212/22
行有○而故惠用 438/213/17
而君有○厚之累 438/213/18
此一舉而兩○也 438/213/23
盡○其度 440/217/15
將○火 452B/222/4
蚤晚之時○也 452B/222/5
是君臨中山而○四國也 454/222/28
陵戰○利 461/226/8

屍 shī 6

伏○百萬 343/171/20
伏○二人 343/171/24
韓取聶政○於市 385/186/16
乃抱○而哭之曰 385/186/21
亦自殺於○下 385/186/22
伏○而哭 440/216/17

施 shī 34

今君將○於大人 16/6/22
○於小人 16/6/22
君必○於今之窮士 16/6/23
行道○德於天下 81/35/26
利○三川 81/37/7
是不敢倍德畔○ 93/45/6
豈有毛廧、西○哉 135/66/24
世無毛嬙、西○ 137/69/4
衝櫓不○而邊城降 142/73/13
衝櫓未○ 142/74/6
田單之○ 146/76/23
張儀逐惠○於魏 184/95/8
使惠○之楚 185/95/19
今○以魏來 185/95/21
公不如無聽惠○ 185/95/22
因謂惠○曰 185/95/22
西○衣褐而天下稱美 188/96/18
德行非○於海內也 209/108/10
仁義之所○也 221/117/9
○及賤臣 223/120/1
令淖滑、惠○之趙 227/121/22
惠○欲以魏合於齊、楚以案兵 280/146/18
魏王令惠○之楚 299/152/20
○因令人先之楚 299/152/20
惠○之楚 299/152/21
因郊迎惠○ 299/152/22
魏王召惠○而告之曰 301/153/3
惠○為韓、魏交 302/153/20
非所○厚積德也 315/160/30
率曰散○ 358/177/12
聶政之所以名○於後世者 385/186/24
○及萌隸 431/210/8
且世有薄於故厚○ 438/213/17
德○於梁而無怨於趙 444/219/12

師 shī 77

秦興○臨周而求九鼎 1/1/3
發○五萬人 1/1/6
士卒○徒 1/1/16
前相工○藉恐客之傷己也 8A/3/22
周文君免士工○藉 8B/3/27
名○數百萬 42/15/20,42/17/6
欲興○伐秦 50/21/13
已一說而立為太○ 73A/30/1
少出○ 73A/31/1
臣意王之計欲少出○ 73A/31/2
秦王○君 79/34/22
白起率數萬之○ 81/36/25
嘗無○傅所教學 93/45/11
夫項橐生七歲而為孔子○ 94/45/26
更立衛姬嬰兒郊○ 101/50/6
身退○ 110/53/25
而出銳○以戍梁絳、安邑 111/54/15
齊非急以銳○合三晉 111/54/15
秦破馬服君之○ 132B/64/7
而治可為管、商之○ 134/66/11
攻戰之道非○者 142/73/16
燕人興○而襲齊墟 147/77/27
王收而與之百萬之○ 150/79/25
興○襲秦 168/87/11
後事之○ 204A/105/24
韓乃西○以禁秦國 209/108/26
韓出銳○以佐秦 211/109/14
出銳○以戍韓、梁西邊 217/112/11
齊、魏各出銳○以佐之 218/114/3
齊出銳○以佐之 218/114/4
燕出銳○以佐之 218/114/6
218/114/7
韓、魏出銳○以佐之 218/114/6
告齊使興○度清河 220/116/3
屬於○傅 220/116/8

儒者一○而禮異 221/117/17
具帶黃金○比 222/119/22
魏令公子咎以銳○居安邑 228/122/4
大敗秦○ 228/122/5
大敗趙○ 231/123/9
談語而不稱○ 257/136/23
言而不稱○ 257/136/24
左○觸讋願見太后 262/139/1
左○公曰 262/139/7
262/139/11, 262/139/14
願得借○以伐趙 264B/140/16
文侯謂覩○贊曰 265/140/23
子入而問其賢良之士而○事之 266/141/1
楚○必進矣 295/150/13
無忌將發十萬之○ 340/169/29
鄧○、宛馮、龍淵、大阿 347/173/1
為之儆四境之內選○ 357/176/21
乃儆四境之內選○ 357/176/26
楚因以起○言救韓 357/177/2
興○與韓氏戰於岸門 357/177/4
秦○不下殽 366/180/9
366/180/10
公仲柄得秦○ 366/180/21
而秦○不下殽 366/180/21
果下○於殽以救韓 366/180/24
不若及齊○未入 376/183/10
齊○果入 376/183/12
使山東皆以銳○戍韓、梁之西邊 389/188/16
不敢妄興○以征伐 413/197/12
久○則兵弊 415/198/19
河北不○ 415/198/25
帝者與○處 418/200/24
於是昭王為隗築宮而○之 418/201/7
齊○怪之 436/212/21
楚○乃還 436/212/22
弊邑之○過大國之郊 443/218/26
帥○而歸 443/218/31
而徵○於宋 444/219/3
今徵○於弊邑 444/219/3
寡人既以興○矣 461/226/8

詩 shī 11

臣少而誦《○》 9/4/8
《○》曰 9/4/8
73B/32/4, 197/100/11
《○》云 87/41/9, 87/41/14
87/41/15, 89/43/7, 89/43/18
○書禮樂之所用也 221/117/9
○云 222/119/6

十 shí 202

九九八○一萬人 1/1/15
材士○萬 2/1/23
公仲之軍二○萬 2/1/23
臣請以三○金復取之 15/6/14
君予金三○斤 19/7/13
周君留之○四日 21/7/25
故留之○四日以待命也 21/7/27
歲八○金 32/11/6
歲百二○金 32/11/6
是上黨每患而贏四○金 32/11/7
說秦王書○上而說不行 40/13/29
陳篋數○ 40/14/2
郊迎三○里 40/14/17
一可以勝○ 42/15/19
○可以勝百 42/15/19
代三○六縣 42/16/17
上黨○七縣 42/16/17
○月取之 44/18/11
穰侯○攻魏而不得傷者 75/33/6
故○攻而弗能勝也 75/33/8
予之五○金 77/33/25
今令人復載五○金隨公 77/33/28
武安君所以為秦戰勝攻取者七○餘城 78/34/4
○七月不下 80/35/3
○夫楺椎 80/35/8
誅屠四○餘萬之眾 81/36/26
七○餘城 81/37/1
秦○餘年 81/37/19
頃襄王二○年 87/40/24
王以○成鄭 87/42/9
驅○二諸侯以朝天子於孟津 89/43/10
行百里者半於九○ 89/43/18
○倍 93/44/19
食藍田○二縣 93/45/16
今臣生○二歲於茲矣 94/45/26
得上谷三○六縣 94/46/11
趙賂以河間○二縣 95/46/26
秦王召群臣賓客六○人而問焉 96/47/21
公孫閈乃使人操○金而往卜於市 104/51/15
必一而當○ 105/51/23
○而當百 105/51/23
百二○城 108/52/24
帶甲數○萬 112/54/24
218/113/10, 347/172/29
408/194/11
三七二○一萬 112/54/26
固以二○一萬矣 112/54/26
不至○日 112/54/31, 408/194/17
趙亡卒數○萬 113/55/21
三○日而舉燕國 114/56/7
乃具革車三○乘 115/56/19
與革車三○乘而納儀於梁 115/56/27
因使人以○城求講於秦 118/57/23
因以上黨二○四縣許秦王 118/57/24
孟嘗君予車五○乘 133/65/21
孟嘗君為相數○年 133/65/30
以車○乘之秦 134/66/7
如臣者○人 134/66/13
後宮○妃 135/66/24
有敢去柳下季壟五○步而樵采者 136B/67/16
乃二○四 136B/67/26
行年三○而有七子 139/69/28
此○國者 142/71/22
○萬之眾盡 142/72/13
○年之田而不償也 142/72/22
142/72/24
帶甲三○六萬 142/73/22
又從○二諸侯朝天子 142/73/22
有○二諸侯而朝天子 142/73/25
今大王之所從○二諸侯 142/73/27
覆其○萬之軍 142/74/3
王孫賈年○五 144/74/28
取七○餘城 145/75/6
以故建立四○有餘年不受兵 149B/79/6

王不如以○乘行之 165/84/25
乃以○乘行之 165/84/25
取○官而無罪 166/85/6
粟支○年 167/85/17
218/113/11,408/194/11
一舫載五○人 168/87/1
不至○日而距扞關 168/87/2
且夫秦之所以不出甲於函谷關○五年以攻諸侯者 168/87/9
通侯、執珪死者七○餘人 168/87/10
則泗上○二諸侯 168/87/15
楚令昭鼠以○萬軍漢中 173A/90/20
齊使車五○乘 177/92/8
王發上柱國子良車五○乘 177/92/27
遣景鯉車五○乘 177/92/29
悉五尺至六○ 177/93/1
三○餘萬弊甲鈍兵 177/93/2
秦以五○萬臨齊右壤 177/93/4
將加己乎○仞之上 192/98/4
六○而盡相靡也 194/99/4
今君相楚王二○餘年 200/101/22
春申君相楚二○五年 200/102/4
君相楚二○餘年矣 200/102/6
後○七日 200/102/15
趙氏分則多○城 204A/106/1
即地去邯鄲二○里 209/108/22
馮亭守三○日 211/109/25
今有城市之邑七○ 211/109/26
今不用兵而得城七○ 211/110/5
有城市之邑七○ 211/110/7
○倍於秦 218/113/22
○年攘地 219/115/4
以兵橫行於中○四年 219/115/13
二○九年不相攻 219/115/16
秦兵不敢出函谷關○五年矣 220/115/21
趙惠文王三○年 225/120/23
今將軍必負○萬、二○萬之衆乃用之 225/120/25
君無○餘、二○萬之衆 225/121/3
能具數○萬之兵 225/121/5
齊以二○萬之衆攻荊 225/121/6
趙以二○萬之衆攻中山 225/121/6
而婦人為死者○六人 233/123/30
○人而從一人者 236/127/10
吾將以○太牢待子之君 236/127/19
為郤軍五○里 236/128/2
四○餘年而秦不能得所欲 237/128/14
趙王因割濟東三城令盧、高唐、平原陵地城邑市五○七 252/135/8
乃割濟東三令城市邑五○七以與齊 252/135/10
○五歲矣 262/139/8
賜之田二○萬 270/142/10
巴寧、爨襄田各○萬 270/142/10
故又與田四○萬 270/142/13
使百四○萬 270/142/13
武力二○餘萬 272/143/8
奮擊二○萬 272/143/9
廝徒○萬 272/143/9
卒不過三○萬人 273/143/22
不下○萬 273/143/25
犀首又以車三○乘使燕、趙 276/145/20
先以車五○乘至衛間齊 288/148/19
覆○萬之軍 301/153/3
301/153/12
然使○人樹楊 303A/153/27
故以○人之衆 303A/153/27
後○日 309/157/7
啓地二○二縣 309/157/8
○萬之軍拔邯鄲 310/157/13
臣以為不下三○萬 310/157/26
以三○萬之衆 310/157/26
守○仞之城 310/157/26
陵○仞之城 310/157/27
戴三○萬之衆 310/157/27
為起兵○萬 314/160/11
行三○里而攻危隘之塞 315/161/12
秦○攻魏 315/161/24
名都數○ 315/161/26
年九○餘 338/168/31
無忌將發○萬之師 340/169/29
龍陽君得○餘魚而涕下 341/170/14
亡城數○ 342/170/29
而君以五○里之地存者 343/171/16
今吾以○倍之地 343/171/17
而安陵以五○里之地存者 343/171/25
悉之不過三○萬 348A/173/19
見卒不過二○萬而已矣 348A/173/19
○日之內 363/179/16,363/179/18
二○餘年未嘗見攻 364/179/23
去百六○里 364/179/25
令楚兵○餘萬在方城之外 383A/184/23
所殺者數○人 385/186/15
韓氏之士數○萬 391/189/19
而數○萬之衆 408/194/17
取○城 411/195/16
王利其○城 411/195/23
莫如歸燕之○城 411/195/29
燕無故而得○城 411/195/30
而以○城取天下也 411/195/31
利得○城 412/196/9
大王割○城乃郤以謝 413/197/10
而包○二諸侯 415/198/18
二○八年 418/201/8
而賈○倍 419/201/22
行年八○ 420/202/29
○乘之家 420/203/13
○七年事秦 422/203/31
一旦而馬價○倍 425/206/14
下七○餘城 431/209/3
復收七○城以復齊 431/209/5
請假王○年 433/211/17
奉蘇子車五○乘 433/211/18
不如得○里於宋 433/211/23
遽起六○萬以攻趙 438/213/6
令栗腹以四○萬攻鄗 438/213/6
使慶秦以二○萬攻代 438/213/7
而與秦相距五○餘年矣 439/214/12
王翦將數○萬之衆臨漳、鄴 440/215/22
年○二 440/216/21
○月而拔燕薊城 440/217/24
雖有○左氏 452A/221/29
七○家 459A/225/10

亦以○倍矣 461/226/4
斬首二○四萬 461/226/12
今趙卒之死於長平者已○七、八 461/226/13

什 shí 4

與秦○一 94/46/11
反三公、○清於趙 209/108/27
功不○者不易器 224/120/8
則○己者至 418/200/25

石 shí 23

周最謂○禮曰 7/3/16
○行秦謂大梁造曰 11A/4/26
取藺、離○、祁者 27/9/20
27/9/25
扁鵲怒而投其○ 54/22/27
而建千○鐘 136B/67/20
萬○虡 136B/67/20
立於矢○之所 148/78/18
若出金○聲者 199/101/8
踐○以上者皆道子之孝 222/119/3
質之○上而擊之 225/120/29
是薄柱擊○之類也 225/121/1
藺、離○、祁拔 228/121/26
以易藺、離○、祁於趙 228/121/26
夫藺、離○、祁之地 228/121/28
安能收恤藺、離○、祁乎 228/122/1
未嘗不為王先被矢○也 247/132/2
○溜之地也 344A/172/4
公何不與趙藺、離○、祁 356A/176/3
南有碣○、鴈門之饒 408/194/12
王因收印自三百○吏而效之子之 416A/199/17
致藺、○ 422/204/15
兵傷於離○ 422/204/21

拾 shí 5

道不○遺 39/12/23
譚○子迎之於境 136A/67/3
譚○子曰 136A/67/4, 136A/67/5
其臣抉○ 170/90/1

食 shí 102

而藉兵乞○於西周 22/8/3
又無藉兵乞○ 22/8/6
而使不藉兵乞○於西周 22/8/10
乞○於吳市 73A/30/10
此所謂藉賊兵而齎盜○者也 73A/31/5
減○主父 73B/32/5
其令邑中自斗○以上 74/32/22
○不甘味 79/34/19
142/73/23, 167/86/9
鬼神狐祥無所○ 87/41/20
山林谿谷不○之地 87/41/23
○不飽 88/42/22
不得煖衣餘○ 93/44/20
○藍田十二縣 93/45/16
旦暮進○ 101/49/26
趙無以○ 120/58/11
孟嘗君奉夏侯章以四馬百人之○ 126/61/19
而奉我四馬百人之○ 126/61/21
願寄○門下 133/64/20
○以草具 133/64/22
○無魚 133/64/24
○之 133/64/25
孟嘗君使人給其○用 133/64/29
飲○、衣裘與之同之 135/66/21
無不被繡衣而○菽粟者 135/66/23
○粱肉 135/66/24
○必太牢 136B/68/11
晚○以當肉 136B/68/14
有糧者亦○ 138/69/16
無糧者亦○ 138/69/17
士三○不得饜 140/70/4
而君鵝鶩有餘○ 140/70/4
輸飲○而待死士 142/72/19
○人炊骨 145/75/21
單收而○之 146/76/26
憐而常竊衣○之 149B/79/1
虎求百獸而○之 154/81/4
子無敢○我也 154/81/4
今子○我 154/81/4
日晦而歸○ 170/88/25
○田六百畛 170/89/3
苟社稷血○ 170/89/24
楚士約○ 170/89/29
○之可欲 170/89/29
楚國之○貴於玉 180/93/28
今令臣○玉炊桂 180/93/29
俛啄蚊虻而○之 192/98/1
而下為螻蟻○也 192/98/3
○湘波之魚 192/98/13
可○乎 196/99/16
因奪而○之 196/99/17
謁者曰可○ 196/99/17
臣故○之 196/99/18
臣○之而王殺臣 196/99/18
人馬相○ 202/103/11
財○將盡 203/104/15
糧○匱 203/104/15
秦蠶○韓氏之地 211/110/1
賣主之地而○之 211/110/14
○未飽而禍已及矣 217/112/5
稍稍蠶○之 218/113/14
韓絕○道 218/114/4
遺子以酒○ 222/119/4
糧○輓賃不可給也 225/120/24
天子已○ 236/127/20
社稷之血○乎 238/128/24
先王不血○ 239A/129/9
不墮○ 245/131/1
以奉陽君甚○之 248/132/24
非肉不○ 250/134/10
而社稷不血○ 258A/137/8
日○飲得無衰乎 262/139/3
老臣今者殊不欲○ 262/139/4
少益耆○ 262/139/4
○其子之肉 265/140/23
其子之肉尚○之 265/140/23
其誰不○ 265/140/24
何為飲○而無事 276/145/12
桓公○之而飽 307/155/28
蠶○魏 310/157/16
欲○則○ 312/159/16
客謂司馬○其曰 321/164/23
民之所○ 348A/173/17
無二歲之所○ 348A/173/18
○之寡 348A/173/24
足○於民矣 408/194/12
人之飢所以不○烏喙者 411/195/22

此○烏喙之類也 411/195/24
○飲不甘 415/198/8
耕而○之 420/202/16
以為馬○ 425/206/16
賴得先王鴈鶩之餘○ 428/208/1
○高麗也 451/221/18
公孫氏必不血○矣 451/221/20
吾○其肉 456/224/4
樂羊○之 460/225/24
樂羊○子以自信 460/225/25
蓄積糧○ 461/225/30
飲○餔餽 461/226/2
以足軍○ 461/226/18

時 shí 114

宋君奪民○以為臺 8B/3/29
虛實有○ 22/8/5
當此之○ 40/14/10
148/78/14,461/226/18
當是之○ 42/16/2,182/94/10
當是○ 42/16/15
88/42/19,101/50/16
142/74/4,236/127/21
聖人不能為○ 66/27/7
○至而弗失 66/27/7
不遭○不得帝王 66/27/8
此君之大○也已 66/27/9
以非此○也 66/27/12
此亦百世之○也已 69/28/9
臣聞始○呂尚之遇文王也 73A/29/29
○以為仲父 73B/32/12
無子之○不憂 79/34/15
乃即與無子○同也 79/34/16
為子○不憂 79/34/16
夫四○之序 81/35/25
此亦秦之分功之○也 81/37/8
君何不以此○歸相印 81/37/9
昔者六晉之○ 83B/38/30
此乃方其用肘足○也 83B/39/5
○不可失 87/41/16
趙何○亡 95/47/2
王之方為太子之○ 101/50/5
○○而間進 108/53/1
皆為一○說而不顧萬世之利 113/55/15
觸聞古大禹之○ 136B/67/25
及湯之○ 136B/67/26
滅亡無族之○ 136B/67/27
而遠怨者○也 142/71/4
必藉於權而務興於○ 142/71/4
而○勢者 142/71/5
倍○勢 142/71/5
衛明於○權之藉也 142/71/14
智者不倍○而棄利 145/75/11
此其一○也 145/75/14
猶○攫公孫子之腓而噬之也 147/77/10
燕之伐齊之○ 147/77/13
當是○也 147/77/29
安陵君可謂知○矣 160/83/14
奉四○之獻 167/85/24
當此之○也 170/89/2,429/208/17
德子無已○ 174/91/9
楚襄王為太子之○ 177/92/3
臣少之○好射 198/100/17
今君一○而知臣 199/101/3
此百代之一○也 201/102/27
210/109/9,248/132/23
祭祀○享 209/108/11
風兩○至 209/108/11
當今之○ 218/113/10,461/226/5
多聽而○用之 219/114/18
而效之於一○之用也 219/114/19
先王之○ 220/116/8
先○中山負齊之強兵 221/117/24
能與○化 221/118/9
觀○而制法 221/118/22
當子為子之○ 222/119/3
四○不一宜 224/120/11
故賢人觀○ 224/120/11
而不觀於○ 224/120/11
知不遺○ 224/120/15
又不明其○勢 225/120/28
此○魯仲連適游趙 236/126/18
臣少之○ 238/128/21
○宿於野 238/128/25
秦當○適其鋒 239A/129/10
而謹司○ 242/130/12
○賤而買 242/130/12
○貴而賣 242/130/12
此亦舉宋之○也 248/132/18
失今之○ 248/132/23
此兩地之○也 248/132/26
初○惠王伐趙 310/157/13
此亦王之大○已 315/162/6
是山東首尾皆救中身之○也 318/163/23
○合○離 325/165/26
谿子、少府○力、距來 347/172/29
此方其為尾生之○也 365/180/5
萬於周之○ 387/187/24
燕文公○ 411/195/16
且今○趙之於秦 413/197/11
天○不與 415/198/24
此文、武之○ 416A/199/27
如蘇秦○ 422/205/1
不以今○大紛之 424/205/20
寡人有○復合和也 429/208/16
臣聞全趙之○ 439/214/11
是丹命固卒之○也 440/214/28
臣聞騏驥盛壯之○ 440/215/5
今太子聞光壯盛之○ 440/215/6
440/215/11
○怨急 440/217/14
方急○ 440/217/16
是○侍醫夏無且 440/217/17
宋康王之○ 447/220/6
衛嗣君○ 452A/221/27
蚤晚之○失也 452B/222/5
其子○在中山 460/225/24
是○楚王恃其國大 461/226/16
不遂以○乘其振懼而滅之 461/226/23
猶勾踐困於會稽之○也 461/226/26

實 shí 68

其○同理 11C/5/12
虛○有時 22/8/5
其○襲蔡 24/8/26
而○囚之也 24/8/28
臣恐齊王之為君○立果而讓之於最 30/10/18
○不足以利國 34/11/18
是我一舉而名○兩附 44/18/5
其○郡也 55/23/9
齊割地以○晉、楚 63/26/11

木○繁者披其枝 73B/32/4
木○繁者枝必披 74/32/22
不知其○也 76/33/18
名○純粹 81/35/29
以○宜陽 81/37/7
天下有其○而無其名者 86/40/7
有無其○而有其名者 86/40/7
有無其名又無其○者 86/40/8
有其○而無其名者 86/40/8
而有積粟之○ 86/40/9
此有其○而無其名者也 86/40/9
無其○而有其名者 86/40/9
無積粟之○ 86/40/10
此無其○而有其名者也 86/40/10
無其名又無其○者 86/40/10
無孝之○ 36/40/11
而○欺大國也 87/41/17
無得地之○也 87/41/24
○得山東以敵秦 95/46/25
臨淄甚富而○ 112/54/27
而有強國之○ 112/55/7
而不察其至○ 113/55/16
雖有勝名而有亡之○ 113/55/20
狗馬○外廄 133/65/13
未得其○ 136B/67/28
是故無其○而喜其名者削 136B/67/29
華而無其○德者也 136B/68/2
二者顯名厚○也 145/75/27
其○畏王之甲兵也 154/81/7
必○於外廄 167/85/26
此不失為儀之○ 184/95/14
君之賢○不如堯 199/101/2
○楚王也 200/102/6
倉廩○矣 203/104/8
而○伐空韓 209/108/16
夫割地效○ 218/113/3
已如白馬○馬 219/115/8
○為此事也 228/122/2
其○空虛 273/144/10
土地之○不厚於我 304/154/28
名醜而○危 313/159/23
非秦○首伐之也 317B/162/30
不○為期 321/164/25
夫以○告我者 357/176/29
非必聽○也 360/178/9
其○猶有約也 367/181/7
其○猶之不失秦也 367/181/9
有為○者 390/189/4
為○者攻其形 390/189/4
棗栗之○ 408/194/12
○不失天下 416A/199/12
其○令啓自取之 416A/199/16
民勞而○費 419/201/15
夫民勞而○費 419/201/17
夫○得所利 419/202/2
○則利 433/211/23
故名有所加而○有所歸 444/219/12
其○欲廢中山之王也 455/223/15
其國內○ 461/226/5

識 shí 8

不○大國何塗之從而致之齊 1/1/9
其妻不○ 204B/106/12
不○三國之憎秦而愛懷邪 219/115/11
不○從之一成惡存也 219/115/13
不○禮義德行 315/160/30
而王弗○也 315/161/4
不○也 325/165/27
不○坐而待伐 366/180/23

史 shǐ 26

○黶謂周君曰 5B/3/3
至尉、內○及王左右 74/32/23
夏育、太○啓叱呼駭三軍 81/36/22
逃太○之家為溉園 143/74/22
太○氏女 143/74/22
為莒太○家庸夫 149B/78/28
太○敫女 149B/78/28
以太○氏女為王后 149B/79/2
太○敫曰 149B/79/2
夫○舉 166/85/4
弊邑秦王使臣敢獻書於大王御○ 220/115/20
○厭謂趙獻曰 282/147/7
○舉非犀首於王 294/150/7
因令○舉數見犀首 294/150/8
○舉不辭而去 294/150/9
是故秦王使使臣獻書大王御○ 348A/174/2
久離兵○ 360/178/19
○惕謂公叔曰 368/181/13
○舍曰 374/182/23
○舍入見曰 374/182/25
○疾為韓使楚 384/185/9
安邑之御○死 403/193/9
公孫綦為人請御○於王 403/193/9
廉如鮑焦、○鰌 420/202/14
420/202/18
使○占之 447/220/6

矢 shǐ 10

弓撥○鉤 27/9/24
未折一○ 40/14/11
疾如錐○ 112/54/24
○非不銛 142/71/8
譬之衛○而魏弦機也 142/71/11
亡○之大半 142/72/23
約之○以射城中 145/75/11
立於○石之所 148/78/18
無○奈何 203/104/8
未嘗不為王先被○石也 247/132/2

豕 shǐ 1

過頤○視 101/50/6

使 shǐ 632

○陳臣思將以救周 1/1/6
臣請○西周下水可乎 4/2/18
發重○○之楚 5B/3/4
君○人問之曰 9/4/7
君乃○吏出之 9/4/10
○無多割 10B/4/20
○卜之 15/6/15
馮旦○人操金與書 19/7/13
因○人告東周之候曰 19/7/14
韓○人讓周 21/7/25
君之○又不至 21/7/27
而○三國無攻秦 22/8/10
而○不藉兵乞食於西周 22/8/10
○樗里疾以車百乘入周 24/8/27
故○長兵在前 24/8/27
然吾○者已行矣 25/9/8

不通其○ 25/9/10
君○人告齊王以周最不肖為太子也 30/10/15
今君之○最為太子 30/10/17
○天下見之 30/10/19
將以○攻魏之南陽 31/10/23
魏王因○孟卯致溫囿於周君而許之戍也 32/11/7
君不如○周最陰合於趙以備秦 35/11/26
周○周足之秦 38/12/14
而臣為不能○矣 38/12/15
故○相往 38/12/16
道德不厚者不可以○民 40/13/12
古者○車轂擊馳 40/13/18
○趙大重 40/14/14
故先○蘇秦以幣帛約乎諸侯 41A/14/25
吾欲○武安子起往喻意焉 41A/14/26
請○武安子 41A/14/27
善我國家○諸侯 41A/14/27
請○客卿張儀 41A/14/27
○攻宋也 41B/15/3
中○韓、魏之君 42/15/25
而○張孟談 42/17/5
譬如○豺狼逐群羊也 44/18/3
而○陳莊相蜀 44/18/11
重而○之楚 45/18/16
重樗里疾而○之者 45/18/16
臣請○秦王獻商於之地 50/20/26
楚王○人絕齊 50/21/7
○者未來 50/21/8
秦○人○齊 50/21/10
楚因○一將軍受地於秦 50/21/10
乃○勇士往詈齊王 50/21/11
乃出見○者曰 50/21/11
○者曰 50/21/12
396B/191/5,439/214/5
439/214/11,444/219/8
○者反報楚王 50/21/13
楚王○陳軫之秦 51/21/25
故○人問之 51/21/28
則秦且輕○重幣 53/22/15
將○耳不聽 54/22/27
○此知秦國之政也 54/22/28
復○甘茂攻之 55/23/22
果○馮章許楚漢中 56/23/28
楚客來○者多健 60/24/21
其健者來○者 60/24/22
其需弱者來○ 60/24/22
秦啓關而聽楚○ 62/25/22
怵於楚而不○魏制和 62/25/23
王不如○魏制和 62/25/24
秦王○公子他之趙 63/26/1
非○臣之所知也 63/26/2
何不○人謂燕相國曰 66/27/7
○以臣之言為可 72/29/1
○人持車召之 72/29/15
即○文王疏呂望而弗與深言 73A/30/2
○臣得進謀如伍子胥 73A/30/10
○臣得同行於箕子、接輿 73A/30/12
穰侯出○不報 73B/31/28
穰侯○者操王之重 73B/32/2
○者直道而行 74/32/26
今太后○者分裂諸侯 74/32/27
○職事 80/35/12
○人宣言以感怒應侯曰 81/35/20
○人召蔡澤 81/35/23
○私不害公 81/36/3
○秦業帝 81/36/27
○馳說之士無所開其口 81/37/2
○天下皆畏秦 81/37/8
為秦○於燕 81/37/20
三年而燕○太子丹入質於秦 81/37/20
可發○告楚曰 82A/37/25
遂發重○之楚 82A/38/1
卒○公子池以三城講於三國 83A/38/20
楚○者景鯉在秦 84B/39/17
楚王○景鯉如秦 85/39/23
楚王○景所甚愛 85/39/23
景鯉○人說秦王曰 85/39/27
臣之來○也 85/39/27
王能○臣無拜 86/40/6
○東遊韓、魏 86/40/19
故○於秦 87/40/26
今王三○盛橋守事於韓 87/40/30
○無復後患 87/41/5
而王○之獨攻 87/42/2
○陳毛釋劍掫 88/42/24
而○天下之士不敢言 89/43/13
吾為子○秦 93/44/24
說有可以一切而○君富貴千萬歲 93/44/28
○秦而欲屠趙 93/45/5
若○子異人歸而得立 93/45/6
不韋○楚服而見 93/45/10
王○子誦 93/45/11
大王無一介之○以存之 93/45/13
○邊境早閉晚開 93/45/13
○剛成君蔡澤事燕三年 94/45/21
今大王○守小官 95/46/17
王○人代 95/47/7
○韓倉數之曰 95/47/7
故○工人為木材以接手 95/47/9
賈願出○四國 96/47/22
南○荊、吳 96/47/26
北○燕、代之間三年 96/47/26
○賈不忠於君 96/48/6
○若卞隨、務光、申屠狄 96/48/14
乃可復○姚賈而誅韓非 96/48/18
乃陰告韓○者而遣之 103/51/4
乃說王而○田忌伐魏 104/51/13
公孫閈乃○人操十金而往卜於市 104/51/15
○彼罷弊於先弱守於主 105/51/22
○彼罷弊先弱守於主 105/51/23
○輕車銳騎衝雍門 105/51/24
齊威王○章子將而應之 109/53/6
○者數相往來 109/53/6
吾○者章子將也 109/53/12
乃許韓○者而遣之 114/56/5
乃○其舍人馮喜之楚 115/56/21
藉○之齊 115/56/22
陳軫為齊王○ 117/57/11
因○人以十城求講於秦 118/57/23
秦○魏冉之趙 119/57/29
薛公○魏處之趙 119/57/29
可以忠太子而○楚益入地 122/59/1
可以忠太子○之亟去 122/59/2
可以○人說薛公以善蘇子 122/59/3
可以○蘇子自解於薛公 122/59/3
○亟入下東國之地 122/59/7
則太子且倍王之割而○

齊奉己	122/59/11
故曰可以○楚亟入地也	122/59/11
○太子謁之君	122/59/14
○楚王聞之	122/59/15
故曰可以○楚益入地也	122/59/19
故曰可以為楚王○太子亟去也	122/59/23
故曰可以○太子急去也	122/59/27
蘇秦○人請薛公曰	122/60/1
故曰可○人惡蘇秦於薛公也	122/60/3
又○人謂楚王曰	122/60/5
夫○薛公留太子者蘇秦也	122/60/5
又○景鯉請薛公曰	122/60/10
淳于髡為齊○於荊	125/61/6
如○而弗及也	127/62/1
○曹沫釋其三尺之劍	129/62/24
今○人而不能	129/62/26
○人有棄逐	129/62/27
直○送之	130/63/3
足下能○僕無行	130/63/5
○秦弗有而失天下	132B/64/8
○人屬孟嘗君	133/64/20
孟嘗君○人給其食用	133/64/29
無○乏	133/64/29
○吏召諸民當償者	133/65/8
遣○者	133/65/23
顯○也	133/65/24
梁○三反	133/65/24
君不以○人先觀秦王	134/66/3
辱其○者	134/66/12
可謂足○矣	134/66/16
○文得二人者	135/66/23
與○觸為趨勢	136B/67/14
不如○王為趨士	136B/67/14
宣王○謁者延入	137/68/22
○者復還報	137/68/23
王○人為冠	137/69/6
不○左右便辟而○工者何也	137/69/6
非左右便辟無○也	137/69/7
齊王○○者問趙威后	138/69/13
威后問○者曰	138/69/13
○者不說	138/69/14
臣奉○○威后	138/69/14
秦○魏冉致帝	141A/70/10
勿○爭重	141B/70/22
而後○天下憎之	141B/70/24
○諸侯無成謀	142/73/21
王何不○臣見魏王	142/73/25
此固大王之所以鞭箠○也	142/73/27
○昌國君將而擊之	143/74/12
齊○向子將而應之	143/74/13
○管仲終窮抑	145/76/3
○曹子之足不離陳	145/76/5
欲○後車分衣	146/76/22
乃○人聽於閭里	146/77/2
且今○公孫子賢	147/77/9
然而○公孫子與徐子鬬	147/77/9
楚王○將軍將萬人而佐齊	147/77/13
何不○○者謝於楚王	147/77/14
貂勃○楚	147/77/15
秦始皇嘗○○者遺君王后玉連環	149B/79/8
謝秦○曰	149B/79/9
○賓客入秦	149B/79/14
○收三晉之故地	150/79/24
○收楚故地	150/79/25
秦○陳馳誘齊王內之	150/79/28
故○蘇涓之楚	151/80/3
其○涓來	151/80/4
天帝○我長百獸	154/81/4
楚因○景舍起兵救趙	156/81/26
江乙為魏○於楚	161/83/18
鄭申為楚○於韓	164/84/15
○臣效愚計	167/86/5
○○臣獻書大王之從車下風	168/87/23
乃遣○車百乘	168/87/27
請為王○齊交不絕	169/88/13
楚○新造（盩）〔盭〕棼冒勃蘇	170/89/14
○下臣來告亡	170/89/15
○入秦	172/90/15
君不如○人微要靳尚而刺之	175/91/18
齊○車五十乘	177/92/8
齊○來求東地	177/92/8
齊令○來求地	177/92/12
齊○來求東地五百里	177/92/16
	177/92/20
○守東地	177/92/30
齊○人以甲受東地	177/93/1
昭常應齊○曰	177/93/1
西○秦	177/93/5
○王見疾於民	179/93/18
賢者用且○己廢	179/93/23
貴且○己賤	179/93/23
且○萬乘之國免其相	181/94/5
○惠施之楚	185/95/19
楚將入之秦而○行和	185/95/19
而陰○人以請聽秦	185/95/22
吾將○人因魏而和	185/95/23
因○人以儀之言聞於楚	186/96/5
無○逆命	190/97/11
於是○人發騶	192/97/25
○人殺中射之士	196/99/17
中射之士○人說王曰	196/99/17
於是○人謝孫子	197/99/24
於是○人請孫子於趙	197/99/29
趙○魏加見楚春申君曰	198/100/16
○得為君高鳴屈於梁乎	199/101/10
齊王遣○求臣女弟	200/101/17
與其○者飲	200/101/17
於是○吏盡滅春申君之家	200/102/16
而○所以信之	201/102/30
○君疑二主之心	202/103/16
請○於齊	202/103/20
○人請地於韓	203/103/24
○○者致萬家之邑一於知伯	203/103/27
又○人請地於魏	203/103/27
因○人致萬家之邑一於知伯	203/103/29
又○人之趙	203/104/1
三○韓、魏	203/104/4
乃○延陵王將車騎先之晉陽	203/104/6
○張孟談見韓、魏之君曰	203/105/9
○人謂之曰	204A/105/25
臣下不○者何如	204A/105/25
左司馬見○於國家	204A/105/26
○人問之	204B/106/21
○兵環之	204B/106/25

乃○○者持衣與豫讓 204B/106/27
○我逢疾風淋雨 208/107/26
○秦發令素服而聽 209/108/26
○陽城君入謝於秦 211/109/19
○陽言之太守 211/109/20
乃○馮亭代靳黈 211/109/23
陰○人請趙王曰 211/109/25
今馮亭令○者以與寡人 211/109/27
乃○趙勝往受地 211/110/8
○○者臣勝 211/110/11
○臣勝謂曰 211/110/11
蘇秦為趙王○於秦 212/110/21
今臣○於秦 212/110/24
訾然○趙王悟而知文也 216/111/20
謹○可全而歸之 216/111/21
故○禽知虎之即己 217/111/28
有謀故殺○之趙 217/112/4
韓、魏皆可○致封地湯沐之邑 218/113/2
乃○有白馬之為也 219/115/8
弊邑秦王○臣敢獻書於大王御史 220/115/20
敬○臣先以聞於左右 220/115/25
告齊○興師度清河 220/116/3
而適聞○者之明詔 220/116/10
○王孫緤告公子成曰 221/116/29
○緤謁之叔 221/117/4
○者報王 221/117/13
所以○子 222/119/16
○民不得耕作 225/120/24
趙○机郝之秦 226/121/13
魏○人因平原君請從於趙 230/122/30
是○弱趙為強秦之所以攻 231/123/12
而○強燕為弱趙之所以守 231/123/12
因○人索六城於趙而講 233/123/26
○臣得為王計之 233/124/2
○趙郝約事於秦 233/124/6
是○王歲以六城事秦也 233/124/23
秦之○者已在趙矣 233/125/13
平原君○人請救於魏 234/125/17
寡人○卷甲而趍之 235/125/28
不如發重○而為媾 235/125/28
發○出重寶以附楚、魏 235/126/1
必入吾○ 235/126/2
趙○入楚、魏 235/126/2
寡人○平陽君媾秦 235/126/5
魏安釐王○將軍晉鄙救趙 236/126/13
魏王○客將軍新垣衍間入邯鄲 236/126/13
趙誠發○尊秦昭王為帝 236/126/16
魏王○將軍辛垣衍令趙帝秦 236/126/20
○事有職 236/126/24
權○其士 236/127/1
虜○其民 236/127/1
吾將○梁及燕助之 236/127/3
先生惡能○梁助之耶 236/127/4
○梁睹秦稱帝之害 236/127/5
然吾將○秦王烹醢梁王 236/127/11
先生又惡能○秦王烹醢梁王 236/127/12
是○三晉之大臣不如鄒、魯之僕妾也 236/127/26
彼又將○其子女讒妾為諸侯妃姬 236/127/27
○奉社稷 239A/129/6
而王必待工而后乃○之 239A/129/8
秦○人來仕 242/130/9
乃○○者言 245/131/1
○臣與復丑曰 246/131/7
而無○秦之見王之重趙也 247/132/6
王○臣以韓、魏與燕劫趙 247/132/9
○丹也甘之 247/132/9
○臣也甘之 247/132/9
○順也甘之 247/132/10
○眠也甘之 247/132/10
欲以○攻宋也 248/132/16
臣為足下○公孫衍說奉陽君曰 248/132/21
○臣守約 249/133/8
樓緩將○ 250/134/9
乃○人以百里之地 251/134/20
○司徒執范座 251/134/21
不若以生人市○也 251/134/25
○將而攻趙 252/135/8
○安平君愚 252/135/16
○安平君知 252/135/16
252/135/17
趙○趙莊合從 254/136/3
○夫交淺者不可以深談 257/136/26
臣聞王之○人買馬也 258A/137/3
趙王○往賀 258B/137/16
○者三往不得通者 258B/137/18
必所○者非其人也 258B/137/18
大王可試○之 258B/137/19
○下臣奉其幣物三至王廷 258B/137/22
而○不得通 258B/137/22
○若無罪 258B/137/22
若○有罪 258B/137/23
秦王○○者報曰 258B/137/23
吾所○趙國者 258B/137/23
則○者歸矣 258B/137/24
於是秦王乃見○者 258B/137/27
衣服○之便於體 258B/137/29
膳啗○之嗛於口 258B/137/29
今○臣受大王之令以還報 258B/138/2
勿○從政 258B/138/5
勿○與政事 258B/138/6
趙○姚賈約韓、魏 259/138/10
將○王逐之 259/138/11
必勿○反 262/139/13
恣君之所○之 262/139/19
秦○王翦攻趙 263/139/27
趙○李牧、司馬尚禦之 263/139/27
○為反間 263/139/28
○趙蔥及顏冣代將 263/140/1
夫○士卒不崩 270/142/6
○三軍之士不迷惑者 270/142/7
○民昭然信之於後者 270/142/8
○百四十萬 270/142/13
勿○出竟 271/142/19
故敝邑趙王○○臣獻愚計 272/143/16
齊○蘇厲為之謂魏王曰 275/145/3

陳軫為秦○於齊 276/145/11
魏王○李從以車百乘○於楚 276/145/14
臣急○燕、趙 276/145/17
即明言○燕、趙 276/145/17
皆○人告其王曰 276/145/20
李從以車百乘○楚 276/145/20
犀首又以車三十乘○燕、趙 276/145/20
魏王止其行○ 276/145/21
所以不○犀首者 276/145/23
因○人先言於楚王 277/145/30
○人謂齊王曰 278/146/5
是○儀之計當於秦也 281/147/1
魏○公孫衍來 288/148/23
○公孫子勞寡人 288/148/24
今王以衍為可○將 290/149/4
故○欒水見之 296/150/28
故○雪甚 296/151/1
又必謂王曰○王輕齊 297/151/19
○秦皆無百怨百利 297/151/28
欲○五國約閉秦關者 297/152/7
因○蘇脩游天下之語 297/152/8
乃○人報於齊 301/153/8
然○十人樹楊 303A/153/27
必不○相也 303B/154/9
自○有要領之罪 304/154/17
今王之○人入魏而不用 304/154/20
則王之○人入魏無益也 304/154/20
而○趙小心乎 304/154/26
外臣疾○臣謁之 305/155/12
臣請發張倚○謂趙王曰 308/156/10
○寡人絕秦 308/156/12
芒卯應趙○曰 308/156/18
○者之罪也 308/156/18
王能○臣為魏之司徒 309/156/24
則臣能○魏獻之 309/156/24
臣○長信侯請無內王 311/158/24
將○段干崇割地而講 312/159/7
王因○之割地 312/159/10
而王因○之受璽 312/159/11
魏○人謂淳于髡曰 313/159/21
○仇敵制其餘敝 313/159/23
王之○者大過矣 315/161/18
聽○者之惡也 315/161/19
又況於○秦無韓而有鄭地 315/161/27
○道已通 315/162/6
秦○趙攻魏 317A/162/20
而○翟強為和也 317B/163/12
○人謂樓子曰 317B/163/14
不能禁狗○無吠己也 324/165/14
因○其人為見者嗇夫聞見者 336/168/18
魏○人求救於秦 338/168/29
信陵君○人謂安陵君曰 340/169/22
○為持節尉 340/169/23
不能必○其民 340/169/23
○者自往 340/169/24
請○道○者至縞高之所 340/169/24
將○高攻管也 340/169/25
○者以報信陵君 340/169/28
遣大○之安陵曰 340/169/28
是○我負襄王詔而廢大府之憲也 340/170/3
豈可○吾君有魏患也 340/170/7
乃之○者之舍 340/170/7
○○者謝安陵君曰 340/170/9
秦王○人謂安陵君曰 343/171/13
安陵君因○唐且○於秦 343/171/15
是故秦王○○臣獻書大王御史 348A/174/2
韓○人馳南陽之地 351/174/26
曰儀之○者 354/175/22
公留儀之○者 354/175/22
張儀○人致上庸之地 354/175/23
故○○臣再拜謁秦王 354/175/23
○信王之救己也 357/176/21
且王以○人報於秦矣 357/177/2
王○景鯉之秦 361/178/27
謂○者曰 363/179/17
秦○聞之 363/179/18
不○ 364/179/24
韓令○者求救於秦 366/180/9
韓又令尚靳○秦 366/180/9
○者來者眾矣 366/180/11
獨不可○妾少有利焉 366/180/14
秦為發○公孫昧入韓 367/180/28
公叔○馮君於秦 371/182/3
發重○為韓求武遂於秦 372/182/10
齊令周最○鄭 374/182/21
令我○鄭 374/182/21
周最固不欲來○ 374/182/25
而以不得已之故來○ 374/182/28
來○者無交於公 374/182/29
其○之必疾 374/182/30
鄭強為楚王○於韓 375/183/3
史疾為韓○楚 384/185/9
臣○人刺之 385/186/9
不如急發重○之趙、梁 389/188/15
○山東皆以銳師戍韓、梁之西邊 389/188/16
越王○大夫種行成於吳 390/189/5
宜○如吳 390/189/8
宜○如越 390/189/8
○之無伐我 391/189/22
○善扁鵲而無臃腫也 395/190/18
公仲○韓珉之秦求武隧 396A/190/24
而○之主韓、楚之事 396A/190/27
韓相公仲珉○韓侈之秦 396B/191/3
魏之○者謂後相韓辰曰 396B/191/4
山陽君因○之楚 398/192/4
何故○公來 399/192/10
是何以為公之王○乎 399/192/11
是驅燕而○合於齊也 409/195/2
乃○○與蘇秦結交 409/195/6
今○弱燕為鴈行 411/195/23
今臣為足下○ 412/196/9
○臣信如尾生 412/196/10
足下安得○之之齊 412/196/14
妻○妾奉卮酒進之 412/196/26
○之說齊者 412/196/30
宮他為燕○魏 414/197/20
不聽燕○何也 414/197/20
此必○王重矣 415/198/16
蘇代為齊○於燕 416A/199/6
聽其所○ 416A/199/8
乃○蘇代持質子於齊 416B/200/6
齊○代報燕 416B/200/6
齊○人謂魏王曰 417/200/13

（眄）〔眄〕視指○ 418/200/26
○○盟於周室 419/201/24
然而王何不○布衣之人 419/201/26
今王何不○可以信者接收燕、趙 419/201/28
則王何不務○知士以若此言說秦 419/202/6
曩者○燕毋去周室之上 420/202/23
今臣為足下○於齊 420/203/12
夫○人坐受成事者 421/203/21
困則○太后、穰侯為和 422/204/22
○齊不信趙者 423/205/7
今齊王召蜀子○不伐宋 423/205/8
○臣也如張孟談也 423/205/11
齊王○公王曰命說曰 424/205/16
望諸相中山也○趙 424/206/5
蘇代自齊○人謂燕昭王曰 426/206/21
王○臣也 426/206/27
明日又○燕攻陽城及狸 426/207/5
又○人謂閔王曰 426/207/5
王復○蘇子應之 426/207/6
乃復○蘇子 426/207/7
燕因○樂毅大起兵伐齊 426/207/8
○齊犬馬駿而不言燕 427/207/20
今王又○慶令臣曰 427/207/20
楚○將軍之燕 430/208/21
○除患無至 430/208/21
而先○除患無至者 430/208/23
是○弱趙居強吳之處 430/208/25
而○強秦處弱越之所以霸也 430/208/25
○者乃以說趙王 430/208/28
而○騎劫代之將 431/209/4
燕王乃○人讓樂毅 431/209/8
寡人之○騎劫代將軍者 431/209/10
望諸君乃○人獻書報燕王曰 431/209/14
今王○○者數之罪 431/209/16
而○臣為亞卿 431/209/22
南○臣於趙 431/209/29
○之得比乎小國諸侯 431/210/3
○齊北面伐燕 433/211/15
王何不陰出○ 433/211/16
○世世無患 433/211/16
南○於齊 433/211/18
○侍屏匽 433/211/21
燕○太子請救於楚 436/212/17
楚王○景陽將而救之 436/212/17
○左右司馬各營壁地 436/212/17
通○於魏 436/212/21
燕王喜○栗腹以百金為趙孝成王壽 438/213/3
○慶秦以二十萬攻代 438/213/7
趙○廉頗以八萬遇栗腹於鄗 438/213/7
○樂乘以五萬遇慶秦於代 438/213/7
故○○者陳愚意 438/213/11
今○寡人任不肖之罪 438/213/18
○寡人進不得脩功 438/213/30
○人賀秦王 439/214/5
○者過趙 439/214/5
今臣○秦 439/214/6
且臣之○秦 439/214/7
○者見秦王曰 439/214/10
燕王○○者賀千金 439/214/10
吾○趙有之 439/214/11
今王○趙北并燕 439/214/12
可○也 440/215/7
不○人疑之 440/215/13
夫為行○人疑之 440/215/14
○得至前 440/215/20
○於秦 440/215/25
○悉反諸侯之侵地 440/215/25
恐不足任○ 440/216/1
○工以藥淬之 440/216/20
○○以聞大王 440/217/7
見燕○者咸陽宮 440/217/9
○畢○於前 440/217/11
宋○臧子索救於荊 441/218/3
○人謂衛君曰 443/218/26
曾無一介之○以存之乎 443/218/26
以隨○者 443/218/28
宋君○○者請於趙王曰 444/219/3
○史占之 447/220/6
○奔衛 448B/220/21
○人迎之於境 448B/220/22
今臣能○釋蒲勿攻 449/221/1
衛○客事魏 450/221/7
齊閉關不通中山之○ 455/223/6
王發重○ 455/223/18
○告中山君曰 455/223/18
寡人所以閉關不通○者 455/223/19
燕、趙果俱輔中山而○其王 455/223/28
司馬憙○趙 456/224/3
趙○來 456/224/6
趙○者來屬耳 457/224/11
田簡自謂取○ 457/224/16
○李疵觀之 459A/225/9
乃○五校大夫王陵將而伐趙 461/226/8
王欲○武安君 461/226/8
王乃○應侯往見武安君 461/226/9
願○君將 461/226/14
○得耕稼以益蓄積 461/226/23
更○王齕代王陵伐趙 461/226/30

始 shǐ 37

楚王○不信昭應之計矣 25/9/6
蘇秦○將連橫說秦惠王曰 40/13/6
臣聞○時呂尚之遇文王也 73A/29/29
卒事○皇帝 81/37/20
孰與○強 83B/38/25
○ 83B/39/2
此言○之易 87/41/9
唯○與終 89/43/7
能○而不能終也 89/43/11
故曰衛鞅之○與秦王計也 142/74/5
秦○皇嘗使使者遺君王后玉連環 149B/79/8
秦○皇立九年矣 200/102/19
○事范中行氏而不說 204B/106/7
吾○已諾於應侯矣 211/109/22 311/158/23,311/159/2
○合從 218/112/21
非所以觀遠而論○也 221/118/6
寡人○行縣 222/119/3
○吾以君為天下之賢公子也 236/126/20
○以先生為庸人 236/128/1

兵〇用 249/133/22
魏於是乎〇強 267/141/9
臣以為自天下之〇分以
　至于今 310/157/28
亡趙之〇也 317A/162/20
亡虞之〇也 317A/162/21
臣之〇得魚也 341/170/16
果從成皋〇 344A/172/6
申不害〇合於韓王 345/172/15
今之韓弱於〇之韓 390/188/27
而今之秦強於〇之秦 390/188/27
其疏秦乃〇益明 393/190/5
先從隗〇 418/201/4
順〇與蘇子為讎 424/205/18
〇可著於春秋 424/206/3
善〇者 431/210/10
〇君之所行於世者 451/221/18

士 shì 204

〇卒師徒 1/1/16
材〇十萬 2/1/23
辯〇也 8A/3/22
周文君免〇工師藉 8B/3/27
不如備兩周辯知之〇 11A/4/26
君不如令辯知之〇 11A/4/27
君必施於今之窮〇 16/6/23
此健〇也 17/7/1
〇民之衆 40/13/8
文〇並餝 40/13/19
厚養死〇 40/13/22
未戰一〇 40/14/11
且夫蘇秦特窮巷掘門、
　桑戶棬樞之〇耳 40/14/14
悉其〇民 42/15/13,42/16/14
〇民病 42/15/22,42/16/26
〇民潞病於內 42/16/10
夫軫天下之辯〇也 49/20/10
諸〇大夫皆賀 50/21/3
乃使勇〇往詈齊王 50/21/11
故楚之土壤〇民非削弱 50/21/18
非恒〇也 61A/25/4
天下之〇 77/33/22
　77/33/29,136B/67/20
秦於天下之〇非有怨也 77/33/22
某懦子內某〇 80/35/6
天下駿雄弘辯之〇也 81/35/20
豈非〇之所願與 81/35/26
使馳說之〇無所開其口 81/37/2
率四方〇 81/37/3
其人辯〇 81/37/13
天下之〇相從謀曰 88/42/19
而使天下之〇不敢言 89/43/13
河、濟之〇 89/43/15
〇倉又輔之 93/44/30
〇倉用事 93/44/30
此四〇者 96/48/13
復整其〇卒以與王遇 97/48/24
〇尉以証靖郭君 101/49/24
〇尉辭而去 101/49/25
其良〇選卒必殪 110/53/23
其良〇選卒亦殪 110/53/24
兵強〇勇 113/55/16
以能得天下之〇而有齊
　權也 122/60/10
今蘇秦天下之辯〇也 122/60/10
則是圍塞天下〇而不利
　說途也 122/60/11
收天下之〇 127/62/2
小國英桀之〇 130/63/9
千里而一〇 131/63/22
今子一朝而見七〇 131/63/23
則〇不亦衆乎 131/63/23
王求〇於髡 131/63/25
豈特七〇也 131/63/26
謝將休〇也 132A/64/3
君好〇也 135/66/21
而〇未有為君盡游者也 135/66/22
〇何必待古哉 135/66/25
故曰君之好〇未也 135/66/25
君得無有所怨齊〇大夫 136A/67/3
王前為趨〇 136B/67/14
不如使王為趨〇 136B/67/14
〇貴乎 136B/67/15
〇貴耳 136B/67/15
曾不若死〇之壟也 136B/67/17
今夫〇之高者 136B/67/22
〇之賤也 136B/67/23
得貴〇之力也 136B/67/25
豈非下人而尊貴〇與 136B/68/7
是以明乎〇之貴也 136B/68/8
〇生乎鄙野 136B/68/13
王趨見斗為好〇 137/68/22
先君好〇 137/69/2
是王不好〇 137/69/2
當今之世無〇 137/69/2
王亦不好〇也 137/69/4
何患無〇 137/69/4
固願得〇以治之 137/69/5
於是舉〇五人任官 137/69/9
齊有處〇曰鍾離子 138/69/16
此二〇弗業 138/69/20
〇何其易得而難用也 140/70/4
〇三食不得饜 140/70/4
而〇不得以為緣 140/70/5
死者〇之所重 140/70/5
君不肯以所輕與〇 140/70/5
而責〇以所重事君 140/70/6
非〇易得而難用也 140/70/6
〇聞戰則輸私財而富軍
　市 142/72/18
輸飲食而待死〇 142/72/19
殺牛而觴〇 142/72/19
〇大夫之所匿 142/72/24
廝養〇之所竊 142/72/24
而〇困於土功 142/72/25
〇斷於兵 142/72/26
其〇多死而兵益弱 142/73/7
夫〇死於外 142/73/8
夫罷〇露國 142/73/11
〇民不知而王業至矣 142/73/13
為死〇置將 142/73/24
〇卒多死 145/75/9
勇〇不怯死而滅名 145/75/11
勇〇不怯死 145/75/14
〇無反北之心 145/75/21
不如罷兵休〇 145/75/24
〇民見公 145/75/24
以資說〇 145/75/25
外懷戎翟、天下之賢〇 147/77/18
為〇卒倡曰 148/78/14
而〇卒無生之氣 148/78/15
練〇厲兵 167/85/25
虎賁之〇百餘萬 168/86/16
〇卒安難樂死 168/86/16
得罪一〇 170/89/16
楚〇約食 170/89/29
〇卒不用 177/93/6
寡人聞韓侈巧〇也 187/96/9
中射之〇問曰 196/99/16
使人殺中射之〇 196/99/17

中射之○使人說王曰 196/99/17
陰養死○ 200/102/1
而陰養死○之日久矣 200/102/9
置死○ 200/102/15
園死○來刺春申君 200/102/16
○卒病羸 203/104/15
○大夫病 203/104/16
則無為貴知○也 203/104/17
○為知己者死 204B/106/8
彼義○也 204B/106/11
知伯以國○遇臣 204B/106/23
臣故國○報之 204B/106/23
趙國之○聞之 204B/106/29
且夫說○之計 209/108/19
其死○皆列之於上地 211/110/3
乃至布衣之○ 218/112/21
是以外賓客遊談之○ 218/112/22
大王乃今然後得與○民
相親 218/112/23
內度其○卒之眾寡、賢
與不肖 218/113/19
趙國豪傑之○ 234/125/20
齊國之高○也 236/126/24
權使其○ 236/127/1
吾乃今日而知先生為天
下之○也 236/128/1
所貴於天下之○者 236/128/6
子南方之傳○也 238/128/20
臣是以欲足下之速歸休
○民也 248/132/17
令○大夫餘子之力 252/135/18
辨○也 258B/137/18
夫鄉邑老者而先受坐之
○ 266/140/29
子入而問其賢良之○而
師事之 266/141/1
夫使○卒不崩 270/142/6
使三軍之○不迷惑者 270/142/7
不揜能○之迹 270/142/12
豈其○卒眾哉 272/143/8
是故天下之遊○ 273/144/16
而二○之謀困也 291/149/12
王之○未有為之中者也
309/156/23
後山東之○ 309/157/6
如此則○民不勞而故地
得 315/162/3
非○之怒也 343/171/21
皆布衣之○也 343/171/23
若○必怒 343/171/23
子皆國之辯○也 345/172/17
虎摯之○ 348A/173/20
夫戰孟賁、烏獲之○ 348A/173/23
率曰好○ 358/177/12
勇敢○也 385/185/21
請益具車騎壯○ 385/186/9
韓息○民以待其舋 387/187/21
中國白頭游敖之○ 388/188/5
一世之賢○也 390/188/23
韓氏之○數十萬 391/189/19
○唐客於諸公 396A/190/27
○罷弊 415/198/17
○卒不戰 416A/199/28
然得賢○與共國 418/200/21
此古服道致○之法也 418/200/27
天下之○必趨於燕矣 418/200/28
今王誠欲致○ 418/201/4
○爭湊燕 418/201/7
○卒樂佚輕戰 418/201/8
則王何不務使知○以若
此言說秦 419/202/6
疋夫徒步之○ 420/203/13
三晉稱以為○ 424/206/6
立名之○也 431/209/20
蚤知之○ 431/210/6
又譬如車○之引車也 432/210/27
智固不如車○矣 432/210/29
之卒者出○以戍韓、梁
之西邊 432/211/5
散游○ 433/211/16
非節俠○也 440/215/15
愚以為誠得天下之勇○
440/215/24
燕國有勇○秦武陽 440/216/21
○皆垂淚涕泣 440/216/28
壯○一去兮不復還 440/217/1
○皆瞋目 440/217/1
所傾蓋與車而朝窮閭隘
巷之○者 459A/225/10
舉○ 459A/225/11
則耕者惰而戰○懦 459A/225/11
中山君饗都○ 459B/225/16
以一壺餐得○二人 459B/225/20
今寡人息民以養○ 461/225/30
秦中○卒 461/226/18
臣推體以下死○ 461/226/25

氏 shì 144

韓○果亦效重寶 2/2/1
楚攻雍○ 6/3/10
嚴○為賊 21/7/25
寡人知嚴○之為賊 21/7/26
雍○之役 25/9/3
韓○罷於兵 25/9/5
今圍雍○五月不能拔 25/9/6
必勸楚王益兵守雍○ 25/9/7
雍○必拔 25/9/8
楚卒不拔雍○而去 25/9/11
函冶○為齊太公買良劍 30/10/15
與魏○和 42/16/8
令魏○收亡國 42/16/9
趙○ 42/16/13
趙○上下不相親也 42/16/15
以流魏○ 42/16/20
與趙○為和 42/16/21
塞轘轅、緱○之口 44/17/24
取皮○卒萬人 47/19/1
韓○從之 50/21/18
不為韓○先戰 59/24/16
智○最強 83B/38/30
而智○分矣 83B/39/4
而魏○服矣 87/41/3
壹毀魏○之威 87/41/8
智○見伐趙之利 87/41/10
智○信韓、魏 87/41/12
魏○將出兵而攻留、方
與、銍、胡陵、碭、
蕭、相 87/41/26
梁○寒心 87/42/9
趙○亦嘗強矣 88/42/17
則韓○鑠 89/43/21
韓○鑠 89/43/21
則魏○鑠 89/43/22
魏○鑠 89/43/22
夫魏○兼邯鄲 102/50/22
韓○請救於齊 103/50/30
舉韓○取其地 132B/64/11
世無東郭俊、盧○之狗 137/69/3
昔者趙○襲衛 142/71/8
趙○懼 142/71/12

而趙○兼中山 142/71/21
昔智伯瑤攻范、中行○ 142/72/27
敗趙○ 142/73/2
以待魏○ 142/73/24
夫魏○其功大 142/73/24
太史○女 143/74/22
梁○不敢過宋伐齊 149A/78/22
以太史○女為王后 149B/79/2
韓○輔國也 153/80/20
魏○惡昭奚恤於楚王 157B/82/6
郢人某○之宅 162/83/26
郢人某○ 162/83/26
韓○急 164/84/17
357/176/15,375/183/5
魏○不聽 171/90/8
魏○聽 171/90/9
知伯帥趙、韓、魏而伐
范中行○ 203/103/24
更其姓為輔○ 203/105/6
知○盡滅 203/105/13
唯輔○存焉 203/105/14
昔者知○之地 204A/105/30
趙○分則多十城 204A/106/1
始事范中行○而不說 204B/106/7
及三晉分知○ 204B/106/7
吾其報知○之讎矣 204B/106/9
子不嘗事范中行○乎 204B/106/21
知伯滅范中行○ 204B/106/21
臣事范中行○ 204B/106/23
范中行○以眾人遇臣 204B/106/23
和○之璧 208/108/6
秦蠶食韓○之地 211/110/1
必效縣狐○ 213/110/29
必以路涉、端○賂趙 213/110/29
與韓○大吏東免 249/133/8
趙○求救於齊 262/138/28
知○之命不長矣 264A/140/8
君何釋以天下圖知○ 264A/140/9
而獨以吾國為知○質乎
264A/140/10
趙○應之於內 264A/140/11
知○遂亡 264A/140/12
魏○閉關而不通 275/145/3
韓○亡 282/147/6
韓○必亡 283/147/13
大敗趙○ 291/149/15
韓○因圍菑 295/150/13
韓○必危 295/150/14
趙○醜之 301/153/16
魏○之名族不高於我 304/154/28
圍皮○ 305/155/7
臣聞魏○大臣父兄皆謂
魏王曰 310/157/12
趙○不割 310/157/13
臣聞魏○悉其百縣勝兵
310/157/26
今夫韓○以一女子承一
弱主 315/161/5
乃惡安陵○於秦 315/161/18
隨安陵○而欲亡之 315/161/19
且夫憎韓不受安陵○可
也 315/161/21
以救皮○ 317B/162/28
攻皮○ 317B/163/7
且有皮○ 317B/163/7
有皮○ 317B/163/9
試之弱密須○以為武教
318/163/26
得密須○而湯之服桀矣
318/163/26
伐榆關而韓○亡鄭 319/164/4
故令魏○收秦太后之養
地秦王於秦 329A/166/24
魏○復全 338/169/8
與嫪○乎 342/171/5
與呂○乎 342/171/5
王以國贊嫪○ 342/171/7
今由嫪○善秦而交為天
下上 342/171/8
天下孰不棄呂○而從嫪
○ 342/171/8
天下必合呂○而從嫪○ 342/171/9
三晉已破智○ 344A/172/3
興師與韓○戰於岸門 357/177/4
韓○大敗 357/177/4
韓○之兵非削弱也 357/177/6
韓○先以國從公孫郝 359/177/26
楚圍雍○五月 366/180/9
今雍○圍 366/180/21
魏○不敢不聽 366/180/22
楚圍雍○ 367/180/28
於是攻皮○ 367/181/3
魏○勁 367/181/3
魏必急韓○ 375/183/5
魏○不敢東 380/184/5
臣請令楚築萬家之都於
雍○之旁 383A/184/23
韓○之眾無不聽令者 391/189/14
而韓○之尊許異也 391/189/15
韓○之士數十萬 391/189/19
韓○逐向晉於周 401/192/24
先人嘗有德蘇○ 419/202/9
而蘇○去燕 419/202/9
非蘇○莫可 419/202/10
乃召蘇○ 419/202/10
韓○以為然 422/204/2
韓○、太原卷 422/204/4
魏○以為然 422/204/7
而天下由此宗蘇○之從
約 422/205/1
威脅韓、魏、趙○ 440/214/19
公孫○必不血食矣 451/221/20
乃請以左○ 452A/221/27
雖有十左○ 452A/221/29

世 shì 120

而辟○○無患 22/8/9
此真可以說當○之君矣 40/14/4
人生○上 40/14/20
○有三亡 42/15/11
其居秦累○重矣 61A/25/4
除萬○之害 66/27/10
○○無患 66/27/14
此亦百○之時也已 69/28/9
秦三○積節於韓、魏 70/28/13
且臣將恐後○之有秦國
者 73B/32/7
恐萬○之後有國者 74/32/24
澤流千○ 81/35/29
超然避○ 81/37/5
○○稱孤 81/37/10
負芻必以魏歿○事秦 82B/38/8
三○而不接地於齊 87/40/29
王既無重○之德於韓、
魏 87/41/17
而有累○之怨矣 87/41/18
百○矣 87/41/18
故能服○ 89/43/4
而○主不敢交陽侯之塞 89/43/13
依○主之心 89/43/19

澤可以遺○	93/44/20
取○監門子	96/48/1
雖有高○之名	96/48/15
以為後○也	111/54/3
此萬○之計也	111/54/15
	389/188/16
皆為一時說而不顧萬○之利	113/55/15
○與少有	122/60/11
齊、衛後○無相攻伐	128/62/14
豈非○之立教首也哉	129/62/27
百○而一聖	131/63/23
則累○不得一焉	131/63/24
色與馬取於今之○	135/66/25
當今之○	136B/67/26
是故成其道德而揚功名於後○者	136B/68/3
而○○稱曰明主	136B/68/8
斗生於亂○	137/68/25
當今之○無士	137/69/2
○無騏驎騄耳	137/69/3
○無東郭俊、盧氏之狗	137/69/3
○無毛嬙、西施	137/69/4
今○之為國者不然矣	142/71/15
今○之所謂善用兵者	142/73/6
後○無稱	145/75/13, 145/76/6
交游攘臂而議於○	145/75/25
亦捐燕棄○	145/75/26
○○稱孤寡	145/75/27
○主不臣也	145/76/2
傳名後○	145/76/9
以為殺身絶○	145/76/10
而立累○之功	145/76/10
汙吾○矣	149B/79/3
以苛廉聞於○	166/85/5
壹(瞑)〔瞑〕而萬○不視	170/88/21
壹瞑而萬○不視	170/89/7
不足以橫○	189/96/28
上比前○	197/100/7
○有無妄之福	200/102/4
今君處無妄之○	200/102/5
○治晉陽	203/104/6
亦將以愧天下後○人臣懷二心者	204B/106/17
是一○之命	209/109/2
而○不妬其業	219/114/20
功業高○者	219/114/21
○之賢主也	219/115/2
今臣有患於○	219/115/7
王慮○事之變	221/116/15
動有明古先○之功	221/116/17
而卒○不見也	221/116/19
夫有高○之功者	221/116/19
而○必議寡人矣	221/116/21
○有順我者	221/116/27
雖敺○以笑我	221/116/27
敢道○俗之間	221/117/28
當○輔俗	221/118/3
子言○俗之間	221/118/5
胡服不顧○	221/118/17
故禮○不必一其道	221/118/23
不足以高○	221/118/28
累○以前	232/123/21
○以鮑焦無從容而死者	236/126/29
臣以為今○用事者	242/130/10
○鈞為之謂文信侯曰	261/138/21
今三○以前	262/139/14
舉事於○	293/149/29
後○必有以酒亡其國者	307/155/27
後○必有以味亡其國者	307/156/1
後○必有以色亡其國者	307/156/2
後○必有以高臺陂池亡其國者	307/156/3
矯以新城、陽人合○子	375/183/3
○子得新城、陽人	375/183/4
聶政之所以名施於後○者	385/186/24
一○之明君也	390/188/23
一○之賢士也	390/188/23
今秦數○強矣	390/189/2
而○負其禍矣	419/201/17
秦五○以結諸侯	419/201/25
而又況於當○之賢主乎	420/203/13
有高○之心	431/209/21
故稱於後○	431/210/6
皆可以教於後○	431/210/8
萬○之善計	432/210/22
以事強而不可以為萬○	432/210/23
使○○無患	433/211/16
臣聞當○之舉王	433/211/20
○之所明知也	438/213/12
○有掩寡人之邪	438/213/16
且○有薄於故厚施	438/213/17
則萬○無魏	446B/219/30
始君之所行於○者	451/221/18
○無請后者	458/225/4

仕 shì 11

○人眾	107/52/7
晏首貴而○人寡	107/52/7
今首之所進○者	107/52/8
君先○臣為郎中	200/102/11
秦使人來○	242/130/9
吾將○之以五大夫	340/169/23
申子請○其從兄官	346/172/22
秦王○之	396B/191/4
秦之○韓侈也	396B/191/5
召韓侈而○之	396B/191/7
而有齊人○於燕者	429/208/15

市 shì 64

齊桓公宮中七○	8B/3/30
爭利者於○	44/17/28
天下之○朝也	44/17/28
王何以○楚也	46/18/26
乞食於吳○	73A/30/10
而更與不如張儀者○	75/33/10
王不如留之以○地	85/39/23
公孫閈乃使人操十金而往卜於○	104/51/15
能謗議於○朝	108/52/27
門庭若○	108/53/1
以○其下東國	122/58/26
以○下東國也	122/59/5
	122/59/10
以空名○者太子也	122/59/26
以何○而反	133/65/5, 133/65/12
竊以為君○義	133/65/13
○義奈何	133/65/14
乃臣所以為君○義也	133/65/15
先生所為文○義者	133/65/19
請以○諭	136A/67/6
○	136A/67/7
非朝愛○而夕憎之也	136A/67/7

士聞戰則輸私財而富軍〇 142/72/18
有〇之邑莫不止事而奉王 142/72/20
王孫賈乃入〇中 144/75/1
〇人從者四百人 144/75/1
車裂蘇秦於〇 168/87/18
今有城〇之邑七十 211/109/26
有城〇之邑七十 211/110/7
以與齊、韓、秦〇 213/110/29
自令車裂於齊之〇 220/116/1
臣竊以為與其以死人〇 251/134/25
不若以生人〇使也 251/134/25
趙王因割濟東三城令盧、高唐、平原陵地城邑〇五十七 252/135/8
乃割濟東三令城〇邑五十七以與齊 252/135/10
今一人言〇有虎 306/155/18
二人言〇有虎 306/155/19
三人言〇有虎 306/155/19
夫〇之無虎明矣 306/155/20
今邯鄲去大梁也遠於〇 306/155/21
此所謂〇怨而買禍者也 347/173/7
魏順謂〇丘君曰 352/175/3
必攻〇丘 352/175/4
臣請為君止天下之攻〇丘 352/175/4
〇丘君曰 352/175/4
必攻〇丘以償兵費 352/175/8
王令之勿攻〇丘 352/175/8
且聽王之言而不攻〇丘 352/175/9
且反王之言而攻〇丘 352/175/9
故楚王卜交而〇丘存 352/175/10
故先王聽諺言於〇 360/178/9
怒於室者色於〇 374/182/22
居〇井者 385/185/28
政乃〇井之人 385/186/1
韓取聶政屍於〇 385/186/16
以臨齊而〇公 397/191/28
將軍〇被、太子平謀 416A/199/20
將軍〇被圍公宮 416A/199/24
將軍〇被及百姓乃反攻太子平 416A/199/24
將軍〇被死已殉 416A/199/25
天下必以王為能〇馬 418/201/3
比三旦立〇 425/206/12
比三旦立於〇 425/206/13

示 shì 27

故急兵以〇秦 11C/5/11
武王〇之病 54/22/26
文侯〇之謗書一篋 55/23/12
〇情素 81/36/2
是〇天下無楚也 85/39/28
繾請以出〇 95/47/9
以〇韓倉 95/47/9
以〇田忌之不返齊也 106/52/2
惡其〇人以難也 142/73/9
則是非徒〇人以難也 142/73/10
君王后以〇群臣 149B/79/8
以〇齊之有楚 151/80/4
令之〇秦必戰 173B/90/29
〇之其齒之堅也 194/99/3
而〇之不得已 205/107/5
故出兵以佯〇趙、魏 209/108/15
是不亦大〇天下弱乎 233/125/8
秦王與應侯必顯重以〇天下 235/126/7
是〇楚無魏也 274/144/27
說文王之義以〇天下 296/151/5
是〇天下要斷山東之脊也 318/163/23
是〇齊輕也 335/168/13
故公不如〇有魏 335/168/13
且〇天下輕公 368/181/14
以明〇天下 387/187/24
〇天下與小人群也 412/196/6
以〇勇 447/220/8

式 shì 5

〇於政 40/14/12
不〇於勇 40/14/12
〇於廊廟之內 40/14/12
不〇於四境之外 40/14/13
〇而能起 170/89/29

事 shì 551

必以寶〇公 2/1/27
必厚〇王矣 6/3/12
子以齊〇秦 7/3/16
君若欲因最之〇 12/5/17
無因〇也 14A/6/2
因告以祭地〇 15/6/15
盡君子重寶珠玉以〇諸侯 16/6/20
〇可成 19/7/13
〇久且泄 19/7/14
周君所以〇吾得者器 28/10/4
臣見其必以國〇秦也 32/11/3
〇秦而好小利 32/11/5
其以〇王者 32/11/6
左尚以此得〇 36/12/5
且公之成〇也 38/12/17
向欲以齊〇王 41B/15/3
不攻無攻相〇也 42/15/17
故臣願從〇於易 44/18/2
彼必以國〇楚王 45/18/18
儀不能與從〇 49/19/27
昭陽將不與臣從〇矣 49/20/7
是以弊邑之王不得〇令 50/20/25
吾〇善矣 50/21/7
以待吾〇 50/21/7
楚國不尚全〇 50/21/15
不能親國〇也 51/21/25
故子棄寡人〇楚王 51/21/26
〇之本也 51/22/4,136B/68/4
請謁〇情 53/22/14
中國無〇於秦 53/22/15
中國為有〇於秦 53/22/15
而〇君之國也 53/22/16
〇成 55/23/6
165/84/25,458/224/20
是樗里疾、公孫衍無〇也 58/24/12
則王勿聽其〇 60/24/22
陘山之〇 63/25/28
穰侯智而習於〇 63/26/6
63/26/15
君不如勸秦王令弊邑卒攻齊之〇 65/26/27
晉必重君以〇秦 65/26/29
攻齊之〇成 66/27/3
五伯之〇也 66/27/4
秦卒有他〇而從齊 66/27/12
而〇臣之主 67/27/22
而務敗公之〇也 67/27/23

必○趙從公 68/28/3
豈敢以疑○嘗試於王乎 72/29/3
聖主明於成敗之○ 72/29/10
今者義渠之○急 73A/29/19
今義渠之○已 73A/29/20
皆匡君之之○ 73A/30/3
若夫窮辱之○ 73A/30/15
○無大小 73A/30/20
懼必卑辭重幣以○秦 73A/31/9
卑辭重幣以○之 73A/31/13
韓聽而霸○可成也 73A/31/21
太后、穰侯用○ 73B/32/6
國無○ 74/32/23
國有○ 74/32/23,309/157/7
應侯每言韓○者 79/34/27
使職○ 80/35/12
而聖人所謂吉祥善○與 81/35/30
夫公孫鞅○孝公 81/36/1
吳起○悼王 81/36/3
大夫種○越王 81/36/4
閎夭○文王 81/36/14
卒○始皇帝 81/37/20
負芻必以魏歿世○秦 82B/38/8
終以齊奉○王矣 82B/38/9
聞齊、魏皆且割地以○秦 85/39/27
天下未嘗無○也 86/40/17
今王三使盛橋守○於韓 87/40/30
而詳○下吏 87/42/4
以王為吳、智之○也 89/43/15
天下之○ 89/43/19
願往○之 93/44/20
今子聽吾計○ 93/44/23
太子用○ 93/44/28
士倉用○ 93/44/30
使剛成君蔡澤○燕三年 94/45/21
吾令剛成君蔡澤○燕三年 94/45/24
臣○之 95/46/17
習秦○ 95/46/17
習趙○ 95/46/18
而悉教以國○ 95/46/22
則從○可成 95/46/25
從○成 95/46/25
是臣無以○大王 95/46/29
趙○何如 95/47/1
魯、宋○楚而齊不○者 98/49/4
欲為大○ 104/51/16
將軍可以為大○乎 105/51/21
鄒忌以齊厚○楚 106/52/2
必以齊○楚 106/52/3
鄒忌○宣王 107/52/7
今乃西面○秦 112/54/29
而欲西面○秦 112/55/7
今無臣○秦之名 112/55/7
割河間以○秦 113/55/23
220/116/11
大王不○秦 113/55/23,273/144/4
348A/173/26,413/197/10
雖欲○秦 113/55/25
請奉社稷以○秦 113/55/27
張儀○秦惠王 115/56/12
儀○先王不忠 115/56/12
齊、楚之○已畢 115/56/22
蘇秦之○ 122/59/1
臣聞謀泄者○無功 122/59/5
尚恐○不成 122/59/19
而於君之○殆矣 122/60/12
人○者 124/60/23
獨鬼○耳 124/60/24
固不敢言人○也 124/60/24
固且以鬼○見君 124/60/24
文有以○夏侯公矣 126/61/20
孟嘗君可語善為○矣 128/62/19
皆以國○累君 130/63/9
不得不○齊也 132B/64/14
文倦於○ 133/65/3
沉於國家之○ 133/65/4
○有必至 136A/67/4
○之必至者 136A/67/5
此○之必至 136A/67/6
○亂君 137/68/25
而責士以所重○君 140/70/6
先後之○ 141A/70/13
故釋帝而貳之以伐宋之○ 141B/70/23
是以聖人從○ 142/71/4
百○之長也 142/71/5
而能○成者寡矣 142/71/5
○敗而好鞠之 142/71/15
○敗而好長詐 142/71/16
則○以衆強適罷寡也 142/71/26
○不塞天下之心 142/71/27
可見於前○矣 142/72/6
衆○而不反 142/72/11
有市之邑莫不止○而奉王 142/72/20
可見於前○ 142/73/4
則察相不○ 142/73/11
彼明君之從○也 142/73/13
善○之 143/74/22
○閔王 144/74/28
女今○王 144/74/29
濮上之○ 149A/78/22
君王后○秦謹 149B/79/6
乃西面而○秦 150/79/26
五國之○必可敗也 153/80/21
乃命大公○之韓 153/80/24
夫牛闌之○ 153/80/24
則五國之○困也 153/80/27
臣朝夕以○聽命 157B/82/6
奚恤得○公 162/83/28
大不如○君 166/85/5
甘茂○之順焉 166/85/5
甘茂○之 166/85/6
被王衣以聽○ 166/85/10
今乃欲西面而○秦 167/85/18
而有○人之名 167/85/27
横人皆欲割諸侯之地以○秦 167/86/1
則諸侯割地以○楚 167/86/4
則楚割地以○秦 167/86/4
須以決○ 168/87/24,348A/174/3
習於三晉之○ 169/88/11
寧楚國之○ 170/89/1
必爭○楚 171/90/8
公○必敗 172/90/14
儀○王不善 175/91/15
秦、楚爭○魏 175/91/22
○之以善言 179/93/16
○之以財 179/93/17
垂沙之○ 179/93/20
○王者以千數 179/93/21
賢之○其主也 179/93/22
是城下之○也 181/94/5
今為○之故 184/95/12
且為○耶 184/95/13
習諸侯○ 187/96/9
婦人所以○夫者 190/97/4
此孝子之所以○親 190/97/5
忠臣之所以○君也 190/97/6

今○至於此 192/97/26
蔡聖侯之○因是以 192/98/12
而不以國家為○ 192/98/13
蔡聖侯之○其小者也 192/98/16
君王之○因是以 192/98/16
而不以天下國家為○ 192/98/17
公不聞老萊子之教孔子○君乎 194/99/3
夫以賢舜○聖堯 199/101/3
李園求○春申君為舍人 200/101/16
君用○久 200/101/24
李園用○ 200/101/28
以○無妄之主 200/102/5
以其人○知之 202/103/9
而為危難不可成之○ 202/103/15
而待○之變 203/103/27
臣觀成○ 204A/105/23
前○之不忘 204A/105/24
後○之師 204A/105/24
子從○ 204A/105/27
納地釋○以去權尊 204A/105/27
始○范中行氏而不說 204B/106/7
而善○襄子 204B/106/14
且夫委質而○人 204B/106/17
是懷二心以○君也 204B/106/17
子不嘗○范中行氏乎 204B/106/21
反委質○知伯 204B/106/22
臣○范中行氏 204B/106/23
今日之○ 204B/106/26
國有大○ 207/107/16
口道天下之○ 208/107/23
若以人之○ 208/107/23
臣竊以○觀之 209/108/14
恐其○不成 209/108/15
夫韓○趙宜正為上交 209/108/27
臣恐其後○王者之不敢自必也 209/108/28
韓危社稷以○王 209/109/1
先○成慮而熟圖之也 209/109/3
昔歲殽下之○ 211/109/13
是故吾○也 212/110/23
心疑者○秦急 215/111/12
今○有可急者 217/112/1
○有可急為者 217/112/9
大王不得任○ 218/112/22
莫若安民無○ 218/112/24
而以冥冥決○哉 218/113/20
西面而○之 218/113/23
是故官無乏○而力不困 219/114/17
是故○無敗業而惡不章 219/114/18
故過任之○ 219/114/25
以正殷紂之○ 220/115/25
獨制官○ 220/116/8
以為一從不○秦 220/116/9
剖地謝前過以○秦 220/116/10
王慮世○之變 221/116/15
是以賢君靜而有道民便○之教 221/116/17
疑○無功 221/116/23
愚者闇於成○ 221/116/25
○有所出 221/117/2
○成功立 221/117/3
○利國者行無邪 221/117/4
所以便○也 221/117/14
因其○而制禮 221/117/14
○異而禮易 221/117/16
果可以便其○ 221/117/17
而忘國○之恥 221/117/26
因○而制禮 221/118/22
便○之謂教 221/118/26
不達於○之變 221/118/27
○之計也 222/119/6
循計之○ 222/119/7
○君者 222/119/20
○先者 222/119/20
以○寡人者畢矣 222/119/21
○主之行 223/119/26
教不便於○ 224/120/13
亂寡人之○ 224/120/15
是○而不成 226/121/14
必皆○王以伐齊 227/121/21
實為此○也 228/122/2
絕齊則皆○我 229A/122/14
凡強弱之舉○ 230/123/3
使趙郝約○於秦 233/124/6
王之所以○秦必不如韓、魏也 233/124/14
王之所以○秦者 233/124/15
必王之○秦不如韓、魏也 233/124/23
是使王歲以六城○秦也 233/124/23
○將奈何矣 236/126/18
勝也何敢言○ 236/126/19
236/126/20
使○有職 236/126/24
生則不得○養 236/127/24
故○有簡而功成者 237/128/13
君之所以○王者 240/129/22
膏之所以○王者 240/129/22
令之內治國○ 240/129/25
則膏之○有不言者矣 240/129/25
厚任膏以○能 240/129/26
臣以為今世用○者 242/130/10
足下卑用○者而高商賈乎 242/130/11
為孝成王從○於外者 245/131/3
臣以齊循○王 246/131/10
王之○趙也何得矣 247/131/25
如王若用所以○趙之半收齊 247/131/28
王之○齊也 247/131/28
其欲○王也甚循 247/132/5
五國○趙 247/132/8
則天下皆偪秦以○王 247/132/10
○必大成 248/132/26
天下散而○秦 249/133/4
且天下散而○秦 249/133/11
皆起而行○ 249/133/17
伏○ 250/134/9
則從○可移於趙 251/134/20
建信君有國○ 258A/137/4
勿使與政○ 258B/138/6
必厚割趙以○君 261/138/23
趙太后新用○ 262/138/28
子入而問其賢良之士而師○之 266/141/1
願王以國○聽之也 271/142/19
而謂寡人必以國○聽鞅 271/142/20
今乃有意西面而○秦 272/143/4
而欲臣○秦 272/143/10
夫○秦必割地效質 272/143/10
凡群臣之言○秦者 272/143/10
莫如○秦 273/144/7,348A/173/29
○秦則楚、韓必不敢動 273/144/7
此善○也 273/144/12,359/178/4
雖欲○秦而不可得也 273/144/12

○也 276/145/11
公惡○乎 276/145/12
何為飲食而無○ 276/145/12
無○必來 276/145/13
不能得○焉 276/145/13
何敢惡○ 276/145/13
請移天下之○於公 276/145/13
曰無○必來 276/145/15
今臣無○ 276/145/15
以○屬犀首 276/145/21
犀首受齊○ 276/145/21
亦以○屬犀首 276/145/22
今燕、齊、趙皆以○因犀首 276/145/22
而以○因犀首 276/145/23
令四國屬以○ 276/145/24
寡人亦以○因焉 276/145/24
犀首遂主天下之○ 276/145/24
軫善○楚 277/145/28
王亦聞老妾○其主婦者乎 279/146/13
今臣之○王 279/146/13
若老妾之○其主婦者 279/146/13
小○也 280/146/19
況大○乎 280/146/19
大○也 280/146/20
魏必○秦以持其國 281/146/30
○敗為趙驅 284/147/22
○成功縣宋、衛 284/147/22
伐齊之○遂敗 285/147/29
遇○遂敗 288/148/25
而○已去矣 291/149/12
令毋敢入子之○ 292/149/22
入子之○者 292/149/22
舉○於世 293/149/29
吾舉○而不利於魏 293/150/1
臣以為身利而便於○ 293/150/2
臣又偏○三晉之吏 297/152/5
彼必務以齊○王 298/152/15
○成則樹德 300/152/27
皆將務以其國○魏 303B/154/10
今大王令人執○於魏 304/154/18
夫舍萬乘之○而退 304/154/21
且魏信舍○ 304/154/22
魏信○王 304/154/26
然則魏信之○主也 304/154/27
彼其○王必完矣 304/154/28
趙之用○者必曰 304/154/28
魏信以韓、魏○秦 304/154/29
非完○也 304/155/1
彼將傷其前○ 304/155/1
寡人請以鄴○大王 308/156/11
魏王請以鄴○寡人 308/156/12
敝邑所以○大王者 308/156/18
無以利○王者矣 309/157/6
楚、趙怒而與王爭○秦 310/157/18
願君之以是慮○也 310/157/20
必爭○秦 310/158/2
今王之○秦 311/158/14
且夫姦臣固皆欲以地○秦 312/159/12
以地○秦 312/159/12
伐魏之○不便 313/159/28
秦非無○之國也 315/161/9
必且便○ 315/161/9
便○ 315/161/9
則是復閼與之○也 315/161/10
是故臣願以從○乎王 315/162/2
楚惡魏之○王也 317B/162/30
此王之首○也 317B/163/7
此吾○也 317B/163/14
昔竊聞大王之謀出○於梁 318/163/21
○於南方 318/163/25
攻韓之○ 320/164/19
則燕不敢不○秦 325/165/29
是并制秦、趙之○也 326/166/4
將皆務○諸侯之能令於王之上者 328/166/18
管鼻之令翟強與秦○ 330/167/9
敝邑之○王 337/168/24
○有不可知者 339/169/14
國家之大○也 345/172/16
二人各進議於王以○ 345/172/18
乃欲西面○秦 347/173/4
大王○秦 347/173/5
今大王西面交臂而臣○秦 347/173/8
必不能○秦 347/173/12
先○秦則安矣 348A/173/28
不○秦則危矣 348A/173/28
今王西面而○秦以攻楚 348A/174/1
臣恐山東之無以馳割○王者矣 351/174/28
則茂○敗矣 355/175/29
明也願因茂以○王 356B/176/10
公仲收國復○秦 359/177/17
皆不得親於○矣 359/177/22
是以公孫郝、甘茂之無○也 359/178/5
妾○先王也 366/180/12
臣甚惡其○ 367/181/6
今周最固得○足下 374/182/28
○不成 376/183/11
冀太子之用○也 378/183/22
固欲○之 378/183/22
必陰○之 379/183/28
必陰○伯嬰 379/183/29
則公叔、伯嬰必知秦、楚之不以幾瑟為○也 380/184/4
則公叔、伯嬰必以國○公矣 380/184/6
其○秦必疾 382/184/19
○今薄 385/185/22
令用○於韓以完之 386/187/7
公之○也 386/187/9
則兩國爭○公 386/187/12
今天下散而○秦 387/187/17
是韓以天下○秦 387/187/19
必西面○秦 388/188/2
無○而割安邑 388/188/2
其西面○秦 388/188/4
不西○秦 388/188/4
請以決○ 388/188/7
秦王欲出○於梁 389/188/12
○之雖如子之○父 389/188/17
雖善○之無益也 389/188/18
申不害之計○ 390/188/24
諸侯惡魏必○韓 390/188/25
申不害慮○而言之 390/188/27
而王與諸臣不○為尊秦以定韓者 390/188/28
反以越○吳之禮○越 390/189/7
無不任○於周室也 391/189/20
然則強國○成 391/189/22
強國之○不成 391/189/23
強國之○成則有福 391/189/23
韓因以其金○秦 393/190/4
以是為金以○秦 393/190/6

今君以所○善平原君者 395/190/19
韓之○秦也 396A/190/24
而使之主韓、楚之○ 396A/190/27
又與約○ 396B/191/5
是從臣不○大臣也 396C/191/15
則大臣不得○近臣矣 396C/191/15
貴賤不相○ 396C/191/16
輻湊以○其上 396C/191/16
○急 399/192/9
必盡其家以○王 402/193/4
以止子之○ 402/193/5
故纆牽於○ 407/194/5
夫安樂無○ 408/194/13
以○貴 409/195/3
不得不○ 410/195/11
聖人之制○也 411/195/28
且夫燕、秦之俱○齊 411/195/31
而以○足下 412/196/11
臣亦不○足下矣 412/196/12
而○弱燕之危主乎 412/196/16
離老母而○足下 412/196/19
臣之○ 412/196/29
且臣之○足下 412/196/29
臣恐天下後○足下者 412/196/29
效河間以○秦 413/197/10
今大王○秦 413/197/12
謀不足以決○ 413/197/15
請奉社稷西面而○秦 413/197/16
○苟可聽 414/197/22
寶珠玉帛以○其左右 415/198/27
而太子用○ 416A/199/17
子之南面行王○ 416A/199/18
國○皆決子之 416A/199/18
詘指而○之 418/200/24
安○死馬而捐五百金 418/201/2
隗且見○ 418/201/4
然則足下之○齊也 419/201/17
臣聞知者之舉○也 419/201/22
聖王之○也 419/202/7
兼此三行以○王 420/202/15
則臣不○足下矣 420/202/15
臣且處無為之○ 420/202/16
普為○者 420/202/24
不能為○者 420/202/25
今臣之所以○足下者 420/203/3
以此○告吾主父 420/203/9
且○非權不立 421/203/20
夫使人坐受成○者 421/203/21
齊、楚不得以有枳、宋○秦者 422/203/25
十七年○秦 422/203/31
故○秦 422/204/2,422/204/7
皆以爭○秦說其主 422/204/27
必不任蘇子以○ 424/205/16
且舉大○者 424/206/4
故舉大○ 424/206/6
固知將有口○ 427/207/13
期於成○而已 427/207/17
則臣請為王○之 427/207/21
則臣請歸醳○ 427/207/21
且以因子而○齊 429/208/16
是故謀者皆從○於除患之道 430/208/22
故召將軍且休計○ 431/209/10
而又不白於臣之所以○先王之心 431/209/16
而欲以齊為○ 431/209/25
而驟勝之遺○也 431/209/26
執政任○之臣 431/210/8
不惡卑名以○強 432/210/22
○強可以令國安長久 432/210/22
以○強而不可以為萬世 432/210/23
累往○之美 438/213/24
願圖國○於先生 440/215/1
光不敢以乏國○也 440/215/6
國大○也 440/215/8
國之大○也 440/215/14
欲以成大○之謀 440/215/19
此國之大○ 440/215/28
太子及賓客知其○者 440/216/27
軻自知○不就 440/217/19
○所以不成者 440/217/20
議其○ 443/218/29
則公無○ 445/219/17
則君不奪太后之○矣 445/219/17
必絕於宋而○齊 446A/219/23
且秦王亦將觀公之○ 449/220/29
衛使客○魏 450/221/7
願王博○秦 450/221/8
臣恐王○秦之晚 450/221/11
夫人於○己者過急 450/221/11
於○人者過緩 450/221/12
今王緩於○己者 450/221/12
安能急於○人 450/221/12
○王三年不得見 450/221/13
必無與君言國○者 451/221/19
豈若中山廢其王而○齊哉 454/222/20
為君廢王○齊 454/222/24
○遂定 455/223/12,455/223/28
○何可豫道者 458/224/21
中山有○ 459B/225/18
長平之○ 461/226/1
諂諛用○ 461/226/16

侍 shì 12

文無以復○矣 125/61/7
肥義○坐 221/116/15
王鍾○王 269/141/19
臣將○ 292/149/20
需○ 292/149/20
臣故願公仲之國以○於王 396C/191/20
臣恐○御者之不察先王之所以畜幸臣之理 431/209/16
恐○御者之親左右之說 431/210/17
使○屏匽 433/211/21
則雖欲長○足下 440/216/5
群臣○殿上者 440/217/15
是時○醫夏無且 440/217/17

室 shì 29

今三川、周○ 44/17/28
天下之宗○也 44/18/7
以闚周○ 55/23/3
掃○布席 61A/24/29
願為足下掃○布席 61A/25/1
其相○曰 79/34/14
東收周○ 81/37/17
齊孫○子陳舉直言 143/74/11
小不如處○ 166/85/5
宮○臥具 190/97/4
為其遠王○矣 201/102/26
公宮之○ 203/104/11
腹擊為○而鉅 207/107/15
何故為○之鉅也 207/107/15

宮○小而帑不衆 207/107/16
毋發屋○ 216/111/20
東闚於周○甚 217/112/1
美宮○ 218/113/25
相○曰 233/123/29
怒於○者色於市 374/182/22
以東闚周○ 389/188/13
無不任事於周○也 391/189/20
燒其宮○宗廟 418/201/10
使使盟於周○ 419/201/24
曩者使燕毋去周○之上 420/202/23
故鼎反於厤○ 431/210/1
○不能相和 438/213/19
摻其○ 440/217/14
入○見白 452B/222/4

恃 shì 43

宛○秦而輕晉 35/11/24
鄭○魏而輕韓 35/11/24
此皆○援國而輕近敵也 35/11/25
今君○韓、魏而輕秦 35/11/25
不可信○ 63/26/1
莒○越而滅 142/72/5
蔡○晉而亡 142/72/5
大臣不足○ 145/75/20
趙○楚勁 156/81/23
今邊邑之所○者 163/84/7
不足○也 167/86/9
而楚○諸侯之救 168/87/3
夫○弱國之救 168/87/4
○韓未窮 209/108/19
○蘇秦之計 220/115/28
老婦○輦而行 262/139/3
○鬻耳 262/139/3
猶不能○無功之尊 262/139/22
○此險也 269/141/24
而欲○詐僞反覆蘇秦之餘謀 273/144/1
二國○王 286/148/3
魏王之所○者 317B/163/10
昔曹○齊而輕晉 319/164/3
繒○齊以悍越 319/164/3
鄭○魏以輕韓 319/164/4
原○秦、翟以輕晉 319/164/4
中山○齊、魏以輕趙 319/164/5
皆其所○也 319/164/6
夫國之所以不可○者多 319/164/6
而不可○者 319/164/7
319/164/8,319/164/8
臣以此知國之不可必○也 319/164/8
今王○楚之強 319/164/9
魏王見天下之不足○也 332/167/22
○王國之大 334/168/7
與國不可○ 357/176/15
○楚之虛名 357/177/1
公○秦而勁 367/181/4
吾所○者順也 424/205/17
王而不能自○ 432/210/22
是時楚王○其國大 461/226/16
魏○韓之銳 461/226/20

是 shì 608

○我為楚、韓取寶以德之也 3B/2/13
若○ 4/2/21,87/42/9,105/51/24
○韓不伐也 5B/3/5
○得地於韓而聽於秦也 5B/3/6
則○勁王之敵也 6/3/11
○天下制於子也 7/3/17
○何計之道也 10B/4/22
○君以合齊與強楚吏產子 12/5/17
○公之知困而交絕於周也 17/6/28
36/12/4
○公重周 18/7/8
○周常不失重國之交也 18/7/8
○以遣之也 21/7/27
○君卻秦而定周也 23/8/18
○君存周而戰秦、魏也 23/8/19
○楚病也 25/9/6
○公以弊高都得完周也 25/9/10
○公有秦也 26/9/16
○攻用兵 27/9/20
○上黨每患而贏四十金 32/11/7
○天下欲罷秦 34/11/20
公言○而行 38/12/17
○商君反為主 39/13/1
於○ 40/13/21
133/65/22,160/83/8
236/128/1,239B/129/18
440/216/20,440/217/24
○故兵勝於外 40/13/24
○皆秦之罪也 40/14/2
於○乃摩燕烏集闕 40/14/6
斷死於前者比○也 42/15/18
而民為之者○貴奮也 42/15/19
○知秦戰未嘗不勝 42/15/21
當○之時 42/16/2,182/94/10
然則○一舉而伯王之名可成也 42/16/3,42/16/8
○故兵終身暴靈於外 42/16/10
當○時 42/16/15
88/42/19,101/50/16
142/74/4,236/127/21
然則○邯鄲不守 42/16/16
然則○舉趙則韓必亡 42/16/18
則○一舉而壞韓 42/16/19
○謀臣之拙也 42/16/22
由○觀之 42/16/26,136B/67/17
237/128/14,341/170/22
於○潛行而出 42/17/5
○我一舉而名實兩附 44/18/5
必惡○二人 48A/19/11
然則○軫自為而不為國也 48B/19/16
○以弊邑之王不得事令 50/20/25
則○北弱齊 50/20/27
○楚孤也 50/21/5,185/95/27
○西生秦患 50/21/6
○我亡於秦而取償於齊也 50/21/15
○吾合齊、秦之交也 50/21/15
則○一舉而兼兩虎也 51/22/2
○王欺魏 55/23/13
於○與之盟於息壤 55/23/19
○無伐之日已 57/24/5
於○出私金以益公賞 57/24/6
○樗里疾、公孫衍無事也 58/24/12
臣○以知其御也 59/24/17
○非秦之利也 61A/25/5
○何也 63/26/7,315/161/10
○晉、楚以秦破齊 63/26/12
○君收齊以重呂禮也 65/26/27
○君破齊以為功 65/26/29
○令張儀之言為禹 67/27/22
○何故也 72/29/10

113/55/20,113/55/22
非若○也 72/29/13,343/171/17
○日見范睢 73A/29/23
若○者三 73A/29/24
若○者 73A/30/1,233/123/31
○周無天子之德 73A/30/2
所以王三問而不對者○也 73A/30/4
○臣說之行也 73A/30/11
○臣之大榮也 73A/30/12
○以杜口裹足 73A/30/13
先生○何言也 73A/30/18
○穰侯為國謀不忠 73A/30/25
於○舉兵而攻邢丘 73A/31/13
於○乃廢太后 73B/32/10
○我王果處三分之一也 74/33/1
○天下之王不如鄭賈之智也 76/33/17
於○唐睢載音樂 77/33/24
於○其謀者固未可得予也 77/33/26
自○之後 79/34/27
81/36/27,237/128/16
245/131/3,247/132/2
○王過舉顯於天下 80/35/13
○有忠臣孝子 81/36/9
○微子不足仁 81/36/10
於○應侯稱善 81/36/11
○以兵動而地廣 81/36/24
如○不退 81/37/9
則商君、白公、吳起、大夫種○也 81/37/9
○楚與三國謀出秦兵矣 82A/37/27
則○我離秦而攻楚也 82A/37/28
於○三國并力攻楚 82A/38/1
○魏勝楚而亡地於秦也 84A/39/11
○王以魏地德寡人 84A/39/11
以○告楚 84A/39/13
○以鯉與之遇也 84B/39/18
○便計也 85/39/24
○示天下無楚也 85/39/28
於○頓子曰 86/40/7
商人○也 86/40/9
農夫○也 86/40/10
王乃○也 86/40/11
於○白起又將兵來伐 87/40/25
冬夏○也 87/40/28
累碁○也 87/40/28
○王不用甲 87/40/30
○王攻楚之日 87/41/21
○王以兵資於仇讎之韓、魏 87/41/22
○王有毀楚之名 87/41/24
○王失計也 87/42/6
○王之地一任兩海 87/42/11
○燕、趙無齊、楚 87/42/11
於○天下有稱伐邯鄲者 88/42/19
於○夫積薄而為厚 88/42/25
○辛戎有秦、楚之重 91/44/5
○子異人無國而有國 93/45/2
○抱空質也 93/45/6
○不敢倍德畔施 93/45/6
○自為德講 93/45/7
則○大王名亡趙之半 95/46/25
○臣無以事大王 95/46/29
○賈以王之權 96/47/27
○以群臣莫敢以虛願望於上 96/48/16
○其所以弱也 98/49/5
於○舍之上舍 101/49/26
若○者信反 101/50/6
○趙不拔而魏全也 102/50/24
○趙破而魏弱也 102/50/25
則○君之謀也 104/51/12
於○入朝見威王曰 108/52/23
於○秦王拜西藩之臣而謝於齊 109/53/11
○欺死父也 109/53/14
○故韓、魏之所以重與秦戰而輕為之臣也 112/55/1
○故恫疑虛猲 112/55/6
○群臣之計過也 112/55/7
○故願大王熟計之 113/55/25
○天下以燕賜我也 114/56/5
○乃王之託儀也 115/56/24
○王業也 115/56/27
○王內自罷而伐與國 115/56/28
○必與衍鬻吾國矣 116/57/7
公以○為名居足矣 117/57/18
然則○君自為燕東兵 119/58/1
○秦之計中 120/58/12
然則○我抱空質而行不義於天下也 122/58/27
變則○君抱空質而負名於天下也 122/59/6
然則○王去讎而得齊交也 122/59/23
則○圍塞天下士而不利說途也 122/60/11
則○身與楚為讎也 122/60/12
○君有楚也 122/60/13
○人謂衛君曰 128/62/13
○足下倍先君盟約而欺孟嘗君也 128/62/15
○比肩而立 131/63/22
魏取伊○ 132B/64/7
○齊入於魏而救邯鄲之功也 132B/64/8
○以天下之勢 132B/64/14
於○乘其車 133/64/26
於○馮諼不復歌 133/64/29
於○約車治裝 133/65/5
文不得○二人故也 135/66/22
○故《易傳》不云乎 136B/67/28
○故無其實而喜其名者削 136B/67/29
○以堯有九佐 136B/68/2
○以君王無羞亟問 136B/68/3
○故成其道德而揚功名於後世者 136B/68/3
堯、舜、禹、湯、周文王○也 136B/68/4
○以侯王稱孤寡不穀 136B/68/6
○其賤之本與 136B/68/6
○以明乎士之貴也 136B/68/8
○王不好士 137/69/2
於○舉士五人任官 137/69/9
○其為人也 138/69/16,138/69/21
○助王養其民也 138/69/17
○其為人 138/69/18
○助王息其民者也 138/69/18
○皆率民而出於孝情者也 138/69/19
○恨秦也 141A/70/11
○恨天下也 141A/70/12
○以聖人從事 142/71/4
衛得○藉也 142/71/10
趙得○藉也 142/71/13
○以大國危 142/71/25
則○路君之道也 142/72/19
則○非徒示人以難也 142/73/10

於○齊、楚怒 142/74/3
於○殺閔王於鼓里 143/74/20
○墨翟之守也 145/75/21
○孫臏、吳起之兵也 145/75/21
單有○善而王嘉之 146/76/27
當○時也 147/77/29
○以餘糧收宋也 149A/78/23
先○齊為之歌曰 150/79/29
○王之聽涓也 151/80/5
○從齊而攻楚 152/80/13
○以弱宋干強楚也 152/80/14
○逆天帝命也 154/81/5
○兩弊也 156/81/18
○楚、魏共趙也 156/81/21
○其為人也近苦矣 157B/82/7
○以嬖女不敝席 160/82/30
如○必長得重於楚國 160/83/2
誠如○ 161/83/19
○無善也 165/84/25
○不能得趙也 165/84/28
○故願大王之熟計之也 168/86/27 347/173/5,413/197/13
○故願大王熟計之也 168/87/12
周○列縣畜我也 169/88/8
○楚自行不如周 169/88/9
○昭雎之言不信也 169/88/13
令尹子文○也 170/88/26
葉公子高○也 170/89/3
莫敖大心○也 170/89/8
於○贏糧潛行 170/89/11
棼冒勃蘇○也 170/89/18
蒙穀○也 170/89/25
○公與約也 172/90/15
○王與秦相罷 173B/90/28
○去戰國之半也 177/92/17
○常矯也 177/93/3
○故退王之所愛 179/93/19
○以國危 179/93/19
○王令困也 181/94/5
○城下之事也 181/94/5
○欺王也 182/94/25
吾固以為天下莫若○兩人也 182/94/25
○欺儀也 184/95/10
○明楚之伐而信魏之和也 185/95/21
○以國權輕於鴻毛 189/96/29
○知困而交絶於后也 191/97/15
於○使人發騶 192/97/25
黃雀因○以 192/98/3
黃鵠因○以 192/98/7
蔡聖侯之事因○以 192/98/12
君王之事因○以 192/98/16
於○乃以執珪而授之為陽陵君 192/98/20
○兩盡也 194/99/4
○不臣也 194/99/5
○臣無罪 196/99/18
○死藥也 196/99/18
於○使人謝孫子 197/99/24
於○使人請孫子於趙 197/99/29
以○為非 197/100/11,220/115/28
○君聖於堯而臣賢於舜也 199/101/3
驥於○俛而噴 199/101/8
於○園乃進其女弟 200/101/19
則○君之子為王也 200/101/26
於○使吏盡滅春申君之家 200/102/16
○歲 200/102/19
○敝楚也 201/103/4
○非反如何也 202/103/11
○疵為趙計矣 202/103/16
則○魏內自強 203/103/28
於○發而試之 203/104/9
張孟談於○陰見韓、魏之君曰 203/104/20
○皆能移其君之計 203/105/3
如○則二主之心可不變 203/105/4
○為先知報後知 204B/106/15
○懷二心以事君也 204B/106/17
於○趙襄子面數豫讓曰 204B/106/21
於○襄子義之 204B/106/27
○用兵者 205/107/4
必出於○ 209/108/17
臣恐其禍出於○矣 209/108/25
○一世之命 209/109/2
唯便○從 211/109/15
○欺之也 211/109/23
○吾處三不義也 211/110/13
○故吾事也 212/110/23
則○強畢矣 214/111/5
○何楚之知 217/111/27
○臣所為山東之憂也 217/111/27
○秦禍不離楚也 217/112/12 217/112/13
○以外賓客遊談之士 218/112/22
○臣之所以為大王願也 218/113/4
○故明主外料其敵國之強弱 218/113/18
○故橫人日夜務以秦權恐猲諸侯 218/113/26
如○則伯業成矣 218/114/9
○故官無乏事而力不困 219/114/17
○故事無敗業而惡不章 219/114/18
○以賢者任重而行恭 219/114/19
○則伐楚攻秦 219/115/5
○以三國之兵困 219/115/12
於○秦王解兵不出於境 219/115/16
以非為○ 220/115/28
○故不敢匿意隱情 220/116/5
於○乃以車三百乘入朝澠池 220/116/11
○以賢君靜而有道民便事之教 221/116/17
○以不先進 221/117/7
○以聖人觀其鄉而順宜 221/117/14
○以鄉異而用變 221/117/16
○故聖人苟可以利其民 221/117/16
○以涖國者不襲奇辟之服 221/118/18
○鄒、魯無奇行也 221/118/25
○吳、越無俊民也 221/118/25
○以聖人利身之謂服 221/118/25
子能行○ 222/119/21
○變籍而棄經也 224/120/7
○損君而弱國也 224/120/8
○薄柱擊石之類也 225/121/1
兼有○兩者 225/121/2
我其以三萬救○者乎哉 225/121/7
○事而不成 226/121/14
○二國親也 227/121/20
○因天下以破齊也 227/121/21
○罷齊敝秦也 229A/122/15
○俱敝也 229A/122/16

〇我以王因饒中山而取地也 229A/122/17
〇中山孤也 229A/122/18
〇我一舉而兩取地於秦、中山也 229A/122/19
〇輕齊也 229B/122/25
〇魏求害 230/123/3
〇使弱趙為強秦之所以攻 231/123/12
〇人不隨 233/123/30
〇助秦自攻也 233/124/9
〇我失之於天下 233/124/21
〇使王歲以六城事秦也 233/124/23
則〇棄前貴而挑秦禍也 233/124/24
〇強秦而弱趙也 233/124/25
〇愈疑天下 233/125/7
〇不亦大示天下弱乎 233/125/8
〇王失於齊而取償於秦 233/125/10
〇親戚受封 234/125/21
今其人在〇 236/126/20
〇使三晉之大臣不如鄒、魯之僕妾也 236/127/26
於〇平原君欲封魯仲連 236/128/4
〇商賈之人也 236/128/6
〇以夢見竈君 239B/129/18
於〇與殺呂遺何以異 241/130/4
〇武王之功也 242/130/13
臣〇以欲足下之速歸休士民也 248/132/17
〇秦制天下也 249/133/11
〇秦之一舉也 249/133/15
249/133/17,249/133/18
249/133/20,249/133/21
249/133/26
秦行〇計 249/133/15,249/133/19
249/133/20,249/133/22
秦行〇計也 249/133/17
249/133/26
〇以攻齊之已弊 249/133/26
〇何言也 250/134/10
〇王輕強秦而重弱燕也 256/136/17
〇狎也 257/136/23
〇倍也 257/136/24
〇亂也 257/136/24
〇和也 257/136/24
〇庸說也 257/136/25
〇忠也 257/136/25
於〇馮忌乃談 257/136/28
〇能得之乎內 258A/137/11
於〇秦王乃見使者 258B/137/27
〇韓、魏之欲得 259/138/11
〇空絕趙 261/138/23
於〇為長安君約車百乘質於齊 262/139/19
〇日 267/141/7
魏於〇乎始強 267/141/9
〇危也 269/141/21
〇伯王之業 269/141/23
從〇觀之 269/141/28,393/190/5
於〇索吳起之後 270/142/10
〇故天下之遊士 273/144/16
〇示楚無魏也 274/144/27
不知〇其可也 280/146/20
如〇其明耶 280/146/20
如〇其同耶 280/146/21
〇其可也 280/146/21
未如〇其明也 280/146/21
〇有其半塞也 280/146/21
〇魏計過也 281/146/27
〇齊、楚之兵折 281/146/29
〇使儀之計當於秦也 281/147/1
〇王失謀於楚、趙 284/147/20
〇太子之讎報矣 286/148/4
〇王謀三國也也 288/148/23
〇服牛驂驥也 290/149/4
〇趙不伐 291/149/12
〇臣終無成功也 292/149/20
於〇東見田嬰 292/149/22
〇其唯惠公乎 296/150/23
於〇出而為之張於朝 296/150/28
〇故又為足下傷秦者 297/151/24
如〇人者 297/151/26
〇免國於患者之計也 297/151/29
〇王以楚毀齊也 301/153/8
〇齊抱空質而行不義也 302/153/22
〇三人皆以太子為非固相也 303B/154/9
〇趙存而我亡也 304/154/23
則〇大王垂拱之割地以為利重 304/155/2
〇以未敢 305/155/13
於〇辭行 306/155/22
〇臣之所聞於魏也 310/157/20
願君之以〇慮事也 310/157/20
〇以天幸自為常也 310/157/23
從〇以散 310/158/2
〇以名母也 311/158/12
〇群臣之私而王不知也 312/159/10
〇薪火之說也 312/159/13
〇趙與強秦為界也 314/160/10
則〇復閼與之事也 315/161/10
〇受智伯之禍也 315/161/11
而禍若〇矣 315/161/26
〇故臣願以從事乎王 315/162/2
〇魏重質韓以其上黨也 315/162/7
韓〇魏之縣也 315/162/8
〇弗救矣 317B/163/12
〇公外得齊、楚以為用 317B/163/16
〇示天下要斷山東之脊也 318/163/23
〇山東首尾皆救中身之時也 318/163/23
以〇質秦 319/164/9
〇王獨受秦患也 319/164/10
〇不知天下者也 321/164/23
〇又不知魏者也 321/164/24
〇取子之資 321/164/26
〇參行也 325/165/25
〇并制秦、趙之事也 326/166/4
〇無齊也 328/166/19
〇以有雍者與秦遇 328/166/19
〇欺我也 329A/166/26
〇智困於秦 329B/167/3
〇示齊輕也 335/168/13
〇公有齊 335/168/14
〇大王籌筴之臣無任矣 338/169/3
〇亡一萬乘之魏 338/169/5
〇臣而下 340/169/25
〇倍主也 340/169/25
〇使我負襄王詔而廢大府之憲也 340/170/3
如〇 341/170/14
有〇心也 341/170/19
於〇布令於四境之內曰

341/170/20
○王棄之 342/171/1
而王以○質秦 342/171/1
猶之如○也 342/171/6
今日○也 343/171/24
○子有兩韓 344B/172/10
○故秦王使使臣獻書大王御史 348A/174/2
○公無患 349/174/17
○絶上交而固私府也 351/174/29
天下且以○輕王而重秦 352/175/7
○以九鼎印甘茂也 355/175/28
○秦、韓不和 357/176/22
○我困秦、韓之兵 357/176/24
○欺秦也 357/177/3
○與公孫郝、甘茂同道也 359/177/24
○自為貴也 359/177/25
○韓 359/177/26
○外舉不辟讎也 359/177/27
○令行於楚而以其地德韓也 359/178/2
○韓、楚之怨不解 359/178/3
○以公孫郝、甘茂之無事也 359/178/5
○秦輕也 360/178/17,360/178/18
○弊楚也 362/179/11
必來以○而足矣 363/179/19
獨尚子之言○ 366/180/11
○無韓也 366/180/21
○楚以三國謀秦也 366/180/22
○秦孤也 367/181/2
於○攻皮氏 367/181/3
○公之所以外者儀而已 367/181/8
於○以太子扁、昭揚、梁王皆德公矣 370/181/28
○令得行於萬乘之主也 372/182/10
○秦、韓之怨深 372/182/11
○塞漏舟而輕陽侯之波也 373/182/17
○齊、楚合 377/183/17
○有陰於韓也 377/183/17
○齊孤也 380/184/5
○王抱虛質也 381/184/12
○太子反棄之 383B/184/30
於○嚴遂懼誅 385/185/19
於○嚴遂乃具酒 385/185/23
然○深知政也 385/186/3
○其軼賁、育而高成荊矣 385/186/20
○為魏從也 386/187/6
○公危矣 386/187/7
○韓為秦、魏之門戶也 386/187/8
○韓重而主尊矣 386/187/8
○公擇布而割也 386/187/11
○韓以天下事秦 387/187/19
○其於主也至忠矣 387/187/20
○其於國也 387/187/22
○其於身大利也 387/187/25
○魏弊矣 390/188/25
○我免於一人之下 390/188/26
○故哀侯為君 391/189/15
王於○召諸公子役於三川者而歸之 392/189/29
以○為金以事秦 393/190/6
○金必行 393/190/6
何意寡人如○之權也 396B/191/7
○從臣不事大臣也 396C/191/15
○其講我 396C/191/20
○棘齊、秦之威而輕韓也 398/192/4
○何以為公之王使乎 399/192/11
○齊不窮也 400/192/18
○齊孤矣 400/192/20
○王有向晉於周也 401/192/25
○魏有向晉於周 401/192/26
○緤以三川與西周戒也 402/193/4
○繆牽長也 407/194/6
○故願大王與趙從親 408/194/19
於○齎蘇秦車馬金帛以至趙 408/194/23
○驅燕而使合於齊也 409/195/2
○棄強仇而立厚交也 411/195/30
○王以虛辭附秦 411/195/31
○足下之福也 412/196/10
於○酒酣樂進取熱歠 413/197/5
○西有強秦之援 413/197/12
於○燕王大信子之 416A/199/8
○王與堯同行也 416A/199/12
○禹名傳天下於益 416A/199/16
○名屬子之 416A/199/17
○為燕昭王 416A/199/29
於○燕王專任子之 416B/200/7
於○出蘇伐之宋 417/200/16
於○不能期年 418/201/3
於○昭王為隗築宮而師之 418/201/7
於○遂以樂毅為上將軍 418/201/8
○益一齊也 419/201/18
○益二齊也 419/201/19
○國伐也 419/202/4
○名卑也 419/202/4
如○足矣 420/202/15
○以愚臣知之 420/202/28
於○因令其妾酌藥酒而進之 420/203/8
於○因佯僵而仆之 420/203/10
○則有功者 422/203/26
楚王為○之故 422/203/31
因○而倍之 424/205/20
○臣之患也 424/205/23
如○則近於相攻 424/205/28
則○兵弱而計疑也 426/206/24
○王破燕而服趙也 426/206/26
○敗王之兵 426/206/28
○以天幸自為功也 426/207/6
臣○以知人主之不愛丈夫子獨甚也 428/208/7
○故謀者皆從事於除患之道 430/208/22
○使弱趙居強吳之處 430/208/25
夫差弗○也 431/210/11
○山東之知不如魚也 432/210/27
於○遂不救燕 436/212/19
○秦、趙有郄 439/214/7
○以委肉當餓虎之蹊 440/214/24
○丹命固卒之時也 440/214/28
○太子疑光也 440/215/14
於○尊荊軻為上卿 440/216/1
於○荊軻遂就車而去 440/217/1
○時侍醫夏無且 440/217/17
○不殺少而殺眾 442/218/12
○勝黃城 443/218/28,443/218/28
○不勝黃城 443/218/30
於○滅滕伐薛 447/220/7
臣以○知王緩也 450/221/13
○中山復立也 453/222/11
○君為趙、魏驅羊也 454/222/20
○君廢其王而亡其國 454/222/25
此○欲皆在為王 454/222/26

○奪五國而益負海也 454/222/27
○君臨中山而失四國也 454/222/28
○欲用其兵也 454/223/1
○強敵也 455/223/16
○以隘之 455/223/20
○中山孤 455/223/21
○則必聽矣 455/223/22
齊以○辭來 455/223/23
果以○辭來 455/223/28
○非臣所敢議 458/224/30
○賢君也 459A/225/11
○以寡人大發軍 461/226/13
○時楚王恃其國大 461/226/16
○以能有功也 461/226/20
○以臣得設疑兵 461/226/21
以○之故能立功 461/226/22

逝 shì 1

兔興馬○ 1/1/14

視 shì 31

○之不可離 13/5/23
妻側目而○ 40/14/17
以○利害 42/17/5
孰○寡人曰 49/20/10
○之 76/33/16
過頤豕○ 101/50/6
孰○之 108/52/19
窺鏡而自○ 108/52/19
明日○美珥所在 123/60/18
○吾家所寡有者 133/65/6
君云『○吾家所寡有者』 133/65/12
壹（暝）〔瞑〕而萬世不○ 170/88/21
壹瞑而萬世不○ 170/89/7
術○伐楚 173A/90/20
明日○善珥所在 191/97/16
韓、魏之君○疵端而趨疾 202/103/18
○倉廩 203/104/7
其○有疑臣之心 203/105/8
吾○居北圍城之中者 236/126/27
今吾○先生之玉貌 236/126/28
○膳於堂下 236/127/20
王○楚王 311/158/22
申子微○王之所說以言於王 345/172/18
○次第 346/172/24
以○齊於有秦、魏 361/179/4
疾○而徐叱之 374/182/27
○之曰 385/186/20
（眄）〔眄〕○指使 418/200/26
願子還而○之 425/206/13
伯樂乃還而○之 425/206/14
人不敢與忤○ 440/216/22

弒 shì 9

《春秋》記臣○君者以百數 8B/4/1
臣○其主者 159/82/21
此為劫○死亡之主言也 197/100/1
故○賢長而立幼弱 197/100/2
夫劫○死亡之主也 197/100/8
而求○之 204B/106/17
子○父 340/170/2
臣○君 340/170/2
簡公用田成、監止而簡公○ 348B/174/10

勢 shì 53

地○形便 40/13/8
其○不能 40/13/23
○位富貴 40/14/20
處必然之○ 73A/30/8
○者 74/32/18
操大國之○ 74/32/27
今傲○得秦為王將 79/34/23
白起之○也 81/36/27
無把銚推耨之○ 86/40/9
楚之○可多割也 122/59/14
陳其○ 125/61/14
是以天下之○ 132B/64/14
齊有此○ 132B/64/15
夫鬬前為碁○ 136B/67/13
與使鬬為趨○ 136B/67/14
斗趨見王為好○ 137/68/22
而時○者 142/71/5
倍時○ 142/71/5
橫秦之○合 145/75/16
豈不以據○也哉 147/77/16
○必危宋 152/80/14
今君擅楚國之○ 160/83/1
此其○不兩立 167/85/19
其○不兩立 168/86/21
此其○不相及也 168/87/4
○為王妻以臨于楚 174/91/7
儀據楚○ 183/95/3
君籍之以百里○ 197/99/24
其○可見也 202/103/16
約兩主○能制臣 204A/105/19
臣願捐功名去權○以離眾 204A/105/20
且物固有○異而患同者 209/108/19
又有○同而患異者 209/108/20
專權擅○ 220/116/8
故○與俗化 221/118/8
又不明其時○ 225/120/28
其○必無趙矣 233/124/27
專君之○以蔽左右 239B/129/14
御獨斷之○ 240/129/24
○不能守 251/135/2
夫挾強秦之○ 272/143/3
外挾彊秦之○以內劫其主以求割地 272/143/12
魏之地○ 273/143/25
其○必無魏矣 312/159/11
其地○然也 348A/174/1
此其○不可以多人 385/186/10
○必不善楚 396A/190/26
秦○能詘之 396C/191/12
此乃亡之之○也 415/198/31
弗利而○為之者 419/201/28
非○不成 421/203/21
物固有○異而患同者 432/211/7
皆計利形○ 461/226/22

嗜 shì 1

節身之○欲 179/93/20

試 shì 19

大王○聽其說 42/17/10
臣請○之 50/20/20

豈敢以疑事嘗○於王乎 72/29/3
君其○臣 94/45/26
願得以身○黃泉 160/83/11
於是發而○之 203/104/9
臣○計之 204A/106/2
異敏技藝之所○也 221/117/9
肉○則斷牛馬 225/120/28
金○則截盤匜 225/120/29
○言公之私 233/123/28
而臣竊怪王之不○見臣 246/131/7
大王可○使之 258B/137/19
○之弱密須氏以為武教 318/163/26
王何不○以襄子為質於韓 369/181/21
公何不○奉公子咎 381/184/11
君○論之 438/213/11
以○人 440/216/21
請以公為齊王而登○說公 455/223/12

軾 shì 4

伏○撙銜 40/14/14
伏○結靷西馳者 388/188/5
伏○結靷東馳者 388/188/6
司馬憙頓首於○曰 456/224/5

飾 shì 7

○辯虛辭 168/86/26
齊人○身修行得為益 188/96/17
○車百乘 218/114/12
○車騎 220/115/22
此○說也 233/124/5,233/124/27
比周以相○也 348A/173/25

誓 shì 1

寡人與子有○言矣 250/134/12

奭 shì 1

邵公○封於燕 201/102/26

適 shì 27

而無○立也 17/6/27
何○乎 48B/19/22
疑臣者不○三人 55/23/18
吳王夫差無○於天下 81/36/22
中期○遇明君故也 90/43/27
○足以強秦而自弱也 111/54/4
則事以眾強○罷寡也 142/71/26
○為固驅以合齊、秦也 151/80/5
廢正○而立不義 197/100/3
而○聞使者之明詔 220/116/10
此時魯仲連○游趙 236/126/18
○會魏公子無忌奪晉鄙軍以救趙擊秦 236/128/4
秦當時○其鋒 239A/129/10
攻楚而○秦 273/144/12
韓○有東孟之會 385/186/14
而非公○東之 386/187/5
而公○東之 386/187/8
○足以自令亟亡也 389/188/18
○不幸而有類妾之棄酒也 412/196/29
○燕者曰 422/204/23
○趙者曰 422/204/23
○魏者曰 422/204/23
○楚者曰 422/204/24
○齊者曰 422/204/24
而未有○予也 435/212/12
恐其○足以傷於高而薄於行也 438/213/21
以順○其意 440/216/2

噬 shì 5

猶時攫公孫子之腓而○之也 147/77/10
豈特攫其腓而○之耳哉 147/77/10
當門而○之 158/82/13
叱之必○人 374/182/27
犬遂無○人之心 374/182/28

釋 shì 37

子罕○相為司空 8B/3/30
天下乃○梁 88/42/22
使陳毛○劍掫 88/42/24
而天下乃齊○ 88/42/25
使曹沫○其三尺之劍 129/62/24
○帝則天下愛齊乎 141B/70/19
齊○帝 141B/70/21
故臣願王明○帝 141B/70/21
故○帝而貳之以伐宋之事 141B/70/23
將不○甲 142/72/26
必不○趙 156/81/23
今○霸王之業 167/85/27
子○之 182/94/25,203/104/28
君○此計 203/104/17
納地○事以去權尊 204A/105/27
卒○之 204B/106/12
今王○此 221/117/10
今君○此 221/118/4
子其○之 221/118/10
今秦○韓、魏而獨攻王 233/124/14
為人排患、○難、解紛亂而無所取也 236/128/6
君唯○虛偽疾 241/130/4
將軍○之矣 252/135/14
君何○以天下圖知氏 264A/140/9
又安敢○卒不我予乎 291/149/13
故王不如○薔 295/150/14
秦果○管而攻魏 325/165/24
敢再拜○罪 340/170/10
而相國見臣不○塞者 407/194/6
竊○鉏耨而干大王 415/197/28
猶○弊躧 419/202/3
薛公○戴逃出於關 424/206/6
公○蒲勿攻 449/220/30
今臣能使○蒲勿攻 449/221/1
畏而○之 461/226/23
○趙養民 461/227/5

收 shōu 96

公東○寶於秦 10A/4/16
秦且○齊而封之 10B/4/20
○周最以為後行 11B/5/4
恐秦不己○也 14A/6/1
合與○齊 14A/6/1
吾○之以飢 25/9/6
○餘韓成從 42/15/11
今荊人○亡國 42/16/4

令魏氏〇亡國 42/16/9
文聞秦王欲以呂禮〇齊 65/26/26
是君〇齊以重呂禮也 65/26/27
今王見其達而〇之 71/28/22
窮而不〇 71/28/23
且〇成陽君 71/28/23
故文王果〇功於呂尚 73A/30/1
王不如〇韓 73A/31/17
寡人欲〇韓 73A/31/17
東〇周室 81/37/17
〇天下之士 127/62/2
能為文〇責於薛者乎 133/65/1
乃有意欲為〇責於薛乎 133/65/4
責畢〇 133/65/5
責畢〇乎 133/65/11
〇畢矣 133/65/12
其於以〇天下 141A/70/13
亦〇餘甲而北面 142/71/11
達子〇餘卒 143/74/13
單〇而食之 146/76/26
〇穀之 146/77/2
是以餘糧〇宋也 149A/78/23
王〇而與之百萬之眾 150/79/23
使〇三晉之故地 150/79/24
王〇而與之百萬之師 150/79/25
使〇楚故地 150/79/25
王欲〇齊以攻秦 151/80/7
五大夫不可〇也 165/84/24
鯉與厲且以〇地取秦 172/90/14
秦可以少割而〇害也 173B/90/29
楚王因〇昭睢以取齊 183/94/29
今儀困秦而睢〇楚 183/95/2
將〇韓、魏輕儀而伐楚 183/95/3
趙〇天下 209/108/10
今王〇天下 209/108/28
下至韓慕王以天下〇之 209/109/1
夫慮〇亡齊、罷楚、敝
魏與不可知之趙 219/115/1
〇破齊、罷楚、弊魏、
不可知之趙 219/115/6
大王〇率天下以儐秦 220/115/20
東〇兩周而西遷九鼎 220/115/23
安能〇恤蘭、離石、祁
乎 228/122/1
〇破軍之敝守 231/123/10
我以五城〇天下以攻罷
秦 233/124/21
今〇河間 241/130/4
何患不得〇河間 241/130/5
〇河間何益也 241/130/5
如王若用所以事趙之半
〇齊 247/131/28
以伐齊〇楚 249/133/21
秦因〇楚而攻魏 249/133/22
而〇齊、魏以成取陰 249/134/5
〇韓而相衍 283/147/14
〇侵地 284/147/21
又且〇齊以更索於王 297/151/19
今大王〇秦而攻魏 308/156/11
〇秦攻魏 308/156/12
可以少割〇也 310/157/29
亟以少割〇 310/158/1
王欲焉而〇齊、趙攻荊 326/166/4
欲焉而〇荊、趙攻齊 326/166/5
故令魏氏〇秦太后之養
地秦王於秦 329A/166/24
故敝邑〇之 329A/166/26
一歲不〇 348A/173/18
〇韓、趙之兵以臨魏 356A/176/4
公仲〇國復事秦 359/177/17
今公徒令〇之 359/177/29
〇楚、韓以安之 359/178/5
其言曰〇璽 367/181/6
而內〇諸大夫以自輔也
378/183/22
楚將〇秦而復之 382/184/17
楚又〇秦而復之 382/184/18
且〇之 397/191/28
不如先〇於楚之齊者 400/192/19
其〇韓必重矣 405/193/20
故君〇韓 405/193/22
王因〇印自三百石吏而
效之子之 416A/199/17
燕昭王〇破燕後即位 418/200/20
今王何不使可以信者接
〇燕、趙 419/201/28
今王之不〇燕、趙 419/202/3
王不〇燕、趙 419/202/4
王〇燕、趙 419/202/5
蘇子〇其餘兵 426/207/1
然而常獨欲有復〇之之
志若此也 429/208/17
復〇七十城以復齊 431/209/5
盡〇入燕 431/210/1
〇八百歲之蓄積 431/210/7
盡〇其地 440/216/4
乃遂〇盛樊於期之首 440/216/18
趙人之死者不得〇 461/226/2

手 shǒu 21

大王拱〇以須 42/16/20
不離保傅之〇 73A/30/14
乃左〇為叢投 74/32/17
右〇自為投 74/32/17
夫人生〇足堅強 81/35/25
齊之右壤可拱〇而取也 87/42/11
故使工人為木材以接〇 95/47/9
乃左〇持卮 117/57/16
右〇畫蛇 117/57/16
莫敖大心撫其御之〇 170/89/5
墜於公子之〇 192/98/5
則未入而〇斷 225/121/2
鄭同因撫〇仰天而笑之
曰 238/128/22
馮忌接〇免首 257/136/22
王特為臣之右〇不倦賞
臣 270/142/9
〇受大府之憲 340/170/2
臣左〇把其袖 440/216/15
而右〇揕抗其胸 440/216/15
因左〇把秦王之袖 440/217/12
而右〇持匕首揕抗之 440/217/13
而乃以〇共搏之 440/217/17

守 shǒu 111

無以〇城 25/9/6
必勸楚王益兵〇雍氏 25/9/7
楚不能〇方城之外 29/10/10
然則是邯鄲不〇 42/16/16
魏不能〇 47/18/31
〇閭嫗曰 80/35/5
不卑於〇閭嫗 80/35/7
〇其業 81/35/29
今王三使盛橋〇事於韓 87/40/30
王若能持功〇威 87/41/5
趙以為〇相 95/46/15
今大王使〇小官 95/46/17
內惡趙之〇 95/46/23
趙〇半國以自存 95/46/24

以官長而○小官 95/46/28
使彼罷弊於先弱○於主 105/51/22
使彼罷弊先弱○於主 105/51/23
四境不○ 112/55/1
百人○險 112/55/5
○社稷 137/68/24
○齊國 137/68/28
而○不可拔 142/73/6
○而不可拔者 142/73/7
而○必不拔 142/73/10
竟為○備 142/73/24
遂保○聊城 145/75/8
故定計而堅○之 145/75/15
是墨翟之○也 145/75/21
田單○即墨之城 146/76/18
且王不能○先王之社稷 147/77/27
則必堅○ 156/81/18
盡城○矣 168/87/2
有偏○新城而居民苦矣 168/87/5
夫○易危之功 168/87/6
常請○之 177/92/18, 177/92/25
楚不能獨○ 177/92/21
楚亦不能獨○ 177/92/21
雖然楚不能獨○也 177/92/25
令往○東地 177/92/28
使○東地 177/92/30
今常○之何如 177/93/2
備○以具 203/104/12
吾不能○矣 203/104/16
夜期殺○堤之吏 203/105/10
今魯句注禁常山而○ 209/108/23
令韓陽告上黨之○靳黈曰 211/109/19
使陽言之太○ 211/109/20
太○其效之 211/109/20
不失○器 211/109/21
而臣太○ 211/109/21
臣請悉發○以應秦 211/109/22
馮亭○三十日 211/109/25
韓不能○上黨 211/109/25, 211/109/27, 211/110/7
今其○以與寡人 211/110/7
太○有詔 211/110/11
請以三萬戶之都封太○ 211/110/11
為主○地而不能死 211/110/13
趙聞韓不能○上黨 211/110/14
燕○常山之北 218/114/4
燕○雲中 218/114/5
韓○成皋 218/114/5
則趙○常山 218/114/6
○四封之內 220/115/22
○白馬之津 220/115/23
以○河、薄洛之水 221/117/22
即鄗幾不○ 221/117/24
收破軍之敝○ 231/123/10
趙○而不可拔者 231/123/10
以攻難而○者易也 231/123/11
而使強燕為弱趙之所以○ 231/123/12
趙雖不能○ 233/124/20
而弱者不能自○ 233/124/25
王非戰國○圉之具 238/128/27
以為代郡○ 245/130/30
下親其上而○堅 248/132/17
使臣○約 249/133/8
勢不能○ 251/135/2
然今能○魏者 251/135/2
燕以奢為上谷○ 252/135/12
而○金玉之重也 262/139/22
○亭障者參列 273/143/24
大梁不能○ 295/150/14
國無○戰之備 301/153/6
下有堅○之心 304/154/24
○十仞之城 310/157/26
公終自以為不能○也 317B/163/9
今公之力有餘○之 317B/163/10
其子為管○ 340/169/22
夫以父攻子○ 340/169/25
受詔襄王以○此地也 340/170/1
願終○之 343/171/14
安陵君受地於先生而○之 343/171/18
為除○徼亭鄣塞 348A/173/19
塞三川而○之 367/181/5
以為三川之○ 402/193/4
秦計固不能○也 408/194/16
令齊○趙之質子以甲者 423/205/8
果以○趙之質子以甲 423/205/9
吾必○子以甲 423/205/9
以○陽城 426/207/1
而得奉○先王之宗廟 440/217/6
城不○ 447/220/9
臣請為公入戒蒲○ 449/220/31
謂其○曰 449/221/1
蒲○再拜 449/221/2
臣料趙國○備 461/226/3
又無○備 461/226/17
趙必固○ 461/226/26

首 shǒu 113

犀○戰勝威王 47/19/1
樂羊再拜稽○曰 55/23/12
王且相犀○ 61B/25/17
犀○告臣 61B/25/18
王怒於犀○之泄也 61B/25/18
又取蒲、衍、○垣 87/41/3
○身分離 87/41/19
韓必授○ 87/42/8
未嘗為兵○ 95/46/28
將軍為壽於前而捍匕○ 95/47/7
晏○貴而仕人寡 107/52/7
今○之所進仕者 107/52/8
宣王因以晏○壅塞之 107/52/8
犀○以梁為齊戰於承匡而不勝 116/57/3
犀○欲敗 116/57/4
犀○跪行 116/57/5
犀○送之至於齊疆 116/57/6
豈非世之立教○也哉 129/62/27
為伍伯○ 145/76/4
貂勃避席稽○曰 147/77/22
王抽旃旄而抑兕○ 160/83/9
左奉其○ 170/89/13
貿○之讎也 171/90/9
公子成再拜稽○曰 221/117/28
趙燕再拜稽○曰 223/120/1
牛贊再拜稽○曰 224/120/18
棄禮義而上○功之國也 236/126/29
駕犀○而驂馬服 239A/129/9
馮忌接手免○ 257/136/22
求見犀○ 276/145/11
犀○謝陳軫 276/145/11
犀○乃見之 276/145/12
犀○曰 276/145/13, 276/145/14, 276/145/17, 291/149/9, 291/149/11, 296/150/23
犀○又以車三十乘使燕、趙 276/145/20

以事屬犀○ 276/145/21
犀○受齊事 276/145/21
亦以事屬犀○ 276/145/22
今燕、齊、趙皆以事因犀○ 276/145/22
犀○必欲寡人 276/145/23
而以事因犀○ 276/145/23
所以不使犀○者 276/145/23
犀○遂主天下之事 276/145/24
犀○弗利 283/147/12
犀○以為功 283/147/15
犀○謂梁王曰 286/148/3
留○之仇也 287/148/13
犀○期齊王至之曰 288/148/19
犀○、田盼欲得齊、魏之兵以伐趙 291/149/9
遂勸兩君聽犀○ 291/149/13
犀○、田盼遂得齊、魏之兵 291/149/14
犀○見梁君曰 292/149/19
犀○許諾 292/149/22
史舉非犀○於王 294/150/7
犀○欲窮之 294/150/7
因令史舉數見犀○ 294/150/8
成恢為犀○謂韓王曰 295/150/13
而以告犀○ 296/150/23
先王必欲少留而扶社稷、安黔○也 296/151/1
欲罪犀○ 298/152/14
犀○患之 298/152/14
犀○以倍田需、周宵 298/152/16
令犀○之齊 299/152/20
魏王令犀○之齊 299/152/21
吾恐張儀、薛公、犀○之有一人相魏者 303B/154/3
吾恐張儀、薛公、犀○有一人相魏者 303B/154/7
犀○相魏 303B/154/8
請以一鼠○為女殉者 311/158/17
而許綰之○ 311/158/17
猶鼠○也 311/158/18
而殉王以鼠○ 311/158/18
非秦實○伐之也 317B/162/30
此王之○事也 317B/163/7
其○救 318/163/22
擊其○ 318/163/22
○尾皆救 318/163/22
是山東○尾皆救中身之時也 318/163/23
魏兩用犀○、張儀而西河之外亡 348B/174/10
魏因相犀○ 349/174/16
公仲且抑○而不朝 366/180/22
○之者 396C/191/12
進齊、宋之兵至○坦 396C/191/12
欲以四國西○也 396C/191/13
頓○塗中 411/196/1
餓而死於○陽之山 412/196/15
買其○五百金 418/201/1
因犀○屬行而攻趙 422/204/21
燕得甲○二萬人 426/207/1
得○三萬 426/207/8
太子避席頓○曰 440/215/20
太子前頓○ 440/216/1
誠能得樊將軍○ 440/216/7
今聞購將軍之○ 440/216/12
願得將軍之○以獻秦 440/216/14
乃遂收盛樊於期之○ 440/216/18
太子預求天下之利匕○ 440/216/20
得趙人徐夫人之匕○ 440/216/20
今提一匕○入不測之強秦 440/216/24
圖窮而匕○見 440/217/12
而右手持匕○揕抗之 440/217/13
乃引其匕○提秦王 440/217/19
犀○伐黃 443/218/26
犀○雖愚 443/218/30
犀○立五王 454/222/15
○難也 455/223/16
司馬憙頓○於軾曰 456/224/5
陰姬公稽○曰 458/224/21
斬○二十四萬 461/226/12
武安君頓○曰 461/227/3

受 shòu 139

○寶於韓 2/2/1
而○命於君矣 4/2/21
寡人不敢弗○ 5B/3/5
秦必無辭而令周弗○ 5B/3/6
辭不○ 39/12/26
○相印 40/14/6
敬○命 41A/14/27
且必○欺於張儀 50/21/6
○欺於張儀 50/21/6
楚因使一將軍○地於秦 50/21/10
而臣○公仲侈之怨也 55/23/13
且欲合齊而○其地 63/26/2
則秦反○兵 63/26/12
寡人宜以身○令久矣 73A/29/19
寡人乃得以身○命 73A/29/20
寡人得○命於先生 73A/30/19
此猶兩虎相鬬而駑犬○其弊 87/40/27
非楚○兵 89/43/19
則楚孤而○兵也 89/43/21
則秦孤而○兵矣 89/43/22
○百里之地 94/45/23
秦必○之 95/46/23,310/157/18
秦○地而郄兵 95/46/24
○命於王 95/47/10
○辭於先王 101/50/8
不得已而○ 101/50/14
我代韓而○魏之兵 103/51/2
○上賞 108/52/26
○中賞 108/52/27
○下賞 108/52/27
謹○命 122/59/11
122/59/27,122/60/7
君豈○楚象床哉 130/63/7
臣願君勿○ 130/63/7
今君到楚而○象床 130/63/10
臣戍願君勿○ 130/63/10
子教文無○象床 130/63/13
○之乎 130/63/17
急○之 130/63/17
孟嘗君笑而○之曰 133/64/21
無功而○其祿者辱 136B/68/1
願請○為弟子 136B/68/11
天子○籍 137/68/27
秦王垂拱○西河之外 142/74/4
楚王○而觴之 147/77/15
以故建立四十有餘年不○兵 149B/79/6
取筆牘○言 149B/79/12
多○秦間金玉 149B/79/14
必○固 151/80/5
○厚祿 160/82/26
謹○令 160/83/2,234/125/22
齊王因○而相之 168/87/18

齊使人以甲○東地 177/93/1
臣身○命弊邑之王 177/93/3
楚王○之 184/95/8
魏○其怨 185/95/23
不知夫子發方○命乎宣王 192/98/13
不知夫穰侯方○命乎秦王 192/98/18
皆○明之說也 193/98/26
唯公弗○也 193/98/26
故自以為坐○上黨也 211/110/1
而趙○其利 211/110/2
乃使趙勝往○地 211/110/8
貴戚父兄皆可以○封侯 218/113/2
而後○其殃也 219/115/5
強○其利 230/123/3
弱○其害 230/123/3
是親戚○封 234/125/21
不如勿○便 234/125/22
乃不○封 234/125/22
終不肯○ 236/128/5
故不○也 238/128/24
今王既○先生之傳 238/128/24
建信君再拜○命 240/129/26
秦王○負海內之國 249/133/14
秦王○齊○趙 249/133/18
翟章辭不○ 255/136/9
姓名未著而○三公 257/136/26
諒毅親○命而往 258B/137/21
則○書幣 258B/137/24
請今率諸侯○命邯鄲城下 258B/137/28
今使臣○大王之令以還報 258B/138/2
○其弊而厚遇之 258B/138/6
而己因○之 259/138/11
夫鄉邑老者而先○坐之士 266/140/29
孝公○而用之 271/142/22
○冠帶 272/143/4,273/144/20,338/169/3,347/173/4
而秦不○也 275/145/4
然其所以不○者 275/145/4
犀首○齊事 276/145/21
今公相而魏○兵 281/146/27
而先生弗○ 294/150/8
而王因使之○璽 312/159/11
○魏之璧、馬也 313/159/26
聞先生○魏之璧、馬 313/159/26
是○智伯之禍也 315/161/11
且夫憎韓不○安陵氏可也 315/161/21
今韓○兵三年矣 315/161/28
王速○楚、趙之約 315/162/2
魏之○兵 317B/162/30
是王獨○秦患也 319/164/10
秦必○子 321/164/26
而王不○ 329A/166/25
無忌謹○教 339/169/17
○詔襄王以守此地也 340/170/1
手○大府之憲 340/170/2
○地於先生 343/171/14
安陵君○地於先生而守之 343/171/18
則棄前功而後更○其禍 347/173/6
秦○地 351/174/26
聶政竟不肯○ 385/185/29
我雖不○ 385/186/3
齊、韓嘗因公孫郝而不○ 396C/191/17
吾終以子○命於天矣 415/198/29
由必不○ 416A/199/11
子之必不敢○ 416A/199/12
秦不○ 417/200/13
北面而○學 418/200/25
夫使人坐○成事者 421/203/21
臣○令以任齊 427/207/18
燭之武、張孟談○大賞 430/208/22
故○命而不辭 431/209/23
臣乃口○令 431/209/28
故○命而弗辭 431/210/4
今君厚○位於先王以成尊 438/213/16
不難○也 438/213/22
茲之所以○命於趙者 439/214/6
而燕不○命矣 439/214/7
必不復○於秦矣 439/214/13
臣請○邊城 444/219/8
燕、趙必不○也 455/223/25
臣寧伏○重誅而死 461/227/8

狩 shòu 1

天子巡○ 236/127/20

售 shòu 3

賣僕妾○乎閭巷者 48B/19/21
弊而不○ 421/203/20
○而不弊者 421/203/20

授 shòu 8

讓賢者○之 81/37/9
韓必○首 87/42/8
於是乃以執珪而○之為陽陵君 192/98/20
○吏大夫 204A/106/2
陰移而○天下傳 257/136/26
禹○益而以啓為吏 416A/199/15
功多者○之 431/209/19
故察能而○官者 431/209/20

壽 shòu 19

王令向○輔行 55/23/4
謂向○ 55/23/6
向○歸以告王 55/23/7
生命○長 81/35/28
而有喬、松之○ 81/37/10
而不○於朝生 93/44/28
將軍為○於前而捍匕首 95/47/7
窮年沒○ 145/76/3
輦從鄢陵君與○陵君 192/97/21
輦從鄢陵君與○陵君 192/98/16
起前以千金為魯連○ 236/128/5
韓公仲謂向○曰 359/177/17
向○曰 359/177/19,359/177/29
前為聶政母○ 385/185/23
而嚴仲子舉百金為親○ 385/186/3
鹿毛○謂燕王曰 416A/199/11
代、厲皆以○死 422/205/2
燕王喜使栗腹以百金為趙孝成王○ 438/213/3

獸 shòu 9

○同足者而俱行 131/63/24

虎求百○而食之 154/81/4
天帝使我長百○ 154/81/4
觀百○之見我而敢不走乎 154/81/5
○見之皆走 154/81/6
虎不知○畏己而走也 154/81/6
猶百○之畏虎也 154/81/7
今山澤之○ 187/96/11
若禽○耳 315/160/30

疋 shū 4

騎萬○ 168/86/16
騎五千○ 272/143/9
騎六千○ 408/194/11
○夫徒步之士 420/203/13

叔 shū 67

君何不令人謂韓公○曰 5B/3/3
嫂不以我為○ 40/14/1
辛、張陽、毋澤說魏王、薛公、公○也 67/27/19
韓公○有齊、魏 164/84/15
以與公○爭國而得之 164/84/16
亦欲○之服之也 221/116/29
而○不服 221/117/1
今寡人恐○逆從政之經 221/117/3
以輔公○之議 221/117/3
故寡人願募公○之義 221/117/4
使緤謁之○ 221/117/4
吾固聞○之病也 221/117/13
即之公○成家 221/117/13
而○也順中國之俗以逆簡、襄之意 221/117/25
魏公○痤為魏將 270/142/5
公○痤反走 270/142/6
公○豈非長者哉 270/142/12
公○何可無益乎 270/142/13
公○當之矣 270/142/14
魏公○痤病 271/142/18
公○病 271/142/18
公○痤對曰 271/142/18
以公○之賢 271/142/20
公○痤死 271/142/22
此非公○之悖也 271/142/23
故令人謂韓公○曰 283/147/12
公○以為信 283/147/15
吾欲兩用公仲、公○ 348B/174/9
而相公○以伐秦 349/174/17
昭獻令人謂公○曰 350/174/21
公不如令秦王疑公○ 353/175/15
公○之攻楚也 353/175/15
公○之讎也 353/175/17
公○之人也 353/175/17
必疑公○為楚也 353/175/17
公○且以國南合於楚 366/180/22
公○爭之而不聽 368/181/13
史惕謂公○曰 368/181/13
為公○具車百乘 369/181/20
畢長謂公○曰 370/181/26
公○使馮君於秦 371/182/3
馮君廣王而不聽公○ 371/182/4
謂公○曰 372/182/9
373/182/16,378/183/21
立韓擾而廢公○ 374/182/21
374/182/22
公○之與周君交也 374/182/21
今公○怨齊 374/182/22
請令公○必重公 374/182/23
公○大怒 374/182/25
公○曰 374/182/26,374/182/30
韓公○與幾瑟爭國 375/183/3
376/183/10
以與公○爭國 375/183/3
375/183/4
急擊公○ 376/183/10
齊明謂公○曰 377/183/16
公○將殺幾瑟也 378/183/21
公○且殺幾瑟也 379/183/27
宋赫為謂公○曰 379/183/27
公○、伯嬰恐秦、楚之內幾瑟也 380/184/3
則公○、伯嬰必知秦、楚之不以幾瑟為事也 380/184/4
則公○、伯嬰必以國事公矣 380/184/6
廢公○而相幾瑟者楚也
382/184/17
則何不與愛子與諸舅、○父、負床之孫 420/203/2

姝 shū 1

閭○子奢 197/100/10

書 shū 55

馮旦使人操金與○ 19/7/13
間遺昌他○曰 19/7/13
○策稠濁 40/13/19
說秦王○十上而說不行 40/13/29
負○擔橐 40/13/30,208/107/22
乃夜發○ 40/14/2
讀○欲睡 40/14/3
《周○》有言 48A/19/7,48A/19/8
文侯示之謗○一篋 55/23/12
蘇代為齊獻○穰侯曰 63/26/5
《○》云 66/27/10,222/119/21
獻○昭王曰 72/28/28
臣不敢載之於○ 72/29/11
○上 72/29/15
為尚○ 95/46/17
上○諫寡人者 108/52/26
因○門版曰 130/63/17
封○謝孟嘗君曰 133/65/25
○未發 138/69/13
魯連乃○ 145/75/11
請○之 149B/79/11
使使臣獻○大王之從車下風 168/87/23
孫子為○謝曰 197/100/1
蘇秦為齊上○說趙王曰
209/108/10
弊邑秦王使臣敢獻○於大王御史 220/115/20
詩○禮樂之所用也 221/117/9
以○為御者 221/118/27
為齊獻○趙王 246/131/7
固且為○而厚寄卿 250/134/10
范座獻○魏王曰 251/134/23
又遺其後相信陵君○曰
251/134/28
趙王以咫尺之○來 251/134/28
獻○秦王曰 258B/137/21
318/163/21
則受○幣 258B/137/24
《周○》曰 264A/140/8
272/143/15,310/157/22

故《春秋》○之 317A/162/22
是故秦王使使臣獻○大王御史 348A/174/2
尚靳歸○報韓王 366/180/16
蘇代乃遺燕昭王○曰 419/201/14
燕昭王善其○ 419/202/9
蘇代自齊獻○於燕王曰 427/207/13
故獻御○而行 427/207/13
望諸君乃使人獻○報燕王曰 431/209/14
故敢以○對 431/209/17
故敢以○報 431/210/17
或獻○燕王 432/210/22
燕王以○且謝焉 438/213/10
敬以○謁之 438/213/31
司馬憙即奏○中山王曰 458/224/21

殊 shū 3

○不知此 101/50/10
老臣今者○不欲食 262/139/4
○無佳麗好美者 458/224/27

倏 shū 1

○忽之間 192/98/5

疏 shū 19

交○也 73A/30/1
即使文王○呂望而弗與深言 73A/30/2
交○於王 73A/30/3
○於計矣 73A/31/3
非齊親而韓、梁○也 111/54/10
○中國 132B/64/11
子益賤而日○矣 174/91/8
陽親而陰○ 203/104/4
東有淮、穎、沂、黃、煮棗、海鹽、無（踈）〔○〕 272/142/28
○於度而遠於計 301/153/5
遂○儀狄 307/155/27
而交○於魏也 329B/167/3
韓甚○秦 393/190/3,393/190/5
其○秦乃始益明 393/190/5
而韓之○秦不明 393/190/6
楚不出○章 420/202/21
而不察○遠之行也 431/210/17
良臣斥○ 461/226/16

舒 shū 2

因○軍而圍之 203/104/14
老臣賤息○祺 262/139/7

菽 shū 1

無不被繡衣而食○粟者 135/66/23

踈 shū 1

東有淮、穎、沂、黃、煮棗、海鹽、無（○）〔疏〕 272/142/28

樞 shū 3

且夫蘇秦特窮巷掘門、桑戶棬○之士耳 40/14/14
而天下之○也 73A/31/8
必親中國而以為天下○ 73A/31/8

輸 shū 12

盡○西周之情於東周 19/7/12
常以國情○楚 49/19/27
而常以國○楚王 49/20/7
○象床 130/63/16
士聞戰則○私財而富軍市 142/72/18
○飲食而待死士 142/72/19
則道里近而○又易矣 314/160/21
○人為之謂安令曰 403/193/9
公○般為楚設機 442/218/10
往見公○般 442/218/10
公○般曰 442/218/11
公○般服焉 442/218/12

秫 shú 1

鯷冠○縫 221/117/15

孰 shú 54

○欲立也 17/6/29
○視寡人曰 49/20/10
○利 63/26/14
其可願○與閎夭、周公哉 81/36/15
○與秦孝公、楚悼王、越王乎 81/36/16
○與以禍終哉 81/37/10
○與始強 83B/38/25
○與孟嘗、芒卯之賢 83B/38/26
○與武安君 94/45/29
○與文信侯專 94/46/1
而親觀其○勝 95/46/18
趙○與秦大 95/46/18
民○與之眾 95/46/18
金錢粟○與之富 95/46/19
國○與之治 95/46/19
相○與之賢 95/46/20
將○與之武 95/46/20
律令○與之明 95/46/21
救趙○與勿救 102/50/21
○與晚救之便 103/50/30
我○與城北徐公美 108/52/13
吾○與徐公美 108/52/15
吾與徐公○美 108/52/16
○視之 108/52/19
子以齊、楚為○勝哉 110/53/21
子○而與我赴諸侯乎 140/70/3
○與伐宋之利也 141B/70/20
左右○可 147/77/14
王上者○與周文王 147/77/23
下者○與齊桓公 147/77/24
○可 166/85/3
子○誰也 170/89/14
○與堯也 199/101/1
然則君料臣○與舜 199/101/1
○與其臨不測之罪乎 200/101/26
其於王○便也 201/103/4
362/179/12
而今諸侯○謀我 204A/106/1
○與坐而割地 233/124/22
天下○敢不致尊名於王 246/131/11
天下○敢不致地於王 246/131/12
○敢辭之 246/131/12

○與其為齊也 293/149/27
○與其為韓也 293/149/28
魏再明○ 297/151/24
且無梁○與無河內急 311/158/18
無梁○與無身急 311/158/19
天下○不棄呂氏而從嫪氏 342/171/8
於秦○利 360/178/15
於秦○強 360/178/15
○與伐人之利 366/180/23
天下○敢不聽 419/202/1
○不逃 424/206/4
○若勝天下之威大耶 461/227/7

熟 shú 33

秦王明而○於計 63/26/6
63/26/14
願王○慮之 111/54/13
是故願大王○計之 113/55/25
願王之○慮之也 141B/70/25
願公○計而審處一也 145/75/27
是故願大王之○計之也 168/86/27
347/173/5,413/197/13
是故願大王○計之也 168/87/12
先事成慮而○圖之也 209/109/3
不可不○圖也 210/109/7
願王○慮之也 217/111/30
389/188/15
願王之○計之也急 217/112/13
不可不○計也 218/113/6
願大王之○計之也 218/113/27
318/163/21
願公之○圖之也 243/130/20
願王之○慮無齊之利害也 246/131/16
願大王之○察之也 272/143/12
故願大王之○計之也 273/144/17
臣願君之○計而無行危也 310/158/4
吾歲不○二年矣 314/160/15
願王之○計之也 317A/162/24
319/164/11,360/178/23
430/208/26
願公之○計之也 359/177/19
願大王之○計之 366/180/11
願君之○計之也 395/190/19
願大王之○慮之也 432/211/3
故願王之○計之也 434/212/6

贖 shú 4

且削地而以自○於王 75/33/9
而○平都侯 261/138/24
衛○之百金 452A/221/27
○一胥靡 452A/221/28

黍 shǔ 1

及之睾○、梁父之陰 131/63/25

蜀 shǔ 19

西有巴、○、漢中之利 40/13/6
司馬錯欲伐○ 44/17/21
今夫○ 44/17/26
夫○ 44/18/2
不如伐○之完也 44/18/9
卒起兵伐○ 44/18/11
遂定○ 44/18/11
○主更號為侯 44/18/11
而使陳莊相○ 44/18/11
○既屬 44/18/11
臣聞張儀西并巴、○之地 55/23/10
右隴、○ 73A/30/23
南并○、漢 81/36/26
棧道千里於○、漢 81/37/8
秦有舉巴○、并漢中之心 167/86/7
秦西有巴○ 168/86/30
西舉巴○ 220/115/23
○地之甲 422/203/28
今齊王召○子使不伐宋 423/205/8

鼠 shǔ 8

周人謂○未腊者朴 76/33/15
乃○也 76/33/16
齊取淄○ 132B/64/7
楚令昭○以十萬軍漢中 173A/90/20
蘇厲謂宛公昭○曰 173A/90/20
請以一○首為女殉者 311/158/17
猶○首也 311/158/18
而殉王以○首 311/158/18

署 shǔ 3

馮諼○曰 133/65/1
不若令屈○以新東國為和於齊以動秦 195/99/10
遽令屈○以東國為和於齊 195/99/11

戍 shù 19

今王許○三萬人與溫囿 32/11/5
魏王因使孟卯致溫囿於周君而許之○也 32/11/7
而出銳師以○梁絳、安邑 111/54/15
見孟嘗君門人公孫○曰 130/63/3
公孫○曰 130/63/7
130/63/8,130/63/14
130/63/15,130/63/17
臣○願君勿受 130/63/10
公孫○趨而去 130/63/13
許○以先人之寶劍 130/63/16
出銳師以○韓、梁西邊 217/112/11
趙王因起兵南○韓、梁之西邊 217/112/16
卒○四方 273/143/24
以止○大梁 310/157/26
使山東皆以銳師○韓、梁之西邊 389/188/16
之卒者出士以○韓、梁之西邊 432/211/5
約○韓、梁之西邊 432/211/8

束 shù 6

○縛桎桔 145/76/2
願君之生○縮高而致之 340/169/29
而非公適○之 386/187/5
而公適○之 386/187/8
乃命公子○車制衣為行具 428/208/11
○組三百緄 443/218/27

恕 shù 1

竊自○ 262/139/2

庶 shù 10

故衆○成彊 8B/4/2
有五○子 17/6/27
少○子甘羅曰 94/45/23
社稷其為○幾乎 170/89/7
楚國社稷其○幾乎 170/89/21
必被○人之恐 221/116/20
痤有御○子公孫鞅 271/142/19
中○子強謂太子曰 376/183/10
順○孽者 431/210/8
厚遺秦王寵臣中○子蒙嘉 440/217/4

術 shù 15

此危亡之○也 168/86/26
○視伐楚 173A/90/20
無法○以知姦 197/100/2
此自盡之○也 233/124/20
亦有○乎 266/140/29
而群臣之知○也 280/146/20
280/146/21
非用知之○也 341/170/24
又亡其行子之○ 346/172/23
皆自覆之○ 412/196/17
去自覆之○ 412/196/20
非進取之○也 420/202/19
臣有百戰百勝之○ 446B/219/28
此臣之百戰百勝之○也 446B/219/30
富○謂殷順且曰 451/221/17

數 shù 113

子之○來者 1/1/17
粟支○年 2/1/23
《春秋》記臣弒君者以百○ 8B/4/1
陳篋○十 40/14/2
張軍○千百萬 42/15/13
方○千里 42/15/20,42/17/6
名師○百萬 42/15/20,42/17/6
開地○千里 42/15/22
圍梁○旬 42/16/6
○策占兆 42/17/5
今王倍○險 55/23/10
寡人○窮焉 60/24/21
藉君天下○年矣 66/27/3
天之常○也 81/36/20
白起率○萬之師 81/36/25
後○日 81/37/13,146/77/1
蔡澤相秦王○月 81/37/19
○伐有功 91/44/3
無○ 93/44/19
不知其○ 94/45/29,94/45/30
使韓倉○之曰 95/47/7
不可不日聽也而○覽 100/49/19
○年 101/49/28
昭陽請以○倍之地易薛 101/50/8
○月之後 108/53/1
使者○相往來 109/53/6
帶甲○十萬 112/54/24
218/113/10,347/172/29
408/194/11
趙亡卒○十萬 113/55/21
○人飲之不足 117/57/14
止者千○而弗聽 124/60/23
門下百○ 130/63/15
孟嘗君為相○十年 133/65/30
寡人地○千里 134/66/8
胡人襲燕樓煩○縣 142/72/13
期○而能拔城者為亟耳 142/72/26
淖齒○之曰 143/74/16
方○百里 143/74/16
○日不反 147/77/15
齊地方○千里 150/79/22
帶甲○百萬 150/79/23
而在阿、鄄之間者百○ 150/79/23
而在城南下者百○ 150/79/24
安陵君泣○行而進曰 160/83/10
有億兆之○ 167/86/4
里○雖多 168/87/1
不至○月而宋可舉 168/87/14
死者以千○ 179/93/20
事王者以千○ 179/93/21
至○ 187/96/11
猶以○千里 192/97/29
休○年 203/103/24
於是趙襄子面○豫讓曰 204B/106/21
非○痛加於秦國 209/108/12
能具○十萬之兵 225/121/5
○歲 225/121/6
曠日持久○歲 252/135/18
○欺弄寡人 258B/137/27
願令得補黑衣之○ 262/139/7
李牧○破走秦軍 263/139/27
○令人召臣也 276/145/15
因令史舉○見犀首 294/150/8
乘○鈞 299/152/20
地入○月 309/157/1
地已入○月 309/157/1
宋、中山○伐○割 310/157/15
此言幸之不可○也 310/157/22
今又行○千里而以助魏 314/160/15
夫行○千里而救人者 314/160/15
雖欲行○千里而助人 314/160/16
利行○千里而助人乎 314/160/20
大縣○百 315/161/26
名都○十 315/161/26
其變不可勝○也 319/164/7
此○者愈善 334/168/6
王之動愈○ 334/168/8
魏來求救○矣 338/169/2
今王亡地○百里 342/170/29
亡城○十 342/170/29
不可稱○也 348A/173/21
○萬之衆 363/179/18
公仲○不信於諸侯 365/180/3
所殺者○十人 385/186/15
今秦○世強矣 390/189/2
大勝以千○ 390/189/2
小勝以百○ 390/189/2
韓氏之士○十萬 391/189/19
彌地踵道○千里 408/194/16
而○十萬之衆 408/194/17
何肯步行○千里 412/196/15
留之○月 414/197/20
曰有大○矣 415/198/8,415/198/9
○戰則民勞 415/198/19
太子因○黨聚衆 416A/199/24
國構難○月 416A/199/25
死者○萬衆 416A/199/25
秦之所殺三晉之民○百萬 422/204/26

齊○出兵 427/207/18
今王使使者○之罪 431/209/16
○奉教於君子矣 431/210/16
王翦將○十萬之眾臨漳
　、鄴 440/215/22
○困於兵 440/215/24
君前率○萬之眾入楚 461/226/10
人○倍於趙國之眾 461/226/13
秦○不利 461/227/1

豎 shù 5

而陽○與焉 21/7/25
而陽○與之 21/7/26
令吏逐公疇○ 397/191/25
公疇○ 397/191/26
○子也 440/216/24

樹 shù 16

種○不處者 46/18/23
○德莫如滋 66/27/10
仰棲茂○ 192/98/3
晝游乎茂○ 192/98/5
毋伐○木 216/111/20
而○怨而於齊、秦也 284/147/20
事成則○德 300/152/27
横○之則生 303A/153/26
倒○之則生 303A/153/26
折而○之又生 303A/153/26
然使十人○楊 303A/153/27
○易生之物 303A/153/27
○之難而去之易也 303A/153/28
今子雖自○於王 303A/153/28
其多力者內○其黨 348B/174/11
群臣或內○其黨以擅其
　主 348B/174/11

衰 shuāi 12

物盛則○ 81/36/20
臣豈以郢威王為政○謀
　亂以至於此哉 88/42/26
麒驥之○也 142/72/8
君王卒幸四子者不○ 192/97/23
太子○弱 200/102/7
夏、殷之○也 221/118/24
色老而○ 240/129/22
而逐○惡之色 240/129/23
日食飲得無○乎 262/139/3
而臣○ 262/139/7
子長色○ 279/146/13
至其○也 440/215/5

帥 shuài 12

令○天下西面以與秦為難 42/16/5
○天下將甲百萬 42/17/2
智伯○三國之眾 42/17/4
○強韓、魏之兵以伐秦 83B/38/27
○弱韓、魏以攻秦 83B/38/27
○韓、魏以圍趙襄子於
　晉陽 83B/39/1
○天下百姓 88/42/23
崔杼○其君黨而攻 197/100/4
知伯○趙、韓、魏而伐
　范中行氏 203/103/24
今知伯○二國之君伐趙
　203/104/20
○師而歸 443/218/31
將○為父母 461/226/19

率 shuài 35

以告顏○ 1/1/3
顏○曰 1/1/3
　1/1/8, 1/1/10, 1/1/13, 1/1/17
顏○至齊 1/1/4, 1/1/8
○土之濱 9/4/9
又禁天下之○ 11B/5/5
○以朝天子 66/27/4
白起○數萬之師 81/36/25
○四方士 81/37/3
○魏兵以救邯鄲之圍 132B/64/8
是皆○民而出於孝情者
　也 138/69/19
此○民而出於無用者 138/69/21
萬物之○也 142/71/4
大王收○天下以儐秦 220/115/20
○騎入胡 224/120/18
○天下諸侯而朝周 236/127/6
請今○諸侯受命邯鄲城
　下 258B/137/28
顏○見公仲 358/177/11
顏○謂公仲之謁者曰 358/177/11
公仲必以○為陽也 358/177/11
故不見○也 358/177/11
○曰好士 358/177/12
○曰散施 358/177/12
○曰好義 358/177/12
○且正言之而已矣 358/177/13
公仲躬○其私徒以鬬於
　秦 359/177/18
必○天下以攻寡人者三
　422/204/14
○天下之兵以伐齊 433/211/26
皆○其精兵東保於遼東
　440/217/25
君前○數萬之眾入楚 461/226/10
韓、魏相○ 461/226/11

霜 shuāng 1

蒙○露 208/107/22

雙 shuāng 5

白璧百○ 40/14/7
然則不買五○珥 191/97/16
白璧百○ 218/114/12
敝邑有寶璧二○ 313/159/21
臣請獻白璧一○ 425/206/15

爽 shuǎng 1

左○謂陳軫曰 186/96/3

誰 shuí 17

主君將令○往 5A/2/28
齊王○與為其國 11B/5/5
且○怨王 32/11/2
邯鄲人○來取者 77/33/25
○習計會 133/65/1
此○也 133/65/2
○有厚於安平君者哉 147/77/26
○與樂此矣 160/83/10
子孰○也 170/89/14
寡人○用於三子之計 177/92/26
其○不食 265/140/24
然則相者以○而君便之

也 303B/154/4
吾○與而可 345/172/16
仲子所欲報仇者為○ 385/186/7
久之莫知○子 385/186/17
寡人將○朝而可 418/200/30
○馬也 452B/222/3

水 shuǐ 62

西周不下○ 4/2/18
臣請使西周下○可乎 4/2/18
今不下○ 4/2/19
不若一為下○ 4/2/20
下○ 4/2/20
遂下○ 4/2/21
右飲於洹○ 42/17/2
淇○竭而洹○不流 42/17/2
決○灌之 42/17/4
至於淩○ 73A/30/9
決晉○以灌晉陽 83B/39/1
智伯出行○ 83B/39/1
吾不知○之可亡人之國也 83B/39/2
汾○利以灌安邑 83B/39/2
絳○利以灌平陽 83B/39/3
此皆廣川大○ 87/41/23
以與申縛遇於泗○之上 88/42/23
蕩而失○ 99/49/13
亦君之○也 99/49/13
淄○至 124/60/28,124/61/1
猿獮猴錯木據○ 129/62/23
譬若挹○於河 131/63/26
過菑○ 146/76/22
下○而浮 168/87/1
○漿無入口 170/89/12
與吳人戰於濁○而大敗之 170/89/17
圍晉陽而○之 202/103/8
決晉○而灌之 203/104/14
而決○灌知伯軍 203/105/10
知伯軍救○而亂 203/105/10
○通糧 211/110/3
相與會於洹○之上 218/114/3
今吾國東有河、薄洛之○ 221/117/20
求○居之民 221/117/22
以守河、薄洛之○ 221/117/22
引○圍鄗 221/117/24
右有洞庭之○ 269/141/24
一天下、約為兄弟、刑白馬以盟於洹○之上以相堅也 273/143/29
欒○齧其墓 296/150/27
故使欒○見之 296/150/28
絕漳、滏之○ 315/161/11
而○大梁 315/161/18
東有宛、穰、洧○ 347/172/28
○擊鵠鴈 347/173/2
南有呼沱、易○ 408/194/11
涉易○ 408/194/17
則易○、長城非王之有也 413/197/11
乘夏○而下江 422/203/28
乘夏○而下漢 422/203/29
乘夏○ 422/204/5
○攻則滅大梁 422/204/6
過易○ 434/212/3
○皆至滅表 436/212/18
山○大出 436/212/19
○皆滅表 436/212/19
兵以臨易○ 440/214/18
則易○以北 440/214/20
秦兵旦暮渡易○ 440/216/5
至易○上 440/216/27
風蕭蕭兮易○寒 440/216/28

睡 shuì 1

讀書欲○ 40/14/3

舜 shùn 25

○伐三苗 40/13/17
○雖賢 66/27/7
故以○、湯、武之賢 66/27/8
雖堯、○、禹、湯復生 72/29/11
故○起農畝 136B/67/26
○有七友 136B/68/2
堯、○、禹、湯、周文王是也 136B/68/4
夫堯傳○ 136B/68/7
○傳禹 136B/68/7
然則君料臣孰與○ 199/101/1
先生即○也 199/101/2
臣之能不及○ 199/101/3
夫以賢○事聖堯 199/101/3
是君聖於堯而臣賢於○也 199/101/3
○無咫尺之地 218/113/17
昔○舞有苗 221/116/24
黃帝、堯、○誅而不怒 221/118/22
昔者堯見○於草茅之中 257/136/25
王為堯、○矣 294/150/7
堯、○之所求而不能得也 304/155/3
無過堯、○ 311/158/11
堯、○名 311/158/11
今母賢不過堯、○ 311/158/12
雖堯、○之智 412/196/31
堯、○之賢而死 424/205/24

順 shùn 40

政教不○者不可以煩大臣 40/13/13
以逆攻○者亡 42/15/12
以○王與儀之策 49/20/3
而以○子為質 63/25/28
齊以陽武賜弊邑而納○子 63/25/29
○民之意 142/71/18
甘茂事之○焉 166/85/5
教○慈愛 209/108/11
不○主命 211/110/13
知者功大而辭○ 219/114/20
世有○我者 221/116/27
是以聖人觀其鄉而○宜 221/117/14
而叔也○中國之俗以逆簡、襄之意 221/117/25
以○先王之志 221/117/29
所以成官而○政也 221/118/6
各○其宜 221/118/22
○其意 222/119/20
子道○而不拂 223/119/27
不如以○齊 229A/122/11
今我不○齊伐秦 229A/122/11
今我○而齊不西 229A/122/13
且我○齊 229A/122/14

今我○而齊、魏果西 229A/122/15
使○也甘之 247/132/10
故王不如○天下 329B/167/4
逆秦而○楚 348A/173/29
魏○謂市丘君曰 352/175/3
魏○南見楚王曰 352/175/7
魏○曰 352/175/8
公不若○之 368/181/14
竊聞王義甚高甚○ 415/197/27
○而無敗 421/203/20
吾所恃者○也 424/205/17
○始與蘇子為讎 424/205/18
以○左右之心 431/209/14
○庶孽者 431/210/8
不能奉○君意 438/213/10
以○適其意 440/216/2
富術謂殷○且曰 451/221/17
殷○且以君令相公期 451/221/22

說 shuō 207

國人不○也 8B/3/27
人○惠王曰 39/12/29
蘇秦始將連橫○秦惠王曰 40/13/6
○秦王書十上而○不行 40/13/29
安有○人主不能出其金玉錦繡 40/14/3
此真可以○當世之君矣 40/14/4
見○趙王於華屋之下 40/14/6
廷○諸侯之王 40/14/15
將○楚王 40/14/17
張儀○秦王曰 42/15/9
大王試聽其○ 42/17/10
請聞其○ 44/17/22
81/35/24, 93/44/29
148/78/13, 374/182/26
田莘之為陳軫○秦惠王曰 48A/19/6
弊邑之王所○甚者 50/20/23
楚王大○ 50/21/1, 357/176/26
王不聞夫管與之○乎 51/21/29
乃西○秦王曰 61A/25/4
庸芮為魏子○太后曰 64/26/20
辛、張陽、毋澤○魏王、薛公、公叔也 67/27/19
秦王○之 72/29/15, 396B/191/3
因謝王稽○ 72/29/15
已一○而立為太師 73A/30/1
是臣○之行也 73A/30/11
應侯知蔡澤之欲困己以○ 81/36/1
使馳○之士無所開其口 81/37/2
大○之 81/37/14
昭王新○蔡澤計畫 81/37/16
或○薛公 82A/37/25
景鯉使人○秦王曰 85/39/27
頓子之○也 86/40/20
○昭王曰 87/40/26
臣請言其○ 87/40/28
或為六國○秦王曰 88/42/16
西○趙 88/42/24
北○燕 88/42/25
或為中期○秦王曰 90/43/26
故往○之曰 93/44/22
乃○秦王后弟陽泉君曰 93/44/26
○有可以一切而使君富貴千萬歲 93/44/28
入○王后 93/45/2
不韋○趙曰 93/45/5
司空馬○趙王曰 95/46/17
閉○楚王 98/49/1
○五而厭之 100/49/19
門人弗○ 101/49/24
王之不○嬰甚 101/50/1
不相○ 104/51/11
乃○王而使田忌伐魏 104/51/13
○齊宣王曰 112/54/23
皆為一時○而不顧萬世之利 113/55/15
從人○大王者 113/55/15
大王覽其○ 113/55/16
可以使人○薛公以善蘇子 122/59/3
則是圍塞天下士而不利○途也 122/60/11
故曰可以為蘇秦○薛公以善蘇秦 122/60/13
善○者 125/61/14
誠○君之義 130/63/9
孟嘗君不○ 133/65/15
○義聽行 134/66/12
有○乎 136B/67/15
不○ 137/68/25
宣王○ 137/68/28
使者不○ 138/69/14
蘇秦○齊閔王曰 142/71/3
魏王○於衛鞅之言也 142/74/2
以資○士 145/75/25
仲連之○也 145/76/13
宋王必○ 149A/78/22
江乙○於安陵君曰 160/82/26
王大○ 160/83/12
有○色 162/83/29
城渾○其令曰 163/84/5
新城公大○ 163/84/10
楚杜赫○楚王以取趙 165/84/22
○楚威王曰 167/85/15
○楚王曰 168/86/15
楚王○之 169/88/5, 190/97/3
鄭袖遽○楚王出張子 174/91/11
臣請效其○ 177/92/27
願聞其○ 180/93/28, 455/223/13
楚王不○ 182/94/12
魏王不○ 185/95/26, 247/131/23
公雖百○之 186/96/4, 277/145/29
夫人鄭袖知王之○新人也 190/97/3
今鄭袖知寡人之○新人也 190/97/5
齊明○卓滑以伐秦 193/98/25
明○楚大夫以伐秦 193/98/25
皆受明之○也 193/98/26
中射之士使人○王曰 196/99/17
客○春申君曰 197/99/23
客又○春申君曰 197/99/27
春申君大○之 199/100/27
園女弟承間○春申君曰 200/101/22
知伯○ 203/103/27, 203/104/1
入○知伯曰 203/104/29
始事范中行氏而不○ 204B/106/7
蘇秦○李兌曰 208/107/21
蘇秦為齊上書○趙王曰 209/108/10
且夫○士之計 209/108/19
○趙王曰 218/112/21, 220/115/20
吾非不○將軍之兵法也 225/120/23
此飾○也 233/124/5, 233/124/27
而天下皆○ 233/125/2
○張相國曰 237/128/11
臣亦嘗以兵○魏昭王 238/128/23

○以義則不聽 238/128/27
趙王不○ 239A/129/5
請為王○之 239A/129/6
有○則可 239B/129/16
無○則死 239B/129/16
成王○之 245/130/30
齊乃令公孫衍○李兌以攻宋而定封焉 248/132/15
臣為足下使公孫衍○奉陽君曰 248/132/21
是庸○也 257/136/25
知伯大○ 264A/140/11
子之言有○乎 269/141/21
魏王○ 270/142/5,414/197/22
○魏王曰 272/142/27,273/143/22
今乃劫於辟臣之○ 272/143/10
○一諸侯之王 273/144/15
以○人主 273/144/16
牽其○ 273/144/17
蘇代為田需○魏王曰 293/149/27
張儀○ 294/150/8
惠子非徒行其○也 296/151/5
又令魏太子未葬其先王而因又○文王之義 296/151/5
○文王之義以示天下 296/151/5
臣又○齊王而往敗之 297/152/8
臣請○嬰子曰 302/153/20
代請○君 303B/154/5
蘇代為○秦王曰 304/154/16
支期○於長信侯曰 311/158/26
是薪火之○也 312/159/13
入○齊王曰 313/159/22
魏王大○ 314/160/24
臣請為公○之 317B/163/4
其○何也 321/164/24,461/225/31
平都君○魏王曰 327/166/9
王不如陰侯人○成陽君曰 331/167/15
老臣請出西○秦 338/168/31
唐且之○也 338/169/8
秦王不○ 343/171/14
申子微視王之所○以言於王 345/172/18
王大○之 345/172/18
蘇秦為楚合從○韓王曰 347/172/28
張儀為秦連橫○韓王曰 348A/173/17
而聽須臾之○ 348A/173/26
轉禍而○秦 348A/174/2
故樗里疾大○杜聊 356B/176/10
韓王大○ 357/176/29
公何不令人○昭子曰 370/181/27
教陽向○秦王曰 371/182/3
蘇秦為韓○秦王曰 388/188/1
此其○何也 388/188/3
足強為之○韓王曰 392/189/28
故客有○韓者曰 393/190/6
公仲○ 396A/190/27
向請為公○秦王 400/192/20
北○燕文侯曰 408/194/10
武安君蘇秦為燕○齊王 411/195/19
齊王大○ 411/196/1
且臣之○齊 412/196/30
使之○齊者 412/196/30
以窮齊之○○秦 419/201/27
秦王聞若○也 419/202/6
則王何不務使知士以若此言○秦 419/202/6
皆以爭事秦○其主 422/204/27
蘇代為奉陽君○燕於趙以伐齊 423/205/6
齊王使公王曰命○曰 424/205/16
蘇代為燕○齊 425/206/12
先○淳于髡曰 425/206/12
齊王大○蘇子 425/206/16
公聽吾言而○趙王曰 430/208/23
使者乃以○趙王 430/208/28
故不敢為辭○ 431/209/15
昔者五子胥○聽乎闔閭 431/210/10
恐侍御者之親左右之○ 431/210/17
燕王○ 433/211/17
不可○以利 437/212/28
秦王必○見臣 440/216/7
荊王大○ 441/218/3
而荊王○甚 441/218/5
梁王甚○ 444/219/11
趙王亦○曰 444/219/11
子聽吾言也以○君 451/221/17
請以公為齊王而登試○公 455/223/12
以此○齊王 455/223/22
願聞弱趙強中山之○ 458/224/22
○楚王伐中山 459B/225/16

爍 shuò 1

即趙自消○矣 249/133/24

鑠 shuò 6

則韓氏○ 89/43/21
韓氏○ 89/43/21
則魏氏○ 89/43/22
魏氏○ 89/43/22
劫韓包周則趙自銷○ 218/113/6
眾口○金 273/144/17

司 sī 64

子罕釋相為○空 8B/3/30
○馬翦謂楚王曰 17/6/27
左成謂○馬翦曰 17/6/28
○寇布為周最謂周君曰 30/10/15
齊王令○馬悍以賂進周最於周 36/12/3
左尚謂○馬悍曰 36/12/4
○馬錯與張儀爭論於秦惠王前 44/17/21
○馬錯欲伐蜀 44/17/21
○馬錯曰 44/18/1
與○空馬之趙 95/46/15
○空馬說趙王曰 95/46/17
○空馬曰 95/46/21,95/46/22
95/46/28,95/46/29,95/47/3
○空馬去趙 95/47/1
○空馬言其為趙王計而弗用 95/47/2
遇○空馬門 95/47/12
○空馬 95/47/15
又以為○空馬逐於秦 95/47/15
趙去○空馬而國亡 95/47/16
有○請曰 109/53/8
○馬穰苴為政者也 143/74/12
禽其○馬 147/77/29
雍門○馬前曰 150/79/19
○馬曰 150/79/20
即墨大夫與雍門○馬諫

而聽之 150/79/22
遣昭常為大○馬 177/92/28
立昭常為大○馬 177/92/30
左○馬見使於國家 204A/105/26
而將非有田單、○馬之慮也 219/115/6
以煩有○ 222/119/13
以明有○之法 223/120/1
○馬淺為富丁謂主父曰 229A/122/11
而立○空狗 239B/129/18
而謹○時 242/130/12
使○徒執范座 251/134/21
趙使李牧、○馬尚禦之 263/139/27
李牧、○馬尚欲與秦反趙 263/139/28
廢○馬尚 263/140/1
王能使臣為魏之○徒 309/156/24
因任之以為魏之○徒 309/156/25
客謂○馬食其曰 321/164/23
○馬康三反之郢矣 367/181/6
今王之國有柱國、令尹、○馬、典令 384/185/13
使左右○馬各營壁地 436/212/17
○馬憙使趙 456/224/3
○馬憙御 456/224/3
○馬憙頓首於軾曰 456/224/5
為○馬憙求相 456/224/6
○馬憙三相中山 457/224/11
田簡謂○馬憙曰 457/224/11
○馬憙曰 457/224/13,458/224/23 458/224/30,458/225/4
可以為○馬憙 457/224/16
○馬憙謂陰姬公曰 458/224/20
○馬憙即奏書中山王曰 458/224/21
○馬憙辭去 458/225/1
○馬喜曰 458/225/2
大夫○馬子期在焉 459B/225/16
○馬子期怒而走於楚 459B/225/16

私 sī 47

臣竊為大王○憂之 1/1/16
公平無○ 39/12/22
賞不○親近 39/12/23
而○商於之地以為利也 50/20/27
於是出○金以益公賞 57/24/6
何暇乃○魏醜夫乎 64/26/22
盡公不還○ 81/36/2
使○不害公 81/36/3
○家之富過於三子 81/36/19
塞○門之請 81/37/2
弗得○也 86/40/18
○我也 108/52/20
臣之妻○臣 108/52/23
莫不○王 108/52/24
○得寶於外者 130/63/18
士聞戰則輸○財而富軍市 142/72/18
官之所○出也 142/72/23
與○焉 149B/79/1
而令○行 165/84/22
公舉而○取利 189/96/29
則大臣主斷國○以禁誅於己也 197/100/2
○心固竊疑焉 220/116/9
循法無○ 221/118/8
以○誣國 221/118/12
不立○以為名 223/119/27
子用○道者家必亂 223/119/27
臣用○義者國必危 223/119/27
行○莫大焉 223/119/29
試言公之○ 233/123/28
成其○者也 246/131/9
則欲用王之兵成其○者也 246/131/15
則令秦攻魏以成其○封 247/131/25
而皆○甘之也 247/132/8
而不敢相○也 247/132/10
破公家而成○門 272/143/12
是群臣之○而王不知也 312/159/10
不以挾○為政 325/165/25
夫攻楚而○其地 348A/174/2
是絕上交而固○府也 351/174/29
公仲躬率其○徒以關於秦 359/177/18
其妻○人 412/196/25
其○之者憂之 412/196/25
將廢○而立公 416A/199/21
不以祿○其親 431/209/19
丹之○計 440/215/24
丹不忍以己之○ 440/216/8
乃遂○見樊於期曰 440/216/11

思 sī 18

使陳臣○將以救周 1/1/6
意亦○乎 51/21/28
臣不知其○與不○ 51/21/28
誠○則將吳吟 51/21/28
亦聞恆○有神叢與 74/32/16
恆○有悍少年 74/32/16
因曰『毋敢○也』 80/35/5
田臣○曰 103/51/1,114/56/4
寢而○之曰 108/52/19
愁其○ 170/89/18
於安○危 201/102/23
而慕○不可得之小梁 237/128/15
非弗○也 262/139/12
困於○慮 340/170/9
臣請深惟而苦○之 345/172/16
○念報齊 415/198/8

絲 sī 3

方將調鈆膠○ 192/98/2
繫己以朱○而見之也 192/98/14
褘布與○ 197/100/10

廝 sī 4

○養士之所竊 142/72/24
○徒十萬 272/143/9
而○徒負養在其中矣 348A/173/19
則○役之人至 418/200/26

死 sǐ 269

則○ 2/1/27
周共太子○ 17/6/27
自令身○ 19/7/14
將○ 30/10/16
孝公已○ 39/12/26
厚養○士 40/13/22
為人臣不忠當○ 42/15/9
言不審亦當○ 42/15/10
不能○ 42/15/13

罪其百姓不能○也 42/15/14
故民不○也 42/15/15
斷○於前者比是也 42/15/18
夫斷○與斷生也不同 42/15/18
臣昧○望見大王 42/17/9
有兩妻者○ 49/20/4
小者必○ 51/22/1
秦惠王○ 52/22/9
而寡人○不朽乎 55/23/3
秦○傷者衆 58/24/10
太后病將○ 64/26/19
以○者為有知乎 64/26/20
明知○者之無知矣 64/26/21
葬於無知之○人哉 64/26/21
若○者有知 64/26/21
良醫知病人之○生 72/29/10
○不足以為臣患 73A/30/6
424/205/21
五帝之聖而○ 73A/30/6
三王之仁而○ 73A/30/7
五伯之賢而○ 73A/30/7
烏獲之力而○ 73A/30/7
424/205/24
奔、育之勇焉而○ 73A/30/7
○者 73A/30/8
獨恐臣○之後 73A/30/13
○亡之患 73A/30/15
臣○而秦治 73A/30/16
宿昔而○ 73B/32/5
百日而餓○ 73B/32/6
人臣之所樂為○也 75/33/7
與樂○者鬬 75/33/8
其子○而不憂 79/34/14
今子○不憂 79/34/15
今子○ 79/34/16
傲欲○ 79/34/22
不若○ 79/34/24
臣願請藥賜○ 80/35/13
身雖○ 81/36/6
夫待○而後可以立忠成名 81/36/10
然而身○於庸夫 81/36/23
賜○於杜郵 81/37/1
身○國亡 83B/39/4
韓、魏父子兄弟接踵而○於秦者 87/41/18
○於干隧 89/43/9

後子○ 89/43/10
君之罪至○ 93/44/26
臣不知卿所○之處矣 94/46/3
武安君必○ 95/47/4
當○ 95/47/8
恐懼○罪於前 95/47/9
賜將軍○ 95/47/10
武安君北面再拜賜○ 95/47/11
武安君○ 95/47/13
至身○國亡 96/48/7
鄙臣不敢以○為戲 99/49/12
公往必得○焉 101/50/1
戰而不○ 104/51/12
臣之父未教而○ 109/53/14
是欺○父也 109/53/14
夫為人子而不欺○父 109/53/15
主必○辱 111/54/9
民必○虜 111/54/10
惠王○ 115/56/12
183/94/29,201/102/25
身且○ 117/57/19
楚王○ 122/58/26,195/99/9
齊王夫人○ 123/60/18
各○其處 132A/64/1
僅得免其○耳 133/65/20
皆得其○ 135/66/22
○也 136A/67/5
○不赦 136B/67/16
曾不若○士之壟也 136B/67/17
○者士之所重 140/70/5
而卒身○國亡 142/72/3
輸飲食而待○士 142/72/19
尸○扶傷 142/72/20
○者破家而葬 142/72/21
故其費與○傷者鈞 142/72/22
然而智伯卒身○國亡 142/72/28
其士多○而兵益弱 142/73/7
夫士○於外 142/73/8
為○士置將 142/73/24
士卒多○ 145/75/9
勇士不怯○而滅名 145/75/11
勇士不怯○ 145/75/14
今○生榮辱 145/75/14
遺公子糾而不能○ 145/76/2
出必○而不生 145/76/5
○小恥也 145/76/9
救百姓之○ 145/76/13

退而請○罪 147/77/19
將軍有○之心 148/78/15
無○之心 148/78/16
贅子○ 149A/78/22
君王后○ 149B/79/14
餓而○ 150/79/29
願君必請從○ 160/83/2
然而不○ 164/84/18
士卒安難樂○ 168/86/16
通侯、執珪○者七十餘人 168/87/10
赴強敵而○ 170/89/11
○之可惡 170/90/1
魏相翟強○ 171/90/6
愛地不送○父 177/92/5
且與○生 177/93/1
為主○易 179/93/20
○者以千數 179/93/20
儀有○罪於大王 182/94/23
今惠王○ 183/94/30
不偏於○ 189/96/27
楚王后○ 191/97/15
有獻不○之藥於荊王者 196/99/16
且客獻不○之藥 196/99/18
是○藥也 196/99/18
此為劫弒○亡之主言也 197/100/1
宿夕而○ 197/100/7
未至擢筋而餓○也 197/100/8
夫劫弒○亡之主也 197/100/8
陰養○士 200/102/1
而陰養○士之日久矣 200/102/9
置○士 200/102/15
園○士夾刺春申君 200/102/16
孝公○ 201/102/24
然而不免奪○者 201/102/26
知伯身○ 203/105/13
○僇 204A/105/26
不避其○ 204A/105/26
士為知己者○ 204B/106/8
且知伯已○ 204B/106/11
知伯已○ 204B/106/22
忠臣不愛○以成名 204B/106/26
雖○不恨 204B/106/27
遂伏劍而○ 204B/106/28
○之日 204B/106/29
不聽臣計則○ 208/107/28
則○之 211/109/22

其○士皆列之於上地 211/110/3
為主守地而不能○ 211/110/13
而歸其○於虎 217/111/28
犯姦者身○ 221/118/12
無遁其○ 221/118/13
驕奢不與○亡期 232/123/20
而○亡至 232/123/20
病○ 233/123/29
焉有子○而不哭者乎 233/123/29
今○ 233/123/30
而婦人為○者十六人 233/123/30
尉復○ 235/125/27
世以鮑焦無從容而○者 236/126/29
則連有赴東海而○矣 236/127/1
○則叱之 236/127/9
百日而欲舍之○ 236/127/17
鄒君○ 236/127/21
吾將伏劍而○ 236/127/23
○則不得飯含 236/127/24
無說則○ 239B/129/16
李兌必○ 247/131/24
以救李子之○也 247/131/24
皆有○心 248/132/18
○不復見於王矣 250/134/9
故臣○不復見於王矣 250/134/12
范座○ 251/134/20
而○者不可復生也 251/134/25
臣竊以為與其以○人市 251/134/25
客若○ 255/136/10
建信君○ 255/136/10
建信君不○ 255/136/10
沒○以聞 262/139/8
公叔痤○ 271/142/22
牛馬俱○ 290/149/5
魏惠王○ 296/150/19
臣又爭之以○ 297/152/9
怨之至○不忘 301/153/4
田需○ 303B/154/3
303B/154/3,303B/154/7
身處○亡之地 304/155/1
其樂忘○ 307/156/3
臣有○罪 309/157/2
臣○ 309/157/2
臣則○人也 309/157/6
且安○乎 311/158/28
意雖道○ 311/159/2
而民不歲○ 314/160/9
而民歲○者 314/160/10
民亦且歲○矣 314/160/11
而以憂○ 315/161/1
雖○終不敢行 340/170/4
刎頸而○ 340/170/7
信陵君聞縮高○ 340/170/9
○之不如棄之之易也 342/170/28
能○之弗能棄之 342/170/29
王又能○而弗能棄之 342/171/2
寡人雖○ 347/173/12
備不具者○ 363/179/16
走而不○ 375/183/6
今幾瑟○ 378/183/21
聶政母○ 385/186/1
遂以○ 385/186/16
今○而無名 385/186/20
公仲珉○ 396B/191/3
今公仲○ 396B/191/5
安邑之御史○ 403/193/9
而與○同患也 411/195/22
餓而○於首陽之山 412/196/15
抱梁柱而○ 412/196/16
蘇秦○ 415/197/27
蘇秦○於齊 416A/199/3
及蘇秦○ 416A/199/3
將軍市被○已殉 416A/199/25
○者數萬眾 416A/199/25
燕王噲○ 416A/199/28
馬已○ 418/201/1
安事○馬而捐五百金 418/201/2
○馬且買之五百金 418/201/3
燕王弔○問生 418/201/7
皆○秦之孤也 422/204/26
代、厲皆以壽○ 422/205/2
臣○而齊大惡於趙 423/205/10
臣○而齊、趙不循 424/205/23
若臣○而必相攻也 424/205/23
臣必勉之而求○焉 424/205/24
堯、舜之賢而○ 424/205/24
禹、湯之知而○ 424/205/24
孟賁之勇而○ 424/205/24
生之物固有不○者乎 424/205/25
苟無○ 427/207/17
而燕昭王○ 431/209/4
即有○蚌 434/212/4
即有○鷸 434/212/5
吾要且○ 437/212/28
趙民其壯者皆○於長平 438/213/3
言光已○ 440/215/15
遂自剄而○ 440/215/16
言田光已○ 440/215/18
今田先生以○明不泄言 440/215/19
人無不立○者 440/216/21
不中而○ 440/217/28
與齊人戰而○ 446B/220/2
遂得而○ 447/220/10
與○之心異 451/221/18
我○ 451/221/22
嗣君○ 451/221/22
臣自知○至矣 456/224/5
嘗餓且○ 459B/225/18
臣父且○ 459B/225/18
汝必○之 459B/225/18
故來○君也 459B/225/19
秦民之○者厚葬 461/226/1
趙人之○者不得收 461/226/2
今趙卒之○於長平者已十七、八 461/226/13
○不旋踵 461/226/19
臣推體以下○士 461/226/25
○傷者眾 461/227/1
○卒不可復生 461/227/8
臣寧伏受重誅而○ 461/227/8

四 sì 111

周君留之十○日 21/7/25
故留之十○日以待命也 21/7/27
若○國弗惡 29/10/11
是上黨每患而贏○十金 32/11/7
不式於○境之外 40/14/13
○拜自跪而謝 40/14/18
○鄰諸侯不服 42/15/23
○鄰諸侯可朝也 42/16/4,42/16/8
朝○鄰諸侯之道 42/17/10
○鄰諸侯不朝 42/17/11
何愛餘明之照○壁者 61A/24/29
請益甲○萬 63/26/3
秦且益趙甲○萬人以伐齊 63/26/5
必不益趙甲○萬人以伐齊 63/26/6
○也 63/26/12

必不益趙甲○萬人以伐齊矣 63/26/15
此○寶者 72/29/6
○貴備而國不危者 73B/31/28
為此○者 73B/32/1
○治政不亂不逆 74/32/26
夫○時之序 81/35/25
誅屠○十餘萬之衆 81/36/26
率○方士 81/37/3
此○子者 81/37/4
○國必從 86/40/20
三王不足○ 87/41/5
○國必應悉起應王 87/41/26
此皆平原○達 87/42/1
此○國者 87/42/12
則三王不足○ 89/43/14
○國之兵敵 89/43/20
其寧於太山○維 93/44/28
○國為一 96/47/21,96/47/21
賈願出使○國 96/47/22
○國之交未必合也 96/47/26
賈不歸○國 96/48/6
○國之王尚焉用賈之身 96/48/7
此○士者 96/48/13
○境之內 108/52/25
此所謂○塞之國也 112/54/23
○境不守 112/55/1
○戰之後 113/55/21
因以上黨二十○縣許秦王 118/57/24
今秦○塞之國 124/61/1
孟嘗君奉夏侯章以○馬百人之食 126/61/19
而奉我○馬百人之食 126/61/21
乃二十○ 136B/67/26
今王有○焉 137/68/28
焉能有○焉 137/68/28
則○鄰不反 142/71/28
市人從者○百人 144/75/1
以故建立○十有餘年不受兵 149B/79/6
奉○時之獻 167/85/24
兵敵○國 168/86/15
○塞以為固 168/86/15
○封不侵 170/89/2
○國伐楚 173B/90/26
君王卒幸○子者不衰 192/97/23
六足○翼 192/98/1
加己乎○仞之上 192/98/2
○國疑而謀敗 204A/106/3
然而○輪之國也 219/114/23
楚有○人起而從之 219/115/10
以兵橫行於中十○年 219/115/13
守○封之內 220/115/22
○國為一以攻趙 220/116/4
破趙而○分其地 220/116/5
○時不一宜 224/120/11
○海之內 225/121/4,341/170/18
則橫行○海 237/128/13
○十餘年而秦不能得所欲 237/128/14
以○國攻之 249/133/8
○矣 249/133/25
○國將假道於衛 253/135/25
日三○里 262/139/4
故又與田○十萬 270/142/13
使百○十萬 270/142/13
地○平 273/143/22
諸侯○通 273/143/22
卒戍○方 273/143/24
此所謂○分五裂之道也 273/143/27
令○國屬以事 276/145/24
今主君兼此○者 307/156/5
以○國攻燕 314/160/20
於是布令於○境之內曰 341/170/20
秦自○境之內 342/171/5
與臣而將○矣 343/171/23
為之儆○境之內選師 357/176/21
乃儆○境之內選師 357/176/26
王儆○彊之內 363/179/16
今○國錮之 365/180/4
欲以○國西首也 396C/191/13
陳○辟去 396C/191/19
齊以○國敵秦 400/192/18
不至○五日 408/194/18
○日而至五渚 422/203/29
齊王○與寡人約 422/204/13
○欺寡人 422/204/13
○國攻之 431/209/28
○達之國也 438/213/4
令栗腹以○十萬攻鄗 438/213/6
遺衛君野馬○百 448A/220/14
野馬○ 448A/220/16
致中山而塞○國 454/222/27
○國寒心 454/222/28
是君臨中山而失○國也 454/222/28
○面出嫁 461/226/4
斬首二十○萬 461/226/12

汜 sì 1

○濫無所止 208/107/27

伺 sì 1

必○韓、秦 388/188/7

似 sì 9

其○惡聞君王之臭也 190/97/10
狀貌不○吾夫 204B/106/13
幽莠之幼也○禾 266/141/2
驪牛之黃也○虎 266/141/2
此皆○之而非者也 266/141/3
夫攣子之相○者 386/187/3
利害之相○者 386/187/3
其利害之相○ 386/187/4
正如攣子之相○也 386/187/4

兕 sì 4

○虎嗥之聲若雷霆 160/83/8
有狂○（牂）〔䍧〕車依輪而至 160/83/9
王抽旃旄而抑○首 160/83/9
犀○麋鹿盈之 442/218/19

泗 sì 6

○北必舉 87/42/1
齊南以○為境 87/42/3
以與申縛遇於○水之上 88/42/23
淮、○之間亦可得也 151/80/8
非江南○上也 163/84/8
則○上十二諸侯 168/87/15

祀 sì 3

以奉祭○ 63/26/2
祭○時享 209/108/11
祭○必祝之 262/139/12

嗣 sì 6

今之○主 40/13/25
○立不忘先德 221/116/16
餘令詔後○之遺義 431/210/7
衛○君病 451/221/17
○君死 451/221/22
衛○君時 452A/221/27

肆 sì 2

彼則○然而為帝 236/127/1
願大國遂○意於秦 357/176/27

駟 sì 7

載以乘車○馬而遣之 21/7/25
文車二○ 133/65/25
王○已備矣 137/69/3
結○千乘 160/83/8
乃為具○馬乘車五百金之楚 163/84/10
田○謂柱國韓向曰 255/136/9
文馬二○ 313/159/22

松 sōng 4

而有喬、○之壽 81/37/10
處之共○柏之間 150/79/28
○邪 150/79/29
荊有長○、文梓、楩、枏、豫樟 442/218/21

宋 sòng 182

○君奪民時以為臺 8B/3/29
仇赫之相○ 13/5/21
將以觀秦之應趙、○ 13/5/21
將興趙、○合於東方以孤秦 13/5/21
則將與○敗三國 13/5/22
則賣趙、○於三國 13/5/22
楚、○不利秦之德三國也 37/12/9
使攻○也 41B/15/3
○破 41B/15/3
則向之攻○也 41B/15/4
王何惡向之攻○乎 41B/15/5
中破○ 42/15/25
若於除○罪 69/28/8
須殘伐亂○ 69/28/8
權縣○、衛 70/28/15
○、衛乃當阿、甄耳 70/28/15
○有結緣 72/29/6
故○必盡 87/42/1
千乘之○也 88/42/18
無禮於○ 89/43/9
齊、○在繩墨之外以為權 89/43/20
故曰先得齊、○者伐秦 89/43/20
秦先得齊、○ 89/43/21
魯、○事楚而齊不事者 98/49/4
齊大而魯、○小 98/49/4
王獨利魯、○之小 98/49/4
孰與伐○之利也 141B/70/20
伐趙不如伐○之利 141B/70/21
而王以其間舉○ 141B/70/22
夫有○則衛之陽城危 141B/70/22
故釋帝而貳之以伐○之事 141B/70/23
而○、越專用其兵 142/71/22
非○、衛也 142/73/27
不如易餘糧於○ 149A/78/22
○王必說 149A/78/22
梁氏不敢過○伐齊 149A/78/22
是以餘糧收○也 149A/78/23
雖復責之○ 149A/78/23
○請中立 152/80/12
齊急○ 152/80/12
○許之 152/80/12
子象為楚謂○王曰 152/80/12
楚以緩失○ 152/80/12
齊以急得○ 152/80/13
勢必危○ 152/80/14
是以弱○干強楚也 152/80/14
大王悉起兵以攻○ 168/87/14
不至數月而○可舉 168/87/14
舉○而東指 168/87/15
且○王之賢惠子也 184/95/11
王不如舉惠子而納之於○ 184/95/13
乃奉惠子而納之○ 184/95/15
齊攻○ 210/109/7,249/133/5,441/218/3,446A/219/22
○罪重 210/109/8
殘伐亂○ 210/109/8
○突謂机郝曰 226/121/13
齊欲攻○ 247/131/20
齊乃捄趙以伐○ 247/131/20
齊將攻○ 248/132/15
齊乃令公孫衍說李兌以攻○而定封焉 248/132/15
欲以使攻○也 248/132/16
而○置太子以為王 248/132/17
此亦舉○之時也 248/132/18
莫若於○ 248/132/22
○之罪重 248/132/23
殘亂○ 248/132/23
臣願足下之大發攻○之舉 248/132/24
足下果殘○ 248/132/26
若足下不得志於○ 248/132/27
秦必據○ 249/133/4
齊必攻○ 249/133/5
則楚必攻○ 249/133/5
魏必攻○ 249/133/6
五國據○ 249/133/6
而趙、○同命 249/134/3
王不聞公子牟夷之於○乎 250/134/10
文張善○ 250/134/11
今臣之於王非○之於公子牟夷也 250/134/11
燕封○人榮蚠為高陽君 252/135/8
齊人戎郭、○突謂仇郝曰 253/135/24
乃結秦連楚、○之交 260/138/16
令仇郝相○ 260/138/17
楚王禽趙、○ 260/138/17
齊請以○地封涇陽君 275/145/3
夫秦非不利有齊而得○地也 275/145/4
齊、秦合而涇陽君有○地 275/145/6
公至○ 278/146/5
而道塗○、衛為制 284/147/22

事成功縣○、衛 284/147/22
齊欲伐○ 297/151/10
齊令○郭之秦 297/151/10
請合而以伐○ 297/151/10
秦王謂○郭曰 297/151/13
分○之城 297/151/13
服○之強者 297/151/13
乘○之敝 297/151/13
而王獨舉○ 297/151/14
王之伐○也 297/151/14
如○者 297/151/15
期於啗○而已矣 297/151/16
○、中山數伐數割 310/157/15
而○、中山可無為也 310/157/16
盡故○ 310/158/3
○人有學者 311/158/10
芮○欲絶秦、趙之交 329A/166/24
芮○謂秦王曰 329A/166/24
○赫為謂公叔曰 379/183/27
韓人攻○ 388/187/29
吾愛○ 388/187/29
韓珉之攻○ 388/188/1
輔之以○ 388/188/1
韓故已攻○矣 388/188/4
則○地不安矣 388/188/4
進齊、○之兵至首垣 396C/191/12
而又以其餘兵南面而舉五千乘之勁○ 415/198/18
彼且德燕而輕亡○ 415/198/27
齊請以○封涇陽君 417/200/13
秦非不利有齊而得○地也 417/200/13
涇陽君有○地 417/200/15
於是出蘇伐之○ 417/200/16
○善待之 417/200/16
齊伐○ 419/201/14
○急 419/201/14
秦齊助之伐○ 419/201/15
破○ 419/201/15
破○肥讎 419/201/17
足下以○加淮北 419/201/18
燕、趙破○肥齊尊齊而為之下者 419/201/27
必反○地 419/202/1
夫反○地 419/202/2
西勞於○ 420/202/29
齊得○而國亡 422/203/25
齊、楚不得以有枳、○事秦者 422/203/25
則以○委於齊 422/204/9
○王無道 422/204/9
王苟能破○有之 422/204/10
因以破○為齊罪 422/204/11
以○ 422/204/24
今齊王召蜀子使不伐○ 423/205/8
且又淮北、○地 431/209/27
○盡力 431/209/28
今○王射天笞地 433/211/21
且夫○ 433/211/22
不如得十里於○ 433/211/23
遂與兵伐○ 433/211/24
三覆○ 433/211/24
○遂舉 433/211/24
取之以與○ 436/212/20
○使臧子索救於荊 441/218/3
○小而齊大 441/218/4
夫救於小○而惡於大齊 441/218/4
拔○五城 441/218/5
將以攻○ 442/218/10,442/218/11
吾自○聞子 442/218/10
○何罪之有 442/218/12
敢問攻○何義也 442/218/12
○方五百里 442/218/19
○所謂無雉兔鮒魚者也 442/218/20
○無長木 442/218/21
惡以王吏之攻○ 442/218/21
請無攻○ 442/218/22
而徵師於○ 444/219/3
○君使使者請於趙王曰 444/219/3
夫○之不足如梁也 444/219/7
○必不利也 444/219/7
○人因遂舉兵入趙境 444/219/11
○人助我攻矣 444/219/11
○人止於此矣 444/219/12
則公常用○矣 445/219/18
○與楚為兄弟 446A/219/22
楚王言救○ 446A/219/22
○因賣楚重以求講於齊 446A/219/22
蘇秦為○謂齊相曰 446A/219/22
以明○之賣楚重於齊也 446A/219/23
必絶於○而事齊 446A/219/23
則攻○易矣 446A/219/24
過○外黃 446B/219/28
○康王之時 447/220/6

送 sòng 14

趙厚○遣之 93/45/6
犀首○之至於齊疆 116/57/6
直使○之 130/63/3
直○象床 130/63/4
愛地不○死父 177/92/5
舍人出○蘇君 208/108/3
李兌○蘇秦明月之珠 208/108/5
媼之○燕后也 262/139/12
周欲以車百乘重而○之 383C/185/3
今予以百金○公也 430/208/23
太子○之至門 440/215/8
皆白衣冠以○之 440/216/27
燕王拜○于庭 440/217/7
教○母 452B/222/4

誦 sòng 5

臣少而○《詩》 9/4/8
伏而○之 40/14/2
王使子○ 93/45/11
不習於○ 93/45/11
○足下之長 127/62/1

蘇 sū 191

○子謂東周君曰 4/2/18
○子亦得兩國之金也 4/2/22
○厲為之謂周君曰 5A/2/26
○厲為周最謂○秦曰 12/5/16
告○代 25/9/3
○代曰 25/9/3,61A/25/6
○代遂往見韓相國公中曰 25/9/4
○厲謂周君曰 27/9/20
○秦謂周君曰 29/10/9
○秦始將連橫說秦惠王曰 40/13/6
○秦曰 40/13/16
40/14/18,40/14/19
122/58/28,124/60/24
208/107/24,412/196/14
○秦喟歎曰 40/14/1

故○秦相於趙而關不通 40/14/10
皆欲決○秦之策 40/14/11
且夫○秦特窮巷掘門、桑戶棬樞之士耳 40/14/14
○秦欺寡人 41A/14/24
故先使○秦以幣帛約乎諸侯 41A/14/25
出關遇○子 61A/24/27
○子曰 61A/24/27,61A/25/1, 219/114/30,433/211/17
○秦偽謂王曰 61A/25/9
○代為齊獻書穰侯曰 63/26/5
○秦為趙合從 112/54/23, 167/85/15
○秦謂齊王曰 120/58/11, 141B/70/18
○秦謂薛公曰 122/58/26, 122/59/5
○秦之事 122/59/1
可以惡○秦於薛公 122/59/2
可以為○秦請封於楚 122/59/2
可以使人說薛公以善○子 122/59/3
可以使○子自解於薛公 122/59/3
○秦使人請薛公曰 122/60/1
夫勸留太子者○秦也 122/60/1
○秦非誠以為君也 122/60/1
○秦恐君之知之 122/60/1
今勸太子者又○秦也 122/60/2
薛公大怒於○秦 122/60/3
故曰可使人惡○秦於薛公也 122/60/3
夫使薛公留太子者○秦也 122/60/5
奉王而代立楚太子者又○秦也 122/60/5
割地固約者又○秦也 122/60/5
忠王而走太子者又○秦也 122/60/6
今人惡○秦於薛公 122/60/6
因封○秦為武貞君 122/60/7
故曰可以為○秦請封於楚也 122/60/7
今○秦天下之辯士也 122/60/10
君因不善○秦 122/60/11
夫不善君者且奉○秦 122/60/11
今○秦善於楚王 122/60/12
薛公因善○秦 122/60/13
故曰可以為○秦說薛公以善○秦 122/60/13
○秦欲止之 124/60/23
○秦自燕之齊 141A/70/10
○秦說齊閔王曰 142/71/3
故使○涓之楚 151/80/3
凡天下所信約從親堅者○秦 168/87/17
車裂○秦於市 168/87/18
夫以一詐偽反覆之○秦 168/87/18
棼冒勃○曰 170/89/10
勃○乃○ 170/89/13
棼冒勃○對曰 170/89/14
楚使新造(盩)〔盭〕棼冒勃○ 170/89/14
棼冒勃○是也 170/89/18
秦恐且因景鯉、○厲而效地於楚 172/90/13
公不如令王重賂景鯉、○厲 172/90/14
○厲謂宛公昭鼠曰 173A/90/20
女阿謂○子曰 178/93/10
○子知太子之怨己也 178/93/11
太子不如善○子 178/93/11
○子必且為太子入矣 178/93/11
○子乃令人謂太子 178/93/12
太子復請善於○子 178/93/12
○子謂楚王曰 179/93/16
○秦之楚 180/93/27
○秦說李兌曰 208/107/21
雒陽乘軒車○秦 208/107/21
○秦對曰 208/107/24
○秦出 208/107/29
臣竊觀君與○公談也 208/108/1
君能聽○公之計乎 208/108/1
舍人出送○君 208/108/3
○秦謂舍人曰 208/108/3
李兌送○秦明月之珠 208/108/5
○秦得以為用 208/108/6
○秦為齊上書說趙王曰 209/108/10
○秦為趙王使於秦 212/110/21
○秦從燕之趙 218/112/21
乃封○秦為武安君 218/114/12
○子為謂秦王曰 219/114/17
恃○秦之計 220/115/28
○代謂齊王曰 249/133/3
○子為趙合從 272/142/27
而欲恃詐偽反覆○秦之餘謀 273/144/1
○秦拘於魏 275/145/3
齊使○厲為之謂魏王曰 275/145/3
不信齊王與○秦也 275/145/4
故王不如復東○秦 275/145/6
○代為田需說魏王曰 293/149/27
而○代曰 293/149/28
○脩、朱嬰既皆陰在邯鄲 297/152/7
因使○脩游天下之語 297/152/8
而果西因○脩重報 297/152/9
昭魚謂○代曰 303B/154/3
○代為說秦王曰 304/154/16
○秦為楚合從說韓王曰 347/172/28
○代為楚王曰 365/180/3
○秦為韓說秦王曰 388/188/1
○秦將為從 408/194/10
於是齎○秦車馬金帛以至趙 408/194/23
奉陽君李兌甚不取於○秦 409/194/27
○秦在燕 409/194/27
李兌因為○秦謂奉陽君曰 409/194/27
夫制於燕者○子也 409/195/1
而君甚不善○秦 409/195/2
○秦能抱弱燕而孤於天下哉 409/195/2
善○秦則取 409/195/3
齊王疑○秦 409/195/4
乃使使與○秦結交 409/195/6
武安君○秦為燕說齊王 411/195/19
人有惡○秦於燕王者 412/196/5
○秦死 415/197/27
其弟○代欲繼之 415/197/27
○秦死於齊 416A/199/3
○秦之在燕也 416A/199/3
而○代與子之交 416A/199/3
及○秦死 416A/199/3
而齊宣王復用○代 416A/199/4
○代為齊使於燕 416A/199/6
○代欲以激燕王以厚任

子之也 416A/199/8
子之因遺○代百金 416A/199/8
○秦弟厲因燕質子而求見齊王 416B/200/3
齊王怨○秦 416B/200/3
燕相子之與○代婚 416B/200/6
乃使○代持質子於齊 416B/200/6
而○代、厲遂不敢入燕 416B/200/8
○代過魏 417/200/13
不信齊王與○子也 417/200/14
故王不如東○子 417/200/15
秦必疑而不信○子矣 417/200/15
於是出○伐之宋 417/200/16
○代乃遺燕昭王書曰 419/201/14
先人嘗有德○氏 419/202/9
而○氏去燕 419/202/9
非○氏莫可 419/202/10
乃召○氏 419/202/10
○代謂燕昭王曰 420/202/14
燕王謂○代曰 421/203/18
○代對曰 421/203/18
○代約燕王曰 422/203/25
○代復重於燕 422/205/1
如○秦時 422/205/1
而天下由此宗○氏之從約 422/205/1
○代為奉陽君說燕於趙以伐齊 423/205/6
○子也 423/205/7
423/205/8, 423/205/8
又○子也 423/205/9
必不任○子以事 424/205/16
順始與○子為讎 424/205/18
○子怒於燕王之不以吾故 424/205/28
○代為燕說齊 425/206/12
齊王大說○子 425/206/16
○代自齊使人謂燕昭王曰 426/206/21
王何不令○子將而應燕乎 426/206/25
夫以○子之賢 426/206/25
乃謂○子曰 426/206/26
○子遂將 426/207/1
○子收其餘兵 426/207/1
王復使○子應之 426/207/6
○子先敗王之兵 426/207/6
乃復使○子 426/207/7
○子固辭 426/207/7
○代自齊獻書於燕王曰 427/207/13
奉○子車五十乘 433/211/18
○代為燕謂惠王曰 434/212/3
○子謂燕相曰 435/212/12
○秦為宋謂齊相曰 446A/219/22

俗 sú 32

壹楚國之○ 81/37/2
願公之詳計而無與○同也 145/75/14
矯國革○於天下 145/75/26
聞楚之○ 161/83/18
沈洿鄙○之日久矣 199/101/9
必負遺○之累 221/116/20
今王即定負遺○之慮 221/116/23
不和於○ 221/116/24
中國同○而教離 221/117/17
○也 221/117/19
所以制○也 221/117/19
而叔也順中國之○以逆簡、襄之意 221/117/25
敢道世○之間 221/117/28
當世輔○ 221/118/3
子言世○之間 221/118/5
常民溺於習○ 221/118/5
賢者議○ 221/118/7
拘於○之眾 221/118/8
故勢與○化 221/118/8
知者不變○而動 221/118/16
據○而動者 221/118/17
今王易初不循○ 221/118/17
○辟者亂民 221/118/18
古今不同○ 221/118/21
○辟而民易 221/118/25
故聖與○流 221/118/26
故利不百者不變○ 224/120/8
何○之不可變 224/120/13
未嘗不言趙○之善者也 237/128/16
秦與戎、翟同○ 315/160/29
然而周之○ 421/203/19
觀人民謠○ 458/224/27

素 sù 11

武王將○甲三千領 42/17/3
示情○ 81/36/2
夫胡之與齊非○親也 142/72/13
○用強兵而弱之 142/73/11
使秦發令○服而聽 209/108/26
○服縞○辟舍 340/170/9
天下縞○ 343/171/24
又非○約而謀伐秦矣 357/177/1
不取○餐 412/196/15
齊人紫敗○也 419/201/22

宿 sù 11

○昔而死 73B/32/5
則其國無○憂也 142/73/20
則其國無○憂矣 142/73/21
○夕而死 197/100/7
寄○人田中 208/107/25
時○於野 238/128/25
不出○夕 238/128/26
田盼○將也 300/152/27
為一○之行 399/192/10
義不離親一夕○於外 412/196/14
決○胥之口 422/204/6

速 sù 7

故王不如○解周恐 6/3/11
令軍設舍○東 37/12/10
臣以為王鉅○忘矣 166/85/9
不如○和 185/95/28
臣是以欲足下之○歸休士民也 248/132/17
王○受楚、趙之約 315/162/2
此一何慶弔相隨之○也 411/195/19

粟 sù 24

○支數年 2/1/23
必以國合於所與○之國 6/3/11
韓徵甲與○於周 25/9/3
代能為君令韓不徵甲與○於周 25/9/3
今公乃徵甲及○於周 25/9/7

吾無徵甲與○於周 25/9/9
不徵甲與○於周而與高都 25/9/11
而有積○之實 86/40/9
無積○之實 86/40/10
金錢○孰與之富 95/46/19
○如丘山 112/54/24,168/86/16
請○於齊 120/58/11
而務愛○ 120/58/15
無不被繡衣而食菽○者 135/66/23
○支十年 167/85/17
218/113/11,408/194/11
○不如者 168/86/26
方船積○ 168/86/30
飯封祿之○ 192/98/17
力田積○ 220/115/22
○糧漕庾 273/143/25
北有棗○之利 408/194/12

愬 sù 2

必東○於齊 103/51/3
東○於齊 103/51/6

遡 sù 1

告○於魏 142/71/10

酸 suān 6

拔燕、○棗、虛、桃人 87/41/2
令之留於○棗 92/44/10
以太子之留○棗而不之秦 92/44/12
夕調乎○鹹 192/98/5
北有河外、卷、衍、燕、○棗 272/142/29
拔卷、衍、燕、○棗 273/144/4

睢 suī 19

范○至秦 73A/29/19
謂范○曰 73A/29/19
范○辭讓 73A/29/21
是日見范○ 73A/29/23
范○曰 73A/29/24
73A/29/24,73A/30/23
73A/31/12,73A/31/20
73B/31/26,80/35/11
范○謝曰 73A/29/29
范○再拜 73A/30/21
○曰 73A/31/1
昭王謂范○曰 73B/32/12
范○謂秦昭王曰 75/33/6
而欲兼誅范○ 80/35/11
楚取○、濊之間 156/81/26
若恣○奮擊 418/200/26

雖 suī 166

君○不欲與也 29/10/11
○古五帝、三王、五伯 40/13/22
○然 42/15/10,115/56/22
177/92/21,190/97/8
197/100/1,208/108/5
218/112/22,222/119/16
233/123/28,238/128/21
251/134/24,252/135/17
297/151/29,309/157/2
309/157/6,312/159/15
343/171/14,416A/199/22
419/201/22,423/205/10
438/213/14,440/215/6
楚○合韓 59/24/16
舜○賢 66/27/7
湯、武○賢 66/27/8
後○悔之 66/27/13
○以臣為賤而輕辱臣 72/29/3
○堯、舜、禹、湯復生 72/29/11
○周呂望之功 78/34/5
○欲無為之下 78/34/6
今君○幸於王 80/35/6
軍吏○賤 80/35/7
主○亡絕 81/36/5
身○死 81/36/6
○藍田豈難得哉 82A/37/26
三國○去 83A/38/18
韓、魏○弱 83B/39/4
即王○有萬金 86/40/18
王○有之 87/41/24
○有子異人 93/45/7
○有外誹者不聽 96/48/15
○有高世之名 96/48/15
○隆薛之城到於天 99/49/14
○惡於後王 101/50/8
○欲言 108/53/1
秦○欲深入 112/55/5
○有百秦 113/55/16
○有勝名而有亡之實 113/55/20
○有勝秦之名 113/55/22
○欲事秦 113/55/25
○得則薄矣 125/61/14
○貴 136B/68/5
○高 136B/68/6
今○干將、莫邪 142/71/7
○若有功也 142/72/21
○有百萬之軍 142/73/16
○有闔閭、吳起之將 142/73/16
○復責之宋 149A/78/23
○勿與地可 153/80/22
○無出兵甲 168/86/17
里數○多 168/87/1
○然楚不能獨守也 177/92/25
公○百說之 186/96/4,277/145/29
○惡必言之 190/97/10
今楚國○小 192/97/29
夫癘○癰腫胞疾 197/100/7
癘○憐王可也 197/100/9
○兄弟不如 200/101/22
○名為相國 200/102/6
楚君○欲攻燕 201/102/29
夫三家○愚 202/103/15
○死不恨 204B/106/27
○不足以攻秦 206/107/11
主○信臣 207/107/16
○王與子 211/109/21
○強大不能得之於小弱 211/110/2
今○得邯鄲 219/114/23
則○從而不止矣 219/114/24
秦○辟遠 220/115/24
○毆世以笑我 221/116/27
臣○愚 221/118/2,221/118/13
城○大 225/121/4
人○眾 225/121/4
○少出兵可也 229A/122/18
齊、魏○勁 229B/122/25
秦、魏○勁 229B/122/26
○割何益 233/124/19
秦○善攻 233/124/20
趙○不能守 233/124/20
○貴已賤矣 242/130/12
○賤已貴矣 242/130/12

秦○有變 249/133/6
臣○盡力竭知 250/134/9
座○不肖 251/135/1
外○得地 251/135/2
○少 262/139/9
○樂 267/141/8
地名○小 272/142/29
楚○有富大之名 273/144/10
其卒○衆 273/144/10
○欲事秦而不可得也 273/144/12
王之國○滲樂而從之可也 293/149/30
國○小 301/153/4
今子○自樹於王 303A/153/28
王○復與之攻魏可也 305/155/8
臣以為○湯、武復生 310/157/27
意○道死 311/159/2
魏○刺髡 313/159/28
魏○封髡 313/159/28
○欲行數千里而助人 314/160/16
南國○無危 315/161/20
馬○良 334/168/5
用○多 334/168/6
王○欲救之 338/169/5
國○大赦 340/170/2
○死終不敢行 340/170/4
○至於門閭之下 342/171/5
○千里不敢易也 343/171/18
寡人○死 347/173/12
○欲無亡 348A/173/29
兵○至 357/176/23
弊邑○小 357/176/27
我○不受 385/186/3
事之○如子之事父 389/188/17
行○如伯夷 389/188/17
行○如桀、紂 389/188/18
○善事之無益也 389/188/18
○終身相之焉 391/189/16
然則○尊襄王 391/189/17
○為桓公吾弗為云者 391/189/18
願公○疾 399/192/9
今臣○不肖 407/194/5
民○不由田作 408/194/12
○得燕城 408/194/16
以為○偷充腹 411/195/22
今燕○弱小 411/195/22
○堯、舜之智 412/196/31
○大男子 413/197/15
○盡寶、地 414/197/22
○有清濟、濁河 415/198/24
○有長城、鉅防 415/198/24
故齊○強國也 420/202/29
臣○為之累燕 424/205/28
故臣○為之不累燕 424/206/1
臣○不佞 431/210/16
即○五燕不能當 433/211/16
寡人○不肖乎 438/213/20
君○不得意乎 438/213/20
○任惡名 438/213/22
○有管、晏 440/214/25
則○欲長侍足下 440/216/5
犀首○愚 443/218/30
太子○欲還 446B/219/31
446B/220/1
○有十左氏 452A/221/29
中山○益廢王 454/222/19
○百平邑 455/223/25
○欲得請之 458/225/4
○倍其前 461/226/3
君○病 461/227/2
臣知行○無功 461/227/4
○不行無罪 461/227/4

隨 suí 31

因○入以兵 24/8/25
以○其後 40/14/7
○荊以兵 42/16/2
天下徧○而伏 42/16/21
而王○之矣 44/18/2
今令人復載五十金○公 77/33/28
相○於路 87/41/19
○陽、右壤 87/41/23
若○此計而行之 89/43/22
使若卞○、務光、申屠狄 96/48/14
以亡○其後 112/55/1
亡○其後 113/55/19
若○踵而至也 131/63/23
子○我後 154/81/5
臣請○之 175/91/15
○而攻東國 195/99/9
是人不○ 233/123/30
今有人操○侯之珠 238/128/25
而○以亡 310/157/15
支期○其後 311/159/1
○安陵氏而欲亡之 315/161/19
若韓○魏以善秦 386/187/6
天下○之 387/187/19
身執禽而○諸御 390/189/6
此一何慶弔相○之速也 411/195/19
東下○ 422/203/30
不以官○其愛 431/209/19
起兵○而攻齊 431/209/29
○先王舉而有之於濟上 431/209/29
以○使者 443/218/28
有二人挈戈而○其後者 459B/225/17

髓 suǐ 2

深於骨○ 342/171/7
常痛於骨○ 440/216/13

祟 suì 2

周之祭地為○ 15/6/16
被於宗廟之○ 133/65/25

歲 suì 36

○八十金 32/11/6
○百二十金 32/11/6
說有可以一切而使君富貴千萬○ 93/44/28
夫項橐生七○而為孔子師 94/45/26
今臣生十二○於茲矣 94/45/26
至○八月 124/60/28
民稱萬○ 133/65/9, 133/65/15
○亦無恙耶 138/69/13
而先問○與民 138/69/14
苟無○ 138/69/15
田單攻之○餘 145/75/8
寡人萬○千秋之後 160/83/10
大王萬○千秋之後 160/83/11
在半○之外 168/87/4
即百○後將更立兄弟 200/101/23
是○ 200/102/19

昔○般下之事 211/109/13
攻戰踰年歷○ 211/110/4
數○ 225/121/6
是使王○以六城事秦也 233/124/23
居○餘 236/127/7
齊甲未嘗不○至於王之境也 247/132/3
曠日持久數○ 252/135/18
十五○矣 262/139/8
然而趙之地不○危 314/160/9
而民不○死 314/160/9
而魏之地○危 314/160/9
而民○死者 314/160/10
地亦且○危 314/160/11
民亦且○死矣 314/160/11
吾○不熟二年矣 314/160/15
一○不收 348A/173/18
無二○之所食 348A/173/18
收八百○之蓄積 431/210/7
五○而卒滅燕國 440/217/26

碎 suì 1

則○為百 225/120/29

遂 suì 136

○下水 4/2/21
周君○不免 8B/4/3
王○伐之 14B/6/9
公不如○見秦王曰 18/7/7
蘇代○往見韓相國公中曰 25/9/4
昔者神農伐補○ 40/13/16
○定蜀 44/18/11
○去 48A/19/7
○破之 48A/19/8
○亡 48A/19/9
○取之 48A/19/9
寡人○無柰何也 49/20/11
○善待之 49/20/15
○舉兵伐秦 50/21/18
○拔宜陽 55/23/22
王○亡臣 56/23/29
○弗歸 74/32/18
○弗殺而善遇之 80/35/14
○以殺身亡國 81/36/22
○以車裂 81/36/25
應侯○稱篤 81/37/16
○拜為秦相 81/37/17
○發重使之楚 82A/38/1
秦○不敢出兵 82A/38/2
楚○削弱 87/40/25
○與句踐禽 89/43/9
田忌○走 104/51/17
○與秦戰 114/56/7
○不聽 116/57/7
○飲其酒 117/57/17
則且○攻之 120/58/9
非不得尊○也 136B/68/14
然而國○亡 142/73/3
○以復齊 143/74/23
○保守聊城 145/75/8
○攻狄 148/78/10
○入秦 150/79/28
故○與之行 154/81/6
○不得入言 158/82/13
得無○乎 161/83/19
○南交於楚 163/84/10
○亡漢中 168/87/10
○出革車千乘 170/89/17
亦聞於○浦 170/89/18
○入大宮 170/89/21
○自棄於磨山之中 170/89/24
○以冠纓絞王 197/100/4
○殺之 197/100/6
○生子男 200/101/28
即○南面稱孤 200/102/8
○立為楚幽王也 200/102/17
○戰 203/104/14
我謀未○而知 203/104/21
不殺則○親之 203/105/2
○去不見 203/105/6
○伏劍而死 204B/106/28
王其○行之 221/116/25
王○胡服 221/116/29
○賜周紹胡服衣冠 222/119/22
至○胡服 224/120/18
平原君○見辛垣衍曰 236/126/22
過而○正於天下 236/127/1
○辭平原君而去 236/128/7
樓子○行 250/134/12
○滅趙 263/140/2
知氏○亡 264A/140/12
禽夫差於干○ 272/143/7
犀首○主天下之事 276/145/24
齊○伐趙 284/147/21
魏王○尚遇秦 285/147/29
伐齊之事○敗 285/147/29
遇事○敗 288/148/25
○勸兩君聽犀首 291/149/13
犀首、田盼○得齊、魏之兵 291/149/14
○內魏王 301/153/13
○北見梁王 303B/154/11
○疏儀狄 307/155/27
○推南之威而遠之 307/156/1
○盟強臺而弗登 307/156/3
○救之 325/165/22
○絕趙也 329A/166/26
○伐齊 329B/167/4
○約車而遣之 338/169/1
秦歸武○於韓 356B/176/9
秦王固疑甘茂之以武○解於公仲也 356B/176/9
願大國○肆意於秦 357/176/27
○絕和於秦 357/177/4
甘茂許公仲以武○ 359/177/29
武○終不可得已 359/178/1
○與公乘楚 367/181/5
公欲得武○於秦 372/182/9
而令人為公求武○於秦 372/182/9
發重使為韓求武○於秦 372/182/10
韓得武○以恨秦 372/182/11
犬○無噬人之心 374/182/28
○重周最 374/182/30
嚴○重於君 385/185/18
嚴○政議直指 385/185/18
嚴○拔劍趨之 385/185/19
於是嚴○懼誅 385/185/19
嚴○陰交於聶政 385/185/21
嚴○曰 385/185/22
於是嚴○乃具酒 385/185/23
○西至濮陽 385/186/7
○謝車騎人徒 385/186/12
○以死 385/186/16
○殘吳國而禽夫差 390/189/7
○出兵救燕 410/195/11
○委質為臣 416B/200/3
而蘇代、厲○不敢入燕

416B/200/8
於是○以樂毅為上將軍 418/201/8
蘇子○將 426/207/1
○將以與燕戰於陽城 426/207/8
○入見太后曰 428/207/29
○捐燕而歸趙 431/209/11
山東之主○不悟 432/211/2
○與兵伐宋 433/211/24
宋○舉 433/211/24
齊○北矣 435/212/13
於是○不救燕 436/212/19
○自剄而死 440/215/16
乃○私見樊於期曰 440/216/11
○自刎 440/216/17
乃○收盛樊於期之首 440/216/18
○發 440/216/25
於是荊軻○就車而去 440/217/1
○拔以擊荊軻 440/217/18
○不敢過衛 443/218/31
宋人因○舉兵入趙境 444/219/11
不如○行 446B/220/1
○行 446B/220/2
○得而死 447/220/10
事○定 455/223/12,455/223/28
中山王○立以為后 458/225/4
不○以時乘其振懼而滅之 461/226/23

隧 suì 5

而不知干○之敗也 87/41/11
死於干○ 89/43/9
公仲使韓珉之秦求武○ 396A/190/24
且以求武○也 396A/190/24
韓已得武○ 396A/190/25

燧 suì 1

而取火於○也 131/63/26

孫 sūn 108

公○衍欲窮張儀 52/22/9
李讎謂公○衍曰 52/22/9
召公○顯於韓 52/22/9
公○衍謂義渠君曰 53/22/14
此乃公○衍之所謂也 53/22/21
樗里疾、公○衍二人者 55/23/13
樗里疾、公○衍二人在 55/23/21
公○衍、樗里疾挫我於內 57/24/4
公內攻於樗里疾、公○衍 58/24/10
是樗里疾、公○衍無事也 58/24/12
秦王愛公○衍 61B/25/15
非王之子○也 73B/32/7
非王子○也 74/32/24
夫公○鞅事孝公 81/36/1
獻則謂公○消曰 91/44/3
公○閈曰 98/48/29
公○閈為謂楚王曰 98/49/4
公○閈謂鄒忌曰 104/51/11
鄒忌以告公○閈 104/51/15
公○閈乃使人操十金而往卜於市 104/51/15
○子謂田忌曰 105/51/21
○子曰 105/51/22
見孟嘗君門人公○戍曰 130/63/3
公○曰 130/63/5
公○戍曰 130/63/7
130/63/8,130/63/14
130/63/15,130/63/17
公○戍趨而去 130/63/13
公○弘謂孟嘗君曰 134/66/3
公○弘敬諾 134/66/7
公○弘見 134/66/7
公○弘對曰 134/66/8,134/66/9
公○弘曰 134/66/10,134/66/14
公○弘可謂不侵矣 134/66/16
齊○室子陳舉直言 143/74/11
王○賈年十五 144/74/28
王○賈乃入市中 144/75/1
是○臏、吳起之兵也 145/75/21
且今使公○子賢 147/77/9
然而使公○子與徐子鬭 147/77/9
猶時攫公○子之腓而噬之也 147/77/10
若公○郝者可 166/85/9
夫公○郝之於秦王 166/85/9
子之子○必為楚太子矣 174/91/10
公○郝、甘茂貴 183/95/1
公○郝善韓 183/95/1
不知夫公子王○ 192/98/4
今○子 197/99/23,197/99/28
於是使人謝○子 197/99/24
○子去之趙 197/99/25
於是使人請○子於趙 197/99/29
○子為書謝曰 197/100/1
公○鞅 201/102/25
晉畢陽之○豫讓 204B/106/7
令公○起、王齮以兵遇趙於長平 211/110/17
且以置公○赫、樗里疾 213/110/30
使王○緤告公子成曰 221/116/29
夫以秦將武安君公○起乘七勝之威 231/123/8
公○龍聞之 234/125/19
齊乃令公○衍說李兌以攻宋而定封焉 248/132/15
臣為足下使公○衍說奉陽君曰 248/132/21
有子○相繼為王也哉 262/139/13
趙主之子○侯者 262/139/14
遠者及其子○ 262/139/16
豈人主之子○則必不善哉 262/139/16
痤有御庶子公○鞅 271/142/19
公○鞅聞之 271/142/22
魏令公○衍乘勝而留於境 287/148/9
告公○衍 288/148/18
公○衍曰 288/148/18
魏使公○衍來 288/148/23
使公○子勞寡人 288/148/24
魏令公○衍請和於秦 289/148/29
公○衍為魏將 290/149/3
而○子善用兵 300/152/28
○臣謂魏王曰 312/159/9
楊達謂公○顯曰 355/175/28
不如公○郝 359/177/22
公○郝黨於韓 359/177/23
是與公○郝、甘茂同道也 359/177/24
韓氏先以國從公○郝 359/177/26
公○郝欲以韓取齊 359/178/4
是以公○郝、甘茂之無事也 359/178/5
善公○郝以難甘茂 360/178/10
秦王以公○郝為黨於公

而弗之聽 360/178/13
今王聽公○郝以韓、秦之兵應齊而攻魏 360/178/16
臣以公○郝為不忠 360/178/17
則信公○郝於齊 360/178/20
公○郝黨於齊而不肯言 360/178/22
秦為發使公○昧入韓 367/180/28
不得議公○郝 396C/191/15
公○郝之貴 396C/191/15
公○郝嘗疾齊、韓而不加貴 396C/191/17
齊、韓嘗因公○郝而不受 396C/191/17
公○郝、樗里疾請無攻韓 396C/191/19
公○綦為人請御史於王 403/193/9
則何不與愛子與諸舅、叔父、負床之○ 420/203/2
外○之難 424/206/5
公○氏必不血食矣 451/221/20
公○弘陰知之 456/224/3
公○弘參乘 456/224/3
中山君大疑公○弘 456/224/6
公○弘走出 456/224/7

隼 sǔn 1

寡人如射○矣 422/203/30

損 sǔn 5

○不急之官 81/37/1
是○君而弱國也 224/120/8
於王何○ 313/159/28
況傷人以自○乎 438/213/23
勿益○也 451/221/17

縮 suō 11

○閔王之筋 73B/32/5
進退、盈○、變化 81/36/20
○劍將自誅 95/47/11
其○甲則可 177/93/5
安陵人○高 340/169/22
君其遣○高 340/169/22
○高曰 340/169/24
願君之生束○高而致之 340/169/29
今○高謹解大位 340/170/3
○高聞之曰 340/170/6
信陵君聞○高死 340/170/9

所 suǒ 537

○以備者稱此 1/1/16
疾定○從出 1/1/18
○以富東周也 4/2/19
以病其○種 4/2/20
必以國合於○與粟之國 6/3/11
然而○以不可者 8A/3/23
張於無鳥之○ 16/6/21
則終日無○得矣 16/6/21
○以進兵者 22/8/7
周君○以事吾得者器 28/10/4
○以為之者 33/11/12
此○謂天府 40/13/8
民無○聊 40/13/20
臣願悉言○聞 42/15/10
○當未嘗不破也 42/15/21
雜民之○居也 42/16/13
言○以舉破天下之從 42/17/9
而攻天下之○不欲 44/18/6
此臣○謂『危』 44/18/9
居彼人之○ 49/20/6
弊邑之王○說甚者 50/20/23
唯儀之○甚願為臣者 50/20/23
弊邑之王○甚憎者 50/20/24
夫秦○以重王者 50/21/4
此乃公孫衍之○謂也 53/22/21
與之間有○立 61B/25/15
非使臣之○知也 63/26/2
何為空以生○愛 64/26/21
文請以○得封君 65/26/28
觀三國之○求於秦而不能得者 67/27/23
觀張儀與澤之○不能得於薛公者也 67/27/24
人主賞○愛 72/29/2
而罰○惡 72/29/2
工之○失也 72/29/6
然則聖王之○棄者 72/29/7
而○願陳者 73A/30/3
○以王三問而不對者是也 73A/30/4
臣非有○畏而不敢言也 73A/30/4
人之○必不免也 73A/30/8
此臣之○大願也 73A/30/8
漆身可以補○賢之主 73A/30/12
臣之○恐者 73A/30/13
此臣之○恐耳 73A/30/15
此天○以幸先王而不棄其孤也 73A/30/19
而大王之計有○失也 73A/30/25
願聞○失計 73A/30/28
○以然者 73A/31/5,85/39/28
此○謂藉賊兵而齎盜食者也 73A/31/5
下乃○謂無王已 73B/32/1
古之○謂『危主滅國之道』必從此起 74/32/28
其○攻者 75/33/7
人主○甚愛也 75/33/7
人臣之○樂為死也 75/33/7
攻人主之○愛 75/33/8
則王之○求於韓者 75/33/10
不問金之○之 77/33/28
武安君○以為秦戰勝攻取者七十餘城 78/34/4
則秦○得不一幾何 78/34/8
眾口○移 80/35/8
而為諸侯○議也 80/35/13
豈非士之○願與 81/35/26
萬物各得其○ 81/35/28
而聖人○謂吉祥善事與 81/35/30
義之○在 81/36/6
身○服者 81/36/27
使馳說之士無○開其口 81/37/2
此○謂信而不能詘 81/37/5
此皆君之○明知也 81/37/6
楚王使景○甚愛 85/39/23
為秦○輕 87/40/25
鬼神狐祥無○食 87/41/20
故先王之○重者 89/43/7
○以不為相者 91/44/3
太后之○親也 91/44/4
嘗無師傅○教學 93/45/11
臣不知卿○死之處矣 94/46/3
燕、秦○以不相欺者 94/46/9
非○以厲群臣也 96/48/2
是其○以弱也 98/49/5

靖郭君之○聽愛夫 101/50/4
此齊貌辨之○以外生樂患趣難者也 101/50/16
鄒忌○以不善楚者 106/52/1
今首之○進仕者 107/52/8
此○謂戰勝於朝廷 108/53/2
非臣○知也 110/53/20
此臣之○以為山東之患 111/54/6
齊無○出其計矣 111/54/12
此臣之○謂齊必有大憂 111/54/17
此○謂四塞之國也 112/54/23
且夫韓、魏之○以畏秦者 112/54/31
是故韓、魏之○以重與秦戰而輕為之臣也 112/55/1
儀之○在 115/56/16, 115/56/23, 115/56/25
此臣之○謂託儀也 115/56/28
值○以為國者不同耳 116/57/4
齊之○以敢多割地者 122/59/21
君之○以重於天下者 122/60/10
薛公欲知王○欲立 123/60/18
明日視美珥○在 123/60/18
吾○未聞者 124/60/24
則臣不知君○出矣 124/61/2
君○以得為長者 126/61/22
車軼之○能至 127/61/28
此臣之○為君取矣 127/62/3
故物舍其○長 129/62/25
之其○短 129/62/25
堯亦有○不及矣 129/62/25
小國○以皆致相印於君者 130/63/8
○未至之國 130/63/10
視吾家○寡有者 133/65/6
君云『視吾家○寡有者』 133/65/12
君家○寡有者以義耳 133/65/13
乃臣○以為君市義也 133/65/15
先生○為文市義者 133/65/19
君得無有○怨齊士大夫 136A/67/3
孟嘗君乃取○怨五百牒削去之 136A/67/7
昔先君桓公○好者 137/68/27
且財者君之○輕 140/70/5
死者士之○重 140/70/5
君不肯以○輕與士 140/70/5
而責士以○重事君 140/70/6
而患之○從生者微 141A/70/11
此○謂以卑易尊者也 141B/70/24
則戰攻非○先 142/72/17
故民之○費也 142/72/22
軍之○出 142/72/22
官之○私出也 142/72/23
士大夫之○匿 142/72/24
廝養士之○竊 142/72/24
非○先也 142/72/27
今世之○謂善用兵者 142/73/6
臣之○聞 142/73/16
今大王之○從十二諸侯 142/73/27
此固大王之○以鞭箠使也 142/73/27
此臣之○謂比之堂上 142/74/6
求○以償者 143/74/14
民心無○歸 145/75/20
三戰之○喪 145/76/8
王有○幸臣九人之屬 147/77/13
此○以破燕也 148/78/15
○以不勝者也 148/78/17
立於矢石之○ 148/78/18
○為立王者 150/79/19
必非固之○以之齊之辭也 151/80/6
常以急求○欲 152/80/14
親王之○見也 153/80/24
臣○為君道 160/83/5
今邊邑之○恃者 163/84/7
計王之功○以能如此者 166/85/8
秦之○害於天下莫如楚 167/85/18
在大王之○用之 167/85/25
此○謂養仇而奉讎者也 167/86/2
而無○終薄 167/86/10
此臣之○以為大王之患也 168/87/4
且夫秦之○以不出甲於函谷關十五年以攻諸侯者 168/87/9
此○謂兩虎相搏者也 168/87/11
凡天下○信約從親堅者蘇秦 168/87/17
有○更得乎 169/88/3, 169/88/4
無○更得 169/88/4
且儀之○行 169/88/10
○欲貴富者魏也 169/88/10
此○謂內攻之者也 169/88/12
無○聞之 170/88/19
不知○益 170/88/22, 170/89/7
○以為身也 177/92/5
是故退王之○愛 179/93/19
用民之○善 179/93/19
王無○用臣 182/94/12
願王召○便習而觴之 182/94/22
棄○貴於讎人 184/95/12
○欲者不成 188/96/19
○求者不得 188/96/19
夫梟棊之○以能為者 188/96/20
無○寇艾 189/96/27
擇其○喜而為之 190/97/3
擇其○善而為之 190/97/4
婦人○以事夫者 190/97/4
此孝子之○以事親 190/97/5
忠臣之○以事君也 190/97/6
明日視善珥○在 191/97/16
夫賢者之○在 197/99/28
近代○見 197/100/6
彼亦各貴其故○親 200/101/23
此○謂無妄之福也 200/102/8
此○謂無妄之禍也 200/102/10
此○謂無妄之人也 200/102/12
而入之王○生子者 200/102/17
○道攻燕 201/102/29
而使○以信之 201/102/30
寡人○親之 203/104/28
而君得其○欲矣 203/105/4
則吾○得者少 203/105/5
亦○以亡也 203/105/13
五百之○以致天下者 204A/105/19
此先聖之○以集國家 204A/105/22
君之○言 204A/105/23
臣之○謂 204A/105/23
子之得近而行○欲 204B/106/15
凡吾○謂為此者 204B/106/16
吾○為難 204B/106/17
豫讓伏○當過橋下 204B/106/20
非○望也 204B/106/27
藉席無○得 208/107/25
氾濫無○止 208/107/27
且夫韓之○以內趙者 211/110/1
此非吾○苦也 212/110/23
吾○苦夫鐵鉆然 212/110/23
夫○借衣車者 216/111/18

此天下之○明也 217/111/25
此天下之○明見也 217/111/26
是臣○為山東之憂也 217/111/27
臣之○為來 217/112/8
曰言○以異 218/113/1
五伯之○以覆軍禽將而求也 218/113/3
湯、武之○以放殺而爭也 218/113/3
是臣之○以為大王願也 218/113/4
此臣之○以為大王患也 218/113/8
218/113/15,273/144/6
且秦之○畏害於天下者 218/113/12
臣願王察臣之○謁 219/114/18
夫齊兵之○以破 219/115/4
韓、魏之○以僅存者 219/115/4
此臣之○患也 219/115/8
凡大王之○信以為從者 220/115/28
事有○出 221/117/2
功有○止 221/117/2
聰明叡知之○居也 221/117/8
萬物財用之○聚也 221/117/8
賢聖之○教也 221/117/8
仁義之○施也 221/117/9
詩書禮樂之○用也 221/117/9
異敏技藝之○試也 221/117/9
遠方之○觀赴也 221/117/9
蠻夷之○義行也 221/117/10
○以便用也 221/117/13
○以便事也 221/117/14
○以利其民而厚其國也 221/117/14
今卿之○言者 221/117/19
吾之○言者 221/117/19
○以制俗也 221/117/19
此愚知之○明也 221/117/23
非寡人○望於子 221/117/26
先聖之○以教 221/118/4
學者沉於○聞 221/118/5
○以成官而順政也 221/118/6
非○以觀遠而論始也 221/118/6
非○以教民而成禮也 221/118/17
非○以教民而成禮者也 221/118/18
○以齊常民 221/118/26
非○以論賢者也 221/118/26
非賤臣○敢任也 222/119/10
○以使子 222/119/16
無○見醜 222/119/19
不如○失之費也 224/120/9
○以昭後而期遠也 224/120/14
非子○知 224/120/15
○以不服者 225/120/23
非單之○為也 225/120/25
○用者不過三萬 225/120/25
此單之○不服也 225/120/26
非寡人之○敢知 228/122/2
是使弱趙為強秦之○以攻 231/123/12
而使強燕為弱趙之○以守 231/123/12
此乃強吳之○以亡 231/123/13
而弱越之○以霸 231/123/13
公子之○以教之者厚矣 232/123/21
此非人臣之○能知也 233/123/27
秦以其力攻其○不能取 233/124/8
王又以其力之○不能攻以資之 233/124/8
虞卿能盡知秦力之○至乎 233/124/11
此非臣之○敢任也 233/124/13
233/124/16
王之○以事秦必不如韓、魏也 233/124/14
王之○以事秦者 233/124/15
又割其力之○不能取而媾也 233/124/19
秦○以急圍趙者 236/126/14
平原君猶豫未有○決 236/126/16
○為見將軍者 236/127/2
彼將奪其○謂不肖 236/127/26
而予其○謂賢 236/127/27
奪其○憎 236/127/27
而與其○愛 236/127/27
○貴於天下之士者 236/128/6
為人排患、釋難、解紛亂而無○取也 236/128/6
即有○取者 236/128/6
四十餘年而秦不能得○欲 237/128/14
願聞○以為天下 239A/129/4
君之○以事王者 240/129/22
胥之○以事王者 240/129/22
則交有○偏者也 246/131/9
如王若用○以事趙之半收齊 247/131/28
請問王之○以報齊者可乎 247/132/3
臣之○以堅三晉以攻秦者 248/132/16
覆軍殺將之○取、割地於敵國者也 252/135/11
君之○以求安平君者 252/135/15
吾○以重者 256/136/15
有○謂桑雍者 258A/137/9
○謂桑雍者 258A/137/10
而求○欲於王者也 258A/137/11
謹備其○憎 258A/137/12
而禍在於○愛 258A/137/12
必○使者非其人也 258B/137/18
吾○使趙國者 258B/137/23
無○敢疑 258B/137/25
趙王之○甚愛也 261/138/21
而恐太后玉體之有○郄也 262/139/2
恣君之○使之 262/139/19
此晉國之○以強也 269/141/20
曾無○芻牧牛馬之地 272/143/1
此○謂四分五裂之道也 273/143/27
且夫秦之○欲弱莫如楚 273/144/10
然其○以不受者 275/145/4
軫之○以來者 276/145/11
○以不使犀首者 276/145/23
魏之○以迎我者 278/146/6
人多為張子於王○ 280/146/18
○謂劫主者 280/146/22
魏之○以相公者 281/146/26
此儀之○以與秦王陰相結也 281/147/1
非○以窮儀之道也 281/147/2
且魏王○以貴張子者 283/147/13
王之○得者 284/147/22
臣不知衍之○以聽於秦之少多 287/148/10
王且無○聞之矣 293/149/29
以稽二人者之○為 293/149/30

二人者之○為之	293/150/2
黃帝之○難也	297/152/2
然而○以為之者	297/152/9
今○患者	298/152/14
今王○以告臣者	301/153/5
此非臣之○謂也	301/153/6
魏必舍○愛習而用○畏惡	304/154/20
此魏王之○以不安也	304/154/21
此魏信之○難行也	304/154/21
夫令人之君處○不安	304/154/21
令人之相行○不能	304/154/22
秦必令其○愛信者用趙	304/154/23
上○以為其主者忠矣	304/154/27
下○以自為者厚矣	304/154/27
堯、舜之○求而不能得也	304/155/3
敝邑○以事大王者	308/156/18
王之○欲於魏者	309/156/23
王○患者上地也	309/156/27
秦之○欲於魏者	309/156/27
魏之○以獻長羊、王屋、洛林之地者	309/157/5
燕、趙之○以國全兵勁	310/157/14
是臣之○聞於魏也	310/157/20
則君得○欲矣	310/158/1
吾○賢者	311/158/11
吾○大者	311/158/12
將有○不行乎	311/158/13
此文之○以忠於大王也	314/160/11
此天下之○同知也	315/160/30
非○施厚積德也	315/160/30
○行者甚遠	315/161/12
而○攻者甚難	315/161/12
○亡乎秦者	315/161/25
○以為腹心之疾者	317A/162/23
彼翟子之○惡於國者	317B/162/29
無○用之	317B/163/8
魏王之○恃者	317B/163/10
○用者	317B/163/11,451/221/18
此五國○以亡者	319/164/5
皆其○恃也	319/164/6
夫國之○以不可恃者多	319/164/6
韓且割而從其○強	320/164/17
與○不怨乎	320/164/18
且割而從其○不強	320/164/18
與其○怨乎	320/164/18
韓將割而從其○強	320/164/18
與其○不怨	320/164/19
○欲必得矣	329B/167/4
秦之○去	333/167/28
王之○求於魏者	335/168/13
魏之○以為王通天下者	337/168/23
請使道使者至縞高之○	340/169/24
亦非君之○喜也	340/169/26
有○不安乎	341/170/14
臣為王之○得魚也	341/170/15
今臣直欲棄臣前之○得矣	341/170/16
臣亦猶曩臣之前○得魚也	341/170/19
○效者庸必得幸乎	341/170/23
寡人無○用之	344A/172/4
然未知王之○欲也	345/172/15
申子微視王之○說以言於王	345/172/18
非○謂學於子者也	346/172/22
今有○求	346/172/24
此○謂市怨而買禍者也	347/173/7
五穀○生	348A/173/17
民之○食	348A/173/17
無二歲之○食	348A/173/18
秦之○欲	348A/173/29
此秦○以廟祠而求也	357/176/20
貴其○以貴者貴	359/177/21
臣之○見者	364/179/25
而無○入矣	365/180/5
是公之○以外者儀而已	367/181/8
客何方○循	384/185/9
臣○以降志辱身	385/185/27
臣之○以待之至淺鮮矣	385/186/2
前○以不許仲子者	385/186/7
仲子○欲報仇者為誰	385/186/7
○殺者數十人	385/186/15
聶政之○以名施於後世者	385/186/24
必將欲置其○愛信者	386/187/6
○謂成為福	386/187/12
而攻我甚○愛	388/187/29
○以為王也	388/188/1
此韓珉之○以禱於秦也	388/188/2
名尊無○立	390/189/3
制令無○行	390/189/3
人之○以善扁鵲者	395/190/18
今君以○事善平原君者	395/190/19
而善平原君乃○以惡於秦也	395/190/19
非弊邑之○憎也	396A/190/25
○以不及魏者	396C/191/12
○以不者	396C/191/13
○入之國	397/191/26
此○謂天府也	408/194/13
大王知其○以然乎	408/194/13
夫燕之○以不犯寇被兵者	408/194/14
此燕之○以不犯難也	408/194/15
人之飢○以不食烏喙者	411/195/22
○謂轉禍為福	411/195/32
○以自為也	412/196/17
非○以為人也	412/196/17
○謂以忠信得罪於君者也	412/196/21
大王之○親	413/197/3
大王之○明見知也	413/197/9
○聞於邯鄲者	415/197/28
又高於○聞東周	415/197/28
子之○謂天下之明主者	415/197/31
非○以利燕也	415/198/2
非○敢欲伐也	415/198/5
故寡人之○欲伐也	415/198/12
有○附則無不重	415/198/15
且苟○附之國重	415/198/16
○以備趙也	415/198/25
○以備燕也	415/198/25
聽其○使	416A/199/8
則唯太子○以令之	416A/199/22
○求者生馬	418/201/2
失○為矣	419/201/17
此○謂強萬乘之國也	419/201/19
燕、趙之○同利也	419/202/2
燕、趙之○同願也	419/202/2
夫實得○利	419/202/2
名得○願	419/202/3

今臣之○以事足下者　420/203/3
其○愛者曰　420/203/7
故妾○以笞者　420/203/12
秦之○殺三晉之民數百萬　422/204/26
此臣之○大患　422/204/28
出為之以成○欲　423/205/10
吾○恃者順也　424/205/17
在必然之物以成○欲　424/205/25
臣之○重處重卵也　427/207/15
吾欲用○善　427/207/20
王欲醳臣剸任○善　427/207/21
而使強秦處弱越之○以霸也　430/208/25
而亦何以報先王之○以遇將軍之意乎　431/209/11
臣恐侍御者之不察先王之○以畜幸臣之理　431/209/16
而又不白於臣之○以事先王之心　431/209/16
臣以○學者觀之　431/209/20
楚、魏之○同願也　431/209/27
○以能循法令　431/210/8
臣之○大恐也　431/210/13
義之○不敢出也　431/210/14
此臣之○為山東苦也　432/210/23, 432/211/2
人之○能為也　432/211/2
鄰民之○處也　433/211/23
女○營者　436/212/18
○營者　436/212/19
燕王○為將殺我者　437/212/26
世之○明知也　438/213/12
非君心○望之　438/213/16
無○取之　438/213/18
○以合好掩惡也　438/213/19
君之○揣也　438/213/30
茲之○以受命於趙者　439/214/6
○以不能反勝秦者　439/214/12
國小而地無○取　439/214/12
未有○定也　440/214/20
而棄○哀憐之交置之匈奴　440/214/27
○善荊軻　440/215/7
丹○報　440/215/8
先生○言者　440/215/8
○言者　440/215/14
丹○請田先生無言者　440/215/19
願有○道　440/215/20
此天○以哀燕不棄其孤也　440/215/20
必得○願矣　440/215/25
而不知○以委命　440/215/28
恣荊軻○欲　440/216/2
顧計不知○出耳　440/216/13
荊軻有○待　440/216/22
僕○以留者　440/216/25
取武陽○持圖　440/217/12
以其○奉藥囊提軻　440/217/17
卒惶急不知○為　440/217/18
事○以不成者　440/217/20
此王之○憂也　441/218/4
宋○謂無雉兔鮒魚者也　442/218/20
故名有○加而實有○歸　444/219/12
衛○以為衛者　449/220/28
未知其○之　450/221/8
人生之○行　451/221/17
始君之○行於世者　451/221/18
君之○行天下者甚謬　451/221/19
此○欲也　455/223/12
王之○以不憚割地以賂燕、趙　455/223/15
○求中山未必得　455/223/17
寡人○以閉關不通使者　455/223/19
此○以廢之　455/223/22
何在其○存之矣　455/223/23
此王○以存者也　455/223/23
無○窮矣　457/224/13
佳麗人之○出也　458/224/26
以臣○行多矣　458/224/27
周流無○不通　458/224/27
是非臣○敢議　458/224/30
臣聞其乃欲請○謂陰姬者　458/225/2
○傾蓋與車而朝窮閭隘巷之士者　459A/225/10
君○將之不能半之　461/226/11
故起○以得引兵深入　461/226/17
必無○得　461/226/27
此○謂為一臣屈而勝天下也　461/227/6
此亦○謂勝一臣而為天下屈者也　461/227/7

索 suǒ　30

蓄積○　42/15/22, 42/16/26
中不○交諸侯　138/69/21
挑趙○戰　142/71/10
臣請西○救於秦　177/92/22
臣請○救於秦　177/92/26
西○救於秦　177/92/29
又遣景鯉西○救於秦　177/92/30
而○以三萬之眾　225/121/8
因使人○六城於趙而講　233/123/26
秦○六城於王　233/125/8
○王之地　238/128/27
知伯○地於魏桓子　264A/140/6
無故○地　264A/140/6, 264A/140/7
因○蔡、皋梁於趙　264A/140/11
韓○兵於魏曰　264B/140/16
趙又○兵以攻韓　264B/140/17
於是○吳起之後　270/142/10
又且收齊以更○於王　297/151/19
秦未○其下　311/158/20
以為秦之求○　325/165/28
○攻魏於秦　329B/167/3
又何新城、陽人敢○　375/183/5
○二人　432/210/27
○二國　432/210/28
然而山東不知相○　432/210/28
宋使臧子○救於荊　441/218/3
○救而得　441/218/3
不在○王　454/222/17

他 tā　26

無○種矣　4/2/20
昌○亡西周　19/7/12
間遺昌○書曰　19/7/13
告昌○　19/7/13
東周立殺昌○　19/7/15
宮○謂周君曰　35/11/24
秦王使公子○之趙　63/26/1
秦卒有○事而從齊　66/27/12
而無○慮也　66/27/15
○人有心　87/41/15

趙、代良馬橐○ 167/85/26
非有○人於此也 182/94/22
又將請地於○國 203/103/26
○國不聽 203/103/26
乃有○心 203/105/1
秦王謂公子○曰 211/109/13
公子○曰 211/109/15
以臣為不能者非○ 246/131/8
○國莫可 248/132/22
王賁、韓○之曹 249/133/17
周肖謂宮○曰 335/168/12
宮○曰 335/168/12
○人必來 374/182/29
無○ 391/189/20
亦無○也 391/189/20
宮○為燕使魏 414/197/20

蹹 tà 1

其民無不吹竽、鼓瑟、擊筑、彈琴、鬬雞、走犬、六博、○踘者 112/54/27

胎 tāi 1

刳○焚夭 258B/138/2

臺 tái 16

謀之暉○之下 1/1/10
宋君奪民時以為○ 8B/3/29
殺智伯瑤於鑿○之上 87/41/13
則諸侯莫不南面而朝於章○之下矣 167/85/18
更羸與魏王處京○之下 198/100/18
則高○ 218/113/25
梁王魏嬰觴諸侯於范○ 307/155/26
楚王登強○而望崩山 307/156/2
遂盟強○而弗登 307/156/3
後世必有以高○陂池亡其國者 307/156/3
前夾林而後蘭○ 307/156/4
強○之樂也 307/156/5
而○已燔 314/160/18
文○墮 315/161/24
則鴻○之宮 348A/173/27
齊器設於寧○ 431/210/2

太 tài 330

秦盡韓、魏之上黨○原 10B/4/21
鄭朝獻之趙○卜 15/6/15
○卜譴之曰 15/6/15
周共○子死 17/6/27
而為之請○子 17/6/28, 381/184/12
公若欲為○子 17/6/29
相國令之為○子 17/7/2
因以應為○后養地 26/9/15
秦王、○后必喜 26/9/15
不如令○子將軍正迎吾得於境 28/10/3
君使人告齊王以周最不肯為○子也 30/10/15
函冶氏為齊○公買良劍 30/10/15
今君之使最為○子 30/10/17
王何不以地齎周最以為○子也 36/12/3
法及○子 39/12/23
大臣○重者國危 39/12/29
左右○親者身危 39/12/29
得《○公陰符》之謀 40/14/2
秦宣○后愛魏醜夫 64/26/19
○后病將死 64/26/19
庸芮為魏子說○后曰 64/26/20
○后曰 64/26/20,64/26/22,71/28/23,262/139/3,262/139/4,262/139/8,262/139/9,262/139/13,262/139/19,428/208/1,428/208/5,428/208/11
若○后之神靈 64/26/20
○后救過不贍 64/26/22
秦○后為魏冉謂秦王曰 71/28/21
寡人日自請○后 73A/29/19
已一說而立為○師 73A/30/1
足下上畏○后之嚴 73A/30/14
上及○后 73A/30/20
北斬○行之道則上黨之兵不下 73A/31/20
聞秦之有○后、穰侯、涇陽、華陽 73B/31/26
今○后擅行不顧 73B/31/28
○后、穰侯用事 73B/32/6
於是乃廢○后 73B/32/10
○后用之 74/32/21
今○后使者分裂諸侯 74/32/27
竭入○后之家 74/32/28
夏育、○史啓叱呼駭三軍 81/36/22
塞○行之口 81/37/7
三年而燕使○子丹入質於秦 81/37/20
齊○公聞之 88/42/21
○后不善公也 91/44/3
○后之所親也 91/44/4
○后必悅公 91/44/5
魏○子為質 92/44/9
謂○后曰 92/44/9
○子為糞矣 92/44/10
○后坐王而泣 92/44/10
王因疑於○子 92/44/10
以○子之留酸棗而不之秦 92/44/12
○子門下無貴者 93/44/26
○子用事 93/44/28
其寧於○山四維 93/44/28
立以為○子 93/45/14
王后為華陽○后 93/45/16
而燕○子質於秦 94/45/21
而燕○子已入質矣 94/45/24
聞燕○子丹之入秦與 94/46/7
燕○子入秦者 94/46/8
請歸燕○子 94/46/10
歸燕○子 94/46/11
○公望 96/48/10
王之方為○子之時 101/50/5
○子相不仁 101/50/6
不若廢○子 101/50/6
係梁○子申 105/51/21
然後背○山 105/51/24
齊南有○山 112/54/23
未嘗倍○山、絕清河、涉渤海也 112/54/25
○子在齊質 122/58/26
君何不留楚○子 122/58/26
我留○子 122/58/27
吾為王殺○子 122/58/28
可以忠○子而使楚益入

地 122/59/1
可以為楚王走○子 122/59/2
可以忠○子使之亟去 122/59/2
今君留○子者 122/59/5
齊欲奉○子而立之 122/59/10
臣觀薛公之留○子者 122/59/10
則○子且倍王之割而使齊奉己 122/59/11
請告○子其故 122/59/14
使○子謁之君 122/59/14
以忠○子 122/59/15
謂○子曰 122/59/17,122/59/26
齊奉○子而立之 122/59/17
楚王請割地以留○子 122/59/17
○子何不倍楚之割地而資齊 122/59/17
齊必奉○子 122/59/18
○子曰 122/59/18,122/59/27,177/92/4,195/99/11,296/150/20,296/150/26,296/151/2,376/183/10,440/214/21,440/214/29,440/215/7,440/216/8,446B/219/28,446B/219/30
挾○子也 122/59/21
以○子權王也 122/59/21
故臣能去○子 122/59/22
○子去 122/59/22
故曰可以為楚王使○子亟去也 122/59/23
以空名市者○子也 122/59/26
齊未必信○子之言也 122/59/26
○子必危矣 122/59/27
○子其圖之 122/59/27
故曰可以使○子急去也 122/59/27
夫勸留○子者蘇秦也 122/60/1
今勸○子者又蘇秦也 122/60/2
夫使薛公留○子者蘇秦也 122/60/5
奉王而代立楚○子者又蘇秦也 122/60/5
忠王而走○子者又蘇秦也 122/60/6
遣○傅賫黃金千斤 133/65/25
食必○牢 136B/68/11
殺其○子 142/74/3
○子乃解衣免服 143/74/22
逃○史之家為溉園 143/74/22
○史氏女 143/74/22
遽迎○子於莒 143/74/23
襄王為○子徵 146/76/18
然則周文王得呂尚以為○公 147/77/25
為莒○史家庸夫 149B/78/28
○史敫女 149B/78/28
以○史氏女為王后 149B/79/2
○史敫曰 149B/79/2
而○子有楚、秦以爭國 164/84/15
嬌以新城、陽人予○子 164/84/15
臣為○子得新城、陽人 164/84/16
○子不勝 164/84/17
臣請秦○子入質於楚 168/87/21
楚○子入質於秦 168/87/22
○子為質 172/90/13
子之子孫必為楚○子矣 174/91/10
楚襄王為○子之時 177/92/3
○子辭於齊王而歸 177/92/3
○子入 177/92/5
齊王歸楚○子 177/92/6
○子歸 177/92/8
夫隘楚○子弗出 177/93/4
危○子者 178/93/10
○子南 178/93/10
公不如令人謂○子曰 178/93/10
蘇子知○子之怨己也 178/93/11
必且務不利○子 178/93/11
○子不如善蘇子 178/93/11
蘇子必且為○子入矣 178/93/11
蘇子乃令人謂○子 178/93/12
○子復請善於蘇子 178/93/12
楚○子橫為質於齊 195/99/9
薛公歸○子橫 195/99/9
○子懼 195/99/10
服鹽車而上○行 199/101/6
立為○子 200/101/28
子為○子 200/102/1
○子衰弱 200/102/7
○公望封於齊 201/102/26
一軍臨○行 211/109/17
使陽言之○守 211/109/20
○守其效之 211/109/20
而臣○守 211/109/21
○守有詔 211/110/11
請以三萬戶之都封○守 211/110/11
亦○甚矣 236/127/12
吾將以十○牢待子之君 236/127/19
卒斷紂之頭而縣於○白者 242/130/13
而宋置○子以為王 248/132/17
今○子走 248/132/17
諸善○子者 248/132/18
而○子在外 248/132/18
韓之○原絕 249/133/23
令昭應奉○子以委和於薛公 260/138/16
趙○后新用事 262/138/28
○后不肯 262/138/29
○后明謂左右 262/138/29
左師觸讋願見○后 262/139/1
○后盛氣而揖之 262/139/1
而恐○后玉體之有所郄也 262/139/2
故願望見○后 262/139/2
○后之色少解 262/139/5
○后笑曰 262/139/10
是○子之讎報矣 286/148/4
○后恐其不因穰侯也 287/148/13
群臣多諫○子者 296/150/19
駕而見○子曰 296/150/26
○子為及日之故 296/150/29
願○子更日 296/151/1
又令魏○子未葬其先王而因又說文王之義 296/151/5
○上伐秦 297/151/21
將○子申而攻齊 300/152/26
何不令公子泣王○后 300/152/26
止○子之行 300/152/27
○子年少 300/152/27
○子必敗 300/152/29
殺○子申 301/153/3
而禽○子申 301/153/12
令○子鳴為質於齊 302/153/20
公不如歸○子以德之 302/153/21
吾欲○子之自相也 303B/154/4
莫如○子之自相 303B/154/9
是三人皆以○子為非固相也 303B/154/9
不如○子之自相也 303B/154/11
○子果自相 303B/154/11

必內〇子 305/155/8
魏內〇子於楚 305/155/9
恐魏之以〇子在楚不肯
也 305/155/11
而為魏〇子之尚在楚也
305/155/12
乃出魏〇子 305/155/14
龐葱與〇子質於邯鄲 306/155/18
後〇子罷質 306/155/22
故〇后母也 315/161/1
魏〇子在楚 317B/162/28
故令魏氏收秦〇后之養
地秦王於秦 329A/166/24
而養秦〇后以地 329A/166/25
〇后之德王也 342/171/7
仰天〇息曰 347/173/12
宣〇后曰 366/180/11
宣〇后謂尚子曰 366/180/12
因以出襄子而德〇子 369/181/22
於是以〇子扁、昭揚、
梁王皆德公矣 370/181/28
以與〇子爭 371/182/4
中庶子強謂〇子曰 376/183/10
〇子弗聽 376/183/12
〇子出走 376/183/12
〇子之重公也 378/183/21
〇子無患 378/183/21,379/183/28
冀〇子之用事也 378/183/22
〇子外無幾瑟之患 378/183/22
以恐〇子 378/183/23
〇子必終身重公矣 378/183/23
韓大夫知王之老而〇子
定 379/183/28
〇子在楚 381/184/11
〇子入秦 383B/184/29
秦必留〇子而合楚 383B/184/29
是〇子反棄之 383B/184/30
秦惠王以其女為燕〇子
婦 411/195/16
而吏無非〇子人者 416A/199/16
而〇子用事 416A/199/17
將軍市被、〇子平謀 416A/199/20
王因令人謂〇子平曰 416A/199/21
寡人聞〇子之義 416A/199/21
則唯〇子所以令之 416A/199/22
〇子因數黨聚眾 416A/199/24
將軍市被及百姓乃反攻
〇子平 416A/199/24
一日而斷〇行 422/204/1
韓氏、〇原卷 422/204/4
困則使〇后、穰侯為和
422/204/22
〇后聞之大怒曰 428/207/26
陳翠欲見〇后 428/207/29
〇后方怒子 428/207/29
遂入見〇后曰 428/207/29
〇后嫁女諸侯 428/208/5
〇后弗聽 428/208/7
且〇后與王幸而在 428/208/7
〇后千秋之後 428/208/8
而〇子即位 428/208/8
故非及〇后與王封公子 428/208/9
燕使〇子請救於楚 436/212/17
燕〇子丹質於秦 440/214/18
〇子丹患之 440/214/18
謂其〇傅鞫武曰 440/214/19
願〇傅幸而圖之 440/214/19
〇傅曰 440/214/21
〇子容之 440/214/23
〇傅鞫武諫曰 440/214/23
願〇子急遣樊將軍入匈
奴以滅口 440/214/25
〇子丹曰 440/214/26
〇傅之計 440/214/26
願〇傅更慮之 440/214/28
願因〇傅交於田先生 440/214/29
道〇子曰 440/215/1
〇子跪而逢迎 440/215/4
〇子避席而請曰 440/215/4
今〇子聞光壯盛之時 440/215/6
440/215/11
〇子送之至門 440/215/8
言足下於〇子 440/215/12
願足下過〇子於宮 440/215/13
今〇子約光曰 440/215/14
是〇子疑光也 440/215/14
願足下急過〇子 440/215/15
軻見〇子 440/215/18
〇子再拜而跪 440/215/18
〇子避席頓首曰 440/215/20
而李信出〇原、雲中 440/215/23
〇子前頓首 440/216/1
〇子日日造問 440/216/2
供〇牢異物 440/216/2
〇子丹恐懼 440/216/5
微〇子言 440/216/6
臣乃得有以報〇子 440/216/7
荊軻知〇子不忍 440/216/11
樊將軍仰天〇息流涕曰
440/216/12
〇子聞之 440/216/17
〇子預求天下之利匕首
440/216/20
〇子遲之 440/216/23
叱〇子曰 440/216/24
今〇子遲之 440/216/25
〇子及賓客知其事者 440/216/27
必得約契以報〇子也 440/217/20
燕王喜、〇子丹等 440/217/24
殺〇子丹 440/217/25
則君不奪〇后之事矣 445/219/17
魏〇子自將 446B/219/28
〇子能聽臣乎 446B/219/28
今〇子自將攻齊 446B/219/29
〇子雖欲還 446B/219/31
446B/220/1
彼利〇子之戰攻 446B/219/31
〇子上車請還 446B/220/1
乃佯亡其〇子 448B/220/21
〇子顏為君子也 448B/220/21

態 tài 2

民多偽〇 40/13/19
下惑姦臣之〇 73A/30/14

探 tān 1

〇前趹後 348A/173/21

貪 tān 15

則其民足〇也 42/16/3
諸侯不以為〇 44/18/5
以為〇而不知足 133/64/28
此〇欲無厭也 203/105/13
秦之〇 210/109/8
此非必〇邯鄲 236/126/15
今有強〇之國 238/128/26
夫秦人〇 248/132/22
秦王〇 249/133/5

夫秦○戾之國而無親 310/157/16
○戾好利而無信 315/160/29
而亡國之臣○於財 415/198/26
今秦有○饕之心 440/215/21
秦王○其贄 440/215/25
燕、趙好位而○地 455/223/10

談 tán 45

抵掌而○ 40/14/6,208/108/5
而使張孟○ 42/17/5
與坐○ 108/52/16
○卒 180/93/27,199/100/27
汗明欲復○ 199/100/27
趙襄子召張孟○而告之曰 203/104/4
張孟○曰 203/104/5
203/104/8,203/104/10
203/104/16,203/104/22
204A/105/26,204A/106/1
召張孟○曰 203/104/7
襄子謂張孟○曰 203/104/15
張孟○於是陰見韓、魏之君曰 203/104/20
二君即與張孟○陰約三軍 203/104/23
張孟○以報襄子 203/104/23
張孟○因朝知伯而出 203/104/26
臣遇張孟○於轅門之外 203/104/27
張孟○聞之 203/105/8
使張孟○見韓、魏之君曰 203/105/9
張孟○既固趙宗 204A/105/18
張孟○對曰 204A/105/22
張孟○便厚以便名 204A/105/27
襄子往見張孟○而告之曰 204A/105/30
張孟○乃行 204A/106/2
臣竊觀君與蘇公○也 208/108/1
無聽其○也 208/108/2
終日○而去 208/108/3
昨日我○粗而君動 208/108/3
無聽○者 208/108/5
是以外賓客遊○之士 218/112/22
○語而不稱師 257/136/23
使夫交淺者不可以深○ 257/136/26
今外臣交淺而欲深○可乎 257/136/27
於是馮忌乃○ 257/136/28
從容○三國之相怨 288/148/20
今久與之○ 288/148/23
持臣非張孟○也 423/205/11
使臣也如張孟○也 423/205/11
燭之武、張孟○受大賞 430/208/22
常莊○謂趙襄子曰 453/222/10

壇 tán 2

劫桓公於○位之上 145/76/8
乃封○為安陵君 160/83/12

檀 tán 1

斷之○衢 143/74/11

譚 tán 3

○拾子迎之於境 136A/67/3
○拾子曰 136A/67/4,136A/67/5

坦 tǎn 1

進齊、宋之兵至首○ 396C/191/12

袒 tǎn 4

○右 144/75/1
田單免冠徒跣肉○而進 147/77/19
而禹○入裸國 221/116/24
樊於期偏○扼腕而進曰 440/216/16

炭 tàn 2

蹈煨○ 42/15/18
又吞○為啞 204B/106/13

歎 tàn 5

蘇秦喟○曰 40/14/1
襄子乃喟然○泣曰 204B/106/24
喟然而○ 236/127/17
登丘東嚮而○ 420/202/28
中山君喟然而仰○曰 459B/225/19

湯 tāng 25

○伐有夏 40/13/17
○、武雖賢 66/27/8
故以舜、○、武之賢 66/27/8
雖堯、舜、禹、○復生 72/29/11
及○之時 136B/67/26
○有三輔 136B/68/2
堯、舜、禹、○、周文王是也 136B/68/4
此○、武之舉也 141B/70/24
以為○沐之邑 168/87/22
奉以上庸六縣為○沐邑 174/91/6
臣聞昔○、武以百里昌 192/97/29
○以亳 197/99/23
韓、魏皆可使致封地○沐之邑 218/113/2
○、武之所以放殺而爭也 218/113/3
○、武之卒不過三千人 218/113/18
伊尹負鼎俎而干○ 257/136/26
而○伐之 269/141/26
臣以為雖○、武復生 310/157/27
王不聞○之伐桀乎 318/163/26
得密須氏而○之服桀矣 318/163/26
○之伐桀 414/197/21
禹、○之知而死 424/205/24
伊尹再逃○而之桀 424/206/2
再逃桀而之○ 424/206/2
而以○為天子 424/206/2

唐 táng 34

於是○雎載音樂 77/33/24
○雎行 77/33/28
文信侯因請張○相燕 94/45/21
張○辭曰 94/45/22
趙人得○者 94/45/22
甘羅見張○曰 94/45/29
○曰 94/45/29,94/46/4
請為張○先報趙 94/46/5

聞張○之相燕與 94/46/7
張○相燕者 94/46/8
右天○ 105/51/24
趙可取○、曲逆 119/58/2
蒙穀給鬪於宮○之上 170/89/20
○且見春申君曰 188/96/17
秦以三軍強弩坐羊○之
　上 209/108/22
三百里通於燕之○、曲
　吾 209/108/23
趙王因割濟東三城令盧
　、高○、平原陵地城
　邑市五十七 252/135/8
禽○明 260/138/16
魏人有○且者 338/168/31
○且見秦王 338/169/1
○且對曰 338/169/2
343/171/17,343/171/19
○且之說也 338/169/8
○且謂信陵君曰 339/169/13
安陵君因使○且使於秦
343/171/15
秦王謂○且曰 343/171/15
謂○且曰 343/171/18
○且曰 343/171/20,343/171/21
○客謂公仲曰 396A/190/24
士○客於諸公 396A/190/27
韓侈在○ 396B/191/3

堂 táng 5

比之○上 142/73/16
謀成於○上 142/74/6
此臣之所謂比之○上 142/74/6
視膳於○下 236/127/20
鼓鐸之音聞於北○ 244/130/24

棠 táng 1

皆出於冥山、○谿、墨
　陽、合伯膊 347/173/1

帑 tǎng 1

宮室小而○不眾 207/107/16

謟 tāo 1

其摯（○）〔謟〕也固
　矣 341/170/22

饕 tāo 1

今秦有貪○之心 440/215/21

桃 táo 4

拔燕、酸棗、虛、○人 87/41/2
有土偶人與○梗相與語 124/60/27
○梗謂土偶人曰 124/60/28
東國之○梗也 124/60/29

逃 táo 23

遁○來奔 80/35/11
○太史之家為溉園 143/74/22
○於雲夢之中 170/89/22
豫讓遁○山中 204B/106/8
○去 233/125/13
○不足以為臣恥 424/205/21
臣以為不若○而去之 424/205/27
伊尹再○湯而之桀 424/206/2
再○桀而之湯 424/206/2
伍子胥○楚而之吳 424/206/2
今臣○而紛齊、趙 424/206/3
孰不○ 424/206/4
管仲○於魯 424/206/4
孔子○於衛 424/206/4
張儀○於楚 424/206/4
白珪○於秦 424/206/5
望諸攻關而出○ 424/206/5
薛公釋戴○出於關 424/206/6
○不足以為辱矣 424/206/6
故遁○奔趙 431/209/15
齊王○遁走莒 431/209/30
王乃○倪侯之館 447/220/9
胥靡○之魏 452A/221/27

陶 táo 13

秦封君以○ 66/27/3
○為萬乘 66/27/3
○為鄰恤 66/27/4
故攻齊之於○也 66/27/5
南與○為鄰 66/27/14
則利歸於○ 73B/32/3
利盡歸於○ 74/32/28
長為○朱 81/37/5
富比○、衛 145/75/27
東至○、衛之郊 315/161/25
君攻楚得宛、穰以廣○ 323/165/8
攻齊得剛、博以廣○ 323/165/8
得許、鄢陵以廣○ 323/165/9

特 tè 9

○以強服之耳 39/12/24
且夫蘇秦○窮巷掘門、
　桑戶棬樞之士耳 40/14/14
吾○以三城從之 83A/38/18
豈○七士也 131/63/26
豈○攫其腓而噬之耳哉 147/77/10
豈○百里哉 192/97/29
王○為臣之右手不倦賞
　臣 270/142/9
○以為夫人麤糲之費 385/185/26
○以為神 458/224/28

慝 tè 1

余且○心以成而過 438/213/29

滕 téng 1

於是滅○伐薛 447/220/7

勝 téng 1

桑輪蓬篋羸○ 208/107/21

縢 téng 1

羸○履蹻 40/13/29

騰 téng 4

游○謂楚王曰 24/8/24
○山者五 132A/64/1
游○為楚謂秦王曰 176/91/27
游○謂公仲曰 356A/176/3

梯 tī 1

聞公為雲○ 442/218/11

提 tí 5

可懷挾○挈以至齊者 1/1/14
今○一匕首入不測之強秦 440/216/24
以其所奉藥囊○軻 440/217/17
乃引其匕首○秦王 440/217/19
乃以藥囊○軻也 440/217/22

蹄 tí 3

○申膝折 199/101/6
人有置係○者而得虎 243/130/18
○間三尋者 348A/173/21

題 tí 1

黑齒雕○ 221/117/15

鯷 tí 1

○冠秫縫 221/117/15

體 tǐ 8

身○昳麗 108/52/13
而孟嘗令人○貌而親郊迎之 125/61/6
身○戰慄 192/98/20
衣服使之便於○ 258B/137/29
而恐太后玉○之有所郄也 262/139/2
卑○不足以苦身 342/171/2
卑○以尊秦 342/171/6
臣推○以下死士 461/226/25

涕 tì 10

管燕連然流○曰 140/70/3
皆為○泣 204B/106/29
馮亭垂○而勉曰 211/110/12
龍陽君得十餘魚而○下 341/170/14
然則何為○出 341/170/15
臣安能無○出乎 341/170/19
膝下行流○ 440/215/18
樊將軍仰天太息流○曰 440/216/12
士皆垂淚○泣 440/216/28
○泣相哀 461/226/3

惕 tì 1

史○謂公叔曰 368/181/13

天 tiān 594

故○子之國也 3A/2/6
是○下制於子也 7/3/17
普○之下 9/4/9
今周君○下 9/4/9
則我○子之臣 9/4/9
秦以周最之齊疑○下 10A/4/14
而聽○下之戰 10B/4/20
○下之半也 10B/4/22
又禁○下之率 11B/5/5
○下果 11B/5/5
秦得○下 11C/5/10
即○下之理也 11C/5/12
○下不能傷齊 14B/6/8
如累王之交於○下 14B/6/9
又有○命也 27/9/21
令○下皆知君之重吾得也 28/10/4
○下未有信之者也 30/10/17
使○下見之 30/10/19
而聲畏○下 34/11/19
○下以聲畏秦 34/11/19
而合○下於齊 34/11/19
是○下欲罷秦 34/11/20
秦與○下俱罷 34/11/20
此所謂○府 40/13/8
○下之雄國也 40/13/8
呑○下 40/13/9
齊桓任戰而伯○下 40/13/17
○下為一 40/13/18,408/194/19
○下不治 40/13/21
○下不親 40/13/21
今欲并○下 40/13/24
○下之大 40/14/10
夫賢人在而○下服 40/14/12
一人用而○下從 40/14/12
橫歷○下 40/14/14
○下莫之能伉 40/14/15
○下陰燕陽魏 42/15/10
而○下得之 42/15/11
今○下之府庫不盈 42/15/12
萬可以勝○下矣 42/15/19
○下莫如也 42/15/21,42/17/7
以此與○下 42/15/21,42/17/7
○下不足兼而有也 42/15/21
詔令○下 42/15/26
令帥○下西面以與秦為難 42/16/5
○下有比志而軍華下 42/16/5
○下徧隨而伏 42/16/21
○下固量秦之謀臣一矣 42/16/23
○下固量秦力二矣 42/16/24
○下固量秦力三矣 42/16/25
臣以○下之從 42/16/26
外者○下比志甚固 42/16/27
○下可有也 42/17/1
昔者紂為○子 42/17/1
帥○下將甲百萬 42/17/2
○下莫不傷 42/17/3
○下可兼而有也 42/17/7
言所以舉破○下之從 42/17/9
一舉而○下之從不破 42/17/10
挾○子以令○下 44/17/26
○下莫敢不聽 44/17/26
○下之市朝也 44/17/28
而○下不以為暴 44/18/4
今攻韓劫○子 44/18/6
劫○子 44/18/6
而攻○下之所不欲 44/18/6
○下之宗室也 44/18/7
○下有變 46/18/25,73A/31/16
楚必畔○下而與王 46/18/25
即○下有變 46/18/25
○下欲以為子 48B/19/20
○下欲以為臣 48B/19/21
夫軫○下之辯士也 49/20/10
○下皆欲以為臣 49/20/12
○下皆欲以為子 49/20/13
○下不以為多張儀而賢先王 55/23/11
○下何從圖秦 61A/25/6
以○下擊之 63/26/9
以濟○下 65/26/26

齊免於○下之兵 65/26/27
藉君○下數年矣 66/27/3
率以朝○子 66/27/4
○下必聽 66/27/4
不得為○子 66/27/8
因○下之力 66/27/9
○下之從君也 66/27/13
而為○下名器 72/29/6
○下有明主 72/29/9
卒擅○下而身立為帝王 73A/30/2
是周無○子之德 73A/30/2
○下見臣盡忠而身蹶也 73A/30/13
此○以寡人慁先生 73A/30/18
此○所以幸先王而不棄
　其孤也 73A/30/19
為○下笑 73A/31/5
　83B/39/4,203/105/13
則○下莫能害 73A/31/7
而○下之樞也 73A/31/8
必親中國而以為○下樞 73A/31/8
剖符於○下 73B/32/2
而符布○下 74/32/27
顯名於○下 76/33/17
○下之王尚猶尊之 76/33/17
是○下之王不如鄭賈之
　智也 76/33/17
○下之士 77/33/22
　77/33/29,136B/67/20
秦於○下之士非有怨也 77/33/22
○下之民 78/34/7
○下無有 79/34/15
○下莫不聞 79/34/23,413/197/7
　438/213/13,461/226/12
○下皆聞臣之身與王之
　舉也 80/35/12
是王過舉顯於○下 80/35/13
○下駿雄弘辯之士也 81/35/20
行道施德於○下 81/35/26
○下懷樂敬愛 81/35/27
○下繼其統 81/35/28
與○下終 81/35/29
○下之福也 81/36/7
故○下以其君父為戮辱 81/36/9
○之常數也 81/36/20
一匡○下 81/36/21
　137/68/27,145/76/4
吳王夫差無適於○下 81/36/22

故秦無敵於○下 81/36/24
使○下皆畏秦 81/37/8
三之料○下過矣 83B/38/30
臣見王之權輕○下 85/39/27
是示○下無楚也 85/39/28
○下有其實而無其名者 86/40/7
○下之咽喉 86/40/15
○下之胸腹 86/40/15
而○下可圖也 86/40/16
○下未嘗無事也 86/40/17
即以○下恭養 86/40/18
○下莫強於秦、楚 87/40/27
今大國之地半○下 87/40/28
○下五合、六聚而不敢
　救也 87/41/4
而欲以力臣○下之主 87/41/8
○下之國 87/42/3
要絕○下也 87/42/11
○下之士相從謀曰 88/42/19
於是○下有稱伐邯鄲者 88/42/19
朝為○子 88/42/21
○下皆從 88/42/21
○下乃釋梁 88/42/22
帥○下百姓 88/42/23
而○下乃齊釋 88/42/25
臨○下諸侯 88/42/26
故○下樂伐之也 88/42/27
驅十二諸侯以朝○子於
　孟津 89/43/10
而使○下之士不敢言 89/43/13
雍○下之國 89/43/13
○下之事 89/43/19
則兩國者必為○下笑矣 89/43/22
○下願以為子 96/48/5
○下願以為臣 96/48/5
○下願以為妃 96/48/6
大誹○下 96/48/13
雖隆薛之城到於○ 99/49/14
聲威○下 104/51/16
右○唐 105/51/24
其餘兵足以待○下 110/53/23
欲以正○下而立功名 111/54/3
○下為秦相割 111/54/6
○下為秦相烹 111/54/6
今秦之伐○下不然 111/54/9
○下不能當 112/54/29
○下強國無過齊者 113/55/14

是○下以燕賜我也 114/56/5
挾○子 115/56/18,115/56/27
齊安得救○下乎 121/58/22
然則是我抱空質而行不
　義於○下也 122/58/27
變則是君抱空質而負名
　於○下也 122/59/6
君之所以重於○下者 122/60/10
以能得○下之士而有齊
　權也 122/60/10
今蘇秦○下之辯士也 122/60/10
則是圍塞○下士而不利
　說途也 122/60/11
訾○下之主 127/61/27
收○下之士 127/62/2
衛君甚欲約○下之兵以
　攻齊 128/62/13
今君約○下之兵以攻齊 128/62/15
○下之疾犬也 132A/63/30
公子無忌為○下循便計 132B/64/8
使秦弗有而失○下 132B/64/8
且○下之半 132B/64/11
恐秦兼○下而臣其君 132B/64/13
是以○下之勢 132B/64/14
不能以重於○下者何也
　132B/64/15
義不臣乎○子 134/66/10
而為○子 136B/67/26
自古及今而能虛成名於
　○下者 136B/68/2
○子受籍 137/68/27
是恨○下也 141A/70/12
勿庸稱也以為○下 141A/70/12
○下聽之 141A/70/12
而○下不聽 141A/70/13
其於以收○下 141A/70/13
王以○下為尊秦乎 141B/70/18
釋帝則○下愛齊乎 141B/70/19
而○下獨尊秦而輕齊 141B/70/20
則○下愛齊而憎秦 141B/70/21
以就○下 141B/70/21
○下不敢不聽 141B/70/24
而後使○下憎之 141B/70/24
臣聞用兵而喜先○下者
　憂 142/71/3
然後從於○下 142/71/18
然而○下獨歸咎於齊者 142/71/20

且〇下徧用兵矣 142/71/21
事不塞〇下之心 142/71/27
則〇下不賣 142/72/1
昔吳王夫差以強大為〇下先 142/72/3
為〇下戮者 142/72/4
強大而喜先〇下之禍也 142/72/4
今〇下之相與也不並滅 142/72/9
則亡〇下可跼足而須也 142/72/10
〇下有此再費者 142/72/24
為〇下笑者 142/72/28
〇下稱為善 142/73/6
然則〇下仇之必矣 142/73/10
而多與〇下為仇 142/73/11
故名配〇地不為尊 142/73/18
在勞〇下而自佚 142/73/19
亂〇下而自安 142/73/19
勞亂在〇下 142/73/20
又從十二諸侯朝〇子 142/73/22
而令行於〇下 142/73/24
有十二諸侯而朝〇子 142/73/25
令行於〇下矣 142/73/26
不足以王〇下 142/73/28
而從〇下之志 142/74/1
此〇子之位也 142/74/2
然後〇下乃舍之 142/74/4
〇雨血沾衣者 143/74/18
〇以告也 143/74/19
〇地人皆以告矣 143/74/19
齊無〇下之規 145/75/17
為〇下戮 145/75/19
能以見於〇下矣 145/75/22
矯國革俗於〇下 145/75/26
名高〇下 145/76/4
齊桓公有〇下 145/76/7
〇下震動驚駭 145/76/9
名與〇壤相敝也 145/76/11
外懷戎翟、〇下之賢士 147/77/18
且自〇地之闢 147/77/26
城陽、〇下莫之能止 147/77/29
〇帝使我長百獸 154/81/4
是逆〇帝命也 154/81/5
而〇下信之 157B/82/7
仰〇而笑曰 160/83/10
〇下之強國也 167/85/15, 272/143/3
〇下之賢王也 167/85/15
〇下莫能當也 167/85/18
秦之所害於〇下莫如楚 167/85/18
有吞〇下之心 167/86/1
〇下之仇讎也 167/86/1
以侵〇下 167/86/2,272/143/2
今君欲一〇下 167/86/10
秦地半〇下 168/86/15
折〇下之脊 168/86/17
〇下後服者先亡 168/86/17
凡〇下強國 168/86/21
陰謀有吞〇下之心也 168/87/9
必開扃〇下之匈 168/87/14
凡〇下所信約從親堅者蘇秦 168/87/17
而欲經營〇下 168/87/19
〇下之賢主也 169/88/8, 272/143/4
〇下莫敢以兵南鄉 170/89/2
秦王惡與楚相弊而令〇下 173B/90/29
〇下見楚之無秦也 174/91/3
而與〇下攻楚 176/91/27
不與〇下共攻之 176/91/28
負不義於〇下 177/92/21
王難得見如〇帝 180/93/29
〇下關閉不通 182/94/21
儀行〇下徧矣 182/94/24
吾固以為〇下莫若是兩人也 182/94/25
〇下莫不聞也 184/95/11
〇下莫不知也 184/95/12
賁、諸懷錐刃而〇下為勇 188/96/18
西施衣褐而〇下稱美 188/96/18
今君何不為〇下梟 188/96/20
臣聞從者欲合〇下以朝大王 189/96/25
而〇下不知 189/96/28
桀、紂以〇下亡 192/97/29
飛翔乎〇地之間 192/98/1
而不以〇下國家為事 192/98/17
而令行於〇下也 195/99/10
皆不過百里以有〇下 197/99/23
〇下賢人也 197/99/23,197/99/28
嗚呼上〇 197/100/11
上〇甚神 197/100/11
〇下合從 198/100/16,241/130/3
聲達於〇 199/101/8
妾賴〇而有男 200/101/26
〇下無敵 201/103/1,342/171/1
子云〇下無敵 201/103/1
五百之所以致〇下者 204A/105/19
〇下之美同 204A/105/23
此〇下之賢人也 204B/106/11
亦將以愧〇下後世人臣懷二心者 204B/106/17
〇下莫不稱君之賢 204B/106/26
呼〇擊之曰 204B/106/28
口道〇下之事 208/107/23
君之立於〇下 208/107/28
趙收〇下 209/108/10
先出聲於〇下 209/108/14
恐〇下之驚覺 209/108/15
恐〇下疑己 209/108/16
今王收〇下 209/108/28
〇下必重王 209/109/1
然則韓義王以〇下就之 209/109/1
下至韓慕王以〇下收之 209/109/1
此〇下之所明也 217/111/25
此〇下之所明見也 217/111/26
〇下之卿相人臣 218/112/21
且秦之所畏害於〇下者 218/113/12
以有〇下 218/113/17
立為〇子 218/113/18
臣竊以〇下地圖案之 218/113/22
令〇下之將相 218/114/3
今上客有意存〇下 218/114/11
則〇下必為從 219/114/28
臣有以知〇下之不能為從以逆秦也 219/114/30
〇下之主亦盡過矣 219/115/1
〇下安 219/115/16
大王收率〇下以儐秦 220/115/20
行於〇下山東 220/115/21
夫〇下之不可一亦明矣 220/116/1
殆毋顧〇下之議矣 221/116/23
吾恐〇下笑之 221/116/26
吾恐〇下議之也 221/117/1
而〇下服矣 225/120/25, 439/214/6
而徒以三萬行於〇下 225/121/3
〇下憎之 227/121/21
是因〇下以破齊也 227/121/21

趙必為○下重國 229A/122/15
周最以○下辱秦者也 229B/122/24
我以五城收○下以攻罷秦 233/124/21
是我失之於○下 233/124/21
而○下皆說 233/125/2
○下之賀戰者 233/125/2
以疑○下 233/125/3
○下將因秦之怒 233/125/4
是愈疑○下 233/125/7
是不亦大示○下弱乎 233/125/8
秦必疑○下合從也 235/126/2
○下之賀戰勝者皆在秦矣 235/126/6
秦王與應侯必顯重以示○下 235/126/7
秦知○下不救王 235/126/8
方今唯秦雄○下 236/126/15
始吾以君為○下之賢公子也 236/126/20
吾乃今然后知君非○下之賢公子也 236/126/21
過而遂正於○下 236/127/1
率○下諸侯而朝周 236/127/6
○崩地坼 236/127/7
○子下席 236/127/8
卒為○下笑 236/127/8
彼○子固然 236/127/9
○子也 236/127/19
○子巡狩 236/127/20
○子已食 236/127/20
○子弔 236/127/22
然后○子南面弔也 236/127/22
然且欲行○子之禮於鄒、魯之臣 236/127/24
吾乃今日而知先生為○下之士也 236/128/1
所貴於○下之士者 236/128/6
趙之於○下也不輕 237/128/14
鄭同因撫手仰○而笑之曰 238/128/22
兵固○下之狙喜也 238/128/22
許由無○下之累 238/128/24
願聞所以為○下 239A/129/4
今為○下之工 239A/129/8
并燭○下者也 239B/129/16
而○下交之 241/130/3
而能令王坐而○下致名寶 246/131/7
則欲以○下之重恐王 246/131/10
○下孰敢不致尊名於王 246/131/11
○下孰敢不致地於王 246/131/12
故○下盡重王 246/131/13
○下必盡輕王也 246/131/13
今王無齊獨安得無重○下 246/131/14
則欲輕王以○下之重 246/131/15
留○下之兵於成皋 247/131/21
今趙留○下之甲於成皋 247/131/25
○下有敢謀王者乎 247/131/28
臣故欲王之偏劫○下 247/132/8
以○下劫楚 247/132/10
則○下皆偪秦以事王 247/132/10
則足下擊潰而決○下矣 248/132/28
○下散而事秦 249/133/4
且○下散而事秦 249/133/11
是秦制○下也 249/133/11
秦制○下 249/133/11
將何以○下為 249/133/11
○下爭秦有六舉 249/133/14
○下爭秦 249/133/14,249/133/16,249/133/18,249/133/21,249/133/25,249/134/1
則主必為○下笑矣 251/134/25
○下之兵未聚 252/135/13
陰移而授○下傳 257/136/26
則○下不傳 257/136/27
今治○下 258A/137/8
大王以孝治聞於○下 258B/137/29
○下必懼 264A/140/7
君何釋以○下圖知氏 264A/140/9
○雨 267/141/7
○又雨 267/141/7
左○門之陰 269/141/25
而右○谿之陽 269/141/25
一○下、約為兄弟、刑白馬以盟於洹水之上以相堅也 273/143/29
是故○下之遊士 273/144/16
○下無憂 275/145/7
請移○下之事於公 276/145/13
恐後○下得魏 276/145/21
犀首遂主○下之事 276/145/24
毋謂○下何 292/149/21
○大雨雪 296/150/19
說文王之義以示○下 296/151/5
○下可令伐秦 297/151/24
見○下之傷秦也 297/151/25
○下可令賓秦 297/151/25
○下不可 297/151/26
扮之請焚○下之秦符者 297/152/6
○下共講 297/152/8
因使蘇脩游○下之語 297/152/8
○幸為多矣 310/157/23
是以○幸自為常也 310/157/23
臣以為自○下之始分以至于今 310/157/28
無大○地 311/158/12
○地名 311/158/12
毋大不過○地 311/158/12
恐○下之將有大變也 314/160/17
此○下之所同知也 315/160/30
而請為○下鴈行頓刃 315/161/29
非盡亡○下之兵 315/162/1
夫存韓安魏而利○下 315/162/6
○下之西鄉而馳秦 315/162/9
○下且以此輕秦 317B/163/7
○下之中身也 318/163/23
是示○下要斷山東之脊也 318/163/23
○下必能救 318/163/25
○下之亡國皆然矣 319/164/6
且割而從○下乎 320/164/15
韓且割而從○下 320/164/16
慮久以○下為可一者 321/164/23
是不知○下者也 321/164/23
○下之合也 325/165/27
合○下之從 325/165/28
○下爭敵於秦 325/165/29
○下合於秦 327/166/11
故王不如順○下 329B/167/4
吾請先○下構 332/167/21
魏王見○下之不足恃也 332/167/22
○下皆曰王近也 333/167/28
舉欲信於○下 334/168/7
魏之所以為王通○下者 337/168/23

齊無通於○下矣 337/168/24
王之交最為○下上矣 342/171/8
今由嫪氏善秦而交為○下上 342/171/8
○下孰不棄呂氏而從嫪氏 342/171/8
○下必合呂氏而從嫪氏 342/171/9
公亦嘗聞○子之怒乎 343/171/19
○子之怒 343/171/19
休祲降於○ 343/171/23
○下縞素 343/171/24
○下之強弓勁弩 347/172/29
夫羞社稷而為○下笑 347/173/4
仰○太息曰 347/173/12
聽吾計則可以強霸○下 348A/173/25
臣請為君止○下之攻市丘 352/175/4
○下且以是輕王而重秦 352/175/7
○下罷 352/175/8
○下惡之 355/175/29
必為○下笑矣 357/177/1
向也子曰『○下無道』 362/179/9
且示○下輕公 368/181/14
老母今以○年終 385/186/4
今○下散而事秦 387/187/17
○下合而離秦 387/187/18
○下隨之 387/187/19
是韓以○下事秦 387/187/19
韓與○下朝秦 387/187/20
○下不合秦 387/187/20
秦久與○下結怨構難 387/187/21
今公以韓為○下先合於秦 387/187/24
以明示○下 387/187/24
○下固令韓可知也 388/188/3
秦之欲并○下而王之也 389/188/16
必外靡於○下矣 390/188/25
晉文公一勝於城濮而定○下 390/189/1
成功名於○下 390/189/2
非以求主尊成名於○下也 390/189/3
今日○子不可得而為也 391/189/18
且明公之不善於○下 397/191/27
○下之不善公者 397/191/27
且復○子 404/193/14
大國惡有○子 404/193/14
此所謂○府也 408/194/13
蘇秦能抱弱燕而孤於○下哉 409/195/2
以招○下之精兵 411/195/23
則大王號令○下皆從 411/195/31
而以十城取○下也 411/195/31
○下不信人也 412/196/5
示○下與小人群也 412/196/6
三者○下之高行 412/196/11
臣恐○下後事足下者 412/196/29
大王○下之明主也 415/197/29
子之所謂○下之明主者 415/197/31
凡○下之戰國七 415/198/15
○時不與 415/198/24
吾終以子受命於○矣 415/198/29
以其讓○下於許由 416A/199/11
有讓○下之名 416A/199/12
實不失○下 416A/199/12
而以啓為不足任○下 416A/199/15
啓與支黨攻益而奪之○下 416A/199/15
是禹名傳○下於益 416A/199/16
○下無變 417/200/16
○下聞王朝其賢臣 418/200/28
○下之士必趨於燕矣 418/200/28
○下必以王為能市馬 418/201/3
而後殘吳霸○下 419/201/23
盡焚○下之秦符 419/201/24
○下孰敢不聽 419/202/1
○下服聽 419/202/1
秦取○下 422/203/26
秦之行暴於○下 422/203/28
王乃待○下之攻函谷 422/203/30
恐○下救之 422/204/13
則以齊委於○下曰 422/204/13
必率○下以攻寡人者三 422/204/14
因以破齊為○下罪 422/204/15
而○下由此宗蘇氏之從約 422/205/1
而以湯為○子 424/206/2
齊不幸而燕有○幸也 426/207/5
是以○幸自為功也 426/207/6
○下不攻齊 427/207/15
○下攻齊 427/207/15
燕昭王且與○下伐齊 429/208/15
寡人且與○下伐齊 429/208/15
○下莫不振動 431/209/9
則必舉○下而圖之 431/209/26
舉○下而圖之 431/209/27
以○之道 431/209/29
今宋王射○笞地 433/211/21
此○下之無道不義 433/211/22
率○下之兵以伐齊 433/211/26
失○下者也 435/212/12
得○下者也 435/212/13
而議寡人者遍○下 438/213/27
○下必不服 439/214/7
秦地遍○下 440/214/19
夫樊將軍困窮於○下 440/214/27
此○所以哀燕不棄其孤也 440/215/20
非盡○下之地 440/215/21
愚以為誠得○下之勇士 440/215/24
樊將軍仰○太息流涕曰 440/216/12
太子預求○下之利匕首 440/216/20
未嘗見○子 440/217/11
秦兼○下 440/217/26
江、漢魚鱉黿鼉為○下饒 442/218/20
必霸○下 447/220/6
故射○笞地 447/220/7
威服○下鬼神 447/220/8
君之所行○下者甚謬 451/221/19
○下善為音 458/224/26
恐後○下 459A/225/9
○下可定 461/227/5
此所謂為一臣屈而勝○下也 461/227/6
此亦所謂勝一臣而為○下屈者也 461/227/7
孰若勝○下之威大耶 461/227/7

田 tián 146

○肥美 40/13/7
○疇荒 42/15/22,42/16/26

〇莘之為陳軫說秦惠王曰 48A/19/6
不穀得商於之〇 50/21/1
令〇章以陽武合於趙 63/25/28
聞齊之內有〇單 73B/31/26
再戰於藍〇 82A/37/24
雖藍〇豈難得哉 82A/37/26
耕〇之利幾倍 93/44/18
今力〇疾作 93/44/20
食藍〇十二縣 93/45/16
齊將封〇嬰於薛 98/48/29
夫齊削地而封〇嬰 98/49/5
〇侯召大臣而謀曰 102/50/21, 103/50/30
〇侯曰 102/50/22, 102/50/23, 102/50/25, 103/51/4
〇臣思曰 103/51/1, 114/56/4
韓、魏之君因〇嬰北面而朝〇侯 103/51/7
〇忌為將 104/51/11
〇忌不進 104/51/12
乃說王而使〇忌伐魏 104/51/13
〇忌三戰三勝 104/51/15
我〇忌之人也 104/51/15
〇忌遂走 104/51/17
〇忌為齊將 105/51/21
孫子謂〇忌曰 105/51/21
〇忌曰 105/51/21
〇忌不聽 105/51/25
〇忌亡齊而之楚 106/51/29
齊恐〇忌欲以楚權復於齊 106/51/29
恐〇忌之以楚權復於齊也 106/52/1
王不如封〇忌於江南 106/52/1
以示〇忌之不返齊也 106/52/2
〇忌亡人也 106/52/2
〇瞀曰 127/61/28
若魏文侯之有〇子方、段干木也 127/62/2
〇父見之 132A/64/2
有〇父之功 132A/64/3
齊人見〇駢 139/69/26
〇駢曰 139/69/26, 139/69/27
〇子辭 139/69/29
〇需對曰 140/70/4
十年之〇而不償也 142/72/22, 142/72/24
〇單以即墨之城 143/74/23
齊〇單以即墨破燕 145/75/6
〇單攻之歲餘 145/75/8
〇單守即墨之城 146/76/18
〇單之立疑 146/76/19
皆以〇單為自立也 146/76/19
〇單相之 146/76/19
〇單見其寒 146/76/22
〇單之施 146/76/23
宜召〇單而揖之於庭 146/77/1
〇單之愛人 146/77/3
貂勃常惡〇單 147/77/7
〇單免冠徒跣肉袒而進 147/77/19
召相〇單而來 147/77/22
〇單將攻狄 148/78/8
〇單曰 148/78/8, 148/78/17
〇單乃懼 148/78/12
戰於藍〇 168/87/11
食〇六百畛 170/89/3
〇六百畛 170/89/23
寄宿人〇中 208/107/25
日者秦、楚戰於藍〇 211/109/14
且秦以牛〇 211/110/3
臣以〇單、如耳為大過也 219/114/30
豈獨〇單、如耳為大過哉 219/114/30
而將非有〇單、司馬之慮也 219/115/6
〇單將齊之良 219/115/13
力〇積粟 220/115/22
相都平君〇單問趙奢曰 225/120/23
東藩之臣〇嬰齊後至 236/127/8
〇駟謂柱國韓向曰 255/136/9
魏文侯與〇子方飲酒而稱樂 268/141/13
〇子方笑 268/141/13
以賞〇百萬祿之 270/142/5
賜之〇二十萬 270/142/10
巴寧、爨襄〇各十萬 270/142/10
故又與〇四十萬 270/142/13
然而廬〇廡舍 272/142/29
〇嬰怒 274/144/25
盱夷為董慶謂〇嬰曰 274/144/26
與其相〇繻不善 290/149/3
犀首、〇盼欲得齊、魏之兵以伐趙 291/149/9
梁君與〇侯不欲 291/149/9
〇盼曰 291/149/10, 291/149/13
〇侯、梁君見其危 291/149/13
犀首、〇盼遂得齊、魏之兵 291/149/14
梁君、〇侯恐其至而戰敗也 291/149/14
〇需從中敗君 292/149/19
於是東見〇嬰 292/149/22
蘇代為〇需說魏王曰 293/149/27
魏文子、〇需、周宵相善 298/152/14
犀首以倍〇需、周宵 298/152/16
〇盼宿將也 300/152/27
〇嬰許諾 301/153/11
〇嬰不聽 301/153/13, 454/222/31
〇需貴於魏王 303A/153/26
〇需死 303B/154/3, 303B/154/3, 303B/154/7
〇文曰 314/160/15, 314/160/17
以從〇文 314/160/22
而封〇文 314/160/25
秦果南攻藍〇、鄢、郢 318/163/28
簡公用〇成、監止而簡公弒 348B/174/10
請道於南鄭、藍〇以入攻楚 367/180/29
韓相國謂〇苓曰 399/192/9
〇苓見穰侯 399/192/10
〇苓對曰 399/192/10
〇苓曰 399/192/12
民雖不由〇作 408/194/12
今王信〇伐與參、去疾之言 427/207/19
齊〇單欺詐騎劫 431/209/5
燕有〇光先生者 440/214/28
願因太傅交於〇先生 440/214/29
出見〇光 440/215/1
〇光曰 440/215/1, 440/215/5, 440/215/7, 440/215/13
〇先生坐定 440/215/4
〇光俛而笑曰 440/215/9
言〇光已死 440/215/18
丹所請〇先生無言者 440/215/19

今○先生以死明不泄言 440/215/19
○先生不知丹不肖 440/215/20
臣請見○嬰 454/222/18
○嬰曰 454/222/23,454/222/25
○簡謂司馬憙曰 457/224/11
○簡自謂取使 457/224/16
耕○疾作 461/226/3

填 tiān 2

○黽塞之內 192/98/18
願及未○溝壑而託之 262/139/9

瑱 tiàn 1

徹其環○ 138/69/19

挑 tiāo 4

○趙索戰 142/71/10
勿與○戰 168/86/26
則是棄前貴而○秦禍也 233/124/24
○其軍戰 461/226/26

條 tiáo 3

科○既備 40/13/19
○達輻湊 273/143/23
果與鳴○之戰 424/206/2

調 tiáo 6

夫商君為孝公平權衡、正度量、○輕重 81/36/23
方將○鈆膠絲 192/98/2
夕○乎酸鹹 192/98/5
夕○乎鼎鼐 192/98/10
和○五味而進之 307/155/28
易牙之○也 307/156/4

誂 tiǎo 3

人○其長者 49/20/3
○其少者 49/20/4
客謂○者曰 49/20/4

鐵 tiě 3

吾所苦夫○鈷然 212/110/23
無有謂臣為○鈷者乎 212/110/24
甲、盾、鞮、鍪、○幕、革抉、㕹芮 347/173/2

僣 tiè 1

君悉燕兵而疾○之 66/27/13

聽 tīng 278

秦王不○群臣父兄之義而攻宜陽 2/1/25
是得地於韓而○於秦也 5B/3/6
而○天下之戰 10B/4/20
不得不○秦 10B/4/21
○祝弗 11B/5/3
齊○祝弗 11C/5/10
逐周最、○祝弗、相呂禮者 11C/5/10
君不如令王○最 12/5/16
周君不○ 17/6/28
請謂王○東方之處 18/7/7
必不敢不○ 23/8/18
寡人請以國○ 25/9/4
周不○ 36/12/4
傾耳而○ 40/14/18
大王試○其說 42/17/10
天下莫敢不○ 44/17/26
寡人○子 44/18/9,314/160/21
今王誠○之 45/18/18
復○於秦 47/18/30
舟之僑諫而不○ 48A/19/7
宮之奇以諫而不○ 48A/19/9
願王勿○也 48A/19/11
王怒而不○ 48A/19/11
王何不○乎 48B/19/17
吾能○子言 49/20/1
楚王不○ 50/21/7,50/21/18,85/39/24,377/183/17
過○於張儀 50/21/19
計○知覆逆者 51/22/3
○者 51/22/4
計失而○過 51/22/4
○無失本末者難惑 51/22/5
魏○臣矣 55/23/6
王必○之 55/23/13
寡人不○也 55/23/19
王將○之 55/23/21
則王勿○其事 60/24/22
則王必○之 60/24/22
秦啓關而○楚使 62/25/22
天下必○ 66/27/4
韓、魏東○ 70/28/14
韓、魏弗○ 71/28/21
其淺者又不足○也 72/29/12
將賤而不足○耶 72/29/12
不○ 73A/31/17
焉得不○ 73A/31/21
韓○而霸事可成也 73A/31/21
莫敢不○ 73B/32/3
秦王弗○也 79/34/27
王稽不○ 80/35/8
無明君賢父以○之 81/36/9
楚王○ 85/39/24
○之韓、魏 86/40/16
委南○罪 88/42/24
今子○吾計事 93/44/23
桀○讒而誅其良將 96/48/7
今王○讒 96/48/8
不○其非 96/48/15
雖有外誹者不○ 96/48/15
不可不日○也而數覽 100/49/19
靖郭君不○ 101/49/24
靖郭君之所○愛夫 101/50/4
○則無有 101/50/5
若○辨而為之 101/50/7
必○之 101/50/8
又不肯○辨 101/50/9
三日而○ 101/50/14
顧反○命於韓也 103/51/2
田忌不○ 105/51/25
不如○之 114/56/4
遂不○ 116/57/7
而齊不○ 120/58/11
不如○之以卻秦兵 120/58/11
不○則秦兵不卻 120/58/11
必○王 122/59/23
止者千數而弗○ 124/60/23
君○臣則可 128/62/16
不○臣 128/62/16
諫而得○ 130/63/15

說義○行 134/66/12
今不○ 141A/70/11
○之 141A/70/11,328/166/18
不如○之以卒秦 141A/70/12
天下○之 141A/70/12
而天下不○ 141A/70/13
天下不敢不○ 141B/70/24
乃使人○於閭里 146/77/2
即墨大夫與雍門司馬諫
而○之 150/79/22
齊王不○ 150/79/26
齊王不○即墨大夫而○
陳馳 150/79/28
是王之○涓也 151/80/5
趙不能○ 156/81/18
臣朝夕以事○命 157B/82/6
被王衣以○事 166/85/10
大王誠能○臣 167/85/24
168/87/21,218/113/1
272/143/16
大王誠能○臣之愚計 167/85/25
韓求相工陳籍而周不○ 169/88/7
魏求相綦母恢而周不○ 169/88/7
今儀曰逐君與陳軫而王
○之 169/88/9
魏氏不○ 171/90/8
魏氏○ 171/90/9
恐秦之變而○楚也 173B/90/27
而燕、趙、魏不敢不○
173B/90/30
臣願無○群臣之相惡也 179/93/19
逐而○則可 181/94/5
若不○ 181/94/5
公不如無○惠施 185/95/22
而陰使人以請○秦 185/95/22
謁病不○ 185/95/26
猶不○也 186/96/4,277/145/29
楚王○之 187/96/13
臣願大王○之也 189/96/25
王不○ 191/97/15,426/207/7
滑不○也 193/98/25
今君○讒臣之言 202/103/16
郄疵知其言之不○ 202/103/20
他國不○ 203/103/26
言之不○ 203/105/5
夫不○知過 203/105/13
君○臣計則生 208/107/28
不○臣計則死 208/107/28
君能○蘇公之計乎 208/108/1
無○其談也 208/108/2
無○談者 208/108/5
使秦發令素服而○ 209/108/26
○竽瑟之音 218/113/25
多○而時用之 219/114/18
家○於親 221/116/29
國○於君 221/116/30
臣敢不○今 221/117/29
臣敢不○令乎 222/119/17
224/120/18
秦不○ 226/121/13,372/182/11
且不○公言也 226/121/14
富丁恐主父之○樓緩而
合秦、楚也 229A/122/9
韓必○秦違齊 229A/122/13
必○我 229A/122/17
中山○之 229A/122/17
中山不○ 229A/122/17
請效地於魏而○薛公 229B/122/23
故欲效地於魏而○薛公
229B/122/24
魏王○ 229B/122/25
趙王不○ 230/122/30,235/126/5
寡人不○ 230/123/1
故寡人不○ 230/123/2
而王不○ 230/123/3
誠○子割矣 233/124/12
今坐而○秦 233/124/25
齊之○王 233/125/9
王聊○臣 235/126/1
退而○朝也 236/127/20
說以義則不○ 238/128/27
於魏王○此言也甚詘 247/132/5
趙不○ 248/132/15
而王弗○ 250/134/14
王○趙殺座之後 251/135/2
僕主幸以○僕也 252/135/14
小大皆○吾言 258B/137/23
願王以國事○之也 271/142/19
為弗能○ 271/142/19
而謂寡人必以國事○鞅
271/142/20
不敢不○ 273/144/6
大王不○臣 273/144/12
秦必疑齊而不○也 275/145/6
楚、趙必○之 284/147/20
魏王弗○也 284/147/22
臣不知衍之所以○於秦
之少多 287/148/10
而○秦矣 287/148/12
而○相之計 290/149/4
遂勸兩君○犀首 291/149/13
王又○之 292/149/19
交臂而○楚 295/150/14
王其○臣也 297/151/22
王○公子 300/152/28
不○公子 300/152/28
田嬰不○ 301/153/13,454/222/31
三日不○朝 307/156/1
王必勿○也 310/157/18
王尚未○也 311/158/22
○使者之惡也 315/161/19
猶弗○ 315/161/29
宮之奇諫而不○ 317A/162/21
○秦而攻魏者 317A/162/23
必令魏以地○秦而為和
317B/163/1
魏王不○ 325/165/21
臣聞明主之○也 325/165/25
○臣也 325/165/25
不○之 328/166/17
秦必不○王矣 329B/167/3
成陽君欲以韓、魏○秦
331/167/15
韓不○ 331/167/16
王無○ 332/167/22
臣請以魏○ 335/168/14
安陵君不○寡人 343/171/15
○子之謁 346/172/23
此我將奚○乎 346/172/24
而○從人之甘言好辭 348A/173/25
○吾計則可以強霸天下
348A/173/25
而○須臾之說 348A/173/26
且○王之言而不攻市丘 352/175/9
秦必不○公 353/175/15
王○臣 357/176/20
縱韓為不能○我 357/176/22
為能○我絕和於秦 357/176/23
韓王弗○ 357/177/3
過○於陳軫 357/177/6
○者○國 360/178/9

非必○實也 360/178/9
故先王○諺言於市 360/178/9
願公之○臣言也 360/178/9
秦王以公孫郝為黨於公
而弗之○ 360/178/13
今王○公孫郝以韓、秦
之兵應齊而攻魏 360/178/16
今王○甘茂 360/178/17
齊、魏不能相○ 360/178/19
楚王弗○ 365/180/3
不若○而備於其反也 365/180/4
魏氏不敢不○ 366/180/22
公叔爭之而不○ 368/181/13
馮君廣王而不○公叔 371/182/4
秦王○ 372/182/10
太子弗○ 376/183/12
楚○ 377/183/17
楚王○而入質子於韓 380/184/3
楚不○ 380/184/5
秦、魏不終相○者也 386/187/10
魏不○秦 386/187/11
秦令而不○ 387/187/21
恐梁之不○也 389/188/14
昭釐侯○而行之 390/188/27
吳人果○其辭 390/189/6
越人不○也 390/189/7
韓氏之眾無不○令者 391/189/14
將○之矣 396B/191/6
燕、趙不敢不○ 400/192/18
則燕、趙不敢不○ 400/192/20
勿○之也 404/193/14
王與大國弗○ 404/193/15
王能○臣 411/195/29
足下不○臣者 412/196/9
魏不○ 414/197/20
不○燕使何也 414/197/20
事苟可○ 414/197/22
○其所使 416A/199/8
而噲老不○政 416A/199/18
韓、魏不○ 419/201/30
齊不○ 419/201/30,446A/219/22
天下孰敢不○ 419/202/1
天下服○ 419/202/1
奉陽君不○ 423/205/6
燕破則趙不敢不○ 426/206/25
吾必不○眾口與讒言 427/207/16
太后弗○ 428/208/7
爭之而不○ 429/208/16
公○吾言而說趙王曰 430/208/23
將軍過○ 431/209/10
昔者五子胥說○乎闔閭
431/210/10
而君不肯○ 438/213/11
太子能○臣乎 446B/219/28
子○吾言也以說君 451/221/17
猶且○也 454/222/19
齊王○乎 455/223/22
是則必○矣 455/223/22
不○臣計 461/227/2

廷 tíng 10

○說諸侯之王 40/14/15
宣言之於朝○ 50/21/1
朝○之臣 108/52/25
此所謂戰勝於朝○ 108/53/2
使下臣奉其幣物三至王
○ 258B/137/22
因自言於○曰 276/145/16
尊之於○ 412/196/5
顯臣於○ 412/196/9
乃至燕○ 415/197/29
何為煩大王之○耶 420/202/22

亭 tíng 6

乃使馮○代靳黈 211/109/23
馮○守三十日 211/109/25
今馮○令使者以與寡人
211/109/27
馮○垂涕而勉曰 211/110/12
守○障者參列 273/143/24
為除守徼○鄣塞 348A/173/19

庭 tíng 13

謀之於葉○之中 1/1/12
今先生儼然不遠千里而
○教之 40/13/13
取洞○、五都、江南 42/16/2
王○迎 73A/29/19
臣必聞見王獨立於○也 74/32/24
美女充後○ 93/44/27
門○若市 108/53/1
宜召田單而揖之於○ 146/77/1
南有洞○、蒼梧 167/85/16
後有長○ 218/113/25
右有洞○之水 269/141/24
走人於○ 341/170/17
燕王拜送于○ 440/217/7

霆 tíng 1

兕虎嗥之聲若雷○ 160/83/8

挺 tǐng 2

○子以為人 124/60/28
○劍而起 343/171/24

恫 tōng 3

是故○疑虛猲 112/55/6
百姓○怨 416A/199/20
燕人○怨 416A/199/25

通 tōng 40

不○其使 25/9/10
故蘇秦相於趙而關不○ 40/14/10
寡人欲車○三川 55/23/3
則成睪之路不○ 73A/31/20
格道不○ 88/42/24
旡為客○ 99/49/10
下○其流 136B/68/5
○都小縣置社 142/72/20
鄉里不○也 145/76/2
韓之上地不○ 168/86/22
○侯、執珪死者七十餘
人 168/87/10
天下關閉不○ 182/94/21
莊公○之 197/100/4
三百里○於燕之唐、曲
吾 209/108/23
中絕不令相○ 211/110/1
水○糧 211/110/3
河外割則道不○ 218/113/5
○質刑白馬以盟之 218/114/3
○有補民益主之業 221/116/18
先王之○誼也 221/116/30
乃國未○於王胡服 222/119/16

啓關〇敝 233/124/15
燕之〇谷要塞 252/135/12
三反不得〇 258B/137/16
吾往賀而獨不得〇 258B/137/17
使者三往不得〇者 258B/137/18
而使不得〇 258B/137/22
諸侯四〇 273/143/22
魏氏閉關而不〇 275/145/3
〇韓之上黨於共、莫 315/162/6
使道已〇 315/162/6
魏之所以為王〇天下者 337/168/23
齊無〇於天下矣 337/168/24
蔡、邵之道不〇矣 405/193/21
志意不相〇 432/210/29
〇使於魏 436/212/21
未為〇計也 438/213/19
齊閉關不〇中山之使 455/223/6
寡人所以閉關不〇使者 455/223/19
周流無所不〇 458/224/27

同 tóng 67

其實〇理 11C/5/12
夫斷死與斷生也不〇 42/15/18
費人有與曾子〇名族者而殺人 55/23/14
使臣得〇行於箕子、接輿 73A/30/12
乃即與無子時〇也 79/34/16
乃與即為梁餘子〇也 79/34/17
今遇惑或與罪人〇心 80/35/13
以〇言郢威王於側紂之間 88/42/26
與〇知社稷之計 96/48/1
異人而〇辭 109/53/8
值所以為國者不〇耳 116/57/4
夫鳥〇翼者而聚居 131/63/24
獸〇足者而俱行 131/63/24
飲食、衣裘與之〇之 135/66/21
形〇憂而兵趨利也 142/72/12
何則形〇憂而兵趨利也 142/72/14
約於〇形則利長 142/72/15
則〇心於貫之者 142/73/9
諸侯可〇日而致也 142/73/18
願公之詳計而無與俗〇也 145/75/14
少與之〇衣 166/85/10
長與之〇車 166/85/10
曷惟其〇 197/100/11
天下之美〇 204A/105/23
且物固有勢異而患〇者 209/108/19
又有勢〇而患異者 209/108/20
豈可〇日而言之哉 218/113/24
禮服不〇 221/117/16
不〇其禮 221/117/17
中國〇俗而教離 221/117/17
賢聖不能〇 221/117/18
與齊、中山〇之 221/117/20
且夫三代不〇服而王 221/118/6
五伯不〇教而政 221/118/6
古今不〇俗 221/118/21
陰陽不〇道 224/120/11
鄭〇北見趙王 238/128/20
鄭〇曰 238/128/20
鄭〇因撫手仰天而笑之曰 238/128/22
而趙、宋〇命 249/134/3
〇父母 273/144/1
如是其〇耶 280/146/21
又非皆〇也 280/146/21
秦與戎、翟〇俗 315/160/29
此天下之所〇知也 315/160/30
是與公孫郝、甘茂〇道也 359/177/24
與新城、陽晉〇也 388/187/29
不與古〇 389/188/17
而與死〇患也 411/195/22
是王與堯〇行也 416A/199/12
與百姓〇其甘苦 418/201/8
燕、趙之所〇利也 419/202/2
燕、趙之所〇願也 419/202/2
楚、魏之所〇願也 431/209/27
子胥不蚤見主之不〇量 431/210/12
〇舟而淩波 432/210/29
如〇舟而濟 432/211/1
物固有勢異而患〇者 432/211/7
燕、趙〇力 439/214/13
為與此〇類也 442/218/22
與北〇 446B/220/1
〇欲者相憎 454/222/26
〇憂者相親 454/222/26
勠力〇憂 461/226/3
一心〇功 461/226/19
二軍爭便之力不〇 461/226/21
上下〇力 461/226/25

童 tóng 1

不知夫五尺〇子 192/98/2

銅 tóng 3

吾〇少若何 203/104/10
皆以錬〇為柱質 203/104/11
則有餘〇矣 203/104/11

橦 tóng 1

迫則杖戟相〇 40/13/23

統 tǒng 2

天下繼其〇 81/35/28
姑反國〇萬人乎 133/65/26

痛 tòng 4

不待〇而服矣 87/42/12
故瘡〇也 198/100/21
非數〇加於秦國 209/108/12
常〇於骨髓 440/216/13

偷 tōu 2

〇取一旦之功而不顧其後 272/143/11
以為雖〇充腹 411/195/22

投 tóu 13

或為周最謂金〇曰 10A/4/14
周最謂金〇曰 10B/4/20
扁鵲怒而〇其石 54/22/27
〇杼踰牆而走 55/23/16
臣恐王為臣之〇杼也 55/23/18
乃左手為叢〇 74/32/17
右手自為〇 74/32/17

○之一骨 77/33/24
或欲分大○ 81/37/6
而○己乎黽塞之外 192/98/18
○之棘門外 200/102/16
魯人○其籥 236/127/21
○質於趙 315/161/29

頭 tóu 15

○顱僵仆 87/41/19
有能得齊王○者 136B/67/16
生王之○ 136B/67/17
斬其○ 200/102/16
而將其○以為飲器 204B/106/8
卒斷紂之○而縣於太白
者 242/130/13
蒼○二千萬 272/143/8
請殉寡人以○ 311/158/16
○塵不去 334/168/3
以○搶地爾 343/171/21
跿跔科○ 348A/173/20
左挈人○ 348A/173/22
中國白○游敖之士 388/188/5
謹斬樊於期○ 440/217/6
荊軻奉樊於期○函 440/217/9

黈 tǒu 3

令韓陽告上黨之守靳○
曰 211/109/19
靳○曰 211/109/21
乃使馮亭代靳○ 211/109/23

突 tū 2

宋○謂机郝曰 226/121/13
齊人戎郭、宋○謂仇郝
曰 253/135/24

徒 tú 36

士卒師○ 1/1/16
夫○處而致利 40/13/22
聞戰頓足○裼 42/15/18
王若負人○之眾 87/41/8
人○之眾 87/42/5
郢之登○ 130/63/3
郢之登○也 130/63/4
郢之登○不欲行 130/63/16
○步而處農畝 136B/67/22
○百人 139/69/29
則是非○示人以難也 142/73/10
田單免冠○跣肉袒而進 147/77/19
王○不好色耳 182/94/14
非○然也 200/101/24
君非○不達於兵也 225/120/28
而○以三萬行於天下 225/121/3
使司○執范座 251/134/21
廝○十萬 272/143/9
惠子非○行其說也 296/151/5
奉陽君、孟嘗君、韓呡
、周㝡、周、韓餘為
○從而下之 297/152/5
王能使臣為魏之司○ 309/156/24
因任之以為魏之司○ 309/156/25
亦免冠○跣 343/171/21
○以有先生也 343/171/25
而廝○負養在其中矣 348A/173/19
秦人捐甲○裎以趨敵 348A/173/22
公仲躬率其私○以鬭於
秦 359/177/18
今公○令收之 359/177/29
○幸而養老母 385/185/28
政○以老母 385/186/4
○以親在 385/186/7
遂謝車騎人○ 385/186/12
則○隸之人至矣 418/200/27
疋夫○步之士 420/203/13
非○不愛子也 428/208/4
○欲以離我於中山 455/223/25

涂 tú 2

遇奪釜鬲於○ 81/35/19
假○於鄒 236/127/21

途 tú 6

達○於中國 66/27/14
又斬范、中行之○ 81/37/7
循軼之○也 105/51/22
臨淄之○ 112/54/28
則是圍塞天下士而不利
說○也 122/60/11
辟人於○ 341/170/18

屠 tú 8

誅○四十餘萬之眾 81/36/26
使秦而欲○趙 93/45/5
朝歌之廢○ 96/48/10
使若卞隨、務光、申○
狄 96/48/14
避仇隱於○者之間 385/185/21
客游以為狗○ 385/185/24
鼓刀以○ 385/186/1
自○出腸 385/186/16

塗 tú 10

不識大國何○之從而致之齊 1/1/9
寡人終何○之從而致之齊 1/1/13
何○之從而出 1/1/16
乃稱簡之○以告襄子曰
204A/105/18
入宮○廁 204B/106/9
執問○者 204B/106/10
復○偵謂君曰 239B/129/14
而道○宋、衛為制 284/147/22
頓首○中 411/196/1
代王腦○地 413/197/6

圖 tú 48

願大王○之 1/1/5,39/13/1
按○籍 44/17/26
天下何從○秦 61A/25/6
則難○也 61A/25/11
而外結交諸侯以○ 85/40/1
而天下可○也 86/40/16
將以○秦 96/47/21
案○籍 115/56/18,115/56/27
太子其○之 122/59/27
然後○齊、楚 142/74/1
公其○之 145/76/11
不早○ 146/76/24
必南○楚 153/80/19
君若弗○ 204A/105/24
臣竊觀其○之也 209/108/16
先事成慮而熟○之也 209/109/3
不可不熟○也 210/109/7

王自○之 211/110/4
臣竊以天下地○案之 218/113/22
臣願大王○之 221/117/11
故臣願王之○之 221/118/5
臣願王之○之 221/118/19
何秦之○ 233/125/4
願公之熟○之也 243/130/20
君何釋以天下○知氏 264A/140/9
則魏必○秦而棄儀 283/147/14
則陰勸而弗敢○也 297/151/25
横者將○子以合於秦 321/164/26
彊請西○儀於秦 354/175/22
尚何足以○國之全為 376/183/11
必○晉、楚 388/188/7
則必舉天下而○之 431/209/26
舉天下而○之 431/209/27
唯君○之 438/213/30
願太傅幸而○之 440/214/19
○之 440/214/21
然後乃可○也 440/214/26
願○國事於先生 440/215/1
與燕督亢之地○獻秦王 440/216/7
及獻燕之督亢之地○ 440/217/6
而秦武陽奉地○匣 440/217/9
取武陽所持○ 440/217/12
軻既取○奉之 440/217/12
發○ 440/217/12
○窮而匕首見 440/217/12
君其○之 448A/220/16

跿 tú 1

○跔科頭 348A/173/20

土 tǔ 23

莫非王○ 9/4/9
率○之濱 9/4/9
故楚之○壤士民非削弱 50/21/18
夫以王壤○之博 87/42/4
○廣不足以為安 88/42/16
若○廣者安 88/42/16
身為糞○ 93/44/23
有○偶人與桃梗相與語 124/60/27
桃梗謂○偶人曰 124/60/28
西岸之○也 124/60/28
○偶曰 124/60/29
吾西岸之○也 124/60/29
○則復西岸耳 124/60/29
衛八門○而二門墮矣 142/71/9
而士困於○功 142/72/25
昔者魏王擁○千里 142/73/22
○梗與木梗鬭曰 208/107/25
我者乃○也 208/107/26
乃復歸○ 208/107/26
臣竊以為○梗勝也 208/107/27
欲以為王廣○取尊名 292/149/19
○地之實不厚於我 304/154/28
則有○子民 458/224/20

兔 tù 10

○興馬逝 1/1/14
譬若馳韓盧而逐蹇○也 73A/30/24
躍躍毚○ 87/41/15
海內之狡○也 132A/63/30
○極於前 132A/64/1
犬○俱罷 132A/64/1
狡○有三窟 133/65/20
割挈馬○而西走 217/112/6
217/112/7
宋所謂無雉○鮒魚者也 442/218/20

菟 tù 1

見○而顧犬 192/97/28

剸 tuán 1

王欲醳臣○任所善 427/207/21

摶 tuán 1

指○關 113/55/24

推 tuī 7

中期○琴對曰 83B/38/30
無把銚○耨之勢 86/40/9
○選則祿焉 136B/68/14
臣請為王○其怨於趙 247/132/6
遂○南之威而遠之 307/156/1
欲○以為鋒 461/226/21
臣○體以下死士 461/226/25

退 tuì 24

引軍而○ 42/16/4
42/16/8,42/16/21
軍乃引○ 42/16/24
而身不○ 81/36/19
進○、盈縮、變化 81/36/20
如是不○ 81/37/9
之兵乃○ 83A/38/21
因○為逢澤之遇 88/42/20
身○師 110/53/25
則將○兵 120/58/8
○而自刎 134/66/12
今楚、魏交○ 145/75/17
○而與魯君計也 145/76/7
○而請死罪 147/77/19
是故○王之所愛 179/93/19
進○之謂節 221/118/26
○而聽朝也 236/127/20
張丑○ 279/146/12
夫舍萬乘之事而○ 304/154/21
○不得改過 438/213/30
故兵○難解 444/219/12
早朝晏○ 461/226/4
應侯慚而○ 461/226/30

呑 tūn 9

兼有○周之意 24/8/26
○天下 40/13/9
○兼二國 142/72/28
有○天下之心 167/86/1
陰謀有○天下之心也 168/87/9
又○炭為啞 204B/106/13
欲亡韓○兩周之地 209/108/14
獨○趙 215/111/13
我且言子之奪我珠而○之 437/212/27

佗 tuō 1

無有○計 450/221/9

託 tuō 10

寡人○國於子 61B/25/16
外○於不可知之國 93/44/23
○於東海之上 113/55/27
厚矣王之○儀於秦王也 115/56/22
何以○儀也 115/56/23
是乃王之○儀也 115/56/24
此臣之所謂○儀也 115/56/28
○東海之上 168/87/26
願及未填溝壑而○之 262/139/9
長安君何以自○於趙 262/139/18

沱 tuó 3

五年以擅呼○ 253/135/24
南有呼○、易水 408/194/11
度呼○ 408/194/17

橐 tuó 4

負書擔○ 40/13/30,208/107/22
伍子胥○載而出昭關 73A/30/9
趙、代良馬○他 167/85/26

鼉 tuó 1

江、漢魚鱉黿○為天下饒 442/218/20

隋 tuǒ 1

寶珍○珠 197/100/9

唾 tuò 1

老婦必○其面 262/138/29

鼃 wā 1

（曰）〔白〕黿生○ 202/103/11

外 wài 138

○周最 11C/5/10
楚不能守方城之○ 29/10/10
秦悉塞○之兵 32/11/3
則楚方城之○危 33/11/13
是故兵勝於○ 40/13/24
不式於四境之○ 40/14/13
是故兵終身暴靈於○ 42/16/10
東陽河○不戰而已反為齊矣 42/16/18
○者極吾兵力 42/16/25
○者天下比志甚固 42/16/27
必入西河之○ 47/18/30
果獻西河之○ 47/19/2
北取西河之○ 55/23/10
而公中以韓窮我於○ 57/24/5
而○與韓侈為怨 58/24/11
而○重其權 73B/32/2
走涇陽於關○ 73B/32/10
其輔○布 74/32/26
功章萬里之○ 81/36/18
而○結交諸侯以圖 85/40/1
齊、宋在繩墨之○以為權 89/43/20
○託於不可知之國 93/44/23
君之駿馬盈○廄 93/44/27
少棄捐在○ 93/45/11
○恐諸侯之救 95/46/23
而百姓靡於○ 96/47/22
○自交於諸侯 96/47/27
雖有○誹者不聽 96/48/15
此齊貌辨之所以○生樂患趣難者也 101/50/16
客從○來 108/52/16
魏效河○ 113/55/23
私得寶於○者 130/63/18
狗馬實○廄 133/65/13
○不賣 142/72/1
○信諸侯之殃也 142/72/5
夫士死於○ 142/73/8
秦王垂拱受西河之○ 142/74/4
而西河之○入於秦矣 142/74/6
五折於○ 145/75/19
○懷戎翟、天下之賢士 147/77/18
夫苟不難為之○ 157B/82/7
必實於○廄 167/85/26
以○交強虎狼之秦 167/86/2
夫○挾強秦之威 167/86/3
在半歲之○ 168/87/4
○絕其交 169/88/10
恢先君以揜方城之○ 170/89/1
○結秦之交 174/91/10
而投己乎黽塞之○ 192/98/18
踰於○牆 197/100/5
投之棘門○ 200/102/16
而○怒知伯也 203/103/29
遇知過轅門之○ 203/104/26
臣遇張孟談於轅門之○ 203/104/27
臣遇知過於轅門之○ 203/105/8
造○闕 208/107/22
臣竊○聞大臣及下吏之議 209/108/13
是以○賓客遊談之士 218/112/22
請言○患 218/112/25
魏弱則割河○ 218/113/5
河○割則道不通 218/113/5
是故明主○料其敵國之強弱 218/113/18
魏軍河○ 218/114/7
毆韓、魏而軍於河○ 220/116/4
百萬之衆折於○ 236/126/19
○無弓弩之禦 238/128/26
○刺諸侯 240/129/25
為孝成王從事於○者 245/131/3
用兵於二千里之○ 247/132/1
而太子在○ 248/132/18
○雖得地 251/135/2
今○臣交淺而欲深談可乎 257/136/27
則大臣為之枉法於○矣 258A/137/11
故日月暉於○ 258A/137/12
韓、魏反於○ 264A/140/11
北有河○、卷、衍、燕、酸棗 272/142/29
○交強虎狼之秦 272/143/2
割其主之地以求○交 272/143/11
○挾彊秦之勢以內劫其主以求割地 272/143/12
秦下兵攻河○ 273/144/4
效河○ 273/144/20
賞韓王以近河○ 285/147/27
必取方城之○ 286/148/4
約○魏 288/148/18
王與三國約○魏 288/148/23
今吾為子○之 292/149/21
二人者必不敢有○心矣 293/150/1

結怨於○　304/155/1
○臣疾使臣謁之　305/155/12
○安能支強秦、魏之兵　315/161/5
若道河○　315/161/13
山北、河○、河內　315/161/25
則衛、大梁、河○必安矣　315/162/8
其人皆欲合齊、秦○楚以輕公　317B/162/29
○楚以輕公　317B/163/2
翟強欲合齊、秦○楚　317B/163/13
樓廩欲合秦、楚○齊　317B/163/13
請合於楚○齊　317B/163/14
必為合於齊○於楚　317B/163/15
是公○得齊、楚以為用　317B/163/16
肖願為○臣　335/168/12
今由千里之○　341/170/22
皆射六百步之○　347/172/30
魏兩用犀首、張儀而西河之○亡　348B/174/10
其寡力者籍○權　348B/174/11
或○為交以裂其地　348B/174/11
是○舉不辟讎也　359/177/27
秦取西河之○以歸　367/181/3
是公之所以○者儀而已　367/181/8
而不患楚之能揚河○也　372/182/9
太子○無幾瑟之患　378/183/22
而○得秦、楚也　379/183/27
伯嬰○無秦、楚之權　379/183/30
令楚兵十餘萬在方城之○　383A/184/23
必○靡於天下矣　390/188/25
○內不相為　396C/191/18
秦王必○向　400/192/17
戰於千里之○　408/194/18
而重千里之○　408/194/19
以重○　409/195/3
義不離親一夕宿於○　412/196/14
不窺於邊城之○　412/196/19
謀未發而聞於○　415/198/7
○敵不可距　415/198/31
王自治其○　415/198/31
閔王出走於○　418/201/9
西河之○、上雒之地、三川　422/204/26
○孫之難　424/206/5
為將軍久暴露於○　431/209/10
而明怨於○　438/213/21
光竊不自○　440/215/12
彼大將擅兵於○　440/215/26
過宋○黃　446B/219/28
○黃徐子曰　446B/219/28
魏亡西河之○　449/220/28
西河之○必危　449/220/29
其交○成　461/226/5
○救必至　461/226/27

丸 wán　2

右攝○　192/98/4
此彈○之地　233/124/12

完 wán　17

是公以弊高都得○周也　25/9/10
○河間　42/16/16
不如伐蜀之○也　44/18/9
然夫璞不○　136B/68/13
○者內酺而華樂　142/72/22
秦、魏之交○　171/90/7
吾城郭之○　203/104/8
以○其交　304/154/18
大王欲○魏之交　304/154/26
彼其事王必○矣　304/154/28
非○事也　304/155/1
為○鄴也　308/156/18
臣以此為不○　319/164/10
其自纂繁也○矣　341/170/22
令用事於韓以○之　386/187/7
自○之道也　420/202/19
破國不可復○　461/227/8

玩 wán　1

衣服○好　190/97/3

紈 wán　1

下宮糅羅○　140/70/5

翫 wán　2

又簡擇宮中佳○麗好○習音者　174/91/6

宛 wǎn　9

九年而取○、葉以北以強韓、魏　22/8/4
○恃秦而輕晉　35/11/24
秦飢而○亡　35/11/24
軍重踵高○　105/51/24
蘇厲謂○公昭鼠曰　173A/90/20
君攻楚得○、穰以廣陶　323/165/8
東有○、穰、洧水　347/172/28
鄧師、○馮、龍淵、大阿　347/173/1
寡人積甲○　422/203/29

惋 wǎn　1

王必○之　50/21/6

晚 wǎn　11

何君見之○也　81/35/25
使邊境早閉○開　93/45/13
孰與○救之便　103/50/30
○救之　103/51/1
而○承魏之弊　103/51/3
未○　134/66/4
○食以當肉　136B/68/14
女朝出而○來　144/74/28
未為○也　192/97/28
臣恐王事秦之○　450/221/11
蚤○之時失也　452B/222/5

菀 wǎn　1

桑林之○　348A/173/27

綰 wǎn　2

許○為我祝曰　311/158/15
而許○之首　311/158/17

輓 wǎn　3

凡一鼎而九萬人○之　1/1/15
糧食○賃不可給也　225/120/24

執法以下至於長〇者 342/171/5

腕 wàn 2

莫不日夜搤〇瞋目切齒以言從之便 273/144/16
樊於期偏袒扼〇而進曰 440/216/16

萬 wàn 213

發師五〇人 1/1/6
凡一鼎而九〇人輓之 1/1/15
九九八十一〇人 1/1/15
材士十〇 2/1/23
公仲之軍二十〇 2/1/23
今王許戍三〇人與溫囿 32/11/5
戰車〇乘 40/13/7
奮擊百〇 40/13/7,73A/30/24
〇端俱起 40/13/19
淩〇乘 40/13/25
黃金〇溢 40/14/7
〇民之眾 40/14/10
黃金〇溢為用 40/14/13
張軍數千百〇 42/15/13
千可以勝〇 42/15/19
〇可以勝天下矣 42/15/19
名師數百〇 42/15/20,42/17/6
夫戰者〇乘之存亡也 42/15/27
帥天下將甲百〇 42/17/2
取皮氏卒〇人 47/19/1
請益甲四〇 63/26/3
秦且益趙甲四〇人以伐齊 63/26/5
必不益趙甲四〇人以伐齊 63/26/6
必不益趙甲四〇人以伐齊矣 63/26/15
陶為〇乘 66/27/3
除〇世之害 66/27/10
為〇乘 66/27/14
恐〇世之後有國者 74/32/24
成理〇物 81/35/28
〇物各得其所 81/35/28
功章〇里之外 81/36/18
楚地持戟百〇 81/36/25
白起率數〇之師 81/36/25
誅屠四十餘〇之眾 81/36/26
已立為〇乘 86/40/11
王資臣〇金而遊 86/40/15
即王雖有〇金 86/40/18
乃資〇金 86/40/19
〇乘之地未嘗有也 87/40/29
而關內二〇乘之主注地於齊 87/42/10
厭案〇乘之國 88/42/18
說有可以一切而使君富貴千〇歲 93/44/28
此〇世之計也 111/54/15
389/188/16
帶甲數十〇 112/54/24
218/113/10,347/172/29
408/194/11
臨淄之中七〇戶 112/54/25
三七二十一〇 112/54/26
固以二十一〇矣 112/54/26
皆為一時說而不顧〇世之利 113/55/15
趙亡卒數十〇 113/55/21
千乘之君與〇乘之相 127/62/1
民稱〇歲 133/65/9,133/65/15
姑反國統〇人乎 133/65/26
〇乘之嚴主也 134/66/12
封〇戶侯 136B/67/17
〇石虡 136B/67/20
求〇物不備具 136B/67/21
諸侯〇國 136B/67/25
子〇民乎 138/69/20
〇物之率也 142/71/4
十〇之眾盡 142/72/13
而敵〇乘之國二 142/73/2
雖有百〇之軍 142/73/16
帶甲三十六〇 142/73/22
覆其十〇之軍 142/74/3
栗腹以百〇之眾 145/75/19
〇乘之國 145/75/19,455/223/9
楚王使將軍將〇人而佐齊 147/77/13
而牽留〇乘者 147/77/16
益封安平君以夜邑〇戶 147/78/3
破〇乘之燕 148/78/9
帶甲數百〇 150/79/23
王收而與之百〇之眾 150/79/23
王收而與之百〇之師 150/79/25
而令兩〇乘之國 152/80/14
帶甲百〇 154/81/7
167/85/17,237/128/14
寡人〇歲千秋之後 160/83/10
大王〇歲千秋之後 160/83/11
騎〇匹 167/85/17
218/113/10,348A/173/20
虎賁之士百餘〇 168/86/16
騎〇疋 168/86/16
效〇家之都 168/87/22
〇乘之強國也 169/88/8
壹（瞑）〔瞑〕而〇世不視 170/88/21
壹瞑而〇世不視 170/89/7
〇乘之君 170/89/16
卒〇人 170/89/17
楚令昭鼠以十〇軍漢中 173A/90/20
許強〇乘之齊而不與 177/92/13
〇乘者 177/92/17
以地大為〇乘 177/92/17
有〇乘之號而無千乘之用也 177/92/17
許〇乘之強齊也而不與 177/92/21
三十餘〇弊甲鈍兵 177/93/2
秦以五十〇臨齊右壤 177/93/4
且使〇乘之國免其相 181/94/5
今君相〇乘之楚 188/96/19
使使者致〇家之邑一於知伯 203/103/27
因使人致〇家之邑一於知伯 203/103/29
破趙則封二子者各〇家之縣一 203/105/3
又封二子者各〇家之縣一 203/105/5
非布於〇民也 209/108/11
夫用百〇之眾 211/110/4
請以三〇戶之都封太守 211/110/11
〇物財用之所聚也 221/117/8
所用者不過三〇 225/120/25
今將軍必負十〇、二十〇之眾乃用之 225/120/25
今以三〇之眾而應強國之兵 225/120/29
君無十餘、二十〇之眾 225/121/3
而徒以三〇行於天下 225/121/3
分為〇國 225/121/4

而以集兵三○ 225/121/5
今取古之為○國者 225/121/5
能具數十○之兵 225/121/5
齊以二十○之眾攻荊 225/121/6
趙以二十○之眾攻中山 225/121/6
我其以三○救是者乎哉 225/121/7
○家之邑相望也 225/121/8
而索以三○之眾 225/121/8
百○之眾折於外 236/126/19
今秦○乘之國 236/127/24
梁亦○乘之國 236/127/25
俱據○乘之國 236/127/25
今趙○乘之強國也 237/128/13
今君易○乘之強趙 237/128/15
○金之財 238/128/25
若○戶之都 251/134/20
乃與之○家之邑一 264A/140/10
以賞田百○祿之 270/142/5
賜之田二十○ 270/142/10
巴寧、爨襄田各十○ 270/142/10
故又與田四十○ 270/142/13
加之百○之上 270/142/13
使百四十○ 270/142/13
武力二十餘○ 272/143/8
蒼頭二千○ 272/143/8
奮擊二十○ 272/143/9
廝徒十○ 272/143/9
卒不過三十○人 273/143/22
不下十○ 273/143/25
請國出五○人 291/149/9
衍請因令王致○戶邑於先生 294/150/8
覆十○之軍 301/153/3
301/153/12
臣○乘之魏 301/153/12
而持三○乘之國輔之 303B/154/10
夫舍○乘之事而退 304/154/21
十○之軍拔邯鄲 310/157/13
臣以為不下三十○ 310/157/26
以三十○之眾 310/157/26
戴三十○之眾 310/157/27
為起兵十○ 314/160/11
乃為之起兵八○ 314/160/22
即王有○乘之國 319/164/10
且夫魏一○乘之國 338/169/3
是亡一○乘之魏 338/169/5
無忌將發十○之師 340/169/29
伏屍百○ 343/171/20
○人之眾 344A/172/5
悉之不過三十○ 348A/173/19
見卒不過二十○而已矣 348A/173/19
秦帶甲百餘○ 348A/173/20
請為公以五○攻西周 355/175/28
數○之眾 363/179/18
是令得行於○乘之主也 372/182/10
令楚兵十餘○在方城之外 383A/184/23
臣請令楚築○家之都於雍氏之旁 383A/184/23
○於周之時 387/187/24
以○乘自輔 388/188/4
而信於○人之上也 390/188/26
韓氏之士數十○ 391/189/19
此其家○金 402/193/3
○分之一也 407/194/5
於秦亦○分之一也 407/194/6
而數十○之眾 408/194/17
王以○乘下之 412/196/5
死者數○眾 416A/199/25
夫列在○乘 419/201/14
強○乘之國也 419/201/18
此所謂強○乘之國也 419/201/19
○乘之主 420/203/13
秦之所殺三晉之民數百○ 422/204/26
燕得甲首二○人 426/207/1
今軍敗亡二○人 426/207/2
得首三○ 426/207/8
夷○乘之強國 431/210/7
○世之善計 432/210/22
以事強而不可以為○世 432/210/23
遽起六十○以攻趙 438/213/6
令栗腹以四十○攻鄗 438/213/6
使慶秦以二十○攻代 438/213/7
趙使廉頗以八○遇栗腹於鄗 438/213/7
使樂乘以五○遇慶秦於代 438/213/7
王翦將數十○之眾臨漳、鄴 440/215/22
邑○家 440/216/7,440/216/12
則○世無魏 446B/219/30
我○乘之國也 455/223/6
持戟百○ 461/226/10
君前率數○之眾入楚 461/226/10
斬首二十四○ 461/226/12

亡 wáng 263

昌他○西周 19/7/12
亟○來○來 19/7/14
厹由卒○ 24/8/25
恐一日之○國 24/8/28
周必○矣 33/11/11
魏○二縣 33/11/12
秦飢而宛○ 35/11/24
魏攻蔡而鄭○ 35/11/24
邾、莒○於齊 35/11/25
陳、蔡○於楚 35/11/25
396C/191/14
衛鞅○魏入秦 39/12/22
世有三○ 42/15/11
以亂攻治者○ 42/15/12
以邪攻正者○ 42/15/12
以逆攻順者○ 42/15/12
夫戰者萬乘之存○也 42/15/27
荊王○奔走 42/16/2
今荊人收○國 42/16/4
令魏氏收○國 42/16/9
彼固○國之形也 42/16/14
然則是舉趙則韓必○ 42/16/18
韓○則荊、魏不能獨立 42/16/19
一舉而三晉○ 42/16/20
乃取欺於○國 42/16/22
且夫趙當○不○ 42/16/22
舉趙○韓 42/17/9
韓不○ 42/17/11
韓自知○三川 44/18/7
遂○ 48A/19/9
是我○於秦而取償於齊也 50/21/15
僅以救○者 50/21/19
存○之機 51/22/4
則君一舉而○國矣 54/22/28
王遂○臣 56/23/29
甘茂○秦 61A/24/27
存○之機也 66/27/5
吳不○越 66/27/11

越故〇吳 66/27/11
齊不〇燕 66/27/11
燕故〇齊 66/27/11
齊〇於燕 66/27/11
吳〇於越 66/27/11
誠能〇齊 66/27/14
〇不足以為臣憂 73A/30/6
死〇之患 73A/30/15
魏、韓見必〇 73A/31/21
七日而叢〇 74/32/18
趙〇 78/34/4
78/34/5,202/103/10
南〇鄢、郢、漢中 78/34/4
不〇一甲 78/34/5
君〇國 79/34/13
今〇汝南 79/34/16
今應侯〇地而言不憂 79/34/19
主雖〇絕 81/36/5
遂以殺身〇國 81/36/22
寧〇三城而悔 83A/38/20
吾不知水之可〇人之國也 83B/39/2
身死國〇 83B/39/4
是魏勝楚而〇地於秦也 84A/39/11
流〇為臣妾 87/41/20
韓、魏之不〇 87/41/20
今〇於楚 91/44/4
必無危〇之患矣 93/44/29
大王之國〇 95/46/21
〇趙自危 95/46/24
則是大王名〇趙之半 95/46/25
秦不足〇 95/46/26
因以〇矣 95/46/27
趙必〇 95/47/2
趙何時〇 95/47/2
期年而〇 95/47/3
今國危〇 95/47/4
五月趙〇 95/47/13
趙去司空馬而國〇 95/47/16
國〇者 95/47/16
至身死國〇 96/48/7
〇 99/49/12
韓見且〇 103/51/2
田忌〇齊而之楚 106/51/29
田忌〇人也 106/52/2
而戰勝存〇之機決矣 112/54/31
以〇隨其後 112/55/1
〇隨其後 113/55/19
雖有勝名而有〇之實 113/55/20
趙〇卒數十萬 113/55/21
終〇其酒 117/57/17
脣〇則齒寒 120/58/13
今日〇趙 120/58/13
義救〇趙 120/58/14
趙、魏〇之後 121/58/22
有存〇繼絕之義 130/63/9
〇故去 136A/67/7
滅〇無族之時 136B/67/27
此〇國之形也 142/71/9
用兵窮者〇 142/72/2
而卒身死國〇 142/72/3
蔡恃晉而〇 142/72/5
則〇天下可跼足而須也 142/72/10
〇矢之大半 142/72/23
然而智伯卒身死國〇 142/72/28
然而國遂〇 142/73/3
向子以輿一乘〇 143/74/13
破〇餘卒 143/74/23,148/78/9
殺身〇聊城 145/75/12
以為〇南陽之害 145/75/15
王惡得此〇國之言乎 147/77/23
惡得此〇國之言乎 147/77/27
宗廟〇矣 148/78/14
莒中及齊〇臣相聚 149B/79/1
老婦已〇矣 149B/79/12
秦國可〇 150/79/26
趙有〇形 156/81/21
趙見〇形 156/81/22
天下後服者先〇 168/86/17
此危〇之術也 168/86/26
且大王嘗與吳人五戰三勝而〇之 168/87/5
遂〇漢中 168/87/10
楚國〇之月至矣 170/89/6
使下臣來告〇 170/89/15
生與〇為鄰 189/96/27
楚國必〇矣 192/97/23
〇羊而補牢 192/97/28
桀、紂以天下〇 192/97/29
殷王而夏〇 197/99/27
此為劫弒死〇之主言也 197/100/1
夫劫弒死〇之主也 197/100/8
乃〇去 200/102/13
〇不能存 203/104/16
臣聞脣〇則齒寒 203/104/20
趙將〇矣 203/104/20
〇則二君為之次矣 203/104/21
國〇地分 203/105/13
亦所以〇也 203/105/13
欲〇韓吞兩周之地 209/108/14
皆曰韓〇三川 209/108/19
楚人久伐而中山〇 209/108/20
齊〇魏 214/111/5
〇其北陽而梁危 215/111/10
齊、趙必俱〇矣 215/111/13
惟寐〇之 217/112/1
而勝敗存〇之機節 218/113/19
夫慮收〇齊、罷楚、敝魏與不可知之趙 219/115/1
中山必〇 229A/122/18
我已〇中山 229A/122/19
趙以〇敗之餘衆 231/123/10
此乃強吳之所以〇 231/123/13
驕奢不與死〇期 232/123/20
而死〇至 232/123/20
趙且〇 233/125/4
〇一都尉 235/125/27
未期年而葺〇走矣 240/129/26
王能〇燕 246/131/10
能〇韓、魏 246/131/10
趙必〇矣 247/131/24,405/193/22
存〇繼絕 249/134/2
知氏遂〇 264A/140/12
魏之〇可立而須也 273/144/6
韓氏〇 282/147/6
韓恐〇 282/147/7
韓氏必〇 283/147/13
需〇 292/149/20
臣請〇 292/149/20
殺之〇之 292/149/21
吾為子殺之〇之 292/149/22
是趙存而我〇也 304/154/23
身處死〇之地 304/155/1
魏王之恐也見〇矣 305/155/7
後世必有以酒〇其國者 307/155/27
後世必有以味〇其國者 307/156/1
後世必有以色〇其國者 307/156/2
後世必有以高臺陂池〇其國者 307/156/3
足以〇其國 307/156/5

而隨以○ 310/157/15
則國救○不可得也已 310/157/19
陰必○ 310/157/29
魏無見○之危 313/159/29
韓○ 315/161/6
韓○之後 315/161/9,315/161/14
大梁必○矣 315/161/18
隨安陵氏而欲○之 315/161/19
所○乎秦者 315/161/25
韓知○ 315/161/29
非盡○天下之兵 315/162/1
○趙之始也 317A/162/20
晉人欲○虞而伐虢 317A/162/20
○虞之始也 317A/162/21
魏王之懼也見○ 317B/163/12
山東見○必恐 318/163/24
齊伐釐、莒而晉人○曹 319/164/3
齊和子亂而越人○繒 319/164/4
伐榆關而韓氏○鄭 319/164/4
秦、翟年穀大凶而晉人
○原 319/164/5
齊、魏伐楚而趙○中山 319/164/5
此五國所以○者 319/164/5
天下之○國皆然矣 319/164/6
韓且坐而胥○乎 320/164/15
以大梁之未○也 323/165/9
今日大梁○ 323/165/9
夫○寧者 332/167/22
是○一萬乘之魏 338/169/5
降城○子不得與焉 340/170/2
今王○地數百里 342/170/29
○城數十 342/170/29
且秦滅韓○魏 343/171/16
夫韓、魏滅○ 343/171/25
又○其行子之術 346/172/23
雖欲無○ 348A/173/29
魏兩用犀首、張儀而西
河之外○ 348B/174/10
韓必○ 359/177/18
魏且旦暮○矣 364/179/25
且○ 368/181/13
公○ 368/181/13
幾瑟○之楚 382/184/17
今幾瑟○之楚 382/184/17
齊、楚後至者先○ 382/184/19
幾瑟○在楚 383A/184/23
○去 385/185/19
山東無以救○ 389/188/16
猶將○之也 389/188/17
389/188/17,389/188/18
適足以自令亟○也 389/188/18
必皆○矣 389/188/19
韓○美人與金 393/190/5
皆曰以燕○於齊 396C/191/13
魏○於秦 396C/191/13
無之而○者 405/193/19
且燕○國之餘也 409/195/2
而○國之臣貪於財 415/198/26
彼且德燕而輕○宋 415/198/27
則齊可○已 415/198/27
此乃○之之勢也 415/198/31
子之○ 416A/199/28
○國與役處 418/200/24
楚得枳而國○ 422/203/25
齊得宋而國○ 422/203/25
必○之 422/204/14
今軍敗○二萬人 426/207/2
故中山○ 432/211/8
燕必○ 432/211/8
此必皆○ 432/211/9
今我已○之矣 437/212/27
○歸 440/214/18
樊將軍○秦之燕 440/214/23
不知吾精已消○矣 440/215/6
乃佯○其太子 448B/220/21
非有大罪而○ 448B/220/22
魏○西河之外 449/220/28
恐○其國 454/222/17
彼患○其國 454/222/24
是君廢其王而○其國 454/222/25
若此不○者 459A/225/12
中山君○ 459B/225/17
吾以一杯羊羹○國 459B/225/20
○五校 461/226/8

王 wáng 3124

大○勿憂 1/1/3,1/1/8
謂齊○曰 1/1/4
1/1/8,11C/5/10,36/12/3
118/57/24,247/131/23
288/148/23,433/211/20
願大○圖之 1/1/5,39/13/1
齊○大悅 1/1/6
齊○曰 1/1/10
1/1/11,1/1/17,61A/25/11
112/55/10,113/55/27
114/56/3,115/56/23
141A/70/10,278/146/8
288/148/24,313/159/23
411/195/26,433/211/24
○曰 1/1/13,32/11/1,44/17/21
48B/19/19,49/19/28,49/20/2
49/20/10,50/21/4,50/21/14
55/23/18,55/23/22,56/23/28
61B/25/16,61B/25/17
71/28/22,73A/30/28
73A/31/12,73A/31/17
73A/31/22,79/34/14
80/35/14,83A/38/17
83A/38/20,83B/38/25
83B/38/26,86/40/8,92/44/12
96/48/4,96/48/10,100/49/19
101/50/4,108/52/25
109/53/9,114/56/5
115/56/15,115/56/19
115/56/29,125/61/10
125/61/10,131/63/22
136B/67/15,137/68/23
137/69/5,137/69/6
141B/70/18,141B/70/19
143/74/17,143/74/18
146/76/25,146/76/28
147/77/14,147/77/22
147/77/23,147/77/24
150/79/19,153/80/19
157B/82/8,159/82/19
159/82/20,159/82/22
161/83/19,165/84/25
166/85/3,166/85/4
170/88/19,170/88/23
177/92/11,177/92/16
177/92/20,177/92/29
180/93/29,182/94/13
182/94/14,182/94/21
182/94/23,182/94/24
182/94/25,190/97/4
190/97/10,190/97/11
198/100/20,211/109/16
211/109/22,211/109/28
221/116/16,221/116/25

221/117/13,221/118/2
221/118/5,221/118/14
221/118/21,222/119/10
222/119/11,222/119/16
222/119/19,224/120/11
227/121/21,230/123/1
230/123/2,230/123/2
233/123/28,233/124/3
233/124/6,233/124/7
233/124/12,233/124/28
235/126/1,238/128/25
239A/129/7,250/134/9
250/134/12,256/136/15
256/136/17,257/136/28
258A/137/3,258A/137/4
258A/137/4,258A/137/5
258A/137/6,258A/137/7
258A/137/10,270/142/9
270/142/12,287/148/11
292/149/20,293/149/27
293/149/28,293/150/3
298/152/15,306/155/18
306/155/19,306/155/20
306/155/21,311/158/19
311/158/19,311/159/2
314/160/4,314/160/8
314/160/18,320/164/16
320/164/16,320/164/17
320/164/18,341/170/14
341/170/15,341/170/16
344A/172/5,361/179/5
362/179/9,384/185/10
384/185/10,384/185/12
396A/190/26,403/193/10
415/197/31,415/198/5
415/198/11,415/198/21
415/198/29,420/202/15
420/202/16,420/202/21
420/202/28,420/203/6
421/203/21,426/206/28
426/207/7,428/207/29
438/213/5,442/218/16
442/218/22,450/221/11
455/223/16,461/225/29
461/226/8,461/226/30
弊邑固竊為大○患之 1/1/13
今大○縱有其人 1/1/16
臣竊為大○私憂之 1/1/16
齊○乃止 1/1/18
秦○不聽群臣父兄之義
　而攻宜陽 2/1/25
秦○恥之 2/1/25
為東周謂韓○曰 3A/2/6
楚○與魏○遇也 5A/2/26
若其○在陽翟 5A/2/28
又謂秦○曰 5B/3/5
楚○怒周 6/3/10
為周謂楚○曰 6/3/10
以○之強而怒周 6/3/10
則是勁○之敵也 6/3/11
故○不如速解周恐 6/3/11
必厚事○矣 6/3/12
莫非○土 9/4/9
莫非○臣 9/4/9
欲決霸○之名 11A/4/26
周最於齊○也而逐之 11B/5/3
且反齊○之信 11B/5/5
齊○誰與為其國 11B/5/5
君不如令○聽最 12/5/16
公何不令人謂韓、魏之
　○曰 13/5/23
則秦、趙必相賣以合於
　○也 13/5/24
為周最謂魏○曰 14A/5/28
而○無人焉 14A/6/1
○不去周最 14A/6/1
魏○以國與先生 14B/6/6
公不如謂魏○、薛公曰 14B/6/8
請為○入齊 14B/6/8
○遂伐之 14B/6/9
如累○之交於天下 14B/6/9
○為臣賜厚矣 14B/6/9
則○亦無齊之累也 14B/6/10
及○病 15/6/15
司馬翦謂楚○曰 17/6/27
翦今楚○資之以地 17/6/29
○類欲令若為之 17/7/1
公不如遂見秦○曰 18/7/7
請謂○聽東方之處 18/7/7
以西周之於○也 20/7/20
令弊邑以君之情謂秦○曰 22/8/6
欲○令楚割東國以與齊也 22/8/7
秦○出楚○以為和 22/8/8
楚○出 22/8/9
楚○怒 24/8/24
164/84/16,301/153/16
游騰謂楚○曰 24/8/24
而憂大○ 24/8/28
楚○乃悅 24/8/28
昭應謂楚○曰 25/9/5
楚○始不信昭應之計矣 25/9/6
必勸楚○益兵守雍氏 25/9/7
不如譽秦○之孝也 26/9/15
秦○、太后必喜 26/9/15
吾得將為楚○屬怒於周 28/10/3
○必求之 28/10/5
○必罪之 28/10/5
君使人告齊○以周最不
　肯為太子也 30/10/15
臣恐齊○之為君實立果
　而讓之於最 30/10/18
或為周君謂魏○曰 31/10/23
○何不出於河南 31/10/23
魏○以上黨之急辭之 32/10/29
反見魏○ 32/11/1
且誰怨○ 32/11/2
臣為○有患也 32/11/2
而設以國為○扞秦 32/11/2
而○無之扞也 32/11/3
魏○曰 32/11/4
198/100/19,198/100/20
201/103/1,272/143/17
273/144/20,276/145/23
301/153/8,309/156/28
311/158/15,312/159/15
312/159/17,327/166/9
327/166/10,327/166/13
338/169/1,341/170/19
401/192/25,450/221/9
今○許戍三萬人與溫囿 32/11/5
其以事○者 32/11/6
魏○因使孟卯致溫囿於
　周君而許之戍也 32/11/7
樊餘謂楚○曰 33/11/11
楚○恐 33/11/14
周最謂秦○曰 34/11/18
為○之國計者 34/11/18
則秦孤而不○矣 34/11/19
故勸○攻周 34/11/20
○何不以地齎周最以為
　太子也 36/12/3

齊○令司馬悍以賂進周
最於周 36/12/3
悍請令○進之以地 36/12/5
為西周謂魏○曰 37/12/9
彼且攻○之聚以利秦 37/12/10
魏○懼 37/12/10
285/147/27,288/148/18
惠○代後 39/12/26
人說惠○曰 39/12/29
莫言大○之法 39/13/1
大○更為臣也 39/13/1
固大○仇讎也 39/13/1
惠○車裂之 39/13/2
蘇秦始將連橫說秦惠○曰 40/13/6
大○之國 40/13/6
73A/30/23,272/143/2
以大○之賢 40/13/8
願大○少留意 40/13/9
秦○曰 40/13/12,48B/19/23
53/22/19,61A/25/5,61A/25/7
84A/39/13,86/40/14
86/40/17,86/40/19,96/48/18
219/114/28,258B/138/5
309/156/24,325/165/26
325/165/26,338/169/1
343/171/19,343/171/20
366/180/23,388/188/3
388/188/7,396B/191/7
439/214/10
臣固疑大○之不能用也 40/13/16
文○伐崇 40/13/17
武○伐紂 40/13/17
雖古五帝、三○、五伯 40/13/22
○固不能行也 40/13/26
說秦○書十上而說不行 40/13/29
見說趙○於華屋之下 40/14/6
趙○大悅 40/14/6,430/208/28
○侯之威 40/14/10
廷說諸侯之○ 40/14/15
將說楚○ 40/14/17
秦惠○謂寒泉子曰 41A/14/24
秦惠○曰 41A/14/27
泠向謂秦○曰 41B/15/3
向欲以齊事○ 41B/15/3
安邑○之有也 41B/15/3
必割地以交於○矣 41B/15/4
齊必重於○ 41B/15/4

且以恐齊而重○ 41B/15/4
○何惡向之攻宋乎 41B/15/5
向以○之明為先知之 41B/15/5
張儀說秦○曰 42/15/9
大○裁其罪 42/15/10
伯○之名不成 42/15/23
42/16/11,42/17/11
荊○亡奔走 42/16/2
然則是一舉而伯○之名可成也
42/16/3,42/16/8
此固已無伯○之道一矣 42/16/5
大○以詐破之 42/16/6,42/16/15
此固已無伯○之道二矣 42/16/9
此固已無伯○之道三矣 42/16/11
大○拱手以須 42/16/20
伯○之名可成也 42/16/21
以大○之明 42/16/21
伯○之業 42/16/22
大○又并軍而致與戰 42/16/24
願大○有以慮之也 42/16/27
武○將素甲三千領 42/17/3
臣昧死望見大○ 42/17/9
以成伯○之名 42/17/10
大○試聽其說 42/17/10
大○斬臣以徇於國 42/17/11
司馬錯與張儀爭論於秦
惠○前 44/17/21
此○業也 44/17/26
115/56/19,382/184/19
而○不爭焉 44/17/28
去○業遠矣 44/17/29
欲○者 44/18/1
而○隨之矣 44/18/2
今○之地小民貧 44/18/2
○不能禁 44/18/9
惠○曰 44/18/9,434/212/6
因令楚○為之請相於秦 45/18/16
張子謂秦○曰 45/18/16
楚○因為請相於秦 45/18/17
○欲窮儀於秦乎 45/18/17
臣請助○ 45/18/18
楚○以為然 45/18/18
今○誠聽之 45/18/18
彼必以國事楚○ 45/18/18
秦○大怒 45/18/19,80/35/11
90/43/26,228/122/4
請秦○曰 46/18/23

甘茂謂○曰 46/18/24
○割漢中以為和楚 46/18/25
楚必畔天下而與○ 46/18/25
○今以漢中與楚 46/18/25
○何以市楚也 46/18/26
張儀謂秦○曰 47/18/30
49/19/27,367/181/2
○必取之 47/18/31
○用儀言 47/19/1
犀首戰勝威○ 47/19/1
田莘之為陳軫說秦惠○
曰 48A/19/6
臣恐○之如郭君 48A/19/6
今秦自以為○ 48A/19/9
能害○者之國者 48A/19/10
願○勿聽也 48A/19/11
○怒而不聽 48A/19/11
張儀又惡陳軫於秦○ 48B/19/16
○何不聽乎 48B/19/17
○謂陳軫曰 48B/19/19
陳軫為○臣 49/19/27
願○逐之 49/19/27
願○殺之 49/19/28
○召陳軫告之曰 49/20/1
以順○與儀之策 49/20/3
今楚○明主也 49/20/6
而常以國輸楚○ 49/20/7
○必不留臣 49/20/7
問○曰 49/20/10
臣不忠於○ 49/20/14
○以為然 49/20/15,93/45/13
惠○患之 50/20/19
○其為臣約車并幣 50/20/20
張儀南見楚○曰 50/20/23
弊邑之○所說甚者 50/20/23
無大大○ 50/20/23
亦無大大○ 50/20/23
弊邑之○所甚憎者 50/20/24
亦無先齊○ 50/20/24
亦無大齊○ 50/20/24
今齊○之罪 50/20/24
其於弊邑之○甚厚 50/20/25
是以弊邑之○不得事令 50/20/25
大○苟能閉關絕齊 50/20/26
臣請使秦○獻商於之地 50/20/26
齊弱則必為○役矣 50/20/27
楚○大說 50/21/1,357/176/26

楚○曰 50/21/2,50/21/11
98/49/5,122/59/11,122/60/7
153/80/24,157A/81/30
161/83/20,164/84/18
167/86/7,168/87/26
180/93/27,182/94/12
182/94/15,184/95/14
305/155/9,305/155/13
352/175/8,375/183/6
夫秦所以重○者 50/21/4
以○有齊也 50/21/4
○必惋之 50/21/6
楚○不聽 50/21/7,50/21/18
85/39/24,377/183/17
楚○使人絕齊 50/21/7
乃使勇士往詈齊○ 50/21/11
使者反報楚○ 50/21/13
楚○大怒 50/21/13
168/87/10,175/91/22
○不如因而賂之一名都 50/21/14
○今已絕齊 50/21/15
陳軫謂楚○曰 51/21/23
165/84/24
○不如以地東解於齊 51/21/23
楚○使陳軫之秦 51/21/25
秦○謂軫曰 51/21/25
故子棄寡人事楚○ 51/21/26
○獨不聞吳人之遊楚者
乎 51/21/27
楚○甚愛之 51/21/27
今軫將為○吳吟 51/21/29
○不聞夫管與之說乎 51/21/29
○起兵救之 51/22/3
唯○可也 51/22/4
秦惠○死 52/22/9
陳軫謂秦○曰 53/22/18
351/174/27
○不如賂之以撫其心 53/22/18
醫扁鵲見秦武○ 54/22/26
武○示之病 54/22/26
秦武○謂甘茂曰 55/23/3
○令向壽輔行 55/23/4
子歸告○曰 55/23/6
然願○勿攻也 55/23/6
向壽歸以告○ 55/23/7
○迎甘茂於息壤 55/23/7
○問其故 55/23/9,257/136/22
今○倍數險 55/23/10
天下不以為多張儀而賢
先○ 55/23/11
○必聽之 55/23/13
是○欺魏 55/23/13
而○之信臣又未若曾子
之母也 55/23/18
臣恐○為臣之投杼也 55/23/18
爭之○ 55/23/21
○將聽之 55/23/21
馮章謂秦○曰 56/23/27,56/23/29
楚○以其言責漢中於馮
章 56/23/29
○遂亡臣 56/23/29
固謂楚○曰 56/23/29
寡人固無地而許楚○ 56/23/29
我以宜陽餌○ 57/24/4
秦○懼 59/24/16,73B/32/10
秦○謂甘茂曰 60/24/21
○勿患也 60/24/22,423/205/10
則○勿聽其事 60/24/22
則○必聽之 60/24/22
○因而制之 60/24/23
乃西說秦○曰 61A/25/4
蘇秦偽謂○曰 61A/25/9
茂德○之賜 61A/25/9
願為○臣 61A/25/10
今○何以禮之 61A/25/10
○若不留 61A/25/10
必不德○ 61A/25/10
秦○愛公孫衍 61B/25/15
甘茂因入見○曰 61B/25/16
○得賢相 61B/25/16
○且相犀首 61B/25/17
○怒於犀首之泄也 61B/25/18
甘茂謂秦○曰 62/25/22
○不如使魏制和 62/25/24
○不惡於魏 62/25/24
趙○喜 63/25/28
211/109/26,308/156/11
秦○使公子他之趙 63/26/1
謂趙○曰 63/26/1
94/46/7,212/110/21
217/111/25,234/125/18
250/134/9,314/160/7
臣竊必之弊邑之○曰 63/26/6
秦○明而熟於計 63/26/6
63/26/14
秦○安能制晉、楚哉 63/26/9
故臣竊必之弊邑之○曰 63/26/14
先○積怒之日久矣 64/26/21
文聞秦○欲以呂禮收齊 65/26/26
君不如勸秦○令弊邑卒
攻齊之事 65/26/27
秦○畏晉之強也 65/26/28
不當桀、紂不○ 66/27/8
不遭時不得帝○ 66/27/8
報惠○之恥 66/27/9
成昭○之功 66/27/9
辛、張陽、毋澤說魏○
、薛公、公叔也 67/27/19
載主契國以與○約 67/27/20
夫楚○之以其臣請挈領
然而臣有患也 67/27/21
夫楚○之以其國依冉也 67/27/21
秦○欲為成陽君求相韓
、魏 71/28/21
秦太后為魏冉謂秦○曰 71/28/21
成陽君以○之故 71/28/22
今○見其達而收之 71/28/22
恐不為○用 71/28/23
范子因○稽入秦 72/28/28
獻書昭○曰 72/28/28
豈敢以疑事嘗試於○乎 72/29/3
獨不重任臣者後無反覆
於○前耶 72/29/3
然則聖○之所棄者 72/29/7
臣愚而不闔於○心耶 72/29/12
秦○說之 72/29/15,396B/191/3
因謝○稽說 72/29/15
○庭迎 73A/29/19
秦○屏左右 73A/29/23
秦○跪而請曰 73A/29/23
秦○復請 73A/29/24
秦○跽曰 73A/29/27,73A/30/18
臣聞始時呂尚之遇文○
也 73A/29/29
故文○果收功於呂尚 73A/30/1
卒擅天下而身立為帝○ 73A/30/2
即使文○疏呂望而弗與
深言 73A/30/2
而文、武無與成其○也 73A/30/2
交疏於○ 73A/30/3
而未知○心也 73A/30/4

所以○三問而不對者是也 73A/30/4
大○信行臣之言 73A/30/5
三○之仁而死 73A/30/7
而存先○之廟也 73A/30/19
此天所以幸先○而不棄其孤也 73A/30/19
秦○亦再拜 73A/30/21
霸○之業可致 73A/30/25
而大○之計有所失也 73A/30/25
大○越韓、魏而攻強齊 73A/31/1
臣意○之計欲少出師 73A/31/2
○不如遠交而近攻 73A/31/6
得寸則○之寸 73A/31/6
得尺亦○之尺也 73A/31/6
○若欲霸 73A/31/8
○不如收韓 73A/31/17
不聞其○ 73B/31/26
不聞其有○ 73B/31/27
夫擅國之謂○ 73B/31/27
能專利害之謂○ 73B/31/27
制殺生之威之謂○ 73B/31/27
下乃所謂無○已 73B/32/1
而令焉得從○出乎 73B/32/1
穰侯使者操○之重 73B/32/2
縮閔○之筋 73B/32/5
卒無秦○ 73B/32/6
臣今見○獨立於廟朝矣 73B/32/7
非○之子孫也 73B/32/7
昭○謂范睢曰 73B/32/12
應侯謂昭○曰 74/32/16
○之叢 74/32/18
○之神 74/32/18
○亦用之 74/32/21
至尉、內史及○左右 74/32/23
臣必聞見○獨立於庭也 74/32/24
臣竊為○恐 74/32/24
非○子孫也 74/32/24
然則令何得從○出 74/33/1
是我○果處三分之一也 74/33/1
范睢謂秦昭○曰 75/33/6
今○將攻韓圍陘 75/33/8
臣願○之毋獨攻其地 75/33/8
○攻韓圍陘 75/33/9
且削地而以自贖於○ 75/33/9
則○逐張儀 75/33/10
則○之所求於韓者 75/33/10
天下之○尚猶尊之 76/33/17
是天下之○不如鄭賈之智也 76/33/17
○勿憂也 77/33/22
308/156/10,311/158/24
○見大○之狗 77/33/23
秦○○矣 78/34/4
秦○○ 78/34/5
秦昭○謂應侯曰 79/34/13
秦○以為不然 79/34/19
秦○師君 79/34/22
今傲勢得秦為○將 79/34/23
蒙傲以報於昭○ 79/34/24
秦○弗聽也 79/34/27
莊謂○稽曰 80/35/3
○稽曰 80/35/3
吾與○也 80/35/3
今君雖幸於○ 80/35/6
○稽不聽 80/35/8
果惡○稽、杜摯以反 80/35/9
○舉臣於羈旅之中 80/35/12
天下皆聞臣之身與○之舉也 80/35/12
而○明誅之 80/35/13
是○過舉顯於天下 80/35/13
○必不失臣之罪 80/35/14
聞應侯任鄭安平、○稽 81/35/19
將見昭○ 81/35/20
彼一見秦○ 81/35/21
秦○必相之而奪君位 81/35/21
願以為君○ 81/35/27
吳起事悼○ 81/36/3
大夫種事越○ 81/36/4
閎夭事文○ 81/36/14
周公輔成○也 81/36/14
孰與秦孝公、楚悼○、越○乎 81/36/16
不過秦孝、越○、楚悼 81/36/17
吳○夫差無適於天下 81/36/22
大夫種為越○墾草剏邑 81/37/3
言於秦昭○曰 81/37/13
秦昭○召見 81/37/14
昭○彊起應侯 81/37/16
昭○新說蔡澤計畫 81/37/16
蔡澤相秦○數月 81/37/19
昭○、孝文○、莊襄○ 81/37/20
楚○引歸 82A/37/24
韓春謂秦○曰 82B/38/6
臣請為○因眠與佐也 82B/38/8
終以齊奉事○矣 82B/38/9
秦○謂樓緩曰 83A/38/13
○何不召公子池而問焉 83A/38/14
○召公子池而問焉 83A/38/17
○割河東而講 83A/38/18
○必曰 83A/38/18,455/223/17
○不講 83A/38/19
○又曰 83A/38/19
秦昭○謂左右曰 83B/38/25
願○之勿易也 83B/39/5
營淺謂秦○曰 84A/39/10
○何不謂楚○曰 84A/39/10
魏○倍寡人也 84A/39/10
○何不與寡人遇 84A/39/11
是○以魏地德寡人 84A/39/11
則○攻其南 84A/39/12
楚○揚言與秦遇 84A/39/13
魏○聞之恐 84A/39/13
從秦○與魏○遇於境 84B/39/17
周冣為楚○曰 84B/39/17
楚○因不罪景鯉而德周、秦 84B/39/18
楚○使景鯉如秦 85/39/23
客謂秦○曰 85/39/23
楚○使景所甚愛 85/39/23
○不如留之以市地 85/39/23
楚○聽 85/39/24
秦○乃留景鯉 85/39/25
景鯉使人說秦○曰 85/39/27
臣見○之權輕天下 85/39/27
今大○留臣 85/39/28
秦○乃出之 85/40/2
秦○欲見頓弱 86/40/6
○能使臣無拜 86/40/6
秦○許之 86/40/7,297/151/11
○知之乎 86/40/8
143/74/16,143/74/17
143/74/18,258A/137/9
○乃是也 86/40/11
秦○悖然而怒 86/40/11
臣竊為大○不取也 86/40/14
167/85/27,256/136/18
○資臣萬金而遊 86/40/15
即楚○ 86/40/18
楚○ 86/40/18

即○雖有萬金 86/40/18
齊○入朝 86/40/20
頃襄○二十年 87/40/24
燒先○之墓 87/40/24
○徙東北 87/40/24
襄○以為辯 87/40/26
說昭○曰 87/40/26
今聞大○欲伐楚 87/40/27
先帝文○、莊○ 87/40/29
○之身 87/40/29
今○三使盛橋守事於韓 87/40/30
是○不用甲 87/40/30
○可謂能矣 87/41/1
○又舉甲兵而攻魏 87/41/1
○之功亦多矣 87/41/2
○申息眾二年 87/41/2
○又割濮、磨之北屬之燕 87/41/4
○之威亦憚矣 87/41/5
○若能持功守威 87/41/5
三○不足四 87/41/5
○若負人徒之眾 87/41/8
還為越○禽於三江之浦 87/41/12
今○妬楚之不毀也 87/41/13
臣為大○慮而不取 87/41/14
今○中道而信韓、魏之善○也 87/41/16
○既無重世之德於韓、魏 87/41/17
今○之攻楚 87/41/21
是○攻楚之日 87/41/21
○將藉路於仇讎之韓、魏乎 87/41/21
兵出之日而○憂其不反也 87/41/22
是○以兵資於仇讎之韓、魏 87/41/22
○若不藉路於仇讎之韓、魏 87/41/22
○雖有之 87/41/24
是○有毀楚之名 87/41/24
且○攻楚之日 87/41/26
四國必應悉起應○ 87/41/26
而○使之獨攻 87/42/2
○破楚於以肥韓、魏於中國而勁齊 87/42/2
於以禁○之為帝有餘 87/42/4
夫以○壤土之博 87/42/4
是○失計也 87/42/6
臣為○慮 87/42/8
○襟以山東之險 87/42/8
○以十成鄭 87/42/9
○一善楚 87/42/10
是○之地一任兩海 87/42/11
或為六國說秦○曰 88/42/16
稱夏○ 88/42/20
梁○身抱質執璧 88/42/22
郢威○聞之 88/42/22
以同言郢威○於側紂之間 88/42/26
臣豈以郢威○為政衰謀亂以至於此哉 88/42/26
謂秦○曰 89/43/3,309/157/5,366/180/10,419/201/27
臣竊惑○之輕齊易楚 89/43/3
○兵勝而不驕 89/43/3
今○廣德魏、趙 89/43/4
臣竊為大○慮之而不取也 89/43/5
故先○之所重者 89/43/7
吳○夫差棲越於會稽 89/43/8
今○破宜陽 89/43/13
○若能為此尾 89/43/14
則三○不足四 89/43/14
○若不能為此尾 89/43/15
以○為吳、智之事也 89/43/15
今大○皆有驕色 89/43/18
秦○與中期爭論 90/43/26
或為中期說秦○曰 90/43/26
秦○因不罪 90/43/27
太后坐○而泣 92/44/10
○因疑於太子 92/44/10
昭衍見梁○ 92/44/11
梁○曰 92/44/11
秦疑於○之約 92/44/12
秦○之計曰 92/44/13
乃說秦○后弟陽泉君曰 93/44/26
○之春秋高 93/44/27
○年高矣 93/44/29
○后無子 93/44/29
○一日山陵崩 93/44/30
○后之門 93/44/30
○后誠請而立之 93/45/1
○后無子而有子也 93/45/2
入說○后 93/45/2
○后乃請趙而歸之 93/45/3
○后欲取而子之 93/45/5
秦○老矣 93/45/7
○后悅其狀 93/45/10
○使子誦 93/45/11
○罷之 93/45/11
今大○反國 93/45/12
大○無一介之使以存之 93/45/13
○后勸立之 93/45/14
○乃召相 93/45/14
○后為華陽太后 93/45/16
見趙○ 94/46/7
趙○郊迎 94/46/7
今○齎臣五城以廣河間 94/46/10
趙○立割五城以廣河間 94/46/10
司空馬說趙○曰 95/46/17
今大○使守小官 95/46/17
請為大○設秦、趙之戰 95/46/18
然則大○之國 95/46/21
大○之國亡 95/46/21
趙○曰 95/46/22,95/46/26,218/114/11,220/116/8,233/125/11,234/125/19,238/128/20,238/128/21,238/128/28,239A/129/4,251/134/18,251/134/20,254/136/4,257/136/27,314/160/7,444/219/7,444/219/9
大○裂趙之半以賂秦 95/46/22
臣請大○約從 95/46/25
則是大○名亡趙之半 95/46/25
請為大○悉趙兵以遇 95/46/28
趙○不能將 95/46/29
大○不用 95/46/29
是臣無以事大○ 95/46/29
司空馬言其為趙○計而弗用 95/47/2
趙○之臣有韓倉者 95/47/3
以曲合於趙○ 95/47/4
○必用其言 95/47/4
○使人代 95/47/7
○觴將軍 95/47/7
受命於○ 95/47/10
秦○召群臣賓客六十人而問焉 96/47/21
秦○大悅 96/47/24
是賈以○之權 96/47/27

願○察之 96/47/27,290/149/5
○召姚賈而問曰 96/48/4
今賈忠○而○不知也 96/48/6
四國之○尚焉用賈之身 96/48/7
今○聽讒 96/48/8
文○用之而○ 96/48/11
楚威○戰勝於徐州 97/48/22
張丑謂楚○曰 97/48/22
○戰勝於徐州也 97/48/22
故○勝之也 97/48/24
復整其士卒以與○遇 97/48/24
必不便於○也 97/48/24
楚○因弗逐 97/48/25
楚○聞之 98/48/29
217/112/11,276/145/22
299/152/20,299/152/21
齊○有輟志 98/48/29
閼說楚○ 98/49/1
公孫閈為謂楚○曰 98/49/4
○獨利魯、宋之小 98/49/4
靖郭君謂齊○曰 100/49/19
威○薨 101/49/28
宣○立 101/49/28
大不善於宣○ 101/49/28
請見宣○ 101/50/1
○之不說嬰甚 101/50/1
宣○聞之 101/50/4
齊貌辨見宣○ 101/50/4
○之方為太子之時 101/50/5
受薛於先○ 101/50/8
雖惡於後○ 101/50/8
吾獨謂先○何乎 101/50/9
且先○之廟在薛 101/50/9
吾豈可以先○之廟與楚乎 101/50/9
宣○大息 101/50/10
靖郭君衣威○之衣 101/50/13
宣○自迎靖郭君於郊 101/50/13
公何不為○謀伐魏 104/51/11
乃說○而使田忌伐魏 104/51/13
亦驗其辭於○前 104/51/17
謂楚○曰 106/52/1
122/59/10,122/59/21
158/82/12,159/82/18
161/83/18,372/182/10
○不如封田忌於江南 106/52/1
必德○ 106/52/2
鄒忌事宣○ 107/52/7
宣○不悅 107/52/7,136B/67/12
○悅之 107/52/7
鄒忌謂宣○曰 107/52/7
宣○因以晏首壅塞之 107/52/8
於是入朝見威○曰 108/52/23
莫不私○ 108/52/24
莫不畏○ 108/52/25
莫不有求於○ 108/52/25
○之蔽甚矣 108/52/25
齊威○使章子將而應之 109/53/6
威○不應 109/53/7,109/53/8
○何不發將而擊之 109/53/8
於是秦○拜西藩之臣而謝於齊 109/53/11
齊○患之 110/53/19
齊○懼乎 110/53/20
陳軫合三晉而東謂齊○曰 111/54/3
古之○者之伐也 111/54/3
願大○之察也 111/54/7
古之五帝、三○、五伯之伐也 111/54/9
願○熟慮之 111/54/13
齊○敬諾 111/54/19
說齊宣○曰 112/54/23
夫以大○之賢與齊之強 112/54/29
竊為大○羞之 112/54/29
臣固願大○之少留計 112/55/8
今主君以趙○之教詔之 112/55/10
張儀為秦連橫齊○曰 113/55/14
然而為大○計者 113/55/15
從人說大○者 113/55/15
大○覽其說 113/55/16
大○不事秦 113/55/23,273/144/4
348A/173/26,413/197/10
臨淄、即墨非○之有也 113/55/24
是故願大○熟計之 113/55/25
○之謀過矣 114/56/4
張儀事秦惠○ 115/56/12
惠○死 115/56/12
183/94/29,201/102/25
武○立 115/56/12,183/94/30
儀事先○不忠 115/56/12
謂武○曰 115/56/15
願效之○ 115/56/15
然後○可以多割地 115/56/16
115/56/24
今齊○甚憎張儀 115/56/16
○以其間伐韓 115/56/18
115/56/26
梁○大恐 115/56/21
○勿患 115/56/21
因謂齊○ 115/56/22
○甚憎張儀 115/56/22
厚矣○之託儀於秦○也 115/56/22
是乃○之託儀也 115/56/24
因與秦○約曰 115/56/24
為○計者 115/56/24
齊○甚憎儀 115/56/25
是○業也 115/56/27
秦○以為然 115/56/27
439/214/13
是○內自罷而伐與國 115/56/28
而信儀於秦○也 115/56/28
張儀謂梁○不用臣言以危國 116/57/3
梁○因相儀 116/57/3
齊○聞之 116/57/6
133/65/24,276/145/21
陳軫為齊○使 117/57/11
○非置兩令尹也 117/57/13
齊○恐 118/57/23
因以上黨二十四縣許秦○ 118/57/24
○欲秦、趙之解乎 118/57/24
蘇秦謂齊○曰 120/58/11
141B/70/18
或謂齊○曰 121/58/19
楚○死 122/58/26,195/99/9
郢中立○ 122/58/27,122/58/28
君因謂其新○曰 122/58/28
吾為○殺太子 122/58/28
可以令楚○亟入下東國 122/59/1
可以為楚○走太子 122/59/2
今○不亟入下東國 122/59/10
則太子且倍○之割而使齊奉己 122/59/11
使楚○聞之 122/59/15
楚○請割地以留太子 122/59/17
楚○聞之恐 122/59/18
以太子權○也 122/59/21
必不倍於○也 122/59/22
○因馳強齊而為交 122/59/22

必聽○ 122/59/23
然則是○去讎而得齊交也 122/59/23
楚○大悅 122/59/23
故曰可以為楚○使太子亟去也 122/59/23
夫剬楚者○也 122/59/26
又使人謂楚○曰 122/60/5
奉○而代立楚太子者又蘇秦也 122/60/5
忠○而走太子者又蘇秦也 122/60/6
願○之知之 122/60/7
今蘇秦善於楚○ 122/60/12
齊○夫人死 123/60/18
薛公欲知○所欲立 123/60/18
勸○立為夫人 123/60/19
而為先○立清廟 125/61/11
齊○和其顏色曰 125/61/12
淳于髡一日而見七人於宣○ 131/63/22
○求士於髡 131/63/25
淳于髡謂齊○曰 132A/63/30
齊○懼 132A/64/3
齊○謂孟嘗君曰 133/65/18
寡人不敢以先○之臣為臣 133/65/18
謂惠○曰 133/65/21
梁○虛上位 133/65/22
願君顧先○之宗廟 133/65/26
願請先○之祭器 133/65/27
君不以使人先觀秦○ 134/66/3
意者秦○帝○之主也 134/66/3
意者秦○不肖之主也 134/66/4
昭○聞之 134/66/7
昭○曰 134/66/7
134/66/10,418/200/30
昭○笑而曰 134/66/8
大○不好人 134/66/10
昭○笑而謝之 134/66/13
昭○ 134/66/16
齊宣○見顏斶曰 136B/67/12
○前 136B/67/12
○ 136B/67/12
○曰『斶前』 136B/67/13
亦曰『○前』 136B/67/13
○前為趨士 136B/67/14
不如使○為趨士 136B/67/14
○忿然作色曰 136B/67/14
○者貴乎 136B/67/14
○者不貴 136B/67/15
有能得齊○頭者 136B/67/16
生○之頭 136B/67/17
宣○默然不悅 136B/67/17
大○據千乘之地 136B/67/20
是以君○無羞亟問 136B/68/3
堯、舜、禹、湯、周文○是也 136B/68/4
是以侯○稱孤寡不穀 136B/68/6
而侯○以自謂 136B/68/7
周成○任周公旦 136B/68/8
宣○曰 136B/68/10,137/69/2
制言者○也 136B/68/15
先生○斗造門而欲見齊宣○ 137/68/22
宣○使謁者延入 137/68/22
○斗曰 137/68/22
137/68/27,137/69/1
137/69/3,137/69/5,137/69/6
斗趨見○為好勢 137/68/22
○趨見斗為好士 137/68/22
於○何如 137/68/23
159/82/19,159/82/20
宣○因趨而迎之於門 137/68/23
○斗對曰 137/68/24
○聞之過 137/68/25
宣○忿然作色 137/68/25
今○有四焉 137/68/28
宣○說 137/68/28
○亦好馬 137/69/1
○亦好狗 137/69/1
○亦好酒 137/69/1
○亦好色 137/69/2
是○不好士 137/69/2
○駟已備矣 137/69/3
○之走狗已具矣 137/69/4
○宮已充矣 137/69/4
○亦不好士也 137/69/4
○之憂國愛民 137/69/5
不若○愛尺縠也 137/69/5
○使人為冠 137/69/6
今○治齊 137/69/7
宣○謝曰 137/69/9
齊○使使者問趙威后 138/69/13
○亦無恙耶 138/69/13
今不問○ 138/69/14
是助○養其民也 138/69/17
是助○息其民者也 138/69/18
何以○齊國 138/69/20
上不臣於○ 138/69/21
管燕得罪齊○ 140/70/3
○之問臣也卒 141A/70/11
○亦稱之 141A/70/12
○因勿稱 141A/70/13
○以天下為尊秦乎 141B/70/18
故臣願○明釋帝 141B/70/21
而○以其間舉宋 141B/70/22
願○之熟慮之也 141B/70/25
蘇秦說齊閔○曰 142/71/3
魏○身被甲底劍 142/71/10
常以○人為意也 142/71/25
伯○不為而立矣 142/71/28
祖仁者○ 142/72/2
昔吳○夫差以強大為天下先 142/72/3
此夫差平居而謀○ 142/72/4
誠欲以伯○也為志 142/72/17
有市之邑莫不止事而奉○ 142/72/20
則非○之樂也 142/73/8
士民不知而○業至矣 142/73/13
故夫善為○業者 142/73/19
則○之道也 142/73/20
昔者魏○擁土千里 142/73/22
秦○恐之 142/73/23
衛鞅謀於秦○曰 142/73/24
○何不使臣見魏○ 142/73/25
秦○許諾 142/73/26
衛鞅見魏○曰 142/73/26
大○之功大矣 142/73/26
今大○之所從十二諸侯 142/73/27
此固大○之所以鞭箠使也 142/73/27
不足以○天下 142/73/28
大○不若北取燕 142/73/28
大○有伐齊、楚心 142/74/1
則○業見矣 142/74/1
大○不如先行○服 142/74/1
魏○說於衛鞅之言也 142/74/2
而魏○處之 142/74/3
魏○大恐 142/74/4,325/165/24

秦○垂拱受西河之外 142/74/4
而不以德魏○ 142/74/5
故曰衛鞅之始與秦○計也 142/74/5
正議閔○ 143/74/11
閔○不肯與 143/74/14
○奔莒 143/74/16
○曰 143/74/17
而○不知戒焉 143/74/20
於是殺閔○於鼓里 143/74/20
君○后 143/74/22
立之以為○ 143/74/23
襄○即位 143/74/24
君○后以為后 143/74/24
生齊○建 143/74/24
○孫賈年十五 144/74/28
事閔○ 144/74/28
○出走 144/74/28, 144/74/29
失○之處 144/74/28
女今事○ 144/74/29
○孫賈乃入市中 144/75/1
殺閔○ 144/75/1
不顧燕○之無臣 145/75/12
今燕○方寒心獨立 145/75/20
歸報燕○ 145/75/24
燕○必喜 145/75/24
故業與三○爭流 145/76/11
閔○奔莒 146/76/18
淖齒殺閔○ 146/76/18
襄○為太子徵 146/76/18
襄○立 146/76/19, 149B/79/2
襄○惡之 146/76/23
襄○呼而問之曰 146/76/24
○不如因以為己善 146/76/25
○嘉單之善 146/76/25
單有是善而○嘉之 146/76/27
亦○之善已 146/76/27
貫珠者復見○曰 146/77/1
○至朝日 146/77/1
乃○之教澤也 146/77/3
任之於○ 147/77/11
○有所幸臣九人之屬 147/77/13
相與語於○曰 147/77/13
楚○使將軍將萬人而佐齊 147/77/13
何不使使者謝於楚○ 147/77/14
楚○受而觴之 147/77/15
九人之屬相與語於○曰 147/77/15
且安平君之與○也 147/77/16
願○之察之 147/77/18
而○曰 147/77/19, 147/77/19
吾為吾之○禮而已矣 147/77/20
○賜諸前 147/77/22
○惡得此亡國之言乎 147/77/23
○上者孰與周文○ 147/77/23
臣固知○不若也 147/77/24
147/77/24
然則周文○得呂尚以為太公 147/77/25
今○得安平君而獨曰『單』 147/77/25
而○曰『單 147/77/27
且○不能守先○之社稷 147/77/27
○走而之城陽之山中 147/77/28
闔城陽而○ 147/77/29
而迎○與后於城陽山中 147/78/1
○乃得反 147/78/1
○乃曰『單』 147/78/2
○不亟殺此九子者以謝安平君 147/78/2
○乃殺九子而逐其家 147/78/3
盼子謂齊○曰 149A/78/22
宋○必說 149A/78/22
齊閔○之遇殺 149B/78/28
求閔○子 149B/79/1
共立法章為襄○ 149B/79/2
以太史氏女為○后 149B/79/2
君○后賢 149B/79/3
襄○卒 149B/79/6
子建立為齊○ 149B/79/6
君○后事秦謹 149B/79/6
秦始皇嘗使使者遺君○后玉連環 149B/79/8
君○后以示群臣 149B/79/8
君○后引椎椎破之 149B/79/9
及君○后病且卒 149B/79/11
君○后曰 149B/79/11, 149B/79/12
君○后死 149B/79/14
勸○朝秦 149B/79/14
齊○建入朝於秦 150/79/19
所為立○者 150/79/19
為○立○耶 150/79/19
為社稷立○ 150/79/20
○何以去社稷而入秦 150/79/20
齊○還車而反 150/79/20
即入見齊○曰 150/79/22
○收而與之百萬之衆 150/79/23
○收而與之百萬之師 150/79/25
為大○不取也 150/79/26
齊○不聽 150/79/26
秦使陳馳誘齊○內之 150/79/28
齊○不聽即墨大夫而聽陳馳 150/79/28
齊明謂楚○曰 151/80/3
秦○欲楚 151/80/4
是○之聽涓也 151/80/5
○不如令人以涓來之辭謾固於齊 151/80/6
則○重矣 151/80/7, 331/167/17
○欲收齊以攻秦 151/80/7
○即欲以秦攻齊 151/80/7
子象為楚謂宋○曰 152/80/12
昭陽謂楚○曰 153/80/19
親○之所見也 153/80/24
○苟無以五國用兵 153/80/25
荊宣○問群臣曰 154/81/3
今○之地方五千里 154/81/6
其實畏○之甲兵也 154/81/7
昭奚恤與彭城君議於○前 155/81/12
○召江乙而問焉 155/81/12
昭奚恤謂楚○曰 156/81/17
○不如無救趙 156/81/17
故○不如少出兵 156/81/22
江尹欲惡昭奚恤於楚○ 157A/81/30
魏氏惡昭奚恤於楚○ 157B/82/6
楚○告昭子 157B/82/6
故昭奚恤常惡臣之見○ 158/82/14
○亦知之乎 159/82/18, 392/189/28
願○勿忘也 159/82/19
而○終已不知者 159/82/21
以○好聞人之美而惡聞人之惡也 159/82/21
○過舉而已 160/82/27
而無以深自結於○ 160/83/1
楚○游於雲夢 160/83/8
○親引弓而射 160/83/9
○抽旃旄而抑兕首 160/83/9
大○萬歲千秋之後 160/83/11

○大說	160/83/12
故楚○何不以新城為主郡也	163/84/8
楚○果以新城為主郡	163/84/10
楚杜赫說楚○以取趙	165/84/22
○且予之五大夫	165/84/22
得趙而○無加焉	165/84/24
○不如以十乘行之	165/84/25
陳軫謂○曰	165/84/28
楚○問於范環曰	166/85/3
故惠○之明	166/85/5
武○之察	166/85/6
且○嘗用滑於越而納句章	166/85/7
計○之功所以能如此者	166/85/8
今○以用之於越矣	166/85/8
臣以為○鉅速忘矣	166/85/9
○若欲置相於秦乎	166/85/9
夫公孫郝之於秦○	166/85/9
被○衣以聽事	166/85/10
真大○之相已	166/85/10
○相之	166/85/10
說楚威○曰	167/85/15
大○	167/85/15
	169/88/8,272/143/4
天下之賢○也	167/85/15
此霸○之資也	167/85/17
夫以楚之強與大○之賢	167/85/17
故為○至計	167/85/19
大○不從親	167/85/20
故願大○之早計之	167/85/21
大○誠能聽臣	167/85/24
	168/87/21,218/113/1
	272/143/16
以承大○之明制	167/85/24
在大○之所用之	167/85/25
大○誠能聽臣之愚計	167/85/25
故從合則楚○	167/85/26
今釋霸○之業	167/85/27
兩者大○何居焉	167/86/5
故弊邑趙○	167/86/5
在大○命之	167/86/5
說楚○曰	168/86/15
今大○不與猛虎而與群羊	168/86/18
竊以為大○之計過矣	168/86/19
而大○不與秦	168/86/21
是故願大○之熟計之也	168/86/27
	347/173/5,413/197/13
黔中、巫郡非○之有已	168/87/2
此臣之所以為大○之患也	168/87/4
且大○嘗與吳人五戰三勝而亡之	168/87/5
臣竊為大○危之	168/87/6
是故願大○熟計之也	168/87/12
大○悉起兵以攻宋	168/87/14
盡○之有已	168/87/15
即陰與燕○謀破齊共分其地	168/87/17
齊○因受而相之	168/87/18
齊○大怒	168/87/18
請以秦女為大○箕帚之妾	168/87/22
故敝邑秦○	168/87/23
使使臣獻書大○之從車下風	168/87/23
獻鷄駭之犀、夜光之璧於秦○	168/87/27
為儀謂楚○逐昭雎、陳軫	169/88/4
昭雎歸報楚○	169/88/5
楚○說之	169/88/5,190/97/3
楚○不察於爭名者也	169/88/7
今儀曰逐君與陳軫而○聽之	169/88/9
而儀重於韓、魏之○也	169/88/9
而○不知察	169/88/12
今君何不見臣於○	169/88/12
請為○使齊交不絕	169/88/13
○必薄之	169/88/14
威○問於莫敖子華曰	170/88/18
自從先君文○以至不穀之身	170/88/18
君○將何問者也	170/88/20
七日而薄秦○之朝	170/89/12
秦○聞而走之	170/89/13
秦○身問之	170/89/14
秦○顧令不起	170/89/16
君○身出	170/89/20
昭○反郢	170/89/22
○乃大息曰	170/89/27
昔者先君靈○好小要	170/89/29
君○直不好	170/90/1
若君○誠好賢	170/90/2
為甘茂謂楚○曰	171/90/6
故○不如與齊約	171/90/7
齊○好高人以名	171/90/7
公不如令○重賂景鯉、蘇厲	172/90/14
○欲昭雎之乘秦也	173A/90/20
請為公令辛戎謂○曰	173A/90/21
楚○欲擊秦	173B/90/26
桓臧為昭雎謂楚○曰	173B/90/26
秦○怒於戰不勝	173B/90/27
是○與秦相罷	173B/90/28
秦○惡與楚相弊而令天下	173B/90/29
楚懷○拘張儀	174/91/3
靳尚為儀謂楚○曰	174/91/3
秦○必怒	174/91/3
又謂○之幸夫人鄭袖曰	174/91/4
子亦自知且賤於○乎	174/91/4
秦○之忠信有功臣也	174/91/5
秦○欲出之	174/91/5
秦○有愛女而美	174/91/5
欲因張儀內之楚○	174/91/7
楚○必愛	174/91/7
勢為○妻以臨于楚	174/91/7
○惑於虞樂	174/91/8
子何不急言○	174/91/9
鄭袖遽說楚○出張子	174/91/11
楚○將出張子	175/91/15
靳尚謂楚○曰	175/91/15
儀事○不善	175/91/15
楚○必大怒儀也	175/91/19
楚○入秦	176/91/27
	217/112/5,311/158/22
秦○留之	176/91/27
游騰為楚謂秦○曰	176/91/27
○挾楚○	176/91/27
○不如與之盟而歸之	176/91/28
楚○畏	176/91/28
○因與三國攻之	176/91/29
楚襄○為太子之時	177/92/3
懷○薨	177/92/3
太子辭於齊○而歸	177/92/3
齊○隘之	177/92/3
致命齊○曰	177/92/5
齊○歸楚太子	177/92/6
即位為○	177/92/8

楚○告慎子曰 177/92/8
○明日朝群臣 177/92/9
○墳墓、復群臣、歸社稷也 177/92/11
○不可不與也 177/92/12
○身出玉聲 177/92/12,177/92/21
○以三大夫計告慎子曰 177/92/24
○皆用之 177/92/26
○怫然作色曰 177/92/26
而○且見其誠然也 177/92/27
○發上柱國子良車五十乘 177/92/27
齊○謂子良曰 177/93/2
臣身受命弊邑之○ 177/93/3
○攻之 177/93/3
齊○大興兵 177/93/3
齊○恐焉 177/93/5
秦栖楚○ 178/93/10
今楚○歸 178/93/10
蘇子謂楚○曰 179/93/16
今○之大臣父兄 179/93/17
使○見疾於民 179/93/18
大臣播○之過於百姓 179/93/18
多賂諸侯以○之地 179/93/18
是故退○之所愛 179/93/19
事○者以千數 179/93/21
三日乃得見乎○ 180/93/27
○難得見如天帝 180/93/29
楚○逐張儀於魏 181/94/3
○何逐張子 181/94/3
○無以為臣 181/94/4
○勿與為約 181/94/4
於○何傷 181/94/4
於○何益 181/94/4,313/159/28
是○令困也 181/94/5
子待我為子見楚○ 182/94/9
張子見楚○ 182/94/12
楚○不說 182/94/12
○無所用臣 182/94/12
○無求於晉國乎 182/94/13
○徒不好色耳 182/94/14
張子辭楚○曰 182/94/21
願○賜之觴 182/94/21
願○召所便習而觴之 182/94/22
儀有死罪於大○ 182/94/23
是欺○也 182/94/25
楚○令昭雎之秦重張儀 183/94/29
武○逐張儀 183/94/29
楚○因收昭雎以取齊 183/94/29
桓臧為雎謂楚○曰 183/94/30
儀貴惠○而善雎也 183/94/30
今惠○死 183/94/30
○不如復雎 183/95/3
楚○受之 184/95/8
馮郝謂楚○曰 184/95/10
而○親與約 184/95/10
臣為○弗取也 184/95/10
而惡○之交於張儀 184/95/11
且宋○之賢惠子也 184/95/11
臣以為大○輕矣 184/95/12
○不如舉惠子而納之於宋 184/95/13
儀必德○ 184/95/13
而○奉之 184/95/14
又必德○ 184/95/14
魏○不說 185/95/26,247/131/23
張儀惡之於魏○曰 186/96/3
儀善於魏○ 186/96/4,277/145/29
魏○甚信之 186/96/4
楚○喜 186/96/5
楚○謂陳軫曰 187/96/9
○勿據也 187/96/10,187/96/13
楚○聽之 187/96/13
或謂楚○曰 189/96/25
臣聞從者欲合天下以朝大○ 189/96/25
臣願大○聽之也 189/96/25
魏○遺楚○美人 190/97/3
夫人鄭褏知○之說新人也 190/97/3
愛之甚於○ 190/97/4
鄭褏知○以己為不妬也 190/97/8
○愛子美矣 190/97/8
子為見○ 190/97/8
新人見○ 190/97/9
○謂鄭褏曰 190/97/9
其似惡聞君○之臭也 190/97/10
楚○后死 191/97/15
○不聽 191/97/15,426/207/7
令其一善而獻之○ 191/97/16
莊辛謂楚襄○曰 192/97/21
君○左州侯 192/97/21
襄○曰 192/97/22,192/97/25
君○卒幸四子者不衰 192/97/23
襄○流揜於城陽 192/97/24
○獨不見夫蜻蛉乎 192/98/1
不知夫公子○孫 192/98/4
不知夫子發方受命乎宣○ 192/98/13
君○之事因是以 192/98/16
不知夫穰侯方受命乎秦○ 192/98/18
襄○聞之 192/98/20
○愛富摯 194/99/5
秦○聞之懼 195/99/11
有獻不死之藥於荊○者 196/99/16
○怒 196/99/17
中射之士使人說○曰 196/99/17
臣食之而○殺臣 196/99/18
○殺無罪之臣 196/99/19
而明人之欺○ 196/99/19
○乃不殺 196/99/19
武○以鄗 197/99/23
殷○而夏亡 197/99/27
癘人憐○ 197/100/1
楚○子圍聘於鄭 197/100/3
聞○病 197/100/3
遂以冠纓絞○ 197/100/4
擢閔○之筋 197/100/7
癘雖憐○可也 197/100/9
更羸與魏○處京臺之下 198/100/18
更羸謂魏○曰 198/100/18
臣為○引弓虛發而下鳥 198/100/18
楚考烈○無子 200/101/14
欲進之楚○ 200/101/16
齊○遣使求臣女弟 200/101/17
楚○之貴幸君 200/101/22
今君相楚○二十餘年 200/101/22
而○無子 200/101/23
即楚○更立 200/101/23
多失禮於○兄弟 200/101/24
誠以君之重而進妾於楚○ 200/101/25
○必幸妾 200/101/26
則是君之子為○也 200/101/26
而言之楚○ 200/101/27
楚○召入 200/101/27
以李園女弟立為○后 200/101/28
楚○貴李園 200/101/28

李園既入其女弟為○后 200/102/1
考烈○病 200/102/4
實楚○也 200/102/6
今○疾甚 200/102/6
○長而反政 200/102/7
○之舅也 200/102/9
楚○崩 200/102/9
君○崩 200/102/11
楚考烈○崩 200/102/15
而入之○所生子者 200/102/17
遂立為楚幽○也 200/102/17
今楚○之春秋高矣 201/102/23
秦惠○封冉子 201/102/25
而後○奪之 201/102/25
為其遠○室矣 201/102/26
請令魏○可 201/102/30
迺謂魏○曰 201/103/1
其於○孰便也 201/103/4 362/179/12
乃使延陵○將車騎先之晉陽 203/104/6
蘇秦為齊上書說趙○曰 209/108/10
且秦以三軍攻○之上黨而危其北 209/108/22
非○之有也 209/108/23
又非○之有也 209/108/24
五國之○ 209/108/25
此○之明知也 209/108/27
臣恐其後事○者之不敢自必也 209/108/28
今○收天下 209/108/28
必以○為得 209/109/1
韓危社稷以事○ 209/109/1
天下必重○ 209/109/1
然則韓義○以天下就之 209/109/1
下至韓慕○以天下收之 209/109/1
制於○已 209/109/2
臣願大○深與左右群臣卒計而重謀 209/109/2
秦○謂公子他曰 211/109/13
○出兵韓 211/109/16
今○令韓興兵以上黨入和於秦 211/109/20
○則有令 211/109/21
雖○與子 211/109/21
韓陽趨以報○ 211/109/22
陰使人請趙○曰 211/109/25
願拜內之於○ 211/109/26
唯○才之 211/109/26
今○取之 211/110/3
○自圖之 211/110/4
○大怒曰 211/110/4
○召趙勝、趙禹而告之曰 211/110/7
敝邑之○ 211/110/11
謂韓○曰 211/110/14,357/176/26
秦○怒 211/110/17,228/121/27,247/131/20,329A/166/26,337/168/23,354/175/24
令公孫起、○齮以兵遇趙於長平 211/110/17
蘇秦為趙○使於秦 212/110/21
齊○欲求救宜陽 213/110/29
秦○欲得宜陽 213/110/30
趙○封孟嘗君以武城 216/111/17
今趙○不知文不肖 216/111/19
訾然使趙○悟而知文也 216/111/20
願○熟慮之也 217/111/30 389/188/15
今謂楚○ 217/112/2
楚○美秦之語 217/112/3
今○美秦之言 217/112/4
及楚○之未入也 217/112/11
若楚○入 217/112/12
必不出楚○ 217/112/13
願○之熟計之也急 217/112/13
趙○因起兵南戍韓、梁之西邊 217/112/16
果不出楚○卬 217/112/16
說趙○曰 218/112/21,220/115/20
莫不高賢大○之行義 218/112/21
大○不得任事 218/112/22
大○乃今然後得與士民相親 218/112/23
為大○計 218/112/24,273/144/7
願大○慎無出於口也 218/112/27
今大○垂拱而兩有之 218/113/4
是臣之所以為大○願也 218/113/4
大○與秦 218/113/4
此臣之所以為大○患也 218/113/8 218/113/15,273/144/6
以○諸侯 218/113/17
願大○之熟計之也 218/113/27 318/163/21
明○絕疑去讒 218/114/1
故竊為大○計 218/114/2
蘇子為謂秦○曰 219/114/17
臣聞明○之於其民也 219/114/17
臣願○察臣之所謁 219/114/18
明乎輕之為重者○ 219/114/26
宣○用之 219/115/3
於是秦○解兵不出於境 219/115/16
弊邑秦○使臣敢獻書於大○御史 220/115/20
大○收率天下以儐秦 220/115/20
大○之威 220/115/21
唯大○有意督過之也 220/115/22
今秦以大○之力 220/115/23
凡大○之所信以為從者 220/115/28
臣切為大○計 220/116/5
願大○之定計 220/116/6
先○之時 220/116/8
蔽晦先○ 220/116/8
先○棄群臣 220/116/9
武靈○平晝間居 221/116/15
○慮世事之變 221/116/15
今○即定負遺俗之慮 221/116/23
○其遂行之 221/116/25
○遂胡服 221/116/29
使○孫緤告公子成曰 221/116/29
先○之通誼也 221/116/30
臣固聞○之胡服也 221/117/7
○今命之 221/117/7
今○釋此 221/117/10
臣願大○圖之 221/117/11
使者報○ 221/117/13
而襄○兼戎取代 221/117/23
先○忿之 221/117/25
臣愚不達於○之議 221/117/28
以順先○之志 221/117/29
故臣願○之圖之 221/118/5
且夫三代不同服而○ 221/118/6
今○易初不循俗 221/118/17
臣願○之圖之 221/118/19
帝○不相襲 221/118/21
及至三○ 221/118/22
不相襲而○ 221/118/23

○立周紹為傅 222/119/3
故寡人欲子之胡服以傅○乎 222/119/7
○失論矣 222/119/10
○請更論 222/119/14
乃國未通於○胡服 222/119/16
○之臣也 222/119/17
而○重命之 222/119/17
寡人以○子為子任 222/119/19
以傅○子也 222/119/22
○令讓之曰 223/119/26
○之惠也 223/120/2
○破原陽 224/120/6
今○破原陽 224/120/7
今民便其用而○變之 224/120/8
今○破卒散兵 224/120/8
趙惠文○三十年 225/120/23
帝○之兵 225/120/25
請無急秦○ 226/121/14
秦○見趙之相魏冉之不急也 226/121/14
樂毅謂趙○曰 227/121/19
必皆事○以伐齊 227/121/21
趙○乃令鄭朱對曰 228/121/27
有先○之明與先臣之力 228/121/28
是我以○因饒中山而取地也 229A/122/17
魏○聽 229B/122/25
趙○不聽 230/122/30,235/126/5
○亦過矣 230/123/2,230/123/4
而○不聽 230/123/3
而○辭利也 230/123/3
趙○與樓緩計之曰 233/123/27
○亦聞夫公甫文伯母乎 233/123/28
則恐○以臣之為秦也 233/124/2
使臣得為○計之 233/124/2
入見○ 233/124/5
○以樓緩言告之 233/124/5
而趙○入朝 233/124/6
○以其力尚能進 233/124/7
愛○而不攻乎 233/124/7
○又以其力之所不能攻以資之 233/124/8
來年秦復攻○ 233/124/9 233/124/18
○無以救矣 233/124/9
○又以虞卿之言告樓緩 233/124/11
令秦來年復攻○ 233/124/12
今秦釋韓、魏而獨攻○ 233/124/14
○之所以事秦必不如韓、魏也 233/124/14
至來年而○獨不取於秦 233/124/15
○之所以事秦者 233/124/15
○以樓緩之言告 233/124/18
必○之事秦不如韓、魏也 233/124/23
是使○歲以六城事秦也 233/124/23
○將予之乎 233/124/24
而○之地有盡 233/124/27
○必勿與 233/124/27
入見於○ 233/125/1
○又以虞卿言告之 233/125/1
○以此斷之 233/125/4
又入見○曰 233/125/7
秦索六城於○ 233/125/8
○以五城賂齊 233/125/9
得○五城 233/125/9
齊之聽○ 233/125/9
是○失於齊而取償於秦 233/125/10
因發虞卿東見齊○ 233/125/11
趙○召樓昌與虞卿曰 235/125/27
且○之論秦也 235/125/29
欲破○之軍乎 235/125/29
○聊聽臣 235/126/1
楚、魏欲得○之重寶 235/126/2
趙○召虞卿曰 235/126/5
○必不得媾 235/126/6
秦○與應侯必顯重以示天下 235/126/7
必不救○ 235/126/8
秦知天下不救○ 235/126/8
○入秦 235/126/9
秦留趙○而后許之媾 235/126/9
魏安釐○使將軍晉鄙救趙 236/126/13
魏○使客將軍新垣衍間入邯鄲 236/126/13
因平原君謂趙○曰 236/126/14
前與齊湣○爭強為帝 236/126/14
今齊湣○已益弱 236/126/15
趙誠發使尊秦昭○為帝 236/126/16
魏○使將軍辛垣衍令趙帝秦 236/126/20
昔齊威○嘗為仁義矣 236/127/6
周烈○崩 236/127/7
威○勃然怒曰 236/127/8
然吾將使秦○烹醢梁○ 236/127/11
先生又惡能使秦○烹醢梁○ 236/127/12
鬼侯之鄂侯、文○ 236/127/15
文○聞之 236/127/16
曷為與人俱稱帝○ 236/127/17
齊閔○將之魯 236/127/18
閔○欲入弔 236/127/21
交有稱○之名 236/127/25
梁○安得晏然而已乎 236/127/28
鄭同北見趙○ 238/128/20
○致之於前 238/128/21
臣故意大○不好也 238/128/22
臣亦嘗以兵說魏昭○ 238/128/23
昭○亦曰 238/128/23
○之行能如許由乎 238/128/23
今○既受先生之傳 238/128/24
臨○之境 238/128/26
索○之地 238/128/27
○非戰國守圉之具 238/128/27
○若無兵 238/128/28
趙○迎之 239A/129/3
○能重○之國若此尺帛 239A/129/5
則○之國大治矣 239A/129/5
趙○不說 239A/129/5
○無怒 239A/129/6
請為○說之 239A/129/6
○有此尺帛 239A/129/7
奚虧於○之國 239A/129/8
而○必待工而后乃使之 239A/129/8
先○不血食 239A/129/9
而○不以予工 239A/129/9
且○之先帝 239A/129/9
今○憧憧 239A/129/10

臣恐秦折○之椅也 239A/129/10
君之所以事○者 240/129/22
胥之所以事○者 240/129/22
君因言○而重責之 240/129/25
入言於○ 240/129/26
文○之拘於牖里 242/130/12
而武○羈於玉門 242/130/13
是武○之功也 242/130/13
而君之身於○ 243/130/19
○欲知其人 244/130/25
齊人李伯見孝成○ 245/130/30
成○說之 245/130/30
孝成○方饋 245/130/30
孝成○不應 245/131/1
為孝成○從事於外者 245/131/3
為齊獻書趙○ 246/131/7
而能令○坐而天下致名寶 246/131/7
而臣竊怪○之不試見臣 246/131/7
故○重見臣也 246/131/8
欲用○之兵 246/131/9
則欲以天下之重恐○ 246/131/10
而取行於○者也 246/131/10
臣以齊循事○ 246/131/10
○能亡燕 246/131/10
臣以為齊致尊名於○ 246/131/11
天下孰敢不致尊名於○ 246/131/11
臣以齊致地於○ 246/131/11
天下孰敢不致地於○ 246/131/12
臣以齊為○求名於燕及韓、魏 246/131/12
齊先重○ 246/131/13
故天下盡重○ 246/131/13
天下必盡輕○也 246/131/13
以無齊之故重○ 246/131/13
燕、魏自以無齊故重○ 246/131/14
今○無齊獨安得無重天下 246/131/14
故勸○無齊者 246/131/14
則欲用○之兵成其私者也 246/131/15
則欲輕○以天下之重 246/131/15
取行於○者也 246/131/16
願○之熟慮無齊之利害也 246/131/16
臣為足下謂魏○曰 247/131/23
○之事趙也何得矣 247/131/25
且○嘗濟於漳 247/131/26
而趙無為○行也 247/131/27
而乃令秦攻○ 247/131/27
如○若用所以事趙之半收齊 247/131/28
天下有敢謀○者乎 247/131/28
○之事齊也 247/131/28
齊為○之故 247/132/1
未嘗不為○先被矢石也 247/132/2
盡效之於○ 247/132/2
齊甲未嘗不歲至於○之境也 247/132/3
請問○之所以報齊者可乎 247/132/3
○以此疑齊 247/132/4
今○又挾故薛公以為相 247/132/4
○固可以反疑齊乎 247/132/5
於魏○聽此言也甚詘 247/132/5
其欲事○也甚循 247/132/5
臣願○之曰聞魏而無庸見惡也 247/132/6
臣請為○推其怨於趙 247/132/6
願○之陰重趙 247/132/6
而無使秦之見○之重趙也 247/132/6
必為○高矣 247/132/8
臣故欲○之偏劫天下 247/132/8
○使臣以韓、魏與燕劫趙 247/132/9
則天下皆偪秦以事○ 247/132/10
然後○擇焉 247/132/11
李兌乃謂齊○曰 248/132/16
而宋置太子以為○ 248/132/17
蘇代謂齊○曰 249/133/3
秦○貪 249/133/5
齊○必無召眠也 249/133/8
秦○受負海內之國 249/133/14
秦○內韓珉於齊 249/133/16
復合衍交兩○ 249/133/16
○賁、韓他之曹 249/133/17
秦○受齊受趙 249/133/18
死不復見於○矣 250/134/9
○不聞公子牟夷之於宋乎 250/134/10
今臣之於○非宋之於公子牟夷也 250/134/11
故臣死不復見於○矣 250/134/12
而○弗聽 250/134/14
虞卿請趙○曰 251/134/18
今○能以百里之地 251/134/19
魏○許諾 251/134/21
范座獻書魏○曰 251/134/23
臣聞趙○以百里之地 251/134/23
臣竊為大○美之 251/134/24
趙○以咫尺之書來 251/134/28
而魏○輕為之殺無罪之座 251/134/28
○聽趙殺座之後 251/135/2
遽言之○而出之 251/135/3
趙○因割濟東三城令盧、高唐、平原陵地城邑市五十七 252/135/8
齊明為謂趙○曰 254/136/3
甚善趙○ 255/136/9
趙○三延之以相 255/136/9
則○必怒而誅建信君 255/136/10
馮忌為廬陵君謂趙○曰 256/136/15
○之逐廬陵君 256/136/15
而○不逐也 256/136/16
而○逐之 256/136/16
是○輕強秦而重弱燕也 256/136/17
然則○逐廬陵君 256/136/17
馮忌請見趙○ 257/136/22
客見趙○曰 258A/137/3
臣聞○之使人買馬也 258A/137/3
○何不遣建信君乎 258A/137/4
○何不遣紀姬乎 258A/137/5
然而○之買馬也 258A/137/7
然而○不待工 258A/137/8
趙○未之應也 258A/137/9
此皆能乘○之醉昏 258A/137/11
而求所欲於○者也 258A/137/11
趙○使往賀 258B/137/16
趙○憂之 258B/137/16
大○可試使之 258B/137/19
獻書秦○曰 258B/137/21
318/163/21
大○廣地寧邑 258B/137/21
使下臣奉其幣物三至○廷 258B/137/22

願大○無絶其歡 258B/137/22
秦○使使者報曰 258B/137/23
大○若有以令之 258B/137/25
於是秦○乃見使者 258B/137/27
猶大○之有葉陽、涇陽
君也 258B/137/29
大○以孝治聞於天下 258B/137/29
無非大○之服御者 258B/138/1
今使臣受大○之令以還
報 258B/138/2
秦○乃喜 258B/138/6
舉茅為姚賈謂趙○曰 259/138/10
○之忠臣也 259/138/10
將使○逐之 259/138/11
今○逐之 259/138/11
而○之忠臣有罪也 259/138/12
故○不如勿逐 259/138/12
以明○之賢 259/138/12
楚○懼 260/138/16
楚○禽趙、宋 260/138/17
趙○之所甚愛也 261/138/21
春平侯者言行於趙○ 261/138/23
以衛○官 262/139/8
有子孫相繼為○也哉 262/139/13
秦使○翦攻趙 263/139/27
○翦惡之 263/139/27
乃多與趙○寵臣郭開等
金 263/139/28
趙○疑之 263/140/1
○翦因急擊 263/140/1
虜趙○遷及其將顏冣 263/140/2
○鍾侍○ 269/141/19
則霸○之業具矣 269/141/20
是伯○之業 269/141/23
而武○伐之 269/141/27
奚足以霸○矣 269/141/28
魏○說 270/142/5,414/197/22
○之明法也 270/142/8
○特為臣之右手不倦賞
臣 270/142/9
惠○往問之 271/142/18
願○以國事聽之也 271/142/19
○弗應 271/142/19
惠○之悖也 271/142/23
說魏○曰 272/142/27,273/143/22
大○之地 272/142/27
然橫人謀○ 272/143/2
臣竊為大○媿之 272/143/5
臣聞越○勾踐以散卒三
千 272/143/7
武○卒三千人 272/143/7
今竊聞大○之卒 272/143/8
此其過越○勾踐、武○
遠矣 272/143/9
願大○之熟察之也 272/143/12
故敝邑趙○使使臣獻愚
計 272/143/16
在大○詔之 272/143/17
今主君以趙○之詔詔之
272/143/17
則大○之國欲求無危不
可得也 273/144/5
則大○高枕而臥 273/144/7
大○不聽臣 273/144/12
說一諸侯之○ 273/144/15
故願大○之熟計之也 273/144/17
齊使蘇厲為之謂魏○曰 275/145/3
不信齊○與蘇秦也 275/145/4
故○不如復東蘇秦 275/145/6
魏○使李從以車百乘使
於楚 276/145/14
公謂魏○曰 276/145/15
○必無辭以止公 276/145/16
謁魏○ 276/145/17
○許之 276/145/17
皆使人告其○曰 276/145/20
魏○止其行使 276/145/21
張儀惡陳軫於魏○曰 277/145/28
魏○甚愛之 277/145/29
而反於楚○ 277/145/29
因使人先言於楚○ 277/145/30
令魏○召而相之 278/146/3
必勸○多公之車 278/146/5
使人謂齊○曰 278/146/5
張丑諫於○ 279/146/12
不得於○ 279/146/12
復諫於○曰 279/146/12
○亦聞老妾事其主婦者
乎 279/146/13
今臣之事○ 279/146/13
魏○因不納張儀 279/146/14
人多為張子於○所 280/146/18
惠子謂○曰 280/146/19
而○之群臣皆以為可 280/146/20
○亦聞張儀之約秦○乎
281/146/29
○若相儀於魏 281/146/29
必割地以賂○ 281/146/30
此儀之所以與秦○陰相
結也 281/147/1
齊、楚之○曰 281/147/2
故謂魏○曰 282/147/6
○以其間約南陽 282/147/6
魏○將相張儀 283/147/12
且魏○所以貴張子者 283/147/13
謂魏○曰 284/147/19,297/151/13
298/152/14,306/155/18
309/156/27,316/162/14
319/164/3,326/166/3
328/166/17,330/167/9
333/167/27,338/168/31
是○失謀於楚、趙 284/147/20
○之所得者 284/147/22
魏○弗聽也 284/147/22
賞韓○以近河外 285/147/27
且以遇卜○ 285/147/28
○不遇秦 285/147/28
魏○遂尚遇秦 285/147/29
犀首謂梁○曰 286/148/3
二國恃○ 286/148/3
為竇屢謂魏○曰 287/148/10
而令秦講於○ 287/148/10
○不若與竇屢關內侯 287/148/11
○重其行而厚奉之 287/148/11
必以少割請合於○ 287/148/14
齊○將見燕、趙、楚之
相於衛 288/148/18
○與臣百金 288/148/19
○為約車 288/148/19
犀首期齊○至之曰 288/148/19
以請先見齊○ 288/148/20
○與三國約外魏 288/148/23
是○謀三國也也 288/148/23
魏○聞寡人來 288/148/24
三國之不相信齊○之遇
288/148/24
以與○遇 289/148/30
季子為衍謂梁○曰 290/149/3
○獨不見夫服牛驂驥乎 290/149/3
今○以衍為可使將 290/149/4
○之國必傷矣 290/149/5

欲以為○廣土取尊名 292/149/19
○又聽之 292/149/19
蘇代為田需說魏○曰 293/149/27
將用○之國 293/149/29
○且無所聞之矣 293/149/29
○之國雖滲樂而從之可
也 293/149/30
○不如舍需於側 293/149/30
需必挫我於○ 293/150/1
○厝需於側以稽之 293/150/2
史舉非犀首於○ 294/150/7
請令○讓先生以國 294/150/7
○為堯、舜矣 294/150/7
衍請因令○致萬戶邑於
先生 294/150/8
○聞之而弗任也 294/150/9
楚○攻梁南 295/150/13
成恢為犀首謂韓○曰 295/150/13
故○不如釋藺 295/150/14
大○之攻藺易矣 295/150/15
魏惠○死 296/150/19
而不行先○之喪 296/150/21
昔○季歷葬於楚山之尾
296/150/27
文○曰 296/150/27
此文○之義也 296/150/29
296/151/2
先○必欲少留而扶社稷
、安黔首也 296/151/1
意者羞法文○乎 296/151/2
又令魏太子未葬其先○
而因又說文○之義 296/151/5
說文○之義以示天下 296/151/5
魏○畏齊、秦之合也 297/151/11
秦○謂宋郭曰 297/151/13
而與○爭得者 297/151/13
請為○毋禁楚之伐魏也
297/151/14
而○獨舉宋 297/151/14
○之伐宋也 297/151/14
○無與之講以取地 297/151/15
而竊為○悲 297/151/18
秦必且用此於○矣 297/151/18
又必且曰○以求地 297/151/18
又且以力攻○ 297/151/19
又必謂○曰使○輕齊 297/151/19
又且收齊以更索於○ 297/151/19
願○之深計之也 297/151/20
故為○計 297/151/20
○其聽臣也 297/151/22
蠲○以為資者也 297/151/26
臣又說齊○而往敗之 297/152/8
嬰子言行於齊○ 298/152/15
○欲得齊 298/152/15
彼必務以齊事○ 298/152/15
魏○令惠施之楚 299/152/20
魏○令犀首之齊 299/152/21
魏惠○起境內衆 300/152/26
何不令公子泣○太后 300/152/26
不成則為○矣 300/152/27
公子爭之於○ 300/152/28
○聽公子 300/152/28
必為○也 300/152/29
魏○召惠施而告之曰 301/153/3
○者得度 301/153/5
今○所以告臣者 301/153/5
○固先屬怨於趙 301/153/5
○又欲悉起而攻齊 301/153/6
○若欲報齊乎 301/153/7
楚○必怒矣 301/153/7
○游人而合其鬭 301/153/7
是○以楚毀齊也 301/153/8
且楚○之為人也 301/153/13
遂內魏○ 301/153/13
○欲見之 302/153/20
朱倉謂○曰 302/153/20
魏○之年長矣 302/153/21
田需貴於魏○ 303A/153/26
今子雖自樹於○ 303A/153/28
請為君北見梁○ 303B/154/4
君其為梁○ 303B/154/5
梁○ 303B/154/7,303B/154/9
遂北見梁○ 303B/154/11
蘇代為說秦○曰 304/154/16
今臣願大○陳臣之愚意
304/154/17
願大○察之 304/154/17
461/227/9
今大○令人執事於魏 304/154/18
夫魏○之愛習魏信也 304/154/19
今○之使人入魏而不用
304/154/20
則○之使人入魏無益也
304/154/20
此魏○之所以不安也 304/154/21
大○欲完魏之交 304/154/26
魏信事○ 304/154/26
離○ 304/154/27
彼其事○必完矣 304/154/28
必多割地以深下○ 304/155/2
則是大○垂拱之割地以
為利重 304/155/2
臣願大○察之 304/155/3
為魏謂楚○曰 305/155/7
329B/167/3
魏○之恐也見亡矣 305/155/7
○何不倍秦而與魏○ 305/155/8
魏○喜 305/155/8
必效城地於○ 305/155/8
○雖復與之攻魏可也 305/155/8
為疾謂楚○曰 305/155/12
敝邑之○欲效城地 305/155/12
○出魏質 305/155/13
○信之乎 306/155/18
306/155/19,306/155/19
願○察之矣 306/155/21
梁○魏嬰觴諸侯於范臺
307/155/26
楚○登強臺而望崩山 307/156/2
梁○稱善相屬 307/156/6
魏○患之 308/156/10
臣請發張倚使謂趙○曰
308/156/10
今大○收秦而攻魏 308/156/11
寡人請以鄴事大○ 308/156/11
魏○請以鄴事寡人 308/156/12
張倚因謂趙○曰 308/156/15
大○且何以報魏 308/156/15
趙○因令閉關絕秦 308/156/15
敝邑所以事大○者 308/156/18
趙○恐魏承秦之怒 308/156/19
芒卯謂秦○曰 309/156/23
○之士未有為之中者也
309/156/23
臣聞明○不胥中而行 309/156/23
○之所欲於魏者 309/156/23
長羊、○屋、洛林之地也
309/156/24,309/156/27
○能使臣為魏之司徒 309/156/24
○所患者上地也 309/156/27
○獻之秦 309/156/27

魏○謂芒卯曰 309/157/1
○無以責秦 309/157/2
○因赦其罪 309/157/2
臣為○責約於秦 309/157/2
魏之所以獻長羊、○屋、洛林之地者 309/157/5
有意欲以下大○之兵東擊齊也 309/157/5
無以利事○者矣 309/157/6
秦○懼然曰 309/157/7
臣聞魏氏大臣父兄皆謂魏○曰 310/157/12
初時惠○伐趙 310/157/13
且劫○以多割也 310/157/18
○必勿聽也 310/157/18
今○循楚、趙而講 310/157/18
楚、趙怒而與○爭事秦 310/157/18
願○之必無講也 310/157/19
○若欲講 310/157/19
魏○且入朝於秦 311/158/10
周訢謂○曰 311/158/10
今○之事秦 311/158/14
願○之有以易之 311/158/14
內○於不可知之秦 311/158/18
而殉○以鼠首 311/158/18
臣竊為○不取也 311/158/18
而○效其上 311/158/20
○尚未聽也 311/158/22
○視楚○ 311/158/22
○以三乘先之 311/158/22
楚○不入 311/158/22
○乃止 311/158/23
○謂支期曰 311/158/23
臣使長信侯請無內○ 311/158/24
○待臣也 311/158/24
○命召相國 311/158/26
○何以臣為 311/158/26
○急召君 311/158/27,311/158/29
吾內○於秦者 311/158/27
且見○ 311/159/1
支期先入謂○曰 311/159/1
長信侯入見○ 311/159/2
○毋行矣 311/159/3
願○無憂 311/159/3
孫臣謂魏○曰 312/159/9
是群臣之私而○不知也 312/159/10
○因使之割地 312/159/10
而○因使之受璽 312/159/11
今○之地有盡 312/159/13
○獨不見夫博者之用梟邪 312/159/15
入說齊○曰 313/159/22
為○弗取也 313/159/23
客謂齊○曰 313/159/26
○以謂淳于髡曰 313/159/26
於○何損 313/159/28
且夫○無伐與國之誹 313/159/29
於○何傷乎 313/159/29
魏○聞之 314/160/3
以忠○也 314/160/8
此文之所以忠於大○也 314/160/11
趙○許諾 314/160/11
又北見燕○曰 314/160/14
先日公子常約兩○之交矣 314/160/14
願大○之救之 314/160/14
燕○曰 314/160/14
314/160/21,408/194/22
412/196/11,412/196/23
413/197/15,416A/199/7
420/203/1,433/211/17
今魏○出國門而望見軍 314/160/16
燕○尚未許也 314/160/16
臣效便計於○ 314/160/17
○不用臣之忠計 314/160/17
魏○折節割地 314/160/19
魏○悉韓、魏之兵 314/160/19
○且何利 314/160/20
○何利 314/160/21
魏○大說 314/160/24
秦○大恐 314/160/24
朱己謂魏○曰 315/160/29
今大○與秦伐韓而益近秦 315/161/4
而○弗識也 315/161/4
○以為不破乎 315/161/6
○以為安乎 315/161/6
○欲得故地 315/161/6
○以為利乎 315/161/7
○之使者大過矣 315/161/18
是故臣願以從事乎○ 315/162/2
○速受楚、趙之約 315/162/2
此亦○之大時已 315/162/6
魏○將封其子 316/162/14
○嘗身濟漳 316/162/14
而趙無為○有也 316/162/15
○能又封其子問陽姑衣乎 316/162/15
臣為○不取也 316/162/15
魏○乃止 316/162/16
魏謂趙○曰 317A/162/20
○賢而有聲者相之 317A/162/22
願○之熟計之也 317A/162/24
319/164/11,360/178/23
430/208/26
公必謂齊○曰 317B/162/29
楚惡魏之事○也 317B/162/30
齊○故欲伐楚 317B/162/30
齊○惡之 317B/163/1
而魏○不敢據也 317B/163/2
魏○必懼 317B/163/3
臣意秦○與樗里疾之欲之也 317B/163/4
此○之首事也 317B/163/7
魏○之所恃者 317B/163/10
今齊○謂魏○曰 317B/163/11
欲講攻於齊○兵之辭也 317B/163/11
楚○怒於魏之不用樓子 317B/163/12
魏○之懼也見亡 317B/163/12
樓子與楚○必疾矣 317B/163/15
翟強與齊○必疾矣 317B/163/16
昔竊聞大○之謀出事於梁 318/163/21
今梁○ 318/163/23
臣竊為大○計 318/163/25
○不聞湯之伐桀乎 318/163/26
今○恃楚之強 319/164/9
是○獨受秦患也 319/164/10
即○有萬乘之國 319/164/10
魏○問張旄曰 320/164/15
○自知矣 320/164/19
魏○不欲 322/165/3
樓緩謂魏○曰 322/165/3
○不與秦攻楚 322/165/3
楚且與秦攻○ 322/165/3

○不如令秦、楚戰 322/165/3
○交制之也 322/165/4
魏○且從 323/165/8
秦○不問者 323/165/9
故臣能無議君於○ 324/165/14
魏○發兵救之 325/165/19
○若救之 325/165/20
魏○不聽 325/165/21
昭忌乃為之見秦○曰 325/165/24
願大○無攻魏 325/165/25
以○之不必也 325/165/27
以○之必也 325/165/27
故為○計者 325/165/29
秦○乃止 325/165/30
○不構趙 326/166/3
○欲焉而收齊、趙攻荊 326/166/4
欲○之東長之待之也 326/166/5
平都君說魏○曰 327/166/9
○胡不為從 327/166/9
秦恐○之變也 327/166/11
故以垣雍餌○也 327/166/11
○敢責垣雍之割乎 327/166/12
○曰『不敢』 327/166/12
○能令韓出垣雍之割乎 327/166/12
○曰『不能』 327/166/13
將令秦○遇於境 328/166/17
則後○之臣 328/166/18
將皆務事諸侯之能令於○之上者 328/166/18
秦必輕○之強矣 328/166/19
秦必重○矣 328/166/20
故令魏氏收秦太后之養地秦○於秦 329A/166/24
芮宋謂秦○曰 329A/166/24
魏委國於○ 329A/166/25
而○不受 329A/166/25
秦必不聽○矣 329B/167/3
故○不如順天下 329B/167/4
○貴臣也 330/167/11
魏○弗利 331/167/15
白圭謂魏○曰 331/167/15
○不如陰侯人說成陽君曰 331/167/15
魏○令之謂秦○曰 332/167/21
○歸寧邑 332/167/21
魏魏○曰 332/167/21
○無聽 332/167/22
魏○見天下之不足恃也 332/167/22
吳慶恐魏○之構於秦也 333/167/27
秦之攻○也 333/167/27
○知其故乎 333/167/28
天下皆曰○近也 333/167/28
○不近秦 333/167/28
皆曰○弱也 333/167/28
○不弱二周 333/167/28
過二周而攻○者 333/167/29
以○為易制也 333/167/29
○亦知弱之召攻乎 333/167/29
魏○欲攻邯鄲 334/168/3
往見○曰 334/168/3
今○動欲成霸○ 334/168/7
恃○國之大 334/168/7
○之動愈數 334/168/8
而離○愈遠耳 334/168/8
子為肖謂齊○曰 335/168/12
○之所求於魏者 335/168/13
令姚賈讓魏○ 337/168/23
魏○為之謂秦○曰 337/168/23
魏之所以為○通天下者 337/168/23
敝邑之事○ 337/168/24
唐且見秦○ 338/169/1
大○已知魏之急而救不至者 338/169/2
是大○籌筴之臣無任矣 338/169/3
大○之救不至 338/169/4
○雖欲救之 338/169/5
竊以為大○籌筴之臣無任矣 338/169/5
秦○喟然愁悟 338/169/8
趙○自郊迎 339/169/13
今趙○自郊迎 339/169/17
卒然見趙○ 339/169/17
受詔襄○以守此地也 340/170/1
是使我負襄○詔而廢大府之憲也 340/170/3
魏○與龍陽君共船而釣 341/170/14
臣為○之所得魚也 341/170/15
而得為○拂枕席 341/170/17
聞臣之得幸於○也 341/170/18
必褰裳而趨○ 341/170/18
或謂魏○曰 342/170/28
今○亡地數百里 342/170/29
是○棄之 342/171/1
而○以是質秦 342/171/1
○又能死而弗能棄之 342/171/2
今○能用臣之計 342/171/2
今○割地以賂秦 342/171/6
○以國贊嫪毒 342/171/7
○以國贊嫪氏 342/171/7
太后之德○也 342/171/7
○之交最為天下上矣 342/171/8
則○之怨報矣 342/171/9
秦○使人謂安陵君曰 343/171/13
大○加惠 343/171/14
秦○不說 343/171/14
秦○謂唐且曰 343/171/15
秦○怫然怒 343/171/18
大○嘗聞布衣之怒乎 343/171/20
夫專諸之刺○僚也 343/171/21
秦○色撓 343/171/24
段規謂韓○曰 344A/172/3
韓○曰 344A/172/3,348A/174/5,357/176/16,401/192/26
○用臣言 344A/172/5
申不害始合於韓○ 345/172/15
然未知○之所欲也 345/172/15
恐言而未必中於○也 345/172/15
○問申子曰 345/172/15
二人各進議於○以事 345/172/18
申子微視○之所說以言於○ 345/172/18
○大說之 345/172/18
蘇秦為楚合從說韓○曰 347/172/28
與大○之賢 347/173/4
大○事秦 347/173/5
且夫大○之地有盡 347/173/6
今大○西面交臂而臣事秦 347/173/8
夫以大○之賢 347/173/9
臣竊為大○羞之 347/173/9
韓○忿然作色 347/173/12
今主君以楚○之教詔之 347/173/12
張儀為秦連橫說韓○曰 348A/173/17

料大○之卒 348A/173/18
非○之有已 348A/173/27
則○之國分矣 348A/173/28
故為大○計 348A/173/29
今○西面而事秦以攻楚 348A/174/1
秦○必喜 348A/174/2,413/197/12
是故秦○使使臣獻書大○御史 348A/174/2
宣○謂摎留曰 348B/174/9
今○兩用之 348B/174/10
則○之國必危矣 348B/174/12
張儀謂齊○曰 349/174/16
○不如資韓朋 349/174/16
臣恐山東之無以馳割事○者矣 351/174/28
且○求百金於三川而不可得 351/174/28
今○攻韓 351/174/29
竊為○弗取也 351/174/29
楚○為從長 352/175/3
魏順南見楚○曰 352/175/7
○約五國而西伐秦 352/175/7
天下且以是輕○而重秦 352/175/7
故○胡不卜交乎 352/175/7
○令之勿攻市丘 352/175/8
五國重○ 352/175/9
且聽○之言而不攻市丘 352/175/9
不重○ 352/175/9
且反○之言而攻市丘 352/175/9
然則○之輕重必明矣 352/175/9
故楚○卜交而市丘存 352/175/10
公不如令秦○疑公叔 353/175/15
今已令楚○奉幾瑟以車百乘居陽翟 353/175/16
秦○聞之 353/175/17,440/217/9
故因而請秦○曰 354/175/23
故使使臣再拜謁秦○ 354/175/23
秦○固疑甘茂之以武遂解於公仲也 356B/176/9
杜赫為公仲謂秦○曰 356B/176/10
明也願因茂以事○ 356B/176/10
秦○大怒於甘茂 356B/176/10
公仲明謂韓○曰 357/176/15
○不如因張儀為和於秦 357/176/16
楚○聞之大恐 357/176/19
○聽臣 357/176/20
使信○之救己也 357/176/21
韓必德○也 357/176/22
韓○大說 357/176/29
且○以使人報於秦矣 357/177/2
○必悔之矣 357/177/3
韓○弗聽 357/177/3
今○之愛習公也 359/177/22
而公獨與○主斷於國者 359/177/23
故○不信也 359/177/23
公不如與○謀其變也 359/177/25
故先○聽諺言於市 360/178/9
秦○以公孫郝為黨於公而弗之聽 360/178/13
公何不因行願以與秦○語 360/178/14
行願之為秦○臣也公 360/178/14
臣請為公謂秦○曰 360/178/14
秦○必曰 360/178/15
今○聽公孫郝以韓、秦之兵應齊而攻魏 360/178/16
今○聽甘茂 360/178/17
故○不如令韓中立以攻齊 360/178/19
齊○言救魏以勁之 360/178/19
○欲 360/178/20,360/178/20
此惠○之願也 360/178/20
此武○之願也 360/178/21
○之大患也 360/178/22
○使景鯉之秦 361/178/27
楚○怒景鯉 361/178/28
為謂楚○曰 361/179/1
○之大資也 361/179/3
必輕○ 361/179/4
故○不如無罪景鯉 361/179/4
或謂魏○ 363/179/16
○儆四彊之內 363/179/16
其從於○者 363/179/16
○因取其游之舟上擊之 363/179/16
臣為○之楚 363/179/17
○胥臣反 363/179/17
無見○矣 363/179/18
以告秦○ 363/179/18
秦○謂魏○曰 363/179/18
楚○弗聽 365/180/3
蘇代為楚○曰 365/180/3
願大○之熟計之 366/180/11
妾事先○也 366/180/12
先○以其髀加妾之身 366/180/12
尚靳歸書報韓○ 366/180/16
韓○遣張翠 366/180/16
秦重國知○也 366/180/17
甘茂入言秦○曰 366/180/21
秦○之言曰 367/180/29
秦○必祖張儀之故謀 367/181/1
楚威○攻梁 367/181/1
威○怒 367/181/3
錡宣之教韓○取秦 369/181/20
因令公仲謂秦○曰 369/181/20
秦○必取我 369/181/21
韓○之心 369/181/21
○何不試以襄子為質於韓 369/181/21
令韓○知○之不取三川也 369/181/21
於是以太子扁、昭揚、梁○皆德公矣 370/181/28
教陽向說秦○曰 371/182/3
馮君廣○而不聽公叔 371/182/4
則○澤布 371/182/4
公不如令人恐楚○ 372/182/9
秦○聽 372/182/10
鄭○必以齊○為不急 374/182/29
則鄭○必許之矣 374/182/30
○果不許韓擾 374/182/31
鄭強為楚○使於韓 375/183/3
公何不令齊○謂楚○ 377/183/16
○為我逐幾瑟以窮之 377/183/16
韓大夫見○老 378/183/22
韓大夫知○之老而太子定 379/183/28
楚○聽而入質子於韓 380/184/3
楚○必重公矣 380/184/6
教公仲謂魏○曰 381/184/11
因令人謂楚○曰 381/184/12
是○抱虛質也 381/184/12
○不如亟歸幾瑟 381/184/13
而德○矣 381/184/13
公不如令秦○賀伯嬰之立也 382/184/18
楚○欲復之甚 383A/184/23
楚○問曰 384/185/9

今○之國有柱國、令尹、司馬、典令 384/185/13
韓○及相皆在焉 385/186/14
秦○大怒曰 388/187/29
蘇秦為韓說秦○曰 388/188/1
所以為○也 388/188/1
○不折一兵 388/188/2
或謂韓○曰 389/188/12
秦○欲出事於梁 389/188/12
○不察 389/188/14
秦之欲并天下而○之也 389/188/16
謂鄭○曰 390/188/23
而○與諸臣不事為尊秦以定韓者 390/188/28
臣竊以為○之明為不如昭釐侯 390/188/28
而○之諸臣忠莫如申不害也 390/188/29
大之不○ 390/189/2
昔先○之攻 390/189/3
越○使大夫種行成於吳 390/189/5
畢呼霸○ 390/189/9
未嘗不以周襄○之命 391/189/17
然則雖尊襄○ 391/189/17
猶其尊襄○也 391/189/18
今強國將有帝○之亹 391/189/20
強國能○ 391/189/21
強國不能○ 391/189/22
足強為之說韓○曰 392/189/28
○於是召諸公子役於三川者而歸之 392/189/29
韓侈謂秦○曰 396B/191/3
秦○仕之 396B/191/4
又奚為挾之以恨魏○乎 396B/191/6
今○不召韓侈 396B/191/6
客卿為韓謂秦○曰 396C/191/11
今○位正 396C/191/14
○之明一也 396C/191/17
○之明二也 396C/191/19
○猶攻之也 396C/191/19
○猶校之也 396C/191/20
無幾於○之明者 396C/191/20
臣故願公仲之國以侍於○ 396C/191/20
楚○善之 397/191/27
是何以為公之○使乎 399/192/11
公無見○矣 399/192/12
秦○必外向 400/192/17
秦○誠必欲伐齊乎 400/192/19
向請為公說秦○ 400/192/20
周成恢為之謂魏○曰 401/192/24
○何不為之先言 401/192/24
是○有向晉於周也 401/192/25
成恢因為謂韓○曰 401/192/25
而韓○失之也 401/192/26
請令公子年謂韓○曰 402/193/3
○何不召之 402/193/4
必盡其家以事○ 402/193/4
必效先○之器以止○ 402/193/5
韓○必為之 402/193/5
公孫綦為人請御史於○ 403/193/9
魏○為九里之盟 404/193/14
房喜謂韓○曰 404/193/14
○與大國弗聽 404/193/15
能無議君於○ 406/193/26
○良之弟子駕 407/194/3
○良弟子曰 407/194/4
大○知其所以然乎 408/194/13
而○以全燕制其後 408/194/15
是故願大○與趙從親 408/194/19
齊○疑蘇秦 409/195/4
秦惠○以其女為燕太子婦 411/195/16
易○立 411/195/16
齊宣○因燕喪攻之 411/195/16
武安君蘇秦為燕說齊○ 411/195/19
齊○桉戈而卻曰 411/195/19
○利其十城 411/195/23
○能聽臣 411/195/29
秦知○以己之故歸燕城也 411/195/30
秦必德○ 411/195/30
燕亦德○ 411/195/30
則大○號令天下皆從 411/195/31
是○以虛辭附秦 411/195/31
此霸○之業矣 411/195/32
齊○大說 411/196/1
人有惡蘇秦於燕○者 412/196/5
○以萬乘下之 412/196/5
而燕○不館也 412/196/8
謂燕○曰 412/196/8,413/197/3
傷臣於○者 412/196/10
汙武○之義而不臣焉 412/196/15
且夫三○代興 412/196/18
大○之所親 413/197/3
昔趙○以其姊為代○妻 413/197/3
約與代○遇於句注之塞 413/197/4
與代○飲 413/197/4
代○腦塗地 413/197/6
夫趙○之狼戾無親 413/197/9
大○之所明見知也 413/197/9
且以趙○為可親邪 413/197/9
再圍燕都而劫大○ 413/197/9
大○割十城乃郤以謝 413/197/10
今趙○已入朝澠池 413/197/10
則易水、長城非○之有也 413/197/11
今大○事秦 413/197/12
客謂魏○曰 414/197/20
○何為不見 414/197/22
乃北見燕○噲曰 415/197/27
竊聞○義甚高甚順 415/197/27
竊釋鉏耨而干大○ 415/197/28
觀○之群臣下吏 415/197/29
大○天下之明主也 415/197/29
臣請謁○之過 415/198/1
○之仇讎也 415/198/1
○之援國也 415/198/2
今○奉仇讎以伐援國 415/198/2
○自慮此則計過 415/198/2
今臣聞○居處不安 415/198/8
此必使○重矣 415/198/16
今夫齊○ 415/198/16
○誠能毋愛寵子、母弟以為質 415/198/26
○自治其外 415/198/31
燕○噲既立 416A/199/3
而齊宣○復用蘇代 416A/199/4
燕○問之曰 416A/199/7
齊宣○何如 416A/199/7
蘇代欲以激燕○以厚任子之也 416A/199/8
於是燕○大信子之 416A/199/8
鹿毛壽謂燕○曰 416A/199/11
今○以國讓相子之 416A/199/12
是○與堯同行也 416A/199/12
燕○因舉國屬子之 416A/199/13
今○言屬國子之 416A/199/16

○因收印自三百石吏而效之子之 416A/199/17
子之南面行○事 416A/199/18
儲子謂齊宣○ 416A/199/20
○因令人謂太子平曰 416A/199/21
孟軻謂齊宣○曰 416A/199/27
○因令章子將五都之兵 416A/199/27
燕○噲死 416A/199/28
是為燕昭○ 416A/199/29
蘇秦弟厲因燕質子而求見齊○ 416B/200/3
齊○怨蘇秦 416B/200/3
燕○噲問曰 416B/200/6
齊○其伯也乎 416B/200/7
於是燕○專任子之 416B/200/7
殺○噲、子之 416B/200/8
燕立昭○ 416B/200/8
齊使人謂魏○曰 417/200/13
不信齊○與蘇子也 417/200/14
故○不如東蘇子 417/200/15
燕昭○收破燕後即位 418/200/20
以雪先○之恥 418/200/22
○者與友處 418/200/24
○誠博選國中之賢者 418/200/27
天下聞○朝其賢臣 418/200/28
天下必以○為能市馬 418/201/3
今○誠欲致士 418/201/4
於是昭○為隗築宮而師之 418/201/7
燕○弔死問生 418/201/7
閔○出走於外 418/201/9
蘇代乃遺燕昭○書曰 419/201/14
越○勾踐棲於會稽 419/201/23
今○若欲轉禍而為福 419/201/23
秦○必患之 419/201/25
秦○之志 419/201/26
然而○何不使布衣之人 419/201/26
以不信秦○也 419/201/28
今○何不使可以信者接收燕、趙 419/201/28
今○之不收燕、趙 419/202/3
而○獨弗從也 419/202/4
而○從之 419/202/4
○不收燕、趙 419/202/4
○收燕、趙 419/202/5
秦○聞若說也 419/202/6
則○何不務使知士以若此言說秦 419/202/6
聖○之事也 419/202/7
燕昭○善其書 419/202/9
閔○出走 419/202/10
蘇代謂燕昭○曰 420/202/14
兼此三行以事○ 420/202/15
三○代位 420/202/22
何為煩大○之廷耶 420/202/22
今○有東嚮伐齊之心 420/202/26
○之論臣 420/203/3
臣請為○譬 420/203/6
燕○謂蘇代曰 421/203/18
秦召燕○ 422/203/25
燕○欲往 422/203/25
蘇代約燕○曰 422/203/25
○乃待天下之攻函谷 422/203/30
楚○為是之故 422/203/31
宋○無道 422/204/9
○苟能破宋有之 422/204/10
齊○四與寡人約 422/204/13
燕昭○不行 422/205/1
謂昭○曰 423/205/7
今齊○召蜀子使不伐宋 423/205/8
與齊○謀道取秦以謀趙者 423/205/8
齊○使公○曰命說曰 424/205/16
如齊○○之不信趙 424/205/20
○何疑焉 424/205/25
蘇子怒於燕○之不以吾故 424/205/28
又不欲○ 424/206/1
未見齊○ 425/206/12
今臣欲以駿馬見於○ 425/206/15
入言之○而見之 425/206/16
齊○大說蘇子 425/206/16
蘇代自齊使人謂燕昭○曰 426/206/21
○何不出兵以攻齊 426/206/21
臣請為○弱之 426/206/22
令人謂閔○曰 426/206/24
○何不令蘇子將而應燕乎 426/206/25
是○破燕而服趙也 426/206/26
閔○曰 426/206/26,426/207/3
○其改舉 426/206/27
○使臣也 426/206/27
是敗○之兵 426/206/28
而報於閔○曰 426/207/2
○過舉 426/207/2
又使人謂閔○曰 426/207/5
○復使蘇子應之 426/207/6
蘇子先敗○之兵 426/207/6
其後必務以勝報○矣 426/207/7
蘇代自齊獻書於燕○曰 427/207/13
○謂臣曰 427/207/15
燕○不與齊謀趙 427/207/19
今○信田伐與參、去疾之言 427/207/19
今○又使慶令臣曰 427/207/20
○苟欲用之 427/207/21
則臣請為○事之 427/207/21
○欲醳臣剸任所善 427/207/21
將令燕○之弟為質於齊 428/207/26
燕○許諾 428/207/26
賴得先○鴈鶩之餘食 428/208/1
今○願封公子 428/208/6
今○之以公子為質也 428/208/6
且太后與○幸而在 428/208/7
○棄國家 428/208/8
故非及太后與○封公子 428/208/9
燕昭○且與天下伐齊 429/208/15
昭○召而謂之曰 429/208/15
公聽吾言而說趙○曰 430/208/23
今○之伐燕也 430/208/24
而強秦將以兵承○之西 430/208/25
使者乃以說趙○ 430/208/28
燕昭○聞之 430/208/28
昌國君樂毅為燕昭○合五國之兵而攻齊 431/209/3
而燕昭○死 431/209/4
惠○即位 431/209/4
燕○悔 431/209/5
燕○乃使人讓樂毅 431/209/8
先○舉國而委將軍 431/209/8
報先○之讎 431/209/8
會先○棄群臣 431/209/9
而亦何以報先○之所以遇將軍之意乎 431/209/11
望諸君乃使人獻書報燕

○曰 431/209/14
不能奉承先○之教 431/209/14
以傷先○之明 431/209/15
今○使使者數之罪 431/209/16
臣恐侍御者之不察先○
之所以畜幸臣之理 431/209/16
而又不白於臣之所以事
先○之心 431/209/16
先○之舉錯 431/209/21
故假節於魏○ 431/209/21
先○過舉 431/209/21
先○命之曰 431/209/25
○若欲攻之 431/209/26
先○曰 431/209/28
先○之靈 431/209/29
隨先○舉而有之於濟上
431/209/29
齊○逃遁走莒 431/209/30
功未有及先○者也 431/210/2
先○以為愜其志 431/210/2
若先○之報怨雪恥 431/210/7
故吳○遠迹至於郢 431/210/10
故吳○夫差不悟先論之
可以立功 431/210/11
以明先○之迹者 431/210/12
墮先○之名者 431/210/13
或獻書燕○ 432/210/22
○而不能自恃 432/210/22
願大○之熟慮之也 432/211/3
臣竊為○計 432/211/8
客謂燕○曰 433/211/15
○何不陰出使 433/211/16
請假○十年 433/211/17
燕○說 433/211/17
臣聞當世之舉○ 433/211/20
今宋○射天笞地 433/211/21
而○不伐 433/211/22
○名終不成 433/211/22
○何為弗為 433/211/23
燕○聞之 433/211/26,439/214/5
蘇代為燕謂惠○曰 434/212/3
故願○之熟計之也 434/212/6
齊謂燕○曰 435/212/11
魏亦謂燕○曰 435/212/11
楚○使景陽將而救之 436/212/17
燕○欲殺之 437/212/26
燕○所為將殺我者 437/212/26
○欲得之 437/212/27
而燕○不我信 437/212/27
燕○必當殺子 437/212/28
燕○喜使栗腹以百金為
趙孝成○壽 438/213/3
○乃召昌國君樂間而問
曰 438/213/4
○大怒 438/213/6
燕○以書且謝焉 438/213/10
君之於先○也 438/213/12
今君厚受位於先○以成
尊 438/213/16
追惟先○ 438/213/29
不顧先○以明而惡 438/213/30
使人賀秦○ 439/214/5
趙○繫之 439/214/5
趙○以為然而遣之 439/214/8
使者見秦○曰 439/214/10
燕○竊聞秦并趙 439/214/10
燕○使使者賀千金 439/214/10
今○使趙北并燕 439/214/12
臣切為○患之 439/214/13
夫秦○之暴 440/214/23
臣海內之○者 440/215/21
今秦已虜韓○ 440/215/22
○翦將數十萬之眾臨漳
、鄴 440/215/22
秦○貪其贄 440/215/25
誠得劫秦○ 440/215/25
秦將○翦破趙 440/216/4
虜趙○ 440/216/4
秦○購之金千斤 440/216/6
與燕督亢之地圖獻秦○ 440/216/7
秦○必說見臣 440/216/7
秦○必喜而善見臣 440/216/15
厚遺秦○寵臣中庶子蒙
嘉 440/217/4
嘉為先言於秦○曰 440/217/4
燕○誠振畏慕大○之威 440/217/4
不敢興兵以拒大○ 440/217/5
而得奉守先○之宗廟 440/217/6
燕○拜送于庭 440/217/7
使使以聞大○ 440/217/7
唯大○命之 440/217/7
願大○少假借之 440/217/11
秦○謂軻曰 440/217/11
因左手把秦○之袖 440/217/12
秦○驚 440/217/13
荊軻逐秦○ 440/217/14
秦○還柱而走 440/217/14
以故荊軻逐秦○ 440/217/16
秦○之方還柱走 440/217/17
○負劍 440/217/18,440/217/18
乃引其匕首提秦○ 440/217/19
秦○復擊軻 440/217/19
秦○目眩良久 440/217/21
詔○翦軍以伐燕 440/217/24
燕○喜、太子丹等 440/217/24
秦將李信追擊燕○ 440/217/25
○急 440/217/25
用代○嘉計 440/217/25
而虜燕○喜 440/217/26
荊○大說 441/218/3
此○之所憂也 441/218/4
而荊○說甚 441/218/5
齊○果攻 441/218/5
而荊○不至 441/218/6
吾欲藉子殺○ 442/218/11
吾義固不殺○ 442/218/11
義不殺○而攻國 442/218/12
請見之○ 442/218/13
墨子見楚○曰 442/218/15
惡以○吏之攻宋 442/218/21
梁○伐邯鄲 444/219/3
宋君使使者請於趙○曰 444/219/3
願○之有以命弊邑 444/219/4
梁○甚說 444/219/11
趙○亦說曰 444/219/11
楚○言救宋 446A/219/22
而貴不益為○ 446B/219/30
宋康○之時 447/220/6
康○大喜 447/220/7
○乃逃倪侯之館 447/220/9
且秦○亦將觀公之事 449/220/29
秦○必怨公 449/220/30
乃見魏○曰 450/221/8
願○博事秦 450/221/8
臣恐○事秦之晚 450/221/11
今○緩於事己者 450/221/12
事○三年不得見 450/221/13
臣以是知○緩也 450/221/13
魏○趨見衛客 450/221/13
犀首立五○ 454/222/15
寡人羞與中山並為○ 454/222/15

以廢其○ 454/222/16
寡人且○ 454/222/16
羞與寡人並為○ 454/222/16
不在索○ 454/222/17
臣聞君欲廢中山之○ 454/222/18
中山雖益廢○ 454/222/19
必為趙、魏廢其○而務附焉 454/222/20
豈若中山廢其○而事齊哉 454/222/20
與之遇而許之○ 454/222/23
454/222/27,454/223/1
中山急而為君難其○ 454/222/24
為君廢○事齊 454/222/24
是君廢其○而亡其國 454/222/25
今五國相與○也 454/222/26
此是欲皆在為○ 454/222/26
必先與之○而故親之 454/222/28
果召中山君而許之○ 454/222/31
齊羞與中山之為○甚矣 454/223/1
豈若令大國先與之○ 454/223/1
果與中山○而親之 454/223/2
中山與燕、趙為○ 455/223/6
次者廢○ 455/223/11
請令燕、趙固輔中山而成其○ 455/223/11
請以公為齊○而登試說公 455/223/12
○之所以不憚割地以賂燕、趙 455/223/15
其實欲廢中山之○也 455/223/15
然則○之為費且危 455/223/16
○行二者 455/223/17
○如用臣之道 455/223/17
○發重使 455/223/18
為中山之獨與燕、趙為○ 455/223/19
○苟舉趾以見寡人 455/223/20
今齊之辭云『即佐○』 455/223/20
與○相見 455/223/21
○亦絕之 455/223/21
以此說齊○ 455/223/22
齊○聽乎 455/223/22
此○所以存者也 455/223/23
非欲廢中山之○也 455/223/24
燕、趙果俱輔中山而使其○ 455/223/28
趙○必大怒 457/224/13
司馬憙即奏書中山○曰 458/224/21
中山○悅而見之曰 458/224/22
中山○遣之 458/224/24
見趙○曰 458/224/26
彼乃帝○之后 458/224/29
趙○意移 458/224/29
願○無泄也 458/224/31
歸報中山○曰 458/225/1
趙○非賢○也 458/225/1
中山○作色不悅 458/225/2
○如不與 458/225/3
中山○曰 458/225/3
○立為后 458/225/4
以絕趙○之意 458/225/4
中山○遂立以為后 458/225/4
趙○亦無請言也 458/225/5
說楚○伐中山 459B/225/16
昭○既息民繕兵 461/225/29
今○發軍 461/226/3
乃使五校大夫○陵將而伐趙 461/226/8
○欲使武安君 461/226/8
○乃使應侯往見武安君 461/226/9
是時楚○恃其國大 461/226/16
以言於○ 461/226/30
更使○齕代○陵伐趙 461/226/30
趙○出輕銳以寇其後 461/227/1
○聞之怒 461/227/2
然惟願大○覽臣愚計 461/227/4
大○若不察臣愚計 461/227/6
○不答而去 461/227/9

往 wǎng 66

乃○見西周之君曰 4/2/19
周君將令相國○ 5A/2/26
而主君令相國○ 5A/2/28
主君將令誰○ 5A/2/28
蘇代遂○見韓相國公中曰 25/9/4
周君難○ 31/10/23
將以為辭於秦而不○ 31/10/24
故使相○ 38/12/16
吾欲使武安子起○喻意焉 41A/14/26
臣敢言○昔 42/15/25
乃使勇士○詈齊王 50/21/11
甘茂辭不○ 61A/25/9
故不○ 61A/25/10
臣聞○來之者言曰 63/26/5
叢○求之 74/32/18
蒙傲乃○見應侯 79/34/22
○而不能反者也 81/37/5
上蔡、召陵不○來也 87/42/10
願○事之 93/44/20
故○說之曰 93/44/22
公○必得死焉 101/50/1
公孫閈乃使人操十金而○卜於市 104/51/15
使者數相○來 109/53/6
○聘孟嘗君 133/65/23
孟嘗君固辭不○也 133/65/24
願因請公○矣 134/66/5
求存故○ 136A/67/7
○見魯仲子 148/78/8
可○矣 148/78/14
令○守東地 177/92/28
聞○古 204A/105/23
襄子○見張孟談而告之曰 204A/105/30
為乞人而○乞 204B/106/12
乃使趙勝○受地 211/110/8
願大夫之○也 216/111/20
而享○古之勲 221/116/19
齊後○ 236/127/7
趙王使○賀 258B/137/16
吾○賀而獨不得通 258B/137/17
使者三○不得通者 258B/137/18
諒毅親受命而○ 258B/137/21
子○矣 266/140/28
乃○ 267/141/8
惠王○問之 271/142/18
請謁而○ 276/145/16
臣又說齊王而○敗之 297/152/8
信安君不欲○ 304/154/16
○見王曰 334/168/3
使者自○ 340/169/24
故○見郭隗先生曰 418/200/20
樂毅自魏○ 418/201/7
鄒衍自齊○ 418/201/7
劇辛自趙○ 418/201/7
燕王欲○ 422/203/25

○見伯樂曰 425/206/13
累○事之美 438/213/24
惡○而不黜乎 438/213/25
馳○ 440/216/17
今日○而不反者 440/216/24
○見公輸般 442/218/10
自今以○者 451/221/20
妨○來者 452B/222/5
因言告燕、趙而無○ 455/223/23
遣張登○ 455/223/28
中山因告燕、趙而不○ 455/223/28
王乃使應侯○見武安君 461/226/9

枉 wǎng 2

則大臣為之○法於外矣 258A/137/11
○車騎而交臣 385/186/2

罔 wǎng 3

麋知獵者張○ 187/96/11
偽舉○而進之 187/96/12
偽舉○而進者必衆矣 187/96/12

網 wǎng 1

○不能止 99/49/13

妄 wàng 15

民不○取 39/12/23
故不敢○賀 50/21/4
世有無○之福 200/102/4
又有無○之禍 200/102/4
今君處無○之世 200/102/5
以事無○之主 200/102/5
安不有無○之人乎 200/102/5
何謂無○之福 200/102/5
此所謂無○之福也 200/102/8
何謂無○之禍 200/102/8
此所謂無○之禍也 200/102/10
何謂無○之人 200/102/11
此所謂無○之人也 200/102/12
不敢○興師以征伐 413/197/12
而趙不敢○動矣 413/197/12

忘 wàng 26

輕○其薛 14B/6/6
而○毀楚之強魏也 87/41/14
豈○為之內乎 157B/82/8
願王勿○也 159/82/19
不敢○先生之言 160/83/6
而○之於秦 166/85/8
臣以為王鉅速○矣 166/85/9
而○強秦之禍 168/87/4
必厚尊敬親愛之而○子 174/91/8
前事之不○ 204A/105/24
○其憎懷而愛秦邪 219/115/11
嗣立不○先德 221/116/16
而○國事之恥 221/117/26
不○於心 232/123/21
願君之亦勿○也 232/123/22
而○人之功 234/125/19
怨之至死不○ 301/153/4
其樂○死 307/156/3
有不可○者 339/169/14
有不可不○者 339/169/14
不可○也 339/169/16
不可不○也 339/169/16
臣願君之○之也 339/169/17
甚唯寐○之 389/188/13
寡人豈敢一日而○將軍之功哉 431/209/9
故前業不○ 438/213/26

望 wàng 39

臣昧死○見大王 42/17/9
○見足下而入之 72/29/13
即使文王疏呂○而弗與深言 73A/30/2
雖周呂○之功 78/34/5
相○於境 87/41/19
引領西○ 93/45/1
皆西面而○ 93/45/13
太公○ 96/48/10
是以群臣莫敢以虛願○於上 96/48/16
○之而泣 101/50/13
○拜之謁 125/61/14
無德而○其福者約 136B/67/29
則吾倚門而○ 144/74/28
則吾倚閭而○ 144/74/29
太公○封於齊 201/102/26
非所○也 204B/106/27
非寡人所○於子 221/117/26
萬家之邑相○也 225/121/8
與國何敢○也 248/132/27
故魏之免相○也 251/135/1
○我而笑 257/136/23
夫○人而笑 257/136/24
故願○見太后 262/139/2
楚王登強臺而○崩山 307/156/2
今魏王出國門而○見軍 314/160/16
利出燕南門而○見軍乎 314/160/21
冠蓋相○ 338/168/29
399/192/9, 399/192/11
冠蓋相○也 366/180/9
○諸相中山也使趙 424/206/5
○諸攻關而出逃 424/206/5
將多○於臣 427/207/14
趙封以為○諸君 431/209/4
○諸君乃使人獻書報燕王曰 431/209/14
寡人○有非則君掩蓋之 438/213/12
○有過則君教誨之 438/213/13
非君心所○之 438/213/16
不○之乎君也 438/213/28

危 wēi 139

夫存○國 1/1/5
復國且身○ 10B/4/22
竊為君○之 22/8/5
81/36/19, 160/83/1
破則周○ 27/9/21
則楚方城之外○ 33/11/13
即趙羊腸以上○ 33/11/13
大臣太重者國○ 39/12/29
左右太親者身○ 39/12/29
晉國○ 41B/15/3
則趙○ 42/16/7
趙○而荊孤 42/16/7
○ 44/18/7
此臣所謂『○』 44/18/9
國必○矣 56/23/27

152/80/14,432/211/6
小者身以孤○ 73A/30/15
四貴備而國不○者 73B/31/28
大其都者○其國 73B/32/4
得無○乎 74/32/19
都大者○其國 74/32/22
臣強者○其主 74/32/22
古之所謂『○主滅國之道』必從此起 74/32/28
咸陽必○ 83A/38/19
無○咸陽而悔也 83A/38/20
魏必○ 84A/39/13
則社稷必○ 85/40/1
致至而○ 87/40/28
然後○動燕、趙 87/42/12
衛○於累卵 88/42/19
國家大○ 88/42/21
君○於累卵 93/44/28
必無○亡之患矣 93/44/29
○矣 94/46/9,233/125/7
亡趙自○ 95/46/24
今國○亡 95/47/4
能○山東者 111/54/5
國以○ 113/55/19
張儀謂梁王不用臣言以○國 116/57/3
太子必○矣 122/59/27
清廟必○ 125/61/11
歷險乘○ 129/62/24
則趙、魏亦○矣 132B/64/12
趙、魏○ 132B/64/12
夫有宋則衛之陽城○ 141B/70/22
有淮北則楚之東國○ 141B/70/22
有濟西則趙之河東○ 141B/70/22
是以大國○ 142/71/25
則楚國之形○ 145/75/16
國○矣 147/78/3,325/165/28
勢必○宋 152/80/14
則上○ 159/82/18
故謀未發而國已○矣 167/86/8
存○國 167/86/10
社稷豈得無○哉 168/86/23
此○亡之術也 168/86/26
○難在三月之內 168/87/3
攻大者易○ 168/87/6
夫守易○之功 168/87/6
臣竊為大王○之 168/87/6
社稷其○ 170/89/16
○太子者 178/93/10
公必○ 178/93/10
是以國○ 179/93/19
方城必○ 183/95/3
郢都必○矣 192/97/22
於安思○ 201/102/23
○則慮安 201/102/23
而為○難不可成之事 202/103/15
○不能安 203/104/17
○於累卵 208/107/28
且秦以三軍攻王之上黨而○其北 209/108/22
韓○社稷以事王 209/109/1
韓、魏○ 210/109/8,248/132/22
亡其北陽而梁○ 215/111/10
河間封不定而齊○ 215/111/10
戰勝而國○者 219/114/24
求欲無○ 220/116/3
忠不辟○ 221/118/14
○足以持難 222/119/5
和於下而不○ 222/119/12
臣用私義者國必○ 223/119/27
人必○之矣 238/128/26
固○扶弱 249/134/2
何○於國 258A/137/6
無○於國 258A/137/7
皆無○補於國 258A/137/7
○國之道也 269/141/21
是○也 269/141/21
則大王之國欲求無○不可得也 273/144/5
齊必○矣 274/144/27
公必○矣 281/146/27
虛、頓丘○ 284/147/21
許、鄢陵○ 284/147/21
其國易○ 291/149/10
田侯、梁君見其○ 291/149/13
韓氏必○ 295/150/14
則子必○矣 303A/153/28
趙安而我○也 304/154/23
國○而權輕 304/154/27
國處削○之形 304/154/29
臣願君之熟計而無行○也 310/158/4
名醜而實○ 313/159/23
魏無見亡之○ 313/159/29
然而趙之地不歲○ 314/160/9
而魏之地歲○ 314/160/9
地亦且歲○ 314/160/11
行三十里而攻○隘之塞 315/161/12
河內之共、汲莫不○矣 315/161/17
則南國必○矣 315/161/20
南國雖無○ 315/161/20
則二周必○ 315/162/9
則魏○ 325/165/22
社稷必○矣 340/169/29
此安○之要 345/172/16
不事秦則○矣 348A/173/28
則王之國必○矣 348B/174/12
夫救韓之○ 366/180/14
身必○ 376/183/11
則主卑而身○ 386/187/5
是公○矣 386/187/7
則韓最先○矣 387/187/18
功存○燕 412/196/9
而事弱燕之○主乎 412/196/16
則○ 415/198/8
名卑而國○ 419/202/5
夫去尊寧而就卑○ 419/202/5
仁者不○人以要名 438/213/15
則恐○社稷 444/219/4
西河之外必○ 449/220/29
大者○國 455/223/11
然則王之為費且○ 455/223/16
大怒則君必○矣 457/224/13
即社稷○矣 458/225/3

威 wēi 60

○立於上 40/13/24
王侯之○ 40/14/10
犀首戰勝○王 47/19/1
以○楚、趙 73A/31/8
制殺生之○之謂王 73B/31/27
內固其○ 73B/32/2
其○內扶 74/32/26
○蓋海內 81/36/18
立○諸侯 81/36/24
○不掩於山東 86/40/14
不伸○ 87/41/1
王之○亦憚矣 87/41/5

王若能持功守○ 87/41/5
壹毀魏氏之○ 87/41/8
郢○王聞之 88/42/22
以同言郢○王於側紂之間 88/42/26
臣豈以郢○王為政衰謀亂以至於此哉 88/42/26
楚○王戰勝於徐州 97/48/22
○王薨 101/49/28
靖郭君衣○王之衣 101/50/13
聲○天下 104/51/16
於是入朝見○王曰 108/52/23
齊○王使章子將而應之 109/53/6
○王不應 109/53/7,109/53/8
○卻強秦兵 120/58/14
齊王使使者問趙○后 138/69/13
○后問使者曰 138/69/13
臣奉使使○后 138/69/14
○后曰 138/69/15
而○不信於齊 145/75/13
傚小節者不能行大○ 145/76/1
○信吳、楚 145/76/9
則齊○可立 150/79/25
說楚○王曰 167/85/15
夫外挾強秦之○ 167/86/3
○王問於莫敖子華曰 170/88/18
夫齊○、宣 219/115/2
後富韓○魏 219/115/3
今富非有齊○、宣之餘也 219/115/5
大王之○ 220/115/21
○嚴不足以易於位 222/119/12
夫以秦將武安君公孫起乘七勝之○ 231/123/8
今趙非有七克之○也 231/123/11
昔齊○王嘗為仁義矣 236/127/6
○王勃然怒曰 236/127/8
內無孟賁之○ 238/128/26
誠能振其○也 272/143/8
晉文公得南之○ 307/156/1
遂推南之○而遠之 307/156/1
南○之美也 307/156/4
楚○王攻梁 367/181/1
○王怒 367/181/3
是棘齊、秦之○而輕韓也 398/192/4
何肯楊燕、秦之○於齊而取大功乎哉 412/196/16
○脅韓、魏、趙氏 440/214/19
燕王誠振畏慕大王之○ 440/217/4
○服天下鬼神 447/220/8
招大國之○ 456/224/4
孰若勝天下之○大耶 461/227/7

微 wēi 20

○告翦 17/6/29
令人○告悍 36/12/5
是○子不足仁 81/36/10
而患之所從生者○ 141A/70/11
○用兵而寄於義 142/72/10
君不如使人○要靳尚而刺之 175/91/18
引○繳 192/98/9
故○韓以貳之 209/108/15
故○之為著者強 219/114/26
今宣君有○甲鈍兵 220/115/24
○諫而不譁 223/119/26
且○君之命命之也 232/123/19
周貧且○ 236/127/6
○獨趙 262/139/15
乃○謂趙卓、韓鼂曰 345/172/17
申子○視王之所說以言於王 345/172/18
君○出明怨以棄寡人 438/213/13
○太子言 440/216/6
善以○計薦中山之君久矣 454/222/28
○白起 461/226/30

煨 wēi 1

蹈○炭 42/15/18

為 wéi 1610

夫秦之○無道也 1/1/4
弊邑固竊○大王患之 1/1/13
臣竊○大王私憂之 1/1/16
子以○何如 2/1/22,141A/70/10
子○寡人謀 2/1/26,314/160/3
公爵○執圭 2/1/26
官○柱國 2/1/26
公中慕公之○己乘秦也 2/1/28
○東周謂韓王曰 3A/2/6
令之○己求地於東周也 3B/2/12
是我○楚、韓取寶以德之也 3B/2/13
東周欲○稻 4/2/18
不若一○下水 4/2/20
蘇厲○之謂周君曰 5A/2/26
○周謂楚王曰 6/3/10
宋君奪民時以○臺 8B/3/29
子罕釋相○司空 8B/3/30
管仲故○三歸之家 8B/4/1
而又○客哉 9/4/9
或○周最謂金投曰 10A/4/14
徐○之東 10A/4/16
○君爭於秦 11A/4/27
收周最以○後行 11B/5/4
齊王誰與○其國 11B/5/5
蘇厲○周最謂蘇秦曰 12/5/16
○周最謂魏王曰 14A/5/28
而公獨脩虛信○茂行 14B/6/7
請○王入齊 14B/6/8
臣請○救之 14B/6/8
且臣○齊奴也 14B/6/9
王○臣賜厚矣 14B/6/9
周之祭地○祟 15/6/16
不必且○大人者 16/6/23
而○之請太子 17/6/28, 381/184/12
公若欲○太子 17/6/29
王類欲令若○之 17/7/1
相國令之○太子 17/7/2
○公畫陰計 20/7/19
嚴氏○賊 21/7/25
寡人知嚴氏之○賊 21/7/26
薛公以齊○韓、魏攻楚 22/8/3
韓慶○西周謂薛公曰 22/8/3
君以齊○韓、魏攻楚 22/8/4
竊○君危之 22/8/5, 81/36/19,160/83/1
秦王出楚王以○和 22/8/8
○周最謂李兌曰 23/8/15
代能○君令韓不徵甲與粟於周 25/9/3
又能○君得高都 25/9/4
何○與高都 25/9/9
因以應○太后養地 26/9/15
周君必以○公功 26/9/16

吾得將○楚王屬怒於周 28/10/3
司寇布○周最謂周君曰 30/10/15
君使人告齊王以周最不肯○太子也 30/10/15
臣○君不取也 30/10/15
函冶氏○齊太公買良劍 30/10/15
今君之使最○太子 30/10/17
臣恐齊王之○君實立果而讓之於最 30/10/18
君○多巧 30/10/18
最○多詐 30/10/18
或○周君謂魏王曰 31/10/23
將以○辭於秦而不往 31/10/24
臣能○君取之 32/11/1
臣○王有患也 32/11/2
而設以國○王扞秦 32/11/2
周君得以○辭於父兄百姓 32/11/5
而利溫囿以○樂 32/11/5
所以○之者 33/11/12
○王之國計者 34/11/18
王何不以地齎周最以○太子也 36/12/3
○西周謂魏王曰 37/12/9
而臣○不能使矣 38/12/15
孝公以○相 39/12/22
是商君反○主 39/13/1
大王更○臣也 39/13/1
天下○一 40/13/18,408/194/19
嫂不○炊 40/13/30
妻不以我○夫 40/14/1
嫂不以我○叔 40/14/1
父母不以我○子 40/14/1
簡練以○揣摩 40/14/2
封○武安君 40/14/6
黃金萬溢○用 40/14/13
向以王之明○先知之 41B/15/5
弗知而言○不智 42/15/9
知而不言○不忠 42/15/9
○人臣不忠當死 42/15/9
將西南以與秦○難 42/15/11
而民○之者是貴奮也 42/15/19
足以○限 42/15/26
足以○塞 42/15/26,415/198/21
而謀臣不○ 42/16/4
42/16/8,42/16/21
令帥天下西面以與秦○難 42/16/5
代、上黨不戰而已○秦矣 42/16/17
東陽河外不戰而已反○齊矣 42/16/18
中呼池以北不戰而已○燕矣 42/16/18
與趙氏○和 42/16/21
昔者紂○天子 42/17/1
以與周武○難 42/17/2
以主○謀不忠者 42/17/12
得其地不足以○利 44/17/27
而天下不以○暴 44/18/4
諸侯不以○貪 44/18/5
蜀主更號○侯 44/18/11
因令楚王○之請相於秦 45/18/16
將以○國交也 45/18/17
楚王因○請相於秦 45/18/17
楚王以○然 45/18/18
故○請相也 45/18/18
漢中南邊○楚利 46/18/24
王割漢中以○和楚 46/18/25
田莘之○陳軫說秦惠王曰 48A/19/6
今秦自以○王 48A/19/9
然則是軫自○而不○國也 48B/19/16
天下欲以○子 48B/19/20
天下欲以○臣 48B/19/21
楚亦何以軫○忠乎 48B/19/22
陳軫○王臣 49/19/27
請○子車約 49/20/1
儀以子○之楚 49/20/2
汝何○取長者 49/20/5
今○我妻 49/20/6
則欲其○我詈人也 49/20/6
軫○人臣 49/20/7
天下皆欲以○臣 49/20/12
天下皆欲以○子 49/20/13
楚何以軫○ 49/20/14
王以○然 49/20/15,93/45/13
子○寡人慮之 50/20/20
王其○臣約車并幣 50/20/20
唯儀之所甚願○臣者 50/20/23
而儀不得○臣也 50/20/25
齊弱則必○王役矣 50/20/27
而私商於之地以○利也 50/20/27
寡人自以○智矣 50/21/3
秦計必弗○也 50/21/5
子獨不可以忠○子主計 51/21/26
以其餘○寡人乎 51/21/27
今軫將○王吳吟 51/21/29
中國○有事於秦 53/22/15
盡以○子功 55/23/6
名○縣 55/23/9
天下不以○多張儀而賢先王 55/23/11
臣恐王○臣之投杼也 55/23/18
因以宜陽之郭○墓 57/24/5
而外與韓侈○怨 58/24/11
不○韓氏先戰 59/24/16
○之奈何 60/24/21
73A/31/17,96/47/22
122/59/7,174/91/9,177/92/9
177/92/12,177/92/16
177/92/20,192/97/26
203/104/22,204A/106/1
258B/137/18,325/165/24
何○去我 61A/24/30
處女相語以○然而留之 61A/24/30
願○足下掃室布席 61A/25/1
願○王臣 61A/25/10
○楚和於秦 62/25/22
楚、魏○一 62/25/23,311/158/22
而以順子○質 63/25/28
蘇代○齊獻書穰侯曰 63/26/5
不○不信 63/26/7
不○無行 63/26/7
則晉、楚○制於秦 63/26/10
齊舉兵而○之頓劍 63/26/11
○我葬 64/26/19
必以魏子○殉 64/26/19
庸芮○魏子說太后曰 64/26/20
以死者○有知乎 64/26/20
何○空以生所愛 64/26/21
薛公○魏謂魏冉曰 65/26/26
是君破齊以○功 65/26/29
操晉以○重也 65/26/29
陶○萬乘 66/27/3
陶○鄰恤 66/27/4
聖人不能○時 66/27/7
不得○天子 66/27/8
○萬乘 66/27/14
南與陶○鄰 66/27/14
是令張儀之言○禹 67/27/22
德楚而觀薛公之○公也 67/27/23

○君慮封 69/28/8,248/132/21
秦王欲○成陽君求相韓、魏 71/28/21
秦太后○魏冉謂秦王曰 71/28/21
恐不○王用 71/28/23
使以臣之言○可 72/29/1
則久留臣無○也 72/29/1
雖以臣○賤而輕辱臣 72/29/3
而○天下名器 72/29/6
○其凋榮也 72/29/10
身○漁父而釣於渭陽之濱耳 73A/29/29
已一說而立○太師 73A/30/1
卒擅天下而身立○帝王 73A/30/2
死不足以○臣患 73A/30/6, 424/205/21
亡不足以○臣憂 73A/30/6
漆身而○厲 73A/30/6,73A/30/11
被髮而○狂 73A/30/6,73A/30/11
不足以○臣恥 73A/30/6
闔廬○霸 73A/30/10
是穰侯○國謀不忠 73A/30/25
○天下笑 73A/31/5, 83B/39/4,203/105/13
必親中國而以○天下樞 73A/31/8
○秦害者莫大於韓 73A/31/17
則其國斷而○三 73A/31/21
○此四者 73B/32/1
善○國者 73B/32/1
時以○仲父 73B/32/12
亦以○父 73B/32/12
乃左手○叢投 74/32/17
右手自○投 74/32/17
不稱瓢○器 74/32/21
已稱瓢○器 74/32/21
臣竊○王恐 74/32/24
臣聞古之善○政也 74/32/26
不敢○非 74/32/27
人臣之所樂○死也 75/33/7
以張儀○言 75/33/9
武安君○三公 78/34/4,78/34/6
武安君所以○秦戰勝攻取者七十餘城 78/34/4
君能○之下乎 78/34/6
雖欲無○之下 78/34/6
上黨之民皆返○趙 78/34/7
不樂○秦民之日固久矣 78/34/7
因以○武安功 78/34/8
臣亦嘗○子 79/34/16
○子時不憂 79/34/16
乃與即○梁餘子同也 79/34/17
臣何○憂 79/34/17
秦王以○不然 79/34/19
今傲勢得秦○王將 79/34/23
以其○汝南虜也 79/34/27
而○諸侯所議也 80/35/13
願以○君王 81/35/27
何○不可 81/36/1
卒○秦禽將 81/36/3
何○不可哉 81/36/7
故天下以其君父○戮辱 81/36/9
其○人臣 81/36/13
君之○主 81/36/17
夫商君○孝公平權衡、正度量、調輕重 81/36/23
吳起○楚悼罷無能 81/37/1
大夫種○越王墾草刱邑 81/37/3
長○陶朱 81/37/5
長○應侯 81/37/10
乃延入坐○上客 81/37/11
拜○客卿 81/37/14
遂拜○秦相 81/37/17
號○剛成君 81/37/19
○秦使於燕 81/37/20
秦○知之 82A/37/27
何不取○妻 82B/38/6
臣請○王因呡與佐也 82B/38/8
周寂○楚王曰 84B/39/17
以秦與楚○昆弟國 85/39/28
已立○萬乘 86/40/11
臣竊○大王不取也 86/40/14, 167/85/27,256/136/18
○秦所輕 87/40/25
襄王以○辯 87/40/26
還○越王禽於三江之浦 87/41/12
臣○大王慮而不取 87/41/14
流亡○臣妾 87/41/20
不○得地 87/41/24
齊南以泗○境 87/42/3
○帝若未能 87/42/4
於以禁王之○帝有餘 87/42/4
臣○王慮 87/42/8
秦、楚合而○一 87/42/8
韓必○關中之候 87/42/9
或○六國說秦王曰 88/42/16
土廣不足以○安 88/42/16
人衆不足以○強 88/42/16
因退○逢澤之遇 88/42/20
朝○天子 88/42/21
請○陳侯臣 88/42/22
於是夫積薄而○厚 88/42/25
聚少而○多 88/42/25
臣豈以郢威王○政衰謀亂以至於此哉 88/42/26
郢○強 88/42/26
臣竊○大王慮之而不取也 89/43/5
卒○三家笑 89/43/8
○黃池之遇 89/43/9
王若能○此尾 89/43/14
王若不能○此尾 89/43/15
以王○吳、智之事也 89/43/15
齊、宋在繩墨之外以○權 89/43/20
則兩國者必○天下笑矣 89/43/22
或○中期說秦王曰 90/43/26
所以不○相者 91/44/3
魏太子○質 92/44/9
太子○糞矣 92/44/10
昭衍○周之梁 92/44/11
○期與我約矣 92/44/12
身○糞土 93/44/23
吾○子使秦 93/44/24
是自○德講 93/45/7
立以○太子 93/45/14
以不韋○相 93/45/16
王后○華陽太后 93/45/16
夫項橐生七歲而○孔子師 94/45/26
卿明知○不如文信侯專歟 94/46/2
請○張唐先報趙 94/46/5
趙以○守相 95/46/15
○尚書 95/46/17
請○大王設秦、趙之戰 95/46/18
臣少○秦刀筆 95/46/28
未嘗○兵首 95/46/28
請○大王悉趙兵以遇 95/46/28
司空馬言其○趙王計而弗用 95/47/2
其○人疾賢妬功臣 95/47/4
將軍○壽於前而捍匕首 95/47/7
故使工人○木材以接手 95/47/9

必○言之曰 95/47/15
又以○司空馬逐於秦 95/47/15
四國○一 96/47/21,96/47/21
與之○交以報秦 96/47/24
以○上卿 96/47/24
天下願以○子 96/48/5
天下願以○臣 96/48/5
天下願以○妃 96/48/6
察其○己用 96/48/15
百姓○之用 97/48/23
大臣與百姓弗○用 97/48/24
公孫閈○謂楚王曰 98/49/4
旡○客通 99/49/10
鄙臣不敢以死○戲 99/49/12
奚以薛○ 99/49/14
齊貌辨之○人也多疵 101/49/24
吾無辭○之 101/49/26
王之方○太子之時 101/50/5
若聽辨而○之 101/50/7
此○一 101/50/7
此○二 101/50/10
客肯○寡人來靖郭君乎 101/50/11
故人非之不○沮 101/50/16
成侯鄒忌○齊相 104/51/11
田忌○將 104/51/11
公何不○王謀伐魏 104/51/11
鄒忌以○然 104/51/12
欲○大事 104/51/16
因令人捕○人卜者 104/51/16
田忌○齊將 105/51/21
將軍可以○大事乎 105/51/21
臣請○留楚 106/51/29
忌聞以○有一子之孝 107/52/7
自以○不如 108/52/19
章子○變其徽章 109/53/6
曷○擊之 109/53/9
夫○人子而不欺死父 109/53/15
豈○人臣欺生君哉 109/53/15
乃○齊見魯君 110/53/19
子以齊、楚○孰勝哉 110/53/21
齊○勝 110/53/24
此其○德也亦大矣 110/53/24
魯君以○然 110/53/25
以○後世也 111/54/3
此臣之所以○山東之患 111/54/6
天下○秦相割 111/54/6
天下○秦相烹 111/54/6
復○兄弟約 111/54/15
蘇秦○趙合從 112/54/23
167/85/15
竊○大王羞之 112/54/29
是故韓、魏之所以重與
秦戰而輕○之臣也 112/55/1
張儀○秦連橫齊王曰 113/55/14
然而○大王計者 113/55/15
皆○一時說而不顧萬世
之利 113/55/15
莫不以從○可 113/55/19
○昆弟之國 113/55/23
韓、齊○與國 114/56/3
○社稷計者 115/56/15
○王計者 115/56/24
秦王以○然 115/56/27
439/214/13
犀首以梁○齊戰於承匡
而不勝 116/57/3
值所以○國者不同耳 116/57/4
衛君○告儀 116/57/5
○儀千秋之祝 116/57/5
昭陽○楚伐魏 117/57/11
陳軫○齊王使 117/57/11
官○上柱國 117/57/12
爵○上執珪 117/57/12
臣竊○公譬可也 117/57/14
請畫地○蛇 117/57/15
吾能○之足 117/57/16
子安能○之足 117/57/17
○蛇足者 117/57/17
公以是○名居足矣 117/57/18
猶○蛇足也 117/57/19
昭陽以○然 117/57/19
然則是君自○燕東兵 119/58/1
○燕取地也 119/58/1
故○君計者 119/58/2
不務○此 120/58/14
則○國計者過矣 120/58/15
周、韓○割 121/58/20
趙、魏亦不免與秦○患
矣 121/58/20
吾○王殺太子 122/58/28
可以○楚王走太子 122/59/2
可以○蘇秦請封於楚 122/59/2
臣請○君之楚 122/59/7
王因馳強齊而○交 122/59/22
故曰可以○楚王使太子
亟去也 122/59/23
蘇秦非誠以○君也 122/60/1
臣竊○君疑之 122/60/2
以其○齊薄而○楚厚也 122/60/6
因封蘇秦○武貞君 122/60/7
故曰可以○蘇秦請封於
楚也 122/60/7
則是身與楚○讎也 122/60/12
故曰可以○蘇秦說薛公
以善蘇秦 122/60/13
勸王立○夫人 123/60/19
挻子以○人 124/60/28
刻削子以○人 124/61/1
淳于髡○齊使於荊 125/61/6
而○先王立清廟 125/61/11
然吾毀之以○之也 126/61/21
君所以得○長者 126/61/22
吾以身○孟嘗君 126/61/22
能○君決疑應卒 127/62/2
此臣之所○君取矣 127/62/3
○君舍人而內與夫人相
愛 128/62/7
願君勿以齊○心 128/62/15
孟嘗君可語善○事矣 128/62/19
轉禍○功 128/62/19
公子無忌○天下循便計 132B/64/8
○之駕 133/64/26
無以○家 133/64/27
以○貪而不知足 133/64/28
能○文收責於薛者乎 133/65/1
乃有意欲○收責於薛乎 133/65/4
竊以○君市義 133/65/13
乃臣所以○君市義也 133/65/15
寡人不敢以先王之臣○
臣 133/65/18
先生所○文市義者 133/65/19
請○君復鑿二窟 133/65/21
以故相○上將軍 133/65/22
寡人不足○也 133/65/26
君姑高枕○樂矣 133/65/28
孟嘗君○相數十年 133/65/30
孟嘗君○從 134/66/3
君恐不得○臣 134/66/4
得志不慚○人主 134/66/11
不得志不肯○人臣 134/66/11
而治可○管、商之師 134/66/11

客胡○若此 134/66/13
而士未有○君盡游者也 135/66/22
不敢以○言 136A/67/8
夫斶前○慕勢 136B/67/13
王前○趨士 136B/67/14
與使斶○趨勢 136B/67/14
不如使王○趨士 136B/67/14
而○天子 136B/67/26
欲○監門、閭里 136B/67/27
以喜其○名者 136B/67/28
必以驕奢○行 136B/67/28
必以賤○本 136B/68/6
必以下○基 136B/68/6
願請受○弟子 136B/68/11
斗趨見王○好勢 137/68/22
王趨見斗○好士 137/68/22
立○大伯 137/68/27
王使人○冠 137/69/6
○能之也 137/69/6
是其○人也 138/69/16,138/69/21
是其○人 138/69/18
胡○至今不朝也 138/69/20
何○至今不殺乎 138/69/22
設○不宦 139/69/26
而願○役 139/69/26
設○不嫁 139/69/27
今先生設○不宦 139/69/28
而士不得以○緣 140/70/5
勿庸稱也以○天下 141A/70/12
帝名○無傷也 141A/70/13
齊、秦立○兩帝 141B/70/18
王以天下○尊秦乎 141B/70/18
夫約然與秦○帝 141B/70/20
敬秦以○名 141B/70/24
今世之○國者不然矣 142/71/15
臣聞善○國者 142/71/18
故約不○人主怨 142/71/18
伐不○人挫強 142/71/18
以其○韓、魏主怨也 142/71/20
皆以相敵○意 142/71/22
常以王人○意也 142/71/25
常以謀人○利也 142/71/25
伯王不○而立矣 142/71/28
昔吳王夫差以強大○天下先 142/72/3
○天下戮者 142/72/4
誠欲以伯王也○志 142/72/17
彼戰者之○殘也 142/72/18
期數而能拔城者○亟耳 142/72/26
○天下笑者 142/72/28
天下稱○善 142/73/6
而多與天下○仇 142/73/11
曠日遠而○利長者 142/73/14
故名配天地不○尊 142/73/18
利制海內不○厚 142/73/19
故夫善○王業者 142/73/19
盡堞中○戰具 142/73/23
竟○守備 142/73/24
○死士置將 142/73/24
司馬穰苴○政者也 143/74/12
逃太史之家○溉園 143/74/22
立之以○王 143/74/23
君王后以○后 143/74/24
以○亡南陽之害 145/75/15
計必○之 145/75/17
○天下戮 145/75/19
故○公計者 145/75/24
不免○辱人賤行矣 145/76/3
○伍伯首 145/76/4
曹沫○魯君將 145/76/5
則不免○敗軍禽將 145/76/6
曹子以○遭 145/76/7
以○殺身絕世 145/76/10
襄王○太子徵 146/76/18
皆以田單○自立也 146/76/19
女以○何若 146/76/25
王不如因以○己善 146/76/25
故○酒而召貂勃 147/77/7
而○賢者狗 147/77/10
且其志欲○不善 147/77/17
其志欲有○也 147/77/18
子○子之臣禮 147/77/20
吾○吾之王禮而已矣 147/77/20
然則周文王得呂尚以○太公 147/77/25
齊桓公得管夷吾以○仲父 147/77/25
○人臣之功者 147/77/26
以○不可 147/78/1,276/145/24
故○棧道木閣 147/78/1
且嬰兒之計不○此 147/78/2
○士卒倡曰 148/78/14
因以○辭而攻之 149A/78/23
○莒太史家庸夫 149B/78/28
以○非常人 149B/79/1
共立法章○襄王 149B/79/2
以太史氏女○王后 149B/79/2
子建立○齊王 149B/79/6
皆○變辭 149B/79/14
所○立王者 150/79/19
○社稷耶 150/79/19
○王立王耶 150/79/19
○社稷 150/79/20
○社稷立王 150/79/20
則以○可可○謀 150/79/22
不欲○秦 150/79/24
○大王不取也 150/79/26
先是齊○之歌曰 150/79/29
適○固驅以合齊、秦也 151/80/5
子象○楚謂宋王曰 152/80/12
子以我○不信 154/81/5
吾○子先行 154/81/5
虎以○然 154/81/6
以○畏狐也 154/81/6
以○趙援 156/81/22
故○梁山陽君請封於楚 157A/81/30
是其○人也近苦矣 157B/82/7
夫苟不難○之外 157B/82/7
豈忘○之內乎 157B/82/8
人有以其狗○有執而愛之 158/82/12
以身○殉 160/83/2
臣所○君道 160/83/5
乃封壇○安陵君 160/83/12
江乙○魏使於楚 161/83/18
客因○之謂昭奚恤曰 162/83/25
公何○以故與奚恤 162/83/28
故楚王何不以新城○主郡也 163/84/8
乃○具駟馬乘車五百金之楚 163/84/10
楚王果以新城○主郡 163/84/10
鄭申○楚使於韓 164/84/15
以○國也 164/84/16,375/183/4
臣○太子得新城、陽人 164/84/16
臣以○王鉅速忘矣 166/85/9
故○王至計 167/85/19
○之其未有也 167/85/21
夫○人臣而割其主之地 167/86/2
張儀○秦破從連橫 168/86/15

413/197/3
四塞以○固 168/86/15
且夫○從者 168/86/17
竊以○大王之計過矣 168/86/19
無及○已 168/86/27
此臣之所以○大王之患也 168/87/4
臣竊○大王危之 168/87/6
封○武安君而相燕 168/87/17
請以秦女○大王箕帚之妾 168/87/22
以○湯沐之邑 168/87/22
長○昆弟之國 168/87/22
臣以○計無便於此者 168/87/23
○儀謂楚王逐昭雎、陳軫 169/88/4
欲○攻於魏 169/88/10
請○王使齊交不絕 169/88/13
亦有不○爵勸 170/88/18
170/88/22
不○祿勉 170/88/18
170/88/23,170/89/25
社稷其○庶幾乎 170/89/7
故不○爵勸 170/89/25
○甘茂謂楚王曰 171/90/6
今○其行人請魏之相 171/90/8
太子○質 172/90/13
請○公令辛戎謂王曰 173A/90/21
桓臧○昭雎謂楚王曰 173B/90/26
靳尚○儀謂楚王曰 174/91/3
奉以上庸六縣○湯沐邑 174/91/6
秦女依強秦以○重 174/91/7
挾寶地以○資 174/91/7
勢○王妻以臨于楚 174/91/7
畜張子以○用 174/91/10
子之子孫必○楚太子矣 174/91/10
游騰○楚謂秦王曰 176/91/27
楚襄王○太子之時 177/92/3
所以○身也 177/92/5
即位○王 177/92/8
以地大○萬乘 177/92/17
遣昭常○大司馬 177/92/28
立昭常○大司馬 177/92/30
蘇子必且○太子入矣 178/93/11
好傷賢以○資 179/93/17
○主死易 179/93/20
○主辱易 179/93/21
○臣不忠不信 181/94/3
王無以○臣 181/94/4
王勿與○約 181/94/4
子待我○子見楚王 182/94/9
以○神 182/94/15
寡人之獨何○不好色也 182/94/16
吾固以○天下莫若是兩人也 182/94/25
桓臧○睢謂楚王曰 183/94/30
臣○王弗取也 184/95/10
惠子○儀者來 184/95/10
今○事之故 184/95/12
臣以○大王輕矣 184/95/12
且○事耶 184/95/13
請○子勿納也 184/95/13
此不失○儀之實 184/95/14
凡○伐秦者楚也 185/95/21
凡○攻秦者魏也 185/95/23
今子從楚○和 185/95/23
魏○子先戰 185/95/26
○求地甚力 186/96/3
公不如以儀之言○資 186/96/4
○其必免 187/96/9
齊人飾身修行得○益 188/96/17
賁、諸懷錐刃而天下○勇 188/96/18
夫梟棊之所以能○者 188/96/20
今君何不○天下梟 188/96/20
而令臣等○散乎 188/96/21
夫因詘○信 189/96/25
攝禍○福 189/96/26
裁少○多 189/96/26
生與亡○鄰 189/96/27
擇其所喜而○之 190/97/3
擇其所善而○之 190/97/4
鄭褏知王以己○不妬也 190/97/8
子○見王 190/97/8
將以○楚國祅祥乎 192/97/22
非敢以○國祅祥也 192/97/23
未○晚也 192/97/28
未○遲也 192/97/28
自以○無患 192/98/2
192/98/4,192/98/8
而下○螻蟻食也 192/98/3
以其類○招 192/98/5
而不以國家○事 192/98/13
而不以天下國家○事 192/98/17
於是乃以執珪而授之○陽陵君 192/98/20
○樗里疾卜交也 193/98/25
楚太子橫○質於齊 195/99/9
不若令屈署以新東國○和於齊以動秦 195/99/10
遽令屈署以東國○和於齊 195/99/11
臣竊以○不便於君 197/99/24
趙以○上卿 197/99/25
孫子○書謝曰 197/100/1
此○劫弒死亡之主言也 197/100/1
因○賦曰 197/100/9
以瞽○明 197/100/10
以聾○聰 197/100/11
以是○非 197/100/11,220/115/28
以吉○凶 197/100/11
臣○王引弓虛發而下鳥 198/100/18
嘗○秦孽 198/100/22
不可○拒秦之將也 198/100/22
臣請○君終言之 199/101/2
召門吏○汗先生著客籍 199/101/4
使得○君高鳴屈於梁乎 199/101/10
李園求事春申君○舍人 200/101/16
則是君之子○王也 200/101/26
立○太子 200/101/28
以李園女弟立○王后 200/101/28
李園既入其女弟○王后 200/102/1
子○太子 200/102/1
雖名○相國 200/102/6
不○兵將 200/102/9
君先仕臣○郎中 200/102/11
臣請○君劃其胸殺之 200/102/11
遂立○楚幽王也 200/102/17
嫪毐亦○亂於秦 200/102/19
○主君慮封者 201/102/24
○其遠王室矣 201/102/26
今○馬多力則有矣 201/103/2
非楚之任而楚○之 201/103/4
而○危難不可成之事 202/103/15
是疵○趙計矣 202/103/16
○君惜之 202/103/17
君又何以疵言告韓、魏之君○ 202/103/17

夫知伯之○人也 203/103/25
夫知伯之○人 203/104/4
皆以鍊銅○柱質 203/104/11
則無○貴知士也 203/104/17
亡則二君○之次矣 203/104/21
夫知伯○人也 203/104/21
更其姓○輔氏 203/105/6
故貴○列侯者 204A/105/19
不○近大夫 204A/105/20
子何○然 204A/105/22
而將其頭以○飲器 204B/106/8
士○知己者死 204B/106/8
女○悅己者容 204B/106/8
○刑人 204B/106/9
欲○知伯報讎 204B/106/10
而其臣至○報讎 204B/106/11
豫讓又漆身○厲 204B/106/12
○乞人而往乞 204B/106/12
又吞炭○啞 204B/106/13
是○先知報後知 204B/106/15
○故君賊新君 204B/106/16
凡吾所謂○此者 204B/106/16
吾所○難 204B/106/17
而子不○報讎 204B/106/22
子獨何○報讎之深也 204B/106/22
豫子之○知伯 204B/106/24
子自○計 204B/106/25
皆○涕泣 204B/106/29
腹擊○室而鉅 207/107/15
何故○室之鉅也 207/107/15
擊必不○用 207/107/16
臣竊以○土梗勝也 208/107/27
蘇秦得以○用 208/108/6
蘇秦○齊上書說趙王曰 209/108/10
以秦○愛趙而憎韓 209/108/13
故以韓○餌 209/108/14
故出質以○信 209/108/16
夫韓事趙宜正○上交 209/108/27
必以王○得 209/109/1
韓○中軍 211/109/13
請效上黨之地以○和 211/109/19
其民皆不欲○秦 211/109/25
而願○趙 211/109/26
其吏民不欲○秦 211/109/27
而皆願○趙 211/109/27
故自以○坐受上黨也 211/110/1
何故不○ 211/110/5
○主守地而不能死 211/110/13
蘇秦○趙王使於秦 212/110/21
無有謂臣○鐵鉆者乎 212/110/24
甘茂○秦約魏以攻韓宜陽 213/110/28
以從○有功也 214/111/3
奚擇有功之無功○知哉 214/111/6
孟嘗君擇舍人以○武城吏 216/111/17
文以○不可 216/111/19
是臣所○山東之憂也 217/111/27
必與楚○兄弟之國 217/112/3
必○楚攻韓、梁 217/112/3
秦、楚○一 217/112/5
秦與韓○上交 217/112/6
秦與梁○上交 217/112/7
臣之所○來 217/112/8
事有可急○者 217/112/9
○大王計 218/112/24, 273/144/7
請無庸有○也 218/112/24
齊、秦○兩敵 218/112/25
是臣之所以○大王願也 218/113/4
此臣之所以○大王患也 218/113/8
218/113/15, 273/144/6
立○天子 218/113/18
六國并力○一 218/113/22
故竊○大王計 218/114/2
乃封蘇秦○武安君 218/114/12
蘇子○謂秦王曰 219/114/17
故微之○著者強 219/114/26
察乎息民之○用者伯 219/114/26
明乎輕之○重者王 219/114/26
則天下必○從 219/114/28
臣有以知天下之不能○從以逆秦也 219/114/30
臣以田單、如耳○大過也 219/114/30
豈獨田單、如耳○大過哉 219/114/30
臣以○至愚也 219/115/2
○齊兵困於殽塞之上 219/115/3
而齊○虛戾 219/115/4
臣以○至誤 219/115/7
乃使有白馬之○也 219/115/8
張儀○秦連橫 220/115/20
273/143/22
凡大王之所信以○從者 220/115/28
以非○是 220/115/28
今楚與秦○昆弟之國 220/116/1
而韓、魏稱○東蕃之臣 220/116/2
四國○一以攻趙 220/116/4
臣切○大王計 220/116/5
以○一從不事秦 220/116/9
○人臣者 221/116/17
而利民○本 221/117/1
而令行○上 221/117/1
故○己者不待人 221/118/9
以書○御者 221/118/27
王立周紹○傅 222/119/3
當子○子之時 222/119/3
○辨足以道人 222/119/5
寡人以王子○子任 222/119/19
不立私以○名 223/119/27
反親以○行 223/119/28
以從政○累 223/119/29
以逆主○高 223/119/29
以○騎邑 224/120/6, 224/120/7
非單之所○也 225/120/25
則折○三 225/120/29
則碎○百 225/120/29
而○此釣罕鐔蒙須之便 225/121/3
分○萬國 225/121/4
今取古之○萬國者 225/121/5
分以○戰國七 225/121/5
趙以公子部○質於秦 228/121/26
實○此事也 228/122/2
司馬淺○富丁謂主父曰 229A/122/11
必以趙○辭 229A/122/12
趙必○天下重國 229A/122/15
○入必語從 230/122/30
今者平原君○魏請從 230/123/1
是使弱趙○強秦之所以攻 231/123/12
而使強燕○弱趙之所以守 231/123/12
婦人○之自殺於房中者二八 233/123/29
而婦人○死者十六人 233/123/30
之○賢母也 233/123/31
必不免○妬婦也 233/124/1
則恐王以臣之○秦也 233/124/2

使臣得○王計之 233/124/2
今臣○足下解負親之攻 233/124/14
樓子之○秦也 233/125/7
又割地○和 233/125/7
虞卿○平原君請益地 234/125/17
而君○相國者以親故 234/125/20
○君計者 234/125/22,323/165/10
不如發重使而○媾 235/125/28
以○不媾者軍必破 235/125/29
則媾乃可○也 235/126/3
與平陽君○媾 235/126/5
子以○奚如 235/126/6
楚、魏以趙○媾 235/126/7
前與齊湣王爭強○帝 236/126/14
其意欲求○帝 236/126/15
趙誠發使尊秦昭王○帝 236/126/16
聞魏將欲令趙尊秦○帝 236/126/18
始吾以君○天下之賢公子也 236/126/20
吾請○君責而歸之 236/126/21
勝請○紹介而見之於將軍 236/126/23
曷○久居此圍城之中而不去也 236/126/28
則○一身 236/126/29
彼則肆然而○帝 236/127/1
吾不忍○之民也 236/127/2
所○見將軍者 236/127/2
昔齊威王嘗○仁義矣 236/127/6
卒○天下笑 236/127/8
紂以○惡 236/127/16
曷○與人俱稱帝王 236/127/17
彼又將使其子女讒妾○諸侯妃姬 236/127/27
始以先生○庸人 236/128/1
吾乃今日而知先生○天下之士也 236/128/1
○卻軍五十里 236/128/2
起前以千金○魯連壽 236/128/5
○人排患、釋難、解紛亂而無所取也 236/128/6
仲連不忍○也 236/128/7
臣竊○君不取也 237/128/15
242/130/14,409/194/28
且令工以○冠 239A/129/3
願聞所以○天下 239A/129/4
請○王說之 239A/129/6
何不令前郎中以○冠 239A/129/7
郎中不知○冠 239A/129/7
○冠而敗之 239A/129/7
今○天下之工 239A/129/8
社稷○虛戾 239A/129/8
臣以○今世用事者 242/130/10
以○代郡守 245/130/30
恐其以擊燕○名 245/131/1
○孝成王從事於外者 245/131/3
○齊獻書趙王 246/131/7
群臣必多以臣○不能者 246/131/8
以臣○不能者非他 246/131/8
臣以○齊致尊名於王 246/131/11
臣以齊○王求名於燕及韓、魏 246/131/12
臣○足下謂魏王曰 247/131/23
○趙也 247/131/24
以○趙蔽 247/131/26
而趙無○王行也 247/131/27
齊○王之故 247/132/1
未嘗不○王先被矢石也 247/132/2
今王又挾故薛公以○相 247/132/4
善韓徐以○上交 247/132/4
尊虞商以○大客 247/132/4
臣請○王推其怨於趙 247/132/6
必○王高矣 247/132/8
非以○齊得利秦之毀也 248/132/16
而宋置太子以○王 248/132/17
臣○足下使公孫衍說奉陽君曰 248/132/21
臣以○足下見奉陽君矣 249/133/4
將何以天下○ 249/133/11
魏○上交 249/133/19
秦按○義 249/134/2
固且○書而厚寄卿 250/134/10
夫魏○從主 251/134/19
臣竊○大王美之 251/134/24
則主必○天下笑矣 251/134/25
臣竊以○與其以死人市 251/134/25
而魏王輕○之殺無罪之座 251/134/28
燕封宋人榮盆○高陽君 252/135/8
燕以奢○上谷守 252/135/12
然則君奚求安平君而○將乎 252/135/13
則奚以趙之強○ 252/135/17
齊明○謂趙王曰 254/136/3
臣請○卿刺之 255/136/9
則卿必○相矣 255/136/10
以○交 255/136/11
馮忌○廬陵君謂趙王曰 256/136/15
○燕也 256/136/15
秦三以虞卿○言 256/136/16
今燕一以廬陵君○言 256/136/16
吾非○燕也 256/136/17
又不○燕也 256/136/18
國家○虛戾 258A/137/8
則大臣○之枉法於外矣 258A/137/11
舉茅○姚賈謂趙王曰 259/138/10
世鈞○之謂文信侯曰 261/138/21
必以長安君○質 262/138/28
有復言令長安君○質者 262/138/29
老臣竊以○媼之愛燕后賢於長安君 262/139/10
則○之計深遠 262/139/11
持其踵○之泣 262/139/12
有子孫相繼○王也哉 262/139/13
至於趙之○趙 262/139/14
老臣以媼○長安君計短也 262/139/18
故以○其愛不若燕后 262/139/18
於是○長安君約車百乘質於齊 262/139/19
使○反間 263/139/28
而獨以吾國○知氏質乎 264A/140/10
樂羊○魏將而攻中山 265/140/22
西門豹○鄴令 266/140/28
○政不善 269/141/25
然○政不善 269/141/26
269/141/27
魏公叔痤○魏將 270/142/5
臣不能○也 270/142/7
王特○臣之右手不倦賞臣 270/142/9
既○寡人勝強敵矣 270/142/12

盡以○人 270/142/14
○弗能聽 271/142/19
固以不悖者○悖 271/142/23
蘇子○趙合從 272/142/27
臣竊○大王媿之 272/143/5
夫○人臣 272/143/11
且夫諸侯之○從者 273/143/29
一天下、約○兄弟、刑白馬以盟於洹水之上以相堅也 273/143/29
秦、韓○一國 273/144/6
魏以董慶○質於齊 274/144/25
盱夷○董慶謂田嬰曰 274/144/26
以魏○將內之於齊而擊其後 274/144/26
齊使蘇厲○之謂魏王曰 275/145/3
陳軫○秦使於齊 276/145/11
何○飲食而無事 276/145/12
急約車○行具 276/145/17
○求壤地也 277/145/28
公不如儀之言○資 277/145/29
應○知 278/146/4
人多○張子於王所 280/146/18
而王之群臣皆以○可 280/146/20
以○衍功 283/147/14
公叔以○信 283/147/15
犀首以○功 283/147/15
而道塗宋、衛○制 284/147/22
事敗○趙驅 284/147/22
○竇屢謂魏王曰 287/148/10
王○約車 288/148/19
公孫衍○魏將 290/149/3
季子○衍謂梁王曰 290/149/3
今王以衍○可使將 290/149/4
欲以○王廣土取尊名 292/149/19
○子之不便也 292/149/21
今吾○子外之 292/149/21
吾○子殺之亡之 292/149/22
蘇代○田需說魏王曰 293/149/27
臣請問文之○魏 293/149/27
孰與其○齊也 293/149/27
不如其○齊也 293/149/27
衍之○魏 293/149/28
孰與其○韓也 293/149/28
不如其○韓也 293/149/28
以稽二人者之所○ 293/149/30
二人者之所○之 293/150/2
臣以○身利而便於事 293/150/2
王○堯、舜矣 294/150/7
成恢○犀首謂韓王曰 295/150/13
且○棧道而葬 296/150/19
○人子 296/150/21
於是出而○之張於朝 296/150/28
太子○及日之故 296/150/29
因弛期而更○日 296/151/1
若此而弗○ 296/151/2
請○王毋禁楚之伐魏也 297/151/14
欺之不○逆者 297/151/15
殺之不○讎者也 297/151/15
而竊○王悲 297/151/18
故○王計 297/151/20
國不可○也已 297/151/21
是故又○足下傷秦者 297/151/24
則○劫於與國而不得已者 297/151/25
而以秦○上交以自重也 297/151/26
鬻王以○資者也 297/151/26
臣○之苦矣 297/152/1
奉陽君、孟嘗君、韓呡、周㝡、周、韓餘○徒從而下之 297/152/5
奉陽君、韓餘○既和矣 297/152/7
而以齊○上交 297/152/8
然而所以○之者 297/152/9
○足下也 297/152/10
不成則○王矣 300/152/27
必○王也 300/152/29
則必○楚禽矣 301/153/8
且楚王之○人也 301/153/13
終○齊患者 301/153/13
惠施○韓、魏交 302/153/20
令太子鳴○質於齊 302/153/20
請○君北見梁王 303B/154/4
君其○梁王 303B/154/5
是三人皆以太子○非固相也 303B/154/9
蘇代○說秦王曰 304/154/16
以此○親 304/154/22
上所以○其主者忠矣 304/154/27
下所以自○者厚矣 304/154/27
今我講難於秦兵○招質 304/154/29
則是大王垂拱之割地以○利重 304/155/2
○魏謂楚王曰 305/155/7
329B/167/3
○疾謂楚王曰 305/155/12
而○魏太子之尚在楚也 305/155/12
寡人自○知 306/155/21
○完鄴也 308/156/18
王之士未有○之中者也 309/156/23
王能使臣○魏之司徒 309/156/24
因任之以○魏之司徒 309/156/25
臣○王責約於秦 309/157/2
須賈○魏謂穰侯曰 310/157/12
臣以○燕、趙可法 310/157/15
而宋、中山可無○也 310/157/16
天幸○多矣 310/157/23
是以天幸自○常也 310/157/23
臣以○不下三十萬 310/157/26
臣以○雖湯、武復生 310/157/27
臣以○自天下之始分以至于今 310/157/28
而得以少割○和 310/158/1
又○陰啓兩機 310/158/3
何○而不成 310/158/4
願子之且以名母○後也 311/158/14
而以入朝○後 311/158/15
許綰○我祝曰 311/158/15
請以一鼠首○女殉者 311/158/17
臣必不○也 311/158/17
臣竊○王不取也 311/158/18
王何以臣○ 311/158/26
寧以○秦邪 311/158/27
吾以○魏也 311/158/27
君無○魏計 311/158/28
君其自○計 311/158/28
君其先自○計 311/158/28
後○魏計 311/158/29
○王弗取也 313/159/23
然則先生之○寡人計之何如 313/159/27
重○之約車百乘 314/160/4
以其西○趙蔽也 314/160/10
是趙與強秦○界也 314/160/10
○起兵十萬 314/160/11

乃○之起兵八萬 314/160/22
王以○不破乎 315/161/6
王以○安乎 315/161/6
王以○利乎 315/161/7
秦必不○也 315/161/10
秦又弗○也 315/161/13
而請○天下鴈行頓刃 315/161/29
以存韓○務 315/162/2
魏得韓以○縣 315/162/8
入朝○臣之日不久 315/162/10
抱葛、薜、陰、成以○趙養邑 316/162/14
而趙無○王有也 316/162/15
臣○王不取也 316/162/15
所以○腹心之疾者 317A/162/23
虞之○也 317A/162/24
必令魏以地聽秦而○和 317B/163/1
臣○公患之 317B/163/2
以○和於秦也 317B/163/2
公因寄汾北以予秦而○和 317B/163/3
公必○相矣 317B/163/4
臣請○公說之 317B/163/4
公無以○罪 317B/163/9
公終自以○不能守也 317B/163/9
而使翟強○和也 317B/163/12
必○合於齊外於楚 317B/163/15
是公外得齊、楚以○用 317B/163/16
內得樓廩、翟強以○佐 317B/163/16
臣竊○大王計 318/163/25
試之弱密須氏以○武教 318/163/26
今秦國與山東○讎 318/163/27
不先以弱○武教 318/163/27
非獨此五國○然而已也 319/164/6
而以一人之心○命也 319/164/10
臣以此○不完 319/164/10
慮久以天下○可一者 321/164/23
然而茲公○從 321/164/24
不實○期 321/164/25
夜行者能無○姦 324/165/14
秦、韓○一 325/165/22
昭忌乃○之見秦王曰 325/165/24
不以挾私○政 325/165/25
以○秦之求索 325/165/28
故○王計者 325/165/29
王胡不○從 327/166/9
臣以垣雍○空割也 327/166/10
以王○易制也 333/167/29
將奚○北面 334/168/4
子○肖謂齊王曰 335/168/12
肖願○外臣 335/168/12
因使其人○見者嗇夫聞見者 336/168/18
魏王○之謂秦王曰 337/168/23
魏之所以○王通天下者 337/168/23
秦、魏○與國 338/168/29
以○秦之強足以○與也 338/169/3
竊以○大王籌筴之臣無任矣 338/169/5
其子○管守 340/169/22
使○持節尉 340/169/23
信陵君○人 340/170/6
必○國禍 340/170/6
無○人臣之義矣 340/170/7
然則何○涕出 341/170/15
臣○王之所得魚也 341/170/15
而得○王拂枕席 341/170/17
庸必○我用乎 341/170/23
以○嫪毒功 342/171/6
王之交最○天下上矣 342/171/8
今由嫪氏善秦而交○天下上 342/171/8
以君○長者 343/171/16
夫○人臣者 345/172/17
蘇秦○楚合從說韓王曰 347/172/28
夫羞社稷而○天下笑 347/173/4
寧○鷄口 347/173/8
無○牛後 347/173/8
臣竊○大王羞之 347/173/9
張儀○秦連橫說韓王曰 348A/173/17
○除守徼亭鄣塞 348A/173/19
故○大王計 348A/173/29
○敝邑 348A/174/2
或外○交以裂其地 348B/174/11
竊○王弗取也 351/174/29
楚王○從長 352/175/3
臣請○君止天下之攻市丘 352/175/4
必疑公叔○楚也 353/175/17
請○公以五萬攻西周 355/175/28
韓○一 356A/176/4
杜赫○公仲謂秦王曰 356B/176/10
王不如因張儀○和於秦 357/176/16
○之儆四境之內選師 357/176/21
縱韓○不能聽我 357/176/22
必不○鴈行以來 357/176/22
○能聽我絕和於秦 357/176/23
必○天下笑矣 357/177/1
兵○秦禽 357/177/6
智○楚笑 357/177/6
公仲必以率○陽也 358/177/11
自以○必可以封 359/177/17
子○我謁之 359/177/19
是自○貴也 359/177/25
公何不以秦○韓求穎川於楚 359/178/1
今公取宜陽以○功 359/178/4
臣恐國之以此○患也 360/178/11
秦王以公孫郝○黨於公而弗之聽 360/178/13
甘茂不善於公而弗○公言 360/178/13
行願之○秦王臣也公 360/178/14
臣請○公謂秦王曰 360/178/14
臣以公孫郝○不忠 360/178/17
臣以甘茂○不忠 360/178/18
○韓取南陽 360/178/20
臣以○令韓以中立以勁齊 360/178/21
恐齊以楚遇○有陰於秦、魏也 361/178/28
○謂楚王曰 361/179/1
而楚○之 362/179/11
臣○王之楚 363/179/17
子○我反 363/179/17
人皆以楚○強 364/179/23
蘇代○楚王曰 365/180/3
此方其○尾生之時也 365/180/5
居○隱蔽 366/180/10
出○鴈行 366/180/10
楚、韓○一 366/180/22
秦○發使公孫昧入韓 367/180/28
子以秦○將救韓乎 367/180/28

公仲○韓、魏易地 368/181/13
○公叔具車百乘 369/181/20
王何不試以襄子○質於韓 369/181/21
請○子起兵以之魏 370/181/27
而令人○公求武遂於秦 372/182/9
發重使○韓求武遂於秦 372/182/10
以○公也 374/182/26
亦以○公也 374/182/26
鄭王必以齊王○不急 374/182/29
鄭強○楚王使於韓 375/183/3
尚何足以圖國之全○ 376/183/11
王○我逐幾瑟以窮之 377/183/16
宋赫○謂公叔曰 379/183/27
幾瑟之能○亂也 379/183/27
必不敢輔伯嬰以○亂 379/183/30
必不能○亂矣 379/183/31
公何不○韓求質子於楚 380/184/3
則公叔、伯嬰必知秦、楚之不以幾瑟○事也 380/184/4
韓咎立○君而未定也 383C/185/3
因也以○戒 383C/185/4
史疾○韓使楚 384/185/9
正亦可○國乎 384/185/10
此烏不○烏 384/185/14
鵲不○鵲也 384/185/14
吾得○役之日淺 385/185/22
前○聶政母壽 385/185/23
客游以○狗屠 385/185/24
因○聶政語曰 385/185/25
特以○夫人麤糲之費 385/185/26
而嚴仲子舉百金○親壽 385/186/3
政將○知己者用 385/186/5
仲子所欲報仇者○誰 385/186/7
以○羽翼 385/186/9
語泄則韓舉國而與仲子○讎也 385/186/11
此○我故也 385/186/21
得以其道○之 386/187/4
是○魏從也 386/187/6
今公與安成君○秦、魏之和 386/187/7
成固○福 386/187/7
不成亦○福 386/187/7
是韓○秦、魏之門戶也 386/187/8
操右契而○公責德於秦、魏之主 386/187/9
裂地而○諸侯 386/187/9
所謂成○福 386/187/12
不成亦○福者也 386/187/12
今公以韓○天下先合於秦 387/187/24
秦必以公○諸侯 387/187/24
蘇秦○韓說秦王曰 388/188/1
所以○王也 388/188/1
必○山東大禍矣 389/188/13
必折○秦用 389/188/15
約復○兄弟 389/188/15
非○此也 389/188/16
不可以○存 389/188/18
而王與諸臣不事○尊秦以定韓者 390/188/28
臣竊以○王之明○不如昭釐侯 390/188/28
有○名者 390/189/4
有○實者 390/189/4
○名者攻其心 390/189/4
○實者攻其形 390/189/4
請男○臣 390/189/5
女○妾 390/189/5,390/189/7
亦請男○臣 390/189/7
臣竊以○猶之井中而謂曰 390/189/9
我將○爾求火也 390/189/10
立以○鄭君 391/189/14
則許異○之先也 391/189/15
是故哀侯○君 391/189/15
今日鄭君不可得而○也 391/189/16
然而吾弗○云者 391/189/16
豈不○過謀哉 391/189/16
今日天子不可得而○也 391/189/18
雖○桓公吾弗○云者 391/189/18
豈不○過謀而不知尊哉 391/189/19
皆戴哀侯以○君 391/189/19
則我必○之霸 391/189/22
足強○之說韓王曰 392/189/28
以是○金以事秦 393/190/6
故善○計者 393/190/7
以○不然 394/190/13
○有臃腫也 395/190/18
則人莫之○之也 395/190/18
○惡於秦也 395/190/19
而不敢○楚計 396A/190/25
公必○魏罪韓侈 396B/191/4
又奚○挾之以恨魏王乎 396B/191/6
客卿○韓謂秦王曰 396C/191/11
珉○疾矣 396C/191/12
以○成而過南陽之道 396C/191/13
大臣○諸侯輕國也 396C/191/14
則○大臣不敢○諸侯輕國矣 396C/191/17
則諸侯不敢因群臣以○能矣 396C/191/18
外內不相○ 396C/191/18
公以二人者○賢人也 397/191/25
成陽君○秦去韓 397/191/26
必○公患 397/191/27
○一宿之行 399/192/10
是何以○公之王使乎 399/192/11
向請○公說秦王 400/192/20
周成恢○之謂魏王曰 401/192/24
王何不○之先言 401/192/24
成恢因○謂韓王曰 401/192/25
以○三川之守 402/193/4
韓王必○之 402/193/5
輸人○之謂安令曰 403/193/9
公孫綦○人請御史於王 403/193/9
魏王○九里之盟 404/193/14
趙敖○謂建信侯曰 405/193/19
夫宵行者能無○姦 406/193/26
蘇秦將○從 408/194/10
以趙之○蔽於南也 408/194/14
李兌因○蘇秦謂奉陽君曰 409/194/27
故○君計 409/195/3
秦惠王以其女○燕太子婦 411/195/16
武安君蘇秦○燕說齊王 411/195/19
以○雖偷充腹 411/195/22
而深與強秦○仇 411/195/23
今使弱燕○鴈行 411/195/23
轉禍而○福 411/195/28
419/201/22
因敗而○功 411/195/28
此皆轉禍而○福 411/195/29

419/201/23
因敗而○功者也 411/195/29
419/201/23
所謂轉禍○福 411/195/32
願○兄弟而請罪於秦 411/196/1
今臣○足下使 412/196/9
所以自○也 412/196/17
非所以○人也 412/196/17
君以自覆○可乎 412/196/18
臣鄰家有遠○吏者 412/196/25
吾已○藥酒以待之矣 412/196/26
昔趙王以其姊○代王妻 413/197/3
乃令工人作○金斗 413/197/4
且以趙王○可親邪 413/197/9
宮他○燕使魏 414/197/20
猶○之也 414/197/22
王何○不見 414/197/22
可以○固 415/198/21
何足以○固 415/198/24
何足以○塞 415/198/25
王誠能毋愛寵子、母弟以○質 415/198/26
與其相子之○婚 416A/199/3
蘇代○齊使於燕 416A/199/6
禹授益而以啓○吏 416A/199/15
而以啓○不足任天下 416A/199/15
顧○臣 416A/199/18
是○燕昭王 416A/199/29
燕質子○謝乃已 416B/200/3
遂委質○臣 416B/200/3
魏○燕執代 417/200/13
天下必以王○能市馬 418/201/3
於是昭王○隗築宮而師之 418/201/7
於是遂以樂毅○上將軍 418/201/8
失所○矣 419/201/17
今王若欲轉禍而○福 419/201/23
因敗而○功乎 419/201/24
今○齊下 419/201/26
不憚以一國都○功 419/201/26
燕、趙破宋肥齊尊齊而○之下者 419/201/27
弗利而勢○之者 419/201/28
因以○質 419/201/29
秦○西帝 419/201/29
趙○中帝 419/201/29
燕○北帝 419/201/30
立○三帝而以令諸侯 419/201/30
知者不○也 419/202/5
足下以○足 420/202/15
臣且處無○之事 420/202/16
今臣○進取者也 420/202/18
臣以○廉不與身俱達 420/202/18
以自憂○足 420/202/21
何○煩大王之廷耶 420/202/22
則諸侯不○別馬而朝矣 420/202/24
善○事者 420/202/24
不能○事者 420/202/25
吾請拜子○上卿 420/203/1
子以此○寡人東游於齊 420/203/1
安有○人臣盡其力 420/203/6
臣請○王譬 420/203/6
吾已○藥酒而待其來矣 420/203/8
○子之遠行來之 420/203/11
故○美酒 420/203/11
今臣○足下使於齊 420/203/12
○其兩譽也 421/203/18
不自○取妻 421/203/19
楚王○是之故 422/203/31
韓氏以○然 422/204/2
魏氏以○然 422/204/7
○木人以寫寡人 422/204/9
因以破宋○齊罪 422/204/11
因以破齊○天下罪 422/204/15
因以塞鄳隘○楚罪 422/204/18
魏不○割 422/204/22
困則使太后、穰侯○和 422/204/22
蘇代○奉陽君說燕於趙以伐齊 423/205/6
韓○謂臣曰 423/205/7
出○之以成所欲 423/205/10
齊、趙必有○智伯者矣 423/205/11
今以燕○上交 424/205/17
順始與蘇子○讎 424/205/18
逃不足以○臣恥 424/205/21
○諸侯 424/205/22
不足以○臣榮 424/205/22
被髮自漆○厲 424/205/22
不足以○臣辱 424/205/22
臣以○不若逃而去之 424/205/27
而○之取秦 424/205/27
臣雖○之累燕 424/205/28
故臣雖○之不累燕 424/206/1
而以湯○天子 424/206/2
三晉稱以○士 424/206/6
逃不足以○辱矣 424/206/6
蘇代○燕說齊 425/206/12
莫○臣先後者 425/206/15
足下有意○臣伯樂乎 425/206/15
以○馬食 425/206/16
臣請○王弱之 426/206/22
願子○寡人○之將 426/206/27
子無以○罪 426/207/3
是以天幸自○功也 426/207/6
將曰善○齊謀 427/207/15
女無不○也 427/207/17
則臣請○王事之 427/207/21
將令燕王之弟○質於齊 428/207/26
陳公不能○人之國 428/207/26
憂公子之且○質於齊也 428/208/1
以○人之終也 428/208/5
今王之以公子○質也 428/208/6
且以○公子功而封之也 428/208/7
乃命公子束車制衣○行具 428/208/11
○其饑也 430/208/24
亦○其饑也 430/208/24
昌國君樂毅○燕昭王合五國之兵而攻齊 431/209/3
趙封以○望諸君 431/209/4
將軍○燕破齊 431/209/8
○將軍久暴露於外 431/209/10
將軍自○計則可矣 431/209/11
故不敢○辭說 431/209/15
而使臣○亞卿 431/209/22
臣自以○奉令承教 431/209/22
而欲以齊○事 431/209/25
先王以○愜其志 431/210/2
以臣○不頓命 431/210/3
自以○奉令承教 431/210/3
以幸○利者 431/210/13
以事強而不可以○萬世 432/210/23
此臣之所○山東苦也 432/210/23
432/211/2
人之所能○也 432/211/2
不急○此 432/211/6

臣竊〇王計 432/211/8
山東不能堅〇此 432/211/9
王何〇弗〇 433/211/23
蘇代〇燕謂惠王曰 434/212/3
臣恐強秦之〇漁父也 434/212/6
以〇燕、楚與魏謀之 436/212/21
張丑〇質於燕 437/212/26
燕王所〇將殺我者 437/212/26
燕王喜使栗腹以百金〇趙孝成王壽 438/213/3
左右皆以〇趙可伐 438/213/6
於〇君擇之也 438/213/18
未〇通計也 438/213/19
本欲以〇明寡人之薄 438/213/22
不以去〇心 438/213/26
秦、趙〇一 439/214/6
〇秦也 439/214/6
趙王以〇然而遣之 439/214/8
南鄰〇秦 439/214/11
北下曲陽〇燕 439/214/11
臣切〇王患之 439/214/13
足〇寒心 440/214/24
不能〇謀 440/214/25
卻行〇道 440/215/4
夫〇行使人疑之 440/215/14
愚以〇誠得天下之勇士 440/215/24
於是尊荊軻〇上卿 440/216/1
皆〇戮沒 440/216/11
〇之奈何 440/216/14
乃〇裝遣荊軻 440/216/21
乃令秦武陽〇副 440/216/22
而〇留待 440/216/22
〇變徵之聲 440/216/28
又前而〇歌曰 440/216/28
復〇忼慨羽聲 440/217/1
嘉〇先言於秦王曰 440/217/4
願舉國〇內臣 440/217/5
前〇謝曰 440/217/10
卒惶急不知所〇 440/217/18
〇燕報仇 440/217/28
公輸般〇楚設機 442/218/10
聞公〇雲梯 442/218/11
此〇何若人也 442/218/16
必〇有竊疾矣 442/218/16
江、漢魚鱉黿鼉〇天下饒 442/218/20
〇與此同類也 442/218/22
必不〇也 443/218/30
宋與楚〇兄弟 446A/219/22
蘇秦〇宋謂齊相曰 446A/219/22
而貴不益〇王 446B/219/30
〇無顏之冠 447/220/8
見祥而不〇祥 447/220/10
反〇禍 447/220/10
太子顏〇君子也 448B/220/21
以〇秦乎 449/220/27
以〇魏乎 449/220/27
〇魏則善 449/220/27
〇秦則不賴矣 449/220/27
衛所以〇衛者 449/220/28
臣請〇公入戒蒲守 449/220/31
群臣盡以〇君輕國而好高麗 451/221/18
足以〇治 452A/221/28
然而不免〇笑者 452B/222/5
公何不請公子傾以〇正妻 453/222/10
寡人羞與中山並〇王 454/222/15
羞與寡人並〇王 454/222/16
君〇臣多車重幣 454/222/17
必〇趙、魏廢其王而務附焉 454/222/20
是君〇趙、魏驅羊也 454/222/20
中山急而〇君難其王 454/222/24
〇君廢王事齊 454/222/24
賢於〇趙、魏驅羊也 454/222/25
此是欲皆在〇王 454/222/26
且張登之〇人也 454/222/28
難信以〇利 454/222/29
齊羞與中山之〇王甚矣 454/223/1
中山與燕、趙〇王 455/223/6
請以公〇齊王而登試說公 455/223/12
然則王之〇費且危 455/223/16
〇中山之獨與燕、趙〇王 455/223/19
〇己求相中山 456/224/3
〇人臣 456/224/4
以〇己求相 456/224/4
〇司馬憙求相 456/224/6
公因勸君立之以〇正妻 457/224/12
然則立以〇妻 457/224/14
可以〇司馬憙 457/224/16
可以〇陰簡 457/224/16
陰姬與江姬爭〇后 458/224/20
商敵〇資 458/224/23
天下善〇音 458/224/26
特以〇神 458/224/28
即〇諸侯笑 458/225/3
〇將奈何 458/225/3
王立〇后 458/225/4
中山王遂立以〇后 458/225/4
子奚〇者也 459B/225/17
樂羊〇魏將 460/225/24
備秦〇務 461/226/5
以軍中〇家 461/226/18
將帥〇父母 461/226/19
欲推以〇鋒 461/226/21
彊〇寡人臥而將之 461/227/3
何必以趙〇先乎 461/227/6
此所謂〇一臣屈而勝天下也 461/227/6
此亦所謂勝一臣而〇天下屈者也 461/227/7
不忍〇辱軍之將 461/227/8

韋 wéi 6

濮陽人呂不〇賈於邯鄲 93/44/18
不〇曰 93/44/29
不〇說趙曰 93/45/5
不〇使楚服而見 93/45/10
以不〇為相 93/45/16
而呂不〇廢 200/102/19

唯 wéi 34

〇儀之所甚願為臣者 50/20/23
〇儀之甚憎者 50/20/24
〇王可也 51/22/4
〇〇 73A/29/24,73A/29/24
〇始與終 89/43/7
〇令尹耳 117/57/13
〇恐失抎之 137/68/28
〇莒、即墨不下 145/75/6
〇大君能之 189/96/26
〇公弗受也 193/98/26
〇輔氏存焉 203/105/14
〇便是從 211/109/15

○王才之 211/109/26
○大王有意督過之也 220/115/22
方今○秦雄天下 236/126/15
君○釋虛偽疾 241/130/4
○得大封 248/132/24
是其○惠公乎 296/150/23
○已之曾安 297/151/29
○先生也 313/159/21
○其母知之而已 386/187/3
○智者知之而已 386/187/3
甚○寐忘之 389/188/13
則○太子所以令之 416A/199/22
○獨莒、即墨 418/201/10
○媒而已矣 421/203/20
○訑者耳 421/203/21
○君之留意焉 431/210/17
○君圖之 438/213/30
○荊卿留意焉 440/215/28
○大王命之 440/217/7

帷 wéi 1

連衽成○ 112/54/28

惟 wéi 5

曷○其同 197/100/11
○寐亡之 217/112/1
臣請深○而苦思之 345/172/16
追○先王 438/213/29
然○願大王覽臣愚計 461/227/4

圍 wéi 50

今○雍氏五月不能拔 25/9/6
○梁數旬 42/16/6
○陘 75/33/6
今王將攻韓○陘 75/33/8
王攻韓○陘 75/33/9
又即○邯鄲乎 78/34/3
寡人一城○ 79/34/19
帥韓、魏以○趙襄子於晉陽 83B/39/1
○逼晉陽 89/43/8
則是○塞天下士而不利說途也 122/60/11
○邯鄲 132B/64/7
率魏兵以救邯鄲之○ 132B/64/8
又西○晉陽 142/72/28
西○定陽 142/73/22
被○於趙 145/75/19
故解齊國之○ 145/76/13
楚以弱新城○之 163/84/6
楚王子○聘於鄭 197/100/3
○晉陽而水之 202/103/8
因舒軍而○之 203/104/14
○晉陽三年 203/104/14
秦、韓○梁 206/107/10
引水○鄗 221/117/24
而國○攻焉 225/121/7
○千丈之城 225/121/8
○邯鄲之城 231/123/10
秦既解邯鄲之○ 233/124/5
秦○趙之邯鄲 236/126/13
秦所以急○趙者 236/126/14
會秦○趙 236/126/18
今又內○邯鄲而不能去 236/126/19
吾視居北○城之中者 236/126/27
曷為久居此○城之中而不去也 236/126/28
因○晉陽 264A/140/11
韓氏因○蕃 295/150/13
○皮氏 305/155/7
走芒卯而○大梁 310/157/12
乃罷梁○ 310/158/6
而國繼以○ 315/161/25
魏之○邯鄲也 345/172/15
秦○宜陽 356A/176/3
楚○雍氏五月 366/180/9
今雍氏○ 366/180/21
楚○雍氏 367/180/28
則南○鄢 405/193/21
再○燕都而劫大王 413/197/9
將軍市被○公宮 416A/199/24
而○一城焉 444/219/11
○其國都 461/226/26
○邯鄲八、九月 461/227/1

違 wéi 3

韓必聽秦○齊 229A/122/13
○齊而親 229A/122/13
而○者范座也 251/134/19

維 wéi 5

其寧於太山四○ 93/44/28
夷○子執策而從 236/127/18
○子曰 236/127/19
夷○子謂鄒之孤曰 236/127/22
○命不于常 310/157/22

闈 wéi 1

至○陽晉之道 112/55/4

尾 wěi 16

狐濡其○ 87/41/9
王若能為此○ 89/43/14
王若不能為此○ 89/43/15
○湛胕潰 199/101/6
昔王季歷葬於楚山之○ 296/150/27
擊其○ 318/163/22
其○救 318/163/22
首○皆救 318/163/22
是山東首○皆救中身之時也 318/163/23
此方其為○生之時也 365/180/5
使臣信如○生 412/196/10
信如○生 412/196/16
長其○ 413/197/4
獻常山之○五城 413/197/16
信如○生高 420/202/14
420/202/17

委 wěi 29

願○之卿 79/34/24
吾將還其○質 88/42/19
○南聽罪 88/42/24
願○之於子 98/49/1
撫○而服 160/82/27
○社稷宗廟 167/85/24
願○之於公 174/91/8
且夫○質而事人 204B/106/17
反○質事知伯 204B/106/22
令昭應奉太子以○和於薛公 260/138/16
專○之子矣 269/142/1

子蓋少○焉 283/147/14
因而○之 283/147/15
魏○國於王 329A/166/25
故○國於趙也 329A/166/25
而後○國於甘茂 359/177/26
南○國於楚 365/180/3
秦必○國於公以解伐 367/181/8
則寡人奉國而○之於子矣 415/198/12
遂○質為臣 416B/200/3
則以宋○於齊 422/204/9
則以齊○於天下曰 422/204/13
則以南陽○於楚曰 422/204/17
以膠東○於燕 422/204/20
以濟西○於趙 422/204/20
則以葉、蔡○於魏 422/204/21
先王舉國而○將軍 431/209/8
是以○肉當餓虎之蹊 440/214/24
而不知所以○命 440/215/28

洧 wěi 1

東有宛、穰、○水 347/172/28

僞 wěi 9

民多○態 40/13/19
蘇秦○謂王曰 61A/25/9
夫以一詐○反覆之蘇秦 168/87/18
○舉罔而進之 187/96/12
○舉罔而進者必衆矣 187/96/12
君唯釋虛○疾 241/130/4
而欲恃詐○反覆蘇秦之餘謀 273/144/1
○病者乎而見之 311/159/1
則諸侯之情○可得而知也 396C/191/18

偉 wěi 1

辯言○服 40/13/20

隗 wěi 7

故往見郭○先生曰 418/200/20
郭○先生對曰 418/200/24
郭○先生曰 418/200/30
先從○始 418/201/4
○且見事 418/201/4
況賢於○者乎 418/201/4
於是昭王為○築宮而師之 418/201/7

未 wèi 191

○可知也 18/7/6
而秦○與魏講也 23/8/17
天下○有信之者也 30/10/17
○煩一兵 40/14/11
○戰一士 40/14/11
○絶一絃 40/14/11
○折一矢 40/14/11
生○嘗見寇也 42/15/17
是知秦戰○嘗不勝 42/15/21
攻○嘗不取 42/15/21
所當○嘗不破也 42/15/21
而○必利也 44/18/6
今地○可得而齊先絶 50/21/5
使者○來 50/21/8
除之○必已也 54/22/27
而王之信臣又○若曾子之母也 55/23/18
宜陽○得 58/24/10
○也 71/28/23
而○知王心也 73A/30/4
○之有也 73B/31/28 204A/105/24,459A/225/12
臣○嘗聞指大於臂 74/32/19
鄭人謂玉○理者璞 76/33/15
周人謂鼠○腊者朴 76/33/15
於是其謀者固○可得予也 77/33/26
○知何如也 81/36/17
楚疑於秦之○必救己也 82A/37/26
天下○嘗無事也 86/40/17
萬乘之地○嘗有也 87/40/29
為帝若○能 87/42/4
而○能復戰也 89/43/20
趙○之遣 93/45/5
○嘗為兵首 95/46/28
四國之交○必合也 96/47/26
夫韓、魏之兵○弊 103/51/1
臣之父○教而死 109/53/14
今韓、梁之目○嘗乾 111/54/10
○嘗倍太山、絶清河、涉渤海也 112/54/25
○嘗聞社稷之長利 113/55/27
言○已 115/56/12
○成 117/57/16
齊○必信太子之言也 122/59/26
吾所○聞者 124/60/24
夏侯章每言○嘗不毀孟嘗君也 126/61/19
大官○可得 128/62/10
所○至之國 130/63/10
○出 130/63/13
○敢 130/63/17
○嘗見也 133/65/3
○至百里 133/65/18
○得高枕而臥也 133/65/20
○晚 134/66/4
猶○敢以有難也 134/66/9
而士○有為君盡游者也 135/66/22
故曰君之好士○也 135/66/25
○得其實 136B/67/28
書○發 138/69/13
衝櫓○施 142/74/6
○必利也 152/80/13
至今○效 160/83/5
○得間也 160/83/6
臣聞治之其○亂 167/85/21
為之其○有也 167/85/21
故謀○發而國已危矣 167/86/8
○見勝焉 167/86/9
○明而立於朝 170/88/25
○涉疆 177/93/4
○見一人也 179/93/21
○嘗見中國之女如此其美也 182/94/15
○知見日也 182/94/21
○嘗見人如此其美也 182/94/24
○至 183/94/29
而交○定於齊、秦 185/95/27
○立后也 191/97/15
○為晚也 192/97/28
○為遲也 192/97/28
其君○嘗不尊 197/99/28
國○嘗不榮也 197/99/28
○出竟 197/100/3
○至絞纓射股 197/100/8
○至擢筋而餓死也 197/100/8

故瘡○息 198/100/21
而驚心○至也 198/100/22
○也 200/101/18
妾之幸君○久 200/101/25
我謀○遂而知 203/104/21
恃韓○窮 209/108/19
○見一城也 211/110/5
○見一城 211/110/8
今魏恥○滅 215/111/11
食○飽而禍已及矣 217/112/5
及楚王之○入也 217/112/11
○嘗得聞社稷之長計 218/114/11
智者見於○萌 221/116/25
則胡服之功○可知也 221/116/27
其怨○能報也 221/117/25
然則反古○可非 221/118/24
而循禮○足多也 221/118/24
乃國○通於王胡服 222/119/16
則○入而手斷 225/121/2
以○構中山也 229A/122/16
今七敗之禍○復 231/123/11
故臣○見燕之可攻也 231/123/13
趙計○定 233/123/26
○知其二也 233/125/1
虞卿○反 233/125/13
平原君猶豫○有所決 236/126/16
梁○睹秦稱帝之害故也 236/127/4
先生獨○見夫僕乎 236/127/10
○嘗不言趙人之長者也 237/128/16
○嘗不言趙俗之善者也 237/128/16
○期年而葺亡走矣 240/129/26
○嘗不為王先被矢石也 247/132/2
齊甲○嘗不歲至於王之境也 247/132/3
而○殺也 251/134/21
天下之兵○聚 252/135/13
姓名○著而受三公 257/136/26
○得相馬之工也 258A/137/4
趙王○之應也 258A/137/9
○之聞也 258A/137/10
○嘗不分於葉陽、涇陽君 258B/138/1
願及○填溝壑而託之 262/139/9
故兵○用而國已虧矣 272/143/10
○嘗得聞明教 272/143/17
○如是其明也 280/146/21
兵○出境 291/149/14
吾○有以言之也 296/150/23
又令魏太子○葬其先王而因又說文王之義 296/151/5
是以○敢 305/155/13
王之士○有為之中者也 309/156/23
○澹下兵也 309/157/7
地○畢入而兵復出矣 310/157/17
○嘗有之也 310/157/28
願之及楚、趙之兵○任於大梁也 310/157/29
秦○索其下 311/158/20
王尚○聽也 311/158/22
燕王尚○許也 314/160/16
秦攻魏○能克之也 314/160/18
以大梁之○亡也 323/165/9
○卒而移兵於梁 325/165/28
○見有福 341/170/24
○見有德 341/170/24
臣○嘗聞也 343/171/19
懷怒○發 343/171/23
然○知王之所欲也 345/172/15
恐言而○必中於王也 345/172/15
二十餘年○嘗見攻 364/179/23
韓○急也 366/180/17
戰○必勝 370/181/27
不若及齊師○入 376/183/10
韓咎立為君而○定也 383C/185/3
政身○敢以許人也 385/185/28
○有大功可以稱者 385/186/2
○有一人言善韓者也 388/188/5
○有一人言善秦者也 388/188/6
○嘗不以周襄王之命 391/189/17
○急也 399/192/11
公曰○急 399/192/11
謀○發而聞於外 415/198/7
而齊○加信於足下 419/201/16
○見齊王 425/206/12
○嘗謀燕 427/207/18
伐齊○必勝也 430/208/24
伐之○必勝 430/208/24
三城○下 431/209/3
功○有及先王者也 431/210/2
而○有適予也 435/212/12
其孤○壯 438/213/4
恐君之○盡厚也 438/213/14
○為通計也 438/213/19
怨惡○見而明棄之 438/213/19
○盡厚也 438/213/20
○如殷紂之亂也 438/213/20
○如商容、箕子之累也 438/213/20
國人○知 438/213/26
○有所定也 440/214/20
荊卿○有行意 440/216/4
則秦○可親也 440/216/6
其人居遠○來 440/216/22
頃之○發 440/216/23
○嘗見天子 440/217/11
○至身 440/217/13
○知其所之 450/221/8
所求中山○必得 455/223/17
○可豫陳也 458/224/23
○嘗見人如中山陰姬者也 458/224/27
趙○可伐也 461/226/5
必○可拔 461/226/27
○覩其利 461/226/28
○能行 461/226/28

位 wèi 30

以季子之○尊而多金 40/14/19
勢○富貴 40/14/20
秦王必相之而奪君○ 81/35/21
而君之祿○貴盛 81/36/19
君之門下無不居高尊○ 93/44/26
梁王虛上○ 133/65/22
居上○ 136B/67/28
人之困賤下○也 136B/68/7
此天子之○也 142/74/2
襄王即○ 143/74/24
劫桓公於壇○之上 145/76/8
處尊○ 160/82/26
即○為王 177/92/8
不令在相○ 204A/105/20
威嚴不足以易於○ 222/119/12
則○尊而能卑者也 246/131/16
○尊而無功 262/139/16
今媪尊長安君之○ 262/139/17
今縮高謹解大○ 340/170/3
今王○正 396C/191/14

各得其○ 396C/191/16
正父子之○ 416A/199/22
已而讓○ 416B/200/8
燕昭王收破燕後即○ 418/200/20
三王代○ 420/202/22
而太子即○ 428/208/8
惠王即○ 431/209/4
寡人新即○ 431/209/9
今君厚受○於先王以成尊 438/213/16
燕、趙好○而貪地 455/223/10

味 wèi 7

食不甘○ 79/34/19
142/73/23, 167/86/9
察五○之和 218/113/25
和調五○而進之 307/155/28
後世必有以○亡其國者 307/156/1
主君之○ 307/156/4

畏 wèi 45

而聲○天下 34/11/19
天下以聲○秦 34/11/19
諸侯○懼 39/12/24
富貴則親戚○懼 40/14/19
恐○秦 47/19/1
秦王○晉之強也 65/26/28
臣非有所○而不敢言也 73A/30/4
然臣弗敢○也 73A/30/5
足下上○太后之嚴 73A/30/14
臣弗敢○也 73A/30/15
使天下皆○秦 81/37/8
魏○秦、楚之合 84A/39/11
○我也 108/52/20
臣之妾○臣 108/52/23
莫不○王 108/52/25
且夫韓、魏之所以○秦者 112/54/31
齊○公甚 117/57/18
吾聞北方之○昭奚恤也 154/81/3
虎不知獸○己而走也 154/81/6
以為○狐也 154/81/6
故北方之○奚恤也 154/81/7
其實○王之甲兵也 154/81/7
猶百獸之○虎也 154/81/7
而見楚救之不足○也 156/81/23
臣非○魏也 157B/82/7
楚王○ 176/91/28
不足○也 218/113/11
且秦之所○害於天下者 218/113/12
○韓、魏之議其後也 218/113/12
趙○橫之合也 229B/122/23
○秦 236/126/13
○之也 236/127/10
齊○從人之合也 254/136/3
○懼不敢不行 258B/138/3
齊○三國之合也 284/147/19
魏王○齊、秦之合也 297/151/11
其○惡嚴尊秦也 304/154/19
魏必舍所愛習而用所○惡 304/154/20
韓必德魏、愛魏、重魏、○魏 315/162/7
衛、齊甚○ 315/162/9
齊又○楚之有陰於秦、魏也 361/179/2
○幾瑟也 378/183/21
燕王誠振○慕大王之威 440/217/4
趙人○懼 461/226/1
○而釋之 461/226/23

胃 wèi 1

夫取三晉之腸○與出兵而懼其不反也 63/26/14

尉 wèi 7

秦之右將有○對曰 57/24/3
至○、內史及王左右 74/32/23
士○以証靖郭君 101/49/24
士○辭而去 101/49/25
亡一都○ 235/125/27
○復死 235/125/27
使為持節○ 340/169/23

渭 wèi 2

身為漁父而釣於○陽之濱耳 73A/29/29
南帶涇、○ 73A/30/23

慰 wèi 2

○秦心 233/125/3
而何○秦心哉 233/125/8

衛 wèi 91

名曰○疾 24/8/27
○鞅亡魏入秦 39/12/22
權縣宋、○ 70/28/15
宋、○乃當阿、甄耳 70/28/15
○無東野 88/42/18
○危於累卵 88/42/19
更立○姬嬰兒郊師 101/50/6
謂○君曰 116/57/4
○君為告儀 116/57/5
因與之參坐於○君之前 116/57/5
○君與文布衣交 128/62/11
願君以此從○君遊 128/62/11
於○甚重 128/62/11
齊、○之交惡 128/62/13
○君甚欲約天下之兵以攻齊 128/62/13
是人謂○君曰 128/62/13
且臣聞齊、○先君 128/62/14
齊、○後世無相攻伐 128/62/14
○君乃止 128/62/16
封○之東野 132B/64/11
夫有宋則○之陽城危 141B/70/22
昔者趙氏襲○ 142/71/8
○國城割平 142/71/9
○八門土而二門墮矣 142/71/9
○君跣行 142/71/9
○得是藉也 142/71/10
○非強於趙也 142/71/11
譬之○矢而魏弦機也 142/71/11
○明於時權之藉也 142/71/14
○鞅謀於秦王曰 142/73/24
○鞅見魏王曰 142/73/26
非宋、○也 142/73/27
魏王說於○鞅之言也 142/74/2
故曰○鞅之始與秦王計也 142/74/5
富比陶、○ 145/75/27
則韓、魏、齊、燕、趙、○之妙音美人 167/85/25
秦下兵攻○、陽晉 168/87/14

〇、楚正 210/109/8
魏殺呂遼而〇兵 215/111/10
據〇取淇則齊必入朝 218/113/7
令〇胡易伐趙 228/122/4
〇靈公近雍疸、彌子瑕 239B/129/14
四國將假道於〇 253/135/25
以〇王官 262/139/8
劫〇取晉陽 273/144/4
而道塗宋、〇為制 284/147/22
事成功縣宋、〇 284/147/22
齊王將見燕、趙、楚之相於〇 288/148/18
先以車五十乘至〇間齊 288/148/19
〇效尤憚 310/158/3
又不攻〇與齊矣 315/161/14
東至陶、〇之郊 315/161/25
則〇、大梁、河外必安矣 315/162/8
〇、齊甚畏 315/162/9
兵〇設 385/186/9
韓與〇 385/186/10
持兵戟而〇者甚衆 385/186/14
晉、楚、齊、〇聞之曰 385/186/24
加之以魯、〇 419/201/18
孔子逃於〇 424/206/4
過〇 443/218/26
使人謂〇君曰 443/218/26
〇君懼 443/218/27
彼安敢攻〇以重其不勝之罪哉 443/218/30
遂不敢過〇 443/218/31
智伯欲伐〇 448A/220/14
遺〇君野馬四百 448A/220/14
〇君大悅 448A/220/14
〇君曰 448A/220/15
〇君以其言告邊境 448A/220/16
智伯果起兵而襲〇 448A/220/17
〇有賢人 448A/220/17
智伯欲襲〇 448B/220/21
使奔〇 448B/220/21
秦攻〇之蒲 449/220/27
〇所以為〇者 449/220/28
〇必折於魏 449/220/28
今并〇於魏 449/220/29
以德〇君 449/220/31
請厚子於〇君 449/221/2
以自重於〇 449/221/3
又以德〇君也 449/221/3
〇使客事魏 450/221/7
〇客患之 450/221/7
〇客曰 450/221/13
魏王趨見〇客 450/221/13
〇嗣君病 451/221/17
〇嗣君時 452A/221/27
〇贖之百金 452A/221/27
〇人迎新婦 452B/222/3

謂 wèi 559

〇齊王曰 1/1/4
1/1/8, 11C/5/10, 36/12/3
118/57/24, 247/131/23
288/148/23, 433/211/20
周君〇趙累曰 2/1/22
君〇景翠曰 2/1/26
為東周〇韓王曰 3A/2/6
齊明〇東周君曰 3B/2/11
不如〇楚、韓曰 3B/2/12
蘇子〇東周君曰 4/2/18
蘇厲為之〇周君曰 5A/2/26
史黶〇周君曰 5B/3/3
君何不令人〇韓公叔曰 5B/3/3
又〇秦王曰 5B/3/5
為周〇楚王曰 6/3/10
周最〇石禮曰 7/3/16
因令人〇周君曰 8A/3/22
〇周文君曰 8B/3/29
而自〇非客何也 9/4/8
或為周最〇金投曰 10A/4/14
周最〇金投曰 10B/4/20
石行秦〇大梁造曰 11A/4/26
〇周君曰 11A/4/26, 16/6/20
〇薛公曰 11B/5/3, 122/59/14
蘇厲為周最〇蘇秦曰 12/5/16
〇周最曰 13/5/21
14B/6/6, 26/9/15
公何不令人〇韓、魏之王曰 13/5/23
為周最〇魏王曰 14A/5/28
公不如〇魏王、薛公曰 14B/6/8
司馬翦〇楚王曰 17/6/27
左成〇司馬翦曰 17/6/28
不如〇周君曰 17/6/29
因令人〇相國御展子、廧夫空曰 17/6/29
有人〇相國曰 18/7/6
請〇王聽東方之處 18/7/7
或〇照翦曰 20/7/19
客〇周君曰 21/7/26
韓慶為西周〇薛公曰 22/8/3
令弊邑以君之情〇秦王曰 22/8/6
為周最〇李兌曰 23/8/15
游騰〇楚王曰 24/8/24
昭應〇楚王曰 25/9/5
蘇厲〇周君曰 27/9/20
〇白起曰 27/9/21
或〇周君曰 28/10/3
蘇秦〇周君曰 29/10/9
司寇布為周最〇周君曰 30/10/15
或為周君〇魏王曰 31/10/23
綦母恢〇周君曰 32/11/1
樊餘〇楚王曰 33/11/11
周最〇秦王曰 34/11/18
宮他〇周君曰 35/11/24
左尚〇司馬悍曰 36/12/4
公不如〇周君曰 36/12/4
為西周〇魏王曰 37/12/9
或〇周足曰 38/12/14
何不〇周君曰 38/12/14
此所〇天府 40/13/8
秦惠王〇寒泉子曰 41A/14/24
冷向〇秦王曰 41B/15/3
其此之〇乎 42/15/11
左成〇甘茂曰 43/17/16, 58/24/10
此臣所〇『危』 44/18/9
張子〇秦王曰 45/18/16
甘茂〇王曰 46/18/24
張儀〇秦王曰 47/18/30
49/19/27, 367/181/2
王〇陳軫曰 48B/19/19
客〇誂者曰 49/20/4
〇張儀曰 50/20/19, 294/150/7
陳軫〇楚王曰 51/21/23
165/84/24
秦王〇軫曰 51/21/25
或〇救之便 51/21/26
或〇救之不便 51/21/26
李讎〇公孫衍曰 52/22/9

公孫衍○義渠君曰 53/22/14
陳軫○秦王曰 53/22/18
351/174/27
此乃公孫衍之所○也 53/22/21
秦武王○甘茂曰 55/23/3
○向壽 55/23/6
馮章○秦王曰 56/23/27,56/23/29
固○楚王曰 56/23/29
秦王○甘茂曰 60/24/21
○處女曰 61A/24/29
蘇秦僞○王曰 61A/25/9
因自○之曰 61B/25/15
甘茂○秦王曰 62/25/22
○趙王曰 63/26/1
94/46/7,212/110/21
217/111/25,234/125/18
250/134/9,314/160/7
薛公為魏○魏冉曰 65/26/26
秦客卿造○穰侯曰 66/27/3
何不使人○燕相國曰 66/27/7
魏○魏冉曰 67/27/19
○魏冉曰 68/28/3,70/28/13
○穰侯曰 69/28/8,323/165/8
秦太后為魏冉○秦王曰 71/28/21
○范睢曰 73A/29/19
此所○藉賊兵而齎盜食者也 73A/31/5
夫擅國之○王 73B/31/27
能專利害之○王 73B/31/27
制殺生之威之○王 73B/31/27
下乃所○無王已 73B/32/1
昭王○范睢曰 73B/32/12
應侯○昭王曰 74/32/16
古之所○『危主滅國之道』必從此起 74/32/28
范睢○秦昭王曰 75/33/6
鄭人○玉未理者璞 76/33/15
周人○鼠未腊者朴 76/33/15
○ 77/33/25
○應侯曰 78/34/3
秦昭王○應侯曰 79/34/13
何○也 79/34/22
125/61/11,130/63/14
137/69/6,139/69/27
142/73/1,177/92/27
233/124/6,327/166/10
339/169/15,341/170/16
莊○王稽曰 80/35/3
而聖人所○吉祥善事與 81/35/30
此所○信而不能詘 81/37/5
韓春○秦王曰 82B/38/6
秦王○樓緩曰 83A/38/13
秦昭王○左右曰 83B/38/25
營淺○秦王曰 84A/39/10
王何不○楚王曰 84A/39/10
客○秦王曰 85/39/23
王可○能矣 87/41/1
○秦王曰 89/43/3,309/157/5
366/180/10,419/201/27
獻則○公孫消曰 91/44/3
○太后曰 92/44/9
歸而○父曰 93/44/18
甘羅○文信侯曰 94/46/4
張丑○楚王曰 97/48/22
公孫閈為○楚王曰 98/49/4
靖郭君○謁者 99/49/10
靖郭君○齊王曰 100/49/19
辨○靖郭君曰 101/50/5
吾獨○先王何乎 101/50/9
靖郭君可○能自知人矣 101/50/16
公孫閈○鄒忌曰 104/51/11
孫子○田忌曰 105/51/21
○楚王曰 106/52/1,122/59/21
158/82/12,159/82/18
161/83/18,372/182/10
鄒忌○宣王曰 107/52/7
○其妻曰 108/52/13
此所○戰勝於朝廷 108/53/2
陳軫合三晉而東○齊王曰 111/54/3
此臣之所○齊必有大憂 111/54/17
此所○四塞之國也 112/54/23
必○齊西有強趙 113/55/15
○武王曰 115/56/15
因○齊王 115/56/22
此臣之所○託儀也 115/56/28
張儀○梁王不用臣言以危國 116/57/3
○衛君曰 116/57/4
舍人相○曰 117/57/14
○李向曰 119/57/29
蘇秦○齊王曰 120/58/11
141B/70/18
或○齊王曰 121/58/19
蘇秦○薛公曰 122/58/26
122/59/5
君因○其新王曰 122/58/28
○楚王曰 122/59/10
○太子曰 122/59/17,122/59/26
又使人○楚王曰 122/60/5
○孟嘗君曰 124/60/27,136A/67/3
桃梗○土偶人曰 124/60/28
○淳于髡曰 125/61/7
○三先生曰 127/61/27
君召愛夫人者而○之曰 128/62/10
是人○衛君曰 128/62/13
魯連○孟嘗君曰 129/62/23
則○之不肖 129/62/26
則○之拙 129/62/26
淳于髡○齊王曰 132A/63/30
齊王○孟嘗君曰 133/65/18
孟嘗君顧○馮諼 133/65/19
○惠王曰 133/65/21
公孫弘○孟嘗君曰 134/66/3
公孫弘可○不侵矣 134/66/16
可○足使矣 134/66/16
魯仲連○孟嘗 135/66/21
而侯王以自○ 136B/68/7
○其左右曰 140/70/3
此所○以卑易尊者也 141B/70/24
今世之所○善用兵者 142/73/6
此臣之所○比之堂上 142/74/6
先生○單不能下狄 148/78/13
盼子○齊王曰 149A/78/22
齊明○楚王曰 151/80/3
子象為楚○宋王曰 152/80/12
昭陽○楚王曰 153/80/19
此○慮賢也 155/81/13
昭奚恤○楚王曰 156/81/17
江乙可○善謀 160/83/14
安陵君可○知時矣 160/83/14
客因為之○昭奚恤曰 162/83/25
因○客曰 162/83/28
○而不得 162/83/29
陳軫○王曰 165/84/28
此所○養仇而奉讎者也 167/86/2
此所○兩虎相搏者也 168/87/11
○昭睢曰 169/88/3
為儀○楚王逐昭睢、陳軫 169/88/4
有人○昭睢曰 169/88/7

此所○內攻之者也 169/88/12
將何○也 170/88/23
今此之○也 170/89/16
為甘茂○楚王曰 171/90/6
昭雎○景翠曰 172/90/13
蘇厲○宛公昭鼠曰 173A/90/20
請為公令辛戎○王曰 173A/90/21
桓臧為昭雎○楚王曰 173B/90/26
靳尚為儀○楚王曰 174/91/3
又○王之幸夫人鄭袖曰 174/91/4
靳尚○楚王曰 175/91/15
○張旄曰 175/91/18
游騰為楚○秦王曰 176/91/27
齊王○子良曰 177/93/2
女阿○蘇子曰 178/93/10
公不如令人○太子曰 178/93/10
蘇子乃令人○太子 178/93/12
蘇子○楚王曰 179/93/16
令人○張子曰 182/94/18
桓臧為雎○楚王曰 183/94/30
馮郝○楚王曰 184/95/10
而○張儀曰 184/95/13
杜赫○昭陽曰 185/95/21
185/95/26
因○惠施曰 185/95/22
左爽○陳軫曰 186/96/3
楚王○陳軫曰 187/96/9
或○楚王曰 189/96/25
因○新人曰 190/97/8
王○鄭褎曰 190/97/9
○昭魚曰 191/97/15
莊辛○楚襄王曰 192/97/21
齊明○卓滑曰 193/98/25
或○黃齊曰 194/99/3
人皆以○公不善於富摯 194/99/3
更羸○魏王曰 198/100/18
朱英○春申君曰 200/102/4
何○無妄之福 200/102/5
此所○無妄之福也 200/102/8
何○無妄之禍 200/102/8
此所○無妄之禍也 200/102/10
何○無妄之人 200/102/11
此所○無妄之人也 200/102/12
虞卿○春申君曰 201/102/23
迺○魏王曰 201/103/1
今○楚強大則有矣 201/103/3
362/179/10

郄疵○知伯曰 202/103/8
202/103/17
襄子○張孟談曰 203/104/15
臣之所○ 204A/105/23
使人○之曰 204A/105/25
其友○之曰 204B/106/13
○子有志則然矣 204B/106/14
○子智則否 204B/106/14
凡吾所○為此者 204B/106/16
○山陽君曰 206/107/10
○腹子曰 207/107/15
李兌舍人○李兌曰 208/108/1
蘇秦○舍人曰 208/108/3
秦王○公子他曰 211/109/13
何○無故乎 211/109/28
可○有故乎 211/110/3
使臣勝○曰 211/110/11
○韓王曰 211/110/14,357/176/26
無有○臣為鐵鉆者乎 212/110/24
冷向○強國曰 213/110/28
○皮相國曰 214/111/3
或○皮相國曰 215/111/10
今○楚王 217/112/2
蘇子為○秦王曰 219/114/17
是以聖人利身之○服 221/118/25
便事之○教 221/118/26
進退之○節 221/118/26
宋突○机郝曰 226/121/13
樂毅○趙王曰 227/121/19
司馬淺為富丁○主父曰
229A/122/11
教子欬○李兌曰 229B/122/23
平原君○平陽君曰 232/123/18
因平原君○趙王曰 236/126/14
○魯人曰 236/127/18
夷維子○鄒之孤曰 236/127/22
彼將奪其所○不肖 236/127/26
而予其所○賢 236/127/27
復塗偵○君曰 239B/129/14
或○建信 240/129/22
苦成常○建信君曰 241/130/3
魏尬○建信君曰 243/130/18
臣為足下○魏王曰 247/131/23
李兌乃○齊王曰 248/132/16
蘇代○齊王曰 249/133/3
臣○奉陽君曰 249/133/4
馬服君○平原君曰 252/135/9

齊人戎郭、宋突○仇郝
曰 253/135/24
齊明為○趙王曰 254/136/3
田駟○柱國韓向曰 255/136/9
馮忌為廬陵君○趙王曰
256/136/15
有所○桑雍者 258A/137/9
所○桑雍者 258A/137/10
○左右曰 258B/137/16
舉茅為姚賈○趙王曰 259/138/10
世鈞為之○文信侯曰 261/138/21
太后明○左右 262/138/29
文侯○覩師贊曰 265/140/23
出而○左右曰 271/142/19
而○寡人必以國事聽鞅
271/142/20
此所○四分五裂之道也
273/143/27
盱夷為董慶○田嬰曰 274/144/26
齊使蘇厲為之○魏王曰 275/145/3
公○魏王曰 276/145/15
左華○陳軫曰 277/145/28
使人○齊王曰 278/146/5
惠子○王曰 280/146/19
○可者○不可者正半 280/146/19
所○劫主者 280/146/22
雍沮○張子曰 281/146/26
雍沮○齊、楚之君曰 281/146/28
故○魏王曰 282/147/6
史厭○趙獻曰 282/147/7
故令人○韓公叔曰 283/147/12
○魏王曰 284/147/19,297/151/13
298/152/14,306/155/18
309/156/27,316/162/14
319/164/3,326/166/3
328/166/17,330/167/9
333/167/27,338/168/31
犀首○梁王曰 286/148/3
為竇屢○魏王曰 287/148/10
季子為衍○梁王曰 290/149/3
毋○天下何 292/149/21
成恢為犀首○韓王曰 295/150/13
秦王○宋郭曰 297/151/13
又必○王曰使王輕齊 297/151/19
客○公子理之傳曰 300/152/26
此非臣之所○也 301/153/6
朱倉○王曰 302/153/20

昭魚○蘇代曰 303B/154/3
為魏○楚王曰 305/155/7
329B/167/3
為疾○楚王曰 305/155/12
臣請發張倚使○趙王曰 308/156/10
張倚因○趙王曰 308/156/15
芒卯○秦王曰 309/156/23
魏王○芒卯曰 309/157/1
須賈為魏○穰侯曰 310/157/12
臣聞魏氏大臣父兄皆○魏王曰 310/157/12
周訢○王曰 311/158/10
今人有○臣曰 311/158/16
王○支期曰 311/158/23
支期先入○王曰 311/159/1
孫臣○魏王曰 312/159/9
可○善用不勝矣 312/159/9
可○不能用勝矣 312/159/9
魏使人○淳于髡曰 313/159/21
客○齊王曰 313/159/26
王以○淳于髡曰 313/159/26
朱己○魏王曰 315/160/29
魏○趙王曰 317A/162/20
○樓子於鄢陵曰 317B/162/28
公必○齊王曰 317B/162/29
今齊王○魏王曰 317B/163/11
使人○樓子曰 317B/163/14
又○翟子 317B/163/15
客○司馬食其曰 321/164/23
○茲公不知此兩者 321/164/24
樓緩○魏王曰 322/165/3
白珪○新城君曰 324/165/14
○昭忌曰 325/165/24
芮宋○秦王曰 329A/166/24
李郝○臣曰 329A/166/25
白圭○魏王曰 331/167/15
魏王令之○秦王曰 332/167/21
周肖○宮他曰 335/168/12
子為肖○齊王曰 335/168/12
魏王為之○秦王曰 337/168/23
唐且○信陵君曰 339/169/13
信陵君使人○安陵君曰 340/169/22
或○魏王曰 342/170/28
秦王使人○安陵君曰 343/171/13
秦王○唐且曰 343/171/15
○唐且曰 343/171/18
段規○韓王曰 344A/172/3
○申不害於韓曰 344B/172/10
乃微○趙卓、韓鼂曰 345/172/17
非所○學於子者也 346/172/22
此所○市怨而買禍者也 347/173/7
宣王○摎留曰 348B/174/9
張儀○齊王曰 349/174/16
昭獻令人○公叔曰 350/174/21
魏順○市丘君曰 352/175/3
冷向○鄭彊曰 353/175/14
故○大宰曰 354/175/22
楊達○公孫顯曰 355/175/28
游騰○公仲曰 356A/176/3
杜赫為公仲○秦王曰 356B/176/10
公仲明○韓王曰 357/176/15
顏率○公仲之謁者曰 358/177/11
韓公仲○向壽曰 359/177/17
或○公仲曰 360/178/9
387/187/17
臣請為公○秦王曰 360/178/14
為○楚王曰 361/179/1
今○馬多力則有矣 362/179/9
或○魏王 363/179/16
○使者曰 363/179/17
秦王○魏王曰 363/179/18
觀鞅○春申曰 364/179/23
宣太后○尚子曰 366/180/12
史惕○公叔曰 368/181/13
因令公仲○秦王曰 369/181/20
畢長○公叔曰 370/181/26
○公叔曰 372/182/9
373/182/16,378/183/21
中庶子強○太子曰 376/183/10
齊明○公叔曰 377/183/16
公何不令齊王○楚王 377/183/16
宋赫為○公叔曰 379/183/27
○新城君曰 380/184/3
教公仲○魏王曰 381/184/11
因令人○楚王曰 381/184/12
○芈戎曰 382/184/17
冷向○韓咎曰 383A/184/23
冷向○伯嬰曰 383B/184/29
請問楚人○此鳥何 384/185/12
○之鵲 384/185/12
○之烏 384/185/12
或○韓公仲曰 386/187/3
所○成為福 386/187/12
或○韓王曰 389/188/12
○鄭王曰 390/188/23
臣竊以為猶之井中而○曰 390/189/9
豈可不○善謀哉 391/189/21
○韓公仲曰 394/190/11
張丑因○齊、楚曰 394/190/13
或○韓相國曰 395/190/18
唐客○公仲曰 396A/190/24
韓侈○秦王曰 396B/191/3
魏之使者○後相韓辰曰 396B/191/4
客卿為韓○秦王曰 396C/191/11
○韓珉曰 397/191/25
或○山陽君曰 398/192/3
韓相國○田苓曰 399/192/9
冷向○陳軫曰 400/192/17
周成恢為之○魏王曰 401/192/24
成恢因為○韓王曰 401/192/25
請令公子年○韓王曰 402/193/3
輸人為之○安令曰 403/193/9
房喜○韓王曰 404/193/14
趙敖為○建信侯曰 405/193/19
段產○新城君曰 406/193/26
段干越人○新城君曰 407/194/3
此所○天府也 408/194/13
李兌因為蘇秦○奉陽君曰 409/194/27
噲子○文公曰 410/195/10
所○轉禍為福 411/195/32
○燕王曰 412/196/8,413/197/3
所○以忠信得罪於君者也 412/196/21
客○魏王曰 414/197/20
子之所○天下之明主者 415/197/31
鹿毛壽○燕王曰 416A/199/11
人○堯賢者 416A/199/11
儲子○齊宣王 416A/199/20
王因令人○太子平曰 416A/199/21
孟軻○齊宣王曰 416A/199/27
齊使人○魏王曰 417/200/13
此所○強萬乘之國也 419/201/19
蘇代○燕昭王曰 420/202/14
燕王○蘇代曰 421/203/18
○昭王曰 423/205/7

韓為○臣曰 423/205/7
蘇代自齊使人○燕昭王曰 426/206/21
令人○閔王曰 426/206/24
乃○蘇子曰 426/206/26
又使人○閔王曰 426/207/5
王○臣曰 427/207/15
昭王召而○之曰 429/208/15
客○燕王曰 433/211/15
蘇代為燕○惠王曰 434/212/3
蚌亦○鷸曰 434/212/4
齊○燕王曰 435/212/11
魏亦○燕王曰 435/212/11
蘇子○燕相曰 435/212/12
或○之曰 438/213/24
○其太傅鞫武曰 440/214/19
可○深矣 440/216/11
秦王○軻曰 440/217/11
○之曰 442/218/10
宋所○無雉兔鮒魚者也 442/218/20
使人○衛君曰 443/218/26
○大尹曰 445/219/17
蘇秦為宋○齊相曰 446A/219/22
胡衍○樗里疾曰 449/220/27
○其守曰 449/221/1
富術○殷順且曰 451/221/17
子○君 451/221/19
新婦○僕曰 452B/222/3
常莊談○趙襄子曰 453/222/10
齊○趙、魏曰 454/222/15
454/222/16
張登因○趙、魏曰 454/222/31
張登○藍諸君曰 455/223/9
田簡○司馬憙曰 457/224/11
田簡自○取使 457/224/16
司馬憙○陰姬公曰 458/224/20
臣聞其乃欲請所○陰姬者 458/225/2
中山君顧○二人 459B/225/17
此所○為一臣屈而勝天下也 461/227/6
此亦所○勝一臣而為天下屈者也 461/227/7

魏 wèi 1145

楚王與○王遇也 5A/2/26
令向公之○ 5A/2/27
子因令周最居○以共之 7/3/16
因佐秦而伐韓、○ 10A/4/15
○因以因 10A/4/16
秦盡韓、○之上黨太原 10B/4/21
君弗如急北兵趨趙以秦、○ 11B/5/4
以地合於○、趙 12/5/16
亦將觀韓、○之於齊也 13/5/22
公何不令人謂韓、○之王曰 13/5/23
為周最謂○王曰 14A/5/28
○王以國與先生 14B/6/6
公不如謂○王、薛公曰 14B/6/8
薛公以齊為韓、○攻楚 22/8/3
又與韓、○攻秦 22/8/3
君以齊為韓、○攻楚 22/8/4
九年而取宛、葉以北以強韓、○ 22/8/4
韓、○南無楚憂 22/8/5
薛公必破秦以張韓、○ 22/8/7
秦攻○將犀武軍於伊闕 23/8/15
莫如令秦、○復戰 23/8/16
必不攻○ 23/8/16
前有勝○之勞 23/8/17
又必不攻○ 23/8/17
而秦未與○講也 23/8/17
必復攻○ 23/8/18
○不能支 23/8/19,295/150/13
若○不講 23/8/19
是君存周而戰秦、○也 23/8/19
敗韓、○ 27/9/20
今公破韓、○ 27/9/25
以臨韓、○ 29/10/9
韓、○必惡之 29/10/10
必救韓、○而攻楚 29/10/10
或為周君謂○王曰 31/10/23
將以使攻○之南陽 31/10/23
周君之○求救 32/10/29
○王以上黨之急辭之 32/10/29
反見○王 32/11/1
○王曰 32/11/4
198/100/19,198/100/20
201/103/1,272/143/17
273/144/20,276/145/23
301/153/8,309/156/28
311/158/15,312/159/15
312/159/17,327/166/9
327/166/10,327/166/13
338/169/1,341/170/19
401/192/25,450/221/9
○王因使孟卯致溫囿於周君而許之戍也 32/11/7
韓、○易地 33/11/11
韓、○之易地 33/11/11
○亡二縣 33/11/12
且○有南陽、鄭地、三川而包二周 33/11/12
鄭恃○而輕韓 35/11/24
○攻蔡而鄭亡 35/11/24
今君恃韓、○而輕秦 35/11/25
西周恐○之藉道也 37/12/9
為西周謂○王曰 37/12/9
○王懼 37/12/10
285/147/27,288/148/18
衛鞅亡○入秦 39/12/22
天下陰燕陽○ 42/15/10
中使韓、○之君 42/15/25
則○可舉 42/16/6
舉○ 42/16/7
與○氏和 42/16/8
令○氏收亡國 42/16/9
韓亡則荊、○不能獨立 42/16/19
荊、○不能獨立 42/16/19
蠹○ 42/16/19
以流○氏 42/16/20
臣荊、○ 42/17/9
荊、○不臣 42/17/11
張儀欲假秦兵以救○ 43/17/16
○不反秦兵 43/17/16
○若反秦兵 43/17/17
張子得志於○ 43/17/17
親○善楚 44/17/24
○絕南陽 44/17/24
侵楚、○之地 44/17/25
而求解乎楚、○ 44/18/8
以地與○ 44/18/8
楚攻○ 47/18/30
不如與○以勁之 47/18/30
○戰勝 47/18/30,84A/39/9
○不能守 47/18/31

以與○ 47/19/1
○兵罷弊 47/19/1
不如召甘茂於○ 52/22/9
義渠君之○ 53/22/14
請之○ 55/23/4
甘茂至○ 55/23/6
○聽臣矣 55/23/6
○文侯令樂羊將 55/23/11
是王欺○ 55/23/13
彼若以齊約韓、○ 61A/25/5
甘茂約秦、○而攻楚 62/25/22
怵於楚而不使○制和 62/25/23
楚必曰『秦鬻○』 62/25/23
楚、○為一 62/25/23,311/158/22
王不如使○制和 62/25/24
○制和必悅 62/25/24
王不惡於○ 62/25/24
齊與大國救○而倍約 63/26/1
則韓、○必無上黨哉 63/26/13
秦宣太后愛○醜夫 64/26/19
必以○子為殉 64/26/19
○子患之 64/26/19
庸芮為○子說太后曰 64/26/20
何暇乃私○醜夫乎 64/26/22
薛公為○謂○冉曰 65/26/26
○謂○冉曰 67/27/19
辛、張陽、毌澤說○王、薛公、公叔也 67/27/19
謂○冉曰 68/28/3,70/28/13
秦三世積節於韓、○ 70/28/13
韓、○東聽 70/28/14
秦烏能與齊縣衡韓、○ 70/28/16
秦王欲為成陽君求相韓、○ 71/28/21
韓、○弗聽 71/28/21
秦太后為○冉謂秦王曰 71/28/21
失韓、○之道也 71/28/23
大王越韓、○而攻強齊 73A/31/1
而悉韓、○之兵則不義矣 73A/31/2
以其伐楚而肥韓、○也 73A/31/5
今韓、○ 73A/31/7
齊附而韓、○可虛也 73A/31/9
寡人欲親○ 73A/31/12
○多變之國也 73A/31/12
請問親○奈何 73A/31/12
邢丘拔而○請附 73A/31/13
○、韓見必亡 73A/31/21
穰侯十攻○而不得傷者 75/33/6
非秦弱而○強也 75/33/7
南地入楚、○ 78/34/8
開罪於楚、○ 80/35/11
而入韓、○ 81/35/19
虜○公子卬 81/36/3
又越韓、○攻強趙 81/36/26
韓、○聞楚之困 82A/37/24
薛公入○而出齊女 82B/38/6
以齊、秦劫○ 82B/38/6
則○ 82B/38/7
呡欲以齊、秦劫○而困薛公 82B/38/7
○懼而復之 82B/38/8
負芻必以○殁世事秦 82B/38/8
齊女入○而怨薛公 82B/38/9
今日韓、○ 83B/38/25
今之如耳、○齊 83B/38/25
帥強韓、○之兵以伐秦 83B/38/27
今以無能之如耳、○齊 83B/38/27
帥弱韓、○以攻秦 83B/38/27
帥韓、○以圍趙襄子於晉陽 83B/39/1
○桓子驂乘 83B/39/2
○桓子肘韓康子 83B/39/3
康子履○桓子 83B/39/3
韓、○雖弱 83B/39/4
楚、○戰於陘山 84A/39/9
○許秦以上洛 84A/39/9
秦責賂於○ 84A/39/9
○不與 84A/39/10
○許寡人以地 84A/39/10
○王倍寡人也 84A/39/10
○畏秦、楚之合 84A/39/11
是○勝楚而亡地於秦也 84A/39/11
是王以○地德寡人 84A/39/11
○弱 84A/39/12
○必危 84A/39/13
○王聞之恐 84A/39/13
從秦王與○王遇於境 84B/39/17
○請無與楚遇而合於秦 84B/39/17
聞齊、○皆且割地以事秦 85/39/27
齊、○有何重於孤國也 85/39/28
○ 86/40/15,313/159/23
聽之韓、○ 86/40/16
即韓、○從 86/40/16
韓、○從 86/40/16
使東遊韓、○ 86/40/19
王又舉甲兵而攻○ 87/41/1
而○氏服矣 87/41/3
絶楚、○之脊 87/41/4
壹毀○氏之威 87/41/8
智氏信韓、○ 87/41/12
韓、○反之 87/41/13
而忘毀楚之強○也 87/41/14
今王中道而信韓、○之善王也 87/41/16
臣恐韓、○之卑辭慮患 87/41/17
王既無重世之德於韓、○ 87/41/17
韓、○父子兄弟接踵而死於秦者 87/41/18
韓、○之不亡 87/41/20
王將藉路於仇讎之韓、○乎 87/41/21
是王以兵資於仇讎之韓、○ 87/41/22
王若不藉路於仇讎之韓、○ 87/41/22
○氏將出兵而攻留、方與、銍、胡陵、碭、蕭、相 87/41/26
王破楚於以肥韓、○於中國而勁齊 87/42/2
韓、○之強足以校於秦矣 87/42/2
齊、○得地葆利 87/42/4
詘令韓、○ 87/42/5
而○亦關內候矣 87/42/10
舉右案○ 88/42/17
○伐邯鄲 88/42/20
舉兵伐○ 88/42/21
今王廣德○、趙 89/43/4
秦人援○以拒楚 89/43/19
則○氏鑠 89/43/22
○氏鑠 89/43/22
樓許約秦、○ 92/44/9
○太子為質 92/44/9
敗秦而利○ 92/44/9
○必負之 92/44/10
聞秦且伐○ 92/44/12
○不與我約 92/44/13
夫○氏兼邯鄲 102/50/22

是趙不拔而○全也 102/50/24
故不如南攻襄陵以弊○ 102/50/24
邯鄲拔而承○之弊 102/50/25
是趙破而○弱也 102/50/25
齊因承○之弊 102/50/26
韓且折而入於○ 103/51/1
夫韓、○之兵未弊 103/51/1
我代韓而受○之兵 103/51/2
且夫○有破韓之志 103/51/2
而晚承○之弊 103/51/3
齊因起兵擊○ 103/51/6
○破韓弱 103/51/6
韓、○之君因田嬰北面而朝田侯 103/51/7
公何不為王謀伐○ 104/51/11
乃說王而使田忌伐○ 104/51/13
燕、趙、韓、○聞之 108/53/2
秦假道韓、○以攻齊 109/53/6
秦伐○ 111/54/3
且夫韓、○之所以畏秦者 112/54/31
韓、○戰而勝秦 112/55/1
是故韓、○之所以重與秦戰而輕為之臣也 112/55/1
倍韓、○之地 112/55/4
恐韓、○之議其後也 112/55/5
南有韓、○ 113/55/15
○效河外 113/55/23
秦驅韓、○攻齊之南地 113/55/24
張儀以秦、○伐韓 114/56/3
昭陽為楚伐○ 117/57/11
今君相楚而攻○ 117/57/17
秦使○冉之趙 119/57/29
薛公使○處之趙 119/57/29
東有趙、○ 121/58/19
趙、○不伐 121/58/19
趙、○亦不免與秦為患矣 121/58/20
今齊、秦伐趙、○ 121/58/20
則亦不果於趙、○之應秦而伐周、韓 121/58/21
令齊入於秦而伐趙、○ 121/58/21
趙、○亡之後 121/58/22
若○文侯之有田子方、段干木也 127/62/2
齊欲伐○ 132A/63/30
313/159/21,313/159/21

今齊、○久相持 132A/64/2
齊、○亦佐秦伐邯鄲 132B/64/7
○取伊是 132B/64/7
率○兵以救邯鄲之圍 132B/64/8
是齊入於○而救邯鄲之功也 132B/64/8
○之柱國也 132B/64/9
秦伐○取安邑 132B/64/10
今又劫趙、○ 132B/64/11
兼○之河南 132B/64/12
則趙、○亦危矣 132B/64/12
趙、○危 132B/64/12
韓、○、趙、楚之志 132B/64/13
趙、○、楚得齊 132B/64/15
故秦、趙、○得齊者重 132B/64/15
秦使○冉致帝 141A/70/10
告遡於○ 142/71/10
○王身被甲底劍 142/71/10
譬之衛矢而○弦機也 142/71/11
藉力○而有河東之地 142/71/11
楚人救趙而伐○ 142/71/12
亦襲○之河北燒棘溝 142/71/13
此皆非趙、○之欲也 142/71/14
齊之與韓、○伐秦、楚也 142/71/19
分地又非多韓、○也 142/71/20
以其為韓、○主怨也 142/71/20
秦、楚戰韓、○不休 142/71/21
昔者○王擁土千里 142/73/22
以待○氏 142/73/24
夫○氏其功大 142/73/24
故以一秦而敵大○ 142/73/25
王何不使臣見○王 142/73/25
則臣請必北○矣 142/73/26
衛鞅見○王曰 142/73/26
○王說於衛鞅之言也 142/74/2
而○王處之 142/74/3
齊人伐○ 142/74/3
○王大恐 142/74/4,325/165/24
而不以德○王 142/74/5
而○將以禽於齊矣 142/74/6
○攻平陸 145/75/15
○不敢東面 145/75/16
今楚、○交退 145/75/17
齊之反趙、○之後 153/80/27
而以強○ 156/81/17

○強 156/81/17
夫○之攻趙也 156/81/20
而○無楚憂 156/81/21
是楚、○共趙也 156/81/21
且○令兵以深割趙 156/81/21
必與○合而以謀楚 156/81/22
必與○戰 156/81/23
○怒於趙之勁 156/81/23
趙、○相弊 156/81/23
則○可破也 156/81/24
○氏惡昭奚恤於楚王 157B/82/6
而○入吾君臣之間 157B/82/6
臣非畏○也 157B/82/7
昭奚恤取○之寶器 158/82/14
以居○知之 158/82/14
江乙為○使於楚 161/83/18
鄭、○者 163/84/5
鄭、○之弱 163/84/5
韓公叔有齊、○ 164/84/15
齊、○必伐韓 164/84/17
則韓、○、齊、燕、趙、衛之妙音美人 167/85/25
而韓、○迫於秦患 167/86/8
○則從風而動 168/86/23
韓、○攻其北 168/86/23
而韓、○以全制其後 168/87/11
○求相綦母恢而周不聽 169/88/7
而儀重於韓、○之王也 169/88/9
所欲貴富者○也 169/88/10
欲為攻於○ 169/88/10
○相翟強死 171/90/6
○之幾相者 171/90/6
勁也相○ 171/90/6
○、秦之交必善 171/90/6
秦、○之交完 171/90/7
相甘茂於○ 171/90/7
今為其行人請○之相 171/90/8
○氏不聽 171/90/8
齊、○之交惡 171/90/8
○氏聽 171/90/9
而○、秦之交必惡 171/90/9
而燕、趙、○不敢不聽 173B/90/30
則○無患矣 175/91/19
秦、楚爭事○ 175/91/22
楚王逐張儀於○ 181/94/3
且○臣不忠不信 181/94/4

甘茂善○ 183/95/1
必以秦合韓、○ 183/95/1
韓、○之重儀 183/95/2
韓、○欲得秦 183/95/2
將收韓、○輕儀而伐楚 183/95/3
而重儀於韓、○ 183/95/3
挾○重 183/95/4
○不合秦 183/95/4
張儀逐惠施於○ 184/95/8
○欲和 185/95/19
今施以○來 185/95/21
是明楚之伐而信○之和也 185/95/21
凡為攻秦者○也 185/95/23
○受其怨 185/95/23
吾將使人因○而和 185/95/23
○王不說 185/95/26,247/131/23
○為子先戰 185/95/26
○折而入齊、秦 185/95/27
因令人謁和於○ 185/95/28
陳軫告楚之○ 186/96/3
張儀惡之於○王曰 186/96/3
儀善於○王 186/96/4,277/145/29
○王甚信之 186/96/4
○王遺楚王美人 190/97/3
因與韓、○之兵 195/99/9
趙使○加見楚春申君曰 198/100/16
○加曰 198/100/17
更羸與○王處京臺之下 198/100/18
更羸謂○王曰 198/100/18
非齊則○ 201/102/29
○、齊新怨楚 201/102/29
請令○王可 201/102/30
臣請到○ 201/102/30
迺謂○王曰 201/103/1
若越趙、○而鬭兵於燕 201/103/3
敝楚見強○也 201/103/4
知伯從韓、○兵以攻趙 202/103/8
韓、○之君必反矣 202/103/9
夫從韓、○之兵而攻趙 202/103/9
難必及韓、○矣 202/103/10
而韓、○之君無憙志而有憂色 202/103/11
知伯以告韓、○之君曰 202/103/14
韓、○之君曰 202/103/14
君又何以疵言告韓、○之君為 202/103/17
韓、○之君視疵端而趨疾 202/103/18
韓、○之君果反矣 202/103/20
知伯帥趙、韓、○而伐范中行氏 203/103/24
又使人請地於○ 203/103/27
○宣子欲勿與 203/103/28
請地於○ 203/103/28
○弗與 203/103/28
則是○內自強 203/103/28
然則其錯兵於○必矣 203/103/29
知伯因陰結韓、○ 203/104/1
三使韓、○ 203/104/4
臣請見韓、○之君 203/104/17
張孟談於是陰見韓、○之君曰 203/104/20
○宣子之謀臣曰趙葭 203/105/2
使張孟談見韓、○之君曰 203/105/9
韓、○翼而擊之 203/105/10
韓、○、齊、燕負親以謀趙 204A/105/30
次子之○ 204A/106/3
○文侯借道於趙攻中山 205/107/3
○攻中山而不能取 205/107/3
則○必罷 205/107/3
○拔中山 205/107/4
○也 205/107/4,405/193/19
故出兵以佯示趙、○ 209/108/15
○滅晉國 209/108/19
秦盡韓、○之上黨 209/108/21
反溫、枳、高平於○ 209/108/27
韓、○危 210/109/8,248/132/22
甘茂為秦約○以攻韓宜陽 213/110/28
則且出兵助秦攻○ 214/111/4
齊亡○ 214/111/5
○殺呂遼而衛兵 215/111/10
今○恥未滅 215/111/11
秦、○之構 215/111/12
秦從楚、○攻齊 215/111/12
韓、○皆可使致封地湯沐之邑 218/113/2
則秦必弱韓、○ 218/113/4
則齊必弱楚、○ 218/113/5
○弱則割河外 218/113/5
畏韓、○之議其後也 218/113/12
然則韓、○ 218/113/13
秦之攻韓、○也 218/113/13
韓、○不能支秦 218/113/14
韓、○臣於秦 218/113/14
秦無韓、○之隔 218/113/14
莫如一韓、○、齊、楚、燕、趙 218/114/2
齊、○各出銳師以佐之 218/114/3
秦攻韓、○ 218/114/4
○塞午道 218/114/5
韓、○出銳師以佐之 218/114/6
○軍河外 218/114/7
夫慮收亡齊、罷楚、敝○與不可知之趙 219/115/1
後富韓威○ 219/115/3
韓、○之所以僅存者 219/115/4
精兵非有富韓勁○之庫也 219/115/5
收破齊、罷楚、弊○、不可知之趙 219/115/6
而韓、○稱為東蕃之臣 220/116/2
毆韓、○而軍於河外 220/116/4
請相○冉 226/121/13
秦王見趙之相○冉之不急也 226/121/14
○冉固德公矣 226/121/15
楚、○憎之 227/121/22
○令公子咎以銳師居安邑 228/122/4
反攻○幾 228/122/5
富丁欲以趙合齊、○ 229A/122/9
秦、楚必合而攻韓、○ 229A/122/11
韓、○告急於齊 229A/122/12
韓、○必怨趙 229A/122/12
韓、○必絕齊 229A/122/13
樓緩坐○三月 229A/122/14
不能散齊、○之交 229A/122/14
今我順而齊、○果西 229A/122/15
○因富丁且合於秦 229B/122/23
請效地於○而聽薛公 229B/122/23
故欲效地於○而聽薛公 229B/122/24
而請相之於○ 229B/122/24

今相○ 229B/122/25
○、秦必虛矣 229B/122/25
齊、○雖勁 229B/122/25
○王聽 229B/122/25
秦、○雖勁 229B/122/26
○使人因平原君請從於趙 230/122/30
今者平原君為○請從 230/123/1
○過矣 230/123/1
今○求從 230/123/3
是○求害 230/123/3
○過 230/123/4
今秦釋韓、○而獨攻王 233/124/14
王之所以事秦必不如韓、○也 233/124/14
齊交韓、○ 233/124/15
必在韓、○之後也 233/124/15
秦善韓、○而攻趙者 233/124/22
必王之事秦不如韓、○也 233/124/23
平原君使人請救於○ 234/125/17
發使出重寶以附楚、○ 235/126/1
楚、○欲得王之重寶 235/126/2
趙使入楚、○ 235/126/2
楚、○以趙為媾 235/126/7
○安釐王使將軍晉鄙救趙 236/126/13
○王使客將軍新垣衍間入邯鄲 236/126/13
聞○將欲令趙尊秦為帝 236/126/18
○王使將軍辛垣衍令趙帝秦 236/126/20
適會○公子無忌奪晉鄙軍以救趙擊秦 236/128/4
臣亦嘗以兵說○昭王 238/128/23
公子○牟過趙 239A/129/3
○牟曰 239A/129/4
239A/129/6,239A/129/7
○殺呂遺 241/130/3
○尬謂建信君曰 243/130/18
能亡韓、○ 246/131/10
臣以齊為王求名於燕及韓、○ 246/131/12
燕、○自以無齊故重王 246/131/14
又欲與秦攻○ 247/131/21
臣為足下謂○王曰 247/131/23
則令秦攻○以成其私封 247/131/25
秦攻○ 247/132/2,258B/137/16
於○王聽此言也甚詘 247/132/5
臣願王之曰聞○而無庸見惡也 247/132/6
臣必見燕與韓、○亦且重趙也 247/132/7
王使臣以韓、○與燕劫趙 247/132/9
以趙劫韓、○ 247/132/9
楚與○、韓將應之 249/133/3
○冉必妬君之有陰也 249/133/4
○冉妬 249/133/5
○必攻宋 249/133/6
今韓、○與齊相疑也 249/133/9
相○懷於○ 249/133/16
以據○而求安邑 249/133/18
○不待伐 249/133/19
○為上交 249/133/19
與韓氓而攻○ 249/133/21
秦因收楚而攻○ 249/133/22
○必破矣 249/133/23
伐○ 249/133/23
秦桉兵攻○ 249/133/25
君桉救○ 249/133/26
韓、○焉免西合 249/134/1
而收齊、○以成取陰 249/134/5
夫○為從主 251/134/19
請殺范座於○ 251/134/20
251/134/21
○王許諾 251/134/21
范座獻書○王曰 251/134/23
夫趙、○ 251/134/28
而○王輕為之殺無罪之座 251/134/28
故○之免相望也 251/135/1
嘗以○之故 251/135/1
然今能守○者 251/135/2
趙使姚賈約韓、○ 259/138/10
韓、○以友之 259/138/10
韓、○欲得之 259/138/11
是韓、○之欲得 259/138/11
而折韓、○招之 259/138/12
○敗楚於陘山 260/138/16
○之和卒敗 260/138/17
知伯索地於○桓子 264A/140/6
○桓子弗予 264A/140/6
韓、○反於外 264A/140/11
韓索兵於○曰 264B/140/16
○文侯曰 264B/140/16
皆朝○ 264B/140/18
樂羊為○將而攻中山 265/140/22
而辭乎○文侯 266/140/28
○於是乎始強 267/141/9
○文侯與田子方飲酒而稱樂 268/141/13
○武侯與諸大夫浮於西河 269/141/19
○公叔痤為○將 270/142/5
○王說 270/142/5,414/197/22
○公叔痤病 271/142/18
○日以削 271/142/22
說○王曰 272/142/27,273/143/22
且○ 272/143/3
○地方不至千里 273/143/22
○之地勢 273/143/25
○南與楚而不與齊 273/143/25
則○不北 273/144/5
○不北 273/144/5
秦挾韓而攻○ 273/144/6
○之亡可立而須也 273/144/6
而能弱楚者莫若○ 273/144/10
○之兵南面而伐 273/144/11
夫虧楚而益○ 273/144/11
齊、○約而伐楚 274/144/25
○以董慶為質於齊 274/144/25
而○弗救 274/144/25
以○為將內之於齊而擊其後 274/144/26
是示楚無○也 274/144/27
○怒合於楚 274/144/27
不如貴董慶以善○ 274/144/27
蘇秦拘於○ 275/145/3
○氏閉關而不通 275/145/3
齊使蘇厲為之謂○王曰 275/145/3
今秦見齊、○之不合也如此其甚也 275/145/5
則非○之利也 275/145/6
過○ 276/145/11,430/208/21
○王使李從以車百乘使於楚 276/145/14

公謂○王曰 276/145/15
謁○王 276/145/17
恐後天下得○ 276/145/21
○王止其行使 276/145/21
復相○ 276/145/24
張儀惡陳軫於○王曰 277/145/28
○王甚愛之 277/145/29
令○王召而相之 278/146/3
夫○欲絶楚、齊 278/146/4
○之所以迎我者 278/146/6
子果無之○而見寡人也 278/146/8
張儀走之○ 279/146/12
○將迎之 279/146/12
○王因不納張儀 279/146/14
張儀欲以○合於秦、韓而攻齊、楚 280/146/18
惠施欲以○合於齊、楚以案兵 280/146/18
以○合於秦、韓而攻齊、楚 280/146/19
張子儀以秦相○ 281/146/26
齊、楚怒而欲攻○ 281/146/26
○之所以相公者 281/146/26
今公相而○受兵 281/146/27
是○計過也 281/146/27
齊、楚攻○ 281/146/27
王若相儀於○ 281/146/29
必攻○ 281/146/29
○戰而勝 281/146/29
而儀固得○矣 281/146/30
若不勝○ 281/146/30
○必事秦以持其國 281/146/30
今儀相○而攻之 281/147/1
乃遽解攻於○ 281/147/2
張儀欲并相秦、○ 282/147/6
故謂○王曰 282/147/6
公何不以楚佐儀求相之於○ 282/147/7
儀兼相秦、○ 282/147/7
○王將相張儀 283/147/12
張儀以合秦、○矣 283/147/12
○攻南陽 283/147/13
且○王所以貴張子者 283/147/13
則秦、○之交可廢矣 283/147/14
則○必圖秦而棄儀 283/147/14
果相○ 283/147/15
楚許○六城 284/147/19
謂○王曰 284/147/19,297/151/13,298/152/14,306/155/18,309/156/27,316/162/14,319/164/3,326/166/3,328/166/17,330/167/9,333/167/27,338/168/31
而不與○六城 284/147/20
○王弗聽也 284/147/22
○王遂尚遇秦 285/147/29
信韓、廣○、救趙 285/147/29
與○戰於伊闕 287/148/9
○令公孫衍乘勝而留於境 287/148/9
為竇屢謂○王曰 287/148/10
聞周、○令竇屢以割○於奉陽君 287/148/12
而和於東周與○也 287/148/14
約外○ 288/148/18
恐其謀伐○也 288/148/18
王與三國約外○ 288/148/23
○使公孫衍來 288/148/23
○王聞寡人來 288/148/24
○令公孫衍請和於秦 289/148/29
則後必莫能以○合於秦者矣 289/148/30
公孫衍為○將 290/149/3
犀首、田盼欲得齊、○之兵以伐趙 291/149/9
犀首、田盼遂得齊、○之兵 291/149/14
召文子而相之○ 292/149/23
蘇代為田需說○王曰 293/149/27
臣請問文之為○ 293/149/27
衍之為○ 293/149/28
衍將右韓而左○ 293/149/28
文將右齊而左○ 293/149/29
吾舉事而不利於○ 293/150/1
利於○與不利於○ 293/150/2
○無韓患 295/150/14
○惠王死 296/150/19
又令○太子未葬其先王而因又說文王之義 296/151/5
○王畏齊、秦之合也 297/151/11
楚、○也 297/151/14
請為王毋禁楚之伐○也 297/151/14
齊、○之交已醜 297/151/19
秦善○不可知也已 297/151/20
秦權重○ 297/151/24
○再明孰 297/151/24
兵請伐○ 297/152/8
○文子、田需、周宵相善 298/152/14
○王令惠施之楚 299/152/20
○王令犀首之齊 299/152/21
○惠王起境內衆 300/152/26
齊、○戰於馬陵 301/153/3
齊大勝○ 301/153/3
○王召惠施而告之曰 301/153/3
戰不勝○ 301/153/11
與○和而下楚 301/153/11
今戰勝○ 301/153/12
臣萬乘之○ 301/153/12
遂內○王 301/153/13
惠施為韓、○交 302/153/20
○王之年長矣 302/153/21
田需貴於○王 303A/153/26
吾恐張儀、薛公、犀首之有一人相○者 303B/154/3
吾恐張儀、薛公、犀首有一人相○者 303B/154/7
張儀相○ 303B/154/8
必右秦而左○ 303B/154/8
薛公相○ 303B/154/8
必右齊而左○ 303B/154/8
犀首相○ 303B/154/8
必右韓而左○ 303B/154/8
皆將務以其國事○ 303B/154/10
以○之強 303B/154/10
○必安矣 303B/154/11
秦召○相信安君 304/154/16
今大王令人執事於○ 304/154/18
臣恐○交之益疑也 304/154/18
夫○王之愛習○信也 304/154/19
今王之使人入○而不用 304/154/20
則王之使人入○無益也 304/154/20
○必舍所愛習而用所畏惡 304/154/20
此○王之所以不安也 304/154/21
此○信之所難行也 304/154/21
臣故恐○交之益疑也 304/154/22
且○信舍事 304/154/22

大王欲完○之交 304/154/26
不如用○信而尊之以名 304/154/26
○信事王 304/154/26
然則○信之事主也 304/154/27
○氏之名族不高於我 304/154/28
○信以韓、○事秦 304/154/29
秦、楚攻○ 305/155/7
為○謂楚王曰 305/155/7, 329B/167/3
秦、楚勝○ 305/155/7
○王之恐也見亡矣 305/155/7
王何不倍秦而與○王 305/155/8
○王喜 305/155/8
王雖復與之攻○可也 305/155/8
乃倍秦而與○ 305/155/9
○內太子於楚 305/155/9
欲與之復攻○ 305/155/11
欲與○攻楚 305/155/11
恐○之以太子在楚不肯也 305/155/11
而為○太子之尚在楚也 305/155/12
王出○質 305/155/13
以疾攻○ 305/155/13
乃出○太子 305/155/14
秦因合○以攻楚 305/155/14
梁王○嬰觴諸侯於范臺 307/155/26
秦、趙約而伐○ 308/156/10
○王患之 308/156/10
今大王收秦而攻○ 308/156/11
○王請以鄴事寡人 308/156/12
收秦攻○ 308/156/12
請許○ 308/156/13
大王且何以報○ 308/156/15
趙王恐○承秦之怒 308/156/19
遽割五城以合於○而支秦 308/156/19
王之所欲於○者 309/156/23
王能使臣為○之司徒 309/156/24
則臣能使○獻之 309/156/24
因任之以為○之司徒 309/156/25
秦之所欲於○者 309/156/27
○王謂芒卯曰 309/157/1
○之所以獻長羊、王屋、洛林之地者 309/157/5
芒卯并將秦、○之兵 309/157/7
秦敗○於華 310/157/12, 311/158/10
須賈為○謂穰侯曰 310/157/12
臣聞○氏大臣父兄皆謂○王曰 310/157/12
蠶食○ 310/157/16
是臣之所聞於○也 310/157/20
臣聞○氏悉其百縣勝兵 310/157/26
今○方疑 310/157/29
○方疑 310/158/1
楚、趙怒於○之先己講也 310/158/2
而○效絳、安邑 310/158/3
○王且入朝於秦 311/158/10
吾以為○也 311/158/27
君無為○計 311/158/28
後為○計 311/158/29
○不勝秦 312/159/7
孫臣謂○王曰 312/159/9
○不以敗之上割 312/159/9
其勢必無○矣 312/159/11
○使人謂淳于髡曰 313/159/21
能解○患 313/159/21
乃不伐○ 313/159/24
淳于髡言不伐○者 313/159/26
受○之璧、馬也 313/159/26
聞先生受○之璧、馬 313/159/26
伐○之事不便 313/159/28
○雖刺髡 313/159/28
○雖封髡 313/159/28
○無見亡之危 313/159/29
秦將伐○ 314/160/3
○王聞之 314/160/3
秦且攻○ 314/160/3
文願借兵以救○ 314/160/7
非能彊於○之兵 314/160/8
○之兵 314/160/9
而○之地歲危 314/160/9
今趙不救○ 314/160/10
○歃盟於秦 314/160/10
今秦且攻○ 314/160/14
今又行數千里而以助○ 314/160/15
今○王出國門而望見軍 314/160/16
秦攻○未能克之也 314/160/18
而燕不救○ 314/160/19
○王折節割地 314/160/19
秦已去○ 314/160/19
○王悉韓、○之兵 314/160/19
○王大說 314/160/24
割地請講於○ 314/160/24
○將與秦攻韓 315/160/29
朱己謂○王曰 315/160/29
外安能支強秦、○之兵 315/161/5
非○無攻矣 315/161/14
則○國豈得安哉 315/161/20
秦十攻○ 315/161/24
楚、○疑而韓不可得而約也 315/161/28
而挾韓、○之質 315/162/2
夫存韓安○而利天下 315/162/6
是○重質韓以其上黨也 315/162/7
韓必德○、愛○、重○、畏○ 315/162/7
韓必不敢反○ 315/162/8
韓是○之縣也 315/162/8
○得韓以為縣 315/162/8
葉陽君約○ 316/162/14
○王將封其子 316/162/14
○王乃止 316/162/16
秦使趙攻○ 317A/162/20
○謂趙王曰 317A/162/20
攻○者 317A/162/20
○者 317A/162/23
○之虞也 317A/162/23
聽秦而攻○者 317A/162/23
○太子在楚 317B/162/28
○之受兵 317B/162/30
楚惡○之事王也 317B/162/30
故勸秦攻○ 317B/162/30
必令○以地聽秦而為和 317B/163/1
而○王不敢據也 317B/163/2
○王必懼 317B/163/3
於以攻韓、○ 317B/163/8
吾已合○矣 317B/163/8
而以與○ 317B/163/9
故以與○ 317B/163/10
○王之所恃者 317B/163/10
今齊王謂○王曰 317B/163/11
楚王怒於○之不用樓子

317B/163/12
○王之懼也見亡 317B/163/12
公不如按○之和 317B/163/13
鄭恃○以輕韓 319/164/4
中山恃齊、○以輕趙 319/164/5
齊、○伐楚而趙亡中山 319/164/5
○王問張旄曰 320/164/15
韓怨○乎 320/164/16
怨○ 320/164/17
強○乎 320/164/17
欲獨以○支秦者 321/164/23
是又不知○者也 321/164/24
○、秦伐楚 322/165/3
○王不欲 322/165/3
樓緩謂○王曰 322/165/3
○王且從 323/165/8
○王發兵救之 325/165/19
而韓、○壤梁 325/165/19
非於韓也必○也 325/165/20
此○之福也 325/165/20
必○之梁也 325/165/21
○王不聽 325/165/21
韓怨○ 325/165/21
則○危 325/165/22
秦果釋管而攻○ 325/165/24
願大王無攻○ 325/165/25
必重○ 326/166/4
平都君說○王曰 327/166/9
樓梧約秦、○ 328/166/17
故令○氏收秦太后之養地秦王於秦 329A/166/24
○委國於王 329A/166/25
索攻○於秦 329B/167/3
而交疏於○也 329B/167/3
楚、○有怨 329B/167/3
與○便地 329B/167/4
成陽君欲以韓、○聽秦 331/167/15
○王弗利 331/167/15
白圭謂○王曰 331/167/15
○王令之謂秦王曰 332/167/21
○○王曰 332/167/21
○王見天下之不足恃也 332/167/22
攻○ 333/167/27
吳慶恐○王之構於秦也 333/167/27
○王欲攻邯鄲 334/168/3
令齊資我於○ 335/168/12
夫齊不以無○者以害有○者 335/168/13
故公不如示有○ 335/168/13
王之所求於○者 335/168/13
臣請以○聽 335/168/14
以齊有○也 335/168/14
欲傷張儀於○ 336/168/18
令姚賈讓○王 337/168/23
○王為之謂秦王曰 337/168/23
○之所以為王通天下者 337/168/23
秦、○為與國 338/168/29
齊、楚約而欲攻○ 338/168/29
○使人求救於秦 338/168/29
○人有唐且者 338/168/31
○來求救數矣 338/169/2
寡人知○之急矣 338/169/2
大王已知○之急而救不至者 338/169/2
且夫○一萬乘之國 338/169/3
今齊、楚之兵已在○郊矣 338/169/4
○急則且割地而約齊、楚 338/169/4
是亡一萬乘之○ 338/169/5
日夜赴○ 338/169/8
○氏復全 338/169/8
○攻管而不下 340/169/22
亦猶○也 340/169/28
豈可使吾君有○患也 340/170/7
○王與龍陽君共船而釣 341/170/14
秦攻○急 342/170/28
或謂○王曰 342/170/28
而○之弱也甚 342/171/1
秦、○百相交也 342/171/8
且秦滅韓亡○ 343/171/16
夫韓、○滅亡 343/171/25
○之圍邯鄲也 345/172/15
○兩用犀首、張儀而西河之外亡 348B/174/10
與之逐張儀於○ 349/174/16
○因相犀首 349/174/16
因以齊、○廢韓朋 349/174/16
據公於○ 349/174/17
○順謂市丘君曰 352/175/3
○順南見楚王曰 352/175/7
○順曰 352/175/8
收韓、趙之兵以臨○ 356A/176/4
○必倍秦 356A/176/4
秦失○ 356A/176/5
而甘戊黨於○ 359/177/23
甘茂欲以○取齊 359/178/4
而誅齊、○之罪 359/178/5
勸齊兵以勸止○ 360/178/10
齊、○合與離 360/178/14
齊、○別與合 360/178/15
齊、○離 360/178/15
齊、○別 360/178/16
今王聽公孫郝以韓、秦之兵應齊而攻○ 360/178/16
○不敢戰 360/178/17
以韓、秦之兵據○而攻齊 360/178/18
不求割地而合於○ 360/178/18
齊王言救○以勁之 360/178/19
齊、○不能相聽 360/178/19
則信甘茂於○ 360/178/20
以韓、秦之兵據○以郄齊 360/178/21
秦、○遇 361/178/27
鯉與於秦、○之遇 361/178/28
恐齊以楚遇為有陰於秦、○也 361/178/28
秦、○之遇也 361/179/1
齊無以信○之合己於秦而攻於楚也 361/179/2
齊又畏楚之有陰於秦、○也 361/179/2
○之絕齊於楚明矣 361/179/3
以視齊於有秦、○ 361/179/4
而且疑秦、○於齊 361/179/4
若夫越趙、○而關兵於燕 362/179/11
或謂○王 363/179/16
今涉○境 363/179/18
秦王謂○王曰 363/179/18
○且旦暮亡矣 364/179/25
○氏不敢不聽 366/180/22
○折而入於楚 367/181/2
故不如出兵以勁○ 367/181/3
○氏勁 367/181/3

楚與○大戰 367/181/3
公仲為韓、○易地 368/181/13
○地易於下 368/181/14
而楚、○皆德公之國矣 370/181/26
必以兵臨○ 370/181/27
請為子起兵以之○ 370/181/27
○必急韓氏 375/183/5
秦、楚挾韓以窘○ 380/184/5
○氏不敢東 380/184/5
韓挾齊、○以眄楚 380/184/6
教公仲謂○王曰 381/184/11
必以韓權報讎於○ 381/184/13
秦挾韓親○ 382/184/19
今秦、○之和成 386/187/5
若韓隨○以善秦 386/187/6
是為○從也 386/187/6
今公與安成君為秦、○之和 386/187/7
秦、○之和成 386/187/8
是韓為秦、○之門戶也 386/187/8
安成君東重於○ 386/187/8
操右契而為公責德於秦、○之主 386/187/9
若夫安韓、○而終身相 386/187/10
秦、○不終相聽者也 386/187/10
齊怒於不得○ 386/187/10
必欲善韓以塞○ 386/187/11
○不聽秦 386/187/11
秦、○和 386/187/12
楚、○必恐 388/188/2
韓與○敵侔之國也 390/188/23
我執珪於○ 390/188/25
○君必得志於韓 390/188/25
是○弊矣 390/188/25
諸侯惡○必事韓 390/188/25
夫弱○之兵 390/188/26
莫如朝○ 390/188/26
張丑之合齊、楚講於○也 394/190/11
今公疾攻○之運 394/190/11
○急 394/190/11,405/193/22
○緩則必戰 394/190/12
則○且內之 394/190/12
韓已與○矣 394/190/13
因講於○ 394/190/14
請攻○ 396B/191/3
○之使者謂後相韓辰曰 396B/191/4
公必為○罪韓侈 396B/191/4
又奚為挾之以恨○王乎 396B/191/6
所以不及○者 396C/191/12
○亡於秦 396C/191/13
甘茂約楚、趙而反敬○ 396C/191/19
趙、○攻華陽 399/192/9
大敗趙、○於華陽之下 399/192/13
周成恢為之謂○王曰 401/192/24
而還之者○也 401/192/25
是○有向晉於周 401/192/26
○王為九里之盟 404/193/14
○安能與小國立之 404/193/15
交善楚、○也 405/193/20
秦見君之交反善於楚、○也 405/193/20
宮他為燕使○ 414/197/20
○不聽 414/197/20
客謂○王曰 414/197/20
楚、○者 415/198/2
中附韓、○則韓、○重 415/198/16
蘇代過○ 417/200/13
○為燕執代 417/200/13
齊使人謂○王曰 417/200/13
今齊、○不和 417/200/14
非○之利也 417/200/15
樂毅自○往 418/201/7
韓、○不聽 419/201/30
因驅韓、○以攻齊 419/202/1
秦正告○曰 422/204/4
○無大梁 422/204/5
○無濟陽 422/204/6
○無虛、頓丘 422/204/6
○氏以為然 422/204/7
秦欲攻○ 422/204/17
○棄與國而合於秦 422/204/18
趙得講於○ 422/204/20
而重○ 422/204/21
則以葉、蔡委於○ 422/204/21
則劫○ 422/204/22
○不為割 422/204/22
適○者曰 422/204/23
臣以韓、○循自齊 424/205/27
故假節於○王 431/209/21
楚、○之所同願也 431/209/27
約楚、○ 431/209/28
用韓、○之兵 433/211/15
433/211/20
齊、○爭燕 435/212/11
○亦謂燕王曰 435/212/11
今○之辭倨而幣薄 435/212/13
燕因合於○ 435/212/13
齊、韓、○共攻燕 436/212/17
而攻○雝丘 436/212/19
○軍其西 436/212/20
通使於○ 436/212/21
以為燕、楚與○謀之 436/212/21
○失其與國 436/212/22
威脅韓、○、趙氏 440/214/19
○太子自將 446B/219/28
則富不過有○ 446B/219/29
則萬世無○ 446B/219/30
卒不得○ 446B/220/2
以為○乎 449/220/27
為○則善 449/220/27
今蒲入於○ 449/220/28
衛必折於○ 449/220/28
○亡西河之外 449/220/28
今并衛於○ 449/220/29
○必強 449/220/29
○強之日 449/220/29
害秦以善○ 449/220/30
衛使客事○ 450/221/7
乃見○王曰 450/221/8
秦、○交而不脩之日久矣 450/221/8
○王趨見衛客 450/221/13
胥靡逃之○ 452A/221/27
○文侯欲殘中山 453/222/10
○并中山 453/222/10
齊謂趙、○曰 454/222/15
454/222/16
將與趙、○伐之 454/222/18
必為趙、○廢其王而務附焉 454/222/20
是君為趙、○驅羊也 454/222/20
中山必喜而絕趙、○ 454/222/23
趙、○怒而攻中山 454/222/24

賢於為趙、○驅羊也 454/222/25
張登因謂趙、○曰 454/222/31
趙、○許諾 454/223/2
中山果絕齊而從趙、○ 454/223/2
樂羊為○將 460/225/24
結親燕、○ 461/226/4
韓、○相率 461/226/11
韓、○以故至今稱東藩 461/226/12
韓孤顧○ 461/226/20
○恃韓之銳 461/226/20
觸○之不意 461/226/21
○軍既敗 461/226/22

溫 wēn 8

○人之周 9/4/7
○囿不下此 32/11/1
今王許戍三萬人與○囿 32/11/5
而利○囿以為樂 32/11/5
臣嘗聞○囿之利 32/11/6
周君得○囿 32/11/6
魏王因使孟卯致○囿於周君而許之戍也 32/11/7
反○、枳、高平於魏 209/108/27

文 wén 132

周○君免士工師藉 8B/3/27
謂周○君曰 8B/3/29
○章不成者不可以誅罰 40/13/12
○王伐崇 40/13/17
○士並餝 40/13/19
繁稱○辭 40/13/20
乃廢○任武 40/13/21
因以○繡千匹 53/22/19
魏○侯令樂羊將 55/23/11
○侯示之謗書一篋 55/23/12
○聞秦王欲以呂禮收齊 65/26/26
○請以所得封君 65/26/28
臣聞始時呂尚之遇○王也 73A/29/29
故○王果收功於呂尚 73A/30/1
即使○王疏呂望而弗與深言 73A/30/2
而○、武無與成其王也 73A/30/2
閎夭事○王 81/36/14
昭王、孝○王、莊襄王 81/37/20
先帝○王、莊王 87/40/29
號曰○信侯 93/45/16
○信侯欲攻趙以廣河間 94/45/21
○信侯因請張唐相燕 94/45/21
○信侯去而不快 94/45/23
○信侯曰 94/45/23,261/138/24
○信君叱去曰 94/45/25
孰與○信侯專 94/46/1
應侯不如○信侯專 94/46/1
卿明知為不如○信侯專歟 94/46/2
今○信侯自請卿相燕 94/46/3
甘羅謂○信侯曰 94/46/4
○信侯出走 95/46/15
○信侯相秦 95/46/17
○王用之而王 96/48/11
○公用中山盜 96/48/13
○無以復侍矣 125/61/7
○有以事夏侯公矣 126/61/20
若魏○侯之有田子方、段干木也 127/62/2
子與○游久矣 128/62/10
衛君與○布衣交 128/62/11
子教○無受象床 130/63/13
有能揚○之名 130/63/17
止○之過 130/63/18
能為○收責於薛者乎 133/65/1
○倦於事 133/65/3
先生所為○市義者 133/65/19
○車二駟 133/65/25
○不得是二人故也 135/66/22
使○得二人者 135/66/23
堯、舜、禹、湯、周○王是也 136B/68/4
王上者孰與周○王 147/77/23
然則周○王得呂尚以為太公 147/77/25
自從先君○王以至不穀之身 170/88/18
昔令尹子○ 170/88/25
令尹子○是也 170/88/26
魏○侯借道於趙攻中山 205/107/3
○信不得志 215/111/11
○信侯之憂大矣 215/111/11
○甚不取也 216/111/18
○以為不可 216/111/19
今趙王不知○不肖 216/111/19
訾然使趙王悟而知○也 216/111/20
被髮○身 221/117/15
趙○進諫曰 221/118/1
趙○曰 221/118/3
趙惠○王三十年 225/120/23
王亦聞夫公甫○伯母乎 233/123/28
公甫○伯官於魯 233/123/28
鬼侯之鄂侯、○王 236/127/15
○王聞之 236/127/16
○信猶且知之也 241/130/4
○信侯之於僕也 242/130/9
242/130/10
○王之拘於牖里 242/130/12
今君不能與○信侯相伉以權 242/130/13
而責○信侯少禮 242/130/14
○張善宋 250/134/11
而惡臣者過○張 250/134/11
世鈞為之謂○信侯曰 261/138/21
魏○侯曰 264B/140/16
○侯曰 264B/140/17
266/140/28,266/140/29
267/141/8,268/141/13
268/141/13,268/141/15
已乃知○侯以講於己也 264B/140/18
○侯謂覩師贊曰 265/140/23
○侯賞其功而疑其心 265/140/24
而辭乎魏○侯 266/140/28
○侯與虞人期獵 267/141/7
○侯將出 267/141/7
魏○侯與田子方飲酒而稱樂 268/141/13
○山在其南 269/141/24
召○子而相之魏 292/149/23
臣請問○之為魏 293/149/27
○將右齊而左魏 293/149/29
○王曰 296/150/27
此○王之義也 296/150/29
296/151/2
意者羞法○王乎 296/151/2
又令魏太子未葬其先王而因又說○王之義 296/151/5
說○王之義以示天下 296/151/5
魏○子、田需、周宵相

音 298/152/14
則胡不召○子而相之 298/152/15
因召○子而相之 298/152/16
晉○公得南之威 307/156/1
○馬二駟 313/159/22
○願借兵以救魏 314/160/7
此○之所以忠於大王也 314/160/11
田○曰 314/160/15, 314/160/17
○請行矣 314/160/17
以從田○ 314/160/22
而封田○ 314/160/25
○臺墮 315/161/24
晉○公一勝於城濮而定天下 390/189/1
北說燕○侯曰 408/194/10
噲子謂○公曰 410/195/10
○公曰 410/195/11
燕○公時 411/195/16
○公卒 411/195/16
此○、武之時 416A/199/27
舍其○軒 442/218/15
此猶○軒之與弊輿也 442/218/19
荊有長松、○梓、楩、柟、豫樟 442/218/21
南○子止之曰 443/218/28
南○子有憂色 448A/220/14
○子曰 448A/220/15
南○子曰 448B/220/21
魏○侯欲殘中山 453/222/10

蚊 wén 1

俛啄○蝱而食之 192/98/1

聞 wén 351

公不○楚計乎 25/9/5
昭應○此 25/9/7
秦○之必大怒 25/9/10
周君○之 31/10/24
臣嘗○溫囿之利 32/11/6
寡人○之 40/13/12, 131/63/22, 168/87/27, 170/89/16
父母○之 40/14/17
臣○之 42/15/9, 44/18/1, 87/40/28, 113/55/19, 168/86/26, 168/87/6, 188/96/18, 203/104/16, 219/114/20, 221/116/23, 221/117/8, 221/118/16, 258B/138/2, 268/141/14, 301/153/5, 304/154/16, 366/180/10, 415/198/1, 420/202/24, 454/222/26
臣願悉言所○ 42/15/10
臣○ 42/15/10, 44/17/27, 73B/32/1, 87/41/16, 89/43/3, 218/113/17, 218/114/1
臣○之曰 42/15/12, 339/169/13, 420/203/12
○戰頓足徒裼 42/15/18
且臣○之曰 42/16/1
且臣○之 42/17/1, 415/198/19
請○其說 44/17/22, 81/35/24, 93/44/29, 148/78/13, 374/182/26
臣○其言曰 45/18/17
吾○子欲去秦而之楚 48B/19/19
群臣○見者畢賀 50/21/1
臣○六百里 50/21/12
不○六里 50/21/12
王獨不○吳人之遊楚者乎 51/21/27
王不○夫管與之說乎 51/21/29
願○之 53/22/15, 446B/219/29
謹○令 53/22/16
臣○張儀西并巴、蜀之地 55/23/10
君○夫江上之處女乎 61A/24/27
不○ 61A/24/27
甘茂之吏道而○之 61B/25/15
子焉○之 61B/25/17
臣○往來之者言曰 63/26/5
文○秦王欲以呂禮收齊 65/26/26
公○東方之語乎 67/27/19
弗○也 67/27/19
臣○明主涖正 72/28/28
臣○周有砥厄 72/29/6
臣○善厚家者 72/29/9
臣○始時呂尚之遇文王也 73A/29/29
願○所失計 73A/30/28
○齊之內有田單 73B/31/26
不○其王 73B/31/26
○秦之有太后、穰侯、涇陽、華陽 73B/31/26
不○其有王 73B/31/27
亦○恆思有神叢與 74/32/16
臣未嘗○指大於臂 74/32/19
臣○之也 74/32/21
臣必○見王獨立於庭也 74/32/24
臣○古之善為政也 74/32/26
天下莫不○ 79/34/23, 413/197/7, 438/213/13, 461/226/12
○『三人成虎 80/35/7
天下皆○臣之身與王之舉也 80/35/12
○應侯任鄭安平、王稽 81/35/19
應侯○之 81/35/23
韓、魏○楚之困 82A/37/24
魏王○之恐 84A/39/13
○齊、魏皆且割地以事秦 85/39/27
游學博○ 87/40/26
今○大王欲伐楚 87/40/27
齊太公○之 88/42/21
郢威王○之 88/42/22
趙人○之至枝桑 88/42/23
燕人○之至格道 88/42/23
何○ 92/44/11
○秦且伐魏 92/44/12
○燕太子丹之入秦與 94/46/7
○之 94/46/7, 94/46/8, 146/76/25
○張唐之相燕與 94/46/7
吾○子以寡人財交於諸侯 96/48/4
紂○讒而殺其忠臣 96/48/7
楚王○之 98/48/29, 217/112/11, 276/145/22, 299/152/20, 299/152/21
君不○大魚乎 99/49/13
宣王○之 101/50/4
忌○以為有一子之孝 107/52/7
○寡人之耳者 108/52/27
燕、趙、韓、魏○之 108/53/2
未嘗○社稷之長利 113/55/27
張儀○之 115/56/15
齊王○之 116/57/6, 133/65/24, 276/145/21
臣○謀泄者事無功 122/59/5
使楚王○之 122/59/15

楚王○之恐 122/59/18
吾所未○者 124/60/24
敬○命 125/61/8
147/77/11,268/141/15
願○先生有以補之闕者 127/61/27
且臣○齊、衛先君 128/62/14
齊人○之曰 128/62/19
○君於齊能振達貧窮 130/63/8
齊其○之矣 133/65/24
昭王○之 134/66/7
觸○古大禹之時 136B/67/25
及今○君子之言 136B/68/10
乃今○細人之行 136B/68/10
○先生直言正諫不諱 137/68/24
王○之過 137/68/25
○先生高議 139/69/26
子何○之 139/69/26
臣○之鄰人之女 139/69/27
臣○用兵而喜先天下者
憂 142/71/3
臣○善為國者 142/71/18
士○戰則輸私財而富軍
市 142/72/18
臣○戰大勝者 142/73/7
臣之所○ 142/73/16
去之則○其聲 143/74/18
吾○之 145/75/11
公○之乎 145/75/19
且吾○ 145/76/1
敬○命矣 145/76/13
女○吾言乎 146/76/24
○丈夫之相□與語 146/77/2
安平君○之 147/77/7
○若言 148/78/15
吾○北方之畏昭奚恤也 154/81/3
以王好○人之美而惡○
人之惡也 159/82/21
寡人願兩○之 159/82/22
君子○之曰 160/83/14
○楚之俗 161/83/18
以苛廉○於世 166/85/5
臣○治之其未亂 167/85/21
儀○之 169/88/13
無所○之 170/88/19
秦王○而走之 170/89/13
亦○於遂浦 170/89/18
章○之 170/90/1
寡人○先生 180/93/27
若○古人 180/93/27
願○其說 180/93/28,455/223/13
寡人○命矣 180/93/30
南后、鄭褎○之大恐 182/94/18
妾○將軍之晉國 182/94/18
天下莫不○也 184/95/11
因使人以儀之言○於楚 186/96/5
寡人○韓侈巧士也 187/96/9
臣○從者欲合天下以朝
大王 189/96/25
其似惡○君王之臭也 190/97/10
臣○鄙語曰 192/97/28,347/173/8
臣○昔湯、武以百里昌 192/97/29
襄王○之 192/98/20
公不○老萊子之教孔子
事君乎 194/99/3
秦王○之懼 195/99/11
○王病 197/100/3
○弦音 198/100/22
君亦○驥乎 199/101/6
○其不宜子 200/101/16
臣○之《春秋》 201/102/23
臣○董子之治晉陽也 203/104/8
203/104/10
臣○脣亡則齒寒 203/104/20
張孟談○之 203/105/8
吾○輔主者名顯 204A/105/21
○往古 204A/105/23
臣○明主不掩人之義 204B/106/25
趙國之士○之 204B/106/29
臣○古之賢君 209/108/10
臣竊外○大臣及下吏之
議 209/108/13
欲鄰國○而觀之也 209/108/15
臣○聖人甚禍無故之利
211/109/28
趙○韓不能守上黨 211/110/14
未嘗得○社稷之長計 218/114/11
臣○明王之於其民也 219/114/17
臣○懷重寶者 219/114/19
敬使臣先以○於左右 220/115/25
先以○於左右 220/116/5
而適○使者之明詔 220/116/10
且寡人○之 221/117/3
臣固○王之胡服也 221/117/7
吾固○叔之病也 221/117/13
學者沉於所○ 221/118/5
能與○遷 221/118/9
吾○信不棄功 224/120/15
單○之 225/120/25
僕得○此 232/123/21
王亦○夫公甫文伯母乎
233/123/28
其母○之 233/123/29
虞卿○之 233/124/5,233/125/7
樓緩○之 233/125/1,233/125/13
公孫龍○之 234/125/19
○魏將欲令趙尊秦為帝
236/126/18
吾○魯連先生 236/126/23
文王○之 236/127/16
秦將○之 236/128/2
願○所以為天下 239A/129/4
吾○夢見人君者 239B/129/15
鼓鐸之音○於北堂 244/130/24
臣願王之曰○魏而無庸
見惡也 247/132/6
王不○公子牟夷之於宋
乎 250/134/10
臣○趙王以百里之地 251/134/23
齊○此 253/135/25
今○趙莊賤 254/136/4
臣○王之使人買馬也 258A/137/3
未之○也 258A/137/10
大王以孝治○於天下 258B/137/29
沒死以○ 262/139/8
老婦不○也 262/139/15
子義○之曰 262/139/22
吾乃今日○聖人之言也 269/142/1
公孫鞅○之 271/142/22
臣○越王勾踐以散卒三
千 272/143/7
今竊○大王之卒 272/143/8
未嘗得○明教 272/143/17
臣○積羽沉舟 273/144/17
諸侯客○之 276/145/20
燕、趙○之 276/145/21
455/223/21
王亦○老妾事其主婦者
乎 279/146/13
王亦○張儀之約秦王乎
281/146/29
○周、魏令竇屢以割魏

於奉陽君 287/148/12
魏王○寡人來 288/148/24
王且無所○之矣 293/149/29
王○之而弗任也 294/150/9
臣○此言 297/151/18
臣○明王不胥中而行 309/156/23
臣○魏氏大臣父兄皆謂魏王曰 310/157/12
是臣之所○於魏也 310/157/20
臣○魏氏悉其百縣勝兵 310/157/26
○先生受魏之璧、馬 313/159/26
魏王○之 314/160/3
可得○乎 314/160/8
大變可得○乎 314/160/18
昔竊○大王之謀出事於梁 318/163/21
王不○湯之伐桀乎 318/163/26
臣○明主之聽也 325/165/25
季梁○之 334/168/3
張子○之 336/168/18
因使其人為見者嗇夫○見者 336/168/18
齊、楚○之 338/169/8
縮高○之曰 340/170/6
信陵君○縮高死 340/170/9
○臣之得幸於王也 341/170/18
公亦嘗○天子之怒乎 343/171/19
臣未嘗○也 343/171/19
大王嘗○布衣之怒乎 343/171/20
臣○一里之厚 344A/172/4
公仲○之 349/174/17
秦王○之 353/175/17,440/217/9
楚王○之大恐 357/176/19
春申君○之 363/179/17
秦使○之 363/179/18
趙○之 368/181/15,410/195/11
楚○之 368/181/15
○足下義甚高 385/185/26
政姊○之 385/186/19
晉、楚、齊、衛○之曰 385/186/24
西周○之 402/193/5
其姊○之 413/197/6
竊○王義甚高甚順 415/197/27
所○於邯鄲者 415/197/28
又高於所○東周 415/197/28
明主者務○其過 415/198/1
不欲○其善 415/198/1
謀未發而○於外 415/198/7
今臣○王居處不安 415/198/8
子○之 415/198/11
吾○齊有清濟、濁河 415/198/21
寡人○太子之義 416A/199/21
天下○王朝其賢臣 418/200/28
臣○古之君人 418/200/30
臣○知者之舉事也 419/201/22
秦王○若說也 419/202/6
謹○命矣 425/206/16
臣○離齊、趙 426/206/21
太后○之大怒曰 428/207/26
燕昭王○之 430/208/28
臣○賢聖之君 431/209/19
臣○賢明之君 431/210/6
臣○善作者 431/210/10
臣○古之君子 431/210/16
臣○當世之舉王 433/211/20
燕王○之 433/211/26,439/214/5
臣○辭卑而幣重者 435/212/12
燕王竊○秦并趙 439/214/10
臣○全趙之時 439/214/11
又況○樊將軍之在乎 440/214/24
臣○騏驥盛壯之時 440/215/5
今太子○光壯盛之時 440/215/6, 440/215/11
光○長者之行 440/215/13
今○購將軍之首 440/216/12
乃今得○教 440/216/17
太子○之 440/216/17
使使以○大王 440/217/7
墨子○之 442/218/10
吾自宋○子 442/218/10
○公為雲梯 442/218/11
齊○而伐之 447/220/9
智伯○之 448B/220/22
臣○秦出兵 450/221/8
中山○之 454/222/16
臣○君欲廢中山之王 454/222/18
而寡人不與○焉 455/223/19
臣○弱趙強中山 458/224/22
願○弱趙強中山之說 458/224/22
臣○趙 458/224/26
臣○其乃欲請所謂陰姬者 458/225/2
王○之怒 461/227/2
臣○明主愛其國 461/227/7

刎 wěn 3

退而自○ 134/66/12
○頸而死 340/170/7
遂自○ 440/216/17

呡 wěn 7

○欲以齊、秦劫魏而困薛公 82B/38/7
臣請為王因○與佐也 82B/38/8
韓○處於趙 247/132/3
使○也甘之 247/132/10
齊王必無召○也 249/133/8
與韓○而攻魏 249/133/21
奉陽君、孟嘗君、韓○、周㝡、周、韓餘為徒從而下之 297/152/5

汶 wèn 3

起於○山 168/86/30
輕舟浮於○ 422/203/28
植於○皇 431/210/2

問 wèn 74

○其巷而不知也 9/4/7
君使人○之曰 9/4/7
○王曰 49/20/10
寡人因○曰 49/20/11
故使人○之 51/21/28
王○其故 55/23/9,257/136/22
所以王三○而不對者是也 73A/30/4
請○親魏奈何 73A/31/12
不○金之所之 77/33/28
王何不召公子池而○焉 83A/38/14
王召公子池而○焉 83A/38/17
平原津令郭遺勞而○ 95/47/1
秦王召群臣賓客六十人而○焉 96/47/21
王召姚賈而○曰 96/48/4
而復○其妾曰 108/52/15

○之客曰 108/52/16
起而○ 117/57/12
繁菁以○夏侯公 126/61/20
或以○孟嘗君曰 128/62/7
孟嘗君○ 133/64/28
○門下諸客 133/65/1
是以君王無羞亟○ 136B/68/3
齊王使使者○趙威后 138/69/13
威后○使者曰 138/69/13
今不○王 138/69/14
而先○歲與民 138/69/14
故有○舍本而○末者耶 138/69/15
乃進而○之曰 138/69/16
王之○臣也卒 141A/70/11
襄王呼而○之曰 146/76/24
○魯仲子曰 148/78/12
荊宣王○群臣曰 154/81/3
王召江乙而○焉 155/81/12
楚王○於范環曰 166/85/3
威王○於莫敖子華曰 170/88/18
君王將何○者也 170/88/20
秦王身○之 170/89/14
請追而○傅 177/92/4
中射之士○曰 196/99/16
臣○謁者 196/99/17
反○疾 197/100/4
候○三月 199/100/27
明願有○君而恐固 199/100/28
春申君○狀 200/101/17
執○塗者 204B/106/10
使人○之 204B/106/21
○其故 212/110/22
故寡人○子以璧 222/119/4
相都平君田單○趙奢曰 225/120/23
何足○ 238/128/21
請○王之所以報齊者可乎 247/132/3
敢○就功成名 266/140/29
子入而○其賢良之士而師事之 266/141/1
惠王往○之 271/142/18
○張子 285/147/27
臣請○文之為魏 293/149/27
王能又封其子○陽姑衣乎 316/162/15
魏王○張旄曰 320/164/15
秦王不○者 323/165/9
王○申子曰 345/172/15
楚王○曰 384/185/9
請○楚人謂此鳥何 384/185/12
聶政○曰 385/185/22
燕王○之曰 416A/199/7
燕王噲○曰 416B/200/6
敢○以國報讎者奈何 418/200/22
先○而後嘿 418/200/25
燕王弔死○生 418/201/7
王乃召昌國君樂間而○曰 438/213/4
太子日日造○ 440/216/2
敢○攻宋何義也 442/218/12
○ 452B/222/3

我 wǒ 183

即且趣○攻西周 3B/2/13
是○為楚、韓取寶以德之也 3B/2/13
則○天子之臣 9/4/9
子何不代○射之也 27/9/23
○不能教子支左屈右 27/9/23
妻不以○為夫 40/14/1
嫂不以○為叔 40/14/1
父母不以○為子 40/14/1
善○國家使諸侯 41A/14/27
是○一舉而名實兩附 44/18/5
則欲其許○也 49/20/6
今為○妻 49/20/6
則欲其為○詈人也 49/20/6
是○亡於秦而取償於齊也 50/21/15
○羈旅而得相秦者 57/24/4
○以宜陽餌王 57/24/4
公孫衍、樗里疾挫○於內 57/24/4
而公中以韓窮○於外 57/24/5
何為去○ 61A/24/30
幸無○逐也 61A/25/1
為○葬 64/26/19
叢籍○神三日 74/32/17
叢困○ 74/32/17
是○王果處三分之一也 74/33/1
子常宣言代○相秦 81/35/24
則是○離秦而攻楚也 82A/37/28
為期與○約矣 92/44/12
魏不與○約 92/44/13
必攻○ 92/44/13
○與其處而待之見攻 92/44/13
○自行之而不肯 94/45/25
則○不利 102/50/22
而○救之 103/51/2
○代韓而受魏之兵 103/51/2
○因陰結韓之親 103/51/3
○田忌之人也 104/51/15
○孰與城北徐公美 108/52/13
吾妻之美○者 108/52/20
私○也 108/52/20
妾之美○者 108/52/20
畏○也 108/52/20
客之美○者 108/52/20
欲有求於○也 108/52/20
夫不深料秦之不奈○何也 112/55/6
將無奈○何 113/55/16
是天下以燕賜○也 114/56/5
○留太子 122/58/27
然則是○抱空質而行不義於天下也 122/58/27
與○下東國 122/58/28
而奉○四馬百人之食 126/61/21
○無分寸之功而得此 126/61/21
孟嘗君客○ 133/64/27
子孰而與○赴諸侯乎 140/70/3
佚治在○ 142/73/20
欲與○誅者 144/75/1
將欲以取○國乎 146/76/23
○厚賂之以利 153/80/21
○悉兵以臨之 153/80/21
其心必懼○ 153/80/21
彼懼吾兵而營○利 153/80/21
子無敢食○也 154/81/4
天帝使○長百獸 154/81/4
今子食○ 154/81/4
子以○為不信 154/81/5
子隨○後 154/81/5
觀百獸之見○而敢不走乎 154/81/5
周是列縣畜○也 169/88/8
予○東地五百里 177/92/3
子不予○ 177/92/4
○典主東地 177/93/1
子待○為子見楚王 182/94/9

必將救○ 195/99/11
則豈楚之任也○ 201/103/3
○知其然 203/104/21
○謀未遂而知 203/104/21
而今諸侯孰謀○ 204A/106/1
先生以鬼之言見○則可 208/107/23
汝不如○ 208/107/26
○者乃土也 208/107/26
使○逢疾風淋雨 208/107/26
昨日○談粗而君動 208/108/3
乃○請君塞兩耳 208/108/4
韓之在○ 211/109/15
且以繩墨案規矩刻鏤○ 212/110/22
世有順○者 221/116/27
雖敺世以笑○ 221/116/27
○其以三萬救是者乎哉 225/121/7
今○不順齊伐秦 229A/122/11
今○順而齊不西 229A/122/13
絶齊則皆事○ 229A/122/14
且○順齊 229A/122/14
今○順而齊、魏果西 229A/122/15
○與三國攻秦 229A/122/15
○約三國而告之秦 229A/122/16
必聽○ 229A/122/17
欲和○ 229A/122/17
是○以王因饒中山而取地也 229A/122/17
三國不能和○ 229A/122/18
○分兵而孤樂中山 229A/122/18
○已亡中山 229A/122/19
是○一舉而兩取地於秦、中山也 229A/122/19
秦之攻○也 233/124/7
子能必來年秦之不復攻○乎 233/124/13
○以五城收天下以攻罷秦 233/124/21
是○失之於天下 233/124/21
曰『○將因強而乘弱』 233/125/2
望○而笑 257/136/23
此必加兵○ 258B/137/17
樂羊以○之故 265/140/23
魏之所以迎○者 278/146/6
又安敢釋卒不○予乎 291/149/13
需必挫○於王 293/150/1
是趙存而○亡也 304/154/23
趙安而○危也 304/154/23
魏氏之名族不高於○ 304/154/28
土地之實不厚於○ 304/154/28
今○講難於秦兵為招質 304/154/29
反而名○者 311/158/11
許綰為○祝曰 311/158/15
子能以汾北與○乎 317B/163/14
317B/163/15
是欺○也 329A/166/26
○欲之楚 334/168/4
令齊資○於魏 335/168/12
人之憎○也 339/169/15
人之有德於○也 339/169/15
則秦兵及○ 340/169/29
是使○負襄王詔而廢大府之憲也 340/170/3
庸必為○用乎 341/170/23
○見有禍 341/170/24
子以韓重○於趙 344B/172/10
而○有兩趙也 344B/172/11
此○將奚聽乎 346/172/24
秦之欲伐○久矣 357/176/19
縱韓為不能聽○ 357/176/22
為能聽○絶和於秦 357/176/23
是○困秦、韓之兵 357/176/24
夫以實告○者 357/176/29
以虛名救○者 357/176/29
子為○謁之 359/177/19
子為○反 363/179/17
秦王必取○ 369/181/21
令○使鄭 374/182/21
必周君而深怨○矣 374/182/22
王為○逐幾瑟以窮之 377/183/16
子欲安用○乎 385/185/22
○雖不受 385/186/3
此為○故也 385/186/21
韓珉與○交 388/187/29
而攻○甚所愛 388/187/29
○執珪於魏 390/188/25
是○免於一人之下 390/188/26
○將為爾求火也 390/189/10
則○必為之霸 391/189/22
使之無伐○ 391/189/22
則○立帝而霸 391/189/22
猶之厚德○也 391/189/23
是其講○ 396C/191/20
趙必救○ 410/195/10
○有深怨積怒於齊 415/198/11
○讎國也 415/198/11
○起乎少曲 422/204/1
○起乎宜陽而觸平陽 422/204/1
○離兩周而觸鄭 422/204/2
○舉安邑 422/204/4
○下枳 422/204/4
○有積怨深怒於齊 431/209/25
燕王所為將殺○者 437/212/26
人有言○有寶珠也 437/212/27
今○已亡之矣 437/212/27
而燕王不○信 437/212/27
今子且致○ 437/212/27
○且言子之奪○珠而吞之 437/212/27
無且愛○ 440/217/22
必以堅○ 441/218/5
○堅而齊弊 441/218/5
宋人助○攻矣 444/219/11
○死 451/221/22
○萬乘之國也 455/223/6
何侔名於○ 455/223/7
齊之欲割平邑以賂○者 455/223/24
徒欲以離○於中山 455/223/25

沃 wò 3

○野千里 40/13/8
取曲○ 50/20/19
○焦釜 120/58/14

臥 wò 9

○者○ 77/33/23
○不便席 79/34/19
未得高枕而○也 133/65/20
寡人○不安席 167/86/9
宮室○具 190/97/4
○三日 204A/105/25
則大王高枕而○ 273/144/7
彊為寡人○而將之 461/227/3

握 wò 3

禍必○ 136B/68/1
欲○則○ 312/159/16

汙 wū 3

故明主不取其○ 96/48/14
○吾世矣 149B/79/3
○武王之義而不臣焉 412/196/15

巫 wū 5

南有○山、黔中之限 40/13/7
楚地西有黔中、○郡 167/85/15
黔中、○郡非王之有已 168/87/2
秦果舉鄢、郢、○、上
蔡、陳之地 192/97/24
北陵乎○山 192/98/12

杇 wū 1

而寡人死不○乎 55/23/3

於 wū 1804

臣請東借救○齊 1/1/3
寡人將寄徑○梁 1/1/10
寡人將寄徑○楚 1/1/11
謀之○葉庭之中 1/1/12
灘然止○齊者 1/1/14
則削迹○秦 2/1/24
景翠得城○秦 2/2/1
受寶○韓 2/2/1
西周欲和○楚、韓 3B/2/11
令之為己求地○東周也 3B/2/12
而受命○君矣 4/2/21
秦假道○周以伐韓 5B/3/3
周恐假之而惡○韓 5B/3/3
不假而惡○秦 5B/3/3
將以疑周○秦 5B/3/5
是得地○韓而聽○秦也 5B/3/6
必以國合○所與粟之國 6/3/11
是天下制○子也 7/3/17
子東重○齊 7/3/17
西貴○秦 7/3/17
周相呂倉見客○周君 8A/3/22
非自傷○民也 8B/4/1
必先合○秦 10A/4/15
公東收寶○秦 10A/4/16
南取地○韓 10A/4/16
為君爭○秦 11A/4/27
周最○齊王也而逐之 11B/5/3
以地合○魏、趙 12/5/16
故必怒合○齊 12/5/16
將興趙、宋合○東方以
孤秦 13/5/21
亦將觀韓、魏之○齊也 13/5/22
則賣趙、宋○三國 13/5/22
則秦、趙必相賣以合○
王也 13/5/24
先合○齊 14A/6/1
責合○秦以伐齊 14B/6/6
如累王之交○天下 14B/6/9
告○鄭朝 15/6/14
杜赫欲重景翠○周 16/6/20
張○無鳥之所 16/6/21
張○多鳥處 16/6/21
必張○有鳥無鳥之際 16/6/21
今君將施○大人 16/6/22
施○小人 16/6/22
君必施○今之窮士 16/6/23
是公之知困而交絕○周也 17/6/28
36/12/4
居中不便○相國 17/7/1
盡輸西周之情○東周 19/7/12
以西周之○王也 20/7/20
吾又恐東周之賊己而以
輕西周惡之○楚 20/7/21
而藉兵乞食○西周 22/8/3
君不如令弊邑陰合○秦
而君無攻 22/8/6
而使不藉兵乞食○西周 22/8/10
秦攻魏將犀武軍○伊闕 23/8/15
韓徵甲與粟○周 25/9/3
代能為君令韓不徵甲與
粟○周 25/9/3
韓氏罷○兵 25/9/5
今公乃徵甲及粟○周 25/9/7
吾無徵甲與粟○周 25/9/9
則周必折而入○韓 25/9/9
不徵甲與粟○周而與高都 25/9/11
吾得將為楚王屬怒○周 28/10/3
不如令太子將軍正迎吾
得○境 28/10/3
楚請道○二周之間 29/10/9
除道屬之○河 29/10/9
臣恐齊王之為君實立果
而讓之○最 30/10/18
奉養無有愛○最也 30/10/19
王何不出○河南 31/10/23
將以為辭○秦而不往 31/10/24
犀武敗○伊闕 32/10/29
周君得以為辭○父兄百姓 32/11/5
必不合○秦 32/11/6
魏王因使孟卯致溫囿○
周君而許之戍也 32/11/7
多○二縣 33/11/12
必東合○齊 34/11/19
兵弊○周 34/11/19
而合天下○齊 34/11/19
則令不橫行○周矣 34/11/20
邾、莒亡○齊 35/11/25
陳、蔡亡○楚 35/11/25
396C/191/14
君不如使周最陰合○趙
以備秦 35/11/26
齊王令司馬悍以賂進周
最○周 36/12/3
且惡臣○秦 38/12/15
不惡周○秦矣 38/12/16
交善○秦 38/12/17
交惡○秦 38/12/17
不善○公且誅矣 38/12/17
封之○商 39/12/22
○是 40/13/21
133/65/22, 160/83/8
236/128/1, 239B/129/18
440/216/20, 440/217/24
效勝○戰場 40/13/22
是故兵勝○外 40/13/24
義強○內 40/13/24
威立○上 40/13/24
民服○下 40/13/24
忽○至道 40/13/25
皆惽○教 40/13/26
亂○治 40/13/26
迷○言 40/13/26
惑○語 40/13/26
沈○辯 40/13/26
溺○辭 40/13/26

○是乃摩燕烏集闕	40/14/6
見說趙王○華屋之下	40/14/6
故蘇秦相○趙而關不通	40/14/10
賢○兄弟	40/14/12
式○政	40/14/12
不式○勇	40/14/12
式○廊廟之內	40/14/12
不式○四境之外	40/14/13
炫熿○道	40/14/13
猶連鷄之不能俱止○棲之明矣	41A/14/25
必割地以交○王矣	41B/15/4
齊必重○王	41B/15/4
斷死○前者比是也	42/15/18
東伏○陳	42/16/2
是故兵終身暴靈○外	42/16/10
士民潞病○內	42/16/10
軍○長平之下	42/16/14
乃取欺○亡國	42/16/22
并○李下	42/16/24
左飲○淇谷	42/17/2
右飲○洹水	42/17/2
以攻趙襄主○晉陽	42/17/4
○是潛行而出	42/17/5
大王斬臣以徇○國	42/17/11
張子得志○魏	43/17/17
不敢反○秦矣	43/17/17
司馬錯與張儀爭論○秦惠王前	44/17/21
爭名者○朝	44/17/27
爭利者○市	44/17/28
顧爭○戎狄	44/17/28
故臣願從事○易	44/18/2
因令楚王為之請相○秦	45/18/16
楚王因為請相○秦	45/18/17
王欲窮儀○秦乎	45/18/17
復聽○秦	47/18/30
張儀又惡陳軫○秦王	48B/19/16
吾不忠○君	48B/19/22
出婦嫁○鄉里者	49/20/13
臣不忠○王	49/20/14
其○弊邑之王甚厚	50/20/25
臣請使秦王獻商○之地	50/20/26
西德○秦	50/20/27
而私商○之地以為利也	50/20/27
宣言之○朝廷	50/21/1
不穀得商○之田	50/21/1
而得商○之地六百里	50/21/2
臣見商○之地不可得	50/21/3
且必受欺○張儀	50/21/6
受欺○張儀	50/21/6
楚因使一將軍受地○秦	50/21/10
是我亡○秦而取償○齊也	50/21/15
而責欺○秦	50/21/15
楚兵大敗○杜陵	50/21/18
計失○陳軫	50/21/19
過聽○張儀	50/21/19
王不如以地東解○齊	51/21/23
西講○秦	51/21/23
不如召甘茂○魏	52/22/9
召公孫顯○韓	52/22/9
起樗里子○國	52/22/10
中國無事○秦	53/22/15
中國為有事○秦	53/22/15
大敗秦人○李帛之下	53/22/21
王迎甘茂○息壤	55/23/7
○是與之盟○息壤	55/23/19
楚王以其言責漢中○馮章	56/23/29
公孫衍、樗里疾挫我○內	57/24/4
而公中以韓窮我○外	57/24/5
○是出私金以益公賞	57/24/6
公內攻○樗里疾、公孫衍	58/24/10
楚畔秦而合○韓	59/24/16
而不餘怨○秦	59/24/17
何妨○處女	61A/24/30
妾自以有益○處女	61A/24/30
棄逐○秦而出關	61A/25/1
請重公○齊	61A/25/1
寡人託國○子	61B/25/16
王怒○犀首之泄也	61B/25/18
為楚和○秦	62/25/22
怵○楚而不使魏制和	62/25/23
不悅而合○楚	62/25/23
王不惡○魏	62/25/24
令田章以陽武合○趙	63/25/28
乃案兵告○秦曰	63/25/29
秦王明而熟○計	63/26/6
	63/26/14
穰侯智而習○事	63/26/6
	63/26/15
不利○秦	63/26/8
則晉、楚為制○秦	63/26/10
則必不走○秦且走晉、楚	63/26/11
葬○無知之死人哉	64/26/21
齊免○天下之兵	65/26/27
故攻齊之○陶也	66/27/5
齊亡○燕	66/27/11
吳亡○越	66/27/11
挾君之讎以誅○燕	66/27/13
封君○河南	66/27/14
達途○中國	66/27/14
願君之專志○攻齊	66/27/15
今公東而因言○楚	67/27/22
觀三國之所求○秦而不能得者	67/27/23
觀張儀與澤之所不能得○薛公者也	67/27/24
若○除宋罪	69/28/8
秦三世積節○韓、魏	70/28/13
窮而居○齊	71/28/22
賞必加○有功	72/29/2
刑必斷○有罪	72/29/2
豈敢以疑事嘗試○王乎	72/29/3
獨不重任臣者後無反覆○王前耶	72/29/3
取之○國	72/29/9
取之○諸侯	72/29/9
聖主明○成敗之事	72/29/10
臣不敢載之○書	72/29/11
臣愚而不闔○王心耶	72/29/12
身為漁父而釣○渭陽之濱耳	73A/29/29
故文王果收功○呂尚	73A/30/1
交疏○王	73A/30/3
知今日言之○前	73A/30/5
而明日伏誅○後	73A/30/5
可以少有補○秦	73A/30/8
至○蔆水	73A/30/9
乞食○吳市	73A/30/10
無益○殷、楚	73A/30/11
使臣得同行○箕子、接輿	73A/30/12
賢○生也	73A/30/16
寡人得受命○先生	73A/30/19
今反閉而不敢窺兵○山東者	73A/30/25
多之則害○秦	73A/31/1

疏○計矣 73A/31/3
○是舉兵而攻邢丘 73A/31/13
為秦害者莫大○韓 73A/31/17
剖符○天下 73B/32/2
則利歸○陶 73B/32/3
御○諸侯 73B/32/3
則怨結○百姓 73B/32/3
臣今見王獨立○廟朝矣 73B/32/7
○是乃廢太后 73B/32/10
走涇陽○關外 73B/32/10
臣未嘗聞指大○臂 74/32/19
臂大○股 74/32/19
臣必聞見王獨立○庭也 74/32/24
利盡歸○陶 74/32/28
且削地而以自贖○王 75/33/9
則王之所求○韓者 75/33/10
顯名○天下 76/33/17
眩○名 76/33/18
合從相聚○趙 77/33/22
秦○天下之士非有怨也 77/33/22
○是唐雎載音樂 77/33/24
○是其謀者固未可得予
  也 77/33/26
困○上黨 78/34/6
而況○秦國乎 79/34/23
蒙傲以報○昭王 79/34/24
父之○子也 80/35/4
今君雖幸○王 80/35/6
不卑○守閭嫗 80/35/7
開罪○楚、魏 80/35/11
王舉臣○羈旅之中 80/35/12
是王過舉顯○天下 80/35/13
蔡澤見逐○趙 81/35/19
遇奪釜鬲○涂 81/35/19
行道施德○天下 81/35/26
○是應侯稱善 81/36/11
私家之富過○三子 81/36/19
吳王夫差無適○天下 81/36/22
然而身死○庸夫 81/36/23
故秦無敵○天下 81/36/24
賜死○杜郵 81/37/1
禍至○此 81/37/4
棧道千里○蜀、漢 81/37/8
言○秦昭王曰 81/37/13
為秦使○燕 81/37/20
三年而燕使太子丹入質
  ○秦 81/37/20

再戰○藍田 82A/37/24
況○楚之故地 82A/37/26
楚疑○秦之未必救己也 82A/37/26
○是三國并力攻楚 82A/38/1
楚果告急○秦 82A/38/1
免○國患 83A/38/14
卒使公子池以三城講○
  三國 83A/38/20
帥韓、魏以圍趙襄子○
  晉陽 83B/39/1
肘足接○車上 83B/39/3
楚、魏戰○陘山 84A/39/9
以絕秦○楚 84A/39/9
楚敗○南陽 84A/39/9
秦責賂○魏 84A/39/9
是魏勝楚而亡地○秦也 84A/39/11
效上洛○秦 84A/39/13
從秦王與魏王遇○境 84B/39/17
魏請無與楚遇而合○秦 84B/39/17
弊邑之○與遇善之 84B/39/18
齊、魏有何重○孤國也 85/39/28
○是頓子曰 86/40/7
威不掩○山東 86/40/14
而掩○母 86/40/14
入其社稷之臣○秦 86/40/16
北遊○燕、趙 86/40/19
○是白起又將兵來伐 87/40/25
故使○秦 87/40/26
天下莫強○秦、楚 87/40/27
三世而不接地○齊 87/40/29
今王三使盛橋守事○韓 87/40/30
設利○前 87/41/11
而易患○後也 87/41/11
既勝齊人○艾陵 87/41/12
還為越王禽○三江之浦 87/41/12
殺智伯瑤○鑿臺之上 87/41/13
王既無重世之德○韓、
  魏 87/41/17
韓、魏父子兄弟接踵而
  死○秦者 87/41/18
相望○境 87/41/19
相隨○路 87/41/19
王將藉路○仇讎之韓、
  魏乎 87/41/21
是王以兵資○仇讎之韓
  、魏 87/41/22
王若不藉路○仇讎之韓

  、魏 87/41/22
王破楚○以肥韓、魏○
  中國而勁齊 87/42/2
韓、魏之強足以校○秦矣 87/42/2
莫強○齊 87/42/3
○以禁王之為帝有餘 87/42/4
一舉眾而注地○楚 87/42/5
歸帝重○齊 87/42/5
而關內二萬乘之主注地
  ○齊 87/42/10
衛危○累卵 88/42/19
而朝○邯鄲之君乎 88/42/19
○是天下有稱伐邯鄲者 88/42/19
以與申縛遇○泗水之上 88/42/23
○是夫積薄而為厚 88/42/25
以同言郢威王○側紂之
  間 88/42/26
臣豈以郢威王為政衰謀
  亂以至○此哉 88/42/26
吳王夫差棲越○會稽 89/43/8
勝齊○艾陵 89/43/8
無禮○宋 89/43/9
死○干隧 89/43/9
驅十二諸侯以朝天子○
  孟津 89/43/10
身布冠而拘○秦 89/43/10
行百里者半○九十 89/43/18
今亡○楚 91/44/4
資而相之○周乎 91/44/4
王因疑○太子 92/44/10
令之留○酸棗 92/44/10
秦疑○王之約 92/44/12
臣恐其害○東周 92/44/14
濮陽人呂不韋賈○邯鄲 93/44/18
秦子異人質○趙 93/44/22
處○屝城 93/44/22
今子無母○中 93/44/22
外託○不可知之國 93/44/23
君危○累卵 93/44/28
而不壽○朝生 93/44/28
其寧○太山四維 93/44/28
棄在○趙 93/45/1
無母○內 93/45/1
無母○中 93/45/5
不習○誦 93/45/11
陛下嘗軔車○趙矣 93/45/12
而燕太子質○秦 94/45/21

燕者必徑○趙 94/45/22
今臣生十二歲○茲矣 94/45/26
願○因計 95/46/22
以曲合○趙王 95/47/4
將軍為壽○前而捍匕首 95/47/7
恐懼死罪○前 95/47/9
受命○王 95/47/10
銜劍徵之○柱以自刺 95/47/12
又以為司空馬逐○秦 95/47/15
寡人屈○內 96/47/22
而百姓靡○外 96/47/22
而珍珠重寶盡○內 96/47/27
外自交○諸侯 96/47/27
嘗盜○梁 96/48/1
臣○趙而逐 96/48/1
吾聞子以寡人財交○諸侯 96/48/4
子胥忠○君 96/48/5
使賈不忠○君 96/48/6
而勝○城濮 96/48/13
是以群臣莫敢以虛願望○上 96/48/16
楚威王戰勝○徐州 97/48/22
欲逐嬰子○齊 97/48/22
王戰勝○徐州也 97/48/22
盼子有功○國 97/48/23
必不便○王也 97/48/24
齊將封田嬰○薛 98/48/29
令其欲封公也又甚○齊 98/49/1
願委之○子 98/49/1
客有○此 99/49/12
雖隆薛之城到○天 99/49/14
○是舍之上舍 101/49/26
大不善○宣王 101/49/28
至○薛 101/50/7
受薛○先王 101/50/8
雖惡○後王 101/50/8
動○顏色 101/50/10
靖郭君之○寡人一至此乎 101/50/10
宣王自迎靖郭君○郊 101/50/13
趙求救○齊 102/50/21
其○齊何利哉 102/50/23
軍○邯鄲之郊 102/50/23
軍○其郊 102/50/24
韓氏請救○齊 103/50/30
韓且折而入○魏 103/51/1
顧反聽命○韓也 103/51/2
必東愬○齊 103/51/3
東愬○齊 103/51/6
公孫閈乃使人操十金而往卜○市 104/51/15
亦驗其辭○王前 104/51/17
使彼罷弊○先弱守○主 105/51/22
使彼罷弊先弱守○主 105/51/23
則將軍不得入○齊矣 105/51/25
齊恐田忌欲以楚權復○齊 106/51/29
恐田忌之以楚權復○齊也 106/52/1
王不如封田忌○江南 106/52/1
若復○齊 106/52/2
楚果封之○江南 106/52/3
欲有求○我也 108/52/20
○是入朝見威王曰 108/52/23
臣之客欲有求○臣 108/52/24
皆以美○徐公 108/52/24
莫不有求○王 108/52/25
能謗議○市朝 108/52/27
皆朝○齊 108/53/2
此所謂戰勝○朝廷 108/53/2
○是秦王拜西藩之臣而謝○齊 109/53/11
而兩歸其國○秦 111/54/5
不如急以兵合○三晉 111/54/17
果以兵合○三晉 111/54/19
不待發○遠縣 112/54/26
猶齊之○魯也 113/55/20
秦、趙戰○河漳之上 113/55/21
戰○番吾之下 113/55/21
託○東海之上 113/55/27
獻魚鹽之地三百○秦也 113/55/28
韓自以得交○齊 114/56/7
齊、梁之兵連○城下 115/56/17
厚矣王之託儀○秦王也 115/56/22
梁、齊之兵連○城下不能去 115/56/26
與革車三十乘而納儀○梁 115/56/27
而信儀○秦王也 115/56/28
犀首以梁為齊戰○承匡而不勝 116/57/3
衍非有怨○儀也 116/57/4
因與之參坐○衛君之前 116/57/5
犀首送之至○齊疆 116/57/6
怒○儀 116/57/6
異貴○此者何也 117/57/13
趙令樓緩以五城求講○秦 118/57/23
因使人以十城求講○秦 118/57/23
不如從合○趙 118/57/25
急必以地和○燕 119/58/1
命懸○趙 119/58/3
歸○君矣 119/58/3
請粟○齊 120/58/11
且趙之○燕、齊 120/58/12
則亦不果○趙、魏之應秦而伐周、韓 121/58/21
令齊入○秦而伐趙、魏 121/58/21
然則是我抱空質而行不義○天下也 122/58/27
可以益割○楚 122/59/1
可以惡蘇秦○薛公 122/59/2
可以為蘇秦請封○楚 122/59/2
可以使蘇子自解○薛公 122/59/3
變則是君抱空質而負名○天下也 122/59/6
故曰可以益割○楚 122/59/15
必不倍○王也 122/59/22
薛公大怒○蘇秦 122/60/3
故曰可使人惡蘇秦○薛公也 122/60/3
今人惡蘇秦○薛公 122/60/6
故曰可以為蘇秦請封○楚也 122/60/7
君之所以重○天下者 122/60/10
而○君之事殆矣 122/60/12
今蘇秦善○楚王 122/60/12
過○淄上 124/60/27
淳于髡為齊使○荊 125/61/6
至○齊 125/61/10
何見○荊 125/61/10
○衛甚重 128/62/11
小國所以皆致相印○君者 130/63/8
聞君○齊能振達貧窮 130/63/8
私得寶○外者 130/63/18
淳于髡一日而見七人○宣王 131/63/22
今求柴葫、桔梗○沮澤 131/63/24
王求士○髡 131/63/25
譬若挹水○河 131/63/26

而取火○燧也	131/63/26
免極○前	132A/64/1
犬廢○後	132A/64/1
是齊入○魏而救邯鄲之功也	132B/64/8
則權重○中國	132B/64/14
不能以重○天下者何也	132B/64/15
○是乘其車	133/64/26
○是馮諼不復歌	133/64/29
能為文收責○薛者乎	133/65/1
文倦○事	133/65/3
憒○憂	133/65/3
沉○國家之事	133/65/4
開罪○先生	133/65/4
乃有意欲為收責○薛乎	133/65/4
○是約車治裝	133/65/5
孟嘗君就國○薛	133/65/18
西遊○梁	133/65/21
齊放其大臣孟嘗君○諸侯	133/65/21
被○宗廟之祟	133/65/25
沉○諂諛之臣	133/65/26
開罪○君	133/65/26
立宗廟○薛	133/65/27
今君之家富○二公	135/66/22
色與馬取○今之世	135/66/25
孟嘗君逐○齊而復反	136A/67/3
譚拾子迎之○境	136A/67/3
出○野鄙	136B/67/26
自古及今而能虛成名○天下者	136B/68/2
是故成其道德而揚功名○後世者	136B/68/3
夫玉生○山	136B/68/13
○王何如	137/68/23, 159/82/19, 159/82/20
宣王因趨而迎之○門	137/68/23
斗生○亂世	137/68/25
○是舉士五人任官	137/69/9
是皆率民而出○孝情者也	138/69/19
○陵子仲尚存乎	138/69/21
上不臣○王	138/69/21
此率民而出○無用者	138/69/21
見○華章南門	141A/70/10
其○以收天下	141A/70/13
必藉○權而務興○時	142/71/4
告遡○魏	142/71/10
衛非強○趙也	142/71/11
戰○州西	142/71/12
馬飲○大河	142/71/13
衛明○時權之藉也	142/71/14
然後從○天下	142/71/18
然而天下獨歸咎○齊者	142/71/20
而獨舉心○齊者	142/71/22
可見○前事矣	142/72/6
非賢○騏驥、孟賁也	142/72/9
徵用兵而寄○義	142/72/10
明○諸侯之故	142/72/10
察○地形之理者	142/72/11
昔者齊、燕戰○桓之曲	142/72/12
然而甚○相趨者	142/72/14
約○同形則利長	142/72/15
中罷○刀金	142/72/25
而士困○土功	142/72/25
上倦○教	142/72/26
士斷○兵	142/72/26
南戰○長子	142/73/1
北戰○中山	142/73/2
君臣○齊者	142/73/3
不嗇○戰攻之患也	142/73/3
可見○前事	142/73/4
夫士死○外	142/73/8
民殘○內	142/73/8
而城郭露○境	142/73/8
今夫鵠的非咎罪○人也	142/73/8
則同心○貫之者	142/73/9
甲兵不出○軍而敵國勝	142/73/12
令○境內	142/73/23
衛鞅謀○秦王曰	142/73/24
而令行○天下	142/73/24
令行○天下矣	142/73/26
魏王說○衛鞅之言也	142/74/2
○是齊、楚怒	142/74/3
跣行按兵○國	142/74/4
而東次○齊	142/74/4
言○尊俎之間	142/74/5
謀成○堂上	142/74/6
而魏將以禽○齊矣	142/74/6
而西河之外入○秦矣	142/74/6
拔城○尊俎之間	142/74/7
○是殺閔王○鼓里	143/74/20
遽迎太子○莒	143/74/23
而威不信○齊	145/75/13
齊必決之○聊城	145/75/18
五折○外	145/75/19
被圍○趙	145/75/19
能以見○天下矣	145/75/22
交游攘臂而議○世	145/75/25
矯國革俗○天下	145/75/26
東游○齊乎	145/75/26
劫桓公○壇位之上	145/76/8
坐○沙中	146/76/22
宜召田單而揖之○庭	146/77/1
乃使人聽○閭里	146/77/2
單何以得罪○先生	147/77/8
故常見譽○朝	147/77/8
任之○王	147/77/11
相與語○王曰	147/77/13
何不使使者謝○楚王	147/77/14
九人之屬相與語○王曰	147/77/15
布德○民	147/77/17
子無罪○寡人	147/77/20
誰有厚○安平君者哉	147/77/26
然而計之○道	147/78/1
歸之○義	147/78/1
而迎王與后○城陽山中	147/78/1
歸○何黨矣	148/78/14
立○矢石之所	148/78/18
不如易餘糧○宋	149A/78/22
法章乃自言○莒	149B/79/2
齊王建入朝○秦	150/79/19
以資固○齊	151/80/4
王不如令人以涓來之辭謾固○齊	151/80/6
以釁○齊	153/80/25
昭奚恤與彭城君議○王前	155/81/12
魏怒○趙之勁	156/81/23
江尹欲惡昭奚恤○楚王	157A/81/30
故為梁山陽君請封○楚	157A/81/30
山陽君無功○楚國	157A/82/1
魏氏惡昭奚恤○楚王	157B/82/6
江乙欲惡昭奚恤○楚	159/82/18
江乙說○安陵君曰	160/82/26
而無以深自結○王	160/83/1
如是必長得重○楚國	160/83/2
楚王游○雲夢	160/83/8

江乙為魏使○楚 161/83/18
南游○楚 163/84/3
至○新城 163/84/3
遂南交○楚 163/84/10
鄭申為楚使○韓 164/84/15
必懸命○楚 164/84/17
楚王問○范環曰 166/85/3
寡人欲置相○秦 166/85/3
以苛廉聞○世 166/85/5
且王嘗用滑○越而納句章 166/85/7
今王以用之○越矣 166/85/8
而忘之○秦 166/85/8
王若欲置相○秦乎 166/85/9
夫公孫郝之○秦王 166/85/9
則諸侯莫不南面而朝○章臺之下矣 167/85/18
秦之所害○天下莫如楚 167/85/18
必實○外廄 167/85/26
而韓、魏迫○秦患 167/86/8
恐反人以入○秦 167/86/8
無以異○驅群羊而攻猛虎也 168/86/18
韓必入臣○秦 168/86/22
起○汶山 168/86/30
而民弊者怨○上 168/87/6
且夫秦之所以不出甲○函谷關十五年以攻諸侯者 168/87/9
戰○漢中 168/87/10
戰○藍田 168/87/11
計無過○此者矣 168/87/12
車裂蘇秦○市 168/87/18
臣請秦太子入質○楚 168/87/21
楚太子入質○秦 168/87/22
臣以為計無便○此者 168/87/23
獻鷄駭之犀、夜光之璧○秦王 168/87/27
楚王不察○爭名者也 169/88/7
而儀重○韓、魏之王也 169/88/9
欲為攻○魏 169/88/10
習○三晉之事 169/88/11
今君何不見臣○王 169/88/12
威王問○莫敖子華曰 170/88/18
不○大夫 170/88/19
未明而立○朝 170/88/25
身獲○表薄 170/89/1
而財○柱國 170/89/1
名不挫○諸侯 170/89/2
昔者吳與楚戰○柏舉 170/89/5
昔吳與楚戰○柏舉 170/89/10
○是贏糧潛行 170/89/11
吳與楚人戰○柏舉 170/89/15
與吳人戰○濁水而大敗之 170/89/17
亦聞○遂浦 170/89/18
吳與楚戰○柏舉 170/89/20
蒙穀給鬬○宮唐之上 170/89/20
負雞次之典以浮○江 170/89/21
逃○雲夢之中 170/89/22
遂自棄○磨山之中 170/89/24
相甘茂○魏 171/90/7
交惡○齊 171/90/8
秦恐且因景鯉、蘇厲而效地○楚 172/90/13
必不求地而合○楚 172/90/15
昭雎勝秦○重丘 173A/90/20
秦王怒○戰不勝 173B/90/27
子亦自知且賤○王乎 174/91/4
王惑○虞樂 174/91/8
願委之○公 174/91/8
質○齊 177/92/3
太子辭○齊王而歸 177/92/3
來取東地○楚 177/92/8
負不義○天下 177/92/21
臣請西索救○秦 177/92/22
臣請索救○秦 177/92/26
寡人誰用○三子之計 177/92/26
而北獻地五百里○齊 177/92/28
西索救○秦 177/92/29
乃遣子良北獻地○齊 177/92/29
又遣景鯉西索救○秦 177/92/30
太子復請善○蘇子 178/93/12
仁人之○民也 179/93/16
孝子之○親也 179/93/16
忠臣之○君也 179/93/17
使王見疾○民 179/93/18
大臣播王之過○百姓 179/93/18
人臣莫難○無妬而進賢 179/93/20
至○無妬而進賢 179/93/21
楚國之食貴○玉 180/93/28
薪貴○桂 180/93/28
楚王逐張儀○魏 181/94/3
○王何傷 181/94/4
○王何益 181/94/4,313/159/28
南后、鄭褎貴○楚 182/94/10
王無求○晉國乎 182/94/13
黃金珠璣犀象出○楚 182/94/13
寡人無求○晉國 182/94/13
立○衢閭 182/94/15
非有他人○此也 182/94/22
儀有死罪○大王 182/94/23
而重儀○韓、魏 183/95/3
張儀逐惠施○魏 184/95/8
而惡王之交○張儀 184/95/11
棄所貴○讎人 184/95/12
王不如舉惠子而納之○宋 184/95/13
而交未定○齊、秦 185/95/27
因令人謁和○魏 185/95/28
張儀惡之○魏王曰 186/96/3
儀善○魏王 186/96/4,277/145/29
因使人以儀之言聞○楚 186/96/5
○此困矣 187/96/10,187/96/13
無黠○麋 187/96/11
不偏○死 189/96/27
不偏○生 189/96/27
是以國權輕○鴻毛 189/96/29
而積禍重○丘山 189/96/29
愛之甚○王 190/97/4
其愛之甚○寡人 190/97/5
是知困而交絕○后也 191/97/15
臣請辟○趙 192/97/23
襄王流揜○城陽 192/97/24
○是使人發騶 192/97/25
徵莊辛○趙 192/97/25
今事至○此 192/97/26
墜○公子之手 192/98/5
游○江海 192/98/7
○是乃以執珪而授之為陽陵君 192/98/20
人皆以謂公不善○富摯 194/99/3
楚太子橫為質○齊 195/99/9
不若令屈署以新東國為和○齊以動秦 195/99/10
而令行○天下也 195/99/10
遽令屈署以東國為和○齊 195/99/11
有獻不死之藥○荊王者 196/99/16
臣竊以為不便○君 197/99/24
○是使人謝孫子 197/99/24

〇是使人請孫子〇趙 197/99/29
則大臣主斷國私以禁誅〇己也 197/100/2
楚王子圍聘〇鄭 197/100/3
欲自刃〇廟 197/100/5
踰〇外牆 197/100/5
餓主父〇沙丘 197/100/6
縣〇其廟梁 197/100/7
必甚〇癘矣 197/100/9
是君聖〇堯而臣賢〇舜也 199/101/3
驥〇是俛而噴 199/101/8
聲達〇天 199/101/8
阨〇州部 199/101/9
使得為君高鳴屈〇梁乎 199/101/10
〇是園乃進其女弟 200/101/19
即幸〇春申君 200/101/19
多失禮〇王兄弟 200/101/24
誠以君之重而進妾〇楚王 200/101/25
止〇棘門之內 200/102/15
〇是使吏盡滅春申君之家 200/102/16
嫪毒亦為亂〇秦 200/102/19
〇安思危 201/102/23
太公望封〇齊 201/102/26
邵公奭封〇燕 201/102/26
若越趙、魏而鬭兵〇燕 201/103/3
其〇王孰便也 201/103/4, 362/179/12
不棄美利〇前 202/103/15
而解〇攻趙也 202/103/16
請使〇齊 202/103/20
使人請地〇韓 203/103/24
必加兵〇韓矣 203/103/25
又將請地〇他國 203/103/26
然則韓可以免〇患難 203/103/26
使使者致萬家之邑一〇知伯 203/103/27
又使人請地〇魏 203/103/27
彼請地〇韓 203/103/28
請地〇魏 203/103/28
然則其錯兵〇魏必矣 203/103/29
因使人致萬家之邑一〇知伯 203/103/29
〇是發而試之 203/104/9
張孟談〇是陰見韓、魏之君曰 203/104/20
臣遇張孟談〇轅門之外 203/104/27
勿出〇口 203/104/28
臣遇知過〇轅門之外 203/105/8
左司馬見使〇國家 204A/105/26
而耕〇負親之丘 204A/105/28
舍臣〇廟 204A/106/2
〇是趙襄子面數豫讓曰 204B/106/21
〇是襄子義之 204B/106/27
魏文侯借道〇趙攻中山 205/107/3
將以取信〇百姓也 207/107/17
願見〇前 208/107/22
君之立〇天下 208/107/28
危〇累卵 208/107/28
西入〇秦 208/108/6
德行非施〇海內也 209/108/10
非布〇萬民也 209/108/11
非當〇鬼神也 209/108/11
非數痛加〇秦國 209/108/12
非曾深淩〇韓也 209/108/13
先出聲〇天下 209/108/14
聲德〇與國 209/108/16
必出〇是 209/108/17
而禍及〇趙 209/108/19
距〇扞關 209/108/21
至〇榆中千五百里 209/108/21
三百里通〇燕之唐、曲吾 209/108/23
今從〇彊秦國之伐齊 209/108/25
臣恐其禍出〇是矣 209/108/25
反溫、枳、高平〇魏 209/108/27
反三公、什清〇趙 209/108/27
制〇王已 209/109/2
日者秦、楚戰〇藍田 211/109/14
使陽城君入謝〇秦 211/109/19
今王令韓興兵以上黨入和〇秦 211/109/20
吾始已諾〇應侯矣 211/109/22, 311/158/23,311/159/2
願拜內之〇王 211/109/26
雖強大不能得之〇小弱 211/110/2
其死士皆列之〇上地 211/110/3
令公孫起、王齮以兵遇趙〇長平 211/110/17
蘇秦為趙王使〇秦 212/110/21
今臣使〇秦 212/110/24
而歸其死〇虎 217/111/28
而歸其國〇秦 217/111/29
東闚〇周室甚 217/112/1
必入〇秦 217/112/4
秦禍安移〇梁矣 217/112/6
秦禍案攘〇趙矣 217/112/7
便〇三晉 217/112/12
有利〇三晉 217/112/13
皆願奉教陳忠〇前之日久矣 218/112/22
無敢盡忠〇前者 218/112/23
在〇擇交 218/112/24
願大王慎無出〇口也 218/112/27
秦欲已得行〇山東 218/113/7
則兵必戰〇邯鄲之下矣 218/113/8
且秦之所畏害〇天下者 218/113/12
韓、魏臣〇秦 218/113/14
禍中〇趙矣 218/113/15
固已見〇胸中矣 218/113/20
豈掩〇眾人之言 218/113/20
諸侯之地五倍〇秦 218/113/22
十倍〇秦 218/113/22
今見破〇秦 218/113/23
見臣〇秦 218/113/23
夫破人之與破〇人也 218/113/23
臣人之與臣〇人也 218/113/24
臣得陳忠〇前矣 218/114/1
相與會〇洹水之上 218/114/3
秦必不敢出兵〇函谷關以害山東矣 218/114/8
臣聞明王之〇其民也 219/114/17
〇其言也 219/114/18
而效之〇一時之用也 219/114/19
趙怒必〇其己邑 219/114/22
父不得〇子 219/114/25
君不得〇臣 219/114/25
為齊兵困〇殽塞之上 219/115/3
今臣有患〇世 219/115/7
故裂地以敗〇齊 219/115/12
以兵橫行〇中十四年 219/115/13
而馳〇封內 219/115/13
〇是秦王解兵不出〇境 219/115/16
弊邑秦王使臣敢獻書〇

大王御史 220/115/20
行○天下山東 220/115/21
軍○澠池 220/115/24
敬使臣先以聞○左右 220/115/25
自令車裂○齊之市 220/116/1
軍○邯鄲之東 220/116/4
一軍軍○成皋 220/116/4
毆韓、魏而軍○河外 220/116/4
一軍軍○澠池 220/116/4
先以聞○左右 220/116/5
莫如與秦遇○澠池 220/116/6
屬○師傅 220/116/8
○是乃以車三百乘入朝澠池 220/116/11
不和○俗 221/116/24
不謀○眾 221/116/24
愚者闇○成事 221/116/25
智者見○未萌 221/116/25
家聽○親 221/116/29
國聽○君 221/116/30
故明德在○論賤 221/117/2
行政在○信貴 221/117/2
異○己而不非者 221/117/19
公○求善也 221/117/19
非寡人所望○子 221/117/26
臣愚不達○王之議 221/117/28
常民溺○習俗 221/118/5
學者沉○所聞 221/118/5
夫制○服之民 221/118/7
拘○俗之眾 221/118/8
達○禮之變 221/118/9
不盡○馬之情 221/118/27
不達○事之變 221/118/27
知慮不躁達○變 222/119/11
身行寬惠達○禮 222/119/12
威嚴不足以易○位 222/119/12
恭○教而不快 222/119/12
和○下而不危 222/119/12
乃國未通○王胡服 222/119/16
勿令溺苦○學 222/119/19
而不觀○時 224/120/11
而不制○兵 224/120/12
故兵不當○用 224/120/13
教不便○事 224/120/13
出○遺遺之門 224/120/18
君非徒不達○兵也 225/120/28
而徒以三萬行○天下 225/121/3
不如請以河東易燕地○齊 227/121/19
趙以公子部為質○秦 228/121/26
以易藺、離石、祁○趙 228/121/26
曠遠○趙 228/121/28
而近○大國 228/121/28
秦敗○閼與 228/122/5
韓、魏告急○齊 229A/122/12
兵必歸○趙矣 229A/122/13
是我一舉而兩取地○秦、中山也 229A/122/19
魏因富丁且合○秦 229B/122/23
請效地○魏而聽薛公 229B/122/23
故欲效地○魏而聽薛公 229B/122/24
而請相之○魏 229B/122/24
此利○趙而便○周最也 229B/122/26
魏使人因平原君請從○趙 230/122/30
其○子何如 230/123/1
而與馬服之子戰○長平之下 231/123/9
而秦罷○邯鄲之下 231/123/10
公子牟游○秦 232/123/18
臣固且有效○君 232/123/19
不忘○心 232/123/21
秦攻趙○長平 233/123/26
因使人索六城○趙而講 233/123/26
公甫文伯官○魯 233/123/28
婦人為之自殺○房中者二八 233/123/29
逐○魯 233/123/30
其○長者薄 233/123/31
而○婦人厚 233/123/31
使趙郝約事○秦 233/124/6
昔者三晉之交○秦 233/124/13
至來年而王獨不取○秦 233/124/15
是我失之○天下 233/124/21
而取償○秦也 233/124/21
入見○王 233/125/1
今趙兵困○秦 233/125/2
則必盡在○秦矣 233/125/3
夫趙兵困○秦 233/125/7
秦索六城○王 233/125/8
是王失○齊而取償○秦 233/125/10
平原君使人請救○魏 234/125/17
秦、趙戰○長平 235/125/27
而入○秦 235/126/7
止○蕩陰 236/126/13
百萬之眾折○外 236/126/19
勝請召而見之○先生 236/126/22
勝請為紹介而見之○將軍 236/126/23
皆有求○平原君者也 236/126/27
非有求○平原君者 236/126/28
過而遂正○天下 236/127/1
赴○齊曰 236/127/7
然梁之比○秦若僕耶 236/127/11
故入之○紂 236/127/16
故拘之○牖里之車 236/127/17
視膳○堂下 236/127/20
不得入○魯 236/127/21
假涂○鄒 236/127/21
設北面○南方 236/127/22
故不敢入○鄒 236/127/23
然且欲行天子之禮○鄒、魯之臣 236/127/24
○是平原君欲封魯仲連 236/128/4
所貴○天下之士者 236/128/6
夫飄○清風 237/128/12
趙之○天下也不輕 237/128/14
王致之○前 238/128/21
時宿○野 238/128/25
建信君貴○趙 239A/129/3
形○顏色 239A/129/5
奚虧○王之國 239A/129/8
今臣疑人之有煬○君者也 239B/129/17
入言○王 240/129/26
○是與殺呂遺何以異 241/130/4
文信侯之○僕也 242/130/9
242/130/10
文王之拘○牖里 242/130/12
而武王羈○玉門 242/130/13
卒斷紂之頭而縣○太白者 242/130/13
而君之身○王 243/130/19
鼓鐸之音聞○北堂 244/130/24
為孝成王從事○外者 245/131/3

無自疑○中者 245/131/3
而取行○王者也 246/131/10
臣以為齊致尊名○王 246/131/11
天下孰敢不致尊名○王 246/131/11
臣以齊致地○王 246/131/11
天下孰敢不致地○王 246/131/12
臣以齊為王求名○燕及韓、魏 246/131/12
取行○王者也 246/131/16
屬怨○趙 247/131/20
留天下之兵○成皋 247/131/21
而陰構○秦 247/131/21
今趙留天下之甲○成皋 247/131/25
而陰鬻之○秦 247/131/25
且王嘗濟○漳 247/131/26
而身朝○邯鄲 247/131/26
虛國○燕、趙之前 247/132/1
用兵○二千里之外 247/132/1
盡效之○王 247/132/2
齊甲未嘗不歲至○王之境也 247/132/3
韓呡處○趙 247/132/3
○魏王聽此言也甚詘 247/132/5
其怨○趙 247/132/5
臣請為王推其怨○趙 247/132/6
趙從親以合○秦 247/132/8
莫若○宋 248/132/22
莫如○陰 248/132/22
臣又願足下有地效○襄安君以資臣也 248/132/26
若足下不得志○宋 248/132/27
罷○成皋 249/133/3
趙欲搆○秦 249/133/3
而求利○三晉 249/133/15
不利○趙 249/133/15
249/133/17, 249/133/20
秦王內韓珉○齊 249/133/16
內成陽君○韓 249/133/16
相魏懷○魏 249/133/16
國燥○秦 249/133/24
兵分○齊 249/133/24
而兵東分○齊 249/133/25
乃絕和○秦 249/134/5
死不復見○王矣 250/134/9
王不聞公子牟夷之○宋乎 250/134/10
今臣之○王非宋之○公子牟夷也 250/134/11
故臣死不復見○王矣 250/134/12
寧朝○人也 251/134/18
何故寧朝○人 251/134/19
請殺范座○魏 251/134/20
251/134/21
則從事可移○趙 251/134/20
得罪○趙 251/135/1
覆軍殺將之所取、割地○敵國者也 252/135/11
以齊之○燕也 252/135/15
其○奢不然 252/135/15
盡○溝壘 252/135/18
中山案此言○齊曰 253/135/25
四國將假道○衛 253/135/25
客有見人○服子者 257/136/22
昔者堯見舜○草茅之中 257/136/25
○是馮忌乃談 257/136/28
何補○國 258A/137/6
無補○國 258A/137/6
何危○國 258A/137/6
無危○國 258A/137/7
皆無危補○國 258A/137/7
而求所欲○王者也 258A/137/11
則大臣為之枉法○外矣 258A/137/11
故日月暉○外 258A/137/12
其賊在○內 258A/137/12
而禍在○所愛 258A/137/12
○是秦王乃見使者 258B/137/27
大王以孝治聞○天下 258B/137/29
衣服使之便○體 258B/137/29
膳啗使之嗛○口 258B/137/29
未嘗不分○葉陽、涇陽君 258B/138/1
魏敗楚○陘山 260/138/16
令昭應奉太子以委和○薛公 260/138/16
春平侯者言行○趙王 261/138/23
趙氏求救○齊 262/138/28
和○身也 262/139/4
甚○婦人 262/139/9
老臣竊以為媼之愛燕后賢○長安君 262/139/10
至○趙之為趙 262/139/14
而不及今令有功○國 262/139/17
長安君何以自託○趙 262/139/18
○是為長安君約車百乘質○齊 262/139/19
以多取封○秦 263/139/28
知伯索地○魏桓子 264A/140/6
因索蔡、皋梁○趙 264A/140/11
韓、魏反○外 264A/140/11
趙氏應之○內 264A/140/11
韓索兵○魏曰 264B/140/16
已乃知文侯以講○己也 264B/140/18
樂羊坐○幕下而啜之 265/140/22
魏○是乎始強 267/141/9
今君審○聲 268/141/14
臣恐君之聾○官也 268/141/14
魏武侯與諸大夫浮○西河 269/141/19
縣賞罰○前 270/142/8
使民昭然信之○後者 270/142/8
○是索吳起之後 270/142/10
無以異○三軍之衆 272/143/1
不下○楚 272/143/2
禽夫差○干遂 272/143/7
斬紂○牧之野 272/143/7
今乃劫○辟臣之說 272/143/10
不合○韓 273/143/26
不親○楚 273/143/26
一天下、約為兄弟、刑白馬以盟○洹水之上以相堅也 273/143/29
韓劫○秦 273/144/6
魏以董慶為質○齊 274/144/25
以魏為將內之○齊而擊其後 274/144/26
魏怒合○楚 274/144/27
而疑之○楚也 274/144/28
蘇秦拘○魏 275/145/3
陳軫為秦使○齊 276/145/11
請移天下之事○公 276/145/13
魏王使李從以車百乘使○楚 276/145/14
因自言○廷曰 276/145/16
張儀惡陳軫○魏王曰 277/145/28
而反○楚王 277/145/29
因使人先言○楚王 277/145/30

張丑諫○王	279/146/12
不得○王	279/146/12
復諫○王曰	279/146/12
張儀欲以魏合○秦、韓而攻齊、楚	280/146/18
惠施欲以魏合○齊、楚以案兵	280/146/18
人多為張子○王所	280/146/18
以魏合○秦、韓而攻齊、楚	280/146/19
王若相儀○魏	281/146/29
是使儀之計當○秦也	281/147/1
乃遽解攻○魏	281/147/2
公何不以楚佐儀求相之○魏	282/147/7
是王失謀○楚、趙	284/147/20
而樹怨而○齊、秦也	284/147/20
遽○萆下	285/147/29
何不陽與齊而陰結○楚	286/148/3
與魏戰○伊闕	287/148/9
魏令公孫衍乘勝而留○境	287/148/9
以講○秦	287/148/9
臣不知衍之所以聽○秦之少多	287/148/10
而令秦講○王	287/148/10
聞周、魏令竇屢以割魏○奉陽君	287/148/12
必以少割請合○王	287/148/14
而和○東周與魏也	287/148/14
齊王將見燕、趙、楚之相○衛	288/148/18
魏令公孫衍請和○秦	289/148/29
則後必莫能以魏合○秦者矣	289/148/30
○是東見田嬰	292/149/22
身相○韓	292/149/23
舉事○世	293/149/29
王不如舍需○側	293/149/30
吾舉事而不利○魏	293/150/1
需必挫我○王	293/150/1
利○魏與不利○魏	293/150/2
王厝需○側以稽之	293/150/2
臣以為身利而便○事	293/150/2
果厝需○側	293/150/3
史舉非犀首○王	294/150/7
衍請因令王致萬戶邑○先生	294/150/8
至○牛目	296/150/19
昔王季歷葬○楚山之尾	296/150/27
○是出而為之張○朝	296/150/28
得毋嫌○欲亟葬乎	296/150/29
欲講○秦	297/151/11
期○啗宋而已矣	297/151/16
秦必且用此○王矣	297/151/18
又且收齊以更索○王	297/151/19
秦嘗用此○楚矣	297/151/20
又嘗用此○韓矣	297/151/20
則為劫○與國而不得已者	297/151/25
而焉能免國○患	297/151/27
免國○患者	297/151/27
令足下鬻之以合○秦	297/151/29
是免國○患者之計也	297/151/29
黃帝戰○涿鹿之野	297/152/1
又身自醜○秦	297/152/6
嬰子言行○齊王	298/152/15
不習○兵	300/152/27
公子爭之○王	300/152/28
齊、魏戰○馬陵	301/153/3
疏○度而遠○計	301/153/5
王固先屬怨○趙	301/153/5
乃使人報○齊	301/153/8
此其暴○戾定矣	301/153/12
大敗齊○徐州	301/153/16
令太子鳴為質○齊	302/153/20
田需貴○魏王	303A/153/26
今子雖自樹○王	303A/153/28
恐其不忠○下吏	304/154/17
今大王令人執事○魏	304/154/18
舍○秦	304/154/23
魏氏之名族不高○我	304/154/28
土地之實不厚○我	304/154/28
今我講難○秦兵為招質	304/154/29
結怨○外	304/155/1
主患○中	304/155/1
必舍○秦	305/155/7
必效城地○王	305/155/8
魏內太子○楚	305/155/9
龐葱與太子質○邯鄲	306/155/18
今邯鄲去大梁也遠○市	306/155/21
而議臣者過○三人矣	306/155/21
○是辭行	306/155/22
梁王魏嬰觴諸侯○范臺	307/155/26
有一○此	307/156/5
遽割五城以合○魏而支秦	308/156/19
王之所欲○魏者	309/156/23
秦之所欲○魏者	309/156/27
則契折○秦	309/157/2
臣為王責約○秦	309/157/2
秦敗魏○華	310/157/12 311/158/10
是臣之所聞○魏也	310/157/20
願之及楚、趙之兵未任○大梁也	310/157/29
楚、趙怒○魏之先己講也	310/158/2
魏王且入朝○秦	311/158/10
子之○學者	311/158/13
子之○學也	311/158/13
內王○不可知之秦	311/158/18
支期說○長信侯曰	311/158/26
吾內王○秦者	311/158/27
臣能得之○應侯	311/159/3
今君劫○群臣而許秦	312/159/16
○王何損	313/159/28
○王何傷乎	313/159/29
非能彊○魏之兵	314/160/8
非能弱○趙也	314/160/9
魏歃盟○秦	314/160/10
此文之所以忠○大王也	314/160/11
臣效便計○王	314/160/17
割地請講○魏	314/160/24
此○其親戚兄弟若此	315/161/2
而又況○仇讎之敵國也	315/161/2
而以與趙兵決勝○邯鄲之郊	315/161/11
以與楚兵決○陳郊	315/161/13
乃惡安陵氏○秦	315/161/18
又況○使秦無韓而有鄭地	315/161/27
投質○趙	315/161/29
因求故地○韓	315/162/2
其功多○與秦共伐韓	315/162/3
通韓之上黨○共、莫	315/162/6

故荀息以馬與璧假道〇虞 317A/162/21
今國莫強〇趙 317A/162/22
謂樓子〇鄢陵曰 317B/162/28
彼翟子之所惡〇國者 317B/162/29
以為和〇秦也 317B/163/2
〇以攻韓、魏 317B/163/8
欲講攻〇齊王兵之辭也 317B/163/11
楚王怒〇魏之不用樓子 317B/163/12
請合〇楚外齊 317B/163/14
必為合〇齊外〇楚 317B/163/15
何故不能有地〇河東乎 317B/163/17
昔竊聞大王之謀出事〇梁 318/163/21
謀恐不出〇計矣 318/163/21
有蛇〇此 318/163/22
事〇南方 318/163/25
或化〇利 319/164/8
比〇患 319/164/8
自賣〇秦 321/164/26
橫者將圖子以合〇秦 321/164/26
故臣能無議君〇王 324/165/14
不能禁人議臣〇君也 324/165/15
非〇韓也必魏也 325/165/20
今幸而〇韓 325/165/20
西合〇秦 325/165/22
未卒而移兵〇梁 325/165/28
無精〇此者矣 325/165/28
天下爭敵〇秦 325/165/29
秦、趙久相持〇長平之下而無決 327/166/10
天下合〇秦 327/166/11
合〇趙 327/166/11
將令秦王遇〇境 328/166/17
則交惡〇秦 328/166/18
將皆務事諸侯之能令〇王之上者 328/166/18
且遇〇秦而相秦者 328/166/18
故令魏氏收秦太后之養地秦王〇秦 329A/166/24
魏委國〇王 329A/166/25
故委國〇趙也 329A/166/25
索攻魏〇秦 329B/167/3
是智困〇秦 329B/167/3
而交疏〇魏也 329B/167/3
無蔽〇秦者 330/167/11
而以多割〇韓矣 331/167/16
故君不如安行求質〇秦 331/167/16
吳慶恐魏王之構〇秦也 333/167/27
見人〇大行 334/168/4
舉欲信〇天下 334/168/7
令齊資我〇魏 335/168/12
王之所求〇魏者 335/168/13
欲傷張儀〇魏 336/168/18
齊無通〇天下矣 337/168/24
魏使人求救〇秦 338/168/29
人之有德〇我也 339/169/15
吾有德〇人也 339/169/16
困〇思慮 340/170/9
失言〇君 340/170/10
走人〇庭 341/170/17
辟人〇途 341/170/18
聞臣之得幸〇王也 341/170/18
〇是布令〇四境之內曰 341/170/20
執法以下至〇長輓者 342/171/5
雖至〇門閭之下 342/171/5
深〇骨髓 342/171/7
受地〇先生 343/171/14
安陵君因使唐且使〇秦 343/171/15
請廣〇君 343/171/17
安陵君受地〇先生而守之 343/171/18
倉鷹擊〇殿上 343/171/22
休祲降〇天 343/171/23
何至〇此 343/171/25
謂申不害〇韓曰 344B/172/10
子以韓重我〇趙 344B/172/10
請以趙重子〇韓 344B/172/10
申不害始合〇韓王 345/172/15
恐言而未必中〇王也 345/172/15
二人各進議〇王以事 345/172/18
申子微視王之所說以言〇王 345/172/18
非所謂學〇子者也 346/172/22
皆出〇冥山、棠谿、墨陽、合伯膊 347/173/1
何以異〇牛後乎 347/173/9
無以異〇墮千鈞之重 348A/173/24
集〇鳥卵之上 348A/173/24
無過〇此者矣 348A/173/26
非以韓能強〇楚也 348A/174/1
計無便〇此者也 348A/174/2
與之逐張儀〇魏 349/174/16
必不入〇齊 349/174/17
據公〇魏 349/174/17
且王求百金〇三川而不可得 351/174/28
求千金〇韓 351/174/28
兵罷而留〇成皋 352/175/3
鄭彊之走張儀〇秦 354/175/22
彊請西圖儀〇秦 354/175/22
以成陽資翟強〇齊 356A/176/4
秦歸武遂〇韓 356B/176/9
秦王固疑甘茂之以武遂解〇公仲也 356B/176/9
秦王大怒〇甘茂 356B/176/10
秦、韓戰〇濁澤 357/176/15
王不如因張儀為和〇秦 357/176/16
將西講〇秦 357/176/17
為能聽我絕和〇秦 357/176/23
以厚怨〇韓 357/176/23
願大國遂肆意〇秦 357/176/27
且王以使人報〇秦矣 357/177/2
遂絕和〇秦 357/177/4
興師與韓氏戰〇岸門 357/177/4
過聽〇陳軫 357/177/6
失計〇韓明也 357/177/6
仲嗇〇財 358/177/12
公仲躬率其私徒以鬭〇秦 359/177/18
願有復〇公 359/177/21
皆不得親〇事矣 359/177/22
而公獨與王主斷〇國者 359/177/23
公孫郝黨〇韓 359/177/23
而甘戊黨〇魏 359/177/23
而公黨〇楚 359/177/24
而後委國〇甘茂 359/177/26
公何不以秦為韓求穎川〇楚 359/178/1
是令行〇楚而以其地德韓也 359/178/2
此利〇秦 359/178/3

故先王聽諺言〇市 360/178/9
公求中立〇秦 360/178/9
願公之復求中立〇秦也 360/178/11
秦王以公孫郝為黨〇公而弗之聽 360/178/13
甘茂不善〇公而弗為公言 360/178/13
〇秦孰利 360/178/15
〇秦孰強 360/178/15
歸地而合〇齊 360/178/17
不求割地而合〇魏 360/178/18
則信公孫郝〇齊 360/178/20
則信甘茂〇魏 360/178/20
公孫郝黨〇齊而不肯言 360/178/22
鯉與〇秦、魏之遇 361/178/28
恐齊以楚遇為有陰〇秦、魏也 361/178/28
臣賀鯉之與〇遇也 361/179/1
將以合齊、秦而絕齊〇楚也 361/179/1
今鯉與〇遇 361/179/2
齊無以信魏之合己〇秦而攻〇楚也 361/179/2
齊又畏楚之有陰〇秦、魏也 361/179/2
故鯉之與〇遇 361/179/3
今鯉不與〇遇 361/179/3
魏之絕齊〇楚明矣 361/179/3
以視齊〇有秦、魏 361/179/4
而且疑秦、魏〇齊 361/179/4
若夫越趙、魏而鬭兵〇燕 362/179/11
其從〇王者 363/179/16
其〇鞅也不然 364/179/23
今秦欲踰兵〇澠隘之塞 364/179/24
公仲數不信〇諸侯 365/180/3
南委國〇楚 365/180/3
不若聽而備〇其反也 365/180/4
韓令使者求救〇秦 366/180/9
韓之〇秦也 366/180/10
韓急則折而入〇楚矣 366/180/18
公叔且以國南合〇楚 366/180/22
果下師〇殽以救韓 366/180/24
韓令冷向借救〇秦 367/180/28
請道〇南鄭、藍田以入攻楚 367/180/29
出兵〇三川以待公 367/180/29
軍〇南鄭矣 367/181/1
魏折而入〇楚 367/181/2
〇是攻皮氏 367/181/3
甘茂與昭獻遇〇境 367/181/6
以公不如亟以國合〇齊、楚 367/181/8
秦必委國〇公以解伐 367/181/8
夫韓地易〇上 368/181/14
則害〇趙 368/181/14
魏地易〇下 368/181/14
則害〇楚 368/181/15
王何不試以襄子為質〇韓 369/181/21
〇是以太子扁、昭揚、梁王皆德公矣 370/181/28
公叔使馮君〇秦 371/182/3
而害〇韓矣 371/182/4
公欲得武遂〇秦 372/182/9
而令人為公求武遂〇秦 372/182/9
發重使為韓求武遂〇秦 372/182/10
是令得行〇萬乘之主也 372/182/10
今公自以辯〇薛公而輕秦 373/182/17
怒〇室者色〇市 374/182/22
來使者無交〇公 374/182/29
而欲德〇韓擾 374/182/29
鄭強為楚王使〇韓 375/183/3
必縣命〇楚 375/183/5
戰之〇國中必分 376/183/11
是有陰〇韓也 377/183/17
必保〇公 379/183/29
此便〇公 379/183/31
公何不為韓求質子〇楚 380/184/3
楚王聽而入質子〇韓 380/184/3
必以韓合〇秦、楚矣 380/184/4
公又令秦求質子〇楚 380/184/5
則怨結〇韓 380/184/5
以積德〇韓 380/184/6
胡衍之出幾瑟〇楚也 381/184/11
必以韓權報讎〇魏 381/184/13
韓絕〇楚 382/184/19
臣請令楚築萬家之都〇雍氏之旁 383A/184/23
韓且內伯嬰〇秦 383B/184/29
頃間有鵲止〇屋上者 384/185/11
嚴遂重〇君 385/185/18
韓傀以之叱之〇朝 385/185/18
〇是嚴遂懼誅 385/185/19
避仇隱〇屠者之間 385/185/21
嚴遂陰交〇聶政 385/185/21
〇是嚴遂乃具酒 385/185/23
韓取聶政屍〇市 385/186/16
亦自殺〇屍下 385/186/22
聶政之所以名施〇後世者 385/186/24
令用事〇韓以完之 386/187/7
安成君東重〇魏 386/187/8
而西貴〇秦 386/187/9
操右契而為公責德〇秦、魏之主 386/187/9
齊怒〇不得魏 386/187/10
今有一舉而可以忠〇主 387/187/17
便〇國 387/187/17
利〇身 387/187/17
今公以韓先合〇秦 387/187/19
是其〇主也至忠矣 387/187/20
是其〇國也 387/187/22
周佼以西周善〇秦 387/187/22
而封〇梗陽 387/187/22
周啓以東周善〇秦 387/187/22
而封〇平原 387/187/23
韓之重〇兩周也無計 387/187/23
萬〇周之時 387/187/24
今公以韓為天下先合〇秦 387/187/24
是其〇身大利也 387/187/25
此韓珉之所以禱〇秦也 388/188/2
秦王欲出事〇梁 389/188/12
梁必怒〇韓之不與己 389/188/14
我執珪〇魏 390/188/25
魏君必得志〇韓 390/188/25
必外靡〇天下矣 390/188/25
是我免〇一人之下 390/188/26
而信〇萬人之上也 390/188/26
今之韓弱〇始之韓 390/188/27
而今之秦強〇始之秦 390/188/27
穆公一勝〇韓原而霸西州 390/189/1

晉文公一勝○城濮而定天下 390/189/1
成功名○天下 390/189/2
非以求主尊成名○天下也 390/189/3
保○會稽之上 390/189/5
越王使大夫種行成○吳 390/189/5
無不任事○周室也 391/189/20
韓陽役○三川而欲歸 392/189/28
王○是召諸公子役○三川者而歸之 392/189/29
韓之美人因言○秦曰 393/190/5
張丑之合齊、楚講○魏也 394/190/11
則必以地和○齊、楚 394/190/11
因講○魏 394/190/14
為惡○秦也 395/190/19
而善平原君乃所以惡○秦也 395/190/19
士唐客○諸公 396A/190/27
韓侈且伏○山中矣 396B/191/6
皆曰以燕亡○齊 396C/191/13
魏亡○秦 396C/191/13
無幾○王之明者 396C/191/20
臣故願公仲之國以侍○王 396C/191/20
大怒○周之留成陽君也 397/191/25
且明公之不善○天下 397/191/27
與欲有求○齊者 397/191/28
次弗納○君 398/192/4
韓謁急○秦 399/192/9
大敗趙、魏○華陽之下 399/192/13
楚之齊者知西不合○秦 400/192/17
必且務以楚合○齊 400/192/17
不如先收○楚之齊者 400/192/19
楚之齊者先務以楚合○齊 400/192/19
韓氏逐向晉○周 401/192/24
是王有向晉○周也 401/192/25
是魏有向晉○周 401/192/26
公孫綦為人請御史○王 403/193/9
秦見君之交反善○楚、魏也 405/193/20
秦出兵○三川 405/193/21
能無議君○王 406/193/26
而不能令人毋議臣○君 406/193/27
故纆牽○事 407/194/5
○秦亦萬分之一也 407/194/6
足食○民矣 408/194/12
以趙之為蔽○南也 408/194/14
軍○東垣矣 408/194/17
戰○千里之外 408/194/18
戰○百里之內 408/194/18
計無過○此者 408/194/19
○是齎蘇秦車馬金帛以至趙 408/194/23
奉陽君李兌甚不取○蘇秦 409/194/27
何吾合燕○齊 409/194/30
夫制○燕者蘇子也 409/195/1
蘇秦能抱弱燕而孤○天下哉 409/195/2
是驅燕而使合○齊也 409/195/2
不如以地請合○齊 410/195/10
令郭任以地請講○齊 410/195/11
願為兄弟而請罪○秦 411/196/1
人有惡蘇秦○燕王者 412/196/5
尊之○廷 412/196/5
而足下迎臣○郊 412/196/9
顯臣○廷 412/196/9
傷臣○王者 412/196/10
義不離親一夕宿○外 412/196/14
餓而死○首陽之山 412/196/15
何肯楊燕、秦之威○齊而取大功乎哉 412/196/16
則齊不益○營丘 412/196/18
不窺○邊城之外 412/196/19
且臣有老母○周 412/196/19
所謂以忠信得罪○君者也 412/196/21
然不免○笞 412/196/28
約與代王遇○句注之塞 413/197/4
○是酒酣樂進取熱歠 413/197/5
且今時趙之○秦 413/197/11
至○邯鄲 415/197/28
所聞○邯鄲者 415/197/28
又高○所聞東周 415/197/28
寡人之○齊、趙也 415/198/5
謀未發而聞○外 415/198/7
我有深怨積怒○齊 415/198/11
則寡人奉國而委之○子矣 415/198/12
而亡國之臣貪○財 415/198/26
吾終以子受命○天矣 415/198/29
蘇秦死○齊 416A/199/3
蘇代為齊使○燕 416A/199/6
○是燕王大信子之 416A/199/8
以其讓天下○許由 416A/199/11
是禹名傳天下○益 416A/199/16
乃使蘇代持質子○齊 416B/200/6
○是燕王專任子之 416B/200/7
○是出蘇伐之宋 417/200/16
天下之士必趨○燕矣 418/200/28
涓人言○君曰 418/201/1
○是不能期年 418/201/3
況賢○隗者乎 418/201/4
○是昭王為隗築宮而師之 418/201/7
○是遂以樂毅為上將軍 418/201/8
閔王出走○外 418/201/9
而寄質○齊 419/201/14
將欲以除害取信○齊也 419/201/16
而齊未加信○足下 419/201/16
越王勾踐棲○會稽 419/201/23
使使盟○周室 419/201/24
今涇陽君若高陵君先○燕、趙 419/201/28
燕欲報仇○齊 419/202/9
今有人○此 420/202/14 442/218/15
西勞○宋 420/202/29
南罷○楚 420/202/29
子以此為寡人東游○齊 420/203/1
見罪○左右 420/203/4
○是因令其妾酌藥酒而進之 420/203/8
○是因佯僵而仆之 420/203/10
今臣為足下使○齊 420/203/12
恐忠信不諭○左右也 420/203/12
不制○人臣 420/203/13
不制○眾人 420/203/13
不制○妻妾 420/203/13
而又況○當世之賢主乎 420/203/13
願足下之無制○群臣也 420/203/14

秦之行暴○天下 422/203/28
輕舟浮○汶 422/203/28
乘舟出○巴 422/203/29
則以宋委○齊 422/204/9
則以齊委○天下曰 422/204/13
則以南陽委○楚曰 422/204/17
茍利○楚 422/204/18
魏棄與國而合○秦 422/204/18
兵困○林中 422/204/20
以膠東委○燕 422/204/20
以濟西委○趙 422/204/20
趙得講○魏 422/204/20
兵傷○離石 422/204/21
遇敗○馬陵 422/204/21
則以葉、蔡委○魏 422/204/21
已得講○趙 422/204/22
蘇代復重○燕 422/205/1
蘇代為奉陽君說燕○趙以伐齊 423/205/6
令齊絕○趙 423/205/6
齊已絕○趙 423/205/6
臣死而齊大惡○趙 423/205/10
今其言變有甚○其父 424/205/17
惡交分○臣也 424/205/23
如是則近○相攻 424/205/28
蘇子怒○燕王之不以吾故 424/205/28
其疑至○此 424/206/1
始可著○春秋 424/206/3
管仲逃○魯 424/206/4
孔子逃○衛 424/206/4
張儀逃○楚 424/206/4
白珪逃○秦 424/206/5
薛公釋戴逃出○關 424/206/6
卒絕齊○趙 424/206/8
趙合○燕以攻齊 424/206/8
比三旦立○市 425/206/13
今臣欲以駿馬見○王 425/206/15
臣之○兵 426/206/27
而與燕人戰○晉下 426/207/1
而報○閔王曰 426/207/2
請自歸○吏以戮 426/207/2
日者齊不勝○晉下 426/207/5
遂將以與燕戰○陽城 426/207/8
蘇代自齊獻書○燕王曰 427/207/13
臣貴○齊 427/207/13
將多望○臣 427/207/14
將歸罪○臣 427/207/14
上可以得用○齊 427/207/16
次可以得信○下 427/207/16
期○成事而已 427/207/17
至○虛北地行其兵 427/207/19
將令燕王之弟為質○齊 428/207/26
憂公子之且為質○齊也 428/208/1
公子賤○布衣 428/208/8
而有齊人仕○燕者 429/208/15
易○救患 430/208/21
是故謀者皆從事○除患之道 430/208/22
為將軍久暴露○外 431/209/10
而又害○足下之義 431/209/15
而又不白○臣之所以事先王之心 431/209/16
故假節○魏王 431/209/21
而以身得察○燕 431/209/21
不謀○父兄 431/209/22
我有積怨深怒○齊 431/209/25
閑○兵甲 431/209/26
習○戰攻 431/209/26
莫徑○結趙矣 431/209/27
南使臣○趙 431/209/29
隨先王舉而有之○濟上 431/209/29
大呂陳○元英 431/210/1
故鼎反○厤室 431/210/1
齊器設○寧臺 431/210/2
植○汶皇 431/210/2
故著○春秋 431/210/6
故稱○後世 431/210/6
皆可以教○後世 431/210/8
故吳王遠迹至○郢 431/210/10
數奉教○君子矣 431/210/16
南使○齊 433/211/18
與其得百里○燕 433/211/23
不如得十里○宋 433/211/23
絕交○齊 433/211/26
燕因合○魏 435/212/13
燕使太子請救○楚 436/212/17
○是遂不救燕 436/212/19
通使○魏 436/212/21
張丑為質○燕 437/212/26
趙民其壯者皆死○長平 438/213/3
其民皆習○兵 438/213/5
趙使廉頗以八萬遇栗腹○鄗 438/213/7
使樂乘以五萬遇慶秦○代 438/213/7
君之○先王也 438/213/12
今君厚受位○先王以成尊 438/213/16
難得○君矣 438/213/17
且世有薄○故厚施 438/213/17
○為君擇之也 438/213/18
而明怨○外 438/213/21
恐其適足以傷○高而薄○行也 438/213/21
柳下惠吏○魯 438/213/24
寧○故國爾 438/213/25
茲之所以受命○趙者 439/214/6
無妨○趙之伐燕也 439/214/7
必不復受○秦矣 439/214/13
燕太子丹質○秦 440/214/18
而積怨○燕 440/214/24
北講○單于 440/214/26
且非獨○此也 440/214/27
夫樊將軍困窮○天下 440/214/27
歸身○丹 440/214/27
丹終不迫○強秦 440/214/27
願因太傅交○田先生 440/214/29
願圖國事○先生 440/215/1
願因先生得願交○荊軻 440/215/7
言足下○太子 440/215/12
願足下過太子○宮 440/215/13
數困○兵 440/215/24
使○秦 440/215/25
彼大將擅兵○外 440/215/26
○是尊荊軻為上卿 440/216/1
乃遂私見樊○期曰 440/216/11
常痛○骨髓 440/216/13
樊○期乃前曰 440/216/14
樊○期偏袒扼腕而進曰 440/216/16
乃遂收盛樊○期之首 440/216/18
○是荊軻遂就車而去 440/217/1
嘉為先言○秦王曰 440/217/4
謹斬樊○期頭 440/217/6
荊軻奉樊○期頭函 440/217/9
使畢使○前 440/217/11
皆率其精兵東保○遼東

440/217/25
宋使臧子索救○荊 441/218/3
夫救○小宋而惡○大齊 441/218/4
恐不免○罪矣 443/218/30
而徵師○宋 444/219/3
宋君使使者請○趙王曰 444/219/3
今徵師○弊邑 444/219/3
宋人止○此矣 444/219/12
德施○梁而無怨○趙 444/219/12
宋因賣楚重以求講○齊 446A/219/22
以明宋之賣楚重○齊也 446A/219/23
必絕○宋而事齊 446A/219/23
有雀生（鷀）〔鸇〕○城之陬 447/220/6
○是滅滕伐薛 447/220/7
使人迎之○境 448B/220/22
今蒲入○魏 449/220/28
衛必折○魏 449/220/28
今并衛○魏 449/220/29
請厚子○衛君 449/221/2
胡衍取金○蒲 449/221/2
以自重○衛 449/221/3
夫人○事己者過急 450/221/11
○事人者過緩 450/221/12
今王緩○事己者 450/221/12
安能急○事人 450/221/12
始君之所行○世者 451/221/18
縲錯主斷○國 451/221/19
教化喻○民 452A/221/28
賢○為趙、魏驅羊也 454/222/25
何侔名○我 455/223/7
公何患○齊 455/223/9
以積厚○燕、趙 455/223/24
徒欲以離我○中山 455/223/25
○君何如 456/224/4
司馬憙頓首○軾曰 456/224/5
司馬子期怒而走○楚 459B/225/16
其○當厄 459B/225/19
其○傷心 459B/225/20
作羹致○樂羊 460/225/24
三軍之俸有倍○前 461/225/30
而與戰之○伊闕 461/226/11
今趙卒之死○長平者已十七、八 461/226/13
人數倍○趙國之眾 461/226/13
以掠○郊野 461/226/18
今秦破趙軍○長平 461/226/23
至○平原君之屬 461/226/25
皆令妻妾補縫○行伍之間 461/226/25
猶勾踐困○會稽之時也 461/226/26
以言○王 461/226/30
將加重○君 461/227/3
得免○罪 461/227/4
不免○誅 461/227/4
必欲快心○趙 461/227/6

屋 wū 7

見說趙王於華○之下 40/14/6
安行而反臣之邑○ 136B/68/16
毋發○室 216/111/20
長羊、王○、洛林之地也 309/156/24,309/156/27
魏之所以獻長羊、王○、洛林之地者 309/157/5
頃間有鵲止於○上者 384/185/11

洿 wū 2

必以其血○其衣 134/66/13
沈○鄙俗之日久矣 199/101/9

烏 wū 13

非效鳥集○飛 1/1/14
於是乃摩燕○集闕 40/14/6
秦○能與齊縣衡韓、魏 70/28/16
○獲之力而死 73A/30/7
424/205/24
猶○獲之與嬰兒也 348A/173/23
夫戰孟賁、○獲之士 348A/173/23
謂之○ 384/185/12
此○不為○ 384/185/14
人之飢所以不食○喙者 411/195/22
此食○喙之類也 411/195/24
今夫○獲舉千鈞之重 420/202/28

鳴 wū 1

○呼上天 197/100/11

誣 wū 1

以私○國 221/118/12

毋 wú 28

辛、張陽、○澤說魏王、薛公、公叔也 67/27/19
公不若○多 68/28/4
權何得○分 74/33/1
臣願王之○獨攻其地 75/33/8
○相與鬬者 77/33/24
因曰『○敢思也』 80/35/5
○翼而飛 80/35/8
稱之而○絕 81/35/29
極身○二 81/36/2
○與齊東國 195/99/12
○伐樹木 216/111/20
○發屋室 216/111/20
殆○顧天下之議矣 221/116/23
難夫○脊之厚 225/121/1
道稱疾而○行 278/146/5
○謂天下何 292/149/21
令○敢入子之事 292/149/22
得○嫌於欲亟葬乎 296/150/29
請為王○禁楚之伐魏也 297/151/14
王○行矣 311/159/3
先生○復言也 366/180/19
請○用兵 370/181/26
子有辭以○戰 370/181/27
○秦患而得楚 372/182/11
今韓之父兄得眾者○相 396A/190/26
而不能令人○議臣於君 406/193/27
王誠能○愛寵子、母弟以為質 415/198/26
曩者使燕○去周室之上 420/202/23

吾 wú 262

〇又恐東周之賊己而以輕西周惡之於楚 20/7/21
〇收之以飢 25/9/6
然〇使者已行矣 25/9/8
〇無徵甲與粟於周 25/9/9
〇得將為楚王屬怒於周 28/10/3
不如令太子將軍正迎〇得於境 28/10/3
令天下皆知君之重〇得也 28/10/4
周君所以事〇得者器 28/10/4
而〇得無效也 28/10/5
〇欲使武安子起往喻意焉 41A/14/26
內者量〇謀臣 42/16/25
外者極〇兵力 42/16/25
內者〇甲兵頓 42/16/26
〇聞子欲去秦而之楚 48B/19/19
〇不忠於君 48B/19/22
〇不之楚 48B/19/22
〇能聽子言 49/20/1
〇又自知子之楚 49/20/2
〇欲伐齊 50/20/20
〇事善矣 50/21/7
以待〇事 50/21/7
是〇合齊、秦之交也 50/21/15
〇子不殺人 55/23/15
韓、楚乘〇弊 56/23/27
今〇得子 73B/32/12
〇勝叢 74/32/16
〇嘗無子 79/34/15
〇與王也 80/35/3
〇特以三城從之 83A/38/18
〇愛三城而不講 83A/38/19
鈞〇悔也 83A/38/20
〇不知水之可亡人之國也 83B/39/2
〇將還其委質 88/42/19
今子聽〇計事 93/44/23
〇為子使秦 93/44/24
〇楚人也 93/45/10
〇令剛成君蔡澤事燕三年 94/45/24
今〇自請張卿相燕 94/45/24
〇聞子以寡人財交於諸侯 96/48/4
破〇家 101/49/25
〇無辭為之 101/49/26
〇不忍也 101/50/7,385/186/21
〇獨謂先王何乎 101/50/9
〇豈可以先王之廟與楚乎 101/50/9
〇三戰而三勝 104/51/16
〇孰與徐公美 108/52/15
〇與徐公孰美 108/52/16
〇妻之美我者 108/52/20
〇使者章子將也 109/53/12
戰於番〇之下 113/55/21
〇與國也 114/56/3
〇將救之 114/56/3
衍也〇讎 116/57/6
是必與衍鬻〇國矣 116/57/7
〇能為之足 117/57/16
然則〇中立而割窮齊與疲燕也 119/58/3
〇為王殺太子 122/58/28
〇將與三國共立之 122/58/29
〇已盡知之矣 124/60/23
〇所未聞者 124/60/24
〇西岸之土也 124/60/29
然〇毀之以為之也 126/61/21
以〇毀之者也 126/61/22
〇以身為孟嘗君 126/61/22
〇負之 133/65/3
視〇家所寡有者 133/65/6
君云『視〇家所寡有者』 133/65/12
則〇倚門而望 144/74/28
則〇倚閭而望 144/74/29
〇聞之 145/75/11
且〇聞 145/76/1
女聞〇言乎 146/76/24
〇為〇之王禮而已矣 147/77/20
〇不若也 147/77/23,147/77/24
齊桓公得管夷〇以為仲父 147/77/25
非〇種也 149B/79/3
汙〇世矣 149B/79/3
彼懼〇兵而營我利 153/80/21
〇聞北方之畏昭奚恤也 154/81/3
〇為子先行 154/81/5
而魏入〇君臣之間 157B/82/6
夫泄〇君臣之交 157B/82/7
〇相甘茂可乎 166/85/4
〇將深入吳軍 170/89/6
〇被堅執銳 170/89/11
〇固以為天下莫若是兩人也 182/94/25
〇將使人因魏而和 185/95/23
〇欲先據之以加德焉 187/96/10
〇與子出兵矣 195/99/12
今〇安居而可 203/104/5
〇城郭之完 203/104/8
〇銅少若何 203/104/10
〇不能守矣 203/104/16
〇與二主約謹矣 203/104/28
則〇所得者少 203/105/5
〇聞輔主者名顯 204A/105/21
〇其報知氏之讎矣 204B/106/9
〇謹避之耳 204B/106/11
狀貌不似〇夫 204B/106/13
其音何類〇夫之甚也 204B/106/13
凡〇所謂為此者 204B/106/16
〇所為難 204B/106/17
〇君不能用也 208/108/4
〇請資先生厚用 208/108/5
三百里通於燕之唐、曲〇 209/108/23
〇將伐之 211/109/15
〇始已諾於應侯矣 211/109/22, 311/158/23,311/159/2
人懷〇義 211/109/28
是〇處三不義也 211/110/13
〇已大矣 212/110/22
〇苦夫匠人 212/110/22
此非〇所苦也 212/110/23
是故〇事也 212/110/23
〇所苦夫鐵鉆然 212/110/23
據番〇 218/113/8,220/115/25
今〇欲繼襄主之業 221/116/18
今〇將胡服騎射以教百姓 221/116/20
〇恐天下笑之 221/116/26
胡地中山〇必有之 221/116/27
〇恐天下議之也 221/117/1
〇固聞叔之病也 221/117/13
〇之所言者 221/117/19
今〇國東有河、薄洛之水 221/117/20
侵掠〇地 221/117/24
係累〇民 221/117/24

過番○ 222/119/3
○聞信不棄功 224/120/15
○非不說將軍之兵法也 225/120/23
○欲北伐上黨 231/123/8
○國尚利 233/124/22
必入○使 235/126/2
始○以君為天下之賢公子也 236/126/20
○乃今然后知君非天下之賢公子也 236/126/21
○請為君責而歸之 236/126/21
○聞魯連先生 236/126/23
○不願見魯連先生也 236/126/24
○視居北圍城之中者 236/126/27
今○視先生之玉貌 236/126/28
○不忍為之民也 236/127/2
○將使梁及燕助之 236/127/3
燕則○請以從矣 236/127/3
則○乃梁人也 236/127/4
然○將使秦王烹醢梁王 236/127/11
待○言之 236/127/15
子將何以待○君 236/127/18
○將以十太牢待子之君 236/127/19
子安取禮而來待○君 236/127/19
彼○君者 236/127/19
○將伏劍而死 236/127/23
○乃今日而知先生為天下之士也 236/128/1
○請去 236/128/2
○聞夢見人君者 239B/129/15
○已與樓子有言矣 250/134/14
○所以重者 256/136/15
○非為燕也 256/136/17
○固將逐之 256/136/17
○往賀而獨不得通 258B/137/17
○所使趙國者 258B/137/23
小大皆聽○言 258B/137/23
若不從○言 258B/137/24
而獨以○國為知氏質乎 264A/140/10
○與虞人期獵 267/141/8
○君之言 269/141/20
○乃今日聞聖人之言也 269/142/1
今○為子外之 292/149/21
○為子殺之亡之 292/149/22
需非○人也 293/150/1
○舉事而不利於魏 293/150/1
○未有以言之也 296/150/23
○常欲悉起兵而攻之 301/153/4
○恐張儀、薛公、犀首之有一人相魏者 303B/154/3
○欲太子之自相也 303B/154/4
○恐張儀、薛公、犀首有一人相魏者 303B/154/7
○所賢者 311/158/11
○所大者 311/158/12
○內王於秦者 311/158/27
○以為魏也 311/158/27
○已許秦矣 312/159/15
○歲不熟二年矣 314/160/15
○已合魏矣 317B/163/8
此○事也 317B/163/14
○欲與秦攻韓 320/164/15
秦許○以垣雍 327/166/9
○請先天下構 332/167/21
○馬良 334/168/5
○用多 334/168/5
○御者善 334/168/6
○憎人也 339/169/15
○有德於人也 339/169/16
○將仕之以五大夫 340/169/23
今○攻管而不下 340/169/28
○先君成侯 340/170/1
○已全己 340/170/6
豈可使○君有魏患也 340/170/7
今○以十倍之地 343/171/17
○誰與而可 345/172/16
聽○計則可以強霸天下 348A/173/25
○欲兩用公仲、公叔 348B/174/9
○合秦、楚 359/177/19
○甚欲韓合 359/177/29
○得為役之日淺 385/185/22
滅○弟之名 385/186/19
此○弟軹深井里聶政也 385/186/22
○愛宋 388/187/29
○固患韓之難知 388/188/3
然而○弗為云者 391/189/16
雖為桓公○弗為云者 391/189/18
○欲以國輔韓珉而相之可乎 396A/190/26
○難敗其法 403/193/10
何○合燕於齊 409/194/30
若不○救 410/195/11
○已為藥酒以待之矣 412/196/26
○聞齊有清濟、濁河 415/198/21
○終以子受命於天矣 415/198/29
○請拜子為上卿 420/203/1
○已為藥酒而待其來矣 420/203/8
○以此飲○主父 420/203/9
則殺○主父 420/203/9
以此事告○主父 420/203/9
則逐○主母 420/203/10
與殺○父、逐○主母者 420/203/10
○必守子以甲 423/205/9
○所恃者順也 424/205/17
○無齊矣 424/205/18
蘇子怒於燕王之不以○故 424/205/28
○必不聽眾口與讒言 427/207/16
○信汝也 427/207/16
○欲用所善 427/207/20
公聽○言而說趙王曰 430/208/23
○得趙矣 435/212/11,435/212/11
○要且死 437/212/28
○以倍攻之 438/213/5
○使趙有之 439/214/11
不知○精已消亡矣 440/215/6
不知○形已不逮也 440/215/11
○每念 440/216/12
待○客與俱 440/216/25
○自宋聞子 442/218/10
○欲藉子殺王 442/218/11
○義固不殺王 442/218/11
則○何以告子而可乎 444/219/8
先知○謀也 448A/220/17
○必取蒲 449/221/1
子聽○言也以說君 451/221/17
非子莫能○救 454/222/17
○恐其不○據也 455/223/10
柰何○弗患也 455/223/11
○食其肉 456/224/4
○知之矣 456/224/6
○願請之 458/224/30
○以一杯羊羹亡國 459B/225/20
○不能滅趙乎 461/226/30

吳 wú 64

王獨不聞○人之遊楚者乎 51/21/27
誠思則將○吟 51/21/28
今軫將為王○吟 51/21/29
○不亡越 66/27/11
越故亡○ 66/27/11
○亡於越 66/27/11
乞食於○市 73A/30/10
卒興○國 73A/30/10
梁人有東門○者 79/34/14
東門○曰 79/34/15
楚之○起 81/35/30
○起事悼王 81/36/3
不能存○ 81/36/8
商君、○起、大夫種 81/36/13, 81/36/14
商君、○起、大夫種不若也 81/36/15
不過商君、○起、大夫種 81/36/18
○王夫差無適於天下 81/36/22
○起為楚悼罷無能 81/37/1
以禽勁○ 81/37/4
則商君、白公、○起、大夫種是也 81/37/9
○見伐齊之便 87/41/10
○之信越也 87/41/11
此正○信越也 87/41/16
○王夫差棲越於會稽 89/43/8
以王為○、智之事也 89/43/15
南使荊、○ 96/47/26
昔○王夫差以強大為天下先 142/72/3
雖有闔閭、○起之將 142/73/16
是孫臏、○起之兵也 145/75/21
威信○、楚 145/76/9
且大王嘗與○人五戰三勝而亡之 168/87/5
昔者○與楚戰於柏舉 170/89/5
吾將深入○軍 170/89/6
昔○與楚戰於柏舉 170/89/10
○與楚人戰於柏舉 170/89/15
與○人戰於濁水而大敗之 170/89/17
○與楚戰於柏舉 170/89/20
大○之國也 221/117/15
是○、越無俊民也 221/118/25
夫○干之劍 225/120/28
且夫○干之劍材 225/121/1
此乃強○之所以亡 231/123/13
○起對曰 269/141/20, 269/141/23
此○起餘教也 270/142/6
於是索○起之後 270/142/10
○慶恐魏王之構於秦也 333/167/27
○與越戰 390/189/4
○人入越而戶撫之 390/189/5
越王使大夫種行成於○ 390/189/5
○人果聽其辭 390/189/6
其後越與○戰 390/189/6
○人大敗 390/189/6
反以越事○之禮事越 390/189/7
遂殘○國而禽夫差 390/189/7
宜使如○ 390/189/8
而攻心不如○ 390/189/9
而後殘○霸天下 419/201/23
伍子胥逃楚而之○ 424/206/2
昔者○伐齊 430/208/23
是使弱趙居強○之處 430/208/25
故○王遠迹至於郢 431/210/10
故○王夫差不悟先論之可以立功 431/210/11

郚 wú 1

趙以公子○為質於秦 228/121/26

梧 wú 5

南有洞庭、蒼○ 167/85/16
樓○約秦、魏 328/166/17
不能愛其許、鄢陵與○ 364/179/25
乃見○下先生 450/221/7
○下先生曰 450/221/7

無 wú 748

夫秦之為○道也 1/1/4
猶○與耳 1/1/17
秦必○功 2/1/24
○功 2/1/24, 247/131/21
則○加焉矣 2/1/27
○他種矣 4/2/20
秦必○辭而令周弗受 5B/3/6
必○處矣 7/3/16
○忠臣以掩蓋之也 8B/3/30
使○多割 10B/4/20
齊○秦 11B/5/5
而王○人焉 14A/6/1
○因事也 14A/6/2
○變 14B/6/8
則王亦○齊之累也 14B/6/10
張於○鳥之所 16/6/21
則終日○所得矣 16/6/21
必張於有鳥○鳥之際 16/6/21
小人○可以求 16/6/22
而○適立也 17/6/27
韓、魏南○楚憂 22/8/5
西○秦患 22/8/5
君不如令弊邑陰合於秦而君○攻 22/8/6
又○藉兵乞食 22/8/6
君臨函谷而○攻 22/8/6
秦得○破 22/8/8
而薛世世○患 22/8/9
而使三國○攻秦 22/8/10
○備故也 24/8/25
周君豈能○愛國哉 24/8/28
○以守城 25/9/6
吾○徵甲與粟於周 25/9/9
而吾得○效也 28/10/5
必○獨知 30/10/17
奉養○有愛於最也 30/10/19
而王○之扞也 32/11/3
公平○私 39/12/22
民○所聊 40/13/20
不攻○攻相事也 42/15/17
此○異故 42/15/23
一戰不勝而○齊 42/15/27
○與禍鄰 42/16/1
此固已○伯王之道一矣 42/16/5
此固已○伯王之道二矣 42/16/9
此固已○伯王之道三矣 42/16/11
居○幾何 49/20/4, 53/22/18
寡人遂○柰何也 49/20/11
○大大王 50/20/23
亦○大大王 50/20/23
亦○先齊王 50/20/24

亦○大齊王	50/20/24
子其弭口○言	50/21/7
○刺一虎之勞	51/22/2
而○伐楚之害	51/22/3
聽○失本末者難惑	51/22/5
則諸侯必見張儀之○秦矣	52/22/10
中國○事於秦	53/22/15
○奈秦何矣	56/23/28
寡人固○地而許楚王	56/23/29
是○伐之日已	57/24/5
今公用兵○功	58/24/11
是樗里疾、公孫衍○事也	58/24/12
有家貧而○燭者	61A/24/28
家貧○燭者將去矣	61A/24/28
妾以○燭	61A/24/29
幸○我逐也	61A/25/1
不為○行	63/26/7
亦必○患矣	63/26/13
則韓、魏必○上黨哉	63/26/13
○知也	64/26/20
明知死者之○知矣	64/26/21
葬於○知之死人哉	64/26/21
世世○患	66/27/14
而○他慮也	66/27/15
必○患矣	67/27/20
則久留臣○為也	72/29/1
獨不重任臣者後○反覆於王前耶	72/29/3
見者○不變色易容者	73A/29/23
宮中虛○人	73A/29/23
是周○天子之德	73A/30/2
而文、武○與成其王也	73A/30/2
○以餌其口	73A/30/9
○益於殷、楚	73A/30/11
○與照姦	73A/30/14
事○大小	73A/30/20
○疑寡人也	73A/30/20
膚寸之地○得者	73A/31/3
涇陽、華陽擊斷○諱	73B/31/28
下乃所謂○王已	73B/32/1
卒○秦王	73B/32/6
得○危乎	74/32/19
國○事	74/32/23
雖欲○為之下	78/34/6
天下○有	79/34/15
吾嘗○子	79/34/15
○子之時不憂	79/34/15
乃即與○子時同也	79/34/16
臣○諸侯之援	80/35/12
而○過舉之名	80/35/14
傳之○窮	81/35/29
○憾悔	81/36/6
○明君賢父以聽之	81/36/9
吳王夫差○適於天下	81/36/22
故秦○敵於天下	81/36/24
吳起為楚悼罷○能	81/37/1
廢○用	81/37/1
使馳說之士○所開其口	81/37/2
○危咸陽而悔也	83A/38/20
猶○奈寡人何也	83B/38/27
今以○能之如耳、魏齊	83B/38/27
其○奈寡人何	83B/38/28
魏請○與楚遇而合於秦	84B/39/17
是示天下○楚也	85/39/28
王能使臣○拜	86/40/6
天下有其實而○其名者	86/40/7
有○其實而有其名者	86/40/7
有○其名又○其實者	86/40/8
有其實而○其名者	86/40/8
○把銚推耨之勢	86/40/9
此有其實而○其名者也	86/40/9
○其實而有其名者	86/40/9
○積粟之實	86/40/10
此○其實而有其名者也	86/40/10
○其名又○其實者	86/40/10
○孝之名	86/40/11
○孝之實	86/40/11
天下未嘗○事也	86/40/17
使○復後患	87/41/5
非○大功也	87/41/11
王既○重世之德於韓、魏	87/41/17
鬼神狐祥○所食	87/41/20
○得地之實也	87/41/24
而○後患	87/42/3
是燕、趙○齊、楚	87/42/11
○燕、趙也	87/42/12
衛○東野	88/42/18
○禮於宋	89/43/9
三者非○功也	89/43/10
○數	93/44/19
今子○母於中	93/44/22
君之門下○不居高尊位	93/44/26
太子門下○貴者	93/44/26
必○危亡之患矣	93/44/29
王后○子	93/44/29
○母於內	93/45/1
是子異人○國而有國	93/45/2
王后○子而有子也	93/45/2
○母於中	93/45/5
嘗○師傅所教學	93/45/11
大王○一介之使以存之	93/45/13
○異故	94/46/9
百舉而○及秦者	95/46/21
是臣○以事大王	95/46/29
非○賢人	95/47/16
則○忠臣矣	96/48/8
○咫尺之功者不賞	96/48/15
猶之○益也	99/49/14
吾○辭為之	101/49/26
○幾何	101/50/1,245/131/1
聽則○有	101/50/5
必○今日之患也	101/50/7
將軍○解兵而入齊	105/51/22
○可進者	108/53/2
不用有魯與○魯	110/53/22
齊○所出其計矣	111/54/12
其民○不吹竽、鼓瑟、擊筑、彈琴、鬭雞、走犬、六博、蹹踘者	112/54/27
今○臣事秦之名	112/55/7
天下強國○過齊者	113/55/14
○過齊者	113/55/14
將○奈我何	113/55/16
出兵函谷而○伐	115/56/18
	115/56/26
蛇固○足	117/57/16
戰○不勝而不知止者	117/57/18
倍秦則齊○患矣	118/57/25
趙○以食	120/58/11
臣聞謀泄者事○功	122/59/5
則君○敗矣	122/59/7
齊○辭	122/59/22
文○以復侍矣	125/61/7
我○分寸之功而得此	126/61/21
齊、衛後世○相攻伐	128/62/14
足下能使僕○行	130/63/5
子教文○受象床	130/63/13
○勞勸之苦	132A/64/2

公子○忌為天下循便計 132B/64/8
客○好也 133/64/21
客○能也 133/64/21
食○魚 133/64/24
出○車 133/64/25
○以為家 133/64/27
○使乏 133/64/29
○纖介之禍者 133/65/30
○不被繡衣而食菽粟者 135/66/23
君得○有所怨齊士大夫 136A/67/3
而百○不親附 136B/67/22
滅亡○族之時 136B/67/27
是故○其實而喜其名者削 136B/67/29
○德而望其福者約 136B/67/29
○功而受其祿者辱 136B/68/1
華而○其實德者也 136B/68/2
○有 136B/68/3, 169/88/3, 262/139/15
是以君王○羞亟問 136B/68/3
○形者 136B/68/4
○端者 136B/68/4
○罪以當貴 136B/68/15
當今之世○士 137/69/2
世○騏驎騄耳 137/69/3
世○東郭俊、盧氏之狗 137/69/3
世○毛嬙、西施 137/69/4
何患○士 137/69/4
非左右便辟○使也 137/69/7
歲亦○恙耶 138/69/13
民亦○恙耶 138/69/13
王亦○恙耶 138/69/13
苟○歲 138/69/15
苟○民 138/69/15
○恙耶 138/69/16
○糧者亦食 138/69/17
○衣者亦衣 138/69/17
葉陽子○恙乎 138/69/18
北宮之女嬰兒子○恙耶 138/69/19
此率民而出於○用者 138/69/21
帝名為○傷也 141A/70/13
故○權藉 142/71/5
諸侯○成謀 142/73/19
則其國○宿憂也 142/73/20
使諸侯○成謀 142/73/21
則其國○宿憂矣 142/73/21
何得○誅乎 143/74/20
不顧燕王之○臣 145/75/12
後世○稱 145/75/13, 145/76/6
願公之詳計而○與俗同也 145/75/14
齊○南面之心 145/75/15
齊○天下之規 145/75/17
公○再計 145/75/18
民心○所歸 145/75/20
士○反北之心 145/75/21
○可以分者 146/76/23
左右顧○人 146/76/24
君臣○禮 147/77/16
而上下○別 147/77/17
子○罪於寡人 147/77/20
而士卒○生之氣 148/78/15
○死之心 148/78/16
女○謀而嫁者 149B/79/3
王苟○以五國用兵 153/80/25
子○敢食我也 154/81/4
王不如○救趙 156/81/17
而魏○楚憂 156/81/21
山陽君○功於楚國 157A/82/1
臣之得罪○日矣 157B/82/8
君○咫尺之地 160/82/26
○以至此 160/82/27
而○以深自結於王 160/83/1
得○遂乎 161/83/19
左右俱曰『○有』 161/83/20
得賞○功也 165/84/24
得趙而王○加焉 165/84/24
是○善也 165/84/25
取十官而○罪 166/85/6
則○及已 167/85/21
○過此者 167/86/3
而○所終薄 167/86/10
雖○出兵甲 168/86/17
○以異於驅群羊而攻猛虎也 168/86/18
社稷豈得○危哉 168/86/23
○及為已 168/86/27
計○過於此者矣 168/87/12
終身○相攻擊 168/87/23
臣以為計○便於此者 168/87/23
楚○鄢、郢、漢中 169/88/3
○昭睢、陳軫 169/88/4
○所更得 169/88/4
則楚○謀臣矣 169/88/11
○所聞之 170/88/19
○一月之積 170/88/26
水漿○入口 170/89/12
餘豈悉○君乎 170/89/24
至今○冒 170/89/24
天下見楚之○秦也 174/91/3
德子○已時 174/91/9
則魏○患矣 175/91/19
有萬乘之號而○千乘之用也 177/92/17
臣願○聽群臣之相惡也 179/93/19
人臣莫難於○妬而進賢 179/93/20
至於○妬而進賢 179/93/21
必知其○妬而進賢也 179/93/22
亦必○妬而進賢 179/93/22
王○以為臣 181/94/4
王○所用臣 182/94/12
王○求於晉國乎 182/94/13
寡人○求於晉國 182/94/13
則方城○患 183/95/4
公不如○聽惠施 185/95/22
北○晉 185/95/27
○黠於麋 187/96/11
○所寇艾 189/96/27
○使逆命 190/97/11
自以為○患 192/98/2, 192/98/4, 192/98/8
與人○爭也 192/98/2, 192/98/4, 192/98/8
是臣○罪 196/99/18
王殺○罪之臣 196/99/19
○法術以知姦 197/100/2
○自瘵也 197/100/12
君獨○意湔拔僕也 199/101/9
楚考烈王○子 200/101/14
卒○子 200/101/14
恐又○寵 200/101/16
而王○子 200/101/23
世有○妄之福 200/102/4
又有○妄之禍 200/102/4
今君處○妄之世 200/102/5
以事○妄之主 200/102/5
安不有○妄之人乎 200/102/5
何謂○妄之福 200/102/5
此所謂○妄之福也 200/102/8
何謂○妄之禍 200/102/8
此所謂○妄之禍也 200/102/10

何謂○妄之人	200/102/11
此所謂○妄之人也	200/102/12
天下○敵	201/103/1,342/171/1
子云天下○敵	201/103/1
而韓、魏之君○憙志而有憂色	202/103/11
○矢奈何	203/104/8
則○為貴知士也	203/104/17
此貪欲○厭也	203/105/13
○令臣能制主	204A/105/19
○後	204B/106/11
子之道甚難而○功	204B/106/14
大亂君臣之義者○此矣	204B/106/16
○罷車駑馬	208/107/21
藉席○所得	208/107/25
氾濫○所止	208/107/27
○聽其談也	208/108/2
○聽談者	208/108/5
臣聞聖人甚禍○故之利	211/109/28
何謂○故乎	211/109/28
○有謂臣為鐵鉆者乎	212/110/24
建信君知從之○功	214/111/4
建信者安能以○功惡秦哉	214/111/4
不能以○功惡秦	214/111/4
則○功而惡秦	214/111/5
奚擇有功之○功為知哉	214/111/6
韓南○楚	217/112/5
北○趙	217/112/6
○敢盡忠於前者	218/112/23
莫若安民○事	218/112/24
請○庸有為也	218/112/24
願大王慎○出於口也	218/112/27
楚弱則○援	218/113/6
○有名山大川之限	218/113/13
秦○韓、魏之隔	218/113/14
堯○三夫之分	218/113/17
舜○咫尺之地	218/113/17
禹○百人之聚	218/113/17
是故官○乏事而力不困	219/114/17
是故事○敗業而惡不章	219/114/18
○已之求	219/114/25
求欲○危	220/116/3
臣請案兵○攻	220/116/6
可以○盡百姓之勞	221/116/19
疑事○功	221/116/23
疑行○名	221/116/23
事利國者行○邪	221/117/4
而○舟楫之用	221/117/20
而○騎射之備	221/117/21
臣○隱忠	221/118/2
君○蔽言	221/118/2
慮○惡擾	221/118/2
忠○過罪	221/118/2
修法○愆	221/118/3
循法○私	221/118/8
○遁其死	221/118/13
上○蔽言	221/118/14
且循法○過	221/118/19
脩禮○邪	221/118/19
是鄒、魯○奇行也	221/118/25
是吳、越○俊民也	221/118/25
而臣○一焉	222/119/13
○所見醜	222/119/19
去邪○疑	222/119/21
名曰○窮之門	224/120/14
○脾之薄	225/121/2
○釣罕鐔蒙須之便	225/121/2
君○十餘、二十萬之眾	225/121/3
○過三百丈者	225/121/4
○過三千家者	225/121/4
請○急秦王	226/121/14
今○約而攻齊	227/121/19
齊○而西	229A/122/14
○秦不能傷趙	229B/122/25
○齊不能得趙	229B/122/26
獨○以教之乎	232/123/19
王○以救矣	233/124/9
得○割其內而媾乎	233/124/12
得○更割其內而媾	233/124/18
不如○媾	233/124/20
則○地而給之	233/124/24
○禮義之心	233/124/26
其求○已	233/124/26
給○已之求	233/124/27
其勢必○趙矣	233/124/27
君○覆軍殺將之功	234/125/20
夫君封以東武城不讓○功	234/125/21
佩趙國相印不辭○能	234/125/21
○益也	235/125/28
魯連見辛垣衍而○言	236/126/27
世以鮑焦○從容而死者	236/126/29
其○足怪	236/127/9
且秦○已而帝	236/127/26
適會魏公子○忌奪晉鄙軍以救趙擊秦	236/128/4
為人排患、釋難、解紛亂而○所取也	236/128/6
許由○天下之累	238/128/24
內○孟賁之威	238/128/26
外○弓弩之禦	238/128/26
王若○兵	238/128/28
王○怒	239A/129/6
○說則死	239B/129/16
則後之人○從見也	239B/129/17
從而○功乎	241/130/5
甚○禮	242/130/9
甚矣其○禮也	242/130/10
而居○幾何	245/130/30
○自疑於中者	245/131/3
○齊	246/131/13
以○齊之故重王	246/131/13
燕、魏自以○齊故重王	246/131/14
今王○齊獨安得○重天下	246/131/14
故勸王○齊者	246/131/14
願王之熟慮○齊之利害也	246/131/16
而趙○為王行也	247/131/27
○入朝之辱	247/131/28
○割地之費	247/132/1
臣願王之曰聞魏而○庸見惡也	247/132/6
而○使秦之見王之重趙也	247/132/6
皆且○敢與趙治	247/132/7
齊○大異	248/132/24
而○庸致兵	248/132/25
五國伐秦○功	249/133/3
君○搆	249/133/5
則君○患矣	249/133/7
齊王必○召眠也	249/133/8
○倍約者	249/133/9
定○罪之君	249/134/2

故曰君必○講 249/134/3
夫殺○罪范座 251/134/23
而魏王輕為之殺○罪之座 251/134/28
夫國內○用臣 251/135/1
國奚○人甚哉 252/135/9
國奚○人甚也 252/135/11
將軍○言已 252/135/14
○明此者矣 252/135/19
城大○能過百雉者 252/135/20
○燕、秦也 256/136/15
又兼○燕、秦 256/136/18
○補於國 258A/137/6
○危於國 258A/137/7
皆○危補於國 258A/137/7
使若○罪 258B/137/22
願大王○絕其歡 258B/137/22
○所敢疑 258B/137/25
○非大王之服御者 258B/138/1
○乃傷葉陽君、涇陽君之心乎 258B/138/3
日食飲得○衰乎 262/139/3
位尊而○功 262/139/16
奉厚而○勞 262/139/16
猶不能恃○功之尊 262/139/22
○勞之奉 262/139/22
○故索地 264A/140/6,264A/140/7
重欲○厭 264A/140/7
公叔何可○益乎 270/142/13
聖人○積 270/142/14
東有淮、穎、沂、黃、煮棗、海鹽、○（疎）〔疏〕 272/142/28
曾○所芻牧牛馬之地 272/143/1
○以異於三軍之眾 272/143/1
罪○過此者 272/143/3
則必○強秦之患 272/143/16
○有名山大川之阻 273/143/23
則大王之國欲求○危不可得也 273/144/5
○楚、韓之患 273/144/7
國必○憂矣 273/144/8
惡得○眩哉 273/144/17
是示楚○魏也 274/144/27
天下○憂 275/145/7
何為飲食而○事 276/145/12
○事必來 276/145/13
曰○事必來 276/145/15
今臣○事 276/145/15
○久 276/145/16
王必○辭以止公 276/145/16
子果○之魏而見寡人也 278/146/8
而百姓○患 281/146/27
○異也 285/147/28
寡人○與之語也 288/148/24
○多割 289/148/29
是臣終○成功也 292/149/20
內之○若群臣何也 292/149/21
王且○所聞之矣 293/149/29
魏○韓患 295/150/14
○功而還 297/151/10
王○與之講以取地 297/151/15
與國○相離也 297/151/21
必○與講 297/151/22
使秦皆○百怨百利 297/151/28
國○守戰之備 301/153/6
則○生楊矣 303A/153/27
則王之使人入魏○益也 304/154/20
夫市之○虎明矣 306/155/20
可○戒與 307/156/5
則上地○憂患 309/156/28
王○以責秦 309/157/2
○以利事王者矣 309/157/6
而宋、中山可○為也 310/157/16
夫秦貪戾之國而○親 310/157/16
願王之必○講也 310/157/19
臣願君之熟計而○行危也 310/158/4
○過堯、舜 311/158/11
○大天地 311/158/12
且○梁孰與○河內急 311/158/18
○梁孰與○身急 311/158/19
臣使長信侯請○內王 311/158/24
君○為魏計 311/158/28
願王○憂 311/159/3
其勢必○魏矣 312/159/11
而秦之求○窮 312/159/13
且夫王○伐與國之誹 313/159/29
魏○見亡之危 313/159/29
百姓○被兵之患 313/159/29
貪戾好利而○信 315/160/29
兩弟○罪 315/161/1
秦非○事之國也 315/161/9
非魏○攻矣 315/161/14
南國雖○危 315/161/20
又況於使秦○韓而有鄭地 315/161/27
○河山以蘭之 315/161/27
○周、韓以間之 315/161/27
則皆知秦之○窮也 315/162/1
然而○與強秦鄰之禍 315/162/3
而趙○為王有也 316/162/15
○公矣 317B/162/29
○所用之 317B/163/8
公○以為罪 317B/163/9
夜行者能○為姦 324/165/14
不能禁狗使○吠己也 324/165/14
故臣能○議君於王 324/165/14
願大王○攻魏 325/165/25
○精於此者矣 325/165/28
秦、趙久相持於長平之下而○決 327/166/10
則○趙 327/166/11
則○秦 327/166/11
遇而○相 328/166/17
是○齊也 328/166/19
子言○秦 329A/166/25
○敝於秦者 330/167/11
王○聽 332/167/22
夫齊不以○魏者以害有魏者 335/168/13
因○敢傷張子 336/168/19
齊○通於天下矣 337/168/24
亦○齊累矣 337/168/24
是大王籌筴之臣○任矣 338/169/3
竊以為大王籌筴之臣○任矣 338/169/5
○忌謹受教 339/169/17
○忌將發十萬之師 340/169/29
○為人臣之義矣 340/170/7
○忌 340/170/9
臣○敢不安也 341/170/15
臣安能○涕出乎 341/170/19
寡人○所用之 344A/172/4
○不畢具 347/173/2
○過此者矣 347/173/5
即○地以給之 347/173/6
而秦之求○已 347/173/7
而逆○已之求 347/173/7
○為牛後 347/173/8

○二歲之所食	348A/173/18
○以異於墮千鈞之重	348A/173/24
必○幸矣	348A/173/24
○過於此者矣	348A/173/26
雖欲○亡	348A/173/29
計○便於此者也	348A/174/2
是公○患	349/174/17
臣恐山東之○以馳割事王者矣	351/174/28
公仲○行	358/177/12
則○禍矣	359/177/26
是以公孫郝、甘茂之○事也	359/178/5
齊○以信魏之合己於秦而攻於楚也	361/179/2
故王不如○罪景鯉	361/179/4
向也子曰『天下○道』	362/179/9
○見王矣	363/179/18
而○所入矣	365/180/5
是○韓也	366/180/21
公○辭以後反	368/181/14
○柰何也	374/182/22
犬遂○噬人之心	374/182/28
來使者○交於公	374/182/29
太子○患	378/183/21,379/183/28
太子外○幾瑟之患	378/183/22
不如○殺幾瑟	378/183/23
秦、楚若○韓	379/183/28
伯嬰外○秦、楚之權	379/183/30
內○父兄之衆	379/183/30
多人不能○生得失	385/186/11
今死而○名	385/186/20
兄弟○有	385/186/21
願公之○疑也	386/187/12
韓之重於兩周也○計	387/187/23
○事而割安邑	388/188/2
山東○以救亡	389/188/16
雖善事之○益也	389/188/18
名尊○所立	390/189/3
制令○所行	390/189/3
韓氏之衆○不聽令者	391/189/14
○他	391/189/20
○不任事於周室也	391/189/20
亦○他也	391/189/20
使之○伐我	391/189/22
不成則○患	391/189/23
非金○以也	393/190/3
使善扁鵲而○臃腫也	395/190/18
公孫郝、樗里疾請○攻韓	396C/191/19
○幾於王之明者	396C/191/20
而○自左右也	396C/191/21
公○見王矣	399/192/12
○之而亡者	405/193/19
不可○而從者	405/193/19
則○從輕矣	405/193/21
可以○亹	405/193/22
夫宵行者能○為姦	406/193/26
而不能令狗○吠己	406/193/26
能○議君於王	406/193/26
夫安樂○事	408/194/13
○過燕矣	408/194/13
計○過於此者	408/194/19
則國必○患矣	408/194/20
豈能東○齊、西○趙哉	409/195/1
燕○故而得十城	411/195/30
見足下身○咫尺之功	412/196/8
夫趙王之狼戾○親	413/197/9
而南○齊、趙之患	413/197/13
○以諫者	415/198/3
夫○謀人之心	415/198/7
有所附則○不重	415/198/15
而吏○非太子人者	416A/199/16
天下○變	417/200/16
又○尺寸之功	419/201/17
臣且處○為之事	420/202/16
而乃以與○能之臣	420/203/2
願足下之○制於群臣也	420/203/14
且夫處女○媒	421/203/19
順而○敗	421/203/20
魏○大梁	422/204/5
魏○濟陽	422/204/6
魏○虛、頓丘	422/204/6
宋王○道	422/204/9
有齊○秦	422/204/14
○齊有秦	422/204/14
見之知○厲	424/205/18
吾○齊矣	424/205/18
殆○燕矣	424/206/1
子○以為罪	426/207/3
苟○死	427/207/17
女○不為也	427/207/17
○害也	428/207/29
公子○功不當封	428/208/6
使除患○至	430/208/21
而先使除患○至者	430/208/23
可以幸○罪矣	431/209/22
	431/210/4
使世世○患	433/211/16
舉○道	433/211/21
此天下之○道不義	433/211/22
燕○以決之	435/212/11
○與共擊楚	436/212/22
○所取之	438/213/18
願君○以寡人不肖	438/213/24
故遠近○議	438/213/26
今以寡人○罪	438/213/28
○妨於趙之伐燕也	439/214/7
夫燕○道	439/214/10
國小而地○所取	439/214/12
左右○人	440/215/4
丹所請田先生○言者	440/215/19
固請○讓	440/216/1
今行而○信	440/216/6
○可柰何	440/216/17
人○不立死者	440/216/21
荊卿豈○意哉	440/216/23
而卒惶急○以擊軻	440/217/16
是時侍醫夏○且	440/217/17
而賜夏○且黃金二百鎰	440/217/21
○且愛我	440/217/22
宋所謂○雉兔鮒魚者也	442/218/20
宋○長木	442/218/21
請○攻宋	442/218/22
曾○一介之使以存之乎	443/218/26
德施於梁而○怨於趙	444/219/12
則公○事	445/219/17
則萬世○魏	446B/219/30
為○顏之冠	447/220/8
○功之賞	448A/220/15
○力之禮	448A/220/15
○有佗計	450/221/9
必○與君言國事者	451/221/19
○乃不可乎	452A/221/28
治○小	452A/221/28
亂○大	452A/221/28
民○廉恥	452A/221/29

○答服 452B/222/4
必○趙矣 453/222/10
孤何得○廢 455/223/22
因言告燕、趙而○往 455/223/23
即公○內難矣 457/224/12
○所窮矣 457/224/13
固○請人之妻不得而怨人者也 457/224/14
則恐○身 458/224/20
殊○佳麗好美者 458/224/27
周流○所不通 458/224/27
口不能○道爾 458/224/30
願王○泄也 458/224/31
世○請后者 458/225/4
趙王亦○請言也 458/225/5
既○良臣 461/226/17
又○守備 461/226/17
必○所得 461/226/27
兵出○功 461/226/27
臣知行雖○功 461/227/4
雖不行○罪 461/227/4
誅滅○道 461/227/5

五 wǔ 188

發師○萬人 1/1/6
有○庶子 17/6/27
今圍雍氏○月不能拔 25/9/6
雖古○帝、三王、○伯 40/13/22
○戰之國也 42/15/27
取洞庭、○都、江南 42/16/2
故驕張儀以○國 48A/19/11
○國伐秦 53/22/18
185/95/19,297/151/10
○月而不能拔也 55/23/21
○也 63/26/13
○伯之事也 66/27/4
○國罷成睪 71/28/21
○帝之聖而死 73A/30/6
○伯之賢而死 73A/30/7
方○百里 73A/31/7
○日而叢枯 74/32/18
予之○十金 77/33/25
今令人復載○十金隨公 77/33/28
天下○合、六聚而不敢救也 87/41/4
○伯不足六也 87/41/6
○伯不足六 89/43/14
借臣車○乘 94/46/5
今王齎臣○城以廣河間 94/46/10
趙王立割○城以廣河間 94/46/10
○月趙亡 95/47/13
傳賣以○羊之皮 96/48/12
○官之計 100/49/19
說○而厭之 100/49/19
○戰○不勝 103/51/6
不如有○子之孝 107/52/8
古之○帝、三王、○伯之伐也 111/54/9
○家之兵 112/54/24
趙令樓緩以○城求講於秦 118/57/23
騰山者○ 132A/64/1
孟嘗君予車○十乘 133/65/21
金○百斤 133/65/21
能致其如此者○人 134/66/12
孟嘗君乃取所怨○百牒削去之 136A/67/7
有敢去柳下季壟○十步而樵采者 136B/67/16
禹有○丞 136B/68/2
於是舉士○人任官 137/69/9
則○兵不動而諸侯從 142/73/12
王孫賈年十○ 144/74/28
○折於外 145/75/19
○日 147/77/19
○里之郭 147/77/28
臣以○里之城 148/78/8
約與○百里之地 150/79/28
○國約以伐齊 153/80/19
○國以破齊秦 153/80/19
○國之事必可敗也 153/80/21
王苟無以○國用兵 153/80/25
請效列城○ 153/80/25
則○國之事困也 153/80/27
今王之地方○千里 154/81/6
新城、上梁相去○百里 163/84/7
乃為具駟馬乘車○百金之楚 163/84/10
王且予之○大夫 165/84/22
○大夫不可收也 165/84/24
予之○大夫 165/84/25
地方○千里 167/85/16,461/226/9
一舫載○十人 168/87/1
且大王嘗與吳人○戰三勝而亡之 168/87/5
且夫秦之所以不出甲於函谷關十○年以攻諸侯者 168/87/9
○官失法 170/89/22
○官得法 170/89/22
此○臣者 170/90/2
予我東地○百里 177/92/3
敬獻地○百里 177/92/6
齊使車○十乘 177/92/8
以東地○百里許齊 177/92/11
齊使來求東地○百里 177/92/16
177/92/20
今去東地○百里 177/92/17
王發上柱國子良車○十乘 177/92/27
而北獻地○百里於齊 177/92/28
遣景鯉車○十乘 177/92/29
悉○尺至六十 177/93/1
秦以○十萬臨齊右壤 177/93/4
又欲奪之東地○百里 177/93/4
鄭褎亦以金○百斤 182/94/19
夫一梟之不如不勝○散 188/96/20
然則不買○雙珥 191/97/16
留○月 192/97/24
不知夫○尺童子 192/98/2
○日一見 199/101/4
春申君相楚二十○年 200/102/4
○子皆相諸侯 200/102/6
發○百 204A/105/18
○百之所以致天下者 204A/105/19
至於榆中千○百里 209/108/21
○國之王 209/108/25
○國之兵有日矣 209/108/26
已○年矣 217/112/2
○伯之所以覆軍禽將而求也 218/113/3
諸侯之地○倍於秦 218/113/22
察○味之和 218/113/25
○國共伐之 218/114/8
秦兵不敢出函谷關十○年矣 220/115/21
○伯不同教而政 221/118/6
絕○俓之險 224/120/19
○年乃罷 225/121/6
○年乃歸 225/121/7

我以○城收天下以攻罷秦 233/124/21
王以○城賂齊 233/125/9
得王○城 233/125/9
為郤軍○十里 236/128/2
○里而罷 240/129/24
爵○大夫 242/130/10
李兌約○國以伐秦 247/131/20
○國伐趙 247/131/24
○國事趙 247/132/8
○國伐秦無功 249/133/3
○國據宋 249/133/6
則願○國復堅約 249/133/7
○國復堅而賓之 249/133/9
○矣 249/134/1
趙王因割濟東三城令盧、高唐、平原陵地城邑市○十七 252/135/8
乃割濟東三令城市邑○十七以與齊 252/135/10
○年以擅呼沱 253/135/24
十○歲矣 262/139/8
騎○千疋 272/143/9
此所謂四分○裂之道也 273/143/27
旬、○之期 276/145/16
先以車○十乘至衛間齊 288/148/19
請國出○萬人 291/149/9
不過○月而趙破 291/149/10
欲使○國約閉秦關者 297/152/7
和調○味而進之 307/155/28
遽割○城以合於魏而支秦 308/156/19
○入國中 315/161/24
此○國所以亡者 319/164/5
非獨此○國為然而已也 319/164/6
吾將仕之以○大夫 340/169/23
寡人欲以○百里之地易安陵 343/171/13
寡人以○百里之地易安陵 343/171/15
而君以○十里之地存者 343/171/16
豈直○百里哉 343/171/18
流血○步 343/171/24
而安陵以○十里之地存者 343/171/25
○穀所生 348A/173/17
○國約而攻秦 352/175/3
○國罷 352/175/4
王約○國而西伐秦 352/175/7
○國重王 352/175/9
請為公以○萬攻西周 355/175/28
楚圍雍氏○月 366/180/9
秦、趙○戰 408/194/14
不至四○日 408/194/18
○霸迭盛 412/196/18
獻常山之尾○城 413/197/16
南攻楚○年 415/198/17
而又以其餘兵南面而舉○千乘之勁宋 415/198/18
王因令章子將○都之兵 416A/199/27
買其首○百金 418/201/1
安事死馬而捐○百金 418/201/2
死馬且買之○百金 418/201/3
秦○世以結諸侯 419/201/25
○伯改政 420/202/22
○日而至郢 422/203/28
四日而至○渚 422/203/29
○日而國舉 422/204/2
及○年 427/207/18
昌國君樂毅為燕昭王合○國之兵而攻齊 431/209/3
自○伯以來 431/210/2
昔者○子胥說聽乎闔閭 431/210/10
○人而車因行矣 432/210/27
即雖○燕不能當 433/211/16
假寡人○年 433/211/17
奉蘇子車○十乘 433/211/18
使樂乘以○萬遇慶秦於代 438/213/7
而與秦相距○十餘年矣 439/214/12
○歲而卒滅燕國 440/217/26
拔宋○城 441/218/5
荊之地方○千里 442/218/19
宋方○百里 442/218/19
車過○乘 448B/220/22
犀首立○王 454/222/15
今○國相與王也 454/222/26
是奪○國而益負海也 454/222/27
乃使○校大夫王陵將而伐趙 461/226/8
亡○校 461/226/8

午 wǔ 3

魏塞○道 218/114/5
一軍塞○道 220/116/3
大成○從趙來 344B/172/10

伍 wǔ 6

○子胥橐載而出昭關 73A/30/9
使臣得進謀如○子胥 73A/30/10
為○伯首 145/76/4
○子胥逃楚而之吳 424/206/2
○子胥、宮之奇不用 430/208/22
皆令妻妾補縫於行○之間 461/226/25

忤 wǔ 1

人不敢與○視 440/216/22

武 wǔ 126

秦攻魏將犀○軍於伊闕 23/8/15
殺犀○ 27/9/20,27/9/25
犀○敗於伊闕 32/10/29
犀○敗 38/12/14
○王伐紂 40/13/17
乃廢文任○ 40/13/21
封為○安君 40/14/6
吾欲使○安子起往喻意焉 41A/14/26
請使○安子 41A/14/27
拔○安 42/16/15
西攻脩○ 42/16/16
以與周○為難 42/17/2
○王將素甲三千領 42/17/3
醫扁鵲見秦○王 54/22/26
○王示之病 54/22/26
秦○王謂甘茂曰 55/23/3
令田章以陽○合於趙 63/25/28
齊以陽○賜弊邑而納順子 63/25/29
湯、○雖賢 66/27/8

故以舜、湯、○之賢 66/27/8
而文、○無與成其王也 73A/30/2
居○安 77/33/25
行至○安 77/33/29
○安君為三公 78/34/4,78/34/6
○安君所以為秦戰勝攻取者七十餘城 78/34/4
因以為○安功 78/34/8
大○遠宅不涉 87/41/14
孰與○安君 94/45/29
○安君戰勝攻取 94/45/29
臣之功不如○安君也 94/45/30
卿明知功之不如○安君歟 94/45/30
○安君難之 94/46/2
將孰與之○ 95/46/20
趙將○安君 95/47/3
若殺○安君 95/47/3
○安君必死 95/47/4
○安君至 95/47/7
○安君曰 95/47/8
461/225/29,461/226/1
461/226/16,461/227/2
○安君北面再拜賜死 95/47/11
○安君死 95/47/13
○王立 115/56/12,183/94/30
謂○王曰 115/56/15
因封蘇秦為○貞君 122/60/7
此湯、○之舉也 141B/70/24
即○關可以入矣 150/79/25
○王之察 166/85/6
一軍出○關 167/85/20
將知以○ 168/86/17
秦舉甲出之○關 168/87/3
封為○安君而相燕 168/87/17
攻之○ 177/92/13
○王逐張儀 183/94/29
臣聞昔湯、○以百里昌 192/97/29
○王以鄗 197/99/23
僕欲將臨○君 198/100/16
今臨○君 198/100/22
趙王封孟嘗君以○城 216/111/17
孟嘗君擇舍人以為○城吏 216/111/17
而封之以○城 216/111/20
湯、○之所以放殺而爭也 218/113/3
湯、○之卒不過三千人 218/113/18
楚軍○關 218/114/6,218/114/7
乃封蘇秦為○安君 218/114/12
將○而兵強 219/115/3
○靈王平晝間居 221/116/15
夫以秦將○安君公孫起乘七勝之威 231/123/8
而封以東○城 234/125/20
夫君封以東○城不讓無功 234/125/21
而○王羈於玉門 242/130/13
是○王之功也 242/130/13
○夫類玉 266/141/2
魏○侯與諸大夫浮於西河 269/141/19
○侯忿然曰 269/141/21
而○王伐之 269/141/27
○侯曰 269/142/1
○王卒三千人 272/143/7
○力二十餘萬 272/143/8
此其過越王勾踐、○王遠矣 272/143/9
殺犀○ 287/148/9
臣以為雖湯、○復生 310/157/27
試之弱密須氏以為○教 318/163/26
不先以弱為○教 318/163/27
秦歸○遂於韓 356B/176/9
秦王固疑甘茂之以○遂解於公仲也 356B/176/9
甘茂許公仲以○遂 359/177/29
○遂終不可得已 359/178/1
此○王之願也 360/178/21
公欲得○遂於秦 372/182/9
而令人為公求○遂於秦 372/182/9
發重使為韓求○遂於秦 372/182/10
韓得○遂以恨秦 372/182/11
公仲使韓珉之秦求○隧 396A/190/24
且以求○隧也 396A/190/24
韓已得○隧 396A/190/25
○安君蘇秦為燕說齊王 411/195/19
○安君 412/196/5
○安君從齊來 412/196/8
汙○王之義而不臣焉 412/196/15
此文、○之時 416A/199/27
昔者楚取章○ 420/202/23
燭之○、張孟談受大賞 430/208/22
謂其太傅鞫○曰 440/214/19
○對曰 440/214/19
太傅鞫○諫曰 440/214/23
鞫○曰 440/214/28,440/214/29
燕國有勇士秦○陽 440/216/21
乃令秦○陽為副 440/216/22
丹請先遣秦○陽 440/216/24
而秦○陽奉地圖匣 440/217/9
秦○陽色變振恐 440/217/10
荊軻顧笑○陽 440/217/10
取○陽所持圖 440/217/12
王欲使○安君 461/226/8
○安君稱疾不行 461/226/9
王乃使應侯往見○安君 461/226/9
因見○安君 461/227/2
○安君頓首曰 461/227/3

侮 wǔ 1

君子焉可○哉 136B/68/10

訏 wǔ 1

樓○約秦、魏 92/44/9

舞 wǔ 6

冠○以其劍 96/47/23
冠○其劍 101/50/13
昔舜○有苗 221/116/24
有許、鄢、昆陽、邵陵、○陽、新郪 272/142/27
然而秦之葉陽、昆陽與○陽、高陵鄰 315/161/19
秦繞○陽之北 315/161/20

廡 wǔ 1

然而廬田○舍 272/142/29

勿 wù 77

大王○憂 1/1/3,1/1/8
案兵而○出 3A/2/7
君○患也 15/6/14
願王○聽也 48A/19/11
然願王○攻也 55/23/6
王○患也 60/24/22,423/205/10
則王○聽其事 60/24/22
終身○出 61A/25/6
王○憂也 77/33/22
308/156/10,311/158/24
願王之○易也 83B/39/5
願○止 98/49/5
救趙孰與○救 102/50/21
不如○救 102/50/21
王○患 115/56/21
不如按兵○出 119/58/2
○言 126/61/20
其錯之○言也 128/62/8
願君○以齊為心 128/62/15
臣願君○受 130/63/7
臣成願君○受 130/63/10
願君○怨 136A/67/7
○庸稱也以為天下 141A/70/12
王因○稱 141A/70/13
○使爭重 141B/70/22
雖○與地可 153/80/22
願王○忘也 159/82/19
○與挑戰 168/86/26
○與持久 168/86/26
臣故曰○與 177/92/18
王○與為約 181/94/4
請為子○納也 184/95/13
王○據也 187/96/10,187/96/13
○復言已 200/102/12
韓康子欲○與 203/103/24
魏宣子欲○與 203/103/28
○復言也 203/104/17
○出於口 203/104/28
子慎○復言 203/105/1
○出 213/110/28
子其○反也 221/118/28
○令溺苦於學 222/119/19
任賢○貳 222/119/21
願君之亦○忘也 232/123/22
而言○與 233/124/1
王必○與 233/124/27
○復計也 233/125/4
且臣曰○予者 233/125/8
非固○予而已也 233/125/8
不如○受便 234/125/22
○使從政 258B/138/5
○使與政事 258B/138/6
故王不如○逐 259/138/12
必○使反 262/139/13
○使出竟 271/142/19
欲○內 279/146/12
子○復言 296/150/21
○憂也 303B/154/7,420/203/8
王必○聽也 310/157/18
○攻便 323/165/10
王令之○攻市丘 352/175/8
公不如○殺 379/183/29
故公不如○攻也 394/190/12
○聽之也 404/193/14
公○憂也 412/196/26
願先生○泄也 440/215/9
440/215/14
慎○納也 448B/220/22
公釋蒲○攻 449/220/30
今臣能使釋蒲○攻 449/221/1
○益損也 451/221/17
可以令趙○請也 457/224/16

物 wù 24

成理萬○ 81/35/28
萬○各得其所 81/35/28
○盛則衰 81/36/20
○至而反 87/40/28
臣願以足下之府庫財○ 127/62/2
故○舍其所長 129/62/25
夫○各有疇 131/63/25
求萬○不備具 136B/67/21
萬○之率也 142/71/4
且○固有勢異而患同者
209/108/19
○不斷也 219/114/24
萬○財用之所聚也 221/117/8
一○不能蔽也 239B/129/17
使下臣奉其幣○三至王
廷 258B/137/22
夫○多相類而非也 266/141/2
○之湛者 278/146/4
樹易生之○ 303A/153/27
生之○固有不死者乎 424/205/25
在必然之○以成所欲 424/205/25
三○者 432/211/2
○固有勢異而患同者 432/211/7
議不累○ 438/213/27
供太牢異○ 440/216/2
持千金之資幣○ 440/217/4

悟 wù 5

訾然使趙王○而知文也
216/111/20
來將○之 278/146/3
秦王嘿然愁○ 338/169/8
故吳王夫差不○先論之
可以立功 431/210/11
山東之主遂不○ 432/211/2

務 wù 28

○廣其地 44/18/1
○富其民 44/18/1
○博其德 44/18/2
而○敗公之事也 67/27/23
使若卞隨、○光、申屠
狄 96/48/14
且夫救趙之○ 120/58/13
不○為此 120/58/14
而○愛粟 120/58/15
必藉於權而○興於時 142/71/4
必且○不利太子 178/93/11
是故橫人日夜○以秦權
恐猲諸侯 218/113/26
錯質○明主之長 221/116/16
彼必○以齊事王 298/152/15
好用兵而甚○名 301/153/13
皆將○以其國事魏 303B/154/10
以存韓為○ 315/162/2
將皆○事諸侯之能令於
王之上者 328/166/18
必○善韓以備秦 386/187/11
願公之加○也 387/187/25
必且○以楚合於齊 400/192/17
楚之齊者先○以楚合於
齊 400/192/19

明主者○聞其過 415/198/1
則王何不○使知士以若此言說秦 419/202/6
○正利 419/202/7
其後必○以勝報王矣 426/207/7
必為趙、魏廢其王而○附焉 454/222/20
則民○名不存本 459A/225/11
備秦為○ 461/226/5

誤 wù 4

臣以為至○ 219/115/7
○ 341/170/19
誑○人主者 348A/173/26
左右○寡人 431/209/9

騖 wù 1

邯鄲之中○ 142/71/10

鶩 wù 2

而君鵝○有餘食 140/70/4
賴得先王鴈○之餘食 428/208/1

夕 xī 12

今○有姦人當入者矣 19/7/15
其○ 80/35/5
○則虛 136A/67/7
非朝愛市而○憎之也 136A/67/7
臣朝○以事聽命 157B/82/6
朝不謀○ 170/88/26
○調乎酸鹹 192/98/5
○調乎鼎鼐 192/98/10
宿○而死 197/100/7
不出宿○ 238/128/26
可旦○得甘脆以養親 385/185/25
義不離親一○宿於外 412/196/14

兮 xī 6

不知佩○ 197/100/9
不知異○ 197/100/10
莫知媒○ 197/100/10
又甚喜之○ 197/100/10
風蕭蕭○易水寒 440/216/28
壯士一去○不復還 440/217/1

西 xī 185

東周與○周戰 3A/2/6
韓救○周 3A/2/6
○周者 3A/2/6
○周之寶可盡矣 3A/2/7
東周與○周爭 3B/2/11
○周欲和於楚、韓 3B/2/11
臣恐○周之與楚、韓寶 3B/2/11
○周之欲入寶 3B/2/12
今東周之兵不急○周 3B/2/12
○周之寶不入楚、韓 3B/2/13
即且趣我攻○周 3B/2/13
○周寶出 3B/2/13
○周弱矣 3B/2/14
○周不下水 4/2/18
臣請使○周下水可乎 4/2/18
乃往見○周之君曰 4/2/19
則東周之民可令一仰○周 4/2/21
○周君曰 4/2/21
○貴於秦 7/3/17
○止秦之有已 10B/4/21
昌他亡○周 19/7/12
盡輸○周之情於東周 19/7/12
○周大怒 19/7/12
○周甚憎東周 20/7/19
○周必令賊賊公 20/7/20
以○周之於王也 20/7/20
吾又恐東周之賊己而以輕○周惡之於楚 20/7/21
而藉兵乞食於○周 22/8/3
韓慶為○周謂薛公曰 22/8/3
○無秦患 22/8/5
而處之三晉之○ 22/8/9
而使不藉兵乞食於○周 22/8/10
○周弗利 33/11/11
○周恐魏之藉道也 37/12/9
為○周謂魏王曰 37/12/9
○有巴、蜀、漢中之利 40/13/6
將○南以與秦為難 42/15/11
○服秦 42/15/25
令帥天下○面以與秦為難 42/16/5
○攻脩武 42/16/16
○辟之國 44/17/27
○辟之國也 44/18/3
利盡○海 44/18/5
必入○河之外 47/18/30
果獻○河之外 47/19/2
○德於秦 50/20/27
是○生秦患 50/21/6
○講於秦 51/21/23
臣聞張儀○并巴、蜀之地 55/23/10
北取○河之外 55/23/10
乃○說秦王曰 61A/25/4
乃○入秦 81/35/20
寡人絶其○ 84A/39/12
秦白起拔楚○陵 87/40/24
○說趙 88/42/24
引領○望 93/45/1
皆○面而望 93/45/13
穆公相之而朝○戎 96/48/12
於是秦王拜○藩之臣而謝於齊 109/53/11
○有清河 112/54/23
今乃○面事秦 112/54/29
而欲○面事秦 112/55/7
必謂齊○有強趙 113/55/15
周、韓○有強秦 121/58/19
秦伐周、韓之○ 121/58/19
○岸之土也 124/60/28
吾○岸之土也 124/60/29
土則復○岸耳 124/60/29
○遊於梁 133/65/21
豈有毛廧、○施哉 135/66/24
東○南北 136B/67/21
世無毛嬙、○施 137/69/4
有濟○則趙之河東危 141B/70/22
戰於州○ 142/71/12
又○圍晉陽 142/72/28
○圍定陽 142/73/22
以○謀秦 142/73/23
○取秦 142/73/28
秦王垂拱受○河之外 142/74/4
而○河之外入於秦矣 142/74/6
○有菑上之虞 148/78/16
乃○面而事秦 150/79/26
楚地○有黔中、巫郡 167/85/15
今乃欲○面而事秦 167/85/18
○與秦接境 167/86/7
秦攻楚之○ 168/86/23

秦〇有巴蜀 168/86/30
臣請〇索救於秦 177/92/22
〇索救於秦 177/92/29
又遣景鯉〇索救於秦 177/92/30
〇使秦 177/93/5
〇施衣褐而天下稱美 188/96/18
〇入於秦 208/108/6
則句注之〇 209/108/23
韓乃〇師以禁秦國 209/108/26
割挈馬兔而〇走 217/112/6
217/112/7
出銳師以戍韓、梁〇邊 217/112/11
趙王因起兵南戍韓、梁之〇邊 217/112/16
〇有常山 218/113/11
〇面而攻秦 218/113/23
〇面而事之 218/113/23
〇攻秦 219/115/3
〇舉巴蜀 220/115/23
東收兩周而〇遷九鼎 220/115/23
〇有樓煩、秦、韓之邊 221/117/21
齊之兵不〇 229A/122/13
今我順而齊不〇 229A/122/13
齊無而〇 229A/122/14
今我順而齊、魏果〇 229A/122/15
并力而〇擊秦也 233/125/9
韓、魏焉免〇合 249/134/1
請奉而〇行之 258B/137/25
〇門豹為鄴令 266/140/28
〇門豹曰 266/140/29
魏武侯與諸大夫浮於〇河 269/141/19
〇河之政 269/142/1
〇之秦 271/142/22
〇有長城之界 272/142/28
今乃有意〇面而事秦 272/143/4
〇與韓境 273/143/24
則韓攻其〇 273/143/26
而〇戎之兵不至 297/152/2
而果〇因蘇脩重報 297/152/9
以其〇為趙蔽也 314/160/10
又〇借秦兵 314/160/20
秦乃在河〇 315/161/23
315/161/26
天下之〇鄉而馳秦 315/162/9
〇合於秦 325/165/22
老臣請出〇說秦 338/168/31
〇有宜陽、常阪之塞 347/172/28
乃欲〇面事秦 347/173/4
今大王〇面交臂而臣事秦 347/173/8
今王〇面而事秦以攻楚 348A/174/1
魏兩用犀首、張儀而〇河之外亡 348B/174/10
王約五國而〇伐秦 352/175/7
彊請〇圖儀於秦 354/175/22
請為公以五萬攻〇周 355/175/28
秦攻〇周 355/175/29
將〇講於秦 357/176/17
秦取〇河之外以歸 367/181/3
遂〇至濮陽 385/186/7
而〇貴於秦 386/187/9
周佼以〇周善於秦 387/187/22
必〇面事秦 388/188/2
其〇面事秦 388/188/4
不〇事秦 388/188/4
伏軾結靷〇馳者 388/188/5
使山東皆以銳師戍韓、梁之〇邊 389/188/16
穆公一勝於韓原而霸〇州 390/189/1
欲以四國〇首也 396C/191/13
楚之齊者知〇不合於秦 400/192/17
〇周讎之 402/193/3
是緤以三川與〇周戒也 402/193/4
〇周惡之 402/193/4
〇周聞之 402/193/5
〇有雲中、九原 408/194/10
〇迫強秦 408/194/22
〇不如趙 409/195/1
豈能東無齊、〇無趙哉 409/195/1
是〇有強秦之援 413/197/12
請奉社稷〇面而事秦 413/197/16
〇附秦則秦重 415/198/16
〇困秦三年 415/198/17
濟〇不役 415/198/25
今濟〇、河北 415/198/25
秦為〇帝 419/201/29
秦取〇山 420/202/23
諸侯〇面而朝 420/202/23
〇勞於宋 420/202/29
以濟〇委於趙 422/204/20
以濟〇 422/204/23
〇河之外、上雒之地、三川 422/204/26
而強秦將以兵承王之〇 430/208/25
之卒者出士以戍韓、梁之〇邊 432/211/5
約戍韓、梁之〇邊 432/211/8
〇屈秦 433/211/15,433/211/20
魏軍其〇 436/212/20
景陽乃開〇和門 436/212/20
請〇約三晉 440/214/25
魏亡〇河之外 449/220/28
〇河之外必危 449/220/29
東徙而不敢〇向 461/226/10

希 xī 3

〇寫見建信君 242/130/9
〇寫曰 242/130/10
〇卑曰 244/130/24

昔 xī 65

〇周之伐殷 1/1/15
〇智伯欲伐厹由 24/8/25
〇者神農伐補遂 40/13/16
臣敢言往〇 42/15/25
〇者齊南破荊 42/15/25
〇者紂為天子 42/17/1
〇者子胥忠其君 49/20/12
〇者曾子處費 55/23/14
〇者 73A/31/3,73B/32/12,81/36/21,88/42/17,142/71/19,204A/105/18,209/108/20,209/108/25,219/115/10,236/127/15,242/130/12,269/141/23,307/155/26,317A/162/20,387/187/22,390/189/1,390/189/4,438/213/24
且〇者 73A/31/7
宿〇而死 73B/32/5
〇者六晉之時 83B/38/30
〇智伯瑤殘范、中行 89/43/8

○者秦攻齊 136B/67/15
○先君桓公所好者 137/68/27
○者趙氏襲衛 142/71/8
○吳王夫差以強大為天下先 142/72/3
○者萊、莒好謀 142/72/4
○者齊、燕戰於桓之曲 142/72/12
○智伯瑤攻范、中行氏 142/72/27
○者魏王擁土千里 142/73/22
○管仲射桓公中鉤 145/76/1
○令尹子文 170/88/25
○者葉公子高 170/89/1
○者吳與楚戰於柏舉 170/89/5
○吳與楚戰於柏舉 170/89/10
○者先君靈王好小要 170/89/29
臣聞○湯、武以百里昌 192/97/29
○伊尹去夏入殷 197/99/27
○者知氏之地 204A/105/30
○歲殽下之事 211/109/13
○舜舞有苗 221/116/24
且○者簡主不塞晉陽 221/117/23
○者先君襄主與代交地 224/120/13
○者三晉之交於秦 233/124/13
○齊威王嘗為仁義矣 236/127/6
○日臣夢見君 239B/129/14
○者堯見舜於草茅之中 257/136/25
○王季歷葬於楚山之尾 296/150/27
○竊聞大王之謀出事於梁 318/163/21
○曹恃齊而輕晉 319/164/3
○先王之攻 390/189/3
○齊桓公九合諸侯 391/189/17
○趙王以其姊為代王妻 413/197/3
○者楚取章武 420/202/23
○周之上地嘗有之 420/203/6
○者吳伐齊 430/208/23
○者五子胥說聽乎闔閭 431/210/10

犀 xī 5

秦攻魏將○武軍於伊闕 23/8/15
殺○武 27/9/20,27/9/25
○武敗於伊闕 32/10/29
○武敗 38/12/14

奚 xī 44

臣○憂焉 79/34/16
傲尚○生 79/34/24
○以遽言叱也 94/45/26
百里○ 96/48/12
○以薛為 99/49/14
○暇從以難之 134/66/4
○如 134/66/10,420/202/15
吾聞北方之畏昭○恤也 154/81/3
而專屬之昭○恤 154/81/7
故北方之畏○恤也 154/81/7
昭○恤與彭城君議於王前 155/81/12
昭○恤謂楚王曰 156/81/17
昭○恤不知也 156/81/20
江尹欲惡昭○恤於楚王 157A/81/30
昭○恤曰 157A/82/1,162/83/26
江尹因得山陽君與之共惡昭○恤 157A/82/1
魏氏惡昭○恤於楚王 157B/82/6
江乙惡昭○恤 158/82/12
昭○恤取魏之寶器 158/82/14
故昭○恤常惡臣之見王 158/82/14
江乙欲惡昭○恤於楚 159/82/18
客因為之謂昭○恤曰 162/83/25
昭○恤已而悔之 162/83/28
○恤得事公 162/83/28
公何為以故與○恤 162/83/28
○擇有功之無功為知哉 214/111/6
距此○難哉 225/121/5
子以為○如 235/126/6
○虧於王之國 239A/129/8
國○無人甚哉 252/135/9
國○無人甚也 252/135/11
且君○不將奢也 252/135/12
然則君○求安平君而為將乎 252/135/13
則○以趙之強為 252/135/17
○笑 268/141/14
○足以霸王矣 269/141/28
將○為北面 334/168/4
此我將○聽乎 346/172/24
○敢有請 385/185/23
又○為挾之以恨魏王乎 396B/191/6
○以知之 450/221/12
子○為者也 459B/225/17

息 xī 27

而不已善○ 27/9/24
戰攻不○ 40/13/20
荀○曰 48A/19/7,48A/19/8
王迎甘茂於○壤 55/23/7
於是與之盟於○壤 55/23/19
○壤在彼 55/23/22
甘茂欲○兵 58/24/10
王申○衆二年 87/41/2
宣王大○ 101/50/10
是助王○其民者也 138/69/18
顧而大○曰 170/89/5
王乃大○曰 170/89/27
故瘡未○ 198/100/21
先生大○矣 199/100/28
功大而○民 219/114/22
察乎○民之為用者伯 219/114/26
寡人案兵○民 219/114/28
都平君喟然大○曰 225/121/9
老臣賤○舒祺 262/139/7
故荀○以馬與璧假道於虞 317A/162/21
仰天太○曰 347/173/12
韓○士民以待其釁 387/187/21
先趨而後○ 418/200/25
樊將軍仰天太○流涕曰 440/216/12
昭王既○民繕兵 461/225/29
今寡人○民以養士 461/225/30

郗 xī 1

○疵曰 202/103/9

悉 xī 34

秦○塞外之兵 32/11/3
臣願○言所聞 42/15/10
○其士民 42/15/13,42/16/14
乃復○卒乃攻邯鄲 42/16/23
因○起兵 55/23/22

君○燕兵而疾僭之 66/27/13
願先生○以教寡人 73A/30/20
而○韓、魏之兵則不義矣 73A/31/2
○忠而不解 81/36/5
四國必應○起應王 87/41/26
而○教以國事 95/46/22
請為大王○趙兵以遇 95/46/28
○趙涉河關 113/55/24
○來合券 133/65/8
中山○起而迎燕、趙 142/73/1
我○兵以臨之 153/80/21
請○楚國之眾也 153/80/25
大王○起兵以攻宋 168/87/14
大夫○屬 170/89/10
170/89/15, 170/89/20
餘豈○無君乎 170/89/24
必○起而擊楚 173B/90/28
○五尺至六十 177/93/1
臣請○發守以應秦 211/109/22
○起兵從之 291/149/14
吾常欲○起兵而攻之 301/153/4
王又欲○起而攻齊 301/153/6
臣聞魏氏○其百縣勝兵 310/157/26
魏王○韓、魏之兵 314/160/19
○之不過三十萬 348A/173/19
已○起之矣 357/176/27
使○反諸侯之侵地 440/215/25

惜 xī 3

○矣 83A/38/18, 83A/38/19
為君○之 202/103/17

犀 xī 60

○首戰勝威王 47/19/1
王且相○首 61B/25/17
○首告臣 61B/25/18
王怒於○首之泄也 61B/25/18
○首以梁為齊戰於承匡而不勝 116/57/3
○首欲敗 116/57/4
○首跪行 116/57/5
○首送之至於齊疆 116/57/6
獻鷄駭之○、夜光之璧於秦王 168/87/27
黃金珠璣○象出於楚 182/94/13
駕○首而驂馬服 239A/129/9
求見○首 276/145/11
○首謝陳軫 276/145/11
○首乃見之 276/145/12
○首曰 276/145/13, 276/145/14
276/145/17, 291/149/9
291/149/11, 296/150/23
○首又以車三十乘使燕、趙 276/145/20
以事屬○首 276/145/21
○首受齊事 276/145/21
亦以事屬○首 276/145/22
今燕、齊、趙皆以事因○首 276/145/22
○首必欲寡人 276/145/23
而以事因○首 276/145/23
所以不使○首者 276/145/23
○首遂主天下之事 276/145/24
○首弗利 283/147/12
○首以為功 283/147/15
○首謂梁王曰 286/148/3
殺○武 287/148/9
○首期齊王至之曰 288/148/19
○首、田盼欲得齊、魏之兵以伐趙 291/149/9
遂勸兩君聽○首 291/149/13
○首、田盼遂得齊、魏之兵 291/149/14
○首見梁君曰 292/149/19
○首許諾 292/149/22
史舉非○首於王 294/150/7
○首欲窮之 294/150/7
因令史舉數見○首 294/150/8
成恢為○首謂韓王曰 295/150/13
而以告○首 296/150/23
欲罪○首 298/152/14
○首患之 298/152/14
○首以倍田需、周宵 298/152/16
令○首之齊 299/152/20
魏王令○首之齊 299/152/21
吾恐張儀、薛公、○首之有一人相魏者 303B/154/3
吾恐張儀、薛公、○首有一人相魏者 303B/154/7
○首相魏 303B/154/8
魏兩用○首、張儀而西河之外亡 348B/174/10
魏因相○首 349/174/16
因○首屬行而攻趙 422/204/21
○兕麋鹿盈之 442/218/19
○首伐黃 443/218/26
○首雖愚 443/218/30
○首立五王 454/222/15
○角偃月 458/224/29

翕 xī 1

亦能○其心乎 71/28/22

傒 xī 3

子○有承國之業 93/44/22
93/44/30
子○立 93/44/30

腊 xī 1

周人謂鼠未○者朴 76/33/15

裼 xī 1

聞戰頓足徒○ 42/15/18

熙 xī 2

建信君輕韓○ 405/193/19
今君之輕韓○者 405/193/20

嘻 xī 3

○ 141A/70/10
236/127/12, 296/150/27

膝 xī 3

蹠穿○暴 170/89/12
蹄申○折 199/101/6
○下行流涕 440/215/18

谿 xī 7

自殽塞、○谷 61A/25/4

山林○谷不食之地 87/41/23
踰深○ 170/89/11
飲茹○流 192/98/12
而右天○之陽 269/141/25
○子、少府時力、距來 347/172/29
皆出於冥山、棠○、墨陽、合伯膊 347/173/1

蹊 xī 1

是以委肉當餓虎之○ 440/214/24

譆 xī 1

○ 125/61/12

醯 xī 1

非效○壺醬甀耳 1/1/14

攜 xī 1

民扶老○幼 133/65/19

席 xí 22

掃室布○ 61A/24/29
願為足下掃室布○ 61A/25/1
臥不便○ 79/34/19
計不下○ 81/37/6
陽泉君避○ 93/44/29
折之衽○之上 142/73/17
寢不安○ 142/73/23
謀約不下○ 142/74/5
折衝○上者也 142/74/7
貂勃避○稽首曰 147/77/22
是以嬖女不敝○ 160/82/30
臣入則編○ 160/83/11
寡人臥不安○ 167/86/9
○卷常山之險 168/86/17
藉○無所得 208/107/25
天子下○ 236/127/8
○隴畝而廕庇桑 257/136/25
避○擇言曰 307/155/26
而得為王拂枕○ 341/170/17
跪而拂○ 440/215/4
太子避○而請曰 440/215/4
太子避○頓首曰 440/215/20

習 xí 25

穰侯智而○於事 63/26/6
63/26/15
親○之故 80/35/12
不○於誦 93/45/11
○秦事 95/46/17
○趙事 95/46/18
誰○計會 133/65/1
不○國家之長計 168/87/26
○於三晉之事 169/88/11
又簡擇宮中佳翫麗好翫○音者 174/91/6
願王召所便○而觴之 182/94/22
○諸侯事 187/96/9
○馳射 220/115/22
常民溺於○俗 221/118/5
且○其兵者輕其敵 224/120/7
奢○知之 252/135/12
兩國交以○之 252/135/19
不○於兵 300/152/27
夫魏王之愛○魏信也 304/154/19
魏必舍所愛○而用所畏惡 304/154/20
近○之人 341/170/22
而近○之人相與怨 341/170/23
今王之愛○公也 359/177/22
○於戰攻 431/209/26
其民皆○於兵 438/213/5

襲 xí 23

其實○蔡 24/8/26
○郢 42/16/1
因起兵○秦 53/22/21
乃南○至鄧 82A/37/24
昔者趙氏○衛 142/71/8
亦○魏之河北燒棘溝 142/71/13
強○郢而棲越 142/72/3
胡人○燕樓煩數縣 142/72/13
燕人興師而○齊墟 147/77/27
秦人一夜而○之 163/84/6
163/84/7
興師○秦 168/87/11
而○遠方之服 221/117/10
221/118/4
是以蒞國者不○奇辟之服 221/118/18
帝王不相○ 221/118/21
不相○而王 221/118/23
而以兵○趙 245/131/2
強秦○趙之欲 251/135/2
彗星○月 343/171/22
而○破燕 418/200/21
智伯果起兵而○衛 448A/220/17
智伯欲○衛 448B/220/21

徙 xǐ 5

王○東北 87/40/24
○兩周之疆 89/43/13
乃令○ 436/212/18
○之臏下 452B/222/5
東○而不敢西向 461/226/10

喜 xǐ 42

東周大○ 19/7/12
秦王、太后必○ 26/9/15
趙王○ 63/25/28
211/109/26,308/156/11
乃使其舍人馮○之楚 115/56/21
臣有大○三 130/63/14
臣一○ 130/63/15
臣二○ 130/63/15
臣三○ 130/63/16
以○其為名者 136B/67/28
是故無其實而○其名者削 136B/67/29
臣聞用兵而○先天下者憂 142/71/3
約結而○主怨者孤 142/71/3
強大而○先天下之禍也 142/72/4
燕王必○ 145/75/24
齊必○ 171/90/8,328/166/19
楚王○ 186/96/5
擇其所○而為之 190/97/3
又甚○之兮 197/100/10
衆人○之 209/108/12
秦必○ 236/126/16
兵固天下之狙○也 238/128/22

寡人不○　238/128/23
秦王乃○　258B/138/6
魏王○　305/155/8
亦非君之所○也　340/169/26
臣甚○　341/170/16
秦王必○　348A/174/2,413/197/12
房○謂韓王曰　404/193/14
寡人甚不○詘者言也　421/203/18
燕王○使栗腹以百金為趙孝成王壽　438/213/3
秦王必○而善見臣　440/216/15
大○　440/217/9
燕王○、太子丹等　440/217/24
而虜燕王○　440/217/26
康王大○　447/220/7
中山必○而絕趙、魏　454/222/23
司馬○曰　458/225/2
秦人歡○　461/226/1

憙 xǐ　15

而韓、魏之君無○志而有憂色　202/103/11
司馬○使趙　456/224/3
司馬○御　456/224/3
司馬○頓首於軾曰　456/224/5
為司馬○求相　456/224/6
司馬○三相中山　457/224/11
田簡謂司馬○曰　457/224/11
司馬○曰　457/224/13,458/224/23,458/224/30,458/225/4
可以為司馬○　457/224/16
司馬○謂陰姬公曰　458/224/20
司馬○即奏書中山王曰　458/224/21
司馬○辭去　458/225/1

璽 xǐ　6

而欲丞相之○　303B/154/10
且夫欲○者　312/159/10
而王因使之受○　312/159/11
夫欲○者制地　312/159/11
而欲地者制○　312/159/11
其言曰收○　367/181/6

躧 xǐ　1

猶釋弊○　419/202/3

係 xì　4

父子老弱○虜　87/41/19
○梁太子申　105/51/21
○累吾民　221/117/24
人有置○蹄者而得虎　243/130/18

郄 xì　11

秦受地而○兵　95/46/24
則○車而載耳　131/63/25
○疵謂知伯曰　202/103/8, 202/103/17
○疵言君之且反也　202/103/14
○疵知其言之不聽　202/103/20
而恐太后玉體之有所○也　262/139/2
以韓、秦之兵據魏以○齊　360/178/21
以與寡人有○　431/209/11
是秦、趙有○　439/214/7
秦、趙有○　439/214/7

郤 xì　3

又○　168/87/11
為○軍五十里　236/128/2
大王割十城乃○以謝　413/197/10

細 xì　2

臣以韓之○也　79/34/23
乃今聞○人之行　136B/68/10

戲 xì　2

鄙臣不敢以死為○　99/49/12
宓○、神農教而不誅　221/118/21

繫 xì　3

○已以朱絲而見之也　192/98/14
趙王○之　439/214/5
而趙○之　439/214/6

匣 xiá　1

而秦武陽奉地圖○　440/217/9

狎 xiá　1

是○也　257/136/23

俠 xiá　1

非節○士也　440/215/15

狹 xiá　1

地○而好敵大　142/71/16

瑕 xiá　2

衛靈公近雍疸、彌子○　239B/129/14
因廢雍疸、彌子○　239B/129/18

黠 xiá　1

無○於麋　187/96/11

鎋 xiá　1

○擊摩車而相過　105/51/23

下 xià　799

謀之暉臺之○　1/1/10
西周不○水　4/2/18
臣請使西周○水可乎　4/2/18
今不○水　4/2/19
不若一為○水　4/2/20
○水　4/2/20
遂○水　4/2/21
是天○制於子也　7/3/17
普天之○　9/4/9
今周君天○　9/4/9
秦以周最之齊疑天○　10A/4/14
而聽天○之戰　10B/4/20
天○之半也　10B/4/22

又禁天〇之率 11B/5/5
天〇果 11B/5/5
秦得天〇 11C/5/10
即天〇之理也 11C/5/12
天〇不能傷齊 14B/6/8
如累王之交於天〇 14B/6/9
令天〇皆知君之重吾得也 28/10/4
天〇未有信之者也 30/10/17
使天〇見之 30/10/19
溫囿不〇此 32/11/1
而聲畏天〇 34/11/19
天〇以聲畏秦 34/11/19
而合天〇於齊 34/11/19
是天〇欲罷秦 34/11/20
秦與天〇俱罷 34/11/20
天〇之雄國也 40/13/8
呑天〇 40/13/9
齊桓任戰而伯天〇 40/13/17
天〇為一 40/13/18,408/194/19
上〇相愁 40/13/20
天〇不治 40/13/21
天〇不親 40/13/21
民服於〇 40/13/24
今欲并天〇 40/13/24
妻不〇紝 40/13/30
見說趙王於華屋之〇 40/14/6
天〇之大 40/14/10
夫賢人在而天〇服 40/14/12
一人用而天〇從 40/14/12
橫歷天〇 40/14/14
天〇莫之能伉 40/14/15
天〇陰燕陽魏 42/15/10
而天〇得之 42/15/11
今天〇之府庫不盈 42/15/12
萬可以勝天〇矣 42/15/19
天〇莫如也 42/15/21,42/17/7
以此與天〇 42/15/21,42/17/7
天〇不足兼而有也 42/15/21
詔令天〇 42/15/26
令帥天〇西面以與秦為難 42/16/5
天〇有比志而軍華〇 42/16/5
軍於長平之〇 42/16/14
趙氏上〇不相親也 42/16/15
天〇徧隨而伏 42/16/21
天〇固量秦之謀臣一矣 42/16/23
天〇固量秦力二矣 42/16/24
并於李〇 42/16/24
天〇固量秦力三矣 42/16/25
臣以天〇之從 42/16/26
外者天〇比志甚固 42/16/27
天〇可有也 42/17/1
帥天〇將甲百萬 42/17/2
天〇莫不傷 42/17/3
天〇可兼而有也 42/17/7
言所以舉破天〇之從 42/17/9
一舉而天〇之從不破 42/17/10
〇兵三川 44/17/24
挾天子以令天〇 44/17/26
天〇莫敢不聽 44/17/26
天〇之市朝也 44/17/28
而天〇不以為暴 44/18/4
而攻天〇之所不欲 44/18/6
天〇之宗室也 44/18/7
天〇有變 46/18/25,73A/31/16
楚必畔天〇而與王 46/18/25
即天〇有變 46/18/25
天〇欲以為子 48B/19/20
天〇欲以為臣 48B/19/21
夫軫天〇之辯士也 49/20/10
天〇皆欲以為臣 49/20/12
天〇皆欲以為子 49/20/13
大敗秦人於李帛之〇 53/22/21
目之〇 54/22/26
天〇不以為多張儀而賢先王 55/23/11
請明日鼓之而不可〇 57/24/5
願為足〇掃室布席 61A/25/1
天〇何從圖秦 61A/25/6
敢告〇吏 63/25/29
以天〇擊之 63/26/9
以濟天〇 65/26/26
齊免於天〇之兵 65/26/27
藉君天〇數年矣 66/27/3
天〇必聽 66/27/4
因天〇之力 66/27/9
天〇之從君也 66/27/13
而為天〇名器 72/29/6
天〇有明主 72/29/9
望見足〇而入之 72/29/13
卒擅天〇而身立為帝王 73A/30/2
天〇見臣盡忠而身蹶也 73A/30/13
足〇上畏太后之嚴 73A/30/14
〇惑姦臣之態 73A/30/14
〇至大臣 73A/30/20
為天〇笑 73A/31/5
83B/39/4,203/105/13
則天〇莫能害 73A/31/7
而天〇之樞也 73A/31/8
必親中國而以為天〇樞 73A/31/8
北斬太行之道則上黨之兵不〇 73A/31/20
〇乃所謂無王已 73B/32/1
剖符於天〇 73B/32/2
而符布天〇 74/32/27
顯名於天〇 76/33/17
天〇之王尚猶尊之 76/33/17
是天〇之王不如鄭賈之智也 76/33/17
天〇之士 77/33/22
77/33/29,136B/67/20
秦於天〇之士非有怨也 77/33/22
君能為之〇乎 78/34/6
雖欲無為之〇 78/34/6
天〇之民 78/34/7
天〇無有 79/34/15
天〇莫不聞 79/34/23,413/197/7
438/213/13,461/226/12
十七月不〇 80/35/3
且君擅主輕〇之日久矣 80/35/7
天〇皆聞臣之身與王之舉也 80/35/12
是王過舉顯於天〇 80/35/13
天〇駿雄弘辯之士也 81/35/20
行道施德於天〇 81/35/26
天〇懷樂敬愛 81/35/27
天〇繼其統 81/35/28
與天〇終 81/35/29
天〇之福也 81/36/7
故天〇以其君父為戮辱 81/36/9
一匡天〇 81/36/21
137/68/27,145/76/4
吳王夫差無適於天〇 81/36/22
故秦無敵於天〇 81/36/24
上〇之力 81/37/3
計不〇席 81/37/6
使天〇皆畏秦 81/37/8
三之料天〇過矣 83B/38/30
尚賢在晉陽之〇也 83B/39/4
臣見王之權輕天〇 85/39/27
是示天〇無楚也 85/39/28
天〇有其實而無其名者 86/40/7

天○之咽喉 86/40/15
天○之胸腹 86/40/15
而天○可圖也 86/40/16
天○未嘗無事也 86/40/17
即以天○恭養 86/40/18
天○莫強於秦、楚 87/40/27
今大國之地半天○ 87/40/28
天○五合、六聚而不敢救也 87/41/4
而欲以力臣天○之主 87/41/8
天○之國 87/42/3
而詳事○吏 87/42/4
要絶天○也 87/42/11
天○之士相從謀曰 88/42/19
於是天○有稱伐邯鄲者 88/42/19
天○皆從 88/42/21
天○乃釋梁 88/42/22
帥天○百姓 88/42/23
而天○乃齊釋 88/42/25
臨天○諸侯 88/42/26
故天○樂伐之也 88/42/27
而使天○之士不敢言 89/43/13
雍天○之國 89/43/13
天○之事 89/43/19
則兩國者必為天○笑矣 89/43/22
以秦彊折節而○與國 92/44/14
君之門○無不居高尊位 93/44/26
太子門○無貴者 93/44/26
陛○嘗軔車於趙矣 93/45/12
秦○甲而攻趙 95/46/15
前日秦○甲攻趙 95/46/26
秦兵○趙 95/47/1
天○願以為子 96/48/5
天○願以為臣 96/48/5
天○願以為妃 96/48/6
大誹天○ 96/48/13
聲威天○ 104/51/16
乃○令 108/52/26
受○賞 108/52/27
令初○ 108/53/1
其父殺之而埋馬棧之○ 109/53/12
臣來弔足○ 110/53/20
足○豈如令眾而合二國之後哉 110/53/23
其餘兵足以待天○ 110/53/23
欲以正天○而立功名 111/54/3
天○為秦相割 111/54/6
天○為秦相烹 111/54/6
今秦之伐天○不然 111/54/9
秦得絳、安邑以東○河 111/54/11
○戶三男子 112/54/26
天○不能當 112/54/29
天○強國無過齊者 113/55/14
戰於番吾之○ 113/55/21
是天○以燕賜我也 114/56/5
齊、梁之兵連於城○ 115/56/17
梁、齊之兵連於城○不能去 115/56/26
齊安得救天○乎 121/58/22
以市其○東國 122/58/26
然則是我抱空質而行不義於天○也 122/58/27
與我○東國 122/58/28
然則○東國必可得也 122/58/29
可以令楚王亟入○東國 122/59/1
以市○東國也 122/59/5, 122/59/10
非亟得○東國者 122/59/6
變則是君抱空質而負名於天○也 122/59/6
使亟入○東國之地 122/59/7
今王不亟入○東國 122/59/10
因獻○東國 122/59/11
君之所以重於天○者 122/60/10
以能得天○之士而有齊權也 122/60/10
今蘇秦天○之辯士也 122/60/10
則是圍塞天○士而不利說途也 122/60/11
降雨○ 124/60/28, 124/61/1
訾天○之主 127/61/27
請掩足○之短者 127/61/28
誦足○之長 127/62/1
臣願以足○之府庫財物 127/62/2
收天○之士 127/62/2
衛君甚欲約天○之兵以攻齊 128/62/13
今君約天○之兵以攻齊 128/62/15
是足○倍先君盟約而欺孟嘗君也 128/62/15
臣輒以頸血湔足○衿 128/62/16
足○能使僕無行 130/63/5
門○百數 130/63/15
天○之疾犬也 132A/63/30
公子無忌為天○循便計 132B/64/8
使秦弗有而失天○ 132B/64/8
且天○之半 132B/64/11
恐秦兼天○而臣其君 132B/64/13
是以天○之勢 132B/64/14
不能以重於天○者何也 132B/64/15
願寄食門○ 133/64/20
比門○之客 133/64/25
比門○之車客 133/64/26
問門○諸客 133/65/1
美人充○陳 133/65/13
有敢去柳○季壟五十步而樵采者 136B/67/16
○則鄙野、監門、閭里 136B/67/22
自古及今而能虛成名於天○者 136B/68/2
不媿○學 136B/68/3
○通其流 136B/68/5
必以○為基 136B/68/6
人之困賤○位也 136B/68/7
豈非○人而尊貴士與 136B/68/7
○不治其家 138/69/21
○宮糅羅紈 140/70/5
是恨天○也 141A/70/12
勿庸稱也以為天○ 141A/70/12
天○聽之 141A/70/12
而天○不聽 141A/70/13
其於以收天○ 141A/70/13
王以天○為尊秦乎 141B/70/18
釋帝則天○愛齊乎 141B/70/19
而天○獨尊秦而輕齊 141B/70/20
則天○愛齊而憎秦 141B/70/21
以就天○ 141B/70/21
天○不敢不聽 141B/70/24
而後使天○憎之 141B/70/24
臣聞用兵而喜先天○者憂 142/71/3
兵弱而憎○人也 142/71/16
然後從於天○ 142/71/18
然而天○獨歸咎於齊者 142/71/20
且天○徧用兵矣 142/71/21
事不塞天○之心 142/71/27
則天○不賣 142/72/1
昔吳王夫差以強大為天○先 142/72/3

為天〇戮者 142/72/4
強大而喜先天〇之禍也 142/72/4
今天〇之相與也不並滅 142/72/9
則亡天〇可蹋足而須也 142/72/10
天〇有此再費者 142/72/24
故三〇城而能勝敵者寡
矣 142/72/26
為天〇笑者 142/72/28
天〇稱為善 142/73/6
然則天〇仇之必矣 142/73/10
而多與天〇為仇 142/73/11
在勞天〇而自佚 142/73/19
亂天〇而自安 142/73/19
勞亂在天〇 142/73/20
而令行於天〇 142/73/24
令行於天〇矣 142/73/26
不足以王天〇 142/73/28
而從天〇之志 142/74/1
然後天〇乃舍之 142/74/4
謀約不〇席 142/74/5
唯莒、即墨不〇 145/75/6
燕將攻〇聊城 145/75/8
而聊城不〇 145/75/9
今秦人〇兵 145/75/16
齊無天〇之規 145/75/17
上〇迷惑 145/75/18
為天〇戮 145/75/19
能以見於天〇矣 145/75/22
〇養百姓 145/75/25
矯國革俗於天〇 145/75/26
名高天〇 145/76/4
齊桓公有天〇 145/76/7
天〇震動驚駭 145/76/9
巖〇有貫珠者 146/76/24
〇令曰 146/76/26
而上〇無別 147/77/17
外懷戎翟、天〇之賢士 147/77/18
〇者孰與齊桓公 147/77/24
城陽、天〇莫之能止 147/77/29
不能〇也 148/78/8
攻狄而不〇 148/78/9
〇壘枯丘 148/78/12
先生謂單不能〇狄 148/78/13
狄人乃〇 148/78/18
而在城南〇者百數 150/79/24
而天〇信之 157B/82/7
〇比周 159/82/18
〇分爭 159/82/18
天〇之強國也 167/85/15
272/143/3
天〇之賢王也 167/85/15
天〇莫能當也 167/85/18
則諸侯莫不南面而朝於
章臺之〇矣 167/85/18
秦之所害於天〇莫如楚 167/85/18
一軍〇黔中 167/85/20
有呑天〇之心 167/86/1
天〇之仇讎也 167/86/1
以侵天〇 167/86/2,272/143/2
今君欲一天〇 167/86/10
秦地半天〇 168/86/15
折天〇之脊 168/86/17
天〇後服者先亡 168/86/17
凡天〇強國 168/86/21
秦〇甲兵 168/86/22
〇河東 168/86/22
循江而〇 168/86/30
〇水而浮 168/87/1
陰謀有呑天〇之心也 168/87/9
秦〇兵攻衛、陽晉 168/87/14
必開扃天〇之匈 168/87/14
凡天〇所信約從親堅者
蘇秦 168/87/17
而欲經營天〇 168/87/19
使使臣獻書大王之從車
〇風 168/87/23
天〇之賢主也 169/88/8
272/143/4
天〇莫敢以兵南鄉 170/89/2
使〇臣來告亡 170/89/15
〇塞以東 170/89/17
秦王惡與楚相弊而令天
〇 173B/90/29
天〇見楚之無秦也 174/91/3
而與天〇攻楚 176/91/27
不與天〇共攻之 176/91/28
負不義於天〇 177/92/21
願承〇塵 177/93/2
自令尹以〇 179/93/21
是城〇之事也 181/94/5
天〇關閉不通 182/94/21
儀行天〇徧矣 182/94/24
吾固以為天〇莫若是兩
人也 182/94/25
天〇莫不聞也 184/95/11
天〇莫不知也 184/95/12
賁、諸懷錐刃而天〇為
勇 188/96/18
西施衣褐而天〇稱美 188/96/18
今君何不為天〇梟 188/96/20
臣聞從者欲合天〇以朝
大王 189/96/25
而天〇不知 189/96/28
〇牟百姓 189/96/28
桀、紂以天〇亡 192/97/29
而〇為螻蟻食也 192/98/3
而不以天〇國家為事 192/98/17
〇之 194/99/5
而令行於天〇也 195/99/10
皆不過百里以有天〇 197/99/23
天〇賢人也 197/99/23,197/99/28
〇比近代 197/100/8
天〇合從 198/100/16,241/130/3
更羸與魏王處京臺之〇
198/100/18
臣為王引弓虛發而〇鳥
198/100/18
更羸以虛發而〇之 198/100/19
〇車攀而哭之 199/101/7
天〇無敵 201/103/1,342/171/1
子云天〇無敵 201/103/1
城〇不沉者三板 202/103/8
欲以城〇 203/104/16
五百之所以致天〇者 204A/105/19
天〇之美同 204A/105/23
臣〇不使者何如 204A/105/25
此天〇之賢人也 204B/106/11
亦將以愧天〇後世人臣
懷二心者 204B/106/17
豫讓伏所當過橋〇 204B/106/20
天〇莫不稱君之賢 204B/106/26
口道天〇之事 208/107/23
君之立於天〇 208/107/28
趙收天〇 209/108/10
今足〇功力 209/108/12
臣竊外聞大臣及〇吏之
議 209/108/13
先出聲於天〇 209/108/14
恐天〇之驚覺 209/108/15
恐天〇疑己 209/108/16
今王收天〇 209/108/28

天〇必重王 209/109/1
然則韓義王以天〇就之 209/109/1
〇至韓慕王以天〇收之 209/109/1
昔歲殽〇之事 211/109/13
此天〇之所明也 217/111/25
此天〇之所明見也 217/111/26
天〇之卿相人臣 218/112/21
夫秦〇軹道則南陽動 218/113/6
則兵必戰於邯鄲之〇矣 218/113/8
且秦之所畏害於天〇者 218/113/12
以有天〇 218/113/17
臣竊以天〇地圖案之 218/113/22
令天〇之將相 218/114/3
今上客有意存天〇 218/114/11
則天〇必為從 219/114/28
臣有以知天〇之不能為從以逆秦也 219/114/30
天〇之主亦盡過矣 219/115/1
秦人〇兵攻懷 219/115/10
天〇安 219/115/16
大王收率天〇以儐秦 220/115/20
行於天〇山東 220/115/21
迎戰邯鄲之〇 220/115/25
夫天〇之不可一亦明矣 220/116/1
殆毋顧天〇之議矣 221/116/23
吾恐天〇笑之 221/116/26
吾恐天〇議之也 221/117/1
臣〇之大罪也 221/118/13
和於〇而不危 222/119/12
而天〇服矣 225/120/25, 439/214/6
而徒以三萬行於天〇 225/121/3
天〇憎之 227/121/21
是因天〇以破齊也 227/121/21
趙必為天〇重國 229A/122/15
周最以天〇辱秦者也 229B/122/24
而與馬服之子戰於長平之〇 231/123/9
而秦罷於邯鄲之〇 231/123/10
今臣為足〇解負親之攻 233/124/14
我以五城收天〇以攻罷秦 233/124/21
是我失之於天〇 233/124/21
而天〇皆說 233/125/2
天〇之賀戰者 233/125/2
以疑天〇 233/125/3
天〇將因秦之怒 233/125/4
是愈疑天〇 233/125/7
是不亦大示天〇弱乎 233/125/8
信陵君發兵至邯鄲城〇 234/125/17
秦必疑天〇合從也 235/126/2
天〇之賀戰勝者皆在秦矣 235/126/6
秦王與應侯必顯重以示天〇 235/126/7
秦知天〇不救王 235/126/8
方今唯秦雄天〇 236/126/15
始吾以君為天〇之賢公子也 236/126/20
吾乃今然后知君非天〇之賢公子也 236/126/21
過而遂正於天〇 236/127/1
率天〇諸侯而朝周 236/127/6
天子〇席 236/127/8
卒為天〇笑 236/127/8
視膳於堂〇 236/127/20
吾乃今日而知先生為天〇之士也 236/128/1
所貴於天〇之士者 236/128/6
趙之於天〇也不輕 237/128/14
兵固天〇之狙喜也 238/128/22
許由無天〇之累 238/128/24
願聞所以為天〇 239A/129/4
今為天〇之工 239A/129/8
并燭天〇者也 239B/129/16
而天〇交之 241/130/3
足〇卑用事者而高商賈乎 242/130/11
而能令王坐而天〇致名寶 246/131/7
則欲以天〇之重恐王 246/131/10
天〇孰敢不致尊名於王 246/131/11
天〇孰敢不致地於王 246/131/12
故天〇盡重王 246/131/13
天〇必盡輕王也 246/131/13
今王無齊獨安得無重天〇 246/131/14
則欲輕王以天〇之重 246/131/15
留天〇之兵於成皋 247/131/21
臣為足〇謂魏王曰 247/131/23
今趙留天〇之甲於成皋 247/131/25
天〇有敢謀王者乎 247/131/28
臣故欲王之偏劫天〇 247/132/8
以天〇劫楚 247/132/10
則天〇皆偪秦以事王 247/132/10
〇親其上而守堅 248/132/17
臣是以欲足〇之速歸休士民也 248/132/17
臣為足〇使公孫衍說奉陽君曰 248/132/21
臣願足〇之大發攻宋之舉 248/132/24
以觀奉陽君之應足〇也 248/132/25
臣又願足〇有地效於襄安君以資臣也 248/132/26
足〇果殘宋 248/132/26
足〇何愛焉 248/132/27
若足〇不得志於宋 248/132/27
足〇以此資臣也 248/132/27
則足〇擊潰而決天〇矣 248/132/28
臣以為足〇見奉陽君矣 249/133/4
天〇散而事秦 249/133/4
足〇雄飛 249/133/7
且天〇散而事秦 249/133/11
是秦制天〇也 249/133/11
秦制天〇 249/133/11
將何以天〇為 249/133/11
天〇爭秦有六舉 249/133/14
天〇爭秦 249/133/14, 249/133/16, 249/133/18, 249/133/21, 249/133/25, 249/134/1
〇軹道、南陽、高 249/133/23
則主必為天〇笑矣 251/134/25
天〇之兵未聚 252/135/13
陰移而授天〇傳 257/136/26
則天〇不傳 257/136/27
今治天〇 258A/137/8
使〇臣奉其幣物三至王廷 258B/137/22
〇臣之來 258B/137/24
請今率諸侯受命邯鄲城〇 258B/137/28
大王以孝治聞於天〇 258B/137/29
天〇必懼 264A/140/7

君何釋以天○圖知氏 264A/140/9
樂羊坐於幕○而啜之 265/140/22
不○於楚 272/143/2
不○十萬 273/143/25
一天○、約為兄弟、刑白馬以盟於洹水之上以相堅也 273/143/29
秦○兵攻河外 273/144/4
是故天○之遊士 273/144/16
天○無憂 275/145/7
請移天○之事於公 276/145/13
恐後天○得魏 276/145/21
犀首遂主天○之事 276/145/24
必反燕地以○楚 284/147/19
遽於萆○ 285/147/29
毋謂天○何 292/149/21
說文王之義以示天○ 296/151/5
是故又為足○傷秦者 297/151/24
天○可令伐秦 297/151/24
見天○之傷秦也 297/151/25
天○可令賓秦 297/151/25
天○不可 297/151/26
則行其○ 297/151/28
○不可 297/151/28
令足○鸞之以合於秦 297/151/29
願足○之論臣之計也 297/151/30
奉陽君、孟嘗君、韓呡、周冣、周、韓餘為徒從而○之 297/152/5
扮之請焚天○之秦符者 297/152/6
天○共講 297/152/8
因使蘇脩游天○之語 297/152/8
為足○也 297/152/10
與魏和而○楚 301/153/11
恐其不忠於○吏 304/154/17
○有堅守之心 304/154/24
○所以自為者厚矣 304/154/27
必多割地以深○王 304/155/2
因請以○兵東擊齊 309/156/28
而秦兵不○ 309/157/1,309/157/1
有意欲以○大王之兵東擊齊也 309/157/5
而秦兵不可○ 309/157/6
未澹○兵也 309/157/7
秦兵○ 309/157/7
臣以為不○三十萬 310/157/26
臣以為自天○之始分以至于今 310/157/28
其○也 311/158/20
秦未索其○ 311/158/20
恐天○之將有大變也 314/160/17
此天○之所同知也 315/160/30
而請為天○鴈行頓刃 315/161/29
非盡亡天○之兵 315/162/1
夫存韓安魏而利天○ 315/162/6
天○之西鄉而馳秦 315/162/9
天○且以此輕秦 317B/163/7
天○之中身也 318/163/23
是示天○要斷山東之脊也 318/163/23
天○必能救 318/163/25
天○之亡國皆然矣 319/164/6
上○不輯 319/164/7
且割而從天○乎 320/164/15
韓且割而從天○ 320/164/16
慮久以天○為可一者 321/164/23
是不知天○者也 321/164/23
天○之合也 325/165/27
合天○之從 325/165/28
天○爭敵於秦 325/165/29
秦、趙久相持於長平之○而無決 327/166/10
天○合於秦 327/166/11
故王不如順天○ 329B/167/4
吾請先天○構 332/167/21
魏王見天○之不足恃也 332/167/22
天○皆曰王近也 333/167/28
舉欲信於天○ 334/168/7
魏之所以為王通天○者 337/168/23
齊無通於天○矣 337/168/24
魏攻管而不○ 340/169/22
是臣而○ 340/169/25
今吾攻管而不○ 340/169/28
龍陽君得十餘魚而涕○ 341/170/14
執法以○至於長輓者 342/171/5
雖至於門閭之○ 342/171/5
王之交最為天○上矣 342/171/8
今由嫪氏善秦而交為天○上 342/171/8
天○孰不棄呂氏而從嫪氏 342/171/8
天○必合呂氏而從嫪氏 342/171/9
天○縞素 343/171/24
天○之強弓勁弩 347/172/29
夫差社稷而為天○笑 347/173/4
聽吾計則可以強霸天○ 348A/173/25
秦○甲據宜陽 348A/173/26
臣請為君止天○之攻市丘 352/175/4
天○且以是輕王而重秦 352/175/7
天○罷 352/175/8
天○惡之 355/175/29
必為天○笑矣 357/177/1
向也子曰『天○無道』 362/179/9
秦師不○殽 366/180/9
366/180/10
而秦師不○殽 366/180/21
果○師於殽以救韓 366/180/24
且示天○輕公 368/181/14
魏地易於○ 368/181/14
今周最固得事足○ 374/182/28
聞足○義甚高 385/185/26
以交足○之驩 385/185/27
今足○幸而不棄 385/186/9
亦自殺於屍○ 385/186/22
公之○服 386/187/10
今天○散而事秦 387/187/17
天○合而離秦 387/187/18
天○隨之 387/187/19
是韓以天○事秦 387/187/19
韓與天○朝秦 387/187/20
天○不合秦 387/187/20
秦久與天○結怨構難 387/187/21
今公以韓為天○先合於秦 387/187/24
以明示天○ 387/187/24
天○固令韓可知也 388/188/3
秦之欲并天○而王之也 389/188/16
必外靡於天○矣 390/188/25
是我免於一人之○ 390/188/26
晉文公一勝於城濮而定天○ 390/189/1
成功名於天○ 390/189/2
非以求主尊成名於天○也 390/189/3
而君臣、上○、少長、

貴賤 390/189/9
且明公之不善於天〇 397/191/27
天〇之不善公者 397/191/27
大敗趙、魏於華陽之〇 399/192/13
蘇秦能抱弱燕而孤於天〇哉 409/195/2
以招天〇之精兵 411/195/23
則大王號令天〇皆從 411/195/31
而以十城取天〇也 411/195/31
天〇不信人也 412/196/5
王以萬乘〇之 412/196/5
示天〇與小人群也 412/196/6
見足〇身無咫尺之功 412/196/8
而足〇迎臣於郊 412/196/9
今臣為足〇使 412/196/9
足〇不聽臣者 412/196/9
是足〇之福也 412/196/10
三者天〇之高行 412/196/11
而以事足〇 412/196/11
臣亦不事足〇矣 412/196/12
足〇安得使之之齊 412/196/14
足〇不踰楚境 412/196/19
離老母而事足〇 412/196/19
臣之趍固不與足〇合者 412/196/20
足〇皆自覆之君也 412/196/20
足〇不知也 412/196/25
〇以存主母也 412/196/28
且臣之事足〇 412/196/29
臣恐天〇後事足〇者 412/196/29
秦〇甲雲中、九原 413/197/11
觀王之群臣〇吏 415/197/29
大王天〇之明主也 415/197/29
子之所謂天〇之明主者 415/197/31
凡天〇之戰國七 415/198/15
以其讓天〇於許由 416A/199/11
有讓天〇之名 416A/199/12
實不失天〇 416A/199/12
而以啓為不足任天〇 416A/199/15
啓與支黨攻益而奪之天〇 416A/199/15
是禹名傳天〇於益 416A/199/16
天〇無變 417/200/16
而朝其門〇 418/200/27
天〇聞王朝其賢臣 418/200/28
天〇之士必趨於燕矣 418/200/28
天〇必以王為能市馬 418/201/3
齊城之不〇者 418/201/10
而足〇行之 419/201/16
而齊未加信於足〇 419/201/16
然則足〇之事齊也 419/201/17
足〇以宋加淮北 419/201/18
而後殘吳霸天〇 419/201/23
盡焚天〇之秦符 419/201/24
今為齊〇 419/201/26
燕、趙破宋肥齊尊齊而為之〇者 419/201/27
天〇孰敢不聽 419/202/1
天〇服聽 419/202/1
足〇以為足 420/202/15
則臣不事足〇矣 420/202/15
足〇以愛之故與 420/203/2
今臣之所以事足〇者 420/203/3
今臣為足〇使於齊 420/203/12
願足〇之無制於群臣也 420/203/14
秦取天〇 422/203/26
秦之行暴於天〇 422/203/28
乘夏水而〇江 422/203/28
乘夏水而〇漢 422/203/29
東〇隨 422/203/30
王乃待天〇之攻函谷 422/203/30
我〇枳 422/204/4
恐天〇救之 422/204/13
則以齊委於天〇曰 422/204/13
必率天〇以攻寡人者三 422/204/14
因以破齊為天〇罪 422/204/15
而天〇由此宗蘇氏之從約 422/205/1
足〇有意為臣伯樂乎 425/206/15
而與燕人戰於晉〇 426/207/1
日者齊不勝於晉〇 426/207/5
天〇不攻齊 427/207/15
天〇攻齊 427/207/15
次可以得信於〇 427/207/16
燕昭王且與天〇伐齊 429/208/15
寡人且與天〇伐齊 429/208/15
〇七十餘城 431/209/3
三城未〇 431/209/3
天〇莫不振動 431/209/9
而又害於足〇之義 431/209/15
則必舉天〇而圖之 431/209/26
舉天〇而圖之 431/209/27
此天〇之無道不義 433/211/22
率天〇之兵以伐齊 433/211/26
失天〇者也 435/212/12
得天〇者也 435/212/13
柳〇惠吏於魯 438/213/24
柳〇惠曰 438/213/25
柳〇惠不以三黜自累 438/213/25
而議寡人者遍天〇 438/213/27
天〇必不服 439/214/7
北〇曲陽為燕 439/214/11
秦地遍天〇 440/214/19
夫樊將軍困窮於天〇 440/214/27
言足〇於太子 440/215/12
願足〇過太子於宮 440/215/13
願足〇急過太子 440/215/15
膝〇行流涕 440/215/18
非盡天〇之地 440/215/21
愚以為誠得天〇之勇士 440/215/24
臣駑〇 440/215/28
則雖欲長侍足〇 440/216/5
願足〇更慮之 440/216/9
太子預求天〇之利匕首 440/216/20
以次進至陛〇 440/217/10
皆陳殿〇 440/217/16
不及召〇兵 440/217/16
秦兼天〇 440/217/26
江、漢魚鱉黿鼉為天〇饒 442/218/20
今黃城將〇矣 443/218/27
將移兵而造大國之城〇 443/218/27
以待〇吏之有城而已 444/219/8
必霸天〇 447/220/6
威服天〇鬼神 447/220/8
乃見梧〇先生 450/221/7
梧〇先生曰 450/221/7
君之所行天〇者甚謬 451/221/19
徙之牖〇 452B/222/5
天〇善為音 458/224/26
恐後天〇 459A/225/9
君〇壺餐餌之 459B/225/18
主折節以〇其臣 461/226/24
臣推體以〇死士 461/226/25

上○同力 461/226/25
而弗○ 461/227/1
天○可定 461/227/5
此所謂為一臣屈而勝天○也 461/227/6
此亦所謂勝一臣而為天○屈者也 461/227/7
孰若勝天○之威大耶 461/227/7

夏 xià 24

湯伐有○ 40/13/17
○育、太史啓叱呼駭三軍 81/36/22
冬○是也 87/40/28
乘○車 88/42/20
稱○王 88/42/20
孟嘗君奉○侯章以四馬百人之食 126/61/19
○侯章每言未嘗不毀孟嘗君也 126/61/19
文有以事○侯公矣 126/61/20
繁菁以問○侯公 126/61/20
○侯公曰 126/61/21
東有○州、海陽 167/85/16
○人也 169/88/11
右○侯 192/97/21,192/98/16
昔伊尹去○入殷 197/99/27
殷王而○亡 197/99/27
○、殷之衰也 221/118/24
○ 252/135/19
夫○桀之國 269/141/25
乘○水而下江 422/203/28
乘○水而下漢 422/203/29
乘○水 422/204/5
是時侍醫○無且 440/217/17
而賜○無且黃金二百鎰 440/217/21

暇 xià 4

何○乃私魏醜夫乎 64/26/22
奚○從以難之 134/66/4
何○言陰 249/134/3
百發不○止 347/172/30

先 xiān 291

必○合於秦 10A/4/15
○合於齊 14A/6/1
魏王以國與○生 14B/6/6
不顧其○君之丘墓 14B/6/6
今○生儼然不遠千里而庭教之 40/13/13
故○使蘇秦以幣帛約乎諸侯 41A/14/25
向以王之明為○知之 41B/15/5
亦無○齊王 50/20/24
今地未可得而齊○絕 50/21/5
且○出地絕齊 50/21/5
○絕齊後責地 50/21/6
天下不以為多張儀而賢○王 55/23/11
不為韓氏○戰 59/24/16
故常○至 61A/24/29
○王積怒之日久矣 64/26/21
○生何以幸教寡人 73A/29/24
○生不幸教寡人乎 73A/29/27
○生是何言也 73A/30/18
○生乃幸至此 73A/30/18
此天以寡人慁○生 73A/30/18
而存○王之廟也 73A/30/19
寡人得受命於○生 73A/30/19
此天所以幸○王而不棄其孤也 73A/30/19
○生奈何而言若此 73A/30/19
願○生悉以教寡人 73A/30/20
燒○王之墓 87/40/24
○帝文王、莊王 87/40/29
故○王之所重者 89/43/7
故曰○得齊、宋者伐秦 89/43/20
秦○得齊、宋 89/43/21
楚○得齊 89/43/21
不如○伐之 92/44/13
請為張唐○報趙 94/46/5
受薛於○王 101/50/8
吾獨謂○王何乎 101/50/9
且○王之廟在薛 101/50/9
吾豈可以○王之廟與楚乎 101/50/9
使彼罷弊於○弱守於主 105/51/22
使彼罷弊○弱守於主 105/51/23
臣非不能更葬○妾也 109/53/13
儀事○王不忠 115/56/12
○成者飲酒 117/57/15
一人蛇○成 117/57/15
而為○王立清廟 125/61/11
○君之廟在焉 125/61/12
謂三○生曰 127/61/27
願聞○生有以補之闕者 127/61/27
且臣聞齊、衛○君 128/62/14
是足下倍○君盟約而欺孟嘗君也 128/62/15
○人有寶劍 130/63/5
許戍以○人之寶劍 130/63/16
開罪於○生 133/65/4
○生不羞 133/65/4
○生休矣 133/65/16
寡人不敢以○王之臣為臣 133/65/18
○生所為文市義者 133/65/19
諸侯○迎之者 133/65/22
馮諼○驅誡孟嘗君曰 133/65/23
願君顧○王之宗廟 133/65/26
願請○王之祭器 133/65/27
君不以使人○觀秦王 134/66/3
且顏○生與寡人游 136B/68/11
○生王斗造門而欲見齊宣王 137/68/22
○生徐之 137/68/23
寡人奉○君之宗廟 137/68/24
聞○生直言正諫不諱 137/68/24
昔○君桓公所好者 137/68/27
○君好馬 137/69/1
○君好狗 137/69/1
○君好酒 137/69/1
○君好色 137/69/2
○君好士 137/69/2
而○問歲與民 138/69/14
豈○賤而後尊貴者乎 138/69/14
聞○生高議 139/69/26
今○生設為不宦 139/69/28
○後之事 141A/70/13
臣聞用兵而喜○天下者憂 142/71/3
昔吳王夫差以強大為天下○ 142/72/3
強大而喜○天下之禍也 142/72/4
驚馬○之 142/72/8,440/215/6
則戰攻非所○ 142/72/17

殘費已○ 142/72/18
非所○也 142/72/27
兵○戰攻 142/73/1
大王不如○行王服 142/74/1
忠臣不○身而後君 145/75/12
單何以得罪於○生 147/77/8
且王不能守○王之社稷 147/77/27
○生謂單不能下狄 148/78/13
○生志之矣 148/78/17
○是齊為之歌曰 150/79/29
吾為子○行 154/81/5
不敢忘○生之言 160/83/6
天下後服者○亡 168/86/17
自從○君文王以至不穀之身 170/88/18
恢○君以揜方城之外 170/89/1
昔者○君靈王好小要 170/89/29
寡人聞○生 180/93/27
今○生乃不遠千里而臨寡人 180/93/28
○生就舍 180/93/29,208/107/29
魏為子○戰 185/95/26
吾欲○據之以加德焉 187/96/10
陳軫○知之也 187/96/13
○生老悖乎 192/97/22
寡人不能用○生之言 192/97/25
○生何以知之 198/100/20
僕已知○生 199/100/28
○生大息矣 199/100/28
○生過矣 199/101/1
○生即舜也 199/101/2
召門吏為汗○生著客籍 199/101/4
李園必○入 200/102/10
君○仕臣為郎中 200/102/11
李園○入 200/102/11
○生置之 200/102/12
李園果○入 200/102/15
乃使延陵王將車騎○之晉陽 203/104/6
此○聖之所以集國家 204A/105/22
是為○知報後知 204B/106/15
○生以鬼之言見我則可 208/107/23
○生之計大而規高 208/108/4
○生明日復來 208/108/5
吾請資○生厚用 208/108/5
○出聲於天下 209/108/14
○事成慮而熟圖之也 209/109/3
諸侯有○背約者 218/114/8
敬使臣○以聞於左右 220/115/25
○以聞於左右 220/116/5
○王之時 220/116/8
敝晦○王 220/116/8
○王棄群臣 220/116/9
嗣立不忘○德 221/116/16
動有明古○世之功 221/116/17
○王之通誼也 221/116/30
是以不○進 221/117/7
○時中山負齊之強兵 221/117/24
○王忿之 221/117/25
以順○王之志 221/117/29
○聖之所以教 221/118/4
○聖之明刑 221/118/13
事○者 222/119/20
昔者○君襄主與代交地 224/120/13
有○王之明與○臣之力 228/121/28
勝請召而見之於○生 236/126/22
東國有魯連○生 236/126/22
吾聞魯連○生 236/126/23
吾不願見魯連○生也 236/126/24
今吾視○生之玉貌 236/126/28
○生助之奈何 236/127/2
○生惡能使梁助之耶 236/127/4
○生獨未見夫僕乎 236/127/10
○生之言也 236/127/12
○生又惡能使秦王烹醢梁王 236/127/12
始以○生為庸人 236/128/1
吾乃今日而知○生為天下之士也 236/128/1
今王既受○生之傳 238/128/24
○生不知寡人不肖 239A/129/5
○王不血食 239A/129/9
且王之○帝 239A/129/9
○言橫者 244/130/25
建信君果○言橫 244/130/25
齊○重王 246/131/13
未嘗不為王○被矢石也 247/132/2
夫鄉邑老者而○受坐之士 266/140/29
因使人○言於楚王 277/145/30
○以車五十乘至衛間齊 288/148/19
以請○見齊王 288/148/20
請令王讓○生以國 294/150/7
而○生弗受 294/150/8
衍請因令王致萬戶邑於○生 294/150/8
而不行○王之喪 296/150/21
○君必欲一見群臣百姓也夫 296/150/27
○王必欲少留而扶社稷、安黔首也 296/151/1
又令魏太子未葬其○王而因又說文王之義 296/151/5
則○鬻與國而以自解也 297/151/25
則○去 297/151/26
施因令人○之楚 299/152/20
王固○屬怨於趙 301/153/5
而讒言○至 306/155/22
楚、趙怒於魏之○己講也 310/158/2
王以三乘○之 311/158/22
君其○自為計 311/158/28
支期○入謂王曰 311/159/1
唯○生也 313/159/21
請致之○生 313/159/22
聞○生受魏之璧、馬 313/159/26
然則○生之為寡人計之何如 313/159/27
○日公子常約兩王之交矣 314/160/14
不○以弱為武教 318/163/27
吾請○天下構 332/167/21
故欲○構 332/167/22
令兵○臣出可乎 338/168/31
吾○君成侯 340/170/1
受地於○生 343/171/14
安陵君受地於○生而守之 343/171/18
○生坐 343/171/25
徒以有○生也 343/171/25
○事秦則安矣 348A/173/28
故言○楚也 353/175/16
韓氏○以國從公孫郝 359/177/26
故○王聽諺言於市 360/178/9
○君者 364/179/23
妾事○王也 366/180/12

○王以其髀加妾之身 366/180/12
○生病而來 366/180/17
今○生言不急 366/180/18
○生毋復言也 366/180/19
公必○韓而後秦 367/181/7
○身而後張儀 367/181/7
齊、楚後至者○亡 382/184/19
則韓最○危矣 387/187/18
今公以韓○合於秦 387/187/19
今公以韓為天下○合於秦 387/187/24
昔○王之攻 390/189/3
則許異為之○也 391/189/15
而以國○者 391/189/21
夫○與強國之利 391/189/21
然則○與強國者 391/189/24
不如○收於楚之齊者 400/192/19
楚之齊者○務以楚合於齊 400/192/19
王何不為之○言 401/192/24
必效○王之器以止王 402/193/5
不足○後 416A/199/22
故往見郭隗○生曰 418/200/20
以雪○王之恥 418/200/22
郭隗○生對曰 418/200/24
○趨而後息 418/200/25
○問而後嘿 418/200/25
郭隗○生曰 418/200/30
○從隗始 418/201/4
今涇陽君若高陵君○於燕、趙 419/201/28
○人嘗有德蘇氏 419/202/9
○量其國之大小 420/202/24
不○量其國之大小 420/202/25
○說淳于髡曰 425/206/12
莫為臣○後者 425/206/15
蘇子○敗王之兵 426/207/6
賴得○王鴈鶩之餘食 428/208/1
而○使除患無至者 430/208/23
○王舉國而委將軍 431/209/8
報○王之讎 431/209/8
會○王棄群臣 431/209/9
而亦何以報○王之所以遇將軍之意乎 431/209/11
不能奉承○王之教 431/209/14
以傷○王之明 431/209/15
臣恐侍御者之不察○王之所以畜幸臣之理 431/209/16
而又不白於臣之所以事○王之心 431/209/16
○王之舉錯 431/209/21
○王過舉 431/209/21
○王命之曰 431/209/25
○王曰 431/209/28
○王之靈 431/209/29
隨○王舉而有之於濟上 431/209/29
功未有及○王者也 431/210/2
○王以為慊其志 431/210/2
若○王之報怨雪恥 431/210/7
故吳王夫差不悟○論之可以立功 431/210/11
以明○王之迹者 431/210/12
墮○王之名者 431/210/13
君之於○王也 438/213/12
今君厚受位於○王以成尊 438/213/16
追惟○王 438/213/29
不顧○王以明而惡 438/213/30
燕有田光○生者 440/214/28
願因太傅交於田○生 440/214/29
願圖國事於○生 440/215/1
田○生坐定 440/215/4
願○生留意也 440/215/5
440/215/12
願因○生得願交於荊軻 440/215/7
○生所言者 440/215/8
願○生勿泄也 440/215/9
440/215/14
丹所請田○生無言者 440/215/19
今田○生以死明不泄言 440/215/19
田○生不知丹不肖 440/215/20
丹請○遣秦武陽 440/216/24
嘉為○言於秦王曰 440/217/4
而得奉守○王之宗廟 440/217/6
○知吾謀也 448A/220/17
乃見梧下○生 450/221/7
梧下○生曰 450/221/7
○生曰 450/221/11
必○與之王而故親之 454/222/28
豈若令大國○與之王 454/223/1
不欲○用其衆 461/226/20
何必以趙為○乎 461/227/6

銛 xiān 2

矢非不○ 142/71/8
○戈在後 422/204/5

鮮 xiān 4

○克有終 87/41/9,89/43/7
臣之所以待之至淺○矣 385/186/2
燕東有朝○、遼東 408/194/10

纖 xiān 1

無○介之禍者 133/65/30

弦 xián 4

不得○機之利 142/71/7
譬之衛矢而魏○機也 142/71/11
鐶○絶 142/72/23
聞○音 198/100/22

咸 xián 5

○陽必危 83A/38/19
無危○陽而悔也 83A/38/20
去○陽七里 94/46/3
見燕使者○陽宮 440/217/9
○顧其家 461/226/19

絃 xián 1

未絶一○ 40/14/11

閑 xián 1

○於兵甲 431/209/26

嫌 xián 1

得毋○於欲亟葬乎 296/150/29

嗛 xián 2

膳啗使之○於口 258B/137/29
齊桓公夜半不○ 307/155/28

銜 xián 3

伏軾撙○ 40/14/14
秦○賂以自強 95/46/24
○劍徵之於柱以自刺 95/47/12

賢 xián 121

以大王之○ 40/13/8
明主○君 40/13/23
○於兄弟 40/14/12
夫○人在而天下服 40/14/12
而昭陽○相也 49/20/7
蠻夷之○君 53/22/18
天下不以為多張儀而○先王 55/23/11
夫以曾參之○ 55/23/17
今臣之○不及曾子 55/23/17
○人 61A/25/4
○人也 61A/25/9,233/123/30
彼以甘茂之○ 61A/25/10
王得○相 61B/25/16
焉更得○相 61B/25/17
舜雖○ 66/27/7
湯、武雖○ 66/27/8
故以舜、湯、武之○ 66/27/8
五伯之○而死 73A/30/7
漆身可以補所○之主 73A/30/12
○於生也 73A/30/16
今平原君自以○ 76/33/16
主聖臣○ 81/36/7
無明君○父以聽之 81/36/9
讓○者授之 81/37/9
孰與孟嘗、芒卯之○ 83B/38/26
以孟嘗、芒卯之○ 83B/38/26
尚○在晉陽之下也 83B/39/4
子異人○材也 93/45/1
相孰與之○ 95/46/20
其為人疾○妬功臣 95/47/4
非無○人 95/47/16
夫以大王之○與齊之強 112/54/29
今髡○者之疇也 131/63/25
非○於騏驥、孟賁也 142/72/9
且今使公孫子○ 147/77/9
而為○者狗 147/77/10
外懷戎翟、天下之○士 147/77/18
君王后○ 149B/79/3
此謂慮○也 155/81/13
茂誠○者也 166/85/6
秦之有○相也 166/85/6
天下之○王也 167/85/15
夫以楚之強與大王之○ 167/85/17
天下之○主也 169/88/8
272/143/4
若君王誠好○ 170/90/2
必進○人以輔之 179/93/17
好傷○以為資 179/93/17
人臣莫難於無妬而進○ 179/93/20
至於無妬而進○ 179/93/21
必知其無妬而進○也 179/93/22
○之事其主也 179/93/22
亦必無妬而進○ 179/93/22
夫進○之難者 179/93/22
○者用且使己廢 179/93/23
且宋王之○惠子也 184/95/11
天下○人也 197/99/23,197/99/28
夫○者之所在 197/99/28
故弑○長而立幼弱 197/100/2
君之○實不如堯 199/101/2
夫以○舜事聖堯 199/101/3
是君聖於堯而臣○於舜也 199/101/3
○人之行 204A/105/28
此天下之○人也 204B/106/11
天下莫不稱君之○ 204B/106/26
臣聞古之○君 209/108/10
而○主惡之 209/108/12
莫不高○大王之行義 218/112/21
內度其士卒之衆寡、○與不肖 218/113/19
是以○者任重而行恭 219/114/19
世之○主也 219/115/2
是以○君靜而有道民便事之教 221/116/17
○者戚焉 221/116/26
○聖之所教也 221/117/8
○聖不能同 221/117/18
○者議俗 221/118/7
非所以論○者也 221/118/26
○與變俱 221/118/27
任○勿貳 222/119/21
故○人觀時 224/120/11
之為○母也 233/123/31
始吾以君為天下之○公子也 236/126/20
吾乃今然后知君非天下之○公子也 236/126/21
而予其所謂○ 236/127/27
人比然而後如○不 247/131/27
以明王之○ 259/138/12
老臣竊以為媼之愛燕后○於長安君 262/139/10
子入而問其○良之士而師事之 266/141/1
又不遺○者之後 270/142/12
以公叔之○ 271/142/20
吾所○者 311/158/11
今母○不過堯、舜 311/158/12
王○而有聲者相之 317A/162/22
與大王之○ 347/173/4
夫以大王之○ 347/173/9
夫○者以感忿睚眥之意 385/186/3
弟至○ 385/186/19
一世之○士也 390/188/23
則群臣之○不肖 396C/191/16
公以二人者為○人也 397/191/25
齊、秦非重韓則○君之行也 398/192/3
人謂堯○者 416A/199/11
以招○者 418/200/20
然得○士與共國 418/200/21
王誠博選國中之○者 418/200/27
天下聞王朝其○臣 418/200/28
況○於隗者乎 418/201/4
而又況於當世之○主乎 420/203/13
今○之兩之 424/205/18
堯、舜之○而死 424/205/24
夫以蘇子之○ 426/206/25
臣聞○聖之君 431/209/19
臣聞○明之君 431/210/6
衛有○人 448A/220/17
○於為趙、魏驅羊也 454/222/25
君臣○不肖 458/224/23
趙王非○王也 458/225/1
是○君也 459A/225/11
朝○ 459A/225/11

鹹 xián 1

夕調乎酸○ 192/98/5

跣 xiǎn 4

衛君○行 142/71/9
○行按兵於國 142/74/4
田單免冠徒○肉袒而進 147/77/19
亦免冠徒○ 343/171/21

險 xiǎn 19

今王倍數○ 55/23/10
地形○易盡知之 61A/25/4
決羊腸之○ 81/37/7
王襟以山東之○ 87/42/8
徑亢父之○ 112/55/4
百人守○ 112/55/5
歷○乘危 129/62/24
席卷常山之○ 168/86/17
不可以踰○ 224/120/14
絶五俓之○ 224/120/19
河山之○ 269/141/19,269/141/23
恃此○也 269/141/24
有此○也 269/141/26,269/141/27
地形○阻 269/141/28
前脈形地之○阻 270/142/7
韓地○惡 348A/173/17
觀其地形○阻 458/224/23

獮 xiǎn 1

猿○猴錯木據水 129/62/23

顯 xiǎn 16

召公孫○於韓 52/22/9
○名於天下 76/33/17
○逆誅 79/34/23
是王過舉○於天下 80/35/13
富貴○榮 81/35/28
○名也 120/58/14
○使也 133/65/24
二者○名厚實也 145/75/27
今臣之名○而身尊 204A/105/20
吾聞輔主者名○ 204A/105/21
秦王與應侯必○重以示
天下 235/126/7
以安社稷、尊主、強兵
、○名也 273/143/29
不敢○也 297/151/24
楊達謂公孫○曰 355/175/28
○臣於廷 412/196/9
名○諸侯 422/205/2

限 xiàn 4

南有巫山、黔中之○ 40/13/7
足以為○ 42/15/26
無有名山大川之○ 218/113/13
踰九○之固 224/120/18

憲 xiàn 3

手受大府之○ 340/170/2
○之上篇曰 340/170/2
是使我負襄王詔而廢大
府之○也 340/170/3

騃 xiàn 1

使齊犬馬○而不言燕 427/207/20

獻 xiàn 65

願○九鼎 1/1/9
昭○在陽翟 5A/2/26
今昭○非人主也 5A/2/28
鄭朝○之趙太卜 15/6/15
候得而○東周 19/7/15
果○西河之外 47/19/2
夫晉○公欲伐郭 48A/19/6
臣請使秦王○商於之地 50/20/26
蘇代為齊○書穰侯曰 63/26/5
○書昭王曰 72/28/28
○則謂公孫消曰 91/44/3
韓○宜陽 113/55/23
○魚鹽之地三百於秦也 113/55/28
因○下東國 122/59/11
益割地而○之 122/59/18
乃○七珥 123/60/18
○象床 130/63/3
願得○之 130/63/5
奉四時之○ 167/85/24
使使臣○書大王之從車
下風 168/87/23
○鷄駭之犀、夜光之璧
於秦王 168/87/27
蒙穀○典 170/89/22
○之地 177/92/5
○之便 177/92/5
敬○地五百里 177/92/6
皆令○其計 177/92/9
而北○地五百里於齊 177/92/28
乃遣子良北○地於齊 177/92/29
大夫來○地 177/93/2
令其一善而○之王 191/97/16
有○不死之藥於荊王者 196/99/16
且客○不死之藥 196/99/18
臣故敢○其愚 218/112/24
弊邑秦王使臣敢○書於
大王御史 220/115/20
齊○魚鹽之地 220/116/2
為齊○書趙王 246/131/7
范座○書魏王曰 251/134/23
○書秦王曰 258B/137/21
318/163/21
故敝邑趙王使使臣○愚
計 272/143/16
史厭謂趙○曰 282/147/7
則臣能使魏○之 309/156/24
王○之秦 309/156/27
因○之秦 309/156/28
魏之所以○長羊、王屋
、洛林之地者 309/157/5
是故秦王使使臣○書大
王御史 348A/174/2
楚昭○相韓 350/174/21
韓廢昭○ 350/174/21
昭○令人謂公叔曰 350/174/21
不如貴昭○以固楚 350/174/21
令昭○轉而與之處 353/175/16
而昭○ 353/175/17
甘茂與昭○遇於境 367/181/6
韓○開罪而交愈固 411/195/28
○常山之尾五城 413/197/16
臣請○一朝之賈 425/206/14
臣請○白璧一雙 425/206/15
蘇代自齊○書於燕王曰
427/207/13
故○御書而行 427/207/13
望諸君乃使人○書報燕
王曰 431/209/14
或○書燕王 432/210/22

與燕督亢之地圖○秦王 440/216/7
願得將軍之首以○秦 440/216/14
及○燕之督亢之地圖 440/217/6
欲○之秦 440/217/25

相 xiāng 394

得君臣父子○保也 1/1/9
周君將令○國往 5A/2/26
○國將不欲 5A/2/26
而主君令○國往 5A/2/28
臣請令齊○子 7/3/16
周○呂倉見客於周君 8A/3/22
前○工師藉恐客之傷己也 8A/3/22
○呂倉 8B/3/27
子罕釋○為司空 8B/3/30
○呂禮者 11B/5/3
逐周最、聽祝弗、○呂禮者 11C/5/10
仇赫之○宋 13/5/21
欲秦、趙之○賣乎 13/5/23
何不合周最兼○ 13/5/23
則秦、趙必○賣以合於王也 13/5/24
因令人謂○國御展子、廧夫空曰 17/6/29
居中不便於○國 17/7/1
○國令之為太子 17/7/2
周令其○之秦 18/7/6
有人謂○國曰 18/7/6
蘇代遂往見韓○國公中曰 25/9/4
又秦重而欲○者 38/12/15
君因○之 38/12/16
彼得○ 38/12/16
故使○往 38/12/16
孝公以為○ 39/12/22
言語○結 40/13/18
上下○愁 40/13/20
寬則兩軍○攻 40/13/23
迫則杖戟○橦 40/13/23
取卿○之尊者乎 40/14/4
受○印 40/14/6
故蘇秦○於趙而關不通 40/14/10
諸侯○親 40/14/11
不攻無攻○事也 42/15/17
趙氏上下不○親也 42/16/15
貴賤不○信 42/16/15
而使陳莊○蜀 44/18/11
因令楚王為之請○於秦 45/18/16
楚王因為請○於秦 45/18/17
故為請○也 45/18/18
而昭陽賢○也 49/20/7
今齊、楚○伐 51/21/26
我羈旅而得○秦者 57/24/4
韓、楚必○御也 59/24/17
處女○與語 61A/24/28
處女○語以為然而留之 61A/24/30
以○迎之齊 61A/25/7
以○迎之 61A/25/9
甘茂○秦 61B/25/15
寡人且○子 61B/25/15
王得賢○ 61B/25/16
焉更得賢○ 61B/25/17
王且○犀首 61B/25/17
楚之○秦者屈蓋 62/25/22
夫三晉○結 63/26/7
齊、秦○聚以臨三晉 65/26/26
禮必并○之 65/26/27
何不使人謂燕○國曰 66/27/7
秦王欲為成陽君求○韓、魏 71/28/21
○錯如繡 73A/31/16
有非○國之人者乎 74/32/23
合從○聚於趙 77/33/22
秦○應侯曰 77/33/22
○聚而攻秦者 77/33/23
毋○與鬭者 77/33/24
輕起○牙者 77/33/24
高會○與飲 77/33/25
大○與鬭矣 77/33/29
其○室曰 79/34/14
而恩以○葬臣 80/35/14
秦王必○之而奪君位 81/35/21
子常宣言代我○秦 81/35/24
今君○秦 81/37/6
君何不以此時歸○印 81/37/9
請歸○印 81/37/16
因免○ 81/37/16
遂拜為秦○ 81/37/17
蔡澤○秦王數月 81/37/19
乃謝病歸○印 81/37/19
入其將○ 86/40/19
此猶兩虎○鬬而駑犬受其弊 87/40/27
○望於境 87/41/19
○隨於路 87/41/19
魏氏將出兵而攻留、方與、銍、胡陵、碭、蕭、○ 87/41/26
天下之士○從謀曰 88/42/19
所以不為○者 91/44/3
資而○之於周乎 91/44/4
公○必矣 91/44/5
王乃召○ 93/45/14
以不韋為○ 93/45/16
文信侯因請張唐○燕 94/45/21
今吾自請張卿○燕 94/45/24
今文信侯自請卿○燕 94/46/3
聞張唐之○燕與 94/46/7
張唐○燕者 94/46/8
秦、燕不○欺 94/46/9
燕、秦所以不○欺者 94/46/9
趙以為守○ 95/46/15
文信侯○秦 95/46/17
○孰與之賢 95/46/20
懼而○捄 95/46/25
穆公○之而朝西戎 96/48/12
太子○不仁 101/50/6
因請○之 101/50/13
成侯鄒忌為齊○ 104/51/11
不○說 104/51/11
鍺擊摩車而○過 105/51/23
鄒忌代之○ 106/51/29
使者數○往來 109/53/6
而遞○罷弱 111/54/5
天下為秦○割 111/54/6
天下為秦○烹 111/54/6
兵出而○當 112/54/31
不能○去 115/56/17
梁王因○儀 116/57/3
舍人○謂曰 117/57/14
今君○楚而攻魏 117/57/17
有土偶人與桃梗○與語 124/60/27
千乘之君與萬乘之○ 127/62/1
孟嘗君舍人有與君之夫人○愛者 128/62/7
為君舍人而內與夫人○愛 128/62/7
睹貌而○悅者 128/62/8
齊、衛後世無○攻伐 128/62/14
有○攻伐者 128/62/14

不○與處 129/62/27
而來害○報者 129/62/27
小國所以皆致○印於君者 130/63/8
今齊、魏久○持 132A/64/2
以故○為上將軍 133/65/22
孟嘗君為○數十年 133/65/30
皆以○敵為意 142/71/22
今天下之○與也不並滅 142/72/9
不○質而固 142/72/11
交割而不○憎 142/72/11
然而甚於○趨者 142/72/14
故明主察○ 142/72/17
則察○不事 142/73/11
彼明君察○者 142/73/12
名與天壤○敝也 145/76/11
田單○之 146/76/19
聞丈夫之○□與語 146/77/2
○與語於王曰 147/77/13
九人之屬○與語於王曰 147/77/15
召○單來 147/77/19
召○田單而來 147/77/22
莒中及齊亡臣○聚 149B/79/1
後后勝○齊 149B/79/14
趙、魏○弊 156/81/23
州侯○楚 161/83/20
蒲反、平陽○去百里 163/84/6
新城、上梁○去五百里 163/84/7
寡人欲置○於秦 166/85/3
吾○甘茂可乎 166/85/4
然而不可○秦 166/85/6
秦之有賢○也 166/85/6
王若欲置○於秦乎 166/85/9
真大王之○已 166/85/10
王○之 166/85/10
○去遠矣 167/86/4
此其勢不○及也 168/87/4
此所謂兩虎○搏者也 168/87/11
夫秦、楚○弊 168/87/11
封為武安君而○燕 168/87/17
齊王因受而○之 168/87/18
終身無○攻擊 168/87/23
張儀○秦 169/88/3
韓求○工陳籍而周不聽 169/88/7
魏求○綦母恢而周不聽 169/88/7
冠帶不○及 170/89/13
多與存國○若 170/89/23
魏○翟強死 171/90/6
魏之幾○者 171/90/6
勁也○魏 171/90/6
○甘茂於魏 171/90/7
今為其行人請魏之○ 171/90/8
是王與秦○罷 173B/90/28
秦王惡與楚○弊而令天下 173B/90/29
楚、秦○難 175/91/19
臣願無聽群臣之○惡也 179/93/19
且使萬乘之國免其○ 181/94/5
今君○萬乘之楚 188/96/19
禍與福○貫 189/96/27
六十而盡○靡也 194/99/4
而公重不○善也 194/99/4
三年而後乃○知也 199/101/3
今君○楚王二十餘年 200/101/22
奈何以保○印、江東之封乎 200/101/24
春申君○楚二十五年 200/102/4
君○楚二十餘年矣 200/102/6
雖名為○國 200/102/6
五子皆○諸侯 200/102/6
而君○少主 200/102/7
人馬○食 202/103/11
不令在○位 204A/105/20
中絕不令○通 211/110/1
民能○集者 211/110/12
謂皮○國曰 214/111/3
或謂皮○國曰 215/111/10
弱而不能○壹 217/111/27
而○鬬兩罷 217/111/28
決不○鬬矣 217/111/29
而尚○鬬兩敝 217/111/29
三晉○親○堅 217/112/11
天下之卿○人臣 218/112/21
大王乃今然後得與士民○親 218/112/23
不待兩軍○當 218/113/19
令天下之將○ 218/114/3
○與會於洹水之上 218/114/3
二十九年不○攻 219/115/16
面○見而身○結也 220/116/6
奉陽君○ 220/116/8
帝王不○襲 221/118/21
不○襲而王 221/118/23
○都平君田單問趙奢曰 225/120/23
齊、韓○方 225/121/7
萬家之邑○望也 225/121/8
請○魏冉 226/121/13
秦王見趙之○魏冉之不急也 226/121/14
而請○之於魏 229B/122/24
今○魏 229B/122/25
○室曰 233/123/29
○善也 233/124/14
而君為○國者以親故 234/125/20
佩趙國○印不辭無能 234/125/21
說張○國曰 237/128/11
僕官之丞○ 242/130/9
今君不能與文信侯○伉以權 242/130/13
今王又挾故薛公以為○ 247/132/4
而不敢○私也 247/132/10
今韓、魏與齊○疑也 249/133/9
○魏懷於魏 249/133/16
又遺其後○信陵君書曰 251/134/28
故魏之免○望也 251/135/1
趙王三延之以○ 255/136/9
則卿必為○矣 255/136/10
未得○馬之工也 258A/137/4
又不知○馬 258A/137/5
不知○馬 258A/137/5
令仇郝○宋 260/138/17
樓緩○秦 260/138/17
故○與謀曰 261/138/22
有子孫○繼為王也哉 262/139/13
鄰國懼而○親 264A/140/8
以○親之兵 264A/140/8
韓、趙○難 264B/140/16
夫物多○類而非也 266/141/2
一天下、約為兄弟、刑白馬以盟於洹水之上以○堅也 273/143/29
復○魏 276/145/24
令魏王召而○之 278/146/3
張子儀以秦○魏 281/146/26
魏之所以○公者 281/146/26
以公○則國家安 281/146/26
今公○而魏受兵 281/146/27
王若○儀於魏 281/146/29
此儀之所以與秦王陰○

結也 281/147/1
今儀○魏而攻之 281/147/1
張儀欲并○秦、魏 282/147/6
公何不以楚佐儀求○之於魏 282/147/7
儀兼○秦、魏 282/147/7
則公亦必并○楚、韓也 282/147/8
魏王將○張儀 283/147/12
收韓而○衍 283/147/14
果○魏 283/147/15
齊王將見燕、趙、楚之○於衛 288/148/18
從容談三國之○怨 288/148/20
三國之不○信齊王之遇 288/148/24
與其○田繻不善 290/149/3
而聽○之計 290/149/4
召文子而○之魏 292/149/23
身○於韓 292/149/23
與國無○離也 297/151/21
魏文子、田需、周宵○善 298/152/14
則胡不召文子而○之 298/152/15
因召文子而○之 298/152/16
吾恐張儀、薛公、犀首之有一人○魏者 303B/154/3
然則○者以誰而君便之也 303B/154/4
吾欲太子之自○也 303B/154/4
必○之矣 303B/154/5
吾恐張儀、薛公、犀首有一人○魏者 303B/154/7
必不○張儀 303B/154/8
張儀○魏 303B/154/8
薛公○魏 303B/154/8
犀首○魏 303B/154/8
必不使○也 303B/154/9
莫如太子之自○ 303B/154/9
是三人皆以太子為非固○也 303B/154/9
而欲丞○之璽 303B/154/10
不如太子之自○也 303B/154/11
太子果自○ 303B/154/11
秦召魏○信安君 304/154/16
令人之○行所不能 304/154/22
梁王稱善○屬 307/156/6
召○國而命之曰 308/156/11
○國曰 308/156/12
王命召○國 311/158/26
王賢而有聲者○之 317A/162/22
公必為○矣 317B/163/4
秦、趙久○持於長平之下而無決 327/166/10
遇而無○ 328/166/17
秦必置○ 328/166/17
且遇於秦而○秦者 328/166/18
不若○之 328/166/19
冠蓋○望 338/168/29, 399/192/9, 399/192/11
何不○告也 341/170/14, 341/170/20
而近習之人○與怨 341/170/23
秦、魏百○交也 342/171/8
百○欺也 342/171/8
以重力○壓 348A/173/23
比周以○飾也 348A/173/25
魏因○犀首 349/174/16
而○公叔以伐秦 349/174/17
楚昭獻○韓 350/174/21
齊、魏不能○聽 360/178/19
韓公仲○ 361/178/27
冠蓋○望也 366/180/9
必易與公○支也 367/181/5
廢公叔而○幾瑟者楚也 382/184/17
韓傀○韓 385/185/18
二人○害也 385/185/18
而嚴仲子乃諸侯之卿○也 385/186/1
臣之仇韓○傀 385/186/8
今殺人之○ 385/186/10
○又國君之親 385/186/10
韓王及○皆在焉 385/186/14
夫孿子之○似者 386/187/3
利害之○似者 386/187/3
其利害之○似 386/187/4
正如孿子之○似也 386/187/4
若夫安韓、魏而終身○ 386/187/10
秦、魏不終○聽者也 386/187/10
合離之○續 387/187/18
合而○堅如一者 389/188/19
聶政、陽堅刺○兼君 391/189/14
而許異終身○焉 391/189/15
雖終身○之焉 391/189/16
而許異獨取○焉者 391/189/19
或謂韓○國曰 395/190/18
今韓之父兄得眾者毋○ 396A/190/26
吾欲以國輔韓珉而○之可乎 396A/190/26
韓○公仲珉使韓侈之秦 396B/191/3
魏之使者謂後○韓辰曰 396B/191/4
貴賤不○事 396C/191/16
外內不○為 396C/191/18
韓珉○齊 397/191/25
韓○國謂田苓曰 399/192/9
而○國見臣不釋塞者 407/194/6
秦、趙○弊 408/194/14
此一何慶弔○隨之速也 411/195/19
與其○子之為婚 416A/199/3
子之○燕 416A/199/6
今王以國讓○子之 416A/199/12
燕○子之與蘇代婚 416B/200/6
今封而○之 424/205/17
而後○效 424/205/23
若臣死而必○攻也 424/205/23
如是則近於○攻 424/205/28
弗予○ 424/206/1
望諸○中山也使趙 424/206/5
不○得則不能行 432/210/26
然而山東不知○索 432/210/28
言語不○知 432/210/29
志意不○通 432/210/29
至其○救助如一也 432/210/29
今山東之○與也 432/211/1
不能○救助如一 432/211/1
山東○合 432/211/5
兩者不肯○舍 434/212/5
燕、趙久○支 434/212/5
蘇子謂燕○曰 435/212/12
室不能○和 438/213/19
而與秦○距五十餘年矣 439/214/12
光與子○善 440/215/11
則君臣○疑 440/215/27
蘇秦為宋謂齊○曰 446A/219/22
與之○印 451/221/22

殷順且以君令○公期 451/221/22
同欲者○憎 454/222/26
同憂者○親 454/222/26
今五國○與王也 454/222/26
與王○見 455/223/21
為己求○中山 456/224/3
以為己求○ 456/224/4
為司馬憙求○ 456/224/6
司馬憙三○中山 457/224/11
勞者○饗 461/226/2
涕泣○哀 461/226/3
韓、魏○率 461/226/11
而群臣○妬以功 461/226/16

湘 xiāng 1

食○波之魚 192/98/13

鄉 xiāng 13

出婦嫁○曲者 48B/19/21
出婦嫁於○里者 49/20/13
○里不通也 145/76/2
天下莫敢以兵南○ 170/89/2
○也 201/103/1
必○之以兵 203/103/26
啓胡、翟之○ 221/116/18
是以聖人觀其○而順宜 221/117/14
是以○異而用變 221/117/16
窮○多異 221/117/18
夫○邑老者而先受坐之士 266/140/29
天下之西○而馳秦 315/162/9
秦、韓并兵南○ 357/176/20

襄 xiāng 66

以攻趙○主於晉陽 42/17/4
○主錯龜 42/17/4
以成○子之功 42/17/6
昭王、孝文王、莊○王 81/37/20
帥韓、魏以圍趙○子於晉陽 83B/39/1
頃○王二十年 87/40/24
○王以為辯 87/40/26
故不如南攻○陵以弊魏 102/50/24
乃起兵南攻○陵 102/50/25
○王即位 143/74/24
○王為太子徵 146/76/18
○王立 146/76/19, 149B/79/2
○王惡之 146/76/23
○王呼而問之曰 146/76/24
共立法章為○王 149B/79/2
○王卒 149B/79/6
楚○王為太子之時 177/92/3
莊辛謂楚○王曰 192/97/21
○王曰 192/97/22, 192/97/25
○王流揜於城陽 192/97/24
○王聞之 192/98/20
趙○子弗與 203/104/1
趙○子召張孟談而告之曰 203/104/4
○子謂張孟談曰 203/104/15
○子曰 203/104/17, 203/105/9, 204B/106/20
張孟談以報○子 203/104/23
○子再拜之 203/104/24
入見○子曰 203/105/8
○子將卒犯其前 203/105/10
乃稱簡之塗以告○子曰 204A/105/18
○子恨然曰 204A/105/21
○子去之 204A/105/25
○子往見張孟談而告之曰 204A/105/30
趙○子最怨知伯 204B/106/8
欲以刺○子 204B/106/9
○子如廁 204B/106/9
趙○子曰 204B/106/11
而善事○子 204B/106/14
○子必近幸子 204B/106/14
○子當出 204B/106/20
○子至橋而馬驚 204B/106/20
於是趙○子面數豫讓曰 204B/106/21
○子乃喟然歎泣曰 204B/106/24
於是○子義之 204B/106/27
念簡、○之迹 221/116/15
今吾欲繼○主之業 221/116/18
而○王兼戎取代 221/117/23
而叔也順中國之俗以逆簡、○之意 221/117/25
今欲繼簡、○之意 221/117/28
昔者先君○主與代交地 224/120/13
臣又願足下有地效於○安君以資臣也 248/132/26
巴寧、爨○之力也 270/142/7
巴寧、爨○田各十萬 270/142/10
受詔○王以守此地也 340/170/1
是使我負○王詔而廢大府之憲也 340/170/3
王何不試以○子為質於韓 369/181/21
因以出○子而德太子 369/181/22
○陵之役 370/181/26
未嘗不以周○王之命 391/189/17
然則雖尊○王 391/189/17
猶其尊○王也 391/189/18
常莊談謂趙○子曰 453/222/10

祥 xiáng 7

而聖人所謂吉○善事與 81/35/30
鬼神狐○無所食 87/41/20
寡人不○ 133/65/25
將以為楚國袄○乎 192/97/22
非敢以為國袄○也 192/97/23
見○而不為○ 447/220/10

翔 xiáng 4

楚、燕之兵云○不敢校 87/41/2
飛○乎天地之間 192/98/1
飄搖乎高○ 192/98/8
而鳳皇不○ 258B/138/2

詳 xiáng 3

而○事下吏 87/42/4
願公之○計而無與俗同也 145/75/14
其次堅約而○講 297/151/21

享 xiǎng 2

祭祀時○ 209/108/11
而○往古之勳 221/116/19

饗 xiǎng 3

旦暮當拔之而○其利 203/105/1
中山君○都士 459B/225/16
勞者相○ 461/226/2

向 xiàng 39

令○公之魏 5A/2/27
令○公之韓 5A/2/27
冷○謂秦王曰 41B/15/3
○欲以齊事王 41B/15/3
則○之攻宋也 41B/15/4
王何惡○之攻宋乎 41B/15/5
○以王之明為先知之 41B/15/5
王令○壽輔行 55/23/4
謂○壽 55/23/6
○壽歸以告王 55/23/7
○者遇桀、紂 90/43/27
北○而孤燕、趙 111/54/12
謂李○曰 119/57/29
齊使○子將而應之 143/74/13
○子以輿一乘亡 143/74/13
冷○謂強國曰 213/110/28
則必舉甲而○趙 218/113/7
田駟謂柱國韓○曰 255/136/9
冷○謂鄭彊曰 353/175/14
韓公仲謂○壽曰 359/177/17
○壽曰 359/177/19,359/177/29
○子曰 359/178/1,359/178/3
○也子曰『天下無道』 362/179/9
韓令冷○借救於秦 367/180/28
教陽○說秦王曰 371/182/3
冷○謂韓咎曰 383A/184/23
冷○謂伯嬰曰 383B/184/29
冷○謂陳軫曰 400/192/17
秦王必外○ 400/192/17
○曰 400/192/18
○請為公說秦王 400/192/20
韓氏逐○晉於周 401/192/24
是王有○晉於周也 401/192/25
逐○晉者韓也 401/192/25
是魏有○晉於周 401/192/26
北○迎燕 439/214/5
東徙而不敢西○ 461/226/10

巷 xiàng 6

問其○而不知也 9/4/7
且夫蘇秦特窮○掘門、桑戶棬樞之士耳 40/14/14
賣僕妾售乎閭○者 48B/19/21
故賣僕妾不出里○而取者 49/20/13
掘穴窮○ 199/101/9
所傾蓋與車而朝窮閭隘○之士者 459A/225/10

象 xiàng 11

獻○床 130/63/3
直送○床 130/63/4
○床之直千金 130/63/4
君豈受楚○床哉 130/63/7
今君到楚而受○床 130/63/10
子教文無受○床 130/63/13
輸○床 130/63/16
子○為楚謂宋王曰 152/80/12
黃金珠璣犀○出於楚 182/94/13
白骨疑○ 266/141/2
鑄諸侯之○ 433/211/21

項 xiàng 1

夫○橐生七歲而為孔子師 94/45/26

嚮 xiàng 2

今王有東○伐齊之心 420/202/26
登丘東○而歎 420/202/28

宵 xiāo 4

晝吟○哭 170/89/12
魏文子、田需、周○相善 298/152/14
犀首以倍田需、周○ 298/152/16
夫○行者能無為姦 406/193/26

消 xiāo 3

獻則謂公孫○曰 91/44/3
即趙自○爍矣 249/133/24
不知吾精已○亡矣 440/215/6

梟 xiāo 5

夫○棊之所以能為者 188/96/20
夫一○之不如不勝五散 188/96/20
今君何不為天下○ 188/96/20
王獨不見夫博者之用○邪 312/159/15
何用智之不若○也 312/159/16

銷 xiāo 1

劫韓包周則趙自○鑠 218/113/6

蕭 xiāo 3

魏氏將出兵而攻留、方與、銍、胡陵、碭、○、相 87/41/26
風○○兮易水寒 440/216/28

殽 xiáo 8

自○塞、谿谷 61A/25/4
昔歲○下之事 211/109/13
為齊兵困於○塞之上 219/115/3
秦師不下○ 366/180/9
366/180/10
而秦師不下○ 366/180/21
果下師於○以救韓 366/180/24
則秦不出○塞 420/202/21

小 xiǎo 82

君之國○ 16/6/20
施於○人 16/6/22
○人無可以求 16/6/22
○國不足亦以容賊 21/7/27
周君形不○利 32/11/4
事秦而好○利 32/11/5
今王之地○民貧 44/18/2
儀固以○人 50/21/13
○者必死 51/22/1
長○國 66/27/3
○者身以孤危 73A/30/15

事無大〇 73A/30/20
〇黃、濟陽嬰城 87/41/3
今大王使守〇官 95/46/17
以官長而守〇官 95/46/28
齊大而魯、宋〇 98/49/4
王獨利魯、宋之〇 98/49/4
齊大而魯〇 113/55/20
〇官公又弗欲 128/62/10
〇國所以皆致相印於君者 130/63/8
〇國英桀之士 130/63/9
大〇幾何 134/66/8
夫弱〇之殃 142/71/25
〇國滅也 142/71/26
〇國之情 142/71/28
〇國道此 142/72/1
則強弱大〇之禍 142/72/6
通都〇縣置社 142/72/20
傚〇節者不能行大威 145/76/1
惡〇恥者不能立榮名 145/76/1
非不能行〇節 145/76/9
死〇恥也 145/76/9
〇人也 147/77/7,340/170/9
此〇人也 159/82/20
〇不如處室 166/85/5
昔者先君靈王好〇要 170/89/29
楚〇臣 175/91/18
今楚國雖〇 192/97/29
蜻蛉其〇者也 192/98/3
夫雀其〇者也 192/98/7
夫黃鵠其〇者也 192/98/12
蔡聖侯之事其〇者也 192/98/16
宮室〇而帑不眾 207/107/16
雖強大不能得之於〇弱 211/110/2
而〇弱顧能得之強大乎 211/110/2
而慕思不可得之〇梁 237/128/15
〇大皆聽吾言 258B/137/23
地名雖〇 272/142/29
〇事也 280/146/19
豈〇功也哉 296/151/6
國雖〇 301/153/4
而使趙〇心乎 304/154/26
〇國也 340/169/23,393/190/3
以大易〇 343/171/14
弊邑雖〇 357/176/27
中封〇令尹以桂陽 359/177/18
〇勝以百數 390/189/2
〇之不霸 390/189/2
則不如其處〇國 397/191/26
而〇國利之 404/193/14
魏安能與〇國立之 404/193/15
寡人國〇 408/194/22
今燕雖弱〇 411/195/22
示天下與〇人群也 412/196/6
〇亂者可得其寶 414/197/21
寡人之國〇 416A/199/22
孤極知燕〇力少 418/200/21
先量其國之大〇 420/202/24
不先量其國之大〇 420/202/25
而〇人奉陽君也 424/205/20
使之得比乎〇國諸侯 431/210/3
〇戰再 433/211/26
國〇而地無所取 439/214/12
燕〇弱 440/215/24
宋〇而齊大 441/218/4
夫救於〇宋而惡於大齊 441/218/4
〇而生巨 447/220/6
此〇國之禮也 448A/220/16
治無〇 452A/221/28
以中山之〇 454/222/19

孝 xiào 40

不如譬秦王之〇也 26/9/15
〇公以為相 39/12/22
〇公行之八年 39/12/26
〇公已死 39/12/26
〇己愛其親 48B/19/20,49/20/13
夫公孫鞅事〇公 81/36/1
父慈子〇 81/36/8
申生〇 81/36/8
是有忠臣〇子 81/36/9
孰與秦〇公、楚悼王、越王乎 81/36/16
不過秦〇、越王、楚悼 81/36/17
夫商君為〇公平權衡、正度量、調輕重 81/36/23
昭王、〇文王、莊襄王 81/37/20
無〇之名 86/40/11
無〇之實 86/40/11
曾參〇其親 96/48/5
忌聞以為有一子之〇 107/52/7
不如有五子之〇 107/52/8
是皆率民而出於〇情者也 138/69/19
〇子之於親也 179/93/16
此〇子之所以事親 190/97/5
秦〇公封商君 201/102/24
〇公死 201/102/24
踐石以上者皆道子之〇 222/119/3
父之〇子 222/119/4
齊人李伯見〇成王 245/130/30
〇成王方饋 245/130/30
〇成王不應 245/131/1
為〇成王從事於外者 245/131/3
大王以〇治聞於天下 258B/137/29
〇公受而用之 271/142/22
〇如曾參 412/196/11
且夫〇如曾參 412/196/14
〇如曾參、〇己 420/202/14
420/202/17
燕王喜使栗腹以百金為趙〇成王壽 438/213/3
公不如令楚賀君之〇 445/219/17

肖 xiào 34

今臣不〇 61A/24/30
寡人愚不〇 73A/30/18
非不〇也 95/47/16
故儀願乞不〇身而之梁 115/56/17
115/56/25
孟嘗君不知臣不〇 128/62/13
若臣不〇也 128/62/16
則謂之不〇 129/62/26
不〇則棄之 129/62/26
意者秦王不〇之主也 134/66/4
而徐子不〇 147/77/9
若乃得去不〇者 147/77/10
今僕之不〇 199/101/9
今趙王不知文不〇 216/111/19
內度其士卒之眾寡、賢與不〇 218/113/19
不〇者拘焉 221/118/7
彼將奪其所謂不〇 236/127/26
先生不知寡人不〇 239A/129/5
座雖不〇 251/135/1
不〇 262/139/7
寡人不〇 272/143/17
衍不〇 276/145/13
周〇謂宮他曰 335/168/12

子為○謂齊王曰 335/168/12
○願為外臣 335/168/12
則群臣之賢不○ 396C/191/16
今臣雖不○ 407/194/5
自負以不○之罪 431/209/15
則寡人之不○明矣 438/213/10
今使寡人任不○之罪 438/213/18
寡人雖不○乎 438/213/20
願君無以寡人不○ 438/213/24
田先生不知丹不○ 440/215/20
君臣賢不○ 458/224/23

效 xiào 57

非○醯壺醬甀耳 1/1/14
非○鳥集烏飛 1/1/14
遽○煮棗 2/2/1
韓氏果亦○重寶 2/2/1
而吾得無○也 28/10/5
臣請奏其○ 40/13/9
○勝於戰場 40/13/22
○上洛於秦 84A/39/13
臣○愚計 95/46/29
魏○河外 113/55/23
願○之王 115/56/15
請○列城五 153/80/25
至今未○ 160/83/5
使臣○愚計 167/86/5
○萬家之都 168/87/22
其○鄢、郢、漢中必緩矣 169/88/13
秦恐且因景鯉、蘇厲而○地於楚 172/90/13
臣請○其說 177/92/27
請○上黨之地以為和 211/109/19
太守其○之 211/109/20
必○縣狐氏 213/110/29
○愚忠 218/112/24
夫割地○實 218/113/3
韓弱則○宜陽 218/113/5
宜陽○則上郡絕 218/113/5
而○之於一時之用也 219/114/19
請○地於魏而聽薛公 229B/122/23
故欲○地於魏而聽薛公 229B/122/24
臣固且有○於君 232/123/19
盡○之於王 247/132/2
臣又願足下有地○於襄安君以資臣也 248/132/26
必○鼓 253/135/25
齊請○地 254/136/3
故○地 254/136/4
齊必不○地矣 254/136/4
夫事秦必割地○質 272/143/10
○河外 273/144/20
必○城地於王 305/155/8
敝邑之王欲○城地 305/155/12
臣請○之 305/155/13
敝邑之吏○城者 308/156/15
而魏○絳、安邑 310/158/3
衛○尤憚 310/158/3
而王○其上 311/158/20
臣○便計於王 314/160/17
韓必○之 315/162/3
所○者庸必得幸乎 341/170/23
今茲○之 347/173/6
○宜陽 348A/174/5
則曰來○賊也 383C/185/4
必○先王之器以止王 402/193/5
○河間以事秦 413/197/10
王因收印自三百石吏而○之子之 416A/199/17
而後相○ 424/205/23
群臣○忠 428/208/6
固願○之 446B/219/29
因○金三百鎰焉 449/221/2

笑 xiào 38

臣竊○之 42/15/11
為天下○ 73A/31/5
83B/39/4,203/105/13
卒為三家○ 89/43/8
則兩國者必為天下○矣 89/43/22
孟嘗君○而受之曰 133/64/21
左右皆○之 133/64/26
孟嘗君○曰 133/65/2
昭王○而曰 134/66/8
昭王○而謝之 134/66/13
為天下○者 142/72/28
和樂倡優侏儒之○不之 142/73/18
仰天而○曰 160/83/10
豫讓乃○而應之曰 204B/106/15
美人巧○ 218/113/26
吾恐天下○之 221/116/26
愚者之○ 221/116/26
雖敺世以○我 221/116/27
卒為天下○ 236/127/8
魯連○曰 236/128/5
鄭同因撫手仰天而○之曰 238/128/22
則主必為天下○矣 251/134/25
望我而○ 257/136/23
夫望人而○ 257/136/24
太后○曰 262/139/10
田子方○ 268/141/13
奚○ 268/141/14
人大○也 340/169/25
夫羞社稷而為天下○ 347/173/4
必為天下○矣 357/177/1
智為楚○ 357/177/6
田光俛而○曰 440/215/9
荊軻顧○武陽 440/217/10
倚柱而○ 440/217/20
主人○之 452B/222/5
然而不免為○者 452B/222/5
即為諸侯○ 458/225/3

傚 xiào 1

○小節者不能行大威 145/76/1

歇 xiē 1

楚人有黃○者 87/40/26

邪 xié 19

以○攻正者亡 42/15/12
東有琅○ 112/54/23
今雖干將、莫○ 142/71/7
松○ 150/79/29
柏○ 150/79/29
不識三國之憎秦而愛懷○ 219/115/11
忘其憎懷而愛秦○ 219/115/11
事利國者行無○ 221/117/4
脩禮無○ 221/118/19
去○無疑 222/119/21
其不○ 235/126/1
子患寡人入而不出○ 311/158/15

寧以為秦○ 311/158/27
王獨不見夫博者之用梟○ 312/159/15
豈敢以有求○ 385/185/27
且以趙王為可親○ 413/197/9
以故掩人之○者 438/213/15
世有掩寡人之○ 438/213/16
則掩○救過 438/213/17

挾 xié 32

可懷○提挈以至齊者 1/1/14
○荊 42/16/19
○天子以令天下 44/17/26
○韓而議 55/23/13
○君之讎以誅於燕 66/27/13
○天子 115/56/18, 115/56/27
○太子也 122/59/21
夫外○強秦之威 167/86/3
○寶地以為資 174/91/7
王○楚王 176/91/27
○魏重 183/95/4
左○彈 192/98/4
以○秦 228/122/4
今王又○故薛公以為相 247/132/4
而○重器多也 262/139/17
夫○強秦之勢 272/143/3
外○彊秦之勢以內劫其主以求割地 272/143/12
秦○韓而攻魏 273/144/6
秦○楚、趙之兵以復攻 310/157/19
而○韓、魏之質 315/162/2
不以○私為政 325/165/25
○強韓之兵 347/173/9
右○生虜 348A/173/22
秦、楚○幾瑟以塞伯嬰 379/183/30
秦、楚○韓以窘魏 380/184/5
韓○齊、魏以眄楚 380/184/6
公○秦、楚之重 380/184/6
秦○韓親魏 382/184/19
又奚為○之以恨魏王乎 396B/191/6
秦○賓客以待破 419/201/25
○成功 443/218/29

脅 xié 1

威○韓、魏、趙氏 440/214/19

泄 xiè 13

事久且○ 19/7/14
因○之楚 28/10/4
王怒於犀首之○也 61B/25/18
臣聞謀○者事無功 122/59/5
夫○吾君臣之交 157B/82/7
恐春申君語○而益驕 200/102/1
勝已○之矣 236/126/24
生得失則語○ 385/186/11
語○則韓舉國而與仲子為讎也 385/186/11
願先生勿○也 440/215/9, 440/215/14
今田先生以死明不○言 440/215/19
願王無○也 458/224/31

械 xiè 3

器○被具 1/1/16
衣服器○ 221/118/23
不知器○之利 224/120/12

猲 xiè 2

是故恫疑虛○ 112/55/6
是故橫人日夜務以秦權恐○諸侯 218/113/26

寫 xiè 4

忠可以○意 222/119/5
希○見建信君 242/130/9
希○曰 242/130/10
為木人以○寡人 422/204/9

緤 xiè 8

使王孫○告公子成曰 221/116/29
使○謁之叔 221/117/4
張登請費○曰 402/193/3
費○ 402/193/3
是○以三川與西周戒也 402/193/4
○錯、挐薄也 451/221/18
○錯主斷於國 451/221/19
○錯、挐薄之族皆逐也 451/221/23

謝 xiè 36

四拜自跪而○ 40/14/18
因○王稽說 72/29/15
范睢○曰 73A/29/29
因○不取 76/33/16
應侯因○病 81/37/16
乃○病歸相印 81/37/19
○病強辭 101/50/14
於是秦王拜西藩之臣而○於齊 109/53/11
○將休士也 132A/64/3
○曰 133/65/3
封書○孟嘗君曰 133/65/25
昭王笑而○之 134/66/13
宣王○曰 137/69/9
何不使使者○於楚王 147/77/14
王不亟殺此九子者以○安平君 147/78/2
上車弗○而去 148/78/9
○秦使曰 149B/79/9
於是使人○孫子 197/99/24
孫子為書○曰 197/100/1
使陽城君入○於秦 211/109/19
剖地○前過以事秦 220/116/10
再拜○曰 236/128/1
至而自○ 262/139/1
犀首○陳軫 276/145/11
使使者○安陵君曰 340/170/9
長跪而○之曰 343/171/24
固○嚴仲子 385/185/24
而聶政○曰 385/185/24
遂○車騎人徒 385/186/12
卑辭以○秦 411/195/29
以金千斤○其後 411/196/1
大王割十城乃郤以○ 413/197/10
燕質子為○乃已 416B/200/3
且○之曰 431/209/8
燕王以書且○焉 438/213/10
前為○曰 440/217/10

心 xīn 120

君有閔閔之○ 8B/3/27
王不如賂之以撫其○ 53/22/18
亦能翕其○乎 71/28/22
臣愚而不闔於王○耶 72/29/12
而未知王○也 73A/30/4
人之病○腹 73A/31/16
披其枝者傷其○ 73B/32/4
枝之披者傷其○ 74/32/22
而○不有 80/35/6
人○固有 80/35/6
今遇惑或與罪人同○ 80/35/13
省攻伐之○而肥仁義之誡 87/41/5
他人有○ 87/41/15
梁氏寒○ 87/42/9
以臣之○觀之 89/43/18
依世主之○ 89/43/19
臣恐其皆有怨○ 93/45/13
願君勿以齊為○ 128/62/15
而獨舉○於齊者 142/71/22
事不塞天下之○ 142/71/27
則傷主○矣 142/72/21
則同○於貫之者 142/73/9
大王有伐齊、楚○ 142/74/1
宗族離○ 143/74/12
齊無南面之○ 145/75/15
今燕王方寒○獨立 145/75/20
民○無所歸 145/75/20
士無反北之○ 145/75/21
故去忿恚之○ 145/76/10
循撫其○ 147/77/17
將軍有死之○ 148/78/15
無死之○ 148/78/16
單有○ 148/78/17
其○必營 153/80/21
其○必懼我 153/80/21
有吞天下之○ 167/86/1
秦有舉巴蜀、并漢中之
　○ 167/86/7
○搖搖如懸旌 167/86/10
而逆強秦之○ 168/87/6
陰謀有吞天下之○也 168/87/9
莫敖大○撫其御之手 170/89/5
以與大○者也 170/89/6
莫敖大○是也 170/89/8
愛之以○ 179/93/16, 179/93/16
上干主○ 189/96/28
○之憂勞 197/100/8
而驚○未至也 198/100/22
使君疑二主之○ 202/103/16
乃有他○ 203/105/1
如是則二主之○可不變 203/105/4
其視有疑臣之○ 203/105/8
○動 204B/106/10
是懷二○以事君也 204B/106/17
亦將以愧天下後世人臣
　懷二○者 204B/106/17
敢布腹○ 204B/106/27
○腹之疾 211/109/15
三晉之○疑矣 215/111/11
○疑者事秦急 215/111/12
然而○忿悁含怒之日久
　矣 220/115/24
私○固竊疑焉 220/116/9
乃且願變○易慮 220/116/10
逆人之○ 221/117/10
不足與論○ 221/118/7
重利不足以變其○ 222/119/12
不忘於○ 232/123/21
則人○變矣 233/124/1
無禮義之○ 233/124/26
慰秦○ 233/125/3
而何慰秦○哉 233/125/8
皆有死○ 248/132/18
無乃傷葉陽君、涇陽君
　之○乎 258B/138/3
文侯賞其功而疑其○ 265/140/24
專○并力 272/143/16
二人者必不敢有外○矣 293/150/1
下有堅守之○ 304/154/24
而使趙小○乎 304/154/26
有虎狼之○ 315/160/29
所以為腹○之疾者 317A/162/23
臣願以鄙○意公 317B/163/8
而以一人之○為命也 319/164/10
有是○也 341/170/19
近者掩○ 347/172/30
今秦之○欲伐楚 357/176/15
韓王之○ 369/181/21
犬遂無噬人之○ 374/182/28
今秦有梁君之○矣 390/188/28
為名者攻其○ 390/189/4
此攻其○者也 390/189/6
今將攻其○乎 390/189/8
而攻○不如吳 390/189/9
夫無謀人之○ 415/198/7
有謀人之○ 415/198/7
必如刺○然 419/202/6
今王有東嚮伐齊之○ 420/202/26
百姓離○ 426/207/8
以順左右之○ 431/209/14
而又不白於臣之所以事
　先王之○ 431/209/16
有高世之○ 431/209/21
非君○所望之 438/213/16
輕棄寡人以快○ 438/213/17
不以去為○ 438/213/26
論不脩○ 438/213/27
余且慝○以成而過 438/213/29
足為寒○ 440/214/24
○惛然 440/214/26
豈丹之○哉 440/215/19
今秦有貪饕之○ 440/215/21
此臣日夜切齒拊○也 440/216/16
破○而走 443/218/30
與死之○異 451/221/18
四國寒○ 454/222/28
其於傷○ 459B/225/20
積慮并○ 461/226/5
百姓○離 461/226/17
一○同功 461/226/19
各有散○ 461/226/20
臣人一○ 461/226/25
諸侯生○ 461/226/27
必欲快○於趙 461/227/6

辛 xīn 27

○、張陽、毋澤說魏王
　、薛公、公叔也 67/27/19
○戎者 91/44/4
是○戎有秦、楚之重 91/44/5
請為公令○戎謂王曰 173A/90/21
莊○謂楚襄王曰 192/97/21
莊○曰 192/97/22, 192/97/25
莊○去 192/97/24
徵莊○於趙 192/97/25
莊○至 192/97/25
莊○對曰 192/97/28
令○戎告楚曰 195/99/12

魏王使將軍○垣衍令趙帝秦 236/126/20
梁客○垣衍安在 236/126/21
平原君遂見○垣衍曰 236/126/22
○垣衍曰 236/126/23
236/126/27,236/127/2
236/127/3,236/127/5
236/127/9,236/127/11
○垣衍許諾 236/126/25
魯連見○垣衍而無言 236/126/27
○垣衍怏然不悅曰 236/127/12
○垣衍起 236/128/1
劇○自趙往 418/201/7

訢 xīn 2

周○謂王曰 311/158/10
周○對曰 311/158/16

新 xīn 43

秦攻○城、宜陽 44/17/25
而齊之德○加與 70/28/13
客○有從山東來者蔡澤 81/37/13
昭王○說蔡澤計畫 81/37/16
君因謂其○王曰 122/58/28
至於○城 163/84/3
楚以弱○城圍之 163/84/6
○城、上梁相去五百里 163/84/7
故楚王何不以○城為主郡也 163/84/8
○城公大說 163/84/10
楚王果以○城為主郡 163/84/10
矯以○城、陽人予太子 164/84/15
臣為太子得○城、陽人 164/84/16
又何○城、陽人之敢求 164/84/17
有偏守○城而居民苦矣 168/87/5
楚使○造（盩）〔盭〕棼冒勃蘇 170/89/14
夫人鄭褎知王之說○人也 190/97/3
甚愛○人 190/97/3
今鄭褎知寡人之說○人也 190/97/5
因謂○人曰 190/97/8
○人見王 190/97/9
夫○人見寡人 190/97/9
不若令屈署以○東國為和於齊以動秦 195/99/10
魏、齊○怨楚 201/102/29
為故君賊○君 204B/106/16
樓緩○從秦來 233/123/26
今臣○從秦來 233/124/1
魏王使客將軍○垣衍間入邯鄲 236/126/13
不如盡歸中山之○地 253/135/24
趙太后○用事 262/138/28
有許、鄢、昆陽、邵陵、舞陽、○鄴 272/142/27
○觀也 284/147/22
白珪謂○城君曰 324/165/14
矯以○城、陽人合世子 375/183/3
世子得○城、陽人 375/183/4
又何○城、陽人敢索 375/183/5
謂○城君曰 380/184/3
與○城、陽晉同也 388/187/29
段產謂○城君曰 406/193/26
段干越人謂○城君曰 407/194/3
寡人○即位 431/209/9
衛人迎○婦 452B/222/3
○婦謂僕曰 452B/222/3

薪 xīn 6

芻牧○采莫敢闚東門 88/42/18
秦曾不出○ 111/54/6
○貴於桂 180/93/28
譬猶抱○而救火也 312/159/12
○不盡 312/159/12
是○火之說也 312/159/13

鐔 xín 2

無釣罕○蒙須之便 225/121/2
而為此釣罕○蒙須之便 225/121/3

信 xìn 215

○東周也 5B/3/4
不○周 5B/3/5
且反齊王之○ 11B/5/5
而公獨脩虛○為茂行 14B/6/7
楚王始不○昭應之計矣 25/9/6
天下未有○之者也 30/10/17
君何不買○貨哉 30/10/18
行義約○ 40/13/21
賞罰不○ 42/16/13
貴賤不相○ 42/16/15
○乎 48B/19/19
儀之言果○也 48B/19/19
則儀之言果○矣 49/20/11
與母之○也 55/23/17
則慈母不能○也 55/23/17
而王之○臣又未若曾子之母也 55/23/18
不可○恃 63/26/1
不為不○ 63/26/7
則晉、楚不○ 63/26/10
請以號三國以自○也 67/27/24
大王○行臣之言 73A/30/5
○賞罰以致治 81/36/2
夫○婦貞 81/36/8
此所謂○而不能詘 81/37/5
吳之○越也 87/41/11
智氏○韓、魏 87/41/12
今王中道而○韓、魏之善王也 87/41/16
此正吳○越也 87/41/16
號曰文○侯 93/45/16
文○侯欲攻趙以廣河間 94/45/21
文○侯因請張唐相燕 94/45/21
文○侯去而不快 94/45/23
文○侯曰 94/45/23,261/138/24
文○君叱去曰 94/45/25
孰與文○侯專 94/46/1
應侯不如文○侯專 94/46/1
卿明知為不如文○侯專歟 94/46/2
今文○侯自請卿相燕 94/46/3
甘羅謂文○侯曰 94/46/4
文○侯出走 95/46/15
文○侯相秦 95/46/17
上若不○ 95/47/9
若是者○反 101/50/6
忌不自○ 108/52/14
而○儀於秦王也 115/56/28
齊未必○太子之言也 122/59/26
莫如僅靜而寡○諸侯 142/71/28
寡○諸侯 142/71/28
外○諸侯之殃也 142/72/5
而威不○於齊 145/75/13
威○吳、楚 145/76/9

與諸侯○ 149B/79/6
子以我為不○ 154/81/5
而天下○之 157B/82/7
凡天下所○約從親堅者蘇秦 168/87/17
是昭睢之言不○也 169/88/13
秦王之忠○有功臣也 174/91/5
則不○ 177/92/13
與之○ 177/92/13
為臣不忠不○ 181/94/3
不○ 181/94/4
且魏臣不忠不○ 181/94/4
忠且○ 181/94/4
是明楚之伐而○魏之和也 185/95/21
魏王甚○之 186/96/4
夫因詘為○ 189/96/25
而使所以○之 201/102/30
背○盟之約 202/103/15
○忠在己而眾服焉 204A/105/22
主雖○臣 207/107/16
將以取○於百姓也 207/107/17
故出質以為○ 209/108/16
不固○盟 211/109/15
以趙之弱而據之建○君 214/111/3
建○君知從之無功 214/111/4
建○者安能以無功惡秦哉 214/111/4
建○、春申從 214/111/5
文○不得志 215/111/11
文○侯之憂大矣 215/111/11
凡大王之所○以為從者 220/115/28
行政在於○貴 221/117/2
○可以遠期 222/119/6
吾聞○不棄功 224/120/15
○陵君發兵至邯鄲城下 234/125/17
建○君貴於趙 239A/129/3
乃輦建○以與強秦角逐 239A/129/10
或謂建○ 240/129/22
建○君曰 240/129/23,242/130/9
建○君再拜受命 240/129/26
苦成常謂建○君曰 241/130/3
文○猶且知之也 241/130/4
希寫見建○君 242/130/9
文○侯之於僕也 242/130/9
242/130/10
建○君悖然曰 242/130/11
今君不能與文○侯相伉以權 242/130/13
而責文○侯少禮 242/130/14
魏尬謂建○君曰 243/130/18
建○君果先言橫 244/130/25
抱安邑而○秦 249/133/19
又遺其後相○陵君書曰 251/134/28
○陵君曰 251/135/3
339/169/14,339/169/17
則王必怒而誅建○君 255/136/10
建○君死 255/136/10
建○君不死 255/136/10
卿因以德建○君矣 255/136/11
王何不遣建○君乎 258A/137/4
建○君有國事 258A/137/4
而與建○君 258A/137/9
世鈞為之謂文○侯曰 261/138/21
豈不亦○固哉 269/141/19
○不足保也 269/141/23
使民昭然○之於後者 270/142/8
且夫從人多奮辭而寡可○ 273/144/15
不○齊王與蘇秦也 275/145/4
而秦○齊矣 275/145/5
公叔以為○ 283/147/15
○韓、廣魏、救趙 285/147/29
三國之不相○齊王之遇 288/148/24
秦召魏相○安君 304/154/16
○安君不欲往 304/154/16
夫魏王之愛習魏○也 304/154/19
此魏○之所難行也 304/154/21
且魏○舍事 304/154/22
秦必令其所愛○者用趙 304/154/23
不如用魏○而尊之以名 304/154/26
魏○事王 304/154/26
然則魏○之事主也 304/154/27
魏○以韓、魏事秦 304/154/29
王○之乎 306/155/18
306/155/19,306/155/19
寡人○之矣 306/155/20
夫輕○楚、趙之兵 310/157/27
臣使長○侯請無內王 311/158/24
支期說於長○侯曰 311/158/26
長○侯曰 311/158/26,311/158/27
311/158/29,311/159/3
長○侯行 311/159/1
長○侯入見王 311/159/2
貪戾好利而無○ 315/160/29
而○春申君之言 319/164/9
舉欲○於天下 334/168/7
○陵君殺晉鄙 339/169/13
唐且謂○陵君曰 339/169/13
○陵君使人謂安陵君曰 340/169/22
復○陵君之命 340/169/24
使者以報○陵君 340/169/28
○陵君大怒 340/169/28
○陵君為人 340/170/6
○陵君聞縮高死 340/170/9
發○臣 357/176/21,357/176/26
使○王之救己也 357/176/21
而○楚之謀臣 357/177/3
故王不○也 359/177/23
則○公孫郝於齊 360/178/20
則○甘茂於魏 360/178/20
齊無以○魏之合己於秦而攻於楚也 361/179/2
齊、楚○之 361/179/3
公仲數不○於諸侯 365/180/3
而親○窮僻之人 385/186/4
必將欲置其所愛○者 386/187/6
而○於萬人之上也 390/188/26
建○君輕韓熙 405/193/19
趙敖為謂建○侯曰 405/193/19
天下不○人也 412/196/5
人必有言臣不○ 412/196/10
臣之不○ 412/196/10
使臣○如尾生 412/196/10
○如尾生 412/196/16
○至如此 412/196/16
且夫○行者 412/196/17
所謂以忠○得罪於君者也 412/196/21
夫忠○ 412/196/23
此以忠○得罪者也 412/196/28
不○其臣 416A/199/7,416B/200/7
於是燕王大○子之 416A/199/8

不○齊王與蘇子也 417/200/14
秦○齊 417/200/14
秦必疑而不○蘇子矣 417/200/15
將欲以除害取○於齊也 419/201/16
而齊未加○於足下 419/201/16
以不○秦王也 419/201/28
今王何不使可以○者接收燕、趙 419/201/28
則燕、趙○秦矣 419/201/29
○如尾生高 420/202/14, 420/202/17
忠○也 420/203/3, 420/203/12
恐以忠○之故 420/203/3
恐忠○不諭於左右也 420/203/12
使齊不○趙者 423/205/7
如齊王王之不○趙 424/205/20
燕大夫將不○臣 427/207/14
吾○汝也 427/207/16
次可以得○於下 427/207/16
以女自○可也 427/207/17
齊之○燕也 427/207/19
今王○田伐與參、去疾之言 427/207/19
而燕王不我○ 437/212/27
而李○出太原、雲中 440/215/23
今行而無○ 440/216/6
秦將李○追擊燕王 440/217/25
乃愈自○ 447/220/7
難○以為利 454/222/29
樂羊食子以自○ 460/225/25
不謀而○ 461/226/19

釁 xìn 3

韓息士民以待其○ 387/187/21
今強國將有帝王之○ 391/189/20
可以無○ 405/193/22

星 xīng 2

從七○之旟 142/74/2
彗○襲月 343/171/22

興 xīng 23

秦○師臨周而求九鼎 1/1/3
欲○兵臨周而求九鼎 1/1/4
免○馬逝 1/1/14
將○趙、宋合於東方以孤秦 13/5/21
欲○師伐秦 50/21/13
卒○吳國 73A/30/10
疾○兵救之 125/61/12
必藉於權而務○於時 142/71/4
燕人○師而襲齊墟 147/77/27
○師襲秦 168/87/11
齊王大○兵 177/93/3
今王令韓○兵以上黨入和於秦 211/109/20
告齊使○師度清河 220/116/3
聖人之○也 221/118/23
魯君○ 307/155/26
○師與韓氏戰於岸門 357/177/4
發○號令 408/194/17
且夫三王代○ 412/196/18
趙○兵而攻燕 413/197/9
不敢妄○師以征伐 413/197/12
不敢○兵以拒大王 440/217/5
寡人既以○師矣 461/226/8
○兵甚衆 461/226/11

刑 xíng 12

○必斷於有罪 72/29/2
○馬壓羊 128/62/14
為○人 204B/106/9
自○以變其容 204B/106/12
通質○白馬以盟之 218/114/3
又嚴之以○罰 219/114/24
夫○名之家 219/115/7
先聖之明○ 221/118/13
故寡人恐親犯○戮之罪 223/119/29
一天下、約為兄弟、○白馬以盟於洹水之上以相堅也 273/143/29
寡人固○弗有也 308/156/11
秦故有懷地○丘、之城、垝津 315/161/17

行 xíng 327

乃止其○ 5A/2/29
石○秦謂大梁造曰 11A/4/26
收周最以為後○ 11B/5/4
而公獨脩虛信為茂○ 14B/6/7
留其○ 18/7/6
然吾使者已○矣 25/9/8
則令不橫○於周矣 34/11/20
臣願免而○ 38/12/15
○而免 38/12/16
公言是而○ 38/12/17
法令至○ 39/12/22
孝公○之八年 39/12/26
○義約信 40/13/21
王固不能○也 40/13/26
說秦王書十上而說不○ 40/13/29
嫂蛇○匍伏 40/14/18
言罰則不○ 42/15/14
賞罰不○ 42/15/14
今秦出號令而○賞罰 42/15/17
於是潛○而出 42/17/5
○道之人皆知之 48B/19/20, 49/20/12
王令向壽輔○ 55/23/4
○千里而攻之 55/23/10
不為無○ 63/26/7
則○而益利其道 72/29/1
若將弗○ 72/29/1
利則○之 72/29/10
大王信○臣之言 73A/30/5
夜○而晝伏 73A/30/9
坐○蒲服 73A/30/9
是臣說之○也 73A/30/11
使臣得同○於箕子、接輿 73A/30/12
北斬太○之道則上黨之兵不下 73A/31/20
今太后擅○不顧 73B/31/28
使者直道而○ 74/32/26
○者○ 77/33/24
唐睢○ 77/33/28
○至武安 77/33/29
令有必○者 80/35/4
必不○者 80/35/4
此令必○者也 80/35/5
此令必不○者也 80/35/5
○道施德於天下 81/35/26
○不取苟容 81/36/4
○義不固毀譽 81/36/4

塞太○之口 81/37/7
又斬范、中○之途 81/37/7
滅破范、中○ 83B/38/30
智伯出○水 83B/39/1
莫不令朝○ 88/42/20
昔智伯瑤殘范、中○ 89/43/8
○百里者半於九十 89/43/18
若隨此計而○之 89/43/22
中期徐○而去 90/43/26
而不肯○ 94/45/24
臣○之 94/45/25
我自○之而不肯 94/45/25
汝安能○之也 94/45/25
而卿不肯○ 94/46/3
請因孺子而○ 94/46/4
○有日矣 94/46/4
姚賈辭○ 96/47/23
齊貌辨辭而○ 101/50/1
請必○ 101/50/2
齊貌辨○至齊 101/50/4
馬不得並○ 112/55/5
犀首跪○ 116/57/5
明日張子○ 116/57/6
然則是我抱空質而○不義於天下也 122/58/27
可以請○ 122/59/1
孟嘗君出○國 130/63/3
不欲○ 130/63/3
足下能使僕無○ 130/63/5
郢之登徒不欲○ 130/63/16
獸同足者而俱○ 131/63/24
載券契而○ 133/65/5
說義聽○ 134/66/12
必以驕奢為○ 136B/67/28
乃今聞細人之○ 136B/68/10
安○而反臣之邑屋 136B/68/16
○年三十而有七子 139/69/28
衛君跣○ 142/71/9
然二國勸○之者 142/71/14
○此六者而求伯 142/71/16
大國○此 142/71/27
昔智伯瑤攻范、中○氏 142/72/27
而令○於天下 142/73/24
令○於天下矣 142/73/26
大王不如先○王服 142/74/1
跣○按兵於國 142/74/4
今公○一朝之忿 145/75/12
倣小節者不能○大威 145/76/1
此三○者 145/76/2
不免為辱人賤○矣 145/76/3
然而管子并三○之過 145/76/3
非不能○小節 145/76/9
出不能○ 146/76/22
嘉其○ 146/76/28
吾為子先○ 154/81/5
故遂與之○ 154/81/6
安陵君泣數○而進曰 160/83/10
三人偶○ 163/84/3
而令私○ 165/84/22
王不如以十乘○之 165/84/25
乃以十乘○之 165/84/25
杜赫怒而不○ 165/84/26
高主之節○ 168/86/27
一日○三百餘里 168/87/1
是楚自○不如周 169/88/9
且儀之所○ 169/88/10
於是贏糧潛○ 170/89/11
今為其○人請魏之相 171/90/8
則傷○矣 176/91/28
辭而○ 180/93/27
儀○天下徧矣 182/94/24
惠子必弗○也 184/95/11
楚將入之秦而使○和 185/95/19
齊人飾身修○得為益 188/96/17
○千餘里來 188/96/17
而令○於天下也 195/99/10
服鹽車而上太○ 199/101/6
知伯帥趙、韓、魏而伐范中○氏 203/103/24
○城郭 203/104/7
其○高 203/104/27
君其○之 204A/105/27
賢人之○ 204A/105/28
張孟談乃○ 204A/106/2
始事范中○氏而不說 204B/106/7
子之得近而○所欲 204B/106/15
子不嘗事范中○氏乎 204B/106/21
知伯滅范中○氏 204B/106/21
臣事范中○氏 204B/106/23
范中○氏以衆人遇臣 204B/106/23
德○非施於海內也 209/108/10
一軍臨太○ 211/109/17
令嚴政○ 211/110/4
莫不高賢大王之○義 218/112/21
秦欲已得○於山東 218/113/7
不以夜○ 219/114/19
是以賢者任重而○恭 219/114/19
人主不再○也 219/114/21
以兵橫○於中十四年 219/115/13
○於天下山東 220/115/21
方將約車趨○ 220/116/10
疑○無名 221/116/23
王其遂○之 221/116/25
古今之公○也 221/116/30
而令○為上 221/117/1
○政在於信貴 221/117/2
事利國者○無邪 221/117/4
蠻夷之所義○也 221/117/10
中國不近蠻夷之○ 221/118/18
是鄒、魯無奇○也 221/118/25
寡人始○縣 222/119/3
立傅以○ 222/119/6
訪議之○ 222/119/7
身○寬惠達於禮 222/119/12
御道之以○義 222/119/19
子能○是 222/119/21
事主之○ 223/119/26
臣○讓而不爭 223/119/27
反親以為○ 223/119/28
○私莫大焉 223/119/29
而徒以三萬○於天下 225/121/3
公子將○矣 232/123/18
然且欲○天子之禮於鄒、魯之臣 236/127/24
則橫○四海 237/128/13
王之○能如許由乎 238/128/23
而取○於王者也 246/131/10
取○於王者也 246/131/16
而趙無為王○也 247/131/27
秦○是計 249/133/15, 249/133/19, 249/133/20, 249/133/22
皆起而○事 249/133/17
秦○是計也 249/133/17, 249/133/26
辭○ 250/134/9
子勉○矣 250/134/12
樓子遂○ 250/134/12
○逐愛弟 256/136/18
○人見之 257/136/22
請奉而西○之 258B/137/25
畏懼不敢不○ 258B/138/3

春平侯者言〇於趙王 261/138/23
老婦恃輦而〇 262/139/3
已〇 262/139/12
日夜〇不休已 272/143/1
軫且〇 276/145/12
公得〇 276/145/16
急約車為〇具 276/145/17
魏王止其〇使 276/145/21
將〇 278/146/3
其子陳應止其公之〇 278/146/3
道稱疾而毋〇 278/146/5
王重其〇而厚奉之 287/148/11
今〇和者 287/148/13
〇以百金 288/148/20
不可以〇百步 290/149/4
雪甚如此而喪〇 296/150/20
而不〇先王之喪 296/150/21
難以〇 296/150/29
惠子非徒〇其說也 296/151/5
而〇其上 297/151/27
則〇其中 297/151/27
則〇其下 297/151/28
嬰子言〇於齊王 298/152/15
止太子之〇 300/152/27
是齊抱空質而〇不義也 302/153/22
此魏信之所難〇也 304/154/21
令人之相〇所不能 304/154/22
而悔其過〇 304/155/2
於是辭〇 306/155/22
臣聞明王不胥中而〇 309/156/23
臣願君之熟計而無〇危也 310/158/4
將盡〇之乎 311/158/13
將有所不〇乎 311/158/13
今不〇者欺之矣 311/158/23
君不〇 311/158/29
長信侯〇 311/159/1
〇乎 311/159/2
王毋〇矣 311/159/3
乃案其〇 312/159/17
寡人願子之〇也 314/160/4
今又〇數千里而以助魏 314/160/15
夫〇數千里而救人者 314/160/15
雖欲〇數千里而助人 314/160/16
文請〇矣 314/160/17
利〇數千里而助人乎 314/160/20
子〇矣 314/160/21
不識禮義德〇 315/160/30
〇三十里而攻危隘之塞 315/161/12
所〇者甚遠 315/161/12
而請為天下鴈〇頓刃 315/161/29
夜〇者能無為姦 324/165/14
是參〇也 325/165/25
故君不如安〇求質於秦 331/167/16
見人於大〇 334/168/4
猶至楚而北〇也 334/168/8
雖死終不敢〇 340/170/4
又亡其〇子之術 346/172/23
乃儆公仲之〇 357/176/17
必不為鴈〇以來 357/176/22
今弗〇 357/177/3
公仲無〇 358/177/12
是令〇於楚而以其地德韓也 359/178/2
公何不因〇願以與秦王語 360/178/14
〇願之為秦王臣也公 360/178/14
乃〇 363/179/17
出為鴈〇 366/180/10
日〇一縣 366/180/16
是令得〇於萬乘之主也 372/182/10
公〇矣 374/182/23
周最〇至鄭 374/182/25
今盜賊公〇 384/185/13
而〇游諸侯眾矣 385/185/26
獨〇仗劍至韓 385/186/12
願公之〇之也 387/187/17
公〇之計 387/187/20, 387/187/22, 387/187/24
〇雖如伯夷 389/188/17
〇雖如桀、紂 389/188/18
昭釐侯聽而〇之 390/188/27
制令無所〇 390/189/3
越王使大夫種〇成於吳 390/189/5
是金必〇 393/190/6
美人知內〇者也 393/190/7
不見內〇 393/190/7
齊、秦非重韓則賢君之〇也 398/192/3
為一宿之〇 399/192/10
夫宵〇者能無為姦 406/193/26
而難千里之〇 407/194/5
今使弱燕為鴈〇 411/195/23
三者天下之高〇 412/196/11
何肯步〇數千里 412/196/15
且夫信〇者 412/196/17
是王與堯同〇也 416A/199/12
子之南面〇王事 416A/199/18
而足下〇之 419/201/16
兼此三〇以事王 420/202/15
〇年八十 420/202/29
為子之遠〇來之 420/203/11
臣請〇矣 420/203/14
非〇義也 422/203/26
秦之〇暴於天下 422/203/28
一日而斷太〇 422/204/1
因犀首屬〇而攻趙 422/204/21
燕昭王不〇 422/205/1
〇 426/206/28, 456/224/6
臣之〇也 427/207/13
故獻御書而〇 427/207/13
至於虛北地〇其兵 427/207/19
乃命公子束車制衣為〇具 428/208/11
論〇而結交者 431/209/20
而不察疏遠之〇也 431/210/17
不相得則不能〇 432/210/26
三人不能〇 432/210/27
五人而車因〇矣 432/210/27
厚人之〇也 438/213/15
〇有失而故惠用 438/213/17
恐其適足以傷於高而薄於〇也 438/213/21
卻〇為道 440/215/4
僂〇見荊軻 440/215/11
光聞長者之〇 440/215/13
夫為〇使人疑之 440/215/14
膝下〇流涕 440/215/18
荊卿未有〇意 440/216/4
今〇而無信 440/216/6
不如遂〇 446B/220/1
遂〇 446B/220/2
人生之所〇 451/221/17
始君之所〇於世者 451/221/18
君之所〇天下者甚謬 451/221/19
乃〇之 455/223/13

王○二者 455/223/17
以臣所○多矣 458/224/27
武安君稱疾不○ 461/226/9
皆令妻妾補縫於○伍之
　間 461/226/25
未能○ 461/226/28
如君不○ 461/227/3
臣知○雖無功 461/227/4
雖不○無罪 461/227/4

形 xíng 43

周君○不小利 32/11/4
地勢○便 40/13/8
○容枯槁 40/13/30
今秦地○ 42/15/20
地○利害 42/15/20,42/17/7
地○不便 42/16/14
彼固亡國之○也 42/16/14
地○險易盡知之 61A/25/4
○弗能有也 73A/31/4
秦、韓之地○ 73A/31/16
無○者 136B/68/4
○之君也 136B/68/4
然而○神不全 136B/68/14
燕、楚以○服 141B/70/24
此亡國之○也 142/71/9
察於地○之理者 142/72/11
○同憂而兵趨利也 142/72/12
何則○同憂而兵趨利也 142/72/14
約於同○則利長 142/72/15
則楚國之○危 145/75/16
趙有亡○ 156/81/21
趙見亡○ 156/81/22
固○親之國也 168/87/21
○之困苦 197/100/8
近可以備上黨之○ 221/117/25
○於顏色 239A/129/5
地○險阻 269/141/28
前脈○地之險阻 270/142/7
國處削危之○ 304/154/29
國○不便故馳 351/174/27
如此則伐秦之○成矣 366/180/23
為實者攻其○ 390/189/4
此攻其○者也 390/189/8
攻其○乎 390/189/8
夫攻○不如越 390/189/8
其○乃可以善楚 396A/190/25
此皆絕地○ 396C/191/14
國○有之而存 405/193/19
伐齊之○成矣 417/200/16
不知吾○已不逮也 440/215/11
觀其地○險阻 458/224/23
皆計利○勢 461/226/22

邢 xíng 3

於是舉兵而攻○丘 73A/31/13
○丘拔而魏請附 73A/31/13
秦嘗攻韓○ 78/34/6

陘 xíng 11

○山之事 63/25/28
圍○ 75/33/6
今王將攻韓圍○ 75/33/8
王攻韓圍○ 75/33/9
楚、魏戰於○山 84A/39/9
北有汾○之塞、郇陽 167/85/16
魏敗楚於○山 260/138/16
南有○山 347/172/29
秦攻○ 351/174/26
又攻○ 351/174/26,351/174/26

滎 xíng 1

舉兵而攻○陽 73A/31/20

省 xǐng 1

○攻伐之心而肥仁義之誡 87/41/5

姓 xìng 49

周君得以為辭於父兄百○ 32/11/5
百○不足 40/13/20
罪其百○不能死也 42/15/14
則怨結於百○ 73B/32/3
百○不聊生 87/41/20
帥天下百○ 88/42/23
內喻其百○ 88/42/25
而百○靡於外 96/47/22
百○為之用 97/48/23
大臣與百○弗為用 97/48/24
百○不戴 114/56/4
百○理襜蔽 142/72/25
其百○罷而城郭露 142/73/7
百○不附 143/74/11
下養百○ 145/75/25
救百○之死 145/76/13
寡人憂勞百○ 146/76/27
乃布令求百○之饑寒者 146/77/1
內牧百○ 147/77/17
子臨百○ 147/78/2
其子法章變○名 149B/78/28
百○離散 170/89/10
　170/89/15,170/89/20
百○昏亂 170/89/22
而百○大治 170/89/22
厚賦斂諸臣百○ 179/93/17
大臣播王之過於百○ 179/93/18
以百○ 179/93/20
下牟百○ 189/96/28
更其○為輔氏 203/105/6
出更其○ 203/105/9
乃變○名 204B/106/9
百○皆曰 207/107/16
將以取信於百○也 207/107/17
可以無盡百○之勞 221/116/19
今吾將胡服騎射以教百
　○ 221/116/20
○名未著而受三公 257/136/26
而百○無患 281/146/27
先君必欲一見群臣百○
　也夫 296/150/27
百○皆見之 296/150/28
百○無被兵之患 313/159/29
百○恫怨 416A/199/20
將軍市被及百○乃反攻
　太子平 416A/199/24
百○離意 416A/199/25
與百○同其甘苦 418/201/8
百○離心 426/207/8
君不量百○之力 461/225/29
百○心離 461/226/17

幸 xìng 48

○以賜妾 61A/24/29
○無我逐也 61A/25/1
先生何以○教寡人 73A/29/24

先生不○教寡人乎 73A/29/27
先生乃○至此 73A/30/18
此天所以○先王而不棄其孤也 73A/30/19
今君雖○於王 80/35/6
今大客○而教之 113/55/27
413/197/16
此皆○樂其名 136B/68/1
王有所○臣九人之屬 147/77/13
今上客○教以明制 168/87/26
又謂王之○夫人鄭袖曰 174/91/4
君王卒○四子者不衰 192/97/23
即○於春申君 200/101/19
楚王之貴○君 200/101/22
妾之○君未久 200/101/25
王必○妾 200/101/26
○之 200/101/27
初○春申君有身 200/102/17
襄子必近○子 204B/106/14
○以臨寡人 239A/129/4
僕主○以聽僕也 252/135/14
此言○之不可數也 310/157/22
天○為多矣 310/157/23
是以天○自為常也 310/157/23
今○而於韓 325/165/20
君之○高也 340/169/24
聞臣之得○於王也 341/170/18
所效者庸必得○乎 341/170/23
假之得○ 341/170/23
必無○矣 348A/173/24
客○而教之 348A/174/5
徒○而養老母 385/185/28
今親不○ 385/186/7
今足下○而不棄 385/186/9
今主君○教詔之 408/194/22
適不○而有類妾之棄酒也 412/196/29
齊不○而燕有天○也 426/207/5
是以天○自為功也 426/207/6
且太后與王○而在 428/208/7
臣恐侍御者之不察先王之所以畜○臣之理 431/209/16
可以○無罪矣 431/209/22
431/210/4
以○為利者 431/210/13
願太傅○而圖之 440/214/19
○而教之曰 440/215/12

性 xìng 1

而○悸愚 133/65/4

凶 xiōng 5

不辭禍○ 81/36/4
則○從之 136B/67/29
以吉為○ 197/100/11
秦、翟年穀大○而晉人亡原 319/164/5
今以臣○惡 341/170/17

兄 xiōng 35

秦王不聽群臣父○之義而攻宜陽 2/1/25
周君得以為辭於父○百姓 32/11/5
賢於○弟 40/14/12
此父○之任也 83A/38/14
韓、魏父子○弟接踵而死於秦者 87/41/18
復為○弟約 111/54/15
大臣父○殷眾富樂 113/55/14
今王之大臣父○ 179/93/17
慎大臣父○ 179/93/19
雖○弟不如 200/101/22
即百歲後將更立○弟 200/101/23
多失禮於王○弟 200/101/24
○弟誠立 200/101/24
則○弟也 216/111/19
被○弟之衣 216/111/19
必與楚為○弟之國 217/112/3
貴戚父○皆可以受封侯 218/113/2
寡人與趙○弟 264B/140/16
寡人與韓○弟 264B/140/17
一天下、約為○弟、刑白馬以盟於洹水之上以相堅也 273/143/29
○弟之交也 297/152/1
臣聞魏氏大臣父○皆謂魏王曰 310/157/12
不顧親戚○弟 315/160/30
此於其親戚○弟若此 315/161/2
申子請仕其從○官 346/172/22
且楚、韓非○弟之國也 357/177/1
內得父○ 379/183/27
內無父○之眾 379/183/30
○弟無有 385/186/21
約復為○弟 389/188/15
今韓之父○得眾者毋相 396A/190/26
父○惡珉 396A/190/27
願為○弟而請罪於秦 411/196/1
不謀於父○ 431/209/22
宋與楚為○弟 446A/219/22

匈 xiōng 3

必開扃天下之○ 168/87/14
願太子急遣樊將軍入○奴以滅口 440/214/25
而棄所哀憐之交置之○奴 440/214/27

胸 xiōng 6

今臣之○不足以當椹質 72/29/2
天下之○腹 86/40/15
臣請為君劃其○殺之 200/102/11
固已見於○中矣 218/113/20
遠者達○ 347/172/30
而右手揕抗其○ 440/216/15

雄 xiōng 5

天下之○國也 40/13/8
天下駿○弘辯之士也 81/35/20
陰結諸侯之○俊豪英 147/77/18
方今唯秦○天下 236/126/15
足下○飛 249/133/7

休 xiū 19

兵○復起 70/28/16
兵○而國富 81/36/24
謝將○士也 132A/64/3
先生○矣 133/65/16
車舍人不○傅 142/71/9
秦、楚戰韓、魏不○ 142/71/21
不如罷兵○士 145/75/24
○數年 203/103/24
今攻楚○而復之 217/112/2
今用兵終身不○ 219/114/22

民贏而不○ 219/114/24
諸侯○ 219/115/16
而強秦以○兵承趙之敝 231/123/12
臣是以欲足下之速歸○士民也 248/132/17
日夜行不○已 272/143/1
以○楚而伐罷齊 301/153/8
必不○矣 315/162/1
○祲降於天 343/171/23
故召將軍且○計事 431/209/10

修 xiū 3

齊人飾身○行得為益 188/96/17
○法無愆 221/118/3
城池不○ 461/226/17

羞 xiū 10

竊為大王○之 112/54/29
先生不○ 133/65/4
是以君王無○亟問 136B/68/3
然臣○而不學也 188/96/17
意者○法文王乎 296/151/2
夫○社稷而為天下笑 347/173/4
臣竊為大王○之 347/173/9
寡人○與中山並為王 454/222/15
○與寡人並為王 454/222/16
齊○與中山之為王甚矣 454/223/1

脩 xiū 15

而公獨○虛信為茂行 14B/6/7
西攻○武 42/16/16
鄒忌○八尺有餘 108/52/13
○劍拄頤 148/78/12
不○攻戰之備 149B/79/14
方將○其猝盧 192/98/8
○禮無邪 221/118/19
若善○之 269/141/20
蘇○、朱嬰既皆陰在邯鄲 297/152/7
因使蘇○游天下之語 297/152/8
而果西因蘇○重報 297/152/9
或以政教不○ 319/164/7
論不○心 438/213/27
使寡人進不得○功 438/213/30
秦、魏交而不○之日久矣 450/221/8

朽 xiǔ 1

則櫝禍○腐而不用 142/72/1

臭 xiù 1

其似惡聞君王之○也 190/97/10

袖 xiù 8

出之○中 95/47/9
又謂王之幸夫人鄭○曰 174/91/4
鄭○曰 174/91/4, 174/91/8
鄭○遽說楚王出張子 174/91/11
臣左手把其○ 440/216/15
因左手把秦王之○ 440/217/12
絕○ 440/217/13

褎 xiù 10

南后、鄭○貴於楚 182/94/10
南后、鄭○聞之大恐 182/94/18
鄭○亦以金五百斤 182/94/19
乃召南后、鄭○而觴之 182/94/23
夫人鄭○知王之說新人也 190/97/3
今鄭○知寡人之說新人也 190/97/5
鄭○知王以己為不妬也 190/97/8
王謂鄭○曰 190/97/9
鄭○曰 190/97/10, 190/97/10

繡 xiù 9

安有說人主不能出其金玉錦○ 40/14/3
錦○千純 40/14/7
因以文○千匹 53/22/19
相錯如○ 73A/31/16
無不被○衣而食菽粟者 135/66/23
錦○千純 218/114/12
用兵如刺蜚○ 422/204/24
舍其錦○ 442/218/15
此猶錦○之與短褐也 442/218/21

吁 xū 1

○ 81/35/25

胥 xū 17

子○忠乎其君 48B/19/21
昔者子○忠其君 49/20/12
伍子○橐載而出昭關 73A/30/9
使臣得進謀如伍子○ 73A/30/10
子○知 81/36/8
子○忠於君 96/48/5
臣聞明王不○中而行 309/156/23
韓且坐而○亡乎 320/164/15
王○臣反 363/179/17
決宿○之口 422/204/6
伍子○逃楚而之吳 424/206/2
伍子○、宮之奇不用 430/208/22
昔者五子○說聽乎闔閭 431/210/10
故沉子○而不悔 431/210/11
子○不蚤見主之不同量 431/210/12
○靡逃之魏 452A/221/27
贖一○靡 452A/221/28

虛 xū 36

則公之國○矣 10A/4/15
而公獨脩○信為茂行 14B/6/7
○實有時 22/8/5
囷倉空○ 42/15/13
囷倉○ 42/15/22, 42/16/27
宮中○無人 73A/29/23
齊附而韓、魏可○也 73A/31/9
拔燕、酸棗、○、桃人 87/41/2
是以群臣莫敢以○願望於上 96/48/16
是故恫疑○猲 112/55/6
梁王○上位 133/65/22
夕則○ 136A/67/7
○願不至 136B/68/1
自古及今而能○成名於天下者 136B/68/2
則此○中之計也 142/72/20

飾辯○辭 168/86/26
臣為王引弓○發而下鳥 198/100/18
更羸以○發而下之 198/100/19
而齊為○戾 219/115/4
魏、秦必○矣 229B/122/25
社稷為○戾 239A/129/8
君唯釋○偽疾 241/130/4
○國於燕、趙之前 247/132/1
府庫倉廩○ 252/135/18
國家為○戾 258A/137/8
其實空○ 273/144/10
○、頓丘危 284/147/21
以○名救我者 357/176/29
恃楚之○名 357/177/1
是王抱○質也 381/184/12
是王以○辭附秦 411/195/31
魏無○、頓丘 422/204/6
至於○北地行其兵 427/207/19
前年國○民飢 461/225/29
其國○弱 461/226/13

須 xū 15

大王拱手以○ 42/16/20
○殘伐亂宋 69/28/8
則亡天下可跼足而○也 142/72/10
○以決事 168/87/24,348A/174/3
無釣罕鐔蒙○之便 225/121/2
而為此釣罕鐔蒙○之便 225/121/3
魏之亡可立而○也 273/144/6
左白台而右閭○ 307/156/4
○賈為魏謂穰侯曰 310/157/12
試之弱密○氏以為武教 318/163/26
得密○氏而湯之服桀矣 318/163/26
而聽○與之說 348A/173/26
○秦必敗 356A/176/5
恐不能○與 440/214/26

需 xū 19

其○弱者來使 60/24/22
然則○弱者用 60/24/22
田○對曰 140/70/4
田○從中敗君 292/149/19
○亡 292/149/20
○侍 292/149/20
○ 292/149/20
蘇代為田○說魏王曰 293/149/27
王不如舍○於側 293/149/30
○非吾人也 293/150/1
○必挫我於王 293/150/1
王厝○於側以稽之 293/150/2
果厝○於側 293/150/3
魏文子、田○、周宵相善 298/152/14
犀首以倍田○、周宵 298/152/16
田○貴於魏王 303A/153/26
田○死 303B/154/3
303B/154/3,303B/154/7

墟 xū 3

復齊○ 146/76/18,148/78/9
燕人興師而襲齊○ 147/77/27

鬚 xū 1

滅○去眉 204B/106/12

徐 xú 28

○為之東 10A/4/16
中期○行而去 90/43/26
楚威王戰勝於○州 97/48/22
王戰勝於○州也 97/48/22
我孰與城北○公美 108/52/13
○公何能及公也 108/52/14
城北○公 108/52/14
吾孰與○公美 108/52/15
○公何能及君也 108/52/15
吾與○公孰美 108/52/16
○公不若君之美也 108/52/16
○公來 108/52/19
臣誠知不如○公美 108/52/23
皆以美於○公 108/52/24
先生○之 137/68/23
而○子不肖 147/77/9
然而使公孫子與○子鬭 147/77/9
○子之狗 147/77/9
其飛○而鳴悲 198/100/21
飛○者 198/100/21
善韓○以為上交 247/132/4
入而○趨 262/139/1
○州之役 286/148/3
大敗齊於○州 301/153/16
疾視而○叱之 374/182/27
得趙人○夫人之匕首 440/216/20
○其攻而留其日 444/219/8
外黃○子曰 446B/219/28

呴 xǔ 1

○籍叱咄 418/200/26

許 xǔ 80

主君令○公之楚 5A/2/27
今王○戍三萬人與溫囿 32/11/5
魏王因使孟卯致溫囿於周君而○之戍也 32/11/7
少者○之 49/20/4
則欲其○我也 49/20/6
不如○楚漢中以懽之 56/23/27
果使馮章○楚漢中 56/23/28
寡人固無地而○楚王 56/23/29
魏○秦以上洛 84A/39/9
魏○寡人以地 84A/39/10
秦王○之 86/40/7,297/151/11
○、鄢陵嬰城 87/42/9
乃○韓使者而遣之 114/56/5
儀○諾 116/57/5
因以上黨二十四縣○秦王 118/57/24
○戍以先人之寶劍 130/63/16
秦王○諾 142/73/26
宋○之 152/80/12
以東地五百里○齊 177/92/11
○強萬乘之齊而不與 177/92/13
○萬乘之強齊也而不與 177/92/21
崔杼不○ 197/100/5,197/100/5
乃○之 204A/105/27
趙侯將不○ 205/107/3
君不如○之 205/107/5
○之大勸 205/107/5
秦留趙王而后○之媾 235/126/9
辛垣衍○諾 236/126/25
王之行能如○由乎 238/128/23
○由無天下之累 238/128/24

魏王○諾 251/134/21
有○、鄢、昆陽、邵陵
、舞陽、新郪 272/142/27
王○之 276/145/17
楚○魏六城 284/147/19
○、鄢陵危 284/147/21
犀首○諾 292/149/22
亦○由也 294/150/8
田嬰○諾 301/153/11
○楚城地 305/155/11
請○魏 308/156/13
○綰為我祝曰 311/158/15
而○綰之首 311/158/17
吾已○秦矣 312/159/15
今君劫於群臣而○秦 312/159/16
趙王○諾 314/160/11
燕王尚未○也 314/160/16
秦之欲○之久矣 315/161/19
以東臨○ 315/161/20
得○、鄢陵以廣陶 323/165/9
○、鄢陵必議 323/165/10
秦○吾以垣雍 327/166/9
安陵君其○寡人 343/171/13
昭侯不○也 346/172/22
以質○地 356A/176/3
甘茂○公仲以武遂 359/177/29
不能愛其○、鄢陵與梧
364/179/25
必不○也 374/182/29
則鄭王必○之矣 374/182/30
王果不○韓擾 374/182/31
政身未敢以○人也 385/185/28
前所以不○仲子者 385/186/7
○異蹴哀侯而殪之 391/189/14
則○異為之先也 391/189/15
而○異終身相焉 391/189/15
而韓氏之尊○異也 391/189/15
而○異獨取相焉者 391/189/19
此桓公、○異之類也 391/189/21
以其讓天下於○由 416A/199/11
燕王○諾 428/207/26
趙若○ 431/209/27
然後○諾 440/216/1
○救甚勸 441/218/3
○之以百金 450/221/7
與之遇而○之王 454/222/23
454/222/27,454/223/1
果召中山君而○之王 454/222/31
趙、魏○諾 454/223/2

序 xù 1

夫四時之○ 81/35/25

卹 xù 1

○孤獨 138/69/18

恤 xù 24

陶為鄰○ 66/27/4
不○楚交 89/43/5
吾聞北方之畏昭奚○也 154/81/3
而專屬之昭奚○ 154/81/7
故北方之畏奚○也 154/81/7
昭奚○與彭城君議於王
前 155/81/12
昭奚○謂楚王曰 156/81/17
昭奚○不知也 156/81/20
江尹欲惡昭奚○於楚王
157A/81/30
昭奚○曰 157A/82/1,162/83/26
江尹因得山陽君與之共
惡昭奚○ 157A/82/1
魏氏惡昭奚○於楚王 157B/82/6
江乙惡昭奚○ 158/82/12
昭奚○取魏之寶器 158/82/14
故昭奚○常惡臣之見王 158/82/14
江乙欲惡昭奚○於楚 159/82/18
客因為之謂昭奚○曰 162/83/25
昭奚○已而悔之 162/83/28
奚○得事公 162/83/28
公何為以故與奚○ 162/83/28
其社稷之不能○ 228/122/1
安能收○藺、離石、祁
乎 228/122/1
不○其政 461/226/16

婿 xù 1

強秦之少○也 411/195/22

蓄 xù 8

○積饒多 40/13/8
○積索 42/15/22,42/16/26
○積竭盡 319/164/8
○積散 415/198/17
收八百歲之○積 431/210/7
○積糧食 461/225/30
使得耕稼以益○積 461/226/23

續 xù 5

故以戰○之 40/13/23
斷長○短 42/15/20
今秦地斷長○短 42/17/6
絕長○短 192/97/29
合離之相○ 387/187/18

宣 xuān 47

因○言東周也 20/7/20
○言之於朝廷 50/21/1
秦○太后愛魏醜夫 64/26/19
使人○言以感怒應侯曰 81/35/20
子常○言代我相秦 81/35/24
○王立 101/49/28
大不善於○王 101/49/28
請見○王 101/50/1
○王聞之 101/50/4
齊貌辨見○王 101/50/4
○王大息 101/50/10
○王自迎靖郭君於郊 101/50/13
鄒忌事○王 107/52/7
○王不悅 107/52/7,136B/67/12
鄒忌謂○王曰 107/52/7
○王因以晏首壅塞之 107/52/8
說齊○王曰 112/54/23
淳于髡一日而見七人於
○王 131/63/22
齊○王見顏斶曰 136B/67/12
○王默然不悅 136B/67/17
○王曰 136B/68/10,137/69/2
先生王斗造門而欲見齊
○王 137/68/22
○王使謁者延入 137/68/22
○王因趨而迎之於門 137/68/23
○王忿然作色 137/68/25

○王說 137/68/28
○王謝曰 137/69/9
荊○王問群臣曰 154/81/3
不知夫子發方受命乎○王 192/98/13
魏○子欲勿與 203/103/28
○子曰 203/103/29
魏○子之謀臣曰趙葭 203/105/2
夫齊威、○ 219/115/2
○王用之 219/115/3
今富非有齊威、○之餘也 219/115/5
今○君有徹甲鈍兵 220/115/24
○王謂摎留曰 348B/174/9
○太后曰 366/180/11
○太后謂尚子曰 366/180/12
錡○之教韓王取秦 369/181/20
齊○王因燕喪攻之 411/195/16
而齊○王復用蘇代 416A/199/4
齊○王何如 416A/199/7
儲子謂齊○王 416A/199/20
孟軻謂齊○王曰 416A/199/27

軒 xuān 5

寵臣不避○ 160/83/1
錐陽乘○車蘇秦 208/107/21
前有○轅 218/113/25
舍其文○ 442/218/15
此猶文○之與弊輿也 442/218/19

諼 xuān 10

齊人有馮○者 133/64/20
於是馮○不復歌 133/64/29
馮○署曰 133/65/1
馮○曰 133/65/4
133/65/12, 133/65/20
孟嘗君顧謂馮○ 133/65/19
馮○先驅誡孟嘗君曰 133/65/23
馮○誡孟嘗君曰 133/65/27
馮○之計也 133/65/30

旋 xuān 1

死不○踵 461/226/19

滋 xuān 1

樹德莫如○ 66/27/10

縣 xuán 50

韓得二○ 33/11/11
魏亡二○ 33/11/12
多於二○ 33/11/12
代三十六○ 42/16/17
上黨十七○ 42/16/17
大○也 55/23/9
名為○ 55/23/9
不能與齊○衡矣 70/28/13
權○宋、衛 70/28/15
秦烏能與齊○衡韓、魏 70/28/16
○之廟梁 73B/32/5
秦之○也已 82B/38/7
食藍田十二○ 93/45/16
得上谷三十六○ 94/46/11
趙賂以河間十二○ 95/46/26
不待發於遠○ 112/54/26
因以上黨二十四○許秦王 118/57/24
胡人襲燕樓煩數○ 142/72/13
而都○之費也 142/72/17
通都小○置社 142/72/20
周是列○畜我也 169/88/8
奉以上庸六○為湯沐邑 174/91/6
○於其廟梁 197/100/7
破趙則封二子者各萬家之○一 203/105/3
又封二子者各萬家之○一 203/105/5
千戶封○令 211/110/12
必效○狐氏 213/110/29
寡人始行○ 222/119/3
割六○而講 233/124/6
卒斷紂之頭而○於太白者 242/130/13
○陰以甘之 248/132/25
軍也○釜而炊 252/135/20
○賞罰於前 270/142/8
事成功○宋、衛 284/147/22
啓地二十二○ 309/157/8
割八○ 310/157/16
而割八○ 310/157/22
臣聞魏氏悉其百○勝兵 310/157/26
大○數百 315/161/26
韓是魏之○也 315/162/8
魏得韓以為○ 315/162/8
請比郡○ 348A/174/5
日行一○ 366/180/16
楚之○而已 372/182/11
必○命於楚 375/183/5
楚之○邑 382/184/18
○購之千金 385/186/16
猶郡○也 413/197/12
盡郡○之以屬燕 431/209/3
給貢職如郡○ 440/217/5

懸 xuán 5

梁有○黎 72/29/6
命○於趙 119/58/3
必○命於楚 164/84/17
心搖搖如○旌 167/86/10
○釜而炊 203/104/15

咺 xuǎn 1

齊負郭之民有孤狐○者 143/74/11

選 xuǎn 7

其良士○卒必殪 110/53/23
其良士○卒亦殪 110/53/24
推○則祿焉 136B/68/14
○子莫若父 222/119/10
為之儆四境之內○師 357/176/21
乃儆四境之內○師 357/176/26
王誠博○國中之賢者 418/200/27

炫 xuàn 1

○熿於道 40/14/13

眩 xuàn 3

○於名 76/33/18
惡得無○哉 273/144/17
秦王目○良久 440/217/21

衒 xuàn 1

舍媒而自○ 421/203/20

削 xuē 18

則○迹於秦 2/1/24
○株掘根 42/16/1
故楚之土壤士民非○弱 50/21/18
○地而賂之 73A/31/13
且○地而以自贖於王 75/33/9
楚遂○弱 87/40/25
地○兵弱 95/46/26
夫齊○地而封田嬰 98/49/5
刻○子以為人 124/61/1
孟嘗君乃取所怨五百牒 ○去之 136A/67/7
是故無其實而喜其名者 ○ 136B/67/29
壤○主困 145/75/19
壤地不○ 238/128/24
魏日以○ 271/142/22
國處○危之形 304/154/29
不戰而地已○矣 347/173/8
韓氏之兵非○弱也 357/177/6
身自○甲扎 415/198/8

薛 xuē 74

謂○公曰 11B/5/3, 122/59/14
○公故主 14B/6/6
輕忘其○ 14B/6/6
公不如謂魏王、○公曰 14B/6/8
○公以齊為韓、魏攻楚 22/8/3
韓慶為西周謂○公曰 22/8/3
○公必破秦以張韓、魏 22/8/7
而○世世無患 22/8/9
○公曰 22/8/10, 82A/38/1 122/58/27, 122/59/6 122/59/8, 122/59/14
○公為魏謂魏冉曰 65/26/26
辛、張陽、毋澤說魏王 、○公、公叔也 67/27/19
德楚而觀○公之為公也 67/27/23
觀張儀與澤之所不能得 於○公者也 67/27/24
或說○公 82A/37/25
○公入魏而出齊女 82B/38/6
呡欲以齊、秦劫魏而困 ○公 82B/38/7
齊女入魏而怨○公 82B/38/9
齊將封田嬰於○ 98/48/29
靖郭君將城○ 99/49/10
奚以○為 99/49/14
雖隆○之城到於天 99/49/14
乃輟城○ 99/49/15
辭而之○ 101/49/28
至於○ 101/50/7
昭陽請以數倍之地易○ 101/50/8
受○於先王 101/50/8
且先王之廟在○ 101/50/9
○公使魏處之趙 119/57/29
蘇秦謂○公曰 122/58/26 122/59/5
可以惡蘇秦於○公 122/59/2
可以使人說○公以善蘇 子 122/59/3
可以使蘇子自解於○公 122/59/3
臣觀○公之留太子者 122/59/10
蘇秦使人請○公曰 122/60/1
○公大怒於蘇秦 122/60/3
故曰可使人惡蘇秦於○ 公也 122/60/3
夫使○公留太子者蘇秦 也 122/60/5
今人惡蘇秦於○公 122/60/6
又使景鯉請○公曰 122/60/10
○公因善蘇秦 122/60/13
故曰可以為蘇秦說○公 以善蘇秦 122/60/13
○公欲知王所欲立 123/60/18
孟嘗君在○ 125/61/6
還反過○ 125/61/6
荊人攻○ 125/61/7
而○亦不量其力 125/61/10
○不量其力 125/61/11
故曰○不量力 125/61/11
能為文收責於○者乎 133/65/1
乃有意欲為收責於○乎 133/65/4
驅而之○ 133/65/8
今君有區區之○ 133/65/14
孟嘗君就國於○ 133/65/18
立宗廟於○ 133/65/27
○公之地 134/66/8
○公歸太子橫 195/99/9
請效地於魏而聽○公 229B/122/23
故欲效地於魏而聽○公 229B/122/24
將之○ 236/127/21
今王又挾故○公以為相 247/132/4
令昭應奉太子以委和於 ○公 260/138/16
吾恐張儀、○公、犀首 之有一人相魏者 303B/154/3
吾恐張儀、○公、犀首 有一人相魏者 303B/154/7
○公相魏 303B/154/8
今公自以辯於○公而輕 秦 373/182/17
○公釋戴逃出於關 424/206/6
於是滅滕伐○ 447/220/7

穴 xué 2

身窋○ 142/72/25
堀○窮巷 199/101/9

學 xué 19

游○博聞 87/40/26
嘗無師傅所教○ 93/45/11
不媿下○ 136B/68/3
至聖人明○ 136B/68/5
然臣羞而不○也 188/96/17
畔○者 221/117/10
曲○多辨 221/117/18
○者沉於所聞 221/118/5
知○之人 221/118/9
法古之○ 221/118/28
教少以○ 222/119/6
勿令溺苦於○ 222/119/19
宋人有○者 311/158/10
子○三年 311/158/11
子之於○者 311/158/13
子之於○也 311/158/13
非所謂○於子者也 346/172/22
北面而受○ 418/200/25
臣以所○者觀之 431/209/20

雪 xuě 6

天大雨○ 296/150/19
○甚如此而喪行 296/150/20
而○甚 296/150/29
故使○甚 296/151/1
以○先王之恥 418/200/22
若先王之報怨○恥 431/210/7

血 xuè 18

○流至足 40/14/3
流○成川 81/36/26
臣請以臣之○湔其衽 127/61/28
臣輒以頸○湔足下衿 128/62/16
必以其○洿其衣 134/66/13
雨○沾衣 143/74/16
天雨○沾衣者 143/74/18
苟社稷○食 170/89/24
社稷之○食乎 238/128/24
先王不○食 239A/129/9
姑肝涉○之仇耶 252/135/15
而社稷不○食 258A/137/8
○濺君襟矣 311/158/30
流○千里 343/171/20
流○五步 343/171/24
○濡縷 440/216/21
公孫氏必不○食矣 451/221/20
流○漂鹵 461/226/12

勳 xūn 1

而享往古之○ 221/116/19

旬 xún 3

圍梁數○ 42/16/6
○、五之期 276/145/16
○有餘 353/175/17

巡 xún 1

天子○狩 236/127/20

郇 xún 1

北有汾陘之塞、○陽 167/85/16

荀 xún 3

○息曰 48A/19/7,48A/19/8
故○息以馬與璧假道於虞 317A/162/21

尋 xún 1

蹄間三○者 348A/173/21

循 xún 28

○軼之途也 105/51/22
公子無忌為天下○便計 132B/64/8
○撫其心 147/77/17
乃厲氣○城 148/78/17
○江而下 168/86/30
而尹澤○之 203/104/6
秦必怒而○攻楚 217/112/12
○法無私 221/118/8
今王易初不○俗 221/118/17
且○法無過 221/118/19
何禮之○ 221/118/21
而○禮未足多也 221/118/24
故○法之功 221/118/28
○計之事 222/119/7
臣敬○衣服 223/120/2
今重甲○兵 224/120/14
臣以齊○事王 246/131/10
其欲事王也甚○ 247/132/5
○有燕以臨之 248/132/25
臣○燕觀趙 248/132/27
今王○楚、趙而講 310/157/18
子嘗教寡人○功勞 346/172/23
客何方所○ 384/185/9
此必令其言如○環 422/204/24
故齊、趙之合苟可○也 424/205/21
臣死而齊、趙不○ 424/205/23
臣以韓、魏○自齊 424/205/27
所以能○法令 431/210/8

徇 xùn 1

大王斬臣以○於國 42/17/11

殉 xùn 7

必以魏子為○ 64/26/19
以身為○ 160/83/2
請○寡人以頭 311/158/16
請以一鼠首為女○者 311/158/17
而○王以鼠首 311/158/18
弊邑將以楚○韓 357/176/27
將軍市被死已○ 416A/199/25

厭 yā 6

○案萬乘之國 88/42/18
說五而○之 100/49/19
此貪欲無○也 203/105/13
重欲無○ 264A/140/7
史○謂趙獻曰 282/147/7
夫秦何○之有哉 310/157/17

壓 yā 2

刑馬○羊 128/62/14
以重力相○ 348A/173/23

牙 yá 3

輕起相○者 77/33/24
易○乃煎敖燔炙 307/155/28
易○之調也 307/156/4

睚 yá 1

夫賢者以感忿○眥之意 385/186/3

亞 yà 1

而使臣為○卿 431/209/22

咽 yān 1

天下之○喉 86/40/15

淹 yān 2

○留以觀之 192/97/24
○乎大沼 192/98/7

焉 yān 117

則無加○矣 2/1/27
而王無人○ 14A/6/1
又費財○ 16/6/23
而陽豎與○ 21/7/25
周君懼○ 24/8/27
何患○ 25/9/3
少○氣力倦 27/9/24
九鼎存○ 33/11/12
吾欲使武安子起往喻意○ 41A/14/26
而王不爭○ 44/17/28
有頃○ 55/23/15
寡人數窮○ 60/24/21
○更得賢相 61B/25/17
子○聞之 61B/25/17
故不能者不敢當其職○ 72/28/29
奔、育之勇○而死 73A/30/7
○得不聽 73A/31/21
然則權○得不傾 73B/32/1
而令○得從王出乎 73B/32/1
臣奚憂○ 79/34/16
此則君何居○ 81/37/10
王何不召公子池而問○ 83A/38/14
王召公子池而問○ 83A/38/17
秦王召群臣賓客六十人而問○ 96/47/21
尚○之 96/48/6
四國之王尚○用賈之身 96/48/7
則螻蟻得意○ 99/49/13
公往必得死○ 101/50/1
先君之廟在○ 125/61/12
則累世不得一○ 131/63/24
君子○可侮哉 136B/68/10
制則破○ 136B/68/13
推選則祿○ 136B/68/14
○敢直言正諫 137/68/25
今王有四○ 137/68/28
○能有四○ 137/68/28
權藉不在○ 142/71/8
而王不知戒○ 143/74/20
與私○ 149B/79/1
王召江乙而問○ 155/81/12
得趙而王無加○ 165/84/24
甘茂事之順○ 166/85/5
兩者大王何居○ 167/86/5
未見勝○ 167/86/9
○能有之耶 170/89/27
齊王恐○ 177/93/5
吾欲先據之以加德○ 187/96/10
汗明憱○曰 199/100/28
而寡人弗與○ 203/104/4
唯輔氏存○ 203/105/14
信忠在己而衆服○ 204A/105/22
亦其猜○ 211/109/22
有兩木○ 212/110/21
私心固竊疑○ 220/116/9
知者哀○ 221/116/26
賢者戚○ 221/116/26
請服○ 221/117/5
農夫勞而君子養○ 221/118/1
愚者陳意而知者論○ 221/118/1
而愚者制○ 221/118/7
不肖者拘○ 221/118/7
而臣無一○ 222/119/13
逆主罪莫大○ 223/119/29
行私莫大○ 223/119/29
君○能乎 225/121/3
而國圍攻○ 225/121/7
○有子死而不哭者乎 233/123/29
以解其怨而取封○ 247/131/21
然後王擇○ 247/132/11
齊乃令公孫衍說李兌以攻宋而定封○ 248/132/15
足下何愛○ 248/132/27
韓、魏○免西合 249/134/1
必起中山與勝○ 249/134/2
而有一○ 251/134/24
安平君必處一○ 252/135/16
公將○之 267/141/8
不能得事○ 276/145/13
寡人亦以事因○ 276/145/24
子盍少委○ 283/147/14
而○能免國於患 297/151/27
國得安○ 304/154/29
身取尊○ 304/154/29
而君後擇○ 310/158/2
苟有利○ 315/160/30
功莫大○ 315/161/1
王欲○而收齊、趙攻荊 326/166/4
欲○而收荊、趙攻齊 326/166/5
降城亡子不得與○ 340/170/2
交臂而服○ 347/173/4
以幾瑟之存○ 353/175/16
以其少有利○ 366/180/13
獨不可使妾少有利○ 366/180/14
韓王及相皆在○ 385/186/14
而獨厚取德○ 387/187/20
而許異終身相○ 391/189/15
雖終身相之○ 391/189/16
而許異獨取相○者 391/189/19
汙武王之義而不臣○ 412/196/15
而燕處弱○ 415/198/15
臣必勉之而求死○ 424/205/24
王何疑○ 424/205/25
○有離人子母者 428/207/27
老婦欲得志○ 428/207/27
唯君之留意○ 431/210/17
此○可以舍 436/212/18
燕王以書且謝○ 438/213/10
乃造○ 440/215/1
唯荊卿留意○ 440/215/28
公輸般服○ 442/218/12
而圍一城○ 444/219/11
因效金三百鎰○ 449/221/2
必為趙、魏廢其王而務附○ 454/222/20
負海不與○ 454/222/26
而寡人不與聞○ 455/223/19
大夫司馬子期在○ 459B/225/16
夫勝一臣之嚴○ 461/227/7

鄢 yān 22

南亡○、郢、漢中 78/34/4
一戰舉○、郢 81/36/25
或拔○、郢、夷陵 87/40/24
○郢者 132B/64/9
伐楚取○郢矣 132B/64/10
○、郢大夫 150/79/24
則○、郢動矣 167/85/20
楚無○、郢、漢中 169/88/3
請復○、郢、漢中 169/88/5
其效○、郢、漢中必緩矣 169/88/13
輦從○陵君與壽陵君 192/97/21
秦果舉○、郢、巫、上蔡、陳之地 192/97/24
輦從○陵君與壽陵君 192/98/16
有許、○、昆陽、邵陵

、舞陽、新鄭 272/142/27
許、○陵危 284/147/21
謂樓子於○陵曰 317B/162/28
秦果南攻藍田、○、郢 318/163/28
得許、○陵以廣陶 323/165/9
許、○陵必議 323/165/10
不能愛其許、○陵與梧 364/179/25
則南圍○ 405/193/21
拔○、郢 461/226/10

言 yán 327

因宣○東周也 20/7/20
號○伐楚 24/8/26
公○是而行 38/12/17
今秦婦人嬰兒皆○商君之法 39/12/29
莫○大王之法 39/13/1
○語相結 40/13/18
明○章理 40/13/20
辯○偉服 40/13/20
迷於○ 40/13/26
父母不與○ 40/14/1
故不○ 41B/15/5
弗知而○為不智 42/15/9
知而不○為不忠 42/15/9
○不審亦當死 42/15/10
臣願悉○所聞 42/15/10
○賞則不與 42/15/14
○罰則不行 42/15/14
臣敢○往昔 42/15/25
○所以舉破天下之從 42/17/9
臣聞其○曰 45/18/17
王用儀○ 47/19/1
《周書》有○ 48A/19/7,48A/19/8
因○軫也 48A/19/11
儀之○果信也 48B/19/19
吾能聽子○ 49/20/1
則儀之○果信矣 49/20/11
非獨儀之○也 49/20/12
宣○之於朝廷 50/21/1
子其弭口無○ 50/21/7
臣可以○乎 50/21/13
楚王以其○責漢中於馮章 56/23/29
楚○與韓 59/24/17
臣聞往來之者○曰 63/26/5
今公東而因○於楚 67/27/22
是令張儀之○為禹 67/27/22
使以臣之○為可 72/29/1
已其○臣者 72/29/12
其○深也 73A/30/1
即使文王疏呂望而弗與深○ 73A/30/2
臣非有所畏而不敢○也 73A/30/4
知今日○之於前 73A/30/5
大王信行臣之○ 73A/30/5
先生是何○也 73A/30/18
先生奈何而○若此 73A/30/19
以張儀為○ 75/33/9
○可得也 75/33/11
今應侯亡地而○不憂 79/34/19
應侯每○韓事者 79/34/27
不用人○ 80/35/4
使人宣○以感怒應侯曰 81/35/20
子常宣○代我相秦 81/35/24
○不取苟合 81/36/4
○於秦昭王曰 81/37/13
楚王揚○與秦遇 84A/39/13
臣請○其說 87/40/28
此○始之易 87/41/9
以同○郢威王於側紂之間 88/42/26
而使天下之士不敢○ 89/43/13
此○末路之難 89/43/18
奚以遽○叱也 94/45/26
司空馬○其為趙王計而弗用 95/47/2
王必用其○ 95/47/4
臣不敢○ 95/47/11
必為○之曰 95/47/15
臣請三○而已矣 99/49/10
益一○ 99/49/11
更○之 99/49/12
雖欲○ 108/53/1
候者○章子以齊入秦 109/53/7
候者復○章子以齊兵降秦 109/53/7
○章子之敗者 109/53/8
○齊兵大勝 109/53/11
○未已 115/56/12
張儀謂梁王不用臣○以危國 116/57/3
齊未必信太子之○也 122/59/26
固不敢○人事也 124/60/24
○其方 125/61/14
夏侯章每○未嘗不毀孟嘗君也 126/61/19
勿○ 126/61/20
豈得持○也 126/61/22
其錯之勿○也 128/62/8
不敢以為○ 136A/67/8
及今聞君子之○ 136B/68/10
制○者王也 136B/68/15
盡忠直○者斶也 136B/68/15
○要道已備矣 136B/68/15
聞先生直○正諫不諱 137/68/24
焉敢直○正諫 137/68/25
魏王說於衛鞅之○也 142/74/2
○於尊俎之間 142/74/5
齊孫室子陳舉直○ 143/74/11
女聞吾○乎 146/76/24
王惡得此亡國之○乎 147/77/23
惡得此亡國之○乎 147/77/27
聞若○ 148/78/15
法章乃自○於莒 149B/79/2
取筆牘受○ 149B/79/12
二人之○皆善也 155/81/12
臣不敢○其後 155/81/12
欲入○之 158/82/13
遂不得入○ 158/82/13
三年而弗○ 160/83/5
不敢忘先生之○ 160/83/6
不○人之惡 161/83/18
又安敢○地 164/84/18,375/183/6
○其利而不○其害 168/86/27
是昭雎之○不信也 169/88/13
大夫此○ 170/88/23
子何不急○王 174/91/9
事之以善○ 179/93/16
而儀○得美人 182/94/24
公不如以儀之○為資 186/96/4
因使人以儀之○聞於楚 186/96/5
雖惡必○之 190/97/10
寡人不能用先生之○ 192/97/25
此為劫弒死亡之主○也 197/100/1
臣請為君終○之 199/101/2
而○之楚王 200/101/27
勿復○已 200/102/12

郄疵○君之且反也 202/103/14
今君聽讒臣之○ 202/103/16
君又何以疵○告韓、魏
之君為 202/103/17
郄疵知其○之不聽 202/103/20
勿復○也 203/104/17
子慎勿復○ 203/105/1
○之不聽 203/105/5
君之所○ 204A/105/23
莿敢○之主 207/107/15
先生以鬼之○見我則可
208/107/23
臣固以鬼之○見君 208/107/24
非以人之○也 208/107/24
皆○主前專據 209/108/13
使陽○之太守 211/109/20
人有○ 211/109/21
今王美秦之○ 217/112/4
請○外患 218/112/25
曰○所以異 218/113/1
豈掩於眾人之○ 218/113/20
豈可同日而○之哉 218/113/24
屏流○之迹 218/114/1
於其○也 219/114/18
今卿之所○者 221/117/19
吾之所○者 221/117/19
君無蔽○ 221/118/2
子其○乎 221/118/3,221/118/14
子○世俗之間 221/118/5
上無蔽○ 221/118/14
人有○子者曰 222/119/4
且不聽公○也 226/121/14
三○之 230/122/30
試○公之私 233/123/28
故從母○之 233/123/31
從婦○之 233/123/31
故其○一也 233/124/1
○者異 233/124/1
而○勿與 233/124/1
○與之 233/124/2
王以樓緩○告之 233/124/5
王又以虞卿之○告樓緩
233/124/11
王以樓緩之○告 233/124/18
樓緩○不媾 233/124/18
王又以虞卿○告之 233/125/1
夫○媾者 235/125/29
勝也何敢○事 236/126/19
236/126/20
魯連見辛垣衍而無○ 236/126/27
先生之○也 236/127/12
待吾○之 236/127/15
不敢復○帝秦 236/128/2
未嘗不○趙人之長者也
237/128/16
未嘗不○趙俗之善者也
237/128/16
今子曰夢見竈君而○君
也 239B/129/16
則膏之事有不○者矣 240/129/25
君因○王而重責之 240/129/25
入○於王 240/129/26
先○橫者 244/130/25
建信君果先○橫 244/130/25
乃使使者○ 245/131/1
於魏王聽此○也甚詘 247/132/5
何暇○陰 249/134/3
是何○也 250/134/10
寡人與子有誓○矣 250/134/12
候者來○ 250/134/14
吾已與樓子有○矣 250/134/14
遽○之王而出之 251/135/3
僕已○之僕主矣 252/135/14
將軍無○已 252/135/14
此兩○者 252/135/16
果如馬服之○也 252/135/20
中山案此○於齊曰 253/135/25
秦三以虞卿為○ 256/136/16
今燕一以廬陵君為○ 256/136/16
欲○而不敢 257/136/22
交淺而○深 257/136/24
257/136/25
○而不稱師 257/136/24
小大皆聽吾○ 258B/137/23
若不從吾○ 258B/137/24
春平侯者○行於趙王 261/138/23
有復○令長安君為質者
262/138/29
吾君之○ 269/141/20
子之○有說乎 269/141/21
吾乃今日聞聖人之○也 269/142/1
凡群臣之○事秦者 272/143/10
多○而輕走 273/144/11
莫不日夜搤腕瞋目切齒
以○從之便 273/144/16
因自○於廷曰 276/145/16
即明○使燕、趙 276/145/17
公不如儀之○為資 277/145/29
因使人先○於楚王 277/145/30
其○曰 283/147/12
449/221/1,455/223/6
因揚○曰 287/148/12
公今○破趙大易 291/149/10
今公又○有難以懼之 291/149/11
且公直○易 291/149/12
子勿復○ 296/150/21
群臣皆不敢○ 296/150/23
吾未有以○之也 296/150/23
臣聞此○ 297/151/18
嬰子○行於齊王 298/152/15
○曰 299/152/21
今一人○市有虎 306/155/18
二人○市有虎 306/155/19
三人○市有虎 306/155/19
然而三人○而成虎 306/155/20
而讒○先至 306/155/22
避席擇○曰 307/155/26
此○幸之不可數也 310/157/22
淳于髡○不伐魏者 313/159/26
而信春申君之○ 319/164/9
子○無秦 329A/166/25
失○於君 340/170/10
有敢○美人者族 341/170/20
王用臣○ 344A/172/5
恐○而未必中於王也 345/172/15
○可必用 345/172/17
申子微視王之所說以○
於王 345/172/18
不足○也 347/173/3
而聽從人之甘○好辭 348A/173/25
皆○曰 348A/173/25
且聽王之○而不攻市丘 352/175/9
且反王之○而攻市丘 352/175/9
故○先楚也 353/175/16
○救韓 357/176/21,357/176/26
楚因以起師○救韓 357/177/2
率且正○之而已矣 358/177/13
人皆○楚之多變也 359/177/24
今公○善韓以備楚 359/177/26
故先王聽諺○於市 360/178/9
願公之聽臣○也 360/178/9

甘茂不善於公而弗為公
○ 360/178/13
齊王○救魏以勁之 360/178/19
公孫郝黨於齊而不肯○
360/178/22
獨尚子之○是 366/180/11
今先生○不急 366/180/18
先生毋復○也 366/180/19
甘茂入○秦王曰 366/180/21
秦王之○曰 367/180/29
今也其將揚○救韓 367/181/4
其○曰收璽 367/181/6
○之楚 369/181/20
三川之○曰 369/181/21
彼將禮陳其辭而緩其○
374/182/28
○之必急 374/182/30
治列子圉寇之○ 384/185/9
齊人或○ 385/185/21
未有一人○善韓者也 388/188/5
未有一人○善秦者也 388/188/6
申不害慮事而○之 390/188/27
韓之美人因○於秦曰 393/190/5
臣願有○ 396A/190/25
王何不為之先○ 401/192/24
人必有○臣不信 412/196/10
○之則逐主母 412/196/27
莫如臣之○也 412/196/30
○不足以求正 413/197/15
今燕客之○曰 414/197/21
今王○屬國子之 416A/199/16
涓人○於君曰 418/201/1
則王何不務使知士以若
此○說秦 419/202/6
寡人甚不喜訑者○也 421/203/18
此必令其○如循環 422/204/24
其○惡矣 423/205/9
今其○變有甚於其父 424/205/17
人莫與○ 425/206/13
入○之王而見之 425/206/16
吾必不聽眾口與讒○ 427/207/16
與之○曰 427/207/17
今王信田伐與參、去疾
之○ 427/207/19
使齊犬馬駿而不○燕 427/207/20
不如以○ 430/208/23
公聽吾○而說趙王曰 430/208/23
○語不相知 432/210/29
人有○我有寶珠也 437/212/27
我且○子之奪我珠而吞
之 437/212/27
先生所○者 440/215/8
○足下於太子 440/215/12
所○者 440/215/14
○光已死 440/215/15
明不○也 440/215/15,440/215/18
○田光已死 440/215/18
有頃而後○曰 440/215/18
丹所請田先生無○者 440/215/19
今田先生以死明不泄○
440/215/19
徼太子○ 440/216/6
今有一○ 440/216/13
嘉為先○於秦王曰 440/217/4
楚王○救宋 446A/219/22
請必從公之○而還 446B/219/30
衛君以其○告邊境 448A/220/16
子聽吾○也以說君 451/221/17
必無與君○國事者 451/221/19
此三○者 452B/222/5
皆要○也 452B/222/5
因○告燕、趙而無往 455/223/23
誠如君○ 458/224/21
力○不能及也 458/224/28
趙王亦無請○也 458/225/5
以○於王 461/226/30

延 yán 7

乃○入坐為上客 81/37/11
倍楚之割而○齊 122/59/18
宣王使謁者○入 137/68/22
中阪遷○ 199/101/7
乃使○陵王將車騎先之
晉陽 203/104/6
趙王三○之以相 255/136/9
至公子○ 422/204/20

鉛 yán 1

方將調○膠絲 192/98/2

顏 yán 25

以告○率 1/1/3
○率曰 1/1/3
1/1/8,1/1/10,1/1/13,1/1/17
○率至齊 1/1/4,1/1/8
動於○色 101/50/10
齊王和其○色曰 125/61/12
齊宣王見○斶曰 136B/67/12
且○先生與寡人游 136B/68/11
○斶辭去曰 136B/68/13
○色不變 145/76/8
○色變作 192/98/20
形於○色 239A/129/5
使趙蔥及○冣代將 263/140/1
虜趙王遷及其將○冣 263/140/2
怨○已絶之矣 317B/163/12
○率見公仲 358/177/11
○率謂公仲之謁者曰 358/177/11
為無○之冠 447/220/8
太子○為君子也 448B/220/21
容貌○色 458/224/27
其容貌○色 458/224/28

嚴 yán 24

○氏為賊 21/7/25
寡人知○氏之為賊 21/7/26
足下上畏太后之○ 73A/30/14
萬乘之○主也 134/66/12
主○以明 168/86/16
令○政行 211/110/4
又○之以刑罰 219/114/24
威○不足以易於位 222/119/12
其畏惡○尊秦也 304/154/19
○遂重於君 385/185/18
○遂政議直指 385/185/18
○遂拔劍趨之 385/185/19
於是○遂懼誅 385/185/19
○遂陰交於聶政 385/185/21
○遂曰 385/185/22
於是○遂乃具酒 385/185/23
固謝○仲子 385/185/24
○仲子辟人 385/185/25
○仲子固讓 385/185/28
而○仲子乃諸侯之卿相
也 385/186/1

而○仲子舉百金為親壽 385/186/3
見○仲子曰 385/186/7
○仲子具告曰 385/186/8
夫勝一臣之○焉 461/227/7

巖 yán 1

○下有貫珠者 146/76/24

鹽 yán 5

獻魚○之地三百於秦也 113/55/28
服○車而上太行 199/101/6
齊必致海隅魚○之地 218/113/2
齊獻魚○之地 220/116/2
東有淮、穎、沂、黃、煮棗、海○、無（疎）〔疏〕 272/142/28

衍 yǎn 60

公孫○欲窮張儀 52/22/9
李讎謂公孫○曰 52/22/9
公孫○謂義渠君曰 53/22/14
此乃公孫○之所謂也 53/22/21
樗里疾、公孫○二人者 55/23/13
樗里疾、公孫○二人在 55/23/21
公孫○、樗里疾挫我於內 57/24/4
公內攻於樗里疾、公孫○ 58/24/10
是樗里疾、公孫○無事也 58/24/12
秦王愛公孫○ 61B/25/15
又取蒲、○、首垣 87/41/3
昭○為周之梁 92/44/11
昭○見梁王 92/44/11
○非有怨於儀也 116/57/4
君必解○ 116/57/5
○也吾讎 116/57/6
是必與○鬻吾國矣 116/57/7
魏王使客將軍新垣○間入邯鄲 236/126/13
魏王使將軍辛垣○令趙帝秦 236/126/20
梁客辛垣○安在 236/126/21
平原君遂見辛垣○曰 236/126/22
辛垣○曰 236/126/23
236/126/27，236/127/2
236/127/3，236/127/5
236/127/9，236/127/11
○ 236/126/24
辛垣○許諾 236/126/25
魯連見辛垣○而無言 236/126/27
辛垣○怏然不悅曰 236/127/12
辛垣○起 236/128/1
齊乃令公孫○說李兌以攻宋而定封焉 248/132/15
臣為足下使公孫○說奉陽君曰 248/132/21
復合○交兩王 249/133/16
北有河外、卷、○、燕、酸棗 272/142/29
拔卷、○、燕、酸棗 273/144/4
○不肖 276/145/13
以為○功 283/147/14
收韓而相○ 283/147/14
魏令公孫○乘勝而留於境 287/148/9
臣不知○之所以聽於秦之少多 287/148/10
然而臣能半○之割 287/148/10
告公孫○ 288/148/18
公孫○曰 288/148/18
魏使公孫○來 288/148/23
魏令公孫○請和於秦 289/148/29
公孫○為魏將 290/149/3
季子為○謂梁王曰 290/149/3
今王以○為可使將 290/149/4
○之為魏 293/149/28
○將右韓而左魏 293/149/28
○請因令王致萬戶邑於先生 294/150/8
胡○之出幾瑟於楚也 381/184/11
鄒○自齊往 418/201/7
胡○謂樗里疾曰 449/220/27
胡○曰 449/220/30
胡○因入蒲 449/221/1
胡○取金於蒲 449/221/2

匽 yǎn 1

使侍屏○ 433/211/21

偃 yǎn 1

犀角○月 458/224/29

掩 yǎn 16

無忠臣以○蓋之也 8B/3/30
以○桓公 8B/4/1
威不○於山東 86/40/14
而○於母 86/40/14
請○足下之短者 127/61/28
因○其鼻 190/97/9
則○其鼻 190/97/9
臣聞明主不○人之義 204B/106/25
豈○於眾人之言 218/113/20
求其好○人之美而揚人之醜者而參驗之 266/141/1
近者○心 347/172/30
寡人望有非則君○蓋之 438/213/12
以故○人之邪者 438/213/15
世有○寡人之邪 438/213/16
則○邪救過 438/213/17
所以合好○惡也 438/213/19

眼 yǎn 1

因自皮面抉○ 385/186/16

揜 yǎn 4

恢先君以○方城之外 170/89/1
則必○子鼻 190/97/9
襄王流○於城陽 192/97/24
不○能士之迹 270/142/12

儼 yǎn 1

今先生○然不遠千里而庭教之 40/13/13

黶 yǎn 1

史○謂周君曰 5B/3/3

晏 yàn 6

一日○駕 93/45/7
○首貴而仕人寡 107/52/7
宣王因以○首壅塞之 107/52/8
梁王安得○然而已乎 236/127/28
雖有管、○ 440/214/25
早朝○退 461/226/4

雁 yàn 1

○從東方來 198/100/19

鴈 yàn 1

許、○陵嬰城 87/42/9

鴳 yàn 7

而請為天下○行頓刃 315/161/29
水擊鵠○ 347/173/2
必不為○行以來 357/176/22
出為○行 366/180/10
南有碣石、○門之饒 408/194/12
今使弱燕為○行 411/195/23
賴得先王○鶩之餘食 428/208/1

燕 yàn 512

於是乃摩○烏集闕 40/14/6
○、趙惡齊、秦之合 41B/15/4
天下陰○陽魏 42/15/10
北破○ 42/15/25
東以強齊、○ 42/16/3,42/16/7
中呼池以北不戰而已為○矣 42/16/18
以東弱齊、○ 42/16/20
親齊、○ 42/17/9
齊、○不親 42/17/11
何不使人謂○相國曰 66/27/7
此○之長利 66/27/10
齊不亡○ 66/27/11
○故亡齊 66/27/11
齊亡於○ 66/27/11
挾君之讎以誅於○ 66/27/13
君悉○兵而疾僭之 66/27/13
北地入○ 78/34/7
○客蔡澤 81/35/20
為秦使於○ 81/37/20
三年而○使太子丹入質於秦 81/37/20
北遊於○、趙 86/40/19
成橋以北入○ 87/40/30
拔○、酸棗、虛、桃人 87/41/2
楚、○之兵云翔不敢校 87/41/2
王又割濮、磨之北屬之○ 87/41/4
是○、趙無齊、楚 87/42/11
無○、趙也 87/42/12
然後危動○、趙 87/42/12
○人聞之至格道 88/42/23
北說○ 88/42/25
使剛成君蔡澤事○三年 94/45/21
而○太子質於秦 94/45/21
文信侯因請張唐相○ 94/45/21
欲與○共伐趙 94/45/22
○者必徑於趙 94/45/22
吾令剛成君蔡澤事○三年 94/45/24
而○太子已入質矣 94/45/24
今吾自請張卿相○ 94/45/24
今文信侯自請卿相○ 94/46/3
聞○太子丹之入秦與 94/46/7
聞張唐之相○與 94/46/7
○太子入秦者 94/46/8
○不欺秦也 94/46/8
張唐相○者 94/46/8
秦不欺○也 94/46/8
秦、○不相欺 94/46/9
○、秦所以不相欺者 94/46/9
請歸○太子 94/46/10
與強趙攻弱○ 94/46/10
歸○太子 94/46/11
趙攻○ 94/46/11
北使○、代之間三年 96/47/26
○、趙、韓、魏聞之 108/53/2
今齊、楚、○、趙、韓、梁六國之遞甚也 111/54/4
北向而孤○、趙 111/54/12
是天下以○賜我也 114/56/5
齊因起兵攻○ 114/56/7
三十日而舉○國 114/56/7
齊、○戰 119/57/29,142/71/21
出兵助○擊齊 119/57/29
君助○擊齊 119/58/1
急必以地和於○ 119/58/1
然則是君自為○東兵 119/58/1
為○取地也 119/58/1
緩必復與○戰 119/58/2
然則吾中立而割窮齊與疲○也 119/58/3
而齊、○之計過矣 120/58/12
且趙之於○、齊 120/58/12
管○得罪齊王 140/70/3
管○連然流涕曰 140/70/3
蘇秦自○之齊 141A/70/10
○、楚以形服 141B/70/24
昔者齊、○戰於桓之曲 142/72/12
○不勝 142/72/13
胡人襲○樓煩數縣 142/72/13
而用兵又非約質而謀○也 142/72/13
中山悉起而迎○、趙 142/73/1
克○軍 142/73/2
大王不若北取○ 142/73/28
以故○舉兵 143/74/12
與○戰 143/74/13
破○兵 143/74/23,146/76/18
○攻齊 145/75/6,146/76/18
齊田單以即墨破○ 145/75/6
○將攻下聊城 145/75/8
○將懼誅 145/75/8
遺○將曰 145/75/11
不顧○王之無臣 145/75/12
○救不至 145/75/17
彼○國大亂 145/75/18
今○王方寒心獨立 145/75/20
歸報○王 145/75/24
○王必喜 145/75/24
亦捐○棄世 145/75/26
○將曰 145/76/13
齊以破○ 146/76/19
○之伐齊之時 147/77/13
○人興師而襲齊墟 147/77/27
破萬乘之○ 148/78/9
此所以破○也 148/78/15
則韓、魏、齊、○、趙、衛之妙音美人 167/85/25
封為武安君而相○ 168/87/17
即陰與○王謀破齊共分其地 168/87/17
而○、趙、魏不敢不聽

173B/90/30
邵公奭封於○ 201/102/26
今○之罪大而趙怨深 201/102/26
踐亂○ 201/102/27
所道攻○ 201/102/29
楚君雖欲攻○ 201/102/29
乃且攻○ 201/103/1
子云乃且攻○者 201/103/2
若越趙、魏而鬬兵於○ 201/103/3
韓、魏、齊、○負親以謀趙 204A/105/30
○、趙救之 206/107/10
今○盡韓之河南 209/108/20
三百里通於○之唐、曲吾 209/108/23
秦之有○而伐趙 217/111/25
有趙而伐○ 217/111/26
以○餌趙 217/112/4
而欲攻○ 217/112/5
攻○ 217/112/5
與○之怒 217/112/8
蘇秦從○之趙 218/112/21
○必致氈裘狗馬之地 218/113/1
北有○國 218/113/11
○固弱國 218/113/11
莫如一韓、魏、齊、楚、○、趙 218/114/2
○守常山之北 218/114/4
○守雲中 218/114/5
○出銳師以佐之 218/114/6
218/114/7
秦攻○ 218/114/6
東有○、東胡之境 221/117/21
趙○後胡服 223/119/26
趙○再拜稽首曰 223/120/1
齊破○ 227/121/19
不如請以河東易○地於齊 227/121/19
○、趙必不爭矣 227/121/20
以○以趙輔之 227/121/21
請伐齊而存○ 227/121/22
出兵攻○ 231/123/8
而○非有長平之禍也 231/123/11
而欲以罷趙攻強○ 231/123/12
而使強○為弱趙之所以守 231/123/12
故臣未見○之可攻也 231/123/13
吾將使梁及○助之 236/127/3
○則吾請以從矣 236/127/3
齊舉兵擊○ 245/131/1
恐其以擊○為名 245/131/1
今○、齊已合 245/131/2
王能亡○ 246/131/10
臣以齊為王求名於○及韓、魏 246/131/12
○、魏自以無齊故重王 246/131/14
虛國於○、趙之前 247/132/1
臣必見○與韓、魏亦且重趙也 247/132/7
王使臣以韓、魏與○劫趙 247/132/9
○、楚辟 248/132/22
循有○以臨之 248/132/25
臣循○觀趙 248/132/27
○、趙助之 249/133/6
秦堅○、趙之交 249/133/21
而○、趙應之 249/133/22
○、趙伐齊 249/133/22
○封宋人榮蚠為高陽君 252/135/8
奢嘗抵罪居○ 252/135/12
○以奢為上谷守 252/135/12
○之通谷要塞 252/135/12
奢已舉○矣 252/135/13
以齊之於○也 252/135/15
又不肯與○人戰 252/135/16
以杜○將 252/135/18
為○也 256/136/15
無○、秦也 256/136/15
今○一以廬陵君為言 256/136/16
是王輕強秦而重弱○也 256/136/17
吾非為○也 256/136/17
又不為○也 256/136/18
又兼無○、秦 256/136/18
○郭之法 258A/137/9
老臣竊以為媼之愛○后賢於長安君 262/139/10
媼之送○后也 262/139/12
故以為其愛不若○后 262/139/18
北有河外、卷、衍、○、酸棗 272/142/29
拔卷、衍、○、酸棗 273/144/4
臣與○、趙故矣 276/145/15
臣急使○、趙 276/145/17
即明言使○、趙 276/145/17
犀首又以車三十乘使○、趙 276/145/20
○、趙聞之 276/145/21
455/223/21
今○、齊、趙皆以事因犀首 276/145/22
與之伐齊而存○ 284/147/19
必反○地以下楚 284/147/19
齊王將見○、趙、楚之相於衛 288/148/18
○ 297/152/1
以○伐秦 297/152/2
而臣以致○甲而起齊兵矣 297/152/3
齊人攻○ 310/157/13
○不割 310/157/14
而○國復歸 310/157/14
○、趙之所以國全兵勁 310/157/14
臣以為○、趙可法 310/157/15
又北見○王曰 314/160/14
○王曰 314/160/14
314/160/21,408/194/22
412/196/11,412/196/23
413/197/15,416A/199/7
420/203/1,433/211/17
○王尚未許也 314/160/16
而○不救魏 314/160/19
以四國攻○ 314/160/20
利出○南門而望見軍乎 314/160/21
君得○、趙之兵甚眾且亟矣 314/160/24
因歸○、趙之兵 314/160/24
則○不敢不事秦 325/165/29
今也子曰『乃且攻○』者 362/179/9
若夫越趙、魏而鬬兵於○ 362/179/11
皆曰以○亡於齊 396C/191/13
○、趙不敢不聽 400/192/18
則○、趙不敢不聽 400/192/20
北說○文侯曰 408/194/10
○東有朝鮮、遼東 408/194/10
無過○矣 408/194/13

夫○之所以不犯寇被兵者 408/194/14
而王以全○制其後 408/194/15
此○之所以不犯難也 408/194/15
且夫秦之攻○也 408/194/15
雖得○城 408/194/16
秦之不能害○亦明矣 408/194/16
今趙之攻○也 408/194/16
秦之攻○也 408/194/18
趙之攻○也 408/194/18
合從以安○ 408/194/23
蘇秦在○ 409/194/27
齊、○離則趙重 409/194/27
齊、○合則趙輕 409/194/28
何吾合○於齊 409/194/30
夫制於○者蘇子也 409/195/1
而○弱國也 409/195/1
蘇秦能抱弱○而孤於天下哉 409/195/2
是驅○而使合於齊也 409/195/2
且○亡國之餘也 409/195/2
以疑○、齊 409/195/3
○、齊疑 409/195/4
○再戰不勝 410/195/10
遂出兵救○ 410/195/11
○文公時 411/195/16
秦惠王以其女為○太子婦 411/195/16
齊宣王因○喪攻之 411/195/16
武安君蘇秦為○說齊王 411/195/19
今○雖弱小 411/195/22
今使弱○為鴈行 411/195/23
莫如歸○之十城 411/195/29
秦知王以己之故歸○城也 411/195/30
○無故而得十城 411/195/30
○亦德王 411/195/30
且夫○、秦之俱事齊 411/195/31
乃歸○城 411/196/1
人有惡蘇秦於○王者 412/196/5
而○王不館也 412/196/8
謂○王曰 412/196/8,413/197/3
功存危○ 412/196/9
而事弱○之危主乎 412/196/16
何肯楊○、秦之威於齊而取大功乎哉 412/196/16
趙興兵而攻○ 413/197/9
再圍○都而劫大王 413/197/9
驅趙而攻○ 413/197/11
宮他為○使魏 414/197/20
不聽○使何也 414/197/20
今○客之言曰 414/197/21
因見○客而遣之 414/197/22
乃北見○王噲曰 415/197/27
乃至○廷 415/197/29
非所以利○也 415/198/2
子能以○敵齊 415/198/12
而○處弱焉 415/198/15
北與○戰 415/198/17
所以備○也 415/198/25
彼且德○而輕亡宋 415/198/27
○王噲既立 416A/199/3
蘇秦之在○也 416A/199/3
○噲三年 416A/199/6
子之相○ 416A/199/6
蘇代為齊使於○ 416A/199/6
○王問之曰 416A/199/7
蘇代欲以激○王以厚任子之也 416A/199/8
於是○王大信子之 416A/199/8
鹿毛壽謂○王曰 416A/199/11
○王因舉國屬子之 416A/199/13
○國大亂 416A/199/20
破○必矣 416A/199/21
○人恫怨 416A/199/25
今伐○ 416A/199/27
以因北地之眾以伐○ 416A/199/28
○王噲死 416A/199/28
齊大勝○ 416A/199/28
○人立公子平 416A/199/29
是為○昭王 416A/199/29
蘇秦弟厲因○質子而求見齊王 416B/200/3
○質子為謝乃已 416B/200/3
○相子之與蘇代婚 416B/200/6
而欲得○權 416B/200/6
齊使代報○ 416B/200/6
○王噲問曰 416B/200/6
於是○王專任子之 416B/200/7
○大亂 416B/200/8
齊伐○ 416B/200/8
○立昭王 416B/200/8
而蘇代、厲遂不敢入○ 416B/200/8
魏為○執代 417/200/13
○昭王收破○後即位 418/200/20
而襲破○ 418/200/21
孤極知○小力少 418/200/21
天下之士必趨於○矣 418/200/28
士爭湊○ 418/201/7
○王弔死問生 418/201/7
○國殷富 418/201/8
○兵獨追北入至臨淄 418/201/9
蘇代乃遺○昭王書曰 419/201/14
而忌○也愈甚矣 419/201/16
而○猶不能支也 419/201/19
今乃以三齊臨○ 419/201/20
○、趙破宋肥齊尊齊而為之下者 419/201/27
○、趙非利之也 419/201/27
今王何不使可以信者接收○、趙 419/201/28
今涇陽君若高陵君先於○、趙 419/201/28
則○、趙信秦矣 419/201/29
○為北帝 419/201/30
則○、趙伐之 419/201/30
○、趙之所同利也 419/202/2
○、趙之所同願也 419/202/2
則○、趙之棄齊也 419/202/3
今王之不收○、趙 419/202/3
王不收○、趙 419/202/4
王收○、趙 419/202/5
○昭王善其書 419/202/9
而蘇氏去○ 419/202/9
○欲報仇於齊 419/202/9
蘇代謂○昭王曰 420/202/14
曩者使○毋去周室之上 420/202/23
○王謂蘇代曰 421/203/18
秦召○王 422/203/25
○王欲往 422/203/25
蘇代約○王曰 422/203/25
重○、趙 422/204/20
以膠東委於○ 422/204/20
適○者曰 422/204/23
而○、趙之秦者 422/204/27
○昭王不行 422/205/1
蘇代復重於○ 422/205/1
○反約諸侯從親 422/205/1

蘇代為奉陽君說○於趙以伐齊 423/205/6
因之○ 423/205/7
令不合○ 424/205/17
今以○為上交 424/205/17
臣雖為之累○ 424/205/28
蘇子怒於○王之不以吾故 424/205/28
殆無○矣 424/206/1
故臣雖為之不累○ 424/206/1
趙合於○以攻齊 424/206/8
蘇代為○說齊 425/206/12
蘇代自齊使人謂○昭王曰 426/206/21
○乃伐齊攻晉 426/206/22
○之攻齊也 426/206/24
○兵在晉而不進 426/206/24
王何不令蘇子將而應○乎 426/206/25
將而應弱○ 426/206/25
○破必矣 426/206/25
○破則趙不敢不聽 426/206/25
是王破○而服趙也 426/206/26
○兵在晉 426/206/26
而以臣遺○也 426/206/28
而與○人戰於晉下 426/207/1
○得甲首二萬人 426/207/1
令臣應○ 426/207/2
明日又使○攻陽城及狸 426/207/5
齊不幸而○有天幸也 426/207/5
今○又攻陽城及狸 426/207/6
遂將以與○戰於陽城 426/207/8
○人大勝 426/207/8
○因使樂毅大起兵伐齊 426/207/8
蘇代自齊獻書於○王曰 427/207/13
○大夫將不信臣 427/207/14
去○之齊可也 427/207/17
未嘗謀○ 427/207/18
○王不與齊謀趙 427/207/19
齊之信○也 427/207/19
使齊犬馬駿而不言○ 427/207/20
陳翠合齊、○ 428/207/26
將令○王之弟為質於齊 428/207/26
○王許諾 428/207/26
○昭王且與天下伐齊 429/208/15
而有齊人仕於○者 429/208/15
○、齊不兩立 429/208/17
○饑 430/208/21
楚使將軍之○ 430/208/21
今王之伐○也 430/208/24
○昭王聞之 430/208/28
昌國君樂毅為○昭王合五國之兵而攻齊 431/209/3
盡郡縣之以屬○ 431/209/3
而○昭王死 431/209/4
卒敗○軍 431/209/5
○王悔 431/209/5
懼趙用樂毅承○之弊以伐○ 431/209/5
○王乃使人讓樂毅 431/209/8
將軍為○破齊 431/209/8
遂捐○而歸趙 431/209/11
望諸君乃使人獻書報○王曰 431/209/14
而以身得察於○ 431/209/21
盡收入○ 431/210/1
或獻書○王 432/210/22
此○之上計也 432/211/6
必北攻○ 432/211/7
○必亡 432/211/8
○果以兵南合三晉也 432/211/11
客謂○王曰 433/211/15
○、趙之眾 433/211/15
433/211/20
使齊北面伐○ 433/211/15
即雖五○不能當 433/211/16
○王說 433/211/17
與其得百里於○ 433/211/23
○王聞之 433/211/26,439/214/5
趙且伐○ 434/212/3
蘇代為○謂惠王曰 434/212/3
今趙且伐○ 434/212/5
○、趙久相支 434/212/5
齊、魏爭○ 435/212/11
齊謂○王曰 435/212/11
魏亦謂○王曰 435/212/11
○無以決之 435/212/11
蘇子謂○相曰 435/212/12
○因合於魏 435/212/13
齊、韓、魏共攻○ 436/212/17
○使太子請救於楚 436/212/17
於是遂不救○ 436/212/19
以為○、楚與魏謀之 436/212/21
張丑為質於○ 437/212/26
○王欲殺之 437/212/26
○王所為將殺我者 437/212/26
而○王不我信 437/212/27
○王必當殺子 437/212/28
○王喜使栗腹以百金為趙孝成王壽 438/213/3
○人大敗 438/213/8
○王以書且謝焉 438/213/10
北向迎○ 439/214/5
而○不受命矣 439/214/7
無妨於趙之伐○也 439/214/7
○王竊聞秦并趙 439/214/10
○王使使者賀千金 439/214/10
夫○無道 439/214/10
北下曲陽為○ 439/214/11
今王使趙北并○ 439/214/12
○、趙同力 439/214/13
起兵而救○ 439/214/13
○太子丹質於秦 440/214/18
○、秦不兩立 440/214/19
440/215/5,440/215/12
樊將軍亡秦之○ 440/214/23
而積怨於○ 440/214/24
○有田光先生者 440/214/28
○國莫不知 440/215/11
此天所以哀○不棄其孤也 440/215/20
則禍至○ 440/215/23
○小弱 440/215/24
至○南界 440/216/4
與○督亢之地圖獻秦王 440/216/7
可以解○國之患 440/216/13
而○國見陵之恥除矣 440/216/15
○國有勇士秦武陽 440/216/21
○王誠振畏慕大王之威 440/217/4
及獻○之督亢之地圖 440/217/6
○王拜送于庭 440/217/7
見○使者咸陽宮 440/217/9
秦大怒○ 440/217/24
詔王翦軍以伐○ 440/217/24
十月而拔○薊城 440/217/24
○王喜、太子丹等 440/217/24
秦將李信追擊○王 440/217/25
五歲而卒滅○國 440/217/26
而虜○王喜 440/217/26

為○報仇 440/217/28
中山與○、趙為王 455/223/6
欲割平邑以賂○、趙 455/223/7
不憚割地以賂○、趙 455/223/10
○、趙好位而貪地 455/223/10
請令○、趙固輔中山而成其王 455/223/11
王之所以不憚割地以賂○、趙 455/223/15
夫割地以賂○、趙 455/223/16
為中山之獨與○、趙為王 455/223/19
中山恐○、趙之不己據也 455/223/20
中山必遁○、趙 455/223/21
因言告○、趙而無往 455/223/23
以積厚於○、趙 455/223/24
○、趙必曰 455/223/24
○、趙必不受也 455/223/25
中山因告○、趙而不往 455/223/28
○、趙果俱輔中山而使其王 455/223/28
結親○、魏 461/226/4

諺 yàn 5

○曰 194/99/4,221/118/27 359/177/21,438/213/14
故先王聽○言於市 360/178/9

饜 yàn 3

士三食不得○ 140/70/4
民不○糟糠 348A/173/18
其意不○ 440/215/22

驗 yàn 2

亦○其辭於王前 104/51/17
求其好掩人之美而揚人之醜者而參○之 266/141/1

讌 yàn 1

孟嘗君○坐 127/61/27

央 yāng 1

中○之國也 42/16/13

殃 yāng 3

夫弱小之○ 142/71/25
外信諸侯之○也 142/72/5
而後受其○也 219/115/5

鞅 yāng 12

衛○亡魏入秦 39/12/22
夫公孫○事孝公 81/36/1
衛○謀於秦王曰 142/73/24
衛○見魏王曰 142/73/26
魏王說於衛○之言也 142/74/2
故曰衛○之始與秦王計也 142/74/5
公孫○ 201/102/25
痤有御庶子公孫○ 271/142/19
而謂寡人必以國事聽○ 271/142/20
公孫○聞之 271/142/22
觀○謂春申曰 364/179/23
其於○也不然 364/179/23

羊 yáng 30

即趙○腸以上危 33/11/13
踰○腸 42/16/16
譬如使豺狼逐群○也 44/18/3
魏文侯令樂○將 55/23/11
樂○反而語功 55/23/12
樂○再拜稽首曰 55/23/12
決○腸之險 81/37/7
傳賣以五○之皮 96/48/12
刑馬壓○ 128/62/14
無以異於驅群○而攻猛虎也 168/86/18
夫虎之與○ 168/86/18
今大王不與猛虎而與群○ 168/86/18
亡○而補牢 192/97/28
秦以三軍強弩坐○唐之上 209/108/22
樂○為魏將而攻中山 265/140/22
樂○坐於幕下而啜之 265/140/22
樂○以我之故 265/140/23
樂○既罷中山 265/140/24
長○、王屋、洛林之地也 309/156/24,309/156/27
魏之所以獻長○、王屋、洛林之地者 309/157/5
起兵臨○腸 368/181/15
是君為趙、魏驅○也 454/222/20
賢於為趙、魏驅○也 454/222/25
○羹不遍 459B/225/16
吾以一杯○羹亡國 459B/225/20
樂○為魏將 460/225/24
作羹致於樂○ 460/225/24
樂○食之 460/225/24
樂○食子以自信 460/225/25

佯 yáng 5

乃○有罪 168/87/18
故出兵以○示趙、魏 209/108/15
寧○躓而覆之 420/203/10
於是因○僵而仆之 420/203/10
乃○亡其太子 448B/220/21

揚 yáng 15

楚王○言與秦遇 84A/39/13
志高而○ 112/54/28
志之○也 130/63/14
有能○文之名 130/63/17
是故成其道德而○功名於後世者 136B/68/3
且人有好○人之善者 159/82/19
有人好○人之惡者 159/82/20
求其好掩人之美而○人之醜者而參驗之 266/141/1
因○言曰 287/148/12
今也其將○言救韓 367/181/4
於是以太子扁、昭○、梁王皆德公矣 370/181/28
而不患楚之能○河外也 372/182/9
夫愛身不○弟之名 385/186/21
以○其名也 385/186/25
○寡人之辱 438/213/23

陽 yáng 291

秦攻宜○ 2/1/22
宜○必拔也 2/1/22
宜○城方八里 2/1/23
攻宜○而有功 2/1/24
秦王不聽群臣父兄之義而攻宜○ 2/1/25
宜○不拔 2/1/25
不如背秦援宜○ 2/1/27
秦拔宜○ 2/2/1
昭獻在○翟 5A/2/26
若其王在○翟 5A/2/28
而○豎與焉 21/7/25
而○豎與之 21/7/26
將以使攻魏之南○ 31/10/23
秦必不敢越河而攻南○ 31/10/24
以攻南○ 32/11/3
且魏有南○、鄭地、三川而包二周 33/11/12
路過洛○ 40/14/17
天下陰燕○魏 42/15/10
東○河外不戰而已反為齊矣 42/16/18
以攻趙襄主於晉○ 42/17/4
魏絕南○ 44/17/24
秦攻新城、宜○ 44/17/25
而昭○賢相也 49/20/7
昭○將不與臣從事矣 49/20/7
宜○ 55/23/9
上黨、南○積之久矣 55/23/9
果攻宜○ 55/23/21
遂拔宜○ 55/23/22
宜○之役 56/23/27
59/24/16,355/175/28
不拔宜○ 56/23/27
而拔宜○ 56/23/28
甘茂攻宜○ 57/24/3
我以宜○餌王 57/24/4
今攻宜○而不拔 57/24/4
因以宜○之郭為墓 57/24/5
宜○拔 57/24/6,58/24/11
宜○未得 58/24/10
公不如進兵攻宜○ 58/24/11
令田章以○武合於趙 63/25/28
齊以○武賜弊邑而納順子 63/25/29

辛、張○、毋澤說魏王、薛公、公叔也 67/27/19
秦王欲為成○君求相韓、魏 71/28/21
成○君以王之故 71/28/22
且收成○君 71/28/23
身為漁父而釣於渭○之濱耳 73A/29/29
舉兵而攻滎○ 73A/31/20
一舉而攻滎○ 73A/31/20
聞秦之有太后、穰侯、涇○、華○ 73B/31/26
涇○、華○擊斷無諱 73B/31/28
高陵、涇○佐之 73B/32/6
走涇○於關外 73B/32/10
華○用之 74/32/20
分移華○ 74/32/28
以實宜○ 81/37/7
咸○必危 83A/38/19
無危咸○而悔也 83A/38/20
帥韓、魏以圍趙襄子於晉○ 83B/39/1
決晉水以灌晉○ 83B/39/1
絳水利以灌平○ 83B/39/3
尚賢在晉○之下也 83B/39/4
楚敗於南○ 84A/39/9
小黃、濟○嬰城 87/41/3
攻晉○之城 87/41/13
必攻○、右壤 87/41/23
隨○、右壤 87/41/23
戰勝宜○ 89/43/5
圍逼晉○ 89/43/8
今王破宜○ 89/43/13
而世主不敢交○侯之塞 89/43/13
濮○人呂不韋賈於邯鄲 93/44/18
乃說秦王后弟○泉君曰 93/44/26
○泉君避席 93/44/29
○泉君曰 93/45/2
王后為華○太后 93/45/16
去咸○七里 94/46/3
南○之弊幽 96/48/11
昭○請以數倍之地易薛 101/50/8
至闈○晉之道 112/55/4
韓獻宜○ 113/55/23
昭○為楚伐魏 117/57/11
見昭○ 117/57/11
昭○曰 117/57/12

昭○以為然 117/57/19
晉○者 132B/64/9
伐趙取晉○ 132B/64/10
絕趙之東○ 132B/64/12
○得子養 135/66/21
葉○子無恙乎 138/69/18
夫有宋則衛之○城危 141B/70/22
又西圍晉○ 142/72/28
西圍定○ 142/73/22
且楚攻南○ 145/75/14
以為亡南○之害 145/75/15
且棄南○ 145/75/16
王走而之城○之山中 147/77/28
闔城○而王 147/77/29
城○、天下莫之能止 147/77/29
而迎王與后於城○山中 147/78/1
昭○謂楚王曰 153/80/19
故為梁山○君請封於楚 157A/81/30
山○君無功於楚國 157A/82/1
江尹因得山○君與之共惡昭奚恤 157A/82/1
宜○之大也 163/84/6
蒲反、平○相去百里 163/84/6
矯以新城、○人予太子 164/84/15
臣為太子得新城、○人 164/84/16
又何新城、○人之敢求 164/84/17
東有夏州、海○ 167/85/16
北有汾陘之塞、郇○ 167/85/16
據宜○ 168/86/22
秦下兵攻衛、○晉 168/87/14
杜赫謂昭○曰 185/95/21
185/95/26
秦伐宜○ 187/96/9
宜○果拔 187/96/13
襄王流揜於城○ 192/97/24
於是乃以執珪而授之為○陵君 192/98/20
圍晉○而水之 202/103/8
○親而陰疏 203/104/4
世治晉○ 203/104/6
君其定居晉○ 203/104/6
乃使延陵王將車騎先之晉○ 203/104/6
臣聞董子之治晉○也 203/104/8
203/104/10
三國之兵乘晉○城 203/104/14

圍晉○三年 203/104/14
遣入晉○ 203/104/23
兵著晉○三年矣 203/105/1
晉○之政 204A/105/25
晉畢○之孫豫讓 204B/106/7
謂山○君曰 206/107/10
雒○乘軒車蘇秦 208/107/21
奉○君不欲 210/109/7
客請奉○君曰 210/109/7
一軍臨滎○ 211/109/16
使○城君入謝於秦 211/109/19
令韓○告上黨之守靳黈曰 211/109/19
使○言之太守 211/109/20
韓○趨以報王 211/109/22
甘茂為秦約魏以攻韓宜○ 213/110/28
齊王欲求救宜○ 213/110/29
韓欲有宜○ 213/110/29
秦王欲得宜○ 213/110/30
亡其北○而梁危 215/111/10
奉○君妬 218/112/22
今奉○君捐館舍 218/112/23
陰○而已矣 218/113/1
韓弱則效宜○ 218/113/5
宜○效則上郡絕 218/113/5
夫秦下軹道則南○動 218/113/6
則韓軍宜○ 218/114/7
奉○君相 220/116/8
且昔者簡主不塞晉○ 221/117/23
王破原○ 224/120/6
今王破原○ 224/120/7
陰○不同道 224/120/11
不知陰○之宜 224/120/12
平原君謂平○君曰 232/123/18
平○君曰 232/123/22
與平○君為媾 235/126/5
寡人使平○君媾秦 235/126/5
今又以何○、姑密封其子 247/131/27
臣為足下使公孫衍說奉○君曰 248/132/21
以奉○君甚食之 248/132/24
以觀奉○君之應足下也 248/132/25
臣以為足下見奉○君矣 249/133/4
臣請奉○君曰 249/133/4
內成○君於韓 249/133/16
下軹道、南○、高 249/133/23
奉○君曰 249/134/5
409/194/30,409/195/6
燕封宋人榮蚡為高○君 252/135/8
猶大王之有葉○、涇○君也 258B/137/29
未嘗不分於葉○、涇○君 258B/138/1
葉○君、涇○君之車馬衣服 258B/138/1
無乃傷葉○君、涇○君之心乎 258B/138/3
因圍晉○ 264A/140/11
而右天谿之○ 269/141/25
有許、鄢、昆○、邵陵、舞○、新郪 272/142/27
劫衛取晉○ 273/144/4
齊請以宋地封涇○君 275/145/3
齊、秦合而涇○君有宋地 275/145/6
王以其間約南○ 282/147/6
魏攻南○ 283/147/13
則韓之南○舉矣 283/147/13
楚破南○九夷 284/147/21
韓欲攻南○ 285/147/28
秦、韓合而欲攻南○ 285/147/28
何不○與齊而陰結於楚 286/148/3
聞周、魏令竇屢以割魏於奉○君 287/148/12
夫周君、竇屢、奉○君之與穰侯 287/148/12
奉○君也 287/148/13
奉○君、孟嘗君、韓呡、周㝡、周、韓餘為徒從而下之 297/152/5
奉○君、韓餘為既和矣 297/152/7
然而秦之葉○、昆○與舞○、高陵鄰 315/161/19
秦繞舞○之北 315/161/20
葉○君約魏 316/162/14
王能又封其子問○姑衣乎 316/162/15
成○君欲以韓、魏聽秦 331/167/15
王不如陰侯人說成○君曰 331/167/15
成○君必不入秦 331/167/17
魏王與龍○君共船而釣 341/170/14
龍○君得十餘魚而涕下 341/170/14
西有宜○、常阪之塞 347/172/28
皆出於冥山、棠谿、墨○、合伯膊 347/173/1
秦必求宜○、成皋 347/173/5
秦下甲據宜○ 348A/173/26
東取成皋、宜○ 348A/173/27
效宜○ 348A/174/5
韓使人馳南○之地 351/174/26
韓因割南○之地 351/174/26
今已令楚王奉幾瑟以車百乘居○翟 353/175/16
秦圍宜○ 356A/176/3
以成○資翟強於齊 356A/176/4
宜○必不拔矣 356A/176/5
公仲以宜○之故 356B/176/9
公仲必以率為○也 358/177/11
中封小令尹以桂○ 359/177/18
反宜○之民 359/177/29
今公取宜○以為功 359/178/4
為韓取南○ 360/178/20
教○向說秦王曰 371/182/3
而輕○侯之波 373/182/16
是塞漏舟而輕○侯之波也 373/182/17
嬌以新城、○人合世子 375/183/3
世子得新城、○人 375/183/4
又何新城、○人敢索 375/183/5
遂西至濮○ 385/186/7
而封於梗○ 387/187/22
與新城、○晉同也 388/187/29
聶政、○堅刺相兼君 391/189/14
韓○役於三川而欲歸 392/189/28
以為成而過南○之道 396C/191/13
茂且攻宜○ 396C/191/20
大怒於周之留成○君也 397/191/25
成○君為秦去韓 397/191/26
或謂山○君曰 398/192/3
秦封君以山○ 398/192/3
山○君因使之楚 398/192/4
趙、魏攻華○ 399/192/9
大敗趙、魏於華○之下

399/192/13
奉○君李兌甚不取於蘇秦 409/194/27
李兌因為蘇秦謂奉○君曰 409/194/27
餓而死於首○之山 412/196/15
乃○僵棄酒 412/196/27
齊請以宋封涇○君 417/200/13
涇○君有宋地 417/200/15
今涇○君若高陵君先於燕、趙 419/201/28
我起乎宜○而觸平○ 422/204/1
道南○、封、冀 422/204/4
魏無濟○ 422/204/6
已得宜○、少曲 422/204/14
則以南○委於楚曰 422/204/17
蘇代為奉○君說燕於趙以伐齊 423/205/6
奉○君不聽 423/205/6
人告奉○君曰 423/205/7
奉○君告朱讙與趙足曰 424/205/16
奉○君之怒甚矣 424/205/20
而小人奉○君也 424/205/20
奉○君告朱讙曰 424/205/28
○虎之難 424/206/4
以守○城 426/207/1
明日又使燕攻○城及狸 426/207/5
今燕又攻○城及狸 426/207/6
遂將以與燕戰於○城 426/207/8
楚王使景○將而救之 436/212/17
景○怒曰 436/212/18
景○乃開西和門 436/212/20
北下曲○為燕 439/214/11
燕國有勇士秦武○ 440/216/21
乃令秦武○為副 440/216/22
丹請先遣秦武○ 440/216/24
見燕使者咸○宮 440/217/9
而秦武○奉地圖匣 440/217/9
秦武○色變振恐 440/217/10
荊軻顧笑武○ 440/217/10
取武○所持圖 440/217/12

楊 yáng 6

南攻○越 81/37/2
今夫○ 303A/153/26
然使十人樹○ 303A/153/27
則無生○矣 303A/153/27
○達謂公孫顯曰 355/175/28
何肯○燕、秦之威於齊而取大功乎哉 412/196/16

仰 yǎng 12

則東周之民可令一○西周 4/2/21
○天而笑曰 160/83/10
○承甘露而飲之 192/98/1
○棲茂樹 192/98/3
○嚙蔆衡 192/98/7
○見飛鳥 198/100/18
○而鳴 199/101/8
鄭同因撫手○天而笑之曰 238/128/22
○天太息曰 347/173/12
因○而弔 411/195/19
樊將軍○天太息流涕曰 440/216/12
中山君喟然而○歎曰 459B/225/19

養 yǎng 33

因以應為太后○地 26/9/15
楚有○由基者 27/9/21
○由基曰 27/9/23
奉○無有愛於最也 30/10/19
厚○死士 40/13/22
以千里○ 86/40/11
即以天下恭○ 86/40/18
雍門○椒亦 135/66/21
陽得子○ 135/66/21
是助王○其民也 138/69/17
以○父母 138/69/19
訾○千鍾 139/69/28
廝○士之所竊 142/72/24
下○百姓 145/75/25
此所謂○仇而奉讎者也 167/86/2
陰○死士 200/102/1
而陰○死士之日久矣 200/102/9
非以○欲而樂志也 221/116/24
221/117/2
農夫勞而君子○焉 221/118/1
生則不得事○ 236/127/24
抱葛、薛、陰、成以為趙○邑 316/162/14
故令魏氏收秦太后之○地秦王於秦 329A/166/24
而○秦太后以地 329A/166/25
而廝徒負○在其中矣 348A/173/19
可旦夕得甘脆以○親 385/185/25
親供○備 385/185/25
徒幸而○老母 385/185/28
則不過○其親其 420/202/17
今寡人息民以○士 461/225/30
傷者厚○ 461/226/2
○孤長幼以益其衆 461/226/24
釋趙○民 461/227/5

怏 yàng 1

辛垣衍○然不悅曰 236/127/12

恙 yàng 6

歲亦無○耶 138/69/13
民亦無○耶 138/69/13
王亦無○耶 138/69/13
無○耶 138/69/16
葉陽子無○乎 138/69/18
北宮之女嬰兒子無○耶 138/69/19

煬 yàng 2

前之人○ 239B/129/17
今臣疑人之有○於君者也 239B/129/17

夭 yāo 4

終其年而不○傷 81/35/28
閎○事文王 81/36/14
其可願孰與閎○、周公哉 81/36/15
刳胎焚○ 258B/138/2

要 yāo 20

○不足以待斧鉞 72/29/3
以絕從親之○ 87/40/30
斷齊、秦之○ 87/41/4
○絕天下也 87/42/11

言○道已備矣 136B/68/15
昔者先君靈王好小○ 170/89/29
君不如使人微○靳尚而刺之 175/91/18
張旄果令人○靳尚刺之 175/91/22
欲以論德而○功也 221/116/25
臣請○其敝 245/131/2
燕之通谷○塞 252/135/12
自使有○領之罪 304/154/17
山東之○也 318/163/22
是示天下○斷山東之脊也 318/163/23
○離之刺慶忌也 343/171/22
此安危之○ 345/172/16
且前日○政 385/186/4
吾○且死 437/212/28
仁者不危人以○名 438/213/15
皆○言也 452B/222/5

祅 yāo 2

將以為楚國○祥乎 192/97/22
非敢以為國○祥也 192/97/23

肴 yáo 1

東有○、函之固 40/13/7

姚 yáo 8

○賈對曰 96/47/22
○賈辭行 96/47/23
王召○賈而問曰 96/48/4
○賈曰 96/48/10
乃可復使○賈而誅韓非 96/48/18
趙使○賈約韓、魏 259/138/10
舉茅為○賈謂趙王曰 259/138/10
令○賈讓魏王 337/168/23

堯 yáo 26

○伐驩兜 40/13/16
不遇○也 66/27/8
雖○、舜、禹、湯復生 72/29/11
○亦有所不及矣 129/62/25
是以○有九佐 136B/68/2
○、舜、禹、湯、周文王是也 136B/68/4
夫○傳舜 136B/68/7
跖之狗吠○ 147/77/8
非貴跖而賤○也 147/77/8
孰與○也 199/101/1
臣何足以當○ 199/101/1
君之賢實不如○ 199/101/2
夫以賢舜事聖○ 199/101/3
是君聖於○而臣賢於舜也 199/101/3
○無三夫之分 218/113/17
黃帝、○、舜誅而不怒 221/118/22
昔者○見舜於草茅之中 257/136/25
王為○、舜矣 294/150/7
○、舜之所求而不能得也 304/155/3
無過○、舜 311/158/11
○、舜名 311/158/11
今母賢不過○、舜 311/158/12
雖○、舜之智 412/196/31
人謂○賢者 416A/199/11
是王與○同行也 416A/199/12
○、舜之賢而死 424/205/24

搖 yáo 4

心○○如懸旌 167/86/10
飄○乎高翔 192/98/8
不敢動○ 220/115/22

瑤 yáo 3

殺智伯○於鑿臺之上 87/41/13
昔智伯○殘范、中行 89/43/8
昔智伯○攻范、中行氏 142/72/27

遙 yáo 1

則莫如○伯齊而厚尊之 419/201/24

銚 yáo 2

無把○推耨之勢 86/40/9
而操○鎒與農夫居壟畝之中 129/62/25

謠 yáo 2

齊嬰兒○曰 148/78/12
觀人民○俗 458/224/27

繇 yáo 1

二日而莫不盡○ 422/204/1

噛 yǎo 1

仰○蔆衡 192/98/7

藥 yào 12

臣願請○賜死 80/35/13
夷傷者空財而共○ 142/72/21
有獻不死之○於荊王者 196/99/16
且客獻不死之○ 196/99/18
是死○也 196/99/18
吾已為○酒以待之矣 412/196/26
妾知其○酒也 412/196/26
吾已為○酒而待其來矣 420/203/8
於是因令其妾酌○酒而進之 420/203/8
使工以○淬之 440/216/20
以其所奉○囊提軻 440/217/17
乃以○囊提軻也 440/217/22

耶 yé 23

獨不重任臣者後無反覆於王前○ 72/29/3
臣愚而不闔於王心○ 72/29/12
將賤而不足聽○ 72/29/12
何秦之智而山東之愚○ 111/54/7
歲亦無恙○ 138/69/13
民亦無恙○ 138/69/13
王亦無恙○ 138/69/13
故有問舍本而問末者○ 138/69/15
無恙○ 138/69/16
北宮之女嬰兒子無恙○ 138/69/19
為社稷○ 150/79/19
為王立王○ 150/79/19
客○ 150/79/29

焉能有之○ 170/89/27
且為事○ 184/95/13
先生惡能使梁助之○ 236/127/4
智不若○ 236/127/10
然梁之比於秦若僕○ 236/127/11
茹肝涉血之仇○ 252/135/15
如是其明○ 280/146/20
如是其同○ 280/146/21
何為煩大王之廷○ 420/202/22
孰若勝天下之威大○ 461/227/7

也 yě 2803

夫秦之為無道○ 1/1/4
美名○ 1/1/5
厚寶○ 1/1/5
得君臣父子相保○ 1/1/9
宜陽必拔○ 2/1/22
羈旅○ 2/1/24
則周公旦○ 2/1/24
秦恐公之乘其弊○ 2/1/27
公中慕公之為己乘秦○ 2/1/28
故天子之國○ 3A/2/6
令之為己求地於東周○ 3B/2/12
是我為楚、韓取寶以德之○ 3B/2/13
所以富東周○ 4/2/19
蘇子亦得兩國之金○ 4/2/22
楚王與魏王遇○ 5A/2/26
楚、韓之遇○ 5A/2/27
今昭獻非人主○ 5A/2/28
信東周○ 5B/3/4
是韓不伐○ 5B/3/5
是得地於韓而聽於秦○ 5B/3/6
則是勁王之敵○ 6/3/11
是天下制於子○ 7/3/17
前相工師藉恐客之傷己○ 8A/3/22
辯士○ 8A/3/22
國人不說○ 8B/3/27
無忠臣以掩蓋之○ 8B/3/30
非自傷於民○ 8B/4/1
皆大臣見譽者○ 8B/4/2
非國家之美○ 8B/4/2
主人○ 9/4/7
問其巷而不知○ 9/4/7
而自謂非客何○ 9/4/8
天下之半○ 10B/4/22
是何計之道○ 10B/4/22
周最於齊王○而逐之 11B/5/3
欲深取秦○ 11C/5/10
即天下之理○ 11C/5/12
君○ 12/5/17
最○ 12/5/17
亦將觀韓、魏之於齊○ 13/5/22
則秦、趙必相賣以合於王○ 13/5/24
秦知趙之難與齊戰○ 14A/5/28
將恐齊、趙之合○ 14A/5/28
恐秦不己收○ 14A/6/1
無因事○ 14A/6/2
且臣為齊奴○ 14B/6/9
則王亦無齊之累○ 14B/6/10
君勿患○ 15/6/14
不可不察○ 16/6/20
278/146/4, 448A/220/15
而無適立○ 17/6/27
是公之知困而交絕於周○ 17/6/28
36/12/4
孰欲立○ 17/6/29
此健士○ 17/7/1
以秦之輕○ 18/7/6
未可知○ 18/7/6
重周以取秦○ 18/7/8
是周常不失重國之交○ 18/7/8
何○ 20/7/19, 50/21/3, 50/21/4
79/34/14, 79/34/15, 81/36/9
83A/38/17, 142/71/14
142/71/20, 142/71/22
142/72/4, 142/72/14
142/73/3, 142/73/9, 148/78/9
159/82/21, 161/83/20
166/85/4, 174/91/5
182/94/14, 182/94/24
190/97/10, 199/101/8
201/103/2, 201/103/3
208/108/4, 218/113/12
219/115/5, 230/123/2
233/125/2, 241/130/3
258A/137/9, 270/142/9
303A/153/28, 309/157/1
311/158/11, 314/160/10
323/165/9, 325/165/26
343/171/16, 362/179/9
362/179/10, 366/180/13
388/188/1, 397/191/26
399/192/12, 407/194/5
416A/199/7, 416B/200/7
419/201/28, 420/203/3
422/203/26, 428/208/5
450/221/11, 456/224/5
因宣言東周○ 20/7/20
以西周之於王○ 20/7/20
故留之十四日以待命○ 21/7/27
是以遣之○ 21/7/27
欲王令楚割東國以與齊○ 22/8/7
而以楚之東國自免○ 22/8/8
而秦未與魏講○ 23/8/17
是君卻秦而定周○ 23/8/18
是君存周而戰秦、魏○ 23/8/19
無備故○ 24/8/25
桓公伐蔡○ 24/8/26
虎狼之國○ 24/8/26, 167/86/1
而實囚之○ 24/8/28
是楚病○ 25/9/6
此告楚病○ 25/9/7
是公以弊高都得完周○ 25/9/10
何不與○ 25/9/10
不如譽秦王之孝○ 26/9/15
是公有秦○ 26/9/16
又有天命○ 27/9/21
可教射○矣 27/9/22
子何不代我射之○ 27/9/23
公○ 27/9/25, 178/93/10
公不若稱病不出○ 27/9/26
令天下皆知君之重吾得○ 28/10/4
而吾得無效○ 28/10/5
齊、秦恐楚之取九鼎○ 29/10/10
君雖不欲與○ 29/10/11
君使人告齊王以周最不肯為太子○ 30/10/15
臣為君不取○ 30/10/15
獨知之契○ 30/10/17
天下未有信之者○ 30/10/17
以嫁之齊○ 30/10/18
奉養無有愛於最○ 30/10/19
見梁囿而樂之○ 32/10/29
臣為王有患○ 32/11/2
謀主○ 32/11/2
而王無之扞○ 32/11/3
臣見其必以國事秦○ 32/11/3
魏王因使孟卯致溫囿於

周君而許之成○ 32/11/7
因趙以止易○ 33/11/14
此皆恃援國而輕近敵○ 35/11/25
王何不以地齎周最以為太子○ 36/12/3
西周恐魏之藉道○ 37/12/9
楚、宋不利秦之德三國○ 37/12/9
且輕秦○ 38/12/16
且公之成事○ 38/12/17
大王更為臣○ 39/13/1
固大王仇讎○ 39/13/1
天下之雄國○ 40/13/8
臣固疑大王之不能用○ 40/13/16
王固不能行○ 40/13/26
是皆秦之罪○ 40/14/2
何前倨而後卑○ 40/14/18
使攻宋○ 41B/15/3
安邑王之有○ 41B/15/3
則向之攻宋○ 41B/15/4
罪其百姓不能死○ 42/15/14
其上不能殺○ 42/15/14
故民不死○ 42/15/15
不攻無攻相事○ 42/15/17
生未嘗見寇○ 42/15/17
斷死於前者比是○ 42/15/18
夫斷死與斷生○不同 42/15/18
而民為之者是貴奮○ 42/15/19
天下莫如○ 42/15/21,42/17/7
天下不足兼而有○ 42/15/21
所當未嘗不破○ 42/15/21
此甚大功○ 42/15/22
謀臣皆不盡其忠○ 42/15/23
五戰之國○ 42/15/27
夫戰者萬乘之存亡○ 42/15/27
則其民足貪○ 42/16/3
地足利○ 42/16/3
然則是一舉而伯王之名可成○ 42/16/3,42/16/8
四鄰諸侯可朝○ 42/16/4,42/16/8
前者穰侯之治秦○ 42/16/9
中央之國○ 42/16/13
雜民之所居○ 42/16/13
彼固亡國之形○ 42/16/14
趙氏上下不相親○ 42/16/15
皆秦之有○ 42/16/17
伯王之名可成○ 42/16/21
是謀臣之拙○ 42/16/22
不能拔○ 42/16/23
非能厚勝之○ 42/16/25
願大王有以慮之○ 42/16/27
天下可有○ 42/17/1
何以知其然○ 42/17/1,87/41/10,89/43/19,142/71/8,142/72/2,142/72/12,142/72/27
天下可兼而有○ 42/17/7
此王業○ 44/17/26,115/56/19,382/184/19
而戎狄之長○ 44/17/27,44/18/3
天下之市朝○ 44/17/28
西辟之國○ 44/18/3
譬如使豺狼逐群羊○ 44/18/3
足以廣國○ 44/18/4
惡名○ 44/18/6
而未必利○ 44/18/6
天下之宗室○ 44/18/7
韓、周之與國○ 44/18/7
不如伐蜀之完○ 44/18/9
張儀之殘樗里疾○ 45/18/16
將以為國交○ 45/18/17
故為請相○ 45/18/18
此國累○ 46/18/24
王何以市楚○ 46/18/26
楚○ 48A/19/10,357/177/1
願王勿聽○ 48A/19/11
因言軫○ 48A/19/11
然則是軫自為而不為國○ 48B/19/16
儀之言果信○ 48B/19/19
非獨儀知之○ 48B/19/20
良僕妾○ 48B/19/21,49/20/13
良婦○ 48B/19/22
乃必之○ 48B/19/23
軫安敢之楚○ 49/19/28
且安之○ 49/20/2
而明臣之楚與不○ 49/20/3
則欲其許我○ 49/20/6
則欲其為我詈人○ 49/20/6
今楚王明主○ 49/20/6
而昭陽賢相○ 49/20/7
夫軫天下之辯士○ 49/20/10
寡人遂無奈何○ 49/20/11
子必之楚○ 49/20/11
非獨儀之言○ 49/20/12
善婦○ 49/20/14
而儀不得為臣○ 50/20/25
而私商於之地以為利○ 50/20/27
而患必至○ 50/21/4
以王有齊○ 50/21/4
是楚孤○ 50/21/5,185/95/27
秦計必弗為○ 50/21/5
張儀知楚絕齊○ 50/21/11
伐秦非計○ 50/21/14
是我亡於秦而取償於齊○ 50/21/15
是吾合齊、秦之交○ 50/21/15
子秦人○ 51/21/25
寡人與子故○ 51/21/25
不能親國事○ 51/21/25
甘餌○ 51/22/1
則是一舉而兼兩虎○ 51/22/2
唯王可○ 51/22/4
事之本○ 51/22/4,136B/68/4
能有國者寡○ 51/22/4
計有一二者難悖○ 51/22/5
皆張儀之讎○ 52/22/10
而事君之國○ 53/22/16
此乃公孫衍之所謂○ 53/22/21
除之未必已○ 54/22/27
使此知秦國之政○ 54/22/28
然願王勿攻○ 55/23/6
大縣○ 55/23/9
其實郡○ 55/23/9
主君之力○ 55/23/12
今臣羈旅之臣○ 55/23/13
而臣受公仲侈之怨○ 55/23/13
其母尚織自若○ 55/23/16
與母之信○ 55/23/17
則慈母不能信○ 55/23/17
而王之信臣又未若曾子之母○ 55/23/18
臣恐王為臣之投杼○ 55/23/18
寡人不聽○ 55/23/19
五月而不能拔○ 55/23/21
是樗里疾、公孫衍無事○ 58/24/12
韓、楚必相御○ 59/24/17
臣是以知其御○ 59/24/17
王勿患○ 60/24/22,423/205/10
幸無我逐○ 61A/25/1
非恒士○ 61A/25/4
是非秦之利○ 61A/25/5

賢人○ 61A/25/9,233/123/30
則難圖○ 61A/25/11
王怒於犀首之泄○ 61B/25/18
非使臣之所知○ 63/26/2
是何○ 63/26/7,315/161/10
秦之深讎○ 63/26/7
233/125/9,422/203/26
一○ 63/26/8
罷國○ 63/26/9
譬猶以千鈞之弩潰癰○ 63/26/9
二○ 63/26/10
三○ 63/26/11
四○ 63/26/12
五○ 63/26/13
夫取三晉之腸胃與出兵
而懼其不反○ 63/26/14
無知○ 64/26/20
是君收齊以重呂禮○ 65/26/27
秦王畏晉之強○ 65/26/28
操晉以為重○ 65/26/29
五伯之事○ 66/27/4
而莫之據○ 66/27/4
故攻齊之於陶○ 66/27/5
存亡之機○ 66/27/5
不遇堯○ 66/27/8
此君之大時○已 66/27/9
而君之大名○ 66/27/10
此除疾不盡○ 66/27/11
以非此時○ 66/27/12
不可得○已 66/27/13
天下之從君○ 66/27/13
而無他慮○ 66/27/15
弗聞○ 67/27/19
辛、張陽、毋澤說魏王
、薛公、公叔○ 67/27/19
然而臣有患○ 67/27/21
424/205/22
夫楚王之以其臣請挈領
然而臣有患○ 67/27/21
夫楚王之以其國依冉○ 67/27/21
此臣之甚患○ 67/27/22
而務敗公之事○ 67/27/23
德楚而觀薛公之為公○ 67/27/23
請以號三國以自信○ 67/27/24
觀張儀與澤之所不能得
於薛公者○ 67/27/24
而公請之以自重○ 67/27/24

此亦百世之時○已 69/28/9
未○ 71/28/23,200/101/18
失韓、魏之道○ 71/28/23
則久留臣無為○ 72/29/1
工之所失○ 72/29/6
是何故○ 72/29/10
113/55/20,113/55/22
為其凋榮○ 72/29/10
其淺者又不足聽○ 72/29/12
非若是○ 72/29/13,343/171/17
非敢然○ 73A/29/29
臣聞始時呂尚之遇文王
○ 73A/29/29
交疏○ 73A/30/1
其言深○ 73A/30/1
而文、武無與成其王○ 73A/30/2
羈旅之臣○ 73A/30/3
而未知王心○ 73A/30/4
所以王三問而不對者是
○ 73A/30/4
臣非有所畏而不敢言○ 73A/30/4
然臣弗敢畏○ 73A/30/5
人之所必不免○ 73A/30/8
此臣之所大願○ 73A/30/8
是臣說之行○ 73A/30/11
是臣之大榮○ 73A/30/12
天下見臣盡忠而身蹶○ 73A/30/13
臣弗敢畏○ 73A/30/15
賢於生○ 73A/30/16
先生是何言○ 73A/30/18
而存先王之廟○ 73A/30/19
此天所以幸先王而不棄
其孤○ 73A/30/19
無疑寡人○ 73A/30/20
譬若馳韓盧而逐蹇兔○ 73A/30/24
而大王之計有所失○ 73A/30/25
非計○ 73A/31/1
形弗能有○ 73A/31/4
以其伐楚而肥韓、魏○ 73A/31/5
此所謂藉賊兵而齎盜食
者○ 73A/31/5
得尺亦王之尺○ 73A/31/6
而天下之樞○ 73A/31/8
齊附而韓、魏可虛○ 73A/31/9
魏多變之國○ 73A/31/12
韓聽而霸事可成○ 73A/31/21
未之有○ 73B/31/28

204A/105/24,459A/225/12
非王之子孫○ 73B/32/7
臣聞之○ 74/32/21
臣必聞見王獨立於庭○ 74/32/24
非王子孫○ 74/32/24
臣聞古之善為政○ 74/32/26
是我王果處三分之一○ 74/33/1
非秦弱而魏強○ 75/33/7
地○ 75/33/7
人主所甚愛○ 75/33/7
人臣之所樂為死○ 75/33/7
故十攻而弗能勝○ 75/33/8
而攻其人○ 75/33/9
言可得○ 75/33/11
乃鼠○ 76/33/16
是天下之王不如鄭賈之
智○ 76/33/17
不知其實○ 76/33/18
王勿憂○ 77/33/22
308/156/10,311/158/24
秦於天下之士非有怨○ 77/33/22
有爭意○ 77/33/24
於是其謀者固未可得予
○ 77/33/26
公之愛子○ 79/34/14
乃即與無子時同○ 79/34/16
乃與即為梁餘子同○ 79/34/17
今○ 79/34/19
194/99/5,201/103/2
此其情○ 79/34/20
何謂○ 79/34/22
125/61/11,130/63/14
137/69/6,139/69/27
142/73/1,177/92/27
233/124/6,327/166/10
339/169/15,341/170/16
臣以韓之細○ 79/34/23
秦王弗聽○ 79/34/27
以其為汝南虜○ 79/34/27
吾與王○ 80/35/3
父之於子○ 80/35/4
此令必行者○ 80/35/5
因曰『毋敢思○』 80/35/5
此令必不行者○ 80/35/5
東鄙之賤人○ 80/35/11
天下皆聞臣之身與王之
舉○ 80/35/12

而為諸侯所議○	80/35/13
天下駿雄弘辯之士○	81/35/20
何君見之晚○	81/35/25
忠之節○	81/36/6
天下之福○	81/36/7
國之福○	81/36/7
家之福○	81/36/8
管仲不足大○	81/36/11
周公輔成王○	81/36/14
商君、吳起、大夫種不若○	81/36/15
未知何如○	81/36/17
天之常數○	81/36/20
聖人之常道○	81/36/20
此皆乘至盛不及道理○	81/36/23
白起之勢○	81/36/27
往而不能反者○	81/37/5
此皆君之所明知○	81/37/6
此亦秦之分功之時○	81/37/8
則商君、白公、吳起、大夫種是○	81/37/9
臣不如○	81/37/14
恐秦之救○	82A/37/25
楚疑於秦之未必救己○	82A/37/26
則楚之應之○必勸	82A/37/27
必不救○	82A/37/27
則是我離秦而攻楚○	82A/37/28
秦之有○	82B/38/6
秦之縣○已	82B/38/7
臣請為王因呡與佐○	82B/38/8
大費○	83A/38/14
大利○	83A/38/14,251/134/24
此父兄之任○	83A/38/14
此講之悔○	83A/38/18
此又不講之悔○	83A/38/19
鈞吾悔○	83A/38/20
無危咸陽而悔○	83A/38/20
弗如○	83B/38/25,83B/38/26
猶無奈寡人何○	83B/38/27
吾不知水之可亡人之國○	83B/39/2
尚賢在晉陽之下○	83B/39/4
此乃方其用肘足時○	83B/39/5
願王之勿易○	83B/39/5
魏王倍寡人○	84A/39/10
是魏勝楚而亡地於秦○	84A/39/11
是以鯉與之遇○	84B/39/18
故齊不合○	84B/39/18
是便計○	85/39/24
而地不可得○	85/39/27
臣之來使○	85/39/27
是示天下無楚○	85/39/28
齊、魏有何重於孤國○	85/39/28
即不見○	86/40/6
商人是○	86/40/9
此有其實而無其名者○	86/40/9
農夫是○	86/40/10
此無其實而有其名者○	86/40/10
王乃是○	86/40/11
臣竊為大王不取○	86/40/14, 167/85/27,256/136/18
而天下可圖○	86/40/16
恐不能給○	86/40/17
天下未嘗無事○	86/40/17
非從即橫○	86/40/17
弗得私○	86/40/18
頓子之說○	86/40/20
冬夏是○	87/40/28
累碁是○	87/40/28
萬乘之地未嘗有○	87/40/29
天下五合、六聚而不敢救○	87/41/4
五伯不足六○	87/41/6
終之難○	87/41/10
而不知榆次之禍○	87/41/10
而不知干隧之敗○	87/41/11
非無大功○	87/41/11
而易患於後○	87/41/11
吳之信越○	87/41/11
今王妬楚之不毀○	87/41/13
而忘毀楚之強魏○	87/41/14
援○	87/41/15
敵○	87/41/15
今王中道而信韓、魏之善王○	87/41/16
此正吳信越○	87/41/16
而實欺大國○	87/41/17
此何○	87/41/17,315/162/1
秦社稷之憂○	87/41/21
兵出之日而王憂其不反○	87/41/22
無得地之實○	87/41/24
膏腴之地○	87/42/2
是王失計○	87/42/6
上蔡、召陵不往來○	87/42/10
齊之右壤可拱手而取○	87/42/11
要絕天下○	87/42/11
無燕、趙○	87/42/12
千乘之宋○	88/42/18
故天下樂伐之○	88/42/27
而卑畜韓○	89/43/3
驕○	89/43/4
忿○	89/43/5
驕忿非伯主之業○	89/43/5
臣竊為大王慮之而不取○	89/43/5
三者非無功○	89/43/10
能始而不能終○	89/43/11
以王為吳、智之事○	89/43/15
必秦○	89/43/19
而未能復戰○	89/43/20
則楚孤而受兵○	89/43/21
悍人○	90/43/26
中期適遇明君故○	90/43/27
大臣之尊者○	91/44/3
太后不善公○	91/44/3
太后之所親○	91/44/4
國與還者○	92/44/9
子異人賢材○	93/45/1
王后無子而有子○	93/45/2
秦之寵子○	93/45/5
是抱空質○	93/45/6
吾楚人○	93/45/10
君侯何不快甚○	94/45/23
汝安能行之○	94/45/25
奚以遽言叱○	94/45/26
臣之功不如武安君○	94/45/30
應侯之用秦○	94/46/1
燕不欺秦○	94/46/8
秦不欺燕○	94/46/8
欲攻趙而廣河間○	94/46/9
出誳門○	95/47/12
非不知○	95/47/16
非不肖○	95/47/16
不能用○	95/47/16
四國之交未必合○	96/47/26
非所以厲群臣○	96/48/2
今賈忠王而王不知○	96/48/6
其鄙人之賈人○	96/48/11
王戰勝於徐州○	97/48/22
盼子不用○	97/48/23
故王勝之○	97/48/24

必不便於王〇 97/48/24
非在齊〇 98/49/1
令其欲封公〇又甚於齊 98/49/1
不惡齊大何〇 98/49/5
是其所以弱〇 98/49/5
亦君之水〇 99/49/13
猶之無益〇 99/49/14
不可不日聽〇而數覽 100/49/19
齊貌辨之為人〇多疵 101/49/24
固不求生〇 101/50/2
吾不忍〇 101/50/7,385/186/21
必無今日之患〇 101/50/7
此齊貌辨之所以外生樂患趣難者〇 101/50/16
非此〇 102/50/24
是趙不拔而魏全〇 102/50/24
是趙破而魏弱〇 102/50/25
顧反聽命於韓〇 103/51/2
則是君之謀〇 104/51/12
我田忌之人〇 104/51/15
循軼之途〇 105/51/22
恐田忌之以楚權復於齊〇 106/52/1
以示田忌之不返齊〇 106/52/2
田忌亡人〇 106/52/2
此用二忌之道〇 106/52/3
徐公何能及公〇 108/52/14
齊國之美麗者〇 108/52/14
徐公何能及君〇 108/52/15
徐公不若君之美〇 108/52/16
私我〇 108/52/20
畏我〇 108/52/20
欲有求於我〇 108/52/20
吾使者章子將〇 109/53/12
臣非不能更葬先妾〇 109/53/13
是欺死父〇 109/53/14
非臣所知〇 110/53/20
何故〇 110/53/21,420/202/16
鬼且不知〇 110/53/22
楚之權敵〇 110/53/22
此其為德〇亦大矣 110/53/24
其見恩德亦其大〇 110/53/24
古之王者之伐〇 111/54/3
以為後世〇 111/54/3
今齊、楚、燕、趙、韓、梁六國之遞甚〇 111/54/4
適足以強秦而自弱〇 111/54/4
非山東之上計〇 111/54/5
強秦〇 111/54/5
願大王之察〇 111/54/7
古之五帝、三王、五伯之伐〇 111/54/9
而齊民獨不〇 111/54/10
非齊親而韓、梁疏〇 111/54/10
此萬世之計〇 111/54/15
389/188/16
三晉怒齊不與己〇 111/54/16
此所謂四塞之國〇 112/54/23
未嘗倍太山、絕清河、涉渤海〇 112/54/25
以與秦接界〇 112/54/31
是故韓、魏之所以重與秦戰而輕為之臣〇 112/55/1
千人不能過〇 112/55/5
恐韓、魏之議其後〇 112/55/5
夫不深料秦之不奈我何〇 112/55/6
是群臣之計過〇 112/55/7
負海之國〇 113/55/16
今趙之與秦〇 113/55/20
猶齊之於魯〇 113/55/20
秦強而趙弱〇 113/55/22
臨淄、即墨非王之有〇 113/55/24
不可得〇 113/55/25,348A/173/29
獻魚鹽之地三百於秦〇 113/55/28
吾與國〇 114/56/3
是天下以燕賜我〇 114/56/5
厚矣王之託儀於秦王〇 115/56/22
何以託儀〇 115/56/23
是乃王之託儀〇 115/56/24
是王業〇 115/56/27
而信儀於秦王〇 115/56/28
此臣之所謂託儀〇 115/56/28
衍非有怨於儀〇 116/57/4
衍〇吾讎 116/57/6
其官爵何〇 117/57/12
異貴於此者何〇 117/57/13
王非置兩令尹〇 117/57/13
臣竊為公譬可〇 117/57/14
官之上非可重〇 117/57/18
猶為蛇足〇 117/57/19
為燕取地〇 119/58/1
然則吾中立而割窮齊與疲燕〇 119/58/3
隱蔽〇 120/58/12
齒之有脣〇 120/58/12
高義〇 120/58/14
顯名〇 120/58/14
韓卻周害〇 121/58/20
然則是我抱空質而行不義於天下〇 122/58/27
然則下東國必可得〇 122/58/29
以市下東國〇 122/59/5
122/59/10
變則是君抱空質而負名於天下〇 122/59/6
故曰可以使楚亟入地〇 122/59/11
楚之勢可多割〇 122/59/14
故曰可以使楚益入地〇 122/59/19
挾太子〇 122/59/21
以太子權王〇 122/59/21
必不倍於王〇 122/59/22
然則是王去讎而得齊交〇 122/59/23
故曰可以為楚王使太子亟去〇 122/59/23
夫剬楚者王〇 122/59/26
以空名市者太子〇 122/59/26
齊未必信太子之言〇 122/59/26
故曰可以使太子急去〇 122/59/27
夫勸留太子者蘇秦〇 122/60/1
蘇秦非誠以為君〇 122/60/1
且以便楚〇 122/60/1
故多割楚以滅迹〇 122/60/2
今勸太子者又蘇秦〇 122/60/2
故曰可使人惡蘇秦於薛公〇 122/60/3
夫使薛公留太子者蘇秦〇 122/60/5
奉王而代立楚太子者又蘇秦〇 122/60/5
割地固約者又蘇秦〇 122/60/5
忠王而走太子者又蘇秦〇 122/60/6
以其為齊薄而為楚厚〇 122/60/6
故曰可以為蘇秦請封於楚〇 122/60/7
以能得天下之士而有齊權〇 122/60/10
今蘇秦天下之辯士〇 122/60/10
則是圍塞天下士而不利

說途○ 122/60/11
則是身與楚為讎○ 122/60/12
是君有楚○ 122/60/13
臣之來○ 124/60/24
固不敢言人事○ 124/60/24
西岸之土○ 124/60/28
吾西岸之土○ 124/60/29
東國之桃梗○ 124/60/29
人之急○ 125/61/14
夏侯章每言未嘗不毀孟嘗君○ 126/61/19
孟嘗君重非諸侯○ 126/61/21
然吾毀之以為之○ 126/61/21
以吾毀之者○ 126/61/22
豈得持言○ 126/61/22
其欲有君○ 127/62/1
如使而弗及○ 127/62/1
若魏文侯之有田子方、段干木○ 127/62/2
人之情○ 128/62/8
其錯之勿言○ 128/62/8
是足下倍先君盟約而欺孟嘗君○ 128/62/15
若臣不肖○ 128/62/16
豈非世之立教首○哉 129/62/27
郢之登徒○ 130/63/4
慕君之廉○ 130/63/9
志之揚○ 130/63/14
若隨踵而至○ 131/63/23
今髠賢者之疇○ 131/63/25
而取火於燧○ 131/63/26
豈特七士○ 131/63/26
天下之疾犬○ 132A/63/30
海內之狡兔○ 132A/63/30
謝將休士○ 132A/64/3
是齊入於魏而救邯鄲之功○ 132B/64/8
魏之柱國○ 132B/64/9
趙之柱國○ 132B/64/9
楚之柱國○ 132B/64/9
則非齊之利○ 132B/64/12
不得不事齊○ 132B/64/14
不能以重於天下者何○ 132B/64/15
其用者過○ 132B/64/16
客無好○ 133/64/21
客無能○ 133/64/21
左右以君賤之○ 133/64/22
此誰○ 133/65/2
乃歌夫長鋏歸來者○ 133/65/2
客果有能○ 133/65/3
未嘗見○ 133/65/3
孟嘗君怪其疾○ 133/65/11
來何疾○ 133/65/11
乃臣所以為君市義○ 133/65/15
未得高枕而臥○ 133/65/20
重幣○ 133/65/23
顯使○ 133/65/24
孟嘗君固辭不往○ 133/65/24
寡人不足為○ 133/65/26
馮諼之計○ 133/65/30
意者秦王帝王之主○ 134/66/3
意者秦王不肖之主○ 134/66/4
猶未敢以有難○ 134/66/9
孟嘗君之好人○ 134/66/10
萬乘之嚴主○ 134/66/12
欲客之必諭寡人之志○ 134/66/14
大國○ 134/66/16,393/190/3
千乘○ 134/66/16
君好士○ 135/66/21
而士未有為君盡游者○ 135/66/22
文不得是二人故○ 135/66/22
故曰君之好士未○ 135/66/25
死○ 136A/67/5
非朝愛市而夕憎之○ 136A/67/7
人君○ 136B/67/12
人臣○ 136B/67/13,236/126/24
曾不若死士之壟○ 136B/67/17
士之賤○ 136B/67/23
得貴士之力○ 136B/67/25
華而無其實德者○ 136B/68/2
堯、舜、禹、湯、周文王是○ 136B/68/4
形之君○ 136B/68/4
人之困賤下位○ 136B/68/7
是以明乎士之貴○ 136B/68/8
非不得尊遂○ 136B/68/14
制言者王○ 136B/68/15
盡忠直言者斶○ 136B/68/15
則再拜而辭去○ 136B/68/16
則終身不辱○ 136B/68/18
王亦不好士○ 137/69/4
不若王愛尺穀○ 137/69/5
不使左右便辟而使工者何○ 137/69/6
為能之○ 137/69/6
非左右便辟無使○ 137/69/7
臣故曰不如愛尺穀○ 137/69/7
是其為人○ 138/69/16,138/69/21
是助王養其民○ 138/69/17
何以至今不業○ 138/69/17, 138/69/19
是助王息其民者○ 138/69/18
是皆率民而出於孝情者○ 138/69/19
胡為至今不朝○ 138/69/20
而富過畢○ 139/69/29
士何其易得而難用○ 140/70/4
非士易得而難用○ 140/70/6
子之來○ 141A/70/10
王之問臣○卒 141A/70/11
是恨秦○ 141A/70/11
是恨天下○ 141A/70/12
勿庸稱○以為天下 141A/70/12
帝名為無傷○ 141A/70/13
此大資○ 141A/70/14
孰與伐宋之利○ 141B/70/20
此湯、武之舉○ 141B/70/24
此所謂以卑易尊者○ 141B/70/24
願王之熟慮之○ 141B/70/25
夫後起者藉○ 142/71/3
而遠怨者時○ 142/71/4
萬物之率○ 142/71/4
百事之長○ 142/71/5
而劍非不利○ 142/71/8
此亡國之形○ 142/71/9
衛得是藉○ 142/71/10
衛非強於趙○ 142/71/11
譬之衛矢而魏弦機○ 142/71/11
趙得是藉○ 142/71/13
故剛平之殘○ 142/71/13
中牟之墮○ 142/71/13
黃城之墜○ 142/71/14
棘溝之燒○ 142/71/14
此皆非趙、魏之欲○ 142/71/14
衛明於時權之藉○ 142/71/14
兵弱而憎下人○ 142/71/16
欲可成○ 142/71/19
齊之與韓、魏伐秦、楚○ 142/71/19
戰非甚疾○ 142/71/20

分地又非多韓、魏○	142/71/20
以其為韓、魏主怨○	142/71/20
伐而好挫強○	142/71/23
常以王人為意○	142/71/25
常以謀人為利○	142/71/25
小國滅○	142/71/26
則事以眾強適罷寡○	142/71/26
兵必立○	142/71/27
強大而喜先天下之禍○	142/72/4
外信諸侯之殃○	142/72/5
麒驥之衰○	142/72/8
孟賁之倦○	142/72/8
非賢於騏驥、孟賁○	142/72/9
後起之藉○	142/72/9
今天下之相與○不並滅	142/72/9
則亡天下可跼足而須○	142/72/10
形同憂而兵趨利○	142/72/12
夫胡之與齊非素親○	142/72/13
而用兵又非約質而謀燕○	142/72/13
何則形同憂而兵趨利○	142/72/14
後起則諸侯可趨役○	142/72/15
誠欲以伯王○為志	142/72/17
國之殘○	142/72/17
而都縣之費○	142/72/17
彼戰者之為殘○	142/72/18
則是路君之道○	142/72/19
則此虛中之計○	142/72/20
雖若有功○	142/72/21
故民之所費○	142/72/22
十年之田而不償○	142/72/22
	142/72/24
官之所私出○	142/72/23
非所先○	142/72/27
此用兵之盛○	142/72/28
而滅二子患○	142/73/1
夫中山千乘之國○	142/73/2
此用兵之上節○	142/73/3
不嗇於戰攻之患○	142/73/3
則非國之利○	142/73/6
則非王之樂○	142/73/8
今夫鵠的非咎罪於人○	142/73/8
惡其示人以難○	142/73/9
則是非徒示人以難○	142/73/10
又且害人者○	142/73/10
則明君不居○	142/73/11
故明君之攻戰○	142/73/12
彼明君之從事○	142/73/13
兵後起則諸侯可趨役○	142/73/14
諸侯可同日而致○	142/73/18
則其國無宿憂○	142/73/20
則王之道○	142/73/20
非宋、衛○	142/73/27
此固大王之所以鞭箠使○	142/73/27
魏王說於衛鞅之言○	142/74/2
此天子之位○	142/74/2
故曰衛鞅之始與秦王計○	142/74/5
折衝席上者○	142/74/7
司馬穰苴為政者○	143/74/12
天以告○	143/74/19
地以告○	143/74/19
人以告○	143/74/19
非忠○	145/75/12
非勇○	145/75/13, 145/76/6
非知○	145/75/13
	145/76/6, 145/76/10
此其一時○	145/75/14
願公之詳計而無與俗同○	145/75/14
即臣見公之不能得○	145/75/18
是墨翟之守○	145/75/21
是孫臏、吳起之兵○	145/75/21
功名可立○	145/75/26
此亦一計○	145/75/27
二者顯名厚實○	145/75/27
願公熟計而審處一○	145/75/27
纂○	145/76/1
怯○	145/76/2
辱身○	145/76/2
鄉里不通○	145/76/2
世主不臣○	145/76/2
退而與魯君計○	145/76/7
死小恥○	145/76/9
名與天壤相敝○	145/76/11
仲連之說○	145/76/13
皆以田單為自立○	146/76/19
寡人憂民之飢○	146/76/26
寡人憂民之寒○	146/76/26
乃王之教澤○	146/77/3
小人○	147/77/7, 340/170/9
非貴跖而賤堯○	147/77/8
狗固吠非其主○	147/77/9
猶時攫公孫子之腓而噬之○	147/77/10
豈不以據勢○哉	147/77/16
且安平君之與王○	147/77/16
其志欲有為○	147/77/18
吾不若○	147/77/23, 147/77/24
臣固知王不若○	147/77/24
	147/77/24
安平君之功○	147/77/29
當是時○	147/77/29
不能下○	148/78/8
三月而不克之○	148/78/10
此所以破燕○	148/78/15
所以不勝者○	148/78/17
是以餘糧收宋○	149A/78/23
非吾種○	149B/79/3
失人子之禮○	149B/79/4
為大王不取○	150/79/26
不若其欲齊之甚○	151/80/4
是王之聽涓○	151/80/5
適為固驅以合齊、秦○	151/80/5
非楚之利○	151/80/5
必非固之所以之齊之辭○	151/80/6
漢中可得○	151/80/7
淮、泗之間亦可得○	151/80/8
將法齊之急○	152/80/13
未必利○	152/80/13
是以弱宋干強楚○	152/80/14
韓氏輔國○	153/80/20
可營○	153/80/20
可懼○	153/80/20
五國之事必可敗○	153/80/21
親王之所見○	153/80/24
請悉楚國之眾○	153/80/25
則五國之事困○	153/80/27
吾聞北方之畏昭奚恤○	154/81/3
子無敢食我○	154/81/4
是逆天帝命○	154/81/5
虎不知獸畏己而走○	154/81/6
以為畏狐○	154/81/6
故北方之畏奚恤○	154/81/7
其實畏王之甲兵○	154/81/7
猶百獸之畏虎○	154/81/7
二人之言皆善○	155/81/12
此謂慮賢○	155/81/13
是兩弊○	156/81/18

昭奚恤不知○ 156/81/20
夫魏之攻趙○ 156/81/20
是楚、魏共趙○ 156/81/21
何以兩弊○ 156/81/21
而有楚之不救己○ 156/81/22
而見楚救之不足畏○ 156/81/23
則魏可破○ 156/81/24
臣非畏魏○ 157B/82/7
是其為人○近苦矣 157B/82/7
其鄰人見狗之溺井○ 158/82/12
願王勿忘○ 159/82/19
此君子○ 159/82/19
此小人○ 159/82/20
以王好聞人之美而惡聞人之惡○ 159/82/21
何以○ 160/82/27,169/88/8
未得間○ 160/83/6
野火之起○若雲蜺 160/83/8
今日之游○ 160/83/10
非用故○ 162/83/29
非故如何○ 162/83/29
楚之強敵○ 163/84/5
宜陽之大○ 163/84/6
上梁亦不知○ 163/84/7
非江南泗上○ 163/84/8
故楚王何不以新城為主郡○ 163/84/8
以為國○ 164/84/16,375/183/4
乃不罪○ 164/84/18
五大夫不可收○ 165/84/24
得賞無功○ 165/84/24
是無善○ 165/84/25
是不能得趙○ 165/84/28
上蔡之監門○ 166/85/4
茂誠賢者○ 166/85/6
秦之有賢相○ 166/85/6
非楚國之利○ 166/85/7
越亂而楚治○ 166/85/8
親○ 166/85/9
楚國之大利○ 166/85/10
天下之強國○ 167/85/15 272/143/3
天下之賢王○ 167/85/15
此霸王之資○ 167/85/17
天下莫能當○ 167/85/18
為之其未有○ 167/85/21
天下之仇讎○ 167/86/1
此所謂養仇而奉讎者○ 167/86/2
不可親○ 167/86/7
不足恃○ 167/86/9
無以異於驅群羊而攻猛虎○ 168/86/18
聚群弱而攻至強○ 168/86/25
此危亡之術○ 168/86/26
是故願大王之熟計之○ 168/86/27 347/173/5,413/197/13
秦兵之攻楚○ 168/87/3
此其勢不相及○ 168/87/4
此臣之所以為大王之患○ 168/87/4
陰謀有吞天下之心○ 168/87/9
此所謂兩虎相搏者○ 168/87/11
是故願大王熟計之○ 168/87/12
其不可成○亦明矣 168/87/19
今秦之與楚○ 168/87/21
固形親之國○ 168/87/21
楚王不察於爭名者○ 169/88/7
周是列縣畜我○ 169/88/8
萬乘之強國○ 169/88/8
天下之賢主○ 169/88/8 272/143/4
而儀重於韓、魏之王○ 169/88/9
有功名者秦○ 169/88/10
所欲貴富者魏○ 169/88/10
夏人○ 169/88/11
此所謂內攻之者○ 169/88/12
是昭雎之言不信○ 169/88/13
君王將何問者○ 170/88/20
將何謂○ 170/88/23
令尹子文是○ 170/88/26
當此之時○ 170/89/2,429/208/17
葉公子高是○ 170/89/3
以與大心者○ 170/89/6
莫敖大心是○ 170/89/8
此猶一卒○ 170/89/11
子孰誰○ 170/89/14
今此之謂○ 170/89/16
棼冒勃蘇是○ 170/89/18
蒙穀是○ 170/89/25
此古之人○ 170/89/27
公子勁○ 171/90/6
勁○相魏 171/90/6
留首之讎○ 171/90/9
又交重楚○ 171/90/9
是公與約○ 172/90/15
王欲昭雎之乘秦○ 173A/90/20
秦知公兵之分○ 173A/90/21
三國惡楚之強○ 173B/90/27
恐秦之變而聽楚○ 173B/90/27
而以利三國○ 173B/90/28
秦可以少割而收害○ 173B/90/29
三國可定○ 173B/90/30
天下見楚之無秦○ 174/91/3
秦王之忠信有功臣○ 174/91/5
此非布衣之利○ 174/91/11
恐其敗己○ 175/91/15
靳尚之仇○ 175/91/18
楚王必大怒儀○ 175/91/19
義○ 176/91/29
所以為身○ 177/92/5
王墳墓、復群臣、歸社稷○ 177/92/11
王不可不與○ 177/92/12
不可與○ 177/92/16,177/92/20 177/92/25,177/92/25
是去戰國之半○ 177/92/17
有萬乘之號而無千乘之用○ 177/92/17
許萬乘之強齊○而不與 177/92/21
不可不與○ 177/92/24
雖然楚不能獨守○ 177/92/25
而王且見其誠然○ 177/92/27
是常矯○ 177/93/3
蘇子知太子之怨己○ 178/93/11
仁人之於民○ 179/93/16
孝子之於親○ 179/93/16
忠臣之於君○ 179/93/17
非忠臣○ 179/93/18 272/143/11,415/198/3
亦非忠臣○ 179/93/19
臣願無聽群臣之相惡○ 179/93/19
未見一人○ 179/93/21
故明主之察其臣○ 179/93/21
必知其無妬而進賢○ 179/93/22
賢之事其主○ 179/93/22
是王令困○ 181/94/5
是城下之事○ 181/94/5
僻陋之國○ 182/94/15
未嘗見中國之女如此其美○ 182/94/15
寡人之獨何為不好色○ 182/94/16

未知見日○ 182/94/21
非有他人於此○ 182/94/22
未嘗見人如此其美○ 182/94/24
是欺王○ 182/94/25
吾固以為天下莫若是兩人○ 182/94/25
橫親之不合○ 183/94/30
儀貴惠王而善睢○ 183/94/30
二人固不善睢○ 183/95/1
張儀○ 184/95/10
是欺儀○ 184/95/10
臣為王弗取○ 184/95/10
惠子必弗行○ 184/95/11
且宋王之賢惠子○ 184/95/11
天下莫不聞○ 184/95/11
今之不善張儀○ 184/95/12
天下莫不知○ 184/95/12
請為子勿納○ 184/95/13
凡為伐秦者楚○ 185/95/21
是明楚之伐而信魏之和○ 185/95/21
凡為攻秦者魏○ 185/95/23
猶不聽○ 186/96/4,277/145/29
寡人聞韓侈巧士○ 187/96/9
殆能自免○ 187/96/9
王勿據○ 187/96/10,187/96/13
前而驅己○ 187/96/11
陳軫先知之○ 187/96/13
然臣羞而不學○ 188/96/17
臣等少○ 188/96/19
以散棊佐之○ 188/96/20
臣願大王聽之○ 189/96/25
夫人鄭袖知王之說新人○ 190/97/3
色○ 190/97/5,240/129/22
其情○ 190/97/5
今鄭袖知寡人之說新人○ 190/97/5
忠臣之所以事君○ 190/97/6
鄭袖知王以己為不妬○ 190/97/8
妾知○ 190/97/10
其似惡聞君王之臭○ 190/97/10
未立后○ 191/97/15
公何以不請立后○ 191/97/15
是知困而交絕於后○ 191/97/15
臣誠見其必然者○ 192/97/22
非敢以為國袄祥○ 192/97/23
未為晚○ 192/97/28
未為遲○ 192/97/28
與人無爭○ 192/98/2 192/98/4,192/98/8
而下為螻蟻食○ 192/98/3
蜻蛉其小者○ 192/98/3
夫雀其小者○ 192/98/7
夫黃鵠其小者○ 192/98/12
繫己以朱絲而見之○ 192/98/14
蔡聖侯之事其小者○ 192/98/16
與淮北之地○ 192/98/20
滑不聽○ 193/98/25
明之來○ 193/98/25
為樗里疾卜交○ 193/98/25
皆受明之說○ 193/98/26
唯公弗受○ 193/98/26
示之其齒之堅○ 194/99/3
六十而盡相靡○ 194/99/4
而公重不相善○ 194/99/4
是兩盡○ 194/99/4
而公不善○ 194/99/5
是不臣○ 194/99/5
而令行於天下○ 195/99/10
而罪在謁者○ 196/99/18
是死藥○ 196/99/18
天下賢人○ 197/99/23,197/99/28
國未嘗不榮○ 197/99/28
此不恭之語○ 197/100/1
不可不審察○ 197/100/1
此為劫弒死亡之主言○ 197/100/1
則大臣主斷國私以禁誅於己○ 197/100/2
因自立○ 197/100/4
未至擢筋而餓死○ 197/100/8
夫劫弒死亡之主○ 197/100/8
癘雖憐王可○ 197/100/9
無自瘵○ 197/100/12
此孽○ 198/100/20
故瘡痛○ 198/100/21
久失群○ 198/100/21
而驚心未至○ 198/100/22
故瘡隕○ 198/100/22
不可為拒秦之將○ 198/100/22
孰與堯○ 199/101/1
先生即舜○ 199/101/2
三年而後乃相知○ 199/101/3
是君聖於堯而臣賢於舜○ 199/101/3
彼見伯樂之知己○ 199/101/8
君獨無意湔拔僕○ 199/101/9
非徒然○ 200/101/24
則是君之子為王○ 200/101/26
實楚王○ 200/102/6
此所謂無妄之福○ 200/102/8
王之舅○ 200/102/9
此所謂無妄之禍○ 200/102/10
此所謂無妄之人○ 200/102/12
軟弱人○ 200/102/12
遂立為楚幽王○ 200/102/17
不可不早定○ 201/102/24
功臣○ 201/102/25
親姻○ 201/102/25
封近故○ 201/102/26
此百代之一時○ 201/102/27 210/109/9,248/132/23
鄉○ 201/103/1
夫千鈞非馬之任○ 201/103/3
則豈楚之任○我 201/103/3
是敝楚○ 201/103/4
敝楚見強魏○ 201/103/4
其於王孰便○ 201/103/4 362/179/12
是非反如何○ 202/103/11
郄疵言君之且反○ 202/103/14
其勢可見○ 202/103/16
而解於攻趙○ 202/103/16
夫知伯之為人○ 203/103/25
而外怒知伯○ 203/103/29
簡主之才臣○ 203/104/5
臣聞董子之治晉陽○ 203/104/8 203/104/10
其堅則箘簬之勁不能過○ 203/104/9
則無為貴知士○ 203/104/17
勿復言○ 203/104/17
夫知伯為人○ 203/104/21
人莫之知○ 203/104/22
必不欺○ 203/104/28
知過見君之不用○ 203/105/5
此貪欲無厭○ 203/105/13
亦所以亡○ 203/105/13
成功之美○ 204A/105/23
持國之道○ 204A/105/23
明主之政○ 204A/105/28

則豫讓○ 204B/106/10
彼義士○ 204B/106/11
此天下之賢人○ 204B/106/11
其音何類吾夫之甚○ 204B/106/13
非從易○ 204B/106/16
是懷二心以事君○ 204B/106/17
此必豫讓○ 204B/106/20
子獨何為報讎之深○ 204B/106/22
非所望○ 204B/106/27
魏○ 205/107/4,405/193/19
趙○ 205/107/4,317A/162/23
彼將知矣利之○ 205/107/5
何故為室之鉅○ 207/107/15
臣覊旅○ 207/107/15
將以取信於百姓○ 207/107/17
非以人之言○ 208/107/24
今日臣之來○暮 208/107/24
我者乃土○ 208/107/26
臣竊以為土梗勝○ 208/107/27
明日復來見兌○ 208/107/29
臣竊觀君與蘇公談○ 208/108/1
無聽其談○ 208/108/2
吾君不能用○ 208/108/4
德行非施於海內○ 209/108/10
非布於萬民○ 209/108/11
非當於鬼神○ 209/108/11
非曾深淩於韓○ 209/108/13
欲鄰國聞而觀之○ 209/108/15
臣竊觀其圖之○ 209/108/16
非王之有○ 209/108/23
而崑山之玉不出○ 209/108/24
又非王之有○ 209/108/24
此王之明知○ 209/108/27
臣恐其後事王者之不敢
自必○ 209/108/28
先事成慮而熟圖之○ 209/109/3
不可不熟圖○ 210/109/7
是欺之○ 211/109/23
故自以為坐受上黨○ 211/110/1
欲嫁其禍○ 211/110/2
未見一城○ 211/110/5
此大利○ 211/110/8
是吾處三不義○ 211/110/13
不義一○ 211/110/13
不義二○ 211/110/14
不義三○ 211/110/14
此非吾所苦○ 212/110/23
是故吾事○ 212/110/23
且拘茂○ 213/110/30
涉孟之讎然者何○ 214/111/3
以從為有功○ 214/111/3
三晉倍之憂○ 215/111/11
文甚不取○ 216/111/18
則兄弟○ 216/111/19
願大夫之往○ 216/111/20
訾然使趙王悟而知文○
216/111/20
此天下之所明○ 217/111/25
此天下之所明見○ 217/111/26
兵弱○ 217/111/27
山東之愚○ 217/111/27
是臣所為山東之憂○ 217/111/27
禽不知虎之即己○ 217/111/28
今山東之主不知秦之即
己○ 217/111/29
願王熟慮之○ 217/111/30
389/188/15
惡三晉之大合○ 217/112/1
及楚王之未入○ 217/112/11
是秦禍不離楚○ 217/112/12
217/112/13
秦見三晉之大合而堅○
217/112/12
願王之熟計之○急 217/112/13
秦見三晉之堅○ 217/112/16
432/211/6
請無庸有為○ 218/112/24
願大王慎無出於口○ 218/112/27
五伯之所以覆軍禽將而
求○ 218/113/3
湯、武之所以放殺而爭
○ 218/113/3
是臣之所以為大王願○ 218/113/4
不可不熟計○ 218/113/6
此臣之所以為大王患○ 218/113/8
218/113/15,273/144/6
不足畏○ 218/113/11
畏韓、魏之議其後○ 218/113/12
趙之南蔽○ 218/113/13
秦之攻韓、魏○ 218/113/13
誠得其道○ 218/113/18
夫破人之與破於人○ 218/113/23
臣人之與臣於人○ 218/113/24
願大王之熟計之○ 218/113/27
318/163/21
臣聞明王之於其民○ 219/114/17
於其言○ 219/114/18
而效之於一時之用○ 219/114/19
民不樂後○ 219/114/21
人主不再行○ 219/114/21
仁者不用○ 219/114/21
聖主之制○ 219/114/22
用兵之道○ 219/114/22
然而四輪之國○ 219/114/23
非國之長利○ 219/114/23
220/116/10
物不斷○ 219/114/24
地不入○ 219/114/25
臣有以知天下之不能為
從以逆秦○ 219/114/30
臣以田單、如耳為大過
○ 219/114/30
臣以為至愚○ 219/115/2
世之賢主○ 219/115/2
而後受其殃○ 219/115/5
今富非有齊威、宣之餘
○ 219/115/5
精兵非有富韓勁魏之庫
○ 219/115/5
而將非有田單、司馬之
慮○ 219/115/6
臣以從一不可成○ 219/115/7
皆曰『白馬非馬』○ 219/115/8
乃使有白馬之為○ 219/115/8
此臣之所患○ 219/115/8
而趙奢、鮑佞之能○ 219/115/12
終身不敢設兵以攻秦折
韓○ 219/115/13
不識從之一成惡存○ 219/115/13
唯大王有意督過之○ 220/115/22
此斷趙之右臂○ 220/116/2
面相見而身相結○ 220/116/6
君之道○ 221/116/16
臣之論○ 221/116/16
君臣之分○ 221/116/18
而卒世不見○ 221/116/19
非以養欲而樂志○ 221/116/24
221/117/2
欲以論德而要功○ 221/116/25
寡人非疑胡服○ 221/116/26
則胡服之功未可知○ 221/116/27

亦欲叔之服之○ 221/116/29
古今之公行○ 221/116/30
先王之通誼○ 221/116/30
吾恐天下議之○ 221/117/1
然後德且見○ 221/117/3
臣固聞王之胡服○ 221/117/7
聰明叡知之所居○ 221/117/8
萬物財用之所聚○ 221/117/8
賢聖之所教○ 221/117/8
仁義之所施○ 221/117/9
詩書禮樂之所用○ 221/117/9
異敏技藝之所試○ 221/117/9
遠方之所觀赴○ 221/117/9
蠻夷之所義行○ 221/117/10
吾固聞叔之病○ 221/117/13
所以便用○ 221/117/13
所以便事○ 221/117/14
所以利其民而厚其國○ 221/117/14
甌越之民○ 221/117/15
大吳之國○ 221/117/15
其便一○ 221/117/16
公於求善○ 221/117/19
俗○ 221/117/19
所以制俗○ 221/117/19
此愚知之所明○ 221/117/23
其怨未能報○ 221/117/25
而叔○順中國之俗以逆簡、襄之意 221/117/25
政之經○ 221/118/1
教之道○ 221/118/1
國之祿○ 221/118/2
古之道○ 221/118/3
禮之制○ 221/118/3
民之職○ 221/118/4, 221/118/9
所以成官而順政○ 221/118/6
非所以觀遠而論始○ 221/118/6
聖人之道○ 221/118/8
姦之屬○ 221/118/12
賤之類○ 221/118/12
臣下之大罪○ 221/118/13
忠○ 221/118/14
明○ 221/118/14
慮徑而易見○ 221/118/17
非所以教民而成禮○ 221/118/17
非所以教民而成禮者○ 221/118/18
聖人之興○ 221/118/23
夏、殷之衰○ 221/118/24
而循禮未足多○ 221/118/24
是鄒、魯無奇行○ 221/118/25
是吳、越無俊民○ 221/118/25
非所以論賢者○ 221/118/26
子其勿反○ 221/118/28
君之忠臣○ 222/119/5
事之計○ 222/119/6
義之經○ 222/119/6
非賤臣所敢任○ 222/119/10
寡人○ 222/119/11
六者何○ 222/119/11
臣之罪○ 222/119/13
吏之恥○ 222/119/14
王之臣○ 222/119/17
其國之祿○ 222/119/20
以傅王子○ 222/119/22
惠主不臣○ 223/119/28
王之惠○ 223/120/2
是變籍而棄經○ 224/120/7
是損君而弱國○ 224/120/8
不如所失之費○ 224/120/9
所以昭後而期遠○ 224/120/14
吾非不說將軍之兵法○ 225/120/23
糧食輓賃不可給○ 225/120/24
此坐而自破之道○ 225/120/24
非單之所為○ 225/120/25
此單之所不服○ 225/120/26
君非徒不達於兵○ 225/120/28
是薄柱擊石之類○ 225/121/1
萬家之邑相望○ 225/121/8
而野戰不足用○ 225/121/8
單不至○ 225/121/9
秦王見趙之相魏冉之不急○ 226/121/14
且不聽公言○ 226/121/14
是二國親○ 227/121/20
是因天下以破齊○ 227/121/21
實為此事○ 228/122/2
富丁恐主父之聽樓緩而合秦、楚○ 229A/122/9
則伐秦者趙○ 229A/122/12
是罷齊敝秦○ 229A/122/15
是俱敝○ 229A/122/16
以未構中山○ 229A/122/16
三國欲伐秦之果○ 229A/122/16
是我以王因饒中山而取地○ 229A/122/17
是中山孤○ 229A/122/18
雖少出兵可○ 229A/122/18
是我一舉而兩取地於秦、中山○ 229A/122/19
趙畏橫之合○ 229B/122/23
周最以天下辱秦者○ 229B/122/24
是輕齊○ 229B/122/25
此利於趙而便於周最○ 229B/122/26
而王辭利○ 230/123/3
以攻難而守者易○ 231/123/11
今趙非有七克之威○ 231/123/11
而燕非有長平之禍○ 231/123/11
故臣未見燕之可攻○ 231/123/13
且微君之命命之○ 232/123/19
願君之亦勿忘○ 232/123/22
此非人臣之所能知○ 233/123/27
不肯哭○ 233/123/29
之為賢母○ 233/123/31
必不免為妬婦○ 233/124/1
故其言一○ 233/124/1
則非計○ 233/124/2
則恐王以臣之為秦○ 233/124/2
此飾說○ 233/124/5, 233/124/27
秦之攻趙○ 233/124/6
秦之攻我○ 233/124/7
必以倦而歸○ 233/124/8
是助秦自攻○ 233/124/9
猶不予○ 233/124/12
此非臣之所敢任○ 233/124/13, 233/124/16
相善○ 233/124/14
王之所以事秦必不如韓、魏○ 233/124/14
必在韓、魏之後○ 233/124/15
樓緩又不能必秦之不復攻○ 233/124/19
又割其力之所不能取而媾○ 233/124/19
此自盡之術○ 233/124/20
而取償於秦○ 233/124/21
必王之事秦不如韓、魏○ 233/124/23
是使王歲以六城事秦○

233/124/23
則是棄前貴而挑秦禍○ 233/124/24
是強秦而弱趙○ 233/124/25
且秦虎狼之國○ 233/124/26
未知其二○ 233/125/1
勿復計○ 233/125/4
樓子之為秦○ 233/125/7
非固勿予而已○ 233/125/8
并力而西擊秦○ 233/125/9
不待辭之畢○ 233/125/10
而與秦易道○ 233/125/10
平原君之力○ 234/125/18
而國人計功○ 234/125/22
無益○ 235/125/28
且王之論秦○ 235/125/29
秦必疑天下合從○ 235/126/2
則媾乃可為○ 235/126/3
趙之貴人○ 235/126/7
則媾不可得成○ 235/126/8
勝○何敢言事 236/126/19
236/126/20
始吾以君為天下之賢公子○ 236/126/20
吾乃今然后知君非天下之賢公子○ 236/126/21
齊國之高士○ 236/126/24
吾不願見魯連先生○ 236/126/24
皆有求於平原君者○ 236/126/27
曷為久居此圍城之中而不去○ 236/126/28
皆非○ 236/126/29
棄禮義而上首功之國○ 236/126/29
吾不忍為之民○ 236/127/2
欲以助趙○ 236/127/2
則吾乃梁人○ 236/127/4
梁未睹秦稱帝之害故○ 236/127/4
而母婢○ 236/127/8
誠不忍其求○ 236/127/9
畏之○ 236/127/10
先生之言○ 236/127/12
固○ 236/127/15
紂之三公○ 236/127/15
卒就脯醢之地○ 236/127/17
天子○ 236/127/19
退而聽朝○ 236/127/20
然后天子南面弔○ 236/127/22
是使三晉之大臣不如鄒、魯之僕妾○ 236/127/26
吾乃今日而知先生為天下之士○ 236/128/1
為人排患、釋難、解紛亂而無所取○ 236/128/6
是商賈之人○ 236/128/6
仲連不忍為○ 236/128/7
至（剓）〔黎〕○ 237/128/12
至輕○ 237/128/12
因○ 237/128/13
今趙萬乘之強國○ 237/128/13
趙之於天下○不輕 237/128/14
臣竊為君不取○ 237/128/15
242/130/14,409/194/28
未嘗不言趙人之長者○ 237/128/16
未嘗不言趙俗之善者○ 237/128/16
子南方之傳士○ 238/128/20
臣南方草鄙之人○ 238/128/20
兵固天下之狙喜○ 238/128/22
臣故意大王不好○ 238/128/22
故不受○ 238/128/24
工見客來○ 239A/129/4
或非○ 239A/129/8
臣恐秦折王之椅○ 239A/129/10
今子曰夢見竈君而言君○ 239B/129/16
并燭天下者○ 239B/129/16
一物不能蔽○ 239B/129/17
則後之人無從見○ 239B/129/17
今臣疑人之有煬於君者○ 239B/129/17
知○ 240/129/22
文信猶且知之○ 241/130/4
收河間何益○ 241/130/5
文信侯之於僕○ 242/130/9
242/130/10
甚矣其無禮○ 242/130/10
是武王之功○ 242/130/13
非不愛其蹯○ 243/130/18
權○ 243/130/19
非直七尺軀○ 243/130/19
非環寸之蹯○ 243/130/20
願公之熟圖之○ 243/130/20
此召兵○ 244/130/24
則其人○ 244/130/25
而窮臣○ 246/131/8
故王重見臣○ 246/131/8
成其私者○ 246/131/9
則交有所偏者○ 246/131/9
則知不足者○ 246/131/9
而取行於王者○ 246/131/10
臣之能○ 246/131/12
天下必盡輕王○ 246/131/13
非知不足○ 246/131/14
則不忠者○ 246/131/15
則欲用王之兵成其私者○ 246/131/15
取行於王者○ 246/131/16
則位尊而能卑者○ 246/131/16
願王之熟慮無齊之利害○ 246/131/16
今之攻秦○ 247/131/23
為趙○ 247/131/24
今之伐秦○ 247/131/24
以救李子之死○ 247/131/24
王之事趙○何得矣 247/131/25
而趙無為王行○ 247/131/27
王之事齊○ 247/131/28
未嘗不為王先被矢石○ 247/132/2
齊甲未嘗不歲至於王之境○ 247/132/3
於魏王聽此言○甚詘 247/132/5
其欲事王○甚循 247/132/5
臣願王之曰聞魏而無庸見惡○ 247/132/6
而無使秦之見王之重趙○ 247/132/6
臣必見燕與韓、魏亦且重趙○ 247/132/7
而皆私甘之○ 247/132/8
使丹○甘之 247/132/9
使臣○甘之 247/132/9
使順○甘之 247/132/10
使眠○甘之 247/132/10
而不敢相私○ 247/132/10
非以為齊得利秦之毀○ 248/132/16
欲以使攻宋○ 248/132/16
臣是以欲足下之速歸休士民○ 248/132/17

此亦舉宋之時○ 248/132/18
封不可不早定○ 248/132/21
以觀奉陽君之應足下○ 248/132/25
臣又願足下有地效於襄安君以資臣○ 248/132/26
此兩地之時○ 248/132/26
與國何敢望○ 248/132/27
足下以此資臣○ 248/132/27
魏冉必妬君之有陰○ 249/133/4
齊王必無召眠○ 249/133/8
今韓、魏與齊相疑○ 249/133/9
臣恐與國之大亂○ 249/133/10
齊、秦非復合○ 249/133/10
皆非趙之利○ 249/133/10
是秦制天下○ 249/133/11
臣願君之蚤計○ 249/133/11
是秦之一舉○ 249/133/15, 249/133/17, 249/133/18, 249/133/20, 249/133/21, 249/133/26
秦行是計○ 249/133/17, 249/133/26
非趙之利○ 249/133/24, 409/194/28
救與秦爭戰○ 249/133/26
君不救○ 249/134/1
是何言○ 250/134/10
今臣之於王非宋之於公子牟夷○ 250/134/11
寧朝於人○ 251/134/18
而違者范座○ 251/134/19
而未殺○ 251/134/21
座薄故○ 251/134/24
而死者不可復生○ 251/134/25
不若以生人市使○ 251/134/25
敵戰之國○ 251/134/28
故魏之免相望○ 251/135/1
此君之累○ 251/135/3
覆軍殺將之所取、割地於敵國者○ 252/135/11
國奚無人甚○ 252/135/11
且君奚不將奢○ 252/135/12
僕主幸以聽僕○ 252/135/14
以齊之於燕○ 252/135/15
兩者有一○ 252/135/17
軍○縣釜而炊 252/135/20
得三城○ 252/135/20
果如馬服之言○ 252/135/20
齊畏從人之合○ 254/136/3
為燕○ 256/136/15
無燕、秦○ 256/136/15
而王不逐○ 256/136/16
是王輕強秦而重弱燕○ 256/136/17
吾非為燕○ 256/136/17
又不為燕○ 256/136/18
是狎○ 257/136/23
是倍○ 257/136/24
是亂○ 257/136/24
是和○ 257/136/24
是庸說○ 257/136/25
是忠○ 257/136/25
而三公不得○ 257/136/27
臣聞王之使人買馬○ 258A/137/3
未得相馬之工○ 258A/137/4
紀姬婦人○ 258A/137/5
然而王之買馬○ 258A/137/7
舉錯非○ 258A/137/8
趙王未之應○ 258A/137/9
未之聞○ 258A/137/10
及夫人優愛孺子○ 258A/137/10
而求所欲於王者○ 258A/137/11
必所使者非其人○ 258B/137/18
辨士○ 258B/137/18
固願承大國之意○ 258B/137/24
親寡君之母弟○ 258B/137/28
猶大王之有葉陽、涇陽君○ 258B/137/29
買○ 259/138/10
王之忠臣○ 259/138/10
而王之忠臣有罪○ 259/138/12
趙王之所甚愛○ 261/138/21
而郎中之計中○ 261/138/23
而恐太后玉體之有所郄○ 262/139/2
和於身○ 262/139/4
媼之送燕后○ 262/139/12
念悲其遠○ 262/139/12
非弗思○ 262/139/12
有子孫相繼為王○哉 262/139/13
老婦不聞○ 262/139/15
而挾重器多○ 262/139/17
老臣以媼為長安君計短○ 262/139/18
人主之子○ 262/139/22
骨肉之親○ 262/139/22
而守金玉之重○ 262/139/22
已乃知文侯以講於己○ 264B/140/18
夫物多相類而非○ 266/141/2
幽莠之幼○似禾 266/141/2
驪牛之黃○似虎 266/141/2
此皆似之而非者○ 266/141/3
臣恐君之聾於官○ 268/141/14
此晉國之所以強○ 269/141/20
危國之道○ 269/141/21
是危○ 269/141/21
信不足保○ 269/141/23
不從此○ 269/141/23
恃此險○ 269/141/24
有此險○ 269/141/26, 269/141/27
城非不高○ 269/141/28
人民非不眾○ 269/141/28
政惡故○ 269/141/28
吾乃今日聞聖人之言○ 269/142/1
此吳起餘教○ 270/142/6
臣不能為○ 270/142/7
巴寧、爨襄之力○ 270/142/7
王之明法○ 270/142/8
見敵之可○鼓之 270/142/8
臣○ 270/142/9, 297/152/6, 297/152/7, 297/152/7
願王以國事聽之○ 271/142/19
此非公叔之悖○ 271/142/23
惠王之悖○ 271/142/23
誠能振其威○ 272/143/8
願大王之熟察之○ 272/143/12
故戰場○ 273/143/25
此所謂四分五裂之道○ 273/143/27
以安社稷、尊主、強兵、顯名○ 273/143/29
一天下、約為兄弟、刑白馬以盟於洹水之上以相堅○ 273/143/29
則大王之國欲求無危不可得○ 273/144/5
魏之亡可立而須○ 273/144/6
此善事○ 273/144/12, 359/178/4
雖欲事秦而不可得○ 273/144/12

故願大王之熟計之○ 273/144/17
是示楚無魏○ 274/144/27
而疑之於楚○ 274/144/28
而秦不受○ 275/145/4
夫秦非不利有齊而得宋
　地○ 275/145/4
不信齊王與蘇秦○ 275/145/4
今秦見齊、魏之不合○
　如此其甚○ 275/145/5
則非魏之利○ 275/145/6
秦必疑齊而不聽○ 275/145/6
事○ 276/145/11
數令人召臣○ 276/145/15
為求壤地○ 277/145/28
欲公之去○ 278/146/5
欲以絕齊、楚○ 278/146/6
子果無之魏而見寡人○ 278/146/8
小事○ 280/146/19
大事○ 280/146/20
不知是其可○ 280/146/20
而群臣之知術○ 280/146/20
　280/146/21
是其可○ 280/146/21
未如是其明○ 280/146/21
又非皆同○ 280/146/21
是有其半塞○ 280/146/21
失其半者○ 280/146/22
是魏計過○ 281/146/27
此儀之所以與秦王陰相
　結○ 281/147/1
是使儀之計當於秦○ 281/147/1
非所以窮儀之道○ 281/147/2
則公亦必并相楚、韓○ 282/147/8
齊畏三國之合○ 284/147/19
而樹怨而於齊、秦○ 284/147/20
新觀○ 284/147/22
魏王弗聽○ 284/147/22
無異○ 285/147/28
韓之卜○決矣 285/147/28
留首之仇○ 287/148/13
竇屢○ 287/148/13
奉陽君○ 287/148/13
太后恐其不因穰侯○ 287/148/13
而和於東周與魏○ 287/148/14
恐其謀伐魏○ 288/148/18
是王謀三國○○ 288/148/23
寡人無與之語○ 288/148/24
故用之○ 290/149/4
是服牛驂驥○ 290/149/4
公之不慧○ 291/149/11
而二士之謀困○ 291/149/12
梁君、田侯恐其至而戰
　敗○ 291/149/14
是臣終無成功○ 292/149/20
寡人之股掌之臣○ 292/149/20
為子之不便○ 292/149/21
內之無若群臣何○ 292/149/21
孰與其為齊○ 293/149/27
不如其為齊○ 293/149/27
孰與其為韓○ 293/149/28
不如其為韓○ 293/149/28
王之國雖滲樂而從之可
　○ 293/149/30
需非吾人○ 293/150/1
亦許由○ 294/150/8
王聞之而弗任○ 294/150/9
不義○ 296/150/21
吾未有以言之○ 296/150/23
先君必欲一見群臣百姓
　○夫 296/150/27
此文王之義○ 296/150/29
　296/151/2
先王必欲少留而扶社稷
　、安黔首○ 296/151/1
惠子非徒行其說○ 296/151/5
豈小功○哉 296/151/6
魏王畏齊、秦之合○ 297/151/11
六國○ 297/151/13
楚、魏○ 297/151/14
請為王毋禁楚之伐魏○
　297/151/14
王之伐宋○ 297/151/14
殺之不為讎者○ 297/151/15
願王之深計之○ 297/151/20
秦善魏不可知○已 297/151/20
與國無相離○ 297/151/21
國不可為○已 297/151/21
王其聽臣○ 297/151/22
不敢顯○ 297/151/24
則陰勸而弗敢圖○ 297/151/25
見天下之傷秦○ 297/151/25
則先鬻與國而以自解○
　297/151/25
而以秦為上交以自重○
　297/151/26
鬻王以為資者○ 297/151/26
是免國於患者之計○ 297/151/29
願足下之論臣之計○ 297/151/30
齊讎國○ 297/152/1
兄弟之交○ 297/152/1
黃帝之所難○ 297/152/2
恐其伐秦之疑○ 297/152/6
臣非不知秦勸之重○ 297/152/9
為足下○ 297/152/10
齊○ 298/152/14
將測交○ 299/152/20,299/152/21
田盼宿將○ 300/152/27
必為王○ 300/152/29
寡人之讎○ 301/153/4
此非臣之所謂○ 301/153/6
是王以楚毀齊○ 301/153/8
此可以大勝○ 301/153/11
且楚王之為人○ 301/153/13
必楚○ 301/153/13
是齊抱空質而行不義○
　302/153/22
樹之難而去之易○ 303A/153/28
然則相者以誰而君便之
　○ 303B/154/4
吾欲太子之自相○ 303B/154/4
代○從楚來 303B/154/6
勿憂○ 303B/154/7,420/203/8
長主○ 303B/154/7
　303B/154/9,415/198/17
必不使相○ 303B/154/9
是三人皆以太子為非固
　相○ 303B/154/9
不如太子之自相○ 303B/154/11
臣恐魏交之益疑○ 304/154/18
將以塞趙○ 304/154/18
臣又恐趙之益勁○ 304/154/18
夫魏王之愛習魏信○ 304/154/19
其智能而任用之○ 304/154/19
其畏惡嚴尊秦○ 304/154/19
則王之使人入魏無益○
　304/154/20
此魏王之所以不安○ 304/154/21
此魏信之所難行○ 304/154/21
臣故恐魏交之益疑○ 304/154/22
是趙存而我亡○ 304/154/23
趙安而我危○ 304/154/23

臣故恐趙之益勁○ 304/154/24
然則魏信之事主○ 304/154/27
非得計○ 304/155/1
非完事○ 304/155/1
堯、舜之所求而不能得○ 304/155/3
魏王之恐○見亡矣 305/155/7
王雖復與之攻魏可○ 305/155/8
恐魏之以太子在楚不肯○ 305/155/11
而為魏太子之尚在楚○ 305/155/12
今邯鄲去大梁○遠於市 306/155/21
儀狄之酒○ 307/156/4
易牙之調○ 307/156/4
南威之美○ 307/156/4
強臺之樂○ 307/156/5
寡人固刑弗有○ 308/156/11
為完鄴○ 308/156/18
使者之罪○ 308/156/18
卯不知○ 308/156/18
王之士未有為之中者○ 309/156/23
長羊、王屋、洛林之地○ 309/156/24,309/156/27
王所患者上地○ 309/156/27
有意欲以下大王之兵東擊齊○ 309/157/5
臣則死人○ 309/157/6
未澹下兵○ 309/157/7
以其能忍難而重出地○ 310/157/15
而宋、中山可無為○ 310/157/16
此非但攻梁○ 310/157/17
且劫王以多割○ 310/157/18
王必勿聽○ 310/157/18
則國救亡不可得○已 310/157/19
願王之必無講○ 310/157/19
是臣之所聞於魏○ 310/157/20
願君之以是慮事○ 310/157/20
此言幸之不可數○ 310/157/22
非計之工○ 310/157/23
是以天幸自為常○ 310/157/23
弗易攻○ 310/157/27
未嘗有之○ 310/157/28
可以少割收○ 310/157/29
願之及楚、趙之兵未任於大梁○ 310/157/29
楚、趙怒於魏之先己講○ 310/158/2
且君之嘗割晉國取地○ 310/158/2
臣願君之熟計而無行危○ 310/158/4
是以名母○ 311/158/12
願子之有以易名母○ 311/158/13
子之於學○ 311/158/13
願子之且以名母為後○ 311/158/14
如臣之賤○ 311/158/16
臣必不為○ 311/158/17
今秦不可知之國○ 311/158/17
猶不測之淵○ 311/158/17
猶鼠首○ 311/158/18
臣竊為王不取○ 311/158/18
上○ 311/158/20
其下○ 311/158/20
王尚未聽○ 311/158/22
王待臣○ 311/158/24
臣不知○ 311/158/26
吾以為魏○ 311/158/27
是群臣之私而王不知○ 312/159/10
段干子○ 312/159/10
秦○ 312/159/11,357/176/29
譬猶抱薪而救火○ 312/159/12
是薪火之說○ 312/159/13
不可以革○ 312/159/15
何用智之不若梟○ 312/159/16
唯先生○ 313/159/21
齊之仇敵○ 313/159/22
齊之與國○ 313/159/23
為王弗取○ 313/159/23
受魏之璧、馬○ 313/159/26
則國可存○ 314/160/4
寡人願子之行○ 314/160/4
以忠王○ 314/160/8
非能弱於趙○ 314/160/9
以其西為趙蔽○ 314/160/10
是趙與強秦為界○ 314/160/10
此文之所以忠於大王○ 314/160/11
此國之利○ 314/160/16
燕王尚未許○ 314/160/16
恐天下之將有大變○ 314/160/17
秦攻魏未能克之○ 314/160/18
此天下之所同知○ 315/160/30
非所施厚積德○ 315/160/30
故太后母○ 315/161/1
穰侯舅○ 315/161/1
而又況於仇讎之敵國○ 315/161/2
而王弗識○ 315/161/4
而今負強秦之禍○ 315/161/7
秦非無事之國○ 315/161/9
則是復閼與之事○ 315/161/10
秦必不為○ 315/161/10
是受智伯之禍○ 315/161/11
秦又弗為○ 315/161/13
秦又不敢○ 315/161/13
聽使者之惡○ 315/161/19
且夫憎韓不受安陵氏可○ 315/161/21
夫不患秦之不愛南國非○ 315/161/21
晉國之去梁○ 315/161/23
晉國之去大梁○尚千里 315/161/26
楚、魏疑而韓不可得而約○ 315/161/28
則皆知秦之無窮○ 315/162/1
是魏重質韓以其上黨○ 315/162/7
韓是魏之縣○ 315/162/8
而趙無為王有○ 316/162/15
臣為王不取○ 316/162/15
亡趙之始○ 317A/162/20
亡虞之始○ 317A/162/21
趙之虢○ 317A/162/23
魏之虞○ 317A/162/23
虞之為○ 317A/162/24
願王之熟計之○ 317A/162/24,319/164/11,360/178/23,430/208/26
公必且待齊、楚之合○ 317B/162/28
非秦實首伐之○ 317B/162/30
楚惡魏之事王○ 317B/162/30
而又怒其不己善○ 317B/163/1
而魏王不敢據○ 317B/163/2
以為和於秦○ 317B/163/2
臣意秦王與樗里疾之欲之○ 317B/163/4

此王之首事○ 317B/163/7
利○ 317B/163/8
國之大利○ 317B/163/9
公終自以為不能守○ 317B/163/9
何故而弗有○ 317B/163/10
齊、楚○ 317B/163/11
樓廩、翟強○ 317B/163/11
欲講攻於齊王兵之辭○ 317B/163/11
而使翟強為和○ 317B/163/12
魏王之懼○見亡 317B/163/12
以重公○ 317B/163/14, 317B/163/16
此吾事○ 317B/163/14
山東之要○ 318/163/22
天下之中身○ 318/163/23
是示天下要斷山東之脊○ 318/163/23
是山東首尾皆救中身之時○ 318/163/23
臣見秦之必大憂可立而待○ 318/163/24
皆其所恃○ 319/164/6
非獨此五國為然而已○ 319/164/6
其變不可勝數○ 319/164/7
臣以此知國之不可必恃○ 319/164/8
是王獨受秦患○ 319/164/10
而以一人之心為命○ 319/164/10
是不知天下者○ 321/164/23
是又不知魏者○ 321/164/24
又不知茲公者○ 321/164/24
其說何○ 321/164/24, 461/225/31
茲公之處重○ 321/164/25
子何不疾及三國方堅○ 321/164/25
而以資子之讎○ 321/164/26
王交制之○ 322/165/4
以大梁之未亡○ 323/165/9
不能禁狗使無吠己○ 324/165/14
不能禁人議臣於君○ 324/165/15
夫秦強國○ 325/165/19
非於韓○必魏○ 325/165/20
此魏之福○ 325/165/20
必韓之管○ 325/165/21
必魏之梁○ 325/165/21
臣聞明主之聽○ 325/165/25
是參行○ 325/165/25
聽臣○ 325/165/25
何○哉 325/165/26
不識○ 325/165/27
天下之合○ 325/165/27
以王之不必○ 325/165/27
其離○ 325/165/27
以王之必○ 325/165/27
必不可支○ 325/165/28
是并制秦、趙之事○ 326/166/4
欲王之東長之待之○ 326/166/5
臣以垣雍為空割○ 327/166/10
秦恐王之變○ 327/166/11
故以垣雍餌王○ 327/166/11
垣雍空割○ 327/166/13
是無齊○ 328/166/19
故委國於趙○ 329A/166/25
是欺我○ 329A/166/26
遂絕趙○ 329A/166/26
而交疏於魏○ 329B/167/3
猶晉人之與楚人○ 330/167/9
王貴臣○ 330/167/11
魏王見天下之不足恃○ 332/167/22
吳慶恐魏王之構於秦○ 333/167/27
秦之攻王○ 333/167/27
天下皆曰王近○ 333/167/28
皆曰王弱○ 333/167/28
以王為易制○ 333/167/29
此非楚之路○ 334/168/5, 334/168/6
猶至楚而北行○ 334/168/8
是示齊輕○ 335/168/13
以齊有魏○ 335/168/14
以周冣○ 337/168/24
以為秦之強足以為與○ 338/169/3
而強二敵之齊、楚○ 338/169/5
唐且之說○ 338/169/8
人之憎我○ 339/169/15
不可不知○ 339/169/15
吾憎人○ 339/169/15
不可得而知○ 339/169/15
人之有德於我○ 339/169/15
不可忘○ 339/169/16
吾有德於人○ 339/169/16
不可不忘○ 339/169/16
此大德○ 339/169/17
臣願君之忘之○ 339/169/17
小國○ 340/169/23, 393/190/3
君之幸高○ 340/169/24
將使高攻管○ 340/169/25
人大笑○ 340/169/25
是倍主○ 340/169/25
亦非君之所喜○ 340/169/26
亦猶魏○ 340/169/28
若君弗致○ 340/169/29
受詔襄王以守此地○ 340/170/1
是使我負襄王詔而廢大府之憲○ 340/170/3
悍而自用○ 340/170/6
豈可使吾君有魏患○ 340/170/7
何不相告○ 341/170/14, 341/170/20
臣無敢不安○ 341/170/15
臣為王之所得魚○ 341/170/15
臣之始得魚○ 341/170/16
聞臣之得幸於王○ 341/170/18
臣亦猶曩臣之前所得魚○ 341/170/19
有是心○ 341/170/19
其摯（諂）〔諂〕○固矣 341/170/22
其自纂繁○完矣 341/170/22
非用知之術○ 341/170/24
棄之不如用之之易○ 342/170/28
死之不如棄之之易○ 342/170/28
此人之大過○ 342/170/29
非用之○ 342/171/1
今秦之強○ 342/171/1
而魏之弱○甚 342/171/1
此重過○ 342/171/2
猶之如是○ 342/171/6
太后之德王○ 342/171/7
秦、魏百相交○ 342/171/8
百相欺○ 342/171/8
故不錯意○ 343/171/16
雖千里不敢易○ 343/171/18
臣未嘗聞○ 343/171/19
此庸夫之怒○ 343/171/21
非士之怒○ 343/171/21
夫專諸之刺王僚○ 343/171/21
聶政之刺韓傀○ 343/171/22
要離之刺慶忌○ 343/171/22

皆布衣之士○ 343/171/23
今日是○ 343/171/24
徒以有先生○ 343/171/25
石溜之地○ 344A/172/4
地利○ 344A/172/4
不意○ 344A/172/5
至韓之取鄭○ 344A/172/6
而我有兩趙○ 344B/172/11
魏之圍邯鄲○ 345/172/15
然未知王之所欲○ 345/172/15
恐言而未必中於王○ 345/172/15
國家之大事○ 345/172/16
子皆國之辯士○ 345/172/17
昭侯不許○ 346/172/22
非所謂學於子者○ 346/172/22
君真其人○ 346/172/24
不足言○ 347/173/3
此所謂市怨而買禍者○ 347/173/7
至不可勝計○ 348A/173/20
不可稱數○ 348A/173/21
夫秦卒之與山東之卒○ 348A/173/22
猶孟賁之與怯夫○ 348A/173/23
猶烏獲之與嬰兒○ 348A/173/23
比周以相飾○ 348A/173/25
非以韓能強於楚○ 348A/174/1
其地勢然○ 348A/174/1
計無便於此者○ 348A/174/2
是絶上交而固私府○ 351/174/29
竊為王弗取○ 351/174/29
公叔之攻楚○ 353/175/15
故言先楚○ 353/175/16
公叔之讎○ 353/175/17
公叔之人○ 353/175/17
必疑公叔為楚○ 353/175/17
是以九鼎印甘茂○ 355/175/28
秦王固疑甘茂之以武遂解於公仲○ 356B/176/9
明○願因茂以事王 356B/176/10
此以一易二之計○ 357/176/16
此秦所以廟祠而求○ 357/176/20
使信王之救己○ 357/176/21
韓必德王○ 357/176/22
而免楚國之患○ 357/176/24
且楚、韓非兄弟之國○ 357/177/1
此必陳軫之謀○ 357/177/2
是欺秦○ 357/177/3
韓氏之兵非削弱○ 357/177/6
民非蒙愚○ 357/177/6
失計於韓明○ 357/177/6
公仲必以率為陽○ 358/177/11
故不見率○ 358/177/11
願公之熟計之○ 359/177/19
非以當韓○ 359/177/19
秦、韓之交可合○ 359/177/21
今王之愛習公○ 359/177/22
其知能公○ 359/177/22
彼有以失之○ 359/177/23
故王不信○ 359/177/23
是與公孫郝、甘茂同道○ 359/177/24
人皆言楚之多變○ 359/177/24
是自為貴○ 359/177/25
公不如與王謀其變○ 359/177/25
公之讎○ 359/177/26
是外舉不辟讎○ 359/177/27
此乃韓之寄地○ 359/178/2
是令行於楚而以其地德韓○ 359/178/2
而交走秦○ 359/178/3
是以公孫郝、甘茂之無事○ 359/178/5
非必聽實○ 360/178/9
願公之聽臣言○ 360/178/9
而弗能得○ 360/178/10
楚、趙皆公之讎○ 360/178/10
臣恐國之以此為患○ 360/178/11
願公之復求中立於秦○ 360/178/11
行願之為秦王臣○公 360/178/14
是秦輕○ 360/178/17,360/178/18
此惠王之願○ 360/178/20
此武王之願○ 360/178/21
最秦之大急○ 360/178/22
甘茂薄而不敢謁○ 360/178/22
王之大患○ 360/178/22
恐齊以楚遇為有陰於秦、魏○ 361/178/28
臣賀鯉之與於遇○ 361/179/1
秦、魏之遇○ 361/179/1
將以合齊、秦而絶齊於楚○ 361/179/1
齊無以信魏之合己於秦而攻於楚○ 361/179/2
齊又畏楚之有陰於秦、魏○ 361/179/2
王之大資○ 361/179/3
向○子曰『天下無道』 362/179/9
今○子曰『乃且攻燕』者 362/179/9
非馬之任○ 362/179/10
則豈楚之任○哉 362/179/11
是弊楚○ 362/179/11
其於鞅○不然 364/179/23
秦、楚鬬之日○已 364/179/26
不若聽而備於其反○ 365/180/4
明之反○ 365/180/4
此方其為尾生之時○ 365/180/5
冠蓋相望○ 366/180/9
韓之於秦○ 366/180/10
妾事先王○ 366/180/12
妾困不疲○ 366/180/12
而妾弗重○ 366/180/13
韓未急○ 366/180/17
秦重國知王○ 366/180/17
先生毋復言○ 366/180/19
是無韓○ 366/180/21
是楚以三國謀秦○ 366/180/22
韓固其與國○ 367/181/2
是秦孤○ 367/181/2
今○其將揚言救韓 367/181/4
楚陰得秦之不用○ 367/181/4
必易與公相支○ 367/181/5
公不能救○ 367/181/6
其實猶有約○ 367/181/7
其實猶之不失秦○ 367/181/9
令韓王知王之不取三川○ 369/181/21
非上知○ 371/182/3
而不患楚之能揚河外○ 372/182/9
是令得行於萬乘之主○ 372/182/10
而交楚○ 372/182/12
是塞漏舟而輕陽侯之波○ 373/182/17
願公之察○ 373/182/17
公叔之與周君交○ 374/182/21
無柰何○ 374/182/22
以為公○ 374/182/26
臣之強之○ 374/182/26
亦以為公○ 374/182/26

必不許○ 374/182/29
而幾瑟走○ 377/183/17
是有陰於韓○ 377/183/17
公叔將殺幾瑟○ 378/183/21
太子之重公○ 378/183/21
畏幾瑟○ 378/183/21
冀太子之用事○ 378/183/22
而內收諸大夫以自輔○ 378/183/22
公叔且殺幾瑟○ 379/183/27
幾瑟之能為亂○ 379/183/27
而外得秦、楚○ 379/183/27
伯嬰亦幾瑟○ 379/183/29
韓大夫不能必其不入○ 379/183/29
公叔、伯嬰恐秦、楚之內幾瑟○ 380/184/3
則公叔、伯嬰必知秦、楚之不以幾瑟為事○ 380/184/4
是齊孤○ 380/184/5
胡衍之出幾瑟於楚○ 381/184/11
韓不敢離楚○ 381/184/11
是王抱虛質○ 381/184/12
廢公叔而相幾瑟者楚○ 382/184/17
公不如令秦王賀伯嬰之立○ 382/184/18
以復幾瑟○ 383B/184/30
韓咎立為君而未定○ 383C/185/3
恐韓咎入韓之不立○ 383C/185/3
因○以為戒 383C/185/4
則曰來效賊○ 383C/185/4
而弗能禁○ 384/185/14
鵲不為鵲○ 384/185/14
二人相害○ 385/185/18
勇敢士○ 385/185/21
政身未敢以許人○ 385/185/28
而嚴仲子乃諸侯之卿相○ 385/186/1
然是深知政○ 385/186/3
傀又韓君之季父○ 385/186/8
語泄則韓舉國而與仲子為讎○ 385/186/11
非弟意○ 385/186/19
此為我故○ 385/186/21
此吾弟軹深井里聶政○ 385/186/22
亦列女○ 385/186/24
以揚其名○ 385/186/25
正如孿子之相似○ 386/187/4
是為魏從○ 386/187/6
是韓為秦、魏之門戶○ 386/187/8
公之事○ 386/187/9
秦、魏不終相聽者○ 386/187/10
是公擇布而割○ 386/187/11
不成亦為福者○ 386/187/12
願公之無疑○ 386/187/12
願公之行之○ 387/187/17
此君國長民之大患○ 387/187/19
秦之德韓○厚矣 387/187/19
是其於主○至忠矣 387/187/20
是其於國○ 387/187/22
大便○ 387/187/22
韓之重於兩周○無計 387/187/23
而秦之爭機○ 387/187/23
是其於身大利○ 387/187/25
願公之加務○ 387/187/25
與新城、陽晉同○ 388/187/29
所以為王○ 388/188/1
此韓珉之所以禱於秦○ 388/188/2
此其說何○ 388/188/3
天下固令韓可知○ 388/188/3
未有一人言善韓者○ 388/188/5
未有一人言善秦者○ 388/188/6
皆不欲韓、秦之合者何○ 388/188/6
則晉、楚智而韓、秦愚○ 388/188/6
秦之欲攻梁○ 389/188/13
恐梁之不聽○ 389/188/14
故欲病之以固交○ 389/188/14
非為此○ 389/188/16
秦之欲并天下而王之○ 389/188/16
猶將亡之○ 389/188/17
389/188/17,389/188/18
雖善事之無益○ 389/188/18
適足以自令亟亡○ 389/188/18
一世之明君○ 390/188/23
一世之賢士○ 390/188/23
韓與魏敵侔之國○ 390/188/23
非好卑而惡尊○ 390/188/24
非慮過而議失○ 390/188/24
而信於萬人之上○ 390/188/26
明君○ 390/188/27
忠臣○ 390/188/27
而王之諸臣忠莫如申不害○ 390/188/29
非以求主尊成名於天下○ 390/189/3
此攻其心者○ 390/189/6
越人不聽○ 390/189/7
此攻其形者○ 390/189/8
我將為爾求火○ 390/189/10
則許異為之先○ 391/189/15
而韓氏之尊許異○ 391/189/15
猶其尊哀侯○ 391/189/16
今日鄭君不可得而為○ 391/189/16
九合之尊桓公○ 391/189/18
猶其尊襄王○ 391/189/18
今日天子不可得而為○ 391/189/18
無不任事於周室○ 391/189/20
亦無他○ 391/189/20
此桓公、許異之類○ 391/189/21
猶之厚德我○ 391/189/23
聖人之計○ 391/189/24
非金無以○ 393/190/3
美人知內行者○ 393/190/7
張丑之合齊、楚講於魏○ 394/190/11
故公不如勿攻○ 394/190/12
則蓋觀公仲之攻○ 394/190/13
為有臃腫○ 395/190/18
使善扁鵲而無臃腫○ 395/190/18
則人莫之為之○ 395/190/18
為惡於秦○ 395/190/19
而善平原君乃所以惡於秦○ 395/190/19
願君之熟計之○ 395/190/19
而恐楚之怒○ 396A/190/24
韓之事秦○ 396A/190/24
且以求武隧○ 396A/190/24
非弊邑之所憎○ 396A/190/25
秦之仕韓侈○ 396B/191/5
以重公仲○ 396B/191/5
何意寡人如是之權○ 396B/191/7
欲以四國西首○ 396C/191/13
大臣為諸侯輕國○ 396C/191/14
是從臣不事大臣○ 396C/191/15

可得而知○ 396C/191/16
王之明一○ 396C/191/17
則諸侯之情偽可得而知○ 396C/191/18
王之明二○ 396C/191/19
王猶攻之○ 396C/191/19
王猶校之○ 396C/191/20
而無自左右○ 396C/191/21
大怒於周之留成陽君○ 397/191/25
公以二人者為賢人○ 397/191/25
齊、秦非重韓則賢君之行○ 398/192/3
是棘齊、秦之威而輕韓○ 398/192/4
未急○ 399/192/11
是齊不窮○ 400/192/18
是王有向晉於周○ 401/192/25
逐向晉者韓○ 401/192/25
而還之者魏○ 401/192/25
而韓王失之○ 401/192/26
是緤以三川與西周戒○ 402/193/4
其次恐不得○ 403/193/9
勿聽之○ 404/193/14
韓○ 405/193/20
交善楚、魏○ 405/193/20
秦見君之交反善於楚、魏○ 405/193/20
願君察之○ 406/193/27
千里之馬○ 407/194/4
千里之服○ 407/194/4
萬分之一○ 407/194/5
於秦亦萬分之一○ 407/194/6
是纆牽長○ 407/194/6
此所謂天府○ 408/194/13
以趙之為蔽於南○ 408/194/14
此燕之所以不犯難○ 408/194/15
且夫秦之攻燕○ 408/194/15
秦計固不能守○ 408/194/16
今趙之攻燕○ 408/194/16
秦之攻燕○ 408/194/18
趙之攻燕○ 408/194/18
強國○ 408/194/22
夫制於燕者蘇子○ 409/195/1
而燕弱國○ 409/195/1
是驅燕而使合於齊○ 409/195/2
且燕亡國之餘○ 409/195/2

此一何慶弔相隨之速○ 411/195/19
而與死同患○ 411/195/22
強秦之少婿○ 411/195/22
此食烏喙之類○ 411/195/24
聖人之制事○ 411/195/28
因敗而為功者○ 411/195/29
419/201/23
秦知王以己之故歸燕城○ 411/195/30
是棄強仇而立厚交○ 411/195/30
而以十城取天下○ 411/195/31
因敗成功者○ 411/195/32
天下不信人○ 412/196/5
示天下與小人群○ 412/196/6
而燕王不館○ 412/196/8
臣東周之鄙人○ 412/196/8
415/197/27
是足下之福○ 412/196/10
所以自為○ 412/196/17
非所以為人○ 412/196/17
非進取之道○ 412/196/18
皆不自覆○ 412/196/18
足下皆自覆之君○ 412/196/20
僕者進取之臣○ 412/196/20
所謂以忠信得罪於君者○ 412/196/21
又何罪之有○ 412/196/23
足下不知○ 412/196/25
公勿憂○ 412/196/26
妾知其藥酒○ 412/196/26
下以存主母○ 412/196/28
此以忠信得罪者○ 412/196/28
適不幸而有類妾之棄酒○ 412/196/29
莫敢自必○ 412/196/30
曾不欺之○ 412/196/30
莫如臣之言○ 412/196/30
不敢取○ 412/196/31
摩笄以自刺○ 413/197/6
大王之所明見知○ 413/197/9
則易水、長城非王之有○ 413/197/11
猶郡縣○ 413/197/12
不聽燕使何○ 414/197/20
以其亂○ 414/197/20
欲其亂○ 414/197/21

猶為之○ 414/197/22
大王天下之明主○ 415/197/29
何如者○ 415/197/31
王之仇讎○ 415/198/1
王之援國○ 415/198/2
非所以利燕○ 415/198/2
寡人之於齊、趙○ 415/198/5
非所敢欲伐○ 415/198/5
寡人不敢隱○ 415/198/11
我讎國○ 415/198/11
故寡人之所欲伐○ 415/198/12
而自用○ 415/198/17
此其君之欲得○ 415/198/18
其民力竭○ 415/198/19
且異日○ 415/198/25
所以備趙○ 415/198/25
所以備燕○ 415/198/25
此乃亡之之勢○ 415/198/31
蘇秦之在燕○ 416A/199/3
蘇代欲以激燕王以厚任子之○ 416A/199/8
是王與堯同行○ 416A/199/12
傳之益○ 416A/199/15
不可失○ 416A/199/27
齊王其伯○乎 416B/200/7
秦非不利有齊而得宋地○ 417/200/13
不信齊王與蘇子○ 417/200/14
非魏之利○ 417/200/15
孤之願○ 418/200/22
此古服道致士之法○ 418/200/27
讎強而國弱○ 419/201/15
皆國之大敗○ 419/201/15
將欲以除害取信於齊○ 419/201/16
而忌燕○愈甚矣 419/201/16
然則足下之事齊○ 419/201/17
強萬乘之國○ 419/201/18
是益一齊○ 419/201/18
此所謂強萬乘之國○ 419/201/19
是益二齊○ 419/201/19
而燕猶不能支○ 419/201/19
臣聞知者之舉事○ 419/201/22
因敗而成功者○ 419/201/22
齊人紫敗素○ 419/201/22
燕、趙非利之○ 419/201/27
以不信秦王○ 419/201/28

燕、趙之所同利○ 419/202/2
燕、趙之所同願○ 419/202/2
則燕、趙之棄齊○ 419/202/3
而王獨弗從○ 419/202/4
是國伐○ 419/202/4
是名卑○ 419/202/4
知者不為○ 419/202/5
秦王聞若說○ 419/202/6
上交○ 419/202/7
正利○ 419/202/7
聖王之事○ 419/202/7
今臣為進取者○ 420/202/18
自完之道○ 420/202/19
非進取之術○ 420/202/19
皆以不自憂故○ 420/202/22
而名可立○ 420/202/25
故功不可成而名不可立○ 420/202/26
故齊雖強國○ 420/202/29
忠信○ 420/203/3, 420/203/12
恐忠信不諭於左右○ 420/203/12
願足下之無制於群臣○ 420/203/14
寡人甚不喜訑者言○ 421/203/18
為其兩譽○ 421/203/18
非行義○ 422/203/26
暴○ 422/203/26
不能攻○ 422/204/10
皆死秦之孤○ 422/204/26
蘇子○ 423/205/7
423/205/8, 423/205/8
又蘇子○ 423/205/9
臣故知入齊之有趙累○ 423/205/10
臣猶生○ 423/205/11
持臣非張孟談○ 423/205/11
使臣○如張孟談○ 423/205/11
吾所恃者順○ 424/205/17
而小人奉陽君○ 424/205/20
則後不可柰何○ 424/205/21
故齊、趙之合苟可循○ 424/205/21
惡交分於臣○ 424/205/23
是臣之患○ 424/205/23
若臣死而必相攻○ 424/205/23
又不予卿○ 424/206/1
望諸相中山○使趙 424/206/5
燕之攻齊○ 426/206/24
欲以復振古地○ 426/206/24
則是兵弱而計疑○ 426/206/24
是王破燕而服趙○ 426/206/26
王使臣○ 426/206/27
而以臣遺燕○ 426/206/28
不可振○ 426/206/28
此寡人之過○ 426/207/3
齊不幸而燕有天幸○ 426/207/5
是以天幸自為功○ 426/207/6
臣之行○ 427/207/13
臣之所重處重卵○ 427/207/15
吾信汝○ 427/207/16
猶剗刈者○ 427/207/16
女無不為○ 427/207/17
以女自信可○ 427/207/17
去燕之齊可○ 427/207/17
齊之信燕○ 427/207/19
無害○ 428/207/29
何臞○ 428/208/1
憂公子之且為質於齊○ 428/208/1
人主之愛子○ 428/208/4
不如布衣之甚○ 428/208/4
非徒不愛子○ 428/208/4
以為人之終○ 428/208/5
今王之以公子為質○ 428/208/6
且以為公子功而封之○ 428/208/7
臣是以知人主之不愛丈夫子獨甚○ 428/208/7
寡人有時復合和○ 429/208/16
然而常獨欲有復收之之志若此○ 429/208/17
今予以百金送公○ 430/208/23
為其饑○ 430/208/24
伐齊未必勝○ 430/208/24
今王之伐燕○ 430/208/24
亦為其饑○ 430/208/24
而使強秦處弱越之所以霸○ 430/208/25
成功之君○ 431/209/20
立名之士○ 431/209/20
夫齊霸國之餘教○ 431/209/25
而驟勝之遺事○ 431/209/26
楚、魏之所同願○ 431/209/27
齊可大破○ 431/209/28
功未有及先王者○ 431/210/2
夫差弗是○ 431/210/11
臣之上計○ 431/210/13
臣之所大恐○ 431/210/13
義之所不敢出○ 431/210/14
忠臣之去○ 431/210/16
而不察疏遠之行○ 431/210/17
此臣之所為山東苦○ 432/210/23
432/211/2
以其合兩而如一○ 432/210/26
是山東之知不如魚○ 432/210/27
又譬如車士之引車○ 432/210/27
至其相救助如一○ 432/210/29
今山東之相與○ 432/211/1
人之所能為○ 432/211/2
願大王之熟慮之○ 432/211/3
此燕之上計○ 432/211/6
趙見秦之伐楚○ 432/211/7
燕果以兵南合三晉○ 432/211/11
猶鞭筴○ 433/211/15, 433/211/20
鄰民之所處○ 433/211/23
乃可折○ 433/211/27
乃可缺○ 433/211/27
臣恐強秦之為漁父○ 434/212/6
故願王之熟計之○ 434/212/6
而未有適予○ 435/212/12
失天下者○ 435/212/12
得天下者○ 435/212/13
楚軍欲還不可得○ 436/212/20
人有言我有寶珠○ 437/212/27
可伐○ 438/213/4, 459A/225/9
四達之國○ 438/213/4
君之於先王○ 438/213/12
世之所明知○ 438/213/12
不虞君之明罪之○ 438/213/12
438/213/13
恐君之未盡厚○ 438/213/14
厚者不毀人以自益○ 438/213/14
厚人之行○ 438/213/15
仁者之道○ 438/213/15
於為君擇之○ 438/213/18
所以合好掩惡○ 438/213/19
未為通計○ 438/213/19
未盡厚○ 438/213/20
未如殷紂之亂○ 438/213/20
未如商容、箕子之累○ 438/213/20
恐其適足以傷於高而薄於行○ 438/213/21

非然○ 438/213/21
不難受○ 438/213/22
此一舉而兩失○ 438/213/23
轂○ 438/213/28
怨○ 438/213/28
不望之乎君○ 438/213/28
君之所揣○ 438/213/30
此寡人之愚意○ 438/213/31
為秦○ 439/214/6
無妨於趙之伐燕○ 439/214/7
未有所定○ 440/214/20
然後乃可圖○ 440/214/26
且非獨於此○ 440/214/27
是丹命固卒之時○ 440/214/28
可與之謀○ 440/214/29
願先生留意○ 440/215/5
440/215/12
至其衰○ 440/215/5
光不敢以乏國事○ 440/215/6
可使○ 440/215/7
國大事○ 440/215/8
願先生勿泄○ 440/215/9
440/215/14
不知吾形已不逮○ 440/215/11
國之大事○ 440/215/14
是太子疑光○ 440/215/14
非節俠士○ 440/215/15
明不言○ 440/215/15,440/215/18
此天所以哀燕不棄其孤
○ 440/215/20
而欲不可足○ 440/215/21
則秦未可親○ 440/216/6
此臣日夜切齒拊心○ 440/216/16
豎子○ 440/216/24
必得約契以報太子○ 440/217/20
乃以藥囊提軻○ 440/217/22
有憂色何○ 441/218/4
此王之所憂○ 441/218/4
荊之利○ 441/218/5
敢問攻宋何義○ 442/218/12
此為何若人○ 442/218/16
此猶文軒之與弊輿○ 442/218/19
宋所謂無雉兔鮒魚者○
442/218/20
此猶梁肉之與糟糠○ 442/218/20
此猶錦繡之與短褐○ 442/218/21
為與此同類○ 442/218/22
必不為○ 443/218/30
則寡人不忍○ 444/219/4
夫宋之不足如梁○ 444/219/7
宋必不利○ 444/219/7
以明宋之賣楚重於齊○
446A/219/23
此臣之百戰百勝之術○
446B/219/30
此小國之禮○ 448A/220/16
先知吾謀○ 448A/220/17
太子顏為君子○ 448B/220/21
愼勿納○ 448B/220/22
以有蒲○ 449/220/28
弱○ 449/220/29
樗里子知蒲之病○ 449/221/1
又以德衛君○ 449/221/3
臣以是知王緩○ 450/221/13
子聽吾言○以說君 451/221/17
勿益損○ 451/221/17
食高麗○ 451/221/18
緤錯、挐薄○ 451/221/18
緤錯、挐薄之族皆逐○
451/221/23
誰馬○ 452B/222/3
皆要言○ 452B/222/5
蚤晚之時失○ 452B/222/5
是中山復立○ 453/222/11
猶且聽○ 454/222/19
是君為趙、魏驅羊○ 454/222/20
非齊之利○ 454/222/20
賢於為趙、魏驅羊○ 454/222/25
今五國相與王○ 454/222/26
是奪五國而益負海○ 454/222/27
是君臨中山而失四國○
454/222/28
且張登之為人○ 454/222/28
是欲用其兵○ 454/223/1
我萬乘之國○ 455/223/6
中山千乘之國○ 455/223/6
吾恐其不吾據○ 455/223/10
奈何吾弗患○ 455/223/11
此所欲○ 455/223/12
其實欲廢中山之王○ 455/223/15
是強敵○ 455/223/16
首難○ 455/223/16
中山可廢○ 455/223/17
中山恐燕、趙之不己據
○ 455/223/20
此王所以存者○ 455/223/23
非欲廢中山之王○ 455/223/24
而己親之○ 455/223/25
燕、趙必不受○ 455/223/25
固無請人之妻不得而怨
人者○ 457/224/14
可以令趙勿請○ 457/224/16
未可豫陳○ 458/224/23
佳麗人之所出○ 458/224/26
未嘗見人如中山陰姬者
○ 458/224/27
力言不能及○ 458/224/28
非諸侯之姬○ 458/224/29
願王無泄○ 458/224/31
趙王非賢王○ 458/225/1
趙強國○ 458/225/2
鄰國不與○ 458/225/4
趙王亦無請言○ 458/225/5
是賢君○ 459A/225/11
子奚為者○ 459B/225/17
故來死君○ 459B/225/19
趙未可伐○ 461/226/5
是以能有功○ 461/226/20
猶勾踐困於會稽之時○
461/226/26
此所謂為一臣屈而勝天
下○ 461/227/6
此亦所謂勝一臣而為天
下屈者○ 461/227/7

冶 yě 1

函○氏為齊太公買良劍 30/10/15

野 yě 18

沃○千里 40/13/8
衛無東○ 88/42/18
封衛之東○ 132B/64/11
下則鄙○、監門、閭里
136B/67/22
出於○鄙 136B/67/26
士生乎鄙○ 136B/68/13
○火之起也若雲蜺 160/83/8
故楚南察瀨胡而○江東 166/85/7
而○戰不足用也 225/121/8

時宿於○ 238/128/25
故攻城○戰 247/132/1
斬紂於牧之○ 272/143/7
黃帝戰於涿鹿之○ 297/152/1
則上有○戰之氣 304/154/24
遺衛君○馬四百 448A/220/14
○馬四 448A/220/16
以掠於郊○ 461/226/18
掠其郊○ 461/226/27

曳 yè 1

○綺穀 140/70/5

夜 yè 20

乃○發書 40/14/2
○行而晝伏 73A/30/9
益封安平君以○邑萬戶 147/78/3
當今將軍東有○邑之奉 148/78/16
秦人一○而襲之 163/84/6
163/84/7
獻鷄駭之犀、○光之璧於秦王 168/87/27
○ 203/104/23
○期殺守堤之吏 203/105/10
○半 208/107/25
是故横人日○務以秦權恐猲諸侯 218/113/26
不以○行 219/114/19
日○行不休已 272/143/1
莫不日○搤腕瞋目切齒以言從之便 273/144/16
齊桓公○半不嗛 307/155/28
○見孟嘗君 314/160/3
○行者能無為姦 324/165/14
日○赴魏 338/169/8
乃○遁 436/212/22
此臣日○切齒拊心也 440/216/16

業 yè 32

伯王之○ 42/16/22
此王○也 44/17/26
115/56/19,382/184/19
去王○遠矣 44/17/29
霸王之○可致 73A/30/25
守其○ 81/35/29
使秦○帝 81/36/27
驕忿非伯主之○也 89/43/5
子傒有承國之○ 93/44/22
93/44/30
是王○也 115/56/27
何以至今不○也 138/69/17
138/69/19
此二士弗○ 138/69/20
士民不知而王○至矣 142/73/13
故夫善為王○者 142/73/19
則王○見矣 142/74/1
功○可明矣 145/75/25
故○與三王爭流 145/76/11
今釋霸王之○ 167/85/27
而善君之○ 188/96/18
如是則伯○成矣 218/114/9
是故事無敗○而惡不章 219/114/18
而世不妬其○ 219/114/20
功○高世者 219/114/21
通有補民益主之○ 221/116/18
今吾欲繼襄主之○ 221/116/18
則霸王之○具矣 269/141/20
是伯王之○ 269/141/23
此霸王之○矣 411/195/32
故前○不忘 438/213/26

葉 yè 16

謀之於○庭之中 1/1/12
九年而取宛、○以北以强韓、魏 22/8/4
去柳○者百步而射之 27/9/22
夫射柳○者 27/9/24
○陽子無恙乎 138/69/18
昔者○公子高 170/89/1
○公子高 170/89/2
○公子高是也 170/89/3
猶大王之有○陽、涇陽君也 258B/137/29
未嘗不分於○陽、涇陽君 258B/138/1
○陽君、涇陽君之車馬衣服 258B/138/1
無乃傷○陽君、涇陽君之心乎 258B/138/3
然而秦之○陽、昆陽與舞陽、高陵鄰 315/161/19
○陽君約魏 316/162/14
則以○、蔡委於魏 422/204/21
以○、蔡 422/204/23

謁 yè 32

臣請○其故 44/18/7
請○事情 53/22/14
靖郭君謂○者 99/49/10
使太子○之君 122/59/14
望拜之○ 125/61/14
宣王使○者延入 137/68/22
○者難得見如鬼 180/93/29
○病不聽 185/95/26
因令人○和於魏 185/95/28
○者操以入 196/99/16
臣問○者 196/99/17
○者曰可食 196/99/17
而罪在○者也 196/99/18
已而○歸 200/101/17
還○ 200/101/17
臣願王察臣之所○ 219/114/18
使緤○之叔 221/117/4
子○病而辭 222/119/4
請○而往 276/145/16
○魏王 276/145/17
外臣疾使臣○之 305/155/12
聽子之○ 346/172/23
而廢子之○乎 346/172/23
故使使臣再拜○秦王 354/175/23
顏率謂公仲之○者曰 358/177/11
公仲之○者以告公仲 358/177/13
子為我○之 359/177/19
甘茂薄而不敢○也 360/178/22
韓○急於秦 399/192/9
臣請○王之過 415/198/1
敬以書○之 438/213/31
臣願得○之 440/216/6

鄴 yè 11

西門豹為○令 266/140/28
夫○ 308/156/11
寡人請以○事大王 308/156/11
魏王請以○事寡人 308/156/12

利不過○ 308/156/12
今不用兵而得○ 308/156/13
已在○矣 308/156/15
為完○也 308/156/18
今郊○者 308/156/18
倍○、朝歌 315/161/11
王翦將數十萬之眾臨漳
、○ 440/215/22

一 yī 287

凡○鼎而九萬人輓之 1/1/15
九九八十○萬人 1/1/15
不若○為下水 4/2/20
則東周之民可令○仰西周 4/2/21
恐○日之亡國 24/8/28
不過○月必拔之 25/9/6
有○人過曰 27/9/22
○發不中 27/9/24
○攻而不得 27/9/26
天下為○ 40/13/18,408/194/19
未煩○兵 40/14/11
未戰○士 40/14/11
未絶○絃 40/14/11
未折○矢 40/14/11
○人用而天下從 40/14/12
欲以○人之智 41A/14/24
諸侯不可○ 41A/14/25
○可以勝十 42/15/19
○戰不勝而無齊 42/15/27
然則是○舉而伯王之名可成也
42/16/3,42/16/8
此固已無伯王之道○矣 42/16/5
用○國之兵 42/16/10
不用○領甲 42/16/17
不苦○民 42/16/17
則是○舉而壞韓 42/16/19
○舉而三晉亡 42/16/20
天下固量秦之謀臣○矣 42/16/23
日慎○日 42/17/1
戰○日 42/17/3
○舉而天下之從不破 42/17/10
故拔○國 44/18/4
是我○舉而名實兩附 44/18/5
則此○計而三利俱至 50/20/27
不穀不煩○兵 50/21/2
不傷○人 50/21/2
楚因使○將軍受地於秦 50/21/10
王不如因而賂之○名都 50/21/14
則是○舉而兼兩虎也 51/22/2
無刺○虎之勞 51/22/2
計有○二者難悖也 51/22/5
則君○舉而亡國矣 54/22/28
文侯示之謗書○篋 55/23/12
○人又告之曰 55/23/16
楚、魏為○ 62/25/23,311/158/22
○也 63/26/8
已○說而立為太師 73A/30/1
○舉而攻榮陽 73A/31/20
不如○人持而走疾 74/32/20
是我王果處三分之○也 74/33/1
投之○骨 77/33/24
不亡○甲 78/34/5
則秦所得不○幾何 78/34/8
寡人○城圍 79/34/19
彼○見秦王 81/35/21
○匡天下 81/36/21
137/68/27,145/76/4
○戰舉鄢、郢 81/36/25
○年之後 87/42/4
○舉眾而注地於楚 87/42/5
秦、楚合而為○ 87/42/8
王○善楚 87/42/10
是王之地○任兩海 87/42/11
○日倍約 93/44/23
○日山陵崩 93/44/27
說有可以○切而使君富
貴千萬歲 93/44/28
王○日山陵崩 93/44/30
而願○得歸 93/45/1
不顧○子以留計 93/45/6
○日晏駕 93/45/7
大王無○介之使以存之 93/45/13
與秦什○ 94/46/11
四國為○ 96/47/21,96/47/21
益○言 99/49/11
此為○ 101/50/7
靖郭君之於寡人○至此
乎 101/50/10
必○而當十 105/51/23
忌聞以為有○子之孝 107/52/7
三七二十○萬 112/54/26
固以二十○萬矣 112/54/26
皆為○時說而不顧萬世
之利 113/55/15
國○日被攻 113/55/24
○人飲之有餘 117/57/15
○人蛇先成 117/57/15
○人之蛇成 117/57/16
美其○ 123/60/18
○人曰 127/61/27
○軍不能當 129/62/24
重之寶劍○ 130/63/14
臣○喜 130/63/15
淳于髡○日而見七人於
宣王 131/63/22
千里而○士 131/63/22
百世而○聖 131/63/23
今子○朝而見七士 131/63/23
則累世不得○焉 131/63/24
故專兵○志以逆秦 132B/64/13
今君有○窟 133/65/20
服劍○ 133/65/25
○女不朝 138/69/20
而憂○主 142/72/28
○國得而保之 142/73/6
故以○秦而敵大魏 142/73/25
向子以輿○乘亡 143/74/13
今公行○朝之忿 145/75/12
此其○時也 145/75/14
此亦○計也 145/75/27
願公熟計而審處○也 145/75/27
曹子以○劍之任 145/76/7
○朝而反之 145/76/8
夫○人身 147/77/16
江○對曰 154/81/3
○國之眾 160/82/26
如出○口矣 161/83/21
秦人○夜而襲之 163/84/6
163/84/7
○軍出武關 167/85/20
○軍下黔中 167/85/20
今君欲○天下 167/86/10
○舫載五十人 168/87/1
○日行三百餘里 168/87/1
夫以○詐偽反覆之蘇秦 168/87/18
混○諸侯 168/87/19
無○月之積 170/88/26
若扑○人 170/89/6
若捽○人 170/89/6
此猶○卒也 170/89/11

得罪○士 170/89/16
未見○人也 179/93/21
夫○梟之不如不勝五散 188/96/20
令其○善而獻之王 191/97/16
今君○時而知臣 199/101/3
五日○見 199/101/4
此百代之○時也 201/102/27
210/109/9,248/132/23
使使者致萬家之邑○於知伯 203/103/27
因使人致萬家之邑○於知伯 203/103/29
破趙則封二子者各萬家之縣○ 203/105/3
又封二子者各萬家之縣○ 203/105/5
是○世之命 209/109/2
○軍臨滎陽 211/109/16
○軍臨太行 211/109/17
未見○城也 211/110/5
未見○城 211/110/8
不義○也 211/110/13
○蓋呼侶 212/110/21
○蓋哭 212/110/22
○蓋曰 212/110/23
秦、楚為○ 217/112/5
六國并力為○ 218/113/22
莫如○韓、魏、齊、楚、燕、趙 218/114/2
而效之於○時之用也 219/114/19
臣以從○不可成也 219/115/7
不識從之○成惡存也 219/115/13
夫天下之不可○亦明矣 220/116/1
○軍塞午道 220/116/3
○軍軍於成皋 220/116/4
○軍軍於澠池 220/116/4
四國為○以攻趙 220/116/4
以為○從不事秦 220/116/9
其便○也 221/117/16
不○其用 221/117/17
儒者○師而禮異 221/117/17
知者不能○ 221/117/18
故禮世不必○其道 221/118/23
而臣無○焉 222/119/13
四時不○宜 224/120/11
不存其○角 225/121/8
是我○舉而兩取地於秦、中山也 229A/122/19
故其言○也 233/124/1
虞卿得其○ 233/125/1
○舉結三國之親 233/125/10
夫不鬭○卒 234/125/18
不頓○戟 234/125/18
○解國患 234/125/21
亡○都尉 235/125/27
則為○身 236/126/29
十人而從○人者 236/127/10
賭其○戰而勝 236/127/25
○物不能蔽也 239B/129/17
臣○見 246/131/7
不至○二月 249/133/6
249/133/22
是秦之○舉也 249/133/15
249/133/17,249/133/18
249/133/20,249/133/21
249/133/26
○矣 249/133/16
而有○焉 251/134/24
安平君必處○焉 252/135/16
兩者有○也 252/135/17
今燕○以廬陵君為言 256/136/16
○旦山陵崩 262/139/18
乃與之萬家之邑○ 264A/140/10
盡○盃 265/140/23
豈可不○會期哉 267/141/8
偷取○旦之功而不顧其後 272/143/11
○天下、約為兄弟、刑白馬以盟於洹水之上以相堅也 273/143/29
秦、韓為○國 273/144/6
說○諸侯之王 273/144/15
約○國而反 273/144/15
先君必欲○見群臣百姓也夫 296/150/27
○人拔之 303A/153/27
然而不勝○人者 303A/153/27
吾恐張儀、薛公、犀首之有○人相魏者 303B/154/3
吾恐張儀、薛公、犀首有○人相魏者 303B/154/7
今○人言市有虎 306/155/18
有○於此 307/156/5
請以○鼠首為女殉者 311/158/17
今夫韓氏以○女子承○弱主 315/161/5
而以○人之心為命也 319/164/10
慮久以天下為可○者 321/164/23
秦、韓為○ 325/165/22
且夫魏○萬乘之國 338/169/3
是亡○萬乘之魏 338/169/5
臣聞○里之厚 344A/172/4
○人當百 347/173/3
○歲不收 348A/173/18
○旦而具 351/174/28
韓為○ 356A/176/4
賂之以○名都 357/176/16
此以○易二之計也 357/176/16
今又得韓之名都○而具甲 357/176/19
日行○縣 366/180/16
楚、韓為○ 366/180/22
今有○舉而可以忠於主 387/187/17
王不折○兵 388/188/2
不殺○人 388/188/2
○從○横 388/188/3
未有○人言善韓者也 388/188/5
未有○人言善秦者也 388/188/6
合而相堅如○者 389/188/19
○世之明君也 390/188/23
○世之賢士也 390/188/23
是我免於○人之下 390/188/26
穆公○勝於韓原而霸西州 390/189/1
晉文公○勝於城濮而定天下 390/189/1
此以○勝立尊令 390/189/1
王之明○也 396C/191/17
為○宿之行 399/192/10
萬分之○也 407/194/5
於秦亦萬分之○也 407/194/6
此○何慶弔相隨之速也 411/195/19
義不離親○夕宿於外 412/196/14
故妾○僵而棄酒 412/196/27
是益○齊也 419/201/18
夫○齊之強 419/201/19
不憚以○國都為功 419/201/26
○日而斷太行 422/204/1
臣請獻○朝之賈 425/206/14

○旦而馬價十倍 425/206/14
臣請獻白璧○雙 425/206/15
○合○離 427/207/18
寡人豈敢○日而忘將軍之功哉 431/209/9
將柰何合弱而不能如○ 432/210/23
以其合兩而如○也 432/210/26
今山東合弱而不能如○ 432/210/26
至其相救助如○也 432/210/29
不能相救助如○ 432/211/1
大戰○ 433/211/26
此○舉而兩失也 438/213/23
秦、趙為○ 439/214/6
○日而馳千里 440/215/5
今有○言 440/216/13
今提○匕首入不測之強秦 440/216/24
壯士○去兮不復還 440/217/1
曾無○介之使以存之乎 443/218/26
而圍○城焉 444/219/11
白璧○ 448A/220/14
百璧○ 448A/220/16
贖○胥靡 452A/221/28
吾以○杯羊羹亡國 459B/225/20
以○壺餐得士二人 459B/225/20
○心同功 461/226/19
臣人○心 461/226/25
此所謂為○臣屈而勝天下也 461/227/6
此亦所謂勝○臣而為天下屈者也 461/227/7
夫勝○臣之嚴焉 461/227/7

伊 yī 11

秦攻魏將犀武軍於○闕 23/8/15
犀武敗於○闕 32/10/29
魏取○是 132B/64/7
昔○尹去夏入殷 197/99/27
如○尹、周公 200/102/7
○尹負鼎俎而干湯 257/136/26
○、洛出其南 269/141/26
與魏戰於○闕 287/148/9
○尹再逃湯而之桀 424/206/2
而與戰之於○闕 461/226/11
○闕之戰 461/226/20

衣 yī 58

不得煖○餘食 93/44/20
○以其○ 96/47/23
靖郭君○威王之○ 101/50/13
朝服○冠窺鏡 108/52/13
衛君與文布○交 128/62/11
○冠而見之 133/65/11
必以其血洿其○ 134/66/13
飲食、○裘與之同之 135/66/21
無不被繡○而食菽粟者 135/66/23
皆○縞紵 135/66/24
妻子○服麗都 136B/68/11
有○者亦○ 138/69/17
無○者亦○ 138/69/17
制丹○柱 142/74/2
兩血沾○ 143/74/16
天兩血沾○者 143/74/18
太子乃解○免服 143/74/22
欲使後車分○ 146/76/22
單解裘而○之 146/76/23
146/76/26
憐而常竊○食之 149B/79/1
少與之同○ 166/85/10
被王○以聽事 166/85/10
緇帛之○以朝 170/88/25
此非布○之利也 174/91/11
子必以○冠之敝 182/94/9
西施○褐而天下稱美 188/96/18
○服玩好 190/97/3
解紵○以冪之 199/101/8
然願請君之○而擊之 204B/106/27
乃使使者持○與豫讓 204B/106/27
借○者被之哉 216/111/18
夫所借○車者 216/111/18
被兄弟之○ 216/111/19
乃至布○之士 218/112/21
○服有常 221/118/3
○服器械 221/118/23
○服之制 221/118/26
遂賜周紹胡服○冠 222/119/22
臣敬循○服 223/120/2
○服使之便於體 258B/137/29
葉陽君、涇陽君之車馬○服 258B/138/1
願令得補黑○之數 262/139/7
王能又封其子問陽姑○乎 316/162/15
○焦不申 334/168/3
大王嘗聞布○之怒乎 343/171/20
布○之怒 343/171/20
皆布○之士也 343/171/23
然而王何不使布○之人 419/201/26
織而○之 420/202/16
不如布○之甚也 428/208/4
公子賤於布○ 428/208/8
乃命公子束車制○為行具 428/208/11
皆白○冠以送之 440/216/27

依 yī 4

夫楚王之以其國○冉也 67/27/21
○世主之心 89/43/19
有狂兕(牂)〔牂〕車○輪而至 160/83/9
秦女○強秦以為重 174/91/7

壹 yī 6

○楚國之俗 81/37/2
○毀魏氏之威 87/41/8
○發而殪 160/83/9
○(瞑)〔瞑〕而萬世不視 170/88/21
○瞑而萬世不視 170/89/7
弱而不能相○ 217/111/27

揖 yī 3

則○應侯 81/35/23
宜召田單而○之於庭 146/77/1
太后盛氣而○之 262/139/1

椅 yī 2

○柱彈其劍 133/64/24
臣恐秦折王之○也 239A/129/10

醫 yī 3

○扁鵲見秦武王	54/22/26
良○知病人之死生	72/29/10
是時侍○夏無且	440/217/17

台 yí 1

左白○而右閭須	307/156/4

匜 yí 1

金試則截盤○	225/120/29

夷 yí 26

蠻○之賢君	53/22/18
楚苞九○	70/28/14
再戰燒○陵	81/36/26
必有伯○之廉	81/37/10
或拔鄢、郢、○陵	87/40/24
○傷者空財而共藥	142/72/21
齊桓公得管○吾以為仲父	147/77/25
○三族	200/102/19
蠻○之所義行也	221/117/10
中國不近蠻○之行	221/118/18
○維子執策而從	236/127/18
○維子謂鄒之孤曰	236/127/22
王不聞公子牟○之於宋乎	250/134/10
惡公子牟○	250/134/11
今臣之於王非宋之於公子牟○也	250/134/11
盱○為董慶謂田嬰曰	274/144/26
楚破南陽九○	284/147/21
而東○之民不起	297/152/2
行雖如伯○	389/188/17
廉如伯○	412/196/10,412/196/14
寡人蠻○辟處	413/197/15
北○方七百里	419/201/18
○萬乘之強國	431/210/7
賜之鴟○而浮之江	431/210/11
北蠻○之鄙人	440/217/11

沂 yí 1

東有淮、穎、○、黃、煮棗、海鹽、無（踈）〔疏〕	272/142/28

宜 yí 70

秦攻○陽	2/1/22
○陽必拔也	2/1/22
○陽城方八里	2/1/23
攻○陽而有功	2/1/24
秦王不聽群臣父兄之義而攻○陽	2/1/25
○陽不拔	2/1/25
不如背秦援○陽	2/1/27
秦拔○陽	2/2/1
秦攻新城、○陽	44/17/25
家有不○之財	46/18/23
○陽	55/23/9
果攻○陽	55/23/21
遂拔○陽	55/23/22
○陽之役	56/23/27, 59/24/16,355/175/28
不拔○陽	56/23/27
而拔○陽	56/23/28
甘茂攻○陽	57/24/3
我以○陽餌王	57/24/4
今攻○陽而不拔	57/24/4
因以○陽之郭為基	57/24/5
○陽拔	57/24/6,58/24/11
○陽未得	58/24/10
公不如進兵攻○陽	58/24/11
寡人○以身受令久矣	73A/29/19
以實○陽	81/37/7
戰勝○陽	89/43/5
今王破○陽	89/43/13
韓獻○陽	113/55/23
○若奉漏壅	120/58/13
○召田單而揖之於庭	146/77/1
○陽之大也	163/84/6
據○陽	168/86/22
秦伐○陽	187/96/9
○陽果拔	187/96/13
求婦人○子者進之	200/101/14
聞其不○子	200/101/16
夫韓事趙○正為上交	209/108/27
甘茂為秦約魏以攻韓○陽	213/110/28
齊王欲求救○陽	213/110/29
韓欲有○陽	213/110/29
秦王欲得○陽	213/110/30
韓弱則效○陽	218/113/5
○陽效則上郡絕	218/113/5
則韓軍○陽	218/114/7
是以聖人觀其鄉而順○	221/117/14
各順其○	221/118/22
四時不一○	224/120/11
不知陰陽之○	224/120/12
不○急如此	244/130/24
○割二寧以求構	332/167/22
西有○陽、常阪之塞	347/172/28
秦必求○陽、成皋	347/173/5
秦下甲據○陽	348A/173/26
東取成皋、○陽	348A/173/27
效○陽	348A/174/5
秦圍○陽	356A/176/3
○陽必不拔矣	356A/176/5
公仲以○陽之故	356B/176/9
反○陽之民	359/177/29
今公取○陽以為功	359/178/4
○使如吳	390/189/8
○使如越	390/189/8
茂且攻○陽	396C/191/20
我起乎○陽而觸平陽	422/204/1
已得○陽、少曲	422/204/14
不○臞	428/208/1
○在遠者	438/213/28

訑 yí 2

寡人甚不喜○者言也	421/203/18
唯○者耳	421/203/21

移 yí 13

分○華陽	74/32/28
眾口所○	80/35/8
日中則○	81/36/20
○兵而攻齊	117/57/11
其○兵寡人必矣	203/104/5
是皆能○其君之計	203/105/3
秦禍安○於梁矣	217/112/6

則從事可○於趙 251/134/20
陰○而授天下傳 257/136/26
請○天下之事於公 276/145/13
未卒而○兵於梁 325/165/28
將○兵而造大國之城下 443/218/27
趙王意○ 458/224/29

疑 yí 72

秦必○ 5B/3/5
將以○周於秦 5B/3/5
秦以周最之齊○天下 10A/4/14
臣固○大王之不能用也 40/13/16
而三人○之 55/23/17
○臣者不適三人 55/23/18
豈敢以○事嘗試於王乎 72/29/3
○則少嘗之 72/29/11
無○寡人也 73A/30/20
楚○於秦之未必救己也 82A/37/26
王因○於太子 92/44/10
秦○於王之約 92/44/12
是故恫○虛猲 112/55/6
臣竊為君○之 122/60/2
能為君決○應卒 127/62/2
田單之立○ 146/76/19
使君○二主之心 202/103/16
其視有○臣之心 203/105/8
四國○而謀敗 204A/106/3
恐天下○己 209/108/16
三晉之心○矣 215/111/11
心○者事秦急 215/111/12
明王絶○去讒 218/114/1
私心固竊○焉 220/116/9
○事無功 221/116/23
○行無名 221/116/23
寡人非○胡服也 221/116/26
不知而不○ 221/117/18
去邪無○ 222/119/21
以○天下 233/125/3
是愈○天下 233/125/7
秦必○天下合從也 235/126/2
今臣○人之有煬於君者也 239B/129/17
無自○於中者 245/131/3
王以此○齊 247/132/4
王固可以反○齊乎 247/132/5
今韓、魏與齊相○也 249/133/9
無所敢○ 258B/137/25
趙王○之 263/140/1
文侯賞其功而○其心 265/140/24
白骨○象 266/141/2
而○之於楚也 274/144/28
秦必○齊而不聽也 275/145/6
公可以居其中而○之 276/145/14
恐其伐秦之○也 297/152/6
臣恐魏交之益○也 304/154/18
臣故恐魏交之益○也 304/154/22
寡人○之矣 306/155/19
今魏方○ 310/157/29
魏方○ 310/158/1
楚、魏○而韓不可得而約也 315/161/28
公不如令秦王○公叔 353/175/15
必○公叔為楚也 353/175/17
秦王固○甘茂之以武遂解於公仲也 356B/176/9
而且○秦、魏於齊 361/179/4
願公之無○也 386/187/12
以○燕、齊 409/195/3
燕、齊○ 409/195/4
齊王○蘇秦 409/195/4
而令人○之 415/198/7
秦必○而不信蘇子矣 417/200/15
王何○焉 424/205/25
其○至於此 424/206/1
則是兵弱而計○也 426/206/24
○樂毅 431/209/4
不使人○之 440/215/13
是太子○光也 440/215/14
夫為行使人○之 440/215/14
則君臣相○ 440/215/27
○其有改悔 440/216/23
中山君大○公孫弘 456/224/6
是以臣得設○兵 461/226/21

儀 yí 183

請使客卿張○ 41A/14/27
張○說秦王曰 42/15/9
張○欲假秦兵以救魏 43/17/16
司馬錯與張○爭論於秦惠王前 44/17/21
張○曰 44/17/21
50/20/20,115/56/21
169/88/4,182/94/9
張○之殘樗里疾也 45/18/16
王欲窮○於秦乎 45/18/17
張○欲以漢中與楚 46/18/23
張○謂秦王曰 47/18/30
49/19/27,367/181/2
王用○言 47/19/1
故驕張○以五國 48A/19/11
張○果來辭 48A/19/11
張○又惡陳軫於秦王 48B/19/16
○之言果信也 48B/19/19
非獨○知之也 48B/19/20
○不能與從事 49/19/27
○以子為之楚 49/20/2
以順王與○之策 49/20/3
張○入 49/20/10
則○之言果信矣 49/20/11
非獨○之言也 49/20/12
謂張○曰 50/20/19,294/150/7
張○南見楚王曰 50/20/23
唯○之所甚願為臣者 50/20/23
唯○之甚憎者 50/20/24
而○不得為臣也 50/20/25
且必受欺於張○ 50/21/6
受欺於張○ 50/21/6
張○反 50/21/10
張○至 50/21/10
張○知楚絶齊也 50/21/11
○曰 50/21/12
○固以小人 50/21/13
過聽於張○ 50/21/19
公孫衍欲窮張○ 52/22/9
皆張○之讎也 52/22/10
則諸侯必見張○之無秦矣 52/22/10
臣聞張○西并巴、蜀之地 55/23/10
天下不以為多張○而賢先王 55/23/11
是令張○之言為禹 67/27/22
觀張○與澤之所不能得於薛公者也 67/27/24
以張○為言 75/33/9
張○之力多 75/33/9
張○之力少 75/33/10
則王逐張○ 75/33/10

而更與不如張○者市 75/33/10
張○為秦連橫齊王曰 113/55/14
張○以秦、魏伐韓 114/56/3
張○事秦惠王 115/56/12
左右惡張○ 115/56/12
○事先王不忠 115/56/12
張○聞之 115/56/15
○有愚計 115/56/15
今齊王甚憎張○ 115/56/16
○之所在 115/56/16
115/56/23,115/56/25
故○願乞不肖身而之梁 115/56/17
115/56/25
王甚憎張○ 115/56/22
厚矣王之託○於秦王也 115/56/22
寡人甚憎○ 115/56/23
何以託○也 115/56/23
是乃王之託○也 115/56/24
○之出秦 115/56/24
齊王甚憎○ 115/56/25
與革車三十乘而納○於梁 115/56/27
而信○於秦王也 115/56/28
此臣之所謂託○也 115/56/28
張○謂梁王不用臣言以危國 116/57/3
梁王因相○ 116/57/3
○以秦、梁之齊合橫親 116/57/3
衍非有怨於○也 116/57/4
衛君為告○ 116/57/5
○許諾 116/57/5
為○千秋之祝 116/57/5
怒於○ 116/57/6
而○與之俱 116/57/6
張○之好譖 166/85/6
張○為秦破從連橫 168/86/15
413/197/3
張○相秦 169/88/3
為○謂楚王逐昭雎、陳軫 169/88/4
今○曰逐君與陳軫而王聽之 169/88/9
而○重於韓、魏之王也 169/88/9
且○之所行 169/88/10
○聞之 169/88/13
楚懷王拘張○ 174/91/3
靳尚為○謂楚王曰 174/91/3
拘張○ 174/91/3
張○者 174/91/5
欲因張○內之楚王 174/91/7
○事王不善 175/91/15
以張○之知 175/91/18
楚王必大怒○也 175/91/19
彼○窮 175/91/19
楚王逐張○於魏 181/94/3
張○之楚 182/94/9
○有死罪於大王 182/94/23
○行天下徧矣 182/94/24
而○言得美人 182/94/24
楚王令昭雎之秦重張○ 183/94/29
武王逐張○ 183/94/29
○貴惠王而善雎也 183/94/30
○走 183/94/30
韓、魏之重○ 183/95/2
○有秦而雎以楚重之 183/95/2
今○困秦而雎收楚 183/95/2
將收韓、魏輕○而伐楚 183/95/3
而重○於韓、魏 183/95/3
○據楚勢 183/95/3
張○逐惠施於魏 184/95/8
張○也 184/95/10
是欺○也 184/95/10
惠子為○者來 184/95/10
而惡王之交於張○ 184/95/11
今之不善張○也 184/95/12
而謂張○曰 184/95/13
○必德王 184/95/13
此不失為○之實 184/95/14
張○惡之於魏王曰 186/96/3
○善於魏王 186/96/4,277/145/29
公不如以○之言為資 186/96/4
因使人以○之言聞於楚 186/96/5
張○為秦連橫 220/115/20
273/143/22
張○惡陳軫於魏王曰 277/145/28
公不如○之言為資 277/145/29
張○欲窮陳軫 278/146/3
張○走之魏 279/146/12
魏王因不納張○ 279/146/14
張○欲以魏合於秦、韓而攻齊、楚 280/146/18
張子○以秦相魏 281/146/26
王亦聞張○之約秦王乎 281/146/29
王若相○於魏 281/146/29
齊、楚惡○ 281/146/29
而○固得魏矣 281/146/30
此○之所以與秦王陰相結也 281/147/1
今○相魏而攻之 281/147/1
是使○之計當於秦也 281/147/1
非所以窮○之道也 281/147/2
張○欲并相秦、魏 282/147/6
○請以秦攻三川 282/147/6
公何不以楚佐○求相之於魏 282/147/7
○兼相秦、魏 282/147/7
魏王將相張○ 283/147/12
張○以合秦、魏矣 283/147/12
則魏必圖秦而棄○ 283/147/14
張○欲敗之 284/147/19
張○告公仲 285/147/27
張○說 294/150/8
吾恐張○、薛公、犀首之有一人相魏者 303B/154/3
吾恐張○、薛公、犀首有一人相魏者 303B/154/7
必不相張○ 303B/154/8
張○相魏 303B/154/8
帝女令○狄作酒而美 307/155/26
遂疏○狄 307/155/27
○狄之酒也 307/156/4
欲傷張○於魏 336/168/18
張○為秦連橫說韓王曰 348A/173/17
魏兩用犀首、張○而西河之外亡 348B/174/10
張○謂齊王曰 349/174/16
與之逐張○於魏 349/174/16
鄭彊之走張○於秦 354/175/22
曰○之使者 354/175/22
公留○之使者 354/175/22
彊請西圖○於秦 354/175/22
張○使人致上庸之地 354/175/23
張○走 354/175/24
王不如因張○為和於秦 357/176/16
秦王必祖張○之故謀 367/181/1
先身而後張○ 367/181/7
是公之所以外者○而已 367/181/8
張○之貴 396C/191/15

張○逃於楚	424/206/4

頤 yí 4

刳腹折○	87/41/19
過○豕視	101/50/6
脩劍拄○	148/78/12
貫○奮戟者	348A/173/20

遺 yí 32

間○昌他書曰	19/7/13
○之大鍾	24/8/25
道不拾○	39/12/23
乃○之女樂	48A/19/7
乃○之美男	48A/19/9
○義渠君	53/22/19
澤可以○世	93/44/20
平原津令郭○勞而問	95/47/1
○燕將曰	145/75/11
○公子糾而不能死	145/76/2
秦始皇嘗使使者○君王后玉連環	149B/79/8
魏王○楚王美人	190/97/3
必負○俗之累	221/116/20
今王即定負○俗之慮	221/116/23
○子以酒食	222/119/4
知不○時	224/120/15
出於○○之門	224/120/18
不○餘力矣	233/124/7
秦不○餘力矣	235/126/1
魏殺呂○	241/130/3
於是與殺呂○何以異	241/130/4
又○其後相信陵君書曰	251/134/28
中山之君烹其子而○之羹	265/140/22
又不○賢者之後	270/142/12
子之因○蘇代百金	416A/199/8
蘇代乃○燕昭王書曰	419/201/14
而以臣○燕也	426/206/28
而驟勝之○事也	431/209/26
餘令詔後嗣之○義	431/210/7
厚○秦王寵臣中庶子蒙嘉	440/217/4
○衛君野馬四百	448A/220/14

乙 yǐ 13

王召江○而問焉	155/81/12
江○曰	155/81/12, 159/82/19, 159/82/20, 160/82/30, 161/83/19, 161/83/20
江○惡昭奚恤	158/82/12
江○欲惡昭奚恤於楚	159/82/18
江○說於安陵君曰	160/82/26
江○復見曰	160/83/5
江○可謂善謀	160/83/14
江○為魏使於楚	161/83/18

已 yǐ 217

上黨長子趙之有○	10A/4/15
西止秦之有○	10B/4/21
而○取齊	18/7/8
然吾使者○行矣	25/9/8
亦○多矣	25/9/9
而不○善息	27/9/24
孝公○死	39/12/26
此固○無伯王之道一矣	42/16/5
此固○無伯王之道二矣	42/16/9
此固○無伯王之道三矣	42/16/11
代、上黨不戰而○為秦矣	42/16/17
東陽河外不戰而○反為齊矣	42/16/18
中呼池以北不戰而○為燕矣	42/16/18
而彼○服矣	44/18/4
王今○絕齊	50/21/15
除之未必○也	54/22/27
是無伐之日○	57/24/5
此君之大時也○	66/27/9
不可得也○	66/27/13
此亦百世之時也○	69/28/9
弗能改○	72/29/11
○其言臣者	72/29/12
今義渠之事○	73A/29/20
○一說而立為太師	73A/30/1
下乃所謂無王○	73B/32/1
此亦淖齒、李兌之類○	73B/32/6
則○	74/32/21, 74/32/23
○稱瓢為器	74/32/21
貴妻○去	80/35/6
愛妾○賣	80/35/6
功○成	81/36/25
功○成矣	81/37/1, 81/37/3
秦之縣也○	82B/38/7
○立為萬乘	86/40/11
而燕太子○入質矣	94/45/24
臣請三言而○矣	99/49/10
不得○而受	101/50/14
今三晉○合矣	111/54/15
亦○明矣	112/55/6
言未○	115/56/12
齊、楚之事○畢	115/56/22
今○得地而求不止者	122/59/21
吾○盡知之矣	124/60/23
三窟○就	133/65/28
言要道○備矣	136B/68/15
王駟○備矣	137/69/3
王之走狗○具矣	137/69/4
王宮○充矣	137/69/4
殘費○先	142/72/18
亦王之善○	146/76/27
今國○定	147/77/14, 147/78/2
而社稷○安矣	147/77/14
吾為吾之王禮而○矣	147/77/20
民○安矣	147/78/2
老婦○亡矣	149B/79/12
而王終○不知者	159/82/21
王過舉而○	160/82/27
昭奚恤○而悔之	162/83/28
真大王之相○	166/85/10
則無及○	167/85/21
故謀未發而國○危矣	167/86/8
無及為○	168/86/27
則從竟陵○東	168/87/2
黔中、巫郡非王之有○	168/87/2
盡王之有○	168/87/15
德子無○時	174/91/9
僕○知先生	199/100/28
○而謁歸	200/101/17
勿復言○	200/102/12
且知伯○死	204B/106/11
知伯○死	204B/106/22
君前○寬舍臣	204B/106/26
而示之不得○	205/107/5
制於王○	209/109/2
吾始○諾於應侯矣	211/109/22, 311/158/23, 311/159/2

今發兵○取之矣	211/110/15
吾○大矣	212/110/22
年○長矣	212/110/22
○五年矣	217/112/2
食未飽而禍○及矣	217/112/5
陰陽而○矣	218/113/1
秦欲○得行於山東	218/113/7
固○見於胸中矣	218/113/20
無○之求	219/114/25
○如白馬實馬	219/115/8
即君之齊○	225/121/6
我○亡中山	229A/122/19
其求無○	233/124/26
給無○之求	233/124/27
非固勿予而○也	233/125/8
秦之使者○在趙矣	233/125/13
秦○內鄭朱矣	235/126/6
○而復歸帝	236/126/15
今齊湣王○益弱	236/126/15
勝○泄之矣	236/126/24
天子○食	236/127/20
且秦無○而帝	236/127/26
梁王安得晏然而○乎	236/127/28
雖貴○賤矣	242/130/12
雖賤○貴矣	242/130/12
○	245/131/1
	436/212/18,443/218/27
今燕、齊○合	245/131/2
其前可見○	246/131/12
○講	247/131/25
不可復得○	248/132/23
姑待○耕	248/132/25
則陰不可得○矣	249/133/5
若不得○而必搆	249/133/7
過趙○安邑矣	249/133/20
是以攻齊之○弊	249/133/26
吾○與樓子有言矣	250/134/14
奢○舉燕矣	252/135/13
僕○言之僕主矣	252/135/14
將軍無言○	252/135/14
○而請其罪	257/136/23
○行	262/139/12
○乃知文侯以講於己也	264B/140/18
○葬	271/142/22
日夜行不休○	272/143/1
故兵未用而國○虧矣	272/143/10
重家而○	279/146/13
固○不欲矣	291/149/11
而事○去矣	291/149/12
既○得地矣	297/151/15
期於啗宋而○矣	297/151/16
既○得地	297/151/18
齊、魏之交○醜	297/151/19
秦善魏不可知也○	297/151/20
國不可為也○	297/151/21
則為劫於與國而不得○者	297/151/25
唯○之曾安	297/151/29
○在鄴矣	308/156/15
地○入數月	309/157/1
今地○入	309/157/6
則國救亡不可得也○	310/157/19
秦兵○令	310/158/4
臣○恐之矣	311/159/1
吾○許秦矣	312/159/15
而臺○燔	314/160/18
游○奪矣	314/160/18
秦○去魏	314/160/19
此亦王之大時○	315/162/6
使道○通	315/162/6
吾○合魏矣	317B/163/8
怨顏○絕之矣	317B/163/12
非獨此五國為然而○也	319/164/6
不出攻則○	325/165/19
秦○制趙	325/165/29
則趣趙而○	337/168/25
大王○知魏之急而救不至者	338/169/2
今齊、楚之兵○在魏郊矣	338/169/4
吾○全己	340/170/6
三晉○破智氏	344A/172/3
盡忠而○矣	345/172/17
而秦之求無○	347/173/7
而逆無○之求	347/173/7
不戰而地○削矣	347/173/8
見卒不過二十萬而○矣	348A/173/19
非王之有○	348A/173/27
秦○馳	351/174/26
今○令楚王奉幾瑟以車百乘居陽翟	353/175/16
彼○覺	353/175/17
○而	356B/176/9
今○得之矣	357/176/20
○悉起之矣	357/176/27
率且正言之而○矣	358/177/13
武遂終不可得○	359/178/1
秦、楚鬬之日也○	364/179/26
今韓○病矣	366/180/10
是公之所以外者儀而○	367/181/8
楚之縣而○	372/182/11
而以不得○之故來使	374/182/28
唯其母知之而○	386/187/3
唯智者知之而○	386/187/3
秦○善韓	386/187/6
韓故○攻宋矣	388/188/4
韓○與魏矣	394/190/13
韓○得武隧	396A/190/25
吾○為藥酒以待之矣	412/196/26
今趙王○入朝澠池	413/197/10
則齊可亡○	415/198/27
將軍市被死○殉	416A/199/25
燕質子為謝乃○	416B/200/3
○而讓位	416B/200/8
馬○死	418/201/1
吾○為藥酒而待其來矣	420/203/8
○而其丈夫果來	420/203/8
唯媒而○矣	421/203/20
○得安邑	422/204/10
○得宜陽、少曲	422/204/14
○得講於趙	422/204/22
齊○絕於趙	423/205/6
可大紛○	423/205/11
○矣	424/205/18
齊、趙○孤矣	426/206/21
期於成事而○	427/207/17
亦則○矣	428/207/27
齊兵○去	436/212/22
今我○亡之矣	437/212/27
不知吾精○消亡矣	440/215/6
不知吾形○不逮也	440/215/11
言光○死	440/215/15
言田光○死	440/215/18
今秦○虜韓王	440/215/22
既○	440/216/17
終○不顧	440/217/2
以待下吏之有城而○	444/219/8
固○過絕人矣	458/224/28
趙自長平○來	461/226/4

今趙卒之死於長平者○十七、八 461/226/13

以 yǐ 2479

○告顏率 1/1/3
使陳臣思將○救周 1/1/6
可懷挾提挈○至齊者 1/1/14
所○備者稱此 1/1/16
弊邑遷鼎○待命 1/1/18
子○為何如 2/1/22,141A/70/10
景翠○楚之眾 2/1/23
必○寶事公 2/1/27
可○德東周 3A/2/7
是我為楚、韓取寶○德之也 3B/2/13
所○富東周也 4/2/19
○病其所種 4/2/20
秦假道於周○伐韓 5B/3/3
將○疑周於秦 5B/3/5
○王之強而怒周 6/3/10
必○國合於所與粟之國 6/3/11
子何不○秦攻齊 7/3/16
子○齊事秦 7/3/16
子因令周最居魏○共之 7/3/16
然而所○不可者 8A/3/23
宋君奪民時○為臺 8B/3/29
無忠臣○掩蓋之也 8B/3/30
○掩桓公 8B/4/1
《春秋》記臣弒君者○百數 8B/4/1
秦○周最之齊疑天下 10A/4/14
魏因○因 10A/4/16
君弗如急北兵趨趙○秦、魏 11B/5/4
收周最○為後行 11B/5/4
故急兵○示秦 11C/5/11
秦○趙攻 11C/5/11
○地合於魏、趙 12/5/16
是君○合齊與強楚吏産子 12/5/17
將○觀秦之應趙、宋 13/5/21
將興趙、宋合於東方○孤秦 13/5/21
則秦、趙必相賣○合於王也 13/5/24
而○兵之急則伐齊 14A/6/2
魏王○國與先生 14B/6/6
貴合於秦○伐齊 14B/6/6
産○忿強秦 14B/6/7
臣請○三十金復取之 15/6/14
因告○祭地事 15/6/15
盡君子重寶珠玉○事諸侯 16/6/20
小人無可○求 16/6/22
翦今楚王資之○地 17/6/29
○秦之輕也 18/7/6
重周○取秦也 18/7/8
○西周之於王也 20/7/20
吾又恐東周之賊己而○輕西周惡之於楚 20/7/21
載○乘車駟馬而遣之 21/7/25
故留之十四日○待命也 21/7/27
小國不足亦○容賊 21/7/27
是○遣之也 21/7/27
薛公○齊為韓、魏攻楚 22/8/3
君○齊為韓、魏攻楚 22/8/4
九年而取宛、葉○北○強韓、魏 22/8/4
今又攻秦○益之 22/8/4
令弊邑○君之情謂秦王曰 22/8/6
薛公必破秦○張韓、魏 22/8/7
所○進兵者 22/8/7
欲王令楚割東國○與齊也 22/8/7
秦王出楚王○為和 22/8/8
君令弊邑○此忠秦 22/8/8
而○楚之東國自免也 22/8/8
秦令樗里疾○車百乘入周 24/8/24
周君迎之○卒 24/8/24
○其重秦客 24/8/24
載○廣車 24/8/25
因隨入○兵 24/8/25
使樗里疾○車百乘入周 24/8/27
○蔡、厹由戒之 24/8/27
寡人請○國聽 25/9/4
無○守城 25/9/6
吾收之○飢 25/9/6
公何不○高都與周 25/9/8
是公○弊高都得完周也 25/9/10
因○應為太后養地 26/9/15
周君必○為公功 26/9/16
今公又○秦兵出塞 27/9/26
踐韓而○攻梁 27/9/26
周君所○事吾得者器 28/10/4
○臨韓、魏 29/10/9
君使人告齊王○周最不肯為太子也 30/10/15
○嫁之齊也 30/10/18
將○使攻魏之南陽 31/10/23
將○為辭於秦而不往 31/10/24
魏王○上黨之急辭之 32/10/29
而設○國為王扞秦 32/11/2
臣見其必○國事秦也 32/11/3
○攻南陽 32/11/3
周君得○為辭於父兄百姓 32/11/5
而利溫囿○為樂 32/11/5
其○事王者 32/11/6
所○為之者 33/11/12
韓兼兩上黨○臨趙 33/11/13
即趙羊腸○上危 33/11/13
因趙○止易也 33/11/14
實不足○利國 34/11/18
天下○聲畏秦 34/11/19
君不如使周最陰合於趙○備秦 35/11/26
王何不○地齎周最○為太子也 36/12/3
齊王令司馬悍○賂進周最於周 36/12/3
悍請令王進之○地 36/12/5
左尚○此得事 36/12/5
彼且攻王之聚○利秦 37/12/10
孝公○為相 39/12/22
特○強服之耳 39/12/24
○大王之賢 40/13/8
可○并諸侯 40/13/9
毛羽不豐滿者不可○高飛 40/13/12
文章不成者不可○誅罰 40/13/12
道德不厚者不可○使民 40/13/12
政教不順者不可○煩大臣 40/13/13
願○異日 40/13/13
故○戰續之 40/13/23
○此論之 40/13/26
妻不○我為夫 40/14/1
嫂不○我為叔 40/14/1
父母不○我為子 40/14/1
簡練○為揣摩 40/14/2
此真可○說當世之君矣 40/14/4
○隨其後 40/14/7
○抑強秦 40/14/7
○季子之位尊而多金 40/14/19

欲〇一人之智 41A/14/24
從〇欺秦 41A/14/24
故先使蘇秦〇幣帛約乎
諸侯 41A/14/25
向欲〇齊事王 41B/15/3
必割地〇交於王矣 41B/15/4
且〇恐齊而重王 41B/15/4
向〇王之明為先知之 41B/15/5
將西南〇與秦為難 42/15/11
〇亂攻治者亡 42/15/12
〇邪攻正者亡 42/15/12
〇逆攻順者亡 42/15/12
一可〇勝十 42/15/19
十可〇勝百 42/15/19
百可〇勝千 42/15/19
千可〇勝萬 42/15/19
萬可〇勝天下矣 42/15/19
〇此與天下 42/15/21,42/17/7
足〇為限 42/15/26
足〇為塞 42/15/26,415/198/21
隨荊〇兵 42/16/2
東〇強齊、燕 42/16/3,42/16/7
令帥天下西面〇與秦為難 42/16/5
大王〇詐破之 42/16/6,42/16/15
而欲〇成兩國之功 42/16/10
〇爭韓之上黨 42/16/15
中呼池〇北不戰而已為
燕矣 42/16/18
〇東弱齊、燕 42/16/20
〇流魏氏 42/16/20
大王拱手〇須 42/16/20
〇大王之明 42/16/21
臣〇天下之從 42/16/26
願大王有〇慮之也 42/16/27
何〇知其然也 42/17/1,87/41/10
89/43/19,142/71/8,142/72/2
142/72/12,142/72/27
〇與周武為難 42/17/2
〇攻趙襄主於晉陽 42/17/4
〇視利害 42/17/5
〇攻智伯之國 42/17/6
〇成襄子之功 42/17/6
言所〇舉破天下之從 42/17/9
〇成伯王之名 42/17/10
大王斬臣〇徇於國 42/17/11
〇主為謀不忠者 42/17/12
張儀欲假秦兵〇救魏 43/17/16
〇臨二周之郊 44/17/25
挾天子〇令天下 44/17/26
弊兵勞衆不足〇成名 44/17/27
得其地不足〇為利 44/17/27
〇秦攻之 44/18/3
足〇廣國也 44/18/4
足〇富民 44/18/4
而天下不〇為暴 44/18/4
諸侯不〇為貪 44/18/5
〇因于齊、趙 44/18/8
〇鼎與楚 44/18/8
〇地與魏 44/18/8
將〇為國交也 45/18/17
楚王〇為然 45/18/18
彼必〇國事楚王 45/18/18
張儀欲〇漢中與楚 46/18/23
王割漢中〇為和楚 46/18/25
王今〇漢中與楚 46/18/25
王何〇市楚也 46/18/26
不如與魏〇勁之 47/18/30
〇與魏 47/19/1
〇亂其政 48A/19/7
宮之奇〇諫而不聽 48A/19/9
今秦自〇為王 48A/19/9
故驕張儀〇五國 48A/19/11
天下欲〇為子 48B/19/20
天下欲〇為臣 48B/19/21
楚亦何〇軫為忠乎 48B/19/22
常〇國情輸楚 49/19/27
儀〇子為之楚 49/20/2
〇順王與儀之策 49/20/3
而常〇國輸楚王 49/20/7
〇此明臣之楚與不 49/20/8
天下皆欲〇為臣 49/20/12
天下皆欲〇為子 49/20/13
楚何〇軫為 49/20/14
王〇為然 49/20/15,93/45/13
是〇弊邑之王不得事令 50/20/25
而私商於之地〇為利也 50/20/27
寡人自〇為智矣 50/21/3
夫秦所〇重王者 50/21/4
〇王有齊也 50/21/4
〇待吾事 50/21/7
張子〇寡人不絕齊乎 50/21/11
儀固〇小人 50/21/13
臣可〇言乎 50/21/13
僅〇救亡者 50/21/19
王不如〇地東解於齊 51/21/23
子獨不可〇忠為子主計 51/21/26
〇其餘為寡人乎 51/21/27
王不如賂之〇撫其心 53/22/18
因〇文繡千匹 53/22/19
君〇告扁鵲 54/22/27
〇闚周室 55/23/3
盡〇為子功 55/23/6
向壽歸〇告王 55/23/7
天下不〇為多張儀而賢
先王 55/23/11
夫〇曾參之賢 55/23/17
不如許楚漢中〇懽之 56/23/27
楚王〇其言責漢中於馮
章 56/23/29
我〇宜陽餌王 57/24/4
而公中〇韓窮我於外 57/24/5
因〇宜陽之郭為墓 57/24/5
於是出私金〇益公賞 57/24/6
臣是〇知其御也 59/24/17
妾〇無燭 61A/24/29
幸〇賜妾 61A/24/29
妾自〇有益於處女 61A/24/30
處女相語〇為然而留之 61A/24/30
彼若〇齊約韓、魏 61A/25/5
反〇謀秦 61A/25/5
厚其祿〇迎之 61A/25/6
〇相迎之齊 61A/25/7
〇相迎之 61A/25/9
今王何〇禮之 61A/25/10
彼〇甘茂之賢 61A/25/10
〇告甘茂 61B/25/16
令田章〇陽武合於趙 63/25/28
而〇順子為質 63/25/28
齊〇陽武賜弊邑而納順
子 63/25/29
欲〇解伐 63/25/29
〇告弊邑 63/26/2
〇奉祭祀 63/26/2
秦且益趙甲四萬人〇伐齊 63/26/5
必不益趙甲四萬人〇伐齊 63/26/6
今破齊〇肥趙 63/26/8
〇天下擊之 63/26/9
譬猶〇千鈞之弩潰癰也 63/26/9
齊割地〇實晉、楚 63/26/11
是晉、楚〇秦破齊 63/26/12
〇齊破秦 63/26/12

吾齊○安之 63/26/13
必不益趙甲四萬人○伐齊矣 63/26/15
必○魏子為殉 64/26/19
○死者為有知乎 64/26/20
何為空○生所愛 64/26/21
文聞秦王欲○呂禮收齊 65/26/26
○濟天下 65/26/26
齊、秦相聚○臨三晉 65/26/26
是君收齊○重呂禮也 65/26/27
文請○所得封君 65/26/28
必重君○取晉 65/26/28
晉必重君○事秦 65/26/29
是君破齊○為功 65/26/29
操晉○為重也 65/26/29
秦封君○陶 66/27/3
率○朝天子 66/27/4
故○舜、湯、武之賢 66/27/8
○非此時也 66/27/12
挾君之讎○誅於燕 66/27/13
載主契國○與王約 67/27/20
夫楚王之○其臣請挈領然而臣有患也 67/27/21
夫楚王之○其國依冉也 67/27/21
請○號三國○自信也 67/27/24
而公請之○自重也 67/27/24
支分方城膏腴之地○薄鄭 70/28/16
足○傷秦 70/28/17
成陽君○王之故 71/28/22
使○臣之言為可 72/29/1
今臣之胸不足○當椹質 72/29/2
要不足○待斧鉞 72/29/3
豈敢○疑事嘗試於王乎 72/29/3
雖○臣為賤而輕辱臣 72/29/3
獨不足○厚國家乎 72/29/7
寡人宜○身受令久矣 73A/29/19
寡人乃得○身受命 73A/29/20
先生何○幸教寡人 73A/29/24
願○陳臣之陋忠 73A/30/4
所○王三問而不對者是也 73A/30/4
死不足○為臣患 73A/30/6, 424/205/21
亡不足○為臣憂 73A/30/6
不足○為臣恥 73A/30/6
可○少有補於秦 73A/30/8
無○餌其口 73A/30/9
加之○幽囚 73A/30/10
漆身可○補所賢之主 73A/30/12
是○杜口裹足 73A/30/13
小者身○孤危 73A/30/15
此天○寡人慁先生 73A/30/18
此天所○幸先王而不棄其孤也 73A/30/19
願先生悉○教寡人 73A/30/20
○秦卒之勇 73A/30/24
○當諸侯 73A/30/24
則不足○傷齊 73A/31/1
所○然者 73A/31/5,85/39/28
○其伐楚而肥韓、魏也 73A/31/5
必親中國而○為天下樞 73A/31/8
○威楚、趙 73A/31/8
懼必卑辭重幣○事秦 73A/31/9
卑辭重幣○事之 73A/31/13
時○為仲父 73B/32/12
亦○為父 73B/32/12
籍人○此 74/32/19
其令邑中自斗食○上 74/32/22
三貴竭國○自安 74/33/1
○張儀為言 75/33/9
且削地而○自贖於王 75/33/9
今平原君自○賢 76/33/16
○己欲富貴耳 77/33/23
武安君所○為秦戰勝攻取者七十餘城 78/34/4
因○為武安功 78/34/8
秦王○為不然 79/34/19
○告蒙傲曰 79/34/19
臣○韓之細也 79/34/23
蒙傲○報於昭王 79/34/24
○其為汝南虜也 79/34/27
果惡王稽、杜摯○反 80/35/9
而恩○相葬臣 80/35/14
使人宣言○感怒應侯曰 81/35/20
願○為君王 81/35/27
應侯知蔡澤之欲困己○說 81/36/1
信賞罰○致治 81/36/2
故君子殺身○成名 81/36/6
無明君賢父○聽之 81/36/9
故天下○其君父為戮辱 81/36/9
夫待死而後可○立忠成名 81/36/10
○君臣論之 81/36/14
遂○殺身亡國 81/36/22
是○兵動而地廣 81/36/24
遂○車裂 81/36/25
○與楚戰 81/36/25
○禽勁吳 81/37/4
○實宜陽 81/37/7
君何不○此時歸相印 81/37/9
孰與○禍終哉 81/37/10
楚必走秦○急 82A/37/28
○齊、秦劫魏 82B/38/6
呡欲○齊、秦劫魏而困薛公 82B/38/7
負芻必○魏歿世事秦 82B/38/8
終○齊奉事王矣 82B/38/9
吾特○三城從之 83A/38/18
卒使公子池○三城講於三國 83A/38/20
○孟嘗、芒卯之賢 83B/38/26
帥強韓、魏之兵○伐秦 83B/38/27
今○無能之如耳、魏齊 83B/38/27
帥弱韓、魏○攻秦 83B/38/27
帥韓、魏○圍趙襄子於晉陽 83B/39/1
決晉水○灌晉陽 83B/39/1
汾水利○灌安邑 83B/39/2
絳水利○灌平陽 83B/39/3
魏許秦○上洛 84A/39/9
○絕秦於楚 84A/39/9
魏許寡人○地 84A/39/10
是王○魏地德寡人 84A/39/11
○是告楚 84A/39/13
是○鯉與之遇也 84B/39/18
王不如留之○市地 85/39/23
聞齊、魏皆且割地○事秦 85/39/27
○秦與楚為昆弟國 85/39/28
而外結交諸侯○圖 85/40/1
○千里養 86/40/11
即○天下恭養 86/40/18
襄王○為辯 87/40/26
此從生民○來 87/40/29
○絕從親之要 87/40/30
成橋○北入燕 87/40/30
○臨仁、平兵 87/41/3
而欲○力臣天下之主 87/41/8
是王○兵資於仇讎之韓、魏 87/41/22

王破楚於○肥韓、魏於中國而勁齊 87/42/2
韓、魏之強足○校於秦矣 87/42/2
齊南○泗為境 87/42/3
於○禁王之為帝有餘 87/42/4
夫○王壤土之博 87/42/4
臨○韓 87/42/8
王襟○山東之險 87/42/8
帶○河曲之利 87/42/9
王○十成鄭 87/42/9
土廣不足○為安 88/42/16
人眾不足○為強 88/42/16
○與申縛遇於泗水之上 88/42/23
○同言郢威王於側紂之間 88/42/26
臣豈○郢威王為政衰謀亂○至於此哉 88/42/26
何○知其然 89/43/7,142/73/20
驅十二諸侯○朝天子於孟津 89/43/10
○王為吳、智之事也 89/43/15
○臣之心觀之 89/43/18
秦人援魏○拒楚 89/43/19
楚人援韓○拒秦 89/43/20
齊、宋在繩墨之外○為權 89/43/20
所○不為相者 91/44/3
公何不○秦、楚之重 91/44/4
○太子之留酸棗而不之秦 92/44/12
○秦彊折節而下與國 92/44/14
澤可○遺世 93/44/20
可○有秦國 93/44/23
說有可○一切而使君富貴千萬歲 93/44/28
不顧一子○留計 93/45/6
不足○結秦 93/45/7
大王無一介之使○存之 93/45/13
立○為太子 93/45/14
○不韋為相 93/45/16
文信侯欲攻趙○廣河間 94/45/21
○廣河間之地 94/45/22
奚○遽言叱也 94/45/26
燕、秦所○不相欺者 94/46/9
今王齎臣五城○廣河間 94/46/10
趙王立割五城○廣河間 94/46/10
趙○為守相 95/46/15
而悉教○國事 95/46/22
大王裂趙之半○賂秦 95/46/22
趙守半國○自存 95/46/24
秦銜賂○自強 95/46/24
實得山東○敵秦 95/46/25
趙賂○河間十二縣 95/46/26
今又割趙之半○強秦 95/46/27
因○亡矣 95/46/27
○官長而守小官 95/46/28
請為大王悉趙兵○遇 95/46/28
是臣無○事大王 95/46/29
○上客料之 95/47/2
○曲合於趙王 95/47/4
故使工人為木材○接手 95/47/9
縞請○出示 95/47/9
○示韓倉 95/47/9
纆之○布 95/47/10
銜劍徵之於柱○自刺 95/47/12
又○為司空馬逐於秦 95/47/15
將○攻秦 96/47/21
將○圖秦 96/47/21
衣○其衣 96/47/23
冠舞○其劍 96/47/23
與之為交○報秦 96/47/24
○為上卿 96/47/24
買○珍珠重寶 96/47/26
是賈○王之權 96/47/27
非所○厲群臣也 96/48/2
吾聞子○寡人財交於諸侯 96/48/4
天下願○為子 96/48/5
天下願○為臣 96/48/5
天下願○為妃 96/48/6
傳賣○五羊之皮 96/48/12
故可○存社稷者 96/48/15
是○群臣莫敢○虛願望於上 96/48/16
復整其士卒○與王遇 97/48/24
是其所○弱也 98/49/5
客多○諫 99/49/10
鄙臣不敢○死為戲 99/49/12
奚○薛為 99/49/14
士尉○証靖郭君 101/49/24
孟嘗君又竊○諫 101/49/25
藏怒○待之 101/50/4
昭陽請○數倍之地易薛 101/50/8
吾豈可○先王之廟與楚乎 101/50/9
此齊貌辨之所○外生樂患趣難者也 101/50/16
故不如南攻襄陵○弊魏 102/50/24
韓自○專有齊國 103/51/6
君可○有功 104/51/12
鄒忌○為然 104/51/12
鄒忌○告公孫閈 104/51/15
將軍可○為大事乎 105/51/21
齊恐田忌欲○楚權復於齊 106/51/29
鄒忌所○不善楚者 106/52/1
恐田忌之○楚權復於齊也 106/52/1
○示田忌之不返齊也 106/52/2
鄒忌○齊厚事楚 106/52/2
必○齊事楚 106/52/3
忌聞○為有一子之孝 107/52/7
○幾何人 107/52/8
宣王因○晏首壍塞之 107/52/8
自○為不如 108/52/19
皆○美於徐公 108/52/24
秦假道韓、魏○攻齊 109/53/6
○雜秦軍 109/53/7
候者言章子○齊入秦 109/53/7
候者復言章子○齊兵降秦 109/53/7
何○知之 109/53/11
202/103/9,454/222/31
子○齊、楚為孰勝哉 110/53/21
然則子何○弔寡人 110/53/22
其餘兵足○待天下 110/53/23
而君○魯眾合戰勝後 110/53/24
魯君○為然 110/53/25
欲○正天下而立功名 111/54/3
○為後世也 111/54/3
不足○立功名 111/54/4
適足○強秦而自弱也 111/54/4
此臣之所○為山東之患 111/54/6
秦得絳、安邑○東下河 111/54/11
而出銳師○戍梁絳、安邑 111/54/15
齊非急○銳師合三晉 111/54/15
不如急○兵合於三晉 111/54/17
果○兵合於三晉 111/54/19
固○二十一萬矣 112/54/26
夫○大王之賢與齊之強 112/54/29
且夫韓、魏之所○畏秦

者 112/54/31
○與秦接界也 112/54/31
○亡隨其後 112/55/1
是故韓、魏之所○重與秦戰而輕為之臣也 112/55/1
今主君○趙王之教詔之 112/55/10
敬奉社稷○從 112/55/10
347/173/13
莫不○從為可 113/55/19
國○危 113/55/19
割河間○事秦 113/55/23
220/116/11
請奉社稷○事秦 113/55/27
張儀○秦、魏伐韓 114/56/3
是天下○燕賜我也 114/56/5
韓自○得交於齊 114/56/7
然後王可○多割地 115/56/16
115/56/24
王○其間伐韓 115/56/18
115/56/26
○臨周 115/56/18, 115/56/26
何○託儀也 115/56/23
秦王○為然 115/56/27
439/214/13
廣鄰敵○自臨 115/56/28
犀首○梁為齊戰於承匡而不勝 116/57/3
張儀謂梁王不用臣言○危國 116/57/3
儀○秦、梁之齊合橫親 116/57/3
值所○為國者不同耳 116/57/4
公○是為名居足矣 117/57/18
昭陽○為然 117/57/19
趙令樓緩○五城求講於秦 118/57/23
因使人○十城求講於秦 118/57/23
因○上黨二十四縣許秦王 118/57/24
急必○地和於燕 119/58/1
趙無○食 120/58/11
不如聽之○卻秦兵 120/58/11
○市其下東國 122/58/26
可○請行 122/59/1
可○令楚王亟入下東國 122/59/1
可○益割於楚 122/59/1
可○忠太子而使楚益入地 122/59/1
可○為楚王走太子 122/59/2
可○忠太子使之亟去 122/59/2
可○惡蘇秦於薛公 122/59/2
可○為蘇秦請封於楚 122/59/2
可○使人說薛公○善蘇子 122/59/3
可○使蘇子自解於薛公 122/59/3
○市下東國也 122/59/5
122/59/10
故曰可○使楚亟入地也 122/59/11
○忠太子 122/59/15
可○益入地 122/59/15
故曰可○益割於楚 122/59/15
楚王請割地○留太子 122/59/17
故曰可○使楚益入地也 122/59/19
齊之所○敢多割地者 122/59/21
○太子權王也 122/59/21
請○國因 122/59/23
故曰可○為楚王使太子亟去也 122/59/23
○空名市者太子也 122/59/26
故曰可○使太子急去也 122/59/27
蘇秦非誠○為君也 122/60/1
且○便楚也 122/60/1
故多割楚○滅迹也 122/60/2
○其為齊薄而為楚厚也 122/60/6
故曰可○為蘇秦請封於楚也 122/60/7
君之所○重於天下者 122/60/10
○能得天下之士而有齊權也 122/60/10
故曰可○為蘇秦說薛公○善蘇秦 122/60/13
固且○鬼事見君 124/60/24
挺子○為人 124/60/28
刻削子○為人 124/61/1
文無○復侍矣 125/61/7
孟嘗君奉夏侯章○四馬百人之食 126/61/19
或○告孟嘗君 126/61/20
文有○事夏侯公矣 126/61/20
繁菁○問夏侯公 126/61/20
然吾毀之○為之也 126/61/21
君所○得為長者 126/61/22
○吾毀之者也 126/61/22
吾○身為孟嘗君 126/61/22
願聞先生有○補之闕者 127/61/27
臣請○臣之血湔其衽 127/61/28
臣願○足下之府庫財物 127/62/2
或○問孟嘗君曰 128/62/7
願君○此從衛君遊 128/62/11
衛君甚欲約天下之兵○攻齊 128/62/13
○臣欺君 128/62/14
今君約天下之兵○攻齊 128/62/15
願君勿○齊為心 128/62/15
臣輒○頸血湔足下衿 128/62/16
小國所○皆致相印於君者 130/63/8
皆○國事累君 130/63/9
將何○待君 130/63/10
許戍○先人之寶劍 130/63/16
○頓其兵 132A/64/2
率魏兵○救邯鄲之圍 132B/64/8
故專兵一志○逆秦 132B/64/13
是○天下之勢 132B/64/14
則足○敵秦 132B/64/15
不能○重於天下者何也 132B/64/15
左右○君賤之也 133/64/22
食○草具 133/64/22
左右○告 133/64/24
○告 133/64/26
無○為家 133/64/27
○為貪而不知足 133/64/28
○何市而反 133/65/5, 133/65/12
起矯命○責賜諸民 133/65/8
君家所寡有者○義耳 133/65/13
竊○為君市義 133/65/13
○責賜諸民 133/65/15
乃臣所○為君市義也 133/65/15
寡人不敢○先王之臣為臣 133/65/18
○故相為上將軍 133/65/22
君不○使人先觀秦王 134/66/3
奚暇從○難之 134/66/4
君從○難之 134/66/4
○車十乘之秦 134/66/7
而欲媿之○辭 134/66/7
猶未敢○有難也 134/66/9
必○其血洿其衣 134/66/13
請○市諭 136A/67/6
不敢○為言 136A/67/8
○喜其為名者 136B/67/28

必○驕奢為行	136B/67/28
是○堯有九佐	136B/68/2
是○君王無羞亟問	136B/68/3
必○賤為本	136B/68/6
必○下為基	136B/68/6
是○侯王稱孤寡不穀	136B/68/6
而侯王○自謂	136B/68/7
是○明乎士之貴也	136B/68/8
晚食○當肉	136B/68/14
安步○當車	136B/68/14
無罪○當貴	136B/68/15
清靜貞正○自虞	136B/68/15
固願得士○治之	137/69/5
何○有民	138/69/15
何○有君	138/69/15
何○至今不業也	138/69/17
	138/69/19
○養父母	138/69/19
何○王齊國	138/69/20
而士不得○為緣	140/70/5
君不肯○所輕與士	140/70/5
而責士○所重事君	140/70/6
不如聽之○卒秦	141A/70/12
勿庸稱也○為天下	141A/70/12
其於○收天下	141A/70/13
王○天下為尊秦乎	141B/70/18
○就天下	141B/70/21
而王○其間舉宋	141B/70/22
故釋帝而貳之○伐宋之事	141B/70/23
燕、楚○形服	141B/70/24
敬秦○為名	141B/70/24
此所謂○卑易尊者也	141B/70/24
是○聖人從事	142/71/4
○其為韓、魏主怨也	142/71/20
皆○相敵為意	142/71/22
常○王人為意也	142/71/25
常○謀人為利也	142/71/25
是○大國危	142/71/25
則事○眾強適罷寡也	142/71/26
昔吳王夫差○強大為天下先	142/72/3
倶彊而加○親	142/72/12
誠欲○伯王也為志	142/72/17
惡其示人○難也	142/73/9
則是非徒示人○難也	142/73/10
何○知其然矣	142/73/21
○西謀秦	142/73/23
○待魏氏	142/73/24
故○一秦而敵大魏	142/73/25
此固大王之所○鞭箠使也	142/73/27
不足○王天下	142/73/28
而不○德魏王	142/74/5
而魏將○禽於齊矣	142/74/6
○故燕舉兵	143/74/12
向子○輿一乘亡	143/74/13
求所○償者	143/74/14
天○告也	143/74/19
地○告也	143/74/19
人○告也	143/74/19
天地人皆○告矣	143/74/19
田單○即墨之城	143/74/23
遂○復齊	143/74/23
立之○為王	143/74/23
君王后○為后	143/74/24
齊田單○即墨破燕	145/75/6
約之矢○射城中	145/75/11
○為亡南陽之害	145/75/15
栗腹○百萬之眾	145/75/19
今公又○弊聊之民	145/75/20
能○見於天下矣	145/75/22
○制群臣	145/75/25
○資說士	145/75/25
曹子○敗軍禽將	145/76/6
曹子○為遭	145/76/7
曹子○一劍之任	145/76/7
○為殺身絕世	145/76/10
齊○破燕	146/76/19
皆○田單為自立也	146/76/19
無可○分者	146/76/23
將欲○取我國乎	146/76/23
女○為何若	146/76/25
王不如因○為己善	146/76/25
單何○得罪於先生	147/77/8
豈不○據勢也哉	147/77/16
然則周文王得呂尚○為太公	147/77/25
齊桓公得管夷吾○為仲父	147/77/25
安平君○惴惴之即墨	147/77/28
○為不可	147/78/1,276/145/24
王不亟殺此九子者○謝安平君	147/78/2
益封安平君○夜邑萬戶	147/78/3
臣○五里之城	148/78/8
此所○破燕也	148/78/15
所○不勝者也	148/78/17
是○餘糧收宋也	149A/78/23
因○為辭而攻之	149A/78/23
○為非常人	149B/79/1
○太史氏女為王后	149B/79/2
不○不覩之故	149B/79/3
○故建立四十有餘年不受兵	149B/79/6
君王后○示群臣	149B/79/8
謹○解矣	149B/79/9
王何○去社稷而入秦	150/79/20
則○為可可為謀	150/79/22
即臨晉之關可○入矣	150/79/24
即武關可○入矣	150/79/25
齊○淖君之亂秦	151/80/3
○示齊之有楚	151/80/4
○資固於齊	151/80/4
適為固驅○合齊、秦也	151/80/5
必非固之所○之齊之辭也	151/80/6
王不如令人○涓來之辭謾固於齊	151/80/6
王欲收齊○攻秦	151/80/7
王即欲○秦攻齊	151/80/7
楚○緩失宋	152/80/12
齊○急得宋	152/80/13
是○弱宋干強楚也	152/80/14
常○急求所欲	152/80/14
五國約○伐齊	153/80/19
五國○破齊秦	153/80/19
我厚賂之○利	153/80/21
我悉兵○臨之	153/80/21
王苟無○五國用兵	153/80/25
○廧於齊	153/80/25
子○我為不信	154/81/5
虎○為然	154/81/6
○為畏狐也	154/81/6
而○強魏	156/81/17
何○兩弊也	156/81/21
且魏令兵○深割趙	156/81/21
必與魏合而○謀楚	156/81/22
○為趙援	156/81/22
臣朝夕○事聽命	157B/82/6
人有○其狗為有執而愛	

之 158/82/12
○居魏知之 158/82/14
○王好聞人之美而惡聞人之惡也 159/82/21
何○也 160/82/27,169/88/8
無○至此 160/82/27
○財交者 160/82/30
○色交者 160/82/30
是○嬖女不敝席 160/82/30
而無○深自結於王 160/83/1
○身為殉 160/83/2
願得○身試黃泉 160/83/11
○卜其罪 162/83/25
公何為○故與奚恤 162/83/28
而楚○上梁應之 163/84/5
楚○弱新城圍之 163/84/6
故楚王何不○新城為主郡也 163/84/8
楚王果○新城為主郡 163/84/10
而太子有楚、秦○爭國 164/84/15
矯○新城、陽人予太子 164/84/15
○為國也 164/84/16,375/183/4
○與公叔爭國而得之 164/84/16
楚杜赫說楚王○取趙 165/84/22
王不如○十乘行之 165/84/25
乃○十乘行之 165/84/25
臣不足○知之 166/85/3
○苛廉聞於世 166/85/5
計王之功所○能如此者 166/85/8
今王○用之於越矣 166/85/8
臣○為王鉅速忘矣 166/85/9
被王衣○聽事 166/85/10
夫○楚之強與大王之賢 167/85/17
莫如從親○孤秦 167/85/19
○承大王之明制 167/85/24
橫人皆欲割諸侯之地○事秦 167/86/1
○外交強虎狼之秦 167/86/2
○侵天下 167/86/2,272/143/2
○內劫其主 167/86/3,272/143/3
○求割地 167/86/3,218/113/26
則諸侯割地○事楚 167/86/4
則楚割地○事秦 167/86/4
恐反人○入於秦 167/86/8
○楚當秦 167/86/9
寡人謹奉社稷○從 167/86/10
四塞○為固 168/86/15
主嚴○明 168/86/16
將知○武 168/86/17
無○異於驅群羊而攻猛虎也 168/86/18
竊○為大王之計過矣 168/86/19
夫○弱攻強 168/86/25
此臣之所○為大王之患也 168/87/4
且夫秦之所○不出甲於函谷關十五年○攻諸侯者 168/87/9
而韓、魏○全制其後 168/87/11
大王悉起兵○攻宋 168/87/14
夫○一詐偽反覆之蘇秦 168/87/18
請○秦女為大王箕帚之妾 168/87/22
○為湯沐之邑 168/87/22
臣○為計無便於此者 168/87/23
須○決事 168/87/24,348A/174/3
今上客幸教○明制 168/87/26
敬○國從 168/87/27,272/143/18,408/194/23
自從先君文王○至不穀之身 170/88/18
○憂社稷者乎 170/88/19
○憂社稷者 170/88/20,170/88/21,170/88/22,170/88/22,170/88/23,170/88/26,170/89/3,170/89/7,170/89/18,170/89/25
緇帛之衣○朝 170/88/25
鹿裘○處 170/88/25
恢先君○揜方城之外 170/89/1
天下莫敢○兵南鄉 170/89/2
○與大心者也 170/89/6
下塞○東 170/89/17
負雞次之典○浮於江 170/89/21
齊王好高人○名 171/90/7
楚令景翠○六城賂齊 172/90/13
公出地○取齊 172/90/14
鯉與厲且○收地取秦 172/90/14
楚令昭鼠○十萬軍漢中 173A/90/20
必分公之兵○益之 173A/90/21
楚令昭雎將○距秦 173B/90/26
必深攻楚○勁秦 173B/90/27
而○利三國也 173B/90/28
秦可○少割而收害也 173B/90/29
○懽從之 174/91/6
奉○上庸六縣為湯沐邑 174/91/6
秦女依強秦○為重 174/91/7
挾寶地○為資 174/91/7
勢為王妻○臨于楚 174/91/7
畜張子○為用 174/91/10
○張儀之知 175/91/18
所○為身也 177/92/5
○東地五百里許齊 177/92/11
後不可○約結諸侯 177/92/13
○地大為萬乘 177/92/17
王○三大夫計告慎子曰 177/92/24
齊使人○甲受東地 177/93/1
秦○五十萬臨齊右壤 177/93/4
愛之○心 179/93/16,179/93/16
事之○善言 179/93/16
事之○財 179/93/17
必進賢人○輔之 179/93/17
好傷賢○為資 179/93/17
多賂諸侯○王之地 179/93/18
是○國危 179/93/19
○百姓 179/93/20
死者○千數 179/93/20
自令尹○下 179/93/21
事王者○千數 179/93/21
王無○為臣 181/94/4
子必○衣冠之敝 182/94/9
○為神 182/94/15
乃資之○珠玉 182/94/16
○供芻秣 182/94/19
鄭袞亦○金五百斤 182/94/19
吾固○為天下莫若是兩人也 182/94/25
楚王因收昭雎○取齊 183/94/29
必○秦合韓、魏 183/95/1
儀有秦而雎○楚重之 183/95/2
○與秦爭 183/95/4
臣○為大王輕矣 184/95/12
而可○德惠子 184/95/14
今施○魏來 185/95/21
而陰使人○請聽秦 185/95/22
子何○救之 185/95/27
公不如○儀之言為資 186/96/4
因使人○儀之言聞於楚 186/96/5
吾欲先據之○加德焉 187/96/10
○韓侈之知 187/96/10

夫梟棊之所○能為者 188/96/20
○散棊佐之也 188/96/20
臣聞從者欲合天下○朝大王 189/96/25
不足○載大名 189/96/27
不足○横世 189/96/28
是○國權輕於鴻毛 189/96/29
婦人所○事夫者 190/97/4
此孝子之所○事親 190/97/5
忠臣之所○事君也 190/97/6
鄭褎知王○己為不妬也 190/97/8
公何○不請立后也 191/97/15
將○為楚國袄祥乎 192/97/22
非敢○為國袄祥也 192/97/23
淹留○觀之 192/97/24
臣聞昔湯、武○百里昌 192/97/29
桀、紂○天下亡 192/97/29
猶○數千里 192/97/29
自○為無患 192/98/2
192/98/4, 192/98/8
黃雀因是○ 192/98/3
○其類為招 192/98/5
黃鵠因是○ 192/98/7
蔡聖侯之事因是○ 192/98/12
而不○國家為事 192/98/13
繫己○朱絲而見之也 192/98/14
君王之事因是○ 192/98/16
而不○天下國家為事 192/98/17
於是乃○執珪而授之為陽陵君 192/98/20
齊明說卓滑○伐秦 193/98/25
明說楚大夫○伐秦 193/98/25
臣有辭○報樗里子矣 193/98/26
人皆○謂公不善於富摯 194/99/3
不若令屈署○新東國為和於齊○動秦 195/99/10
遽令屈署○東國為和於齊 195/99/11
謁者操○入 196/99/16
湯○亳 197/99/23
武王○鄗 197/99/23
皆不過百里○有天下 197/99/23
君籍之○百里勢 197/99/24
臣竊○為不便於君 197/99/24
趙○為上卿 197/99/25
無法術○知姦 197/100/2
則大臣主斷國私○禁誅於己也 197/100/2
遂○冠纓絞王 197/100/4
○瞽為明 197/100/10
○聾為聰 197/100/11
○是為非 197/100/11, 220/115/28
○吉為凶 197/100/11
臣願○射譬之 198/100/17
更羸○虛發而下之 198/100/19
先生何○知之 198/100/20
臣何足○當堯 199/101/1
夫○賢舜事聖堯 199/101/3
解紵衣○冪之 199/101/8
奈何○保相印、江東之封乎 200/101/24
誠○君之重而進妾於楚王 200/101/25
○李園女弟立為王后 200/101/28
欲殺春申君○滅口 200/102/1
○事無妄之主 200/102/5
秉權而殺君○滅口 200/102/10
故君不如北兵○德趙 201/102/27
○定身封 201/102/27
而使所○信之 201/102/30
知伯從韓、魏兵○攻趙 202/103/8
○其人事知之 202/103/9
知伯○告韓、魏之君曰 202/103/14
君又何○疵言告韓、魏之君為 202/103/17
必鄉之○兵 203/103/26
然則韓可○免於患難 203/103/26
將○伐趙 203/104/2
皆○狄蒿苫楚廧之 203/104/9
皆○鍊銅為柱質 203/104/11
號令○定 203/104/12
備守○具 203/104/12
欲○城下 203/104/16
張孟談○報襄子 203/104/23
亦所○亡也 203/105/13
乃稱簡之塗○告襄子曰 204A/105/18
五百之所○致天下者 204A/105/19
自將軍○上 204A/105/20
臣願捐功名去權勢○離眾 204A/105/20
此先聖之所○集國家 204A/105/22
○成其忠 204A/105/26
張孟談便厚○便名 204A/105/27
納地釋事○去權尊 204A/105/27
韓、魏、齊、燕負親○謀趙 204A/105/30
君其負劍而御臣○之國 204A/106/1
而將其頭○為飲器 204B/106/8
欲○刺襄子 204B/106/9
自刑○變其容 204B/106/12
○子之才 204B/106/14
○明君臣之義 204B/106/16
是懷二心○事君也 204B/106/17
亦將○愧天下後世人臣懷二心者 204B/106/17
范中行氏○眾人遇臣 204B/106/23
知伯○國士遇臣 204B/106/23
亦○足矣 204B/106/25
忠臣不愛死○成名 204B/106/26
而可○報知伯矣 204B/106/28
雖不足○攻秦 206/107/11
足○拔鄭 206/107/11
將○取信於百姓也 207/107/17
先生○鬼之言見我則可 208/107/23
若○人之事 208/107/23
臣固○鬼之言見君 208/107/24
非○人之言也 208/107/24
臣竊○為土梗勝也 208/107/27
蘇秦得○為用 208/108/6
且○伐齊 209/108/10
○秦為愛趙而憎韓 209/108/13
臣竊○事觀之 209/108/14
故○韓為餌 209/108/14
故出兵○佯示趙、魏 209/108/15
故微韓○貳之 209/108/15
故出質○為信 209/108/16
議秦○謀計 209/108/17
秦○三軍強弩坐羊唐之上 209/108/22
且秦○三軍攻王之上黨而危其北 209/108/22
韓乃西師○禁秦國 209/108/26
今乃○抵罪取伐 209/108/28
必○王為得 209/109/1
韓危社稷○事王 209/109/1
然則韓義王○天下就之 209/109/1
下至韓慕王○天下收之 209/109/1

○與諸侯攻秦 211/109/13
韓出銳師○佐秦 211/109/14
懼則可○不戰而深取割 211/109/16
請效上黨之地○為和 211/109/19
秦起二軍○臨韓 211/109/19
今王令韓興兵○上黨入和於秦 211/109/20
臣請悉發守○應秦 211/109/22
韓陽趨○報王 211/109/22
且○與秦 211/109/25,211/109/27
今馮亭令使者○與寡人 211/109/27
故自○為坐受上黨也 211/110/1
且夫韓之所○內趙者 211/110/1
且秦○牛田 211/110/3
今其守○與寡人 211/110/7
請○三萬戶之都封太守 211/110/11
而○與人 211/110/13
令公孫起、王齮○兵遇趙於長平 211/110/17
且○繩墨案規矩刻鏤我 212/110/22
甘茂為秦約魏○攻韓宜陽 213/110/28
○與齊、韓、秦市 213/110/29
必○路涉、端氏賂趙 213/110/29
且○置公孫赫、樗里疾 213/110/30
○趙之弱而據之建信君 214/111/3
○從為有功也 214/111/3
建信者安能○無功惡秦哉 214/111/4
不能○無功惡秦 214/111/4
○楚、趙分齊 214/111/5
趙王封孟嘗君○武城 216/111/17
孟嘗君擇舍人○為武城吏 216/111/17
文○為不可 216/111/19
而封之○武城 216/111/20
○燕餌趙 217/112/4
○秦之強 217/112/6,258B/137/17
○強秦之有韓、梁、楚 217/112/8
出銳師○戍韓、梁西邊 217/112/11
是○外賓客遊談之士 218/112/22
曰言所○異 218/113/1
貴戚父兄皆可○受封侯 218/113/2
五伯之所○覆軍禽將而求也 218/113/3
湯、武之所○放殺而爭也 218/113/3
是臣之所○為大王願也 218/113/4
此臣之所○為大王患也 218/113/8
218/113/15,273/144/6
○有天下 218/113/17
○王諸侯 218/113/17
而○冥冥決事哉 218/113/20
臣竊○天下地圖案之 218/113/22
皆欲割諸侯之地○與秦成 218/113/24
是故橫人日夜務○秦權恐猲諸侯 218/113/26
○儐畔秦 218/114/2
通質刑白馬○盟之 218/114/3
齊、魏各出銳師○佐之 218/114/3
齊出銳師○佐之 218/114/4
燕出銳師○佐之 218/114/6
218/114/7
韓、魏出銳師○佐之 218/114/6
六國從親○擯秦 218/114/8
秦必不敢出兵於函谷關○害山東矣 218/114/8
寡人敬○國從 218/114/12
○約諸侯 218/114/13
不○夜行 219/114/19
不○輕敵 219/114/19
是○賢者任重而行恭 219/114/19
又嚴之○刑罰 219/114/24
將○逆秦 219/114/28
臣有○知天下之不能為從○逆秦也 219/114/30
臣○田單、如耳為大過也 219/114/30
欲○窮秦折韓 219/115/1
219/115/6
臣○為至愚也 219/115/2
○南伐楚 219/115/3
夫齊兵之所○破 219/115/4
韓、魏之所○僅存者 219/115/4
臣○為至誤 219/115/7
臣○從一不可成也 219/115/7
是○三國之兵困 219/115/12
故裂地○敗於齊 219/115/12
○兵橫行於中十四年 219/115/13
終身不敢設兵○攻秦折韓也 219/115/13
大王收率天下○儐秦 220/115/20
今秦○大王之力 220/115/23
願○甲子之日合戰 220/115/25
○正殷紂之事 220/115/25
敬使臣先○聞於左右 220/115/25
凡大王之所信○為從者 220/115/28
○非為是 220/115/28
四國為一○攻趙 220/116/4
先○聞於左右 220/116/5
○為一從不事秦 220/116/9
剖地謝前過○事秦 220/116/10
於是乃○車三百乘入朝澠池 220/116/11
是○賢君靜而有道民便事之教 221/116/17
可○無盡百姓之勞 221/116/19
今吾將胡服騎射○教百姓 221/116/20
非○養欲而樂志也 221/116/24
221/117/2
欲○論德而要功也 221/116/25
雖毆世○笑我 221/116/27
且將○朝 221/116/29
○輔公叔之議 221/117/3
○成胡服之功 221/117/4
是○不先進 221/117/7
所○便用也 221/117/13
所○便事也 221/117/14
是○聖人觀其鄉而順宜 221/117/14
所○利其民而厚其國也 221/117/14
是○鄉異而用變 221/117/16
是故聖人苟可○利其民 221/117/16
果可○便其事 221/117/17
所○制俗也 221/117/19
自常山○至代、上黨 221/117/20
○守河、薄洛之水 221/117/22
○備其參胡、樓煩、秦、韓之邊 221/117/22
○及上黨 221/117/23

○攘諸胡 221/117/23
近可○備上黨之形 221/117/25
遠可○報中山之怨 221/117/25
而叔也順中國之俗○逆簡、襄之意 221/117/25
○順先王之志 221/117/29
先聖之所○教 221/118/4
所○成官而順政也 221/118/6
非所○觀遠而論始也 221/118/6
○私誣國 221/118/12
非所○教民而成禮也 221/118/17
是○蒞國者不襲奇辟之服 221/118/18
非所○教民而成禮者也 221/118/18
是○聖人利身之謂服 221/118/25
所○齊常民 221/118/26
非所○論賢者也 221/118/26
○書為御者 221/118/27
○古制今者 221/118/27
不足○高世 221/118/28
不足○制今 221/118/28
踐石○上者皆道子之孝 222/119/3
故寡人問子○璧 222/119/4
遺子○酒食 222/119/4
故寡人○子之知慮 222/119/5
為辨足○道人 222/119/5
危足○持難 222/119/5
忠可○寫意 222/119/5
信可○遠期 222/119/6
服難○勇 222/119/6
治亂○知 222/119/6
立傅○行 222/119/6
教少○學 222/119/6
故寡人欲子之胡服○傅王乎 222/119/7
威嚴不足○易於位 222/119/12
重利不足○變其心 222/119/12
○煩有司 222/119/13
所○使子 222/119/16
寡人○王子為子任 222/119/19
御道之○行義 222/119/19
○事寡人者畢矣 222/119/21
○傅王子也 222/119/22
不逆上○自伐 223/119/26
不立私○為名 223/119/27
反親○為行 223/119/28
逆主○自成 223/119/28
○從政為累 223/119/29
○逆主為高 223/119/29
○明有司之法 223/120/1
臣○失令過期 223/120/1
○待今日 223/120/2
○為騎邑 224/120/6,224/120/7
○奉騎射 224/120/9
所○昭後而期遠也 224/120/14
不可○踰險 224/120/14
不可○來朝 224/120/15
今子○官府之籍 224/120/15
所○不服者 225/120/23
今○三萬之眾而應強國之兵 225/120/29
而徒○三萬行於天下 225/121/3
而○集兵三萬 225/121/5
分○為戰國七 225/121/5
齊○二十萬之眾攻荊 225/121/6
趙○二十萬之眾攻中山 225/121/6
我其○三萬救是者乎哉 225/121/7
而索○三萬之眾 225/121/8
君將○此何之 225/121/9
不如請○河東易燕地於齊 227/121/19
○河東之地強齊 227/121/20
○燕○趙輔之 227/121/21
必皆事王○伐齊 227/121/21
是因天下○破齊也 227/121/21
乃○河東易齊 227/121/22
趙○公子郚為質於秦 228/121/26
○易藺、離石、祁於趙 228/121/26
魏令公子咎○銳師居安邑 228/122/4
○挾秦 228/122/4
富丁欲○趙合齊、魏 229A/122/9
樓緩欲○趙合秦、楚 229A/122/9
不如○順齊 229A/122/11
必○趙為辭 229A/122/12
○未構中山也 229A/122/16
是我○王因饒中山而取地也 229A/122/17
而○餘兵與三國攻秦 229A/122/19
公不如令主父○地資周最 229B/122/24
周最○天下辱秦者也 229B/122/24
夫○秦將武安君公孫起乘七勝之威 231/123/8
因○其餘兵 231/123/9
趙○亡敗之餘眾 231/123/10
○攻難而守者易也 231/123/11
而欲○罷趙攻強燕 231/123/12
是使弱趙為強秦之所○攻 231/123/12
而使強燕為弱趙之所○守 231/123/12
而強秦○休兵承趙之敝 231/123/12
此乃強吳之所○亡 231/123/13
而弱越之所○霸 231/123/13
獨無○教之乎 232/123/19
累世○前 232/123/21
公子之所○教之者厚矣 232/123/21
則恐王○臣之為秦也 233/124/2
王○樓緩言告之 233/124/5
王○其力尚能進 233/124/7
必○倦而歸也 233/124/8
秦○其力攻其所不能取 233/124/8
王又○其力之所不能攻○資之 233/124/8
王無○救矣 233/124/9
王又○虞卿之言告樓緩 233/124/11
王之所○事秦必不如韓、魏也 233/124/14
王之所○事秦者 233/124/15
王○樓緩之言告 233/124/18
我○五城收天下○攻罷秦 233/124/21
自弱○強秦 233/124/22
是使王歲○六城事秦也 233/124/23
○益愈強之秦 233/124/25
○有盡之地 233/124/27
王又○虞卿言告之 233/125/1
○疑天下 233/125/3
王○此斷之 233/125/4
王○五城賂齊 233/125/9
而封○東武城 234/125/20
而君為相國者○親故 234/125/20
夫君封○東武城不讓無功 234/125/21

○為不嬖者軍必破 235/125/29
發使出重寶○附楚、魏 235/126/1
子○為奚如 235/126/6
秦王與應侯必顯重○示天下 235/126/7
楚、魏○趙為媾 235/126/7
秦所○急圍趙者 236/126/14
○齊故 236/126/15
始吾○君為天下之賢公子也 236/126/20
世○鮑焦無從容而死者 236/126/29
欲○助趙也 236/127/2
燕則吾請○從矣 236/127/3
紂○為惡 236/127/16
子將何○待吾君 236/127/18
吾將○十太牢待子之君 236/127/19
而將軍又何○得故寵乎 236/127/28
始○先生為庸人 236/128/1
適會魏公子無忌奪晉鄙軍○救趙擊秦 236/128/4
起前○千金為魯連壽 236/128/5
何○教之 238/128/20
親嘗教○兵 238/128/21
臣亦嘗○兵說魏昭王 238/128/23
告○理則不可 238/128/27
說○義則不聽 238/128/27
其將何○當之 238/128/27
且令工○為冠 239A/129/3
幸○臨寡人 239A/129/4
願聞所○為天下 239A/129/4
何不令前郎中○為冠 239A/129/7
而王不○予工 239A/129/9
○與秦角逐 239A/129/9
乃輦建信○與強秦角逐 239A/129/10
專君之勢○蔽左右 239B/129/14
是○夢見竈君 239B/129/18
君之所○事王者 240/129/22
葺之所○事王者 240/129/22
○日多之知 240/129/23
○居邯鄲 240/129/24
厚任葺○事能 240/129/26
而獨○趙惡秦 241/130/3
於是與殺呂遺何○異 241/130/4
臣○為今世用事者 242/130/10
今君不能與文信侯相伉○權 242/130/13
然而不○環寸之蹯 243/130/19
○為代郡守 245/130/30
恐其○擊燕為名 245/131/1
而○兵襲趙 245/131/2
群臣必多○臣為不能者 246/131/8
○臣為不能者非他 246/131/8
則欲○天下之重恐王 246/131/10
臣○齊循事王 246/131/10
臣○為齊致尊名於王 246/131/11
臣○齊致地於王 246/131/11
臣○齊為王求名於燕及韓、魏 246/131/12
○無齊之故重王 246/131/13
燕、魏自○無齊故重王 246/131/14
則欲輕王○天下之重 246/131/15
齊乃捄趙○伐宋 247/131/20
李兌約五國○伐秦 247/131/20
○解其怨而取封焉 247/131/21
○救李子之死也 247/131/24
則令秦攻魏○成其私封 247/131/25
○為趙蔽 247/131/26
今又○何陽、姑密封其子 247/131/27
○便取陰 247/131/27
如王若用所○事趙之半收齊 247/131/28
請問王之所○報齊者可乎 247/132/3
王○此疑齊 247/132/4
今王又挾故薛公○為相 247/132/4
善韓徐○為上交 247/132/4
尊虞商○為大客 247/132/4
王固可○反疑齊乎 247/132/5
趙從親○合於秦 247/132/8
王使臣○韓、魏與燕劫趙 247/132/9
○趙劫韓、魏 247/132/9
○三晉劫秦 247/132/10
○天下劫楚 247/132/10
則天下皆偪秦○事王 247/132/10
齊乃令公孫衍說李兌○攻宋而定封焉 248/132/15
臣之所○堅三晉○攻秦者 248/132/16
非○為齊得利秦之毀也 248/132/16
欲○使攻宋也 248/132/16
而宋置太子○為王 248/132/17
臣是○欲足下之速歸休士民也 248/132/17
○奉陽君甚食之 248/132/24
○觀奉陽君之應足下也 248/132/25
縣陰○甘之 248/132/25
循有燕○臨之 248/132/25
臣又願足下有地效於襄安君○資臣也 248/132/26
足下○此資臣也 248/132/27
臣○為足下見奉陽君矣 249/133/4
○四國攻之 249/133/8
將何○天下為 249/133/11
○據中國 249/133/15
○據魏而求安邑 249/133/18
○伐齊收楚 249/133/21
是○攻齊之已弊 249/133/26
而收齊、魏○成取陰 249/134/5
後○中牟反 250/134/14
今王能○百里之地 251/134/19
乃使人○百里之地 251/134/20
臣聞趙王○百里之地 251/134/23
臣竊○為與其○死人市 251/134/25
不若○生人市使也 251/134/25
趙王○咫尺之書來 251/134/28
嘗○魏之故 251/135/1
則君將何○止之 251/135/3
命○與齊 252/135/9
而○求安平君而將之 252/135/9
乃割濟東三令城市邑五十七○與齊 252/135/10
今君○此與齊 252/135/11
燕○奢為上谷守 252/135/12
僕主幸○聽僕也 252/135/14
君之所○求安平君者 252/135/15
○齊之於燕也 252/135/15
則奚○趙之強為 252/135/17
○杜燕將 252/135/18
兩國交○習之 252/135/19
五年○擅呼沱 253/135/24

○過章子之路	253/135/25
趙王三延之○相	255/136/9
○為交	255/136/11
卿因○德建信君矣	255/136/11
吾所○重者	256/136/15
秦三○虞卿為言	256/136/16
今燕一○廬陵君為言	256/136/16
使夫交淺者不可○深談	257/136/26
○制齊、趙	258B/137/17
大王若有○令之	258B/137/25
大王○孝治聞於天下	258B/137/29
今使臣受大王之令○還報	258B/138/2
○惡大國	258B/138/5
○稱大國	258B/138/6
韓、魏○友之	259/138/10
○明王之賢	259/138/12
令昭應奉太子○委和於薛公	260/138/16
必厚割趙○事君	261/138/23
必○長安君為質	262/138/28
○衛王官	262/139/8
沒死○聞	262/139/8
老臣竊○為媼之愛燕后賢於長安君	262/139/10
今三世○前	262/139/14
而封之○膏腴之地	262/139/17
長安君何○自託於趙	262/139/18
老臣○媼為長安君計短也	262/139/18
故○為其愛不若燕后	262/139/18
○多取封於秦	263/139/28
○相親之兵	264A/140/8
○驕知伯	264A/140/9
君何釋○天下圖知氏	264A/140/9
而獨○吾國為知氏質乎	264A/140/10
願得借師○伐趙	264B/140/16
趙又索兵○攻韓	264B/140/17
已乃知文侯○講於己也	264B/140/18
樂羊○我之故	265/140/23
此晉國之所○強也	269/141/20
奚足○霸王矣	269/141/28
○賞田百萬祿之	270/142/5
若○臣之有功	270/142/9
盡○為人	270/142/14
既○與人	270/142/14
願王○國事聽之也	271/142/19
○公叔之賢	271/142/20
而謂寡人必○國事聽鞅	271/142/20
秦果日○強	271/142/22
魏日○削	271/142/22
固○不悖者為悖	271/142/23
無○異於三軍之衆	272/143/1
臣聞越王勾踐○散卒三千	272/143/7
割其主之地○求外交	272/143/11
外挾彊秦之勢○內劫其主○求割地	272/143/12
今主君○趙王之詔詔之	272/143/17
○安社稷、尊主、強兵、顯名也	273/143/29
一天下、約為兄弟、刑白馬○盟於洹水之上○相堅也	273/143/29
其不可○成亦明矣	273/144/2
莫不日夜搤腕瞋目切齒○言從之便	273/144/16
○說人主	273/144/16
魏○董慶為質於齊	274/144/25
○魏為將內之於齊而擊其後	274/144/26
不如貴董慶○善魏	274/144/27
齊請○宋地封涇陽君	275/145/3
然其所○不受者	275/145/4
軫之所○來者	276/145/11
魏王使李從○車百乘使於楚	276/145/14
公可○居其中而疑之	276/145/14
王必無辭○止公	276/145/16
李從○車百乘使楚	276/145/20
犀首又○車三十乘使燕、趙	276/145/20
○事屬犀首	276/145/21
亦○事屬犀首	276/145/22
今燕、齊、趙皆○事因犀首	276/145/22
而○事因犀首	276/145/23
所○不使犀首者	276/145/23
令四國屬○事	276/145/24
寡人亦○事因焉	276/145/24
魏之所○迎我者	278/146/6
欲○絕齊、楚也	278/146/6
因○魯侯之車迎之	278/146/8
張儀欲○魏合於秦、韓而攻齊、楚	280/146/18
惠施欲○魏合於齊、楚○案兵	280/146/18
○魏合於秦、韓而攻齊、楚	280/146/19
而王之群臣皆○為可	280/146/20
張子儀○秦相魏	281/146/26
魏之所○相公者	281/146/26
○公相則國家安	281/146/26
魏必事秦○持其國	281/146/30
必割地○賂王	281/146/30
其敝不足○應秦	281/147/1
此儀之所○與秦王陰相結也	281/147/1
非所○窮儀之道也	281/147/2
儀請○秦攻三川	282/147/6
王○其間約南陽	282/147/6
公何不○楚佐儀求相之於魏	282/147/7
張儀○合秦、魏矣	283/147/12
且魏王所○貴張子者	283/147/13
○為衍功	283/147/14
公叔○為信	283/147/15
犀首○為功	283/147/15
必反燕地○下楚	284/147/19
令○饑故	285/147/27
賞韓王○近河外	285/147/27
且○遇卜王	285/147/28
○講於秦	287/148/9
臣不知衍之所○聽於秦之少多	287/148/10
聞周、魏令竇屢○割魏於奉陽君	287/148/12
必○少割請合於王	287/148/14
先○車五十乘至衛間齊	288/148/19
行○百金	288/148/20
○請先見齊王	288/148/20
○與王遇	289/148/30
則後必莫能○魏合於秦者矣	289/148/30
不可○行百步	290/149/4

今王○衍為可使將 290/149/4
犀首、田盼欲得齊、魏之兵○伐趙 291/149/9
今公又言有難○懼之 291/149/11
欲○為王廣土取尊名 292/149/19
○稽二人者之所為 293/149/30
王厝需於側○稽之 293/150/2
臣○為身利而便於事 293/150/2
請令王讓先生○國 294/150/7
而○民勞與官費用之故 296/150/21
而○告犀首 296/150/23
吾未有○言之也 296/150/23
難○行 296/150/29
說文王之義○示天下 296/151/5
請合而○伐宋 297/151/10
王無與之講○取地 297/151/15
又○力攻之 297/151/16
又必且曰王○求地 297/151/18
又且○力攻王 297/151/19
又且收齊○更索於王 297/151/19
則先鬻與國而○自解也 297/151/25
而○秦為上交○自重也 297/151/26
鬻王○為資者也 297/151/26
而生○殘秦 297/151/28
令足下鬻之○合於秦 297/151/29
臣何足○當之 297/151/29
合讎國○伐婚姻 297/152/1
○燕伐秦 297/152/2
而臣○致燕甲而起齊兵矣 297/152/3
而○齊為上交 297/152/8
臣又爭之○死 297/152/9
然而所○為之者 297/152/9
彼必務○齊事王 298/152/15
犀首○倍田需、周宵 298/152/16
今王所○告臣者 301/153/5
○休楚而伐罷齊 301/153/8
是王○楚毀齊也 301/153/8
此可○大勝也 301/153/11
公不如歸太子○德之 302/153/21
故○十人之眾 303A/153/27
然則相者○誰而君便之也 303B/154/4
是三人皆○太子為非固相也 303B/154/9
皆將務○其國事魏 303B/154/10
○魏之強 303B/154/10
○此語告之 303B/154/11
○完其交 304/154/18
將○塞趙也 304/154/18
此魏王之所○不安也 304/154/21
○此為親 304/154/22
不如用魏信而尊之○名 304/154/26
上所○為其主者忠矣 304/154/27
下所○自為者厚矣 304/154/27
魏信○韓、魏事秦 304/154/29
必多割地○深下王 304/155/2
則是大王垂拱之割地○為利重 304/155/2
恐魏之○太子在楚不肯也 305/155/11
是○未敢 305/155/13
○疾攻魏 305/155/13
秦因合魏○攻楚 305/155/14
後世必有○酒亡其國者 307/155/27
後世必有○味亡其國者 307/156/1
後世必有○色亡其國者 307/156/2
○臨彷徨 307/156/3
後世必有○高臺陂池亡其國者 307/156/3
足○亡其國 307/156/5
寡人請○鄴事大王 308/156/11
魏王請○鄴事寡人 308/156/12
大王且何○報魏 308/156/15
敝邑所○事大王者 308/156/18
遽割五城○合於魏而支秦 308/156/19
因任之○為魏之司徒 309/156/25
因請○下兵東擊齊 309/156/28
王無○責秦 309/157/2
魏之所○獻長羊、王屋、洛林之地者 309/157/5
有意欲○下大王之兵東擊齊也 309/157/5
無○利事王者矣 309/157/6
今○兵從 309/157/7
○東擊齊 309/157/8
燕、趙之所○國全兵勁 310/157/14
○其能忍難而重出地也 310/157/15
而隨○亡 310/157/15
臣○為燕、趙可法 310/157/15
且劫王○多割也 310/157/18
秦挾楚、趙之兵○復攻 310/157/19
願君之○是慮事也 310/157/20
○攻大梁 310/157/23
是○天幸自為常也 310/157/23
○止戍大梁 310/157/26
臣○為不下三十萬 310/157/26
○三十萬之眾 310/157/26
臣○為雖湯、武復生 310/157/27
臣○為自天下之始分○至于今 310/157/28
可○少割收也 310/157/29
亟○少割收 310/158/1
而得○少割為和 310/158/1
從是○散 310/158/2
何必○兵哉 310/158/3
是○名母也 311/158/12
願子之有○易名母也 311/158/13
願子之且○名母為後也 311/158/14
尚有可○易入朝者乎 311/158/14
願王之有○易之 311/158/14
而○入朝為後 311/158/15
請殉寡人○頭 311/158/16
請○一鼠首為女殉者 311/158/17
而殉王○鼠首 311/158/18
○三者 311/158/19
王○三乘先之 311/158/22
尚足○捍秦 311/158/23
王何○臣為 311/158/26
寧○為秦邪 311/158/27
吾○為魏也 311/158/27
魏不○敗之上割 312/159/9
而秦不○勝之上割 312/159/9
且夫姦臣固皆欲○地事秦 312/159/12
○地事秦 312/159/12
不可○革也 312/159/15
王○謂淳于髡曰 313/159/26
文願借兵○救魏 314/160/7
○忠王也 314/160/8
○其西為趙蔽也 314/160/10

此文之所○忠於大王也 314/160/11
今又行數千里而○助魏 314/160/15
○國之半與秦 314/160/19
○因趙之衆 314/160/20
○四國攻燕 314/160/20
○從田文 314/160/22
而○憂死 315/161/1
而莫○此諫 315/161/4
今夫韓氏○一女子承一弱主 315/161/5
王○為不破乎 315/161/6
王○為安乎 315/161/6
王○為利乎 315/161/7
而○與趙兵決勝於邯鄲之郊 315/161/11
○與楚兵決於陳郊 315/161/13
而○之臨河內 315/161/17
○東臨許 315/161/20
河山○蘭之 315/161/23
從林軍○至于今 315/161/24
而國繼○圍 315/161/25
無河山○蘭之 315/161/27
無周、韓○間之 315/161/27
秦撓之○講 315/161/28
○臣之觀之 315/161/29
是故臣願○從事乎王 315/162/2
○存韓為務 315/162/2
是魏重質韓○其上黨也 315/162/7
足○富國 315/162/7
魏得韓○為縣 315/162/8
抱葛、薛、陰、成○為趙養邑 316/162/14
故荀息○馬與璧假道於虞 317A/162/21
○罪虞公 317A/162/22
所○為腹心之疾者 317A/162/23
○救皮氏 317B/162/28
其人皆欲合齊、秦外楚○輕公 317B/162/29
必令魏○地聽秦而為和 317B/163/1
○張子之強 317B/163/1
今○齊、秦之重 317B/163/2
外楚○輕公 317B/163/2
○為和於秦也 317B/163/2
公因寄汾北○予秦而為和 317B/163/3
合親○孤齊 317B/163/4
天下且○此輕秦 317B/163/7
於○攻韓、魏 317B/163/8
臣願○鄙心意公 317B/163/8
公無○為罪 317B/163/9
而○與魏 317B/163/9
公終自○為不能守也 317B/163/9
故○與魏 317B/163/10
○輕樓廩 317B/163/13
○輕翟強 317B/163/13
子能○汾北與我乎 317B/163/14 317B/163/15
○重公也 317B/163/14 317B/163/16
是公外得齊、楚○為用 317B/163/16
內得樓廩、翟強○為佐 317B/163/16
試之弱密須氏○為武教 318/163/26
不先○弱為武教 318/163/27
繒恃齊○悍越 319/164/3
鄭恃魏○輕韓 319/164/4
原恃秦、翟○輕晉 319/164/4
中山恃齊、魏○輕趙 319/164/5
此五國所○亡者 319/164/5
夫國之所○不可恃者多 319/164/6
或○政教不脩 319/164/7
或○年穀不登 319/164/8
臣○此知國之不可必恃也 319/164/8
○是質秦 319/164/9
而○一人之心為命也 319/164/10
臣○此為不完 319/164/10
慮久○天下為可一者 321/164/23
欲獨○魏支秦者 321/164/23
橫者將圖子○合於秦 321/164/26
而○資子之讎也 321/164/26
君攻楚得宛、穰○廣陶 323/165/8
攻齊得剛、博○廣陶 323/165/8
得許、鄢陵○廣陶 323/165/9
○大梁之未亡也 323/165/9
不○挾私為政 325/165/25
○王之不必也 325/165/27
○王之必也 325/165/27
○為秦之求索 325/165/28
趙不○毀構矣 326/166/3
秦許吾○垣雍 327/166/9
臣○垣雍為空割也 327/166/10
故○垣雍餌王也 327/166/11
是○有雍者與秦遇 328/166/19
而養秦太后○地 329A/166/25
舍不足○舍之 330/167/10
成陽君欲○韓、魏聽秦 331/167/15
而○多割於韓矣 331/167/16
宜割二寧○求構 332/167/22
○王為易制也 333/167/29
○廣地尊名 334/168/7
夫齊不○無魏者○害有魏者 335/168/13
臣請○魏聽 335/168/14
○齊有魏也 335/168/14
魏之所○為王通天下者 337/168/23
○周冣也 337/168/24
○為秦之強足○為與也 338/169/3
竊○為大王籌筴之臣無任矣 338/169/5
吾將仕之○五大夫 340/169/23
夫○父攻子守 340/169/25
使者○報信陵君 340/169/28
○造安陵之城 340/170/1
受詔襄王○守此地也 340/170/1
○全父子之義 340/170/3
今○臣凶惡 341/170/17
而王○是質秦 342/171/1
虧地不足○傷國 342/171/2
卑體不足○苦身 342/171/2
執法○下至於長輓者 342/171/5
今王割地○賂秦 342/171/6
○為嫪毒功 342/171/6
卑體○尊秦 342/171/6
○因嫪毒 342/171/7
王○國贊嫪毒 342/171/7
○嫪毒勝矣 342/171/7
王○國贊嫪氏 342/171/7
寡人欲○五百里之地易安陵 343/171/13
○大易小 343/171/14
寡人○五百里之地易安陵 343/171/15

而君〇五十里之地存者 343/171/16
〇君為長者 343/171/16
今吾〇十倍之地 343/171/17
〇頭搶地爾 343/171/21
而安陵〇五十里之地存者 343/171/25
徒〇有先生也 343/171/25
子〇韓重我於趙 344B/172/10
請〇趙重子於韓 344B/172/10
二人各進議於王〇事 345/172/18
申子微視王之所說〇言於王 345/172/18
〇韓卒之勇 347/173/3
夫〇韓之勁 347/173/3
即無地〇給之 347/173/6
夫〇有盡之地 347/173/7
何〇異於牛後乎 347/173/9
夫〇大王之賢 347/173/9
今主君〇楚王之教詔之 347/173/12
被甲冒冑〇會戰 348A/173/22
秦人捐甲徒裎〇趨敵 348A/173/22
〇重力相壓 348A/173/23
〇攻不服之弱國 348A/173/23
無〇異於墮千鈞之重 348A/173/24
比周〇相飾也 348A/173/25
聽吾計則可〇強霸天下 348A/173/25
非〇韓能強於楚也 348A/174/1
今王西面而事秦〇攻楚 348A/174/1
群臣或內樹其黨〇擅其主 348B/174/11
或外為交〇裂其地 348B/174/11
因〇齊、魏廢韓朋 349/174/16
而相公叔〇伐秦 349/174/17
不如貴昭獻〇固楚 350/174/21
臣恐山東之無〇馳割事王者矣 351/174/28
〇償兵費 352/175/4
天下且〇是輕王而重秦 352/175/7
必攻市丘〇償兵費 352/175/8
請〇伐韓 353/175/14
公〇八百金請伐人之與國 353/175/14
〇幾瑟之存焉 353/175/16
今已令楚王奉幾瑟〇車百乘居陽翟 353/175/16
請為公〇五萬攻西周 355/175/28
是〇九鼎印甘茂也 355/175/28
〇質許地 356A/176/3
收韓、趙之兵〇臨魏 356A/176/4
〇成陽資翟強於齊 356A/176/4
公仲〇宜陽之故 356B/176/9
秦王固疑甘茂之〇武遂解於公仲也 356B/176/9
明也願因茂〇事王 356B/176/10
賂之〇一名都 357/176/16
此〇一易二之計也 357/176/16
此秦所〇廟祠而求也 357/176/20
必不為鴈行〇來 357/176/22
〇厚怨於韓 357/176/23
弊邑將〇楚殉韓 357/176/27
夫〇實告我者 357/176/29
〇虛名救我者 357/176/29
楚因〇起師言救韓 357/177/2
且王〇使人報於秦矣 357/177/2
公仲必〇率為陽也 358/177/11
自今〇來 358/177/12
公仲之謁者〇告公仲 358/177/13
自〇為必可〇封 359/177/17
中封小令尹〇桂陽 359/177/18
公仲躬率其私徒〇鬭於秦 359/177/18
非〇當韓也 359/177/19
貴其所〇貴者貴 359/177/21
彼有〇失之也 359/177/23
公何〇異之 359/177/24
善韓〇備之 359/177/25
韓氏先〇國從公孫郝 359/177/26
今公言善韓〇備楚 359/177/26
甘茂許公仲〇武遂 359/177/29
公何不〇秦為韓求穎川於楚 359/178/1
是令行於楚而〇其地德韓也 359/178/2
而公過楚〇攻韓 359/178/3
甘茂欲〇魏取齊 359/178/4
公孫郝欲〇韓取齊 359/178/4
今公取宜陽〇為功 359/178/4
收楚、韓〇安之 359/178/5
是〇公孫郝、甘茂之無事也 359/178/5
善公孫郝〇難甘茂 360/178/10
勸齊兵〇勸止魏 360/178/10
臣恐國之〇此為患也 360/178/11
秦王〇公孫郝為黨於公而弗之聽 360/178/13
公何不因行願〇與秦王語 360/178/14
今王聽公孫郝〇韓、秦之兵應齊而攻魏 360/178/16
臣〇公孫郝為不忠 360/178/17
〇韓、秦之兵據魏而攻齊 360/178/18
臣〇甘茂為不忠 360/178/18
故王不如令韓中立〇攻齊 360/178/19
齊王言救魏〇勁之 360/178/19
易穀川〇歸 360/178/20
〇韓、秦之兵據魏〇郄齊 360/178/21
臣〇為令韓〇中立〇勁齊 360/178/21
且〇善齊而絕齊乎楚 361/178/27
恐齊〇楚遇為有陰於秦、魏也 361/178/28
將〇合齊、秦而絕齊於楚也 361/179/1
齊無〇信魏之合己於秦而攻於楚也 361/179/2
〇視齊於有秦、魏 361/179/4
〇告秦王 363/179/18
必來〇是而足矣 363/179/19
人皆〇楚為強 364/179/23
假道兩周倍韓〇攻楚 364/179/24
割〇予秦 364/179/25
先王〇其髀加妾之身 366/180/12
〇其少有利焉 366/180/13
則不足〇救韓 366/180/13
公叔且〇國南合於楚 366/180/22
是楚〇三國謀秦也 366/180/22
果下師於殽〇救韓 366/180/24
子〇秦為將救韓乎 367/180/28
請道於南鄭、藍田〇入攻楚 367/180/29
出兵於三川〇待公 367/180/29
故不如出兵〇勁魏 367/181/3
秦取西河之外〇歸 367/181/3
〇公不如亟〇國合於齊

、楚 367/181/8
秦必委國於公○解伐 367/181/8
是公之所○外者儀而已 367/181/8
公無辭○後反 368/181/14
王何不試○襄子為質於韓 369/181/21
因○出襄子而德太子 369/181/22
必○兵臨魏 370/181/27
請為子起兵○之魏 370/181/27
子有辭○毋戰 370/181/27
於是○太子扁、昭揚、梁王皆德公矣 370/181/28
留馮君○善韓臣 371/182/3
而資之○秦 371/182/4
○與太子爭 371/182/4
韓得武遂○恨秦 372/182/11
今公自○辯於薛公而輕秦 373/182/17
○為公也 374/182/26
亦○為公也 374/182/26
而○不得已之故來使 374/182/28
鄭王必○齊王為不急 374/182/29
矯○新城、陽人合世子 375/183/3
○與公叔爭國 375/183/3
375/183/4
今且○至 375/183/6
尚何足○圖國之全為 376/183/11
王為我逐幾瑟○窮之 377/183/16
而內收諸大夫○自輔也 378/183/22
○恐太子 378/183/23
必不敢輔伯嬰○為亂 379/183/30
秦、楚挾幾瑟○塞伯嬰 379/183/30
則公叔、伯嬰必知秦、楚之不○幾瑟為事也 380/184/4
必○韓合於秦、楚矣 380/184/4
秦、楚挾韓○窘魏 380/184/5
韓挾齊、魏○眄楚 380/184/6
○積德於韓 380/184/6
則公叔、伯嬰必○國事公矣 380/184/6
必○韓權報讎於魏 381/184/13
韓必起兵○禁之 383A/184/24
公因○楚、韓之兵奉幾瑟而內之鄭 383A/184/24
必○韓、楚奉公矣 383A/184/25
○復幾瑟也 383B/184/30
周欲○車百乘重而送之 383C/185/3
不如○百金從之 383C/185/4
因也○為戒 383C/185/4
正可○圉盜乎 384/185/10
○正圉盜 384/185/11
韓傀○之叱之於朝 385/185/18
○救解 385/185/19
游求人可○報韓傀者 385/185/19
○意厚之 385/185/22
客游○為狗屠 385/185/24
可旦夕得甘脆○養親 385/185/25
特○為夫人麤糲之費 385/185/26
○交足下之驩 385/185/27
豈敢○有求邪 385/185/27
臣所○降志辱身 385/185/27
政身未敢○許人也 385/185/28
鼓刀○屠 385/186/1
臣之所○待之至淺鮮矣 385/186/2
未有大功可○稱者 385/186/2
夫賢者○感忿睚眥之意 385/186/3
政徒○老母 385/186/4
老母今○天年終 385/186/4
前所○不許仲子者 385/186/7
徒○親在 385/186/7
○為羽翼 385/186/9
此其勢不可○多人 385/186/10
遂○死 385/186/16
聶政之所○名施於後世者 385/186/24
○揚其名也 385/186/25
得○其道為之 386/187/4
若韓隨魏○善秦 386/187/6
令用事於韓○完之 386/187/7
必欲善韓○塞魏 386/187/11
必務善韓○備秦 386/187/11
今有一舉而可○忠於主 387/187/17
今公○韓先合於秦 387/187/19
是韓○天下事秦 387/187/19
秦必起兵○誅不服 387/187/21
韓息士民○待其舋 387/187/21
周佼○西周善於秦 387/187/22
周啓○東周善於秦 387/187/22
今公○韓善秦 387/187/23
今公○韓為天下先合於秦 387/187/24
秦必○公為諸侯 387/187/24
○明示天下 387/187/24
所○為王也 388/188/1
○韓之強 388/188/1
輔之○宋 388/188/1
此韓珉之所○禱於秦也 388/188/2
○萬乘自輔 388/188/4
請○決事 388/188/7
○東闚周室 389/188/13
欲得梁○臨韓 389/188/13
故欲病之○固交也 389/188/14
使山東皆○銳師戍韓、梁之西邊 389/188/16
山東無○救亡 389/188/16
不可○為存 389/188/18
適足○自令亟亡也 389/188/18
而王與諸臣不事為尊秦○定韓者 390/188/28
臣竊○為王之明為不如昭釐侯 390/188/28
此○一勝立尊令 390/189/1
大勝○千數 390/189/2
小勝○百數 390/189/2
非○求主尊成名於天下也 390/189/3
反○越事吳之禮事越 390/189/7
臣竊○為猶之井中而謂曰 390/189/9
立○為鄭君 391/189/14
未嘗不○周襄王之命 391/189/17
皆戴哀侯○為君 391/189/19
而○國先者 391/189/21
則可○辟其兵 391/189/22
非金無○也 393/190/3
韓因○其金事秦 393/190/4
○是為金○事秦 393/190/6
則必○地和於齊、楚 394/190/11
○為不然 394/190/13
人之所○善扁鵲者 395/190/18
今君○所事善平原君者 395/190/19
而善平原君乃所○惡於秦也 395/190/19
且○求武隧也 396A/190/24
其形乃可○善楚 396A/190/25
吾欲○國輔韓珉而相之

可乎 396A/190/26
珉必○國保楚 396A/190/27
○重公仲也 396B/191/5
又奚為挾之○恨魏王乎 396B/191/6
所○不及魏者 396C/191/12
○為成而過南陽之道 396C/191/13
欲○四國西首也 396C/191/13
所○不者 396C/191/13
皆曰○燕亡於齊 396C/191/13
群臣比周○蔽其上 396C/191/14
輻湊○事其上 396C/191/16
則諸侯不敢因群臣○為能矣 396C/191/18
臣故願公仲之國○侍於王 396C/191/20
公○二人者為賢人也 397/191/25
○臨齊而市公 397/191/28
秦封君○山陽 398/192/3
齊封君○莒 398/192/3
是何○為公之王使乎 399/192/11
必且務○楚合於齊 400/192/17
齊○四國敵秦 400/192/18
楚之齊者先務○楚合於齊 400/192/19
○強秦而有晉、楚 400/192/20
○為三川之守 402/193/4
是緤○三川與西周戒也 402/193/4
必盡其家○事王 402/193/4
必效先王之器○止王 402/193/5
○止子之事 402/193/5
可○無釁 405/193/22
大王知其所○然乎 408/194/13
夫燕之所○不犯寇被兵者 408/194/14
○趙之為蔽於南也 408/194/14
而王○全燕制其後 408/194/15
此燕之所○不犯難也 408/194/15
合從○安燕 408/194/23
於是齎蘇秦車馬金帛○至趙 408/194/23
其○權立 409/195/3
○重外 409/195/3
○事貴 409/195/3
○疑燕、齊 409/195/3
不如○地請合於齊 410/195/10
令郭任○地請講於齊 410/195/11
秦惠王○其女為燕太子婦 411/195/16
人之飢所○不食烏喙者 411/195/22
○為雖偷充腹 411/195/22
○招天下之精兵 411/195/23
卑辭○謝秦 411/195/29
秦知王○己之故歸燕城也 411/195/30
是王○虛辭附秦 411/195/31
而○十城取天下也 411/195/31
○金千斤謝其後 411/196/1
王○萬乘下之 412/196/5
而○事足下 412/196/11
所○自為也 412/196/17
非所○為人也 412/196/17
君○自覆為可乎 412/196/18
所謂○忠信得罪於君者也 412/196/21
吾已為藥酒○待之矣 412/196/26
上○活主父 412/196/28
下○存主母也 412/196/28
此○忠信得罪者也 412/196/28
昔趙王○其姊為代王妻 413/197/3
令之可○擊人 413/197/4
摩笄○自刺也 413/197/6
且○趙王為可親邪 413/197/9
大王割十城乃郤○謝 413/197/10
效河間○事秦 413/197/10
不敢妄興師○征伐 413/197/12
言不足○求正 413/197/15
謀不足○決事 413/197/15
○其亂也 414/197/20
今王奉仇讎○伐援國 415/198/2
非所○利燕也 415/198/2
無○諫者 415/198/3
子能○燕敵齊 415/198/12
而又○其餘兵南面而舉五千乘之勁宋 415/198/18
可○為固 415/198/21
何足○為固 415/198/24
何足○為塞 415/198/25
所○備趙也 415/198/25
所○備燕也 415/198/25
盡○役矣 415/198/26
王誠能毋愛寵子、母弟○為質 415/198/26
寶珠玉帛○事其左右 415/198/27
吾終○子受命於天矣 415/198/29
蘇代欲○激燕王○厚任子之也 416A/199/8
不如○國讓子之 416A/199/11
○其讓天下於許由 416A/199/11
今王○國讓相子之 416A/199/12
禹授益而○啓為吏 416A/199/15
而○啓為不足任天下 416A/199/15
則唯太子所○令之 416A/199/22
○因北地之眾○伐燕 416A/199/28
齊請○宋封涇陽君 417/200/13
○招賢者 418/200/20
欲將○報讎 418/200/20
不足○報 418/200/21
○雪先王之恥 418/200/22
敢問○國報讎者奈何 418/200/22
有○千金求千里馬者 418/200/30
反○報君 418/201/2
天下必○王為能市馬 418/201/3
於是遂○樂毅為上將軍 418/201/8
與秦、楚、三晉合謀○伐齊 418/201/9
將欲○除害取信於齊也 419/201/16
足下○宋加淮北 419/201/18
加之○魯、衛 419/201/18
今乃○三齊臨燕 419/201/20
秦挾賓客○待破 419/201/25
秦五世○結諸侯 419/201/25
不憚○一國都為功 419/201/26
○窮齊之說說秦 419/201/27
○不信秦王也 419/201/28
今王何不使可○信者接收燕、趙 419/201/28
因○為質 419/201/29
立為三帝而○令諸侯 419/201/30
因驅韓、魏○攻齊 419/202/1
則王何不務使知士○若此言說秦 419/202/6
兼此三行○事王 420/202/15
足下○為足 420/202/15
臣○為廉不與身俱達 420/202/18
○自憂為足 420/202/21
皆○不自憂故也 420/202/22
子何○知之 420/202/28
是○愚臣知之 420/202/28

子○此為寡人東游於齊 420/203/1
足下○愛之故與 420/203/2
而乃○與無能之臣 420/203/2
今臣之所○事足下者 420/203/3
恐○忠信之故 420/203/3
吾○此飲吾主父 420/203/9
○此事告吾主父 420/203/9
故妾所○笞者 420/203/12
齊、楚不得○有枳、宋事秦者 422/203/25
韓氏○為然 422/204/2
魏氏○為然 422/204/7
則○宋委於齊 422/204/9
為木人○寫寡人 422/204/9
因○破宋為齊罪 422/204/11
則○齊委於天下曰 422/204/13
必率天下○攻寡人者三 422/204/14
因○破齊為天下罪 422/204/15
則○南陽委於楚曰 422/204/17
因○塞鄳隘為楚罪 422/204/18
○膠東委於燕 422/204/20
○濟西委於趙 422/204/20
則○葉、蔡委於魏 422/204/21
○膠東 422/204/23
○濟西 422/204/23
○葉、蔡 422/204/23
○塞鄳隘 422/204/24
○宋 422/204/24
皆○爭事秦說其主 422/204/27
代、厲皆○壽死 422/205/2
蘇代為奉陽君說燕於趙○伐齊 423/205/6
與齊王謀道取秦○謀趙者 423/205/8
令齊守趙之質子○甲者 423/205/8
請告子○請齊 423/205/9
果○守趙之質子○甲 423/205/9
吾必守子○甲 423/205/9
出為之○成所欲 423/205/10
必不任蘇子○事 424/205/16
今○燕為上交 424/205/17
不○今時大紛之 424/205/20
逃不足○為臣恥 424/205/21
不足○為臣榮 424/205/22
不足○為臣辱 424/205/22
在必然之物○成所欲 424/205/25
臣○為不若逃而去之 424/205/27
臣○韓、魏循自齊 424/205/27
深結趙○勁之 424/205/27
蘇子怒於燕王之不○吾故 424/205/28
而○湯為天子 424/206/2
三晉稱○為士 424/206/6
逃不足○為辱矣 424/206/6
趙合於燕○攻齊 424/206/8
今臣欲○駿馬見於王 425/206/15
○為馬食 425/206/16
王何不出兵○攻齊 426/206/21
欲○復振古地也 426/206/24
夫○蘇子之賢 426/206/25
何足○當之 426/206/27
而○臣遺燕也 426/206/28
○守陽城 426/207/1
請自歸於吏○戮 426/207/2
子無○為罪 426/207/3
是○天幸自為功也 426/207/6
其後必務○勝報王矣 426/207/7
遂將○與燕戰於陽城 426/207/8
上可○得用於齊 427/207/16
次可○得信於下 427/207/16
○女自信可也 427/207/17
臣受令○任齊 427/207/18
奉○千金 428/208/5
○為人之終也 428/208/5
今王之○公子為質也 428/208/6
且○為公子功而封之也 428/208/7
臣是○知人主之不愛丈夫子獨甚也 428/208/7
且○因子而事齊 429/208/16
今予○百金送公也 430/208/23
不如○言 430/208/23
而弱越乘其弊○霸 430/208/24
而強秦將○兵承王之西 430/208/25
而使強秦處弱越之所○霸也 430/208/25
使者乃○說趙王 430/208/28
乃封之○地 430/208/28
盡郡縣之○屬燕 431/209/3
趙封○為望諸君 431/209/4
復收七十城○復齊 431/209/5
懼趙用樂毅承燕之弊○伐燕 431/209/5
○與寡人有郄 431/209/11
而亦何○報先王之所○遇將軍之意乎 431/209/11
○順左右之心 431/209/14
○傷先王之明 431/209/15
自負○不肖之罪 431/209/15
臣恐侍御者之不察先王之所○畜幸臣之理 431/209/16
而又不白於臣之所○事先王之心 431/209/16
故敢○書對 431/209/17
不○祿私其親 431/209/19
不○官隨其愛 431/209/19
臣○所學者觀之 431/209/20
而○身得察於燕 431/209/21
臣自○為奉令承教 431/209/22
可○幸無罪矣 431/209/22, 431/210/4
而欲○齊為事 431/209/25
○天之道 431/209/29
僅○身免 431/210/1
自五伯○來 431/210/2
先王○為惬其志 431/210/2
○臣為不頓命 431/210/3
自○為奉令承教 431/210/3
所○能循法令 431/210/8
皆可○教於後世 431/210/8
故吳王夫差不悟先論之可○立功 431/210/11
○明先王之迹者 431/210/12
○幸為利者 431/210/13
故敢○書報 431/210/17
不惡卑名○事強 432/210/22
事強可○令國安長久 432/210/22
○事強而不可○為萬世 432/210/23
○其合兩而如一也 432/210/26
之卒者出士○戍韓、梁之西邊 432/211/5
今韓、梁、趙三國○合矣 432/211/6
不如○兵南合三晉 432/211/8
燕果○兵南合三晉也 432/211/11
率天下之兵○伐齊 433/211/26
○弊大眾 434/212/6
燕無○決之 435/212/11
此焉可○舍 436/212/18

取之〇與宋 436/212/20
晝〇車騎 436/212/21
暮〇燭見 436/212/21
〇為燕、楚與魏謀之 436/212/21
不可說〇利 437/212/28
燕王喜使栗腹〇百金為趙孝成王壽 438/213/3
吾〇倍攻之 438/213/5
〇三 438/213/6
左右皆〇為趙可伐 438/213/6
遽起六十萬〇攻趙 438/213/6
令栗腹〇四十萬攻鄗 438/213/6
使慶秦〇二十萬攻代 438/213/7
趙使廉頗〇八萬遇栗腹於鄗 438/213/7
使樂乘〇五萬遇慶秦於代 438/213/7
燕王〇書且謝焉 438/213/10
君微出明怨〇棄寡人 438/213/13
厚者不毀人〇自益也 438/213/14
仁者不危人〇要名 438/213/15
〇故掩人之邪者 438/213/15
今君厚受位於先王〇成尊 438/213/16
輕棄寡人〇快心 438/213/17
所〇合好掩惡也 438/213/19
恐其適足〇傷於高而薄於行也 438/213/21
苟可〇明君之義 438/213/22
本欲〇為明寡人之薄 438/213/22
義者不虧人〇自益 438/213/23
況傷人〇自損乎 438/213/23
願君無〇寡人不肖 438/213/24
可〇去 438/213/25
柳下惠不〇三黜自累 438/213/25
不〇去為心 438/213/26
今〇寡人無罪 438/213/28
復〇教寡人 438/213/29
余且慝心〇成而過 438/213/29
不顧先王〇明而惡 438/213/30
敬〇書謁之 438/213/31
玆之所〇受命於趙者 439/214/6
趙王〇為然而遣之 439/214/8
所〇不能反勝秦者 439/214/12
兵〇臨易水 440/214/18
則易水〇北 440/214/20
柰何〇見陵之怨 440/214/20
是〇委肉當餓虎之蹊 440/214/24
願太子急遣樊將軍入匈奴〇滅口 440/214/25
光不敢〇乏國事也 440/215/6
欲自殺〇激荊軻 440/215/15
欲〇成大事之謀 440/215/19
今田先生〇死明不泄言 440/215/19
此天所〇哀燕不棄其孤也 440/215/20
今計舉國不足〇當秦 440/215/24
愚〇為誠得天下之勇士 440/215/24
窺〇重利 440/215/25
〇其間諸侯 440/215/27
而不知所〇委命 440/215/28
〇順適其意 440/216/2
臣乃得有〇報太子 440/216/7
樊將軍〇窮困來歸丹 440/216/8
丹不忍〇己之私 440/216/8
可〇解燕國之患 440/216/13
願得將軍之首〇獻秦 440/216/14
使工〇藥淬之 440/216/20
〇試人 440/216/21
日〇盡矣 440/216/23
僕所〇留者 440/216/25
皆白衣冠〇送之 440/216/27
不敢興兵〇拒大王 440/217/5
使使〇聞大王 440/217/7
〇次進至陛下 440/217/10
〇故荊軻逐秦王 440/217/16
而卒惶急無〇擊軻 440/217/16
而乃〇手共搏之 440/217/17
〇其所奉藥囊提軻 440/217/17
遂拔〇擊荊軻 440/217/18
箕踞〇罵曰 440/217/20
事所〇不成者 440/217/20
乃欲〇生劫之 440/217/20
必得約契〇報太子也 440/217/20
乃〇藥囊提軻也 440/217/22
詔王翦軍〇伐燕 440/217/24
其後荊軻客高漸離〇擊筑見秦皇帝 440/217/28
而〇筑擊秦皇帝 440/217/28
必〇堅我 441/218/5
將〇攻宋 442/218/10,442/218/11
惡〇王吏之攻宋 442/218/21
曾無一介之使〇存之乎 443/218/26
〇隨使者 443/218/28
坐御〇待中之議 443/218/29
彼安敢攻衛〇重其不勝之罪哉 443/218/30
〇害趙國 444/219/4
願王之有〇命弊邑 444/219/4
弱趙〇強梁 444/219/7
則吾何〇告子而可乎 444/219/8
〇待下吏之有城而已 444/219/8
宋因賣楚重〇求講於齊 446A/219/22
〇明宋之賣楚重於齊也 446A/219/23
〇示勇 447/220/8
衛君〇其言告邊境 448A/220/16
〇為秦乎 449/220/27
〇為魏乎 449/220/27
衛所〇為衛者 449/220/28
〇有蒲也 449/220/28
害秦〇善魏 449/220/30
〇德衛君 449/220/31
〇自重於衛 449/221/3
又〇德衛君也 449/221/3
許之〇百金 450/221/7
奚〇知之 450/221/12
臣〇是知王緩也 450/221/13
子聽吾言也〇說君 451/221/17
群臣盡〇為君輕國而好高麗 451/221/18
自今〇往者 451/221/20
殷順且〇君令相公期 451/221/22
乃請〇左氏 452A/221/27
〇百金之地 452A/221/27
足〇為治 452A/221/28
將何〇用之 452A/221/29
公何不請公子傾〇為正妻 453/222/10
〇廢其王 454/222/16
〇中山之小 454/222/19
善〇微計薦中山之君久矣 454/222/28
難信〇為利 454/222/29
〇止其遇哉 454/223/2
欲割平邑〇賂燕、趙 455/223/7
出兵〇攻中山 455/223/7

455/223/10,455/223/16
不憚割地○賂燕、趙 455/223/10
請○公為齊王而登試說公 455/223/12
王之所○不憚割地○賂燕、趙 455/223/15
出兵○攻中山者 455/223/15
夫割地○賂燕、趙 455/223/16
寡人所○閉關不通使者 455/223/19
是○隘之 455/223/20
王苟舉趾○見寡人 455/223/20
○此說齊王 455/223/22
此所○廢之 455/223/22
此王所○存者也 455/223/23
齊○是辭來 455/223/23
○積厚於燕、趙 455/223/24
齊之欲割平邑○賂我者 455/223/24
徒欲○離我於中山 455/223/25
果○是辭來 455/223/28
○為己求相 456/224/4
不○分人 456/224/4
公因勸君立之○為正妻 457/224/12
然則立○為妻 457/224/14
可○為司馬憙 457/224/16
可○為陰簡 457/224/16
可○令趙勿請也 457/224/16
○臣所行多矣 458/224/27
特○為神 458/224/28
○絕趙王之意 458/225/4
中山王遂立○為后 458/225/4
何○ 459A/225/10
吾○一杯羊羹亡國 459B/225/20
○一壺餐得士二人 459B/225/20
樂羊食子○自信 460/225/25
明害父○求法 460/225/25
求益軍糧○滅趙 461/225/30
今寡人息民○養士 461/225/30
○靡其財 461/226/2
○生其財 461/226/3
亦○十倍矣 461/226/4
寡人既○興師矣 461/226/8
韓、魏○故至今稱東藩 461/226/12
是○寡人大發軍 461/226/13
君嘗○寡擊眾 461/226/14
況○彊擊弱 461/226/14
○眾擊寡乎 461/226/14
而群臣相妬○功 461/226/16
故起所○得引兵深入 461/226/17
發梁焚舟○專民 461/226/18
○掠於郊野 461/226/18
○足軍食 461/226/18
○軍中為家 461/226/18
是○能有功也 461/226/20
欲推○為鋒 461/226/21
是○臣得設疑兵 461/226/21
○待韓陣 461/226/21
○是之故能立功 461/226/22
不遂○時乘其振懼而滅之 461/226/23
使得耕稼○益蓄積 461/226/23
養孤長幼○益其眾 461/226/24
繕治兵甲○益其強 461/226/24
增城浚池○益其固 461/226/24
主折節○下其臣 461/226/24
臣推體○下死士 461/226/25
○合伐之 461/226/26
○言於王 461/226/30
趙王出輕銳○寇其後 461/227/1
○諸侯之變 461/227/5
○令諸侯 461/227/5
何必○趙為先乎 461/227/6
○致臣罪 461/227/6

矣 yǐ 890

其日久○ 1/1/11,1/1/12
則無加焉○ 2/1/27
西周之寶可盡○ 3A/2/7
西周弱○ 3B/2/14
君之謀過○ 4/2/19,110/53/21
無他種○ 4/2/20
而受命於君○ 4/2/21
必厚事王○ 6/3/12
必無處○ 7/3/16
則子常重○ 7/3/17
則公之國虛○ 10A/4/15
則有合○ 10A/4/16
弗與禮重○ 11B/5/4
則伐齊深○ 11C/5/11
必不處○ 11C/5/12
王為臣賜厚○ 14B/6/9
則終日無所得○ 16/6/21
則又駭鳥○ 16/6/21
然後能多得鳥○ 16/6/22
故能得欲○ 16/6/23
今夕有姦人當入者○ 19/7/15
齊必輕○ 22/8/5
則眾必多傷○ 23/8/16
則君重○ 23/8/19
楚王始不信昭應之計○ 25/9/6
然吾使者已行○ 25/9/8
亦已多○ 25/9/9
必有罪○ 26/9/16
可教射也○ 27/9/22
前功盡○ 27/9/25
楚必將自取之○ 29/10/11
而兩上黨絕○ 32/11/4
周必亡○ 33/11/11
則秦孤而不王○ 34/11/19
則令不橫行於周○ 34/11/20
國恐傷○ 35/11/25,62/25/24
而臣為不能使○ 38/12/15
不惡周於秦○ 38/12/16
不善於公且誅○ 38/12/17
此真可以說當世之君○ 40/14/4
猶連鷄之不能俱止於棲之明○ 41A/14/25
必割地以交於王○ 41B/15/4
萬可以勝天下○ 42/15/19
此固已無伯王之道一○ 42/16/5
此固已無伯王之道二○ 42/16/9
此固已無伯王之道三○ 42/16/11
代、上黨不戰而已為秦○ 42/16/17
東陽河外不戰而已反為齊○ 42/16/18
中呼池以北不戰而已為燕○ 42/16/18
天下固量秦之謀臣一○ 42/16/23
天下固量秦力二○ 42/16/24
天下固量秦力三○ 42/16/25
豈其難○ 42/16/26
城且拔○ 42/17/4
不敢反於秦○ 43/17/17
去王業遠○ 44/17/29
而王隨之○ 44/18/2
而彼已服○ 44/18/4

昭陽將不與臣從事○ 49/20/7
則儀之言果信○ 49/20/11
齊弱則必為王役○ 50/20/27
寡人自以為智○ 50/21/3
則兩國兵必至○ 50/21/7
吾事善○ 50/21/7
可○ 50/21/14
則諸侯必見張儀之無秦○ 52/22/10
臣不得復過○ 53/22/14
則君一舉而亡國○ 54/22/28
魏聽臣○ 55/23/6
上黨、南陽積之久○ 55/23/9
難○ 55/23/10
國必危○ 56/23/27
152/80/14,432/211/6
無奈秦何○ 56/23/28
公必窮○ 58/24/11
則公之功多○ 58/24/11
秦眾盡怨之深○ 58/24/12
而健者不用○ 60/24/23
家貧無燭者將去○ 61A/24/28
其居秦累世重○ 61A/25/4
則寄地必多○ 62/25/24
亦必無患○ 63/26/13
必不益趙甲四萬人以伐齊○ 63/26/15
明知死者之無知○ 64/26/21
先王積怒之日久○ 64/26/21
君必輕○ 65/26/26
子必大窮○ 65/26/30
藉君天下數年○ 66/27/3
其讎君必深○ 66/27/12
必無患○ 67/27/20
不能與齊縣衡○ 70/28/13
則秦伐○ 70/28/14
則諸侯不得擅厚○ 72/29/9
寡人宜以身受令久○ 73A/29/19
而悉韓、魏之兵則不義○ 73A/31/2
疏於計○ 73A/31/3
臣今見王獨立於廟朝○ 73B/32/7
則病必甚○ 74/32/19
國必裂○ 74/32/21
與之昆弟○ 77/33/26
金盡者功多○ 77/33/28
大相與鬬○ 77/33/29
秦王王○ 78/34/4
亦不過此○ 78/34/5
固不得之○ 78/34/6
不樂為秦民之日固久○ 78/34/7
且君擅主輕下之日久○ 80/35/7
其卒亦可願○ 81/36/1
則可願○ 81/36/13
功已成○ 81/37/1,81/37/3
秦之欲得○ 81/37/8
君之功極○ 81/37/8
是楚與三國謀出秦兵○ 82A/37/27
終以齊奉事王○ 82B/38/9
三國之兵深○ 83A/38/13
惜○ 83A/38/18,83A/38/19
寡人決講○ 83A/38/20
亦明○ 83B/38/28,188/96/20
三之料天下過○ 83B/38/30
而智氏分○ 83B/39/4
必與秦地○ 84A/39/11
秦之楚者多資○ 84A/39/12
即可○ 86/40/6
王可謂能○ 87/41/1
王之功亦多○ 87/41/2
而魏氏服○ 87/41/3
王之威亦憚○ 87/41/5
勝有日○ 87/41/13
而有累世之怨○ 87/41/18
百世○ 87/41/18
滿海內○ 87/41/20
韓、魏之強足以校於秦○ 87/42/2
而魏亦關內候○ 87/42/10
不待痛而服○ 87/42/12
趙氏亦嘗強○ 88/42/17
則秦孤而受兵○ 89/43/22
則兩國者必為天下笑○ 89/43/22
必殺之○ 90/43/27
楚必便之○ 91/44/5
公相必○ 91/44/5
太子為糞○ 92/44/10
為期與我約○ 92/44/12
必無危亡之患○ 93/44/29
王年高○ 93/44/29
秦王老○ 93/45/7
陛下嘗軔車於趙○ 93/45/12
而燕太子已入質○ 94/45/24
今臣生十二歲於茲○ 94/45/26
臣不知卿所死之處○ 94/46/3
行有日○ 94/46/4
危○ 94/46/9,233/125/7
因以亡○ 95/46/27
則無忠臣○ 96/48/8
臣請三言而已○ 99/49/10
靖郭君可謂能自知人○ 101/50/16
名可尊○ 103/51/3
則將軍不得入於齊○ 105/51/25
王之蔽甚○ 108/52/25
此不叛寡人明○ 109/53/9
此其為德也亦大○ 110/53/24
今齊將近○ 111/54/11
齊無所出其計○ 111/54/12
今三晉已合○ 111/54/15
固以二十一萬○ 112/54/26
而戰勝存亡之機決○ 112/54/31
亦已明○ 112/55/6
而國破○ 113/55/22
王之謀過○ 114/56/4
厚○王之託儀於秦王也 115/56/22
是必與衍鬻吾國○ 116/57/7
令尹貴○ 117/57/13
公以是為名居足○ 117/57/18
倍秦則齊無患○ 118/57/25
而身與趙戰○ 119/58/1
歸於君○ 119/58/3
而齊、燕之計過○ 120/58/12
則明日及齊、楚○ 120/58/13
則為國計者過○ 120/58/15
趙、魏亦不免與秦為患○ 121/58/20
則君無敗○ 122/59/7
而楚功見○ 122/59/26
太子必危○ 122/59/27
而於君之事殆○ 122/60/12
吾已盡知之○ 124/60/23
則汝殘○ 124/60/28
則臣不知君所出○ 124/61/2
文無以復侍○ 125/61/7
雖得則薄○ 125/61/14
文有以事夏侯公○ 126/61/20
此臣之所為君取○ 127/62/3
亦甚不義○ 128/62/8
子與文游久○ 128/62/10
孟嘗君可語善為事○ 128/62/19
堯亦有所不及○ 129/62/25
伐楚取鄢郢○ 132B/64/10

則趙、魏亦危○	132B/64/12
收畢○	133/65/12
先生休○	133/65/16
齊其聞之○	133/65/24
君姑高枕為樂○	133/65/28
願因請公往○	134/66/5
公孫弘可謂不侵○	134/66/16
可謂足使○	134/66/16
亦甚○	136B/67/23
非弗寶貴○	136B/68/13
言要道已備○	136B/68/15
觸知足○	136B/68/18
王駟已備○	137/69/3
王之走狗已具○	137/69/4
王宮已充○	137/69/4
然嫁過畢○	139/69/28
不宦則然○	139/69/29
而能事成者寡○	142/71/5
則不能割劌○	142/71/7
則不能遠殺○	142/71/7
衛八門土而二門墮○	142/71/9
今世之為國者不然○	142/71/15
則遠○	142/71/16
且天下徧用兵○	142/71/21
則利必附○	142/71/27
伯王不為而立○	142/71/28
幣帛矯蠹而不服○	142/72/1
則不祠而福○	142/72/2
不貸而見足○	142/72/2
可見於前事○	142/72/6
而能從諸侯者寡○	142/72/18
則傷主心○	142/72/21
而能從諸侯寡○	142/72/24
故三下城而能勝敵者寡○	142/72/26
然則天下仇之必○	142/73/10
辭讓而重賂至○	142/73/12
士民不知而王業至○	142/73/13
則其國無宿憂○	142/73/21
何以知其然○	142/73/21
則臣請必北魏○	142/73/26
大王之功大○	142/73/26
令行於天下○	142/73/26
則趙必從○	142/73/28
則韓必從○	142/73/28
則王業見○	142/74/1
而魏將以禽於齊○	142/74/6
而西河之外入於秦○	142/74/6
天地人皆以告○	143/74/19
能以見於天下○	145/75/22
功業可明○	145/75/25
不免為辱人賤行○	145/76/3
敬聞命○	145/76/13
而社稷已安○	147/77/14
吾為吾之王禮而已○	147/77/20
民已安○	147/78/2
國危○	147/78/3,325/165/28
可往○	148/78/14
宗廟亡○	148/78/14
云曰尚○	148/78/14
歸於何黨○	148/78/14
先生志之○	148/78/17
汙吾世○	149B/79/3
謹以解○	149B/79/9
老婦已亡○	149B/79/12
即臨晉之關可以入○	150/79/24
即武關可以入○	150/79/25
則王重○	151/80/7,331/167/17
後將常急○	152/80/13
其割趙必深○	156/81/17
害必深○	156/81/21
是其為人也近苦○	157B/82/7
臣之得罪無日○	157B/82/8
取○	158/82/14
臣請不敢復見○	160/83/5
樂○	160/83/10
誰與樂此○	160/83/10
安陵君可謂知時○	160/83/14
臣等之罪免○	161/83/19
貴甚○而主斷	161/83/20
如出一口○	161/83/21
今王以用之於越○	166/85/8
臣以為王鉅速忘○	166/85/9
則諸侯莫不南面而朝於章臺之下○	167/85/18
則鄢、郢動○	167/85/20
必充後宮○	167/85/26
相去遠○	167/86/4
故謀未發而國已危○	167/86/8
不格明○	168/86/18
竊以為大王之計過○	168/86/19
盡城守○	168/87/2
陳卒盡○	168/87/5
有偏守新城而居民苦○	168/87/5
計無過於此者○	168/87/12
其不可成也亦明○	168/87/19
甚○	169/88/7,304/154/19
則楚無謀臣○	169/88/11
則楚眾不用○	169/88/12
其效鄢、郢、漢中必緩○	169/88/13
如華不足知之○	170/88/19
楚國亡之月至○	170/89/6
則楚輕○	171/90/7
則公之兵全○	173A/90/22
楚必輕○	174/91/4
子益賤而日疏○	174/91/8
子之子孫必為楚太子○	174/91/10
君必窮○	175/91/18
則子重○	175/91/19
則魏無患○	175/91/19
則傷行○	176/91/28
則失利○	176/91/28
蘇子必且為太子入○	178/93/11
寡人聞命○	180/93/30
儀行天下徧○	182/94/24
臣以為大王輕○	184/95/12
於此困○	187/96/10,187/96/13
麋因得○	187/96/12
偽舉罔而進者必眾○	187/96/12
夫秦捐德絕命之日久○	189/96/28
王愛子美○	190/97/8
郢都必危○	192/97/22
楚國必亡○	192/97/23
折清風而抎○	192/98/9
臣有辭以報樗里子○	193/98/26
吾與子出兵○	195/99/12
必甚於癘○	197/100/9
有○	198/100/16
先生大息○	199/100/28
先生過○	199/101/1
夫驥之齒至○	199/101/6
沈洿鄙俗之日久○	199/101/9
今妾自知有身○	200/101/25
君相楚二十餘年○	200/102/6
而陰養死士之日久○	200/102/9
秦始皇立九年○	200/102/19
今楚王之春秋高○	201/102/23
為其遠王室○	201/102/26
夫楚亦強大○	201/103/1
今為馬多力則有○	201/103/2

今謂楚強大則有○ 201/103/3
362/179/10
韓、魏之君必反○ 202/103/9
難必及韓、魏○ 202/103/10
城今且將拔○ 202/103/15
是疵為趙計○ 202/103/16
韓、魏之君果反○ 202/103/20
必加兵於韓○ 203/103/25
然則其錯兵於魏必○ 203/103/29
其移兵寡人必○ 203/104/5
倉廩實○ 203/104/8
足○ 203/104/10
則有餘銅○ 203/104/11
吾不能守○ 203/104/16
趙將亡○ 203/104/20
亡則二君為之次○ 203/104/21
吾與二主約謹○ 203/104/28
兵著晉陽三年○ 203/105/1
而君得其所欲○ 203/105/4
必後之○ 203/105/9
吾其報知氏之讎○ 204B/106/9
謂子有志則然○ 204B/106/14
大亂君臣之義者無此○
204B/106/16
名既成○ 204B/106/24
亦以足○ 204B/106/25
而可以報知伯○ 204B/106/28
過○ 205/107/3,454/222/19
必不能越趙而有中山○ 205/107/4
彼將知○利之也 205/107/5
兌盡知之○ 208/107/23
臣恐其禍出於是○ 209/108/25
五國之兵有日○ 209/108/26
君之春秋高○ 210/109/7
吾始已諾於應侯○ 211/109/22
311/158/23,311/159/2
今發兵已取之○ 211/110/15
吾已大○ 212/110/22
年已長○ 212/110/22
則是強畢○ 214/111/5
文信侯之憂大○ 215/111/11
三晉之心疑○ 215/111/11
齊、趙必俱亡○ 215/111/13
決不相關○ 217/111/29
知不如禽遠○ 217/111/30
已五年○ 217/112/2
食未飽而禍已及○ 217/112/5
秦禍安移於梁○ 217/112/6
梁不待伐○ 217/112/7
秦禍案攘於趙○ 217/112/7
割必深○ 217/112/8
皆願奉教陳忠於前之日
久○ 218/112/22
陰陽而已○ 218/113/1
則兵必戰於邯鄲之下○ 218/113/8
傅之國都而止○ 218/113/14
禍中於趙○ 218/113/15
固已見於胸中○ 218/113/20
秦破必○ 218/113/23
臣得陳忠於前○ 218/114/1
秦必不敢出兵於函谷關
以害山東○ 218/114/8
如是則伯業成○ 218/114/9
則雖從而不止○ 219/114/24
天下之主亦盡過○ 219/115/1
秦兵不敢出函谷關十五
年○ 220/115/21
然而心忿悁含怒之日久
○ 220/115/24
夫天下之不可一亦明○ 220/116/1
而世必議寡人○ 221/116/21
殆毋顧天下之議○ 221/116/23
王失論○ 222/119/10
以事寡人者畢○ 222/119/21
不用人○ 222/119/22
而天下服○ 225/120/25
439/214/6
魏冉固德公○ 226/121/15
燕、趙必不爭○ 227/121/20
兵必歸於趙○ 229A/122/13
魏、秦必虛○ 229B/122/25
魏過○ 230/123/1
王亦過○ 230/123/2,230/123/4
公子將行○ 232/123/18
坐此者多○ 232/123/21
公子之所以教之者厚○
232/123/21
則人心變○ 233/124/1
不遺餘力○ 233/124/7
王無以救○ 233/124/9
誠聽子割○ 233/124/12
即坐而地盡○ 233/124/23
其計固不止○ 233/124/26
其勢必無趙○ 233/124/27
則必盡在於秦○ 233/125/3
秦之使者已在趙○ 233/125/13
秦不遺餘力○ 235/126/1
秦已內鄭朱○ 235/126/6
軍必破○ 235/126/6
天下之賀戰勝者皆在秦
○ 235/126/6
事將奈何○ 236/126/18
勝已泄之○ 236/126/24
則連有赴東海而死○ 236/127/1
齊、楚則固助之○ 236/127/3
燕則吾請以從○ 236/127/3
則必助趙○ 236/127/5
昔齊威王嘗為仁義○ 236/127/6
亦太甚○ 236/127/12
人必危之○ 238/128/26
鄰國得志○ 238/128/28
則王之國大治○ 239A/129/5
君必困○ 240/129/23
則膏之事有不言者○ 240/129/25
膏之軸今折○ 240/129/25
未期年而葺亡走○ 240/129/26
甚○其無禮也 242/130/10
雖貴已賤○ 242/130/12
雖賤已貴○ 242/130/12
趙必亡○ 247/131/24,405/193/22
王之事趙也何得○ 247/131/25
必為王高○ 247/132/8
君之身老○ 248/132/21
則足下擊潰而決天下○
248/132/28
臣以為足下見奉陽君○ 249/133/4
則陰不可得已○ 249/133/5
陰必得○ 249/133/6
則君無患○ 249/133/7
必有踦重者○ 249/133/10
皆不利趙○ 249/133/14
一○ 249/133/16
二○ 249/133/18
過趙已安邑○ 249/133/20
三○ 249/133/21
魏必破○ 249/133/23
即趙自消爍○ 249/133/24
四○ 249/133/25
五○ 249/134/1
六○ 249/134/3
則陰必得○ 249/134/3

死不復見於王〇 250/134/9
故臣死不復見於王〇 250/134/12
子勉行〇 250/134/12
寡人與子有誓言〇 250/134/12
吾已與樓子有言〇 250/134/14
則主必為天下笑〇 251/134/25
莫如君〇 251/135/2
奢已舉燕〇 252/135/13
將軍釋之〇 252/135/14
僕已言之僕主〇 252/135/14
君過〇 252/135/15,262/139/11
趙強則齊不復霸〇 252/135/17
無明此者〇 252/135/19
齊必不效地〇 254/136/4
則卿必為相〇 255/136/10
卿因以德建信君〇 255/136/11
則大臣為之枉法於外〇 258A/137/11
則使者歸〇 258B/137/24
不得見久〇 262/139/2
年幾何〇 262/139/8
十五歲〇 262/139/8
亦哀之〇 262/139/12
知氏之命不長〇 264A/140/8
子往〇 266/140/28
則霸王之業具〇 269/141/20
奚足以霸王〇 269/141/28
專委之子〇 269/142/1
既為寡人勝強敵〇 270/142/12
公叔當之〇 270/142/14
此其過越王勾踐、武王遠〇 272/143/9
故兵未用而國已虧〇 272/143/10
其不可以成亦明〇 273/144/2
國必無憂〇 273/144/8
勝楚必〇 273/144/11
齊必危〇 274/144/27
而秦信齊〇 275/145/5
則地廣〇 275/145/7
不得待異日〇 276/145/12
臣與燕、趙故〇 276/145/15
公必危〇 281/146/27
而儀固得魏〇 281/146/30
張儀以合秦、魏〇 283/147/12
則韓之南陽舉〇 283/147/13
則秦、魏之交可廢〇 283/147/14
韓之卜也決〇 285/147/28
是太子之讎報〇 286/148/4
而聽秦〇 287/148/12
則後必莫能以魏合於秦者〇 289/148/30
王之國必傷〇 290/149/5
固已不欲〇 291/149/11
而事已去〇 291/149/12
王且無所聞之〇 293/149/29
二人者必不敢有外心〇 293/150/1
王為堯、舜〇 294/150/7
楚師必進〇 295/150/13
大王之攻薔易〇 295/150/15
葬有日〇 296/150/19,296/150/26
今葬有日〇 296/150/29
既已得地〇 297/151/15
期於啗宋而已〇 297/151/16
秦必且用此於王〇 297/151/18
秦嘗用此於楚〇 297/151/20
又嘗用此於韓〇 297/151/20
臣為之苦〇 297/152/1
而臣以致燕甲而起齊兵〇 297/152/3
奉陽君、韓餘為既和〇 297/152/7
不成則為王〇 300/152/27
楚王必怒〇 301/153/7
則必為楚禽〇 301/153/8
此其暴於戾定〇 301/153/12
魏王之年長〇 302/153/21
則無生楊〇 303A/153/27
則子必危〇 303A/153/28
必相之〇 303B/154/5
魏必安〇 303B/154/11
厚〇 304/154/19
明〇 304/154/19
則難久〇 304/154/22
上所以為其主者忠〇 304/154/27
下所以自為者厚〇 304/154/27
彼其事王必完〇 304/154/28
魏王之恐也見亡〇 305/155/7
寡人疑之〇 306/155/19
寡人信之〇 306/155/20
夫市之無虎明〇 306/155/20
而議臣者過於三人〇 306/155/21
願王察之〇 306/155/21
已在鄴〇 308/156/15
攘地必遠〇 309/156/28
無以利事王者〇 309/157/6
地未畢入而兵復出〇 310/157/17
天幸為多〇 310/157/23
則前功必棄〇 310/157/29
則君得所欲〇 310/158/1
今不行者欺之〇 311/158/23
樓公將入〇 311/158/29
血濺君襟〇 311/158/30
臣已恐之〇 311/159/1
王毋行〇 311/159/3
可謂善用不勝〇 312/159/9
可謂不能用勝〇 312/159/9
其勢必無魏〇 312/159/11
吾已許秦〇 312/159/15
民亦且歲死〇 314/160/11
先日公子常約兩王之交〇 314/160/14
吾歲不熟二年〇 314/160/15
文請行〇 314/160/17
游已奪〇 314/160/18
秦必去〇 314/160/19
則道里近而輸又易〇 314/160/21
子行〇 314/160/21
君得燕、趙之兵甚眾且亟〇 314/160/24
則不明〇 315/161/4
則不忠〇 315/161/5
必不伐楚與趙〇 315/161/9
秦必不伐楚與趙〇 315/161/14
又不攻衛與齊〇 315/161/14
非魏無攻〇 315/161/14
河內之共、汲莫不危〇 315/161/17
大梁必亡〇 315/161/18
王之使者大過〇 315/161/18
秦之欲許之久〇 315/161/19
則南國必危〇 315/161/20
而禍若是〇 315/161/26
禍必百此〇 315/161/27
從之不成〇 315/161/28
今韓受兵三年〇 315/161/28
則楚、趙必與之攻〇 315/161/29
必不休〇 315/162/1
則衛、大梁、河外必安〇 315/162/8
必不合〇 317B/162/29
無公〇 317B/162/29
公必為相〇 317B/163/4

吾已合魏○ 317B/163/8
是弗救○ 317B/163/12
怨顏已絕之○ 317B/163/12
樓子與楚王必疾○ 317B/163/15
翟強與齊王必疾○ 317B/163/16
謀恐不出於計○ 318/163/21
得密須氏而湯之服桀○ 318/163/26
天下之亡國皆然○ 319/164/6
王自知○ 320/164/19
無精於此者○ 325/165/28
則弱○ 325/165/30
趙不以毀構○ 326/166/3
秦必輕王之強○ 328/166/19
秦必重王○ 328/166/20
秦必不聽王○ 329B/167/3
則秦重○ 329B/167/4
所欲必得○ 329B/167/4
而以多割於韓○ 331/167/16
而伐韓○ 331/167/16
齊必資公○ 335/168/14
齊無通於天下○ 337/168/24
亦無齊累○ 337/168/24
甚苦○ 338/169/1
魏來求救數○ 338/169/2
寡人知魏之急○ 338/169/2
是大王籌筴之臣無任○ 338/169/3
今齊、楚之兵已在魏郊○ 338/169/4
竊以為大王籌筴之臣無任○ 338/169/5
社稷必危○ 340/169/29
無為人臣之義○ 340/170/7
今臣直欲棄臣前之所得○ 341/170/16
美人亦甚多○ 341/170/18
臣亦將棄○ 341/170/19
其摯(謟)〔諂〕也固○ 341/170/22
其自纂繁也完○ 341/170/22
以嫪毒勝○ 342/171/7
王之交最為天下上○ 342/171/8
則王之怨報○ 342/171/9
與臣而將四○ 343/171/23
寡人諭○ 343/171/25
則韓必取鄭○ 344A/172/5
盡忠而已○ 345/172/17
無過此者○ 347/173/5
不戰而地已削○ 347/173/8
而廝徒負養在其中○ 348A/173/19
見卒不過二十萬而已○ 348A/173/19
必無幸○ 348A/173/24
無過於此者○ 348A/173/26
則王之國分○ 348A/173/28
先事秦則安○ 348A/173/28
不事秦則危○ 348A/173/28
則王之國必危○ 348B/174/12
秦必曰楚、韓合○ 350/174/22
今割○而交不親 351/174/27
馳○而兵不止 351/174/27
臣恐山東之無以馳割事王者○ 351/174/28
然則王之輕重必明○ 352/175/9
必之楚○ 354/175/22
則茂事敗○ 355/175/29
則樓緩必敗○ 356A/176/3
樓鼻必敗○ 356A/176/4
甘茂必敗○ 356A/176/4
宜陽必不拔○ 356A/176/5
秦之欲伐我久○ 357/176/19
今已得之○ 357/176/20
楚國必伐○ 357/176/20
楚國不大病○ 357/176/23
已悉起之○ 357/176/27
必為天下笑○ 357/177/1
又非素約而謀伐秦○ 357/177/1
且王以使人報於秦○ 357/177/2
王必悔之○ 357/177/3
率且正言之而已○ 358/177/13
皆不得親於事○ 359/177/22
則無禍○ 359/177/26
魏之絕齊於楚明○ 361/179/3
今謂馬多力則有○ 362/179/9
無見王○ 363/179/18
必來以是而足○ 363/179/19
魏且旦暮亡○ 364/179/25
而無所入○ 365/180/5
今韓已病○ 366/180/10
使者來者眾○ 366/180/11
韓急○ 366/180/16
且急○ 366/180/17
韓急則折而入於楚○ 366/180/18
如此則伐秦之形成○ 366/180/23
軍於南鄭○ 367/181/1
司馬康三反之郢○ 367/181/6
則易必可成○ 368/181/13
而易必敗○ 368/181/16
不可解○ 369/181/21
而楚、魏皆德公之國○ 370/181/26
於是以太子扁、昭揚、梁王皆德公○ 370/181/28
而害於韓○ 371/182/4
則舟沉○ 373/182/16
則舟覆○ 373/182/16
必周君而深怨我○ 374/182/22
公行○ 374/182/23
則鄭王必許之○ 374/182/30
公必輕○ 378/183/23
太子必終身重公○ 378/183/23
必不能為亂○ 379/183/31
必以韓合於秦、楚○ 380/184/4
楚王必重公○ 380/184/6
則公叔、伯嬰必以國事公○ 380/184/6
而德王○ 381/184/13
公必將○ 383A/184/24
必以韓、楚奉公○ 383A/184/25
而行游諸侯眾○ 385/185/26
臣之所以待之至淺鮮○ 385/186/2
是其軼賁、育而高成荊○ 385/186/20
父母既殁○ 385/186/20
則韓必謀○ 386/187/5
則韓輕○ 386/187/6
主卑○ 386/187/6
是公危○ 386/187/7
是韓重而主尊○ 386/187/8
此主尊而身安○ 386/187/10
則韓最輕○ 387/187/18
則韓最弱○ 387/187/18
則韓最先危○ 387/187/18
秦之德韓也厚○ 387/187/19
是其於主也至忠○ 387/187/20
韓故已攻宋○ 388/188/4
則宋地不安○ 388/188/4
韓計將安出○ 389/188/12
必為山東大禍○ 389/188/13
韓必舉○ 389/188/15
必皆亡○ 389/188/19

必外靡於天下○ 390/188/25
是魏弊○ 390/188/25
今秦有梁君之心○ 390/188/28
今秦數世強○ 390/189/2
桓公亦定霸○ 391/189/17
三川服○ 392/189/28
攻運而取之易○ 394/190/12
韓已與魏○ 394/190/13
將聽之○ 396B/191/6
韓侈且伏於山中○ 396B/191/6
珉為疾○ 396C/191/12
則大臣不得事近臣○ 396C/191/15
則為大臣不敢為諸侯輕國○ 396C/191/17
則諸侯不敢因群臣以為能○ 396C/191/18
則將變○ 399/192/12
公無見王○ 399/192/12
則楚必即秦○ 400/192/19
是齊孤○ 400/192/20
其收韓必重○ 405/193/20
則無從輕○ 405/193/21
蔡、邵之道不通○ 405/193/21
其救趙必緩○ 405/193/22
足食於民○ 408/194/12
無過燕○ 408/194/13
秦之不能害燕亦明○ 408/194/16
軍於東垣○ 408/194/17
距國都○ 408/194/18
則國必無患○ 408/194/20
則趙重○ 409/195/4
此霸王之業○ 411/195/32
臣亦不事足下○ 412/196/12
吾已為藥酒以待之○ 412/196/26
而趙不敢妄動○ 413/197/12
曰有大數○ 415/198/8,415/198/9
而欲報之二年○ 415/198/11
力不足○ 415/198/12
則寡人奉國而委之於子○ 415/198/12
此必使王重○ 415/198/16
盡以役○ 415/198/26
封內弊○ 415/198/26
吾終以子受命於天○ 415/198/29
破燕必○ 416A/199/21
秦必疑而不信蘇子○ 417/200/15
伐齊之形成○ 417/200/16
則徒隸之人至○ 418/200/27
天下之士必趨於燕○ 418/200/28
馬今至○ 418/201/3
而忌燕也愈甚○ 419/201/16
失所為○ 419/201/17
而世負其禍○ 419/201/17
其禍必大○ 419/201/20
則燕、趙信秦○ 419/201/29
則齊伯必成○ 419/202/3
秦伐齊必○ 419/202/6
如是足○ 420/202/15
則臣不事足下○ 420/202/15
則諸侯不為別馬而朝○ 420/202/24
吾已為藥酒而待其來○ 420/203/8
臣請行○ 420/203/14
唯媒而已○ 421/203/20
善○ 421/203/21
寡人如射隼○ 422/203/30
寡人固與韓且絕○ 422/204/17
其言惡○ 423/205/9
齊、趙必有為智伯者○ 423/205/11
今召之○ 424/205/16
已○ 424/205/18
吾無齊○ 424/205/18
奉陽君之怒甚○ 424/205/20
殆無燕○ 424/206/1
逃不足以為辱○ 424/206/6
謹聞命○ 425/206/16
齊、趙已孤○ 426/206/21
燕破必○ 426/206/25
寡人知子○ 426/206/28
其後必務以勝報王○ 426/207/7
亦則已○ 428/207/27
則公子終身不封○ 428/208/9
旦暮出令○ 429/208/16
將軍自為計則可○ 431/209/11
可以幸無罪○ 431/209/22, 431/210/4
莫徑於結趙○ 431/209/27
數奉教於君子○ 431/210/16
五人而車因行○ 432/210/27
因能勝秦○ 432/210/28
智固不如車士○ 432/210/29
智又不如胡、越之人○ 432/211/1
今韓、梁、趙三國以合○ 432/211/6
寡人得其志○ 433/211/17
吾得趙○ 435/212/11,435/212/11
齊遂北○ 435/212/13
今我已亡之○ 437/212/27
刳子腹及子之腸○ 437/212/28
則寡人之不肖明○ 438/213/10
寡人必有罪○ 438/213/14
難得於君○ 438/213/17
而燕不受命○ 439/214/7
而與秦相距五十餘年○ 439/214/12
必不復受於秦○ 439/214/13
禍必不振○ 440/214/24
不知吾精已消亡○ 440/215/6
必得所願○ 440/215/25
則大善○ 440/215/26
其償破秦必○ 440/215/27
可謂深○ 440/216/11
而燕國見陵之恥除○ 440/216/15
日以盡○ 440/216/23
請辭決○ 440/216/25
必為有竊疾○ 442/218/16
今黃城將下○ 443/218/27
恐不免於罪○ 443/218/30
寡人知之○ 444/219/7
宋人助我攻○ 444/219/11
宋人止於此○ 444/219/12
君日長○ 445/219/17
則君不奪太后之事○ 445/219/17
則公常用宋○ 445/219/18
則攻宋易○ 446A/219/24
不得○ 446B/219/31
恐不得○ 446B/220/1
為秦則不賴○ 449/220/27
秦、魏交而不脩之日久○ 450/221/8
公孫氏必不血食○ 451/221/20
必無趙○ 453/222/10
善以微計薦中山之君久○ 454/222/28
齊羞與中山之為王甚○ 454/223/1
是則必聽○ 455/223/22
何在其所存之○ 455/223/23
臣自知死至○ 456/224/5
吾知之○ 456/224/6
即公無內難○ 457/224/12

無所窮○ 457/224/13
大怒則君必危○ 457/224/13
以臣所行多○ 458/224/27
固已過絶人○ 458/224/28
其請之必○ 458/225/2
即社稷危○ 458/225/3
亦以十倍○ 461/226/4
寡人既以興師○ 461/226/8
必欲滅之○ 461/226/14

倚 yǐ 9

北○河 87/42/3
則吾○門而望 144/74/28
則吾○閭而望 144/74/29
○秦攻齊 218/112/26
○齊攻秦 218/112/26
直而不○ 270/142/6
臣請發張○使謂趙王曰 308/156/10
張○因謂趙王曰 308/156/15
○柱而笑 440/217/20

蟻 yǐ 3

則螻○得意焉 99/49/13
蓐螻○ 160/83/12
而下為螻○食也 192/98/3

齮 yǐ 2

令公孫起、王○以兵遇趙於長平 211/110/17
殺秦將桓○ 263/139/27

刈 yì 1

猶剗○者也 427/207/16

亦 yì 178

○必盡其寶 2/1/28
韓氏果○效重寶 2/2/1
蘇子○得兩國之金也 4/2/22
○將觀韓、魏之於齊也 13/5/22
則王○無齊之累也 14B/6/10
小國不足○以容賊 21/7/27
重○盡在趙 23/8/20
○已多矣 25/9/9
言不審○當死 42/15/10
楚○何以軫為忠乎 48B/19/22
○無大大王 50/20/23
○無先齊王 50/20/24
○無大齊王 50/20/24
意○思乎 51/21/28
韓○恐戰而楚有變其後 59/24/16
○必無患矣 63/26/13
此○百世之時也已 69/28/9
○能翕其心乎 71/28/22
能者○不得蔽隱 72/28/29
秦王○再拜 73A/30/21
得尺○王之尺也 73A/31/6
不○繆乎 73A/31/6
此○淖齒、李兌之類已 73B/32/6
○以為父 73B/32/12
○聞恆思有神叢與 74/32/16
王○用之 74/32/21
○不過此矣 78/34/5
臣○嘗為子 79/34/16
其卒○可願矣 81/36/1
豈不○忠乎 81/36/14
此○秦之分功之時也 81/37/8
講○悔 83A/38/17
不講○悔 83A/38/17
○明矣 83B/38/28,188/96/20
王之功○多矣 87/41/2
王之威○憚矣 87/41/5
不○失乎 87/41/21
而魏○關內候矣 87/42/10
趙氏○嘗強矣 88/42/17
○君之水也 99/49/13
○吉否 104/51/16
○驗其辭於王前 104/51/17
其良士選卒○殪 110/53/24
此其為德也○大矣 110/53/24
其見恩德○其大也 110/53/24
○已明矣 112/55/6
趙、魏○不免與秦為患矣 121/58/20
則○不果於趙、魏之應秦而伐周、韓 121/58/21
而薛○不量其力 125/61/10
而荊○甚固 125/61/12
○甚不義矣 128/62/8
堯○有所不及矣 129/62/25
則士不○眾乎 131/63/23
齊、魏○佐秦伐邯鄲 132B/64/7
則趙、魏○危矣 132B/64/12
雍門養椒○ 135/66/21
斶○曰 136B/67/12
○曰『王前』 136B/67/13
○甚矣 136B/67/23
王○好馬 137/69/1
王○好狗 137/69/1
王○好酒 137/69/1
王○好色 137/69/2
王○不好士也 137/69/4
歲○無恙耶 138/69/13
民○無恙耶 138/69/13
王○無恙耶 138/69/13
有糧者○食 138/69/16
無糧者○食 138/69/17
有衣者○衣 138/69/17
無衣者○衣 138/69/17
王○稱之 141A/70/12
○收餘甲而北面 142/71/11
○襲魏之河北燒棘溝 142/71/13
○捐燕棄世 145/75/26
此○一計也 145/75/27
而單○憂之 146/76/27
○王之善已 146/76/27
○可 149A/78/24
淮、泗之間○可得也 151/80/8
王○知之乎 159/82/18, 392/189/28
上梁○不知也 163/84/7
其不可成也○明矣 168/87/19
故○逐之 169/88/12
○有不為爵勸 170/88/18, 170/88/22
○聞於遂浦 170/89/18
子○自知且賤於王乎 174/91/4
楚○不能獨守 177/92/21
○非忠臣也 179/93/19
○必無妬而進賢 179/93/22
鄭褏○以金五百斤 182/94/19
韓○不從 183/95/4
君○聞驥乎 199/101/6
彼○各貴其故所親 200/101/23
嫪毒○為亂於秦 200/102/19
夫楚○強大矣 201/103/1

○所以亡也 203/105/13
○將以愧天下後世人臣懷二心者 204B/106/17
○以足矣 204B/106/25
○其猜焉 211/109/22
天下之主○盡過矣 219/115/1
夫天下之不可一○明矣 220/116/1
○欲叔之服之也 221/116/29
王○過矣 230/123/2,230/123/4
願君之○勿忘也 232/123/22
王○聞夫公甫文伯母乎 233/123/28
是不○大示天下弱乎 233/125/8
○太甚矣 236/127/12
梁○萬乘之國 236/127/25
臣○嘗以兵說魏昭王 238/128/23
昭王○曰 238/128/23
秦見之且○重趙 247/132/7
臣必見燕與韓、魏○且重趙也 247/132/7
此○舉宋之時也 248/132/18
人○寧朝人耳 251/134/18
敝邑寡君○竊嘉之 258B/137/21
丈夫○愛憐其少子乎 262/139/9
○哀之矣 262/139/12
○有術乎 266/140/29
豈不○信固哉 269/141/19
不○悖乎 271/142/20
其不可以成○明矣 273/144/2
○以事屬犀首 276/145/22
寡人○以事因焉 276/145/24
王○聞老妾事其主婦者乎 279/146/13
王○聞張儀之約秦王乎 281/146/29
則公○必并相楚、韓也 282/147/8
○許由也 294/150/8
地○且歲危 314/160/11
民○且歲死矣 314/160/11
此○王之大時已 315/162/6
王○知弱之召攻乎 333/167/29
○無齊累矣 337/168/24
○非君之所喜也 340/169/26
○猶魏也 340/169/28
美人○甚多矣 341/170/18
臣○猶曩臣之前所得魚也 341/170/19
臣○將棄矣 341/170/19
公○嘗聞天子之怒乎 343/171/19
○免冠徒跣 343/171/21
○甚患之 365/180/5
○以為公也 374/182/26
伯嬰○幾瑟也 379/183/29
正○可為國乎 384/185/10
○自殺於屍下 385/186/22
○列女也 385/186/24
不成○為福 386/187/7
不成○為福者也 386/187/12
○請男為臣 390/189/7
桓公○定霸矣 391/189/17
○無他也 391/189/20
○因請復之 401/192/26
於秦○萬分之一也 407/194/6
秦之不能害燕○明矣 408/194/16
不善○取之 409/195/3
燕○德王 411/195/30
臣○不事足下矣 412/196/12
則臣○之周負籠耳 420/202/22
不○遠乎 422/203/30
○則已矣 428/207/27
○為其饑也 430/208/24
而○何以報先王之所以遇將軍之意乎 431/209/11
蚌○謂鷸曰 434/212/4
魏○謂燕王曰 435/212/11
子腸○且寸絶 437/212/29
○不敢來 443/218/28
趙王○說曰 444/219/11
且秦王○將觀公之事 449/220/29
樗里子○得三百金而歸 449/221/3
請○佐君 455/223/20
王○絶之 455/223/21
趙王○無請言也 458/225/5
○以十倍矣 461/226/4
此○所謂勝一臣而為天下屈者也 461/227/7

佚 yì 3

在勞天下而自○ 142/73/19
○治在我 142/73/20
士卒樂○輕戰 418/201/8

役 yì 21

雍氏之○ 25/9/3
齊弱則必為王○矣 50/20/27
宜陽之○ 56/23/27
59/24/16,355/175/28
即有軍○ 112/54/25
仁義皆來○處 136B/67/21
而願為○ 139/69/26
後起則諸侯可趨○也 142/72/15
兵後起則諸侯可趨○也 142/73/14
徐州之○ 286/148/3
長平之○ 327/166/9
襄陵之○ 370/181/26
吾得為○之日淺 385/185/22
韓陽○於三川而欲歸 392/189/28
○且共貴公子 392/189/28
王於是召諸公子○於三川者而歸之 392/189/29
濟西不○ 415/198/25
盡以○矣 415/198/26
亡國與○處 418/200/24
則廝○之人至 418/200/26

抑 yì 5

以○強秦 40/14/7
使管仲終窮○ 145/76/3
王抽旃旄而○兕首 160/83/9
嘗○強齊 237/128/14
公仲且○首而不朝 366/180/22

邑 yì 108

弊○固竊為大王患之 1/1/13
弊○遷鼎以待命 1/1/18
君不如令弊○陰合於秦而君無攻 22/8/6
令弊○以君之情謂秦王曰 22/8/6
君令弊○以此忠秦 22/8/8
夫攻城墮○ 41A/14/26
安○王之有也 41B/15/3
弊○之王所說甚者 50/20/23
弊○之王所甚憎者 50/20/24
其於弊○之王甚厚 50/20/25
弊○欲伐之 50/20/25
是以弊○之王不得事令 50/20/25

齊以陽武賜弊○而納順子 63/25/29
以告弊○ 63/26/2
臣竊必之弊○之王曰 63/26/6
秦得安○ 63/26/13
秦有安○ 63/26/13
故臣竊必之弊○之王曰 63/26/14
君不如勸秦王令弊○卒攻齊之事 65/26/27
齊予晉弊○ 65/26/29
其令○中自斗食以上 74/32/22
大夫種為越王墾草刱○ 81/37/3
汾水利以灌安○ 83B/39/2
弊○之於與遇善之 84B/39/18
諸侯皆致秦○ 93/45/16
攻城墮○ 94/45/30
今秦欲攻梁絳、安○ 111/54/11
秦得絳、安○以東下河 111/54/11
而出銳師以戍梁絳、安○ 111/54/15
安○者 132B/64/9
秦伐魏取安○ 132B/64/10
安行而反臣之○屋 136B/68/16
有市之○莫不止事而奉王 142/72/20
益封安平君以夜○萬戶 147/78/3
當今將軍東有夜○之奉 148/78/16
安○不知 163/84/7
今邊○之所恃者 163/84/7
邊○甚利之 163/84/8
故弊○趙王 167/86/5
以為湯沐之○ 168/87/22
故敝○秦王 168/87/23
奉以上庸六縣為湯沐○ 174/91/6
臣身受命弊○之王 177/93/3
使使者致萬家之○一於知伯 203/103/27
因使人致萬家之○一於知伯 203/103/29
今有城市之○七十 211/109/26
有城市之○七十 211/110/7
敝○之王 211/110/11
韓、魏皆可使致封地湯沐之○ 218/113/2
趙怒必於其己○ 219/114/22
弊○秦王使臣敢獻書於大王御史 220/115/20
弊○恐懼懾伏 220/115/21
以為騎○ 224/120/6,224/120/7
萬家之○相望也 225/121/8
魏令公子咎以銳師居安○ 228/122/4
以據魏而求安○ 249/133/18
抱安○而信秦 249/133/19
秦得安○之饒 249/133/19
過趙已安○矣 249/133/20
秦舉安○而塞女戟 249/133/23
取安○ 249/133/26
趙王因割濟東三城令盧、高唐、平原陵地城○市五十七 252/135/8
乃割濟東三令城市○五十七以與齊 252/135/10
取寧○ 258B/137/16,333/167/27
得寧○ 258B/137/17
大王廣地寧○ 258B/137/21
敝○寡君亦竊嘉之 258B/137/21
敝○之君 258B/138/3,258B/138/5
乃與之萬家之○一 264A/140/10
夫鄉○老者而先受坐之士 266/140/29
故敝○趙王使使臣獻愚計 272/143/16
衍請因令王致萬戶○於先生 294/150/8
敝○之王欲效城地 305/155/12
敝○之吏效城者 308/156/15
敝○所以事大王者 308/156/18
而魏效絳、安○ 310/158/3
敝○有寶璧二雙 313/159/21
抱葛、薛、陰、成以為趙養○ 316/162/14
故敝○收之 329A/166/26
秦拔寧○ 332/167/21
王歸寧○ 332/167/21
敝○之事王 337/168/24
為敝○ 348A/174/2
弊○雖小 357/176/27
弊○將以楚殉韓 357/176/27
楚之縣○ 382/184/18
無事而割安○ 388/188/2
而欲攻絳、安○ 389/188/12
非弊○之所憎也 396A/190/25
告弊○甚急 399/192/11
安○之御史死 403/193/9
我舉安○ 422/204/4
秦欲攻安○ 422/204/9
已得安○ 422/204/10
○萬家 440/216/7,440/216/12
弊○之師過大國之郊 443/218/26
今徵師於弊○ 444/219/3
弊○不從 444/219/4
願王之有以命弊○ 444/219/4
欲割平○以賂燕、趙 455/223/7
齊之欲割平○以賂我者 455/223/24
雖百平○ 455/223/25
入都○ 458/224/26
多倍城○ 461/226/17

易 yì 99

韓、魏○地 33/11/11
韓、魏之○地 33/11/11
故○成之曰 33/11/13
因趙以止○也 33/11/14
故臣願從事於○ 44/18/2
地形險○盡知之 61A/25/4
見者無不變色○容者 73A/29/23
願王之勿○也 83B/39/5
《○》曰 87/41/9
此言始之○ 87/41/9
而○患於後也 87/41/11
敵不可○ 87/41/16
臣竊惑王之輕齊○楚 89/43/3
昭陽請以數倍之地○薛 101/50/8
是故《○傳》不云乎 136B/67/28
士何其○得而難用也 140/70/4
非士○得而難用也 140/70/6
此所謂以卑○尊者也 141B/70/24
不如○餘糧於宋 149A/78/22
攻大者○危 168/87/6
夫守○危之功 168/87/6
為主死○ 179/93/20
為主辱○ 179/93/21
此甚○而功必成 204B/106/15
非從○也 204B/106/16
然山東不能○其路 217/111/27
乃且願變心○慮 220/116/10
今寡人作教○服 221/116/30
○古之道 221/117/10,221/118/4

事異而禮○ 221/117/16
聖人不○民而教 221/118/16
慮徑而○見也 221/118/17
今王○初不循俗 221/118/17
不○禮而滅 221/118/24
俗辟而民○ 221/118/25
威嚴不足以○於位 222/119/12
便其用者○其難 224/120/7
功不什者不○器 224/120/8
遠近○用 224/120/11
何兵之不可○ 224/120/13
不如請以河東○燕地於齊 227/121/19
乃以河東○齊 227/121/22
以○藺、離石、祁於趙 228/121/26
令衛胡○伐趙 228/122/4
以攻難而守者○也 231/123/11
而與秦○道也 233/125/10
則且變○諸侯之大臣 236/127/26
今君○萬乘之強趙 237/128/15
○北 273/144/11
其國○危 291/149/10
○用其計者 291/149/10
其身○窮 291/149/10
公今言破趙大○ 291/149/10
且公直言○ 291/149/12
大王之攻薔○矣 295/150/15
樹○生之物 303A/153/27
樹之難而去之○也 303A/153/28
○牙乃煎敖燔炙 307/155/28
○牙之調也 307/156/4
弗○攻也 310/157/27
願子之有以○名母也 311/158/13
尚有可以○入朝者乎 311/158/14
願王之有以○之 311/158/14
則道里近而輸又○矣 314/160/21
必就○與利 315/161/9
就○與利 315/161/9
安陵必○ 315/162/9
以王為○制也 333/167/29
棄之不如用之之○也 342/170/28
死之不如棄之之○也 342/170/28
寡人欲以五百里之地○安陵 343/171/13
以大○小 343/171/14
弗敢○ 343/171/14
寡人以五百里之地○安陵 343/171/15
雖千里不敢○也 343/171/18
此以一○二之計也 357/176/16
○穀川以歸 360/178/20
必○與公相支也 367/181/5
○三川而歸 367/181/5
公仲為韓、魏○地 368/181/13
則○必可成矣 368/181/13
夫韓地○於上 368/181/14
魏地○於下 368/181/14
而○必敗矣 368/181/16
○三川 369/181/20
攻運而取之○矣 394/190/12
南有呼沱、○水 408/194/11
涉○水 408/194/17
○王立 411/195/16
則○水、長城非王之有也 413/197/11
○於救患 430/208/21
過○水 434/212/3
兵以臨○水 440/214/18
則○水以北 440/214/20
秦兵旦暮渡○水 440/216/5
至○水上 440/216/27
風蕭蕭兮○水寒 440/216/28
則攻宋○矣 446A/219/24

益 yì 79

今又攻秦以○之 22/8/4
則地廣而○重 22/8/5
齊得東國而○強 22/8/9
必勸楚王○兵守雍氏 25/9/7
秦○強富厚 44/18/11
於是出私金以○公賞 57/24/6
妾自以有○於處女 61A/24/30
請○甲四萬 63/26/3
秦且○趙甲四萬人以伐齊 63/26/5
必不○趙甲四萬人以伐齊 63/26/6
必不○趙甲四萬人以伐齊矣 63/26/15
則行而○利其道 72/29/1
無○於殷、楚 73A/30/11
○一言 99/49/11
猶之無○也 99/49/14
可以○割於楚 122/59/1
可以忠太子而使楚○入地 122/59/1
可以○入地 122/59/15
故曰可以○割於楚 122/59/15
○割地而獻之 122/59/18
故曰可以使楚○入地也 122/59/19
其士多死而兵○弱 142/73/7
○封安平君以夜邑萬戶 147/78/3
不知所○ 170/88/22,170/89/7
必分公之兵以○之 173A/90/21
不如○昭雎之兵 173B/90/28
子○賤而日疏矣 174/91/8
於王何○ 181/94/4,313/159/28
齊人飾身修行得為○ 188/96/17
恐春申君語泄而○驕 200/102/1
諸吏皆○爵三級 211/110/12
通有補民○主之業 221/116/18
雖割何○ 233/124/19
以○愈強之秦 233/124/25
虞卿為平原君請○地 234/125/17
將○之地 234/125/19
欲求○地 234/125/21
無○也 235/125/28
今齊湣王已○弱 236/126/15
收河間何○也 241/130/5
少○耆食 262/139/4
公叔何可無○乎 270/142/13
夫虧楚而○魏 273/144/11
臣恐魏交之○疑也 304/154/18
臣又恐趙之○勁也 304/154/18
則王之使人入魏無○也 304/154/20
臣故恐魏交之○疑也 304/154/22
臣故恐趙之○勁也 304/154/24
今大王與秦伐韓而○近秦 315/161/4
後得又○大 341/170/16
明年又○求割地 347/173/6
因不罪而○其列 361/179/5
請○具車騎壯士 385/186/9
雖善事之無○也 389/188/18
其疏秦乃始○明 393/190/5
故桓公負婦人而名○尊 411/195/28
則齊不○於營丘 412/196/18
亢義○國 412/196/29
禹授○而以啓為吏 416A/199/15

傳之○也 416A/199/15
啓與支黨攻○而奪之天下 416A/199/15
是禹名傳天下於○ 416A/199/16
是○一齊也 419/201/18
是○二齊也 419/201/19
厚者不毀人以自○也 438/213/14
義者不虧人以自○ 438/213/23
○發兵詣趙 440/217/24
而貴不○為王 446B/219/30
勿○損也 451/221/17
中山雖○廢王 454/222/19
是奪五國而○負海也 454/222/27
求○軍糧以滅趙 461/225/30
使得耕稼以○蓄積 461/226/23
養孤長幼以○其衆 461/226/24
繕治兵甲以○其強 461/226/24
增城浚池以○其固 461/226/24
復○發軍 461/226/30

挹 yì 1

譬若○水於河 131/63/26

異 yì 53

願以○日 40/13/13
此無○故 42/15/23
見秦質子○人 93/44/18
秦子○人質於趙 93/44/22
子○人賢材也 93/45/1
是子○人無國而有國 93/45/2
子○人 93/45/5
若使子○人歸而得立 93/45/6
雖有子○人 93/45/7
○人至 93/45/10
無○故 94/46/9
○人而同辭 109/53/8
○貴於此者何也 117/57/13
○日 147/77/18
無以○於驅群羊而攻猛虎也 168/86/18
臣非○ 170/89/14
不知○兮 197/100/10
○日者 198/100/18
315/161/23,315/161/28
且物固有勢○而患同者 209/108/19
又有勢同而患○者 209/108/20
曰言所以○ 218/113/1
○敏技藝之所試也 221/117/9
是以鄉○而用變 221/117/16
事○而禮易 221/117/16
儒者一師而禮○ 221/117/17
窮鄉多○ 221/117/18
○於己而不非者 221/117/19
古今○利 224/120/11
言者○ 233/124/1
於是與殺呂遺何以○ 241/130/4
齊無大○ 248/132/24
婦人○甚 262/139/10
無以○於三軍之衆 272/143/1
不得待○日矣 276/145/12
無○也 285/147/28
何以○於牛後乎 347/173/9
無以○於墮千鈞之重 348A/173/24
公何以○之 359/177/24
許○蹴哀侯而殪之 391/189/14
則許○為之先也 391/189/15
而許○終身相焉 391/189/15
而韓氏之尊許○也 391/189/15
而許○獨取相焉者 391/189/19
此桓公、許○之類也 391/189/21
知其君不知○君 396C/191/11
知其國不知○國 396C/191/11
且○日也 415/198/25
物固有勢○而患同者 432/211/7
苟與人之○ 438/213/25
供太宰○物 440/216/2
與死之心○ 451/221/18

軼 yì 3

循○之途也 105/51/22
車○之所能至 127/61/28
是其○賁、育而高成荊矣 385/186/20

逸 yì 1

專淫○侈靡 192/97/21

意 yì 75

兼有呑周之○ 24/8/26
願大王少留○ 40/13/9
吾欲使武安子起往喻○焉 41A/14/26
○亦思乎 51/21/28
○者 72/29/12
145/75/26,219/114/23
臣○王之計欲少出師 73A/31/2
有爭○也 77/33/24
則螻蟻得○焉 99/49/13
乃有○欲為收責於薛乎 133/65/4
○者秦王帝王之主也 134/66/3
○者秦王不肖之主也 134/66/4
君滿○殺之乎 136A/67/4
順民之○ 142/71/18
皆以相敵為○ 142/71/22
常以王人為○也 142/71/25
稱寡人之○ 146/76/27
君獨無○湔拔僕也 199/101/9
二主色動而○變 203/104/29
今上客有○存天下 218/114/11
唯大王有○督過之也 220/115/22
是故不敢匿○隱情 220/116/5
今胡服之○ 221/117/2
而叔也順中國之俗以逆簡、襄之○ 221/117/25
今欲繼簡、襄之○ 221/117/28
愚者陳○而知者論焉 221/118/1
不足與致○ 221/118/8
竭○不諱 221/118/14
忠可以寫○ 222/119/5
順其○ 222/119/20
竭○盡力 223/119/26
其○欲求為帝 236/126/15
臣故○大王不好也 238/128/22
固願承大國之○也 258B/137/24
因與接○而遣之 261/138/24
今乃有○西面而事秦 272/143/4
○者羞法文王乎 296/151/2
今臣願大王陳臣之愚○ 304/154/17
有○欲以下大王之兵東擊齊也 309/157/5
○雖道死 311/159/2
臣○秦王與樗里疾之欲

之也 317B/163/4
臣願以鄙心○公 317B/163/8
故不錯○也 343/171/16
不○也 344A/172/5
願大國遂肆○於秦 357/176/27
大國有○ 363/179/19
以○厚之 385/185/22
夫賢者以感忿睚眥之○ 385/186/3
非弟○也 385/186/19
何○寡人如是之權也 396B/191/7
百姓離○ 416A/199/25
足下有○為臣伯樂乎 425/206/15
而亦何以報先王之所以
遇將軍之○乎 431/209/11
唯君之留○焉 431/210/17
志○不相通 432/210/29
不能奉順君○ 438/213/10
故使使者陳愚○ 438/213/11
君雖不得○乎 438/213/20
○君曰 438/213/29
此寡人之愚○也 438/213/31
願先生留○也 440/215/5
440/215/12
其○不饜 440/215/22
唯荊卿留○焉 440/215/28
以順適其○ 440/216/2
荊卿未有行○ 440/216/4
而傷長者之○ 440/216/8
將軍豈有○乎 440/216/16
荊卿豈無○哉 440/216/23
卒起不○ 440/217/15
而欲滿其○者眾 446B/219/31
趙王○移 458/224/29
以絕趙王之○ 458/225/4
觸魏之不○ 461/226/21

溢 yì 2

黃金萬○ 40/14/7
黃金萬○為用 40/14/13

睪 yì 3

五國罷成○ 71/28/21
則成○之路不通 73A/31/20
廬、○在其北 269/141/25

義 yì 108

周賴大國之○ 1/1/9
秦王不聽群臣父兄之○
而攻宜陽 2/1/25
行○約信 40/13/21
○強於內 40/13/24
又有不○之名 44/18/6
○渠君之魏 53/22/14
公孫衍謂○渠君曰 53/22/14
○渠君曰 53/22/14,53/22/16
○渠君者 53/22/18
遺○渠君 53/22/19
○渠君致群臣而謀曰 53/22/21
大國不○ 63/26/1
今者○渠之事急 73A/29/19
今○渠之事已 73A/29/20
而悉韓、魏之兵則不○
矣 73A/31/2
質仁秉○ 81/35/26
行○不固毀譽 81/36/4
○之至 81/36/6
○之所在 81/36/6
臣之○不參拜 86/40/6
省攻伐之心而肥仁○之誡 87/41/5
高○也 120/58/14
○救亡趙 120/58/14
然則是我抱空質而行不
○於天下也 122/58/27
亦甚不○矣 128/62/8
有存亡繼絕之○ 130/63/9
誠說君之○ 130/63/9
君家所寡有者以○耳 133/65/13
竊以為君市○ 133/65/13
市○奈何 133/65/14
乃臣所以為君市○也 133/65/15
先生所為文市○者 133/65/19
○不臣乎天子 134/66/10
說○聽行 134/66/12
立千乘之○而不可陵 134/66/16
仁○皆來役處 136B/67/21
莫若後起而重伐不○ 142/71/26
立○者伯 142/72/2
微用兵而寄於○ 142/72/10
歸之於○ 147/78/1
○也 176/91/29
不○ 177/92/5,177/93/5
負不○於天下 177/92/21
竊慕大君之○ 188/96/18
勇者○之 189/96/26
廢正適而立不○ 197/100/3
彼○士也 204B/106/11
大亂君臣之○者無此矣
204B/106/16
以明君臣之○ 204B/106/16
臣聞明主不掩人之○ 204B/106/25
於是襄子○之 204B/106/27
然則韓○王以天下就之 209/109/1
人懷吾○ 211/109/28
是吾處三不○也 211/110/13
不○一也 211/110/13
不○二也 211/110/14
不○三也 211/110/14
莫不高賢大王之行○ 218/112/21
肥○侍坐 221/116/15
肥○曰 221/116/23
故寡人願募公叔之○ 221/117/4
仁○之所施也 221/117/9
蠻夷之所○行也 221/117/10
○之經也 222/119/6
御道之以行○ 222/119/19
臣用私○者國必危 223/119/27
仁○道德 224/120/14
無禮○之心 233/124/26
棄禮○而上首功之國也
236/126/29
昔齊威王嘗為仁○矣 236/127/6
說以○則不聽 238/128/27
秦按為○ 249/134/2
子○聞之曰 262/139/22
不○也 296/150/21
此文王之○也 296/150/29
296/151/2
又令魏太子未葬其先王
而因又說文王之○ 296/151/5
說文王之○以示天下 296/151/5
是齊抱空質而行不○也
302/153/22
不識禮○德行 315/160/30
以全父子之○ 340/170/3
無為人臣之○矣 340/170/7
率曰好○ 358/177/12
○不敢當仲子之賜 385/185/25
聞足下○甚高 385/185/26

○不離親一夕宿於外 412/196/14
汙武王之○而不臣焉 412/196/15
亢○益國 412/196/29
竊聞王○甚高甚順 415/197/27
寡人聞太子之○ 416A/199/21
飭君臣之○ 416A/199/22
○不與生俱立 420/202/18
仁○者 420/202/19
非行○也 422/203/26
而又害於足下之○ 431/209/15
餘令詔後嗣之遺○ 431/210/7
○之所不敢出也 431/210/14
攻不○ 433/211/21
此天下之無道不○ 433/211/22
名則○ 433/211/23
苟可以明君之○ 438/213/22
○者不虧人以自益 438/213/23
吾○固不殺王 442/218/11
○不殺王而攻國 442/218/12
敢問攻宋何○也 442/218/12
不好仁○ 458/225/1

詣 yì 1

益發兵○趙 440/217/24

億 yì 1

有○兆之數 167/86/4

毅 yì 14

樂○謂趙王曰 227/121/19
曰諒○者 258B/137/18
諒○親受命而往 258B/137/21
諒○對曰 258B/137/24
諒○曰 258B/137/28,258B/138/5
樂○自魏往 418/201/7
於是遂以樂○為上將軍 418/201/8
燕因使樂○大起兵伐齊 426/207/8
昌國君樂○為燕昭王合
五國之兵而攻齊 431/209/3
疑樂○ 431/209/4
樂○奔趙 431/209/4
懼趙用樂○承燕之弊以
伐燕 431/209/5
燕王乃使人讓樂○ 431/209/8

誼 yì 1

先王之通○也 221/116/30

劓 yì 2

黥○其傅 39/12/23
令○之 190/97/11

殪 yì 4

其良士選卒必○ 110/53/23
其良士選卒亦○ 110/53/24
壹發而○ 160/83/9
許異蹴哀侯而○之 391/189/14

翳 yì 1

君○釀 142/72/19

翼 yì 6

毋○而飛 80/35/8
夫鳥同○者而聚居 131/63/24
六足四○ 192/98/1
鼓翅奮○ 192/98/3
韓、魏○而擊之 203/105/10
以為羽○ 385/186/9

鎰 yì 8

賜金千○ 136B/67/17
黃金百○ 208/108/6
黃金千○ 218/114/12,425/206/16
仲子奉黃金百○ 385/185/23
而賜夏無且黃金二百○
440/217/21
黃金三百○ 443/218/28
因效金三百○焉 449/221/2

藝 yì 2

博論而技○之 219/114/17
異敏技○之所試也 221/117/9

議 yì 38

挾韓而○ 55/23/13
而為諸侯所○也 80/35/13
能謗○於市朝 108/52/27
恐韓、魏之○其後也 112/55/5
聞先生高○ 139/69/26
正○閔王 143/74/11
交游攘臂而○於世 145/75/25
昭奚恤與彭城君○於王
前 155/81/12
據本○制斷君命 200/102/10
臣竊外聞大臣及下吏之
○ 209/108/13
○秦以謀計 209/108/17
畏韓、魏之○其後也 218/113/12
而世必○寡人矣 221/116/21
殆毋顧天下之○矣 221/116/23
吾恐天下○之也 221/117/1
以輔公叔之○ 221/117/3
臣愚不達於王之○ 221/117/28
賢者○俗 221/118/7
訪○之行 222/119/7
而○臣者過於三人矣 306/155/21
許、鄢陵必○ 323/165/10
○則君必窮 323/165/10
故臣能無○君於王 324/165/14
不能禁人○臣於君也 324/165/15
二人各進○於王以事 345/172/18
嚴遂政○直指 385/185/18
非慮過而○失也 390/188/24
韓珉之○ 396C/191/11
不得○公孫郝 396C/191/15
不得○甘戊 396C/191/15
能無○君於王 406/193/26
而不能令人毋○臣於君
406/193/27
故遠近無○ 438/213/26
而○寡人者遍天下 438/213/27
○不累物 438/213/27
○其事 443/218/29
坐御以待中之○ 443/218/29
是非臣所敢○ 458/224/30

醳 yì 2

王欲○臣剸任所善 427/207/21

則臣請歸○事 427/207/21

因 yīn 291

子○令周最居魏以共之 7/3/16
○令人謂周君曰 8A/3/22
吏○囚之 9/4/7
○佐秦而伐韓、魏 10A/4/15
魏○以○ 10A/4/16
君若欲○最之事 12/5/17
無○事也 14A/6/2
○告以祭地事 15/6/15
○令人謂相國御展子、廧夫空曰 17/6/29
○使人告東周之候曰 19/7/14
○宣言東周也 20/7/20
○令韓慶入秦 22/8/10
必○君而講 23/8/19
○隨入以兵 24/8/25
○以應為太后養地 26/9/15
○泄之楚 28/10/4
魏王○使孟卯致溫囿於周君而許之戍也 32/11/7
○趙以止易也 33/11/14
君○相之 38/12/16
以○于齊、趙 44/18/8
○令楚王為之請相於秦 45/18/16
楚王○為請相於秦 45/18/17
○而伐郭 48A/19/8
○而伐虞 48A/19/9
○言軫也 48A/19/11
寡人○問曰 49/20/11
楚○使一將軍受地於秦 50/21/10
王不如○而賂之一名都 50/21/14
○以文繡千匹 53/22/19
○起兵襲秦 53/22/21
○悉起兵 55/23/22
○以宜陽之郭為墓 57/24/5
王○而制之 60/24/23
○自謂之曰 61B/25/15
甘茂○入見王曰 61B/25/16
○天下之力 66/27/9
今公東而○言於楚 67/27/22
范子○王稽入秦 72/28/28
○謝王稽說 72/29/15
○謝不取 76/33/16
故不如○而割之 78/34/8
○以為武安功 78/34/8
○曰『毋敢思也』 80/35/5
應侯○讓之曰 81/35/23
○曰 81/36/13
應侯○謝病 81/37/16
○免相 81/37/16
臣請為王○岷與佐也 82B/38/8
楚王○不罪景鯉而德周、秦 84B/39/18
○退為逢澤之遇 88/42/20
秦王○不罪 90/43/27
王○疑於太子 92/44/10
文信侯○請張唐相燕 94/45/21
請○孺子而行 94/46/4
願於○計 95/46/22
○以亡矣 95/46/27
楚王○弗逐 97/48/25
○不止 98/49/6
靖郭君○見之 99/49/11
○反走 99/49/11
○請相之 101/50/13
齊○承魏之弊 102/50/26
我○陰結韓之親 103/51/3
齊○起兵擊魏 103/51/6
韓、魏之君○田嬰北面而朝田侯 103/51/7
○令人捕為人卜者 104/51/16
宣王○以晏首壅塞之 107/52/8
齊○起兵攻燕 114/56/7
○謂齊王 115/56/22
○與秦王約曰 115/56/24
梁王○相儀 116/57/3
○與之參坐於衛君之前 116/57/5
○使人以十城求講於秦 118/57/23
○以上黨二十四縣許秦王 118/57/24
君○謂其新王曰 122/58/28
○遣之 122/59/8, 352/175/5
○獻下東國 122/59/11
王○馳強齊而為交 122/59/22
請以國○ 122/59/23
○封蘇秦為武貞君 122/60/7
君○不善蘇秦 122/60/11
故君不如○而親之 122/60/12
薛公○善蘇秦 122/60/13
○書門版曰 130/63/17
○燒其券 133/65/8, 133/65/15
○而賈利之 133/65/14
願○請公往矣 134/66/5
而○欲難寡人 134/66/9
宣王○趨而迎之於門 137/68/23
王○勿稱 141A/70/13
○罷兵到讀而去 145/76/13
王不如○以為己善 146/76/25
○以為辭而攻之 149A/78/23
楚○使景舍起兵救趙 156/81/26
江尹○得山陽君與之共惡昭奚恤 157A/82/1
客○為之謂昭奚恤曰 162/83/25
○謂客曰 162/83/28
齊王○受而相之 168/87/18
秦恐且○景鯉、蘇厲而效地於楚 172/90/13
欲○張儀內之楚王 174/91/7
王○與三國攻之 176/91/29
○鬼見帝 180/93/29
楚王○收昭睢以取齊 183/94/29
○謂惠施曰 185/95/22
吾將使人○魏而和 185/95/23
○令人謁和於魏 185/95/28
○使人以儀之言聞於楚 186/96/5
○還走而冒人 187/96/11
麋○得矣 187/96/12
夫○詘為信 189/96/25
○謂新人曰 190/97/8
○掩其鼻 190/97/9
○請立之 191/97/16
黃雀○是以 192/98/3
黃鵠○是以 192/98/7
蔡聖侯之事○是以 192/98/12
君王之事○是以 192/98/16
卓滑○重之 193/98/26
○與韓、魏之兵 195/99/9
○奪而食之 196/99/17
○自立也 197/100/4
○為賦曰 197/100/9
○而代立當國 200/102/7
○而有楚國 200/102/8
○使人致萬家之邑一於知伯 203/103/29
知伯○陰結韓、魏 203/104/1
君○從之 203/104/7
○舒軍而圍之 203/104/14
張孟談○朝知伯而出 203/104/26

○轉與楚 211/109/14
趙王○起兵南戍韓、梁之西邊 217/112/16
○貴戚者名不累 221/117/4
○其事而制禮 221/117/14
○民而教者 221/118/16
○事而制禮 221/118/22
是○天下以破齊也 227/121/21
是我以王○饒中山而取地也 229A/122/17
魏○富丁且合於秦 229B/122/23
魏使人○平原君請從於趙 230/122/30
○以其餘兵 231/123/9
○使人索六城於趙而講 233/123/26
曰『我將○強而乘弱』 233/125/2
天下將○秦之怒 233/125/4
○發虞卿東見齊王 233/125/11
○平原君謂趙王曰 236/126/14
○也 237/128/13
鄭同○撫手仰天而笑之曰 238/128/22
○辟 239A/129/4
○廢雍疸、彌子瑕 239B/129/18
君○言王而重責之 240/129/25
齊○欲與趙 248/132/15
秦○收楚而攻魏 249/133/22
趙王○割濟東三城令盧、高唐、平原陵地城邑市五十七 252/135/8
趙○賤趙莊 254/136/3
卿○以德建信君矣 255/136/11
而己○受之 259/138/11
○留之 261/138/21
○與接意而遣之 261/138/24
王翦○急擊 263/140/1
○索蔡、皋梁於趙 264A/140/11
○圍晉陽 264A/140/11
○自言於廷曰 276/145/16
今燕、齊、趙皆以事○犀首 276/145/22
而以事○犀首 276/145/23
寡人亦以事○焉 276/145/24
○使人先言於楚王 277/145/30
○以魯侯之車迎之 278/146/8
魏王○不納張儀 279/146/14
○而委之 283/147/15
○揚言曰 287/148/12
太后恐其不○穰侯也 287/148/13
○久坐安 288/148/20
衍請○令王致萬戶邑於先生 294/150/8
○令史舉數見犀首 294/150/8
韓氏○圍菑 295/150/13
○弛期而更為日 296/151/1
又令魏太子未葬其先王而○又說文王之義 296/151/5
○使蘇脩游天下之語 297/152/8
而果西○蘇脩重報 297/152/9
○召文子而相之 298/152/16
施○令人先之楚 299/152/20
○郊迎惠施 299/152/22
則不如○變服折節而朝齊 301/153/7
秦○合魏以攻楚 305/155/14
張倚○謂趙王曰 308/156/15
趙王○令閉關絕秦 308/156/15
○任之以為魏之司徒 309/156/25
○請以下兵東擊齊 309/156/28
○獻之秦 309/156/28
王○赦其罪 309/157/2
王○使之割地 312/159/10
而王○使之受璽 312/159/11
○曰不可革 312/159/16
以○趙之眾 314/160/20
○歸燕、趙之兵 314/160/24
○求故地於韓 315/162/2
○而關之 315/162/6
公○寄汾北以予秦而為和 317B/163/3
若不○救韓 325/165/21
○使其人為見者嗇夫聞見者 336/168/18
○無敢傷張子 336/168/19
以○嫪毒 342/171/7
安陵君○使唐且使於秦 343/171/15
魏○相犀首 349/174/16
○以齊、魏廢韓朋 349/174/16
韓○割南陽之地 351/174/26
故○而請秦王曰 354/175/23
明也願○茂以事王 356B/176/10
王不如○張儀為和於秦 357/176/16
楚○以起師言救韓 357/177/2
公何不○行願以與秦王語 360/178/14
○不罪而益其列 361/179/5
王○取其游之舟上擊之 363/179/16
○令公仲謂秦王曰 369/181/20
○以出襄子而德太子 369/181/22
○令人謂楚王曰 381/184/12
公○以楚、韓之兵奉幾瑟而內之鄭 383A/184/24
○也以為戒 383C/185/4
○為聶政語曰 385/185/25
○自皮面抉眼 385/186/16
○欲與秦 389/188/13
○欲中立 389/188/14
韓○以其金事秦 393/190/4
韓之美人○言於秦曰 393/190/5
張丑○謂齊、楚曰 394/190/13
○講於魏 394/190/14
齊、韓嘗○公孫郝而不受 396C/191/17
則諸侯不敢○群臣以為能矣 396C/191/18
○用之乎 397/191/26
今公○逐之 397/191/27
山陽君○使之楚 398/192/4
成恢○為謂韓王曰 401/192/25
亦○請復之 401/192/26
○遽置之 403/193/10
李兌○為蘇秦謂奉陽君曰 409/194/27
齊宣王○燕喪攻之 411/195/16
○仰而弔 411/195/19
○敗而為功 411/195/28
○敗而為功者也 411/195/29
419/201/23
○敗成功者也 411/195/32
即○反斗擊之 413/197/5
○反斗而擊之 413/197/6
○見燕客而遣之 414/197/22
子之○遺蘇代百金 416A/199/8
燕王○舉國屬子之 416A/199/13
王○收印自三百石吏而效之子之 416A/199/17
○而仆之 416A/199/21

王〇令人謂太子平曰 416A/199/21
太子〇數黨聚眾 416A/199/24
王〇令章子將五都之兵 416A/199/27
以〇北地之眾以伐燕 416A/199/28
蘇秦弟厲〇燕質子而求見齊王 416B/200/3
齊〇孤國之亂 418/200/21
〇敗而成功者也 419/201/22
〇敗而為功乎 419/201/24
〇以為質 419/201/29
〇驅韓、魏以攻齊 419/202/1
於是〇令其妾酌藥酒而進之 420/203/8
於是〇佯僵而仆之 420/203/10
〇以破宋為齊罪 422/204/11
〇以破齊為天下罪 422/204/15
〇以塞鄳隘為楚罪 422/204/18
〇犀首屬行而攻趙 422/204/21
〇之燕 423/205/7
〇是而倍之 424/205/20
燕〇使樂毅大起兵伐齊 426/207/8
子〇去而之齊 429/208/16
且以〇子而事齊 429/208/16
五人而車〇行矣 432/210/27
〇能勝秦矣 432/210/28
〇其強而強之 433/211/27
〇其廣而廣之 433/211/27
燕〇合於魏 435/212/13
願〇太傅交於田先生 440/214/29
願〇先生得願交於荊軻 440/215/7
〇而刺殺之 440/215/26
〇左手把秦王之袖 440/217/12
宋人〇遂舉兵入趙境 444/219/11
宋〇賣楚重以求講於齊 446A/219/22
胡衍〇入蒲 449/221/1
〇效金三百鎰焉 449/221/2
〇封之中山 453/222/11
張登〇謂趙、魏曰 454/222/31
〇言告燕、趙而無往 455/223/23
中山〇告燕、趙而不往 455/223/28
公〇勸君立之以為正妻 457/224/12
〇見武安君 461/227/2

姻 yīn 2

親〇也 201/102/25
合讎國以伐婚〇 297/152/1

音 yīn 11

於是唐睢載〇樂 77/33/24
故鍾鼓竽瑟之〇不絕 142/73/17
則韓、魏、齊、燕、趙、衛之妙〇美人 167/85/25
又簡擇宮中佳翫麗好翫習〇者 174/91/6
聞弦〇 198/100/22
其〇何類吾夫之甚也 204B/106/13
變其〇 204B/106/13
聽竽瑟之〇 218/113/25
鼓鐸之〇聞於北堂 244/130/24
不明則樂〇 268/141/14
天下善為〇 458/224/26

捆 yīn 1

狀如振〇 95/47/10

殷 yīn 14

昔周之伐〇 1/1/15
民〇富 40/13/7
無益於〇、楚 73A/30/11
不能存〇 81/36/8
大臣父兄〇眾富樂 113/55/14
昔伊尹去夏入〇 197/99/27
〇王而夏亡 197/99/27
以正〇紂之事 220/115/25
夏、〇之衰也 221/118/24
〇紂之國 269/141/26
燕國〇富 418/201/8
未如〇紂之亂也 438/213/20
富術謂〇順且曰 451/221/17
〇順且以君令相公期 451/221/22

陰 yīn 78

必〇勁之 14A/5/28
為公畫〇計 20/7/19
君不如令弊邑〇合於秦而君無攻 22/8/6
君不如使周最〇合於趙以備秦 35/11/26
得《太公〇符》之謀 40/14/2
天下〇燕陽魏 42/15/10
齊、秦之交〇合 50/21/10
君長有齊〇 99/49/14
我因〇結韓之親 103/51/3
乃〇告韓使者而遣之 103/51/4
及之睪黍、梁父之〇 131/63/25
有〇、平陸則梁門不啓 141B/70/23
〇結諸侯之雄俊豪英 147/77/18
〇謀有吞天下之心也 168/87/9
即〇與燕王謀破齊共分其地 168/87/17
而〇使人以請聽秦 185/95/22
〇養死士 200/102/1
而〇養死士之日久矣 200/102/9
知伯因〇結韓、魏 203/104/1
陽親而〇疏 203/104/4
張孟談於是〇見韓、魏之君曰 203/104/20
二君即與張孟談〇約三軍 203/104/23
〇使人請趙王曰 211/109/25
〇陽而已矣 218/113/1
〇陽不同道 224/120/11
不知〇陽之宜 224/120/12
公不若〇辭樓子曰 226/121/13
止於蕩〇 236/126/13
而〇構於秦 247/131/21
而〇鬻之於秦 247/131/25
抱〇、成 247/131/26
以便取〇 247/131/27
曰有秦〇 247/132/4
願王之〇重趙 247/132/6
莫如於〇 248/132/22
縣〇以甘之 248/132/25
魏冉必妬君之有〇也 249/133/4
則〇不可得已矣 249/133/5
〇必得矣 249/133/6
得〇而搆 249/133/6
而君終不得〇 249/133/15
而君又不得〇 249/133/17
而君必不得〇 249/133/20
而君終身不得〇 249/133/24

而君有終身不得○ 249/134/1
何暇言○ 249/134/3
則○必得矣 249/134/3
而收齊、魏以成取○ 249/134/5
○移而授天下傳 257/136/26
左天門之○ 269/141/25
此儀之所以與秦王○相結也 281/147/1
何不陽與齊而○結於楚 286/148/3
則○勸而弗敢圖也 297/151/25
蘇脩、朱嬰既皆○在邯鄲 297/152/7
○必亡 310/157/29
又為○啓兩機 310/158/3
抱葛、薛、○、成以為趙養邑 316/162/14
王不如○侯人說成陽君曰 331/167/15
恐齊以楚遇為有○於秦、魏也 361/178/28
齊又畏楚之有○於秦、魏也 361/179/2
而○善楚 367/181/4
楚○得秦之不用也 367/181/4
是有○於韓也 377/183/17
必○事之 379/183/28
必○事伯嬰 379/183/29
嚴遂○交於聶政 385/185/21
而○告廚人曰 413/197/5
王何不○出使 433/211/16
公孫弘○知之 456/224/3
○簡難之 457/224/11
獨不可語○簡之美乎 457/224/11
○簡之德公 457/224/12
可以為○簡 457/224/16
○姬與江姬爭為后 458/224/20
司馬憙謂○姬公曰 458/224/20
○姬公稽首曰 458/224/21
未嘗見人如中山○姬者也 458/224/27
臣聞其乃欲請所謂○姬者 458/225/2

吟 yín 3

誠思則將吳○ 51/21/28
今軫將為王吳○ 51/21/29
晝○宵哭 170/89/12

寅 yín 1

○然 250/134/11

淫 yín 4

專○逸侈靡 192/97/21
且服奇者志○ 221/118/18
且服奇而志○ 221/118/24
不如止○用 393/190/6

尹 yǐn 16

唯令○耳 117/57/13
令○貴矣 117/57/13
王非置兩令○也 117/57/13
江○欲惡昭奚恤於楚王 157A/81/30
江○因得山陽君與之共惡昭奚恤 157A/82/1
昔令○子文 170/88/25
令○子文是也 170/88/26
自令○以下 179/93/21
昔伊○去夏入殷 197/99/27
如伊○、周公 200/102/7
而○澤循之 203/104/6
伊○負鼎俎而干湯 257/136/26
中封小令○以桂陽 359/177/18
今王之國有柱國、令○、司馬、典令 384/185/13
伊○再逃湯而之桀 424/206/2
謂大○曰 445/219/17

引 yǐn 25

○錐自刺其股 40/14/3
○軍而退 42/16/4
42/16/8,42/16/21
○軍而去 42/16/16
軍乃○退 42/16/24
楚王○歸 82A/37/24
○領西望 93/45/1
○酒且飲之 117/57/15
便弓○弩而射之 142/73/8
君王后○椎椎破之 149B/79/9
王親○弓而射 160/83/9
○微繳 192/98/9
臣為王○弓虛發而下鳥 198/100/18
○而高飛 198/100/22
○水圍鄗 221/117/24
○兵而歸 233/123/26
秦軍○而去 236/128/4
乃○其兵而歸 252/135/19
乃○兵而去 338/169/8
436/212/21
又譬如車士之○車也 432/210/27
自○而起 440/217/13
乃○其匕首提秦王 440/217/19
故起所以得○兵深入 461/226/17

飲 yǐn 27

張樂設○ 40/14/17
左○於淇谷 42/17/2
右○於洹水 42/17/2
高會相與○ 77/33/25
數人○之不足 117/57/14
一人○之有餘 117/57/15
先成者○酒 117/57/15
引酒且○之 117/57/15
遂○其酒 117/57/17
○食、衣裘與之同之 135/66/21
馬○於大河 142/71/13
輸○食而待死士 142/72/19
張子中○ 182/94/22
仰承甘露而○之 192/98/1
○茹谿流 192/98/12
與其使者○ 200/101/17
而將其頭以為○器 204B/106/8
日食○得無衰乎 262/139/3
○酒樂 267/141/7
今日○酒樂 267/141/7
魏文侯與田子方○酒而稱樂 268/141/13
何為○食而無事 276/145/12
禹○而甘之 307/155/27
與代王○ 413/197/4
食○不甘 415/198/8
吾以此○吾主父 420/203/9
○食餔餽 461/226/2

靷 yǐn 2

伏軾結○西馳者 388/188/5
伏軾結○東馳者 388/188/6

隱 yǐn 10

能者亦不得蔽○ 72/28/29
齊僻陋○居 113/55/27
○蔽也 120/58/12
是故不敢匿意○情 220/116/5
臣無○忠 221/118/2
○忠不竭 221/118/12
○中不竭 222/119/13
居為○蔽 366/180/10
避仇○於屠者之間 385/185/21
寡人不敢○也 415/198/11

印 yìn 10

受相○ 40/14/6
君何不以此時歸相○ 81/37/9
請歸相○ 81/37/16
乃謝病歸相○ 81/37/19
小國所以皆致相○於君者 130/63/8
奈何以保相○、江東之封乎 200/101/24
佩趙國相○不辭無能 234/125/21
是以九鼎○甘茂也 355/175/28
王因收○自三百石吏而效之子之 416A/199/17
與之相○ 451/221/22

廕 yìn 1

席隴畝而○庇桑 257/136/25

英 yīng 5

小國○桀之士 130/63/9
陰結諸侯之雄俊豪○ 147/77/18
朱○謂春申君曰 200/102/4
朱○恐 200/102/13
大呂陳於元○ 431/210/1

嬰 yīng 45

今秦婦人○兒皆言商君之法 39/12/29
小黃、濟陽○城 87/41/3
許、鄬陵○城 87/42/9
欲逐○子於齊 97/48/22
○子恐 97/48/22
○子不善 97/48/23
今○子逐 97/48/24
齊將封田○於薛 98/48/29
○子曰 98/49/1
夫齊削地而封田○ 98/49/5
王之不說○甚 101/50/1
更立衛姬○兒郊師 101/50/6
韓、魏之君因田○北面而朝田侯 103/51/7
北宮之女○兒子無恙耶 138/69/19
且○兒之計不為此 147/78/2
齊○兒謠曰 148/78/12
東藩之臣田○齊後至 236/127/8
田○怒 274/144/25
盱夷為董慶謂田○曰 274/144/26
於是東見田○ 292/149/22
蘇脩、朱○既皆陰在邯鄲 297/152/7
○子言行於齊王 298/152/15
田○許諾 301/153/11
田○不聽 301/153/13,454/222/31
臣請說○子曰 302/153/20
梁王魏○觴諸侯於范臺 307/155/26
猶烏獲之與○兒也 348A/173/23
必陰事伯○ 379/183/29
伯○亦幾瑟也 379/183/29
伯○恐 379/183/29
必不敢輔伯○以為亂 379/183/30
秦、楚挾幾瑟以塞伯○ 379/183/30
伯○外無秦、楚之權 379/183/30
公叔、伯○恐秦、楚之內幾瑟也 380/184/3
則公叔、伯○必知秦、楚之不以幾瑟為事也 380/184/4
則公叔、伯○必以國事公矣 380/184/6
公不如令秦王賀伯○之立也 382/184/18
韓且內伯○於秦 383B/184/29
冷向謂伯○曰 383B/184/29
裁如○兒 413/197/15
臣請見田○ 454/222/18
見○子曰 454/222/18
田○曰 454/222/23,454/222/25

應 yīng 89

將以觀秦之○趙、宋 13/5/21
昭○謂楚王曰 25/9/5
楚王始不信昭○之計矣 25/9/6
昭○聞此 25/9/7
因以○為太后養地 26/9/15
○侯謂昭王曰 74/32/16
○侯曰 76/33/15
79/34/13,79/34/22,81/35/24
81/35/26,81/35/27,81/35/30
81/36/15,81/36/16,81/37/11
232/123/18,232/123/21
秦相○侯曰 77/33/22
謂○侯曰 78/34/3
○侯失韓之汝南 79/34/13
秦昭王謂○侯曰 79/34/13
今○侯亡地而言不憂 79/34/19
蒙傲乃往見○侯 79/34/22
○侯拜蒙傲曰 79/34/24
○侯每言韓事者 79/34/27
聞○侯任鄭安平、王稽 81/35/19
○侯內慚 81/35/20
使人宣言以感怒○侯曰 81/35/20
○侯聞之 81/35/23
則揖○侯 81/35/23
○侯固不快 81/35/23
○侯因讓之曰 81/35/23
○侯知蔡澤之欲困己以說 81/36/1
於是○侯稱善 81/36/11
長為○侯 81/37/10
○侯因謝病 81/37/16
昭王彊起○侯 81/37/16
○侯遂稱篤 81/37/16
楚能○而共攻秦 82A/37/25
則楚之○之也必勸 82A/37/27
楚之○之果勸 82A/38/1
四國必○悉起○王 87/41/26
○侯之用秦也 94/46/1

〇侯不如文信侯專 94/46/1
〇侯欲伐趙 94/46/2
齊威王使章子將而〇之 109/53/6
威王不〇 109/53/7, 109/53/8
則亦不果於趙、魏之〇秦而伐周、韓 121/58/21
能為君決疑〇卒 127/62/2
齊使向子將而〇之 143/74/13
而齊、秦〇楚 156/81/24
而楚以上梁〇之 163/84/5
昭常〇齊使曰 177/93/1
豫讓乃笑而〇之曰 204B/106/15
臣請悉發守以〇秦 211/109/22
吾始已諾於〇侯矣 211/109/22
311/158/23, 311/159/2
〇對而不怨 223/119/26
今以三萬之眾而〇強國之兵 225/120/29
而辭〇侯 232/123/18
秦王與〇侯必顯重以示天下 235/126/7
孝成王不〇 245/131/1
以觀奉陽君之〇足下也 248/132/25
楚與魏、韓將〇之 249/133/3
齊、趙〇之 249/133/19
而燕、趙〇之 249/133/22
趙王未之〇也 258A/137/9
令昭〇奉太子以委和於薛公 260/138/16
趙氏〇之於內 264A/140/11
王弗〇 271/142/19
其子陳〇止其公之行 278/146/3
〇為知 278/146/4
其敝不足以〇秦 281/147/1
趙〇之 301/153/16
芒卯〇趙使曰 308/156/18
臣能得之於〇侯 311/159/3
其〇秦必不敬 357/176/24
今王聽公孫郝以韓、秦之兵〇齊而攻魏 360/178/16
王何不令蘇子將而〇燕乎 426/206/25
將而〇弱燕 426/206/25
今寡人發兵〇之 426/206/26
令臣〇燕 426/207/2
王復使蘇子〇之 426/207/6
王乃使〇侯往見武安君 461/226/9
〇侯慚而退 461/226/30

纓 yīng 2

遂以冠〇絞王 197/100/4
未至絞〇射股 197/100/8

鷹 yīng 1

倉〇擊於殿上 343/171/22

迎 yíng 34

周君〇之以卒 24/8/24
不如令太子將軍正〇吾得於境 28/10/3
而君自郊〇 28/10/4
郊〇三十里 40/14/17
王〇甘茂於息壤 55/23/7
厚其祿以〇之 61A/25/6
以相〇之齊 61A/25/7
以相〇之 61A/25/9
王庭〇 73A/29/19
趙王郊〇 94/46/7
宣王自〇靖郭君於郊 101/50/13
而孟嘗令人體貌而親郊〇之 125/61/6
〇君道中 133/65/19
諸侯先〇之者 133/65/22
譚拾子〇之於境 136A/67/3
宣王因趨而〇之於門 137/68/23
中山悉起而〇燕、趙 142/73/1
遽〇太子於莒 143/74/23
而〇王與后於城陽山中 147/78/1
〇戰邯鄲之下 220/115/25
趙王〇之 239A/129/3
〇郊 270/142/5
必重〇公 278/146/4
魏之所以〇我者 278/146/6
因以魯侯之車〇之 278/146/8
魏將〇之 279/146/12
因郊〇惠施 299/152/22
趙王自郊〇 339/169/13
今趙王自郊〇 339/169/17
而足下〇臣於郊 412/196/9
北向〇燕 439/214/5
太子跪而逢〇 440/215/4
使人〇之於境 448B/220/22
衛人〇新婦 452B/222/3

盈 yíng 6

今天下之府庫不〇 42/15/12
進退、〇縮、變化 81/36/20
君之駿馬〇外廄 93/44/27
年穀豐〇 209/108/12
則〇願 427/207/22
犀兕麋鹿〇之 442/218/19

熒 yíng 3

一軍臨〇陽 211/109/16
〇惑諸侯 220/115/28
決〇澤 315/161/18

嬴 yíng 1

〇、博之間 143/74/17

營 yíng 10

〇淺謂秦王曰 84A/39/10
可〇也 153/80/20
其心必〇 153/80/21
彼懼吾兵而〇我利 153/80/21
而欲經〇天下 168/87/19
則齊不益於〇丘 412/196/18
齊不出〇丘 420/202/21
使左右司馬各〇壁地 436/212/17
女所〇者 436/212/18
所〇者 436/212/19

贏 yíng 4

是上黨每患而〇四十金 32/11/7
珠玉之〇幾倍 93/44/19
立國家之主〇幾倍 93/44/19
於是〇糧潛行 170/89/11

郢 yǐng 39

襲〇 42/16/1
南亡鄢、〇、漢中 78/34/4

一戰舉鄢、○ 81/36/25
或拔鄢、○、夷陵 87/40/24
○威王聞之 88/42/22
以同言○威王於側紂之間 88/42/26
臣豈以○威王為政衰謀亂以至於此哉 88/42/26
○為強 88/42/26
○中立王 122/58/27, 122/58/28
○之登徒 130/63/3
○之登徒也 130/63/4
○之登徒不欲行 130/63/16
鄢○者 132B/64/9
伐楚取鄢○矣 132B/64/10
強襲○而棲越 142/72/3
鄢、○大夫 150/79/24
○人有獄三年不決者 162/83/25
○人某氏之宅 162/83/26
○人某氏 162/83/26
則鄢、○動矣 167/85/20
至○三千餘里 168/86/30
楚無鄢、○、漢中 169/88/3
請復鄢、○、漢中 169/88/5
其效鄢、○、漢中必緩矣 169/88/13
三戰入○ 170/89/10
170/89/15, 170/89/20
舍鬬奔○曰 170/89/21
昭王反○ 170/89/22
○都必危矣 192/97/22
秦果舉鄢、○、巫、上蔡、陳之地 192/97/24
○中不善公者 278/146/4
秦果南攻藍田、鄢、○ 318/163/28
乘北○ 323/165/8
司馬康三反之○矣 367/181/6
五日而至○ 422/203/28
故吳王遠迹至於○ 431/210/10
拔鄢、○ 461/226/10

穎 yǐng 2

東有淮、○、沂、黃、煮棗、海鹽、無（踈）〔疏〕 272/142/28
公何不以秦為韓求○川於楚 359/178/1

庸 yōng 16

南取上○ 55/23/11
○芮為魏子說太后曰 64/26/20
然而身死於○夫 81/36/23
棘津之讎不○ 96/48/11
勿○稱也以為天下 141A/70/12
為莒太史家○夫 149B/78/28
奉以上○六縣為湯沐邑 174/91/6
請無○有為也 218/112/24
始以先生為○人 236/128/1
臣願王之曰聞魏而無○見惡也 247/132/6
而無○致兵 248/132/25
是○說也 257/136/25
所效者○必得幸乎 341/170/23
○必為我用乎 341/170/23
此○夫之怒也 343/171/21
張儀使人致上○之地 354/175/23

雍 yōng 30

楚攻○氏 6/3/10
○氏之役 25/9/3
今圍○氏五月不能拔 25/9/6
必勸楚王益兵守○氏 25/9/7
○氏必拔 25/9/8
楚卒不拔○氏而去 25/9/11
○天下之國 89/43/13
使輕車銳騎衝○門 105/51/24
○門養椒亦 135/66/21
○門司馬前曰 150/79/19
即墨大夫與○門司馬諫而聽之 150/79/22
衛靈公近○疸、彌子瑕 239B/129/14
因廢○疸、彌子瑕 239B/129/18
有所謂桑○者 258A/137/9
所謂桑○者 258A/137/10
○沮謂張子曰 281/146/26
○沮曰 281/146/28
○沮謂齊、楚之君曰 281/146/28
得垣○ 315/161/18
秦許吾以垣○ 327/166/9
臣以垣○為空割也 327/166/10
故以垣○餌王也 327/166/11
王敢責垣○之割乎 327/166/12
王能令韓出垣○之割乎 327/166/12
垣○空割也 327/166/13
是以有○者與秦遇 328/166/19
楚圍○氏五月 366/180/9
今○氏圍 366/180/21
楚圍○氏 367/180/28
臣請令楚築萬家之都於○氏之旁 383A/184/23

壅 yōng 2

宣王因以晏首○塞之 107/52/8
宜若奉漏○ 120/58/13

擁 yōng 2

昔者魏王○土千里 142/73/22
右○嬖女 192/98/13

臃 yōng 2

為有○腫也 395/190/18
使善扁鵲而無○腫也 395/190/18

雝 yōng 1

而攻魏○丘 436/212/19

癰 yōng 2

譬猶以千鈞之弩潰○也 63/26/9
夫癘雖○腫胞疾 197/100/7

勇 yǒng 22

不式於○ 40/14/12
乃使○士往詈齊王 50/21/11
奔、育之○焉而死 73A/30/7
以秦卒之○ 73A/30/24
兵強士○ 113/55/16
○士不怯死而滅名 145/75/11
非○也 145/75/13, 145/76/6
○士不怯死 145/75/14
賁、諸懷錐刃而天下為

○ 188/96/18
○者義之 189/96/26
服難以○ 222/119/6
以韓卒之○ 347/173/3
○敢士也 385/185/21
○哉 385/186/20
○者不及怒 422/203/30
孟賁之○而死 424/205/24
其○沉 440/214/29
愚以為誠得天下之○士 440/215/24
燕國有○士秦武陽 440/216/21
以示○ 447/220/8
而好○力 458/225/2

用 yòng 234

故○祝弗 11C/5/12
是攻○兵 27/9/20
北有胡貉、代馬之○ 40/13/6
車騎之○ 40/13/9
臣固疑大王之不能○也 40/13/16
資○乏絶 40/13/29
一人○而天下從 40/14/12
黃金萬溢為○ 40/14/13
○一國之兵 42/16/10
其民輕而難○ 42/16/13
不○一領甲 42/16/17
王○儀言 47/19/1
楚智横君之善○兵 48A/19/10
○兵與陳軫之智 48A/19/10
公○之 52/22/10
今公○兵無功 58/24/11
然則需弱者○ 60/24/22
而健者不○矣 60/24/23
得擅○強秦之眾 61A/25/11
呂禮復○ 65/26/30
恐不為王○ 71/28/23
李兌○趙 73B/32/5, 197/100/6
太后、穰侯○事 73B/32/6
華陽○之 74/32/20
穰侯○之 74/32/20
太后○之 74/32/21
王亦○之 74/32/21
不○人言 80/35/4
廢無○ 81/37/1
此乃方其○肘足時也 83B/39/5
則不○兵而得地 85/39/24
是王不○甲 87/40/30
太子○事 93/44/28
士倉○事 93/44/30
應侯之○秦也 94/46/1
大王不○ 95/46/29
司空馬言其為趙王計而弗○ 95/47/2
王必○其言 95/47/4
不能○也 95/47/16
四國之王尚焉○賈之身 96/48/7
文王○之而王 96/48/11
桓公○之而伯 96/48/12
文公○中山盜 96/48/13
明主○之 96/48/13
人主豈得其○哉 96/48/14
察其為己○ 96/48/15
盼子不○也 97/48/23
百姓為之○ 97/48/23
而○申縛 97/48/23
大臣與百姓弗為○ 97/48/24
盼子必○ 97/48/24
此○二忌之道也 106/52/3
不○有魯與無魯 110/53/22
張儀謂梁王不○臣言以危國 116/57/3
豈○強力哉 125/61/15
其○者過也 132B/64/16
孟嘗君使人給其食○ 133/64/29
此率民而出於無○者 138/69/21
士何其易得而難○也 140/70/4
非士易得而難○也 140/70/6
臣聞○兵而喜先天下者憂 142/71/3
且天下徧○兵矣 142/71/21
而宋、越專○其兵 142/71/22
則檳禍朽腐而不○ 142/72/1
○兵窮者亡 142/72/2
徹○兵而寄於義 142/72/10
而○兵又非約質而謀燕也 142/72/13
此○兵之盛也 142/72/28
此○兵之上節也 142/73/3
今世之所謂善○兵者 142/73/6
素○強兵而弱之 142/73/11
○財少 142/73/13
群臣之可○者某 149B/79/11
王苟無以五國○兵 153/80/25
君不○臣之計 160/83/5
非○故也 162/83/29
且王嘗○滑於越而納句章 166/85/7
今王以○之於越矣 166/85/8
在大王之所○之 167/85/25
今君能○楚之眾 169/88/11
則楚眾不○矣 169/88/12
畜張子以為○ 174/91/10
而有秦、楚之○ 175/91/18
有萬乘之號而無千乘之○也 177/92/17
寡人誰○於三子之計 177/92/26
王皆○之 177/92/26
士卒不○ 177/93/6
○民之所善 179/93/19
賢者○且使己廢 179/93/23
王無所○臣 182/94/12
寡人不能○先生之言 192/97/25
淖齒○齊 197/100/7
君○事久 200/101/24
李園○事 200/101/28
府庫足○ 203/104/8
君發而○之 203/104/9
請發而○之 203/104/11
知過見君之不○也 203/105/5
是○兵者 205/107/4
擊必不為○ 207/107/16
吾君不能○也 208/108/4
吾請資先生厚○ 208/108/5
蘇秦得以為○ 208/108/6
夫○百萬之眾 211/110/4
今不○兵而得城七十 211/110/5
○兵踰年 211/110/8
有楚、韓之○ 217/112/7
多聽而時○之 219/114/18
而效之於一時之○也 219/114/19
仁者不○也 219/114/21
○兵之道也 219/114/22
今○兵終身不休 219/114/22
察乎息民之為○者伯 219/114/26
國富而○民 219/115/2
宣王○之 219/115/3
權甲兵之○ 221/116/15
○力少而功多 221/116/19
萬物財○之所聚也 221/117/8

詩書禮樂之所○也 221/117/9
所以便○也 221/117/13
是以鄉異而○變 221/117/16
不一其○ 221/117/17
而無舟楫之○ 221/117/20
故寡人且聚舟楫之○ 221/117/21
各便其○ 221/118/23
不○人矣 222/119/22
子○私道者家必亂 223/119/27
臣○私義者國必危 223/119/27
更不○侵辱教 223/120/1
便其○者易其難 224/120/7
今民便其○而王變之 224/120/8
遠近易○ 224/120/11
知兵甲之○ 224/120/12
故兵不當於○ 224/120/13
獨將軍之○衆 225/120/24
○衆者 225/120/24
所○者不過三萬 225/120/25
今將軍必負十萬、二十萬之衆乃○之 225/120/25
而野戰不足○也 225/121/8
○人之力 234/125/18
臣以為今世○事者 242/130/10
足下卑○事者而高商賈乎 242/130/11
欲○王之兵 246/131/9
則欲○王之兵成其私者也 246/131/15
如王若○所以事趙之半收齊 247/131/28
○兵於二千里之外 247/132/1
兵始○ 249/133/22
夫國內無○臣 251/135/1
趙太后新○事 262/138/28
孝公受而○之 271/142/22
故兵未○而國已虧矣 272/143/10
故○之也 290/149/4
夫輕○其兵者 291/149/10
易○其計者 291/149/10
將○王之國 293/149/29
而以民勞與官費○之故 296/150/21
請剛柔而皆○之 297/151/14
秦必且○此於王矣 297/151/18
秦嘗○此於楚矣 297/151/20
又嘗○此於韓矣 297/151/20
而孫子善○兵 300/152/28
好○兵而甚務名 301/153/13
其智能而任○之也 304/154/19
今王之使人入魏而不○ 304/154/20
若○ 304/154/20
魏必舍所愛習而○所畏惡 304/154/20
秦必令其所愛信者○趙 304/154/23
不如○魏信而尊之以名 304/154/26
趙之○事者必曰 304/154/28
今不○兵而得鄴 308/156/13
夫兵不○ 310/158/3
可謂善○不勝矣 312/159/9
可謂不能○勝矣 312/159/9
王獨不見夫博者之○梟邪 312/159/15
何○智之不若梟也 312/159/16
王不○臣之忠計 314/160/17
無所○之 317B/163/8
所○者 317B/163/11,451/221/18
楚王怒於魏之不○樓子 317B/163/12
是公外得齊、楚以為○ 317B/163/16
不○子之計而禍至 325/165/24
吾○多 334/168/5
○雖多 334/168/6
悍而自○也 340/170/6
庸必為我○乎 341/170/23
非○知之術也 341/170/24
棄之不如○之之易也 342/170/28
能棄之弗能○之 342/170/28
非○之也 342/171/1
今王能○臣之計 342/171/2
寡人無所○之 344A/172/4
王○臣言 344A/172/5
言可必○ 345/172/17
吾欲兩○公仲、公叔 348B/174/9
晉○六卿而國分 348B/174/9
簡公○田成、監止而簡公弒 348B/174/10
魏兩○犀首、張儀而西河之外亡 348B/174/10
今王兩○之 348B/174/10
而君○之弱 364/179/23
楚陰得秦之不○也 367/181/4
請毋○兵 370/181/26
冀太子之○事也 378/183/22
子欲安○我乎 385/185/22
政將為知己者○ 385/186/5
令○事於韓以完之 386/187/7
必折為秦○ 389/188/15
然而《春秋》○兵者 390/189/3
不如止淫○ 393/190/6
因○之乎 397/191/26
而自○也 415/198/17
而齊宣王復○蘇代 416A/199/4
而太子○事 416A/199/17
○兵如刺蜚繡 422/204/24
臣○ 427/207/14
上可以得○於齊 427/207/16
吾欲○所善 427/207/20
王苟欲○之 427/207/21
伍子胥、宮之奇不○ 430/208/22
○齊人反間 431/209/4
懼趙○樂毅承燕之弊以伐燕 431/209/5
○韓、魏之兵 433/211/15
433/211/20
行有失而故惠○ 438/213/17
樂間、樂乘怨不○其計 438/214/1
○代王嘉計 440/217/25
則公常○宋矣 445/219/18
將何以○之 452A/221/29
是欲○其兵也 454/223/1
王如○臣之道 455/223/17
地不虧而兵不○ 455/223/17
諂諛○事 461/226/16
不欲先○其衆 461/226/20

幽 yōu 5

加之以○囚 73A/30/10
南陽之弊○ 96/48/11
○囚而不出 145/76/3
遂立為楚○王也 200/102/17
○莠之幼也似禾 266/141/2

憂 yōu 92

大王勿○ 1/1/3,1/1/8

臣竊為大王私○之 1/1/16
韓、魏南無楚○ 22/8/5
而○大王 24/8/28
而不○民氓 42/16/14
固多○乎 46/18/24
亡不足以為臣○ 73A/30/6
臣何○乎 73A/30/11
王勿○也 77/33/22
308/156/10,311/158/24
其○乎 79/34/13
臣不○ 79/34/13
其子死而不○ 79/34/14
今子死不○ 79/34/15
無子之時不○ 79/34/15
臣奚○焉 79/34/16
為子時不○ 79/34/16
臣何為○ 79/34/17
今應侯亡地而言不○ 79/34/19
秦社稷之○也 87/41/21
兵出之日而王○其不反
也 87/41/22
不○強秦 111/54/5
必有後○ 111/54/16
此臣之所謂齊必有大○ 111/54/17
夫子弗○ 125/61/7
憒於○ 133/65/3
寡人○國愛民 137/69/5
王之○國愛民 137/69/5
臣聞用兵而喜先天下者
○ 142/71/3
形同○而兵趨利也 142/72/12
何則形同○而兵趨利也 142/72/14
而○一主 142/72/28
則其國無宿○也 142/73/20
則其國無宿○矣 142/73/21
寡人○民之飢也 146/76/26
寡人○民之寒也 146/76/26
寡人○勞百姓 146/76/27
而單亦○之 146/76/27
而魏無楚○ 156/81/21
患至而後○之 167/85/21
以○社稷者乎 170/88/19
以○社稷者 170/88/20,170/88/21
170/88/22,170/88/22
170/88/23,170/88/26
170/89/3,170/89/7
170/89/18,170/89/25
心之○勞 197/100/8
而韓、魏之君無意志而
有○色 202/103/11
三晉倍之○也 215/111/11
文信侯之○大矣 215/111/11
○大者不計而構 215/111/12
是臣所為山東之○也 217/111/27
而不與其○ 218/113/26
窮而不○ 222/119/7
趙王○之 258B/137/16
國必無○矣 273/144/8
天下無○ 275/145/7
昭魚甚○ 303B/154/6
君何○ 303B/154/6
勿○也 303B/154/7,420/203/8
則上地無○患 309/156/28
願王無○ 311/159/3
而以○死 315/161/1
臣見秦之必大○可立而
待也 318/163/24
國必大○ 318/163/27
不見覆軍殺將之○ 408/194/13
夫不○百里之患 408/194/19
其私之者○之 412/196/25
公勿○也 412/196/26
自○不足乎 420/202/21
以自○為足 420/202/21
皆以不自○故也 420/202/22
若自○而足 420/202/22
○公子之且為質於齊也 428/208/1
主必大○ 432/211/6
臧子○而反 441/218/3
有○色何也 441/218/4
此王之所○也 441/218/4
南文子有○色 448A/220/14
而子有○色何 448A/220/15
同○者相親 454/222/26
而○在負海 454/222/27
勠力同○ 461/226/3
君臣○懼 461/226/4

優 yōu 2

和樂倡○侏儒之笑不之 142/73/18
及夫人○愛孺子也 258A/137/10

尤 yóu 2

黃帝伐涿鹿而禽蚩○ 40/13/16
衛效○憚 310/158/3

由 yóu 28

昔智伯欲伐厹○ 24/8/25
厹○卒亡 24/8/25
以蔡、厹○戒之 24/8/27
楚有養○基者 27/9/21
養○基曰 27/9/23
○此觀之 40/13/17
108/52/25,136B/67/27
142/72/5,142/72/14
142/73/4,197/100/9
故○此觀之 42/15/27
○是觀之 42/16/26,136B/67/17
237/128/14,341/170/22
王之行能如許○乎 238/128/23
許○無天下之累 238/128/24
亦許○也 294/150/8
豈若○楚乎 317B/163/3
今○千里之外 341/170/22
今○嫪氏善秦而交為天
下上 342/171/8
民雖不○田作 408/194/12
以其讓天下於許○ 416A/199/11
○必不受 416A/199/11
而天下○此宗蘇氏之從
約 422/205/1
然則何○ 440/214/21

斿 yóu 1

建九○ 142/74/2

郵 yóu 1

賜死於杜○ 81/37/1

游 yóu 29

○騰謂楚王曰 24/8/24
願少賜○觀之間 72/29/13
○學博聞 87/40/26
子與文○久矣 128/62/10

而士未有為君盡○者也 135/66/22
且顏先生與寡人○ 136B/68/11
交○攘臂而議於世 145/75/25
東○於齊乎 145/75/26
楚王○於雲夢 160/83/8
今日之○也 160/83/10
南○於楚 163/84/3
○騰為楚謂秦王曰 176/91/27
晝○乎茂樹 192/98/5
○於江海 192/98/7
故晝○乎江河 192/98/9
南○乎高陂 192/98/12
公子牟○於秦 232/123/18
此時魯仲連適○趙 236/126/18
因使蘇脩○天下之語 297/152/8
王○人而合其鬬 301/153/7
○已奪矣 314/160/18
○騰謂公仲曰 356A/176/3
王因取其○之舟上擊之 363/179/16
○求人可以報韓傀者 385/185/19
客○以為狗屠 385/185/24
而行○諸侯衆矣 385/185/26
中國白頭○敖之士 388/188/5
子以此為寡人東○於齊 420/203/1
散○士 433/211/16

猶 yóu 62

○無與耳 1/1/17
○連鷄之不能俱止於棲之明矣 41A/14/25
譬○以千鈞之弩潰癰也 63/26/9
天下之王尚○尊之 76/33/17
○無奈寡人何也 83B/38/27
此○兩虎相鬬而駑犬受其弊 87/40/27
○之無益也 99/49/14
○齊之於魯也 113/55/20
○為蛇足也 117/57/19
○未敢以有難也 134/66/9
○可乎 134/66/9
○時攫公孫子之腓而噬之也 147/77/10
○百獸之畏虎也 154/81/7
此○一卒也 170/89/11
軫○善楚 186/96/3
○不聽也 186/96/4,277/145/29
○以數千里 192/97/29
其餘政教○存 203/104/6
○不予也 233/124/12
平原君○豫未有所決 236/126/16
文信○且知之也 241/130/4
○大王之有葉陽、涇陽君也 258B/137/29
○不能恃無功之尊 262/139/22
○不測之淵也 311/158/17
○鼠首也 311/158/18
譬○抱薪而救火也 312/159/12
○弗聽 315/161/29
○晉人之與楚人也 330/167/9
○至楚而北行也 334/168/8
亦○魏也 340/169/28
臣亦○曩臣之前所得魚也 341/170/19
○之如是也 342/171/6
○孟賁之與怯夫也 348A/173/23
○烏獲之與嬰兒也 348A/173/23
其實○有約也 367/181/7
其實○之不失秦也 367/181/9
○將亡之也 389/188/17
389/188/17,389/188/18
臣竊以為○之井中而謂曰 390/189/9
○其尊哀侯也 391/189/16
○其尊襄王也 391/189/18
○之厚德我也 391/189/23
王○攻之也 396C/191/19
王○校之也 396C/191/20
○郡縣也 413/197/12
○為之也 414/197/22
安○取哉 415/198/19
而燕○不能支也 419/201/19
○釋弊躧 419/202/3
臣○生也 423/205/11
○剗刈者也 427/207/16
○鞭筴也 433/211/15,433/211/20
○家之有垣牆 438/213/18
○且黜乎 438/213/25
此○文軒之與弊輿也 442/218/19
此○梁肉之與糟糠也 442/218/20
此○錦繡之與短褐也 442/218/21
○且聽也 454/222/19
○勾踐困於會稽之時也 461/226/26

遊 yóu 8

王獨不聞吳人之○楚者乎 51/21/27
王資臣萬金而○ 86/40/15
使東○韓、魏 86/40/19
北○於燕、趙 86/40/19
願君以此從衛君○ 128/62/11
西○於梁 133/65/21
是以外賓客○談之士 218/112/22
是故天下之○士 273/144/16

友 yǒu 9

過其○曰 133/64/27
不○乎諸侯 134/66/11
舜有七○ 136B/68/2
其○謂之曰 204B/106/13
非親○ 216/111/19
夫馳親○之車 216/111/19
韓、魏以○之 259/138/10
故○之 259/138/11
王者與○處 418/200/24

有 yǒu 865

今大王縱○其人 1/1/16
攻宜陽而○功 2/1/24
君○閔閔之心 8B/3/27
國必○誹譽 8B/3/29
上黨長子趙之○已 10A/4/15
則○合矣 10A/4/16
西止秦之○已 10B/4/21
○周齊 11B/5/4
而○變 14B/6/8
必張於○鳥無鳥之際 16/6/21
○五庶子 17/6/27
○人謂相國曰 18/7/6
齊重故○周 18/7/8
今夕○姦人當入者矣 19/7/15
虛實○時 22/8/5
前○勝魏之勞 23/8/17
後○攻周之敗 23/8/17
兼○吞周之意 24/8/26
是公○秦也 26/9/16

必○罪矣 26/9/16
又○天命也 27/9/21
楚○養由基者 27/9/21
○一人過曰 27/9/22
天下未○信之者也 30/10/17
奉養無○愛於最也 30/10/19
臣為王○患也 32/11/2
且魏○南陽、鄭地、三
川而包二周 33/11/12
涖政○頃 39/12/26
西○巴、蜀、漢中之利 40/13/6
北○胡貉、代馬之用 40/13/6
南○巫山、黔中之限 40/13/7
東○肴、函之固 40/13/7
湯伐○夏 40/13/17
惡○不戰者乎 40/13/18
狀○歸色 40/13/30
安○說人主不能出其金
玉錦繡 40/14/3
安邑王之○也 41B/15/3
世○三亡 42/15/11
天下不足兼而○也 42/15/21
天下○比志而軍華下 42/16/5
皆秦之○也 42/16/17
願大王○以慮之也 42/16/27
天下可○也 42/17/1
而○其民 42/17/3
天下可兼而○也 42/17/7
而○桀、紂之亂 44/18/3
而又○禁暴正亂之名 44/18/5
又○不義之名 44/18/6
○漢中 46/18/23
家○不宜之財 46/18/23
天下○變 46/18/25,73A/31/16
即天下○變 46/18/25
《周書》○言 48A/19/7,48A/19/8
楚人○兩妻者 49/20/3
○兩妻者死 49/20/4
以王○齊也 50/21/4
○兩虎諍人而鬬者 51/21/29
而○刺兩虎之名 51/22/2
○救齊之利 51/22/3
能○國者寡也 51/22/4
計○一二者難悖也 51/22/5
中國為○事於秦 53/22/15
費人○與曾子同名族者
而殺人 55/23/14
○頃焉 55/23/15
○之 55/23/22,80/35/14
216/111/18,258A/137/3
266/140/29,313/159/27
秦之右將○尉對曰 57/24/3
韓亦恐戰而楚○變其後 59/24/16
○家貧而無燭者 61A/24/28
妾自以○益於處女 61A/24/30
與之間○所立 61B/25/15
秦○安邑 63/26/13
以死者為○知乎 64/26/20
若死者○知 64/26/21
秦卒○他事而從齊 66/27/12
若○敗之者 67/27/20
然而臣○患也 67/27/21
424/205/22
夫楚王之以其臣請挈領
然而臣○患也 67/27/21
齊○東國之地 70/28/14
南○符離之塞 70/28/15
北○甘魚之口 70/28/15
利○千里者二 70/28/15
○功者不得不賞 72/28/28
○能者不得不官 72/28/28
賞必加於○功 72/29/2
刑必斷於○罪 72/29/2
臣聞周○砥戹 72/29/6
宋○結綠 72/29/6
梁○懸黎 72/29/6
楚○和璞 72/29/6
天下○明主 72/29/9
○間 73A/29/24
137/68/27,198/100/19
臣非○所畏而不敢言也 73A/30/4
可以少○補於秦 73A/30/8
北○甘泉、谷口 73A/30/23
而大王之計○所失也 73A/30/25
形弗能○也 73A/31/4
秦之○韓 73A/31/16
若木之○蠹 73A/31/16
聞齊之內○田單 73B/31/26
聞秦之○太后、穰侯、
涇陽、華陽 73B/31/26
不聞其○王 73B/31/27
未之○也 73B/31/28
204A/105/24,459A/225/12
且臣將恐後世之○秦國
者 73B/32/7
亦聞恆思○神叢與 74/32/16
恆思○悍少年 74/32/16
若○此 74/32/19
○非相國之人者乎 74/32/23
國○事 74/32/23,309/157/7
恐萬世之後○國者 74/32/24
○攻人者 75/33/6
○攻地者 75/33/6
秦於天下之士非○怨也 77/33/22
○爭意也 77/33/24
梁人○東門吳者 79/34/14
天下無○ 79/34/15
令○必行者 80/35/4
而心不○ 80/35/6
人心固○ 80/35/6
豈○此乎 81/35/24
必○伯主強國 81/36/4
是○忠臣孝子 81/36/9
○驕矜之色 81/36/21
必○伯夷之廉 81/37/10
而○喬、松之壽 81/37/10
客新○從山東來者蔡澤 81/37/13
莫○及者 81/37/14
兵必○功 82A/37/28
大臣○功 82A/38/2
秦之○也 82B/38/6
齊、魏○何重於孤國也 85/39/28
天下○其實而無其名者 86/40/7
○無其實而○其名者 86/40/7
○無其名又無其實者 86/40/8
○其實而無其名者 86/40/8
而○積粟之實 86/40/9
此○其實而無其名者也 86/40/9
無其實而○其名者 86/40/9
此無其實而○其名者也 86/40/10
山東戰國○六 86/40/14
即王雖○萬金 86/40/18
楚人○黃歇者 87/40/26
○二垂 87/40/29
萬乘之地未嘗○也 87/40/29
臣恐○後患 87/41/8
靡不○初 87/41/9,89/43/7
鮮克○終 87/41/9,89/43/7
勝○日矣 87/41/13
他人○心 87/41/15
而○累世之怨矣 87/41/18

王雖○之 87/41/24
是王○毀楚之名 87/41/24
於以禁王之為帝○餘 87/42/4
於是天下○稱伐邯鄲者 88/42/19
而○後患 89/43/15
今大王皆○驕色 89/43/18
數伐○功 91/44/3
是辛戎○秦、楚之重 91/44/5
子傒○承國之業 93/44/22
93/44/30
又○母在中 93/44/22
可以○秦國 93/44/23
說○可以一切而使君富貴千萬歲 93/44/28
是子異人無國而○國 93/45/2
王后無子而○子也 93/45/2
雖○子異人 93/45/7
臣恐其皆○怨心 93/45/13
行○日矣 94/46/4
趙王之臣○韓倉者 95/47/3
○諸 96/48/4,313/159/27
○ 96/48/4
136A/67/4,136B/67/15
○何面目復見寡人 96/48/5
皆○詬醜 96/48/13
雖○外誹者不聽 96/48/15
雖○高世之名 96/48/15
盼子○功於國 97/48/23
齊王○輟志 98/48/29
齊人○請者曰 99/49/10
客○於此 99/49/12
君長○齊陰 99/49/14
愛則○之 101/50/5
聽則無○ 101/50/5
且夫魏○破韓之志 103/51/2
韓自以專○齊國 103/51/6
君可以○功 104/51/12
忌聞以為○一子之孝 107/52/7
不如○五子之孝 107/52/8
鄒忌脩八尺○餘 108/52/13
欲○求於我也 108/52/20
臣之客欲○求於臣 108/52/24
莫不○求於王 108/52/25
○司請曰 109/53/8
不用○魯與無魯 110/53/22
必○後憂 111/54/16
此臣之所謂齊必○大憂 111/54/17
齊南○太山 112/54/23
東○琅邪 112/54/23
西○清河 112/54/23
北○渤海 112/54/23
即○軍役 112/54/25
而○強國之實 112/55/7
必謂齊西○強趙 113/55/15
南○韓、魏 113/55/15
雖○百秦 113/55/16
雖○勝名而○亡之實 113/55/20
雖○勝秦之名 113/55/22
臨淄、即墨非王之○也 113/55/24
儀○愚計 115/56/15
東方○大變 115/56/16,115/56/24
衍非○怨於儀也 116/57/4
楚○祠者 117/57/14
一人飲之○餘 117/57/15
齒之○脣也 120/58/12
周、韓西○強秦 121/58/19
東○趙、魏 121/58/19
以能得天下之士而○齊權也 122/60/10
世與少○ 122/60/11
是君○楚也 122/60/13
○七孺子皆近 123/60/18
○土偶人與桃梗相與語 124/60/27
文○以事夏侯公矣 126/61/20
願聞先生○以補之闕者 127/61/27
○侵君者 127/61/28
其欲○君也 127/62/1
若魏文侯之○田子方、段干木也 127/62/2
孟嘗君舍人○與君之夫人相愛者 128/62/7
○相攻伐者 128/62/14
孟嘗君○舍人而弗悅 129/62/23
堯亦○所不及矣 129/62/25
使人○棄逐 129/62/27
先人○寶劍 130/63/5
○存亡繼絕之義 130/63/9
臣○大喜三 130/63/14
○能揚文之名 130/63/17
夫物各○疇 131/63/25
○田父之功 132A/64/3
使秦弗○而失天下 132B/64/8
齊○此勢 132B/64/15
齊人○馮諼者 133/64/20
居○頃 133/64/24,133/64/25
後○頃 133/64/27
馮公○親乎 133/64/28
○老母 133/64/28
客果○能也 133/65/3
乃○意欲為收責於薛乎 133/65/4
視吾家所寡○者 133/65/6
君云『視吾家所寡○者』 133/65/12
君家所寡○者以義耳 133/65/13
今君○區區之薛 133/65/14
狡兔○三窟 133/65/20
今君○一窟 133/65/20
猶未敢以○難也 134/66/9
而士未○為君盡游者也 135/66/22
豈○騏麟騄耳哉 135/66/24
豈○毛廧、西施哉 135/66/24
君得無○所怨齊士大夫 136A/67/3
事○必至 136A/67/4
理○固然 136A/67/5
○說乎 136B/67/15
○敢去柳下季壟五十步而樵采者 136B/67/16
○能得齊王頭者 136B/67/16
安可得而○乎哉 136B/67/28
是以堯○九佐 136B/68/2
舜○七友 136B/68/2
禹○五丞 136B/68/2
湯○三輔 136B/68/2
無○ 136B/68/3
169/88/3,262/139/15
何不吉之○哉 136B/68/5
今王○四焉 137/68/28
焉能○四焉 137/68/28
寡人○罪國家 137/69/9
何以○民 138/69/15
何以○君 138/69/15
故○問舍本而問末者耶 138/69/15
齊○處士曰鍾離子 138/69/16
○糧者亦食 138/69/16
○衣者亦衣 138/69/17
行年三十而○七子 139/69/28
而君鵝鶩○餘食 140/70/4
夫○宋則衛之陽城危 141B/70/22
○淮北則楚之東國危 141B/70/22
○濟西則趙之河東危 141B/70/22
○陰、平陸則梁門不啓

141B/70/23
藉力魏而○河東之地 142/71/11
○而案兵而後起 142/72/9
○市之邑莫不止事而奉王 142/72/20
雖若○功也 142/72/21
天下○此再費者 142/72/24
雖○百萬之軍 142/73/16
雖○闔閭、吳起之將 142/73/16
○十二諸侯而朝天子 142/73/25
大王○伐齊、楚心 142/74/1
齊負郭之民○孤狐咺者 143/74/11
人○當闕而哭者 143/74/17
143/74/19
齊桓公○天下 145/76/7
○老人涉菑而寒 146/76/22
巖下○貫珠者 146/76/24
單○是善而王嘉之 146/76/27
王○所幸臣九人之屬 147/77/13
其志欲○為也 147/77/18
誰○厚於安平君者哉 147/77/26
將軍○死之心 148/78/15
當今將軍東○夜邑之奉 148/78/16
西○菑上之虞 148/78/16
○生之樂 148/78/16
單○心 148/78/17
以故建立四十○餘年不受兵 149B/79/6
以示齊之○楚 151/80/4
趙○亡形 156/81/21
而○楚之不救己也 156/81/22
人○以其狗為○執而愛之 158/82/12
且人○好揚人之善者 159/82/19
○人好揚人之惡者 159/82/20
然則且○子殺其父 159/82/20
○狂兕（牂）〔牂〕車依輪而至 160/83/9
誠○之乎 161/83/18,415/198/21
誠○之 161/83/19
左右俱曰『無○』 161/83/20
郢人○獄三年不決者 162/83/25
○說色 162/83/29
韓公叔○齊、魏 164/84/15
而太子○楚、秦以爭國 164/84/15
秦之○賢相也 166/85/6
楚地西○黔中、巫郡 167/85/15
東○夏州、海陽 167/85/16
南○洞庭、蒼梧 167/85/16
北○汾陘之塞、郇陽 167/85/16
為之其未○也 167/85/21
而○事人之名 167/85/27
○吞天下之心 167/86/1
卒○秦患 167/86/3,218/113/26
○億兆之數 167/86/4
秦○舉巴蜀、并漢中之心 167/86/7
卒○楚禍 168/86/27
秦西○巴蜀 168/86/30
黔中、巫郡非王之○已 168/87/2
○偏守新城而居民苦矣 168/87/5
陰謀○吞天下之心也 168/87/9
盡王之○已 168/87/15
乃佯○罪 168/87/18
○所更得乎 169/88/3,169/88/4
○人謂昭睢曰 169/88/7
○功名者秦也 169/88/10
故攻○道 169/88/10
亦○不為爵勸 170/88/18
170/88/22
彼○廉其爵 170/88/20
○崇其爵 170/88/20
○斷脰決腹 170/88/21
○勞其身 170/88/22
若○孤 170/89/21
焉能○之耶 170/89/27
秦王之忠信○功臣也 174/91/5
秦王○愛女而美 174/91/5
而○秦、楚之用 175/91/18
臣○傳 177/92/4
○萬乘之號而無千乘之用也 177/92/17
偶○金千斤 182/94/18
非○他人於此也 182/94/22
儀○死罪於大王 182/94/23
儀○秦而睢以楚重之 183/95/2
東○越纍 185/95/27
舊患○成 189/96/25
臣○辭以報樗里子矣 193/98/26
○獻不死之藥於荊王者 196/99/16
皆不過百里以○天下 197/99/23
君○將乎 198/100/16
○矣 198/100/16
明願○問君而恐固 199/100/28
知其○身 200/101/19
君又安得長○寵乎 200/101/23
今妾自知○身矣 200/101/25
妾賴天而○男 200/101/26
而國人頗○知之者 200/102/2
世○無妄之福 200/102/4
又○無妄之禍 200/102/4
安不○無妄之人乎 200/102/5
因而○楚國 200/102/8
初幸春申君○身 200/102/17
今為馬多力則○矣 201/103/2
今謂楚強大則○矣 201/103/3
362/179/10
城降○日 202/103/11
而韓、魏之君無憙志而○憂色 202/103/11
則○餘銅矣 203/104/11
二主殆將○變 203/104/26
乃○他心 203/105/1
其視○疑臣之心 203/105/8
前國地君之御○之曰 204A/105/18
愴然○決色 204A/105/25
謂子○志則然矣 204B/106/14
必不能越趙而○中山矣 205/107/4
秦必過周、韓而○梁 206/107/10
國○大事 207/107/16
傍○大叢 208/107/25
且物固○勢異而患同者 209/108/19
又○勢同而患異者 209/108/20
非王之○也 209/108/23
又非王之○也 209/108/24
五國之兵○日矣 209/108/26
韓不能○ 211/109/20
人○言 211/109/21
王則○令 211/109/21
今○城市之邑七十 211/109/26
可謂○故乎 211/110/3
○城市之邑七十 211/110/7
太守○詔 211/110/11
○兩木焉 212/110/21
無○謂臣為鐵鉆者乎 212/110/24
韓欲○宜陽 213/110/29
以從為○功也 214/111/3
則○功而善秦 214/111/6
奚擇○功之無功為知哉 214/111/6
秦之○燕而伐趙 217/111/25

○趙而伐燕 217/111/26
○梁而伐趙 217/111/26
○趙而伐梁 217/111/26
○楚而伐韓 217/111/26
○韓而伐楚 217/111/26
今事○可急者 217/112/1
○謀故殺使之趙 217/112/4
○楚、韓之用 217/112/7
以強秦之○韓、梁、楚 217/112/8
事○可急為者 217/112/9
○利於三晉 217/112/13
請無庸○為也 218/112/24
今大王垂拱而兩○之 218/113/4
西○常山 218/113/11
南○河、漳 218/113/11
東○清河 218/113/11
北○燕國 218/113/11
無○名山大川之限 218/113/13
以○天下 218/113/17
前○軒轅 218/113/25
後○長庭 218/113/25
諸侯○先背約者 218/114/8
今上客○意存天下 218/114/11
臣○以知天下之不能為從以逆秦也 219/114/30
今富非○齊威、宣之餘也 219/115/5
精兵非○富韓勁魏之庫也 219/115/5
而將非○田單、司馬之慮也 219/115/6
客○難者 219/115/7
今臣○患於世 219/115/7
乃使○白馬之為也 219/115/8
楚○四人起而從之 219/115/10
唯大王○意督過之也 220/115/22
今宣君○微甲鈍兵 220/115/24
是以賢君靜而○道民便事之教 221/116/17
動○明古先世之功 221/116/17
窮○弟長辭讓之節 221/116/17
通○補民益主之業 221/116/18
夫○高世之功者 221/116/19
○獨知之慮者 221/116/20
昔舜舞○苗 221/116/24
世○順我者 221/116/27
胡地中山吾必○之 221/116/27
夫制國○常 221/117/1
從政○經 221/117/1
事○所出 221/117/2
功○所止 221/117/2
今吾國東○河、薄洛之水 221/117/20
東○燕、東胡之境 221/117/21
西○樓煩、秦、韓之邊 221/117/21
衣服○常 221/118/3
人○言子者曰 222/119/4
以煩○司 222/119/13
故○臣可命 222/119/20
以明○司之法 223/120/1
國○固籍 224/120/6
兵○常經 224/120/6
兼○是兩者 225/121/2
豈○敢曰 225/121/7
趙○河北 227/121/20
齊○河東 227/121/20
○先王之明與先臣之力 228/121/28
故能○之 228/122/1
寡人○不令之臣 228/122/1
今趙非○七克之威也 231/123/11
而燕非○長平之禍也 231/123/11
臣固且○效於君 232/123/19
焉○子死而不哭者乎 233/123/29
而王之地○盡 233/124/27
以○盡之地 233/124/27
平原君猶豫未○所決 236/126/16
東國○魯連先生 236/126/22
使事○職 236/126/24
皆○求於平原君者也 236/126/27
非○求於平原君者 236/126/28
則連○赴東海而死矣 236/127/1
鬼侯○子而好 236/127/15
交○稱王之名 236/127/25
即○所取者 236/128/6
故事○簡而功成者 237/128/13
北○代 237/128/14
今○人操隨侯之珠 238/128/25
今○強貪之國 238/128/26
前○尺帛 239A/129/3
王○此尺帛 239A/129/7
○說則可 239B/129/16
今臣疑人之○煬於君者也 239B/129/17
則胥之事○不言者矣 240/129/25
從而○功乎 241/130/4
人○置係蹄者而得虎 243/130/18
今○國 243/130/19
必○大臣欲衡者耳 244/130/24
則交○所偏者也 246/131/9
三晉皆○秦患 247/131/23
天下○敢謀王者乎 247/131/28
曰○秦陰 247/132/4
皆○死心 248/132/18
其國必○亂 248/132/18
循○燕以臨之 248/132/25
臣又願足下○地效於襄安君以資臣也 248/132/26
魏冉必妬君之○陰也 249/133/4
秦雖○變 249/133/6
若與○倍約者 249/133/8
必○踦重者矣 249/133/10
天下爭秦○六舉 249/133/14
而君○終身不得陰 249/134/1
寡人與子○誓言矣 250/134/12
吾已與樓子○言矣 250/134/14
而○一焉 251/134/24
兩者○一也 252/135/17
客○見人於服子者 257/136/22
公之客獨○三罪 257/136/23
○之乎 258A/137/3,415/198/9
建信君○國事 258A/137/4
○所謂桑雍者 258A/137/9
若使○罪 258B/137/23
豈敢○難 258B/137/25
大王若○以令之 258B/137/25
猶大王之○葉陽、涇陽君也 258B/137/29
○覆巢毀卵 258B/138/2
○母弟不能教誨 258B/138/5
而王之忠臣○罪也 259/138/12
○復言令長安君為質者 262/138/29
而恐太后玉體之○所郄也 262/139/2
○子孫相繼為王也哉 262/139/13
其繼○在者乎 262/139/14
諸侯○在者乎 262/139/15
而不及今令○功於國 262/139/17
亦○術乎 266/140/29

子之言○說乎 269/141/21
右○洞庭之水 269/141/24
○此險也 269/141/26,269/141/27
若以臣之○功 270/142/9
臣何力之○乎 270/142/9
己愈○ 270/142/14
痤○御庶子公孫鞅 271/142/19
南○鴻溝、陳、汝南 272/142/27
○許、鄢、昆陽、邵陵、舞陽、新郪 272/142/27
東○淮、穎、沂、黃、煮棗、海鹽、無（踈）〔疏〕 272/142/28
西○長城之界 272/142/28
北○河外、卷、衍、燕、酸棗 272/142/29
卒○國患 272/143/3
今乃○意西面而事秦 272/143/4
後○大患 272/143/16
無○名山大川之阻 273/143/23
尚○爭錢財 273/144/1
楚雖○富大之名 273/144/10
夫秦非不利○齊而得宋地也 275/145/4
齊、秦合而涇陽君○宋地 275/145/6
是○其半塞也 280/146/21
固○秦重和 289/148/29
恐○後咎 291/149/11
今公又言○難以懼之 291/149/11
二人者必不敢○外心矣 293/150/1
葬○日矣 296/150/19,296/150/26
吾未○以言之也 296/150/23
今葬○日矣 296/150/29
今○疾 302/153/21
吾恐張儀、薛公、犀首之○一人相魏者 303B/154/3
吾恐張儀、薛公、犀首○一人相魏者 303B/154/7
自使○要領之罪 304/154/17
則上○野戰之氣 304/154/24
下○堅守之心 304/154/24
今一人言市○虎 306/155/18
二人言市○虎 306/155/19
三人言市○虎 306/155/19
後世必○以酒亡其國者 307/155/27
後世必○以味亡其國者 307/156/1
後世必○以色亡其國者 307/156/2
後世必○以高臺陂池亡其國者 307/156/3
○一於此 307/156/5
寡人固刑弗○也 308/156/11
王之士未○為之中者也 309/156/23
臣○死罪 309/157/2
○意欲以下大王之兵東擊齊也 309/157/5
夫秦何厭之○哉 310/157/17
必少割而○質 310/157/19
未嘗○之也 310/157/28
宋人○學者 311/158/10
願子之○以易名母也 311/158/13
將○所不行乎 311/158/13
尚○可以易入朝者乎 311/158/14
願王之○以易之 311/158/14
今人○謂臣曰 311/158/16
今王之地○盡 312/159/13
敝邑○寶璧二雙 313/159/21
髡○璧、馬之寶 313/159/29
○諸侯之救 314/160/4
恐天下之將○大變也 314/160/17
○虎狼之心 315/160/29
苟○利焉 315/160/30
內○大亂 315/161/5
秦盡○鄭地 315/161/6
秦故○懷地刑丘、之城、垝津 315/161/17
秦○鄭地 315/161/17
千里○餘 315/161/23
○周、韓而間之 315/161/23
又況於使秦無韓而○鄭地 315/161/27
共○其賦 315/162/7
而趙無為王○也 316/162/15
王賢而○聲者相之 317A/162/22
○秦、韓之重 317B/163/1
且○皮氏 317B/163/7
○皮氏 317B/163/9
今公之力○餘守之 317B/163/10
何故而弗○也 317B/163/10
何故不能○地於河東乎 317B/163/17
○蛇於此 318/163/22
或○諸侯鄰國之虞 319/164/7
即春申君○變 319/164/10
即王○萬乘之國 319/164/10
○齊者 328/166/19
是以○雍者與秦遇 328/166/19
楚、魏○怨 329B/167/3
夫齊不以無魏者以害○魏者 335/168/13
故公不如示○魏 335/168/13
是公○齊 335/168/14
以齊○魏也 335/168/14
魏人○唐且者 338/168/31
豈○及哉 338/169/5
事○不可知者 339/169/14
○不可不知者 339/169/14
○不可忘者 339/169/14
○不可不忘者 339/169/14
人之○德於我也 339/169/15
吾○德於人也 339/169/16
○常不赦 340/170/2
豈可使吾君○魏患也 340/170/7
○所不安乎 341/170/14
○是心也 341/170/19
○敢言美人者族 341/170/20
我見○禍 341/170/24
未見○福 341/170/24
見○怨 341/170/24
未見○德 341/170/24
徒以○先生也 343/171/25
是子○兩韓 344B/172/10
而我○兩趙也 344B/172/11
申子○怨色 346/172/22
今○所求 346/172/24
韓北○鞏、洛、成皋之固 347/172/28
西○宜陽、常阪之塞 347/172/28
東○宛、穰、洧水 347/172/28
南○陘山 347/172/29
且夫大王之地○盡 347/173/6
夫以○盡之地 347/173/7
而○牛後之名 347/173/9
非王之○已 348A/173/27
旬○餘 353/175/17
願○復於公 359/177/21
彼○以失之也 359/177/23
恐齊以楚遇為○陰於秦、魏也 361/178/28

齊又畏楚之○陰於秦、魏也 361/179/2
以視齊於○秦、魏 361/179/4
今謂馬多力則○矣 362/179/9
大國○意 363/179/19
以其少○利焉 366/180/13
獨不可使妾少○利焉 366/180/14
其實猶○約也 367/181/7
子○辭以毋戰 370/181/27
齊大夫諸子○犬 374/182/26
客○請叱之者 374/182/27
是○陰於韓也 377/183/17
頃間○鵲止於屋上者 384/185/11
今王之國○柱國、令尹、司馬、典令 384/185/13
奚敢○請 385/185/23
臣○老母 385/185/24
臣○仇 385/185/26
豈敢以○求邪 385/185/27
未○大功可以稱者 385/186/2
韓適○東孟之會 385/186/14
兄弟無○ 385/186/21
今○一舉而可以忠於主 387/187/17
未○一人言善韓者也 388/188/5
未○一人言善秦者也 388/188/6
今秦○梁君之心矣 390/188/28
○為名者 390/189/4
○為實者 390/189/4
今強國將○帝王之亹 391/189/20
強國之事成則○福 391/189/23
故客○說韓者曰 393/190/6
為○臃腫也 395/190/18
臣願○言 396A/190/25
與欲○求於齊者 397/191/28
以強秦而○晉、楚 400/192/20
是王○向晉於周也 401/192/25
是魏○向晉於周 401/192/26
彼固○次乎 403/193/10
大國惡○天子 404/193/14
國形○之而存 405/193/19
燕東○朝鮮、遼東 408/194/10
北○林胡、樓煩 408/194/10
西○雲中、九原 408/194/10
南○呼沱、易水 408/194/11
南○碣石、鴈門之饒 408/194/12
北○棗粟之利 408/194/12
人○惡蘇秦於燕王者 412/196/5
人必○言臣不信 412/196/10
○此 412/196/12
且臣○老母於周 412/196/19
又何罪之○也 412/196/23
臣鄰家○遠為吏者 412/196/25
適不幸而○類妾之棄酒也 412/196/29
故至今○摩笄之山 413/197/6
則易水、長城非王之○也 413/197/11
是西○強秦之援 413/197/12
○謀人之心 415/198/7
曰○大數矣 415/198/8,415/198/9
我○深怨積怒於齊 415/198/11
○所附則無不重 415/198/15
吾聞齊○清濟、濁河 415/198/21
○長城、鉅防 415/198/21
雖○清濟、濁河 415/198/24
雖○長城、鉅防 415/198/24
○讓天下之名 416A/199/12
秦非不利○齊而得宋地也 417/200/13
涇陽君○宋地 417/200/15
○以千金求千里馬者 418/200/30
秦○變 419/201/29
先人嘗○德蘇氏 419/202/9
今○人於此 420/202/14
442/218/15
今王○東嚮伐齊之心 420/202/26
安○為人臣盡其力 420/203/6
昔周之上地嘗○之 420/203/6
齊、楚不得以○枳、宋事秦者 422/203/25
是則○功者 422/203/26
王苟能破宋○之 422/204/10
○齊無秦 422/204/14
無齊○秦 422/204/14
寡人如自○之 422/204/18
臣故知入齊之○趙累也 423/205/10
齊、趙必○為智伯者矣 423/205/11
今其言變○甚於其父 424/205/17
生之物固○不死者乎 424/205/25
人○賣駿馬者 425/206/12
臣○駿馬 425/206/13
足下○意為臣伯樂乎 425/206/15
臣○斧質之罪 426/207/2
齊不幸而燕○天幸也 426/207/5
固知將○口事 427/207/13
齊○不善 427/207/14
焉○離人子母者 428/207/27
而○齊人仕於燕者 429/208/15
寡人○時復合和也 429/208/16
然而常獨欲○復收之之志若此也 429/208/17
以與寡人○郄 431/209/11
○高世之心 431/209/21
我○積怨深怒於齊 431/209/25
隨先王舉而○之於濟上 431/209/29
功未○及先王者也 431/210/2
物固○勢異而患同者 432/211/7
即○死蚌 434/212/4
即○死鷸 434/212/5
而未○適予也 435/212/12
人○言我○寶珠也 437/212/27
寡人望○非則君掩蓋之 438/213/12
望○過則君教誨之 438/213/13
寡人必○罪矣 438/213/14
世○掩寡人之邪 438/213/16
且世○薄於故厚施 438/213/17
行○失而故惠用 438/213/17
而君○失厚之累 438/213/18
國之○封疆 438/213/18
猶家之○垣牆 438/213/18
是秦、趙○郄 439/214/7
秦、趙○郄 439/214/7
吾使趙○之 439/214/11
未○所定也 440/214/20
居之○間 440/214/23
雖○管、晏 440/214/25
燕○田光先生者 440/214/28
○頃而後言曰 440/215/18
願○所道 440/215/20
今秦○貪饕之心 440/215/21
而內○大亂 440/215/26
荊卿未○行意 440/216/4
臣乃得○以報太子 440/216/7
今○一言 440/216/13
將軍豈○意乎 440/216/16
燕國○勇士秦武陽 440/216/21

荊軻○所待 440/216/22
疑其○改悔 440/216/23
非○詔不得上 440/217/16
各○差 440/217/21
○憂色何也 441/218/4
宋何罪之○ 442/218/12
鄰○弊輿而欲竊之 442/218/15
鄰○短褐而欲竊之 442/218/15
鄰○糟糠而欲竊之 442/218/16
必為○竊疾矣 442/218/16
荊○雲夢 442/218/19
荊○長松、文梓、楩、柟、豫樟 442/218/21
願王之○以命弊邑 444/219/4
以待下吏之○城而已 444/219/8
故名○所加而實○所歸 444/219/12
臣○百戰百勝之術 446B/219/28
則富不過○魏 446B/219/29
○雀生（鵙）〔鸇〕於城之陬 447/220/6
南文子○憂色 448A/220/14
而子○憂色何 448A/220/15
衛○賢人 448A/220/17
甚愛而○寵 448B/220/21
非○大罪而亡 448B/220/22
必○故 448B/220/22
以○蒲也 449/220/28
無○佗計 450/221/9
雖○十左氏 452A/221/29
則○土子民 458/224/20
○二人挈戈而隨其後者 459B/225/17
臣○父 459B/225/18
中山○事 459B/225/18
三軍之俸○倍於前 461/225/30
各○散心 461/226/20
莫○鬬志 461/226/20
是以能○功也 461/226/20
何神之○哉 461/226/23
○功 461/227/3

莠 yǒu 1

幽○之幼也似禾 266/141/2

牖 yǒu 3

故拘之於○里之車 236/127/17
文王之拘於○里 242/130/12
從之○下 452B/222/5

又 yòu 214

周君○患之 1/1/8
○謂秦王曰 5B/3/5
而○為客哉 9/4/9
而○知趙之難子齊人戰 10A/4/14
○禁天下之率 11B/5/5
則○駭鳥矣 16/6/21
○費財焉 16/6/23
吾○恐東周之賊己而以輕西周惡之於楚 20/7/21
君之使○不至 21/7/27
○與韓、魏攻秦 22/8/3
今○攻秦以益之 22/8/4
○無藉兵乞食 22/8/6
○必不攻魏 23/8/17
○能為君得高都 25/9/4
○有天命也 27/9/21
今公○以秦兵出塞 27/9/26
而○近 32/11/1
○秦重而欲相者 38/12/15
大王○并軍而致與戰 42/16/24
○交罷卻 42/16/25
而○有禁暴正亂之名 44/18/5
○有不義之名 44/18/6
○欲伐虞 48A/19/8
張儀○惡陳軫於秦王 48B/19/16
吾○自知子之楚 49/20/2
秦○何重孤國 50/21/5
○重絕之 50/21/8
人○曰 55/23/15
一人○告之曰 55/23/16
而王之信臣○未若曾子之母也 55/23/18
今○案兵 63/26/2
公○輕 68/28/4
○方千里 70/28/14
其淺者○不足聽也 72/29/12
臣○何恥乎 73A/30/12
○即圍邯鄲乎 78/34/3
○倨 81/35/23
○越韓、魏攻強趙 81/36/26
○斬范、中行之途 81/37/7
王○曰 83A/38/19
此○不講之悔也 83A/38/19
有無其名○無其實者 86/40/8
無其名○無其實者 86/40/10
於是白起○將兵來伐 87/40/25
王○舉甲兵而攻魏 87/41/1
○取蒲、衍、首垣 87/41/3
王○割濮、磨之北屬之燕 87/41/4
○有母在中 93/44/22
士倉○輔之 93/44/30
今○割趙之半以強秦 95/46/27
○以為司空馬逐於秦 95/47/15
○將在楚 98/49/1
令其欲封公也○甚於齊 98/49/1
孟嘗君○竊以諫 101/49/25
辨○曰 101/50/8
○不肯聽辨 101/50/9
○弗如遠甚 108/52/19
齊讓○至 115/56/13
今勸太子者○蘇秦也 122/60/2
○使人謂楚王曰 122/60/5
奉王而代立楚太子者○蘇秦也 122/60/5
割地固約者○蘇秦也 122/60/5
忠王而走太子者○蘇秦也 122/60/6
○使景鯉請薛公曰 122/60/10
小官公○弗欲 128/62/10
今○劫趙、魏 132B/64/11
分地○非多韓、魏也 142/71/20
而用兵○非約質而謀燕也 142/72/13
○西圍晉陽 142/72/28
○且害人者也 142/73/10
○從十二諸侯朝天子 142/73/22
今公○以弊聊之民 145/75/20
○何如得此樂而樂之 160/83/12
○何新城、陽人之敢求 164/84/17
○安敢言地 164/84/18,375/183/6
○郤 168/87/11
○交重楚也 171/90/9
○謂王之幸夫人鄭袖曰 174/91/4
○簡擇宮中佳翫麗好翫習音者 174/91/6
○遣景鯉西索救於秦 177/92/30

○欲奪之東地五百里 177/93/4
○必德王 184/95/14
客○說春申君曰 197/99/27
春申君○曰 197/99/29
○甚喜之兮 197/100/10
恐○無寵 200/101/16
君○安得長有寵乎 200/101/23
○有無妄之禍 200/102/4
僕○善之 200/102/13
○何至此 200/102/13
君○何以疵言告韓、魏之君為 202/103/17
○將請地於他國 203/103/26
○使人請地於魏 203/103/27
○使人之趙 203/104/1
○封二子者各萬家之縣一 203/105/5
豫讓○漆身為厲 204B/106/12
○吞炭為啞 204B/106/13
○有勢同而患異者 209/108/20
○非王之有也 209/108/24
○北之趙 213/110/28
趙患○起 215/111/11
○嚴之以刑罰 219/114/24
○況山谷之便乎 221/117/17
○不明其時勢 225/120/28
王○以其力之所不能攻以資之 233/124/8
王○以虞卿之言告樓緩 233/124/11
樓緩○不能必秦之不復攻也 233/124/19
○割其力之所不能取而媾也 233/124/19
王○以虞卿言告之 233/125/1
○入見王曰 233/125/7
○割地為和 233/125/7
今○內圍邯鄲而不能去 236/126/19
先生○惡能使秦王烹醢梁王 236/127/12
彼○將使其子女讒妾為諸侯妃姬 236/127/27
而將軍○何以得故寵乎 236/127/28
○欲與秦攻魏 247/131/21
今○以何陽、姑密封其子 247/131/27
今王○挾故薛公以為相 247/132/4
臣○願足下有地效於襄安君以資臣也 248/132/26
而君○不得陰 249/133/17
○遺其後相信陵君書曰 251/134/28
○不肯與燕人戰 252/135/16
○不為燕也 256/136/18
○兼無燕、秦 256/136/18
○不知相馬 258A/137/5
趙○索兵以攻韓 264B/140/17
天○雨 267/141/7
而子○附之 269/141/21
○不遺賢者之後 270/142/12
故○與田四十萬 270/142/13
犀首○以車三十乘使燕、趙 276/145/20
○非皆同也 280/146/21
今公○言有難以懼之 291/149/11
○安敢釋卒不我予乎 291/149/13
王○聽之 292/149/19
而○況存薔乎 295/150/15
官費○恐不給 296/150/20
○令魏太子未葬其先王而因○說文王之義 296/151/5
○以力攻之 297/151/16
○必且曰王以求地 297/151/18
○且以力攻王 297/151/19
○必謂王曰使王輕齊 297/151/19
○且收齊以更索於王 297/151/19
○嘗用此於韓矣 297/151/20
是故○為足下傷秦者 297/151/24
臣○偏事三晉之吏 297/152/5
○身自醜於秦 297/152/6
臣○說齊王而往敗之 297/152/8
臣○爭之以死 297/152/9
王○欲悉起而攻齊 301/153/6
折而樹之○生 303A/153/26
臣○恐趙之益勁也 304/154/18
今○走芒卯 310/157/17
310/157/23
○為陰啓兩機 310/158/3
○北見燕王曰 314/160/14
今○行數千里而以助魏 314/160/15
○西借秦兵 314/160/20
則道里近而輸○易矣 314/160/21
而○況於仇讎之敵國也 315/161/2
秦○不敢 315/161/12
秦○弗為也 315/161/13
秦○不敢也 315/161/13
○不攻衛與齊矣 315/161/14
○長驅梁北 315/161/25
○況於使秦無韓而有鄭地 315/161/27
王能○封其子問陽姑衣乎 316/162/15
而○怒其不己善也 317B/163/1
○謂翟子 317B/163/15
是○不知魏者也 321/164/24
○不知茲公者也 321/164/24
後得○益大 341/170/16
王○能死而弗能棄之 342/171/2
○亡其行子之術 346/172/23
明年○益求割地 347/173/6
○攻陘 351/174/26,351/174/26
今○得韓之名都一而具甲 357/176/19
○非素約而謀伐秦矣 357/177/1
齊○畏楚之有陰於秦、魏也 361/179/2
韓○令尚靳使秦 366/180/9
○何新城、陽人敢索 375/183/5
公○令秦求質子於楚 380/184/5
楚○收秦而復之 382/184/18
傀○韓君之季父也 385/186/8
相○國君之親 385/186/10
○與約事 396B/191/5
○奚為挾之以恨魏王乎 396B/191/6
○何罪之有也 412/196/23
○高於所聞東周 415/197/28
而○以其餘兵南面而舉五千乘之勁宋 415/198/18
○無尺寸之功 419/201/17
而○況於當世之賢主乎 420/203/13
○蘇子也 423/205/9
○不予卿也 424/206/1
○不欲王 424/206/1
明日○使燕攻陽城及狸 426/207/5
○使人謂閔王曰 426/207/5
今燕○攻陽城及狸 426/207/6

今王○使慶令臣曰 427/207/20
○不愛丈夫子獨甚 428/208/4
而○害於足下之義 431/209/15
而○不白於臣之所以事
先王之心 431/209/16
且○淮北、宋地 431/209/27
○譬如車士之引車也 432/210/27
智○不如胡、越之人矣 432/211/1
○況聞樊將軍之在乎 440/214/24
○舉兵南伐楚 440/215/22
○前而為歌曰 440/216/28
○以德衛君也 449/221/3
○無守備 461/226/17
○病 461/226/28

右 yòu 93

左○皆曰善 27/9/22
我不能教子支左屈○ 27/9/23
左○太親者身危 39/12/29
杜左○之口 40/14/15
○飲於洹水 42/17/2
左○曰 51/21/28
54/22/26, 109/53/11
133/65/2, 136B/67/12
258B/137/18, 267/141/7
秦之○將有尉對曰 57/24/3
秦王屏左○ 73A/29/23
○隴、蜀 73A/30/23
○手自為投 74/32/17
至尉、內史及王左○ 74/32/23
秦昭王謂左○曰 83B/38/25
左○皆曰 83B/38/28, 136B/67/20
必攻陽、○壤 87/41/23
隨陽、○壤 87/41/23
齊之○壤可拱手而取也 87/42/11
舉○案魏 88/42/17
○舉劍將自誅 95/47/12
○天唐 105/51/24
宮婦左○ 108/52/24
左○惡張儀 115/56/12
○手畫蛇 117/57/16
左○以君賤之也 133/64/22
左○以告 133/64/24
左○皆笑之 133/64/26
左○皆惡之 133/64/28
不使左○便辟而使工者
何也 137/69/6
非左○便辟無使也 137/69/7
謂其左○曰 140/70/3
左○嘿然莫對 140/70/3
袒○ 144/75/1
斷○壤 145/75/16
左○顧無人 146/76/24
左○孰可 147/77/14
左○俱曰『無有』 161/83/20
○濡其口 170/89/13
秦以五十萬臨齊○壤 177/93/4
進之左○ 182/94/18
○夏侯 192/97/21, 192/98/16
○攝丸 192/98/4
○擁嬖女 192/98/13
左○欲殺之 204B/106/10
臣願大王深與左○群臣
卒計而重謀 209/109/2
請屏左○ 218/113/1
敬使臣先以聞於左○ 220/115/25
此斷趙之○臂也 220/116/2
夫斷○臂而求與人鬬 220/116/2
先以聞於左○ 220/116/5
多在君之○ 234/125/20
○常山 237/128/13
專君之勢以蔽左○ 239B/129/14
便辟左○之近者 258A/137/10
謂左○曰 258B/137/16
太后明謂左○ 262/138/29
○有洞庭之水 269/141/24
而○天谿之陽 269/141/25
左孟門而○漳、釜 269/141/26
王特為臣之○手不倦賞
臣 270/142/9
出而謂左○曰 271/142/19
衍將○韓而左魏 293/149/28
文將○齊而左魏 293/149/29
子必善左○ 303A/153/26
必○秦而左魏 303B/154/8
必○齊而左魏 303B/154/8
必○韓而左魏 303B/154/8
左江而○湖 307/156/2
左白台而○閭須 307/156/4
而○上蔡、召陵 315/161/13
○挾生虜 348A/173/22
左○大亂 385/186/15
操○契而為公責德於秦
、魏之主 386/187/9
而無自左○也 396C/191/21
寶珠玉帛以事其左○ 415/198/27
見罪於左○ 420/203/4
恐忠信不諭於左○也 420/203/12
左○誤寡人 431/209/9
以順左○之心 431/209/14
恐侍御者之親左○之說
431/210/17
使左○司馬各營壁地 436/212/17
左○皆以為趙可伐 438/213/6
左○無人 440/215/4
而○手揕抗其胸 440/216/15
而○手持匕首揕抗之 440/217/13
左○乃曰 440/217/18
左○既前斬荊軻 440/217/21

幼 yòu 7

民扶老攜○ 133/65/19
寡人年○ 168/87/26
左抱○妾 192/98/13
故弒賢長而立○弱 197/100/2
乃與○艾 239A/129/9
幽莠之○也似禾 266/141/2
養孤長○以益其眾 461/226/24

囿 yòu 7

見梁○而樂之也 32/10/29
溫○不下此 32/11/1
今王許戍三萬人與溫○ 32/11/5
而利溫○以為樂 32/11/5
臣嘗聞溫○之利 32/11/6
周君得溫○ 32/11/6
魏王因使孟卯致溫○於
周君而許之戍也 32/11/7

柚 yòu 1

楚必致橘○雲夢之地 218/113/2

誘 yòu 1

秦使陳馳○齊王內之 150/79/28

于 yú 23

以因○齊、趙 44/18/8
保○陳城 87/40/25
淳○髡為齊使於荊 125/61/6
謂淳○髡曰 125/61/7
淳○髡曰 125/61/7
131/63/23, 313/159/22
313/159/27, 425/206/16
淳○髡一日而見七人於宣王 131/63/22
淳○髡謂齊王曰 132A/63/30
勢為王妻以臨○楚 174/91/7
夫董閼安○ 203/104/5
納○筦鍵 236/127/20
維命不○常 310/157/22
臣以為自天下之始分以至○今 310/157/28
魏使人謂淳○髡曰 313/159/21
淳○髡言不伐魏者 313/159/26
王以謂淳○髡曰 313/159/26
從林軍以至○今 315/161/24
先說淳○髡曰 425/206/12
北講於單○ 440/214/26
燕王拜送○庭 440/217/7

余 yú 1

○且慝心以成而過 438/213/29

盂 yú 1

著之盤○ 209/108/26

臾 yú 2

而聽須○之說 348A/173/26
恐不能須○ 440/214/26

竽 yú 3

其民無不吹○、鼓瑟、擊筑、彈琴、關雞、走犬、六博、蹹踘者 112/54/27
故鍾鼓○瑟之音不絕 142/73/17
聽○瑟之音 218/113/25

魚 yú 24

北有甘○之口 70/28/15
海大○ 99/49/11
君不聞大○乎 99/49/13
獻○鹽之地三百於秦也 113/55/28
則不若○鱉 129/62/23
食無○ 133/64/24
謂昭○曰 191/97/15
昭○曰 191/97/15, 303B/154/4
303B/154/5, 303B/154/6
食湘波之○ 192/98/13
齊必致海隅○鹽之地 218/113/2
齊獻○鹽之地 220/116/2
昭○謂蘇代曰 303B/154/3
昭○甚憂 303B/154/6
龍陽君得十餘○而涕下 341/170/14
臣為王之所得○也 341/170/15
臣之始得○也 341/170/16
臣亦猶曩臣之前所得○也 341/170/19
比目之○ 432/210/26
是山東之知不如○也 432/210/27
江、漢○鱉黿鼉為天下饒 442/218/20
宋所謂無雉兔鮒○者也 442/218/20

渝 yú 1

華落而愛○ 160/82/30

隅 yú 1

齊必致海○魚鹽之地 218/113/2

腴 yú 4

支分方城膏○之地以薄鄭 70/28/16
膏○之地也 87/42/2
而封之以膏○之地 262/139/17
中國膏○之地 433/211/22

愚 yú 38

何晉、楚之智而齊、秦之○ 63/26/12
臣○而不闔於王心耶 72/29/12
寡人○不肖 73A/30/18
臣效○計 95/46/29
何秦之智而山東之○耶 111/54/7
儀有○計 115/56/15
而性懧○ 133/65/4
寡人○陋 137/68/28
大王誠能聽臣之○計 167/85/25
使臣效○計 167/86/5
夫三家雖○ 202/103/15
山東之○也 217/111/27
臣故敢獻其○ 218/112/24
效○忠 218/112/24
臣以為至○也 219/115/2
○者闇於成事 221/116/25
○者之笑 221/116/26
臣固敢竭其○忠 221/117/8
此○知之所明也 221/117/23
臣○不達於王之議 221/117/28
○者陳意而知者論焉 221/118/1
臣雖○ 221/118/2, 221/118/13
而○者制焉 221/118/7
使安平君○ 252/135/16
故敝邑趙王使使臣獻○計 272/143/16
寡人惷○ 273/144/20
今臣願大王陳臣之○意 304/154/17
民非蒙○也 357/177/6
則晉、楚智而韓、秦○也 388/188/6
而○臣知之 420/202/26
是以○臣知之 420/202/28
故使使者陳○意 438/213/11
此寡人之○意也 438/213/31
○以為誠得天下之勇士 440/215/24
犀首雖○ 443/218/30
然惟願大王覽臣○計 461/227/4
大王若不察臣○計 461/227/6

榆 yú 4

而不知○次之禍也 87/41/10
至於○中千五百里 209/108/21
至○中 224/120/19
伐○關而韓氏亡鄭 319/164/4

虞 yú 45

又欲伐○ 48A/19/8
因而伐○ 48A/19/9
○之乞人 96/48/12
清靜貞正以自○ 136B/68/15
西有菑上之○ 148/78/16
王惑於○樂 174/91/8
○卿謂春申君曰 201/102/23
出遇○卿曰 230/122/30
○卿入 230/122/30
○卿曰 230/123/1, 230/123/2
233/124/5, 233/124/6
233/124/8, 233/124/18
235/125/29, 235/126/1
235/126/6, 251/134/19
○卿聞之 233/124/5, 233/125/7
王又以○卿之言告樓緩
233/124/11
○卿能盡知秦力之所至乎 233/124/11
王又以○卿言告之 233/125/1
○卿得其一 233/125/1
因發○卿東見齊王 233/125/11
○卿未反 233/125/13
○卿為平原君請益地 234/125/17
趙王召樓昌與○卿曰 235/125/27
趙王召○卿曰 235/126/5
尊○商以為大客 247/132/4
○卿請趙王曰 251/134/18
秦三以○卿為言 256/136/16
文侯與○人期獵 267/141/7
吾與○人期獵 267/141/8
晉人欲亡○而伐虢 317A/162/20
亡○之始也 317A/162/21
故荀息以馬與璧假道於○ 317A/162/21
反而取○ 317A/162/22
以罪○公 317A/162/22
魏之○也 317A/162/23
○之為也 317A/162/24
或有諸侯鄰國之○ 319/164/7
不○君之明罪之也 438/213/12
438/213/13

漁 yú 3

身為○父而釣於渭陽之濱耳 73A/29/29
○者得而并禽之 434/212/5
臣恐強秦之為○父也 434/212/6

諛 yú 2

沉於諂○之臣 133/65/26
諂○用事 461/226/16

餘 yú 72

樊○謂楚王曰 33/11/11
收○韓成從 42/15/11
以其○為寡人乎 51/21/27
而不○怨於秦 59/24/17
何愛○明之照四壁者 61A/24/29
武安君所以為秦戰勝攻取者七十○城 78/34/4
乃與即為梁○子同也 79/34/17
誅屠四十○萬之眾 81/36/26
七十○城 81/37/1
秦十○年 81/37/19
於以禁王之為帝有○ 87/42/4
不得煖衣○食 93/44/20
鄒忌脩八尺有○ 108/52/13
其○兵足以待天下 110/53/23
一人飲之有○ 117/57/15
而君鵝鶩有○食 140/70/4
亦收○甲而北面 142/71/11
達子收○卒 143/74/13
破亡○卒 143/74/23, 148/78/9
取七十○城 145/75/6
田單攻之歲○ 145/75/8
不如易○糧於宋 149A/78/22
是以○糧收宋也 149A/78/23
以故建立四十有○年不受兵 149B/79/6
虎賁之士百○萬 168/86/16
至郢三千○里 168/86/30
一日行三百○里 168/87/1
通侯、執珪死者七十○人 168/87/10
○豈悉無君乎 170/89/24
三十○萬弊甲鈍兵 177/93/2
行千○里來 188/96/17
今君相楚王二十○年 200/101/22
君相楚二十○年矣 200/102/6
其○政教猶存 203/104/6
其高至丈○ 203/104/9
則有○銅矣 203/104/11
攘地千○里 217/112/2
今富非有齊威、宣之○也 219/115/5
君無十○、二十萬之眾 225/121/3
而以○兵與三國攻秦 229A/122/19
因以其○兵 231/123/9
趙以亡敗之○眾 231/123/10
不遺○力矣 233/124/7
秦不遺○力矣 235/126/1
居歲○ 236/127/7
四十○年而秦不能得所欲 237/128/14
令士大夫○子之力 252/135/18
此吳起○教也 270/142/6
武力二十○萬 272/143/8
二百○里 273/143/23
而欲恃詐偽反覆蘇秦之○謀 273/144/1
奉陽君、孟嘗君、韓呡、周㝡、周、韓○為徒從而下之 297/152/5
奉陽君、韓○為既和矣 297/152/7
使仇敵制其○敝 313/159/23
千里有○ 315/161/23
今公之力有○守之 317B/163/10
年九十○ 338/168/31
龍陽君得十○魚而涕下
341/170/14
秦帶甲百○萬 348A/173/20
旬有○ 353/175/17
二十○年未嘗見攻 364/179/23
令楚兵十○萬在方城之外 383A/184/23
地方二千○里 408/194/11
且燕亡國之○也 409/195/2
而又以其○兵南面而舉

五千乘之勁宋 415/198/18
蘇子收其○兵 426/207/1
賴得先王鴈鶩之○食 428/208/1
下七十○城 431/209/3
夫齊霸國之○教也 431/209/25
○令詔後嗣之遺義 431/210/7
而與秦相距五十○年矣 439/214/12

踰 yú 14

○羊腸 42/16/16
投杼○牆而走 55/23/16
○深谿 170/89/11
○於外牆 197/100/5
攻戰○年歷歲 211/110/4
用兵○年 211/110/8
秦甲涉河○漳 218/113/7
願渡河○漳 220/115/25
不可以○險 224/120/14
○九限之固 224/120/18
夫越山○河 315/161/10
今秦欲○兵於澠隘之塞 364/179/24
○雲中、九原 408/194/15
足下不○楚境 412/196/19

輿 yú 7

箕子、接○ 73A/30/11
使臣得同行於箕子、接○ 73A/30/12
百人○瓢而趨 74/32/19
百人誠○瓢 74/32/20
向子以○一乘亡 143/74/13
鄰有弊○而欲竊之 442/218/15
此猶文軒之與弊○也 442/218/19

歟 yú 2

卿明知功之不如武安君○ 94/45/30
卿明知為不如文信侯專○ 94/46/2

旟 yú 1

從七星之○ 142/74/2

予 yǔ 34

周君○之 15/6/15
君○金三十斤 19/7/13
子不○之 43/17/16
齊○晉弊邑 65/26/29
○之五十金 77/33/25
於是其謀者固未可得○也 77/33/26
○忖度之 87/41/15
孟嘗君○車五十乘 133/65/21
矯以新城、陽人○太子 164/84/15
臣矯○之 164/84/16
王且○之五大夫 165/84/22
○之五大夫 165/84/25
○我東地五百里 177/92/3
子不○我 177/92/4
不○焦、黎、牛狐 228/121/27
不如○之 233/124/2
猶不○也 233/124/12
王將○之乎 233/124/24
且臣曰勿○者 233/125/8
非固勿○而已也 233/125/8
而○其所謂賢 236/127/27
而王不以○工 239A/129/9
多○之重器 262/139/17
魏桓子弗○ 264A/140/6
何故弗○ 264A/140/6
故弗○ 264A/140/7
君○之地 264A/140/7
又安敢釋卒不我○乎 291/149/13
公因寄汾北以○秦而為和 317B/163/3
割以○秦 364/179/25
弗○相 424/206/1
又不○卿也 424/206/1
今○以百金送公也 430/208/23
而未有適○也 435/212/12

羽 yǔ 5

毛○不豐滿者不可以高飛 40/13/12
車甲○毛裂敝 252/135/18
臣聞積○沉舟 273/144/17
以為○翼 385/186/9
復為忼慨○聲 440/217/1

雨 yǔ 14

解如風○ 112/54/25
揮汗成○ 112/54/28
降○下 124/60/28, 124/61/1
○血沾衣 143/74/16
天○血沾衣者 143/74/18
使我逢疾風淋○ 208/107/26
汝逢疾風淋○ 208/107/27
天○ 267/141/7
天又○ 267/141/7
天大○雪 296/150/19
今日不○ 434/212/4
明日不○ 434/212/4
明日大○ 436/212/19

禹 yǔ 17

○伐共工 40/13/17
是令張儀之言為○ 67/27/22
雖堯、舜、○、湯復生 72/29/11
斶聞古大○之時 136B/67/25
○有五丞 136B/68/2
堯、舜、○、湯、周文王是也 136B/68/4
舜傳○ 136B/68/7
王召趙勝、趙○而告之曰 211/110/7
○無百人之聚 218/113/17
而○袒入裸國 221/116/24
而○放逐之 269/141/25
○攻三苗 297/152/2
進之○ 307/155/27
○飲而甘之 307/155/27
○授益而以啓為吏 416A/199/15
是○名傳天下於益 416A/199/16
○、湯之知而死 424/205/24

圉 yǔ 4

王非戰國守○之具 238/128/27
治列子○寇之言 384/185/9
正可以○盜乎 384/185/10
以正○盜 384/185/11

庾 yǔ 1

粟糧漕○ 273/143/25

傴 yǔ 1

剖○之背 447/220/9

與 yǔ 781

○秦 1/1/5
猶無○耳 1/1/17
東周○西周戰 3A/2/6
東周○西周爭 3B/2/11
臣恐西周之○楚、韓寶 3B/2/11
楚王○魏王遇也 5A/2/26
公何不○周地 5B/3/4
韓強○周地 5B/3/5
必以國合於所○粟之國 6/3/11
公負令秦○強齊戰 10B/4/20
弗○禮重矣 11B/5/4
齊王誰○為其國 11B/5/5
○之齊伐趙 11C/5/11
是君以合齊○強楚吏產子 12/5/17
則將○宋敗三國 13/5/22
秦知趙之難○齊戰也 14A/5/28
合○收齊 14A/6/1
魏王以國○先生 14B/6/6
不○伐齊者 14B/6/7
馮旦使人操金○書 19/7/13
昭翦○東周惡 20/7/19
嘗欲東周○楚惡 20/7/20
而陽豎○焉 21/7/25
而陽豎○之 21/7/26
又○韓、魏攻秦 22/8/3
欲王令楚割東國以○齊也 22/8/7
而秦未○魏講也 23/8/17
韓徵甲○粟於周 25/9/3
代能為君令韓不徵甲○
粟於周 25/9/3
公何不以高都○周 25/9/8
吾無徵甲○粟於周 25/9/9
何為○高都 25/9/9
○之高都 25/9/9
何不○也 25/9/10
不徵甲○粟於周而○高都 25/9/11
君雖不欲○也 29/10/11
○周之眾 32/11/3
今王許戍三萬人○溫囿 32/11/5
秦○天下俱罷 34/11/20
父母不○言 40/14/1
將西南以○秦為難 42/15/11
言賞則不○ 42/15/14
夫斷死○斷生也不同 42/15/18
以此○天下 42/15/21,42/17/7
無○禍鄰 42/16/1
秦○荊人戰 42/16/1
○荊人和 42/16/4
令帥天下西面以○秦為難 42/16/5
○魏氏和 42/16/8
○趙氏為和 42/16/21
大王又并軍而致○戰 42/16/24
以○周武為難 42/17/2
司馬錯○張儀爭論於秦
惠王前 44/17/21
韓、周之○國也 44/18/7
以鼎○楚 44/18/8
以地○魏 44/18/8
張儀欲以漢中○楚 46/18/23
楚必畔天下而○王 46/18/25
王今以漢中○楚 46/18/25
不如○魏以勁之 47/18/30
以○魏 47/19/1
用兵○陳軫之智 48A/19/10
儀不能○從事 49/19/27
以順王○儀之策 49/20/3
而明臣之楚○不也 49/20/3
昭陽將不○臣從事矣 49/20/7
以此明臣之楚○不 49/20/8
而大國○之懽 50/20/25
○之伐齊 50/21/14
秦○齊合 50/21/18
寡人○子故也 51/21/25
臣不知其思○不思 51/21/28
王不聞夫管○之說乎 51/21/29
管○止之曰 51/22/1
君○知之者謀之 54/22/27
而○不知者敗之 54/22/28
費人有○曾子同名族者
而殺人 55/23/14
○母之信也 55/23/17
請○子盟 55/23/19
於是○之盟於息壤 55/23/19
而外○韓侈為怨 58/24/11
楚言○韓 59/24/17
○寡人爭辭 60/24/21
處女相○語 61A/24/28
○之上卿 61A/25/7
今秦○之上卿 61A/25/9
○之間有所立 61B/25/15
趙且○秦伐齊 63/25/28
齊○大國救魏而倍約 63/26/1
夫取三晉之腸胃○出兵
而懼其不反也 63/26/14
南○陶為鄰 66/27/14
載主契國以○王約 67/27/20
觀張儀○澤之所不能得
於薛公者也 67/27/24
不能○齊縣衡矣 70/28/13
而齊之德新加○ 70/28/13
秦烏能○齊縣衡韓、魏 70/28/16
載○俱歸者 73A/30/1
即使文王疏呂望而弗○
深言 73A/30/2
而文、武無○成其王也 73A/30/2
無○照姦 73A/30/14
今見○國之不可親 73A/31/2
亦聞恒思有神叢○ 74/32/16
請○叢博 74/32/16
○樂死者鬬 75/33/8
而更○不如張儀者市 75/33/10
毋相○鬬者 77/33/24
高會相○飲 77/33/25
其可得○者 77/33/26
○之昆弟矣 77/33/26
公○秦計功者 77/33/28
大相○鬬矣 77/33/29
乃即○無子時同也 79/34/16
乃○即為梁餘子同也 79/34/17
吾○王也 80/35/3
天下皆聞臣之身○王之
舉也 80/35/12
今遇惑或○罪人同心 80/35/13
豈非士之所願○ 81/35/26
豈不辯智之期○ 81/35/27
○天下終 81/35/29
而聖人所謂吉祥善事○ 81/35/30
其可願孰○閎夭、周公
哉 81/36/15
孰○秦孝公、楚悼王、
越王乎 81/36/16

以○楚戰 81/36/25
孰○以禍終哉 81/37/10
○語 81/37/14
是楚○三國謀出秦兵矣 82A/37/27
臣請為王因呡○佐也 82B/38/8
孰○始強 83B/38/25
孰○孟嘗、芒卯之賢 83B/38/26
魏不○ 84A/39/10
王何不○寡人遇 84A/39/11
必○秦地矣 84A/39/11
楚王揚言○秦遇 84A/39/13
從秦王○魏王遇於境 84B/39/17
魏請無○楚遇而合於秦 84B/39/17
是以鯉○之遇也 84B/39/18
弊邑之於○遇善之 84B/39/18
更不○不如景鯉留 85/39/24
以秦○楚為昆弟國 85/39/28
不○地 85/40/1
山東之建國可兼○ 86/40/15
魏氏將出兵而攻留、方○、銍、胡陵、碭、蕭、相 87/41/26
以○申縛遇於泗水之上 88/42/23
唯始○終 89/43/7
遂○句踐禽 89/43/9
秦王○中期爭論 90/43/26
國○還者也 92/44/9
為期○我約矣 92/44/12
魏不○我約 92/44/13
我○其處而待之見攻 92/44/13
以秦彊折節而下○國 92/44/14
欲○燕共伐趙 94/45/22
孰○武安君 94/45/29
孰○文信侯專 94/46/1
聞燕太子丹之入秦○ 94/46/7
聞張唐之相燕○ 94/46/7
○強趙攻弱燕 94/46/10
○秦什一 94/46/11
○司空馬之趙 95/46/15
趙孰○秦大 95/46/18
民孰○之眾 95/46/18
金錢粟孰○之富 95/46/19
國孰○之治 95/46/19
相孰○之賢 95/46/20
將孰○之武 95/46/20
律令孰○之明 95/46/21
○之為交以報秦 96/47/24
○同知社稷之計 96/48/1
知其可○立功 96/48/14
大臣○百姓弗為用 97/48/24
復整其士卒以○王遇 97/48/24
封之成○不 98/48/29
今○靖郭君 100/49/20
○齊貌辨俱留 101/49/28
吾豈可以先王之廟○楚乎 101/50/9
救趙孰○勿救 102/50/21
孰○晚救之便 103/50/30
我孰○城北徐公美 108/52/13
吾孰○徐公美 108/52/15
○坐談 108/52/16
吾○徐公孰美 108/52/16
○秦交和而舍 109/53/6
君不○勝者而○不勝者 110/53/21
不用有魯○無魯 110/53/22
三晉怒齊不○己也 111/54/16
夫以大王之賢○齊之強 112/54/29
以○秦接界也 112/54/31
是故韓、魏之所以重○秦戰而輕為之臣也 112/55/1
齊○魯三戰而魯三勝 113/55/19
今趙之○秦也 113/55/20
韓、齊為○國 114/56/3
吾○國也 114/56/3
子噲○子之國 114/56/4
諸侯弗○ 114/56/4
遂○秦戰 114/56/7
因○秦王約曰 115/56/24
○革車三十乘而納儀於梁 115/56/27
是王內自罷而伐○國 115/56/28
因○之參坐於衛君之前 116/57/5
而儀○之俱 116/57/6
是必○衍鬻吾國矣 116/57/7
而○之伐齊 118/57/23
而身○趙戰矣 119/58/1
緩必復○燕戰 119/58/2
然則吾中立而割窮齊○疲燕也 119/58/3
趙、魏亦不免○秦為患矣 121/58/20
○我下東國 122/58/28
吾將○三國共立之 122/58/29
世○少有 122/60/11
則是身○楚為讎也 122/60/12
有土偶人○桃梗相○語 124/60/27
千乘之君○萬乘之相 127/62/1
孟嘗君舍人有○君之夫人相愛者 128/62/7
為君舍人而內○夫人相愛 128/62/7
子○文游久矣 128/62/10
衛君○文布衣交 128/62/11
而操銚鎒○農夫居壟畝之中 129/62/25
不相○處 129/62/27
故三國欲○秦壤界 132B/64/10
三國之○秦壤界而患急 132B/64/13
齊不○秦壤界而患緩 132B/64/14
寡人直○客論耳 134/66/13
飲食、衣裘○之同之 135/66/21
色○馬取於今之世 135/66/25
○使斶為趨勢 136B/67/14
非得失之策○ 136B/67/27
是其賤之本○ 136B/68/6
豈非下人而尊貴士○ 136B/68/7
且顏先生○寡人游 136B/68/11
○入 137/68/24
而先問歲○民 138/69/14
子孰而○我赴諸侯乎 140/70/3
君不肯以所輕○士 140/70/5
孰○伐宋之利也 141B/70/20
夫約然○秦為帝 141B/70/20
齊之○韓、魏伐秦、楚也 142/71/19
夫後起之籍○多而兵勁 142/71/26
今天下之相○也不並滅 142/72/9
夫胡之○齊非素親也 142/72/13
故其費○死傷者鈞 142/72/22
而多○天下為仇 142/73/11
其○必眾 142/73/25
故曰衛鞅之始○秦王計也 142/74/5
○燕戰 143/74/13
閔王不肯○ 143/74/14
欲○我誅者 144/75/1
○之誅淖齒 144/75/2
願公之詳計而無○俗同也 145/75/14
○聊城共據朞年之弊 145/75/17

○齊久存 145/75/27
退而○魯君計也 145/76/7
故業○三王爭流 145/76/11
名○天壤相敝也 145/76/11
聞丈夫之相□○語 146/77/2
然而使公孫子○徐子鬬 147/77/9
相○語於王曰 147/77/13
九人之屬相○語於王曰 147/77/15
且安平君之○王也 147/77/16
王上者孰○周文王 147/77/23
下者孰○齊桓公 147/77/24
而迎王○后於城陽山中 147/78/1
○私焉 149B/79/1
○諸侯信 149B/79/6
即墨大夫○雍門司馬諫而聽之 150/79/22
王收而○之百萬之衆 150/79/23
王收而○之百萬之師 150/79/25
約○五百里之地 150/79/28
雖勿○地可 153/80/22
而楚果弗○地 153/80/27
故遂○之行 154/81/6
昭奚恤○彭城君議於王前 155/81/12
必○魏合而以謀楚 156/81/22
必○魏戰 156/81/23
江尹因得山陽君○之共惡昭奚恤 157A/82/1
誰○樂此矣 160/83/10
公何為以故○奚恤 162/83/28
以○公叔爭國而得之 164/84/16
少○之同衣 166/85/10
長○之同車 166/85/10
夫以楚之強○大王之賢 167/85/17
西○秦接境 167/86/7
不可○深謀 167/86/8
內○群臣謀 167/86/9
夫虎之○羊 168/86/18
今大王不○猛虎而○群羊 168/86/18
而大王不○秦 168/86/21
勿○挑戰 168/86/26
勿○持久 168/86/26
○三月之糧 168/87/1
且大王嘗○吳人五戰三勝而亡之 168/87/5
楚嘗○秦構難 168/87/9
即陰○燕王謀破齊共分其地 168/87/17
今秦之○楚也 168/87/21
今儀曰逐君○陳軫而王聽之 169/88/9
昔者吳○楚戰於柏舉 170/89/5
以○大心者也 170/89/6
昔吳○楚戰於柏舉 170/89/10
吳○楚人戰於柏舉 170/89/15
屬之子滿○子虎 170/89/17
○吳人戰於濁水而大敗之 170/89/17
吳○楚戰於柏舉 170/89/20
多○存國相若 170/89/23
故王不如○齊約 171/90/7
甘茂○樗里疾 171/90/9
鯉○厲且以收地取秦 172/90/14
是公○約也 172/90/15
是王○秦相罷 173B/90/28
秦王惡○楚相弊而令天下 173B/90/29
而○天下攻楚 176/91/27
不○天下共攻之 176/91/28
王不如○之盟而歸之 176/91/28
王因○三國攻之 176/91/29
王不可不○也 177/92/12
許強萬乘之齊而不○ 177/92/13
請○而復攻之 177/92/13
○之信 177/92/13
臣故曰○之 177/92/14
不可○也 177/92/16, 177/92/20, 177/92/25, 177/92/25
臣故曰勿○ 177/92/18
許萬乘之強齊也而不○ 177/92/21
不可不○也 177/92/24
○而復攻之 177/92/24
且○死生 177/93/1
王勿○為約 181/94/4
以○秦爭 183/95/4
而王親○約 184/95/10
禍○福相貫 189/96/27
生○亡為鄰 189/96/27
輦從鄢陵君○壽陵君 192/97/21
○人無爭也 192/98/2, 192/98/4, 192/98/8
○之馳騁乎高蔡之中 192/98/13
輦從鄢陵君○壽陵君 192/98/16
○之馳騁乎雲夢之中 192/98/17
○淮北之地也 192/98/20
因○韓、魏之兵 195/99/9
毋○齊東國 195/99/12
吾○子出兵矣 195/99/12
莊公請○分國 197/100/5
禕布○絲 197/100/10
更羸○魏王處京臺之下 198/100/18
孰○堯也 199/101/1
然則君料臣孰○舜 199/101/1
○其使者飲 200/101/17
園乃○其女弟謀 200/101/19
孰○其臨不測之罪乎 200/101/26
韓康子欲勿○ 203/103/24
來請地不○ 203/103/25
君其○之 203/103/25
○之彼狃 203/103/26
魏宣子欲勿○ 203/103/28
韓○之 203/103/28
魏弗○ 203/103/28
不如○之 203/103/29, 446A/219/23
趙襄子弗○ 203/104/1
而寡人弗○焉 203/104/4
二君即○張孟談陰約三軍 203/104/23
○之期曰 203/104/23
吾○二主約謹矣 203/104/28
君其○二君約 203/105/3
乃使使者持衣○豫讓 204B/106/27
土梗○木梗鬬曰 208/107/25
臣竊觀君○蘇公談也 208/108/1
聲德於○國 209/108/16
則地○國都邦屬而壤挈者七百里 209/108/21
臣願大王深○左右群臣卒計而重謀 209/109/2
以○諸侯攻秦 211/109/13
韓○秦接境壤界 211/109/13
因轉○楚 211/109/14
雖王○子 211/109/21
今不○ 211/109/23
且以○秦 211/109/25, 211/109/27
今馮亭令使者以○寡人 211/109/27
不可○戰 211/110/4, 438/213/5

今其守以○寡人 211/110/7
而以○人 211/110/13
以○齊、韓、秦市 213/110/29
必○楚為兄弟之國 217/112/3
秦○韓為上交 217/112/6
秦○梁為上交 217/112/7
○燕之怒 217/112/8
大王乃今然後得○士民相親 218/112/23
大王○秦 218/113/4
○齊 218/113/5
內度其士卒之衆寡、賢○不肖 218/113/19
夫破人之○破於人也 218/113/23
臣人之○臣於人也 218/113/24
皆欲割諸侯之地以○秦成 218/113/24
○秦成 218/113/25
而不○其憂 218/113/26
相○會於洹水之上 218/114/3
夫慮收亡齊、罷楚、敝魏○不可知之趙 219/115/1
今楚○秦為昆弟之國 220/116/1
夫斷右臂而求○人鬬 220/116/2
莫如○秦遇於澠池 220/116/6
不能○國謀 220/116/9
○齊、中山同之 221/117/20
不足○論心 221/118/7
不足○致意 221/118/8
故勢○俗化 221/118/8
而禮○變俱 221/118/8
能○聞遷 221/118/9
能○時化 221/118/9
故聖○俗流 221/118/26
賢○變俱 221/118/27
寡人○子 222/119/21
昔者先君襄主○代交地 224/120/13
有先王之明○先臣之力 228/121/28
攻閼○ 228/122/4
秦敗於閼○ 228/122/5
我○三國攻秦 229A/122/15
而以餘兵○三國攻秦 229A/122/19
而○馬服之子戰於長平之下 231/123/9
夫貴不○富期 232/123/19
富不○梁肉期 232/123/20
梁肉不○驕奢期 232/123/20
驕奢不○死亡期 232/123/20
趙王○樓緩計之曰 233/123/27
○秦城何如 233/123/27
不○何如 233/123/27
而言勿○ 233/124/1
言○之 233/124/2
孰○坐而割地 233/124/22
不○ 233/124/24
347/173/6,452A/221/27
○之 233/124/24
347/173/6,458/225/3
王必勿○ 233/124/27
而○秦易道也 233/125/10
○之謀秦 233/125/11
趙王召樓昌○虞卿曰 235/125/27
○平陽君為媾 235/126/5
秦王○應侯必顯重以示天下 235/126/7
前○齊湣王爭強為帝 236/126/14
曷為○人俱稱帝王 236/127/17
而○其所愛 236/127/27
乃○幼艾 239A/129/9
以○秦角逐 239A/129/9
乃輦建信以○強秦角逐 239A/129/10
於是○殺呂遺何以異 241/130/4
夫良商不○人爭買賣之賈 242/130/11
今君不能○文信侯相伉以權 242/130/13
使臣○復丑曰 246/131/7
又欲○秦攻魏 247/131/21
臣必見燕○韓、魏亦且重趙也 247/132/7
皆且無敢○趙治 247/132/7
王使臣以韓、魏○燕劫趙 247/132/9
齊因欲○趙 248/132/15
○國何敢望也 248/132/27
楚○魏、韓將應之 249/133/3
○韓氏大吏東免 249/133/8
若○有倍約者 249/133/8
今韓、魏○齊相疑也 249/133/9
臣恐○國之大亂也 249/133/10
後合○踦重者 249/133/10
○韓呡而攻魏 249/133/21
救○秦爭戰也 249/133/26
必起中山○勝焉 249/134/2
秦起中山○勝 249/134/2
寡人○子有誓言矣 250/134/12
吾已○樓子有言矣 250/134/14
臣竊以為○其以死人市 251/134/25
命以○齊 252/135/9
乃割濟東三令城市邑五十七以○齊 252/135/10
此夫子○敵國戰 252/135/10
今君以此○齊 252/135/11
又不肯○燕人戰 252/135/16
而○建信君 258A/137/9
勿使○政事 258B/138/6
故相○謀曰 261/138/22
因○接意而遣之 261/138/24
乃多○趙王寵臣郭開等金 263/139/28
李牧、司馬尚欲○秦反趙 263/139/28
必姑○之 264A/140/9
君不如○之 264A/140/9
乃○之萬家之邑一 264A/140/10
趙弗○ 264A/140/11
寡人○趙兄弟 264B/140/16
寡人○韓兄弟 264B/140/17
文侯○虞人期獵 267/141/7
吾○虞人期獵 267/141/8
魏文侯○田子方飲酒而稱樂 268/141/13
魏武侯○諸大夫浮於西河 269/141/19
而○韓、趙戰澮北 270/142/5
故又○田四十萬 270/142/13
既以○人 270/142/14
南○楚境 273/143/24
西○韓境 273/143/24
北○趙境 273/143/24
東○齊境 273/143/24
魏南○楚而不○齊 273/143/25
東○齊而不○趙 273/143/26
不信齊王○蘇秦也 275/145/4
臣○燕、趙故矣 276/145/15
此儀之所以○秦王陰相結也 281/147/1

〇之伐齊而存燕 284/147/19
而不〇魏六城 284/147/20
何不陽〇齊而陰結於楚 286/148/3
而〇乘之 286/148/4,286/148/4
〇魏戰於伊闕 287/148/9
王不若〇竇屢關內侯 287/148/11
夫周君、竇屢、奉陽君之〇穰侯 287/148/12
而和於東周〇魏也 287/148/14
王〇臣百金 288/148/19
王〇三國約外魏 288/148/23
今久〇之談 288/148/23
寡人無〇之語也 288/148/24
以〇王遇 289/148/30
〇其相田繻不善 290/149/3
梁君〇田侯不欲 291/149/9
〇之約結 292/149/23
孰〇其為齊也 293/149/27
孰〇其為韓也 293/149/28
利於魏〇不利於魏 293/150/2
必〇楚戰 295/150/14
而以民勞〇官費用之故 296/150/21
而〇王爭得者 297/151/13
王無〇之講以取地 297/151/15
〇國無相離也 297/151/21
必無〇講 297/151/22
則先鬻〇國而以自解也 297/151/25
則為劫於〇國而不得已者 297/151/25
則明不〇秦 297/151/28
而後〇齊戰 301/153/6
〇魏和而下楚 301/153/11
而〇之並朝齊侯再三 301/153/14
王何不倍秦而〇魏王 305/155/8
王雖復〇之攻魏可也 305/155/8
乃倍秦而〇魏 305/155/9
欲〇之復攻魏 305/155/11
欲〇魏攻楚 305/155/11
龐葱〇太子質於邯鄲 306/155/18
可無戒〇 307/156/5
楚、趙怒而〇王爭事秦 310/157/18
且無梁孰〇無河內急 311/158/18
無梁孰〇無身急 311/158/19
齊之〇國也 313/159/23
夫伐〇國 313/159/23
且夫王無伐〇國之誹 313/159/29
是趙〇強秦為界也 314/160/10
以國之半〇秦 314/160/19
魏將〇秦攻韓 315/160/29
秦〇戎、翟同俗 315/160/29
今大王〇秦伐韓而益近秦 315/161/4
〇大梁鄰 315/161/6
必就易〇利 315/161/9
就易〇利 315/161/9
必不伐楚〇趙矣 315/161/9
則是復閼〇之事也 315/161/10
而以〇趙兵決勝於邯鄲之郊 315/161/11
以〇楚兵決於陳郊 315/161/13
秦必不伐楚〇趙矣 315/161/14
又不攻衛〇齊矣 315/161/14
然而秦之葉陽、昆陽〇舞陽、高陵鄰 315/161/19
則楚、趙必〇之攻矣 315/161/29
其功多於〇秦共伐韓 315/162/3
然而無〇強秦鄰之禍 315/162/3
故荀息以馬〇璧假道於虞 317A/162/21
臣意秦王〇樗里疾之欲之也 317B/163/4
而以〇魏 317B/163/9
故以〇魏 317B/163/10
子能以汾北〇我乎 317B/163/14
317B/163/15
樓子〇楚王必疾矣 317B/163/15
翟強〇齊王必疾矣 317B/163/16
今秦國〇山東為讎 318/163/27
吾欲〇秦攻韓 320/164/15
〇所不怨乎 320/164/18
〇其所怨乎 320/164/18
〇其所不怨 320/164/19
王不〇秦攻楚 322/165/3
楚且〇秦攻王 322/165/3
是以有雍者〇秦遇 328/166/19
〇魏便地 329B/167/4
管鼻之令翟強〇秦事 330/167/9
鼻之〇強 330/167/9
猶晉人之〇楚人也 330/167/9
秦、魏為〇國 338/168/29
以為秦之強足以為〇也 338/169/3
降城亡子不得〇焉 340/170/2
魏王〇龍陽君共船而釣 341/170/14
而近習之人相〇怨 341/170/23
〇嫪氏乎 342/171/5
〇呂氏乎 342/171/5
輕寡人〇 343/171/17
〇臣而將四矣 343/171/23
吾誰〇而可 345/172/16
〇大王之賢 347/173/4
夫秦卒之〇山東之卒也 348A/173/22
猶孟賁之〇怯夫也 348A/173/23
猶烏獲之〇嬰兒也 348A/173/23
〇之逐張儀於魏 349/174/16
公以八百金請伐人之〇國 353/175/14
令昭獻轉而〇之處 353/175/16
公何不〇趙藺、離石、祁 356A/176/3
〇國不可恃 357/176/15
〇之伐楚 357/176/16
興師〇韓氏戰於岸門 357/177/4
今公〇楚解 359/177/18
而公獨〇王主斷於國者 359/177/23
是〇公孫郝、甘茂同道也 359/177/24
公不如〇王謀其變也 359/177/25
公何不因行願以〇秦王語 360/178/14
齊、魏合〇離 360/178/14
齊、魏別〇合 360/178/15
鯉〇於秦、魏之遇 361/178/28
臣賀鯉之〇於遇也 361/179/1
今鯉〇於遇 361/179/2
故鯉之〇於遇 361/179/3
今鯉不〇於遇 361/179/3
不能愛其許、鄢陵〇梧 364/179/25
孰〇伐人之利 366/180/23
〇楚攻梁 367/181/2
韓固其〇國也 367/181/2
楚〇魏大戰 367/181/3
必輕〇楚戰 367/181/4
必易〇公相支也 367/181/5
遂〇公乘楚 367/181/5

甘茂○昭獻遇於境 367/181/6
以○太子爭 371/182/4
公叔之○周君交也 374/182/21
韓公叔○幾瑟爭國 375/183/3
376/183/10
以○公叔爭國 375/183/3
375/183/4
臣之矯○之 375/183/4
韓○衛 385/186/10
語泄則韓舉國而○仲子為讎也 385/186/11
今公○安成君為秦、魏之和 386/187/7
韓○天下朝秦 387/187/20
秦久○天下結怨構難 387/187/21
○新城、陽晉同也 388/187/29
韓珉○我交 388/187/29
因欲○秦 389/188/13
梁必怒於韓之不○己 389/188/14
不○古同 389/188/17
韓○魏敵侔之國也 390/188/23
申不害○昭釐侯執珪而見梁君 390/188/24
而王○諸臣不事為尊秦以定韓者 390/188/28
吳○越戰 390/189/4
○成而不盟 390/189/6
其後越○吳戰 390/189/6
夫先○強國之利 391/189/21
今○強國 391/189/23
然則先○強國者 391/189/24
秦反得其金○韓之美人 393/190/4
韓亡美人○金 393/190/5
韓已○魏矣 394/190/13
又○約事 396B/191/5
○欲有求於齊者 397/191/28
是緤以三川○西周戒也 402/193/4
王○大國弗聽 404/193/15
魏安能○小國立之 404/193/15
是故願大王○趙從親 408/194/19
乃使使○蘇秦結交 409/195/6
而○死同患也 411/195/22
而深○強秦為仇 411/195/23
示天下○小人群也 412/196/6
臣之趍固不○足下合者 412/196/20
約○代王遇於句注之塞 413/197/4
○代王飲 413/197/4
北○燕戰 415/198/17
天時不○ 415/198/24
內寇不○ 415/198/31
○其相子之為婚 416A/199/3
而蘇代○子之交 416A/199/3
○楚、三晉攻秦 416A/199/6
是王○堯同行也 416A/199/12
啓○支黨攻益而奪之天下 416A/199/15
燕相子之○蘇代婚 416B/200/6
不信齊王○蘇子也 417/200/14
然得賢士○共國 418/200/21
帝者○師處 418/200/24
王者○友處 418/200/24
霸者○臣處 418/200/24
亡國○役處 418/200/24
○百姓同其甘苦 418/201/8
○秦、楚、三晉合謀以伐齊 418/201/9
○謀伐齊 419/202/10
臣以為廉不○身俱達 420/202/18
義不○生俱立 420/202/18
足下以愛之故○ 420/203/2
則何不○愛子○諸舅、叔父、負床之孫 420/203/2
而乃以○無能之臣 420/203/2
○殺吾父、逐吾主母者 420/203/10
齊王四○寡人約 422/204/13
寡人固○韓且絕矣 422/204/17
魏棄○國而合於秦 422/204/18
贏則兼欺舅○母 422/204/22
○齊王謀道取秦以謀趙者 423/205/8
奉陽君告朱讙○趙足曰 424/205/16
順始○蘇子為讎 424/205/18
果○鳴條之戰 424/206/2
果○伯舉之戰 424/206/3
人莫○言 425/206/13
而○燕人戰於晉下 426/207/1
遂將以○燕戰於陽城 426/207/8
將○齊兼鄮臣 427/207/15
吾必不聽眾口○讒言 427/207/16
○之言曰 427/207/17
燕王不○齊謀趙 427/207/19
則○趙謀齊 427/207/19
今王信田伐○參、去疾之言 427/207/19
且太后○王幸而在 428/208/7
故非及太后○王封公子 428/208/9
燕昭王且○天下伐齊 429/208/15
寡人且○天下伐齊 429/208/15
以○寡人有郄 431/209/11
胡○越人 432/210/29
今山東之相○也 432/211/1
○其得百里於燕 433/211/23
遂○兵伐宋 433/211/24
取之以○宋 436/212/20
以為燕、楚○魏謀之 436/212/21
魏失其○國 436/212/22
無○共擊楚 436/212/22
苟○人之異 438/213/25
而○秦相距五十餘年矣 439/214/12
可○之謀也 440/214/29
光○子相善 440/215/11
若曹沫之○齊桓公 440/215/26
○燕督亢之地圖獻秦王 440/216/7
人不敢○忤視 440/216/22
欲○俱 440/216/22
待吾客○俱 440/216/25
此猶文軒之○弊輿也 442/218/19
此猶梁肉之○糟糠也 442/218/20
此猶錦繡之○短褐也 442/218/21
為○此同類也 442/218/22
宋○楚為兄弟 446A/219/22
○北同 446B/220/1
○齊人戰而死 446B/220/2
○死之心異 451/221/18
必無○君言國事者 451/221/19
○之相印 451/221/22
寡人羞○中山並為王 454/222/15
願○大國伐之 454/222/15
羞○寡人並為王 454/222/16
將○趙、魏伐之 454/222/18
○之遇而許之王 454/222/23
454/222/27,454/223/1
今五國相○王也 454/222/26
負海不○焉 454/222/26
必先○之王而故親之 454/222/28
齊羞○中山之為王甚矣 454/223/1
豈若令大國先○之王 454/223/1

果○中山王而親之 454/223/2
中山○燕、趙為王 455/223/6
恥○中山侔名 455/223/10
為中山之獨○燕、趙為王 455/223/19
而寡人不○聞焉 455/223/19
○王相見 455/223/21
君○之 457/224/12
君弗○趙 457/224/12,457/224/13
君弗○ 457/224/13
陰姬○江姬爭為后 458/224/20
王如不○ 458/225/3
鄰國不○也 458/225/4
所傾蓋○車而朝窮閭隘巷之士者 459A/225/10
○不期眾少 459B/225/19
而○戰之於伊闕 461/226/11

語 yǔ 42

正○之曰 21/7/26
言○相結 40/13/18
惑於○ 40/13/26
樂羊反而○功 55/23/12
處女相與○ 61A/24/28
處女相○以為然而留之 61A/24/30
公聞東方之○乎 67/27/19
○曰 72/29/1,81/36/19
142/72/8,219/114/24
233/124/24,374/182/22
438/213/11,438/213/27
○之至者 72/29/11
與○ 81/37/14
有土偶人與桃梗相與○ 124/60/27
孟嘗君可○善為事矣 128/62/19
莫不來○ 136B/67/21
聞丈夫之相□與○ 146/77/2
相與○於王曰 147/77/13
九人之屬相與○於王曰 147/77/15
臣聞鄙○曰 192/97/28,347/173/8
此不恭之○也 197/100/1
恐春申君○泄而益驕 200/102/1
鄙○豈不曰 216/111/17
楚王美秦之○ 217/112/3
為入必○從 230/122/30
談○而不稱師 257/136/23
寡人無與之○也 288/148/24
綦母恢教之○曰 289/148/29
因使蘇脩游天下之○ 297/152/8
以此○告之 303B/154/11
公何不因行願以與秦王○ 360/178/14
因為聶政○曰 385/185/25
生得失則○泄 385/186/11
○泄則韓舉國而與仲子為讎也 385/186/11
言○不相知 432/210/29
出○鄰家 438/213/19
獨不可○陰簡之美乎 457/224/11

玉 yù 23

盡君子重寶珠○以事諸侯 16/6/20
安有說人主不能出其金○錦繡 40/14/3
鄭人謂○未理者璞 76/33/15
珠○之贏幾倍 93/44/19
君之府藏珍珠寶○ 93/44/27
夫○生於山 136B/68/13
秦始皇嘗使使者遺君王后○連環 149B/79/8
多受秦間金○ 149B/79/14
資之金○寶器 174/91/6
王身出○聲 177/92/12,177/92/21
楚國之食貴於○ 180/93/28
今令臣食○炊桂 180/93/29
乃資之以珠○ 182/94/16
而崑山之○不出也 209/108/24
苟來舉○趾而見寡人 217/112/2
今吾視先生之○貌 236/126/28
而武王羈於○門 242/130/13
而恐太后○體之有所郄也 262/139/2
而守金○之重也 262/139/22
武夫類○ 266/141/2
寶珠○帛以事其左右 415/198/27
珠○財寶 431/210/1

育 yù 3

奔、○之勇焉而死 73A/30/7
夏○、太史啓叱呼駭三軍 81/36/22
是其軼賁、○而高成荊矣 385/186/20

御 yù 30

因令人謂相國○展子、廧夫空曰 17/6/29
韓、楚必相○也 59/24/17
臣是以知其○也 59/24/17
○於諸侯 73B/32/3
韓康子○ 83B/39/1
令長子○ 101/49/26
兩○之間夫卒交 170/89/5
莫敖大心撫其○之手 170/89/5
前國地君之○有之曰 204A/105/18
君其負劍而○臣以之國 204A/106/1
弊邑秦王使臣敢獻書於大王○史 220/115/20
以書為○者 221/118/27
○道之以行義 222/119/19
乘驥而○之 240/129/24
○獨斷之勢 240/129/24
無非大王之服○者 258B/138/1
痤有○庶子公孫鞅 271/142/19
吾○者善 334/168/6
是故秦王使使臣獻書大王○史 348A/174/2
身執禽而隨諸○ 390/189/6
安邑之○史死 403/193/9
公孫綦為人請○史於王 403/193/9
故獻○書而行 427/207/13
臣恐侍○者之不察先王之所以畜幸臣之理 431/209/16
恐侍○者之親左右之說 431/210/17
其○曰 441/218/3,446B/220/1
坐○以待中之議 443/218/29
○曰 452B/222/3
司馬憙○ 456/224/3

欲 yù 494

○興兵臨周而求九鼎 1/1/4
夫梁之君臣○得九鼎 1/1/10
楚之君臣○得九鼎 1/1/12
西周○和於楚、韓 3B/2/11
西周之○入寶 3B/2/12

楚、韓○得寶 3B/2/13
東周○為稻 4/2/18
君若○害之 4/2/20
相國將不○ 5A/2/26
○決霸王之名 11A/4/26
○取秦 11B/5/3
○深取秦也 11C/5/10
君若○因最之事 12/5/17
○秦、趙之相賣乎 13/5/23
杜赫○重景翠於周 16/6/20
故能得○矣 16/6/23
孰○立也 17/6/29
公若○為太子 17/6/29
王類○令若為之 17/7/1
秦○知三國之情 18/7/7
嘗○東周與楚惡 20/7/20
○王令楚割東國以與齊也 22/8/7
必○之 22/8/9,310/158/1
秦○待周之得 23/8/16
昔智伯○伐厹由 24/8/25
君雖不○與也 29/10/11
秦○攻周 34/11/18
是天下○罷秦 34/11/20
何○置 36/12/4
又秦重而○相者 38/12/15
○傳商君 39/12/26
常○坐而致之 40/13/23
今○并天下 40/13/24
讀書○睡 40/14/3
皆○決蘇秦之策 40/14/11
○以一人之智 41A/14/24
吾○使武安子起往喻意焉 41A/14/26
向○以齊事王 41B/15/3
而○以成兩國之功 42/16/10
張儀○假秦兵以救魏 43/17/16
司馬錯○伐蜀 44/17/21
○富國者 44/18/1
○強兵者 44/18/1
○王者 44/18/1
而攻天下之所不○ 44/18/6
王○窮儀於秦乎 45/18/17
張儀○以漢中與楚 46/18/23
夫晉獻公○伐郭 48A/19/6
又○伐虞 48A/19/8
且軫○去秦而之楚 48B/19/17
吾聞子○去秦而之楚 48B/19/19
天下○以為子 48B/19/20
天下○以為臣 48B/19/21
子○何之 49/20/1
則○其許我也 49/20/6
則○其為我詈人也 49/20/6
天下皆○以為臣 49/20/12
天下皆○以為子 49/20/13
秦○伐齊 50/20/19
吾○伐齊 50/20/20
弊邑○伐之 50/20/25
○興師伐秦 50/21/13
公孫衍○窮張儀 52/22/9
寡人○車通三川 55/23/3
甘茂○息兵 58/24/10
○去之 61A/24/28
○以解伐 63/25/29
且○合齊而受其地 63/26/2
文聞秦王○以呂禮收齊 65/26/26
君○成之 66/27/7
秦王○為成陽君求相韓、魏 71/28/21
臣意王之計○少出師 73A/31/2
豈齊不○地哉 73A/31/4
王若○霸 73A/31/8
寡人○親魏 73A/31/12
寡人○收韓 73A/31/17
○買朴乎 76/33/15
○之 76/33/16
而○攻秦 77/33/22
以己○富貴耳 77/33/23
雖○無為之下 78/34/6
傲○死 79/34/22
○教之者 80/35/6
而○兼誅范睢 80/35/11
應侯知蔡澤之○困己以說 81/36/1
或○分大投 81/37/6
或○分功 81/37/6
秦之○得矣 81/37/8
呡○以齊、秦劫魏而困薛公 82B/38/7
佐○定其弟 82B/38/8
寡人○割河東而講 83A/38/13
秦王○見頓弱 86/40/6
今聞大王○伐楚 87/40/27
而○以力臣天下之主 87/41/8
紛彊○敗之 92/44/9
王后○取而子之 93/45/5
使秦而○屠趙 93/45/5
文信侯○攻趙以廣河間 94/45/21
○與燕共伐趙 94/45/22
應侯○伐趙 94/46/2
○攻趙而廣河間也 94/46/9
○逐嬰子於齊 97/48/22
令其○封公也又甚於齊 98/49/1
○為大事 104/51/16
齊恐田忌○以楚權復於齊 106/51/29
○有求於我也 108/52/20
臣之客○有求於臣 108/52/24
雖○言 108/53/1
○以正天下而立功名 111/54/3
必○反之 111/54/9
今秦○攻梁絳、安邑 111/54/11
秦雖○深入 112/55/5
而○西面事秦 112/55/7
雖○事秦 113/55/25
犀首○敗 116/57/4
○攻齊 117/57/18
王○秦、趙之解乎 118/57/24
齊○奉太子而立之 122/59/10
薛公○知王所○立 123/60/18
蘇秦○止之 124/60/23
其○有君也 127/62/1
小官公又弗○ 128/62/10
衛君甚○約天下之兵以攻齊 128/62/13
○逐之 129/62/23
不○行 130/63/3
郢之登徒不○行 130/63/16
齊○伐魏 132A/63/30,313/159/21,313/159/21
故三國○與秦壤界 132B/64/10
乃有意○為收責於薛乎 133/65/4
而○媿之以辭 134/66/7
而因○難寡人 134/66/9
○客之必諭寡人之志也 134/66/14
○為監門、閭里 136B/67/27
先生王斗造門而○見齊宣王 137/68/22
此皆非趙、魏之○也 142/71/14
○可成也 142/71/19
誠○以伯王也為志 142/72/17
地可廣而○可成 142/73/18
○與我誅者 144/75/1

○使後車分衣 146/76/22
將○以取我國乎 146/76/23
○傷安平君 147/77/13
且其志○為不善 147/77/17
其志○有為也 147/77/18
莫不揮泣奮臂而○戰 148/78/15
○立之 149B/79/1
不○為秦 150/79/24
其後秦○取齊 151/80/3
秦王○楚 151/80/4
不若其○齊之甚也 151/80/4
王○收齊以攻秦 151/80/7
王即○以秦攻齊 151/80/7
常以急求所○ 152/80/14
江尹○惡昭奚恤於楚王 157A/81/30
○入言之 158/82/13
江乙○惡昭奚恤於楚 159/82/18
寡人○置相於秦 166/85/3
王若○置相於秦乎 166/85/9
今乃○西面而事秦 167/85/18
橫人皆○割諸侯之地以事秦 167/86/1
今君○一天下 167/86/10
而○經營天下 168/87/19
所○貴富者魏也 169/88/10
○為攻於魏 169/88/10
食之可○ 170/89/29
王○昭睢之乘秦也 173A/90/20
楚王○擊秦 173B/90/26
昭侯不○ 173B/90/26
將○殺之 174/91/3
秦王○出之 174/91/5
○因張儀內之楚王 174/91/7
又○奪之東地五百里 177/93/4
節身之嗜○ 179/93/20
故○歸 182/94/9
韓、魏○得秦 183/95/2
魏○和 185/95/19
○復之 186/96/5
吾○先據之以加德焉 187/96/10
所○者不成 188/96/19
臣聞從者○合天下以朝大王 189/96/25
○自刃於廟 197/100/5
僕○將臨武君 198/100/16
汗明○復談 199/100/27
○進之楚王 200/101/16
○殺春申君以滅口 200/102/1
楚君雖○攻燕 201/102/29
韓康子○勿與 203/103/24
魏宣子○勿與 203/103/28
○以城下 203/104/16
而君得其所○矣 203/105/4
此貪○無厭也 203/105/13
○以刺襄子 204B/106/9
○為知伯報讎 204B/106/10
左右○殺之 204B/106/10
子之得近而行所○ 204B/106/15
○亡韓呑兩周之地 209/108/14
○鄰國聞而觀之也 209/108/15
奉陽君不○ 210/109/7
其民皆不○為秦 211/109/25
其吏民不○為秦 211/109/27
○嫁其禍也 211/110/2
齊王○求救宜陽 213/110/29
韓○有宜陽 213/110/29
秦王○得宜陽 213/110/30
秦之○伐韓、梁 217/112/1
而○攻燕 217/112/5
秦○已得行於山東 218/113/7
皆○割諸侯之地以與秦成 218/113/24
○以窮秦折韓 219/115/1
219/115/6
○反覆齊國而不能 220/115/28
求○無危 220/116/3
今吾○繼襄主之業 221/116/18
非以養○而樂志也 221/116/24
221/117/2
○以論德而要功也 221/116/25
亦○叔之服之也 221/116/29
今○繼簡、襄之意 221/117/28
故寡人○子之胡服以傅王乎 222/119/7
○子之厚愛之 222/119/19
趙○存之 227/121/19
富丁○以趙合齊、魏 229A/122/9
樓緩○以趙合秦、楚 229A/122/9
齊不○伐秦 229A/122/12
三國○伐秦之果也 229A/122/16
○和我 229A/122/17
故○效地於魏而聽薛公 229B/122/24
吾○北伐上黨 231/123/8
而○以罷趙攻強燕 231/123/12
○求益地 234/125/21
○破王之軍乎 235/125/29
楚、魏○得王之重寶 235/126/2
其意○求為帝 236/126/15
聞魏將○令趙尊秦為帝 236/126/18
○以助趙也 236/127/2
百日而○舍之死 236/127/17
閔王○入弔 236/127/21
然且○行天子之禮於鄒、魯之臣 236/127/24
○從而帝之 236/127/25
於是平原君○封魯仲連 236/128/4
四十餘年而秦不能得所○ 237/128/14
○宗廟之安 238/128/24
必有大臣○衡者耳 244/130/24
王○知其人 244/130/25
○用王之兵 246/131/9
則○以天下之重恐王 246/131/10
則○用王之兵成其私者也 246/131/15
則○輕王以天下之重 246/131/15
齊○攻宋 247/131/20
又○與秦攻魏 247/131/21
其○事王也甚循 247/132/5
臣故○王之偏劫天下 247/132/8
齊因○與趙 248/132/15
○以使攻宋也 248/132/16
臣是以○足下之速歸休士民也 248/132/17
趙○搆於秦 249/133/3
秦弗○ 249/133/3
強秦襲趙之○ 251/135/2
○伐齊 254/136/3
○言而不敢 257/136/22
今外臣交淺而○深談可乎 257/136/27
而求所○於王者也 258A/137/11
韓、魏○得之 259/138/11
是韓、魏之○得 259/138/11
主父○敗之 260/138/16
老臣今者殊不○食 262/139/4
李牧、司馬尚○與秦反趙 263/139/28

重○無厭 264A/140/7
將○敗之 264A/140/9
將○取之 264A/140/9
而○臣事秦 272/143/10
而○恃詐偽反覆蘇秦之餘謀 273/144/1
則大王之國○求無危不可得也 273/144/5
且夫秦之所○弱莫如楚 273/144/10
雖○事秦而不可得也 273/144/12
○走而之韓 275/145/3
犀首必○寡人 276/145/23
寡人○之 276/145/23
張儀○窮陳軫 278/146/3
夫魏○絕楚、齊 278/146/4
○公之去也 278/146/5
○以絕齊、楚也 278/146/6
○勿內 279/146/12
張儀○以魏合於秦、韓而攻齊、楚 280/146/18
惠施○以魏合於齊、楚以案兵 280/146/18
齊、楚怒而○攻魏 281/146/26
若○復攻 281/146/30
張儀○并相秦、魏 282/147/6
○得地 283/147/13
張儀○敗之 284/147/19
秦○救齊 285/147/27
韓○攻南陽 285/147/28
秦、韓合而○攻南陽 285/147/28
而○敗之 287/148/14
犀首、田盼○得齊、魏之兵以伐趙 291/149/9
梁君與田侯不○ 291/149/9
固已不○矣 291/149/11
○以為王廣土取尊名 292/149/19
犀首○窮之 294/150/7
先君必○一見群臣百姓也夫 296/150/27
得毋嫌於○亟葬乎 296/150/29
先王必○少留而扶社稷、安黔首也 296/151/1
齊○伐宋 297/151/10
○講於秦 297/151/11
○使五國約閉秦關者 297/152/7
○罪犀首 298/152/14
王○得齊 298/152/15
吾常○悉起兵而攻之 301/153/4
王又○悉起而攻齊 301/153/6
王若○報齊乎 301/153/7
王○見之 302/153/20
而○去子者眾 303A/153/28
吾○太子之自相也 303B/154/4
而○丞相之璽 303B/154/10
信安君不○往 304/154/16
大王○完魏之交 304/154/26
○與之復攻魏 305/155/11
○與魏攻楚 305/155/11
敝邑之王○效城地 305/155/12
王之所○於魏者 309/156/23
秦之所○於魏者 309/156/27
有意○以下大王之兵東擊齊也 309/157/5
王若○講 310/157/19
則君得所○矣 310/158/1
今處期年乃○割 312/159/10
且夫○璽者 312/159/10
○地者 312/159/11
夫○璽者制地 312/159/11
而○地者制璽 312/159/11
且夫姦臣固皆○以地事秦 312/159/12
○食則食 312/159/16
○握則握 312/159/16
雖○行數千里而助人 314/160/16
王○得故地 315/161/6
秦之○許之久矣 315/161/19
隨安陵氏而○亡之 315/161/19
晉人○亡虞而伐虢 317A/162/20
其人皆○合齊、秦外楚以輕公 317B/162/29
齊王故○伐楚 317B/162/30
臣意秦王與樗里疾之○之也 317B/163/4
○講攻於齊王兵之辭也 317B/163/11
翟強○合齊、秦外楚 317B/163/13
樓廩○合秦、楚外齊 317B/163/13
吾○與秦攻韓 320/164/15
○獨以魏支秦者 321/164/23
魏王不○ 322/165/3
王○焉而收齊、趙攻荊 326/166/4
○焉而收荊、趙攻齊 326/166/5
○王之東長之待之也 326/166/5
芮宋○絕秦、趙之交 329A/166/24
所○必得矣 329B/167/4
成陽君○以韓、魏聽秦 331/167/15
故○先構 332/167/22
魏王○攻邯鄲 334/168/3
我○之楚 334/168/4
今王動○成霸王 334/168/7
舉○信於天下 334/168/7
○傷張儀於魏 336/168/18
大國○急兵 337/168/25
齊、楚約而○攻魏 338/168/29
王雖○救之 338/169/5
今臣直○棄臣前之所得矣 341/170/16
○進美人 341/170/23
寡人○以五百里之地易安陵 343/171/13
然未知王之所○也 345/172/15
乃○西面事秦 347/173/4
雖○無亡 348A/173/29
秦之所○ 348A/173/29
吾○兩用公仲、公叔 348B/174/9
今秦之心○伐楚 357/176/15
秦之○伐我久矣 357/176/19
秦○伐楚 357/177/2
吾甚○韓合 359/177/29
甘茂○以魏取齊 359/178/4
公孫郝○以韓取齊 359/178/4
王○ 360/178/20,360/178/20
今秦○踰兵於澠隘之塞 364/179/24
夫楚○置公子高 370/181/26
公○得武遂於秦 372/182/9
周最固不○來使 374/182/25
周最不○來 374/182/25
而○德於韓擾 374/182/29
今楚○善齊甚 377/183/16
固○事之 378/183/22
楚王○復之甚 383A/184/23
周○以車百乘重而送之 383C/185/3
子○安用我乎 385/185/22
仲子所○報仇者為誰 385/186/7
必將○置其所愛信者 386/187/6
必○善韓以塞魏 386/187/11

皆積智○離秦、韓之交 388/188/5
皆不○韓、秦之合者何也 388/188/6
秦王○出事於梁 389/188/12
而○攻絳、安邑 389/188/12
秦之○伐韓 389/188/12
因○與秦 389/188/13
秦之○攻梁也 389/188/13
○得梁以臨韓 389/188/13
故○病之以固交也 389/188/14
因○中立 389/188/14
秦之○并天下而王之也 389/188/16
韓陽役於三川而○歸 392/189/28
吾○以國輔韓珉而相之可乎 396A/190/26
○以四國西首也 396C/191/13
與○有求於齊者 397/191/28
秦王誠必○伐齊乎 400/192/19
○并代 413/197/4
○其亂也 414/197/21
其弟蘇代○繼之 415/197/27
不○聞其善 415/198/1
非所敢○伐也 415/198/5
而○報之二年矣 415/198/11
故寡人之所○伐也 415/198/12
此其君之○得也 415/198/18
蘇代○以激燕王以厚任子之也 416A/199/8
○囚厲 416B/200/3
而○得燕權 416B/200/6
○將以報讎 418/200/20
今王誠○致士 418/201/4
將○以除害取信於齊也 419/201/16
今王若○轉禍而為福 419/201/23
燕○報仇於齊 419/202/9
燕王○往 422/203/25
秦○攻安邑 422/204/9
秦○攻齊 422/204/13
秦○攻魏 422/204/17
出為之以成所○ 423/205/10
在必然之物以成所○ 424/205/25
又不○王 424/206/1
○賣之 425/206/13
今臣○以駿馬見於王 425/206/15
○以復振古地也 426/206/24
吾○用所善 427/207/20
王苟○用之 427/207/21
王○醳臣剸任所善 427/207/21
老婦○得志焉 428/207/27
陳翠○見太后 428/207/29
然而常獨○有復收之之志若此也 429/208/17
而○以齊為事 431/209/25
王若○攻之 431/209/26
楚軍○還不可得也 436/212/20
燕王○殺之 437/212/26
王○得之 437/212/27
夫○得之君 437/212/28
本○以為明寡人之薄 438/213/22
○排其逆鱗哉 440/214/20
○自殺以激荊軻 440/215/15
○以成大事之謀 440/215/19
而○不可足也 440/215/21
恣荊軻所○ 440/216/2
則雖○長侍足下 440/216/5
○與俱 440/216/22
乃○以生劫之 440/217/20
○獻之秦 440/217/25
吾○藉子殺王 442/218/11
鄰有弊輿而○竊之 442/218/15
鄰有短褐而○竊之 442/218/15
鄰有糟糠而○竊之 442/218/16
太子雖○還 446B/219/31 446B/220/1
而○滿其意者眾 446B/219/31
○霸之亟成 447/220/7
智伯○伐衛 448A/220/14
智伯○襲衛 448B/220/21
魏文侯○殘中山 453/222/10
而○伐寡人 454/222/17
臣聞君○廢中山之王 454/222/18
同○者相憎 454/222/26
此是○皆在為王 454/222/26
齊○伐河東 454/222/31
是○用其兵也 454/223/1
○割平邑以賂燕、趙 455/223/7
公○之乎 455/223/12
此所○也 455/223/12
其實○廢中山之王也 455/223/15
齊之○割平邑以賂我者 455/223/24
非○廢中山之王也 455/223/24
徒○以離我於中山 455/223/25
○成之 458/224/21
即○請之 458/224/30
臣聞其乃○請所謂陰姬者 458/225/2
雖○得請之 458/225/4
主父○伐中山 459A/225/9
復○伐趙 461/225/29
王○使武安君 461/226/8
必○滅之矣 461/226/14
不○先用其眾 461/226/20
○推以為鋒 461/226/21
必○快心於趙 461/227/6

喻 yù 3

吾欲使武安子起往○意焉 41A/14/26
內○其百姓 88/42/25
教化○於民 452A/221/28

愈 yù 15

兵甲○起 40/13/20
秦○不敢出 82A/37/28
以益○強之秦 233/124/25
而割○弱之趙 233/124/26
是○疑天下 233/125/7
己○有 270/142/14
己○多 270/142/14
此數者○善 334/168/6
而離楚○遠耳 334/168/6
王之動○數 334/168/8
而離王○遠耳 334/168/8
○怪其厚 385/185/24
韓獻開罪而交○固 411/195/28
而忌燕也○甚矣 419/201/16
乃○自信 447/220/7

遇 yù 64

楚王與魏王○也 5A/2/26
楚、韓之○也 5A/2/27
出關○蘇子 61A/24/27
不○堯也 66/27/8
臣聞始時呂尚之○文王也 73A/29/29

今○惑或與罪人同心 80/35/13
遂弗殺而善○之 80/35/14
○奪釜鬲於涂 81/35/19
王何不與寡人○ 84A/39/11
楚王揚言與秦○ 84A/39/13
從秦王與魏王○於境 84B/39/17
魏請無與楚○而合於秦 84B/39/17
是以鯉與之○也 84B/39/18
弊邑之於與○善之 84B/39/18
○犬獲之 87/41/15
因退為逢澤之○ 88/42/20
以與申縛○於泗水之上 88/42/23
為黃池之○ 89/43/9
中期適○明君故也 90/43/27
向者○桀、紂 90/43/27
請為大王悉趙兵以○ 95/46/28
○司空馬門 95/47/12
復整其士卒以與王○ 97/48/24
○之甚懽 126/61/19
齊閔王之○殺 149B/78/28
○知過轅門之外 203/104/26
臣○張孟談於轅門之外 203/104/27
臣○知過於轅門之外 203/105/8
范中行氏以衆人○臣 204B/106/23
知伯以國士○臣 204B/106/23
令公孫起、王齮以兵○趙於長平 211/110/17
莫如與秦○於澠池 220/116/6
出○虞卿曰 230/122/30
受其弊而厚○之 258B/138/6
且以○卜王 285/147/28
王不○秦 285/147/28
魏王遂尚○秦 285/147/29
三國之不相信齊王之○ 288/148/24
○事遂敗 288/148/25
以與王○ 289/148/30
將令秦王○於境 328/166/17
○而無相 328/166/17
且○於秦而相秦者 328/166/18
是以有雍者與秦○ 328/166/19
秦、魏○ 361/178/27
鯉與於秦、魏之○ 361/178/28
恐齊以楚○為有陰於秦、魏也 361/178/28
臣賀鯉之與於○也 361/179/1
秦、魏之○也 361/179/1
今鯉與於○ 361/179/2
故鯉之與於○ 361/179/3
今鯉不與於○ 361/179/3
甘茂與昭獻○於境 367/181/6
○造父之弟子 407/194/3
約與代王○於句注之塞 413/197/4
○敗於馬陵 422/204/21
而亦何以報先王之所以○將軍之意乎 431/209/11
趙使廉頗以八萬○栗腹於鄗 438/213/7
使樂乘以五萬○慶秦於代 438/213/7
秦之○將軍 440/216/11
與之○而許之王 454/222/23, 454/222/27, 454/223/1
以止其○哉 454/223/2

預 yù 1

太子○求天下之利匕首 440/216/20

嫗 yù 2

守閭○曰 80/35/5
不卑於守閭○ 80/35/7

獄 yù 1

郢人有○三年不決者 162/83/25

禦 yù 3

○中國之難 188/96/19
外無弓弩之○ 238/128/26
趙使李牧、司馬尚○之 263/139/27

諭 yù 4

欲客之必○寡人之志也 134/66/14
請以市○ 136A/67/6
寡人○矣 343/171/25
恐忠信不○於左右也 420/203/12

豫 yù 19

晉畢陽之孫○讓 204B/106/7
○讓遁逃山中 204B/106/8
則○讓也 204B/106/10
○讓又漆身為厲 204B/106/12
○讓乃笑而應之曰 204B/106/15
○讓伏所當過橋下 204B/106/20
此必○讓也 204B/106/20
果○讓 204B/106/21
於是趙襄子面數○讓曰 204B/106/21
○讓曰 204B/106/22, 204B/106/25
○子 204B/106/24
○子之為知伯 204B/106/24
乃使使者持衣與○讓 204B/106/27
○讓拔劍三躍 204B/106/28
平原君猶○未有所決 236/126/16
荊有長松、文梓、楩、柟、○樟 442/218/21
事何可○道者 458/224/21
未可○陳也 458/224/23

譽 yù 8

國必有誹○ 8B/3/29
○在上 8B/3/29
皆大臣見○者也 8B/4/2
故大臣得○ 8B/4/2
不如○秦王之孝也 26/9/15
行義不固毀○ 81/36/4
故常見○於朝 147/77/8
為其兩○也 421/203/18

鷸 yù 7

楚必曰『秦○魏』 62/25/23
是必與衍○吾國矣 116/57/7
而陰○之於秦 247/131/25
恃○耳 262/139/3
則先○與國而以自解也 297/151/25
○王以為資者也 297/151/26
令足下○之以合於秦 297/151/29

鷸 yù 4

而○啄其肉 434/212/3
○曰 434/212/4
蚌亦謂○曰 434/212/4
即有死○ 434/212/5

淵 yuān 3

入不測之○而必出 311/158/16
猶不測之○也 311/158/17
鄧師、宛馮、龍○、大阿 347/173/1

元 yuán 3

子○○ 40/13/25
大呂陳於○英 431/210/1

垣 yuán 26

又取蒲、衍、首○ 87/41/3
公宮之○ 203/104/9
魏王使客將軍新○衍間入邯鄲 236/126/13
魏王使將軍辛○衍令趙帝秦 236/126/20
梁客辛○衍安在 236/126/21
平原君遂見辛○衍曰 236/126/22
辛○衍曰 236/126/23, 236/126/27, 236/127/2, 236/127/3, 236/127/5, 236/127/9, 236/127/11
辛○衍許諾 236/126/25
魯連見辛○衍而無言 236/126/27
辛○衍怏然不悅曰 236/127/12
辛○衍起 236/128/1
得○雍 315/161/18
秦許吾以○雍 327/166/9
臣以○雍為空割也 327/166/10
故以○雍餌王也 327/166/11
王敢責○雍之割乎 327/166/12
王能令韓出○雍之割乎 327/166/12
○雍空割也 327/166/13
軍於東○矣 408/194/17
猶家之有○牆 438/213/18

洹 yuán 4

右飲於○水 42/17/2
淇水竭而○水不流 42/17/2
相與會於○水之上 218/114/3
一天下、約為兄弟、刑白馬以盟於○水之上以相堅也 273/143/29

原 yuán 51

秦盡韓、魏之上黨太○ 10B/4/21
今平○君自以賢 76/33/16
此皆平○四達 87/42/1
渡平○ 95/47/1
平○津令郭遺勞而問 95/47/1
平○令曰 95/47/2
平○令見諸公 95/47/15
夫上見其○ 136B/68/5
召平○君而告之曰 211/109/26
王破○陽 224/120/6
今王破○陽 224/120/7
魏使人因平○君請從於趙 230/122/30
今者平○君為魏請從 230/123/1
平○君請馮忌曰 231/123/8
平○君曰 231/123/13, 234/125/22, 236/126/19, 236/126/22, 236/126/24, 252/135/13
平○君謂平陽君曰 232/123/18
平○君使人請救於魏 234/125/17
虞卿為平○君請益地 234/125/17
平○君之力也 234/125/18
見平○君曰 234/125/19
因平○君謂趙王曰 236/126/14
平○君猶豫未有所決 236/126/16
乃見平○君曰 236/126/18
平○君遂見辛垣衍曰 236/126/22
皆有求於平○君者也 236/126/27
非有求於平○君者 236/126/28
於是平○君欲封魯仲連 236/128/4
平○君乃置酒 236/128/5
遂辭平○君而去 236/128/7
韓之太○絕 249/133/23
趙王因割濟東三城令盧、高唐、平○陵地城邑市五十七 252/135/8
馬服君謂平○君曰 252/135/9
趙豹、平○君 258B/137/27, 258B/137/28
○恃秦、翟以輕晉 319/164/4
秦、翟年穀大凶而晉人亡○ 319/164/5
而封於平○ 387/187/23
穆公一勝於韓○而霸西州 390/189/1
今君以所事善平○君者 395/190/19
而善平○君乃所以惡於秦也 395/190/19
西有雲中、九○ 408/194/10
踰雲中、九○ 408/194/15
秦下甲雲中、九○ 413/197/11
韓氏、太○卷 422/204/4
而李信出太○、雲中 440/215/23
至於平○君之屬 461/226/25

援 yuán 12

不如背秦○宜陽 2/1/27
此皆恃○國而輕近敵也 35/11/25
臣無諸侯之○ 80/35/12
○也 87/41/15
秦人○魏以拒楚 89/43/19
楚人○韓以拒秦 89/43/20
乃○枹鼓之 148/78/18
以為趙○ 156/81/22
楚弱則無○ 218/113/6
是西有強秦之○ 413/197/12
王之○國也 415/198/2
今王奉仇讎以伐○國 415/198/2

園 yuán 18

逃太史之家為溉○ 143/74/22
趙人李○ 200/101/16
李○求事春申君為舍人 200/101/16
於是○乃進其女弟 200/101/19
○乃與其女弟謀 200/101/19
○女弟承間說春申君曰 200/101/22
乃出○女弟謹舍 200/101/27
以李○女弟立為王后 200/101/28

楚王貴李〇 200/101/28
李〇用事 200/101/28
李〇既入其女弟為王后 200/102/1
李〇不治國 200/102/9
李〇必先入 200/102/10
李〇先入 200/102/11
李〇 200/102/12
李〇果先入 200/102/15
〇死士夾刺春申君 200/102/16
而李〇女弟 200/102/16

猿 yuán 1

〇獮猴錯木據水 129/62/23

緣 yuán 1

而士不得以為〇 140/70/5

轅 yuán 7

塞轘〇、緱氏之口 44/17/24
令折〇而炊之 142/72/19
負〇不能上 199/101/7
遇知過〇門之外 203/104/26
臣遇張孟談於〇門之外 203/104/27
臣遇知過於〇門之外 203/105/8
前有軒〇 218/113/25

黿 yuán 1

江、漢魚鱉〇鼉為天下饒 442/218/20

遠 yuǎn 60

今先生儼然不〇千里而庭教之 40/13/13
去王業〇矣 44/17/29
道〇 53/22/14
夫秦國僻〇 73A/30/18
王不如〇交而近攻 73A/31/6
今舍此而〇攻 73A/31/6
大武〇宅不涉 87/41/14
卿不〇趙 95/46/22
又弗如〇甚 108/52/19
齊〇秦而韓、梁近 111/54/10
不待發於〇縣 112/54/26
而〇怨者時也 142/71/4
則不能〇殺矣 142/71/7
則〇矣 142/71/16
曠日〇而為利長者 142/73/14
〇之 159/82/20
相去〇矣 167/86/4
今先生乃不〇千里而臨寡人 180/93/28
莫如〇楚 201/102/24
為其〇王室矣 201/102/26
知不如禽〇矣 217/111/30
秦人〇迹不服 219/115/4
秦雖辟〇 220/115/24
〇方之所觀赴也 221/117/9
而襲〇方之服 221/117/10
221/118/4
〇近之服 221/117/18
〇可以報中山之怨 221/117/25
非所以觀〇而論始也 221/118/6
信可以〇期 222/119/6
〇近易用 224/120/11
所以昭後而期〇也 224/120/14
曠〇於趙 228/121/28
而不能合〇 237/128/12
則為之計深〇 262/139/11
念悲其〇也 262/139/12
〇者及其子孫 262/139/16
此其過越王勾踐、武王〇矣 272/143/9
疏於度而〇於計 301/153/5
今邯鄲去大梁也〇於市 306/155/21
遂推南之威而〇之 307/156/1
攘地必〇矣 309/156/28
所行者甚〇 315/161/12
而離楚愈〇耳 334/168/6
而離王愈〇耳 334/168/8
丈人芒然乃〇至此 338/169/1
〇者達胸 347/172/30
不〇千里 385/186/2
中間不〇 385/186/10
〇薄梁郭 396C/191/12
臣鄰家有〇為吏者 412/196/25
豈〇千里哉 418/201/4
為子之〇行來之 420/203/11
不亦〇乎 422/203/30
寡人地絶兵〇 422/204/10
故吳王〇迹至於郢 431/210/10
而不察疏〇之行也 431/210/17
故〇近無議 438/213/26
宜在〇者 438/213/28
其人居〇未來 440/216/22

怨 yuàn 90

周君〇寡人乎 32/11/2
不〇 32/11/2
且誰〇王 32/11/2
而臣受公仲侈之〇也 55/23/13
而外與韓侈為〇 58/24/11
秦眾盡〇之深矣 58/24/12
而不餘〇於秦 59/24/17
則〇結於百姓 73B/32/3
秦於天下之士非有〇也 77/33/22
蒙〇咎 81/36/2
齊女入魏而〇薛公 82B/38/9
而有累世之〇矣 87/41/18
臣恐其皆有〇心 93/45/13
衍非有〇於儀也 116/57/4
君得無有所〇齊士大夫 136A/67/3
願君勿〇 136A/67/7
孟嘗君乃取所〇五百牒削去之 136A/67/7
約結而喜主〇者孤 142/71/3
而遠〇者時也 142/71/4
國罷而好眾〇 142/71/15
故約不為人主〇 142/71/18
以其為韓、魏主〇也 142/71/20
約而好主〇 142/71/22
寄〇而誅不直 142/72/10
而民弊者〇於上 168/87/6
蘇子知太子之〇己也 178/93/11
魏受其〇 185/95/23
魏、齊新〇楚 201/102/29
趙襄子最〇知伯 204B/106/8
而〇毒積惡 209/108/12
其〇未能報也 221/117/25
遠可以報中山之〇 221/117/25
應對而不〇 223/119/26
樓緩必〇公 226/121/13
韓、魏必〇趙 229A/122/12
屬〇於趙 247/131/20

以解其○而取封焉 247/131/21
其○於趙 247/132/5
臣請為王推其○於趙 247/132/6
而樹○而於齊、秦也 284/147/20
從容談三國之相○ 288/148/20
使秦皆無百○百利 297/151/28
○之至死不忘 301/153/4
王固先屬○於趙 301/153/5
結○於外 304/155/1
○顏已絶之矣 317B/163/12
韓○魏乎 320/164/16
○秦乎 320/164/16
○魏 320/164/17
與所不○乎 320/164/18
與其所○乎 320/164/18
與其所不○ 320/164/19
韓○魏 325/165/21
楚、魏有○ 329B/167/3
而近習之人相與○ 341/170/23
見有○ 341/170/24
解患而○報 342/171/3
則王之○報矣 342/171/9
申子有○色 346/172/22
此所謂市○而買禍者也 347/173/7
計淺而○深 348A/173/28
以厚○於韓 357/176/23
是韓、楚之○不解 359/178/3
是秦、韓之○深 372/182/11
今公叔○齊 374/182/22
必周君而深○我矣 374/182/22
則○結於韓 380/184/5
秦久與天下結○構難 387/187/21
我有深○積怒於齊 415/198/11
百姓恫○ 416A/199/20
燕人恫○ 416A/199/25
齊王○蘇秦 416B/200/3
我有積○深怒於齊 431/209/25
若先王之報○雪恥 431/210/7
智不輕○ 438/213/11
君微出明○以棄寡人 438/213/13
○惡未見而明棄之 438/213/19
而明○於外 438/213/21
○也 438/213/28
○而累之 438/213/28
君豈○之乎 438/213/29
願君捐○ 438/213/29
樂間、樂乘○不用其計 438/214/1
柰何以見陵之○ 440/214/20
而積○於燕 440/214/24
時○急 440/217/14
德施於梁而無○於趙 444/219/12
秦王必○公 449/220/30
固無請人之妻不得而○
人者也 457/224/14
○不期深淺 459B/225/19

願 yuàn 253

○大王圖之 1/1/5,39/13/1
○獻九鼎 1/1/9
臣○免而行 38/12/15
○大王少留意 40/13/9
○以異日 40/13/13
臣○悉言所聞 42/15/10
○大王有以慮之也 42/16/27
故臣○從事於易 44/18/2
○王勿聽也 48A/19/11
○王逐之 49/19/27
○王殺之 49/19/28
臣○之楚 49/20/1
唯儀之所甚○為臣者 50/20/23
○聞之 53/22/15,446B/219/29
然○王勿攻也 55/23/6
○為足下掃室布席 61A/25/1
○為王臣 61A/25/10
○君之專志於攻齊 66/27/15
○少賜游觀之間 72/29/13
而所○陳者 73A/30/3
○以陳臣之陋忠 73A/30/4
此臣之所大○也 73A/30/8
○先生悉以教寡人 73A/30/20
○聞所失計 73A/30/28
臣○王之毋獨攻其地 75/33/8
○委之卿 79/34/24
臣○請藥賜死 80/35/13
豈非士之所○與 81/35/26
○以為君王 81/35/27
其卒亦可○矣 81/36/1
則可○矣 81/36/13
其可○孰與閎夭、周公
哉 81/36/15
○王之勿易也 83B/39/5
○往事之 93/44/20
而○一得歸 93/45/1
○於因計 95/46/22
○卿之更計 95/46/27
○自請 95/46/29
○公入明之 95/47/10
賈○出使四國 96/47/22
○王察之 96/47/27,290/149/5
天下○以為子 96/48/5
天下○以為臣 96/48/5
天下○以為妃 96/48/6
是以群臣莫敢以虛○望
於上 96/48/16
○委之於子 98/49/1
○勿止 98/49/5
○大王之察也 111/54/7
○王熟慮之 111/54/13
臣固○大王之少留計 112/55/8
是故○大王熟計之 113/55/25
○效之王 115/56/15
故儀○乞不肖身而之梁 115/56/17
115/56/25
○王之知之 122/60/7
○聞先生有以補之闕者 127/61/27
臣○以足下之府庫財物 127/62/2
○君以此從衛君遊 128/62/11
○君勿以齊為心 128/62/15
○得獻之 130/63/5
臣○君勿受 130/63/7
臣戍○君勿受 130/63/10
○寄食門下 133/64/20
○之 133/65/5
○君顧先王之宗廟 133/65/26
○請先王之祭器 133/65/27
○因請公往矣 134/66/5
○君勿怨 136A/67/7
虛○不至 136B/68/1
○請受為弟子 136B/68/11
斶○得歸 136B/68/14
○得賜歸 136B/68/16
固○得士以治之 137/69/5
而○為役 139/69/26
故臣○王明釋帝 141B/70/21
○王之熟慮之也 141B/70/25
○公之詳計而無與俗同
也 145/75/14
○公熟計而審處一也 145/75/27
○王之察之 147/77/18
○王勿忘也 159/82/19

寡人○兩聞之 159/82/22
○君必請從死 160/83/2
○得以身試黃泉 160/83/11
臣○之 162/83/26
故○大王之早計之 167/85/21
是故○大王之熟計之也 168/86/27
347/173/5,413/197/13
是故○大王熟計之也 168/87/12
○委之於公 174/91/8
○承下塵 177/93/2
則○待戰 177/93/5
臣○無聽群臣之相惡也 179/93/19
○聞其說 180/93/28,455/223/13
○王賜之觴 182/94/21
○王召所便習而觴之 182/94/22
臣○大王聽之也 189/96/25
臣○以射譬之 198/100/17
明○有問君而恐固 199/100/28
臣○捐功名去權勢以離
眾 204A/105/20
然○請君之衣而擊之 204B/106/27
○見於前 208/107/22
○君堅塞兩耳 208/108/2
臣○大王深與左右群臣
卒計而重謀 209/109/2
而○為趙 211/109/26
○拜內之於王 211/109/26
而皆○為趙 211/109/27
○大夫之往也 216/111/20
○王熟慮之也 217/111/30
389/188/15
○王之熟計之也急 217/112/13
皆○奉教陳忠於前之日
久矣 218/112/22
○大王慎無出於口也 218/112/27
是臣之所以為大王○也 218/113/4
○大王之熟計之也 218/113/27
318/163/21
臣○王察臣之所謁 219/114/18
○渡河踰漳 220/115/25
○以甲子之日合戰 220/115/25
○大王之定計 220/116/6
乃且○變心易慮 220/116/10
故寡人○募公叔之義 221/117/4
臣○大王圖之 221/117/11
○竭其忠 221/118/2
故臣○王之圖之 221/118/5
○盡其忠 221/118/13
臣○王之圖之 221/118/19
○君之亦勿忘也 232/123/22
吾不○見魯連先生也 236/126/24
○聞所以為天下 239A/129/4
○公之熟圖之也 243/130/20
○王之熟慮無齊之利害
也 246/131/16
臣○王之曰聞魏而無庸
見惡也 247/132/6
○王之陰重趙 247/132/6
臣○足下之大發攻宋之
舉 248/132/24
臣又○足下有地效於襄
安君以資臣也 248/132/26
則○五國復堅約 249/133/7
○得趙 249/133/7
臣○君之蚤計也 249/133/11
○大王無絕其歡 258B/137/22
○得請之 258B/137/23
固○承大國之意也 258B/137/24
左師觸讋○見太后 262/139/1
故○望見太后 262/139/2
○令得補黑衣之數 262/139/7
○及未填溝壑而託之 262/139/9
○得借師以伐趙 264B/140/16
○王以國事聽之也 271/142/19
○大王之熟察之也 272/143/12
故○大王之熟計之也 273/144/17
○太子更日 296/151/1
○王之深計之也 297/151/20
○足下之論臣之計也 297/151/30
○臣畜而朝 301/153/9
今臣○大王陳臣之愚意
304/154/17
○大王察之 304/154/17
461/227/9
臣○大王察之 304/155/3
○王察之矣 306/155/21
○王之必無講也 310/157/19
○君之以是慮事也 310/157/20
○之及楚、趙之兵未任
於大梁也 310/157/29
臣○君之熟計而無行危
也 310/158/4
○子之有以易名母也 311/158/13
○子之且以名母為後也
311/158/14
○王之有以易之 311/158/14
○王無憂 311/159/3
寡人○子之行也 314/160/4
文○借兵以救魏 314/160/7
○大王之救之 314/160/14
是故臣○以從事乎王 315/162/2
○王之熟計之也 317A/162/24
319/164/11,360/178/23
430/208/26
臣○以鄙心意公 317B/163/8
○大王無攻魏 325/165/25
肖○為外臣 335/168/12
臣○君之忘之也 339/169/17
○君之生束縮高而致之
340/169/29
○終守之 343/171/14
明也○因茂以事王 356B/176/10
○大國遂肆意於秦 357/176/27
○公之熟計之也 359/177/19
○有復於公 359/177/21
○公之聽臣言也 360/178/9
○公之復求中立於秦也
360/178/11
公何不因行○以與秦王
語 360/178/14
行○之為秦王臣也公 360/178/14
此惠王之○也 360/178/20
此武王之○也 360/178/21
○大王之熟計之 366/180/11
○公之察也 373/182/17
○公之無疑也 386/187/12
○公之行之也 387/187/17
○公之加務也 387/187/25
○君之熟計之也 395/190/19
臣○有言 396A/190/25
臣故○公仲之國以侍於
王 396C/191/20
○公雖疾 399/192/9
○君察之也 406/193/27
是故○大王與趙從親 408/194/19
○為兄弟而請罪於秦 411/196/1
孤之○也 418/200/22
燕、趙之所同○也 419/202/2
名得所○ 419/202/3
○足下之無制於群臣也
420/203/14

〇子還而視之 425/206/13
〇子為寡人為之將 426/206/27
則盈〇 427/207/22
今王〇封公子 428/208/6
楚、魏之所同〇也 431/209/27
〇大王之熟慮之也 432/211/3
故〇王之熟計之也 434/212/6
敢端其〇 438/213/11
〇君無以寡人不肖 438/213/24
〇君捐怨 438/213/29
〇太傅幸而圖之 440/214/19
〇太子急遣樊將軍入匈奴以滅口 440/214/25
〇太傅更慮之 440/214/28
〇因太傅交於田先生 440/214/29
〇圖國事於先生 440/215/1
〇先生留意也 440/215/5
440/215/12
〇因先生得〇交於荊軻 440/215/7
〇先生勿泄也 440/215/9
440/215/14
〇足下過太子於宮 440/215/13
〇足下急過太子 440/215/15
〇有所道 440/215/20
必得所〇矣 440/215/25
此丹之上〇 440/215/27
臣〇得謁之 440/216/6
〇足下更慮之 440/216/9
〇得將軍之首以獻秦 440/216/14
〇舉國為內臣 440/217/5
〇大王少假借之 440/217/11
〇王之有以命弊邑 444/219/4
固〇效之 446B/219/29
〇王博事秦 450/221/8
〇與大國伐之 454/222/15
〇聞弱趙強中山之說 458/224/22
臣〇之趙 458/224/23
吾〇請之 458/224/30
〇王無泄也 458/224/31
〇使君將 461/226/14
寡人之〇 461/227/3
然惟〇大王覽臣愚計 461/227/4

曰 yuē 2318

顏率〇 1/1/3
1/1/8, 1/1/10, 1/1/13, 1/1/17
謂齊王〇 1/1/4
1/1/8, 11C/5/10, 36/12/3
118/57/24, 247/131/23
288/148/23, 433/211/20
齊王〇 1/1/10
1/1/11, 1/1/17, 61A/25/11
112/55/10, 113/55/27
114/56/3, 115/56/23
141A/70/10, 278/146/8
288/148/24, 313/159/23
411/195/26, 433/211/24
對〇 1/1/12, 2/1/22, 2/1/24
2/1/26, 9/4/8, 32/11/2
44/17/24, 49/20/1, 50/21/4
53/22/15, 55/23/9, 61B/25/17
61B/25/17, 81/35/24
83A/38/13, 83A/38/17
83A/38/17, 83B/38/25
83B/38/26, 96/48/4, 96/48/5
99/49/12, 109/53/13
110/53/22, 115/56/23
122/59/7, 125/61/10
125/61/11, 133/64/28
135/66/23, 136B/67/15
139/69/27, 139/69/27
141A/70/11, 141B/70/20
146/76/25, 146/76/25
153/80/20, 164/84/16
166/85/3, 180/93/28
198/100/21, 200/101/17
200/101/18, 201/102/29
201/102/30, 201/103/2
202/103/18, 203/104/27
204A/105/26, 211/110/1
212/110/22, 239B/129/16
256/136/16, 257/136/22
258A/137/4, 258A/137/6
258A/137/7, 262/139/8
262/139/9, 262/139/10
287/148/11, 301/153/4
303B/154/6, 312/159/15
317B/163/8, 339/169/15
341/170/15, 341/170/16
345/172/16, 348B/174/9
359/177/21, 359/177/29
359/178/1, 359/178/4
360/178/13, 362/179/9
367/180/29, 367/181/1
367/181/7, 374/182/26
376/183/11, 388/188/3
409/195/1, 411/195/22
411/195/28, 412/196/25
414/197/21, 415/198/1
415/198/15, 415/198/24
416A/199/7, 416A/199/7
420/202/15, 420/202/17
420/202/21, 420/202/28
420/203/2, 420/203/6
426/206/27, 428/208/5
438/213/4, 459A/225/10
王〇 1/1/13, 32/11/1, 44/17/21
48B/19/19, 49/19/28, 49/20/2
49/20/10, 50/21/4, 50/21/14
55/23/18, 55/23/22, 56/23/28
61B/25/16, 61B/25/17
71/28/22, 73A/30/28
73A/31/12, 73A/31/17
73A/31/22, 79/34/14
80/35/14, 83A/38/17
83A/38/20, 83B/38/25
83B/38/26, 86/40/8, 92/44/12
96/48/4, 96/48/10, 100/49/19
101/50/4, 108/52/25
109/53/9, 114/56/5
115/56/15, 115/56/19
115/56/29, 125/61/10
125/61/10, 131/63/22
136B/67/15, 137/68/23
137/69/5, 137/69/6
141B/70/18, 141B/70/19
143/74/17, 143/74/17
143/74/18, 146/76/25
146/76/28, 147/77/14
147/77/22, 147/77/23
147/77/24, 150/79/19
153/80/19, 157B/82/8
159/82/19, 159/82/20
159/82/22, 161/83/19
165/84/25, 166/85/3
166/85/4, 170/88/19
170/88/23, 177/92/11
177/92/16, 177/92/20
177/92/29, 180/93/29
182/94/13, 182/94/14

182/94/21,182/94/23
182/94/24,182/94/25
190/97/4,190/97/10
190/97/11,198/100/20
211/109/16,211/109/22
211/109/28,221/116/16
221/116/25,221/117/13
221/118/2,221/118/5
221/118/14,221/118/21
222/119/10,222/119/11
222/119/16,222/119/19
224/120/11,227/121/21
230/123/1,230/123/2
230/123/2,233/123/28
233/124/3,233/124/6
233/124/7,233/124/12
233/124/28,235/126/1
238/128/25,239A/129/7
250/134/9,250/134/12
256/136/15,256/136/17
257/136/28,258A/137/3
258A/137/4,258A/137/4
258A/137/5,258A/137/6
258A/137/7,258A/137/10
270/142/9,270/142/12
287/148/11,292/149/20
293/149/27,293/149/28
293/150/3,298/152/15
306/155/18,306/155/19
306/155/20,306/155/21
311/158/19,311/158/19
311/159/2,314/160/4
314/160/8,314/160/18
320/164/16,320/164/16
320/164/17,320/164/18
341/170/14,341/170/15
341/170/16,344A/172/5
361/179/5,362/179/9
384/185/10,384/185/10
384/185/12,396A/190/26
403/193/10,415/197/31
415/198/5,415/198/11
415/198/21,415/198/29
420/202/15,420/202/16
420/202/21,420/202/28
420/203/6,421/203/21
426/206/28,426/207/7
428/207/29,438/213/5
442/218/16,442/218/22
450/221/11,455/223/16
461/225/29,461/226/8
461/226/30
周君謂趙累○ 2/1/22
君○ 2/1/22,2/1/25,99/49/11
99/49/12,99/49/14,128/62/8
135/66/22,201/102/29
201/102/30,203/104/6
203/104/10,203/104/11
203/104/27,204A/105/27
204A/106/2,237/128/15
239B/129/15,239B/129/18
264A/140/10,451/221/22
452A/221/28,456/224/4
456/224/5,456/224/6
臣故○拔 2/1/25
君謂景翠○ 2/1/26
為東周謂韓王○ 3A/2/6
齊明謂東周君○ 3B/2/11
不如謂楚、韓○ 3B/2/12
蘇子謂東周君○ 4/2/18
乃往見西周之君○ 4/2/19
西周君○ 4/2/21
蘇厲為之謂周君○ 5A/2/26
周君○ 5A/2/28
史黶謂周君○ 5B/3/3
君何不令人謂韓公叔○ 5B/3/3
又謂秦王○ 5B/3/5
為周謂楚王○ 6/3/10
周最謂石禮○ 7/3/16
因令人謂周君○ 8A/3/22
謂周文君○ 8B/3/29
客即對○ 9/4/7
君使人問之○ 9/4/7
《詩》○ 9/4/8
73B/32/4,197/100/11
故○主人 9/4/10
或為周最謂金投○ 10A/4/14
周最謂金投○ 10B/4/20
石行秦謂大梁造○ 11A/4/26
謂周君○ 11A/4/26,16/6/20
謂薛公○ 11B/5/3,122/59/14
蘇厲為周最謂蘇秦○ 12/5/16
謂周最○ 13/5/21
14B/6/6,26/9/15
公何不令人謂韓、魏之
王○ 13/5/23
為周最謂魏王○ 14A/5/28
公不如謂魏王、薛公○ 14B/6/8
鄭朝○ 15/6/14
太卜譴之○ 15/6/15
司馬翦謂楚王○ 17/6/27
左成謂司馬翦○ 17/6/28
不如謂周君○ 17/6/29
因令人謂相國御展子、
廧夫空○ 17/6/29
有人謂相國○ 18/7/6
公不如遂見秦王○ 18/7/7
馮旦○ 19/7/12
間遺昌他書○ 19/7/13
因使人告東周之候○ 19/7/14
或謂照翦○ 20/7/19
照翦○ 20/7/19,20/7/21
客謂周君○ 21/7/26
正語之○ 21/7/26
韓慶為西周謂薛公○ 22/8/3
令弊邑以君之情謂秦王○ 22/8/6
薛公○ 22/8/10,82A/38/1
122/58/27,122/59/6
122/59/8,122/59/14
為周最謂李兌○ 23/8/15
游騰謂楚王○ 24/8/24
名○衛疾 24/8/27
蘇代○ 25/9/3,61A/25/6
周君大悅○ 25/9/4
蘇代遂往見韓相國公中○ 25/9/4
昭應謂楚王○ 25/9/5
公中○ 25/9/8,25/9/11
代○ 25/9/8,25/9/9
303B/154/3,303B/154/4
303B/154/5,303B/154/6
303B/154/7,303B/154/9
公中怒○ 25/9/9
蘇厲謂周君○ 27/9/20
謂白起○ 27/9/21
左右皆○善 27/9/22
有一人過○ 27/9/22
養由基○ 27/9/23
子乃○可教射 27/9/23
客○ 27/9/23,49/20/5,99/49/12
108/52/16,162/83/28
257/136/24,258A/137/9

446B/219/29,446B/219/31
或謂周君〇 28/10/3
〇 28/10/4,40/14/3,40/14/4
48B/19/16,48B/19/20
48B/19/20,49/20/6,50/21/1
50/21/7,51/21/28,61A/24/27
61A/24/28,64/26/20
67/27/19,67/27/19,67/27/20
73A/31/16,74/32/16,78/34/3
78/34/3,79/34/14,79/34/22
79/34/22,92/44/11,92/44/12
93/44/19,93/44/19,93/44/19
93/44/20,93/45/10,94/46/1
94/46/1,94/46/2,94/46/2
94/46/7,94/46/8,95/46/18
95/46/19,95/46/19,95/46/20
95/46/20,95/46/20,95/46/21
96/47/21,96/47/26
101/50/10,102/50/23
104/51/15,109/53/12
110/53/20,110/53/20
110/53/22,115/56/12
115/56/15,116/57/6
117/57/13,117/57/16
122/59/23,130/63/13
130/63/17,133/64/21
133/64/21,133/64/21
133/65/2,133/65/11
133/65/12,133/65/14
133/65/16,134/66/13
137/68/24,137/68/28
138/69/14,139/69/26
144/75/1,146/76/23
147/77/7,147/77/7
149B/79/8,160/82/27
160/83/2,162/83/29
166/85/4,169/88/3,169/88/3
169/88/4,174/91/9,177/93/4
181/94/3,181/94/3
182/94/24,196/99/16
198/100/16,200/101/19
200/102/6,200/102/9
200/102/11,204B/106/8
204B/106/10,204B/106/13
221/116/15,222/119/3
229A/122/16,230/123/2
232/123/19,239A/129/5
239A/129/7,239B/129/15
240/129/23,242/130/11
250/134/14,258A/137/5
258B/137/27,262/139/1
262/139/3,262/139/3
262/139/4,262/139/11
262/139/15,262/139/15
262/139/15,263/139/28
269/141/20,271/142/18
276/145/22,278/146/3
281/146/29,289/148/29
296/150/20,303B/154/6
305/155/12,307/155/27
307/156/1,307/156/2
307/156/3,311/158/19
313/159/27,314/160/18
314/160/24,317B/163/10
325/165/21,325/165/27
334/168/5,334/168/5
334/168/6,341/170/15
346/172/24,353/175/15
369/181/20,374/182/21
384/185/9,384/185/9
384/185/10,384/185/10
384/185/11,384/185/11
384/185/11,384/185/12
384/185/12,384/185/13
385/186/19,390/188/25
407/194/5,412/196/5
412/196/12,414/197/20
415/198/7,415/198/31
416B/200/7,416B/200/7
416B/200/7,419/202/1
419/202/9,422/204/9
427/207/13,428/208/6
438/213/5,438/213/5
438/213/6,438/213/10
440/215/8,440/215/11
440/215/15,440/217/22
444/219/11,447/220/6
447/220/8,448B/220/22
449/221/2,451/221/22
452B/222/4,455/223/12
459B/225/18,461/227/2
必名〇謀楚 28/10/5
蘇秦謂周君〇 29/10/9
司寇布為周最謂周君〇 30/10/15
而屬其子〇 30/10/17
或為周君謂魏王〇 31/10/23
綦母恢謂周君〇 32/11/1
魏王〇 32/11/4
198/100/19,198/100/20
201/103/1,272/143/17
273/144/20,276/145/23
301/153/8,309/156/28
311/158/15,312/159/15
312/159/17,327/166/9
327/166/10,327/166/13
338/169/1,341/170/19
401/192/25,450/221/9
綦母恢〇 32/11/4,383C/185/4
樊餘謂楚王〇 33/11/11
故易成之〇 33/11/13
周最謂秦王〇 34/11/18
宮他謂周君〇 35/11/24
左尚謂司馬悍〇 36/12/4
公不如謂周君〇 36/12/4
為西周謂魏王〇 37/12/9
或謂周足〇 38/12/14
何不謂周君〇 38/12/14
號〇商君 39/12/22
人說惠王〇 39/12/29
蘇秦始將連横說秦惠王〇 40/13/6
秦王〇 40/13/12,48B/19/23
53/22/19,61A/25/5,61A/25/7
84A/39/13,86/40/14
86/40/17,86/40/19,96/48/18
219/114/28,258B/138/5
309/156/24,325/165/26
325/165/26,338/169/1
343/171/19,343/171/20
366/180/23,388/188/3
388/188/7,396B/191/7
439/214/10
蘇秦〇 40/13/16
40/14/18,40/14/19
122/58/28,124/60/24
208/107/24,412/196/14
蘇秦喟歎〇 40/14/1
故〇 40/14/12
51/22/5,80/35/8,136B/68/1
136B/68/4,142/72/2
142/72/27,142/73/14
204A/105/28,233/124/27

303B/154/11,315/161/14
408/194/18,433/211/26
嫂○ 40/14/18
秦惠王謂寒泉子○ 41A/14/24
寒泉子○ 41A/14/26
秦惠王○ 41A/14/27
泠向謂秦王○ 41B/15/3
張儀說秦王○ 42/15/9
臣聞之○ 42/15/12
339/169/13,420/203/12
且臣聞之○ 42/16/1
左成謂甘茂○ 43/17/16,58/24/10
張儀○ 44/17/21
50/20/20,115/56/21
169/88/4,182/94/9
司馬錯○ 44/18/1
惠王○ 44/18/9,434/212/6
張子謂秦王○ 45/18/16
臣聞其言○ 45/18/17
請秦王○ 46/18/23
甘茂謂王○ 46/18/24
張儀謂秦王○ 47/18/30
49/19/27,367/181/2
田莘之為陳軫說秦惠王
○ 48A/19/6
荀息○ 48A/19/7,48A/19/8
王謂陳軫○ 48B/19/19
陳軫○ 48B/19/19
50/21/13,51/21/27
117/57/13,117/57/13
181/94/3,186/96/5
276/145/11,276/145/12
276/145/13,276/145/14
277/145/30,357/176/19
王召陳軫告之○ 49/20/1
軫○ 49/20/2,49/20/12,50/21/14
客謂誂者○ 49/20/4
問王○ 49/20/10
孰視寡人○ 49/20/10
寡人因問○ 49/20/11
謂張儀○ 50/20/19,294/150/7
張儀南見楚王○ 50/20/23
楚王○ 50/21/2,50/21/11
98/49/5,122/59/11,122/60/7
153/80/24,157A/81/30
161/83/20,164/84/18
167/86/7,168/87/26
180/93/27,182/94/12
182/94/15,184/95/14
305/155/9,305/155/13
352/175/8,375/183/6
陳軫對○ 50/21/3,187/96/10
乃出見使者○ 50/21/11
使者○ 50/21/12
396B/191/5,439/214/5
439/214/11,444/219/8
儀○ 50/21/12
陳軫謂楚王○ 51/21/23
165/84/24
秦王謂軫○ 51/21/25
左右○ 51/21/28
54/22/26,109/53/11
133/65/2,136B/67/12
258B/137/18,267/141/7
管與止之○ 51/22/1
李讎謂公孫衍○ 52/22/9
公孫衍謂義渠君○ 53/22/14
義渠君○ 53/22/14,53/22/16
陳軫謂秦王○ 53/22/18
351/174/27
義渠君致群臣而謀○ 53/22/21
秦武王謂甘茂○ 55/23/3
甘茂對○ 55/23/3
55/23/22,60/24/21
子歸告王○ 55/23/6
樂羊再拜稽首○ 55/23/12
人告曾子母○ 55/23/14
曾子之母○ 55/23/15
人又○ 55/23/15
一人又告之○ 55/23/16
馮章謂秦王○ 56/23/27,56/23/29
固謂楚王○ 56/23/29
秦之右將有尉對○ 57/24/3
甘茂○ 57/24/3
59/24/16,366/180/16
366/180/17,366/180/19
秦王謂甘茂○ 60/24/21
蘇子○ 61A/24/27,61A/25/1
219/114/30,433/211/17
謂處女○ 61A/24/29
乃西說秦王○ 61A/25/4
蘇秦僞謂王○ 61A/25/9
因自謂之○ 61B/25/15
甘茂因入見王○ 61B/25/16
甘茂謂秦王○ 62/25/22
楚必○『秦糴魏』 62/25/23
乃案兵告於秦○ 63/25/29
謂趙王○ 63/26/1
94/46/7,212/110/21
217/111/25,234/125/18
250/134/9,314/160/7
蘇代為齊獻書穰侯○ 63/26/5
臣聞往來之者言○ 63/26/5
臣竊必之弊邑之王○ 63/26/6
秦之謀者必○ 63/26/8
故臣竊必之弊邑之王○ 63/26/14
出令○ 64/26/19
庸芮為魏子說太后○ 64/26/20
太后○ 64/26/20,64/26/22
71/28/23,262/139/3
262/139/4,262/139/8
262/139/9,262/139/13
262/139/19,428/208/1
428/208/5,428/208/11
薛公為魏謂魏冉○ 65/26/26
秦客卿造謂穰侯○ 66/27/3
何不使人謂燕相國○ 66/27/7
魏謂魏冉○ 67/27/19
謂魏冉○ 68/28/3,70/28/13
謂穰侯○ 69/28/8,323/165/8
秦太后為魏冉謂秦王○ 71/28/21
獻書昭王○ 72/28/28
語○ 72/29/1,81/36/19
142/72/8,219/114/24
233/124/24,374/182/22
438/213/11,438/213/27
謂范睢○ 73A/29/19
秦王跪而請○ 73A/29/23
范睢○ 73A/29/24
73A/29/24,73A/30/23
73A/31/12,73A/31/20
73B/31/26,80/35/11
秦王跽○ 73A/29/27,73A/30/18
范睢謝○ 73A/29/29
睢○ 73A/31/1
昭王謂范睢○ 73B/32/12
應侯謂昭王○ 74/32/16
范睢謂秦昭王○ 75/33/6
應侯○ 76/33/15
79/34/13,79/34/22,81/35/24
81/35/26,81/35/27,81/35/30

81/36/15,81/36/16,81/37/11
232/123/18,232/123/21
周人懷璞過鄭賈○ 76/33/15
鄭賈○ 76/33/16
秦相應侯○ 77/33/22
謂應侯○ 78/34/3
秦昭王謂應侯○ 79/34/13
其相室○ 79/34/14
東門吳○ 79/34/15
以告蒙傲○ 79/34/19
蒙傲○ 79/34/20
應侯拜蒙傲○ 79/34/24
莊謂王稽○ 80/35/3
王稽○ 80/35/3
莊○ 80/35/4
○『去貴妻 80/35/4
因○『毋敢思也』 80/35/5
守閭嫗○ 80/35/5
使人宣言以感怒應侯○ 81/35/20
應侯因讓之○ 81/35/23
蔡澤○ 81/35/25,81/35/26
81/36/7,81/36/15,81/36/17
蔡澤復○ 81/35/27
澤○ 81/35/30
復○ 81/36/1
因○ 81/36/13
言於秦昭王○ 81/37/13
可發使告楚○ 82A/37/25
韓春謂秦王○ 82B/38/6
秦王謂樓緩○ 83A/38/13
王必○ 83A/38/18,455/223/17
王又○ 83A/38/19
秦昭王謂左右○ 83B/38/25
左右皆○ 83B/38/28,136B/67/20
中期推琴對○ 83B/38/30
智伯○ 83B/39/2
營淺謂秦王○ 84A/39/10
王何不謂楚王○ 84A/39/10
周寂為楚王○ 84B/39/17
客謂秦王○ 85/39/23
景鯉使人說秦王○ 85/39/27
頓弱○ 86/40/6,86/40/14
於是頓子○ 86/40/7
頓子○ 86/40/8
86/40/15,86/40/17
說昭王○ 87/40/26
《易》○ 87/41/9
或為六國說秦王○ 88/42/16
○趙強何若 88/42/17
天下之士相從謀○ 88/42/19
謂秦王○ 89/43/3,309/157/5
366/180/10,419/201/27
故○先得齊、宋者伐秦 89/43/20
或為中期說秦王○ 90/43/26
獻則謂公孫消○ 91/44/3
謂太后○ 92/44/9
梁王○ 92/44/11
秦王之計○ 92/44/13
歸而謂父○ 93/44/18
故往說之○ 93/44/22
乃說秦王后弟陽泉君○ 93/44/26
不韋○ 93/44/29
陽泉君○ 93/45/2
不韋說趙○ 93/45/5
乃變其名○楚 93/45/11
子○ 93/45/11
間○ 93/45/12
令之○ 93/45/14
號○文信侯 93/45/16
張唐辭○ 94/45/22
少庶子甘羅○ 94/45/23
文信侯○ 94/45/23,261/138/24
甘羅○ 94/45/25
94/45/26,94/45/30,94/46/2
文信君叱去○ 94/45/25
甘羅見張唐○ 94/45/29
唐○ 94/45/29,94/46/4
甘羅謂文信侯○ 94/46/4
司空馬說趙王○ 95/46/17
司空馬○ 95/46/21,95/46/22
95/46/28,95/46/29,95/47/3
趙王○ 95/46/22
95/46/26,218/114/11
220/116/8,233/125/11
234/125/19,238/128/20
238/128/21,238/128/28
239A/129/4,251/134/18
251/134/20,254/136/4
257/136/27,314/160/7
444/219/7,444/219/9
平原令○ 95/47/2
使韓倉數之○ 95/47/7
武安君○ 95/47/8
461/225/29,461/226/1
461/226/16,461/227/2
韓倉○ 95/47/10
乃○ 95/47/11
必為言之○ 95/47/15
姚賈對○ 96/47/22
王召姚賈而問○ 96/48/4
姚賈○ 96/48/10
張丑謂楚王○ 97/48/22
公孫閈○ 98/48/29
嬰子○ 98/49/1
公孫閈為謂楚王○ 98/49/4
齊人有請者○ 99/49/10
客趨而進○ 99/49/11
靖郭君謂齊王○ 100/49/19
靖郭君大怒○ 101/49/25
靖郭君○ 101/50/1,101/50/8
齊貌辨○ 101/50/2,101/50/5
辨謂靖郭君○ 101/50/5
靖郭君泣而○ 101/50/6
辨又○ 101/50/8
齊貌辨對○ 101/50/11
田侯召大臣而謀○ 102/50/21
103/50/30
鄒子○ 102/50/21
段干綸○ 102/50/22,102/50/23
田侯○ 102/50/22,102/50/23
102/50/25,103/51/4
張丐對○ 103/50/30
田臣思○ 103/51/1,114/56/4
公孫閈謂鄒忌○ 104/51/11
孫子謂田忌○ 105/51/21
田忌○ 105/51/21
孫子○ 105/51/22
杜赫○ 106/51/29
謂楚王○ 106/52/1
122/59/10,122/59/21
158/82/12,159/82/18
161/83/18,372/182/10
鄒忌謂宣王○ 107/52/7
謂其妻○ 108/52/13
其妻○ 108/52/14,412/196/26
420/203/8,420/203/11
而復問其妾○ 108/52/15
妾○ 108/52/15
問之客○ 108/52/16
寢而思之○ 108/52/19
於是入朝見威王○ 108/52/23

有司請○ 109/53/8
勉之○ 109/53/13
張丐○ 110/53/19
魯君○ 110/53/19
110/53/20, 110/53/21
陳軫合三晉而東謂齊王
○ 111/54/3
說齊宣王○ 112/54/23
張儀為秦連橫齊王○ 113/55/14
謂武王○ 115/56/15
因與秦王約○ 115/56/24
謂衛君○ 116/57/4
昭陽○ 117/57/12
舍人相謂○ 117/57/14
奪其卮○ 117/57/16
謂李向○ 119/57/29
秦計○ 120/58/8
蘇秦謂齊王○ 120/58/11
141B/70/18
或謂齊王○ 121/58/19
蘇秦謂薛公○ 122/58/26
122/59/5
君因謂其新王○ 122/58/28
故○可以使楚亟入地也 122/59/11
故○可以益割於楚 122/59/15
謂太子○ 122/59/17, 122/59/26
太子○ 122/59/18, 122/59/27
177/92/4, 195/99/11
296/150/20, 296/150/26
296/151/2, 376/183/10
440/214/21, 440/214/29
440/215/7, 440/216/8
446B/219/28, 446B/219/30
故○可以使楚益入地也 122/59/19
故○可以為楚王使太子
亟去也 122/59/23
故○可以使太子急去也 122/59/27
蘇秦使人請薛公○ 122/60/1
故○可使人惡蘇秦於薛
公也 122/60/3
又使人謂楚王○ 122/60/5
故○可以為蘇秦請封於
楚也 122/60/7
又使景鯉請薛公○ 122/60/10
故○可以為蘇秦說薛公
以善蘇秦 122/60/13
孟嘗○ 124/60/23
謂孟嘗君○ 124/60/27, 136A/67/3
桃梗謂土偶人○ 124/60/28
土偶○ 124/60/29
謂淳于髡○ 125/61/7
淳于髡○ 125/61/7
131/63/23, 313/159/22
313/159/27, 425/206/16
故○薛不量力 125/61/11
齊王和其顏色○ 125/61/12
孟嘗君○ 126/61/20, 129/62/27
130/63/7, 130/63/8
130/63/10, 130/63/14
130/63/16, 133/64/20
133/64/24, 133/64/26
133/65/5, 133/65/14
134/66/4, 136A/67/4
136A/67/4, 136A/67/5
216/111/18, 314/160/4
314/160/7, 314/160/8
夏侯公○ 126/61/21
謂三先生○ 127/61/27
一人○ 127/61/27
田瞀○ 127/61/28
勝瞀○ 127/62/1
或以問孟嘗君○ 128/62/7
君召愛夫人者而謂之○ 128/62/10
是人謂衛君○ 128/62/13
盟○ 128/62/14
齊人聞之○ 128/62/19
魯連謂孟嘗君○ 129/62/23
見孟嘗君門人公孫戍○ 130/63/3
公孫○ 130/63/5
入見孟嘗君○ 130/63/7
公孫戍○ 130/63/7
130/63/8, 130/63/14
130/63/15, 130/63/17
因書門版○ 130/63/17
淳于髡謂齊王○ 132A/63/30
國子○ 132B/64/7
孟嘗君笑而受之○ 133/64/21
歌○ 133/64/24
133/64/25, 133/64/27
過其友○ 133/64/27
馮諼署○ 133/65/1
孟嘗君笑○ 133/65/2
謝○ 133/65/3
馮諼○ 133/65/4
133/65/12, 133/65/20
辭○ 133/65/5
齊王謂孟嘗君○ 133/65/18
謂惠王○ 133/65/21
馮諼先驅誡孟嘗君○ 133/65/23
封書謝孟嘗君○ 133/65/25
馮諼誡孟嘗君○ 133/65/27
還報孟嘗君○ 133/65/27
公孫弘謂孟嘗君○ 134/66/3
昭王○ 134/66/7
134/66/10, 418/200/30
公孫弘對○ 134/66/8, 134/66/9
昭王笑而○ 134/66/8
公孫弘○ 134/66/10, 134/66/14
故○君之好士未也 135/66/25
譚拾子○ 136A/67/4, 136A/67/5
齊宣王見顏斶○ 136B/67/12
斶亦○ 136B/67/12
王○『斶前』 136B/67/13
亦○『王前』 136B/67/13
斶對○ 136B/67/13, 136B/67/25
王忿然作色○ 136B/67/14
斶○ 136B/67/15
令○ 136B/67/16, 136B/67/16
老子○ 136B/68/5
而世世稱○明主 136B/68/8
宣王○ 136B/68/10, 137/69/2
顏斶辭去○ 136B/68/13
王斗○ 137/68/22
137/68/27, 137/69/1
137/69/3, 137/69/5, 137/69/6
王斗對○ 137/68/24
臣故○不如愛尺縠也 137/69/7
宣王謝○ 137/69/9
威后問使者○ 138/69/13
威后○ 138/69/15
乃進而問之○ 138/69/16
齊有處士○鍾離子 138/69/16
田駢○ 139/69/26, 139/69/27
謂其左右○ 140/70/3
管燕連然流涕○ 140/70/3
田需對○ 140/70/4
蘇秦說齊閔王○ 142/71/3
衛鞅謀於秦王○ 142/73/24
衛鞅見魏王○ 142/73/26
故○衛鞅之始與秦王計
也 142/74/5

淳齒數之○ 143/74/16
淳齒○ 143/74/18
其母○ 144/74/28,233/123/30
311/158/11,311/158/13
遺燕將○ 145/75/11
燕將○ 145/76/13
襄王呼而問之○ 146/76/24
下令○ 146/76/26
貫珠者復見王○ 146/77/1
舉□□□□○ 146/77/2
貂勃○ 147/77/8
147/77/23,147/77/24
安平君○ 147/77/11
相與語於王○ 147/77/13
九人之屬○ 147/77/15
九人之屬相與語於王○ 147/77/15
而王○ 147/77/19,147/77/19
貂勃避席稽首○ 147/77/22
今王得安平君而獨○
『單』 147/77/25
而王○『單 147/77/27
王乃○『單』 147/78/2
仲子○ 148/78/8
田單○ 148/78/8,148/78/17
齊嬰兒謠○ 148/78/12
問魯仲子○ 148/78/12
魯仲子○ 148/78/13
為士卒倡○ 148/78/14
云○尚矣 148/78/14
盼子謂齊王○ 149A/78/22
太史敫○ 149B/79/2
謝秦使○ 149B/79/9
誡建○ 149B/79/11
建○ 149B/79/11
君王后○ 149B/79/11,149B/79/12
雍門司馬前○ 150/79/19
司馬○ 150/79/20
即入見齊王○ 150/79/22
先是齊為之歌○ 150/79/29
齊明謂楚王○ 151/80/3
子象為楚謂宋王○ 152/80/12
昭陽謂楚王○ 153/80/19
見公仲○ 153/80/24
荊宣王問群臣○ 154/81/3
江一對○ 154/81/3
狐○ 154/81/4
江乙○ 155/81/12,159/82/19
159/82/20,160/82/30
161/83/19,161/83/20
昭奚恤謂楚王○ 156/81/17
景舍○ 156/81/20
昭奚恤○ 157A/82/1,162/83/26
昭子○ 157B/82/6
185/95/22,185/95/28
江乙說於安陵君○ 160/82/26
安陵君○ 160/83/1
160/83/6,340/169/23
340/170/1,343/171/13
江乙復見○ 160/83/5
仰天而笑○ 160/83/10
安陵君泣數行而進○ 160/83/10
君子聞之○ 160/83/14
左右俱○『無有』 161/83/20
客因為之謂昭奚恤○ 162/83/25
因謂客○ 162/83/28
城渾說其令○ 163/84/5
陳軫謂王○ 165/84/28
楚王問於范環○ 166/85/3
范環對○ 166/85/4
說楚威王○ 167/85/15
說楚王○ 168/86/15
謂昭睢○ 169/88/3
有人謂昭睢○ 169/88/7
今儀○逐君與陳軫而王
聽之 169/88/9
威王問於莫敖子華○ 170/88/18
莫敖子華對○ 170/88/19
170/88/20,170/88/25
170/89/29
顧而大息○ 170/89/5
棼冒勃蘇○ 170/89/10
棼冒勃蘇對○ 170/89/14
舍鬬奔郢○ 170/89/21
蒙穀怒○ 170/89/23
王乃大息○ 170/89/27
為甘茂謂楚王○ 171/90/6
昭睢謂景翠○ 172/90/13
蘇厲謂宛公昭鼠○ 173A/90/20
請為公令辛戎謂王○ 173A/90/21
桓臧為昭睢謂楚王○ 173B/90/26
靳尚為儀謂楚王○ 174/91/3
又謂王之幸夫人鄭袖○ 174/91/4
鄭袖○ 174/91/4,174/91/8
尚○ 174/91/5
靳尚謂楚王○ 175/91/15
謂張旄○ 175/91/18
游騰為楚謂秦王○ 176/91/27
傅慎子○ 177/92/4
臣故○ 177/92/5,217/112/8
230/123/4,327/166/13
致命齊王○ 177/92/5
楚王告慎子○ 177/92/8
慎子○ 177/92/9,177/92/27
子良○ 177/92/12,177/93/3
臣故○與之 177/92/14
昭常○ 177/92/16
臣故○勿與 177/92/18
景鯉○ 177/92/20
王以三大夫計告慎子○ 177/92/24
子良見寡人○ 177/92/24
常見寡人○ 177/92/25
鯉見寡人○ 177/92/25
慎子對○ 177/92/26
王怫然作色○ 177/92/26
昭常應齊使○ 177/93/1
齊王謂子良○ 177/93/2
女阿謂蘇子○ 178/93/10
公不如令人謂太子○ 178/93/10
蘇子謂楚王○ 179/93/16
張子○ 182/94/12,182/94/13
182/94/14,182/94/14
281/146/28,285/147/27
令人謂張子○ 182/94/18
張子辭楚王○ 182/94/21
再拜而請○ 182/94/22
張子再拜而請○ 182/94/23
桓臧為睢謂楚王○ 183/94/30
馮郝謂楚王○ 184/95/10
而謂張儀○ 184/95/13
杜赫謂昭陽○ 185/95/21
185/95/26
因謂惠施○ 185/95/22
張儀惡之於魏王○ 186/96/3
左爽謂陳軫○ 186/96/3
楚王謂陳軫○ 187/96/9
唐且見春申君○ 188/96/17
或謂楚王○ 189/96/25
因謂新人○ 190/97/8
王謂鄭袖○ 190/97/9
鄭袖○ 190/97/10,190/97/10
謂昭魚○ 191/97/15

昭魚○ 191/97/15,303B/154/4
303B/154/5,303B/154/6
莊辛謂楚襄王○ 192/97/21
襄王○ 192/97/22,192/97/25
莊辛○ 192/97/22,192/97/25
莊辛對○ 192/97/28
臣聞鄙語○ 192/97/28,347/173/8
齊明謂卓滑○ 193/98/25
或謂黃齊○ 194/99/3
諺○ 194/99/4,221/118/27
359/177/21,438/213/14
昭蓋○ 195/99/10
令辛戎告楚○ 195/99/12
中射之士問○ 196/99/16
中射之士使人說王○ 196/99/17
謁者○可食 196/99/17
客說春申君○ 197/99/23
春申君○ 197/99/24,198/100/17
199/100/27,199/101/1
199/101/2,199/101/4
200/101/18,200/101/18
200/102/5,200/102/8
200/102/10,200/102/12
客又說春申君○ 197/99/27
春申君又○ 197/99/29
孫子為書謝○ 197/100/1
《春秋》戒之○ 197/100/3
因為賦○ 197/100/9
趙使魏加見楚春申君○
198/100/16
魏加○ 198/100/17
加○ 198/100/17
更羸謂魏王○ 198/100/18
更羸○ 198/100/19,198/100/20
汗明憱焉○ 199/100/28
汗明○ 199/101/1
199/101/2,199/101/6
園女弟承間說春申君○
200/101/22
朱英謂春申君○ 200/102/4
虞卿謂春申君○ 201/102/23
迺謂魏王○ 201/103/1
若○勝千鈞則不然者 201/103/2
362/179/10
郄疵謂知伯○ 202/103/8
202/103/17
知伯○ 202/103/9,202/103/18
203/104/27,203/104/29
203/105/2,203/105/4
郗疵○ 202/103/9
（○）〔臼〕竈生鼃 202/103/11
知伯以告韓、魏之君○
202/103/14
韓、魏之君○ 202/103/14
段規諫○ 203/103/25
康子○ 203/103/27
趙葭諫○ 203/103/28
宣子○ 203/103/29
趙襄子召張孟談而告之
○ 203/104/4
張孟談○ 203/104/5
203/104/8,203/104/10
203/104/16,203/104/22
204A/105/26,204A/106/1
召張孟談○ 203/104/7
襄子謂張孟談○ 203/104/15
襄子○ 203/104/17
203/105/9,204B/106/20
張孟談於是陰見韓、魏
之君○ 203/104/20
二君○ 203/104/21
與之期○ 203/104/23
知過入見知伯○ 203/104/26
入說知伯○ 203/104/29
知過○ 203/105/1,203/105/2
魏宣子之謀臣○趙葭 203/105/2
康子之謀臣○段規 203/105/3
入見襄子○ 203/105/8
使張孟談見韓、魏之君
○ 203/105/9
乃稱簡之塗以告襄子○
204A/105/18
前國地君之御有之○ 204A/105/18
襄子恨然○ 204A/105/21
張孟談對○ 204A/105/22
使人謂之○ 204A/105/25
襄子往見張孟談而告之
○ 204A/105/30
趙襄子○ 204B/106/11
其友謂之○ 204B/106/13
豫讓乃笑而應之○ 204B/106/15
於是趙襄子面數豫讓○
204B/106/21
豫讓○ 204B/106/22,204B/106/25
襄子乃喟然歎泣○ 204B/106/24
呼天擊之○ 204B/106/28
趙利○ 205/107/3
謂山陽君○ 206/107/10
謂腹子○ 207/107/15
腹擊○ 207/107/15
百姓皆○ 207/107/16
主君○ 207/107/17
蘇秦說李兌○ 208/107/21
李兌○ 208/107/23
208/107/29,208/108/2
蘇秦對○ 208/107/24
土梗與木梗鬬○ 208/107/25
李兌舍人謂李兌○ 208/108/1
舍人○ 208/108/2,208/108/4
蘇秦謂舍人○ 208/108/3
蘇秦為齊上書說趙王○
209/108/10
皆○韓亡三川 209/108/19
客請奉陽君○ 210/109/7
秦王謂公子他○ 211/109/13
公子他○ 211/109/15
令韓陽告上黨之守靳黈
○ 211/109/19
靳黈○ 211/109/21
陰使人請趙王○ 211/109/25
召平原君而告之○ 211/109/26
趙豹對○ 211/109/28
王大怒○ 211/110/4
王召趙勝、趙禹而告之
○ 211/110/7
二人對○ 211/110/8,459B/225/17
趙勝至○ 211/110/11
使臣勝謂○ 211/110/11
馮亭垂涕而勉○ 211/110/12
謂韓王○ 211/110/14,357/176/26
韓告秦○ 211/110/17
一蓋○ 212/110/23
冷向謂強國○ 213/110/28
謂皮相國○ 214/111/3
或謂皮相國○ 215/111/10
而遣之○ 216/111/17
鄙語豈不○ 216/111/17
皆對○ 216/111/18
說趙王○ 218/112/21,220/115/20
○言所以異 218/113/1
約○ 218/114/3

220/116/4,419/201/25
蘇子為謂秦王〇 219/114/17
皆〇『白馬非馬』也 219/115/8
肥義〇 221/116/23
使王孫緤告公子成〇 221/116/29
公子成再拜〇 221/117/7
自請之〇 221/117/13
公子成再拜稽首〇 221/117/28
趙文進諫〇 221/118/1
趙文〇 221/118/3
趙造諫〇 221/118/12
趙造〇 221/118/16
人有言子者〇 222/119/4
周紹〇 222/119/10,222/119/11
222/119/11,222/119/16
王令讓之〇 223/119/26
趙燕再拜稽首〇 223/120/1
牛贊進諫〇 224/120/6
名〇無窮之門 224/120/14
牛贊再拜稽首〇 224/120/18
相都平君田單問趙奢〇
225/120/23
馬服〇 225/120/28
豈有敢〇 225/121/7
都平君喟然大息〇 225/121/9
宋突謂机郝〇 226/121/13
公不若陰辭樓子〇 226/121/13
樂毅謂趙王〇 227/121/19
趙王乃令鄭朱對〇 228/121/27
司馬淺為富丁謂主父〇
229A/122/11
主父〇 229A/122/15
459A/225/9,459A/225/10
教子欬謂李兌〇 229B/122/23
出遇虞卿〇 230/122/30
虞卿〇 230/123/1,230/123/2
233/124/5,233/124/6
233/124/8,233/124/18
235/125/29,235/126/1
235/126/6,251/134/19
平原君請馮忌〇 231/123/8
馮忌對〇 231/123/8
平原君〇 231/123/13,234/125/22
236/126/19,236/126/22
236/126/24,252/135/13
平原君謂平陽君〇 232/123/18
平陽君〇 232/123/22
趙王與樓緩計之〇 233/123/27
樓緩辭讓〇 233/123/27
樓緩〇 233/123/28
233/124/11,233/125/1
相室〇 233/123/29
樓緩對〇 233/124/13
今樓緩〇 233/124/22
〇『我將因強而乘弱』 233/125/2
又入見王〇 233/125/7
且臣〇勿予者 233/125/8
見平原君〇 234/125/19
趙王召樓昌與虞卿〇 235/125/27
樓昌〇 235/125/28
趙王召虞卿〇 235/126/5
因平原君謂趙王〇 236/126/14
乃見平原君〇 236/126/18
魯連〇 236/126/20,236/126/28
236/127/3,236/127/4
平原君遂見辛垣衍〇 236/126/22
辛垣衍〇 236/126/23
236/126/27,236/127/2
236/127/3,236/127/5
236/127/9,236/127/11
魯仲連〇 236/127/6,236/127/10
236/127/11,236/127/15
赴於齊〇 236/127/7
威王勃然怒〇 236/127/8
辛垣衍怏然不悅〇 236/127/12
謂魯人〇 236/127/18
魯人〇 236/127/18
維子〇 236/127/19
夷維子謂鄒之孤〇 236/127/22
鄒之群臣〇 236/127/23
再拜謝〇 236/128/1
魯連笑〇 236/128/5
說張相國〇 237/128/11
鄭同〇 238/128/20
鄭同因撫手仰天而笑之
〇 238/128/22
昭王亦〇 238/128/23
臣〇 238/128/23
334/168/4,334/168/5
334/168/5,375/183/4
魏牟〇 239A/129/4
239A/129/6,239A/129/7
復塗偵謂君〇 239B/129/14
君忿然作色〇 239B/129/15
今子〇夢見竈君而言君
也 239B/129/16
建信君〇 240/129/23,242/130/9
苦成常謂建信君〇 241/130/3
希寫〇 242/130/10
建信君悖然〇 242/130/11
魏尬謂建信君〇 243/130/18
希卑〇 244/130/24
使臣與復丑〇 246/131/7
臣為足下謂魏王〇 247/131/23
〇有秦陰 247/132/4
臣願王之〇聞魏而無庸
見惡也 247/132/6
李兌乃謂齊王〇 248/132/16
臣為足下使公孫衍說奉
陽君〇 248/132/21
蘇代謂齊王〇 249/133/3
臣謂奉陽君〇 249/133/4
故〇君必無講 249/134/3
奉陽君〇 249/134/5
409/194/30,409/195/6
樓子〇 250/134/10
虞卿請趙王〇 251/134/18
范座獻書魏王〇 251/134/23
又遺其後相信陵君書〇
251/134/28
信陵君〇 251/135/3
339/169/14,339/169/17
馬服君謂平原君〇 252/135/9
馬服君〇 252/135/14
齊人戎郭、宋突謂仇郝
〇 253/135/24
中山案此言於齊〇 253/135/25
齊明為謂趙王〇 254/136/3
田駟謂柱國韓向〇 255/136/9
馮忌為廬陵君謂趙王〇
256/136/15
服子〇 257/136/23
馮忌〇 257/136/27
客見趙王〇 258A/137/3
謂左右〇 258B/137/16
〇諒毅者 258B/137/18
獻書秦王〇 258B/137/21
318/163/21
秦王使使者報〇 258B/137/23
諒毅對〇 258B/137/24
諒毅〇 258B/137/28,258B/138/5

舉茅為姚賈謂趙王○ 259/138/10
世鈞為之謂文信侯○ 261/138/21
故相與謀○ 261/138/22
齊○ 262/138/28
左師公○ 262/139/7
262/139/11,262/139/14
太后笑○ 262/139/10
祝○ 262/139/13
子義聞之○ 262/139/22
任章○ 264A/140/6,264A/140/7
桓子○ 264A/140/6
《周書》○ 264A/140/8
272/143/15,310/157/22
韓索兵於魏○ 264B/140/16
魏文侯○ 264B/140/16
文侯○ 264B/140/17
266/140/28,266/140/29
267/141/8,268/141/13
268/141/13,268/141/15
文侯謂覩師贊○ 265/140/23
贊對○ 265/140/23
西門豹○ 266/140/29
子方○ 268/141/14
稱○ 269/141/19
吳起對○ 269/141/20,269/141/23
武侯忿然○ 269/141/21
武侯○ 269/142/1
再拜辭○ 270/142/6
故《老子》○ 270/142/13
公叔痤對○ 271/142/18
出而謂左右○ 271/142/19
說魏王○ 272/142/27,273/143/22
盱夷為董慶謂田嬰○ 274/144/26
齊使蘇厲為之謂魏王○ 275/145/3
犀首○ 276/145/13,276/145/14
276/145/17,291/149/9
291/149/11,296/150/23
公謂魏王○ 276/145/15
○無事必來 276/145/15
因自言於廷○ 276/145/16
皆使人告其王○ 276/145/20
張儀惡陳軫於魏王○ 277/145/28
左華謂陳軫○ 277/145/28
鄭彊出秦○ 278/146/4
使人謂齊王○ 278/146/5
復諫於王○ 279/146/12
惠子謂王○ 280/146/19
雍沮謂張子○ 281/146/26
雍沮○ 281/146/28
雍沮謂齊、楚之君○ 281/146/28
齊、楚之王○ 281/147/2
故謂魏王○ 282/147/6
史厭謂趙獻○ 282/147/7
故令人謂韓公叔○ 283/147/12
其言○ 283/147/12
449/221/1,455/223/6
謂魏王○ 284/147/19,297/151/13
298/152/14,306/155/18
309/156/27,316/162/14
319/164/3,326/166/3
328/166/17,330/167/9
333/167/27,338/168/31
犀首謂梁王○ 286/148/3
為竇屢謂魏王○ 287/148/10
因揚言○ 287/148/12
公孫衍○ 288/148/18
犀首期齊王至之○ 288/148/19
綦母恢教之語○ 289/148/29
季子為衍謂梁王○ 290/149/3
田盼○ 291/149/10,291/149/13
犀首見梁君○ 292/149/19
蘇代為田需說魏王○ 293/149/27
而蘇代○ 293/149/28
二人者○ 293/149/30
成恢為犀首謂韓王○ 295/150/13
惠公○ 296/150/26,296/150/26
駕而見太子○ 296/150/26
文王○ 296/150/27
秦王謂宋郭○ 297/151/13
又必且○王以求地 297/151/18
又必謂王○使王輕齊 297/151/19
言○ 299/152/21
客謂公子理之傳○ 300/152/26
魏王召惠施而告之○ 301/153/3
張丑○ 301/153/11,454/222/25
朱倉謂王○ 302/153/20
臣請說嬰子○ 302/153/20
惠子○ 303A/153/26
昭魚謂蘇代○ 303B/154/3
蘇代為說秦王○ 304/154/16
則趙之謀者必○ 304/154/22
趙之用事者必○ 304/154/28
為魏謂楚王○ 305/155/7
329B/167/3
為疾謂楚王○ 305/155/12
龐葱○ 306/155/20
避席擇言○ 307/155/26
芒卯○ 308/156/10,309/157/1
臣請發張倚使謂趙王○
308/156/10
召相國而命之○ 308/156/11
相國○ 308/156/12
張倚因謂趙王○ 308/156/15
芒卯應趙使○ 308/156/18
芒卯謂秦王○ 309/156/23
魏王謂芒卯○ 309/157/1
秦王懼然○ 309/157/7
須賈為魏謂穰侯○ 310/157/12
臣聞魏氏大臣父兄皆謂
魏王○ 310/157/12
穰侯○ 310/158/6
399/192/10,399/192/12
周訢謂王○ 311/158/10
其子○ 311/158/11
許綰為我祝○ 311/158/15
周訢對○ 311/158/16
今人有謂臣○ 311/158/16
支期○ 311/158/22
311/158/24,311/158/26
311/158/27,311/158/29
王謂支期○ 311/158/23
支期說於長信侯○ 311/158/26
長信侯○ 311/158/26,311/158/27
311/158/29,311/159/3
支期先入謂王○ 311/159/1
孫臣謂魏王○ 312/159/9
因○不可革 312/159/16
魏使人謂淳于髡○ 313/159/21
入說齊王○ 313/159/22
客謂齊王○ 313/159/26
王以謂淳于髡○ 313/159/26
告之○ 314/160/3
又北見燕王○ 314/160/14
燕王○ 314/160/14
314/160/21,408/194/22
412/196/11,412/196/23
413/197/15,416A/199/7
420/203/1,433/211/17
田文○ 314/160/15,314/160/17
朱己謂魏王○ 315/160/29
魏謂趙王○ 317A/162/20

謂樓子於鄢陵○ 317B/162/28
公必謂齊王○ 317B/162/29
乃請樗里子○ 317B/163/7
樗里子○ 317B/163/8
317B/163/10
今齊王謂魏王○ 317B/163/11
使人謂樓子○ 317B/163/14
魏王問張旄○ 320/164/15
張旄對○ 320/164/15
張旄○ 320/164/16,320/164/17
320/164/17,320/164/19
客謂司馬食其○ 321/164/23
樓緩謂魏王○ 322/165/3
白珪謂新城君○ 324/165/14
昭忌○ 325/165/19,325/165/26
謂昭忌○ 325/165/24
昭忌乃為之見秦王○ 325/165/24
平都君說魏王○ 327/166/9
平都君○ 327/166/9,327/166/10
王○『不敢』 327/166/12
王○『不能』 327/166/13
芮宋謂秦王○ 329A/166/24
李郝謂臣○ 329A/166/25
白圭謂魏王○ 331/167/15
王不如陰侯人說成陽君○ 331/167/15
魏王令之謂秦王○ 332/167/21
魏魏王○ 332/167/21
天下皆○王近也 333/167/28
皆○王弱也 333/167/28
往見王○ 334/168/3
告臣○ 334/168/4
周肖謂宮他○ 335/168/12
子為肖謂齊王○ 335/168/12
宮他○ 335/168/12
公○ 335/168/13
魏王為之謂秦王○ 337/168/23
唐且對○ 338/169/2
343/171/17,343/171/19
唐且謂信陵君○ 339/169/13
信陵君使人謂安陵君○ 340/169/22
縮高○ 340/169/24
遣大使之安陵○ 340/169/28
憲之上篇○ 340/170/2
而君○『必生致之』 340/170/3
縮高聞之○ 340/170/6

使使者謝安陵君○ 340/170/9
於是布令於四境之內○ 341/170/20
或謂魏王○ 342/170/28
故畢○ 342/171/5
秦王使人謂安陵君○ 343/171/13
秦王謂唐且○ 343/171/15
謂唐且○ 343/171/18
唐且○ 343/171/20,343/171/21
長跪而謝之○ 343/171/24
段規謂韓王○ 344A/172/3
韓王○ 344A/172/3,348A/174/5
357/176/16,401/192/26
段規○ 344A/172/4
謂申不害於韓○ 344B/172/10
王問申子○ 345/172/15
乃微謂趙卓、韓鼂○ 345/172/17
昭侯○ 346/172/22
蘇秦為楚合從說韓王○ 347/172/28
仰天太息○ 347/173/12
張儀為秦連橫說韓王○ 348A/173/17
皆言○ 348A/173/25
宣王謂摎留○ 348B/174/9
張儀謂齊王○ 349/174/16
昭獻令人謂公叔○ 350/174/21
秦必○楚、韓合矣 350/174/22
魏順謂市丘君○ 352/175/3
市丘君○ 352/175/4
魏順南見楚王○ 352/175/7
魏順○ 352/175/8
泠向謂鄭彊○ 353/175/14
鄭彊○ 353/175/15
○儀之使者 354/175/22
故謂大宰○ 354/175/22
故因而請秦王○ 354/175/23
楊達謂公孫顯○ 355/175/28
游騰謂公仲○ 356A/176/3
杜赫為公仲謂秦王○ 356B/176/10
公仲明謂韓王○ 357/176/15
公仲○ 357/176/29,359/177/21
360/178/13,367/180/28
367/181/1,394/190/13
顏率謂公仲之謁者○ 358/177/11
率○好士 358/177/12
率○散施 358/177/12

率○好義 358/177/12
韓公仲謂向壽○ 359/177/17
向壽○ 359/177/19,359/177/29
向子○ 359/178/1,359/178/3
或謂公仲○ 360/178/9
387/187/17
臣請為公謂秦王○ 360/178/14
秦王必○ 360/178/15
臣即○ 360/178/16
為謂楚王○ 361/179/1
向也子○『天下無道』 362/179/9
今也子○『乃且攻燕』者 362/179/9
謂使者○ 363/179/17
秦王謂魏王○ 363/179/18
觀鞅謂春申○ 364/179/23
蘇代為楚王○ 365/180/3
宣太后○ 366/180/11
宣太后謂尚子○ 366/180/12
張翠○ 366/180/17,366/180/18
甘茂入言秦王○ 366/180/21
秦王之言○ 367/180/29
其言○收璽 367/181/6
公仲恐○ 367/181/7
史惕謂公叔○ 368/181/13
因令公仲謂秦王○ 369/181/20
三川之言○ 369/181/21
畢長謂公叔○ 370/181/26
公何不令人說昭子○ 370/181/27
教陽向說秦王○ 371/182/3
謂公叔○ 372/182/9
373/182/16,378/183/21
史舍○ 374/182/23
史舍入見○ 374/182/25
公叔○ 374/182/26,374/182/30
鄭彊○ 375/183/4
中庶子強謂太子○ 376/183/10
齊明謂公叔○ 377/183/16
宋赫為謂公叔○ 379/183/27
謂新城君○ 380/184/3
教公仲謂魏王○ 381/184/11
因令人謂楚王○ 381/184/12
謂芊戎○ 382/184/17
冷向謂韓咎○ 383A/184/23
冷向謂伯嬰○ 383B/184/29
則○來效賊也 383C/185/4
楚王問○ 384/185/9

必○廉潔勝任 384/185/13
聶政問○ 385/185/22
嚴遂○ 385/185/22
而聶政謝○ 385/185/24
因為聶政語○ 385/185/25
聶政○ 385/185/27,385/186/1
見嚴仲子○ 385/186/7
嚴仲子具告○ 385/186/8
政○ 385/186/10
視之○ 385/186/20
乃抱屍而哭之○ 385/186/21
晉、楚、齊、衛聞之○ 385/186/24
或謂韓公仲○ 386/187/3
秦王大怒○ 388/187/29
蘇秦為韓說秦王○ 388/188/1
或謂韓王○ 389/188/12
謂鄭王○ 390/188/23
臣竊以為猶之井中而謂○ 390/189/9
足強為之說韓王○ 392/189/28
韓之美人因言於秦○ 393/190/5
故客有說韓者○ 393/190/6
謂韓公仲○ 394/190/11
張丑因謂齊、楚○ 394/190/13
或謂韓相國○ 395/190/18
唐客謂公仲○ 396A/190/24
韓侈謂秦王○ 396B/191/3
魏之使者謂後相韓辰○ 396B/191/4
韓辰○ 396B/191/4
客卿為韓謂秦王○ 396C/191/11
皆○以燕亡於齊 396C/191/13
謂韓珉○ 397/191/25
或謂山陽君○ 398/192/3
韓相國謂田苓○ 399/192/9
田苓對○ 399/192/10
穰侯怒○ 399/192/11
公○未急 399/192/11
田苓○ 399/192/12
冷向謂陳軫○ 400/192/17
向○ 400/192/18
周成恢為之謂魏王○ 401/192/24
成恢因為謂韓王○ 401/192/25
張登請費緤○ 402/193/3
請令公子年謂韓王○ 402/193/3
輸人為之謂安令○ 403/193/9
房喜謂韓王○ 404/193/14
趙敖為謂建信侯○ 405/193/19
段產謂新城君○ 406/193/26
段干越人謂新城君○ 407/194/3
造父之弟子○ 407/194/3
王良弟子○ 407/194/4
北說燕文侯○ 408/194/10
李兌因為蘇秦謂奉陽君○ 409/194/27
噲子謂文公○ 410/195/10
文公○ 410/195/11
齊王桉戈而卻○ 411/195/19
謂燕王○ 412/196/8,413/197/3
而陰告廚人○ 413/197/5
客謂魏王○ 414/197/20
今燕客之言○ 414/197/21
乃北見燕王噲○ 415/197/27
○有大數矣 415/198/8,415/198/9
燕王問之○ 416A/199/7
鹿毛壽謂燕王○ 416A/199/11
或○ 416A/199/15
王因令人謂太子平○ 416A/199/21
孟軻謂齊宣王○ 416A/199/27
燕王噲問○ 416B/200/6
齊使人謂魏王○ 417/200/13
故往見郭隗先生○ 418/200/20
郭隗先生對○ 418/200/24
郭隗先生○ 418/200/30
涓人言於君○ 418/201/1
君大怒○ 418/201/2
涓人對○ 418/201/2
蘇代乃遺燕昭王書○ 419/201/14
蘇代謂燕昭王○ 420/202/14
其所愛者○ 420/203/7
慮○ 420/203/9
燕王謂蘇代○ 421/203/18
蘇代對○ 421/203/18
之男家○『女美』 421/203/19
之女家○『男富』 421/203/19
蘇代約燕王○ 422/203/25
正告楚○ 422/203/28
秦正告韓○ 422/204/1
秦正告魏○ 422/204/4
則以齊委於天下○ 422/204/13
則以南陽委於楚○ 422/204/17
適燕者○ 422/204/23
適趙者○ 422/204/23
適魏者○ 422/204/23
適楚者○ 422/204/24
適齊者○ 422/204/24
謂昭王○ 423/205/7
韓為謂臣○ 423/205/7
人告奉陽君○ 423/205/7
奉陽君告朱讙與趙足○ 424/205/16
齊王使公王○命說○ 424/205/16
奉陽君告朱讙○ 424/205/28
先說淳于髡○ 425/206/12
往見伯樂○ 425/206/13
蘇代自齊使人謂燕昭王○ 426/206/21
令人謂閔王○ 426/206/24
閔王○ 426/206/26,426/207/3
乃謂蘇子○ 426/206/26
而報於閔王○ 426/207/2
又使人謂閔王○ 426/207/5
蘇代自齊獻書於燕王○ 427/207/13
將○善為齊謀 427/207/15
王謂臣○ 427/207/15
與之言○ 427/207/17
今王又使慶令臣○ 427/207/20
太后聞之大怒○ 428/207/26
陳翠○ 428/207/29,428/208/4
遂入見太后○ 428/207/29
昭王召而謂之○ 429/208/15
趙恢○ 430/208/21
公聽吾言而說趙王○ 430/208/23
且謝之○ 431/209/8
望諸君乃使人獻書報燕王○ 431/209/14
先王命之○ 431/209/25
臣對○ 431/209/25
先王○ 431/209/28
客謂燕王○ 433/211/15
蘇代為燕謂惠王○ 434/212/3
鷸○ 434/212/4
蚌亦謂鷸○ 434/212/4
齊謂燕王○ 435/212/11
魏亦謂燕王○ 435/212/11
蘇子謂燕相○ 435/212/12
景陽怒○ 436/212/18
丑○ 437/212/26
反報○ 438/213/3

王乃召昌國君樂間而問
○ 438/213/4
或謂之○ 438/213/24
柳下惠○ 438/213/25
意君○ 438/213/29
使者見秦王○ 439/214/10
謂其太傅鞫武○ 440/214/19
武對○ 440/214/19
太傅○ 440/214/21
太傅鞫武諫○ 440/214/23
太子丹○ 440/214/26
鞫武○ 440/214/28,440/214/29
道太子○ 440/215/1
田光○ 440/215/1,440/215/5
440/215/7,440/215/13
太子避席而請○ 440/215/4
田光俛而笑○ 440/215/9
幸而教之○ 440/215/12
荊軻○ 440/215/13
440/215/28,440/216/14
今太子約光○ 440/215/14
有頃而後言○ 440/215/18
太子避席頓首○ 440/215/20
乃請荊卿○ 440/216/5
荊卿○ 440/216/6
乃遂私見樊於期○ 440/216/11
樊將軍仰天太息流涕○
440/216/12
軻○ 440/216/13
樊於期乃前○ 440/216/14
樊於期偏袒扼腕而進○
440/216/16
乃復請之○ 440/216/23
叱太子○ 440/216/24
又前而為歌○ 440/216/28
嘉為先言於秦王○ 440/217/4
前為謝○ 440/217/10
秦王謂軻○ 440/217/11
左右乃○ 440/217/18
箕踞以罵○ 440/217/20
其御○ 441/218/3,446B/220/1
臧子○ 441/218/4
謂之○ 442/218/10
公輸般○ 442/218/11
墨子○ 442/218/11,442/218/19
墨子見楚王○ 442/218/15
使人謂衛君○ 443/218/26
南文子止之○ 443/218/28
宋君使使者請於趙王○ 444/219/3
趙王亦說○ 444/219/11
謂大尹○ 445/219/17
蘇秦為宋謂齊相○ 446A/219/22
外黃徐子○ 446B/219/28
罵國老諫○ 447/220/8
衛君○ 448A/220/15
文子○ 448A/220/15
至境而反○ 448A/220/17
南文子○ 448B/220/21
胡衍謂樗里疾○ 449/220/27
樗里疾○ 449/220/30,449/220/31
胡衍○ 449/220/30
謂其守○ 449/221/1
梧下先生○ 450/221/7
乃見魏王○ 450/221/8
至郎門而反○ 450/221/11
先生○ 450/221/11
衛客○ 450/221/13
富術謂殷順且○ 451/221/17
群臣諫○ 452A/221/27
御○ 452B/222/3
新婦謂僕○ 452B/222/3
常莊談謂趙襄子○ 453/222/10
齊謂趙、魏○ 454/222/15
454/222/16
召張登而告之○ 454/222/16
登對○ 454/222/17
見嬰子○ 454/222/18
田嬰○ 454/222/23,454/222/25
張登○ 454/222/23,455/223/11
455/223/18,455/223/23
張登因謂趙、魏○ 454/222/31
張登謂藍諸君○ 455/223/9
藍諸君○ 455/223/9,455/223/12
455/223/13,455/223/18
455/223/22,455/223/25
登○ 455/223/15
使告中山君○ 455/223/18
燕、趙必○ 455/223/24
弘○ 456/224/4
司馬憙頓首於軾○ 456/224/5
田簡謂司馬憙○ 457/224/11
司馬憙○ 457/224/13,458/224/23
458/224/30,458/225/4
司馬憙謂陰姬公○ 458/224/20
陰姬公稽首○ 458/224/21
司馬憙即奏書中山王○
458/224/21
中山王悅而見之○ 458/224/22
見趙王○ 458/224/26
大悅○ 458/224/29
歸報中山王○ 458/225/1
司馬喜○ 458/225/2
中山王○ 458/225/3
李疵○ 459A/225/9,459A/225/11
中山君喟然而仰歎○ 459B/225/19
而○『不可』 461/225/31
責之○ 461/226/9
武安君頓首○ 461/227/3

約 yuē 124

○從連橫 40/13/18
行義○信 40/13/21
○從散橫 40/14/7
故先使蘇秦以幣帛○乎
諸侯 41A/14/25
反智伯之○ 42/17/5
請為子車○ 49/20/1
王其為臣○車并幣 50/20/20
○伐韓 55/23/4
彼若以齊○韓、魏 61A/25/5
甘茂○秦、魏而攻楚 62/25/22
齊與大國救魏而倍○ 63/26/1
載主契國以與王○ 67/27/20
伯主○而不忿 89/43/3
○而不忿 89/43/4
樓啎○秦、魏 92/44/9
為期與我○矣 92/44/12
秦疑於王之○ 92/44/12
魏不與我○ 92/44/13
一日倍○ 93/44/23
臣請大王○從 95/46/25
復為兄弟○ 111/54/15
因與秦王○曰 115/56/24
乃○車而暮去 122/59/27
割地固○者又蘇秦也 122/60/5
衛君甚欲○天下之兵以
攻齊 128/62/13
今君○天下之兵以攻齊 128/62/15
是足下倍先君盟○而欺
孟嘗君也 128/62/15

於是○車治裝 133/65/5
無德而望其福者○ 136B/67/29
○伐趙 141B/70/19
夫○然與秦為帝 141B/70/20
倍○儐秦 141B/70/21
○結而喜主怨者孤 142/71/3
故○不為人主怨 142/71/18
○而好主怨 142/71/22
不○親 142/72/11
而用兵又非○質而謀燕也 142/72/13
○於同形則利長 142/72/15
謀○不下席 142/74/5
○之矢以射城中 145/75/11
○與五百里之地 150/79/28
五國○以伐齊 153/80/19
○絕之後 153/80/22
奉明○ 167/86/5,272/143/17
且夫○從者 168/86/25
凡天下所信○從親堅者蘇秦 168/87/17
楚士○食 170/89/29
故王不如與齊○ 171/90/7
齊、秦○攻楚 172/90/13
是公與○也 172/90/15
後不可以○結諸侯 177/92/13
王勿與為○ 181/94/4
而王親與○ 184/95/10
今○勝趙而三分其地 202/103/10
背信盟之○ 202/103/15
二君即與張孟談陰○三軍 203/104/23
吾與二主○謹矣 203/104/28
君其與二君○ 203/105/3
○兩主勢能制臣 204A/105/19
展轉不可○ 211/109/14
甘茂為秦○魏以攻韓宜陽 213/110/28
○曰 218/114/3
220/116/4,419/201/25
諸侯有先背○者 218/114/8
以○諸侯 218/114/13
方將○車趨行 220/116/10
今無○而攻齊 227/121/19
我○三國而告之秦 229A/122/16
使趙郝○事於秦 233/124/6
李兌○五國以伐秦 247/131/20
則願五國復堅○ 249/133/7
使臣守○ 249/133/8
若與有倍○者 249/133/8
無倍○者 249/133/9
而秦侵○ 249/133/9
若復不堅○而講 249/133/9
趙使姚賈○韓、魏 259/138/10
於是為長安君○車百乘質於齊 262/139/19
一天下、○為兄弟、刑白馬以盟於洹水之上以相堅也 273/143/29
○一國而反 273/144/15
齊、魏○而伐楚 274/144/25
急○車為行具 276/145/17
李從○寡人 276/145/22
王亦聞張儀之○秦王乎 281/146/29
王以其間○南陽 282/147/6
○外魏 288/148/18
王為○車 288/148/19
王與三國○外魏 288/148/23
與之○結 292/149/23
其次堅○而詳講 297/151/21
次傳焚符之○者 297/152/6
欲使五國○閉秦關者 297/152/7
秦、趙○而伐魏 308/156/10
臣為王責○於秦 309/157/2
重為之○車百乘 314/160/4
先日公子常○兩王之交矣 314/160/14
楚、魏疑而韓不可得而○也 315/161/28
王速受楚、趙之○ 315/162/2
葉陽君○魏 316/162/14
樓梧○秦、魏 328/166/17
齊、楚○而欲攻魏 338/168/29
遂○車而遣之 338/169/1
魏急則且割地而○齊、楚 338/169/4
五國○而攻秦 352/175/3
王○五國而西伐秦 352/175/7
又非素○而謀伐秦矣 357/177/1
其實猶有○也 367/181/7
○復為兄弟 389/188/15
又與○事 396B/191/5
甘茂○楚、趙而反敬魏 396C/191/19
○與代王遇於句注之塞 413/197/4
蘇代○燕王曰 422/203/25
齊王四與寡人○ 422/204/13
舅不能○ 422/204/25
燕反○諸侯從親 422/205/1
而天下由此宗蘇氏之從○ 422/205/1
○楚、魏 431/209/28
○戍韓、梁之西邊 432/211/8
請西○三晉 440/214/25
今太子○光曰 440/215/14
必得○契以報太子也 440/217/20
不○而親 461/226/19

月 yuè 37

不過一○必拔之 25/9/6
今圍雍氏五○不能拔 25/9/6
十○取之 44/18/11
五○而不能拔也 55/23/21
十七○不下 80/35/3
○滿則虧 81/36/20
蔡澤相秦王數○ 81/37/19
五○趙亡 95/47/13
七○ 102/50/26
數○之後 108/53/1
至歲八○ 124/60/28
三○而不克之也 148/78/10
與三○之糧 168/87/1
危難在三○之內 168/87/3
不至數○而宋可舉 168/87/14
無一○之積 170/88/26
楚國亡之○至矣 170/89/6
留五○ 192/97/24
候問三○ 199/100/27
三○不能拔 203/104/14
李兌送蘇秦明○之珠 208/108/5
樓緩坐魏三○ 229A/122/14
不至一二○ 249/133/6
249/133/22
故日○暉於外 258A/137/12
後三○ 263/140/1
不過五○而趙破 291/149/10
地入數○ 309/157/1
地已入數○ 309/157/1
彗星襲○ 343/171/22

楚圍雍氏五○ 366/180/9
留之數○ 414/197/20
國構難數○ 416A/199/25
三○得千里馬 418/201/1
十○而拔燕薊城 440/217/24
犀角偃○ 458/224/29
圍邯鄲八、九○ 461/227/1

悅 yuè 24

齊王大○ 1/1/6
楚王乃○ 24/8/28
周君大○曰 25/9/4
趙王大○ 40/14/6,430/208/28
不○而合於楚 62/25/23
魏制和必○ 62/25/24
太后必○公 91/44/5
王后○其狀 93/45/10
秦必○ 95/46/23
秦王大○ 96/47/24
宣王不○ 107/52/7,136B/67/12
王○之 107/52/7
楚王大○ 122/59/23
睹貌而相○者 128/62/8
孟嘗君有舍人而弗○ 129/62/23
宣王默然不○ 136B/67/17
女為○己者容 204B/106/8
辛垣衍怏然不○曰 236/127/12
衛君大○ 448A/220/14
中山王○而見之曰 458/224/22
大○曰 458/224/29
中山王作色不○ 458/225/2

越 yuè 55

○人請買之千金 30/10/16
秦必不敢○河而攻南陽 31/10/24
吳不亡○ 66/27/11
○故亡吳 66/27/11
吳亡於○ 66/27/11
富擅○隸 70/28/16
大王○韓、魏而攻強齊 73A/31/1
○人之國而攻 73A/31/2
○之大夫種 81/35/30
大夫種事○王 81/36/4
孰與秦孝公、楚悼王、○王乎 81/36/16
不過秦孝、○王、楚悼 81/36/17
又○韓、魏攻強趙 81/36/26
南攻楊○ 81/37/2
大夫種為○王墾草刱邑 81/37/3
吳之信○也 87/41/11
還為○王禽於三江之浦 87/41/12
此正吳信○也 87/41/16
吳王夫差棲○於會稽 89/43/8
而宋、○專用其兵 142/71/22
強襲郢而棲○ 142/72/3
莒恃○而滅 142/72/5
且王嘗用滑於○而納句章 166/85/7
○亂 166/85/7
○亂而楚治也 166/85/8
今王以用之於○矣 166/85/8
東有○纍 185/95/27
若○趙、魏而鬬兵於燕 201/103/3
必不能○趙而有中山矣 205/107/4
○漳、河 208/107/22
甌○之民也 221/117/15
是吳、○無俊民也 221/118/25
而弱○之所以霸 231/123/13
臣聞○王勾踐以散卒三千 272/143/7
此其過○王勾踐、武王遠矣 272/143/9
夫○山踰河 315/161/10
繒恃齊以悍○ 319/164/3
齊和子亂而○人亡繒 319/164/4
若夫○趙、魏而鬬兵於燕 362/179/11
吳與○戰 390/189/4
○人大敗 390/189/4
吳人入○而戶撫之 390/189/5
○王使大夫種行成於吳 390/189/5
其後○與吳戰 390/189/6
反以○事吳之禮事○ 390/189/7
○人不聽也 390/189/7
宜使如○ 390/189/8
夫攻形不如○ 390/189/8
段干○人謂新城君曰 407/194/3
○王勾踐棲於會稽 419/201/23
而弱○乘其弊以霸 430/208/24
而使強秦處弱○之所以霸也 430/208/25
胡與○人 432/210/29
智又不如胡、○之人矣 432/211/1

鉞 yuè 1

要不足以待斧○ 72/29/3

樂 yuè 74

見梁囿而○之也 32/10/29
而利溫囿以為○ 32/11/5
張○設飲 40/14/17
乃遺之女○ 48A/19/7
魏文侯令○羊將 55/23/11
○羊反而語功 55/23/12
○羊再拜稽首曰 55/23/12
人臣之所○為死也 75/33/7
與○死者鬬 75/33/8
於是唐雎載音○ 77/33/24
不○為秦民之日固久矣 78/34/7
天下懷○敬愛 81/35/27
故天下○伐之也 88/42/27
此齊貌辨之所以外生○患趣難者也 101/50/16
大臣父兄殷眾富○ 113/55/14
君姑高枕為○矣 133/65/28
此皆幸○其名 136B/68/1
完者內酺而華○ 142/72/22
則非王之○也 142/73/8
和○倡優侏儒之笑不之 142/73/18
有生之○ 148/78/16
○矣 160/83/10
誰與○此矣 160/83/10
又何如得此○而○之 160/83/12
士卒安難○死 168/86/16
王惑於虞○ 174/91/8
伯○遭之 199/101/7
彼見伯○之知己也 199/101/8
民不○後也 219/114/21
非以養欲而○志也 221/116/24, 221/117/2
狂夫之○ 221/116/26
詩書禮○之所用也 221/117/9
○毅謂趙王曰 227/121/19
我分兵而孤○中山 229A/122/18
○羊為魏將而攻中山 265/140/22
○羊坐於幕下而啜之 265/140/22
○羊以我之故 265/140/23

〇羊既罷中山 265/140/24
飲酒〇 267/141/7
今日飲酒〇 267/141/7
雖〇 267/141/8
魏文侯與田子方飲酒而稱〇 268/141/13
君明則〇官 268/141/14
不明則〇音 268/141/14
禽〇祚 270/142/5
王之國雖滲〇而從之可也 293/149/30
其〇忘死 307/156/3
強臺之〇也 307/156/5
夫安〇無事 408/194/13
即酒酣〇 413/197/5
於是酒酣〇進取熱歠 413/197/5
〇毅自魏往 418/201/7
士卒〇佚輕戰 418/201/8
於是遂以〇毅為上將軍 418/201/8
往見伯〇曰 425/206/13
伯〇乃還而視之 425/206/14
足下有意為臣伯〇乎 425/206/15
燕因使〇毅大起兵伐齊 426/207/8
昌國君〇毅為燕昭王合五國之兵而攻齊 431/209/3
疑〇毅 431/209/4
〇毅奔趙 431/209/4
懼趙用〇毅承燕之弊以伐燕 431/209/5
燕王乃使人讓〇毅 431/209/8
王乃召昌國君〇間而問曰 438/213/4
使〇乘以五萬遇慶秦於代 438/213/7
〇間入趙 438/213/8
〇間、〇乘怨不用其計 438/214/1
〇羊為魏將 460/225/24
作羹致於〇羊 460/225/24
〇羊食之 460/225/24
〇羊食子以自信 460/225/25

躍 yuè 4

〇〇毚兔 87/41/15
高〇而不敢進 112/55/6
豫讓拔劍三〇 204B/106/28

籥 yuè 1

魯人投其〇 236/127/21

云 yún 18

《書》〇 66/27/10,222/119/21
楚、燕之兵〇翔不敢校 87/41/2
《詩》〇 87/41/9,87/41/14,87/41/15,89/43/7,89/43/18
君〇『視吾家所寡有者』 133/65/12
是故《易傳》不〇乎 136B/67/28
〇曰尚矣 148/78/14
子〇天下無敵 201/103/1
子〇乃且攻燕者 201/103/2
詩〇 222/119/6
然而吾弗為〇者 391/189/16
雖為桓公吾弗為〇者 391/189/18
〇取千里馬 407/194/3
今齊之辭〇『即佐王』 455/223/20

雲 yún 12

楚王游於〇夢 160/83/8
野火之起也若〇蜺 160/83/8
逃於〇夢之中 170/89/22
與之馳騁乎〇夢之中 192/98/17
楚必致橘柚〇夢之地 218/113/2
燕守〇中 218/114/5
西有〇中、九原 408/194/10
踰〇中、九原 408/194/15
秦下甲〇中、九原 413/197/11
而李信出太原、〇中 440/215/23
聞公為〇梯 442/218/11
荊有〇夢 442/218/19

抎 yǔn 2

唯恐失〇之 137/68/28
折清風而〇矣 192/98/9

隕 yǔn 1

故瘡〇也 198/100/22

運 yùn 2

今公疾攻魏之〇 394/190/11
攻〇而取之易矣 394/190/12

雜 zá 3

〇民之所居也 42/16/13
以〇秦軍 109/53/7
家〇總 142/72/25

哉 zāi 89

而又為客〇 9/4/9
周君豈能無愛國〇 24/8/28
君何不買信貨〇 30/10/18
蓋可忽乎〇 40/14/20
秦王安能制晉、楚〇 63/26/9
則韓、魏必無上黨〇 63/26/13
葬於無知之死人〇 64/26/21
豈齊不欲地〇 73A/31/4
何為不可〇 81/36/7
其可願孰與閎夭、周公〇 81/36/15
孰與以禍終〇 81/37/10
雖藍田豈難得〇 82A/37/26
臣豈以郢威王為政衰謀亂以至於此〇 88/42/26
人主豈得其用〇 96/48/14
何〇 102/50/22,130/63/8,204A/105/21
其於齊何利〇 102/50/23
豈為人臣欺生君〇 109/53/15
子以齊、楚為孰勝〇 110/53/21
足下豈如令眾而合二國之後〇 110/53/23
豈用強力〇 125/61/15
豈非世之立教首也〇 129/62/27
君豈受楚象床〇 130/63/7
豈有騏麟騄耳〇 135/66/24
豈有毛廧、西施〇 135/66/24
士何必待古〇 135/66/25
安可得而有乎〇 136B/67/28
何不吉之有〇 136B/68/5
君子焉可侮〇 136B/68/10
豈特攫其腓而噬之耳〇 147/77/10
豈不以據勢也〇 147/77/16

誰有厚於安平君者○ 147/77/26
社稷豈得無危○ 168/86/23
悍○ 190/97/11
豈特百里○ 192/97/29
將道何○ 201/102/29
秦豈得愛趙而憎韓○ 209/108/14
建信者安能以無功惡秦
○ 214/111/4
奚擇有功之無功為知○ 214/111/6
借衣者被之○ 216/111/18
而以冥冥決事○ 218/113/20
豈可同日而言之○ 218/113/24
趙僅存○ 219/114/23
豈獨田單、如耳為大過
○ 219/114/30
豈可得○ 220/116/3,440/216/5
距此奚難○ 225/121/5
我其以三萬救是者乎○ 225/121/7
善○ 231/123/14,442/218/22
而何慰秦心○ 233/125/8
國奚無人甚○ 252/135/9
有子孫相繼為王也○ 262/139/13
豈人主之子孫則必不善
○ 262/139/16
豈可不一會期○ 267/141/8
豈不亦信固○ 269/141/19
公叔豈非長者○ 270/142/12
豈不悲○ 271/142/20
豈其士卒眾○ 272/143/8
惡得無眩○ 273/144/17
豈小功也○ 296/151/6
夫秦何厭之有○ 310/157/17
何必以兵○ 310/158/3
則魏國豈得安○ 315/161/20
何也○ 325/165/26
豈有及○ 338/169/5
豈直五百里○ 343/171/18
則豈楚之任也○ 362/179/11
豈不殆○ 385/186/11
勇○ 385/186/20
豈不為過謀○ 391/189/16
豈不為過謀而不知尊○
391/189/19
豈可不謂善謀○ 391/189/21
豈如道韓反之○ 401/192/26
豈能東無齊、西無趙○ 409/195/1
蘇秦能抱弱燕而孤於天
下○ 409/195/2
何肯楊燕、秦之威於齊
而取大功乎○ 412/196/16
安猶取○ 415/198/19
豈遠千里○ 418/201/4
何如人○ 420/203/3
寡人豈敢一日而忘將軍
之功○ 431/209/9
欲排其逆鱗○ 440/214/20
豈丹之心○ 440/215/19
荊卿豈無意○ 440/216/23
彼安敢攻衛以重其不勝
之罪○ 443/218/30
豈若中山廢其王而事齊
○ 454/222/20
以止其遇○ 454/223/2
何神之有○ 461/226/23

宰 zǎi 1

故謂大○曰 354/175/22

再 zài 46

樂羊○拜稽首曰 55/23/12
敢○拜賀 61B/25/16
范睢○拜 73A/30/21
秦王亦○拜 73A/30/21
○辟千里 73A/31/3
○戰燒夷陵 81/36/26
○戰於藍田 82A/37/24
武安君北面○拜賜死 95/47/11
○戰而○勝秦 113/55/21
113/55/21
○拜賀戰勝 117/57/11
則○拜而辭去也 136B/68/16
天下有此○費者 142/72/24
○戰北勝 142/73/3
故知者不○計 145/75/13
公無○計 145/75/18
○拜而請曰 182/94/22
張子○拜而請曰 182/94/23
襄子○拜之 203/104/24
人主不○行也 219/114/21
公子成○拜曰 221/117/7
公子成○拜稽首曰 221/117/28
○拜 221/117/29,222/119/17
趙燕○拜稽首曰 223/120/1
牛贊○拜稽首曰 224/120/18
○拜謝曰 236/128/1
建信君○拜受命 240/129/26
○拜辭曰 270/142/6
魏○明孰 297/151/24
而與之並朝齊侯○三 301/153/14
而○奪之國 315/161/1
敢○拜辭 340/169/26
敢○拜釋罪 340/170/10
故使使臣○拜謁秦王 354/175/23
秦○勝而趙三勝 408/194/14
燕○戰不勝 410/195/10
○拜而賀 411/195/19
○圍燕都而劫大王 413/197/9
伊尹○逃湯而之桀 424/206/2
○逃桀而之湯 424/206/2
小戰○ 433/211/26
太子○拜而跪 440/215/18
蒲守○拜 449/221/2

在 zài 111

昭獻○陽翟 5A/2/26
若其王○陽翟 5A/2/28
忠臣令誹○己 8B/3/29
譽○上 8B/3/29
重亦盡○趙 23/8/20
故使長兵○前 24/8/27
強弩○後 24/8/27
楚兵○山南 28/10/3
夫賢人○而天下服 40/14/12
白刃○前 42/15/13
斧質○後 42/15/13
今身○楚 45/18/17
○耳之前 54/22/26
樗里疾、公孫衍二人○ 55/23/21
息壤○彼 55/23/22
義之所○ 81/36/6
其母○秦 82B/38/7
尚賢○晉陽之下也 83B/39/4
楚使者景鯉○秦 84B/39/17
齊、宋○繩墨之外以為
權 89/43/20
○東周 91/44/4
又有母○中 93/44/22
棄○於趙 93/45/1

少棄捐○外	93/45/11
非○齊也	98/49/1
又將○楚	98/49/1
且先王之廟○薛	101/50/9
儀之所○	115/56/16
	115/56/23, 115/56/25
太子○齊質	122/58/26
明日視美珥所○	123/60/18
孟嘗君○薛	125/61/6
先君之廟○焉	125/61/12
若自○隘窘之中	125/61/14
權藉不○焉	142/71/8
○勞天下而自佚	142/73/19
佚治○我	142/73/20
勞亂○天下	142/73/20
將軍之○即墨	148/78/13
而○阿、鄄之間者百數	150/79/23
而○城南下者百數	150/79/24
○大王之所用之	167/85/25
○大王命之	167/86/5
危難○三月之內	168/87/3
○半歲之外	168/87/4
明日視善珥所○	191/97/16
而罪○謁者也	196/99/18
夫賢者之所○	197/99/28
不令○相位	204A/105/20
信忠○己而眾服焉	204A/105/22
韓之○我	211/109/15
○於擇交	218/112/24
故明德○於論賤	221/117/2
行政○於信貴	221/117/2
必○韓、魏之後也	233/124/15
則必盡○於秦矣	233/125/3
秦之使者已○趙矣	233/125/13
多○君之右	234/125/20
而制媾者○秦	235/125/29
天下之賀戰勝者皆○秦矣	235/126/6
今其人○是	236/126/20
梁客辛垣衍安○	236/126/21
其人○此	236/126/23
而太子○外	248/132/18
國○謀之中	249/134/1
其賊○於內	258A/137/12
而禍○於所愛	258A/137/12
其繼有○者乎	262/139/14
諸侯有○者乎	262/139/15
其子○中山	265/140/22
文山○其南	269/141/24
而衡山○其北	269/141/24
廬、睪○其北	269/141/25
○大王詔之	272/143/17
蘇脩、朱嬰既皆陰○邯鄲	297/152/7
公子高○楚	302/153/21
恐魏之以太子○楚不肯也	305/155/11
而為魏太子之尚○楚也	305/155/12
已○鄴矣	308/156/15
秦乃○河西	315/161/23
	315/161/26
魏太子○楚	317B/162/28
今齊、楚之兵已○魏郊矣	338/169/4
而厮徒負養○其中矣	348A/173/19
太子○楚	381/184/11
幾瑟亡○楚	383A/184/23
令楚兵十餘萬○方城之外	383A/184/23
其弟○周	383C/185/3
老母○	385/185/28
徒以親○	385/186/7
韓王及相皆○焉	385/186/14
韓侈○唐	396B/191/3
蘇秦○燕	409/194/27
蘇秦之○燕也	416A/199/3
夫列○萬乘	419/201/14
強弩○前	422/204/5
銛戈○後	422/204/5
○必然之物以成所欲	424/205/25
燕兵○晉而不進	426/206/24
燕兵○晉	426/206/26
且太后與王幸而○	428/208/7
宜○遠者	438/213/28
又況聞樊將軍之○乎	440/214/24
夫○中者惡臨	443/218/29
不○索王	454/222/17
此是欲皆○為王	454/222/26
而憂○負海	454/222/27
何○其所存之矣	455/223/23
大夫司馬子期○焉	459B/225/16
其子時○中山	460/225/24

載 zài　15

○以乘車駟馬而遣之	21/7/25
○以廣車	24/8/25
○主契國以與王約	67/27/20
臣不敢○之於書	72/29/11
○與俱歸者	73A/30/1
伍子胥橐○而出昭關	73A/30/9
於是唐雎○音樂	77/33/24
今令人復○五十金隨公	77/33/28
則郄車而○耳	131/63/25
○券契而行	133/65/5
舫船○卒	168/86/30
一舫○五十人	168/87/1
不足以○大名	189/96/27
○百金	288/148/19
鄭彊○八百金入秦	353/175/14

贊 zàn　7

牛○進諫曰	224/120/6
牛○再拜稽首曰	224/120/18
旦日○群臣而訪之	244/130/25
文侯謂覩師○曰	265/140/23
○對曰	265/140/23
王以國○嫪毒	342/171/7
王以國○嫪氏	342/171/7

牂 zāng　1

有狂兕（牂）〔○〕車依輪而至	160/83/9

臧 zāng　6

桓○為昭雎謂楚王曰	173B/90/26
桓○為雎謂楚王曰	183/94/30
宋使○子索救於荊	441/218/3
○子憂而反	441/218/3
○子曰	441/218/4
○子乃歸	441/218/5

葬 zàng　18

為我○	64/26/19
○於無知之死人哉	64/26/21
而恩以相○臣	80/35/14

必更○將軍之母　109/53/13
臣非不能更○先妾也　109/53/13
夫不得父之教而更○母　109/53/14
死者破家而○　142/72/21
已○　271/142/22
○有日矣　296/150/19,296/150/26
且為棧道而○　296/150/19
昔王季歷○於楚山之尾　296/150/27
三日而後更○　296/150/28
今○有日矣　296/150/29
得毋嫌於欲亟○乎　296/150/29
又令魏太子未○其先王而因又說文王之義　296/151/5
既○　385/186/1
秦民之死者厚○　461/226/1

遭 zāo　3

不○時不得帝王　66/27/8
曹子以為○　145/76/7
伯樂○之　199/101/7

糟 zāo　3

民不饜○糠　348A/173/18
鄰有○糠而欲竊之　442/218/16
此猶梁肉之與○糠也　442/218/20

早 zǎo　8

使邊境○閉晚開　93/45/13
○救之　103/50/30
不如○救之　103/51/1
不○圖　146/76/24
故願大王之○計之　167/85/21
不可不○定也　201/102/24
封不可不○定也　248/132/21
○朝晏退　461/226/4

蚤 zǎo　5

而君不○親　122/60/12
臣願君之○計也　249/133/11
○知之士　431/210/6
子胥不○見主之不同量　431/210/12
○晚之時失也　452B/222/5

棗 zǎo　9

遽效煮○　2/2/1
拔燕、酸○、虛、桃人　87/41/2
令之留於酸○　92/44/10
以太子之留酸○而不之秦　92/44/12
東有淮、穎、沂、黃、煮○、海鹽、無（踈）〔疏〕　272/142/28
北有河外、卷、衍、燕、酸○　272/142/29
拔卷、衍、燕、酸○　273/144/4
北有○粟之利　408/194/12
○栗之實　408/194/12

造 zào　14

石行秦謂大梁○曰　11A/4/26
秦客卿○謂穰侯曰　66/27/3
先生王斗○門而欲見齊宣王　137/68/22
楚使新○（盩）〔盭〕棼冒勃蘇　170/89/14
○外闕　208/107/22
趙○諫曰　221/118/12
趙○曰　221/118/16
以○安陵之城　340/170/1
夫○禍而求福　348A/173/28
遇○父之弟子　407/194/3
○父之弟子曰　407/194/3
乃○焉　440/215/1
太子日日○問　440/216/2
將移兵而○大國之城下　443/218/27

燥 zào　1

國○於秦　249/133/24

躁 zào　1

知慮不○達於變　222/119/11

竈 zào　6

（曰）〔白〕○生鼃　202/103/11
夢見○君　239B/129/15
今子曰夢見○君而言君也　239B/129/16
若○則不然　239B/129/17
是以夢見○君　239B/129/18
滅○　452B/222/4

則 zé　744

○周公旦也　2/1/24
○削迹於秦　2/1/24
○無加焉矣　2/1/27
○死　2/1/27
○東周之民可令一仰西周　4/2/21
○是勁王之敵也　6/3/11
○子常重矣　7/3/17
○我天子之臣　9/4/9
○公之國虛矣　10A/4/15
○有合矣　10A/4/16
○伐齊深矣　11C/5/11
○趙恐伐　11C/5/11
○合齊者　12/5/17
○將與宋敗三國　13/5/22
○賣趙、宋於三國　13/5/22
○秦、趙必相賣以合於王也　13/5/24
而以兵之急○伐齊　14A/6/2
○王亦無齊之累也　14B/6/10
○終日無所得矣　16/6/21
○又駭鳥矣　16/6/21
○地廣而益重　22/8/5
○眾必多傷矣　23/8/16
○君重矣　23/8/19
○周必折而入於韓　25/9/9
破○周危　27/9/21
然○柰何　32/11/4
281/146/28,359/178/1
367/181/7,411/195/26
○楚方城之外危　33/11/13
○秦孤而不王矣　34/11/19
○令不橫行於周矣　34/11/20
○不毀　35/11/26
寬○兩軍相攻　40/13/23
迫○杖戟相橦　40/13/23

貧窮○父母不子 40/14/19
富貴○親戚畏懼 40/14/19
○向之攻宋也 41B/15/4
言賞○不與 42/15/14
言罰○不行 42/15/14
○荊可舉 42/16/2
○其民足貪也 42/16/3
然○是一舉而伯王之名可成也 42/16/3, 42/16/8
○梁可拔 42/16/6
○魏可舉 42/16/6
○荊、趙之志絶 42/16/7
○趙危 42/16/7
然○是邯鄲不守 42/16/16
然○是舉趙○韓必亡 42/16/18
韓亡○荊、魏不能獨立 42/16/19
○是一舉而壞韓 42/16/19
○必將二國并力合謀 44/18/8
○傷本 46/18/24
然○是軫自為而不為國也 48B/19/16
○欲其許我也 49/20/6
○欲其為我詈人也 49/20/6
○儀之言果信矣 49/20/11
齊弱○必為王役矣 50/20/27
○是北弱齊 50/20/27
○此一計而三利俱至 50/20/27
○兩國兵必至矣 50/21/7
誠思○將吳吟 51/21/28
○是一舉而兼兩虎也 51/22/2
○諸侯必見張儀之無秦矣 52/22/10
○秦且燒焫獲君之國 53/22/15
○秦且輕使重幣 53/22/15
○君一舉而亡國矣 54/22/28
○慈母不能信也 55/23/17
○公之功多矣 58/24/11
○王勿聽其事 60/24/22
○王必聽之 60/24/22
然○需弱者用 60/24/22
然○奈何 61A/25/5
153/80/20, 160/83/2
彼來○置之槐谷 61A/25/6
○難圖也 61A/25/11
○寄地必多矣 62/25/24
○晉、楚不信 63/26/10
○晉、楚為制於秦 63/26/10
○必不走於秦且走晉、楚 63/26/11
○晉、楚安 63/26/11
○秦反受兵 63/26/12
○韓、魏必無上黨哉 63/26/13
○疾到 68/28/4
○秦伐矣 70/28/14
○行而益利其道 72/29/1
○久留臣無為也 72/29/1
明主○不然 72/29/2
然○聖王之所棄者 72/29/7
○諸侯不得擅厚矣 72/29/9
利○行之 72/29/10
害○舍之 72/29/11
疑○少嘗之 72/29/11
○臣之志 72/29/13
○不足以傷齊 73A/31/1
多之○害於秦 73A/31/1
而悉韓、魏之兵○不義矣 73A/31/2
得寸○王之寸 73A/31/6
○天下莫能害 73A/31/7
趙彊○楚附 73A/31/9
楚彊○趙附 73A/31/9
楚、趙附○齊必懼 73A/31/9
○成睪之路不通 73A/31/20
北斬太行之道○上黨之兵不下 73A/31/20
○其國斷而為三 73A/31/21
然○權焉得不傾 73B/32/1
○利歸於陶 73B/32/3
○怨結於百姓 73B/32/3
○病必甚矣 74/32/19
○已 74/32/21, 74/32/23
然○令何得從王出 74/33/1
○王逐張儀 75/33/10
○王之所求於韓者 75/33/10
何○ 77/33/24
136B/67/25, 142/71/8
142/72/9, 142/72/12
○秦所得不一幾何 78/34/8
○揖應侯 81/35/23
○可願矣 81/36/13
然○君之主 81/36/16
日中○移 81/36/20
月滿○虧 81/36/20
物盛○衰 81/36/20
○商君、白公、吳起、大夫種是也 81/37/9
此○君何居焉 81/37/10
○楚之應之也必勸 82A/37/27
○是我離秦而攻楚也 82A/37/28
○上黨 82B/38/6
○魏 82B/38/7
○王攻其南 84A/39/12
○不用兵而得地 85/39/24
○殺景鯉 85/39/24
○社稷必危 85/40/1
○秦帝 86/40/18
○惡出兵 87/41/21
○桀、紂之後將存 88/42/17
謀○不得 88/42/24
○三王不足四 89/43/14
○臣恐諸侯之君 89/43/15
○韓氏鑠 89/43/21
○楚孤而受兵也 89/43/21
○魏氏鑠 89/43/22
○秦孤而受兵矣 89/43/22
○兩國者必為天下笑矣 89/43/22
獻○謂公孫消曰 91/44/3
○伐趙 94/46/9
然○大王之國 95/46/21
○從事可成 95/46/25
○是大王名亡趙之半 95/46/25
○無忠臣矣 96/48/8
○螻蟻得意焉 99/49/13
愛○有之 101/50/5
聽○無有 101/50/5
○我不利 102/50/22
○國可重 103/51/3
○是君之謀也 104/51/12
○齊君可正 105/51/24
○將軍不得入於齊矣 105/51/25
然○子何以弔寡人 110/53/22
○兵半折 112/55/1
今秦攻齊○不然 112/55/4
○狼顧 112/55/5
○秦不能害齊 112/55/6
倍秦○齊無患矣 118/57/25
然○是君自為燕東兵 119/58/1
然○吾中立而割窮齊與疲燕也 119/58/3
○將退兵 120/58/8
○且遂攻之 120/58/9

不聽○秦兵不卻 120/58/11
脣亡○齒寒 120/58/13
○明日及齊、楚矣 120/58/13
○為國計者過矣 120/58/15
○亦不果於趙、魏之應秦而伐周、韓 121/58/21
然○是我抱空質而行不義於天下也 122/58/27
然○下東國必可得也 122/58/29
○楚之計變 122/59/6
變○是君抱空質而負名於天下也 122/59/6
○君無敗矣 122/59/7
○太子且倍王之割而使齊奉己 122/59/11
然○是王去讎而得齊交也 122/59/23
○是圍塞天下士而不利說途也 122/60/11
○是身與楚為讎也 122/60/12
○汝殘矣 124/60/28
土○復西岸耳 124/60/29
○子漂漂者將何如耳 124/61/1
○臣不知君所出矣 124/61/2
雖得○薄矣 125/61/14
君聽臣○可 128/62/16
○不若魚鱉 129/62/23
○騏驥不如狐狸 129/62/24
○不若農夫 129/62/25
○謂之不肖 129/62/26
○謂之拙 129/62/26
拙○罷之 129/62/26
不肖○棄之 129/62/26
○士不亦眾乎 131/63/23
○累世不得一焉 131/63/24
○郄車而載耳 131/63/25
○趙、魏亦危矣 132B/64/12
○非齊之利也 132B/64/12
○權重於中國 132B/64/14
○足以敵秦 132B/64/15
富貴○就之 136A/67/6
貧賤○去之 136A/67/6
朝○滿 136A/67/7
夕○虛 136A/67/7
下○鄙野、監門、閭里 136B/67/22
○凶從之 136B/67/29
制○破焉 136B/68/13
推選○祿焉 136B/68/14
○再拜而辭去也 136B/68/16
○終身不辱也 136B/68/18
不嫁○不嫁 139/69/28
不宦○然矣 139/69/29
釋帝○天下愛齊乎 141B/70/19
○天下愛齊而憎秦 141B/70/21
夫有宋○衛之陽城危 141B/70/22
有淮北○楚之東國危 141B/70/22
有濟西○趙之河東危 141B/70/22
有陰、平陸○梁門不啓 141B/70/23
○國重而名尊 141B/70/23
○不能割劌矣 142/71/7
○不能遠殺矣 142/71/7
○遠矣 142/71/16
○兵不費 142/71/19
○事以眾強適罷寡也 142/71/26
○利必附矣 142/71/27
○名號不攘而至 142/71/27
○四鄰不反 142/71/28
○天下不賣 142/72/1
○櫝禍朽腐而不用 142/72/1
○不祠而福矣 142/72/2
○強弱大小之禍 142/72/6
○亡天下可蹻足而須也 142/72/10
何○形同憂而兵趨利也 142/72/14
約於同形○利長 142/72/15
後起○諸侯可趨役也 142/72/15
○戰攻非所先 142/72/17
士聞戰○輸私財而富軍市 142/72/18
○是路君之道也 142/72/19
○此虛中之計也 142/72/20
○傷主心矣 142/72/21
○戰攻之敗 142/73/4
○非國之利也 142/73/6
○非王之樂也 142/73/8
中者○善 142/73/9
不中○愧 142/73/9
○同心於貫之者 142/73/9
○是非徒示人以難也 142/73/10
然○天下仇之必矣 142/73/10
○明君不居也 142/73/11
○察相不事 142/73/11
○五兵不動而諸侯從 142/73/12
兵後起○諸侯可趨役也 142/73/14
○其國無宿憂也 142/73/20
○王之道也 142/73/20
銳兵來○拒之 142/73/21
患至○趨之 142/73/21
○其國無宿憂矣 142/73/21
○臣請必北魏矣 142/73/26
○鄒、魯、陳、蔡 142/73/27
○趙必從矣 142/73/28
○韓必從矣 142/73/28
○王業見矣 142/74/1
求之○不得 143/74/18
去之○聞其聲 143/74/18
○吾倚門而望 144/74/28
○吾倚閭而望 144/74/29
○楚國之形危 145/75/16
○不免為敗軍禽將 145/76/6
然○周文王得呂尚以為太公 147/77/25
立○丈插 148/78/13
○以為可可為謀 150/79/22
○齊威可立 150/79/25
○王重矣 151/80/7,331/167/17
○五國之事困也 153/80/27
○必堅守 156/81/18
○魏可破也 156/81/24
○上危 159/82/18
○上安 159/82/18
然○且有子殺其父 159/82/20
臣入○編席 160/83/11
出○陪乘 160/83/11
然○白公之亂 161/83/19
○諸侯莫不南面而朝於章臺之下矣 167/85/18
楚強○秦弱 167/85/19
楚弱○秦強 167/85/19
○鄢、郢動矣 167/85/20
○無及已 167/85/21
○韓、魏、齊、燕、趙、衛之妙音美人 167/85/25
故從合○楚王 167/85/26
橫成○秦帝 167/85/27
○諸侯割地以事楚 167/86/4
○楚割地以事秦 167/86/4
魏○從風而動 168/86/23
○從竟陵已東 168/87/2
○北地絕 168/87/3

○泗上十二諸侯 168/87/15
○楚無謀臣矣 169/88/11
○楚衆不用矣 169/88/12
○楚輕矣 171/90/7
○公之兵全矣 173A/90/22
○子重矣 175/91/19
○魏無患矣 175/91/19
○傷行矣 176/91/28
○失利矣 176/91/28
○不信 177/92/13
其縮甲○可 177/93/5
○願待戰 177/93/5
逐而聽○可 181/94/5
○方城無患 183/95/4
○必揜子鼻 190/97/9
○掩其鼻 190/97/9
然○不買五雙珥 191/97/16
○大臣主斷國私以禁誅
於己也 197/100/2
然○射可至此乎 198/100/19
198/100/20
然○君料臣孰與舜 199/101/1
○是君之子為王也 200/101/26
危○慮安 201/102/23
非齊○魏 201/102/29
今為馬多力○有矣 201/103/2
若曰勝千鈞○不然者 201/103/2
362/179/10
今謂楚強大○有矣 201/103/3
362/179/10
○豈楚之任也我 201/103/3
然○韓可以免於患難 203/103/26
○是魏內自強 203/103/28
然○其錯兵於魏必矣 203/103/29
其堅○箘簬之勁不能過
也 203/104/9
○有餘銅矣 203/104/11
○無為貴知士也 203/104/17
臣聞脣亡○齒寒 203/104/20
亡○二君為之次矣 203/104/21
○其禍必至 203/104/22
不殺○遂親之 203/105/2
破趙○封二子者各萬家
之縣一 203/105/3
如是○二主之心可不變 203/105/4
○吾所得者少 203/105/5
○臣力不足 204A/105/24
趙氏分○多十城 204A/106/1
○豫讓也 204B/106/10
謂子有志○然矣 204B/106/14
謂子智○否 204B/106/14
○魏必罷 205/107/3
罷○趙重 205/107/4
先生以鬼之言見我○可
208/107/23
○木之枝耳 208/107/27
君聽臣計○生 208/107/28
不聽臣計○死 208/107/28
○地與國都邦屬而壤挈
者七百里 209/108/21
○句注之西 209/108/23
然○韓義王以天下就之 209/109/1
懼○可以不戰而深取割
211/109/16
王○有令 211/109/21
○死之 211/109/22
○且出兵助秦攻魏 214/111/4
○是強畢矣 214/111/5
○無功而惡秦 214/111/5
○有功而善秦 214/111/6
○兄弟也 216/111/19
擇交而得○民安 218/112/25
擇交不得○民終身不得
安 218/112/25
○秦必弱韓、魏 218/113/4
○齊必弱楚、魏 218/113/5
魏弱○割河外 218/113/5
韓弱○效宜陽 218/113/5
宜陽效○上郡絕 218/113/5
河外割○道不通 218/113/5
楚弱○無援 218/113/6
夫秦下軹道○南陽動 218/113/6
劫韓包周○趙自銷鑠 218/113/6
據衛取淇○齊必入朝 218/113/7
○必舉甲而向趙 218/113/7
○兵必戰於邯鄲之下矣 218/113/8
然○韓、魏 218/113/13
○不然 218/113/13
○高臺 218/113/25
○楚絕其後 218/114/4,218/114/5
○趙守常山 218/114/6
○韓軍宜陽 218/114/7
如是○伯業成矣 218/114/9
○雖從而不止矣 219/114/24
○天下必為從 219/114/28
是○伐楚攻秦 219/115/5
○胡服之功未可知也 221/116/27
然○反古未可非 221/118/24
變籍○亂 224/120/6
失經○弱 224/120/6
肉試○斷牛馬 225/120/28
金試○截盤匜 225/120/29
○折為三 225/120/29
○碎為百 225/120/29
○未入而手斷 225/121/2
○伐秦者趙也 229A/122/12
絕齊○皆事我 229A/122/14
○人心變矣 233/124/1
○非計也 233/124/2
○恐王以臣之為秦也 233/124/2
○是棄前貴而挑秦禍也
233/124/24
○無地而給之 233/124/24
○必盡在於秦矣 233/125/3
○媾乃可為也 235/126/3
○媾不可得成也 235/126/8
○為一身 236/126/29
彼○肆然而為帝 236/127/1
○連有赴東海而死矣 236/127/1
齊、楚○固助之矣 236/127/3
燕○吾請以從矣 236/127/3
○吾乃梁人也 236/127/4
○必助趙矣 236/127/5
○斮之 236/127/8
故生○朝周 236/127/9
死○叱之 236/127/9
生○不得事養 236/127/24
死○不得飯含 236/127/24
○且變易諸侯之大臣 236/127/26
○橫行四海 237/128/13
告以理○不可 238/128/27
說以義○不聽 238/128/27
○王之國大治矣 239A/129/5
有說○可 239B/129/16
無說○死 239B/129/16
若竈○不然 239B/129/17
○後之人無從見也 239B/129/17
○膏之事有不言者矣 240/129/25
○其人也 244/130/25
○交有所偏者也 246/131/9
○知不足者也 246/131/9

○欲以天下之重恐王 246/131/10
○不忠者也 246/131/15
○欲用王之兵成其私者也 246/131/15
○欲輕王以天下之重 246/131/15
○位尊而能卑者也 246/131/16
○令秦攻魏以成其私封 247/131/25
○天下皆偪秦以事王 247/132/10
○足下擊潰而決天下矣 248/132/28
○陰不可得已矣 249/133/5
○楚必攻宋 249/133/5
○君無患矣 249/133/7
○願五國復堅約 249/133/7
○陰必得矣 249/134/3
○從事可移於趙 251/134/20
○主必為天下笑矣 251/134/25
○君將何以止之 251/135/3
然○君奚求安平君而為將乎 252/135/13
○奚以趙之強為 252/135/17
趙強○齊不復霸矣 252/135/17
○王必怒而誅建信君 255/136/10
○卿必為相矣 255/136/10
然○王逐盧陵君 256/136/17
○天下不傳 257/136/27
然○買馬善而若惡 258A/137/7
○大臣為之枉法於外矣 258A/137/11
○受書幣 258B/137/24
○使者歸矣 258B/137/24
○可 258B/137/27
○為之計深遠 262/139/11
豈人主之子孫○必不善哉 262/139/16
君明○樂官 268/141/14
不明○樂音 268/141/14
○霸王之業具矣 269/141/20
○必無強秦之患 272/143/16
○齊攻其東 273/143/25
○趙攻其北 273/143/26
○韓攻其西 273/143/26
○楚攻其南 273/143/26
○趙不南 273/144/4
○魏不北 273/144/5
○從道絕 273/144/5
○大王之國欲求無危不可得也 273/144/5
事秦○楚、韓必不敢動 273/144/7
○大王高枕而臥 273/144/7
○齊必不欺秦 275/145/5
○非魏之利也 275/145/6
○地廣矣 275/145/7
以公相○國家安 281/146/26
○公亦必并相楚、韓也 282/147/8
○韓之南陽舉矣 283/147/13
○秦、魏之交可廢矣 283/147/14
○魏必圖秦而棄儀 283/147/14
○後必莫能以魏合於秦者矣 289/148/30
○陰勸而弗敢圖也 297/151/25
○先鬻與國而以自解也 297/151/25
○為劫於與國而不得已者 297/151/25
○先去 297/151/26
○行其中 297/151/27
○行其下 297/151/28
○明不與秦 297/151/28
○胡不召文子而相之 298/152/15
事成○樹德 300/152/27
不成○為王矣 300/152/27
○不如因變服折節而朝齊 301/153/7
○楚必伐齊 301/153/7
○必為楚禽矣 301/153/8
橫樹之○生 303A/153/26
倒樹之○生 303A/153/26
○無生楊矣 303A/153/27
○子必危矣 303A/153/28
然○相者以誰而君便之也 303B/154/4
○王之使人入魏無益也 304/154/20
○難久矣 304/154/22
○趙之謀者必曰 304/154/22
○上有野戰之氣 304/154/24
然○魏信之事主也 304/154/27
○是大王垂拱之割地以為利重 304/155/2
○臣能使魏獻之 309/156/24
○上地無憂患 309/156/28
○契折於秦 309/157/2
臣○死人也 309/157/6
○國救亡不可得也已 310/157/19
○前功必棄矣 310/157/29
○君得所欲矣 310/158/1
○火不止 312/159/12
欲食○食 312/159/16
欲握○握 312/159/16
然○先生之為寡人計之何如 313/159/27
○國可存也 314/160/4
○道里近而輸又易矣 314/160/21
○不明矣 315/161/4
○不忠矣 315/161/5
○是復閼與之事也 315/161/10
○南國必危矣 315/161/20
○魏國豈得安哉 315/161/20
○楚、趙必與之攻矣 315/161/29
○皆知秦之無窮也 315/162/1
如此○士民不勞而故地得 315/162/3
○衛、大梁、河外必安矣 315/162/8
○二周必危 315/162/9
從○茲公重 321/164/25
不從○茲公輕 321/164/25
議○君必窮 323/165/10
不出攻○已 325/165/19
○魏危 325/165/22
○燕不敢不事秦 325/165/29
○弱矣 325/165/30
○無趙 327/166/11
○無秦 327/166/11
○交惡於秦 328/166/18
○後王之臣 328/166/18
○秦重矣 329B/167/4
○趣趙而已 337/168/25
魏急○且割地而約齊、楚 338/169/4
○秦兵及我 340/169/29
然○何為涕出 341/170/15
○王之怨報矣 342/171/9
○韓必取鄭矣 344A/172/5
○棄前功而後更受其禍 347/173/6
聽吾計○可以強霸天下 348A/173/25
○鴻臺之宮 348A/173/27
○王之國分矣 348A/173/28

先事秦○安矣 348A/173/28
不事秦○危矣 348A/173/28
○王之國必危矣 348B/174/12
然○王之輕重必明矣 352/175/9
○茂事敗矣 355/175/29
○樓緩必敗矣 356A/176/3
○無禍矣 359/177/26
○秦重 360/178/15
○秦輕 360/178/16
○秦強 360/178/16
○秦弱 360/178/16
○信公孫郝於齊 360/178/20
○信甘茂於魏 360/178/20
今謂馬多力○有矣 362/179/9
○豈楚之任也哉 362/179/11
今○不然 364/179/24
○不足以救韓 366/180/13
韓急○折而入於楚矣 366/180/18
如此○伐秦之形成矣 366/180/23
○易必可成矣 368/181/13
○害於趙 368/181/14
○害於楚 368/181/15
○王澤布 371/182/4
○舟沉矣 373/182/16
○舟覆矣 373/182/16
○鄭王必許之矣 374/182/30
○公叔、伯嬰必知秦、楚之不以幾瑟為事也 380/184/4
○怨結於韓 380/184/5
○公叔、伯嬰必以國事公矣 380/184/6
○曰來效賊也 383C/185/4
生得失○語泄 385/186/11
語泄○韓舉國而與仲子為讎也 385/186/11
○主尊而身安 386/187/4
○主卑而身危 386/187/5
○韓必謀矣 386/187/5
○韓輕矣 386/187/6
○兩國德公 386/187/12
○兩國爭事公 386/187/12
○韓最輕矣 387/187/18
○韓最弱矣 387/187/18
○韓最先危矣 387/187/18
○宋地不安矣 388/188/4
○晉、楚智而韓、秦愚也 388/188/6

然○山東非能從親 389/188/19
○許異為之先也 391/189/15
然○雖尊襄王 391/189/17
○我必為之霸 391/189/22
○可以辟其兵 391/189/22
然○強國事成 391/189/22
○我立帝而霸 391/189/22
強國之事成○有福 391/189/23
不成○無患 391/189/23
然○先與強國者 391/189/24
○必以地和於齊、楚 394/190/11
魏緩○必戰 394/190/12
○魏且內之 394/190/12
○蓋觀公仲之攻也 394/190/13
○人莫之為之也 395/190/18
○大臣不得事近臣矣 396C/191/15
○群臣之賢不肖 396C/191/16
○為大臣不敢為諸侯輕國矣 396C/191/17
○諸侯不敢因群臣以為能矣 396C/191/18
○諸侯之情偽可得而知也 396C/191/18
○不如其處小國 397/191/26
齊、秦非重韓○賢君之行也 398/192/3
○將變矣 399/192/12
○楚必即秦矣 400/192/19
○燕、趙不敢不聽 400/192/20
從○韓輕 405/193/21
橫○韓重 405/193/21
○無從輕矣 405/193/21
○南圍鄢 405/193/21
○國必無患矣 408/194/20
齊、燕離○趙重 409/194/27
齊、燕合○趙輕 409/194/28
善蘇秦○取 409/195/3
○趙重矣 409/195/4
○君多資 409/195/4
○大王號令天下皆從 411/195/31
○齊不益於營丘 412/196/18
進之○殺主父 412/196/27
言之○逐主母 412/196/27
○易水、長城非王之有也 413/197/11
王自慮此○計過 415/198/2
○危 415/198/8

○寡人奉國而委之於子矣 415/198/12
獨戰○不能 415/198/15
有所附○無不重 415/198/15
南附楚○楚重 415/198/15
西附秦○秦重 415/198/16
中附韓、魏○韓、魏重 415/198/16
數戰○民勞 415/198/19
久師○兵弊 415/198/19
○齊可亡已 415/198/27
○唯太子所以令之 416A/199/22
○齊不欺秦 417/200/14
○百己者至 418/200/25
○什己者至 418/200/25
○若己者至 418/200/26
○廝役之人至 418/200/26
○徒隸之人至矣 418/200/27
然○足下之事齊也 419/201/17
○莫如遙伯齊而厚尊之 419/201/24
○燕、趙信秦矣 419/201/29
○秦伐之 419/201/30
○燕、趙伐之 419/201/30
○燕、趙之棄齊也 419/202/3
○齊伯必成矣 419/202/3
○王何不務使知士以若此言說秦 419/202/6
○臣不事足下矣 420/202/15
○不過養其親其 420/202/17
○不過不欺人耳 420/202/17
○不過不竊人之財耳 420/202/18
○秦不出殽塞 420/202/21
○臣亦之周負籠耳 420/202/22
○諸侯不為別馬而朝矣 420/202/24
○齊軍可敗 420/202/29
○何不與愛子與諸舅、叔父、負床之孫 420/203/2
○且奈何乎 420/203/7
○殺吾主父 420/203/9
○逐吾主母 420/203/10
是○有功者 422/203/26
陸攻○擊河內 422/204/6
水攻○滅大梁 422/204/6
○以宋委於齊 422/204/9
○以齊委於天下曰 422/204/13

○以南陽委於楚曰 422/204/17
○以葉、蔡委於魏 422/204/21
○劫魏 422/204/22
困○使太后、穰侯為和
422/204/22
羸○兼欺舅與母 422/204/22
○後不可柰何也 424/205/21
如是○近於相攻 424/205/28
○是兵弱而計疑也 426/206/24
燕破○趙不敢不聽 426/206/25
○與趙謀齊 427/207/19
○臣請為王事之 427/207/21
○臣請歸醳事 427/207/21
○盈願 427/207/22
亦○已矣 428/207/27
○公子終身不封矣 428/208/9
將軍自為計○可矣 431/209/11
○必舉天下而圖之 431/209/26
○不如合弱 432/210/23
不相得○不能行 432/210/26
名○義 433/211/23
實○利 433/211/23
○寡人之不肖明矣 438/213/10
寡人望有非○君掩蓋之
438/213/12
望有過○君教誨之 438/213/13
○掩邪救過 438/213/17
然○不內蓋寡人 438/213/21
○易水以北 440/214/20
然○何由 440/214/21
○禍至燕 440/215/23
○大善矣 440/215/26
○不可 440/215/26
○君臣相疑 440/215/27
○雖欲長侍足下 440/216/5
○秦未可親也 440/216/6
然○將軍之仇報 440/216/15
○功大名美 443/218/29
○恐危社稷 444/219/4
○寡人不忍也 444/219/4
○吾何以告子而可乎 444/219/8
○公無事 445/219/17
○君不奪太后之事矣 445/219/17
○公常用宋矣 445/219/18
○攻宋易矣 446A/219/24
○富不過有魏 446B/219/29
○萬世無魏 446B/219/30
為魏○善 449/220/27
為秦○不賴矣 449/220/27
○中山必恐 454/222/24
然○王之為費且危 455/223/16
然○子之道柰何 455/223/18
是○必聽矣 455/223/22
大怒○君必危矣 457/224/13
然○立以為妻 457/224/14
○有土子民 458/224/20
○恐無身 458/224/20
○民務名不存本 459A/225/11
○耕者惰而戰士懦 459A/225/11

責 zé 22

歸其劍而○之金 30/10/16
先絕齊後○地 50/21/6
而○欺於秦 50/21/15
楚王以其言○漢中於馮
章 56/23/29
秦○賂於魏 84A/39/9
能為文收○於薛者乎 133/65/1
乃有意欲為收○於薛乎 133/65/4
○畢收 133/65/5
起矯命以○賜諸民 133/65/8
○畢收乎 133/65/11
以○賜諸民 133/65/15
而○士以所重事君 140/70/6
雖復○之宋 149A/78/23
吾請為君○而歸之 236/126/21
君因言王而重○之 240/129/25
重○之 240/129/26
而○文信侯少禮 242/130/14
王無以○秦 309/157/2
臣為王○約於秦 309/157/2
王敢○垣雍之割乎 327/166/12
操右契而為公○德於秦
、魏之主 386/187/9
○之曰 461/226/9

賊 zé 11

西周必令○○公 20/7/20
吾又恐東周之○己而以
輕西周惡之於楚 20/7/21
嚴氏為○ 21/7/25
寡人知嚴氏之為○ 21/7/26
小國不足亦以容○ 21/7/27
此所謂藉○兵而齎盜食
者也 73A/31/5
為故君○新君 204B/106/16
其○在於內 258A/137/12
則曰來效○也 383C/185/4
今盜○公行 384/185/13

擇 zé 14

又簡○宮中佳翫麗好翫
習音者 174/91/6
○其所喜而為之 190/97/3
○其所善而為之 190/97/4
奚○有功之無功為知哉 214/111/6
孟嘗君○舍人以為武城
吏 216/111/17
在於○交 218/112/24
○交而得則民安 218/112/25
○交不得則民終身不得
安 218/112/25
然後王○焉 247/132/11
更○日 296/151/3
避席○言曰 307/155/26
而君後○焉 310/158/2
是公○布而割也 386/187/11
於為君○之也 438/213/18

澤 zé 31

辛、張陽、毋○說魏王
、薛公、公叔也 67/27/19
觀張儀與○之所不能得
於薛公者也 67/27/24
蔡○見逐於趙 81/35/19
燕客蔡○ 81/35/20
使人召蔡○ 81/35/23
蔡○入 81/35/23
蔡○曰 81/35/25,81/35/26
81/36/7,81/36/15,81/36/17
蔡○復曰 81/35/27
○流千世 81/35/29
○曰 81/35/30
應侯知蔡○之欲困己以說 81/36/1
蔡○得少間 81/36/13
客新有從山東來者蔡○ 81/37/13
昭王新說蔡○計畫 81/37/16

蔡○相秦王數月 81/37/19
暴骨草○ 87/41/19
因退為逢○之遇 88/42/20
○可以遺世 93/44/20
使剛成君蔡○事燕三年 94/45/21
吾令剛成君蔡○事燕三年 94/45/24
今求柴葫、桔梗於沮○ 131/63/24
乃王之教○也 146/77/3
今山○之獸 187/96/11
而尹○循之 203/104/6
決滎○ 315/161/18
秦、韓戰於濁○ 357/176/15
則王○布 371/182/4

譖 zèn 1

張儀之好○ 166/85/6

曾 zēng 25

昔者○子處費 55/23/14
費人有與○子同名族者而殺人 55/23/14
人告○子母曰 55/23/14
○參殺人 55/23/15
55/23/15,55/23/16
○子之母曰 55/23/15
夫以○參之賢 55/23/17
今臣之賢不及○子 55/23/17
而王之信臣又未若○子之母也 55/23/18
○參孝其親 96/48/5
秦○不出力 111/54/6
秦○不出薪 111/54/6
○不若死士之壟也 136B/67/17
○不肯留 180/93/28
非○深凌於韓也 209/108/13
○不能疾走 262/139/2
○無所芻牧牛馬之地 272/143/1
唯已之○安 297/151/29
孝如○參 412/196/11
且夫孝如○參 412/196/14
○不欺之也 412/196/30
孝如○參、孝己 420/202/14
420/202/17
○無一介之使以存之乎 443/218/26

增 zēng 2

○積成山 8B/4/2
○城浚池以益其固 461/226/24

憎 zēng 27

西周甚○東周 20/7/19
弊邑之王所甚○者 50/20/24
唯儀之甚○者 50/20/24
今齊王甚○張儀 115/56/16
王甚○張儀 115/56/22
寡人甚○儀 115/56/23
齊王甚○儀 115/56/25
非朝愛市而夕○之也 136A/67/7
愛齊而○秦 141B/70/19
則天下愛齊而○秦 141B/70/21
而後使天下○之 141B/70/24
兵弱而○下人也 142/71/16
交割而不相○ 142/72/11
以秦為愛趙而○韓 209/108/13
秦豈得愛趙而○韓哉 209/108/14
不識三國之○秦而愛懷邪 219/115/11
忘其○懷而愛秦邪 219/115/11
天下○之 227/121/21
楚、魏○之 227/121/22
奪其所○ 236/127/27
君安能○趙人 237/128/11
謹備其所○ 258A/137/12
且夫○韓不受安陵氏可也 315/161/21
人之○我也 339/169/15
吾○人也 339/169/15
非弊邑之所○也 396A/190/25
同欲者相○ 454/222/26

繒 zēng 4

治其○繳 192/98/9
令公子○請地 228/121/27
○恃齊以悍越 319/164/3
齊和子亂而越人亡○ 319/164/4

扎 zhā 1

身自削甲○ 415/198/8

詐 zhà 11

最為多○ 30/10/18
大王以○破之 42/16/6,42/16/15
事敗而好長○ 142/71/16
陳、蔡好○ 142/72/5
此皆內長○ 142/72/5
夫以一○偽反覆之蘇秦 168/87/18
獵者知其○ 187/96/11
今諸侯明知此多○ 187/96/12
而欲恃○偽反覆蘇秦之餘謀 273/144/1
齊田單欺○騎劫 431/209/5

宅 zhái 4

大武遠○不涉 87/41/14
故令請其○ 162/83/25
郢人某氏之○ 162/83/26
故其○不得 162/83/26

瘵 zhài 1

無自○也 197/100/12

占 zhān 2

數策○兆 42/17/5
使史○之 447/220/6

沾 zhān 2

兩血○衣 143/74/16
天兩血○衣者 143/74/18

旃 zhān 1

王抽○旄而抑兕首 160/83/9

氈 zhān 1

燕必致○裘狗馬之地 218/113/1

鸇 zhān 1

有雀生（鷀）〔○〕於城之陬 447/220/6

展 zhǎn 3

因令人謂相國御○子、嗇夫空曰 17/6/29
○轉不可約 211/109/14
○其臂 433/211/22

斬 zhǎn 11

大王○臣以徇於國 42/17/11
北○太行之道則上黨之兵不下 73A/31/20
又○范、中行之途 81/37/7
○其頭 200/102/16
○李牧 263/140/1
○紂於牧之野 272/143/7
當敵即○堅 347/173/2
謹○樊於期頭 440/217/6
左右既前○荊軻 440/217/21
○社稷而焚滅之 447/220/8
○首二十四萬 461/226/12

棧 zhàn 4

○道千里於蜀、漢 81/37/8
其父殺之而埋馬○之下 109/53/12
故為○道木閣 147/78/1
且為○道而葬 296/150/19

湛 zhàn 2

尾○胕潰 199/101/6
物之○者 278/146/4

戰 zhàn 253

○而勝 2/1/26,119/58/2
東周與西周○ 3A/2/6
而又知趙之難子齊人○ 10A/4/14
公負令秦與強齊○ 10B/4/20
○勝 10B/4/20,68/28/3
73A/31/3,394/190/12
而聽天下之○ 10B/4/20
秦知趙之難與齊○也 14A/5/28
趙不敢○ 14A/5/28
莫如令秦、魏復○ 23/8/16
是君存周而○秦、魏也 23/8/19
○車萬乘 40/13/7
齊桓任○而伯天下 40/13/17
惡有不○者乎 40/13/18
○攻不息 40/13/20
效勝於○場 40/13/22
故以○續之 40/13/23
未○一士 40/14/11
聞○頓足徒裼 42/15/18
是知秦○未嘗不勝 42/15/21
○勝攻取 42/15/26
73B/32/3,74/32/27
五○之國也 42/15/27
一○不勝而無齊 42/15/27
夫○者萬乘之存亡也 42/15/27
秦與荊人○ 42/16/1
代、上黨不○而已為秦矣 42/16/17
東陽河外不○而已反為齊矣 42/16/18
中呼池以北不○而已為燕矣 42/16/18
○慄而卻 42/16/24
大王又并軍而致與○ 42/16/24
○○慄慄 42/17/1
○一日 42/17/3
魏○勝 47/18/30,84A/39/9
犀首○勝威王 47/19/1
齊、楚今○ 51/22/3
○必敗 51/22/3
不為韓氏先○ 59/24/16
韓亦恐○而楚有變其後 59/24/16
臣○ 67/27/20
○車千乘 73A/30/23
○敗 73B/32/3
武安君所以為秦○勝攻取者七十餘城 78/34/4
教民耕○ 81/36/24
以與楚○ 81/36/25
一○舉鄢、郢 81/36/25
再○燒夷陵 81/36/26
再○於藍田 82A/37/24
楚、魏○於陘山 84A/39/9
今○勝 84A/39/10
山東○國有六 86/40/14
齊○敗不勝 88/42/24
○勝宜陽 89/43/5
而未能復○也 89/43/20
武安君○勝攻取 94/45/29
請為大王設秦、趙之○ 95/46/18
將軍○勝 95/47/7
楚威王○勝於徐州 97/48/22
王○勝於徐州也 97/48/22
五○五不勝 103/51/6
○不勝 104/51/12
394/190/12,426/206/28
○而不死 104/51/12
田忌三○三勝 104/51/15
吾三○而三勝 104/51/16
此所謂○勝於朝廷 108/53/2
而君以魯眾合○勝後 110/53/24
○如雷電 112/54/25
而○勝存亡之機決矣 112/54/31
韓、魏○而勝秦 112/55/1
○而不勝 112/55/1
119/58/3,295/150/14
是故韓、魏之所以重與秦○而輕為之臣也 112/55/1
齊與魯三○而魯三勝 113/55/19
秦、趙○於河漳之上 113/55/21
再○而再勝秦 113/55/21
113/55/21
○於番吾之下 113/55/21
四○之後 113/55/21
遂與秦○ 114/56/7
犀首以梁為齊○於承匡而不勝 116/57/3
再拜賀○勝 117/57/11
○無不勝而不知止者 117/57/18
齊、燕○ 119/57/29,142/71/21
而身與趙○矣 119/58/1
緩必復與燕○ 119/58/2
挑趙索○ 142/71/10
○於州西 142/71/12
○非甚疾也 142/71/20
秦、楚○韓、魏不休 142/71/21
昔者齊、燕○於桓之曲 142/72/12
則○攻非所先 142/72/17
○者 142/72/17
彼○者之為殘也 142/72/18

士聞○則輸私財而富軍市 142/72/18
夫○之明日 142/72/20
彼○攻者 142/72/27
兵先○攻 142/73/1
南○於長子 142/73/1
北○於中山 142/73/2
再○北勝 142/73/3
不嗇於○攻之患也 142/73/3
則○攻之敗 142/73/4
終○比勝 142/73/6
臣聞○大勝者 142/73/7
今窮○比勝 142/73/10
故明君之攻○也 142/73/12
攻○之道非師者 142/73/16
盡堞中為○具 142/73/23
與燕○ 143/74/13
三○三北 145/76/5
三○之所喪 145/76/8
莫不揮泣奮臂而欲○ 148/78/15
不脩攻○之備 149B/79/14
齊○勝楚 152/80/13,286/148/4
必與魏○ 156/81/23
不料敵而輕○ 168/86/25
勿與挑○ 168/86/26
且大王嘗與吳人五○三勝而亡之 168/87/5
○於漢中 168/87/10
○於藍田 168/87/11
昔者吳與楚○於柏舉 170/89/5
昔吳與楚○於柏舉 170/89/10
三○入郢 170/89/10
170/89/15,170/89/20
吳與楚人○於柏舉 170/89/15
與吳人○於濁水而大敗之 170/89/17
吳與楚○於柏舉 170/89/20
睢○勝 173B/90/27
秦王怒於○不勝 173B/90/27
○不勝秦 173B/90/28
令之示秦必○ 173B/90/29
秦構兵而○ 175/91/22
是去○國之半也 177/92/17
則願待○ 177/93/5
魏為子先○ 185/95/26
身體○慄 192/98/20
遂○ 203/104/14
秦○而勝三國 206/107/10
日者秦、楚○於藍田 211/109/14
秦○不利 211/109/14
懼則可以不○而深取割 211/109/16
不可與○ 211/110/4,438/213/5
攻○踰年歷歲 211/110/4
則兵必○於邯鄲之下矣 218/113/8
○勝而國危者 219/114/24
迎○邯鄲之下 220/115/25
願以甲子之日合○ 220/115/25
分以為○國七 225/121/5
而野○不足用也 225/121/8
而與馬服之子○於長平之下 231/123/9
天下之賀○者 233/125/2
秦、趙○於長平 235/125/27
軍○不勝 235/125/27
天下之賀○勝者皆在秦矣 235/126/6
賭其一○而勝 236/127/25
王非○國守圉之具 238/128/27
故攻城野○ 247/132/1
救與秦爭○也 249/133/26
敵○之國也 251/134/28
此夫子與敵國○ 252/135/10
又不肯與燕人○ 252/135/16
而與韓、趙○澮北 270/142/5
故○場也 273/143/25
不敢堅○ 273/144/11
魏○而勝 281/146/29
齊、楚必○ 286/148/3
楚○勝齊敗 286/148/4
與魏○於伊闕 287/148/9
梁君、田侯恐其至而○敗也 291/149/14
必與楚○ 295/150/14
若○而勝 295/150/15
黃帝○於涿鹿之野 297/152/1
○必不勝 300/152/28
齊、魏○於馬陵 301/153/3
而後與齊○ 301/153/6
今○不勝 301/153/6
國無守○之備 301/153/6
○不勝魏 301/153/11
今○勝魏 301/153/12
則上有野○之氣 304/154/24
○勝乎三梁 310/157/13
○勝睪子 310/157/16
夫○勝睪子 310/157/22
華軍之○ 312/159/7
王不如令秦、楚○ 322/165/3
秦、趙構難而○ 326/166/3
秦○勝趙 327/166/12
秦○不勝趙 327/166/12
不○而地已削矣 347/173/8
被甲冒冑以會○ 348A/173/22
夫○孟賁、烏獲之士 348A/173/23
秦、韓○於濁澤 357/176/15
令○車滿道路 357/176/21
興師與韓氏○於岸門 357/177/4
魏不敢○ 360/178/17
齊不敢○ 360/178/18
楚與魏大○ 367/181/3
必輕與楚○ 367/181/4
公○勝楚 367/181/5
公○不勝楚 367/181/5
○未必勝 370/181/27
子有辭以毋○ 370/181/27
若○而不勝 375/183/5
○之於國中必分 376/183/11
吳與越○ 390/189/4
其後越與吳○ 390/189/6
魏緩則必○ 394/190/12
秦、趙五○ 408/194/14
○於千里之外 408/194/18
○於百里之內 408/194/18
燕再○不勝 410/195/10
凡天下之○國七 415/198/15
獨○則不能 415/198/15
北與燕○ 415/198/17
數○則民勞 415/198/19
士卒不○ 416A/199/28
士卒樂佚輕○ 418/201/8
龍賈之○ 422/204/25
岸門之○ 422/204/25
封陸之○ 422/204/25
高商之○ 422/204/25
趙莊之○ 422/204/25
果與鳴條之○ 424/206/2
果與伯舉之○ 424/206/3
而與燕人○於晉下 426/207/1
遂將以與燕○於陽城 426/207/8
習於○攻 431/209/26

大○一 433/211/26
小○再 433/211/26
臣有百○百勝之術 446B/219/28
若○不勝 446B/219/30
此臣之百○百勝之術也 446B/219/30
彼利太子之○攻 446B/219/31
與齊人○而死 446B/220/2
則耕者惰而○士懦 459A/225/11
陵○失利 461/226/8
而與○之於伊闕 461/226/11
楚人自○其地 461/226/19
伊闕之○ 461/226/20
挑其軍○ 461/226/26

張 zhāng 212

譬之如○羅者 16/6/21
○於無鳥之所 16/6/21
○於多鳥處 16/6/21
必○於有鳥無鳥之際 16/6/21
薛公必破秦以○韓、魏 22/8/7
○樂設飲 40/14/17
請使客卿○儀 41A/14/27
○儀說秦王曰 42/15/9
○軍數千百萬 42/15/13
而使○孟談 42/17/5
○儀欲假秦兵以救魏 43/17/16
○子不反秦 43/17/16
○子得志於魏 43/17/17
○子不去秦 43/17/17
○子必高子 43/17/17
司馬錯與○儀爭論於秦惠王前 44/17/21
○儀曰 44/17/21, 50/20/20, 115/56/21, 169/88/4, 182/94/9
○儀之殘樗里疾也 45/18/16
○子謂秦王曰 45/18/16
○儀欲以漢中與楚 46/18/23
○儀謂秦王曰 47/18/30, 49/19/27, 367/181/2
故驕○儀以五國 48A/19/11
○儀果來辭 48A/19/11
○儀又惡陳軫於秦王 48B/19/16
○儀入 49/20/10
謂○儀曰 50/20/19, 294/150/7
○儀南見楚王曰 50/20/23
且必受欺於○儀 50/21/6
受欺於○儀 50/21/6
○儀反 50/21/10
○儀至 50/21/10
○子以寡人不絕齊乎 50/21/11
○儀知楚絕齊也 50/21/11
過聽於○儀 50/21/19
公孫衍欲窮○儀 52/22/9
皆○儀之讎也 52/22/10
則諸侯必見○儀之無秦矣 52/22/10
臣聞○儀西并巴、蜀之地 55/23/10
天下不以為多○儀而賢先王 55/23/11
辛、○陽、毋澤說魏王、薛公、公叔也 67/27/19
是令○儀之言為禹 67/27/22
觀○儀與澤之所不能得於薛公者也 67/27/24
以○儀為言 75/33/9
○儀之力多 75/33/9
○儀之力少 75/33/10
則王逐○儀 75/33/10
而更與不如○儀者市 75/33/10
文信侯因請○唐相燕 94/45/21
○唐辭曰 94/45/22
今吾自請○卿相燕 94/45/24
甘羅見○唐曰 94/45/29
請為○唐先報趙 94/46/5
聞○唐之相燕與 94/46/7
○唐相燕者 94/46/8
○丑謂楚王曰 97/48/22
○丐對曰 103/50/30
○丐曰 110/53/19
○儀為秦連橫齊王曰 113/55/14
○儀以秦、魏伐韓 114/56/3
○儀事秦惠王 115/56/12
左右惡○儀 115/56/12
○儀聞之 115/56/15
今齊王甚憎○儀 115/56/16
王甚憎○儀 115/56/22
○儀謂梁王不用臣言以危國 116/57/3
明日○子行 116/57/6
○儀之好譖 166/85/6
○儀為秦破從連橫 168/86/15, 413/197/3
○儀相秦 169/88/3
楚懷王拘○儀 174/91/3
拘○儀 174/91/3
○儀者 174/91/5
欲因○儀內之楚王 174/91/7
出○子 174/91/9
○子得出 174/91/9
畜○子以為用 174/91/10
鄭袖遽說楚王出○子 174/91/11
楚王將出○子 175/91/15
謂○旄曰 175/91/18
以○儀之知 175/91/18
○旄果令人要靳尚刺之 175/91/22
○旄果大重 175/91/22
楚王逐○儀於魏 181/94/3
王何逐○子 181/94/3
○儀之楚 182/94/9
○子見楚王 182/94/12
○子曰 182/94/12, 182/94/13, 182/94/14, 182/94/14, 281/146/28, 285/147/27
令人謂○子曰 182/94/18
○子辭楚王曰 182/94/21
○子中飲 182/94/22
○子再拜而請曰 182/94/23
楚王令昭雎之秦重○儀 183/94/29
武王逐○儀 183/94/29
○儀逐惠施於魏 184/95/8
○儀也 184/95/10
而惡王之交於○儀 184/95/11
今之不善○儀也 184/95/12
而謂○儀曰 184/95/13
○儀惡之於魏王曰 186/96/3
麋知獵者○罔 187/96/11
趙襄子召○孟談而告之曰 203/104/4
○孟談曰 203/104/5, 203/104/8, 203/104/10, 203/104/16, 203/104/22, 204A/105/26, 204A/106/1
召○孟談曰 203/104/7
襄子謂○孟談曰 203/104/15
○孟談於是陰見韓、魏之君曰 203/104/20
二君即與○孟談陰約三

軍 203/104/23
〇孟談以報襄子 203/104/23
〇孟談因朝知伯而出 203/104/26
臣遇〇孟談於轅門之外 203/104/27
〇孟談聞之 203/105/8
使〇孟談見韓、魏之君曰 203/105/9
〇孟談既固趙宗 204A/105/18
〇孟談對曰 204A/105/22
〇孟談便厚以便名 204A/105/27
襄子往見〇孟談而告之曰 204A/105/30
〇孟談乃行 204A/106/2
〇儀為秦連橫 220/115/20
273/143/22
說〇相國曰 237/128/11
文〇善宋 250/134/11
而惡臣者過文〇 250/134/11
〇勳貴 254/136/4
〇儀惡陳軫於魏王曰 277/145/28
〇儀欲窮陳軫 278/146/3
〇儀走之魏 279/146/12
〇丑諫於王 279/146/12
〇丑退 279/146/12
魏王因不納〇儀 279/146/14
〇儀欲以魏合於秦、韓而攻齊、楚 280/146/18
人多為〇子於王所 280/146/18
〇子儀以秦相魏 281/146/26
雍沮謂〇子曰 281/146/26
王亦聞〇儀之約秦王乎 281/146/29
〇儀欲并相秦、魏 282/147/6
魏王將相〇儀 283/147/12
〇儀以合秦、魏矣 283/147/12
且魏王所以貴〇子者 283/147/13
〇儀欲敗之 284/147/19
〇儀告公仲 285/147/27
問〇子 285/147/27
〇儀說 294/150/8
於是出而為之〇於朝 296/150/28
〇丑曰 301/153/11,454/222/25
吾恐〇儀、薛公、犀首之有一人相魏者 303B/154/3
吾恐〇儀、薛公、犀首有一人相魏者 303B/154/7
必不相〇儀 303B/154/8
〇儀相魏 303B/154/8
臣請發〇倚使謂趙王曰 308/156/10
〇倚因謂趙王曰 308/156/15
以〇子之強 317B/163/1
魏王問〇旄曰 320/164/15
〇旄對曰 320/164/15
〇旄曰 320/164/16,320/164/17
320/164/17,320/164/19
欲傷〇儀於魏 336/168/18
〇子聞之 336/168/18
因無敢傷〇子 336/168/19
〇儀為秦連橫說韓王曰 348A/173/17
魏兩用犀首、〇儀而西河之外亡 348B/174/10
〇儀謂齊王曰 349/174/16
與之逐〇儀於魏 349/174/16
鄭彊之走〇儀於秦 354/175/22
〇儀使人致上庸之地 354/175/23
〇儀走 354/175/24
王不如因〇儀為和於秦 357/176/16
韓王遣〇翠 366/180/16
〇翠稱病 366/180/16
〇翠至 366/180/16
〇翠曰 366/180/17,366/180/18
秦王必祖〇儀之故謀 367/181/1
先身而後〇儀 367/181/7
〇丑之合齊、楚講於魏也 394/190/11
〇丑因謂齊、楚曰 394/190/13
〇儀之貴 396C/191/15
〇登請費緤曰 402/193/3
持臣非〇孟談也 423/205/11
使臣也如〇孟談也 423/205/11
〇儀逃於楚 424/206/4
燭之武、〇孟談受大賞 430/208/22
〇丑為質於燕 437/212/26
召〇登而告之曰 454/222/16
〇登曰 454/222/23,455/223/11
455/223/18,455/223/23
且〇登之為人也 454/222/28
〇登因謂趙、魏曰 454/222/31
〇登謂藍諸君曰 455/223/9
遣〇登往 455/223/28

章 zhāng　36

文〇不成者不可以誅罰 40/13/12
明言〇理 40/13/20
馮〇謂秦王曰 56/23/27,56/23/29
果使馮〇許楚漢中 56/23/28
楚王以其言責漢中於馮〇 56/23/29
令田〇以陽武合於趙 63/25/28
功〇萬里之外 81/36/18
齊威王使〇子將而應之 109/53/6
〇子為變其徽〇 109/53/6
候者言〇子以齊入秦 109/53/7
候者復言〇子以齊兵降秦 109/53/7
言〇子之敗者 109/53/8
〇子之母啓得罪其父 109/53/12
吾使者〇子將也 109/53/12
孟嘗君奉夏侯〇以四馬百人之食 126/61/19
夏侯〇每言未嘗不毀孟嘗君也 126/61/19
見於華〇南門 141A/70/10
〇子走 149A/78/22
其子法〇變姓名 149B/78/28
奇法〇之狀貌 149B/78/28
法〇乃自言於莒 149B/79/2
共立法〇為襄王 149B/79/2
且王嘗用滑於越而納句〇 166/85/7
則諸侯莫不南面而朝於〇臺之下矣 167/85/18
〇聞之 170/90/1
是故事無敗業而惡不〇 219/114/18
以過〇子之路 253/135/25
翟〇從梁來 255/136/9
翟〇辭不受 255/136/9
任〇曰 264A/140/6,264A/140/7
王因令〇子將五都之兵 416A/199/27
楚不出疏〇 420/202/21
昔者楚取〇武 420/202/23

漳 zhāng　15

秦、趙戰於河〇之上　113/55/21
越〇、河　208/107/22
漂入〇、河　208/107/27
秦甲涉河踰〇　218/113/7
南有河、〇　218/113/11
趙涉河、〇　218/114/4,218/114/5
趙涉河、〇、博關　218/114/5
願渡河踰〇　220/115/25
前〇、滏　237/128/13
且王嘗濟於〇　247/131/26
左孟門而右〇、釜　269/141/26
絕〇、滏之水　315/161/11
王嘗身濟〇　316/162/14
王翦將數十萬之眾臨〇、鄴　440/215/22

粻 zhāng　1

周〇秦、韓　6/3/10

鄣 zhāng　1

為除守徼亭〇塞　348A/173/19

樟 zhāng　1

荊有長松、文梓、楩、柟、豫〇　442/218/21

掌 zhǎng　3

抵〇而談　40/14/6,208/108/5
寡人之股〇之臣也　292/149/20

丈 zhàng　15

千〇之城　142/73/17
聞〇夫之相□與語　146/77/2
立則〇插　148/78/13
其高至〇餘　203/104/9
無過三百〇者　225/121/4
今千〇之城　225/121/8
圍千〇之城　225/121/8
〇夫亦愛憐其少子乎　262/139/9
〇人芒然乃遠至此　338/169/1
其〇夫官三年不歸　420/203/7
子之〇夫來　420/203/7
已而其〇夫果來　420/203/8
其〇夫不知　420/203/11
又不愛〇夫子獨甚　428/208/4
臣是以知人主之不愛〇夫子獨甚也　428/208/7

仗 zhàng　3

常〇趙而畔楚　365/180/4
〇齊而畔秦　365/180/4
獨行〇劍至韓　385/186/12

杖 zhàng　3

迫則〇戟相權　40/13/23
見〇　194/99/5
馮几據〇　418/200/26

障 zhàng　1

守亭〇者參列　273/143/24

招 zhāo　7

以其類為〇　192/98/5
而折韓、魏〇之　259/138/12
今我講難於秦兵為〇質　304/154/29
秦〇楚而伐齊　400/192/17
以〇天下之精兵　411/195/23
以〇賢者　418/200/20
〇大國之威　456/224/4

昭 zhāo　136

〇獻在陽翟　5A/2/26
今〇獻非人主也　5A/2/28
〇翦與東周惡　20/7/19
〇應謂楚王曰　25/9/5
楚王始不信〇應之計矣　25/9/6
〇應聞此　25/9/7
而〇陽賢相也　49/20/7
〇陽將不與臣從事矣　49/20/7
成〇王之功　66/27/9
獻書〇王曰　72/28/28
伍子胥橐載而出〇關　73A/30/9
〇王謂范睢曰　73B/32/12
應侯謂〇王曰　74/32/16
范睢謂秦〇王曰　75/33/6
秦〇王謂應侯曰　79/34/13
蒙傲以報於〇王　79/34/24
將見〇王　81/35/20
言於秦〇王曰　81/37/13
秦〇王召見　81/37/14
〇王彊起應侯　81/37/16
〇王新說蔡澤計畫　81/37/16
〇王、孝文王、莊襄王　81/37/20
秦〇王謂左右曰　83B/38/25
說〇王曰　87/40/26
〇衍為周之梁　92/44/11
〇衍見梁王　92/44/11
〇陽請以數倍之地易薛　101/50/8
〇陽為楚伐魏　117/57/11
見〇陽　117/57/11
〇陽曰　117/57/12
〇陽以為然　117/57/19
〇王聞之　134/66/7
〇王曰　134/66/7, 134/66/10,418/200/30
〇王笑而曰　134/66/8
〇王笑而謝之　134/66/13
〇王　134/66/16
〇陽謂楚王曰　153/80/19
吾聞北方之畏〇奚恤也　154/81/3
而專屬之〇奚恤　154/81/7
〇奚恤與彭城君議於王前　155/81/12
〇奚恤謂楚王曰　156/81/17
〇奚恤不知也　156/81/20
江尹欲惡〇奚恤於楚王　157A/81/30
〇奚恤曰　157A/82/1,162/83/26
江尹因得山陽君與之共惡〇奚恤　157A/82/1
魏氏惡〇奚恤於楚王　157B/82/6
楚王告〇子　157B/82/6
〇子曰　157B/82/6, 185/95/22,185/95/28
江乙惡〇奚恤　158/82/12
〇奚恤取魏之寶器　158/82/14
故〇奚恤常惡臣之見王　158/82/14
江乙欲惡〇奚恤於楚　159/82/18

客因為之謂○奚恤曰 162/83/25
○奚恤已而悔之 162/83/28
謂○睢曰 169/88/3
無○睢、陳軫 169/88/4
為儀謂楚王逐○睢、陳軫 169/88/4
○睢歸報楚王 169/88/5
有人謂○睢曰 169/88/7
是○睢之言不信也 169/88/13
○王反郢 170/89/22
○睢謂景翠曰 172/90/13
楚令○鼠以十萬軍漢中 173A/90/20
○睢勝秦於重丘 173A/90/20
蘇厲謂宛公○鼠曰 173A/90/20
王欲○睢之乘秦也 173A/90/20
楚令○睢將以距秦 173B/90/26
○侯不欲 173B/90/26
桓臧為○睢謂楚王曰 173B/90/26
不如益○睢之兵 173B/90/28
○常入見 177/92/16
○常曰 177/92/16
○常出 177/92/20
遣○常為大司馬 177/92/28
遣○常之明日 177/92/28
立○常為大司馬 177/92/30
○常應齊使曰 177/93/1
伐○常 177/93/3
楚王令○睢之秦重張儀 183/94/29
楚王因收○睢以取齊 183/94/29
杜赫謂○陽曰 185/95/21
185/95/26
謂○魚曰 191/97/15
○魚曰 191/97/15,303B/154/4,303B/154/5,303B/154/6
○蓋曰 195/99/10
所以○後而期遠也 224/120/14
趙誠發使尊秦○王為帝 236/126/16
臣亦嘗以兵說魏○王 238/128/23
○王亦曰 238/128/23
令○應奉太子以委和於薛公 260/138/16
使民○然信之於後者 270/142/8
○魚謂蘇代曰 303B/154/3
○魚甚憂 303B/154/6
○忌曰 325/165/19,325/165/26
謂○忌曰 325/165/24
○忌乃為之見秦王曰 325/165/24
○侯不許也 346/172/22
○侯曰 346/172/22
楚○獻相韓 350/174/21
韓廢○獻 350/174/21
○獻令人謂公叔曰 350/174/21
不如貴○獻以固楚 350/174/21
令○獻轉而與之處 353/175/16
而○獻 353/175/17
甘茂與○獻遇於境 367/181/6
公何不令人說○子曰 370/181/27
於是以太子扁、○揚、梁王皆德公矣 370/181/28
○釐侯 390/188/23
申不害與○釐侯執珪而見梁君 390/188/24
○釐侯聽而行之 390/188/27
臣竊以為王之明為不如○釐侯 390/188/28
是為燕○王 416A/199/29
燕立○王 416B/200/8
燕○王收破燕後即位 418/200/20
於是○王為隗築宮而師之 418/201/7
蘇代乃遺燕○王書曰 419/201/14
燕○王善其書 419/202/9
蘇代謂燕○王曰 420/202/14
燕○王不行 422/205/1
謂○王曰 423/205/7
蘇代自齊使人謂燕○王曰 426/206/21
燕○王且與天下伐齊 429/208/15
○王召而謂之曰 429/208/15
燕○王聞之 430/208/28
昌國君樂毅為燕○王合五國之兵而攻齊 431/209/3
而燕○王死 431/209/4
○王既息民繕兵 461/225/29

朝 zhāo 102

告於鄭○ 15/6/14
鄭○曰 15/6/14
鄭○獻之趙太卜 15/6/15
四鄰諸侯可○也 42/16/4,42/16/8
○四鄰諸侯之道 42/17/10
四鄰諸侯不○ 42/17/11
爭名者於○ 44/17/27
天下之市○也 44/17/28
宣言之於○廷 50/21/1
稱病不○ 50/21/10
率以○天子 66/27/4
臣今見王獨立於廟○矣 73B/32/7
入○ 81/37/13
齊王入○ 86/40/20
而○於邯鄲之君乎 88/42/19
莫不令○行 88/42/20
○為天子 88/42/21
驅十二諸侯以○天子於孟津 89/43/10
而不壽於○生 93/44/28
○歌之廢屠 96/48/10
穆公相之而○西戎 96/48/12
韓、魏之君因田嬰北面而○田侯 103/51/7
○服衣冠窺鏡 108/52/13
於是入○見威王曰 108/52/23
○廷之臣 108/52/25
能謗議於市○ 108/52/27
皆○於齊 108/53/2
此所謂戰勝於○廷 108/53/2
趙入○黽池 113/55/23
今子一○而見七士 131/63/23
○則滿 136A/67/7
非○愛市而夕憎之也 136A/67/7
胡為至今不○也 138/69/20
一女不○ 138/69/20
又從十二諸侯○天子 142/73/22
有十二諸侯而○天子 142/73/25
女○出而晚來 144/74/28
今公行一○之忿 145/75/12
○諸侯 145/76/7
一○而反之 145/76/8
王至○日 146/77/1
故常見譽於○ 147/77/8
勸王○秦 149B/79/14
齊王建入○於秦 150/79/19
臣○夕以事聽命 157B/82/6
則諸侯莫不南面而○於章臺之下矣 167/85/18
緇帛之衣以○ 170/88/25
未明而立於○ 170/88/25
○不謀夕 170/88/26

七日而薄秦王之○ 170/89/12
王明日○群臣 177/92/9
臣聞從者欲合天下以○大王 189/96/25
張孟談因○知伯而出 203/104/26
據衛取淇則齊必入○ 218/113/7
於是乃以車三百乘入○澠池 220/116/11
且將以○ 221/116/29
不可以來○ 224/120/15
而趙王入○ 233/124/6
率天下諸侯而○周 236/127/6
諸侯莫○ 236/127/6
而齊獨○之 236/127/7
故生則○周 236/127/9
退而聽○也 236/127/20
而身○於邯鄲 247/131/26
無入○之辱 247/131/28
韓必入○秦 249/133/20
寧○人乎 251/134/18
寧○於人也 251/134/18
人亦寧○人耳 251/134/18
何故寧○於人 251/134/19
皆○魏 264B/140/18
於是出而為之張於○ 296/150/28
則不如因變服折節而○齊 301/153/7
顧臣畜而○ 301/153/9
而得○禮 301/153/11
而與之並○齊侯再三 301/153/14
三日不聽○ 307/156/1
魏王且入○於秦 311/158/10
尚有可以易入○者乎 311/158/14
而以入○為後 311/158/15
倍鄴、○歌 315/161/11
入○為臣之日不久 315/162/10
○邯鄲 316/162/14
公仲且抑首而不○ 366/180/22
韓傀以之叱之於○ 385/185/18
韓與天下○秦 387/187/20
莫如○魏 390/188/26
燕東有○鮮、遼東 408/194/10
今趙王已入○澠池 413/197/10
而○其門下 418/200/27
天下聞王○其賢臣 418/200/28
寡人將誰○而可 418/200/30
諸侯北面而○ 420/202/23
諸侯西面而○ 420/202/23
則諸侯不為別馬而○矣 420/202/24
臣請獻一○之賈 425/206/14
乃○服 440/217/9
鍥○涉之脛 447/220/9
所傾蓋與車而○窮閭隘巷之士者 459A/225/10
○賢 459A/225/11
早○晏退 461/226/4

沼 zhǎo 1

淹乎大○ 192/98/7

召 zhào 72

秦○周君 31/10/23,31/10/23
王○陳軫告之曰 49/20/1
不如○甘茂於魏 52/22/9
○公孫顯於韓 52/22/9
○甘茂而告之 55/23/21
使人持車○之 72/29/15
使人○蔡澤 81/35/23
秦昭王○見 81/37/14
王何不○公子池而問焉 83A/38/14
王○公子池而問焉 83A/38/17
上蔡、○陵不往來也 87/42/10
王乃○相 93/45/14
秦王○群臣賓客六十人而問焉 96/47/21
王○姚賈而問曰 96/48/4
田侯○大臣而謀曰 102/50/21
103/50/30
君○愛夫人者而謂之曰 128/62/10
君○而返之 130/63/13
使吏○諸民當償者 133/65/8
宜○田單而揖之於庭 146/77/1
故為酒而○貂勃 147/77/7
○相單來 147/77/19
○相田單而來 147/77/22
王○江乙而問焉 155/81/12
願王○所便習而觴之 182/94/22
乃○南后、鄭褎而觴之 182/94/23
○門吏為汗先生著客籍 199/101/4
楚王○入 200/101/27
趙襄子○張孟談而告之曰 203/104/4
○張孟談曰 203/104/7
○平原君而告之曰 211/109/26
王○趙勝、趙禹而告之曰 211/110/7
趙王○樓昌與虞卿曰 235/125/27
趙王○虞卿曰 235/126/5
勝請○而見之於先生 236/126/22
此○兵也 244/130/24
齊王必無○眠也 249/133/8
乃○趙莊而貴之 254/136/4
秦○春平侯 261/138/21
數令人○臣也 276/145/15
令魏王○而相之 278/146/3
○文子而相之魏 292/149/23
則胡不○文子而相之 298/152/15
因○文子而相之 298/152/16
魏王○惠施而告之曰 301/153/3
秦○魏相信安君 304/154/16
○相國而命之曰 308/156/11
王命○相國 311/158/26
王急○君 311/158/27,311/158/29
而右上蔡、○陵 315/161/13
王亦知弱之○攻乎 333/167/29
○陳軫而告之 357/176/19
○尚子入 366/180/11
王於是○諸公子役於三川者而歸之 392/189/29
今王不○韓侈 396B/191/6
○韓侈而仕之 396B/191/7
王何不○之 402/193/4
乃○蘇氏 419/202/10
秦○燕王 422/203/25
今齊王○蜀子使不伐宋 423/205/8
今○之矣 424/205/16
昭王○而謂之曰 429/208/15
故○將軍且休計事 431/209/10
王乃○昌國君樂間而問曰 438/213/4
不及○下兵 440/217/16
○張登而告之曰 454/222/16
今君○中山 454/222/23
今○中山 454/222/27,454/223/1
果○中山君而許之王 454/222/31

兆 zhào 2

數策占○ 42/17/5
有億○之數 167/86/4

詔 zhào 14

○令天下 42/15/26
今主君以趙王之教○之 112/55/10
太守有○ 211/110/11
而適聞使者之明○ 220/116/10
在大王○之 272/143/17
今主君以趙王之○○之 272/143/17
受○襄王以守此地也 340/170/1
是使我負襄王○而廢大府之憲也 340/170/3
今主君以楚王之教○之 347/173/12
今主君幸教○之 408/194/22
餘令○後嗣之遺義 431/210/7
非有○不得上 440/217/16
○王翦軍以伐燕 440/217/24

照 zhào 6

或謂○翦曰 20/7/19
○翦曰 20/7/19,20/7/21
何愛餘明之○四壁者 61A/24/29
無與○姦 73A/30/14
光○鄰國 145/76/4

趙 zhào 951

周君謂○累曰 2/1/22
而又知○之難子齊人戰 10A/4/14
上黨長子○之有已 10A/4/15
君弗如急北兵趨○以秦、魏 11B/5/4
則○恐伐 11C/5/11
秦以○攻 11C/5/11
與之齊伐○ 11C/5/11
以地合於魏、○ 12/5/16
將以觀秦之應○、宋 13/5/21
將興○、宋合於東方以孤秦 13/5/21
則賣○、宋於三國 13/5/22
欲秦、○之相賣乎 13/5/23
則秦、○必相賣以合於王也 13/5/24
秦知○之難與齊戰也 14A/5/28
將恐齊、○之合也 14A/5/28
○不敢戰 14A/5/28
秦、○爭齊 14A/6/1
○取周之祭地 15/6/14
鄭朝獻之○太卜 15/6/15
○乃還之 15/6/16
○之上計 23/8/16
而全○令其止 23/8/18
重亦盡在○ 23/8/20
攻○ 27/9/20
而北攻○ 27/9/25
韓兼兩上黨以臨○ 33/11/13
即○羊腸以上危 33/11/13
楚、○皆輕 33/11/14
因○以止易也 33/11/14
君不如使周最陰合於○以備秦 35/11/26
見說○王於華屋之下 40/14/6
○王大悅 40/14/6,430/208/28
故蘇秦相於○而關不通 40/14/10
使○大重 40/14/14
○固負其眾 41A/14/25
燕、○惡齊、秦之合 41B/15/4
則荊、○之志絕 42/16/7
荊、○之志絕 42/16/7
則○危 42/16/7
○危而荊孤 42/16/7
○氏 42/16/13
○氏上下不相親也 42/16/15
然則是舉○則韓必亡 42/16/18
與○氏為和 42/16/21
且夫○當亡不亡 42/16/22
以攻○襄主於晉陽 42/17/4
舉○亡韓 42/17/9
○不舉 42/17/10
以因于齊、○ 44/18/8
○且與秦伐齊 63/25/28
令田章以陽武合於○ 63/25/28
○王喜 63/25/28
211/109/26,308/156/11
秦王使公子他之○ 63/26/1
謂○王曰 63/26/1
94/46/7,212/110/21
217/111/25,234/125/18
250/134/9,314/160/7
秦且益○甲四萬人以伐齊 63/26/5
必不益○甲四萬人以伐齊 63/26/6
今破齊以肥○ 63/26/8
○ 63/26/8,438/213/4
必不益○甲四萬人以伐齊矣 63/26/15
齊、○合 66/27/12
必事○從公 68/28/3
○獨擅之 73A/31/7
以威楚、○ 73A/31/8
○彊則楚附 73A/31/9
楚彊則○附 73A/31/9
楚、○附則齊必懼 73A/31/9
李兌用○ 73B/32/5,197/100/6
合從相聚於○ 77/33/22
○亡 78/34/4
78/34/5,202/103/10
上黨之民皆返為○ 78/34/7
今攻○ 78/34/7
蔡澤見逐於○ 81/35/19
又越韓、魏攻強○ 81/36/26
○、楚懾服 81/36/27
帥韓、魏以圍○襄子於晉陽 83B/39/1
北遊於燕、○ 86/40/19
智氏見伐○之利 87/41/10
從而伐○ 87/41/13
是燕、○無齊、楚 87/42/11
無燕、○也 87/42/12
然後危動燕、○ 87/42/12
○氏亦嘗強矣 88/42/17
曰○強何若 88/42/17
○人聞之至枝桑 88/42/23
西說○ 88/42/24
今王廣德魏、○ 89/43/4
制○、韓之兵 89/43/9
秦子異人質於○ 93/44/22
棄在於○ 93/45/1
王后乃請○而歸之 93/45/3
○未之遣 93/45/5
不韋說○曰 93/45/5
使秦而欲屠○ 93/45/5
○厚送遣之 93/45/6
○乃遣之 93/45/7
陛下嘗軔車於○矣 93/45/12

○之豪桀 93/45/12
文信侯欲攻○以廣河間 94/45/21
欲與燕共伐○ 94/45/22
燕者必徑於○ 94/45/22
○人得唐者 94/45/22
應侯欲伐○ 94/46/2
請為張唐先報○ 94/46/5
見○王 94/46/7
○王郊迎 94/46/7
則伐○ 94/46/9
欲攻○而廣河間也 94/46/9
與強○攻弱燕 94/46/10
○王立割五城以廣河間 94/46/10
○攻燕 94/46/11
與司空馬之○ 95/46/15
○以為守相 95/46/15
秦下甲而攻○ 95/46/15
司空馬說○王曰 95/46/17
習○事 95/46/18
請為大王設秦、○之戰 95/46/18
○孰與秦大 95/46/18
○王曰 95/46/22
95/46/26,218/114/11
220/116/8,233/125/11
234/125/19,238/128/20
238/128/21,238/128/28
239A/129/4,251/134/18
251/134/20,254/136/4
257/136/27,314/160/7
444/219/7,444/219/9
卿不遠○ 95/46/22
大王裂○之半以賂秦 95/46/22
秦不接刃而得○之半 95/46/23
內惡○之守 95/46/23
○守半國以自存 95/46/24
亡○自危 95/46/24
則是大王名亡○之半 95/46/25
前日秦下甲攻○ 95/46/26
○賂以河間十二縣 95/46/26
今又割○之半以強秦 95/46/27
請為大王悉○兵以遇 95/46/28
○王不能將 95/46/29
司空馬去○ 95/47/1
秦兵下○ 95/47/1
上客從○來 95/47/1
○事何如 95/47/1
司空馬言其為○王計而
弗用 95/47/2
○必亡 95/47/2
○何時亡 95/47/2
○將武安君 95/47/3
○王之臣有韓倉者 95/47/3
以曲合於○王 95/47/4
五月○亡 95/47/13
去○ 95/47/16
○去司空馬而國亡 95/47/16
臣於○而逐 96/48/1
○之逐臣 96/48/1,96/48/10
○求救於齊 102/50/21
救○孰與勿救 102/50/21
是○不拔而魏全也 102/50/24
是○破而魏弱也 102/50/25
燕、○、韓、魏聞之 108/53/2
今齊、楚、燕、○、韓
、梁六國之遞甚也 111/54/4
北向而孤燕、○ 111/54/12
蘇秦為○合從 112/54/23
167/85/15
今主君以○王之教詔之 112/55/10
必謂齊西有強○ 113/55/15
今○之與秦也 113/55/20
秦、○戰於河漳之上 113/55/21
○亡卒數十萬 113/55/21
秦強而○弱也 113/55/22
○入朝黽池 113/55/23
悉○涉河關 113/55/24
楚、○必救之 114/56/5
楚、○果遽起兵而救韓 114/56/7
秦攻○ 118/57/23,218/114/7
219/114/17,228/121/26
234/125/17,244/130/24
○令樓緩以五城求講於
秦 118/57/23
○足之齊 118/57/24
王欲秦、○之解乎 118/57/24
不如從合於○ 118/57/25
○必倍秦 118/57/25
秦使魏冉之○ 119/57/29
薛公使魏處之○ 119/57/29
而身與○戰矣 119/58/1
○可取唐、曲逆 119/58/2
命懸於○ 119/58/3
秦攻○長平 120/58/8
齊、楚救○ 120/58/8
○無以食 120/58/11
且○之於燕、齊 120/58/12
今日亡○ 120/58/13
且夫救○之務 120/58/13
夫救○ 120/58/14
義救亡○ 120/58/14
東有○、魏 121/58/19
○、魏不伐 121/58/19
○、魏亦不免與秦為患
矣 121/58/20
今齊、秦伐○、魏 121/58/20
則亦不果於○、魏之應
秦而伐周、韓 121/58/21
令齊入於秦而伐○、魏 121/58/21
○、魏亡之後 121/58/22
○之柱國也 132B/64/9
伐○取晉陽 132B/64/10
今又劫○、魏 132B/64/11
絕○之東陽 132B/64/12
則○、魏亦危矣 132B/64/12
○、魏危 132B/64/12
韓、魏、○、楚之志 132B/64/13
○、魏、楚得齊 132B/64/15
故秦、○、魏得齊者重
132B/64/15
齊王使使者問○威后 138/69/13
約伐○ 141B/70/19
伐○不如伐宋之利 141B/70/21
有濟西則○之河東危 141B/70/22
昔者○氏襲衛 142/71/8
挑○索戰 142/71/10
衛非強於○也 142/71/11
○氏懼 142/71/12
楚人救○而伐魏 142/71/12
○得是藉也 142/71/13
此皆非○、魏之欲也 142/71/14
而○氏兼中山 142/71/21
中山悉起而迎燕、○ 142/73/1
敗○氏 142/73/2
則○必從矣 142/73/28
被圍於○ 145/75/19
齊之反○、魏之後 153/80/27
王不如無救○ 156/81/17
其割○必深矣 156/81/17
○不能聽 156/81/18
夫魏之攻○也 156/81/20
今不救○ 156/81/20

○有亡形 156/81/21
是楚、魏共○也 156/81/21
且魏令兵以深割○ 156/81/21
○見亡形 156/81/22
以為○援 156/81/22
○恃楚勁 156/81/23
魏怒於○之勁 156/81/23
必不釋○ 156/81/23
○、魏相弊 156/81/23
楚因使景舍起兵救○ 156/81/26
楚杜赫說楚王以取○ 165/84/22
赫不能得○ 165/84/24
得○而王無加焉 165/84/24
是不能得○也 165/84/28
則韓、魏、齊、燕、○、衛之妙音美人 167/85/25
○、代良馬橐他 167/85/26
故弊邑○王 167/86/5
而燕、○、魏不敢不聽 173B/90/30
臣請辟於○ 192/97/23
之○ 192/97/24
徵莊辛於○ 192/97/25
孫子去之○ 197/99/25
○以為上卿 197/99/25
於是使人請孫子於○ 197/99/29
○使魏加見楚春申君曰 198/100/16
○人李園 200/101/16
今燕之罪大而○怒深 201/102/26
故君不如北兵以德○ 201/102/27
若越○、魏而關兵於燕 201/103/3
知伯從韓、魏兵以攻○ 202/103/8
夫從韓、魏之兵而攻○ 202/103/9
今約勝○而三分其地 202/103/10
夫勝○而三分其地 202/103/14
是疵為○計矣 202/103/16
而解於攻○也 202/103/16
知伯帥○、韓、魏而伐范中行氏 203/103/24
○葭諫曰 203/103/28
又使人之○ 203/104/1
○襄子弗與 203/104/1
將以伐○ 203/104/2
○襄子召張孟談而告之曰 203/104/4
今知伯帥二國之君伐○ 203/104/20
○將亡矣 203/104/20
破○三分其地 203/104/28
魏宣子之謀臣曰○葭 203/105/2
破○則封二子者各萬家之縣一 203/105/3
破○而三分其地 203/105/4
張孟談既固○宗 204A/105/18
韓、魏、齊、燕負親以謀○ 204A/105/30
○氏分則多十城 204A/106/1
○襄子最怨知伯 204B/106/8
○襄子曰 204B/106/11
於是○襄子面數豫讓曰 204B/106/21
○國之士聞之 204B/106/29
魏文侯借道於○攻中山 205/107/3
○侯將不許 205/107/3
○利曰 205/107/3
罷則○重 205/107/4
必不能越○而有中山矣 205/107/4
○也 205/107/4,317A/162/23
燕、○救之 206/107/10
○收天下 209/108/10
蘇秦為齊上書說○王曰 209/108/10
以秦為愛○而憎韓 209/108/13
秦豈得愛○而憎韓哉 209/108/14
故出兵以佯示○、魏 209/108/15
而禍及於○ 209/108/19
嘗合橫而謀伐○ 209/108/25
參分○國壤地 209/108/26
反三公、什清於○ 209/108/27
夫韓事○宜正為上交 209/108/27
陰使人請○王曰 211/109/25
而願為○ 211/109/26
而皆願為○ 211/109/27
○豹對曰 211/109/28
且夫韓之所以內○者 211/110/1
而○受其利 211/110/2
○豹出 211/110/5
王召○勝、○禹而告之曰 211/110/7
乃使○勝往受地 211/110/8
○勝至曰 211/110/11
○聞韓不能守上黨 211/110/14
○起兵取上黨 211/110/17
令公孫起、王齮以兵遇○於長平 211/110/17
蘇秦為○王使於秦 212/110/21
又北之○ 213/110/28
不如令○拘甘茂 213/110/28
必以路涉、端氏賂○ 213/110/29
以○之弱而據之建信君 214/111/3
以楚、○分齊 214/111/5
○患又起 215/111/11
獨吞○ 215/111/13
齊、○必俱亡矣 215/111/13
○王封孟嘗君以武城 216/111/17
今○王不知文不肖 216/111/19
訾然使○王悟而知文也 216/111/20
秦之有燕而伐○ 217/111/25
有○而伐燕 217/111/26
有梁而伐○ 217/111/26
有○而伐梁 217/111/26
有謀故殺使之○ 217/112/4
以燕餌○ 217/112/4
北無○ 217/112/6
秦禍案攘於○矣 217/112/7
○王因起兵南戍韓、梁之西邊 217/112/16
蘇秦從燕之○ 218/112/21
說○王曰 218/112/21,220/115/20
劫韓包周則○自銷鑠 218/113/6
則必舉甲而向○ 218/113/7
莫如○強 218/113/10
○地方二千里 218/113/10
莫如○ 218/113/12,413/197/3
然而秦不敢舉兵甲而伐○者 218/113/12
○之南蔽也 218/113/13
禍中於○矣 218/113/15
莫如一韓、魏、齊、楚、燕、○ 218/114/2
○涉河、漳 218/114/4,218/114/5
○涉河、漳、博關 218/114/5
則○守常山 218/114/6
○怒必於其己邑 219/114/22
○僅存哉 219/114/23
夫慮收亡齊、罷楚、敝魏與不可知之○ 219/115/1
收破齊、罷楚、弊魏、不可知之○ 219/115/6

○奢、鮑佞將 219/115/10
而○奢、鮑佞之能也 219/115/12
此斷○之右臂也 220/116/2
四國為一以攻○ 220/116/4
破○而四分其地 220/116/5
○文進諫曰 221/118/1
○文曰 221/118/3
○造諫曰 221/118/12
○造曰 221/118/16
○燕後胡服 223/119/26
○燕再拜稽首曰 223/120/1
○惠文王三十年 225/120/23
相都平君田單問○奢曰 225/120/23
○以二十萬之眾攻中山 225/121/6
○使机郝之秦 226/121/13
秦王見○之相魏冉之不急也 226/121/14
○欲存之 227/121/19
樂毅謂○王曰 227/121/19
齊必讎○ 227/121/19
○有河北 227/121/20
燕、○必不爭矣 227/121/20
以燕以○輔之 227/121/21
令淖滑、惠施之○ 227/121/22
○以公子部為質於秦 228/121/26
以易藺、離石、祁於○ 228/121/26
○背秦 228/121/27
○王乃令鄭朱對曰 228/121/27
曠遠於○ 228/121/28
令衛胡易伐○ 228/122/4
○奢將救之 228/122/4
富丁欲以○合齊、魏 229A/122/9
樓緩欲以○合秦、楚 229A/122/9
必以○為辭 229A/122/12
則伐秦者○也 229A/122/12
韓、魏必怨○ 229A/122/12
兵必歸於○矣 229A/122/13
○必為天下重國 229A/122/15
○恐 229B/122/23
○畏橫之合也 229B/122/23
無秦不能傷○ 229B/122/25
無齊不能得○ 229B/122/26
此利於○而便於周最也 229B/122/26
魏使人因平原君請從於○ 230/122/30
○王不聽 230/122/30,235/126/5
大敗○師 231/123/9
○以亡敗之餘眾 231/123/10
○守而不可拔者 231/123/10
今○非有七克之威也 231/123/11
而欲以罷○攻強燕 231/123/12
是使弱○為強秦之所以攻 231/123/12
而使強燕為弱○之所以守 231/123/12
而強秦以休兵承○之敝 231/123/12
秦攻○於長平 233/123/26
因使人索六城於○而講 233/123/26
○計未定 233/123/26
○王與樓緩計之曰 233/123/27
而○王入朝 233/124/6
使○郝約事於秦 233/124/6
秦之攻○也 233/124/6
○雖不能守 233/124/20
秦善韓、魏而攻○者 233/124/22
是強秦而弱○也 233/124/25
而割愈弱之○ 233/124/26
其勢必無○矣 233/124/27
夫秦、○構難 233/125/2
今○兵困於秦 233/125/2
秦○之敝而瓜分之 233/125/4
○且亡 233/125/4
夫○兵困於秦 233/125/7
秦之使者已在○矣 233/125/13
○國豪傑之士 234/125/20
佩○國相印不辭無能 234/125/21
秦、○戰於長平 235/125/27
○不勝 235/125/27
○王召樓昌與虞卿曰 235/125/27
必且破○軍 235/126/1
○使入楚、魏 235/126/2
○王召虞卿曰 235/126/5
○之貴人也 235/126/7
楚、魏以○為媾 235/126/7
○卒不得媾 235/126/8
秦留○王而后許之媾 235/126/9
秦圍○之邯鄲 236/126/13
魏安釐王使將軍晉鄙救○ 236/126/13
因平原君謂○王曰 236/126/14
秦所以急圍○者 236/126/14
○誠發使尊秦昭王為帝 236/126/16
此時魯仲連適游○ 236/126/18
會秦圍○ 236/126/18
聞魏將欲令○尊秦為帝 236/126/18
魏王使將軍辛垣衍令○帝秦 236/126/20
欲以助○也 236/127/2
則必助○矣 236/127/5
適會魏公子無忌奪晉鄙軍以救○擊秦 236/128/4
君安能少○人 237/128/11
而令○人多君 237/128/11
君安能憎○人 237/128/11
而令○人愛君乎 237/128/11
今○萬乘之強國也 237/128/13
○之於天下也不輕 237/128/14
今君易萬乘之強○ 237/128/15
未嘗不言○人之長者也 237/128/16
未嘗不言○俗之善者也 237/128/16
鄭同北見○王 238/128/20
建信君貴於○ 239A/129/3
公子魏牟過○ 239A/129/3
○王迎之 239A/129/3
○王不說 239A/129/5
而獨以○惡秦 241/130/3
夫秦之攻○ 244/130/24
而以兵襲○ 245/131/2
為齊獻書○王 246/131/7
齊乃捄○以伐宋 247/131/20
屬怨於○ 247/131/20
為○也 247/131/24
五國伐○ 247/131/24
○必亡矣 247/131/24,405/193/22
今○留天下之甲於成皋 247/131/25
王之事○也何得矣 247/131/25
以為○蔽 247/131/26
而○無為王行也 247/131/27
如王若用所以事○之半收齊 247/131/28
虛國於燕、○之前 247/132/1

韓呡處於○ 247/132/3
其怨於○ 247/132/5
臣請為王推其怨於○ 247/132/6
願王之陰重○ 247/132/6
而無使秦之見王之重○也 247/132/6
秦見之且亦重○ 247/132/7
齊、秦交重○ 247/132/7
臣必見燕與韓、魏亦且重○也 247/132/7
皆且無敢與○治 247/132/7
五國事○ 247/132/8
○從親以合於秦 247/132/8
王使臣以韓、魏與燕劫○ 247/132/9
以○劫韓、魏 247/132/9
齊因欲與○ 248/132/15
○不聽 248/132/15
臣循燕觀○ 248/132/27
○欲搆於秦 249/133/3
燕、○助之 249/133/6
願得○ 249/133/7
皆非○之利也 249/133/10
皆不利○矣 249/133/14
不利於○ 249/133/15
249/133/17, 249/133/20
秦王受齊受○ 249/133/18
齊、○應之 249/133/19
過○已安邑矣 249/133/20
秦堅燕、○之交 249/133/21
而燕、○應之 249/133/22
燕、○伐齊 249/133/22
即○自消爍矣 249/133/24
非○之利也 249/133/24
409/194/28
而○、宋同命 249/134/3
虞卿請○王曰 251/134/18
則從事可移於○ 251/134/20
臣聞○王以百里之地 251/134/23
夫○、魏 251/134/28
○王以咫尺之書來 251/134/28
得罪於○ 251/135/1
王聽○殺座之後 251/135/2
強秦襲○之欲 251/135/2
倍○之割 251/135/3
使將而攻○ 252/135/8
○王因割濟東三城令盧、高唐、平原陵地城邑市五十七 252/135/8
則奚以○之強為 252/135/17
○強則齊不復霸矣 252/135/17
今得強○之兵 252/135/17
○攻中山 253/135/24
○使○莊合從 254/136/3
○因賤○莊 254/136/3
齊明為謂○王曰 254/136/3
今聞○莊賤 254/136/4
乃召○莊而貴之 254/136/4
甚善○王 255/136/9
○王三延之以相 255/136/9
馮忌為廬陵君謂○王曰 256/136/15
馮忌請見○王 257/136/22
客見○王曰 258A/137/3
○王未之應也 258A/137/9
○王使往賀 258B/137/16
○王憂之 258B/137/16
以制齊、○ 258B/137/17
吾所使○國者 258B/137/23
○豹、平原君 258B/137/27
258B/137/28
○能殺此二人 258B/137/27
○使姚賈約韓、魏 259/138/10
舉茅為姚賈謂○王曰 259/138/10
楚王禽○、宋 260/138/17
○王之所甚愛也 261/138/21
是空絕○ 261/138/23
春平侯者言行於○王 261/138/23
必厚割○以事君 261/138/23
○太后新用事 262/138/28
○氏求救於齊 262/138/28
至於○之為○ 262/139/14
○主之子孫侯者 262/139/14
微獨○ 262/139/15
長安君何以自託於○ 262/139/18
秦使王翦攻○ 263/139/27
○使李牧、司馬尚禦之 263/139/27
乃多與○王寵臣郭開等金 263/139/28
李牧、司馬尚欲與秦反○ 263/139/28
○王疑之 263/140/1
使○葱及顏冣代將 263/140/1
大破○ 263/140/2
殺○軍 263/140/2
虜○王遷及其將顏冣 263/140/2
遂滅○ 263/140/2
因索蔡、皋梁於○ 264A/140/11
○弗與 264A/140/11
○氏應之於內 264A/140/11
韓、○相難 264B/140/16
願得借師以伐○ 264B/140/16
寡人與○兄弟 264B/140/16
○又索兵以攻韓 264B/140/17
而與韓、○戰澮北 270/142/5
蘇子為○合從 272/142/27
故敝邑○王使使臣獻愚計 272/143/16
今主君以○王之詔詔之 272/143/17
北與○境 273/143/24
東與齊而不與○ 273/143/26
則○攻其北 273/143/26
則○不南 273/144/4
○不南 273/144/5
臣與燕、○故矣 276/145/15
臣急使燕、○ 276/145/17
即明言使燕、○ 276/145/17
犀首又以車三十乘使燕、○ 276/145/20
燕、○聞之 276/145/21
455/223/21
今燕、齊、○皆以事因犀首 276/145/22
史厭謂○獻曰 282/147/7
楚、○必聽之 284/147/20
是王失謀於楚、○ 284/147/20
齊遂伐○ 284/147/21
事敗為○驅 284/147/22
信韓、廣魏、救○ 285/147/29
而令○ 287/148/11
齊王將見燕、○、楚之相於衛 288/148/18
犀首、田盼欲得齊、魏之兵以伐○ 291/149/9
不過五月而○破 291/149/10
公今言破○大易 291/149/10
是○不伐 291/149/12
大敗○氏 291/149/15
王固先屬怨於○ 301/153/5

○氏醜之 301/153/16
○應之 301/153/16
將以塞○也 304/154/18
臣又恐○之益勁也 304/154/18
則○之謀者必曰 304/154/22
秦必令其所愛信者用○ 304/154/23
是○存而我亡也 304/154/23
○安而我危也 304/154/23
臣故恐○之益勁也 304/154/24
而使○小心乎 304/154/26
○之用事者必曰 304/154/28
秦、○約而伐魏 308/156/10
臣請發張倚使謂○王曰 308/156/10
張倚因謂○王曰 308/156/15
○王因令閉關絕秦 308/156/15
秦、○大惡 308/156/16
芒卯應○使曰 308/156/18
○王恐魏承秦之怒 308/156/19
初時惠王伐○ 310/157/13
○氏不割 310/157/13
燕、○之所以國全兵勁 310/157/14
臣以為燕、○可法 310/157/15
今王循楚、○而講 310/157/18
楚、○怒而與王爭事秦 310/157/18
秦挾楚、○之兵以復攻 310/157/19
夫輕信楚、○之兵 310/157/27
願之及楚、○之兵未任於大梁也 310/157/29
楚、○怒於魏之先己講也 310/158/2
孟嘗君之○ 314/160/7
夫○之兵 314/160/8
非能弱於○也 314/160/9
然而○之地不歲危 314/160/9
以其西為○蔽也 314/160/10
今○不救魏 314/160/10
是○與強秦為界也 314/160/10
○王許諾 314/160/11
以因○之衆 314/160/20
君得燕、○之兵甚衆且亟矣 314/160/24
因歸燕、○之兵 314/160/24
必不伐楚與○矣 315/161/9
絕韓之上黨而攻強○ 315/161/10
而以與○兵決勝於邯鄲之郊 315/161/11
秦必不伐楚與○矣 315/161/14
投質於○ 315/161/29
則楚、○必與之攻矣 315/161/29
王速受楚、○之約 315/162/2
楚、○楚大破 315/162/9
抱葛、薛、陰、成以為○養邑 316/162/14
而○無為王有也 316/162/15
秦使○攻魏 317A/162/20
魏謂○王曰 317A/162/20
亡○之始也 317A/162/20
今國莫強於○ 317A/162/22
○之號也 317A/162/23
○者 317A/162/23
中山恃齊、魏以輕○ 319/164/5
齊、魏伐楚而○亡中山 319/164/5
不如齊○ 325/165/29
秦已制○ 325/165/29
秦、○構難而戰 326/166/3
不如齊、○而構之秦 326/166/3
王不構○ 326/166/3
○不以毀構矣 326/166/3
○必復鬬 326/166/4
是并制秦、○之事也 326/166/4
王欲焉而收齊、○攻荊 326/166/4
欲焉而收荊、○攻齊 326/166/5
秦、○久相持於長平之下而無決 327/166/10
則無○ 327/166/11
合於○ 327/166/11
秦戰勝○ 327/166/12
秦戰不勝○ 327/166/12
芮宋欲絕秦、○之交 329A/166/24
故委國於○也 329A/166/25
遂絕○也 329A/166/26
則趣○而已 337/168/25
存○國 339/169/13,339/169/16
○王自郊迎 339/169/13
今○王自郊迎 339/169/17
卒然見○王 339/169/17
大成午從○來 344B/172/10
子以韓重我於○ 344B/172/10
請以○重子於韓 344B/172/10
而我有兩○也 344B/172/11
乃儆謂○卓、韓鼂曰 345/172/17
公何不與○藺、離石、祁 356A/176/3
收韓、○之兵以臨魏 356A/176/4
楚、○皆公之讎也 360/178/10
若夫越○、魏而鬬兵於燕 362/179/11
常仗○而畔楚 365/180/4
則害於○ 368/181/14
公不如告楚、○ 368/181/15
楚、○惡之 368/181/15
○聞之 368/181/15,410/195/11
不如急發重使之○、梁 389/188/15
甘茂約楚、○而反敬魏 396C/191/19
○、魏攻華陽 399/192/9
大敗○、魏於華陽之下 399/192/13
燕、○不敢不聽 400/192/18
則燕、○不敢不聽 400/192/20
○敖為謂建信侯曰 405/193/19
其救○必緩矣 405/193/22
以○之為蔽於南也 408/194/14
秦、○五戰 408/194/14
秦再勝而○三勝 408/194/14
秦、○相弊 408/194/14
今○之攻燕也 408/194/16
○之攻燕也 408/194/18
是故願大王與○從親 408/194/19
南近齊、○ 408/194/22
齊、○ 408/194/22
於是齎蘇秦車馬金帛以至○ 408/194/23
齊、燕離則○重 409/194/27
齊、燕合則○輕 409/194/28
西不如○ 409/195/1
豈能東無齊、西無○哉 409/195/1
則○重矣 409/195/4
○弗救 410/195/10
○必救我 410/195/10
昔○王以其姊為代王妻 413/197/3
夫○王之狼戾無親 413/197/9
且以○王為可親邪 413/197/9
○興兵而攻燕 413/197/9
今○王已入朝澠池 413/197/10

驅○而攻燕 413/197/11
且今時○之於秦 413/197/11
而○不敢妄動矣 413/197/12
而南無齊、○之患 413/197/13
夫齊、○者 415/198/1
寡人之於齊、○也 415/198/5
所以備○也 415/198/25
劇辛自○往 418/201/7
燕、○破宋肥齊尊齊而為之下者 419/201/27
燕、○非利之也 419/201/27
今王何不使可以信者接收燕、○ 419/201/28
今涇陽君若高陵君先於燕、○ 419/201/28
則燕、○信秦矣 419/201/29
○為中帝 419/201/29
則燕、○伐之 419/201/30
燕、○之所同利也 419/202/2
燕、○之所同願也 419/202/2
則燕、○之棄齊也 419/202/3
今王之不收燕、○ 419/202/3
王不收燕、○ 419/202/4
王收燕、○ 419/202/5
重燕、○ 422/204/20
以濟西委於○ 422/204/20
○得講於魏 422/204/20
因犀首屬行而攻○ 422/204/21
已得講於○ 422/204/22
適○者曰 422/204/23
○莊之戰 422/204/25
而燕、○之秦者 422/204/27
蘇代為奉陽君說燕於○以伐齊 423/205/6
乃入齊惡○ 423/205/6
令齊絕於○ 423/205/6
齊已絕於○ 423/205/6
使齊不信○者 423/205/7
與齊王謀道取秦以謀○者 423/205/8
令齊守○之質子以甲者 423/205/8
果以守○之質子以甲 423/205/9
臣故知入齊之有○累也 423/205/10
臣死而齊大惡於○ 423/205/10
令齊、○絕 423/205/11
齊、○必有為智伯者矣 423/205/11
奉陽君告朱讙與○足曰 424/205/16
如齊王王之不信○ 424/205/20
故齊、○之合苟可循也 424/205/21
臣死而齊、○不循 424/205/23
深結○以勁之 424/205/27
今臣逃而紛齊、○ 424/206/3
望諸相中山也使○ 424/206/5
○劫之求地 424/206/5
卒絕齊於○ 424/206/8
○合於燕以攻齊 424/206/8
臣聞離齊、○ 426/206/21
齊、○已孤矣 426/206/21
燕破則○不敢不聽 426/206/25
是王破燕而服○也 426/206/26
齊、○之交 427/207/18
燕王不與齊謀○ 427/207/19
則與○謀齊 427/207/19
○將伐之 430/208/21
見○恢 430/208/21
○恢曰 430/208/21
公聽吾言而說○王曰 430/208/23
是使弱○居強吳之處 430/208/25
使者乃以說○王 430/208/28
樂毅奔○ 431/209/4
○封以為望諸君 431/209/4
懼○用樂毅承燕之弊以伐燕 431/209/5
遂捐燕而歸○ 431/209/11
故遁逃奔○ 431/209/15
莫徑於結○矣 431/209/27
○若許 431/209/27
南使臣於○ 431/209/29
今韓、梁、○三國以合矣 432/211/6
○見秦之伐楚也 432/211/7
燕、○之眾 433/211/15
433/211/20
○且伐燕 434/212/3
今○且伐燕 434/212/5
燕、○久相支 434/212/5
吾得○矣 435/212/11,435/212/11
得○ 435/212/13
燕王喜使栗腹以百金為○孝成王壽 438/213/3
○民其壯者皆死於長平 438/213/3
左右皆以為○可伐 438/213/6
遽起六十萬以攻○ 438/213/6
○使廉頗以八萬遇栗腹於鄗 438/213/7
樂間入○ 438/213/8
二人卒留○ 438/214/1
秦并○ 439/214/5
使者過○ 439/214/5
○王繫之 439/214/5
秦、○為一 439/214/6
茲之所以受命於○者 439/214/6
而○繫之 439/214/6
是秦、○有郄 439/214/7
秦、○有郄 439/214/7
無妨於○之伐燕也 439/214/7
○王以為然而遣之 439/214/8
燕王竊聞秦并○ 439/214/10
吾使○有之 439/214/11
臣聞全○之時 439/214/11
○廣三百里 439/214/11
今王使○北并燕 439/214/12
燕、○同力 439/214/13
威脅韓、魏、○氏 440/214/19
北臨○ 440/215/22
○不能支秦 440/215/23
秦將王翦破○ 440/216/4
虜○王 440/216/4
得○人徐夫人之匕首 440/216/20
益發兵詣○ 440/217/24
宋君使使者請於○王曰 444/219/3
若扶梁伐○ 444/219/4
以害○國 444/219/4
弱○以強梁 444/219/7
宋人因遂舉兵入○境 444/219/11
○王亦說曰 444/219/11
德施於梁而無怨於○ 444/219/12
常莊談謂○襄子曰 453/222/10
必無○矣 453/222/10
齊謂○、魏曰 454/222/15
454/222/16
將與○、魏伐之 454/222/18
必為○、魏廢其王而務附焉 454/222/20
是君為○、魏驅羊也 454/222/20
中山必喜而絕○、魏 454/222/23
○、魏怒而攻中山 454/222/24

賢於為○、魏驅羊也 454/222/25
張登因謂○、魏曰 454/222/31
○、魏許諾 454/223/2
中山果絶齊而從○、魏 454/223/2
中山與燕、○為王 455/223/6
欲割平邑以賂燕、○ 455/223/7
不憚割地以賂燕、○ 455/223/10
燕、○好位而貪地 455/223/10
請令燕、○固輔中山而成其王 455/223/11
王之所以不憚割地以賂燕、○ 455/223/15
夫割地以賂燕、○ 455/223/16
為中山之獨與燕、○為王 455/223/19
中山恐燕、○之不己據也 455/223/20
中山必遁燕、○ 455/223/21
因言告燕、○而無往 455/223/23
以積厚於燕、○ 455/223/24
燕、○必曰 455/223/24
燕、○必不受也 455/223/25
中山因告燕、○而不往 455/223/28
燕、○果俱輔中山而使其王 455/223/28
司馬憙使○ 456/224/3
○使來 456/224/6
○使者來屬耳 457/224/11
○必請之 457/224/12
君弗與○ 457/224/12, 457/224/13
果令○請 457/224/13
○王必大怒 457/224/13
可以令○勿請也 457/224/16
臣聞弱○強中山 458/224/22
願聞弱○強中山之說 458/224/22
臣願之○ 458/224/23
見○王曰 458/224/26
臣聞○ 458/224/26
○王意移 458/224/29
○王非賢王也 458/225/1
○強國也 458/225/2
以絶○王之意 458/225/4
○王亦無請言也 458/225/5
復欲伐○ 461/225/29
求益軍糧以滅○ 461/225/30
○軍大破 461/226/1
○人畏懼 461/226/1
○人之死者不得收 461/226/2
臣料○國守備 461/226/3
○自長平已來 461/226/4
○未可伐也 461/226/5
乃使五校大夫王陵將而伐○ 461/226/8
今○卒之死於長平者已十七、八 461/226/13
人數倍於○國之衆 461/226/13
今秦破○軍於長平 461/226/23
○必固守 461/226/26
吾不能滅○乎 461/226/30
更使王齕代王陵伐○ 461/226/30
○王出輕銳以寇其後 461/227/1
釋○養民 461/227/5
何必以○為先乎 461/227/6
必欲快心於○ 461/227/6

折 zhé 39

則周必○而入於韓 25/9/9
○而不賣 30/10/16
未○一矢 40/14/11
正亂、批患、○難 81/36/18
刳腹○頤 87/41/19
以秦彊○節而下與國 92/44/14
韓且○而入於魏 103/51/1
則兵半○ 112/55/1
令○轅而炊之 142/72/19
矛戟○ 142/72/23
○之衽席之上 142/73/17
○衝席上者也 142/74/7
五○於外 145/75/19
○天下之脊 168/86/17
○兵之半 185/95/26
魏○而入齊、秦 185/95/27
○清風而抎矣 192/98/9
蹄申膝○ 199/101/6
欲以窮秦○韓 219/115/1
219/115/6
終身不敢設兵以攻秦○韓也 219/115/13
則○為三 225/120/29
百萬之衆○於外 236/126/19
臣恐秦○王之椅也 239A/129/10
膂之軸今○矣 240/129/25
而○韓、魏招之 259/138/12
群輕○軸 273/144/17
是齊、楚之兵○ 281/146/29
則不如因變服○節而朝齊 301/153/7
○而樹之又生 303A/153/26
則契○於秦 309/157/2
魏王○節割地 314/160/19
韓急則○而入於楚矣 366/180/18
魏○而入於楚 367/181/2
王不○一兵 388/188/2
必○為秦用 389/188/15
乃可○也 433/211/27
衛必○於魏 449/220/28
主○節以下其臣 461/226/24

輒 zhé 1

臣○以頸血湔足下衿 128/62/16

慴 zhé 1

故振○ 440/217/11

讋 zhé 1

左師觸○願見太后 262/139/1

者 zhě 1442

夫鼎○ 1/1/13
可懷挾提挈以至齊○ 1/1/14
灕然止於齊○ 1/1/14
所以備○稱此 1/1/16
子之數來○ 1/1/17
西周○ 3A/2/6
秦敢絶塞而伐韓○ 5B/3/4
客○ 8A/3/22
然而所以不可○ 8A/3/23
《春秋》記臣弒君○以百數 8B/4/1
皆大臣見譽○也 8B/4/2
相呂禮○ 11B/5/3
逐周最、聽祝弗、相呂禮○ 11C/5/10
則合齊○ 12/5/17
割地○ 12/5/17

不與伐齊○ 14B/6/7
譬之如張羅○ 16/6/21
不必且為大人○ 16/6/23
今夕有姦人當入○矣 19/7/15
所以進兵○ 22/8/7
今秦○ 24/8/26
然吾使○已行矣 25/9/8
勸周君入秦○ 26/9/16
取藺、離石、祁○ 27/9/20
27/9/25
楚有養由基○ 27/9/21
去柳葉○百步而射之 27/9/22
夫射柳葉○ 27/9/24
周君所以事吾得○器 28/10/4
天下未有信之○也 30/10/17
其以事王○ 32/11/6
所以為之○ 33/11/12
為王之國計○ 34/11/18
又秦重而欲相○ 38/12/15
大臣太重○國危 39/12/29
左右太親○身危 39/12/29
毛羽不豐滿○不可以高飛 40/13/12
文章不成○不可以誅罰 40/13/12
道德不厚○不可以使民 40/13/12
政教不順○不可以煩大臣 40/13/13
昔○神農伐補遂 40/13/16
惡有不戰○乎 40/13/18
古○使車轂擊馳 40/13/18
取卿相之尊○乎 40/14/4
以亂攻治○亡 42/15/12
以邪攻正○亡 42/15/12
以逆攻順○亡 42/15/12
斷死於前○比是也 42/15/18
而民為之○是貴奮也 42/15/19
昔○齊南破荊 42/15/25
夫戰○萬乘之存亡也 42/15/27
前○穰侯之治秦也 42/16/9
從○敗 42/16/20
內○量吾謀臣 42/16/25
外○極吾兵力 42/16/25
內○吾甲兵頓 42/16/26
外○天下比志甚固 42/16/27
昔○紂為天子 42/17/1
以主為謀不忠○ 42/17/12
爭名○於朝 44/17/27
爭利○於市 44/17/28
欲富國○ 44/18/1
欲強兵○ 44/18/1
欲王○ 44/18/1
三資○備 44/18/2
重樗里疾而使之○ 45/18/16
種樹不處○ 46/18/23
地大○ 46/18/24
能害王○之國○ 48A/19/10
賣僕妾售乎閭巷○ 48B/19/21
出婦嫁鄉曲○ 48B/19/21
楚人有兩妻○ 49/20/3
人誂其長○ 49/20/3
誂其少○ 49/20/4
少○許之 49/20/4
有兩妻○死 49/20/4
客謂誂○曰 49/20/4
汝取長○乎 49/20/4
少○乎 49/20/5
取長○ 49/20/5
長○詈汝 49/20/5
少○和汝 49/20/5
汝何為取長○ 49/20/5
昔○子胥忠其君 49/20/12
故賣僕妾不出里巷而取○ 49/20/13
出婦嫁於鄉里○ 49/20/13
弊邑之王所說甚○ 50/20/23
唯儀之所甚願為臣○ 50/20/23
弊邑之王所甚憎○ 50/20/24
唯儀之甚憎○ 50/20/24
群臣聞見○畢賀 50/21/1
夫秦所以重王○ 50/21/4
使○未來 50/21/8
乃出見使○曰 50/21/11
使○曰 50/21/12
396B/191/5,439/214/5
439/214/11,444/219/8
使○反報楚王 50/21/13
僅以救亡○ 50/21/19
王獨不聞吳人之遊楚○乎 51/21/27
有兩虎諍人而鬭○ 51/21/29
虎○ 51/22/1
人○ 51/22/1
小○必死 51/22/1
大○必傷 51/22/2
計聽知覆逆○ 51/22/3
計○ 51/22/4
聽○ 51/22/4
能有國○寡也 51/22/4
計有一二○難悖也 51/22/5
聽無失本末○難惑 51/22/5
三人○ 52/22/10
義渠君○ 53/22/18
君與知之○謀之 54/22/27
而與不知○敗之 54/22/28
樗里疾、公孫衍二人○ 55/23/13
昔○曾子處費 55/23/14
費人有與曾子同名族○而殺人 55/23/14
疑臣○不適三人 55/23/18
我羈旅而得相秦○ 57/24/4
秦死傷○眾 58/24/10
楚客來使○多健 60/24/21
其健○來使○ 60/24/22
其需弱○來使 60/24/22
然則需弱○用 60/24/22
而健○不用矣 60/24/23
有家貧而無燭○ 61A/24/28
家貧無燭○將去矣 61A/24/28
何愛餘明之照四壁○ 61A/24/29
楚之相秦○屈蓋 62/25/22
臣聞往來之○言曰 63/26/5
秦之謀○必曰 63/26/8
以死○為有知乎 64/26/20
明知死○之無知矣 64/26/21
若死○有知 64/26/21
若有敗之○ 67/27/20
觀三國之所求於秦而不能得○ 67/27/23
觀張儀與澤之所不能得於薛公○也 67/27/24
白起○ 68/28/3
利有千里○二 70/28/15
有功○不得不賞 72/28/28
有能○不得不官 72/28/28
勞大○其祿厚 72/28/29
功多○其爵尊 72/28/29
能治眾○其官大 72/28/29
故不能○不敢當其職焉 72/28/29
能○亦不得蔽隱 72/28/29
獨不重任臣○後無反覆於王前耶 72/29/3

此四寶○ 72/29/6
然則聖王之所棄○ 72/29/7
臣聞善厚家○ 72/29/9
善厚國○ 72/29/9
語之至○ 72/29/11
其淺○又不足聽也 72/29/12
意○ 72/29/12
145/75/26,219/114/23
已其言臣○ 72/29/12
今○義渠之事急 73A/29/19
見○無不變色易容○ 73A/29/23
若是○三 73A/29/24
若是○ 73A/30/1,233/123/31
載與俱歸○ 73A/30/1
而所願陳○ 73A/30/3
所以王三問而不對○是
也 73A/30/4
死○ 73A/30/8
臣之所恐○ 73A/30/13
大○宗廟滅覆 73A/30/15
小○身以孤危 73A/30/15
今反閉而不敢窺兵於山
東○ 73A/30/25
昔○ 73A/31/3,73B/32/12
81/36/21,88/42/17
142/71/19,204A/105/18
209/108/20,209/108/25
219/115/10,236/127/15
242/130/12,269/141/23
307/155/26,317A/162/20
387/187/22,390/189/1
390/189/4,438/213/24
膚寸之地無得○ 73A/31/3
所以然○ 73A/31/5,85/39/28
此所謂藉賊兵而齎盜食
○也 73A/31/5
且昔○ 73A/31/7
為秦害○莫大於韓 73A/31/17
四貴備而國不危○ 73B/31/28
為此四○ 73B/32/1
善為國○ 73B/32/1
穰侯使○操王之重 73B/32/2
木實繁○披其枝 73B/32/4
披其枝○傷其心 73B/32/4
大其都○危其國 73B/32/4
尊其臣○卑其主 73B/32/4
且臣將恐後世之有秦國
○ 73B/32/7
今國○ 74/32/18
勢○ 74/32/18
木實繁○枝必披 74/32/22
枝之披○傷其心 74/32/22
都大○危其國 74/32/22
臣強○危其主 74/32/22
有非相國之人○乎 74/32/23
恐萬世之後有國○ 74/32/24
使○直道而行 74/32/26
今太后使○分裂諸侯 74/32/27
有攻人○ 75/33/6
有攻地○ 75/33/6
穰侯十攻魏而不得傷○ 75/33/6
其所攻○ 75/33/7
地○ 75/33/7
人主○ 75/33/7
與樂死○鬭 75/33/8
而更與不如張儀○市 75/33/10
則王之所求於韓○ 75/33/10
鄭人謂玉未理○璞 76/33/15
周人謂鼠未腊○朴 76/33/15
相聚而攻秦○ 77/33/23
臥○臥 77/33/23
起○起 77/33/23
行○行 77/33/24
止○止 77/33/24
毋相與鬭○ 77/33/24
輕起相牙○ 77/33/24
邯鄲人誰來取○ 77/33/25
於是其謀○固未可得予
也 77/33/26
其可得與○ 77/33/26
公與秦計功○ 77/33/28
金盡○功多矣 77/33/28
武安君所以為秦戰勝攻
取○七十餘城 78/34/4
梁人有東門吳○ 79/34/14
應侯每言韓事○ 79/34/27
令有必行○ 80/35/4
必不行○ 80/35/4
此令必行○也 80/35/5
此令必不行○也 80/35/5
欲教之○ 80/35/6
成功○去 81/35/25
若此三子○ 81/36/6
畔○九國 81/36/21
不敢攻秦○ 81/36/27
身所服○ 81/36/27
此四子○ 81/37/4
往而不能反○也 81/37/5
君獨不觀博○乎 81/37/5
讓賢○授之 81/37/9
客新有從山東來○蔡澤 81/37/13
莫有及○ 81/37/14
昔○六晉之時 83B/38/30
城不沈○三板耳 83B/39/1
秦之楚○多資矣 84A/39/12
楚使○景鯉在秦 84B/39/17
天下有其實而無其名○ 86/40/7
有無其實而有其名○ 86/40/7
有無其名又無其實○ 86/40/8
有其實而無其名○ 86/40/8
此有其實而無其名○也 86/40/9
無其實而有其名○ 86/40/9
此無其實而有其名○也 86/40/10
無其名又無其實○ 86/40/10
楚人有黃歇○ 87/40/26
此二國○ 87/41/11
韓、魏父子兄弟接踵而
死於秦○ 87/41/18
此四國○ 87/42/12
若土廣○安 88/42/16
人眾○強 88/42/16
於是天下有稱伐邯鄲○ 88/42/19
故先王之所重○ 89/43/7
三○非無功也 89/43/10
行百里○半於九十 89/43/18
故曰先得齊、宋○伐秦 89/43/20
則兩國○必為天下笑矣 89/43/22
向○遇桀、紂 90/43/27
大臣之尊○也 91/44/3
所以不為相○ 91/44/3
辛戎○ 91/44/4
國與還○也 92/44/9
太子門下無貴○ 93/44/26
得知名○不少 93/45/12
燕○必徑於趙 94/45/22
趙人得唐○ 94/45/22
燕太子入秦○ 94/46/8
張唐相燕○ 94/46/8
燕、秦所以不相欺○ 94/46/9
百舉而無及秦○ 95/46/21
趙王之臣有韓倉○ 95/47/3

國亡〇 95/47/16
此四士〇 96/48/13
故可以存社稷〇 96/48/15
雖有外誹〇不聽 96/48/15
無咫尺之功〇不賞 96/48/15
申縛〇 97/48/23
魯、宋事楚而齊不事〇 98/49/4
靖郭君謂謁〇 99/49/10
齊人有請〇曰 99/49/10
苟可慊齊貌辨〇 101/49/25
若是〇信反 101/50/6
此齊貌辨之所以外生樂患趣難〇也 101/50/16
臣之求利且不利〇 102/50/24
乃陰告韓使〇而遣之 103/51/4
卜〇出 104/51/16
因令人捕為人卜〇 104/51/16
主〇 105/51/22
鄒忌所以不善楚〇 106/52/1
今首之所進仕〇 107/52/8
齊國之美麗〇也 108/52/14
吾妻之美我〇 108/52/20
妾之美我〇 108/52/20
客之美我〇 108/52/20
能面刺寡人之過〇 108/52/26
上書諫寡人〇 108/52/26
聞寡人之耳〇 108/52/27
無可進〇 108/53/2
使〇數相往來 109/53/6
候〇言章子以齊入秦 109/53/7
候〇復言章子以齊兵降秦 109/53/7
而此〇三 109/53/8
言章子之敗〇 109/53/8
吾使〇章子將也 109/53/12
君不與勝〇而與不勝〇 110/53/21
古之王〇之伐也 111/54/3
能危山東〇 111/54/5
伐不道〇 111/54/9
其民無不吹竽、鼓瑟、擊筑、彈琴、鬭雞、走犬、六博、蹹踘〇 112/54/27
且夫韓、魏之所以畏秦〇 112/54/31
天下強國無過齊〇 113/55/14
無過齊〇 113/55/14
然而為大王計〇 113/55/15
從人說大王〇 113/55/15
乃許韓使〇而遣之 114/56/5
為社稷計〇 115/56/15
為王計〇 115/56/24
值所以為國〇不同耳 116/57/4
異貴於此〇何也 117/57/13
楚有祠〇 117/57/14
先成〇飲酒 117/57/15
為蛇足〇 117/57/17
戰無不勝而不知止〇 117/57/18
故為君計〇 119/58/2
則為國計〇過矣 120/58/15
臣聞謀泄〇事無功 122/59/5
計不決〇名不成 122/59/5
今君留太子〇 122/59/5
非亟得下東國〇 122/59/6
臣觀薛公之留太子〇 122/59/10
齊之所以敢多割地〇 122/59/21
今已得地而求不止〇 122/59/21
夫剬楚〇王也 122/59/26
以空名市〇太子也 122/59/26
夫勸留太子〇蘇秦也 122/60/1
今勸太子〇又蘇秦也 122/60/2
夫使薛公留太子〇蘇秦也 122/60/5
奉王而代立楚太子〇又蘇秦也 122/60/5
割地固約〇又蘇秦也 122/60/5
忠王而走太子〇又蘇秦也 122/60/6
君之所以重於天下〇 122/60/10
夫不善君〇且奉蘇秦 122/60/11
止〇千數而弗聽 124/60/23
人事〇 124/60/23
吾所未聞〇 124/60/24
今〇臣來 124/60/27
334/168/3,434/212/3
則子漂漂〇將何如耳 124/61/1
善說〇 125/61/14
君所以得為長〇 126/61/22
以吾毀之〇也 126/61/22
願聞先生有以補之闕〇 127/61/27
有侵君〇 127/61/28
請掩足下之短〇 127/61/28
孟嘗君舍人有與君之夫人相愛〇 128/62/7
睹貌而相悅〇 128/62/8
君召愛夫人〇而謂之曰 128/62/10
有相攻伐〇 128/62/14
而來害相報〇 129/62/27
小國所以皆致相印於君〇 130/63/8
私得寶於外〇 130/63/18
夫鳥同翼〇而聚居 131/63/24
獸同足〇而俱行 131/63/24
今髠賢〇之疇也 131/63/25
韓子盧〇 132A/63/30
東郭逡〇 132A/63/30
環山〇三 132A/64/1
騰山〇五 132A/64/1
安邑〇 132B/64/9
晉陽〇 132B/64/9
鄢郢〇 132B/64/9
故秦、趙、魏得齊〇重 132B/64/15
失齊〇輕 132B/64/15
不能以重於天下〇何也 132B/64/15
其用〇過也 132B/64/16
齊人有馮諼〇 133/64/20
能為文收責於薛〇乎 133/65/1
乃歌夫長鋏歸來〇也 133/65/2
視吾家所寡有〇 133/65/6
使吏召諸民當償〇 133/65/8
君云『視吾家所寡有〇』 133/65/12
君家所寡有〇以義耳 133/65/13
先生所為文市義〇 133/65/19
諸侯先迎之〇 133/65/22
遣使〇 133/65/23
無纖介之禍〇 133/65/30
意〇秦王帝王之主也 134/66/3
意〇秦王不肖之主也 134/66/4
如此〇三人 134/66/11
能致其如此〇五人 134/66/12
辱其使〇 134/66/12
如臣〇十人 134/66/13
而士未有為君盡游〇也 135/66/22
使文得二人〇 135/66/23
無不被繡衣而食菽粟〇 135/66/23
事之必至〇 136A/67/5
理之固然〇 136A/67/6,136A/67/6
王〇貴乎 136B/67/14
王〇不貴 136B/67/15

昔○秦攻齊 136B/67/15
有敢去柳下季壟五十步而樵采○ 136B/67/16
有能得齊王頭○ 136B/67/16
今夫士之高○ 136B/67/22
南面稱寡○ 136B/67/26
以喜其為名○ 136B/67/28
是故無其實而喜其名○削 136B/67/29
無德而望其福○約 136B/67/29
無功而受其祿○辱 136B/68/1
華而無其實德○也 136B/68/2
自古及今而能虛成名於天下○ 136B/68/2
是故成其道德而揚功名於後世○ 136B/68/3
無形○ 136B/68/4
無端○ 136B/68/4
非夫孤寡○ 136B/68/6
制言○王也 136B/68/15
盡忠直言○觸也 136B/68/15
宣王使謁○延入 137/68/22
使○復還報 137/68/23
昔先君桓公所好○ 137/68/27
不使左右便辟而使工○何也 137/69/6
齊王使使○問趙威后 138/69/13
威后問使○曰 138/69/13
使○不說 138/69/14
豈先賤而後尊貴○乎 138/69/14
故有問舍本而問末○耶 138/69/15
有糧○亦食 138/69/16
無糧○亦食 138/69/17
有衣○亦衣 138/69/17
無衣○亦衣 138/69/17
是助王息其民○也 138/69/18
是皆率民而出於孝情○也 138/69/19
此率民而出於無用○ 138/69/21
且財○君之所輕 140/70/5
死○士之所重 140/70/5
而患之所從生○微 141A/70/11
此所謂以卑易尊○也 141B/70/24
臣聞用兵而喜先天下○憂 142/71/3
約結而喜主怨○孤 142/71/3
夫後起○藉也 142/71/3
而遠怨○時也 142/71/4
夫權藉○ 142/71/4
而時勢○ 142/71/5
而能事成○寡矣 142/71/5
昔○趙氏襲衛 142/71/8
然二國勸行之○ 142/71/14
今世之為國○不然矣 142/71/15
行此六○而求伯 142/71/16
臣聞善為國○ 142/71/18
然而天下獨歸咎於齊○ 142/71/20
此十國○ 142/71/22
而獨舉心於齊○ 142/71/22
祖仁○王 142/72/2
立義○伯 142/72/2
用兵窮○亡 142/72/2
為天下戮○ 142/72/4
昔○萊、莒好謀 142/72/4
察於地形之理○ 142/72/11
昔○齊、燕戰於桓之曲 142/72/12
然而甚於相趨○ 142/72/14
戰○ 142/72/17
而能從諸侯○寡矣 142/72/18
彼戰○之為殘也 142/72/18
死○破家而葬 142/72/21
夷傷○空財而共藥 142/72/21
完○內酺而華樂 142/72/22
故其費與死傷○鈞 142/72/22
天下有此再費○ 142/72/24
期數而能拔城○為亟耳 142/72/26
故三下城而能勝敵○寡矣 142/72/26
彼戰攻○ 142/72/27
為天下笑○ 142/72/28
日○ 142/73/1,229A/122/14
君臣於齊○ 142/73/3
今世之所謂善用兵○ 142/73/6
臣聞戰大勝○ 142/73/7
守而不可拔○ 142/73/7
中○則善 142/73/9
則同心於貫之○ 142/73/9
又且害人○也 142/73/10
彼明君察相○ 142/73/12
曠日遠而為利長○ 142/73/14
攻戰之道非師○ 142/73/16
故夫善為王業○ 142/73/19
昔○魏王擁土千里 142/73/22
折衝席上○也 142/74/7
齊負郭之民有孤狐咺○ 143/74/11
司馬穰苴為政○也 143/74/12
求所以償○ 143/74/14
人有當闕而哭○ 143/74/17
143/74/19
天雨血沾衣○ 143/74/18
地坼至泉○ 143/74/19
欲與我誅○ 144/75/1
市人從○四百人 144/75/1
智○不倍時而棄利 145/75/11
故知○不再計 145/75/13
故為公計○ 145/75/24
二○顯名厚實也 145/75/27
傚小節○不能行大威 145/76/1
惡小恥○不能立榮名 145/76/1
此三行○ 145/76/2
若此二公○ 145/76/9
無可以分○ 146/76/23
巖下有貫珠○ 146/76/24
貫珠○復見王曰 146/77/1
乃布令求百姓之饑寒○ 146/77/1
若乃得去不肖○ 147/77/10
而為賢○狗 147/77/10
何不使使○謝於楚王 147/77/14
而牽留萬乘○ 147/77/16
王上○孰與周文王 147/77/23
下○孰與齊桓公 147/77/24
為人臣之功○ 147/77/26
誰有厚於安平君○哉 147/77/26
王不亟殺此九子○以謝安平君 147/78/2
所以不勝○也 148/78/17
女無謀而嫁○ 149B/79/3
秦始皇嘗使使○遺君王后玉連環 149B/79/8
群臣之可用○某 149B/79/11
所為立王○ 150/79/19
而在阿、鄄之間○百數 150/79/23
而在城南下○百數 150/79/24
住建共○ 150/79/29
且人有好揚人之善○ 159/82/19
有人好揚人之惡○ 159/82/20
臣弒其主○ 159/82/21
而王終已不知○ 159/82/21
以財交○ 160/82/30
以色交○ 160/82/30
郢人有獄三年不決○ 162/83/25

鄭、魏○	163/84/5
今邊邑之所恃○	163/84/7
茂誠賢○也	166/85/6
計王之功所以能如此○	166/85/8
若公孫郝○可	166/85/9
此所謂養仇而奉讎○也	167/86/2
無過此○	167/86/3
此兩策○	167/86/4
兩○大王何居焉	167/86/5
天下後服○先亡	168/86/17
且夫為從○	168/86/17
且夫約從○	168/86/25
兵不如○	168/86/26
粟不如○	168/86/26
夫從人○	168/86/26
攻大○易危	168/87/6
而民弊○怨於上	168/87/6
且夫秦之所以不出甲於函谷關十五年以攻諸侯○	168/87/9
通侯、執珪死○七十餘人	168/87/10
此所謂兩虎相搏○也	168/87/11
計無過於此○矣	168/87/12
凡天下所信約從親堅○蘇秦	168/87/17
臣以為計無便於此○	168/87/23
楚王不察於爭名○也	169/88/7
有功名○秦也	169/88/10
所欲貴富○魏也	169/88/10
此所謂內攻之○也	169/88/12
以憂社稷○乎	170/88/19
君王將何問○也	170/88/20
以憂社稷○	170/88/20, 170/88/21, 170/88/22, 170/88/22, 170/88/23, 170/88/26, 170/89/3, 170/89/7, 170/89/18, 170/89/25
昔○葉公子高	170/89/1
昔○吳與楚戰於柏舉	170/89/5
以與大心○也	170/89/6
昔○先君靈王好小要	170/89/29
其君好發○	170/90/1
此五臣○	170/90/2
魏之幾相○	171/90/6
張儀○	174/91/5
又簡擇宮中佳翫麗好翫習音○	174/91/6
萬乘○	177/92/17
危太子○	178/93/10
死○以千數	179/93/20
事王○以千數	179/93/21
夫進賢之難○	179/93/22
賢○用且使己廢	179/93/23
謁○難得見如鬼	180/93/29
非知而見之○	182/94/15
必善二人○	183/95/2
逐惠子○	184/95/10
惠子為儀○來	184/95/10
凡為伐秦○楚也	185/95/21
凡為攻秦○魏也	185/95/23
麋知獵○張罔	187/96/11
獵○知其詐	187/96/11
偽舉罔而進○必眾矣	187/96/12
所欲○不成	188/96/19
所求○不得	188/96/19
夫梟棊之所以能為○	188/96/20
臣聞從○欲合天下以朝大王	189/96/25
勇○義之	189/96/26
知○官之	189/96/26
婦人所以事夫○	190/97/4
而妬○	190/97/5
臣誠見其必然○也	192/97/22
君王卒幸四子○不衰	192/97/23
蜻蛉其小○也	192/98/3
夫雀其小○也	192/98/7
不知夫射○	192/98/8
夫黃鵠其小○也	192/98/12
蔡聖侯之事其小○也	192/98/16
有獻不死之藥於荊王○	196/99/16
謁○操以入	196/99/16
臣問謁○	196/99/17
謁○曰可食	196/99/17
而罪在謁○也	196/99/18
夫賢○之所在	197/99/28
異日○	198/100/18, 315/161/23, 315/161/28
飛徐○	198/100/21
鳴悲○	198/100/21
若出金石聲○	199/101/8
求婦人宜子○進之	200/101/14
與其使○飲	200/101/17
而國人頗有知之○	200/102/2
而入之王所生子○	200/102/17
為主君慮封○	201/102/24
然而不免奪死○	201/102/26
子云乃且攻燕○	201/103/2
若曰勝千鈞則不然○	201/103/2, 362/179/10
城下不沉○三板	202/103/8
今城不沒○三板	202/103/10
使使○致萬家之邑一於知伯	203/103/27
破趙則封二子○各萬家之縣一	203/105/3
又封二子○各萬家之縣一	203/105/5
則吾所得○少	203/105/5
五百之所以致天下○	204A/105/19
故貴為列侯○	204A/105/19
吾聞輔主○名顯	204A/105/21
功大○身尊	204A/105/21
任國○權重	204A/105/21
臣下不使○何如	204A/105/25
昔○知氏之地	204A/105/30
士為知己○死	204B/106/8
女為悅己○容	204B/106/8
執問塗○	204B/106/10
大亂君臣之義○無此矣	204B/106/16
凡吾所謂為此○	204B/106/16
亦將以愧天下後世人臣懷二心○	204B/106/17
乃使使○持衣與豫讓	204B/106/27
是用兵○	205/107/4
而得地○	205/107/4
計○不如構三國攻秦	206/107/11
我○乃土也	208/107/26
無聽談○	208/108/5
且物固有勢異而患同○	209/108/19
又有勢同而患異○	209/108/20
則地與國都邦屬而壤挈○七百里	209/108/21
此三寶○	209/108/24
臣恐其後事王○之不敢自必也	209/108/28
日○秦、楚戰於藍田	211/109/14
今馮亭令使○以與寡人	211/109/27

且夫韓之所以內趙○ 211/110/1
使使○臣勝 211/110/11
民能相集○ 211/110/12
秦乃○過柱山 212/110/21
自入而出夫人○ 212/110/23
無有謂臣為鐵鉆○乎 212/110/24
涉孟之讎然○何也 214/111/3
建信○安能以無功惡秦哉 214/111/4
故兩君○ 214/111/6
憂大○不計而構 215/111/12
心疑○事秦急 215/111/12
借車○馳之 216/111/17
借衣○被之哉 216/111/18
夫所借衣車○ 216/111/18
今事有可急○ 217/112/1
今南攻楚○ 217/112/1
事有可急為○ 217/112/9
無敢盡忠於前○ 218/112/23
此三策○ 218/113/6
且秦之所畏害於天下○ 218/113/12
然而秦不敢舉兵甲而伐趙○ 218/113/12
夫橫人○ 218/113/24
諸侯有先背約○ 218/114/8
臣聞懷重寶○ 219/114/19
任大功○ 219/114/19
是以賢○任重而行恭 219/114/19
知○功大而辭順 219/114/20
百倍之國○ 219/114/20
功業高世○ 219/114/21
仁○不用也 219/114/21
戰勝而國危○ 219/114/24
功大而權輕○ 219/114/25
故微之為著○強 219/114/26
察乎息民之為用○伯 219/114/26
明乎輕之為重○王 219/114/26
韓、魏之所以僅存○ 219/115/4
客有難○ 219/115/7
凡大王之所信以為從○ 220/115/28
而適聞使○之明詔 220/116/10
為人臣○ 221/116/17
此兩○ 221/116/18,221/118/6
敵弱○ 221/116/19
夫有高世之功○ 221/116/19
有獨知之慮○ 221/116/20
夫論至德○ 221/116/24
成大功○ 221/116/24
愚○闇於成事 221/116/25
智○見於未萌 221/116/25
知○哀焉 221/116/26
愚○之笑 221/116/26
賢○戚焉 221/116/26
世有順我○ 221/116/27
事利國○行無邪 221/117/4
因貴戚○名不累 221/117/4
中國○ 221/117/8
畔學○ 221/117/10
使○報王 221/117/13
夫服○ 221/117/13
禮○ 221/117/14
儒○一師而禮異 221/117/17
知○不能一 221/117/18
異於己而不非○ 221/117/19
今卿之所言○ 221/117/19
吾之所言○ 221/117/19
且昔○簡主不塞晉陽 221/117/23
愚○陳意而知○論焉 221/118/1
三○ 221/118/4
學○沉於所聞 221/118/5
知○作教 221/118/7
而愚○制焉 221/118/7
賢○議俗 221/118/7
不肖○拘焉 221/118/7
故為己○不待人 221/118/9
制今○不法古 221/118/10
犯姦○身死 221/118/12
賤國○族宗 221/118/12
反此兩○ 221/118/13
知○不變俗而動 221/118/16
因民而教○ 221/118/16
據俗而動○ 221/118/17
且服奇○志淫 221/118/18
俗辟○亂民 221/118/18
是以涖國○不襲奇辟之服 221/118/18
非所以教民而成禮○也 221/118/18
非所以論賢○也 221/118/26
以書為御○ 221/118/27
以古制今○ 221/118/27
踐石以上○皆道子之孝 222/119/3
人有言子○曰 222/119/4
六○何也 222/119/11
六○ 222/119/13
知此六○ 222/119/16
事君○ 222/119/20
事先○ 222/119/20
以事寡人○畢矣 222/119/21
子用私道○家必亂 223/119/27
臣用私義○國必危 223/119/27
且習其兵○輕其敵 224/120/7
便其用○易其難 224/120/7
故利不百○不變俗 224/120/8
功不什○不易器 224/120/8
昔○先君襄主與代交地 224/120/13
所以不服○ 225/120/23
用眾○ 225/120/24
所用○不過三萬 225/120/25
兼有是兩○ 225/121/2
且古○ 225/121/4
無過三百丈○ 225/121/4
無過三千家○ 225/121/4
今取古之為萬國○ 225/121/5
今○ 225/121/7,458/224/26
我其以三萬救是○乎哉 225/121/7
則伐秦○趙也 229A/122/12
周最以天下辱秦○也 229B/122/24
今○平原君為魏請從 230/123/1
趙守而不可拔○ 231/123/10
以攻難而守○易也 231/123/11
坐此○多矣 232/123/21
公子之所以教之○厚矣 232/123/21
婦人為之自殺於房中○二八 233/123/29
焉有子死而不哭○乎 233/123/29
而婦人為死○十六人 233/123/30
其於長○薄 233/123/31
言○異 233/124/1
昔○三晉之交於秦 233/124/13
王之所以事秦○ 233/124/15
秦善韓、魏而攻趙○ 233/124/22
強○善攻 233/124/24
而弱○不能自守 233/124/25
天下之賀戰○ 233/125/2
且臣曰勿予○ 233/125/8
秦之使○已在趙矣 233/125/13

而解二國患〇 234/125/18
而君為相國〇以親故 234/125/20
為君計〇 234/125/22,323/165/10
夫言嫥〇 235/125/29
以為不嫥〇軍必破 235/125/29
而制嫥〇在秦 235/125/29
天下之賀戰勝〇皆在秦矣 235/126/6
秦所以急圍趙〇 236/126/14
吾視居北圍城之中〇 236/126/27
皆有求於平原君〇也 236/126/27
非有求於平原君〇 236/126/28
世以鮑焦無從容而死〇 236/126/29
彼秦〇 236/126/29
所為見將軍〇 236/127/2
十人而從一人〇 236/127/10
彼吾君〇 236/127/19
魯仲連辭讓〇三 236/128/5
所貴於天下之士〇 236/128/6
即有所取〇 236/128/6
故事有簡而功成〇 237/128/13
未嘗不言趙人之長〇也 237/128/16
未嘗不言趙俗之善〇也 237/128/16
二人〇 239B/129/14,293/149/29
吾聞夢見人君〇 239B/129/15
并燭天下〇也 239B/129/16
今臣疑人之有煬於君〇也 239B/129/17
君之所以事王〇 240/129/22
葺之所以事王〇 240/129/22
並驥而走〇 240/129/23
則葺之事有不言〇矣 240/129/25
臣以為今世用事〇 242/130/10
足下卑用事〇而高商賈乎 242/130/11
卒斷紂之頭而縣於太白〇 242/130/13
人有置係蹄〇而得虎 243/130/18
害七尺之軀〇 243/130/19
必有大臣欲衡〇耳 244/130/24
先言橫〇 244/130/25
告〇復至 245/131/1
乃使使〇言 245/131/1
為孝成王從事於外〇 245/131/3
無自疑於中〇 245/131/3
群臣必多以臣為不能〇 246/131/8
以臣為不能〇非他 246/131/8
成其私〇也 246/131/9
則交有所偏〇也 246/131/9
則知不足〇也 246/131/9
而取行於王〇也 246/131/10
故勸王無齊〇 246/131/14
則不忠〇也 246/131/15
則欲用王之兵成其私〇也 246/131/15
取行於王〇也 246/131/16
則位尊而能卑〇也 246/131/16
天下有敢謀王〇乎 247/131/28
請問王之所以報齊〇可乎 247/132/3
臣之所以堅三晉以攻秦〇 248/132/16
諸善太子〇 248/132/18
若與有倍約〇 249/133/8
無倍約〇 249/133/9
必有踦重〇矣 249/133/10
後合與踦重〇 249/133/10
而惡臣〇過文張 250/134/11
候〇來言 250/134/14
而違〇范座也 251/134/19
而死〇不可復生也 251/134/25
然今能守魏〇 251/135/2
覆軍殺將之所取、割地於敵國〇也 252/135/11
君之所以求安平君〇 252/135/15
此兩言〇 252/135/16
兩〇有一也 252/135/17
無明此〇矣 252/135/19
城大無能過百雉〇 252/135/20
吾所以重〇 256/136/15
客有見人於服子〇 257/136/22
昔〇堯見舜於草茅之中 257/136/25
使夫交淺〇不可以深談 257/136/26
有所謂桑雍〇 258A/137/9
所謂桑雍〇 258A/137/10
便辟左右之近〇 258A/137/10
而求所欲於王〇也 258A/137/11
使〇三往不得通〇 258B/137/18
必所使〇非其人也 258B/137/18
曰諒毅〇 258B/137/18
秦王使使〇報曰 258B/137/23
吾所使趙國〇 258B/137/23
則使〇歸矣 258B/137/24
於是秦王乃見使〇 258B/137/27
無非大王之服御〇 258B/138/1
春平侯〇 261/138/21
春平侯〇言行於趙王 261/138/23
有復言令長安君為質〇 262/138/29
老臣今〇殊不欲食 262/139/4
趙主之子孫侯〇 262/139/14
其繼有在〇乎 262/139/14
諸侯有在〇乎 262/139/15
此其近〇禍及身 262/139/15
遠〇及其子孫 262/139/16
夫鄉邑老〇而先受坐之士 266/140/29
求其好掩人之美而揚人之醜〇而參驗之 266/141/1
此皆似之而非〇也 266/141/3
然而可得并〇 269/141/28
撓揀而不辟〇 270/142/6
使三軍之士不迷惑〇 270/142/7
使民昭然信之於後〇 270/142/8
不敢怠倦〇 270/142/8
公叔豈非長〇哉 270/142/12
又不遺賢〇之後 270/142/12
悖〇之患 271/142/23
固以不悖〇為悖 271/142/23
罪無過此〇 272/143/3
凡群臣之言事秦〇 272/143/10
守亭障〇參列 273/143/24
且夫諸侯之為從〇 273/143/29
合從〇 273/143/29
而能弱楚〇莫若魏 273/144/10
而不敢深入〇 274/144/26
然其所以不受〇 275/145/4
軫之所以來〇 276/145/11
所以不使犀首〇 276/145/23
物之湛〇 278/146/4
郢中不善公〇 278/146/4
魏之所以迎我〇 278/146/6
王亦聞老妾事其主婦〇乎 279/146/13
若老妾之事其主婦〇 279/146/13
謂可〇謂不可〇正半 280/146/19

所謂劫主○ 280/146/22
失其半○也 280/146/22
魏之所以相公○ 281/146/26
且魏王所以貴張子○ 283/147/13
王之所得○ 284/147/22
今行和○ 287/148/13
制割○ 287/148/13
則後必莫能以魏合於秦○矣 289/148/30
夫輕用其兵○ 291/149/10
易用其計○ 291/149/10
夫二君○ 291/149/11
入子之事○ 292/149/22
以稽二人○之所為 293/149/30
二人○曰 293/149/30
二人○必不敢有外心矣 293/150/1
二人○之所為之 293/150/2
群臣多諫太子○ 296/150/19
意○羞法文王乎 296/151/2
服宋之強○ 297/151/13
而與王爭得○ 297/151/13
如宋○ 297/151/15
欺之不為逆○ 297/151/15
殺之不為讎○也 297/151/15
是故又為足下傷秦○ 297/151/24
則為劫於與國而不得已○ 297/151/25
如是人○ 297/151/26
鬻王以為資○也 297/151/26
免國於患○ 297/151/27
是免國於患○之計也 297/151/29
扮之請焚天下之秦符○ 297/152/6
次傳焚符之約○ 297/152/6
欲使五國約閉秦關○ 297/152/7
然而所以為之○ 297/152/9
今所患○ 298/152/14
鈞二子○ 299/152/20,299/152/21
王○得度 301/153/5
而霸○知計 301/153/5
今王所以告臣○ 301/153/5
終為齊患○ 301/153/13
然而不勝一人○ 303A/153/27
而欲去子○衆 303A/153/28
吾恐張儀、薛公、犀首之有一人相魏○ 303B/154/3
然則相○以誰而君便之也 303B/154/4
吾恐張儀、薛公、犀首有一人相魏○ 303B/154/7
則趙之謀○必曰 304/154/22
秦必令其所愛信○用趙 304/154/23
上所以為其主○忠矣 304/154/27
下所以自為○厚矣 304/154/27
趙之用事○必曰 304/154/28
而議臣○過於三人矣 306/155/21
後世必有以酒亡其國○ 307/155/27
後世必有以味亡其國○ 307/156/1
後世必有以色亡其國○ 307/156/2
後世必有以高臺陂池亡其國○ 307/156/3
今主君兼此四○ 307/156/5
敝邑之吏效城○ 308/156/15
敝邑所以事大王○ 308/156/18
今郊鄴○ 308/156/18
使○之罪也 308/156/18
王之士未有為之中○也 309/156/23
王之所欲於魏○ 309/156/23
王所患○上地也 309/156/27
秦之所欲於魏○ 309/156/27
魏之所以獻長羊、王屋、洛林之地○ 309/157/5
無以利事王○矣 309/157/6
而地不并乎諸侯○ 310/157/14
知○不然 310/157/24
宋人有學○ 311/158/10
反而名我○ 311/158/11
吾所賢○ 311/158/11
吾所大○ 311/158/12
子之於學○ 311/158/13
尚有可以易入朝○乎 311/158/14
請以一鼠首為女殉○ 311/158/17
以三○ 311/158/19
今不行○欺之矣 311/158/23
吾內王於秦○ 311/158/27
偽病○乎而見之 311/159/1
且夫欲璽○ 312/159/10
欲地○ 312/159/11
夫欲璽○制地 312/159/11
而欲地○制璽 312/159/11
王獨不見夫博○之用梟邪 312/159/15
淳于髡言不伐魏○ 313/159/26
夫敢借兵○ 314/160/8
而民歲死○ 314/160/10
夫行數千里而救人○ 314/160/15
所行○甚遠 315/161/12
而所攻○甚難 315/161/12
王之使○大過矣 315/161/18
聽使○之惡也 315/161/19
所亡乎秦○ 315/161/25
出入○賦之 315/162/7
攻魏○ 317A/162/20
伐虢○ 317A/162/21
王賢而有聲○相之 317A/162/22
所以為腹心之疾○ 317A/162/23
魏○ 317A/162/23
趙○ 317A/162/23
聽秦而攻魏○ 317A/162/23
彼翟子之所惡於國○ 317B/162/29
魏王之所恃○ 317B/163/10
所用○ 317B/163/11,451/221/18
梁○ 318/163/22
秦攻梁○ 318/163/23
此五國所以亡○ 319/164/5
夫國之所以不可恃○多 319/164/6
而不可恃○ 319/164/7
319/164/8,319/164/8
慮久以天下為可一○ 321/164/23
是不知天下○也 321/164/23
欲獨以魏支秦○ 321/164/23
是又不知魏○也 321/164/24
謂茲公不知此兩○ 321/164/24
又不知茲公○也 321/164/24
橫○將圖子以合於秦 321/164/26
秦王不問○ 323/165/9
夜行○能無為姦 324/165/14
夫解攻○ 325/165/20
致攻○ 325/165/21
無精於此○矣 325/165/28
故為王計○ 325/165/29
將皆務事諸侯之能令於王之上○ 328/166/18
且遇於秦而相秦○ 328/166/18
有齊○ 328/166/19
是以有雍○與秦遇 328/166/19
無蔽於秦○ 330/167/11
夫亡寧○ 332/167/22
夫得寧○ 332/167/22

過二周而攻王○ 333/167/29
吾御○善 334/168/6
此數○愈善 334/168/6
夫齊不以無魏○以害有魏○ 335/168/13
王之所求於魏○ 335/168/13
二子○ 336/168/18
因使其人為見○嗇夫聞見○ 336/168/18
魏之所以為王通天下○ 337/168/23
魏人有唐且○ 338/168/31
大王已知魏之急而救不至○ 338/169/2
祠春秋○ 338/169/3
事有不可知○ 339/169/14
有不可不知○ 339/169/14
有不可忘○ 339/169/14
有不可不忘○ 339/169/14
使○自往 340/169/24
請使道使○至縞高之所 340/169/24
使○以報信陵君 340/169/28
乃之使○之舍 340/170/7
使使○謝安陵君曰 340/170/9
有敢言美人○族 341/170/20
所效○庸必得幸乎 341/170/23
執法以下至於長輓○ 342/171/5
而君以五十里之地存○ 343/171/16
以君為長○ 343/171/16
而君逆寡人○ 343/171/17
此三子○ 343/171/23
而安陵以五十里之地存○ 343/171/25
而動千里之權○ 344A/172/4
而破三軍○ 344A/172/5
夫為人臣○ 345/172/17
非所謂學於子○也 346/172/22
遠○達胸 347/172/30
近○掩心 347/172/30
無過此○矣 347/173/5
此所謂市怨而買禍○也 347/173/7
貫頤奮戟○ 348A/173/20
蹄間三尋○ 348A/173/21
詿誤人主○ 348A/173/26
無過於此○矣 348A/173/26
而能弱楚○莫如韓 348A/174/1
計無便於此○也 348A/174/2
其多力○內樹其黨 348B/174/11
其寡力○籍外權 348B/174/11
臣恐山東之無以馳割事王○矣 351/174/28
曰儀之使○ 354/175/22
公留儀之使○ 354/175/22
夫以實告我○ 357/176/29
以虛名救我○ 357/176/29
顏率謂公仲之謁○曰 358/177/11
公仲之謁○以告公仲 358/177/13
貴其所以貴○貴 359/177/21
今二人○ 359/177/22
而公獨與王主斷於國○ 359/177/23
聽○聽國 360/178/9
今也子曰『乃且攻燕』○ 362/179/9
其從於王○ 363/179/16
備不具○死 363/179/16
謂使○曰 363/179/17
先君○ 364/179/23
臣之所見○ 364/179/25
韓令使○求救於秦 366/180/9
脣揭○其齒寒 366/180/11
使○來○眾矣 366/180/11
是公之所以外○儀而已 367/181/8
怒於室○色於市 374/182/22
客有請叱之○ 374/182/27
來使○無交於公 374/182/29
廢公叔而相幾瑟○楚也 382/184/17
齊、楚後至○先亡 382/184/19
頃間有鵲止於屋上○ 384/185/11
游求人可以報韓傀○ 385/185/19
避仇隱於屠○之間 385/185/21
故直進百金○ 385/185/26
居市井○ 385/185/28
未有大功可以稱○ 385/186/2
夫賢○以感忿睚眥之意 385/186/3
政將為知己○用 385/186/5
前所以不許仲子○ 385/186/7
仲子所欲報仇○為誰 385/186/7
持兵戟而衛○甚眾 385/186/14
所殺○數十人 385/186/15
乃其姊○ 385/186/24
聶政之所以名施於後世○ 385/186/24
夫攣子之相似○ 386/187/3
利害之相似○ 386/187/3
唯智○知之而已 386/187/3
必將欲置其所愛信○ 386/187/6
秦、魏不終相聽○也 386/187/10
不成亦為福○也 386/187/12
伏軾結靷西馳○ 388/188/5
未有一人言善韓○也 388/188/5
伏軾結靷東馳○ 388/188/6
未有一人言善秦○也 388/188/6
皆不欲韓、秦之合○何也 388/188/6
合而相堅如一○ 389/188/19
而王與諸臣不事為尊秦以定韓○ 390/188/28
然而《春秋》用兵○ 390/189/3
有為名○ 390/189/4
有為實○ 390/189/4
為名○攻其心 390/189/4
為實○攻其形 390/189/4
此攻其心○也 390/189/6
此攻其形○也 390/189/8
韓氏之眾無不聽令○ 391/189/14
然而吾弗為云○ 391/189/16
雖為桓公吾弗為云○ 391/189/18
而許異獨取相焉○ 391/189/19
而桓公獨取霸○ 391/189/20
而以國先○ 391/189/21
然則先與強國○ 391/189/24
王於是召諸公子役於三川○而歸之 392/189/29
故客有說韓○曰 393/190/6
美人知內行○也 393/190/7
故善為計○ 393/190/7
人之所以善扁鵲○ 395/190/18
今君以所事善平原君○ 395/190/19
今韓之父兄得眾○毋相 396A/190/26
魏之使○謂後相韓辰曰 396B/191/4
彼公仲○ 396C/191/11
首之○ 396C/191/12
所以不及魏○ 396C/191/12
所以不○ 396C/191/13

無幾於王之明○ 396C/191/20
公以二人○為賢人也 397/191/25
二人○必入秦、楚 397/191/27
天下之不善公○ 397/191/27
與欲有求於齊○ 397/191/28
楚之齊○知西不合於秦 400/192/17
不如先收於楚之齊○ 400/192/19
楚之齊○先務以楚合於齊 400/192/19
逐向晉○韓也 401/192/25
而還之○魏也 401/192/25
無之而亡○ 405/193/19
不可無而從○ 405/193/19
今君之輕韓熙○ 405/193/20
夫宵行○能無為姦 406/193/26
而相國見臣不釋塞○ 407/194/6
夫燕之所以不犯寇被兵○ 408/194/14
計無過於此○ 408/194/19
夫制於燕○蘇子也 409/195/1
人之飢所以不食烏喙○ 411/195/22
因敗而為功○也 411/195/29
419/201/23
因敗成功○也 411/195/32
人有惡蘇秦於燕王○ 412/196/5
足下不聽臣○ 412/196/9
傷臣於王○ 412/196/10
三○天下之高行 412/196/11
廉如此○ 412/196/15
且夫信行○ 412/196/17
臣之趍固不與足下合○ 412/196/20
僕○進取之臣也 412/196/20
所謂以忠信得罪於君○也 412/196/21
臣鄰家有遠為吏○ 412/196/25
其私之○憂之 412/196/25
此以忠信得罪○也 412/196/28
臣恐天下後事足下○ 412/196/29
使之說齊○ 412/196/30
故大亂○可得其地 414/197/21
小亂○可得其寶 414/197/21
所聞於邯鄲○ 415/197/28
子之所謂天下之明主○ 415/197/31
何如○也 415/197/31
明主○務聞其過 415/198/1
夫齊、趙○ 415/198/1
楚、魏○ 415/198/2
無以諫○ 415/198/3
齊○ 415/198/11
人謂堯賢○ 416A/199/11
而吏無非太子人○ 416A/199/16
死○數萬衆 416A/199/25
以招賢○ 418/200/20
敢問以國報讎○奈何 418/200/22
帝○與師處 418/200/24
王○與友處 418/200/24
霸○與臣處 418/200/24
則百己○至 418/200/25
則什己○至 418/200/25
則若己○至 418/200/26
王誠博選國中之賢○ 418/200/27
有以千金求千里馬○ 418/200/30
所求○生馬 418/201/2
千里之馬至○三 418/201/4
況賢於隗○乎 418/201/4
齊城之不下○ 418/201/10
此三○ 419/201/15
臣聞知○之舉事也 419/201/22
因敗而成功○也 419/201/22
燕、趙破宋肥齊尊齊而為之下○ 419/201/27
弗利而勢為之○ 419/201/28
今王何不使可以信○接收燕、趙 419/201/28
知○不為也 419/202/5
今臣為進取○也 420/202/18
仁義○ 420/202/19
昔○楚取章武 420/202/23
曩○使燕毋去周室之上 420/202/23
善為事○ 420/202/24
不能為事○ 420/202/25
今臣之所以事足下○ 420/203/3
而得罪○乎 420/203/6
其所愛○曰 420/203/7
與殺吾父、逐吾主母○ 420/203/10
故妾所以笞○ 420/203/12
寡人甚不喜訑○言也 421/203/18
售而不弊○ 421/203/20
夫使人坐受成事○ 421/203/21
唯訑○耳 421/203/21
齊、楚不得以有枳、宋事秦○ 422/203/25
是則有功○ 422/203/26
知○不及謀 422/203/30
勇○不及怒 422/203/30
必率天下以攻寡人○三 422/204/14
適燕○曰 422/204/23
適趙○曰 422/204/23
適魏○曰 422/204/23
適楚○曰 422/204/24
適齊○曰 422/204/24
今其生○ 422/204/26
而燕、趙之秦○ 422/204/27
使齊不信趙○ 423/205/7
與齊王謀道取秦以謀趙○ 423/205/8
令齊守趙之質子以甲○ 423/205/8
齊、趙必有為智伯○矣 423/205/11
吾所恃○順也 424/205/17
生之物固有不死○乎 424/205/25
且舉大事○ 424/206/4
人有賣駿馬○ 425/206/12
莫為臣先後○ 425/206/15
日○齊不勝於晉下 426/207/5
猶剗刈○也 427/207/16
焉有離人子母○ 428/207/27
臞○ 428/208/1
老婦不知長○之計 428/208/11
而有齊人仕於燕○ 429/208/15
是故謀○皆從事於除患之道 430/208/22
而先使除患無至○ 430/208/23
昔○吳伐齊 430/208/23
使○乃以說趙王 430/208/28
寡人之使騎劫代將軍○ 431/209/10
今王使使○數之罪 431/209/16
臣恐侍御○之不察先王之所以畜幸臣之理 431/209/16
功多○授之 431/209/19
能當之○處之 431/209/19
故察能而授官○ 431/209/20
論行而結交○ 431/209/20

臣以所學○觀之 431/209/20
功未有及先王○也 431/210/2
順庶孽○ 431/210/8
臣聞善作○ 431/210/10
善始○ 431/210/10
昔○五子胥說聽乎闔閭 431/210/10
以明先王之迹○ 431/210/12
墮先王之名○ 431/210/13
以幸為利○ 431/210/13
恐侍御○之親左右之說 431/210/17
三物○ 432/211/2
之主○不卑名 432/211/5
之國○可長存 432/211/5
之卒○出士以戍韓、梁之西邊 432/211/5
物固有勢異而患同○ 432/211/7
兩○不肯相舍 434/212/5
漁○得而并禽之 434/212/5
臣聞辭卑而幣重○ 435/212/12
失天下○也 435/212/12
辭倨而幣薄○ 435/212/12
得天下○也 435/212/13
女所營○ 436/212/18
所營○ 436/212/19
燕王所為將殺我○ 437/212/26
趙民其壯○皆死於長平 438/213/3
故使使○陳愚意 438/213/11
厚○不毀人以自益也 438/213/14
仁○不危人以要名 438/213/15
以故掩人之邪○ 438/213/15
救人之過○ 438/213/15
仁○之道也 438/213/15
義○不虧人以自益 438/213/23
而議寡人○遍天下 438/213/27
棄大功○ 438/213/27
輕絕厚利○ 438/213/28
宜在遠○ 438/213/28
使○過趙 439/214/5
茲之所以受命於趙○ 439/214/6
使○見秦王曰 439/214/10
燕王使使○賀千金 439/214/10
所以不能反勝秦○ 439/214/12
燕有田光先生○ 440/214/28
先生所言○ 440/215/8
光聞長○之行 440/215/13
所言○ 440/215/14
丹所請田先生無言○ 440/215/19
臣海內之王○ 440/215/21
而傷長○之意 440/216/8
而報將軍之仇○ 440/216/13
人無不立死○ 440/216/21
今日往而不反○ 440/216/24
僕所以留○ 440/216/25
太子及賓客知其事○ 440/216/27
見燕使○咸陽宮 440/217/9
群臣侍殿上○ 440/217/15
事所以不成○ 440/217/20
而論功賞群臣及當坐○ 440/217/21
宋所謂無雉兔鮒魚○也 442/218/20
以隨使○ 443/218/28
夫在中○惡臨 443/218/29
宋君使使○請於趙王曰 444/219/3
而欲滿其意○眾 446B/219/31
衛所以為衛○ 449/220/28
而弗能復取○ 449/220/29
夫人於事己○過急 450/221/11
於事人○過緩 450/221/12
今王緩於事己○ 450/221/12
始君之所行於世○ 451/221/18
必無與君言國事○ 451/221/19
君之所行天下○甚謬 451/221/19
自今以往○ 451/221/20
妨往來○ 452B/222/5
此三言○ 452B/222/5
然而不免為笑○ 452B/222/5
同欲○相憎 454/222/26
同憂○相親 454/222/26
大○危國 455/223/11
次○廢王 455/223/11
出兵以攻中山○ 455/223/15
王行二○ 455/223/17
寡人所以閉關不通使○ 455/223/19
此王所以存○也 455/223/23
齊之欲割平邑以賂我○ 455/223/24
趙使○來屬耳 457/224/11
固無請人之妻不得而怨人○也 457/224/14
事何可豫道○ 458/224/21
殊無佳麗好美○ 458/224/27
未嘗見人如中山陰姬○也 458/224/27
不知○ 458/224/28
臣聞其乃欲請所謂陰姬○ 458/225/2
世無請后○ 458/225/4
所傾蓋與車而朝窮閭隘巷之士○ 459A/225/10
則耕○惰而戰士懦 459A/225/11
若此不亡○ 459A/225/12
有二人挈戈而隨其後○ 459B/225/17
子奚為○也 459B/225/17
秦民之死○厚葬 461/226/1
傷○厚養 461/226/2
勞○相饗 461/226/2
趙人之死○不得收 461/226/2
傷○不得療 461/226/2
今趙卒之死於長平○已十七、八 461/226/13
死傷○眾 461/227/1
此亦所謂勝一臣而為天下屈○也 461/227/7

珍 zhēn 6

君之府藏○珠寶玉 93/44/27
賈以○珠重寶 96/47/26
而○珠重寶盡於內 96/47/27
君宮中積○寶 133/65/13
寶○隋珠 197/100/9
車甲○器 431/210/1

貞 zhēn 4

夫信婦○ 81/36/8
○女工巧 96/48/6
因封蘇秦為武○君 122/60/7
清靜○正以自虞 136B/68/15

真 zhēn 3

此○可以說當世之君矣 40/14/4
○大王之相已 166/85/10
君○其人也 346/172/24

偵 zhēn 1

復塗○謂君曰 239B/129/14

斟 zhēn 1

廚人進○羹 413/197/6

椹 zhēn 1

今臣之胸不足以當○質 72/29/2

甄 zhēn 1

宋、衛乃當阿、○耳 70/28/15

枕 zhěn 4

未得高○而臥也 133/65/20
君姑高○為樂矣 133/65/28
則大王高○而臥 273/144/7
而得為王拂○席 341/170/17

畛 zhěn 2

食田六百○ 170/89/3
田六百○ 170/89/23

軫 zhěn 73

田莘之為陳○說秦惠王曰 48A/19/6
用兵與陳○之智 48A/19/10
因言○也 48A/19/11
張儀又惡陳○於秦王 48B/19/16
○馳楚、秦之間 48B/19/16
今楚不加善秦而善○ 48B/19/16
然則是○自為而不為國也 48B/19/16
且○欲去秦而之楚 48B/19/17
王謂陳○曰 48B/19/19
陳○曰 48B/19/19
50/21/13, 51/21/27
117/57/13, 117/57/13
181/94/3, 186/96/5
276/145/11, 276/145/12
276/145/13, 276/145/14
277/145/30, 357/176/19
楚亦何以○為忠乎 48B/19/22
陳○去楚之秦 49/19/27
陳○為王臣 49/19/27
○安敢之楚也 49/19/28
王召陳○告之曰 49/20/1
○曰 49/20/2, 49/20/12, 50/21/14
○為人臣 49/20/7
○出 49/20/10
陳○果安之 49/20/10
夫○天下之辯士也 49/20/10
○必之楚 49/20/11
楚何以○為 49/20/14
○不之楚 49/20/14
陳○後見 50/21/2
陳○對曰 50/21/3, 187/96/10
計失於陳○ 50/21/19
陳○謂楚王曰 51/21/23
165/84/24
楚王使陳○之秦 51/21/25
秦王謂○曰 51/21/25
今○將為王吳吟 51/21/29
陳○謂秦王曰 53/22/18
351/174/27
陳○合三晉而東謂齊王曰 111/54/3
陳○為齊王使 117/57/11
陳○謂王曰 165/84/28
無昭睢、陳○ 169/88/4
為儀謂楚王逐昭睢、陳○ 169/88/4
今儀曰逐君與陳○而王聽之 169/88/9
陳○ 169/88/11
陳○告楚之魏 186/96/3
○猶善楚 186/96/3
左爽謂陳○曰 186/96/3
楚王謂陳○曰 187/96/9
陳○先知之也 187/96/13
陳○為秦使於齊 276/145/11
犀首謝陳○ 276/145/11
○之所以來者 276/145/11
公不見○ 276/145/12
○且行 276/145/12
張儀惡陳○於魏王曰 277/145/28
○善事楚 277/145/28
左華謂陳○曰 277/145/28
張儀欲窮陳○ 278/146/3
召陳○而告之 357/176/19
此必陳○之謀也 357/177/2
過聽於陳○ 357/177/6
冷向謂陳○曰 400/192/17

振 zhèn 14

狀如○捆 95/47/10
聞君於齊能○達貧窮 130/63/8
○困窮 138/69/18
復○ 143/74/13
○窮補不足 147/77/17
誠能○其威也 272/143/8
欲以復○古地也 426/206/24
不可○也 426/206/28
天下莫不○動 431/209/9
禍必不○矣 440/214/24
燕王誠○畏慕大王之威 440/217/4
秦武陽色變○恐 440/217/10
故○慴 440/217/11
不遂以時乘其○懼而滅之 461/226/23

陣 zhèn 1

以待韓○ 461/226/21

揕 zhèn 2

而右手○抗其胸 440/216/15
而右手持匕首○抗之 440/217/13

震 zhèn 2

天下○動驚駭 145/76/9
楚人○恐 461/226/10

征 zhēng 2

○敵伐國 73B/32/2
不敢妄興師以○伐 413/197/12

爭 zhēng 65

東周與西周○ 3B/2/11
為君○於秦 11A/4/27

秦、趙○齊 14A/6/1
以○韓之上黨 42/16/15
司馬錯與張儀○論於秦惠王前 44/17/21
○名者於朝 44/17/27
○利者於市 44/17/28
而王不○焉 44/17/28
顧○於戎狄 44/17/28
○之王 55/23/21
與寡人○辭 60/24/21
齊、秦交○ 70/28/14
有○意也 77/33/24
秦王與中期○論 90/43/26
勿使○重 141B/70/22
故業與三王○流 145/76/11
下分○ 159/82/18
而太子有楚、秦以○國 164/84/15
以與公叔○國而得之 164/84/16
兩國敵侔交○ 168/86/21
楚王不察於○名者也 169/88/7
必○事楚 171/90/8
秦、楚○事魏 175/91/22
以與秦○ 183/95/4
與人無○也 192/98/2
192/98/4, 192/98/8
湯、武之所以放殺而○也 218/113/3
臣行讓而不○ 223/119/27
燕、趙必不○矣 227/121/20
前與齊湣王○強為帝 236/126/14
鄂侯○之急 236/127/16
夫良商不與人○買賣之賈 242/130/11
天下○秦有六舉 249/133/14
天下○秦 249/133/14, 249/133/16
249/133/18, 249/133/21
249/133/25, 249/134/1
救與秦○戰也 249/133/26
尚有○錢財 273/144/1
而與王○得者 297/151/13
臣又○之以死 297/152/9
公子○之於王 300/152/28
楚、趙怒而與王○事秦 310/157/18
必○事秦 310/158/2
天下○敵於秦 325/165/29
今秦、楚○強 359/177/24
秦、楚○強 359/178/3
公叔○之而不聽 368/181/13
以與太子○ 371/182/4
韓公叔與幾瑟○國 375/183/3
376/183/10
以與公叔○國 375/183/3
375/183/4
則兩國○事公 386/187/12
而秦之○機也 387/187/23
士○湊燕 418/201/7
皆以○事秦說其主 422/204/27
子必○之 429/208/16
○之而不聽 429/208/16
齊、魏○燕 435/212/11
陰姬與江姬○為后 458/224/20
二軍○便之力不同 461/226/21

崢 zhēng 1

上○山 170/89/11

徵 zhēng 12

韓○甲與粟於周 25/9/3
代能為君令韓不○甲與粟於周 25/9/3
今公乃○甲及粟於周 25/9/7
吾無○甲與粟於周 25/9/9
不○甲與粟於周而與高都 25/9/11
強○兵 74/32/27
銜劍○之於柱以自刺 95/47/12
襄王為太子○ 146/76/18
○莊辛於趙 192/97/25
為變○之聲 440/216/28
而○師於宋 444/219/3
今○師於弊邑 444/219/3

整 zhěng 1

復○其士卒以與王遇 97/48/24

正 zhèng 37

○語之曰 21/7/26
不如令太子將軍○迎吾得於境 28/10/3
以邪攻○者亡 42/15/12
而又有禁暴○亂之名 44/18/5
臣聞明主蒞○ 72/28/28
○亂、批患、折難 81/36/18
夫商君為孝公平權衡、○度量、調輕重 81/36/23
此○吳信越也 87/41/16
則齊君可○ 105/51/24
欲以○天下而立功名 111/54/3
清靜貞○以自虞 136B/68/15
聞先生直言○諫不諱 137/68/24
焉敢直言○諫 137/68/25
○議閔王 143/74/11
廢○適而立不義 197/100/3
夫韓事趙宜○為上交 209/108/27
衛、楚○ 210/109/8
以○殷紂之事 220/115/25
過而遂○於天下 236/127/1
謂可者謂不可者○半 280/146/19
率且○言之而已矣 358/177/13
貴○ 384/185/10
○亦可為國乎 384/185/10
○可以圉盜乎 384/185/10
以○圉盜 384/185/11
○如孿子之相似也 386/187/4
今王位○ 396C/191/14
言不足以求○ 413/197/15
○父子之位 416A/199/22
○利也 419/202/7
務○利 419/202/7
○告楚曰 422/203/28
秦○告韓曰 422/204/1
秦○告魏曰 422/204/4
必誅暴○亂 433/211/21
公何不請公子傾以為○妻 453/222/10
公因勸君立之以為○妻 457/224/12

政 zhèng 68

蒞○有頃 39/12/26
○教不順者不可以煩大臣 40/13/13
式於○ 40/14/12
以亂其○ 48A/19/7
使此知秦國之○也 54/22/28
臣聞古之善為○也 74/32/26

四治○不亂不逆 74/32/26
臣豈以郢威王為○衰謀亂以至於此哉 88/42/26
司馬穰苴為○者也 143/74/12
據齊國之○ 145/76/4
不顧國○ 192/97/21
王長而反○ 200/102/7
其餘○教猶存 203/104/6
晉陽之○ 204A/105/25
明主之○也 204A/105/28
令嚴○行 211/110/4
從○有經 221/117/1
行○在於信貴 221/117/2
今寡人恐叔逆從○之經 221/117/3
○之經也 221/118/1
所以成官而順○也 221/118/6
五伯不同教而○ 221/118/6
以從○為累 223/119/29
勿使從○ 258B/138/5
勿使與○事 258B/138/6
為○不善 269/141/25
然為○不善 269/141/26
269/141/27
○惡故也 269/141/28
西河之○ 269/142/1
或以○教不脩 319/164/7
不以挾私為○ 325/165/25
聶○之刺韓傀也 343/171/22
嚴遂○議直指 385/185/18
軹深井里聶○ 385/185/21
嚴遂陰交於聶○ 385/185/21
聶○問曰 385/185/22
觴聶○母前 385/185/23
前為聶○母壽 385/185/23
聶○驚 385/185/24
而聶○謝曰 385/185/24
因為聶○語曰 385/185/25
聶○曰 385/185/27,385/186/1
○身未敢以許人也 385/185/28
聶○竟不肯受 385/185/29
聶○母死 385/186/1
○乃市井之人 385/186/1
然是深知○也 385/186/3
而○獨安可嘿然而止乎 385/186/4
且前日要○ 385/186/4
○徒以老母 385/186/4
○將為知己者用 385/186/5
○曰 385/186/10
聶○直入 385/186/14
聶○刺之 385/186/15
聶○大呼 385/186/15
韓取聶○屍於市 385/186/16
○姊聞之 385/186/19
此吾弟軹深井里聶○也 385/186/22
非獨○之能 385/186/24
聶○之所以名施於後世者 385/186/24
聶○、陽堅刺相兼君 391/189/14
而噲老不聽○ 416A/199/18
五伯改○ 420/202/22
執○任事之臣 431/210/8
自知○ 445/219/17
不恤其○ 461/226/16

証 zhèng 1

士尉以○靖郭君 101/49/24

諍 zhèng 2

有兩虎○人而鬭者 51/21/29
今兩虎○人而鬭 51/22/1

鄭 zhèng 69

告於○朝 15/6/14
○朝曰 15/6/14
○朝獻之趙太卜 15/6/15
且魏有南陽、○地、三川而包二周 33/11/12
○恃魏而輕韓 35/11/24
魏攻蔡而○亡 35/11/24
楚臨南○ 44/17/24
支分方城膏腴之地以薄○ 70/28/16
○人謂玉未理者璞 76/33/15
周人懷璞過○賈曰 76/33/15
○賈曰 76/33/16
是天下之王不如○賈之智也 76/33/17
聞應侯任○安平、王稽 81/35/19
王以十成○ 87/42/9
○、魏者 163/84/5
○、魏之弱 163/84/5
○申為楚使於韓 164/84/15
又謂王之幸夫人○袖曰 174/91/4
○袖曰 174/91/4,174/91/8
○袖遽說楚王出張子 174/91/11
南后、○褎貴於楚 182/94/10
彼○、周之女 182/94/14
南后、○褎聞之大恐 182/94/18
○褎亦以金五百斤 182/94/19
乃召南后、○褎而觴之 182/94/23
夫人○褎知王之說新人也 190/97/3
今○褎知寡人之說新人也 190/97/5
○褎知王以己為不妬也 190/97/8
王謂○褎曰 190/97/9
○褎曰 190/97/10,190/97/10
楚王子圍聘於○ 197/100/3
足以拔○ 206/107/11
趙王乃令○朱對曰 228/121/27
發○朱入秦 235/126/5
秦已內○朱矣 235/126/6
○朱 235/126/7
○同北見趙王 238/128/20
○同曰 238/128/20
○同因撫手仰天而笑之曰 238/128/22
從○至梁 273/143/23
○彊出秦曰 278/146/4
秦盡有○地 315/161/6
秦有○地 315/161/17
又況於使秦無韓而有○地 315/161/27
○恃魏以輕韓 319/164/4
伐榆關而韓氏亡○ 319/164/4
則韓必取○矣 344A/172/5
至韓之取○也 344A/172/6
○彊載八百金入秦 353/175/14
泠向謂○彊曰 353/175/14
○彊曰 353/175/15
○彊之走張儀於秦 354/175/22
請道於南○、藍田以入攻楚 367/180/29
軍於南○矣 367/181/1
齊令周最使○ 374/182/21
令我使○ 374/182/21
周最行至○ 374/182/25

○王必以齊王為不急 374/182/29
則○王必許之矣 374/182/30
○強為楚王使於韓 375/183/3
○疆曰 375/183/4
幾瑟入○之日 382/184/18
公因以楚、韓之兵奉幾瑟而內之○ 383A/184/24
謂○王曰 390/188/23
立以為○君 391/189/14
今日○君不可得而為也 391/189/16
我離兩周而觸○ 422/204/2

之 zhī 5960

周君患○ 1/1/3,15/6/14,21/7/26,25/9/3,29/10/9
夫秦○為無道也 1/1/4
周○君臣 1/1/4
不若歸○大國 1/1/5
願大王圖○ 1/1/5,39/13/1
周君又患○ 1/1/8
臣請東解○ 1/1/8
周賴大國○義 1/1/9
不識大國何塗○從而致○齊 1/1/9
夫梁○君臣欲得九鼎 1/1/10
謀○暉臺○下 1/1/10
少海○上 1/1/11
楚○君臣欲得九鼎 1/1/12
謀○於葉庭○中 1/1/12
寡人終何塗○從而致○齊 1/1/13
弊邑固竊為大王患○ 1/1/13
昔周○伐殷 1/1/15
凡一鼎而九萬人輓○ 1/1/15
何塗○從而出 1/1/16
臣竊為大王私憂○ 1/1/16
子○數來者 1/1/17
公仲○軍二十萬 2/1/23
景翠以楚○眾 2/1/23
臨山而救○ 2/1/23
秦王不聽群臣父兄○義而攻宜陽 2/1/25
秦王恥○ 2/1/25
秦恐公○乘其弊也 2/1/27
公中慕公○為己乘秦也 2/1/28
故天子○國也 3A/2/6
西周○寶可盡矣 3A/2/7
臣恐西周○與楚、韓寶 3B/2/11
令○為己求地於東周也 3B/2/12
西周○欲入寶 3B/2/12
今東周○兵不急西周 3B/2/12
西周○寶不入楚、韓 3B/2/13
是我為楚、韓取寶以德○也 3B/2/13
東周患○ 4/2/18
乃往見西周○君曰 4/2/19
君○謀過矣 4/2/19,110/53/21
君若欲害○ 4/2/20
種稻而復奪○ 4/2/20
則東周○民可令一仰西周 4/2/21
蘇子亦得兩國○金也 4/2/22
蘇厲為○謂周君曰 5A/2/26
主君令陳封○楚 5A/2/27
令向公○魏 5A/2/27
楚、韓○遇也 5A/2/27
主君令許公○楚 5A/2/27
令向公○韓 5A/2/27
周恐假○而惡於韓 5B/3/3
發重使使○楚 5B/3/4
周○君患○ 6/3/10
以王○強而怒周 6/3/10
必以國合於所與粟○國 6/3/11
則是勁王○敵也 6/3/11
子因令周最居魏以共○ 7/3/16
前相工師藉恐客○傷己也 8A/3/22
君有閔閔○心 8B/3/27
而民非○ 8B/3/29
無忠臣以掩蓋○也 8B/3/30
國人非○ 8B/4/1
管仲故為三歸○家 8B/4/1
非國家○美也 8B/4/2
溫人○周 9/4/7
吏因囚○ 9/4/7
君使人問○曰 9/4/7
普天○下 9/4/9
率土○濱 9/4/9
則我天子○臣 9/4/9
君乃使吏出○ 9/4/10
秦以周最○齊疑天下 10A/4/14
而又知趙○難子齊人戰 10A/4/14
恐齊、韓○合 10A/4/14
則公○國虛矣 10A/4/15
上黨長子趙○有已 10A/4/15
徐為○東 10A/4/16
秦且收齊而封○ 10B/4/20
而聽天下○戰 10B/4/20
秦盡韓、魏○上黨太原 10B/4/21
西止秦○有已 10B/4/21
天下○半也 10B/4/22
制齊、楚、三晉○命 10B/4/22
是何計○道也 10B/4/22
欲決霸王○名 11A/4/26
不如備兩周辯知○士 11A/4/26
君不如令辯知○士 11A/4/27
周最於齊王也而逐○ 11B/5/3
且反齊王○信 11B/5/5
又禁天下○率 11B/5/5
與○齊伐趙 11C/5/11
即天下○理也 11C/5/12
君若欲因最○事 12/5/17
仇赫○相宋 13/5/21
將以觀秦○應趙、宋 13/5/21
亦將觀韓、魏○於齊也 13/5/22
公何不令人謂韓、魏○王曰 13/5/23
欲秦、趙○相賣乎 13/5/23
視○不可離 13/5/23
秦知趙○難與齊戰也 14A/5/28
將恐齊、趙○合也 14A/5/28
必陰勁○ 14A/5/28
而以兵○急則伐齊 14A/6/2
不顧其先君○丘墓 14B/6/6
臣請為救○ 14B/6/8
王遂伐○ 14B/6/9
如累王○交於天下 14B/6/9
則王亦無齊○累也 14B/6/10
趙取周○祭地 15/6/14
臣請以三十金復取○ 15/6/14
周君予○ 15/6/15
鄭朝獻○趙太卜 15/6/15
使卜○ 15/6/15
太卜譴○曰 15/6/15
周○祭地為祟 15/6/16
趙乃還○ 15/6/16
君○國小 16/6/20
譬○如張羅者 16/6/21
張於無鳥○所 16/6/21
必張於有鳥無鳥○際 16/6/21
君必施於今○窮士 16/6/23
皆愛○ 17/6/27
而為○請太子 17/6/28

381/184/12
是公○知困而交絕於周也 17/6/28
36/12/4
翦今楚王資○以地 17/6/29
王類欲令若為○ 17/7/1
相國令○為太子 17/7/2
周令其相○秦 18/7/6
以秦○輕也 18/7/6
秦○輕重 18/7/6
秦欲知三國○情 18/7/7
請謂王聽東方○處 18/7/7
是周常不失重國○交也 18/7/8
○東周 19/7/12
盡輸西周○情於東周 19/7/12
臣能殺○ 19/7/13
勉成○ 19/7/14
因使人告東周○候曰 19/7/14
以西周○於王也 20/7/20
吾又恐東周○賊己而以
輕西周惡○於楚 20/7/21
周君留○十四日 21/7/25
載以乘車駟馬而遣○ 21/7/25
正語○曰 21/7/26
寡人知嚴氏○為賊 21/7/26
而陽豎與○ 21/7/26
故留○十四日以待命也 21/7/27
君○使又不至 21/7/27
是以遣○也 21/7/27
今又攻秦以益○ 22/8/4
竊為君危○ 22/8/5
81/36/19,160/83/1
令弊邑以君○情謂秦王曰 22/8/6
而以楚○東國自免也 22/8/8
必欲○ 22/8/9,310/158/1
而處○三晉○西 22/8/9
君不如禁秦○攻周 23/8/15
趙○上計 23/8/16
今秦攻周而得○ 23/8/16
秦欲待周○得 23/8/16
前有勝魏○勞 23/8/17
後有攻周○敗 23/8/17
今君禁○ 23/8/17
而疾支○ 23/8/19
周君迎○以卒 24/8/24
遣○大鍾 24/8/25
虎狼○國也 24/8/26,167/86/1
兼有吞周○意 24/8/26
以蔡、厹由戒○ 24/8/27
而實囚○也 24/8/28
恐一日○亡國 24/8/28
雍氏○役 25/9/3
吾收○以飢 25/9/6
不過一月必拔○ 25/9/6
楚王始不信昭應○計矣 25/9/6
與○高都 25/9/9
秦聞○必大怒 25/9/10
而焚周○節 25/9/10
周君○秦 26/9/15
不如譽秦王○孝也 26/9/15
君不若止○ 27/9/21
去柳葉者百步而射○ 27/9/22
子何不代我射○也 27/9/23
公○功甚多 27/9/25
令天下皆知君○重吾得也 28/10/4
因泄○楚 28/10/4
王必求○ 28/10/5
王必罪○ 28/10/5
楚請道於二周○間 29/10/9
除道屬○於河 29/10/9
韓、魏必惡○ 29/10/10
齊、秦恐楚○取九鼎也 29/10/10
楚不能守方城○外 29/10/10
安能道二周○間 29/10/10
楚必將自取○矣 29/10/11
歸其劍而責○金 30/10/16
越人請買○千金 30/10/16
今君○使最為太子 30/10/17
獨知○契也 30/10/17
天下未有信○者也 30/10/17
臣恐齊王○為君實立果
而讓○於最 30/10/18
以嫁○齊也 30/10/18
使天下見○ 30/10/19
將以使攻魏○南陽 31/10/23
周君聞○ 31/10/24
周君○魏求救 32/10/29
魏王以上黨○急辭○ 32/10/29
見梁囿而樂○也 32/10/29
臣能為君取○ 32/11/1
而王無○扞也 32/11/3
秦悉塞外○兵 32/11/3
與周○眾 32/11/3
臣嘗聞溫囿○利 32/11/6
魏王因使孟卯致溫囿於
周君而許○成也 32/11/7
韓、魏○易地 33/11/11
所以為○者 33/11/12
則楚方城○外危 33/11/13
故易成○曰 33/11/13
為王○國計者 34/11/18
悍請令王進○以地 36/12/5
西周恐魏○藉道也 37/12/9
楚、宋不利秦○德三國也 37/12/9
彼且攻王○聚以利秦 37/12/10
周使周足○秦 38/12/14
臣○秦 38/12/14
秦、周○交必惡 38/12/14
主君○臣 38/12/15
君因相○ 38/12/16
且公○成事也 38/12/17
封○於商 39/12/22
朞年○後 39/12/23
特以強服○耳 39/12/24
孝公行○八年 39/12/26
今秦婦人嬰兒皆言商君
○法 39/12/29
莫言大王○法 39/13/1
惠王車裂○ 39/13/2
大王○國 40/13/6
73A/30/23,272/143/2
西有巴、蜀、漢中○利 40/13/6
北有胡貉、代馬○用 40/13/6
南有巫山、黔中○限 40/13/7
東有肴、函○固 40/13/7
天下○雄國也 40/13/8
以大王○賢 40/13/8
士民○眾 40/13/8
車騎○用 40/13/9
兵法○教 40/13/9
寡人聞○ 40/13/12,131/63/22
168/87/27,170/89/16
今先生儼然不遠千里而
庭教○ 40/13/13
臣固疑大王○不能用也 40/13/16
由此觀○ 40/13/17
108/52/25,136B/67/27
142/72/5,142/72/14
142/73/4,197/100/9
常欲坐而致○ 40/13/23
故以戰續○ 40/13/23
今○嗣主 40/13/25

以此論○ 40/13/26
黑貂○裘弊 40/13/29
是皆秦○罪也 40/14/2
得《太公陰符》○謀 40/14/2
伏而誦○ 40/14/2
取卿相○尊者乎 40/14/4
此真可以說當世○君矣 40/14/4
見說趙王於華屋○下 40/14/6
當此○時 40/14/10
148/78/14,461/226/18
天下○大 40/14/10
萬民○眾 40/14/10
王侯○威 40/14/10
謀臣○權 40/14/10
皆欲決蘇秦○策 40/14/11
式於廊廟○內 40/14/12
不式於四境○外 40/14/13
當秦○隆 40/14/13
山東○國 40/14/13
且夫蘇秦特窮巷掘門、
桑戶棬樞○士耳 40/14/14
廷說諸侯○王 40/14/15
杜左右○口 40/14/15
天下莫○能伉 40/14/15
父母聞○ 40/14/17
以季子○位尊而多金 40/14/19
欲以一人○智 41A/14/24
反覆東山○君 41A/14/24
猶連鷄○不能俱止於棲
○明矣 41A/14/25
安邑王○有也 41B/15/3
燕、趙惡齊、秦○合 41B/15/4
則向○攻宋也 41B/15/4
王何惡向○攻宋乎 41B/15/5
向以王○明為先知○ 41B/15/5
臣聞○ 42/15/9
44/18/1,87/40/28,113/55/19
168/86/26,168/87/6
188/96/18,203/104/16
219/114/20,221/116/23
221/117/8,221/118/16
258B/138/2,268/141/14
301/153/5,304/154/16
366/180/10,415/198/1
420/202/24,454/222/26
臣竊笑○ 42/15/11
而天下得○ 42/15/11
其此○謂乎 42/15/11
臣聞○曰 42/15/12
339/169/13,420/203/12
今天下○府庫不盈 42/15/12
出其父母懷衽○中 42/15/17
而民為○者是貴奮也 42/15/19
秦○號令賞罰 42/15/20
伯王○名不成 42/15/23
42/16/11,42/17/11
中使韓、魏○君 42/15/25
五戰○國也 42/15/27
故由此觀○ 42/15/27
夫戰者萬乘○存亡也 42/15/27
且臣聞○曰 42/16/1
當是○時 42/16/2,182/94/10
然則是一舉而伯王○名可成也
42/16/3,42/16/8
此固已無伯王○道一矣 42/16/5
大王以詐破○ 42/16/6,42/16/15
則荊、趙○志絕 42/16/7
荊、趙○志絕 42/16/7
此固已無伯王○道二矣 42/16/9
前者穰侯○治秦也 42/16/9
用一國○兵 42/16/10
而欲以成兩國○功 42/16/10
此固已無伯王○道三矣 42/16/11
中央○國也 42/16/13
雜民○所居也 42/16/13
彼固亡國○形也 42/16/14
軍於長平○下 42/16/14
以爭韓○上黨 42/16/15
皆秦○有也 42/16/17
決白馬○口 42/16/20,422/204/5
伯王○名可成也 42/16/21
以大王○明 42/16/21
秦兵○強 42/16/22
伯王○業 42/16/22
是謀臣○拙也 42/16/22
天下固量秦○謀臣一矣 42/16/23
非能厚勝○也 42/16/25
由是觀○ 42/16/26,136B/67/17
237/128/14,341/170/22
臣以天下○從 42/16/26
願大王有以慮○也 42/16/27
且臣聞○ 42/17/1,415/198/19
破紂○國 42/17/3
智伯帥三國○眾 42/17/4
決水灌○ 42/17/4
反智伯○約 42/17/5
得兩國○眾 42/17/5
以攻智伯○國 42/17/6
以成襄子○功 42/17/6
言所以舉破天下○從 42/17/9
以成伯王○名 42/17/10
朝四鄰諸侯○道 42/17/10
一舉而天下○從不破 42/17/10
子不予○ 43/17/16
塞轘轅、緱氏○口 44/17/24
當屯留○道 44/17/24
以臨二周○郊 44/17/25
誅周主○罪 44/17/25
侵楚、魏○地 44/17/25
西辟○國 44/17/27
而戎狄○長也 44/17/27,44/18/3
天下○市朝也 44/17/28
而王隨○矣 44/18/2
今王○地小民貧 44/18/2
西辟○國也 44/18/3
而有桀、紂○亂 44/18/3
以秦攻○ 44/18/3
而又有禁暴正亂○名 44/18/5
又有不義○名 44/18/6
而攻天下○所不欲 44/18/6
天下○宗室也 44/18/7
韓、周○與國也 44/18/7
不如伐蜀○完也 44/18/9
十月取○ 44/18/11
張儀○殘樗里疾也 45/18/16
重而使○楚 45/18/16
因令楚王為○請相於秦 45/18/16
重樗里疾而使○者 45/18/16
今王誠聽○ 45/18/18
人必害○ 46/18/23
家有不宜○財 46/18/23
不如與魏以勁○ 47/18/30
必入西河○外 47/18/30
王必取○ 47/18/31
果獻西河○外 47/19/2
田莘○為陳軫說秦惠王
曰 48A/19/6
臣恐王○如郭君 48A/19/6
而憚舟○僑存 48A/19/6
乃遺○女樂 48A/19/7
舟○僑諫而不聽 48A/19/7

遂破○	48A/19/8
而憚宮○奇存	48A/19/8
乃遺○美男	48A/19/9
教○惡宮○奇	48A/19/9
宮○奇以諫而不聽	48A/19/9
遂取○	48A/19/9
能害王者○國者	48A/19/10
楚智橫君○善用兵	48A/19/10
用兵與陳軫○智	48A/19/10
軫馳楚、秦○間	48B/19/16
且軫欲去秦而○楚	48B/19/17
吾聞子欲去秦而○楚	48B/19/19
儀○言果信也	48B/19/19
非獨儀知○也	48B/19/20
行道○人皆知○	48B/19/20 49/20/12
吾不○楚	48B/19/22
乃必○也	48B/19/23
陳軫去楚○秦	49/19/27
願王逐○	49/19/27
即復○楚	49/19/28
願王殺○	49/19/28
軫安敢○楚也	49/19/28
王召陳軫告○曰	49/20/1
子欲何○	49/20/1
臣願○楚	49/20/1
儀以子為○楚	49/20/2
吾又自知子○楚	49/20/2
且安○也	49/20/2
必故○楚	49/20/3
以順王與儀○策	49/20/3
而明臣○楚與不也	49/20/3
詈○	49/20/4
少者許○	49/20/4
居彼人○所	49/20/6
以此明臣○楚與不	49/20/8
陳軫果安○	49/20/10
夫軫天下○辯士也	49/20/10
軫必○楚	49/20/11
子必○楚也	49/20/11
則儀○言果信矣	49/20/11
非獨儀○言也	49/20/12
軫不○楚	49/20/14
而何○乎	49/20/14
遂善待○	49/20/15
齊、楚○交善	50/20/19
惠王患○	50/20/19
子為寡人慮○	50/20/20
臣請試○	50/20/20
弊邑○王所說甚者	50/20/23
唯儀○所甚願為臣者	50/20/23
弊邑○王所甚憎者	50/20/24
唯儀○甚憎者	50/20/24
今齊王○罪	50/20/24
其於弊邑○王甚厚	50/20/25
弊邑欲伐○	50/20/25
而大國與○懽	50/20/25
是以弊邑○王不得事令	50/20/25
臣請使秦王獻商於○地	50/20/26
而私商於○地以為利也	50/20/27
宣言○於朝廷	50/21/1
不穀得商於○田	50/21/1
而得商於○地六百里	50/21/2
臣見商於○地不可得	50/21/3
王必惋○	50/21/6
又重絕○	50/21/8
齊、秦○交陰合	50/21/10
王不如因而賂○一名都	50/21/14
與○伐齊	50/21/14
是吾合齊、秦○交也	50/21/15
韓氏從○	50/21/18
故楚○土壤士民非削弱	50/21/18
楚王使陳軫○秦	51/21/25
或謂救○便	51/21/26
或謂救○不便	51/21/26
王獨不聞吳人○遊楚者乎	51/21/27
楚王甚愛○	51/21/27
故使人問○	51/21/28
王不聞夫管與○說乎	51/21/29
管莊子將刺○	51/21/29
管與止○曰	51/22/1
子待傷虎而刺○	51/22/2
無刺一虎○勞	51/22/2
而有刺兩虎○名	51/22/2
王起兵救○	51/22/3
有救齊○利	51/22/3
而無伐楚○害	51/22/3
事○本也	51/22/4, 136B/68/4
存亡○機	51/22/4
皆張儀○讎也	52/22/10
公用○	52/22/10
則諸侯必見張儀○無秦矣	52/22/10
義渠君○魏	53/22/14
願聞○	53/22/15, 446B/219/29
則秦且燒焫獲君○國	53/22/15
而事君○國也	53/22/16
蠻夷○賢君	53/22/18
王不如賂○以撫其心	53/22/18
此乃公孫衍○所謂也	53/22/21
大敗秦人於李帛○下	53/22/21
武王示○病	54/22/26
君○病	54/22/26
在耳○前	54/22/26
目○下	54/22/26
除○未必已也	54/22/27
君與知○者謀○	54/22/27
而與不知者敗○	54/22/28
使此知秦國○政也	54/22/28
請○魏	55/23/4
上黨、南陽積○久矣	55/23/9
行千里而攻○	55/23/10
臣聞張儀西并巴、蜀○地	55/23/10
北取西河○外	55/23/10
三年而拔○	55/23/11
文侯示○謗書一篋	55/23/12
此非臣○功	55/23/12
主君○力也	55/23/12
今臣羈旅○臣也	55/23/13
王必聽○	55/23/13
而臣受公仲侈○怨也	55/23/13
曾子○母曰	55/23/15
頃○	55/23/16
一人又告○曰	55/23/16
夫以曾參○賢	55/23/17
與母○信也	55/23/17
而三人疑○	55/23/17
今臣○賢不及曾子	55/23/17
而王○信臣又未若曾子○母也	55/23/18
臣恐王為臣○投杼也	55/23/18
於是與○盟於息壤	55/23/19
爭○王	55/23/21
王將聽○	55/23/21
召甘茂而告○	55/23/21
有○	55/23/22, 80/35/14 216/111/18, 258A/137/3 266/140/29, 313/159/27
復使甘茂攻○	55/23/22

宜陽○役 56/23/27
59/24/16,355/175/28
不如許楚漢中以懽○ 56/23/27
三鼓○而卒不上 57/24/3
秦○右將有尉對曰 57/24/3
是無伐○日已 57/24/5
請明日鼓○而不可下 57/24/5
因以宜陽○郭為墓 57/24/5
明日鼓○ 57/24/6
則公○功多矣 58/24/11
秦眾盡怨○深矣 58/24/12
為○奈何 60/24/21
73A/31/17,96/47/22
122/59/7,174/91/9,177/92/9
177/92/12,177/92/16
177/92/20,192/97/26
203/104/22,204A/106/1
258B/137/18,325/165/24
則王必聽○ 60/24/22
王因而制○ 60/24/23
且○齊 61A/24/27
君聞夫江上○處女乎 61A/24/27
夫江上○處女 61A/24/28
欲去○ 61A/24/28
何愛餘明○照四壁者 61A/24/29
處女相語以為然而留○ 61A/24/30
地形險易盡知○ 61A/25/4
是非秦○利也 61A/25/5
厚其祿以迎○ 61A/25/6
彼來則置○槐谷 61A/25/6
與○上卿 61A/25/7
以相迎○齊 61A/25/7
今秦與○上卿 61A/25/9
以相迎○ 61A/25/9
茂德王○賜 61A/25/9
今王何以禮○ 61A/25/10
彼以甘茂○賢 61A/25/10
得擅用強秦○眾 61A/25/11
賜○上卿 61A/25/11
命而處○ 61A/25/11
與○間有所立 61B/25/15
因自謂○曰 61B/25/15
甘茂○吏道而聞○ 61B/25/15
子焉聞○ 61B/25/17
王怒於犀首○泄也 61B/25/18
乃逐○ 61B/25/18
楚○相秦者屈蓋 62/25/22
陘山○事 63/25/28
秦王使公子他○趙 63/26/1
而賜○二社○地 63/26/2
非使臣○所知也 63/26/2
大國裁○ 63/26/3
臣聞往來○者言曰 63/26/5
臣竊必○弊邑○王曰 63/26/6
秦○深讎也 63/26/7
233/125/9,422/203/26
秦○深讎 63/26/8
秦○謀者必曰 63/26/8
而後制晉、楚○勝 63/26/8
以天下擊○ 63/26/9
譬猶以千鈞○弩潰癰也 63/26/9
齊舉兵而為○頓劍 63/26/11
何晉、楚○智而齊、秦
○愚 63/26/12
善齊以安○ 63/26/13
夫取三晉○腸胃與出兵
而懼其不反也 63/26/14
故臣竊必○弊邑○王曰 63/26/14
魏子患○ 64/26/19
若太后○神靈 64/26/20
明知死者○無知矣 64/26/21
葬於無知○死人哉 64/26/21
先王積怒○日久矣 64/26/21
禮必并相○ 65/26/27
齊免於天下○兵 65/26/27
君不如勸秦王令弊邑卒
攻齊○事 65/26/27
秦王畏晉○強也 65/26/28
攻齊○事成 66/27/3
五伯○事也 66/27/4
而莫○據也 66/27/4
故攻齊○於陶也 66/27/5
存亡○機也 66/27/5
君欲成○ 66/27/7
故以舜、湯、武○賢 66/27/8
此君○大時也已 66/27/9
因天下○力 66/27/9
伐讎國○齊 66/27/9
報惠王○恥 66/27/9
成昭王○功 66/27/9
除萬世○害 66/27/10
此燕○長利 66/27/10
而君○大名也 66/27/10
成君○功 66/27/12
除君○害 66/27/12
挾君○讎以誅於燕 66/27/13
後雖悔○ 66/27/13
君悉燕兵而疾僭○ 66/27/13
天下○從君也 66/27/13
若報父子○仇 66/27/14
願君○專志於攻齊 66/27/15
公聞東方○語乎 67/27/19
若有敗○者 67/27/20
夫楚王○以其臣請挈領
然而臣有患也 67/27/21
夫楚王○以其國依冉也 67/27/21
而事臣○主 67/27/22
此臣○甚患也 67/27/22
是令張儀○言為禹 67/27/22
而務敗公○事也 67/27/23
德楚而觀薛公○為公也 67/27/23
觀三國○所求於秦而不
能得者 67/27/23
觀張儀與澤○所不能得
於薛公者也 67/27/24
而公請○以自重也 67/27/24
此亦百世○時也已 69/28/9
而齊○德新加與 70/28/13
齊有東國○地 70/28/14
南有符離○塞 70/28/15
北有甘魚○口 70/28/15
支分方城膏腴○地以薄
鄭 70/28/16
成陽君以王○故 71/28/22
今王見其達而收○ 71/28/22
達而報○ 71/28/23
失韓、魏○道也 71/28/23
使以臣○言為可 72/29/1
今臣○胸不足以當椹質 72/29/2
工○所失也 72/29/6
然則聖王○所棄者 72/29/7
取○於國 72/29/9
取○於諸侯 72/29/9
良醫知病人○死生 72/29/10
聖主明於成敗○事 72/29/10
利則行○ 72/29/10
害則舍○ 72/29/11
疑則少嘗○ 72/29/11
語○至者 72/29/11
臣不敢載○於書 72/29/11
則臣○志 72/29/13

願少賜游觀○間 72/29/13
望見足下而入○ 72/29/13
秦王說○ 72/29/15,396B/191/3
使人持車召○ 72/29/15
今者義渠○事急 73A/29/19
今義渠○事已 73A/29/20
敬執賓主○禮 73A/29/20
臣聞始時呂尚○遇文王也 73A/29/29
身為漁父而釣於渭陽○濱耳 73A/29/29
是周無天子○德 73A/30/2
羈旅○臣也 73A/30/3
皆匡君○○事 73A/30/3
處人骨肉○間 73A/30/4
願以陳臣○陋忠 73A/30/4
知今日言○於前 73A/30/5
大王信行臣○言 73A/30/5
五帝○聖而死 73A/30/6
三王○仁而死 73A/30/7
五伯○賢而死 73A/30/7
烏獲○力而死 73A/30/7
424/205/24
奔、育○勇焉而死 73A/30/7
人○所必不免也 73A/30/8
處必然○勢 73A/30/8
此臣○所大願也 73A/30/8
加○以幽囚 73A/30/10
是臣說○行也 73A/30/11
漆身可以補所賢○主 73A/30/12
是臣○大榮也 73A/30/12
臣○所恐者 73A/30/13
獨恐臣死○後 73A/30/13
足下上畏太后○嚴 73A/30/14
下惑姦臣○態 73A/30/14
居深宮○中 73A/30/14
不離保傅○手 73A/30/14
此臣○所恐耳 73A/30/15
若夫窮辱○事 73A/30/15
死亡○患 73A/30/15
而存先王○廟也 73A/30/19
以秦卒○勇 73A/30/24
車騎○多 73A/30/24
霸王○業可致 73A/30/25
而大王○計有所失也 73A/30/25
多○則害於秦 73A/31/1
臣意王○計欲少出師 73A/31/2
而悉韓、魏○兵則不義矣 73A/31/2
今見與國○不可親 73A/31/2
越人○國而攻 73A/31/2
膚寸○地無得者 73A/31/3
諸侯見齊○罷露 73A/31/4
君臣○不親 73A/31/4
舉兵而伐○ 73A/31/4,73A/31/13
得寸則王○寸 73A/31/6
得尺亦王○尺也 73A/31/6
中山○地 73A/31/7
趙獨擅○ 73A/31/7
中國○處 73A/31/8
而天下○樞也 73A/31/8
魏多變○國也 73A/31/12
卑辭重幣以事○ 73A/31/13
削地而賂○ 73A/31/13
秦、韓○地形 73A/31/16
秦○有韓 73A/31/16
若木○有蠹 73A/31/16
人○病心腹 73A/31/16
則成睪○路不通 73A/31/20
北斬太行○道則上黨○兵不下 73A/31/20
聞齊○內有田單 73B/31/26
聞秦○有太后、穰侯、涇陽、華陽 73B/31/26
夫擅國○謂王 73B/31/27
能專利害○謂王 73B/31/27
制殺生○威○謂王 73B/31/27
未○有也 73B/31/28
204A/105/24,459A/225/12
穰侯使者操王○重 73B/32/2
淖齒管齊○權 73B/32/5
縮閔王○筋 73B/32/5
縣○廟梁 73B/32/5
高陵、涇陽佐○ 73B/32/6
此亦淖齒、李兌○類已 73B/32/6
且臣將恐後世○有秦國者 73B/32/7
非王○子孫也 73B/32/7
叢往求○ 74/32/18
王○叢 74/32/18
王○神 74/32/18
華陽用○ 74/32/20
穰侯用○ 74/32/20
太后用○ 74/32/21
王亦用○ 74/32/21
臣聞○也 74/32/21
枝○披者傷其心 74/32/22
有非相國○人者乎 74/32/23
恐萬世○後有國者 74/32/24
臣聞古○善為政也 74/32/26
操大國○勢 74/32/27
國○幣帛 74/32/28
竭入太后○家 74/32/28
竟內○利 74/32/28
古○所謂『危主滅國○道』必從此起 74/32/28
是我王果處三分○一也 74/33/1
人臣○所樂為死也 75/33/7
攻人主○所愛 75/33/8
臣願王○毋獨攻其地 75/33/8
張儀○力多 75/33/9
張儀○力少 75/33/10
則王○所求於韓者 75/33/10
欲○ 76/33/16
視○ 76/33/16
然降其主父沙丘而臣○ 76/33/17
天下○王尚猶尊○ 76/33/17
是天下○王不如鄭賈○智也 76/33/17
天下○士 77/33/22
77/33/29,136B/67/20
請令廢○ 77/33/22
秦於天下○士非有怨也 77/33/22
王見大王○狗 77/33/23
投○一骨 77/33/24
予○五十金 77/33/25
與○昆弟矣 77/33/26
不問金○所○ 77/33/28
禽馬服○軍 78/34/5
雖周呂望○功 78/34/5
君能為○下乎 78/34/6
雖欲無為○下 78/34/6
固不得○矣 78/34/6
上黨○民皆返為趙 78/34/7
天下○民 78/34/7
不樂為秦民○日固久矣 78/34/7
故不如因而割○ 78/34/8
應侯失韓○汝南 79/34/13
公○愛子也 79/34/14
無子○時不憂 79/34/15
臣以韓○細也 79/34/23

願委○卿	79/34/24
自是○後	79/34/27
	81/36/27,237/128/16
	245/131/3,247/132/2
父○於子也	80/35/4
欲教○者	80/35/6
不過父子○親	80/35/7
且君擅主輕下○日久矣	80/35/7
不如賜軍吏而禮○	80/35/8
東鄙○賤人也	80/35/11
臣無諸侯○援	80/35/12
親習○故	80/35/12
王舉臣於羈旅○中	80/35/12
天下皆聞臣○身與王○舉也	80/35/12
而王明誅○	80/35/13
王必不失臣○罪	80/35/14
而無過舉○名	80/35/14
遂弗殺而善遇○	80/35/14
天下駿雄弘辯○士也	81/35/20
秦王必相○而奪君位	81/35/21
應侯聞○	81/35/23
及見○	81/35/23
應侯因讓○曰	81/35/23
何君見○晚也	81/35/25
夫四時○序	81/35/25
豈非士○所願與	81/35/26
豈不辯智○期與	81/35/27
傳○無窮	81/35/29
稱○而毋絕	81/35/29
豈非道○符	81/35/29
若秦○商君	81/35/30
楚○吳起	81/35/30
越○大夫種	81/35/30
應侯知蔡澤○欲困己以說	81/36/1
義○至	81/36/6
忠○節也	81/36/6
義○所在	81/36/6
天下○福也	81/36/7
國○福也	81/36/7
家○福也	81/36/8
無明君賢父以聽○	81/36/9
以君臣論○	81/36/14
然則君○主	81/36/16
君○為主	81/36/17
功章萬里○外	81/36/18
而君○祿位貴盛	81/36/19
私家○富過於三子	81/36/19
天○常數也	81/36/20
聖人○常道也	81/36/20
至葵丘○會	81/36/21
有驕矜○色	81/36/21
白起率數萬○師	81/36/25
誅屠四十餘萬○眾	81/36/26
白起○勢也	81/36/27
損不急○官	81/37/1
塞私門○請	81/37/2
壹楚國○俗	81/37/2
使馳說○士無所開其口	81/37/2
上下○力	81/37/3
勾踐終棓而殺○	81/37/4
范蠡知○	81/37/5
此皆君○所明知也	81/37/6
決羊腸○險	81/37/7
塞太行○口	81/37/7
又斬范、中行○途	81/37/7
秦○欲得矣	81/37/8
君○功極矣	81/37/8
此亦秦○分功○時也	81/37/8
讓賢者授○	81/37/9
必有伯夷○廉	81/37/10
而有喬、松○壽	81/37/10
臣○見人甚眾	81/37/13
大說○	81/37/14
人或惡○	81/37/19
韓、魏聞楚○困	82A/37/24
恐秦○救也	82A/37/25
今三國○兵且去楚	82A/37/25
況於楚○故地	82A/37/26
楚疑於秦○未必救己也	82A/37/26
而今三國○辭去	82A/37/26
則楚○應○也必勸	82A/37/27
秦為知○	82A/37/27
遂發重使○楚	82A/38/1
楚○應○果勸	82A/38/1
秦○有也	82B/38/6
秦○縣也已	82B/38/7
魏懼而復○	82B/38/8
三國○兵深矣	83A/38/13
此父兄○任也	83A/38/14
吾特以三城從○	83A/38/18
此講○悔也	83A/38/18
此又不講○悔也	83A/38/19
○兵乃退	83A/38/21
今○如耳、魏齊	83B/38/25
孰與孟嘗、芒卯○賢	83B/38/26
以孟嘗、芒卯○賢	83B/38/26
帥強韓、魏○兵以伐秦	83B/38/27
今以無能○如耳、魏齊	83B/38/27
三○料天下過矣	83B/38/30
昔者六晉○時	83B/38/30
吾不知水○可亡人○國也	83B/39/2
乃今知○	83B/39/2
今秦○強	83B/39/4
尚賢在晉陽○下也	83B/39/4
願王○勿易也	83B/39/5
魏畏秦、楚○合	84A/39/11
秦○楚者多資矣	84A/39/12
魏王聞○恐	84A/39/13
是以鯉與○遇也	84B/39/18
弊邑○於與遇善○	84B/39/18
王不如留○以市地	85/39/23
臣見王○權輕天下	85/39/27
臣○來使也	85/39/27
楚知秦○孤	85/40/1
秦王乃出○	85/40/2
臣○義不參拜	86/40/6
秦王許○	86/40/7,297/151/11
王知○乎	86/40/8
	143/74/16,143/74/17
	143/74/18,258A/137/9
無把銚推耨○勢	86/40/9
而有積粟○實	86/40/9
無積粟○實	86/40/10
無孝○名	86/40/11
無孝○實	86/40/11
山東○建國可兼與	86/40/15
天下○咽喉	86/40/15
天下○胸腹	86/40/15
聽○韓、魏	86/40/16
入其社稷○臣於秦	86/40/16
寡人○國貧	86/40/17
頓子○說也	86/40/20
燒先王○墓	87/40/24
今大國○地半天下	87/40/28
萬乘○地未嘗有也	87/40/29
王○身	87/40/29
以絕從親○要	87/40/30
而出百里○地	87/41/1
杜大梁○門	87/41/1

楚、燕○兵云翔不敢校 87/41/2
王○功亦多矣 87/41/2
然後復○ 87/41/3
王又割濮、磨○北屬○燕 87/41/4
斷齊、秦○要 87/41/4
絶楚、魏○脊 87/41/4
王○威亦憚矣 87/41/5
省攻伐○心而肥仁義○誡 87/41/5
王若負人徒○衆 87/41/8
材兵甲○強 87/41/8
壹毀魏氏○威 87/41/8
而欲以力臣天下○主 87/41/8
此言始○易 87/41/9
終○難也 87/41/10
智氏見伐趙○利 87/41/10
而不知榆次○禍也 87/41/10
吳見伐齊○便 87/41/10
而不知干隧○敗也 87/41/11
吳○信越也 87/41/11
還為越王禽於三江○浦 87/41/12
攻晉陽○城 87/41/13
韓、魏反○ 87/41/13
殺智伯瑤於鑿臺○上 87/41/13
今王妬楚○不毀也 87/41/13
而忘毀楚○強魏也 87/41/14
從此觀○ 87/41/14
予忖度○ 87/41/15
遇犬獲○ 87/41/15
今王中道而信韓、魏○善王也 87/41/16
臣恐韓、魏○卑辭慮患 87/41/17
王既無重世○德於韓、魏 87/41/17
而有累世○怨矣 87/41/18
韓、魏○不亡 87/41/20
秦社稷○憂也 87/41/21
今王○攻楚 87/41/21
是王攻楚○日 87/41/21
王將藉路於仇讎○韓、魏乎 87/41/21
兵出○日而王憂其不反也 87/41/22
是王以兵資於仇讎○韓、魏 87/41/22
王若不藉路於仇讎○韓、魏 87/41/22
山林谿谷不食○地 87/41/23
王雖有○ 87/41/24
是王有毀楚○名 87/41/24
無得地○實也 87/41/24
且王攻楚○日 87/41/26
秦、楚○構而不離 87/41/26
膏腴○地也 87/42/2
而王使○獨攻 87/42/2
韓、魏○強足以校於秦矣 87/42/2
天下○國 87/42/3
一年○後 87/42/4
於以禁王○為帝有餘 87/42/4
夫以王壤土○博 87/42/4
人徒○衆 87/42/5
兵革○強 87/42/5
王襟以山東○險 87/42/8
帶以河曲○利 87/42/9
韓必為關中○候 87/42/9
而關內二萬乘○主注地於齊 87/42/10
齊○右壤可拱手而取也 87/42/11
是王○地一任兩海 87/42/11
則桀、紂○後將存 88/42/17
厭案萬乘○國 88/42/18
千乘○宋也 88/42/18
天下○士相從謀曰 88/42/19
而朝於邯鄲○君乎 88/42/19
因退為逢澤○遇 88/42/20
齊太公聞○ 88/42/21
郢威王聞○ 88/42/22
以與申縛遇於泗水○上 88/42/23
趙人聞○至枝桑 88/42/23
燕人聞○至格道 88/42/23
以同言郢威王於側紂○間 88/42/26
故天下樂伐○也 88/42/27
臣竊惑王○輕齊易楚 89/43/3
驕忿非伯主○業也 89/43/5
臣竊為大王慮○而不取也 89/43/5
故先王○所重者 89/43/7
為黃池○遇 89/43/9
制趙、韓○兵 89/43/9
而使天下○士不敢言 89/43/13
雍天下○國 89/43/13
徙兩周○疆 89/43/13
而世主不敢交陽侯○塞 89/43/13
而韓、楚○兵不敢進 89/43/14
則臣恐諸侯○君 89/43/15
河、濟○士 89/43/15
以王為吳、智○事也 89/43/15
此言末路○難 89/43/18
以臣○心觀○ 89/43/18
天下○事 89/43/19
依世主○心 89/43/19
四國○兵敵 89/43/20
齊、宋在繩墨○外以為權 89/43/20
若隨此計而行○ 89/43/22
必殺○矣 90/43/27
大臣○尊者也 91/44/3
太后○所親也 91/44/4
公何不以秦、楚○重 91/44/4
資而相○於周乎 91/44/4
楚必便○矣 91/44/5
是辛戎有秦、楚○重 91/44/5
紛彊欲敗○ 92/44/9
魏必負○ 92/44/10
負秦○日 92/44/10
令○留於酸棗 92/44/10
樓子患○ 92/44/11
昭衍為周○梁 92/44/11
樓子告○ 92/44/11
秦疑於王○約 92/44/12
以太子○留酸棗而不○秦 92/44/12
秦王○計曰 92/44/13
我與其處而待○見攻 92/44/13
不如先伐○ 92/44/13
耕田○利幾倍 93/44/18
珠玉○贏幾倍 93/44/19
立國家○主贏幾倍 93/44/19
願往事○ 93/44/20
故往說○曰 93/44/22
子傒有承國○業 93/44/22
93/44/30
外託於不可知○國 93/44/23
君○罪至死 93/44/26
君知○乎 93/44/26,136A/67/5
君○門下無不居高尊位 93/44/26
君○府藏珍珠寶玉 93/44/27
君○駿馬盈外廄 93/44/27
王○春秋高 93/44/27
必無危亡○患矣 93/44/29
士倉又輔○ 93/44/30
王后○門 93/44/30

王后誠請而立○ 93/45/1
王后乃請趙而歸○ 93/45/3
趙未○遣 93/45/5
秦○寵子也 93/45/5
王后欲取而子○ 93/45/5
趙厚送遣○ 93/45/6
趙乃遣○ 93/45/7
而自子○ 93/45/10
王罷○ 93/45/11
趙○豪桀 93/45/12
大王無一介○使以存○ 93/45/13
王后勸立○ 93/45/14
令○曰 93/45/14
以廣河間○地 94/45/22
受百里○地 94/45/23
臣行○ 94/45/25
我自行○而不肯 94/45/25
汝安能行○也 94/45/25
卿○功 94/45/29
臣○功不如武安君也 94/45/30
卿明知功○不如武安君歟 94/45/30
知○ 94/46/1,94/46/2
應侯○用秦也 94/46/1
武安君難○ 94/46/2
絞而殺○ 94/46/3
臣不知卿所死○處矣 94/46/3
聞燕太子丹○入秦與 94/46/7
聞○ 94/46/7,94/46/8,146/76/25
聞張唐○相燕與 94/46/7
與司空馬○趙 95/46/15
臣事○ 95/46/17
請為大王設秦、趙○戰 95/46/18
民孰與○眾 95/46/18
金錢粟孰與○富 95/46/19
國孰與○治 95/46/19
相孰與○賢 95/46/20
將孰與○武 95/46/20
律令孰與○明 95/46/21
然則大王○國 95/46/21
大王○國亡 95/46/21
大王裂趙○半以賂秦 95/46/22
秦不接刃而得趙○半 95/46/23
內惡趙○守 95/46/23
外恐諸侯○救 95/46/23
秦必受○ 95/46/23,310/157/18
則是大王名亡趙○半 95/46/25
今又割趙○半以強秦 95/46/27
願卿○更計 95/46/27
以上客料○ 95/47/2
趙王○臣有韓倉者 95/47/3
韓倉果惡○ 95/47/7
使韓倉數○曰 95/47/7
出○袖中 95/47/9
纏○以布 95/47/10
願公入明○ 95/47/10
銜劍徵○於柱以自刺 95/47/12
必為言○曰 95/47/15
與○為交以報秦 96/47/24
韓非知○ 96/47/26
北使燕、代○間三年 96/47/26
四國○交未必合也 96/47/26
是賈以王○權 96/47/27
國○寶 96/47/27
願王察○ 96/47/27,290/149/5
梁○大盜 96/48/1,96/48/10
趙○逐臣 96/48/1,96/48/10
與同知社稷○計 96/48/1
尚焉○ 96/48/6
四國○王尚焉用賈○身 96/48/7
齊○逐夫 96/48/10
朝歌○廢屠 96/48/10
子良○逐臣 96/48/11
棘津○讎不庸 96/48/11
文王用○而王 96/48/11
其鄙人○賈人也 96/48/11
南陽○弊幽 96/48/11
魯○免囚 96/48/12
桓公用○而伯 96/48/12
虞○乞人 96/48/12
傳賣以五羊○皮 96/48/12
穆公相○而朝西戎 96/48/12
明主用○ 96/48/13
雖有高世○名 96/48/15
無咫尺○功者不賞 96/48/15
百姓為○用 97/48/23
故王勝○也 97/48/24
楚王聞○ 98/48/29
217/112/11,276/145/22
299/152/20,299/152/21
封○成與不 98/48/29
願委○於子 98/49/1
王獨利魯、宋○小 98/49/4
靖郭君因見○ 99/49/11
更言○ 99/49/12
亦君○水也 99/49/13
雖隆薛○城到於天 99/49/14
猶○無益也 99/49/14
五官○計 100/49/19
說五而厭○ 100/49/19
齊貌辨○為人也多疵 101/49/24
吾無辭為○ 101/49/26
於是舍○上舍 101/49/26
靖郭君○交 101/49/28
辭而○薛 101/49/28
王○不說嬰甚 101/50/1
宣王聞○ 101/50/4
藏怒以待○ 101/50/4
靖郭君○所聽愛夫 101/50/4
愛則有○ 101/50/5
王○方為太子○時 101/50/5
若聽辨而為○ 101/50/7
必無今日○患也 101/50/7
昭陽請以數倍○地易薛 101/50/8
必聽○ 101/50/8
且先王○廟在薛 101/50/9
吾豈可以先王○廟與楚乎 101/50/9
靖郭君○於寡人一至此乎 101/50/10
靖郭君衣威王○衣 101/50/13
望○而泣 101/50/13
因請相○ 101/50/13
故人非○不為沮 101/50/16
此齊貌辨○所以外生樂患趣難者也 101/50/16
邯鄲○難 102/50/21
156/81/17,158/82/13
軍於邯鄲○郊 102/50/23
臣○求利且不利者 102/50/24
邯鄲拔而承魏○弊 102/50/25
齊因承魏○弊 102/50/26
大破○桂陵 102/50/26
南梁○難 103/50/30
早救○ 103/50/30
孰與晚救○便 103/50/30
晚救○ 103/51/1
不如早救○ 103/51/1
夫韓、魏○兵未弊 103/51/1
而我救○ 103/51/2
我代韓而受魏○兵 103/51/2

且夫魏有破韓○志 103/51/2
我因陰結韓○親 103/51/3
而晚承魏○弊 103/51/3
乃陰告韓使者而遣○ 103/51/4
大破○馬陵 103/51/6
韓、魏○君因田嬰北面而朝田侯 103/51/7
則是君○謀也 104/51/12
我田忌○人也 104/51/15
循軼○途也 105/51/22
田忌亡齊而○楚 106/51/29
鄒忌代○相 106/51/29
恐田忌○以楚權復於齊也 106/52/1
以示田忌○不返齊也 106/52/2
此用二忌○道也 106/52/3
楚果封○於江南 106/52/3
王悅○ 107/52/7
忌聞以為有一子○孝 107/52/7
不如有五子○孝 107/52/8
今首○所進仕者 107/52/8
宣王因以晏首壅塞○ 107/52/8
齊國○美麗者也 108/52/14
問○客曰 108/52/16
徐公不若君○美也 108/52/16
孰視○ 108/52/19
寢而思○曰 108/52/19
吾妻○美我者 108/52/20
妾○美我者 108/52/20
客○美我者 108/52/20
臣○妻私臣 108/52/23
臣○妾畏臣 108/52/23
臣○客欲有求於臣 108/52/24
朝廷○臣 108/52/25
四境○內 108/52/25
王○蔽甚矣 108/52/25
能面刺寡人○過者 108/52/26
聞寡人○耳者 108/52/27
數月○後 108/53/1
期年○後 108/53/1
燕、趙、韓、魏聞○ 108/53/2
齊威王使章子將而應○ 109/53/6
頃○間 109/53/7
言章子○敗者 109/53/8
王何不發將而擊○ 109/53/8
曷為擊○ 109/53/9
於是秦王拜西藩○臣而謝於齊 109/53/11
何以知○ 109/53/11
202/103/9,454/222/31
章子○母啓得罪其父 109/53/12
其父殺○而埋馬棧○下 109/53/12
勉○曰 109/53/13
夫子○強 109/53/13
必更葬將軍○母 109/53/13
臣○母啓得罪臣○父 109/53/14
臣○父未教而死 109/53/14
夫不得父○教而更葬母 109/53/14
魯親○ 110/53/19
齊王患○ 110/53/19
楚○權敵也 110/53/22
足下豈如令眾而合二國○後哉 110/53/23
古○王者○伐也 111/54/3
今齊、楚、燕、趙、韓、梁六國○遞甚也 111/54/4
非山東○上計也 111/54/5
此臣○所以為山東○患 111/54/6
何秦○智而山東○愚耶 111/54/7
願大王○察也 111/54/7
古○五帝、三王、五伯○伐也 111/54/9
今秦○伐天下不然 111/54/9
必欲反○ 111/54/9
今韓、梁○目未嘗乾 111/54/10
舉齊屬○海 111/54/12
願王熟慮○ 111/54/13
此萬世○計也 111/54/15
389/188/16
此臣○所謂齊必有大憂 111/54/17
此所謂四塞○國也 112/54/23
齊車○良 112/54/24
五家○兵 112/54/24
臨淄○中七萬戶 112/54/25
臣竊度○ 112/54/26
而臨淄○卒 112/54/26
臨淄○途 112/54/28
夫以大王○賢與齊○強 112/54/29
竊為大王羞○ 112/54/29
且夫韓、魏○所以畏秦者 112/54/31
而戰勝存亡○機決矣 112/54/31
是故韓、魏○所以重與秦戰而輕為○臣也 112/55/1
倍韓、魏○地 112/55/4
至闈陽晉○道 112/55/4
徑亢父○險 112/55/4
恐韓、魏○議其後也 112/55/5
夫不深料秦○不奈我何也 112/55/6
是群臣○計過也 112/55/7
今無臣事秦○名 112/55/7
而有強國○實 112/55/7
臣固願大王○少留計 112/55/8
今主君以趙王○教詔○ 112/55/10
皆為一時說而不顧萬世○利 113/55/15
負海○國也 113/55/16
雖有勝名而有亡○實 113/55/20
今趙○與秦也 113/55/20
猶齊○於魯也 113/55/20
秦、趙戰於河漳○上 113/55/21
戰於番吾○下 113/55/21
四戰○後 113/55/21
雖有勝秦○名 113/55/22
為昆弟○國 113/55/23
秦驅韓、魏攻齊○南地 113/55/24
臨淄、即墨非王○有也 113/55/24
是故願大王熟計○ 113/55/25
託於東海○上 113/55/27
未嘗聞社稷○長利 113/55/27
今大客幸而教○ 113/55/27
413/197/16
獻魚鹽○地三百於秦也 113/55/28
秦伐○ 114/56/3
吾將救○ 114/56/3
王○謀過矣 114/56/4
不如聽○ 114/56/4
子噲與子○國 114/56/4
楚、趙必救○ 114/56/5
乃許韓使者而遣○ 114/56/5
張儀聞○ 115/56/15
願效○王 115/56/15
儀○所在 115/56/16
115/56/23,115/56/25
必舉兵而伐○ 115/56/16
故儀願乞不肖身而○梁 115/56/17
115/56/25
齊必舉兵而伐○ 115/56/17
齊、梁○兵連於城下 115/56/17
納○梁 115/56/19

齊果舉兵伐○ 115/56/21
乃使其舍人馮喜○楚 115/56/21
藉使○齊 115/56/22
齊、楚○事已畢 115/56/22
厚矣王○託儀於秦王也 115/56/22
必舉兵伐○ 115/56/23,115/56/25
是乃王○託儀也 115/56/24
儀○出秦 115/56/24
梁、齊○兵連於城下不能去 115/56/26
而果伐○ 115/56/28
此臣○所謂託儀也 115/56/28
儀以秦、梁○齊合橫親 116/57/3
因與○參坐於衛君○前 116/57/5
為儀千秋○祝 116/57/5
犀首送○至於齊疆 116/57/6
齊王聞○ 116/57/6
133/65/24,276/145/21
而儀與○俱 116/57/6
楚○法 117/57/12
數人飲○不足 117/57/14
一人飲○有餘 117/57/15
引酒且飲○ 117/57/15
吾能為○足 117/57/16
一人○蛇成 117/57/16
子安能為○足 117/57/17
官○上非可重也 117/57/18
而與○伐齊 118/57/23
趙足○齊 118/57/24
王欲秦、趙○解乎 118/57/24
權○難 119/57/29,410/195/10
秦使魏冉○趙 119/57/29
薛公使魏處○趙 119/57/29
兩國○權 119/58/3
齊、楚救○ 120/58/8
則且遂攻○ 120/58/9
不如聽○以卻秦兵 120/58/11
是秦○計中 120/58/12
而齊、燕○計過矣 120/58/12
且趙○於燕、齊 120/58/12
齒○有脣也 120/58/12
且夫救趙○務 120/58/13
秦伐周、韓○西 121/58/19
及韓卻周割○ 121/58/20
則亦不果於趙、魏○應秦而伐周、韓 121/58/21
趙、魏亡○後 121/58/22
吾將與三國共立○ 122/58/29
蘇秦○事 122/59/1
可以忠太子使○亟去 122/59/2
則楚○計變 122/59/6
臣請為君○楚 122/59/7
使亟入下東國○地 122/59/7
因遣○ 122/59/8,352/175/5
齊欲奉太子而立○ 122/59/10
臣觀薛公○留太子者 122/59/10
則太子且倍王○割而使齊奉己 122/59/11
楚○勢可多割也 122/59/14
使太子謁○君 122/59/14
使楚王聞○ 122/59/15
齊奉太子而立○ 122/59/17
太子何不倍楚○割地而資齊 122/59/17
倍楚○割而延齊 122/59/18
楚王聞○恐 122/59/18
益割地而獻○ 122/59/18
齊○所以敢多割地者 122/59/21
齊未必信太子○言也 122/59/26
太子其圖○ 122/59/27
蘇秦恐君○知○ 122/60/1
臣竊為君疑○ 122/60/2
願王○知○ 122/60/7
君○所以重於天下者 122/60/10
以能得天下○士而有齊權也 122/60/10
今蘇秦天下○辯士也 122/60/10
而於君○事殆矣 122/60/12
故君不如因而親○ 122/60/12
貴而重○ 122/60/13
蘇秦欲止○ 124/60/23
吾已盡知○矣 124/60/23
臣○來也 124/60/24
孟嘗君見○ 124/60/27
西岸○土也 124/60/28
吾西岸○土也 124/60/29
東國○桃梗也 124/60/29
今秦四塞○國 124/61/1
而君入○ 124/61/2
荊人攻○ 125/61/6
而孟嘗令人體貌而親郊迎○ 125/61/6
荊固而攻○ 125/61/11
先君○廟在焉 125/61/12
疾興兵救○ 125/61/12
顛蹶○請 125/61/14
望拜○謁 125/61/14
人○急也 125/61/14
若自在隘窘○中 125/61/14
孟嘗君奉夏侯章以四馬百人○食 126/61/19
遇○甚懽 126/61/19
董○ 126/61/20
而奉我四馬百人○食 126/61/21
我無分寸○功而得此 126/61/21
然吾毀○以為○也 126/61/21
以吾毀○者也 126/61/22
願聞先生有以補○闕者 127/61/27
訾天下○主 127/61/27
臣請以臣○血湔其衽 127/61/28
車軼○所能至 127/61/28
請掩足下○短者 127/61/28
誦足下○長 127/62/1
千乘○君與萬乘○相 127/62/1
臣願以足下○府庫財物 127/62/2
收天下○士 127/62/2
若魏文侯○有田子方、段干木也 127/62/2
此臣○所為君取矣 127/62/3
孟嘗君舍人有與君○夫人相愛者 128/62/7
君其殺○ 128/62/8
人○情也 128/62/8
其錯○勿言也 128/62/8
君召愛夫人者而謂○曰 128/62/10
齊、衛○交惡 128/62/13
衛君甚欲約天下○兵以攻齊 128/62/13
今君約天下○兵以攻齊 128/62/15
齊人聞○曰 128/62/19
欲逐○ 129/62/23
曹沫○奮三尺○劍 129/62/24
使曹沫釋其三尺○劍 129/62/24
而操銚鎒與農夫居壟畝○中 129/62/25
○其所短 129/62/25
則謂○不肖 129/62/26
則謂○拙 129/62/26
拙則罷○ 129/62/26
不肖則棄○ 129/62/26
豈非世○立教首也哉 129/62/27

郢○登徒	130/63/3
直使送○	130/63/3
郢○登徒也	130/63/4
象床○直千金	130/63/4
賣妻子不足償○	130/63/4
願得獻○	130/63/5
有存亡繼絶○義	130/63/9
小國英桀○士	130/63/9
誠説君○義	130/63/9
慕君○廉也	130/63/9
所未至○國	130/63/10
君召而返○	130/63/13
今何舉足○高	130/63/13
志○揚也	130/63/14
重○寶劍一	130/63/14
諫而止君○過	130/63/15
郢○登徒不欲行	130/63/16
許戍以先人○寶劍	130/63/16
受○乎	130/63/17
急受○	130/63/17
有能揚文○名	130/63/17
止文○過	130/63/18
及○睪黍、梁父○陰	131/63/25
今髡賢者○疇也	131/63/25
髡將復見○	131/63/26
天下○疾犬也	132A/63/30
海內○狡兔也	132A/63/30
田父見○	132A/64/2
無勞勧○苦	132A/64/2
有田父○功	132A/64/3
秦破馬服君○師	132B/64/7
率魏兵以救邯鄲○圍	132B/64/8
是齊入於魏而救邯鄲○功也	132B/64/8
魏○柱國也	132B/64/9
趙○柱國也	132B/64/9
楚○柱國也	132B/64/9
福三國○君	132B/64/10
兼二周○地	132B/64/11
且天下○半	132B/64/11
封衛○東野	132B/64/11
兼魏○河南	132B/64/12
絶趙○東陽	132B/64/12
則非齊○利也	132B/64/12
韓、魏、趙、楚○志	132B/64/13
三國○與秦壤界而患急	132B/64/13

是以天下○勢	132B/64/14
孟嘗君笑而受○曰	133/64/21
左右以君賤○也	133/64/22
食○	133/64/25
比門下○客	133/64/25
左右皆笑○	133/64/26
為○駕	133/64/26
比門下○車客	133/64/26
左右皆惡○	133/64/28
孟嘗君怪○	133/65/2
吾負○	133/65/3
請而見○	133/65/3
沉於國家○事	133/65/4
願○	133/65/5
驅而○薛	133/65/8
衣冠而見○	133/65/11
今君有區區○薛	133/65/14
因而賈利○	133/65/14
寡人不敢以先王○臣為臣	133/65/18
乃今日見○	133/65/19
諸侯先迎○者	133/65/22
齊其聞○矣	133/65/24
被於宗廟○祟	133/65/25
沉於諂諛○臣	133/65/26
願君顧先王○宗廟	133/65/26
願請先王○祭器	133/65/27
無纖介○禍者	133/65/30
馮諼○計也	133/65/30
意者秦王帝王○主也	134/66/3
奚暇從以難○	134/66/4
意者秦王不肖○主也	134/66/4
君從以難○	134/66/4
以車十乘○秦	134/66/7
昭王聞○	134/66/7
而欲媿○以辭	134/66/7
薛公○地	134/66/8
今孟嘗君○地方百里	134/66/9
孟嘗君○好人也	134/66/10
而治可為管、商○師	134/66/11
萬乘○嚴主也	134/66/12
昭王笑而謝○	134/66/13
欲客○必諭寡人○志也	134/66/14
立千乘○義而不可陵	134/66/16
飲食、衣裘與○同○	135/66/21
今君○家富於二公	135/66/22
君○廄馬百乘	135/66/23

色與馬取於今○世	135/66/25
故曰君○好士未也	135/66/25
譚拾子迎○於境	136A/67/3
君滿意殺○乎	136A/67/4
事○必至者	136A/67/5
理○固然者	136A/67/6,136A/67/6
富貴則就○	136A/67/6
貧賤則去○	136A/67/6
此事○必至	136A/67/6
非朝愛市而夕憎○也	136A/67/7
孟嘗君乃取所怨五百牒削去○	136A/67/7
生王○頭	136B/67/17
曾不若死士○壟也	136B/67/17
大王據千乘○地	136B/67/20
今夫士○高者	136B/67/22
士○賤也	136B/67/23
斶聞古大禹○時	136B/67/25
德厚○道	136B/67/25
得貴士○力也	136B/67/25
及湯○時	136B/67/26
當今○世	136B/67/26
非得失○策與	136B/67/27
滅亡無族○時	136B/67/27
則凶從○	136B/67/29
形○君也	136B/68/4
何不吉○有哉	136B/68/5
是其賤○本與	136B/68/6
人○困賤下位也	136B/68/7
是以明乎士○貴也	136B/68/8
及今聞君子○言	136B/68/10
乃今聞細人○行	136B/68/10
安行而反臣○邑屋	136B/68/16
先生徐○	137/68/23
宣王因趨而迎○於門	137/68/23
寡人奉先君○宗廟	137/68/24
王聞○過	137/68/25
唯恐失抎○	137/68/28
當今○世無士	137/69/2
世無東郭俊、盧氏○狗	137/69/3
王○走狗已具矣	137/69/4
固願得士以治○	137/69/5
王○憂國愛民	137/69/5
為能○也	137/69/6
乃進而問○曰	138/69/16
北宮○女嬰兒子無恙耶	138/69/19
子何聞○	139/69/26

臣聞○鄰人○女	139/69/27
臣鄰人○女	139/69/27
且財者君○所輕	140/70/5
死者士○所重	140/70/5
蘇秦自燕○齊	141A/70/10
子○來也	141A/70/10
王○問臣也卒	141A/70/11
而患○所從生者微	141A/70/11
聽○	141A/70/11,328/166/18
不如聽○以卒秦	141A/70/12
秦稱○	141A/70/12,141A/70/13
天下聽○	141A/70/12
王亦稱○	141A/70/12
先後○事	141A/70/13
孰與伐宋○利也	141B/70/20
伐趙不如伐宋○利	141B/70/21
夫有宋則衛○陽城危	141B/70/22
有淮北則楚○東國危	141B/70/22
有濟西則趙○河東危	141B/70/22
故釋帝而貳○以伐宋○事	141B/70/23
此湯、武○舉也	141B/70/24
而後使天下憎○	141B/70/24
願王○熟慮○也	141B/70/25
萬物○率也	142/71/4
百事○長也	142/71/5
不得弦機○利	142/71/7
此亡國○形也	142/71/9
邯鄲○中騖	142/71/10
河、山○間亂	142/71/10
墮中牟○郭	142/71/11
譬○衛矢而魏弦機也	142/71/11
藉力魏而有河東○地	142/71/11
亦襲魏○河北燒棘溝	142/71/13
故剛平○殘也	142/71/13
中牟○墮也	142/71/13
黃城○墜也	142/71/14
棘溝○燒也	142/71/14
此皆非趙、魏○欲也	142/71/14
然二國勸行○者	142/71/14
衛明於時權○藉也	142/71/14
今世○為國者不然矣	142/71/15
事敗而好鞠○	142/71/15
順民○意	142/71/18
而料兵○能	142/71/18
齊○與韓、魏伐秦、楚也	142/71/19
且夫強大○禍	142/71/25
夫弱小○殃	142/71/25
大國○計	142/71/26
夫後起○籍與多而兵勁	142/71/26
事不塞天下○心	142/71/27
小國○情	142/71/28
身從諸侯○君	142/72/3
強大而喜先天下○禍也	142/72/4
外信諸侯○殃也	142/72/5
則強弱大小○禍	142/72/6
麒驥○衰也	142/72/8
駑馬先○	142/72/8,440/215/6
孟賁○倦也	142/72/8
女子勝○	142/72/8
後起○藉也	142/72/9
今天下○相與也不並滅	142/72/9
明於諸侯○故	142/72/10
察於地形○理者	142/72/11
昔者齊、燕戰於桓○曲	142/72/12
十萬○眾盡	142/72/13
夫胡○與齊非素親也	142/72/13
國○殘也	142/72/17
而都縣○費也	142/72/17
彼戰者○為殘也	142/72/18
令折轅而炊○	142/72/19
則是路君○道也	142/72/19
有市○邑莫不止事而奉王	142/72/20
則此虛中○計也	142/72/20
夫戰○明日	142/72/20
故民○所費也	142/72/22
十年○田而不償也	142/72/22
	142/72/24
軍○所出	142/72/22
亡矢○大半	142/72/23
甲兵○具	142/72/23
官○所私出也	142/72/23
士大夫○所匿	142/72/24
廝養士○所竊	142/72/24
攻城○費	142/72/25
此用兵○盛也	142/72/28
夫中山千乘○國也	142/73/2
而敵萬乘○國二	142/73/2
此用兵○上節也	142/73/3
不嗇於戰攻○患也	142/73/3
則戰攻○敗	142/73/4
今世○所謂善用兵者	142/73/6
一國得而保○	142/73/6
則非國○利也	142/73/6
則非王○樂也	142/73/8
便弓引弩而射○	142/73/8
則同心於貫○者	142/73/9
然則天下仇○必矣	142/73/10
素用強兵而弱○	142/73/11
故明君○攻戰也	142/73/12
彼明君○從事也	142/73/13
臣○所聞	142/73/16
攻戰○道非師者	142/73/16
雖有百萬○軍	142/73/16
比○堂上	142/73/16
雖有闔閭、吳起○將	142/73/16
禽○戶內	142/73/17
千丈○城	142/73/17
拔○尊俎○間	142/73/17
百尺○衝	142/73/17
折○衽席○上	142/73/17
故鍾鼓竽瑟○音不絕	142/73/17
和樂倡優侏儒○笑不○	142/73/18
則王○道也	142/73/20
銳兵來則拒○	142/73/21
患至則趨○	142/73/21
秦王恐○	142/73/23
大王○功大矣	142/73/26
今大王○所從十二諸侯	142/73/27
此固大王○所以鞭箠使也	142/73/27
而從天下○志	142/74/1
魏王說於衛鞅○言也	142/74/2
從七星○旟	142/74/2
此天子○位也	142/74/2
而魏王處○	142/74/3
覆其十萬○軍	142/74/3
然後天下乃舍○	142/74/4
秦王垂拱受西河○外	142/74/4
故曰衛鞅○始與秦王計也	142/74/5
言於尊俎○間	142/74/5
而西河○外入於秦矣	142/74/6
此臣○所謂比○堂上	142/74/6
拔城於尊俎○間	142/74/7
齊負郭○民有孤狐咺者	143/74/11
斮○檀衢	143/74/11
殺○東閭	143/74/12
殺○	143/74/12,197/100/4

使昌國君將而擊○	143/74/12
齊使向子將而應○	143/74/13
淖齒數○曰	143/74/16
夫千乘、博昌○間	143/74/16
嬴、博○間	143/74/17
求○則不得	143/74/18
去○則聞其聲	143/74/18
逃太史○家為溉園	143/74/22
善事○	143/74/22
田單以即墨○城	143/74/23
立○以為王	143/74/23
失王○處	144/74/28
與○誅淖齒	144/75/2
刺而殺○	144/75/2
人或讒○	145/75/8
田單攻○歲餘	145/75/8
約○矢以射城中	145/75/11
吾聞○	145/75/11
今公行一朝○忿	145/75/12
不顧燕王○無臣	145/75/12
願公○詳計而無與俗同也	145/75/14
齊無南面○心	145/75/15
以為亡南陽○害	145/75/15
不若得濟北○利	145/75/15
故定計而堅守○	145/75/15
橫秦○勢合	145/75/16
則楚國○形危	145/75/16
計必為○	145/75/17
齊無天下○規	145/75/17
與聊城共據朞年○弊	145/75/17
即臣見公○不能得也	145/75/18
齊必決○於聊城	145/75/18
栗腹以百萬○衆	145/75/19
萬乘○國	145/75/19,455/223/9
公聞○乎	145/75/19
今公又以弊聊○民	145/75/20
距全齊○兵	145/75/21
是墨翟○守也	145/75/21
士無反北○心	145/75/21
是孫臏、吳起○兵也	145/75/21
然而管子并三行○過	145/76/3
據齊國○政	145/76/4
使曹子○足不離陳	145/76/5
故去三北○恥	145/76/7
曹子以一劍○任	145/76/7
劫桓公於壇位○上	145/76/8
三戰○所喪	145/76/8
一朝而反○	145/76/8
故去忿恚○心	145/76/10
而成終身○名	145/76/10
除感忿○恥	145/76/10
而立累世○功	145/76/10
公其圖○	145/76/11
故解齊國○圍	145/76/13
救百姓○死	145/76/13
仲連○說也	145/76/13
田單守即墨○城	146/76/18
田單○立疑	146/76/19
齊國○衆	146/76/19
田單相○	146/76/19
單解裘而衣○	146/76/23
	146/76/26
襄王惡○	146/76/23
田單○施	146/76/23
恐後○	146/76/24
襄王呼而問○曰	146/76/24
王嘉單○善	146/76/25
寡人憂民○飢也	146/76/26
單收而食○	146/76/26
寡人憂民○寒也	146/76/26
而單亦憂○	146/76/27
稱寡人○意	146/76/27
單有是善而王嘉○	146/76/27
善單○善	146/76/27
亦王○善已	146/76/27
宜召田單而揖○於庭	146/77/1
口勞○	146/77/1
乃布令求百姓○饑寒者	146/77/1
收穀○	146/77/2
聞丈夫○相□與語	146/77/2
田單○愛人	146/77/3
乃王○教澤也	146/77/3
安平君聞○	147/77/7
跖○狗吠堯	147/77/8
徐子○狗	147/77/9
猶時攫公孫子○腓而噬○也	147/77/10
豈特攫其腓而噬○耳哉	147/77/10
任○於王	147/77/11
王有所幸臣九人○屬	147/77/13
燕○伐齊○時	147/77/13
九人○屬曰	147/77/15
楚王受而觴○	147/77/15
九人○屬相與語於王曰	147/77/15
且安平君○與王也	147/77/16
外懷戎翟、天下○賢士	147/77/18
陰結諸侯○雄俊豪英	147/77/18
願王○察○	147/77/18
子為子○臣禮	147/77/20
吾為吾○王禮而已矣	147/77/20
王惡得此亡國○言乎	147/77/23
且自天地○闢	147/77/26
民人○治	147/77/26
為人臣○功者	147/77/26
惡得此亡國○言乎	147/77/27
且王不能守先王○社稷	147/77/27
王走而○城陽○山中	147/77/28
安平君以惴惴○即墨	147/77/28
三里○城	147/77/28
五里○郭	147/77/28
而反千里○齊	147/77/29
安平君○功也	147/77/29
城陽、天下莫○能止	147/77/29
然而計○於道	147/78/1
歸○於義	147/78/1
且嬰兒○計不為此	147/78/2
臣以五里○城	148/78/8
七里○郭	148/78/9
破萬乘○燕	148/78/9
三月而不克○也	148/78/10
將軍○在即墨	148/78/13
將軍有死○心	148/78/15
而士卒無生○氣	148/78/15
當今將軍東有夜邑○奉	148/78/16
西有菑上○虞	148/78/16
而馳乎淄、澠○間	148/78/16
有生○樂	148/78/16
無死○心	148/78/16
先生志○矣	148/78/17
立於矢石○所	148/78/18
乃援枹鼓○	148/78/18
濮上○事	149A/78/22
雖復責○宋	149A/78/23
因以為辭而攻○	149A/78/23
齊閔王○遇殺	149B/78/28
奇法章○狀貌	149B/78/28
憐而常竊衣食○	149B/79/1
欲立○	149B/79/1
不以不覩○故	149B/79/3
失人子○禮也	149B/79/4

君王后引椎椎破○ 149B/79/9
群臣○可用者某 149B/79/11
請書○ 149B/79/11
不脩攻戰○備 149B/79/14
即墨大夫與雍門司馬諫而聽○ 150/79/22
而在阿、鄄○間者百數 150/79/23
王收而與○百萬○眾 150/79/23
使收三晉○故地 150/79/24
即臨晉○關可以入矣 150/79/24
王收而與○百萬○師 150/79/25
夫舍南面○稱制 150/79/26
秦使陳馳誘齊王內○ 150/79/28
約與五百里○地 150/79/28
處○共松柏○間 150/79/28
先是齊為○歌曰 150/79/29
齊以淖君○亂秦 151/80/3
故使蘇涓○楚 151/80/3
令任固○齊 151/80/3
不若其欲齊○甚也 151/80/4
以示齊○有楚 151/80/4
是王○聽涓也 151/80/5
非楚○利也 151/80/5
且夫涓來○辭 151/80/5
必非固○所以○齊○辭也 151/80/6
王不如令人以涓來○辭謾固於齊 151/80/6
淮、泗○間亦可得也 151/80/8
宋許○ 152/80/12
將法齊○急也 152/80/13
而令兩萬乘○國 152/80/14
我厚賂○以利 153/80/21
我悉兵以臨○ 153/80/21
五國○事必可敗也 153/80/21
約絕○後 153/80/22
乃命大公事○韓 153/80/24
夫牛闌○事 153/80/24
馬陵○難 153/80/24
親王○所見也 153/80/24
請悉楚國○眾也 153/80/25
齊○反趙、魏○後 153/80/27
則五國○事困也 153/80/27
吾聞北方○畏昭奚恤也 154/81/3
虎求百獸而食○ 154/81/4
觀百獸○見我而敢不走乎 154/81/5
故遂與○行 154/81/6
獸見○皆走 154/81/6
今王○地方五千里 154/81/6
而專屬○昭奚恤 154/81/7
故北方○畏奚恤也 154/81/7
其實畏王○甲兵也 154/81/7
猶百獸○畏虎也 154/81/7
二人○言皆善也 155/81/12
夫魏○攻趙也 156/81/20
恐楚○攻其後 156/81/20
而有楚○不救己也 156/81/22
魏怒於趙○勁 156/81/23
而見楚救○不足畏也 156/81/23
楚取睢、濊○間 156/81/26
江尹因得山陽君與○共惡昭奚恤 157A/82/1
而魏入吾君臣○間 157B/82/6
夫泄吾君臣○交 157B/82/7
而天下信○ 157B/82/7
夫苟不難為○外 157B/82/7
豈忘為○內乎 157B/82/8
臣○得罪無日矣 157B/82/8
寡人知○ 157B/82/8
人有以其狗為有執而愛○ 158/82/12
其鄰人見狗○溺井也 158/82/12
欲入言○ 158/82/13
狗惡○ 158/82/13
當門而噬○ 158/82/13
鄰人憚○ 158/82/13
昭奚恤取魏○寶器 158/82/14
以居魏知○ 158/82/14
故昭奚恤常惡臣○見王 158/82/14
王亦知○乎 159/82/18
392/189/28
且人有好揚人○善者 159/82/19
近○ 159/82/19
有人好揚人○惡者 159/82/20
遠○ 159/82/20
以王好聞人○美而惡聞人○惡也 159/82/21
寡人願兩聞○ 159/82/22
君無咫尺○地 160/82/26
骨肉○親 160/82/26
一國○眾 160/82/26
今君擅楚國○勢 160/83/1
君不用臣○計 160/83/5
不敢忘先生○言 160/83/6
野火○起也若雲蜺 160/83/8
兕虎嗥○聲若雷霆 160/83/8
今日○游也 160/83/10
寡人萬歲千秋○後 160/83/10
大王萬歲千秋○後 160/83/11
又何如得此樂而樂○ 160/83/12
君子聞○曰 160/83/14
聞楚○俗 161/83/18
不蔽人○善 161/83/18
不言人○惡 161/83/18
誠有○乎 161/83/18,415/198/21
誠有○ 161/83/19
然則白公○亂 161/83/19
臣等○罪免矣 161/83/19
客因為○謂昭奚恤曰 162/83/25
郢人某氏○宅 162/83/26
臣願○ 162/83/26
昭奚恤已而悔○ 162/83/28
楚○耎國 163/84/5
楚○強敵也 163/84/5
鄭、魏○弱 163/84/5
而楚以上梁應○ 163/84/5
宜陽○大也 163/84/6
楚以弱新城圍○ 163/84/6
秦人一夜而襲○ 163/84/6
163/84/7
今邊邑○所恃者 163/84/7
邊邑甚利○ 163/84/8
乃為具駟馬乘車五百金○楚 163/84/10
城渾得○ 163/84/10
將罪○ 164/84/16,375/183/4
臣矯予○ 164/84/16
以與公叔爭國而得○ 164/84/16
又何新城、陽人○敢求 164/84/17
王且予○五大夫 165/84/22
王不如以十乘行○ 165/84/25
予○五大夫 165/84/25
乃以十乘行○ 165/84/25
臣不足以知○ 166/85/3
上蔡○監門也 166/85/4
甘茂事○順焉 166/85/5
故惠王○明 166/85/5
武王○察 166/85/6
張儀○好譖 166/85/6
甘茂事○ 166/85/6

秦○有賢相也 166/85/6
非楚國○利也 166/85/7
昧○難 166/85/7
計王○功所以能如此者 166/85/8
今王以用○於越矣 166/85/8
而忘○於秦 166/85/8
夫公孫郝○於秦王 166/85/9
少與○同衣 166/85/10
長與○同車 166/85/10
真大王○相已 166/85/10
王相○ 166/85/10
楚國○大利也 166/85/10
天下○強國也 167/85/15
272/143/3
天下○賢王也 167/85/15
北有汾陘○塞、郇陽 167/85/16
此霸王○資也 167/85/17
夫以楚○強與大王○賢 167/85/17
則諸侯莫不南面而朝於章臺○下矣 167/85/18
秦○所害於天下莫如楚 167/85/18
臣聞治○其未亂 167/85/21
為○其未有也 167/85/21
患至而後憂○ 167/85/21
故願大王○早計○ 167/85/21
臣請令山東○國 167/85/24
奉四時○獻 167/85/24
以承大王○明制 167/85/24
在大王○所用○ 167/85/25
大王誠能聽臣○愚計 167/85/25
則韓、魏、齊、燕、趙、衛○妙音美人 167/85/25
今釋霸王○業 167/85/27
而有事人○名 167/85/27
有呑天下○心 167/86/1
天下○仇讎也 167/86/1
橫人皆欲割諸侯○地以事秦 167/86/1
夫為人臣而割其主○地 167/86/2
以外交強虎狼○秦 167/86/2
夫外挾強秦○威 167/86/3
有億兆○數 167/86/4
在大王命○ 167/86/5
寡人○國 167/86/7
秦有舉巴蜀、并漢中○心 167/86/7
虎狼○國 167/86/7
虎賁○士百餘萬 168/86/16
席卷常山○險 168/86/17
折天下○脊 168/86/17
夫虎○與羊 168/86/18
竊以為大王○計過矣 168/86/19
韓○上地不通 168/86/22
秦攻楚○西 168/86/23
此危亡○術也 168/86/26
高主○節行 168/86/27
是故願大王○熟計○也 168/86/27
347/173/5,413/197/13
與三月○糧 168/87/1
不費馬汗○勞 168/87/1
黔中、巫郡非王○有已 168/87/2
秦舉甲出○武關 168/87/3
秦兵○攻楚也 168/87/3
危難在三月○內 168/87/3
而楚恃諸侯○救 168/87/3
在半歲○外 168/87/4
夫恃弱國○救 168/87/4
而忘強秦○禍 168/87/4
此臣○所以為大王○患也 168/87/4
且大王嘗與吳人五戰三勝而亡○ 168/87/5
夫守易危○功 168/87/6
而逆強秦○心 168/87/6
臣竊為大王危○ 168/87/6
且夫秦○所以不出甲於函谷關十五年以攻諸侯者 168/87/9
陰謀有呑天下○心也 168/87/9
是故願大王熟計○也 168/87/12
必開扃天下○匈 168/87/14
盡王○有已 168/87/15
齊王因受而相○ 168/87/18
夫以一詐偽反覆○蘇秦 168/87/18
今秦○與楚也 168/87/21
固形親○國也 168/87/21
請以秦女為大王箕帚○妾 168/87/22
效萬家○都 168/87/22
以為湯沐○邑 168/87/22
長為昆弟○國 168/87/22
使使臣獻書大王○從車下風 168/87/23
託東海○上 168/87/26
不習國家○長計 168/87/26
獻鷄駭○犀、夜光○璧於秦王 168/87/27
楚王說○ 169/88/5,190/97/3
萬乘○強國也 169/88/8
天下○賢主也 169/88/8
272/143/4
今儀曰逐君與陳軫而王聽○ 169/88/9
而儀重於韓、魏○王也 169/88/9
且儀○所行 169/88/10
習於三晉○事 169/88/11
故逐○ 169/88/11
今君能用楚○衆 169/88/11
故亦逐○ 169/88/12
此所謂內攻○者也 169/88/12
儀聞○ 169/88/13
是昭雎○言不信也 169/88/13
王必薄○ 169/88/14
自從先君文王以至不穀○身 170/88/18
如華不足知○矣 170/88/19
無所聞○ 170/88/19
緇帛○衣以朝 170/88/25
無一月○積 170/88/26
定白公○禍 170/89/1
寧楚國○事 170/89/1
恢先君以揜方城○外 170/89/1
當此○時也 170/89/2,429/208/17
兩御○間夫卒交 170/89/5
莫敖大心撫其御○手 170/89/5
楚國亡○月至矣 170/89/6
七日而薄秦王○朝 170/89/12
秦王聞而走○ 170/89/13
秦王身問○ 170/89/14
萬乘○君 170/89/16
今此○謂也 170/89/16
屬○子滿與子虎 170/89/17
與吳人戰於濁水而大敗○ 170/89/17
蒙穀給鬬於宮唐○上 170/89/20
負雞次○典以浮於江 170/89/21
逃於雲夢○中 170/89/22
此蒙穀○功 170/89/23
封○執圭 170/89/23
社稷○臣 170/89/24
遂自棄於磨山○中 170/89/24

此古○人也 170/89/27
今○人 170/89/27
焉能有○耶 170/89/27
食○可欲 170/89/29
死○可惡 170/90/1
章聞○ 170/90/1
皆可得而致○ 170/90/2
魏○幾相者 171/90/6
魏、秦○交必善 171/90/6
秦、魏○交完 171/90/7
今為其行人請魏○相 171/90/8
齊、魏○交惡 171/90/8
貿首○讎也 171/90/9
而魏、秦○交必惡 171/90/9
王欲昭睢○乘秦也 173A/90/20
必分公○兵以益○ 173A/90/21
秦知公兵○分也 173A/90/21
則公○兵全矣 173A/90/22
三國惡楚○強也 173B/90/27
恐秦○變而聽楚也 173B/90/27
不如益昭睢○兵 173B/90/28
令○示秦必戰 173B/90/29
秦、楚○合 173B/90/30
將欲殺○ 174/91/3
天下見楚○無秦也 174/91/3
又謂王○幸夫人鄭袖曰 174/91/4
秦王○忠信有功臣也 174/91/5
今楚拘○ 174/91/5
秦王欲出○ 174/91/5
以懽從○ 174/91/6
資○金玉寶器 174/91/6
欲因張儀內○楚王 174/91/7
必厚尊敬親愛○而忘子 174/91/8
願委○於公 174/91/8
子內擅楚○貴 174/91/10
外結秦○交 174/91/10
子○子孫必為楚太子矣 174/91/10
此非布衣○利也 174/91/11
臣請隨○ 175/91/15
臣請殺○ 175/91/15
靳尚○仇也 175/91/18
以張儀○知 175/91/18
而有秦、楚○用 175/91/18
君不如使人微要靳尚而
　刺○ 175/91/18
張旄果令人要靳尚刺○ 175/91/22
秦王留○ 176/91/27
不與天下共攻○ 176/91/28
王不如與○盟而歸○ 176/91/28
王因與三國攻○ 176/91/29
楚襄王為太子○時 177/92/3
齊王隘○ 177/92/3
獻○地 177/92/5
獻○便 177/92/5
寡人○得求反 177/92/11
許強萬乘○齊而不與 177/92/13
請與而復攻○ 177/92/13
與○信 177/92/13
攻○武 177/92/13
臣故曰與○ 177/92/14
是去戰國○半也 177/92/17
有萬乘○號而無千乘○
　用也 177/92/17
常請守○ 177/92/18, 177/92/25
許萬乘○強齊也而不與 177/92/21
與而復攻○ 177/92/24
寡人誰用於三子○計 177/92/26
王皆用○ 177/92/26
發子良○明日 177/92/28
遣昭常○明日 177/92/28
遣子良○明日 177/92/30
今常守○何如 177/93/2
臣身受命弊邑○王 177/93/3
王攻○ 177/93/3
又欲奪○東地五百里 177/93/4
蘇子知太子○怨己也 178/93/11
仁人○於民也 179/93/16
愛○以心 179/93/16, 179/93/16
事○以善言 179/93/16
孝子○於親也 179/93/16
事○以財 179/93/17
忠臣○於君也 179/93/17
必進賢人以輔○ 179/93/17
今王○大臣父兄 179/93/17
大臣播王○過於百姓 179/93/18
多賂諸侯以王○地 179/93/18
是故退王○所愛 179/93/19
臣願無聽群臣○相惡也 179/93/19
用民○所善 179/93/19
節身○嗜欲 179/93/20
垂沙○事 179/93/20
故明主○察其臣也 179/93/21
賢○事其主也 179/93/22
夫進賢○難者 179/93/22
故人難○ 179/93/23
蘇秦○楚 180/93/27
楚國○食貴於玉 180/93/28
且使萬乘○國免其相 181/94/5
是城下○事也 181/94/5
張儀○楚 182/94/9
子必以衣冠○敝 182/94/9
彼鄭、周○女 182/94/14
非知而見○者 182/94/15
僻陋○國也 182/94/15
未嘗見中國○女如此其
　美也 182/94/15
寡人○獨何為不好色也 182/94/16
乃資○以珠玉 182/94/16
南后、鄭褎聞○大恐 182/94/18
妾聞將軍○晉國 182/94/18
進○左右 182/94/18
願王賜○觴 182/94/21
乃觴○ 182/94/22
願王召所便習而觴○ 182/94/22
乃召南后、鄭褎而觴○ 182/94/23
子釋○ 182/94/25, 203/104/28
楚王令昭睢○秦重張儀 183/94/29
橫親○不合也 183/94/30
韓、魏○重儀 183/95/2
儀有秦而睢以楚重○ 183/95/2
惠子○楚 184/95/8
楚王受○ 184/95/8
而惡王○交於張儀 184/95/11
且宋王○賢惠子也 184/95/11
今○不善張儀也 184/95/12
今為事○故 184/95/12
王不如舉惠子而納○於
　宋 184/95/13
而王奉○ 184/95/14
此不失為儀○實 184/95/14
乃奉惠子而納○宋 184/95/15
使惠施○楚 185/95/19
楚將入○秦而使行和 185/95/19
而公入○秦 185/95/21
是明楚○伐而信魏○和
　也 185/95/21
折兵○半 185/95/26
子何以救○ 185/95/27
陳軫告楚○魏 186/96/3
張儀惡○於魏王曰 186/96/3
魏王甚信○ 186/96/4

公雖百說○ 186/96/4,277/145/29
公不如以儀○言為資 186/96/4
因使人以儀○言聞於楚 186/96/5
欲復○ 186/96/5
吾欲先據○以加德焉 187/96/10
舍○ 187/96/10,187/96/12
以韓侈○知 187/96/10
今山澤○獸 187/96/11
偽舉罔而進○ 187/96/12
韓侈○知 187/96/13
楚王聽○ 187/96/13
陳軫先知○也 187/96/13
竊慕大君○義 188/96/18
而善君○業 188/96/18
今君相萬乘○楚 188/96/19
禦中國○難 188/96/19
夫梟棊○所以能為者 188/96/20
以散棊佐○也 188/96/20
夫一梟○不如不勝五散 188/96/20
臣願大王聽○也 189/96/25
勇者義○ 189/96/26
知者官○ 189/96/26
夫報報○反 189/96/26
墨墨○化 189/96/26
唯大君能○ 189/96/26
夫秦捐德絕命○日久矣 189/96/28
夫人鄭褎知王○說新人也 190/97/3
擇其所喜而為○ 190/97/3
擇其所善而為○ 190/97/4
愛○甚於王 190/97/4
今鄭褎知寡人○說新人也 190/97/5
其愛○甚於寡人 190/97/5
此孝子○所以事親 190/97/5
忠臣○所以事君也 190/97/6
惡子○鼻 190/97/8
雖惡必言○ 190/97/10
其似惡聞君王○臭也 190/97/10
令劓○ 190/97/11
令其一善而獻○王 191/97/16
因請立○ 191/97/16
淹留以觀○ 192/97/24
○趙 192/97/24
秦果舉鄢、郢、巫、上蔡、陳○地 192/97/24
寡人不能用先生○言 192/97/25
飛翔乎天地○間 192/98/1
俛啄蚊虻而食○ 192/98/1
仰承甘露而飲○ 192/98/1
加己乎四仞○上 192/98/2
將加己乎十仞○上 192/98/4
倏忽○間 192/98/5
墜於公子○手 192/98/5
將加己乎百仞○上 192/98/9
蔡聖侯○事因是以 192/98/12
食湘波○魚 192/98/13
與○馳騁乎高蔡○中 192/98/13
繫己以朱絲而見○也 192/98/14
蔡聖侯○事其小者也 192/98/16
君王○事因是以 192/98/16
飯封祿○粟 192/98/17
而戴方府○金 192/98/17
與○馳騁乎雲夢○中 192/98/17
填黽塞○內 192/98/18
而投己乎黽塞○外 192/98/18
襄王聞○ 192/98/20
於是乃以執珪而授○為陽陵君 192/98/20
與淮北○地也 192/98/20
明○來也 193/98/25
皆受明○說也 193/98/26
卓滑因重○ 193/98/26
公不聞老萊子○教孔子事君乎 194/99/3
示○其齒○堅也 194/99/3
見君○乘 194/99/4
下○ 194/99/5
起○ 194/99/5
長沙○難 195/99/9
因與韓、魏○兵 195/99/9
秦恐齊○敗東國 195/99/10
秦王聞○懼 195/99/11
有獻不死○藥於荊王者 196/99/16
中射○士問曰 196/99/16
因奪而食○ 196/99/17
使人殺中射○士 196/99/17
中射○士使人說王曰 196/99/17
臣故食○ 196/99/18
且客獻不死○藥 196/99/18
臣食○而王殺臣 196/99/18
王殺無罪○臣 196/99/19
而明人○欺王 196/99/19
君籍○以百里勢 197/99/24
孫子去○趙 197/99/25
夫賢者○所在 197/99/28
君何辭○ 197/99/28
此不恭○語也 197/100/1
此為劫弒死亡○主言也 197/100/1
《春秋》戒○曰 197/100/3
齊崔杼○妻美 197/100/4
莊公通○ 197/100/4
遂殺○ 197/100/6
百日而殺○ 197/100/6
擢閔王○筋 197/100/7
夫劫弒死亡○主也 197/100/8
心○憂勞 197/100/8
形○困苦 197/100/8
嫫母求○ 197/100/10
又甚喜○兮 197/100/10
臣少○時好射 198/100/17
臣願以射譬○ 198/100/17
更羸與魏王處京臺○下 198/100/18
更羸以虛發而下○ 198/100/19
先生何以知○ 198/100/20
不可為拒秦○將也 198/100/22
春申君大說○ 199/100/27
不審君○聖 199/100/28
臣請為君終言○ 199/101/2
君○賢實不如堯 199/101/2
臣○能不及舜 199/101/3
夫驥○齒至矣 199/101/6
伯樂遭○ 199/101/7
下車攀而哭○ 199/101/7
解紵衣以冪○ 199/101/8
彼見伯樂○知己也 199/101/8
今僕○不肖 199/101/9
沈洿鄙俗○日久矣 199/101/9
春申君患○ 200/101/14
求婦人宜子者進○ 200/101/14
欲進○楚王 200/101/16
楚王○貴幸君 200/101/22
奈何以保相印、江東○封乎 200/101/24
妾○幸君未久 200/101/25
誠以君○重而進妾於楚王 200/101/25
則是君○子為王也 200/101/26
孰與其臨不測○罪乎 200/101/26
春申君大然○ 200/101/27

而言○楚王 200/101/27
幸○ 200/101/27
而國人頗有知○者 200/102/2
世有無妄○福 200/102/4
又有無妄○禍 200/102/4
今君處無妄○世 200/102/5
以事無妄○主 200/102/5
安不有無妄○人乎 200/102/5
何謂無妄○福 200/102/5
此所謂無妄○福也 200/102/8
何謂無妄○禍 200/102/8
王○舅也 200/102/9
而陰養死士○日久矣 200/102/9
此所謂無妄○禍也 200/102/10
何謂無妄○人 200/102/11
臣請為君劃其胸殺○ 200/102/11
此所謂無妄○人也 200/102/12
先生置○ 200/102/12
僕又善○ 200/102/13
止於棘門○內 200/102/15
投○棘門外 200/102/16
於是使吏盡滅春申君○家 200/102/16
而入○王所生子者 200/102/17
臣聞○《春秋》 201/102/23
今楚王○春秋高矣 201/102/23
而君○封地 201/102/24
而後不免殺○ 201/102/24
而後王奪○ 201/102/25
今燕○罪大而趙怒深 201/102/26
此百代○一時也 201/102/27
210/109/9, 248/132/23
而使所以信○ 201/102/30
夫千鈞非馬○任也 201/103/3
則豈楚○任也我 201/103/3
非楚○任而楚為○ 201/103/4
圍晉陽而水○ 202/103/8
韓、魏○君必反矣 202/103/9
以其人事知○ 202/103/9
夫從韓、魏○兵而攻趙 202/103/9
而韓、魏○君無憙志而有憂色 202/103/11
知伯以告韓、魏○君曰 202/103/14
郄疵言君○且反也 202/103/14
韓、魏○君曰 202/103/14
背信盟○約 202/103/15
而為危難不可成○事 202/103/15
使君疑二主○心 202/103/16
今君聽讒臣○言 202/103/16
而離二主○交 202/103/17
為君惜○ 202/103/17
君又何以疵言告韓、魏○君為 202/103/17
子安知○ 202/103/18
韓、魏○君視疵端而趨疾 202/103/18
郄疵知其言○不聽 202/103/20
知伯遣○ 202/103/20
韓、魏○君果反矣 202/103/20
滅○ 203/103/24
夫知伯○為人也 203/103/25
君其與○ 203/103/25
與○彼狃 203/103/26
必鄉○以兵 203/103/26
而待事○變 203/103/27
使使者致萬家○邑一於知伯 203/103/27
韓與○ 203/103/28
不如與○ 203/103/29
446A/219/23
因使人致萬家○邑一於知伯 203/103/29
又使人○趙 203/104/1
請蔡、皋狼○地 203/104/1
趙襄子召張孟談而告○曰 203/104/4
夫知伯○為人 203/104/4
簡主○才臣也 203/104/5
而尹澤循○ 203/104/6
乃使延陵王將車騎先○晉陽 203/104/6
君因從○ 203/104/7
吾城郭○完 203/104/8
臣聞董子○治晉陽也 203/104/8
203/104/10
公宮○垣 203/104/9
皆以狄蒿苫楚廧○ 203/104/9
君發而用○ 203/104/9
於是發而試○ 203/104/9
其堅則箘簬○勁不能過也 203/104/9
公宮○室 203/104/11
請發而用○ 203/104/11
三國○兵乘晉陽城 203/104/14
因舒軍而圍○ 203/104/14
決晉水而灌○ 203/104/14
臣請見韓、魏○君 203/104/17
張孟談於是陰見韓、魏○君曰 203/104/20
今知伯帥二國○君伐趙
203/104/20
亡則二君為○次矣 203/104/21
謀出二君○口 203/104/22
入臣○耳 203/104/22
人莫○知也 203/104/22
與○期曰 203/104/23
襄子再拜○ 203/104/24
遇知過轅門○外 203/104/26
臣遇張孟談於轅門○外
203/104/27
寡人所親○ 203/104/28
不如令殺○ 203/104/29
旦暮當拔○而饗其利 203/105/1
不殺則遂親○ 203/105/2
親○奈何 203/105/2
魏宣子○謀臣曰趙葭 203/105/2
康子○謀臣曰段規 203/105/3
是皆能移其君○計 203/105/3
破趙則封二子者各萬家○縣一 203/105/3
如是則二主○心可不變 203/105/4
又封二子者各萬家○縣一 203/105/5
知過見君○不用也 203/105/5
言○不聽 203/105/5
張孟談聞○ 203/105/8
臣遇知過於轅門○外 203/105/8
其視有疑臣○心 203/105/8
必後○矣 203/105/9
使張孟談見韓、魏○君曰 203/105/9
夜期殺守堤○吏 203/105/10
韓、魏翼而擊○ 203/105/10
乃稱簡○塗以告襄子曰
204A/105/18
前國地君○御有○曰 204A/105/18
五百○所以致天下者 204A/105/19
今臣○名顯而身尊 204A/105/20
此先聖○所以集國家 204A/105/22
君○所言 204A/105/23

成功○美也 204A/105/23
臣○所謂 204A/105/23
持國○道也 204A/105/23
天下○美同 204A/105/23
臣主○權均○能美 204A/105/24
前事○不忘 204A/105/24
後事○師 204A/105/24
襄子去○ 204A/105/25
使人謂○曰 204A/105/25
晉陽○政 204A/105/25
君其行○ 204A/105/27
乃許○ 204A/105/27
而耕於負親○丘 204A/105/28
賢人○行 204A/105/28
明主○政也 204A/105/28
襄子往見張孟談而告○曰 204A/105/30
昔者知氏○地 204A/105/30
君其負劍而御臣以○國 204A/106/1
臣試計○ 204A/106/2
其妻○楚 204A/106/2
長子○韓 204A/106/3
次子○魏 204A/106/3
少子○齊 204A/106/3
晉畢陽○孫豫讓 204B/106/7
知伯寵○ 204B/106/7
吾其報知氏○讎矣 204B/106/9
左右欲殺○ 204B/106/10
吾謹避○耳 204B/106/11
此天下○賢人也 204B/106/11
卒釋○ 204B/106/12
其音何類吾夫○甚也 204B/106/13
其友謂○曰 204B/106/13
子○道甚難而無功 204B/106/14
以子○才 204B/106/14
子○得近而行所欲 204B/106/15
豫讓乃笑而應○曰 204B/106/15
大亂君臣○義者無此矣 204B/106/16
以明君臣○義 204B/106/16
而求弒○ 204B/106/17
居頃○ 204B/106/20,456/224/6
使人問○ 204B/106/21
子獨何為報讎○深也 204B/106/22
臣故眾人報○ 204B/106/23
臣故國士報○ 204B/106/23
豫子○為知伯 204B/106/24
使兵環○ 204B/106/25
臣聞明主不掩人○義 204B/106/25
天下莫不稱君○賢 204B/106/26
今日○事 204B/106/26
然願請君○衣而擊○ 204B/106/27
於是襄子義○ 204B/106/27
呼天擊○曰 204B/106/28
死○日 204B/106/29
趙國○士聞○ 204B/106/29
君不如許○ 205/107/5
許○大勸 205/107/5
彼將知矣利○也 205/107/5
君不如借○道 205/107/5
而示○不得已 205/107/5
燕、趙救○ 206/107/10
三國○力 206/107/11
荊敢言○主 207/107/15
何故為室○鉅也 207/107/15
今擊○鉅宮 207/107/17
口道天下○事 208/107/23
先生以鬼○言見我則可 208/107/23
若以人○事 208/107/23
兌盡知○矣 208/107/23
臣固以鬼○言見君 208/107/24
非以人○言也 208/107/24
李兌見○ 208/107/24
今日臣○來也暮 208/107/24
今汝非木○根 208/107/26
則木○枝耳 208/107/27
今君殺主父而族○ 208/107/28
君○立於天下 208/107/28
君能聽蘇公○計乎 208/108/1
先生○計大而規高 208/108/4
李兌送蘇秦明月○珠 208/108/5
和氏○璧 208/108/6
黑貂○裘 208/108/6
臣聞古○賢君 209/108/10
眾人喜○ 209/108/12
而賢主惡○ 209/108/12
臣竊外聞大臣及下吏○議 209/108/13
臣竊以事觀○ 209/108/14
欲亡韓吞兩周○地 209/108/14
欲鄰國聞而觀○也 209/108/15
恐天下○驚覺 209/108/15
故微韓以貳○ 209/108/15
臣竊觀其圖○也 209/108/16
且夫說士○計 209/108/19
今燕盡韓○河南 209/108/20
而至鉅鹿○界三百里 209/108/21
秦盡韓、魏○上黨 209/108/21
秦以三軍強弩坐羊唐○上 209/108/22
且秦以三軍攻王○上黨而危其北 209/108/22
則句注○西 209/108/23
非王○有也 209/108/23
三百里通於燕○唐、曲吾 209/108/23
而崑山○玉不出也 209/108/24
又非王○有也 209/108/24
今從於彊秦國○伐齊 209/108/25
五國○王 209/108/25
著○盤盂 209/108/26
屬○讎柞 209/108/26
五國○兵有日矣 209/108/26
此王○明知也 209/108/27
臣恐其後事王者○不敢自必也 209/108/28
然則韓義王以天下就○ 209/109/1
下至韓慕王以天下收○ 209/109/1
是一世○命 209/109/2
先事成慮而熟圖○也 209/109/3
君○春秋高矣 210/109/7
秦○貪 210/109/8
中山○地薄 210/109/8, 248/132/22
昔歲殽下○事 211/109/13
韓○在我 211/109/15
心腹○疾 211/109/15
吾將伐○ 211/109/15
請效上黨○地以為和 211/109/19
令韓陽告上黨○守靳䵍曰 211/109/19
使陽言○太守 211/109/20
太守其效○ 211/109/20
挈瓶○知 211/109/21
則死○ 211/109/22
是欺○也 211/109/23
今有城市○邑七十 211/109/26
願拜內○於王 211/109/26
唯王才○ 211/109/26

召平原君而告○曰 211/109/26
臣聞聖人甚禍無故○利 211/109/28
秦蠶食韓氏○地 211/110/1
且夫韓○所以內趙者 211/110/1
雖強大不能得○於小弱 211/110/2
而小弱顧能得○強大乎 211/110/2
今王取○ 211/110/3
其死士皆列○於上地 211/110/3
王自圖○ 211/110/4
夫用百萬○衆 211/110/4
王召趙勝、趙禹而告○曰 211/110/7
有城市○邑七十 211/110/7
敝邑○王 211/110/11
請以三萬戶○都封太守 211/110/11
主內○秦 211/110/13
賣主○地而食○ 211/110/14
今發兵已取○矣 211/110/15
又北○趙 213/110/28
以趙○弱而據○建信君 214/111/3
涉孟○讎然者何也 214/111/3
建信君知從○無功 214/111/4
奚擇有功○無功為知哉 214/111/6
三晉倍○憂也 215/111/11
文信侯○憂大矣 215/111/11
三晉○心疑矣 215/111/11
秦、魏○構 215/111/12
而遣○曰 216/111/17
借車者馳○ 216/111/17
借衣者被○哉 216/111/18
夫馳親友○車 216/111/19
被兄弟○衣 216/111/19
而封○以武城 216/111/20
願大夫○往也 216/111/20
謹使可全而歸○ 216/111/21
此天下○所明也 217/111/25
秦○有燕而伐趙 217/111/25
此天下○所明見也 217/111/26
是何楚○知 217/111/27
山東○愚也 217/111/27
是臣所為山東○憂也 217/111/27
禽不知虎○即己也 217/111/28
故使禽知虎○即己 217/111/28
今山東○主不知秦○即己也 217/111/29
願王熟慮○也 217/111/30, 389/188/15
秦○欲伐韓、梁 217/112/1
惟寐亡○ 217/112/1
惡三晉○大合也 217/112/1
今攻楚休而復○ 217/112/2
必與楚為兄弟○國 217/112/3
反楚○故地 217/112/3
楚王美秦○語 217/112/3
怒韓、梁○不救己 217/112/3
有謀故殺使○趙 217/112/4
今王美秦○言 217/112/4
以秦○強 217/112/6,258B/137/17
有楚、韓○用 217/112/7
以強秦○有韓、梁、楚 217/112/8
與燕○怒 217/112/8
國○舉此 217/112/8
臣○所為來 217/112/8
及楚王○未入也 217/112/11
秦見三晉○大合而堅也 217/112/12
願王○熟計○也急 217/112/13
趙王因起兵南戍韓、梁○西邊 217/112/16
秦見三晉○堅也 217/112/16, 432/211/6
蘇秦從燕○趙 218/112/21
天下○卿相人臣 218/112/21
乃至布衣○士 218/112/21
莫不高賢大王○行義 218/112/21
皆願奉教陳忠於前○日久矣 218/112/22
是以外賓客遊談○士 218/112/22
安民○本 218/112/24
故夫謀人○主 218/112/26
伐人○國 218/112/26
常苦出辭斷絕人○交 218/112/27
燕必致氈裘狗馬○地 218/113/1
齊必致海隅魚鹽○地 218/113/2
楚必致橘柚雲夢○地 218/113/2
韓、魏皆可使致封地湯沐○邑 218/113/2
五伯○所以覆軍禽將而求也 218/113/3
湯、武○所以放殺而爭也 218/113/3
今大王垂拱而兩有○ 218/113/4
是臣○所以為大王願也 218/113/4
則兵必戰於邯鄲○下矣 218/113/8
此臣○所以為大王患也 218/113/8, 218/113/15,273/144/6
當今○時 218/113/10,461/226/5
山東○建國 218/113/10
且秦○所畏害於天下者 218/113/12
畏韓、魏○議其後也 218/113/12
趙○南蔽也 218/113/13
秦○攻韓、魏也 218/113/13
無有名山大川○限 218/113/13
稍稍蠶食○ 218/113/14
傅○國都而止矣 218/113/14
秦無韓、魏○隔 218/113/14
堯無三夫○分 218/113/17
舜無咫尺○地 218/113/17
禹無百人○聚 218/113/17
湯、武○卒不過三千人 218/113/18
是故明主外料其敵國○強弱 218/113/18
內度其士卒○衆寡、賢與不肖 218/113/19
而勝敗存亡○機節 218/113/19
豈掩於衆人○言 218/113/20
臣竊以天下地圖案○ 218/113/22
諸侯○地五倍於秦 218/113/22
料諸侯○卒 218/113/22
西面而事○ 218/113/23
夫破人○與破於人也 218/113/23
臣人○與臣於人也 218/113/24
豈可同日而言○哉 218/113/24
皆欲割諸侯○地以與秦成 218/113/24
聽竽瑟○音 218/113/25
察五味○和 218/113/25
願大王○熟計○也 218/113/27, 318/163/21
屏流言○迹 218/114/1
塞朋黨○門 218/114/1
故尊主廣地強兵○計 218/114/1
令天下○將相 218/114/3
相與會於洹水○上 218/114/3
通質刑白馬以盟○ 218/114/3
齊、魏各出銳師以佐○ 218/114/3
燕守常山○北 218/114/4

齊出銳師以佐○ 218/114/4
燕出銳師以佐○ 218/114/6
218/114/7
韓、魏出銳師以佐○ 218/114/6
五國共伐○ 218/114/8
莅國○日淺 218/114/11
未嘗得聞社稷○長計 218/114/11
臣聞明王○於其民也 219/114/17
博論而技藝○ 219/114/17
多聽而時用○ 219/114/18
臣願王察臣○所謁 219/114/18
而效○於一時○用也 219/114/19
百倍○國者 219/114/20
力盡○民 219/114/21
聖主○制也 219/114/22
用兵○道也 219/114/22
然而四輪○國也 219/114/23
非國○長利也 219/114/23
220/116/10
又嚴○以刑罰 219/114/24
故過任○事 219/114/25
無已○求 219/114/25
故微○為著者強 219/114/26
察乎息民○為用者伯 219/114/26
明乎輕○為重者王 219/114/26
臣有以知天下○不能為
從以逆秦也 219/114/30
天下○主亦盡過矣 219/115/1
夫慮收亡齊、罷楚、敝
魏與不可知○趙 219/115/1
世○賢主也 219/115/2
宣王用○ 219/115/3
為齊兵困於殽塞○上 219/115/3
夫齊兵○所以破 219/115/4
韓、魏○所以僅存者 219/115/4
今富非有齊威、宣○餘
也 219/115/5
精兵非有富韓勁魏○庫
也 219/115/5
而將非有田單、司馬○
慮也 219/115/6
收破齊、罷楚、弊魏、
不可知○趙 219/115/6
夫刑名○家 219/115/7
乃使有白馬○為也 219/115/8
此臣○所患也 219/115/8
三國從○ 219/115/10

楚有四人起而從○ 219/115/10
不識三國○憎秦而愛懷
邪 219/115/11
是以三國○兵困 219/115/12
而趙奢、鮑佞○能也 219/115/12
田單將齊○良 219/115/13
不識從○一成惡存也 219/115/13
大王○威 220/115/21
守四封○內 220/115/22
唯大王有意督過○也 220/115/22
今秦以大王○力 220/115/23
守白馬○津 220/115/23
然而心忿悁含怒○日久
矣 220/115/24
迎戰邯鄲○下 220/115/25
願以甲子○日合戰 220/115/25
以正殷紂○事 220/115/25
凡大王○所信以為從者
220/115/28
恃蘇秦○計 220/115/28
自令車裂於齊○市 220/116/1
夫天下○不可一亦明矣 220/116/1
今楚與秦為昆弟○國 220/116/1
而韓、魏稱為東蕃○臣 220/116/2
齊獻魚鹽○地 220/116/2
此斷趙○右臂也 220/116/2
軍於邯鄲○東 220/116/4
願大王○定計 220/116/6
先王○時 220/116/8
奉祠祭○日淺 220/116/9
而適聞使者○明詔 220/116/10
王慮世事○變 221/116/15
權甲兵○用 221/116/15
念簡、襄○迹 221/116/15
計胡、狄○利乎 221/116/16
君○道也 221/116/16
錯質務明主○長 221/116/16
臣○論也 221/116/16
是以賢君靜而有道民便
事○教 221/116/17
動有明古先世○功 221/116/17
窮有弟長辭讓○節 221/116/17
通有補民益主○業 221/116/18
君臣○分也 221/116/18
今吾欲繼襄主○業 221/116/18
啓胡、翟○鄉 221/116/18
可以無盡百姓○勞 221/116/19

而享往古○勳 221/116/19
夫有高世○功者 221/116/19
必負遺俗○累 221/116/20
有獨知○慮者 221/116/20
必被庶人○恐 221/116/20
今王即定負遺俗○慮 221/116/23
殆毋顧天下○議矣 221/116/23
王其遂行○ 221/116/25
吾恐天下笑○ 221/116/26
狂夫○樂 221/116/26
愚者○笑 221/116/26
則胡服○功未可知也 221/116/27
胡地中山吾必有○ 221/116/27
亦欲叔○服○也 221/116/29
古今○公行也 221/116/30
先王○通誼也 221/116/30
吾恐天下議○也 221/117/1
今胡服○意 221/117/2
今寡人恐叔逆從政○經 221/117/3
以輔公叔○議 221/117/3
且寡人聞○ 221/117/3
故寡人願募公叔○義 221/117/4
以成胡服○功 221/117/4
使緤謁○叔 221/117/4
臣固聞王○胡服也 221/117/7
王今命○ 221/117/7
聰明叡知○所居也 221/117/8
萬物財用○所聚也 221/117/8
賢聖○所教也 221/117/8
仁義○所施也 221/117/9
詩書禮樂○所用也 221/117/9
異敏技藝○所試也 221/117/9
遠方○所觀赴也 221/117/9
蠻夷○所義行也 221/117/10
而襲遠方○服 221/117/10
221/118/4
變古○教 221/117/10,221/118/4
易古○道 221/117/10,221/118/4
逆人○心 221/117/10
臣願大王圖○ 221/117/11
吾固聞叔○病也 221/117/13
即○公叔成家 221/117/13
自請○曰 221/117/13
甌越○民也 221/117/15
大吳○國也 221/117/15
又況山谷○便乎 221/117/17
故去就○變 221/117/18

遠近○服 221/117/18
今卿○所言者 221/117/19
吾○所言者 221/117/19
今吾國東有河、薄洛○水 221/117/20
與齊、中山同○ 221/117/20
而無舟楫○用 221/117/20
東有燕、東胡○境 221/117/21
西有樓煩、秦、韓○邊 221/117/21
而無騎射○備 221/117/21
故寡人且聚舟楫○用 221/117/21
求水居○民 221/117/22
以守河、薄洛○水 221/117/22
以備其參胡、樓煩、秦、韓○邊 221/117/22
此愚知○所明也 221/117/23
先時中山負齊○強兵 221/117/24
非社稷○神靈 221/117/24
先王忿○ 221/117/25
今騎射○服 221/117/25
近可以備上黨○形 221/117/25
遠可以報中山○怨 221/117/25
而叔也順中國○俗以逆簡、襄○意 221/117/25
惡變服○名 221/117/26
而忘國事○恥 221/117/26
臣愚不達於王○議 221/117/28
敢道世俗○間 221/117/28
今欲繼簡、襄○意 221/117/28
以順先王○志 221/117/29
政○經也 221/118/1
教○道也 221/118/1
國○祿也 221/118/2
古○道也 221/118/3
禮○制也 221/118/3
民○職也 221/118/4,221/118/9
先聖○所以教 221/118/4
故臣願王○圖○ 221/118/5
子言世俗○間 221/118/5
夫制於服○民 221/118/7
拘於俗○眾 221/118/8
聖人○道也 221/118/8
知學○人 221/118/9
達於禮○變 221/118/9
子其釋○ 221/118/10
姦○屬也 221/118/12
賤○類也 221/118/12
先聖○明刑 221/118/13
臣下○大罪也 221/118/13
是以涖國者不襲奇辟○服 221/118/18
中國不近蠻夷○行 221/118/18
臣願王○圖○ 221/118/19
何古○法 221/118/21
何禮○循 221/118/21
聖人○興也 221/118/23
夏、殷○衰也 221/118/24
是以聖人利身○謂服 221/118/25
便事○謂教 221/118/26
進退○謂節 221/118/26
衣服○制 221/118/26
不盡於馬○情 221/118/27
不達於事○變 221/118/27
故循法○功 221/118/28
法古○學 221/118/28
當子為子○時 222/119/3
踐石以上者皆道子○孝 222/119/3
父○孝子 222/119/4
君○忠臣也 222/119/5
故寡人以子○知慮 222/119/5
事○計也 222/119/6
義○經也 222/119/6
循計○事 222/119/7
訪議○行 222/119/7
故寡人欲子○胡服以傅王乎 222/119/7
立傅○道六 222/119/11
傅○才 222/119/13
臣○罪也 222/119/13
吏○恥也 222/119/14
王○臣也 222/119/17
而王重命○ 222/119/17
欲子○厚愛○ 222/119/19
御道○以行義 222/119/19
其國○祿也 222/119/20
王令讓○曰 223/119/26
事主○行 223/119/26
故寡人恐親犯刑戮○罪 223/119/29
以明有司○法 223/120/1
王○惠也 223/120/2
今民便其用而王變○ 224/120/8
臣恐其攻獲○利 224/120/9
不如所失○費也 224/120/9
子知官府○籍 224/120/12
不知器械○利 224/120/12
知兵甲○用 224/120/12
不知陰陽○宜 224/120/12
何兵○不可易 224/120/13
何俗○不可變 224/120/13
城境封○ 224/120/14
名曰無窮○門 224/120/14
今子以官府○籍 224/120/15
亂寡人○事 224/120/15
出於遺遺○門 224/120/18
踰九限○固 224/120/18
絕五俓○險 224/120/19
吾非不說將軍○兵法也 225/120/23
獨將軍○用眾 225/120/24
此坐而自破○道也 225/120/24
非單○所為也 225/120/25
單聞○ 225/120/25
帝王○兵 225/120/25
今將軍必負十萬、二十萬○眾乃用○ 225/120/25
此單○所不服也 225/120/26
夫吳干○劍 225/120/28
薄○柱上而擊○ 225/120/29
質○石上而擊○ 225/120/29
今以三萬○眾而應強國○兵 225/120/29
是薄柱擊石○類也 225/121/1
且夫吳干○劍材 225/121/1
難夫毋脊○厚 225/121/1
無脾○薄 225/121/2
無釣罕鐔蒙須○便 225/121/2
君無十餘、二十萬○眾 225/121/3
而為此釣罕鐔蒙須○便 225/121/3
四海○內 225/121/4,341/170/18
今取古○為萬國者 225/121/5
能具數十萬○兵 225/121/5
即君○齊已 225/121/6
齊以二十萬○眾攻荊 225/121/6
趙以二十萬○眾攻中山 225/121/6
今千丈○城 225/121/8
萬家○邑相望也 225/121/8
而索以三萬○眾 225/121/8
圍千丈○城 225/121/8
君將以此何○ 225/121/9

趙使机郝○秦 226/121/13
秦王見趙○相魏冉○不急也 226/121/14
趙欲存○ 227/121/19
以河東○地強齊 227/121/20
以燕以趙輔○ 227/121/21
天下憎○ 227/121/21
楚、魏憎○ 227/121/22
令淖滑、惠施○趙 227/121/22
而請內焦、黎、牛狐○城 228/121/26
夫藺、離石、祁○地 228/121/28
有先王○明與先臣○力 228/121/28
故能有○ 228/122/1
其社稷○不能恤 228/122/1
寡人有不令○臣 228/122/1
非寡人○所敢知 228/122/2
趙奢將救○ 228/122/4
富丁恐主父○聽樓緩而合秦、楚也 229A/122/9
齊○兵不西 229A/122/13
不能散齊、魏○交 229A/122/14
我約三國而告○秦 229A/122/16
三國欲伐秦○果也 229A/122/16
中山聽○ 229A/122/17
三國必絕○ 229A/122/17
趙畏橫○合也 229B/122/23
而請相○於魏 229B/122/24
三言○ 230/122/30
凡強弱○舉事 230/123/3
夫以秦將武安君公孫起乘七勝○威 231/123/8
而與馬服○子戰於長平○下 231/123/9
圍邯鄲○城 231/123/10
趙以亡敗○餘眾 231/123/10
收破軍○敝守 231/123/10
而秦罷於邯鄲○下 231/123/10
今趙非有七克○威也 231/123/11
而燕非有長平○禍也 231/123/11
今七敗○禍未復 231/123/11
是使弱趙為強秦○所以攻 231/123/12
而使強燕為弱趙○所以守 231/123/12
而強秦以休兵承趙○敝 231/123/12
此乃強吳○所以亡 231/123/13
而弱越○所以霸 231/123/13
故臣未見燕○可攻也 231/123/13
獨無以教○乎 232/123/19
且微君○命命○也 232/123/19
公子○所以教○者厚矣 232/123/21
願君○亦勿忘也 232/123/22
大破○ 233/123/26
趙王與樓緩計○曰 233/123/27
此非人臣○所能知也 233/123/27
試言公○私 233/123/28
婦人為○自殺於房中者二八 233/123/29
其母聞○ 233/123/29
故從母言○ 233/123/31
○為賢母也 233/123/31
從婦言○ 233/123/31
言與○ 233/124/2
則恐王以臣○為秦也 233/124/2
使臣得為王計○ 233/124/2
不如予○ 233/124/2
虞卿聞○ 233/124/5,233/125/7
王以樓緩言告○ 233/124/5
秦既解邯鄲○圍 233/124/5
秦○攻趙也 233/124/6
秦○攻我也 233/124/7
王又以其力○所不能攻以資○ 233/124/8
王又以虞卿○言告樓緩 233/124/11
虞卿能盡知秦力○所至乎 233/124/11
誠知秦力○不至 233/124/11
此彈丸○地 233/124/12
子能必來年秦○不復攻我乎 233/124/13
此非臣○所敢任也 233/124/13
233/124/16
昔者三晉○交於秦 233/124/13
王○所以事秦必不如韓、魏也 233/124/14
今臣為足下解負親○攻 233/124/14
王○所以事秦者 233/124/15
必在韓、魏○後也 233/124/15
王以樓緩○言告 233/124/18
樓緩又不能必秦○不復攻也 233/124/19
又割其力○所不能取而媾也 233/124/19
此自盡○術也 233/124/20
是我失○於天下 233/124/21
必王○事秦不如韓、魏也 233/124/23
王將予○乎 233/124/24
與○ 233/124/24
347/173/6,458/225/3
則無地而給○ 233/124/24
以益愈強○秦 233/124/25
而割愈弱○趙 233/124/26
且秦虎狼○國也 233/124/26
無禮義○心 233/124/26
而王○地有盡 233/124/27
以有盡○地 233/124/27
給無已○求 233/124/27
樓緩聞○ 233/125/1,233/125/13
王又以虞卿言告○ 233/125/1
天下○賀戰者 233/125/2
天下將因秦○怒 233/125/4
秦趙○敝而瓜分○ 233/125/4
何秦○圖 233/125/4
王以此斷○ 233/125/4
樓子○為秦也 233/125/7
齊○聽王 233/125/9
不待辭○畢也 233/125/10
一舉結三國○親 233/125/10
與○謀秦 233/125/11
秦○使者已在趙矣 233/125/13
平原君○力也 234/125/18
用人○力 234/125/18
而忘人○功 234/125/19
將益○地 234/125/19
公孫龍聞○ 234/125/19
君無覆軍殺將○功 234/125/20
趙國豪傑○士 234/125/20
多在君○右 234/125/20
寡人使卷甲而趍○ 235/125/28
且王○論秦也 235/125/29
欲破王○軍乎 235/125/29
楚、魏欲得王○重寶 235/126/2
秦內○ 235/126/5
天下○賀戰勝者皆在秦

矣 235/126/6
趙○貴人也 235/126/7
秦留趙王而后許○媾 235/126/9
秦圍趙○邯鄲 236/126/13
百萬○衆折於外 236/126/19
始吾以君為天下○賢公子也 236/126/20
吾乃今然后知君非天下○賢公子也 236/126/21
吾請為君責而歸○ 236/126/21
勝請召而見○於先生 236/126/22
勝請為紹介而見○於將軍 236/126/23
齊國○高士也 236/126/24
勝已泄○矣 236/126/24
吾視居北圍城○中者 236/126/27
今吾視先生○玉貌 236/126/28
曷為久居此圍城○中而不去也 236/126/28
棄禮義而上首功○國也 236/126/29
吾不忍為○民也 236/127/2
先生助○奈何 236/127/2
吾將使梁及燕助○ 236/127/3
齊、楚則固助○矣 236/127/3
先生惡能使梁助○耶 236/127/4
梁未睹秦稱帝○害故也 236/127/4
使梁睹秦稱帝○害 236/127/5
秦稱帝○害將奈何 236/127/5
而齊獨朝○ 236/127/7
東藩○臣田嬰齊後至 236/127/8
則斮○ 236/127/8
死則叱○ 236/127/9
畏○也 236/127/10
然梁○比於秦若僕耶 236/127/11
先生○言也 236/127/12
待吾言○ 236/127/15
鬼侯○鄂侯、文王 236/127/15
紂○三公也 236/127/15
故入○於紂 236/127/16
鄂侯爭○急 236/127/16
辨○疾 236/127/16
文王聞○ 236/127/16
故拘○於牖里○車 236/127/17
百日而欲舍○死 236/127/17
卒就脯醢○地也 236/127/17
齊閔王將○魯 236/127/18
吾將以十太牢待子○君 236/127/19
將○薛 236/127/21
夷維子謂鄒○孤曰 236/127/22
鄒○群臣曰 236/127/23
鄒、魯○臣 236/127/23
然且欲行天子○禮於鄒、魯○臣 236/127/24
今秦萬乘○國 236/127/24
梁亦萬乘○國 236/127/25
俱據萬乘○國 236/127/25
交有稱王○名 236/127/25
欲從而帝○ 236/127/25
是使三晉○大臣不如鄒、魯○僕妾也 236/127/26
則且變易諸侯○大臣 236/127/26
處梁○（官）〔宮〕 236/127/28
吾乃今日而知先生為天下○士也 236/128/1
秦將聞○ 236/128/2
所貴於天下○士者 236/128/6
是商賈○人也 236/128/6
今趙萬乘○強國也 237/128/13
趙○於天下也不輕 237/128/14
今君易萬乘○強趙 237/128/15
而慕思不可得○小梁 237/128/15
衆人廣坐○中 237/128/16
未嘗不言趙人○長者也 237/128/16
未嘗不言趙俗○善者也 237/128/16
子南方○傳士也 238/128/20
何以教○ 238/128/20
臣南方草鄙○人也 238/128/20
王致○於前 238/128/21
臣少○時 238/128/21
鄭同因撫手仰天而笑○曰 238/128/22
兵固天下○狙喜也 238/128/22
王○行能如許由乎 238/128/23
許由無天下○累 238/128/24
今王既受先生○傳 238/128/24
欲宗廟○安 238/128/24
社稷○血食乎 238/128/24
今有人操隨侯○珠 238/128/25
持丘○環 238/128/25
萬金○財 238/128/25
內無孟賁○威 238/128/26
荊慶○斷 238/128/26
外無弓弩○禦 238/128/26
人必危○矣 238/128/26
今有強貪○國 238/128/26
臨王○境 238/128/26
索王○地 238/128/27
王非戰國守圉○具 238/128/27
其將何以當○ 238/128/27
趙王迎○ 239A/129/3
王能重王○國若此尺帛 239A/129/5
則王○國大治矣 239A/129/5
請為王說○ 239A/129/6
為冠而敗○ 239A/129/7
奚虧於王○國 239A/129/8
而王必待工而后乃使○ 239A/129/8
今為天下○工 239A/129/8
且王○先帝 239A/129/9
臣恐秦折王○椅也 239A/129/10
專君○勢以蔽左右 239B/129/14
前○人煬 239B/129/17
則後○人無從見也 239B/129/17
今臣疑人○有煬於君者也 239B/129/17
君○所以事王者 240/129/22
葺○所以事王者 240/129/22
以日多○知 240/129/23
而逐衰惡○色 240/129/23
乘驥而御○ 240/129/24
君令葺乘獨斷○車 240/129/24
御獨斷○勢 240/129/24
令○內治國事 240/129/25
則葺○事有不言者矣 240/129/25
君因言王而重責○ 240/129/25
葺○軸今折矣 240/129/25
重責○ 240/129/26
而天下交○ 241/130/3
文信猶且知○也 241/130/4
文信侯○於僕也 242/130/9
242/130/10
僕官○丞相 242/130/9
夫良商不與人爭買賣○賈 242/130/11
文王○拘於牖里 242/130/12
卒斷紂○頭而縣於太白

者 242/130/13
是武王○功也 242/130/13
虎○情 243/130/18
然而不以環寸○蹯 243/130/19
害七尺○軀者 243/130/19
而君○身於王 243/130/19
非環寸○蹯也 243/130/20
願公○熟圖○也 243/130/20
鼓鐸○音聞於北堂 244/130/24
夫秦○攻趙 244/130/24
旦日贊群臣而訪○ 244/130/25
成王說○ 245/130/30
人告○反 245/130/30
而臣竊怪王○不試見臣 246/131/7
欲用王○兵 246/131/9
則欲以天下○重恐王 246/131/10
孰敢辭○ 246/131/12
臣○能也 246/131/12
秦○彊 246/131/13
以無齊○故重王 246/131/13
則欲用王○兵成其私者也 246/131/15
則欲輕王以天下○重 246/131/15
願王○熟慮無齊○利害也 246/131/16
秦令起賈禁○ 247/131/20
留天下○兵於成皋 247/131/21
○齊 247/131/23
今○攻秦也 247/131/23
今○伐秦也 247/131/24
以救李子○死也 247/131/24
今趙留天下○甲於成皋 247/131/25
而陰鬻○於秦 247/131/25
王○事趙也何得矣 247/131/25
如王若用所以事趙○半收齊 247/131/28
王○事齊也 247/131/28
無入朝○辱 247/131/28
無割地○費 247/132/1
齊為王○故 247/132/1
虛國於燕、趙○前 247/132/1
用兵於二千里○外 247/132/1
盡效○於王 247/132/2
齊甲未嘗不歲至於王○境也 247/132/3
請問王○所以報齊者可乎 247/132/3
臣願王○曰聞魏而無庸見惡也 247/132/6
願王○陰重趙 247/132/6
而無使秦○見王○重趙也 247/132/6
秦見○且亦重趙 247/132/7
臣故欲王○偏劫天下 247/132/8
而皆私甘○也 247/132/8
使丹也甘○ 247/132/9
使臣也甘○ 247/132/9
使順也甘○ 247/132/10
使眠也甘○ 247/132/10
而秦、楚禁○ 248/132/15
臣○所以堅三晉以攻秦者 248/132/16
非以為齊得利秦○毀也 248/132/16
臣是以欲足下○速歸休士民也 248/132/17
若復攻○ 248/132/18
此亦舉宋○時也 248/132/18
君○身老矣 248/132/21
失今○時 248/132/23
宋○罪重 248/132/23
齊○怒深 248/132/23
以奉陽君甚食○ 248/132/24
臣願足下○大發攻宋○舉 248/132/24
以觀奉陽君○應足下也 248/132/25
縣陰以甘○ 248/132/25
循有燕以臨○ 248/132/25
而臣待忠○封 248/132/26
此兩地○時也 248/132/26
楚與魏、韓將應○ 249/133/3
魏冉必妬君○有陰也 249/133/4
燕、趙助○ 249/133/6
以四國攻○ 249/133/8
五國復堅而賓○ 249/133/9
臣恐與國○大亂也 249/133/10
皆非趙○利也 249/133/10
臣願君○蚤計也 249/133/11
秦王受負海內○國 249/133/14
合負親○交 249/133/14
是秦○一舉也 249/133/15
249/133/17,249/133/18
249/133/20,249/133/21
249/133/26
王賁、韓他○曹 249/133/17
齊、趙應○ 249/133/19
秦得安邑○饒 249/133/19
秦堅燕、趙○交 249/133/21
而燕、趙應○ 249/133/22
韓○太原絕 249/133/23
非趙○利也 249/133/24
409/194/28
秦堅三晉○交攻齊 249/133/25
是以攻齊○已弊 249/133/26
國在謀○中 249/134/1
定無罪○君 249/134/2
王不聞公子牟夷○於宋乎 250/134/10
今臣○於王非宋○於公子牟夷也 250/134/11
人○情 251/134/18
今王能以百里○地 251/134/19
若萬戶○都 251/134/20
乃使人以百里○地 251/134/20
臣聞趙王以百里○地 251/134/23
請殺座○身 251/134/23
而得百里○地 251/134/24
臣竊為大王美○ 251/134/24
百里○地不可得 251/134/24
敵戰○國也 251/134/28
趙王以咫尺○書來 251/134/28
而魏王輕為○殺無罪○座 251/134/28
故魏○免相望也 251/135/1
嘗以魏○故 251/135/1
王聽趙殺座○後 251/135/2
強秦襲趙○欲 251/135/2
倍趙○割 251/135/3
則君將何以止○ 251/135/3
此君○累也 251/135/3
遽言○王而出○ 251/135/3
而以求安平君而將○ 252/135/9
君致安平君而將○ 252/135/10
覆軍殺將○所取、割地於敵國者也 252/135/11
而求安平君而將○ 252/135/11
燕○通谷要塞 252/135/12
奢習知○ 252/135/12
百日○內 252/135/13

天下○兵未聚 252/135/13
將軍釋○矣 252/135/14
僕已言○僕主矣 252/135/14
君○所以求安平君者 252/135/15
以齊○於燕也 252/135/15
姑肝涉血○仇耶 252/135/15
則奚以趙○強為 252/135/17
今得強趙○兵 252/135/17
令士大夫餘子○力 252/135/18
兩國交以習○ 252/135/19
夫盡兩國○兵 252/135/19
果如馬服○言也 252/135/20
不如盡歸中山○新地 253/135/24
以過章子○路 253/135/25
齊畏從人○合也 254/136/3
乃召趙莊而貴○ 254/136/4
趙王三延○以相 255/136/9
臣請為卿刺○ 255/136/9
王○逐廬陵君 256/136/15
而王逐○ 256/136/16
吾固將逐○ 256/136/17
行人見○ 257/136/22
公○客獨有三罪 257/136/23
昔者堯見舜於草茅○中 257/136/25
臣聞王○使人買馬也 258A/137/3
有○乎 258A/137/3,415/198/9
未得相馬○工也 258A/137/4
然而王○買馬也 258A/137/7
趙王未○應也 258A/137/9
燕郭○法 258A/137/9
未○聞也 258A/137/10
便辟左右○近者 258A/137/10
此皆能乘王○醉昏 258A/137/11
是能得○乎內 258A/137/11
則大臣為○枉法於外矣 258A/137/11
趙王憂○ 258B/137/16
大王可試使○ 258B/137/19
敝邑寡君亦竊嘉○ 258B/137/21
願得請○ 258B/137/23
下臣○來 258B/137/24
固願承大國○意也 258B/137/24
大王若有以令○ 258B/137/25
請奉而西行○ 258B/137/25
親寡君○母弟也 258B/137/28
猶大王○有葉陽、涇陽君也 258B/137/29
衣服使○便於體 258B/137/29
膳啗使○嗛於口 258B/137/29
葉陽君、涇陽君○車馬衣服 258B/138/1
無非大王○服御者 258B/138/1
今使臣受大王○令以還報 258B/138/2
敝邑○君 258B/138/3,258B/138/5
無乃傷葉陽君、涇陽君○心乎 258B/138/3
請黜○ 258B/138/6
受其弊而厚遇○ 258B/138/6
韓、魏以友○ 259/138/10
王○忠臣也 259/138/10
韓、魏欲得○ 259/138/11
故友○ 259/138/11
將使王逐○ 259/138/11
而己因受○ 259/138/11
今王逐○ 259/138/11
是韓、魏○欲得 259/138/11
而王○忠臣有罪也 259/138/12
以明王○賢 259/138/12
而折韓、魏招○ 259/138/12
主父欲敗○ 260/138/16
乃結秦連楚、宋○交 260/138/16
魏○和卒敗 260/138/17
因留○ 261/138/21
世鈞為○謂文信侯曰 261/138/21
趙王○所甚愛也 261/138/21
而郎中甚妬○ 261/138/22
秦必留○ 261/138/22
故謀而入○秦 261/138/22
今君留○ 261/138/22
而郎中○計中也 261/138/23
因與接意而遣○ 261/138/24
秦急攻○ 262/138/28
太后盛氣而揖○ 262/139/1
而恐太后玉體○有所郄也 262/139/2
太后○色少解 262/139/5
竊愛憐○ 262/139/7
願令得補黑衣○數 262/139/7
願及未填溝壑而託○ 262/139/9
老臣竊以為媼○愛燕后賢於長安君 262/139/10
不若長安君○甚 262/139/11
父母○愛子 262/139/11
則為○計深遠 262/139/11
媼○送燕后也 262/139/12
持其踵為○泣 262/139/12
亦哀○矣 262/139/12
祭祀必祝○ 262/139/12
至於趙○為趙 262/139/14
趙主○子孫侯者 262/139/14
豈人主○子孫則必不善哉 262/139/16
今媼尊長安君○位 262/139/17
而封○以膏腴○地 262/139/17
多予○重器 262/139/17
恣君○所使○ 262/139/19
子義聞○曰 262/139/22
人主○子也 262/139/22
骨肉○親也 262/139/22
猶不能恃無功○尊 262/139/22
無勞○奉 262/139/22
而守金玉○重也 262/139/22
趙使李牧、司馬尚禦○ 263/139/27
王翦惡○ 263/139/27
趙王疑○ 263/140/1
君予○地 264A/140/7
以相親○兵 264A/140/8
待輕敵○國 264A/140/8
知氏○命不長矣 264A/140/8
將欲敗○ 264A/140/9
必姑輔○ 264A/140/9
將欲取○ 264A/140/9
必姑與○ 264A/140/9
君不如與○ 264A/140/9
乃與○萬家○邑一 264A/140/10
趙氏應○於內 264A/140/11
中山○君烹其子而遺○羹 265/140/22
樂羊坐於幕下而啜○ 265/140/22
樂羊以我○故 265/140/23
食其子○肉 265/140/23
其子○肉尚食○ 265/140/23
必就子○功 266/140/28
而成子○名 266/140/28
夫鄉邑老者而先受坐○士 266/140/29
子入而問其賢良○士而師事○ 266/141/1

求其好掩人○美而揚人
　○醜者而參驗○ 266/141/1
幽莠○幼也似禾 266/141/2
驪牛○黃也似虎 266/141/2
此皆似○而非者也 266/141/3
公將焉○ 267/141/8
身自罷○ 267/141/8
臣恐君○聾於官也 268/141/14
河山○險 269/141/19,269/141/23
此晉國○所以強也 269/141/20
若善脩○ 269/141/20
則霸王○業具矣 269/141/20
吾君○言 269/141/20
危國○道也 269/141/21
而子又附○ 269/141/21
子○言有說乎 269/141/21
是伯王○業 269/141/23
三苗○居 269/141/23
左彭蠡○波 269/141/24
右有洞庭○水 269/141/24
而禹放逐○ 269/141/25
夫夏桀○國 269/141/25
左天門○陰 269/141/25
而右天谿○陽 269/141/25
而湯伐○ 269/141/26
殷紂○國 269/141/26
而武王伐○ 269/141/27
從是觀○ 269/141/28,393/190/5
吾乃今日聞聖人○言也 269/142/1
西河○政 269/142/1
專委○子矣 269/142/1
以賞田百萬祿○ 270/142/5
前脈形地○險阻 270/142/7
決利害○備 270/142/7
使三軍○士不迷惑者 270/142/7
巴寧、爨襄○力也 270/142/7
使民昭然信○於後者 270/142/8
王○明法也 270/142/8
見敵○可也鼓○ 270/142/8
王特為臣○右手不倦賞
　臣 270/142/9
若以臣○有功 270/142/9
臣何力○有乎 270/142/9
於是索吳起○後 270/142/10
賜○田二十萬 270/142/10
又不遺賢者○後 270/142/12
不揜能士○迹 270/142/12
加○百萬○上 270/142/13
公叔當○矣 270/142/14
惠王往問○ 271/142/18
願王以國事聽○也 271/142/19
以公叔○賢 271/142/20
公孫鞅聞○ 271/142/22
西○秦 271/142/22
孝公受而用○ 271/142/22
此非公叔○悖也 271/142/23
惠王○悖也 271/142/23
悖者○患 271/142/23
大王○地 272/142/27
西有長城○界 272/142/28
曾無所芻牧牛馬○地 272/143/1
人民○眾 272/143/1
車馬○多 272/143/1
無以異於三軍○眾 272/143/1
臣竊料○ 272/143/2
外交強虎狼○秦 272/143/2
夫挾強秦○勢 272/143/3
臣竊為大王媿○ 272/143/5
斬紂於牧○野 272/143/7
今竊聞大王○卒 272/143/8
今乃劫於辟臣○說 272/143/10
凡群臣○言事秦者 272/143/10
割其主○地以求外交 272/143/11
偷取一旦○功而不顧其
　後 272/143/11
外挾彊秦○勢以內劫其
　主以求割地 272/143/12
願大王○熟察○也 272/143/12
將奈○何 272/143/16
則必無強秦○患 272/143/16
在大王詔○ 272/143/17
今主君以趙王○詔詔○
272/143/17
無有名山大川○阻 273/143/23
魏○地勢 273/143/25
此所謂四分五裂○道也
273/143/27
且夫諸侯○為從者 273/143/29
一天下、約為兄弟、刑
　白馬以盟於洹水○上
　以相堅也 273/143/29
而欲恃詐偽反覆蘇秦○
　餘謀 273/144/1
則大王○國欲求無危不
　可得也 273/144/5
魏○亡可立而須也 273/144/6
無楚、韓○患 273/144/7
且夫秦○所欲弱莫如楚
273/144/10
楚雖有富大○名 273/144/10
魏○兵南面而伐 273/144/11
說一諸侯○王 273/144/15
成而封侯○基 273/144/15
是故天下○遊士 273/144/16
莫不日夜搤腕瞋目切齒
　以言從○便 273/144/16
故願大王○熟計○也 273/144/17
前計失○ 273/144/20
大敗○ 274/144/25,274/144/26
以魏為將內○於齊而擊
　其後 274/144/26
而疑○於楚也 274/144/28
欲走而○韓 275/145/3
齊使蘇厲為○謂魏王曰 275/145/3
今秦見齊、魏○不合也
　如此其甚也 275/145/5
則非魏○利也 275/145/6
軫○所以來者 276/145/11
犀首乃見○ 276/145/12
請移天下○事於公 276/145/13
公可以居其中而疑○ 276/145/14
旬、五○期 276/145/16
王許○ 276/145/17
諸侯客聞○ 276/145/20
燕、趙聞○ 276/145/21
455/223/21
寡人欲○ 276/145/23
犀首遂主天下○事 276/145/24
甚力○ 277/145/28
魏王甚愛○ 277/145/29
公不如儀○言為資 277/145/29
令魏王召而相○ 278/146/3
來將悟○ 278/146/3
其子陳應止其公○行 278/146/3
物○湛者 278/146/4
欲公○去也 278/146/5
必勸王多公○車 278/146/5
魏○所以迎我者 278/146/6
子果無○魏而見寡人也 278/146/8
因以魯侯○車迎○ 278/146/8
張儀走○魏 279/146/12

魏將迎○	279/146/12
今臣○事王	279/146/13
若老妾○事其主婦者	279/146/13
而王○群臣皆以為可	280/146/20
而群臣○知術也	280/146/20, 280/146/21
魏○所以相公者	281/146/26
雍沮謂齊、楚○君曰	281/146/28
王亦聞張儀○約秦王乎	281/146/29
是齊、楚○兵折	281/146/29
此儀○所以與秦王陰相結也	281/147/1
今儀相魏而攻○	281/147/1
是使儀○計當於秦也	281/147/1
非所以窮儀○道也	281/147/2
齊、楚○王曰	281/147/2
公何不以楚佐儀求相○於魏	282/147/7
則韓○南陽舉矣	283/147/13
則秦、魏○交可廢矣	283/147/14
因而委○	283/147/15
與○伐齊而存燕	284/147/19
張儀欲敗○	284/147/19
齊畏三國○合也	284/147/19
楚、趙必聽○	284/147/20
王○所得者	284/147/22
韓○卜也決矣	285/147/28
伐齊○事遂敗	285/147/29
徐州○役	286/148/3
而與乘○	286/148/4,286/148/4
必取方城○外	286/148/4
是太子○讎報矣	286/148/4
臣不知衍○所以聽於秦○少多	287/148/10
然而臣能半衍○割	287/148/10
王重其行而厚奉○	287/148/11
夫周君、竇屢、奉陽君○與穰侯	287/148/12
貿首○仇也	287/148/13
而欲敗○	287/148/14
齊王將見燕、趙、楚○相於衛	288/148/18
臣請敗○	288/148/19
犀首期齊王至○曰	288/148/19
從容談三國○相怨	288/148/20
今久與○談	288/148/23
寡人無與○語也	288/148/24
三國○不相信齊王○遇	288/148/24
綦母恢教○語曰	289/148/29
故用○也	290/149/4
而聽相○計	290/149/4
王○國必傷矣	290/149/5
犀首、田盼欲得齊、魏○兵以伐趙	291/149/9
公○不慧也	291/149/11
今公又言有難以懼○	291/149/11
而二士○謀困也	291/149/12
犀首、田盼遂得齊、魏○兵	291/149/14
悉起兵從○	291/149/14
王又聽○	292/149/19
寡人○股掌○臣也	292/149/20
為子○不便也	292/149/21
殺○亡○	292/149/21
內○無若群臣何也	292/149/21
今吾為子外○	292/149/21
令毋敢入子○事	292/149/22
入子○事者	292/149/22
吾為子殺○亡○	292/149/22
與○約結	292/149/23
召文子而相○魏	292/149/23
臣請問文○為魏	293/149/27
衍○為魏	293/149/28
將用王○國	293/149/29
王且無所聞○矣	293/149/29
王○國雖滲樂而從○可也	293/149/30
以稽二人者○所為	293/149/30
二人者○所為○	293/150/2
王厝需於側以稽○	293/150/2
犀首欲窮○	294/150/7
王聞○而弗任也	294/150/9
大王○攻薔易矣	295/150/15
民必甚病○	296/150/20
而以民勞與官費用○故	296/150/21
而不行先王○喪	296/150/21
吾未有以言○也	296/150/23
昔王季歷葬於楚山○尾	296/150/27
見棺○前和	296/150/27
故使欒水見○	296/150/28
於是出而為○張於朝	296/150/28
百姓皆見○	296/150/28
此文王○義也	296/150/29, 296/151/2
太子為及日○故	296/150/29
又令魏太子未葬其先王而因又說文王○義	296/151/5
說文王○義以示天下	296/151/5
而秦禁○	297/151/10
齊令宋郭○秦	297/151/10
魏王畏齊、秦○合也	297/151/11
分宋○城	297/151/13
服宋○強者	297/151/13
乘宋○敝	297/151/13
請為王毋禁楚○伐魏也	297/151/14
王○伐宋也	297/151/14
請剛柔而皆用○	297/151/14
欺○不為逆者	297/151/15
殺○不為讎者也	297/151/15
王無與○講以取地	297/151/15
又以力攻○	297/151/16
齊、魏○交已醜	297/151/19
願王○深計○也	297/151/20
見天下○傷秦也	297/151/25
唯已○曾安	297/151/29
令足下鬻○以合於秦	297/151/29
是免國於患者○計也	297/151/29
臣何足以當○	297/151/29
願足下○論臣○計也	297/151/30
兄弟○交也	297/152/1
臣為○苦矣	297/152/1
黃帝戰於涿鹿○野	297/152/1
而西戎○兵不至	297/152/2
而東夷○民不起	297/152/2
黃帝○所難也	297/152/2
臣又偏事三晉○吏	297/152/5
奉陽君、孟嘗君、韓呡、周㝡、周、韓餘為徒從而下○	297/152/5
恐其伐秦○疑也	297/152/6
扮○請焚天下○秦符者	297/152/6
次傳焚符○約者	297/152/6
臣又說齊王而往敗○	297/152/8
因使蘇脩游天下○語	297/152/8
臣又爭○以死	297/152/9
臣非不知秦勸○重也	297/152/9

然而所以為○者 297/152/9
犀首患○ 298/152/14
則胡不召文子而相○ 298/152/15
因召文子而相○ 298/152/16
魏王令惠施○楚 299/152/20
令犀首○齊 299/152/20
施因令人先○楚 299/152/20
魏王令犀首○齊 299/152/21
惠施○楚 299/152/21
客謂公子理○傳曰 300/152/26
止太子○行 300/152/27
公子爭○於王 300/152/28
覆十萬○軍 301/153/3
301/153/12
魏王召惠施而告○曰 301/153/3
寡人○讎也 301/153/4
怨○至死不忘 301/153/4
吾常欲悉起兵而攻○ 301/153/4
國無守戰○備 301/153/6
此非臣○所謂也 301/153/6
臣萬乘○魏 301/153/12
且楚王○為人也 301/153/13
而與○並朝齊侯再三 301/153/14
趙氏醜○ 301/153/16
趙應○ 301/153/16
王欲見○ 302/153/20
魏王○年長矣 302/153/21
公不如歸太子以德○ 302/153/21
楚將內而立○ 302/153/21
橫樹○則生 303A/153/26
倒樹○則生 303A/153/26
折而樹○又生 303A/153/26
一人拔○ 303A/153/27
故以十人○眾 303A/153/27
樹易生○物 303A/153/27
樹○難而去○易也 303A/153/28
吾恐張儀、薛公、犀首
○有一人相魏者 303B/154/3
然則相者以誰而君便○
也 303B/154/4
吾欲太子○自相也 303B/154/4
必相○矣 303B/154/5
莫如太子○自相 303B/154/9
而欲丞相○璽 303B/154/10
以魏○強 303B/154/10
而持三萬乘○國輔○ 303B/154/10
不如太子○自相也 303B/154/11
以此語告○ 303B/154/11
今臣願大王陳臣○愚意
304/154/17
自使有要領○罪 304/154/17
願大王察○ 304/154/17
461/227/9
臣恐魏交○益疑也 304/154/18
臣又恐趙○益勁也 304/154/18
夫魏王○愛習魏信也 304/154/19
其智能而任用○也 304/154/19
今王○使人入魏而不用
304/154/20
則王○使人入魏無益也
304/154/20
此魏王○所以不安也 304/154/21
夫舍萬乘○事而退 304/154/21
此魏信○所難行也 304/154/21
夫令人○君處所不安 304/154/21
令人○相行所不能 304/154/22
臣故恐魏交○益疑也 304/154/22
則趙○謀者必曰 304/154/22
則上有野戰○氣 304/154/24
下有堅守○心 304/154/24
臣故恐趙○益勁也 304/154/24
大王欲完魏○交 304/154/26
不如用魏信而尊○以名
304/154/26
然則魏信○事主也 304/154/27
趙○用事者必曰 304/154/28
魏氏○名族不高於我 304/154/28
土地○實不厚於我 304/154/28
秦甚善○ 304/154/29
國處削危○形 304/154/29
身處死亡○地 304/155/1
則是大王垂拱○割地以
為利重 304/155/2
堯、舜○所求而不能得
也 304/155/3
臣願大王察○ 304/155/3
魏王○恐也見亡矣 305/155/7
王雖復與○攻魏可也 305/155/8
欲與○復攻魏 305/155/11
恐魏○以太子在楚不肯
也 305/155/11
外臣疾使臣謁○ 305/155/12
敝邑○王欲效城地 305/155/12
而為魏太子○尚在楚也
305/155/12
臣請效○ 305/155/13
而復固秦、楚○交 305/155/13
王信○乎 306/155/18
306/155/19,306/155/19
寡人疑○矣 306/155/19
寡人信○矣 306/155/20
夫市○無虎明矣 306/155/20
願王察○矣 306/155/21
進○禹 307/155/27
禹飲而甘○ 307/155/27
和調五味而進○ 307/155/28
桓公食○而飽 307/155/28
晉文公得南○威 307/156/1
遂推南○威而遠○ 307/156/1
今主君○尊 307/156/4
儀狄○酒也 307/156/4
主君○味 307/156/4
易牙○調也 307/156/4
南威○美也 307/156/4
強臺○樂也 307/156/5
魏王患○ 308/156/10
召相國而命○曰 308/156/11
敝邑○吏效城者 308/156/15
使者○罪也 308/156/18
趙王恐魏承秦○怒 308/156/19
王○士未有為○中者也
309/156/23
王○所欲於魏者 309/156/23
長羊、王屋、洛林○地也
309/156/24,309/156/27
王能使臣為魏○司徒 309/156/24
則臣能使魏獻○ 309/156/24
因任○以為魏○司徒 309/156/25
秦○所欲於魏者 309/156/27
王獻○秦 309/156/27
因獻○秦 309/156/28
乃○秦 309/157/5
魏○所以獻長羊、王屋
、洛林○地者 309/157/5
有意欲以下大王○兵東
擊齊也 309/157/5
後山東○士 309/157/6
芒卯并將秦、魏○兵 309/157/7
十萬○軍拔邯鄲 310/157/13
殺子○ 310/157/14
燕、趙○所以國全兵勁

310/157/14
夫秦貪戾○國而無親 310/157/16
夫秦何厭○有哉 310/157/17
秦挾楚、趙○兵以復攻 310/157/19
顧王○必無講也 310/157/19
是臣○所聞於魏也 310/157/20
願君○以是慮事也 310/157/20
此言幸○不可數也 310/157/22
此非兵力○精 310/157/22
非計○工也 310/157/23
以三十萬○衆 310/157/26
守十仞○城 310/157/26
夫輕信楚、趙○兵 310/157/27
陵十仞○城 310/157/27
戴三十萬○衆 310/157/27
而志必舉○ 310/157/28
臣以為自天下○始分以至于今 310/157/28
未嘗有○也 310/157/28
願○及楚、趙○兵未任於大梁也 310/157/29
楚、趙怒於魏○先己講也 310/158/2
且君○嘗割晉國取地也 310/158/2
而君制○ 310/158/4
臣願君○熟計而無行危也 310/158/4
子○於學者 311/158/13
將盡行○乎 311/158/13
願子○有以易名母也 311/158/13
子○於學也 311/158/13
願子○且以名母為後也 311/158/14
今王○事秦 311/158/14
願王○有以易○ 311/158/14
如臣○賤也 311/158/16
入不測○淵而必出 311/158/16
今秦不可知○國也 311/158/17
猶不測○淵也 311/158/17
而許綰○首 311/158/17
內王於不可知○秦 311/158/18
王以三乘先○ 311/158/22
今不行者欺○矣 311/158/23
偽病者乎而見○ 311/159/1
臣已恐○矣 311/159/1
臣能得○於應侯 311/159/3
華軍○戰 312/159/7
魏不以敗○上割 312/159/9
而秦不以勝○上割 312/159/9
是群臣○私而王不知也 312/159/10
王因使○割地 312/159/10
而王因使○受璽 312/159/11
今王○地有盡 312/159/13
而秦○求無窮 312/159/13
是薪火○說也 312/159/13
王獨不見夫博者○用梟邪 312/159/15
何用智○不若梟也 312/159/16
請致○先生 313/159/22
齊○仇敵也 313/159/22
齊○與國也 313/159/23
受魏○璧、馬也 313/159/26
聞先生受魏○璧、馬 313/159/26
然則先生○為寡人計○何如 313/159/27
伐魏○事不便 313/159/28
且夫王無伐與國○誹 313/159/29
魏無見亡○危 313/159/29
百姓無被兵○患 313/159/29
髡有璧、馬○寶 313/159/29
魏王聞○ 314/160/3
告○曰 314/160/3
有諸侯○救 314/160/4
寡人願子○行也 314/160/4
重為○約車百乘 314/160/4
孟嘗君○趙 314/160/7
夫趙○兵 314/160/8
非能彊於魏○兵 314/160/8
魏○兵 314/160/9
然而趙○地不歲危 314/160/9
而魏○地歲危 314/160/9
此文○所以忠於大王也 314/160/11
先日公子常約兩王○交矣 314/160/14
願大王○救○ 314/160/14
此國○利也 314/160/16
王不用臣○忠計 314/160/17
恐天下○將有大變也 314/160/17
秦攻魏未能克○也 314/160/18
以國○半與秦 314/160/19
魏王悉韓、魏○兵 314/160/19
以因趙○衆 314/160/20
乃為○起兵八萬 314/160/22
君得燕、趙○兵甚衆且亟矣 314/160/24
因歸燕、趙○兵 314/160/24
有虎狼○心 315/160/29
此天下○所同知也 315/160/30
而竟逐○ 315/161/1
而再奪○國 315/161/1
而又況於仇讎○敵國也 315/161/2
臣甚或○ 315/161/4
群臣知○ 315/161/4
外安能支強秦、魏○兵 315/161/5
而今負強秦○禍也 315/161/7
秦非無事○國也 315/161/9
韓亡○後 315/161/9,315/161/14
絶韓○上黨而攻強趙 315/161/10
則是復閼與○事也 315/161/10
絶漳、滏○水 315/161/11
而以與趙兵決勝於邯鄲○郊 315/161/11
是受智伯○禍也 315/161/11
行三十里而攻危隘○塞 315/161/12
兵出○日 315/161/14
秦故有懷地刑丘、○城、垝津 315/161/17
而以○臨河內 315/161/17
河內○共、汲莫不危矣 315/161/17
王○使者大過矣 315/161/18
秦○欲許○久矣 315/161/19
然而秦○葉陽、昆陽與舞陽、高陵鄰 315/161/19
聽使者○惡也 315/161/19
隨安陵氏而欲亡○ 315/161/19
秦繞舞陽○北 315/161/20
夫不患秦○不愛南國非也 315/161/21
晉國○去梁也 315/161/23
河山以蘭○ 315/161/23
有周、韓而間○ 315/161/23
東至陶、衛○郊 315/161/25
晉國○去大梁也尚千里 315/161/26
無河山以蘭○ 315/161/27
無周、韓以間○ 315/161/27

從○不成矣 315/161/28
秦撓○以講 315/161/28
以臣○觀○ 315/161/29
則楚、趙必與○攻矣 315/161/29
則皆知秦○無窮也 315/162/1
非盡亡天下○兵 315/162/1
而臣海內○民 315/162/1
王速受楚、趙○約 315/162/2
而挾韓、魏○質 315/162/2
韓必效○ 315/162/3
然而無與強秦鄰○禍 315/162/3
此亦王○大時已 315/162/6
通韓○上黨於共、莫 315/162/6
因而關○ 315/162/6
出入者賦○ 315/162/7
韓是魏○縣也 315/162/8
天下○西鄉而馳秦 315/162/9
入朝為臣○日不久 315/162/10
亡趙○始也 317A/162/20
亡虞○始也 317A/162/21
宮○奇諫而不聽 317A/162/21
故《春秋》書○ 317A/162/22
王賢而有聲者相○ 317A/162/22
所以為腹心○疾者 317A/162/23
趙○號也 317A/162/23
魏○虞也 317A/162/23
虞○為也 317A/162/24
願王○熟計○也 317A/162/24
319/164/11,360/178/23
430/208/26
公必且待齊、楚○合也
317B/162/28
今齊、楚○理 317B/162/28
彼翟子○所惡於國者 317B/162/29
魏○受兵 317B/162/30
非秦實首伐○也 317B/162/30
楚惡魏○事王也 317B/162/30
以張子○強 317B/163/1
有秦、韓○重 317B/163/1
齊王惡○ 317B/163/1
今以齊、秦○重 317B/163/2
臣為公患○ 317B/163/2
鈞○出地 317B/163/2
臣意秦王與樗里疾○欲
○也 317B/163/4
臣請為公說○ 317B/163/4
此王○首事也 317B/163/7
無所用○ 317B/163/8
國○大利也 317B/163/9
今公○力有餘守○ 317B/163/10
魏王○所恃者 317B/163/10
欲講攻於齊王兵○辭也
317B/163/11
楚王怒於魏○不用樓子
317B/163/12
怨顏已絕○矣 317B/163/12
魏王○懼也見亡 317B/163/12
公不如按魏○和 317B/163/13
昔竊聞大王○謀出事於
梁 318/163/21
山東○要也 318/163/22
天下○中身也 318/163/23
是示天下要斷山東○脊
也 318/163/23
是山東首尾皆救中身○
時也 318/163/23
臣見秦○必大憂可立而
待也 318/163/24
王不聞湯○伐桀乎 318/163/26
試○弱密須氏以為武教
318/163/26
得密須氏而湯○服桀矣
318/163/26
天下○亡國皆然矣 319/164/6
夫國○所以不可恃者多 319/164/6
或有諸侯鄰國○虞 319/164/7
臣以此知國○不可必恃
也 319/164/8
今王恃楚○強 319/164/9
而信春申君○言 319/164/9
即王有萬乘○國 319/164/10
而以一人○心為命也 319/164/10
攻韓○事 320/164/19
茲公○處重也 321/164/25
是取子○資 321/164/26
而以資子○讎也 321/164/26
王交制○也 322/165/4
以大梁○未亡也 323/165/9
秦攻韓○管 325/165/19
魏王發兵救○ 325/165/19
此魏○福也 325/165/20
王若救○ 325/165/20
必韓○管也 325/165/21
必魏○梁也 325/165/21
遂救○ 325/165/22
不用子○計而禍至 325/165/24
昭忌乃為○見秦王曰 325/165/24
臣聞明主○聽也 325/165/25
山東○從 325/165/26
天下○合也 325/165/27
以王○不必也 325/165/27
以王○必也 325/165/27
今攻韓○管 325/165/27
合天下○從 325/165/28
以為秦○求索 325/165/28
不如齊、趙而構○秦 326/166/3
而構○秦 326/166/4
是并制秦、趙○事也 326/166/4
欲王○東長○待○也 326/166/5
長平○役 327/166/9
秦、趙久相持於長平○
下而無決 327/166/10
秦恐王○變也 327/166/11
王敢責垣雍○割乎 327/166/12
王能令韓出垣雍○割乎
327/166/12
不聽○ 328/166/17
則後王○臣 328/166/18
將皆務事諸侯○能令於
王○上者 328/166/18
秦必輕王○強矣 328/166/19
不若相○ 328/166/19
芮宋欲絕秦、趙○交 329A/166/24
故令魏氏收秦太后○養
地秦王於秦 329A/166/24
故敝邑收○ 329A/166/26
管鼻○令翟強與秦事 330/167/9
鼻○與強 330/167/9
猶晉人○與楚人也 330/167/9
晉人見楚人○急 330/167/9
帶劍而緩○ 330/167/10
楚人惡其緩而急○ 330/167/10
令鼻○入秦○傳舍 330/167/10
舍不足以舍○ 330/167/10
強○入 330/167/10
魏王令○謂秦王曰 332/167/21
魏王見天下○不足恃也
332/167/22
吳慶恐魏王○構於秦也
333/167/27
秦○攻王也 333/167/27

秦○所去 333/167/28
王亦知弱○召攻乎 333/167/29
季梁聞○ 334/168/3
我欲○楚 334/168/4
君○楚 334/168/4
此非楚○路也 334/168/5
334/168/6
恃王國○大 334/168/7
兵○精銳 334/168/7
王○動愈數 334/168/8
王○所求於魏者 335/168/13
張子聞○ 336/168/18
魏王為○謂秦王曰 337/168/23
魏○所以為王通天下者 337/168/23
敝邑○事王 337/168/24
遂約車而遣○ 338/169/1
寡人知魏○急矣 338/169/2
大王已知魏○急而救不至者 338/169/2
是大王籌筴○臣無任矣 338/169/3
且夫魏一萬乘○國 338/169/3
以為秦○強足以為與也 338/169/3
今齊、楚○兵已在魏郊矣 338/169/4
大王○救不至 338/169/4
王雖欲救○ 338/169/5
是亡一萬乘○魏 338/169/5
而強二敵○齊、楚也 338/169/5
竊以為大王籌筴○臣無任矣 338/169/5
齊、楚聞○ 338/169/8
唐且○說也 338/169/8
人○憎我也 339/169/15
人○有德於我也 339/169/15
臣願君○忘○也 339/169/17
吾將仕○以五大夫 340/169/23
請使道使者至縞高○所 340/169/24
復信陵君○命 340/169/24
君○幸高也 340/169/24
亦非君○所喜也 340/169/26
遣大使○安陵曰 340/169/28
安陵○地 340/169/28
願君○生束縮高而致○ 340/169/29
無忌將發十萬○師 340/169/29
以造安陵○城 340/170/1
手受大府○憲 340/170/2
憲○上篇曰 340/170/2
以全父子○義 340/170/3
而君曰『必生致○』 340/170/3
是使我負襄王詔而廢大府○憲也 340/170/3
縮高聞○曰 340/170/6
無為人臣○義矣 340/170/7
乃○使者○舍 340/170/7
臣為王○所得魚也 341/170/15
臣○始得魚也 341/170/16
今臣直欲棄臣前○所得矣 341/170/16
聞臣○得幸於王也 341/170/18
臣亦猶曩臣○前所得魚也 341/170/19
於是布令於四境○內曰 341/170/20
近習○人 341/170/22
今由千里○外 341/170/22
假○得幸 341/170/23
而近習○人相與怨 341/170/23
非用知○術也 341/170/24
棄○不如用○○易也 342/170/28
死○不如棄○○易也 342/170/28
能棄○弗能用○ 342/170/28
能死○弗能棄○ 342/170/29
此人○大過也 342/170/29
是王棄○ 342/171/1
非用○也 342/171/1
今秦○強也 342/171/1
而魏○弱也甚 342/171/1
王又能死而弗能棄○ 342/171/2
今王能用臣○計 342/171/2
秦自四境○內 342/171/5
雖至於門閭○下 342/171/5
廊廟○上 342/171/6
猶○如是也 342/171/6
太后○德王也 342/171/7
王○交最為天下上矣 342/171/8
則王○怨報矣 342/171/9
寡人欲以五百里○地易安陵 343/171/13
願終守○ 343/171/14
寡人以五百里○地易安陵 343/171/15
而君以五十里○地存者 343/171/16
今吾以十倍○地 343/171/17
安陵君受地於先生而守○ 343/171/18
公亦嘗聞天子○怒乎 343/171/19
天子○怒 343/171/19
大王嘗聞布衣○怒乎 343/171/20
布衣○怒 343/171/20
此庸夫○怒也 343/171/21
非士○怒也 343/171/21
夫專諸○刺王僚也 343/171/21
聶政○刺韓傀也 343/171/22
要離○刺慶忌也 343/171/22
皆布衣○士也 343/171/23
長跪而謝○曰 343/171/24
而安陵以五十里○地存者 343/171/25
石溜○地也 344A/172/4
寡人無所用○ 344A/172/4
臣聞一里○厚 344A/172/4
而動千里○權者 344A/172/4
萬人○眾 344A/172/5
至韓○取鄭也 344A/172/6
魏○圍邯鄲也 345/172/15
然未知王○所欲也 345/172/15
此安危○要 345/172/16
國家○大事也 345/172/16
臣請深惟而苦思○ 345/172/16
子皆國○辯士也 345/172/17
申子微視王○所說以言於王 345/172/18
王大說○ 345/172/18
聽子○謁 346/172/23
而廢子○道乎 346/172/23
又亡其行子○術 346/172/23
而廢子○謁乎 346/172/23
韓北有鞏、洛、成皋○固 347/172/28
西有宜陽、常阪○塞 347/172/28
天下○強弓勁弩 347/172/29
皆射六百步○外 347/172/30
韓卒○劍戟 347/173/1
以韓卒○勇 347/173/3
夫以韓○勁 347/173/3
與大王○賢 347/173/4
今茲效○ 347/173/6

即無地以給〇 347/173/6
且夫大王〇地有盡 347/173/6
而秦〇求無已 347/173/7
夫以有盡〇地 347/173/7
而逆無已〇求 347/173/7
夫以大王〇賢 347/173/9
挾強韓〇兵 347/173/9
而有牛後〇名 347/173/9
臣竊為大王羞〇 347/173/9
今主君以楚王〇教詔〇 347/173/12
民〇所食 348A/173/17
無二歲〇所食 348A/173/18
料大王〇卒 348A/173/18
悉〇不過三十萬 348A/173/19
虎摯〇士 348A/173/20
秦馬〇良 348A/173/21
戎兵〇衆 348A/173/21
山東〇卒 348A/173/21
夫秦卒〇與山東〇卒也 348A/173/22
猶孟賁〇與怯夫也 348A/173/23
猶烏獲〇與嬰兒也 348A/173/23
夫戰孟賁、烏獲〇士 348A/173/23
以攻不服〇弱國 348A/173/23
無以異於墮千鈞〇重 348A/173/24
集於鳥卵〇上 348A/173/24
諸侯不料兵〇弱 348A/173/24
食〇寡 348A/173/24
而聽從人〇甘言好辭 348A/173/25
夫不顧社稷〇長利 348A/173/25
而聽須臾〇說 348A/173/26
斷絶韓〇上地 348A/173/27
則鴻臺〇宮 348A/173/27
桑林〇菀 348A/173/27
非王〇有已 348A/173/27
則王〇國分矣 348A/173/28
秦〇所欲 348A/173/29
客幸而教〇 348A/174/5
魏兩用犀首、張儀而西河〇外亡 348B/174/10
今王兩用〇 348B/174/10
則王〇國必危矣 348B/174/12
與〇逐張儀於魏 349/174/16
公仲聞〇 349/174/17
韓使人馳南陽〇地 351/174/26
韓因割南陽〇地 351/174/26
臣恐山東〇無以馳割事王者矣 351/174/28
臣請為君止天下〇攻市丘 352/175/4
王令〇勿攻市丘 352/175/8
且聽王〇言而不攻市丘 352/175/9
且反王〇言而攻市丘 352/175/9
然則王〇輕重必明矣 352/175/9
公以八百金請伐人〇與國 353/175/14
公叔〇攻楚也 353/175/15
以幾瑟〇存焉 353/175/16
令昭獻轉而與〇處 353/175/16
公叔〇讎也 353/175/17
公叔〇人也 353/175/17
秦王聞〇 353/175/17,440/217/9
鄭彊〇走張儀於秦 354/175/22
曰儀〇使者 354/175/22
必〇楚矣 354/175/22
公留儀〇使者 354/175/22
張儀使人致上庸〇地 354/175/23
得〇 355/175/28
天下惡〇 355/175/29
收韓、趙〇兵以臨魏 356A/176/4
楚必敗〇 356A/176/5
公仲以宜陽〇故 356B/176/9
秦王固疑甘茂〇以武遂解於公仲也 356B/176/9
今秦〇心欲伐楚 357/176/15
賂〇以一名都 357/176/16
與〇伐楚 357/176/16
此以一易二〇計也 357/176/16
乃儆公仲〇行 357/176/17
楚王聞〇大恐 357/176/19
召陳軫而告〇 357/176/19
秦〇欲伐我久矣 357/176/19
今又得韓〇名都一而具甲 357/176/19
今已得〇矣 357/176/20
為〇儆四境〇內選師 357/176/21
使信王〇救己也 357/176/21
是我困秦、韓〇兵 357/176/24
而免楚國〇患也 357/176/24
乃儆四境〇內選師 357/176/26
已悉起〇矣 357/176/27
恃楚〇虛名 357/177/1
輕絶強秦〇敵 357/177/1
且楚、韓非兄弟〇國也 357/177/1
此必陳軫〇謀也 357/177/2
夫輕強秦〇禍 357/177/3
而信楚〇謀臣 357/177/3
王必悔〇矣 357/177/3
韓氏〇兵非削弱也 357/177/6
顏率謂公仲〇謁者曰 358/177/11
率且正言〇而已矣 358/177/13
公仲〇謁者以告公仲 358/177/13
公仲遽起而見〇 358/177/13
願公〇熟計〇也 359/177/19
子為我謁〇 359/177/19
秦、韓〇交可合也 359/177/21
今王〇愛習公也 359/177/22
彼有以失〇也 359/177/23
公何以異〇 359/177/24
人皆言楚〇多變也 359/177/24
而公必〇 359/177/25
善韓以備〇 359/177/25
公〇讎也 359/177/26
反宜陽〇民 359/177/29
今公徒令收〇 359/177/29
此乃韓〇寄地也 359/178/2
公求而得〇 359/178/2
是韓、楚〇怨不解 359/178/3
收楚、韓以安〇 359/178/5
而誅齊、魏〇罪 359/178/5
是以公孫郝、甘茂〇無事也 359/178/5
願公〇聽臣言也 360/178/9
楚、趙皆公〇讎也 360/178/10
臣恐國〇以此為患也 360/178/11
願公〇復求中立於秦也 360/178/11
秦王以公孫郝為黨於公而弗〇聽 360/178/13
行願〇為秦王臣也公 360/178/14
今王聽公孫郝以韓、秦〇兵應齊而攻魏 360/178/16
以韓、秦〇兵據魏而攻齊 360/178/18
齊王言救魏以勁〇 360/178/19
此惠王〇願也 360/178/20
以韓、秦〇兵據魏以郄齊 360/178/21
此武王〇願也 360/178/21
最秦〇大急也 360/178/22

王○大患也 360/178/22
齊、楚○交善秦 361/178/27
王使景鯉○秦 361/178/27
鯉與於秦、魏○遇 361/178/28
臣賀鯉○與於遇也 361/179/1
秦、魏○遇也 361/179/1
齊無以信魏○合己於秦而攻於楚也 361/179/2
齊又畏楚○有陰於秦、魏也 361/179/2
故鯉○與於遇 361/179/3
王○大資也 361/179/3
魏○絕齊於楚明矣 361/179/3
齊、楚信○ 361/179/3
非馬○任也 362/179/10
則豈楚○任也哉 362/179/11
且非楚○任 362/179/11
而楚為○ 362/179/11
王儆四彊○內 363/179/16
十日○內 363/179/16,363/179/18
王因取其游○舟上擊○ 363/179/16
臣為王○楚 363/179/17
春申君聞○ 363/179/17
數萬○眾 363/179/18
秦使聞○ 363/179/18
而君用○弱 364/179/23
今秦欲踰兵於澠隘○塞 364/179/24
臣○所見者 364/179/25
秦、楚關○日也已 364/179/26
諸侯錮○ 365/180/3
明○反也 365/180/4
今四國錮○ 365/180/4
亦甚患○ 365/180/5
此方其為尾生○時也 365/180/5
韓○於秦也 366/180/10
願大王○熟計○ 366/180/11
獨尚子○言是 366/180/11
先王以其髀加妾○身 366/180/12
盡置其身妾○上 366/180/12
夫救韓○危 366/180/14
韓○急緩莫不知 366/180/17
如此則伐秦○形成矣 366/180/23
孰與伐人○利 366/180/23
秦王○言曰 367/180/29
秦王必祖張儀○故謀 367/181/1
秦取西河○外以歸 367/181/3
楚陰得秦○不用也 367/181/4
塞三川而守○ 367/181/5
司馬康三反○郢矣 367/181/6
是公○所以外者儀而已 367/181/8
其實猶○不失秦也 367/181/9
公叔爭○而不聽 368/181/13
公不若順○ 368/181/14
楚、趙惡○ 368/181/15
趙聞○ 368/181/15,410/195/11
楚聞○ 368/181/15
錡宣○教韓王取秦 369/181/20
言○楚 369/181/20
三川○言曰 369/181/21
韓王○心 369/181/21
令韓王知王○不取三川也 369/181/21
襄陵○役 370/181/26
而楚、魏皆德公○國矣 370/181/26
請為子起兵以○魏 370/181/27
而資○以秦 371/182/4
而不患楚○能揚河外也 372/182/9
是令得行於萬乘○主也 372/182/10
楚○縣而已 372/182/11
是秦、韓○怨深 372/182/11
而輕陽侯○波 373/182/16
是塞漏舟而輕陽侯○波也 373/182/17
願公○察也 373/182/17
周最患○ 374/182/21
公叔○與周君交也 374/182/21
臣竊強○ 374/182/25
臣○強○也 374/182/26
叱○必噬人 374/182/27
客有請叱○者 374/182/27
疾視而徐叱○ 374/182/27
復叱○ 374/182/27
犬遂無噬人○心 374/182/28
而以不得已○故來使 374/182/28
其使○必疾 374/182/30
言○必急 374/182/30
則鄭王必許○矣 374/182/30
臣○矯與○ 375/183/4
戰○於國中必分 376/183/11
尚何足以圖國○全為 376/183/11
楚善○ 377/183/16
王為我逐幾瑟以窮○ 377/183/16
太子○重公也 378/183/21
冀太子○用事也 378/183/22
固欲事○ 378/183/22
太子外無幾瑟○患 378/183/22
幾瑟○能為亂也 379/183/27
今公殺○ 379/183/28
韓大夫知王○老而太子定 379/183/28
必陰事○ 379/183/28
伯嬰外無秦、楚○權 379/183/30
內無父兄○眾 379/183/30
公叔、伯嬰恐秦、楚○內幾瑟也 380/184/3
則公叔、伯嬰必知秦、楚○不以幾瑟為事也 380/184/4
公挾秦、楚○重 380/184/6
胡衍○出幾瑟於楚也 381/184/11
幾瑟亡○楚 382/184/17
楚將收秦而復○ 382/184/17
今幾瑟亡○楚 382/184/17
楚又收秦而復○ 382/184/18
幾瑟入鄭○日 382/184/18
楚○縣邑 382/184/18
公不如令秦王賀伯嬰○立也 382/184/18
楚王欲復○甚 383A/184/23
令楚兵十餘萬在方城○外 383A/184/23
臣請令楚築萬家○都於雍氏○旁 383A/184/23
韓必起兵以禁○ 383A/184/24
公因以楚、韓○兵奉幾瑟而內○鄭 383A/184/24
景鯉患○ 383B/184/29
是太子反棄○ 383B/184/30
周欲以車百乘重而送○ 383C/185/3
恐韓咎入韓○不立也 383C/185/3
不如以百金從○ 383C/185/4
治列子圉寇○言 384/185/9
謂○鵲 384/185/12
謂○烏 384/185/12
今王○國有柱國、令尹、司馬、典令 384/185/13
舉韓傀○過 385/185/18

韓傀以○叱○於朝 385/185/18
嚴遂拔劍趨○ 385/185/19
避仇隱於屠者○間 385/185/21
以意厚○ 385/185/22
吾得為役○日淺 385/185/22
義不敢當仲子○賜 385/185/25
特以為夫人麤糲○費 385/185/26
以交足下○驩 385/185/27
然仲子卒備賓主○禮而去 385/185/29
久○ 385/186/1
440/215/28,440/216/4
政乃市井○人 385/186/1
而嚴仲子乃諸侯○卿相也 385/186/1
臣○所以待○至淺鮮矣 385/186/2
夫賢者以感忿睚眥○意 385/186/3
而親信窮僻○人 385/186/4
臣○仇韓相傀 385/186/8
傀又韓君○季父也 385/186/8
臣使人刺○ 385/186/9
今殺人○相 385/186/10
相又國君○親 385/186/10
韓適有東孟○會 385/186/14
聶政刺○ 385/186/15
縣購○千金 385/186/16
久○莫知誰子 385/186/17
政姊聞○ 385/186/19
不可愛妾○軀 385/186/19
滅吾弟○名 385/186/19
乃○韓 385/186/19
視○曰 385/186/20
氣矜○隆 385/186/20
夫愛身不揚弟○名 385/186/21
乃抱屍而哭○曰 385/186/21
晉、楚、齊、衛聞○曰 385/186/24
非獨政○能 385/186/24
聶政○所以名施於後世者 385/186/24
其姊不避菹醢○誅 385/186/25
夫攣子○相似者 386/187/3
唯其母知○而已 386/187/3
利害○相似者 386/187/3
唯智者知○而已 386/187/3
其利害○相似 386/187/4
正如攣子○相似也 386/187/4
得以其道為○ 386/187/4
今秦、魏○和成 386/187/5
而非公適束○ 386/187/5
令用事於韓以完○ 386/187/7
今公與安成君為秦、魏○和 386/187/7
秦、魏○和成 386/187/8
而公適束○ 386/187/8
是韓為秦、魏○門戶也 386/187/8
操右契而為公責德於秦、魏○主 386/187/9
公○事也 386/187/9
公○下服 386/187/10
願公○無疑也 386/187/12
願公○行○也 387/187/17
合離○相續 387/187/18
此君國長民○大患也 387/187/19
天下隨○ 387/187/19
秦○德韓也厚矣 387/187/19
公行○計 387/187/20
387/187/22,387/187/24
韓○重於兩周也無計 387/187/23
而秦○爭機也 387/187/23
萬於周○時 387/187/24
願公○加務也 387/187/25
韓珉○攻宋 388/188/1
以韓○強 388/188/1
輔○以宋 388/188/1
此韓珉○所以禱於秦也 388/188/2
吾固患韓○難知 388/188/3
中國白頭游敖○士 388/188/5
皆積智欲離秦、韓○交 388/188/5
皆不欲韓、秦○合者何也 388/188/6
秦○欲伐韓 389/188/12
甚唯寐忘○ 389/188/13
秦○欲攻梁也 389/188/13
恐梁○不聽也 389/188/14
故欲病○以固交也 389/188/14
梁必怒於韓○不與己 389/188/14
不如急發重使○趙、梁 389/188/15
使山東皆以銳師戍韓、梁○西邊 389/188/16
秦○欲并天下而王○也 389/188/16
事○雖如子○事父 389/188/17
猶將亡○也 389/188/17
389/188/17,389/188/18
雖善事○無益也 389/188/18
一世○明君也 390/188/23
一世○賢士也 390/188/23
韓與魏敵侔○國也 390/188/23
申不害○計事 390/188/24
是我免於一人○下 390/188/26
而信於萬人○上也 390/188/26
夫弱魏○兵 390/188/26
而重韓○權 390/188/26
昭釐侯聽而行○ 390/188/27
申不害慮事而言○ 390/188/27
今○韓弱於始○韓 390/188/27
而今○秦強於始○秦 390/188/27
今秦有梁君○心矣 390/188/28
臣竊以為王○明為不如昭釐侯 390/188/28
而王○諸臣忠莫如申不害也 390/188/29
大○不王 390/189/2
小○不霸 390/189/2
昔先王○攻 390/189/3
保於會稽○上 390/189/5
吳人入越而戶撫○ 390/189/5
反以越事吳○禮事越 390/189/7
臣竊以為猶○井中而謂曰 390/189/9
東孟○會 391/189/14
許異蹴哀侯而殪○ 391/189/14
韓氏○眾無不聽令者 391/189/14
則許異為○先也 391/189/15
而韓氏○尊許異也 391/189/15
雖終身相○焉 391/189/16
未嘗不以周襄王○命 391/189/17
九合○尊桓公也 391/189/18
韓氏○士數十萬 391/189/19
諸侯○君 391/189/20
今強國將有帝王○舋 391/189/20
此桓公、許異○類也 391/189/21
夫先與強國○利 391/189/21
則我必為○霸 391/189/22
使○無伐我 391/189/22
強國○事不成 391/189/23
猶○厚德我也 391/189/23
強國○事成則有福 391/189/23
聖人○計也 391/189/24

足強為○說韓王曰 392/189/28
王於是召諸公子役於三川者而歸○ 392/189/29
計○ 393/190/3
美人○買貴 393/190/4
故秦買○三千金 393/190/4
秦反得其金與韓○美人 393/190/4
韓○美人因言於秦曰 393/190/5
而韓○疏秦不明 393/190/6
張丑○合齊、楚講於魏也 394/190/11
今公疾攻魏○運 394/190/11
攻運而取○易矣 394/190/12
則魏且內○ 394/190/12
則蓋觀公仲○攻也 394/190/13
人○所以善扁鵲者 395/190/18
則人莫○為○也 395/190/18
願君○熟計○也 395/190/19
公仲使韓珉○秦求武隧 396A/190/24
而恐楚○怒也 396A/190/24
韓○事秦也 396A/190/24
非弊邑○所憎也 396A/190/25
今韓○父兄得眾者毋相 396A/190/26
吾欲以國輔韓珉而相○可乎 396A/190/26
而使○主韓、楚○事 396A/190/27
韓相公仲珉使韓侈○秦 396B/191/3
魏○使者謂後相韓辰曰 396B/191/4
秦王仕○ 396B/191/4
秦○仕韓侈也 396B/191/5
韓侈○秦 396B/191/5
又奚為挾○以恨魏王乎 396B/191/6
韓辰患○ 396B/191/6
將聽○矣 396B/191/6
何意寡人如是○權也 396B/191/7
召韓侈而仕○ 396B/191/7
韓珉○議 396C/191/11
秦勢能詘○ 396C/191/12
秦○強 396C/191/12
首○者 396C/191/12
進齊、宋○兵至首坦 396C/191/12
以為成而過南陽○道 396C/191/13
張儀○貴 396C/191/15
公孫郝○貴 396C/191/15
則群臣○賢不肖 396C/191/16
王○明一也 396C/191/17
則諸侯○情偽可得而知也 396C/191/18
王○明二也 396C/191/19
王猶攻○也 396C/191/19
王猶校○也 396C/191/20
群臣○知 396C/191/20
無幾於王○明者 396C/191/20
臣故願公仲○國以侍於王 396C/191/20
大怒於周○留成陽君也 397/191/25
所入○國 397/191/26
因用○乎 397/191/26
楚王善○ 397/191/27
今公因逐○ 397/191/27
且明公○不善於天下 397/191/27
天下○不善公者 397/191/27
且收○ 397/191/28
齊、秦非重韓則賢君○行也 398/192/3
是棘齊、秦○威而輕韓也 398/192/4
山陽君因使○楚 398/192/4
為一宿○行 399/192/10
是何以為公○王使乎 399/192/11
大敗趙、魏於華陽○下 399/192/13
楚○齊者知西不合於秦 400/192/17
不如先收於楚○齊者 400/192/19
楚○齊者先務以楚合於齊 400/192/19
周成恢為○謂魏王曰 401/192/24
周必寬而反○ 401/192/24
王何不為○先言 401/192/24
而還○者魏也 401/192/25
豈如道韓反○哉 401/192/26
而韓王失○也 401/192/26
亦因請復○ 401/192/26
西周讎○ 402/193/3
東周寶○ 402/193/3
王何不召○ 402/193/4
以為三川○守 402/193/4
西周惡○ 402/193/4
必效先王○器以止王 402/193/5
韓王必為○ 402/193/5
西周聞○ 402/193/5
必解子○罪 402/193/5
以止子○事 402/193/5
安邑○御史死 403/193/9
輸人為○謂安令曰 403/193/9
因遽置○ 403/193/10
魏王為九里○盟 404/193/14
勿聽○也 404/193/14
而小國利○ 404/193/14
魏安能與小國立○ 404/193/15
國形有○而存 405/193/19
無○而亡者 405/193/19
今君○輕韓熙者 405/193/20
秦見君○交反善於楚、魏也 405/193/20
蔡、邵○道不通矣 405/193/21
願君察○也 406/193/27
王良○弟子駕 407/194/3
遇造父○弟子 407/194/3
造父○弟子曰 407/194/3
千里○馬也 407/194/4
千里○服也 407/194/4
萬分○一也 407/194/5
而難千里○行 407/194/5
於秦亦萬分○一也 407/194/6
南有碣石、鴈門○饒 408/194/12
北有棗粟○利 408/194/12
棗粟○實 408/194/12
不見覆軍殺將○憂 408/194/13
夫燕○所以不犯寇被兵者 408/194/14
以趙○為蔽於南也 408/194/14
此燕○所以不犯難也 408/194/15
且夫秦○攻燕也 408/194/15
秦○不能害燕亦明矣 408/194/16
今趙○攻燕也 408/194/16
而數十萬○眾 408/194/17
秦○攻燕也 408/194/18
戰於千里○外 408/194/18
趙○攻燕也 408/194/18
戰於百里○內 408/194/18
夫不憂百里○患 408/194/19
而重千里○外 408/194/19
今主君幸教詔○ 408/194/22

今君○齊 409/194/28
且燕亡國○餘也 409/195/2
不善亦取○ 409/195/3
齊宣王因燕喪攻○ 411/195/16
此一何慶弔相隨○速也 411/195/19
人○飢所以不食烏喙者 411/195/22
強秦○少婿也 411/195/22
以招天下○精兵 411/195/23
此食烏喙○類也 411/195/24
聖人○制事也 411/195/28
莫如歸燕○十城 411/195/29
秦知王以己○故歸燕城也 411/195/30
且夫燕、秦○俱事齊 411/195/31
此霸王○業矣 411/195/32
王以萬乘下○ 412/196/5
尊○於廷 412/196/5
臣東周○鄙人也 412/196/8 415/197/27
見足下身無咫尺○功 412/196/8
臣○不信 412/196/10
是足下○福也 412/196/10
三者天下○高行 412/196/11
足下安得使○○齊 412/196/14
汙武王○義而不臣焉 412/196/15
辭孤竹○君 412/196/15
餓而死於首陽○山 412/196/15
而事弱燕○危主乎 412/196/16
何肯楊燕、秦○威於齊而取大功乎哉 412/196/16
皆自覆○術 412/196/17
非進取○道也 412/196/18
不窺於邊城○外 412/196/19
去自覆○術 412/196/20
而謀進取○道 412/196/20
臣○趍固不與足下合者 412/196/20
足下皆自覆○君也 412/196/20
僕者進取○臣也 412/196/20
又何罪○有也 412/196/23
其私○者憂○ 412/196/25
吾已為藥酒以待○矣 412/196/26
妻使妾奉卮酒進○ 412/196/26
進○則殺主父 412/196/27
言○則逐主母 412/196/27
主父大怒而笞○ 412/196/27
臣○事 412/196/29
適不幸而有類妾○棄酒也 412/196/29
且臣○事足下 412/196/29
且臣○說齊 412/196/30
曾不欺○也 412/196/30
使○說齊者 412/196/30
莫如臣○言也 412/196/30
雖堯、舜○智 412/196/31
大王○所親 413/197/3
約與代王遇於句注○塞 413/197/4
令○可以擊人 413/197/4
即因反斗擊○ 413/197/5
因反斗而擊○ 413/197/6
其姊聞○ 413/197/6
故至今有摩笄○山 413/197/6
夫趙王○狼戾無親 413/197/9
大王○所明見知也 413/197/9
則易水、長城非王○有也 413/197/11
且今時趙○於秦 413/197/11
是西有強秦○援 413/197/12
而南無齊、趙○患 413/197/13
獻常山○尾五城 413/197/16
留○數月 414/197/20
湯○伐桀 414/197/21
今燕客○言曰 414/197/21
猶為○也 414/197/22
因見燕客而遣○ 414/197/22
其弟蘇代欲繼○ 415/197/27
觀王○群臣下吏 415/197/29
大王天下○明主也 415/197/29
子○所謂天下○明主者 415/197/31
臣請謁王○過 415/198/1
王○仇讎也 415/198/1
王○援國也 415/198/2
寡人○於齊、趙也 415/198/5
夫無謀人○心 415/198/7
而令人疑○ 415/198/7
有謀人○心 415/198/7
而令人知○ 415/198/7
子聞○ 415/198/11
而欲報○二年矣 415/198/11
故寡人○所欲伐也 415/198/12
則寡人奉國而委○於子矣 415/198/12
凡天下○戰國七 415/198/15
且苟所附○國重 415/198/16
而又以其餘兵南面而舉五千乘○勁宋 415/198/18
此其君○欲得也 415/198/18
而亡國○臣貪於財 415/198/26
此乃亡○○勢也 415/198/31
蘇秦○在燕也 416A/199/3
與其相子○為婚 416A/199/3
而蘇代與子○交 416A/199/3
子○相燕 416A/199/6
燕王問○曰 416A/199/7
蘇代欲以激燕王以厚任子○也 416A/199/8
於是燕王大信子○ 416A/199/8
子○因遺蘇代百金 416A/199/8
不如以國讓子○ 416A/199/11
有讓天下○名 416A/199/12
今王以國讓相子○ 416A/199/12
子○必不敢受 416A/199/12
燕王因舉國屬子○ 416A/199/13
子○大重 416A/199/13
傳○益也 416A/199/15
啓與支黨攻益而奪○天下 416A/199/15
其實令啓自取○ 416A/199/16
今王言屬國子○ 416A/199/16
是名屬子○ 416A/199/17
王因收印自三百石吏而效○子○ 416A/199/17
子○南面行王事 416A/199/18
國事皆決子○ 416A/199/18
子○三年 416A/199/20
將攻子○ 416A/199/20
因而仆○ 416A/199/21
寡人聞太子○義 416A/199/21
飭君臣○義 416A/199/22
正父子○位 416A/199/22
寡人○國小 416A/199/22
則唯太子所以令○ 416A/199/22
攻子○ 416A/199/24
此文、武○時 416A/199/27
王因令章子將五都○兵 416A/199/27
以因北地○眾以伐燕 416A/199/28
子○亡 416A/199/28

燕相子〇與蘇代婚 416B/200/6
於是燕王專任子〇 416B/200/7
殺王噲、子〇 416B/200/8
齊善待〇 416B/200/9
非魏〇利也 417/200/15
伐齊〇形成矣 417/200/16
於是出蘇伐〇宋 417/200/16
宋善待〇 417/200/16
齊因孤國〇亂 418/200/21
以雪先王〇恥 418/200/22
孤〇願也 418/200/22
詘指而事〇 418/200/24
則廝役〇人至 418/200/26
則徒隸〇人至矣 418/200/27
此古服道致士〇法也 418/200/27
王誠博選國中〇賢者 418/200/27
天下〇士必趨於燕矣 418/200/28
臣聞古〇君人 418/200/30
請求〇 418/201/1
君遣〇 418/201/1
死馬且買〇五百金 418/201/3
千里〇馬至者三 418/201/4
於是昭王為隗築宮而師〇 418/201/7
齊城〇不下者 418/201/10
秦齊助〇伐宋 419/201/15
皆國〇大敗也 419/201/15
而足下行〇 419/201/16
然則足下〇事齊也 419/201/17
又無尺寸〇功 419/201/17
強萬乘〇國也 419/201/18
而齊并〇 419/201/18, 419/201/19
加〇以魯、衛 419/201/18
此所謂強萬乘〇國也 419/201/19
夫一齊〇強 419/201/19
臣聞知者〇舉事也 419/201/22
則莫如遙伯齊而厚尊〇 419/201/24
盡焚天下〇秦符 419/201/24
其次長賓〇秦 419/201/25
秦王必患〇 419/201/25
秦王〇志 419/201/26
然而王何不使布衣〇人 419/201/26
以窮齊〇說說秦 419/201/27
燕、趙破宋肥齊尊齊而為〇下者 419/201/27

燕、趙非利〇也 419/201/27
弗利而勢為〇者 419/201/28
則秦伐〇 419/201/30
則燕、趙伐〇 419/201/30
而歸楚〇淮北 419/202/1
歸楚〇淮北 419/202/2
燕、趙〇所同利也 419/202/2
燕、趙〇所同願也 419/202/2
則燕、趙〇棄齊也 419/202/3
今王〇不收燕、趙 419/202/3
而王從〇 419/202/4
聖王〇事也 419/202/7
子〇〇亂 419/202/9
復善待〇 419/202/10
臣且處無為〇事 420/202/16
歸耕乎周〇上地 420/202/16
耕而食〇 420/202/16
織而衣〇 420/202/16
則不過不竊人〇財耳 420/202/18
自完〇道也 420/202/19
非進取〇術也 420/202/19
則臣亦〇周負籠耳 420/202/22
何為煩大王〇廷耶 420/202/22
曩者使燕毋去周室〇上 420/202/23
先量其國〇大小 420/202/24
而揆其兵〇強弱 420/202/24
不先量其國〇大小 420/202/25
不揆其兵〇強弱 420/202/25
今王有東嚮伐齊〇心 420/202/26
而愚臣知〇 420/202/26
子何以知〇 420/202/28
是以愚臣知〇 420/202/28
今夫烏獲舉千鈞〇重 420/202/28
足下以愛〇故與 420/203/2
則何不與愛子與諸舅、叔父、負床〇孫 420/203/2
而乃以與無能〇臣 420/203/2
王〇論臣 420/203/3
今臣〇所以事足下者 420/203/3
恐以忠信〇故 420/203/3
昔周〇上地嘗有〇 420/203/6
子〇丈夫來 420/203/7
於是因令其妾酌藥酒而進〇 420/203/8
其妾知〇 420/203/9
寧佯躓而覆〇 420/203/10

於是因佯僵而仆〇 420/203/10
為子〇遠行來〇 420/203/11
今妾奉而仆〇 420/203/11
縛其妾而笞〇 420/203/11
萬乘〇主 420/203/13
十乘〇家 420/203/13
疋夫徒步〇士 420/203/13
而又況於當世〇賢主乎 420/203/13
願足下〇無制於群臣也 420/203/14
〇男家曰『女美』 421/203/19
〇女家曰『男富』 421/203/19
然而周〇俗 421/203/19
秦〇行暴於天下 422/203/28
蜀地〇甲 422/203/28
漢中〇甲 422/203/29
王乃待天下〇攻函谷 422/203/30
楚王為是〇故 422/203/31
決宿胥〇口 422/204/6
恐齊救〇 422/204/9
王苟能破宋有〇 422/204/10
寡人如自得〇 422/204/10
恐天下救〇 422/204/13
必伐〇 422/204/14
必亡〇 422/204/14
寡人如自有〇 422/204/18
龍賈〇戰 422/204/25
岸門〇戰 422/204/25
封陸〇戰 422/204/25
高商〇戰 422/204/25
趙莊〇戰 422/204/25
秦〇所殺三晉〇民數百萬 422/204/26
皆死秦〇孤也 422/204/26
西河〇外、上雒〇地、三川 422/204/26
晉國〇禍 422/204/27
三晉〇半 422/204/27
而燕、趙〇秦者 422/204/27
此臣〇所大患 422/204/28
而天下由此宗蘇氏〇從約 422/205/1
因〇燕 423/205/7
令齊守趙〇質子以甲者 423/205/8
果以守趙〇質子以甲 423/205/9
臣故知入齊〇有趙累也

423/205/10
出為○以成所欲 423/205/10
今召○矣 424/205/16
今封而相○ 424/205/17
見○知無厲 424/205/18
今賢○兩○ 424/205/18
奉陽君○怒甚矣 424/205/20
如齊王王○不信趙 424/205/20
因是而倍○ 424/205/20
不以今時大紛○ 424/205/20
故齊、趙○合苟可循也 424/205/21
是臣○患也 424/205/23
臣必勉○而求死焉 424/205/24
堯、舜○賢而死 424/205/24
禹、湯○知而死 424/205/24
孟賁○勇而死 424/205/24
生○物固有不死者乎 424/205/25
在必然○物以成所欲 424/205/25
臣以為不若逃而去○ 424/205/27
而為○取秦 424/205/27
深結趙以勁○ 424/205/27
臣雖為○累燕 424/205/28
蘇子怒於燕王○不以吾故 424/205/28
故臣雖為○不累燕 424/206/1
伊尹再逃湯而○桀 424/206/2
再逃桀而○湯 424/206/2
果與鳴條○戰 424/206/2
伍子胥逃楚而○吳 424/206/2
果與伯舉○戰 424/206/3
而報其父○讎 424/206/3
桓公○難 424/206/4
陽虎○難 424/206/4
趙劫○求地 424/206/5
外孫○難 424/206/5
敗○ 424/206/8
人莫○知 425/206/12
欲賣○ 425/206/13
願子還而視○ 425/206/13
去而顧○ 425/206/14,425/206/14
臣請獻一朝○賈 425/206/14
伯樂乃還而視○ 425/206/14
入言○王而見○ 425/206/16
臣請為王弱○ 426/206/22
燕○攻齊也 426/206/24
夫以蘇子○賢 426/206/25
今寡人發兵應○ 426/206/26
願子為寡人為○將 426/206/27
臣○於兵 426/206/27
何足以當○ 426/206/27
是敗王○兵 426/206/28
臣有斧質○罪 426/207/2
此寡人○過也 426/207/3
此非兵○過 426/207/5
王復使蘇子應○ 426/207/6
蘇子先敗王○兵 426/207/6
破○ 426/207/9
臣○行也 427/207/13
臣○所重處重卵也 427/207/15
與○言曰 427/207/17
去燕○齊可也 427/207/17
齊、趙○交 427/207/18
齊○信燕也 427/207/19
今王信田伐與參、去疾○言 427/207/19
王苟欲用○ 427/207/21
則臣請為王事○ 427/207/21
將令燕王○弟為質於齊 428/207/26
太后聞○大怒曰 428/207/26
陳公不能為人○國 428/207/26
子其待○ 428/207/29
賴得先王鴈鶩○餘食 428/208/1
憂公子○且為質於齊也 428/208/1
人主○愛子也 428/208/4
不如布衣○甚也 428/208/4
以為人○終也 428/208/5
今王○以公子為質也 428/208/6
且以為公子功而封○也 428/208/7
臣是以知人主○不愛丈夫子獨甚也 428/208/7
太后千秋○後 428/208/8
老婦不知長者○計 428/208/11
昭王召而謂○曰 429/208/15
子必爭○ 429/208/16
爭○而不聽 429/208/16
子因去而○齊 429/208/16
然而常獨欲有復收○○志若此也 429/208/17
趙將伐○ 430/208/21
楚使將軍○燕 430/208/21
伍子胥、宮○奇不用 430/208/22
燭○武、張孟談受大賞 430/208/22
是故謀者皆從事於除患○道 430/208/22
今王○伐燕也 430/208/24
伐○未必勝 430/208/24
而強秦將以兵承王○西 430/208/25
是使弱趙居強吳○處 430/208/25
而使強秦處弱越○所以霸也 430/208/25
燕昭王聞○ 430/208/28
乃封○以地 430/208/28
昌國君樂毅為燕昭王合五國○兵而攻齊 431/209/3
盡郡縣○以屬燕 431/209/3
而使騎劫代○將 431/209/4
懼趙用樂毅承燕○弊以伐燕 431/209/5
且謝○曰 431/209/8
報先王○讎 431/209/8
寡人豈敢一日而忘將軍○功哉 431/209/9
寡人○使騎劫代將軍者 431/209/10
而亦何以報先王○所以遇將軍○意乎 431/209/11
不能奉承先王○教 431/209/14
以順左右○心 431/209/14
恐抵斧質○罪 431/209/14
以傷先王○明 431/209/15
而又害於足下○義 431/209/15
自負以不肖○罪 431/209/15
今王使使者數○罪 431/209/16
臣恐侍御者○不察先王○所以畜幸臣○理 431/209/16
而又不白於臣○所以事先王○心 431/209/16
臣聞賢聖○君 431/209/19
功多者授○ 431/209/19
能當○者處○ 431/209/19
成功○君也 431/209/20
立名○士也 431/209/20
臣以所學者觀○ 431/209/20
先王○舉錯 431/209/21
有高世○心 431/209/21
擢○乎賓客○中 431/209/21
而立○乎群臣○上 431/209/22

先王命○曰 431/209/25
夫齊霸國○餘教也 431/209/25
而驟勝○遺事也 431/209/26
王若欲攻○ 431/209/26
則必舉天下而圖○ 431/209/26
舉天下而圖○ 431/209/27
楚、魏○所同願也 431/209/27
四國攻○ 431/209/28
以天○道 431/209/29
先王○靈 431/209/29
河北○地 431/209/29
隨先王舉而有○於濟上 431/209/29
濟上○軍 431/209/30
大勝○ 431/209/30
薊丘○植 431/210/2
故裂地而封○ 431/210/3
使○得比乎小國諸侯 431/210/3
臣聞賢明○君 431/210/6
蚤知○士 431/210/6
若先王○報怨雪恥 431/210/7
夷萬乘○強國 431/210/7
收八百歲○蓄積 431/210/7
及至棄群臣○日 431/210/7
餘令詔後嗣○遺義 431/210/7
執政任事○臣 431/210/8
賜○鴟夷而浮○江 431/210/11
故吳王夫差不悟先論○可以立功 431/210/11
子胥不蚤見主○不同量 431/210/12
以明先王○迹者 431/210/12
臣○上計也 431/210/13
離毀辱○非 431/210/13
墮先王○名者 431/210/13
臣○所大恐也 431/210/13
臨不測○罪 431/210/13
義○所不敢出也 431/210/14
臣聞古○君子 431/210/16
忠臣○去也 431/210/16
恐侍御者○親左右○說 431/210/17
而不察疏遠○行也 431/210/17
唯君○留意焉 431/210/17
萬世○善計 432/210/22
此臣○所為山東苦也 432/210/23
432/211/2
比目○魚 432/210/26
故古○人稱○ 432/210/26
是山東○知不如魚也 432/210/27
又譬如車士○引車也 432/210/27
今山東○相與也 432/211/1
秦○兵至 432/211/1
智又不如胡、越○人矣 432/211/1
人○所能為也 432/211/2
山東○主遂不悟 432/211/2
願大王○熟慮○也 432/211/3
○主者不卑名 432/211/5
○國者可長存 432/211/5
○卒者出士以戍韓、梁○西邊 432/211/5
此燕○上計也 432/211/6
趙見秦○伐楚也 432/211/7
約戍韓、梁○西邊 432/211/8
用韓、魏○兵 433/211/15
433/211/20
燕、趙○眾 433/211/15
433/211/20
臣聞當世○舉王 433/211/20
鑄諸侯○象 433/211/21
此天下○無道不義 433/211/22
中國膏腴○地 433/211/22
鄰民○所處也 433/211/23
伐○ 433/211/23
燕王聞○ 433/211/26,439/214/5
率天下○兵以伐齊 433/211/26
因其強而強○ 433/211/27
因其廣而廣○ 433/211/27
漁者得而并禽○ 434/212/5
臣恐強秦○為漁父也 434/212/6
故願王○熟計○也 434/212/6
燕無以決○ 435/212/11
今魏○辭倨而幣薄 435/212/13
楚王使景陽將而救○ 436/212/17
取○以與宋 436/212/20
齊師怪○ 436/212/21
以為燕、楚與魏謀○ 436/212/21
燕王欲殺○ 437/212/26
王欲得○ 437/212/27
今我已亡○矣 437/212/27
我且言子○奪我珠而吞○ 437/212/27
刳子腹及子○腸矣 437/212/28
夫欲得○君 437/212/28
境吏恐而赦○ 437/212/29
四達○國也 438/213/4
吾以倍攻○ 438/213/5
則寡人○不肖明矣 438/213/10
君試論○ 438/213/11
君○於先王也 438/213/12
世○所明知也 438/213/12
寡人望有非則君掩蓋○ 438/213/12
不虞君○明罪○也 438/213/12
438/213/13
望有過則君教誨○ 438/213/13
且寡人○罪 438/213/13
恐君○未盡厚也 438/213/14
以故掩人○邪者 438/213/15
厚人○行也 438/213/15
救人○過者 438/213/15
仁者○道也 438/213/15
世有掩寡人○邪 438/213/16
救寡人○過 438/213/16
非君心所望○ 438/213/16
今使寡人任不肖○罪 438/213/18
而君有失厚○累 438/213/18
於為君擇○也 438/213/18
無所取○ 438/213/18
國○有封疆 438/213/18
猶家○有垣牆 438/213/18
怨惡未見而明棄○ 438/213/19
未如殷紂○亂也 438/213/20
未如商容、箕子○累也 438/213/20
苟可以明君○義 438/213/22
成君○高 438/213/22
本欲以為明寡人○薄 438/213/22
揚寡人○辱 438/213/23
累往事○美 438/213/24
或謂○曰 438/213/24
苟與人○異 438/213/25
今寡人○罪 438/213/26
輟而棄○ 438/213/28
怨而累○ 438/213/28
不望○乎君也 438/213/28
君豈怨○乎 438/213/29
君○所揣也 438/213/30
唯君圖○ 438/213/30
此寡人○愚意也 438/213/31
敬以書謁○ 438/213/31

趙王繫○	439/214/5
玆○所以受命於趙者	439/214/6
而趙繫○	439/214/6
且臣○使秦	439/214/7
無妨於趙○伐燕也	439/214/7
趙王以為然而遣○	439/214/8
吾使趙有○	439/214/11
臣聞全趙○時	439/214/11
臣切為王患○	439/214/13
太子丹患○	440/214/18
願太傅幸而圖○	440/214/19
柰何以見陵○怨	440/214/20
圖○	440/214/21
居○有間	440/214/23
樊將軍亡秦○燕	440/214/23
太子容○	440/214/23
夫秦王○暴	440/214/23
又況聞樊將軍○在乎	440/214/24
是以委肉當餓虎○蹊	440/214/24
太傅○計	440/214/26
而棄所哀憐○交置○匈奴	440/214/27
是丹命固卒○時也	440/214/28
願太傅更慮○	440/214/28
可與○謀也	440/214/29
臣聞騏驥盛壯○時	440/215/5
今太子聞光壯盛○時	440/215/6
	440/215/11
太子送○至門	440/215/8
幸而教○曰	440/215/12
光聞長者○行	440/215/13
不使人疑○	440/215/13
國○大事也	440/215/14
夫為行使人疑○	440/215/14
欲以成大事○謀	440/215/19
豈丹○心哉	440/215/19
今秦有貪饕○心	440/215/21
非盡天下○地	440/215/21
臣海內○王者	440/215/21
王翦將數十萬○眾臨漳、鄴	440/215/22
丹○私計	440/215/24
愚以為誠得天下○勇士	440/215/24
使悉反諸侯○侵地	440/215/25
若曹沫○與齊桓公	440/215/26
因而刺殺○	440/215/26
此丹○上願	440/215/27
此國○大事	440/215/28
臣願得謁○	440/216/6
秦王購○金千斤	440/216/6
與燕督亢○地圖獻秦王	440/216/7
丹不忍以己○私	440/216/8
而傷長者○意	440/216/8
願足下更慮○	440/216/9
秦○遇將軍	440/216/11
今聞購將軍○首	440/216/12
可以解燕國○患	440/216/13
而報將軍○仇者	440/216/13
為○柰何	440/216/14
願得將軍○首以獻秦	440/216/14
然則將軍○仇報	440/216/15
而燕國見陵○恥除矣	440/216/15
太子聞○	440/216/17
乃遂收盛樊於期○首	440/216/18
函封○	440/216/18
太子預求天下○利匕首	440/216/20
得趙人徐夫人○匕首	440/216/20
取○百金	440/216/20
使工以藥淬○	440/216/20
頃○未發	440/216/23
太子遲○	440/216/23
乃復請○曰	440/216/23
今提一匕首入不測○強秦	440/216/24
今太子遲○	440/216/25
皆白衣冠以送○	440/216/27
為變徵○聲	440/216/28
持千金○資幣物	440/217/4
燕王誠振畏慕大王○威	440/217/4
比諸侯○列	440/217/5
而得奉守先王○宗廟	440/217/6
及獻燕○督亢○地圖	440/217/6
唯大王命○	440/217/7
群臣怪○	440/217/10
北蠻夷○鄙人	440/217/11
願大王少假借○	440/217/11
軻既取圖奉○	440/217/12
因左手把秦王○袖	440/217/12
而右手持匕首揕抗○	440/217/13
而乃以手共搏○	440/217/17
秦王○方還柱走	440/217/17
乃欲以生劫○	440/217/20
欲獻○秦	440/217/25
秦復進兵攻○	440/217/26
此王○所憂也	441/218/4
荊○利也	441/218/5
墨子聞○	442/218/10
謂○曰	442/218/10
宋何罪○有	442/218/12
請見○王	442/218/13
鄰有弊輿而欲竊○	442/218/15
鄰有短褐而欲竊○	442/218/15
鄰有糟糠而欲竊○	442/218/16
荊○地方五千里	442/218/19
此猶文軒○與弊輿也	442/218/19
犀兕麋鹿盈○	442/218/19
此猶梁肉○與糟糠也	442/218/20
此猶錦繡○與短褐也	442/218/21
惡以王吏○攻宋	442/218/21
弊邑○師過大國○郊	443/218/26
曾無一介○使以存○乎	443/218/26
將移兵而造大國○城下	443/218/27
南文子止○曰	443/218/28
坐御以待中○議	443/218/29
彼安敢攻衛以重其不勝○罪哉	443/218/30
願王○有以命弊邑	444/219/4
夫宋○不足如梁也	444/219/7
寡人知○矣	444/219/7
以待下吏○有城而已	444/219/8
公不如令楚賀君○孝	445/219/17
則君不奪太后○事矣	445/219/17
以明宋○賣楚重於齊也	446A/219/23
臣有百戰百勝○術	446B/219/28
固願效○	446B/219/29
此臣○百戰百勝○術也	446B/219/30
請必從公○言而還	446B/219/30
彼利太子○戰攻	446B/219/31
宋康王○時	447/220/6
有雀生（𪁪）〔鸇〕於城○陬	447/220/6
使史占○	447/220/6
取淮北○地	447/220/7
欲霸○亟成	447/220/7
斬社稷而焚滅○	447/220/8

為無顏○冠 447/220/8
剖傴○背 447/220/9
鍥朝涉○脛 447/220/9
齊聞而伐○ 447/220/9
王乃逃倪侯○館 447/220/9
無功○賞 448A/220/15
無力○禮 448A/220/15
此小國○禮也 448A/220/16
而大國致○ 448A/220/16
君其圖○ 448A/220/16
使人迎○於境 448B/220/22
智伯聞○ 448B/220/22
秦攻衛○蒲 449/220/27
公○伐蒲 449/220/27
魏亡西河○外 449/220/28
魏強○日 449/220/29
西河○外必危 449/220/29
且秦王亦將觀公○事 449/220/29
樗里子知蒲○病也 449/221/1
衛客患○ 450/221/7
許○以百金 450/221/7
未知其所○ 450/221/8
秦、魏交而不脩○日久矣 450/221/8
臣恐王事秦○晚 450/221/11
奚以知○ 450/221/12
人生○所行 451/221/17
與死○心異 451/221/18
始君○所行於世者 451/221/18
君○所行天下者甚謬 451/221/19
而挐薄輔○ 451/221/20
與○相印 451/221/22
子制○ 451/221/22
緤錯、挐薄○族皆逐也 451/221/23
胥靡逃○魏 452A/221/27
衛贖○百金 452A/221/27
以百金○地 452A/221/27
三百○城 452A/221/28
將何以用○ 452A/221/29
借○ 452B/222/3
徙○牖下 452B/222/5
主人笑○ 452B/222/5
蚤晚○時失也 452B/222/5
因封○中山 453/222/11
願與大國伐○ 454/222/15
中山聞○ 454/222/16
召張登而告○曰 454/222/16
中山○君遣○齊 454/222/18
臣聞君欲廢中山○王 454/222/18
將與趙、魏伐○ 454/222/18
以中山○小 454/222/19
而三國伐○ 454/222/19
非齊○利也 454/222/20
與○遇而許○王 454/222/23
454/222/27,454/223/1
必先與○王而故親○ 454/222/28
且張登○為人也 454/222/28
善以微計薦中山○君久矣 454/222/28
果召中山君而許○王 454/222/31
齊羞與中山○為王甚矣 454/223/1
豈若令大國先與○王 454/223/1
果與中山王而親○ 454/223/2
齊閉關不通中山○使 455/223/6
我萬乘○國也 455/223/6
中山千乘○國也 455/223/6
藍諸君患○ 455/223/9
公欲○乎 455/223/12
乃行○ 455/223/13
王○所以不憚割地以賂燕、趙 455/223/15
其實欲廢中山○王也 455/223/15
然則王○為費且危 455/223/16
王如用臣○道 455/223/17
子○道奈何 455/223/18
然則子○道奈何 455/223/18
為中山○獨與燕、趙為王 455/223/19
是以隘○ 455/223/20
中山恐燕、趙○不己據也 455/223/20
今齊○辭云『即佐王』 455/223/20
怒絕○ 455/223/21
王亦絕○ 455/223/21
此所以廢○ 455/223/22
何在其所存○矣 455/223/23
齊○欲割平邑以賂我者 455/223/24
非欲廢中山○王也 455/223/24
而己親○也 455/223/25
公孫弘陰知○ 456/224/3
招大國○威 456/224/4
吾知○矣 456/224/6
陰簡難○ 457/224/11
獨不可語陰簡○美乎 457/224/11
趙必請○ 457/224/12
君與○ 457/224/12
公因勸君立○以為正妻 457/224/12
陰簡○德公 457/224/12
固無請人○妻不得而怨人者也 457/224/14
欲成○ 458/224/21
中山王悅而見○曰 458/224/22
願聞弱趙強中山○說 458/224/22
臣願○趙 458/224/23
中山王遣○ 458/224/24
佳麗人○所出也 458/224/26
彼乃帝王○后 458/224/29
非諸侯○姬也 458/224/29
吾願請○ 458/224/30
即欲請○ 458/224/30
其請○必矣 458/225/2
以絕趙王○意 458/225/4
雖欲得請○ 458/225/4
使李疵觀○ 459A/225/9
中山○君 459A/225/10
所傾蓋與車而朝窮閭隘巷○士者 459A/225/10
君下壺餐餌○ 459B/225/18
汝必死○ 459B/225/18
中山君烹○ 460/225/24
樂羊食○ 460/225/24
古今稱○ 460/225/25
君不量百姓○力 461/225/29
三軍○俸有倍於前 461/225/30
長平○事 461/226/1
秦民○死者厚葬 461/226/1
趙人○死者不得收 461/226/2
責○曰 461/226/9
君前率數萬○眾入楚 461/226/10
君所將○不能半○ 461/226/11
而與戰○於伊闕 461/226/11
大破二國○軍 461/226/11
此君○功 461/226/12
今趙卒○死於長平者已十七、八 461/226/13
人數倍於趙國○眾 461/226/13
必欲滅○矣 461/226/14

伊闕○戰 461/226/20
魏恃韓○銳 461/226/20
二軍爭便○力不同 461/226/21
觸魏○不意 461/226/21
以是○故能立功 461/226/22
自然○理 461/226/22
何神○有哉 461/226/23
不遂以時乘其振懼而滅○ 461/226/23
畏而釋○ 461/226/23
至於平原君○屬 461/226/25
皆令妻妾補縫於行伍○間 461/226/25
猶勾踐困於會稽○時也 461/226/26
以合伐○ 461/226/26
王聞○怒 461/227/2
彊起○ 461/227/2
彊為寡人臥而將○ 461/227/3
寡人○願 461/227/3
以諸侯○變 461/227/5
夫勝一臣○嚴焉 461/227/7
孰若勝天下○威大耶 461/227/7
不忍為辱軍○將 461/227/8

支 zhī 30

粟○數年 2/1/23
魏不能○ 23/8/19, 295/150/13
而疾○之 23/8/19
我不能教子○左屈右 27/9/23
而不能○秦 65/26/29
○分方城膏腴之地以薄鄭 70/28/16
卒○解 81/37/3
粟○十年 167/85/17
218/113/11, 408/194/11
韓、魏不能○秦 218/113/14
遽割五城以合於魏而○秦 308/156/19
○期曰 311/158/22
311/158/24, 311/158/26
311/158/27, 311/158/29
王謂○期曰 311/158/23
○期說於長信侯曰 311/158/26
○期隨其後 311/159/1
○期先入謂王曰 311/159/1
外安能○強秦、魏之兵 315/161/5
欲獨以魏○秦者 321/164/23
必不可○也 325/165/28
必易與公相○也 367/181/5
啓與○黨攻益而奪之天下 416A/199/15
而燕猶不能○也 419/201/19
燕、趙久相○ 434/212/5
趙不能○秦 440/215/23

卮 zhī 4

賜其舍人○酒 117/57/14
乃左手持○ 117/57/16
奪其○曰 117/57/16
妻使妾奉○酒進之 412/196/26

汁 zhī 1

漉○灑地 199/101/7

枝 zhī 6

木實繁者披其○ 73B/32/4
披其○者傷其心 73B/32/4
木實繁者○必披 74/32/22
○之披者傷其心 74/32/22
趙人聞之至○桑 88/42/23
則木之○耳 208/107/27

知 zhī 430

問其巷而不○也 9/4/7
而又○趙之難子齊人戰 10A/4/14
不如備兩周辯○之士 11A/4/26
君不如令辯○之士 11A/4/27
秦○趙之難與齊戰也 14A/5/28
是公之○困而交絕於周也 17/6/28
36/12/4
未可○也 18/7/6
秦欲○三國之情 18/7/7
寡人○嚴氏之為賊 21/7/26
令天下皆○君之重吾得也 28/10/4
公不○善 30/10/16
必無獨○ 30/10/17
獨○之契也 30/10/17
向以王之明為先○之 41B/15/5
弗○而言為不智 42/15/9
○而不言為不忠 42/15/9
是○秦戰未嘗不勝 42/15/21
何以○其然也 42/17/1, 87/41/10
89/43/19, 142/71/8, 142/72/2
142/72/12, 142/72/27
周自○不救 44/17/25
周自○失九鼎 44/18/7
韓自○亡三川 44/18/7
非獨儀○之也 48B/19/20
行道之人皆○之 48B/19/20
49/20/12
吾又自○子之楚 49/20/2
張儀○楚絕齊也 50/21/11
臣不○其思與不思 51/21/28
計聽○覆逆者 51/22/3
君與○之者謀之 54/22/27
而與不○者敗之 54/22/28
使此○秦國之政也 54/22/28
臣是以○其御也 59/24/17
地形險易盡○之 61A/25/4
非使臣之所○也 63/26/2
以死者為有○乎 64/26/20
無○也 64/26/20
明○死者之無○矣 64/26/21
葬於無○之死人哉 64/26/21
若死者有○ 64/26/21
良醫○病人之死生 72/29/10
而未○王心也 73A/30/4
○今日言之於前 73A/30/5
不○其實也 76/33/18
耳目聰明聖○ 81/35/26
應侯○蔡澤之欲困己以說 81/36/1
子胥○ 81/36/8
未○何如也 81/36/17
范蠡○之 81/37/5
此皆君之所明○也 81/37/6
秦為○之 82A/37/27
吾不○水之可亡人之國也 83B/39/2
乃今○之 83B/39/2
楚○秦之孤 85/40/1
王○之乎 86/40/8
143/74/16, 143/74/17
143/74/18, 258A/137/9
弗○ 86/40/8
而不○榆次之禍也 87/41/10

而不○干隧之敗也 87/41/11
何以○其然 89/43/7,142/73/20
外託於不可○之國 93/44/23
君○之乎 93/44/26,136A/67/5
高其○ 93/45/10
得○名者不少 93/45/12
不○其數 94/45/29,94/45/30
卿明○功之不如武安君歟 94/45/30
○之 94/46/1,94/46/2
卿明○為不如文信侯專歟 94/46/2
臣不○卿所死之處矣 94/46/3
非不○也 95/47/16
韓非○之 96/47/26
與同○社稷之計 96/48/1
今賈忠王而王不○也 96/48/6
○其可與立功 96/48/14
殊不○此 101/50/10
靖郭君可謂能自○人矣 101/50/16
能自○人 101/50/16
臣誠○不如徐公美 108/52/23
何以○之 109/53/11
202/103/9,454/222/31
非臣所○也 110/53/20
鬼且不○也 110/53/22
戰無不勝而不○止者 117/57/18
蘇秦恐君之○之 122/60/1
而君弗○ 122/60/2
願王之○之 122/60/7
薛公欲○王所欲立 123/60/18
吾已盡○之矣 124/60/23
則臣不○君所出矣 124/61/2
孟嘗君不○臣不肖 128/62/13
以為貪而不○足 133/64/28
不○ 136A/67/5,143/74/17
143/74/17,143/74/18
辯○並進 136B/67/21
斶○足矣 136B/68/18
士民不○而王業至矣 142/73/13
何以○其然矣 142/73/21
而王不○戒焉 143/74/20
○其貴人 143/74/22
女不○其處 144/74/29
非○也 145/75/13
145/76/6,145/76/10
故○者不再計 145/75/13
臣固○王不若也 147/77/24
147/77/24
齊多○ 149B/79/8
群臣不○解 149B/79/9
虎不○獸畏己而走也 154/81/6
昭奚恤不○也 156/81/20
寡人○之 157B/82/8
以居魏○之 158/82/14
王亦○之乎 159/82/18
392/189/28
而王終已不○者 159/82/21
安陵君可謂○時矣 160/83/14
安邑不○ 163/84/7
上梁亦不○也 163/84/7
臣不足以○之 166/85/3
將○以武 168/86/17
而王不○察 169/88/12
如華不足○之矣 170/88/19
不○所益 170/88/22,170/89/7
旄不○人 170/89/13
秦○公兵之分也 173A/90/21
子亦自○且賤於王乎 174/91/4
以張儀之○ 175/91/18
蘇子○太子之怨己也 178/93/11
必○其無妬而進賢也 179/93/22
非○而見之者 182/94/15
未○見日也 182/94/21
天下莫不○也 184/95/12
以韓侈之○ 187/96/10
麋○獵者張罔 187/96/11
獵者○其詐 187/96/11
今諸侯明○此多詐 187/96/12
韓侈之○ 187/96/13
陳軫先○之也 187/96/13
○者官之 189/96/26
而天下不○ 189/96/28
夫人鄭褎○王之說新人也 190/97/3
今鄭褎○寡人之說新人也 190/97/5
鄭褎○王以己為不妬也 190/97/8
妾○也 190/97/10
是○困而交絕於后也 191/97/15
不○夫五尺童子 192/98/2
不○夫公子王孫 192/98/4
不○夫射者 192/98/8
不○夫子發方受命乎宣王 192/98/13
不○夫穰侯方受命乎秦王 192/98/18
無法術以○姦 197/100/2
不○佩兮 197/100/9
不○異兮 197/100/10
莫○媒兮 197/100/10
先生何以○之 198/100/20
僕已○先生 199/100/28
三年而後乃相○也 199/101/3
今君一時而○臣 199/101/3
彼見伯樂之○己也 199/101/8
○其有身 200/101/19
今妾自○有身矣 200/101/25
而人莫○ 200/101/25
而國人頗有○之者 200/102/2
○伯從韓、魏兵以攻趙 202/103/8
郄疵謂○伯曰 202/103/8
202/103/17
○伯曰 202/103/9,202/103/18
203/104/27,203/104/29
203/105/2,203/105/4
以其人事○之 202/103/9
○伯以告韓、魏之君曰 202/103/14
子安○之 202/103/18
郄疵○其言之不聽 202/103/20
○伯遣之 202/103/20
○伯帥趙、韓、魏而伐范中行氏 203/103/24
夫○伯之為人也 203/103/25
使使者致萬家之邑一於○伯 203/103/27
○伯說 203/103/27,203/104/1
而外怒○伯也 203/103/29
因使人致萬家之邑一於○伯 203/103/29
○伯因陰結韓、魏 203/104/1
夫○伯之為人 203/104/4
則無為貴○士也 203/104/17
今○伯帥二國之君伐趙 203/104/20
我○其然 203/104/21
夫○伯為人也 203/104/21
我謀未遂而○ 203/104/21
人莫之○也 203/104/22
張孟談因朝○伯而出 203/104/26
遇○過轅門之外 203/104/26

○過入見○伯曰	203/104/26
○過出見二主	203/104/29
入說○伯曰	203/104/29
○過曰	203/105/1,203/105/2
○過見君之不用也	203/105/5
臣遇○過於轅門之外	203/105/8
入見○伯	203/105/8
而決水灌○伯軍	203/105/10
○伯軍救水而亂	203/105/10
大敗○伯軍而禽○伯	203/105/11
○伯身死	203/105/13
夫不聽○過	203/105/13
○氏盡滅	203/105/13
昔者○氏之地	204A/105/30
去而就○伯	204B/106/7
○伯寵之	204B/106/7
及三晉分○氏	204B/106/7
趙襄子最怨○伯	204B/106/8
士為○己者死	204B/106/8
吾其報○氏之讎矣	204B/106/9
欲為○伯報讎	204B/106/10
且○伯已死	204B/106/11
是為先○報後○	204B/106/15
○伯滅范中行氏	204B/106/21
反委質事○伯	204B/106/22
○伯已死	204B/106/22
○伯以國士遇臣	204B/106/23
豫子之為○伯	204B/106/24
而可以報○伯矣	204B/106/28
彼將○矣利之也	205/107/5
兌盡○之矣	208/107/23
此王之明○也	209/108/27
挈瓶之○	211/109/21
建信君○從之無功	214/111/4
奚擇有功之無功為○哉	214/111/6
今趙王不○文不肖	216/111/19
訾然使趙王悟而○文也	216/111/20
是何楚之○	217/111/27
禽不○虎之即己也	217/111/28
故使禽○虎之即己	217/111/28
今山東之主不○秦之即己也	217/111/29
○不如禽遠矣	217/111/30
○者功大而辭順	219/114/20
臣有以○天下之不能為從以逆秦也	219/114/30
夫慮收亡齊、罷楚、敝魏與不可○之趙	219/115/1
收破齊、罷楚、弊魏、不可○之趙	219/115/6
有獨○之慮者	221/116/20
○者哀焉	221/116/26
則胡服之功未可○也	221/116/27
聰明叡○之所居也	221/117/8
○者不能一	221/117/18
不○而不疑	221/117/18
此愚○之所明也	221/117/23
愚者陳意而○者論焉	221/118/1
○者作教	221/118/7
○學之人	221/118/9
○者不變俗而動	221/118/16
故寡人以子之○慮	222/119/5
治亂以○	222/119/6
○慮不躁達於變	222/119/11
○此六者	222/119/16
子○官府之籍	224/120/12
不○器械之利	224/120/12
○兵甲之用	224/120/12
不○陰陽之宜	224/120/12
○不遺時	224/120/15
非子所○	224/120/15
非寡人之所敢○	228/122/2
此非人臣之所能○也	233/123/27
虞卿能盡○秦力之所至乎	233/124/11
誠○秦力之不至	233/124/11
未○其二也	233/125/1
秦○天下不救王	235/126/8
吾乃今然后○君非天下之賢公子也	236/126/21
令衆人不○	236/126/29
吾乃今日而○先生為天下之士也	236/128/1
先生不○寡人不肖	239A/129/5
郎中不○為冠	239A/129/7
○也	240/129/22
○老而多	240/129/22
以日多之○	240/129/23
文信猶且○之也	241/130/4
王欲○其人	244/130/25
則○不足者也	246/131/9
非○不足也	246/131/14
臣雖盡力竭○	250/134/9
奢習○之	252/135/12
使安平君○	252/135/16
	252/135/17
又不○相馬	258A/137/5
不○相馬	258A/137/5
○伯索地於魏桓子	264A/140/6
○伯必憍	264A/140/7
○氏之命不長矣	264A/140/8
以驕○伯	264A/140/9
君何釋以天下圖○氏	264A/140/9
而獨以吾國為○氏質乎	264A/140/10
○伯大說	264A/140/11
○氏遂亡	264A/140/12
已乃○文侯以講於己也	264B/140/18
應為○	278/146/4
不○是其可也	280/146/20
而群臣之○術也	280/146/20
	280/146/21
臣不○衍之所以聽於秦之少多	287/148/10
臣盡力竭○	292/149/19
秦善魏不可○也已	297/151/20
臣非不○秦勸之重也	297/152/9
而霸者○計	301/153/5
寡人自為○	306/155/21
卯不○也	308/156/18
○者不然	310/157/24
今秦不可○之國也	311/158/17
內王於不可○之秦	311/158/18
臣不○也	311/158/26
是群臣之私而王不○也	312/159/10
此天下之所同○也	315/160/30
群臣○之	315/161/4
韓○亡	315/161/29
則皆○秦之無窮也	315/162/1
臣以此○國之不可必恃也	319/164/8
而久不可○	319/164/9
王自○矣	320/164/19
是不○天下者也	321/164/23
是又不○魏者也	321/164/24
謂茲公不○此兩者	321/164/24
又不○茲公者也	321/164/24
王○其故乎	333/167/28

王亦〇弱之召攻乎 333/167/29
寡人〇魏之急矣 338/169/2
大王已〇魏之急而救不至者 338/169/2
事有不可〇者 339/169/14
有不可不〇者 339/169/14
不可不〇也 339/169/15
不可得而〇也 339/169/15
非用〇之術也 341/170/24
然未〇王之所欲也 345/172/15
其〇能公也 359/177/22
秦重國〇王也 366/180/17
韓之急緩莫不〇 366/180/17
令韓王〇王之不取三川也 369/181/21
非上〇也 371/182/3
韓大夫〇王之老而太子定 379/183/28
則公叔、伯嬰必〇秦、楚之不以幾瑟為事也 380/184/4
然是深〇政也 385/186/3
政將為〇己者用 385/186/5
久之莫〇誰子 385/186/17
唯其母〇之而已 386/187/3
唯智者〇之而已 386/187/3
吾固患韓之難〇 388/188/3
天下固令韓可〇也 388/188/3
豈不為過謀而不〇尊哉 391/189/19
美人〇內行者也 393/190/7
〇其君不〇異君 396C/191/11
〇其國不〇異國 396C/191/11
可得而〇也 396C/191/16
則諸侯之情偽可得而〇也 396C/191/18
群臣之〇 396C/191/20
楚之齊者〇西不合於秦 400/192/17
大王〇其所以然乎 408/194/13
秦〇王以己之故歸燕城也 411/195/30
足下不〇也 412/196/25
妾〇其藥酒也 412/196/26
大王之所明見〇也 413/197/9
而令人〇之 415/198/7
孤極〇燕小力少 418/200/21
臣聞〇者之舉事也 419/201/22
〇者不為也 419/202/5
則王何不務使〇士以若此言說秦 419/202/6
而愚臣〇之 420/202/26
子何以〇之 420/202/28
是以愚臣〇之 420/202/28
其妾〇之 420/203/9
其丈夫不〇 420/203/11
〇者不及謀 422/203/30
臣故〇入齊之有趙累也 423/205/10
見之〇無厲 424/205/18
禹、湯之〇而死 424/205/24
人莫之〇 425/206/12
寡人〇子矣 426/206/28
固〇將有口事 427/207/13
臣是以〇人主之不愛丈夫子獨甚也 428/208/7
老婦不〇長者之計 428/208/11
蚤〇之士 431/210/6
是山東之〇不如魚也 432/210/27
然而山東不〇相索 432/210/28
言語不相〇 432/210/29
世之所明〇也 438/213/12
國人莫不〇 438/213/13
國人未〇 438/213/26
不〇吾精已消亡矣 440/215/6
燕國莫不〇 440/215/11
不〇吾形已不逮也 440/215/11
田先生不〇丹不肖 440/215/20
而不〇所以委命 440/215/28
荊軻〇太子不忍 440/216/11
顧計不〇所出耳 440/216/13
太子及賓客〇其事者 440/216/27
卒惶急不〇所為 440/217/18
軻自〇事不就 440/217/19
寡人〇之矣 444/219/7
自〇政 445/219/17
先〇吾謀也 448A/220/17
樗里子〇蒲之病也 449/221/1
未〇其所之 450/221/8
奚以〇之 450/221/12
臣以是〇王緩也 450/221/13
公孫弘陰〇之 456/224/3
臣自〇死至矣 456/224/5
吾〇之矣 456/224/6
不〇者 458/224/28
臣〇行雖無功 461/227/4

織 zhī 4

〇自若 55/23/15
其母尚〇自若也 55/23/16
坐而〇蕢 148/78/13
〇而衣之 420/202/16

直 zhí 20

使者〇道而行 74/32/26
〇使送之 130/63/3
〇送象床 130/63/4
象床之〇千金 130/63/4
寡人〇與客論耳 134/66/13
盡忠〇言者斶也 136B/68/15
聞先生〇言正諫不諱 137/68/24
焉敢〇言正諫 137/68/25
寄怨而誅不〇 142/72/10
齊孫室子陳舉〇言 143/74/11
君王〇不好 170/90/1
非〇七尺軀也 243/130/19
〇而不倚 270/142/6
且公〇言易 291/149/12
今臣〇欲棄臣前之所得矣 341/170/16
豈〇五百里哉 343/171/18
嚴遂政議〇指 385/185/18
故〇進百金者 385/185/26
聶政〇入 385/186/14
〇患國弊 415/198/12

值 zhí 1

〇所以為國者不同耳 116/57/4

執 zhí 20

公爵為〇圭 2/1/26
敬〇賓主之禮 73A/29/20
梁王身抱質〇璧 88/42/22
爵為上〇珪 117/57/12
人有以其狗為有〇而愛之 158/82/12
通侯、〇珪死者七十餘人 168/87/10

吾被堅○鋭 170/89/11
封之○圭 170/89/23
於是乃以○珪而授之為
陽陵君 192/98/20
○問塗者 204B/106/10
夷維子○策而從 236/127/18
使司徒○范座 251/134/21
今大王令人○事於魏 304/154/18
○法以下至於長輓者 342/171/5
申不害與昭釐侯○珪而
見梁君 390/188/24
我○珪於魏 390/188/25
身○禽而隨諸御 390/189/6
魏為燕○代 417/200/13
○政任事之臣 431/210/8
諸郎中○兵 440/217/15

植 zhí 2

薊丘之○ 431/210/2
○於汶皇 431/210/2

殖 zhí 2

廣地○穀 81/36/18
辟地○穀 81/37/3

跖 zhí 2

○之狗吠堯 147/77/8
非貴○而賤堯也 147/77/8

稙 zhí 1

○表 436/212/18

職 zhí 7

故不能者不敢當其○焉 72/28/29
使○事 80/35/12
民之○也 221/118/4,221/118/9
使事有○ 236/126/24
百官持○ 428/208/6
給貢○如郡縣 440/217/5

蹠 zhí 2

○穿膝暴 170/89/12
○勁弩 347/173/3

止 zhǐ 64

灑然○於齊者 1/1/14
齊王乃○ 1/1/18
乃○其行 5A/2/29
西○秦之有已 10B/4/21
而全趙令其○ 23/8/18
君不若○之 27/9/21
因趙以○易也 33/11/14
猶連鷄之不能俱○於棲
之明矣 41A/14/25
管與○之曰 51/22/1
乃○ 64/26/22
115/56/29,430/208/28
434/212/7,448B/220/23
○者○ 77/33/24
乃留○ 93/45/12
○其兵 96/47/24
願勿○ 98/49/5
因不○ 98/49/6
綱不能○ 99/49/13
靖郭君不能○ 101/50/2
戰無不勝而不知○者 117/57/18
今已得地而求不○者 122/59/21
○者千數而弗聽 124/60/23
蘇秦欲○之 124/60/23
孟嘗君乃○ 124/61/2
衛君乃○ 128/62/16
諫而○君之過 130/63/15
○文之過 130/63/18
有市之邑莫不○事而奉
王 142/72/20
城陽、天下莫之能○ 147/77/29
○於棘門之內 200/102/15
○棘門 200/102/16
氾濫無所○ 208/107/27
傳之國都而○矣 218/113/14
則雖從而不○矣 219/114/24
功有所○ 221/117/2
其計固不○矣 233/124/26
○於蕩陰 236/126/13
則君將何以○之 251/135/3
王必無辭以○公 276/145/16
魏王○其行使 276/145/21
其子陳應○其公之行 278/146/3
○太子之行 300/152/27
以○戍大梁 310/157/26
王乃○ 311/158/23
則火不○ 312/159/12
魏王乃○ 316/162/16
秦王乃○ 325/165/30
百發不暇○ 347/172/30
簡公用田成、監○而簡
公弒 348B/174/10
馳矣而兵不○ 351/174/27
臣請為君○天下之攻市
丘 352/175/4
乃○公仲 357/176/29
勸齊兵以勸○魏 360/178/10
頃間有鵲○於屋上者 384/185/11
而政獨安可嘿然而○乎 385/186/4
不如○淫用 393/190/6
必效先王之器以○王 402/193/5
以○子之事 402/193/5
南文子○之曰 443/218/28
宋人○於此矣 444/219/12
以○其遇哉 454/223/2

旨 zhǐ 1

絶○酒 307/155/27

咫 zhǐ 5

無○尺之功者不賞 96/48/15
君無○尺之地 160/82/26
舜無○尺之地 218/113/17
趙王以○尺之書來 251/134/28
見足下身無○尺之功 412/196/8

指 zhǐ 7

臣未嘗聞○大於臂 74/32/19
○摶關 113/55/24
舉宋而東○ 168/87/15
嚴遂政議直○ 385/185/18
詘○而事之 418/200/24
（眄）〔眄〕視○使 418/200/26
髮盡上○冠 440/217/1

枳 zhǐ 4

反溫、〇、高平於魏 209/108/27
楚得〇而國亡 422/203/25
齊、楚不得以有〇、宋事秦者 422/203/25
我下〇 422/204/4

趾 zhǐ 2

苟來舉玉〇而見寡人 217/112/2
王苟舉〇以見寡人 455/223/20

軹 zhǐ 4

夫秦下〇道則南陽動 218/113/6
下〇道、南陽、高 249/133/23
〇深井里聶政 385/185/21
此吾弟〇深井里聶政也 385/186/22

至 zhì 240

顏率〇齊 1/1/4,1/1/8
可懷挾提挈以〇齊者 1/1/14
君之使又不〇 21/7/27
法令〇行 39/12/22
忽於〇道 40/13/25
歸〇家 40/13/30
血流〇足 40/14/3
兵〇梁郭 42/16/6
則此一計而三利俱〇 50/20/27
而患必〇也 50/21/4
則兩國兵必〇矣 50/21/7
張儀〇 50/21/10
從某〇某 50/21/12
甘茂〇魏 55/23/6
甘茂〇 55/23/9
故常先〇 61A/24/29
時〇而弗失 66/27/7
語之〇者 72/29/11
范睢〇秦 73A/29/19
〇於蔆水 73A/30/9
先生乃幸〇此 73A/30/18
下〇大臣 73A/30/20
〇尉、內史及王左右 74/32/23
行〇武安 77/33/29
義之〇 81/36/6
〇葵丘之會 81/36/21
此皆乘〇盛不及道理也 81/36/23
禍〇於此 81/37/4
乃南襲〇鄧 82A/37/24
物〇而反 87/40/28
致〇而危 87/40/28
趙人聞之〇枝桑 88/42/23
燕人聞之〇格道 88/42/23
臣豈以郢威王為政衰謀亂以〇於此哉 88/42/26
君之罪〇死 93/44/26
異人〇 93/45/10
武安君〇 95/47/7
〇身死國亡 96/48/7
齊貌辨行〇齊 101/50/4
〇於薛 101/50/7
靖郭君之於寡人一〇此乎 101/50/10
靖郭君〇 101/50/13
不〇十日 112/54/31,408/194/17
〇闔陽晉之道 112/55/4
而不察其〇實 113/55/16
齊讓又〇 115/56/13
犀首送之〇於齊疆 116/57/6
〇歲八月 124/60/28
淄水〇 124/60/28,124/61/1
〇於齊 125/61/10
車軼之所能〇 127/61/28
〇楚 130/63/3
所未〇之國 130/63/10
〇中閨 130/63/13
若隨踵而〇也 131/63/23
未〇百里 133/65/18
事有必〇 136A/67/4
事之必〇者 136A/67/5
此事之必〇 136A/67/6
慮願不〇 136B/68/1
〇聖人明學 136B/68/5
何以〇今不業也 138/69/17
138/69/19
〇老不嫁 138/69/19
胡為〇今不朝也 138/69/20
何為〇今不殺乎 138/69/22
則名號不攘而〇 142/71/27
辭讓而重賂〇矣 142/73/12
士民不知而王業〇矣 142/73/13
患〇則趨之 142/73/21
地坼〇泉 143/74/17
地坼〇泉者 143/74/19
燕救不〇 145/75/17
王〇朝日 146/77/1
無以〇此 160/82/27
〇今未效 160/83/5
有狂兕（牂）〔牂〕車依輪而〇 160/83/9
〇於新城 163/84/3
今將倒冠而〇 164/84/18
故為王〇計 167/85/19
患〇而後憂之 167/85/21
聚群弱而攻〇強也 168/86/25
〇郢三千餘里 168/86/30
不〇十日而距扞關 168/87/2
不〇數月而宋可舉 168/87/14
自從先君文王以〇不穀之身 170/88/18
楚國亡之月〇矣 170/89/6
〇今無冒 170/89/24
子良〇齊 177/93/1
悉五尺〇六十 177/93/1
〇於無妬而進賢 179/93/21
未〇 183/94/29
〇數 187/96/11
莊辛〇 192/97/25
今事〇於此 192/97/26
未〇絞纓射股 197/100/8
未〇擢筋而餓死也 197/100/8
然則射可〇此乎 198/100/19
198/100/20
而驚心未〇也 198/100/22
夫驥之齒〇矣 199/101/6
又何〇此 200/102/13
〇 203/104/7
其高〇丈餘 203/104/9
則其禍必〇 203/104/22
而其臣〇為報讎 204B/106/11
襄子〇橋而馬驚 204B/106/20
東流〇海 208/107/27
風雨時〇 209/108/11
而〇鉅鹿之界三百里 209/108/21
〇於榆中千五百里 209/108/21
下〇韓慕王以天下收之 209/109/1
趙勝〇曰 211/110/11
乃〇布衣之士 218/112/21

臣以為○愚也 219/115/2
臣以為○誤 219/115/7
夫論○德者 221/116/24
自常山以○代、上黨 221/117/20
及○三王 221/118/22
○遂胡服 224/120/18
○楡中 224/120/19
單不○也 225/121/9
而富○ 232/123/19
而粱肉○ 232/123/20
而驕奢○ 232/123/20
而死亡○ 232/123/20
虞卿能盡知秦力之所○乎 233/124/11
誠知秦力之不○ 233/124/11
○來年而王獨不取於秦 233/124/15
而不○失六城 233/124/20
信陵君發兵○邯鄲城下 234/125/17
東藩之臣田嬰齊後○ 236/127/8
○（[illegible]）〔[illegible]〕也 237/128/12
○輕也 237/128/12
顧反○坐 239A/129/3
告者復○ 245/131/1
齊甲未嘗不歲○於王之境也 247/132/3
不○一二月 249/133/6
249/133/22
何故○今不遣 258A/137/3
○秦 258B/137/21
使下臣奉其幣物三○王廷 258B/137/22
而駃騠不○ 258B/138/2
○而自謝 262/139/1
○於趙之為趙 262/139/14
魏地方不○千里 273/143/22
從鄭○梁 273/143/23
從陳○梁 273/143/23
不待倦而○梁 273/143/24
公○宋 278/146/5
犀首期齊王○之曰 288/148/19
先以車五十乘○衛間齊 288/148/19
梁君、田侯恐其○而戰敗也 291/149/14
○於牛目 296/150/19
而西戎之兵不○ 297/152/2
怨之○死不忘 301/153/4
而讒言先○ 306/155/22
○旦不覺 307/156/1
臣以為自天下之始分以○于今 310/157/28
從林軍以○于今 315/161/24
東○陶、衛之郊 315/161/25
北○乎闞 315/161/25
不用子之計而禍○ 325/165/24
猶○楚而北行也 334/168/8
丈人芒然乃遠○此 338/169/1
大王已知魏之急而救不○者 338/169/2
大王之救不○ 338/169/4
請使道使者○縞高之所 340/169/24
今臣爵○人君 341/170/17
執法以下○於長輓者 342/171/5
雖○於門閭之下 342/171/5
何○於此 343/171/25
○韓之取鄭也 344A/172/6
○不可勝計也 348A/173/20
兵雖○ 357/176/23
楚救不○ 357/177/4
張翠○ 366/180/16
周最行○鄭 374/182/25
今且以○ 375/183/6
齊、楚後○者先亡 382/184/19
○齊 385/185/21
然○齊 385/185/26
臣之所以待之○淺鮮矣 385/186/2
遂西○濮陽 385/186/7
獨行仗劍○韓 385/186/12
弟○賢 385/186/19
是其於主也○忠矣 387/187/20
進齊、宋之兵○首坦 396C/191/12
不○四五日 408/194/18
於是齎蘇秦車馬金帛以○趙 408/194/23
信○如此 412/196/16
夫○ 412/196/26
忠○如此 412/196/28
故○今有摩笄之山 413/197/6
○於邯鄲 415/197/28
乃○燕廷 415/197/29
則百己者○ 418/200/25
則什己者○ 418/200/25
則若己者○ 418/200/26
則廝役之人○ 418/200/26
則徒隸之人○矣 418/200/27
馬今○矣 418/201/3
千里之馬○者三 418/201/4
燕兵獨追北入○臨淄 418/201/9
五日而○郢 422/203/28
四日而○五渚 422/203/29
○公子延 422/204/20
其疑○於此 424/206/1
○於虛北地行其兵 427/207/19
使除患無○ 430/208/21
而先使除患無○者 430/208/23
長驅○國 431/209/30
及○棄群臣之日 431/210/7
故吳王遠迹○於郢 431/210/10
○其相救助如一也 432/210/29
秦之兵○ 432/211/1
水皆○滅表 436/212/18
恐其禍○ 440/214/18
○其衰也 440/215/5
太子送之○門 440/215/8
使得○前 440/215/20
則禍○燕 440/215/23
○燕南界 440/216/4
○易水上 440/216/27
既○秦 440/217/4
以次進○陛下 440/217/10
未○身 440/217/13
而荊王不○ 441/218/6
○境而反曰 448A/220/17
○郎門而反曰 450/221/11
車○門 452B/222/4
臣自知死○矣 456/224/5
臣來○境 458/224/26
東○竟陵 461/226/10
韓、魏以故○今稱東藩 461/226/12
○於平原君之屬 461/226/25
外救必○ 461/226/27

志 zhì 45

天下有比○而軍華下 42/16/5
則荊、趙之○絶 42/16/7
荊、趙之○絶 42/16/7

外者天下比○甚固 42/16/27
張子得○於魏 43/17/17
願君之專○於攻齊 66/27/15
則臣之○ 72/29/13
齊王有輟○ 98/48/29
且夫魏有破韓之○ 103/51/2
○高而揚 112/54/28
○之揚也 130/63/14
韓、魏、趙、楚之○ 132B/64/13
故專兵一○以逆秦 132B/64/13
得○不慚為人主 134/66/11
不得○不肯為人臣 134/66/11
欲客之必諭寡人之○也 134/66/14
誠欲以伯王也為○ 142/72/17
而從天下之○ 142/74/1
且其○欲為不善 147/77/17
其○欲有為也 147/77/18
先生○之矣 148/78/17
愁其○ 170/88/22
而韓、魏之君無憙○而
有憂色 202/103/11
其○矜 203/104/27
謂子有○則然矣 204B/106/14
文信不得○ 215/111/11
非以養欲而樂○也 221/116/24
221/117/2
以順先王之○ 221/117/29
且服奇者○淫 221/118/18
且服奇而○淫 221/118/24
不逆其○ 222/119/20
鄰國得○矣 238/128/28
若足下不得○於宋 248/132/27
而○必舉之 310/157/28
臣所以降○辱身 385/185/27
魏君必得○於韓 390/188/25
臣竊負其○ 415/197/28
秦王之○ 419/201/26
老婦欲得○焉 428/207/27
然而常獨欲有復收之之
○若此也 429/208/17
先王以為慊其○ 431/210/2
○意不相通 432/210/29
寡人得其○矣 433/211/17
莫有鬬○ 461/226/20

制 zhì 69

是天下○於子也 7/3/17
○齊、楚、三晉之命 10B/4/22
○海內 40/13/25
王因而○之 60/24/23
怵於楚而不使魏○和 62/25/23
王不如使魏○和 62/25/24
魏○和必悅 62/25/24
而後○晉、楚之勝 63/26/8
秦王安能○晉、楚哉 63/26/9
則晉、楚為○於秦 63/26/10
○殺生之威之謂王 73B/31/27
坐○諸侯 81/37/7
○趙、韓之兵 89/43/9
○則破焉 136B/68/13
○言者王也 136B/68/15
利○海內不為厚 142/73/19
○丹衣柱 142/74/2
以○群臣 145/75/25
夫舍南面之稱○ 150/79/26
以承大王之明○ 167/85/24
而韓、魏以全○其後 168/87/11
今上客幸教以明○ 168/87/26
據本議○斷君命 200/102/10
約兩主勢能○臣 204A/105/19
無令臣能○主 204A/105/19
○於王已 209/109/2
聖主之○也 219/114/22
獨○官事 220/116/8
夫○國有常 221/117/1
因其事而○禮 221/117/14
所以○俗也 221/117/19
禮之○也 221/118/3
而愚者○焉 221/118/7
夫○於服之民 221/118/7
○今者不法古 221/118/10
觀時而○法 221/118/22
因事而○禮 221/118/22
法度○令 221/118/22
衣服之○ 221/118/26
以古○今者 221/118/27
不足以○今 221/118/28
○兵 224/120/12
而不○於兵 224/120/12
而○嬙者在秦 235/125/29
是秦○天下也 249/133/11
秦○天下 249/133/11
以○齊、趙 258B/137/17
而道塗宋、衛為○ 284/147/22
○割者 287/148/13
而君○之 310/158/4
夫欲璽者○地 312/159/11
而欲地者○璽 312/159/11
使仇敵○其餘敝 313/159/23
王交○之也 322/165/4
秦已○趙 325/165/29
是并○秦、趙之事也 326/166/4
以王為易○也 333/167/29
○令無所行 390/189/3
而王以全燕○其後 408/194/15
夫○於燕者蘇子也 409/195/1
而強秦○其後 411/195/23
聖人之○事也 411/195/28
不○於人臣 420/203/13
不○於眾人 420/203/13
不○於妻妾 420/203/13
願足下之無○於群臣也
420/203/14
毋不能○ 422/204/25
乃命公子束車○衣為行
具 428/208/11
子○之 451/221/22

治 zhì 39

商君○秦 39/12/22
稱帝而○ 40/13/9
天下不○ 40/13/21
亂於○ 40/13/26
以亂攻○者亡 42/15/12
前者穰侯之○秦也 42/16/9
號令不○ 42/16/13
能○眾者其官大 72/28/29
臣死而秦○ 73A/30/16
四○政不亂不逆 74/32/26
信賞罰以致○ 81/36/2
國孰與之○ 95/46/19
於是約車○裝 133/65/5
而○可為管、商之師 134/66/11
固願得士以○之 137/69/5
今王○齊 137/69/7
齊國大○ 137/69/9
下不○其家 138/69/21

佚○在我 142/73/20
民人之○ 147/77/26
越亂而楚○也 166/85/8
臣聞○之其未亂 167/85/21
而百姓大○ 170/89/22
○其繒繳 192/98/9
李園不○國 200/102/9
世○晉陽 203/104/6
臣聞董子之○晉陽也 203/104/8
203/104/10
○亂以知 222/119/6
則王之國大○矣 239A/129/5
令之內○國事 240/129/25
皆且無敢與趙○ 247/132/7
今○天下 258A/137/8
大王以孝○聞於天下 258B/137/29
○列子圉寇之言 384/185/9
王自○其外 415/198/31
○無小 452A/221/28
足以為○ 452A/221/28
繕○兵甲以益其強 461/226/24

炙 zhì 1

易牙乃煎敖燔○ 307/155/28

致 zhì 50

不識大國何塗之從而○之齊 1/1/9
寡人終何塗之從而○之齊 1/1/13
魏王因使孟卯○溫囿於周君而許之戍也 32/11/7
夫徒處而○利 40/13/22
常欲坐而○之 40/13/23
大王又并軍而○與戰 42/16/24
義渠君○群臣而謀曰 53/22/21
霸王之業可○ 73A/30/25
信賞罰以○治 81/36/2
盡忠○功 81/36/13
○至而危 87/40/28
諸侯皆○秦邑 93/45/16
小國所以皆○相印於君者 130/63/8
能○其如此者五人 134/66/12
秦使魏冉○帝 141A/70/10
諸侯可同日而○也 142/73/18
皆可得而○之 170/90/2
○命齊王曰 177/92/5
使使者○萬家之邑一於知伯 203/103/27
因使人○萬家之邑一於知伯 203/103/29
五百之所以○天下者 204A/105/19
燕必○氈裘狗馬之地 218/113/1
齊必○海隅魚鹽之地 218/113/2
楚必○橘柚雲夢之地 218/113/2
韓、魏皆可使○封地湯沐之邑 218/113/2
不足與○意 221/118/8
王○之於前 238/128/21
而能令王坐而天下○名寶 246/131/7
臣以為齊○尊名於王 246/131/11
天下孰敢不○尊名於王 246/131/11
臣以齊○地於王 246/131/11
天下孰敢不○地於王 246/131/12
而無庸○兵 248/132/25
君○安平君而將之 252/135/10
衍請因令王○萬戶邑於先生 294/150/8
而臣以○燕甲而起齊兵矣 297/152/3
請○之先生 313/159/22
○攻者 325/165/21
願君之生束縮高而○之 340/169/29
若君弗○也 340/169/29
而君曰『必生○之』 340/170/3
張儀使人○上庸之地 354/175/23
此古服道○士之法也 418/200/27
今王誠欲○士 418/201/4
○藺、石 422/204/15
今子且○我 437/212/27
而大國○之 448A/220/16
○中山而塞四國 454/222/27
作羹○於樂羊 460/225/24
以○臣罪 461/227/6

桎 zhì 1

束縛○桔 145/76/2

智 zhì 52

昔○伯欲伐厹由 24/8/25
欲以一人之○ 41A/14/24
弗知而言為不○ 42/15/9
○伯帥三國之眾 42/17/4
反○伯之約 42/17/5
以攻○伯之國 42/17/6
楚○橫君之善用兵 48A/19/10
用兵與陳軫之○ 48A/19/10
寡人自以為○矣 50/21/3
穰侯○而習於事 63/26/6
63/26/15
何晉、楚之○而齊、秦之愚 63/26/12
是天下之王不如鄭賈之○也 76/33/17
豈不辯○之期與 81/35/27
竭○能 81/36/2
○氏最強 83B/38/30
○伯出行水 83B/39/1
○伯曰 83B/39/2
而○氏分矣 83B/39/4
不能過○伯 83B/39/4
○氏見伐趙之利 87/41/10
○氏信韓、魏 87/41/12
殺○伯瑤於鑿臺之上 87/41/13
昔○伯瑤殘范、中行 89/43/8
以王為吳、○之事也 89/43/15
何秦之○而山東之愚耶 111/54/7
昔○伯瑤攻范、中行氏 142/72/27
然而○伯卒身死國亡 142/72/28
○者不倍時而棄利 145/75/11
謂子○則否 204B/106/14
○者見於未萌 221/116/25
○不若耶 236/127/10
其○能而任用之也 304/154/19
何用○之不若梟也 312/159/16
是受○伯之禍也 315/161/11
是○困於秦 329B/167/3
三晉已破○氏 344A/172/3
○為楚笑 357/177/6
唯○者知之而已 386/187/3
皆積○欲離秦、韓之交 388/188/5
則晉、楚○而韓、秦愚也 388/188/6
雖堯、舜之○ 412/196/31

齊、趙必有為○伯者矣 423/205/11
○固不如車士矣 432/210/29
○又不如胡、越之人矣 432/211/1
○不輕怨 438/213/11
○不簡功 438/213/27
其○深 440/214/29
○伯欲伐衛 448A/220/14
○伯果起兵而襲衛 448A/220/17
○伯欲襲衛 448B/220/21
○伯聞之 448B/220/22

置 zhì 22

何欲○ 36/12/4
○宗廟 42/16/5,42/16/9
彼來則○之槐谷 61A/25/6
王非○兩令尹也 117/57/13
通都小縣○社 142/72/20
為死士○將 142/73/24
寡人欲○相於秦 166/85/3
王若欲○相於秦乎 166/85/9
先生○之 200/102/12
○死士 200/102/15
且以○公孫赫、樗里疾 213/110/30
平原君乃○酒 236/128/5
人有○係蹄者而得虎 243/130/18
而宋○太子以為王 248/132/17
秦必○相 328/166/17
盡○其身妾之上 366/180/12
夫楚欲○公子高 370/181/26
其任官○吏 384/185/13
必將欲○其所愛信者 386/187/6
因遽○之 403/193/10
而棄所哀憐之交○之匈奴 440/214/27

雉 zhì 2

城大無能過百○者 252/135/20
宋所謂無○兔鮒魚者也 442/218/20

銍 zhì 1

魏氏將出兵而攻留、方與、○、胡陵、碭、蕭、相 87/41/26

摯 zhì 6

果惡王稽、杜○以反 80/35/9
人皆以謂公不善於富○ 194/99/3
今富○能 194/99/4
王愛富○ 194/99/5
其○（謟）〔諂〕也固矣 341/170/22
虎○之士 348A/173/20

質 zhì 72

斧○在後 42/15/13
而以順子為○ 63/25/28
今臣之胸不足以當椹○ 72/29/2
○仁秉義 81/35/26
三年而燕使太子丹入○於秦 81/37/20
吾將還其委○ 88/42/19
梁王身抱○執璧 88/42/22
魏太子為○ 92/44/9
見秦○子異人 93/44/18
秦子異人○於趙 93/44/22
是抱空○也 93/45/6
而燕太子○於秦 94/45/21
而燕太子已入○矣 94/45/24
太子在齊○ 122/58/26
然則是我抱空○而行不義於天下也 122/58/27
變則是君抱空○而負名於天下也 122/59/6
不相○而固 142/72/11
而用兵又非約○而謀燕也 142/72/13
臣請秦太子入○於楚 168/87/21
楚太子入○於秦 168/87/22
太子為○ 172/90/13
○於齊 177/92/3
楚太子橫為○於齊 195/99/9
皆以鍊銅為柱○ 203/104/11
且夫委○而事人 204B/106/17
反委○事知伯 204B/106/22
故出○以為信 209/108/16
通○刑白馬以盟之 218/114/3
錯○務明主之長 221/116/16
○之石上而擊之 225/120/29
趙以公子部為○於秦 228/121/26
必以長安君為○ 262/138/28
有復言令長安君為○者 262/138/29
於是為長安君約車百乘○於齊 262/139/19
而獨以吾國為知氏○乎 264A/140/10
夫事秦必割地效○ 272/143/10
魏以董慶為○於齊 274/144/25
令太子鳴為○於齊 302/153/20
是齊抱空○而行不義也 302/153/22
今我講難於秦兵為招○ 304/154/29
王出魏○ 305/155/13
龐蔥與太子○於邯鄲 306/155/18
後太子罷○ 306/155/22
必少割而有○ 310/157/19
投○於趙 315/161/29
而挾韓、魏之○ 315/162/2
是魏重○韓以其上黨也 315/162/7
以是○秦 319/164/9
故君不如安行求○於秦 331/167/16
而王以是○秦 342/171/1
以○許地 356A/176/3
王何不試以襄子為○於韓 369/181/21
公何不為韓求○子於楚 380/184/3
楚王聽而入○子於韓 380/184/3
公又令秦求○子於楚 380/184/5
是王抱虛○也 381/184/12
王誠能毋愛寵子、母弟以為○ 415/198/26
蘇秦弟厲因燕○子而求見齊王 416B/200/3
燕○子為謝乃已 416B/200/3
遂委○為臣 416B/200/3
乃使蘇代持○子於齊 416B/200/6
而寄○於齊 419/201/14
因以為○ 419/201/29
令齊守趙之○子以甲者 423/205/8
果以守趙之○子以甲 423/205/9
臣有斧○之罪 426/207/2

將令燕王之弟為○於齊 428/207/26
憂公子之且為○於齊也 428/208/1
今王之以公子為○也 428/208/6
恐抵斧○之罪 431/209/14
張丑為○於燕 437/212/26
燕太子丹○於秦 440/214/18

贄 zhì 2

不如重其○ 61A/25/6
秦王貪其○ 440/215/25

躓 zhì 1

寧佯○而覆之 420/203/10

鷙 zhì 1

好利而○復 203/103/25

中 zhōng 327

謀之於葉庭之○ 1/1/12
公○慕公之為己乘秦也 2/1/28
齊桓公宮○七市 8B/3/30
居○不便於相國 17/7/1
蘇代遂往見韓相國公○曰 25/9/4
公○曰 25/9/8,25/9/11
公○怒曰 25/9/9
百發百○ 27/9/22,27/9/24
一發不○ 27/9/24
西有巴、蜀、漢○之利 40/13/6
南有巫山、黔○之限 40/13/7
出其父母懷衽之○ 42/15/17
○破宋 42/15/25
○使韓、魏之君 42/15/25
○陵三晉 42/16/3,42/16/7
○央之國也 42/16/13
○呼池以北不戰而已為燕矣 42/16/18
張儀欲以漢○與楚 46/18/23
有漢○ 46/18/23
漢○南邊為楚利 46/18/24
王割漢○以為和楚 46/18/25
王今以漢○與楚 46/18/25
○國無事於秦 53/22/15
○國為有事於秦 53/22/15
攻○山 55/23/11,460/225/24
不如許楚漢○以懽之 56/23/27
果使馮章許楚漢○ 56/23/28
楚王以其言責漢○於馮章 56/23/29
而公○以韓窮我於外 57/24/5
達途於○國 66/27/14
宮○虛無人 73A/29/23
居深宮之○ 73A/30/14
○山之地 73A/31/7
○國之處 73A/31/8
必親○國而以為天下樞 73A/31/8
其令邑○自斗食以上 74/32/22
南亡鄢、郢、漢○ 78/34/4
王舉臣於羈旅之○ 80/35/12
日○則移 81/36/20
又斬范、○行之途 81/37/7
秦取楚漢○ 82A/37/24
○期推琴對曰 83B/38/30
滅破范、○行 83B/38/30
今王○道而信韓、魏之善王也 87/41/16
王破楚於以肥韓、魏於○國而勁齊 87/42/2
韓必為關○之候 87/42/9
昔智伯瑤殘范、○行 89/43/8
秦王與○期爭論 90/43/26
○期徐行而去 90/43/26
或為○期說秦王曰 90/43/26
○期適遇明君故也 90/43/27
又有母在○ 93/44/22
今子無母於○ 93/44/22
無母於○ 93/45/5
出之袖○ 95/47/9
人臣不得自殺宮○ 95/47/11
文公用○山盜 96/48/13
受○賞 108/52/27
臣請令魯○立 110/53/19
臨淄之○七萬戶 112/54/25
然則吾○立而割窮齊與疲燕也 119/58/3
是秦之計○ 120/58/12
郢○立王 122/58/27,122/58/28
若自在隘窘之○ 125/61/14
而操銚鎒與農夫居壟畝之○ 129/62/25
至○闈 130/63/13
疏○國 132B/64/11
則權重於○國 132B/64/14
君宮○積珍寶 133/65/13
迎君道○ 133/65/19
○不索交諸侯 138/69/21
邯鄲之○鶩 142/71/10
墮○牟之郭 142/71/11
軍舍林○ 142/71/12
○牟之墮也 142/71/13
而趙氏兼○山 142/71/21
○人禱祝 142/72/19
則此虛○之計也 142/72/20
○哭泣 142/72/21
○罷於刀金 142/72/25
昔智伯瑤攻范、○行氏 142/72/27
○山悉起而迎燕、趙 142/73/1
北戰於○山 142/73/2
夫○山千乘之國也 142/73/2
○者則善 142/73/9
不○則愧 142/73/9
盡堞○為戰具 142/73/23
王孫賈乃入市○ 144/75/1
約之矢以射城○ 145/75/11
昔管仲射桓公○鉤 145/76/1
坐於沙○ 146/76/22
王走而之城陽之山○ 147/77/28
而迎王與后於城陽山○ 147/78/1
莒○及齊亡臣相聚 149B/79/1
漢○可得也 151/80/7
宋請○立 152/80/12
楚地西有黔○、巫郡 167/85/15
一軍下黔○ 167/85/20
秦有舉巴蜀、并漢○之心 167/86/7
黔○、巫郡非王之有已 168/87/2
戰於漢○ 168/87/10
遂亡漢○ 168/87/10
楚無鄢、郢、漢○ 169/88/3
請復鄢、郢、漢○ 169/88/5
其效鄢、郢、漢○必緩矣 169/88/13
逃於雲夢之○ 170/89/22
遂自棄於磨山之○ 170/89/24
楚令昭鼠以十萬軍漢○ 173A/90/20
必出漢○ 173A/90/21

秦兵且出漢○ 173A/90/22
又簡擇宮○佳翫麗好翫習音者 174/91/6
秦敗楚漢○ 176/91/27
未嘗見○國之女如此其美也 182/94/15
張子○飲 182/94/22
禦○國之難 188/96/19
與之馳騁乎高蔡之○ 192/98/13
與之馳騁乎雲夢之○ 192/98/17
○射之士問曰 196/99/16
使人殺○射之士 196/99/17
○射之士使人說王曰 196/99/17
射○其股 197/100/6
○阪遷延 199/101/7
君先仕臣為郎○ 200/102/11
知伯帥趙、韓、魏而伐范○行氏 203/103/24
城○巢居而處 203/104/15
麤○而少親 203/104/21
始事范○行氏而不說 204B/106/7
豫讓遁逃山○ 204B/106/8
子不嘗事范○行氏乎 204B/106/21
知伯滅范○行氏 204B/106/21
臣事范○行氏 204B/106/23
范○行氏以眾人遇臣 204B/106/23
魏文侯借道於趙攻○山 205/107/3
魏攻○山而不能取 205/107/3
魏拔○山 205/107/4
必不能越趙而有○山矣 205/107/4
寄宿人田○ 208/107/25
楚人久伐而○山亡 209/108/20
至於榆○千五百里 209/108/21
○山之地薄 210/109/8, 248/132/22
韓為○軍 211/109/13
○絕不令相通 211/110/1
禍○於趙矣 218/113/15
固已見於胸○矣 218/113/20
燕守雲○ 218/114/5
以兵橫行於○十四年 219/115/13
并漢○ 220/115/23
胡地○山吾必有之 221/116/27
○國者 221/117/8
離○國 221/117/11
○國同俗而教離 221/117/17
與齊、○山同之 221/117/20
先時○山負齊之強兵 221/117/24
遠可以報○山之怨 221/117/25
而叔也順○國之俗以逆簡、襄之意 221/117/25
○國不近蠻夷之行 221/118/18
隱○不竭 222/119/13
至榆○ 224/120/19
趙以二十萬之眾攻○山 225/121/6
以未構○山也 229A/122/16
○山聽之 229A/122/17
是我以王因饒○山而取地也 229A/122/17
○山不聽 229A/122/17
是○山孤也 229A/122/18
我分兵而孤樂○山 229A/122/18
○山必亡 229A/122/18
我已亡○山 229A/122/19
是我一舉而兩取地於秦、○山也 229A/122/19
婦人為之自殺於房○者二八 233/123/29
吾視居北圍城之○者 236/126/27
曷為久居此圍城之○而不去也 236/126/28
眾人廣坐之○ 237/128/16
何不令前郎○以為冠 239A/129/7
郎○不知為冠 239A/129/7
無自疑於○者 245/131/3
以據○國 249/133/15
國在謀之○ 249/134/1
必起○山與勝焉 249/134/2
秦起○山與勝 249/134/2
後以○牟反 250/134/14
趙攻○山 253/135/24
不如盡歸○山之新地 253/135/24
○山案此言於齊曰 253/135/25
昔者堯見舜於草茅之○ 257/136/25
而郎○甚妬之 261/138/22
而郎○之計○也 261/138/23
樂羊為魏將而攻○山 265/140/22
其子在○山 265/140/22
○山之君烹其子而遺之羹 265/140/22
樂羊既罷○山 265/140/24
公可以居其○而疑之 276/145/14
郢○不善公者 278/146/4
田需從○敗君 292/149/19
○道而不可 293/149/29
則行其○ 297/151/27
○不可 297/151/28
主患於○ 304/155/1
王之士未有為之○者也 309/156/23
臣聞明王不胥○而行 309/156/23
宋、○山數伐數割 310/157/15
而宋、○山可無為也 310/157/16
五入國○ 315/161/24
擊其○身 318/163/22
天下之○身也 318/163/23
是山東首尾皆救○身之時也 318/163/23
○山恃齊、魏以輕趙 319/164/5
齊、魏伐楚而趙亡○山 319/164/5
○道而反 334/168/3
恐言而未必○於王也 345/172/15
而廝徒負養在其○矣 348A/173/19
○封小令尹以桂陽 359/177/18
公求○立於秦 360/178/9
願公之復求○立於秦也 360/178/11
故王不如令韓○立以攻齊 360/178/19
臣以為令韓以○立以勁齊 360/178/21
○庶子強謂太子曰 376/183/10
戰之於國○必分 376/183/11
○間不遠 385/186/10
兼○哀侯 385/186/15
○國白頭游敖之士 388/188/5
因欲○立 389/188/14
臣竊以為猶之井○而謂曰 390/189/9
韓侈且伏於山○矣 396B/191/6
八日○ 399/192/13
今臣處郎○ 406/193/26
西有雲○、九原 408/194/10
踰雲○、九原 408/194/15
頓首塗○ 411/196/1
秦下甲雲○、九原 413/197/11
○附韓、魏則韓、魏重 415/198/16
王誠博選國○之賢者 418/200/27
趙為○帝 419/201/29

漢○之甲 422/203/29

兵困於林○ 422/204/20

望諸相○山也使趙 424/206/5

擢之乎賓客之○ 431/209/21

故○山亡 432/211/8

○國膏腴之地 433/211/22

而李信出太原、雲○ 440/215/23

厚遺秦王寵臣○庶子蒙嘉 440/217/4

諸郎○執兵 440/217/15

不○ 440/217/19

○柱 440/217/19

不○而死 440/217/28

夫在○者惡臨 443/218/29

坐御以待○之議 443/218/29

魏文侯欲殘○山 453/222/10

魏并○山 453/222/10

因封之○山 453/222/11

是○山復立也 453/222/11

而○山後持 454/222/15

寡人羞與○山並為王 454/222/15

○山聞之 454/222/16

○山之君遣之齊 454/222/18

臣聞君欲廢○山之王 454/222/18

以○山之小 454/222/19

○山雖益廢王 454/222/19

且○山恐 454/222/19

豈若○山廢其王而事齊哉 454/222/20

今君召○山 454/222/23

○山必喜而絕趙、魏 454/222/23

趙、魏怒而攻○山 454/222/24

○山急而為君難其王 454/222/24

則○山必恐 454/222/24

今召○山 454/222/27,454/223/1

致○山而塞四國 454/222/27

是君臨○山而失四國也 454/222/28

善以微計薦○山之君久矣 454/222/28

果召○山君而許之王 454/222/31

齊羞與○山之為王甚矣 454/223/1

果與○山王而親之 454/223/2

○山果絕齊而從趙、魏 454/223/2

○山與燕、趙為王 455/223/6

齊閉關不通○山之使 455/223/6

○山千乘之國也 455/223/6

出兵以攻○山 455/223/7, 455/223/10,455/223/16

恥與○山侔名 455/223/10

請令燕、趙固輔○山而成其王 455/223/11

出兵以攻○山者 455/223/15

其實欲廢○山之王也 455/223/15

所求○山未必得 455/223/17

○山可廢也 455/223/17

使告○山君曰 455/223/18

為○山之獨與燕、趙為王 455/223/19

○山恐燕、趙之不己據也 455/223/20

○山必遁燕、趙 455/223/21

是○山孤 455/223/21

非欲廢○山之王也 455/223/24

徒欲以離我於○山 455/223/25

○山因告燕、趙而不往 455/223/28

燕、趙果俱輔○山而使其王 455/223/28

為己求相○山 456/224/3

○山君出 456/224/3

○山君大疑公孫弘 456/224/6

司馬憙三相○山 457/224/11

司馬憙即奏書○山王曰 458/224/21

臣聞弱趙強○山 458/224/22

○山王悅而見之曰 458/224/22

願聞弱趙強○山之說 458/224/22

○山王遣之 458/224/24

未嘗見人如○山陰姬者也 458/224/27

歸報○山王曰 458/225/1

○山王作色不悅 458/225/2

○山王曰 458/225/3

○山王遂立以為后 458/225/4

主父欲伐○山 459A/225/9

○山之君 459A/225/10

○山君饗都士 459B/225/16

說楚王伐○山 459B/225/16

○山君亡 459B/225/17

○山君顧謂二人 459B/225/17

○山有事 459B/225/18

○山君喟然而仰歎曰 459B/225/19

其子時在○山 460/225/24

○山君烹之 460/225/24

秦○士卒 461/226/18

以軍○為家 461/226/18

忠 zhōng 102

○臣令誹在己 8B/3/29

無○臣以掩蓋之也 8B/3/30

君令弊邑以此○秦 22/8/8

知而不言為不○ 42/15/9

為人臣不○當死 42/15/9

謀臣皆不盡其○也 42/15/23

以主為謀不○者 42/17/12

子胥○乎其君 48B/19/21

吾不○於君 48B/19/22

楚亦何以軫為○乎 48B/19/22

○且見棄 48B/19/22

昔者子胥○其君 49/20/12

臣不○於王 49/20/14

○尚見棄 49/20/14

子獨不可以○為子主計 51/21/26

願以陳臣之陋○ 73A/30/4

天下見臣盡○而身蹶也 73A/30/13

是穰侯為國謀不○ 73A/30/25

讒不蔽○ 81/36/3

悉○而不解 81/36/5

○之節也 81/36/6

君明臣○ 81/36/7

故比干○ 81/36/8

是有○臣孝子 81/36/9

夫待死而後可以立○成名 81/36/10

盡○致功 81/36/13

豈不亦○乎 81/36/14

慈仁任○ 81/36/16

主固親○臣 81/36/17

子胥○於君 96/48/5

今賈○王而王不知也 96/48/6

使賈不○於君 96/48/6

紂聞讒而殺其○臣 96/48/7

則無○臣矣 96/48/8

儀事先王不○ 115/56/12

可以○太子而使楚益入地 122/59/1

可以○太子使之亟去 122/59/2

以○太子 122/59/15

○王而走太子者又蘇秦

也 122/60/6
盡○直言者觸也 136B/68/15
○臣不先身而後君 145/75/12
非○也 145/75/12
大逆不○ 167/86/3
秦王之○信有功臣也 174/91/5
○臣之於君也 179/93/17
非○臣也 179/93/18
272/143/11,415/198/3
亦非○臣也 179/93/19
為臣不○不信 181/94/3
不○ 181/94/3
且魏臣不○不信 181/94/4
○且信 181/94/4
○臣之所以事君也 190/97/6
信○在己而眾服焉 204A/105/22
以成其○ 204A/105/26
○臣不愛死以成名 204B/106/26
皆願奉教陳○於前之日久矣 218/112/22
無敢盡○於前者 218/112/23
效愚○ 218/112/24
臣得陳○於前矣 218/114/1
臣固敢竭其愚○ 221/117/8
臣無隱○ 221/118/2
願竭其○ 221/118/2
○無過罪 221/118/2
隱○不竭 221/118/12
願盡其○ 221/118/13
○也 221/118/14
○不辟危 221/118/14
君之○臣也 222/119/5
○可以寫意 222/119/5
則不○者也 246/131/15
而臣待○之封 248/132/26
是○也 257/136/25
王之○臣也 259/138/10
而王之○臣有罪也 259/138/12
○不必當 304/154/16
當必不○ 304/154/16
恐其不○於下吏 304/154/17
上所以為其主者○矣 304/154/27
以○王也 314/160/8
此文之所以○於大王也 314/160/11
王不用臣之○計 314/160/17
則不○矣 315/161/5
盡○而已矣 345/172/17
臣以公孫郝為不○ 360/178/17
臣以甘茂為不○ 360/178/18
今有一舉而可以○於主 387/187/17
是其於主也至○矣 387/187/20
○臣也 390/188/27
而王之諸臣○莫如申不害也 390/188/29
所謂以○信得罪於君者也 412/196/21
夫○信 412/196/23
○至如此 412/196/28
此以○信得罪者也 412/196/28
○信也 420/203/3,420/203/12
恐以○信之故 420/203/3
恐○信不諭於左右也 420/203/12
群臣效○ 428/208/6
○臣之去也 431/210/16
○臣愛其名 461/227/8

終 zhōng 57

寡人○何塗之從而致之齊 1/1/13
則○日無所得矣 16/6/21
是故兵○身暴靈於外 42/16/10
○身勿出 61A/25/6
○身不復見 73A/30/10,236/128/7
○身闇惑 73A/30/14
○其年而不夭傷 81/35/28
與天下○ 81/35/29
勾踐○棓而殺之 81/37/4
孰與以禍○哉 81/37/10
○以齊奉事王矣 82B/38/9
鮮克有○ 87/41/9,89/43/7
○之難也 87/41/10
唯始與○ 89/43/7
能始而不能○也 89/43/11
○亡其酒 117/57/17
則○身不辱也 136B/68/18
○戰比勝 142/73/6
使管仲○窮抑 145/76/3
而成○身之名 145/76/10
○身不覩 149B/79/3
而王○已不知者 159/82/21
而無所○薄 167/86/10
○身無相攻擊 168/87/23
臣請為君○言之 199/101/2
○日談而去 208/108/3
擇交不得則民○身不得安 218/112/25
今用兵○身不休 219/114/22
○身不敢設兵以攻秦折韓也 219/115/13
○不肯受 236/128/5
而君○不得陰 249/133/15
而君○身不得陰 249/133/24
而君有○身不得陰 249/134/1
○身不敝 255/136/11
是臣○無成功也 292/149/20
○為齊患者 301/153/13
公○自以為不能守也 317B/163/9
雖死○不敢行 340/170/4
願○守之 343/171/14
武遂○不可得已 359/178/1
太子必○身重公矣 378/183/23
老母今以天年○ 385/186/4
○莫能就 385/186/9
若夫安韓、魏而○身相 386/187/10
秦、魏不○相聽者也 386/187/10
而許異○身相焉 391/189/15
雖○身相之焉 391/189/16
吾○以子受命於天矣 415/198/29
皆○歸齊 416B/200/9
以為人之○也 428/208/5
則公子○身不封矣 428/208/9
不必善○ 431/210/10
王名○不成 433/211/22
丹○不迫於強秦 440/214/27
○已不顧 440/217/2

鍾 zhōng 6

遺之大○ 24/8/25
齊有處士曰○離子 138/69/16
訾養千○ 139/69/28
故○鼓竽瑟之音不絕 142/73/17
○聲不比乎 268/141/13
王○侍王 269/141/19

鐘 zhōng 1

而建千石○ 136B/67/20

腫 zhǒng 3

夫癘雖癰○胞疾 197/100/7
為有臃○也 395/190/18
使善扁鵲而無臃○也 395/190/18

種 zhǒng 16

今其民皆○麥 4/2/19
無他○矣 4/2/20
以病其所○ 4/2/20
東周必復○稻 4/2/20
○稻而復奪之 4/2/20
○樹不處者 46/18/23
越之大夫○ 81/35/30
大夫○事越王 81/36/4
商君、吳起、大夫○ 81/36/13
81/36/14
商君、吳起、大夫○不若也 81/36/15
不過商君、吳起、大夫○ 81/36/18
大夫○為越王墾草刱邑 81/37/3
則商君、白公、吳起、大夫○是也 81/37/9
非吾○也 149B/79/3
越王使大夫○行成於吳 390/189/5

踵 zhǒng 7

躡其○ 83B/39/3
韓、魏父子兄弟接○而死於秦者 87/41/18
軍重○高宛 105/51/24
若隨○而至也 131/63/23
持其○為之泣 262/139/12
彌地○道數千里 408/194/16
死不旋○ 461/226/19

仲 zhòng 96

公○之軍二十萬 2/1/23
管○故為三歸之家 8B/4/1
而臣受公○侈之怨也 55/23/13
齊公得管○ 73B/32/12
時以為○父 73B/32/12
管○不足大也 81/36/11
管○ 96/48/11
魯○連謂孟嘗 135/66/21
於陵子○尚存乎 138/69/21
昔管○射桓公中鉤 145/76/1
使管○終窮抑 145/76/3
○連之說也 145/76/13
齊桓公得管夷吾以為○父 147/77/25
往見魯○子 148/78/8
○子曰 148/78/8
問魯○子曰 148/78/12
魯○子曰 148/78/13
見公○曰 153/80/24
管○去魯入齊 197/99/27
此時魯○連適游趙 236/126/18
魯○連曰 236/127/6,236/127/10
236/127/11,236/127/15
於是平原君欲封魯○連 236/128/4
魯○連辭讓者三 236/128/5
○連不忍為也 236/128/7
張儀告公○ 285/147/27
吾欲兩用公○、公叔 348B/174/9
公○聞之 349/174/17
游騰謂公○曰 356A/176/3
公○以宜陽之故 356B/176/9
秦王固疑甘茂之以武遂解於公○也 356B/176/9
杜赫為公○謂秦王曰 356B/176/10
公○明謂韓王曰 357/176/15
乃儆公○之行 357/176/17
乃止公○ 357/176/29
公○曰 357/176/29,359/177/21
360/178/13,367/180/28
367/181/1,394/190/13
顏率見公○ 358/177/11
公○不見 358/177/11
顏率謂公○之謁者曰 358/177/11
公○必以率為陽也 358/177/11
公○好內 358/177/12
○嗇於財 358/177/12
公○無行 358/177/12
公○之謁者以告公○ 358/177/13
公○遽起而見之 358/177/13
韓公○謂向壽曰 359/177/17
辱公○ 359/177/17
公○收國復事秦 359/177/17
公○躬率其私徒以鬬於秦 359/177/18
甘茂許公○以武遂 359/177/29
或謂公○曰 360/178/9
387/187/17
韓公○相 361/178/27
公○數不信於諸侯 365/180/3
公○柄得秦師 366/180/21
公○且抑首而不朝 366/180/22
公○恐曰 367/181/7
公○為韓、魏易地 368/181/13
因令公○謂秦王曰 369/181/20
教公○謂魏王曰 381/184/11
○子奉黃金百鎰 385/185/23
固謝嚴○子 385/185/24
○子固進 385/185/24
義不敢當○子之賜 385/185/25
嚴○子辟人 385/185/25
嚴○子固讓 385/185/28
然○子卒備賓主之禮而去 385/185/29
而嚴○子乃諸侯之卿相也 385/186/1
而嚴○子舉百金為親壽 385/186/3
見嚴○子曰 385/186/7
前所以不許○子者 385/186/7
○子所欲報仇者為誰 385/186/7
嚴○子具告曰 385/186/8
語泄則韓舉國而與○子為讎也 385/186/11
或謂韓公○曰 386/187/3
謂韓公○曰 394/190/11
則蓋觀公○之攻也 394/190/13
公○不攻 394/190/14
公○使韓珉之秦求武隧 396A/190/24
唐客謂公○曰 396A/190/24
公○說 396A/190/27
韓相公○珉使韓侈之秦 396B/191/3
公○珉死 396B/191/3
以重公○也 396B/191/5
今公○死 396B/191/5
彼公○者 396C/191/11
臣故願公○之國以侍於王 396C/191/20
管○逃於魯 424/206/4

重 zhòng 229

韓氏果亦效○寶 2/2/1
多名器○寶 3A/2/6
發○使使之楚 5B/3/4
子東○於齊 7/3/17
則子常○矣 7/3/17
弗與禮○矣 11B/5/4
杜赫欲○景翠於周 16/6/20
盡君子○寶珠玉以事諸侯 16/6/20
秦之輕○ 18/7/6
秦必○公 18/7/7
是公○周 18/7/8
○周以取秦也 18/7/8
齊○故有周 18/7/8
是周常不失○國之交也 18/7/8
則地廣而益○ 22/8/5
三晉必○齊 22/8/10
則君○矣 23/8/19
○亦盡在趙 23/8/20
以其○秦客 24/8/24
令天下皆知君之○吾得也 28/10/4
又秦○而欲相者 38/12/15
君○秦 38/12/16
大臣太○者國危 39/12/29
使趙大○ 40/14/14
齊必○於王 41B/15/4
且以恐齊而○王 41B/15/4
○而使之楚 45/18/16
○樗里疾而使之者 45/18/16
夫秦所以○王者 50/21/4
秦又何○孤國 50/21/5
又○絶之 50/21/8
則秦且輕使○幣 53/22/15
請○公於齊 61A/25/1
其居秦累世○矣 61A/25/4
不如○其贄 61A/25/6
是君收齊以○呂禮也 65/26/27
必○君以取晉 65/26/28
晉必○君以事秦 65/26/29
操晉以為○也 65/26/29
而秦、晉皆○君 65/26/30
而公請之以自○也 67/27/24
○齊怒 69/28/8
獨不○任臣者後無反覆
　於王前耶 72/29/3
懼必卑辭○幣以事秦 73A/31/9
卑辭○幣以事之 73A/31/13
而外○其權 73B/32/2
穰侯使者操王之○ 73B/32/2
皆負○罪 81/35/19
夫商君為孝公平權衡、
　正度量、調輕○ 81/36/23
遂發○使之楚 82A/38/1
齊、魏有何○於孤國也 85/39/28
王既無○世之德於韓、
　魏 87/41/17
歸帝○於齊 87/42/5
故先王之所○者 89/43/7
公何不以秦、楚之○ 91/44/4
是辛戎有秦、楚之○ 91/44/5
買以珍珠○寶 96/47/26
而珍珠○寶盡於內 96/47/27
則國可○ 103/51/3
軍○踵高宛 105/51/24
是故韓、魏之所以○與
　秦戰而輕為之臣也 112/55/1
官之上非可○也 117/57/18
君之所以○於天下者 122/60/10
貴而○之 122/60/13
孟嘗君○非諸侯也 126/61/21
於衛甚○ 128/62/11
○之寶劍一 130/63/14
則權○於中國 132B/64/14
故秦、趙、魏得齊者○
132B/64/15
不能以○於天下者何也
132B/64/15
○幣也 133/65/23
死者士之所○ 140/70/5
而責士以所○事君 140/70/6
勿使爭○ 141B/70/22
則國○而名尊 141B/70/23
莫若後起而○伐不義 142/71/26
辭讓而○賂至矣 142/73/12
則王○矣 151/80/7,331/167/17
如是必長得○於楚國 160/83/2
而儀○於韓、魏之王也 169/88/9
又交○楚也 171/90/9
公不如令王○賂景鯉、
　蘇厲 172/90/14
昭雎勝秦於○丘 173A/90/20
秦女依強秦以為○ 174/91/7
而秦必○子 174/91/10
則子○矣 175/91/19
張旄果大○ 175/91/22
楚王令昭雎之秦○張儀 183/94/29
韓、魏之○儀 183/95/2
儀有秦而雎以楚○之 183/95/2
而○儀於韓、魏 183/95/3
挾魏○ 183/95/4
而積禍○於丘山 189/96/29
卓滑因○之 193/98/26
而公○不相善也 194/99/4
誠以君之○而進妾於楚
　王 200/101/25
權○而衆服 204A/105/20
任國者權○ 204A/105/21
罷則趙○ 205/107/4
足○繭 208/107/22
天下必○王 209/109/1
臣願大王深與左右群臣
　卒計而○謀 209/109/2
宋罪○ 210/109/8
臣聞懷○寶者 219/114/19
是以賢者任○而行恭 219/114/19
明乎輕之為○者王 219/114/26
○利不足以變其心 222/119/12
而王○命之 222/119/17
今○甲循兵 224/120/14
趙必為天下○國 229A/122/15
不如發○使而為媾 235/125/28
發使出○寶以附楚、魏 235/126/1
楚、魏欲得王之○寶 235/126/2
秦王與應侯必顯○以示
　天下 235/126/7
王能○王之國若此尺帛
239A/129/5
君因言王而○責之 240/129/25
○責之 240/129/26
故王○見臣也 246/131/8
則欲以天下之○恐王 246/131/10
齊先○王 246/131/13
故天下盡○王 246/131/13
以無齊之故○王 246/131/13
燕、魏自以無齊故○王
246/131/14
今王無齊獨安得無○天
　下 246/131/14
則欲輕王以天下之○ 246/131/15
願王之陰○趙 247/132/6

而無使秦之見王之○趙也 247/132/6
秦見之且亦○趙 247/132/7
齊、秦交○趙 247/132/7
臣必見燕與韓、魏亦且○趙也 247/132/7
宋之罪○ 248/132/23
必有踦○者矣 249/133/10
後合與踦○者 249/133/10
吾所以○者 256/136/15
是王輕強秦而○弱燕也 256/136/17
而挾○器多也 262/139/17
多予之○器 262/139/17
而守金玉之○也 262/139/22
○欲無厭 264A/140/7
必○迎公 278/146/4
○家而已 279/146/13
王○其行而厚奉之 287/148/11
固有秦○和 289/148/29
秦權○魏 297/151/24
而以秦為上交以自○也 297/151/26
而果西因蘇脩○報 297/152/9
臣非不知秦勸之○也 297/152/9
則是大王垂拱之割地以為利○ 304/155/2
以其能忍難而○出地也 310/157/15
○為之約車百乘 314/160/4
是魏○質韓以其上黨也 315/162/7
韓必德魏、愛魏、○魏、畏魏 315/162/7
有秦、韓之○ 317B/163/1
今以齊、秦之○ 317B/163/2
秦、楚○公 317B/163/4
以○公也 317B/163/14
317B/163/16
從則玆公○ 321/164/25
玆公之處○也 321/164/25
必○魏 326/166/4
秦必○王矣 328/166/20
則秦○矣 329B/167/4
此○過也 342/171/2
子以韓○我於趙 344B/172/10
請以趙○子於韓 344B/172/10
以○力相壓 348A/173/23
無以異於墮千鈞之○ 348A/173/24
天下且以是輕王而○秦 352/175/7
五國○王 352/175/9
不○王 352/175/9
然則王之輕○必明矣 352/175/9
○其幣 357/176/21,357/176/26
則秦○ 360/178/15
必○楚 361/179/2
齊必○楚 361/179/4
而妾弗○也 366/180/13
秦○國知王也 366/180/17
發○使為韓求武遂於秦 372/182/10
請令公叔必○公 374/182/23
遂○周最 374/182/30
太子之○公也 378/183/21
太子必終身○公矣 378/183/23
楚王必○公矣 380/184/6
公挾秦、楚之○ 380/184/6
周欲以車百乘○而送之 383C/185/3
嚴遂○於君 385/185/18
是韓○而主尊矣 386/187/8
安成君東○於魏 386/187/8
韓之○於兩周也無計 387/187/23
不如急發○使之趙、梁 389/188/15
而○韓之權 390/188/26
以○公仲也 396B/191/5
齊、秦非○韓則賢君之行也 398/192/3
其收韓必○矣 405/193/20
橫則韓○ 405/193/21
而○千里之外 408/194/19
齊、燕離則趙○ 409/194/27
以○外 409/195/3
則趙○矣 409/195/4
有所附則無不○ 415/198/15
南附楚則楚○ 415/198/15
西附秦則秦○ 415/198/16
中附韓、魏則韓、魏○ 415/198/16
且苟所附之國○ 415/198/16
此必使王○矣 415/198/16
貴○主斷 416A/199/6
子之大○ 416A/199/13
今夫烏獲舉千鈞之○ 420/202/28
○楚 422/204/17
○燕、趙 422/204/20
而○魏 422/204/21
蘇代復○於燕 422/205/1
臣之所○處○卵也 427/207/15
臣聞辭卑而幣○者 435/212/12
竊以○利 440/215/25
百舍○繭 442/218/10
彼安敢攻衛以○其不勝之罪哉 443/218/30
夫梁兵勁而權○ 444/219/3
宋因賣楚○以求講於齊 446A/219/22
以明宋之賣楚○於齊也 446A/219/23
以自○於衛 449/221/3
君為臣多車○幣 454/222/17
王發○使 455/223/18
卑辭○幣 461/226/4
將加○於君 461/227/3
臣寧伏受○誅而死 461/227/8

眾 zhòng 116

景翠以楚之○ 2/1/23
故○庶成彊 8B/4/2
則○必多傷矣 23/8/16
與周之○ 32/11/3
士民之○ 40/13/8
萬民之○ 40/14/10
趙固負其○ 41A/14/25
智伯帥三國之○ 42/17/4
得兩國之○ 42/17/5
弊兵勞○不足以成名 44/17/27
繕兵不傷○ 44/18/4
秦死傷者○ 58/24/10
秦○盡怨之深矣 58/24/12
得擅用強秦之○ 61A/25/11
能治○者其官大 72/28/29
○口所移 80/35/8
誅屠四十餘萬之○ 81/36/26
臣之見人甚○ 81/37/13
王申息○二年 87/41/2
王若負人徒之○ 87/41/8
人徒之○ 87/42/5
一舉○而注地於楚 87/42/5
人○不足以為強 88/42/16

人○者強 88/42/16
民孰與之○ 95/46/18
仕人○ 107/52/7
足下豈如令○而合二國之後哉 110/53/23
而君以魯○合戰勝後 110/53/24
大臣父兄殷○富樂 113/55/14
地廣人○ 113/55/16
則士不亦○乎 131/63/23
弊其○ 132A/64/2,433/211/16
國罷而好○怨 142/71/15
則事以○強適罷寡也 142/71/26
○事而不反 142/72/11
十萬之○盡 142/72/13
其與必○ 142/73/25
栗腹以百萬之○ 145/75/19
齊國之○ 146/76/19
王收而與之百萬之○ 150/79/23
請悉楚國之○也 153/80/25
一國之○ 160/82/26
今君能用楚之○ 169/88/11
則楚○不用矣 169/88/12
偽舉罔而進者必○矣 187/96/12
甚○ 200/101/14
權重而○服 204A/105/20
臣願捐功名去權勢以離○ 204A/105/20
信忠在己而○服焉 204A/105/22
范中行氏以○人遇臣 204B/106/23
臣故○人報之 204B/106/23
宮室小而帑不○ 207/107/16
○人喜之 209/108/12
夫用百萬之○ 211/110/4
內度其士卒之○寡、賢與不肖 218/113/19
豈掩於○人之言 218/113/20
不謀於○ 221/116/24
拘於俗之○ 221/118/8
獨將軍之用○ 225/120/24
用○者 225/120/24
今將軍必負十萬、二十萬之○乃用之 225/120/25
今以三萬之○而應強國之兵 225/120/29
君無十餘、二十萬之○ 225/121/3
人雖○ 225/121/4
齊以二十萬之○攻荊 225/121/6
趙以二十萬之○攻中山 225/121/6
而索以三萬之○ 225/121/8
趙以亡敗之餘○ 231/123/10
百萬之○折於外 236/126/19
令○人不知 236/126/29
○人廣坐之中 237/128/16
人民非不○也 269/141/28
人民之○ 272/143/1
無以異於三軍之○ 272/143/1
豈其士卒○哉 272/143/8
其卒雖○ 273/144/10
○口鑠金 273/144/17
魏惠王起境內○ 300/152/26
故以十人之○ 303A/153/27
而欲去子者○ 303A/153/28
以三十萬之○ 310/157/26
戴三十萬之○ 310/157/27
以因趙之○ 314/160/20
君得燕、趙之兵甚○且亟矣 314/160/24
萬人之○ 344A/172/5
戎兵之○ 348A/173/21
數萬之○ 363/179/18
使者來者○矣 366/180/11
兵不○ 366/180/13
內無父兄之○ 379/183/30
而行游諸侯○矣 385/185/26
持兵戟而衛者甚○ 385/186/14
韓氏之○無不聽令者 391/189/14
今韓之父兄得○者毋相 396A/190/26
而數十萬之○ 408/194/17
太子因數黨聚○ 416A/199/24
死者數萬○ 416A/199/25
以因北地之○以伐燕 416A/199/28
不制於○人 420/203/13
吾必不聽○口與讒言 427/207/16
燕、趙之○ 433/211/15
433/211/20
以弊大○ 434/212/6
王翦將數十萬之○臨漳、鄴 440/215/22
是不殺少而殺○ 442/218/12
而欲滿其意者○ 446B/219/31
與不期○少 459B/225/19
君前率數萬之○入楚 461/226/10
興兵甚○ 461/226/11
人數倍於趙國之○ 461/226/13
君嘗以寡擊○ 461/226/14
以○擊寡乎 461/226/14
不欲先用其○ 461/226/20
養孤長幼以益其○ 461/226/24
死傷者○ 461/227/1

州 zhōu 11

楚威王戰勝於徐○ 97/48/22
王戰勝於徐○也 97/48/22
戰於○西 142/71/12
○侯相楚 161/83/20
東有夏○、海陽 167/85/16
君王左○侯 192/97/21
左○侯 192/98/16
阨於○部 199/101/9
徐○之役 286/148/3
大敗齊於徐○ 301/153/16
穆公一勝於韓原而霸西○ 390/189/1

舟 zhōu 18

而憚○之僑存 48A/19/6
○之僑諫而不聽 48A/19/7
而無○楫之用 221/117/20
故寡人且聚○楫之用 221/117/21
臣聞積羽沉○ 273/144/17
王因取其游之○上擊之 363/179/16
乘○ 373/182/16
○漏而弗塞 373/182/16
則○沉矣 373/182/16
塞漏○ 373/182/16
則○覆矣 373/182/16
是塞漏○而輕陽侯之波也 373/182/17
輕○浮於汶 422/203/28
乘○出於巴 422/203/29
浮輕○ 422/204/5
同○而淩波 432/210/29
如同○而濟 432/211/1
發梁焚○以專民 461/226/18

周 zhōu	362
秦興師臨○而求九鼎	1/1/3
○君患之	1/1/3,15/6/14,21/7/26,25/9/3,29/10/9
欲興兵臨○而求九鼎	1/1/4
○之君臣	1/1/4
使陳臣思將以救○	1/1/6
○君又患之	1/1/8
○賴大國之義	1/1/9
昔○之伐殷	1/1/15
○君謂趙累曰	2/1/22
則○公旦也	2/1/24
而德東○	2/2/2
東○與西○戰	3A/2/6
韓救西○	3A/2/6
為東○謂韓王曰	3A/2/6
西○者	3A/2/6
可以德東○	3A/2/7
西○之寶可盡矣	3A/2/7
東○與西○爭	3B/2/11
西○欲和於楚、韓	3B/2/11
齊明謂東○君曰	3B/2/11
臣恐西○之與楚、韓寶	3B/2/11
令之為己求地於東○也	3B/2/12
西○之欲入寶	3B/2/12
今東○之兵不急西○	3B/2/12
西○之寶不入楚、韓	3B/2/13
即且趣我攻西○	3B/2/13
西○寶出	3B/2/13
西○弱矣	3B/2/14
東○欲為稻	4/2/18
西○不下水	4/2/18
東○患之	4/2/18
蘇子謂東○君曰	4/2/18
臣請使西○下水可乎	4/2/18
乃往見西○之君曰	4/2/19
所以富東○也	4/2/19
東○必復種稻	4/2/20
則東○之民可令一仰西○	4/2/21
西○君曰	4/2/21
○君將令相國往	5A/2/26
蘇厲為之謂○君曰	5A/2/26
○君曰	5A/2/28
秦假道於○以伐韓	5B/3/3
○恐假之而惡於韓	5B/3/3
史黶謂○君曰	5B/3/3
信東○也	5B/3/4
公何不與○地	5B/3/4
不信○	5B/3/5
韓強與○地	5B/3/5
將以疑○於秦	5B/3/5
秦必無辭而令○弗受	5B/3/6
○粻秦、韓	6/3/10
楚王怒○	6/3/10
○之君患之	6/3/10
為○謂楚王曰	6/3/10
以王之強而怒○	6/3/10
○恐	6/3/11
故王不如速解○恐	6/3/11
○最謂石禮曰	7/3/16
子因令○最居魏以共之	7/3/16
○相呂倉見客於○君	8A/3/22
因令人謂○君曰	8A/3/22
○文君免士工師藉	8B/3/27
謂○文君曰	8B/3/29
○君遂不免	8B/4/3
溫人之○	9/4/7
○不納	9/4/7
子非○人	9/4/8
今○君天下	9/4/9
或為○最謂金投曰	10A/4/14
秦以○最之齊疑天下	10A/4/14
○最謂金投曰	10B/4/20
不如備兩○辯知之士	11A/4/26
謂○君曰	11A/4/26,16/6/20
○最於齊王也而逐之	11B/5/3
有○齊	11B/5/4
收○最以為後行	11B/5/4
外○最	11C/5/10
逐○最、聽祝弗、相呂禮者	11C/5/10
蘇厲為○最謂蘇秦曰	12/5/16
謂○最曰	13/5/21,14B/6/6,26/9/15
何不合○最兼相	13/5/23
為○最謂魏王曰	14A/5/28
王不去○最	14A/6/1
趙取○之祭地	15/6/14
○君予之	15/6/15
○之祭地為祟	15/6/16
杜赫欲重景翠於○	16/6/20
○共太子死	17/6/27
○君不聽	17/6/28
是公之知困而交絕於○也	17/6/28,36/12/4
不如謂○君曰	17/6/29
○令其相之秦	18/7/6
是公重○	18/7/8
重○以取秦也	18/7/8
齊重故有○	18/7/8
是○常不失重國之交也	18/7/8
昌他亡西○	19/7/12
之東○	19/7/12
盡輸西○之情於東○	19/7/12
東○大喜	19/7/12
西○大怒	19/7/12
因使人告東○之候曰	19/7/14
候得而獻東○	19/7/15
東○立殺昌他	19/7/15
昭翦與東○惡	20/7/19
西○甚憎東○	20/7/19
嘗欲東○與楚惡	20/7/20
西○必令賊賊公	20/7/20
因宣言東○也	20/7/20
以西○之於王也	20/7/20
吾又恐東○之賊己而以輕西○惡之於楚	20/7/21
遽和東○	20/7/21
道○	21/7/25
○君留之十四日	21/7/25
韓使人讓○	21/7/25
客謂○君曰	21/7/26
而藉兵乞食於西○	22/8/3
韓慶為西○謂薛公曰	22/8/3
而使不藉兵乞食於西○	22/8/10
進兵而攻○	23/8/15
為○最謂李兌曰	23/8/15
君不如禁秦之攻○	23/8/15
今秦攻○而得之	23/8/16
秦欲待○之得	23/8/16
秦若攻○而不得	23/8/17
後有攻○之敗	23/8/17
是君卻秦而定○也	23/8/18
秦去○	23/8/18
是君存○而戰秦、魏也	23/8/19
秦令樗里疾以車百乘入○	24/8/24
○君迎之以卒	24/8/24
讓○	24/8/24
兼有吞○之意	24/8/26
使樗里疾以車百乘入○	24/8/27

○君懼焉 24/8/27
○君豈能無愛國哉 24/8/28
韓徵甲與粟於○ 25/9/3
代能為君令韓不徵甲與粟於○ 25/9/3
○君大悅曰 25/9/4
今公乃徵甲及粟於○ 25/9/7
公何不以高都與○ 25/9/8
吾無徵甲與粟於○ 25/9/9
則○必折而入於韓 25/9/9
而焚○之節 25/9/10
是公以弊高都得完○也 25/9/10
不徵甲與粟於○而與高都 25/9/11
○君之秦 26/9/15
○君必以為公功 26/9/16
勸○君入秦者 26/9/16
蘇厲謂○君曰 27/9/20
破則○危 27/9/21
過兩○ 27/9/26
吾得將為楚王屬怒於○ 28/10/3
或謂○君曰 28/10/3
○君所以事吾得者器 28/10/4
楚請道於二○之間 29/10/9
蘇秦謂○君曰 29/10/9
安能道二○之間 29/10/10
司寇布為○最謂○君曰 30/10/15
君使人告齊王以○最不肯為太子也 30/10/15
秦召○君 31/10/23, 31/10/23
○君難往 31/10/23
或為○君謂魏王曰 31/10/23
○君聞之 31/10/24
○君不入秦 31/10/24
○君之魏求救 32/10/29
○君反 32/10/29
綦母恢謂○君曰 32/11/1
○君怨寡人乎 32/11/2
○君 32/11/2
與○之眾 32/11/3
○君形不小利 32/11/4
○君得以為辭於父兄百姓 32/11/5
○君得溫囿 32/11/6
魏王因使孟卯致溫囿於○君而許之戍也 32/11/7
西○弗利 33/11/11
○必亡矣 33/11/11
盡包二○ 33/11/12
且魏有南陽、鄭地、三川而包二○ 33/11/12
秦欲攻○ 34/11/18
○最謂秦王曰 34/11/18
不攻○ 34/11/18
攻○ 34/11/18
兵弊於○ 34/11/19
故勸王攻○ 34/11/20
則令不橫行於○矣 34/11/20
宮他謂○君曰 35/11/24
君不如使○最陰合於趙以備秦 35/11/26
王何不以地齎○最以為太子也 36/12/3
齊王令司馬悍以賂進○最於○ 36/12/3
○不聽 36/12/4
公不如謂○君曰 36/12/4
西○恐魏之藉道也 37/12/9
為西○謂魏王曰 37/12/9
○使○足之秦 38/12/14
或謂○足曰 38/12/14
何不謂○君曰 38/12/14
秦、○之交必惡 38/12/14
不惡○於秦矣 38/12/16
以與○武為難 42/17/2
以臨二○之郊 44/17/25
誅○主之罪 44/17/25
○自知不救 44/17/25
今三川、○室 44/17/28
○ 44/18/7
韓、○之與國也 44/18/7
○自知失九鼎 44/18/7
《○書》有言 48A/19/7, 48A/19/8
以闚○室 55/23/3
臣聞○有砥厄 72/29/6
是○無天子之德 73A/30/2
○人謂鼠未腊者朴 76/33/15
○人懷璞過鄭賈曰 76/33/15
雖○呂望之功 78/34/5
○公輔成王也 81/36/14
其可願孰與閎夭、○公哉 81/36/15
東收○室 81/37/17
○寂為楚王曰 84B/39/17
楚王因不罪景鯉而德○、秦 84B/39/18
從兩○之疆 89/43/13
在東○ 91/44/4
資而相之於○乎 91/44/4
昭衍為○之梁 92/44/11
臣恐其害於東○ 92/44/14
夫從人朋黨比○ 113/55/19
以臨○ 115/56/18, 115/56/26
○、韓西有強秦 121/58/19
秦伐○、韓之西 121/58/19
○、韓為割 121/58/20
韓卻○害也 121/58/20
及韓卻○割之 121/58/20
則亦不果於趙、魏之應秦而伐○、韓 121/58/21
兼二○之地 132B/64/11
堯、舜、禹、湯、○文王是也 136B/68/4
○成王任○公旦 136B/68/8
王上者孰與○文王 147/77/23
然則○文王得呂尚以為太公 147/77/25
下比○ 159/82/18
城渾出○ 163/84/3
韓求相工陳籍而○不聽 169/88/7
魏求相綦母恢而○不聽 169/88/7
○是列縣畜我也 169/88/8
是楚自行不如○ 169/88/9
彼鄭、○之女 182/94/14
如伊尹、○公 200/102/7
秦必過○、韓而有梁 206/107/10
欲亡韓吞兩○之地 209/108/14
東闚於○室甚 217/112/1
劫韓包○則趙自銷鑠 218/113/6
東收兩○而西遷九鼎 220/115/23
王立○紹為傅 222/119/3
○紹曰 222/119/10, 222/119/11, 222/119/11, 222/119/16
遂賜○紹胡服衣冠 222/119/22
公不如令主父以地資○最 229B/122/24
○最以天下辱秦者也 229B/122/24
此利於趙而便於○最也 229B/122/26
率天下諸侯而朝○ 236/127/6
○貧且微 236/127/6
○烈王崩 236/127/7
○怒 236/127/7

故生則朝○ 236/127/9
包二○ 249/133/24
《○書》曰 264A/140/8
272/143/15,310/157/22
秦敗東○ 287/148/9
聞○、魏令竇屢以割魏於奉陽君 287/148/12
夫○君、竇屢、奉陽君之與穰侯 287/148/12
而和於東○與魏也 287/148/14
奉陽君、孟嘗君、韓呡、○冣、○、韓餘為徒從而下之 297/152/5
魏文子、田需、○宵相善 298/152/14
犀首以倍田需、○宵 298/152/16
○訢謂王曰 311/158/10
○訢對曰 311/158/16
有○、韓而間之 315/161/23
無○、韓以間之 315/161/27
則二○必危 315/162/9
王不弱二○ 333/167/28
過二○而攻王者 333/167/29
○肖謂宮他曰 335/168/12
○冣善齊 336/168/18
○冣入齊 337/168/23
以○冣也 337/168/24
今○冣遁寡人入齊 337/168/24
比○以相飾也 348A/173/25
請為公以五萬攻西○ 355/175/28
秦攻西○ 355/175/29
假道兩○倍韓以攻楚 364/179/24
齊令○最使鄭 374/182/21
○最患之 374/182/21
公叔之與○君交也 374/182/21
必○君而深怨我矣 374/182/22
○最行至鄭 374/182/25
○最固不欲來使 374/182/25
○最不欲來 374/182/25
今○最固得事足下 374/182/28
今○最不來 374/182/29
遂重○最 374/182/30
其弟在○ 383C/185/3
○欲以車百乘重而送之 383C/185/3
○佼以西○善於秦 387/187/22
○啓以東○善於秦 387/187/22
韓之重於兩○也無計 387/187/23
萬於○之時 387/187/24
以東闚○室 389/188/13
未嘗不以○襄王之命 391/189/17
無不任事於○室也 391/189/20
群臣比○以蔽其上 396C/191/14
大怒於○之留成陽君也 397/191/25
韓氏逐向晉於○ 401/192/24
○成恢為之謂魏王曰 401/192/24
○必寬而反之 401/192/24
是王有向晉於○也 401/192/25
是魏有向晉於○ 401/192/26
西○讎之 402/193/3
東○寶之 402/193/3
是繰以三川與西○戒也 402/193/4
西○惡之 402/193/4
西○聞之 402/193/5
臣東○之鄙人也 412/196/8
415/197/27
且臣有老母於○ 412/196/19
又高於所聞東○ 415/197/28
使使盟於○室 419/201/24
歸耕乎○之上地 420/202/16
則臣亦之○負籠耳 420/202/22
曩者使燕毋去○室之上 420/202/23
昔○之上地嘗有之 420/203/6
○地賤媒 421/203/18
然而○之俗 421/203/19
我離兩○而觸鄭 422/204/2
包兩○ 422/204/5
○流無所不通 458/224/27

盩 zhōu 1

楚使新造（○）〔盩〕棼冒勃蘇 170/89/14

盩 zhōu 1

楚使新造（盩）〔○〕棼冒勃蘇 170/89/14

軸 zhōu 2

胥之○今折矣 240/129/25
群輕折○ 273/144/17

肘 zhǒu 3

魏桓子○韓康子 83B/39/3
○足接於車上 83B/39/3
此乃方其用○足時也 83B/39/5

帚 zhǒu 1

請以秦女為大王箕○之妾 168/87/22

胄 zhòu 1

被甲冒○以會戰 348A/173/22

紂 zhòu 19

武王伐○ 40/13/17
昔者○為天子 42/17/1
破○之國 42/17/3
而有桀、○之亂 44/18/3
不當桀、○不王 66/27/8
則桀、○之後將存 88/42/17
以同言郢威王於側○之間 88/42/26
向者遇桀、○ 90/43/27
○聞讒而殺其忠臣 96/48/7
桀、○以天下亡 192/97/29
以正殷○之事 220/115/25
○之三公也 236/127/15
故入之於○ 236/127/16
○以為惡 236/127/16
卒斷○之頭而縣於太白者 242/130/13
殷○之國 269/141/26
斬○於牧之野 272/143/7
行雖如桀、○ 389/188/18
未如殷○之亂也 438/213/20

晝 zhòu 6

夜行而○伏 73A/30/9
○吟宵哭 170/89/12
○游乎茂樹 192/98/5
故○游乎江河 192/98/9

武靈王平○間居 221/116/15
○以車騎 436/212/21

啁 zhōu 2

俯○白粒 192/98/3
俯○鱔鯉 192/98/7

騶 zhōu 2

國貧而○舉兵 168/86/25
而○勝之遺事也 431/209/26

朱 zhū 13

長為陶○ 81/37/5
繫己以○絲而見之也 192/98/14
○英謂春申君曰 200/102/4
○英恐 200/102/13
趙王乃令鄭○對曰 228/121/27
發鄭○入秦 235/126/5
秦已內鄭○矣 235/126/6
鄭○ 235/126/7
蘇脩、○嬰既皆陰在邯鄲 297/152/7
○倉謂王曰 302/153/20
○己謂魏王曰 315/160/29
奉陽君告○讙與趙足曰 424/205/16
奉陽君告○讙曰 424/205/28

侏 zhū 1

和樂倡優○儒之笑不之 142/73/18

邾 zhū 1

○、莒亡於齊 35/11/25

株 zhū 1

削○掘根 42/16/1

珠 zhū 16

盡君子重寶○玉以事諸侯 16/6/20
○玉之贏幾倍 93/44/19
君之府藏珍○寶玉 93/44/27
賈以珍○重寶 96/47/26
而珍○重寶盡於內 96/47/27
巖下有貫○者 146/76/24
貫○者復見王曰 146/77/1
黃金○璣犀象出於楚 182/94/13
乃資之以○玉 182/94/16
寶珍隋○ 197/100/9
李兌送蘇秦明月之○ 208/108/5
今有人操隨侯之○ 238/128/25
寶○玉帛以事其左右 415/198/27
○玉財寶 431/210/1
人有言我有寶○也 437/212/27
我且言子之奪我○而吞之 437/212/27

誅 zhū 34

不善於公且○矣 38/12/17
文章不成者不可以○罰 40/13/12
○周主之罪 44/17/25
挾君之讎以○於燕 66/27/13
而明日伏○於後 73A/30/5
顯逆○ 79/34/23
而欲兼○范睢 80/35/11
而王明○之 80/35/13
○屠四十餘萬之眾 81/36/26
懼○ 81/37/19
縮劍將自○ 95/47/11
右舉劍將自○ 95/47/12
桀聽讒而○其良將 96/48/7
乃可復使姚賈而○韓非 96/48/18
曲撓而○ 104/51/12
稍稍○滅 136B/67/27
寄怨而○不直 142/72/10
何得無○乎 143/74/20
欲與我○者 144/75/1
與之○淖齒 144/75/2
燕將懼○ 145/75/8
則大臣主斷國私以禁○於己也 197/100/2
臣故伏○ 204B/106/26
宓戲、神農教而不○ 221/118/21
黃帝、堯、舜○而不怒 221/118/22
則王必怒而○建信君 255/136/10
而○齊、魏之罪 359/178/5
於是嚴遂懼○ 385/185/19
其姊不避菹醢之○ 385/186/25
秦必起兵以○不服 387/187/21
必○暴正亂 433/211/21
不免於○ 461/227/4
○滅無道 461/227/5
臣寧伏受重○而死 461/227/8

諸 zhū 196

盡君子重寶珠玉以事○侯 16/6/20
○侯畏懼 39/12/24
可以并○侯 40/13/9
○侯亂惑 40/13/19
臣○侯 40/13/25
○侯相親 40/14/11
廷說○侯之王 40/14/15
故先使蘇秦以幣帛約乎○侯 41A/14/25
○侯不可一 41A/14/25
音我國家使○侯 41A/14/27
四鄰○侯不服 42/15/23
四鄰○侯可朝也 42/16/4,42/16/8
朝四鄰○侯之道 42/17/10
四鄰○侯不朝 42/17/11
○侯不以為貪 44/18/5
輕○侯 44/18/12,81/36/22
○士大夫皆賀 50/21/3
則○侯必見張儀之無秦矣 52/22/10
取之於○侯 72/29/9
則○侯不得擅厚矣 72/29/9
以當○侯 73A/30/24
○侯見齊之罷露 73A/31/4
決裂○侯 73B/32/2
御於○侯 73B/32/3
今太后使者分裂○侯 74/32/27
伐○侯 74/32/27
臣無○侯之援 80/35/12
而為○侯所議也 80/35/13
齊桓公九合○侯 81/36/21
立威○侯 81/36/24
坐制○侯 81/37/7
而外結交○侯以圖 85/40/1
臨天下○侯 88/42/26
驅十二○侯以朝天子於孟津 89/43/10

則臣恐○侯之君 89/43/15
○侯皆致秦邑 93/45/16
外恐○侯之救 95/46/23
○侯必懼 95/46/24
平原令見○公 95/47/15
外自交於○侯 96/47/27
吾聞子以寡人財交於○侯 96/48/4
有○ 96/48/4,313/159/27
○侯弗與 114/56/4
孟嘗君重非○侯也 126/61/21
問門下○客 133/65/1
使吏召○民當償者 133/65/8
起矯命以責賜○民 133/65/8
以責賜○民 133/65/15
齊放其大臣孟嘗君於○侯 133/65/21
○侯先迎之者 133/65/22
不友乎○侯 134/66/11
○侯萬國 136B/67/25
○侯三千 136B/67/26
九合○侯 137/68/27,145/76/4
中不索交○侯 138/69/21
子孰而與我赴○侯乎 140/70/3
莫如僅靜而寡信○侯 142/71/28
寡信○侯 142/71/28
身從○侯之君 142/72/3
外信○侯之殃也 142/72/5
明於○侯之故 142/72/10
後起則○侯可趨役也 142/72/15
而能從○侯者寡矣 142/72/18
而能從○侯寡矣 142/72/24
則五兵不動而○侯從 142/73/12
兵後起則○侯可趨役也 142/73/14
○侯可同日而致也 142/73/18
○侯無成謀 142/73/19
使○侯無成謀 142/73/21
又從十二○侯朝天子 142/73/22
有十二○侯而朝天子 142/73/25
今大王之所從十二○侯 142/73/27
○侯奔齊 142/74/3
朝○侯 145/76/7
陰結○侯之雄俊豪英 147/77/18
王賜○前 147/77/22
與○侯信 149B/79/6
則○侯莫不南面而朝於章臺之下矣 167/85/18
橫人皆欲割○侯之地以事秦 167/86/1
則○侯割地以事楚 167/86/4
安○侯 167/86/10,218/114/11
而楚恃○侯之救 168/87/3
且夫秦之所以不出甲於函谷關十五年以攻○侯者 168/87/9
則泗上十二○侯 168/87/15
混一○侯 168/87/19
名不挫於○侯 170/89/2
不若奔○侯 170/89/11
後不可以約結○侯 177/92/13
厚賦斂○臣百姓 179/93/17
多賂○侯以王之地 179/93/18
習○侯事 187/96/9
今○侯明知此多詐 187/96/12
賁、○懷錐刃而天下為勇 188/96/18
五子皆相○侯 200/102/6
而今○侯孰謀我 204A/106/1
以與○侯攻秦 211/109/13
○吏皆益爵三級 211/110/12
以王○侯 218/113/17
○侯之地五倍於秦 218/113/22
料○侯之卒 218/113/22
皆欲割○侯之地以與秦成 218/113/24
是故橫人日夜務以秦權恐猲○侯 218/113/26
○侯有先背約者 218/114/8
以約○侯 218/114/13
○侯休 219/115/16
熒惑○侯 220/115/28
以攘○胡 221/117/23
率天下○侯而朝周 236/127/6
○侯莫朝 236/127/6
○侯皆弔 236/127/7
○侯辟舍 236/127/20
則且變易○侯之大臣 236/127/26
彼又將使其子女讒妾為○侯妃姬 236/127/27
外刺○侯 240/129/25
○善太子者 248/132/18
○侯皆賀 258B/137/16
258B/137/17,258B/137/21
請今率○侯受命邯鄲城下 258B/137/28
○侯有在者乎 262/139/15
魏武侯與○大夫浮於西河 269/141/19
○侯四通 273/143/22
且夫○侯之為從者 273/143/29
說一○侯之王 273/144/15
○侯客聞之 276/145/20
梁王魏嬰觴○侯於范臺 307/155/26
而地不并乎○侯者 310/157/14
有○侯之救 314/160/4
或有○侯鄰國之虞 319/164/7
將皆務事○侯之能令於王之上者 328/166/18
夫專○之刺王僚也 343/171/21
○侯不料兵之弱 348A/173/24
公仲數不信於○侯 365/180/3
○侯錮之 365/180/3
齊大夫○子有犬 374/182/26
而內收○大夫以自輔也 378/183/22
而行游○侯眾矣 385/185/26
而嚴仲子乃○侯之卿相也 385/186/1
裂地而為○侯 386/187/9
秦必以公為○侯 387/187/24
○侯惡魏必事韓 390/188/25
而王與○臣不事為尊秦以定韓者 390/188/28
而王之○臣忠莫如申不害也 390/188/29
身執禽而隨○御 390/189/6
昔齊桓公九合○侯 391/189/17
○侯之君 391/189/20
王於是召○公子役於三川者而歸之 392/189/29
○侯不能買 393/190/4
士唐客於○公 396A/190/27
大臣為○侯輕國也 396C/191/14
則為大臣不敢為○侯輕國矣 396C/191/17
則○侯不敢因群臣以為能矣 396C/191/18
則○侯之情偽可得而知也 396C/191/18
而包十二○侯 415/198/18
秦五世以結○侯 419/201/25

立為三帝而以令○侯 419/201/30
○侯戴齊 419/202/4,419/202/4
○侯北面而朝 420/202/23
○侯西面而朝 420/202/23
則○侯不為別馬而朝矣 420/202/24
則何不與愛子與○舅、叔父、負床之孫 420/203/2
燕反約○侯從親 422/205/1
名顯○侯 422/205/2
為○侯 424/205/22
望○相中山也使趙 424/206/5
望○攻關而出逃 424/206/5
太后嫁女○侯 428/208/5
趙封以為望○君 431/209/4
望○君乃使人獻書報燕王曰 431/209/14
使之得比乎小國○侯 431/210/3
鑄○侯之象 433/211/21
○侯服秦 440/215/24
使悉反○侯之侵地 440/215/25
以其間○侯 440/215/27
○侯得合從 440/215/27
比○侯之列 440/217/5
○郎中執兵 440/217/15
藍○君患之 455/223/9
張登謂藍○君曰 455/223/9
藍○君曰 455/223/9,455/223/12
455/223/13,455/223/18
455/223/22,455/223/25
非○侯之姬也 458/224/29
即為○侯笑 458/225/3
○侯生心 461/226/27
以○侯之變 461/227/5
以令○侯 461/227/5

竹 zhú 1

辭孤○之君 412/196/15

逐 zhú 67

周最於齊王也而○之 11B/5/3
○周最、聽祝弗、相呂禮者 11C/5/10
譬如使豺狼○群羊也 44/18/3
願王○之 49/19/27
棄○於秦而出關 61A/25/1
幸無我○也 61A/25/1
乃○之 61B/25/18
譬若馳韓盧而○蹇兔也 73A/30/24
○穰侯 73B/32/10
則王○張儀 75/33/10
蔡澤見○於趙 81/35/19
又以為司空馬○於秦 95/47/15
臣於趙而○ 96/48/1
趙之○臣 96/48/1,96/48/10
齊之○夫 96/48/10
子良之○臣 96/48/11
欲○嬰子於齊 97/48/22
今嬰子○ 97/48/24
楚王因弗○ 97/48/25
欲○之 129/62/23
使人有棄○ 129/62/27
乃弗○ 129/62/28
韓子盧○東郭逡 132A/64/1
孟嘗君○於齊而復反 136A/67/3
王乃殺九子而○其家 147/78/3
為儀謂楚王○昭睢、陳軫 169/88/4
今儀曰○君與陳軫而王聽之 169/88/9
內○其謀臣 169/88/11
故○之 169/88/11
故亦○之 169/88/12
楚王○張儀於魏 181/94/3
王何○張子 181/94/3
○而聽則可 181/94/5
武王○張儀 183/94/29
張儀○惠施於魏 184/95/8
○惠子者 184/95/10
○於魯 233/123/30
以與秦角○ 239A/129/9
乃輦建信以與強秦角○ 239A/129/10
而○衰惡之色 240/129/23
秦○李兌 247/131/24
王之○廬陵君 256/136/15
而王不○也 256/136/16
而王○之 256/136/16
吾固將○之 256/136/17
然則王○廬陵君 256/136/17
行○愛弟 256/136/18
將使王○之 259/138/11
今王○之 259/138/11
故王不如勿○ 259/138/12
而禹放○之 269/141/25
而竟○之 315/161/1
與之○張儀於魏 349/174/16
齊○幾瑟 377/183/16
王為我○幾瑟以窮之 377/183/16
令吏○公疇豎 397/191/25
今公因○之 397/191/27
韓氏○向晉於周 401/192/24
○向晉者韓也 401/192/25
言之則○主母 412/196/27
則○吾主母 420/203/10
與殺吾父、○吾主母者 420/203/10
荊軻○秦王 440/217/14
以故荊軻○秦王 440/217/16
緤錯、挐薄之族皆○也 451/221/23
乘勝○北 461/226/22

筑 zhú 4

其民無不吹竽、鼓瑟、擊○、彈琴、鬭雞、走犬、六博、蹹踘者 112/54/27
高漸離擊○ 440/216/27
其後荊軻客高漸離以擊○見秦皇帝 440/217/28
而以○擊秦皇帝 440/217/28

燭 zhú 6

有家貧而無○者 61A/24/28
家貧無○者將去矣 61A/24/28
妾以無○ 61A/24/29
并○天下者也 239B/129/16
○之武、張孟談受大賞 430/208/22
暮以○見 436/212/21

主 zhǔ 238

○君令陳封之楚 5A/2/27
○君令許公之楚 5A/2/27
今昭獻非人○也 5A/2/28
而○君令相國往 5A/2/28

○君將令誰往 5A/2/28
○人也 9/4/7
故曰○人 9/4/10
薛公故○ 14B/6/6
明群臣據故○ 14B/6/7
謀○也 32/11/2
○君之臣 38/12/15
是商君反為○ 39/13/1
明○賢君 40/13/23
今之嗣○ 40/13/25
安有說人○不能出其金玉錦繡 40/14/3
立社○ 42/16/5,42/16/9
以攻趙襄○於晉陽 42/17/4
襄○錯龜 42/17/4
以○為謀不忠者 42/17/12
誅周○之罪 44/17/25
蜀○更號為侯 44/18/11
今楚王明○也 49/20/6
子獨不可以忠為子○計 51/21/26
○君之力也 55/23/12
載○契國以與王約 67/27/20
而事臣之○ 67/27/22
臣聞明○涖正 72/28/28
人○賞所愛 72/29/2
明○則不然 72/29/2
天下有明○ 72/29/9
聖○明於成敗之事 72/29/10
敬執賓○之禮 73A/29/20
漆身可以補所賢之○ 73A/30/12
○辱軍破 73A/31/5
尊其臣者卑其○ 73B/32/4
減食○父 73B/32/5
臣強者危其○ 74/32/22
古之所謂『危○滅國之道』必從此起 74/32/28
人○所甚愛也 75/33/7
人○者 75/33/7
攻人○之所愛 75/33/8
然降其○父沙丘而臣之 76/33/17
且君擅○輕下之日久矣 80/35/7
必有伯○強國 81/36/4
○離困辱 81/36/5
○雖亡絕 81/36/5
○聖臣賢 81/36/7
然則君之○ 81/36/16
○固親忠臣 81/36/17
君之為○ 81/36/17
富國、足家、強○ 81/36/18
而欲以力臣天下之○ 87/41/8
而關內二萬乘之○注地於齊 87/42/10
伯○約而不忿 89/43/3
驕忿非伯○之業也 89/43/5
而世○不敢交陽侯之塞 89/43/13
依世○之心 89/43/19
立國家之○贏幾倍 93/44/19
明○用之 96/48/13
人○豈得其用哉 96/48/14
故明○不取其汙 96/48/14
使彼罷弊於先弱守於○ 105/51/22
○者 105/51/22
使彼罷弊先弱守於○ 105/51/23
○必死辱 111/54/9
今○君以趙王之教詔之 112/55/10
訾天下之○ 127/61/27
意者秦王帝王之○也 134/66/3
意者秦王不肖之○也 134/66/4
得志不慚為人○ 134/66/11
萬乘之嚴○也 134/66/12
而世世稱曰明○ 136B/68/8
約結而喜○怨者孤 142/71/3
故約不為人○怨 142/71/18
以其為韓、魏○怨也 142/71/20
約而好○怨 142/71/22
故明○察相 142/72/17
則傷○心矣 142/72/21
而憂一○ 142/72/28
壤削○困 145/75/19
上輔孤○ 145/75/25
世○不臣也 145/76/2
狗固吠非其○也 147/77/9
臣弒其○者 159/82/21
貴甚矣而○斷 161/83/20
故楚王何不以新城為○郡也 163/84/8
楚王果以新城為○郡 163/84/10
夫為人臣而割其○之地 167/86/2
以內劫其○ 167/86/3,272/143/3
○嚴以明 168/86/16
高○之節行 168/86/27
天下之賢○也 169/88/8
272/143/4
我典○東地 177/93/1
為○死易 179/93/20
為○辱易 179/93/21
故明○之察其臣也 179/93/21
賢之事其○也 179/93/22
上干○心 189/96/28
此為劫弒死亡之○言也 197/100/1
夫人○年少而矜材 197/100/2
則大臣○斷國私以禁誅於己也 197/100/2
餓○父於沙丘 197/100/6
夫劫弒死亡之○也 197/100/8
以事無妄之○ 200/102/5
而君相少○ 200/102/7
為○君慮封者 201/102/24
使君疑二○之心 202/103/16
而離二○之交 202/103/17
簡○之才臣也 203/104/5
二○殆將有變 203/104/26
吾與二○約謹矣 203/104/28
知過出見二○ 203/104/29
二○色動而意變 203/104/29
如是則二○之心可不變 203/105/4
約兩○勢能制臣 204A/105/19
無令臣能制○ 204A/105/19
吾聞輔○者名顯 204A/105/21
臣○之權均之能美 204A/105/24
明○之政也 204A/105/28
臣聞明○不掩人之義 204B/106/25
荊敢言之○ 207/107/15
○雖信臣 207/107/16
○君曰 207/107/17
今君殺○父而族之 208/107/28
而賢○惡之 209/108/12
皆言○前專據 209/108/13
為○守地而不能死 211/110/13
○內之秦 211/110/13
不順○命 211/110/13
賣○之地而食之 211/110/14
今山東之○不知秦之即己也 217/111/29
故夫謀人之○ 218/112/26
是故明○外料其敵國之強弱 218/113/18
故尊○廣地強兵之計 218/114/1
人○不再行也 219/114/21
聖○之制也 219/114/22
天下之○亦盡過矣 219/115/1

世之賢○也 219/115/2
錯質務明○之長 221/116/16
通有補民益○之業 221/116/18
今吾欲繼襄○之業 221/116/18
臣不逆○ 221/116/30
且昔者簡○不塞晉陽 221/117/23
事○之行 223/119/26
逆○以自成 223/119/28
惠○不臣也 223/119/28
逆○罪莫大焉 223/119/29
以逆○為高 223/119/29
昔者先君襄○與代交地 224/120/13
富丁恐○父之聽樓緩而合秦、楚也 229A/122/9
司馬淺為富丁謂○父曰 229A/122/11
○父曰 229A/122/15
459A/225/9,459A/225/10
公不如令○父以地資周最 229B/122/24
○人必將倍殯柩 236/127/22
夫魏為從○ 251/134/19
則○必為天下笑矣 251/134/25
僕已言之僕○矣 252/135/14
僕○幸以聽僕也 252/135/14
○父欲敗之 260/138/16
趙○之子孫侯者 262/139/14
豈人○之子孫則必不善哉 262/139/16
人○之子也 262/139/22
割其○之地以求外交 272/143/11
外挾彊秦之勢以內劫其○以求割地 272/143/12
今○君以趙王之詔詔之 272/143/17
以安社稷、尊○、強兵、顯名也 273/143/29
以說人○ 273/144/16
人○覽其辭 273/144/16
犀首遂○天下之事 276/145/24
王亦聞老妾事其○婦者乎 279/146/13
若老妾之事其○婦者 279/146/13
所謂劫○者 280/146/22
長○也 303B/154/7
303B/154/9,415/198/17
然則魏信之事○也 304/154/27
上所以為其○者忠矣 304/154/27
○患於中 304/155/1
今○君之尊 307/156/4
○君之味 307/156/4
今○君兼此四者 307/156/5
今夫韓氏以一女子承一弱○ 315/161/5
○可尊 318/163/26
臣聞明○之聽也 325/165/25
是倍○也 340/169/25
今○君以楚王之教詔之 347/173/12
詿誤人○者 348A/173/26
群臣或內樹其黨以擅其○ 348B/174/11
而公獨與王○斷於國者 359/177/23
○君不如善馮君 371/182/3
是令得行於萬乘之○也 372/182/10
然仲子卒備賓○之禮而去 385/185/29
則○尊而身安 386/187/4
則○卑而身危 386/187/5
○卑矣 386/187/6
是韓重而○尊矣 386/187/8
操右契而為公責德於秦、魏之○ 386/187/9
此○尊而身安矣 386/187/10
今有一舉而可以忠於○ 387/187/17
是其於○也至忠矣 387/187/20
非以求○尊成名於天下也 390/189/3
而使之○韓、楚之事 396A/190/27
今○君幸教詔之 408/194/22
而事弱燕之危○乎 412/196/16
進之則殺○父 412/196/27
言之則逐○母 412/196/27
○父大怒而笞之 412/196/27
上以活○父 412/196/28
下以存○母也 412/196/28
大王天下之明○也 415/197/29
子之所謂天下之明○者 415/197/31
明○者務聞其過 415/198/1
夫驕○必不好計 415/198/26
貴重○斷 416A/199/6
吾以此飲吾○父 420/203/9
則殺吾○父 420/203/9
以此事告吾○父 420/203/9
則逐吾○母 420/203/10
與殺吾父、逐吾○母者 420/203/10
萬乘之○ 420/203/13
而又況於當世之賢○乎 420/203/13
皆以爭事秦說其○ 422/204/27
人○之愛子也 428/208/4
臣是以知人○之不愛丈夫子獨甚也 428/208/7
子胥不蚤見○之不同量 431/210/12
山東之○遂不悟 432/211/2
之○者不卑名 432/211/5
○必大憂 432/211/6
縲錯○斷於國 451/221/19
○人笑之 452B/222/5
○父欲伐中山 459A/225/9
○折節以下其臣 461/226/24
臣聞明○愛其國 461/227/7

拄 zhǔ 1

脩劍○頤 148/78/12

渚 zhǔ 1

四日而至五○ 422/203/29

煮 zhǔ 2

遽效○棗 2/2/1
東有淮、穎、沂、黃、○棗、海鹽、無（踈）〔疏〕 272/142/28

屬 zhǔ 32

吾得將為楚王○怒於周 28/10/3
除道○之於河 29/10/9
而○其子曰 30/10/17
蜀既○ 44/18/11

王又割濮、磨之北○之燕 87/41/4
舉齊○之海 111/54/12
使人○孟嘗君 133/64/20
王有所幸臣九人之○ 147/77/13
九人之○曰 147/77/15
九人之○相與語於王曰 147/77/15
而專○之昭奚恤 154/81/7
大夫悉○ 170/89/10
170/89/15,170/89/20
○之子滿與子虎 170/89/17
則地與國都邦○而壤挈
者七百里 209/108/21
○之讎柞 209/108/26
○於師傅 220/116/8
姦之○也 221/118/12
○怨於趙 247/131/20
以事○犀首 276/145/21
亦以事○犀首 276/145/22
令四國○以事 276/145/24
王固先○怨於趙 301/153/5
梁王稱善相○ 307/156/6
燕王因舉國○子之 416A/199/13
今王言○國子之 416A/199/16
是名○子之 416A/199/17
因犀首○行而攻趙 422/204/21
盡郡縣之以○燕 431/209/3
趙使者來○耳 457/224/11
至於平原君之○ 461/226/25

住 zhù 1

○建共者 150/79/29

助 zhù 22

臣請○王 45/18/18
齊○楚攻秦 50/20/19
出兵○燕擊齊 119/57/29
君○燕擊齊 119/58/1
是○王養其民也 138/69/17
是○王息其民者也 138/69/18
則且出兵○秦攻魏 214/111/4
是○秦自攻也 233/124/9
欲以○趙也 236/127/2
先生○之奈何 236/127/2
吾將使梁及燕○之 236/127/3
齊、楚則固○之矣 236/127/3
先生惡能使梁○之耶 236/127/4
則必○趙矣 236/127/5
燕、趙○之 249/133/6
今又行數千里而以○魏
314/160/15
雖欲行數千里而○人 314/160/16
利行數千里而○人乎 314/160/20
秦齊○之伐宋 419/201/15
至其相救○如一也 432/210/29
不能相救○如一 432/211/1
宋人○我攻矣 444/219/11

杼 zhù 6

投○踰牆而走 55/23/16
臣恐王為臣之投○也 55/23/18
齊崔○之妻美 197/100/4
崔○帥其君黨而攻 197/100/4
崔○不許 197/100/5,197/100/5

注 zhù 5

一舉眾而○地於楚 87/42/5
而關內二萬乘之主○地
於齊 87/42/10
則句○之西 209/108/23
今魯句○禁常山而守 209/108/23
約與代王遇於句○之塞 413/197/4

柱 zhù 22

官為○國 2/1/26
銜劍徵之於○以自刺 95/47/12
官為上○國 117/57/12
魏之○國也 132B/64/9
趙之○國也 132B/64/9
楚之○國也 132B/64/9
椅○彈其劍 133/64/24
制丹衣○ 142/74/2
而財於○國 170/89/1
上○國子良入見 177/92/11
王發上○國子良車五十
乘 177/92/27
皆以鍊銅為○質 203/104/11
秦乃者過○山 212/110/21
薄之○上而擊之 225/120/29
是薄○擊石之類也 225/121/1
田駟謂○國韓向曰 255/136/9
今王之國有○國、令尹
、司馬、典令 384/185/13
抱梁○而死 412/196/16
秦王還○而走 440/217/14
秦王之方還○走 440/217/17
中○ 440/217/19
倚○而笑 440/217/20

祝 zhù 9

聽○弗 11B/5/3
齊聽○弗 11C/5/10
逐周最、聽○弗、相呂
禮者 11C/5/10
故用○弗 11C/5/12
為儀千秋之○ 116/57/5
中人禱○ 142/72/19
祭祀必○之 262/139/12
○曰 262/139/13
許綰為我○曰 311/158/15

紵 zhù 2

皆衣縞○ 135/66/24
解○衣以冪之 199/101/8

著 zhù 7

召門吏為汗先生○客籍 199/101/4
兵○晉陽三年矣 203/105/1
○之盤盂 209/108/26
故微之為○者強 219/114/26
姓名未○而受三公 257/136/26
始可○於春秋 424/206/3
故○於春秋 431/210/6

筯 zhù 1

縮閔王之○ 73B/32/5

築 zhù 7

○剛平 88/42/18
○帝宮 272/143/4,273/144/20
347/173/4,348A/174/5
臣請令楚○萬家之都於

雍氏之旁 383A/184/23
於是昭王為隗○宮而師之 418/201/7

鑄 zhù 1

○諸侯之象 433/211/21

專 zhuān 19

願君之○志於攻齊 66/27/15
能○利害之謂王 73B/31/27
孰與文信侯○ 94/46/1
應侯不如文信侯○ 94/46/1
卿明知為不如文信侯○歟 94/46/2
韓自以○有齊國 103/51/6
故○兵一志以逆秦 132B/64/13
而宋、越○用其兵 142/71/22
而○屬之昭奚恤 154/81/7
○淫逸侈靡 192/97/21
皆言主前○據 209/108/13
○權擅勢 220/116/8
○君之勢以蔽左右 239B/129/14
○委之子矣 269/142/1
○心并力 272/143/16
夫○諸之刺王僚也 343/171/21
於是燕王○任子之 416B/200/7
發梁焚舟以○民 461/226/18
○軍并銳 461/226/21

轉 zhuǎn 13

○轂連騎 40/14/13
○禍為功 128/62/19
雀立不○ 170/89/12
展○不可約 211/109/14
因○與楚 211/109/14
○禍而說秦 348A/174/2
令昭獻○而與之處 353/175/16
○禍而為福 411/195/28
419/201/22
此皆○禍而為福 411/195/29
419/201/23
所謂○禍為福 411/195/32
今王若欲○禍而為福 419/201/23

縳 zhuàn 2

而用申○ 97/48/23
申○者 97/48/23

莊 zhuāng 22

而使陳○相蜀 44/18/11
管○子將刺之 51/21/29
○謂王稽曰 80/35/3
○曰 80/35/4
昭王、孝文王、○襄王 81/37/20
先帝文王、○王 87/40/29
○辛謂楚襄王曰 192/97/21
○辛曰 192/97/22, 192/97/25
○辛去 192/97/24
徵○辛於趙 192/97/25
○辛至 192/97/25
○辛對曰 192/97/28
○公通之 197/100/4
○公請與分國 197/100/5
○公走出 197/100/5
趙使趙○合從 254/136/3
趙因賤趙○ 254/136/3
今聞趙○賤 254/136/4
乃召趙○而貴之 254/136/4
趙○之戰 422/204/25
常○談謂趙襄子曰 453/222/10

裝 zhuāng 2

於是約車治○ 133/65/5
乃為○遣荊軻 440/216/21

壯 zhuàng 7

請益具車騎○士 385/186/9
趙民其○者皆死於長平 438/213/3
其孤未○ 438/213/4
臣聞騏驥盛○之時 440/215/5
今太子聞光○盛之時 440/215/6
440/215/11
○士一去兮不復還 440/217/1

狀 zhuàng 6

○有歸色 40/13/30
王后悅其○ 93/45/10
○如振捆 95/47/10
奇法章之○貌 149B/78/28
春申君問○ 200/101/17
○貌不似吾夫 204B/106/13

追 zhuī 4

請○而問傅 177/92/4
燕兵獨○北入至臨淄 418/201/9
○惟先王 438/213/29
秦將李信○擊燕王 440/217/25

錐 zhuī 3

引○自刺其股 40/14/3
疾如○矢 112/54/24
賁、諸懷○刃而天下為勇 188/96/18

惴 zhuì 2

安平君以○○之即墨 147/77/28

綴 zhuì 1

○甲厲兵 40/13/22

墜 zhuì 2

黃城之○也 142/71/14
○於公子之手 192/98/5

贅 zhuì 1

○子死 149A/78/22

屯 zhūn 1

當○留之道 44/17/24

准 zhǔn 1

若乃其眉目○頞權衡 458/224/29

卓 zhuō 4

齊明說〇滑以伐秦 193/98/25
齊明謂〇滑曰 193/98/25
〇滑因重之 193/98/26
乃微謂趙〇、韓鼂曰 345/172/17

拙 zhuō 4

是謀臣之〇也 42/16/22
則謂之〇 129/62/26
〇則罷之 129/62/26
〇 415/198/7

涿 zhuō 2

黃帝伐〇鹿而禽蚩尤 40/13/16
黃帝戰於〇鹿之野 297/152/1

酌 zhuó 1

於是因令其妾〇藥酒而進之 420/203/8

啄 zhuó 2

俛〇蚊虻而食之 192/98/1
而鷸〇其肉 434/212/3

斮 zhuó 2

〇之檀衢 143/74/11
則〇之 236/127/8

濁 zhuó 6

書策稠〇 40/13/19
濟清河〇 42/15/26
與吳人戰於〇水而大敗之 170/89/17
秦、韓戰於〇澤 357/176/15
吾聞齊有清濟、〇河 415/198/21
雖有清濟、〇河 415/198/24

擢 zhuó 3

〇閔王之筋 197/100/7
未至〇筋而餓死也 197/100/8
〇之乎賓客之中 431/209/21

繳 zhuó 2

治其繒〇 192/98/9
引微〇 192/98/9

茲 zī 9

今臣生十二歲於〇矣 94/45/26
謂〇公不知此兩者 321/164/24
又不知〇公者也 321/164/24
然而〇公為從 321/164/24
從則〇公重 321/164/25
不從則〇公輕 321/164/25
〇公之處重也 321/164/25
今〇效之 347/173/6
〇之所以受命於趙者 439/214/6

淄 zī 11

臨〇之中七萬戶 112/54/25
而臨〇之卒 112/54/26
臨〇甚富而實 112/54/27
臨〇之途 112/54/28
臨〇、即墨非王之有也 113/55/24
過於〇上 124/60/27
〇水至 124/60/28, 124/61/1
齊取〇鼠 132B/64/7
而馳乎〇、澠之間 148/78/16
燕兵獨追北入至臨〇 418/201/9

菑 zī 3

過〇水 146/76/22
有老人涉〇而寒 146/76/22
西有〇上之虞 148/78/16

資 zī 38

翦今楚王〇之以地 17/6/29
〇用乏絕 40/13/29
三〇者備 44/18/2
秦之楚者多〇矣 84A/39/12
王〇臣萬金而遊 86/40/15
乃〇萬金 86/40/19
是王以兵〇於仇讎之韓、魏 87/41/22
〇而相之於周乎 91/44/4
乃〇車百乘 96/47/23
太子何不倍楚之割地而〇齊 122/59/17
此大〇也 141A/70/14
以〇說士 145/75/25
以〇固於齊 151/80/4
此霸王之〇也 167/85/17
〇之金玉寶器 174/91/6
挾寶地以為〇 174/91/7
好傷賢以為〇 179/93/17
乃〇之以珠玉 182/94/16
公不如以儀之言為〇 186/96/4
吾請〇先生厚用 208/108/5
公不如令主父以地〇周最 229B/122/24
王又以其力之所不能攻以〇之 233/124/8
臣又願足下有地效於襄安君以〇臣也 248/132/26
足下以此〇臣也 248/132/27
公不如儀之言為〇 277/145/29
鬻王以為〇者也 297/151/26
是取子之〇 321/164/26
而以〇子之讎也 321/164/26
令齊〇我於魏 335/168/12
齊必〇公矣 335/168/14
王不如〇韓朋 349/174/16
君〇臣 352/175/4
以成陽〇翟強於齊 356A/176/4
王之大〇也 361/179/3
而〇之以秦 371/182/4
則君多〇 409/195/4
持千金之〇幣物 440/217/4
商敵為〇 458/224/23

嗞 zī 1

嗟〇乎 95/47/15

緇 zī 1

〇帛之衣以朝 170/88/25

子 zǐ 1184

得君臣父○相保也 1/1/9
○之數來者 1/1/17
○以為何如 2/1/22,141A/70/10
○為寡人謀 2/1/26,314/160/3
故天○之國也 3A/2/6
蘇○謂東周君曰 4/2/18
蘇○亦得兩國之金也 4/2/22
○何不以秦攻齊 7/3/16
臣請令齊相○ 7/3/16
○以齊事秦 7/3/16
○因令周最居魏以共之 7/3/16
是天下制於○也 7/3/17
○東重於齊 7/3/17
則○常重矣 7/3/17
○罕釋相為司空 8B/3/30
民非○罕而善其君 8B/3/30
○非周人 9/4/8
則我天○之臣 9/4/9
而又知趙之難○齊人戰 10A/4/14
上黨長○趙之有已 10A/4/15
是君以合齊與強楚吏產○ 12/5/17
盡君○重寶珠玉以事諸侯 16/6/20
周共太○死 17/6/27
有五庶○ 17/6/27
何不封公○咎 17/6/27
而為之請太○ 17/6/28
381/184/12
公若欲為太○ 17/6/29
因令人謂相國御展○、
廧夫空曰 17/6/29
相國令之為太○ 17/7/2
○苟能 25/9/4
○乃曰可教射 27/9/23
○何不代我射之也 27/9/23
我不能教○支左屈右 27/9/23
不如令太○將軍正迎吾
得於境 28/10/3
君使人告齊王以周最不
肯為太○也 30/10/15
而屬其○曰 30/10/17
今君之使最為太○ 30/10/17
王何不以地齎周最以為
太○也 36/12/3
法及太○ 39/12/23
○元元 40/13/25
父母不以我為○ 40/14/1
以季○之位尊而多金 40/14/19
貧窮則父母不○ 40/14/19
秦惠王謂寒泉○曰 41A/14/24
吾欲使武安○起往喻意
焉 41A/14/26
寒泉○曰 41A/14/26
請使武安○ 41A/14/27
昔者紂為天○ 42/17/1
以成襄○之功 42/17/6
○不予之 43/17/16
張○不反秦 43/17/16
張○得志於魏 43/17/17
張○不去秦 43/17/17
張○必高○ 43/17/17
挾天○以令天下 44/17/26
今攻韓劫天○ 44/18/6
劫天○ 44/18/6
寡人聽○ 44/18/9,314/160/21
張○謂秦王曰 45/18/16
吾聞○欲去秦而之楚 48B/19/19
天下欲以為○ 48B/19/20
○胥忠乎其君 48B/19/21
吾能聽○言 49/20/1
○欲何之 49/20/1
請為○車約 49/20/1
儀以○為之楚 49/20/2
吾又自知○之楚 49/20/2
○非楚 49/20/2
○必之楚也 49/20/11
昔者○胥忠其君 49/20/12
天下皆欲以為○ 49/20/13
○為寡人慮之 50/20/20
○獨不賀 50/21/3
○其弭口無言 50/21/7
張○以寡人不絕齊乎 50/21/11
○秦人也 51/21/25
寡人與○故也 51/21/25
故○棄寡人事楚王 51/21/26
○獨不可以忠為○主計 51/21/26
管莊○將刺之 51/21/29
○待傷虎而刺之 51/22/2
起樗里○於國 52/22/10
○歸告王曰 55/23/6
盡以為○功 55/23/6
昔者曾○處費 55/23/14
費人有與曾○同名族者
而殺人 55/23/14
人告曾○母曰 55/23/14
曾○之母曰 55/23/15
吾○不殺人 55/23/15
今臣之賢不及曾○ 55/23/17
而王之信臣又未若曾○
之母也 55/23/18
請與○盟 55/23/19
出關遇蘇○ 61A/24/27
蘇○曰 61A/24/27,61A/25/1
219/114/30,433/211/17
寡人且相○ 61B/25/15
寡人託國於○ 61B/25/16
○焉聞之 61B/25/17
而以順○為質 63/25/28
齊以陽武賜弊邑而納順
○ 63/25/29
秦王使公○他之趙 63/26/1
必以魏○為殉 64/26/19
魏○患之 64/26/19
庸芮為魏○說太后曰 64/26/20
○必大窮矣 65/26/30
率以朝天○ 66/27/4
不得為天○ 66/27/8
若報父○之仇 66/27/14
范○因王稽入秦 72/28/28
是周無天○之德 73A/30/2
伍○胥橐載而出昭關 73A/30/9
使臣得進謀如伍○胥 73A/30/10
箕○、接輿 73A/30/11
使臣得同行於箕○、接
輿 73A/30/12
非王之○孫也 73B/32/7
今吾得○ 73B/32/12
非王○孫也 74/32/24
其○死而不憂 79/34/14
公之愛○也 79/34/14
今○死不憂 79/34/15
吾嘗無○ 79/34/15
無○之時不憂 79/34/15
今○死 79/34/16
乃即與無○時同也 79/34/16
臣亦嘗為○ 79/34/16
為○時不憂 79/34/16
乃與即為梁餘○同也 79/34/17
父之於○也 80/35/4
某懦○內某士 80/35/6

不過父○之親 80/35/7
○常宣言代我相秦 81/35/24
虜魏公○卬 81/36/3
若此三○者 81/36/6
故君○殺身以成名 81/36/6
父慈○孝 81/36/8
○胥知 81/36/8
是有忠臣孝○ 81/36/9
憐其臣○ 81/36/10
是微○不足仁 81/36/10
孔○不足聖 81/36/10
私家之富過於三○ 81/36/19
此四○者 81/37/4
三年而燕使太○丹入質於秦 81/37/20
王何不召公○池而問焉 83A/38/14
王召公○池而問焉 83A/38/17
卒使公○池以三城講於三國 83A/38/20
帥韓、魏以圍趙襄○於晉陽 83B/39/1
韓康○御 83B/39/1
魏桓○驂乘 83B/39/2
魏桓○肘韓康○ 83B/39/3
康○履魏桓○ 83B/39/3
於是頓○曰 86/40/7
頓○曰 86/40/8
86/40/15,86/40/17
頓○之說也 86/40/20
韓、魏父○兄弟接踵而死於秦者 87/41/18
父○老弱係虜 87/41/19
朝為天○ 88/42/21
驅十二諸侯以朝天○於孟津 89/43/10
後○死 89/43/10
魏太○為質 92/44/9
太○為糞矣 92/44/10
王因疑於太○ 92/44/10
樓○患之 92/44/11
樓○告之 92/44/11
以太○之留酸棗而不之秦 92/44/12
見秦質○異人 93/44/18
秦○異人質於趙 93/44/22
○傒有承國之業 93/44/28
93/44/30
今○無母於中 93/44/22
今○聽吾計事 93/44/23
吾為○使秦 93/44/24
必來請○ 93/44/24
太○門下無貴者 93/44/26
太○用事 93/44/28
王后無○ 93/44/29
○傒立 93/44/30
○異人賢材也 93/45/1
是○異人無國而有國 93/45/2
王后無○而有○也 93/45/2
○異人 93/45/5
秦之寵○也 93/45/5
王后欲取而○之 93/45/5
不顧一○以留計 93/45/6
若使○異人歸而得立 93/45/6
雖有○異人 93/45/7
而自○之 93/45/10
王使○誦 93/45/11
○曰 93/45/11
寡人○莫若楚 93/45/14
立以為太○ 93/45/14
○楚立 93/45/16
而燕太○質於秦 94/45/21
少庶○甘羅曰 94/45/23
而燕太○已入質矣 94/45/24
夫項橐生七歲而為孔○師 94/45/26
請因孺○而行 94/46/4
聞燕太○丹之入秦與 94/46/7
燕太○入秦者 94/46/8
請歸燕太○ 94/46/10
歸燕太○ 94/46/11
且梁監門○ 96/48/1
取世監門○ 96/48/1
吾聞○以寡人財交於諸侯 96/48/4
天下願以為○ 96/48/5
○胥忠於君 96/48/5
○監門○ 96/48/10
○良之逐臣 96/48/11
欲逐嬰○於齊 97/48/22
嬰○恐 97/48/22
盼○不用也 97/48/23
盼○有功於國 97/48/23
嬰○不善 97/48/23
今嬰○逐 97/48/24
盼○必用 97/48/24
嬰○曰 98/49/1
願委之於○ 98/49/1
令長○御 101/49/26
○ 101/50/4,124/60/28
王之方為太○之時 101/50/5
太○相不仁 101/50/6
不若廢太○ 101/50/6
鄒○曰 102/50/21
係梁太○申 105/51/21
孫○謂田忌曰 105/51/21
孫○曰 105/51/22
忌聞以為有一○之孝 107/52/7
不如有五○之孝 107/52/8
齊威王使章○將而應之 109/53/6
章○為變其徽章 109/53/6
候者言章○以齊入秦 109/53/7
候者復言章○以齊兵降秦 109/53/7
言章○之敗者 109/53/8
章○之母啓得罪其父 109/53/12
吾使者章○將也 109/53/12
夫○之強 109/53/13
夫為人○而不欺死父 109/53/15
○以齊、楚為孰勝哉 110/53/21
然則○何以弔寡人 110/53/22
下戶三男○ 112/54/26
今秦、楚嫁○取婦 113/55/22
○噲與○之國 114/56/4
挾天○ 115/56/18,115/56/27
明日張○行 116/57/6
○安能為之足 117/57/17
樓○恐 118/57/24
太○在齊質 122/58/26
君何不留楚太○ 122/58/26
我留太○ 122/58/27
吾為王殺太○ 122/58/28
可以忠太○而使楚益入地 122/59/1
可以為楚王走太○ 122/59/2
可以忠太○使之亟去 122/59/2
可以使人說薛公以善蘇○ 122/59/3
可以使蘇○自解於薛公 122/59/3
今君留太○者 122/59/5
齊欲奉太○而立之 122/59/10
臣觀薛公之留太○者 122/59/10
則太○且倍王之割而使

齊奉己 122/59/11
請告太○其故 122/59/14
使太○謁之君 122/59/14
以忠太○ 122/59/15
謂太○曰 122/59/17, 122/59/26
齊奉太○而立之 122/59/17
楚王請割地以留太○ 122/59/17
太○何不倍楚之割地而資齊 122/59/17
齊必奉太○ 122/59/18
太○曰 122/59/18, 122/59/27, 177/92/4, 195/99/11, 296/150/20, 296/150/26, 296/151/2, 376/183/10, 440/214/21, 440/214/29, 440/215/7, 440/216/8, 446B/219/28, 446B/219/30
挾太○也 122/59/21
以太○權王也 122/59/21
故臣能去太○ 122/59/22
太○去 122/59/22
故曰可以為楚王使太○亟去也 122/59/23
以空名市者太○也 122/59/26
齊未必信太○之言也 122/59/26
太○必危矣 122/59/27
太○其圖之 122/59/27
故曰可以使太○急去也 122/59/27
夫勸留太○者蘇秦也 122/60/1
今勸太○者又蘇秦也 122/60/2
夫使薛公留太○者蘇秦也 122/60/5
奉王而代立楚太○者又蘇秦也 122/60/5
忠王而走太○者又蘇秦也 122/60/6
有七孺○皆近 123/60/18
挺○以為人 124/60/28
今○ 124/60/29
刻削○以為人 124/61/1
流○而去 124/61/1
則○漂漂者將何如耳 124/61/1
夫○弗憂 125/61/7
若魏文侯之有田○方、段干木也 127/62/2
○與文游久矣 128/62/10
賣妻○不足償之 130/63/4
○教文無受象床 130/63/13
○來 131/63/22
今○一朝而見七士 131/63/23
韓○盧者 132A/63/30
韓○盧逐東郭逡 132A/64/1
國○曰 132B/64/7
公○無忌為天下循便計 132B/64/8
不拊愛○其民 133/65/14
義不臣乎天○ 134/66/10
陽得○養 135/66/21
譚拾○迎之於境 136A/67/3
譚拾○曰 136A/67/4, 136A/67/5
而為天○ 136B/67/26
老○曰 136B/68/5
君○焉可侮哉 136B/68/10
及今聞君○之言 136B/68/10
願請受為弟○ 136B/68/11
妻○衣服麗都 136B/68/11
天○受籍 137/68/27
齊有處士曰鍾離○ 138/69/16
葉陽○無恙乎 138/69/18
北宮之女嬰兒○無恙耶 138/69/19
○萬民乎 138/69/20
於陵○仲尚存乎 138/69/21
○何聞之 139/69/26
行年三十而有七○ 139/69/28
田○辭 139/69/29
○孰而與我赴諸侯乎 140/70/3
○之來也 141A/70/10
女○勝之 142/72/8
夫駑馬、女○ 142/72/8
而滅二○患也 142/73/1
南戰於長○ 142/73/1
又從十二諸侯朝天○ 142/73/22
有十二諸侯而朝天○ 142/73/25
此天○之位也 142/74/2
殺其太○ 142/74/3
齊孫室○陳舉直言 143/74/11
齊使向○將而應之 143/74/13
向○以輿一乘亡 143/74/13
達○收餘卒 143/74/13
太○乃解衣免服 143/74/22
遽迎太○於莒 143/74/23
遺公○糾而不能死 145/76/2
然而管○并三行之過 145/76/3
使曹○之足不離陳 145/76/5
曹○以敗軍禽將 145/76/6
曹○以為遭 145/76/7
曹○以一劍之任 145/76/7
襄王為太○徵 146/76/18
且今使公孫○賢 147/77/9
而徐○不肖 147/77/9
然而使公孫○與徐○鬬 147/77/9
徐○之狗 147/77/9
猶時攫公孫○之腓而噬之也 147/77/10
○無罪於寡人 147/77/20
○為○之臣禮 147/77/20
○臨百姓 147/78/2
王不亟殺此九○者以謝安平君 147/78/2
王乃殺九○而逐其家 147/78/3
往見魯仲○ 148/78/8
仲○曰 148/78/8
問魯仲○曰 148/78/12
魯仲○曰 148/78/13
贅○死 149A/78/22
章○走 149A/78/22
盼○謂齊王曰 149A/78/22
其○法章變姓名 149B/78/28
求閔王○ 149B/79/1
生○建 149B/79/2
失人○之禮也 149B/79/4
○建立為齊王 149B/79/6
○象為楚謂宋王曰 152/80/12
○無敢食我也 154/81/4
今○食我 154/81/4
○以我為不信 154/81/5
吾為○先行 154/81/5
○隨我後 154/81/5
楚王告昭○ 157B/82/6
昭○曰 157B/82/6, 185/95/22, 185/95/28
此君○也 159/82/19
然則且有○殺其父 159/82/20
君○聞之曰 160/83/14
而太○有楚、秦以爭國 164/84/15
矯以新城、陽人予太○ 164/84/15
臣為太○得新城、陽人 164/84/16
太○不勝 164/84/17
臣請秦太○入質於楚 168/87/21
楚太○入質於秦 168/87/22
威王問於莫敖○華曰 170/88/18
莫敖○華對曰 170/88/19

170/88/20,170/88/25
170/89/29
昔令尹○文 170/88/25
令尹○文是也 170/88/26
昔者葉公○高 170/89/1
葉公○高 170/89/2
葉公○高是也 170/89/3
嗟乎○乎 170/89/6
○孰誰也 170/89/14
屬之○滿與○虎 170/89/17
公○勁也 171/90/6
太○為質 172/90/13
○亦自知且賤於王乎 174/91/4
必厚尊敬親愛之而忘○ 174/91/8
○益賤而日疏矣 174/91/8
○何不急言王 174/91/9
出張○ 174/91/9
張○得出 174/91/9
德○無已時 174/91/9
而秦必重○ 174/91/10
○內擅楚之貴 174/91/10
畜張○以為用 174/91/10
○之○孫必為楚太○矣 174/91/10
鄭袖遽說楚王出張○ 174/91/11
楚王將出張○ 175/91/15
則○重矣 175/91/19
楚襄王為太○之時 177/92/3
太○辭於齊王而歸 177/92/3
乃歸○ 177/92/4
○不予我 177/92/4
傅慎○曰 177/92/4
太○入 177/92/5
齊王歸楚太○ 177/92/6
太○歸 177/92/8
楚王告慎○曰 177/92/8
慎○曰 177/92/9,177/92/27
上柱國○良入見 177/92/11
○良曰 177/92/12,177/93/3
○良出 177/92/16
慎○入 177/92/24
王以三大夫計告慎○曰 177/92/24
○良見寡人曰 177/92/24
寡人誰用於三○之計 177/92/26
慎○對曰 177/92/26
王發上柱國○良車五十
乘 177/92/27
發○良之明日 177/92/28
乃遣○良北獻地於齊 177/92/29
遣○良之明日 177/92/30
○良至齊 177/93/1
齊王謂○良曰 177/93/2
夫隘楚太○弗出 177/93/4
乃請○良南道楚 177/93/5
女阿謂蘇○曰 178/93/10
危太○者 178/93/10
太○南 178/93/10
公不如令人謂太○曰 178/93/10
蘇○知太○之怨己也 178/93/11
必且務不利太○ 178/93/11
太○不如善蘇○ 178/93/11
蘇○必且為太○入矣 178/93/11
蘇○乃令人謂太○ 178/93/12
太○復請善於蘇○ 178/93/12
蘇○謂楚王曰 179/93/16
孝○之於親也 179/93/16
王何逐張○ 181/94/3
○必以衣冠之敝 182/94/9
○待我為○見楚王 182/94/9
張○見楚王 182/94/12
張○曰 182/94/12,182/94/13
182/94/14,182/94/14
281/146/28,285/147/27
令人謂張○曰 182/94/18
張○辭楚王曰 182/94/21
張○中飲 182/94/22
張○再拜而請曰 182/94/23
○釋之 182/94/25,203/104/28
惠○之楚 184/95/8
逐惠○者 184/95/10
惠○為儀者來 184/95/10
惠○必弗行也 184/95/11
且宋王之賢惠○也 184/95/11
王不如舉惠○而納之於
宋 184/95/13
請為○勿納也 184/95/13
而惠○窮人 184/95/14
而可以德惠○ 184/95/14
乃奉惠○而納之宋 184/95/15
今○從楚為和 185/95/23
○歸 185/95/23
惠○反 185/95/26
魏為○先戰 185/95/26
○何以救之 185/95/27
此孝○之所以事親 190/97/5
王愛○美矣 190/97/8
惡○之鼻 190/97/8
○為見王 190/97/8
則必揜○鼻 190/97/9
君王卒幸四○者不衰 192/97/23
不知夫五尺童○ 192/98/2
不知夫公○王孫 192/98/4
墜於公○之手 192/98/5
不知夫○發方受命乎宣
王 192/98/13
臣有辭以報樗里○矣 193/98/26
公不聞老萊○之教孔○
事君乎 194/99/3
楚太○橫為質於齊 195/99/9
薛公歸太○橫 195/99/9
太○懼 195/99/10
吾與○出兵矣 195/99/12
今孫○ 197/99/23,197/99/28
於是使人謝孫○ 197/99/24
孫○去之趙 197/99/25
於是使人請孫○於趙 197/99/29
孫○為書謝曰 197/100/1
楚王○圍聘於鄭 197/100/3
閭姝○奢 197/100/10
楚考烈王無○ 200/101/14
求婦人宜○者進之 200/101/14
卒無○ 200/101/14
聞其不宜○ 200/101/16
而王無○ 200/101/23
則是君之○為王也 200/101/26
遂生○男 200/101/28
立為太○ 200/101/28
○為太○ 200/102/1
五○皆相諸侯 200/102/6
太○衰弱 200/102/7
而入之王所生○者 200/102/17
秦惠王封冉○ 201/102/25
冉○ 201/102/25
○云天下無敵 201/103/1
○云乃且攻燕者 201/103/2
○安知之 202/103/18
韓康○欲勿與 203/103/24
康○曰 203/103/27
魏宣○欲勿與 203/103/28
宣○曰 203/103/29
趙襄○弗與 203/104/1
趙襄○召張孟談而告之

曰 203/104/4
臣聞董○之治晉陽也 203/104/8
203/104/10
襄○謂張孟談曰 203/104/15
襄○曰 203/104/17
203/105/9,204B/106/20
張孟談以報襄○ 203/104/23
襄○再拜之 203/104/24
○慎勿復言 203/105/1
魏宣○之謀臣曰趙葭 203/105/2
康○之謀臣曰段規 203/105/3
破趙則封二○者各萬家之縣一 203/105/3
又封二○者各萬家之縣一 203/105/5
入見襄○曰 203/105/8
襄○將卒犯其前 203/105/10
乃稱簡之塗以告襄○曰 204A/105/18
襄○恨然曰 204A/105/21
○何為然 204A/105/22
襄○去之 204A/105/25
○從事 204A/105/27
襄○往見張孟談而告之曰 204A/105/30
長○之韓 204A/106/3
次○之魏 204A/106/3
少○之齊 204A/106/3
趙襄○最怨知伯 204B/106/8
欲以刺襄○ 204B/106/9
襄○如廁 204B/106/9
趙襄○曰 204B/106/11
○之道甚難而無功 204B/106/14
謂○有志則然矣 204B/106/14
謂○智則否 204B/106/14
以○之才 204B/106/14
而善事襄○ 204B/106/14
襄○必近幸○ 204B/106/14
○之得近而行所欲 204B/106/15
襄○當出 204B/106/20
襄○至橋而馬驚 204B/106/20
於是趙襄○面數豫讓曰 204B/106/21
○不嘗事范中行氏乎 204B/106/21
而○不為報讎 204B/106/22
○獨何為報讎之深也 204B/106/22
襄○乃喟然歎泣曰 204B/106/24
豫○ 204B/106/24
豫○之為知伯 204B/106/24
寡人舍○ 204B/106/24
○自為計 204B/106/25
寡人不舍○ 204B/106/25
於是襄○義之 204B/106/27
謂腹○曰 207/107/15
秦王謂公○他曰 211/109/13
公○他曰 211/109/15
雖王與○ 211/109/21
立為天○ 218/113/18
蘇○為謂秦王曰 219/114/17
父不得於○ 219/114/25
願以甲○之日合戰 220/115/25
使王孫緤告公○成曰 221/116/29
○不反親 221/116/30
公○成再拜曰 221/117/7
非寡人所望於○ 221/117/26
公○成再拜稽首曰 221/117/28
農夫勞而君○養焉 221/118/1
○其言乎 221/118/3,221/118/14
○言世俗之間 221/118/5
○其釋之 221/118/10
○其勿反也 221/118/28
當○為○之時 222/119/3
踐石以上者皆道○之孝 222/119/3
故寡人問○以璧 222/119/4
遺○以酒食 222/119/4
而求見○ 222/119/4
○謁病而辭 222/119/4
人有言○者曰 222/119/4
父之孝○ 222/119/4
故寡人以○之知慮 222/119/5
故寡人欲○之胡服以傅王乎 222/119/7
選○莫若父 222/119/10
所以使○ 222/119/16
寡人以王○為○任 222/119/19
欲○之厚愛之 222/119/19
○能行是 222/119/21
寡人與○ 222/119/21
以傅王○也 222/119/22
○道順而不拂 223/119/27
○用私道者家必亂 223/119/27
慈父不○ 223/119/28
○獨弗服 223/119/28
○知官府之籍 224/120/12
今○以官府之籍 224/120/15
非○所知 224/120/15
公不若陰辭樓○曰 226/121/13
趙以公○部為質於秦 228/121/26
令公○繒請地 228/121/27
魏令公○咎以銳師居安邑 228/122/4
教○欬謂李兌曰 229B/122/23
其於○何如 230/123/1
而與馬服之○戰於長平之下 231/123/9
公○牟游於秦 232/123/18
公○將行矣 232/123/18
公○之所以教之者厚矣 232/123/21
焉有○死而不哭者乎 233/123/29
孔○ 233/123/30
誠聽○割矣 233/124/12
○能必來年秦之不復攻我乎 233/124/13
樓○之為秦也 233/125/7
○以為奚如 235/126/6
始吾以君為天下之賢公○也 236/126/20
吾乃今然后知君非天下之賢公○也 236/126/21
天○下席 236/127/8
彼天○固然 236/127/9
鬼侯有○而好 236/127/15
夷維○執策而從 236/127/18
○將何以待吾君 236/127/18
吾將以十太牢待○之君 236/127/19
維○曰 236/127/19
○安取禮而來待吾君 236/127/19
天○也 236/127/19
天○巡狩 236/127/20
天○已食 236/127/20
夷維○謂鄒之孤曰 236/127/22
天○弔 236/127/22
然后天○南面弔也 236/127/22
然且欲行天○之禮於鄒、魯之臣 236/127/24
彼又將使其○女讒妾為諸侯妃姬 236/127/27
適會魏公○無忌奪晉鄙軍以救趙擊秦 236/128/4

○南方之傳士也 238/128/20
公○魏牟過趙 239A/129/3
公○乃驅後車 239A/129/4
衛靈公近雍疸、彌○瑕 239B/129/14
○何夢 239B/129/15
今○曰夢見竈君而言君也 239B/129/16
因廢雍疸、彌○瑕 239B/129/18
以救李○之死也 247/131/24
今又以何陽、姑密封其○ 247/131/27
而宋置太○以為王 248/132/17
今太○走 248/132/17
諸善太○者 248/132/18
而太○在外 248/132/18
樓○曰 250/134/10
王不聞公○牟夷之於宋乎 250/134/10
惡公○牟夷 250/134/11
今臣之於王非宋之於公○牟夷也 250/134/11
○勉行矣 250/134/12
寡人與○有誓言矣 250/134/12
樓○遂行 250/134/12
吾已與樓○有言矣 250/134/14
此夫○與敵國戰 252/135/10
令士大夫餘○之力 252/135/18
以過章○之路 253/135/25
客有見人於服○者 257/136/22
服○曰 257/136/23
及夫人優愛孺○也 258A/137/10
令昭應奉太○以委和於薛公 260/138/16
丈夫亦愛憐其少○乎 262/139/9
父母之愛○ 262/139/11
有○孫相繼為王也哉 262/139/13
趙主之○孫侯者 262/139/14
遠者及其○孫 262/139/16
豈人主之○孫則必不善哉 262/139/16
○義聞之曰 262/139/22
人主之○也 262/139/22
知伯索地於魏桓○ 264A/140/6
魏桓○弗予 264A/140/6
桓○曰 264A/140/6
其○在中山 265/140/22
中山之君烹其○而遺之羹 265/140/22
食其○之肉 265/140/23
其○之肉尚食之 265/140/23
○往矣 266/140/28
必就○之功 266/140/28
而成○之名 266/140/28
○入而問其賢良之士而師事之 266/141/1
魏文侯與田○方飲酒而稱樂 268/141/13
田○方笑 268/141/13
○方曰 268/141/14
而○又附之 269/141/21
○之言有說乎 269/141/21
專委之○矣 269/142/1
故《老○》曰 270/142/13
痤有御庶○公孫鞅 271/142/19
蘇○為趙合從 272/142/27
其○陳應止其公之行 278/146/3
○果無之魏而見寡人也 278/146/8
請封○ 278/146/8
○長色衰 279/146/13
人多為張○於王所 280/146/18
惠○謂王曰 280/146/19
張○儀以秦相魏 281/146/26
雍沮謂張○曰 281/146/26
且魏王所以貴張○者 283/147/13
○盍少委焉 283/147/14
問張○ 285/147/27
是太○之讎報矣 286/148/4
使公孫○勞寡人 288/148/24
季○為衍謂梁王曰 290/149/3
為○之不便也 292/149/21
今吾為○外之 292/149/21
令毋敢入○之事 292/149/22
入○之事者 292/149/22
吾為○殺之亡之 292/149/22
召文○而相之魏 292/149/23
群臣多諫太○者 296/150/19
為人○ 296/150/21
○勿復言 296/150/21
駕而見太○曰 296/150/26
太○為及日之故 296/150/29
願太○更日 296/151/1
惠○非徒行其說也 296/151/5
又令魏太○未葬其先王而因又說文王之義 296/151/5
魏文○、田需、周宵相善 298/152/14
嬰○言行於齊王 298/152/15
則胡不召文○而相之 298/152/15
因召文○而相之 298/152/16
鈞二○者 299/152/20,299/152/21
將太○申而攻齊 300/152/26
客謂公○理之傳曰 300/152/26
何不令公○泣王太后 300/152/26
止太○之行 300/152/27
太○年少 300/152/27
而孫○善用兵 300/152/28
公○爭之於王 300/152/28
王聽公○ 300/152/28
公○不封 300/152/28
不聽公○ 300/152/28
太○必敗 300/152/29
公○必立 300/152/29
殺太○申 301/153/3
而禽太○申 301/153/12
令太○鳴為質於齊 302/153/20
臣請說嬰○曰 302/153/20
公不如歸太○以德之 302/153/21
公○高在楚 302/153/21
惠○曰 303A/153/26
○必善左右 303A/153/26
今○雖自樹於王 303A/153/28
而欲去○者眾 303A/153/28
則○必危矣 303A/153/28
吾欲太○之自相也 303B/154/4
莫如太○之自相 303B/154/9
是三人皆以太○為非固相也 303B/154/9
不如太○之自相也 303B/154/11
太○果自相 303B/154/11
必內太○ 305/155/8
魏內太○於楚 305/155/9
恐魏之以太○在楚不肯也 305/155/11
而為魏太○之尚在楚也 305/155/12
乃出魏太○ 305/155/14
龐葱與太○質於邯鄲 306/155/18
後太○罷質 306/155/22
殺○之 310/157/14
戰勝睪○ 310/157/16

夫戰勝睪○ 310/157/22
○學三年 311/158/11
其○曰 311/158/11
○之於學者 311/158/13
願○之有以易名母也 311/158/13
○之於學也 311/158/13
願○之且以名母為後也 311/158/14
○患寡人入而不出邪 311/158/15
段干○也 312/159/10
寡人願○之行也 314/160/4
先日公○常約兩王之交矣 314/160/14
○行矣 314/160/21
今夫韓氏以一女○承一弱主 315/161/5
魏王將封其○ 316/162/14
王能又封其○問陽姑衣乎 316/162/15
魏太○在楚 317B/162/28
謂樓○於鄢陵曰 317B/162/28
彼翟○之所惡於國者 317B/162/29
以張○之強 317B/163/1
乃請樗里○曰 317B/163/7
樗里○曰 317B/163/8
317B/163/10
楚王怒於魏之不用樓○ 317B/163/12
使人謂樓○曰 317B/163/14
○能以汾北與我乎 317B/163/14
317B/163/15
樓○與楚王必疾矣 317B/163/15
又謂翟○ 317B/163/15
齊和○亂而越人亡繒 319/164/4
○何不疾及三國方堅也 321/164/25
秦必受○ 321/164/26
橫者將圖○以合於秦 321/164/26
是取○之資 321/164/26
而以資○之讎也 321/164/26
不用○之計而禍至 325/165/24
○言無秦 329A/166/25
○為肖謂齊王曰 335/168/12
二○者 336/168/18
張○聞之 336/168/18
因無敢傷張○ 336/168/19
其○為管守 340/169/22
夫以父攻○守 340/169/25
父教○倍 340/169/25
○弒父 340/170/2
降城亡○不得與焉 340/170/2
以全父○之義 340/170/3
公亦嘗聞天○之怒乎 343/171/19
天○之怒 343/171/19
此三○者 343/171/23
○以韓重我於趙 344B/172/10
請以趙重○於韓 344B/172/10
是○有兩韓 344B/172/10
王問申○曰 345/172/15
○皆國之辯士也 345/172/17
申○微視王之所說以言於王 345/172/18
申○請仕其從兄官 346/172/22
申○有怨色 346/172/22
非所謂學於○者也 346/172/22
聽○之謁 346/172/23
而廢○之道乎 346/172/23
又亡其行○之術 346/172/23
而廢○之謁乎 346/172/23
○嘗教寡人循功勞 346/172/23
申○乃辟舍請罪 346/172/24
谿○、少府時力、距來 347/172/29
○為我謁之 359/177/19
向○曰 359/178/1,359/178/3
向也○曰『天下無道』 362/179/9
今也○曰『乃且攻燕』者 362/179/9
○為我反 363/179/17
獨尚○之言是 366/180/11
召尚○入 366/180/11
宣太后謂尚○曰 366/180/12
○以秦為將救韓乎 367/180/28
王何不試以襄○為質於韓 369/181/21
因以出襄○而德太○ 369/181/22
夫楚欲置公○高 370/181/26
公何不令人說昭○曰 370/181/27
請為○起兵以之魏 370/181/27
○有辭以毋戰 370/181/27
於是以太○扁、昭揚、梁王皆德公矣 370/181/28
以與太○爭 371/182/4
齊大夫諸○有犬 374/182/26
嬀以新城、陽人合世○ 375/183/3
世○得新城、陽人 375/183/4
中庶○強謂太○曰 376/183/10
太○弗聽 376/183/12
太○出走 376/183/12
太○之重公也 378/183/21
太○無患 378/183/21,379/183/28
冀太○之用事也 378/183/22
太○外無幾瑟之患 378/183/22
以恐太○ 378/183/23
太○必終身重公矣 378/183/23
韓大夫知王之老而太○定 379/183/28
公何不為韓求質○於楚 380/184/3
楚王聽而入質○於韓 380/184/3
公又令秦求質○於楚 380/184/5
太○在楚 381/184/11
公何不試奉公○咎 381/184/11
韓立公○咎而棄幾瑟 381/184/12
太○入秦 383B/184/29
秦必留太○而合楚 383B/184/29
是太○反棄之 383B/184/30
治列○圉寇之言 384/185/9
○欲安用我乎 385/185/22
仲○奉黃金百鎰 385/185/23
固謝嚴仲○ 385/185/24
仲○固進 385/185/24
義不敢當仲○之賜 385/185/25
嚴仲○辟人 385/185/25
嚴仲○固讓 385/185/28
然仲○卒備賓主之禮而去 385/185/29
而嚴仲○乃諸侯之卿相也 385/186/1
而嚴仲○舉百金為親壽 385/186/3
見嚴仲○曰 385/186/7
前所以不許仲○者 385/186/7
仲○所欲報仇者為誰 385/186/7
嚴仲○具告曰 385/186/8
語泄則韓舉國而與仲○為讎也 385/186/11
久之莫知誰○ 385/186/17
夫孿○之相似者 386/187/3
正如孿○之相似也 386/187/4
事之雖如○之事父 389/188/17
今日天○不可得而為也 391/189/18

役且共貴公〇 392/189/28
王於是召諸公〇役於三川者而歸之 392/189/29
請令公〇年謂韓王曰 402/193/3
必解〇之罪 402/193/5
以止〇之事 402/193/5
且復天〇 404/193/14
大國惡有天〇 404/193/14
王良之弟〇駕 407/194/3
遇造父之弟〇 407/194/3
造父之弟〇曰 407/194/3
王良弟〇曰 407/194/4
〇纆牽長 407/194/5
夫制於燕者蘇〇也 409/195/1
噲〇謂文公曰 410/195/10
秦惠王以其女為燕太〇婦 411/195/16
雖大男〇 413/197/15
〇之所謂天下之明主者 415/197/31
〇聞之 415/198/11
〇能以燕敵齊 415/198/12
則寡人奉國而委之於〇矣 415/198/12
王誠能毋愛寵〇、母弟以為質 415/198/26
吾終以〇受命於天矣 415/198/29
與其相〇之為婚 416A/199/3
而蘇代與〇之交 416A/199/3
〇之相燕 416A/199/6
蘇代欲以激燕王以厚任〇之也 416A/199/8
於是燕王大信〇之 416A/199/8
〇之因遺蘇代百金 416A/199/8
不如以國讓〇之 416A/199/11
今王以國讓相〇之 416A/199/12
〇之必不敢受 416A/199/12
燕王因舉國屬〇之 416A/199/13
〇之大重 416A/199/13
今王言屬國〇之 416A/199/16
而吏無非太〇人者 416A/199/16
是名屬〇之 416A/199/17
而太〇用事 416A/199/17
王因收印自三百石吏而效之〇之 416A/199/17
〇之南面行王事 416A/199/18
國事皆決〇之 416A/199/18
〇之三年 416A/199/20
將軍市被、太〇平謀 416A/199/20
將攻〇之 416A/199/20
儲〇謂齊宣王 416A/199/20
王因令人謂太〇平曰 416A/199/21
寡人聞太〇之義 416A/199/21
正父〇之位 416A/199/22
則唯太〇所以令之 416A/199/22
太〇因數黨聚衆 416A/199/24
攻〇之 416A/199/24
將軍市被及百姓乃反攻太〇平 416A/199/24
王因令章〇將五都之兵 416A/199/27
〇之亡 416A/199/28
燕人立公〇平 416A/199/29
蘇秦弟厲因燕質〇而求見齊王 416B/200/3
燕質〇為謝乃已 416B/200/3
燕相〇之與蘇代婚 416B/200/6
乃使蘇代持質〇於齊 416B/200/6
於是燕王專任〇之 416B/200/7
殺王噲、〇之 416B/200/8
不信齊王與蘇〇也 417/200/14
故王不如東蘇〇 417/200/15
秦必疑而不信蘇〇矣 417/200/15
〇之之亂 419/202/9
〇何以知之 420/202/28
吾請拜〇為上卿 420/203/1
奉〇車百乘 420/203/1
〇以此為寡人東游於齊 420/203/1
則何不與愛〇與諸舅、叔父、負床之孫 420/203/2
〇之丈夫來 420/203/7
為〇之遠行來之 420/203/11
至公〇延 422/204/20
蘇〇也 423/205/7
423/205/8,423/205/8
今齊王召蜀〇使不伐宋 423/205/8
令齊守趙之質〇以甲者 423/205/8
又蘇〇也 423/205/9
請告〇以請齊 423/205/9
果以守趙之質〇以甲 423/205/9
吾必守〇以甲 423/205/9
必不任蘇〇以事 424/205/16
順始與蘇〇為讎 424/205/18
蘇〇怒於燕王之不以吾故 424/205/28
而以湯為天〇 424/206/2
伍〇胥逃楚而之吳 424/206/2
孔〇逃於衛 424/206/4
願〇還而視之 425/206/13
齊王大說蘇〇 425/206/16
王何不令蘇〇將而應燕乎 426/206/25
夫以蘇〇之賢 426/206/25
乃謂蘇〇曰 426/206/26
願〇為寡人為之將 426/206/27
寡人知〇矣 426/206/28
蘇〇遂將 426/207/1
蘇〇收其餘兵 426/207/1
〇無以為罪 426/207/3
王復使蘇〇應之 426/207/6
蘇〇先敗王之兵 426/207/6
乃復使蘇〇 426/207/7
蘇〇固辭 426/207/7
焉有離人〇母者 428/207/27
太后方怒〇 428/207/29
〇其待之 428/207/29
憂公〇之且為質於齊也 428/208/1
人主之愛〇也 428/208/4
非徒不愛〇也 428/208/4
又不愛丈夫〇獨甚 428/208/4
今王願封公〇 428/208/6
公〇無功不當封 428/208/6
今王之以公〇為質也 428/208/6
且以為公〇功而封之也 428/208/7
臣是以知人主之不愛丈夫〇獨甚也 428/208/7
故公〇貴 428/208/8
而太〇即位 428/208/8
公〇賤於布衣 428/208/8
故非及太后與王封公〇 428/208/9
則公〇終身不封矣 428/208/9
乃命公〇束車制衣為行具 428/208/11
〇必爭之 429/208/16
〇因去而之齊 429/208/16
且以因〇而事齊 429/208/16
伍〇胥、宮之奇不用 430/208/22
昔者五〇胥說聽乎闔閭 431/210/10
故沉〇胥而不悔 431/210/11
〇胥不蚤見主之不同量

431/210/12
臣聞古之君○ 431/210/16
數奉教於君○矣 431/210/16
奉蘇○車五十乘 433/211/18
蘇○謂燕相曰 435/212/12
燕使太○請救於楚 436/212/17
今○且致我 437/212/27
我且言○之奪我珠而吞之 437/212/27
燕王必當殺○ 437/212/28
刳○腹及○之腸矣 437/212/28
○腸亦且寸絶 437/212/29
未如商容、箕○之累也 438/213/20
○何賀 439/214/11
燕太○丹質於秦 440/214/18
太○丹患之 440/214/18
太○容之 440/214/23
願太○急遣樊將軍入匈奴以滅口 440/214/25
太○丹曰 440/214/26
道太○曰 440/215/1
太○跪而逢迎 440/215/4
太○避席而請曰 440/215/4
今太○聞光壯盛之時 440/215/6, 440/215/11
太○送之至門 440/215/8
光與○相善 440/215/11
言足下於太○ 440/215/12
願足下過太○於宮 440/215/13
今太○約光曰 440/215/14
是太○疑光也 440/215/14
願足下急過太○ 440/215/15
軻見太○ 440/215/18
太○再拜而跪 440/215/18
太○避席頓首曰 440/215/20
太○前頓首 440/216/1
太○日日造問 440/216/2
太○丹恐懼 440/216/5
微太○言 440/216/6
臣乃得有以報太○ 440/216/7
荊軻知太○不忍 440/216/11
太○聞之 440/216/17
太○預求天下之利匕首 440/216/20
太○遲之 440/216/23
叱太○曰 440/216/24
豎○也 440/216/24
今太○遲之 440/216/25
太○及賓客知其事者 440/216/27
厚遺秦王寵臣中庶○蒙嘉 440/217/4
未嘗見天○ 440/217/11
必得約契以報太○也 440/217/20
燕王喜、太○丹等 440/217/24
殺太○丹 440/217/25
宋使臧○索救於荊 441/218/3
臧○憂而反 441/218/3
臧○曰 441/218/4
臧○乃歸 441/218/5
墨○聞之 442/218/10
吾自宋聞○ 442/218/10
吾欲藉○殺王 442/218/11
墨○曰 442/218/11, 442/218/19
墨○見楚王曰 442/218/15
南文○止之曰 443/218/28
則吾何以告○而可乎 444/219/8
魏太○自將 446B/219/28
外黃徐○曰 446B/219/28
太○能聽臣乎 446B/219/28
今太○自將攻齊 446B/219/29
太○雖欲還 446B/219/31, 446B/220/1
彼利太○之戰攻 446B/219/31
太○上車請還 446B/220/1
南文○有憂色 448A/220/14
而○有憂色何 448A/220/15
文○曰 448A/220/15
乃佯亡其太○ 448B/220/21
南文○曰 448B/220/21
太○顏為君○也 448B/220/21
樗里○知蒲之病也 449/221/1
請厚○於衛君 449/221/2
樗里○亦得三百金而歸 449/221/3
○聽吾言也以說君 451/221/17
君必善○ 451/221/17
○謂君 451/221/19
○制之 451/221/22
常莊談謂趙襄○曰 453/222/10
公何不請公○傾以為正妻 453/222/10
非○莫能吾救 454/222/17
見嬰○曰 454/222/18
○之道奈何 455/223/18
然則○之道奈何 455/223/18
則有土○民 458/224/20
大夫司馬○期在焉 459B/225/16
司馬○期怒而走於楚 459B/225/16
○奚為者也 459B/225/17
其○時在中山 460/225/24
樂羊食○以自信 460/225/25

姊 zǐ 5

政○聞之 385/186/19
乃其○者 385/186/24
其○不避菹醢之誅 385/186/25
昔趙王以其○為代王妻 413/197/3
其○聞之 413/197/6

梓 zǐ 1

荊有長松、文○、楩、柟、豫樟 442/218/21

紫 zǐ 1

齊人○敗素也 419/201/22

訾 zǐ 3

○天下之主 127/61/27
○養千鍾 139/69/28
○然使趙王悟而知文也 216/111/20

自 zì 224

內○盡計 1/1/5
非○傷於民也 8B/4/1
而○謂非客何也 9/4/8
○令身死 19/7/14
而以楚之東國○免也 22/8/8
而君○郊迎 28/10/4
楚必將○取之矣 29/10/11
引錐○刺其股 40/14/3
四拜○跪而謝 40/14/18
周○知不救 44/17/25
周○知失九鼎 44/18/7
韓○知亡三川 44/18/7
今秦○以為王 48A/19/9

然則是軫○為而不為國也 48B/19/16
吾又○知子之楚 49/20/2
寡人○以為智矣 50/21/3
織○若 55/23/15
其母尚織○若也 55/23/16
妾○以有益於處女 61A/24/30
○殽塞、谿谷 61A/25/4
因○謂之曰 61B/25/15
請以號三國以○信也 67/27/24
而公請之以○重也 67/27/24
寡人日○請太后 73A/29/19
右手○為投 74/32/17
其令邑中○斗食以上 74/32/22
三貴竭國以○安 74/33/1
且削地而以○贖於王 75/33/9
今平原君○以賢 76/33/16
○是之後 79/34/27
81/36/27,237/128/16
245/131/3,247/132/2
是○為德講 93/45/7
而○子之 93/45/10
今吾○請張卿相燕 94/45/24
我○行之而不肯 94/45/25
今文信侯○請卿相燕 94/46/3
趙守半國以○存 95/46/24
秦銜賂以○強 95/46/24
亡趙○危 95/46/24
力不能○存 95/46/27
願○請 95/46/29
縮劍將○誅 95/47/11
人臣不得○殺宮中 95/47/11
右舉劍將○誅 95/47/12
銜劍徵之於柱以○刺 95/47/12
外○交於諸侯 96/47/27
宣王○迎靖郭君於郊 101/50/13
靖郭君可謂能○知人矣 101/50/16
能○知人 101/50/16
韓○以專有齊國 103/51/6
忌不○信 108/52/14
○以為不如 108/52/19
窺鏡而○視 108/52/19
適足以強秦而○弱也 111/54/4
韓○以得交於齊 114/56/7
是王內○罷而伐與國 115/56/28
廣鄰敵以○臨 115/56/28
然則是君○為燕東兵 119/58/1
可以使蘇子○解於薛公 122/59/3
若○在隘窘之中 125/61/14
貧乏不能○存 133/64/20
退而○刎 134/66/12
○古及今而能虛成名於天下者 136B/68/2
而侯王以○謂 136B/68/7
寡人○取病耳 136B/68/10
清靜貞正以○虞 136B/68/15
蘇秦○燕之齊 141A/70/10
在勞天下而○佚 142/73/19
亂天下而○安 142/73/19
皆以田單為○立也 146/76/19
且○天地之闢 147/77/26
法章乃○言於莒 149B/79/2
而無以深○結於王 160/83/1
寡人○料 167/86/9
是楚○行不如周 169/88/9
○從先君文王以至不穀之身 170/88/18
遂○棄於磨山之中 170/89/24
子亦○知且賤於王乎 174/91/4
○令尹以下 179/93/21
殆能○免也 187/96/9
○以為無患 192/98/2
192/98/4,192/98/8
因○立也 197/100/4
欲○刃於廟 197/100/5
無○瘳也 197/100/12
今妾○知有身矣 200/101/25
則是魏內○強 203/103/28
○將軍以上 204A/105/20
○刑以變其容 204B/106/12
子○為計 204B/106/25
臣恐其後事王者之不敢○必也 209/108/28
故○以為坐受上黨也 211/110/1
王○圖之 211/110/4
○入而出夫人者 212/110/23
劫韓包周則趙○銷鑠 218/113/6
○令車裂於齊之市 220/116/1
○請之曰 221/117/13
○常山以至代、上黨 221/117/20
不逆上以○伐 223/119/26
逆主以○成 223/119/28
此坐而○破之道也 225/120/24
婦人為之○殺於房中者二八 233/123/29
是助秦○攻也 233/124/9
此○盡之術也 233/124/20
○弱以強秦 233/124/22
而弱者不能○守 233/124/25
而不能○舉 237/128/12
故發兵○備 245/131/2
無○疑於中者 245/131/3
燕、魏○以無齊故重王 246/131/14
即趙○消爍矣 249/133/24
至而○謝 262/139/1
竊○恕 262/139/2
乃○強步 262/139/4
長安君何以○託於趙 262/139/18
身○罷之 267/141/8
因○言於廷曰 276/145/16
則先鬻與國而以○解也 297/151/25
而以秦為上交以○重也 297/151/26
又身○醜於秦 297/152/6
○將而伐齊 301/153/16
今子雖○樹於王 303A/153/28
吾欲太子之○相也 303B/154/4
莫如太子之○相 303B/154/9
不如太子之○相也 303B/154/11
太子果○相 303B/154/11
○使有要領之罪 304/154/17
下所以○為者厚矣 304/154/27
寡人○為知 306/155/21
是以天幸○為常也 310/157/23
臣以為○天下之始分以至于今 310/157/28
君其○為計 311/158/28
君其先○為計 311/158/28
公終○以為不能守也 317B/163/9
王○知矣 320/164/19
○賣於秦 321/164/26
趙王○郊迎 339/169/13
今趙王○郊迎 339/169/17
使者○往 340/169/24
悍而○用也 340/170/6
其○纂繁也完矣 341/170/22
秦○四境之內 342/171/5
皆○韓出 347/172/29
○今以來 358/177/12

〇以為必可以封 359/177/17
是〇為貴也 359/177/25
今公〇以辯於薛公而輕秦 373/182/17
而內收諸大夫以〇輔也 378/183/22
因〇皮面抉眼 385/186/16
〇屠出腸 385/186/16
亦〇殺於屍下 385/186/22
以萬乘〇輔 388/188/4
適足以〇令亟亡也 389/188/18
而無〇左右也 396C/191/21
所以〇為也 412/196/17
皆〇覆之術 412/196/17
皆不〇覆也 412/196/18
君以〇覆為可乎 412/196/18
去〇覆之術 412/196/20
足下皆〇覆之君也 412/196/20
莫敢〇必也 412/196/30
摩笄以〇刺也 413/197/6
王〇慮此則計過 415/198/2
身〇削甲扎 415/198/8
妻〇組甲絣 415/198/9
而〇用也 415/198/17
王〇治其外 415/198/31
臣〇報其內 415/198/31
其實令啓〇取之 416A/199/16
王因收印〇三百石吏而效之子之 416A/199/17
樂毅〇魏往 418/201/7
鄒衍〇齊往 418/201/7
劇辛〇趙往 418/201/7
〇完之道也 420/202/19
〇憂不足乎 420/202/21
以〇憂為足 420/202/21
皆以不〇憂故也 420/202/22
若〇憂而足 420/202/22
不〇為取妻 421/203/19
舍媒而〇衒 421/203/20
寡人如〇得之 422/204/10
寡人如〇有之 422/204/18
被髮〇漆為厲 424/205/22
臣以韓、魏循〇齊 424/205/27
蘇代〇齊使人謂燕昭王曰 426/206/21
請〇歸於吏以戮 426/207/2
是以天幸〇為功也 426/207/6
蘇代〇齊獻書於燕王曰 427/207/13
以女〇信可也 427/207/17
將軍〇為計則可矣 431/209/11
〇負以不肖之罪 431/209/15
臣〇以為奉令承教 431/209/22
〇五伯以來 431/210/2
〇以為奉令承教 431/210/3
王而不能〇恃 432/210/22
厚者不毀人以〇益也 438/213/14
義者不虧人以〇益 438/213/23
況傷人以〇損乎 438/213/23
柳下惠不以三黜〇累 438/213/25
光竊不〇外 440/215/12
欲〇殺以激荊軻 440/215/15
遂〇剄而死 440/215/16
遂〇刎 440/216/17
恐懼不敢〇陳 440/217/6
〇引而起 440/217/13
軻〇知事不就 440/217/19
吾〇宋聞子 442/218/10
〇知政 445/219/17
魏太子〇將 446B/219/28
今太子〇將攻齊 446B/219/29
乃愈〇信 447/220/7
以〇重於衛 449/221/3
〇今以往者 451/221/20
臣〇知死至矣 456/224/5
田簡〇謂取使 457/224/16
樂羊食子以〇信 460/225/25
趙〇長平已來 461/226/4
楚人〇戰其地 461/226/19
韓軍〇潰 461/226/22
〇然之理 461/226/22

恣 zì 3

〇君之所使之 262/139/19
若〇睢奮擊 418/200/26
〇荊軻所欲 440/216/2

眥 zì 1

夫賢者以感忿睚〇之意 385/186/3

宗 zōng 20

置〇廟 42/16/5,42/16/9
天下之〇室也 44/18/7
大者〇廟滅覆 73A/30/15
〇廟隳 87/41/19
被於〇廟之祟 133/65/25
願君顧先王之〇廟 133/65/26
立〇廟於薛 133/65/27
寡人奉先君之〇廟 137/68/24
〇族離心 143/74/12
〇廟亡矣 148/78/14
委社稷〇廟 167/85/24
張孟談既固趙〇 204A/105/18
賤國者族〇 221/118/12
欲〇廟之安 238/128/24
〇族盛 385/186/8
燒其宮室〇廟 418/201/10
而天下由此〇蘇氏之從約 422/205/1
父母〇族 440/216/11
而得奉守先王之〇廟 440/217/6

總 zǒng 1

家雜〇 142/72/25

縱 zòng 2

今大王〇有其人 1/1/16
〇韓為不能聽我 357/176/22

陬 zōu 1

有雀生（鷀）〔鸇〕於城之〇 447/220/6

掫 zōu 1

使陳毛釋劍〇 88/42/24

鄒 zōu 22

〇子曰 102/50/21
成侯〇忌為齊相 104/51/11
公孫閈謂〇忌曰 104/51/11
〇忌以為然 104/51/12

○忌以告公孫閈 104/51/15
○忌代之相 106/51/29
○忌所以不善楚者 106/52/1
○忌以齊厚事楚 106/52/2
○忌事宣王 107/52/7
○忌謂宣王曰 107/52/7
○忌脩八尺有餘 108/52/13
則○、魯、陳、蔡 142/73/27
是○、魯無奇行也 221/118/25
假涂於○ 236/127/21
○君死 236/127/21
夷維子謂○之孤曰 236/127/22
○之群臣曰 236/127/23
故不敢入於○ 236/127/23
○、魯之臣 236/127/23
然且欲行天子之禮於○、魯之臣 236/127/24
是使三晉之大臣不如○、魯之僕妾也 236/127/26
○衍自齊往 418/201/7

騶 zōu 1

於是使人發○ 192/97/25

走 zǒu 64

弗必○ 11B/5/5
而皆去○ 42/15/13
荊王亡奔○ 42/16/2
樗里疾出○ 45/18/19
投杼踰牆而○ 55/23/16
則必不○於秦且○晉、楚 63/26/11
○涇陽於關外 73B/32/10
不如一人持而○疾 74/32/20
楚必○秦以急 82A/37/28
文信侯出○ 95/46/15
因反○ 99/49/11
田忌遂○ 104/51/17
而成侯可○ 105/51/25
其民無不吹竽、鼓瑟、擊筑、彈琴、鬬雞、○犬、六博、蹹踘者 112/54/27
可以為楚王○太子 122/59/2
忠王而○太子者又蘇秦也 122/60/6
王之○狗已具矣 137/69/4
軍破○ 143/74/14
王出○ 144/74/28,144/74/29
王○而之城陽之山中 147/77/28
章子○ 149A/78/22
觀百獸之見我而敢不○乎 154/81/5
獸見之皆○ 154/81/6
虎不知獸畏己而○也 154/81/6
出○入齊 168/87/18
秦王聞而○之 170/89/13
儀○ 183/94/30
因還○而冒人 187/96/11
莊公○出 197/100/5
割摯馬兔而西○ 217/112/6
217/112/7
不能趨○ 221/117/7
並驥而○者 240/129/23
未期年而葺亡○矣 240/129/26
今太子○ 248/132/17
曾不能疾○ 262/139/2
李牧數破○秦軍 263/139/27
公叔痤反○ 270/142/6
多言而輕○ 273/144/11
欲○而之韓 275/145/3
張儀○之魏 279/146/12
必南○楚 282/147/7
○芒卯而圍大梁 310/157/12
今又○芒卯 310/157/17
310/157/23
○人於庭 341/170/17
鄭彊之○張儀於秦 354/175/22
張儀○ 354/175/24
而交○秦也 359/178/3
○而不死 375/183/6
太子出○ 376/183/12
而幾瑟○也 377/183/17
韓傀○而抱哀侯 385/186/15
閔王出○於外 418/201/9
閔王出○ 419/202/10
齊王逃遁○莒 431/209/30
○且出境 437/212/26
秦王還柱而○ 440/217/14
秦王之方還柱○ 440/217/17
破心而○ 443/218/30
公孫弘○出 456/224/7
司馬子期怒而○於楚 459B/225/16

奏 zòu 2

臣請○其效 40/13/9
司馬憙即○書中山王曰 458/224/21

菹 zū 1

其姊不避○醢之誅 385/186/25

足 zú 216

小國不○亦以容賊 21/7/27
實不○以利國 34/11/18
周使周○之秦 38/12/14
或謂周○曰 38/12/14
百姓不○ 40/13/20
血流至○ 40/14/3
聞戰頓○徒裼 42/15/18
天下不○兼而有也 42/15/21
○以為限 42/15/26
○以為塞 42/15/26,415/198/21
則其民○貪也 42/16/3
地○利也 42/16/3
弊兵勞眾不○以成名 44/17/27
得其地不○以為利 44/17/27
○以廣國也 44/18/4
○以富民 44/18/4
願為○下掃室布席 61A/25/1
○以傷秦 70/28/17
今臣之胸不○以當椹質 72/29/2
要不○以待斧鉞 72/29/3
獨不○以厚國家乎 72/29/7
其淺者又不○聽也 72/29/12
將賤而不○聽耶 72/29/12
望見○下而入之 72/29/13
死不○以為臣患 73A/30/6
424/205/21
亡不○以為臣憂 73A/30/6
不○以為臣恥 73A/30/6
是以杜口裹○ 73A/30/13
○下上畏太后之嚴 73A/30/14
則不○以傷齊 73A/31/1
夫人生手○堅強 81/35/25
是微子不○仁 81/36/10
孔子不○聖 81/36/10
管仲不○大也 81/36/11

富國、○家、強主 81/36/18
肘○接於車上 83B/39/3
此乃方其用肘○時也 83B/39/5
三王不○四 87/41/5
五伯不○六也 87/41/6
韓、魏之強○以校於秦矣 87/42/2
土廣不○以為安 88/42/16
人眾不○以為強 88/42/16
則三王不○四 89/43/14
五伯不○六 89/43/14
不○以結秦 93/45/7
秦不○亡 95/46/26
臣來弔○下 110/53/20
○下豈如令眾而合二國之後哉 110/53/23
其餘兵○以待天下 110/53/23
不○以立功名 111/54/4
適○以強秦而自弱也 111/54/4
數人飲之不○ 117/57/14
吾能為之○ 117/57/16
蛇固無○ 117/57/16
子安能為之○ 117/57/17
為蛇○者 117/57/17
公以是為名居○矣 117/57/18
猶為蛇○也 117/57/19
趙○之齊 118/57/24
請掩○下之短者 127/61/28
誦○下之長 127/62/1
臣願以○下之府庫財物 127/62/2
是○下倍先君盟約而欺孟嘗君也 128/62/15
臣輒以頸血湔○下衿 128/62/16
賣妻子不○償之 130/63/4
○下能使僕無行 130/63/5
今何舉○之高 130/63/13
獸同○者而俱行 131/63/24
則○以敵秦 132B/64/15
以為貪而不知○ 133/64/28
寡人不○為也 133/65/26
可謂○使矣 134/66/16
觸知○矣 136B/68/18
補不○ 138/69/18
不貸而見○矣 142/72/2
則亡天下可跼○而須也 142/72/10
不○以王天下 142/73/28
大臣不○恃 145/75/20
使曹子之○不離陳 145/76/5
振窮補不○ 147/77/17
而見楚救之不○畏也 156/81/23
臣不○以知之 166/85/3
不○恃也 167/86/9
如華不○知之矣 170/88/19
不○以載大名 189/96/27
不○以横世 189/96/28
六○四翼 192/98/1
臣何○以當堯 199/101/1
府庫○用 203/104/8
○矣 203/104/10
則臣力不○ 204A/105/24
亦以○矣 204B/106/25
雖不○以攻秦 206/107/11
○以拔鄭 206/107/11
○重繭 208/107/22
今○下功力 209/108/12
不○畏也 218/113/11
不○與論心 221/118/7
不○與致意 221/118/8
而循禮未○多也 221/118/24
不○以高世 221/118/28
不○以制今 221/118/28
為辨○以道人 222/119/5
危○以持難 222/119/5
威嚴不○以易於位 222/119/12
重利不○以變其心 222/119/12
而野戰不○用也 225/121/8
今臣為○下解負親之攻 233/124/14
其無○怪 236/127/9
何○問 238/128/21
○下卑用事者而高商賈乎 242/130/11
則知不○者也 246/131/9
非知不○也 246/131/14
臣為○下謂魏王曰 247/131/23
臣是以欲○下之速歸休士民也 248/132/17
臣為○下使公孫衍說奉陽君曰 248/132/21
臣願○下之大發攻宋之舉 248/132/24
以觀奉陽君之應○下也 248/132/25
臣又願○下有地效於襄安君以資臣也 248/132/26
○下果殘宋 248/132/26
○下何愛焉 248/132/27
若○下不得志於宋 248/132/27
○下以此資臣也 248/132/27
則○下擊潰而決天下矣 248/132/28
臣以為○下見奉陽君矣 249/133/4
○下雄飛 249/133/7
老臣病○ 262/139/1
信不○保也 269/141/23
奚○以霸王矣 269/141/28
其敝不○以應秦 281/147/1
是故又為○下傷秦者 297/151/24
令○下鬻之以合於秦 297/151/29
臣何○以當之 297/151/29
願○下之論臣之計也 297/151/30
為○下也 297/152/10
○以亡其國 307/156/5
尚○以捍秦 311/158/23
○以富國 315/162/7
舍不○以舍之 330/167/10
魏王見天下之不○恃也 332/167/22
以為秦之強○以為與也 338/169/3
虧地不○以傷國 342/171/2
卑體不○以苦身 342/171/2
韓卒超○而射 347/172/30
不○言也 347/173/3
必來以是而○矣 363/179/19
則不○以救韓 366/180/13
今周最固得事○下 374/182/28
尚何○以圖國之全為 376/183/11
聞○下義甚高 385/185/26
以交○下之驩 385/185/27
今○下幸而不棄 385/186/9
適○以自令亟亡也 389/188/18
○強為之說韓王曰 392/189/28
○食於民矣 408/194/12
見○下身無咫尺之功 412/196/8
而○下迎臣於郊 412/196/9
今臣為○下使 412/196/9
○下不聽臣者 412/196/9
是○下之福也 412/196/10
而以事○下 412/196/11
臣亦不事○下矣 412/196/12
○下安得使之之齊 412/196/14
○下不踰楚境 412/196/19

離老母而事○下 412/196/19
臣之趍固不與○下合者 412/196/20
○下皆自覆之君也 412/196/20
○下不知也 412/196/25
且臣之事○下 412/196/29
臣恐天下後事○下者 412/196/29
言不○以求正 413/197/15
謀不○以決事 413/197/15
力不○矣 415/198/12
何○以為固 415/198/24
何○以為塞 415/198/25
而以啓為不○任天下 416A/199/15
不○先後 416A/199/22
不○以報 418/200/21
而○下行之 419/201/16
而齊未加信於○下 419/201/16
然則○下之事齊也 419/201/17
○下以宋加淮北 419/201/18
如是○矣 420/202/15
○下以為○ 420/202/15
則臣不事○下矣 420/202/15
自憂不○乎 420/202/21
以自憂為○ 420/202/21
若自憂而○ 420/202/22
○下以愛之故與 420/203/2
今臣之所以事○下者 420/203/3
今臣為○下使於齊 420/203/12
願○下之無制於群臣也 420/203/14
奉陽君告朱讙與趙○曰 424/205/16
逃不○以為臣恥 424/205/21
不○以為臣榮 424/205/22
不○以為臣辱 424/205/22
逃不○以為辱矣 424/206/6
○下有意為臣伯樂乎 425/206/15
何○以當之 426/206/27
而又害於○下之義 431/209/15
恐其適○以傷於高而薄於行也 438/213/21
○為寒心 440/214/24
言○下於太子 440/215/12
願○下過太子於宮 440/215/13
願○下急過太子 440/215/15
而欲不可○也 440/215/21
今計舉國不○以當秦 440/215/24
恐不○任使 440/216/1
則雖欲長侍○下 440/216/5
願○下更慮之 440/216/9
夫宋之不○如梁也 444/219/7
○以為治 452A/221/28
以○軍食 461/226/18

卒 zú 110

士○師徒 1/1/16
周君迎之以○ 24/8/24
厹由○亡 24/8/25
楚○不拔雍氏而去 25/9/11
乃復悉○乃攻邯鄲 42/16/23
○起兵伐蜀 44/18/11
取皮氏○萬人 47/19/1
三鼓之而○不上 57/24/3
君不如勸秦王令弊邑○攻齊之事 65/26/27
秦○有他事而從齊 66/27/12
○擅天下而身立為帝王 73A/30/2
○興吳國 73A/30/10
以秦○之勇 73A/30/24
○無秦王 73B/32/6
其○亦可願矣 81/36/1
○為秦禽將 81/36/3
○支解 81/37/3
○事始皇帝 81/37/20
○使公子池以三城講於三國 83A/38/20
○為三家笑 89/43/8
○不免秦患 95/46/27
復整其士○以與王遇 97/48/24
其良士選○必殪 110/53/23
其良士選○亦殪 110/53/24
而臨淄之○ 112/54/26
趙亡○數十萬 113/55/21
能為君決疑應○ 127/62/2
王之問臣也○ 141A/70/11
不如聽之以○秦 141A/70/12
而○身死國亡 142/72/3
然而智伯○身死國亡 142/72/28
達子收餘○ 143/74/13
破亡餘○ 143/74/23,148/78/9
士○多死 145/75/9
敝○七千 147/77/28
為士○倡曰 148/78/14
而士○無生之氣 148/78/15
襄王○ 149B/79/6
及君王后病且○ 149B/79/11
○有秦患 167/86/3,218/113/26
士○安難樂死 168/86/16
○有楚禍 168/86/27
舫船載○ 168/86/30
陳○盡矣 168/87/5
兩御之間夫○交 170/89/5
此猶一○也 170/89/11
○萬人 170/89/17
士○不用 177/93/6
談○ 180/93/27,199/100/27
君王○幸四子者不衰 192/97/23
○無子 200/101/14
士○病羸 203/104/15
襄子將○犯其前 203/105/10
○釋之 204B/106/12
臣願大王深與左右群臣○計而重謀 209/109/2
若不能○ 211/109/22
湯、武之○不過三千人 218/113/18
內度其士○之眾寡、賢與不肖 218/113/19
料諸侯之○ 218/113/22
而○世不見也 221/116/19
今王破○散兵 224/120/8
○倍秦 228/122/2
夫不鬬一○ 234/125/18
趙○不得媾 235/126/8
○為天下笑 236/127/8
○就脯醢之地也 236/127/17
○斷紂之頭而縣於太白者 242/130/13
魏之和○敗 260/138/17
夫使士○不崩 270/142/6
○有國患 272/143/3
臣聞越王勾踐以散○三千 272/143/7
武王○三千人 272/143/7
豈其士○眾哉 272/143/8
今竊聞大王之○ 272/143/8
○不過三十萬人 273/143/22
○戍四方 273/143/24
其○雖眾 273/144/10
又安敢釋○不我予乎 291/149/13

〇假晉道 317A/162/21
未〇而移兵於梁 325/165/28
〇然見趙王 339/169/17
韓〇超足而射 347/172/30
韓〇之劍戟 347/173/1
以韓〇之勇 347/173/3
料大王之〇 348A/173/18
見〇不過二十萬而已矣 348A/173/19
山東之〇 348A/173/21
夫秦〇之與山東之〇也 348A/173/22
然仲子〇備賓主之禮而去 385/185/29
文公〇 411/195/16
士〇不戰 416A/199/28
士〇樂佚輕戰 418/201/8
〇絕齊於趙 424/206/8
〇敗燕軍 431/209/5
輕〇銳兵 431/209/30
之〇者出士以戍韓、梁之西邊 432/211/5
二人〇留趙 438/214/1
是丹命固〇之時也 440/214/28
〇起不意 440/217/15
而〇惶急無以擊軻 440/217/16
〇惶急不知所為 440/217/18
五歲而〇滅燕國 440/217/26
〇不得魏 446B/220/2
今趙〇之死於長平者已十七、八 461/226/13
秦中士〇 461/226/18
死〇不可復生 461/227/8

族 zú 12

費人有與曾子同名〇者而殺人 55/23/14
〇類離散 87/41/20
滅亡無〇之時 136B/67/27
宗〇離心 143/74/12
夷三〇 200/102/19
今君殺主父而〇之 208/107/28
賤國者〇宗 221/118/12
魏氏之名〇不高於我 304/154/28
有敢言美人者〇 341/170/20
宗〇盛 385/186/8
父母宗〇 440/216/11
鏤錯、挈薄之〇皆逐也 451/221/23

阻 zǔ 4

地形險〇 269/141/28
前脈形地之險〇 270/142/7
無有名山大川之〇 273/143/23
觀其地形險〇 458/224/23

俎 zǔ 4

拔之尊〇之間 142/73/17
言於尊〇之間 142/74/5
拔城於尊〇之間 142/74/7
伊尹負鼎〇而干湯 257/136/26

祖 zǔ 3

〇仁者王 142/72/2
秦王必〇張儀之故謀 367/181/1
既〇 440/216/27

組 zǔ 2

妻自〇甲絣 415/198/9
束〇三百緄 443/218/27

纂 zuǎn 1

其自〇繁也完矣 341/170/22

冣 zuì 8

周〇為楚王曰 84B/39/17
使趙蔥及顏〇代將 263/140/1
虜趙王遷及其將顏〇 263/140/2
奉陽君、孟嘗君、韓呡、周〇、周、韓餘為徒從而下之 297/152/5
周〇善齊 336/168/18
周〇入齊 337/168/23
以周〇也 337/168/24
今周〇遁寡人入齊 337/168/24

最 zuì 49

周〇謂石禮曰 7/3/16
子因令周〇居魏以共之 7/3/16
或為周〇謂金投曰 10A/4/14
秦以周〇之齊疑天下 10A/4/14
周〇謂金投曰 10B/4/20
周〇於齊王也而逐之 11B/5/3
收周〇以為後行 11B/5/4
外周〇 11C/5/10
逐周〇、聽祝弗、相呂禮者 11C/5/10
蘇厲為周〇謂蘇秦曰 12/5/16
君不如令王聽〇 12/5/16
君若欲因〇之事 12/5/17
〇也 12/5/17
謂周〇曰 13/5/21
14B/6/6,26/9/15
何不合周〇兼相 13/5/23
為周〇謂魏王曰 14A/5/28
王不去周〇 14A/6/1
為周〇謂李兌曰 23/8/15
司寇布為周〇謂周君曰 30/10/15
君使人告齊王以周〇不肯為太子也 30/10/15
今君之使〇為太子 30/10/17
臣恐齊王之為君實立果而讓之於〇 30/10/18
〇為多詐 30/10/18
奉養無有愛於〇也 30/10/19
周〇謂秦王曰 34/11/18
君不如使周〇陰合於趙以備秦 35/11/26
王何不以地齎周〇以為太子也 36/12/3
齊王令司馬悍以賂進周〇於周 36/12/3
智氏〇強 83B/38/30
趙襄子〇怨知伯 204B/106/8
公不如令主父以地資周〇 229B/122/24
周〇以天下辱秦者也 229B/122/24
此利於趙而便於周〇也 229B/122/26
〇少 262/139/7
王之交〇為天下上矣 342/171/8
〇秦之大急也 360/178/22

齊令周○使鄭 374/182/21
周○患之 374/182/21
周○行至鄭 374/182/25
周○固不欲來使 374/182/25
周○不欲來 374/182/25
今周○固得事足下 374/182/28
今周○不來 374/182/29
遂重周○ 374/182/30
則韓○輕矣 387/187/18
則韓○弱矣 387/187/18
則韓○先危矣 387/187/18

罪 zuì 118

彼前得○而後得解 6/3/11
必有○矣 26/9/16
王必○之 28/10/5
是皆秦之○也 40/14/2
大王裁其○ 42/15/10
○其百姓不能死也 42/15/14
誅周主之○ 44/17/25
今齊王之○ 50/20/24
若於除宋○ 69/28/8
刑必斷於有○ 72/29/2
開○於楚、魏 80/35/11
今遇惑或與○人同心 80/35/13
王必不失臣之○ 80/35/14
皆負重○ 81/35/19
楚王因不○景鯉而德周、秦 84B/39/18
委南聽○ 88/42/24
秦王因不○ 90/43/27
君之○至死 93/44/26
恐懼死○於前 95/47/9
章子之母啓得○其父 109/53/12
臣之母啓得○臣之父 109/53/14
開○於先生 133/65/4
開○於君 133/65/26
無○以當貴 136B/68/15
寡人有○國家 137/69/9
管燕得○齊王 140/70/3
今夫鵠的非咎○於人也 142/73/8
單何以得○於先生 147/77/8
退而請死○ 147/77/19
子無○於寡人 147/77/20
臣之得○無日矣 157B/82/8
臣等之○免矣 161/83/19
以卜其○ 162/83/25
不當服○ 162/83/26
將○之 164/84/16,375/183/4
乃不○也 164/84/18
取十官而無○ 166/85/6
乃佯有○ 168/87/18
得○一士 170/89/16
儀有死○於大王 182/94/23
是臣無○ 196/99/18
而○在謁者也 196/99/18
王殺無○之臣 196/99/19
孰與其臨不測之○乎 200/101/26
今燕之○大而趙怒深 201/102/26
今乃以抵○取伐 209/108/28
宋○重 210/109/8
忠無過○ 221/118/2
臣下之大○也 221/118/13
臣之○也 222/119/13
逆主○莫大焉 223/119/29
故寡人恐親犯刑戮之○ 223/119/29
宋之○重 248/132/23
定無○之君 249/134/2
夫殺無○范座 251/134/23
而魏王輕為之殺無○之座 251/134/28
得○於趙 251/135/1
奢嘗抵○居燕 252/135/12
已而請其○ 257/136/23
公之客獨有三○ 257/136/23
使若無○ 258B/137/22
若使有○ 258B/137/23
而王之忠臣有○也 259/138/12
○無過此者 272/143/3
欲○犀首 298/152/14
自使有要領之○ 304/154/17
使者之○也 308/156/18
臣有死○ 309/157/2
王因赦其○ 309/157/2
兩弟無○ 315/161/1
以○虞公 317A/162/22
公無以為○ 317B/163/9
敢再拜釋○ 340/170/10
申子乃辟舍請○ 346/172/24
而誅齊、魏之○ 359/178/5
且○景鯉 361/178/28
故王不如無○景鯉 361/179/4
因不○而益其列 361/179/5
乃弗○ 375/183/6
公必為魏○韓侈 396B/191/4
必解子之○ 402/193/5
韓獻開○而交愈固 411/195/28
願為兄弟而請○於秦 411/196/1
所謂以忠信得○於君者也 412/196/21
又何○之有也 412/196/23
此以忠信得○者也 412/196/28
今乃得○ 412/196/29
見○於左右 420/203/4
而得○者乎 420/203/6
因以破宋為齊○ 422/204/11
因以破齊為天下○ 422/204/15
因以塞鄳隘為楚○ 422/204/18
臣有斧質之○ 426/207/2
子無以為○ 426/207/3
將歸○於臣 427/207/14
恐抵斧質之○ 431/209/14
自負以不肖之○ 431/209/15
今王使使者數之○ 431/209/16
可以幸無○矣 431/209/22, 431/210/4
臨不測之○ 431/210/13
不虞君之明○之也 438/213/12, 438/213/13
且寡人之○ 438/213/13
寡人必有○矣 438/213/14
今使寡人任不肖之○ 438/213/18
今寡人之○ 438/213/26
今以寡人無○ 438/213/28
宋何○之有 442/218/12
敢請其○ 443/218/27
恐不免於○矣 443/218/30
彼安敢攻衛以重其不勝之○哉 443/218/30
非有大○而亡 448B/220/22
臣抵○ 456/224/5
得免於○ 461/227/4
雖不行無○ 461/227/4
以致臣○ 461/227/6

醉 zuì 1

此皆能乘王之○昏 258A/137/11

尊 zūn 73

取卿相之○者乎 40/14/4
以季子之位○而多金 40/14/19
地○不可得 42/16/22
功多者其爵○ 72/28/29
○其臣者卑其主 73B/32/4
天下之王尚猶○之 76/33/17
大臣之○者也 91/44/3
君之門下無不居高○位 93/44/26
名可○矣 103/51/3
豈非下人而○貴士與 136B/68/7
非不得○遂也 136B/68/14
豈先賤而後○貴者乎 138/69/14
王以天下為○秦乎 141B/70/18
且○齊乎 141B/70/18
○秦 141B/70/19
而天下獨○秦而輕齊 141B/70/20
則國重而名○ 141B/70/23
此所謂以卑易○者也 141B/70/24
拔之○俎之間 142/73/17
故名配天地不為○ 142/73/18
言於○俎之間 142/74/5
拔城於○俎之間 142/74/7
○卑貴賤 145/75/14
處○位 160/82/26
必厚○敬親愛之而忘子 174/91/8
其君未嘗不○ 197/99/28
今臣之名顯而身○ 204A/105/20
功大者身○ 204A/105/21
納地釋事以去權○ 204A/105/27
故○主廣地強兵之計 218/114/1
故民不惡其○ 219/114/20
趙誠發使○秦昭王為帝 236/126/16
聞魏將欲令趙○秦為帝 236/126/18
臣以為齊致○名於王 246/131/11
天下孰敢不致○名於王 246/131/11
則位○而能卑者也 246/131/16
○虞商以為大客 247/132/4
位○而無功 262/139/16
今媼○長安君之位 262/139/17
猶不能恃無功之○ 262/139/22
以安社稷、○主、強兵、顯名也 273/143/29
欲以為王廣土取○名 292/149/19
其畏惡嚴○秦也 304/154/19
不如用魏信而○之以名 304/154/26
國安而名○ 304/154/26
身取○焉 304/154/29
今主君之○ 307/156/4
主可○ 318/163/26
以廣地○名 334/168/7
卑體以○秦 342/171/6
則主○而身安 386/187/4
是韓重而主○矣 386/187/8
此主○而身安矣 386/187/10
非好卑而惡○也 390/188/24
而王與諸臣不事為○秦以定韓者 390/188/28
此以一勝立○令 390/189/1
名○無所立 390/189/3
非以求主○成名於天下也 390/189/3
而韓氏之○許異也 391/189/15
猶其○哀侯也 391/189/16
然則雖○襄王 391/189/17
九合之○桓公也 391/189/18
猶其○襄王也 391/189/18
豈不為過謀而不知○哉 391/189/19
故桓公負婦人而名益○ 411/195/28
○之於廷 412/196/5
則莫如遙伯齊而厚○之 419/201/24
燕、趙破宋肥齊○齊而為之下者 419/201/27
名○而國寧 419/202/5
夫去○寧而就卑危 419/202/5
○上交 419/202/7
今君厚受位於先王以成○ 438/213/16
於是○荊軻為上卿 440/216/1

撙 zǔn 1

伏軾○銜 40/14/14

昨 zuó 1

○日我談粗而君動 208/108/3

捽 zuó 1

若○一人 170/89/6

左 zuǒ 96

○成謂司馬翦曰 17/6/28
○右皆曰善 27/9/22
我不能教子支○屈右 27/9/23
○尚謂司馬悍曰 36/12/4
○尚以此得事 36/12/5
○右太親者身危 39/12/29
杜○右之口 40/14/15
○飲於淇谷 42/17/2
○成謂甘茂曰 43/17/16,58/24/10
○右曰 51/21/28, 54/22/26,109/53/11, 133/65/2,136B/67/12, 258B/137/18,267/141/7
秦王屏○右 73A/29/23
○關、阪 73A/30/23
乃○手為叢投 74/32/17
至尉、內史及王○右 74/32/23
秦昭王謂○右曰 83B/38/25
○右皆曰 83B/38/28,136B/67/20
舉○案齊 88/42/17
○濟 105/51/24
宮婦○右 108/52/24
○右惡張儀 115/56/12
乃○手持卮 117/57/16
○右以君賤之也 133/64/22
○右以告 133/64/24
○右皆笑之 133/64/26
○右皆惡之 133/64/28
不使○右便辟而使工者何也 137/69/6
非○右便辟無使也 137/69/7
謂其○右曰 140/70/3
○右嘿然莫對 140/70/3
○右顧無人 146/76/24
○右孰可 147/77/14
○右俱曰『無有』 161/83/20
○奉其首 170/89/13

進之○右 182/94/18
○爽謂陳軫曰 186/96/3
君王○州侯 192/97/21
○挾彈 192/98/4
○抱幼妾 192/98/13
○州侯 192/98/16
○司馬見使於國家 204A/105/26
○右欲殺之 204B/106/10
臣願大王深與○右群臣卒計而重謀 209/109/2
請屏○右 218/113/1
敬使臣先以聞於○右 220/115/25
先以聞於○右 220/116/5
錯臂○衽 221/117/15
○河間 237/128/14
專君之勢以蔽○右 239B/129/14
便辟○右之近者 258A/137/10
謂○右曰 258B/137/16
太后明謂○右 262/138/29
○師觸讋願見太后 262/139/1
○師公曰 262/139/7
262/139/11, 262/139/14
○高 268/141/13
○彭蠡之波 269/141/24
○天門之陰 269/141/25
○孟門而右漳、釜 269/141/26
出而謂○右曰 271/142/19
○華謂陳軫曰 277/145/28
衍將右韓而○魏 293/149/28
文將右齊而○魏 293/149/29
子必善○右 303A/153/26
必右秦而○魏 303B/154/8
必右齊而○魏 303B/154/8
必右韓而○魏 303B/154/8
○江而右湖 307/156/2
○白台而右閭須 307/156/4
○挈人頭 348A/173/22
○右大亂 385/186/15
而無自○右也 396C/191/21
寶珠玉帛以事其○右 415/198/27
見罪於○右 420/203/4
恐忠信不諭於○右也 420/203/12
○右誤寡人 431/209/9
以順○右之心 431/209/14
恐侍御者之親○右之說 431/210/17
使○右司馬各營壁地 436/212/17
○右皆以為趙可伐 438/213/6
○右無人 440/215/4
臣○手把其袖 440/216/15
因○手把秦王之袖 440/217/12
○右乃曰 440/217/18
斷其○股 440/217/18
○右既前斬荊軻 440/217/21
乃請以○氏 452A/221/27
雖有十○氏 452A/221/29

佐 zuǒ 19

因○秦而伐韓、魏 10A/4/15
高陵、涇陽○之 73B/32/6
○欲定其弟 82B/38/8
臣請為王因岷與○也 82B/38/8
齊、魏亦○秦伐邯鄲 132B/64/7
是以堯有九○ 136B/68/2
楚王使將軍將萬人而○齊 147/77/13
以散棊○之也 188/96/20
韓出銳師以○秦 211/109/14
齊、魏各出銳師以○之 218/114/3
齊出銳師以○之 218/114/4
燕出銳師以○之 218/114/6
218/114/7
韓、魏出銳師以○之 218/114/6
公何不以楚○儀求相之於魏 282/147/7
內得樓庳、翟強以為○ 317B/163/16
今○韓 366/180/13
請亦○君 455/223/20
今齊之辭云『即○王』 455/223/20

繓 zuǒ 2

○病鉤 95/47/8
○請以出示 95/47/9

作 zuò 17

今力田疾○ 93/44/20
王忿然○色曰 136B/67/14
宣王忿然○色 137/68/25
王怫然○色曰 177/92/26
顏色變○ 192/98/20
今寡人○教易服 221/116/30
知者○教 221/118/7
使民不得耕○ 225/120/24
君忿然○色曰 239B/129/15
帝女令儀狄○酒而美 307/155/26
韓王忿然○色 347/173/12
民雖不由田○ 408/194/12
乃令工人○為金斗 413/197/4
臣聞善○者 431/210/10
中山王○色不悅 458/225/2
○羹致於樂羊 460/225/24
耕田疾○ 461/226/3

坐 zuò 35

安○而廣地 40/13/22
常欲○而致之 40/13/23
○行蒲服 73A/30/9
○制諸侯 81/37/7
乃延入○為上客 81/37/11
太后○王而泣 92/44/10
與○談 108/52/16
因與之參○於衛君之前 116/57/5
孟嘗君讌○ 127/61/27
○於沙中 146/76/22
○而織蕢 148/78/13
秦以三軍強弩○羊唐之上 209/108/22
故自以為○受上黨也 211/110/1
今○而得城 211/110/8
肥義侍○ 221/116/15
此○而自破之道也 225/120/24
樓緩○魏三月 229A/122/14
○此者多矣 232/123/21
孰與○而割地 233/124/22
即○而地盡矣 233/124/23
今○而聽秦 233/124/25
眾人廣○之中 237/128/16
顧反至○ 239A/129/3
而能令王○而天下致名寶 246/131/7
樂羊○於幕下而啜之 265/140/22
夫鄉邑老者而先受○之士 266/140/29
因久○安 288/148/20
韓且○而胥亡乎 320/164/15

先生○ 343/171/25
不識○而待伐 366/180/23
夫使人○受成事者 421/203/21
田先生○定 440/215/4
荊軻○定 440/215/20
而論功賞群臣及當○者
440/217/21
○御以待中之議 443/218/29

柞 zuò 1

屬之讎○ 209/108/26

座 zuò 12

而違者范○也 251/134/19
請殺范○於魏 251/134/20
251/134/21
范○死 251/134/20
使司徒執范○ 251/134/21
范○獻書魏王曰 251/134/23
請殺○之身 251/134/23
夫殺無罪范○ 251/134/23
○薄故也 251/134/24
而魏王輕為之殺無罪之
○ 251/134/28
○雖不肖 251/135/1
王聽趙殺○之後 251/135/2

祚 zuò 1

禽樂○ 270/142/5

鑿 zuò 2

殺智伯瑤於○臺之上 87/41/13
請為君復○二窟 133/65/21

芈（音未詳） 1

謂○戎曰 382/184/17

屛（音未詳） 1

處於○城 93/44/22

眄（音未詳） 1

（○）〔眄〕視指使 418/200/26

牂（音未詳） 1

有狂兕（○）〔牂〕車
依輪而至 160/83/9

萺（音未詳） 5

○之所以事王者 240/129/22
君令○乘獨斷之車 240/129/24
則○之事有不言者矣 240/129/25
○之軸今折矣 240/129/25
厚任○以事能 240/129/26

睯（音未詳） 1

勝○曰 127/62/1

菱（音未詳） 1

至於○水 73A/30/9

蕾（音未詳） 1

韓氏因圍○ 295/150/13

⿰鼠真（音未詳） 1

有雀生（○）〔鸇〕於
城之陬 447/220/6

附　　錄

全書用字頻數表

全書總字數 = 122,529
單 字 字 數 =   2,774

之	5960	所	537	強	264	蘇	191	昭	136	數	113	前	89	荊	72
王	3124	可	513	亡	263	敢	190	遂	136	河	112	哉	89	疑	72
而	3018	燕	512	東	263	皆	189	割	135	四	111	教	89	質	72
不	2971	何	504	吾	262	五	188	固	134	在	111	應	89	餘	72
也	2803	欲	494	出	261	明	187	內	133	守	111	代	88	竊	72
以	2479	地	492	戰	253	西	185	去	133	卒	110	急	86	豈	71
曰	2318	故	485	願	253	我	183	甚	133	封	110	力	85	女	70
秦	2077	此	462	入	250	儀	183	文	132	邑	108	獨	85	宜	70
於	1804	知	430	從	248	宋	182	反	131	孫	108	當	83	進	70
為	1610	夫	426	至	240	里	180	來	131	起	108	德	83	己	69
者	1442	能	411	主	238	恐	179	破	131	敗	108	小	82	制	69
君	1288	三	394	安	237	亦	178	惡	131	義	108	方	82	門	69
齊	1272	相	394	山	235	名	176	親	131	多	107	弊	82	厚	69
臣	1185	乎	387	用	234	梁	174	伯	129	絕	107	甲	81	鄭	69
子	1184	將	383	成	231	二	172	車	129	盡	105	即	81	失	68
人	1167	如	380	重	229	民	169	北	128	告	102	許	80	政	68
魏	1145	見	369	自	224	生	167	長	127	忠	102	益	79	惠	68
其	1135	周	362	計	223	立	167	弱	127	食	102	陰	78	實	68
楚	1096	侯	357	上	219	雖	166	武	126	朝	102	勿	77	同	67
趙	951	聞	351	已	217	馬	164	殺	126	金	101	師	77	叔	67
國	931	請	348	合	216	對	163	弗	124	客	100	疾	77	舍	67
矣	890	伐	336	足	216	交	159	約	124	易	99	及	76	處	67
有	865	令	335	信	215	救	158	謀	124	愛	99	和	76	逐	67
必	858	且	334	又	214	過	157	孟	123	辭	99	果	76	往	66
韓	805	太	330	若	214	南	155	怒	121	陵	97	家	75	帝	66
下	799	中	327	萬	213	復	154	賢	121	左	96	間	75	襄	66
與	781	行	327	城	212	嘗	154	心	120	仲	96	意	75	變	66
公	761	言	327	張	212	患	153	世	120	收	96	母	74	申	65
無	748	然	322	後	209	身	152	服	118	難	96	問	74	拔	65
則	744	乃	320	說	207	千	148	莫	118	陳	94	樂	74	昔	65
今	709	寡	304	取	206	求	147	罪	118	右	93	薛	74	爭	65
大	695	非	299	士	204	晉	147	焉	117	奉	93	少	73	獻	65
使	632	善	294	十	202	田	146	輕	117	憂	92	好	73	止	64
是	608	先	291	勝	201	乘	146	眾	116	父	91	命	73	司	64
天	594	因	291	日	199	道	145	后	115	甘	91	報	73	市	64
攻	562	陽	291	諸	196	氏	144	時	114	高	91	尊	73	吳	64
謂	559	一	287	功	195	舉	140	歸	114	衛	91	禍	73	走	64
事	551	聽	278	利	195	危	139	平	113	怨	90	軫	73	遇	64
得	545	死	269	未	191	受	139	年	113	貴	90	召	72	魯	64
兵	541	百	269	軍	191	外	138	首	113	兩	89	茂	72	社	63

便	63	異	53	老	44	愚	38	瑟	34	具	29	傅	25	勇	22
待	63	郭	53	奈	44	資	38	誅	34	卑	29	曾	25	柱	22
卿	63	勢	53	虎	44	關	38	鄰	34	委	29	湯	25	流	22
群	63	塞	53	奚	44	議	38	據	34	室	29	舜	25	郊	22
擊	63	權	53	宮	44	月	37	趨	34	既	29	頓	25	席	22
水	62	分	52	滅	44	正	37	射	33	被	29	馳	25	莊	22
猶	62	智	52	免	43	更	37	桓	33	勞	29	僕	25	責	22
發	62	解	52	形	43	始	37	堅	33	游	29	賞	25	賀	22
稱	62	諾	52	恃	43	拜	37	熟	33	寧	29	顏	25	置	22
存	61	任	51	新	43	馮	37	養	33	毋	28	八	24	鄒	22
邯	61	原	51	誠	43	聖	37	川	32	由	28	布	24	構	22
鄲	61	幾	51	色	42	釋	37	丘	32	徐	28	物	24	厲	22
威	60	樓	51	定	42	讓	37	俗	32	郝	28	恤	24	器	22
春	60	懼	51	連	42	江	36	挾	32	務	28	俱	24	濟	22
衍	60	觀	51	喜	42	徒	36	商	32	循	28	夏	24	藉	22
留	60	致	50	境	42	章	36	婦	32	漢	28	悅	24	鄙	22
犀	60	圍	50	語	42	景	36	備	32	薄	28	退	24	仁	21
遠	60	縣	50	廣	42	虛	36	結	32	加	27	魚	24	手	21
弟	59	禮	50	決	41	歲	36	業	32	半	27	散	24	牛	21
美	59	姓	49	劍	41	察	36	積	32	示	27	粟	24	伏	21
稷	59	孤	49	吏	40	賤	36	謁	32	共	27	閔	24	呂	21
罷	59	面	49	孝	40	謝	36	遺	32	辛	27	靖	24	役	21
離	59	最	49	通	40	斷	36	屬	32	刺	27	鼎	24	承	21
衣	58	富	49	都	40	兄	35	霸	32	息	27	輔	24	殘	21
害	58	黨	49	欺	40	坐	35	仇	31	費	27	嚴	24	登	21
亂	58	七	48	順	40	近	35	累	31	飲	27	于	23	幣	21
居	57	妾	48	遺	40	敝	35	視	31	辟	27	土	23	鄙	21
效	57	幸	48	慮	40	率	35	澤	31	管	27	尺	23	賣	21
常	57	圖	48	向	39	禽	35	隨	31	憎	27	玉	23	墨	21
終	57	講	48	并	39	賈	35	還	31	適	27	石	23	彊	21
六	56	忌	47	困	39	顧	35	鯉	31	覆	27	肯	23	旦	20
深	56	私	47	折	39	口	34	支	30	樗	27	耶	23	光	20
期	56	宣	47	官	39	予	34	羊	30	他	26	財	23	全	20
書	55	病	47	治	39	劫	34	位	30	史	26	辱	23	谷	20
越	55	九	46	郢	39	肖	34	空	30	夷	26	逃	23	夜	20
傷	55	再	46	望	39	良	34	冠	30	忘	26	帶	23	宗	20
敵	55	尚	46	黃	39	妻	34	勁	30	垣	26	華	23	直	20
窮	55	胡	46	廢	39	迎	34	索	30	苟	26	賂	23	要	20
讎	55	單	46	緩	39	持	34	御	30	逆	26	翟	23	執	20
久	54	寶	46	蔡	39	施	34	雍	30	堯	26	興	23	徹	20
彼	54	志	45	橫	39	唐	34	廟	30	福	26	壤	23	節	20
倍	54	或	45	古	38	海	34	賜	30	論	26	襄	23	聶	20
孰	54	畏	45	白	38	酒	34	諫	30	勸	26	雎	23	謹	20
臨	54	負	45	法	38	唯	34	騎	30	引	25	關	23	工	19
耳	53	虞	45	建	38	悉	34	柰	30	兼	25	丹	22	休	19
李	53	談	45	范	38	軻	34	穰	30	動	25	兌	22	戍	19
棄	53	嬰	45	笑	38	敬	34	比	29	習	25	助	22	佐	19

邪	19	干	17	邊	16	池	14	路	13	列	11	印	10	褻	10
狗	19	作	17	辯	16	函	14	賓	13	州	11	汗	10	乞	9
附	19	完	17	驕	16	況	14	暮	13	忍	11	廷	10	刃	9
亟	19	忿	17	顯	16	雨	14	避	13	呼	11	步	10	友	9
秋	19	禹	17	丈	15	借	14	璧	13	奇	11	男	10	弔	9
紂	19	胥	17	木	15	振	14	轉	13	奔	11	兔	10	毛	9
專	19	皋	17	冉	15	殷	14	卜	12	屈	11	帛	10	似	9
疏	19	神	17	各	15	涇	14	夕	12	拘	11	狐	10	吞	9
睢	19	除	17	妄	15	送	14	犬	12	昌	11	肥	10	扶	9
蜀	19	情	17	戎	15	接	14	皮	12	林	11	姦	10	並	9
試	19	理	17	汝	15	啓	14	仰	12	侵	11	度	10	宛	9
髡	19	裂	17	杜	15	造	14	刑	12	保	11	洛	10	弩	9
壽	19	買	17	侈	15	頃	14	曲	12	卻	11	界	10	牧	9
奪	19	毀	17	勃	15	寒	14	牟	12	恢	11	背	10	臥	9
需	19	祿	17	悔	15	詔	14	芒	12	段	11	哭	10	泉	9
稽	19	禁	17	桀	15	鈞	14	侍	12	音	11	捐	10	飛	9
蔽	19	腹	17	假	15	慶	14	咎	12	風	11	涕	10	倚	9
銳	19	蒙	17	清	15	毅	14	泣	12	姬	11	託	10	差	9
學	19	誰	17	脩	15	擇	14	帥	12	悖	11	骨	10	悍	9
豫	19	齒	17	術	15	臂	14	革	12	狼	11	庶	10	挈	9
辨	19	驅	17	設	15	叢	14	倦	12	素	11	敖	10	特	9
險	19	屬	17	貪	15	糧	14	容	12	郡	11	淮	10	祠	9
聲	19	尹	16	揚	15	類	14	座	12	陘	11	祭	10	祝	9
懷	19	斗	16	須	15	翦	14	袞	12	寄	11	羞	10	茲	9
籍	19	次	16	傳	15	踰	14	族	12	宿	11	閉	10	偽	9
云	18	尾	16	嫁	15	乙	13	曹	12	崩	11	竟	10	康	9
肉	18	狄	16	廉	15	卯	13	疵	12	斬	11	短	10	符	9
舟	18	府	16	愈	15	叱	13	鳥	12	晚	11	賁	10	蛇	9
血	18	抱	16	會	15	朱	13	惑	12	淄	11	開	10	傀	9
削	18	珠	16	盟	15	投	13	戟	12	聊	11	塗	10	棗	9
思	18	納	16	號	15	泄	13	援	12	詐	11	虜	10	渠	9
苦	18	奢	16	載	15	哀	13	雲	12	象	11	歌	10	焚	9
倉	18	庸	16	漳	15	降	13	鼓	12	貂	11	操	10	盜	9
恥	18	掩	16	竭	15	庭	13	夢	12	距	11	機	10	給	9
案	18	莒	16	蒲	15	料	13	榮	12	詩	11	諼	10	嗟	9
涉	18	貧	16	樊	15	烏	13	罰	12	賊	11	營	10	弒	9
參	18	博	16	擅	15	耕	13	鞅	12	隘	11	獲	10	煩	9
畢	18	葉	16	頭	15	鬼	13	徵	12	赫	11	隱	10	董	9
野	18	種	16	遽	15	淳	13	暴	12	奮	11	觴	10	農	9
就	18	翠	16	藍	15	淺	13	輸	12	鄭	11	鬩	10	滿	9
園	18	聚	16	珉	15	盛	13	償	12	環	11	寵	10	鼻	9
媾	18	臺	16	憙	15	移	13	藥	12	縮	11	羸	10	墮	9
葬	18	蓋	16	妬	15	陶	13	譬	12	驥	11	鶻	10	踐	9
達	18	閭	16	戶	14	鄉	13	丑	11	旄	11	讒	10	矯	9
貌	18	樹	16	弘	14	量	13	斤	11	郯	11	淖	10	醜	9
穀	18	錯	16	本	14	慎	13	仕	11	凡	10	靳	10	繡	9
簡	18	爵	16	目	14	補	13	伊	11	矢	10	嫪	10	獸	9

羅	9	藩	8	答	7	伍	6	黑	6	勾	5	堂	5	龍	5
靡	9	識	8	紹	7	卵	6	嗣	6	匹	5	徙	5	繁	5
麗	9	藺	8	規	7	快	6	極	6	孔	5	惟	5	駿	5
撰	9	譽	8	速	7	改	6	楊	6	乏	5	梧	5	糜	5
繼	9	露	8	鹿	7	束	6	滑	6	仞	5	梟	5	黜	5
噲	9	驚	8	測	7	材	6	照	6	充	5	陸	5	擾	5
寸	8	體	8	著	7	沙	6	厭	6	句	5	喪	5	闔	5
巴	8	毅	8	裘	7	到	6	漆	6	匡	5	媒	5	雙	5
早	8	緤	8	跪	7	季	6	端	6	式	5	廄	5	曠	5
佞	8	寂	8	飾	7	枝	6	箕	6	羽	5	提	5	懸	5
床	8	迹	8	嘉	7	杼	6	臧	6	冷	5	棲	5	竇	5
沉	8	匕	7	監	7	沮	6	舞	6	否	5	等	5	覺	5
戾	8	井	7	餌	7	泗	6	酸	6	巫	5	酣	5	觸	5
昆	8	火	7	彈	7	炊	6	領	6	抑	5	雄	5	饒	5
初	8	幼	7	慕	7	狀	6	鳴	6	汾	5	嫂	5	饑	5
勉	8	克	7	摩	7	股	6	戮	6	佯	5	慈	5	續	5
垂	8	壯	7	撫	7	亭	6	摯	6	券	5	愁	5	鹽	5
姚	8	戒	7	餓	7	契	6	衝	6	卷	5	損	5	蠻	5
殆	8	兒	7	駟	7	屍	6	調	6	姊	5	搆	5	毒	5
盼	8	味	7	澠	7	巷	6	鶩	6	岸	5	溝	5	醢	5
郎	8	姑	7	築	7	柏	6	駕	6	拒	5	溺	5	犀	5
候	8	延	7	衡	7	珍	6	髮	6	斧	5	窟	5	菁	5
剛	8	怪	7	踵	7	盈	6	濁	6	注	5	舅	5	丁	4
涓	8	招	7	選	7	赴	6	盧	6	波	5	鄗	5	才	4
畔	8	抵	7	戴	7	韋	6	濮	6	表	5	基	5	亢	4
屠	8	祁	7	虧	7	徑	6	燭	6	咸	5	屢	5	什	4
戚	8	冒	7	谿	7	恙	6	翼	6	咫	5	漂	5	仆	4
授	8	囿	7	轅	7	挫	6	薪	6	幽	5	維	5	介	4
梗	8	屋	7	輿	7	旅	6	鍾	6	按	5	誦	5	夭	4
袖	8	恨	7	職	7	晏	6	釐	6	拱	5	僻	5	巵	4
棘	8	扁	7	廬	7	浮	6	璽	6	拾	5	審	5	巧	4
策	8	指	7	疆	7	胸	6	疇	6	津	5	歎	5	末	4
傲	8	某	7	贊	7	芻	6	羹	6	英	5	諒	5	疋	4
僅	8	柳	7	羈	7	豹	6	灌	6	陋	5	誹	5	吉	4
溫	8	皇	7	靈	7	晝	6	鑠	6	凌	5	豎	5	宅	4
經	8	矜	7	眠	7	烹	6	扞	6	悟	5	輟	5	艾	4
腸	8	庫	7	詘	7	牽	6	閑	6	校	5	遷	5	別	4
遊	8	桑	7	隗	7	貫	6	痤	6	栗	5	噬	5	吠	4
遁	8	殉	7	鴈	7	赦	6	綦	6	畜	5	瓢	5	每	4
鉅	8	氣	7	懽	7	途	6	鋏	6	紛	5	窺	5	沒	4
鼠	8	珪	7	鬻	7	雪	6	騏	6	草	5	諺	5	牢	4
精	8	衽	7	弓	6	喟	6	驂	6	蚤	5	諱	5	狂	4
蓄	8	偏	7	兮	6	壹	6	齎	6	軒	5	隧	5	角	4
憐	8	寇	7	化	6	悲	6	朞	6	釜	5	靜	5	依	4
憚	8	尉	7	包	6	焦	6	竈	6	飢	5	駭	5	佳	4
燒	8	推	7	囚	6	絳	6	凶	5	偶	5	鮑	5	兕	4
鎰	8	祥	7	犯	6	集	6	切	5	側	5	黔	5	典	4

卓	4	棧	4	鮮	4	奴	3	竿	3	貳	3	儐	3	拊	3
弦	4	渤	4	鴻	4	丞	3	修	3	軼	3	冀	3	俛	3
念	4	畫	4	獵	4	刎	3	冥	3	鄂	3	壁	3	挈	3
怯	4	番	4	癘	4	匈	3	剖	3	隆	3	憲	3	郤	3
披	4	痛	4	織	4	圭	3	展	3	飯	3	禦	3	傒	3
拙	4	稍	4	繕	4	妃	3	恣	3	嗇	3	耨	3	菑	3
朋	4	筑	4	繒	4	弛	3	恩	3	感	3	蕭	3	媿	3
枕	4	翔	4	豐	4	旬	3	捍	3	殿	3	蹄	3	誂	3
松	4	腴	4	鵠	4	朴	3	格	3	督	3	遲	3	黽	3
沫	4	裁	4	壞	4	汙	3	殊	3	睹	3	遼	3	睾	3
阿	4	傾	4	羸	4	考	3	消	3	睪	3	錐	3	憍	3
阻	4	媼	4	騰	4	佚	3	狸	3	粱	3	餐	3	篋	3
係	4	慄	4	覽	4	含	3	眩	3	署	3	館	3	殺	3
俎	4	搖	4	躍	4	吟	3	真	3	聘	3	駢	3	鄹	3
屏	4	暇	4	贖	4	妨	3	祖	3	腫	3	孺	3	鼓	3
挑	4	榆	4	蠹	4	希	3	純	3	詳	3	擢	3	疊	3
曷	4	軾	4	佯	4	抉	3	荀	3	訾	3	濡	3	縲	3
洹	4	鉤	4	芮	4	把	3	迷	3	違	3	牆	3	臞	3
苗	4	寢	4	枳	4	杖	3	售	3	遍	3	糠	3	鷄	3
苓	4	慚	4	桉	4	沈	3	婚	3	雷	3	糟	3	蔥	3
貞	4	漏	4	珥	4	沐	3	密	3	飽	3	螻	3	几	2
迫	4	爾	4	搒	4	沃	3	惜	3	塵	3	購	3	丸	2
限	4	膏	4	棼	4	汶	3	掠	3	幕	3	隸	3	丐	2
倨	4	蒞	4	詈	4	肘	3	械	3	漁	3	舊	3	厄	2
宵	4	誠	4	輗	4	育	3	條	3	熒	3	藏	3	尤	2
恭	4	誤	4	筴	4	辰	3	淇	3	瑤	3	軀	3	占	2
桂	4	僵	4	跣	4	邢	3	淵	3	蒿	3	醫	3	戊	2
桃	4	寬	4	儆	4	阪	3	猛	3	豪	3	雜	3	穴	2
烈	4	寫	4	虢	4	供	3	產	3	輓	3	鞭	3	伉	2
畝	4	廝	4	廩	4	刻	3	船	3	銅	3	龔	3	兆	2
脊	4	撓	4	廇	4	坼	3	喻	3	銜	3	龐	3	臼	2
般	4	潰	4	橐	4	忽	3	喙	3	頗	3	櫓	3	舌	2
蚌	4	膠	4	殪	4	拂	3	壺	3	嘻	3	繫	3	均	2
追	4	賦	4	閼	4	放	3	寐	3	嘿	3	蟻	3	夾	2
健	4	趣	4	鞫	4	板	3	廊	3	墟	3	譚	3	抗	2
圉	4	橋	4	蹯	4	沱	3	掌	3	樞	3	孽	3	技	2
基	4	歷	4	闐	4	祀	3	揣	3	牖	3	懾	3	甫	2
崇	4	璞	4	鷊	4	罔	3	握	3	瘡	3	攝	3	罕	2
崔	4	縛	4	庫	4	返	3	揖	3	稻	3	蘭	3	豆	2
悼	4	縞	4	徧	4	邵	3	椎	3	膝	3	鐵	3	采	2
敏	4	諭	4	覯	4	俊	3	湔	3	褐	3	饗	3	防	2
淫	4	賴	4	刀	3	宦	3	渡	3	諂	3	聾	3	享	2
脣	4	錦	4	元	3	恫	3	湊	3	輦	3	饜	3	佩	2
袒	4	頤	4	午	3	昧	3	渾	3	輪	3	蠶	3	征	2
逢	4	彌	4	戈	3	枯	3	筋	3	遭	3	厹	3	怫	2
鈞	4	聰	4	牙	3	殃	3	絞	3	鋒	3	刳	3	房	2
雀	4	薔	4	仗	3	洞	3	絲	3	黎	3	囷	3	昏	2

枉	2	掃	2	愧	2	壇	2	蠡	2	闇	2	竹	1	炙	1
歿	2	排	2	搏	2	壅	2	囊	2	縕	2	阡	1	版	1
沾	2	旌	2	暉	2	擁	2	攣	2	贊	2	住	1	狎	1
泠	2	晦	2	楫	2	擔	2	歡	2	蹠	2	佗	1	狙	1
秉	2	淋	2	溢	2	激	2	讀	2	騄	2	伺	1	玩	1
肩	2	淹	2	煬	2	磨	2	縶	2	歔	2	伸	1	的	1
臾	2	涿	2	瑕	2	穎	2	攫	2	醳	2	但	1	盂	1
陂	2	統	2	肆	2	穆	2	纓	2	鐔	2	余	1	糾	1
剋	2	細	2	葛	2	膳	2	驗	2	鷙	2	冶	1	肴	1
奏	2	組	2	葭	2	蕩	2	髓	2	驎	2	匣	1	俠	1
姻	2	脯	2	裝	2	輻	2	衢	2	癰	2	吹	1	侶	1
怠	2	脰	2	運	2	錢	2	驟	2	齮	2	坊	1	侮	1
恆	2	蛉	2	雉	2	錮	2	鑿	2	讙	2	坑	1	冑	1
星	2	訪	2	僑	2	頸	2	爨	2	驩	2	妙	1	匍	1
炭	2	訢	2	嫗	2	優	2	卬	2	蠹	2	尬	1	叛	1
狡	2	趾	2	態	2	壓	2	机	2	剗	2	序	1	咽	1
眉	2	麥	2	慢	2	懦	2	抎	2	鰌	2	庇	1	弭	1
科	2	場	2	漸	2	戲	2	洿	2	罕	2	弄	1	律	1
突	2	廁	2	熙	2	斂	2	眄	2	緜	2	彷	1	徇	1
紀	2	彭	2	綰	2	濱	2	祅	2	欒	2	扼	1	昨	1
茅	2	惴	2	綸	2	糞	2	捄	2	敫	2	批	1	柔	1
俯	2	惶	2	蒼	2	縫	2	涂	2	畚	2	扮	1	柩	1
倒	2	揆	2	蜻	2	縱	2	眕	2	綦	2	沛	1	柯	1
倡	2	揭	2	誨	2	縵	2	笄	2	飆	2	汲	1	柄	1
厝	2	揮	2	遞	2	臃	2	紵	2	罵	2	沂	1	柚	1
挺	2	椅	2	際	2	薜	2	逡	2	尸	1	肝	1	柞	1
根	2	植	2	雒	2	薨	2	揕	2	刈	1	豕	1	毒	1
桔	2	殖	2	增	2	薊	2	斮	2	卞	1	巡	1	活	1
浦	2	湛	2	墜	2	謗	2	猲	2	屯	1	邦	1	洧	1
疲	2	渭	2	履	2	謠	2	跖	2	扎	1	亞	1	炫	1
疸	2	湣	2	廚	2	轂	2	嗛	2	冬	1	京	1	狩	1
砥	2	煮	2	慰	2	騁	2	滏	2	台	1	侏	1	盃	1
祟	2	琴	2	憧	2	嚮	2	豊	2	央	1	卹	1	省	1
舫	2	窘	2	潔	2	壘	2	趍	2	巨	1	咄	1	盾	1
荒	2	筆	2	潛	2	蹴	2	鉆	2	扑	1	坦	1	穿	1
茹	2	腕	2	熱	2	雞	2	靮	2	斥	1	帚	1	胃	1
記	2	腓	2	盤	2	禱	2	愬	2	汁	1	帑	1	胎	1
訑	2	舒	2	瞑	2	繭	2	跽	2	瓜	1	底	1	胞	1
躬	2	棻	2	瞋	2	繩	2	銛	2	矛	1	怏	1	苛	1
陛	2	萌	2	練	2	繳	2	銚	2	禾	1	怵	1	苞	1
偷	2	貿	2	蓬	2	藝	2	毆	2	匠	1	性	1	虹	1
匿	2	超	2	諍	2	襟	2	齗	2	吊	1	拄	1	軌	1
區	2	軸	2	諛	2	蹶	2	踦	2	吁	1	抽	1	迭	1
啄	2	逮	2	鄧	2	鏡	2	噣	2	忖	1	杯	1	陌	1
啗	2	鈍	2	震	2	隴	2	嬖	2	旨	1	氓	1	亳	1
巢	2	閔	2	儒	2	籌	2	燔	2	曳	1	沼	1	俸	1
掘	2	填	2	劓	2	囊	2	縛	2	朽	1	沸	1	值	1

倪	1	啜	1	婿	1	嫌	1	綴	1	輩	1	霜	1	鬚	1
倫	1	婢	1	尋	1	愴	1	網	1	醉	1	鞠	1	巖	1
凍	1	寅	1	徨	1	慫	1	綺	1	銷	1	檳	1	籥	1
准	1	崢	1	悶	1	搶	1	綿	1	霆	1	殯	1	纖	1
凋	1	崑	1	愜	1	斟	1	緇	1	鞏	1	濺	1	鱔	1
埋	1	帷	1	愕	1	歇	1	腐	1	駒	1	瞽	1	鱗	1
埃	1	庾	1	惰	1	溜	1	膊	1	冪	1	繞	1	麟	1
宰	1	彗	1	慨	1	煎	1	裳	1	勳	1	臏	1	釀	1
恕	1	惋	1	揀	1	煨	1	裹	1	墾	1	薦	1	鷹	1
捕	1	惕	1	插	1	煖	1	裸	1	嬴	1	蟲	1	躡	1
旁	1	探	1	敦	1	牒	1	誣	1	憾	1	謬	1	顫	1
柴	1	旋	1	普	1	猿	1	誓	1	整	1	贅	1	驪	1
株	1	晨	1	棺	1	瘁	1	誘	1	橘	1	醬	1	旡	1
浚	1	梯	1	棠	1	碎	1	踊	1	樵	1	題	1	匜	1
狹	1	梓	1	椒	1	祺	1	輒	1	澹	1	魄	1	汜	1
盍	1	毫	1	減	1	稠	1	遙	1	璣	1	鵑	1	忤	1
矩	1	混	1	湘	1	腦	1	閨	1	甌	1	黠	1	盱	1
祚	1	渚	1	湖	1	落	1	閣	1	篤	1	攀	1	杇	1
秣	1	淚	1	渝	1	葵	1	障	1	篡	1	曝	1	狃	1
粉	1	淬	1	滋	1	葫	1	鳳	1	翮	1	瀨	1	阨	1
級	1	爽	1	溉	1	葆	1	億	1	蕃	1	爍	1	佼	1
缺	1	猜	1	猴	1	詣	1	價	1	輯	1	牘	1	扨	1
翅	1	琅	1	童	1	詬	1	劇	1	錡	1	譁	1	响	1
耆	1	瓶	1	答	1	貉	1	噴	1	雕	1	譆	1	宓	1
脅	1	略	1	紫	1	賃	1	墳	1	默	1	蹴	1	拑	1
脆	1	眼	1	翕	1	逼	1	奭	1	龜	1	鏤	1	俓	1
脈	1	第	1	脾	1	隔	1	慧	1	儲	1	顛	1	剄	1
臭	1	粒	1	菁	1	隕	1	慝	1	壑	1	鶩	1	匽	1
蚊	1	粗	1	菽	1	電	1	憔	1	徽	1	麒	1	咺	1
蚩	1	絃	1	菟	1	預	1	撲	1	檀	1	纂	1	垝	1
袂	1	莘	1	証	1	僚	1	撥	1	冕	1	贍	1	姝	1
豺	1	莠	1	貸	1	匱	1	播	1	氈	1	躁	1	扃	1
貢	1	貨	1	逸	1	徹	1	撙	1	濫	1	鐘	1	斿	1
軔	1	軟	1	郵	1	截	1	樟	1	燧	1	鹹	1	眏	1
迺	1	逝	1	閑	1	摻	1	漿	1	燥	1	攜	1	枏	1
配	1	部	1	隊	1	旗	1	滕	1	療	1	纏	1	枹	1
酌	1	陪	1	階	1	暝	1	稼	1	繆	1	譴	1	紈	1
陣	1	陬	1	隋	1	槁	1	箭	1	縷	1	鐸	1	耎	1
鬲	1	鹵	1	隅	1	槐	1	篇	1	總	1	闢	1	胕	1
乾	1	傍	1	雁	1	漕	1	箠	1	翳	1	鰥	1	苫	1
偃	1	傑	1	項	1	滲	1	編	1	蹈	1	醫	1	苴	1
偉	1	傚	1	飭	1	獄	1	緣	1	蹊	1	儼	1	郲	1
偵	1	創	1	黍	1	甄	1	膚	1	鍵	1	灑	1	郇	1
倏	1	唾	1	僇	1	睡	1	蔆	1	鍊	1	籠	1	恚	1
兜	1	喬	1	募	1	碣	1	誼	1	鍥	1	躓	1	悁	1
副	1	喉	1	嗜	1	粹	1	賭	1	闌	1	鑄	1	挹	1
啞	1	堤	1	嗚	1	綠	1	踞	1	闔	1	鑒	1	旃	1

栖	1	笐	1	橦	1	黥	1	惽	1
桱	1	葺	1	殫	1	糲	1	遡	1
欸	1	裎	1	潞	1	纍	1	嘷	1
牂	1	詿	1	濊	1	鐶	1	蚕	1
秫	1	鉞	1	澮	1	灘	1	眄	1
紝	1	鉏	1	熿	1	鷙	1	踈	1
衿	1	僣	1	燋	1	戄	1	牂	1
郚	1	嫫	1	瘵	1	讌	1	盩	1
郗	1	陸	1	縢	1	讋	1	絜	1
隼	1	慁	1	贅	1	鶴	1	餝	1
偪	1	慴	1	褰	1	鼉	1		
崱	1	摶	1	鮒	1	驪	1		
崛	1	摎	1	鴟	1	巷	1		
惛	1	滎	1	嚂	1	裹	1		
捽	1	漉	1	懃	1	恒	1		
掫	1	瑱	1	懧	1	犂	1		
据	1	甄	1	擯	1	筋	1		
皆	1	瞀	1	獼	1	隔	1		
紿	1	碭	1	磻	1	屏	1		
脛	1	箘	1	繇	1	捆	1		
衕	1	粻	1	蹇	1	蹌	1		
趹	1	緄	1	鍪	1	躧	1		
鄞	1	蓐	1	鼃	1	勦	1		
厤	1	蜺	1	嚙	1	忼	1		
堞	1	蜚	1	謾	1	皺	1		
棓	1	禓	1	醢	1	劃	1		
棬	1	踕	1	鎒	1	鼀	1		
祲	1	鄣	1	隮	1	勝	1		
絣	1	酺	1	雔	1	鼂	1		
腊	1	銍	1	鞮	1	呋	1		
菹	1	劇	1	髀	1	芈	1		
菀	1	廡	1	齕	1	勸	1		
萆	1	憿	1	鼞	1	跔	1		
鄄	1	憒	1	爇	1	菱	1		
鈆	1	瘨	1	礛	1	酐	1		
傴	1	糅	1	簬	1	臀	1		
僂	1	緱	1	襜	1	騣	1		
剸	1	褘	1	譖	1	盩	1		
惷	1	諔	1	蹻	1	荈	1		
慊	1	踘	1	旟	1	黎	1		
搤	1	鄖	1	繻	1	蕾	1		
椹	1	頞	1	藋	1	嗞	1		
楺	1	餔	1	轘	1	聲	1		
楩	1	罷	1	闞	1	虞	1		
歃	1	叡	1	饋	1	肦	1		
睚	1	嬙	1	騶	1	謟	1		
稙	1	徼	1	鯷	1	鍩	1		

姚本、鮑本章目對照表

姚本				鮑本			
卷次	國別	章次	章名	卷次	國別	帝王	章次
卷一	東周	1	秦興師臨周而求九鼎	卷二	東周	惠公	一
		2	秦攻宜陽				二
		3A	東周與西周戰				三
		3B	東周與西周爭				四
		4	東周欲為稻				五
		5A	昭獻在陽翟				六
		5B	秦假道於周以伐韓				七
		6	楚攻雍氏				八
		7	周最謂石禮				十八
		8A	周相呂倉見客於周君				廿一
		8B	周文君免士工師藉				廿二
		9	溫人之周				廿三
		10A	或為周最謂金投				廿四
		10B	周最謂金投				廿五
		11A	石行秦謂大梁造				廿六
		11B	謂薛公				十九
		11C	齊聽祝弗				廿
		12	蘇厲為周最謂蘇秦				九
		13	謂周最曰仇赫之相宋				十
		14A	為周最謂魏王				十一
		14B	謂周最曰魏王以國與先生				十二
		15	趙取周之祭地				十三
		16	杜赫欲重景翠於周				十四
		17	周共太子死	卷一	西周	赧王	一
		18	三國隘秦	卷二	東周	惠公	十五
		19	昌他亡西周				十六

姚本				鮑本			
卷次	國別	章次	章名	卷次	國別	帝王	章次
卷一	東周	20	昭翦與東周惡	卷二	東周	惠公	十七
		21	嚴氏為賊	卷一	西周	安王	一
卷二	西周	22	薛公以齊為韓魏攻楚			赧王	六
		23	秦攻魏將犀武軍於伊闕				九
		24	秦令樗里疾以車百乘入周				四
		25	雍氏之役				五
		26	周君之秦				十六
		27	蘇厲謂周君				十二
		28	楚兵在山南				十三
		29	楚請道於二周之間				十四
		30	司寇布為周最謂周君				三
		31	秦召周君				十五
		32	犀武敗於伊闕				十
		33	韓魏易地				八
		34	秦欲攻周				十七
		35	宮他謂周君				十八
		36	謂齊王				二
		37	三國攻秦反				七
		38	犀武敗				十一
	秦一	39	衛鞅亡魏入秦	卷三	秦	孝公	一
		40	蘇秦始將連横			惠文君	一
		41A	秦惠王謂寒泉子				二
卷三	秦一	41B	冷向謂秦王			昭襄王	五
		42	張儀說秦王				卅一
		43	張儀欲假秦兵以救魏			武王	一
		44	司馬錯與張儀爭論於秦惠王前			惠文君	十一
		45	張儀之殘樗里疾			武王	二
		46	張儀欲以漢中與楚				三
		47	楚攻魏張儀謂秦王			惠文君	六
		48A	田莘之為陳軫說秦惠王				七

姚本				鮑本			
卷次	國別	章次	章名	卷次	國別	帝王	章次
卷三	秦一	48B	張儀又惡陳軫於秦王	卷三	秦	惠文君	八
		49	陳軫去楚之秦				九
卷四	秦二	50	齊助楚攻秦				十二
		51	楚絶齊齊舉兵伐楚				十三
		52	秦惠王死公孫衍欲窮張儀				十四
		53	義渠君之魏				十
		54	醫扁鵲見秦武王			武王	五
		55	秦武王謂甘茂				六
		56	宜陽之役馮章謂秦王				七
		57	甘茂攻宜陽				八
		58	宜陽未得				九
		59	宜陽之役楚畔秦而合於韓				十
		60	秦王謂甘茂				十二
		61A	甘茂亡秦且之齊			昭襄王	一
		61B	甘茂相秦			武王	十三
		62	甘茂約秦魏而攻楚				十四
		63	俓山之事			昭襄王	十二
		64	秦宣太后愛魏醜夫				廿二
卷五	秦三	65	薛公為魏謂魏冉				四
		66	秦客卿造謂穰侯				十三
		67	魏謂魏冉			武王	四
		68	謂魏冉曰和不成			昭襄王	十一
		69	謂穰侯				六
		70	謂魏冉曰楚破秦				七
		71	五國罷成睪				八
		72	范子因王稽入秦				十七
		73A	范睢至秦				十八
		73B	范睢曰臣居山東				十九
		74	應侯謂昭王				廿
		75	秦攻韓圍陘				廿三
		76	應侯曰鄭人謂玉未理者璞				廿四

姚本					鮑本			
卷	次	國別	章次	章名	卷次	國別	帝王	章次
卷	五	秦三	77	天下之士合從相聚於趙	卷三	秦	昭襄王	廿五
			78	謂應侯曰君禽馬服乎				廿六
			79	應侯失韓之汝南				廿七
			80	秦攻邯鄲				廿九
			81	蔡澤見逐於趙				卅二
卷	六	秦四	82A	秦取楚漢中				九
			82B	薛公入魏而出齊女				十
			83A	三國攻秦入函谷				三
			83B	秦昭王謂左右				廿一
			84A	楚魏戰於陘山			惠文君	三
			84B	楚使者景鯉在秦				四
			85	楚王使景鯉如秦				五
			86	秦王欲見頓弱			始皇帝	二
			87	頃襄王二十年			昭襄王	十四
			88	或為六國說秦王			始皇帝	三
卷	七	秦五	89	謂秦王			武王	十五
			90	秦王與中期爭論				十六
			91	獻則謂公孫消			昭襄王	二
			92	樓啎約秦魏	卷七	魏	哀王	廿
			93	濮陽人呂不韋賈於邯鄲	卷三	秦	孝文王	一
			94	文信侯欲攻趙以廣河間			始皇帝	一
			95	文信侯出走	卷六	趙	幽王	一
			96	四國為一將以攻秦	卷三	秦	始皇帝	四
卷	八	齊一	97	楚威王戰勝於徐州	卷四	齊	宣王	五
			98	齊將封田嬰於薛			閔王	三
			99	靖郭君將城薛				四
			100	靖郭君謂齊王				五
			101	靖郭君善齊貌辨				六
			102	邯鄲之難			威王	二
			103	南梁之難			宣王	一
			104	成侯鄒忌為齊相			威王	五

姚本					鮑本			
卷	次	國別	章次	章名	卷次	國別	帝王	章次
卷	八	齊一	105	田忌為齊將	卷四	齊	宣王	二
			106	田忌亡齊而之楚				三
			107	鄒忌事宣王				四
			108	鄒忌脩八尺有餘			威王	六
			109	秦假道韓魏以攻齊				三
			110	楚將伐齊			威王	四
			111	秦伐魏			閔王	七
			112	蘇秦為趙合從說齊宣王			宣王	七
			113	張儀為秦連横齊王			閔王	九
卷	九	齊二	114	韓齊為與國				八
			115	張儀事秦惠王				十
			116	犀首以梁為齊戰於承匡而不勝				十一
			117	昭陽為楚伐魏				一
			118	秦攻趙				二
			119	權之難齊燕戰			宣王	六
			120	秦攻趙長平			王建	一
			121	或謂齊王				二
卷	十	齊三	122	楚王死			閔王	十二
			123	齊王夫人死				十三
			124	孟嘗君將入秦				十四
			125	孟嘗君在薛				十五
			126	孟嘗君奉夏侯章				十六
			127	孟嘗君讌坐				十七
			128	孟嘗君舍人有與君之夫人相愛者				十八
			129	孟嘗君有舍人而弗悅				十九
			130	孟嘗君出行國至楚				廿
			131	淳于髡一日而見七人於宣王			宣王	八
			132A	齊欲伐魏				九

姚本				鮑本			
卷次	國別	章次	章名	卷次	國別	帝王	章次
卷十	齊三	132B	國子曰秦破馬服君之師	卷四	齊	王建	三
卷十一	齊四	133	齊人有馮諼者			閔王	廿一
		134	孟嘗君為從			襄王	五
		135	魯仲連謂孟嘗				六
		136A	孟嘗君逐於齊而復反			閔王	廿二
		136B	齊宣王見顏斶			宣王	十一
		137	先生王斗造門而欲見齊宣王				十二
		138	齊王使使者問趙威后			王建	四
		139	齊人見田駢			宣王	十三
		140	管燕得罪齊王				十四
		141A	蘇秦自燕之齊			閔王	廿三
		141B	蘇秦謂齊王曰				廿四
卷十二	齊五	142	蘇秦說齊閔王				廿五
卷十三	齊六	143	齊負郭之民有孤狐咺者				廿六
		144	王孫賈年十五事閔王				廿七
		145	燕攻齊取七十餘城			襄王	一
		146	燕攻齊齊破				二
		147	貂勃常惡田單				三
		148	田單將攻狄				四
		149A	濮上之事			威王	一
		149B	齊閔王之遇殺			王建	五
		150	齊王建入朝於秦				六
		151	齊以淖君之亂	卷五	楚	頃襄王	五
卷十四	楚一	152	齊楚構難			宣王	一
		153	五國約以伐齊			懷王	三
		154	荊宣王問群臣			宣王	四
		155	昭奚恤與彭城君議於王前				五
		156	邯鄲之難				二
		157A	江尹欲惡昭奚恤於楚王				六
		157B	魏氏惡昭奚恤於楚王				七

姚本				鮑本			
卷次	國別	章次	章名	卷次	國別	帝王	章次
卷十四	楚一	158	江乙惡昭奚恤	卷五	楚	宣王	八
		159	江乙欲惡昭奚恤於楚				九
		160	江乙說於安陵君				十
		161	江乙為魏使於楚				三
		162	郢人有獄三年不決				十一
		163	城渾出周			懷王	廿
		164	韓公叔有齊魏				廿一
		165	楚杜赫說楚王以取趙				廿二
		166	楚王問於范環				廿三
		167	蘇秦為趙合從說楚威王			威王	二
		168	張儀為秦破從連橫			懷王	九
		169	張儀相秦				十
		170	威王問於莫敖子華			威王	三
卷十五	楚二	171	魏相翟強死			懷王	廿四
		172	齊秦約攻楚				廿五
		173A	術視伐楚				廿六
		173B	四國伐楚				十九
		174	楚懷王拘張儀				七
		175	楚王將出張子				八
		176	秦敗楚漢中				廿七
		177	楚襄王為太子之時			頃襄王	一
		178	女阿謂蘇子				二
卷十六	楚三	179	蘇子謂楚王			威王	四
		180	蘇秦之楚三日				一
		181	楚王逐張儀於魏			懷王	二
		182	張儀之楚貧				六
		183	楚王令昭睢之秦重張儀				十一
		184	張儀逐惠施於魏				十二
		185	五國伐秦				四
		186	陳軫告楚之魏				十三
		187	秦伐宜陽				十八

姚本				鮑本			
卷次	國別	章次	章名	卷次	國別	帝王	章次
卷十六	楚三	188	唐且見春申君	卷五	楚	考列王	一
卷十七	楚四	189	或謂楚王				四
		190	魏王遺楚王美人			懷王	十四
		191	楚王后死				十五
		192	莊辛謂楚襄王			頃襄王	六
		193	齊明說卓滑以伐秦			懷王	十六
		194	或謂黃齊				十七
		195	長沙之難			頃襄王	三
		196	有獻不死之藥於荊王者				四
		197	客說春申君			考列王	二
		198	天下合從				五
		199	汗明見春申君				六
		200	楚考烈王無子				七
		201	虞卿謂春申君				三
卷十八	趙一	202	知伯從韓魏兵以攻趙	卷六	趙	襄子	二
		203	知伯帥趙韓魏而伐范中行氏				一
		204A	張孟談既固趙宗				三
		204B	晉畢陽之孫豫讓				四
		205	魏文侯借道於趙攻中山			列侯	一
		206	秦韓圍梁燕趙救之	卷七	魏	惠王	三
		207	腹擊為室而鉅	卷六	趙	惠文王	二
		208	蘇秦說李兌				三
		209	趙收天下且以伐齊				九
		210	齊攻宋奉陽君不欲				七
		211	秦王謂公子他			孝成王	二
		212	蘇秦為趙王使於秦			肅侯	二
		213	甘茂為秦約魏以攻韓宜陽			武靈王	三
		214	謂皮相國			孝成王	九
		215	或謂皮相國				十
		216	趙王封孟嘗君以武城			惠文王	四

姚本				鮑本			
卷次	國別	章次	章名	卷次	國別	帝王	章次
卷十八	趙一	217	謂趙王曰三晉合而秦弱	卷六	趙	武靈王	十
卷十九	趙二	218	蘇秦從燕之趙始合從			肅侯	一
		219	秦攻趙	卷三	秦	昭襄王	卅
		220	張儀為秦連橫說趙王	卷六	趙	武靈王	二
		221	武靈王平晝間居				四
		222	王立周紹為傅				五
		223	趙燕後胡服				六
		224	王破原陽				七
卷廿	趙三	225	趙惠文王三十年			惠文王	十四
		226	趙使机郝之秦			武靈王	九
		227	齊破燕趙欲存之				一
		228	秦攻趙藺離石祁拔			惠文王	十
		229A	富丁欲以趙合齊魏			武靈王	十一
		229B	魏因富丁且合於秦				十二
		230	魏使人因平原君請從於趙			孝成王	十一
		231	平原君請馮忌				十二
		232	平原君謂平陽君				十三
		233	秦攻趙於長平				四
		234	秦攻趙平原君使人請救於魏				六
		235	秦趙戰於長平				三
		236	秦圍趙之邯鄲				五
		237	說張相國				十四
		238	鄭同北見趙王			惠文王	十一
		239A	建信君貴於趙			孝成王	十五
		239B	衛靈公近雍疸彌子瑕	卷十	衛	靈公	一
		240	或謂建信君之所以事王者	卷六	趙	孝成王	十六
		241	苦成常謂建信君				十七
		242	希寫見建信君				十八
		243	魏尬謂建信君				十九
		244	秦攻趙鼓鐸之音聞於北堂				廿

姚本				鮑本			
卷次	國別	章次	章名	卷次	國別	帝王	章次
卷廿	趙三	245	齊人李伯見孝成王	卷六	趙	孝成王	廿一
卷廿一	趙四	246	為齊獻書趙王				廿二
		247	齊欲攻宋			惠文王	五
		248	齊將攻宋而秦楚禁之				六
		249	五國伐秦無功				八
		250	樓緩將使伏事辭行				十二
		251	虞卿請趙王	卷七	魏	安釐王	五
		252	燕封宋人榮盆為高陽君	卷六	趙	惠文王	十三
		253	三國攻秦趙攻中山				一
		254	趙使趙莊合從			孝成王	廿三
		255	翟章從梁來				廿四
		256	馮忌為廬陵君謂趙王				廿五
		257	馮忌請見趙王				廿六
		258A	客見趙王				廿七
		258B	秦攻魏取寧邑				七
		259	趙使姚賈約韓魏				八
		260	魏敗楚於陘山			武靈王	八
		261	秦召春平侯			悼襄王	一
		262	趙太后新用事			孝成王	一
		263	秦使王翦攻趙			幽王	二
卷廿二	魏一	264A	知伯索地於魏桓子	卷七	魏	桓子	一
		264B	韓趙相難			文侯	一
		265	樂羊為魏將而攻中山				二
		266	西門豹為鄴令				三
		267	文侯與虞人期獵				四
		268	魏文侯與田子方飲酒而稱樂				五
		269	魏武侯與諸大夫浮於西河			武侯	一
		270	魏公叔痤為魏將			惠王	一
		271	魏公叔痤病				二
		272	蘇子為趙合從說魏王			襄王	三

姚本				鮑本			
卷次	國別	章次	章名	卷次	國別	帝王	章次
卷廿二	魏一	273	張儀為秦連橫說魏王	卷七	魏	哀王	十
		274	齊魏約而伐楚				十一
		275	蘇秦拘於魏			昭王	四
		276	陳軫為秦使於齊			哀王	二
		277	張儀惡陳軫於魏王			襄王	七
		278	張儀欲窮陳軫			襄王	八
		279	張儀走之魏			哀王	十二
		280	張儀欲以魏合於秦韓			襄王	九
		281	張子儀以秦相魏				十
		282	張儀欲并相秦魏				四
		283	魏王將相張儀				五
		284	楚許魏六城				六
		285	張儀告公仲				六
		286	徐州之役				二
		287	秦敗東周			昭王	一
		288	齊王將見燕趙楚之相於衛			哀王	三
		289	魏令公孫衍請和於秦				四
		290	公孫衍為魏將				五
卷廿三	魏二	291	犀首田盼欲得齊魏之兵以伐趙				六
		292	犀首見梁君				七
		293	蘇代為田需說魏王				七
		294	史舉非犀首於王				八
		295	楚王攻梁南				九
		296	魏惠王死			襄王	一
		297	五國伐秦			昭王	五
		298	魏文子田需周宵相善			哀王	十三
		299	魏王令惠施之楚				十四
		300	魏惠王起境內衆			惠王	六
		301	齊魏戰於馬陵				八
		302	惠施為韓魏交				九

姚本				鮑本			
卷次	國別	章次	章名	卷次	國別	帝王	章次
卷廿三	魏二	303A	田需貴於魏王	卷七	魏	哀王	十五
		303B	田需死				十六
		304	秦召魏相信安君				十九
		305	秦楚攻魏圍皮氏				廿一
		306	龐葱與太子質於邯鄲			惠王	四
		307	梁王魏嬰觴諸侯於范臺			惠王	五
卷廿四	魏三	308	秦趙約而伐魏			昭王	二
		309	芒卯謂秦王				三
		310	秦敗魏於華走芒卯而圍大梁			安釐王	一
		311	秦敗魏於華魏王且入朝於秦				二
		312	華軍之戰				三
		313	齊欲伐魏	卷四	齊	宣王	十
		314	秦將伐魏	卷七	魏	昭王	八
		315	魏將與秦攻韓			安釐王	六
		316	葉陽君約魏			昭王	六
		317A	秦使趙攻魏				七
		317B	魏太子在楚			哀王	廿二
卷廿五	魏四	318	獻書秦王				廿三
		319	八年謂魏王			安釐王	十
		320	魏王問張旄				十一
		321	客謂司馬食其				十二
		322	魏秦伐楚			哀王	廿四
		323	穰侯攻大梁			昭王	九
		324	白珪謂新城君				十
		325	秦攻韓之管				十一
		326	秦趙構難而戰			安釐王	七
		327	長平之役				八
		328	樓梧約秦魏				九
		329A	芮宋欲絕秦趙之交			昭王	十二

姚本				鮑本			
卷次	國別	章次	章名	卷次	國別	帝王	章次
卷廿五	魏四	329B	為魏謂楚王	卷七	魏	昭王	十三
		330	管鼻之令翟強與秦事				十四
		331	成陽君欲以韓魏聽秦				十五
		332	秦拔寧邑			安釐王	十三
		333	秦罷邯鄲				十四
		334	魏王欲攻邯鄲				十五
		335	周肖謂宮他				十六
		336	周冣善齊			哀王	十七
		337	周冣入齊				十八
		338	秦魏為與國			安釐王	四
		339	信陵君殺晉鄙				十七
		340	魏攻管而不下				十八
		341	魏王與龍陽君共船而釣				十九
		342	秦攻魏急			景閔王	一
		343	秦王使人謂安陵君				二
卷廿六	韓一	344A	三晉已破智氏	卷八	韓	康子	一
		344B	大成午從趙來			昭侯	一
		345	魏之圍邯鄲				二
		346	申子請仕其從兄官				三
		347	蘇秦為楚合從說韓王				四
		348A	張儀為秦連橫說韓王			襄王	一
		348B	宣王謂摎留			宣惠王	一
		349	張儀謂齊王	卷七	魏	哀王	一
		350	楚昭獻相韓	卷八	韓	宣惠王	二
		351	秦攻陘				三
		352	五國約而攻秦			釐王	二
		353	鄭彊載八百金入秦			襄王	十三
		354	鄭彊之走張儀於秦				二
		355	宜陽之役	卷三	秦	武王	十一
				卷八	韓	襄王	三
		356A	秦圍宜陽				四

姚本				鮑本			
卷次	國別	章次	章名	卷次	國別	帝王	章次
卷廿六	韓一	356B	公仲以宜陽之故仇甘茂	卷八	韓	襄王	十二
		357	秦韓戰於濁澤			宣惠王	四
		358	顏率見公仲				五
		359	韓公仲謂向壽			襄王	四
		360	或謂公仲曰聽者聽國				六
		361	韓公仲相	卷五	楚	懷王	一
		362	王曰向也子曰天下無道				一
		363	或謂魏王王儆四彊之內	卷七	魏	安釐王	廿
		364	觀鞅謂春申				廿一
		365	公仲數不信於諸侯	卷八	韓	襄王	七
卷廿七	韓二	366	楚圍雍氏五月				廿八
		367	楚圍雍氏韓令冷向借救於秦				廿九
		368	公仲為韓魏易地				十四
		369	錡宣之教韓王取秦				十五
		370	襄陵之役				十六
		371	公叔使馮君於秦				十七
		372	謂公叔曰公欲得武遂於秦				八
		373	謂公叔曰乘舟				九
		374	齊令周最使鄭				十
		375	韓公叔與幾瑟爭國鄭強為楚王使於韓				十八
		376	韓公叔與幾瑟爭國中庶子強謂太子				十九
		377	齊明謂公叔				廿
		378	公叔將殺幾瑟				廿一
		379	公叔且殺幾瑟				廿二
		380	謂新城君曰				廿三
		381	胡衍之出幾瑟於楚				廿四
		382	幾瑟亡之楚				廿五
		383A	冷向謂韓咎				廿六

姚本				鮑本			
卷次	國別	章次	章名	卷次	國別	帝王	章次
卷廿七	韓二	383B	楚令景鯉入韓	卷八	韓	襄王	廿七
		383C	韓咎立為君而未定			釐王	一
		384	史疾為韓使楚	卷五	楚	考烈王	八
		385	韓傀相韓	卷八	韓	烈侯	一
卷廿八	韓三	386	或謂韓公仲			襄王	卅
		387	或謂公仲				卅一
		388	韓人攻宋			釐王	三
		389	或謂韓王				四
		390	謂鄭王				五
		391	東孟之會				五
		392	韓陽役於三川而欲歸				六
		393	秦大國				七
		394	張丑之合齊楚講於魏				八
		395	或謂韓相國				九
		396A	公仲使韓珉之秦求武隧			襄王	十一
		396B	韓相公仲珉使韓侈之秦			釐王	十
		396C	客卿為韓謂秦王			襄王	五
		397	韓珉相齊			釐王	十一
		398	或謂山陽君				十二
		399	趙魏攻華陽				十三
		400	秦招楚而伐齊	卷五	楚	懷王	五
		401	韓氏逐向晉於周	卷八	韓	釐王	十四
		402	張登請費緤				十五
		403	安邑之御史死	卷七	魏	安釐王	廿二
		404	魏王為九里之盟	卷八	韓	釐王	十六
		405	建信君輕韓熙			桓惠王	一
		406	段産謂新城君	卷三	秦	昭襄王	十五
		407	段干越人謂新城君				十六
卷廿九	燕一	408	蘇秦將為從北說燕文侯	卷九	燕	文公	二
		409	奉陽君李兌甚不取於蘇秦				一
		410	權之難燕再戰不勝				三

姚本				鮑本			
卷次	國別	章次	章名	卷次	國別	帝王	章次
卷廿九	燕一	411	燕文公時	卷九	燕	易王	一
		412	人有惡蘇秦於燕王者				二
		413	張儀為秦破從連橫謂燕王			昭王	一
		414	宮他為燕使魏				二
		415	蘇秦死其弟蘇代欲繼之			王噲	一
		416A	燕王噲既立			王噲	五
		416B	初蘇秦弟厲因燕質子而求見齊王				六
		417	蘇代過魏				六
		418	燕昭王收破燕後即位			昭王	三
		419	齊伐宋宋急				四
		420	蘇代謂燕昭王				五
		421	燕王謂蘇代				六
卷卅	燕二	422	秦召燕王				十二
		423	蘇代為奉陽君說燕於趙以伐齊				七
		424	奉陽君告朱讙與趙足				七
		425	蘇代為燕說齊			王噲	二
		426	蘇代自齊使人謂燕昭王			昭王	十
		427	蘇代自齊獻書於燕王				十一
		428	陳翠合齊燕			王噲	三
		429	燕昭王且與天下伐齊			昭王	八
		430	燕饑趙將伐之				十三
		431	昌國君樂毅為燕昭王合五國之兵而攻齊			惠王	一
		432	或獻書燕王			王噲	四
		433	客謂燕王			昭王	三
		434	趙且伐燕				十四
		435	齊魏爭燕				九
卷卅一	燕三	436	齊韓魏共攻燕	卷五	楚	頃襄王	七
		437	張丑為質於燕	卷九	燕	惠王	二

姚本				鮑本			
卷次	國別	章次	章名	卷次	國別	帝王	章次
卷卅一	燕三	438	燕王喜使栗腹以百金為趙孝成王壽	卷九	燕	王喜	一
		439	秦并趙北向迎燕				二
		440	燕太子丹質於秦亡歸				三
卷卅二	宋衛	441	齊攻宋宋使臧子索救於荊	卷十	宋	剔成	一
		442	公輸般為楚設機			景公	一
		443	犀首伐黃		衛	悼公	一
		444	梁王伐邯鄲		宋	景公	二
		445	謂大尹曰				三
		446A	宋與楚為兄弟				四
		446B	魏太子自將過宋外黃	卷七	魏	惠王	七
		447	宋康王之時有雀生鸇	卷十	宋	君偃	一
		448A	智伯欲伐衛		衛	悼公	二
		448B	智伯欲襲衛				三
		449	秦攻衛之蒲			嗣君	一
		450	衛使客事魏				二
		451	衛嗣君病				四
		452A	衛嗣君時胥靡逃之魏				三
		452B	衛人迎新婦				五
卷卅三	中山	453	魏文侯欲殘中山		中山		二
		454	犀首立五王				四
		455	中山與燕趙為王				五
		456	司馬憙使趙				六
		457	司馬憙三相中山				七
		458	陰姬與江姬爭為后				八
		459A	主父欲伐中山				九
		459B	中山君饗都士				一
		460	樂羊為魏將				三
		461	昭王既息民繕兵	卷三	秦	昭王	廿八

ISBN 957-05-0437-4 (621)
66833002
9 789570 504378
全 精裝
NT$ 2300
戰國策逐字索引